中国审计年鉴

1999

《中国审计年鉴》编辑委员会　编

中国审计出版社

图书在版编目(CIP)数据

中国审计年鉴/审计署编.—北京:中国审计出版社,2000.8
ISBN 7-80064-920-2

Ⅰ.中… Ⅱ.审… Ⅲ.审计-中国-1999-年鉴
Ⅳ.F239.22-54

中国版本图书馆 CIP 数据核字(2000)第 17267 号

刊名	《中国审计年鉴》(1999)
编者	《中国审计年鉴》编辑委员会
出版发行	中国审计出版社
地址	北京市西城区北礼士路 54 号　邮编 100044
电话	(010)88361317
经销	全国各地新华书店
开本	787×1092　1/16
印张	50.125　彩插 96 面
字数	1710 千字
版次	2000 年 12 月北京第一版
印次	2000 年 12 月北京第一次印刷
书号	ISBN 7-80064-920-2/Z·13
广告许可证号	京工商广临字 200072 号
定价	98.00 元

ISBN 7-80064-920-2
9 787800 649202 >

江泽民总书记

在东北和华北地区国有企业改革和发展座谈会上强调：

“要把加强管理和反腐倡廉结合起来，加强对企业经济活动的审计和监督，坚决纠正做假账、违反财经纪律、营私舞弊等现象。”

“要完善对国有企业经营管理者的监督机制，建立企业决策失误的追究制度，实行企业领导人员任期的经济责任审计。”

（摄影：新华社记者樊如钧）

全国审计工作会议

统一思想 明确方向

全国审计工作会议上，国务委员王忠禹作重要讲话。

在全国审计工作会议前，王忠禹国务委员与李金华审计长亲切交谈。

李金华审计长在全国审计工作会议上作了题为“统一思想，明确方向，为实现审计工作跨世纪目标努力奋斗”的工作报告（图为审计工作会议会场）。

全国审计工作会议期间，审计署特约审计员与审计署领导合影（前排左四为李金华审计长，左五为翟熙贵副审计长）。

会议期间，中国审计出版社向西藏审计厅赠送图书100种，共12000册。

掌声响彻

九届全国人大十次会议

1999年6月，李金华审计长在九届全国人大第十次会议上，作1998年中央预算执行情况审计报告，引起强烈反响。

在九届全国人大第十次会议期间，李金华审计长接受中央电视台记者采访。

九届全国人大第十次会议会场

“三讲”教育剪影

1999年7月5日，审计署党组召开“三讲”教育总结大会，署党组书记、审计长李金华（中）作报告（右一为中央“三讲”教育巡视组组长程连昌，左一为署党组成员、副审计长翟熙贵）。

署党组成员、副审计长金基鹏在“三讲”教育学习会上发言。

副审计长兼机关党委书记翟熙贵传达全国“三讲”教育工作会议精神。

刘鹤章副审计长在署党组民主生活会上。

署党组成员、副审计长刘家义在“三讲”教育学习会上发言。

署党组成员、副审计长董大胜在“三讲”教育学习会上发言。

署党组成员、署纪检组长王道成在“三讲”教育学习会上发言。

审计署直属机关党委领导与工作人员一起，研究加强机关党建工作的具体措施。

纪念《审计法》颁布实施五周年

1999年11月23日，纪念《审计法》颁布实施五周年座谈会在人民大会堂隆重召开，全国人大副委员长曹志、国务委员、国务院秘书长王忠禹与李金华审计长交谈。

在《审计法》颁布实施五周年座谈会上，国家领导人、知名专家学者、法律工作者和有关部门领导畅谈《审计法》颁布实施的重大意义、审计工作取得的成绩、展望新世纪审计工作的发展趋势。上图（中）全国人大副委员长曹志，（右二）国务委员、国务院秘书长王忠禹，（右四）全国政协副主席李贵鲜，（右五）全国政协副主席经叔平，（右一）审计署审计长李金华。

1999年12月16日，国务院新闻办公室在国际饭店举行记者招待会，李金华审计长、翟熙贵副审计长、刘家义副审计长就1999年度的审计工作和《审计法》颁布实施五周年以来的法制建设情况回答了记者的提问。

翟熙贵副审计长、刘家义副审计长和与会学者步入研讨会会场。

1999年12月17日，《人民日报》、《经济日报》等新闻媒体与审计署有关单位举办纪念《审计法》颁布实施五周年研讨会。

为纪念《审计法》颁布实施五周年、审计署、法制日报、中国审计出版社等单位联合举办了审计知识竞赛活动。图为李金华审计长向审计知识竞赛特别奖获得者中央企业工委副书记赵杰兵同志颁奖。

国际交流与合作

1999年8月，王忠禹国务委员(中) 在中南海会见厅会见来访的基里巴斯国家审计署审计长托阿图先生（左四）一行二人。(右三：李金华审计长 左三：刘家义副审计长)

1999年4月，李金华审计长在俄罗斯审计院代表团访华时与卡尔莫科大院长交换资料。

1999年10月，李金华审计长在钓鱼台国宾馆与前来到访的以色列最高审计机关审计长公署艾利泽尔·戈尔登伯格（右二）亲切交谈。

1999年11月，中国与印度两国最高审计机关举办“中印计算机审计研讨会”。图为双方代表在审计署机关大楼前合影。

国际交流与合作

1999年8月，李金华审计长（左四）在泰国出席最高审计机关亚洲组织第27次理事会。

1999年1月，李金华审计长在审计署会见前来拜会的ACCA总裁安迪·罗斯雅女士。

1999年7月，应韩国监查院韩胜宪院长的邀请，李金华审计长率团访问了韩国。图为李审计长与韩胜宪院长亲切交谈。

1999年4月，第六届中巴审计研讨会——公共收入与支出效益审计在北京召开。

庆建国50周年 迎澳门回归

在国庆50周年文艺演唱会上，审计署领导与全署职工共同高唱《歌唱祖国》。

在庆祝建国50周年演唱会上，翟熙贵副审计长致贺词。

澳门回归，举国欢庆。审计署举办庆回归迎千禧联欢会。

在庆祝建国50周年演唱会上，署领导、老领导同台高歌。

中国审计出版社大合唱《我和我的祖国》。

署领导深入基层调研

1999年4月，李金华审计长在江苏调研审计工作时，与省委书记陈焕友（左二）、省长季允石（右一）、常务副省长俞兴德（左一）亲切交谈。

李金华审计长（右三）在江西省副省长朱英培（右二）陪同下，参观瑞金中华苏维埃共和国中央审计委员会旧址展览。

1999年9月，李金华审计长（左四）在浙江省考察杭州钢铁集团股份有限公司企业审计工作。

1999年4月，李金华审计长观摩南京特派办审计数据采集分析软件演示。

金基鹏副审计长（前左二）在重庆市审计局调研。

署领导深入基层调研

翟熙贵副审计长（左一）参观郑州特派办计算机网络机房。

副审计长刘鹤章（左一）与中国内部审计学会会长郑力（左二）视察国际注册内部审计师考试现场。

1999年9月，刘家义副审计长（左二）视察上海特派办。

副审计长董大胜（中）在河北检查部署金融审计工作。

署党组成员、纪检组长王道成（中）在广西北海市视察审计工作。

审计署部分司局工作剪影

外资运用审计司审计人员深入贫困农户了解联合国开发计划署扶贫援助资金的受益情况。

1999年6月，审计署赴美国社会保障审计培训团成员听取美国会计总署官员介绍美国社会保障审计工作情况。

1999年1月，审计署农业司在移民建房现场调查。

驻审计署监察局全体人员正在进行案件审理。

1999年，全国行政事业审计工作研讨班全体人员合影，前排中为翟熙贵副审计长。

审计教育出版宣传培训

1999年10月，审计署在京举行《当代审计书库》编委会和编审委员会成立大会，审计长李金华（中）、副审计长刘家义（右一）、纪检组长王道成（左一）出席会议。

署领导与《当代审计书库》编审委员会全体委员和编辑办公室成员合影。

审计署计算机技术中心、财政司、黑龙江省审计厅、哈尔滨市审计局观看、讨论《总预算会计审计软件》。

1999年5月，“至远集团奖教奖学金”协议书签字仪式在南京审计学院举行。

审计教育出版宣传培训

1999年2月，《中国审计》杂志编委座谈会在北京召开，署党组成员、纪检组长王道成、署党组成员董大胜出席了会议。

中国审计出版社宣传通联发行工作会议在四川召开。

中国审计报社领导与编辑记者研究工作。

1999年6月，高级审计师资格考评扩大试点工作会议在北京召开。

1999年7月，《中国审计信息与方法》宣传发行工作会议在昆明召开，刘鹤章副审计长（中）出席了会议。

派出机构审计剪影

太原特派办审计前沿上党课。

1999年12月，深圳特派办审计组进驻深圳国税局。

济南特派办创建“十星级”文明家庭动员大会。

武汉特派办与广东省国税系统被审单位交换审计意见。

1999年7月，沈阳特派办固定资产投资审计处在山东省沂沭泗河洪水东调南下项目审计现场。

建设建材审计局审计现场。

兰州特派办竞争上岗工作会会场。

派出机构审计剪影

外交外事审计局在中国驻法国使馆领事部审计现场。

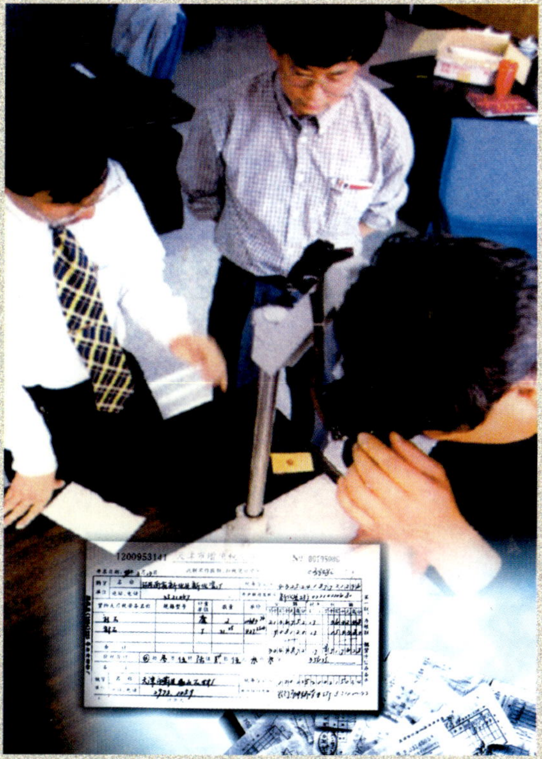

京津冀特派办查出轰动全国的蓟县国税局虚开增值税专用发票大案。

京津冀特派办首届行业审计专家评审会答辩现场。

地方审计剪影

北京市宣武区审计局与被审计单位有关人员交换意见。

李金华审计长（左七）、王道成纪检组长（右五）与天津市审计局领导班子合影留念。

1999年1月，河北省审计工作会议在石家庄召开，李金华审计长（中）到会并作了重要讲话。

为全面提高审计队伍整体素质，山西省阳泉市审计局率先在市直机关实行了科级干部竞争上岗制度。

1999年5月，内蒙古自治区审计厅举办第三届职工运动会。

辽宁省审计厅干部在西丰县钓鱼乡扶助贫困学生。

吉林省审计系统先进事迹报告会。

地方审计剪影

上海市南汇县审计局在第一线开展重点抽查审计。

1999年3月，江苏省召开“全省深化企业审计试点工作经验交流会”，部署“百户重点企业审计”工作。

1999年，浙江省审计系统开展的“总结十五年、展望后五年、树立审计形象，创跨世纪业绩”活动中，首次举行全省审计系统文艺汇演。

江西省政府召开洪都钢厂经营管理情况审计调查结果通报会，江西省审计厅领导在大会上作了审计调查结果报告。朱英培副省长（右三）出席会议并作重要讲话。

安徽省审计厅领导班子成员在研究工作。

地方审计剪影

1999年12月，山东省审计厅召开审计情况通报会。

河南省审计厅工交审计处在郑州电缆厂进行审计。

湖北省审计厅开展《审计法》宣传活动，图为《审计法》宣传活动点。

湖南省审计厅的审计人员在对重点建设工程进行现场审计。

广东省审计厅召开纪念《审计法》颁布实施五周年座谈会。

1999年8月，深圳市审计局举办“建设项目审计培训班”。

地方审计剪影

广西壮族自治区审计厅举办领导干部任期经济责任审计培训班。

甘肃省审计厅外资处审计人员在“引大工程”现场审计。

重庆市审计局对三峡移民资金审计中，查出了震惊全国的丰都县原国土局局长黄发祥等人贪污挪用巨额移民资金特大窝案。

宁夏回族自治区审计厅不断加强和深化审计机关廉政建设。图为1999年9月召开的全区审计机关廉政建设座谈会。

新疆维吾尔自治区审计厅领导到喀什检查指导工作。

内部审计剪影

1999年4月，中国石化集团公司审计工作会议在京召开。

东风汽车公司审计委员会召开第十一次会议，确定年度审计工作大政方针。

重庆长安汽车公司基建审计人员正在讨论疑难问题。

审计统计图表

1999年审计单位数量示意图

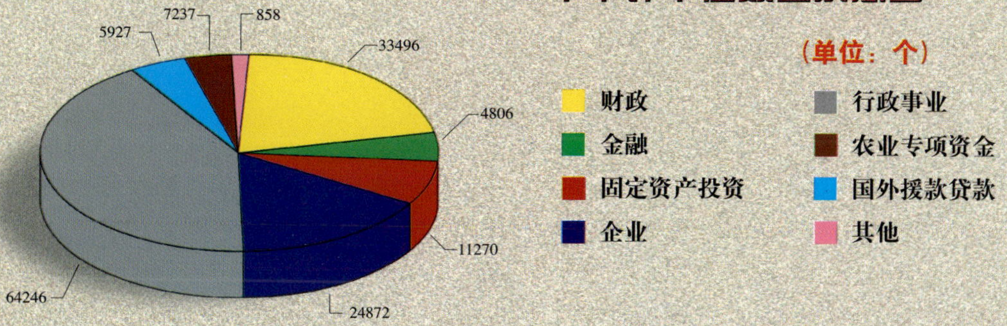

1999年促进增收节支金额示意图

（单位：万元）

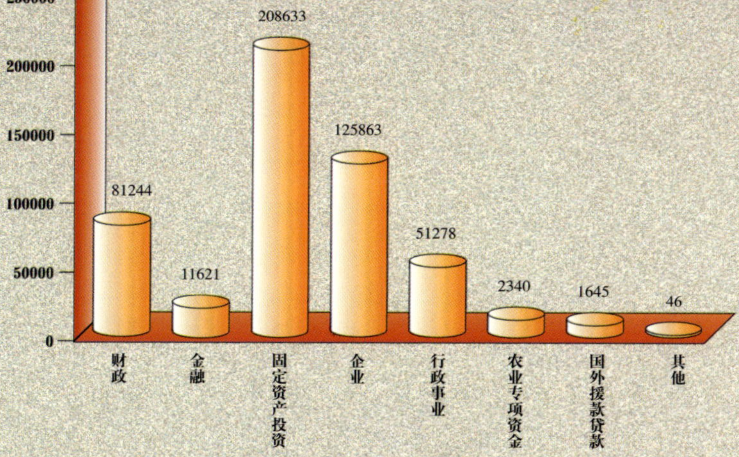

1999年审计已交财政金额示意图

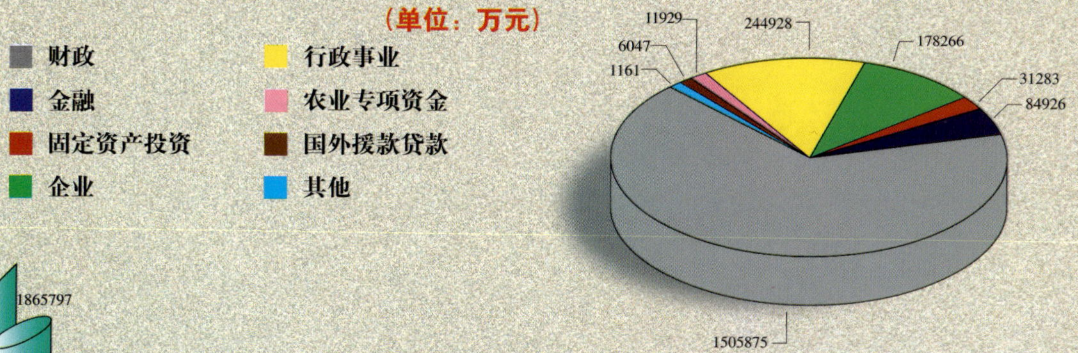

1999年审计应交财政金额示意图

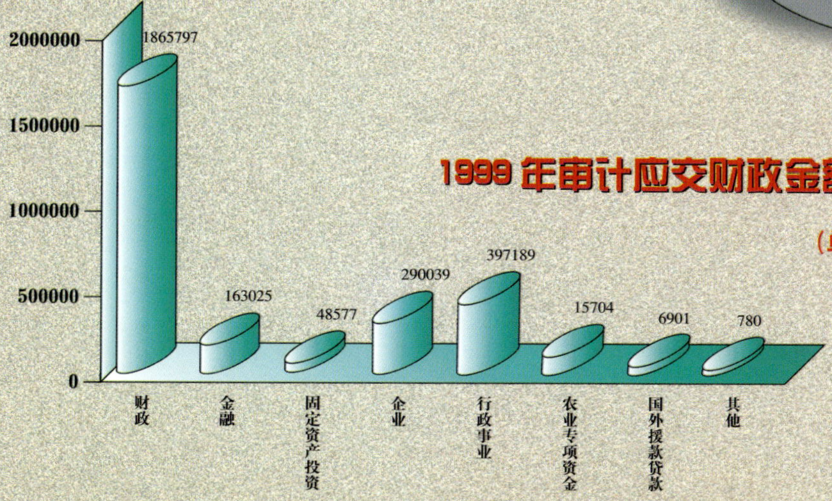

编 辑 说 明

一、本年鉴是中华人民共和国审计署组织编纂的一部融综合性、资料性为一体的大型工具书，是中国审计系统的第四部年鉴，起讫时间为1999年1月1日至1999年12月31日。

二、本年鉴编辑的指导思想：以邓小平理论为指导，实事求是，真实记录审计事业发展的足迹，全面展现审计工作为经济体制改革、为经济发展服务的历史画面，总结经验，展望未来，推动全国审计事业不断发展。

三、本年鉴全面系统地记述了1999年中国审计工作的发展情况、主要工作成果和经验，力求作到全面、系统、真实、准确、图文并茂。

四、本年鉴采用的稿件均由各级国家审计机关、内部审计机构和社会审计组织提供，稿件经各供稿单位主管领导审核签发。

五、本年鉴由“特载”、“‘三讲’教育”、“《审计法》颁布实施五周年纪念活动”、“省部长谈审计”、“审计工作统计”、“审计署工作概况”、“地方审计工作概况”、“解放军审计工作概况”、“教育、培训、出版、科研、学术团体”、“审计论文(摘)编”、“内部审计”、“社会审计”、“审计工作大事记”、“大案要案查处备忘录”等14个部分组成，每一部分都辑录了1999年我国审计事业的新情况和新资料。其中的“‘三讲’教育”、“《审计法》颁布实施五周年纪念活动”、“省部长谈审计”、“大案要案查处备忘录”等是新增栏目，更突出地反映了1999年审计工作的特点和重大事件。

六、本年鉴采用文章、条目、统计表格等体裁分类排列，每部分下设分目和条目。每部分与分目和条目在字号、字体和编排上都有明显的区别，以便读者检索。

七、香港特别行政区、澳门特别行政区和台湾省的资料暂缺。

八、本年鉴在编辑过程中得到了各级审计机关、内部审计机构、社会审计组织的大力支持和协助，在此谨致谢忱。由于年鉴涉及的资料浩繁，以及编辑人员水平有限，缺点和错误在所难免，谨此一并向广大读者致歉并请批评指正。

《中国审计年鉴》编辑部

2000年10月

目　　录

特　　载

“三讲”教育

《审计法》颁布实施五周年纪念活动

省部长谈审计

审计工作统计

审计署工作概况

地方审计机关工作概况

解放军审计工作概况

培训、教育、出版、科研、学术团体

审计论文选（摘）编

内部审计

社会审计

审计工作大事记

大案要案查处备忘录

Table of Contents

特　　载

在全国审计工作会议上的讲话*

（1998年12月23日）

王忠禹

这次全国审计工作会议是经国务院批准召开的。主要是总结今年，部署明年，提出今后五年审计工作的发展目标，对于贯彻落实党的十五大、十五届三中全会和中央经济工作会议精神有着重要意义。会议开得是好的。1998年，全国审计机关和广大审计人员在党中央、国务院和地方各级党委、政府的领导下，紧紧围绕政府工作中心，积极开展审计工作，为国家增收节支250多亿元，在维护经济秩序，加强廉政建设，促进改革和经济发展等方面发挥了重要作用。我受总理的委托，代表国务院向全国广大审计人员表示亲切地慰问。

（一）

审计工作是一项很重要的工作，国务院非常重视。今年以来，国务院给审计署交办了很多重要任务，如清查粮食企业亏损挂账、重点亏损企业审计以及重大经济案件的查证工作。同时，总理和国务院其他领导同志对审计署上报的一些审计报告和审计要情都及时作出了明确批示，还多次召开专门会议听取审计工作的汇报，对审计署查出的重大违法违纪案件批示公开曝光，树立了审计的权威，有效地发挥了审计部门的作用。地方各级党委和政府对审计工作也很重视，加强领导，支持审计部门依照法律规定，独立有效地开展审计工作。在实现政府工作目标中发挥了审计部门的积极作用。

（二）

12月15日，朱镕基总理听取了审计署的工作汇报，对审计工作给予了充分的肯定，并作了重要指示，为明年和今后一个时期审计工作的发展指明了方向。现在，我向大家传达总理的指示。

总理说，今年以来，审计署和地方各级审计机关做了大量工作，成绩明显，效果不错，应该充分肯定。在这里，向全国审计工作者表示亲切地问候。希望认真总结经验，把今后的工作做得更好。

总理指出，审计工作很重要，它对建立社会主义市场经济体制是非常必要的，因而审计机关肩负的任务也是十分光荣的。当前，我国经济领域中造假和犯罪的情况比较严重，从审计出的案件看，有些案例无法无天。如果这种状况得不到制止，社会主义市场经济难以建成。搞社会主义市场经济必须加强国家审计和会计监督，这是个历史的任务。这个事情还是讲得不够，还没有得到足够的重视。不仅要实行国家审计监督，还要发挥社会中介组织的监督作用。社会中介组织非常重要，资本主义国家的经济秩序很重要的是靠发挥会计师事务所和律师事务所等社会中介组织作用帮助国家监督。现在，我们有些社会中介组织帮助犯罪分子造假，怎么行呢！审计工作任务很艰巨，任重道远。

对如何进一步做好审计工作，总理提出了五点要求：

第一，全面审计，突出重点。国家审计的对象应该是什么？凡使用国家财政拨款的，都在审计监督范围之内，都得审计。只要使用国家的钱，就不能逃脱审计监督，对所有花国家钱的，都要盯住，包括花地方财政的钱，地方财政也是国家的，不能放过任何一个。要对国家负责，对人民负责，全面进行审计。突出重点，就是要抓住问题最多、金额最大的。为了推动国民经济快速发展，目前，国家采取积极的财政政策，在基础设施建设方面特别是水利建设方面，投入了大量的财政资金。这些资金不是用银行的钱，银行监督不了。计委是管拨钱的，它也要监督，但是不容易监督。因此，要靠审计来监督，这是一个最大的重点，你们审计要跟

* 本文按讲话时间曾收录于1994－1998年《中国审计年鉴》中。本年鉴再次收录进来是因为这个讲话是部署1999年全国审计工作的，便于读者了解1999年审计工作的全貌。

上。你们对水利建设资金的审计，反映的问题很重要，请马凯同志帮助抓一下，把审计署的报告改写成一个通报，通报全国，登报公布。通报和登报，都不要泛泛地说挪用了水利建设资金多少亿，要点名是哪个省，什么项目，这样才会有威慑力量。宣传工作强调以正面宣传为主，这是没错的，但对违法违规问题进行舆论监督也是非常重要的。我们在政治上不能允许搞自由化，但在经济上应该是公开的、透明的，这样才有利于监督，犯罪分子才惧怕，这绝不存在给社会主义制度抹黑的问题。如果审计完了，通报一下挪用了多少钱，下次要注意，一句话了结了，不撤人、不抓人、不坐牢，有的人甚至照样易地做官，怎么能纠正呢！社会保障资金如养老保险基金的审计很重要。下岗职工的基本生活费，很大一部分也是国家财政拿的钱，这是保命的钱，挪用是绝对不行的。证券公司虽然不是国家财政的钱，但为了保护群众利益，维护社会稳定，审计部门也应该协助证监会进行监督。粮食企业，说是占用银行的贷款，实际上是财政的钱，数量很大，还要继续进行审计。国有企业审计，今后要同实行稽察特派员制度结合起来。国务院实行稽察特派员制度就是为了查账，也是一种审计。审计部门可以提供一些线索，参与一些重大案件的查处。对国有企业，从总体上审计部门是可以监督的，因为它是国有资产嘛，但不必管得太多，对重点企业可以采取抽查的方法，不必搞过去那种全面审计。稽察特派员制度刚建立，审计部门怎么同稽察特派员配合，现在还没有经验。审计部门可以根据举报，重点抽查几个企业，抽查以后把线索提供给稽察特派员，让他们去查。这样，你们的重点就比较明确了。就是要集中精力对有国家财政拨款的，特别是有大量拨款的项目进行审计。不要分散精力，单独去搞国有重点企业审计。中小企业面又很大，如果泛泛地审计，检查了半天也得不出结果，落实不了。概括起来说，我讲的“全面审计”，就是国家拨款的都要审计，但要“突出重点”，主要是国家基础设施建设资金，这是重点的重点。对国有大型企业审计，要有一定的分工，主要交给稽察特派员去搞。

第二，点面结合，突出大案。审计结果要有总体概念，但更重要的是要查出几个大案要案。只有查处几个大案，能够杀一些人，关一些人，才会起威慑作用。如果只是泛泛讲些概念，即使通报全国，也不会有多大威慑力，结果大事化小，小事化无。毛主席讲过，伤其十指不如断其一指，你审计了十个指头，对问题一个也不处理，不如抓住要害问题，严肃处理，砍他一个指头，审计都要采取这个办法。比如说粮食审计，查出挪用多少多少收购资金，这些数字也是必要的，但最主要的是查出几个大案要案，一查到底，在报纸上公开披露，引起震动。这样，审计工作才有成绩，审计署的牌子才硬，犯罪分子才会闻风丧胆。

第三，执法必严，违法必究。现在社会上讲情风、姑息、包庇现象非常严重。我们无论做什么工作，要想做出一些成绩，都要跳出人情网，站在国家利益的立场上，依法办事，这样，国家才有希望。你们什么人也不要怕，这是非常重要的一点，没有这点精神，那是绝对不行的。你们讲世行、亚行贷款项目审计受到干预，这一点不能让步，否则，要砸牌子的。你干你的，谁也不要怕。审计部门要站在国家和法律的立场上，如实对外公布和报告，谁干预就处理谁，不管是省长、书记，包括我在内，谁违法就得下台。我经常讲，要长点骨头，少吃吃喝喝，少长点脂肪，审计部门更要有硬骨头。

地方审计部门在业务上要听审计署的。地方审计不真实、不合法的，审计署要纠正，对大案要案，审计署要直接介入，直接处理。

第四，加强机关内部建设。审计部门要把机关内部建设抓好，坚持讲学习、讲政治、讲正气，领导干部要公正廉明，审计人员要保持公正廉洁。东方锅炉集团的案件，涉及到很多部门的领导和干部，收了人家的股票。吃了人家的嘴短，拿了人家的手软，靠这些人去管，怎么能下得了手呢。要提倡公正廉洁，做到邪不压正。你们现在人比较少，这没有关系，关键是要提高素质，加强培训，不够学历的可以轮流去学习。同时要提高办事效率，少扯皮。

第五，加强对会计师事务所业务质量的监督。我对会计师事务所的工作是不满意的（当然也包括审计事务所），要下决心进行整顿。事务所不整顿，社会主义市场经济没希望。审计部门加强监督，我赞成。你们只管监督，不要参与管理，这很好，你们只管挑毛病。既要有经常性的监督，又可以去突击抽查，对造假账的要大胆地揭露，查出问题向国务院报告，吊销执照，永远不准他再从事事务所工作。我在想，如果有条件，要鼓励财政部、审计署机关懂业务、政治素质好、廉洁的年轻干部、司局长和一些副部长，吸收一些从国外回来的留学生，办一批真正有信用、比较公正、有一定知名度的事务所和会计公司。

在谈到计算机使用问题时，总理说，你们应该有一个规划。要吸收信息产业部、人民银行等其他部门懂计算机的专家进行认真设计和论证，到底要达到什么目的，解决什么问题，要搞一个规划，避免重复建设。要有一位副审计长牵头，认真搞个方案报给我，该花的钱还是要花的。

（三）

如何贯彻落实总理讲话精神，进一步搞好审计工作，我讲几点意见。

第一，认真学习，坚决落实。各级审计机关广大干部职工要认真学习和贯彻镕基同志讲话精神，落实这五点要求。镕基同志讲话中对审计工作给予充分肯定，也指出了审计工作的重要性，提出审计工作范围、重点和队伍建设问题，以及审计工作方法问题，要认真落实执行。

第二，突出重点，查好大案。审计工作要着力查好大案要案。当前，财政经济领域中的违法违规以及舞弊和腐败问题十分突出，严重影响了社会主义市场经济健康发展。因此，严肃财经纪律，维护财经秩序，是审计机关担负的光荣的历史任务。财政的钱是人民血汗钱，不能胡花乱用，把住这一关，就是对人民负责。当前，审计部门要以财政投入较多、关系国计民生的项目审计为重点，审计中，不仅要揭露财务收支中的不真实、不合法和舞弊、腐败等问题，还要注意发现重大经济犯罪案件的线索，及时移交给有关部门立案查处。总之，各级审计机关要根据总理的指示，把审计工作的重点放在对财政资金管理和使用情况的监督上，这样，才能集中力量，抓出成效。

第三，严格执法，加大力度。审计部门要坚持执法必严，违法必究的根本方针。当前，社会上对违法乱纪行为讲情、姑息、包庇的现象十分严重，给审计部门严格执法带来了影响和干扰。审计部门要站在维护国家利益和法律尊严的立场上，顶住这股风，排除干扰，理直气壮地坚持依法审计，依法处理。对审计查出的问题，要严格依照法律的规定，该收的钱要收上来，该罚款的要罚款，该追究责任的要追究责任，对审计中发现的严重违法犯罪和舞弊、腐败的问题，要移交司法机关处理。决不能就事论事，搞下不为例。还要发挥社会舆论和群众监督的作用，对审计查出的重大违法犯罪问题，及时向社会公布，公开曝光，增强威慑力，使违法犯罪分子闻风丧胆。各级政府和有关部门都要支持和配合审计部门严格执法，为审计部门创造良好的执法环境。

第四，公正廉洁，抓好队伍。审计部门要公正廉洁，从严治理审计队伍。审计机关成立以来，重视加强廉政建设，审计人员遵守廉政纪律的情况总的是好的，在社会上树立了较好的形象。但也存在少数审计机关和审计人员执法不严，利用审计职权谋取小团体和个人私利的问题，必须引起重视。各级审计机关要认真贯彻朱镕基总理关于从严治理审计队伍的指示，建立健全各级领导干部和审计人员的廉政责任制，加强对执行廉政纪律情况的监督和检查，对违反廉政纪律的问题，要严肃查处，绝不姑息迁就，对以权谋私、造成严重影响的，要坚决从审计队伍中清除出去，要象保护自己的生命一样，维护审计部门的公正廉洁。

同志们，1999 年，在我们党和国家的历史上，将是具有特殊意义的一年，改革、发展和稳定的任务十分繁重。各级政府要加强对审计工作的领导，广大审计人员要在以江泽民同志为核心的党中央领导下，高举邓小平理论伟大旗帜，振奋精神，开拓进取，努力把明年的审计工作做得更好，以优异的成绩迎接建国五十周年。

统一思想　明确方向　为实现审计工作跨世纪发展目标努力奋斗*

——在全国审计工作会议上的讲话

（1998 年 12 月 20 日）

李金华

这次全国审计工作会议的主要任务是，深入贯彻党的十五大、十五届三中全会和中央经济工作会议精神，总结 1998 年审计工作，确定今后五年审计工作发展目标，部署 1999 年审计工作任务，研究改进内部审计工作，制定建设高素质审计干部队伍的主要措施。这次会议召开之前，朱镕基总理和王忠禹国务委员听取了审计署的工作汇报，对审计工作给予了充分肯定，并作了重要指示，为我们明年和今后一个时期的工作指明了方向。

一、1998 年审计工作的主要成果

1998 年，我国经受了亚洲金融危机和特大洪涝灾害的严峻考验，在极其困难的条件下，国民经济仍然保持了良好的发展势头，同时，经济体制改革迈出了重大步伐，国务院机构改革取得了重要成

* 本文按讲话时间曾收录于 1994～1998 年《中国审计年鉴》中。本年鉴再次收录进来是因为这个讲话是部署 1999 年全国审计工作的，便于读者了解 1999 年审计工作的全貌。

果。在这样的形势下，全国审计机关和广大审计人员在党中央、国务院和地方各级党委、政府的领导下，团结一致，艰苦奋斗，紧紧围绕政府工作中心，积极开展财政收支审计、证券保险审计、粮食清查审计和深化企业审计试点等项工作，在维护经济秩序，加强廉政建设，保障各项改革措施和宏观调控目标落实，促进国民经济健康发展方面发挥了重要作用。1至11月，全国共审计12万多个单位，对违反财经法规问题依法进行了处理，已上缴财政107亿元，减少财政拨款和补贴18亿元，追还被侵占挪用资金133亿元，共为国家增收节支258亿元。

（一）财政收支审计取得新的进展

今年是开展本级预算执行审计的第三年，除个别少数民族地区外，全国各级审计机关基本上都按照审计法的规定开展了本级预算执行审计。从总体上看，今年预算执行审计的深度，审计处理的力度，以及审计工作的规范化程度等比前两年都有了新的进展，提出的加强预算管理的意见和建议更具有针对性，为各级政府和人大加强预算管理和监督发挥了重要作用。今年的中央预算执行审计工作，受到了国务院的肯定和全国人大常委会的好评。朱镕基总理主持召开国务院常务会议，研究讨论了中央预算执行审计结果报告，对审计署坚持依法审计，如实揭露和反映中央预算管理中的问题给予了支持，并在审计结果报告上批示："对中央预算执行情况进行审计的制度很重要。审计署的工作是认真、负责和有效的。国务院各部门要认真执行审计决定，进一步改进工作，对审计查出的问题，要依法严肃处理"。6月24日，我受国务院委托，向九届全国人大常委会第三次会议作了审计工作报告，委员们讨论热烈，对审计署敢于揭露和反映问题，积极提出加强中央预算管理的意见和建议表示满意，对进一步加强审计监督工作提出了要求。全国人大常委会要求国务院责成有关部门和地方政府认真纠正违法违规行为，在今年年底前向全国人大常委会作出报告。国务院办公厅下发了《关于认真落实1997年中央预算执行情况和其他财政收支审计处理决定的通知》，财政部、国家税务总局、海关总署、中国人民银行和审计署按照分工对审计决定进行了落实，目前，大部分问题得到了纠正。

审计署还组织各地审计机关开展了专项资金审计。组织对全国31个省区市的2130个地市县水利部门和长江、黄河6个流域水利委员会管理和使用的水利专项资金进行了审计，查出有19个省少征水利建设基金35．71亿元，占应计征数的69%，有12个省分文未征；查出挤占挪用水利建设基金用于平衡预算、弥补行政经费、建房、购车和办企业等达13．39亿元。对三峡移民资金的管理使用情况进行了审计，查出挤占挪用移民资金2．37亿元和移民安置不落实等问题。组织对22个省区市电力建设基金和20个省区市三峡工程建设基金进行了审计，发现这些地区在国家规定的电价之外自行加价征收119．8亿元，越权减免、少征、漏征28．4亿元，挤占挪用30．93亿元。对16个省区市和铁路、煤炭、石油三个行业住房资金进行了审计，查出挤占挪用住房资金58．96亿元，以及住房公积金归集不到位、管理混乱等问题。对1360个公安局及其7026个基层单位行政性收费、罚没收入进行了审计，查出自立项目乱收费8．33亿元，隐瞒截留应上缴财政收入10．23亿元，挤占挪用3．33亿元。对救灾款物的分配使用情况正在进行跟踪审计。对审计查出的问题，各级审计机关依照有关法规进行了处理，同时，提出了加强管理的意见和建议，对保证专项资金合理有效使用，促进各项事业发展发挥了重要作用。

（二）证券、保险审计取得明显成效

审计署根据国务院领导的指示精神，组织对国泰、南方、华夏、申银、万国等88家证券公司及1218个分支机构的财务收支进行了审计。查出这些证券公司资产、负债、损益不实严重，资产总额中虚增虚减数额占8%，负债不实占7%，利润不实占45%；采取违规证券回购、发行债券、卖出代保管国债等方式累计融入资金1887.87亿元；有46家证券公司年底挪用客户保证金160．22亿元；有些证券公司违规经营，非法获利45．91亿元；32家证券公司有账外资产39．39亿元和利润17．97亿元。对这些问题，根据国务院领导的指示，正在会同有关部门进行处理。同时，还组织对中保集团财产保险有限公司25家分公司及1671家分支机构，人寿保险有限公司23家分公司及1247家分支机构的财务收支进行了审计，查出少计收入、多列支出、漏缴税金等违反财经法规金额48．54亿元。这次证券保险审计，对促进整顿证券和保险市场秩序，加强管理，规范经营发挥了作用。

今年，还组织对6124个国际组织贷款和援助项目单位进行了审计，查处挪用外资和配套资金、倒卖物资和虚报工作量等问题102．23亿元；出具对外审计报告289份，对促进合理有效利用外资发挥了积极作用。

（三）粮食清查审计取得重大成果

根据朱镕基总理的指示，今年5至10月，审计署会同财政部等八个部门，对粮食系统新增财务挂账和其他不合理占用贷款情况进行了清查审计。各级审计机关抽调5万多人，经过半年多时间，审计了30850个粮食企业和2499个农发行分支机构，同时还对2681个粮食主管部门和2594个财政部门进行了专项审计或审计调查。通过审计，基本查清了政策性粮食企业占用农发行粮油贷款情况，核实了新增财务挂账和其他不合理占用贷款数额，为解决粮食企业财务挂账和深化粮食流通体制改革提供了依据。经过审计核实，粮食企业新增财务挂账2025亿元中，非正常亏损挂账559亿元，占27．6%，其余1466亿元属于正常亏损挂账，其中应由中央财政贴息的为1100多亿元；粮食企业占用农发行收购贷款总额5383亿元中，粮食部门用于附营业务和兴建宾馆、办公楼以及其他部门挤占挪用等642亿元；农发行将粮油贷款贷给非政策性收储企业和粮食系统以外的企业529亿元。审计中还查出各类严重挤占挪用收购资金、骗取国家补贴以及贪污公款等违法违纪案件1181件，已处理结案560件，166人受到党纪政纪处理，27人被追究刑事责任。

这次粮食清查审计是审计机关成立以来规模最大、参加人员最多的一次审计。广大审计人员在时间紧、任务重，部分地区遭受洪涝灾害的情况下，顾全大局，团结协作，忠于职守，严格执法，遵守纪律，廉洁自律，保证了审计任务的顺利完成，在社会上产生了一定的影响。同时，我们的审计队伍也经受了一次考验，涌现出许多先进人物和感人事迹。审计署决定，对这次粮食清查审计中表现突出的119名先进工作者予以通报表彰。

（四）深化企业审计试点取得一定经验

为了加强和改进企业审计，探索企业财务收支真实性审计的路子，审计署组织对23户国有大中型企业进行了审计。查出企业弄虚作假，资产、负债、损益不实的问题比较严重，资产不实数额占10．39%，负债不实占7．89%；企业财务报表反映利润总额38．87亿元，有36．92亿元是虚报，还有20．53亿元未在报表中反映；呆账、待处理财产损失和不良资产等形成的潜亏36．06亿元。通过这次审计，不仅摸清了企业家底，揭露了企业财务收支中弄虚作假，资产、负债、损益不真实的问题，同时，还初步探索了承诺制、统计抽样审计、测评内部控制制度和计算机辅助审计等方法，为今后加强和改进企业审计积累了经验。从企业审计试点情况看，当前，国有企业弄虚作假，会计核算不实的现象相当普遍，有的还十分严重，加强对企业财务收支真实性的审计是非常必要的。

根据国务院领导指示，今年还组织对162户国有重点亏损企业财务收支进行了审计，这些企业账面反映亏损24．28亿元，审计核实为48．26亿元，查出少报23．98亿元，相当于账面亏损的98．76%，此外，还有潜亏31．8亿元。对石油、石化行业56户企业财务收支进行了审计，查出石化企业多报利润59．1亿元，石油企业少报利润20．66亿元，部分石化企业从事境外原油套期保值业务损失14．77亿元。

在今年的企业和金融财务收支审计中，还发现了一些重大违法犯罪线索，如成都红光实业股份有限公司挪用募股资金炒作股票，东方锅炉厂向所组建的股份制企业转移利润，济南轻骑摩托车股份有限公司违规炒作股票、经营证券和存贷款业务等。根据国务院领导批示，有关部门对这些问题已进行查处。

（五）积极配合稽察特派员对企业进行审计并参与重大经济案件查证工作

今年以来，根据国务院领导批示，审计署抽调人员配合中纪委、监察部、公安部对6个专案进行查证；配合稽察特派员对天津渤海化工集团、长城铝业公司等进行专案检查；完成了领导交办的橡胶贷款使用情况、燕山集团私设小金库、中创公司清算、广东湛江走私案和海南财税部门税收提退等20多项专项审计。地方审计机关在查处重大经济案件和反腐败斗争中也做了大量工作，发挥了重要作用。

在做好各项审计工作的同时，今年6至9月，审计署根据国务院的统一部署，认真开展了以精简机构、压缩人员、定岗分流为主要内容的机构改革工作。审计署机关职能部门由14个减少到12个，派出机构由41个减少到25个，人员编制由889名减少到450名，精简49．4%。通过这次机构改革，理顺了审计署和有关部门的职能关系，调整了内部机构设置和职能划分，加强了审计业务部门，精干了综合管理部门，优化了人员结构，改进了机关作风。通过定岗定责，找差距，定目标，机关干部的精神面貌焕然一新，工作效率和质量明显提高。

二、今后五年审计工作的发展目标

今年是我国审计机关成立十五周年。十五年来，全国审计机关和广大审计人员在党中央、国务院和地方各级党委、政府的领导下，艰苦奋斗，开拓进取，审计工作有了较大发展，初步建立了以宪法为根本、以审计法为核心的审计法律法规体系，培养和锻炼了一支基本适应工作需要的审计队伍，审计工作开始走上法制化、制度化、规范化的轨道，为审计事业的进一步发展打下了良好的基础。

今后五年，是我国实现跨世纪发展战略目标的重要五年，各项改革进入攻坚阶段，经济发展处于关键时期。新形势对审计工作提出了新的要求，审计监督的任务越来越重。但审计工作水平、审计人员素质和审计技术手段同新形势的要求还不相适应。进一步加强和改进审计工作，把审计事业推向新的发展阶段，是各级审计机关的一项十分重要而紧迫的任务。为了进一步统一思想，明确目标，准确把握今后五年审计工作发展方向，审计署在广泛征求意见的基础上，研究制定了《1999至2003年审计工作发展纲要》。纲要确定了今后五年审计工作发展的总体目标、主要任务和措施，提出了财政收支审计、企业财务收支审计和金融机构财务收支审计的具体目标和要求。

（一）全面落实审计法，推进依法治国是今后五年审计工作的总体目标

党的十五大提出依法治国的基本方略。全面落实审计法，推进依法治国，既是审计机关的根本任务，又是社会主义市场经济条件下发挥审计监督作用的重要体现。因此，今后五年，审计机关必须坚

持把全面落实审计法，推进依法治国作为审计工作的出发点和落脚点。必须按照宪法和审计法的规定，坚定不移地履行职责，卓有成效地、创造性地开展工作，维护审计机关的法律地位和权威。尽管当前社会上对审计监督的认识还有一定的差距，依法审计还存在一定的困难，今后还可能遇到一些新的情况和问题，但在全面落实审计法这一点上决不能动摇。必须从维护法律尊严的高度加强审计监督，促进被审计单位依法行政，依法经营，依法管理，促进有关部门完善制度，健全法制，把推进依法治国落到实处。必须依法规范审计行为，提高审计执法水平，推进审计工作的制度化、法制化和规范化。

基于以上思路，纲要提出了今后五年审计工作的总体目标是，高举邓小平理论伟大旗帜，贯彻党的十五大精神，全面落实审计法，推进依法治国，在整顿经济秩序，加强宏观调控，推进各项改革，促进经济发展，维护社会稳定等方面更好地发挥作用。

（二）以审计财政财务收支真实、合法为重点，打假治乱，维护经济秩序是今后五年审计工作的主要任务

我国审计监督制度是在改革过程中建立和发展起来的。在新旧体制转换过程中，财经领域的违法违规问题非常突出，在当时条件下，审计机关把查处违法违规问题作为审计工作的重点是非常必要的，为整顿经济秩序，维护财经纪律发挥了积极作用。当前，财经领域中的违法违规问题出现了一些新的情况，会计核算不真实，财政财务收支中的弄虚作假行为十分突出。这既是经济秩序混乱的一种表现，也是造成经济秩序混乱的重要原因，不仅造成国家财力分散和国有资产流失，而且给国家宏观调控和决策带来误导。这些问题不解决，就不能全面揭露财政财务收支中的深层次问题，从根本上制止和纠正违法违规的问题，也会给有效实施审计监督带来困难。因此，把审计财政财务收支真实、合法作为审计工作的重点，既是现实的需要，也对加强和改进审计工作具有长远意义。西方发达国家经过了几十年、甚至上百年的财务审计，才基本达到会计核算的真实和规范，为全面开展效益审计创造了条件。我们要下大决心，花大气力，经过较长时间的努力，促进解决财政财务收支的不真实、不合法问题，逐步规范会计核算，为全面贯彻落实审计法创造良好的环境。因此，纲要提出今后五年审计工作的主要任务是，以审计财政财务收支的真实、合法为重点，加强和改进财政收支审计、企业财务收支审计和金融机构财务收支审计，打假治乱，维护财经秩序，揭露和制止财政资金损失浪费、国有资产流失、舞弊和腐败等问题，促进各部门各单位建立和完善内部控制制度，加强廉政建设，提高资金使用效益。

今后几年，财政收支审计、企业财务收支审计和金融机构财务收支审计都必须把检查会计核算的真实、合法作为重点。当前，重点揭露部门和单位隐瞒收入，虚列支出，挤占挪用专项资金，将预算内资金转作预算外，设立“小金库”，造成国家财政资金大量流失和损失浪费的问题；揭露国有企业资产、负债严重不实，虚盈实亏，虚报亏损，搞账外账，隐瞒收入，造成国有资产流失和大量潜亏的问题；揭露国有金融机构资产、负债和盈亏不实，掩盖账外经营和不良资产，造成金融风险隐患的问题；揭露一些部门和单位为了小团体或个人利益，弄虚作假，违法犯罪，给国家造成重大经济损失的问题。

（三）实行审计工作二十字方针，加强“人、法、技”三方面的建设是审计事业发展的基本保证

为了实现今后五年的目标和任务，审计工作实行“依法审计、服务大局、围绕中心、突出重点、求真务实”的方针，坚持全面审计，突出重点的原则，把财政投入较大和关系国计民生的项目作为审计重点；坚持点面结合的原则，注意发现大案要案的线索，下大气力揭露严重违法违规及舞弊和腐败问题；坚持执法必严，违法必究的原则，加大审计处理、处罚力度。

各级审计机关必须把加强审计队伍建设、完善法制建设、实现审计工作手段和技术方法现代化作为推动审计事业发展的根本任务，认真抓好，切实抓出成效。纲要中提出，要坚持以人为本，大力培养优秀审计人才，从严治理审计队伍，建设一支结构合理、适应审计事业发展需要的高素质审计队伍；要加强和完善审计法制建设，在贯彻执行38个审计规范的基础上，认真总结经验，制定适合我国国情、操作性较强并体现国际公认审计原则的国家审计准则体系，开展普法教育，加强执法检查，约束和规范审计行为，提高审计执法水平；要推广运用现代审计方法，加快计算机网络系统和审计信息数据库建设，积极开展计算机辅助审计，不断提高审计工作质量和效率。

三、努力完成1999年各项审计任务

最近召开的中央经济工作会议，明确提出了明年经济工作的总体要求，对改革和建设的一系列重大问题做出了部署，要求明年把稳定和加强农业、深化国有企业改革、搞好金融工作作为三项重点工作，切实抓好。这次会议为我们确定明年审计工作重点指明了方向。我们要认真学习贯彻中央经济工作会议精神和朱总理的重要指示，围绕经济工作中心，安排好明年的审计工作。

1999年审计工作的总体要求是，高举邓小平理论伟大旗帜，认真贯彻党的十五大、十五届三中全会和中央经济工作会议精神，围绕政府工作中心和各项改革措施，以打假治乱为重点，揭露和反映财政财务收支中的不真实、不合法、不规范以及损失

浪费、舞弊和腐败等问题，注意发现重大的违法犯罪线索，及时移交有关部门立案查处，在规范会计核算，维护经济秩序，促进实现经济发展和宏观调控目标方面发挥积极作用。主要任务是：

（一）深化财政收支审计

财政预算执行审计要认真贯彻中央经济工作会议关于实行积极财政政策的要求，强化收入征管审计，依法规范预算分配秩序和财政管理行为。对财政部门的审计，主要审查财政分配和资金管理使用中不真实、不规范的问题，促进严格执法，加强预算管理。对税收征管部门要加大审计监督力度，揭露有税不征、越权违规减免税、清理欠税不力以及保税货物监管不严、税源管理薄弱造成税款流失等问题，促进加强税收征管和税源管理。对国库系统的审计，重点揭露混淆入库级次、违规退库和拨付资金问题，促进依法履行职责，保障国库资金的安全完整。对政府各部门的审计，重点揭露乱收费、乱罚款、隐瞒转移收入、挤占挪用、损失浪费和机构改革中国有资产流失等问题，促进加强廉政建设，合理有效使用财政资金。对下级政府财政决算审计，重点揭露乱开政策口子、擅自减免国家税收、挖挤上级收入和违规使用上级财政专项资金等问题，促进地方政府依法管理财政，维护国家政令统一。

专项资金审计要突出重点，围绕国家重大改革措施、宏观调控目标以及社会热点问题，加强对财政投入较大和关系国计民生项目的审计监督。审计署统一组织对592个国定贫困县扶贫资金、三峡移民资金和平垸还湖移民建镇资金的管理使用情况，要集中一定的力量，对中央财政投资的水利等部分基础设施建设项目进行审计，要对国有企业下岗职工基本生活费、再就业工程补助费和养老保险基金的管理使用情况，募集赈灾专项资金和分配使用救灾款物情况，法院和检察院系统行政收费和罚没收入管理情况，以及中央所属高等院校财务收支情况等进行审计，重点揭露截留、挤占挪用专项资金和损失浪费等违法违规问题，促进专项资金按计划及时足额拨付到位，专款专用，提高资金使用效果。地方审计机关除完成审计署统一组织的专项资金审计项目外，根据地方政府的要求和各地实际情况，适当安排科教经费、救灾款物等专项审计。

（二）改进企业财务收支审计

企业财务收支审计要在1998年试点的基础上，按照深化企业审计的要求，以审计企业会计核算真实性为基础，重点揭露企业资产、盈亏不实，侵犯所有者权益，国有资产流失，以及盲目投资造成损失浪费等问题，促进企业加强管理，规范会计核算，保障企业资本的安全运营和国有资产的保值增值。把国有重点企业审计与国务院实行的稽察特派员制度结合起来，积极探索方法和路子。审计署组织对中央20户国有有色金属企业和部分其他企业财务收支进行审计，同时，组织开展境外企业审计和审计调查。

（三）加强金融机构财务收支审计

金融审计以审计财务收支真实性为基础，打假治乱，重点揭露违规经营、盈亏不实、资产不实以及账外账等虚假行为和问题，促进规范管理，依法经营，改善金融资产质量。审计署统一组织对中国工商银行和中国建设银行系统资产、负债、损益情况进行审计，对890个国际金融组织贷款和国外援助项目单位进行审计，严肃查处违反财经法规问题，如实对外披露违反贷款协议行为。地方各级审计机关组织对地方商业银行等金融机构进行审计或审计调查。

四、加强对内部审计指导和社会审计业务质量监督

目前，我国内部审计工作有了一个好的基础，全国已建立内部审计机构10．2万个，配备内部审计人员27．6万人。内部审计机构积极开展财务收支审计、效益审计和经济责任审计，不断拓宽审计领域，深化审计内容，在维护财经法纪，促进所在部门和单位建立健全自我约束机制，依法经营，加强管理，提高经济效益等方面发挥了重要作用。审计署决定，对220个内部审计工作先进单位和248名内部审计工作先进个人予以表彰。

随着社会主义市场经济体制的建立和政府职能的转变，国有企业将按照现代企业制度的要求，逐步成为“自主经营，自负盈亏，自我约束，自我发展”的法人实体和市场竞争主体。建立健全内部审计机构，完善内部自我约束机制，促进部门和单位加强经营管理，保证会计核算真实、合法，已成为部门和单位提高经济效益的一种内在需要。内部审计应在所在部门和单位的领导下，按照市场经济规律的要求，自我发展，自我完善。国家审计机关要按照审计法的规定，切实履行对内部审计指导的职责，但在指导方式上要加以改进。国家审计机关主要通过制定内部审计的政策法规，加强对内部审计工作的指导。还要结合项目审计，检查内部审计工作质量，促进被审计单位建立健全内部审计制度，利用内部审计成果，支持内部审计机构开展工作。同时，还要成立内部审计协会，通过协会制定内部审计业务准则，总结交流经验，培训内部审计人员，加强对内部审计的专业管理。

对社会审计组织的监督，是审计法赋予国家审计机关的一项重要职责。国务院批准的审计署“三定”方案中明确规定，审计署对社会审计组织的业务质量进行监督。国家审计机关要采取重点抽查、结合审计业务检查和根据群众举报专案检查等方式，对本地区有一定影响的社会审计组织业务质量进行抽查，重点揭露出具虚假审计报告和验资报告等违法违规问题，依据有关法规严肃处理，促进社会审计组织公正执业，提高工作质量。

五、进一步加强思想政治工作，努力建设高素质审计队伍

坚持以人为本，加强审计队伍建设是我国审计事业发展的一条基本经验。实现审计工作跨世纪的发展目标，要靠高素质的审计队伍作保证。但是，目前审计队伍的现状还不能完全适应新形势的要求。主要表现在：一些干部事业心和责任感较差，机关作风不扎实，审计基础工作薄弱，审计人员宏观意识不强，结构不合理。在廉政建设方面也存在一些问题。因此，各级审计机关要从审计事业的长远发展出发，按照朱总理关于“从严治理审计队伍”的要求，把提高审计队伍的政治业务素质摆在更加突出的位置。不管在任何情况下都不能放松做人的工作，越是在审计任务繁重，审计工作困难多的时候，越是要重视提高人的素质。

（一）切实加强思想政治工作

要加强政治理论学习和思想教育，组织广大审计人员认真学习马列主义、毛泽东思想和邓小平理论，坚持用解放思想、实事求是的思想路线指导审计工作实践。要加强法制教育和审计职业道德教育，增强法律意识，树立爱岗敬业的良好风尚。要把思想政治工作贯穿于审计工作始终，统一认识，疏通思想，鼓舞士气。要加强精神文明建设，深入开展创建文明机关、做人民满意的公务员活动，树立争先创优、积极向上的良好风气。要加强机关作风建设，严格办事标准和程序，树立“落实、扎实、老实”的作风。

（二）大力培养优秀审计人才

制定考核标准及考核评审办法，加紧培养和选拔审计专家和业务骨干。继续组织好中级专业技术资格考试，实行以考试为主、考评结合的高级专业技术资格评审制度。有计划、分层次地对审计人员进行教育培训，选派审计人员到高等院校深造，或到国外培训。严格把好进人关，注意录用财政、金融、法律等宏观经济管理方面的人才。地方各级审计机关要结合机构改革，减少非审计专业人员，优化人员结构，改进机关作风。

（三）积极推进干部人事制度改革

建立竞争激励机制，积极推进和完善干部竞争上岗制度，促使干部真正做到能上能下。选拔干部要坚持德才兼备的原则，打破论资排辈的传统观念。实行干部轮岗和异地交流制度，署机关、派出审计局和特派办处级以上干部要定期轮岗和交流。各地审计机关要根据地方党委和政府的要求，积极试点，加大干部轮岗、交流的范围和力度。要积极创造条件，开展竞争上岗，公开招聘，发现和选拔优秀人才，特别是使年轻的优秀干部走上领导岗位。

（四）努力建设强有力的领导班子

深入开展以讲学习、讲政治、讲正气为主要内容的党性党风教育，提高领导干部的理论修养和政策水平，保持政治上的坚定性。坚持民主集中制原则，增强领导班子的凝聚力，班子成员要从党的事业出发，讲党性，讲原则，互相信任，互相支持，充分发挥班子的整体作用。建立和完善后备干部制度，高度重视培养和选拔优秀年轻干部进入领导班子，增强班子的活力。加强对领导干部的监督，定期对领导班子进行考核，完善领导干部民主评议制度。

一个班子的好坏关键在于一把手，各级审计机关领导班子的一把手对自己要有更高更严格的要求。这里，我强调四点：一是要在政治上同党中央保持高度一致，坚决贯彻执行中央的方针政策和上级的指示，把握正确的方向，始终把国家利益和人民利益放在第一位。二是要严于律己，言行一致，以身作则，不以权谋私。三是要胸怀宽阔，表里如一，光明磊落，倾听群众意见，虚心接受批评，办事公道，平等待人。四是要保持良好的精神状态，有强烈的事业心、责任感和饱满的工作热情，主动自我加压，不断提出新的目标。最近几年，一批中青年干部走上了一把手的岗位，希望这些同志不负重托，不辱使命，奋发图强，恪尽职守，为审计事业的发展贡献自己的全部力量。

（五）切实抓好廉政建设

严格执行廉政建设的各项规定，建立廉政责任制，把审计组作为审计机关廉政建设的重点，加强监督检查，严肃查处违反廉政纪律的行为，保持审计机关清正廉洁、客观公正的良好形象。

为了把思想政治工作和队伍建设落在实处，审计署制定了关于加强领导班子建设和队伍建设两个实施意见，这两个意见是针对审计署机关和派出机构制定的。地方各级审计机关可以参照这两个意见，按照当地党委和政府的部署，研究制定加强领导班子建设和队伍建设的具体办法。

同志们，今后五年我国审计工作既面临着挑战，又面临着新的发展机遇。我们一定要高举邓小平理论的伟大旗帜，在以江泽民同志为核心的党中央领导下，扎实工作，开拓进取，努力实现审计工作跨世纪发展目标，在建立和发展社会主义市场经济体制中更好地发挥审计监督的作用。

在全国商业银行审计培训班上的讲话（摘要）

（1999 年 1 月 29 日）

李金华

在新的形势下，如何改进金融审计工作

我们这个培训班，重点要解决一个问题，就是在新形势下，如何加强和改进金融审计。这个新形势就是如何防范和化解金融风险。我个人这样看，就当前我国金融领域存在的问题而言，就金融讲金融，解决不了问题。金融的问题，关系到财政、企业等很多方面。金融资产质量不高，很多问题是国有企业资产质量不高的反映。管好金融本身，当然可以防范和化解金融风险，但从根本上讲还是取决于国家经济的发展、国有企业的深化改革、经济质量的提高。金融审计一定要站在一个更高的层次上，站在国家经济全局的角度上，去看待金融问题；要站在怎样有利于防范和化解金融风险这个角度，去开展金融审计工作。总体来说，我们过去的审计，不管是财政审计也好、金融审计也好、企业审计也好，多少受到计划经济的影响，基本上还是站在单纯的财政监督的角度上搞审计，就是单纯地减少财政支出，增加财政收入。金融审计也是这样，是不是费用突破了标准，挤占了财政收入，最后归结为一点，就是查违纪、收钱，钱收得多成绩就大，钱收得少好象就没有成绩。这是一种单纯的财政监督。过去为什么讲审计跟财务大检查没什么区别，问题的要害就在这里。我们过去讲，从微观入手，从宏观着眼，从宏观的角度去加强审计监督，实际上这些年这个问题并没有得到很好的解决。审计监督按照审计法规定，是监督财政财务收支的真实、合法、效益，国际上各国都是概无例外的。而且就合法不合法来说，也不仅仅是影响不影响财政收入的问题。所以，在新的形势下，怎样全面落实审计法，全面加强审计监督，从单纯的查处影响财政收入的目标走出来，是摆在我们面前的一个很重要的问题。李鹏同志在当总理的时候，讲过这么一句话，说审计为财政增加收入，是一种副产品。我很赞同这个看法。当然该收的还要收，但主要目的不是在这里。我们金融审计当前重点还是应该放在把家底搞清楚，首先就是金融企业所反映出的财务状况是不是真实的。第二，就是金融机构的行为对金融风险起什么样的作用，是防范化解它，还是滋长它。金融问题，不论是国内也好，国际也好，它都是经济生活中一个非常敏感的、非常要害的、关系到全局的一个问题。当然应该说我们国家这些年采取了很多措施，在防范金融风险方面是有成效的，但有很多矛盾还没有完全暴露出来。

所以我们这次审计的重点一个是要把家底搞清，怎么才能把家底搞清，要认真研究。第二个是怎么样从防范化解金融风险方面，从审计的角度，做我们应该做的工作。审计的重要职责就是揭露问题，所以我认为审计必须把查清问题、揭露问题放在第一位，有些问题审计不能直接处理，但是我们要揭露。第三个就是抓案子，这也是总理交代的，重大的问题要追究责任。

如何处理好审计与被审计单位的关系

审计与被审计是一个对立面，这是毫无疑问的，但是要看到总体目标是一致的，所以在审计过程中，要加强与被审计单位的沟通、协商与通气。将来有的问题还要依靠金融工委。哪一个行的行长也不希望本系统出现大的问题，都希望经营得好一些，管理得好一些，他们也在做这方面的工作，银行有银行自身的优势，审计有审计的优势，看怎样结合起来。审计机关审计的目的还是为了把中国的银行和金融工作搞好，防范和化解风险。审计与被审计，虽然有矛盾，但是总的目的是相同的。在这个过程中，有不同看法是很正常的，我认为审计机关应该严格依法审计，很多问题要实事求是地去分析产生问题的历史原因、客观原因、主观原因，有些属于违法、有些属于违规，有的属于罪、有的属于非罪，这些都要搞清楚。所以审计应该严格依法，不能含糊，处理要实事求是。

要研究解决金融审计面临的新问题

过去我们对银行分支机构的审计，是授权给地方审计机关的，这种做法与目前形势是相悖的。因为现在整个银行的领导体制都发生了变化，金融体制改革很重要的方面是中央银行及中央国有商业银行摆脱和地方的各种关系，经济、行政、党的关系都全部归中央，在这种情况下，再把银行的分支机构授权给地方审计机关审计，就不合适。但银行的机构很大，网点又很多，光靠审计署审计很困难，所以这次我们采取由审计署统一组织力量审计的方式，就是审计署统一制定审计方案、统一下发审计通知书、统一制定处理标准、统一提出审计结论，这种方式在组织上、操作上可能有许多具体问题，我希望金融司和大家研究。我听说大家提出了许多具体问题，有些问题是有道理的，就是说，要搞好一项工作，必须解决好操作问题，操作问题解决不了，这个工作是搞不好的。所以，怎么操作，希望你们再研究。总的原则就是不违背署里统一组织这个原则，统一计划、统一标准、统一处理。怎么操作，你们再考虑。有一条必须讲清楚，请地方审计机关参加中央国有商业银行的审计，是审计署统一组织的，你们只能对审计署负责，不能对任何其他人负责。这项工作不受任何地方政府和个人的干预。如果发现这样的问题，这样的地方就不要再参加审计，这要作为一条纪律定下来。这项工作只能向审计署汇报，不受地方任何政府和部门、个人的干预，这条必须坚持。今天各地厅局都来了领导同志，希望你们回去都如实向党组、主管领导汇报这个情况。在这个问题上，我们要有全局观念，服从审计署的统一安排。

总之，我觉得金融审计是一项非常重要的工作，它对我们国家当前的整个经济建设、体制改革，化解防范金融风险，有着很重要的意义。这项工作搞好了，能够对整个工作起推动作用。相反，如果搞不好，可能会起副作用。

在全国固定资产投资审计研讨会上的讲话（摘要）

（1999 年 1 月 30 日）

李金华

今年，中央仍然要采取积极的财政政策，通过积极的财政政策拉动国内需求，促进国民经济增长。因此，现在党中央、国务院在基本建设投资上最关心两大问题，第一个问题是不能再搞重复性建设。当前国有企业的改革及扭亏为何如此艰难，其根本原因是多年来低水平的重复建设所致，造成大量加工工业生产能力过剩。过去不是把财力放在加强技术改造，提高技术水平上，而是放在上项目上，扩大生产规模，搞外延扩大再生产。市场上商品很多，但真正适销对路的商品不多。例如，钢铁的产量排在世界前列，但品种不行，还需要进口；粮食产量不低，但粗粮太多，精粮太少；玻璃、家电、煤炭、纺织等行业也如此。有些行业不是建设问题，而是相对压缩生产能力问题，这样又造成了一批职工下岗。中央已下决心不再搞重复建设。但地方不一定如此，有些项目在局部是需要的，地方上一个项目可能把这个地方经济带动起来。现在很多项目竣工之日便是亏损之时，这样的事例很多，搞一个项目背一个包袱。国家决定不再搞生产能力过剩的加工工业、不再搞重复建设。要搞基础设施建设，为今后经济发展打下基础。第二个问题是基本建设的工程质量问题。现在工程质量不断暴露出问题。建筑行业存在两个问题，一个是行业的腐败，一个是工程质量，二者是相互联系的。当然工程质量差并不全是腐败而生，但是很多工程质量问题都与腐败紧密相关。最近暴露的问题只是刚刚开始。例如，重庆綦江“彩虹桥”的问题，一些高速公路出现的问题。这些问题如果不加以重视的话，可能会蔓延，特别是当前的水利工程。所以，江总书记、朱总理经常强调防止“豆腐渣”工程。

今年把国家水利建设作为工作重点是总理提出的，他非常关心、关注这个问题。重点放在哪？我认为固定资产投资审计和财政、金融、企业审计是不一样的。财政审计首先是摸清家底，这是基本要求。同时要揭露财政预算执行中的弄虚作假问题。金融审计安排审计工行、建行，要求首先也是摸清家底，揭露弄虚作假，违法乱纪的问题。我觉得对水利建设资金的审计，不一定提摸清家底问题。因为你要把所有的水利建设资金都摸清，一是难度很大，另外不一定有这个必要。投资审计和企业审计有相似之处，不一定面对整个行业的资金。当然我们也要从总体上审计资金的来源、筹集、到位情况。但今年审计的重点不在这，重点是面对所确定的审计项目。因为一个项目有相对独立性，要有立项、审批、概算，它是一个一个相对独立的个体，应该把每个项目的资金来源、使用、结果搞清楚。今年项目审计不要就财务讲财务。我建议把重点放在两方面，一个是资金来源是否及时到位，资金使用是否被挤占挪用，这个不能放。因为我觉得跟其他项目还不一样，水利资金被挤占挪用，其后果将会是灾难性的。因此绝对不能挤占挪用。再一个是资金使用过程中有无损失浪费，损失浪费与工程质量是紧密相连的。就是要通过审计保证这项投资的质量。在这个过程中，要特别注意通过对资金使用情况的审计，发现挤占、挪用、舞弊的重大线索，并追究有关人员的责任。投资审计的立足点应该有所变化。重点是资金的使用是不是合法的，是不是真实的，有没有因各种原因造成资金的损失，最后影响工程质量。其他原因影响工程质量也应延伸审计。一定要把保证工程质量作为本次审计的目的。从财务收支角度看，关键是资金用得好不好，是否有跑冒滴漏问题，如果有，怎么造成的，如果有挤占挪用的，不管犯不犯罪，都要追究责任。审计机关一定要查清问题，要把揭露问题放在第一位，只要把重大问题揭露出来，在目前的形势下不要担心问题的处理。国务院对这些问题非常重视，有些问题由于审计手段所限搞不下去，我们可以提请有关部门、司法机关、纪检监察部门处理。今年审计如果搞不出几个重大案件的线索，最后是给国务院交代不了的。总理反复强调这个问题，这次国务院给人大的报告也强调这个问题，就是要追究经济生活中的一些触犯刑律的问题。过去我们很多问题只是就财务讲财务，罚款、追还、归还原资金渠道等，有很多问题是触犯刑律的，没有引起我们高度重视。今年投资审计的重点要放在：第一，确定一个项目，就要把这个项目审透。第二，审项目重点在于资金的使用有无跑冒滴漏问题，以及影响工程质量的要害问题。当然不一定每个项目都有问题，都没问题当然好。最近内参反映万县挪用移民资金，总理作了批示。工程项目款、移民资金款、水利建设款，只要有挪用决不能放过。挪用、不负责任、个人的行贿受贿贪污舞弊这类问题，一经发现不能有任何疏忽大意，必须深究。投资审计的风险也是很大的。项目审过了，决算也没问题，有一天项目出了问题，突然塌了、倒了、毁了，人们会问这个项目审计过了没有？如何审的？发现问题没有？审过为何没发现问题？到那时我们怎么回答，审计组长、审计局怎么回答这个问题？我在这里也不是有意批评哪个单位，北京西客站工程审计便是一个例子。我们该不该吸取教训？一个项目审计必须有责任人，能经得起历史的检验。我们发现问题要上报，要有个交代。

投资审计要抓住重点项目，审深审透。全国审了五百个项目，你把五百个项目说清楚，总的资金投入是多少，情况怎么样，有无挤占挪用，不一定所有项目都有重大问题，有的项目就没问题，有的项目问题不大，有的问题就很严重，但最后根据这些项目分析下来，那些普遍性的问题是什么，要通过审计总结规律性的东西。我主张基本建设审计不能笼统地提摸清家底。就一个项目要搞清楚，资金的来源、使用状况、使用中的问题、影响质量的问题。据我了解，国外工程审计中懂工程的人很多。如日本的审计报告，很详细。工程技术人员到现场看，要用500标号水泥，你到底用的是多少号，路面水泥厚度该多少，报告都带图纸，问题都讲清楚。我们做不到这一点，但我们要走出房间，对工程进行抽查。要说效益审计，应该首先体现在基本建设项目审计上，按设计图纸使用的建筑材料是否合格，各种标准是否符合要求，要揭露这些问题。一个大项目搞全面很困难，但关键之处应该进行抽查。我们可以进行探索。所以投资项目审计，一定要把资金使用状况和工程质量问题放在工作的重点上。要进一步探索，开拓性地去工作。这样便可能发现重大隐患问题、也可能发现重大的经济犯罪线索。我们投资审计风险更大，要经得起历史的检验，对历史有个交代。也许审计后头几年还可以相安无事，但时间长了问题暴露出来了，不好收拾。当然还有其他问题，如存在地方保护主义，相互不配合，可能有些问题会影响工程质量、工程进度。这种专门的问题要形成专题报告。我们对项目，既要监督项目建设情况，又要保护项目的合法权益，影响项目质量的项目之外的重要问题，你们处理不了，但你们要反映这方面的情况。这些年，投资审计做了很多工作，但不是让人非常满意。为什么，几次向人大报告，这些方面的内容很少，去年要求拿东西拿不出来，咱们基本建设审计队伍也不小，政府给人大的报告，我希望每个部门在里面都有一席之地。这是审计署工作的最综合的反映，你作为这么一个专业，在里面没有你的任何反映，这就说明问题，工作做的不少，拿不出东西来，提炼不出东西来。现在一般地给国务院报账是不行的，审了多少、核减多少、违法违规多少、收了多少，你只报这些肯定是不行的，说明不了问题。要体现你的行业特色。

关于审计队伍廉政建设问题。这个问题至关重要，审计队伍廉洁问题不仅涉及廉政建设，还涉及到审计的独立性，涉及到审计能否客观公正，涉及到审计人员的历史责任问题。当然我们的队伍总体还是可以的。但这话可以讲多长时间，不敢肯定。廉政状况不可估价太高，不能有丝毫放松。一些重大问题未经发现分两种情况，一是审计人员业务水平不高，没有严格按审计规范去办，未能发现。但如果有一天得知你在人家那里收了礼，求人家办了事，那就不是一个简单的失职问题了。我还举那个例子，广东省佛山市一个区财政局的预算科长，三、四年时间贪污一亿五，而这个区的年财政收入只有一个亿，有一年他就贪污了一半，案发前人跑了。这事发生以后，财政司几次调查，开始说和我们关系不大，我说不可能，审了没有？审了为什么没有发现？一亿五啊，你怎么审的？我们要对历史负责任，审计局局长对这个事为什么没有责任？审出问题也可以，审不出问题也可以，那还要审计机关于什么？干审计，你就必须考虑你的所作所为对将来的影响。过去我们讲风险讲的少，现在我逢会必讲，为了避免或减少审计风险，一要逐步健全审计法规，完善审计准则，加强规章制度建设，提高审计人员业务水平，大家严格按照规定执行，不要马虎。二是严格遵守审计纪律。接受点礼品，求人家办点事，报销点费用，好象小事一桩，不出事则已，一出事就无法交代。我提醒大家在这个问题上一定要有很高的自觉性。不要接受礼品，不要吃喝玩乐。廉政建设关系到审计机关的形象，关系到能不能依法审计，客观公正。朱总理非常关心这个问题。他要求审计干部要廉政，要廉洁，要从严治理审计队伍。最近他又讲，廉政问题实际上是政府机关能不能为人民服务的根本问题。老百姓衡量官员好坏的标准，就看你是贪官还是清官，历来就是如此。我希望我们的干部在这方面不要出问题。当然作为审计机关要关心大家，力所能及地为大家解除后顾之忧。

关于1998年中央预算执行和其他财政收支的审计工作报告

——1999年6月26日在第九届全国人民代表大会常务委员会第十次会议上

李金华

委员长、各位副委员长、秘书长、各位委员：

我受国务院委托，向全国人大常委会报告1998年中央预算执行和其他财政收支的审计情况，请予审议。

1998年，面对亚洲金融危机的冲击和特大洪涝灾害的影响，全国各族人民在党中央、国务院的正确领导下，团结奋斗，克服重重困难，坚决执行扩大内需的决策，大力加强基础设施建设，进一步推进各项改革，国民经济继续保持持续快速健康发展的势头。在此基础上，财政收入增长速度继续高于国民经济增长速度，财政支出基本保证了扩大基础设施建设、实施科教兴国战略和保障社会稳定等方面的需要。

根据审计法的规定，审计署对1998年中央预算执行情况进行了审计，主要审计了财政部具体组织执行中央预算情况，国家税务局、海关系统税收征管情况，中央金库办理预算资金的收纳拨付情况，国务院各部门预算执行情况。同时，审计署还对水利专项资金和国家重点建设项目等其他财政收支进行了审计。从审计情况看，1998年中央预算执行情况是比较好的，完成了人大批准的中央预算任务，财政赤字控制在预算之内。但预算执行和其他财政收支仍存在一些不真实、不合法、不规范的问题，有的还相当严重。对这些问题，审计署依照国家有关法律法规分别作了处理，财税部门和国务院其他有关部门采取了相应的整改措施。

这次审计，还对1997年中央预算执行审计处理决定的落实情况进行了检查。总的看，国务院各部门执行审计决定的情况是好的，审计查出的问题基本得到了纠正，并制订了相应的管理办法和改进措施。对此，国务院办公厅已向全国人大常委会办公厅作了专题报告。

一、1998年中央预算执行审计结果及处理情况

（一）审计财政部具体组织执行中央预算情况

通过这几年的审计，财政部对存在的问题进行认真整改，采取了一些措施，加强对中央预算执行的管理和监督，取得了一定的成效。1998年，财政部在组织预算收入，调整支出结构等方面做了大量工作，保证了各项事业发展的需要。但在具体组织执行中央预算过程中还存在一些问题。

1．批复预算不及时。

根据预算法实施条例的规定，全国人大批准中央预算后，财政部应当在30日内批复到各预算单位。但财政部没有及时批复1998年度农林水利气象事业费、文教科学事业费等支出预算，有的延迟1至5个月批复，有的延迟半年以上，到第四季度才批复。中央基本建设投资预算也有一部分没有及时批复，主要是由于国家计委年初下达的基本建设投资计划没有全部落实到具体项目。这样做，不仅使预算缺乏透明度，失去严肃性，而且使财政资金不能及时发挥使用效益。对此，财政部、国家计委要高度重视，采取有效措施，严格执行预算法，及时批复预算。

2．部分应收缴的财政收入没有清缴入库。

财政部涉外司违反规定将部分境外中资企业上缴的利润存入境外企业周转金账户，没有缴入中央

国库。经贸司对1995年以来预算支出安排的粮棉油“三挂钩”补贴等结余资金没有及时收缴，并同意直接抵顶部分支出。上述资金财政部将收缴入库。今后要严格执行预算法，保证预算收支的真实、完整。

3．一些司局和个人利用职权动用财政资金办公司、建楼堂馆所。

1998年6月，财政部原工交司部分人员在机构改革之前，利用职权，向民航总局等5家单位募集资金，成立中盛科技投资发展有限公司，其中，要求民航总局作为股东之一出资，并同意可以从民航基础设施建设基金中列支。截至1998年8月，共募集股本金9200万元，主要用于购买国债和炒股票。

1992年底，财政部提出由各省财政厅集资在上海浦东建金隆大厦。截至1999年1月，共筹集支农周转金等财政资金1．45亿元。该大厦已基本完工，建筑面积3万平方米，共24层，包括综合商场、客房和写字间等。

动用财政资金办公司、建楼堂馆所的做法是错误的。财政部将追回挪用的预算资金，所募集的资金清理归还原渠道，并追究有关人员的责任。

4．未按规定编制预算外资金收支计划和决算。

根据国务院关于加强预算外资金管理的规定，中央财政预算外资金每年应编制收支计划和决算。但财政部至今没有编制1998年度预算外资金收支计划，也没有及时编制决算。今后财政部要严格执行国务院的规定。

5．少征中央非税收入。

审计财政部18个驻地方财政监察专员办事处，查出由于监缴不力，造成少征民航机场管理建设费、三峡工程建设基金和中央电力建设基金等中央非税收入23．65亿元。对少征的收入财政部将按照国家有关规定，责成有关单位补征入库。

（二）审计国家税务局系统税收征管情况

国家税务局系统继续加大税收征管力度，完成了工商税收的增收目标。但税收征管中也存在一些问题。审计15个省级国税局，查出违法违规金额47．70亿元，其中造成中央税收收入少收17．91亿元。主要问题是，越权批准减免税，少征、漏征税款，混淆税收入库级次，违规多提代征代扣手续费，以及为了完成税收任务，征收“过头税”等。审计署对这些问题已作出处理，少征、漏征和越权批准减免税的，限期补征入库；混淆入库级次少收中央税收收入的，限期调整缴入中央国库，并对问题严重的国税部门给予警告；虚收税款的问题，要求立即纠正；多提的代征代扣手续费，限期缴入同级国库。

天津市蓟县国税局虚开增值税发票，截留和侵吞国家税款等问题十分严重。该县国税局有征收任务的11个税务所中，有10个存在虚开增值税专用发票问题。虚开的增值税专用发票全部按17％或13％的税率填写，实际只按2％至8％收款，大部分是收取现金。1997、1998两年，共虚开增值税专用发票10753份，损失国家税款1748万元。此外，蓟县国税局受县政府委托代征规费，每年定额上缴50万元，超过部分自留。该局为了多得收入，弄虚作假，将应缴增值税转作地方规费收入，侵吞国家税款673万元，私设“小金库”，用于乱发奖金、购买汽车等。还将部分增值税以营业税、城建税等名目缴入地方国库，骗取地方奖励200万元。此案已移交检察机关立案查处。该局局长涉嫌经济犯罪，已被逮捕。

（三）审计海关系统关税征管情况

海关系统进一步加强监管，积极组织收入，超额完成了征收任务。但在税收征管中也存在一些问题。审计海关系统18个直属海关，查出擅自降低税率、违规批准减免税和保税货物监管不严等违法违规金额16．6亿元，其中造成少征税收收入6．14亿元。上述问题，审计署已按有关规定作了处理。少征、漏征和违规减免的税收，限期补征入库；欠缴的税款，责成海关采取有力措施，积极催缴入库。

最近，中纪委和最高人民法院公布了广东湛江特大走私受贿案的处理结果。在这个案件的查处过程中，审计署根据中央领导的指示，配合中纪委进行了大量的查账和取证工作，对22家走私公司的资产进行了清理核实，对33个犯罪嫌疑人的银行存款等财产进行了清查，对走私公司走私成品油、汽车和偷逃税款等情况进行了调查核实，为案件的迅速侦破提供了重要依据。

另外，审计还发现了其他一些涉嫌走私案件。如有的海关没有执行国家关于敏感性商品原则上不得转关的规定，对某保税仓库要求转关的敏感性商品的单证审核不严，批准其办理保税货物的转关。在转关过程中由于监管不严，货物去向不明，涉嫌走私和偷逃税款。这些涉嫌走私案件，海关总署与有关部门已立案侦查。

（四）审计中央国库办理预算资金收纳拨付情况

国库系统加强国库监管，完成了预算资金的收纳、划解和支拨任务，但在国库监管中也存在一些问题。审计中央国库18个省级分库，查出收入级次审核不严，将中央收入缴入地方国库和违反规定为税务部门办理经费退库、提取不合理的代征代扣手续费等违法违规金额16．06亿元，其中造成减少中央财政收入2．88亿元。审计署对这些问题已作出处理，对混淆收入级次、违规办理退库减少中央收入问题，已责成有关国库督促财税部门于1999年上半年调整缴入中央国库；同时，要求有关国库严格按照国家规定加强监管，保证税款及时足额缴入国库。

审计还查出银川市城区和新城区人民检察院、

国税局在协查“金华税案”过程中，将查缴的增值税罚没收入，以“误收退税”名义，从中央国库违规办理退库，同时要求企业将尚未缴入国库的罚没款，以现金形式上缴给检察院，共计67万元。检察院与国税局将截留的罚款均分，放在账外由个人保管，用于发放奖金和请客吃饭等。宁夏自治区党委和政府对此案非常重视，认真进行了查处，截留私分的罚没收入已全部追回上缴中央财政，6名责任人员受到党纪政纪处分，并在全区进行了通报。

（五）审计水利部预算执行情况

审计查出水利部弄虚作假，乱拉资金建楼堂馆所，私设“小金库”，以及大量挤占挪用专项资金等严重违法违纪问题。主要是：

顶风违纪，修建高档写字楼。1995年，水利部违反中央关于停、缓建楼堂馆所的通知精神，决定在北京六里桥地区建水利调度综合楼，实际是包括商务、餐饮、客房在内的高档写字楼。为了使这一项目合法化，他们采取不正当手段使项目得以开工。为解决项目建设资金不足，该部从所属企业和地方水利部门等11个单位收取集资款1．46亿元，其中大多数来源不正当，有的甚至采取上下串通的办法，由水利部下拨水利专项资金，然后再返回作集资款。

隐瞒转移南水北调资金，设立“小金库”。1996年1月，水利部要求丹江口水利枢纽管理局将南水北调中线项目前期经费1．35亿元中的6500万元交回。水利部收到这笔款项后，由机关服务局另立账户，作为“小金库”，存入中国华能财务公司等单位吃利息。

挪用水利专项资金。1994至1998年，水利部及下属单位共挪用水利专项资金1．16亿元。如水利部1998年挪用大江大河堤防工程资金1400万元，给黄河水利委员会等单位建宿舍。水利部下属中国水利投资公司挪用水利基建款和百条挖泥船项目专项资金5274万元，用于投资和购置办公楼及宿舍甚至炒股票等。

国务院对上述问题非常重视，已决定没收非法建造的水利调度综合楼，收回被挤占挪用的水利资金用于水利建设，并追究有关领导和直接责任人员的责任。

（六）审计国务院其他部门预算执行情况

审计国务院53个部门和直属单位，查出违法违规金额164．05亿元。其中，有18个部门应缴未缴预算收入28．10亿元；有43个部门挤占挪用财政资金31．24亿元，用于弥补机关行政经费不足、建楼堂馆所和对外投资等；有19个部门滞留欠拨财政专项资金累计33．73亿元，使有限的财政资金没有发挥效益；21个部门有50．63亿元预算外资金未按规定缴入中央财政专户管理。对上述问题，审计署已按国家有关规定进行了处理。

应缴未缴预算收入的，要求限期上缴中央财政；擅自将财政预算拨款挪作他用或转为有偿使用的，按规定予以纠正。

这次审计还查出，1996年国家旅游局所属中国旅游国际信托投资有限公司采取收入不入账的手法，私分国债收益385万元，人均12万元，董事长一人分得77万元。此案已移交检察机关立案查处。

二、其他财政收支审计结果及处理情况

（一）审计专项资金管理使用情况

审计水利专项资金，查出部分地区未按规定筹集水利建设基金以及挤占挪用、虚报冒领、应拨未拨水利专项资金等问题。审计情况国务院办公厅通报全国后，各级政府及审计、监察等部门对审计查出的问题进行了严肃查处。截至1999年3月底，原来未按规定建立水利建设基金的均已建立；已促进资金到位10．08亿元，归还原资金渠道9．11亿元，上缴财政资金1．20亿元；有7起案件已移交纪检监察部门处理。

审计电力建设基金和三峡工程建设基金，查出有20个省区市自立名目，加价征收电建基金119．85亿元；有21个省区市越权减免和漏征28．38亿元；有10个省市挤占挪用电建基金16．76亿元用于非电力项目投资；还有一些省的电力主管部门和财政部门延缴或坐支电建基金。审计署对上述问题已按国家有关规定作了处理，对挤占挪用的限期清理收回，对延缴或坐支的清缴入库。

审计公安行政收费和罚没收入，查出违反国家规定自立收费项目100多项，隐瞒、截留、挪用应上缴的收入13．56亿元，有6．38亿元收入未按规定纳入财政预算外专户管理，有的还私设“小金库”，滥发钱物。对审计查出的问题，审计署已依照有关法规进行了处理，已上缴财政3．49亿元，追回被挤占挪用资金7038万元，罚款9499万元。

（二）审计社会保障资金管理使用情况

审计铁道、邮电等11个行业主管部门统筹企业职工基本养老保险基金，查出超标准发放和挤占挪用等违法违规金额10．14亿元。如原邮电部社会保险事业管理局在行业统筹移交地方管理之前，自行调整职工养老金标准，共超标准拨付1．48亿元。原煤炭部社会保险事业管理局将部分省市上缴的947万元另立账户，全部隐匿，并将其中的610万元长期借给私营企业使用。该局以返还养老保险启动金为名，将养老保险基金290万元转给所属北京恒安咨询中心用于归还贷款和借给私营企业。审计还发现该局从银行一次性提取的养老保险基金利息收入81万元下落不明，有关人员涉嫌贪污，已移交检察机关立案查处。

（三）审计救灾款物的分配和使用情况

对1998年各级政府拨付和社会各界捐赠的救灾款物的接收、分配和使用情况进行了审计。经审计核实，1998年，全国民政系统（包括慈善系统）和红十字会系统共接收救灾款物103．2亿元，当年已安排支出62.96亿元，结转下年使用40.24亿元。从审计情况看，民政部和红十字会对救灾款物的管理是严格的，分配使用情况是好的。但审计也查出少数基层单位有挤占挪用救灾款物的问题。对审计查出的问题，各级审计机关依法进行了处理，追回款物1469万元，137人受到行政处分，4人移交司法部门处理。

（四）审计国家重点建设项目情况

审计72个国家重点建设项目的竣工决算，查出建设资金不落实、超概算和挤占挪用等问题。审计还发现，有的国家重点建设项目由于决策失误和管理不善，刚刚建成就面临报废，经济损失惨重。有关问题，国务院已责成国家计委、审计署、监察部等部门进行调查处理。

（五）审计粮食系统新增财务挂账情况

根据朱镕基总理的指示，审计署会同有关部门，对全国粮食系统新增财务挂账和其他不合理占用农发行贷款情况进行了审计。截至1998年5月底，全国粮食企业报表反映自1992年以来累计新增财务挂账为2025亿元，审计核实为1466亿元，核减559亿元，占27.6%。主要查出挤占挪用粮油收购贷款，粮食主管部门欠拨财政补贴资金，地方财政部门未按规定足额安排财政补贴资金和未及时拨付资金，粮食企业少列收入、虚列成本、虚报挂账以及投资期货、股票、房地产造成损失等问题。通过审计，还查处了一批挤占挪用收购资金、弄虚作假骗取国家资金和个人贪污侵吞公款等违法违纪案件。到目前为止，各地共立案查处2268件，已处理结案1850件，1302人受到党纪政纪处分，172人被追究刑事责任。

（六）审计国有企业和证券公司财务收支情况

1998年，审计署对23户国有大中型企业、162户国有重点亏损企业和88家证券公司进行了审计，查出资产负债损益不实、违规融资和账外经营等问题。审计还发现了一些重大违法犯罪线索，如东方锅炉（集团）股份有限公司编造虚假财务报告，虚增经营利润2.07亿元，转移募股资金1.43亿元，原董事长涉嫌贪污。一些重大违法犯罪问题已移交司法部门立案查处，涉嫌犯罪人员已被依法逮捕。

三、加强中央预算管理的意见

1999年，党中央、国务院决定继续扩大内需，实施积极的财政政策。认真组织和执行好1999年中央预算，对深化改革，促进国民经济发展，保持社会稳定，具有十分重要的意义。为此，针对中央预算执行和其他财政收支中存在的主要问题，提出以下两点意见。

（一）进一步细化预算，增加预算透明度。目前，财政部报送全国人大审议批准的预算比较粗，一般没有落实到具体的部门和项目。如中央补助地方支出预算包括税收返还、体制补助、结算补助、专项补助、转移支付和其他补助等多项内容，但财政部上报人大审批的预算未按项目细分，仅笼统地列报一个中央补助地方支出的总数。中央预算内基本建设投资预算也比较粗，财政部统一切块给国家计委，但国家计委并没有完全落实到项目。对政府基金预算，也仅仅是按有关部门报送的收支数额作列收列支的指标反映，缺乏约束，致使基金被挤占挪用的问题越来越突出。这种情况很容易导致预算分配中的随意性和批复预算不及时等，使国家预算失去了严肃性，削弱了预算在财政管理中的控制作用，同时也不利于对预算执行的监督。今后要进一步细化预算，增加预算透明度。当前，要重点规范中央补助地方支出、中央基本建设支出和政府基金收支等项预算的管理，使上报人大审批的预算尽可能落实到具体的部门和项目，便于人大进行监督。

（二）严格预算执行，建立部门违法违规责任追究制度。从这次中央预算执行审计情况看，各部门普遍存在挤占挪用、滞留欠拨财政资金的问题，有些还相当严重。一些掌管资金分配权的部门利用职权转移挪用财政资金，为本部门和个人牟取私利的问题也比较突出。还有一些部门不认真履行职责，管理不严，造成严重损失浪费。有的甚至执法犯法，骗取和侵吞国家税款。从目前情况看，对个人涉嫌经济犯罪的问题，有关部门一般都能依法进行处理，但对部门单位严重违法违规和决策错误、疏于管理造成损失浪费等问题，往往处理不严，只是收缴违纪款项，没有追究决策者和有关人员的责任，致使有些问题屡查屡犯，屡禁不止。针对这种情况，国务院将研究制定部门违法违规责任追究制度，对挤占挪用财政专项资金以及由于严重失职和官僚主义造成的重大损失浪费等问题，予以严肃查处，并依法追究部门和单位有关领导的责任和直接责任人的责任，对执法犯法的严重腐败行为要予以严惩，公开曝光。

在全国审计机关纪检监察工作座谈会上的讲话（摘要）

（1999 年 11 月 27 日）

李金华

一、要搞好审计机关的党风廉政建设，必须提高各级审计机关领导特别是一把手的思想认识

这些年来，我们审计队伍的党风廉政状况，从总体上看是好的。很多审计机关在当地树立了良好的形象，有的被评为先进集体，有的被评为党风廉政建设先进单位，有些还被省、市、县评为精神文明的先进单位，而且所占的比例还比较大。在去年粮食审计中，我们动员了 5 万多人搞了 11 个月，取得了很大成绩，除个别审计组有些不好的反映外，各地对审计组的反映都很好。一方面反映审计队伍有艰苦奋斗、任劳任怨和实事求是的作风；另一方面反映我们这支队伍，能够严格要求，遵守审计纪律和廉政纪律。我们能够得到社会上这样的评价，是广大审计干部特别是各级领导严格要求的结果，这也同我们纪检监察干部辛勤工作是分不开的。所以，我们这支队伍廉政状况的主流总体上应该肯定，这对树立信心、鼓舞士气是非常重要的。同时还要看到存在的问题，不仅仅要看到廉政方面的问题，更要看到一部分同志特别是一把手在认识上还存在的差距。当前，有以下 3 种认识问题，应引起我们的高度重视：

第一种是“太平无事论”。有的同志感到审计队伍不错，没什么大的问题，把加强廉政建设、从严治理审计队伍当作耳边风；或只是嘴上讲讲要抓，行动上不落实，没有把抓好党风廉政建设提高到一定的高度上去认识、去对待。审计队伍廉政状况的主流是好的，但并不是太平无事的，也不能保证过去不错、现在不错、将来也不错的。我们处于这个社会环境之中，“树欲静而风不止”，整个社会的影响时时在包围着我们，廉政与腐败的斗争在审计队伍中不是不存在的。事实上，我们也存在这样或那样的不足。我们不仅要看到这些问题，而且有些问题在萌芽状态就要看到，并想办法预防、控制和解决。所以，要认真解决认为审计队伍在廉政问题上“太平无事”的思想。

第二种是“无关大局论”。这同第一种认识有关。有的同志虽然看到我们这支队伍也存在一些问题，但认为只是局部的、个别的现象，同其他一些部门比，还是好多了；或者说我们还没有形成行业上的不正之风，有一些问题也不奇怪。但是，我们要看到，有一些问题是会发展的，问题不在于多或少，而在于会影响审计队伍的形象，在于对整个审计队伍会带来什么样的影响。在审计队伍内部同被审计单位搞权钱交易，利用审计的机会向被审计单位施加压力，有些问题该揭露的没揭露，该处理的不处理，这些情况也不是没有的。要注意从制度上防范和解决发生在党风廉政方面的问题，这一方面搞不好也会影响主流。所以，在认识上，不能有党风廉政问题无关大局的思想。

第三种是“情有可原论”。一是认为在审计人员中出现这些问题是情有可原，社会上就是这样，我们还算不错的；二是认为审计人员很辛苦，收入又不高，工作任务又重，这点问题算不了什么。这两种观点对不对？我认为，不能说它全错。但是，也应该看到：第一，正因为社会风气不好，我们才要抓这些事情，才要强调廉政建设，才要强调反腐败。并不能因为社会风气不好，就不对自己严格要求。要在这个大环境中，把我们这个小环境建设好，为创造一个好的社会大环境发挥作用。第二，就是要比，也要向好的部门比。如果都跟差的部门比，社会怎么进步？而且，审计部门作为特殊的经济监督部门，要求不能同别的部门一样。第三，审计人员确实很辛苦，工作难度大，待遇也不高。但这不能作为放松要求的理由。我们很辛苦做了大量的工作，但如果放松了要求，队伍的廉政状况不好，那么这些辛苦就会付之东流。对工作勤奋要提倡、表彰，对审计干部的生活福利问题也要积极想办法，但解决这些问题不能放松对廉政建设的要求。

审计队伍的廉政问题是审计工作的生命之所在。针对上述错误看法，提出以下 3 条要求：

（一）要增强忧患意识。

各级审计机关的领导特别是一把手，必须增强忧患意识，重视党风廉政建设问题。

第一，要有清醒的头脑。审计机关的廉政建设和审计质量，是审计的生命之所在。审计机关只要真正做到在这两个方面不出问题，才能在社会上立得稳。一个是在审计力度上，要敢于查处和揭露问题，而且这些问题查出来都是准确的，事实清楚、定性准确、处理恰当，这一条这几年还是好的。第二个是廉政建设问题，这不仅仅是遵守审计纪律和廉政纪律的问题，说到底更重要的是审计形象问题。

第二，要树立一个良好的审计形象。廉政建设和遵守审计纪律，只是这个良好形象的一个方面。我赞成审计队伍建设要抓形象工程，有些地方已经这么做了。这个形象包括审计人员的素质，执行政策的水平，处理问题的辩证的、实事求是的能力，谦虚谨慎的态度，甚至言谈举止。如何树立一个良好的审计形象？我强调两条，一是要认真履行审计监督职责，二是要有清醒的头脑。所谓清醒的头脑，就是要依照宪法和审计法规定的职责办事。

第三，审计人员不能有高人一等的思想。你监督别人，别人也监督你。管理与监督只是社会分工不一样，监督者与被监督者在法律上、人格上是平等的。不能有傲气、强加于人或高人一等的思想。有的审计人员动不动就训人家，不知道自己有多大的权力。审计工作确实有困难、有阻力，要靠艰苦细致地做工作。要把道理摆在明处，以理服人，把问题摆在桌面上，据理力争是应该的。要客观地、实事求是地看待问题，从大处着眼抓住主要问题并认真解决。这就要求审计人员要有很强的政策观念，高度的实事求是精神，并善于言词、头脑清楚、敢于据理力争。所以，树立良好的形象，要求审计人员必须具有很高的素质。要加强教育和培训，全面提高审计人员的素质，这个任务非常艰巨。只要努力去做，就一定能够达到目的。

（二）要提倡“小题大做”。

在廉政建设问题上，在审计队伍建设上，我提倡要“小题大做”。这样才能防微杜渐，防患于未然。对违纪违规问题一定要严肃处理，以引起大家的警惕，吸取教训。当然，对人的处理要慎重，要实事求是。但违反了纪律，就不能迁就，要一教育、二处理、三警示。通过处理，教育本人，教育大家，又警示后来者。

（三）要从严治理审计队伍。

从严治理审计队伍，关键在于从严。对有志于从事审计事业的人员一进入我们的队伍，就要按照审计行业的职能、规矩和职业道德进行要求。首先在制度上要从严，建立制度、规矩。这方面还存在薄弱环节，领导说得多，建立的规矩、制度少；制度多，真正执行的少，或检查督促的力度小。所以，要建立制度，并认真检查落实，这样才能从严。总之，从严治理审计队伍，核心在“严”字上。

二、审计机关廉政建设的重点是一抓审计现场纪律，二抓机关内部管理

审计机关党风廉政建设重点抓什么？我认为，一是抓审计现场纪律，二是抓机关内部管理。

（一）要抓审计现场纪律，防止以权谋私。在这方面，我们已经搞了一些规定、纪律，要认真贯彻落实和检查督促。审计最大的道德风险，就是利用审计的职权谋取私利。这个问题最危险，危害最大。

（二）要抓内部管理，防止出现违法违规问题。审计机关也管人、财、物，如审计专户、事务所、财务收支和财产物资等，不重视严格管理和内部控制也不行。己不正焉能正人？

在1999年中央部门预算执行审计研讨班上的讲话（摘要）

（1999年12月13日）

李金华

1999年中央部门预算执行审计快要开始了，举办这个研讨班是很重要的。我今天讲以下四个方面的问题。

1999年审计工作有了很大的发展

1999年审计工作发展的标志主要是两个方面：

第一个方面就是以6月份向全国人大常委会作报告为标志。审计工作在社会上产生了很大的影响，这个影响是我在作报告以前没有估计到的。这说明什么问题呢？一方面说明我们做出了成绩，另一方面说明社会各界对当前治理整顿经济秩序、惩治腐败都非常关注。有的人讲，这个报告给人以希望，感到党和国家确确实实在抓依法治国了。我也在想，虽然我们前几年也连续几年作了报告，而且在报告中也揭露了一些问题。那么为什么这次反响这么大呢？这反映了十五大提出依法治国是深得人心的。人大反响好、社会反响好对我们是一个鼓励和鞭策，同时也是一种压力。为什么是压力呢？报告完了以后，我们首先要考虑，这些问题怎么处理呀？第二个压力就是1999年报告完了，明年报什么呀？这就要求我们把工作做得更好，真正做到依法履行审计监督职责。

第二个标志是贯彻总理指示精神，突出了抓大案要案的意识。总理指示我们要全面审计、突出重点、注意发现大案要案线索。首先，总理提出要注意发现大案要案线索，这个指导思想是符合实际的，客观事实上存在着不少的经济犯罪问题。前几年由于经济秩序比较乱，管理上也有些漏洞。因此，腐败现象在一些部门和地区没有得到遏制，经济犯罪在一定的领域和在一定的程度上还是比较严重的。因此，必须抓一些大案要案，起到一些威慑、震慑作用。第二，抓住经济领域里的大案要案，对于整顿经济秩序、促进改革和经济发展会起到十分关键的推动作用，给人民群众一种信心。第三，注意发现大案要案线索，不是加重了审计风险，确确实实可以减少审计风险。最后，实践证明按照总理要求去做是对的。我们今年发现和查处的一些案件，是以前若干年的总和。案件之多、涉案金额之大、情节之严重是以前若干年没有的。实践证明，这样做是对的，是有成效的。

当前工作中存在的差距

派出局现在工作做的还不够。从客观上讲，力量不足、人员不足，有些派出局就这么2、3个人。各派出局发展是不平衡的，有的工作要好一些，有些工作还需进一步加强。最近署里准备今年年底前从地方特派办最少抽够50人进行轮岗交流，一个派出局增加2至3人。如果一个派出局增加2至3人，就相当于增加一倍的力量。因为交流的这些人都是业务骨干，而且都比较年青。因此，我希望各个派出局结合今年的工作，认真总结一下自身的工作，找一找差距。总体来说，我们的队伍是不错的，但是发展还是不平衡。派出局与派出局之间，一个派出局处与处之间，每个人与人之间，发展都是不平衡的。大家找一找差距，要有一个更高的要求、更高的标准，肯定成绩的同时要看到自身的不足。这些不足既有客观原因，也有主观原因，要把"三讲"取得的成果和年终的总结工作、安排明年的工作结合起来。这里，我特别提醒各派出局的领导，一定要注意做好每个人的思想工作。人多有人多的困难，人少有人少的困难，人少工作也不一定好做，真正把5、6个人都统一思想、统一步调、团结协调、树立正气，把积极性全部发挥出来，也不是一件容易的事情。所以，各个派出局的领导应该拿出相当的精力，做好日常性的思想工作，从政治上、工作上、生活上关心每个人。另外，希望你们要做个宣传队，认真宣传审计工作。希望你们在被审计单位要树立榜样，因为你们代表的是审计署，是国家审计，你们的一举一动、一言一行对审计署的形象都会产生很大的影响。所以，希望你们进一步提高认识、统一思想、严格要求，做好各项工作，在新的一年取得更大成绩。

从技术创新的高度研究审计的思路和方法

一个国家的振兴，一个地区和企业的发展，离开技术创新是没有出路的。审计是社会经济政治发展的产物，它在技术创新的潮流中应该站在前列，跟上技术创新的形势，这个问题需要我们认真思考。就目前讲，绝大部分同志对此没有引起高度重视，总觉得审计就是查账，现在基本上以手工为主，年年就这么干。现在所有的审计教材和书籍，都是把各项审计看成一个孤立的单元，一讲审计就首先讲审计的分类、审计的方法等，接着就是财政审计、金融审计、企业审计，企业审计中讲资金审计、固定资产审计、物资审计等。这些都是一个单元一个单元，独立的，没有联系的。这里有三个问题需要同志们去研究。

（一）运用系统论的观点、学说和系统工程来研究审计问题。

社会是个大系统，每个部门、行业是一个中系统，每个单位是个小系统。现在世界各国运用新的科技加强企业管理、提高企业效益，主要用的就是系统论和信息论。怎样用系统论来研究审计呢？去年我们把审计分为财政审计、金融审计和企业审计，它是三个系统。财政审计是一个大系统。财政本身就是一个系统，包括财政收入和财政支出，它里面有若干个小系统，税务是个系统，海关是个系统，它在大系统里有各自的位置和关系。财政支出分为若干个系统，每个单位财政财务收支又是一个系统。只有掌握系统论的观点，才能从总体上把握审计的对象、目的、任务和重点。各个审计业务部门之间的关系不能再象过去那样隔离开，自扫门前雪。前几年有人讲预算执行审计是替别人打工的，替财政司打工的，这不是用系统论的观点看问题。现在没有一本书能够把审计的各个专业、各个项目之间的联系作为一个系统来研究。我希望有志者来研究这个问题，这样审计理论就会为之一新。

（二）运用信息论问题。

现在是信息时代，审计靠信息，最后形成的还是信息。审计工作要靠被审计单位的大量信息，各种数字、报表、软件、资料和证据。刚才讲派出局要融入到被审计单位，就是希望你们去了解信息，只有把被审计单位了解透了，所有的信息都掌握了，那么审计才能如鱼得水一般，游刃有余。而现在好多审计信息掌握得太少，调查研究得太少，心中无数。现在审计机关有条件、有可能大量掌握信息，但很多信息没掌握住。现在掌握比较多的是法规信息，但对被审计单位客观存在的大量信息了解得不多，对信息之间的关系研究得不够，太零散，难以由表及里、去伪存真，上升为理论的认识。用系统论的方法研究信息很不够，对信息的利用更不够。同时，审计机关各部门之间的信息共享太差。怎么利用财政的信息加强金融审计，怎么利用中央的信息加强对地方的审计，怎么利用部门的信息加强对财政部的审计，怎么利用各部门的信息研究审计的总体思路、重点，这个问题没有提到议事日程。按说审计部门把握信息量应该很大，但我们缺乏这种研究，平常不太注意收集信息，包括财政财务信息和其他信息。明年要认真抓好两件事：一是成立一个中国审计史编辑办公室，组织人员编撰中国审计史，力争到审计署成立20周年时完成。二是研究如何运用系统论和信息论的观点编写一本中国审计学。初步考虑把它作为一个体系，从系统论的观点来研究审计，使中国审计的理论走出一条新的路子。

（三）计算机审计问题。

不管系统论也好，信息论也好，都离不开计算机。现在为什么要用计算机软件解决审计问题，它实际上是解决两个问题：一个是把审计对象作为一个系统，让被审计单位的信息都在审计监督范围之内，很快地进入我们的视野。到一个大企业去，一进去就把整个资料都掌握住，通过计算机完全掌握得了，在我们的视线之内通过系统分析、对照、比较，选择其中最薄弱的部分作为重点，从总体上把握，不是象过去那样瞎碰，逮着什么算什么。搞系统论离不开计算机。现在先进企业的管理都是计算机化，如果将来审计方案能用计算机模拟出来，那就深入一步了。通过分析找出某一单位的核心问题在哪里，安排审计计划时就通过数学模型来分析，就很清楚审计抓什么，但这要靠大量信息，没有信息，没有若干年财务资料的分析就得不出结论。为什么金融审计搞软件，明年农业银行审计就是这样，首先采集数据，然后进行分析，再找薄弱环节，把全部信息纳入我们的视野之中。所以系统论离不开计算机，信息论也离不开计算机。

在部分省市经济责任审计工作座谈会结束时的讲话

（1999年12月25日）

李金华

同志们：

部分省、市经济责任审计工作座谈会今天就要结束了。中纪委、中组部的领导和监察部、人事部的负责同志分别就如何搞好经济责任审计工作提出了要求。与会者介绍了各地开展经济责任审计情况，并表示要进一步贯彻中办、国办关于《县级以下党政领导干部任期经济责任审计暂行规定》和《国有企业及国有控股企业领导人员任期经济责任审计暂行规定》，深入领会党的十五届四中全会精神，统一思想，提高认识，采取切实措施，努力做好经济责任审计工作。同时，就如何解决当前工作中存在的困难与问题展开了热烈的讨论，提出了一些具体措施。大家一致认为，经济责任审计把组织监督、纪检监督和审计监督有机地结合起来，是新时期加强干部监督管理的有效措施，也是形势发展对审计工作提出的新要求。这次会议开得是比较好的，达到了预期目的。下面，我根据大家的发言和讨论，讲几问题：

一、从讲政治的高度认识贯彻落实两个暂行规定的重要意义

经济责任审计是与我国的政治、经济体制改革相伴而生的。从最初的厂长（经理）离任审计开始发展到现在对党政领导干部和企业领导人员进行经济责任审计，经历了十几年的发展过程。1986年底，审计署根据中共中央、国务院颁发的《全民所有制工业企业厂长工作条例》关于“厂长离任前，企业主管机关可以提请审计机关对厂长进行经济责任审计评议”的规定，制定下发了《关于开展厂长离任经济责任审计工作几个问题的通知》，对厂长（经理）离任审计范围、内容、程序和要求等作了原则规定。随后，地方各级审计机关根据这一通知精神，结合本地区的实际情况，逐步开展了厂长离任审计。经过一段时间的审计实践，初步积累了经验，建立和完善了相应的规章制度，并逐步扩展到对党政领导干部的经济责任审计。1995年以来，山东菏泽地区在全区实行党政领导干部离任审计制度，把经济责任审计作为考核领导干部政绩、兑现奖惩和选拔任用的必经程序，纳入干部监督管理轨道，取得了明显成效，引起了中央领导同志的重视。1998年，国务院批准的《审计署职能配置、内设机构和人员编制规定》明确了审计署负责组织对党政领导干部的任期经济责任审计。1999年5月，中办、国办下发了《县级以下党政领导干部任期经济责任审计暂行规定》和《国有企业及国有控股企业领导人员任期经济责任审计暂行规定》，至此，经济责任审计成为审计机关的法定职责。

经济责任审计不是一般意义上的审计，是新时期党中央、国务院交给我们的一项重要政治任务。认真贯彻落实好两个暂行规定，对促进加强干部管理和廉政建设，促进国有企业改革和发展，推进社会主义法制建设进程具有重要的意义。

（一）有利于加强干部监督管理，促进廉政建设。

目前，我国改革进入了攻坚阶段，发展到了关键时期，经济基础、上层建筑诸多领域中的深层次矛盾比较集中地暴露出来，领导干部与经济利益的联系越来越直接，领导干部经济责任越来越重。通过对领导干部的经济责任审计，实事求是地评价领导干部是否坚持围绕经济建设这个中心，自觉服从并服务于改革、发展、稳定的大局，把维护国家利益作为出发点和落脚点；是否正确运用权力，自觉遵守党的廉洁自律的各项规定。这为干部管理部门科学、合理选拔任用干部提供了重要依据，弥补了以往对干部考核难以量化经济责任的缺陷，有效遏制了虚报政绩、浮夸成果的现象，增加了干部任用的透明度，增强了干部的勤政意识，是建立健全党的干部监督管理机制的一个有效措施。同时，通过查处领导干部的违法违纪行为，还可以发现其所在部门和单位管理上的一些深层次的矛盾和问题，有利于揭露和惩治腐败分子，促进廉政建设。

（二）有利于建设高素质的经营管理者队伍，加强和改善企业管理，促进国有企业改革不断深化。国有企业改革是整个经济体制改革的中心环节，随着所有者和经营者、企业所有权和控制权的逐渐分离，国家由直接参与企业的经营管理变为间接管理，加强对企业领导人的监督，这是社会主义市场经济条件下的必然选择。十五届四中全会提出对企业领导人员实行任期经济责任审计，加强对企业经济活动的审计和监督，这与两个暂行规定的要求是一致的，是新形势下党加强对企业领导干部监督管理强有力的手段，也是为国有企业改革和发展服务的重要举措。按照十五届四中全会和两个暂行规定的要求，围绕着企业资产负债损益的真实情况，考核评价企业领导人的经营业绩和管理水平，对因决策失误或管理不善给单位造成严重损失以及经济上存在重大问题的企业领导人予以严肃处理，促使企业领导人不断增强法制观念，增强事业心和责任感，提高管理能力和水平，自我约束，自我规范，从而达到促进建设高素质的经营管理者队伍，加强和改善企业管理，推进国有企业改革和发展的目的。

（三）有利于贯彻依法治国方略，推进依法行政。党的十五大提出，依法治国是党领导人民治理国家的基本方略。依法行政是依法治国的重要组成部分。随着依法治国战略的实施，人民群众的法律意识和法制观念不断增强，全社会对依法行政的要求也越来越高。对党政领导干部和国有企业及国有控股企业领导人员的任期经济责任进行审计监督，是贯彻落实党的十五大精神，推进依法行政，促进依法治国的重要举措。通过审计，促使领导干部严格遵守国家的法律法规，严格执行党和国家的政策，依法办事，依法决策，依法处理问题，不断提高依法行政的能力和水平。此外，严格按照两办规定，坚持原则，依法审计，严肃查处滥用职权，徇私枉法，侵害国家利益的行为，是我们监督机关的职责，也是依法行政对我们的基本要求。我们把两办精神贯彻好了，就可以为推进依法行政，加速建设社会主义法治国家的进程做出贡献。

二、各地认真贯彻落实中办、国办两个暂行规定，并取得了明显成效

中办、国办两个暂行规定发布后，各地认真组织学习，统一思想认识，进一步增强了做好经济责任审计工作的使命感和责任感，并结合工作实际，研究制定了具体的贯彻意见。一是进一步明确了各部门在经济责任审计中应履行的职责。经济责任审计是一项综合性的工作，纪检监察、组织人事和审计部门等在经济责任审计中有着不同的任务和职责。审计机关实施具体审计，任务重，工作量大。为完成好这项任务，审计署向全国审计系统发出了《关于贯彻实施〈县级以下党政领导干部任期经济责任审计暂行规定〉和〈国有企业及国有控股企业领导人员任期经济责任审计暂行规定〉的通知》，同时，设立了专门机构，负责组织和协调全国经济责任审计工作。在8月份的全国审计工作座谈会上，研究制定了贯彻落实两办规定的具体措施，促进和推动了全国的经济责任审计工作。纪检监察、组织人事部门也都从本部门实际出发，围绕着如何充分有效利用审计结果问题，开展调查研究，并积极采取措施，深入贯彻执行两个暂行规定。如前不久，中纪委、中组部有关人员赴山东菏泽地区对经济责任审计工作的开展情况进行了调查，并针对工作中面临的困难与问题提出了具体建议。二是纪检监察、组织人事及审计等部门进一步加强协调配合。有的地方成立了由党委或政府领导任组长，有关部门负责人参加的经济责任审计工作领导小组，加强对工作的领导，协调各方面的关系；有的建立了纪检监察、组织人事和审计部门联席会议制度，交流、通报经济责任审计工作情况，及时研究解决工作中出现的困难与问题。三是建章立制，规范经济责任审计工作。各地从实际出发，结合工作具体情况，加紧建章立制，制定和完善经济责任审计有关制度和方法。有的通过地方立法，有的通过政府文件，有的审计机关与组织部门等联合下发文件，使经济责任审计工作有法可依，有章可循。如湖北省在今年8月下发了《湖北省党政领导干部和企业领导人员任期经济责任审计操作指南（试行）》，江苏、上海等地也正加紧出台有关经济责任审计的具体实施办法。四是成立专门审计机构，抽调得力人员负责经济责任审计工作。目前，全国142个审计机关成立了专门机构，有423名专职审计人员。其中，有吉林、黑龙江两省、37个地市、103个县级审计机关已成立了经济责任审计机构，还有17个省、135个地市、474个县级审计机关正在加紧筹备，力争尽快成立专门机构，确保这项工作的顺利开展。五是克服时间紧、任务重、人员少等困难，根据地方党委、政府和有关部门的要求，积极开展经济责任审计工作。截至今年10月，对全国17个省、293个地市、2272个县的13626名党政领导干部，19个省（区市）、334个地市、1817个县的3969个国有及国有控股企业领导人员进行了经济责任审计。通过审计，加强了对领导干部的有效监督，增强了领导干部廉洁自律和勤政意识，为建立和完善干部监督管理的新机制发挥了重要作用，得到了各级党政领导的充分肯定。

三、当前经济责任审计工作中遇到的主要困难和问题

在地方党政领导的重视和支持下，全国大多数地方都开展了经济责任审计，有的地方还把审计范围扩展到对县级以上的党政领导干部，为加强干部管理和促进廉政建设发挥了积极作用。从目前掌握的情况看，这项工作开展得比较好的地区主要有四川、浙江、山东、湖北、湖南、山西、黑龙江以及上海等。这些地方的经济责任审计工作之所以成效比较明显，主要原因是：地方党委和政府高度重视，加强领导，把经济责任审计作为改革开放和社会主义市场经济条件下加强干部监督管理，促进党风廉政建设的一项重要工作来抓，为经济责任审计工作的开展创造了良好的外部环境；审计、干部管理和纪检监察机关协调配合，各司其职，各负其责，形成了对干部监督管理的整体合力，基本保证了审计处理和审计成果的运用，有效发挥了经济责任审计的作用；经济责任审计工作是一项新的工作，各地在实践的基础上，积极探索，大胆实践，制定和完善了一些制度和办法，工作中注重抓审计质量，严格审计程序，防范和降低审计风险，为审计工作的顺利开展奠定了基础。

总的看，当前经济责任审计工作进展比较顺利，但也还存在一些困难和问题。主要是：

（一）认识上有偏差，工作滞后。据了解，有的地方对中办、国办两个暂行规定的学习不深入，精神领会得不深、不透，对开展经济责任审计的态度不坚决，信心也不足。认为经济责任审计涉及的面广，范围大，不好搞；涉及到各部门之间的相互关系，很难搞；没有现成的经验可以借鉴，担心搞不好。所以对如何开展经济责任审计不去深入研究，至今仍在等待观望，束手无策，没有提出具体的贯彻落实意见。这种精神状态反映出讲政治的自觉性不高，大局意识不强，没有充分认识到经济责任审计是新时期加强干部管理，促进党风廉政建设，推进依法治国的一项重要举措。

（二）工作关系还没有理顺，各部门之间缺乏有效的协调与配合。这是当前经济责任审计中存在的突出问题。具体表现在：一是往往领导干部已经离任或被重新任命后，有关部门才委托审计机关进行审计，如山东省1998年以来共对3160名领导干部进行了经济责任审计，其中离任后进行审计的有1148名，占36．3%；山西大同市1996年以来共对263名领导干部进行经济责任审计，其中98%以上是先离任后审计。二是审计项目的委托不规范，有的多头委托，有的委托太缺乏计划性，如有些主管部门违反规定，将审计项目直接甚至越级委托给审计机关；有些组织人事部门临时委托的事项太多，而且时间要求急。三是要求审计机关超越权限进行审计，如有些地方党政领导和有关部门要求审计机关查清经济责任审计对象的全部问题与责任。这种工作关系不顺，各部门之间缺乏协调配合，使经济责任审计难以统筹安排和合理利用审计资源；还容易使审计走过场，越权越位，大包大揽，失去审计监督的应有意义。

（三）制度不健全，工作还不规范。目前经济责任审计正处于探索阶段，缺乏统一标准和具体实施办法，工作还很不规范。如对中央国有企业领导人员的经济责任审计还没有开展，审计范围和审计程序还没有明确；审计责任的确定与评价各地做法不一，缺乏具体指标体系和标准，审计中有很大的随意性。这不利于提高审计工作的质量和效率，给审计工作带来较大的风险。

（四）人员、机构和经费问题没有根本解决。中办、国办两个暂行规定下发后，各级审计机关的工作量急剧增加，审计力量不足的矛盾十分突出，特别是县级审计机关更为明显。据统计，列入山东省审计机关规定范围的经济责任审计对象共两万多个，年平均近30个，占审计机关全部工作量的40%左右；湖南省县级审计机关的经济责任审计对象平均为100个左右，而县级审计机关平均只有20人左右，力量明显不足。今明两年，地方审计机关还面临着机构改革，这将进一步加剧任务重与力量不足的矛盾。审计经费难以保证的问题也非常突出，中办、国办的两个暂行规定虽然规定了开展经济责任审计的经费由本级财政予以保证，但由于目前大部分县级财政都十分困难，经费问题难以落实。审计力量和经费的严重不足，造成许多地方审计人员长期加班加点，或借用审计事务所人员，或减少必要的审计人员，或压缩审计时间，严重影响了经济责任审计工作的正常开展，审计质量得不到保证。

四、认真研究，采取切实措施，把两办规定落到实处

经济责任审计是一项新的工作，没有现成的经验可以借鉴，各地都在边实践，边总结，积极探索有效措施和办法。为进一步贯彻两办精神，把两办规定落到实处，我们必须清醒地认识到，当前经济责任审计中存在的困难与问题，将严重影响到经济责任审计工作的顺利开展与健康发展。我们要在认真分析这些困难与问题存在的原因与危害的基础上，加紧研究探讨解决困难与问题的思路与办法，把经济责任审计工作真正推向深入。下面，我根据大家汇报和讨论的情况，提出如下几点意见：

（一）紧紧依靠党委、政府的支持与领导，及早安排和部署明年的经济责任审计工作。各部门一定要进一步统一思想，从讲政治的高度来认识开展这项工作的重要性和必要性。针对经济责任审计政策性强、范围广、影响大这一特点，加大宣传力度。利用新闻媒体，广泛进行宣传，积极争取党委、政府的支持，被审计单位的支持以及人民群众的支持。要及时向党委、政府请示汇报工作中的困难与问题，使人员、机构和经费等问题尽快得到落实。要严格按照党委、政府的要求开展工作，提高审计质量，正确运用审计成果。同时，还要积极大胆地进行探索，尽快摸索出适合自己的工作路子。不要再等待观望，要及早动手；对明年的工作要早部署，早安排，尽快把经济责任审计工作开展起来。

（二）理顺工作关系，加强各部门之间的协调与配合。各部门要根据中办、国办两个暂行规定的要求，进一步加强相互协调与配合，理顺工作关系。目前已经建立了由中纪委和审计署牵头，监察部、中组部、人事部等部门参加的中央经济责任审计联席会议制度，并召开了第一次会议。会议提出了各相关部门要切实加大对经济责任审计工作的指导力度，建立联席会议办公室，由审计署牵头，其他联席会议成员单位配合，尽快研究制定出经济责任审计实施细则。各地也要抓紧建立联席会议制度，落实相关部门的职责。各部门要加强联系，密切配合，交流、通报开展经济责任审计及其审计结果利用情况，研究解决经济责任审计中遇到的困难和问题。

（三）加紧制定和完善有关规章制度，进一步规范经济责任审计工作。中办、国办的两个暂行规定对经济责任审计的对象、内容和程序等都作了明确规定，为各级审计机关开展好这项工作提供了法律依据。但还缺乏相关的配套措施，具体的实施细则还没有研究制定出来。为了进一步规范经济责任审计工作，审计署将按照中央联席会议的要求，组织有关人员抓紧研究制定经济责任审计的实施细则或操作指南，明确领导干部经济责任的评价体系和标准，以指导和推动全国的经济责任审计工作。各地也要从实际出发，在深入调查研究的基础上，不断总结经验，抓紧研究制定符合本地实际的经济责任审计具体办法，以推动这项工作的全面开展。

（四）上级机关要加强指导，组织交流和推广成功的经验和做法。

上级机关要按照中办、国办两个暂行规定的要求，深入开展调查研究，加强指导，及时研究解决工作中出现的新情况、新问题。要制定切实可行的培训计划，不断加大培训力度，提高干部业务素质，明年审计署将组织一次全国性的业务培训，各地也要按照要求逐级开展培训；开展理论研讨，积极探索经济责任审计与其他审计相结合的途径、办法，研究经济责任审计的评价标准以及如何运用好审计结果等；定期召开会议，明确经济责任审计指导思想和总体要求，提出开展好经济责任审计的具体措施；组织交流和推广好的经验和做法，推出一批好的典型，以点带面，不断改进工作方法，切实提高审计质量，促使这项工作逐步规范。中央五部委经济责任审计工作联席会议决定，明年适当的时候召开一次全国经济责任审计工作会议，认真总结和推广各地的一些好的经验和做法，表彰先进，推动经济责任审计工作的全面开展。

同志们，现在已是1999年的岁末，千禧之年就要来临。在新的一年里，让我们在党中央、国务院和各级党委、政府的领导下，进一步贯彻落实十五届四中全会精神和中办、国办两个暂行规定，加强有关部门的协调与配合，积极探索，大胆实践，切实做好经济责任审计工作，为加强干部管理，促进依法行政，推进依法治国做出应有的贡献。

在全国审计工作会议结束时的讲话*

（1998年12月23日）

金基鹏

同志们：

今天，全国审计工作会议就要结束了。这次会议在国务院领导的直接关怀下，经过全体与会代表的共同努力，圆满地完成了预定任务，会议开得是好的。刚才，王忠禹国务委员传达了朱镕基总理对审计工作的重要指示，并代表国务院作了重要的讲话，这充分体现了国务院领导对审计工作的重视和支持。忠禹同志的讲话已经对这次会议作了很好的总结。下面，我就学习贯彻国务院领导的指示和讨论中提出的有关问题讲几点意见。

一、这次会议是把审计工作推向一个新的发展阶段的动员会

朱镕基总理的指示和王忠禹国务委员的讲话，从建立和完善社会主义市场经济体制，推进依法治国的高度，为明年和今后一个时期审计工作的发展指明了方向。根据国务院领导的指示，我们在总结十五年审计工作经验的基础上，以全面贯彻落实审计法，推进依法治国为主线，制定了审计工作发展纲要，确定了今后五年审计工作的发展目标、主要任务和措施。会议期间，大家对金华同志的工作报告和审计工作发展纲要进行了认真讨论，一致认为，金华同志的工作报告和纲要实事求是地总结了十五年来审计工作的基本经验，深刻分析了今后一个时期审计工作面临的形势，提出的审计工作发展目标、任务和措施是正确的、可行的，符合我国审计工作的实际。特别是大家得知会前朱镕基总理和王忠禹国务委员听取了审计署的工作汇报，并作了重要指示，深受鼓舞，感到责任重大，任重道远。讨论中，大家对进一步修改和完善审计工作发展纲要提出了许多好的意见和建议。会议气氛热烈，大家情绪高涨，通过这次会议，统一了思想，明确了方向，振奋了精神，鼓舞了士气。大家表示，一定要按照国务院领导指示和这次会议精神，总结经验，找出差距，制定措施，努力把审计工作推向一个新的发展阶段。我们相信，贯彻落实好这次会议精神，对于今后审计工作的发展必将产生积极的影响。

二、全面领会国务院领导的指示精神，正确把握审计工作发展方向

朱镕基总理的指示和王忠禹国务委员的讲话，深刻地阐述了在社会主义市场经济条件下加强审计工作的重要性，并对审计工作的发展方向，指导原则，审计监督的重点，审计技术手段和方法的现代化，以及从严治理审计队伍等都做了非常明确的指示。各级审计机关和广大审计人员要认真学习和全面领会国务院领导的指示精神，重点把握好以下几点：

第一，全面审计，突出重点，注意发现大案要案的线索。审计机关要依照审计法的规定，全面履行审计监督职责，特别是要对国家财政拨款较多、关系国计民生的项目进行审计监督。当前，财经领域中造假和违法现象相当严重，一些部门和单位会计核算不真实，弄虚作假甚至舞弊和腐败等问题十分突出，这些违法犯罪行为在财政财务收支活动中都有不同程度的反映，审计机关虽然不是办案的部门，但通过财政财务收支审计，可以也应该发现一些重大的舞弊和腐败问题的线索。因此，国务院要求审计工作进一步突出重点，抓大案要案。这既是审计机关义不容辞的责任，也是审计监督工作的优势。各级审计机关和广大审计人员要牢固确立这一指导思想，在工作中集中力量，加强对国家财政拨款较多、关系国计民生项目的审计监督，对审计中查出的违法违规问题，要依法严肃处理。对审计发现的可能涉及经济犯罪的问题，要高度重视，一查到底。对发现的重大违法犯罪问题的线索，要及时移交有关部门立案查处。

第二，执法必严，违法必究是审计工作的根本方针。我国实行审计监督制度的最终目的是保障国民经济健康发展。审计机关实现这一目的，主要手段是通过对财政财务收支的审计监督，严肃财经纪律，维护经济秩序，为国民经济发展创造良好的法制环境。审计机关同违法犯罪行为作斗争是法律赋

* 本文按讲话时间曾收录于1994～1998年《中国审计年鉴》中。本年鉴再次收录进来是因为这个讲话是部署1999年全国审计工作的，便于读者了解1999年审计工作的全貌。

予的基本职责。因此，必须做到执法必严，违法必究。当前，各级审计机关执法情况总体是好的，但也存在对审计查出的问题依法定性处理不严格，随意变通法律法规，搞协商处理，对审计中发现的违法犯罪线索，检查不力，对该追究有关人员责任的不追究，对该移交有关部门立案查处的不及时移交，有的甚至拿原则作交易等等。这不仅是审计机关的严重失职行为，而且将给审计工作的发展带来后患。因此，各级审计机关要以对国家和人民高度负责的精神，站在维护国家利益和法律尊严的立场上，认真负责地依法审计，依法处理。要跳出人情网，敢于碰硬，不怕得罪人，树立铁面无私的形象。要建立健全审计执法监督机制，加强对审计定性、审计处理和审计查出问题纠正落实情况的监督检查，对执法不严，严重损害国家利益的要严肃处理，并追究责任。对重大的违法犯罪行为进行公开曝光，将审计监督与舆论监督和社会监督结合起来，增强审计监督的威慑力。

第三，顾全大局，上下协调配合是充分发挥审计机关整体作用的重要保证。按照审计法的规定，各级审计机关既对本级政府负责，也要对上级审计机关负责，审计业务要以上级审计机关的领导为主。这种领导体制有利于维护国家政令统一，是符合我国国情的。从这些年审计工作实践看，大多数审计机关在对本级政府负责的同时，能够按照上级审计机关的要求，认真完成统一组织的审计项目，如实报告审计工作情况和重要审计结果。比如今年粮食清查审计，全国审计机关在时间紧、任务重的情况下，顾全大局，团结协作，保证了审计任务的顺利完成，为深化粮食流通体制改革发挥了重要作用，在社会上产生了较大的影响。这说明，全国审计机关只有上下协调配合，把有限的审计资源统一组织起来，才能够干成大事。因此，各级审计机关要正确处理好对本级政府负责和对上级审计机关负责的关系，做到讲政治，顾大局，树立全国审计机关“一盘棋”的思想。对党中央、国务院交办的重大审计事项，上级审计机关统一组织的重要审计项目，要按照统一部署和要求，精心组织，认真实施，确保审计任务的完成。在向本级政府报告工作的同时，要如实向上级审计机关报告重要事项的审计结果，并自觉接受上级审计机关的监督检查。

三、高度重视廉政建设，从严治理审计队伍

加强审计机关的廉政建设，既是从严治理审计队伍的需要，更是审计机关公正执法，促进廉政建设，有效发挥审计职能作用的客观要求。当前审计机关廉政建设情况总的是好的。但随着审计地位的提高和审计影响的扩大，我们队伍中也出现了少数干部不能正确对待手中的权力，加上受社会上一些不良风气的影响，近几年来，违反廉政纪律的人和事也时有发生，如将国家审计项目转给审计事务所搞有偿审计，收取劳务费，擅自动用审计过渡专户本金、利息，向被审计单位索要钱物等。今年5月，朱镕基总理针对人民来信反映审计机关存在的问题，批示我们要汲取教训，从严治理审计队伍。最近，王忠禹国务委员也对群众反映少数审计人员在粮食审计中违反廉政纪律的问题，批示审计署要严肃查处。这次会前总理在听取审计署工作汇报时，对加强审计机关队伍建设又作了重要指示，充分体现了国务院领导对审计队伍的关怀和爱护。各级审计机关要深刻认识新形势下加强审计队伍建设的重要性，切实加强廉政建设，常抓不懈。要认真落实审计署关于从严治理审计队伍通知的要求，尽快完成审计机关与所办审计事务所脱钩的任务，加紧清理审计过渡专户，凡未经批准设立的专户，一律予以撤销，经批准设立的专户，也要严格管理，坚决防止挪用专户资金问题的发生。要严格执行廉政责任制，建立健全内部制约机制，加强监督检查，对违反廉政纪律的行为，决不护短，发现一个查处一个。

这次会议结束后，各地要把朱镕基总理指示和王忠禹国务委员的讲话，以及这次会议的精神及时向党委、政府汇报，并根据国务院领导指示和这次会议精神，结合各地审计工作的实际情况，提出今后几年审计工作的发展目标，认真安排好明年的工作。同时，各级审计机关要把加强对内部审计指导作为一项重要工作安排好，落实好。要根据这次会议的精神，积极探索新形势下加强对内部审计指导的路子，不断推动内部审计工作的发展，为建立现代企业制度，完善企业内部决策、执行和监督系统，健全部门和单位内部控制制度服务。

同志们，目前，审计机关面临着艰巨而繁重的任务，在前进的道路上还可能遇到这样或那样的一些困难，这同时也为审计工作提供了良好的发展机遇。我们要抓住这个历史的机遇，积极进取，扎实工作，推进审计事业的不断发展，以饱满的热情和崭新的姿态迈向二十一世纪。

突出重点　围绕实施积极的财政政策努力做好投资审计工作（摘要）

（1999年1月27日）

翟熙贵

1999年固定资产投资审计工作安排意见

根据朱总理指示和全国审计工作会议精神，1999年固定资产投资审计工作，除了国家重点建设项目竣工决算审计以外，重点包括两方面：一是水利建设资金和建设项目审计，二是中央直属粮库建设资金和建设项目审计。

（一）水利建设资金和建设项目审计

为了确保水利建设资金有效使用，国务院领导同志多次强调要加强审计监督。去年12月全国审计工作会议前夕，朱总理在听取审计署工作汇报时指示，目前国家采取积极的财政政策，在基础设施建设方面特别是水利建设方面，投入大量的财政资金，这是一个最大的重点，要靠审计来监督。温家宝副总理在去年12月全国江河堤防建设现场会上强调，“要建立项目资金使用年度审计制度，竣工决算验收制度，加强项目审计。”根据国务院领导同志指示，署党组研究决定，把水利建设资金及重点水利建设项目审计列为今年审计工作重点之一，要求务必抓出成效。

今年审计署组织对水利资金及水利建设项目的审计，总的部署是：以财政拨付的水利建设资金为主线，以资金的管理、使用为重点，与财政预算执行审计紧密衔接，统一组织署机关、特派办和各地审计机关的力量对水利部及长江、黄河等七大流域，部分省、区、市水利管理机构和58个重点建设项目，进行重点审计。据统计，这七大流域1998年安排预算内资金248．58亿元，其中，非经营基金27．53亿元，水利建设基金7．7亿元，国债专项资金213．35亿元。58个水利建设项目总投资1 491．9亿元，1998年中央预算内投资207．5亿元，其中，国债专项资金110．4亿元，占水利国债专项资金217亿元的51%。因此，抓好这七大流域和58个重点水利建设项目，就抓住了水利资金的大头。

根据水利建设资金和建设项目的特点，希望大家在审计中注意把握以下重点环节和内容：

一是一定要抓住财政性水利建设资金这个“龙头”，掌握资金的分配、拨付、管理、使用等方面的情况。重点审查中央财政预算安排给各流域机构、各地方财政、水利厅（局）和项目建设单位的水利建设资金到位情况；审查中央预算安排的水利建设资金和中央转借地方的水利国债专项资金是否及时下达，地方各项配套资金是否同步到位，水利建设资金是否按计划落实到建设项目，对资金不到位的情况，要分析不到位的原因；审查各流域机构、各地方水利厅（局）是否严格按照资金管理要求，专款专用，是否按计划或工程进度及时足额拨付给建设项目，有无以各种名义层层延压、截留、挤占、挪用资金等问题；要对水利建设资金的有效性进行评审。

二是要注意审查水利建设项目的前期工作情况。前期工作是确保项目顺利建成并发挥作用，确保投资效益的前提和基础。要通过审计监督，了解项目论证是否充分，建设单位是否认真履行国家规定的建设程序，有无搞“三边”工程。对审计中发现项目前期工作存在的重大疏漏，要及时反映上报，提请主管部门纠正，避免留下隐患。

三是要认真审查建设项目招投标及工程承发包情况。特别要防止层层转包和违法分包，造成工程资金流失、偷工减料，埋下质量隐患。要通过审计监督，检查建设项目在设计、施工、监理等环节执行招投标制的落实情况，揭露招投标过程中的“暗箱操作”现象，对在招标承包中弄虚作假、行贿受贿、权钱交易等违法、违纪行为，要一查到底，决不姑息。

四是要注意审计项目建设质量管理情况，促进确保工程质量。国务院领导同志多次指示，工程质量是百年大计，事关国家和人民生命财产的安全，来不得半点马虎，绝不能搞“豆腐渣工程”。资金使用效益如何集中反映在工程质量的优劣。审计机关虽然不是直接负责工程质量的部门，但是，我们在审计过程中可以检查项目的建设管理情况，促进建设单位和主管部门加强管理，保证工程质量。良好的项目建设管理，是确保工程质量的关键。要重点检查项目质量管理的各项制度，如法人责任制和工程监理制的落实情况。对工程监理制的检查，一要检查是否由有权威、有一定资信等级的专门机构和专业人员来搞；二要检查是否实行全过程、全方位的监理。对发现的工程质量问题，特别是重大隐患，应聘请有关部门和专家进行必要的技术鉴定，经过鉴定确有问题的，要列入审计报告并责成主管部门和建设单位处理。

（二）中央直属粮库专项建设资金和建设项目审计

中央直属储备粮库专项建设资金和建设项目审计，和水利项目审计一样，点多面广，政策性强，其目的就是要及时了解粮库建设资金到位、管理和使用情况，跟踪资金运行，揭示项目建设过程中存在的问题，促进有关部门和建设单位加强管理，落实国务院各项政策措施，保障国家建设资金的合理有效使用。对这项审计，投资司已提出审计工作方案，审计重点和要求都比较明确、具体，希望经过这次会议讨论修改后，按方案的要求进行审计。我这里再强调两点，希望大家引起重视：第一，对粮库专项建设资金，要审查各级主管部门和单位，包括各级粮食部门、计委、建库办公室，以及中谷粮油集团等，是否将国家预算内专项资金按计划安排、划转；是否及时、足额下达到项目单位；有无挤占、挪用等问题；资金是否在建设银行专户存储、专人管理和专款专用。第二，对项目建设单位，要审查列入计划的建库资金是否及时、足额到位，并调查资金不到位的原因；重点审计建设资金管理使用情况，有无动用建库资金建设办公楼、购置小汽车和手持电话等非生产性的附属设施、设备；有无其他侵占、转移和挪用建设资金行为；有无利用建库资金置换其它以前已投入的资金，同时要审查有关国家建库优惠政策的执行情况及工程管理情况，发现重要问题，要及时向审计署报告。

国家重点建设项目的竣工决算，必须经过国家审计机关进行审计，这是《审计法》赋予审计机关的一项重要职责，是其他管理部门和中介组织所不能代替的。除以上两项重点审计任务外，审计署将根据重点项目竣工进度，年度内随时作出安排，各级审计机关应保质保量地完成任务。

做好今年投资审计工作的几点要求

（一）加强组织领导和统筹协调，落实领导责任制

今年固定资产投资审计涉及的范围广、部门多、项目建设单位比较分散，而且要求高、政策性和时效性强。对审计发现的问题，国务院领导和署党组都十分关注。因此，各级审计机关要高度重视，切实加强领导，都要安排一位领导具体负责，并保证有足够的审计力量完成工作任务。今年这两项审计任务的特点是既审资金，又审具体项目。这样做的目的是深化财政资金审计，有利于与财政预算执行审计相衔接，有利于审计成果的利用。在具体组织上，打破了原来审计分工界限，署里是以投资司为主，其他专业司进行配合。希望各省、自治区、直辖市审计机关，不管以哪个业务处为主，都应加强内部协调，集中力量，统筹安排审计人员，完成重点审计任务。

（二）认真执行审计方案，务求审深、审细、审透，确保审计质量，防范审计风险

为了搞好这两项审计工作，审计署投资司分别研究起草了审计工作实施方案，提交这次会议讨论修改。这两个方案一经确定，各地审计机关和特派办必须按照方案的要求，认真组织落实。在实施审计工作中，一定要认真执行审计规范，按照规范的要求进行操作。从前一段反映出的问题来看，投资审计，特别是项目审计工作潜伏着较大的审计风险，应当引起各级审计机关、广大审计人员的高度重视。防范审计风险，关键是按审计规范办事，按审计方案的要求实施审计，把项目审计搞深、搞透，保证审计质量。今年这两项投资项目审计，在指导思想上要有针对性地向资金管理和项目管理方面倾斜，防止财政资金被侵吞、转移、挪用、浪费和建设工程质量方面出现重大问题。因此，在审计组的人员结构上要注意优化组合，必要时要从其他部门聘请有关专家或专业人员参加审计，并切实搞好审前培训，认真学习贯彻《建筑法》和将要召开的全国基础设施建设工程质量工作会议精神，掌握武器，以保证审计质量。

（三）对重大项目实施跟踪审计，建立审计责任制

最近审计署制定的审计工作发展纲要提出，对重大项目尤其是建设周期较长的重大项目实行跟踪审计。过去，我们在这方面是有经验教训的。在审计项目的安排上，没有考虑建设项目的建设周期和规律，造成项目建设和审计监督在时间上的脱节；有的审计项目，在建审计是一个审计单位，竣工决算审计却是另一个审计单位，“打一枪换个地方”，造成审计工作衔接不好，审计责任不明确。这种状况，必须尽快改变。打算从今年开始，要实行国家重点项目审计责任制。一方面投资司将结合构建审计准则体系工作，研究建设项目审计责任制的具体办法；另一方面，各地审计机关和特派办要对投资审计项目，落实审计组长、分管领导责任制，凡是因没有认真执行审计规范和审计工作方案，粗枝大叶、工作失职或徇私舞弊而造成重大审计质量问题的，要依照《审计法》和其他行政法规，追究有关人员的直接责任和领导责任。

（四）注意发现建设项目中的大案要案线索

朱总理在听取审计署工作汇报时指出，审计结果要有总体概念，但更重要的是要查出几个大案要案，严肃处理，以儆效尤。总理的指示是针对当前经济秩序混乱，违法违纪问题突出，对审计工作提出的新的要求。据各方面反映，当前建设领域存在的违法乱纪、经济犯罪案件较多，腐败问题十分严重，但我们前几年审计中发现的这类案件线索不

多，威慑力不强，反映我们审计工作的力度不够。希望大家在今年审计工作中，把投资审计工作与反腐败和加强廉政建设联系起来，增强发现大案要案和腐败行为的意识，提高这方面的敏锐性。

在1999年全国行政事业审计研讨班上的讲话（摘要）

（1999年4月2日）

翟熙贵

关于进一步提高对行政事业审计工作的认识问题

首先，行政事业审计工作对促进党和国家各项方针、政策的落实，促进改革和事业的发展，具有重要作用。行政事业审计面对的是各级党政机关和事业单位，既包括党的机关、国家行政机关、社会团体、科教文卫等事业单位，又包括立法机关、司法机关。这些部门和单位的工作与整个国家政局稳定、经济发展、科技进步及全社会精神文明建设密切相关，起着举足轻重的作用。国家为了保障这些部门正常履行职责，每年都拨付大量的行政、事业经费，占整个国家财政支出的50%左右。通过对这些单位财政、财务收支实行有效地审计监督，可以促进它们更好地履行各自职能，提高社会效益，推动各项事业健康发展。

第二，行政事业审计在促进廉政建设方面，可以发挥积极作用。行政事业单位特别是一些部门，是代表人民行使国家权力的机关，掌管着司法、行政大权，不少单位掌握着国家资金的管理、分配权力。这些部门能否做到公正执法，廉洁勤政，事关我们党和政府与人民群众的血肉联系，关系到改革的成败和国家的兴衰。实践证明，缺乏监督的权力，就容易产生腐败。强化监督，就可以遏制腐败；一旦发生了腐败问题，也可以及时揭露出来。特别是加强对司法部门、行政执法部门的审计监督更为重要，可以促进这些部门保持良好的作风，带头廉洁勤政，树立好的形象，促进党风和社会风气的进一步好转和廉政建设的加强。所以要从反腐败的高度来认识行政事业审计工作的重要意义。

第三，行政事业审计是财政审计的一个重要组成部分，对确保财政资金的有效使用具有重大意义。财政审计，从广义上讲，不仅包括审计各级政府财政收入的组织、资金的分配，而且包括审计预算资金由财政拨出后的再分配和使用情况。这后一部分大多是行政事业审计的主要内容。据初步统计，1998年国家财政经常性支出8 144亿元，其中行政管理费734亿元，文教科学卫生事业费2 155亿元，两项合计达2 889亿元，占经常性支出的35．5%，加上基建和专项补贴等支出中用于行政事业单位的，比例约在50%以上。另外，行政事业单位还掌握着大量的预算外资金，全国约有预算外资金2 800多亿元，90%以上来自行政事业单位。这些资金管理、使用状况如何，直接关系到财政预算执行的真实、合法、效益。因此，加强对行政事业单位的审计，对保障国家财政资金的合理、有效使用，具有极其重要的意义。

朱镕基总理去年12月对审计工作的重要指示明确指出，要把财政资金的使用作为审计重点，凡是使用财政资金的单位都要审计，要求审计部门两眼紧盯着财政资金。总理的指示，为我们进一步明确了方向和审计工作重点，各级审计机关要认真研究并贯彻落实。

关于正确理解和贯彻朱总理对审计工作的重要指示问题

全国审计工作会议期间，王忠禹国务委员到会讲话并传达了朱镕基总理对审计工作的重要指示，充分肯定了去年审计工作的成绩，对今后审计工作提出了要求，明确了方向、目标和重点，使广大审计人员受到很大鼓舞和鞭策。我认为有以下三个问题需要大家进一步研讨：

一是关于“全面审计、突出重点”。这是朱总理讲的第一条意见。如何正确理解呢？根据总理的那段讲话，我理解实质上是要求我们审计机关在全面履行法定审计职责的基础上，务必突出财政资金这个审计重点。他指出：凡使用国家财政拨款的，都在审计范围之内，都得审计，只要使用国家的钱，就不能逃脱审计监督，不能放过任何一个人。要对国家负责，对人民负责，全面进行审计。他除了指出对国家财政资金要实行全面审计监督外，当前尤其要对国家实行积极的财政政策，在基础设施建设方面特别是水利建设方面投入的大量资金加强审计监督，要把它作为最大的重点。

二是关于“突出抓大案要案”。这是总理讲的第二条意见的核心，也是最重要的指导思想。首先，我们要理解总理为什么这样要求。我认为这是根据当前我国财经秩序混乱、违法违纪问题突出的现状提出来的。当前，财经领域存在的突出问题是“一假，二乱”，假账、假报表、假数字具有普遍性；作假的背后是“乱”，是违法乱纪；“乱”的背后往往是惊人的腐败。如果不认真查处违法乱纪问题，不揭露腐败问题，社会主义市场经济是很难建立起来的。因此，朱总理指出：“审计结果要有总体概念，但更重要的是查处几个大案要案。只有查处几个大案，能够杀一些人，关一些人，才会起威慑作用。”其次，总理的这一要求并不意味着改变审计的职能。有的同志认为，审计不是办案的部门，怎么让我们抓大案要案呢？审计部门岂不是成了办案的部门了吗？我觉得这是误解。审计机关确实不是专门办案的部门，审计的基本职能仍然是检查财政、财务收支的真实、合法、效益，审计的手段仍然主要是查账，过去适用的审计方法、技术仍然要坚持。常规审计仍然要搞，不坚持常规审计，大案要案的线索也发现不了。事实证明，发现大案要案线索往往离不开审计手段，而且通过检查财政、财务收支活动，是可以发现许多违法乱纪问题和大案要案的。第三，应当增强发现大案要案线索的意识。发现重大违法犯罪疑点，要以对人民、对国家资财高度负责的态度，发扬坚韧不拔、锲而不舍的精神，追查到底。只要查出一些大案要案并严肃处理，才能震慑犯罪，充分发挥审计监督在整顿财经秩序中的作用。为了调动审计人员发现大案要案的积极性，审计署研究决定，对于在办理审计项目中，揭露出重大违法案件线索的有功人员给予奖励。

三是关于“执法必严，违法必究”。这是总理要求我们全体审计人员必须严格审计执法，维护法律的权威，要站在国家利益的立场上，依法办事。这里突出强调了三个必须注意的问题：第一是要求我们顶住“说情风”，跳出“人情网”，更不能对违法乱纪问题姑息、包庇；第二是要求我们要有“硬骨头”精神，敢于碰硬，勇于排除干扰，如实揭露和查处问题；第三是要求审计署在业务上要加强领导，加强对地方审计机关审计工作的检查指导。我认为朱总理的指示，有很强的针对性，需要我们认真学习、领会，真正从思想上、行动上加以贯彻落实。

关于做好今年行政事业审计工作问题

今年行政事业审计工作，除了完成对各级政府部门预算执行审计工作外，审计署统一安排了两项审计任务：一是对法院、检察院系统进行财务收支审计；二是对部分中央直属高校进行财务收支审计。各级审计机关根据自己的实际情况，还安排了许多其他审计任务。对署安排的这两项任务，行政事业审计司已经进行了部署，希望各地、各单位认真执行。这里我再强调几点：

第一，思想上要重视。审计署安排这两项审计，从大的方面来考虑，主要是贯彻依法治国方略和科教兴国战略。法院、检察院是我国的司法机关，对维护国家法律、保障国家和人民利益、维护社会稳定，发挥着重要作用。保障司法公正，防止司法腐败，是广大人民群众特别关注的焦点问题。在中央和全国人大的领导监督下，“两院”从去年开始，也下功夫进行了内部司法检查整顿，取得了一定成效。这次对“两院”审计，就是要从财政、财务收支活动入手，检查各级司法机关执行中央决定和国家财经法规的情况，揭露存在的问题，促进进一步搞好司法机关和队伍的建设。

选择部分高校进行审计，主要目的是为了推动“科教兴国、教育为本”的战略方针的实施。这几年，国家每年投入的教育事业费都有大幅度的增长，1998年仅中央安排的教育事业费比上年就增长了37%。但这些投入是否真正落到了实处，用得怎么样，是必须引起重视的一个重大问题。

第二，要坚持依法审计的原则，敢于碰硬。特别是对“两院”的审计，我们要理直气壮地履行审计监督职责，要以“一身正气、刚正不阿”的气魄完成这项审计任务。首要的是领导要到位，审计机关领导同志要向党委汇报，向“两院”广泛宣传《审计法》，帮助他们树立自觉接受审计监督的观念；其次是工作要到位，要全面审计，摸清预算内、外资金家底，深入检查财务收支的真实、合法情况，尤其要把执行收费政策，执行“收支两条线”规定，以及执行与所办企业脱钩等政策规定的情况作为审计重点，发现腐败问题线索，不管涉及到谁，都应认真追查，并要及时向党委、政府和上级审计机关报告。

第三，要如实、及时向审计署报告反映情况。对“两院”审计，是今年行政事业审计的重点，审计的情况要如实反映上报，这要作为一条纪律来强调。

最后，要求从事行政事业审计工作的同志，要切实做到公正廉洁。只有做到公正廉洁，才能邪不压正。各级审计机关要认真落实党风廉政责任制，把廉政工作落到实处。要坚决执行审计组廉政责任制的规定，在审计过程中，要严格要求、严格管理、严肃纪律，发现问题要严肃处理，绝不护短。

在全国扶贫资金审计工作会议上的讲话（摘要）

（1999 年 4 月 8 日）

翟熙贵

全面审计，突出重点，搞好 1999 年扶贫资金审计

今年，审计署确定完成的农业资金审计项目，主要是扶贫资金审计，还有三峡移民资金审计。扶贫资金审计涉及到全国 27 个省、自治区、直辖市，承担审计任务的既有地方各级审计机关，又有审计署驻地方派出机构。

为了搞好这项工作，我们要认真贯彻落实朱镕基总理去年听取审计工作汇报时做的重要指示，一是全面审计，突出重点；二是点面结合，抓大案要案；三是有法必依，执法必严。

总理说：凡使用国家财政拨款的，都在监督范围之内，都得审计。只要使用国家的钱，就不能逃脱审计监督。今年的扶贫资金审计，一定要很好地按照朱总理的这一指示，对全部 592 个国定贫困县的扶贫资金进行全面审计。在这个前提下，要突出重点，这是非常重要的。事先要进行一些调查研究，要把重点找准。各省、各地、各县之间情况不同，审计重点也应该有所不同。比如，特派办审计省本级，与省级审计机关组织对下审计，重点应有所区别。省一级，审计的主要问题是资金筹集、分配和投入情况，也就是说，制定的配套方案是否有利于资金的落实，该省里配套的钱配了没有，资金是否按规定全部拨到了国定贫困县，有没有挤占挪用。对资金使用也可以搞一些延伸审计和调查。对县、乡镇、村或者用款单位，审计的重点主要是资金管理和使用。地区之间，重点也可能不同。据近几年审计情况看，专项资金越到基层，挤占、挪用越严重，特别是一些经济不发达的县和贫困县更容易发生。东部的贫困县和西部的贫困县的重点也是有所不同的。所以说，突出重点要从实际出发，按照实事求是的原则，具体情况具体对待，认真分析，确定和把握好审计的重点。

在搞好面上审计的同时，要注意抓大案要案线索。一些案件，表面上看可能是一般违纪违规问题，再往深查，往往发现腐败问题，包括贪污、受贿、挪用公款等。所以在审计中，要增强抓大案要案的意识。扶贫资金管理使用的部门多，层次也多，而且非常分散。尤其是一些基层单位，财务监督、会计核算十分薄弱，容易出问题的环节很多。审计人员要有很强的抓案件的意识和敏感性。有些工作需要深入到村、到户、到用款单位，如果能在那些资金使用、管理混乱的单位查出一两件、两三件案件的线索，移送有关单位处理，作用就大不一样。尽管案件的金额可能不大，但可以引起震动，对违纪、违法犯罪起到震慑作用，有效维护正常的经济秩序。

第二，要处理好揭露问题与处理问题的关系。扶贫资金审计要发挥应有作用，把存在的问题揭露出来是关键，也是前提和基础。以往我们有些审计，认定和反映问题总是以最后是否做出处理作为标准，不处理或一时不好处理的问题有的就不上审计报告。这种观念是片面的、不对的。审计首先是揭露问题，这是审计的第一职能。对那些应该处理的问题，也只有把问题揭露出来，才谈得上依法严肃处理。大家在审计中还可能遇到这样的情况：查出的某些问题，适用哪个具体法规有时不明确，但是适用的政策很明确，党中央、国务院的通知、决定很明确。对这类问题审计机关就应该坚定不移地按照党和国家的方针政策来判断是非，发挥监督作用。

第三，要以审计扶贫资金为主线，注意检查扶贫政策的落实情况。扶贫资金审计要深入、深化，除了认真检查资金管理使用情况以外，重要的一点是要检查国家有关扶贫政策的落实情况如何。例如，已经宣布解决了温饱问题的贫困县、贫困村、贫困户，是否真正达到了国家规定的标准，有没有假脱贫的问题。我们可以选择一个或几个地方、单位解剖麻雀，按照国家八七扶贫攻坚计划确定的目标，有分析、有重点、有针对性地进行检查。把一个地方、单位的问题搞透了，再判断执行国家政策如何就有了充分的发言权。要善于从大量微观现象中，挖掘、提炼出带有宏观意义的问题，集中起来向上反映，这是我们的优势。

第四，加强领导，搞好组织实施。一要集中力量，全力以赴。今年扶贫资金审计是署里确定的重要项目。各级审计机关一定要高度重视，精心组织，安排好审计力量，要加大“上审下”和交叉互审的力度。实践证明，“上审下”和交叉互审是目前深化农业资金审计的一个有效途径，在这方面各地已积累了一些经验，形成了一些好的做法，要互相借鉴。二要搞好协调配合。今年由特派办审计省本级，省级审计机关组织对下审计。这就要求审计机关内部搞好协调配合，互相提供必要的情况、信息材料和一些案件的线索。特派办进点前要同省审计厅取得联系，审计结果要向省厅通报；省审计厅也要向特派办提供必要的帮助。三要对审计查出的问题及时、如实上报。审计期间发现并查实的重大问题，要尽早向署专题报告，不必等全部审计结束才报，这样有利于将一些审计成果尽早反映出来。查出的问题要原原本本上报，不能层层截留。

齐心协力 开创审计科研工作新局面（摘要）

（1999年1月21日）

刘鹤章

根据审计工作新情况开展审计科研

近年来，审计科研紧紧围绕审计工作中心，特别是紧扣财政审计和企业审计这个中心，开展理论研究，取得了很大成绩，值得肯定。今后，仍然要围绕审计工作重点，根据审计工作中出现的新情况和新问题，开展审计科研。当前审计工作面临的任务：一是打假治乱、维护财经法纪；二是点面结合，突出抓大案要案；三是根据审计业务的内在联系，将审计工作分为财政、金融和企业审计。

（一）打假治乱，维护财经法纪。当前财经领域中的违法违规问题出现了一些新的情况，会计核算不真实，财政财务收支中的弄虚作假行为十分突出。这既是经济秩序混乱的一种表现，也是产生经济案件的重要隐患，不仅造成国家财力分散和国有资产流失，而且给国家宏观调控和决策带来误导。所以，今后一个时期，审计工作重点应放在审计财政财务收支的真实、合法上，放在打假治乱，维护经济秩序上。鉴于此因，审计科研的工作重点应向研究、探索审计财政财务收支的真实性和合法性方面转移，找出审计真实性、合法性的路子，为审计实际工作服务。

（二）点面结合，突出抓大案要案。这可以从宏观和微观两个方面来理解。从宏观方面来说，审计机关要依照审计法的规定，全面履行审计监督职责，特别是要对国家财政拨款较多，关系国计民生的项目进行审计监督。通过审计监督，查找财政财务收支中存在的问题。对于改革中出现的新情况、新问题，我们要分析其产生的原因，摸清规律，为政府制定政策提供依据。对于反复出现的问题，我们要区别情况，予以处理。凡是因规章制度不到位、不完善而产生的问题，我们要汇总、综合审计中收集到的情况，向政府反映这方面的信息；凡是因有规章制度但不执行而产生的问题，我们要加大处理力度，增强审计监督的威慑力。从微观上来说，要在审计财政财务收支真实性、合法性的基础上，重点解决几项想政府所想、急政府所急的问题，例如家底不清、国有资产流失特别是向个人流失、领导干部违法乱纪、财务管理和经营管理混乱等问题。审计科研的任务是从宏观、微观两个方面探索点面结合、突出抓大案要案的路子。

（三）根据审计业务的内在联系将审计工作分为财政、金融和企业审计。审计工作涉及到方方面面，有财政审计、行政事业审计、固定资产投资审计、农业与资源环保审计、社会保障审计、金融审计、外资运用审计、经贸审计等等。审计署根据审计业务的内在联系，将审计工作分为财政审计、企业审计和金融审计三大块。因此，财政、金融和企业审计部门内部以及它们之间如何相互配合，做到资源共享，任务共担，统一部署，协调作战，需要审计科研部门去研究、去探索。

理论联系实际开展财政、金融和企业审计

审计科研也要走理论联系实际的路子。这可以从两个方面来把握：一是要紧紧围绕审计机关的中心工作，围绕审计机关领导关心的事情和审计工作中出现的问题展开研究。二是置身实践，坚持从实践中来到实践中去。一方面，审计科研人员只有参加实践，才能避免闭门造车；另一方面也只有参加审计实践，才能从实践中汲取充分的营养，提出切合实际的审计理论和方法，才会受到领导的重视，审计科研成果也才能转化为政策力量，从而推动和指导审计实际工作的发展。审计署在确定署科研所“三定”方案时，明确要求署科研所的科研人员每年至少拿出一半的时间，参加与自己研究领域有关的审计实践活动，就是要达到这个目标。

当前，有许多问题需要审计实际工作者和理论工作者去研究、去探索。这些问题包括财政审计、金融审计和企业审计等问题。从财政审计方面来说，我们要贯彻中央经济工作会议关于实行积极财政政策的要求，强化收入征管审计，依法规范预算分配秩序和财政管理行为。专项资金审计要突出重点，围绕国家重大改革措施、宏观调控目标以及社会热点问题加强对财政投入较大和关系国计民生项目的审计监督，当前应特别重视对1000亿国债资金和1000亿银行配套资金使用的审计，并且要在审计其真实性、合法性的基础上，审计这2000亿资金的使用效果。

搞活企业是我国经济体制改革的一大主体旋律，因此要加强企业审计监督。当前亟需解决的企业审计问题包括：国有企业改组改制下如何监督国有资产评估，以免国有资产流失；公司制改造后国有企业审计监督内容；审计机关如何在企业审计方面配合稽察特派员的工作；审计机关专门或结合企业审计工作对社会审计进行监督。

东南亚金融风暴的影响仍然没有消除，某些危害甚至还没有完全显现出来。对此，我们要有清醒的认识，要未雨绸缪，加强金融审计。金融审计要以审计财务收支真实性为基础，打假治乱，揭露违规经营、盈亏不实、资产不实以及账外账等虚假行为和问题，促进规范管理、依法经营、改善金融资产质量。围绕金融审计内容，审计科研应着重从内部控制制度等入手，研究导致金融机构违法违规、弄虚作假、资产不实的原因，摸索出一条适合我国国情的金融审计路子。

在研究财政、金融和企业审计问题时，应特别注意它们的结合问题。在研究企业审计问题时，应从税收、社会保障和税后利润分配等方面研究其对财政审计的影响。从这些切入点研究企业审计和财政审计的相互配合问题。在研究金融审计问题时，应结合企业审计进行。因为企业资产中有相当一部分是银行贷款形成的。如果企业的资产质量不高，势必要影响金融资产的质量。两者相互依存、互为因果。同样，在研究财政审计和金融审计问题时，也要寻找其结合点，从提高审计效率和审计质量的角度，研究两者的结合问题。

齐心协力，不断提高审计科研水平

审计工作的发展有待于审计理论的指导，审计科研大有作为。但是，审计科研又是一项艰巨的任务。审计科研人员应能够抵挡住物欲的诱惑，要耐得住寂寞，潜心钻研，积极实践，勇于探索，努力研究出适合我国审计工作需要的审计理论和技术方法。李金华审计长在全国审计工作会议上强调，要培养、造就一大批优秀审计人才和审计专家。同志们要有这个信心，要有雄心壮志，要加强政治学习和业务学习，经过若干年的工作、学习，努力使自己成为某个方面的专家。

审计科研是一项需要独立思考的脑力劳动，每一个科研人员应遵循科学研究的规律，独立地思考，进行创造性的劳动。同时，也应当加强合作，协同作战，共同攻关。同审计任务重而审计力量相对不足的矛盾困扰审计机关一样，审计科研任务重而审计科研力量相对不足的矛盾，也困扰着审计科研机构。因此，署科研所应加强与各地科研所的协作，并且使这种协作制度化。

统一认识　明确思路
深化国有企业审计（摘要）

（1999年1月27日）

刘鹤章

以审计财务收支的真实性、合法性为重点，深化企业审计

（一）真实、合法、效益三者关系。审计法提出的审计目的有三个方面，即真实、合法、效益。真实、合法和效益是相互联系、不可分割的。真实是基础，合法是前提，效益是目的。讲真实是基础，是因为要考查企业经济活动是否合法、是否有效，都要利用企业的经济资料。如果反映被审计单位经济活动的资料不真实，就无法判断其经济活动是否合法，也无法考查它的经济效益。讲合法是前提，是因为要看一个经营者是否履行了经济责任，首先要看他是否遵守了委托人所确立的规章，是否遵守了国家法规。如果违反了委托人确立的规章，或者违反了国家法规，他所实现的效益就是不合法的，不能称其为真实的效益。讲效益是目的，是因为受托经营者只有实现了经济效益，才算是履行了经济责任。如果企业发生亏损，经济效益低下，即使会计资料真实，经营活动合法，也不能说它实现了企业的经营目标，履行了经济责任。真实、合法和效益的这种关系，要求我们不能将其割裂开来，而应将其作为一个整体，在对一个单位进行审计时，应同时考察真实、合法和效益三个方面。

(二) 审计对象范围。对已派驻稽察特派员的企业，审计机关原则上不再安排计划进行审计。因此，我们要将已派驻稽察特派员以外的企业作为我们审计工作的重点对象。当务之急是要明确各自的审计对象，搞清审计管辖范围内还有多少户工交企业、多少户商贸企业，哪些已划归中央，哪些下放了地方。

(三) 企业审计重点。企业审计重点：一是摸清家底；二是防止国有资产流失；三是揭露无章可循、有章不循、管理混乱问题；四是查处舞弊和腐败。以真实、合法为目的的企业审计首先要摸清家底，也就是摸清每一个企业的资产、负债、所有者权益和损益的总量和结构。如果连家底都搞不清，何以谈建立现代企业制度，何以谈国有资产保值增值。所以，摸清家底，清晰产权，既是国有企业改革的迫切要求，也是法律赋予审计机关的重要职责。

企业审计还要与财政审计、金融审计、社会保障资金审计结合起来，通过对其真实性的检查，发现财政预算执行中的问题、银行贷款中不良贷款的情况和社会保险资金上交和下拨使用等情况。做到信息共享，任务共担，发挥整体效益，提高审计工作水平。

(四) 点面结合，突出大案要案。点面结合，突出大案要案，可以从宏观和微观两个方面来理解。

(五) 按照《企业审计操作指南》进行企业审计试点工作。去年审计署和部分地方审计机关选择了23户企业进行真实性审计试点，并在此基础上拟定了《企业审计操作指南》。今年，要在去年工作的基础上继续进行试点。试点工作主要从以下几个方面开展：

1. 以书面承诺为起点。也就是要求企业法人代表以书面形式作出承诺：按照企业法、审计法、预算法、税收征管法等法律法规的规定，向审计组提供本企业的会计资料，对其所提供的会计资料的真实性、完整性承担法律责任。

2. 以切实可行的审计方案为基础。不同企业或同一企业在不同时期的具体情况不尽相同，因此审计每个企业都必须根据这个企业的具体情况，针对企业的特点，制定出包括本次审计要干些什么事、每件事的具体项目是什么，分几个步骤去干，谁去干，要达到什么目的等具体内容的审计实施方案。

3. 从内控测评入手。通过对企业内部控制健全有效的测试，确定企业审计的范围和重点，避免毫无目的地到企业去碰。例如，通过对企业内部控制健全性与有效性的测试，可以更加准确及时地发现企业管理中存在的薄弱环节，据以确定实质性检查范围和重点。

4. 以会计报表为总揽。会计报表是企业财务状况的综合反映，如果不抓住会计报表，就不能从总体上把握这个企业的总体情况，不能把握这个企业的资产、负债、权益、损益的全部状况。

5. 综合运用审计抽样等多种技术方法。审计任何一个企业，无论是“全面审查”还是“重点抽查”，都不能仅仅使用某一种技术方法。例如职业判断与统计抽样，实物盘点与账证核对，函证询问与分析性复核，等等，在每次审计时应该综合运用这些方法。

6. 企业审计工作报告。李审计长要求，今年要将署经贸司、特派办以及地方审计机关审计企业的情况综合起来，由署向国务院写出国有企业审计工作报告。报告中应反映企业资产负债损益方面的情况、存在的主要问题以及产生这些问题的原因，从宏观上提出解决这些问题的途径，为政府决策提供依据。

配合稽察特派员的工作

(一) 根据总理批示，明确任务，进行专项审计。一般而言，稽察特派员要求配合的任务多数有专项内容，如搞清往来款项、企业炒股票等，审计人员应围绕专项内容进行查证，不宜面面俱到，什么都搞。

(二) 审计机关派出的人员要定期向审计机关汇报。审计机关在接受稽察特派员的配合任务时，应指定临时负责人，要求其定期向审计机关汇报，审计机关藉此掌握工作进度和结果，以保证圆满完成稽察特派员要求的配合任务。

(三) 项目配合报告和年度配合报告。配合项目结束后，审计人员应写出配合报告并及时报经贸司。项目配合报告应主要反映配合的内容、方法、审计人员提供给稽察特派员的线索及此线索对稽察特派员工作成果的影响。第四季度经贸司汇总、写出年度配合报告，由署向国务院报告，以反映审计机关配合稽察特派员所做的工作。

在全国企业审计研讨班上的讲话（摘要）

（1999年12月24日）

刘鹤章

集中力量扎扎实实地作好明年企业审计工作

针对当前企业审计面临的形势，审计机关明年的工作应围绕企业存在的主要问题，加强审计工作，在企业改革和脱困中发挥积极的作用。企业审计要以对企业资产负债损益的真实性、合法性审计为基础，突出重点，树立抓大案要案意识，揭露重大违法违规问题，注意抓大案要案线索。对财务收支真实合法性的审计，就是要摸清企业的家底，其最终结果体现在检查企业资产质量上。要通过审查企业净资产情况，对企业资产质量进行分析，分析企业的盈利能力、偿债能力和抵御风险能力，为有关部门决策提供依据，为企业3年脱困目标服务。

（一）以审计企业财务收支真实性、合法性为基础，突出重点，注意抓大案要案线索。

党的十五届四中全会针对当前我国国有企业造假账、会计信息失真，资产、盈亏不实，隐瞒收入搞账外账或“小金库”，以及损失浪费严重等问题，提出“要把加强管理和反腐倡廉结合起来，加强对企业经济活动的审计和监督，坚决制止和严肃查处做假账、违反财经纪律、营私舞弊、挥霍浪费等行为”。因此当前企业审计工作仍应按朱镕基总理对审计工作提出的“全面审计、突出重点，注意抓大案要案线索”的要求来进行。查处大案要案是近期内审计机关贯彻审计法的具体体现。这与审计法并不矛盾，是审计署结合当前我国经济生活的实际情况提出的维护经济秩序，促进廉政建设的一项重要措施。明年审计机关在计划安排上，应主动选择一些比较典型的改制企业、重点亏损企业、上市公司和关系国计民生的垄断性企业进行审计，为国家从宏观上把握国有企业的总体状况并进行决策提供依据。在审计内容上，要以审计企业财务收支真实性、合法性为基础，在财务会计领域打假治乱。

审计机关要充分发挥自身熟悉财政财务，精通查账的优势，弥补检察、纪检监察部门某些方面的不足，积极配合他们开展工作。在查找线索时，要注意以资金往来为线索，深查细究资金的来龙去脉；要把企业分支机构、对外投资和关联企业作为重要环节来抓；要重视外部证据的查证，选准突破口；对审计中发现的重要案件线索，在取得一定证据后，要认真负责地及时向有关机关移送。审计机关还可根据审计实践，将拥有权力、容易产生权钱交易的部门和领域列为审计重点，进行专项审计。

（二）企业审计应坚持抓重点的原则，采取“点菜”方式选择企业，以摸清家底为目标，着重检查企业资产质量。

审计机关如何通过审计，来达到摸清企业家底，维护财经纪律的目的呢？署党组研究认为，企业审计应采取“点菜”的方式进行，即通过对一定数量的企业审计以后，按照一个明确的思路，找准问题，深入审计，反映全国面上的问题。这里的关键是看我们查的力度和反映问题的深度怎样。“点菜”式审计要在分析资产质量的基础上，抓住几个突出问题审深审透，层层剥离，分析问题产生的原因与后果，揭露本质，提出改进工作和加强管理的建议，同样可以起到积极的作用。现在大部分企业面临着改制问题，国有企业在改制中普遍存在着出资行为不规范、国有资产流失的问题。因此作为国家审计机关要把对股份制企业的审计当作重要任务来抓。对股份制企业的审计要在查清企业财务收支的真实性、合法性基础上，按照股份制企业的特点来完善对其审计的内容和重点。通过审计揭示国有资产是否安全有效，保护国家和各出资方的合法权益，督促企业加强管理和完善现代法人治理结构，促进企业改制、改革和改组的健康发展。对企业资产负债损益的全面审计，重点是检查企业净资产是增加了还是减少了，不能简单地看企业资产负债率、利润指标，而要通过分析企业的盈利能力和偿债能力，弄清企业的真实财务状况。企业的应收款项、存货、对外投资、固定资产往往都存在账实不符的隐患，这些数字准不准，对企业资产质量有很大影响。我们要积极探索，研究影响企业资产质量的因素和反映企业资产质量的指标，通过审计，确定一些反映企业资产质量的可比性参数和指标，通过一定的指标对比，来分析企业财务状况的变化。要探索哪些是必查的，哪些是可选择的，研究审计结果如何在审计报告和审计意见书上进行反映，并通过制定规定来规范审计工作。同时还要探索如何从财政、金融的角度或者宏观的角度深化企业审计。我们不能就企业审计搞企业审计，企业的问题往往反映在财政收入上，反映在金融机构，如企业在税收级次上造成的流失、不良贷款问题。通过企业审计后的对比分析，可以科学地评价企业的效益。

（三）要认真完成领导交办的专项审计事项，积极配合纪检、监察和稽察特派员总署等部门开展审计查证工作。

年终要写出年度配合有关部门进行审计查证的报告，以便反映我们所做的工作。党政领导交办的事项，往往是一些热点和难点，在当地有一定影响的事情，因此通过审计可以直接为政府决策服务并扩大审计影响，我们要以积极的态度做好这项工作。

（四）认真开展企业领导人员经济责任审计，为促进国有企业领导体制改革服务。从近几年的审计情况看，企业管理薄弱和混乱是造成企业经济效益差，出现亏损的重要原因。目前企业较普遍地存在无章可循、有章不循，成本核算不规范，费用列支缺乏会计制约，设置账外账、“小金库”；库存积压，“冷、次、滞、背”商品得不到及时处理；“跑、冒、滴、漏”现象严重；企业领导人法制观念淡薄，以权谋私、损公肥私、肆意挥霍浪费、行贿受贿等问题，因此，通过审计，促进企业加强基础工作建设，建立健全有效运行的内部制约机制，堵塞漏洞，强化管理，是我们企业审计义不容辞的责任。我们一定要本着对历史，对改革发展和对人负责的精神，以高度的政治责任感，认真作好这项工作，为企业改革和发展服务。

（五）要跟踪企业执行国家宏观调控政策的情况，保证国家各项方针政策的贯彻落实。国家宏观调控政策是调控经济的重要手段。为了保证国民经济持续快速增长，国家出台了一系列的调控措施，其中有很多措施是围绕企业展开的，如发行国债，今年国家又增发600亿，其中90亿用于企业技术改造，主要分布在冶金、纺织、石化、有色金属、机械、信息产业和军工七大行业。这些资金按照国家技改的要求用得怎样？是否按照国家关于这些行业技改的重点使用了资金，是否精心选择了产品和项目，严格执行了工程质量终身负责制；是否优先采用国内技术和国产设备；在资金使用上，是否向老工业基地和中西部倾斜；有无挤占、挪用、侵吞技改资金；是否有效拉动了需求，促进了国民经济的有效增长；有无重复建设？明年我们可以对这些国债资金的使用情况进行审计调查。

（六）通过审计，查处乱摊派、乱收费、乱罚款和其他变相加重企业负担的问题，查处政府部门不依法行政的问题，为减轻企业负担，维护企业合法权益，改善企业外部环境服务。大家都知道，企业负担沉重是当前企业共同存在的一个突出问题。社会包袱沉重，乱摊派、乱收费、乱罚款屡禁不止。社会对这个问题反映比较强烈。党的十五届四中全会决定对企业减负问题作了专门阐述，提出了具体要求。我们应当通过审计，积极反映这方面的问题。明年我们要继续按照六部委联席会议的安排，结合审计项目，对取消的不符合规定的收费、基金、罚款、集资等项目进行跟踪审计。

强化监督职能　加大执法力度
全面提高外资审计质量（摘要）

（1999年1月7日）

刘家义

充分认识我国外资审计工作面临的形势，增强做好外资审计工作的责任感、紧迫感和使命感

利用外资是邓小平理论的重要组成部分，是我国对外开放基本国策的重要内容，也是我国建设社会主义市场经济的一项伟大实践。改革开放以来，我国经济迅猛发展，20年间，我国GDP以年均近10%的速度递增，这实属罕见。20年来，我国累计利用外资4千多亿美元，相当于人民币3万多亿元，这对推动我国现代化建设事业发挥了重要作用：一是弥补了建设资金的不足，有力地推动了我国国民经济持续、快速、健康发展。1992到1998年，仅直接利用外商投资就达2 600亿美元，占我国同期固定资产投资总额的14．8%。二是引进了一大批高新技术和先进工艺，推动了我国经济结构的调整和技术进步。三是推动了我国市场经济的健全、完善和管理水平的提高。四是提供了大量的就业机会。据测算，仅现已开业的外商投资企业，提供的就业机会即达1750万人。五是增加了财政收入。1992至1998年，仅外商直接投资企业而增加的涉外税收即达3 000亿元人民币。六是推动了我国对外贸易的发展。我国对外贸易进出口总额 1998 年比 1978 年增加了 14 倍。七是制定了一大批适合我国国情又符合国际惯例的涉外法规。为建立健全我国社会主义市场经济的法规体系提供了有益的经验。八是加强了内地与港澳台地区的经济往来。

在充分肯定利用外资作用和看到成绩的同时，也应该看到，我国利用外资的有利因素虽然很多，但形势相当严峻。1997 年以来，受亚洲金融危机的影响，国际资本的流向发生了很大逆转，1998 年流向西方发达国家的国际资本是 2 500 亿美元，占当年全部国际直接投资 60% 以上。东南亚与我国新签的外资利用合同数、合同外资额和实际使用额都有所下降。西方发达国家对我国的投资也开始出现波动。由于一些国家经济不景气，一些已投资项目的资金到位延期，部分已签约项目也被停止、取消、中断或暂缓执行。与此同时，审计中发现外资利用中还存在的一些问题，比较突出的是：

（一）外资投向结构不合理，一些行业、产品存在重复建设和过度竞争。例如 1997 年我国实际利用外资中，制造业占 62%，房地产业占 11．5%，而农业、能源、交通运输分别仅占 1．4%、4．6%、2．2%；东部地区占 88．6%，中部 7．6%，西部 3．8%。

（二）重数量轻质量，重上项目轻项目管理。审计发现，有的地方竞相出台优惠政策，擅自减税免税；有的降低建设标准，为立项而立项，不管立项后能否执行；有的在转贷过程中层层加码，使贷款优惠不能落实到基层，如世行农业贷款项目主要是软贷款，期限长、不收利息并减免承诺费，但一些财政机关在转贷时，缩短贷款限期增收利息，项目主管部门还要层层收管理费，这势必加大成本和农民负担；有的项目物资采购不适当、不适用，造成了大量积压和损失浪费，某省农业开发项目的 5 个地市采购不当，造成项目物资积压 1 500 多万元，仅水泵就积压了 3000 多台；有的项目管理基础工作薄弱，管理混乱，家底不清，会计资料失真，甚至搞两套账，两套报表。

（三）违法违规、违反项目协议的现象比较严重。1998 年全国审计查出各种违反财政法规和协议金额达 102 亿元，占这些项目累计完成投资 850 亿元的 12%；审计署组织对 6 个项目的审计调查，发现违法违规、违反协议的金额占到该项目总投资 99 亿元的 40%。其主要表现，一是弄虚作假，虚报冒领。某省在供货商还未供货时就用假发票到世行提款报账 1 450 万元；某省用一套假材料，从世行提款报账 1 316 万美元，用于高息放贷。二是挤占挪用，10 个省 6 个农业开发项目挤占挪用 16 个亿，占向世行提款总额的 40%。某省把 4 380 万元的世行贷款资金给一公司搞经营，用 190 万美元搞房地产投资，把 1 458 万元人民币借给投资银行。三是倒卖项目建设物资。某省从 1993 年开始陆续变卖项目建设物资 2 亿多元，占其采购总量的 45%。四是配套资金不到位。到去年底，这些项目累计投资完成额 850 个亿，累计从世行提款 122 亿美元，合人民币 1 000 亿元，试问配套资金到位了多少？当然不能这样简单的算账，因为还有在建工程等。某省水土保持项目报表反映到位资金 1．5 亿元，实际只到位 2 000 多万元，其余均为按劳折资；某省水资源开发项目执行了 3 年，报表反映的财政到位资金是计划到位的 17%，实际分文未到。五是化公为私，化大公为小公，私设“小金库”，被个人挪占的情况也时有发生。

（四）经济效益低，还贷能力差，债务风险大。某部门对 10 个行业 349 个项目企业进行调查，项目总投资是 1 100 亿元，其中外债占 71%。盈利的仅 35%，有 4 个行业是净亏损，投资亏损率最高的行业达 13．8%；能够按期偿还债务的企业不到 35%，有的行业债务逾期率达 11．6%；在已经归还的贷款中，15% 是财政资金、17% 是靠转贷机构垫付、3% 是靠借新债还旧债。更为严重的问题是，外债转贷质量下降，尤以非银行金融机构为甚。某审计机关对四个信托投资公司审计发现，1997 年末的逾期贷款为贷款余额的 48% - 85%。某商业银行仅因为垫付“三贷”而形成的不良资产占其不良资产总额的 14．8%。

认真分析上述情况，保持清醒的头脑，是我们做好外资审计工作的前提。展望 21 世纪，我们利用外资面临着严峻的挑战和大好的机遇。外资审计工作的形势逼人，任务艰巨，这就要求每个审计人员要以高度的责任感、紧迫感和使命感，从战略的全局，从我国经济发展和对历史负责、对法律负责的高度，从国家和民族的根本利益出发，提高对外资审计工作的认识。

以强化监督职能、加大执法力度、提高审计质量为重点，努力做好 1999 年的外资审计工作

1999 年外资审计工作的总体要求是：强化监督职能，加大执法力度，提高审计质量，全面贯彻落实审计法及其实施条例，认真履行外资审计的法定职责。对监督不力，执法不严，报告不实的地方和单位，审计署将限期改正，通报批评，公开曝光，建议扣款或取消项目、取消审计授权，追究有关人员的责任等。因此，各级审计机关和全体审计人员要注意以下几个问题：

第一，要强化审计职能。宪法和审计法明确规定，审计的首要职能是监督，是对财政财务收支的真实、合法、效益进行监督，作为一个监督机关，在外资审计中的首要任务就是要对外资运用的真实、合法、效益进行监督，以保障积极合理有效地利用外资。

第二，要加大执法力度。对于违法违规、违反协议的事项，必须依法查处，要确保外资的积极合理使用，确保配套资金的及时到位，提高资金的使用效益。如何加大执法力度？当前首先必须把整个外资利用各个环节、各个项目执行单位存在的主要问题查出来。二是对外资利用的真实、合法、效益状况必须清楚，尤其要把真实性弄清楚，你的资金到位了多少，使用情况如何，真实情况没搞清楚，执法从何谈起？三是对查出的问题必须依法处理，有的人说处理就是要收缴，外资审计是贷款搞项目，还怎么处理？这种理解是极其狭隘的。处理不一定就是收钱罚款，当然，该收的钱要收，该罚的款要罚。但必须把握的一个基本原则，这就是要保证将项目处理的全部资金都用到项目中去。

第三，要突出审计重点。外资审计的任务很重，要求也越来越高，涉及的范围领域比较广，我们要研究它的规律，必须在全面审计的基础上突出重点，按规定的标准、要求和时间进行审计。在这个基础上要突出重点，突出重点行业、重点项目、重点环节、重点项目管理单位和执行单位，抓住重点，查深、查准、查透、查实。总体上讲，当前外资审计首先要抓好世、亚行贷款项目的审计，在对这些项目全面审计的基础上，要抓住重点项目，今年的重点项目是农业项目审计，必须抓好。但各地情况不同，如果有力量，也可以摸索进行一些合资项目、境外单位的审计。各个地方要根据各地的具体情况去部署。

第四，要如实揭示问题。这既是国家审计机关严格执法、认真履行法律责任的基本要求，也是审计机关客观公正的具体体现。同时也是促进我国积极合理地有效利用外资和防范审计风险的有效途径。因为只有把问题揭露出来，才能引起各级党委、政府、有关部门的重视；才能促进采取措施，加强管理，改进或者处理这些问题。同时也只有把这些问题揭露出来，审计机关才算是尽职尽责了。

第五，要严格质量控制。质量是审计工作的生命线。提高审计质量，严格质量控制，是当前外资审计工作亟待解决的重要问题。当前，一是要加强指导，特别是审计署和省厅两级审计机关除了搞好直接审计之外，一定要加强调查研究，认真总结、分析、交流和积极开展理论研究。二是要加快审计准则和操作指南的制订，逐步统一外资审计的标准，实现外资审计的规范化。各地也可先搞试行办法。三是要统一审计方案，对所有项目执行必须按方案要求审计。

第六，要服务宏观决策。各级审计机关要为宏观决策服务，不能审了就了事。对于审计的情况、审计取得的资料，要加强综合分析，对于典型案件和协议条款不适当、项目管理混乱、违法违规、损失浪费、债务风险等问题及其产生的原因和解决的办法，要综合归类，及时向上级审计机关和政府报告，并通报给有关部门，为其决策提供依据，有的还应公开曝光。以促进从实际出发，制定正确的政策措施，趋利避害，积极有效地利用外资，达到增强国力和国际竞争能力的目的。决不能审了就了事，造成审计资源的浪费与闲置。

全面贯彻全国审计工作会议精神
努力做好1999年金融审计工作（摘要）

（1999年1月26日）

刘家义

认清当前形势，明确1999年金融审计工作的指导思想

经过20年改革开放，我国综合国力得到大幅度提高。

同时，我国经济运行也正面临新的形势和特点，遇到了新的困难和挑战。从国内情况看，由于受国际市场需求萎缩等方面影响，1999年我国出口增长极为困难；城乡居民收支预期短期内难以好转，农民收入减少，最终消费不旺的态势短期内难以改变；再就业压力将继续加大；财政收支矛盾将进一步突出；经济结构调整和经济质量的提高，短期内难以大见成效；多年来积累的不良金融资产将进一步显露，有些地方支付矛盾将日益暴露。所有这些，必然加大金融风险。

从国际情况看，亚洲金融危机将继续加深，国际金融秩序将受到二战以来最严重的冲击，世界经济已进入增长减缓的调整时期，再加上经济全球化和世界多极化的影响，美国经济增长减缓，日本短期内难以走出经济低靡的状态，东南亚国家短期内难以实现经济的全面恢复。因此，1999年世界经济的不确定性将进一步增加，世界经济和贸易增长率将继续下降，国际竞争将更加剧烈，全球跨国直接投资增长速度将大大减缓，流入发展中国家的国际资本也将继续下降。所有这些，都将对我国金融形成巨大冲击，给我国经济运行带来极其不利的影响。

为了应对形势的发展和变化，我国在加快经济结构调整、实行积极的财政政策、进一步扩大内需、深化改革尤其是深化国企改革的同时，一是加快了金融法律法规的建立、健全和完善，继《人民银行法》、《商业银行法》之后，1998 年又颁布了《证券法》，国务院马上要发布《金融违法行为处罚办法》。二是加快了金融体制改革。三是加强了金融监管和货币调控的力度，非银行金融机构正在进行整顿，银行的管理也有所加强和改善。四是金融执法得到了加强，查处各种金融违法违规行为和打击各种金融犯罪的力度大大加强。

在这种形势下，金融审计的责任更重了，难度更大了，要求更高了，任务更艰巨了。一是面临着上述复杂多变的金融形势和经济形势，一些政策性强、对经济运行敏感的问题把握的难度更大了。二是由于金融机构和金融法律、法规的变化，需要我们重新学习、重新熟悉的规定和情况更多了，然而我们又不可能有太多的时间坐下来学习和熟悉情况，只有在干中学，边学边干。三是金融审计对象点多、面广、量大、系统性强，而且与国民经济各个领域和社会再生产各个环节的关系十分密切。人民银行、四大商业银行自上而下，遍布城乡，而且都是一级法人，统一核算，审计中一旦揭示出重大的违反财经法规的问题，各方面的“关照”会不期而至。四是金融审计 10 多年来取得了显著的成绩，积累了丰富的经验，但与审计法的规定和新形势的要求还有很大的差距，其主要表现是：

首先，就金融机构审金融机构，延伸审计或与其它专业审计有机结合不够。只有以金融机构为主线，延伸审计用款单位或和其它专业审计、专项审计结合起来，融为一体，才能查深审透，揭示问题的实质。

其次，就财务审财务，揭露查处金融领域重大违法违规案件意识不强。

再次，就局部查局部、就事论事，摸清家底、防范审计风险的意识有待进一步加强。

最后，就审计谈审计，从规范金融秩序、防范化解金融风险的高度考虑问题，为宏观决策服务的意识有待加强。实际工作中，比较注重就审计查出的某些问题作出审计决定，发出审计意见，或者再写两篇简报。审计工作应该围绕经济谈审计，跳出审计讲经济。审计署《1999 至 2003 年审计工作发展纲要》规定：金融机构财务收支审计，以促进整顿金融秩序，防范化解金融风险为目标，重点揭露资产、负债、损益不真实、不合法以及可能造成或增大金融风险的突出问题，促进金融机构依法经营、改善资产质量。这为我们 1999 年的金融审计工作提出了目标，规定了任务，明确了指导思想。我们要认真贯彻纲要和全国审计工作会议精神，全面落实这次会议的具体部署，扎实工作，努力实现今年金融审计工作的目标。

认真履行法定职责，切实加强金融审计工作

金融领域里的铁账本、铁报表、铁算盘已大大淡化，一些地方甚至荡然无存，而假账、假表、假数据和一些重大违法违规行为相当普遍，潜在的金融风险比较大。首先是政企不分，体制不顺，资金使用效益差，收贷困难。其次是会计信息失真，资产负债不实比较严重。去年对 88 家证券公司审计，发现其资产不实 8%，损益不实 7%，利润不实 46%，这种失真情况给宏观决策者、投资者、管理当局起一种什么导向是不言而喻的。第三是资产质量下降，不良资产比例较高。由于我国有国家信誉作保证，所以每年储蓄大幅增长，不会出现全局性的金融危机，但个别地方出现支付困难还是有可能的。在当前亚洲金融危机、全球金融动荡的冲击下，我国潜在的金融风险必须引起足够的重视。就商业银行看，一是不良贷款数额大，比例高且呈上升之势；二是应收未收利息多，收息率逐年下降；三是经营亏损和虚收实支比较严重；四是资本充足率大大低于国家规定。其他金融机构的经营状况、资产质量也不容乐观。第四是经营管理松弛，违规经营、无序竞争比较严重。第五是行政干预过多，逃避银行债务过多。第六是金融秩序不规范，违法犯罪现象严重。这些情况表明，加强金融审计十分紧迫。

上述表明，金融审计工作是多么重要，金融审计工作者肩负的责任是多么重大啊！全国审计机关和全体审计人员，必须想国家之所想、想人民之所想，急国家之所急、急人民之所急，本着对国家、法律、人民负责的精神，从国家和民族的根本利益出发来提高和加强对金融审计重要性的认识，必须全面贯彻落实审计法和审计法实施条例，以及有关的法律法规，严格按照署党组提出的二十字方针，认真履行法定职责，切实加强审计工作。

以摸清家底、核实盈亏、揭露重大违法违规行为为重点，努力做好 1999 年金融审计工作

1999 年全国审计机关要集中力量，统一部署，上下联动，形成合力，系统地解剖中国工商银行系统和建设银行总行及部分分支机构 1998 年资产、负债、损益的真实、合法、效益情况，并在此基础上，对这些金融机构违规经营、账外经营等重大违法违规行为进行揭露和查处。按照全国审计工作会议决定，针对当前金融领域现状和存在的问题，1999 年金融审计工作的总体要求是：摸清家底，核实盈亏，揭露问题，分析原因，规范秩序，促进管理。重点是摸清家底，核实盈亏，揭露重大违法违规行为。

在中国审计出版社通联发行工作会议上的讲话（摘要）

（1999年5月29日）

刘家义

客观现实对审计出版、宣传工作的要求越来越高，但审计出版、宣传工作在某些方面还不能完全适应审计工作发展的需要，不能适应广大读者的需要。这就需要我们下大力气，进一步提高审计出版、宣传工作的水平。

一、质量有待进一步改进。如《中国审计》杂志的栏目如何适应当前审计形势的变化和读者的需要。审计工作发展到今天，取得了很大成绩，迈上了多个台阶，读者的需求也提高了，现实需要《中国审计》杂志的质量也要跟上时代的步伐。

二、敏感度要进一步增强。每一个从事新闻工作的同志都要有高度的敏感性。去年开展的粮食审计，审计人员在实际工作中查出了大量的、典型的、有些是触目惊心的问题，对这些资料我们如何利用？从新闻的角度讲，如何利用它？从理论研究的角度讲，如何利用它？从经验交流的角度讲，又如何利用它？这些问题值得很好地总结和研究。实际上，审计机关掌握的素材比任何一个部门都不少，但是怎样利用这些资源，使其变成社会需要的东西，需要我们很好地思考。

三、时效性要进一步提高。无论是审计书籍的出版，还是审计杂志、法规的出版，均需要较强的时效性。比如现在国家对《会计法》正在进行较大的修改，随之而来的将是会计书籍要做相应的变更。如何抓住这个机会，出版一些这方面的书籍，满足社会的需要，跟上时代的步伐，值得我们很好地研究。

在当前出版业竞争日益加剧的情况下，如果审计出版物质量、敏感度和时效性跟不上，就有被市场淘汰的可能。所以，我们必须面对这个残酷的现实。一本刊物能够拥有多少读者才能生存下去，这笔账大家都很清楚。要适应当前的形势，在竞争中立于不败之地，只有靠我们不懈的努力。怎么办呢？

第一，要抓质量，出精品，上层次。审计专业书籍和杂志、财经审计法规以及各地的刊物，都有一个抓质量、出精品、上层次的问题。我们的审计书刊，只有出精品，才能在市场中占有一席之地，才能对审计人员有一个正确的导向，才能使我们在竞争中立于不败之地。

首先要抓好作者队伍建设。审计书刊要出精品，必须有一个比较好的作者群。这个作者群要为中国审计出版社提供高质量的稿件，提供比较好的作品。这个作者群的形成，单靠中国审计出版社是办不到的，要靠各方面的同志去做工作。出版社要全力做好联络、组织、协调工作。

其次要进行跟踪。要对审计人员在实际工作中遇到的问题和当前社会反映的敏感问题进行跟踪。通过跟踪，及时发现、寻找、捕捉热点，及时进行提炼。

再次全国审计机关的领导同志和审计人员，包括书刊出版发行人员要勤于动笔，要研究审计工作的现状和问题。只有通过研究，才能把实际工作中的若干分散的个案问题上升为理论，找出规律，用来指导实际工作，同时也能使书刊提高质量，上层次，上水平。目前，审计案例分析的可读性和吸引力不强，一些理论文章提出的问题虽有高度，但在分析、运用资料来解剖问题上缺乏深度。

第二，要深入实际，了解读者，服务一线。我们的出版、宣传工作就是要抓住六个字：服务、宣传、促进。也就是要服务审计工作、宣传审计工作和促进审计工作。我们殷切期望全国的审计人员，尤其是直接从事出版工作的同志，一定要深入实际，了解广大读者到底想通过审计书籍了解什么，知道什么。编辑更要了解市场，了解社会需要。《中国审计》尤其要这样。

第三，要加大力度，搞好宣传，扩大影响。审计工作力度要加大，与之相适应的审计出版、宣传工作的力度也要加大，否则就不能适应形势的需要，这是审计出版工作者的责任和义务。

第四，中国审计出版工作要迈上新台阶，为全体审计人员和关心、热爱审计工作的同志提供更多、更好的武器和精神食粮。《中国审计》和《中国财经审计法规》就是我们的武器。我认为，首先是审计人员，对《中国审计》、《中国财经审计法规》应该人手一册，因为我们天天都要用到。

在全国审计机关纪检监察工作座谈会上的讲话（摘要）

（1999年11月25日）

王道成

审计机关党风廉政建设工作的基本经验

近3年来，各级审计机关认真贯彻党中央、国务院关于党风廉政建设的方针政策，在审计署和地方各级党委、政府的领导下，勇于实践，积极探索，积累了比较丰富的党风廉政建设工作经验，对做好今后审计机关党风廉政建设工作具有一定的指导意义。

（一）审计机关党风廉政建设必须紧紧围绕审计工作中心。审计机关的党风廉政建设必须贴近审计工作，了解审计工作管理和运行情况，才能够发现和揭露审计机关产生的腐败现象；必须从加强审计工作管理，深化体制和机制改革入手，才能从根本上铲除审计机关滋生腐败的土壤和条件；审计机关的党风廉政建设必须放在审计事业发展的全局中去把握，把纪检监察工作作为审计事业发展的保障机制，不断健全和完善，才能有效地发挥纪检监察工作的作用。

（二）审计机关党风廉政建设必须坚持“从严治理”的方针。朱总理关于“从严治理审计队伍”的指示，有很强的针对性，是审计机关党风廉政建设必须长期遵循的指导方针。从严治理审计队伍，是审计机关全面履行审计监督职责的需要，是审计队伍拒腐防变的客观要求，同时也是保障审计工作质量，防范审计风险，在社会主义市场经济条件下更好地发挥审计监督作用的重要保证。

（三）审计机关党风廉政建设必须坚持“标本兼治、综合治理”的原则。既要抓治标，坚决查处违纪违法行为，又要加大治本力度，从源头上预防和治理腐败。要加强党性、党风、党纪教育，增强审计人员拒腐防变的能力；要健全法制，保证党风廉政建设和反腐败斗争的有序开展；要强化监督，建立健全权力制约机制；要深化审计管理改革，从解决审计工作体制、法制和管理中存在的问题入手，努力消除导致腐败现象发生的因素。

（四）审计机关党风廉政建设必须坚持“整体推进、分步实施、狠抓落实”的工作方略。既要有长远目标和总体设想，又要有近期任务和阶段性安排。坚持突出重点，在抓落实、见成效上下功夫。抓一件成一件，积少成多，积小胜为大胜，逐步实现总体工作目标。

今后3年审计机关党风廉政建设的工作思路和奋斗目标

根据党的十五大提出的党风廉政建设和反腐败斗争的奋斗目标，结合《1999～2003年审计工作发展纲要》的要求，今后3年审计机关党风廉政建设的总体目标和工作思路是：高举邓小平理论伟大旗帜，贯彻党的十五大精神，全面落实《审计法》，在从严治理审计队伍，从源头上预防和治理腐败现象，避免形成审计行业不正之风，树立审计机关良好形象，促进审计机关在反腐败斗争中发挥职能作用等方面，取得明显成效。在组织和指导工作中，要以“从严治理审计队伍”为指导方针，以加强审计机关自身的党风廉政建设和促进审计机关在反腐败斗争中发挥职能作用为基本任务，以监督本级领导班子、直属机关和审计系统为工作范围，以监督领导干部廉洁自律，审计组廉政纪律和掌管人、财、物的部门，促进业务职能部门在反腐败斗争中发挥作用为工作重点，逐步建立和完善审计机关纪检监察工作体系和运行机制。

（一）提高认识，加强领导，确保审计机关反腐倡廉工作的健康发展。要从讲政治的高度，充分认识审计机关的党风廉政建设直接关系到审计事业的兴衰存亡，是审计事业的生命之所在。要树立长期作战的思想和敢打必胜的信心，特别是各级审计机关的“一把手”，要坚持“两手抓、两手都要硬”的指导思想，进一步加强对反腐倡廉工作的组织领导，把党风廉政建设作为审计工作的保障机制，与审计业务工作结合起来，一起部署、检查、总结、落实，真正形成“党组统一领导，党政齐抓共管，纪检组织协调，部门各负其责，群众支持参与”的良好局面。

（二）强化责任机制，抓好“两个规定”的贯彻落实。审计署党组关于《审计署落实党风廉政建设责任制的实施办法》和《审计组廉政责任的若干规定》，是根据党中央、国务院有关规定和审计机关实际制定的，是从制度上保障各级领导班子、领导干部对党风廉政建设切实负起领导责任，规范审计组审计行为的重要举措。在抓落实工作中，要抓好4个重点环节：一是细化责任，把反腐败的“软任务”变为“硬指标”；二是严格责任考核，确保责任落实；三是强化责任追究，维护责任制的严肃性；四是抓好督促检查，确保责任制执行到位。

（三）深化审计管理改革，从源头上预防腐败现象的产生。近期内要抓好以下4个方面的工作。一是尽快实现审计事务所与审计机关的彻底脱钩，从体制上消除以权谋私的因素。未完成脱钩改制工作的地区，要力争在年内完成，同时应注意防止出现变相有偿审计现象的发生。二是逐步撤销审计罚没款收缴专户，从制度上防止违规违纪的产生。三是实行审计费用自理制度，彻底解决审计费用依附于被审计单位的状况，从经济上为审计人员创造秉公执法的条件，防止公款吃喝玩乐等各种不廉行为的产生。四是加强对人、财、物管理部门的监督，促进干部人事制度改革，实行竞争上岗、任用公示、岗位轮换、建立廉政档案等措施；促进依法理财，实行财务公开制度、工程设施建设公开招标制度、物资设备政府采购制度，推动审计机关依法管理、依法行政。

（四）以审计促廉政，积极发挥审计机关在反腐败斗争中的重要作用。今后几年，要促进审计机关在以下几个方面发挥更大的作用：一是切实贯彻朱总理关于审计工作要突出重点，注意发现大案要案线索的指示精神，下大气力揭露严重违法违规及舞弊和腐败问题，为遏制腐败现象的蔓延发挥职能作用。二是认真贯彻中办、国办两个暂行规定，促进党风廉政建设。三是贯彻中央纪委和地方党委、政府关于预防和治理腐败的各项措施。当前，要重点协助有关部门贯彻落实“收支两条线”的规定，抓好“整顿建筑市场”、“整顿医药管理秩序”、“制止‘三乱’、减轻农民、企业负担”等措施的落实，在纠正行业不正之风方面发挥审计监督作用。四是加强对审计成果的综合分析，从审计反映和揭露出来的问题当中，分析研究腐败现象滋生蔓延的原因和发展变化规律，为反腐败斗争的宏观决策提供信息和依据，在从源头上预防和治理腐败方面发挥作用。五是积极配合纪检监察和司法机关，做好重大案件的审计查证工作。同时，要逐步建立、完善与纪检监察机关和司法机关协调配合的工作机制，在反腐败斗争中形成合力。

（五）进一步加强和改进思想政治工作，努力建设高素质的纪检监察干部队伍。为了适应新形势下纪检监察工作的要求，如何提高纪检监察干部的思想政治素质和工作水平，是摆在各级审计机关面前的一项重要而迫切的任务。首先，要加强邓小平理论和党的三代领导集体关于党风廉政建设和反腐败斗争重要论述的学习，学会从政治和全局的高度看待和处理反腐败问题；二是要学习和掌握社会主义市场经济知识和审计、纪检监察工作业务，搞好专业培训，积极参加审计实践，适时开展调查研究和经验交流活动，不断提高工作水平；三是要改进和加强纪检监察干部的管理工作，对纪检监察干部要严格管理，严格要求，严格监督。要从政治上、工作上和生活上关心、支持和爱护纪检监察干部，帮助他们解决实际困难，使之在党风廉政建设中发挥应有的作用。四是进一步加强中央和地方审计机关纪检监察部门的工作联系，建立和完善工作制度，以形成上下联动、协调配合、发挥整体优势的工作机制。

1999～2003年审计工作发展纲要

为了深入贯彻党的十五大精神，全面落实审计法，保证政府各项改革和发展目标的实现，在总结十五年审计工作经验的基础上，制定1999～2003年审计工作发展纲要。

十五年审计工作基本经验

1．十五年来，全国审计机关和广大审计人员在党中央、国务院和地方各级党委、政府的领导下，紧紧围绕经济工作中心，认真履行审计监督职责，全面开展预算执行审计和其他各项审计工作，在严肃财经纪律，维护经济秩序，促进完善宏观调控，加强廉政建设，保障国民经济健康发展方面发挥了重要作用。坚持以邓小平解放思想，实事求是的思想路线为指导，积极探索，勇于实践，不断发展和完善有中国特色的审计监督制度，初步建立了以宪法为根本、以审计法为核心的审计法律法规体系，形成了一支基本适应工作需要的审计队伍，审计工作开始走上法制化、制度化、规范化的轨道，为审计事业的发展打下了良好的基础。

2．十五年审计工作的基本经验。

坚持依法审计，实事求是，全面履行审计监督职责，正确处理好监督与服务的关系；

坚持服务大局，围绕经济工作中心，在支持改革，促进发展，维护稳定方面发挥审计监督的积极作用；

坚持从宏观着眼、微观入手进行审计，加强对国民经济中带普遍性、倾向性问题的综合分析研究，提出加强管理，完善法制，健全宏观调控的意见和建议；

坚持从银行账户审计入手，推进预算执行审计工作法制化、制度化、规范化；

坚持以人为本，加强思想政治工作，强化教育和培训，严格执行廉政纪律，建设高素质审计队伍；

坚持从我国国情出发，总结自己工作经验，借鉴国外的有益做法，重视理论研究，不断探索和改进审计技术与方法。

今后五年审计工作发展目标

3．今后五年，是我国改革开放和现代化建设的关键时期，各项改革已进入攻坚阶段。审计机关肩负着重要的历史责任，任务越来越重。当前，财经秩序混乱，有法不依，违反财经纪律的问题十分严重，会计核算中弄虚作假的现象比较普遍，财政财务收支不真实、不合法、不规范的状况还没有根本好转，审计人员的业务素质、工作水平以及审计技术手段同审计事业的发展还不相适应，应当加以研究和解决。

4．审计工作的总体目标是，高举邓小平理论伟大旗帜，贯彻党的十五大精神，全面落实审计法，推进依法治国，在整顿经济秩序，加强宏观调控，推进各项改革，维护社会稳定等方面更好地发挥作用，保障国民经济持续快速健康发展。

5．审计工作的主要任务是，以审计财政财务收支的真实、合法为重点，加强和改进财政收支审计、企业财务收支审计和金融机构财务收支审计，打假治乱，维护财经秩序，揭露和制止财政资金损失浪费、国有资产流失、舞弊和腐败等问题，促进各部门各单位建立和完善内部控制制度，加强廉政建设，提高资金使用效益。

6．为了实现审计工作的目标和任务，实行“依法审计、服务大局、围绕中心、突出重点、求真务实”的方针，坚持全面审计、突出重点的原则，把财政投入较大和关系国计民生的项目作为审计重点；坚持点面结合的原则，注意发现大案要案的线索，下大气力揭露严重违法违规及舞弊和腐败问题；坚持执法必严、违法必究的原则，加大审计处理、处罚力度。狠抓队伍建设、法制建设、现代审计手段和技术方法的推广运用，把“人、法、技”三方面的建设作为推动审计事业发展的基本保证，认真抓好，抓出成效。

财政收支审计

7．财政收支审计，以依法规范财政分配秩序，促进提高财政资金使用效益为目标，从审计预算单位银行账户入手，核实财政收支，摸清财力状况，揭露财政分配和资金管理使用不真实、不合法、不规范以及损失浪费等问题，提出完善有关政策和法规的建议，促进政府各部门加强预算管理，更好地发挥职能作用。

8．财政部门预算执行情况审计，以依法规范预算分配秩序和财政管理行为为目标，从审计财政会计账目入手，摸清财力状况，揭露会计核算不真实和预算执行中违法违规问题，促进财政部门会计核算真实，预算执行合法、规范。同时，逐步加大对财政管理情况的审计力度。县以上各级政府财政部门预算执行情况每年审计一次。

9．税务、海关系统税收征管审计，以促进依法治税和保证财政收入为目标，重点开展税收征收和管理情况审计，保证税收会计核算真实，揭露和制止擅自开减免税政策口子，越权违规减免税，混淆税收入库级次等问题，促进税收征管部门加大税收征管力度，加强税源管理和后续监管，充分发挥税收的保障收入和调节经济作用。省级国税部门两年审计一次，地市级国税部门五年至少审计一次，县级国税部门五年审计一半；直属海关两年审计一次。

10．国库系统收纳拨付预算资金审计，以促进国库系统有效履行职责，保障国库资金安全完整为目标，从检查国库会计核算的真实性入手，揭露会计核算不真实，混淆入库级次，违规退库和拨付资金等问题，充分发挥国库的执行、监督和促进作用。中央国库省级分库两年审计一次，地市县国库分支机构五年至少审计一次。地方国库审计与地方预算执行审计同步进行。

11．下级政府财政决算审计，以依法规范地方政府财政分配行为，维护国家政令统一为目标，揭露乱开政策口子、挖挤上级收入和违规使用上级财政专项拨款等问题，促进地方政府和财政部门完善政策制度，依照国家统一法令处理财政问题，同时，推动地方预算执行审计工作的深入开展。省级财政决算一般两年审计一次。

12．行政事业经费审计，以规范行政事业财务管理，促进政府各部门合理有效使用资金，加强廉政建设为目标，对各项行政经费及行政性收费、罚没收入和各项事业费收支的真实、合法和效益进行审计，揭露和制止乱收费、隐瞒截留收入、挤占挪用和损失浪费等问题，促进政府部门合理地使用财政资金，有效履行职责。为实现“科教兴国”的战略任务，近两年要重点审计科技教育等专项经费，确保专款专用，充分发挥资金的使用效益。对有财政资金分配权和管理使用财政资金较多的一级预算单位每年审计一次，一般一级预算单位两年审计一次，重点的二、三级预算单位三年至少审计一次。经过五年左右的审计，使大多数一级预算单位的财政财务收支基本做到真实、合法，不出现大的违法违规问题，二、三级预算单位的违法违规问题明显减少。

13．人民银行预算执行审计，以促进规范财务预算约束，有效履行职责为目标，从审计财务收支真实性入手，揭露预算收支中不真实、不合法问题，维护预算的严肃性，促进规范财务管理，有效发挥金融监管作用。

14．农业专项资金审计，以保证资金专款专用，提高资金使用效益为目标，重点审计国家扶贫专项资金、农业综合开发资金、三峡移民资金和水利专项资金等管理使用情况的真实、合法，揭露和制止截留、挤占挪用和损失浪费等问题，促进加强管理。同时，积极开展对农业专项资金使用效果的审计，促进提高资金使用效益。每年在全国范围内选择一两项农业专项资金进行全面审计。

15．资源环境保护资金审计，以促进加强征管和资金的合理有效使用为目标，重点审计财政投入资金的管理和使用情况，揭露资金征收、管理和使用中不真实、不合法的问题，防止挤占挪用和损失浪费。同时，积极探索资源环保资金使用效果的评价方法。每年在全国范围内选择一两项资源环保资金进行全面审计。

16．社会保障资金审计，以促进资金安全完整和专款专用为目标，重点审计国有企业下岗职工基本生活费、再就业工程补助费和养老保险基金以及救灾、捐赠和福利彩票等收支的真实、合法，揭露和制止截留、挤占挪用和损失浪费等问题。每年在全国范围内选择一两项社会保障资金进行全面审计。

17．固定资产投资审计，以促进建设资金合理有效使用为目标，重点审计国家财政投入较多的基础性、公益性公共工程，揭露项目建设中的高估冒算、挤占挪用、盲目投资和损失浪费等问题，促进加强管理，维护投资预算的严肃性。对关系国计民生、建设周期较长的重大项目实行跟踪审计，其他建设项目根据实际情况有重点地进行审计。

企业财务收支审计

18．企业财务收支审计，以促进企业会计核算真实，维护所有者权益，保障国有资产保值增值为目标，重点审计企业财务收支的真实、合法，揭露企业弄虚作假，资产、盈亏不实，侵犯所有者权益，国有资产流失以及严重损失浪费等问题，促进企业加强经营管理，规范财务核算，保证资本的安全运营，提高经济效益。同时，对审计中发现的重大违法犯罪线索，及时移交有关部门立案查处。

19．国有重点企业审计，在核实企业财务收支情况的基础上，重点揭露企业会计核算中的弄虚作假行为，促进财务收支真实、合法，保障国有资产保值增值。对重点亏损企业，还要分析亏损的主要原因，促进加强经营管理，实现扭亏目标。把重点企业审计与国务院实行的稽察特派员制度结合起来。

20．国有资产占控股地位的企业审计，在核实企业财务收支真实性的基础上，重点揭露企业盈亏不实、权益分配不合理等问题，维护国家利益。同时，逐步开展境外企业财务收支审计，探索审计方法和路子。

金融机构财务收支审计

21．金融机构财务收支审计，以促进整顿金融秩序，防范和化解金融风险为目标，重点揭露资产负债损益不真实、不合法，以及可能造成或增大金融风险的突出问题，促进金融机构依法经营，改善资产质量。

22．国有商业银行审计，以检查财务收支的真实、合法为重点，揭露违规存贷，账外经营，造假账，收支及盈亏不实等问题，同时，积极探索和开展对信贷资产质量审计，促进依法经营，规范会计核算，降低不良资产比例，防范和化解金融风险。审计署统一组织对中央国有商业银行进行审计，对地方国有商业银行各地根据实际情况安排审计。

23．政策性银行审计，以检查财务收支真实、合法为重点，揭露和反映挤占挪用和违规发放贷款等问题，促进依法管理，保障政策性贷款的合理有效使用。

24．非银行金融机构审计，重点揭露和反映证券机构账外账、挪用客户保证金、违规自营、融资和为客户透支等问题，保险机构违规使用保险资金、随意降低保险费率和转移、隐瞒保费收入等问题，信托和金融租赁机构超范围经营问题，促进非银行金融机构依法规范经营，防范金融风险。审计署统一组织对中央非银行金融机构进行审计，地方非银行金融机构各地根据实际情况安排审计。

25．世界银行、亚洲开发银行等国际组织贷援款项目审计，以促进依法有效地利用外资为目标，通过对项目执行单位财务收支审计，查处贷援款使用中虚报冒领、挪用项目资金、倒卖项目物资、投资效益低、还贷能力差和弄虚作假提供虚假会计报表等问题，如实披露项目单位违反贷援款协议行为，不断提高审计公证的质量，促使项目单位严格遵守有关财经法规和项目协议，规范财务管理和会计核算。每年根据贷援款协议组织审计。

审计法制建设

26．加强和完善审计法制建设，制定适合我国国情并体现国际公认审计原则的国家审计准则体系，约束和规范审计行为，提高审计质量，防范和降低审计风险。

27．深入开展普法教育，组织审计人员认真学习审计法和财政、金融等领域的法律法规，学习和了解刑事、民事等方面的法律，增强审计人员的法律意识，提高依法审计的自觉性。

28．加强对各级审计机关贯彻落实审计法、执行审计准则和依法处理审计查出问题情况的监督检查，健全和完善审计复核、复议和审计执法监督制度，加大审计执法力度，提高审计执法水平。

审计基础工作

29．建立计算机知识达标考试制度，加快计算机网络系统和审计信息数据库建设，积极开发和推广应用计算机辅助审计软件，探索计算机辅助审计的路子，学习推广先进科学的审计方法，推进审计工作手段和方法的现代化。

30．建立新闻发布会制度，定期向社会公布重要审计结果，对严重违法违纪和舞弊、腐败问题公开曝光；办好《中国审计报》，加强审计宣传力度。实行年度向政府报告审计工作情况制度，充分利用审计成果。加强审计理论研究，提高审计科研水平。做好审计出版工作，提高图书和期刊的质量。加强和改进审计计划管理、统计分析和档案工作。扩大对外交流与合作，引进国外先进审计技术和方法。

31．改革和改进后勤服务工作，提高后勤管理水平，改善审计机关的办公条件和生活设施，逐步提高审计人员生活待遇，创造文明、整洁、方便的工作和生活环境，为审计工作提供有力的保障和良好的服务。

审计队伍建设

32．认真贯彻党的十五大精神，以培养一批审计业务骨干为重点，建设结构合理、适应审计事业发展需要的高素质审计队伍。以提高一把手素质为重点，把审计机关的领导班子建设成为具有开拓创新精神、团结坚强的领导集体。

33．优化审计人员结构，压缩非业务人员比例，补充财政、金融等宏观经济管理方面的人才；改革干部人事制度，建立竞争激励机制，完善和规范国家公务员的录用、考核和奖惩制度；加大干部交流和轮岗工作的力度；完善专业技术任职资格考试制度，制定具体考核标准及评审办法，加紧培养和选拔百名审计专家和一批审计业务尖子。

34．建立培训制度，对审计人员分层次进行教育培训，有计划地开展专项审计业务和外语培训，保证每个审计人员每年至少有一个月的培训学习时间；进一步加强南京审计学院和审计培训基地建设，开拓培训渠道；继续选派部分业务骨干参加高等教育脱产学习和出国培训学习。

35．加强马列主义、毛泽东思想和邓小平理论的学习，提高审计人员的理论水平和政策水平。加强思想政治工作和精神文明建设，开展职业道德教育，树立客观公正的审计职业道德风尚。加强机关作风建设，提倡“落实、扎实、老实”的优良作风。坚持不懈地抓好廉政建设，认真落实各项廉政规定，加强监督检查，严肃查处违反廉政纪律的行为，从严治理审计队伍，保持审计机关清正廉洁、客观公正的良好形象。

36．深入开展以讲学习、讲政治、讲正气为主要内容的党性党风教育，保持政治上的坚定性；坚持民主集中制原则，增强领导班子的凝聚力，充分发挥领导班子的整体作用；建立和完善后备干部制度，高度重视培养和选拔优秀年轻干部进入领导班子；强化党内监督，扩大群众监督，增加工作透明度，切实加强对领导干部的监督。

内部审计和社会审计

37．制定《内部审计工作条例》，通过制定政策法规和检查部门、单位内部审计工作情况，加强对内部审计的指导；成立中国内部审计协会，通过协会制定业务准则，总结交流工作经验，培训内部审计人员，宣传内部审计成果等对内部审计进行专业管理。经过五年的努力，逐步建立起以国家审计为指导，以内部审计协会为专业管理的内部审计工作运行机制，充分发挥内部审计在保证所在部门和单位会计核算真实、合法，促进加强管理，提高经济效益等方面的积极作用。

38．加强对社会审计业务质量的监督，采取重点抽查、结合审计业务检查和根据群众举报专案检查等方式，对本地区有一定影响的社会审计组织的业务质量进行检查，重点揭露出具虚假审计报告和验资报告等问题，依照有关法规严肃处理，促进公正执业，提高业务质量。要通过实践，积累经验，探索路子，尽早出台《社会审计业务质量监督条例》。

实现1999～2003年审计工作发展目标，我国审计事业将进入一个新的发展阶段。我们要高举邓小平理论的伟大旗帜，在以江泽民同志为核心的党中央领导下，艰苦奋斗，开拓进取，使审计监督在我国社会主义市场经济体制中发挥更大作用。

重要财经审计法规索引

国务院关于贯彻实施《中华人民共和国行政复议法》的通知

（国发［1999］10号　1999年5月6日）

见1999年《中国财经审计法规》第7期。

国务院办公厅关于加强土地转让管理严禁炒卖土地的通知

（国办发［1999］39号　1999年5月6日）

见1999年《中国财经审计法规》第7期。

国务院办公厅关于行政法规解释权限和程序问题的通知

（国办发［1999］43号　1999年5月10日）

见1999年《中国财经审计法规》第7期。

国务院办公厅关于彻底清理乡村两级不良债务的通知

（国办发［1999］40号　1999年5月6日）

见1999年《中国财经审计法规》第7期。

中共中央办公厅、国务院办公厅关于印发《县级以下党政领导干部任期经济责任审计暂行规定》和《国有企业及国有控股企业领导人员任期经济责任审计暂行规定》的通知

（中办发［1999］20号　1999年5月24日）

见1999年《中国财经审计法规》第7期。

中国人民银行关于印发《中国人民银行分行管理辖区内会计财务工作的规定》的通知

（银发［1999］141号　1999年4月24日）

见1999年《中国财经审计法规》第7期。

国家经济贸易委员会、监察部、审计署关于贯彻执行《国有工业企业物资采购管理暂行规定》有关问题的通知

（国经贸企改［1999］308号　1999年4月20日）

见1999年《中国财经审计法规》第7期。

国家计委关于进一步加强利用外国政府贷款项目计划管理工作有关问题的补充通知

（计外资［1999］438号　1999年4月21日）

见1999年《中国财经审计法规》第7期。

财政部清产核资办公室关于中央管理的移交企业清产核资中资金核实申报办法

（财清办字［1999］10号　1999年4月26日）

见1999年《中国财经审计法规》第7期。

对外贸易经济合作部、国家林业局关于加强中俄森林资源开发和利用业务管理的通知

（外经贸合发［1999］245号　1999年4月26日）

见1999年《中国财经审计法规》第7期。

对外贸易经济合作部、国家经济贸易委员会关于境外带料加工装配项目申报程序及有关事项的通知

（外经贸政发［1999］263号　1999年5月4日）

见1999年《中国财经审计法规》第7期。

国务院办公厅转发国家经贸委等部门关于清理整顿小炼油厂和规范原油成品油流通秩序意见的通知

（国办发［1999］38号　1999年5月6日）

见1999年《中国财经审计法规》第7期。

国务院三峡工程建设委员会关于印发《三峡工程库区移民基本预备费使用管理办法》的通知

（国三峡委发办字［1999］13号　1999年4月23日）

见1999年《中国财经审计法规》第7期。

国家发展计划委员会、财政部、国家粮食储备局关于严格控制中央直属储备粮库建设投资超概算问题的紧急通知

（财基字［1999］38号　1999年4月14日）

见1999年《中国财经审计法规》第7期。

国家计委关于印发重大建设项目违规问题举报办法（试行）的通知

（计稽察［1999］404号　1999年4月16日）

见1999年《中国财经审计法规》第7期。

财政部关于印发《房地产开发企业财务管理若干问题的补充规定》的通知

（财基字［1999］74号　1999年5月11日）

见1999年《中国财经审计法规》第7期。

国家版权局关于颁发《出版文字作品报酬规定》的通知

（国权［1999］8号　1999年4月5日）

见1999年《中国财经审计法规》第7期。

高等学校知识产权保护管理规定

（中华人民共和国教育部令第3号　1999年4月8日）

见1999年《中国财经审计法规》第7期。

国家税务总局关于印发《事业单位、社会团体、民办非企业单位企业所得税征收管理办法》的通知

（国税发［1999］65号　1999年4月16日）

见1999年《中国财经审计法规》第7期。

财政部关于国债专项资金实行“专户管理，部

门直接拨付资金”的通知

（财基字［1999］530号　1999年9月29日）

见1999年《中国财经审计法规》第12期。

中华人民共和国个人所得税法

（中华人民共和国主席令第22号　1999年8月30日）

见1999年《中国财经审计法规》第12期。

财政部、劳动和社会保障部关于对企业职工养老保险基金失业保险基金管理中有关违纪问题处理意见的补充通知

（财社字［1999］22号　1999年3月3日）

见1999年《中国财经审计法规》第5期。

住房公积金管理条例

（中华人民共和国国务院令第262号　1999年4月3日）

见1999年《中国财经审计法规》第5期。

政府采购管理暂行办法

（财预字［1999］139号　1999年4月17日）

见1999年《中国财经审计法规》第6期。

中华人民共和国行政复议法

（中华人民共和国主席令第16号　1999年4月29日）

见1999年《中国财经审计法规》第6期。

国务院办公厅关于行政法规解释权限和程序问题的通知

（国办发［1999］43号　1999年5月10日）

见1999年《中国财经审计法规》第7期。

财政部关于印发《住房公积金财务管理办法》的通知

（财综字［1999］59号　1999年5月26日）

见1999年《中国财经审计法规》第8期。

财政部关于印发《政府采购招标投标管理暂行办法》和《政府采购合同监督暂行办法》的通知

（财预字［1999］363号　1999年6月24日）

见1999年《中国财经审计法规》第9期。

价格违法行为行政处罚规定

（中华人民共和国国家发展计划委员会令第1号　1999年8月1日）

见1999年《中国财经审计法规》第10期。

中华人民共和国会计法

（中华人民共和国主席令第24号　1999年10月31日）

见1999年《中国财经审计法规》第12期。

审计署关于发布《国有企业财务审计准则（试行）》的通知

（审法发［1999］10号　1999年1月22日）

见1999年《中国财经审计法规》第4期。

审计署法制司关于审计机关查处企业违反税法补缴税款和罚款的审计决定执行问题的复函

（审法复字［1999］8号　1999年2月25日）

见1999年《中国财经审计法规》第5期。

审计署印发《审计署关于办理审计项目揭露重大违法犯罪线索奖励办法（试行）》的通知

（审法发［1999］28号　1999年3月12日）

见1999年《中国财经审计法规》第5期。

审计署、中国人民银行关于《审计署、中国人民银行关于审计机关在审计执法过程中查询被审计单位存款问题的通知》适用军队审计机关的通知

（审法发［1999］35号　1999年3月29日）

见1999年《中国财经审计法规》第5期。

审计机关监督社会审计组织审计业务质量的暂行规定

（中华人民共和国审计署令第1号　1999年4月1日）

见1999年《中国财经审计法规》第5期。

公安部关于印发《公安现役部队基本建设审计实施办法》的通知

（公审计［1999］4号　1999年3月6日）

见1999年《中国财经审计法规》第6期。

审计署关于加强基础设施建设资金和建设项目审计监督工作的通知

（审投发［1999］36号　1999年4月1日）

见1999年《中国财经审计法规》第6期。

审计署关于深圳市审计局实施《审计机关监督社会审计组织审计业务质量的暂行规定》有关问题请示的批复

（审法发［1999］59号　1999年5月27日）

见1999年《中国财经审计法规》第8期。

审计署关于审计决定执行期限问题的批复

（审法字［1999］62号　1999年6月7日）

见1999年《中国财经审计法规》第8期。

审计署关于进一步落实“收支两条线”规定的通知

（审行发［1999］69号　1999年6月23日）

见1999年《中国财经审计法规》第9期。

审计署关于审计机关在本级预算执行审计中对预算执行单位适用审计处罚问题的批复

（审法发［1999］85号　1999年8月18日）

见1999年《中国财经审计法规》第10期。

审计署办公厅关于青海省审计厅实施《审计机关监督社会审计组织审计业务质量的暂行规定》有关问题请示的批复

（审办法发［1999］148号　1999年8月18日）

见1999年《中国财经审计法规》第10期。

审计署关于印发中央审计项目授权地方审计管理办法的通知

（审办发［1999］88号　1999年9月7日）

见1999年《中国财经审计法规》第11期。

审计署办公厅关于“小金库”有关问题的批复

（审办法发［1999］197号　1999年10月25日）

见1999年《中国财经审计法规》第12期。

财政部、中国农业发展银行、国家粮食储备局关于印发《国家储备粮油补贴资金专户管理办法》的通知

（财经字［1999］81号　1999年3月24日）

见1999年《中国财经审计法规》第6期。

中共中央办公厅、国务院办公厅关于转发《监察部、财政部、国家发展计划委员会、中国人民银行、审计署关于1999年落实行政事业性收费和罚没收入“收支两条线”规定工作的意见》的通知

（中办发［1999］21号　1999年6月6日）

见1999年《中国财经审计法规》第8期。

财政部关于印发《财政部对中央财政支出资金实施监督的暂行规定（试行）》的通知

（财办字［1999］58号　1999年8月27日）

见1999年《中国财经审计法规》第11期。

财政部关于进一步加强政府性基金支出管理的通知

（财经字［1999］725号　1999年9月20日）

见1999年《中国财经审计法规》第12期。

社会保险费征缴暂行条例

（中华人民共和国国务院令第259号　1999年1月22日）

见1999年《中国财经审计法规》第4期。

金融违法行为处罚办法

（中华人民共和国国务院令第260号　1999年2月22日）

见1999年《中国财经审计法规》第4期。

审计署办公厅关于国际金融组织贷款项目审计处理指导原则的通知

（审办外资发［1999］51号　1999年3月19日）

见1999年《中国财经审计法规》第5期。

财政部、中国人民银行关于印发《中央预算单位银行账户管理暂行办法》的通知

（财预字［1999］66号　1999年3月9日）

见1999年《中国财经审计法规》第5期。

中国再保险公司关于印发《中国再保险公司稽核工作报告制度》（试行）、《中国再保险公司稽核工作暂行规定》（试行）、《中国再保险公司经济处罚暂行规定》（试行）的通知

（中再发［1999］11号　1999年4月7日）

见1999年《中国财经审计法规》第6期。

财政部、国家经济贸易委员会、人事部、国家发展计划委员会关于印发《国有资本金效绩评价规则》《国有资本金效绩评价操作细则》的通知

（财统字［1999］2号　1999年6月1日）

见1999年《中国财经审计法规》第9期。

国家经济贸易委员会关于印发《控制对企业进行经济检查的规定》的通知

（国经贸监督［1999］706号　1999年7月23日）

见1999年《中国财经审计法规》第10期。

财政部、审计署、国家发展计划委员会、中国人民银行、国家粮食储备局、中国农业发展银行关于调整新增粮食财务挂账和其他不合理占用贷款处理政策的通知

（财经字［1999］484号　1999年7月27日）

见1999年《中国财经审计法规》第10期。

财政部、审计署、国家发展计划委员会、中国人民银行、国家粮食储备局、中国农业发展银行关于核复新增粮食财务挂账和其他不合理占用贷款及其财务处理问题的通知

（财经字［1999］640号　1999年9月1日）

见1999年《中国财经审计法规》第11期。

财政部、审计署、国家发展计划委员会、中国人民银行、国家粮食储备局、中国农业发展银行关于核复新增粮食财务挂账和其他不合理占用贷款及消化处理问题的通知

（财经字［1999］641号　1999年9月1日）

见1999年《中国财经审计法规》第11期。

国家发展计划委员会、财政部、中国人民银行、审计署、中华全国供销合作总社、中国农业发展银行、中国农业银行印发关于清理核查供销合作社财务挂账工作部门分工意见的通知

（计经调［1999］1206号　1999年9月9日）

见1999年《中国财经审计法规》第11期。

海关总署关于下发《中华人民共和国海关关于异地加工贸易的管理办法》的通知

（中华人民共和国海关总署令第74号　1999年9月22日）

见1999年《中国财经审计法规》第12期。

海关总署关于下发《中华人民共和国海关关于加工贸易保税货物跨关区深加工结转的管理办法》的通知

（中华人民共和国海关总署令第75号　1999年9月22日）

见1999年《中国财经审计法规》第12期。

海关总署关于印发《中华人民共和国海关关于违法内销或者转让加工贸易保税货物处罚办法》的通知

（中华人民共和国海关总署令第76号　1999年9月14日）

见1999年《中国财经审计法规》第12期。

财政部关于印发《财政基本建设支出预算管理办法》的通知

（财基字［1999］30号　1999年2月25日）

见1999年《中国财经审计法规》第5期。

财政部关于贯彻落实《财政基本建设支出预算管理办法》等三项制度的通知

（财基字［1999］32号　1999年3月16日）

见1999年《中国财经审计法规》第5期。

国家经济贸易委员会关于印发《国家重点技术

改造项目招标管理办法》的通知

（国经贸投资［1999］262 号　1999 年 4 月 7 日）

见 1999 年《中国财经审计法规》第 6 期。

财政部、水利部关于印发《水利基本建设资金管理办法》的通知

（财基字［1999］139 号　1999 年 5 月 25 日）

见 1999 年《中国财经审计法规》第 8 期。

财政部、水利部关于印发《特大防汛抗旱补助费使用管理办法》的通知

（财农字［1999］238 号　1999 年 8 月 11 日）

见 1999 年《中国财经审计法规》第 11 期。

国家计委关于加强对基本建设大中型项目概算中“价差预备费”管理有关问题的通知

（计投资［1999］1340 号　1999 年 9 月 20 日）

见 1999 年《中国财经审计法规》第 11 期。

国家计委关于印发《国家重大建设项目稽察暂行办法》的通知

（计稽察［1999］1496 号　1999 年 10 月 8 日）

见 1999 年《中国财经审计法规》第 12 期。

国家税务总局关于印发《企业技术开发费税前扣除管理办法》的通知

（国税发［1999］49 号　1999 年 3 月 25 日）

见 1999 年《中国财经审计法规》第 6 期。

社会保险登记管理暂行办法

（中华人民共和国劳动和社会保障部令第 1 号　1999 年 3 月 19 日）

见 1999 年《中国财经审计法规》第 8 期。

社会保险费申报缴纳管理暂行办法

（中华人民共和国劳动和社会保障部令第 2 号　1999 年 3 月 19 日）

见 1999 年《中国财经审计法规》第 8 期。

社会保险费征缴监督检查办法

（中华人民共和国劳动和社会保障部令第 3 号　1999 年 3 月 19 日）

见 1999 年《中国财经审计法规》第 8 期。

财政部关于统一归口管理中央部门和单位的行政事业性收费及政府性基金等问题的通知

（财综字［1999］103 号　1999 年 6 月 25 日）

见 1999 年《中国财经审计法规》第 9 期。

"三讲"教育

在审计署机关"三讲"教育动员大会上的讲话

（1999年3月30日）

程连昌

同志们：

我们"三讲"教育巡视组的同志很高兴和同志们一起听了李金华同志的动员报告。金华同志代表审计署党组传达了中央的精神、部署和要求，结合审计署的实际，讲了深入进行"三讲"教育的全面安排，提出了搞好"三讲"教育的作法和要求。报告讲得全面、具体、切合实际。这对搞好审计署的"三讲"教育至关重要，要认真落实。

中共中央非常重视新形势下党的建设工作，特别是县处级以上党政领导班子和领导干部的建设工作，考虑到国家面临的新形势、新任务对领导干部素质的紧迫需要，决定在今明两年内，集中一段时间，用整风精神进行"讲学习、讲政治、讲正气"为主要内容的党性、党风教育。这是贯彻落实十五大精神，推动深入学习邓小平理论，加强领导班子建设的重大举措，也是今年党建工作的重点。这项重大举措，对提高领导干部执行党的路线方针政策的自觉性，消除腐败，联系群众，以良好的精神状态迎接21世纪的挑战具有重要的意义。能否搞好"三讲"教育，关系到党和国家的前途和命运，关系到我们的事业兴衰成败。搞好了怎么估价都不过分，搞不好后患无穷。以江泽民同志为核心的党中央对这项工作非常重视。去年11月，中央发出17号文件作了部署。接着又在国土资源部、教育部、广电总局、团中央四个部门和山东、内蒙古、广西三省区进行了试点工作。江泽民同志和中央其他领导同志在有关重要会议上和到地方考察工作时多次强调，在抓好当前改革、发展、稳定等工作的同时，要作好这项工作。今年"两会"一结束，中央就在3月19日又召开了"三讲"教育工作会议。总结交流"三讲"教育试点的情况和经验，研究、部署全国"三讲"教育工作，胡锦涛同志代表党中央发表了重要讲话，进一步提出了明确的要求。强调一定要切实加强领导，确保高质量地完成这项任务。特别是对第一批开展"三讲"教育的工作提出明确的要求。

根据中央的精神，我认为，要搞好"三讲"教育工作，突出要作到以下几点：

一、领导要坚强有力，领导的思想认识和实际行动要切实到位

要按照中央的要求，把"三讲"教育作为党组的重要工作，以高度的政治责任心、足够的精力、良好的精神状态去抓出成效。

二、要切切实实地解决好领导班子和领导成员中存在的突出问题

按照中央的要求和试点单位的经验，就是要在"三讲"教育中真正找准、抓住影响本单位、本系统改革、发展、稳定的问题；抓住影响领导班子发挥整体合力的问题；认认真真地研究解决，确实收到实效。"三讲"教育搞得怎么样，是不是有成效，要用这一条来衡量。

三、一定要用整风精神，开展好"三讲"教育

认真学习理论，密切联系实际是重要基础，要集中精力，搞好学习。学习理论要同十五大精神结合起来，要同一个时期的工作实际、思想实际结合起来，找到工作上、思想上存在的问题和主要的原因。

这次"三讲"教育要充分发扬党内民主，广泛地、诚心诚意地发动群众，听取群众的意见和建议，接受群众的监督和帮助。在每个阶段中都要注意以多种形式征求大家的意见。每一位工作人员都要认真帮助查找领导班子和成员存在的问题和不足。

开展批评与自我批评是重要的环节。领导班子和成员要正确对待大家的批评，正视群众提出的问题，要进行自我剖析和深刻的反思，真诚地开展批评与自我批评，敢于触及思想、查找深层问题。要认真做好民主评议，实事求是，提高思想认识，增强党性，促进团结，推动工作。

四、要处理好“三讲”教育和当前工作的关系，坚持两手抓，两不误，两促进。

当前各方面任务很重，工作繁忙，不可延误。开展“三讲”教育不能脱离当前工作，“三讲”教育一定要搞好，当前工作也一定要做好。

去年中央17号文件下发以来，审计署党组对“三讲”教育非常重视，党组及时贯彻，作出安排，组成领导小组，初步制定了实施方案，开始了学习，做了一些具体工作，并征求了一些群众的意见。这次全国“三讲”教育工作会议后，署党组又进行学习、贯彻，修订了实施方案，进行了认真的准备，为搞好“三讲”教育打下了好的基础。我们巡视组来后，署党组立即向我们介绍情况，同我们商量研究实施方案，我们感到署党组对“三讲”教育工作很重视，决心很大。我们相信在署党组的领导下，在署“三讲”教育办公室的领导下，只要大家按照中央精神统一思想，坚定信心，精心安排，狠抓落实，署党组领导班子和全机关、全系统的“三讲”教育就一定能达到预期的目的。

我们中央“三讲”教育巡视组一定按照中央的要求，紧紧依靠审计署党组，积极协助署党组进行“三讲”教育工作。我们将参与各阶段的主要活动，了解情况，帮助查找存在的问题，及时反映情况，沟通看法，分析研究，提意见，提建议，当参谋，当助手。我们将与署党组和大家一起，为实现中央的部署和要求，为搞好这次“三讲”教育而努力工作。同时，希望对我们巡视组工作中的不足及时给予批评指正，对巡视组多加帮助。

同志们，开展“三讲”教育的决心中央下了，通过试点信心有了，现在关键是大家的诚心，党组要诚心诚意地带头，大家要诚心诚意地参与，我们要诚心诚意地协助，努力完成好党和人民赋予我们的任务。

在审计署“三讲”教育动员大会上的讲话

（1999年3月30日）

李金华

刚才，翟熙贵同志传达了全国“三讲”教育工作会议精神，并作了动员。这些都是经过党组讨论的，我完全同意。下边我讲一讲审计署“三讲”教育的具体安排，并结合自己的思想认识，再对“三讲”教育工作提出几点要求。

一、深刻认识“三讲”教育的重要意义

这次“三讲”教育，中央是非常重视的。去年的11月21日中央发了17号文件，明确提出来用一段时间，在处以上党员领导干部中深入开展“三讲”教育。12月5日，中央召开了电视电话会议，胡锦涛同志作了重要讲话，进行了动员。中央的主要负责同志，江泽民、朱镕基和其他一些领导同志，在不同的场合反复强调，要抓好“三讲”教育。1995年江泽民同志视察北京市工作时提出“讲学习、讲政治、讲正气”。中央成立了“三讲”教育联系会议办公室，作为专门机构来负责这项工作，而且制订了周密的计划，进行了试点。中央各部门和地方省市分两批开展这项工作，计划制订得非常具体。通过试点，效果是非常明显的。要把审计署的“三讲”教育搞好，作为党组的同志，作为全署的职工，提高认识是非常重要的。对我个人来说，也有一个提高认识的过程，今天我如实向大家汇报一下。中央17号文件下发后，我们党组认真进行了学习，但思想上的认识还不够深刻，对它的意义的认识也是逐步在提高。胡锦涛同志12月5日做了动员讲话以后，我们又进行了传达学习，感到这次“三讲”教育实际上是一次不搞运动的整风。具体怎么搞，对照中央17号文件，总的认为，审计署不存在这些严重的问题，我们主要是学习理论、提高认识、增强素质。因此，希望集中一段时间，尽快把“三讲”教育搞完，然后好集中精力去搞审计。坦率地讲，春节以后，我个人的剖析材料已经写得差不多了，而且已经改了三次。通过最近召开的全国“三讲”教育工作会议，听了胡锦涛同志的讲话和一些单位的经验介绍，感到认识上离中央的要求还有很大差距。所以，最近党组提出来，我们的“三讲”教育必须从头开始，不能再提赶快把“三讲”教育搞完，好去抓工作，不能把“三讲”教育同我们的工作对立起来。要把“三讲”教育作为当前工作的重中之重，通过“三讲”教育促进我们的工作。所以党组又重新研究这个问题，对“三讲”教育重新作了安排。我在党组会上讲了，我的剖析材料，还没有达到思想认识上的高度，要推倒重来。所以我们党组同志，要和大家一道，进一步提高对“三讲”教育的认识。一是要充分认识到这次“三讲”教育是一个“重要举措”，是贯彻十五大精神，高举邓小平理论伟大旗帜，提高各级领导班子和干部素质的重要措施。十五大为把建设有中国特色的社会主义事业全面推向二十一世纪勾画了一个蓝图，确定了我们党的指导思想，即邓小平理论。因为邓小平理论是当代的马列主义、毛泽东思想。要达到这个目的，要完成十五大提出的任务，就要按照邓小平同志讲的，关键在党，关键在人。只有把我们的党，我们的各级领导班子建设好，我们的任务才能完成。所以说，开展“三讲”教育是为了实现这个目标的一个重要措施。二是要充分认识到这次“三讲”教育是我们今年，甚至更长一段时间党的建设的“重中之重”，是在新的历史条件下，如何加强党的建设，从根本上解决当前我们党存在的一些问题，提高领导干部素质的一个探索，一个创举。

“三讲”教育的重要意义，还要从我们当前面临的形势来看。1998年是不平凡的一年，各方面取得很大的成绩。但也要看到我们面临的困难和问题，这一点同志们都能体会到。一个是国际形势。国际形势总体来说对我们国家是有利的，我们的声望越来越大。但是我们也面临不少困难，包括当前中美关系，还有其他一些问题。帝国主义分化、西化中国的企图是永远不会改变的。象美国这样的国家，分化、西化中国的图谋是永远不会改变的，不管斗争多么曲折，有的时候关系好一些，有的时候关系紧张一些，但不管好到什么程度，他们的这个目标都是不会改变的。象科索沃问题，这种斗争是永远不会停止的。我们怎样在这样的斗争当中取得有利的地位，这与我们党的坚强有力有很大的关系。第二是我们的国内形势。总体形势是好的，但是仍面临很多困难和问题。要解决这些困难和问题，靠什么？靠我们的党，靠我们各级组织。第三、从目前党的干部队伍状况来看，我们的队伍总体是好的，但也存在不少问题，中央17号文件点的五个方面三不讲的问题是非常深刻的，有些问题性质是比较严重的。这些问题对我们党的干部，特别是高级干部，是很重要的问题。如何看待中美关系，如何看待台湾问题，如何看待西藏问题，民族问题，宗教问题，总书记多次讲话都讲到这些问题，我们应该增强鉴别能力。我觉得这五个方面的问题，一是存在，二是严重，三是有些问题还不仅是在个别人，少数人中存在，而是有一定的普遍性。前一段时间发生的湛江走私案，涉及当地整个海关人员的52%，一半以上的人都参与了。从我们审计的情况看，弄虚作假，损公肥私，国有资产流失，贪污犯罪的问题不少，有很多是发生在党内。面对这些问题，怎么办？我最近总在想这个问题，我认为无非有几条：一条是加强法制建设，加强立法和执法工作；第二条：打击犯罪，惩治腐败；第三条：通过教育提高我们绝大多数领导干部的思想政治素质，开展积极的思想斗争，提高“免疫”功能，这是治本的办法。

从实践看，“三讲”教育经过几个单位的试点，虽然时间不长，但取得的效果是明显的。我们要看到，这次“三讲”教育，不是过去一般的教育，实际上是一次开门整风，是用整风的精神开展“三讲”教育。这次“三讲”教育和过去的教育不同，有一些特点。一是带有整风性质。二是针对性很强，中央提出了三不讲的五种表现，要逐步解决这些问题。这次“三讲”教育的要求、政策、原则都很明确，步骤方法非常具体。三是自上而下，首先要解决省委、中央各部门党组的问题，江总书记多次讲到“上梁不正下梁歪，中梁不正倒下来”，就是要解决高层次的问题。第四是这次“三讲”教育先试点，分级分批，这样的情况多年没有过。第五，这次“三讲”教育始终坚持群众路线，把干部置于群众监督之中，这是解决我们党内特别是领导干部问题的一个最根本的办法。最后一点是强调加强党的领导，强调各单位的一把手要承担第一责任人的责任。

二、“三讲”教育要坚定信心

在这一点上，不是光要求大家，也包括我自己在内。坚定信心，首先要对我们党坚定信心，我们党自身存在的问题，靠我们自身的力量是能够解决的；第二要坚信我们党的绝大多数干部，尽管党员干部队伍中存在这样那样的问题，只要认真学习，认真从世界观的高度找原因，严格要求，是可以进步的，是可以提高的。我们党在历史上经历过各种各样的挫折，也犯过一些错误，最终还是自己纠正了。现在的情况，比“文化大革命”，比过去那些“左”的错误，性质是不同的，这是我们前进当中存在的问题，靠我们自身的努力是能够解决的，我们绝大多数干部是有这种能力，有这种水平，有这种愿望的。第三，试点单位的实践证明，这次“三讲”教育是行之有效的。大家都希望把审计署的工作搞好，把我们的审计事业推向前进，大家都有这么一个愿望。把我们审计署的工作搞好了，就是对国家、对人民、对党的贡献。把每个部门搞好了，把每个系统搞好了，整个国家就搞好了。我们要看到，我们离中央的要求还有一定的差距。这些差距，不但我们自己要找，而且希望大家共同找。在这一点上，我们党组诚心诚意地希望全体干部职工，对我们系统存在的问题，对我们党组成员存在的问题，要敞开思想，通过各种形式提意见。下一步最好的办法，就是把我们的剖析材料给大家，让大家来提意见，这次我们的剖析材料，实际上是对大家前一段提出意见的回答。巡视组的同志也来了，他们还要作些调查研究。希望大家敞开思想，通过各种方式帮助党组找问题。重点要放在这样几个问题上，一是贯彻党的基本路线，和中央保持一致；二是贯彻依法治国的方略，贯彻审计法，履行法定职责；三是使用干部、队伍建设；四是工作作风，自身的廉政建设；还有就是我们的学习。

三、积极参与“三讲”教育

积极参与包括两个方面。一方面我们的领导干部，特别是署一级、司局一级的领导干部，首先自己要带头搞好“三讲”教育，要认真学习，把自已摆进去，从世界观的高度来剖析自己。另一方面我们要主动地听取群众意见，过去在这方面我们做得不够。希望广大干部职工积极参与，关心党组，关心党组成员，关心我们的审计事业，关心我们的工作，关心我们个人素质的提高。如果没有群众的参与，“三讲”教育是不会取得成效的。

四、把“三讲”教育和我们的工作统一起来，结合起来，通过“三讲”教育促进工作

现在我们的任务很重，但是我们只要思想重视，就能通过“三讲”教育促进我们的工作，这是不矛盾的。去年我们就有这方面的经验。机构改革的时候，正是审计工作最繁忙的时候，主要是粮食审计，几乎所有的人都下去了。但是我们的机构改革照样进行了，而且进行得很好。大家都发动起来了，认真负责，思想重视，互相促进，现在也是这样。“三讲”教育搞好了，我们的审计工作会搞得更好。最近一段时间，特别是四月份，司局级领导，除非特殊情况，不要离开机关。有些工作白天没有时间，安排在晚上，平时没有时间，安排在休息日。不管怎样，“三讲”教育的工作都要安排好，不能走过场，审计任务也必须完成好。这就要求我们，一要调动大家的积极性；二要合理安排工作时间；三要多辛苦一些。有党中央的坚强领导，有巡视组的指导和帮助，我们全体干部职工齐心协力，都来关心这项工作，再加上党组同志严格按照中央要求，加强学习，提高认识，虚心听取大家意见，搞好自我剖析，我们的“三讲”教育工作一定能够搞好。

巩固和发展“三讲”教育成果
进一步推进机关党的建设

（1999年10月15日）

翟熙贵

同志们：

署党组决定这次党组中心组理论学习会与原来准备的署机关党建工作会结合一起开，集中各单位的“一把手”，重点学习中央十五届四中全会精神和江泽民同志两次重要讲话，交流前一段“三讲”教育的收获、体会及整改措施。我认为这样做是完全正确、十分必要的，因为“三讲”教育工作本来就是当前党建工作的重中之重，巩固和发展“三讲”教育的成果是今后我们党建工作的重要任务。前一段时间，我们按照中央的部署，用九个多月时间，在署机关、各直属单位和派出机构自上而下开展的“三讲”教育工作，是贯彻落实党的十五大精神，全面推进面向新世纪党的建设伟大工程的重要措施，也是在新的形势下，以整风精神解决好党性党风方面存在的突出问题，加强党的自身建设的一个创造性探索。在党组的领导下，通过全署上下各级党组织的共同努力，中央巡视组的有力帮助、指导，全署广大党员干部群众的积极参与、支持，我们的“三讲”教育工作取得了显著成绩。今天有十几位司局领导汇报交流了个人“三讲”教育的收获、体会及今后的整改措施。我感到他们讲的切身体会都比较深刻、具体、实在，讲出了心里话。他们所谈的收获、体会，我认为在全署党员领导干部中有其代表性，反映了我们审计署集中开展“三讲”教育所取得的成果，也为今后发扬“三讲”精神，加强党建工作提供了一些有益的经验。下面，我准备讲两个方面的问题：

一、广大党员干部特别是处以上领导干部在“三讲”教育中发挥了模范带头作用，“三讲”教育取得了明显成效

从去年十二月下旬以来，署党组根据中央17号文件和“三讲”教育工作的部署，在中央“三讲”办及巡视组的具体帮助指导下，经过反复多次的思想发动、深入学习理论、认真搞好自我剖析、开展批评与自我批评，以及制定和落实整改措施等步骤，自上而下，分期分批，有计划、有步骤地在处以上党员干部中开展了“三讲”教育工作。广大党员干部以高度的政治热忱，以对党的事业高度负责的态度，积极投入“三讲”教育工作；各级党员领导同志特别是“一把手”，认真履行第一责任人的责任，严格要求自己，认真发动和组织“三讲”教育工作，身体力行地贯彻执行中央关于“三讲”教育的方针、政策和各项部署，充分发挥了党员领导干部的模范带头作用，保证了“三讲”教育工作的顺利进行，并取得实效。这次“三讲”教育的经验是丰富的，还有待于进一步深入总结，但“三讲”教育的成效，从署机关和各派出机构来看，是比较明显的。主要表现在以下几个方面：

一是，学习理论的热情有了很大提高，理论联系实际、改造主观世界的自觉性有较大增强。在“三讲”教育整个过程中，广大党员干部按照署党组的要求，普遍认真研读中央规定的必读篇目，对重点篇目反复学习，同时采取集中与分散学习相结合，个人自学与集中交流相结合，阅读原著与专题教育相结合，学习理论与专题报告和学习中央领导同志重要指示、讲话相结合等方式，深入学习马列主义、毛泽东思想和邓小平理论，联系思想工作实际深入思考，自觉地剖析自己在党性、党风方面存在的差距和问题，从思想理论的高度分析原因，使大家受到一次深刻的马克思主义再教育，思想理论水平有了一定程度的提高。大家反映，今年署机关学习气氛之浓、热情之高、收获之大是多年来所没有的。

二是，政治观念普遍增强，讲政治的自觉性有了很大提高。这次“三讲”教育中，大家认真学习江泽民同志多次关于讲政治的重要论述，特别是“七一”重要讲话，结合今年我们党和国家开展的三场大的政治斗争实际，从理论和实践的结合上，认识到作为无产阶级执政党的一名党员领导干部讲政治的极端重要性；认识到“三讲”的核心是讲政治；认识到讲政治是具体的，不是抽象的，必须时时处处讲政治，必须善于从政治上观察和处理问题，体现在自己的日常工作和学习上。许多同志联系自己的思想工作实际，在认真查摆自己问题中认识到，之所以过去存在诸如审计执法力度不够、不敢碰硬，民主集中制执行得不好，存在“一手硬、一手软”，不注重政治理论学习，不重视思想政治工作，群众观念淡薄，批评与自我批评开展不起来，好人主义，处理问题不讲原则，主观随意性强等等问题，归根到底是政治观念淡薄、不讲政治造成的。通过认真总结经验教训，从而进一步坚定了政治立场、政治方向、政治信念，提高了政治敏锐性和政治鉴别力，提高了与党中央在政治上思想上保持高度一致的自觉性。

三是，增强了群众观念，密切了干群关系。按照中央要求，这次“三讲”教育要以整风的精神，充分发动和依靠群众，广泛征求群众意见。署党组和司处级干部在“三讲”教育中，都充分体现了这一要求。署党组先后6次在较大范围内征求意见，收到群众意见500多条；机关和派出局司局级干部征求到群众意见400多条；党组同志与司局级干部谈心达400余人次；司局级干部与单位党员干部谈心670人次；25个派出局和16个特派办的领导同志与本单位的干部职工谈心征求意见达2000多人次，征求意见5000多条。这样广泛地开展领导与群众的谈心活动，是过去从来没有过的，说明我们党员领导干部群众观念增强了，群众真正发动起来了，敢向领导讲心里话，讲实话，敢于向领导提出批评意见，使署机关和派出机构讲民主的风气大发扬，密切了领导和群众的关系，增强了领导干部全心全意为人民服务的宗旨观念。

四是，恢复和发扬了党的批评与自我批评的优良传统，增强了各级领导班子的团结和解决自身问题的能力。署党组和司局级单位领导班子，在认真准备、广泛谈心交换意见的基础上，分别召开民主生活会，紧紧围绕讲政治这个核心，认真开展了批评与自我批评，做到了从团结的愿望出发，自我批评严格要求，相互批评严肃认真、真诚帮助，触及到了每个领导同志的思想灵魂，不仅弘扬了正气，增强了团结，而且使我们广大党员领导干部经受了一次党内政治生活的锻炼和考验。通过党内开展批评与自我批评，在解决领导班子和领导干部自身存在问题方面，可以说有了一个新的良好开端。

五是，“三讲”教育促进了机关各项建设，推动了各项审计工作。在今年“三讲”教育中，署党组坚持了边整边改、以“三讲”促进各项工作的方针，引导广大党员干部把通过“三讲”焕发出来的政治热情体现在各项工作上，使署机关和各派出机构保持了积极奉献、奋发向上的良好精神状态，有效地推动了各项审计工作。今年上半年，是中央派驻我署巡视组指导我们深入开展“三讲”教育的关键阶段，也是全署上下开展预算执行审计、金融审计、水利资金审计等项工作最紧张的阶段，我们既坚持了把“三讲”教育作为头等重要任务，又坚持做到合理安排、统筹兼顾，力求做到“两不误”。各司局、各派出局和特派办充分发动群众、充分调动大家积极性，发扬了连续作战、无私奉献精神，大家克服各种困难，放弃节假日、星期天休息，加班加点地学习和工作，既很好地完成了“三讲”教育各阶段的任务，又在审计业务等项工作中取得了优异成绩。1998年财政预算执行审计取得了新的成效，得到了国务院和全国人大常委会的高度评价；金融审计和水利资金等专项资金审计取得明显成效；贯彻总理指示，抓大案要案线索的工作有很大进展，仅金融审计已移送有关部门处理的违法违纪要案即达70多件，其他各项审计也发现了不少违法犯罪线索。反映出我们审计执法力度增强，审计的社会影响进一步扩大。

二、巩固和发展“三讲”教育成果，进一步推进机关的党建工作

江泽民同志和中央其他领导同志多次指示，“三讲”教育是当前党的建设的重中之重，是我们党为推进党的建设新的伟大工程而进行的一项十分重要的工作，也是我们党为加强自身建设而进行的一个新的创造性探索，为我们提供了在和平建设时期加强党建工作的重要经验，需要认真总结，巩固和扩大战果。如何总结运用“三讲”教育的经验，巩固和发展“三讲”教育的成果，把机关党的建设推向前进，这是最近一段时间署机关党委和我本人反复思考的一个重要问题，也是摆在我们各级党员领导干部面前的一项重大任务。初步考虑，有以下四个方面的问题需要解决、落实好：

（一）要下功夫落实好“三讲”教育整改措施，切实解决在党性党风方面存在的突出问题。“三讲”教育整改措施是前一段经过长达九个多月的“三讲”教育，针对单位和领导干部个人存在的突出问题制定出来的，整改措施能否得到落实，落实的好坏和效果，直接关系到“三讲”教育的成败，是衡量“三讲”教育是不是走过场的根本标志。因此，署机关各单位党员领导干部特别是“一把手”，要把抓好“三讲”整改措施的落实，作为当前和今后一段时间的一项重要任务，仍然要切实履行好第一责任人的责任。对群众反映出来、组织上点出来、自己又已认识到的问题，我们党员领导干部一定要认识到位，不能思想“回潮”；在措施上一定要扎扎实实地落实，下决心进行整改，为其他党员干部做出好样子。对单位的整改措施，也要实行分工负责，“一把手”负总责，限期逐项加以落实。各级党组织要进一步调动广大党员干部的积极性，把督促、检查本单位落实整改措施的情况，作为今后一段时间机关党组织的重要任务，列为年底党员民主生活会的一项重要内容加以检查，同时要作为开展创建优秀党组织、评选优秀党员的重要条件。

（二）紧紧抓住讲政治这个核心，切实加强党的思想理论建设、政治建设和作风建设。我们的党是无产阶级的政党，是以马列主义、毛泽东思想和邓小平理论为指导思想的党，是一个阶级性、政治性十分鲜明的政治组织，有明确的指导思想、政治纲领、政治路线、政治目标。因此，我们党建工作虽然千头万绪，但必须都要紧紧围绕着讲政治这个核心来进行。离开了讲政治这个核心，党建工作就失去了灵魂，就会迷失方向，怎样围绕讲政治这个核心来推进机关党建工作呢？结合前段“三讲”教育的经验和署机关的实际，我看当前最主要的是要在发扬党的优良传统作风上下功夫。

一是，要进一步发扬理论联系实际的学风，增强学习的时效性和针对性。提高党员干部的思想政治理论素养，这既是一个十分迫切的任务，又是一个长期的任务，作为机关党组织来讲，必须坚持不懈地抓下去。首先要从讲政治的高度，提高对政治理论学习的认识，克服种种轻视政治学习的错误思想。第二，各级都要建立健全学习制度，并要坚持执行，定期检查落实情况。这次会上，旅游侨务审计局同志介绍的填写“学习日志”，并据以检查学习情况和效果的方法很好，值得各单位学习、推广。第三，要把解决党员干部世界观、人生观、价值观问题和解决理想信念问题，作为第一位的任务。第四，在学习内容上要把学习理论与党的方针政策、重大决定相结合，与国内外经济、政治斗争形势教育相结合，提高大家学习的针对性和观察、认识问题的能力。在学习方法上，提倡个人自学与集中学习相结合。第五，建立学习成果考核制度，署机关党委打算试行政治理论学习考试、考核制度，把考试、考核的成绩作为党组织向党组推荐任用干部的重要条件之一。

二是，坚持民主集中制的组织制度和领导制度，严格党的组织纪律和政治纪律。坚持个人服从组织、下级服从上级、全党服从中央，这是党章规定的党的组织纪律，所有党员干部必须无条件地遵照执行。我们各级领导同志在贯彻执行党的路线、方针、政策，在贯彻执行国务院领导同志对审计工作的重要指示，在贯彻落实署党组的重大工作部署和依法审计原则方面，必须坚定不移，不能打折扣，这是一个组织原则问题。在日常工作中，各级领导班子应当建立健全体现民主集中制的各项工作制度，处理好行政领导负责制与民主集中制、特派员负责制与实行民主集中制的关系，既要防止和纠正重大问题个人说了算，又要防止议而不决、决而不行、各自为政两种偏向，增强班子团结和凝聚力。此外，这里还要提请大家注意，江泽民同志提出要认真遵守政治纪律、组织纪律、财经纪律、金融纪律，我们现在尤其需要注意财经纪律，特别是独立核算的各直属单位、各特派办都要严格财政、财务管理，务必搞好年度预算、决算，做好充分的思想准备和工作准备，经得起任何检查。前一段办公厅已作了布置，署里发出了通报，务必引起各特派员的高度重视。

三是，进一步运用好批评与自我批评的武器，健全党内政治生活。开展批评与自我批评是解决党内矛盾、增强党的生机与活力的重要法宝，也是我们党的一个优良传统。过去相当一段时间我们运用得不好，这次在“三讲”教育当中恢复起来，并取得了明显效果。今后能不能坚持和发扬这种好的传统作风，事关党建工作的大局和保持党的先进性质。党组织和党员领导干部要进一步增强党性观念，坚决按照党内政治生活的若干准则办事，讲政治、讲大局、讲原则，防止不分是非、一团和气、回避矛盾、自由主义等旧病复发，要以坦荡的胸怀，无私无畏的精神，开展积极的、健康的思想斗争，勇于批评各种错误思想和行为；同时要本着与人为善的原则，按照团结—批评—团结的方针，开展同志式的批评与自我批评，达到帮助同志，增强团结的目的。开展批评与自我批评应当借鉴和发扬“三讲”教育中三个好的做法：一个是“一把手”

带头批评自己，带头批评别人；第二个是领导班子内部开展批评与依靠群众监督相结合；第三个是在充分谈心沟通的基础上开好民主生活会。

总之，要通过进一步发扬党的优良传统作风，来推进加强党的建设。

（三）要进一步加强和改进思想政治工作。高度重视思想政治工作，是我们党的优良传统和政治优势，是各级党组织的重要任务，也是加强党建工作的重要内容。在这方面我们署机关和各特派办都做了大量的工作，创造了许多好的经验，保证了各项工作任务的完成。但在新的形势下，思想政治工作也面临着许多新的情况和问题，急需加强和改进。最近，党中央根据思想政治领域里斗争的新形势，下发了《中共中央关于加强和改进思想政治工作的若干意见》（中发［1999］17号），这是党中央在新的历史条件下，指导全党加强思想政治工作的纲领性文件，我们要认真贯彻落实。下面我再强调三点意见：

首先，要高度重视中央制发的《关于加强和改进思想政治工作若干意见》的学习贯彻。这个文件是在总结我们党最近同“法轮功”进行的这场政治斗争的经验教训，全面分析国内外斗争形势和思想政治工作形势的基础上制定的，体现了江泽民同志多次重要讲话精神，针对性很强。文件突出强调了加强和改进思想政治工作的重要性、迫切性，进一步明确了加强思想政治工作的方针、原则、重点内容、规律方法，要求全党切实加强领导，将任务落实到基层。内容十分具体、明确，为今后加强思想政治工作指明了方向。这是以江泽民同志为核心的党中央，加强思想政治建设的重大决策，具有重要的现实意义和深远的政治影响。各单位首先要组织党员干部认真学习文件精神，明确任务，然后对照文件要求，分析本单位思想政治工作的现状，落实改进措施，把中央文件精神尽快落实到位。署党组还要按中央要求研究贯彻措施，年底前将贯彻情况报告中央。

第二，领导同志要切实提高对加强思想政治工作重要性、迫切性的认识。最近几个月来，江泽民总书记针对“法轮功”问题，多次向全党发出警示，要求全党同志增强忧患意识，保持清醒头脑，提高政治警觉，必须看到这场斗争的复杂性、尖锐性和长期性，指出这场斗争的性质是一场与我们党争夺群众、争夺思想阵地的严肃政治斗争，关系到党的信仰，关系到党和国家的前途命运。要求我们举一反三，认真总结经验教训，加强党的思想政治工作。我们要认真学习、领会以江泽民同志为核心的党中央这些重要指示，从巩固党的执政地位、完成党的历史任务的高度认识问题，彻底克服忽视思想政治工作的倾向，在加强和改进上下功夫。同时我们还应看到，在新形势下，思想政治工作本身也面临许多新情况和新问题。我国各项改革特别是国有企业改革正处于攻坚阶段，社会生活发生了深刻变化；西方敌对势力亡我之心不死，通过各种途径企图实现他们西化、分化、弱化我们的图谋，思想政治工作面临着严峻的挑战。这些给思想政治工作提出了新的更高的要求。我们的思想政治工作如果不适应新形势的变化，不及时用马克思主义去占领思想阵地，就会犯历史性的错误，影响党的事业和各项工作的顺利发展。因此，我们要认真研究新形势下政治思想工作的规律，改进工作方法，有针对性地做好工作。

当前，我们审计事业面临着加速发展的大好机遇，形势很好。但也要清醒地看到，审计机关贯彻总理指示，排除各种干扰和阻力，加大审计执法力度，抓大案要案，任务是十分艰巨、复杂的，遇到的矛盾和困难仍然很多、很大，斗争也非常尖锐。要确保完成好党中央、国务院交给我们的各项任务，没有一股精神力量的鼓舞是不行的，离开了强有力的思想政治工作是不行的、是绝对搞不好的。各单位“一把手”一定要坚持“两手抓，两手都要硬”的方针，克服“重业务、轻政治”的思想倾向，越是任务重、困难多的时候，越要加强思想政治工作，才能保证各项任务的全面完成。再加上我们审计工作本身也面临着许多改革，比如我们的机构改革、干部人事制度改革、审计工作指导思想和审计方法的转变、住房等后勤保障制度改革，都涉及到每个同志的思想、工作甚至切身利益，关系到审计事业发展的大局。人、法、技等项改革措施能否落实，关键要看我们的思想政治工作是否到位，这也是检验我们思想政治工作成效的重要时期，各单位一定要做好工作。

第三，要进一步改进思想政治工作的方法。思想政治工作不是抽象的、空洞的，而是具体的、生动活泼的。工作方法直接影响工作效果，思想政治工作尤其如此。积极探索做好新形势下思想政治工作的规律和方法，重点要坚持搞好“四个结合”：一是，要坚持思想政治工作与机关中心工作的有机结合。思想政治工作一定要围绕单位中心工作开展，为单位中心工作服务。要坚决克服“两层皮”的现象，避免单纯地教条式地做思想政治工作。二是，要坚持教育与管理相结合。做好思想政治工作要做耐心细致的教育工作，并且要使思想教育经常化。但光靠教育也是不行的，还要加强管理，要立规矩，订制度，狠抓落实。只有把教育与管理结合起来，才能具有约束力，才能收到实效。三是，坚持思想政治工作与解决实际问题相结合。一般而言，思想问题是从一个个实际问题中引发出来的，实际问题解决不好，思想包袱就会越背越沉重。因此做好思想工作既要讲道理，又要避免只讲空道理、不办实事的现象。要真正了解、关心群众的困难，切实为群众办实事，力所能及地解决群众的实际问题，才能使思想政治工作深入人心，受到群众的欢迎和拥护。四是，要坚持内容与形式的有机结合。思想政治工作的核心内容是相对单一的，而开展思想政治工作的形式是丰富多彩的，不同形式会收到不同的效果。这次“三讲”教育中，通过开展谈心、组织参观、组织先进事迹和形势报告会等形式，收到了较好的效果，今后应该继续坚持。同时，还要继续通过更加喜闻乐见，寓教于乐，符合各年龄段人们特点的形式，把思想政治工作搞得更加生动活泼，收到应有的效果。另外，要扩大思想政治工作的辐射面，思想政治工作要做到离退休老同志那里去，要按照江泽民同志的指示，使离退休同志老有所学、老有所教。在前一段召开的离退休干部工作会议上，我已强调了这个问题。

（四）各单位的“一把手”要认真履行第一责任人的责任，切实加强对党建工作的领导。江泽民同志多次指出，搞好我们社会主义现代化事业关键在人，关键在于我们的党。只有搞好党的自身建设，才能为各项工作提供强有力的保障。党建工作不仅仅是指机关党委和党支部的日常事务性工作，而是包括党的思想建设、政治建设、组织建设、作风建设在内的一个整体的系统工程。因此，各单位的“一把手”必须对党建工作负责，要亲自抓。朱镕基总理、王忠禹国务委员在中央国家机关工委第十三次党的工作会议上明确指出，“一把手”是本部门党建工作的第一责任人，要带头重视和支持机关党的工作，摆上重要议事日程，重大事项必须亲自过问，给予具体指导。署党组和金华同志对机关党建工作是十分重视的。署机关各司局和各派出局、特派办的负责同志，对此也应十分明确，各单位的“一把手”不管你是否担任机关党委书记、支部书记，同样要对本单位的党建工作负起责任，党建工作中的重要问题领导班子要集体研究，主要负责同志要亲自部署、亲自过问。这次“三讲”教育的实践说明，“一把手”承担第一责任人的责任，是“三讲”教育取得明显成效的一个重要原因，也为今后党建工作提供了重要经验。党建工作涉及各单位工作的大局，只有“一把手”亲自抓，才能防止党建工作与行政工作“两层皮”，才能把从严治党与从严治政有机地结合起来。有些单位“一把手”不兼任机关党委书记（支部书记），也要同担任书记的行政副职加强协调，共同研究、决定本单位党建工作中的重大问题。今后，要把各单位党建工作的好坏，作为衡量“一把手”是否讲政治的一个重要标准，作为考核干部业绩的重要内容。因此希望各单位的主要负责同志，要高度重视党建工作，切实履行职责，努力把署机关、派出局、特派办的党建工作提高到一个新水平，推动各项工作取得更大的成绩。

审计署党组关于“三讲”教育情况的报告

中共中央：

根据《中共中央关于在县级以上党政领导班子、领导干部中深入开展以“讲学习、讲政治、讲正气”为主要内容的党性党风教育的意见》，在中央“三讲”教育驻审计署巡视组指导下，审计署党组于1999年3月29日至7月1日，以整风精神开展“三讲”教育，在学习提高的基础上，充分发动群众，深入查找和剖析党组及成员在党性党风和工作上存在的主要问题，认真开展批评与自我批评，积极进行整改，取得较好效果，达到了预期目的。现将审计署党组“三讲”教育情况报告如下：

一、主要做法和成效

（一）搞好思想发动，深入理论学习，不断提高对“三讲”教育重要意义的认识

中央17号文件下发和中央电视电话会议以后，署党组及时进行了传达学习和贯彻，制定了署党组关于“三讲”教育的实施意见，成立了“三讲”教育领导小组，党组书记、审计长李金华同志任组长。12月24日，审计署召开了第一次“三讲”教育动员大会，并组织了学习和征求群众意见的工作。1999年3月26日，中央巡视组进署后，署党组根据巡视组的意见，对“三讲”教育做出了进一步部署和安排。3月30日，召开了第二次“三讲”教育动员大会。

在“三讲”教育中，署党组把“思想发动，学习提高”作为搞好“三讲”教育的基础和首要环节，认真抓好落实，坚持把学习贯穿于“三讲”教育的始终。党组成员认真通读了中央规定的必读篇目，学习了中央、国务院领导的重要讲话，在“三讲”教育不同阶段，结合不同教育内容，对一些重点篇目，又进行了反复研读。在此基础上，署党组中心组利用双休日，召开了三次学习会，进行集中学习和交流，党组成员人人发言，交流学习体会，使党组成员和参加会议的司局长深受启发和教育。这期间，署党组还紧密联系国内外形势，学习江泽民同志一系列重要讲话，贯彻中央有关维护社会稳定的部署，向审计系统发出了进一步维护稳定做好审计工作的通知，并在署机关组织了国际形势报告会和先进人物事迹报告会。

通过深入学习，党组一班人进一步增强了政治

意识和大局意识。大家充分认识到，这次“三讲”教育能否取得成效，关键在于能否找准党组和成员在党性党风方面存在的突出问题，只有找准问题，深挖根源，提高认识，真正拿起批评与自我批评的武器，整改才能有针对性，真正取得实效。

(二) 充分发动群众，广泛征求意见，从世界观、人生观、价值观的高度深刻剖析党性党风方面存在的突出问题

署党组把查摆问题作为“三讲”教育真正取得实效的关键环节，充分发动群众，积极帮助党组及成员找准问题，在此基础上，认真进行自我剖析。

一是反复动员，在各种场合公开表态，诚心诚意地欢迎群众敞开思想，帮助党组及成员找问题，提意见，表示虚心接受的诚意。

二是中央巡视组以高度负责的精神，广泛深入群众，采取个别谈心、召开座谈会等形式，多层次、多方位听取各方面意见。先后与140多人谈话，收集意见157条，原原本本向党组作了反馈。

三是党组成员广泛谈心，多方面听取群众意见。党组书记与每一位党组成员谈心都在四、五次以上，还找50多名司局级干部谈心，听取意见。党组其他成员也开展了谈心活动，、每人谈心人数都在30人以上。

四是采取多种方式，如调查了解、召开座谈会、收集书面反映、设立意见箱、发放征求意见表等多种形式，广泛听取群众意见，共收到群众意见500余条。

五是党组成员根据中央文件要求，结合群众意见，深入思考，从世界观、人生观、价值观的高度深刻剖析，认真准备自我剖析材料。党组三次下发剖析材料，在较大范围内听取意见和进行群众评议，共收到120多条群众评议意见。收回民主评议表839张，回收率达99.6%。中央巡视组反复听取各方面意见，并原原本本地反馈给党组及每个成员，还提出14个方面具体意见和修改建议。

党组对群众意见和巡视组的建议，非常重视，多次召开会议，对党组的剖析材料进行修改，先后易稿12次。党组成员的剖析材料都经过六次以上较大修改，有的修改达十三四次，有的党组成员带病修改剖析材料。经过反复修改，广大群众对剖析材料给予了比较满意的评价，党组剖析材料的满意率达到96%，党组成员剖析材料的满意率平均达到97%。

中央巡视组对署党组“自我剖析，听取意见”阶段的工作给予了肯定。认为审计署党组对“三讲”教育重视、认真，接受群众意见诚恳，依靠群众找准了问题，对问题进行了比较深刻的分析，明确了今后的方向，为下一步整改打下了好的基础。

(三) 高标准，严要求，认真开展批评与自我批评

署党组把“交流思想，开展批评”作为保证整个“三讲”教育不走过场、取得实效的一个重要步骤，经过认真准备，切实开好民主生活会。

召开民主生活会之前，党组反复学习了党的三代领导核心关于开展批评与自我批评的论述，召开各单位负责人座谈会进一步听取意见，党组成员之间开展了谈心活动，还同一些司处级干部谈心，征求意见。党组成员都写了批评与自我批评的发言提纲，经党组书记审阅后交巡视组审核。

民主生活会紧紧围绕讲政治这个核心，贯彻整风精神，认真开展批评和自我批评。生活会气氛热烈，严肃认真，取得了实效。党组书记以身作则，带头开展批评和自我批评。大家敞开思想，敢于亮相，敢于揭短，敢于讲真话，不怕得罪人，认真摆现象，谈根源，谈自己思想的变化过程，做到击中要害，不回避矛盾，使每个人都受到了深刻的教育。大家说这次会议是一生难忘的，很多批评意见是近一二十年没有听到过的，受到了一次很好的教育。对通过“三讲”教育达到思想上有明显提高，政治上有明显进步，作风上有明显转变，纪律上有明显增强的目标，充满了信心。会后，党组将民主生活会情况原原本本地向群众进行了通报。中央巡视组认为，党组这个阶段的工作准备充分，自我批评认识深刻，开展批评诚心诚意，领导带头，作用明显，高标准，严要求，质量高，收获大，没有走过场。群众反映，党组民主生活会开得好，充分体现了党组真正开门搞“三讲”，自觉接受群众监督的诚意，为司处级干部的“三讲”教育起到了示范和表率作用。

(四) 坚持立说立行，边整边改，促进作风转变，推动审计工作

署党组在“三讲”教育中贯彻边整边改方针，坚持从我做起，从本部门做起，从现在做起，把转变思想、改进工作贯穿于“三讲”教育始终。

党组对群众提出的意见，及时研究并提出改进措施，有些问题能解决的，立即着手解决。如，贯彻国务院领导同志关于全面审计，突出重点，注重抓大案要案的指示，加大审计监督力度，对审计工作任务重点进行了调整；制定加强“人、法、技”工作的措施，对署机关基础工作进行全面检查；完善党组中心组学习制度，制定1999年学习计划；建立审计长接待日制度；在力所能及的条件下，积极想办法改善群众生活等，使群众实实在在地感受到“三讲”教育的成效。

为了巩固“三讲”教育的成果，署党组针对查摆出的突出问题，按照中央17号文件提出的四项基本要求，经过深入讨论研究，制定了“三讲”教育整改措施，征求群众意见，并认真听取了中央巡视组意见，做了反复修改。

在“三讲”教育中，领导干部思想政治素质得到提高，工作作风有了转变，充分调动了广大审计干部的积极性，审计业务工作不但没有受到影响，

而且有了新的发展，上半年审计工作取得了很大成绩。中央预算执行审计进一步深化，受到了朱镕基总理的充分肯定，向全国人大常委会报告审计工作后，受到了委员们的一致好评。对工商银行系统和水利专项资金的审计等重点审计工作进展顺利，成效显著。

审计署广大群众对署党组“三讲”教育给予了极大的关注和热情的支持，“三讲”教育加强了党组成员与群众的交流。广大群众认为，署党组认真贯彻了中央关于“三讲”教育的总体部署，思想重视，决心大，认识到位，工作扎实。贯彻整风精神，诚心诚意依靠群众，接受意见态度诚恳，密切了干群关系，提高了领导的威信；党组和党组成员问题找得准，剖析根源深刻，勇于开展批评和自我批评，边整边改，立说立行，使群众感受到了“三讲”教育的成效，增强了信心。有不少同志说，党组“三讲”教育取得的成果，使我们倍受鼓舞。新一届党组班子，敢于正视自己的缺点，勇于接受群众的批评意见，是可以信赖的。审计工作大有干头，审计事业前途光明。

二、查摆的突出问题和整改的主要措施

（一）署党组及成员查摆的主要问题

署党组及成员在学习提高的基础上，经过认真反思，深刻剖析，广泛听取群众意见，开展批评与自我批评，对党组及个人在党性党风和工作上存在的主要问题，认真进行了查摆和分析。

党组查摆的主要问题是：

1．严格审计执法不够有力，全面履行审计职责还不到位，充分发挥审计监督的作用不够。一是审计工作缺乏深度，存在一定随意性；二是沿用财务收支审计的传统模式，习惯于查处具体的违规违纪问题和收缴违纪款项，对如何贯彻落实审计法，全面履行审计监督职责研究得少，在检查财政财务收支真实性上下功夫不够，成效不明显；三是在遇到复杂情况或工作有难度时，碍于面子，有畏难情绪；四是对审计发现的有些违法犯罪线索没有能一查到底，有些已查实的问题没有能予以公开曝光；五是对审计决定的执行情况缺乏严格的监督检查；六是在宏观上发挥审计监督作用不够。

2．领导班子和审计队伍建设抓得不紧，下功夫不够。主要是班子建设抓得不紧，人事制度改革滞后，选拔干部视野不宽，在廉政建设方面有些满足现状。

3．群众观念不强，工作作风不够深入。主要是对群众提出的合理化建议重视不够，有的没有采取有效措施加以落实，与群众沟通少，主动与群众谈心和交流不够，对群众的一些实际困难没有及时研究解决。工作作风不深入，深入基层调查研究少。

4．对理论学习重视不够，缺乏自觉性。主要是党组中心组学习制度坚持得不好，对理论学习和宏观经济知识学习重视不够，对机关干部的学习抓得不紧。

党组成员查摆的问题主要是：有的讲政治的意识不强，就业务讲业务，存在“一手硬，一手软”的问题；有的严格审计执法不够有力，不能从依法治国、维护法律尊严的高度对待和处理问题；有的比较主观，存在脱离群众的作风；有的工作不够扎实，浮在表面，缺乏深入细致的调查研究；有的群众观念比较淡薄，过于自信，有骄傲自满情绪；有的对自己的要求标准不高，存在满足现状的思想；有的在廉政建设方面要求不严，有畏难情绪；有的学习自觉性不强、不深入，运用理论指导审计工作成果不显著等。

（二）整改的主要措施

为进一步巩固“三讲”教育取得的成果，署党组认真研究制定了整改措施。要进一步全面落实审计法和《1999～2003年审计工作发展纲要》，加强“人、法、技”建设，认真落实全国审计工作会议确定的目标和任务，今、明两年，重点抓好以下工作：

1．加大审计监督力度，充分发挥审计的职能作用

认真贯彻朱镕基总理全面审计，突出重点和注重抓大案要案的指示精神，坚持“依法审计，服务大局，围绕中心，突出重点，求真务实”的方针，在审计财政财务收支真实性基础上，突出揭露和查处重大违法违纪问题，注意发现大案要案线索。按照已确定的工作计划，抓紧制订审计准则。今、明两年重点研究如何进一步深化财政审计。认真贯彻党政领导干部和国有企业领导人员经济责任审计两个暂行规定，逐步实现经济责任审计工作规范化。加强审计宣传，进一步办好《中国审计报》和《中国审计》期刊，开好每年的新闻发布会。围绕审计工作中心，加强审计理论研究。加强内部审计工作，加强对社会审计组织业务质量的监督。

2．改革干部人事制度，培养优秀审计人才

2000年底前，在全署范围内试行末位淘汰制度，完善轮岗交流制度，实行竞争上岗制度。大力培养、选拔年轻干部，注意选拔妇女干部。实行考试和考核相结合的办法，逐步建立一支具有较高理论与实务水平的审计专家队伍。采取多种方式，加强审计干部培训。

3．坚持民主集中制，加强领导班子建设

贯彻民主集中制，认真执行《审计署工作规则》，重大问题由党组或审计长会议研究决定。开好民主生活会，要把民主生活会的质量作为对领导班子考核的重要内容。坚持和完善中心组学习制度，做到年有计划、季有安排，分散自学与集中交流相结合，紧密联系实际，注重学习效果。深入基层，加强调查研究。

4．加强思想政治工作，搞好廉政建设

采取集中与分散相结合的方法，组织干部职工认真学习马列主义、毛泽东思想和邓小平理论，提高政治意识和大局意识。密切联系群众，坚持署领导接待日制度。党组每半年要研究一次机关党委工作和思想政治工作，认真听取群众意见，有针对性地做好深入细致的思想政治工作。严格执行《审计署党风廉政建设责任制实施办法》，修订和完善《审计组廉政责任的若干规定》，加强廉政建设监督检查。

5．关心群众生活，认真办好实事

党组要定期研究涉及群众利益的事项，每年确定为老干部和在职职工办几件实事，公诸于众，抓好落实。凡涉及群众切身利益的事项，决策之前，要通过工、青、妇等群众组织，广泛听取群众意见。

三、几点体会

（一）切切实实提高认识，是搞好“三讲”教育的前提

只有真正提高对开展“三讲”教育重要性的认识，才能增强抓好“三讲”教育的自觉性，从而取得实实在在的成果。党组对“三讲”教育重要性的认识，经历了一个不断深化和提高的过程。“三讲”教育开始时，认识不足，认为中央17号文件指出存在问题的五种表现，在我们单位不存在，或者不严重，不突出，想把“三讲”教育赶快搞完，好集中精力抓业务。在自我剖析时，开始也存在起点不高、要求不严的问题，看不清不足，往往把问题寓于成绩之中。后来虽然认识有所提高，但思想上还是有顾虑，因而，找工作方面的问题比较多，从世界观、人生观和价值观的高度剖析不够。经过反复学习和中央巡视组的启发、引导，党组和成员的认识进一步提高，思想真正受到触动，敢于亮相，勇于自我批评，从世界观的高度深刻剖析，找准了问题。提高认识，关键在于认真学习中央文件，联系思想实际，虚心听取群众意见，深入思考，认真分析，消除满足现状的思想，增强教育和改造的自觉性。

（二）真心实意地依靠群众，是搞好“三讲”教育的基础

这次中央提出以整风精神开展“三讲”教育，一个突出特点，就是开门搞“三讲”，充分依靠和发动群众。这种开门不能是半开半掩的，必须把门全部打开，而且要贯彻于“三讲”教育的始终。在中央巡视组的指导下，署党组诚心诚意，采取多种方式，广泛听取群众意见。经过多次反复，巡视组进行反馈指导，最后找准了党组及成员存在的主要问题。开始，群众提意见存有一些疑虑，不知提了有没有用，有没有价值，领导会不会听进去，甚至怕得罪人。随着“三讲”教育的不断深入，署领导的真心诚意，巡视组的积极工作，使群众打消了顾虑，大胆地发表意见和提出批评。党组成员普遍感到触动很大。有的同志讲，这次群众提意见的广度、深度和到位程度，是多少年来没有过的。没想到群众对我们这么了解，说明群众的眼睛是亮的，政治觉悟是很高的，受到了深刻教育。同时，群众也没想到，党组成员接受群众意见这么坦诚。有些群众讲，我们只有认真帮助党组找问题，积极提建议，才对得起巡视组的辛勤劳动，对得起党组成员的一片诚意。

（三）巡视组的有力指导和帮助，是搞好这次“三讲”教育的重要保证

没有中央巡视组的指导，这次“三讲”教育决不会取得这么显著的成效。中央决定派巡视组非常正确，巡视组代表中央，认真贯彻执行中央关于“三讲”教育的方针政策和工作部署，从外部监督更容易发现和看准问题，并有针对性地提出意见。而且，中央和上级派了人，使群众感到中央抓“三讲”决心很大，是一定要解决问题的，因此，消除了疑虑，积极提出意见，帮助党组搞好“三讲”教育。中央巡视组及时给予指导，做耐心细致的思想工作，帮助党组提高认识、找准问题，发挥了重要作用。我们深深地体会到，巡视组一是起到了桥梁作用，通过各种方式，反复听取各方面意见，耐心细致，把群众意见与领导之间互相沟通。二是起到了引导、指导作用，巡视组的启发和引导，使我们的认识得到了升华和提高；每个阶段怎么搞，剖析材料怎么写、怎么修改，巡视组都提出了十分具体的指导意见，对我们帮助很大。三是发挥了保证作用，巡视组对“三讲”教育的每一步都进行了“把关”，保证了每一阶段的工作都扎扎实实，不走过场。巡视组高度的责任心，认真负责的精神，踏踏实实的作风，使党组同志和全署干部职工受到很大的教育和启发。

（四）一把手带头，是搞好“三讲”教育的关键

一把手的作用至关重要。一把手的精神风貌、思想水平、个人胸怀，对整个班子的影响很大。开始时，李金华同志由于认识不到位，使党组及成员在自我剖析中标准不够高、要求不严。中央“三讲”办指出这一问题后，他高度重视，诚恳接受批评，马上改进，在全署通报会上把中央“三讲”办批评自己的原话通报给群众，自觉接受监督，虚心听取群众意见，并连夜修改自己的剖析材料，带动了其他党组成员认真搞好自我剖析。在民主生活会上，他带头开展自我批评，对每个党组成员首先进行了批评，为其他党组成员作出了表率。

（五）认真开展批评与自我批评，是搞好“三讲”教育的重要标志

能否认真开展批评与自我批评，是衡量“三讲”教育深入与否的一个重要标志。党组成员认真开展自我批评，讲心里话，不做表面文章，不说违心话、客套话。相互间知无不言，言无不尽，坦诚

地开展批评，把话讲在当面，直截了当，直指要害。党组把批评和自我批评情况，原原本本告诉群众，接受群众监督。实践证明，开展批评与自我批评越深入，“三讲”教育的效果就会越好。

（六）坚持边整边改是巩固“三讲”教育成果的重要措施

“三讲”教育的根本目的，就是要提高素质，转变作风，推动工作。边整边改，立说立行，既是“三讲”教育取得成效的重要标志，也是取信于民，巩固成果的重要措施。署党组在“三讲”教育中，坚持高标准，严要求，边整边改，制定措施，狠抓落实，党组班子的思想作风有了明显转变，也给了群众极大的信心，机关工作作风、精神状态和工作质量有了进一步提高。通过“三讲”教育，增强了团结，鼓舞了干劲，推动了干部队伍思想政治建设，促进了审计任务的完成。

四、存在的问题和建议

主要是在“三讲”教育开始时，存在认识不到位，标准不高的问题。认为审计署不存在严重的问题，主要是学习理论、提高认识、增强素质，想尽快把“三讲”教育搞完，然后好集中精力搞审计。因而，出现过“三讲”教育工作安排不够具体、标准不高，自我剖析不够深入的情况。最近，我们按照中央的部署，已对司、处级干部的“三讲”教育进行了动员和部署。据了解，在部分司、处级干部中也存在“速战速决”的想法，觉得审计任务很重，想赶快搞完“三讲”，好集中精力搞审计。因此，我们要进一步搞好思想发动，提高认识，扎扎实实搞好司、处级干部的“三讲”教育，决不走过场。

“三讲”教育的实践，使我们深刻体会到，党中央在世纪之交的重要时刻，面对难得的机遇和严峻的挑战，从国际国内形势发展变化和加强领导班子、干部队伍建设的需要出发，决定集中一段时间，在县级以上党政领导班子和领导干部中，深入开展以“三讲”为主要内容的党性党风教育的重要决策，是非常正确的。以整风精神进行“三讲”教育，确实是在新的历史条件下，既不搞政治运动，又切实解决领导班子和领导干部在党性党风方面存在的突出问题，加强思想政治建设的一个好办法，是党的第三代领导集体在新时期治党的重要方略。我们建议：

（一）认真总结这次“三讲”教育的经验，始终把它作为党建工作的重中之重，根据不同时期的形势任务和党建工作实际，每隔3—5年开展一次“三讲”教育，突出把讲政治作为加强党的建设的经常性工作，促进“三讲”教育经常化、制度化，进一步巩固和发展“三讲”教育成果。

（二）建议将党员领导干部民主生活会，由现在每年召开两次改为每年召开一次，切实提高质量，解决问题。会前，领导班子及领导干部要认真做好准备，上级机关要广泛听取群众意见并加强指导。会上，要认真开展批评与自我批评。民主生活会情况要在一定范围内进行通报，接受党员群众的监督。

《审计法》颁布实施五周年纪念活动

——部分高层领导及专家学者谈审计

在《审计法》颁布实施五周年之际，审计署邀请国家领导人、知名专家学者、立法工作者和有关部门领导聚集人民大会堂，畅谈《审计法》颁布实施五周年的重大意义，评说审计工作取得的成绩，展望新世纪审计工作的发展趋势。

出席座谈会的有，全国人大常委会副委员长曹志，国务委员、国务院秘书长王忠禹，全国政协副主席李贵鲜、经叔平，中国证监会主席周正庆，原北大校长、经济学家、人大常委吴树青，清华大学经济管理学院副院长赵纯均，人大法工委副主任乔晓阳，人大财经委副主任、知名学者厉以宁，人大预算工委副主任苏宁，最高人民检察院副检察长赵登举，监察部副部长陈昌智，人大法律委员会委员王家福，国务院法制办党组成员李适时，中国政法大学校长杨永林，中国社会科学院副院长陈佳贵，中国社会科学院副秘书长朱锦昌。审计署原领导和现任领导于明涛、吕培俭、郭振乾、李金华、金基鹏、刘鹤章、王道成和董大胜等也出席了座谈会。座谈会由李金华审计长主持。

曹志（全国人大副委员长）：在《审计法》颁布5周年之际，审计署召开这样一个座谈会，我认为很有意义。审计署的成立及《审计法》的颁布，对我们国家的法制建设是一个重大举措。《审计法》颁布5年来的实践证明，审计署的工作是非常得力的。在总理的直接领导下，对维护财经秩序，保证宏观调控和廉政建设，保障国民经济的健康发展，起到了极为重要的作用。

最近在九届人大第十次常委会上，李金华审计长的报告受到委员们长时间热烈的掌声，说明委员们对审计工作是满意的，给予了充分肯定和高度赞扬。大家普遍感到审计署能严格执法，依法进行监督，有敢于碰硬的精神。我希望把这种精神继续发扬光大，并加强自身的建设，时刻提防外部对自己的侵蚀，始终保持队伍的健康，今后的审计工作会做得更好。今后的审计任务会越来越重，希望审计署不断总结经验，严格执法，不断加强执法力度，促进国民经济健康、稳步、高速地发展。

王忠禹（国务委员、国务院秘书长）：在新的历史时期，审计工作只能加强，不能削弱。审计工作的重要性，不仅监督机关、被监督机关要认识，也不仅领导要认识，还要群众都来认识。要让方方面面、上上下下都认识到审计工作的重要性。

《审计法》的颁布实施，使审计工作进入了一个新阶段。审计工作要依法审计，有法才能进行审计。这5年来，审计工作之所以能有新进展，与《审计法》的颁布实施是分不开的。今后要想加强审计工作，提高审计水平，改进审计工作，最重要的也是依法审计，就是要通过贯彻《审计法》来规范审计工作，从而使审计工作走上一个正常的轨道。从我接触的审计工作来看，任务越来越重，领域不断拓宽。

为适应新形势的发展，要加强审计队伍的建设。从市场经济体制建立的角度来说，新的问题不断出现；从新技术应用的角度来说，逃避审计的手段越来越高明，光查账、翻几页报表是看不出问题的；有的同志提出的廉政建设问题，要求提高我们审计队伍的素质。只有提高了素质，我们才能适应这种需要。

国务院领导，特别是总理，是坚决支持审计工作的。审计要如实反映问题，以求得群众的理解和支持。

经叔平（全国政协副主席）：《审计法》颁布5年来，审计工作取得了显著成绩，审计署能够严格执法，依法办事。我看到了关于预算执行情况的报告，什么问题都提出来了，我很高兴。但又担忧，因为查出的问题都不是新问题，都是老问题。如弄虚作假、侵占、挪用，贪赃枉法等。但从现在查出的情况看，问题越来越大，数字越来越大。我的愿望是今后审计署查出的问题很少，数字很小。

我想提点建议：要完善制度。审计要做好后续工作，对发生的问题要有个交代，并要监督它改进。看是否真正改进了，堵塞了漏洞，查出的问题处理了没有。

吴树青（经济学家、全国人大常委）：从近几年来国家审计署提交全国人大常委会的审计工作报告来看，国家审计机关的工作是卓有成效的，审计工作的广度和深度不断得到拓宽和提高。同时也应当看到，审计监督面临的任务是十分艰巨的。从几年来几届审计长提交的审计工作报告来看，报告所揭露出来的问题许多都是老问题，一些已经处理过的问题，并没有得到有效的遏制，反而有所发展。这说明加强审计监督，落实《审计法》绝不是一帆风顺的。这里还想就进一步落实《审计法》提一点建议。在审计监督时，不仅要对应予审计的财政收支或财务收支是否真实，是否合法，有无弄虚作假，有无违法乱纪进行审计监督，而且还要求对这些收支是否符合效益原则，从提高效益的角度看是否合理，进行审计监督。

厉以宁（人大财经委副主任、知名学者）：今年6月26日审计署受国务院委托向全国人大常委会所作的审计报告，之所以得到常委们一致好评，除了说明常委们对审计工作得力的肯定之外，还显示了法律的权威性。众所周知，法律的权威在于法律的一般性、平等性和公开性。法律是普遍适用的，法律对任何人来说都是必须遵守的一种规则，法律对任何人都按同一个标准来对待，同时，法律必须让任何人都事先知道，知法才能守法，这些就体现了法律的权威。如果法律没有权威，它就会失去作用。

而法律的一般性、平等性和公开性，对一切政府工作人员同样是适用的。政府行为要依法，意味着政府工作人员要知法，守法，并依法办事。但这往往涉及权与法之间的关系。权大还是法大？权服从法还是法屈从权？这是一个长期存在的老问题。在权与法的较量中，审计署站在法律这一边并正确处理了权与法的关系。

陈佳贵（中国社科院副院长）：《审计法》颁布实施以来，审计机关很有成效地开展了审计工作，审计长在人大所作的报告得到了大家的欢迎和赞成。而且在社会上也引起了很好的反响。审计是在动真的，敢于揭露、敢于碰硬，在群众中产生了比较好的影响。

赵纯均（清华大学经济管理学院副院长）：《审计法》颁布实施以来，审计工作取得了非常大的成绩。特别是在最近一次的人大常委会上，审计长作的审计工作报告，在老百姓中间引起了相当强的共鸣。审计是敢于碰硬的。敢于把预算执行中的一些问题公布于众，得到了老百姓的拥护，群众是非常支持这种做法的。但审计工作中有些问题值得研究。审计工作的一个重要方面是经济责任审计。经济责任审计对决策的真实性、合法性，以及决策的科学性、民主性等，意义是非常重大的。但怎样与稽察特派员的功能结合起来，是值得研究的一个课题。另外，经济的全球化、信息基础的发展，会给审计工作带来新的变化。虽然今后5年审计工作目标很清楚，但我们也要做一些超前的考虑和研究。

王家福（人大法律委员会委员）：《审计法》通过以后，大家寄予很高的希望。这5年审计署的工作没有辜负大家的期望，得到了大家的好评。审计长多次在人大常委会作审计工作报告，赢得了委员们自发的、经久不息的掌声，代表了人民的赞许和表扬。为什么？因为审计署对《审计法》的贯彻实施有三个精神：一是审计署的敢于碰硬精神。目前，权大于法的思想依然存在，有权的单位，有权的人，能不能对其进行依法审计和监督，是非常难的事情。为什么对一些执法单位不满意，因为他们不敢碰硬。只打苍蝇，不打老虎，或老虎打少了。二是严格依法办事的精神。《审计法》是约束权力的法律。约束那些花人民的钱、纳税人钱的单位。在今天中国这样的执法环境中，用《审计法》的标准衡量他们是非常难的事情。审计署体现了严格依法办事的精神，值得所有的执法机关学习。三是忠于职守的精神。审计人员执行《审计法》，维护国家财经纪律，促进国家市场经济的健康发展，特别是维护了政府的廉洁形象。我们经常能听到执法机关的人，徇私舞弊、贪赃枉法或以权谋私，没有听到审计署的干部有这样的行为，这也是难能可贵的。在审计人员不是很多的情况下，对几十万个项目进行了审计，审计署作了大量的工作。

乔晓阳（人大法工委副主任）：现在我国法制建设中，一个很大的问题就是有法不依。群众反映有法不依，等于言而无信，那就没有威信了。法律是国家机关制定的，国家机关自己不执行，国家机关还有什么威信。有法不依，是最大的不讲政治。《审计法》是执行得比较好的一部。从5年实施的情况看，特别是今年的审计工作报告特别受好评。所以能够取得这样的成绩，是因为严格执行了《审计法》，真正做到了依法审计，也维护了法律威信。对审计工作独特的地位、极端的重要性，还要加大宣传力度，让大家都来认识它。另外还要通过其他方式，加强对审计工作重要性的认识，进一步宣传《审计法》。

苏宁（人大预算工委副主任）：人大预算工作委员会的实践证明，审计署是人大加强预算监督工作的重要力量。对如何加强审计工作谈几点建议：1. 加强审计的权威性。2. 对审计查出有问题的单位，应该建立一种制度，即这些单位有责任定期向审计署报告情况。3. 要加强审计的公开性。有些审计结果可以公布于众，让老百姓来监督，以后少犯错误。

周正庆（中国证监会主席）：《审计法》颁布5年来，审计署在依法行政、依法审计方面取得了很大的成绩。1998年6月，根据国务院决定，证券公司正式划归证监会监管。审计署决定加强对金融和证券的审计，对88家证券公司全面进行了审计，完全掌握了基本情况。如果不是这样，我根本不了解情况，不知道如何加强监管。我们以审计署的审计为契机，确定了加强证券公司监管的重点，并与审计署互相配合，强化了对88家公司的监管。还联合对很多重点进行了监管；按照《证券法》的要求，对88家公司一家一家地脱险。如果没有审计署的审计，靠我们一家一家地查，很难摸清情况。我提两点建议：一是应加强审计的后续工作。作为监管部门，还要千方百计帮助被审单位加强内控机制，约束自己。二是要加强廉政建设。

陈昌智（监察部副部长）：审计署的工作非常重要，我们两个部门也经常协调配合。审计工作为我们发现了一些线索，也为我们查处违纪违规、腐败问题，提供了充分、可靠的证据，为我们的工作带来很大方便。今后还要加强配合。

赵登举（最高人民检察院副检察长）：《审计法》颁布5年来，审计工作成绩很大。敢于执法，做了一些党和政府满意、人民想要做的事情，所以在人民代表大会上得到了热烈的掌声。有了“铁面审计”这样好的称呼。希望审计署再接再厉，做好铁面审计官。

最近几年，检察机关查处的一些大案，绝大多数都是审计先开的路子，提供了很多重要的线索。很多案件都是通过审计发现了重大线索，破获了案件。我们对审计工作表示感谢，希望今后继续加强联系。

我想提些建议：一是审计机关是国家机关，是国家监督的重要组成部分，一定要加强，要大力宣传。还要继续拓宽一些领域。二是审计署还应做一些预防犯罪的工作，进行超前审计。三是对国外的中资企业实行审计，这项工作应该强化。

在《审计法》颁布、实施五周年座谈会上的讲话

（1999年11月23日）

李金华

各位领导、各位来宾：

今天，我们在这里召开《审计法》颁布、实施5周年座谈会，全国人大、政协、国务院及有关部门的领导，一些知名学者参加了会议，首先感谢领导和大家的光临。

《审计法》实施以来，审计工作取得了显著成绩。这是在党中央、国务院的正确领导，各部门的积极配合下取得的。在此，我代表审计署党组，感谢领导和同志们对审计工作的大力支持。

1983年9月，根据《宪法》规定，我国实行了审计监督制度。1994年8月31日，第八届全国人民代表大会常务委员会第九次会议通过了《中华人民共和国审计法》，并于1995年1月1日起施行。《审计法》的颁布实施，标志着我国审计工作纳入了法制化建设的轨道。

《审计法》实施后，我们制定了一系列与《审计法》相配套的审计法规和规章。现在基本形成了以《宪法》为根本依据，《审计法》为核心，《审计法实施条例》、《中央预算执行情况审计监督暂行办法》、《县级以下党政领导干部任期经济责任审计暂行规定》和《国有企业及国有控股企业领导人员任期经济责任审计暂行规定》为主干，《国家审计基本准则》等审计规范为主要内容的审计法律规范体系。

《审计法》的颁布实施，进一步强化了审计监督工作。《审计法》实施以来，全国审计机关共审计了92.9万个单位，查出违反财经法规已上缴财政金额630亿元，向司法机关移送案件2441件。

——开展了预算执行审计。揭露和查处了财政经济活动中的违法违纪问题，促进财税部门加强了

内部管理。向各级政府和人大常委会提交的预算执行审计结果报告和审计工作报告，为各级政府和人大加强财政预算管理和监督提供了重要依据。中央预算执行审计工作得到了国务院领导和全国人大常委会的充分肯定和高度评价。

——开展了金融审计。对中国银行、工商银行、建设银行等商业银行，国泰、华夏等88家证券公司，110家信托投资公司的财务收支进行了全面审计，查出资产、负债、损益严重不实，违规发放贷款，一些不法分子骗取银行巨额资金等严重问题，同时还发现了一些重大违法犯罪案件的线索，为促进加强金融监管，防范金融风险，发挥了重要作用。

——开展了企业审计。审计机关对国有独资和控股企业，粮食企业，世界银行、亚洲银行贷援款项目进行了审计。1998年，根据朱总理指示，会同财政部等部门对全国粮食企业进行了审计，核实了新增财务挂账和其他不合理占用贷款数额，为解决粮食企业财务挂账和深化粮食流通体制改革提供了依据。审计署还组织对一些国有大中型企业、重点亏损企业进行了审计，揭露了企业财务收支中弄虚作假，资产负债损益不实及国有资产流失等问题。

——经济责任审计取得明显成效。经济责任审计最初是从国有企业厂长（经理）离任审计开始，然后逐步发展到党政领导干部。今年5月，中办、国办印发了《县级以下党政领导干部任期经济责任审计暂行规定》和《国有企业及国有控股企业领导人员任期经济责任审计暂行规定》，明确要求审计机关对县级以下党政领导干部及国有企业领导人员的任期经济责任进行审计，并将审计结果作为干部调任和免职的参考依据。目前，全国各级审计机关正在根据两个暂行规定的有关精神，认真研究具体的贯彻意见。

——完成有关案件的审计查证工作。近几年，根据党中央、国务院领导的指示，审计署先后参与了陈希同案件、无锡非法集资案、红塔集团领导人贪污案及湛江特大走私案等重大案件的查处工作。同时，还配合有关部门对其他经济案件进行了审计查证，在反腐败斗争中发挥了重要作用。

今后几年是我国实现跨世纪发展目标的关键时期，审计署提出未来五年的奋斗目标是：全面落实《审计法》，推进依法治国。从维护法律尊严的高度严格执法，促进各部门依法管理和经营，保障国民经济持续健康发展。

今后，我们将继续制定和完善审计法规，力争在2001年前形成一套国家审计准则体系，并健全审计法规、规章。在审计工作中，以审计财政财务收支真实、合法为重点，维护财政经济秩序。深入开展《审计法》宣传、教育，加强监督检查，提高审计执法水平。

审计工作虽然取得了明显成绩，但也存在一些不足，与新形势对审计工作的要求还不相适应。我们召开这次座谈会，诚恳地希望领导和同志们对进一步加强审计法制建设，充分发挥审计监督作用，提出宝贵的意见和建议，促进我们改进工作，推动审计事业的发展。

1999年12月17日上午由《人民日报》经济部、《经济日报》社会部、中国审计出版社、《中国审计报》和审计署科研所联合在钓鱼台国宾馆召开有财经、法律、会计、审计等方面专家学者及有关新闻单位的代表参加的纪念《审计法》颁布实施5周年专题研讨会。

研讨会由审计署副审计长刘家义主持，翟熙贵副审计长首先在研讨会上向与会专家学者介绍了《审计法》实施5年来审计工作取得的成绩，董大胜副审计长也参加了本次研讨会，与会专家学者进行了热烈的讨论。

在《审计法》颁布、实施五周年研讨会上的讲话

（1999）年12月17日

翟熙贵

各位来宾：

今天，我们与《人民日报》、《经济日报》在这里共同召开《审计法》颁布、实施5周年研讨会，前来参加会议的都是财经、法律方面的知名专家、学者，首先感谢各位的光临。

《审计法》实施五年来，审计工作取得了显著成绩。这离不开党中央、国务院的正确领导，各部门的积极配合和学术界、新闻界给予的广泛关注，

为此，我代表审计署党组，感谢同志们对审计工作的大力支持。

1983年9月，根据《宪法》的规定，我国实行了审计监督制度。1994年8月31日，第八届全国人民代表大会常务委员会第九次会议通过了《中华人民共和国审计法》，并于1995年1月1日起施行。《审计法》对我国审计监督制度的原则、地位及职责等做出了具体规定，它的颁布实施，标志着我国审计工作纳入了法制化建设的轨道。

《审计法》实施后，我们制定了一系列与之相配套的审计法规和规章。现在基本形成了以《宪法》为根本依据，《审计法》为核心，《审计法实施条例》、《中央预算执行情况审计监督暂行办法》、《县级以下党政领导干部任期经济责任审计暂行规定》和《国有企业及国有控股企业领导人员任期经济责任审计暂行规定》为主干，《国家审计基本准则》等审计规范为主要内容的审计法律规范体系。

《审计法》的颁布实施，进一步强化了审计监督工作。五年来，全国各级审计机关共审计了98.4万个单位，查出违反财经法规已上缴财政金额710亿元，追还被侵占挪用资金798亿元，向司法机关移送案件3053件。在维护财经秩序，促进依法行政和廉政建设，保障国民经济健康发展等方面发挥了重要作用。

——认真开展预算执行审计。连续四年的预算执行审计，揭露和查处了财政经济活动中的违法违纪问题，促进了政府各部门特别是财税部门规范预算行为，加强了内部管理。向各级政府和人大常委会提交的预算执行审计结果报告和审计工作报告，为各级政府和人大加强财政预算管理和监督提供了重要依据。中央预算执行审计工作得到了国务院领导和全国人大常委会的充分肯定和高度评价。

——不断深化金融审计。近几年，审计署先后对中国银行、工商银行、建设银行和国泰、华夏等88家证券公司，110家信托投资公司的财务收支进行了全面审计，查出资产、负债、损益严重不实，资产质量低，违规发放贷款，一些不法分子骗取银行巨额资金等严重问题，同时还发现了一些重大违法犯罪案件的线索，为加强金融监管，防范金融风险，发挥了重要作用。

——积极探索和改进企业审计。审计机关对国有独资和控股企业，粮食企业，世界银行、亚洲银行贷援款项目进行了审计。1998年，根据朱镕基总理指示，会同财政部等部门对全国粮食企业进行了审计，核实了新增财务挂账和其他不合理占用贷款数额，为解决粮食企业财务挂账和深化粮食流通体制改革提供了依据。审计署还组织对一些国有大中型企业、重点亏损企业进行了审计，揭露了企业财务收支中弄虚作假，资产负债损益不真实，国有资产流失，逃废银行债务，以及私设“小金库”等问题。

——积极稳妥地开展经济责任审计。经济责任审计的对象，从最初的国有企业的厂长（经理），已经逐步发展到现在的党政领导干部。在认真总结推广山东菏泽地区开展经济责任审计经验的基础上，今年5月，中办、国办印发了《县级以下党政领导干部任期经济责任审计暂行规定》和《国有企业及国有控股企业领导人员任期经济责任审计暂行规定》，明确要求审计机关对县级以下党政领导干部及国有企业领导人员的任期经济责任进行审计，并将审计结果作为干部调任和免职的参考依据。按照两个规定的要求，各级审计机关根据地方党委、政府和有关部门的委托，正在积极地开展这项工作。今年1~11月，共完成了对17500多名党政干部和国有企业及国有控股企业领导人员任期经济责任审计，为加强干部管理和监督提供了依据。

——认真开展专项资金审计。根据国家实施积极财政政策和维护社会稳定的需要，审计署组织了对水利资金、扶贫资金、住房资金、移民建镇资金和国有企业下岗职工基本生活保障和再就业工程补助资金的审计，以及公安、检察院、法院系统和部分高校财务收支的审计，揭露了一些挤占挪用、损失浪费等问题，发现了一些违法犯罪案件的线索，为保证各项专项资金的合理有效使用，维护社会稳定发挥了积极作用。

——认真完成有关案件的审计查证工作。近几年，根据党中央、国务院领导的指示，审计署先后参与了陈希同案件、无锡非法集资案、红塔集团领导人贪污案及湛江特大走私案等重大案件的查处工作。今年1~11月，党中央、国务院领导批示要求审计署办理的重大经济案件的审计事项共28件，目前，已办结23件，主要有大庆联谊石化股份有限公司专项审计、广东湛江特大走私受贿案审计查证等，在反腐败斗争中发挥了重要作用。

即将到来的21世纪将把我们带入一个新的历史发展时期。我们提出未来五年的奋斗目标是：全面落实《审计法》，推进依法治国，从维护法律尊严的高度严格执法，促进各部门依法管理和经营，保障国民经济持续健康发展。今后，我们将继续制定和完善审计法规，力争在2001年前形成一套国家审计准则体系，并健全审计法规、规章。在审计工作中，以审计财政财务收支真实、合法为重点，维护财政经济秩序。深入开展《审计法》的宣传、教育，加强监督检查，提高审计执法水平。

审计工作虽然取得了明显成绩，但也存在一些不足。我们召开这次研讨会，诚恳地希望各位专家、学者就今后如何进一步加强审计法制建设，充分发挥审计监督作用，提出宝贵的意见和建议，促进我们改进工作，推动审计事业的发展。

与会专家、学者发言精髓摘要：

阎金锷（中国人民大学教授）：新世纪应关注绩效审计

吴晓求（中国人民大学金融证券研究所所长）：审计工作在21世纪是最有前途的

江必新（最高人民法院行政审判庭庭长）：审计是国家的一个大管家

喻国明（中国人民大学舆论研究所所长）：审计法的实施使人们对制度重新建立起信任和信心，这是无形的效益

夏冬林（清华大学教授）：国家审计应审查社会关注的问题

齐国生（北京市审计局局长）：审计法的实施也是国家民主法制建设的突破

孙宝厚（审计署外资司司长、博士）：抓住打假治乱不放松

鲍国明（审计署培训中心副主任）：要合理配置和使用审计资源

袁曙宏（国家行政学院教授）：审计对行政权具有很大的监督作用

卞耀武（全国人大法工委副主任）：国家确定审计法律制度非常必要

刘溶沧（中国社科院财贸经济研究所所长）：审计要把发现问题和解决问题有机结合起来，加大解决问题的力度

翟鸿祥（北京市副市长）：应研究建立以审计为龙头的综合监督体系

冯淑萍（财政部会计司司长）：审计监督对会计法的实施功不可没

沈春耀（国务院法制办财金司司长）：审计应在结果的公开性方面多作探讨

宋曙光（中国保监会财务部负责人）：审计对保险业防范和化解风险起到了很大作用

审计知识百题竞赛获奖名录

1999年10月，由审计署办公厅、中国审计出版社、《中国审计报》、《法制日报》等四家联合举办的纪念《审计法》颁布实施五周年审计知识百题竞赛活动，共收到全国各地答卷17万份，经公证部门确认正确有效答卷25207份，经公证部门许可，以抽奖方式现场抽奖确定各奖项。审计署第二任审计长吕培俭、中央企业工委副书记赵杰兵等领导同志以一个普通公民的身份自始至终参加了这次竞赛活动，给予特别奖。

特别奖：吕培俭、赵杰兵

组织奖：郑州煤炭工业（集团）有限公司、中共中央直属机关事务管理局

特等奖（2名）：乌勒西胡、宋葛德

一等奖（10名）：赵俊华、靳生明、李根宽、王春英、徐龙芝、郑凤义、李文君、任华玲、于洁、谢元花

二等奖（20名）：童友明、许薇薇、胡 咏、段红民、杨宝华、张俊茹、吴 艳、吴菊萍、常虹、章彩珠、陈云海、孙 婷、郑丽明、刘 伶、帅秋林、郭海岗、付春峰、赵留先、江松珊、现建宾

三等奖（100名）：裴云钱、张守钧、冀佩羽、庄淑琴、吴 波、臧秋荣、朱兆明、金海峰、臧培道、王 青、韩晓燕、崔淑敏、王彦胜、赵安达、杨 俊、靳盛波、毛文辉、马 军、王筱华、丁淑芳、刘克治、朱焕东、江向阳、谭加洲、张云峰、付振亚、唐丽蓉、钟岳君、李珍仁、柴建民、刘庆成、孙作符、李组刚、谢翠媚、魏 卉、高 龙、曲卓卿、闫吉平、滕 静、熊朝山、朱华申、杨爱芳、戴建军、鹿战军、杜东升、何勤龙、阮义美、栗祥斋、江向阳、毛 家、李金梅、黄三萍、李朝云、刘 爱、陈 平、冯妮妮、李红梅、宋恩声、王玉芬、高时富、吴 军、仇国刚、石亚斐、向志银、王兴云、何金陵、邓永保、艾买尔·玉苏甫、巩兰波、张建平、李忠久、刘旭阳、孙开汉、张雪辉、何跃辉、张 蓓、陈开建、杨汉银、方 武、刘浙慧、周 健、石书菊、郭承杰、姜 超、徐勤、陈 茵、白新华、易承洪、李金强、张庆红、邢正标、胡维军、胡策武、赵瑞萍、种楠村、郝学生、杨文龙、刘维新、李双燕、丁淑芬

全面落实审计法
推进依法治国*

李金华

审计机关在推进依法治国中发挥了重要作用

《中华人民共和国审计法》（以下简称《审计法》）自1994年8月31日颁布已经5年了。5年来，审计机关和审计人员积极贯彻《审计法》，推进依法治国，在建设社会主义法治国家中发挥了重要作用。

本级预算执行情况审计普遍开展，为政府加强预算管理和人大监督服务的职能显著加强。《审计法》颁布以后，除个别少数民族地区外，全国各级审计机关依照《审计法》的规定，对本级预算执行情况进行了审计监督。从这5年的工作情况来看，随着预算执行审计逐步开展和深人，审计查处的问题逐步增加，对加强预算管理提出了大量建设性意见和建议，为各级政府和人大加强预算管理和监督发挥了重要作用。1998年全国审计机关共审计16万多个单位，对违反财经法规问题依法进行了处理，上缴财政170多亿元，减少财政拨款和补贴31亿多元，追还被侵占挪用的资金198亿元。今年审

* 此篇文章原登载于1999年8月30日《人民日报》。

计署关于中央预算执行和其他财政收支的审计工作报告，揭示了1998年中央预算执行中存在的不真实、不合法、不规范的问题以及专项资金、社会保障资金等被挤占挪用的问题，受到普遍重视。

此外，金融审计取得显著成效，防范和化解金融风险的作用明显提高。深化企业审计取得进展，为国有企业改革深化和3年左右摆脱困境提供了真实信息。揭露和查处腐败案件，促进廉政建设的作用进一步加强。

落实《审计法》应重视的几个问题

全面落实审计法、推进依法治国是未来5年审计机关的奋斗目标。因此，今后5年，审计机关必须坚持把全面落实审计法，推进依法治国作为审计工作的出发点和落脚点。尽管目前全面落实审计法会遇到一些困难和问题，但我们全面落实审计法，推进依法治国的目标决不动摇。必须从维护法律尊严，建设社会主义法治国家的高度来严格执法，促使被审计单位依法管理和经营，促进有关部门完善制度，健全法制，把推进依法治国落到实处，从而推进依法治国。

切实履行审计监督职责，维护法律尊严。为了实现审计机关的奋斗目标，各级审计机关必须按照有法可依、有法必依、执法必严、违法必究的社会主义法制原则，认真开展审计工作。“有法可依、有法必依”就是依照宪法和审计法的规定，全面履行审计职责，依照法律规定的职权和程序进行审计监督。在坚持财政收支、财务收支的真实、合法、效益审计的基础上，重点是抓住真实性审计，摸清家底。充分揭露审计过程中发现的问题，对审计的结果加强综合分析，研究审计发现的普遍性、倾向性问题，提出高层次、有分量的审计结果和审计建议，为加强宏观调控和完善政策法规服务。“执法必严、违法必究”就是在全面履行审计监督职责的基础上，审计机关突出重点，通过揭露大案要案线索，当前重点查处政府领导机关、行政执法机关、经济管理部门和县处级以上领导干部的经济违纪、违法案件；金融、财税、建筑领域的案件；领导干部玩忽职守造成重大损失和财政财务收支中虚报浮夸、弄虚作假案件；国有企业中发生的贪污、贿赂和其他违法案件，特别是造成国有资产严重流失的案件，对违反财经法规的行为依法处理或及时建议有关部门处理，对重大违法犯罪行为，移送司法机关依法追究刑事责任，充分发挥审计监督的威慑力，维护法律的尊严。

以审计财政财务收支真实、合法为重点，打假治乱，维护财政经济秩序。在新旧体制转换过程中，财经领域中的违法乱纪现象突出，会计核算中弄虚作假问题严重。这不仅造成国有资产流失，而且也误导国家宏观调控和决策。这些问题不解决，就不能全面揭露财政财务收支中的深层问题，从根本上制止和纠正违法乱纪行为，也会给有效地实施审计监督带来困难。因此，把审计财政财务收支真实、合法作为审计工作重点，既是现实需要，也是加强和改进审计工作的长远考虑。我们要下定决心。通过深化财政审计，加强金融审计，改进企业审计，打假治乱，经过较长时间的努力，逐步解决财政财务收支的不真实、不合法问题。揭露和制止财政资金损失浪费、国有资产流失，促进各部门、各单位建立和完善内部控制制度，逐步规范会计核算，维护国家财政经济秩序。

加强“人、法、技”建设，从严治审，建设廉洁、勤政、务实、高效的审计机关。第一，坚持以人为本，努力建设高素质的审计队伍。第二，完善审计法制建设。在贯彻执行现有审计法律的基础上，认真总结经验，制定一套适合我国国情，体现国际公认审计原则的国家审计准则体系；开展普法教育，增强审计人员法律意识；加强执法检查，规范审计行为，提高审计执法水平。第三，要推动现代审计技术的发展，加速实现审计方法现代化。

省部长谈审计

依法审计　突出重点

吉林省省长　洪　虎

审计部门是政府的一个重要职能部门，审计工作要围绕党委和政府的工作中心，服从大局，服务大局，把检查中央和省有关经济方针政策的贯彻落实情况作为审计监督的一项重要内容，促进各项政策规定的落实，充分发挥审计的监督作用。

第一，突出重点，加大审计力度。当前，财政经济领域中的违法违规以及舞弊和腐败问题十分突出，严重影响了社会主义市场经济的健康发展。因此，严肃财经纪律，维护财经秩序，是审计机关的重要职责。财政的钱是人民的血汗钱，确切地说，是纳税人的钱，不能胡花乱用，把住这一关，就是对人民负责。审计部门要把财政投入较多、关系国计民生的项目作为审计重点，特别是要把水利、交通等基础设施建设资金，作为重中之重，集中力量进行审计。在审计中，不仅要揭露挪用资金、挥霍浪费和财务收支中的不真实、不合法和舞弊、腐败等问题，还要注意发现重大经济犯罪案件的线索，及时移交给有关部门立案查处。同时，要通过加强本级财政预算执行审计，促进完善财政预算管理，更好地理财用财，把该收的钱收上来，该用的钱用好，做到生财有道，聚财有度，用财有效；通过对金融、固定资产投资、利用外资以及农业资金使用等方面的审计，促使用钱单位管好用好各项资金，促进信贷和投资结构优化，努力提高资金使用效益；通过搞好行政事业单位的审计，确保依法行政，促进廉政建设。要把预算外资金作为审计的一个重要方面，进一步加大依法管理的力度，切实发挥好这部分资金的作用。要改进企业审计，特别是要与纪检、监察、信访等部门沟通配合，对那些集体上访多、亏损严重的国有工业、外贸等企业，进行重点审计，查清存在的经济问题，为搞好企业工作提供依据。

第二，严格执法，坚决查处违法违纪问题。目前存在这样两种现象：一是做假账。法律上已有严格规定，做假账是违法的，要受到法律制裁，但有些单位把做假账不当回事，根据领导的意志，随意修改，而且把这种行为最多看作是违纪，而不认为是违法，造成情况反映不真实，给审计带来很大困难。二是依法经营观念淡薄。个别人的法律意识淡薄，才把违法不当回事，犯了法，才有讲情、包庇的现象发生，使审计部门严格执法受到干扰。所以，审计部门要站在维护国家利益和法律尊严的立场上，顶住歪风邪气，排除干扰，理直气壮地坚持依法审计，依法处理。对审计查出的问题，要严格依照法律的规定，该收的钱要收上来，该罚款的要罚款，该追究责任的要追究责任，对审计中发现的严重违法犯罪和舞弊、腐败的问题，要移交到纪检、司法机关处理。决不能就事论事，搞下不为例。从事审计工作的同志要牢固树立法纪观念，增强执法意识，提高严格依法办事的自觉性。要实事求是、客观公正地处理审计发现的违法违纪问题，并通过对违法违纪行为的处理处罚，帮助被审计单位改进工作，共同维护法律和法规的严肃性。审计机关作出的审计决定具有法定的强制性，被审计单位必须认真执行。审计部门还要加强后续审计和检查，保证审计决定落到实处。要发挥社会舆论和群众监督的作用，对审计查出的重大违法犯罪问题，应及时向社会公布，公开曝光，增强威慑力。审计部门要和纪检、监察部门密切配合，通力协作，形成合力，加大对违法违纪行为的查处力度。

第三，强化监督措施，加强对会计师事务所业务的质量监督和对内部审计的指导。对社会审计组织进行监督，是《审计法》赋予国家审计机关的一项重要职责。目前一些中介组织受到利益驱动帮助不法企业造假，扰乱经济秩序，影响很坏。有些上市公司在上市前，为取得上市资格进行自我“包装”，本来这种“包装”是进行资产剥离重组，使其具备上市条件。而现在的公司把“包装”异化，变成了“伪装”，随意编造，无中生有，数据虚假。有些中介组织为了使公司上市，受利益驱动，丧失职业道德，帮助做假，不仅欺骗了股民，而且使股市蕴藏了极大的风险。如果将来的上市公司都是如此，那必将带来股市风潮。而防范、化解金融风险的重要基础工作就是保证财务报表的真实性。审计部门一定要加强监督，采取重点审查、结合审计业务检查和根据群众举报专案检查等方式，既要经常性地监督，又要对本地有一定影响的社会审计组织的业务质量进行突击审查，对造假账的要大胆揭露，特别是对出具虚假审计报告和验资报告等违法违纪问题，要依据有关法规严肃处理，促进社会审计组织公正执业，提高工作质量。

审计工作任务艰巨而繁重。要高标准、高质量地完成好各项审计任务，还必须加强领导，搞好队伍建设，确保审计工作扎实而深入地开展。

一是各级政府要把审计工作摆上重要位置。按照《审计法》的规定，各级政府的行政首长要主管审计工作。各级政府要经常听取审计工作部门的汇报，及时研究解决一些重大问题，特别是在依法审计上给予有力支持，充分发挥审计机关的监督作用。审计机关的地位是《宪法》确立的，各级政府的一把手必须亲自主管审计。我担任省长，也要履行这一职责。我向你们强调要重视审计工作，同时也是对我个人提出的要求。审计出了毛病，我首先要承担领导责任。所以，从事审计工作的同志，尤其是领导同志，要认识到加强领导的重要性。我说审计重要，最主要的是，我要把审计工作摆在重要位置上，希望各级领导也要把审计工作摆到重要位置上。同时，也要帮助审计部门解决困难，为他们的工作创造条件，保护和发挥广大审计人员的积极性。各部门、各单位都要理解、支持审计工作，进一步增强审计观念和审计意识，自觉地配合审计部门开展工作。

二是审计工作要突出以经济建设为中心。审计机关要牢固树立以经济建设为中心的思想，为全省经济发展创造良好环境，主动配合政府的中心工作，认真完成政府交办的任务。要通过审计掌握了解真实具体的情况，为政府科学决策和处理一些重大问题提供依据。这里要特别强调，审计机关按照《审计法》规定每年开展的本级预算执行审计，以及向各级政府提交的审计结果报告和向各级人大常委会作出审计工作报告，是加强预算管理和监督、规范财政预算行为的一项重要法律制度，一定要认真抓好。对预算执行审计中发现的问题，要督促有关部门认真纠正，自觉接受人大常委会的监督。

三是要认真贯彻朱镕基总理关于从严治理审计队伍的指示，严格执行廉政建设的各项规定。对违反廉政纪律，特别是以权谋私，造成严重影响的，要严惩不贷，绝不姑息迁就，以保持和维护审计机关清正廉洁、客观公正的良好形象。要不断提高审计干部的政治和业务素质，加强培训，优化知识结构，建立一支政治强、业务精、素质高的审计干部队伍，进一步提高审计工作水平。

全面落实《审计法》
更好地为改革开放
和经济发展服务

湖北省省长　蒋祝平

审计机关成立以来，特别是《审计法》颁布五年来，我省各级审计机关根据审计署的工作部署和省政府要求，认真贯彻执行《审计法》，紧密围绕经济工作中心，全面履行审计职责，在严肃财经法纪，维护财政经济秩序，促进廉政建设，服务改革发展和加强宏观调控等方面，做了大量卓有成效的工作，取得了可喜的成绩，为我省经济发展作出了积极贡献。

值《审计法》颁布五周年之际，回顾总结我省的审计工作，我深切地感到，在全面深化改革，依法治国，完善社会主义市场经济体制的新形势下，依法强化审计监督尤为重要。市场经济是法制经济，各级行政机关和各类企事业组织是否依法依规组织和开展经济活动，需要审计等经济监督部门加强监督；各级政府要正确地作出经济工作决策，也需要审计部门及时准确地提供经济活动的真实情况。党委、政府考察使用干部，需要审计部门通过开展经济责任审计提供情况和依据。特别是在当前经济领域弄虚作假、违法违纪问题比较严重的情况下，更需要加强审计监督。这不仅是依法治省的一个重要方面，也是我省深化改革，扩大开放和经济建设持续健康发展的一个重要保证。

《审计法》是审计工作的根本大法，是组织开展审计工作的法律依据，各级审计机关和广大审计人员一定要从维护国家法律尊严的高度，全面履行《审计法》所赋予的监督职能。审计部门是政府的耳目和参谋，做好审计工作离不开政府的重视和支持。各级政府部门，特别是政府主要领导，要依照《审计法》的规定，切实加强对审计工作的领导，把审计工作列入重要议事日程，积极支持审计部门依法开展审计监督，主动为他们排忧解难，更好地发挥审计的职能作用。

越是经济落后地区
越要加强审计监督

宁夏回族自治区政府主席　马启智

宁夏与我国发达地区相比，还明显地处于相对落后和不发达的状态。面对国家经济发展战略重点西移，加大中西部地区经济开发和扶贫力度的新形势，宁夏迎来了大发展的新的历史机遇。如何把国家投入的宝贵资金倍加珍惜地管好、用好，如何切实提高经济效益、尽快促进我区经济社会全面快速发展，是必须高度重视和要切实解决好的重大问题。

要管好、用好国家投入的所有建设资金，审计监督有着特殊重要的作用。这是因为经济落后地区的建设资金来之不易，一是自己的财政收入十分微薄，国家的投入也是有限的，吸引外资的难度相对较大；二是我区不少地方和部门总是千方百计挤占挪用各类专项资金，用于发工资、建楼房、买汽车等，使本来就缺少的资金更加紧张；三是贫困地区的老百姓嗷嗷待哺，急需政府去扶持发展生产，尽快解决温饱，扶持发展经济，切实增加收入。全区各级审计机关要突出重点，抓住大事。宁夏的审计部门要立足本职、着眼宏观，关键要使审计工作自觉地服从和服务于自治区的中心工作，只有这样，才能发挥审计监督的应有作用。从我区经济和社会发展的实际出发，审计工作的重点是，在做好财税、金融、国有企业等方面审计工作的同时，强化对农业资金、扶贫资金的审计。保证农业持续稳步增长，是我区经济工作的首要任务。我区经济以农业为主体，而且，宁夏的半壁河山西海固地区的几十万老百姓的生活还处于贫困状态，我们的扶贫任务还很重，农业的形势如何，老百姓的生活改善得如何，始终是自治区党委、政府和全区人民关心的头等大事，农业稳则百事稳，农业兴则百业兴。我们要运用审计手段，加大对支农资金、扶贫资金、水利建设资金和农业综合开发资金的审计力度，从项目计划、资金拨付、管理使用以及投入效益等方面进行全方位监督，严肃查处截留、挪用、转移资金以及损失浪费等问题，提高农业投资效益。

全区审计机关对发现的违纪问题要一查到底、查深查透，充分揭露。对那些有令不行、有禁不止、我行我素、屡查屡犯的违纪问题，要坚持原则，依法处理，决不姑息迁就，切实发挥审计监督的威慑作用。

各级党委、政府必须高度重视、大力支持审计工作。审计监督是一种综合性、较高层次的经济监督，它所反映的问题和审计结果，具有较高的宏观价值，对各级党、政领导具有重要的参考意义。因此，各级党委、政府要高度重视审计工作，要经常听取审计部门的汇报，认真研究审计部门反映的问题。各级党委、政府，一是要旗帜鲜明地支持审计机关依法进行审计监督，为审计撑腰打气；二是结合当地工作实际，加强指导，经常过问审计工作，给审计机关交任务、压担子、提要求；三是要进一步抓好审计决定的落实。各级党委、政府要督促检查审计部门和被审单位，切实把审计决定落到实处。必要时，要责成相关系统及地区、单位限期落实，以维护《审计法》的严肃性和审计的权威；四是热情帮助审计人员解决工作和生活中的困难和问题，切实把审计人员的积极性发挥好、引导好、保护好。各级政府对审计经费要给予保证。应当看到，审计是生财的而不是吃财政的，我算过一笔账，仅去年，全区审计机关就查处并上缴财政资金7186万元，加上抵减财政拨款和补贴的，数额就更大。因此，应当说审计工作为政府财政节约开支做出了巨大贡献。

积极配合审计
自觉接受监督

劳动和社会保障部部长　张左己

审计署派驻各部委的审计局改为派出审计局，是审计体制的一次重要调整。审计机关作为国家的经济监督机关，担负着对国家财政财务收支和国有企业事业单位财务收支进行审计监督的职能，要求其依法独立行使审计监督职权，以保证审计过程和审计结果的客观公正。原审计署派驻审计局实行审计署和所在部门双重领导体制，人、财、物都隶属于所在部门和单位，其独立性容易受到影响。现在改为派出审计局，其人、财、物全部由审计署直接管理，显然更加有利于保证国家审计机关依法独立行使审计监督权，能够更好地发挥审计部门维护正常的财经秩序，促进经济和社会健康发展的作用。

中央预算执行审计是政府审计的一项重要职能，对于维护中央预算的严肃性和国家财经法规、制度的权威性有着十分重要的意义。通过审计，可以促进各部门严格执行国家的财政财务法规和制度，也可以及时发现和纠正各部门财务管理工作中存在的一些问题，促进财务管理工作规范化。从我部的情况看，中央每年安排给我们的劳动保障事业费、教育事业费、科学事业费、基本建设经费等有几千万元，我们有责任依法使用好这些资金。今年，审计署派出审计局对我部中央预算执行情况进行了审计，认为我部的内部管理制度比较健全，会计资料真实反映了年度预算执行情况及财务收支情况，财政、财务收支基本符合财经法规，资金使用较好地保证了劳动保障事业的发展。同时也对我部如何做好预算执行和财务管理工作提出了一些很好的意见和建议。我们认为，审计是客观公正、实事求是的。对此，我部将进一步采取以下措施：一是健全责任制，完善《劳动保障部财务管理规定》、《劳动保障部预算外资金管理办法》、《劳动保障部行政性收费项目管理办法》等内部财务管理办法，进一步从制度上规范财务管理工作；二是加强各项经费的预、决算管理，严格按预算拨付资金；三是按照国家有关规定，对预算外资金和行政性收费严格实行收支两条线管理；四是加强国有资产管理工作，对大宗资产实行政府采购；五是加强对部属事业单位财务工作的指导与监督，定期培训财务人员，提高业务素质，做到持证上岗。

市场经济的健康运行需要有完善的法规、制度对各种经济行为进行有效的约束。审计监督作为一种重要的监督手段，对于规范经济活动，维护经济秩序，发挥着不可替代的作用。当前，我国正处于计划经济向社会主义市场经济过渡的时期，经济活动空前活跃，同时也存在着法律法规尚不健全、管理制度尚不完善的问题，一些单位借机偷税漏税，挤占挪用事业经费，给国家财产造成不应有的浪费和损失。因此，必须严格财经纪律，建立健全各项财经法规，全方位加强对经济工作的法律约束；同时，也必须强化审计监督，通过审计来查处和遏制那些违法违规的经济行为，使国家的经济生活更加健康有序。今后，我们将积极配合审计署的工作，自觉接受审计部门监督，认真履行职责，切实做好我部的财务工作。

认真履行监督职责
促进边疆经济发展

云南省副省长　程映萱

《审计法》的颁布和实施，是我国经济生活中的一件大事，是自1982年《宪法》确立实行审计监督制度以来审计实践和理论探索的必然结果，是社会主义市场经济的客观要求。《审计法》的颁布和实施，有力地推动了各级审计机关的“三化”建设，审计工作中实现了有法可依，这就为有法必依、执法必严、违法必究奠定了基础。对此我个人是有较深感触的。我在财政部门工作了近二十年，在没有设立独立的专职审计机构之前，对财政经济的监督是由财政、银行、税务等部门分头进行，这样既难集中精力抓监督，又不易做到全面、真实反映问题。1993年初我到审计部门工作，正是小平同志南巡讲话后的第一个春天，云南同全国一样，迎来了历史上发展最好最快的时期，经济建设蓬勃发展，边疆面貌日新月异；云南的审计工作也取得了长足的进步。与1984年初创期相比，审计队伍人员增加了2．72倍；拥有专业技术资格的审计人员超过了职工总数的50%；438个（次）审计机关及1800余人（次）受到各级各部门的表彰和奖励。尤其是《审计法》颁布以来，审计工作不断深化，执法力度不断增强，在促进地方经济的发展中发挥了积极的作用。

以前我们强调“质量是审计工作的生命线”，这里所说的“质量”，我认为就是指审计执法的力度，也就是严格执法。要做到严格执法，我认为关键是要抓住这么几条：一是要坚持依法审计、客观公正。审计机关依法审计，是我们实现依法治国、依法治省基本方略的重要内容之一，也是政府机关依法行政的具体表现。只有严格依法审计，审计监督的客观公正才有保证；只有深刻领会了有关法律法规的内涵，审计人员才能进一步增强敏锐性和鉴别能力，在维护经济秩序，促进廉政建设中发挥出更大作用。二是要进一步建立健全内部监督制约机制。这里包括两个方面的监督：对业务质量的监督和对审计人员遵守纪律情况的监督。要做好审计队伍的思想政治工作，在审计人员中广泛深入地开展好“三讲”教育；要以制度作保障，不断完善包括廉政责任制、审计复核复议等内部监督制约机制。三是要加强审计队伍建设。朱总理强调要从严治理审计队伍，这给审计工作，特别是审计队伍的建设提出了新的更高的要求。审计署领导提出要抓好“人、法、技”的建设并制定了五年规划，我认为都是很有前瞻性的，为审计工作未来的发展指明了方向。只有不断优化人员结构，提高审计干部的政治和业务素质，通过建立铁的制度、执行铁的纪律、塑造铁的作风，才能真正建立起一支适应社会主义市场经济发展需要的过硬的审计队伍。

云南是一个边疆省份，经济社会发展的不平衡性，决定了我们工作的多样性和复杂性，在这样艰苦的环境中，要做好审计工作是不容易的。十多年来，云南省委、省政府对审计机关始终坚持工作上依赖依靠，执法上支持，发展上优先，生活上关心，力争从各个方面为审计工作创造良好的外部环境。无论是要摸清各行业的家底，还是查处大案要案，始终把审计机关作为一支可靠的、信得过的力量，注重发挥审计监督的专业优势和作用。为切实改善审计机关的办公及生活条件，每年都是从十分紧张的财政预算中拨出专款用于解决审计机关的基础设施建设问题。在审计工作遇到阻力和困难的时候，各级党委、人大、政府及有关部门领导都能从大局出发，支持审计机关依法对各种违纪违规问题作出处理。为了保证审计事业的健康发展，各地还在机构改革等重大变革中对审计机关给予一定的扶持和倾斜，使审计力量不断增强，审计队伍整体素质不断提高。今后，云南省委、省政府将一如既往地关心、支持审计工作，督促审计机关依法履行审计监督职责，为促进云南经济的健康发展作出更大的贡献。

严格审计执法
服务宏观调控

青海省副省长　徐　良

自从1995年1月1日《审计法》实施以来，青海省各级审计机关在省委、省政府和审计署的领导下，紧紧围绕当地党和政府各个时期的中心工作，认真履行《宪法》赋予的职责，严格执行《审计法》和《审计法实施条例》，审计事业得到了迅速发展。在维护经济秩序，完善宏观调控，加强廉政建设，促进经济发展方面发挥了积极作用。全省审计人员人均为国家财政上交28万元。省审计厅被省委、省政府授予省级“文明单位”。

青海审计工作经验，主要是：首先有一个明确的指导思想。为适应市场经济的发展，认真履行审计监督职能，使审计工作服从和服务于经济建设。审计机关按照新形势、新任务的要求，紧紧结合我省实际，紧贴党和政府的工作中心，为经济发展保驾护航。其次，努力做到客观公正、实事求是。第三，把培养和建设一支政治强、业务精、作风正、素质高的审计队伍作为根本任务来抓。高度重视领导班子的建设，有一个团结务实，勤奋廉洁的领导班子。第四，审计得到了各级党政领导的重视，近年来各级党委政府把审计工作列入议事日程。审计机关处理重大问题主动请示，党政领导交办的工作，坚持认真去办。以优异的成绩赢得了各级领导的重视和支持。

当然，审计机关在审计执法过程中是遇到过不少问题。主要有：一是依法审计与实事求是处理违纪的问题。我省各级审计机关既坚持了依法审计的原则又能实事求是地处理违纪问题。二是国家利益与地方、单位利益的问题。各级审计机关在审计处理时，将国家各项法规作为审计处理的重要依据。三是个别违纪与普遍违纪的问题。由于利益的驱动，一些单位以给群众“办好事”为名，滥发钱物。这类问题的处理既棘手又影响面大，处理不好会影响全局。首先对违纪单位指出问题的严重性和对社会造成的影响，然后根据具体情况慎重处理。四是地方利益与行业利益的问题。在对我省国民经济中占有重要地位的行业单位的审计处理时，在维护国家利益的前提下，做出妥善处理。五是审计监督与专业监督的问题。审计监督是经济综合监督，财政、税务、工商、物价、银行等部门在经济活动中执行着专业监督的任务，但由于本身的利益和一些特殊情况，专业监督部门也出现了一些违反国家法规的现象。对这些部门的查处，既要敢于指出其违纪事实，又要在处理上讲究方法。

《审计法》的颁布实施，对于维护财政、财务收支的真实性，保障经济秩序的健康运行，促进廉政建设和加强审计工作本身发挥了重要作用。贯彻落实《审计法》，关键是要联系审计工作实际，把《审计法》的精神实质贯穿于审计工作的始终。

当前，结合我省实际，我们希望和要求我省各级审计机关要立足本职，服从大局，努力为全省改革开放和经济发展创造良好的环境。

一是审计监督要在推进依法治省上下功夫。《宪法》和《审计法》赋予审计机关的根本职责就是执法、护法，依法实施审计监督，建议完善有关法律法规。因此，要通过从严执法，揭露经济发展中的各种违法、违规、违纪行为，维护法律的严肃性。从这一要求讲，审计机关查出问题、揭露问题、处理问题，仅仅完成了一半工作，而另一半工作则是完善和健全法律法规，以防微杜渐。所以，审计部门要通过从严执法，为全省的法制建设提供建设的意见和建议，为人大等立法立规部门修改、制定法规提供科学依据，为推进依法治省进程提供服务。

二是审计监督要在为政府宏观决策服务上下功夫。服务于改革开放和宏观决策，是新形势下审计工作的重要职责。各级审计机关要充分发挥自己的优势，及时开展审计或审计调查，深层次地进行揭露。既要对存在的问题开出处方，又要抓住典型向政府和有关部门通报审计结果，为政府宏观决策提供翔实依据。

三是审计监督要在促进经济发展和维护社会稳定方面下功夫。随着国家对中西部地区开发力度的加大，对我省的专项资金投入也在逐年增加。加强对重点领域、重点资金、重点项目的审计监督，帮助各级政府理好财、用好财，为经济发展和社会稳定创造良好的运行秩序。

四是审计监督要在防范审计责任风险上下功夫。当前，随着经济的发展，经济活动越来越复杂，这就给审计工作造成了许多潜在的风险。因此，各级审计机关要加强业务学习，严格遵守审计程序，牢固树立审计责任风险意识。坚决改变过去那种只重视审计项目数量，而忽视审计质量的作法。对专项资金、重点项目等，一定要实行责任制，做到审严、审细、审透，决不能留下风险隐患。

五是各级党委、政府和有关部门要高度认识审计工作的重要性，进一步关心、重视和支持审计工作，切实加强领导，使审计工作在本地区的经济发展和社会稳定中发挥更大的作用。

贯彻依法治国方针
加强审计监督工作

辽宁省常务副省长　郭廷标

我们知道，审计机关是唯一写进《宪法》的政府组成部门。它体现了党和国家对审计监督的重视。朱总理在这次《政府工作报告》中，又把“严格财经纪律，加强审计监督”作为“贯彻依法治国方略，建设廉洁、勤政、务实、高效政府”，是今年要抓好的一项重要工作。可见，加强审计监督在贯彻依法治国方略中的重要位置。其次，加强审计监督是依法整顿经济秩序的需要。当前经济领域中违纪违法现象比较严重，如果这种状况得不到制止，社会主义市场经济就难以建立。加强审计监督，对于整顿经济秩序，惩处经济违纪违法行为有着特别重要的作用。我省审计机关在这方面做了许多工作。去年全省审计了7769个单位，查出违规行为应交财政金额5.86亿元，已交财政4.68亿元，应减少财政拨款或补贴1.01亿元，应归还原渠道资金5.6亿元，同时配合有关部门在经济领域查出了一批大案要案。审计监督在依法维护财经秩序，加强廉政建设，促进我省经济健康快速发展方面做出了重要贡献。第三，加强审计监督对于促进深化改革，也有着非常重要的意义。去年，各级审计机关开展的粮食清查审计就是一例。按照国务院的统一部署，我省各级审计机关1000多名审计人员经过三个多月的艰苦努力，查清了全省粮食企业新增财务挂账和不合理占用农行贷款等情况，为贯彻落实国务院《关于进一步深化粮食流通体制改革的决定》，推进我省的粮改工作，创造了必要的条件。

根据辽宁省的实际情况，省委、省政府要求全省各级审计机关当前和今后一个时期，要在以下几个方面强化审计监督的力度：一是继续深化对财政预算执行情况的审计。加强财政预算管理，提高财政资金的使用效益，是各级政府经济管理工作中的一项重要任务。审计机关应进一步深化对预算执行情况的审计，坚决制止偷漏欠税、违规减免税、挖挤截留上级财政收入等问题，堵住税收征管的漏洞，把该收的钱都收上来。同时，把不合理的开支压下去。特别是对大宗的、专项的资金，包括中央财政下拨的专项投资资金，要紧紧盯住，决不允许挤占挪用或损失浪费。要通过预算报告审计，帮助各级政府理好财、用好财，保证各项经济发展目标的实现 。二是切实抓好对国有企业的审计。今年是实现国有大中型企业三年改革与脱困目标的关键一年。搞好我省国有大中型企业，关系到辽宁跨世纪的发展。这不仅是一项艰巨的经济任务，也是一项严肃的政治任务。党中央、国务院提出实现国有大中型企业改革与脱困目标这一重大措施，企业审计要围绕落实这些措施展开。通过企业审计，包括经济责任审计，防止企业国有资产流失，保证国家权益不受损害，保证企业改革工作的健康发展。同时帮助和督促企业加强管理，改善生产经营状况，提高经济效益。三是进一步加强对农业资金的审计。各级审计机关有责任帮助政府管好对农业的财政收入，保障投入农业的各项资金都能及时足额到位，都能按规定的用途使用，都能取得预期的效果。四是抓好对利用外资项目的审计。

审计机关必须站在维护国家利益的高度，依法行使审计监督权。根据当前经济领域有法不依、违法乱纪的现象比较普遍，有的还很严重的情况，我们要求各级审计机关必须进一步加大审计执法力度，做到有法必依，执法必严，违法必究，特别是要敢于查处大案要案，这是审计工作的基本原则。对于审计查出的问题，一定要查实查透。我很同意省审计厅提出的“查清楚，说明白，定得准”。这也是对审计监督的最基本要求。对审计查出的违纪问题，要严格按有关规定处理。该纠正的纠正，该收缴的收缴，该公开披露的公开披露，该移送司法机关的移送司法机关。审计机关要维护法律的尊严，依法独立行使审计监督权，不受任何人的干扰，这样才能树立审计机关的威信，审计监督才有威慑力。

各级政府必须重视审计工作，切实加强对审计工作的领导，增强审计工作为政府中心工作服务的针对性和有效性。为了保证审计工作质量，进一步调动审计干部积极性，可以制定关于审计质量的奖惩办法，对审计中严重失职的要追究责任；对发现重大违纪问题、取得重大成果的要予以表彰奖励。另外，审计机关实行双重领导体制，业务上以上级审计机关领导为主，下级审计机关有责任向上级审计机关报告审计工作情况。各级政府领导对此要予以理解，不能因审计机关反映了某些问题而进行责难。向上级审计机关反映审计中发现的问题，可以使这类问题在更大的范围内得到制止和纠正，这本身就是件好事。同时，各部门、各单位也要增强审计意识，充分理解审计监督，自觉接受审计监督，积极支持审计监督。对审计查实的问题，要认真纠正；对审计提出的建议，要认真落实。

秉公执法 敢于碰硬

重庆市市委副书记 常务副市长 王鸿举

在 1999 年重庆市审计工作会上指出：在我市改革和经济建设深入发展的形势下，审计监督必须加强。审计机关要在建立良好的市场经济秩序，开展反腐败斗争，促进廉政建设和帮助党委、政府科学民主决策方面充分发挥审计监督的特殊功能和作用。

随着社会主义市场经济的纵深发展，必然会产生经济利益多元化，也不可避免会滋生腐败现象，能不能及时发现、遏制、惩治腐败，离不开审计部门。审计部门一定要秉公执法，敢于碰硬，把握正确方向，始终把国家利益和人民利益放在第一位。各级党政领导和市级各部门，要进一步提高对审计工作重要性和迫切性的认识，加强对审计工作的领导，要用一抓到底的态度、决心 和实际行动来支持审计部门的工作。

积极支持审计
主动接受监督

民政部副部长 徐瑞新

1998 年机构改革，国务院决定把审计署派驻审计局改为派出审计局。这不是机构名称上的简单更换，而是审计机制上的重要变化，主要体现在对审计派出机构的两项调整上：

一是隶属关系上的调整：原有的派驻局是由审计署与派驻部门双重领导；新设立的派出审计局由审计署垂直领导，审计署直接负责派出局的人、财、物的管理；派出局只对审计署负责，不再对部委负责。

二是审计职能的调整：原派驻审计局既有政府审计职能，也接受驻在部门布置的工作，还担负着驻在部门内部审计的指导和协调任务。新成立的派出审计局只具有政府审计职能，不再承担部门内部审计工作。

审计职能转变意义重大。原来的职能是“混合型”的，现在单一化，只承担政府审计职能，也就是说，审计派出机构专职对国务院各部门及其在京直属单位财政、财务收支的真实、合法、效益进行审计。这既有利于增强审计监督效果，也有利于加强国家审计机关建设，能够更加深入地研究政府审计的改革和发展。同时，内部审计工作将由各部委根据本单位各项资金管理需要来设立、加强，这是符合设立“内审机构应根据单位管理层需要、为决策服务”这一大方向的。

民政部十分拥护这项改革举措。对如何支持、配合审计署派出机构的工作，我们要求本部门及在京直属单位领导进一步提高对审计工作的认识，积极支持审计工作，主动接受监督，努力提高工作效能。同时，我们努力为审计局的组建和开展工作创造必要的条件，为他们服好务。

对中央预算执行情况审计是《审计法》赋予审计署的一项重要职责。民政部作为中央预算执行单位之一，已连续四年接受审计署的年度预算执行情况审计监督。通过这样审计监督，审计署对民政部预算外各项资金的收支使用情况、财务管理工作状况等给予了客观、公正的评价；指出了民政部在具体资金管理、财政收支工作中存在的一些不足，提出了许多有利于我们今后加强、规范和改进财务管理工作的宝贵意见和建议。与此同时，民政部党组对每年审计结论和建议均予以高度重视，进行认真研究并逐项制定落实整改措施，使民政部财务管理工作不断得到加强和规范，资金整体社会效益和经济效益日益提高。

自觉接受审计监督
全力支持审计工作

科技部副部长　徐冠华

对中央预算执行进行审计是派出审计局的一项主要任务。国家为了抓好这项工作，设立了专门的机构，由此可见其必要性。同时，我认为，中央预算执行审计作为一个独立的审计项目，在《审计法》和《预算法》等法律法规中都作了明确规定，而且全国人大常委会每年都要听取审计署关于预算执行审计情况的报告，这也充分说明了这项工作的重要性和必要性。在当前中央预算执行中，不同单位程度不同地存在着各种问题，有的还相当严重。比如，挤占、截留、挪用预算资金用于补充行政经费，经商办企业，对外投资和借款，甚至公款私存，私设“小金库”，有的预算外资金该缴不缴，从中坐支，还有的利用手中掌握的资金管理、项目审批权力，以种种名目和理由索、拿、卡、要，中饱私囊等等。这些问题败坏了中央机关的风气，破坏了政府与人民群众的关系，必须从监督机制上，通过依法严格检查和处理，杀一儆百。加强中央预算执行审计，有利于整顿预算内和预算外资金管理和使用秩序，严肃预算纪律，加强廉政建设，发扬党的优良传统，保持政府机关工作人员良好的形象。最后，从实际效果看，中央预算执行审计发挥了很好的作用。国家科委已连续几年接受审计署的审计，通过审计不仅查出了一些问题，按照有关规定作出认真处理，而且为我们更好地加强科技经费管理和使用，在宏观管理方面提出了很好的建议，有效地帮助我们完善了各项规章制度，堵塞了漏洞。

朱镕基总理在九届人大二次会议的政府工作报告中指出：当前我国经济生活中“财经纪律松弛，经济秩序比较混乱”，并强调要“依法整顿经济秩序，严厉打击经济违法犯罪活动”。

我认为这个问题应当从四个方面来理解。首先，要看到当前我国经济生活中财经纪律松弛，经济秩序比较混乱是客观事实，决不是危言耸听。有法不依，执法不严，乱设账、造假账，乱收费、乱集资、乱摊派，乱罚款的问题，已相当严重，到了不严厉打击势必影响改革开放的进一步深入，甚至到了影响社会主义市场经济的建立和完善的地步。第二，根治松弛的财经纪律、比较混乱的经济秩序的最根本的办法，还是要贯彻党的十五大关于“依法治国，建设社会主义法治国家”的基本方略。当然贯彻依法治国的基本方略必然需要一系列与之相配套的措施，审计监督就是其中的重要手段之一。所以，必须认真贯彻朱总理在政府工作报告中所要求的“严格财经纪律，加强审计监督”。第三，要特别重视对财政资金“两头”的监督。一头是财政资金收入源头的监督，其主要对象是企业、事业单位和有预算外收入的行政单位；一头是财政资金支出源头的监督，这就是我刚才说的预算执行审计，这一类型的审计不仅具有重要的经济意义，而且具有重要的政治意义，其重要程度决不亚于财政资金收入源头的审计。第四，在当前经济生活中问题比较突出和严重的情况下，审计人员肩负着重要的历史使命，能否真正卓有成效地履行职责，我认为，其中重要的一条就是要敢于执法，真正做到执法必严，违法必究。应当重视大案要案的查处。俗话说，伤其十指，不如断其一指，就形象地道出了对典型案件查处的重要意义。

审计工作统计

全国审计机关分行业审计情况统计表

1999 年

金额单位：万元

指标 / 分类	应核减财政拨款或补贴金额	应归还原渠道资金金额	已交财政			向司法机关移送案件（件）	建议给予行政处分（人）
			小计	其中：税金	其中：罚款		
合计	256014	2357655	2064415	1019289	143092	1360	1035
财政	147221	480853	1505875	816067	22364	104	88
金融	28593	12263	84926	15522	65489	139	65
固定资产投资	58530	281246	31283	18552	3657	30	49
企业	3845	178536	178266	126074	23071	502	289
行政事业	17738	996733	244928	38133	24451	484	419
农业专项资金	83	331608	11929	1219	3621	39	97
国外援款贷款		76197	6047	3575	308	11	3
其他	4	219	1161	147	131	51	25

各特派办审计情况统计表

1999 年

金额单位：万元

指标 / 分类	审计单位（个）	违规行为金额			应交财政	应核减财政拨款或补贴金额	应归还原渠道资金金额	已交财政			促进增收节支金额	向司法机关移送案件（件）	建议给予行政处分（人）
		小计	决定处理处罚	指明要求纠正				小计	其中：税金	其中：罚款			
合计	786	11251389	3483329	7768060	886816	27696	341889	761038	707839	8239	26198	93	73
上海特派办	116	922490	802704	119786	359598		364	354822	353131	1533		4	4
沈阳特派办	66	200009	21054	178955	21054	1838	9719	21054	7274	2	14908	3	24
广州特派办	43	520939	284270	236669	166791	219	11991	158508	154788	3720		4	10
武汉特派办	54	750268	134456	615812	12480	454	7212	11493	10060	1433		24	6
济南特派办	36	502285	27331	474954	18694		3185	18694	16173	1167		7	
郑州特派办	42	576459	25397	551062	2776	8958	594	2691	2675	16	800		
南京特派办	60	787604	76334	711270	102265	1701	10511	46325	46295	30		11	2
西安特派办	29	323598	12930	310668	12930	178	6799	270	270			3	
成都特派办	56	2188442	160303	2028139	20001	3767	203395	1953	1635	74	1407	8	5
哈尔滨特派办	54	469446	12577	456869	470		6215	126	126		9083	1	
昆明特派办	38	686815	82557	604258	27338		14438	27338	37	1		5	5
长沙特派办	31	238778	19253	219525	3599	4660	16122	4277	3925	10		2	5
深圳特派办	14	612130	16278	595852	6932	1421		6932	5461			5	
兰州特派办	32	530926	388406	142520	117070	4500	25707	103221	103015	206		1	
太原特派办	53	381841	26462	355379	2482		10638	1511	1511			5	5
京津冀特派办	62	1559359	1393017	166342	12336		14999	1823	1463	47		10	7

地方审计机关审计情况统计表

1999 年　　　　金额单位：万元

指标 分类	审计单位（个）	违规行为金额			应交财政	应核减财政拨款或补贴金额	应归还原渠道资金金额	已交财政			促进增收节支金额	向司法机关移送案件（件）	建议给予行政处分（人）
		小计	决定处理处罚	指明要求纠正				小计	其中：税金	其中：罚款			
合　　计	151802	33009827	7060102	25949725	1676852	225966	1878131	1217677	310852	75299	456398	1248	962
北京市审计局	883	2230891	393983	1836908	157141	28822	8481	117895	9272	44			5
天津市审计局	1600	1196535	472387	724148	17517		2492	10253	4966	355	308	4	1
河北省审计厅	9675	1288139	324716	963423	53561	6314	85201	47727	13005	3447	18141	54	67
山西省审计厅	7195	1019846	270840	749006	61070	2187	76463	49710	15814	4775	10115	108	198
内蒙古审计厅	7493	399836	263611	136225	26984	2534	57106	25952	8520	3504	20510	112	59
辽宁省审计厅	7167	1442442	197315	1245127	56372	10471	56589	40581	5966	2962	6500	66	28
大连市审计局	818	412777	29313	383464	25403	4328	8470	19388	2172	714	64	38	9
吉林省审计厅	4107	609156	147154	462002	20985	288	25879	6832	1919	1647	11538	5	6
黑龙江省审计厅	5722	1391370	193207	1198163	15891	891	106661	12220	4563	1346	13446	15	12
上海市审计局	1207	2574833	300838	2273995	31820	22347	55246	11755	8794	47		9	9
江苏省审计厅	5140	1505186	458979	1046207	222345	27104	131649	209862	30222	1237	11962	168	40
浙江省审计厅	4363	1351519	144551	1206968	118016	6080	64301	104942	46049	1760	2950	43	26
宁波市审计局	468	122907	4749	118158	13368	614	9426	13272	1893	139		3	1
江西省审计厅	10527	627828	50771	577057	15452	1764	37307	13906	6328	2089	18204	62	70
福建省审计厅	4676	805059	166874	638185	52907	10680	24609	28282	3967	1155	2007	25	4
厦门市审计局	240	196405	21402	175003	10065	3460	796	7275	1672	4	450	4	
安徽省审计厅	6636	764345	160456	603889	75392	5742	93752	47531	5542	1123	17758	34	33
山东省审计厅	9230	3268190	696288	2571902	192321	14948	152270	103092	35914	8721	98029	108	37
青岛市审计局	679	303762	50157	253605	9950		9239	6887	2108	294	928	5	
河南省审计厅	7466	1441269	477513	963756	85293	7944	64917	69124	14574	12991	29955	30	17
湖北省审计厅	7863	1423553	216087	1207466	55204	27811	111109	35126	10235	8029	21929	64	71
湖南省审计厅	7516	907320	199422	707898	44466	11557	130969	40048	7415	4853	15681	82	72
广东省审计厅	5188	3637484	808270	2829214	152776	5481	219265	93867	33363	5161	32005	44	29
深圳市审计局	273	294825	30733	264092	28898		8543	19318	686	63	21443	4	6
广西审计厅	2507	745166	285101	460065	33076	3658	52917	8021	2332	914	4432	13	3
海南省审计厅	554	324516	78454	246062	20765	929	12821	14833	1427	84		8	5
四川省审计厅	7463	983240	146088	837152	37921	4987	61947	28811	11944	1938	96713	35	17
重庆市审计局	1856	287366	40965	246401	11358	3046	19815	8743	1339	536	2681	33	29
贵州省审计厅	2312	250714	100399	150315	11548	3595	57471	9467	507	621	1527	14	11
云南省审计厅	3535	432420	164219	268201	34110	1855	41406	26308	9134	486	3555	25	16
西藏审计厅	254	68108	4966	63142	2822	146	702	1918	130	302	1165	2	1
陕西省审计厅	7462	726434	110580	615854	34384	1035	27038	25185	12970	2146	2261	19	17
甘肃省审计厅	5547	339135	56450	282685	9975	176	33857	6692	2130	518	6324	7	8
青海省审计厅	1397	53056	13377	39679	3142	57	5427	2716	752	247	5	9	11
宁夏审计厅	1927	147235	30819	116416	8025	203	19480	6503	1041	564	377	31	48
新疆审计厅	2769	652295	56267	596028	13315	13314	35222	9481	718	1513	2599	17	10
新疆兵团审计局	565	115341	29155	86186	898		5762	294		184	3721	2	2

审计署工作概况

审计长、副审计长、党组成员名单

审计长：李金华

副审计长：金基鹏（－1999.12）

翟熙贵

刘鹤章

刘家义

董大胜（1999.11－）

纪检组长：王道成（1999.3－）

党组书记：李金华

党组副书记：翟熙贵（1999.11－）

党组成员：金基鹏

翟熙贵

刘家义

董大胜

王道成

审计署司局工作简介

【办公厅】 审计署办公厅人员编制50名，领导职数4名；内设12个职能处室：调研处、信息处、计划协调处、财务统计处、经济责任审计与审计技术管理处、秘书处、档案处、办公室、审计长办公室、机关财务处、机关事务管理处、保卫处；另设文印室。

斤领导成员

办公厅主任：王道成（1998.4－1999.11）

办公厅主任：魏礼江（1999.11－）

办公厅副主任：谭绳喜（1990.8－1999.11）

办公厅副主任：刘英来（1997.2－1999.11）

办公厅副主任：吴泽民（1999.11－）

1999年，办公厅紧紧围绕审计署中心工作，强化管理，服务大局，履行职责。提高素质，积极发挥参谋助手、督促检查和协调综合作用。较好地完成了各项工作任务，工作质量和服务水平得到进一步提高。

审计调研工作取得新的成绩 1999年，审计调研工作围绕审计署工作中心和署领导重要决策，以提高文稿起草质量和政策调研水平为目标，有针对性地开展了审计工作方针政策的调研，确保了重要文稿的起草质量，取得了新的成绩。在审计调研方面，重点抓了三项工作。一是就如何贯彻落实朱总理关于全面审计，突出重点，注意发现大案要案线索的指示精神，年初在审计署机关和福建、湖南等地连续召开6次座谈会，进行专题研讨，形成了专题调研报告，为年中召开全国审计工作座谈会提供了参考；二是年中赴河北省三个市、县，就县级审计工作开展情况及机构、人员和经费等问题进行调研，为起草我国现行审计体制问题的调研报告提供了素材；三是年底赴江苏、上海、辽宁等地对审计机关贯彻落实党的十五届四中全会决定的情况进行调研，及时了解各级审计机关的动态，为起草审计署关于认真贯彻十五届四中全会精神，加强和改进审计工作的意见提供了重要依据。在文稿起草方面，一年来主要完成了四项重要文稿的草拟和修改工作。(1)1998年中央预算执行情况审计结果报告和审计工作报告；(2)审计署党组"三讲"教育剖析材料，"三讲"教育整改措施及实施意见，向中央"三讲"教育联系会议办公室和全国"三讲"教育工作会议提交的《"三讲"教育有力地促进了审计工作的发展》和《"三讲"教育促进了严格执法审计》等经验交流材料；(3)全国审计工作座谈会文件，包括《审计署关于1998年中央预算执行审计工作情况的通报》和李金华审计长在全国审计工作座谈会上的讲话；(4)全国审计工作会议文件，包括关于审计工作的汇报提纲，王忠禹国务委员、李金华审计长、翟熙贵副审计长在全国审计工作会议上的讲话。同时，还参与起草了李审计长在中央党校、在中国审计学会第四次会员代表大会上的讲话稿和《加强对审计工作的领导，发挥审计监督作用》等论文。起草了审计技术基础建设五年规划和审计信息系统建设规划；审计署关于水利部严重违纪问题的专题报告；审计署关于认真贯彻十五届四中全会决定，加强和改进审计工作意见的报告；审计署关于参加国家最高审计机关与地方审计机关关系国际研讨会和国际财务与会计研讨会的报告、论文等。

审计信息与宣传工作加大了力度 1999年，审计信息工作认真探索领导决策的需求规律，反映的问题针对性强，适时适用，及时向党中央、国务院领导和有关部门提供了准确可靠的决策依据。全年上报总理《审计要情》59期，国务院领导对每期都作了批示。编发《审计简报》及增刊44期，《重要信息要目》186期，被中办、国办采用126篇（次），采用率为67%。向有关部门转送审计信息200篇，编发《审计工作通讯》19期。

在审计宣传方面，努力与各大新闻媒体建立稳定的工作关系，通过对全国审计工作会议、预算执行审计报告、《审计法》颁布五周年等重大事项的报道，以及举办新闻发布会等形式，在报刊、广播、电视等传播媒体上大力宣传审计工作成果，扩大了审计的社会影响。一年来，中央和国家级新闻媒体刊、播审计工作报道近200篇（次）。其中，中央电视台《焦点访谈》、《经济半小时》等强档栏目播出专访20余次，新华社、人民日报、经济日报刊登通稿和审计长署名文章等重头稿件达40篇（次）。还与法制日报联合举办了纪念《审计法》颁布五周年审计知识竞赛，参与者达17万人。

审计计划、统计和财务工作逐步规范　1999年，计划协调工作认真规范授权审计行为，坚持审计项目计划的台账式管理，逐步改进和完善审计项目计划执行情况的反馈制度，制定发布了《审计署关于中央审计项目授权地方审计的管理办法》，使基础管理和规范化运作取得较大进展。汇总编制和下发了1999年度审计署统一组织审计项目计划，审计署机关及各派出机构审计项目计划，草拟了2000年度审计署统一组织审计项目计划草案，审核办理了20个省150个审计项目的授权地方审计事项。完成了对财政部、解放军总装备部等部门，重庆、山东等审计机关及国务院稽察特派员总署有关审计事项的协调工作。组织了署机关各单位1999年业务工作量及人力资源情况调查和2000年审计项目工作量的测算，为审计项目计划的科学可行奠定了基础。

统计工作克服人员少、任务重的困难，积极挖潜，服务意识和工作质量有了明显提高。一是针对现行统计软件中存在的问题，广泛征求意见和进行修改，在科学性与实用性方面进行了积极探索；二是开展对企业资产负债损益真实性和社会保障资金审计统计指标的调查研究，力争使统计报表指标更加贴近审计工作实际，真实全面地反映审计工作成果；三是抓紧抓好日常统计工作，审核、汇总审计机关统计报表，通报审计工作成果，编制了15年审计成果情况统计报表等。

财务工作从转变观念入手，适应国家财政、财务管理体制改革的要求，坚持为全署当好家、理好财的指导思想，在加强财务基础工作、规范管理、健全制度，强化内部审计监督方面迈出了坚实的一步。逐步理顺了审计署与财政部、国家计委、外经贸部、国管局等部门之间的关系，建立了较为顺畅的工作联系渠道；加强了署机关内部有关财务部门之间的沟通和协调。办理了各项审计经费的预决算编报，组织了16个特派办1998年和1999年审计外勤情况的统计调查，对济南、京津冀等9个特派办近年来的财务收支情况进行了审计。组织实施了对怀柔培训基地扩建工程质量的检查、财务结算和竣工决算的审计。

经济责任审计与审计技术管理工作初见成效　1999年下半年，经济责任审计与审计技术管理处组建后，克服业务范围大，工作任务重，技术要求高的困难，勇于探索和实践，迅速熟悉业务，积极开展工作。筹备设立了中央五部委经济责任审计工作联席会议办公室，制定了中央五部委经济责任审计工作联席会议制度和联席会议办公室工作制度，起草了2000年审计技术基础建设工作计划，审计署关于计算机软件开发研制工作的三个管理办法等。组织召开了部分省市经济责任审计工作座谈会和制订中办、国办两个暂行规定实施细则的研讨会。为进一步加强经济责任审计工作，推动审计技术基础建设打下了良好的基础。

文秘工作水平和服务质量明显提高　1999年，秘书处认真摸索公文审核规律，严格把关，确保了公文审核质量。同时，制定了审计署机关各单位外发文函、文件交换、公文校对的管理规定，增加了在审计署办公网的信息加载量，保证了纸质、电子文件的及时传递和机关工作的正常运转。全年共核登、送印文件2706件，同比增长40%；发出文件信函14.5万份，收文分文15万份，收发电子文件9900份。

文印室加强内部管理，努力提高服务质量，全年共完成各类文件材料的印制3600件，微机录入1100万字，胶印1120万张。其中复印18万张，处理限时完成的急件1086件。文件印制质量和效率明显提高。

审计长办公室认真履行职责，确保了审计署领导秘书工作、会务工作和值班工作的正常运转。全年共起草各种文稿200多篇，完成了署领导主持召开的150多次会议的记录和有关的会务工作。编写《会议纪要》、《值班简报》和《值班简报增刊》等140多期，整理编写了《1998年审计署大事记》、《1999年审计工作15件大事》和《国务院领导对审计工作重要指示批示》，记录、编写文字达230多万字。建立了督办管理、承办、报告及反馈制度，起草了《审计署办公厅关于加强催办工作的通知》。全年共对770多件领导交办批办事项进行催办，保证了国务院领导和署领导交办和批办事项的贯彻落实。此外，协助署领导处理群众来信700多封，接待来访200多人次，积累国务院领导对审计工作批示复印件、署领导重要工作活动资料等200多份。

档案、保密、举报信访工作稳步发展　为推动审计档案规范化管理，修订了《署机关立卷归档工作职责分工办法》、《署机关档案库房管理制度》、《机关档案借阅办法》。全年审查、接收署机关各单位1998年度档案311卷。积极开展档案利用工作，接待调阅档案资料332人次，调阅档案1589卷（件）。向国家档案局报送了审计署档案执法检查自查情况报告和审计署机关档案工作情况统计报表，对国家档案局《归档文件整理规则》提出了修改意见。对特派办和地方审计机关档案工作进

行业务指导，完成了《1998年审计工作文件选编》的编辑、征订和发行工作。

保密工作认真贯彻中央国家机关保密办主任会议和全国党政系统普通密码工作会议精神，重点研究印发了《全国审计机关1999年保密工作要点》、《审计署保密委员会关于做好计算机信息网络保密管理有关事项的通知》，向国家保密局报告了执行复制密件规定和核查有关密件的情况，组织完成了国务院远程站密码设备和邮件系统升级、审计机关远程网密钥更换工作，对全国审计机关远程站工作人员进行了密码保密教育，组织召开了中央国家机关保密工作协作组研讨会。

审计署举报中心办公室从讲政治、讲大局和维护稳定的高度，坚持初访解决问题，重在控制重访的原则，以高度负责的精神做好信访举报工作。开通了自动受理举报电话系统，建立了查询和答复制度。全年接收办理信访举报信件、电话2122件，接待来访人员168人（次），都及时进行了上报、商办和转送处理。此外，按时完成了全国人大代表和政协委员关于审计工作的建议、提案的答复办理工作。

【法制司】

司领导成员

司长：魏礼江（－1999.11）

副司长：王常松（1999.11－）

司长助理：吴泽民（－1999.11）

审计立法工作　1999年，法制司以构建审计准则体系为重点，对现有的审计法律规范体系作了进一步的完善。完成了《县级以下党政领导干部任期经济责任审计暂行规定》、《国有企业及国有控股企业领导人员任期经济责任审计暂行规定》、《中华人民共和国国家审计基本准则》、《审计机关审计处理处罚的规定》、《审计机关审计复议的规定》、《审计机关审计听证的规定》、《审计机关审计项目质量检查暂行规定》、《国有企业财务审计准则（试行）》、《审计机关监督检查社会审计组织审计业务质量的暂行规定》、《审计署关于办理审计项目揭露重大违法犯罪线索奖励办法（试行）》、《关于境外国有机构审计暂行办法》和《关于境外国有企业审计暂行办法》等12个审计法规、规章的起草工作。其中除境外审计的两个办法之外，其他10个法规、规章都已经发布施行。为加快构建审计准则体系的进程奠定了基础，朝着全面落实审计法，推进审计机关的“人、法、技”建设，实现审计工作法制化、制度化和规范化的目标迈出了坚实的一步。

立法协调工作　随着建立社会主义市场经济体制进程的加快，国家在规范市场主体、市场行为和市场秩序，加强宏观调控，建立社会保障制度，促进对外开放，保护知识产权，规范市场中介组织，振兴基础和支柱产业，保护环境资源，规范政府行为方面的立法越来越多，其中一些还与审计工作有着密切的关系，这在1999年表现得较为突出。对此，法制司在立法方面积极主动地进行了协调，全年共办理关于违反会计法犯罪的决定、关于惩治期货犯罪的决定、立法法、会计法修订草案、证券法、税收征管法修订草案、国家重大建设项目稽查条例、境外企业管理条例、党政领导干部和国有企业及国有控股企业领导人员任期经济责任审计两个暂行规定、控制对企业进行经济检查的规定等法律、法规、规章草案的修改函件51件，比1998年增加了近一倍。通过这些立法协调事项，既为国家的立法工作提供了有益的意见和建议，也防止和避免了一些部门立法与审计立法的矛盾。

此外，为推动审计立法的深入开展，法制司还进一步加强了与国务院法制工作部门和其他有关部门的协调。一是为贯彻落实党的十五届四中全会关于深化国有企业改革的决定，法制司结合内部审计工作发展的新形势，在进一步修改1997年起草的内部审计条例草稿的同时，提请国务院法制办公室将内部审计条例列入2000年国务院立法计划，争取内部审计条例早日出台，以推动内部审计工作的开展，充分发挥内部审计在深化国有企业改革中的作用。二是为加大监督检查社会审计组织审计业务质量的力度，法制司还将审计署发布施行的《审计机关监督检查社会审计组织审计业务质量的暂行规定》报送国务院法制办公室，以期由国务院发布施行监督检查社会审计组织审计业务质量的行政法规，提高其效力等级，加大执法力度。三是为贯彻国务院领导关于审计机关移交违法犯罪案件应当形成制度的指示，法制司在配合署办公厅、科研所研究案件移交工作的同时，还积极主动地与最高人民检察院、公安部就案件移送工作进行协调，并起草了审计署与有关部门关于建立案件移送制度和加强工作协作配合的具体办法草稿，为进一步协调案件移交工作，形成相应的工作机制，做了较为充分的准备。

审计复核工作　一年来，法制司严格按照《审计署复核工作规则》的规定，共复核审计署对外出具的审计结论性文件246份，其中：审计意见书75份，审计决定155份，审计建议书16份。复核审计法律文书总数比1998年翻了一番。上述审计法律文书共涉及190个审计项目，其中省级财政决算审计项目18个，关税审计项目19个，国税审计项目17个，中央国库审计项目19个，国务院部门预算执行审计项目54个，证券公司资产负债损益审计项目5个，保险公司资产负债损益审计项目2个，社会保障资金审计项目40个，农业环保资金审计项目5个，国有企业财务收支审计项目3个，固定资产投资审计项目3个，外资运用审计项目2个，行政事业单位财务收支审计项目3个。通过加大复核工作力度，及时纠正了一些审计结论性文件中存在的审计执法不严、审计定性不准、引用法规不当、文字表述欠妥、数字抄写有误等问题，较好地发挥了审计复核工作在提高审计质量方面的作用，为保证1999年财政收支审计、企业财务收支审计和金融机构财务收支审计等重点任务的顺利完成贡献了力量。1999年底，法制司根据审计复核、复议工作情况起草了《审计署办公厅关于1998年中央预算执行和其他财政财务收支审计复核复议情况的通报》，通报了审计执法中存在的问题。对此，李金华审计长和翟熙贵副审计长都亲自作了批示，在审计机关产生了较好的影响。

审计复议工作　1999年，审计署共收到审计复议申请书10件，其中对审计署审计决定或者审计意见书不服申请复议的5件，对审计署驻地方特派办作出的审计意见书或者审计决定不服申请复议的4件，对省、自治区审计厅作出的审计意见书或者审计决定不服申请复议的1件。这些复议案件法制司都及时予以办结，其中依法作出维持决定的2件，作出变更决定的3件，作出撤销决定的1件，准予撤回复议申请的2件，裁定不予受理的2件。审计复议过程中，做到了有错必纠，维护了被审计单位的合法权益，避免了不必要的行政诉讼的发生。经过法制司复议的审计项目，未发生一起行政诉讼案件。

审计项目质量检查工作　1999年，法制司先后检查了天津、山西、河南、贵州4个省、市审计厅(局)的审计项目质量，重点检查了这些审计机关在贯彻落实审计法及其实施条例、执行审计准则和依法处理审计查出问题的情况，发现了审计执法力度不够、执行审计程序不够严格等问题，并及时予以指出。质量检查工作的开展，推动了审计机关内部的层级监督，促进了机关内部业务监督和廉政监督制度的完善，增强了依法审计、推进依法治国的意识，为审计机关有针对性地制定整改措施，切实加大审计执法力度，做出了积极的贡献。

社会审计组织审计业务质量监督检查工作　监督检查社会审计组织，促进其公正执业，是国务院领导交给审计机关的一项重要任务，也是审计机关的一项主要职责，它对于推进财经领域打假治乱，进一步完善社会主义市场经济体制有着积极的意义。为此，法制司在1998年调查研究的基础上，进一步修改了《审计机关监督检查社会审计组织审计业务质量的暂行规定》，经审计长会议审议通过，于1999年4月1日以审计署令第1号发布施行。暂行规定具体规定了监督检查社会审计组织的程序和方式、方法，以及对被检查者的要求，它是审计机关监督检查社会审计组织审计业务质量的具体依据。暂行规定发布施行之后，法制司在组织学习和宣传的同时，组织各级审计机关对45家社会审计组织审计业务质量进行了检查，揭露了社会审计组织和注册会计师违规执业的典型案件，通报了中华、京都、深圳兴蒙等6家会计师事务所出具虚假验资、审计报告的情况，使有关事务所和注册会计师受到了应有的处理。其中1人涉嫌犯罪，已移交司法机关处理。此外，还将出具虚假审计报告的重庆华源等5家会计师事务所移交财政部处理，将违规披露财务报告的重庆三峡水利电力(集团)股份有限公司等4家上市公司移交中国证监会处理。对上述问题的及时处理，引起了社会舆论的关注和有关领导的重视，为今后全面开展这项工作创造了良好的条件，必将进一步促进社会审计组织的公正执业。

法制宣传教育工作　为全面提高审计人员的法制观念、法律意识和依法审计的自觉性，保证“全面落实审计法，推进依法治国”总目标的实现，法制司从审计工作实际出发，采取多种形式开展审计法制宣传教育工作，增强针对性，收到了较好的效果。比如，国务院和署领导作出关于注重查处大要案的指示后，法制司将审计工作中可能涉及的一些触犯刑法的行为归集起来，编成《审计干部刑法知识读本》一书，详细介绍经济犯罪的构成和认定方法，为审计人员树立刑法意识，增强识别犯罪行为的能力，搞好案件移交工作提供帮助。再比如，为使审计机关和审计人员能够及时了解和掌握一些新出台的特别是与审计工作密切相关的法律、法规，如《行政复议法》、《合同法》、《县级以下党政领导干部任期经济责任审计暂行规定》和《国有企业及国有控股企业领导人员任期经济责任审计暂行规定》等，法制司都及时印发贯彻执行的通知，指出贯彻执行中应注意的问题，并结合审计工作实际提出具体要求，以保证理解到位，切实落实。另外，还经常组织司内同志在《中国审计报》和《中国审计》杂志上发表评论或者介绍性文章，并安排人员为审计一线的同志集中讲授有关知识，既提高了司内同志的法律水平，又加大了宣传力度，帮助广大审计人员尽快熟悉和掌握新的法律知识。

1998年以来，随着审计执法力度的加大，一些审计机关有关审计执法的请示越来越多，对此，法制司都能及时予以答复。1999年，办理批复类公文50余件，比1998年的23件有了大幅度的上升。这些批复的办理，及时答复了地方审计机关和有关单位在审计执法中遇到的问题，促进了审计执法，也防止了一些不当审计行为的发生。

1999年恰逢审计法颁布5周年，为掀起一个学习宣传审计法的新高潮，法制司与署办公厅、中国审计出版社、中国审计报社等单位联合举办了审计法颁布5周年知识竞赛，并组织人员在人民日报、法制日报、经济日报、中国审计报、中国审计杂志上发表了10余篇文章，全方位地向社会各界介绍和宣传审计法以及审计机关的执法情况，收到了较好的效果。

在法制宣传的形式上，继续坚持方式多样、注重实效的原则，使有组织的法制宣传教育与利用外出开会、调研的机会进行法制宣传相结合，使普法教育工作与常规的审计执法监督检查工作相结合，为2000年的“三五”普法总结验收做了充分的准备。

【财政审计司】 1999年，财政审计司下设4个处，人员编制22人。一处负责起草中央预算执行和其他财政收支审计工作实施方案，汇总中央预算执行审计情况，起草审计结果报告，承担对财政部组织预算执行情况的审计，组织对中央国库办理中央预算执行情况的审计；二处负责组织对国家税务局系统税收征管情况的审计，对国家税务总局及其在京下属单位、中国注册会计师协会财务收支的审计；三处负责组织海关关税和进口环节税征管情况的审计，对海关总署及其在京下属单位财务收支的审计；四处负责组织对省级人民政府预算执行和决算的审计，组织协调中央部门预算执行情况审计，汇总年度审计情况结果，并负责对中国经济开发信托投资公司财务收支的审计。

司领导成员

司长：刘宝衡

副司长：侯　凯

陈尘肇

中央预算执行审计　1999年4月，财政审计司根据审计署统一部署，组织了对财政部1998年具体组织执行中央预算情况的审计。对审计署各派出审计局审计国务院53个部门1998年预算执行情况进行了汇总。审计结果表明，1998年财政部认真贯彻落实党的十五大和中央经济工作会议精神，实施积极的财政政策，在调整支出结构，大力增加农业、科教、社会保障的投入，调整宏观经济运行，协调地区经济发展等方面，取得明显成效，但在具体组织执行中央预算过程中，还存在以下一些执行财政法规不够严格、不够规范的问题。主要表现在：一是批复预算不及时，预留待分配资金过大。如财政部没有及时批复1998年度中央本级各项事业费等项支出预算，延迟1至5个月批复的有460.11亿元，占年初应批复预算的90％；由于国家计委年初下达的基本建设投资计划没有全部落实到具体项目，造成中央基本建设投资预算有166亿元没有及时批复，占应批复预算的40%。二是用冲退预算收入的办法解决应由支出预算安排的资金。三是部分应收缴的财政收入没有清缴入库。如财政部涉外司1998年将国务院侨办所属港中旅、香港专利代理公司上缴的利润1.26亿元存放在境外企业周转金账户，没有缴入中央金库。财政部经贸司对1995年以来预算支出安排的粮棉油“三挂钩”补贴等结余资金1.42亿元没有及时收缴，仍有1.03亿元没有缴库。四是一些司局和个人利用职权动用财政资金办公司、建楼堂馆所。如1998年6月，财政部原工交司部分人员在机构改革之前，利用职权，向民航总局等5家单位募集资金9200万元作为股本金，成立了中盛科技投资发展有限公司。1992年底，财政部农财司组织各地财政部门筹集资金1.45亿元，在上海浦东兴建“金隆大厦”。五是未按规定编制预算外资金收支计划和决算。1998年，财政部中央财政专户预算外资金收入83.23亿元，支出79.85亿元。截止12月31日，滚存余额11.3亿元。财政部对上述收支未编制计划和决算，也没有及时编制1998年决算。六是少征中央非税性收入23.65亿元。对上述问题，审计署提出建议，一是要进一步细化预算，增加预算透明度；二是要严格预算执行，建立部门违法违规责任追究制度。审计署在1999年7月对财政部下达了审计意见书。

1999年1至4月份，根据审计署部署，财政审计司组织审计署各派出审计局对国务院53个部委1998年预算执行情况进行了审计，并对审计结果进行了汇总，这次审计共查出违规金额164.05亿元。主要问题有：一是应缴未缴预算收入。二是挪用财政资金弥补机关行政经费不足、建楼堂馆所和对外投资。三是滞留欠拨财政资金。四是预算外资金未按规定缴入中央财政专户管理。五是弄虚作假，私设“小金库”，挤占挪用专项资金等。

中央税收征管情况审计

1999年11月至2000年1月，财政审计司组织部分特派办对北京、山西、吉林、黑龙江、上海、浙江、山东、贵州、甘肃、深圳、江苏、广东等12个省级国税局和江苏、广东省国税局所属的苏州、常州、盐城、无锡、扬州、徐州、广州、云浮、潮州、惠州、韶关、茂名、中山、肇庆等14个地市基层国税部门1999年度税收会计核算的真实性情况、税收政策执行和征管情况、提取和使用代征代扣手续费情况、机关财务情况进行了审计。

这次审计查出国税部门征收“过头税”，预征、虚收税款，人为调节税收收入；越权违规批准减免税、缓税；少征、漏征税款；混淆税收征管范围和入库级次；违规提取或使用税款代征代扣手续费；截留、挪用税款和罚没收入以及税收会计统计资料不真实等问题金额93.70亿元，其中影响中央税收收入27.90亿元。在审计调查中还发现一些地方越权自定政策，对上市公司降低所得税税率，或搞“先征后返”。一些基层国税部门税收会计统计报表资料不实，少报欠税。有的基层国税部门执法犯法，参与虚开增值税发票。有的基层税务机关截留挪用税款，设立“小金库”的问题也十分突出。

审计署对上述问题已作出处理。少征、漏征和越权批准减免税的，予以补征入库；混淆入库级次的，限期调整缴入中央国库；少报欠税的要立即纠正。对截留税款和私设“小金库”的问题，予以没收，并追究有关人员的责任；对虚开增值税发票涉嫌犯罪的问题，移送有关部门立案查处。

关税及进口环节税征管情况审计 1999年10月，财政审计司组织对海关总署所属的青岛、深圳、广州、南京、大连、黄埔、天津、拱北、上海、宁波、北京等11个海关1998年11月至1999年10月关税及进口环节税征收和减免情况、保税货物监管情况进行审计，共查出违反关税制度和财经法规金额11.76亿元，其中影响税收收入3.54亿元。

主要问题如下：一是税收征收方面存在的问题。审计发现，一些海关违反国家税收法规，执法不严，监缴不力，造成少征、漏征税款，影响税收收入1.25亿元。二是税收减免方面存在的问题。审计发现一些海关未能严格执行国家各项减免税政策，擅自越权违规减免税收；对减免税审核、审批、监管不严，影响税收收入7980万元。三是加工贸易、保税货物监管方面存在的问题。由于一些海关对加工贸易、保税货物后续监管不到位，一些加工贸易保税货物和产品被倒卖或擅自内销、长期不能核销结案，有的甚至下落不明，涉嫌走私，影响税收收入1.30亿元。

在审计中还发现一些大案要案，如：青岛保税区海关违规放行保税货物，少征关税及进口环节税2388万元。大连开发区海关在企业加工贸易转内销未补办许可证的情况下，凭保放行，少征税款4250万元。苏州太仓海关徇私舞弊、放纵走私，企业偷逃税款2329万元。深圳布吉海关由于监管失控，违规放行，所辖深圳市利航、佳佳两个保税仓长期利用假企业、假单证等手段，涉嫌走私大理石、花岗石、彩色显像管等保税货物，偷逃税款3269万元。

对上述问题，审计署依法进行了处理，少征的税款，要求补征入库；欠缴的税款，责成海关采取措施，积极催缴入库。对有关案件已经移交有关部门查处。

中央国库系统办理中央预算收纳拨付情况审计 1999年11月至2000年1月，审计署驻地方特派员办事处审计了北京、黑龙江、吉林、山西、甘肃、山东、江苏、浙江、上海、贵州、深圳、广东等中央国库12个省市分库及江苏省和广东省所属的南京、扬州、无锡、常州、苏州、盐城、徐州、广州、云浮、茂名、惠州、潮州、肇庆、中山、韶关等15个中心支库，审计查出违反国家金库管理制度金额25.43亿元，影响中央收入4.29亿元。

主要问题是：收入级次审核不严，将中央预算收入缴入地方金库7071万元。办理财税部门违反国家规定的退库4.08亿元，其中影响中央预算收入1532.04万元。国库对征收机关设立税款过渡户清理不力，违规存入过渡户税款18.54亿元，影响当年预算收入2.07亿元，其中中央预算收入1.66亿元。国库及国库经收处延压库款，造成影响当年预算收入入库2.11亿元，其中中央预算收入1.77亿元。

对上述问题，审计署已作出处理。混淆收入级次、违规办理退库影响中央收入问题，责成有关国库督促财税部门调整缴入中央金库；同时，要求有关国库严格按照国家规定加强国库监管，清理撤销税款过渡户，保证税款及时足额缴入国库。

国债专项资金审计 根据九届人大常委会第十次会议的决议和国务院的要求，1999年10月，财政审计司根据审计署工作安排，组织对国家计委、财政部及中央16个部门，全国32个省、自治区、直辖市、计划单列市管理使用1998年增发的1000亿元国债专项资金情况进行了审计。从审计情况看，为了管好用好国债资金，国家计委、财政部等国务院有关部门，地方政府和使用国债资金的项目建设单位，在项目审批、资金拨付和管理使用等方面做了大量工作，确保了积极财政政策的顺利实施，有力地促进了经济增长。去年，全国人大常委会作出对1000亿元新增国债资金实施审计的决议后，在社会各界引起强烈反响，各地区各部门负责同志十分重视，普遍开展了自查自纠工作，取得了明显成效。总的看，国债资金的管理使用情况是好的。审计也查出违纪违规问题。主要包括，有的地方和单位改变资金用途，挤占挪用国债资金；有的地方将不符合申请条件的项目作为国债项目申请，甚至虚报项目，套取国债资金；有的地方国债建设项目财务管理混乱，存在白条入账和大额现金支付等现象。审计署已对上述问题进行了处理。对挪用国债资金的，要求归还原资金渠道；对虚报项目取得的国债资金，要求限期上缴中央财政。

汇总中央预算执行和其他财政收支审计处理决定的落实情况 向国务院报送了《关于1998年中央预算执行和其他财政收支审计查出问题纠正情况的报告(代拟稿)》，并根据国务院办公厅要求，组织征求了财政部、水利部等12个有关部门的意见。

对1998年中央预算执行和其他财政收支审计决定的落实情况进行了检查，并向国务院进行了汇报。国务院已于1999年12月向全国人大常委会提交了专题报告。总的看，国务院各部门落实审计决定的态度是积极的，审计查出的主要问题基本得到了纠正。如一些司局和个人利用职权动用财政资金办公司、建楼堂馆所的问题，财政部已予以纠正，占用的资金已全部清理归还。审计署提出的关于细化预算和建立部门违法违规责任追究制度的两点意见已开始落实。财政部提出了改进预算编制的方法，细化了预算草案的内容，并已选择教育部、农业部、科技部、劳动和社会保障部进行试点。财政部、监察部、审计署联合起草了《中央预算执行违法违规行为处罚暂行办法》，已报请国务院审议。

国家税务总局对审计决定中予以警告的15个责任单位进行

了通报批评，要求有关国税部门采取切实措施，加强和改进税收征管工作。海关总署针对审计查出的问题，研究和制定了措施，要求被审计的18个直属海关认真执行审计决定，目前，大部分少征漏征的税款已补征入库。

国家计委、外交部、民航总局等部门针对审计查出的问题，制定和完善了财政财务管理的有关制度，应缴未缴的预算收入已上缴国库，挤占挪用的财政资金大部分已归还原渠道，应上缴财政专户的预算外资金已全部上缴。对水利部弄虚作假，乱拉资金，挤占挪用水利资金建高档写字楼的问题，国务院已决定没收该大楼，国务院机关事务管理局正在组织拍卖，所得资金全部上缴中央财政；水利部隐瞒转移资金设立"小金库"，挪用水利专项资金炒股票的问题，已得到纠正，大部分资金已经收回。

其他工作　1.1999年3月，根据审计署领导指示，财政审计司负责起草了《中央预算执行审计工作程序实施细则》，以进一步规范中央预算执行审计工作，提高工作效率，明确工作职责。2.1999年4月，财政审计司根据领导指示，起草了《关于在审计工作中认真贯彻〈中央预算单位银行账户管理暂行办法〉的通知》，要求各派出审计局在审计中，进一步规范部门单位银行账户管理，逐步规范审计内容和方法，加强对开户银行和利息管理情况的审计监督。3.1999年9月，财政审计司在审计署怀柔培训基地举办了财政审计研讨培训班，审计署驻地方特派员办事处的特派员和财政处处长参加了培训。翟熙贵副审计长在培训班上作了重要讲话。4.开发计算机辅助审计软件。1999年，根据审计署领导指示，财政司与南京特派办共同开发了海关关税计算机辅助审计软件。1999年9月，在怀柔培训研讨班上，南京特派办专门就关税计算机辅助审计软件使用程序和方法进行了讲解；11月份，财政司在南京审计学院举办关税计算机辅助审计培训班，对特派办的财政审计人员进行了业务培训。在1999年的关税审计中有7个特派办试用海关审计软件，取得了较好效果。与此同时，财政司还对国税、国库计算机辅助审计的软件开发工作进行了前期准备工作。5.起草《中央预算执行审计结果报告》、审计要情和信息要目等工作。1999年，财政审计司向署领导提供了41份重要审计信息，其中编发了7份《审计要情》、15份《重要信息要目》和3份《审计简报》，还有16份审计信息被转送到有关部门处理。

【金融审计司】　1999年金融审计司仍设中央银行审计处、商业银行审计处、证券及信托审计处和保险审计处4个处，人员编制22人；各处职责分工未作调整。

司领导成员

司长：董大胜（1998－1999.11）

　　　范鹏（1999.11－）

副司长：丁国喜（－1999.11）

　　　　王炽曦（－1999.11）

　　　　任有泉（1999.11－）

本年度国家金融审计工作背景　抓规范、促管理、防范和化解金融风险是1999年金融工作的重点。国家依法加强对金融机构和金融业务的监管。1998年，中国人民银行实行机构改革，撤销省、自治区、直辖市分行，设立9个大区分行；1999年，国务院出台《金融违法行为处罚办法》等一系列重要的金融法规，"严"字当头，加大金融监管和治理整顿金融秩序的力度，重点查处金融机构违规经营和账外账等问题；在宏观金融政策方面，增加货币供给总量，刺激社会有效需求，加大对重点产业、重点行业的信贷支持力度；相应地，1999年金融监管的重点就是加强对金融资产质量的监控，主要措施是实行信贷资产清理分类制度、贷款损失责任追究制度、不良资产剥离和"债权转股权"制度。

围绕1999年国家金融工作中心，根据《审计法》的规定和国务院、审计署领导的指示，金融审计司除对中国人民银行预算执行和财务收支情况进行例行审计外，还统一组织各地审计机关和审计署驻地方特派员办事处实施了对中国工商银行全系统、中国建设银行总行及部分分支机构1998年度资产、负债和损益情况的审计。

对中国工商银行和中国建设银行的审计　根据审计署1999年审计工作计划安排，金融审计司统一组织地方审计机关和各特派员办事处共计23000多名审计人员，于1999年3月至10月对工商银行总行及全系统所有县以上分支机构（计4600多个）、建设银行总行及19个一级分行所属县以上分支机构1998年度的资产、负债、损益情况进行了审计，同时延伸审计调查了12万多个贷款单位使用贷款的情况。审计范围之广、规模之大，在国家金融审计史上尚属首例。这次审计突破了以往单一的财务收支和资产、负债、损益审计模式，紧紧围绕国家宏观金融政策和国务院领导的指示，突出了损益真实性、信贷资产质量和严重经济违法案件三个审计重点；通过审计，基本达到了"摸清家底，核实盈亏，揭露问题，分析原因，规范秩序，促进管理"的目的。

这次审计查出了大量违规违法问题：一是会计核算不实。审计调整两行资产、负债、所有者权益和利润共1000亿元。二是违规经营依然存在。这次审计的结果反映，银行的各种违规经营问题并没有彻底解决，前几年普遍存在的违规吸收存款、拆借资金、对外投资、账外经营等虽有所减少，但在一些分支机构仍有发现；以前违规经营造成的严重后果尚未消除，有的还在逐步显露；一些新的违规经营又在不断出现，如违规开具信用证、办理承兑汇票和贴现等，不仅违规金额大，而且造成的损失十分惊人；在一些违规经营中往往隐藏着重大的违法犯罪案件。审计共查出违法违规金额554亿元，其中大多是近两年新发生的，只有少量账外经营是以前年度发生尚未按规定清理入账的；这些违规经营已造成损失109.7亿元。三是账外资产仍然很多。审计发现金额101亿元，其中通过违规吸收存款和转移、截留收入形成的账外资产有12亿元，其余主要是通过挤占费用、以租代购、以租代建和“以物抵贷”等方式形成的。四是财务收支违规问题比较普遍。总额达180.2亿元，其中少计或多计收入和支出163亿元，少缴漏缴税金9.2亿元，私设“小金库”747个、累计收入发生额7.9亿元。针对以上问题，审计署对工、建两行作出了调整利润18.5亿元、补缴各项税金12.3亿元和罚款2.3亿元的审计决定。

审计还调查并反映了两行信贷资产质量和潜在财务风险情况。通过对两行1.5万亿元贷款进行抽查和对12万多户贷款企业使用贷款情况进行延伸审计调查，总的看，两行信贷资产质量不高的问题依然比较突出。据对6000多亿元不良贷款抽查分析，由于企业重复建设、管理不善、产品积压、逃废债务等原因形成的占58%；由于银行违规放贷、监管不力和向自办实体发放贷款等原因形成的占37%；由于政府行政干预、决策失误形成的占5%。实际上，由于企业方面原因造成的贷款损失，很多也都与银行对贷款审查不严有关。特别是银行向自办实体发放的大量贷款和通过自办实体转借出去的贷款，相当一部分已经损失。审计调查反映出的另一个问题是潜在的财务风险较大，主要表现在几个方面：一是提取应付利息不足，一些分支机构甚至出现透支现象。二是贷款呆账准备金提取数与需消化的损失类贷款数相差较大。三是少核销应收利息坏账损失。

为进一步促进国有商业银行依法规范经营，审计署针对审计查出的问题，向国务院提交了《关于进一步对国有商业银行加强监管建议的报告》，报告中提出：1. 为了进一步巩固前段治理整顿取得的成果，建议要继续加大整顿金融秩序的力度，坚决查处金融违法犯罪案件和各种违规经营行为，不能有丝毫放松。人民银行和各国有商业银行要切实加强稽核监督检查，对发现的违规经营行为，不论是否造成损失，都要严肃查处；对触犯刑律的，要坚决移送司法机关依法追究刑事责任。各国有商业银行应进一步增强风险意识，不断完善各项业务操作规范，健全内部控制制度，以减少各种违规行为和经济案件的发生。2. 银行自身要切实加强贷款管理，严格按照制度规定办理贷款，杜绝以各种形式违规发放贷款。为此，建议要落实已经建立的贷款损失追究责任制度。对因违规操作或不负责任造成贷款损失的当事人和有关领导，必须依法追究责任。3. 有关部门应进一步健全和完善现有的金融法律、法规，促进国有商业银行依法经营。例如，《商业银行法》和《担保法》对贷款担保、抵押作了基本规定，但由于缺少具体规定，银行在处置“以物抵贷”资产时难度很大。又如，《担保法》和《贷款通则》都没有对关联企业相互担保的问题作出明确规定，致使一些以同一人担当法人代表的关联企业相互担保，分别在同一银行下属的各个分支机构或不同银行间获取贷款，给银行带来较大的风险。4. 目前，财政部对国有商业银行的利润、费用率、固定资产购建、呆坏账准备金提取等均实行指标管理。银行对所属分支机构的财务管理，基本上也是这种办法。这种层层下达指标的做法，既难以做到科学、公平、合理，又不能完全适应银行业发展的需要。国有商业银行形成的潜在财务风险，与长期以来实行的财务指标管理办法，是有一定关系的。另外，在实际执行中，有的银行由于不能正确处理利益关系，往往出现弄虚作假、乱用会计科目、人为调整损益、违规购建固定资产等问题。建议财政部根据商业银行法的规定，结合银行的实际情况，进一步研究完善现行财务管理办法。这样做有利于逐步化解潜在的财务风险。5. 银行与自办实体脱钩工作要坚决抓下去，不能不了了之。银行与自办经济实体脱钩是整顿金融秩序的一项重要内容。但从这次审计的情况看，这项工作的进展情况并不理想。有相当多的自办实体名义上已与银行脱钩，但实际上是明脱暗不脱。一些自办实体通过提供租赁、咨询等中介服务，为银行转移收入、虚列支出、逃避财务指标控制等违纪违规行为打开方便之门；银行则利用自办实体向关系人转放贷款，并为银行职工提供非正当的资金、福利。据审计，目前银行仍有大量资金被自办实体占用。由于自办实体普遍存在管理不善、财务混乱、损失浪费严重等问题，使银行投入的资金面临极大风险。为了进一步做好银行与自办实体的脱钩工作，建议人民银行和各国有商业银行要提高思想认识，从大局出发，克服攀比和观望思想，坚决按照国家规定把脱钩工作落到实处。

另外，这次审计在组织和领导方式上也进行了研究改进，进一步探索了对金融机构一级法人进行全系统审计的路子：

一是提出了“五统一”的原则，即“对一级法人统一下达审计通知、统一制定审计方案、统一定性处理标准、统一审计处理决定、统一考核检查审计质量”。“对一级法人统一下达审计通知”，是指审计署对工、建两行总行下达正式审计通知书，各地各级审计组依据该审计通知书向各自审计的分支银行机构下达统一格式的“执行审计通知书”。“统一制定审计方案”，是指各地各级审计组按照审计署统一制定的审计方案实施审计，不再另行制定审计方案,可以结合各地实际情况制定具体实施办法。“统一定性处理标准”是指审计署制定统一的审计定性和处理原则(必要时报国务院批准),各审计组在审计报告中,对审计查出的问题,要依据审计署的统一处理原则,提出初步处理意见并征求被审计单位的书面意见。“统一审计处理决定”是指审计署汇总各地审计结果后,统一对工、建两行总行下达审计意见书和审计决定,各地依据审计署的审计意见书和审计决定向各自审计的银行分支机构下达“执行审计意见和审计决定通知书”,对统一审计意见书和审计决定之外的事项不得擅自处理。“统一考核检查审计质量”是指审计署制定统一的考核标准,对各级审计组上报的审计资料进行验收和考核,验收不合格的要求补审,必要时进行抽查。“五统一”原则的制定和实行,为以后审计署统一组织对国有大型金融保险企业的审计提供了新的思路。

二是重视信息交流工作。金融审计司对各地审计组反映较集中或较典型的审计事项及时进行整理,编制审计信息快讯下发各地审计组,做到“信息共享”,使全国金融审计形成一个整体,更好地发挥作用;同时将发现的重大问题编写成审计要情和重要信息要目、审计简报及增刊、专项报告等共 101 件迅速向上反映,其中有 35 件很快得到国务院领导的批示,促进了有关部门对这些问题的查处。

三是认真组织审计人员培训,积极研究探索新的审计手段和方法,认真总结交流经验,促进审计水平不断提高。审计实施前,金融审计司于 1999 年 2 月组织举办了由各省、自治区、直辖市审计厅(局),有关人员参加的金融审计培训班,统一布置审计工作任务,讲解审计方案,并请财政部、人民银行和商业银行的专家讲授相关知识;审计实施过程中,又于 6 月和 9 月两次召开审计工作汇报会,及时了解审计实施情况,分析遇到的问题,交流经验,研究对策。为了提高审计工作效率,金融审计司与审计署计算机技术中心共同开发了“金融审计汇总软件”,初步实现了利用计算机对形成审计报告的所有审计数据资料进行查验、汇总,为解决大型审计项目的数据汇总问题进行了有益的尝试和探索。

在对工、建两行的审计中,各级审计机关认真贯彻朱镕基总理关于“全面审计,突出重点,注意发现大案要案线索”的指示精神,根据群众举报和审计查出的问题,共发现重大违法违规案件线索 174 件,涉案总金额 148 亿元,涉案责任人 228 人,移送司法机关、纪检监察部门和政府有关主管部门处理,在社会上赢得较好反响。

【行政事业审计司】 行政事业审计司人员编制 16 人,下设 3 个处。主要工作职责为:负责审计与中央财政有拨缴款关系的全国人大机关、全国政协机关、最高法院机关、最高检察院机关和武警、政党组织、社会团体的财政财务收支;负责审计国务院有关部门和直属事业单位及其在京下属单位的财务收支;组织地方审计机关对党政领导干部的任期经济责任审计;开展专项审计和审计调查;指导地方行政事业审计业务。另外负责有关署派出审计局工作的日常协调。

司领导成员

司长:张秋霞

副司长:刘实

司长助理:褚志德

财务收支和预算执行审计

1999 年,行政事业司对中国人民大学、最高人民法院、最高人民检察院等单位进行了财务收支审计,对公安部、审计署 1998 年度预算执行情况进行了审计。审计查出应缴未缴预算收入,挤占挪用,虚列转移,预算外收入未纳人财政专户和私设“小金库”等违纪违规问题金额 3.4 亿元。在对中国人民大学的审计中,揭露了该校劳动人事学院涉嫌个人私分公款的案件线索,已移交检察院立案查处。

法院、检察院财务收支审计

为进一步推进执法单位贯彻落实“收支两条线”的规定,促进加强廉政建设和公正执法,行政事业司 1999 年组织地方审计机关对全国 2486 个县级以上法院、2117 个县级以上检察院 1997、1998 年度财务收支进行了审计。审计查出各级法院、检察院在执行“收支两条线”规定、执收执罚和财务收支管理等方面的违纪违规金额 57.43 亿元。重点揭露了以下问题:1. 以各种名义乱收费、乱摊派、乱罚款。主要表现为自立名目收取、摊派款物;超标准、超范围收费;乱罚款物等。2. 采取私设“小金库”、账外账、公款私存、收入挂账、坐收坐支等手段隐瞒、转移收入。3. 拖欠、截留应缴预算收入和财政专户收入。4. 挤占挪用诉讼费、罚没收入及案款。5. 财务管理混乱等。此次审计中查出涉嫌经济案件 81 件,涉案人员 103 人,已移送司法机关立案或移交纪检监察部门查处。审计还对问题产生的原因进行了分析,主要是:一些法院、检察院领导的财经法纪观念淡薄,注重审判业务,忽视自身的财务管理;一些法规制度不够健全,具体规定不统一、不明确,造成执行中的混乱;预算外收支还没有全面实行“收支两条线”管理;对法院、检察院执法行为的监督力度不够。针对查出的问题及其产生原因,提出如下建议:各级法院、检察院应强化依法执收执罚的意识,规范收费行为;全面执行“收支两条线”规定;最高人民法院和最高人民检察院的有关部门要完善管理法规制度;各级法院、检察院要加强内部管理。上述情况专题上报了国务院。许多省的主要领导在审计报告上作了重要批示。法院、检察院系统对审计发现的问题也非常重视,并积极落实审计意见和审计决定。最高人民法院印发了《<人民法院诉讼收费办法>补充规定》和《人民法院诉讼费管理办法》,重新规范了收费标准和管理制度。

高校财务收支审计 为了推进“科教兴国”战略的实施进程,促进高校财务收支管理,行政事业司1999年组织署各派出机构对国务院部门所属62所高等学校1998年度财务收支进行了审计。查出违规违纪资金49.87亿元,主要问题是:1. 由于收入挂账、坐收坐支、私设“小金库”等造成收入不实。2. 存在自立收费项目、变相收费、超标准收费等乱收费现象。3. 违规从事金融业务。4. 虚列支出、挤占挪用专项资金。5. 财务管理混乱等。此外,查出高校校办产业经营管理中存在的注册资本不实、盈亏不实、非法经营、产权关系不明、国有资产流失等严重问题。审计中查出重大涉嫌经济犯罪案件8起,已移交司法机关立案查处。产生问题的主要原因:一是一些高校领导的财经法制意识淡薄,管理松懈;二是内部控制和制约机制的作用未充分发挥;三是有些问题是法制不健全所致,有的则属于有章不循。为此,建议高校各级领导应增强法制观念,严格执行国家的财经法规,强化财务管理;教育部应会同有关部门完善高校财务制度;对校办企业进行清理,并加强对校办企业经营活动的有效监控。李岚清副总理对审计署反映62所高校审计情况的签报和中办根据审计署提供情况编发的反映部分高校筒子楼改造中存在问题的《综合与摘报》及其他有关审计信息分别作了重要批示。审计后各院校认真落实审计意见和审计决定,积极进行整改,进一步完善了各项管理制度。

救灾捐赠款物和防病药品、医疗器械审计 1999年行政事业司对1998年组织全国25个省(区、市)审计机关开展救灾捐赠款物审计的情况进行了汇总。此次审计还检查了民政部、中华慈善总会、中国红十字会总会等单位对救灾款物的管理、使用和分配情况。审计发现的主要问题:一是少数地方存在挤占救灾捐赠款、贪污私分救灾物资和将救灾款抵顶灾民积欠的各种税费、统筹提留、集资等违规问题。二是救灾款物捐赠、接收、分配和管理中存在一些问题。如:将假冒伪劣商品混入捐赠物资、虚报捐物价值、接收捐赠款物使用的票据不规范等。产生上述问题的原因主要是,目前我国尚未制定一套完整的救灾捐赠款物管理方面的法规,救灾捐赠款物接收、分配、管理工作不规范;一些必要的救灾相关费用支出没有资金来源和开支标准。因此建议有关部门应尽快制定救灾款物管理方面的法规、制度。上述汇总情况上报后,有关内容被中共中央办公厅《督促检查情况》摘编采用。

1999年行政事业审计司还对1998年组织7个重灾省区审计机关开展的防病药品和器械的审计情况进行了汇总。这次审计重点检查了卫生部及7个受灾省区救灾防病资金和药品、器械收支的情况,以及国家经贸委有偿调用中央储备药品的情况。审计对各级政府认真贯彻执行国务院办公厅关于切实做好灾区救灾防病工作的通知精神,卫生、医药、经贸部门及有关单位高度重视对救灾过程中和灾后的防病防疫工作,并在救灾防病资金和药品、器械的接收、分配、管理方面所做的大量艰苦细致工作给予了充分肯定,同时也指出了存在的主要问题。一是挤占救灾防病资金。二是有偿使用救灾药品。三是部分救灾药品不合格或检验手续不全,未发挥救灾效用。四是救灾防病药品管理不严格。由于一些救灾防病药品在接收、运输等环节履行手续不严,造成部分药品短少,责任不清等问题。出现上述问题的主要原因:一是救灾防疫防病方面的法规、制度不够完善;二是防疫防病任务紧急,且接收的药品、器械数量多、时间集中,造成部分药品管理和检验不严;三是少数负责管理、使用救灾药品、器械的人员政策、法规意识差等。为进一步管好用好救灾防病资金及药品、器械,提出了以下建议:一是卫生部、民政部要会同有关部门尽快制定救灾捐赠及救灾防病、防疫款物管理方面的法规;加强对捐赠药品的质量检验,严把接收关,防止假、劣及超过有效期等不合格的药品流入灾区。二是各级政府和有关部门要如数追回被挤占的救灾防病资金和清退违规收取的费用。三是要继续做好对结余的救灾防病资金和药品、器械的管理工作,特别要注重救灾药品的时效性。抓紧对有偿调用中央储备药品的结算工作。上述汇总情况上报后,有关内容被中共中央办公厅《督促检查情况》摘编采用,李岚清副总理作了重要批示。

完成领导交办事项 1999年,根据国务院领导的批示,由审计署牵头、国务院稽察特派员总署和国务院侨务办公室派人参加,共同组成审计组,赴香港、深圳对香港中旅集团财务收支进行了审计。审计署方面由行政事业司负责组织,抽调部分业务骨干,对香港中旅集团本级及34户所属公司的资产、负债情况进行了核实,对其经营管理和财务收支中的突出问题作了重点检查,向国务院提交了专题报告。

根据署领导批示,行政事业司组织对宋庆龄基金会1997、1998年财务收支进行了审计。对审计发现的财务收支和捐赠资金使用、管理等方面的问题进行了处理和处罚,并责成基金会对该会基建经费管理使用等问题进行了专项查处。

按照全国人大常委会的要求,行政事业司对部分省(区、市)审计机关近年来开展义务教育经费审计的情况进行了解,起草《审计署关于部分省区市义务教育经费审计情况的汇报》,向全国人大常委会作了专题汇报。

根据署领导安排,行政事业司派人赴山东、安徽等地进行党政领导干部离任经济责任审计的调研。了解了两省工作开展的基本情况、主要做法，以及当前领导干部经济责任审计工作中存在的主要问题，提出了调查报告。

协调派出审计局工作　按照署《关于派出审计局与署机关工作联系有关事项的通知》要求，行政事业司继续加强与派出审计局的工作联系，落实署领导的指示，协调办理有关工作事项。1999年共完成各项工作50多件次，其中完成署领导交办的与派出审计局联系协调的事项7件，报送有关派出审计局工作的请示、报告14件，协助整理编发派出审计局审计工作信息5份。年终对各派出局工作情况进行了解、汇总，向署领导作了汇报。

【经贸审计司】　经贸审计司编制24人，实有20人，下设5个处：一处负责综合、计划、协调、信息、文秘、档案、行政后勤及内部审计指导等工作；二处负责石化、冶金、电力、轻纺等系统的中央国有企业的审计；三处负责交通、军工、邮电系统等中央国有企业的审计；四处负责商业、粮食、供销等企业的审计；五处负责外贸、旅游、医药等企业的审计。

司领导成员

司长：刘国权（1999.12－）

副司长：范　鹏（主持工作）（－1999.11）

喻政祥（1999.1－12）

庄恩岳（1999.12－）

工作开展情况及成果　1999年，经贸审计司除了认真完成部分国家部委局的预算执行情况审计外，突出加强了对国有重点企业财务收支真实合规性审计，同时积极完成了党中央、国务院领导同志的交办事项，及时向上反映各种审计信息138篇，被署采用91篇，其中被中办、国办采用14篇。

预算执行情况审计　按照署统一部署，对国家石化局（原化工部、石化总公司、石油天然气总公司）1998年预算执行情况进行了审计。查出该局设置账外资金、公款炒股等问题，其中原外事局副局长盛××以单位存款为名，自1996年12月起，先后挪用公款110万元，为个人进行国债回购和股票炒作。对这一问题审计署以《审计要情》向国务院领导作了反映，罗干同志作了重要批示。该问题已交由中纪委、监察部处理。石化局根据监察部意见，给予盛××行政记大过处分；有关责任人原国际合作司司长沈×、副局级调研员王××做出书面检查。

此外经贸审计司还派员参加了对国家经贸委、财政部、旅游局、煤炭局、烟草局、轻工局、侨办等部门的预算执行审计。

企业财务收支审计　1999年，经贸审计司围绕国家宏观调控要求，组织16个审计署驻地方特派员办事处对68户中央企业1998年资产负债损益的真实、合法、效益进行了审计，实际完成52户。经贸审计司直接审计了北京卷烟厂，同时指导部分省市开展了企业审计工作。据全国审计的部分企业（87户，含署统一组织的52户）统计，各级审计机关共审计资金3389亿元，查出各类违纪违规资金392亿元，其中应上缴财政5.37亿元；查出各类违法犯罪的大案要案线索32件，涉及金额51亿元，为国家挽回损失1.42亿元；针对企业改革、改组、改制和经营管理中存在的问题，提出审计建议231条。查出的主要问题：一是会计信息失真现象普遍。87家企业1998年度利润差错额72.9亿元，差错率达56.9%，而且都不同程度地存在核算不准，会计信息失真问题；二是国有资产流失较为严重，金额达43亿元；三是逃废银行债务问题突出，18家企业逃废银行债务金额达19亿元；四是挤占中央收入形式多样，一些企业和部门以乱开政策口子，擅自减免和划转业务收入，核销各种潜亏、亏损，冲减国有资产等方式挤占国家收入8亿多元；五是法人犯罪案件增多，共发现大要案线索32件，案值51亿多元，已移交司法机关查处。对企业审计中发现的上述问题以《审计简报》（增刊）形式作了反映。

此外，经贸审计司还派员参加了对香港明华船务有限公司的审计。在此基础上，参与起草了境外企业审计办法。

专项审计　1.完成了署领导交办的对中国华兴（集团）公司的审计。经对该公司资产负债损益的真实合规性审计，查出了该公司虚假注册，转移、侵占国有资金和弄虚作假、侵吞挪用公款共计3336万元的问题。审计署以《审计要情》向国务院领导作了反映。朱镕基总理，李岚清、钱其琛副总理分别作了重要批示。审计署已将这一案件移送高检院和北京市检察院对有关责任人进行进一步查处。总经理张同宪（副司级）等人已被逮捕。2.认真完成了朱镕基总理交办的对唐山豪门集团公司的审计。由经贸审计司牵头并组织署驻济南、京津冀特派员办事处会同工商银行组成联合审计组，对该公司1998年及以前年度财务收支进行了审计。经对集团公司所属20家企业的审计和对汇总报表之外在北京注册的20家公司的查证，查出了集团公司多报资产13.5亿元，少报亏损7.6亿元；逃废银行本息12亿元，其中5亿资金去向不明；多分股利、高价退股以及违规合资造成国有资产流失6.6亿元等问题。此外还发现一些涉嫌贪污的线索。审计署已向国务院作了专题报告。根据朱总理的重要批示，审计署配合中央金融工委和高检院对此案进行了深入查处。目前，主犯贺业军（公司法人代表，1998年全国十大杰出青年之一）在逃，现已发出国际通缉令。该企业其他8名犯罪嫌疑人已被逮捕，其中有2人已被判刑。高检院对这一案件的查处工作仍在进行。3.完成了朱镕基总理交办的对大庆联谊石化股份有限公司的审计。经贸审计司受署委派，会同高检、证监会、中纪委等部门，对大庆联谊石化股份有限公司的发起、设立、上市和募股资金的筹集、使用,以及1997年度利润实现等情况进行了专项审计。基本查清了该公司外送股票和企业有关人员多分股票94万股,募集股金未及时足额到位及未按招股承诺使用,1997年虚增利润2800万元;股份公司设立、上市申报、审批的过程中弄虚作假,所属北京、哈尔滨办事处其他涉嫌违纪违法金额5000万元的问题。审计还发现大庆市国税局从1994年以来私设"小金库"累计金额约8000万元,账外资产3000万元的问题。此案仅股票一项就查出有76家单位的179人涉嫌经济犯罪,其中省部级干部3人、司级干部17人、县级干部44人、其他干部115人,已立案侦查24人。4. 由审计署牵头,会同有关部委对国防科工委所属某集团公司在香港的上市公司进行了审计。查出该公司大量出借资金,形成呆账;违规炒作股票造成巨大损失;盲目决策造成重大投资损失以及虚开信用证违规套现等问题。审计署向国务院作了专题报告,并正在会同中纪委、监察部对有关问题进行进一步查处。5. 完成了党中央交办的对国家有色金属局下属的东方鑫源有限公司的专项审计。初步查清了该公司资产质量不高、持续经营困难、管理混乱,仅有的7.9亿元净资产就有5.4亿元已损失和将要损失的问题,并向党中央、国务院作了专题报告。6. 配合中纪委、监察部查处了全国供销合作总社挪用棉花资金,个别领导干部从中受贿的问题;同时发现财政部原商贸司挪用粮食专项资金2.6亿元办公司,牵头筹建北京月新大厦,有关人员严重失职,造成国有资产严重流失问题。

此外,经贸审计司还认真完成了中央领导同志交办的对中国光大集团公司的专项审计。

审计查证工作　1999年,经贸审计司认真配合稽察总署,直接参与或组织署驻地方特派员办事处对部分重点企业进行了审计查证工作。1. 稽察天津渤海化工集团公司。经贸审计司组成审计组对该公司放"高利贷",违规买卖股票等问题进行了审计核实。同时还新发现该公司虚假注册,私设"小金库",偷逃所得税,非法套现等10个问题,据此向国务院写出了专题报告。2. 稽察广州海运(集团)有限公司。经贸审计司会同署驻长沙特派员办事处对广州海运集团驻香港的6个独立核算单位进行了审计,对稽察报告所列的5个问题进行了核实。核实结果除1个问题与稽察反映的一致外,其余未发现重大违纪违规问题。3. 稽察甘肃白银有色金属公司。经贸审计司会同署驻西安特派员办事处对白银有色公司所属三叶工贸公司销售往来账项进行了审计,对稽察特派员提供的往来资金可疑线索进行核实,并新发现了三叶公司未通过库存商品及销售科目核算,未交增值税及税费附加的问题,还发现了三叶公司未据实开具发票和清收货款,其差额未在账上反映;租赁收入不入账的问题。

全国供销社系统棉花亏损挂账的清理和粮食亏损挂账的善后工作　1999年经贸审计司又作为牵头单位之一,参加了对全国供销合作社亏损挂账的清查核实工作。与有关部门共同研究制定了清理核查的实施办法,并进行了试审。从1999年10月份开始,组织署驻沈阳、郑州特派员办事处对供销总社直属的6家企业进行了审计。同时,抓紧粮食挂账的清理核实善后工作,对各地所报的数据进行复核确认;同财政部共同研究了新增挂账的停息、贴息政策及处理办法。此外,还会同监察部、国家计委等部门认真开展了粮食执法检查工作。

其他工作　1. 围绕加强企业管理,减轻企业负担,审计署与国家经贸委共同起草了《国有工业企业物资采购管理暂行规定》,并以国家经贸委、监察部、审计署的名义下发了关于贯彻执行该规定有关问题的通知。按照国务院减负办的统一安排,由审计署牵头组成的检查组对福建、河南两省的电价价外加价情况进行了检查;参加了对北京市、山西省散装水泥专项资金的检查和对山西省、黑龙江省1999年治乱减负工作的检查;审计署还与国家经贸委、国家计委等有关部门联合下发了《关于宣布第三批取消各种基金项目的通知》等10个文件。此外,还参加了国家经贸委组织的国有食品企业历史亏损挂账调查研究工作,并同有关部门共同研究了停息、贴息的政策和办法。2. 加强综合分析和业务指导,做好协调工作,确保审计质量。一是认真搞好调查研究和分类指导。1999年1月,组织召开了署驻地方特派员办事处企业审计处处长会议,研究部署了1999年企业审计工作;8月,分三个组赴天津、上海、江苏、浙江、深圳等地进行调查研究,对企业审计中发现的问题进行了分类指导,对统计报表重新进行了调整。二是对中央企业审计对象进行调查摸底,初步摸清中央企业在京和驻外地的分布情况。了解了署驻地方特派员办事处管辖的企业审计对象,为下一步摸清中央企业家底,建立资料库打下了基础。三是加强综合分析,认真反映审计信息,全年上报各种信息简报138篇,被署采用91篇,其中中办、国办采用14篇。四是认真抓了计算机的应用和培训,在企业审计基础资料的积累和应用方面取得进展,有7人通过了计算机等级考试。5月,与署计算机中心共同组织对8个特派办的企业审计人员进行了企业审计软件使用的培训,促进了各地计算机辅助审计。

【农业与资源环保审计司】　司内现设3个处:水利审计处、农业审计处、环保审计处。

司领导成员

司　长:刘达朱

副司长:王智玉(- 1999.6)

李建新(1999.6 -)

扶贫资金审计　1999年,为贯彻落实全国扶贫开发工作会议精神，确保扶贫资金的合理有效使用，促进“八七”扶贫攻坚计划的圆满完成，农业与资源环保审计司组织对592个国定贫困县1997至1999年上半年扶贫资金的分配、管理和使用情况进行了审计。共审计13426个单位，查出挤占挪用扶贫资金等违纪违规金额70.8亿元，占审计资金总额467.56亿元的15.14%。审计期间促进扶贫资金投入到位18.68亿元，归还原资金渠道17.31亿元，上缴财政3594万元。审计建议给予违纪违规责任人员党纪政纪处分60人，移送纪检监察部门案件26起、涉案52人，移送司法机关18起、涉案19人。审计查出的问题主要有：挤占挪用、改变投向、违规有偿使用财政扶贫资金43.43亿元；抵扣贷款、改变投向、擅自提高贷款利率等违规使用扶贫贷款27.37亿元；滞留、欠拨扶贫资金；违规将财政扶贫资金24.32亿元、农业发展银行扶贫贷款11.96亿元投放到非国定贫困县和一般加工企业；截至1998年12月31日，逾期未收回的扶贫贷款达142.46亿元，占贷款余额的32.48%。另外还直接审计了河北省、宁夏回族自治区的扶贫资金。中央电视台《焦点访谈》报道了审计查出的河北省扶贫办借调贫困县扶贫资金建职工宿舍等问题，引起国务院扶贫办的高度重视和较大的社会反响。根据各地、各单位上报的审计情况，农业与资源环保审计司以审计署的名义共上报16份审计简报、信息，反映了扶贫资金管理使用中的突出问题，其中国务院领导批示的有5份。审计工作结束后，向国务院提交了《审计署关于扶贫资金审计情况的报告》，温家宝副总理作了重要批示。国务院扶贫开发领导小组第四次会议，对这次扶贫资金审计给予了充分肯定，并要求“继续加强对扶贫资金经常性的审计监督，发现问题，及时纠正”。

移民资金审计　1999年的移民资金审计包括两项内容。一是三峡工程库区移民资金审计。在总结以往工作经验的基础上，重点审计了迁建城集镇移民用地出让金和乡镇移民资金，共审计资金管理部门和使用单位221个，查出挤占挪用移民资金4.73亿元，占审计资金总额53.6亿元的8.8%。查实并移交当地政府和司法机关查处的贪污侵吞移民资金案件10件，涉案人员14人。审计查出的主要问题有：挤占挪用移民资金的问题仍然比较严重；少数不法分子贪污侵吞移民资金；部分迁建城集镇超规模征用土地，随意收取、使用土地出让金；一些迁建项目损失浪费比较严重。对丰都县移民资金的审计查出了重庆市有史以来最大的贪污案件，朱总理、吴邦国副总理在反映这一案件的《审计要情》上分别作了批示。农业与资源环保审计司还直接审计了国务院三峡工程建设委员会移民开发局。审计署上报的《审计署关于1998年度三峡工程库区移民资金审计情况的报告》，引起国务院领导高度重视，吴邦国副总理作了重要批示。二是中央移民建镇资金审计。根据《国务院办公厅转发国家计委灾后重建整治江湖兴修水利现场办公会议纪要的通知》要求，农业与资源环保审计司组织对安徽等四省中央移民建镇资金的管理、使用情况进行了审计，对移民建房、拆除旧房完成情况进行了审计调查。审计资金总额34.9亿元。审计查出的主要问题有：大多数地方未按每户1.5万元拨补资金到户；一些地方统建房造价高、入住率低；地方各级部门滞留、挤占挪用资金等问题比较普遍；拆旧规定执行情况不好。审计署《关于中央移民建镇资金审计情况的报告》上报国务院后，朱总理作了批示，国务院办公厅全文转发，要求“有关地区和部门按审计报告的要求，对移民建镇工作中存在的问题认真进行整改”。

环境保护资金审计　按照署领导关于环境保护资金审计要“摸清家底、探索路子”的指示，农业与资源环保审计司直接开展了对河南、江苏两省污染治理资金的审计和对四川省天然林资源保护工程资金的审计。在摸清环境保护专项资金来源渠道的基础上，查出了大量环境保护资金使用和项目管理中的违规违纪问题，违纪资金总额达42920万元。尉健行、李岚清、温家宝同志先后在上报的审计结果材料上做出重要批示。河南省人民政府认真落实审计署审计决定，成立专门小组，对5起违反财经纪律的案件作了处理，10名责任人员受到行政处分。

预算执行审计　按照署统一安排，农业与资源环保审计司独立完成了对水利部预算执行审计，参加了对财政部、农业部、国土资源部、国家环境保护总局等单位预算执行情况的审计。在对水利部的预算执行审计中，查出了该部在预算执行中弄虚作假，伪造立项文件，乱集资14600万元修建水利调度综合楼；自行调回南水北调资金6500万元，以及其他水利专项资金，私设“小金库”；中国水利投资公司挪用水利专项资金5000多万元，炒股票、经商办企业等严重违规违纪问题。根据审计结果，审计署向国务院提交了两份专题报告。朱镕基总理、温家宝副总理分别作了重要批示。审计水利部的结果向社会披露后，产生了很大反响。在参加对财政部预算执行审计中，查出了由该部农业财务司牵头，有关省、自治区、直辖市财政厅(局)挪用财政支农周转金等财政性资金14500万元，在上海浦东兴建金隆大厦的严重违纪问题。李审计长在向全国人大常委会报告中央财政1998年预算执行情况审计结果时，常委们对水利部和财政部的上述问题十分关注和重视。

此外，农业与资源环保审计司还汇总了地方审计机关对1998年农业综合开发资金的审计情况，向国家农业综合开发办公室、中国农业银行等单位通报了审计结果；协助、配合中纪委、监察部对水利部严重违反财经纪律的问题进行查处；派人代表审计署参加了最高审计机关亚洲组织举办的环境审计研讨会；组织地方审计机关、署驻地方特派员办事处24名审计人员赴澳大利亚进行农业审计培训，25名审计人员赴德国进行了环境审计培训。

精神文明建设 1999年，农业与资源环保审计司根据署直属机关党委的年度工作安排，深入细致地开展了"三讲"教育，坚定不移地揭批法轮功的歪理邪说，加强干部队伍建设和廉政教育，积极开展形式多样的思想政治和精神文明建设工作，取得了较好的成效。赴河北省审计扶贫资金的同志们，工作认真负责，不游览、不吃请、不收礼。农业与资源环保审计司党支部被评为署机关1998－1999年度先进党支部。王华同志被评为优秀共产党员，翟挨才同志被评为优秀兼职党务工作者。

【社会保障审计司】

司领导成员

司长：赵连栋

副司长：刘满堂（－1999.4）

刘海宇（1999.11－）

秦　萌（1999.11－）

主要工作 1.参加1998年中央预算执行情况审计，组织了1998年国有企业下岗职工基本生活保障和再就业资金（以下称国有企业下岗再就业资金）审计工作。1998年底，社保司对山西省国有企业下岗再就业资金收支及管理情况进行了审计调查，在此基础上，拟定了1998年国有企业下岗再就业资金的审计工作方案，组织16个审计署驻地方特派员办事处、9个审计署派出审计局、4个审计署机关业务司和新疆生产建设兵团审计局，对17个省（自治区、直辖市）和25个中央行业主管部门1998年接受中央财政拨付的国有企业下岗职工基本生活保障和再就业补助资金（包括中央财政补助资金和中央专项借款，以下统称中央财政补助资金），及其用于此项工作的地方财政资金、社会筹集资金和企业自筹资金的筹集、使用情况进行了审计，并延伸审计了失业保险基金。社保司自身承担了对山西省国有企业下岗再就业资金的直接审计任务，审计了山西省本级、太原市和大同市的国有企业下岗再就业资金及失业保障基金，并审计了7户山西地方企业和3户中央在晋企业。山西等17个省共筹集资金107.3亿元（含中央财政补助资金51亿元），按财政、社会、企业自筹计算，分别是80亿元、11.9亿元和15.4亿元，三者比例为74.6%（中央财政资金占47.5%）、11%、14.4%。25个中央行业主管部门中的14个中央行业主管部门共筹集资金11.4亿元，按财政、社会、企业自筹计算，分别是3.6亿元、0.4亿元和7.4亿元，三者比例为31.8%、3.3%、64.8%。以上均不符合中央要求的"三三制"的筹资原则。审计查出国有企业下岗再就业资金违纪违规金额2.3亿元，失业保险基金被挤占挪用和违规支出2.1亿元。审计结束后，社保司共发出对山西等17个省和3个中央在晋企业的审计意见书20份，作出审计决定12份。写出1期"审计要情"，国务院领导作了批示；2期"重要信息要目"，其中1期被中办、国办采用。审计综合报告被《审计工作通讯》、《中国审计报》、《中国审计》杂志采用，并由新华社发了通稿。2.组织对企业职工基本养老保险基金进行审计。1999年，社保司组织31个省（自治区、直辖市）和新疆生产建设兵团审计机关对企业职工基本养老保险基金进行审计。审计范围包括31个省级、426个地（市）级及2168个县级社会保险经办机构，并重点延伸审计了欠缴基本养老费在亿元以上的10个大户。审计中共查出违纪违规金额85.4亿元（其中以前年度查出但未得到纠正40.7亿元，新发现的44.7亿元）。审计查出的主要问题有：出借、投资经商27.2亿元，购建固定资产17.8亿元，挤占基金用于机构行政管理费14亿元，未专户存储14.5亿元等。此外还查出以实物抵顶应缴养老保险费3.9亿元；不严格执行对以前年度违纪问题处理的规定，扩大范围核销基金1.2亿元及欠缴养老保险费241.6亿元等问题。审计过程中，写出2期"重要信息要目"，被中办、国办采用，国务院领导同志高度重视，作了重要批示；写出3期"审计简报"。3.完成了对铁道、交通等11个行业统筹企业职工基本养老保险结余基金的审计任务。这是国务院领导同志交办的由审计署牵头、劳动保障部和财政部参加的一项重要工作。社保司组织16个特派员办事处对11个行业存在中央主管部门的结余基金移交情况进行了审计，组织各省（自治区、直辖市）审计机关对存在11个行业省以下社保经办机构的结余基金进行了审计。审计核实，截止1999年2月底，存在中央主管部门的基金滚存结余为58.6亿元，存在省以下社保经办机构的结余基金滚存结余为56.95亿元。审计查出国家煤炭工业局社保局原负责人侵占养老保险基金等严重问题，移交检察机关立案查处；审计还查出了基金被挤占挪用及自行提高待遇等问题。此次审计，向国务院上报2份综合报告，根据国务院领导同志批示精神，经与劳动保障部、财政部等有关部门协商，共给铁道部、交通部等11个行业主管部门下达17份审计意见书，作出7份审计决定，给财政部、劳动保障部、国家开发银行发出3份审计建议书。审计过程中写出1期"审计要情"，国务院领导作了批示；写出1期"重要信息要目"，被中办采用。4.组织对1998年度中国福利彩票赈灾专项募集专项审计。1999年，社保司组织各省、自治区（西藏除外）、直

辖市和计划单列市、新疆生产建设兵团审计机关对1998年度中国福利彩票赈灾专项募集情况进行了专项审计，有的地方审计机关还对福利彩票常规发行额度一并进行了审计。社保司自身承担了对中国社会福利有奖募捐委员会1998年度财务收支及筹集15亿元赈灾资金任务完成情况的审计任务。审计情况表明，国务院批准在全国范围内发行50亿元赈灾福利彩票额度、筹集15亿元赈灾资金的任务顺利完成，筹集到的15亿元赈灾资金于1999年4月2日提前全额上缴国务院。审计中发现部分地区在赈灾专项募集过程中，在彩票销售管理、奖品采购、票据管理及资金的运作上还存在一些问题，违纪违规金额达1.8亿元。审计结束后，向《人民日报》提供了审计结果的新闻稿，向民政部通报了审计情况。审计过程中写出1期"审计简报"。5.1999年，在署外事司的大力支持下，由社保司组团，从全国审计机关抽调从事社会保障审计的人员25人，到美国进行了为期一个月的培训。这是社会保障审计司成立以来第一次组团到国外进行培训，学习国外的社会保障审计工作经验。在美期间，主要培训了以下主要内容：美国社会保障体系与管理，包括社会福利、老年及遗属保险、残障保险、医疗保险及失业保险等社会保险信托基金的筹集、管理、使用和监督；美国联邦政府社会保障的工作职责、工作内容，社会保险信托基金机构工作职责及内容，内部控制情况，社会保险信托基金与财政预算的关系，其年收支额占联邦和州财政预算的比例等；美国的社会福利，包括对退伍军人的安置、社会救济、社会捐赠、社区服务及基金的收支管理；美国的审计机构，国家审计与内部审计的关系；社会保障审计职责、审计内容、审计程序和方法、审计组织管理及审计实例介绍等。

为贯彻落实朱镕基总理关于"全面审计，突出重点，注意发现大案要案线索"的指示精神，社保司在组织审计工作时，一直把注意发现大案要案线索作为工作的重点予以关注。国有企业下岗再就业资金审计工作中，太原特派员办事处审计组发现内蒙古呼和浩特市存在挤占挪用再就业资金的重大问题；11个行业统筹企业职工基本养老保险基金审计中，他们又发现国家煤炭工业局社保局存在挪用养老保险基金、私分公款、养老保险基金利息收入下落不明等严重问题。这两个大案要案线索向国务院汇报后，朱镕基总理等国务院领导同志作了批示，都已经移交监察、纪检等部门进行查处。

1999年是不平凡的一年，在署党组和机关党委的组织下，社保司全体同志以饱满的政治热情积极参加"三讲"教育及深入揭批法轮功等各项政治思想活动，通过认真学习政治理论，思想政治水平都有一定提高。社保司党支部以优异的工作成绩和良好的作风，获得审计署的好评，被中共审计署直属机关委员会评为1998～1999年度先进党支部。

【固定资产投资审计司】 1999年，实有人员16人。下设一处、二处、三处、四处4个处室。

司领导成员

司　长：席　晟

副司长：潘小军

水利建设资金及建设项目审计　1998年，国家下达中央水利基本建设资金322.54亿元，其中国债专项资金234.79亿元（含国债转贷地方资金127亿元）、非经营性基金73.75亿元、中央水利建设基金14亿元。1999年投资司组织15个特派办和31个省（市、自治区）审计厅（局）对中央水利建设资金和58个重点水利建设项目进行了审计。经审计，截至1999年3月底，水利部所属七大流域管理机构、直属单位和30个省区市实际收到中央下拨的水利建设资金293.19亿元，占当年计划安排的90.9%。审计结果表明，中央水利建设资金到位及管理情况总体上是比较好的，但也存在不少问题。如转移挪用国债专项资金，用于平衡财政预算、弥补经常性开支或周转使用；擅自调整计划，将国债专项资金用于其他项目；国债转贷地方资金管理不规范；前期准备工作不足，造成大量国债专项资金闲置；挤占挪用水利建设资金搞楼堂馆所、投资入股和弥补行政经费；水利部违规从各地调取资金设立"小金库"，挤占水利资金用于地方发放奖金等。审计共查出转移、挤占和挪用中央水利建设资金等违法违规金额30亿元（含延伸审计发现的以前年度部分问题），约占审计资金总额的10%，并将14起违法违纪案件线索移交司法等有关部门。还组织对58个重点水利建设项目进行了审计，其中大江大河控制性枢纽工程13项、大江大河治理项目32个，项目总投资1067.36亿元，实际到位资金573.95亿元，已完成投资528.04亿元。查出的主要问题是：1.截留挤占挪用建设资金问题比较普遍，特别是移民资金管理混乱，58个水利项目被截留挤占挪用建设资金达17.8亿元；2.部分项目建设资金不落实、不到位，27个项目不落实、不到位资金达37.72亿元，造成工程工期延长、损失增加；3.前期规划、准备不足，影响工程建设；4.大部分项目没有认真落实招投标制、监理制，工程建设管理不力，给工程造成质量隐患和经济损失。审计共查出各类违纪违规资金51亿元，已责令归还原资金渠道、核减工程造价、调整账目等12.91亿元，并将16起违法违纪案件线索移交有关部门查处。针对发现的问题，审计机关依法进行了处理，并提出了审计建议。对挤占挪用水利建设资金的，除责令归还和没收违法所得外，对情节严重的，还根据有关法规进行了处罚，并建议有关部门追究单位领导人和直接责任人的责任，构成犯罪的，移送司法机关依法追究刑事责任；对擅自将水利建设资

金以资本金投入等方式搞有偿使用的，要求水利部门按国家规定予以清理、纠正。同时建议水利部门，要加强项目前期工作，认真落实招标投标制度；要规范水利建设行业管理，改进和完善投资计划管理体制，保证水利建设资金的安全、完整和有效使用；规范国债专项资金管理，纠正层层转贷，影响国债专项资金使用效果的做法；促进地方配套资金落实到位。《审计署关于水利建设资金审计情况的报告》上报国务院后，国务院领导作了重要批示。

中央直属储备粮库建设资金及建设项目审计　1999年初，国家确定建设430个中央直属储备粮库项目(含分库)，概算总投资约172亿元，全部为国债专项资金。1999年，投资司组织14个特派办、29个地方审计厅(局)对中央直属储备粮库建设项目进行了审计。截止到1999年10月底，共对337个中央直属储备粮库进行了审计。审计情况表明，各级政府和计委、财政、粮食等部门十分重视粮库建设工作，普遍加强了组织领导和建库资金管理，但也发现了一些比较突出的问题，包括因前期准备工作不充分，勘察设计深度不够，设备采购滞后等原因造成建设工期普遍拖延；国债专项资金曾一度到位不及时；有些项目管理不严格，工程招投标制和监理制不落实，形成工程质量隐患；一些地方政府和部门承诺不落实，巧立名目收取费用；有些地方建设银行未严格履行职责，致使专项资金没有专户存储。审计机关将2件违法案件线索移送检察机关。针对发现的问题，审计署建议：各级地方政府要认真履行承诺，落实无偿提供项目建设用地和免征相关税费的政策；有关主管部门应认真总结500亿斤仓容粮库项目建设的经验，积极做好今年再扩建200亿斤仓容的各项准备工作。建议对新扩建粮库要充分认证，加强前期准备工作，特别是库点布局、仓型选定和设计、概算编制和工期合理安排等方面的工作，并要落实招投标制度，进一步提高投资效益。《审计署关于中央直属储备粮库建设项目专项资金审计情况的报告》上报国务院后，国务院领导作了重要批示。

“三讲”教育工作　按照党中央的要求和署党组的部署，1999年投资司认真开展了“三讲”教育活动。随着“三讲”教育活动的不断深入，大家的认识不断提高，效果也日趋明显。司处两级干部，按照党组要求，广泛开展谈心，征求意见，依靠组织的指点和帮助，联系实际，通过自我剖析、思想交流、批评与自我批评，查找个人思想作风和队伍建设方面的问题，分析原因和危害。大家认识到，要适应新形势的要求，完成好各项工作任务，使投资审计工作上水平、上层次，就必须建设一支具有良好精神状态、过硬思想作风和较高专业素质的干部队伍。在开展“三讲”教育活动过程中，提出了整改措施，并逐步具体加以落实。在工作中，注意充分发挥党支部的监督保证作用，增强队伍凝聚力，党支部荣获1999年度署机关先进党支部称号。

基础建设工作　1999年初，司内主要抓了建章建制工作，制订《投资司工作规则》，明确了司处两级干部的职责，规范工作程序。结合本司实际，提出和落实了以下措施：1. 建立情况通报制度。每月第一个星期四定期召开司务会，通报有关情况，主要内容包括：上月工作完成情况、本月的计划安排、发生的重要事件和考勤检查情况等。2. 加强建设项目审计计划和建设项目审计补助经费管理，规范审批程序，对授权地方审计机关审计的项目，要征求所在辖区特派办的书面意见。3. 落实审计业务会议制度，重要审计项目的审计报告要提交司务会讨论。4. 加强廉政建设，认真落实署党组《落实党风廉政建设责任制的实施办法》和审计署关于《审计组廉政纪律的若干规定》，建立了廉政纪律执行情况反馈制度。这些措施为做好司内工作提供了制度保证。

审计成果宣传　1999年1月，为贯彻国务院召开的加强基础设施工程质量管理会议精神，投资司起草了《审计署关于加强基础设施建设专项资金和建设项目审计工作的通知》(审投发[1999]69号)，明确了当前投资审计工作的任务，以及完成任务的要求和具体措施。这对审计机关把握大局，从讲政治的高度认识当前的形势和任务，排除干扰，切实贯彻依法审计、依法行政的原则，加强和深化固定资产投资审计起到了推动作用。文件发布后，为扩大宣传效果，及时通过署办公厅，与中央电视台、新华社和人民日报社联系，报道了主要内容。

注意审计信息工作，及时编报信息，向党中央和国务院反映。共报送《审计要情》9份、《重要信息要目》25份、《审计简报(增刊)》4份、《审计简报》2份，其中被国务院领导批示的有10份，还向国务院和中央办公厅报送专题报告4份。另外，为了披露典型案例、总结和推广审计经验，扩大影响，以点带面，推动工作，我们还组织撰写专稿，在中国审计报、金融时报、中国建筑报、中国审计杂志、中国投资杂志和审计工作通讯上刊载。

业务培训及对外交流　1999年，投资司通过多种渠道，多种方式，加强专业、计算机运用和外语的培训。主要做法：一是做好审前培训，举办培训班，请国家计委、财政部、建设部、水利部和国家粮食储备局的有关部门领导和专家讲课；二是平时注意组织业务学习，大家交流学习、考察成果，凡参加专题培训班和研讨会、国外考察的同志，在全司业务学习会上交流；三是努力创造条件和争取机会，选派人员参加各类业务培训班，全年先后选送7人出国培训，3人参加计算机培训，2人参加英语培训。1999年8月至9月，组织全国投资审计系统25

人到德国进行了为期4周的公共工程审计业务培训。培训内容包括公共工程投资及管理体制、监督体系,公共工程审计程序、形式和结果运用。通过培训,了解了德国的财政体制、公共工程投资体制、审计在公共工程监督方面发挥的作用。

【外资运用审计司】

司领导成员

副司长:孙宝厚(主持工作)

审计工作成果　1999年,外资运用审计部门认真贯彻朱总理关于全面审计、突出重点、注意查处重大违法违纪问题和经济案件的指示精神,以署党组提出的“二十字”方针为指导,按照1999年初确定的“强化监督、严格执法、提高质量、内外合一、如实披露”的外资审计指导思想,采取了一系列有效措施,积极转变思想观念,进一步规范审计行为,强化审计监督职能,全面加强和改进国际金融组织贷款和国外援助项目审计工作,依法加大审计处理和披露的力度,提高了我国审计机关的信誉和权威,为积极、合理、有效地利用外资发挥了积极促进作用。

1999年,外资运用审计部门共审计世界银行等国际金融组织贷款和国外援助项目228个,向国际金融组织出具中英文审计报告270份,其中向世界银行出具152份,向亚洲开发银行出具78份,援助项目、其他国际金融组织审计报告40份。

转变思想观念,规范审计操作　针对国际金融组织贷款和国外援助项目审计长期以来存在的问题,外资运用审计司于1999年初明确提出了外资审计必须“强化监督、严格执法、提高质量、内外合一、如实披露”的指导思想,强化了审计监督职能,规范了内外合一的审计报告(代审计意见书)的格式,加大了向国际金融组织披露的力度。

围绕指导思想的转变,为规范审计操作,制定印发了一系列配套文件:《审计署、财政部关于加强国际金融组织贷款项目审计监督意见的报告》(审发[1999]7号),《审计署关于规范世界银行贷款项目审计报告的通知》(审外资发[1999]17号),《审计署、财政部关于加强国际金融组织贷款项目审计监督的通知》(审外资发[1999]27号),《审计署办公厅关于印发世行贷款农业项目审计工作方案的通知》(审办外资发[1999]25号),《审计署办公厅关于切实做好国外贷援款项目审计对外披露工作的通知》(审办外资发[1999]49号),《审计署办公厅关于国际金融组织贷款项目审计处理指导原则的通知》(审办外资发[1999]51号),《审计署办公厅关于署内单位国际金融组织贷款和国外援助项目审计工作有关事项的通知》(审办外资发[1999]80号),《审计署办公厅关于国际金融组织贷款和国外援助项目审计报告(代审计意见书)审核签发有关事项的通知》(审办外资发[1999]112号)。这些文件的印发,为规范外资运用审计操作提供了重要的保证。

强化审计监督,深入揭露问题　1999年度,审计查出的违纪违规问题金额达966597万元。与上年相比,审计查出问题的范围更加广泛,查出的违法违纪金额也明显增加。审计查出的主要问题有:1.配套资金不到位266912万元。外资项目配套资金不落实的问题比较普遍,中央和地方、有偿和无偿配套的资金均有不同程度的不到位现象,少数项目的配套资金到位率甚至为0。2.经营性项目损益不真实208526万元。3.虚列项目工程支出88825万元。4.项目投资超概算86416万元。5.挤占、挪用、出借项目资金52128万元。有的项目资金被用于高息放贷,有的无偿借给下属单位使用,有的用于发放工资,有的用于项目外建设,少数单位甚至挪用项目物资和资金修建职工宿舍。6.设备物资招标采购过程中问题较多。诸如采购的设备物资不适时、不适用、质次价高,导致损失浪费和违规变卖等等。7.滞留项目资金10808万元。各级财政和项目办将应下拨的世行回补资金或配套资金不下拨或者推迟下拨,影响了项目建设。8.虚报冒领国际金融组织贷款10287万元。9.部分地区转贷层层加息,缩短还款期限,优惠条件未落实到基层。10.还贷能力较差,特别是非经营性项目更为突出。

除上述问题,还查处并披露了贷款协定部分条款不恰当以及项目执行管理中存在的一些突出问题。一是贷款协定部分条款不恰当、不适合我国国情。如经营性项目贷款协定要求提供经审计的包括非项目部分在内整个项目执行单位的财务报表,有损项目单位甚至国家的利益,而且使审计面临很大风险。二是还贷准备金数量不足、管理不当,贷款偿还困难。如部分项目单位和地方财政未按规定建立还贷准备金,或者滞留、截留国际金融组织贷款作为还贷准备金,部分地方将还贷准备金用于非项目投资或出借,结果难以收回,导致一些项目不能按时还本付息,上级财政部门不得不通过预算逐级扣款,仅财政部1998年通过预算就向省级财政扣款达5亿元。三是工程招投标问题较多,有的地方土建工程招标中恶性竞争,过分压低中标价格,实施中因资金短缺影响项目进度,工程质量难以保证。四是内部控制和管理方面的一些问题,如部分项目经济效益差、工程质量差、工程缺乏有效监理机制、财务管理薄弱、报账不及时、物资采购监督管理不力、物资采购与财务管理脱节等等。对审计中发现的少数项目单位部分人员利用职务之便贪污挪用项目资金的案件,均已移交检察部门处理。

审计揭露和查处的问题引起了各级政府、中央有关部门、项目主管部门以及国际组织的高度重视,部分问题已经得到了很好的纠正和解决,为促进国际金融组织贷款和国外援助项目的顺利实施发挥了十分重要的作用。1.各级政府、项目主管部门高度重视审计揭露的问题，采取积极措施加强整改。如四川省审计厅将秦巴扶贫项目存在的主要问题向省政府报告后，省委书记、代省长、主管副省长都作了批示，省扶贫办把审计厅反映的问题和领导的批示转发各级项目办，要求遵照执行，收到了较好的效果。陕西省外资运用审计部门督促项目单位追回以前年度被侵占挪用的项目资金5800万元。2.世界银行非常重视1999年审计报告所披露的问题。世界银行认为1999年我国的审计报告可读性强多了，更加规范了，收到审计报告后，一直没有对1999年我国的整个外资审计工作提出任何异议。世行驻中国代表处还专门对审计报告反映的问题进行了汇总，并且首次专门致函督促财政部及有关中央项目主管部门共同研究解决这些问题。3.中央有关部门高度重视审计报告反映的问题。财政部专门下发《财政部关于加强世界银行贷款管理和及时纠正项目执行中违规行为的通知》(财际字[1999]183号)，向各地财政部门通报审计发现的问题并要求限期整改。审计署也下发《审计署关于转发财政部〈关于加强世界银行贷款管理和及时纠正项目执行中违规行为的通知〉的通知》(审外资发[1999]101号)，要求各级审计机关跟踪检查问题整改情况，并要在以后的工作中继续加大审计监督力度，如实向上级审计机关报告和向外披露。4.有关中央项目办也采取措施，及时纠正审计发现的问题。如国家环境保护总局针对审计报告反映的中国辐射防护研究院虚报冒领世行贷款资金的情况，专门发文要求该院立即将违纪资金及利息收入56.8万美元提前归还原渠道。国家粮食储备局国外贷款事务管理中心下发《关于认真做好世行贷款粮食流通项目1998年度审计披露问题检查整改工作的紧急通知》，要求各项目单位对照审计报告披露的问题进行检查，限期整改。

注重反映审计信息，积极服务宏观决策　1999年全国审计机关外资运用审计部门加大了对审计信息的反映力度，审计简报、重要信息要目等专项材料被中办、国办、国家有关部委及审计署采用17篇，其中9篇被中办和国办采用。这些审计简报、重要信息要目从为宏观决策服务的角度，反映了项目执行中资金使用、设备招标采购、工程质量、项目进度等存在的诸多问题，充分体现了审计为宏观决策服务的作用，引起了国务院领导及有关部门的高度重视。

加大业务指导和监督检查力度，强化外资运用审计质量控制

为认真落实外资审计的指导思想，强化质量控制和防范风险，1999年外资运用审计司加大了对特派办、派出局和省级外资审计业务的指导和监督检查力度。一是在年初就举办全国外资审计研讨班，详细讲解《世界银行贷款项目审计手册》和一系列新规范，研究布置全年的外资审计工作。二是在审计实施过程中，各级外资运用审计部门遇到的业务技术工作难题，外资运用审计司都及时予以解答，加强指导，促进规范。三是实行严格的质量控制，要求各特派办和派出局向国际金融组织出具的所有审计报告和省级审计厅局第一年向国际金融组织出具的审计报告必须送外资运用审计司审核。外资运用审计司实行项目主管人员、处长、专业人员和司长四级审核制度，发现问题及时解决。四是开展检查考评工作，促进各级审计机关外资运用审计部门规范操作，防范审计风险，提高审计质量。外资运用审计司高度重视检查考评工作，早在6月份就印发了《审计署办公厅关于1999年外资审计工作检查考评有关事项的通知》(审办外资发[1999]123号)，明确了1999年对世行贷款农业项目审计质量、审计报告和审计信息三项工作进行检查考评。外资运用审计司组织了省级审计机关36名业务骨干对24个省区市世界银行贷款农业项目的审计质量进行了检查评比，内容包括农业项目审计方案、审计质量和审计报告，还抽查了地方财政及项目单位提款报账情况，深入到市县项目点调查了解农业项目执行情况；聘请有关专家对审计报告进行检查评比，对各特派办和省级审计机关上报的内外合一审计报告(代审计意见书)及所附工作底稿的内容、形式和格式进行检查；对审计信息包括上报的专题报告、综合报告和信息简报的数量、质量、被采用情况和发挥的作用等进行检查评比。在此基础上，印发了《审计署办公厅关于1999年外资审计工作考评结果的通报》(审办外资发[1999]226号)，对评选出的优秀单位进行了表彰。检查评比对总结成绩，调动外资审计人员工作积极性，规范外资审计工作，提高外资审计工作质量起到了良好的作用。

加强外资运用审计技术基础建设，提高审计工作水平　1.编写了适合我国外资运用审计特点的审计手册和审计指南。外资运用审计司组织著名学者和具有丰富外资审计经验的专家共同编写了《世界银行贷款项目审计操作指南》，该指南是外资审计技术基础建设的重要成果，标志着世界银行贷款项目审计及整个外资审计在规范化道路上又迈出了坚实的一步。指南总结我国多年来外资审计的实践经验，在审计依据、审计准则和审计报告等方面，均兼顾了我国的规定和世行的要求；围绕审计目标，按照审计流程，每个阶段应该审计什么、怎么审计和审计完了怎么办等，都提供了详细具体、可选择的解决方案，对实际操作具有较强的指导和规范作用。此外，在总结我国外资审计实践经验的同时，也借鉴了国际上一些先进的审计技术和方法，具有一定的超前性，对未来的外资审计工作上层次、上水平，跟上时代发展步伐，将起到积

极的导向和示范作用。已经开发完成的指南在2000年将投入大规模培训和推广使用。同时，为借鉴国外绩效审计的先进经验，外资运用审计司聘请国际五大会计公司之一的德勤会计公司合作编写《绩效审计手册》，与《世界银行贷款项目审计操作指南》相配套，手册主要是解决对世界银行贷款项目进行绩效评价的技术方法问题，手册的初稿已完成。2.初步建立外资运用审计管理信息系统。外资运用审计司与署计算机技术中心合作开发的外资运用审计管理信息系统内容包括外资运用审计法规政策库、外资运用审计项目信息子系统和外资运用审计项目作业管理子系统三个部分。系统目标是要建立联通外资运用审计司与特派办、省级审计机关外资运用审计部门的计算机信息网络，利用计算机网络和辅助审计技术，对被审计单位计算机会计信息系统及电子数据进行测试、审查，收集处理审计现场作业信息，逐步积累规范、完善的基础资料，快速存储、处理、查询、管理外资审计信息。该系统的外资运用审计法规政策库、外资运用审计项目信息子系统已开发完成并进入试运行阶段。3.采取多种形式，对外资运用审计人员进行业务技能、计算机操作及英语培训，大力培养外资运用审计专业人才。1999年初，外资运用审计司与署培训中心联合举办了全国外资运用审计业务培训班，由审计署、财政部、世界银行的领导和专家授课，着重解决转变观念、加大审计力度、如实披露、规范审计报告及相关的技术操作问题。针对部分署派出局首次承担外资运用审计任务，组织了专门的外资运用审计业务技术培训。此外，结合外资运用审计管理信息系统开发，组织了有关单位参加的三期计算机操作培训班，与署培训中心联合举办了为期三个月的业务骨干英语培训班。通过大力培训和实践工作的锻炼，外资运用审计干部队伍的素质有了明显的提高。4.不断总结和调查研究，促进外资运用审计技术与方法进一步规范和完善。外资运用审计司组织力量对1999年提交给国际金融组织的所有审计报告进行分析，对审计报告格式和内容上存在的具体技术问题进行了归纳总结，并形成改进方案，以进一步规范外资运用审计工作。

【外事司】 1999年共有11人，内设双边合作处、国际组织处、境外审计处等3个处室。

司领导成员

副司长：陈　华（－1999年11月）

罗美富

机构设置　双边合作处：主要负责审计署同各国最高审计机关、审计团体的日常联络工作和双边来访、出访团组的有关业务；负责办理审计署机关、直属单位、派出局和特派办人员出国的有关手续；参与审计署与国外最高审计机关双边审计合作项目的谈判、签约，并负责管理和组织实施。国际组织处：主要负责审计署同最高审计机关国际组织、最高审计机关亚洲组织、国际内部审计师协会等国际和地区性审计组织的交往及有关业务；参与多边和国际性组织的合作项目的谈判和签约，并负责管理和组织实施；负责组织翻译研究国外审计资料，组织对外宣传，并代管司内行政管理事务。

促进友好往来、深入开展国际交流和合作，拓宽审计署外事交往范围　1999年是审计署机构改革后的第一年，外事司遵照署领导的指示，进一步加大了国际交往力度，在平等互利、为我所用的基础上，加强了与各国最高审计机关之间的业务交流和合作，积极发挥审计署在国际审计组织中的作用，拓宽了对外交往的领域，审计署对外交流的渠道更加畅通。到1999年底，审计署与近70个国家和地区的审计机关建立了双边和多边关系，涉及六大洲，包括亚洲、欧洲、南美洲和北美洲的大部分国家，非洲和大洋洲的部分国家，其中关系比较密切的国家和地区有20多个。1999年审计署继续保持同英国、德国、澳大利亚、日本、韩国、印度、巴基斯坦、瑞典、丹麦、巴西、阿根廷、俄罗斯等国家最高审计机关的长期友好合作关系，新开拓了与基里巴斯、乌克兰、越南、古巴最高审计机关的合作关系。积极开展双边业务合作和互访活动，共安排出国团组75个，530人次，其中访问考察25个团组，169人次；会议研讨19个团组，48人次；学习培训23个团组，255人次；境外审计8个团组，58人次。圆满完成了从组团联系到护照签证办理的各项事务，较好地完成了交流考察任务，加强了与被访问国的联系。接待外国来访团组18个，64人次，其他临时来访和拜会团组11个，57人次，与阿根廷、基里巴斯最高审计机关签订合作协议或备忘录，密切了与各国审计机关的友好交流与合作。1999年审计署共安排部级领导率团访问了近10个国家和地区，促进了双边交往和合作。李金华审计长率领中国审计代表团赴泰国参加最高审计机关亚洲组织第27次理事会会议并顺访韩国；金基鹏副审计长率团访问智利和阿根廷；翟熙贵副审计长率团访问日本和乌克兰；刘鹤章副审计长率团访问古巴和参加美国财政管理协会年会；刘家义副审计长访问葡萄牙和参加在香港举办的第一届中国财政会计国际研讨会，都获得了圆满成功。1999年审计署共接待副审计长以上级别的外国最高审计机关来访团组9个，同越南、以色列等国的友好关系又有发展。1999年10月，德国审计院院长来华访问，进一步加强了双边关系，延续了两国最高审计机关之间长期的密切交流和合作；1999年国务院秘书长王忠禹会见了来访的基里巴斯审计长、俄罗斯联邦审计院院长、以色列主计长公署主计长，表明审计外交正受到国务院有关领导的重视。1999年外事司还进一步拓宽了外事交往的范围，积极建立同北欧、南美和大洋洲地区最高审计机关的关系，对外交往呈现出在深度、广度上不断发展的趋势。1999年8至9月，审计署组织计算机考察团访问挪威、丹麦最高审计机关，促进同两国审计界在信息技术应用方面的交流；丹麦外交秘书来华访问期间，拜会署领导，商讨召开反腐败课题研讨会的有关事项；1999年11月，阿根廷副审计长访问审计署，进一步加强了审计署同南美审计机关的联系往来；1999年10月，太平洋岛国基里巴斯审计长访华，两国审计机关签订合作协议，由审计署向对方审计机关提供人员培训等方面的援助，既积极配合了我国外交工作，也开创了审计署对外援助的先例。1999年审计署外事司还积极配合我国外交斗争，取得显著成果。审计署就巴拉圭(未建交国家)最高审计机关邀请台湾审计机构参加南美审计组织会议一事致函国际审计组织和南美审计组织主席、秘书长，请他们进行干涉，制止台湾参会，得到了明确支持；巴拉圭审计机关改邀我国驻巴西圣保罗总领事与会，此举在一定程度上推动了我国同巴拉圭建交的进程。1999年在加拿大举行的国际内部审计师协会第58届年会期间，审计署与会代表立场坚定，就会场悬挂台湾伪“国旗”事宜同国际内部审计师协会进行了严正交涉，捍卫了“一个中国”的原则，并在会场内外继续就台湾内审机构搞“一中一台”的企图进行了斗争。

争取技术援助，进行项目合作，学习借鉴外国先进审计经验

为更好地吸收和借鉴国外先进的审计工作经验，加快我国审计工作的现代化进程，审计署在1999年继续加大与国外审计机关的技术合作开发与研究的力度，争取取得技术援助；积极申请利用最高审计机关国际组织和亚洲组织、世界银行、亚洲开发银行、联合国开发计划署等国际组织的技术援助，开展国际交流与合作。到1999年底，各双边和多边合作项目均得到有效执行，已有初步成果。其中，审计署继续执行与巴基斯坦、印度等国最高审计机关的研讨交流项目，分别于4月和11月召开了“中巴绩效审计研讨会”和“中印计算机审计研讨会”，取得了圆满的成功。中澳项目组经过调查研究，已起草完成了企业审计指南的初稿。中德合作项目已持续9年，成果丰硕。亚行援助我国加强政府审计系统项目运作良好，UNDP(联合国开发计划署)项目、中日韩项目也进入了启动和运作阶段。同香港理工大学的合作项目正在商讨中，此项目将为审计署培训业务人员和审计科研提供帮助。1999年，审计署派出的各考察和培训团组也紧紧围绕各自的考察重点，对德国、美国、加拿大等发达国家的审计工作进行研究，着重吸取其他国家最高审计机关的先进审计理论、技术方法、成果和经验，为进一步完善我国审计体制，推动审计机关“人、法、技”三大基础建设提供可供借鉴的经验。1999年审计署本着加速培养审计人才的方针，积极组织审计系统干部参加国外培训，提高人员素质。1999年外事司继续组织审计系统干部赴外国最高审计机关培训和强化学习，参加亚审组织的培训班，赴巴基斯坦、印度、英国、挪威等国学习和培训，既为审计署储备外语人才，又推动对国外审计实践的把握和借鉴工作，培训工作效果良好。

开拓外事工作新领域，境外审计试点取得成效 1999年，经国务院批准，审计署第一次开展了境外审计试点工作，由外事司负责境外审计的组织协调工作，境外审计试点工作取得初步成效。审计署在调研的基础上，广泛征求外交部、财政部、外经贸部、中国人民银行的意见，根据国务院秘书长王忠禹的批示，制定了《关于1999年境外国有单位审计试点实施方案》，在得到国务院领导批准后，抽调人员于9月组成赴欧洲、香港两个境外审计组，分别对我国驻法国、奥地利使领馆及联合国代表团和香港明华船务有限公司、中国工商银行香港分行进行了审计试点，查出我国驻外机构和境外国有企业、金融机构存在的一些不容忽视的问题，并向国务院提交了专题报告。这次审计试点，探索了境外审计的方法，开拓了审计工作的新领域。

加大对外宣传和编译国外审计资料的力度，服务审计业务

审计署对外宣传工作的基本方针是：宣传中国审计，了解世界审计，服务于我国审计工作。1999年审计署进一步加强对外宣传，介绍中国审计工作取得的巨大成就，让更多的国家了解中国审计。外事司工作人员立足审计业务，编译出版国外审计资料，翻译量总计达100多万字。外事司编印了介绍我国审计工作的中英文宣传册子，组织撰写和翻译了历次国际研讨会和科研项目的中国论文。外事司每月编译出版一期《国外审计资料》；组织出版《中国政府审计概览》和《最高审计机关国际组织文集》；编译33期《互联网消息快讯》；为署领导了解国际国内动态提供大量有价值的政治、经济、审计参考资料；向国际审计组织杂志和亚洲审计组织杂志等发送稿件4篇，向国际内审协会发送表明审计署关于台湾问题立场的材料1篇，扩大了审计署在国际审计界的影响。

加强管理，完善规章制度

1999年，外事司狠抓了行政管理，出台多项外事制度，强化护照、签证管理，推动办公自动化进程，取得了一定的成效。一是建立健全各项规章制度。1999年经讨论和广泛征求意见，外事司制定了外事工作规则、制度与程序，根据外事工作性质，就多边项目管理、国际资料研究、外事培训管理、对外宣传、外事礼品管理、物资管理、公文承办催办传阅制度、财务管理等外事工作范畴进行了规划，建立了较为完善的一系列规章制度，实现了外事工作有规可循，有则可守。二是加强日常行政管理，进一步明确职责分工，落实岗位责任制，提高了工作效率。三是加强护照、通行证的管理。根据外交部关于加强护照、通行证管理的通知，外事司在1999年着重进行该项管理工作的落实，印发了《审计署办公厅关于加强因公护照、通行证管理的通知》，要求署内各部门、各派出机构进行自查自纠工作，上报管理情况，推进了因公护照、通行证的有序管理。四是积极推进办公自动化进程。外事司根据工作性质，筹备重新修订开发外事工作管理系统（已完成外事数据库的需求说明），争取尽早实现外事管理自动化。

【人事教育司】 人事教育司人员编制16名，现有15名，内设办公室、机关干部处、地方干部处、职位职称处。

司领导成员

司长：王国志（－1999.12）

项俊波（1999.12－）

副司长：苏乃民

主要工作完成情况 1999年，根据中央关于加强人事制度改革的指示精神和署党组的部署，人教司结合审计工作实际，认真落实“三讲”整改措施，大力推行干部人事制度改革，为建设一支政治强、作风正、业务精、素质高的审计干部队伍进行了积极的探索和有益的尝试，取得了一定的成效。

实行选拔任用领导干部公示制度 为落实“三讲”教育整改措施，建立科学规范的党政领导干部选拔任用制度，经署党组研究决定，审计署从1999年10月起在中央国家机关中率先试行干部任前公示制度，对拟提拔的26名正副司局级干部在署机关、派出局及各特派办范围内进行了任前公示。1.认真调研，制定公示办法。在认真调查研究的基础上，根据中央选拔任用领导干部的有关规定，并结合审计署的实际情况，制定了《审计署选拔任用领导干部公示制度试行办法》。2.确定公示对象，认真整理公示材料。将署党组会议议定的26名拟提拔为正副司（局）长的干部确定为首批公示对象，并明确了公示范围、内容和程序以及公示期限和要求。3.接待群众来信来访，整理群众意见，并向署党组汇报。署党组对公示期间群众反映的意见专门开会进行复议，同时要求把党组复议的意见及时反馈给提出意见的单位和个人。公示制度的实行，增强了干部选拔任用工作的透明度，使群众对干部有了比较全面的了解，增强了参与意识，在扩大民主的同时也加强了群众监督，群众反映较好。这次公示之所以搞得比较好，主要原因有三，一是署党组重视，署党组书记、审计长李金华同志亲自抓；二是严格按规定的工作程序实施；三是工作认真、细致、扎实。

组织完成了署驻地方特派员办事处处级及以下干部竞争上岗工作 根据署党组关于“强化竞争激励机制，优化干部队伍结构，逐步建设一支高素质的专业化审计队伍”的要求，组织完成了署驻地方特派办处级及以下干部竞争上岗工作。1.注意调查研究，吸收署机关改革经验，制定符合特派办实际的政策、规定和工作程序。制发了《审计署地方特派办处级及以下干部竞争上岗实施方案》，对各项工作提出了具体的要求。2.加强指导，细致工作。在1998年下半年已经做了大量准备工作的基础上，于1999年2月下旬至3月底集中力量参与指导了哈尔滨特派办的试点工作及10个特派办的竞争上岗工作，进一步调整了各特派办的内设机构，初步理顺了处室职能和工作关系。

妥善安置分流人员 通过竞争上岗，各办共分流170人；行政后勤人员由384人减至314人，减少70人，由原占总人数比例的25%下降至19.8%；全员平均年龄由38.7岁降为37.5岁，其中正副处长的平均年龄由45.3岁降为42.2岁，一般干部的平均年龄也由35岁降为33.9岁，明显优化了干部队伍结构。竞争上岗改变了传统的用人机制，使干部的思想观念、精神风貌都发生了很大变化，同时解决了一批重点人和长期遗留问题，各特派办呈现出组建十余年来不多见的良好发展势头。不断加大对司局级领导干部的培养力度和干部挂职锻炼与交流工作力度 根据署党组部署，对司局级领导干部特别是新（拟）提任的中青年领导干部，除经常了解和反馈他们的现实表现外，还注重对他们的岗前培训。全年共组织了两期“中青年干部培训班”、“新提任司局级干部培训班”，除学习政治理论、时事政治以外，还请署领导亲授领导方法和领导艺术，并邀近年来在不同领导岗位上作出突出成绩的领导干部介绍经验和体会，为新提干部更好地发挥作用打下了良好的基础。在加大培训的同时，注意不断加大干部挂职锻炼与交流的工作力度。一年中，先后推荐、选派、办理81名干部异地交流任用，其中：司级干部15名、处级及以下优秀年轻业务骨干66名。这些干部被选派到派出审计局交流任职，既充实了部分单位的审计力量，又激发了审计干部的工作活力。

组织完成了高级审计师资格考评扩大试点工作 为建立一支德才兼备、高素质、复合型的审计专业人才队伍和科学的审计专业技术评价机制，在1998年组织高级审计师资格考评试点的基础上，1999年又与培训中心共同进行了扩大试点工作，将高级审计师资格考评试点工作在去年一个省三个特派办的基础上扩大至在10个省、市和13个特派办进行，进一步积累了建立考评制度的经验，推动了审计人才整体性开发的进程，为在全国全面推开高级审计师考评工作打下了良好的基础。

完成了署在京直属事业单位的初步改革工作 在1998年完成事业单位改革方案审核的基础上，1999年主要制定了事业单位聘任聘用办法，完成了在京事业单位人员编制、内部机构设置和分流人员的审核和批复等工作。审核批复了分流人员54名；与机关服务中心研究制定了两个培训基地退休转老干部局管理的政策规定；在深入听取审计事务所各类人员意见的基础上，妥善安置了中国审计事务所改制后的有关人员。

日常业务工作完成情况 在抓好干部人事制度改革的同时，注意改进工作作风，提高工作效率，扎实认真地完成了日常业务工作。

结合"三讲"教育，完成了1999年度署机关、派出审计局、特派办领导和处级干部的考核工作。调整任免了司局级干部65名，处级干部72名；交流干部20名。另外，办理了54名科级干部的职务晋升工作，并对事业单位聘任的57名中层干部进行了审核备案。

办理人员调动共计35人次；安排1998年下派锻炼的大学生回署工作10人；接收和安排下派锻炼大学生15人，接收军转干部4人，办理署机关退休42人；办理因公出国政审52批255人次、因私出国21人次；办理困难救济补助17人。

调整了署机关、派出局、事业单位职工工资标准和增加了离退休人员离退休费共计915人；与办公厅到北京市调查职工收入情况，对署机关职工收入偏低情况作了适当调整；下放事业单位工资管理权，帮助各事业单位设置专职人员进行工资管理，并对其进行了业务培训；根据人事部关于提高福利费标准的有关规定，修改下发了《署机关职工生活困难救济补助暂行办法》，提高了补助标准。

完成了向中组部、人事部、中编办以及北京市等部门定期和临时交办的人员、工资、机构编制等统计报表和统计分析，质量和效率都较往年有所提高，没有出现大的差错。

制定了《关于在京直属事业单位专业技术职务结构比例和专业技术岗位设置方案有关问题的通知》，协调、指导各单位根据编制、职能和内设机构情况，制定了专业技术岗位设置方案；办理了审计署1999年度享受政府特殊津贴人员的推荐、报名工作；组织完成了"百千万人才工程"候选人的推荐选拔工作。

完成了民政部1997年布置的清理整顿社团工作和重新登记、换发证书的材料整理和补件工作；参与完成了中国审计学会换届和会员代表大会的筹备工作；根据中央要求，按时向党中央和国务院报送了《审计署关于加强民间组织管理工作的情况报告》。

基础建设工作 制定了《人事教育司工作规则》，为进一步推进人事管理工作制度化、规范化、法制化，提高工作质量和工作效率提供了有力的制度保障。

人事档案管理和整理工作初见成效：已完成1062份人事档案的初步整理和归位编号工作，其中清理档案450份，共计缺件7262份，现已补齐装入个人档案6072件；按照中组部要求，重新整理人事档案，现整理达标档案180份；办理档案借阅、查阅830人次，出具证明材料50份，接转档案80份，未出现差错，保证了司内和署内各单位及外单位的工作需要。

逐步完备了地方省级审计机关（含计划单列市）领导干部档案副本；修改完善了各特派办人事信息管理系统；研究办理了筹备建立人事信息管理系统的有关准备工作；完成了中组部统一部署的干部重新填写履历表的组织、审核等工作；制作并换发了干部职工的工作证；完成了文件收发、传阅和文书归档等工作。

【直属机关党委】 署直属机关党委行政和事业编制13人，实有10人，设办公室、组织部、宣传部，还有署直属机关工会、机关团委、妇工委和图书馆。

机关党委领导成员

机关党委书记：翟熙贵（兼）

常务副书记：石宗仁

机关工会主席：李汉东

"三讲"教育取得了显著成效

从1998年12月下旬至1999年9月，署党组根据党中央的部署，在署机关和各派出机构处以上党员干部中认真组织开展了"三讲"教育。署机关党委和各党支部按照署党组的统一部署，积极做好"三讲"教育各个阶段的组织、发动和具体实施工作。各级党员领导干部和广大党员以对党的事业高度负责的态度，积极投入"三讲"教育工作，保证了"三讲"教育的顺利进行，并取得了明显成效。突出的收效有以下三个方面：1.党的三大作风得到恢复和发扬，为在新形势下加强党建工作探索了路子。一是恢复和发扬理论联系实际的学风。在"三讲"中，各级党员领导干部认真研读中央规定的理论学习必读篇目，理论联系实际剖析自己在党性党风方面存在的突出问题，从理论的高度分析原因，使大家受到了一次深刻的马克思主义再教育，进一步坚定了共产主义理想和走有中国特色社会主义道路的信心和决心，理论联系思想实际改造主观世界的自觉性得到增强。二是恢复和发扬密切联系群众的作风。各级党组织坚持以整风的精神开门搞"三讲"，通过召开座谈会、设立意见箱、开展谈心活动、发放征求意见表等形式，全方位、多层次地倾听群众意见，仅署党组与司局级干部谈心就达400多人次，署党组和各司局领导共收到群众意见900多条。党员领导干部对群众的意见诚心接受，认真改正，从而进一步密切了干群关系，为今后解决党内问题特别是领导干部存在的问题提供了有益的经验。三是恢复和发扬批评和自我批评的作风。首先是党组带头，司处级党员领导干部在民主生活会上，开展了积极的思想斗争，做到自我批评不护短，敢于讲真话；相互批评讲党性，不回避矛盾，坚持与人为善。通过开展批评与自我批评，进一步增强了班子和同志之间的团结，使党员干部经受了一次党内生活的严格锻炼。2.提高了讲政治的自觉性，增强了党性观念。在“三讲”教育中，各级党员领导干部始终把讲政治作为“三讲”教育的核心，反复组织大家学习江总书记有关讲政治的重要讲话和论述，认真查摆在讲政治方面存在的问题，深刻反思和剖析其危害和根源。找到了在党员领导干部中较普遍存在的单纯业务观点、大局意识不强、审计执法力度不够等方面的突出问题，认识到这实际上是没有用政治眼光看待经济，没有从政治的高度看待和处理经济问题，没有从依法治国的战略高度对待审计工作。党组和各司局党员领导干部针对这一重点问题，认真进行了总结剖析，落实整改措施，增强了全局观念和政治意识，提高了在本职工作中讲政治的自觉性。3.调动了广大党员干部的积极性，促进了审计工作和各项任务的完成。署党组和处以上各级党员领导干部坚持边整边改的方针，把转变思想、改进工作贯穿于“三讲”教育的始终。引导大家把通过“三讲”教育焕发出来的政治热情体现在各项工作上，广大党员干部以饱满的工作热情和高度的责任心，顾全大局，勇于克服各种困难，加班加点，既很好地完成了“三讲”教育各个阶段的任务，又在审计业务等各项工作中取得了优异成绩。

组织机关党员干部参加三场大的政治斗争　一年来，署机关各级党组织认真组织广大党员积极投入对“法轮功”邪教组织、以美国为首的北约袭击我驻南使馆和李登辉分裂祖国的图谋等三场大的政治斗争，增强了党员干部政治上的坚定性和同党中央保持高度一致的自觉性，为维护社会稳定、维护我国的主权和尊严、维护祖国的统一大业，发挥了积极作用。

1999年4月下旬以来，“法轮功”邪教组织制造了一系列非法活动，严重影响到我国政治局面的稳定。机关党组织认真贯彻执行党中央、国务院一系列指示，组织全署党员干部认真学习文件，要求大家与“法轮功”划清界限，坚决维护社会稳定。7月下旬，根据《中共中央关于共产党员不准修炼“法轮大法”的通知》精神，在署机关各单位和派出审计局全体党员中开展了一次马克思主义唯物论和无神论的教育，联系实际揭批“法轮功”的反动本质，加强对党员干部的理想信念教育，使广大党员深刻认识到“法轮功”组织的政治本质和严重危害，把思想统一到中央指示精神上来。为了做好署机关少数“法轮功”练习者的教育转化工作，署党组成立了思想教育转化工作领导小组，将教育转化工作落实到单位，责任到人，从党组书记到各支部领导，耐心细致做教育转化工作，使5名“法轮功”练习者中的4人提高了认识，表示坚决拥护党中央的决策，与“法轮功”组织彻底划清界限。对受“法轮功”邪教毒害较深的一名党员，也尽最大努力，做了大量深入的思想教育工作，但由于她中毒太深，在行动上触犯了党纪，党委依照规定给予开除党籍处分，严肃了党的纪律。

1999年5月8日，发生了以美国为首的北约悍然用导弹袭击我驻南斯拉夫大使馆的严重政治事件，机关党委和各党支部及时组织大家学习我国政府严正声明和江泽民同志在欢迎我驻南使馆工作人员大会上的讲话等有关材料，召开了严厉谴责以美国为首的北约野蛮暴行的声讨会，举办了国际形势报告会。引导大家把对北约野蛮行径的巨大义愤和爱国热情化作强大的动力，以积极做好本职工作的实际行动，为不断增强我国的综合国力和民族凝聚力，提高我国的国际地位努力奉献。

机关各级党组织还联系国内外形势，组织广大党员和干部职工狠批李登辉抛出的“两国论”，进一步看清了李登辉分裂祖国的险恶用心和反动本质，认识到他鼓吹的“两国论”是对国际社会公认的一个中国原则的彻底否定和严重挑衅，坚定了完成祖国统一大业的信心和历史责任感。

加强机关党的组织和作风建设　在开展“三讲”教育的同时，根据中共中央颁发的《中国共产党党和国家机关基层组织工作条例》，在加强机关党的组织和作风建设中突出抓了两个方面的工作：一是加强党支部领导班子建设。1999年署机关干部特别是司局级干部变动较大，为了保证党支部领导班子健全，认真抓了支部书记的选配和支委的补选工作。并通过举办党支部委员培训班，召开经验交流会，使兼职党务干部进一步熟悉了党建工作业务。10月中旬，结合中心组学习会，召开了各党支部书记参加的署机关第八次党建工作座谈会，与会同志联系实际，交流“三讲”教育的收获体会，对如何落实整改措施、巩固“三讲”教育成果深入进行了研讨，进一步明确了工作目标。在党的组织建设中，还认真抓了组织发展工作。8月底，署机关党委举办了第九期要求入党积极分子培训班，有34名同志参加了学习。

二是加强机关的党风廉政建设。根据中共中央、国务院《关于实行党风廉政建设责任制的规定》，署党组研究制定了具体实施办法，同时下发了《审计组廉政责任规定》。署机关各单位的党组织认真抓了具体落实工作，分别明确了责任，一级抓一级，一级带一级，强化了督促检查工作，促进了机关党风廉政建设。外出审计的同志，自觉遵守审计组廉政责任制的规定，审计期间加强监督，审计组回机关汇报工作时同时汇报廉政建设情况，总结工作时要检查廉政工作情况，使党风和廉政建设不断得到加强。署机关各司局和派出局派出的审计组，都能够自觉遵守审计纪律和廉政规定，做到不吃请、不受礼、不住高级宾馆，秉公执法，廉洁从审，体现了审计人员良好职业风范和思想作风，受到了被审计单位和社会各界的好评。

加强思想政治工作　一是组织机关各单位认真开展了以创建文明司局和先进党支部为中心内容的创先争优活动。紧紧围绕庆祝建国50周年、迎接澳门回归两件大事，开展了丰富多彩的活动。在庆祝建国50周年联欢会上，署机关干部职工自编自演了20多个文艺节目，载歌载舞热情赞颂建国50年来所取得的辉煌成就，全体署领导和署老领导都登台演唱，表达了审计工作者对祖国母亲的一片赤诚，较好地发挥了思想教育、宣传引导的作用，进一步激发了广大党员和干部职工的爱国热情。在思想政治工作中，注意表彰先进，树立典型，署党组作出向审计战线上的先进典型肖伦菊同志学习的决定后，各单位组织党员干部认真学习先进事迹，使大家学有榜样，赶有目标，涌现出了一批事迹突出的先进集体和先进个人。经过年终各支部总结评比，机关党委考察、审定，评出1999年度署机关先进党支部7个，先进党务干部14人，优秀党员23人。通过评比，进一步推动了创先争优活动的开展和机关精神文明建设的加强。二是探索规律，改进方法，做好经常性的思想政治工作。在思想教育中坚持了四个结合，即思想教育与中心工作结合，克服了“两张皮”的现象；思想教育与严格管理结合，在做好耐心细致思想工作的同时，立规矩，抓纪律，把管理制度落到实处；思想教育与解决实际问题结合，做到以理服人，以情感人；思想教育的内容与形式有机结合，通过开展丰富多彩的活动，增强了政治工作的活力和党组织的凝聚力。为使思想教育有的放矢，收到实效，各党支部坚持定期分析研究党员和干部职工的思想状况，提高了思想政治工作的针对性和时效性。三是发挥工青妇群众组织的作用，配合党组织做好思想政治工作。署直属机关工会积极开展了建设“职工之家”活动。

努力为职工办实事　为全署职工办理家庭财产、人身和子女大病保险，为生活困难的职工送温暖，为会员庆贺生日。还积极组织干部职工开展健康有益的文体活动，活跃了机关的文化生活。进行了署机关图书馆的筹建工作，建成因特网阅览室，为大家的图书和信息阅览提供了方便。机关团委配合党组织，积极抓好团员青年的理论学习。组织部分团员赴井冈山等地进行爱国主义教育考察，使大家受到深刻的爱国主义和革命传统教育。为纪念建国50周年，组织10名团员青年参加国庆群众游行，被中央国家机关工委评为国庆群众游行先进集体和组织工作先进单位，有两名同志被评为群众游行先进个人。

【驻审计署监察局】　监察局是监察部在审计署的派驻工作部门，原为监察专员办公室，1994年机构调整为监察局。暂定编制10人，现定岗7人，实有7人，内设两个室，即综合室和纪检监察室。

局领导成员

局长：胡玉华

主要工作职责　在中纪委、监察部、审计署的领导下，负责驻审计署纪检组决策的具体组织实施和落实。组织对审计署机关、派出机构及工作人员和审计署所属事业单位领导干部执行国家法律、政策、决定和审计署指示、决议贯彻执行情况的监督检查；负责对监察对象违纪违法案件和其他举报问题的调查处理，受理信访举报、不服处理的申诉案件；组织审计系统的党风党纪教育，制定廉政规章制度，开展领导干部廉洁自律工作；组织审计系统的纠风工作，开展专项执法监察；组织调查研究、检查活动，指导审计系统廉政建设；研究制定纪检监察工作业务规章制度；完成中纪委、监察部、审计署交办任务，并向其报告工作。

部署审计系统1999年度反腐倡廉工作　中央纪委第三次全会结束后，监察局立即召开局务会，传达会议精神，学习讨论江泽民总书记的重要讲话和尉健行同志的工作报告。在认真领会上级指示精神的基础上，结合审计机关实际，研究提出了贯彻落实措施，明确了1999年反腐倡廉工作的重点内容。2月5日，在署机关及驻京单位全体工作人员大会上，署党组书记、审计长李金华同志结合传达中央纪委三次全会和国务院廉政工作会议精神，对署机关反腐倡廉工作提出了明确要求。在此基础上，及时向全国审计机关印发了《审计机关1999年反腐倡廉工作意见》。

领导干部廉洁自律工作　领导干部廉洁自律是中央确定的反腐败三项工作之一。监察局把继续贯彻执行《廉政准则》和制止奢侈浪费行为的八条规定作为重点，突出抓了四项工作。一是严禁到庐山等12个风景名胜区开会，不准组织到会议所在市、县区域外的其他风景名胜区旅游。上半年署办公厅连续下发了《关于署机关召开会议有关问题的通知》、《关于控制1999年署机关经费支出的通知》等4个文件，明确规定凡署机关召开的各种会议，一律在北京的华审宾馆或怀柔干部培训基地召开，并对会议审批程序和控制会期、人数、经费等提出了具体要求。全年署机关精简会议7个，减少经费预算82万元；经署批准的计划会议共16次，会议费预算72万元，实际召开7次，支付会议费44万元，节约会议费28万元。在精简会议，压缩会议费支出方面成效明显。二是严格控制改建、扩建、新建或购买和装修办公楼。通过对执行中央关于“从1997年起3年内不准新建或购买办公楼”、“现有办公楼从1997年起3年内不准装

修”规定的情况进行检查，没有发现违规问题。三是严格控制公费出国（境），坚决制止公费出国（境）旅游。主要采取了三条措施：第一，规范外事工作，严格按照国家政策和规章制度办事；第二，严格执行外事工作的审批、审查和主管署领导一支笔审定制度；第三，严格挑选国外接待单位，按国务院的规定和财政部的经费标准，制定出国预算和安排外事活动。审计署共压缩出国团组4个，节省经费约40万元，未发现向下级机关和其他事业单位摊派费用及其他问题。四是结合“三讲”教育，努力提高民主生活会质量。各级审计机关把开好处以上领导干部民主生活会作为“三讲”教育的重点环节来抓，以整风的精神，采取“自己找”、“群众提”、“领导点”、“个别谈”、“互相帮”等形式，主动查找自身在廉洁自律方面存在的问题。要求各级审计机关在召开民主生活会前，认真学习中纪委、中组部《关于在“三讲”教育中领导干部要对照廉洁自律各项规定进行自查自纠的通知》，提高对开展积极健康思想斗争的认识，使批评与自我批评开展得严肃认真，卓有成效。普遍反映，这种高质量的民主生活会是多年来少有的。

信访举报和查处违纪违法案件工作 全年全局收到群众信访举报206件，涉及司局级单位或个人的占45%，涉及处级单位或个人的占43%。为了及时处理信访举报，监察局指定专人负责，认真排查案件线索，组织力量查办。为了保证办案工作质量，实行了办案责任制，初核之前由办案人员填写《办案责任表》，明确责任和要求，限期结案，保证调查到位，取证充分，责任明确，结论准确，审理及时，处理恰当，不留后遗症，经得起历史检验。一年来，根据李审计长关于“重点抓一、两个典型违纪案件，严肃处理”的指示精神，我局组织查处了个别人员在粮食审计中违反纪律、某特派办1名处长和2名干部在审计期间收受手机及现金、某县审计局在审计过渡专户管理使用中严重违纪等3起案件。同时，还初查核实举报76件，现已办结53件，组织单位和个人核查62件。对已经查实的问题都及时认真地作了处理，其中给予党纪、政纪处分的各1人，经济退赔5人，批评教育15人，其他处理9人。先后2次对具有典型教育意义的违纪违规单位和个人，在全国审计系统进行了通报，推动各地审计机关加大了对违纪违法问题的查处力度。

纠正不正之风工作 针对审计工作特点，我们从三项重点工作入手，预先防范，防止了不正之风问题的发生。一是认真落实中央关于“收支两条线”的规定，加强对审计罚没款收缴专户的管理。9至10月份，各单位在上年清理、自查的基础上，进一步扩大检查范围，省、地两级对下一级审计机关的抽查率分别达到了100%和98.5%。通过检查，进一步摸清了专户底数。这次检查的2715个审计机关共设立审计罚没款收缴专户2940个，共上缴财政2110749.5万元。纠正了少数单位挪用、拖欠专户资金和动用专户利息等问题。撤销了部分专户。特派办的25个审计过渡专户已撤销6个，撤销率为24%；各地审计机关设立的3003个审计过渡专户已撤销959个，撤销率为31.9%。二是检查《审计组廉政责任的若干规定》执行情况。6月，按照统一制定的《检查提纲》，从署各审计司、特派办到各地审计厅、局，分别由1名单位主要领导负责，组成专项检查组，对一年来贯彻执行《若干规定》情况进行了认真的检查。结果表明，贯彻落实《若干规定》已经成为各级审计机关从严治理审计队伍的重要举措和自觉行动，审计人员严守审计纪律，坚持公正廉洁，实事求是，在社会上树立了良好形象。在11月份召开的全国审计纪检监察工作座谈会上，又进一步修订完善了《审计组廉政责任的若干规定》，颁发了《审计组廉政责任规定》。据统计，各单位全年共发送《审计组廉洁从审情况反馈函》和调查问卷6234份，收回5047份。其中，对审计人员廉政情况表示满意或基本满意的4862份，占96.3%；对3014个被审计单位进行了回访，占被审计单位的39.2%，绝大多数单位反映良好。三是积极推行民主评议政风制度。各级审计机关主动公开审计工作的有关规定和审计纪律，参加当地政府组织的民主评议行风活动，自觉接受人民群众监督，促进了自身廉政建设，有效地防止了不正之风的产生。据初步统计，全国县以上审计机关在当地行风评比活动中，获得前三名的有576个，占县以上审计机关总数的17.85%。先后有1729个审计机关被评为省、市、县级文明单位，占审计机关总数的53.5%。其中，湖北省审计厅、山东省淄博市审计局被评为全国精神文明建设先进单位。

党风廉政建设责任制工作 党中央、国务院《关于实行党风廉政建设责任制的规定》（以下简称《规定》）下发后，监察局首先做好宣传教育工作，及时组织审计人员特别是领导干部，学习领会《规定》的精神实质，充分认识实行党风廉政建设责任制的重要性和必要性，切实提高廉政责任意识和执行《规定》的自觉性。其次，结合审计机关实际，及时研究制定了《审计署落实党风廉政建设责任制的实施办法》和《审计署党风廉政建设责任制职能部门工作职责》。再次，加强检查考核。注重把廉政责任纳入目标管理的考核指标体系中，除结合其他工作进行不定期的检查测评外，10月下旬，各单位按照《审计署落实党风廉政建设责任制的实施办法》，分别对一年来贯彻落实《规定》的情况进行了综合考评，上报了自查报告。在各单位自查的基础上，于12月份，组织专门力量对深圳、长沙、济南、太原4个特派办和署机关投资司、行政事业司、外事司进行了检查,分别作出了综合评价,并对审计系统贯彻执行《规定》情况向署提交了专题报告。

探索从源头上防治腐败的路子 为了全面了解和分析审计机关党风廉政建设形势,探索从源头上防治腐败的对策,根据领导的要求,9至10月,监察局先后组织19个省、地、县审计厅(局)、7个特派办的纪检监察干部及部分审计人员,围绕"审计机关党风廉政建设现状"、"审计机关在反腐败斗争中的地位和作用",以及"如何从源头上预防审计机关产生腐败现象"等问题,进行了调查研究,先后召开各类人员座谈会13个,发放调查问卷44份,提交调研报告22份。局领导亲自参加了调研活动,与基层负责纪检监察工作的同志一起座谈研讨了审计机关在党风廉政建设和反腐败斗争中的特点、作用和今后工作的思路。在此基础上,于11月下旬在北京召开了全国审计机关纪检监察工作座谈会。会议在总结交流经验的同时,着重研究讨论了今后三年审计机关党风廉政建设的工作目标和思路。李金华审计长在会上作了重要讲话。会议明确了近期内要抓好以下四个方面的工作。一是尽快实现审计事务所与审计机关的彻底脱钩,从体制上消除以权谋私的因素。二是撤销审计罚没款收缴专户,从制度上防止违规违纪问题的产生。三是实行异地审计费用自理制度,从经济上切断与被审计单位的关系。四是加强对人、财、物管理部门的监督。促进干部人事制度改革,实行竞争上岗、任前公示、岗位轮换,建立廉政档案等措施;促进依法理财,实行财务公开制度,工程设施建设公开招标制度,物资设备政府采购制度,推动审计机关依法管理、依法行政。这些治本措施,对于从源头上预防和治理腐败现象,起到了重要作用。

干部队伍建设工作 加强监察干部队伍建设,是监察局长期坚持的方针。一年来,除了学习中央纪委第三次全会和国务院廉政工作会议精神外,还组织全局人员学习邓小平理论、党的十五届四中全会文件,以及中央关于开展"三讲"教育和取缔"法轮功"组织的一系列指示精神,联系实际开展了专题讨论并写了学习体会。特别是在"三讲"教育活动中,坚持从实际出发,针对自身存在的主要问题进行学习、剖析、批评、整改,进一步坚定了建设有中国特色社会主义的理想和信念,增强了勤政廉政意识和做好审计纪检监察工作的决心,达到了思想上有明显提高,政治上有明显进步,作风上有明显转变,纪律上有明显增强的目的。全局人员团结一致,勤奋工作,精神面貌焕然一新,工作效率和质量进一步提高。全年共收发文件1676件,立卷归档32卷、起草公文37件、调研报告7篇、签报47件、《审计监察简报》17期、《审计纪检监察信息》7期。在向上报送的材料中,被上级采用13篇,是历年来最多的。李金华审计长在该局1份工作报告上批示:"监察局1999年做了大量工作,工作是主动积极的,党组交办之事是抓得很紧的,作风也是严谨的,希望继续努力,把今后的工作做得更好。"

【老干部局】 老干部局编制15人,内设综合处、生活服务处。现有工作人员7名。至1999年12月31日止,老干部人数为176人,其中离休干部50人,退休干部126人。

局领导成员

局长:王治忠

局长助理:张有芳

政治待遇落实情况 1.老干部党支部建设。1999年老干部党总支工作突出思想政治建设,认真贯彻中组部下发的《关于加强离退休干部党支部建设的意见》,从思想上解决好对加强老干部队伍中党的基层组织建设重要意义的认识,把老干部党支部建设作为一项长期而重要的政治任务抓紧抓好。根据机关党委安排,老干部局党总支按规定时间进行了换届选举工作,组成了新的党总支委员会。四个党支部也按规定程序进行了改选,及时健全了党的组织。新组成的党总支、党支部对工作重新进行了分工,责任到人,对年度工作进行了计划安排,坚持和完善了党支部工作制度及党组织生活制度。为1999年新退转的40多位老干部党员做好组织关系的转接工作,将他们编入党支部、党小组,以便按时参加组织活动;对有病和二次就业的老干部党员的党组织生活,及时与有关单位取得联系,明确他们的组织关系所在单位和组织活动方式,使老干部党员的组织生活落到实处。在工作中,结合本单位老干部党员状况,重点做好三部分人的工作,一是加强对参加党组织活动不积极的个别党员的思想教育和党性观念教育;二是做好长期在家养病和在外单位工作的党员干部党组织生活的落实工作;三是加强对非党员干部的教育和管理工作。2.政治理论学习。1999年老干部局结合国际国内形势,组织离退休干部搞好建国五十周年和澳门回归重大事件的庆祝活动,对北约轰炸中国驻南使馆等重大事件及时通报、组织学习讨论,并抓好对邓小平理论、江泽民重要讲话和中央重要文件的传达、学习等工作。及时组织全体离退休干部对"法轮功"邪教组织进行声讨和揭批工作。全年组织支部委员会、支委培训、支部扩大会、老干部集中学习等各类学习、会议26次,较好地坚持了老干部阅文制度、重要会议制度、情况通报制度和走访慰问制度,使老同志退休不退思想,保持和发扬了党的优良传统。3.组织参观各类项目。老干部局先后组织离退休干部参观河北宝石集团、小汤山农村高科技蔬菜基地等工农业项目,参观昆明世博会、游览河北抱犊寨、攀登居庸关长城,使老同志深入实际、了解社会,亲眼目睹了党的十一

届三中全会以来，祖国改革开放、经济建设出现的大好形势。有力地促进了离退休干部思想观念的转变，促进了他们更好为祖国建设发挥余热。

生活待遇落实情况 1.落实国家有关方针政策。保证了党和国家对离退休干部，特别是离休干部的退休金、住房、医疗和用车等基本待遇的落实，并较好地解决了“成果共享”问题。如人事部门按规定及时调整了离退休干部的增资及生活补贴等；后勤部门在住房、医疗和财务报销等方面，给离退休干部提供了很多方便和条件；给现职人员增加收入时，在署领导的关心和支持下，也同时给离退休人员增加了生活补贴，使老同志分享到社会和经济发展的成果，感受到了党的温暖和机关的关怀。2.制订特困帮助办法。对年高体弱、身患重病和一些有特殊困难的老同志加强了服务力度，制订了对有特殊困难老同志提供特别帮助的办法，把工作做深、做实、做细，服务到家。3.加强基金管理。在署领导和有关部门的支持和安排下，加强了对离退休干部专项基金和生活困难补助基金的筹措和使用管理，保证了离休干部到外地休养参观和离退休干部就近活动费用的需要。4.办好10件实事。结合国际老年人年，经过老干部工作领导小组研究和部署，并经署党组批准，配合署机关有关部门为老干部办了10件实事。主要有(1)以宣传“国际老年人年”活动为主题，对尊老敬老先进单位和先进个人进行评选表彰，加强了尊老敬老的宣传教育，在机关树立了良好风尚。(2)协助署办公厅等部门举办了审计系统第一任审计厅(局)长、特派员座谈会。李审计长、翟副审计长到会讲话，并征求老同志意见和建议。座谈会的召开，有力地推动了全国审计系统老干部工作的开展和精神文明建设。(3)在烟台培训基地召开了署机关及直属单位老干部工作座谈会。16个特派员办事处和南京审计学院的有关负责人到会，交流了各单位做好老干部工作的经验和体会，就新形势下如何加强老干部工作进行了认真研究和讨论。翟副审计长就署机关各单位如何加强和改进老干部工作提出了具体意见和要求。(4)为14对老年夫妇祝贺金婚，赠送金婚纪念品……。10件实事的办理，加大了老干部工作力度，增强了老干部党总支的凝聚力。

老干部局自身建设 1.抓好班子建设，增强凝聚力。工作中注意抓好班子建设。结合“三讲”教育，认真组织处级以上干部认真学习邓小平理论、江泽民重要讲话、“三讲”重点阅读篇目以及相关的文件、政策。全年组织处级干部理论学习累计32天，学习做到有计划、有安排、有总结，保证人员、时间和学习内容的三落实，每次学习注意研究分析人员的思想状况，重点解决1至2个问题，将政治理论学习不断引向深入。通过学习和教育，处级以上干部认识到加强理论学习对保证政治坚定的重要性，普遍提高了学习理论的自觉性。理论水平和工作能力也有所提高。工作中认真执行《老干部局工作规则》、《老干部工作服务与管理实施细则》，实行集体领导和个人分工负责相结合的制度，责权一致，认真履行岗位职责。加强党风廉政建设，严格执行《审计署党风廉政建设责任制实施办法》，管理和使用好老干部资金和物资。以身作则，起好表率作用，增强了领导班子的凝聚力。2、加强思想政治工作，提高政治素质。针对老干部工作队伍的现状和特点，注意加强老干部工作人员的思想政治教育。每周坚持半天组织全体人员参加理论学习及法制、法规的学习，在时间和经费等方面为工作人员的培训和学习创造机会和条件。及时发现他们在思想和工作中存在的问题，注意做好思想工作，把问题解决在萌芽状态。“三讲”教育中，同志们从讲政治的高度加深了对老干部工作重要意义的认识，提高了为老干部服务的自觉性。3、求真务实，做好本职工作。1999年全局7位工作人员，保持良好的精神状态，工作积极主动，团结协作，不怕苦，不怕脏，不怕麻烦，耐心细致地做了大量琐碎繁杂的日常服务工作。遇危重病人随叫随到，加班加点。对老同志反映的意见和要求，不推不拖，想方设法解决，解决不了的及时向老同志说明情况。全年老干部局接待、办理老干部交办事项80余件次、力所能及解决老干部实际问题30余件次，接待老干部阅文290余人次。

【机关服务局】 1999年，机关服务局人员编制77名，内设机构10个，办公室、财务处、医疗保健处，服务一部、服务二部、汽车队、汽车修理部、华审宾馆、怀柔培训基地、烟台培训基地。代管机构3个，机关财务处、机关事务处、机关保卫处。

局领导成员

局长：张德山

局长助理：陈玉华

开展“三讲”教育，恢复和发挥党的优良传统 按照署党组的部署和机关服务局“三讲”教育实施计划，认真开展了“三讲”教育工作。通过思想发动和组织学习，使局、处级干部受到了一次较深的马克思主义再教育，提高了对“三讲”教育必要性、重要性的认识。

在自我剖析阶段，绝大多数局、处级干部，能从牢记全心全意为人民服务宗旨的高度，来剖析增强服务意识，办事公道，严于律己方面存在的问题；从讲政治的高度，来剖析政治理论学习和业务学习方面存在的问题；从加强廉政建设、严格组织纪律的高度来剖析工作责任心和工作作风，坚持原则，严格管理，多干实事方面存在的问题，群众反映较好。通过自我剖析，既受到了一次生动的群众路线和群众观点的教育，又为今后改进思想作风和工作作风打下了较好的基础。

在交流思想、开展批评与自

我批评阶段，比较成功地召开了民主生活会。由于会前做了充分准备，局、处级干部之间普遍开展了谈心活动，在相互交流思想和意见的基础上，写出了自我批评的发言提纲，因此在民主生活会上大多数同志自我批评时能坚持高标准、严要求、不护短，同时，能以对党、对同志高度负责的精神开展批评。

在整改阶段，根据群众所提意见，结合机关服务局的实际，从坚持民主集中制，加强领导班子建设；抓好政治理论学习，牢固树立服务意识；加强思想政治工作，搞好后勤队伍建设；认真办好实事，努力为机关服务四个方面制定整改措施，并注重抓好落实。

领导班子能认真执行《审计署机关服务局工作规则》，经常深入实际，调查研究，指导工作，与干部职工谈心，做好思想工作，及时解决群众在工作和生活中遇到的困难和问题。对涉及机关后勤管理与服务工作的重要部署、政策规定等事项，都能广泛听取群众意见。

注重抓好处以上干部的理论学习，第四季度组织处以上干部学习了《中共中央关于加强和改进思想政治工作的若干意见》，李审计长对署机关后勤工作的批示和王忠禹国务委员、焦焕成局长在全国机关事务工作协会第二次代表大会的讲话，并结合本职工作，围绕"机关后勤工作与讲政治的关系"、"如何理解和贯彻落实机关后勤工作做好了，思想政治工作就做好了一半"、"如何深化机关后勤改革"等题目进行了研讨。刘家义副审计长很关心服务局处以上干部的政治理论学习，亲自参加并作了重要讲话。为了向全体职工通报理论学习情况，每次学习都印发了学习通报，《中国审计报》还刊登了《机关后勤必须讲政治》的学习体会文章。

加强基础建设，规范后勤管理与服务工作　为了促进机关行政后勤工作逐步实现规范化，今年主要完成了以下事项：1. 建立和完善部分规章制度。主要有《审计署机关经费支出暂行办法》、《审计署基建项目管理办法》、《审计署机关采购管理办法》、《审计署对直属事业单位收取国有资产占用费的规定》、《审计署派出审计局公务用车管理办法》、《审计署派出审计局公务办公费开支结算规定》、《审计署爱国卫生规范化管理办法》、《审计署住房制度改革实施细则》、《审计署机关服务局党风廉政建设责任制实施办法》、《审计署机关服务局人员聘任、聘用、解聘、待岗暂行办法》、《审计署机关服务局临时用工管理办法》、《审计署机关服务局督办工作实施办法》、《审计署机关服务局效益工资考核管理试行办法》等。2. 尝试以签订合同、协议的形式，规范各项行政后勤管理工作。签订了《署机关与服务局总服务承包合同》、《向各事业单位收取资产占用费协议书》、《还款协议书》、《治安目标责任书》，以及交通安全、通讯电缆维护、垃圾消纳、化粪池、庭院绿化、山区植树以资代劳、计划生育、供电、供暖、房屋管理等合同、协议。总起来看，这些合同、协议的签订，对规范管理、促进增收节支是有积极作用的。尽管有些合同还需要进一步修改、完善，但要继续进行实验探索，以促进后勤服务费用结算制度的完善和机关后勤体制改革的深化。

服务大局，努力完成各项后勤保障任务　机关后勤工作无一不关系到党和国家、署党组各项方针政策的贯彻落实，工作质量如何，直接影响到党和国家、署党组的声誉，责任重大。今年以来，机关服务局注重在全体职工中进行胸怀大局、立足本职的教育，使大家认识到后勤工作与审计事业的关系，自觉做好本职工作。

机关财务处认真执行国家的各项方针政策和署机关的各项经费管理规定，合理计划使用各项资金，努力开源节流。一年来各项经费开支基本做到了量入为出，略有节余，保证了审计任务和其他工作的需要，较好地完成了领导交办的各项经费管理任务。在今年国管局召开的国务院各部门财务工作会议上作了经验介绍，并被评为财务管理先进集体，不少单位来电话或来人了解情况，学习借鉴。

机关事务管理处认真落实中央国家机关和北京市关于住房制度改革的政策规定，按照署党组的部署，积极稳妥地推进署机关的住房制度改革。经过全处职工的辛勤工作，已办理了10处住宅的售房审批手续；预售住宅650多套，预收购房款500多万元，占可出售住房的86.88%。还在爱国卫生、计划生育、义务献血等方面做了大量工作，取得了较好成绩，在地区召开的工作会议上受到了表彰并作了先进经验介绍。

基建办公室今年四月成立以来，在人少、任务重的情况下，做了大量工作，较好地组织完成了华审宾馆、知春里、双秀、小庄、田村等宿舍和署老领导宿舍的修缮与装修，职工宿舍阳台封闭以及机关办公楼改造、双榆树办公楼翻建的前期准备工作。

保卫处积极贯彻"预防为主，做好宣传，确保机关安全"的方针，加强安全检查和管理工作，保证了署机关和各自管宿舍的安全。在抓好安全的同时，还热情为职工办理户口、边防证、身份证、出入证等252人次，为各司、局配办公室钥匙近百把。在庆祝建国五十周年和迎澳门回归的安全工作中也取得了较好成绩，被北京市评为安全保卫先进单位。

局财务处认真履行财务监督、管理职能，按照署、局领导的指示精神，先后完成了与机关签订《总服务承包合同》、与事业单位签订《收取资产占用费协议书》，以及对华审公司、万有文化交流中心的财务结算，对北京站招待所法人离任审计，对烟台培训基地财务清理等工作，财务监督、管理水平进一步提高。在今年国管局召开的财务工作会议上介绍了经验，马受仁同志被评为财务管理先进个人。

医疗保健处从基础工作入手，在署领导的支持下，经过努力，使医疗环境大为改善，并新增了按摩、化验等医疗服务项目，既方便了职工，又节约了开支。全年门诊12000人次；参加会议医疗保健5次。加强对高干医疗的管理工作，及时将医保中心的有关文件精神传达到每一位老干部，得到他们的理解和支持。因成绩突出，获得北京市卫生局公费医疗办公室奖励的专项款73万元，被署机关党委评为"99国际老年人年尊老敬老先进集体"。

服务一部在认真完成大楼服务、保洁、保安、维修的同时，注重加强对食堂的管理力度。他们顾全大局，心想群众，早来晚走，加班加点，使食堂的主副食品种不断增加，饭菜质量明显提高。在食堂环境卫生和食品卫生方面，多次受到防疫部门的好评。为提高对办公楼电器设备的管理水平，他们制定了办公楼及附属设备的维修保养计划，使大楼维修工作做到有章可循。他们还开展为职工无偿维修服务活动，全年服务240多人次，受到了机关职工的一致好评，许新琦还被署机关党委评为"99国际老年人年尊老敬老先进个人"。

服务二部在双榆树办公楼改造尚未开始，所处环境困难较多、人员变动较大的情况下，克服困难，积极开展物业管理和服务工作，全年共为住户维修2750多次，基本保证了各自管宿舍楼的正常使用。

汽车队修订综合考核管理办法，强化了服务质量、交通安全、车辆消耗、劳动纪律等方面的管理和奖惩力度，全年行驶51万多公里，公用车服务3200多台次，基本做到了无严重违章，无重大交通事故。在保证专用车、公用车服务的同时，还完成了全部车辆的年度检验，尾气治理，为150多名同志办理牡丹交通卡和部分人员的驾驶证年审、更换工作。

汽车修理部全年共修理、保养车辆260台次，基本做到了无故障定期保养，有故障及时修理，未出现机件修理责任事故，保证了机关车辆的正常运行。

华审宾馆从今年4月份以来，对2号楼、大门、小餐厅、多功能厅、会议室陆续装修改造，使正常经营活动受到很大影响，但他们想方设法，改进经营管理，采取增加客房设施和服务用品，认真做好各方来宾的接待和服务工作，经营好"长包房"等措施，克服不利因素，保持了宾馆的持续经营。全年共接待住宿人员30000多人次，各种会议76次，各种娱乐活动20多场次。全年实现收入480万元，固定资产增值137万元。在边改造、边经营的同时，认真做好北京站、双秀、知春里地下招待所的接收管理工作。双秀、知春里招待所的开业筹备工作也已基本完成。

怀柔培训基地在抓好基础设施改造和补修的同时，注重在改善组织结构，建立各项管理制度，培训提高人员素质，增强服务意识等方面下功夫，使基地的硬件和软件建设协调发展，面貌焕然一新并不断进步。全年客房平均出租率在64%以上，接待团队952个，接待人员41302人次，全年营业收入超过1000万元，营业利润350万元。

烟台培训基地紧紧抓住投资改造后的有利形势，加强对工作人员培训，提高服务质量，采取多种经营形式，主动寻找客源，全年接待客人2500人次，接待培训班12期，营业收入116万元，纯利润30万元。

心系群众，努力为职工多办实事　机关后勤工作要随时倾听群众的呼声，了解群众情绪，关心群众，多做得人心、暖人心、稳人心的工作。1. 统一修缮职工宿舍。根据国家房改政策和北京市的有关规定，为保证公有住宅出售后的住用安全和正常使用，从8月初开始，基建办、机关事务处、机关财务处负责对投入使用6年以上自管宿舍的公共部位进行修缮，支付修缮费114.54万元。室内部分由职工自行修缮，共发放修缮补贴156.66万元。2. 为职工宿舍封闭阳台。为了保证职工宿舍的住用安全，从8月份开始，基建办公室负责，对使用6年以上的所有职工宿舍阳台重新进行封闭。知春里、大羊宜宾、马甸宿舍、翠微南里、小庄宿舍的阳台封闭工作已经完成，双秀、广渠门宿舍的阳台已测量完毕，待气候转暖即可进行封闭。3. 统一住房租金标准。鉴于有部分非自管宿舍比自管宿舍房租高，造成职工房租负担不合理的实际情况，从9月份开始，机关事务处办理了对住非自管宿舍职工的房租进行补贴，消除了住房租金不均衡现象。这项工作已经完成，受补助职工61人，补助金额9.3万元。4. 适当提高职工子女统筹医疗标准。鉴于医疗费用上涨较快，年轻职工子女就医负担较重的问题，从8月份开始，医疗保健处负责对现有职工子女统筹医疗办法作了适当调整，执行至今，职工反映较好。5. 解决部分职工的住房特殊困难。为了解决部分无房户和住房特殊困难户的问题，在署领导的支持帮助下，积极向有关部门争取新房源31套，利用现有房源9套，共解决住房困难职工78人。6. 加强医疗保健工作。为了贯彻"预防为主、防治结合"的方针，保证机关职工的身体健康，从8月份开始，医疗保健处和两个财务处每季度到派出审计局巡诊报销一次，每月到老干部活动场所集中巡诊报销一次。开展妇科病检查173人次；B超检查534人次；注射甲肝疫苗675人，乙肝疫苗757人，防感灵疫苗840人。7. 进一步办好机关食堂。从8月份开始，服务一部在原有基础上，进一步改善机关职工食堂物质条件，早餐主副食由原来5个品种，增加到20个品种；午餐主副食由原来的8个品种增加到30个品种，职工对食堂的满意率达到100%。8. 建立职工宿舍物

业管理制度。根据国家和北京市政府的有关规定,服务二部负责对自管宿舍进行物业管理,初步建立了物业管理制度,基本保证了职工居住房屋及其设备和公共设施的正常使用。

审计署驻地方特派员办事处工作简介

【京津冀特派员办事处】 1999年全办组织机构如下:财政审计一处、财政审计二处、金融审计一处、金融审计二处、工交审计一处、工交审计二处、商贸审计处、固定资产投资审计处、外资运用审计处、行政事业审计处、办公室、人事教育处、机关党委、机关服务中心。

特派办领导成员

特派员:项俊波(-1999.12)

副特派员:钱啸森(主持工作1999.12-)

陈殿杰

李占维

局级审计员:朱振恒

特派员助理:任有泉(-1999.11)

审计业务成果综述 1999年,京津冀特派办认真贯彻全国审计工作会议和朱镕基总理"全面审计,突出重点,注意发现大案要案线索"的指示精神,结合实际情况,以"把握一个中心,突出两个重点,提高三个水平,抓好三项建设"为工作指导原则,将"全面落实审计法,推进依法治国"作为审计工作的出发点和落脚点,集中力量抓重点项目,积极探索审计新方法,加大审计查处力度,注重审计效果,审计业务质量有了进一步提高,取得了丰硕的成果。

在全办同志的辛勤努力下,1999年共完成62个审计和调查项目,全部完成了署下达的审计计划和交办的审计任务,查出违反财经法规金额156亿元,其中应上缴财政1.2亿元,应归还原渠道资金1.5亿元(以上金额均不包括由署汇总结果的对建行、农总行、工行和中华会计师事务所审计的金额),移送司法机关和纪检监察部门案件线索11个。

1999年,京津冀特派办信息简报工作连续第三年在全国16个特派办中位居前列,其中被中办、国办采用和国家领导人批签达39篇次。全年被《人民日报》、新华社《国内动态清样》、《中国审计报》和《中国审计》杂志等采用69篇,提高了审计工作的威慑力和影响力。

财政审计 1999年财政收支审计任务重,时间紧,要求高。京津冀特派办通过采取集中力量重点突破、抓住关键狠查深挖、把项目审计结果与为宏观决策提供信息服务紧密结合等措施,使财政收支审计在点和面上继续得以深化。1.查处震惊全国的天津蓟县国税案。1999年3月12日,京津冀特派办根据审计署批转的群众举报,对天津市蓟县国税局在税收征管方面存在的问题进行了审计核查。最终查实该局监守自盗虚开代开增值税专用发票一万余份,给国家造成直接损失1700多万元。此次审计的专项报告、审计简报上报后,引起朱镕基、李岚清等国家领导人的高度重视。该案移送天津市人民检察院立案查处、蓟县国税局原局长梁化泉被逮捕后,《人民日报》、新华社、中央电视台《焦点访谈》以及《侨报》等传媒纷纷报道,在社会上引起了强烈反响,一时间成为国内外关注的焦点。李金华审计长7月份向全国人大常委会报告工作时,做了重点汇报。该案还作为典型案例在审计系统内多次交流,《中国审计》杂志编辑部为此出版了创刊以来的首期增刊,专门介绍此案审查经过、采取的方法和取得的经验。2.顺利完成京冀甘三省市国债审计任务。为完成好这项国务院部署的重点工作,京津冀特派办专门抽调了7个处室的70余名审计人员奔赴三地实施审计。审计结果表明,国债发行作为财政宏观调控的重要手段,在拉动经济增长,促进消费需求,加速基础建设等方面发挥了积极作用,但审计也查出一些地方财政部门占压挪用国债资金、国债项目在安排上缺乏统筹规划等问题。通过审计,为促进完善国债发行工作、进一步发挥其宏观调控作用提出了合理化建议。

1999年京津冀特派办还协同署财政司,与郑州特派办一起完成了河南省国税审计试点项目,经署综合评比获国税审计第一名;对财政部驻京、津两市财政监察专员办事处进行了审计;根据举报完成了对河北省邯郸市复兴区国税局、保定市国税局等单位的审计核查,以及唐山、遵化和廊坊等天津市蓟县周边地区国税征管情况的审计调查工作。

金融审计 1.中国建设银行总行审计。1999年3月至10月,京津冀特派办派出40人的审计组,对中国建设银行总行(本级)、建行海南省分行及所属经济实体进行了审计。在对建行海南省分行进行的延伸审计中,查出该行长期违规经营,私设"小金库"2.79亿元等重大问题,向有关司法机关和纪检监察部门移送案件线索6个。审计反映的建总行1亿元资金流入股市、建设办公楼漏缴巨额投资方向调节税以及海南建行长期私设"小金库"等简报、专项报告被署《审计要情》采用达14篇次,得到朱镕基总理和温家宝副总理的批签,朱总理指示有关部门对海南建行问题要"彻查严办"。对建行海南分行私设"小金库"问题负有重要责任的11名人员中,有6人(1名为副局级、5名为处级)受到政纪处分,4人移送检察机关处理,1人被通缉。2.中国人民银行天津市分行、中国工商银行北京市分行和天津市分行审计。共查出违纪违规金额27.7亿元。近几年来,京津冀特派办先后三次对工行天津分行进行了审计,此次金融审计,加大了审计调研力度,对企业借改制之机逃废银行债务、银行损失类贷款和自办经济实体等具有代表性的问题开展专项审计与调查，客观、真实、及时地加以反映，刘家义副审计长对这三篇专项报告均作了批示。3. 对建设银行河北省衡水市阜城县支行进行了审计核实。查出该行存在伪造证据骗取核销呆坏账、虚列支出违规高息揽存、私设“小金库”和编造假账假表隐瞒资金实际用途等四个方面的违纪违规问题。京津冀特派办在深入分析县级支行现状和普遍存在问题的基础上，提出了对呆坏账核销进行复查、追究有关人员责任和加快县级支行重组步伐等四条建议。审查结果和建议引起了省行领导的高度重视，5名责任人被严肃处理，其中3名责任人被免职。对阜城支行违纪违规问题，省分行还在全省通报，要求各行提高依法经营意识，坚决查处违法违规行为，防范和化解金融风险，不断提高经营管理水平。

企业审计　企业审计共查出违纪违规问题金额6.6亿元。全年编发审计简报49篇，被中办、国办、审计署《重要信息要目》和《审计简报》以及新华社《国内动态清样》等采用38篇次。1. 北京铁路局财务收支审计。采取核查银行账户收支、查询被审计单位开户银行、延伸调查企业外部相关单位等方法，发现账外账户6个，向检察机关移交案件线索3个，向北京铁路局监察部门移送案件1个。一名涉嫌贪污和挪用公款的副处级干部已被逮捕，另有两名责任人员受到政纪处分。2. 天津市邮电管理局1998年资产负债损益审计。共审计了天津市邮电管理局本部、下属天津市电话局等4个专业局、8个区县电信局、3个直属单位和相关30余户企业。采取以主管部门为龙头，对所属企业实行上下“联审”的行业审计方法。审计中有意识地加强账账、账表和账证的核对工作，突出对往来业务活动的审计。发现该局因管理薄弱，内控不力，造成核算不及时、库存材料管理混乱，影响了企业会计决算的真实性等问题。3. 天津市卷烟厂1998年资产负债损益审计。延伸审计调查了天津市烟草公司、天津市卷烟销售公司、天津卷烟厂所属卷烟物资调拨站、恒大实业公司等单位。审计查出该厂利用所属企业逃避国家税收、生产不合格卷烟投放 市场、私设“小金库”等违纪违规问题，涉及金额14215万元。

京津冀特派办还抽调业务骨干协同署经贸司对豪门集团进行了审计，该公司问题已交由最高人民检察院和中央金融工委查处；参加了中纪委、监察部关于西客站供热厂工程经济案件的专项调查，为中纪委进一步核查提供了线索；完成了署交办的港中旅投资河北省唐山市三家企业情况的审计调查工作和铁道部养老保险基金审计。

社会审计　根据1999年审计署令第1号，京津冀特派办对中华会计师事务所1998年完成的4家上市公司会计报表审计的业务质量进行了重点监督检查，发现会计师事务所执行执业规范不严格、出具无保留意见审计报告存在严重疏漏等问题。在检查过程中，灵活采取了延伸调查与核实验证相结合、注重财务指标分析等方法，总结出了一些有益的经验，引起署有关司局及兄弟单位的关注，也为促进提高社会审计执业水平发挥了积极作用。

固定资产投资审计　全年共完成署定审计项目9个，包括海河水利委员会、北京市水利局及财政局、天津市水利局及财政局1998年及1999年1－3月水利建设资金管理和使用情况审计，河北省桃林口水库工程竣工决算审计，天津武清、北京顺义中宏等5个国家粮食储备库的扩建项目审计。共查出违纪金额112420万元。1. 水利建设资金审计。查出资金管理使用部门以各种名目侵占挪用水利资金6435万元，其中水利部挪用1800万元水利建设资金建设楼堂馆所问题，引起中纪委高度重视。同时，注重发现和及时反映典型性、普遍性问题，查出水利部等部门挪用非经营性基金220万元发放奖金，为全国审计机关查出同类问题金额6000余万元提供了线索。2. 河北省桃林口水库竣工决算审计。查出该水库挤占国家财政资金6396万元，有关移民办及其地方部门侵占移民资金2234万元，河北省昌黎县移民办主任公款私存并涉嫌贪污等问题，引起河北省政府高度重视，两位副省长专门召集省长办公会研究落实审计建议，省、地有关监察部门专程来京津冀特派办查阅审计证明材料，使问题得到了及时处理。

外资运用审计　组织实施并完成了对世、亚行贷款31个项目的审计，其中出具中英文报告的项目4个。

在对农总行1998年度财务收支和世、亚行贷款项目执行情况审计中，查实影响资产负债真实性的问题23项，并向国务院领导作了专项报告。国务委员、国务院秘书长王忠禹和副秘书长马凯专门召集有关部门负责同志研究，并采纳了审计建议。1999年，京津冀特派办被署评为外资审计工作优秀单位。外资审计人员还应邀就中经信世行贷款项目审计与世行官员进行座谈，为加强对外宣传与交流，树立我国审计工作良好国际形象发挥了作用。

行政事业审计　1. 清华大学、天津大学1998年度财务收支审计。共查出少计收入、私设“小金库”、超标准和自定标准收费等违纪违规问题金额4.96亿元，被署评为优秀项目。审计组打破以往工作思路的局限，针对一些共性问题产生的原因进行了深层次、多角度的分析，立足于促进完善宏观管理，提出审计建议，并及时报送信息，其中反映高等学校招生不规范问题的简报被审计署采用，国务院领导作出了重要批示。2. 南水北调专项资金审计。发现长江水利委员会、汉江集团等单位通过北京南水北调办公室私设“小金库”896万元，引起中纪委、监察部等有关部门高度重视，在审计署举行的记者招待会上，审计长回答记者提问时专门通报了这一问题。

京津冀特派办还对山东省扶贫资金和天津市国有企业下岗职工基本生活保障和再就业补助资金及地方自筹资金进行了审计。

队伍建设 一年来，京津冀特派办党建、政治思想建设和精神文明建设等工作得到了天津市有关部门的充分肯定：在建党78周年之际被评为先进组织部门、市级文明单位，职工生活院区被评为天津市七个市级文明示范小区之一。1.机构改革顺利完成。1999年3月，全办131人参加了岗位竞争，119人竞争上岗，12人分流，其中共任命处级干部45人。2.积极推行审计专家制度。为贯彻审计署关于加强"人、法、技"建设的精神，提高京津冀特派办审计人员整体素质，努力造就一批能担当审计重任的专家型业务、技术带头人，1999年6月第一届行业审计专家评审工作正式开始。7月上旬，聘请了4名署机关领导和有关专家组成评审委员会，人教司原司长王国志担任委员会主任，参加评审的7名同志进行了答辩；根据综合成绩，评选出了2名行业审计专家。3.政治思想工作扎实有效。本着"抓实事，求实效；抓制度，求规范；抓结合，求发展"的原则，以"三讲"教育为重点，加强了政治理论学习、组织建设、党风廉政建设和精神文明建设。

【太原特派员办事处】 1999年，太原办设有办公室、综合处、财政审计处、金融审计处、固定资产投资审计处、工业交通审计一处、工业交通审计二处、行政事业审计处、商贸外资审计处、人事教育处、机关党委、机关服务中心。

特派办领导成员

特派员：王晓勇

副特派员：王铁英

特派员助理：周德铭

审计成果 共完成了审计署统一安排的54项审计及审计调查任务。查出违规违纪金额381841万元，决定处理处罚26462万元，指明要求纠正355379万元；决定应上缴财政2482万元，决定应归还原渠道资金10638万元，为国家增收节支13120万元。查处大案要案取得实效，共向司法、纪检、监察部门移送16案25人，有关部门已逮捕7人（其中1人为正司级干部），取保候审2人，给予党纪、政纪处分7人。李金华审计长在向全国人大常委会所作的审计工作报告中引用了太原办查处的宁夏某地检察院、国税局截留、私分"金华税案"的增值税罚款，原煤炭部社保局局长等人挤占、挪用养老保险基金形成巨额损失，水利部挤占、挪用水利建设资金2000万元建造楼堂馆所等3个案例，在全国引起较大反响。向上级提交审计工作报告和审计信息245篇，采用124篇。其中，被党中央国务院批示、采用17篇，被国务院各部门批示、采用4篇，被地方党政领导批示、采用10篇，被审计署批示、采用58篇，被新闻单位采用35篇。审计信息工作在16个特派办中名列第三。有11项单项工作受到审计署表彰。连续4年被中共山西省直工委评为文明单位，1999年度被评为省直文明标兵单位。

重要工作思路和方法 1.全面落实总理指示和全国审计工作会议精神，提出1999年全办工作要坚持"从严治政、强化管理、团结奋进、再创新高"方针。2.提出审计工作要坚持"立足真实合法、突出打假治乱、注重查处大案要案"主导思想，强化真实、合法性审计意识、打假治乱和查处大案要案意识、审计效果意识"三种意识"。3.开好审计工作布置会。公开审计内容、公布审计程序、发动群众参与、扩大审计影响。4.讲政治、抓重点、分层次进行审计处理。提出正确处理两类不同性质的矛盾、坚持三个有利于原则，审计处理处罚、新闻披露、移送有关部门严肃追究（刑事、行政）责任与建议被审计单位整章建制、完善机制、强化管理相结合，标本兼治，进行全方位、分层次、追踪式处理。5.打破处室界限，实施"联合作业"、"大兵团作战"，集中力量抓重点。

财政审计 完成了对广州海关、山西省国税局、中央国库山西省分库和1998年度对广州海关、青岛市国税局、中央国库宁夏回族自治区分库、财政部山西专员办预算执行审计以及宁夏回族自治区财政决算审计的任务。据对已下达审计处理决定的4个单位（1999年度计划安排的海关、国税、国库3个项目正在处理）的情况统计，共计查出违规违纪金额104251万元，其中应上缴财政1540万元。在山西省国税审计及调查中，采取了"从税务稽查档案入手，检查税务系统自身执法问题；从会计账、表、凭证入手，检查税务部门对欠税企业加收税款滞纳金到位情况；从积累的信息资料入手，抓住共性问题，突出个性问题；从政策审计入手，上下结合一条线，上面看政策，下面看操作；从审查税源企业纳税档案入手，发现线索重点延伸"的具体做法，发现了国税部门在税收征管方面存在的不真实、不合法、不规范的问题。撰写的《突出重点 加大力度 全面搞好国税审计调查》在全国财政审计培训会进行了经验交流，署领导作了批示，在8个特派办中推广试点。广州海关审计被审计署评为优秀项目。

金融审计 完成了对工商银行山西省分行系统资产、负债及损益的全面审计和1998年度计划的对中国人民银行太原市中心支行财务收支的审计任务。审计涉及违规违纪金额20多亿元，为国家增收1862万元。在工商银行审计中，采取了从银行账户入手，发现可疑账户，穷追不舍，查实资金情况；结合被审计单位填写的银行账户承诺书，逐户核实，结合基本建设资金的来源和去向，把住大的资金来龙去脉；关注收入有无少记，关注支出是否真实、有无虚列，关注其他垫付等往来性资金走向的“一入手，二结合，三关注”办法，查出大量“小金库”，发现案件线索10余件。被审计署评为“执行审计方案，取得突出成果奖”。在全国金融审计培训班上做了《探索真实性审计路子》的典型发言。金融审计被审计署评为优秀项目。

企业审计　完成对北京铁路局临汾分局、山西省烟草公司、太原市邮政局、北京铁路局太原工程总公司4户企业资产、负债及损益情况的审计任务。审计中，紧紧围绕国有企业转机建制、三改一加强的改革要求，从企业财务收支真实性入手，通过重点检查企业制度创新的科学适宜性、内部控制的健全有效性、经营活动的合法合规性、投入产出的效益效率性、外部环境的配套协调性，防止国有资产流失，确保国有资产的保值增值。撰写的审计信息引起了地方党政领导的高度重视。

固定资产投资审计　完成了对国家重点水利建设项目九江大堤加固、长江中下游崩岸治理、内蒙古自治区国家粮食储备库扩建工程和陕京输气工程等9项固定资产投资审计任务，据对已下达的审计处理决定统计，共查出违规违纪资金78059万元，应归还原渠道资金646万元。其中，九江长江中下游崩岸治理审计项目，被审计署评为优秀项目。朱镕基总理、温家宝副总理作了重要批示。

行政事业审计　完成了对中央直属高校北京外国语大学、北京师范大学和山西出入境检验检疫局以及内蒙古储备物资管理局财务收支的审计任务。据对已下达的审计处理决定统计，共查出违规违纪资金32235万元，其中应上缴财政47万元，应追还侵占挪用资金140万元，应归还原渠道资金139.48万元。审计中，确立了“强化一个意识，坚持五个结合”（强化查处大案要案意识，摸清家底与突出重点、统一部署与分散作业、宏观着眼与细微入手、账内查疑与账外突破、审计查证与帮助促进相结合）的工作思路，高校审计被审计署评为优秀项目，翟熙贵副审计长作了重要批示。查出了个人侵吞公款的违法案件。

外资审计　完成了对“内蒙古托克托火电项目”、中国环境技术援助子项目—“环境影响评价C－3项目”、“表面活性剂国家工程研究中心项目”的审计任务。在审计署外资信息评比中，受到表彰。

专项审计　完成了对山西省、河北省的水利建设资金，内蒙古自治区、天津市的国债专项资金，山西省、内蒙古自治区的扶贫专项资金的审计任务，据对已下达的审计处理结论统计，共查出违规违纪资金140228万元，其中应拨未拨（滞留）专项资金545万元，应上缴财政671万元，应追还侵占挪用8190万元。在水利、国债资金审计中，以资金走向为主线，自上而下检查资金拨付到位情况，自下而上检查资金落实使用情况，采取“分查管理部门，合查建设项目；分查基层单位，合查上级机关”和“抓住一个重点，围绕五个环节，查清二十个控制点”的审计方法，对资金在拨付、管理、使用等环节上存在的挤占、挪用、损失、浪费等一系列问题进行深刻揭露。河北水利建设资金和扶贫资金审计项目，被审计署评为优秀项目。朱镕基总理、温家宝副总理等中央领导作了重要批示。

社保审计　完成了对内蒙古自治区、铁道部呼和浩特铁路局、内蒙古自治区邮电管理局下岗职工基本生活保障和再就业资金的审计，完成了审计署组织的对原煤炭部社保局退休养老金筹集下拨情况的审计。在对原煤炭部社保局养老保险基金审计时，针对该局将管理的养老保险基金违规存放在多家非银行机构、在各个账户之间频繁转移、一批重要的会计资料下落不明、管理十分混乱的疑点，从银行账户入手，通过各种渠道调查了解，重点延伸审计了14个相关单位，查出该局局长等人采用私设账户和转移、隐匿等手法，贪污、挪用巨额养老保险基金的重大问题。2个项目都被审计署评为优秀项目，朱镕基总理、吴邦国副总理等党和国家领导人做了重要批示。

队伍建设　1．把“竞争上岗”工作作为队伍建设的新起点。按署统一部署，在机关内全面推行竞争上岗，以优化干部队伍结构、提高干部队伍素质、提高审计工作质量。大胆启用优秀年轻干部。全年提拔了22名干部，9名同志被提拔到处级岗位上，在业务处室设置处长助理8名。2．抓住“三讲”教育的良好契机，加强党性教育，加强领导班子和处以上干部的思想作风建设。不折不扣地贯彻署党组的要求，把提高领导班子和处级干部的思想政策水平、进一步端正党性党风和端正对群众的态度、强化审计监督的责任意识和职能意识作为整改重点，通过“充分的思想准备，深入的思想发动，严密的组织部署，扎实的学习教育，广泛地征求意见”等有力措施，取得了好的效果。3．机关党的建设、廉政工作、精神文明和正规化建设取得成效。（1）建立、修订和完善机关办公、业务、人事、廉政、财务、后勤等6个方面46项制度，使机关工作更趋制度化、规范化。（2）完成计算机局域网建设，组建了计算机辅助审计小组，为实现计算机辅助审计和机关办公自动化奠定了坚实基础。（3）连续4年被评为省直“文明单位”、“文明标兵单位”。（4）思想政治工作方法创新。到审计现场巡回讲授党课、组织“送温暖小分队”把强有力的思想政治工作做到一线，1个支部被中共山西省直工委评为“先进基层党组织”，4名干部“火线”入党。（5）廉政工作扎实有效，树立了良好形象。拒绝宴请894人次、高消费娱乐活动461人次、公款旅游179人次、礼品礼金

23次3万多元，上交礼品、礼金5次2.2万元。没有发现违反“九不”、“一严禁”的情况。

【沈阳特派员办事处】 1999年，特派办设有工业审计处、外资运用审计处、行政事业审计处、农业与资源环保审计处、固定资产投资审计处、财政审计处、金融审计处和社会保障审计处等八个业务处，设有办公室、人教处、党委和机关服务处等四个综合性处室。

特派办领导成员

副特派员：张为永（主持工作）

李冬莲

局级审计员：刘深泉

审计业务成果综述　一年来，共完成审计项目88个，查出违纪违规金额89．6亿元，应上缴财政4．2亿元，对被审计单位罚款7958万元，已上缴国库2．1亿元，提交专项或综合审计报告52篇；发现和揭露重大违法犯罪线索40件，移送司法等机关处理9件，司法等机关已立案查处的7件；全年共编发审计简报、工作动态等信息材料347篇，被审计署、辽宁省委、省政府等采用182篇241次，被中办、国办采用10篇次，被省部级以上领导批示24篇次。

审计发现大案要案情况　一年来，已发现和揭示出《工行大连开发区分行违规经营损失4亿多元》、《沈阳市地税局大东分局三年包税少征营业税5000多万元》和《国家计委重点司多审批沂沭泗河洪水治理工程概算投资三亿多元》等大要案线索40件，其中《阜能公司法人舒和涉嫌诈骗工行贷款2308万元》等9件已移送公安、纪检、司法等机关处理。目前，司法、纪检等机关已立案7件，抓捕犯罪嫌疑人1名。

财政收支审计　一是完成了辽宁省国税系统的审计，审计覆盖面达全省13个市国税局和50%以上的县区国税局，查出部分国税局混淆税收入库级次影响中央收入1402万元、应征未征所得税影响中央收入6065万元、为完成税收任务吃“探头粮”1．6亿元等问题。二是按照审计署的统一部署，完成了辽宁省财政监察专员办事处的财务收支审计。审计中，将财专办中央非税收入的监缴情况和一般性退税审批工作环节作为审计重点，并辅以对重点单位延伸调查、双向对账的审计方法，收到明显效果。通过审计，发现财专办监管不力，应征未征三峡基金、电力建设基金、工商行政性收费近1．6亿元，东电公司自行冲减电建基金和三峡基金1293万元，省物价局擅自减免中国联通沈阳公司入网费1353万元和辽宁科技出版社填制假税票等问题。三是完成了大连海关及所属分关的审计任务。

水利资金审计　1999年，沈阳办完成了松辽委，辽宁、吉林省和大连市水利厅（局）、财政厅（局）的水利资金管理拨付情况的审计。共查出违纪违规问题39项，违纪违规金额3．8亿元，占延伸审计拨出资金的27．56%；建议水利部，辽宁省、吉林省通报批评8个单位和追究10个单位违纪违规负责人和有关人员的责任，追回水利建设资金5895万元。完成了对国家重点水利项目沂沭泗河洪水东调南下一期工程的审计任务。共审计竣工和在建项目21个、项目主管部门3个、省市县级项目建设单位21个、施工单位20个，共查出违纪违规金额3．6亿元，发现大要案线索9件，提出审计建议4条，形成专题报告4份。

国债专项资金审计　按照审计署统一部署，沈阳办完成了对黑龙江和吉林两省1998年度国债资金安排、拨付、使用情况，配套资金落实到位情况，以及使用国债专项资金项目的财务管理情况的审计。审计中，重点抽查了121个项目，抽查国债资金30．1亿元，占到位国债资金的62．67%。查出国债项目违规违纪金额37．3亿元，其中涉及配套资金不到位、未落实或留有缺口达31．2亿元，置换国债资金1．5亿元，挤占挪用项目资金1．2亿元，串用国债资金1258万元，单项工程超概算1．9亿元，公款私存543万元，私设账户转移国债资金1000万元，同时，针对国债资金使用中存在的问题，向国家有关部门提出相关整改建议9条。

工商银行审计　1999年，沈阳特派办顺利完成了辽宁工行系统资产负债损益的真实性和信贷资金质量情况的重点审计。通过审计，共查出辽宁地区工行系统少计各类收入、多计各项支出、私设“小金库”及漏缴各类税款等违纪违规资金近10亿元，账实不符、账外固定资产、以租代购固定资产8亿余元，发现和揭示大要案线索15件，移送纪检监察机关处理5件。

企业审计　1999年，为促进企业会计核算真实，维护所有者权益，保障国有资产保值增值，重点审计了抚顺铝厂、东北民航管理局、沈阳桃仙机场、大连周水子机场、沈阳铁路局和沈阳铁路分局等7个署定项目的财务收支情况，揭露了企业弄虚作假，资产、盈亏不实，侵犯所有者权益，国有资产流失，损失浪费等问题。通过审计，共查出7户企业少提折旧、虚列费用等违纪违规金额11.2亿元，收缴财政资金7067万元，提出审计建议20条。仅抚顺铝厂一个项目，即查出违纪违规问题23项，查实资产不实金额7045万元、负债不实2．2亿元、所有者权益不实2．9亿元，撰写审计信息12篇，被审计署等有关部门采用17篇次，被国办采用2篇次。

此外，沈阳办还完成了高等院校、外资运用、养老保险基金、扶贫资金和环保资金等审计。查出大连海事大学、大连铁道学院和中国刑事警察学院违纪违规金额1．4亿元；辽宁省再就业资金管理环节多，层层滞留，结余 9．5 亿元和用再就业资金弥补经费缺口及社会、企业筹集资金不足；9 个世行贷款项目和 1 个亚行贷款项目及 2 个中外合资企业审计查出违纪违规资金 4684 万元等问题。

班子队伍建设　一是 1999 年初调整了办领导班子。通过竞争上岗、双向选择组建了新的处级领导班子。处级班子通过竞争上岗，优化了结构，增强了紧迫感与责任感，树立了工作信心，转变了思想观念，调动了积极性与创造性，进一步增强了开拓、奉献意识。二是通过竞争上岗、双向选择，调整了人员结构，激发了工作积极性与主动性，提高了队伍战斗力。同时，使干部职工受到了一次深刻教育，增强了责任感和危机感，“干部能上能下、优胜劣汰”的思想观念已经深入人心。三是通过“三讲”教育，办领导班子和成员对工作中存在的问题进行了认真查摆与深刻剖析，并在班子成员之间，办和处领导之间开展了广泛的谈心活动，营造了开展批评与自我批评的良好氛围。通过竞争上岗和“三讲”教育，沈阳办精干了机构，提高了干部素质，增强了队伍战斗力。截止 1999 年末，实有人数 108 人，其中，具有研究生学历的 4 人，大专以上学历的 92 人；高中级职称 71 人；平均年龄 41 岁。

基础制度建设　一年来，沈阳办一是制定了《工作动态报告制度》、《办领导接待日制度》、《重要问题签报制度》，修改完善了《沈阳办工作规则》、《保密工作制度》、《财务管理制度》等。1999 年，沈阳办还按照账户、财务及国有资产管理办法对办事处银行开户、资金往来、各项资产进行了一次彻底清理，撤并了账户，清理了债权债务，重新登记了资产。二是加强业务制度建设，指导和规范审计工作。1999 年，沈阳办制定了《沈阳办审计揭露大案要案线索暂行办法》，修改完善了《1999 年各项工作考核办法》、《沈阳办审计信息表彰奖励暂行办法》及审理工作规范等，对大要案线索的定性、证据及报送程序，对审计工作底稿、审计程序、审计档案管理、业务考核指标制定、考核标准及信息统计口径等，作出规范，指导和规范各项审计工作。

思想政治工作与廉政建设　一年来，沈阳办机关党委以“三讲”教育为契机，深入细致地开展了党员干部的思想教育工作。针对竞争上岗后新组建党支部的特殊性，机关党委开展了广泛的谈心活动，沟通思想，调动积极性，在每个支部建立了思想政治工作网络，及时掌握党员干部的思想情况。在廉政建设工作中，沈阳办认真学习和贯彻落实了中共中央国务院《关于实行党风廉政建设责任制的规定》等要求，不断加强精神文明建设和廉政建设，使勤政廉政在我办蔚然成风。未出现过住高档宾馆、接受宴请、参加公款娱乐活动等行为。在审计组中还实行了组长负责制和“审计组执行廉政纪律情况反馈卡”制度，有效地保证了审计纪律的执行，维护了审计机关形象，受到了被审计单位和有关部门的好评。

【哈尔滨特派员办事处】

1999 年哈尔滨特派办设有财政审计处、金融审计处、固定资产投资审计处、工交审计一处、工交审计二处、工交审计三处、办公室、人事教育处、机关党委办公室、服务中心等 10 个处室。

特派办领导成员

特派员：冯　光

副特派员：杜今元

袁定聪

审计业务成果综述　1999 年哈尔滨特派办共完成审计项目 77 个，累计查处违规行为金额 147 亿元，应收缴 1850 万元，已收缴 1787 万元，决定归还原资金渠道 6215 万元；促进增收节支 9083 万元。报送审计信息 106 份，被采用 79 份次，其中审计署采用 57 份次，中央办公厅、国务院办公厅采用 10 份次，国务院领导批示 6 份次，地方党委、政府采用 3 份次，署领导及省政府领导批示 3 份次，中央人民广播电台和中国审计报等披露和刊登 16 份次；有 3 件移送检察机关；单项工作 17 次受到审计署和地方政府有关部门的通报表彰，获奖牌 2 块。

财政审计　1999 年哈尔滨特派办分别对黑龙江、吉林、辽宁省和大连、天津市人民银行分支机构、财政专员办、国税系统、国债资金和海关的财政收支情况进行了审计。一是开展了对中国人民银行吉林省分行及所属长春市、吉林市、通化市、延边朝鲜族自治州分行和吉林省融资中心 1998 年度财务收支的审计。查出乱列业务支出和经费支出、挤占管理费、多列工会经费、账外资产、应列未列收入、少缴税金等 12 类 22 项违规行为问题，违规行为金额 8921 万元，应收缴 67 万元，已全部收缴入库。二是开展了对财政部驻黑龙江省财政监察专员办事处 1998 年履行中央财政监督和管理职能情况的审计，并对黑龙江省电力、烟草、农行、水产供销公司等单位和基层代征单位进行了延伸。审计揭示出财政专员办在中央非税性收入监缴和退税审批方面存在电力企业欠缴电力建设基金、中国联通黑龙江分公司少收市话初装费、烟草企业欠缴专营利润、违规审批增值税退税、对国税系统提取代征代扣手续费退库没有进行审核监督等问题。编发的《一字之差致使黑龙江省少征税 4749 万元》的《情况反映》，被审计署和黑龙江省委、省政府同时采用，地方政府对此问题高度重视，黑龙江省原省长田凤山批示有关部门研究解决。三是开展了对辽宁省和大连市国债项目资金拨付和使用情况的审计。发现财政及计委等主管部门不及时足额拨付资金、立项审批项目时配套资金留有缺口、项目单位未经国家计委和财政部批准自行调整国债项目、立项可行性研究不充分、用国债资金置换其他已投入的资金以及财政和主管部门配套资金不落实和长期不到位等79个问题，违规金额13.9亿元。四是开展了对天津海关及所属部分分关、办事处1998年11月至1999年10月关税、进口环节税征管情况、保税货物监管情况和机关财务、预算外收支情况的审计。查出了执行税率错误、违规收取风险担保金、违规办理加工贸易手册、违规减免税等违规行为金额7亿元。另外，1999年初对吉林省国税系统审计中，揭示的吉林国税部门违规行为影响国家税收7亿元问题，朱镕基总理批示调查处理，引起国家税务总局的高度重视。1999年末还对中国人民银行哈尔滨中心支行财务收支和国家金库黑龙江省分库1999年度办理中央预算资金收纳、划解和退付情况进行了审计。

金融审计　对中国工商银行黑龙江省分行、哈尔滨市分行及下属48个支行进行了审计。共查出违规行为金额25亿元，少缴各项税金1000余万元，其中少计和多计各项收入2亿元，少计和多计支出8700万元，少转固定资产2.6亿元，账外资产2620万元，私设"小金库"1100万元，潜亏10亿元，虚增虚减存款2.8亿元，账表不符1.3亿元，未经批准使用抵贷资产9000万元，违规发放贷款5.5亿元，违规拆借5347万元，其他资产不实1.1亿元，企业改制逃废债务31亿元，以及违规设立账外资金购买职工住宅、自办经济实体损失、少计自办经济实体利息、自办实体高息放贷、违规挪用贷款等各类问题37个。编发《情况反映》20期，有2份被审计署采用并专报国务院领导，朱镕基总理和温家宝副总理分别批示有关部门查处。

外资运用审计　对哈尔滨工业大学重点学科发展项目等世界银行贷款和亚洲开发银行贷款6个项目进行了审计，重点审查了项目资金财务收支的合规合法性，突出了对影响工程项目建设和会计报表质量问题的审计，测试和评价了项目建设内控制度和贷款协定的执行情况。审计资金总额24225万美元、国内配套资金254184万元，查出影响项目建设和会计报表质量等有问题资金157552万元。向审计署报送8份审计报告，2份对外公正报告。2份《情况反映》被审计署采用并转送国家计委、财政部、国家电力公司等有关部门，并引起其重视，被审计署评为信息工作先进单位。

专项资金审计　一是开展了水利资金审计。对黑龙江省中央财政预算安排的国债专项资金、非经营性资金等水利建设资金以及配套资金进行了审计。查出地方配套资金不到位、挪用水利资金3927万元、骗取国债资金203万元、呼玛县水利建设资金管理混乱以及水利建设资金多头存取等问题。在三江平原综合治理和松花江干流治理(黑龙江段)2个项目审计中，发现违反水利工程建设程序、违规招投标、工程违法承发包和层层转包、未经国家计委批准串用国债资金、松辽委随意调整水利投资计划改变投资方向、挤占挪用水利资金、乱集资、少缴税金等问题，违规行为金额5321万元。编发《情况反映》29份，专题报告2份，中办、国办采用3份次，发现大要案线索1个。1份信息专报国务院领导，朱镕基总理批示彻查严处，公开曝光，追究法律责任，李岚清副总理和罗干国务委员也分别批示要依法处理；人民日报、中央人民广播电台和中国审计报记者分别来我办进行专访，1999年7月9日中央人民广播电台《新闻纵横》栏目专题作了报道，中国审计报也于1999年9月15日头版刊发了题为《水利资金怎能这样用?》的专稿。还有2份专题报告由署转送黑龙江省政府处理。二是开展了扶贫专项资金审计。1999年7月6日至9月3日，对黑龙江、吉林两省省本级扶贫专项资金的投入、分配和省级配套资金落实情况以及黑龙江省下岗职工基本生活保障和再就业工程资金分别进行了审计。发现将扶贫资金拨付非国定贫困县、地方资金不到位、将扶贫贷款投向富县项目、滞留扶贫资金、将国家无偿投入的财政扶贫资金变为有偿使用等问题，违规行为金额23542万元。有3份次信息被中办、国办采用，国务院领导及吉林省省长分别对其中1份作了批示。

固定资产投资审计　一是开展了粮库建设项目审计。根据审计署《中央直属储备粮库建设项目审计实施方案》要求，对国家粮库储备局哈尔滨直属库扩建项目、黑龙江大庆市粮食局太阳升粮库扩建项目、黑龙江七台河桃南国家粮食储备库扩建项目、黑龙江建三江前进中央直属粮库新建项目、吉林白山老营国家粮食储备库扩建项目、吉林东辽国家粮食储备库扩建项目、吉林公主岭南崴子国家粮食储备库扩建项目、吉林延吉国家粮食储备库扩建项目等8个中央直属储备粮库建设项目的项目管理、国债专项资金到位、概算执行、设计等情况进行了全面审计。审计项目投资总额66882万元，已完成投资总额39744万元，审计发现有问题资金5176万元，占审计金额的17.36%，其中多列概算648.82万元，少列概算295.9万元；挤占建设成本84万元；少建库容0.42万吨；违规分包主体工程537万元；因设计变更造成损失浪费336.9万元；同时对部分工程的设计、施工单位未进行招投标、工期普遍拖延等项目管理方面的问题进行了披露。上报的关于建三江前进中央直属粮库设计决策有误造成经济损失270万元问题专题报告被审计署采用。二是对鹤岗发电有限责任公司一期工程建设项目、人民银行佳木斯市中心支行发行库营业用房建设项目和中国农业发展银行黑龙江省分行营业综合楼建设项目3个固定资产投资项目进行了审计。3个项目投资总额315743万元，已完成投资额354559.63万元。审计查出有问题金额81778.34万元，占审计金额的23.06%。审计发现的主要问题有：3个项目合计少缴税金36.57万元；鹤岗发电有限责任公司建设资金不到位30815.4万元；用借款本金偿还借款利息1.55334亿元；超规模1722.35万元；挤占建设资金64.67万元。对审计发现的问题进行了处理，其中收缴36.57万元。

计算机审计 一是扩大了计算机辅助审计范围。在财政、金融、专项资金、企业等审计中都应用计算机进行了辅助审计，取得了好的成效。在吉林省国税审计中，运用计算机辅助审计，不仅提高了工作效率，改进了审计手段，还深化了审计工作，发现了该省国税系统以“征前减免”的方式越权免征增值税6970万元的重大违纪问题，编发的《情况反映》引起了署领导的重视，翟熙贵副审计长批示要求各地推广作法。在中国工商银行黑龙江省分行审计进点前，应用《审计通用系统》软件，完成了数十万条电子数据转换工作。通过对电子数据库的快速交叉检索，筛选鉴别，发现了哈尔滨市分行系统账外核算牡丹卡部和国际业务部返还手续费160余万元，哈尔滨分行少报15家自办经济实体，多家银行年终大额倒贷、总账与报表不符、多处设立“小金库”等问题线索。二是探索了国有企业真实性审计。按照审计署颁布的《企业审计操作指南》要求，审计组应用计算机辅助审计方法进行符合性测试，同时还试行了“被审计单位承诺制”，加大了审计力度，提高了审计质量。在哈尔滨卷烟厂的真实性审计中，查出资产不实1.8亿元、负债不实1亿元、所有者权益不实8617万元以及损益不实1.4亿元，违规行为金额4752万元。同时，还配合审计署《企业审计操作指南》和审计署计算机中心2个课题进行了操作试点和应用软件测试，提出了改进建议，为课题改进、完善规程和软件起到了一定的作用。三是在金融审计中，特派办为一线人员增配了笔记本电脑，还专门聘请了4名计算机专家，协助审计组审计，随时解决数据转换等技术难题。在工商银行审计时，不仅在进点前对电子财务进行数据转换，而且还要求该行提供各级分、支行的基本情况账、法人账等相关电子资料，对应财务账，发现了许多通常传统审计很难发现或者发现不了的问题。

大案要案审计 1999年哈尔滨特派办认真贯彻朱镕基总理关于“全面审计，突出重点，注意发现大案要案线索”指示精神，在审计过程中注意抓大案要案，对加大审计深度和力度，提高审计质量起到了积极的推动作用。例一：黑龙江省箩北县骗取国债专项资金203万元案。黑龙江省萝北县政府以所谓“莲花泡区水域一干一号桥”工程骗取水利国债专项资金203万元，用于归还建公路贷款。更为严重的是，箩北县水利局蓄意制造、提供虚假项目建设管理资料欺骗审计组，以达到掩盖骗取水利国债专项资金真相的目的。此案审计署以《审计要情》(第10号)专报国务院领导。朱镕基总理、李岚清副总理、罗干国务委员均有重要批示。据此，省委、省政府并有关部门依法进行了处理。中央人民广播电台和《中国审计报》记者到哈尔滨特派办和萝北县进行了采访，7月9日中央人民广播电台《新闻纵横》节目播发了记者专访，将此案公开曝光；7月15日，《人民日报》记者也专程来哈尔滨特派办采访。例二：中国工商银行大庆市分行造假账毁真账违纪金额4.5亿元案。中国工商银行大庆市分行1998年度决算上报实现利润3.32亿元，在中国工商银行系统名列地市级分行效益30强之首。审计发现，大庆市分行在1998年决算时虚增利润2.04亿元，人为调减储蓄存款余额2.1亿元，动用营运资金垫付办公楼基建工程款3620万元，1993年至1996年截留磁条码查询卡收入460万元并销毁其原始账证。此案审计署以《审计要情》报国务院，温家宝副总理批示金融纪工委查处。例三：黑龙江省富锦市粮库骗取贷款和财政补贴案。此案在黑龙江省委的重视下，经有关部门4个多月的审理，于1999年4月依法进行了审判，案件的有关责任人受到了惩处。

《审计法》颁布实施五周年纪念活动情况 为了纪念《审计法》颁布实施五周年，哈尔滨特派办结合贯彻实施《中华人民共和国行政复议法》，开展了广泛的学习宣传活动。一是组织培训，使广大审计人员进一步领会两法的精神实质，熟悉行政复议制度，掌握在审计工作中如何贯彻执行行政复议法和审计法，进一步规范审计行为，提高审计工作质量和依法审计水平。二是把依法行政工作摆在工作首位。要求综合处室严格执行行政法规和规章制度，认真依法行政，依法办事，规范行政工作行为；要求业务处重点贯彻执行审计法规，加强依法审计工作，认真履行审计规范，把审计工作纳入法制管理轨道。三是加强了行政执法工作目标管理。哈尔滨特派办按照1999年工作考核办法，由处室主要领导负责，加强行政执法目标管理，防范不当行政行为。6、7月份由办公室牵头组成检查组，对全办行政执法、审计执法和保密工作情况进行检查，并将结果纳入年终目标考核成绩。四是认真总结执法情况。各处室在年度工作报告中，专题总结行政执法工作成绩和不足，以此促进了依法行政、依法审计工作发展。办公室全面总结特派办行政执法工作，提出新一年行政执法工作目标，把特派办行政执法工作推向新阶段。

队伍建设 截至1999年底，审计署哈尔滨特派办在职职工93人。从职务情况看，特派员1人，副特派员2人；从职称情况看，在现有在职职工中，有高级职称3人；中级职称56人。从学历情况看，全办有研究生1人；大学本科生44人；大专毕业生38人。一

年来,不断加强队伍建设,全办人员的政治、业务素质得到了较大的提高。一是开展竞争上岗工作,优化干部队伍结构。二是深入开展“三讲”教育,增强党风党性观念。三是开展思想政治工作,提高职工干部的思想觉悟。四是进一步建立和完善了涉及后勤服务的八项制度,不断改进、提高了服务质量,保证了全办各项工作的开展。

【上海特派员办事处】

审计工作成果　上海特派办1999年共完成审计项目116个,查出违规行为金额92.25亿元,其中应上缴财政金额35.96亿元;向司法机关移送案件4件。完成审计调查项目3个。向署提交审计调查报告、审计信息调研材料222篇,被采用73篇(次)。

特派办领导成员

特派员：崔雷平

副特派员：朱世荣

周一芬

正局级审计员：陶意纯

特派员助理：于　青

财政审计　1999年度完成了对浙江省本级1997年度财政决算、中央国库浙江省分库1997年10月至1998年9月办理预算资金收纳拨付情况、宁波海关1998年关税及进口环节税征管情况、上海市国税局1998年度中央税收收入征管情况和财政部驻上海财政监察专员办事处1998年履行中央财政监督和管理情况,以及中国人民银行上海市分行1998年预算执行情况等6个项目的审计任务。审计共查处违规行为金额71.86亿元,其中应上缴财政金额33.48亿元。

金融机构审计　1999年度对中国工商银行上海市分行、浙江省分行、宁波市分行及其所辖地(市、区)级分行和部分县(市)级支行共计81个单位的1998年度资产、负债、损益实施了全面审计。审计查出了一些银行少计各项收入,多计各项支出,资产反映不实,私设“小金库”,虚订合同、违规贴现,企业利用兼并之机悬空巨额银行债务的问题。如:违规贷款1 700万元给关系企业炒作股票;违规投资1.5亿元建造办公楼;通过虚列支出、挪用资金方式,以自办经济实体的名义高息放款2 900万元;设立账外“小金库”549万元等问题。其中上报的关于外汇贷款中发现的重大问题和违规贴现问题的两份简报,经署编入《重要信息要目》报国务院办公厅后,温家宝副总理作了批示。

对国家重点建设项目的审计监督　1999年度完成了对浙江省和上海市的水利局和财政局水利建设资金、太湖流域管理局水利建设资金、湖南省岳阳市长江干堤除险加固工程项目预算(概算)执行情况和湖南省水利水电工程监理承包公司,以及华越微电子有限公司集成电路改扩建竣工决算项目等8个项目的就地审计。审计共查处违规行为金额6.08亿元,其中应上缴财政25万元。

在对水利建设资金的审计中,查出水利部下属单位挪用、挤占、截留水利建设资金,将水利建设资金擅自出借和外存造成1 100多万元逾期资金无法收回等问题;发现有的项目地方配套资金严重不到位,并引发不良后果。其中反映的水利部太湖流域管理局1997年挪用中央水利专项建设资金2 000万元从事国债回购业务和1998年又挪用中央水利专项建设资金420万元由其下属公司认购新股问题,审计长在国务院新闻办公室记者招待会上作了披露。

深化国有企业审计　1999年度共完成了对上海电力安装第二工程公司、上海航空工业(集团)公司、浙江省烟草公司、宁波卷烟厂、杭州卷烟厂、上海市邮电管理局、浙江省邮电管理局、上海航天汽车机电股份有限公司等8户企业的财务收支审计。审计共查处违规行为金额10.23亿元,其中应上缴财政2.44亿元。

审计发现有的单位化整为零耗资2亿元违规建造楼堂馆所;有的工资总额管理、核定混乱,以致多列成本2.87亿元;有的违规使用以前年度工资结余滥发现金及福利性支出近亿元;有的欠缴消费税2.5亿元等问题。审计中反映的建议完善上市公司闲置募集资金的管理办法的审计简报经审计署转发部委后,中国证券监督管理委员会专门作了复函:将在条件成熟时,修改有关条款。

行政事业单位审计　1999年对复旦大学和上海财经大学1998年度财务收支进行了审计,并对两校下属41个校办企业进行了延伸审计。审计共查处违规行为金额2.2亿元,其中应上缴财政303万元。审计发现两校共有6 836万元收入未纳入学校财务部门统一核算管理,占两校当年自筹经费总收入的22%。

国外贷援款项目审计　1999年度共完成了24个国外贷援款项目审计。在外资运用项目审计中,严格按照审计署的要求规范审计方法,严格审计程序,说真话,抓重点,内外一致,充分披露,全面提高了外资审计的工作质量。其中反映的利用外资引进设备材料质量差的审计简报,经审计署转发后,吴仪国务委员作了批示,有关部对所反映的情况进行了调查处理。

社会保障资金审计　1999年度完成了64家行业统筹企业职工基本养老保险基金审计和3家国有企业下岗职工基本生活保障和再就业资金审计。审计共查处违规行为金额5.59亿元。通过对64家行业统筹企业职工基本养老保险基金的审计,发现1999年2月末基金滚存结余数未移交地方社保部门21 434万元。国有企业下岗职工基本生活保障和再就业资金审计发现部分地区地方财政筹集资金与中央财政补助资金不相配套,社会筹集资金严重不到位,有的省失业保险基金欠缴数多达1.5亿元。

国债专项资金审计　1999年完成了对山东省、青岛市1998年国债专项资金的安排、拨付和使用情况，配套资金的落实到位情况，以及使用国债专项资金项目的财务管理情况的专项审计。审计发现部分项目前期准备不充分和建设进度未能按计划进行，国债专项资金闲置，财政及主管部门配套资金未落实，项目单位转移、挪用国债专项资金，多计国债项目建设成本，国债项目总投资反映不实等问题的金额共计44.52亿元。审计中还发现山东省个别乡政府挪用国债专项资金，并串通当地金融单位营业所编造假账、假凭证等问题，有关部门积极整改，对有关责任人给予行政开除公职、行政留用察看、党内严重警告等处分。

扶贫资金审计　1999年度完成了对浙江省1997年至1999年6月中央财政安排和地方财政配套的扶贫资金分配、投入、管理和使用情况的审计。审计共查处违规行为金额2 243万元。审计中发现中央财政安排的扶贫资金1 000万元尚未投入到有关国定贫困县等问题。

注意发现大案要案线索　上海特派办把注意发现"大案要案"线索作为审计工作的重中之重。通过抓"大案要案"将问题查深、查透，做到查处一个，威慑一批。1999年共发现"大案要案"线索9件，其中4件涉嫌个人贪污、受贿经济问题的案件，已移送司法机关。

探索运用各种审计方法，提高审计工作的效率　1.审前充分准备，做到有备而战。为了准确理解并正确执行审计署的统一部署，保质保量如期完成各项审计任务，各审计处在进审前充分作好思想上、业务上的准备。在企业审计前，反复研究署经贸司下达的审计方案，并对照《企业审计操作指南》，结合上海特派办多年来企业审计的实践经验，对审计方案进行细化，探索使用承诺制、查询表、报告规范模式等方法，草拟了企业法人代表承诺书，设计了各种查询表格，拟定了统一规范的报告模式等。2.打破处室界限，统筹安排工作。为保证完成任务，打破各审计处原先划定的审计管辖范围界限，集中优势力量，统筹安排审计工作。如行业统筹企业职工基本养老保险基金审计，山东省、青岛市国债专项资金审计，工商银行上海市分行、浙江省分行和宁波市分行的审计等，都采取了统筹安排的做法，打破原有行政处室建制，重新科学合理地编组，将不同专业的审计人员组成复合型审计小组，做到优势互补，发挥整体优势，提高作战能力。3.探索审计方法，提高审计功效。今年审计中，各业务处都注重探索审计方法，并取得了成效。如在高校审计中，运用"账户审计"方法并辅之以"票据核销审查"方法，促进了审计工作深度。在银行审计中，主要采取在分管副特派员的直接指挥下成立总协调组，强化对各审计小组的指导和协调，加强各审计小组之间的信息交流。在世界银行贷款项目审计中，围绕署外资司下发的世行贷款审计报告模式，总结多年经验，设计出一套统一的专用工作底稿模式。在固定资产投资项目审计中，尝试对项目的工程质量和监理公司进行审计。4.抓住大案线索，注意方法讲究效果。为了广泛捕捉大案要案线索，我们采取了一些行之有效的方法和措施，颇见成效。如从银行账户入手，寻找薄弱环节；公布举报电话，设立举报箱；成立具有机动作战能力的审计小组，追踪查处大案要案线索；与司法、检察机关保持联系，以取得法律上的支持和配合等。

加强队伍建设，健全内部管理制度　1999年在审计署"三讲"教育巡视组的指导下，通过深入开展讲学习、讲政治、讲正气的教育活动，全体同志提高素质，提高层次，对推动办事处各项工作朝一个比较正确的方向发展起到积极的作用。在提高审计人员的业务素质方面，根据审计署的培训规划和我办工作实际，进行各类教育培训。开展了计算机应用水平的培训和外语专业人才的培训，并继续支持干部提高学历教育。为保证审计工作顺利完成，1999年上海特派办还着力健全内部管理制度，完善各项基础工作，使各项工作进一步制度化、规范化，更好地为审计一线服务。先后制定或修订了44个内部规章制度。将审计署及上海特派办历年制定、现行有效的124个规章制度汇编成册。在公文管理方面，推广7个公文格式模板和10个发文稿纸模板，供网上共享。在加强办公自动化方面，将历年的文字资料进行汇集、整理，建立局域网资料库，实现网上共享。

【南京特派员办事处】　下设办公室、财政审计处、金融审计处、固定资产投资审计处、工业交通审计处、商贸审计处、行政事业审计处、计算机审计处、机关服务处、人事教育处和机关党委。1999年，在册职工106人，平均年龄40岁，大专以上学历达88.7%，具有中高级专业技术职称的达73%。

特派办领导成员

副特派员：刘海彬（主持工作）

杨新民

刘汝焯

工作成果综述　1999年完成审计项目64个，查处违纪金额787604万元，发现并正式移交案件线索34件。上报各类信息182篇，被采用82篇次（其中被国务院领导批示5篇次、中共中央办公厅、国务院办公厅采用7篇次），在《中国审计报》、《江苏法制报》等报纸投稿19篇。财政审计荣获署特办序列考核总分第二名；海关、国税、财政专员办审计、工商银行审计、水利资金审计、高校财务收支审计、审计统计、审计信息在署特办序列考核中均进入前六名；机关档案工作达到江苏省档案管理一级标准。为纪念《审计法》颁布实施五周年，与江苏法制报社联合组织了"扬子石化杯"审计知识竞赛。"审计署南京特派办研制开发的计算机辅助审计软件，首次在工商银行、海关等审计中应用，提高了审计质量和效率。它标志着我国审计方法有了质的突破。”入选1999年中国审计十件大事。

财政审计探索新路　通过求深、求新、牢固树立大案要案意识，财政审计质量有了新的提高。其中：海关审计，查出华东纺织联合公司等两户企业利用虚假贸易手册及报关单，与个别海关人员内外勾结涉嫌走私货值1亿元的案件，已移交上海市、江苏省检察院立案；湖南省国债专项资金审计，查出临湘市挪用长江大堤干堤整治资金140万元案，在中央电视台东方时空节目播出后，在全国产生了较大反响，温家宝副总理、王忠禹国务委员分别作出了重要批示。

工商银行审计收效明显　1999年，南京办按照打假治乱、核实盈亏、防范和化解金融风险这一主题，对工行江苏省分行及所辖14个市级分行、15个县级支行资产、负债、损益进行了全方位审计。审计人员牢牢抓住银行“三产”、信贷资产质量、“小金库”和账外账及违规经营并账等审计重点，账户入手，顺藤摸瓜，共查出镇江新区大港开发区违规集资、拆借资金6.2亿元，连云港工行金泰贸易公司涉嫌个人贪污受贿，常熟工行非法担保、非法放贷造成银行资金巨额损失等案件19起，“小金库”80个，账外资产57176万元，并在信贷资产质量审计中揭示了大量因违规经营造成的风险资产。党和国家领导人对审计简报《淮阴工行目无法纪套取贷款转入“小金库”》、《利用虚假合同诈骗银行资金7000万元》作了批示；审计简报《信贷资金继续流入股市》被中办、国办同时采用；,“银行违规放贷，企业抽逃资金，1500万元扶贫专项贷款难收回”被署编发为重要信息要目。

企业审计不断深化　以“立足创新、突出特色、改进方法、形成模式”为指导思想，把开展计算机审计、探索审计方法作为工作重点，积极探索、勇于实践，以审计数据采集分析与财务分析软件为基础，摸索形成了固定资产、流动资产、成本费用、产品销售等计算机企业审计模块；按照署《企业审计方案》和《企业财务审计操作指南》要求，形成并完善了以会计报表为总揽、以审计方案为基础、以书面承诺为补充、以审计人员为中心、综合运用审计方法、全面实施审计监控的企业财务收支审计模式，查出违纪金额27.65亿元，移交案件线索3个。

固定资产投资审计稳步发展　在全面兼顾专项治理、项目审计的基础上，以水利项目审计为重点，全年查出违纪金额6.83亿元，通过检查工程结算，追回流失国债水利资金1100万元。其间对安徽省水利项目审计取得成效，探索形成的将工程审计人员与财务审计人员“一对一”结成对子，直接延伸施工单位和在施工单位内部开展横向、纵向延伸的审计方法，在《中国审计报》予以报道，该项目被署评为表彰项目。与此同时，全年共完成专项治理审计项目85个，收缴金额2308万元。“淮阴市水利局转移挪用中央水利建设资金486万元”等信息被署编发为重要信息要目。

商贸审计迈出新步　针对1999年世行贷款审计的新要求，在规范操作程序、提高报告质量、防范审计风险上下功夫，审计世行贷款项目14个，查出违纪金额6.29亿元；对社会审计组织业务质量检查，按照审计署“打假治乱”的精神，认真开展审计调查、精心组织学习、周密制定方案、科学选取抽查对象，较好地完成了对江苏天衡会计师事务所的质量检查任务，揭露会计报表存在的重大失实问题14项，会计报表误报金额3740万元，为进一步开展社会审计组织质量检查积累了经验。

行政事业审计再创佳绩　在注意揭露、反映被审计单位财务收支存在问题的同时，以促进被审计单位加强管理为目的，坚持“一审、二帮、三促进”的原则，内抓管理、外塑形象。对青海省扶贫资金审计，将审计重点放在扶贫资金使用效益上，深刻揭露扶贫资金使用、管理过程中存在的资金投向不合理、扶贫效果差、部分贷款难收回等问题，受到有关部门的重视；对浙江大学、南京理工大学等三所高校财务收支审计因揭露问题深刻、定性准确被署评为优秀审计项目。

大案要案审计重拳出击　按照朱总理关于“全面审计、突出重点，注意发现大案要案线索”的指示精神及署“依法审计、服务大局、围绕中心、突出重点、求真务实”二十字方针，各专业审计紧紧围绕“注意发现大案要案”的指示精神，转变观念，改进方法，突出重点，全年发现并正式移交案件线索34件，其中多起案件线索引起了党和国家领导人的重视，在社会产生了强烈反响。如在查证某工行三产公司和劳服公司有关违法行为过程中，审计人员深入工商、银行、企业及相关单位调查取证累计34户次，找有关当事人、知情人谈话58人次，可谓“历尽艰辛”。

积极开展计算机辅助审计　按照李审计长关于加强“人、法、技”建设的要求，将加强计算机辅助审计作为争创一流审计机关的突破口来抓。以“瞄准先进、跟踪一流、高起点、超常规、大跨度”为指导思想，成立了计算机工作领导小组，办主要领导亲自抓，亲自担任开发小组组长，在三个方面取得了可喜成果：一是勇于探索，在没有前人经验可资借鉴的情况下，组建了计算机审计处，进行了计算机审计的研究工作，对计算机审计的定义、审计模式、软件开发策略、数据库技术、计算机法律法规建设等进行了专题研究，构建了较为系统的框架。在《中国审计》开辟了专栏，并发表《计算机审计ABC》、《计算机审计模式探索》、《透视审计接口》、《计算机审计软件的开发策略》等多篇论文；二是以只争朝夕的精神，奋力拼搏；开发计算机审计软件，先后开发出审计数据采集分析、金融审计工具包、高校财务分析、海关业务审计等软件。其中海关业务审计软件已通过专家评审，署领导交办的国税、国库审计软件开发工作正式启动，已进入设计和编程实现阶段；三是积极完成计算机辅助审计软件在审计系统的推广和培训任务，先后应邀赴北京、天津、山东等地外出演示20余次，接待厦门、青海、南宁等外来学习单位20余家，外出演示和来办听课人数共计700余人，对推动审计系统计算机辅助审计整体水平的提高起到了一定的促进作用。为了认真贯彻李金华审计长关于从技术创新的高度研究审计思路和方法的重要指示，南京特派办办事处制定了《数字化审计特派办建设规划》，已通过专家评审。

队伍建设情况　以机构改革、竞争上岗、"三讲"教育为契机，大力加强干部队伍建设，加大干部制度改革力度，在处级及处级以下干部中首次全面开展竞争上岗和双向选择，充分调动了广大职工的积极性。有21名同志走上处级领导岗位，15人任正处、副处级审计员。新组建的处级领导班子平均年龄由原来47岁下降到42岁，处级非领导职务平均年龄由55岁下降到46岁。通过机构改革和竞争上岗，不但使一批德才兼备、群众拥护的年轻干部走上了处级领导岗位，而且优化了队伍结构，全办在岗人员知识层次已基本提高到大专以上学历水平。

全方位开展干部培训工作，在全办范围内大力开展计算机、审计业务和外语培训。

审计基础建设及后勤保障工作扎实、高效　健全和完善的内部管理及后勤保障工作，是审计任务得以完成的有力保证。我办在总结机构改革和竞争上岗经验的基础上，制定了《关于干部选拔任用和推行处级职位竞争上岗暂行办法》，将选拔任用干部和竞争上岗予以规范化和制度化；完善处室、审计项目、个人考核办法，修改、完善了《三级目标考核办法》和《干部考核办法》，二者的有机结合，形成了一个较为完整的考核体系；重新修订完善各类规章制度，印刷成册，发放到人；办内计算机局域网建成并投入使用；新建了职工食堂；购建的第一、第二招待所已投入使用，接待客人300余人次；购买、调整职工住房31套。

党风廉政建设　结合干部制度改革调整加强了机关党委，大力加强党的建设，健全了党课制度，通过学习和培训，进一步坚定了党员和入党积极分子的共产主义信念，有5名同志加入了中国共产党；建立了党风廉政责任制，严明审计纪律，在送达审计通知书的同时送达廉政监督函，审计结束后机关党委还派出专人跟踪调查廉政情况。广大审计人员模范遵守廉政纪律，一身正气搞审计，两袖清风回机关，受到了被审计单位的好评；针对干部出现的思想问题，有的放矢地加强思想政治工作，明确办领导深入审计一线时，不仅要检查业务工作，同时要检查思想政治工作，不仅要布置业务工作，同时要布置思想政治工作，把思想政治工作落实到位。

【济南特派员办事处】

特派办领导成员

特派员：孟令成

副特派员：陈成富

王中信

邢　建

特派员助理：鲍朔望

审计工作成果　全年共完成审计项目49个，查处各类违规行为金额502285万元，其中应上交财政18694万元，全部追缴入库。发现个人违法犯罪线索7起，全部移交司法机关和有关部门，其中，立案3件，有2人受到党纪、政纪处分，有4件被党和国家领导同志批示。上报各类信息167篇，被审计署等上级部门采用85篇(次)，其中被中央和国务院办公厅采用17篇，党和国家领导人批示15篇。

查处大要案线索　1999年济南办始终把查处大要案线索作为审计有效发挥作用的着眼点和着力点，并精心组织，周密部署，对审计中发现的线索慎重研究，及时出击，一查到底，重要项目办领导亲自指挥协调，排忧解难。如在某海关审计中，发现虚开增值税发票的线索后，立即调整方案，在江苏仪征、山东青岛、烟台、北京同步开展审计、核查，查出税企联手虚开增值税发票案值27456万元，偷逃税款3989万元的犯罪事实。在工行审计中，采取围绕重点内容、重点环节、重点资金、重点线索实施审计的做法，发现了工行青岛市分行原房贷部负责人王自平利用职务之便，长期无偿占用银行资金3646.8万元经营个人控制的5家公司，侵吞公款446.5万元的重大违法犯罪事实。情况上报后，温家宝副总理、罗干国务委员分别作了重要批示，中央金融纪工委等四部门联合调查核实后，已移交检察院查办。在国务院新闻办举行的记者招待会上，审计长将此案作为1999年审计查处的重点案例之一向社会公开披露。

采取联合作战审计方法　1999年完成的审计项目中，联合审计项目占63%。具体做法：一是要求参审人员增强全局观念，从大局出发，步调一致，团结协作，齐心协力。二是加强组织领导和现场指挥。一般由办领导担任审计组长，牵头处和参与处负责人分别担任副组长和小组长，形成自上而下比较完整的组织体系。如在水利专项资金审计中，采取多个业务处联合审计方式，查出10多亿元治淮资金沉淀不能发挥效益，以及部分水利专项资金主管部门截留挤占挪用水利建设资金等问题。三是合理分工、协调作战。如对上海市、江苏省国债审计，采取以原参与处为主，牵头处派员参加的分工模式，调动了参与处人员的积极性，发挥了整体优势，共查出17个方面的问题，违纪金额达240628万元，引起了当地政府部门的高度重视。四是全办一盘棋，做好后方服务和一线思想政治工作，鼓舞士气，解决后顾之忧，在人、财、物、文件资料等方面全力保证审计一线。

除正常审计项目外，济南办还牵头组织7个特派办完成了对中国重型汽车集团公司的真实性审计任务，查实该集团公司亏损加潜亏近60亿元等问题；派出10多名业务骨干参加署统一组织的对财政部、海关总署、中国建筑总公司、河北豪门集团、中国工商银行香港分行的审计，既扩大了联合审计的外延，又"取经"学习，锻炼了队伍。

搞好信息调研，为促进加强宏观管理服务 济南办紧紧围绕国家重大改革措施和宏观调控目标落实中存在的普遍性、倾向性问题，认真开展信息调研。一是信息采用量大、层次高。1999年共制发各类信息167篇，被审计署等上级部门采用85篇，占上报数的51%。其中，中办、国办采用17篇(次)，经党和国家领导人批示15篇，采用数量和采用层次均为济南办历年最好水平。二是社会影响力大。如济南办反映的工行某市分行乱开进口远期信用证被动垫款20多亿元，造成直接损失3.2亿元的问题，朱镕基总理圈阅，温家宝副总理作了200多字的批示，要求有关部门加强管理。再如反映的某上市公司连续5年披露虚假会计信息的问题，中国证监会、中注协专门派人来核实了解情况。三是促进加强了宏观管理。如反映淮委和安徽省大量水利资金沉淀问题，朱镕基总理和安徽省委书记回良玉先后作出批示，要求有关部门引起高度重视，认真研究并采取有力措施解决；反映企业逃废银行债务呈现出行业性、区域性特点的资料被新华社《国内动态清样》和《内部参考》采用，中央政治局委员、山东省委书记吴官正批示青岛市政府予以高度重视。四是宣传了审计，交流了工作经验。青岛工行审计总结出"突出五个重点"的经验做法，得到署领导的肯定，并在《中国审计报》头版头条刊登，促进了工行审计的开展。

努力加强和改进思想政治工作，强化班子、队伍建设 1999年济南办领导班子进行了调整，新的领导班子坚持"两手抓，两手都要硬"的工作方针，认真总结近几年思想政治工作存在的薄弱环节和突出问题，查找出影响和制约特派办建设和发展的突出问题，并认真研究办法、制订措施，使济南办在短时期内出现了良好发展势头。1. 抓住"三讲"教育机遇，大力加强班子建设。按照审计署和地方党委确定的方法和步骤，济南办一步一个脚印地扎扎实实抓好"三讲"教育。前后三次组织动员，历经4个阶段，累计长达2个多月。针对群众对领导班子及其成员提出的10条意见和建议，研究制订出5个方面17条整改措施，认真加以整改，从而增强了班子的凝聚力，形成了一个团结、坚强的领导集体。2. 实行干部竞争上岗和双向选择，优化了队伍结构，提高了整体素质。根据审计署的部署和要求，对处级及以下干部进行了竞争上岗、双向选择。经过平等竞争、民主推荐、公开选拔等严密细致的工作，1998年底96名干部职工中，有82人竞争上岗，实现了分流10%的既定目标。从21名处级干部中竞争上岗处室负责人9名；从53名处、科级干部中竞争上岗副处长12名(其中破格晋升1名)，有1名处长和2名副处长改为非领导职务序列。3. 不断改进工作方法，思想政治工作效果明显。一是改变以发放钱物代替思想政治工作的不良做法，采取多种形式，有针对性地做好思想政治工作。二是调整工作布局，进一步发挥党组织做思想政治工作的优势。三是从有利于弘扬职业道德、社会公德和家庭美德出发，组织开展了"爱岗敬业，创文明机关"和创建"十星级"文明家庭活动。四是年底专门召开了思想政治工作研讨会，认真总结和探讨了新形势下做好思想政治工作的经验、做法和思路，为进一步做深入细致的思想政治工作创造了条件。4. 下大气力抓好干部后续教育，努力提高干部整体素质。为了解决干部尤其是处级干部学历偏低、素质不高问题，济南办采取了五项措施：一是重新研究制定了《干部教育培训暂行规定》，对学历教育和干部培训的计划、要求、方法等作出了明确规定。二是加大投入，积极组织统一学习培训，并对经批准在职参加学历教育的，报销部分学费。三是积极组织参与审计署统一组织的计算机、外语和职称考试和培训，并选拔1人出国长期培训。四是坚持半年一次整训制度，并组织科以上干部进行普法教育和法律知识考试。5. 狠抓廉政建设，保持和发扬廉洁、公正形象。一是狠抓党风廉政责任制落实。重点抓好思想认识、组织保证、全面结合、制度约束、典型引路等五个环节。二是抓好《审计组廉政责任若干规定》落实。专门进行了测试答卷，重点让大家熟悉和落实其中的"九不"、"一严禁"等主要内容。三是各处室设立兼职监察员，负责每季度向纪委报告一次廉政情况。四是按照山东省直机关党委的要求，清理了部分干部多占住房。五是推行物资比价采购和维修工程公开、公平、公正招投标制度。六是严格控制招待费支出，开支数额比1998年下降50%。

各项基础工作进一步改进和加强 1. 制定了五年工作奋斗目标。根据《审计署1999至2003年审计工作发展纲要》，在认真总结建办以来基本经验的基础上，将纲要确定的目标和任务进一步细化，制定了《审计署济南特派办1999至2003年审计工作发展纲要》，明确了今后五年"队伍一流、工作一流、管理一流"的总体建设目标，研究了各项具体工作的奋

斗目标、任务及具体措施，明确了今后发展的方向。2. 重新修订和健全、完善了各项规章制度。组织5个综合处室，经过自上而下、反复十几次召开协调会、办公会、特派员会议研究讨论，将建办以来形成的75项规章制度修订和完善为54项，对促进依法行政、依法治办，逐步实现行政管理制度化、规范化、法制化发挥了重要作用。3. 加强微机管理，提高应用水平。调整了办公自动化领导小组和专业人员处室分布，理顺了管理体制；增添了部分微机设备，使业务骨干基本达到人手一台笔记本式电脑。在软件开发使用方面，派员参与署统一组织的金融、企业、国税、国库软件开发，还派出3名同志参与海关H883系统审计软件的开发和应用工作，提出了3个子系统中2个子系统的业务需求，引进软件全部用于审计实施。4. 行政后勤工作有较大改进。在行政后勤人员减少，工作量相应增加的情况下，行政管理部门强化内部管理，转变工作作风，调整人员分工，实施一人多岗，有效地提高了工作质量和效率。

【郑州特派员办事处】 1999年，审计署郑州特派办机构设置如下：办公室、综合处、财政审计处、金融审计处、固定资产投资审计处、能源交通审计处、工业商贸审计处、计算机审计室、人事教育处、机关党委、机关服务处。

特派办领导成员

副特派员：乔百芳（主持工作）

宋彦升

正局级审计员：曾凡焯

特派员助理：李勇华

副局级审计员：张全兆

审计工作开展情况 1999年，完成审计和监督检查项目44项，报送审计工作报告、审计简报（信息）132篇，共计查出违纪违规金额576459万元，决定处理处罚金额25397万元，指明要求纠正551062万元，应上交财政金额2776万元，已上交金额2691万元。在审计署组织的考评中，财政审计分别被评为国税审计第一名、财政决算审计第六名；金融审计被评为优秀单位；对黄河小浪底水利枢纽工程项目的审计，被评为优秀审计项目；外资审计分别被评为优秀单位和信息工作优秀单位；对东南大学和南京农业大学的审计被评为优秀审计项目；对中央主管部门基本养老保险结余基金移交的审计被评为优秀审计项目；企业审计被评为受表扬单位；上报的审计简报及信息，被中办、国办采用9篇次，审计署采用48篇次，采用量居特派办第六名。另外，郑州特派办办公室因参加河南省直机关文件交换工作成绩突出，再次被中共河南省委办公厅、省政府办公厅评为机要文件交换先进单位。年末，还通过了河南省文明建设指导委员会组织的对郑州特派办“省级文明单位”的复查验收。

水利资金审计 4月至6月，对河南省和山东省财政厅、水利厅以及黄河水利委员会1998年度和1999年1至3月中央财政预算安排的国债专项资金、非经营性基金、水利建设基金以及地方财政和银行配套资金进行了审计。审计中，紧紧围绕“以普遍审计为基础，以重点审计为突破，以揭露问题为契机，以抓住重大经济违法乱纪问题为途径，以惩治腐败促进管理为目的”的工作方针，查出了大量违规违纪问题。如：××行蓄洪区工程项目地方应配套水利建设资金2400万元未予安排；××水利主管部门1998年度滞留水利建设资金5.22亿元，当年水利设施建设仅完成投资计划54%。以审计简报反映的《××省财政厅滞留××行蓄洪区建设资金3200万元》经署上报后，分别被中办、国办采用，国务院领导作了重要批示。

工商银行审计 3月至9月，共对工行河南省分行本级（含4个直属机构）及所辖18个市（地）二级分行（含营业部），所辖郑州、开封、新乡三个二级分行所属的61个县（区）支行和以上单位所属112个全资和拥有实际控制权的机构共计214个单位进行了审计。查出了截留股票发行收入形成账外资产、高息揽存、高息放贷、账外经营、挪用信贷资金购置、装修固定资产以及地方政府行政干预造成企业瘫痪、悬空银行贷款等问题。撰写出《××公司违规经营六年造成银行不良贷款2.2亿元》、《一家企业对银行和税务部门两份报表净资产相差8800万元》等23期审计简报，被审计署《重要信息要目》等采用3篇。审计中，还对6起违纪问题进行了认真的调查、核实，并向有关部门进行了移交。

国债资金审计 在对广东省、深圳市及中央部门京外项目国债专项资金审计和审计调查实施过程中，发现××市水利局挪用国债资金9057万元；××市有关部门置换国债项目资金8000万元；××市经济技术开发区管委会挪用国债资金400万元用于经费开支等问题。上报的10期国债专项资金审计简报，分别被中办、国办采用2篇，审计署采用5篇。

国税、国库审计 根据署统一部署，完成对江苏省苏州、常州、盐城三市国税及国库审计任务。审计中认真贯彻落实“全面审计、突出重点，注意发现大案要案线索”的指导思想，将国税审计与国库审计结合进行，查出××珍珠公司原法人代表虚开增值税发票4000余万元，涉嫌偷逃税款600余万元的重大违法问题的线索，及时向当地公安机关进行了移交。移交后，该犯罪嫌疑人已被逮捕。

财政审计 一是与署财政司、京津冀特派办共同完成对××省国家税务局1998年度中央税收收入征管情况的审计试点工作。二是完成对财政部驻河南省财政监察专员办事处1998年度履行中央财政监督和管理职能情况的审计。三是完成对河南省部分市地国税部门税收征管情况的调查。

企业审计　完成审计署统一部署的四项深化企业试点审计任务——中国郑州商品交易所1998年度资产负债损益审计以及河南中原黄金冶炼厂、驻马店卷烟厂、新郑卷烟厂1998年度财务收支审计。审计中，以查清资产、负债、损益的真实性、合法性为基础，突出重点，深入揭露和严肃查处企业会计核算不真实和经营中的违纪违法问题。同时，注意发现大案要案线索，加大审计执法力度，取得了明显成效。

固定资产投资审计　一是完成对小浪底水利枢纽建设管理局黄河小浪底水利枢纽项目1995年1月1日至1998年12月31日执行情况的审计；二是完成对郑州纺织机械清梳联合机子项、郑州煤业(集团)有限责任公司告成煤矿工程等项目的竣工决算审计；三是完成对国家粮食储备库漯河、许昌直属库等8家国家粮食储备直属库建设情况的审计；四是完成对中央在豫80余个基本建设项目(包括技改项目)的审计调查。

高等院校审计　完成两所中央所属高校——东南大学、南京农业大学1998年度财务收支审计。审计发现，会计报表不能完整反映收入规模，3204万元收入挂账未结转收入；校办产业投资关系未理顺，致使校办产业单位注册资本不实3388万元等问题。上报的《高等院校“筒子楼”改造中存在的问题应引起重视》等审计简报，分别被审计署和中办采用。

外资审计　完成郑州铁路局1998年度世行贷款第六批铁路项目执行情况及亚洲开发银行贷款京九铁路项目执行情况、郑州工业大学1998年度世行贷款科技项目执行情况、黄河水利水电开发总公司世行贷款小浪底水利枢纽项目1998年度执行情况、亚洲开发银行贷款河南电力项目(禹州电厂)1998年度财务收支情况等7个项目的审计任务。

扶贫资金审计　完成对河南省1997年至1999年6月底扶贫专项资金、中国农业发展银行河南省分行1997年至1999年6月底扶贫贷款、中国农业银行河南省分行1997年至1999年6月底扶贫贷款以及福建省1997年至1999年6月底扶贫专项资金的审计。

完成的其他审计任务　一是完成对中国石油天然气集团公司和中国石油化工集团公司1997年至1998年度管理的养老保险基金收入、支出、结余情况的审计；二是完成对亚太集团会计师事务所1998年完成的企业会计报表审计业务质量监督检查；三是完成对中国人民银行河南省分行1998年度财务收支的审计；四是完成对河南省1998年国有企业下岗职工基本生活保障和再就业资金的审计；五是完成对中原石油勘探局、郑州铁路局下岗职工基本生活保障和再就业1998年中央财政补助资金的审计。

计算机辅助审计工作　一是正式开通了计算机局域网络，完成了“办公信息系统”软件的研制、开发、调试。“办公信息系统”于12月份在全办投入了试运行。二是积极筹措资金，先后购置了33台计算机，进一步改善了审计业务和日常管理的工作手段。三是完成了《审计署派出机构人事管理系统》由DOS版向WINDOWS版的升级和《审计机关档案计算机管理系统》软件的研制、开发工作。四是不断加强计算机应用技术培训，并由前几年的初级培训转为中、高级培训。五是组织4名职工参加了审计署第四次计算机技术应用水平考试。经过这次考试之后，全办有96人取得了合格证书，达标率为100%，为下一步开展计算机辅助审计和普及办公信息系统打下了良好基础。

队伍建设　1.密切联系实际，认真、扎实开展“三讲”教育。4月至9月底，按照审计署党组的部署，在全办深入开展了“三讲”教育。8月，又安排3周的时间，集中进行了“三讲”的有关工作，着重围绕“全面履行审计监督职责、严格审计执法、队伍建设、廉政建设、政治理论学习等方面”进行了认真的剖析，制订了切实可行的整改措施，并在此基础上提出了“振奋精神、开拓进取，依法审计、严格执法，夯实基础、带好队伍，内强素质、外塑形象，求真务实、争创一流”的指导思想，力争把各项工作全面跨上一个新台阶。在下半年的各项工作中，整改措施得到了有计划、有步骤、全方位的落实。如在国债、国税、国库、企业以及其他审计中，审计执法力度大大得到增强。在人事制度改革方面，建立、健全《在年度考核中实行民主测评末位警示制度试行办法》、《一般干部晋升行政职务工作增加透明度试行办法的通知》等制度，进一步加大公务员考核、任用的透明度，并在年度考核中抓好落实。关心群众生活，积极解决生活中遇到的各种困难，改善住房条件。2.坚持切合实际加强党风廉政建设。一年来，在搞好宣传教育的同时，继续把着重点放在狠抓制度的落实上。一是严格执行《审计组廉政责任制》和“审计纪律监督卡和审计纪律执行情况鉴定表”等廉政规定和制度，坚持进点前教育、审计实施中执行、审计实施结束后汇报。二是根据中纪委全会精神和审计署党组的有关要求，及时修订、完善《党风廉政建设责任制实施细则》等项规定。一年来，共拒绝宴请42次、高消费娱乐活动22次，拒收礼品32件，折合人民币10万余元，拒收现金3万余元，积极维护了审计机关良好形象。3.以竞争上岗为契机，进一步了调动全办干部职工的工作积极性和主动性。年初，根据审计署的部署，实施了处级及以下干部竞争上岗工作。通过竞争，有25位同志走上处级领导岗位，12位同志走上处级非领导岗位，55位同志走上一般工作岗位，竞争上岗位的人员占全办原有人数的89%，29%的同志实现了内部交流。同时，对部分按政策规定不能参加竞争上岗的同志，也进行了妥善安置。

【武汉特派员办事处】

特派办领导成员

特派员：余秉立

副特派员：吴焕亮

张军科

局级审计员：刘顺章

特派员助理：卢家辉(1999．2－)

审计工作成果　1999年，共完成计划项目和署临时交办的项目60个，查出违规金额750268万元(不包括国债资金和工商银行审计二个项目)，其中已上交财政金额11493万元，决定归还原资金渠道7212万元；向司法机关、纪检部门移送违法犯罪案件线索25件，移送涉案责任人48人；上报综合报告、审计简报等材料202篇，其中审计简报被署办公厅采用50篇(条)，被中办、国办采用7篇(条)；《中国审计报》等新闻单位采用稿件55篇。

财政审计　完成了湖北省国税局和财政部驻湖北财政监察专员办中央预算执行审计、对湖北恩施自治州国税局税收征管情况的审计调查、对安徽和江西两省国债专项资金审计、对广东省3个地市级国税局及国库系统的试点审计。主要成效：一是审计的质量提高。全年查处违规金额310931万元，其中已上交财政6559万元，比上年增加近50%。上报审计简报25篇，被署采用16篇(次)，《个别财政部门自设收入专户造成地方预算资金库外运行》等3篇材料被国办采用。二是审计的深度增强。对国税、财政监察专员办的审计资金面达50%以上，审计报告反映的问题，在署向财政部发出的审计决定中均依法作了处理；对国债资金审计，查出套取、转移、截留、挪用国债资金等违规问题386个，提出审计建议21条；对国税国库的试点审计，查出违规问题110个，提出审计建议24条。

金融审计　完成了原人行湖北省分行1998年度财务收支审计；在对工行湖北省分行及所辖地(市)级分行、武汉、三峡分行共134个单位的审计中取得四方面的成效：一是核实了资产。查出了少计收支、私设“小金库”、漏缴税金、高息存贷、违法放贷等违规金额，调减资产3000万元，调增负债50800万元，调减所有者权益53800万元。二是发现了20起违法犯罪线索，涉案金额近101000元，涉案人员39人。三是通过五级清分，初步摸清了工行信贷资产存量状况。经抽查，发现全省共有830户企业逃废债务830000万元。四是上报审计报告35份，审计简报43份。被署《审计要情》采用5期，其中有4期得到了国家领导人的批示，朱总理批示2次，温家宝副总理批示了4次。被署评为1999年度金融审计工作先进单位。

此外，还完成了4个世行贷款项目执行情况的审计，第一次出具了规范的对外审计报告，被署评为外资审计优秀单位。

专项资金审计　完成了对湖北省和2户中直企业下岗职工基本生活保障和再就业资金的审计；对湖北省移民局、恩施自治州和巴东县移民资金的审计；对南水北调中线工程经费的审计；对湖北省、江西省扶贫资金的审计；对北京理工大学等5所高校财务收支的审计。查出违规金额55000万元，提出审计建议51条，上报综合报告、审计简报19份，发现并移送违法犯罪案件线索4起。对企业下岗职工基本生活费和再就业补助资金的审计，重点检查了征缴不力、滞留欠拨、挤占挪用和损失浪费等问题；对扶贫资金的审计，重点检查了挪用扶贫资金用于拨付非国定贫困县，用于建房购车、弥补行政经费支出和有偿使用扶贫资金等问题；对三峡移民资金和高校经费的审计，重点检查私设“小金库”、乱收费等问题。下岗职工生活保障和再就业资金审计、三峡移民资金审计、高校经费审计均被署评为优秀审计项目。

固定资产投资审计　完成了京九铁路阜九段工程竣工决算审计收尾工作；对长江水利委员会、湖北省财政和水利系统水利建设资金的审计；对长江中下游崩岸治理(湖北段)项目的审计；对神龙汽车有限公司轿车项目一期工程竣工决算的审计；对武汉市龙王庙险段整治工程的审计；对湖北4个国家粮库新建工程的审计；对三峡工程开发总公司所属部分单位的审计。查出资金不落实，多列、少列概算，投资完成额不实，挪用侵占建设资金等违规问题，收缴财政1632万元，追还被侵占的资金2814万元。将长江水利委员会综合勘测局原副局长等人涉嫌挪用犯罪的线索移送检察机关，逮捕犯罪嫌疑人3人，其中1人为厅局级干部。在水利资金审计中，有关单位根据审计建议对6名违规责任人给予了行政处分，其中司局级干部2人。反映《三峡工程价差调整问题突出》的简报被新华社《内部参考》采用，李鹏委员长作出了批示。水利资金审计项目被署评为表彰项目。

国有企业财务收支审计　全年共完成邮电、民航、物资、烟草、电力、冶金等行业和中外合资企业审计项目17个。查出17户企业违规金额上交财政2238万元，罚款1025万元。完成的署定企业审计项目受到署通报表扬。发现国有企业会计信息不真实、国家资财被侵蚀的问题仍很严重。如在审计中国有色材料中南公司中，运用计算机技术手段，对账账、账实核对时，发现该公司有账无物金额达3137万元，占存货总额的70.9%；在审计中国石油物资武汉公司时，查出该单位私设8年之久的“小金库”，发生额高达4153万元；在审计中法合资神龙汽车有限公司时，以成本、销售费用为主线，查出少计利润18568万元、虚增利润11379万元、少计资产39万元、虚增资产6145万元、欠缴税金335万元等问题。

圆满完成外协等工作　一是在上年圆满完成查办湛江特大走私受贿案任务的基础上，又参与查处了大庆联谊股份有限公司股票案，香港部分中资企业和个人经济问题调查，湖北康赛股份有限公司"827"专案。年底被署党组授予查办湛江特大走私受贿案先进集体的光荣称号。二是选派3人参加了署组织的对国家有色金属工业局行业统筹企业职工基本养老保险基金的审计。三是完成了对湖北立华会计师事务所年报质量的审计，并依法对该事务所和董事长给予警告处分。四是落实处理人民来信20件，核实和澄清了有关事实。

用整风精神开展"三讲"教育　5至9月，深入开展了以"讲学习、讲政治、讲正气"为主要内容的党性党风教育。充分发动和依靠群众，查找和剖析领导班子及其成员在党性党风方面存在的问题，认真开展批评和自我批评，扎扎实实地整改，收到了良好效果。针对审计执法、干部队伍建设、群众观念和基建工作等方面存在的主要问题，领导班子制订出28条整改措施，逐条进行落实，受到群众好评。通过"三讲"教育，全办人员特别是处以上干部受到一次深刻的党性党风教育，领导班子及其成员的精神面貌发生了可喜的变化。并着重在加强队伍建设、提高审计水平和培养年轻干部3个方面狠下功夫。

提高人员素质，从严治理队伍　一年来，围绕李审计长关于"严格管理、严格要求"的指示，在提高人员素质，从严治理队伍方面狠下功夫。一是组织实施处级以下干部竞争上岗。通过竞争上岗，全办在职人员由原来的131人，减少到122人，分流人员9人；正副处长中大学本科以上学历增加了15个百分点；岗位交流人员的比例达到16%。二是认真落实审计署《1999～2003年审计工作发展纲要》和《加强班子、队伍建设的实施意见》，结合自身实际，制订了审计工作五年规划和实施办法。三是更加注重加强对年轻干部的培养和管理。选派了5名年轻业务骨干到署机关和派出局交流任职。四是改进了干部考核工作，建立并实施了《处室工作目标考核办法》。五是落实了年度培训计划。与中南财经大学联合举办会计专业硕士研究生班；为每个业务处培训了2名审计软件操作人员。六是强化职工的思想教育和廉政建设。七是加强了审计基础规范化建设。全年组织了一次审计发现大案要案线索理论研讨会；组织了《审计法》颁布实施5周年系列纪念活动；组织了"三五"普法知识竞赛；开展了经常性地审计法律咨询，完善了审计文书格式；全办档案工作目标管理荣升省特级；保密工作再次被湖北省保密局评为先进单位，财务工作受到署有关部门的通报表扬。

【长沙特派员办事处】

1999年底在职人员87人，其中大专以上学历80人，中级以上职称52人；内设机构(10个)：办公室、综合处、财政审计处、金融审计处、固定资产投资审计处、工交审计一处、工交审计二处、人事教育处、机关党委办公室、机关服务中心。

特派办领导成员

特派员：傅德虎

副特派员：罗　凌

任承彝

工作成果和做法综述　1999年完成审计项目49个：中央预算执行和专项资金审计项目16个，金融审计项目16个，固定资产投资审计项目5个，利用外资审计项目4个，企业审计项目4个，事业单位审计项目4个。共查出违纪违规金额393 331万元，应上缴财政13 208万元，已入库上缴财政2 471万元，应追还侵占挪用资金18 362万元。发现大案要案线索并已移交有关部门4件。

此外，派人参加了署临时交办的广州海运(集团)有限公司专案的核查工作、中国建设银行养老保险基金的审计工作。

撰写各类信息简报和专题报告132篇，共有37篇次被中共中央办公厅、国务院办公厅、审计署和湖南省委、省政府采用，4篇次被国务院领导同志批示。编发上报数和采用数均为我办历年来最多的。

一些审计项目质量继续保持领先地位。在署综合评比中，财政审计综合列各特派办第三名，江苏省财政决算、长沙海关审计单项评比分别为第一名和第二名；扶贫资金、社保资金、水利建设资金审计均位居前列。

以整风精神开展"三讲"教育　长沙办将"三讲"教育作为头等大事来抓。年初，成立了以傅德虎特派员为组长的"三讲"教育领导小组，并制定了具体计划。"思想发动，学习提高"阶段为深入开展以后阶段的"三讲"教育作了很好的准备。"自我剖析，听取意见"阶段，集中人员、时间和精力，在署巡视组的直接指导下，广泛征求群众意见，大家畅所欲言。处以上党员干部勇于解剖自己，问题找得准，原因分析得透，根源挖得深。

继续深化财政审计　一是海关审计加大了力度和深度，拓宽了领域。对长沙海关审计，发现湖南省邮电管理局进口设备涉嫌走私的线索，查出一宗案值近4亿元，偷逃关税及进口环节税1亿多元的走私案。朱总理、吴仪、罗干等国务院领导同志批示"请海关总署进行调查"、"如需公安部配合，可随时与公安部联系"。李金华审计长向全国人大常委会所作的1998年度中央预算执行情况审计报告中也引用了这个案例。对黄埔海关的审计，再接再厉，进一步拓宽了海关审计领域。同时，我办将探索关税审计方法作为一个重要课题来抓，采取现场跟班作业与开座谈会相结合等方法，搞清海关作业的有关流程，与兄弟特派办进行交流，得到署领导的肯定。

二是注重维护政令统一，促进税收和其他财政收入的征管。

在云南省国税审计中发现云南八家卷烟厂让所属的烟草分公司低价提供原、辅材料，“压低”卷烟生产成本，使卷烟消费税流失16亿元，严重影响中央财政收入。在财政部驻湖南财政专员办事处审计中发现该办对烟草商业专营利润和行政性规费收入等非税性收入监缴乏力，分别影响中央收入1 166万元和1 314万元。

三是专项资金审计取得好成绩。对专项资金的审计，以计划（预算）为龙头，以资金拨付为主线，从账户入手，突出重点，注意发现大案要案线索，揭露挤占、挪用和损失浪费，取得较好效果。

水利建设资金审计　在湖南省水利建设资金审计中，揭露了益阳、常德、岳阳等市、县挪用水利建设资金1 284万元用于平衡地方财政和发放工资，署以《审计要情》向国务院反映，温家宝副总理批示“问题性质十分严重，必须严肃查处，追究责任，归还资金”。此案由监察部交湖南省监察厅查处，被挪用的资金已被迅速追回，主要责任人受到党纪政纪处分。在12月16日国务院新闻办记者招待会上，翟熙贵副审计长向各大新闻媒体披露了此事。在江西省水利建设资金审计中，发现江西省水利厅挪用水利建设资金2 000多万元用于自建楼堂馆所；反映江西景德镇防洪工程进度滞后影响安全渡汛的信息，被署列入《重要信息要目》上报国务院。

社会保障资金和扶贫资金审计　在湖南省社保资金审计中，反映551万元职工的“保命钱”被挪作他用的信息，署列入《重要信息要目》上报国务院。在扶贫资金审计中，查出湖南有关部门挪用扶贫资金1 100多万元、广西有关部门和单位挤占挪用扶贫资金4 400多万元等严重违纪违规问题。

国债专项资金审计　重点审计了海南省、广西壮族自治区的国债专项资金的分配和转拨环节，促进了财政、计划等部门和项目建设单位管好、用好国债专项资金，及时配合了国家积极财政政策的实施。

此外，作为中央预算执行审计的一部分，对人民银行原湖南省分行系统1998年度的财务收支实施了审计。

积极强化金融审计，防范金融风险　3月中旬起，由分管副特派员罗凌负责，组织金融、工交、财政、综合处和办公室共30名审计人员和计算机专业人员，组成联合审计组，历时6个月，对工行湖南省分行系统本级和14个地（市）级分行、33个县（区）支行进行了审计，延伸调查了1 107个贷款企业总额172亿元的信贷资产质量清分情况。发现大案要案线索2条，撰写审计要情3篇，简报29篇，揭露了工行本身存在的一些违纪违规问题和部分地方政府违规操作逃废银行债务的行为，分析了大量不良贷款形成的原因。反映工行长沙市分行账外非法经营证券业务的简报被署列入《重要信息要目》上报国务院。注意发现和揭露大要案线索。如在一笔利息支出中，发现原人行长沙市分行国库科挪用国债兑付备付金2150万元，与有关商业银行勾结非法获取利息收入35万余元，个人私分利息收入14万多元，有关负责人涉嫌贪污10万余元，挥霍3万余元，并挪用国债资金200万元由其亲属申购“五一文”股份，将中签所得18 000多股股票及收益据为己有的事实，署以《审计要情》上报国务院。温家宝副总理批示“相龙、海旺同志，请金融工委立案查处”，朱总理批示“请海旺同志阅处”。这宗案件线索移交中央金融纪工委、金融系统监察局驻湖南省金融系统纪检监察特派员办公室查处。

四是注意从企业入手，揭露地方政府的行政行为致使企业逃废银行债务等违规问题。如发现常德市政府推行“零负债改制”工程，使企业逃废银行债务56亿元。

搞好高校财务收支审计　1999年，是高校新旧财务制度和会计制度的全面转换的第一年。我办着重对高校资产负债表和收支情况表的真实、完整进行审计，发现和纠正了中南工业大学报表编制不完整，校办企业固定资产不并表等问题；长沙铁道学院二级单位账外账较严重，造成经费浪费等问题；湖南大学财务决算报表严重不实，固定资产管理混乱等问题。审计促进了这几家高校新旧财务会计制度的转换。

加强固定资产投资项目和外资运用审计　对湖南段长江崩岸治理工程和湖南省洞庭湖区二期治理工程的三个单项工程既审查资金的拨付和使用情况，又注重审查工程质量。如反映洞庭湖洪道二期治理工程难以按期完成和湖南澧水卡口拓宽工程拆迁问题，署列入《重要信息要目》向国务院反映，温家宝副总理作了批示。

外资审计发现外资项目国内配套资金不到位、财务管理松懈、成本管理不规范等带普遍性的问题，积极反映有关信息。如反映湖南两家新建电厂投产不到两年亏损已逾1.6亿的信息，被署列入《重要信息要目》上报国务院。被署评为外资审计优秀信息单位。

继续以真实性为基础，依法积极开展企业审计　长沙办在去年真实性审计试点的基础上，对4家企业实施了审计。对重汽集团3家企业的审计，审计意见应调增亏损2 740万元，潜亏5 595万元，应调减资产1 576万元，调增负债1 036万元，调减所有者权益2 612万元。对广西烟草公司的审计，审计意见应调整资产1 785万元、负债25 260万元、所有者权益25 975万元。

积极尝试开展对社会审计组织审计质量的检查监督　根据审计法和《审计机关监督社会审计组织审计业务质量的暂行规定》，我办对湖南开元会计师事务所1998年完成的企业会计报表审计业务质量进行了监督检查。这是我办第一次对社会审计组织的业务质量进行监督，是一次积极和有益的尝试，较好地完成了检查任务。检查结果表明，国家审计对社会审计中介组织的业务质量进行监督是十分必要的。

加强管理，改进服务，业务综合工作有成效　一是进一步重视审计信息工作。办领导召开专题会议要求一个项目要出审计报告和信息两个成果。同时加强信息的编辑工作，注意发挥《中国审计报》记者站的作用。二是认真抓好公文质量和档案管理。公文规范程度得到进一步提高，档案管理被省档案局评为优秀。三是注意改进保密、计划、统计等工作的规范化、系统性，取得成效。

以竞争上岗、双向选择为契机，加强"人、法、技"建设　1.贯彻"精简、统一、效能"的原则，积极稳妥地开展竞争上岗，双向选择工作。精简了人员，调整了结构。调整后的处级领导班子平均年龄 40.2 岁，比调整前年轻 3 岁，其中研究生学历 3 人，本科学历 13 人，占处级领导干部的 70%。2.注意加强班子建设和队伍建设。我办领导班子针对署巡视组提出"满足现状，争创一流的意识不强，队伍建设不力"的问题，认真抓整改，强化班子建设，明确分工和权责，使班子的凝聚力和战斗力增强。通过培训，今年又有 9 名同志通过审计署计算机水平考试，11 名同志通过高级审计师外语考试，全办 85% 的人能熟练使用 WORD、EXCEL。全办干部的政治素质和业务水平进一步提高，表现在工行、国债、水利建设资金等联合项目审计中，大家的全局观念，协作配合的自觉性，都有了明显增强。同时，注意全员培训与重点骨干培养相结合，审计操作技能培训与培养具有审计理论研究能力的高层次审计专家相结合。3.认真贯彻落实党风廉政责任制，廉政建设常抓不懈。中共中央、国务院和审计署有关廉政建设责任制的规定和办法下发以后，办领导进一步明确责任，以身作则认真执行公务公开、财务公开、礼品登记、收入申报制度。人教处、机关党办、办公室等职能部门既各负其责，更强调协作配合。整顿会风取得明显成效，接待费用同比减少 30%。4.认真组织"审计抽样的技术与方法"的研究攻关。特派员和主管副特派员多次召开专题会议，组织人员，集中力量进行研究攻关。年底提出了初步研究报告，审计统计抽样软件在怀柔署企业审计研讨会上作了演示，得到了署领导和有关人员的好评。

抓基础建设，完善后勤保障　1.改善审计手段和办公自动化系统。我办原有的局域网进行了更新改造，基本上做到了每间办公室有一台奔腾Ⅱ、内存 16 兆、硬盘 4G 以上的计算机，业务处室另配备便携计算机，一些专门岗位配专用机。2.基本完成一、二栋住宅的改造工程。3.加强综合治理，建设安全文明小院。一是解决了职工住宅和办公楼产权方面的遗留问题。二是逐步规范后勤服务，走物业化管理之路，被湖南省爱委会评为"双文明安全区"。

【广州特派员办事处】　1999 年，广州特派办机构设置如下：办公室、综合处、人事教育处、机关党委、机关服务中心、财政审计处、金融审计处、固定资产投资审计处、工业交通审计一处、工业交通审计二处、商贸审计处、外资行政事业审计处。

特派办领导成员

特派员：帅林淇（－1999.2）

唐自清（1999.3－12）

副特派员：王善用

宋乡尘

副局级审计员：杨佐有

副局级审计员：杨佐有

特派员助理：向　颖

审计业务成果综述　1999 年，广州特派办在审计署的正确领导下，贯彻落实朱总理关于"全面审计，突出重点，注意发现大案要案线索"的指示，认真执行审计署"依法审计、服务大局、围绕中心、突出重点、求真务实"二十字方针，审计工作取得比较好的成果。全年完成审计项目 64 个（除 1999 年财政审计项目按计划跨年度外），查出违纪违规金额 52 亿元。其中，应收缴财政 16.7 亿元，已缴财政 15.9 亿元。查出大案要案线索 7 件，已移交司法部门 4 件。向上级部门反映各类审计简报信息 176 篇，被国办、审计署等部门采用 41 篇，有 4 篇被党和国家领导同志批示。

财政审计取得新成果　1999 年，广州特派办财政审计共查出违纪金额 17 亿元，应上缴财政 15.6 亿元。年初，完成了跨年度项目广东省国税局 1998 年度中央税收征管情况审计和对财政部驻广东省财政监察专员办事处 1998 年度履行中央财政监督和管理职能情况的审计。11 月下旬，开始对广东省（本级）、广州市、云浮市国税局和国库进行审计。

对广东省国税系统审计是审计署 1999 年国税审计中的重点审计项目之一。广州特派办高度重视，精心组织，按照审计署的分工，审计了 2 个地级市、4 个县市的国税部门。查出国税部门在税收征管方面存在的该征不征、欠税反映不实以及在财务收支方面超标提取代征手续费等问题。对财政部驻广东省财政监察专员办事处 1998 年度履行中央财政监督和管理职能情况的审计，查出影响中央财政收入 1.5 亿元的问题。该项目在审计署组织的财政审计项目质量考评中，被评为 1998 年度质量考评第一名。

9 至 10 月份，根据全国人大常委会的指示和审计署的统一安排，全办集中力量对浙江省国债专项资金的使用情况进行审计。审计中围绕国债资金投放是否真正起到加快基础设施建设、扩大投资需求、拉动经济增长这个中心进行，以国债资金和配套资金的安排拨付使用情况和工程项目核算管理情况为主线，综合评价了浙江省在执行积极财政政策上所产生的效益。揭示了浙江省和有关国债项目在立项和资金安排使用上的不真实不合法问题。

专项资金审计 1999年，对珠江流域和广东省由中央财政安排的水利建设资金的审计共查出广东全省违规挪用水利资金（包括海堤建设资金）5687万元。并从中查出了几起重大违纪案件，如电白县财政局、水利局与个体承包人合谋转移挪用1402万元国债水利专项资金用于县财政局预算支出。广州特派办将情况向署反映后，朱镕基总理等有关领导作了批示，要求有关部门严肃查处。总理的批示引起广东省有关部门的重视。广东省水利厅向全省水利系统发出通报，要求各级水利部门从中吸取教训，认真检查本地区、本单位的水利资金使用情况，立即纠正违规操作和违法违纪行为。并召开全省水利资金管理专题会议，制订整改措施，补充修改有关规定办法，建章立制，规范管理，抓好整改。

此外，还完成了对广西壮族自治区和柳州铁路局国有企业下岗职工基本生活保障和再就业工程补助资金审计，对广东省本级扶贫资金审计，并抽调人员参加审计署对国家电力公司、社会保险管理局、国家电力公司在京直属企业社会保险管理中心统筹企业职工基本养老保险基金的审计。

抓大案要案线索 1999年4月至11月，广州特派办对广东省工商银行系统（除深圳外）21个地级分行和广州、珠海分行的37家支行进行了审计。这次工商银行审计范围广、覆盖面大，广州特派办按照“摸清家底，核实盈亏；揭露问题，分清原因；规范秩序，促进管理”的原则，重点检查信贷资产真实性、合规性和质量问题。由于抓准了重点，对多个被审计单位都能抓住问题深查下去，对被审计单位触动很大，收到比较好的效果。共查出违纪违规金额11.6亿元。如对工行中山分行的审计查出该行在办理以物抵贷过程中与贷款单位共同做假，使1400万元新增贷款转入私人账户和1400平方米国有土地使用权转移给私人，以及前任工行行长借其他单位的名义，向其境外自办公司发放巨额贷款，造成6.9亿元损失问题，该办用《审计要情》、《审计简报》向署作了反映，温家宝副总理做了批示，将查实的材料移交给司法机关。又如对工行江门分行审计中查出相关机构人员的问题，引起国务院领导的重视。

企业审计 1999年，广州办选取了民航中南局空中交通管理局为试点单位，按照《企业财务审计操作指南》进行操作，并结合《企业审计信息系统》进行计算机辅助审计试点。审计中以被审计单位书面承诺为起点，通过符合性测试，测评内控制度，分析会计报表和重要会计事项，确定实质性检查的重点范围和内容，采用了统计抽样与经验判断相结合、账证核对与突击盘库相结合、函证询问与实地调查相结合的办法，取得了较好效果，积累了经验。

企业审计还完成了审计署下达的对广东省邮电管理局、广州市电信局、广州珠江冶炼厂、珠海醋酸纤维有限公司等项目的审计。审计中，调整资产差错金额57 255万元，差错率3.17%；调整负债差错金额10 548万元，差错率1.69%；调整所有者权益差错金额49 715万元，差错率4.20%；调整利润差错金额65 627万元，差错率22.75%。

高校财务收支审计 对中山大学和华南理工大学的审计，共查出违纪金额4.8亿元，应收缴财政700万元。如对华南理工大学的审计，查出的主要问题是：账外资产7156万元；少计资产8098万元；投资反映不实8548万元；5071万元巨额存款逾期无法收回，造成潜在的资产流失；少计利息收入221万元；截留收入形成“小金库”493万元；违规集资95万元；虚列“筒子楼”改造工程支出405万元。还有校办企业管理不善，财务管理混乱等问题。又如对中山大学的审计，查出该校的主要问题有：少计收入599万元；虚列后勤支出526万元；校办企业少计收入1435万元；应交未缴财政专户227万元；账外资金750万元；应交未交增值税164万元；“小金库”140万元。反映华南理工大学数学系个别人员涉嫌贪污私分办班收入的审计简报，被李岚清同志批示，引起较大反响。华南理工大学财务收支审计项目，在审计署行政事业专项审计考评中被评为优秀审计项目。

1999年，还完成了对10个世行贷款和1个亚行贷款项目审计，开展了对中央粮库建设项目的审计，完成了审计署下达的对广东正中会计师事务所的业务质量检查。

开展计算机辅助审计 1999年，广州特派办对计算机辅助审计抓了以下几项工作：一是进一步加强了办公自动化局域网络建设；二是试用了《企业审计信息系统软件》、《通用金融审计软件》，解决了软件运行中的问题，提高了工作效率，取得较好的成果。

审计队伍建设 2月份，广州特派办新班子组成后，确立了建设“好班子、好队伍、好成果、好环境”的“四好”工作目标。即领导班子对学习、政治素质、理论和工作水平、工作作风和方法、工作成果要有新要求；要建立一支政治素质好、业务精、作风良好、纪律严明、能打硬仗的好队伍；要以人为本，坚持选拔标准，搞好考评工作，优化队伍知识结构、年龄结构，尽快培养一支年轻骨干队伍，做到“放心放手放权，有职有权有责”；在管理上要出经验，业务上要出成果，做到“章法、科学、效率、统一”；要建设一个好环境，包括建设软硬环境，让全体干部职工感觉到集体的温暖，工作上心情舒畅。

竞争上岗，强化竞争机制。3月份，全办结合年度考核，通过竞争上岗，提拔了2名正处级和6

名副处级干部到处级领导岗位，同时还提拔了16名年轻同志为主任科员和副主任科员。全办正处级的平均年龄由48岁降为45岁，副处级的平均年龄由41岁降为37岁，一支政治强、业务精、作风正、能打硬仗的骨干队伍正在逐步形成。

从1999年8月开始，广州特派办发动群众，深入开展以“讲学习、讲政治、讲正气”为主要内容的党性党风教育，加强思想政治工作，整顿机关作风，推动党的建设。以这次中央部署的全国“三讲”教育活动作为加强和改进思想政治工作、实现“四好”目标的契机，抓出了实效。经过“三讲”教育，广州办在班子的领导水平、干部队伍的精神风貌和机关综合管理水平等方面有了很大提高，进步明显。在“三讲”活动中，还举办了以“认清形势，服务大局，内强素质，外树形象”为主题的处级干部培训，重点学习讨论了怎样当好处长，使处级干部特别是在竞争上岗后走上处级岗位的同志提高了领导素质，增强了勤奋敬业、乐于奉献的观念。

【深圳特派员办事处】 1999年深圳特派办设有办公室、人事教育处、财政审计处、金融审计处、工业交通审计处、商贸审计处、机关服务中心和机关党委。

特派办领导成员

特派员：庄晓玖

副特派员：王淡浓

武　钧

特派员助理：陈尘肇

审计工作成果　1999年度共完成审计项目16个，查出违法违规行为金额160余亿元，应上缴财政6 932万元，已上缴财政6 932万元；发现重大违法犯罪案件7件，涉案金额100余亿元，已移送公安司法机关5件；提交审计工作报告、审计信息111篇，其中被中央和署领导批示、被有关部门采用的有32篇。

财政预算执行审计　深圳特派办1999年度预算执行审计项目主要有福建（厦门）国债资金审计、深圳海关关税及进口环节税征管情况审计、深圳国税局中央预算收入征管情况审计、中央国库深圳中心支库中央预算收入收纳、划解、拨付情况审计，各项工作都按计划和要求完成。

1999年9月至10月，对福建（厦门）国债资金使用情况进行了审计，查出违规违纪问题金额近5亿元。其中：福州市财政局置换、挪用国债资金8千余万元偿还境外高息贷款及平潭东澳渔港现金支付1 656万元、白条入账1 247万元的重大问题，引起了有关方面的震动，并受到署领导高度重视。福州市财政局置换、挪用国债资金问题，已由署移送福建省委处理；东澳渔港财务管理混乱，白条入账一千多万元的报告被署《审计简报》全文转载。

1999年11月至12月，对深圳海关1998年11月至1999年10月关税及进口环节税征收和减免情况、保税货物监管情况和预算外资金的管理使用情况进行了审计，查出违法违规问题金额11 975.95万元，影响财政收入9 547万元。其中：深圳海关所属布吉海关由于监管不严，违规放行，深圳利航保税仓、深圳佳佳保税仓等企业涉嫌特大走私，案值8 000余万元。

1999年12月至2000年1月，对深圳市国税局1999年度税收政策执行和征管情况、提取和使用代征代扣手续费等情况进行了审计，查出深圳市国税局执行政策不严、税款缴库不及时等违规问题金额4000多万元。

1999年12月至2000年1月，对中央国库深圳中心支库1999年度办理中央预算收入的收纳、划解、拨付情况进行了审计，查出划解收入不及时等违规问题金额14多亿元。

金融审计　1999年3月至8月，深圳特派办对深圳工商银行1998年度资产、负债、损益情况进行了审计，发现深圳工商银行信贷资产管理、外汇业务管理等存在严重问题，违法违规问题金额达100多亿元。其中，一伙不法分子用假报关单在9家国有商业银行骗购外汇10多亿港元和深圳彭氏两兄弟利用虚假资料向深圳工商银行骗取融资5.3亿元的问题，署以要情向国务院报告后，朱总理和李岚清、温家宝副总理等中央领导作了重要批示，公安部作为特大案件立案查处；深圳鸿华实业股份有限公司法定代表人大肆侵吞国有资产，累计金额达5.2亿；深圳泰宝投资发展有限公司利用假材料套取银行资金4.8亿；深圳工商银行离岸业务由于经营管理不善，造成不良资产高达5.22亿美元；深圳工商银行进口信用证业务垫款余额达3.4亿美元尚未收回等问题，审计署专题向国务院报告后，朱总理、温家宝副总理做了批示，已移送中央金融工委查处。

股份制企业审计　1999年6月至9月，深圳特派办对中国国际集装箱集团股份有限公司1998年度资产负债损益情况进行了审计，查出违规违纪问题金额达10多亿元。其中：查出该公司通过境外子公司逃汇、套汇8.88亿港元，以及违规炒作本公司股票非法获利1000多万元等重大问题。

行政事业审计　1999年4月至6月份，深圳特派办对厦门大学和海南热带农业大学1998年资产负债及财务收支进行了审计，共查出违规行为金额13377万元。其中：在对海南热带农业大学审计中，发现海南儋州市财政局宝岛财政所原所长林汉伦向该校试验场征收农业税、特产税不开具税票，并长期占用该试验场公款，涉嫌贪污50多万元的重大案件线索。

固定资产投资审计　1999年4月和11月，深圳特派办对海南省5个中央粮库建设项目进行了审计，查出海南省建库联合办公室及其有关建设单位、施工单位、监理单位挪用、占用、截留建库资金、虚报工程量、套取建库工程款等性质较严重的问题。有关材料上报后，审计署《重要信息目录》、

《审计简报》予以摘要反映，中办、国办《昨日要情》予以转载，引起了国务院有关部门和海南省政府的重视。

根据审计署安排，1999年深圳特派办还对深圳华鹏会计师事务所1998年度业务质量、海南省扶贫专项资金、中保(集团)公司行业统筹基金、招商银行利用外资转贷项目、中旅深圳湾大酒店、中旅深圳温莎广场建设项目、深圳华为集团等进行了审计或审计调查，各项审计工作得到了审计署和有关部门的肯定和好评。

大案要案审计查处情况 1. 海关审计查出特大走私案件。深圳特派办在对深圳海关的审计中，审计组根据有关线索，发现深圳海关所属布吉海关由于监管失控，违规放行，其监管的深圳市利航公共保税仓、深圳市佳佳保税仓、深圳鸿顺大理石厂、深圳满溢电器厂等利用假企业、假单证等弄虚作假手段，涉嫌特大走私，案值8 000多万元。对这一问题，审计人员通过内查外调、多方取证，终于查得水落石出。该问题揭露后，在深圳海关引起强烈震动。这一案件已由审计署上报国务院，并移交海关总署查处。2. 金融审计查出特大骗汇案和骗贷案。(1) 1999年，深圳特派办在深圳工商银行审计中发现，一伙不法分子利用假报关单证等在九家商业银行开设账户，骗购汇10多亿元港币。审计中，审计人员首先通过查阅该行有关稽核文件，发现有关材料中反映三户企业涉嫌冒用企业名称骗汇。根据这一线索，审计人员通过向有关海关核实报关单真伪，向相关银行核实企业购汇的去向和相关经营情况。结果发现，上述企业申请购汇的报关单证等均属伪造，所购外汇亦全部汇往境外。为此，审计人员又对企业的工商注册登记进行了查证，结果又系伪造。至此，该团伙骗汇问题真相大白。(2) 彭氏两兄弟合谋骗取银行信贷资金本息合计6亿多元。彭氏两兄弟原为深圳工商银行下属支行职工，后辞职经商。1996年始，彭氏两兄弟以其控制的五家家族式关联企业互相担保，分别向深圳工商银行三家支行融资贷款。经审计人员查证，彭氏兄弟的关联公司大都用虚假资料骗取工商注册，然后又以假验资、假会计资料骗取银行贷款，然后将资金转移。至1998年底，彭氏兄弟所属五家关联公司仅骗取深圳工商银行贷款本息就达6亿多元。上述问题，审计署均以要情上报国务院，朱总理和李岚清、温家宝副总理等中央领导作了重要批示，公安部已作为特大案件立案查处。(3) 企业审计查出重大逃套汇问题。深圳特派办在对中国国际集装箱集团股份有限公司1998年资产负债损益审计中，重点突出了资产真实性和资产管理的审计，特别对境外投资，要求该公司提供全部会计资料和相关文件，结果发现该公司通过境外子公司进行投资的外汇资金8.88亿港元未经过国家外汇管理部门及相关部门批准，也未在公司的资产中反映，逃避了国家外汇监管。上述问题审计署以《审计要情》上报国务院，引起了国务院领导同志重视，朱总理、温家宝副总理均作了重要批示，已移送有关部门进一步查处。(4) 高校审计牵出贪污税款案。深圳特派办在对海南热带农业大学1998年资产负债及财务收支审计中，审计人员发现儋州市财税局宝岛财税所原所长林汉伦长期借用该校试验场资金没有归还，同时发现该校试验场在有关费用上列支农业税、特产税却未附税票。针对这一线索，审计人员先后查询儋州市财税局和相关银行，核实宝岛财税所征收该校试验场农业税、特产税总额及入库的税款，结果发现林汉伦向该校试验场征收农业税、特产税不开具税票，或以借款名义领走税款以及白条借用该校试验场资金，用于个人投资的企业，长期不归还。经审计人员查证，林汉伦涉嫌贪污税款50多万元。该案情及线索移交儋州市人民检察院立案后，林汉伦犯罪事实成立，已追究刑事责任。

加强政治思想工作，搞好队伍建设 1999年，深圳特派办开展了以"讲学习、讲政治、讲正气"为主要内容的党性党风教育。按照中央和审计署党组有关"三讲"教育实施意见要求，特派办成立了"三讲"教育领导小组，积极组织开展"三讲"教育活动。对群众提出的意见，特派办领导班子认真分析研究，挖掘根源，制定了行之有效的整改措施，并在实际工作中狠抓落实。通过"三讲"教育活动不仅提高了干部的政治素质，而且增强了领导班子的凝聚力和战斗力，也坚定了广大干部职工做好各项工作的信心。

年初，深圳特派办还开展了处级干部竞争上岗和审计工作人员双向选择活动，为进一步搞好队伍建设打下了良好的基础。通过干部竞争上岗领导小组提名，候选人现场演讲、答辩和全体职工无记名投票的方式确定了一批处级干部和处室负责人；对各处室处以下干部组成人员，则根据双向选择的原则，结合工作需要进行了适当调整。

坚持廉政责任制，促进依法行政 认真贯彻执行审计廉政制度，是保证依法审计的关键。1999年，深圳特派办制定了《落实党风廉政建设责任制的实施细则》，明确了各级领导干部和审计人员的廉政建设责任制度。机关党委、纪委成立后，又对廉政责任制的执行情况进行了检查、评议。使广大审计人员在审计工作中不忘廉政，在执行廉政制度中促进依法审计。

内部管理发生了可喜的变化 1999年，深圳特派办经过8个月的艰苦工作，共清理、整理建办10年来的文书、审计、会计、声像档案747卷，撰写各种文字材料11万字，编写各种目录52本，各种专题材料17本。在广东省档案管理考评中，深办荣获"广东省特级档案管理单位"。同时，完成

了建办10年来审计志和1994至1998年审计年鉴的编撰。

宣传《审计法》，提高审计权威　1999年，为纪念《审计法》颁布实施5周年，深圳特派办与深圳市审计局等单位联合在《深圳特区报》用整版篇幅介绍《审计法》有关知识，并发表了《加强审计监督，维护国家财政经济秩序》等文章，这对促进审计工作，提高审计权威产生了较大的影响。

【成都特派员办事处】　1999年，成都特派办内部机构设有：财政审计处、金融审计处、外资行政事业审计处、固定资产投资审计处、工业交通审计一处、商贸审计处、综合处、办公室、人事教育处、机关党办、机关服务中心。

特派办领导成员

副特派员：白益兰（主持工作）

刘照应

粟多闻

特派员助理：袁孝康

工作业绩　1999年，成都特派办按照全国审计工作会议的统一部署，认真贯彻朱总理关于审计工作的重要指示精神，以署党组二十字审计工作方针为指导，积极履行审计监督职责，全年完成审计项目129个，是署年初计划79个的1.3倍，比上年增长36.6%，创建办以来项目审计任务年度完成量的最高纪录；共查出违规金额246.3亿元，比上年增长2.68倍，上缴财政金额20001万元，促进增收节支1407万元，核减财政拨款或补贴3767万元，归还原渠道资金203395万元。全办在17个项目审计中发现重大违法违纪案件线索31件，其中向司法机关移送个人涉嫌违法线索24件，向纪检部门移送严重违纪线索7件。

财政审计　按时完成了上年接转的江西省国税和财政部驻四川省监察专员办项目审计和本年度的广东省国税和国库项目审计，跨年度实施的中央金库驻四川分库、财政部驻四川省财政专员办项目将按署定时间和要求完成。在江西省国税审计中，查出人为调节税收收入15856万元，应征未征税款13976万元，多征增值税、少征消费税、涉及金额5503万元，未严格执行征管政策、涉及税款3268万元，变通执行税收政策、涉及税款7904万元等违纪违规金额共计48877万元。在对财政部驻四川省监察专员办审计中，发现对中央非税性预算收入征管监缴不力、涉及金额9388万元，中央税收退库审批不严、涉及金额12578万元。上年接转的国税项目审计荣获审计工作质量考评第六名。

金融审计　完成了对工行四川省分行及所属部分分支行共53个机构的资产、负债、损益审计，完成了对人民银行成都分行及所属3个分支机构和附属单位财务收支的审计。共查处违规金额232840.6万元，其中"小金库"和账外资产37202.5万元，账外经营10119万元，在"工资"科目外发放工资性收入2173.4万元，违规签发银行承兑汇票79319.5万元，违规拆借12500万元，损益不实91526万元。在工商银行系统审计中，发现并报送大要案线索5件，涉及金额35440万元。主要有：四川省分行直属支行与企业勾结开具承兑汇票9亿元，其中涉嫌诈骗银行资金2.33亿元；工行四川省分行自办实体蜀海公司李某等人采取弄虚作假、虚列支出、侵吞挪用省分行办公大楼建设资金3175.7万元，涉嫌侵吞公款730万元，用公款炒股791.1万元也不知去向；自贡市分行向一无资本金企业发放非正常巨额贷款本金6726万元、欠息284万元，尚有余额3090万元，银行资金面临损失风险；原人行成都市分行行政处会计王培全个人贪污40多万元；工行内江市分行文英街办事处设置140余万元"小金库"以及一些企业悬空逃废银行债务等经济案件。对工行系统的审计被审计署评为"认真执行审计方案，审计成果比较突出"金融审计工作先进单位。

企业审计　完成了眉山车辆厂、成都电缆股份有限公司、中国机械工业供销西南公司及中国重型汽车集团在渝的八家企业等11个项目的审计，共查处违规金额7.8亿元。发现眉山国税局思蒙国税所违规收取"税务代理费"及所长个人涉嫌侵吞国家资产，眉山车辆厂配件分厂厂长涉嫌贪污，眉山车辆厂投资兴办的华阳木业有限公司偷税46万元，成都电缆股份有限公司私设"小金库"2000万元，成都电缆股份有限公司派往联营企业的人员涉嫌贪污，中国机械工业供销西南公司行政领导暗中购房私分等违法线索。在查处大要案线索方面成效显著，获审计署通报表扬。

专项资金审计　完成了对贵州、云南两省国债资金、四川、重庆两地水利资金、重庆库区三峡移民资金、四川省及西藏自治区扶贫资金的审计。其中扶贫资金审计、重庆市水利建设资金审计被审计署评为"优秀审计项目"，并通报表扬。

在国债资金审计中，发现云贵两省的地方政府、相关职能部门及项目执行单位在国债资金管理和使用中存在滞留挪用资金、虚列投资、套取国债资金、项目及资金管理中存在问题等，共查出违纪违规金额35.92亿元。发现贵州省高速公路开发总公司、贵州省交通工程公司及广告公司涉嫌个人违法，贵阳西郊水厂项目偷工减料、以次充好、虚报冒领国债专项资金500万元等严重问题。

在水利资金及项目审计中，查出了挤占挪用水利资金、资金损失或流失、项目招投标管理混乱、监理不力、工程质量管理存在问题等，查处违纪违规金额101339万元。发现重庆市水电局挪用水利建设资金兴办公司违法经营的严重问题，温家宝副总理和王忠禹国务委员作了批示，被监察部立案，会同重庆市纪委、监察局联合查处；还审计揭露了重庆市万州区电力开发股份有限公司挪用水利资金1.2亿炒股问题；阳明远等六人涉嫌违法问题；重庆华源会计师事务所，长期未揭示某上市公司股本不实、长期虚增利润的问题等。

在三峡移民资金审计中，共查处违规金额55779万元。发现了移民安置进度缓慢、执行计划不严格、移民资金管理混乱、“小金库”重新抬头、移民工程管理薄弱、城集镇迁建普遍超征超用土地、关停并转企业迁建和贫困居民搬迁困难、移民资金审计意见执行差等问题，并深刻揭示出计划管理体制、资金管理体制不顺，管理不力、未严格执行国家有关规定等造成移民资金使用负面影响的深层次原因。综合情况报署后，引起有关部门高度重视，中央电视台在新闻中进行了披露，震动了移民地区各级党委政府及有关部门。经过认真整改，有效地推动了移民工作的顺利开展。

在扶贫资金审计中，深入四川省、西藏自治区扶贫资金所及的30来个偏远县区，共查出违纪违规金额31.8亿元，主要有未按规定范围分配和使用财政扶贫资金、超范围发放扶贫信贷资金、少安排配套扶贫资金，以及挤占挪用和虚列支出、国有资产流失、设置“小金库”和账外资产等问题。其中四川省违规“异地扶贫”、四川省用扶贫资金作世行贷款等情况，分别得到温家宝副总理、马凯副秘书长的批示；西藏自治区扶贫资金使用管理中的几个问题的情况报告，被转送国务院扶贫办；四川省用财政扶贫资金搞“小额贷款”的情况简报，被财政部转发各地。

建设项目审计 完成了中央直属粮库建设项目及大桥水库、西藏满拉水利枢纽工程等11个项目的审计。粮库项目建设资金审计，揭示了挪用建设资金、置换中央财政专项资金、挤占工程成本、虚列投资、不具备相应资质的单位从事粮库建设项目设计等问题，查处违纪违规金额4404万元。四川省凉山州大桥水库工程建设原指挥长等多人涉嫌严重违纪违法的问题，审计署以《审计要情》报国务院。四川省大桥水库建设项目审计被审计署评为“优秀审计项目”，获通报表扬。

外资项目审计 完成了14个世、亚行贷款项目的审计，共查处违规金额151436万元，被审计署评为“外资审计优秀单位”、“外资审计信息工作优秀单位”。在审计中抓住采购环节、工程监理、工程价款结算几个重点，采取内外结合、上下结合等手段，使质量有新的提高，审计效果更加突出。发现二滩水电开发有限责任公司非生产性建设和费用支出严重超标、未按规定进行工程招标及选择施工单位中把关不严、部分人员涉嫌违法等问题，经审计署综合上报后，温家宝副总理作了批示，国家计委派员进行了查处。二滩电站和四川天然气开发与节能项目一些问题的揭示，引起了世界银行的重视，派员专程到成都办复核审计报告揭示的问题，对审计工作给予高度的评价。

行政事业、社保项目审计 完成了对四川大学、重庆建筑大学2个高校项目的审计和对四川省下岗职工基本生活保障和再就业工程补助资金3个项目的审计。对四川大学的审计，查出违纪金额1.68亿元，在川渝两地高校引起震动。社保项目审计，全面摸清了四川省及部分国有企业下岗职工基本生活保障和再就业资金筹集、管理、使用情况，反映出财政、财务收支中管理的问题并提出合理化建议，得到四川省委、省政府的高度重视，责成有关部门在全省范围进行整改。

此外，根据审计署的统一部署，完成了对四川华信（集团）会计师事务所社会审计业务质量的检查，还派出6人参加了署社保资金、大庆联谊、财政预算执行等项目，会同昆明办对中国农业银行德阳市分行1998～1999年9月资产负债损益进行了试点审计。

审计信息工作 在搞好项目审计的同时，全年向署报送大要案线索专题报告、审计综合报告、工作报告、审计信息简报等共170篇，比上年增长11.84%。其中审计信息简报113篇，被中办、国办、审计署采用35篇次，中央领导批示13篇，分别为上年的2.1倍和2.16倍。向署报送重大问题情况专题报告54份，经署上报后，14件得到中央领导批示。同时在国家及省市级报刊杂志发表审计宣传、科研文章58篇。

队伍建设 通过开展“三讲”教育和实行竞争上岗、人员分流，全办干部职工政治业务素质明显提高，人员结构趋于优化。全办现有在岗职工98名，其中大专以上文化87人（研究生12人），占88.7%；具有中级以上技术职称资格60人，占审计业务人员的78.94%。23位处级领导干部平均年龄42.86岁，降低6.48岁，文化程度均在大专以上，其中研究生学历5人。年内增配中青年处级干部6名，加强了办、处两级领导力量。

廉政建设 全年未发生违反廉政纪律问题，涌现出许多拒收礼品礼金、谢绝观光游玩、高消费娱乐活动等好人好事。据不完全统计，全办共拒收礼品礼金折合人民币达6万余元，其中拒收无效后上交党办4万元，维护了审计机关和国家公务人员的良好形象，受到了审计署监察局和众多被审计单位的好评。

基础工作 一是抓了制度建设，制定和完善了办事规则、会议制度、《财务管理办法》、《机关采购管理办法》、《机关服务中心管理章程》等20多项制度；对建办以来所订立的规章制度进行了修订，使机关做到有章可循、管理规范化；二是购买笔记本电脑21台，加上原购置的20台，使审计业务人员每两人有一台笔记本电脑，基本满足了审计现场开展计算机辅助审计的需要；三是全办档案工作在达省标一级标准的基础上，进一步完善各项规章制度，狠抓基础业务建设，积极开发档案信息资源，加强编研工作，案卷质量不断提高；四是对原华西审计事务所进行改制，投资全部收回，实现了人、财、物和业务的彻底脱钩。

【昆明特派员办事处】 1999年底，昆明特派办在职职工81人，其中：具有大学专科以上学历的干部72人，占在职职工总数的89%；具有中级以上职称的干部62人，占在职职工总数的77%；35岁以下的干部35人，占在职职工总数的43%；研究生毕业以及在读研究生的干部为12人(不含当年报名次年开班就读的39人)，占在职职工总人数的15%。1999年昆明特派办通过"竞争上岗、双向选择"，初步实现了"精干人员、优化结构、提高素质"的目的，处级干部轮岗面达72%，行政后勤人员所占比例由30%降至20%。

1999年，昆明特派办共设办公室、机关党委、人事教育处、综合处、机关服务处、财政审计处、金融审计处、工交审计处、固定资产投资审计处、商贸行政事业审计处等8处1室1委。

特派办领导成员

特派员：文盛贵

副特派员：白益兰（主持工作）

张军科

王道平

特派员助理：徐吉明

审计成果简况 1999年昆明特派办共完成53个审计项目。其中：财政部驻云南监察专员办等财政审计2项，工行云南省分行及所属分支机构审计19项，企业和行政事业审计4项，中央储备粮库等建设项目审计14项，云南省水利建设资金、云南和贵州两省扶贫资金、四川省和重庆市国债资金等专项资金审计10项，利用外资审计3项，社会审计组织执业质量检查1项。全年共查出违反财经法规金额68.68亿元，应上缴财政金额27338万元，当年已全部上缴。此外，还抽调人员，圆满完成审计署统一组织的中国农业银行养老保险统筹资金、农行四川德阳市分行财务收支审计试点等工作。

昆明特派办全年共发现违法违纪案件线索22件，涉案金额4.66亿元，已全部移送司法机关核实查处或责成被审计单位对责任人员予以处理，其中：13件经济违法案，9件严重违纪案。除追究个人刑事责任的经济犯罪案件外，已有18人受到了党纪政纪处分。昆明特派办全年上报审计简报、情况反映共计144份，有32份被审计署和有关部委采用，审计信息及报告有5份被国务院领导批示、2份被审计署领导批示。

财政审计 当年完成对贵州省国税系统中央税收征管情况的审计、财政部云南专员办履行中央财政监督和管理职能情况的审计、四川省和重庆市国债专项资金审计，关税审计调研、上海农财信息大厦资金来源协查等，以上审计项目尚不包括当年已实施审计，跨年完成的对江苏省无锡、扬州、徐州的国税与国库审计。贵州省国税审计揭示问题25个，查出违规违纪金额79522.87万元，影响消费税10085.23万元、增值税15694.5万元、中央企业所得税2263.47万元；对财政部驻地方财政监察专员办的审计，揭示了非税性收入的征缴、共享税退税的审批、资金账户的管理等方面存在的17个问题，为促进财政监察专员办更好地履行中央财政监督和管理职能发挥了积极作用；四川省和重庆市国债专项资金审计揭示问题113个，查出截留、挤占、挪用国债专项资金6605.03万元，置换国债专项资金7510.40万元。1999年上报署情况反映和简报31篇，其中被中办、国办采用1篇，被审计署采用1篇。

金融审计 1999年在金融审计中先后完成了对贵州省人民银行财务收支审计，云南省工行系统资产、负债、损益的审计，参加审计署统一组织的对四川省德阳市农行的审计试点、大连市农行的计算机辅助审计试点。在全面审计的基础上，突出重点，严格执法，审计力度明显增强。特别是在对云南省工行及16个地、州、市二级分行和20%县级支行，共计85个县级支行及以上机构历时7个多月的全面审计中，基本摸清了家底和信贷资产质量状况，查实了大量的违规违纪和违法问题，其中有不少问题涉及面广、性质严重、影响和震动大。查出违纪金额177074万元，其中应上缴财政9230万元；在揭示的违纪违法问题中，大要案线索5件，涉案金额43916万元，已正式逮捕2人；主要和直接责任者有处级干部10人、一般干部8人，受到党纪政纪处分和被解聘处理。对云南省工行的审计，被署评为先进审计项目。编写了"某支行违规开具银行承兑汇票造成信贷资金损失2900万元"、"某支行通过修改计算机数据截留利息收入2403万元"、"某支行利用假发票转移资金4420万元"、"某支行行长等违规开具银行承兑汇票造成损失288万元涉嫌金融犯罪"、"某市政府贷款担保公司违规进行贷款担保问题查证始末"等5个审计案例，均被署选入《金融审计案例汇编》。

对金融审计中涉及的相关情况，以审计专题报告、审计简报、情况反映等形式上报审计署31份，其中，被署采用7份，被中办、国办采用并作重要批示的有3份。在金融审计中反映地方某市政府违反担保法擅自设立政府担保公司，为城市基础设施建设贷款担保的问题上报后，朱镕基总理、温家宝副总理作了重要批示。朱镕基总理在批示中指出某市政府这种做法的严重危害性，要求省政府立即予以纠正外，还对这个问题表现出的宏观意识、辨别是非能力和敏锐性给予了"审计署还是明白人"的高度评价。

工交企业审计 1999年昆明特派办实施了对中轻依兰（集团）有限公司、贵州黄果树烟草

（集团）有限责任公司1998年度财务收支的审计，对云南亚太会计师事务所有限公司审计业务质量进行了监督检查。工交企业的审计，共查出违纪金额18530万元，发现大要案线索4件，案件涉及金额2999万元，发现案件挽回损失1874万元。移送处理的案件中两件已由有关部门立案处理，两件正在调查或处理过程中。

对当前企业普遍存在会计资料失实、有的甚至做假账的情况，昆明特派办始终坚持在企业会计资料、会计信息方面“打假”，注重摸清企业家底，揭示企业会计资料不真实方面的问题。在审计中，发现某企业账面上未如实反映库存烟叶损耗，造成4.3亿元资产损失未予披露的问题，进行了纠正；某公司对外投资累计亏损1100余万元而又不按规定编制合并会计报表的问题并要求其纠正。

工交审计全年上报署情况反映和简报共19篇。其中，被署采用9篇，被国办采用1篇。对某有限公司进行审计时，发现该企业存在4.8亿元巨额贷款担保，使企业形成潜在风险的问题向审计署做了反映，引起了署领导及国务院有关部门的重视，被国务院办公厅采纳；对某企业欠交中央税收6.88亿元的问题做了情况反映并提出建议，对促进税收征管起到了积极作用。

固定资产投资审计　1999年，固定资产投资审计共完成项目分别为：易门矿务局大红山铜矿一期工程竣工决算；云南省中央粮库专项建设资金审计，贵州牛郎关、都匀、遵义、安龙和云南昆西、楚雄、大理、曲靖、师宗、红河、景洪、德宏12个中央直属储备粮库概算执行审计；中科院西双版纳植物园生物多样性项目、中科院西双版纳植物园生态系统研究网络项目、中科院昆明动物所生物多样性与信息管理项目。上报审计署情况反映和简报14份，被署以上机关采用5份。

1999年昆明特派办对固定资产投资审计，从多角度揭示出目前工程投资中存在的热点问题。1.挤干水分、控制投资。对易门矿务局大红山铜矿的审计中，核减工程投资3904.3万元、核增投资1967.9万元，查实漏计、缴各种税费140.9万元；纠正了安龙等4个库在概算中计列非生产性附属设施及费用182.62万元，为确保云贵两省12个中央粮库投资控制在37505万元之中发挥了积极作用。2.从严查处工程质量与损失问题。审计发现遵义粮库由于基础下沉造成了33万元损失，追究责任单位在总结教训的基础上承诺赔偿，挽回了国家损失；发现承担昆西等4个中央粮库防水防潮工程任务的武汉某公司使用的防水防潮主材4MMAPP存在质量问题，审计人员取样送云南省质量监督检验站进行性能检验，确认为不合格建材，省中央粮库建设办根据审计人员意见作出：对武汉某公司到达施工现场的不合格4MMAPP全部就地封存，对用不合格材料施工的粮库全部进行返工的决定，消除了防水工程的隐患。3.确保国家建设资金安全完整。在中央粮库专项建设资金审计中严肃查处了师宗等3个粮库，将中央建库资金1715万元从专户转入存款户的问题，引起了建行云南省分行的高度重视，规范了中央专项资金的管理。4.把抓施工环境作为重要的审计内容。在云南中央粮库的审计中，对地方配套资金6509万元下拨滞后影响工期的问题，审计组多次经与有关部门联系，促成配套资金的落实，为工程的顺利进行创造了条件。

商贸行政事业审计　1999年完成署定计划项目9项，即贵州省、昆明铁路局、攀钢国企下岗社保资金3项，云南水利厅、财政厅水利建设资金2项，重庆大学、西南林学院高校审计2项，云南、贵州扶贫资金2项。此外，昆明特派办年初还完成署社保司临时追加农总行养老保险基金审计1项。从审计结果看，审计查出违规行为金额106820万元，移送司法机关查处3人。对扶贫和水利资金的审计，主要查出挤占挪用专项资金12356万元，改变资金投向50055万元，揭露了贵州省某项目办一副处长涉嫌受贿9.8万元的问题；云南水利建设资金审计，为落实国家积极财政政策，增加投资，扩大消费，拉动经济增长发挥了审计监督的职能作用。审计署在挤占挪用水利建设资金审计情况通报中，引用了昆明特派办揭示长委在下达云南昭通渔洞水库投资计划中，虚列这一水库昆明办事处投资计划900万元，实际上用于建盖培训楼的案例。扶贫资金审计，揭示了扶贫资金用于奖励和购车2582万元等问题。高校审计查出应缴未缴财政专户889万元、私设小金库222万元，偷漏税款以及乱办金融机构及业务等问题，揭露了重大工商学院两人分别涉嫌贪污挪用学杂费49.3万元和涉嫌侵占公共财产的严重违法违纪问题。高校审计项目、扶贫资金审计项目分别被审计署行政事业司和农业司评为优秀审计项目。全年上报审计署的审计信息简报37篇，其中被审计署采用7篇（含署转发后被中办、国办采用）。

【西安特派员办事处】

审计工作成果　1999年，共完成项目计划58项，已处理的违纪资金323598万元，应收缴财政12930万元，已收缴财政10270万元。

特派办领导成员

特派员：韩文波

副特派员：王炳国（－1999.12）

杨维耀

杜今元（－1999.3）

胡梦月（1999.3－）

局级审计员：王炳国

(1999．12－)

张六炎

(－1999．12)

特派员助理：姜民权(1999．2－)

查处大案要案工作　据统计，该办建办10年在审计中共发现案件线索21起，而仅1999年一年就16起。这16起案件线索，其中移送司法机关5起，移送其他有关部门查处9起，专题报告审计署2起。共涉嫌违法犯罪金额21190万元，已立案的5件，已被追究刑事责任的6人，被行政处理的3人。在这16起案件线索中，涉嫌偷漏税和截留税收罚没收入的5起；涉嫌贪污、挪用、诈骗的9起；涉嫌违法经营、私设“小金库”的2起。其中，工商银行审计中发现的某港人骗贷案件线索，温家宝副总理、程安东省长予以批示，陕西省公安厅及时立案查处，在一定范围引起了震动，起到了较大的震慑作用。

财政审计　共组织了96人先后完成了对陕西省财政专员办、湖北和山西两省国债专项资金、拱北海关及其6个分关、贵州省国税局及其23个征收单位、中央金库贵州省分库及所属3个支库的审计，对西安和银川海关进行了审计调查。共查出违纪资金66660万元，向有关部门移交案件线索7件。特别是对专员办、国债资金、海关、国税的审计，覆盖面广、力度大、震慑力强。

金融审计　全办先后完成了对中国人民银行西安分行、中国工商银行陕西省分行及下属9个地市分行和25个支行、以及招商银行西安分行的审计。共查出违纪资金12394万元，核实清分贷款36334笔，核查贷款企业506家，移交上报案件线索7起，为维护正常的金融秩序做出了贡献。

固定资产投资审计　先后完成了对在陕8个中央粮食储备库、陕西省粮库建设资金、陕西省水利建设资金、宁夏扬黄扶贫工程的审计，同时，还完成了署临时下达的对黄河中上游管理局水利建设资金的审计，以及对渭河电厂投资效益的审计调查。共查出违纪资金63200万元，重点揭露了资金管理和项目建设中存在的截留、挪用和损失浪费等问题，有力促进了资金的有效使用和项目建设的正常进行。

企业审计　先后完成了对西安印钞厂、西安车辆厂、宁夏回族自治区邮电管理局、银川电信局，以及中国重型汽车集团在陕4户企业的审计。共查出违纪资金13705万元，移交案件线索1起，为深化国企改革，实现三年解困目标做出了贡献。

外资行政事业审计　先后完成了对西北工业大学、西北农业大学和西安体育学院3所高校、陕西省扶贫资金、陕西省下岗再就业资金、1个行业统筹企业的养老保险基金和7个世行贷款子项目的审计。共查出违纪资金和有问题资金115227万元，移交案件线索1起，为促进教育经费、专项资金和外资的合理有效使用做出了贡献。

社会审计组织业务质量检查　按照审计署部署，首次对具有证券相关业务许可证的陕西五联会计师事务所的审计业务质量进行了检查，为西安办今后从事此项业务探索了路子。

审计信息　全年编发《简报》78期、《金融审计动态》28期，署采用20条，其中《审计要情》和《重要信息要目》各2条、《审计简报增刊》1条、《审计工作通讯》12条、转送有关部委3条；配合“三讲”教育工作，编发《三讲动态》4期；编发月度《工作动态》9期53条；在《中国审计报》及其他媒体上发表各类审计宣传稿件27篇次。

“三讲”教育　按照署党组统一部署，分四阶段，高标准、严要求、扎实认真开展了“三讲”教育。特派办领导班子、领导成员及处级干部通过认真学习、自我解剖、广泛开展批评与自我批评，找准了各自在党性、党风和主要工作方面存在的问题和差距，制定了相应整改措施，并逐步开始在工作中进行整改落实。通过“三讲”教育，全办司处级干部，均受到一次多年来没有过的思想政治教育，触动深、收获大，普遍增强了在审计工作中讲政治的自觉性，有力促进了审计工作的发展。第一，改变了在审计执法中单纯查处违纪违规问题的作法，增强了在审计中揭露重大违法犯罪线索，促进被审计单位依法行政，加强管理，为实现依法治国目标努力工作的责任感和自觉性；第二，增强了全局意识和围绕重点项目开展审计的自觉性和主动性；第三，全办干部职工的工作作风和精神状态明显改进，事业心和责任感普遍增强；第四，政治敏锐性和政治纪律性得到加强。

队伍建设　针对干部队伍建设上存在的不足，按照“人、法、技”建设要求，抓了对青年骨干的培训和培养。首先，根据各处室推荐，年初集中时间举办了青年干部培训班。经过培训，增强了青年干部为适应审计事业发展新要求而自觉学习的紧迫感和责任感；其次，在培训考试的基础上，选拔10名青年科级干部担任处长（主任）助理；第三，改变了以往年终一次性的年度干部考核办法，采取多种方式先后2次深入到15个审计组通过170人次，对10名处长（主任）助理进行跟踪考察，考察面占90%，并将考察结果认真全面地逐人向特派员会议进行汇报，在全办干部职工大会上进行了通报，以考察结果决定干部的任用。此外，还抓了各种业务培训、计算机应用培训、干部上岗前培训和出国培训等，通过各种培训，干部的综合素质普遍提高。

廉政建设和精神文明建设　廉政建设主要抓了以下工作：1.坚持日常正面教育，从严要求，警钟长鸣，使廉政这根弦在每个人头脑中紧绷不松；2. 认真贯彻落实党中央、国务院《关于实行党风廉政责任制的规定》和《审计署落实党风廉政建设责任的实施办法》，结合实际，制定了西安办《党风廉政建设责任制的实施办法》，成立了领导小组，明确了各自职责，各级领导干部普遍增强了抓好廉政建设的责任感；3. 制订并实施了西安办廉政责任承诺制，建立了每个审计项目实施前，全部审计人员向审计组长进行廉政承诺的监督约束机制，广大干部的廉洁自律意识普遍增强；4. 加强了对审计现场的廉政检查和审计回访，全年分两次到15个审计组进行了廉政检查，到21个被审计单位进行廉政情况调查和审计回访，加大了廉政建设监督检查力度；5. 抽调力量，对办机关财务、机关食堂、事务所和公司财务以及违纪资金专户等重点部门进行了内部检查。在清理债权债务、资产界定的基础上，按照有关规定，经审计署批准，完成了对事务所的脱钩改制，公司的脱钩改制工作正在进行。通过以上工作，廉政监督制约机制不断得以完善和加强，全办干部职工的廉政意识普遍增强，收效明显。

【兰州特派员办事处】 1999年5月机构改革、调整后设有办公室、人教处、财政处、金融处、固定资产投资处、行政事业处、企业一处、企业二处、综合处、机关服务中心和机关党委。截止到年末有职工85人。

特派办领导成员

特派员：刘国权

副特派员：李业林（主持工作）（1999．12－）

刘　瑶

李占维（－1999．1）

崔之仪（1999．12－）

成果综述　1999年全年完成审计项目36个，共查出违纪金额64．8亿元，其中应上缴财政11．7亿元，已上缴财政10．3亿元。编发审计信息59篇，其中被审计署采用10篇，有2篇被中办和国办采用；发表审计理论研究文章30篇。

财政审计　全年共完成国债、海关、国税等审计及审计调查项目8个，查出违纪金额25．3亿元。对河南、陕西两省国债资金的审计查出陕西省地市县财政及项目主管部门滞留国债资金18038万元；地方国债配套资金不到位8837万元；国债其他配套资金不到位85174万元；农网改造项目置换国债资金115万元。查出河南省地方财政配套资金不到位、不落实71606万元；挪用国家开发银行贷款11700万元；超概算、挤占建设成本、国债资金拨付不及时16837万元。对兰州海关的审计中，查出兰州海关进料加工手册涉嫌走私、私设账外账，及不按国家规定处理罚没小汽车等问题，编发《审计通讯》报署后，受到审计署领导的重视，接着以《重要信息要目》报国务院并经有关领导批示后，转海关总署及有关部门。

金融审计　全年共完成了两个审计项目，查出违纪金额12．45亿元，应收缴资金1870万元。其中对工行甘肃省分行及所属44个行（办）1998年度的资产、负债、损益的审计，动用金融处和企业一处两个处的审计力量，克服点多、面广、量大的困难，共用5个月的时间顺利完成。审计查出利息、手续费、其他营业收入等少计收入3269万元；漏缴营业税及附加、固定资产方向调节税1102万元；小金库664万元；违规形成账外资产16079万元，违规放贷981万元，拆借信贷资金7050万元。通过这次审计，为真实性审计积累了经验；同时，摸清和掌握了工行甘肃省分行及所属行（办）的信贷资产质量的真实情况。

固定资产投资审计　全年完成审计项目12项，查出违纪金额15．55亿元，其中追回被挪用、侵占的建设资金25501万元，剔除挤占建设成本9172万元，按规定处理超规模及概算外投资问题1095万元，纠正概算中多列少列问题53052万元。对甘肃省水利建设资金和中央粮库建设资金的审计中，面对人少面广量大的难题，经过不懈努力，顺利完成审计任务，审计结果受到上级部门和地方有关领导重视。对甘肃南阳渠工程因建设资金严重不足导致大坝合龙后又扒开造成损失的问题，编发《审计通讯》报署，刊载审计署《重要信息要目》，受到了署领导和甘肃省政府的重视，所反映的问题得到了及时纠正和处理。

行政事业审计　全年完成10个审计项目，共查出违纪资金5亿元。其中对世行贷款两个项目审计中，对其基建进行了审计，查出违纪资金近600万元，改变了以往世行贷款审计基本无问题的局面，收效显著。对高校审计查出违纪资金达2．2亿元。针对西安交通大学“筒子楼”改造工程名不副实的问题编发《审计通讯》报审计署，被署批转有关部门，为推动全国高校有序、正规、高效地建设好“筒子楼”工程起到了积极的促进作用。对甘肃、新疆两省区1997年至1999年6月扶贫专项资金的审计，查出挤占挪用扶贫资金2．4亿元，对国家扶贫资金用于建房、购车等较普遍的问题，及时撰稿予以反映和披露，引起有关部门的高度重视。

企业审计　完成4个审计项目。在对兰州铁路局和乌鲁木齐铁路局财务收支进行审计中，将路局和分局的财务处作为重点审计单位，并对一些资金占用量大、支出费用多的单位进行了延伸审计。在对重点单位审计时，主要审查了营业收入、营业成本和费用，核实了企业债权、债务、长期投资、长期借款等，重点抽查了大宗材料和资产。审计共查出两局挤列成本费用、漏缴税金、少计收入等违纪资金6．5

亿元，其中应缴资金1166万元；对少计固定资产、长期投资无效益等问题，提出审计建议13条；对存在的主要问题编发了7篇审计信息予以反映。经过审计基本摸清企业家底。

大案要案 1998年审计新疆铁厂沟露天煤矿，对涉嫌经济犯罪案件，于1998年11月分别移交新疆自治区检察院和自治区监察厅。李金华审计长于1999年6月在向全国人大常委会第十次会议作审计工作报告时，披露了该矿审计中发现的问题。在国务院领导作三次重要批示、有关部门的重视和支持下，经由乌鲁木齐市检察院侦查取证并提起公诉，乌鲁木齐市法院审理，有7人被判刑，其中处级5人，科级2人；经由自治区监察厅牵头、有关部门参与调查取证，查明有14人严重违纪，并分别予以党纪、政纪处分。

1999年9月对新疆乌鲁瓦提水利枢纽工程进行在建审计，发现该工程建设管理局及其下属单位在为该工程购买设备、材料等经济活动中违反财经法规以及有关人员工作失误，给国家造成450万元重大经济损失的问题移送新疆自治区监察厅，目前正在调查处理。

机构改革与竞争上岗 根据党的十五大关于政府机构改革要“精简、统一、效能”的原则，在审计署的部署和直接领导下，通过双向选择、竞争上岗来开展工作。共分流人员11名，占分流前实有人数的12%；共提拔副处以上干部14名；处室间交流干部12名。

“三讲”教育 为贯彻党中央号召在全国党政机关县级以上领导班子和领导干部中深入开展以“讲学习、讲政治、讲正气”为主要内容的党性党风教育，根据署党组的安排，在署巡视组的帮助指导下，从年初至8月，认真开展“三讲”教育，剖析查找特派办领导班子、处以上干部党性党风方面存在的突出问题，开展批评与自我批评，积极进行整改，取得了一定成效。所提整改措施29条，正在逐步落实。

廉政建设 开展经常性的廉政教育，从思想上筑起拒腐防变的坚固防线，通过学习观看廉政教育录像片，进行正反典型事例教育，使大家真正从思想上受到了教育和触动，从根本上增强了拒腐防变的决心。为加强制度管理，年初机关党委办结合审计工作实际制定了《审计署兰州特派办关于实行党风廉政建设责任制的规定》，明确了特派员、副特派员、廉政监察员及各处室的职责，从学习、落实、监督、检查、考核、汇报等几个方面作出了明确规定，各负其责，一级抓一级，层层抓落实。由于办领导以身作则，各处室认真贯彻落实，审计人员顶住各种诱惑，廉政建设工作取得了明显成效，保持了兰州办的良好形象。

“人法技”建设 经过竞争上岗人员分流，1999年通过严格的考试选拔，录用了5名高校毕业生，补充到有关处室。从见习情况来看，整体表现较好。结合“三五”普法教育，组织全办人员进一步学习审计及与审计业务相关的法律法规，并对学习情况进行检查督促，组织出题考试，检验学习效果。通过学习，干部职工懂法、守法意识普遍增强，执法、用法水平得到提高。为提高工作效率，培养应用计算机进行辅助审计，全年举办了两期计算机培训班，学习办公自动化及数据库应用等软件知识。经过培训，干部职工计算机操作和运用能力有一定提高。同时继续加大设备投入，改善审计队伍装备，在上年购置25台电脑的基础上，又购置便携式电脑18台，台式电脑5台，并配置了激光打印机等，满足了工作需要，提高了工作效率。

审计署派出审计局工作简介

【外交外事审计局】 审计署外交外事审计局成立于1998年9月，办公地点在外交部，局内设两个处室，1999年底实有人数6人。该局主要负责对外交部及其下属单位财政财务收支的真实、合法和效益进行审计监督；参加审计署统一组织的审计和审计调查；及时向审计署报告工作并对审计署负责；完成审计署交办的其他任务。

局领导成员

局长：朱立豪

局长助理：张　玉

审计工作成果综述 1999年，外交外事审计局在署党组的正确领导下，认真贯彻执行朱总理提出的“全面审计，突出重点，点面结合，注意发现大案要案线索”的指示精神，坚持依法审计，加大执法力度，强化审计监督职能，取得了较好的成绩。

1999年，全局共完成6个审计项目和1个审计调查项目。这6个项目的审计实施时间和审计内容分别是：1999年1－3月对外交部、国务院外事办公室1998年预算执行情况的审计；1999年4月对外交学院1998年财务收支的审计；1999年5月对审计署驻沈阳特派办1996－1998年财务收支的审计；1999年9－10月对北京外交人员服务局1998年财务收支的审计；1999年9－10月对我驻法兰西共和国、奥地利共和国大使馆、常驻维也纳联合国代表团和其他国际组织代表团1998年财务收支的就地审计。1999年8月，与外交部财务司组成联合审计调查小组赴新疆对中俄西段、中哈勘界经费的使用和管理情况进行了审计调查。全年共查出违规行为金额104648万元，其中：决定处理处罚的金额为5158万元；指明要求纠正的金额为99490万元，已上缴财政的金额为434万元。同时还向被审计单位提出加强财务管理，完善各项规章制度的建议20多条，促进了被审计单位加强内控制度建设，从制度上防范和避免违规违纪现象。

预算执行情况审计　1999年1－3月，外交外事审计局对外交部和国务院外事办公室进行了1998年预算执行情况审计。通过审计，查出被审单位存在的账外资产、虚列预算支出、违规私设“小金库”等方面的问题，违规行为金额6.95亿元。

一是查处部门问题与从制度规范上解决问题相结合。对审计中发现的被审单位管理上的薄弱环节和重点问题，不是简单地处理了事，而是立足于从根本上解决这些问题。如在对某部门预算执行情况审计时，审计人员发现由于有关部门对预算外资金的规定不十分明确，致使执行中相继出现理解不一、操作不一，在管理上造成一定混乱的情况。对于这个问题，及时向被审计单位指出并向审计署上报了专题简报，通过多渠道沟通引起了有关部门的重视。根据审计意见，外交部于1999年7月制定了《关于驻外使领馆办理应缴款项的暂行规定》，要求各使领馆及时办理应缴款项，对规费收入及外事服务收入形成的利息分开核算，确保应上缴财政资金的真实、正确，进一步规范了驻外使领馆应缴款项的管理。

二是审计中查处问题与事后跟踪检查相结合。本次审计的财政拨款中，大部分拨款为境外部门使用。但在审计的时候，由于这部分资金的决算报表尚未送回国内，审计难以涉及，影响了预算执行审计的质量，存在一定的审计风险。针对这个情况，该局要求被审计单位在境外部门决算报表编制完成后，及时上报审计部门，并形成制度。在预算执行审计结束后，该局在1999年6月用一个星期左右的时间，完成了这部分决算报表的审计工作，确保了预算执行审计的质量。

三是本年审计与追溯延伸相结合。对于比较重要的问题，利用派出审计局驻在部委内，情况相对熟悉的有利条件，在查清1998年情况的基础上向前追溯，把追溯和延伸作为全面提高审计质量，防范审计风险的重要手段。如某部门1998年底账面反映其新建多功能培训基地，累计投资已达4779万元，但该工程没经过有资格批准部门的批准，并且截至年底尚欠交投资方向调节税1400多万元。该局对这一重点问题追溯到了1994年，很快全面查清了问题，为最后准确定性，公正处理打下了良好基础。

另外，还注意通过对二级单位财务收支的审计发现主管部门的问题。在1999年4月对外交学院1998年财务收支进行审计时，该局增强了在资金往来中查找相关单位问题的意识。在该学院通过基建账户汇往主管部门有关款项的凭单上，审计人员发现主管部门的收款账号印象有些模糊，经过对此账户的跟踪追查，牵扯出主管部门三个隐蔽未报的账号，里边有1600多万元监理费收入和基建包干结余。经查这些账号既没有纳入部门的财务会计账内，也没有纳入单位预算管理，成为部门的“账外账”。对于这个问题审计人员严格按规定程序认真取证、整理工作底稿，作为重要问题在审计报告中提出来。在审计决定中，还建议对隐匿账号及账册的主要负责人和直接责任者给予批评。

探索境外部门审计　根据审计署的计划安排，在经过充分的资料收集和其他准备工作后，以外交外事审计局人员为主的赴欧洲审计组一行6人，于1999年9月23日至10月25日对我国驻法兰西共和国、奥地利共和国大使馆、领事馆以及我国常驻维也纳联合国代表团和其他国际组织代表团1998年预算执行及其他财政、财务收支情况进行了就地审计，这也是新中国国家审计机关对驻外使领馆进行的第一次就地审计试点。

本次共审计了我国驻法兰西共和国大使馆等3个部门，包括13个会计核算单位，其中：法国5个独立会计核算单位，2个报账单位；奥地利6个独立会计核算单位。通过审计，发现被审单位存在账外资产、私设“小金库”；不合理转包基建工程，违规提取管理费；大量资金滞留境外，没有得到有效使用等违纪问题以及规费收据的印制、使用存在薄弱环节等其他一些管理问题。初步摸清了上述单位的家底，掌握了驻外使领馆审计的重点内容和操作方法。回国后，审计小组及时向署领导汇报了这次审计的情况，并根据署领导的指示，起草了呈国务院的关于赴法、奥审计的情况报告和给境外机构主管部门的审计决定和审计意见。

同时，外交外事审计局结合这次境外审计情况对审计署法制司起草的《关于境外机构和境外国有企业审计暂行办法》提出了修改意见，为国务院出台对境外机构审计的暂行办法，促进审计机关依法对境外机构进行审计发挥了应有的作用。

队伍建设和基础工作　一是加强思想政治工作，通过认真开展以“讲学习、讲政治、讲正气”为主要内容的党性党风教育和揭批“法轮功”的斗争，全局人员政治思想素质有新的提高，能够自觉地在思想上与党中央保持一致。二是定时集中进行业务学习，提高审计人员熟练运用法规方面的业务技能。三是建立健全完善内部管理制度，1999年在严格执行审计署有关规章制度的基础上，结合本局实际先后完善业务学习制度、公文收发传递制度、保密制度、考勤制度、审计组廉政制度等十多项规章制度并严格执行，全局各项管理井井有条。

【发展计划审计局】　发展计划审计局暂定编制8人，1999年末实有7人。内设审计一处和审计二处。审计一处主要负责对国家计委及其在京下属单位财政财务收支的真实、合法和效益进行审计监督。审计二处主要负责对国家统计局、国家粮食储备局及其在京下属单位财政财务收支的真实、合法和效益进行审计监督。

局领导成员

局长：虞伟萍

局长助理：程午生

审计工作成果　1999年发展计划审计局完成审计和审计调查项目9个。审计单位20个。揭露违法违纪及管理不善等问题57个，其中2个被纳入审计长代表国务院向全国人大常委会的审计工作报告。查出违法违纪金额20．57亿元，其中决定处理处罚9．78亿元，应上交财政9．33亿元，应减少财政拨款或补贴84万元，应归还原资金渠道330万元。被审计署采用的审计信息简报2份。提出改进和规范管理的建议15条。

预算执行审计　1999年1～2月，发展计划审计局按照审计署统一安排，对国家计委1998年度安排国家财政性建设资金情况和本级预算执行情况进行了审计，并对下属基建修缮中心和宏观经济研究院的财务收支进行了延伸审计；4月对国家计委管理的原中央外汇有偿使用人民币收入情况进行了检查。审计查处的问题主要是：1.未按国务院决定将中央外汇有偿使用人民币收入及其存款利息91191万元及时上缴中央财政，其中12150万元被动用后未收回。《审计决定》要求国家计委立即追回已动用资金，结清存款利息，全额上缴中央财政。2.对“七五”初始至1996年末有偿使用科技三项费的收支情况未登记台账，未定期与委托代理公司核对账务，使受托代理公司将自有资金与有偿使用科技三项费委托贷款回收资金混存的行为没有及时被制止，造成部分利息收入的归属不明确。《审计决定》要求国家计委全部收回分存三家代理公司的有偿使用科技三项费回收款；对归属不明的利息收入，要组织与三家代理公司清理结算，凡属有偿使用科技三项费委托存款产生的利息，全部收回机关财务部门专户管理；积极组织三家代理公司清理应收未收的有偿使用科技三项费委托贷款余额，千方百计抓紧回收。3.少数二、三级预算单位存在多计提管理费，冲销自收自支单位和企业借款在“科学事业支出”项下列支，以及损益不实等问题。《审计决定》要求上述单位按规定开支范围调账纠正。4.预留年中待分配的中央预算内基本建设投资占年度预算内基本建设投资总额的45．2%。《审计意见》要求国家计委按照《预算法》规范中央预算内基建投资安排工作，降低年初预留中央预算内基建投资比例。5.年中下达中央补助地方的基本建设投资计划占全部年中下达中央基本建设投资总额的28．5%。《审计意见》要求国家计委按照国务院关于中央对地方给予补助的具体办法，科学地确定中央补助地方基建投资的比例和规模，规范补助地方基建投资安排工作。

1999年3月，发展计划审计局按照审计署统一安排，对国家统计局1998年度预算执行情况及下属基建办公室、计算中心、统计科研所和教育中心的财务收支进行了审计。审计结果表明，国家统计局依据国家财经法规，紧紧围绕统计局中心任务，组织执行本级和系统内1998年度预算收支，积极帮助基层单位抗洪救灾，健全财务管理制度，严格支出管理，加强内部审计，有效地实现了各项预算目标。审计查处的问题主要是：1.用以前年度其他收入和系统内单位与职工捐款设立的统计科学奖励专项资金收支，未纳入预算统一管理和年度财务报告。《审计决定》要求国家统计局从1999年度开始将这项资金纳入单位财务统一管理。2.清理冲销长期挂账的应收款项共计130万元无核销责任人审签，个别原始单据不合规。《审计决定》要求国家统计局补齐核销审签手续，并建立有关大额呆、坏账冲销制度，及时清理应收应付款，防止再出现大量挂账和呆账。3.用统计事业费支付基本建设工程支出330万元。《审计决定》要求追回资金归还原渠道。4.用国外援助项目资金支付行政管理人员咨询费和人工费。《审计决定》要求予以纠正。5.少数下属事业单位的会计处理不合规，财务管理不规范。《审计决定》要求国家统计局督促有关单位纠正不合规会计事项，加强对下级预算单位的财务管理。

1999年10～11月，发展计划审计局按照审计署统一安排，对国家计委安排、监管和使用1998年度国债投资情况进行了专项审计。审计结果表明，国家计委1998年迅速协调落实国务院关于发行1000亿元国债加强基础设施建设的决定，在短短4个月内高效率地完成了国债投资安排任务。下达的国债投资计划，符合九届全国人大常委会第四次会议确定的投资方向，符合国务院加强基础设施建设领导小组提出的项目安排原则。为了督促国务院各部门、地方政府和项目单位将国债资金用于规定目的，保证项目建设质量和加强国债资金管理，国家计委采取了一系列监管措施，对实现国债投资的预期目标发挥了重要作用。审计中也发现一些问题。如：由于投资安排时间集中，规模较大，备选项目储备和人力资源不足，导致个别项目先下达投资后补可行性研究报告，个别项目前期考察评估工作深度不够，造成设计漏项多，施工图设计阶段经地质详勘后地基处理及土方工程量增加较大。此外，现行建设项目管理法规中部分建设标准、定额以及项目审批权限的规定同实际情况脱节。这些规定形成于七、八十年代，现行经济体制和工程造价与当时相比变化很大，继续执行这些规定容易造成审批责任不明确和概预算约束软化。针对问题，《审计意见》要求国家计委：1.继续加大监管力度，确保国债投资实现预期目标；2. 进一步改进国家财政性建设资金的安排和监管工作；3. 协调好国债规模安排同经济可持续发展的关系。

1999年4月，发展计划审计局还参与审计署对财政部1998年预算执行审计，具体负责审计财政部基本建设司，审计结果报署财政司汇总。

对审计查处的问题，国家计委、国家统计局及财政部基建司领导非常重视，认真、严肃地进行了研究，及时作了纠正，从而有效维护了财经法纪的严肃性，提高了本单位会计资料的真实、合法和可靠性，加强了预算管理和财务管理，推动了依法行政和廉政建设。

财务收支审计和专项审计调查　1999年5月，发展计划审计局按照审计署统一部署，对署驻广州特派办1997至1998年的财务收支进行了审计。审计结果表明，该办1997至1998年度执行国家财经法规比较好，重大开支都经过集体决策，审批手续严格，往来账款无呆、坏账，内部控制制度比较健全，会计资料比较准确地反映了财务状况和财务收支。审计也发现该办部分财务收支未纳入预算管理和年度财务报表，以及固定资产管理比较薄弱等问题。《审计意见》要求该办纠正不合规会计事项，加强预算管理和固定资产管理。

1999年6月，发展计划审计局按照审计署对高校财务收支审计的统一安排，对西安统计学院及下属二级核算单位和校办产业1998年财务收支进行了审计。审计结果表明，该院1998年能够依据国家财经法规编制财务收支预、决算，严格支出管理，加强经济核算，会计资料比较准确地反映了该院资产负债及财政、财务收支情况；院领导重视财务管理工作，注重内部控制制度的建立健全和完善；院内部审计对学院财务管理、会计核算、基建项目收支等实施了有效的监督。审计查处的问题主要是：1. 限期上缴应缴未缴的中央财政专户预算外资金收入46.06万元；2. 清理银行账户过多问题，按规定设户；3. 调账纠正虚列事业支出事项；4. 对院本级和部分二级核算单位未纳入单位预算管理和年度财务报表的事项，补作会计记录，如实列入年度财务报表；5. 立即停止下属成人教育学院不合理收费；6. 纠正不合规会计处理，加强财务管理。《审计意见》还建议该院：1. 建立健全配套财务管理制度，理顺院本级同二级独立核算单位和校办产业的管理与核算关系；2. 做好新旧会计制度转换衔接工作，进一步加强对财务管理人员培训和财务监督；3. 对校办产业应实行符合市场经济规律的管理机制，制定切实可行的经营管理措施，明确产权关系和经营责任，正确处理好责、权、利关系，确保国有资产保值增值。

1999年10月至12月，发展计划审计局先后对国家计委培训中心主办建国50周年成就展的专项经费收支进行了审计，对国家统计局下属中国华信信息技术开发公司的财务收支进行了审计，对中国宏观经济学会和中宏资产经营管理公司的财务收支进行了专项审计调查。审计确认，国家计委培训中心认真执行建国50周年成就展专项经费预算，合理使用资金，严格控制支出，会计核算规范，表、账、证相符，没有发现违反财经法规事项。对中国华信信息技术开发公司财务收支审计发现的问题正在处理过程中。对中国宏观经济学会和中宏资产经营管理公司财务收支的专项审计调查已完成，调查报告报送审计署办公厅。

扎实开展“三讲”教育　1999年发展计划审计局按照审计署党组的部署，在主管审计长和署“三讲”教育联络组的指导下，扎扎实实开展“三讲”教育。全局紧紧围绕指定专题和各阶段要求，结合思想和工作实际，认真学习，交流心得体会。在此基础上，党员干部诚心诚意征求群众意见，坦诚开展批评与自我批评，找准自身和本局工作中存在的突出问题，认真进行整改。局团支部也积极组织开展“三讲”教育，针对青年团员中存在的工作主动性不够等问题，以增强责任感、做好本职工作为主题，开展批评与自我批评，提出改进建议。

抓紧基础建设　1999年发展计划审计局在基础建设方面重点抓了两项工作。一是落实办公条件。经积极协商，在审计署和驻在中央部门的大力支持下，发展计划审计局所需办公用房和办公设施已基本到位，为全局履行审计职责提供了必要的物质保障。二是规范工作秩序。重点抓内部管理制度建设。草拟并试行了“发展计划审计局职责、机构及局处两级分工”、“会议规则和重要事项决策程序”、“审计责任制”、“行政公文管理办法”、“印章管理办法”、“保密保卫制度”、“公务交通费管理暂行办法”等规章制度，明确本局和各处职责及局处两级领导的分工，逐步理顺和规范了工作秩序。

【经济审计一局】　成立于1998年9月，办公地点设在国家经济贸易委员会，现有编制7人，实有5人，全部为大学本科学历（其中3人在读研究生），具有审计师、注册会计师职称资格的占60%。该局内设一处、二处。

工作职责　1. 负责对国家经济贸易委员会、国家烟草专卖局及其在京下属单位的财政财务收支的真实、合法和效益进行审计监督。2. 根据审计署确定的工作计划，按照署财政司编制的中央预算执行和其他财政收支审计工作总体方案，制定审计工作实施方案，组织实施对上述两部门的预算执行审计，起草审计报告，草拟审计意见书和审计决定；对上述两部门下属单位的财务收支审计制定审计方案，下达审计通知书、审计报告、审计意见书和审计决定。3. 参加审计署统一组织的专项审计和审计调查。4. 监督、检查国家经济贸易委员会、国家烟草专卖局对其管辖系统的内部控制制度情况，推动两部门及其所属单位内部审计监督工作的开展。5. 及时向审计署报告审计发现的重大问题，以及国家经贸委、国家烟草专卖局在财政财务、经济管理工作中的新情况和新问题。6. 完成审计署交办的其他事项。

局领导成员

副局长：张彦珍（主持工作）

审计工作及成果　1999年，经济审计一局在署党组的有力领导、署有关司局的具体指导和全局同志的共同努力下，认真贯彻朱总理“全面审计，突出重点，注意发现大案要案线索”的指示和署党组关于派出局“守土有责”的要求，紧紧围绕党和国家经济工作的中心和当前财政经济工作的重点问题，按照署里的统一部署，共完成和实施财政、财务收支审计5项，专项审计2项，专项审计调查1项，具体项目是：国家经济贸易委员会、国家烟草专卖局1998年度预算执行审计；中国药科大学1998年度财务收支审计；审计署驻南京特派办1997—1998年财务收支审计；中国卷烟销售公司1998年财务收支审计；1998年国家救灾药品调拨情况专项审计；烟草专卖局1998年下岗再就业补助资金专项审计；国家电力公司1998年下岗再就业补助资金专项审计调查；署领导交办的中国黄金总公司1993~1999年6月财务收支审计正在实施当中。

通过对上述财政、财务收支审计和专项审计及审计调查，共查出违纪违规金额10亿多元，其中：账外账5个，截至1998年底账面余额433万元；违规利用学校资金累计1.8亿元进行债券回购和股票投资，获利66万元未入账；预算资金未及时下拨6.36亿元；挤占挪用国家建设资金1.68亿元；预算外资金和罚没收入2179万元不及时上交专户，并挪用其中1271万元用于购建办公楼、家属宿舍；收入、支出不实，固定资产不入账，存在账外资金1.8亿元等。

通过审计，有力地促进被审计单位，尤其是所辖中央委、局及下属单位加强预算资金管理、财务管理和会计核算，揭露和纠正预算执行和财务管理中的违纪违规问题，严肃了财经纪律，促进了被审计部门依法行政和廉洁自律，使国家预算资金、专项资金更好发挥效益；通过审计，初步摸清了所辖一级单位和部分二级单位的资金规模、管理方式等基本情况，同时也锻炼了审计队伍，为今后更好地履行审计监督的职责打下了一定的基础。

审计方法　1999年在开展财政、财务收支审计过程中，经济审计一局主要采取如下审计方法：1. 统一思想认识。组织全局人员认真学习和讨论了朱总理指示和全国审计工作会议文件，使大家认识到，在当前我国经济秩序混乱，弄虚作假相当严重，假数字、假会计资料、假政绩屡禁不止，违纪违规甚至违法的问题屡屡发生的情况下，朱总理关于“全面审计，突出重点，点面结合，突出大案”的重要指示，为当前乃至今后一段时期的审计工作指明了方向，使同志们更加明确当前审计工作的着眼点要以真实性、合法性审计为主；在审计工作中必须牢牢树立大案要案意识，发现问题，一查到底，决不手软。2. 搞好审前调查，为确定审计重点、审计目标做好充分准备。审计进点前，该局对每个被审单位的机构设置、财务管理办法和核算方式及资产、负债、损益情况进行深入细致的调查，如对国家经济贸易委员会、国家烟草专卖局的审前调查，历时两个多月，对两个单位的机构、编制、资金状况、财务管理体制和制度等有了较深入全面的了解，做到心中有数，为确定这两个单位的审计重点和审计目标做好了充分准备。3. 制定切实可行的审计实施方案，为审计工作顺利完成奠定基础。不管是署定项目，还是自定项目，该局都根据不同单位的不同情况，制定详尽、可行的审计实施方案，并将审计项目分解到人，实行审计项目责任制，使同志们加强自身的责任感，对自己所承担的审计项目的审计目的、审计目标有十分明确的认识，并严格按审计实施方案将问题查深、查透。4. 开好审计动员会，宣传《审计法》和总理的指示，引起被审计单位的高度重视。每到一个单位审计，该局都要召开上至单位领导，下至财务部门、经营部门和资金管理部门等负责同志参加的审计动员会议，宣讲《审计法》，宣讲朱总理对审计工作的指示，宣讲审计署派出局的职能、任务。同时，向被审计单位宣布实行“审计承诺制”，一是被审计单位向审计组承诺他所提供的会计资料的真实性、合法性；二是审计组向被审计单位承诺要依法审计，公正廉洁。通过动员和承诺，引起被审计单位的重视，同时也发动了群众，让群众更多地认识、了解审计，支持审计。5. 坚持“账户入手，下审一级”，坚持突出重点，抓住线索，一查到底，具体做法为：

一是，在审计时，该局坚持“账户入手，下审一级”的好做法。如：在国家经济贸易委员会的预算执行审计时，首先就是检查各单位的银行开户情况和核查银行账，通过查证银行日记账，发现二个单位各有一个银行账户没有上报，经过历时十多天，查询了工商银行、城市商业银行等七家银行的十六个分行、支行、营业部，终于将该部委的四个账外账，涉及账外余额230多万元的违纪问题揭露出来，保证了国家资金的安全。

二是，抓住每个单位的重点问题、突出问题，查深查透。如，在对国家经济贸易委员会和国家烟草专卖局的预算执行审计时，紧紧抓住财政预算执行的真实性、合法性这条主线，对这两个单位使用掌握的70多亿元的预算资金的项目审批、预算批复、预算执行各环节进行审计，并针对这两个单位掌握大量预算资金下拨权的情况，延伸审计了八个预算资金使用的二、三级单位，查出预算资金未及时下拨6.4亿元及挤占挪用基建资金1.6亿元的问题。又如，审计中国药科大学时，该局紧紧抓住高等院校新会计制度执行和国家“筒子楼”改造等突出问题，抓住该校资产、负债、损益真实性、合法性这条主线，开展审计，查出该校未很好执行新会计制度，导致收入、支出严重不实，四个二级单位不并报表，造成少计学校净资产3000多万元和该校累计利用闲置资金1.8亿元违规进行债券回购和股票业务，获利66万元不入账等问题。

制度建设　在执行国家和审计署法令、规章的同时，经济审计一局为了严格内部管理，规范审计行为，还制定了15项局内部工作制度，即《经济审计一局工作职责》、《一处工作职责》、《二处工作职责》、《局长工作职责》、《副局长、局级审计员、局长助理工作职责》、《处长工作职责》、《会议制度》、《学习制度》、《公文处理规定》、《保密工作制度》、《公务员业绩考核制度》、《干部考勤管理制度》、《离京外出、休假请示报告制度》、《经费使用管理制度》等，使局内各项工作有章可循。

学习培训　1999年在完成审计任务的同时，该局把“育人”做为一件大事来抓，加强学习培训：

一是创造条件，让同志们参加各种学习。不管是署里组织的外语培训，还是计算机培训，该局都尽一切可能安排同志们参加，同时还鼓励大家参加在职研究生和各种职称的学习，1999年该局有3名同志在读研究生，分别有二个人在考注册会计师，一名同志进行了会计证的再教育。

二是结合审计工作，有目的地组织大家进行业务学习。例如，为了预算执行审计，该局集中学习了《预算法》、《行政事业单位会计制度》；为了高校审计，学习了《高等学校会计制度》；为了企业审计，学习了《工业企业会计制度》等等。

【经济审计二局】　审计署经济审计二局组建于1998年9月，日常办公在国家冶金工业局，局内设有2个处。现有人员7人。其中大专以上学历7人，高级会计师和高级经济师4人，会计师或注册会计师3人。

局领导成员

副局长：王亲民（－1999.11）

陈居华（1999.11－）

局长助理：廖金梅

审计范围和职能　1.对国家冶金工业局、国家煤炭工业局、国家石油和化学工业局、国家机械工业局、国家纺织工业局、国家有色金属工业局及其在京下属单位的财政财务收支的真实、合法和效益进行审计监督。2.监督、检查审计范围内的7个国家工业局对其管辖系统的内部控制制度情况，推动其内部审计监督工作的开展。3.参加审计署统一组织的专项审计和审计调查，完成审计署交办的事项。4.了解审计范围内各部门、各单位的基本情况，建立数据库，实行动态监督服务。5.及时向审计署报告审计发现的重大问题。

审计工作完成情况　根据审计署审计计划安排，1999年全局对国家煤炭工业局、轻工业局进行了预算执行审计；对审计署驻深圳特派员办事处、中国矿业大学和国家冶金工业局、机械工业局进行了财务收支审计；对国家纺织工业局等5个部门及其所属单位国有企业下岗职工基本生活保障和再就业资金进行了审计调查，全年共完成7个审计项目，并派人参加了对审计署驻京津冀特派员办事处的审计。通过审计，共查出财政预算资金拨付不到位、挤占挪用财政专项资金、擅自处理国有资产、违规向企业集资摊派资金、决算反映不全面、部分资金未纳入决算、存在账外资金和“小金库”；预算外资金未纳入财政专户管理、机关行政经费超支严重、财务管理薄弱等大量问题，查出违纪违规金额9.2亿元，应上缴财政金额2005万元。其中国家机械工业局所属的技术发展基金会的严重违纪问题上报审计署后，署领导非常重视并以“审计要情”上报国务院，吴邦国副总理作了重要批示。我局对中国矿业大学的审计项目被评为质量考核优秀项目，受到了审计署通报表彰。在审计署1999年工作总结大会上，李金华审计长对经济审计二局的审计工作也给予了较高的评价。

审计工作开展情况　在审计署的关怀和领导下，1999年我局各项审计工作取得了一定的成绩，总结归纳有以下几个主要方面：1.认真学习贯彻朱总理关于全面审计，突出重点，注意抓大案要案的指示，提高认识，统一思想，处理好一般与重点的关系，抓大案要案与完成审计任务的关系，在全面审计、、摸清家底的基础上，注意发现大案要案线索，树立较强的抓大案要案意识。1999年经济审计二局完成的4个财务收支审计项目，审计力度大，查处问题多，对被审计部门有较大震动。如在对国家机械工业局审计时，发现了技术发展基金会违规违纪问题的一些线索，便集中时间和人力重点审计基金会的问题，赴上海、杭州、连云港等地进行了大量的调查取证工作，查清了该基金会违反规定挪用大量财政资金对外投资、贷款、签订假合同，将财政资金转移到预算外，为小集体谋私利，给国家造成严重经济损失等问题，查出违纪金额9789万元。基金会的问题查出后，国家机械工业局的领导非常重视，亲自找审计署领导谈审计中的有关问题，并派纪检监察人员对基金会的问题进行调查处理。2. 在审计实践中初步摸索出了一套比较好的做法。一是抓好审前学习，组织审计人员认真学习有关审计文件，吃透精神，提高认识，统一思想。二是认真做好审前准备，在调查了解被审计单位各方面情况的基础上，制定具体的实施方案，明确审计内容、审计重点、审计分工和审计要求。三是在审计过程中定期进行审计情况汇总和研究，发现问题及时解决，提高审计效率。四是从领导到群众的审计质量意识和风险意识都很强，对审计报告和审计底稿中的有关数据及选用法规，都反复核对，审计组长、副组长认真审核签字，要求被审计单位对提供的会计资料实行承诺，保证审计资料的真实性。同时，通过违纪违规问题的查处要求被审计单位认真查找原因，堵塞漏洞，加强管理，完善各项规章制度。3. 巩固和发展“三讲”教育成果，抓好廉政建设和职工队伍建设。通过“三讲”教育，大家提高了对抓好党风党纪和反腐倡廉工作重要性的认识，在审计工作中严格要求自己，自觉遵守审计署关于廉政建设的各项规定，多次谢绝被审计单位提出的到外地看一看的邀请。局领导以身作则，坚持骑车到被审计单位，不用被审计单位的车接送。

【贸易审计局】 贸易审计局组建于1998年9月，同年10月15日正式挂牌办公。编制8人，局内设两个处。现有7人，均为大专以上学历 。贸易审计局根据审计署确立的审计范围，对对外贸易经济合作部、国家国内贸易局及其在京的直属事业单位和下属单位的财政、财务收支的真实、合法和效益进行审计监督；参加审计署统一组织的专项审计和审计调查；监督检查上述两部门对其管辖系统的内部控制制度状况；及时向审计署报告审计发现的重大问题；完成审计署交办的其他事项。贸易审计局根据该局审计工作性质，将中国国际贸易促进委员会纳入审计范围。

局领导成员

局长：严晓华（－1999. 11）

张大维（1999. 11－）

局长助理：徐永顺

坚持“依法审计”，圆满完成业务工作 1999年，在署党组正确领导下，贸易审计局认真贯彻朱镕基总理全面审计，突出重点和注意发现大案要案线索的指示精神，坚持“依法审计，服务大局，围绕中心，突出重点，求真务实”的审计方针，坚决贯彻署党组对派出局的各项工作部署，“守土有则”，先后完成了对外贸部、国家国内贸易局1998年预算执行情况审计，完成了对经贸大学、署驻郑州特派办、世界银行贷款食盐加碘项目、国债项目等共六项审计任务。审计涉及资金1254300万元，查处违规资金398337万元，决定处理处罚130334万元，指明要求纠正268003万元，应缴财政76867万元，核减财政拨款2277万元，应归还原渠道资金16301万元。审计发现大案要案共6件，其中移送检察机关案件3起，目前已有5人被检察机关收审，交被审单位纪检、监察部门处理案件3起。另外配合检查机关核查案件1起。一年来，上报署审计工作报告、信息25篇，其中工作报告3篇。审计工作报告、信息被批示采用19篇。其中，审计要目《中国太平洋保险公司北京分公司人身保险部与银行联手弄虚作假非法高息揽储》被国办采用，被署机关采用18篇。另外，中国审计报刊登我局报道1篇。对外贸部、国家国内贸易局、经贸大学、署驻郑州特派办、世界银行贷款食盐加碘项目下达了审计决定。去年审计力度大，效果好，既摸清了资金状况，查处了违规问题，移送了违法犯罪案件线索，又促进被审计单位加强财务管理，建立和健全规章制度。

坚持质量标准，认真开展“三讲”教育 1999年，在署党组领导下，贸易审计局严格按照署党组关于“三讲”教育的安排要求，深入学习理论，搞好思想发动；充分发动和依靠群众，广泛开展谈心活动；处以上党员领导干部认真思考，深入剖析、查摆在党性党风方面存在的突出问题；交流思想，认真开展批评和自我批评；积极进行整改，取得较好效果，达到预期目的。

为巩固“三讲”教育成果，根据署党组整改精神，围绕审计署的工作重点和落实署党组对派出局的工作要求，认真研究制订13条整改措施，计划重点抓好以下四方面工作：一是进一步加大审计力度，充分发挥派出审计局的审计职能作用：二是加强审计调查研究工作；三是努力加强“人、法、技”建设工作；四是进一步推进理论学习。

坚持“以人为本”，全面建设单位 以人为本，全面加强单位建设，重点加强局领导班子建设和队伍素质的提高。

加强领导班子建设，着重作了以下三方面工作：一是始终注意自觉遵守政治纪律，认真贯彻落实党的路线方针政策，坚决执行署党组的决定；注意发挥党支部的战斗堡垒作用，发挥党员的先锋模范作用。局领导班子真正做到了执行暑党组的决定不打折扣、不讲价钱；局党支部号召、布置的工作，全局同志都能认真执行，党员同志在各项工作中都能注意发挥作用。二是认真贯彻民主集中制原则，有较强的搞好团结、密切配合、沟通情况、协商解决问题意识，为单位建设，心往一处想，劲往一处用。三是认真对待党的生活，开展民主评议党员活动，重视“三讲”教育期间的开展批评活动。

注意从多角度、全方位提高队伍素质。一是坚持党管干部的原则，贯彻落实署对党员干部监督的实施意见，坚持经常性的思想工作，准确掌握全局同志的思想情况，广泛开展谈心活动。重点抓了“三讲”教育期间的谈心活动，有针对性地做好思想政治工作，取得了一定的效果。二是坚持政治理论学习，坚持三会一课制度，坚持理论联系实际，注重学习的针对性和可行性，力求从根本上下功夫提高干部的素质。三是开展学英模活动，组织参观英模展览，注意表扬局内先进，树立正气。

切实加强行政管理 行政管理工作，坚持规范化管理和体现依法行政原则。在严格管理方面，注意抓了以下几方面工作：一是抓规范化建设。认真贯彻执行《审计署工作规则》，同时，根据派出局远离署机关的特点，适时制定了《贸易审计局工作规则》，明确了局领导和每个同志的职责及行为规范，明确了各项纪律，强调参与意识。二是抓严格管理。在执行《审计署工作规则》、《贸易审计局工作规则》，贯彻落实《审计署党风廉政建设责任制》过程中，一方面强调领导垂范作用，做到了要求大家遵守的规则，领导首先遵守；另一方面将“忧患意识”体现在日常管理工作中，队伍管理“小题大做”，坚持高标准，严要求。认真贯彻《审计组廉政责任的若干规定》，重点抓了审计纪律和廉政纪律，保证了审计质量和队伍形象。

【国防工业审计局】 1998年成立。根据审计署划定的审计业务范围，主要对国防科工委及其在京直属单位的财政财务收支进行审计监督，完成审计署统一组织的专项审计和审计调查，以及交办的其他事项。目前负责审计的对象为3个：国防科工委，北京航天航空大学和北京理工大学。现有局领导1名，内设处室2个，工作人员8名。

局领导成员

副局长：侯玉珍（－1999.11）

王亲民（1999.11－）

局长助理：甘世儒

审计工作成果 1999年，全局认真贯彻全国审计工作会议和朱总理“全面审计，突出重点，注意发现大案要案线索”的指示精神，结合本局工作实际，统筹安排，精心组织，在各项审计工作中，坚持全面审计，突出重点，确立了从账户审计入手，以摸清家底为目的，以反映和揭露被审计单位的违纪违规问题为重点，注意发现大案要案线索的指导思想。全年全局共完成审计项目6个，其中：预算执行审计项目2个：国防科工委预算执行审计和中国航天工业总公司预算执行审计；财务收支审计项目2个：署驻成都特派办1996～1998年财务收支审计和北京航空航天大学财务收支审计；署交办审计项目1个：原航空工业总公司116厂1998年财务收支审计；审计调查项目1个：4个军工总公司的下岗再就业资金的审计调查。通过审计，查出各种违纪违规问题30多亿元，其中：应上缴财政金额633万元，归还原资金渠道9.53亿元，移交纪检部门处理3人。

预算执行审计 1999年，全局重点对国防科工委和航天工业总公司进行了预算执行审计。国防科工委和航天工业总公司在1998年国务院机构改革中，行政和财务管理体制变动较大。国防科工委是1998年4月新成立的单位，航天工业总公司也改组为二个集团公司。针对国防科工委因成立不久，预算资金较少的情况，将审计重点放在内控制度方面，审查各项财务管理制度的建立和执行情况，会计核算是否符合国家财务制度和会计制度的要求等。针对航天工业总公司预算资金量大，二、三级核算单位较多，重点审计本级预算资金的渠道、规模及转拨和使用情况，同时对以前年度形成的结余资金进行重点延伸。通过审计，发现了国防科工委机关财务对固定资产的管理比较薄弱，缺乏必要的内控制度。在向该委指出后，委领导十分重视，批示要求立即进行进行整改。审计中发现了航天工业总公司预算资金转拨不及时，占压预算资金，挪用预算资金搞培训中心、综合楼等支出及其他一些问题，根据国家有关法律法规对上述问题已作了审计处理和处罚。其中有一项内容被李审计长在全国人大常委会第十次会议上“关于1998年中央预算执行和其他财政收支的审计工作报告”所采纳。对涉及个人经济行为的问题，已按有关规定移交航天总公司纪检部门处理。

财务收支审计 1999年，在对北京航天航空大学的审计中，发现了少计收入、会计核算不规范、基建管理不严格等问题，针对该校财务管理、固定资产管理、校办产业管理中存在的漏洞，提出了有针对性的建议，受到了被审单位的欢迎和采纳；1999年，根据审计署统一部署，完成对成都特派办1996～1998年度财务收支情况的审计，审计中发现设立账外账隐匿收入、固定资产账实不符等问题，对此，审计人员对该办提出了会计核算必须遵守国家法规及财经制度、严格内部管理制度等建议。被审单位按照审计意见所提要求认真地进行了落实和整改。通过财务收支审计，既维护了国家财经法规，同时又在促进被审计单位健全内部控制制度方面发挥了积极作用。

开展审计调查，为宏观调控服务 根据审计署统一安排，全局进行了航空工业总公司等4个军工总公司的下岗再就业资金的审计调查。从1999年2月份开始，先后派人到4家总公司及部分下属单位进行了调查，并与被调查单位进行了座谈。调查中发现，军工企业解决下岗职工基本生活保障和再就业有诸多困难，有的企业自身亏损大，甚至连在职职工都无法保证按时发放工

资，要求企业筹集1/3再就业资金部分，企业根本无法保证。另外，还存在军工企业再就业资金社会筹集部分很难保证及军工企业下岗职工比其他行业更难实现再就业的问题。针对这些问题，审计人员专门撰写了《国有企业下岗职工基本生活保障和再就业资金审计调查报告》，为国家对军工企业实行基本生活保障政策和发放再就业资金提供了依据。

完成领导交办任务　根据署领导在群众举报材料上作出的批示，全局于1999年5～6月间对原航空工业总公司116厂进行了审计。针对群众举报的内容，把审计的重点放到了下属的平原人造板厂，并对其两套会计报表、利润不实及账外资金等进行了重点审计，同时针对该厂与其下属单位现金往来较多的情况，重点对该厂及下属单位的往来账和现金账进行了核对。对重大问题延伸到了1993年。经过近40天的努力，查出了该厂及所属单位违规集资、虚报利润等问题。问题被揭露后，在航空工业总公司引起了很大震动。

提高人员素质，加强干部队伍建设　在审计局成立之初，就十分重视业务学习，要求全局每位同志尽快掌握基本的审计技能，加强业务学习，缺哪方面的知识就补哪方面的知识，特别是对财会、审计、财经法规等基础知识。在业务培训方面，局里一直鼓励大家自学，并参加署里统一组织的各类审计培训班。目前局里相当部分同志参加了注册会计师、审计师和财会、税收硕士研究生等考试，有的已经取得了注册会计师资格，还通过实践练兵，锻炼提高，强调以老带新，注意总结经验，不断提高审计人员的素质。基础建设方面，在去年建章立制的基础上，今年重点抓贯彻落实，抓纪律和作风的培养。

【教育审计局】　于1998年10月成立。内设机构有办公室和审计业务处。其主要职责是负责对教育部、国家行政学院及其在京下属单位的财政财务收支进行审计监督。目前共有审计对象112个，其中：教育部在京直属高校23所，事业单位33个，另有驻外机构52个；国家行政学院在京直属事业单位2个。

局领导成员

局长：赵　耿

局长助理：焦克勤

工作及成果　1999年，全局先后对教育部1998年度预算执行情况、北京大学和北京语言文化大学1998年度财务收支情况，以及教育部世行贷款项目、国债资金专项和中国教育科技信托投资公司等6个项目进行审计，除对中教信的审计取得阶段成果，其余5个项目已全部完成，经统计共查出各种违纪违规金额8亿元，其中上缴中央财政8320万元。在各种违纪违规问题中，有涉嫌贪污犯罪问题1件，小金库问题8件，账外资产问题3件，投资损失问题5件，外币存款问题2件。

通过上述问题的查处，使被审单位受到了震动，积极采取整改措施，认真检查纠正问题，加强财经法纪教育，扩大了审计的影响，团结了广大群众。教育部分管领导看了审计报告后，对审计报告给予了充分肯定，并表示要按照审计报告的建议进行整改，应该上交中央财政的款项立即上交，不该收取的费用停止征收，对私设小金库的单位负责人亲自谈话，严厉批评，责令纠正。北京大学接到审计报告后，学校领导非常重视，很快召集有关职能部门严肃认真地学习了审计报告。针对审计查出的问题，在六月份召开了学校各单位党政一把手参加的财政工作会议，对各种违纪现象进行了严厉批评。发生问题的部门领导作了认真检查并就审计查出的问题进行纠正。北京语言文化大学，在审计组进点前干群关系紧张，上告学校领导的匿名信接连不断，经审计组查明领导决策失误造成的经济损失和内部单位设立小金库的问题并进行妥善处理后，澄清了是非，化解了矛盾。

为了巩固审计成果，促进整改，堵塞漏洞，各被审单位普遍重视加强财经法律教育，主动邀请审计局负责同志做了专题报告。教育部张保庆副部长亲自主持报告会并就加强部内财务管理向各司局提出了严格要求，语言文化大学的校长、书记、中层干部和财会人员全部参加了报告会，北京大学还为报告会组织了全程录像。总的来说，审计的效果和社会反响是好的。

组织与实施　在对教育部1998年度预算执行情况审计前，我局对其所属的近50家单位开展了调查研究，搜集了大量信息，掌握了基本情况；运用计算机建立法规库，输入常用法规近百件，对一些重要文件和法规专门组织全局同志学习讨论。这些工作为贯彻全国审计工作会议精神，研究制订审计方案，将任务落实到人打下了坚实的基础。一年来全局始终按照全面审计，突出重点，求真务实，打假治乱和敢抓大要案的思想，组织和实施审计工作。

在教育部审计初期，针对工作中的缺陷，及时提出了“以收支为纲、破综合计划、抓预算分配、核经费拨款，从账户入手、查隐瞒收入、抓挤占挪用、追大额往来、选典型案例、找坐收坐支”的工作思路，在审计实践中取得了很好的效果。现场审计结束后，立即组织全局同志对审计工作展开讨论，总结经验，寻找不足，交流切合实际的审计方法，研究以后预算执行审计中需要注意的问题。四、五月份审计北京大学，适逢政治敏感期，为了避开教学科研一线人员，审计人员提出了三个为主的做法。一是在摸家底时以货币资金为主，从银行账户入手，重点审查银行存款，资金往来，事业基金等科目及其相关机构，对历次审计避开的盲区做了详查。二是在选择单位机构时以财务部门为主。财务主管部门负责单位预算的编制、分配和调整，是学校经济活动的中心。因此要重点审计财务部门，检查学校财务制度有无违反国家财经法规和政策的情况，内部控制是否严格；预算分配和资金拨付是否及时到位；在会计核算中有无隐瞒收入和虚列支出等问题，进而摸清该校家底，通过检查财务部门也为审计其他机构或项目提供了线索和支持。三是在职能机构与业务机构之间，主动避开教学科研单位，以审计职能管理部门为主，从而查出了一些大额存款和小金库问题，处理了学校内部不敢碰的单位和个人。在北京语言文化大学的审计中，针对学校资金来源较多，财务管理松懈的情况，提出重点审计对外投资损失，学校收入分配和公款私存以及设立小金库的问题。由于目标明确，方法得当，很快查出该校偷逃外汇225万美元，对外投资损失500多万元和学校财务处及所属单位私设小金库等严重问题。

开展“三讲”教育，促进依法审计 全局在“三讲”教育中，局长严格履行第一责任人的职责，带头克服轻视“三讲”教育的种种错误思想，及时传达学习党中央、国务院有关文件，分析掌握国家政治经济形势。带头学习规定文件，带头查摆问题，带头改正自己的缺点。通过“三讲”教育，处以上干部的政治业务素质明显提高，党群干群关系更加密切，党性党风更加端正。在学习中，主要抓好学习内容、计划的安排，以自学为主，并通过座谈会、写学习心得等方式进行交流和总结。由于思想工作得力，尽管工作极其辛苦，同志们仍保持着极大的工作热情，始终坚持依法审计。

发挥优势，服务大局 在传达贯彻全国审计工作会议精神，落实上半年的工作任务时，同志们感到，以真实性为基础，打假治乱，抓大要案，这些提法都很贴题，但是在教育审计中如何贯彻，谁都没有底，甚至认为大要案多在金融经济领域，教育部资金规模不大，存在等待观望和随大流的思想。通过反复学习讨论，大家认为总理指示切中要害，对于整顿财经纪律，开展反腐斗争，促进廉政建设，保证经济发展，意义重大。审计机关应该发挥自身优势，服务这个大局。抓大要案虽是司法纪检监察部门的责任，但按照《审计法》的规定和经济执法分工，审计执法在上游，审计人员可以主动出击，捕开源头。发生经济犯罪与财务管理混乱有关，检查财务收支需要审计手段。来自原驻部审计局的同志过去也曾查出不少问题，但是到不了审计署，更报不到国务院，成果难以实现，他们蕴藏着极大的积极性。只要把审计的源头优势、职能优势和体制优势发挥出来，人少也能取得好成绩。

在新、特、硬上下功夫 在人少事多任务重的情况下，要做出高质量的审计工作，就必须围绕重点在新、特、硬上下功夫。所谓新，就是学习新经验、新知识、新技术。在上半年的北京片会之后，我们组织全局同志学习了会议材料，并重点研究计划审计局、旅游审计局和建材审计局以及哈办、太原办、京津冀办等兄弟单位的经验，弥补了经常工作的不足。在对中教信的审计中，审计人员全面学习运用了南京特派办开发的计算机审计技术，大大提高了工作效率。所谓特，就是注意总结本局的有效做法。随着法制的不断完善，财务收支中的一般问题有所减少，而重大违法乱纪更加隐蔽。针对这种情况，审计人员在开展常规审计的基础上，注意审计特殊科目、特殊账户、特殊业务和特殊分录。在学习别人的经验时，注意结合自己特点，拿来之后加以创新。由于计算机检索资料便捷，容易产生依赖思想，为避免这种情况，审计人员引导大家将计算机检索与严格审查合同协议相结合，把计算机检索与审计调查相结合，逐步揭露出一些记账凭证与原始凭证不相符，以及原始凭证不真实、不完整、不规范的问题，使审计工作取得了较好的成效。所谓硬，就是思想作风过硬。在审计过程中，大家同心同德，坚持原则，知难而上，顶住了一些风言风语，冲破了一些人为设置的障碍，不仅查处了一批重大违纪违规问题，而且发现一起财会人员利用职权贪污公款30多万元的犯罪线索。西城区检察院根据我局移送材料，对当事人立案侦查，并于8月17日对其传唤审讯，从其家中搜出30多万元的人民币银行存折，8000多美元现钞，还有来路不明的日元现金10多万元。这说明只要依法审计，突出重点，努力增强发现大要案的意识，就能减少和避免审计风险，在维护经济秩序，促进廉政建设方面发挥重要作用。

【科学技术审计局】 编制7人，实有人员7人。内设一处、二处：一处负责科学技术部本级预算执行情况及其所属单位财务收支情况的审计监督，二处负责国家知识产权局本级预算执行情况及其所属单位财务收支情况的审计监督。全员均为大专以上文化程度，中级以上职称占90%，其中高级职称2名，注册会计师2名。

局领导成员

局长：孔繁涛（1999．11－）

副局级审计员：刘京城（1999．11－）

审计工作综述 1999年科学技术审计局完成了对科学技术部1998年度预算执行情况审计、国家知识产权局专利局和北京科技大学1998年度财务收支审计，延伸审计部局校所属的14个单位，查出主要有问题金额11．26亿元，其中科技部8．82亿元。科技部未及时拨付的6．5亿元科技经费问题被列入李金华审计长向全国人大常委会所作的报告

中。

审计出的主要问题 应拨未拨科技经费6.5亿元；挤占科技经费1848万元；通过非银行金融机构借出未能收回的科技委托贷款1．16亿元；从项目承担单位返款574．8万元；未缴科技攻关和技术引进回收经费502万元，未上交财政基建竣工结余款253万元，未及时上缴财政专户存储预算外资金收入6148万元；将“863”经费2092万元用于定期存款和注册资金，挪用涉外专利代理费用7567万元用于基本建设投资，未经批准动用4500万元预算外资金用于基本建设，将中央预算内基建拨款1022万元从预算内基建资金限额户转入其他资金户并直接用于支付工程用款；私存外汇未经批准以收抵支11189．78美元，外汇结余5000美元未及时办理结汇，并借给个人，未按规定结汇金额22万元；超计划基建投资2342万元；擅自借、拨出预算外资金2200万元；虚列事业支出825万元；违反国家发票管理规定错开普通销售发票603万元；账外公款、公款私存22万元；违规认购投资基金28万元；乱收费35万元，隐瞒收入189万元；漏交税款314万元；住房基金及专项资金3690万元未纳入专户核算管理；坐支现金936．4万元；虚列支出949万元；少计及账外固定资产2656万元，违规处理固定资产1700万元。

政治理论学习 在支部的统一领导和组织下，贯彻党中央和署党组的指示，不断提高全体同志对政治理论学习的认识，通过各种方式，想方设法挤时间学习邓小平理论。在“三讲”教育中，认真学习党中央、江总书记和署党组关于“三讲”教育的指示，学习“三讲”教育必读书目，提高认识，自觉投入到“三讲”教育中去。积极开展批评与自我批评，广泛征求同志们对局工作的意见，分析问题产生的原因，在此基础上制定了全局的整改措施，着眼提高全体同志的思想政治素质和局文明程度，努力建设政治强、业务精、纪律严、作风硬的审计队伍，为更好地完成署党组交给的审计工作任务，提供强有力的精神动力和思想保证。

贯彻总理指示，落实署“二十字方针” 在审计工作中认真贯彻朱总理指示精神，坚决执行署党组确定的“二十字方针”，根据被审计单位的特点确定审计重点，并注意保证审计工作质量。在工作中局领导以身作则，深入第一线，既从事细致具体的基础工作，又统揽全局，提出明确的工作方针和目标。同时，注意合理调配力量，安排人员，充分发挥每一个同志的特长，调动大家的积极性，齐心协力搞好工作。为了贯彻落实总理的指示精神，全局在审计过程中做到：思想重视、严密程序、突出重点、细致审查。坚持程序上的“三个层次、四个方案”：在审计前组织学习研究署制订的预算执行审计和高等院校财务收支审计方案，领会精神实质，抓住审计重点；进行审前调查，把调查了解的情况对照署定方案，制订审计组的实施方案；把审计项目细分到具体人员，实现项目负责制，项目责任人制订该项目审查方案，经审计组长审定后实施；对方案执行中的变更、调整要征得组长同意，根据需要采取相应的审计方法和步骤。针对科技部的特点，根据“资金量比较大，出现问题比较可能”这两个标准确定审计重点，重点审计科学事业费、科技三项费、863经费是否及时足额拨付，是否存在截留、挪用；北京科技大学的审计重点为教育科研经费、“211”和筒子楼专款是否按照规定并合理使用，校办产业盈亏和税金缴纳情况，有无小金库和账外资金和财产；国家知识产权局的审计重点为专利收费的真实性、合理性，是否实行收支两条线，经费使用是否合规合法。

廉政建设 自觉遵守各项廉政制度，不请客送礼，不接受礼品、礼金，坚持民主生活会和收入申报制度；审计中实事求是，坚持原则，团结协作，勇于奉献。根据驻署纪检组关于审计机关1998年反腐倡廉工作情况的通报和1999年反腐倡廉工作意见，确定局1999年廉政建设四要点：以“三讲”教育为主要内容，加强理论学习，提高拒腐防变能力；认真执行党风廉政建设责任制；加强领导干部的廉洁自律工作；审计人员要坚持实事求是、秉公办事。全年做到了领导重视、制度落实、艰苦奋斗、廉洁自律，没有发生违纪违规的人和事，没有不服从领导违反组织原则的人和事，没有发生被公安机关、执法人员和公共场所管理人员警告、拘留及被新闻媒体曝光的人和事。完成了署义务献血任务。

【政法审计局】 政法审计局组建于1998年10月，主要办公地点在司法部。1999年在编人员5人，其中本科学历3人，大专学历2人；拥有计算机软件工程师职称及注册会计师资格各1人。设局长1人，局长助理1人。局内设有两处，其中一处主要负责起草局内工作计划、总结等公文；开展信息宣传工作，负责全局计划统计管理；加强与署机关各部门的联系，负责和外部门、外单位的工作往来；组织局内有关会议，做好会议记录和落实工作；加强公文管理，负责本局通用公文起草和其他公文审核工作；严格保密制度，做好公文档案工作；加强思想政治工作，负责本局行政后勤保障服务；按照全局工作计划和领导要求，完成有关审计项目和其他事项。二处主要负责起草审计方案和措施；协助局领导具体组织实施审计和审计调查项目；认真做好审计分析工作，及时提出审计意见书、审计决定和审计报告等业务公文稿；严格执行审计工作程序，做好每项审计业务公文档案工作；按照全局工作计划和局领导要求，完成其他事项。

局领导成员

局长：薛启谊（1998．10－1999．11）

程天梁（1999．11－）

局长助理：王 冰

审计范围及职能 1．根据审计署确定的工作计划，对公安部、国家安全部和司法部及其在京直属单位的财政财务收支的真实、合法和效益进行审计监督。2．监督、检查公安部、国家安全部和司法部对其管辖系统的内部控制制度情况，推动部门及其所属单位内部审计监督工作的开展。3．参加审计署统一组织的专项审计和审计调查。4．及时、全面、准确地向审计署报告审计发现的重大问题，以及公安部、国家安全部和司法部在财政财务、经济管理工作中的新情况和新问题。5．完成审计署交办的其他事项。

审计工作成果 1999年，政法审计局认真贯彻落实朱总理关于“全面审计，突出重点；点面结合，突出大案；执法必严，违法必究”的审计工作指导思想和审计署“依法审计、服务大局、围绕中心、突出重点、求真务实”的二十字方针，按照“抓重点、打基础、练队伍”的工作思路，全年共完成7项审计任务，其中中央部门预算执行审计2个，财务收支审计项目2个，国债专项资金审计3个。全员现场审计241天，审计总金额19．56亿元，查处违规金额6956．55万元，应交财政专户251．25万元，应归还原资金渠道2962．10万元，促进增收节支226．13万元。另我局还派二人参加了中纪委、监察部牵头组织的全国落实“收支两条线”专项检查工作。

中央预算执行审计 1999年度政法审计局先后对国家安全部、司法部2个部门预算执行情况进行了审计，审计总金额14．29亿元。通过审计，第一次摸清了两部门的家底情况，掌握了本级预算单位的内部控制制度和资金管理情况，重点揭露了挤占挪用业务经费、虚列支出、财务管理混乱等问题，促进了政法机关依法行政，合理有效使用财政资金，更好地发挥职能作用。

财务收支审计 1999年度政法审计局先后对中国政法大学、国家安全部机关管理处2个单位进行了财务收支审计，其中中国政法大学审计为审计署定项目，审计总金额2．5亿元，审计查出账外资产1689万元、违规高息存款9370万元、欠缴财政专户251万元等问题；国家安全部机关管理处审计项目为自定项目，审计总金额2000万元，查出违规金额144．2万元，纠正了该单位工程款报销手续不规范、以预算代替决算等问题。

国债专项资金审计 1999年度政法审计局先后对公安部、国家安全部和司法部3部委国债专项资金使用情况进行了审计，审计总金额2．6亿元。对某项目工程进度过于缓慢，影响国债资金使用效益等问题提出审计意见；对某项目批准征地前草率预付款500万元责令收回并按规定使用，保证国债资金的使用安全。

基本设施及制度建设工作 1999年度是政法审计局基础设施与管理制度“建设年”。通过努力，1999年在司法部落实办公用房7间，配置计算机5台，基本满足工作需要，为政法审计工作开展提供了硬件保障。政法审计局重新修订《政法审计局工作规则》，明确局、局领导和各处室工作职责，建立会议、公文管理、档案管理、工作报告、考核考勤、外出休假、后勤保障和保密工作等制度，促进了局内各项工作制度化、规范化。

人员培训工作 努力提高政法审计局人员总体素质，积极组织审计人员参加审计署组织各项专业考试和业务研讨培训。1999年度1人次参加并通过全国审计系统优秀外语人才选拔考试，1人次参加并通过全国审计系统计算机资格考试，4人次参加全国审计机关第二代电子邮件系统培训班和常用财经审计法规检索系统培训班，1人次参加审计署高校审计研讨班，2人次参加中央预算执行情况审计培训班，1人次参加审计署计算机应用骨干培训班。同时在工作实践中，通过以老带新、独立锻炼、大胆使用等多种方式，培养年轻同志实际操作能力和解决问题的能力。

思想政治工作 1999年度政法审计局结合国内国际政治局势积极开展“三讲”教育、揭批“法轮功”邪教组织等思想政治工作，促进审计人员提高认识，统一思想，切实转变观念，转变方法，转变作风，为全面落实《审计法》，推进依法治国的审计工作总目标而努力。

【民族宗教审计局】 民族宗教审计局组建于1998年10月，作为审计署派出机构，主要职责是对国家民族事务委员会（以下简称国家民委）和国家宗教事务局（以下简称国家宗教局）及其在京下属单位财政财务收支的真实、合法和效益进行审计监督。当年11月5日进驻被审计单位，日常办公主要在国家民委。编制6人，内设两个处室，局级职数1人，处级职数2人。现有人员5人（含署派实习生1人）。

局领导成员

副局长：冯丽茹（主持工作）（1999．11－）

打基础，抓宣传，正确处理与被审计单位的关系 建局伊始，局领导就十分重视基础工作，多次强调打基础的重要性。一方面，根据中央机构编制委员会办公室、审计署《关于审计署向国务院各部门、直属事业单位派出审计机构的通知》（中编办发［1998］5号）规定，积极与国家民委和国家宗教局协商，在办公设备的配置上取得他们的理解与支持。1999年，在两部门和署机关的大力支持下，先后添置了计算机、复印机、传真机等办公设备，办公条件得到很大改善，基本满足了审计工作的需要。另一方面，积极进行制度建设，把建立健全规章制度当作局“三讲”整改的重要内容来落实，结合局内实际，起草了八项规章制度。通过“硬件”和“软件”的建设，为全局规范而高效地工作，提供了较有力的保障。

民族、宗教工作有其鲜明的特点，要作好对民族、宗教工作部门的审计工作，就必须融人被审计单位，主动宣传审计，虚心了解和学习民族、宗教工作的情况和内容，多沟通与交流，处理好审计与被审计的关系。为此，局领导带队，走访了这两个部门的各个司室，宣传审计工作，介绍民族宗教审计局主要职能，同时虚心向他们了解民族、宗教工作情况，请教有关知识，从而迅速地拉近了距离，增进了了解，形成了共识。再次，先后在这两个部门召开由各司室主要负责人，在京下属单位主要负责人及财务负责人会议，全面介绍审计署工作情况以及民族宗教审计局职责、任务和权限，阐明设立派出审计局的意义，明确被审计单位的权利和义务，藉此加强宣传力度，扩大民族宗教审计局的影响，为今后开展审计工作营造了一个良好的氛围。另外，积极参加两个部门召开的有关会议，了解他们的工作部署，掌握工作动态，真正融人进去，从宏观上把握好审计监督。

搞好调研，努力摸清被审计单位的基本情况 民族宗教审计局由来自于署机关及原驻工业部门审计局同志组成，对国家民委和宗教局的情况了解不多，只有搞好调查研究，摸清两个部门的基本情况，才能在新的岗位尽快进入状态。局内同志十分注意收集有关资料，重点了解两个部门的组织体系、工作运行的基本规律、财务管理体制以及存在的特殊性等。在1998年底至1999年2月，集中印发调查表格，对两个部门及其京内外下属单位进行摸底调查，并限时收回，进行汇总，从而掌握了被调查单位的一般自然情况以及截至1998年底的财务收支大体情况和规范。通过对上述资料深入地综合分析，提出了两个部门可能存在问题和漏洞的环节之所在，如内控制度不健全、管理相对滞后、国家资产家底不清等。1999年9月，派人参加了国家民委高校后勤改革调研组，不仅了解了民族院校后勤管理的基本情况，掌握了高校后勤改革的主要思路和措施，还写出了专题报告，对在高校后勤改革中审计需要关注的问题提出了看法。开展调查研究，拥有了大量的第一手资料，使审计局在其后的审计工作中作到了心中有数，掌握了主动权。

突出重点，扎扎实实地开展审计工作 1999年，民族宗教审计局先后完成了四项审计工作任务，取得了显著的成绩。共查处违纪金额9349.73万元，提出审计建议10条，其中，上缴财政513.04万元，追缴税金6.65万元，在所管辖的两个部门中树立了权威，从根本上打开了工作的局面。

1.全力以赴开展对国家民委和国家宗教局1998年度预算执行审计。这是组建以来第一次开展审计项目，也是派出局主要工作任务，成败与否事关派出局能否在被审计单位尽快站稳脚跟。审计开始前，局领导找每一个同志谈话，作好思想动员，审计组反复学习《预算法》等法律法规，认真作好审计工作方案。工作中，克服人员少、条件差等困难，科学分工，充分调动每个人的主观能动性。由于被审计单位准备不足，完整的账簿资料提供较晚，为按期高标准完成工作任务，局内同志连续加班十多天，一些同志克服家庭困难，住在被审计单位地下室，每天奋斗到十一、二点，终于按时完成工作任务。审计中，坚持“账户入手，下审一级”的审计方法，重点资金重点审计，弄清了资金规模，发现了预算批复不及时、挪用预算资金、改变预算资金用途、固定资产管理不善、隐匿账户、私设“小金库”等问题。比如，通过核对银行账号，发现国家民委隐匿一个银行账户，实际为“小金库”，涉及金额高达1800多万元；通过检查国家宗教局固定资产账，发现管理混乱，家底不清。审计组提出审计报告后，在两个部门产生极大的震动，引起部门主要领导的高度重视，表示要认真按审计要求整改，同时对审计局依法审计十分赞赏，给予了充分的肯定。通过此次预算执行审计，既充分发挥了民族宗教审计局的监督职能，又推动了两个部门规范管理，促进了财务工作水平的提高。

2.认真开展高校财务收支审计，服务于“科教兴国”战略。民族宗教审计局按照署印发的高校审计实施方案，细化审计内容，精心组织对中央民族大学1998年度财务收支审计工作。针对学校摊子大、审计内容多等特点，坚持全面审计与重点审计相结合，审计查账与审计调查相结合，祥查与抽查相结合，努力摸清资产结构，掌握资金流向，从中发现问题，并分析资金的使用效果。注重审计质量，认真做好审计取证，重点问题重点审计，一查到底。通过审计，发现了中央民族大学在各项教育经费、基建经费管理和使用以及该校系（处）、附属单位、校办产业组织创收和经营中存在的21个突出问题，提出的审计报告有理有据有力度。通过下达审计意见书和审计决定，要求中央民族大学严格按照会计制度规定实行集中管理的财务体制，强化内部控制制度，并对较严重违纪问题进行了处罚。中央民族大学党政班子对审计意见和审计决定极为重视，多次召开会议研究落实措施，并专门召开中层以上干部会议，请审计局结合查出的问题讲解财经审计法规方面的知识。审计报告、审计意见书和审计决定上报署行政事业审计司后，受到通报表扬。

3. 积极组织开展对尼泊尔中华寺项目竣工决算审计，为境外审计探索路子。1999年10月11日，根据署里的安排，由民族宗教审计局为主组成审计组，对中国佛教协会在尼泊尔兰毗尼修建的中国佛教庙宇中华寺进行了竣工决算审计。开展境外建设项目审计，还是第一次。审计组在无经验可循的情况下，积极搞好审前调查，周密制定审计方案。在尼泊尔期间，克服工作上、生活上的种种不便，认真查阅竣工决算材料，审核财务账薄，实地踏勘现场，并根据审计情况及时总结经验，调整工作部署，如为取得当地材料市场价格，拜访中国驻尼泊尔大使馆经参处，并探讨境外建设项目运作及管理的特点。为在有限时间圆满完成工作任务，审计组长带领组员发扬连续作战的作风，加班加点地工作。通过审计，发现了工程造价确定依据不足、概（预）算编制依据错误、多计取费用、甲乙双方未很好地履行职责、部分木质构件出现腐烂以及项目财务成本费用核算不合理等问题，提出了审计报告，并针对中华寺由援外项目演变成境外国有资产的实际，向有关部门提出了加强资产管理的建议。同时，审计组积极探索境外建设项目审计的思路、方式方法，提出了《关于对境外国家建设项目实施审计监督的意见和建议》，供领导参考。

认真开展“三讲”教育，全面加强队伍作风建设　中央决定在县级以上党员领导干部中集中开展以“讲学习、讲政治、讲正气”为主要内容的“三讲”教育。民族宗教审计局全体党员和干部在署党组的统一部署下，积极投入“三讲”教育之中，严格按规定的程序、内容、时间和要求进行，全面推进队伍作风建设。积极参加对署党组及党组成员自我剖析材料的评议，客观地提出自己的意见。在司处级“三讲”教育阶段，正是高校审计最紧张的时候，审计局以署党组为榜样，妥善安排，作到了“三讲”教育和审计工作双达标。一是搞好动员；二是认真学习，要求每个同志利用业余时间学完必读篇目，写好读书笔记，同时集中一段时间进行交流，使每位同志实实在在地接受一次马克思主义理论教育，提高了政治理论素养；三是认真写好自我剖析材料，局领导带头剖析自己，深挖党性、党风方面存在的问题；四是开好民主生活会，会上大家畅所欲言，推心置腹，诚恳地开展批评，虚心地听取意见，达到了目的；五是积极进行整改，针对查摆出来的问题，提出了局“三讲”教育整改措施，从认真完成署党组交办的工作、加强基础建设、建立规章制度、搞好干部业务培训、开展批评与自我批评、加强理论学习提高讲政治的自觉性以及注重调查研究等七个方面提出了具体整改措施，并积极组织落实，处级以上党员干部也提出了自己的整改措施。通过“三讲”教育，因工作需要加班加点，毫无怨言，不论路途远近，按时上班，形成了比较过硬的工作作风。

积极完成其他各项工作任务

除做好上述工作外，民族宗教审计局还积极完成其他各项工作。组织全体干部认真学习中央关于取缔“法轮功”的有关决定，提高了明辨是非的能力；严厉声讨以美国为首的“北约”轰炸我驻南联盟使馆的野蛮行径，激发了爱国主义热情；积极参与署机关服务局有关后勤监督工作；对国家宗教局进行年中检查，发现了财务核算与管理中存在的一些问题；应国家民委的请求，派员参加对该委服务中心的检查，按时完成了工作；搞好局内考勤、工作汇总上报、对两个部门的经常联系与沟通以及局内日常管理等等。

【监察人事审计局】　监察人事审计局于1998年10月组建，是国务院机构改革后新组建的派出审计局，日常办公在国家外国专家局。编制6人，内设一处、二处，处级领导职数2名。其中本科以上学历4人，大专2人，获得高级工程师资格的1人，高级经济师资格的1人，审计师或注册会计师资格的4人。

局领导成员

副局长：胡文博（主持工作）

审计范围及职能　根据国办发［1998］40号文件审计署确定的审计范围是对监察部、人事部和国家外国专家局及其在京下属单位的财政、财务收支的真实、合法和效益进行审计监督；参加审计署统一组织的专项审计和审计调查；监督检查上述三部门对其管辖系统的内部控制制度情况，及时向审计署报告审计发现的重大问题；完成审计署交办的事项，对所负责的部门的资金运作情况要了如指掌，做到李金华审计长提出的“守土有责”。

审计项目及成果　1999年完成审计项目5个，其中署定项目3个，自定项目2个，共查出违纪违规金额1926万元，其中查出“小金库”4个，“小金库”金额572.5万元。监察人事审计局主要围绕揭查问题和摸清家底两个方面开展审计工作，注意做好以下几方面的工作：1. 加大审计力度，打开工作局面，增强审计的威慑力。为贯彻朱总理指示和署领导的要求，我们在审计时，针对会计信息失真的普遍现象，突出了真实性审计，采用账户入手，下审一级，内查外调，深挖细找的方法，在5个审计项目中有4个项目都查出“小金库”。“小金库”的设置各不相同，有的“小金库”已设立多年，经过了多次检查都未被发现；有的“小金库”隐蔽在下级单位；有的“小金库”全部用现金运做，不设账目，给发现问题、查清问题带来了相当的难度。但是审计人员本着一旦发现线索就一查到底锲而不舍的精神，排除了各种干扰和障碍，包括临时做假账，以及与事实大相径庭的说明等等，最终将问题查得水落石出。通过一年的审计和查处“小金库”取得的实效，在被审计单位引起了较大的反响，为今后开展工作奠定了良好的基础。2. 初步摸清了家底，为做到“守土有责”奠定了基础。按照署领导的要求，审计局组建后结合部门实际制定了详细的审计调查提纲和调查表，分别在三个部门召开了部（局）有关人员及直属单位主管财务领导和财务负责人会议，布置调查内容，并对各单位报来的材料进行了汇总分析，此外到各被审计单位走访，开座谈会，了解各单位的实际情况，为开展审计工作做好准备。在审计时，进一步摸清家底了解核实各种基本情况，经过审计，初步了解了各单位的机构设置、职能、人员编制、资金运作、管理方式及内控制度建设等基本情况。3. 结合部门实际，做到了审帮结合。针对三个部门预算资金规模小，种类少，特别象监察部这样的监督部门出大案要案的可能性比较小的特点，确定了主要的工作目标是：通过几年的审计，使三个部门的一级预算单位和二级的重点单位基本无大的违纪问题，并规范会计核算，提高资金使用效益，促进部门依法行政和加强廉政建设。同时，本着审、帮结合的原则，帮助被审计单位规范账目，分析管理中存在的问题，努力找准“病源”，有针对性的提出整改建议，客观、公正、实事求是的提出处理意见，受到了被审计单位普遍好评，也使审计工作真正到了位，塑造了良好的审计形象。4. 大力宣传审计，使审计对象增强自觉接受审计的意识。审计局审计管辖的三个部门，都未设过派驻审计局，其在京直属单位接受审计的也很少。针对这一特点，审计人员认为宣传审计及审计工作取得的成果也是审计局的一项工作任务。为此，审计人员利用参加各部门财务工作会议、专业工作会议等机会宣传朱总理对审计工作的指示，宣传近几年审计工作取得的成果及在全国人大和社会上引起的强烈反响以及我局的工作职责、审计范围、审计重点等，效果很好，许多单位主动与我们建立起了良好的工作关系。

审计方法探索　1. 突出一个重点。无论哪个审计项目，无论什么类型的审计，都把大额资金的大进大出、往来账款科目的多年挂账、银行账与银行对账单的核对，定期存款本金与利息的转存以及收入是否完整，支出是否真实，作为审计重点。发现线索要一追到底，不能马虎，也不能怕麻烦，反复核对，认真查找、分析，我们在审计过程中发现的几个问题都出在这里。2. 审前做到三个先行。一是审计调查先行。在审前就被审单位基本情况进行较为全面的调查了解，由于调查工作做的比较细，比较深入，到实施审计阶段就比较顺利。实践证明，审前调查对于有的放矢的制定审计方案，保证审计进度、深度及质量起到了不可替代的作用。二是审计实施方案先行。制定全面、针对性和可操作性强的审计方案，是搞好现场审计的依据，也是搞好审计项目的重要环节。每个审计项目在审前调查后，审计人员都先制定审计实施方案，对署里统一组织的项目，方案中除包括署总体方案内容外，还根据审计调查结果调整部分审计内容，细化审计方案，明确审计重点、确定审计方法和采取的措施，对容易出问题的环节强调要特别关注，用方案统一大家思想，明确分工，提供现场审计依据。三是学习法规先行。认真学习、掌握有关财经法规是做好审计工作的依据和锐利武器，在每次进点审计前，审计局都要组织大家有针对性、有重点地学习有关财经法规。预算执行审计前，组织大家学习了预算法、行政单位会计制度、事业单位会计准则、事业单位会计制度等，还调阅了以前审计的档案，进一步了解情况。高校审计前，审计局组织大家学习了教育发展纲要、教育法、高校会计制度等，在普遍学习、掌握的基础上结合实施审计方案中的分工，每位同志有重点地掌握某个方面的制度及规定，做到有的放矢。3. 审计中做到三个结合。一是查账与占有活的材料相结合。要尽量占有部门的各种有关批文和相关材料，并把这些批文、材料和账目进行对照，查源头对不对，查账目有无问题。还找有关人员谈话、利用举报线索等多种途径发现问题，如人事部挪用老干部联欢活动专项经费就是一例。发现线索及时外调，如国际人才交流协会下属的凯普公司“小金库”的查出，以及了解当事人的心态、性格、人品等活的材料，突破就账查账的框框。二是查账与分析相结合。对于处理有误的会计事项，审计人员不单单认定不对就完了，还要认真分析错的原因、错的目的，而有些问题恰恰就是“原因”和“目的”形成的。对有些账目上的问题，要把现实与历史结合起来分析，追溯到以前年度，避免定性上的差错。对于频繁转账的事项、长期挂账往来的事项、资金整笔大进大出的事项，都要进行分析，有许多问题就是经过分析发现的，如人事部某杂志社的“小金库”的查出。三是分工与相互协作、研讨相结合。每个审计项目我们都明确分工，责任到人，但是分工不分家，遇有交叉的事项，强调相互配合。在审计过程中适时召开碰头会，每个人汇报审计进行情况，群策群力，既沟通了情况，也使每个人对整个审计情况都有所了解，在探讨中不同的看法相互启发，相互借鉴，长此以往，对大家查账整体水平的提高有好处，有利于保证审计质量。4. 处理好四个关系。一是自定项目与署定项目的关系。在自定审计项目与署统一组织的审计项目在时间上发生冲突时，要顾全大局，以署定项目为主，调整自定项目，保证完成署定项目。二是质量与数量的关系。由于派出局人比较少，不可能每年完成大量高质量的审计项目，在审计项目数量与质量不能同时兼顾时，审计人员先保证审计质量，坚持不贪多，审一个单位就要审深审透，尽可能的避免审计风险。三是工作与学习的关系。审计局鼓励大家利用业余时间自修与工作相关联的知识，局内绝大部分同志都在坚持各种类型的学习、考试等。但是每当工作与学习发生冲突时，审计局要求大家以工作为主，不能只顾学习，不顾工作。四是署内署外的关系。派出局常年在外，首先要处理好署内的关系，要坚决贯彻署领导的指示，与署内各司局要互相支持，搞好配合。其次与被审单位既要保持独立，又要能够融入。

政治思想工作及队伍建设　1.突出讲团结，营造良好局风。建局之初，审计局就提出“团结、开拓、求实、奉献”的八字建局方针，并在各种场合反复强调团结就是力量，团结是做好一切工作的前提和基础，强调同志间要相互坦诚、包容、理解和支持。提倡老老实实做人，踏踏实实做事，要求大家要有敬业精神、团队精神和奉献精神。经过一年的努力，特别是通过“三讲”教育，同志们努力做到：思想上严要求，工作上高标准，生活上多关心，情感上多沟通，一个良好的局风已初步形成。2.加强思想教育，努力提高干部综合素质，塑造审计人员良好形象。通过认真开展“三讲”教育，坦诚进行批评与自我批评，使每位同志都对自己进行了一次思想梳理，进一步坚定了共产主义信念。结合建国五十周年、澳门回归祖国等时机，适时在局内进行爱国主义教育，使大家认识到改革开放的正确性和重要性，认识到只有发展才是硬道理以及处理好改革、稳定、发展三者关系的重大意义。针对以美国为首的北约悍然轰炸我驻南联盟使馆、李登辉公然抛出“两国论”及“法轮功”邪教组织等事件，组织理论学习，进一步教育干部认清是非，旗帜鲜明地同各种反动势力进行斗争。要求大家努力学习与业务相关的各种知识，不断更新业务知识，提高政策水平，有意识地锻炼口头、文字表达能力和办事能力，牢固树立一言一行代表审计形象的意识，努力塑造良好的审计人员形象。3.制定了必要的规章制度，使管理工作初步走向规范化。按照署领导关于派出局工作起点要高，要求要严的指示，审计局一开始就着手在局内的审计业务、公文管理和行政管理等方面制定了10项制度和规定，用制度规范大家的行为，规范各项管理工作。4.遵纪守法，加强廉政建设。按照朱总理“从严治理审计队伍”的指示，审计局制定了廉政建设责任制，加强了廉政教育，较好的遵守了审计准则和各项制度，获得被审计单位好评。

【资源环保审计局】　资源环保审计局组建于1998年8月，定编12人，现有8人（含两名特派办交流干部）；下设审计一处和审计二处。一处联系国土资源部和国家测绘局，并负责相关审计工作，兼管局财务和后勤服务工作；二处联系国家环保总局和国家海洋局，并负责相关审计工作，兼管学习培训、考勤、远程通讯、统计和文书档案工作。

资源环保审计局负责国家环境保护总局、国土资源部、国家海洋局、国家测绘局及其在京下属单位的财政、财务收支审计工作；参加审计署统一组织的专项审计和审计调查，并按署统一要求独立承担对资源、环保有关情况和问题的专题审计调查；负责向署报告审计发现的重大问题和重要情况信息，以及所管辖部门在财政财务、经济管理工作中的新情况和新问题；负责监督、检查所管辖部门系统的内部控制情况，推动内部审计监督工作的开展；完成署交办的其他事项。

局领导成员

局长：东堆朗杰

审计项目完成情况　完成了署统一安排的三个审计项目，具体为：对国土资源部和国家环保总局1998年度预算执行情况审计；对中国农业大学1998年度财务收支审计。完成了两个局管审计项目，具体为：对中国环境科学院和中国地质勘查技术院1998年度财务收支审计。查出违规和指明要纠正金额25 799.62万元，已上缴财政金额947.87万元，归还原渠道资金300.00万元，补交税款9.75万元。经检查，各被审计单位重视审计意见和建议的落实，审计决定已执行，并根据审计建议制定、完善了有关内部管理制度。

审计调查项目完成情况　除对以上审计项目进行的审前调查外，还安排进行了6个审计调查，形成了5个调查报告并上报了署领导和有关厅司。具体审计调查单位为：国土资源部、国家环保总局、国家测绘局、国家海洋局、中国大洋矿产资源研究开发协会和中国土地勘测规划院。经过审计调查，进一步加深了对这些部门和单位的了解，收集了大量资料，为制定2000年工作计划、选择审计项目和审计重点提供了依据，减少了盲目性，也为开展经常性审计监督提供了经验。

审计宣传工作　派员参加了审计管辖部门的一系列（局）务会议、年度行业工作会议、财务决算布置会议等，与会人员除了解情况、收集信息外还积极宣传我国审计制度、法规以及派出审计局的职责，传达国务院和审计署领导的指示精神，使被审单位加深了对审计工作的理解和支持。

局自身建设情况　资源环保审计局自组建以来，注重打好基础，搞好自身思想作风建设、业务建设和制度建设；1.成立了党支部，支委分工明确，支部工作得力。党员干部自觉发挥模范带头作用，非党员干部也都积极要求入党；2. 制定了不间断的政治学习计划和业务学习计划，保证每周半天的集体学习。积极参加署举办的培训，完成署安排的培训规划和计划；3. 购置图书、订阅报刊、鼓励自学，在局内创造良好的学习氛围。局内同志或攻读研究生课程，或参加注册会计师考试，或参加计算机培训，业务能力有所提高；4. 制定了《资源环保审计局工作规则》、《审计项目责任制实施办法》等规章制度，努力实现工作的规范化和制度化。

政治思想教育　开展了讲学习、讲政治、讲正气的"三讲"教育活动。根据署党组和署机关党委的安排，我局以整风的精神，保质保量地完成了学习、剖析、征求意见、开展批评和自我批评、谈心、民主生活会、整改等各阶段的工作，署联络组评价我局"三讲"工作是认真的，特点是正气浓厚。

【社会保障审计局】　社会保障审计局于 1998 年 9 月正式成立。其主要职责为：对民政部、劳动和社会保障部及其在京直属单位财政财务收支真实、合法和效益进行审计监督；监督检查上述部门及其管辖系统的内控制度情况，推动其内部审计工作的开展；参加审计署统一组织的专项审计和审计调查；及时向审计署报告审计发现的重大问题；完成审计署交办的其他工作事项。

社会保障审计局人员编制 8 人，局内设两个审计处。1999 年末实有人员 5 人，文化程度全部为大学本科以上，其中 2 人具有中级以上职称。

局领导成员

副局长：李建新（ - 1999. 11）

丁国喜（1999. 11 - ）

预算执行情况审计　先后完成了对民政部、劳动和社会保障部 1998 年预算执行情况审计。

高等院校财务收支情况审计　完成了署统一布置的对天津职业技术师范学院 1998 年度财务收支情况审计。

外资项目审计　先后完成了对劳动和社会保障部世界银行贷款劳动力市场发展项目 1998 年财务收支和项目执行情况的审计，国际援助项目中国 SOS 儿童村北京办事处 1998 年财务收支情况的审计。

在京直属单位审计　完成了对中国劳动和保障出版社 1998 年度财务收支情况审计、对中国收养中心 1998 年度财务收支情况审计。另外，开展了对中国福利彩票发行资金管理和财务管理状况的审计调查。

经过上述项目的审计，查出违纪资金 18. 23 亿元，应缴财政 1. 3 亿元，实际上交 5072 万元。通过审计，发现了诸如未严格按预算及时足额拨付经费、预算外资金管理不规范、收入未及时上交财政、挤占挪用事业费、乱收费、固定资产管理薄弱、开设皮包公司等问题，提出了符合国家政策、财经纪律的审计意见、决定及各种改善管理的建议等，为严肃财经法纪、改善被审计单位资金管理发挥了积极的作用。

认真抓好"三讲"教育工作　按照署统一部署认真完成了"三讲"教育的各阶段任务。深入学习，吃透精神，明确目的，提高认识，在讲学习、讲政治、讲正气方面，用党员的标准来衡量自己，找出存在的问题，深挖思想根源；全面听取各方面的意见，个人剖析材料符合实际。通过民主测评，局内同志对 3 位局处级干部的"三讲"材料的满意和比较满意率达 100%。交流思想，开展批评和自我批评。民主生活会，高标准、严要求、不护短、不遮掩，既不回避矛盾，也不纠缠细节，诚恳接受批评。单位和个人制定了切实可行的整改措施。

通过"三讲"教育，全局同志，都受到了一次深刻的思想教育，提高了思想觉悟，达到了预期的目的。

完善组建工作　解决办公条件。1999 年社会保障审计局继续抓紧完成组建工作。经与两部委多方联系，反复协商，在两部委落实了部分办公用房、办公设备，创造了基本的办公条件。

抓好政治理论学习，明确党支部工作方向　结合派出局人员来自各个部委，年轻同志多，文化学历高等特点，为建立一支高素质的干部队伍，局领导和党支部组织全局同志，认真学习邓小平关于党的建设理论和江泽民关于党建的有关讲话精神，经过反复讨论确定了"团结、进取、求真、务实"的局训。

做好深入细致的思想工作，充分调动干部工作积极性　党支部针对全局同志来自不同部委，年龄差距大，工作经历悬殊等特点，想方设法做好思想工作，千方百计地把大家思想统一到做好派出局各项工作上来。党支部书记李建新同志经常找年轻干部谈心，及时表扬他们的优点，指出其不足，做群众的贴心人。

【建设建材审计局】

局领导成员

局长：刘新兰（1999. 11 - ）

副局长：翁亦然（ - 1999. 11）

审计成果　1999 年建设建材审计局共完成审计项目 5 个，占全年审计项目计划的 100%。在摸清被审计单位家底基础上，共查处挪用资金、违规贷款、虚增利润及财务管理不善等方面的问题 36 个，涉及违规违纪金额 6. 84 亿元，占审计资金总额 35. 3%。此外，还根据审计署领导的指示，派人参与组织了对在港两个中资企业的审计试点工作。审计期间编报了《审计要目》1 份，《审计简报》3 份。其中《审计要目》反映的某银行违规贷款问题被国办采用，中央领导作了重要批示；《审计简报》反映的企业与金融机构联手套取信贷资金的情况，为两个银行审计组提供了检查线索。预算执行审计结果在建设部和国家建材局引起了较大的反响。国家建材局反映审计对其帮助和促进很大，局党组专门召开会议，研究如何贯彻落实审计决定。建设部根据审计情况对预算执行违规司局，在部属单位范围内进行了通报批评，并根据审计建议制定了《建设部机关财务管理规定》。

审计工作开展情况 在审计署统一组织、安排的高等学校1998年财务收支审计中，建设建材审计局的工作得到了审计署行政事业司的肯定，被评为高校优秀审计单位。1.全面审计，突出重点，预算执行审计取得较好成绩。1999年，建设建材审计局根据审计署关于1998年度中央部门预算执行情况的审计要求，在人手少、任务重的情况下，全局同志全力以赴，协调一致，精心组织，从审计财政财务收支的真实性入手，抓住四个方面重点进行审计。一是抓住源头，即把住财政预算资金的流向及规模两个源头。二是抓重点，注意对分配使用大宗财政性资金的部门和单位、财政资金量大和进出频繁的账户进行重点审计，并有针对性地抽查一批二、三级预算单位，着重检查分配资金的运行情况和使用情况。三是抓用途，将财政部及有关部门的预算批复和拨付的预算资金与预算执行情况进行核对，确认各项预算资金管理使用的合规、有效情况。四是抓承诺，审计进点前，预先制定了银行开户情况和预算资金收支表，送被审计单位填写，并要求对所填资料的真实性、完整性作出承诺。审计进点后，注意检查每笔资金的收付账号和拨付去向，以确认被审计单位承诺的事项是否真实和完整。通过审计，揭示了所在部门及下属单位在预算执行和财务管理等方面的不合规问题，对促进加强财务管理和提高资金使用效益发挥了积极的作用。建设部、国家建材局的领导和财务部门对1998年度预算执行情况审计工作给予了较高的评价，认为1998年预算执行审计做得深、细，有力度，对其加强财务管理，提高财务管理水平有较大的促进作用。2.从账户审计入手，摸清家底，圆满完成高校审计任务。在认真学习，充分准备的基础上，组成审计小组对南京建筑工程学院1998年财务收支情况进行了审计，审计中坚持从账户审计入手，注意查账核实与走访调查等相结合对该校内控制度、财务收支、收费标准、资产管理、“筒子楼”工程等方面进行了认真的审计，查出账外资产、漏缴税金等问题，引起了该校领导和有关部门的重视，审计意见和审计决定得到落实执行。3.以真实性审计为基础，企业审计有突破。根据房地产企业资金使用量大的特点，建设建材审计局在开展两个房地产开发企业审计中，坚持“全面审计，突出重点，注意大案要案线索”的指导思想，从真实性审计入手，采取以下四个结合的审计办法，进行了企业审计。一是查账与查合同、会议纪要等结合；二是查死账与查活账相结合，注意从与群众的座谈和举报中掌握重大违纪问题和重大案件的线索；三是审计本级财务收支和下审一级或延伸审计相结合；四是点面结合，着力于重点资金和重点项目审计。查出企业利润不实、与银行联手套取信贷资金及资产管理不合规等问题，其中从企业审计反映出的银行违规贷款问题，通过《审计要目》反映后，得到国办采用，中央领导作了批示。违规放贷银行专门做了检讨。4.认真参与组织对在港地区两个中资企业的审计工作，探索了境外企业审计方法。根据署领导的指示，建设建材审计局派人参与组织了对香港明华船务有限公司和中国工商银行香港分行的审计试点工作。参与组织和撰写了6份报告，报国务院和有关部门。此次审计探索了境外企业审计路子，参与该审计项目的组织人员得到了审计长的表扬。

抓好局内部规章制度建设工作，打好基础 根据审计署抓基础建设的指导方针，建设建材审计局为把本局建成政治坚定、业务过硬、作风优良、纪律严明的优秀集体，提出了“四个一工程”即建一流班子，创一流业绩，带一流队伍，树一流形象。为了达到这个目标，制定了局工作规则、党支部工作规则，明确了岗位职责。建立了局务会议、党支部建设、党员管理培养、政治和业务学习、文件管理、保密及档案管理等制度。为有序高效的开展各项工作打下了良好的基础。

深入开展“三讲”教育活动 建设建材审计局按照署党组部署和要求，认真施行了“三讲”教育的每个过程，力求结合实际，讲求实效，提高了大家对“三讲”教育意义的认识，查找出了不足，并提出了具体的整改措施。通过“三讲”，大家讲学习的自觉性增强了，全局的观念更强了，政治理论水平也得到了提高。

坚持政治、业务两手抓，不断加强队伍建设 1999年，建设建材审计局在认真贯彻落实审计长提出的派出局要争取二三年内使各分管部委（局）的财政财务收支不出大的问题，实行良性循环的指示精神的同时，狠抓了全体干部的政治思想教育和业务培训，坚持每周五的学习制度，采取请进来、走出去的学习方法进行学习。通读了“三讲”教育读本，学习了审计干部法律必读的大部分文章，重点选读了中央领导同志的重要讲话和专业法规、制度及经营管理知识。此外，为适应审计工作发展的需要，注意鼓励每位同志积极参加计算机技能和外语的学习与培训。通过学习，不仅提高了全体干部的业务素质和政治理论水平，增强了责任感和使命感，而且有力地促进

了各项工作的全面展开。

【交通运输审计局】 1999年，内设4个处室，审计人员11人。其中硕士学历3名，本科学历6人，大专学历2人。专业技术职称的人员中，中级专业职称10人，初级专业职称1人。

交通运输审计局内设机构有一处—分管民航总局及其在京直属单位；二处—分管交通部及其在京直属单位；三处—分管铁道部在京直属企业；四处—分管铁道部及在京直属事业单位。

局领导成员

局　　长：王申庆（1998.10－1999.10）

局长助理：廖金梅（1998.10－1999.10）

丁家亨（1998.10－1999.10）

局　　长：翁亦然（1999.10－）

副 局 长：肖长年（1999.10－）

主要审计成果　一年来，共审计5个单位，纠正违纪金额11.87亿元，归还原渠道资金8.83亿元。提交审计工作报告2篇、信息7篇，其中被采用信息2篇。

预算执行审计　全局分别对交通部、民航总局1998年度预算执行情况进行了审计。审计过程中发现并查处了大量挪用建设资金和巨额账外资金等问题，如某单位将建设基金1000万元挪用给另一单位少数分流人员办公司的问题；某单位将6.6亿元建设基金挪用于建设高档宾馆的问题；某单位老干部局搞账外账，私设账外资金4000多万元的问题等。这些问题引起各方面的高度重视，其中挪用建设基金办公司的问题已经纳入国务院向人大常委会的审计工作报告。这次预算执行审计，共查出各种违反财政法规金额11.50亿元，应归还原渠道资金8.48亿元。

外资审计　对世界银行贷款第4～7批铁道项目进行了审计，对外出具无保留意见审计报告5份，受到了署外资运用审计司首肯。

行政事业单位审计　共审计2个单位，查出违纪金额3770万元，应归还原渠道资金3484万元，促进提高经济效益74万元。其中，对上海铁道大学的审计过程中发现并查处了虚报投资完成2692万元等问题，受到了署行政事业审计司发文表扬。

国债资金审计　对铁道部、交通部、民航总局三个部门使用国债资金情况进行了审计。

配合署有关部门工作　根据署领导及署有关部门要求，先后派出3人参加行政司对香港中旅集团、对宋庆龄基金会的审计和投资司对铁道部预算执行审计。

思想建设　从上年末开始，审计署就部署了“三讲”的学习。审计局以此为契机，在重点抓领导干部的“三讲”教育的同时，在局内开展了普遍的思想政治教育。在组织处以上干部先学一步、多学一点、学深一些的同时，组织全局同志学习“三讲”的指定重点文件。学习中，注意结合“北约”轰炸我驻南使馆、李登辉为代表的台湾分裂势力分裂祖国的活动和法轮功非法聚集等重大政治事件，加强了形势任务和理想信念教育。通过学习，同志们的思想认识逐步提高。

学习与培训情况　为全面提高同志们的业务水平，审计局积极支持同志们参加署内外举办的业务学习和培训。只要工作允许，就在时间上给予支持。有3名同志通过了审计署组织的外语考试（其中1名同志被选送加拿大留学学习一年），有3名同志通过了审计署组织的计算机考试，有1名同志通过了全国企业法律顾问执业资格考试，有1名同志通过了统计师考试，有2名同志参加了注册会计师的考试，有5名同志参加了提高学历层次的学习。

【信息邮政审计局】 审计署信息邮政审计局于1998年8月组建成立，常驻办公地点设在信息产业部。下设审计一处、二处两个处。首任负责人刘新兰副局长。1999年末实有人员7人，其中：大专以上学历7人，有高级职称2人，中级职称4人。审计管辖范围是：信息产业部、国家邮政局及信息产业部、国家邮政局在京下属单位。主要工作职责是：一是对信息产业部、国家邮政局及其在京下属单位进行审计监督；二是执行审计署统一组织的专项审计和审计调查；三是监督检查信息产业部、国家邮政局对其管辖系统的内部控制制度情况，推动部门及其所属单位内部审计监督工作的开展；四是完成审计署交办的其他事项。

局领导成员

局长：王申庆（1999.11－）

局长助理：丁家亨（1999.11－）

审计成果　信息邮政审计局全年共完成审计和审计调查项目9个，完成全年计划任务数的100%。此外还根据“守土有责”的精神，开展了大量的审计调研工作。全年共查处违纪违规金额65亿多元，其中属于中央预算执行审计查出的违纪违规金额64.54亿元。审计署领导在本局上报的工作报告和工作简报上作了2次批示，另有2篇信息分别被《中国审计报》和《审计工作通讯》刊载采用。在审计署统一组织、安排的1999年高等院校审计工作中被审计署评为优秀审计单位。

突出重点　加大力度　1.突出重点，全力以赴，做好1998年度预算执行审计工作。对分管部门的中央预算执行情况进行审计监督是派出局工作的重中之重，对信息产业部1998年度预算执行审计是本局组建成立以来第一次对重点项目进行审计，面临着时间紧、任务重、人手少、业务新、难度大等困难。为按时保质完成好这项审计任务，针对上述情况，本局主要采取了以下一些措施：一是强调中央预算执行审计工作的重要性，通过学习提高认识，统一思想，增强大家的责任感和使命感；二是扎实做好审前调查工作，制定好审计工作方案；三是严格依法审计，认真按审计程序实施；四是讲求审计方法，从账户入手，实行承诺制，实行表格化审计等；五是把好审计质量关，对查出的问题逐个核实敲定，力求准确无误；六是领导以身作则，大家团结一致，加班加点，始终保持良好的精神面貌和旺盛的工作干劲。这次预算执行审计共查出的违纪违规金额达64．54亿元，其中：未经批准自行调整预算33亿元，挪用应上缴财政性收入1．2亿元，预算外资金未纳入财政专户管理2．4亿元。这次预算执行审计工作力度大，执法严，引起了被审计部门的高度重视。信息产业部党组书记、部长吴基传专门召集部长办公会，对审计决定逐项研究落实执行，对审计建议结合部门和单位的具体情况认真采纳。被审计单位对我们勤奋敬业、认真负责的精神给予了好评。2. 高度重视，大胆探索，认真做好外资审计工作。按照审计署的部署，信息邮政审计局于3月份承担了对信息产业部世行贷款电信项目和亚行贷款电信项目（1期、2期）的外资审计任务，这是本局第一次执行外资审计项目任务。经过全局全体同志的共同努力，较好地完成了审计任务，受到了署外资司的好评。3. 注重综合分析，认真实施重点高等院校财务收支审计。对北京邮电大学1998年度财务收支的审计，是本局1999年的又一个重要审计项目，也是审计署1999年统一组织的行业审计项目。根据审计署制定下发的《高等院校财务收支审计方案》，本局结合被审计单位北京邮电大学的具体情况，制定了针对性、可操作性强的具体审计实施方案。在对北京邮电大学的财务收支审计中，审计人员按照署制定下发的《高等院校财务收支审计方案》的要求，在突出重点、全面审计，认真查处违纪违规问题的同时，特别注重全面摸清被审单位家底，系统搜集被审单位资料，从微观入手，从宏观着眼，从高等院校管理体制、经费收入来源结构、经费支出用向结构、经费结构变化情况、资产负债情况、校产经营情况、科研课题经费管理情况等多个层面去综合分析高等院校存在的问题，探求问题存在的原因，提出有针对性的建议。本局的高等院校财务收支审计工作得到了审计署的充分肯定，被审计署评为1999年高等院校财务收支审计的优秀审计单位，受到通报表扬。4. 除上述3个重要部分的审计项目外，信息邮政审计局还对中华通信有限责任公司、中国联合通信有限责任公司等6个项目单位进行了财务收支审计或专项审计，对国家邮政部门财务体制改革情况进行了专项审计调查。按照署财政审计司的要求，就原电子工业部所属中国信息信托投资公司向中盛科技投资发展有限公司投资5000万元的资金来源问题，进行了专题调查核实，并将调查核实的情况，书面报送署财政审计司。

贯彻总理指示精神　突出部门审计特色　1. 认真学习贯彻朱总理指示精神，坚持全面审计、突出重点、注意发现大案要案线索。首先，从依法治国的高度，从贯彻执行《中华人民共和国宪法》和《中华人民共和国审计法》的高度，从当前我国社会经济发展形势和存在的问题去认识和领会朱总理的指示精神重要性和现实意义，统一思想，加深理解，增强发现大案要案的观念和意识。其次，是在具体审计工作中把握和正确处理好抓大案要案与常规审计的关系，把注意发现大案要案寓于审计工作的各个环节中，把好“三关”。一是坚持在项目审计前认真组织学习有关法规和相关专业知识，把好审前调查关，并根据调查情况制定审计实施方案。二是在实施审计过程中，严把依法审计关，坚持全面审计，审计要深，执法要严、重点审计要细，发现大案要案线索要一追到底。每个项目审计，局领导坚持亲临现场，精心组织、统筹安排。强调严格执行审计方案，坚持以质量为重，责权分明，团结协作，防范审计风险，规范审计言行。坚持被审计单位提供资料承诺制，审计人员查账责任制，查出相关问题协查制，对发现的重大问题追溯制，审计组长对审计报告负责制。三是审计结束，把好坚持依法处理关。对审计查出的问题反复研究，以事实为依据，以法律为准绳，充分揭示、反映和依法处理。加大审计监督力度，如实反映审计成果，减少对被审单位的依存度。如我们通过审前调查，发现了某单位自1996年以来先后多次共挪用应上缴财政性收入1．2亿元购买职工住房的重大违纪问题，在审计中我们重点审查，反复核实，并将情况及时向署有关主管部门作了汇报。此后中纪委又对此问题作了进一步的审查和处理。2. 以财务收支审计为基础，研究探索行业审计方法。一是从账户入手，摸清家底。根据被审计单位提供在各金融机构开设的各类账户和资金情况、银行对账单、银行日记账、现金日记账，逐一核对，去发现问题的线索。二是宏观把握，掌握资金总规模。根据提供的资产负债表、损益表，与上年度对比，确定审计重点。三是在基本摸清被审计单位情况和核算特点后，重点核实往来账户和资产实物与价值的真实与完整。四是对有收费的项目，一要审核收费许可证是否合法有效，有无“搭车”情况；二要审核票据领购登记簿与实际使用情况；三要审核收入放在何处，有无坐支和挪用。五是对重点问题延伸抽查。

深入开展“三讲”教育，加强政治思想工作　本局以开展“三讲”教育活动为契机，加强政治思想教育，增强审计人员的讲政治意识和观念，提高了干部队伍的政治思想素质。1. 全面贯彻执行审计署关于开展“三讲”教育实施意见的规定。一是要抓好思想发动工作，明确“三讲”教育的目的和意义，统一思想，提高认识；二是要通过学习、反思和自我剖析，认真开展了批评与自我批评，对照查找各自政治上、思想上、工作上所存在的问题和差距，提出自我改进的措施和办法；三是认真做好总结整改工作，巩固学习成果。2. 加强政治思想工作，坚持“两手抓，两手都要硬”。按照朱总理“从严治理审计队伍”的要求，教育审计人员，顾全大局，无私奉献，严格遵守廉政纪律，做到公正廉洁，注意督促检查，努力提高全体审计人员的政治素质，树立良好的审计队伍形象。加强对积极要求入党干部的培养和教育，努力做好支部的党建工作，发挥好党员领导干部的模范带头作用。

夯实基础，建立健全规章制度　机构改革后，派出局的领导管理体制、内设机构、组织形式、工作性质、工作重点、审计范围、审计对象等都发生了变化，为此，需要及时地建立健全相应的规章制度和工作程序。一是制定了局、处两级和局处领导的工作职责制度规定，明确了局处以及处与处之间的内部分工和协作的关系，为做到依法行政、各司其职、各负其责，为建立职责分明、相互协调、密切配合、精干高效的内部工作运行机制打下了良好的基础。二是建立和完善了部分日常工作规章制度，加强单位基础工作，以求做到行政规范、工作有序、提高效率。其中包括：公文审批制度，档案管理制度等。三是建立了内部管理规章制度，严格办事的程序和标准。其中包括：考勤管理制度，业绩考评制度，内部物资设备管理使用制度等。

【农林水审计局】　1998 年 10 月审计署机构改革，撤消了审计署原驻农业部审计局、驻林业部审计局和驻水利部审计局，成立了农林水审计局。主要职能为：审计水利部、农业部和国家林业局及三部门在京直属单位财务收支情况。农林水审计局人员编制 8 人，实有人员 6 人，下设两个处：一处是农业审计处，负责农业部中央预算执行情况审计；负责农业部在京下属单位的财务收支审计；负责农业部及其在京下属单位外资运用项目审计；负责本局公文、档案等办公室工作。二处是水利、林业审计处，负责水利部、国家林业局中央预算执行审计；负责水利部、国家林业局在京下属单位的财务收支审计；负责水利部、国家林业局外资运用项目审计；负责本局后勤保障等工作。另外，两处在具体审计中，拟订审计方案，组织审计实施，草拟审计报告和审计处理，完成局领导交办的其他事项。

局领导成员

副局长：陈居华（主持工作）（－1998．12）

王炽曦（主持工作）（1999．12－）

中央预算执行审计　1999 年 1～3 月，根据审计署统一部署，全局人员参加对农业部、国家林业局 1998 年中央预算执行情况审计。从账户入手，全面核实财政财务收支。派人参加水利部中央预算执行审计。通过审计农业部本级和延伸审计农业部财务司资金结算中心、北京巡天新技术有限公司、北京聚沙实业公司等三个单位，审计查处的主要问题有：改变基建计划项目安排资金、向非预算单位拨款、滞留财政资金等问题。对国家林业局本级的审计及延伸审计林业基金管理总站，查处了滞留财政资金、未按规定收取周转金占用费及预算外收入未及时足额上缴等问题。农业部和国家林业局领导对审计结果很重视，专门召开会议研究纠正及改进措施，认真进行整改。通过审计，促进了被审计单位依法行政、遵守财经纪律的自觉性；促进其加强内部管理与控制，加强廉政建设，更好地完成本部门的经济管理工作。

国债资金审计　1999 年 9 月至 11 月，局里组织力量审计了农业部、国家林业局及其在京 8 家直属单位国债资金使用情况。审计查处用国债资金安排超概算项目、财政部门拨付资金不及时、项目前期准备工作不到位、国债资金在项目单位闲置等问题。针对发现的问题，提出了加强计划和预算管理，充分发挥国债资金效益的意见和建议，为进一步规范国债资金的使用起到了积极的作用。

财务收支审计　1999 年 5 月和 12 月，分别对国家林业局所属的北京林业大学、农业部所属的全国畜牧兽医总站 1998 年度财务收支情况进行了审计。审计的内容主要包括事业费、基本建设经费、预算外收支及经营性收支。审计查处在下属单位列支职工商业保险和福利费、无证收费、违规提取管理费和固定资产未入账等问题。同时针对审计发现的财务管理和会计核算中不规范的问题提出整改意见和建议。审计结果对提高二级核算单位的财务管理水平和增强遵纪守法的意识起到了推动作用。

外资项目审计　1999 年 5 月至 8 月，按照“规范审计，严格执法，内外合一，如实披露”的原则，组织人员对世界银行贷款的种子商业化、西南扶贫中央部分、造林二期、森林资源发展和保护项目，联合国粮食计划署援助渔油项目，欧盟援款的奶业与食品技术加工商务项目和水牛开发项目，全球环境基金会中国自然保护区管理项目等 8 个项目进行了审计，共出具中英文对照审计报告 7 份。审计结果得到项目管理单位、项目实施单位和贷（援）款方的肯定和重视，欧盟使团项目协调组邀请我局参加专题会议，就审计发现的问题制定整改措施，并将审计报告印发各项目执行单位。

其他事项　1999 年，参加审

计署统一组织的对河北省、宁夏回族自治区扶贫专项审计。深入开展了以“讲学习、讲政治、讲正气”为主要内容的党性党风教育活动。针对“三讲”查摆出的处以上党员干部存在的突出问题，开展了积极的批评和自我批评，从思想作风和工作作风上认真进行了整改，取得了较好的效果。

【文化体育审计局】 文化体育审计局编制7人，内设一处、二处，1999年上半年已有5人，大学学历2人，大专学历3人。审计范围有文化部、国家体育总局、国家文物局以及在京直属事业单位和下属单位。

局领导成员

局长：程天梁（－1999.11）

薛启谊（1999.11－）

根据审计署计划安排，1999年共完成了对文化部和国家体育总局两项中央预算执行情况审计、对中国音乐学院和国家体育总局体操运动管理中心的财务收支审计、对审计署驻济南特派员办事处1994年至1998年的财务收支审计，此外还完成了对国家文物局的两项审计调查和抽调干部参加中纪委专项调查。审计中，还根据需要延伸审计了7个事业单位。通过审计，共查出应上缴财政专户的款项未上缴、未按预算安排支出、超范围开支事业费、未按有关部委下达的工程计划拨付资金、部分资金未纳入预算管理、大量往来款长期挂账、财务管理薄弱、内控制度不严等大量问题。

1999年的审计工作，得到了有关单位的支持和配合，取得了较好的效果。审计过程中，我们强调要按照总理指示和署领导的要求，做到“守土有责”；要树立大案要案意识，认真分析有关问题，不放过任何疑点和蛛丝马迹。审计中发现的问题，我们都如实写入了审计报告，并就有关问题分别做出处理。经了解，审计意见书所列意见建议和审计决定所作处理事项，各被审计单位均予以纠正和落实。

【卫生药品审计局】 卫生药品审计局组建于1998年10月，编制8人，现有人员7人（含交流干部2人），均为大专以上学历，其中本科以上学历5人，局内现设一处、二处。

局领导成员

副局长：刘福祥（主持工作）

审计职责　根据审计署确定的审计范围，卫生药品审计局对卫生部、计划生育委员会、药品监督管理局和中医药管理局及其在京下属单位的财政、财务收支的真实、合法和效益进行审计监督；监督、检查上述部门对其管辖系统的内部控制制度情况，推动其内部审计监督工作的开展；参加审计署统一组织的专项审计和审计调查，及时向审计署报告审计发现的重大问题；完成审计署交办的其他事项。

审计工作成果　卫生药品审计局在1999年中，按照审计署确定的审计计划和交办的事项，完成审计项目：卫生部和计生委预算执行审计；北京中医药大学教育经费财务收支审计；以及三个专项（案）审计，分别为计生委国际交流中心基建项目前期费用使用情况审计；中国红十字基金会基金问题及其财务收支审计和欧盟性病艾滋病防治项目外资经费的审计。完成审计调查项目：卫生部专项经费代管情况的审计调查；并实施了世界卫生组织立项的我国农村合作医疗经费保障情况的审计调查。审计总金额64.5亿元，查出违规金额1.7亿元，调查总金额8629万元，查出违规金额5558万元。对于查处的问题，依照法规进行处理处罚。针对被审计单位在管理上存在的不足，提出了改进建议，并与被审计单位领导进行座谈和交换意见。被审计单位及其主管部门给予了高度重视和积极配合，采纳了审计建议，及时印发了部门管理文件，促进了被审计单位规章制度的完善和内部管理的加强。

【海关审计局】 1999年末，编制7人，实有人员5人。其中大学生3人，硕士研究生和研究生结业各1人，均获得审计师或注册会计师资格。局内设两个处，一处负责对海关总署的审计，二处负责对国家出入境检验检疫局的审计。

局领导成员

副局长：肖长年（主持工作）（－1999.11）

黄正华（主持工作）（1999.11－）

审计范围和职能　根据审计署确定的审计范围，对海关总署和国家出入境检验检疫局以及在京直属事业单位和下属单位的财政、财务收支的真实、合法和效益进行审计监督；参加审计署统一组织的专项审计和审计调查；监督、检查上述两部门对其管辖系统的内部控制制度情况；及时向审计署报告审计发现的重大问题。

审计业务成果综述　1999年海关审计局按照审计署的工作计划和方案，坚持全面审计、突出重点，从银行账户入手，以摸清被审计单位家底、揭露和纠正违纪违规问题为重点，以促进被审计单位依法行政、依法理财、加强财政财务收支管理、规范财政财务收支行为为目标，结合被审计单位的实际特点开展工作，共查出各种违纪、违规问题金额64665万元，其中，影响中央财政收入14902万元。

预算执行审计　对海关总署预算执行情况的审计，根据全国海关系统垂直统一管理，又具有关税、进口环节税、缉私罚没收入和行政性收费收入等财政收入的征管职能的特点，对海关总署税费财务管理情况、系统经费收支情况和总署机关经费收支情况进行了重点审计，并对其贯彻执行国家法律法规，履行进出口货物监管和税收征管职能情况进行了初步的审计。审计共查出违反国家规定扩大减免税范围、越权减免税收和财务收支管理不合法、不规范等问题14207万元，影响中央财政收入249万元。同时，还对群众举报海关总署设立“小金库”问题进行了专题审计，查证落实了其转移经费存款利息3817万元，设立“小金库”，用于发放职工福利补贴的问题。

对国家出入境检验检疫局预算执行情况的审计，结合其在机构改革中刚刚进行机构合并，实现“三检合一”的特点，以及国家对其实行“核定收支、定额上缴、增收节支留用，减收超支不补”的财务管理体制，将机构改革中的国有资产保全情况和贯彻落实国家关于预算外资金实行“收支两条线”管理规定的情况作为审计重点，对原国家商品检验局和原国家动植物检疫局1998年度的财务收支账目进行了重点审计（原国家卫生检疫局账目，因中纪委正在进行专案审查，未能审计），共查出应上缴财政部预算外专户的资金不足额上缴、应上缴中央预算的资金不及时上缴，以及财务收支管理不合法、不规范等问题50458万元，影响中央财政收入14653万元。

审计中发现海关总署和国家出入境检验检疫局都不同程度地存在着往来款项数额大、时间长、清理不及时的问题，存在财务管理、会计核算不规范的问题。对此，海关审计局从加强和改善财务管理、建立健全内部控制制度、规范财政财务收支行为等方面提出了审计建议。

专项审计工作　按照审计署的统一部署，参加了教育经费的专项审计工作，对北京体育大学校级财务收支进行了全面审计，并有重点地延伸审计了北京体育大学附属竞技体校、出版社和北体宾馆三个下属单位的财务收支情况，查出违反《高等学校财务制度》规定，各项收入未全部纳入学校预算统一管理，收支不实等问题1248万元，占该校上报收入总额的30%。

按照署领导批示，根据群众举报，对原国家动植物检疫局开设账外资金存款账户，涉嫌个人贪污、受贿的问题进行了专项审计调查，摸清了该账户的基本情况，并向署领导作出了专题报告。

此外，海关审计局还按照领导指示，抽调一名同志参加中纪委专案组工作，对原国家卫生检疫局的有关问题进行了专案审查，历时半年，圆满地完成了任务。

自定审计项目审计工作　围绕预算执行审计，组织和开展对国家出入境检验检疫局机关服务中心审计，不仅全面审计了该中心的财务收支情况，还延伸审计了其下属的2个单位，共查出各种违纪、违规问题15项，金额648万元，为1999年度的预算执行审计打下了一定的基础。

调查研究和信息反馈工作　围绕全署的重点工作，利用常驻海关总署和国家出入境检验检疫局的有利条件，做好对有关重点敏感问题的调查研究和信息反馈工作：一是，为了配合做好关税审计工作，研究、探索深化关税审计的方法和途径，对全国海关系统打击走私斗争的形势和走私犯罪的特点进行了专项调查，对关税审计工作中如何审查和揭露走私犯罪问题进行了研究，作出了专题调研报告；二是，及时了解和掌握海关系统税收征管、进出口货物监管、打击走私等工作动态，编辑成《海关信息摘报》，供署领导参考。

队伍建设和基础工作　围绕审计工作中心，以组织建设、作风建设和基础建设为重点，提高队伍的政治业务素质：一是，加强政治理论学习和廉政纪律教育，提高全体同志的政治理论水平，增强自觉遵守政治纪律和廉政纪律的自觉性。特别是在“三讲”教育活动中，全体同志认真学习“三讲”教育文件，进行了深刻的自我剖析，并通过广泛、认真的批评和自我批评，提高了认识，找到了差距，明确了努力方向，并结合实际制定了具体的整改措施；二是，注重加强基础工作。首先是建立健全内部工作制度，研究制定了《海关审计局内部管理工作若干规定》，明确了工作职责、程序和规范，规定了廉政纪律、考勤制度以及档案管理制度等基本工作制度，为完成审计工作任务打下了良好的基础。其次是加强与驻在部门的业务联系，初步建立了财务报表报送制度，并与海关办公自动化系统实现了联网，对于及时了解和掌握驻在部门的财务收支情况和工作动态，有的放矢地开展审计监督工作发挥了一定的积极作用。三是，注重抓业务素质锻炼，鼓励学习业务和研究问题。在经常组织集中学习的同时，强调平时的自觉学习。全局同志的学习风气较浓，业务素质和工作能力都得到了一定的提高。

【经济执法审计局】　经济执法审计局组建于1998年10月，编制7人，现有人员7人（两名交流干部），设立两个处。局领导成员

副局长：李　钦（主持工作）

审计工作综述　1999年，共完成审计项目6个。在对国家工商行政管理局、国家质量技术监督局1998年度预算执行审计中，揭露和查处了未及时上缴财政收入、漏交税金、挤占挪用事业费、将预算内资金转移到预算外等问题，在对中国工商报社、工商出版社、中国计量学院、中国计量科学研究院1998年度财务收支审计中，查处了个别单位设立账外账、漏交税金、财务管理混乱等违纪违规的问题。

财政财务收支审计　在对国家工商行政管理局、国家质量技术监督局1998年度预算执行审计中，按照朱镕基总理“全面审计，突出重点，注意发现大案要案线索”的指示精神和署党组的要求，在调查研究、摸清情况的

前提下，认真编制了审计方案。审计方案在审计对象的确定上，坚持对国家局、局机关和局基建财务分别进行全面审计，而对一级预算的国家财务实施重点审计。在审计内容上，坚持对所有预算资金的拨入拨出和局本级使用预算资金情况进行全面审计，对资金量较大、流向有疑点的资金实施重点审计；坚持对预算内外的规费收缴情况进行全面审计，对是否全面实行“收支两条线”及应缴预算收入实施重点审计。在审计方法上，坚持从账户入手，对财政资金的分配情况进行全面审计，对资金流入单位的使用情况进行重点审计。在审计力量的安排上，按照预算资金的内容，由审计组进行全面审计，对重要审计事项则落实到人实施重点审计。同时，审计人员还采取了五条措施以确保预算执行审计工作的顺利实施：一是坚决按照审计方案确立的方针开展工作；二是根据每个同志的特点进行了分工，安排每个同志负责相对熟悉的业务工作；三是每个人必须就自己负责的审计内容向项目负责人提交审计结果报告，供项目负责人在撰写审计报告时采用；四是向署有关部门咨询，取得他们的支持和帮助；五是每周集体研究一次工作，交流情况，协调进度，共同分析疑点、难点、取得共识。由于准备工作充分，措施有力，揭露和查处了两个国家局未及时上缴财政收入、漏交税金、挤占挪用事业费、将预算内资金转移到预算外等问题，做到了“初战告捷”。

在随后进行的4个财务收支审计项目中，较为复杂的是对中国工商报社的审计。该社除会计基础工作差，存在账表、账账、账实不符等问题外，还有设立账外账、公款私存、违规出借资金、投资损失、对下属单位监管不力、存在潜亏和连带责任隐患等问题。

根据署领导关于“审深、审细、审透、出精品”的要求，坚持对报社及其在京下属单位的财务收支进行全面审计，对收入未入账问题则实施重点审计；对报社资金流向进行全面审计，通过追索资金流向，对违规大量出借资金、投资损失等问题进行重点审计。对报社在京外的下属单位主要采取审计调查的形式，了解报社对其投资和资金往来、损益情况等。对报社未能反映的收支情况我们坚持全面审计的要求，紧追不放。共揭露报社收入未入账、私设“小金库”、公款私存、或有损失、财务核算不规范、兼职取酬、违规出借资金、对下属单位监管不力等8个方面的问题，做出了审计决定和审计意见书。审计结果不但得到被审计单位的认同，还引起了国家工商局领导的重视，从局机关纪检、财务工作部门派出人员，协助报社进行整改。全年6个审计项目共查处违纪金额2873．64万元，其中上缴财政资金964．05万元，追还被挪用资金1841．83万元，追缴税金67．76万元。

队伍建设　1999年，全局根据署党组的统一部署，认真开展了以“讲学习、讲政治、讲正气”为主要内容的党性党风教育。在学习内容上，凡是署机关党委和“三讲办”要求学习的文件，都组织了认真的学习；在学习范围上，不仅组织党员学，还组织全体同志学；在学习时间上，集中学和个人自学相结合，审计工作稍微空闲时集中学，审计工作紧张时挤时间学。在此基础上，针对查找出来的共性的和具体的问题，制定了整改措施。在第四季度，该局又按署党组的要求，对整改措施进行了完善和修订，将责任、完成时限落实到人。

廉政建设　根据署机关党委的要求，结合实际情况，制定了廉政建设责任制度。规定在实施审计过程中，不参加被审计单位的宴请，不接受被审计单位馈赠的礼品，不准利用审计监督的权力为个人谋私利。每个审计项目结束时，主动向被审计单位征求审计组遵守廉政纪律的意见，并向他们公布审计署举报中心的电话。由于本局廉政建设工作抓得紧，要求严，大家能够自觉遵章守纪，全年没有发生违规违纪行为，审计队伍建设取得了较好成绩。

审计工作经验　1.正确理解和把握朱总理关于“全面审计，突出重点，注意发现大案要案线索”的指示精神，处理好“全面审计，突出重点”与“注意发现大案要案”的辩证关系。在学习总理指示精神的同时，还认真学习了李金华审计长自1998年8月良乡会议以来关于派出审计局工作的多次重要讲话，把同志们的思想统一到署党组提出的“用三年的时间，规范一级预算单位的财政财务收支行为”这一个目标上来，使同志们认识到署党组的要求与总理对审计工作的要求是一致的，是贯彻党的十五大提出的依法治国伟大方略的重要环节。一年来，全局始终坚持了这一指导思想，在审计工作实践中，将规范被审计单位的财政财务收支行为作为最终的工作目标，既坚持全面审计、突出重点，又坚持规范被审计单位的财政财务收支行为，加大了审计执法力度。2.抓好业务学习，不断更新知识。一年来，在工作忙、时间紧的情况下，坚持了业务学习制度，工作忙时挤时间学，工作空闲时集中学，遇到问题时及时学。既学习审计理论，也学习审计案例，通过讨论交流，起到了相互促进、提高的作用。为做到理论与实践相结合，让每位同志都有锻炼的机会，在去年完成的6个审计项目中，安排大家轮流担任项目主审，负责编制审计方案、组织实施、提交审计报告等重要工作。3.与被审计单位及时沟通，取得被审计单位对审计工作的理解和支持，推动被审计单位的财务管理工作走向规范化。派出审计局除了完成每年一度的预算执行审计这一中心任务和其他财务收支审计外，还要加强与被审计单位的沟通，取得被审计单位的理解和尊重，形成“互动”关系，推动被审计单位规范其内部管理，建立严格、科学的内部控制制度，派出审计局才能真正做到“守土有责，确保一方平安”。4. 制定必要的管理制度，严格管理，严格要求。本局在组建后不久就起草制定了《工作规则》，对工作人员岗位责任、会议和学习制度、文书档案管理、保密工作、考核考勤等方面做了具体规定。由于去年审计任务重和进行“三讲”教育，没有安排同志休假，有时还要加班，但在执行考勤制度上仍然一丝不苟。

【新闻通讯审计局】 新闻通讯审计局组建于1998年10月，编制8人。到1999年底实有人数6人。内设两个处，一处主要负责对国家广播电影电视总局的审计，二处主要负责对新华通讯社、新闻出版署的审计。

主要职责和任务 新闻通讯审计局在审计署的直接领导下，对国家广播电影电视总局、新华通讯社、新闻出版署本级及其在京直属单位财政财务收支的真实、合法和效益进行审计监督；对上述三个部门管理系统内部控制制度的建立、健全及执行情况进行监督检查；向审计署报告审计发现的重大问题，以及部门在财政财务、经济管理中的新情况和新问题；参加审计署统一组织的专项审计和审计调查；完成审计署交办的其他事项。

局领导成员

局长：贾文英

工作综述 1999年，新闻通讯审计局在署党组的正确领导下，全局同志同心协力、勤奋工作、开拓进取，克服了人员少、时间紧、工作量大等困难，圆满完成了各项审计任务。同时，其他相关工作也上了一个新的台阶。

高标准、严要求、做好审计工作 新闻通讯审计局1999年主要开展了四项审计工作，审计总金额1 168 240万元，查出违纪金额人民币204 605万元、港币15 681万元、美元17万元、日元900万元。在审计过程中，大家以对审计事业高度负责的精神，工作上高标准、严要求，每个问题都反复落实、每份报告都反复修改，力求做到事实清楚、证据确凿、定性准确、处理得当。在对中央电视台审计期间，正遇上罕见的高温天气，为了查清问题，审计组成员先后四十多次到有关部门调查核实。由于大家的努力，审计工作取得了较好的成果，查出的问题在被审计单位引起强烈反响，提出的建议受到被审计单位领导及有关部门的重视和好评。1、完成了对国家广播电影电视总局（简称广电总局）1998年度预算执行情况审计。查出广电总局及下属单位将预算资金转移到账外、预算外资金未纳入财政专户管理、违反规定乱收费、给外商高额回报、动用巨额资金租赁和装修办公用房、账户设置过多以及行政经费挤占事业费等问题。中央卫星电视传播中心（简称“传播中心”）是广电总局直属事业单位，1995年开始与香港某公司合资建设卫星收视网络，审计组发现：在合资过程中，香港某公司只支付了第一笔投资款7 500万元，而未按合同规定支付全部投资款、也未交付滞纳金，却已从传播中心分得利润2 500万元；1998年10月，该香港公司要求提前终止合同，传播中心决定除归还其投资款外，另给予7 300万元的回报，其中利息4 300万元，利润分成3 000万元（按10年计算）。针对传播中心在香港某公司没有履行合同的情况下仍给予高额回报的问题，审计组及时提出了处理意见，防止了国有资金的流失，维护了国家利益。2、完成了对新闻出版署1998年度预算执行情况审计。查出新闻出版署及下属单位擅自设立基金、乱收费及外事服务收入未按规定比例上交财政等十一个问题。如新闻出版条码中心未经财政部、国家计委批准，1998年在全国收取条码费用495万元，审计组作出了将条码收入上交财政以及条码中心应按国家规定立即补办有关手续的处理决定，维护了国家财经纪律的严肃性。3、完成了对中国新闻学院1998年度财务收支审计。查出该院收取的学杂费等未按规定上交财政专户、发放的奖金报酬漏交个人所得税以及会计报表账实不符等问题。4、完成了对中央电视台1997年至1998年度财务收支审计。查出中央电视台在广告收入、对外投资、外汇存放、影视基地国有资产管理及创收等方面存在的严重问题。中央电视台分党组对审计查出的问题非常重视，多次进行认真讨论，并表示“有错必纠、知错即改”，在今后的工作中要强化管理，“建章立制、依法理财”。目前，有关问题正在处理中。

严格执法、注意发现大案要案线索 在审计过程中，新闻通讯审计局特别强调严格执法，站在国家立场上，依法审计、依法处理，坚决维护国家法律的尊严。大家一致认为：执法必严、违法必纠，是审计工作的基本要求，是审计质量的保证，也只有严格执法，才能真正树立审计的威信。如在对广电总局1998年预算执行情况审计过程中，针对总局工会给职工发伙食补贴、各司局分工会设立的13个银行账户开支较乱等问题，审计组作出了补交个人所得税和撤消分工会账户的处理决定，在广电总局上下引起很大震动，扩大了审计的影响，提高了审计部门的威信。在审计财政财务收支真实性的同时，新闻通讯审计局十分注意发现大案要案线索，揭露和查处重大违法违纪问题。中央电视台是全局1999年审计的重点单位之一，在长达六个月的审计时间里，大家克服了重重困难和压力，加班加点，做了大量的调查取证工作，甚至在受到恐吓的情

况下，大家仍然毫不畏惧，对发现的大案要案线索，坚决追查到底。同时，审计组还注意及时整理材料向署领导和有关部门汇报，在对中央电视台审计期间，审计组共写了6个专题报告。如在对中国电视剧制作中心进行延伸审计时，群众举报该中心计财处副处长挪用公款3 500万元，审计组立即组织力量进行重点审计，在经过大量调查取证的基础上，写出专题材料向署领导汇报，并根据署领导指示整理出《审计要情》。1999年第53号《审计要情》反映后，朱总理、李岚清、丁关根同志以及广电总局领导均作重要批示，中央电视台也及时作出了处理决定。截至到2000年2月，被挪用的公款已追回2 068万元，为国家及时挽回了损失。

加强队伍建设　新闻通讯审计局十分重视队伍建设，按照朱总理关于“从严治理审计队伍”的要求，把提高审计队伍的政治素质和业务素质摆在突出重要的位置。1. 加强政治思想教育。通过组织全体干部认真学习邓小平理论和党的方针政策，提高大家的政策理论水平和认识问题、分析问题、解决问题的能力；通过“三讲”教育，增强全体干部改造世界观、加强党性修养的自觉性，提高队伍的政治素质，促进严格审计执法；通过参加庆祝建国50周年、迎澳门回归、迎新千年等活动，激发大家的爱国热情和工作干劲，使大家以饱满的热情更加勤奋地投入工作。2. 组织业务学习。利用审计间隙，组织大家学习有关法规制度，请有经验的同志给大家讲解与审计相关的科学知识和实际操作技能，提高大家的业务水平；组织参观新华社工作流程，学习先进的管理技术；安排人员参加审计署组织的相关培训等。3. 做好审前准备。为了提高工作效率，实施审计之前，新闻通讯审计局先组织对被审单位进行审前调查，以便理清思路，制定具体审计方案，确定审计的目的、范围、内容、重点、实施步骤、人员分工和要求。审计方案要求做到全面、完整、有针对性和可操作性。4. 注意提高干部综合能力。新闻通讯审计局非常注意干部综合能力的培养。审计工作开展前，要求主审人员写出审计方案；审计结束时，要求各人对所负责审计项目的基本情况、查出的问题及处理意见写出专题报告；预算执行审计结束后，要求各处认真总结各自所管辖部门的特点，写出工作体会；参加各种会议，要求参加者写出汇报材料。5. 加强廉政建设。新闻通讯审计局要求全体干部在平时工作中注意廉洁自律，严格执行《审计组廉政责任的若干规定》。如在中央电视台审计期间，由于电视台职工较多，食堂比较拥挤，电视台曾提出给专门安排一个吃饭的地方，但被审计组谢绝了，大家与电视台职工一样排队吃饭，自觉树立审计工作者的良好形象。6. 积极开展批评与自我批评，树立良好的局风。局领导带头，通过开展谈心和召开民主生活会等活动，加深了解，沟通思想，及时发现问题、解决问题。

摸清家底，为今后工作打好基础　在做好财政财务收支审计的同时，新闻通讯审计局还制定调查方案、发放调查表，对被审计对象进行调查摸底，对其中规模较大、资金量较多的单位还进行了实地走访。到目前为止，已基本掌握了被审计对象的财政财务收支情况、内设机构人员情况、在金融机构开设账户情况以及直属企事业单位基本情况，并建立了审计资料库，为今后审计工作打下了良好基础。

建章建制，规范管理　新闻通讯审计局自成立以来，制定了一系列规章制度，主要包括：党风廉政建设责任制度；年度考核制度；审计项目责任制度；保密制度；处室职责、职位职责；会议制度；大事记工作报告制度；公文审批、催办、管理制度；计算机及办公设备管理制度。目前各项工作正逐步走向规范化、制度化。

【旅游侨务审计局】　1999年旅游侨务审计局内设2个处，编制7人，实有5人。主要职责为：对国家旅游局、国务院侨办和国务院港澳办及其在京直属单位财政、财务收支的真实、合法和效益进行审计监督；监督检查上述三个部门及其管辖系统的内控制度情况，推动其内部审计工作的开展；参加审计署统一组织的专项审计和审计调查；及时向审计署报告审计发现的重大问题；完成审计署交办的其他事项。

局领导成员

局长：厉培明

审计工作成果　全年共完成4个审计项目，查出违反财经法纪金额2.55亿元，其中做出处理处罚的3013万元，明确要求纠正的2.2亿元，应归还原渠道资金100万元，向高检院移交案件一项。同时还参与了署有关部门组织的3个审计项目。1. 认真落实朱总理关于抓大案要案线索的指示精神。根据署关于1998年预算执行情况审计总体部署的要求，审前认真学习朱总理关于审计工作的重要指示精神，正确认识真实、合法、效益三者之间的关系，明确职责，理清思路，转变观念。同时搞好审前调查，学习掌握有关的法律法规，引导大家用攻坚的精神和态度参加审计。由于准备工作比较充分，大家憋足了一股劲，团结协作，加班加点，在较短的时间里，查破了中国国际旅游信托投资公司原董事长炒卖国债私分收益一案。为进一步查清案情，4月份又会同中纪委、高检院和旅游局监察局，以审计的名义深入调查了该公司深圳分公司存款1000万美元的情况，查出了以假存实贷方式搞账外经营，违规获息252万元，设立小金库等问题。国务院领导对此十分重视，朱总理亲自批示，高检院很快立案侦察，使国家旅游局上下受到了很大震动。2．把摸清家底的工作摆在突出的位置。根据署领导的要求，在对国家旅游局和国务院侨办的审计中，始终把摸清这两个部门一级预算单位的家底作为重要的工作，通过核实他们的财政财务收支，了解掌握这两个部门银行开户情况、各项资金的来源及规模、各项预算外资金收入及支出情况、内控制度的设立和执行情况、以前年度滚存结余资金和与财政财务收支相关的业务活动情况。通过审计发现，国家旅游局存在着“留成基金”账内核算内容繁多、账目不清，质量保证金没有按规定进行专户存储，且实有存款余额大于账面余额近300万元；固定资产管理比较混乱；经费报销审核手续不严、会计核算不规范等问题。侨办存在将政治特别费从预算内转到预算外；未将从港中旅上交的利润中提取形成的“党组经费”纳入预算管理；以及将外派干部购房款和部分基建资金存入银行生息等问题。针对这些问题，进行深入了解，摸清了原因，有的属于历史遗留问题，有的属于制度不健全管理混乱所致。如不加强监管，很容易引发重大问题。为此，按照署统一制定的处理原则，根据这两个部门的具体情况，依据有关财政财务法规作出了处理。从两个部门反馈的审计决定（意见）的执行情况看，这些问题引起了领导的重视，并都采取切实措施进行了改正。国家旅游局把审计反映的问题作为“三讲”教育的重要内容，计财司还专门写出了整改措施。在五月份总结预算执行审计工作时，旅游侨务审计局针对这两个部门的问题，分析确定了需要重点把握的20个控制点，列入今后经常性审计的计划。3．重视抓审计质量，减少审计风险。根据李审计长提出的派出局今后工作的目标，旅游侨务审计局始终把确保一级预算单位不发生问题、二级预算单位不发生大的问题作为检验工作质量的标准，力争做到审一个单位就要审深审透，不留后患。比如在审计北京第二外国语学院时，发现该校基建资金管理混乱，校办企业问题很多，群众意见很大。由于时间紧人员少，按署统一规定的时间要求不可能将有关问题全部搞清楚。面上审计结束后，又抓住一些线索进行了深入调查。终于搞清了该校基建办有关人员有意泄露标底、收取回扣1．7万元，雨污水处理及路面恢复工程不按规定作预算、造成严重的损失浪费，以及校办天哲广告公司负责人挪用公款、索贿送贿等问题，并将这些线索移交国家旅游局监察局。国家旅游局领导对此十分重视，马上调整了该校领导班子，并批示旅游局监察局会同北京市纪委进行深入调查。4．认真完成署交办的各项审计任务。1999年4月派出两名同志参加对港中旅集团的审计调查工作。在一个多月的工作中这两位同志克服困难，加班加点，出色地完成了任务，受到了署办公厅的通报表彰。10月，在自身工作繁忙的情况下，又派出两名同志参加行政事业司组织的对宋庆龄基金会的审计工作，这两位同志认真负责，使审计工作取得了突破性的进展，受到了行政事业司的来信表扬。参加国家卫检局专案审计的胡维玉同志排除干扰，积极工作，受到了中纪委有关部门的来信表扬。

以“三讲”教育为重点的思想政治建设效果明显 根据中央的统一部署，在署党组的正确领导下，结合审计工作实际和思想政治建设的需要，把“三讲”教育作为重中之重，贯穿于各项工作之中，认真组织，周密安排，切实解决党性党风方面存在的主要问题。1．深入学习理论，不断提高对“三讲”教育重要意义的认识。审计署“三讲”教育动员会召开后，旅游侨务审计局集中三天时间认真学习了规定的必读书目。为了提高读书质量，采取写读书日志的方式进行交流，并借此检验学习效果。四月下旬，结合传达署“三讲”教育座谈会精神，学习了江泽民主席和胡锦涛同志的重要讲话。“七一”前又专门安排时间学习了李审计长的重要讲话和署党组的阶段总结。整个教育过程中，始终把学习摆在重要的位置。通过学习提高认识，自觉对照检查深挖思想根源，增强了党性观念，收到了很好的效果。2．充分发动群众，广泛征求意见，切实找准问题。“三讲”教育进入自我剖析阶段后，一方面动员大家给署党组和党组成员提意见，并写出评议意见，另一方面局领导采取个别谈心、填写评议表的方式，广泛听取群众意见，写出剖析材料报署联络组，经过两上两下，群众对司处级领导干部的满意率达到了百分之百。3．认真开展批评与自我批评，确保不走过场。在召开民主生活会前，全局同志共同学习了党的三代领导人关于开展批评和自我批评的一系列重要论述，并写出发言提纲，会上大家贯彻整风精神，敞开思想，敢于亮相，敢于揭短，敢讲真话，不怕得罪人。领导带头摆现象，挖根源，使每个同志受到了一次深刻的党性党风教育。看清了自身存在的问题，明确了今后的努力方向。4．认真进行整改，巩固教育成果。通过查摆剖析，大家找到了自己存在的主要问题，全局同志共同研究，制定了整改措施。即抓学习，开展写读书日志活动；抓形象，加强精神文明建设；抓作风，树立良好的风气；抓凝聚力，增强全局的团结。

基础建设稳步发展 按照朱总理“从严治理审计队伍”的要求，根据李审计长关于加强“人、法、技”建设的要求，把提高人员素质摆在重要的位置，着重从队伍建设上夯实基础，全年着重抓了四项工作。一是抓业绩写实，严格各项考核制度。把学习情况列入业绩写实，避免了年终述职谈工作实，讲学习虚的

现象。二是抓制度建设。在组建初期制定文书管理及保密、办公设施、印章使用管理、请示汇报、请销假、财务管理及经费报销以及局处工作职责的基础上，根据工作实际，又建立了两个基本制度。一是关于写读书日志的制度；二是为了防范审计风险，提高审计质量，落实署提出的派出局工作目标，制定了审计项目责任制实施办法，努力形成审计人员对所审事项负责，审计组长对所审项目负责，全局对被审单位和署负责的质量监督机制。三是狠抓人员培训，提高业务素质。要提高审计质量，关键靠人。宁肯少审一两个项目，也要抓好人员培训。去年在工作任务繁重的情况下，先后派出四名同志参加了署里和其他有关部门组织的五期培训，其中包括一名同志出国培训外语。此外还采取走出去、请进来的办法，到有关单位请教，请有关方面的专家来局里作辅导。这些工作对于提高干部的素质起到了积极的作用。四是适应形势发展的要求，更新办公设备。为了适应计算机辅助审计的需要，在经费十分紧张的情况下，自己想办法解决办公自动化的问题，用局长基金买了1台新电脑。

【科学工程审计局】 1998年10月正式成立，是审计署派出中国科学院、中国社会科学院和中国工程院的审计机构，现有审计对象105个单位。

机构及人员　编制7人，实有6人，其中研究生1人，本科4人，大专1人；具有中级以上技术职称4人；局内设两个处，一处负责对中国科学院和中国工程院的审计及办公室工作，二处负责对中国社会科学院进行审计。

主要职责　根据审计署确定的工作任务，对中国科学院、中国社会科学院和中国工程院（以下简称“三院”）及其在京下属单位的财政财务收支的真实、合法、效益进行审计监督；参加审计署组织的专项审计和审计调查；监督、检查“三院”及其在京下属单位的内控制度；推动“三院”内部审计工作的开展；及时向审计署报告审计中发现的重大问题，以及“三院”在财政财务、经济管理工作中的新情况和新问题；按照审计署的要求报送有关报告；完成审计署交办的其他事项。

局领导成员

副局长：李季泽（主持工作）

审计工作　自1998年10月至1999年12月，科学工程审计局认真贯彻落实朱总理关于“全面审计，突出重点，注意发现大案要案线索”和署党组关于进一步加强依法审计指示精神，认真履行审计监督职责，团结协作，共查出各类违纪金额65889万元（含追溯以前年度违纪资金），其中应上缴财政388万元，已上缴财政388万元。向检察机关及纪检部门移送10人。通过审计，树立了审计权威，维护了审计部门的形象，不仅《审计决定》得到了全面落实，同时通过切实可行的审计建议，改进了被审计单位的财务管理工作，被审计单位开始逐步做到了认识审计、理解审计并支持审计。

预算执行审计　1999年对中国社会科学院和中国工程院1998年度预算执行情况进行了审计，共查出各类违纪金额6478万元（含追溯以前年度违纪资金），其中应上缴财政47万元，已上缴财政47万元。审计中发现的主要问题是挤占、挪用事业费搞经营，私设“小金库”，将财政拨款用于搞定期存款，违规进行高息存款，收入不及时入账等。

在对中国社会科学院进行审计中，在多数单位忽视对现金进行实地盘查的情况下，采取突击盘点的方法，查出私设“小金库”的问题，署有关领导肯定了该局“严细认真”的精神。

国债审计　1999年对中国科学院1998年收到的国债专项资金截止到1999年8月底的使用情况进行了审计，共查出各类违纪金额29702万元。其主要问题是项目安排滞后，资金滞留；资金脱离专户管理，用于搞定期存款；虚报工程进度，虚列国债支出；项目配套资金不到位。在指出问题的同时，提出了有益的建议，得到了财政司的肯定。

高校审计　1999年对中国科学院所属的中国科学技术大学1998年度财务收支进行了审计，共查出各类违纪金额29709万元（含追溯以前年度违纪资金），其中应上缴财政356万元，已上缴财政356万元。审计中发现的主要问题是虚列、挤占、挪用专款；私设“小金库”；违纪搞计划外自筹基建项目，挤占、挪用专款和计划内资金作为自筹基建资金和计划外工程建设，虚列基建支出；隐瞒收入；自定收费项目和无证乱收费；违反规定招生并收取学费等。

对中国科学技术大学的审计，不仅有利于该校规范财务制度，而且在我局上下沟通情况的努力下，中国科学院向全院系统通报批评了中科大违反财经法规的行为，在全院起到了教育作用。《中国审计报》报道了中科院不护短的做法。

审计实践　1999年科学工程审计局在审计中试行了承诺制，并对中国社会科学院和中国工程院不履行“声明书”所承诺的行为，在《审计决定》中对单位给予了“警告”。

队伍建设　在加强审计工作的同时，不放松队伍的建设。一是加强政治理论学习。在1999年开展的“三讲”教育中，通过政治理论的学习，明确了讲政治在审计中主要表现为依法履行职责，贯彻总理指示，不折不扣地落实署党组的决定；讲正气就是要在审计中做到廉洁，“多长硬骨头”，敢于碰硬，对违反工作纪律的行为要敢于批评，要形成良好的局风。思想觉悟的普遍提高，激发大家在工作中有一种敬业、奉献精神，多次加班加点，受到了有关领导的表扬，党员张波同志还被署机关党委评为“优秀共产党员”。二是与审计实践相结合，注重审计理论和法律知识的学习，不断提高全局同志的业务能力。三是适应现代审计工作发展的需要，加强计算机和外语的学习。做到人人都会熟练运用计算机，并有3人通过了署计算机中心的考试，有3人通过了署培训中心组织的英语水平考试。四是加强廉政建设，制定了廉政制度。在审计工作中多次婉拒了被审计单位的好意，树立了审计人员清正廉洁的好形象。五是注重队伍的培养。培养了3名入党积极分子，其中2名参加了署机关党委组织的培训班。

【地震气象审计局】 地震气象审计局成立于1998年9月，编制7人，1999年实有5人。局内设审计一处和审计二处两个职能机构，审计一处以审计业务工作为主，审计二处以综合工作为主。

局领导成员

副局长：杨文忠（主持工作）

刘英来

审计工作成果　地震气象审计局1999年共完成项目审计6项，其中署定项目4项，自定项目2项，完成专项审计调查1项，审计共查出各类违纪违规资金总额9332万元。

贯彻落实朱总理关于审计工作指示　1999年，地震气象审计局采取三项具体措施贯彻落实朱总理关于“全面审计，突出重点，查处大案要案线索”的指示精神。一是通过对全国审计工作会议精神的全面学习，深刻理解全面审计、突出重点和查处大案要案的重要意义，正确处理好全面审计和突出重点的关系，正确处理好完成常规审计任务和查处大案要案的关系。二是增强查处大案要案思想意识，要带着发现大案要案的主动意识去开展具体审计工作，注意从宏观经济管理的角度去分析审计发现具体财政财务收支中违纪违规问题产生的根源及造成的危害，进而研究解决这些问题的有效途径和具体措施。三是发现大案要案线索要及时向署主管领导报告，以便采取有效措施，集中人力、集中时间进行查处。

中央预算执行审计　1999年1月5日至3月20日，地震气象审计局先后对中国地震局、中国气象局两个部门1998年度预算执行情况进行了就地审计。共审计一级预算单位2个，二级预算单位5个，基层财务单位7个，审计查证所涉及单位8个。审计查出违反规定出借财政资金、漏缴营业税及附加、漏缴个人所得税、坐支现金、报销不符合规定的发票、违反会计制度处理会计账务、科研成本管理混乱和以会议费名义报销其他支出等七个方面违反财经法规问题，违纪违规金额1358万元，需要追回的财政资金598万元，已经追回295万元。

财务收支审计工作　1999年，地震气象审计局先后完成了对中国气象局所属的成都气象学院和中国地震局所属的北京市地震局两个单位1998年财务收支的审计工作，延伸审计两个单位所属二级事业单位和兴办的经济实体6个。审计查出成都气象学院955万元收入脱离预算管理，582万元个人收入未缴纳个人所得税，欠缴房产税、营业税30万元，报销作废发票22万元，各类资产账实不符3000多万元等问题，违纪违规资金总额4589万元。审计查出北京市地震局1335万元财务收支不列年度决算，账外管理，30余万元事业收入不作收入确认，违反规定进行财务支出，报销不符合规定的发票424万元，65万元个人收入没有交纳个人所得税，国有资产管理混乱等问题，违纪违规资金总额2731万元。

国债专项资金审计　1999年10月21日至11月20日，地震气象审计局先后对中国气象局负责的“新一代天气雷达网系统建设项目”和“信息网络分系统（9210扩展工程）项目”，中国地震局负责的“首都圈防震减灾示范区工程”、“中国地壳运动观测网络工程”等的四个国债专项资金建设项目的资金安排拨付使用情况进行了审计，审计国债资金总额56000万元。

实施审计中，从资金运动源头入手，首先审计了中国气象局和中国地震局两个国债建设项目的主管部门，然后审计了中国气象局的重点工程办公室、中国地震局首都圈防震减灾示范区工程管理中心和中国地壳运动观测网络工程中心三个项目法人单位，本着全面审计，突出重点的原则，延伸审计了8个具体项目建设单位。在审计方法上，采取了分环节、抓重点的审计方式，将国债资金的运行分为资金分配、资金拨付和资金使用三个环节。在对每一环节的资金总体运行情况进行全面了解的基础上，选择各环节的重点单位和重点收支内容进行深入细致的审计，收到了良好的审计效果。通过审计，查出中国气象局重点工程办违反规定存储国债专项资金20000万元、挪用国债专项资金500万元、滞留国债专项资金20000万元以及财务管理不规范等一系列问题。查出中国地震局首都圈防震减灾示范区工程管理中心将25000万元国债专项资金存为定期存款，9000万元配套资金未及时到位，沉淀国债专项资金15000万元；中国地壳运动观测网络工程中心违反规定转存国债资金600万元以及预付工程款未取得合法票据，报销不符合规定发票等问题。

科研课题经费审计调查　针对预算执行中发现科研事业单位课题经费管理较乱的情况，1999年地震气象审计局对中国地震局所属的七个科研事业单位科研课题经费管理使用情况进行了专题审计调查。为保证调查效果，制定了详细的审计调查方案和专门调查表格。在对七个单位普遍发表进行调查的基础上，先后深入中国地震局工程力学研究所、地球物理研究所和地震研究所等三个重点科研单位进行了实地调查，通过听取情况介绍、科研项目考察、召开科研人员座谈会议和对有代表性的重点课题经费使用情况进行详细解剖等工作，比较全面而具体地了解和掌握了中国地震局系统科研课题经费管理使用方面存在的主要问题，有针对性地提出了加强课题经费和课题项目管理的建议和意见，收到了比较好的调研成果。

开展“三讲”教育　1999年，地震气象审计局根据党中央和审计署党组的统一安排，认真开展了以“讲学习、讲政治、讲正气”为主要内容的“三讲”教育活动。通过认真学习规定文件，充分发动群众，广泛发扬民主，严格进行自我剖析，认真开展批评与自我批评，全面进行整改等工作阶段，圆满完成了“三讲”教育各项工作任务。通过“三讲”，全局干部，特别是处以上干部在思想、政治、作风、纪律上都有了明显进步，增强了树立正确理想和信念的自觉性，坚定了建设有中国特色社会主义的决心和信心；增强了政治意识、大局意识和责任意识，提高了正确执行党的路线、方针、政策的坚定性和责任感。

各项基础建设工作　为了实现局内各项管理工作的规范化和制度化，1999年初以来，地震气象审计局从建立健全各项规章制度入手，认真抓了各项基础建设工作。1、建立健全各项规章制度。依据审计署的工作规则及有关规章制度，结合本局工作实际，进行了比较全面的建章建制工作。先后制定工作职责、各级岗位责任制度、学习制度、行政工作管理制度、主审负责制度、工作报告制度、考勤制度、公文管理制度、会议制度、大事记记载制度等规章制度12项，使局内的各项管理工作基本上做到了有章可循。2、完善机构设置，明确职责范围。根据审计署关于内部机构设置的规定，结合本局所承担的工作职责和实有人员的具体情况，初步进行了内部机构建设和职责分工。局内设立两个职能处，审计一处以开展项目审计为主，主要负责全局审计业务的管理和具体实施工作的组织；审计二处以综合管理为主，主要负责局内的各项行政管理和综合工作，同时也参加重要项目的审计工作。根据职责分工，具体制定了各处的岗位责任制，基本做到了分工明确，职责清楚。

地方审计机关工作概况

北京市

【北京市审计工作简述】 截止至1999年底，北京市审计系统共有审计人员945人。在这一年中，全系统认真贯彻审计署提出的“依法审计，服务大局，围绕中心，突出重点，求真务实”的二十字方针，围绕政府的中心工作，加大审计监督力度，在促进经济发展和廉政建设等方面发挥了积极作用。全年共审计883个单位，查出违规金额223.1亿元，其中：决定处理处罚金额39.4亿元，指明要求纠正金额183.7亿元；应上缴财政15.7亿元，已上缴财政11.8亿元，减少财政拨款或补贴2.9亿元，归还原渠道资金0.8亿元，共为国家增收节支19.4亿元（不包括金融审计）。

【北京市审计局】 截止1999年底，北京市审计局共有人员548人。其中，大专以上学历414人，19人获得高级职称，229人获得中级职称。

局领导人员（以年底数为准）

齐国生　沈志德　程显华
赵济荃　张均满　郝树森

法制建设　1.为搞好党政领导干部任期经济责任审计，制定了《北京市区县级以下党政领导干部任期经济责任审计暂行办法》和《北京市国有企业及国有控股企业领导人员任期经济责任审计暂行办法》（以上两个暂行办法已经市委、市政府批准发布执行），并起草了上述两个规定的操作规范；2.对重大审计事项进行复核，对一些法律、法规方面的咨询进行解答；3.全年共编辑《审计法规选编》12期，包括99个文件（其中法律10个，行政法规11个，规章51个，规范性文件27个）；4.开展了执法检查工作，对部分区县审计局和直属分局进行了执法检查，加强了审计工作的合法性、合规性；6.组织全局干部进行了行政复议法、行政执法人员法律基础知识的考试。

同级财政审计　1998年12月至1999年5月对1998年度市级预算执行和其他财政收支进行了审计，主要审计了北京市财政局组织市级预算执行和其他财政收支情况，地税系统组织地方税收征管情况，市国库系统办理市级预算资金的收纳、拨付情况。审计发现的主要问题有：财政部门预留资金数额过大，预算资金结转较大，部分收入未纳入预算，预算收入退库超出国家规定范围，部分财政资金使用不当等；市地税系统对同一行业营业税计税依据不同，欠税管理漏洞较大，混淆入库级次等；市国库系统存在办理国库业务中监督职能弱化，会计核算不规范，延解库封款等。审计查出违规行为为金额1594773万元，应交财政26379万元。1998年度市级预算执行和其他财政收支审计结果得到市领导充分肯定，市长刘淇对审计结果报告作了批示：市财政局认真改进工作，做好明年预算编制工作。

对接受和使用市拨专项资金情况的审计　1999年7月2日至8月23日对门头沟、房山、通州、平谷、大兴等六区县1996年至1998年接受和使用市拨专项资金、结算补助资金情况进行了审计。审计查出的主要问题有：市拨专项资金决算不实，区县财政和主管部门滞留市拨资金、部分专项资金被挪用或配套资金未落实等。查出违规行为金额73733万元，应上缴财政109万元，应归还原渠道1714万元。市长刘淇、副市长翟鸿祥分别对《对门头沟等六区县1996年至1998年接受和使用市拨专项资金等情况的审计报告》作了批示。市长刘淇批示：可以看出改变现有财政体制的必要性。副市长翟鸿祥批示：审计成果显著，专项资金拨付、使用、管理存在的问题审计得清楚，提出的建议很值得财政部门研究改进。

完成临时交办任务　对中兴发集团公司和北京发展（香港）有限公司自设立至1998年末资产、负债、损益情况的审计，对京泰实业（集团）副董事长、总经理郭迎明的离任经济责任审计；参加了对全市的区县政府自定税收返还政策的审计调查；与市财政局共同组织了对财政周转金呆死账的清理检查工作；完成了对市大检办自成立至撤销期间的财务收支审计，对市注册会计师协会自成立至1998年末的财务收支审计。此外，还完成了审计署课题《错弊审计技术与方法——财政部分》的写作任务。

金融审计　1999年根据审计署的统一安排完成了对中国建设银行北京市分行及其所属的24个支行1998年度资产负债损益情况的审计，并抽查了596个贷款单位和分、支行的49个三产企业；完成了市政府交办的对北京证券有限责任公司总经理成燕红同志的任期经济责任审计；完成了对北京市商业银行1999年上半年资产负债损益情况的审计，并延伸审计了18个支行。在对建

设银行北京分行及所属支行资产负债损益审计过程中发现的主要问题有：违规投资，造成损失；以前年度超规模贷款未及时清理，债权不落实；贷款“三查”制度执行不严，贷款管理亟待加强；已交付使用的资产未及时结转固定资产；在递延资产和无形资产中列支固定资产支出；虚列支出，形成账外资产；往来款项清理不及时；定期存款应付利息计提不准；代理业务收入在“其他应付款”挂账；少计资本公积，多计实收资本；银行与所属三产产权关系不明晰，三产无偿占用银行资金、物资等问题。共发现多计、少计收入，多计、少列支出等问题63278万元，应补交各项税费20561．8万元。针对审计发现的问题，已向有关部门提出了意见和建议，有关问题已报审计署统一处理。

工业交通审计　北京市审计局承担北京市近400家国有大中型工业、交通运输、城市公用企业的审计。1999年北京市审计局工业交通审计切实履行审计监督职能，围绕政府中心工作和国企改革的难点开展工作，加大监督执法力度，完成了对北京市公交、地铁、水、气、热等城市公用企业接受和使用财政补贴情况审计；根据市委工业工委提请和市领导的批示开展了对北京技术交流培训中心、北京国际技术合作中心主任白正宇，北京工美集团总公司原总经理王振；印刷集团总公司原总经理林明，北京机电设备招标公司原总经理任夫广等4项离任审计；对8户国有大中型企业1998年末资产、负债、损益情况进行了审计；对北京市重点企业亏损情况进行了审计调查；根据市领导的指示，对北京国际电力开发投资公司1998年末资产负债损益情况进行了初步审计调查；对北京市部分企业使用财政资金情况、增补流动资金情况、使用失业保险基金情况进行了审计调查 。共查出被审计单位违纪问题金额15．05亿元，应上缴财政1056万元，应减少财政补贴1516万元。通过审计和调查，维护了预算法的严肃性，维护了经济秩序。对企业认真管理国有资产，正确进行会计核算，保证财务收支的真实合法起到了促进作用。

《对北京机电工业控股集团公司等5户国有资产授权经营公司情况的调查报告》、《关于北京国际电力开发投资公司1998年末资产负债损益初步调查情况报告》，引起市政府重视，刘淇市长，孟学农、翟鸿祥副市长均作了批示。

商业审计　开展了商业企业财务审计、国有商业企业盘活存量资产情况调查、商业企业信贷资金使用情况调查、以及对北京二商集团、市清真食品公司、华都集团等商业企业接受和使用财政补贴情况的审计等四个审计（调查）项目，共112户，延伸审计258户。此外，完成上级临时交办任务7项。共查出违规行为金额41995万元，应上交财政4448万元，减少财政拨款或补贴3590万元，归还原渠道资金81万元，查出百万元以上违纪违规单位13个。其中，在盘活存量资产情况的审计调查中发现，被调查的5个行业141户国有商业企业实有资产104亿元中，有12．4亿元资产未充分开发利用，占41%。将调查结果上报市政府，引起市领导的高度重视，刘淇等几位市长作了批示。在企业审计中还发现并移交大案要案3件，移送司法机关2件，移送其他部门1件，已经立案3件，已经结案2件，被追究刑事责任2人，受到党纪政纪处分2人。对企业改造、改组、改制、加强管理、提高经济效益起到了积极作用。

外资外贸审计　全年共完成指令性审计68户，包括世行、亚行贷款公正审计，政府外债审计，合资、外贸、旅游企业审计等审计项目。共查出违规行为金额16407万元。审计报告做到如实披露项目发生的问题，促进了项目单位合理、有效地利用国际金融组织贷款和国内配套资金，促进了北京市经济建设的发展。

上报的《1998年度国际金融组织贷援款项目审计情况的报告》引起市政府领导的高度关注，刘淇市长和刘海燕副市长分别作了批示。此外，汪光焘副市长对上报的《市天然气公司第一批球罐安装工期延误》、《地铁复八线万余吨剩余钢材急需处理》、《城市排水公司未履行世行贷款协议》的信息，作了批示。

基本建设审计　完成了建筑施工企业审计、审计署委托的中央直属粮库专项建设资金及建设项目审计和水利项目审计等工作任务。开展了对市属大型施工、房地产开发企业对外长期投资情况调查和商品房价格构成的调查。全年共审计20个单位，查出违规行为金额14．74亿元，其中决定处理处罚金额12．59亿元，指明要求纠正金额2．155亿元，应上缴财政金额10．44亿元，已上缴财政金额10．24亿元，减少财政拨款或补贴2．36亿元，归还原资金渠道2．243亿元，共为国家增收节支12．6亿元。

行政事业审计　完成了对市公安局、市社会劳动保障局、市公安交通管理局、市文化局、市民政局、市科委、市卫生局、市教委、市工商行政管理局等9户一级预算执行单位的审计及社保、教育、农业、环保、国庆经费、专项募集赈灾资金福利彩票7项专项资金的审计以及对市高级人民法院、市高级人民检察院的审计。共审计、延伸审计197户，审计资金量135亿元，查出违规金额6．5亿元。向国家审计署和北京市人民政府提交了养老保险基金审计情况、专项募集赈灾资金福利彩票审计情况、环保资金审计情况、国庆经费审计情况及对市高级人民法院和市高级人民检察院的审计报告，共8份。

刘淇市长、翟鸿祥副市长对市审计局上报的《北京市审计局关于北京市新技术开发区政策性资金返还管理使用及建设发展情况的审计报告》、《北京市审计局关于北京市农村社会保险办公室管理农村社会养老保险金审计情况的报告》均作了批示，要求主管部门拿出解决的办法。

【北京市东城区审计局】 1999年，共有干部职工62人，其中研究生1人，大学本科生14人，大专生30人。局长1人，副局长2人。

审计工作成果　开展各类审计项目122个，超额53%完成全年计划任务。共查出违纪行为金额34342万元，其中决定处理处罚金额3277万元，指明要求纠正金额31065万元。应上缴财政1171万元，已上缴财政920万元。向区委、区政府、市审计局上报审计报告和审计信息175篇，被各级采用88篇次，区领导批示5篇，对外审计宣传稿件被各种媒体采用9篇次。

为纪念《中华人民共和国审计法》颁布5周年，局长陈红在区政府常务会、区人大常委会上宣讲审计法；组织审计干部和内审人员参加了《审计知识百题竞赛》；举办了《审计专刊》，在本市、区，并向外省协作区宣传审计法和东城15年审计工作成果，让更多的人了解、认识和支持审计工作。

财政性资金审计　对区财政局预算执行情况，地税局税收征管情况及其自身财务收支，区教育局及所属4所学校、区卫生局使用的预算资金，区房地局、工商局等4个单位组织收取的行政事业性收费及区建委等9个单位6395万元财政专项资金拨付、使用、效益情况，教育专项资金、区法院等单位的财务收支进行了审计。发现部分单位在预算外资金管理使用上仍存在家底不清、控制不严，存在账外资产等问题，提出了相应的建议。

重点工程建设资金审计　对平安大街整治拆迁、地铁复八线拆迁工程等7个重点工程项目21亿元建设资金实行了全过程跟踪审计和定期审计。将发现的建设资金不足，不及时和使用不合规等问题以审计专报、快报等形式向区领导反馈，为领导决策提供了信息。并借助社会审计力量，开展了47个基建项目的预决算审计，减少财政拨款和企业自筹基建工程支出3089万元。

社保资金审计　对东城区养老保险金、失业保险金、大病统筹金三项社会保险资金，赈灾福利彩票，下岗职工基本生活保障等资金的收缴、管理、使用情况进行了审计。对个别问题提出了审计意见，强化了社会保障资金的规范化管理。

企业审计　开展了2家区属重点企业董事长的离任经济责任审计，延伸审计11个单位；开展了2户企业资产负债审计，17个区属企业国有资产盘活存量调查，2家出租公司的行业审计调查，针对有些企业会计核算失真，财务管理混乱等问题向区政府进行了专题汇报，为企业改革提供了决策依据。

内部审计　建立了审计协会，加强了对全区内部审计人员的培训、咨询服务、理论研究及专业管理工作。各内审机构共完成审计项目769项，比上年增加14%，纠正违纪金额309万元。

受表彰情况　受审计署系统表彰1次，受市政府、市审计系统表彰6次，受区委、区政府及有关部门表彰9次，共有13人次受到市、区有关部门表彰奖励。

【北京市西城区审计局】 1999年共有干部、职工66人。其中，具有各类专业技术职称63人，占全员的95%；其中中级以上职称45人，初级职称18人；具有大专以上学历48人，占全员的73%，其中本科以上学历18人。局长1人，副局长4人。

审计工作成果　共完成区级预算执行、行政事业单位、企业等审计项目96个。其中预算执行审计3户，延伸审计了36户；行政事业单位财务收支审计47户；企业资产负债损益审计33户；基建竣工决算审计6户；离任审计4户；专项审计3户。完成了8项审计调查。查处各类违规行为金额2.17亿元，应上缴财政金额7624万元，其中罚款7.1万元；已上缴财政金额1889万元；核减工程款、减少财政拨款、直接节约资金1254.3万元。全年共报出信息172篇，简报2篇，其中被市区领导机关采用52篇（次），领导批示7篇（次），较好地发挥了审计机关的职能作用。

内部审计　按照“抓好规范、深入指导、巩固网络、加强培训、服务大局”的工作思路，深入开展工作。通过召开全区审计工作会议，宣传了审计，扩大了影响，增强了各单位领导对开展内部审计工作重要性的认识，进一步推动了全区内部审计工作的深入开展。1999年对内部审计工作的指导、监督上突出开展了“三抓三促”工作，即抓规范、促建设；抓指导、促开展；抓培训、促提高。

社会审计　按照市政府文件和北注协的有关要求，在做好相关准备工作的基础上，集中精力，加强领导，在6月30日前按期完成了审计事务所的脱钩改制工作。

受表彰情况　在建国50周年庆祝活动工作中和在首都欢庆澳门回归祖国活动中作出贡献，分别受到表彰。

【北京市崇文区审计局】 1999年底有干部职工49人，其中：大专以上36人；高级职称2人，中级职称15人；局长1人，副局长2人。

审计工作成果　共完成审计项目65项（包括市审计局、区政府临时交办任务9项）。查出违规行为金额8133万元。应上缴财政金额803万元，已上缴财政金额317万元（对建行的审计结果由审计署统一处理，在此未列

白山市审计局

局长　张广增

局领导班子

白山市审计局坚持"围绕中心、突出重点、服务宏观"的指导思想，深入推行审计调研信息三位一体的工作方针，把建一流班子、带一流队伍、创一流业绩作为建局宗旨，大力加强精神文明建设，努力提高审计事业发展水平。信息宣传工作连续七年被省委办公厅评为先进单位。党建工作连续四年被市委、市直机关党委评为先进基层党组织。1997年"七、一"被市委授予最佳文明单位。1998年被市委、市政府授予精神文明建设标兵单位，被省委、省政府授予精神文明建设先进单位。1999年被市委、市政府授予模范集体，被省委、省政府命名为全省精神文明建设标兵单位；局长、党委书记张广增1997年被国家人事部、审计署授予全国审计机关先进工作者，1998年被市委、市政府授予劳动模范标兵，1999年被市委授予优秀共产党员，被省委、省政府授予吉林省劳动模范，2000年被国务院授予全国先进工作者。

微机室

蓬勃发展的广西卫生审计

广西壮族自治区卫生厅审计处成立于1986年，1996年改制为广西壮族自治区审计厅驻卫生厅审计处。在卫生部审计局、自治区审计厅的大力支持下，广西卫生审计事业蓬勃发展。自治区卫生厅重视发挥审计监督作用，多次召开全区卫生系统内部审计工作会议，认真总结交流工作经验，全面部署审计工作任务。几年来着重抓了几项工作并取得了明显成效：一是建立内审机构和配备内审人员，积极开展审计业务。全系统已建立内审机构84个，56个地、市、县卫生行政管理部门成立了卫生审计领导小组，配备专（兼）职审计人员418名，累计共开展财务收支、卫生材料、药品采购、基建维修、经济责任审计等30多个大项目的专项审计共计1.5万多项，在加强管理、促进提高经济效益、纠正错弊、惩治腐败等方面充分发挥了作用。二是抓好审计业务培训、制度建设和审计规范化的工作。从1993年起，他们坚持每月组织在邕卫生审计人员业务学习一次，每年举办一期卫生审计培训班，共培训地、市、县、乡及自治区直属医疗卫生单位领导、审计、财务人员等3179人次。制定了《广西卫生系统内部审计工作规定》等规范性文件及12份规范性审计表格，提高了审计工作制度化、法制化、规范化水平。三是认真总结和推广先进经验。组织审计人员到外省学习取经，召开各种形式的现场会，大力表彰内部审计先进单住和先进工作者，努力提高审计队伍的整体素质。四是加大审计宣传的力度。1999年，自治区卫生厅、广西卫生系统普法依法治理领导小组以纪念《审计法》颁布五周年为主题，在卫生系统和各有关医疗卫生单位干部职工中开展审计法规有奖知识竞赛，广大干部职工踊跃参加竞赛，取得了很好的效果。同时还举办《审计法》讲座，在报纸上刊登审计专版，出审计版报，编印《广西卫生审计》内刊，开展了形式多样的审计宣传活动。五是营造一个宽松的审计工作环境。卫生厅经常举办审计部门与被审计单位、审计人员与财务人员参加丰富多采的联谊活动，加深了被审计单位对审计工作的了解，融洽了审计与被审计单位的关系，增强审计队伍的凝聚力，激发了审计人员的工作热情，广大卫生审计工作者爱岗敬业，广西卫生审计事业蓬勃发展。

①自治区卫生厅厅长王荣慈和审计署驻卫生部审计局副局长赵自林给广西卫生系统审计先进集体颁奖。

②自治区卫生厅把审计作为一项重要工作，召开全区卫生审计会议，全面部署工作任务。卫生厅厅长王荣慈（左二）、卫生部审计局副局长赵自林（右二）、卫生厅副厅长谭明杰（右一）、区审计厅厅长助理秦武亮处长（左一）在主席台上。

③审计小组讨论审计报告。

④自治区卫生厅领导重视审计工作。图为副厅长谭明杰（左二）听审计处汇报工作。

⑤自治区卫生厅厅长王荣慈为广西卫生系统纪念《审计法》颁布五周年审计法规有奖知识竞赛抽奖。

⑥活跃在广西卫生系统的审计队伍。

严格执法　开拓进取

——乌鲁木齐市审计局风采掠影

局长　王占武

局领导班子研究工作

审计人员在认真工作

乌鲁木齐市的审计工作已经走过16年的历程。16年来，全市广大审计工作者在市委、市政府及上级审计机关的领导下，勇于开拓，积极探索，认真履行《中华人民共和国宪法》和《审计法》所赋予的职责，紧紧围绕党和国家在各个时期的各项方针，政策和乌鲁木齐市经济工作中心开展审计监督，使乌鲁木齐市的审计事业进入了一个新的发展时期，各项审计工作取得了显著成绩。

加强审计工作现代化建设

组织党员、团员缅怀革命先烈，开展革命传统教育

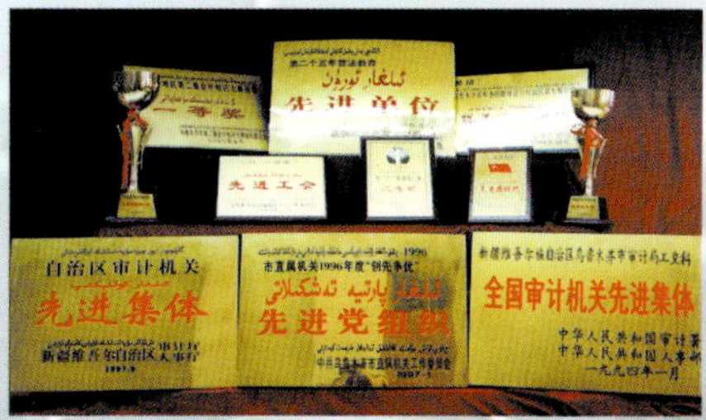

近年来审计局所获得的荣誉

南京审计学院

党委书记、院长　易仁萍

“南审”与韩国监查院签定相互培训协议

美国实用统计代表团来“南审”进行学术座谈

南京审计学院位于南京市汉中门以西，毗邻莫愁湖，是一所培养审计与各类高级经济管理人才的本科院校。校园环境优美，占地140万平方米，校舍建筑面积9万余平方米，教职工近500人，在校学生4000余人。学院现有审计学系、会计学系、财政学系、金融学系、经济学系、管理学系、法政系、基础课教学部、体育教学部、教育技术中心和管理干部学院等教学机构，分别设有审计学、会计学、金融学、财政学、国际经济与贸易、工商管理、财务管理、法学、经济学、信息管理与信息系统等10个本科专业以及审计学、会计学等2个专科专业。各专业均面向全国招生，文、理兼收。经江苏省教育厅批准，学院还实行了“选拔优秀专科生转入本科学习”的制度。学院的成人教育机构是管理干部学院，举办函授、夜大等本专科学历教育和成人在职培训等继续教育工作。学院是经教育部特批设立审计学专业的高校。拥有一批知名专家、教授，近年来出版了许多专著、教材和工具书，在国内外刊物上发表了大量论文，有些研究处于审计及有关经济学科的前沿，多项科研成果荣 获国家级和省部级奖。为培养高素质人才，学院与国际性会计组织英国特许公认会计师公会（ACCA）合作建立了江苏省唯一的ACCA培训中心及考试中心，实行学历教育与国际会计师职业教育相结合的人才培养方式 经国家外专局批准，学院建立了全国出国人员外语考试培训中心（BFT）；学院还与美商网、上海净信有限公司联合建立了电子商务实验室，并成立国内首家高校与企业联办的电子商务应用人才培训基地；学院依托相关专业建设，还开展了江苏省国际注册内部审计师（CIA）资格考试辅导、培训工作。学校建院以来为全国审计系统、金融系统、经济管理部门及企事业单位输送了大量经济管理人才，各届毕业生以扎实的知识，较强的能力和较高的素质赢得了用人单位的好评。

江苏建湖县审计局

局长　冯正龙

江苏省建湖县审计局现有在编工作人员19名，3000m²的办公楼座落在县城市中心，机关院内的微型景点别致诱人，并建成局域网，拥有22台电脑，其中便携式12台。几年来，全局坚持内抓管理、外树形象、重点突出、总体推进，创造出一流的工作业绩。1999年，共查出违规违纪金额7528万元，查出"小金库"14个，金额为792万元，提供案件线索25条，发现大要案1件，使3人被追究刑事责任，4人受到党政纪处分。全年被各级党政机关和新闻媒体采用审计信息稿件86篇，其中《人民日报》3篇，《经济日报》2篇，省部级28篇。1999年局机关被盐城市文明委命名为文明单位，盐城市委、市政府表彰为行政执法先进单位和协查大要案先进单位，建湖县委、县政府表彰为机关目标岗位责任制先进单位，局党支部被建湖县委、县级机关党委分别表彰为挂村扶贫先进单位。当年度，集体19项工作、个人13人次受到县级以上党政机关的表彰奖励，6位局领导班子成员全部立功受奖。他们决心进一步加强"人、法、技"建设，用审计工作信息化、数字化、网络化、自动化的成就跨进新世纪。

电话：0515-6212972
传真：0515-6232400
地址：江苏省建湖县建湖镇向阳西路92号
邮编：224700

苏州市审计局

局中心组定期进行理论学习

1999年，苏州市审计局以十五大精神为指针，坚持“依法审计、服从大局、围绕中心、突出重点、求真务实”二十字方针，紧紧围绕地方经济建设中心，强化审计监督职能，突出财政性资金审计重点，加大经济责任审计和配合查处大案要案的力度，在维护经济秩序和服务宏观调控方面发挥了积极作用。审计队伍建设、法制建设和审计技术基础建设同步加快，推动了审计事业的健康发展。审计工作受到市委、市政府和上级审计机关的充分肯定。苏州市委授予局机关支部“97-98年度苏州市先进基层组织”；苏州市精神文明委员会和市直机关党工联合授予“97-99年度市级机关‘三优三满意’先进集体”。

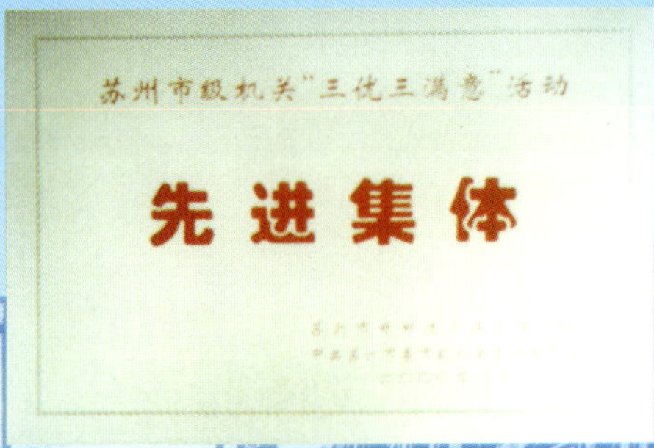

电话：(0512)8610044　8610046
传真：(0512)9610018
地址：江苏省苏州市三香路180号
邮编：215004

苏州市审计干部培训中心，即审计署培训中心苏州培训基地，又名“苏州市苏盛饭店”是江苏省培训、教育审计干部的基地。座落于吴县中心，环境清幽雅致，极具苏州园林风韵。

联系电话：(0512)5276425　5252349-2055
传　　真：(0512)5292349-1111
联 系 人：苏灶兴

苏州市审计干部培训中心

天津市和平区审计局

李金华审计长在天津市审计局长王志铭的陪同下，亲临天津和平区审计局考察和指导工作。

和平区是天津市的中心区，也是全国文明城区。和平区审计局又是该区党政机关中唯一被市委、市政府连续两届命名为文明机关标兵的单位，是全区开展创建文明机关活动的示范点。1997年，该局又被人事部、审计署授予全国审计机关先进集体的称号。

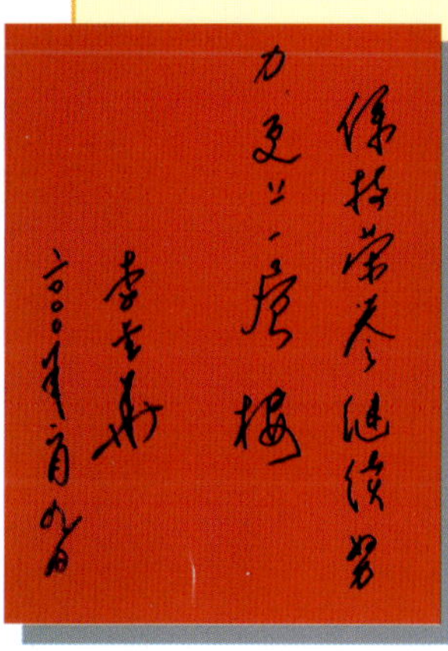

和平区审计局坚持“以人为本”的原则，自觉贯彻“两手抓，两手都要硬”的方针，在为本区经济建设和各项事业发展服务方面取得了明显成绩，在全区行政执法机关为企业改革和发展服务的测评中、在全市审计系统审计业务综合考核中均名列前茅。该局总结的“围绕中心，开展审计监督工作，夯实基础，抓好五项规范管理”的工作体会，得到了李金华审计长的肯定和鼓励。

天津市宝坻县审计局

领导班子研究工作

天津市宝坻县审计局现有干部职工35人，下设7个职能科室，目前全局大专以上学历19人，中级职称9人，现拥有计算机18台，实现了办公现代化。自1995年以来，该局在上级审计机关和县委、县政府的正确领导下，勤奋务实、锐意进取、开拓创新，在加强审计队伍建设、严格审计质量、加大执法力度、廉政从审等方面取得了可喜的成绩，得到了国家审计署、天津市审计局和当地县委、县政府的充分肯定。

实现审计工作全面上水平，队伍是基础，班子是关键。现任领导班子自1995年上任以来，在局长高宗祥带领下，实行民主化管理，强化核心领导作用，把抓队伍树形象，抓培训强素质，抓思想比奉献，建一流的审计机关、一流的执法队伍和一流的工作业绩，做为始终不渝的奋斗目标。1996年在天津市审计系统业务工作综合考核中荣获第一名，1997年被国家人事部、国家审计署命名为全国“审计机关先进集体”；机关党支部连续6年被县评为“先进党组织”；局机关被县委、县政府命名为“文明机关”称号。

跨入2000年，该局干部职工正以饱满的热情、扎实的作风、创新的精神，努力实现“面向新世纪，立足新起点，开创新局面，再上新水平”的工作目标。

微机室

赣州市审计局

李金华审计长与李南生副市长、罗穗安局长合影

署、省厅、市委市政府领导与审计局领导班子合影

赣州市审计局位于江西省赣州市西郊路133号，设有办公室、综合科、财政金融审计科、行政文教审计科、商贸审计科、工业交通审计科、固定资产投资审计科、农林水审计科、外资运用审计科、经济责任审计科、审计干部培训班等职能机构。近几年来，赣州市审计局在地方党委、人大、政府的正确领导和上级审计机关的指导下，高举邓小平理论伟大旗帜，深入贯彻落实党的十五大精神和审计法，按照"依法审计、服务大局、围绕中心、突出重点、求真务实"的方针，认真开展好市本级的审计工作，并指导好全市审计工作，在预算执行情况审计、专项资金审计、治理"三乱"等各项工作中取得显著成效。1997—1999年全市共审计单位6668个，查出各类违纪违规金额69113万元，已上缴财政金额6815万元；查出各种账外账、"小金库"547个，涉及金额10266万元；制止、处罚"三乱"行为925起；向纪检、监察、检察等部门移送案件89起。审计工作为促进该市经济建设和廉政建设做出了积极贡献，被誉为经济战线上的"经济卫士"。在开展好审计业务工作的同时，该局更加注重审计干部队伍建设，强化机关内部管理和社会主义精神文明建设，围绕建设一个好班子，带出一支好队伍这一主题，加强机关廉政建设。曾一次被审计署表彰为"全国审计机关先进单位"，机关党支部2次被江西省委、6次被原赣州地委表彰为先进党支部，13次被原地直机关党委表彰为"先进基层党组织"，实现了审计工作与精神文明建设双丰收。

李金华审计长等领导与全体审计干部合影

铜陵市审计局

局长　姚新生

铜陵市审计局成立于1984年，现有职工88人，全局职工平均年龄为34.3岁。现有10个职能科室。1999年，铜陵市审计局切实履行监督职责，进一步加大执法力度，在维护经济秩序，服务宏观调控，促进廉政建设等方面发挥了重要作用，有力推动了全市经济发展。一是深入开展“三讲”教育活动。通过“三讲”教育，领导班子及成员进一步净化了思想，更加坚定了政治信念，理论水平和政治素质大大提高。二是认真组织实施各项审计。1999年铜陵市审计机关加大执法力度，共审计单位140个，查出违规行为金额1.8亿元，应交财政1822万元，应归还原渠道资金5631万元，增收节支393万元。三是加强对社会审计和内部审计工作监督和指导。依法对市审计、会计事务所进行了检查监督，提出了执业中的一些不规范的问题。四是加强精神文明建设。首先领导率先垂范，以表率作用带动人，同时在政治上、生活上关心群众，大大增强了审计队伍的凝聚力和战斗力。1999年，铜陵市审计局的主要工作特色体现在三个方面：第一，宏观作用更为明显。全年共提交审计工作报告、信息111篇，被地方党政领导批示86篇。第二，审计力度进一步加大。完善了有关制度，完备了审计基础设施，加强了业务培训工作，无论在硬件还是软件上审计工作都上了一个台阶。第三，审计工作的影响越来越大。如市政府召开81户企业负责人会议，对审计发现的问题逐户进行通报。

奎屯市审计局

励精图治、锐意进取的审计人员

奎屯市审计局于1984年2月成立，主要职责是根据新疆维吾尔自治区审计厅、伊犁州审计局和奎屯市人民政府的安排部署，开展审计监督。截止1999年底，共完成审计项目376个，查出违纪金额11747万多元，上缴财政414万多元。提交审计工作报告、审计调查400多篇，报送审计信息30篇，被审计厅和当地政府采纳使用15篇。奎屯市审计局注重于抓自身素质建设，建成了一支政治强、业务精、作风正、纪律严的审计队伍。先后多次被评为自治区审计机关先进集体、奎屯市先进集体，为全市经济的健康发展和社会全面进步作出了积极贡献。

黑龙江省粮食厅审计处

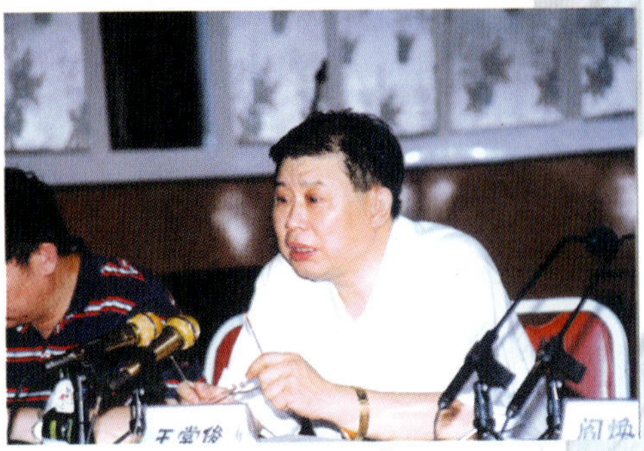

厅长 王常俊

黑龙江省粮食厅审计处于1987年成立13年来，在厅党组的领导下，在省审计厅的指导下取得了一定的成绩。曾在部粮食系统内部审计工作评比中获第一名、第二名、一等奖、先进单位标兵等荣誉称号，并在1990年中国内部审计学会一百强优秀成果评比中获中国内部审计优秀成果奖，1998年审计署对内部审计表彰中获先进单位称号。《黑龙江日报》、《现代审计与会计》、《政府机关生活》、《商业工作信息》等先后报导过其先进事迹。连续多年在国家内贸部的内审工作会议上和省审计工作的会议上介绍过经验，有些经验在多种刊物上发表。

厅党组成员

1999年黑龙江省粮食内审工作紧紧围绕全省粮食工作中心和各项改革，坚持"突出重点、依法审计"的方针，加大内审工作为改革服务的力度，全面履行内审监督职能，推动内审工作的深入开展。在对厅直企业审计中开展法人代表离任审计、年末盈亏认证审计外，还针对个别企业管理混乱问题，开展了财务收支审计。通过开展离任审计，既对离任者作出了客观公正的评价，同时也为继任者移交了一个清楚的家底，得到了各方面的认可。在指导战线审计工作中，一直围绕粮食工作的中心，以促进企业挖掘潜力，提高经济效益为重点开展工作。指导基层开展效益审计、基建审计、经济责任审计、财务收支审计、资产负债所有权审计，还对重点问题组织全省力量开展了各类审计调查活动，通过上述各项审计工作的开展，掌握了企业存在问题，看到了加强管理节支增效的潜力，为各级领导决策提供了依据。

审计工作人员研究工作

四平市审计局

局长　柳树森

领导班子成员

部分荣誉证

几年来，四平市审计局始终遵循“建一流班子、带一流队伍、做一流工作、创一流业绩”的指导思想，坚持紧紧围绕经济建设这个中心，在深入贯彻《审计法》，认真履行审计监督职责上下功夫，从而较好地发挥了审计监督在维护财政经济秩序，服务宏观调控，促进廉政建设，推动地方经济发展等方面的作用。仅1999年，全市审计机关就审计659个单位，查出违纪金额21961万元，增加财政收入314万元，追还被侵占挪用1860万元，促进提高经济效益5630万元。提交各类审计工作报告信息385篇，其中被各级地方党委、政府和上级审计机关采用237篇。该局曾连续四次被国家审计署、人事部评为全国审计机关先进集体，多次被吉林省审计厅评为全省审计机关先进集体，先后被四平市委、市政府命名为市级“文明单位”和“劳动模范单位”，被吉林省委、省政府命名为省级“劳动模范”和“文明单位”，并受到了市委、市政府的通令嘉奖。同时该局作为全市机关建设典型，局机关党委连续13年被市委、市直机关党工委评为先进、模范和红旗党组织，并多次被市委评为全市党风廉政建设先进集体。特别是在近几年全市开展的行风测评中，该局连续两年获得第一名。

电话：(0434)3225342
传真：(0434)3225342
地址：吉林省四平市铁西区南湖大街63号
邮编：136000

上海市南汇县审计局

局长　王永明

上海市南汇县审计局审计工作成绩显著，近五年内共完成审计项目365个，审计单位628个，其中审计调查30项，被调查单位157个；共查出违纪金额3886万元，上缴财政1915万元；核减各类基建投入资金20514万元。

按照县政府对预算外资金审计要求，1999年对43个委办局审计调查后，作出收缴1803万元、限期上解479万元和收回出借资金（余额）3547万元的审计决定。完成县委下达对收回出借资金（余额）3547万元的决定。完成县委下达对西门村土地征用费用列支审计，揭露挥霍400万元的违纪问题。对沪南公路26.4公里延伸段、康桥东路段进行了审计。完成市局下达审计任务10项，其中1998年对县粮食企业同步审计，查实新增财务挂账11266万元，经营亏损9709万元，不合理占用贷款637万元。

1997年，对沪南公路延伸段工程审计核减2733万元，对康桥东路4.5公里段审计核减1876万元；对投资0.5亿元商检大楼、1.2亿元污水排海工程、1.3亿元水厂工程实施跟踪审计。五年内基建竣工决算审计共核减投入资金2.05亿元。

▲ 李金华审计长与南汇县审计局领导班子合影

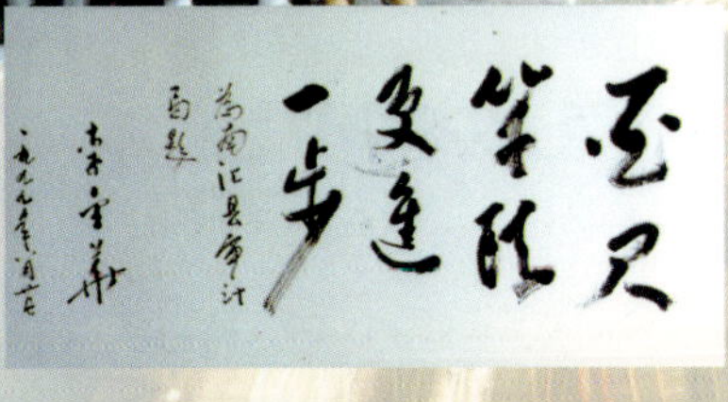

▶ 百尺竿头　更进一步
——李金华审计长为南汇县审计局题词

局长 谢飞（中）、党组书记 赵广益（左）、副局长 艾拜都拉·尼牙孜（右）

哈密地区审计局

开拓创新 求真务实

哈密地区审计局自1994年以来，在上级审计机关和地委、行署的正确领导下，在加强审计队伍建设、严格审计质量、加大审计执法力度、改善工作条件、扩大审计宣传、廉洁从审等方面取得了可喜成绩，得到了自治区审计厅、地委、行署的充分肯定。

自1994年到1999年，全局共完成审计（项目）211个，其中审计调查57项，调查单位587个。审计查出违纪违规金额16233万元，上缴地区财政856万元。为哈密地区经济发展、社会稳定发挥了作用。

从1994年到1999年，共完成地委、行署交办的工作任务129项，主要审计项目有：企业承包兑现审计，固定资产投资审计，企业改制审计调查，领导干部离任（经济责任）审计等。

从1994年到1999年，共完成自治区审计厅下达的审计任务82项，主要审计项目有：财政决算审计，同级财政预算执行情况审计，金融保险审计，各项农业资金审计等。

由于审计工作有成效，自1994年以来受机关党委等部门表彰1次，受地委、行署表彰7次，受机关党委部门表彰5人次。审计工作为地方经济快速、健康发展和党风廉政建设作出了积极贡献。

湖南省人民政府机关行政事务管理局

积极进取 认真探索 切实加强机关、事业单位内审工作

湖南省机关事务管理局担负省直64个厅、局机关经费拨款管理，省直79个单位的房产、国有资产管理，以及中央驻长和省直1000个单位的房改管理工作，还辖有局直属事企业单位18个。每年财政拨款、经营收入和集资建房资金共计约4亿元。这次机构改革，省政府又赋予该局政府采购职能，每年采购任务约有10多亿元。

该局党组现有4名成员，党组特别重视审计工作，党组一班人把审计工作摆到重要的工作位置上。布置工作，有审计工作任务；检查工作，有审计工作内容；总结工作，有审计工作成效。局长说："决策前，通过审计搞清情况，帮助领导下决心；实施方案，通过审计了解情况，可以让领导放心； 方案执行结果通过审计分析情况，可以帮助领导坚定信心。"审计工作势在必行。该局内设职能处室审计处5名人员都具有大专以上学历，其中高中级职称3人，初级职称2人。他们在该局党组的领导和省审计厅的指导下。认真学习贯彻《审计法》，在日常审计工作中，切实注重财务收支与经济效益审计相结合；财务收支与专项、专案审计相结合；财务收支与增产节约相结合，先后开展了定期报送、专项专案、经营承包、工效挂钩、经济责任和基建工程预决算审计。自1987至1999年共审核资金14．42亿元；查出违纪资金38．86万元，违规资金954．94万元，促进增收节支1830万元。特别是1999年，在"三讲"教育的推动下，在完成局属各单位年度财务决算报表审计的情况下，还先后参与、组织了局属单位经济评审和清房检查工作，完成了14项工程预决算审核验证，核定工程造价978．34万元；核减211．44万元。加强了对局属单位审计机构的业务指导，狠抓《审计法》的贯彻落实，并在工作质量上严格把关，取得了实效。

审计部人员研究工作

宁夏电力公司电力调度中心

宁夏电力公司

银川供电局220千伏变电所一角

银川供电局调度大厅

宁夏电力公司是国家电力公司的全资子公司，管理电力生产、基建、施工、设计、修造、物资以及中专学校等单位22个，有职工18000多人。公司承担着宁夏回族自治区及陕西、内蒙等省区相邻部分地区的供电任务，并向西北电网送电。目前公司管理和代为运行的总资产为115亿元，管理和代管装机容量225万千瓦。大坝火力发电厂规划装机360万千瓦，已建成投运120万千瓦，是宁夏最大的火力发电厂，也是西北电网的主力厂之一。宁夏电网以220千伏线路为主网架，有3条330千伏线路同西北大网相连接，110千伏线路覆盖全区各县市和陕西、内蒙古部分地区。1999年取得电力销售收入22亿元，实现利税总额2．2亿元。公司具有一支高素质、善管理的队伍。目前所有生产企业均达标运行，大武口电厂和银川供电局是国电公司命名的西北第一座"一流火力发电厂"和第二个"一流供电企业"。宁夏1995年在全国第七个实现行政村村村通电，现在户通电率达98%，8个县建成农村电气化县，74%的县供电局建成部级电力"三为"服务达标局。1998年公司建成全区首批文明行业。 宁夏电力公司审计处组建于1985年12月，现有干部6人，其中高级会计师1人，注册会计师1人，中级职称4人，均为大专以上学历。1994年至1998年连续5年被西北电力集团公司评为先进集体，1995年至2000年6月，共完成审计项目1120多项，纠正处理违纪违规金额3980万元，促进增收节支1000多万元，清收电费、贴费1241万元，为宁夏电子工业的发展做出了显著成绩。

长安汽车（集团）有限责任公司

长安汽车（集团）有限责任公司既是国家常规兵器重点科研、试制、生产基地，也是全国最大的微型汽车及发动机生产厂家之一。创立的一代名车“长安”牌微型汽车和名机“江陵”牌发动机享誉全国。1999年，公司取得了汽车产销在全国微车行业排名第一、发动机行业排名第二、汽车产销全国第三、轿车第四的历史最好成绩。

公司在改革发展中十分重视发挥企业内部审计作用。公司审计处也紧紧围绕提高企业经济效益开展工作。建立健全各项内部审计制度，不断探索内审新领域；突出资金、成本、内部控制三个审计重点；坚持为企业领导决策、深化改革、国有资产保值增值服务；大力开展财务收支、财务管理、经济责任、基本建设、联营投资、物资价格等审计。充分发挥内审的监督服务职能，为企业创造了良好的经济效益，仅1999年，公司审计处就完成审计项目208项，审计金额11.8亿元；直接为公司增加经济效益3723万元，挽回国有资产流失598万元，还为公司追收陈、呆、死账资金4818万元，公司审计处被评为重庆市1999年内审工作先进集体。

总经理　尹家绪

基建审计人员共同讨论疑难问题

在现代化办公条件下，审计人员一丝不苟地工作

江苏省盐城市审计局

盐城市长李全林到审计局视察工作，参观荣誉室

1999，江苏省盐城市坚持“依法审计、服务大局、围绕中心、突出重点、求真务实”的审计工作方针，全面履行审计监督职能，圆满地完成了全年各项任务，审计工作效应不断增强，审计的社会影响不断扩大，审计参与宏观决策的程度不断提高。全年审计和审计调查（含延伸）项目单位1243个，查出违规行为金额12.7亿元，上交财政9338万元，减少财政拨款和补贴4190万元，归还原渠道资金5390万元，共为国家和地方增收节支近4.6亿元。全市发现案件疑点线索377条，向纪检监察部门，司法机关移送256条，立案处理32个，有12人被刑事处理，57人受党纪政纪处分，挽回直接经济损失1127万元。查出“小金库”90个，发生额3000余万元。全年提交审计报告、审计信息889篇，被各级党政机关采用和领导批示587篇，其中省委、省政府和中办、国办采用批示39篇。在全省审计机关12个单项评比中获5个第一、3个第二、2个第三，6个受省政府表彰，13项工作被评为先进，市局机关被盐城市委、市政府表彰为“文明机关”。省电视台以《盐城审计参与政府决策》为题作了专题报道。全市审计工作在维护经济秩序、加强廉政建设、促进改革和发展等方面发挥了积极的作用。

全市审计工作会议颁奖仪式

全市审计解剖非正常亏损企业会议

入统计数据）。向上级机关报送审计信息、简报等125篇，有43篇被采用；撰写调研报告9篇，统计分析6篇。

完成上级下达审计任务 共完成市审计局下达的审计任务11项。其中同级财政预算执行审计，重点审计了区财政局、地税局、国库崇文支库等预算征收管理部门和区教委、区卫生局等预算执行单位。对中国建设银行北京前门支行的合规审计，共查处违规金额7.4亿元，应补交企业所得税611.3万元。对区物资总公司及其下属企业盘活存量资产情况和崇文门菜市场及其下属分店连锁经营情况进行了审计调查，针对存在问题提出审计建议。

完成区政府交办任务 共完成区委、区政府交办的工作45项。先后对区教委等行政事业单位进行了审计。通过审计，区教委改进了固定资产管理，加强了财政专项资金使用及预算外资金专户存储等方面的工作。对龙潭湖游泳场等基建工程审计，纠正了超计划投资、高估冒算等问题。对区房管局财务收支审计中，发现取得转让费收入未及时缴纳税款等问题，查处违纪金额1409万元，应上缴财政595万元。

内部审计 共设立内部审计机构31个，内审人员301人。审计项目251个，纠正违规行为金额117万元，提出建议被采纳的有120条，减少损失浪费198万元，促进增收节支12万元。

社会审计 根据北京市人民政府办公厅转发的《北京地区会计师事务所、审计事务所体制改革实施方案》，区审计局与所属审计事务所已于1999年6月30日前脱钩，区审计事务所与会计事务所合并，改制成注册会计师个人发起设立的有限责任事务所。

受表彰情况 有1人受到市嘉奖，1人评为区级优秀共产党员。

【北京市宣武区审计局】 1999年共有57人。其中：本科学历12人，大专学历24人；局长1人，副局长2人。

审计工作成果 1999年，共完成审计调查单位95户，查处违规行为金额19401万元，应交财政1463万元，应减少财政拨款或补贴3万元，应归还原渠道资金645万元，罚款8万元，已交财政1108万元。

财政审计 共审计一级预算单位及下属单位57个。重点审计了五个方面的内容：一是区财政部门执行区级预算和其他财政收支真实、合法情况，新旧会计制度衔接情况，预算外资金专户存储情况及财政管理情况；二是区地税部门执行国家税收政策、组织征收地方税收收入情况，本级工商税收的真实、准确情况，使用微机管理纳税情况；三是国库在办理预算资金收支时履行职责情况，核定1998年预算资金收支业务情况；四是部分街道办事处财政财务收支情况；五是教育资金、社会保障资金、城市维护费、大栅栏商业街改造资金及基本建设资金等重点资金的管理、使用及效益情况。

行政事业审计 对31个行政事业单位进行审计。为使1999年的教育事业费审计审出成果和新意，区审计局在审计范围、确定审计重点和项目的组织实施上，根据以前两个年度的审计情况进行了调整和改进。进一步加强了对被审计单位会计数据的真实性、财务管理的规范性和内控制度的有效性等方面的审计。

企业审计 对24个企业进行了资产负债损益审计。按照区委、区政府的要求，区审计局对区属10家改制重组国有商业企业进行了资产、负债和损益审计。查出收入长期挂往来账户、存货账实不符、编制财务报表不完整等问题；彻底摸清了家底，核实了盈亏，确保了国有资产的真实准确；为企业进行清产核资、进一步促进国有资产保值增值为主要目标的工作奠定了基础，保证了宣武区这一重大改革措施的顺利进行。

固定资产投资审计 共审计建设资金1694万元，核减工程款56万元。

内部审计 共有内部审计机构144个，内审人员206名，查出损失浪费金额929万元，促进增收节支87万元，提出的建议和意见被采用48条，已纠正违纪金额41万元，财务决算审签单位22个。举办了三期内部审计培训班，有220人次参加。

社会审计 1999年6月，原“宣武审计师事务所”与宣武区审计局脱钩，改制为合伙制社会中介机构，更名为“森和光会计师事务所”。

【北京市朝阳区审计局】 1999年共有干部职工63人。其中：本科学历9人、大专学历27人；高级技术职称1人、中级技术职称25人；局长兼党组书记1人、副局长3人。

业务建设取得成果 全年审计（调查）单位218个，重点完成了对1998年本级预算执行情况的审计，对“两院”、建设银行、“九五”重点建设项目、社会保障资金及20余名处级领导干部离任经济责任的审计；完成了小区配套费及配套托、幼园所，部分出租企业、商品房价格等审计调查项目。共查处各类违规行为金额8658万元，其中，应上缴财政2147万元，已上缴财政1941万元，追还原渠道资金1800万元，核减工程决算215万元，查处百万元以上违纪违规单位4个，提交有关调研报告、综合分析、审计信息宣传130余篇，被市区有关部门摘转95篇。经落实审计建设，区文明办制定了“文明经费管理办法”；区教委将账外10余亿元资产入账管理，建立健全了学校各种收入和学校食堂财务管理制度；某中心欠缴多年的千余万元土地使用费得以解决；“两院”将积存17年的案款进行了清理，变无序为有序管

理；此外，区政论采纳审计建议，成立了区会计委派机构，并在部分单位中进行试点。审计监督在服务政府宏观决策，促进部门单位完善管理中的作用更加突出。

制度建设不断完善　在坚持过去行之有效的制度的同时，建立了以“三抓、三用、三突出”为基础，以“三准、三不、三反复”的质量控制原则，初步形成了以“局全面质量管理领导小组”为核心的统一领导、分级负责质量控制体系，先后制定了全面质量管理办公室工作制度、审计文书复核制度、审计项目质量考核标准、审计复核百分考核标准、审计人员执法过错现任追究制度等，有力地推动了审计质量管理的制度化和规范化。

【北京市海淀区审计局】　1999年共有干部、职工53人，其中大专以上学历38人；局长、副局长2人。

审计工作成果　1999年共完成审计项目5项，审计调查4项，审计单位58个，共查出违规行为金额7387万元，上缴财政2202万元。其中认真完成署、市审计机关审计任务14个，审计单位13个。完成审计调查2项6户。

积极完成区委、区政府交办任务　1999年共完成区委、区政府交办工作任务9户，协办6项。

内部审计　1999年共设立内部审计机构186个，其中专职内审机构9个，从事内部审计工作人员458人，其中专职内审人员17人。

受表彰情况　1999年共有8人受到区政府嘉奖，其中6人评为优秀，1人评为三等功。在海淀区开展的“为纳税人服务年”活动中被评为综合管理部门前三名。

【北京市丰台区审计局】　1999年共有干部、职工61人，其中：大学本科生16人，大专生30人；局长1人，副局长3人。

审计工作成果　共完成审计项目38项，审计单位59个。调查项目2个，调查单位7个。审计金额44445万元。共查出违纪金额8248万元。配合区纪检、信访5起，上缴区财政1399万元，提交审计报告23篇。

完成区政府交办的任务　共完成区政府交办的工作27项，单位27个。竣工决算审计1项，审计金额541万元，审减金额61万元。

完成上级下达审计任务　共完成市审计局下达的审计项目2项，审计单位7个。

内部审计　1999年共设立内部审计机构78个，内审人员491人。

受表彰情况　受市审计系统表彰1次，受区政府表彰10次，15人受区委、区政府记功、嘉奖表彰等奖励。

【北京市石景山区审计局】　共有干部、职工44人。其中：本科学历12人，大专学历25人；局长1人、副局长3人。

审计工作成果　共完成审计项目36项，审计调查4项。延伸审计调查单位63户。查出违纪违规金额9762万元，其中应上缴财政592万元，已上缴财政110万元（建行入库额398万元由审计署统一组织入库）；核减工程造价190万元。被市、区有关部门采用信息106篇次。完成审计调研报告15篇。

同级财政审计　把同级财政预算执行审计作为审计工作的重中之重，坚持统一领导，分工协作，圆满完成任务。区人大常委会对《石景山区1998年预算执行和其他财政收支的审计工作报告》表示满意。区财政部门根据审计意见对国有企业上缴财政利润、国有资产收益欠缴情况进行了清理。区地税局积极采纳“发票保证金”应纳入财务统一管理的审计建议。区教育局根据“应及时清理往来账户”的审计建议，下发了《关于加强资金往来账户管理的通知》，共清理往来款项298.7万元。在对建行石景山支行的审计中，揭露出盈亏不实，账外资产、漏缴税费397万元等问题，维护了财经法纪，促进了建行依法经营。

加强领导干部任期经济责任审计　共完成局处级领导干部任期经济责任审计14项，占全年审计任务的35%，其中：党政领导干部任期审计11项，企业领导干部任期审计3项。在审计过程中，注意发现和查处大案要案。如对某电脑公司经理进行任期经济责任审计时，该公司为了应付审计人员对入资款的追查，采取开假收据、造假账、假报表的做法。审计人员排除一切干扰，翻阅了大量资料，发现法人代表孟某等5人将国有企业资产以个人和集体企业的名义注册有限责任公司等问题，因孟某涉嫌挪用公款，此案已移送检察机关。

加强对内部审计的指导和监督　1999年共设立内部审计专职机构4个，兼职机构19个；内审专职人员9人，兼职人员31人。完成112个项目的审计，纠正违纪违规金额599万元，促进增收节支799万元，查出损失浪费金额539万元，被采纳审计意见及建议88条。

受表彰情况　受市级表彰1次、区级表彰3次。1人受到市级表彰奖励、1人受市审计系统表彰奖励、11人受到区级表彰、记功、嘉奖等奖励。

【北京市门头沟区审计局】　1999年共有审计干部、职工42人。其中：大学本科生1人，大专生28人；局长1人，副局长3人。

审计工作成果　共完成审计项目34项，审计单位91户；完成审计调查3项，调查单位11户；提交专项审计及调查报告6篇；共查出违纪违规金额4321万元，应上缴财政745万元，已上缴432万元；查出百万元违纪单位1个，违纪金额637万元；移送检察院案件1起；协助司法机关、纪检监察机关对2个经济案件进行了审计调查，为维护财经纪律，促进经济发展发挥了积极作用。

完成自定和区政府交办任务　共完成工作任务20项。其中：自定项目4项，区政府交办项目16项。依照中共中央办公厅、国务院办公厅转发的《县级以下党政领导干部任期经济责任审计暂行规定》、《国有企业及国有控股企业领导人员任期经济责任审计暂行规定》，重新修订了《门头沟区党政机关、企事业单位领导干部离任经济责任审计办法》。对10个处级领导干部任期经济责任情况进行了审计。完成了交办的6个财务收支和4个自定项目审计。为配合全区机构改革、企业改制，对3个单位改制情况进行了调查。

完成上级下达审计任务　共完成署、市机关下达的审计任务13项（含2项调查）。对指令性任务，做到从内控制度测试入手，以书面承诺为起点，采用真实性审计方法和步骤，较好的完成了任务。财政预算执行审计，针对其特点，项目安排上做到"五统一"，（统一审计方案、统一安排人员、统一组织实施、统一完成期限、统一处理口径）。实现了"一个重点、三个突出"（以预算收支审计为重点，突出真实性审计，税源征管、稽查审计，财政与专项审计结合），共延伸审计59个单位，审计资金总额52388万元。审计报告得到区人大、区政府的肯定。

内部审计　共有内部审计机构47个，内审人员127名，其中专职20名。内审单位开展审计项目39项，建议被采纳3条。

区审计局加强了对内部审计工作的管理和指导，修订了《门头沟区内部审计规定》。3月份召开了全区内审工作会，并走访了内审单位了解执行《北京市内部审计工作规范》情况。

受表彰情况　被区委区政府评为区精神文明单位。5人次被区有关部门评为先进个人。

【北京市房山区审计局】　1999年共有干部职工59人。其中：大学以上学历12人，大专学历26人；局长1人，副局长5人。

审计工作成果　共完成审计项目77项（户），查出违纪金额2785．4万元，上缴财政367万元，核减基建工程支出583万元。编发审计调查报告、信息69期，被市审计局、区委、区政府批示、采用38期，较好地发挥了为领导宏观决策服务、改善经营管理、促进经济发展的作用。

财政预算执行审计效果明显　共对60多个单位进行了审计及延伸审计。审计内容以财政资金为主线，以有调拨权和使用权的部门为重点，加大了对教育资金、农业资金和社会保障资金的监督检查力度。共查出违纪金额1303．7万元，对查出的问题提出了切实可行的处理意见及建议。区委、区政府对审计结果报告和所提建议非常重视，以文件的形式作了批复，要求有关部门采取措施加以解决；区人大对审计工作也给予了充分肯定。

金融审计力度大　按照审计署和市审计局的部署，对建设银行房山支行进行了审计，审计资金量21．8亿元，抽查信贷资金200多笔，金额13．3亿元，查出违纪金额874．8万元。查补各种税金160．7万元，没收16．2万元。

经济责任审计作用突出　全年共完成经济责任审计、离任审计9户，查出违纪金额984．5万元，上缴财政9万元，对查出的偷逃税金、固定资产管理混乱，财务核算不规范等问题分别提出了处理意见及建议。对带有普遍性的问题以审计简报的形式上报市审计局和区领导。起到了保护干部、为组织部门任用干部提供参考和维护的作用。

内部审计　对内审机构现状进行了摸底，制发了内部审计工作规范范本并对其执行情况进行了检查。召开了农口、经委口内审工作座谈会，畅谈审计工作体会、交流审计工作经验。

全年共对918个单位实施了审计，查出损失浪费663万元，促进增收节支145万元，纠正违纪40万元，所提出的审计建议有58条被采纳，促进了经济发展。

【北京市房山区燕山审计分局】

共有干部职工19人，设有三科、二所、一室。1999年6月，燕正审计师事务所与审计分局脱钩。

审计工作成果　共完成审计项目10项，审计单位55个，审计金额185718万元；完成调查项目2个，调查单位19个；查出违纪违规金额3065万元，上缴财政金额41万元，归还原渠道资金612万元。信息和统计分析工作较上年有了较大进步，上报简报、信息54篇，被上级采用27篇；调查报告2篇，区政府领导分别给予批示，并转发有关部门。

完成地方政府交办任务　共完成地方政府交办任务8户，查出企业潜亏、收支不入账、偷逃税金、公款私存等问题，查出违规行为金额1596万元，查清了有关领导责任，为组织部门考核任用干部提供依据；参加"收支两条线"清理工作，揭示出应缴预算和应缴财政专户的款项上缴不及时372万元，为地区完善预算外资金管理发挥了积极作用。

完成上级下达审计任务　共完成市审计局下达审计任务5项，审计调查1项。财政审计进一步深入，揭示出挪用预算资金612万元、财政借出款2303万元，占财政资金67%，部分资金收回困难等深层次问题。政府领导集体听取了审计情况汇报，就重点问题进行了专题研究加以解决。5户商业企业盘活存量资产调查报告得到区政府领导批示，并两次召开专题会研究解决问题。

完成本局任务　完成本局审计任务4项，审计单位16个，查出违纪违规金额517万元。揭示出罚没等收入209万元未及时上缴等问题。

内部审计　加强对内审的指导，内审机构发展到24个，其中专职机构3个，内部审计人员44人，其中专职6人。

精神文明建设　全局学习《矛盾论》、《实践论》，提高了科学思维水平；通过爱国主义、艰苦奋斗等教育发扬了“奉献、负责”的精神；参加市审计局“审计之光”文艺汇演，京剧《沙家浜》—“智斗”选段被评为“优秀奖”，自编自创配乐散文《心之曲》被评为“创作奖”。

【北京市通州区审计局】　1999年共有干部职工48人，其中：大专学历20人；高级职称3人；局长1人，副局长3人。

审计工作成果　1999年共完成审计项目56个，审计调查课题7个。其中：市审计局安排项目14个，地方政府交办项目34个，自行安排项目8个。查出违规违纪金额16110．2万元，收缴入库5．6万元。连续6年被评为“首都文明建设先进单位”。

完成同级财政审计　采用“账户入手，下审一级”的方法，对财政领域一些深层次的问题进行了审计。审计表明，区财政管理比往年明显得到加强，较好地执行了预算法规。在地区经济总量不足的情况下，财政收入比1998年增加18．5%，财政支出支持了地区社会、经济的发展。存在问题主要有三个：一是在对50个纳税户的预审中，查出1户税收征管工作存在漏洞；二是抽样查出个别行政事业单位乱设、多设银行账户；三是财政部门在组织预算执行过程中缺乏严格的内控制度。对上述问题已经进行了审计处理。

金融审计　对建设银行通州支行进行了审计。结果表明，该支行存在管理不严、账实不符、信贷失查、截留收入、扩大成本，虚列支出等问题。查明正常贷款仅占47%，不良资产增多；违反金融制度，形成账外固定资产1174．5万元；私设“小金库”177．16万元；挤占、虚列成本199．23万元；漏缴个人所得税5万元。

领导干部经济责任审计　受区组织部委托，完成6项领导干部经济责任审计，查清了这些单位的资金、资产管理使用情况，对他们任职期间的经济责任进行了客观、公正的认定和评价，为组织部门任用、选拔干部提供了依据。

企事业单位转制、重组、移交和清产核资审计　共完成了23个企事业单位清产核资审计，其中：军转地3个，市转区3个，重组6个、移交6个、重点清查5个。在资料不全、账表失真的情况下，调查取证、清点库存，基本摸清了这些企事业单位的家底，理清了资产、负债、所有者权益现状，审计金额达2．15亿元。

【北京市顺义区审计局】　1999年共有干部、职工52人，其中：大本学历3人、大专学历9人；局长1人，副局长3人。

审计工作成果　共完成审计项目24户、审计调查28户，共查出违规行为金额6219万元，应上缴金额97万元；共提交审计报告28篇，上报审计信息18篇，调研报告1篇。

完成上级下达审计项目　共完成上级下达审计项目16户，突出开展了预算执行审计，延伸审计调查42户，纠正违纪金额4200万元。提出改进意见4条，促进了财政资金的有效管理。按照审计署及市审计局安排，对建行顺义支行1998年度资产、负债、损益情况进行了审计，通过审计调增企业利润139万元，查出应缴税金48．8万元。

完成上级交办任务　共完成区委、区政府交办的任务12户，延伸审计62户。

内部审计　内部审计机构扩大到33个，内审人员发展到131名。1999年全区内部审计机构共开展审计582项，纠正违纪金额248万元，提出并被采纳建议118条，对各单位加强内部控制，减少违纪违规问题出现起到了一定促进作用。

社会审计　根据财政部颁布的《会计师（审计）事务所脱钩改制实施意见》，审计局、财政局、明鉴会计事务所于1999年6月底完成脱钩改制工作，实现了人员、财务、业务、名称“四脱钩”，使之成为自主经营、自担风险、自我约束、自我发展的社会中介组织。

【北京市昌平区审计局】　1999年共有干部、职工40人。其中大学本科生9人，大专生16人。局长1人，副局长2人。

审计成果　共完成审计及审计调查项目35项，审计单位88个，查处各类违规行为金额1300余万元，核减基本建设投资255万元，上报各类信息135篇，其中被有关部门采用72篇（次），领导批示4篇。

完成上级下达审计任务8项，完成市审计局下达审计任务10项，审计单位76个，查出违纪金额255万元。

内部审计　采取抓重点，抓制度、规范建设，抓宣传等方法，全区内部审计全年完成审计1000余个项目，查出损失浪费金额14万元，纠正违纪违规金额94万元，促进增收节支277万元，提出建议被采纳63条，移送司法机关处理案件1件。

完成区政府交办任务　配合政府有关部门完成企业破产清算、预算外资金收支两条线、商品房价格调查、粮食执法检查以及专案审计等15项工作。1999年，针对离任经济责任审计涉及范围广、时间跨度大、问题复杂等情况，进一步加大了审计的深度和力度，扩大了审计覆盖面。先后对物价局、自来水公司等12个单位的领导干部进行了审计，正确评价了领导干部的业绩，分清了责任，维护国家财经纪律，揭露和纠正了一些普遍存在的问题，如截留挪用国家资金、任意扩大开支标准、财务管理不规范等。审计结果做到了区委领导、组织部门、离任者、被审计单位“四满意”。

受表彰情况 受市审计系统表彰1次，受区委、区政府表彰9次，受其他部门表彰4次。共有1人次受到市审计系统表彰奖励；7人次受到区委、区政府记功、嘉奖等奖励。

【大兴县审计局】 1999年，在编人员44人，局长1人、副局长3人。全局审计干部中，大专以上学历24人，具有高级职称者5人、中级职称15人。

审计成果 截至1999年底，共完成各类审计及调查项目18个，查出违规行为金额7174万元，其中决定处理处罚金额1986万元、指明要求纠正金额5188万元，应上缴财政1978万元，已入库金额1971万元，核减国家基建项目投资9万元。

在本级预算执行情况审计中，首次增加了对国库的审计，增大了对预算资金使用单位审计的覆盖面，延伸单位达98个；在同级财政审计中，共发现违规行为金额3961万元，应缴预算收入1949万元，并有针对性地提出了加强财政收支管理的建议。

围绕经济工作中心，全面开展了金融、基建、国有企业、行政事业审计。在企业审计中，围绕国有企业改革，进行了真实性审计，查出了隐瞒收入、利润不实、固定资产不入账、偷漏税费等问题，核实资产不实金额1556万元、负债不实金额531万元、所有者权益不实金额1543万元。通过审计，对规范企业会计核算，促进加强财务管理发挥了积极作用。在行政事业审计中，主要对县法院、检察院系统财务收支进行了审计，发现内控制度不健全、扩大收费范围、转移预算外收入等问题。两院根据审计意见和建议，均提出了纠正和改进的措施。

另外，完成了县委、县政府交办的审计及检查项目10项。全年上报调研报告、审计报告、审计信息等共82篇，其中被市、县有关部门采用49篇，被上级领导批示2篇，为宏观决策提供了依据。

【平谷县审计局】 1999年有干部、职工52人，其中：大本2人、大专19人，局长1人，副局长2人。1999年11月增设经济责任审计科。

审计工作成果 共完成审计项目33个，审计调查10个，共查出违规行为金额6279万元，应上缴金额73.46万元，罚款1.1万元，共提交审计报告35篇。上报审计信息68篇，调研报告8篇。

完成上级下达审计项目 共完成上级下达审计项目10个，审计调查项目5个。突出开展了预算执行审计，延伸审计调查63户，纠正违纪金额1029万元。提出改进意见8条，促进了财政资金的有效管理。遵照审计署及市审计局安排，对建行平谷支行1998年度资产、负债、损益情况进行了审计，审计总金额128437万元，通过审计调增企业利润42.4万元，查出应缴税金20.48万元。结合县经济工作热点问题，为企业改革服务，开展商业企业盘活存量资产审计调查5户，提出了相应的审计建议及报告。

完成上级交办任务 共完成县委、县政府交办的任务23户，其中离任审计16户，通过审计界定了有关经济责任，为组织部门任用选拔考核干部提供了依据；经营情况审计调查5户，核实了企业经营情况，纠正了财务管理中存在的问题，为企业发展提出了建议。

【怀柔县审计局】 1999年共有干部、职工39人。其中：大学本科4人，大专学历17人；局长1人，副局长2人。

审计成果 完成市局指令性审计12项、调查6项；完成自行安排审计3项、调查3项；完成政府交办审计6项。共查出违规金额1961万元，应交财政10万元，当年审计当年入库；查出应归还原渠道资金108万元，已及时归还到位。延伸审计114户。另外，全局先后30次共抽调79人次独立或协助有关单位完成其他审计工作19项，延伸审计127户，撰写报告18篇，查出违规金额4017万元。

全局统一领导、统一要求、统一步骤、分工协作，共同完成了本级财政预算执行和其他财政收支的审计工作。审计中发现财政部门应征未征预算收入，地税部门对个别欠税大户未及时办理缓交手续，财政信用资金管理部门超标准列支经费等问题，并及时把审计结果上报县政府，向县政府和县人大报送了同级审报告，维护了《预算法》的严肃性。运用计算机对中国建设银行北京分行怀柔支行1998年度资产、负债、损益的真实、合法、效益性进行审计，提高了工作效率，摸清了建行家底，核实了盈亏，查出了漏交税金、账外资产、贷款管理失控等问题，并提出了建议。

【密云县审计局】 1999年共有干部、职工40人，其中大专以上学历26人；局长、书记1人，副局长3人。

审计工作成果 共完成审计项目31项，审计单位218个，查出违规行为金额919万元，上缴财政80万元。

认真完成上级下达审计任务 共完成署、市审计机关下达的审计任务14项，审计单位40个。对县法院和检察院1997~1998年度的财务收支及追回赃款、赃物的收缴情况进行了审计，发现法院存在财务管理不健全、不规范，固定资产管理失控和自定收费标准收取其他诉讼费等问题。通过审计，有力地促进了县法院重视和加强对财务工作的领导，建立健全内部控制制度，规范了财务收支的管理。为反映真实情况，规范商业企业盘活存量资产的行为，对我县6家国有商业企业1996~1999年盘活现有存量资产、国有资产合理流动和重组、

优化结构等情况进行了审计调查。通过对6家企业盘活存量资产的效果、盘活资产过程中存在的问题及成因进行深入细致地分析，提出了应采取多种形式盘活资产，加大盘活力度，切实履行盘活资产的法定程序，盘活资产不仅要考虑国家、集体、个人三者利益，还要兼顾现实和长远利益的建议。

积极完成县委、县政府交办任务　共完成县委、县政府交办的工作任务17项，审计清理单位178个。为配合乡镇换届考察，抽调6名干部参加了对全县19个乡镇的经济责任制及财政财务收支情况的审计工作，针对审计中发现的部分乡镇财政收不抵支，固定资产管理失控，大量现金白条抵库等问题，及时上报县委组织部，为县委选拔、任用领导干部提供了重要依据。接受县组织部门委托，对北京市新兴房地产开发总公司第二分公司等3个单位开展了领导干部离任经济责任审计，从中揭示出部分单位内部管理混乱，资产、负债、损益严重不实，经营管理及投资决策失误给国家和集体造成严重经济损失等问题，审计结果受到县领导的高度重视。

【延庆县审计局】　共有干部职工61人，其中本科学历5人，大专学历34人；局长1人，副局长3人。

审计工作成果　共完成审计项目35个，审计单位185户；完成审计调查2项，调查单位9个。查出违纪违规金额4731万元，上缴县财政1053万元。处理人民来信3件。共提交审计报告15篇、审计信息（简报）54条（篇）。将“同级审”结果利用有线电视台《延庆新闻》向社会公布，引起强烈反响，信息发出后，被《中国审计报》刊登。

完成上级下达审计任务　共完成市审计局下达的审计（调查）任务13项，审计（调查）单位106个；完成市审计局，县委、县政府临时交办的工作20项，审计清理单位74个。

完成自定审计任务　共完成4项5户。首先是找准自定审计任务的侧重点，从本地区实际情况入手。在对县医院、妇幼保健站固定资产审计中，发现由于设计变更、工程量计算错误、错套定额等原因，多计工程造价60万元，对此依法作出了核减造价的决定，充分发挥了审计监督为本地区经济建设服务的作用。

天津市

【天津市审计工作简述】　截至1999年底，全市已有审计机关21个，人员1172名。其中，大专文化以上学历的871名，占人员总数的74%，具有审计师以上专业技术资格的519名，占公务员总数的47%。

【天津市审计局】　全局内设职能处室14个，分别是办公室、人事处（离退休干部管理处）、法制处、财政审计处、金融审计处、外资运用审计处、社会保障审计处、行政事业审计处、工业交通审计处、商贸审计处、固定资产投资审计处、机关党委、纪检监察室、政研室，其中各审计业务处对外加挂相应审计分局的牌子。另外，设有审计科研培训中心一个事业单位。截至1999年底，共有人员371人，其中大专以上学历的301名，占81%，具有审计师以上专业技术资格的213名，占60%。

局领导班子成员

局长：王志铭（1998.7－）

副局长：

迟捷（1995.4－1999.4）

石爱中（1998.6－）

杜西平（1998.6－）

李延敬（1998.6－）

总审计师：

张维（1999.4－）

纪检组长：

王兴虎（1996.12－）

审计成果综述　1999年，全市审计机关共审计了1620个单位，对违反财经法规问题进行了处理，应上缴财政17517万元，已上缴10253万元，追还被侵占挪用资金2492万元，共为国家增收节支12745万元。

本级预算执行审计　1999年，全市各级审计机关围绕政府工作中心和财税改革的重大举措，进一步加强了本级预算执行审计。

市级预算执行审计共审计280个单位，审计预算资金310922万元、财政补贴106388万元，各类预算外资金、国债资金417214万元。查出应处理违规金额13668万元，其中应上缴财政金额8559万元。对组织执行1998年度预算和其他财政收支的财税部门及市级国库进行了审计，查出财税部门预算科目使用不当、税收混库等问题，经延伸审计28户房地产企业及其他企事业单位，发现漏缴税款1653万元，欠缴税款2468万元。对22个主管预算单位进行了审计，并延伸了39个二级和基层预算单位，查出财政资金使用不合规等问题。对预算执行中6项资金数额较大的财政支出项目进行了审计，查出有偿使用的科技三项费用6758万元逾期未能收回等问题。同时审计了35项国家下达我市国债建设项目资金到位情况。对列入市级预算的8项财政补贴管理使用情况进行了审计。还对纳入财政专户管理的25项重点收费项目管理使用情况进行了审计。

各区县审计局在开展本级预算执行审计中，进一步拓宽审计内容和范围，加大审计力度。共审计了19个区县财政部门及246个主管预算单位，延伸审计基层预算单位254个，审计乡镇财政153个，并对科技经费、教育经费、农业综合开发资金、扶贫资金等专项资金进行了审计。

预算执行审计结束后，市局和各区县审计局分别向市政府和各区县政府提交了审计结果报告，并受委托，分别向市人大常委会和各区县人大常委会作了审计工作报告，都得到了肯定和好评。根据市人大常委会的要求，市局于1999年10月首次对市级预算执行和其他财政收支审计决定的落实情况进行了全面检查。审计决定共涉及45个单位13668万元资金,已全部得到落实的有30个单位9094万元资金,正在落实的有8个单位2809万元,尚未落实的有7个单位1765万元资金。被审计单位根据审计意见,已制定整改措施79条,建立内控制度37项,增收节支金额7491万元。

固定资产投资审计 1999年,在对国家重点建设项目振兴水泥厂竣工决算审计中,查出建设资金不到位、部分项目超概算及会计核算不规范等问题金额18248万元,同时改进审计方法,利用计算机进行现场审计,提高了工作效率,为该项目顺利通过国家验收、作好“债转股”准备工作创造了条件。还完成了6个国家粮食储备库、海河干流治理建设项目概预算执行情况审计。在对中央下达我市国债建设项目审计中,查出违反建设程序、会计核算不合规等问题金额25510万元。同时对外环线东南半环改造工程资金缺口31320万元等问题提出了审计意见,得到市计委、市建委的肯定,促进了项目的顺利实施。还完成了对市级预算安排的4亿元基建资金拨付情况的审计。根据国务院规定,对我市近两年来住房公积金收支情况进行了定期审计,发现有13.7亿元的单位贷款未办理抵押、担保和公证。此外,尝试开展了环境审计。1999年有16个区县审计机关对23个建设项目竣工决算进行了审计,共核减工程造价354万元,同时对挪用建设资金、项目管理混乱等问题进行了处理。

金融审计 1999年全市审计机关统一进行了对中国建设银行天津分行系统的审计。共审计市分行、19个区县支行、15个分行自办经济实体、延伸审计了372家贷款企业,共计407个单位。查出损益不实,虚列各项收入、支出8500多万元,自办经济实体损失400万元以及贷款损失严重等问题。此外,还完成了北方国际信托投资公司、天津信托公司的资产负债损益审计。其中,查出北国投信贷资产质量低、投资收益差以及账外炒股、收入不入账、违规挪用股民保证金等严重问题,引起市领导重视,对规范金融机构经营行为,防范金融风险发挥了作用。

外资审计 1999年对4个世界银行贷款项目、1个亚洲开发银行贷款项目和1个国际组织援助项目的13个项目执行单位1998年度项目财务收支和执行情况进行了审计,并对13个二级单位或投资单位进行了延伸审计,查出违规金额729万元,其中处理处罚金额603万元,按审计署要求,出具了审计报告,起到了审计监督和审计公证的作用。另外,对我市政府及职能部门借入和担保借入的外债所涉及的中国银行天津分行等6个金融机构和电子仪表总公司等19个局级单位进行了审计调查,并对16个用款单位进行了延伸审计,通过综合分析外债在使用、偿还中存在的问题,向市政府提出了审计建议,受到市政府有关部门的重视,李盛霖市长作了批示。

国有企业审计 1999年,全市审计机关以促进国有企业扭亏脱困和改革发展为重点,努力改进企业审计方法,成效显著。全年共审计国有企业265个。市局在对12户国有大中型企业、企业集团和3户中外合资企业资产、负债、损益审计中,以真实性审计为基础,查出所有者权益不实达34686万元,企业潜亏53480万元。审计中积极探索了国有大中型企业定期审计方法,制定了《企业财务审计操作指南》,实行了被审计单位承诺制,规范了《内控制度调查表》和工作底稿,修订了评价标准,增设了《审计成果调整表》,统一了审计报告标准格式。审计后对4户国有企业作出了"不真实"的综合评价。

政府交办审计任务 据统计,1999年全市审计机关共完成审计项目130个,涉及1255个单位,是历年来最多的。

1999年初,根据市领导指示,针对南开永基公司非法集资问题,市局同南开区审计局迅速集中人力审查了永基公司1993年以来的210本账簿,496册会计凭证,在银行对账单不齐全的情况下,核对银行账6900余笔,向13家银行核实了贷款情况,查清了该公司集资、售房和资金往来情况,为市领导及时了解掌握情况,作出正确决策提供了依据。为促进有关部门管好用好社会保障资金,开展了养老保险基金审计。对本市欠缴额在50万元以上的43户企业养老保险费的提取、使用情况进行了专项审计,查出至1998年末共欠缴养老保险费32584万元 。通过对欠缴原因的分析,为有关部门制订措施提供了参考依据。组织部分区县审计机关深入到72个供热单位就供热费问题进行了审计调查,向市政府作了专题报告,对解决我市供热管理体制中不适应社会主义市场经济发展要求的问题提出了建议,受到市领导的重视。

全市审计机关积极开展了领导干部任期经济责任审计。受市委组织部委托,市局完成了天津经济技术开发区热电公司和天津经济技术开发区财政局、地税局主要负责同志任期经济责任审计。区县审计机关对161个单位的主要负责人进行了任期经济责任审计。

按照朱总理“全面审计,突出重点,注意发现大案要案线索”的指示精神,全市审计机关在抓大案要案上下功夫,先后查出华苑科技产业开发建设有限公司、天津北方国际信托投资公司、永基公司等单位重大违法违纪问题线索,已移交司法、纪检监察部门处理,促进了全市廉政建设。

审计基础工作 1999年全市审计机关继续强化审计法制工作,狠抓审计法的贯彻执行和审计规范的落实工作。各级审计机关普遍实行了审计执法责任制、

审计业务三级复核把关制度、审计执法过错和错案责任追究制度。审计人员的法律意识，按规定程序和要求实施审计的自觉性明显增强。同时，进一步加大了审计执法检查工作，保证了审计执法工作的客观公正，促进了审计执法水平的提高。

1999年审计成果转化工作取得新进展。全市审计机关向上级审计机关和本级政府报送审计工作报告、审计信息1409件，被批示采用700件，批示采用率为50%。重要审计信息上报审计署和市委市政府143件，被批示采用45件，上报与批示采用数比上年分别增长了30%和32%。并针对市国有资产管理监督问题、中华老字号企业经营现状问题、审计监督为国企服务问题进行了调查和政策研究，形成的政研材料和调研报告，有的被李盛霖市长批示，有的被市政府《天津政务参考》采用，并转报给国务院办公厅。

计算机开发应用为审计工作服务取得成效。各级审计机关加大投入，加强计算机的配备，下大力量提高审计人员的应用能力。市局修改并发行了《审计综合管理》软件，并提交审计署向全国审计机关推广使用。计算机辅助审计的探索有了重要收获。

审计队伍建设、廉政建设　一是以“三讲”教育为契机，以做人民满意公务员等活动为载体，加强对干部理论学习和党性修养教育，激发审计干部爱岗敬业、做好审计工作的热情。二是在实践中不断加强和改进党的思想政治工作。三是开展多方位的业务培训，努力提高审计干部的综合素质。四是加大干部制度改革力度。

坚持不懈地抓审计机关廉政建设，把审计部门行风建设作为一项根本性的政治任务抓紧抓好。各级审计机关普遍推行了政务公开制度，努力转变机关作风，提高工作效率。继续实行廉政工作责任制，并将自查、专项抽查和综合性检查相结合，加大检查力度。市局机关全年共进行64次执纪检查，对47个审计项目进行抽查、回访。在发放的276份执纪情况反馈表中，满意和基本满意的占96%。

【天津市和平区审计局】　1999年末，在职干部、职工共计51人。现有文化程度状况是：研究生1人，大本毕业9人，大专毕业23人；局长1人，副局长2人。设有办公室、人事教育科、固定资产投资审计科、工业审计科、商贸审计科、行政事业审计科、综合法制科、内部审计指导科。我局现有人员中，获得审计师资格的23人，会计师资格的5人。

1999年，本局共完成审计项目72项，审计单位71户；完成审计调查项目4项，调查单位55户。经审计，发现和纠正违规行为金额11757.54万元。应上缴财政金额288.67万元，已上缴财政金额295.87万元（含补缴上年25万元），实现入库率93.83%。1999年，本局共报送审计结果报告24篇，被区领导批示4篇(6篇次)，报送审计调查报告4篇，被区领导批示2篇；共编报审计工作简报66期，其中，被市审计局采用25篇，区长批示6篇(7篇次)，区委、区政府采用31篇(49篇次)。

1999年，本区内部审计机构共审计320个单位，查出损失浪费金额573.43万元，实现促进增收节支金额186.32万元，纠正违纪金额3596.32万元，已上缴财政金额79.18万元。

1999年，本局被市委、市政府授予文明机关标兵的称号，被区委、区政府授予法制工作先进单位、职工培训工作先进单位、信息工作先进单位、档案工作十佳单位、开展社区志愿者服务活动模范单位等称号，被市审计局授予审计统计工作、审计信息工作、档案工作先进单位的称号。李淑芬等同志8人(13人次)被评为全国档案系统、全市审计系统和全区的先进个人。

1999年度预算执行和财政收支审计，共审计预算资金量15704.82万元，占当年预算支出总额26181万元的60.40%；审计主管预算单位12户，占我区主管预算单位总户数的34.29%。经审计，发现和纠正违规行为金额3881.69万元，应上缴财政金额157.65万元，已上缴财政金额156.66万元。

1999年，强调以企业财务收支真实性审计为基础，披露企业资产、负债、损益不实等问题。经过对32家企业审计，共纠正违规行为金额5891.41万元，应上缴财政金额131.02万元，已上缴财政金额139.22万元(含补缴上年度金额)。

为纪念《审计法》颁布实施五周年，本局于1999年12月3日与区委宣传部、区依法治区办公室联合举办《审计法》讲座，邀请审计署法制司王常松副司长讲课。区委理论学习中心组成员、区属党政机关领导干部、区直属企事业单位领导成员、区普法讲师团成员和区审计局全体干部听取了讲座。

【天津市河西区审计局】　到1999年底，在编人员48人，其中：大学本科11人，大专25人；局长1人，副局长2人；高级经济师1人，审计师、会计师20人。设有办公室、人事监察科、综合科(含：内审指导科)、工业审计科、商贸审计科、行政事业审计科、财政金融审计科、固定资产投资审计科。

主要审计成果　共完成审计项目18项，审计单位129户；审计调查项目2个，调查单位33户。会同纪检、监察、信访等部门查处违规、违纪案件6件，全年共查出违纪、违规金额2936万元，上缴财政258万元，共提交审计工作报告、信息71篇。

纪念《审计法》颁布实施五周年　举办了河西审计成果展，以丰富翔实的照片、文字、图表从依法审计、服务经济、机关建设三个方面展示出我局1998年以来的各项工作，受到400多名社会各界观展人士的好评。

财政预算执行情况审计　以

审计1999年度区财政管理的预算审计为主，以对8个主管预算单位预算执行情况审计、教育经费预算执行情况审计、科技经费预算执行情况审计为辅。在以往审计内容的基础上，增加了财政收支1998年与1997年对比分析，揭示出资金支出的合理性、效益性。对个别单位存在预算外资金未能全部进行专门储存及漏交房产税问题依法进行了处理。

经济责任审计　受区委组织部委托，对马场街办事处、天马集团等31个单位1998年领导干部经济责任情况进行了审计，促进了党风廉政建设。

企业审计　全年共对本区8个较大国有商业企业财务收支情况进行了审计。发现漏交税金，潜亏挂账，少转收入，擅自核销资产损失和评估减值等问题，违规金额达1568.6万元。对存在的问题进行了处理，提出整改建议。

完成区政府交办任务　受区政府的委托对区建设开发公司及其所属的11个单位几年来的经营状况进行了审计。对企业的经营状况进行了全方位的检查，对企业管理制度进行了测试，针对经营管理中存在的问题，提出20多条整改建议。

【天津市河东区审计局】　1999年共完成审计项目12项，审计单位77户，其中：署、市定项目6项20户，区政府交办6项57户。查出违规行为金额1464万元，应上缴财政金额159万元，已上缴财政金额93万元。提交审计报告77篇，上报审计信息58篇，被市、区有关部门采用24篇。

预算执行和财政收支审计情况　1999年对14个行政单位预算执行情况进行了审计。存在的主要问题：财政信用资金放款中逾期贷款金额过大，逾期两年以上的贷款占全部放款金额的84%；个别行政单位罚没收入和行政性收费未及时上缴财政；个别行政单位账务处理不符合会计制度规定。

经济责任审计情况　1999年对5个领导干部进行了经济责任审计，并在审计方案的制定、具体实施、审计报告的撰写等方面进行了仔细的研究。

《审计法》颁布实施五周年纪念活动　组织全体干部对《审计法》及细则等文件进行了再学习，对审计法中的一些条款作为课题进行了专题研讨。

建行系统审计　按市局下达的方案，认真组织实施了对河东建行的审计，并对审计中发现的一些问题提出了审计建议，圆满地完成了此项工作。

企业审计　全年共审计了52个企业，查出漏缴各种税款80.4万元。

【天津市河北区审计局】　1999年末有干部、职工53人。其中：研究生学历1人，大本7人，大专32人，有37人具有各级专业技术职称；局长1人，副局长2人；设办公室、综合科、人事教育科、内审指导科、工业审计科、商业审计科、行政事业审计科、基建审计科等8个科室。

审计工作成果　1999年，共组织完成审计项目13项113户，审计调查10项197户；查处违规金额11537万元，上缴财政金额96万元；上报各类审计工作报告、信息111篇，被有关部门、报刊采用及市、区领导批示72篇次。

财政审计　1999年，对上年区财政预算执行情况实施审计，一级预算执行单位审计覆盖率达34%，审计资金总额占财政收入的70%以上。通过审计查出违规金额4062万元，揭露出一些深层次问题，查处大案要案1起。

大案要案审计　1999年，对河北区城市建设管理监察中队审计中，查出该单位存在隐瞒截留罚没款、越权罚款等严重违纪问题，违纪金额高达183万元。对该单位和有关人员进行了严肃处理，目前其主要责任人已由检察院立案查处。对天津市净化设备厂审计，查出该企业私设账外“小金库”，145.45万元的问题，依法对单位和主要责任人进行了严肃处理，同时函告其上级公司，在系统内对该企业通报批评并对当事人进行处理。

经济责任审计　1999年，受区委组织部委托，对区外贸公司、区商委、区计委开展了经济责任审计。为做好此项工作，年初会同组织部门制定了有关开展经济责任审计的文件，后又根据“两办”精神起草了《河北区党政领导干部、国有企业及国有控股企业主要领导人任期经济责任审计暂行办法》，为开展经济责任审计提供了制度保障。

《审计法》颁布实施五周年纪念活动　积极参与市审计局论文评选；组织干部撰写宣传稿件，选报优秀稿件向《中国审计报》投稿，其中题为《我对审计情有独钟》的稿件被《中国审计报》采用。

建行审计　1999年，根据审计署统一部署和市审计局安排，对中国建设银行天津市分行河北支行1998年度资产、负债、损益情况进行了审计，查出违反规定计提应付利息多计利息支出、重复计算应收利息等违规问题，上报市审计局统一处理。

企业审计　1999年，共对57户工、商企业开展了资产负债损益及财务收支审计，突出真实性审计，在监督国有资产保值增值，促进企业改善经营管理，提高经济效益方面发挥了积极作用，受到区政府领导好评。

内部审计　1999年，全区内审机构共审计单位436个，查出损失浪费75万元，促进增收节支24万元，纠正其他违规金额348万元，向上级领导部门提出审计建议并被采纳179条。

【天津市南开区审计局】　1999年共完成“同级财政审计”、“教育经费、科技经费审计”以及区政府交办的“永基公司集资情况、南开建设开发公司集资情况审计调查”、“19个街道办事处预算执行情况、处级领导干部任期经济责任审计和摸清家底三个结合审计”等13项82户审计任务及4项4户审计调查项目，查出违规行为金额2.3亿元,应上缴财政145万元,并已全部上缴。

财政预算执行情况审计　审计中坚持"账户入手,下查一级"的审计方法,实行被审计单位承诺制度,延伸单位达到主管预算单位的30%以上,审计金额达到1998年财政预算支出资金的60%以上,查出可统计违规金额5164.02万元,在对21个主管预算单位(19个街道办事处、教委、科委)和10个二级预算单位(学校)进行延伸审计时,发现20个主管单位不同程度存在违规问题,占延伸主管单位的95.2%。

企业审计　1999年已完成对东方商厦、华夏宾馆、康浴公司、五和百货商场、五和超市进口摩托车经营维修中心和洗染公司等7家国有企业的资产负债真实性审计,完成对佳豪房地产公司和长信集团的挖潜改造资金审计。

供热费收支情况专题调查　根据市局的安排,本局对全区62个供热站中30个重点站进行了审计调查。查清该30个重点站的实际收费率为72.6%,实际欠费额为1244.92万元。

全力完成交办任务　区委、区政府交办的永基房地产有限公司集资情况审计调查、区建设开发公司集资情况审计调查、19个街道办事处现有财产状况审计调查和24名处级领导干部任期(离任)经济责任审计等项目均圆满完成。

搞好任期审计　1999年对24位处级领导干部任期经济责任进行了审计。

开展重点项目讲评工作　在1999年10月初,选择了可比性强、说服力强,涉及全局工作重点的19个街道办事处的3个审计项目作为重点审计项目进行讲评。通过讲评工作,评出了水平、找出了差距,评出了干劲、明确了努力方向。

【天津市红桥区审计局】　全年共对115个企事业单位实施了审计,共查出违纪违规金额11861万元,直接增加财政收入182万元。提交各类综合性报告18篇,上报各种信息、简报67篇,被上级机关及新闻机构采纳60篇。

预算执行和财政收支审计情况　对财政部门和19个预算执行单位实施了审计。同时有针对性地对预算外资金的管理进行了审计。

大案要案审计查处情况　深入贯彻朱总理指示精神,结合本局实际以房地产开发企业和企业改制过程中涉及的产权转移、土地置换等问题为重点,查出严重扰乱经济秩序百万元以上大案6起,违纪金额9929万元。

经济责任审计　年内开展了对5个单位领导干部的经济责任审计。

企业审计　1999年对全区80户区税源单位实施了审计,从中揭露出企业资产、收入、损益不实金额5204万元,私设"小金库"169万元。

《审计法》颁布实施五周年纪念活动　1999年是《审计法》颁布实施五周年,开展了上街宣传、展牌宣传、举办审计法知识等形式宣传审计法。

【天津市东丽区审计局】　1999年在编人员35人,其中:大学本科4人,大学专科29人;局长1人,副局长2人。设有办公室、综合科、行政事业审计科、财政金融基建审计科、工业企业审计科、商业企业审计科、乡镇审计指导科。

审计工作成果　共完成审计及审计调查项目17项76户,分别完成年计划的113%和105%,查出各类违纪违规行为金额8764万元,应上缴财政99万元,已上缴77.3万元,提交审计及审计调查报告36篇。完成市审计机关下达的审计任务8项29户。完成区委、区政府交办任务共4项16户,审计调查1项9户。

经济责任审计　继1998年开展的对18位处级领导干部进行离任经济责任审计的基础上,1999年又按区委要求对6位处级领导干部进行经济责任审计,为区委组织部门考核、评价、任用干部起到了积极作用。

【天津市津南区审计局】　1999年,在职干部、职工26人,其中:大学本科毕业5人,大专毕业14人;局长1人,副局长1人,局长助理1人;设办公室、综合科、财政金融审计科、行政事业审计科、商业审计科、工业基建审计科;另设会计师事务所(1999年7月1日脱钩)。

审计成果　完成国家审计项目12项。其中:审计总户数53户,查出各类违规行为金额2085万元,上缴财政158万元,出具审计报告46篇。完成地方政府临时交办项目14项。其中:接受区委、政府委托直接审计18户,调查审计2户,破产清算4户,为当地政府宏观决策提供了可靠依据。

完成上级下达审计任务　在预算执行和财务收支审计中,及时纠正区财政违规行为金额200万元;在经济责任审计中,及时纠正违规行为金额55万元,并起草了《津南区审计工作暂行规定》,并经区委、区政府两办转发全区,进一步规范了审计工作;在建行系统审计中,查出违规行为金额335万元;在20户集体、私营企业调查中,及时纠正了收入不入账、成本核算不实、多列、虚列费用等问题。

内审工作　经区政府转发了《1999年全区内审工作的安排意见》,组织了第10期内审培训班,并深入到审计所和内审机构进行离任审计指导,不断规范了内审工作程序。

【天津市西青区审计局】　截至1999年底,在编人员28人,其中局长1人,副局长1人。设有办公室、综合科、财政金融审计科、行政事业审计科、企业审计科、乡镇企业审计指导科。

审计工作成果　全年共完成审计、审计调查项目20个,审计单位86户,共查出违纪违规行为金额9578万元,上缴财政5.6万元(另有应上缴财政55万元,由市局统一处理),移送司法机关依法处理1人，共上报审计信息38篇，被市审计局、区委、区政府及有关部门采用35篇次。

预算执行和财政收支审计情况　1999年在开展本级预算审计执行中做到"四突出"，一是项目运作上突出抓龙头；二是审计内容上突出抓重点；三是审计环节上突出抓协调；四是审计质量上突出抓提高，收到了明显效果。本级财政预算执行项目结束后，向区政府提交了审计结果报告，并受区人民政府委托，向区人大常委会报送了《关于西青区1998年度本级预算执行和其他财政收支的审计工作报告》，针对1998年度本级执行预算中存在的问题，提出了切实加强预算管理意见，得到了区政府和区人大常委会的重视和肯定。

经济责任审计执行情况和大案要案审计查处情况　截止11月中旬，共完成对14个单位处级干部的任期经济责任审计。对查出的问题，已出具审计意见书和做出审计决定，其中农林局原局长的问题，经区委研究决定已移送检察院立案侦查，并由司法机关依法进行处理。

建行西青支行审计情况　截至1998年底吸收各项存款58760万元，发放贷款12696万元，实现各项收入3439.47万元，报表中实现利润404.59万元。较好地完成了市分行下达的各项指标。但在财务核算中因为费用指标控制，使递延资产挂账727.12万元不能摊销，存在着影响损益的不利因素；另外，因职工福利费没有指标控制，赤字挂账160.05万元，存在着影响资产、负债的不利因素。

【天津市北辰区审计局】　至1999年末实有干部职工34人，其中：干部33人，工人1人。全局干部中大本学历的10人，大专学历的15人，具备中级以上专业技术职称的18人；局长1人，副局长2人。设有办公室、财政审计科、行政事业审计科、工商企业审计科、基建财务审计科、乡镇审计管理指导科、综合科等机构。

审计工作成果　完成审计项目11个，审计单位45户，查出各类违规行为金额27039万元，上缴财政63万元，节约财政资金152万元。向有关部门移送经济案件1起，涉案人员1人。为被审单位追回资金87万元。

财政审计　1999年对本级财政预算执行情况和其他财务收支情况的审计金额达预算执行单位年度收支总额的60%以上，审计主管预算单位5户，同时延伸审计了二、三级和基层预算单位25个。继续坚持了对全区12个镇财政财务收支决算审计工作，审计覆盖面100%，共查出违规行为金额8258万元。

基建审计　全年开展基建预决算审计2项，审计工程总造价2987万元，核减工程造价152万元。

行政事业审计　共对19户行政事业单位进行了审计，查出了违规挪用预算资金、隐瞒预算外收入、私设"小金库"等违规行为金额10654万元。全年共向上级审计机关、本级人民政府及有关部门提交审计工作报告和审计信息64件。

完成区政府交办的事项　1999年完成区政府交办8项，共对289个单位的经济指标完成情况进行了审计核实；对天穆小学集资案、紫阳公司偷税案、长城文教用品厂上访案等重大案件进行了审计检查。

【天津市塘沽区审计局】　1999年，共审计67个单位，查出违规行为金额7239.64万元，其中决定处理处罚3042.88万元，指明要求纠正4197.26万元，应上缴财政297.17万元。向上级审计机关、区政府和新闻单位报送信息等60篇，被采用29篇，创历年来最高水平。

预算执行情况和其他财政收支的审计　经审计发现区财政预算管理和税收征管工作中存在的漏洞及薄弱环节，及一些单位虚列预算支出、预算外收入挂账、未纳入预算外统一管理、漏缴税金等问题。对审计查出违反财政法纪的问题，均依据国家有关规定作出处理。

经济责任审计　1999年对6个单位的领导干部进行了经济责任审计。核实了责任人在任期内资产、负债、损益的真实、合法、效益情况，查出漏缴各项税金84万元和管理中存在的问题，对被审计者的工作业绩给予了客观的评价，得到了组织部门和被审计者的认可。

金融审计　按照审计署和市审计局的部署开展了对建设银行塘沽分行的审计，查出违纪金额181.52万元并对信贷管理中存在的问题提出了审计处理意见和建议。

企业审计　1999年度共审计区属国有企业6个。查出违纪金额1101万元，应上缴财政118万元。

积极开展《审计法》颁布实施五周年纪念活动　主要进行了撰写宣传稿件、召开有各界人士参加的座谈会及在本区主要街道悬挂宣传标语等多种形式的宣传活动。

【天津市汉沽区审计局】　1999年，全年完成审计项目19项91户，完成年度计划的147%，其中完成署定、市定项目7项30户，完成自定项目6项37户，完成区领导交办项目6项24户。审计查出违规行为金额1086万元，其中决定处理处罚的107万元，指明要求纠正的979万元，应收缴金额107万元，已收缴入库94万元。提交审计报告32篇，报出各类信息44篇，被有关部门采用27篇，采用率为61%。

预算执行和财政收支审计情况　1999年，主要审计了财政部门、海防路建设专项款、一级预算单位，共审计28户，查处违规行为金额221万元，其中决定处理处罚的90万元，指明要求纠正的131万元，已收缴入库金额90万元。

经济责任审计　全年共开展经济责任审计2户，经过审计和综合评价，被审计单位及本人是满意的。

大案要案查处情况　不断探索审计内容和采取对被审计单位的货币资金进行突击审计的方法，查出区民政局上年底会计账与银行存款账差额33.2万元，该局出纳员陈松义于审计当天委托他人用两张支票代其从银行取走现金77986元，并携款外逃，下落不明，将全部材料移交检察院立案。

工行、建行系统审计情况　1999年对建行汉沽支行1998年度资产、负债、损益情况进行了审计，财金科派出6人组成审计小组，审计查出漏交营业税及其附加等问题。

企业审计　1999年，审计了汉建总公司资产、负债情况，完成了商业公司改制审计，共4户，查出了违纪行为，帮助被审计单位摸清了家底，指出了问题，促进了企业管理。

【天津市大港区审计局】　1999年，在职干部、职工49人。其中：研究生学历2人，大学毕业(含后取学历)8人，大专毕业(含后取学历)22人，取得中级职称资格18人。机关内设八科一室一所，即：办公室、综合法制科、财金审计科、行政事业审计科、商业审计科、工业审计科、基建审计科、乡镇审计科、内审指导科、津港会计师事务所(该所于1999年9月与机关脱钩)。

审计成果　全年共完成国家审计项目14项57户，查处各类违规行为金额8877万元，上缴财政金额91万元，出具审计报告61篇，被市区采用信息报告15篇，完成政府交办事项2项37户。

财政审计　在财政预算执行审计中，共审计13户，查处违规行为金额3540万元，其中决定处理处罚金额60万元，指明要求纠正的3480万元，上缴财政金额22万元。

经济责任审计　完成区委下达经济责任审计7个单位，查出违规行为金额2984万元，其中决定处理处罚的有512万元，指明要求纠正的2472万元。

企业审计情况　共审计13户，重点对企业资产、负债、损益情况进行了审计，查出违规行为金额970万元，其中决定处理处罚金额917万元，指明要求纠正的53万元。

内部审计　截至1999年底，我区共建立内审机构18个，其中专职机构1个，共有内审人员5名

【天津市开发区审计局】　1999年共安排5个审计项目，涉及被审计单位22户，共查出违规行为金额14406万元，应上缴财政565万元，上报审计报告和综合信息26篇。

本级预算执行情况审计　1999年3月至4月，开展了对本区1998年度预算执行情况审计，并对有关部门进行了延伸审计。

经济责任审计　1999年共对5个企业的经理进行了经济责任审计，并写出了综合报告，报开发区管委会，取得了很好的效果。

企业审计　1999年对3户中外合资企业和2户国有直属公司进行了审计。在企业审计中，从真实性审计入手，以企业会计核算真实性为基础，将企业资产、负债及损益的真实性审计作为重点，规范企业财务核算。

【静海县审计局】　1999年全年共审计60个单位，查出违反财经法规金额9304万元，应上缴财政143万元，已上缴财政82万元，追回被侵占挪用资金38万元，报送审计报告和信息43篇，被批示采用25篇。

本级预算执行审计　对主管预算部门、农业专项资金、科技教育经费，乡镇财政及部分企业共20个单位进行审计，针对查出的问题，提出了“强化国有资产管理，消除税收征管‘真空’，理顺财政资金管理渠道，预算外资金要足额纳入财政管理，财政资金管理分散等建议。

经济责任审计　经调研论证，向县政府提交了《静海县党政领导干部任期经济责任审计暂行办法》，并进行了试审，对县劳动局、市容环卫局行政一把手任期经济责任进行了客观评价，向县委提交了经济责任审计报告，有1人受到了免职处理。

金融审计　对县建行资产负债及损益进行了审计，审计查出漏缴税金12万元，潜亏挂账33万元，账外资产3119万元，审计确认贷款损失6883万元。

企业审计　全年共安排12户企业审计，发现企业少提不提费用，虚增收入，费用挂账等不真实资金达6714万元，其中：虚增利润2893万元，低估负债2314万元，多计资产1507万元。

【武清县审计局】　1999年共有干部职工36人，其中：大学学历6人，大专7人，局长1人，副局长3人，副局级调研员1人。设有办公室、综合科、财政金融审计科、企业审计科、行政事业审计科等机构。

审计工作成果　1999年共完成审计项目69户，其中署定、市定审计项目36户，自定审计项目33户，共查出违规行为金额5230万元，已上缴财政金额25万元，上报审计信息40篇，被采纳17篇。

完成县政府交办的审计任务　1999年共完成县政府交办的审计任务8项，审计单位177个，其中，抽调两名局长在内的10名同志参加了全县的企业改革，并负责清产核资和资产评估审核工作；抽调6名同志参加了乡镇基金会的清理整顿工作，并负责清产核资和初审把关；此外还完成了腾飞化工总厂和大海食品公司的厂长、经理离任经济责任审计；对全县供销社系统59户企业进行了财务挂账审计，清理核查资金总额1.44亿元；对县18个集贸市场投资和收益情况进行了审计，审计资金总额5107万元；完成了全县比较关注的土地局财务收支审计，发现该单位截留应缴资金500余万元，并存有开支不当等问题；开展了党政机关领导用公款安装住宅电话，超标准购买小

汽车等情况的审计调查。

【宝坻县审计局】 1999年共审计58个单位。其中署定项目1个单位，市定项目36个单位，县委、县政府交办乡镇局级主要领导任期经济责任审计21个单位。审计查出违规行为金额4300万元，应上缴财政金额247万元，已上缴财政229万元，追回被侵占挪用资金160万元。向上级机关和地方政府报送审计工作报告和审计信息72篇，被批示采用41篇。

预算执行和财政收支审计 今年的同级审，以县财政局为龙头，安排了12个主管预算单位审计，并且延伸下属单位31个。本级项目审计，查处违规行为金额293万元，应上缴财政39万元，已全部收缴入库。审计意见采纳率和审计决定执行率均达到了100%。

大案要案审计 全年向司法机关移送案件3件，追回贪污受贿、侵占集体资财及侵吞工人工资等款项39.35万元；有6人被开除党籍并绳之以法，其中：国家工作人员3人，村主任、党支部书记3人，另有3名村干部受到党内严重警告处分。

经济责任审计 对18个乡镇和3个局级单位党政一把手任期经济责任进行了审计，对18个乡镇的88个企业财务收支情况进行了审计。

【宁河县审计局】 1999年共完成审计项目12项。查出违规行为金额2312万元，应上缴财政金额97万元，已全部入库。

预算执行和财政收支审计 1999年预算执行审计注重抓好重点部门、重点单位、重点项目、重点资金，审计中共涉及单位25个，审计资金总额1.5亿元，占预算资金比重的67%，查出违规金额180万元，其中应上缴财政85万元。此外还对11个乡镇财政决算情况实施了审计，查出和纠正违规行为金额24万元。

经济责任审计 1999年接受组织部门委托，完成了本县20位乡镇局主要领导干部离任和年度任期经济责任审计，为组织部门考核，选任干部提供了参考依据。

建行系统审计情况 根据市局授权完成了建行宁河支行1998年资产、负债及损益审计。

企业审计 1999年重点对县商业总公司、煤建公司、粮食工业公司、第一运输公司4户国有企业资产、负债及损益真实性进行了审计。查处并纠正会计账务处理不当、核算不真实、少提或多提折旧等违规问题149万元，同时针对存在的问题，提出了完善机制、健全内控制度、规范核算手续等改进建议，达到了审帮结合的目的。

【蓟县审计局】 全年共审计10项97个单位，查处利润不实、资产不实、挤占挪用、列支不合规票据等违反财经法规金额5005万元，上缴财政6万元。向市局和县委、县政府报送信息简讯66篇，被采用32篇。

重点项目审计情况 1.1999年，继续围绕财政预算执行情况审计这个重点开展工作，对执法部门截留罚没收入120万元以及在库区基金使用中存在的违规问题进行了处理，同时对14个主管预算单位预算执行情况、对21个乡镇财政决算情况进行了审计。2.按照审计署的统一部署，对建设银行蓟县支行进行了审计，对违规问题按市局的统一口径进行处理。3.对渔阳宾馆的经理进行了离任审计。4.在自定项目中，对25个行政事业单位进行了财务收支审计；对31个企业资产负债损益情况进行了审计，查处违规金额4551万元，提出审计建议35条。

大要案查处情况 配合县纪检、监察等部门查处了16件信访案件，查出违纪金额80多万元，有关部门给予党纪处分5人，移送司法机关2人。

《审计法》颁布实施五周年纪念活动 通过印发宣传材料、悬挂横幅标语、设宣传咨询点、召开专题研讨会、参加审计法百题知识竞赛等多种形式，积极学习、深入宣传审计法，使审计法深入人心，审计人员做到依法审计，被审计单位做到知法、守法。

河北省

【河北省审计工作简述】 1999年，全省有审计机关186个，在职工作人员4339人，其中具有大专以上学历人员占48%，获得审计师或注册会计师资格的人员占31%。全省各级审计机关和广大审计人员在省委、省政府和审计署的正确领导下，认真贯彻"依法审计、服务大局、围绕中心、突出重点、求真务实"二十字方针，充分发挥审计的"卫士、勇士、谋士"作用，强化审计质量和风险意识，圆满地完成了各项审计工作任务。共完成审计项目和项目单位9675个，查出各种违规行为金额1288139万元。其中决定处理处罚324716万元，指明要求纠正963423万元；应上缴财政53561万元，已上缴财政47727万元；减少财政拨款和补贴金额6314万元，追还被侵占挪用资金85201万元，核减工程价款18340万元；共为全省促进增收节支金额184567万元。通过审计，向司法机关移送案件54件，建议给予行政处分67人；此外还协助有关部门查处各类经济案件81起，建议纠正地方部门不当规定775条；各级审计机关向当地政府和上级机关提交审计工作报告、信息8101篇，其中被地方党政领导和上级审计机关批示采纳4937篇，批示率达60.9%。

【河北省审计厅概况】 全厅行政编制131人，实有121人；具有大专以上学历的人员占81.7%。事业编制40人，实有31人。内设职能处室14个，分别是办公室、综合处、审计管理处、人事教育处、财政审计处、金融审计处、工业交通审计处、行政事业审计处、商业贸易审计处、固定资产投资审计处、农业审计处、外资运用审计处、机关党委、监察室。设事业单位3个，分别是审计干部培训中心、《河北审计》杂志社、审计厅招待所。

厅级领导成员

厅长：

张成起 （1997.12－）

副厅长：

邵积庆 （－1999.11）

陈金如 （1993.12－）

赵文雪 （1995.8－）

吴兵冲 （1997.8－）

李树森 （1999.8－）

纪检组长：

肖孟君 （1995.1－）

财政预算执行情况审计　全省财政预算执行情况审计围绕规范财政收支行为，强化预算约束机制，巩固宏观调控成果，积极探索以财税部门总预算执行情况审计为龙头，部门单位预算执行情况审计为基础，财政、财务收支的真实性、合法性为切入点的审计思路。在审计实施过程中严把真实性，突出效益性，规范合法性，注重整体性，分析结构性，侧重宏观性，审计的广度和深度有了明显增强。共审计预算执行单位1560个，查处违纪金额168249万元，促进全省增加收入减少财政支出23094万元。7月27日，省审计厅受省政府委托，在河北省第九届人民代表大会常务委员会第十次会议上作了《关于河北省1998年省本级预算执行及其他财政收支的审计工作报告》，得到了与会常委的肯定和好评。《河北日报》、《河北经济日报》对审计工作报告全文予以刊登，有力地推动了预算执行审计工作。

金融审计　开展了对中国工商银行河北省分行系统1998年度资产、负债和损益情况的审计。全省共抽调业务骨干1000余名，组成150个审计小组，对省工行全辖1542个单位进行了审计，延伸审计工商行贷款企业4551个，核实贷款金额542.6亿元，查出违纪违规行为金额达24.9亿元。通过审计，基本上摸清了我省工商银行的家底，揭露和反映了工行资产质量偏低，存贷结构不合理以及由于行内违规经营、盲目投资、企业借改制之名逃废银行债务等原因形成的不良贷款比例较高的问题，对加强工商银行的经营和管理，促进地方经济发展起到了积极的推动作用。

企业财务审计　按照省政府的要求，由省审计厅牵头，全省共抽调审计、财政等部门近300人，组成40个审计小组，分赴11个市，对94户国有工业企业实施了审计。共查出各种违规行为金额175989.5万元。全体审计人员在核实企业会计资料真实性、摸清企业家底的基础上，反映、揭露了国有资产流失、企业资产质量差、企业会计信息失真、财务管理薄弱、企业短期经营行为和企业负担沉重等方面的问题，全省百户国有企业审计综合报告上报省委、省政府后，省委书记叶连松、省长钮茂生等领导同志均作出了重要批示。省审计厅还统一组织了对我省12户国有大型商场经营成果的真实性审计工作，为政府加强对大型商场的宏观管理提供了翔实的资料和依据。

专项资金审计　1999年，省厅统一组织了对全省11个市及所属130个县（区）1995至1998年水利基础设施建设及资金投入、使用情况审计调研，反映了我省水利基础设施建设及水利专项资金投入和使用中存在的问题，分析了问题产生的原因，有针对性地提出了建议。审计调查报告上报后，叶连松书记、钮茂生省长、赵金铎副书记等省领导对报告给予了高度评价，并迅速作出批示，责成有关部门按审计建议采取措施加以改进。开展了对市、县两级1997年至1999年上半年扶贫资金投入、管理及使用情况的审计。共完成审计项目3136个，查出各类违规行为金额27402.8万元。对已征收的电力建设资金的划拨、使用情况进行了全面审计。共审计81个部门和单位，查实应缴未缴电力建设资金7.99亿元。开展了对全省检察院、法院系统财务收支情况的审计工作，共审计单位354个，查处违纪资金20707.47万元。组织了对15个行业69个单位的原中央行业统筹企业职工基本养老保险基金1997年至1999年2月底收支结余及移交情况进行了审计。核实基金缺口20549万元，应移交未移交地方基金15529万元。审计决定和建议落实后，为我省增加养老基金69027.42万元。组织了对8市147个县155个社会保险经办机构1998年度企业职工基本养老保险基金征缴、支付和管理情况的审计，共查处违纪资金154714.34万元，强化了对养老金收、管、用的监督。此外，共抽调2851人，配合省清理整顿农村合作基金会领导小组对2139个农村合作基金会进行了清产核资，为确保农村稳定发挥了积极促进作用。

建设项目审计取得新进展　围绕中央提出的投资拉动政策的实施，积极开展了对投资项目的投资效益审计，全省共完成848个基建项目单位的审计，查出违规金额97340万元，其中决定处理处罚53243万元，指明要求纠正44097万元；移送司法机关案件1起。衡水市审计局组织对24项市政工程、18个拆迁单位和全市瞩目的“126”工程、“215”工程和商贸中心、体育场前期工程建设项目进行了审计，共审减工程造价2400余万元；涿州、盐山等县级审计机关加强了对农村基建工程审计，平息了大量群众集体上访事件。组织了对河北省中央直属储备粮库专项建设资金和建设项目的审计。

外资运用审计　河北省各级审计机关对603个项目执行单位进行了审计，查出违规行为金额84644万元。其中，省厅完成对18个项目执行单位的审计，查出违规行为金额69981万元，出具对内报告12个，对外报告12个。9月、11月，亚洲开发银行审计官员罗吉尔·谭雷先生和兰内特·阿莫拉多女士来河北考查和对京秦高速公路亚行贷款项目进行审计后，对河北省的外资审计工作给予了充分肯定，称赞“亚行接到的（河北）报告，非常满意”。

【石家庄市审计局】 石家庄市审计局1999年底总人数90人。培训中心(事业单位)7人。其中:研究生和双学历各1人,大本学历32人,大专学历31人。

审计工作成果 1999年共完成审计项目(单位)94个。查出违规行为资金99404万元;决定处理处罚12155万元;应交财政87231万元;已交财政87231万元,共提交审计报告78篇。移送纪检监察机关和检察院案件各1起。在财政预算执行审计中,加大了延伸审计的范围和力度,探索了预算审计的新路子,突出了对群众关心的政府部门行政经费、行政性收费、罚没收入和财政专项拨款的审计,扩大了同级审计的影响。首次延伸审计了市委、市政府办公厅的行政经费以及粮食局粮食转制专项资金、棉三限产压锭专项资金、市纺织局和二轻局使用财政专项拨款情况、农业局秸秆利用专项资金等财政专项拨款情况。向市人大、市政府提交的两个报告,既全面反映了全市预算执行的基本情况,揭露了存在的问题,又提出了合理化建议,受到了人大和政府的好评。

发展信息网络,提高工作效率 石家庄市审计局自筹资金近百万元,更换了计算机和服务器,完成了局域网的设计和各工作站网络软件的安装与调试,开通了审计信息网站,连通了国际互联网。经市互联网工程指挥小组的评比验收,获得了市直部门网站建设三等奖。同时建立了市局远程计算机通讯网中心,为各县(市)区审计局提供了电子邮件服务。市局下发的审计信息和一般性材料,已实现无纸化,大大提高了全市审计系统资料的传递速度。

受表彰情况 1999年,石家庄市审计局被河北省审计厅评为实绩突出单位;有9人受到省审计系统表彰奖励;16人受市审计和人事系统联合表彰或评为优秀公务员等。

【石家庄市长安区审计局】

坚持"有为才有位"的指导思想,加大审计工作执法力度 根据本区实际情况,围绕党委和政府工作中心,大力突出审计重点,体现审计工作价值,树立审计机关威望。重点抓住财政预算执行审计、领导干部经济责任审计和基建预决算审计,通过审计,揭露和发现了一些单位公款吃喝、白条入账、公款私存、滥发钱物等严重问题,其中有2个问题比较严重的案件及时向区纪检、监察部门进行了移交处理。完成8个项目的工程决算审计,审计工程总造价1260万元,审减资金212万元,核减率为17%。

加强机关建设,促进审计工作的全面发展 一是加强领导班子的团结,提高领导班子的凝聚力和战斗力,以"严抓管理、加强团结、提高素质、争创一流"的指导思想带领全体同志做好审计工作。二是坚持素质教育,努力提高审计人员的政治和业务水平。有12名同志分别参加了微机、档案、审计信息、审计统计等业务培训,提高了这些同志的工作能力,促进了我局各项工作的开展。

【石家庄市桥西区审计局】

1999年桥西区领导干部经济责任审计工作取得了很大成绩。该区审计局共对18个单位进行了经济责任审计,其中工商企业6个,行政事业单位12个。共查出应上缴财政预算管理资金230.2万元,账外资金73.8万元,偷漏税金57万元,潜亏4173.7万元,不合理收费259.5万元,其他违规行为涉及资金673.2万元。依据审计结果,有关部门免职和降职调离干部4人,交流干部14人。向监察部门移交违纪案件2件。通过经济责任审计,加强了对党政领导干部和企业领导人员的管理和监督。

对审计成果的研究开发利用工作进行了深入探讨,要求每份审计报告都要反映出单位特色,微观审计宏观分析、研究,提出有较高价值的审计意见和建议,收到很好效果。如针对区国有资产管理存在的问题,向区政府提出"关于加强行政事业单位国有资产管理意见",被采纳后,政府下文实行了"大额商品采购多家报价,财政审批,审计监督制度"。针对国有资产流失问题,提出"建立国有资产流失责任追究制度"的审计建议,得到人大代表的高度评价和重视。

【石家庄市桥东区审计局】

1999年人员及机构情况与1998年相同。

预算执行情况审计 完成对区财政局等7个单位1998年度财政预算执行情况的审计,查处了个别预算执行单位漏交税费,私设"小金库",控办商品未办控购手续的问题。

行政事业单位审计 完成对区检察院等5个单位的财务收支审计,查处个别单位漏交税费8700元、重点建设项目资本金基金2.8万元违规问题。完成对区卫生队城建资金审计,查处了隐瞒收入、挪用资金、专控商品未办控购手续以及私设"小金库"问题。

基建工程决算审计 完成对区高层住宅楼财务收支审计,查处超规模建设1782平方米,超计划144万元,扩大开支范围132万元,高估冒算多计工程款144万元的问题。

科级干部经济责任审计 对11名科级干部进行了任期经济责任审计,对审计中发现的带有普遍性的漏税、乱发奖金补贴、专控商品不办控购手续等情况,及时做了汇报,为干部管理部门提供了有价值的参考依据。

企业审计 对6家军队、公安办企业划转地方前的资产、负债情况进行了审计,为顺利交接打下了基础;对2个单位进行资产审计,核实了家底,完善了财务管理制度。

【石家庄市郊区审计局】 1999年,郊区审计局继续深化对财政预算执行情况和其他财政资金的审计,充分发挥审计在维护财经法纪、规范经济秩序方面的作用,正确把握审计揭露、披露和处理的关系。对少计预算收入、不按规定入库、挪用专项资金的现象，予以了揭露，引起有关部门和领导的重视。同时，主动帮助被审单位(包括延伸审计单位)分析形成问题的主、客观原因，提出切合实际的整改意见，受到被审单位的好评。同时，得到了区领导的肯定和区人大的赞誉。

发扬争一流的精神，档案工作取得优异成绩。从工作体制、业务基础、编研成果、设备设施等方面不断提高，实现档案管理自动化与单位管理自动化同步发展，并运用计算机对单位主体档案进行检索、分类、统计，大大提高了运用档案效率。

【石家庄市井陉矿区审计局】 对同级财政预算执行情况进行审计，是年度审计工作的重要项目。经过审计向当地人大、政府提交了两份审计报告，为维护财政、财经纪律，充分发挥了审计高层次监督作用。

区委组织部、区政府体改办、审计局共同学习了两办关于经济责任审计的文件精神，由区委组织部转发了《关于对乡、科级领导干部实行离任审计的暂行办法》，并责成审计局具体实施。在《审计法》颁布实施五周年活动中，组织全局审计干部一起学习了《审计法》及《审计法实施细则》，畅谈了颁布《审计法》五年来的审计成果。

【辛集市审计局】 全年人均审计单位数、人均为财政贡献数、查出违纪金额数、审计信息反馈数量档次等主要指标都创造了建局以来的最高水平，在石家庄市审计系统综合评比中名列第一。1.市政府起草的《关于对领导干部实行任期经济责任审计的规定》，并以辛发[1999]22号文件下发后，完成了7个行政事业单位、1家市办企业的任期经济责任审计。2.组织全体审计人员开展了规避审计风险大讨论，向石家庄市审计局提交的研讨会论文《正视审计风险，探索防范途径》被研讨会评为一等奖。3.根据市委安排，对全市有经济指标任务的47个局级单位1999年度目标责任制完成情况进行了审计，给市委考核干部提供了真实的底数，为市委安排使用干部提供了决策依据。

【藁城市审计局】 1999年，藁城市审计局按照“查准问题、处理到位、建议可行”的指导思想开展审计工作。在财政预算执行审计中，针对其未按国家预算科目结转收入、虚列支出等问题，向市政府提出了加强财政预算管理及国有资产管理的建议，引起市政府重视。在市工商银行审计中对其漏缴营业税、所得税32456元的问题，作出了予以收缴的决定。针对本市15家国有企业存在的成本不实、虚增利润111万元的问题，分别向企业及主管部门提出了切实可行的建议。在对两个科级干部离任审计中，客观公正地评价了功过，为组织部门科学用人提供了依据。

在配合市政府中心工作方面做了大量工作，主要有配合纪检委清理农村基金会，派一名副局长带队摸清各基金会家底，清理剥离呆账，使信用社和基金会合并顺利进行；对医药行业回扣及粮改执法情况检查，促进了医药部门正常经营及粮食顺价销售、敞开收购、封闭运行；抽调人员16名深入农村，对3个上访案件进行检查，历时7个月，内查外调，核实资财，做村民的思想工作，稳定了群众情绪。

【晋州市审计局】 共完成市委、政府交办的工作18项，其中：党政干部经济责任审计14个，对单位经费和财务收支的合法性、合理性、经济指标经营成果完成情况进行了鉴证，正确评价了干部在财务管理上的功过是非；完成了市委、政府统一组织的粮改执法检查、预算外资金清查、乡镇基金会清产核资及审计执法责任制完善落实工作。

1999年共完成省、市审计机关下达的审计任务26项，主要对市本级预算执行情况和部分乡镇财政决算进行了审计。对工商银行晋州市支行1998年度资产、负债及损益情况进行了审计。完成了晋州市检察院、法院、劳动人事局等行政事业单位财政、财务收支及社会养老保险等基金审计和审计调查。对工商局综合楼、中行晋州支行办公楼项目决算进行了审计，查出违纪资金30万元，核减工程款120万元。对供销系统部分单位资产、负债及损益情况进行了审计。

【新乐市审计局】

从源头上控制腐败现象的滋生、蔓延　全年共审计行政事业单位4个，查出截留、坐支、挪用等违纪资金570万元。

金融审计　主要是对工商银行新乐支行及其长寿分理处和4个农村信用社1998年度资产负债损益情况进行了审计，并延伸了17个储蓄所、代办站、23家贷款企业。发现信贷资金质量差，漏交税款、少计利息收入等问题，通过审计比较全面的掌握了资产风险状况，为整顿金融秩序和领导决策提供了真实信息。

领导干部任期经济责任审计　先后对10个乡镇和部门的领导干部进行了审计，共查出各类违纪违规资金1178万元，审计结果上报后，平调干部8人，提前离岗2人，两名违纪违规问题较为严重的领导干部移送纪检监察机关处理。

【鹿泉市审计局】 为加强对干部任职审计工作，根据“两办”颁发的有关规定，鹿泉市审计局根据实际情况，制定了鹿泉市对干部任期经济责任审计的“两项规定、三个办法、三种样本”，使离任审计工作逐步趋于完善。根据市政府安排，重点对外贸局、商业局、粮食局等8个局级单位，以及政府招待所、鹿泉钢铁公司等4个企业进行了离任审计。经审计，有4人升职、2人免职、6人平调，为市领导正确任用干部提供了可靠依据。为加大基建审计力度会同财政局、监察局联合下发了《关于加强财政性资金建设项目审计的通知》,明确规定凡使用财政性资金的工程项目工程决算未经审计,一律不准进行价款结算。为确保文件落实,重点对水厂工程、向阳城市信用社营业楼、东外环公路工程、公安局办公楼进行了审计,审计资金总额为5219万元,共审减建设资金418万元,为国家节约了大量建设资金。

【平山县审计局】 1999年完成9个单位的财政审计,查处违纪违规资金1763万元。对工商银行审计,查处违纪违规资金214万元,其中:应记未记收入168万元,账外资产15万元,多列支出8万元,少记支出23万元,补交税金31万元,罚款0.8万元。职工医院经济责任审计,平息了上访,提前结束承包,使一度瘫痪的职工医院恢复正常营业。积极探索计算机审计新路子,在工商银行审计中,搜集证据准确全面,收到良好的效果。纪念《审计法》颁布实施五周年之际,印发宣传材料1000多份,聘请有关人员讲解《审计法》、审计规范等相关知识,派总审计师到人大为全体人员讲述《审计法》。

【井陉县审计局】

财政预算执行情况审计监督 审计了县财政局、地税局,还延伸审计了环保局、水利局、建设局、公用事业公司等12个单位。在财政收支审计中,实行"账户入手寻突破,围绕来源找线索"的审计方法,收到了明显的效果,查出违纪违规行为金额96.5万元,增加财政收入46.9万元,财政预算执行审计,堵塞了财政漏洞,增加了财政收入,有效地防止了财政收入流失。

对水利专项资金审计 审计发现,全县拥有各类大、中、小型水利工程万余处,绝大部分工程老化带病运行,防洪工程能力差,水资源的短缺等现状和水利工程建设资金严重缺乏都困扰着水利事业的发展,影响了县域经济的可持续发展,如1998年水毁工程专款为45万元,已拨30万元,尚有15万元不能到位;水保专款40万元,已拨25万元;水土保持费260万元,按规定比例到位140万元,截止1999年3月底尚有141万元水利建设资金没有及时下拨到受益单位及乡村。审计后对水利建设方面存在的问题向县政府和有关部门作了报告,引起了县政府和有关部门高度重视,保证水利专项资金到位、使用和效益。

【栾城县审计局】 1999年,财政审计重点对财政收支行为的真实性、合法性和效益性,对于隐瞒、截留、转移财政收入的,坚决予以揭露和查处。一是对欠收土地出让金问题,责成有关部门限期收回入库;二是对财政周转金不能按期收回,要求查明原因,作专题处理;三是对财政往来科目使用不当的问题,责成财政局调整有关科目,对于未及时拨付到位的虚列预算支出,督促其及时予以拨付。

重点对本县工商银行1998年以来的损益的真实性、信贷资产的质量和有无违纪问题进行审计。通过审计,发现该行某业务部私设"小金库",除将"小金库"资金依法没收外,还建议该行对直接责任人给予行政处分。

在对县基金联合会审计时,会计兼出纳王振元畏罪潜逃,经查,该基金会借出资金370万元,王振元私自放贷167万元,亏空资金56万元。在账据不全的情况下,通过上下核对、银行存款清查,亏空资金多数被追回,基金会的债权债务也得到解决,维护了储户的合法利益。

【正定县审计局】

全力开展"同级审" 成立了由局长任组长的领导小组,集中全部审计力量组成7个审计组,分别对财政、地税、预算外资金管理部门进行了审计,同时还对教育、城建、水资办、林业等部门进行了延伸审计。通过审计查出违纪违规金额795万元,其中处理处罚金额为90万元,指明要求纠正的705万元。对预算编制内容不完整、缺少明细及收入未纳入预算管理等问题提出了审计意见。

强化金融审计 组成了由一名副局长任组长的5人审计组,自3月底至6月底对工商银行正定支行的资产、负债、损益情况进行了审计,共查出违纪违规金额307万元,查出"小金库"一个,增加中央财政收入103.75万元,地方财政收入15万元。

围绕县委、政府工作中心进行审计 全年围绕县委、县政府工作中心完成审计事项12项,其中乡局级领导干部经济责任审计7项,其他审计事项5项,查出违纪违规金额424万元;参加了对全县84个单位预算外资金清查和23个农村基金会的清理移交工作。

【行唐县审计局】 1999年,把预算执行情况审计放在了首位,查出了收入预算完成不平衡的问题,如1998年,耕地占用税完成较好,而国税部分完成不太理想;支出项目完成也不太平衡;在执行财经纪律方面,查出部分预算单位有挪用专款列支经费和预算外收入没有全部纳入预算管理的问题。

在金融审计中,根据上级指示,把重点放在了执行金融政策、收放贷款情况方面,目的是想通过这方面审计,发现问题,解决问题,化解金融风险,减少损失。在对县工商行审计中,检查贷款5510万元,发现其中正常贷款仅有137万元,而可疑贷款有1006万元,损失贷款4291万元,后两项贷款占了检查总数的96.13%,根据以上情况,提出了加强信贷管理,搞好贷前调查,贷中审查,贷后督查,努力减少金融风险的建议。

【灵寿县审计局】 1999年度会同有关部门和单位,先后抽调25人次较好地完成了县委、县政府交办的小康建设、扶贫、社会稳定、土地调整、后进支部转化、干部离任审计、农村会计培训、预算外资金清理以及清理医药批发行业等9项任务,受到了县领导的好评。

【高邑县审计局】 1999年，根据县委组织部门委托，先后开展了8位局级领导干部任职期间的经济责任审计，通过对原所在部门预算执行情况和决算、预算外资金收入、支出及管理、国有资产的管理及使用和保值增值的审计，查清了8位领导干部任职期间财政收支、财务收支工作目标的完成情况。审计结果表明，这8位领导干部在任职期间都作了大量有益工作。会计资料基本真实地反映了任职期间财政、财务收支情况，内控制度基本健全，执行部分有效，基本符合财经法规，但也存在一些共性违纪问题，一是招待费普遍超支。二是列支票据不合规定。三是违控购车。四是挪用预算外收入资金，垫交财政税收款。

【赵县审计局】 1999年依据《河北省预算执行情况审计监督实施办法》，查出1998年度虚增财政收入1888.5万元；应缴未缴预算收入59.9万元；虚列科技三项费用120万元；挤占挪用专项资金294.11万元。针对违纪问题，提出了具体的处理意见和改正措施。通过审计发现全年财政收支平衡。从收入结构分析，各项税收偏低且不稳定。需加大征管力度，量入为出，协调发展各项事业。

通过对全县11个乡镇财政收支审计，查出虚增财政收入1888.5万元，乱摊派79万元的违纪问题，同时还发现办公、汽车、招待三项费用开支达943.9万元，雇用临时人员613人，占正式人员的96.7%的不合理问题。针对这些增加财政包袱和加重农民负担的违纪违规问题提出了切实可行的建设性意见，规范了乡级财政行为。

《审计法》颁布实施五周年纪念活动情况 1999年曾三次出动六辆宣传车，悬挂横幅标语12条，张贴标语1500张，聘请鼓乐队3个，庆祝《审计法》颁布实施5周年；发放材料3000余份，广泛宣传审计为领导宏观决策、反腐倡廉和保卫国有资产安全完整所起到的“谋士”、“勇士”、“卫士”作用；还利用展板向社会公示审计机关职责、权限、审计程序、法律责任及促进廉政建设，提高经济效益的作用；利用广播电视台举办《审计法》电视讲座，收到良好效果。

【赞皇县审计局】 预算执行和财政收支审计，1998年县财政收入总计7364万元，全年财政支出总计为6338万元。收支相抵，年终滚存结余1026万元。

大案要案审计查处情况 配合县纪检、监察等部门进行清理整顿医药行业不正之风。查出案件2起，违规违纪资金178万元。

“两办”经济责任审计贯彻执行情况 1999年6月份，县审计局以县委、县政府“两办”名义下发了《关于党政领导干部和国有企业厂长经理任期经济责任审计的暂行规定》。

《审计法》颁布实施五周年纪念活动 1999年8月在县电视台播放县审计局举办的“《中华人民共和国审计法》颁布五周年有奖知识竞答”专题新闻，还聘请文艺团体在县影院进行了文艺专场演出。

工行系统审计情况 1999年3月始，县审计局对工行1998年度的资产、负债、损益情况进行审计，核实了工行盈亏情况，揭露了少计利息收入，虚列手续代办费等问题。

计算机审计 为搞好计算机审计，1999年1月始，对全体审计人员进行了为期二十多天的计算机审计培训。

【深泽县审计局】 1999年共完成审计项目81个，审计资金235993万元，查出违纪资金4215万元，上缴财政资金30万元。上级审计机关和县政府采用审计信息13篇。

完成县政府交办任务 共计8项，主要包括农村基金会清产核资，农村三提五统，秸杆综合利用，农业产业结构调整，乡局级年度经济指标完成情况审定，经济责任审计23个。

工作特点，一是提高审计质量，规避审计风险，建立和实行了“塔式风险防范网络”，通过防范风险网络的基础层、中间层、首脑层三个层次组成员的各司其职，做到了防范风险层层有重点，实现了全年无一审计风险发生。二是服务中心工作，促进经济发展，坚持了寓服务于监督之中的原则，实现了有审计必有服务，促进了经济的发展。三是搞好队伍建设，提高整体素质。做到了业务学习与政治学习相结合，完善了廉洁从审制度，出台了《审计项目考核办法》一系列审计制度，实现了业务工作、政治工作效率的新提高。

【无极县审计局】 结合对国有企业财务收支审计，帮助企业改善经营管理，提高经济效益。如在对呋喃化工厂审计时，发现该化工厂虽然销路较好，但赢利水平不及以前年度。究其原因主要是“三角债”的困扰，为此审计局提出了实行“催收款责任制”的意见，收到了明显的效果。

按县委组织部的要求，开展了对7个乡镇的10名党政一把手和2个企业的厂长(经理)任期经济责任审计，查出违纪资金1490万元；提出合理化建议12条，为县委政府合理任用干部提供了重要依据。对审计的12名干部中，9名干部得到了正常调配使用，2名降职使用，1名免职。

根据县委安排，对无极镇西关村村级财务进行了专项审计，查清了该村4任书记10年的账目，平息了多年的进京上访风波。在县委、县政府开展的全县农村“五整顿八清理”工作中，组成下乡工作队对马村村级财务进行了专项审计，查清了该村5任书记、6任会计六年的账目，由于工作队工作实绩突出，被县委、县政府授予“五整顿八清理工作模范工作队”光荣称号，并在全县通报表彰。

【元氏县审计局】 一是抓投资审计。对民政局办公楼等8项基建工程预决算进行了审计，核减投资额82.6万元。二是加强重点企业审计，为深化企业改革，维护所有者权益，保障国有资产的保值增值尽职尽责。三是对重点资金的审计。对募集赈灾福利彩票资金进行了审计，通过审计，提出了改进工作的措施5条。四是对森林资源发展与保护、结核病防治和疾病防疫3个外资项目进行了审计。针对存在的挪用和配套资金不足额落实及树苗成活率低的问题，提出改进建议7条。五是开展审计调查。对全县水利基础设施投入及使用情况进行了审计调研。

与考核办等有关部门联合对苏阳等8个乡镇的固定资产投资50万元以上的项目进行了考核，核实了乡镇企业的经济实力和发展状况。并协助纪检委及有关部门，对县医院、中医院、南佐医院1996年至于1998年期间的药品、器械购置中的回扣问题进行了检查。

【邯郸市审计局】 1999年底共有干部职工88人，其中：大学本科生15人，大专生50人；局长1人，副局长5人，纪检组长1人。设有办公室、人事教育处、综合处、法规处、行政事业审计处、财政金融审计处、农业审计处、商粮贸企业审计处、工交企业审计处、外资审计处、固定资产投资审计处、机关党委共12个处室。

审计工作成果　1999年，共完成审计项目26项，审计单位336个；完成审计调查项目6项，调查单位256个；查处违规行为金额21089万元，收缴财政金额325万元；减少财政拨款或补贴250万元；归还原资金渠道金额560万元；促进增收节支460万元；共提交审计报告、信息、简报226篇，其中被各级党政部门、上级机关和新闻单位批转采用121篇。

财政审计　完成了21个本级政府预算执行和6个县级政府财政决算审计。归纳出财政收入结构不合理、支出不均衡、非税性收入未完全按规定及时上缴入库及企业欠税数额大等多方面的问题。对市本级预算执行情况的审计结果，受到了市人大、政府和省审计厅领导的肯定和赞扬。

工商银行审计　完成了工行系统17个单位1998年度资产、负债、损益审计，共查出违规行为金额7796万元，取得了查出有问题金额全省第一、上报时间和上报质量全省第一的好成绩。

企业审计　以促进国有企业实现三年脱困为目标，完成了对61户国有大中型企业的真实性审计。如对市内八大商场1998年度资产负债损益审计，从外部环境和内部管理两方面分析了造成亏困的7个原因，提出了6条建设性意见和建议，引起了市政府及有关部门领导的高度重视。

《审计法》颁布实施五周年纪念活动　1999年，在《审计法》颁布实施五周年之际，在全局组织了《审计法》知识竞赛等纪念活动。

【邯郸市丛台区审计局】 1999年共有干部职工11人。其中：大学本科生1人，大专生3人；局长1人，副局长1人。设有办公室、财政企业审计科、行政事业审计科等。

审计工作成果　全年共完成审计项目12项，审计单位51个。审计资金总额13420万元；共查出违规行为金额606.54万元，上缴区财政7.6万元；共提交审计报告26篇。

完成区政府交办任务　全年共完成区委、区政府交办工作任务4项，审计单位18个。先后完成了区公有住房出售收入及收入使用情况审计，7个科级干部离任审计，5个农村财务收支审计，5个改制企业的清产核资和界定。为区委、政府正确使用干部提供了依据。

完成上级下达审计任务　全年共完成省、市审计机关下达的审计任务9项，审计单位33个。审计金额9820万元。

【邯郸市复兴区审计局】

完成年度审计工作项目　1999年共完成审计项目或单位60个，人均6个。在对区1998年度财政预算执行情况审计中，查出六项违纪违规问题，摸清了财政家底，并就加强财政预算管理、努力开源节流提出了有价值的建议，促使有关部门出台了具体管理规定和办法。

完成上级下达的审计任务　共就2个项目对26个单位进行了审计。在对临漳县检察院1997、1998年度财务收支进行审计期间，审计组人员多次婉拒对方高档消费邀请，圆满完成任务，受到上级审计机关和被审计单位高度评价。

完成区委、区政府交办的任务　共完成审计项目5个，涉及单位28个。本局先后对13个单位原一把手和主抓经济工作副职进行离任经济责任审计，效果显著。

【邯郸市邯山区审计局】 1999年共有干部10人，其中：本科学历2人，专科学历6人；局长1人，副局长2人；设有综合科、企业科、行政事业科。

审计工作成果　1999年共完成审计项目14项，审计单位30户；完成审计调查2项，调查单位11个；审计金额2600万元。共查出违纪违规金额526万元，同区纪检、监察部门配合查处各种经济案件3起，为社会稳定发挥了作用，上缴区财政130万元，追回侵占挪用资金49万元，提交审计报告19篇，提出合理化建议60余条。

完成上级下达审计任务　1999年，共完成省市审计机关下达的审计任务8项，审计单位11个，审计金额950万元。

完成区政府交办任务　1999年，共完成区委、区政府交办的工作任务4项，审计单位19个，审计金额1650万元。

深化财政预算执行审计　积极探索以财税部门总预算执行审计为主导，预算执行单位审计为基础，其他财政财务收支为补充的预算执行审计模式，在揭示问题的同时，从宏观出发，提出了培植税源、改革财政体制等可行性建议，受到区人大、区政府的好评。

加强大案要案审计　把严格执法作为发现大案要案的突破口，建立激励奖惩机制，通过审计发现违纪案件线索5起，移交纪委后，已立案查处3起。

农村审计　针对农村财务管理混乱、区农工部没有专业人员，审计局不能直接监管的现状，与区农工部联合组建“农村审计办公室”，督导乡镇内审开展日常审计，并做好审计抽查，有力推进了农村财务管理的规范化进程。

【邯郸市峰峰矿区审计局】　1999年共有干部职工17人。其中：大学本科生1人，大专生8人；局长1人，副局长2人。设有办公室、财金贸审计科、行政事业审计科、工建交审计科、经济责任投资审计科等。

审计工作成果　1999年共完成审计项目32项，审计单位84个；完成审计调查4项，调查单位4个；查处各类违规金额2061万元，上缴区财政30万元；共提交审计报告、信息56篇。

重点城建项目投资审计　矿区三大重点城建工程是区政府及广大群众关注的热点。先后对三大重点工程涉及的19个施工单位进行审计，共审减造价1098.4万元，维护了国家利益，受到区领导好评。

经济责任审计　1999年，对34个单位科(局)级干部进行了离任审计。同时成立了经济责任审计科，配备了专职干审人员，拟定了镇长(党委书记)、行政局局长(党委书记)、国有企业及国有控股企业领导人员经济责任审计实施办法。通过审计，查出区某公司因财务管理混乱造成国有资产流失219万元，盲目投资损失浪费361万元的问题，引起了区委、区政府的高度重视。

利用审计成果情况　1999年，创办了《审计简报》，将审计结果、审计调查结果以简报形式向区五套班子领导反馈，为区领导科学决策提供依据。

【武安市审计局】　1999年底共有干部职工30人。其中：大学本科生2人，大专生14人；局长1人，副局长1人；设有办公室、财金审计科、行政事业审计科、商贸审计科、工交审计科、基建审计科。

审计工作成果　1999年，共审计单位70个，完成审计调查2项，调查单位8个；查处违规行为金额5500万元，追回被侵占挪用资金303万元；上缴市财政68万元；提交审计报告70篇，被市领导批示10篇。

同级财政预算执行和财政收支审计　共查出财政部门预算收支不实，出借财政性资金以及税务部门多提退个人所得税等违纪资金3339万元，促进财政增收节支290万元。

大案要案查处情况　全年共查处较大经济案件7起，挽回经济损失160多万元，7名人员受到了党政纪处分。

固定资产投资审计情况　全年共审计较大工程项目10项，审计决算总额7950万元，审减954.5万元，平均审减率12%。

经济责任审计　全年共完成经济责任审计15个，有12名实绩突出干部被提拔重用，3名正科级干部降职留用，免去了2名副科级干部职务，在社会上产生了较大影响。

【邯郸县审计局】　1999年共有干部职工16人。其中：大专学历5人；局长1人，副局长2人；设有办公室、工交科、行政事业科、财贸科。

审计工作成果　1999年共审计单位65个，查出违规行为金额559万元，增加财政收入86万元，核减基建工程造价253万元。提交审计报告、信息、简报50篇，其中被党政部门、上级机关和新闻单位采用35篇。

财政预算执行审计　对16个本级政府预算部门进行了审计。调增财政预算收入60万元，调减预算支出116万元，补缴税金入库42.5万元。

经济责任审计　根据“两办”经济责任审计精神和组织部门委托，对8个单位的主要领导进行了任职期内经济责任审计，对其任职期内经济责任作出客观、公证、准确的评价。

工商银行审计　采取三个结合的审计方法，对38户重点企业进行延伸调查，划分了正常贷款、关注贷款、次级贷款、可疑贷款、损失贷款的款额及各自所占比例。

完成县委、政府交办任务　完成县领导交办任务10项。如对县医疗中心审计，不仅查清了近几年来医疗费用的使用情况，揭示了公费医疗中存在的问题，还提出了如何改进管理建议，县政府据此以[1999]7号文出台了《关于公费医疗的管理办法》。对政府投资兴建的县农贸市场和千米长廊两项工程决算审计，审减工程造价28万多元，审减率达17%。

纪念《审计法》颁布实施五周年　组织召开了由各界人士参加的座谈会，畅谈《审计法》颁布实施以来审计工作取得的成绩，以及进一步贯彻执行《审计法》的措施和建议。

【永年县审计局】　1999年底共有干部职工16人，其中：大学本科生1人，大专双学历2人，大专生9人。局长1人，副局长2人；设有综合科、财金科、工交科、基建科。

审计工作成果　1999年共完成审计单位61个，查出违纪违规金额7817万元，增加财政收入224万元，移交纪检监察部门经济案件6起。其中完成财税等10个部门预算执行审计，促进增加财政收入153万元。完成21个单位的经济责任审计，查出交通局公路基建多列概算98.8万元，并对多付的73.9万元责令追回。工商银行及4个地方非银行金融机构的审计，查出利息及手续费计提多列支出270万元。对电力等4个

企业的审计查出违纪金额1325万元，促进了增收节支。

政府交办事项　全年共完成县委县政府交办的51个村农村财务审计。查出经济案件线索6起9人，均移交纪检监察和检察机关立案查处，涉案金额130万元。1999年共完成基建竣工决算审计项目29项，工程总造价1473万元，审减节约建设资金256万元。

【曲周县审计局】　1999年共有干部、职工13人。其中：大专生7人。局长1人，副局长3人。设有办公室、工建交审计股、财金贸审计股、行政事业审计股。

审计工作成果　1999年共完成审计项目21个，审计单位65个，审计总金额13250万元。查出违纪违规行为金额1350万元。上缴县财政41万元。共提交审计报告34篇。

查处经济案件情况　同县纪检、监察等部门配合，查处经济案件7起，涉案资金50多万元，有1人被立案，5人受到党政纪处分，另有4人仍在审理中。

完成县政府交办任务　1999年完成县委县政府交办的审计工作任务4项，审计单位28个。对23名乡局级主要负责人进行了离任审计。对5个上访村开展了农村财务收支审计，为解决农民上访问题提供了依据，维护了社会稳定。对合资企业天发公司进行了审计，解决了外商上访问题，优化了投资环境，外商十分满意。

完成上级下达审计任务　1999年共完成省市审计机 关下达的审计任务17项，审计单位37个，审计总金额8868万元。

【馆陶县审计局】　1999年有干部、职工10人。其中：大专生7人。局长1人，副局长2人。设有办公室、工建交股、财金贸股、行政事业股、审计事务所等机构。

审计工作成果　1999年共完成审计项目87个，审计单位95户；审计金额28960万元。共查出违纪违规金额2264万元。同纪检、监察、信访等部门配合，查处经济案件7起。上缴县财政52.76万元，提交审计报告52篇。

完成县政府交办任务　1999年完成县委、县政府交办的工作任务8项，审计清理单位27个。其中分三次对17个部门、乡镇和企业的主要领导干部离任进行了审计，为县委客观评价干部、合理使用干部提供了依据；对7个部门的纳税情况进行审计，为县政府的宏观决策发挥应有作用。同时就建筑施工企业存在的问题向县政府提出了建议，主管县长给予肯定。

完成上级下达审计任务　1999年共完成省、市审计机关下达的审计任务43项，审计单位52个，审计金额20435万元；工商银行馆陶县支行审计落实金融债务385万元。

【成安县审计局】　1999年底共有干部职工15人。其中：大学本科生1人，大专生10人，注册会计师2人；支部书记局长1人、支部副书记1人，副局长2人。设有办公室、综合科、工建交科、财金商贸科、行政事业科等机构。12月底，审计事务所顺利完成脱钩改制。

审计成果　1999年共完成审计项目40项，审计调查项目2项，审计单位132个，查处各种违规违纪资金1356万元，处理上交财政187万元，核减工程价款67万元。1. 财政预算审计查出少计预算收入20万元，漏交税金35万元；2. 工商银行成安支行资产负债损益审计，查出资产负债不实55万元，漏交税金20万元；3. 开展对县社、粮食、文教、政法、电力和农口单位等六大系统定期审计，共审计单位98个，查处各种违规违纪资金354万元，私设"小金库"11个，资金120万元，审计处理处罚31万元；4. 完成县委、政府临时交办的农村财务清理、干部离任审计、基金会清产核资、乡镇财政体制改革调查、织布厂投资跟踪审计调查、农业税费解交入库、财务大检查等26项审计任务。在对10个村的财务清理审计中，共查出村干部吃喝送礼、挥霍浪费公款40余万元，挪用公款11万元，贪污公款3万多元，向纪检、司法机关移送经济案件4起，受到刑事和党政纪处理9人。

【涉县审计局】　1999年共有干部职工14人，其中：大专学历7人。局长1人，副局长1人；设有办公室、行政事业科、财政金融科、商粮贸科、工交企业科、基本建设科等机构。

审计工作成果　1999年共审计单位61个，查出违规行为金额4499万元，增加财政收入50万元，追回侵占挪用资金120万元。发现经济案件线索一起。提交审计报告及信息等83篇，被上级采用35篇（其中国家级4篇、省级6篇）。

【鸡泽县审计局】　1999年共审计单位70个，完成审计项目42个。查出各类违规行为金额2023万元，上交县级财政17万元，审计决定落实率达100%。提出合理化建议106条，为被审计单位挽回经济损失85万元。

多次到兄弟单位考察学习，圆满完成了事务所脱钩改制工作。狠抓了审计档案管理工作，经过艰苦细致的工作，于1999年12月中旬顺利通过了省一级验收。此外，结合县委、县政府工作重点，狠抓了"一体两翼"执法监督责任制的落实工作，经县人大考核验收顺利达标。

【邱县审计局】　1999年底，共有干部职工11人。其中大专以上7人；局长1人、副局长2人。设有工交财贸股和行政事业股。

审计工作成果　1999年共完成审计单位73个。审计金额68000万元。共查出违规行为金额870万元，上交财政291万元。提交审计报告56篇。其中：完成上级部门下达的审计任务29项，查出违规行为金额2116万元，上交财政10万元，提交审计报告26篇。完成县委、县政府交办的审计事项44个、完成档案管理晋升省一级工作和交办的其他各项工作。

财政审计　对1998年度财政预算执行情况和财政收支情况进行全面审计，并向县人大提交了审计工作报告。

大案要案查处工作　与其他部门配合，共对全县6个村和1个企业财务管理情况进行了审计核定。依据审计结果，对3名干部进行了撤职和党政纪处分处理，经检察院立案侦察，前郎二寨村有关人员和良种厂原会计贪污公款立案处理。

工商银行审计　按照上级部门的要求和市局安排对县工商银行1998年资产、负债、损益情况进行审计，取得了良好效果。

【肥乡县审计局】　1999年底，共有干部12人，其中：大学1人，大专7人；局长1人，副局长3人；设有办公室、财金贸股、行政事业股、工建交股等机构。

财政预算执行情况审计　对全县财政局、商业局系统、广播局、地税局、物价局等单位进行了审计，共审计资金7694万元，查出违纪资金54.8万元，已入库29万元，提出审计意见和建议20余条，为财政资金的正常运转和领导宏观决策提供了依据，受到县领导的高度赞扬。

纪念《审计法》颁布实施五周年活动情况　为了向社会宣传《审计法》，肥乡县审计局在五周年来临之际，向社会发放《审计法》有奖知识竞答试卷1000份，并通过在县城主要街道粘贴标语、口号等活动，使全社会人人关心审计事业，收到了良好的效果。

工行系统审计情况　1999年，根据上级授权审计局对工行肥乡支行资产、负债及损益情况进行了审计，在审计过程中，共审计资金7960万余元，查出违纪资金23万元，并按照有关规定全额追缴入库，并如实反映了该单位的经营情况，受到了上级领导和全社会的一致好评。

计算机审计　1999年上级下达对工行审计任务后，针对该系统业务基本实现微机化处理的实际情况，选派了3名业务能力强，微机技术水平高的人员，参加市局举办的培训班，使业务水平和微机水平有了更大的提高，并在这次审计中基本实现了微机化操作。

【临漳县审计局】　1999年共有干部11人，职工2人。其中，大专10人；审计师6人；局长1人，副局长2人；设有办公室、财政金融贸易审计股、行政事业审计股、工业建筑交通审计股等四个股室。

审计工作成果　1999年共完成审计单位(项目)120个，人均审计单位10个；查出违纪违规行为金额5978万元，其中"小金库"28万元；查出经济案件2起，移交司法机关2起，判刑1人。处理上交财政收入221万元，追还侵占挪用资金195万元。审计报告、信息论文被采用30篇，其中国家级4篇、省级7篇、市级14篇。

县委县政府交办任务　1999年县委、县政府交办审计事项10件，完成10件。1999年8月配合全县基金会清理整顿，完成了对全县基金会1996年度至1999年8月资产负债及财务收支情况的审计任务。摸清了资产负债底数，找出了存在问题，分析了问题形成的原因，提出的3条合理化建议，被县领导采纳，为基金会清理整顿的顺利进行提供了决策依据。

经济责任审计　1999年经济责任审计单位9个，其中离任审计7个，在职审计2个。在对林产品公司经理吴某离任审计时查出，吴某1992－1998年采取费用重报，收入不入账等手段，贪污公款10.3万元，被依法判刑10年。1999年通过对柳园等4个乡镇的离任审计和对其他乡镇的审计调查发现，全县71%的乡镇欠发教师工资，欠发工资比例达30%。经过审计建议，欠发教师的工资1999年予以追回。

省市指令性审计　1999年省、市下达我县审计及审计调查项目47个，完成47个。

【磁县审计局】　1999年共有干部职工23人。其中：大学本科生1人，大专生8人。领导班子5人：局长1人，副局长4人。设有办公室、财政股、行政事业股、商贸金融股、工交股等机构。

财政预算执行情况审计　继续开展了本级财政预算执行情况审计，查出了执行预算法规、税收法规不严，预算支出不规范，违反预算外资金管理规定等问题。并提出了严格执行《预算法》、加强财源建设、严格依法治税、加强财政周转金管理等建议。

经济责任审计　1999年共对30位乡、镇、局正职领导干部进行了审计，查出8人在乡镇基金会有个人贷款、审批或担保贷款，并进行了严肃处理。

工商银行审计　首次运用计算机和手工相结合的方式，对工行磁县支行进行了审计，查出了资产负债损益不实、信贷资产质量不高、少计收入、多计支出和漏交税金等问题。

农村财务审计　1999年，在对东高录村信访事件的查办中，配合有关部门，理清了该村的财务账目，还群众一个明白，平息了这起信访事件，维护了农村稳定。另外，1999年全局开展了一次"防范审计风险"大讨论，促进了审计工作质量了提高。档案工作晋升为省一级标准。

【邢台市审计局】　1999年突出抓了六个方面的工作：一是全省百户企业经营成果真实性审计。按照省厅分工，组织了30多人历时两个多月，对石家庄市15户重点企业1998年经营成果的真实性进行了审计。通过审计，核实了被审计单位的资产及经营成果，核减利润1700多万元，核减资产近5亿元。二是工商银行系统的财务收支审计。全市组织了60多人，历时7个月，先后审计了845个单位，查出各种违纪违规资金1.24亿元，其中应调整收入2615万元，处理账外资产1198万元。三是财政审计。通过审计，查出市、县、乡三级财税部门征收过头税，空转财政收入调节预算等违规行为资金达2400多万元，虚列支出、挪用预算资金 2137 万元。四是检察院、法院的财务收支审计。此项审计采用了异地交叉进行的方法，收到了较好的效果。共查出全市“两院”40 个单位各类违纪违规金额 6847 万元，其中，截留隐瞒收入私设“小金库”986 万元。五是重点工程项目决算审计。通过对市污水处理厂一期工程竣工决算审计，审减工程造价 1172 万元，审减率达 16.1%，受到了市政府领导的好评。六是全市审计档案管理的升级工作。1999 年，本市审计机关档案管理全部达省一级标准，比省厅规定的升级时间提前了一年半，并荣获国家人事部和档案局颁发的“全国档案管理工作优秀集体”称号。

内部审计　1999 年，全市共有内审机构 354 个，内审人员 642 名，全年共完成内部审计事项 1961 个。

社会审计　对 7 家社会审计机构的业务质量进行了试点性检查。通过检查，初步探索了路子和方法，为今后此项工作的深入开展奠定了基础。

【邢台市桥东区审计局】

预算执行和财政收支审计　1999 年按照上级下达的审计工作计划，依法对桥东区财政局、地税局 1998 年预算执行情况和其他财政收支进行了送达审计，并延伸审计了桥东区文化教育体育局、农业局、林业局、科技局、城建局、五一轧钢厂等 6 个单位。

经济责任审计　受区委组织部的委托，实事求是地对司法局、农业局、物价局等 10 名离任的科级干部进行了经济责任审计。

固定资产投资审计　1999 年对桥东区政府 1 #、2 # 宿舍楼工程竣工决算进行了审计，审减金额 112.4 万元。

【邢台市桥西区审计局】　1999 年共有干部、职工 9 人。区事务所于年底完成脱钩改制工作。

完成区政府交办任务　共完成区委、区政府交办的工作任务 3 项：邢台市矿山支护公司非法吸收存款一案；北小汪宏达冶炼厂清理情况；北小汪征地款支出情况。

完成上级下达的审计任务　共审计财政局、地税局等 9 个单位，查出违纪金额 42 万元；根据群众举报和区领导的指示，对南大郭乡所属邢台市太行矿山支护公司经理刘祯祥非法吸收存款一案进行审计清查，并正式向司法机关移交。

【南宫市审计局】　1. 实行股级干部竞争上岗。本局从 1999 年开始，对股级干部的任职有了新的要求模式，按照“能者上，庸者下”的原则，挑选业务素质过硬的同志担任股长。2. 顺利实现审计事务所的脱钩工作。根据国务院、审计署的统一安排，适应市场经济下社会中介机构的发展要求，对审计事务所进行了脱钩改制工作，截止目前审计事务所已正式脱钩。3. 开展经济责任离任审计。1999 年本局组织了对西丁办事处、王道寨乡等 7 个乡、镇、办事处的领导干部进行了经济责任离任审计。通过审计解决了干部离任交“糊涂账”，上任接“马虎账”的弊病。

【沙河市审计局】　在职干部职工 25 人，局长 1 人，副局长 4 人，纪检组长 1 人。下设 6 个股室：办公室，财金审计股，商贸审计股，行政事业审计股，工交审计股，基建审计股。原挂靠局机关的审计事务所已于 9 月底完成脱钩改制。

预算执行和财政收支审计　按照上级审计机关安排，对沙河市预算执行情进行了审计，并重点延伸审计了造纸瓷土厂等 6 个单位。1998 年财政预算执行情况良好，财政收支平衡。但也存在违规支出、企业欠税等急需改正的问题，财政收入基础不坚固，部分企业经营效益未取得根本好转。据此审计结果，我局向沙河市政府提交了审计报告，同时报送上级审计机关备案。

上级党政部门交办审计事项　对13 位乡局级领导干部进行了任期经济责任审计，对 8 个改制企业进行了清产核资审计，对 15 个农村基金会进行了资产清理，对 17 个乡镇办计生费收支情况、40 个单位收支两条线预算外资金进行了审计，有力地配合了沙河市委、政府的中心工作。

【邢台县审计局】　1999 年，企业审计重点抓了对国有支柱企业、国有严重亏损企业及领导和群众关心的热点难点问题的审计。审计内容趋于多元化，审计的重心趋于向企业的促管增效和改制发展方面倾斜。财政预算审计，保证了县人大对县财政预算执行情况的有效监督，确保了年度预算的贯彻落实。通过预算执行的延伸审计，保证了国家预算拨款的正确使用。乡镇财政决算审计，进一步规范了乡级财政管理，确保了乡级财政资金的合理分配与使用。行政事业审计，继续以“三多”(预算外资金多，行政事业收费多，罚没收入多)单位为重点，并广泛开展了乡局级领导干部任期经济责任审计。金融审计着眼于改善金融资产质量，维护社会稳定，重点对乡村基金会进行了清理整顿。

【柏乡县审计局】　到 1999 年底，共有干部职工 14 人。其中：大专学历 5 人；局长 1 人，副局长 2 人；设有办公室、综合审计股、审计事务所等机构。

审计工作成果　1999 年，共完成审计项目 31 个，审计金额 8912 万元，共查出违纪违规金额 228 万元。同县纪检、监察、信访等部门配合，查出经济案件 3 起，为维护社会稳定发挥了作用。上缴县财政 11 万元；提交审计报告 31 篇。

完成县政府交办任务　1999 年，共完成县委、县政府交办的工作任务 8 项，审计清理单位 8 个。在对前渤海村的财务清理中，对该村 1987 – 1998 年 12 个年度的财务收支情况进行了清理，为县委、县政府领导决策提供了依据。

【任县审计局】　1999 年，审计局编制 11 人，设人秘股、工交股审计股、财金商贸股审计股、行政事业审计股、基建投资审计股。

财政审计　完成了对任县财政预算执行情况的审计及城关镇、大屯乡、永福乡财政决算审计。

金融审计　完成了对工商银行任县支行的资产、负债、损益的审计。

工交审计　完成了对任县五金机械厂财务收支的审计。

固定资产审计　完成了对岭南乡中教学楼竣工结算审计。

【清河县审计局】

预算执行和财政收支审计情况　1999年，完成了对清河县1998年度财政预算执行情况的审计，实事求是地肯定了成绩，反映了问题，并对预算执行中的问题提出了恰当的处理意见。在对13个乡镇财政收支审计中，及时发现并处理了贷款交税，截留税收，账外大额债权、债务等问题，维护了乡镇财政收支的真实性。

大案要案的查处情况　在粮食流通体制改革执法监察中，通过严格执法监督，共查出了3名基层粮站负责人存在严重的违纪问题，其中1人移交司法部门，2人受到党政纪处分。

经济责任审计　按照“两办”经济责任审计暂行规定，结合清河实际，对13位离任的乡局级干部及时、认真地实施了审计。

工行系统审计情况　1999年，对工商银行清河县支行本身及其下属1个营业部，3个办事处和10个乡储蓄机构的1998年度资产负债损益情况进行了全面审计，并对借贷资产质量状况开展了深入的审计调查。最后核实了资产和盈亏，摸清了信贷资产的现实质量状况，圆满完成了任务。

【宁晋县审计局】　1999年共有干部、职工38人。其中：大学本科生3人，大专生12人；局长1人，副局长5人；设秘书股、行政事业股、经贸股、财金股、投资股。1999年，完成县委、政府交办事项15个，其中有12个乡镇长、书记和2个企业厂长、经理离任审计。最为突出的是先后抽调15名干部、职工成立了清资组、稳定组参加了政府组织的对全县84个基金会清产核资、兑付、撤销工作，核实总金额约达8亿元。

【威县审计局】　1999年，共完成审计项目122个，其中省市指令性项目25个，县委、县政府交办97个，查出违纪资金3063万元，增加财政收入95万元，审核基建工程为国家节约建设资金217万元，充分发挥了审计机关高层次的监督作用。按照年初工作安排，先后对财政局和16个乡镇1998年财政预算执行情况进行了全面审计，查实了财政部门存在着不合理占用资金1060万元，为理财管财提出了建议。通过对金融系统工商银行和县联社审计，查出各种违纪资金117万元，调整账目85万元，收缴财政3.4万元，化解或降低了金融风险。今年重点对农业开发、林业等5个单位1998年度利用世行贷款使用情况加强了审计监督，针对存在的问题，提出了建议，并责成项目资金挪用单位限期将资金归位，为项目实施和按规定要求到期进行偿还奠定了良好的基础。

【隆尧县审计局】　1999年共有干部、职工21人。其中：大学本科生1人、大专生4人；局长1人、副局长4人；设办公室、行政事业审计股、工建交审计股、商粮贸审计股。

完成县政府交办任务　1999年完成县委、县政府交办乡(镇)党委书记、乡(镇)长、局长离任审计9个，企业改制3个，厂长、经理离任审计2个，基金会清理等共15项，审计单位15个。

完成上级下达审计任务　1999年共完成省、市审计机关下达的审计任务35个，审计单位60个。

【临城县审计局】　1999年共有干部职工15人。设办公室、商贸股、行政股、工交股。

审计工作概况　1999年，共完成审计项目42个，查处违规行为金额2455万元。其中：决定处理处罚386万元，指明要求纠正2069万元。1999年财政和预算收支审计11个单位，查处违规行为金额604万元；金融审计项目2个，查处违规行为金额542万元；固定资产投资审计6个单位，查处违规行为金额240万元；企业审计7个单位，查处违规行为金额673万元。1999年上交县财政29万元。提交审计工作报告、信息52篇，被各级采用48篇。其中：当地党政领导批示19篇、省市新闻单位采用12篇、上级审计机关采用17篇。

完成县委、县政府交办任务　1999年，完成县交办经济责任审计6个，企业改制审计2个，查处违规行为金额245万元。

【广宗县审计局】　1999年底共有干部职工20人。下设办公室、工交审计股、财贸审计股、行政事业审计股。局长1人，副局长2人。

审计工作　1999年共完成审计项目58个，完成审计调查6项，审计金额4.8亿元，查处违纪资金859万元，促进增收节支128万元。为维护财经法纪，促进全县经济健康发展做出了积极贡献。

【临西县审计局】　截止到1999年底拥有干职工19人，其中局长1人，副局长4人；内设人秘股、行政事业审计股、财政金融审计股、企业审计股。

完成县委、政府交办事项　共完成交办事项10个，其中对县制药厂、供电局1999年度利税实现和上交情况进行审计核实，共审核利税总额1100万元，审增利税53万元，审减税金50万元，县政府根据审核结果兑现了奖励；配合县纪委对3个村级财务进行清理。先后抽调7名业务骨干对3个村2年的财务进行清理，理顺账目，对会计人员进行培训等。通过清理，消除了误会，查清了问题，对违纪案件进行了移交处理，缓解了干群矛盾，促进了社会稳定。

开展经济责任审计　根据两办文件精神，县委制发了临西字

[1999]3号文件，并对3名厂长（经理）进行了离任审计，根据审计报告分别进行了提拔或调任。

【内邱县审计局】 1999年，共完成县委、县政府交办的工作任务13项，其中乡局级一把手离任审计8项；审计清理2项；同县纪委、监察局等部门配合，审计村级财务3项。平息群众集体上访事件3起，提出合理化建议58条，为县领导的科学决策提供了依据，为促进社会稳定发挥了作用。全年共完成省市审计机关下达的审计任务32项，审计单位47个，审计金额9600万元，查出违规违纪资金713万元。

【平乡县审计局】 1999年底共有干部、职工17人，其中：大专12人；局长1人，副局长3人。7月审计事务所与审计局脱钩，设办公室、公交股、财政金融股、固定投资股。

审计工作成果　1999年共完成审计项目55个，其中：省市指令性项目31个，县政府交办项目24个，共查出违规违纪资金991万元，同纪检、监察、信访部门配合，查处经济案件1起，上缴县财政资金19万元，提交审计报告55篇。

完成县政府交办项目　1999年共完成县政府交办项目24个，其中：完成财务收支和离任审计19个，为领导决策提供了可靠的依据，完成基建审计5个，共审计项目投资796万元，查出违纪资金193万元，核减工程结算35万元。

【巨鹿县审计局】 1999年10月至12月，接受县安排的乡局级干部离任审计15个，完成审计15个，向县委、政府、县纪律检查委员会提交审计报告15份。1999年7～9月份，局内开展了审计质量大讨论活动，制定了审计工作规章制度：《审计时效的具体规定》；《巨鹿县审计局加强审计全程管理进一步提高审计质量、防范审计风险的意见》；《巨鹿县审计局审计工作基本准则》；《巨鹿县审计局审计文书规范化管理暂行规定》。

【新河县审计局】 1999年共有干部职工13人，人员比上年减少1人。审计事务所顺利脱钩，重新组建。

经济责任审计　1999年度本局对四位局级领导干部进行了离任经济审计，对任期内经济指标完成情况及遵守财经纪律情况进行了评价，为县领导使用干部提供了参考依据。

加强基础建设，改善办公条件　1999年在市局的大力支持下，经省、市控办批准，购桑塔纳轿车一部，解决了多年未解决的交通工具，方便了审计工作。充分调动审计干部的积极性，为全县开放工作贡献力量，审计局帮助西流乡引进德国罗曼鸡养殖项目，这一项目总计引进外资6100万德国马克，于1999年9月9日在厦门正式签约。

【南和县审计局】 财政审计完成了同级财政、地税预算执行和三个乡镇财政决算审计；金融审计完成了工商银行专项审计项目、完成了联社营业部、9个信用社和典当行财务审计；行政事业审计完成了农机局、交通局等13个单位的财务审计；商粮贸审计完成了县社及下属14个单位的审计；外资审计完成卫生人力开发和结核病防治项目的审计；固定资产投资审计完成了两个镇中教学楼和自来水工程竣工决算审计；审计调查完成了水利基金使用和福利彩票调查；完成了贾宋镇郄村和三召基金会清查审计；完成了交通局等三个单位的乡局级领导干部离任审计；完成了教委、国税局等四个单位的办公楼竣工决算审计。

【保定市审计局】 1999年，保定市审计局在全省范围内率先开展了“审计质量年”活动。在《审计法》正式颁布实施五周年之际，在全市审计系统开展了审计法律知识竞赛活动。

预算执行和财政收支审计　共对11个县（市、区）和119个乡镇财政决算进行了审计，审计总金额247970万元，查出违规行为资金17609万元，增加财政收入5102万元。对全市1998年度市本级预算执行情况及其他财政收支的审计工作报告，《保定日报》全文予以了刊发，引起社会极大关注。

利用现代化技术，开展计算机辅助审计　1999年利用计算机对工商银行保定分行全辖单位账务进行了汇总审计。

利用纪检监察手段，实现大案要案突破　对高碑店物价局的审计，与纪检检察部门配合，一举查处该局私设“小金库”10多万元。

开展国有企业审计，服务于宏观决策和体制改革　共对涉及七个行业的11户工业企业1998年度财务收支情况进行了审计，同时对8家大型商品零售企业财务状况进行了审计调查。

开展对执法机关的审计，促进“依法治市”　对全市检察院、法院系统1997、1998年度财政财务收支情况进行了审计，揭露出两院在诉讼费、罚没款物的收缴管理、使用中存在的问题。

开展对专项资金的审计，促进提高使用效益　对全市水利基础设施投入及使用情况进行了审计调查，促使政府出台了《保定市关于加强宜业专项资金管理的意见》和《保定市水利专项资金管理暂行办法》；对扶贫资金的审计，根据审计出的问题，市政府下发了《保定市政府关于加强扶贫资金管理的通知》。为政府宏观决策提供了依据。

“两办”经济责任审计贯彻执行情况　起草了关于贯彻“两办”规定的两个实施办法；对15个企业、3个行政事业单位开展经济责任审计项目，依据审计结果，对4名责任人进行了处理。

【保定市新市区审计局】

财政审计情况　财政预算执行审计了区财政局及区地税局2个单位，并延伸审计了5个单位。乡级财政决算审计了2个乡。审计力度及审计质量都较以前年度大大加强。

《审计法》颁布五周年纪念活动　结合《审计法》宣传活动和保定市审计局开展的审计质量年活动,新市区审计局大力加强审计人员对相关法律的学习,提高了审计人员的素质和业务水平,锻炼了队伍。

【保定市南市区审计局】

财政预算执行及其他财政收支审计情况　审计单位14个,共查出违规行为金额23万元,指明要求纠正19万元,决定处理处罚4万元,其中:应交财政资金3万元,已交财政资金3万元,无复审项目。在审计中严格执行审计法,对应交缴未交缴财政的资金做到了依法收缴,对虚列预算支出和挤占财政资金的行为做到了依法予以追回,并视情况轻重予以罚款或建议纠正。

纪念《审计法》颁布实施五周年　参加审计署、市审计局组织的全市审计系统法律知识竞赛中获得优胜奖。

【保定市北市区审计局】

开展预算执行审计情况　1999年,在开展同级财政预算执行情况审计中,发现1998年北市区财政收入完成4357万元(原预算为4757万元),当年可用财力2650万元,财政预算支出2869万元,实际支出2660万元。

"两办"经济责任审计贯彻情况　会同区委组织部起草了《关于实行领导干部离任审计的规定》,区委、区政府以北办字[1998]38号文件下发。

纪念《审计法》颁布实施五周年　组织人员上街设点大张旗鼓宣传一次,发放《审计法》宣传资料300余份;认真参加审计署组织的"审计知识竞赛答题"活动;参加了市审计局组织的"审计法律法规知识竞赛"活动。

【涿州市审计局】

财政审计　对本市预算执行情况进行了审计,共审计了15个项目,审计单位28个,查出违规资金43万元。

任期经济责任审计　对10名领导干部进行了经济责任审计,为组织人事部门考核、任用和奖惩干部提供可靠的依据。

纪念审计法颁布实施五周年活动　参加审计署举办的百题知识竞赛和保定市审计局举办的审计系统法律知识竞赛,还充分利用新闻媒体宣传审计成果。

抓大案要案　1999年共发现大案要案线索3件,移交3件,立案3件,受党纪政纪处分2人,被追究刑事责任5人。

金融审计　对中国工商银行涿州支行的资产、负债、损益情况进行了审计,并对涿州支行的欠税问题进行了处理。

【定州市审计局】

经济责任审计　对1999年调整的部分领导干部(党政正职和经济活动数额较大的副职)24人在任职期间的经济责任进行了审计。

《审计法》颁布实施五周年纪念活动　召开了纪念《审计法》颁布实施五周年大会,并利用电视、广播、报刊等形式广泛宣传《审计法》,开展了《审计法》知识竞赛,局机关人员写出纪念《审计法》体会文章38篇。

工行系统审计情况　工商银行定州支行1998年利润总额分别调整增加421.4万元、5.58万元、415.83万元、6.59万元。查出少计收入65.4万元,多计支出6.10万元,账外资产349.88万元等问题并予纠正。

企业审计情况　审计企业4个,加大企业资产、负债、效益审计力度,为企业发展提供良好服务。

【安国市审计局】

财政预算执行情况审计　对财政、地税1998年度预算执行情况进行了审计。对4个乡镇1998年度财政决算进行了审计。

金融审计　对工商行安国支行1998年度资产负债损益情况进行了审计,查出了盈亏不实,资产不实等问题。

对交通局和运管站的审计　查出滥发奖金补贴、虚增收入、挪用交通事业费等问题。

继续深化经济责任审计　对9名正科级干部离任进行了审计,为组织部门选拔使用干部提供了依据。

完成了对郑章镇、大伍女镇两个基金会的清理工作　并查出两镇基金会主任涉嫌贪污受贿等问题,移交检察院立案处理。

【高碑店市审计局】

预算执行和财政收支审计情况　对财政局、地税局1998年度财政预算执行情况进行了审计,同时延伸审计了教育局、卫生局、公安局、土地局、工商局、科学技术局等10个单位,同时完成了对东盛办事处、北城办事处等7个乡镇财政决算情况的审计。

经济责任审计　对本市8个单位领导干部任期内经济责任情况进行了审计。

工行审计　对中国工商银行高碑店市支行的资产、负债、损益的真实性、合法性和效益性进行了审计。

企业审计　对本市百货公司零售商场、两家重点工业企业北方面粉总公司、新凯汽车制造有限公司进行了真实性审计,摸清了家底,依法规范了企业财务收支行为。

【满城县审计局】

预算执行和财政收支审计情况　共审计单位4个,查出各种违纪违规金额1225.66万元。

"两办"经济责任审计贯彻执行情况　先后对8个乡和县直部门的主要负责人进行了任期经济责任审计。

纪念《审计法》颁布实施五周年　组织全局干部进一步学习《审计法》,并积极参加保定市审计局举办的"审计知识竞赛",并取得全市第二名的好成绩。

【清苑县审计局】　在预算执行和财政收支审计中查出违规行为金额109万元;乡镇财政决算审计,查出违规行为金额102万元。

经济责任审计情况　对2个乡镇、2个科局离任的主要领导干部进行了经济责任审计。

《审计法》颁布实施五周年纪

念活动　参加了审计署、保定市审计局组织的《审计法》知识竞赛，并在全市审计知识竞赛中取得了第二名；利用星期日上街宣传《审计法》；邀请被审计单位来局座谈等形式进行宣传。

工行系统审计情况　查出少计收入13万元，多计支出40万元，账外资产84万元，违规经营24万元，违规放贷300万元，“小金库”25万元。

计算机审计情况　在对县财政局、县人行金库、县工商行等单位的审计中，都较好地运用了计算机审计。

【涞水县审计局】

预算执行和财政收支审计情况　对县级1998年预算执行和其他财政收支情况进行了审计，审计中发现预算执行中存在虚列支出、财政部门银行开户过多等问题。

工商银行审计情况　对工商银行涞水支行的资产负债和损益情况、信贷资产清分情况及其他内容进行了审计，并延伸了15户工商企业。查实1998年度该支行少计各项收入45万元、多计各项支出4万元、账外资产33万元以及绕规模贷款、乱发放补贴等问题。

【阜平县审计局】　1.开展了对1998年度的财政决算执行情况的审计，有效地保证了财政资金的合理使用，减少了财政资金的跑、冒、滴、漏现象，为当地县委政府及有关部门管好用好财政资金发挥了重要作用。2.认真贯彻实施两办下发的关于实施对党政机关领导干部经济责任审计的通知。3.《审计法》颁布实施五周年之际，一是积极参加审计署和市局《审计法》知识竞赛；二是县长在广播电视上发表了重要讲话，扩大了审计影响；三是到被审单位进行走访，征求被单位对审计工作的意见。

【徐水县审计局】

深化预算执行审计　共审计单位8个，查出违纪资金745万元，增加财政收入255万元。收缴欠税74万元，罚款8万元。

经济责任审计情况　审计局1999年完成离任审计14件，对所审离任干部在任期内财政财务收支的真实合法效益情况作出了客观评价。

工商审计情况　对县工商银行1998年度的资产负债损益情况进行了审计，查出违纪资金600多万元。根据有关法规作出了及时足额补交税金、罚款12万元的决定。

纪念《审计法》颁布实施5周年　在主要街道悬挂“庆祝《审计法》颁布实施五周年”的条幅、组织全局领导干部走上街头散发宣传材料。

【定兴县审计局】

财政预算执行审计情况　继续推行“账户入手，下审一级”的方法，完成了1998年度财政预算执行审计。

工商银行审计情况　对工商银行河北定兴支行1998年度资产、负债及损益情况进行了审计。

纪念《审计法》颁布实施五周年　组织审计人员到县城发放宣传材料，局领导还在县电视台进行《审计法》宣传讲座。

【唐县审计局】

开展了财政“同级审”，加强对财税资金的监督　一是查清了预算内资金的底数和具体运行情况；二是对财政专项资金进行了审计，找出了预算管理中存在的问题；三是有针对性的延伸到一些预算执行单位进行审计。

完成经济责任审计　完成县委组织部交办的2个乡镇，3个县直主管部门，2户企业的经济责任审计，为县委组织部门全面考核，正确评价，准确使用干部提供了重要的第一手材料。

完成县委县政府领导交办的信访案件4件　1.查出白合镇河南村原四任党支部书记，虚列支出占用公款12.6万元，四年开支招待费27万元，占全部收入32%的违纪问题，移交纪检委，二人被撤销职务，一人开除党籍，一人留党查看。2.查出李城涧村干部1994—1998年通过少记收入，多计支出，占用公款1.2万元的问题。

【高阳县审计局】　1.1999年的预算执行审计实行“风险预测、调查入手、突出凭证、把好入口、分辨真伪、千万细纠、债权债务、查深查透”的方针，取得较好效果。2.发现大案要案线索1条，及时移交了司法机关。收审的嫌疑犯中，其中1人被判刑。3.在《审计法》颁布五周年之际，积极参加了保定市审计局举办的审计法律知识竞赛。4.在工行审计中，高标准，严要求，并率先开展了计算机辅助审计。

【容城县审计局】

财政预算执行审计　完成了1998年度财政预算执行审计及两个乡镇决算审计。

工商银行审计　对工商银行账号1998年资产负债损益的审计，全面摸清了工商行的家底和资金运作情况。

经济责任审计　完成了县委政府交办的14个乡镇科局正职领导的经济责任审计。

纪念《审计法》颁布五周年　举行了《审计法》知识竞赛；走上街头，发放《审计法》宣传手册。

【涞源县审计局】

财政预算执行情况审计　对本级财政预算执行情况进行了审计，以审计财政局为主，延伸审计了地税局等9个行政事业单位，本次审计总金额1.34亿元，查出违纪违规行为金额34.80亿元，提出合理化建议6条。

工行审计　对中国工商银行涞源县支行1998年度资产、负债、损益情况进行了审计，审计总金额2759.4万元，1998年度会计报表利润－65万元，经审计调整为－51.7万元。查出违纪资金252.92万元，处罚19.48万元。

经济责任审计　全年共审计9个行政局级单位、5个乡镇、1个县、1个公司。共审计资金5208.98万元。审计出违纪违规资金776.93万元。对单位和违纪个人罚没3.45万元，全部上缴国库。

【望都县审计局】 1.对县13个单位财政预算执行和财政收支情况进行了审计。查出违规行为金额418万元，其中隐瞒收入12万元，应缴未缴预算收入98万元，虚列支出25万元。2.认真贯彻执行“两办”经济责任审计实施办法。开展了5个离任审计项目。3.配合金融体制改革，开展对工商银行的审计。查出少计资产169.6万元，少计负债12.6万元，少计损益157万元，少计利润160万元。4.庆祝《审计法》颁布实施五周年。利用电视广播、公开专栏、散发传单等向社会广泛宣传《审计法》，做到县委、政府主要领导每人一本《审计法》；积极参加市局组织的《审计法》知识大赛。

【安新县审计局】 1.开展了县本级1998年度预算执行情况审计，重点揭露了财政主管部门对应纳入预算资金管理不严，挪用各种专项资金，周转金长期拖欠、多头开户等违纪问题。2.对工商行河北保定安新支行1998年度资产、负债及损益情况进行了审计，查出该行多计利息支出2977.95元，虚列资产以假贷款的合同套出资金262万元搞基建等违纪问题。3.认真贯彻“两办”经济责任审计文件精神，对全县34名科级领导干部任期经济责任进行了审计。4.为了庆祝《审计法》颁布实施五周年，组织全体干部上街宣传解答审计知识，发放宣传单1582份，并通过电视广播等新闻媒体进行广播宣传《审计法》，在全市开展了审计知识竞赛。

【易县审计局】

经济责任审计　起草了党政一把手离任审计实施办法，为了便于操作，实行了百分制，制订了具体量化标准，得到组织部门和县委领导的高度重视，批示全县贯彻执行。

纪念审计法颁布实施五周年　举办了电视宣传周活动，请主管审计的县长在电视台进行了审计宣传讲话；大街小巷张贴了审计法宣传标语；参加了市局举办的审计知识竞赛活动。

工商银行审计情况　按审计署的要求，将问题逐一上报，对审计决定落实情况进行跟踪调查。

【曲阳县审计局】

本级预算执行和其他财政收支情况的审计　查处了县财政局、地税局及其他延伸审计单位虚列预算收支316万元、截留预算收入8万元、划预算内收入为预算外收入231万元、截留挪用专项资金44.5万元等问题。

纪念《审计法》颁布实施五周年　举办了县领导电视讲话、电视台记者采访、宣传标语、《审计法》咨询等活动。

工行审计　对工商银行曲阳县支行资产负债和损益进行了审计。查处该行多计收入10万元、多计支出6万元、违反规定设立“小金库”、违规购建固定资产521万元等问题。

【蠡县审计局】

财政预算执行情况审计　对15个预算执行单位进行了延伸审计，同时对4个乡镇1998年财政预决算情况进行了审计。审计查出违规行为金额336万元，其中决定处理处罚188万元，指明要纠正148万元，查出追究占压财政库款89万元，应交未缴挪用预算收入80万元。

工行审计　配合金融体制改革，圆满完成了对蠡县工商银行资产、负债、损益情况的审计，摸清了工行的家底，核实了损益，并对信贷资金进行了风险评价。

纪念审计法颁布实施五周年　积极宣传审计法，举办审计法学习宣传月，开展审计法知识竞赛和市局组织的审计法知识竞赛活动。

【顺平县审计局】

预算执行审计情况　1999年延伸审计了5个单位，调查了10个单位。查出没有及时入库、虚增预算收支、虚列预算支出等问题。

工行审计　对1998年工商顺平支行的资产负债和损益情况进行了审计，查出少计利息收入、应摊未摊递延资产、在营业税中列支、虚列费用等问题。

纪念《审计法》颁布五周年　组织召开了座谈会，并到被审单位宣传《审计法》。

【博野县审计局】

财政预算执行情况审计　延伸审计了9个单位。审计核实了预算收支执行情况及平衡情况，严把收支数字的真实性，注重分析了资金的使用效益。

工商银行审计情况　对工商银行博野县支行1998年度资产负债损益情况进行了审计，重点审计了损益的真实性和信贷资产的真实合规性及其质量。并对2658万元损失类贷款进行了分析，找出了原因，制定了措施。

经济责任审计情况　对7个单位领导任期经济责任进行了审计，对查出的问题进行了恰当披露和处理。

纪念《审计法》颁布实施五周年　组织全体审计干部积极参加了审计署举办的纪念《审计法》颁布五周年审计知识百题竞赛和保定市审计局举办的法律知识竞赛。

【雄县审计局】 1.财政审计以服务宏观决策、促进经济发展为中心，既抓好财政收支审计，更从整体财政资金运转方面进行综合分析，注重揭示预算收入、支出等方面的不合法、不规范等问题。2.对工商银行系统进行审计，突出了对资产、负债、损益真实性和信贷资产质量的审计，规范其经营行为，防范和化解金融风险，改善金融资产质量。在审计过程中，积极探索利用计算机进行审计的方法，取得了一定成果。3.《审计法》颁布实施五周年。印制了8万份《中华人民共和国审计法》，广泛散发，力争做到法制入户，人人知晓；开展审计法及相关知识竞赛活动，并把成绩列入年终考核目标等。

【张家口市审计局】 1999年共完成审计单位120个，查出违规金额30054万元，依法收缴财政入库126万元。充分发挥“三士”作用，为维护我市财经秩序、深化经济改革，加强政府宏观调控，促进廉政建设方面发挥了积极作用。

深化本级财政预算执行及县区财政决算审计　在对财政、地税国库的16个部门28个账户审计的同时，延伸审计18个单位，审计资金总额270632万元，查出违规金额7521.7万元，根据审计中发现的问题，针对性提出意见和措施。对6个县1998年财政决算进行了审计。

强化金融审计维护金融秩序　按照审计署要求，全面对工商银行及办事处，1个营业部1998年度资产负债损益进行审计，摸清了家底及信贷资产质量状况，对被审单位普遍存在的费用挂账，少计投资收益、费用中列支固定资产购置费等影响损益不实的问题进行揭露和处理。

积极开展企业资产负债损益审计　按照省厅部署，参加了全省百户工业企业审计工作，对衡水老白干酒厂、衡水电池集团有限公司效益真实性进行了审计，发现违纪资金2804万元。

积极开展行政事业审计　完成了对8个部门行业统筹职工基金养老保险审计，开展了对企业职工养老保险和职工失业保险审计。对市教委、科委、司法局3个单位预算执行情况进行了审计，查出市教委挤占基层经费130.4万元，市教委、科委挪用事业费22万元。

完成的其他任务　对设施投入使用情况进行了调研，对财政、水利、计划、扶贫等6个部门84个单位进行了调查，认定违规资金1013.4万元。组织抽调县区审计局对全市扶贫资金进行了审计，共审计单位76个，抽审项目159个，查出违规金额10895.3万元，促进资金到位349万元，归还原渠道资金2348.9万元，促进贷款计划落实626万元，收缴财政39万元。对挪用扶贫资金的责任单位、责任人进行了严肃处理。

完成了市政府交办的审计事项10项　主要有领导干部离任经济责任审计、农村合作基金清理、再就业资金审计、收支两条线检查、减轻企业负担检查、交通局购置"王中王酒楼"资产清理、"三电"资金审计、社保机构划转的3个单位清理，震后水库专项维修费实地检查及亚北对外贸易公司财务收支状况审计等。

积极完成对审计事务所脱钩改制工作　1999年全市社会审计组织根据财政部、审计署及中注协的统一部署，全市20个社审组织采取就地合并、跨县组合等形式改建成有限责任公司，真正实现了自主择业、自收自支、自担风险、自负盈亏的社会中介机构。改制后8个会计师事务所有限责任公司运行良好。

内部审计　1999年市级内审机构共完成审计单位1131个，提出合理化建议173条。

【张家口市桥西区审计局】

1999年全年共完成审计项目11项，审计单位22个，完成审计调查项目2项，调查单位10个。审计总金额15241万元。查出违纪违规行为金额884.5万元，收缴入库违纪资金1.5万元。同纪检、监察、财政等部门配合审计或查处案件6起；共提交审计报告26篇。

完成区政府交办的任务2项，审计单位6个，完成上级下达的审计任务9项，审计单位16个。

【张家口市宣化区审计局】

1999年，宣化区审计局审计单位27个，查出违纪违规金额1604万元，其中上交财政46万元，减少财政拨款24万元，归还侵占挪用资金79万元；完成审计调查项目2个，提出并被采纳审计建议12条。

预算执行审计情况　在对宣化区1999年度预算执行情况审计中，继续采取"账户入手，下审一级"的方法，重点审计了区财政局具体组织执行预算情况，地税局税收征管情况，国库宣化支库办理区预算资金收纳拨付情况，并延伸审计了区公共交通总公司等3个单位有关财政预算执行的财政财务收支情况。

企业审计情况　对宣化区水泥厂1998年度财务收支情况真实性进行了审计。审计发现该厂盈亏不实，1998年报表反映实现利润9998元，审计认定亏损6967948元，其中1998年当年亏损35.6万余元。同时还发现企业存在少转产品销售成本、少摊费用、公款私存、违规使用信用卡等违纪违规金额达1413万元。对此，我们依法进行了处罚。

其他审计情况　积极开展了对宣化区法院、检察院系统1997年至1998年度财政财务收支情况审计；宣化区保险事业管理所1998年度养老保险基金征收、支付、管理情况审计；宣化区1998年度中国福利彩票赈灾专项筹集情况审计；还按照市审计局的统一安排，对崇礼县劳动人事局1997年至1998年财务收支进行审计，针对审计中发现的收取企业赞助款、挪用社会福利基金、截留应交预算收入等问题，分别按照有关法律法规予以处理。

【张家口市下花园区审计局】

1999年度共完成审计项目13个，审计单位22个，完成审计调查1项，调查单位6个，全年审计总额15167万元，查出违纪违规金额1538万元。

本级财政预算执行审计　重点完成了本级财政预算执行审计，审计单位5个，查出各种违纪违规资金319万元。

加强对公检法司部门财务收支审计　根据工作安排，完成了对公安分局、区检察院、区法院、司法局1998年度财务收支审计，对违纪单位进行了处理。

加强金融审计，服务经济建设　重点对农村信用社的资产、负债、损益情况进行了审计，并在审计过程中延伸审计了两个农村信用社。

水利资金调研　调研的重点是区财政、区农办及4个乡1997年至1998年度水利基础设施投入及使用情况，查出挤占挪用资金23万元。

企业审计重在真实性　针对企业算假账、做假账的情况，重点对区属两个煤矿1998年度经营成果进行就地审计，审计结果表明，会计信息严重失真，税费欠交情况严重，国有资产的保值增值无人监督，外借资金增加，企业不合理负担加重。为此提出加强对企业稽查力度，经营资产、非经营资产进行剥离，减轻隐性负担，清理应收款，不再充当“二银行”等措施。

【宣化县审计局】　1999年共完成审计项目45项，审计调查项目3项，审计单位143个，查出违纪金额1212万元。

《审计法》颁布实施五周年纪念活动　在《审计法》颁布实施五周年前，召开全体干部座谈会，座谈了三个问题，一是如何规避审计风险；二是尽力降低行政干预；三是提高审计人员素质。同时在县政府大门外张贴标语，印发了一些《审计法》的宣传材料。

工行、信用社审计情况　工商银行宣化支行将1998年度应计表内利息收入计入表外，少计利息763809元，审计决定要求调整账务，补交营业税及附加64923.77元。

计算机审计培训情况　对全体干部进行了培训，使50岁以下的干部80%的人能简单地运用计算机，并逐步用计算机进行审计。

其他审计　查出养老保险基金1998年应收854.8万元，实际收入463.9万元，收缴率只有54.3%，截止1998年末，基金结存逐渐下降，审计建议政府要加大养老金收缴力度。

【康保县审计局】

预算执行情况和财政收支审计情况　实施了县本级预算执行情况审计，对占县级财政收支比重较大的县煤矿、教育局、卫生局等8个单位进行了延伸审计，针对县财政支出逐年增大，收支矛盾突出，欠发工资严重，部分企业财务成果不实以及部分单位预算外资金没有纳入财政统管等问题提出了加快企业改革，培植财源，强化预算管理和税收征管力度的建议，为人大加强预算监督和政府加强预算监督和政府加强财政管理提供了有力的依据，得到了人大的好评。同时，组织开展了对康保镇、土城子镇等8个乡镇1998年度财政决算审计，查出违纪金额17万元，并分别进行了处理处罚。

工行和信用社系统审计情况　配合金融体制改革，开展了对县工商银行及信用联社、屯垦信用社、康保信用社资产、负债、损益审计，正确评价了工商银行的信贷资产、质量，对县信用合作联社、屯垦信用社、康保信用社1998年度资产、负债、损益情况审计中存在问题依照有关规定进行了处理处罚，并提出盘活和清收不良资产、规范业务行为和财务行为的审计建议。

纪念《审计法》颁布实施五周年活动　为庆祝《审计法》颁布实施五周年，采取街道张贴标语，设置审计宣传栏，电视讲话等形式大力宣传审计，同时，举行《审计法》及《审计法实施条例》知识竞赛活动。

【张北县审计局】　1999年度审计项目9项，审计单位52个，完成审计调查4项和县委、政府交办审计任务7项。

预算执行和财政收支审计　对1998年度县级财政预算执行情况及其他财政性收支进行了审计，并抽查了地税局、农业局、商业局、农机局、经委、教育局，通过审计规范了预算分配，促进了依法理财，强化了预算执行管理。

开展经济责任审计　1999年对县直部门乡(镇)领导开展离任审计，初步打开了局面。

《审计法》颁布五周年活动情况　人手一册《审计法》，并组织被审计单位及全县财会人员学习《审计法》，通过各种形式的宣传，增加了知名度，并开展了《审计法》知识竞赛。

工行和信用社系统审计　工行河北张家口张北支行1998年度资产、负债、所有者权益审计，对于多计收入，少计支出等问题进行了揭示，按规定进行了调账处理，审计组被评为省、市审计工作的先进集体。对三个信用社的资产、负债、权益情况进行审计，提出了整改建议。

计算机审计应用　在经费紧张的情况下，筹措资金对全局人员进行微机技术培训，现在基本能够操作，并在审计中逐步运用。

企业审计和其他审计情况　对酒厂、帽厂、收获机械厂、糖厂、印刷厂五个企业进行了审计，并对商业、粮食、供销等经济责任兑现情况进行审计，发挥审计的“三士”作用。

【阳原县审计局】　1999年完成审计项目48个，审计单位52户；完成审计调查3个，调查单位7个，审出违纪违规资金425万元，上缴县财政7.1万元，审计决定落实率100%；共提交审计报告48篇。

预算执行和乡级财政决算审计　根据《审计法》的要求，把“同级审”作为重中之重，选择资金多，预算外收支大、利税大户进行重点审计。通过对7个乡级财政决算审计，规范了管理，提高了资金使用效益。

领导干部任期经济责任审计　1999年完成县政府交办的9个单位领导的离任审计，县主要领导听取了离任审计报告和审计建议，并制定下发了《关于乡镇和县直单位主要领导离任审计暂行规定》、《关于强化干部实绩考核审计监督的意见》，使此项工作逐步走上了制度化、法制化轨道。

金融审计　1999年对县工行和4个信用社进行了审计，审出工行不良贷款占贷款总额60.6%。1998年发生亏损287.2万元。通过对信用社审计，防范和化解了金融风险，提高金融资金质量。

其他审计　完成县政府交办审计任务15项，审计清理单位68个。

《审计法》实施五周年纪念活动　组织全局干部上街进行宣

传，散发《审计法》、《审计法实施条例》1000份，并深入到部分被审单位进行宣传讲解。

【赤城县审计局】

财政预算执行和财政决算审计　1999年完成了对县财政局、地税局预算执行审计，同时对后沟金矿、龙门矿产有限责任公司，固定资产投资单位县教委、行政事业预算执行单位县职教中心、企业局，农业资金预算执行单位农业局、畜牧局进行了审计。另外，对田家窑镇、龙关镇、云州乡、东万口张和赤城镇财政决算情况进行了审计。

大案要案查处　1999年牵头对全县18个农村合作社基金会进行了清产核资工作，使县农村合作基金会顺利通过中国人民银行华北大区分行验收，并入农村合作信用社。审计查处挪用、侵占基金会资金案件3起，已全部移交司法机关处理。

《审计法》颁布实施五周年纪念活动　组织了宣传活动，并将建局十五年来的成绩以“展示过去，开创未来，再创辉煌”为主题，在政府公开栏予以展示，得到了社会各界好评。

工行和信用社系统审计情况　1999年通过对工行资产、负债、损益和真实性和合规性审计，查出少计、多计各项收支金额45.6万元，查出账外资产121.6万元，查出其他方面问题金额70.7万元，为国家补征所得税4万元；对农村信用联社审计中，查出多计、少计各项收支金额34.4万元，查出信贷资产分类不准200万元，为工行和信用联社澄清了家底。

企业审计情况　1999年除对全县工矿企业进行利税实现和企业经营成果审计外，还对后沟金矿、铅锌矿两个支柱企业成本、费用、利润进行了全程跟踪审计。特别是针对黄金连续三次降价给后沟金矿带来的不利因素，及时提出了降低费用的十二条建议，为领导决策提供了依据，避免了重大经济损失。

【沽源县审计局】　1999年，主要完成了以下工作任务：一是开展了财政审计。按照“账户入手，下审一级”的审计方法，开展了县本级财政预算执行情况审计和3个乡财政预决算审计，摸清了家底，提出了做好县乡财政预决算、保持财政收支基本平衡建议，受到当地政府的好评。二是开展了工商银行清查审计和地方非银行金融机构资产、负债、损益情况审计。对工商银行账面上存在少提利息、应列未列费用、空占贷款规模等问题进行了实事求是的披露，提出了严格划分会计核算中的资本性支出和收益性支出界限，确保合法合规经营等建议，对3个信用社存在不同程度的多收利息问题，作了相应处罚，提出了正确执行银行金融政策，避免违纪现象发生的问题。三是开展了20名党政科级领导干部离任经济责任审计。四是加强了行政事业审计。针对住房基金、养老保险基金、水利专项基金存在的问题，我们提出了加强内部管理，建章立制、鼓励财务人员加强学习等建议，得到了被审计单位的赞同。针对法院、检察院财务收支中存在的问题，提出了严格执行收支两条线，杜绝不合理票据列支等建议，规范了行政事业单位的财务管理。五是对审计机关干部进行了计算机培训，各股室都配备了微机，审计人员都学会了微机操作。

【怀安县审计局】　1999年底共有干部职工20人，其中大专以上学历7人，局长1人，副局长3人；设办公室、综合股、财金商贸审计股、行政事业审计股、工建交审计股、经济责任审计股（与社会保险基金监督股合署办公）。

审计工作成果　1999年完成审计单位112户；完成审计调查3项，审出违规资金1079万元，上缴县财政7万元，审计决定落实率100%；提出审计建议83条，被采纳且产生作用和效果（效益）的78条。

领导干部任期和离任经济责任审计　1999年完成了县委、县政府交办的24名领导干部离任审计和14名领导干部任期经济责任审计。

其他审计情况　完成市、县下达审计任务65个。对生猪定点屠宰办公室的审计报告受到县委主要领导和政府主管领导的重视，并要求我局提出计划整改措施。另外，对22个基本建设项目土建工程和建设资金进行了审计。

【怀来县审计局】

预算执行审计及其他财政收支审计　1999年本级预算执行重点审计了县财政局、地税局，并对水利、建设、计生等9个行政性收费、罚没收入、专项资金收支数额较大的预算单位进行了专项审计。共查出违规行为金额225万元，其中：决定处理处罚129万元，指明要求纠正96万元。

工行和信用社系统审计　1999年对工商银行怀来支行的审计，建立“一把手”主抓，主管局长任组长，业务股长任主审的审计责任制，抽调6名业务骨干，圆满完成审计任务，受到上级审计机关的好评，此项审计共查出违规行为金额1355万元。1999年信用社系统审计共查出违规行为金额220万元。

企业审计　1999年对1户重点工业企业、3户国有企业的财务收支情况进行了审计，共查出违规行为金额654万元，其中：决定处理处罚560万元，指明要求纠正94万元，追还侵占挪用资金116万元。

完成县政府交办任务　1999年共完成县政府交办审计事项16项，审计、清理单位102个，提交专题审计报告8篇，查出违规行为金额1325万元。

【崇礼县审计局】　1999年，崇礼县审计局在县委、县政府和上级审计机关的正确领导下，圆满地完成了各项审计任务。

预算执行及财务收支审计了13个单位，查出违纪资金110万元；工商银行和信用社系统审计了4个单位，查出违纪资金896.9

万元;企业和其他审计了7个单位,查出违纪资金717万元;《审计法》颁布实施五周年,一是通过电视台等新闻媒体进行了广泛宣传;二是组织全体干部在街头散发传单进行宣传;三是张帖标语进行宣传;四是组织全体全局干部认真学习,加以巩固。

【尚义县审计局】

预算执行和财政收支审计 查出财政欠拨上级下达的专项款726万元,税收征管工作仍有较大漏洞,周转金投放、管理回收工作力度不够等问题,审计结果得到了县委、县人大、县政府领导的高度重视。

"两办"经济责任审计规定贯彻执行情况 认真学习贯彻落实两办规定精神,全年开展任期经济责任审计19个单位,查出违纪违规行为金额2613万元。

《审计法》颁布实施五周年纪念活动 组织全局干部参加了审计署举办的《审计基本知识有奖竞赛活动》,召开了座谈会,印发宣传材料220份,张贴宣传标语35幅。

工行信用社系统审计情况 历时5个月,完成工行系统审计,查出违纪违规行为金额4403万元。

【蔚县审计局】

预算执行和财政收支审计情况 根据《审计法》,对蔚县1998年财政预算执行情况和9户预算执行单位进行了审计,归还原资金渠道181万元。

经济责任审计 对44个单位原正职领导进行了经济责任审计。

工行和信用社系统审计 完成对工行蔚县支行1998年度资产、负债、损益的真实性及信贷资金五类清分的审计任务,审计总金额2.5亿元,完成3个信用社资产、负债、损益审计。

《审计法》颁布实施五周年纪念活动 采取公开栏、电视、审计知识竞赛等多种形式纪念审计法颁布实施五周年。

计算机审计情况 购置微机3台,利用互联网查找法规,服务审计工作。

【涿鹿县审计局】 1. 对县本级财政1998年预算执行及10个预算执行单位进行了审计,同时对6个乡(镇)财政1998年财政决算进行了审计。2. 对农工部部长、鞋厂厂长进行了离任经济责任审计。3. 按照市局统一安排,对涿鹿县工商银行、涿鹿县农村信用社1998年资产、负债、损益情况进行了审计。通过审计,增加财政收入13万元。4. 对涿鹿县化肥股份有限公司等13个工商企业1998年资产、负债及损益进行了审计,共提出各种合理化建议50条,受到企业好评。5. 为配合企业改革和脱困,对县气瓶厂,县冷冻厂破产进行了审计,为顺利破产及县政府宏观决策提供了依据。6. 完成了世界银行贷款"传染病与地方病控制项目"及"卫生人力开发项目"2个外资运用项目的审计。7. 对法院、检察院等11户行政事业单位专项资金及预算内外财务收支进行了审计。查出挤占挪用专项资金105万元,并促使其归还原资金渠道。8. 内部审计和乡镇审计所工作显著。1999年全县内审机构共审计单位111个,纠正违纪资金162万元,增收节支30万元。乡镇审计所全年共审计单位86个,查出违纪违规行为金额20万元。

【万全县审计局】 1999年度共完成审计项目50个,审计总金额69672万元,查出各种违纪违规金额626.5万元。

加强财税审计,服务宏观调控 重点完成了县财政预算执行审计,并在审计过程中延伸了6个企事业单位,审计金额13829万元,查出违规金额50万元,为县人大加强监督,县政府加强财政管理以及宏观调控提供了决策依据。

乡(镇)财政决算审计 重点完成了4个乡镇的财政决算审计,审计金额456万元,查出违规金额31万元。

强化金融审计,维护金融秩序 重点完成了审计署交办的工行万全支行1998年度资产、负债、损益审计,审计总金额17455万元,查出违规金额416.4万元,并完成城市信用社和2个农村信用社的资产、负债、损益审计。

改进企业审计,服务转轨建制 重点完成了生物化工厂等四个企业的财务收支审计。一是了解企业经营的真实成果;二是促进企业会计信息真实合法;三是维护所有者权益,保障国有资产保值;四是提出建议,帮助企业建立内控制度。

开展行政事业专项资金审计,确保资金的合理使用 重点完成了民政部门的农村养老保险审计和专项募集赈灾资金福利彩票审计,计生系统计生事业费收支审计,省厅下达的劳动人事部门1997年、1998年的财务收支审计。

另外,认真贯彻了"两办"关于经济责任审计的规定,对7个单位原局长进行了离任审计。并在《审计法》颁布实施五周年之际,开展了《审计法》和《中国审计规范》知识竞赛,大大提高了审计队伍的业务素质。

【承德市审计局】 1999年共有干部、职工67人。其中:大学本科生6人、大专生23人;局长1人、副局长5人。设办公室、综合法规科、人教科、财政金融审计科、行政事业审计科、农业资金审计科、商贸审计科、工交审计科、外资审计科、固定资产投资审计科等10个科室。

审计工作成果 1999年全市审计机关共完成审计单位529个。完成审计调查项目32个,调查单位226个。查出违规行为金额71103万元。其中:应交财政资金2428万元、已交财政资金2412万元,核减财政补贴和拨款275万元,应归还侵占挪用资金6183万元。协助有关部门查处各种经济案件23件。全年共提交审计报告223篇。审计报告及审计信息被各级党政机关和新闻单位采用399篇。

完成市政府交办任务　1999年完成政府交办工作任务101项。

内部审计　市直部门内部审计机构400个，其中专职机构158个。内部审计人员1025人，其中专职人员452人。1999年审计单位3025个，纠正违规行为金额4659万元，查出损失浪费634万元，促进增收节支2034万元。

社会审计　1999年完成了审计事务所的脱钩改制工作。

受表彰情况　1999年被省审计厅授予工商银行专项审计先进集体。1999年有14人受到省审计厅的表彰奖励。

【承德市双桥区审计局】　1999年共有审计干部9人，其中：大专学历5人；局长1人，副局长2人。

1999年共完成审计项目10项，审计单位数19个，审计调查2项，调查单位数15个，共查出有问题资金780.5万元，违纪违规资金872万元，应收缴财政178万元，已收缴178万元（漏交税金罚款）。共提交审计报告12篇，解决群众上访3起，为社会稳定发挥了作用。

围绕区委、区政府的中心工作，认真开展专项审计，审计单位3个，取得较好的成效。

【承德市双滦区审计局】　1999年共有干部、职工9人。其中：大专4人；局长1人、副局长2人。设有综合股、财政金融行政事业审计股、企业审计投、审计事务所等机构。

审计工作成果　1999年共完成审计项目12个，审计单位60户，完成审计调查3项，调查单位211个，共查出违纪违规金额412万元，上缴区财政5万元。共提交审计报告9篇。

完成区政府交办任务　1999年完成区委、区政府交办的工作任务6项253个单位。

根据区委、区政府安排先后对区技术监督局等四个单位领导任期责任进行审计，为领导决策提供可靠依据。在人员少的情况下，先后抽调6人次配合税务部门进行税源调查，调查单位185个。协助检察院办理经济案件2件，为社会稳定发挥了作用。配合纪检、财政预算外资金检查，检查24个单位，查出违纪资金43万元。对32个开放引资单位情况进行审核，到位资金750.3万元。对全区4个转制企业进行了审计调查，调查企业转制前后的经营状况以及存在的问题，并给政府提交了调查报告，针对存在的问题提出整改意见和解决办法。

完成上级下达审计任务　1999年完成省、市审计机关下达的审计任务9项，审计单位17个。

【承德市营子区审计局】　1999年有干部职工11人，其中：大学本科生1人，大专5人；局长1人，副局长1人；设有秘书股、财政金融审计股、行政事业审计股、企业股、镇村审计股、领导干部任期审计股。1999年3月在审计事务所整顿中，由于受注册资金和人员资格限制，撤销审计事务所。

审计工作成果　1999年完成审计项目9项，审计单位22个，查出违纪违规金额294万元，提交审计信息9篇，被《河北审计》采用1篇，市审计局采用4篇，营子电视台4篇，区委内刊采用1篇；提交审计工作报告12篇，被区领导批示5篇。

完成区政府交办任务　1999年，完成区政府交办任务4项，主要是领导干部任期、离任审计。

【承德县审计局】　1999年共有干部职工17人，其中：大专生12人；局长1人，副局长3人，调研员2人；设有人秘股、行政事业审计股、财金审计股、企业审计股。

审计工作成果　1999年，共完成审计项目26项，审计单位100个，其中：完成计划内审计项目16项，审计单位68个。完成调查项目5个，调查单位43个。通过审计，共查出违规行为金额1367万元，收缴财政229万元，追还侵占挪用资金504万元，为财政增收节支390万元。全年共提交审计工作报告及信息95篇，被批示采纳59篇。

完成县委、政府交办任务　1999年，共完成县委、县政府交办的工作任务10项，审计清理单位50个。主要完成了对县工业企业玛钢厂、交警大队机动修配厂、交警劳动服务公司资产、负债、损益情况的审计；对农村养老保险、公费医疗资金进行了审计；对4个县直部门，19个乡镇政府及经联社计26名领导干部进行了离任经济责任审计；对9个工业企业进行了奖惩兑现审计；配合纪检部门完成了5个信访案件的审计调查；协助有关部门完成了对破产企业及县合作基金会的清产核资工作，有力地维护了县委、县政府的中心工作。

【兴隆县审计局】　1999年共有干部职工21人，其中：大学本科生1人，大专生5人；现有中级技术职称的9人；局长1人，副局长2人。设有办公室、财金基建股、行政事业股、企业股。

审计工作成果　1999年度共完成审计计划项目18个，审计单位47个，提交审计报告18篇，审计总金额52 300万元，收缴入库1万元，全年共发审计信息22期，县采用1篇，市局采用3篇，省厅和《中国审计》各采用1篇。

完成县政府交办任务　1999年共完成县委、县政府交办工作任务9项，审计清理单位20多个。

完成上级下达的审计任务　1999年度共完成省、市审计机关下达的审计项目18个，审计单位47个，审计总金额52 300万元。

【隆化县审计局】　1999年共有工作人员22人。其中：大专以上9人；局长1人，副局长2人。设有办公室、企业审计股、财金基建审计股、行政事业审计股、乡镇审计股、法规复核审理股。

审计工作成果　1999年共完成市下达指令性任务16项45个单位，市下达指令性调查项目1项23个单位，市临时交办审计任务32个单位；完成县临时交办审计任务50个单位。审计查出违纪违规金额2969万元，上缴财政资金154万元，促进资金到位380.5万元。查处信访案件7起，为维护社会稳定作出了一定贡献。共提交各类审计综合报告、理论研究文章、信息52篇，被各级采用37篇。

完成上级下达审计任务　1999年共完成市局下达审计任务16项，审计单位45个，审计调查任务1项，调查单位23个。完成临时交办任务32个单位。

完成县政府交办任务　1999年共完成县委、县政府交办的工作任务50个单位。其中完成县直行政、事业单位主要领导，国有企业厂长、经理和乡镇党政“一把手”任期经济责任审计13个。

【平泉县审计局】　到1999年底共有干部、职工22人（事务所已脱钩改制），其中：局长1人，副局长2人；审计师7人，会计师1人，经济师1人，工程造价师1人；设有办公室、财政金融审计股、行政事业审计股、企业审计股、任期经济责任审计股。

1999年度共完成审计和审计调查项目102项，审计和审计调查单位148个，审计资金总额8.7亿元，查出违规资金788万元，促进增收节支1178万元，审减基建投资3990万元，核减虚假注册资本金112万元。1999年主要开展了财政“同级审”、工商银行、扶贫资金、水利资金、交通部门和33户乡（局）级领导干部审计。提交各类综合审计报告、专题报告、信息102篇，被各级采用、批示94篇。

【滦平县审计局】　1999年共有干部、职工14人，其中：大专生6人；局长1人，党支部书记兼副局长1人；副局长1人；设有办公室、财政金融审计股、行政事业股、基建企业审计股等。原滦平县审计事务所脱钩改制为滦平中正会计师事务所有限责任公司。

审计工作成果　1999年，共完成审计项目14个，审计单位39个；审计调查项目2个，调查单位2个；查出各类违规违纪资金1933万元，归还原资金渠道208万元，收缴入库13万元。

完成县政府交办任务　1999年，共完成县委、县政府交办的工作任务16项。主要有：对马营子乡大兴沟村、付营子乡凡西营村、虎什哈黄旗村信访案件进行排查化解，有效地解决群众上访问题；对乡、县农村合作基金会进行审计清查，为政府对基金会问题宏观决策提供了依据。对全县23个建设项目进行了大检查，对开工前未审计、计划外投资、欠交配套费、欠交投调税、未投标及办理决算审计等问题进行了处理、处罚。另外，还对10个建设项目竣工决算进行了审计，审减金额223.4万元。

【丰宁满族自治县审计局】　1999年共有干部、职工27人，其中：大专13人；局长1人，副局长2人。设有人秘股、财政金融审计股、行政事业审计股、工交商贸审计股、基建审计股、审计事务所等。

审计工作成果　1999年共完成审计项目22个，审计单位205个；完成审计调查3项，调查单位48个；审计金额65382万元，查出违规行为金额2865万元，归还原渠道资金387万元，追还被挪用资金8万元，增加财政收入592万元，违纪处罚1.4万元，调账处理资金30万元。

完成县政府交办任务　1999年共完成县委、县政府交办的工作任务6项，审计单位98个。全年完成18项非生产性基建项目预决算审计，投资总额3863万元。

完成上级下达审计任务　1999年完成市以上部门下达的审计任务16项，审计单位107个，审计金额57932万元。

【围场满族蒙古族自治县审计局】　1999年底共有干部、职工26人。其中：大学本科生2人，大专生8人；局长1人，副局长3人；设有综合股、财政金融审计股、行政事业审计股、工交基建审计股、商贸审计股、法规指导股等。

审计成果　1999年共完成审计项目26项，审计单位121个，完成审计调查1项，查处各类违规违纪资金580多万元，提交审计报告20篇，出具审计意见书23份，下达审计决定15份，提出审计意见和建议112条，促进被审单位增收节支、提高效益360多万元，为国家和集体挽回经济损失1103万元，审计决定落实率为95.6%，审计复议率为0，发布审计信息11篇。

完成上级下达的审计任务　1999年完成省、市审计机构下达的审计任务16项，审计单位72个。

完成县政府交办任务　1999年共完成县委、县人大、县政府交办的审计任务10项、审计单位49个。为配合全县行政机关机构改革，开展法人代表离任经济责任审计3项。按照县委、县政府指示，开展河东村财务清理、化工厂审计，农村合作基金会清产核资等4项，平息解决群众集体上访案件6起。

【宽城满族自治县审计局】　1999年底，共有干部职工16人，其中：大学本科生2人，大专生10人。局长1人，副局长3人。设有办公室、财政金融基建审计股、行政事业审计股、企业审计股等。

审计工作成果　1999年，共完成审计项目15项，审计单位38个；完成审计调查2项，调查单位13个；审计金额14270万元。共查出违规违纪金额1138万元。上缴财政32万元，协助有关部门查处经济案件3起，提交审计工作报告、信息49篇，有效地发挥了审计的“三士”作用。

完成县政府交办任务　1999年，完成县委、县政府交办的工作任务2项，审计单位12个。按县政府工作部署，我局组织对全县农口单位专项资金管理使用情况进行了审计。经对水务局、畜牧局、林业局、农业局、农业开发办等单位的审计，发现被审计单位违规挪用专项资金69万元，并不同程度存在管理混乱，专项资金使用效益差等问题，向县政府做了专题审计报告，受到了县政府领导的高度重视，审计建议被采纳。

完成上级下达审计任务

1999年，共完成上级审计机关的审计任务13项，审计单位26个，审计金额12710万元。对县本级财政预算执行及其他财政收支情况的审计，查出违规行为金额976万元，向县人大作的专题审计报告，受到了代表们的充分肯定。

【唐山市审计局】 1999年共有干部职工87人，其中：大学本科生13人，大专生46人。党组成员6人。局长1人，副局长4人，纪检组长1人。设有办公室、监察室、审计管理处、审理法规处、工业交通审计处、商贸审计处、固定资产投资审计处、行政事业审计处、财政审计处、金融审计处、外资审计处、农业审计处12个机构。

审计工作成果　全年共完成审计项目25个，审计单位114个，完成审计调查5项27个单位。查出违规行为金额109362万元，上缴财政6878万元。审减工程款1273.16万元，应归还资金渠道6041万元，促进增收节支86万元。建议给予行政处分4人。提交审计报告、信息339篇，被上级批示采用188篇。

完成市政府交办任务　1999年共完成政府交办的事项审计10个单位。按照市政府的要求，对京唐港务局一号港池工程项目进行审计，不仅查出工程款结算不实、私设账外资金、出借建港资金、建设成本核算不实等问题，而且还提出了加强项目和资金管理的建议，并对港口经济状况和发展前景进行了分析，引起市领导的高度重视。9月份对桃林口水库移民迁建安置资金的筹集、使用情况进行了审计，查出违纪违规行为金额2542万元，揭示了存在的问题，提出了改进意见，对涉及的有关领导干部问题及时移交了有关部门立案处理。

内部审计　1999年共设内部审计机构302个，内审人员895人。审计单位2216个，查出损失浪费690万元，促进增收节支3356万元，纠正违纪行为金额49672万元，向司法机关移送案件1件，建议给予行政处分11人。

社会审计　9月份，完成审计事务所脱钩改制工作，成立了永信会计师事务所。

【唐山市路北区审计局】 1999年共有干部职工17人。其中大学本科生1人，大专生6人；局长1人，副局长2人；设有办公室、行政事业科、工商企业科、基建审计科。审计事务所于1999年月10月撤销。

审计工作成果　1999年共完成审计项目40个，审计单位45个，完成审计调查项目5项，调查单位18个；审计总金额7.8亿元，共查出违纪违规金额16.5万元，应上缴财政7580元，已上缴财政7580元，同时完成区委、区政府交办的临时性任务有：1. 与组织部、监察局一起完成了全区划7个单位22名正科级领导干部离任审计，发出审计报告22份，综合审计报告一份，离任审计调查报告一份，为区委、区政府正确任用干部提供了依据。2. 完成沿河瓷厂职工筹资住宅小区基建项目审计，这项工作是市委书记亲自批阅的信访案件，我局派出以基建科长为首的四位同志深入沿河瓷厂，审减工程款40多万元。3. 完成了民政福利总厂及九轧基建投资审计和财务收支审计，审计资金达4亿多元，发出财务审计报告7份，基建审计报告一份。4. 抽调4名同志参加了两乡基金会清产核资工作。5. 抽调人员对果园乡老大难村陈家屯的包村信访工作。同时还完成了司法鉴定审计中心经济案件审计3件，对9名有经济责任人的入党审计工作。

【唐山市路南区审计局】 1999年共有干部职工33人，其中大学本科生4人，大专25人，局长1人，副局长1人，设有办公室、财政审计科、行政事业审计科、企业审计科、审计事务所等机构。

审计工作成果　1999年共完成审计项目14项，审计单位34户，完成审计调查2项，调查单位15户，共查出违纪违规行为金额2082.38元，同区纪检、监察、信访等部门配合，查出各类经济案件3起，为社会稳定发展，发挥了作用，上缴区财政0.95万元，共提交审计报告34篇。

完成区政府交办任务　1999年共完成区委、区政府交办的工作任务8项，1999年对区属1个乡、6个街道办事处、9个部门经济目标兑现奖励实施审计，对虚报瞒报经济指标问题予以处罚、处理，通过审计，工商总利润审减796.47万元，为区考核办考核各单位经济目标完成情况提供了准确的资料。1999年共完成基建审计项目51项，审计金额6017万元，审减金额754.3万元，维护了国家建设项目有关单位的合法权益。

完成上级下达的审计任务　1999年共完成省、市审计机关下达的审计任务12项，审计单位16个。

【唐山市古冶区审计局】 1999年共有干部职工16人。其中：大学本科生1人，大专生9人。局长1人，副局长2人；下设企业科、行政事业科、基建科、办公室。

审计工作成果　1999年共完成审计项目17个，审计单位70户，完成审计调查1项4户。共查出违纪违规金额1641万元，同区人大、纪检、财政等部门配合，查出各种经济案件5起，为社会稳定、整顿经济秩序发挥了积极作用。上缴区财政102万元，提交审计工作报告信息124篇，被批示采用31篇。

完成区领导交办任务　1999年共完成区委、区政府、区组织部交办的工作任务8项44户。1999年我局认真完成了明星企业和优秀企业经营者审计考核和领导干部离任期审计，为领导宏观决策，客观公正地评价领导干部的经济行为，提供了审计依据。认真搞好区领导交办的唐山市钢锭模厂信访案件审计，对该厂1995年8月至1998年11月的资产负债损益情况进行了审计。通过审计，平息了1起信访案件，为领导宏观决策提供了依据。

【唐山市新区审计局】 1999年共有干部、职工16人,其中:大专生7人;局长1人,副局长3人;设有办公室、企业审计科、财政金融审计科、行政事业审计科、基建审计科等机构。

审计工作成果 1999年共审计了30个单位,完成年度计划的100%。通过审计查出违纪资金707.9万元,上缴财政资金69.7万元,审减工程投资款456万多元;审计决定落实为100%,复审率为0,除此之外,还对20个基本建设项目进行了开工前审计,审计建设资金总额6680.6万元。上报审计报告、审计信息72篇,被省、市审计机关、市政府采纳14篇,地方党政领导批示批转2篇。

【唐山市开平区审计局】 1999年共有干部、职工30人。其中:大学本科生2人,大专生16人;局长1人,副局长2人;设有办公室、财政审计科、行政事业审计科、工商企业审计科等机构。

审计工作成果 1999年,共完成审计项目58项,审计单位69个;完成审计调查1项,调查单位8个;审计金额94235.32万元,共查出违纪违规金额6356.64万元。同区纪检、检察院、信访等部门配合,查处各种经济案件32起,为社会稳定发挥了作用。上缴区财政541.03万元,共提交审计报告58篇。

完成区政府交办任务 1999年,共完成区委、区政府交办的工作任务36项,审计清理单位36个。1999年3月至10月,为规范农村财务管理,27名审计人员分成9个组,对开平镇、双桥乡部分村进行"拉网式"审计。

完成上级下达的审计任务 1999年,共完成省、市审计机关下达的审计任务10项,审计单位18个,审计总金额28347.9万元。

【遵化市审计局】 1999年共有干部职工22人,其中:大学本科生3人,大专生5人;局长1人,副局长2人;设有办公室、企业审计科、行政事业审计科、财政金融审计科、基建审计科。

审计工作成果 全年共完成审计项目124个,完成交办事项19个。审计金额219342.7万元。查出违纪违规金额2825.42万元,上缴财政341.08万元,共提交报告、意见书、处理决定78份。核减工程款175.6万元。

【丰南市审计局】 1999年共有干部、职工23人。其中:大学1人、大专9人;局长1人,副局长3人;设有办公室、企业审计科、行政事业审计科、财金审计科、基本建设审计科、审计体系指导科。

审计工作成果 全年共完成审计项目85个(审计单位102个),完成审计调查2项。审计资金总额38亿元,查出违纪违规金额7003万元。上缴市财政19万元,共提交审计报告、信息76份。

完成市政府交办任务 共完成市工业企业惠达、国丰、银丰、宏利等18家的审计,审计资金总额14亿元,查出违纪违规金额2500万元,提出合理化建议20条,为其增收节支256万元。为配合企业改制,完成了对市物产集团、新星生物集团的审计;完成了5家基金会的审计;完成30个工程项目审计,审减工程款506万元。

【迁安市审计局】 1999年末共有干部职工17人。其中大专生12人;局长1名、书记1名、副局长2名。设有办公室、行政事业审计科、企业审计科、基建审计科等机构。

审计成果 1999年度共完成18个项目93个单位的审计任务。全年的审计总金额为3.26亿元,查出各类违规资金763万元。其中:指明纠正的金额374万元,上缴财政389万元。全年共罚款13万元。

完成上级下达审计任务 1999年共完成省、市审计机关下达的审计任务42个,审计总金额2.1亿元。

完成市委政府交办任务 1999年度共完成市委市政府交办的审计任务6项,审计单位51个。

【迁西县审计局】 1999年实有干部职工20人,其中:大学本科生1人,大专生15人。局领导4人。设有办公室、企业审计科、行政事业审计科、基本建设审计科、领导干部审计科等机构。

审计工作成果 1999年,共审计单位92个,完成审计调查项目3项,调查单位15个;查处违规行为资金4600万元,应上缴财政资金767万元,核减工程款7万元,向县以上政府部门及新闻单位提交审计报告146篇,被批示、采用113篇。

完成县政府交办任务 1999年。共完成县委、县政府交办的工作任务21项。其中仅领导干部任期经济责任审计就完成18项。

【滦南县审计局】 1999年共有干部、职工28人,其中:大学本科生2人,大专19人;局长1人,副局长3人;设有人秘监察科、财政金融科、企业科、行政事业科、基建科、领导干部经济责任审计科、体系指导中心七个业务科室。

审计工作成果 1999年,共完成审计项目71个,共查出违纪违规金额6836万元。积极配合县委县政府中心工作,完成临时交办项目7个,上缴县财政181万元,为国家增收节支达378万元,共提交审计报告35篇。

完成县政府交办任务 1999年,共完成县委、县政府交办审计工作28项,县内大企业效益审计、领导干部经济责任审计、信访案件审计、企业级别等项工作。

完成上级下达审计任务 1999年共完成省市审计机关下达的审计任务50项。

【丰润县审计局】 1999年底共有干部职工27人,其中大本毕业生3人,大专毕业生6人;局长1人,副局长6人(其中纪检组长1人)。下设办公室、企业审计科、行政事业审计科、基本建设审计科、审计指导科等机构。

审计工作成果 1999年共完成审计项目131个,审计单位199户,完成审计调查项目4个,调查单位137个;查出违纪违规金额约

1.1亿元,促进企事业和有关部门增收节支2105万元,会同县纪检、监察、信访、检察院、法院等部门查处各种经济案件6起,为维护社会稳定发挥了作用;共提交审计报告34篇。

完成县政府交办任务　1999年共完成县委、县政府交办任务14项,审计单位162个。一是在年初用3个月的时间对全县129户国有、集体企业的资产、负债、损益的真实性进行审计或调查,对其中存在的倾向性、普遍性问题向县政府提出了参谋建议,为县领导正确决策提供了真实可靠的依据;二是按照县领导的指示,参加了全县基金会的清理审计;三是基本建设审计完成预决算审计项目34个,审计总金额6973万元,审减工程造价1147.76万元;四是会同县委组织部到山东荷泽地区审计局进行实地考察,并起草了《领导干部经济责任审计实施细则》,完成了8名乡局级干部的离任审计,对如何做好干部离任审计工作进行了有益的探索。

完成上级下达的审计任务　1999年共完成上级下达的审计任务17项,审计单位37个。

【玉田县审计局】　1999年有干部职工23人,其中:大专以上学历13人;局长1人,副局长3人;设有办公室、财政审计科、行政事业审计科、商贸金审计科、工交审计科、基建审计科、审计事务所等七个职能科室。

审计成果　1999年共完成审计项目52个;完成审计调查项目2个,涉及单位7个,共查出违纪金额9066万元。配合纪检、监察、信访等部门查处了6起上访案件。审计出33个违规违纪问题,为社会稳定做出了贡献。

完成县政府交办任务　全年共完成县委、县政府交办事项15项,完成了6个乡镇、局级单位领导的任期经济责任审计,8个单位党政领导的离任审计;1999年全年共完成基建审计4户,审计基金建设投资396.3万元,为本县经济发展做出了贡献。

【唐海县审计局】　1999年共有干部、职工21人,其中:大专生7人,局长1人,副局长2人;设有办公室、行政事业科、企业管理科、基本建设等科室。

审计工作成果　1999年,共完成省、市、县交办的审计任务38项、涉及55个单位,审计总金额235000万元,查出违纪违规行为金额1667.84万元,已全部上缴财政或得到纠正,写出审计或调查报告37篇;提出合理化建议54条,发出审计决定6份,已全部落实。为国家增加财政收入135.03万元,罚没款2.43万元,已全部上缴财政。

完成县委、县政府交办任务　1999年共完成县委、县政府交办的工作任务11项,其中集中精力搞了2家行政事业单位、5家企业的离任审计,为县委、县政府提供了真实、可靠的数据;提出合理化建议14条,均被企业采纳。

【乐亭县审计局】　1999年底共有干部、职工18人。其中大专以上学历12人,有6人具备中级以上技术职称,局长1人,副局长2人;设有办公室、工交审计科、财金审计科、行政事业审计科。

审计工作成果　1999年共审计单位148个,共查出各类违规违纪金额4950万元,审计建议调账资金4100万元。

完成县政府交办任务　年初利用近一个月的时间对全县11家重点工业企业的资产、负债及1998年度经营情况进行了摸底审计;对93个申报授奖单位进行审计;为保全县的社会稳定,查处了几起较有影响的信访案,规范实施了离任经济责任审计。

完成上级下达审计任务　1999年共完成上级审计机关下达的审计任务29个。

【滦县审计局】　1999年共有干部职工41人。其中:大学本科生2人,大专生20人;局长1人,副局长3人;设有综合科、行政事业审计科、财政金融审计科、企业审计科、审计事务所等机构。

审计工作成果　1999年共完成审计项目64个,审计单位172户;完成审计调查3项,调查单位5个;审计资金总额25.07亿元。共查出违纪违规金额6430.2万元。上缴财政28.89万元.共提交审计报告43篇。

完成县政府交办任务　1999年共完成县委、县政府交办的工作24项,审计单位24个。参加了全县农村合作基金会关闭的清产核资工作。参与了全县包括乡镇在内的73个单位预算外资金大检查工作。完成县委组织部交办的17个单位18名主要领导干部的离任审计,审计成果被市政府、省厅、市局多次采用。

【秦皇岛市审计局】　全年共审计了443个单位,查处违规资金42252万元,促进增收节支1730万元。

财政审计　对财税部门及80个单位预算执行情况进行了审计,查处虚收虚支、挤占挪用等违规问题,促进了规范财政分配和管理;对4个县区财政决算的审计中查出违纪违规行为金额5555万元。

企业审计　根据省厅统一部署,赴廊坊对4户企业进行了真实性审计,查出10个方面的违规问题;对全市供销社系统140户企业财务挂账进行了清查审计。

金融审计　历时6个月对工商银行系统开展资产负债损益审计和清分审计,查处变相高息揽存、漏交税金等违规资金17530万元;对本市7个世界银行贷款项目进行审计,促进了项目顺利实施。

行政事业审计　对法院、检察院系统行政性收费和罚没款物进行了审计,查处乱收费、私设"小金库"等违纪问题,并补交财政203万元。

固定资产投资审计　根据省厅统一部署,历时两个月对沧州市电力建设资金进行审计,查出违纪违规行为金额3.5亿元;并对国家重点建设项目——山海关国家粮食储备库工程进行了审计。

专项资金审计　对职工养老保险基金、扶贫资金进行了审计，促进了专款专用；对水利资金投入及结构的审计调查，为政府决策提供了依据。基础工作进一步加强，修订完善有关制度40余项；全年上报信息210篇，被上级机关采用118篇(次)。

经济责任审计　全市审计机关对54名领导干部离任经济责任进行了审计，为考核任用干部提供了依据。

内部审计　全市各单位内部审计机构开展财务审计、经济责任审计和建设项目审计560余项，促进增收节支1580万元。

【秦皇岛市海港区审计局】

1999年共有干部10人。其中：大专及以上学历者8人，中级职称及相当者6人；局长1人，副局长1人；设有办公室、行财股、企业股。

审计工作成果　1999年，完成省定计划项目29项，直接审计45个单位；完成区委、政府交办事项6项，直接审计31个单位。查出违纪违规行为金额750万元。提交审计报告及信息33篇。

机关建设　一是改善办公环境。二是提高办公自动化水平。在继续完善常用财经审计法律法规微机检索系统河北地方库的建设同时，投资5万元，建成连接各股室的局域网，实现了网上资源共享和网上政务公开。三是探索计算机技术在审计业务中的应用。

【秦皇岛市山海关区审计局】

1999年，共完成审计项目58项，完成计划的134%。查处违纪违规资金946万元，应缴财政7.5万元，已上缴5.3万元。

深化财税审计　在财税审计中，突出抓了两项工作：一是加大财政、税务审计的深度和广度；二是切实抓好延伸审计，从不同层次、不同角度对我区财税收入、分配过程进行监督。

加强行政事业审计和专项资金审计　把对行政事业单位审计的重点放在执法、执纪方面，对违规违纪等问题严肃处理，促进和提高执纪执法水平，共审计了13个项目。

开展领导干部任中审计　1999年区委组织部委托本局对16个单位的主要领导干部的任期经济责任审计，主要对财政财务收支、国有资产管理及交通通讯工具等进行了客观公正的揭示，并正确评价干部任职期间的业绩，为考察干部提供可靠的依据。

开展固定资产投资审计　主要对工程决算审计及建设施工单位财务收支的审计，共审计5个项目。

预算外资金重点检查　对区属8个行政事业单位的预算外资金进行了重点检查。

【秦皇岛市山海关开发区审计局】

1999年共完成审计项目11个，审计金额18260万元，查出违纪违规行为金额351万元。共提交审计报告8篇。

完成开发区党政领导交办任务　1999年，完成区党政领导交办的对北京联络处和渤海乡小刘庄的财务收支审计。审计金额1173万元，查出违纪资金158万元。

经济责任审计　1999年9月，对区内5个单位进行了经济责任审计，审计金额16787万元，共查出违纪违规行为金额170万元。

财务收支审计　1999年，对社会事业局等四个单位进行了财务收支审计，审计金额300万元，查出违纪资金23万元。

【秦皇岛市北戴河区审计局】

1999年共有干部职工11人，其中：研究生1人，大学本科生2人，大专生6人；具有中级职称的6人；局长1人，副局长2人；设有办公室、综合审计股等机构。

审计工作成果　1999年共完成审计项目25项(含审计调查)。审计资金19738.4万元，审计单位29个，其中：预算审计1项，延伸重点单位7个；财政收支审计1项，审计资金2269.85万元(2年度)；专项审计5项，审计资金2553.73万元；财务收支审计4项，审计资金502.67万元；离任审计7项，审计资金2454.58万元；审计调查2项，调查资金827.57万元；基建审计5项，审计金额658.8万元。共提交审计报告20篇，审计结果报告5份，查出违纪资金7.22万元，其中应缴财政5.6万元。

完成区委、区政府交办的任务　1999年共完成区委、区政府交办的离任审计7项，审计单位7个，审计出违纪违规资金10万余元，追回资金0.2万元。完成基建审计5项，审减40余万元；完成财务收支及专项审计4项，审计资金809.5万元。

完成上级下达的审计任务　1999年，共完成省、市审计机关下达的审计任务9项，审计单位17个，审计金额1.64亿余元。

【秦皇岛开发区审计局】　开发区审计局完成上级审计机关下达的财政、金融、行政事业、固定资产投资、外资等五方面的12个单位(项目)的审计任务，查出违纪资金870万元，全部予以调整和纠正；同时完成了工、管委领导交办的直属企业目标责任完成情况等审计事项，共计19个单位(项目)，为国家节约基本建设投资共计368.1万元。

1.完成了对开发区财政局、地税局1998年度财政预算执行情况的审计。2.完成了对防疫站世界银行贷款项目的审计调查，调查报告按时上报市审计局。3.完成了对开发区商业银行的指令性审计，在审计中，发现该行存在问题较多，提出审计建议和处理意见。4.加强对行政事业单位的审计，规范其财务制度。5.完成对开发区万众房地产开发公司的审计，发现该房地产开发企业与施工企业结算未取得合理凭据，影响了税金的及时上缴，审计后，向企业下达了审计意见书，要求限期纠正。6.完成了开发区城建资金审计。7.完成了开发区社会保险所“基本养老保险基金”的审计。8.完成对中外合资企业秦皇岛嘉华塑胶有限公司的审计。在审计中，通过对其报表、账簿、凭证等会计资料的审计，发现该公司在1998年已经投产的情况下，仍将部分成本费用计入开办费及其他递延支出，并未对以前年度的开办费及递延支出进行摊销，仅此一项就使该公司利润虚增600余万元，因此，审计局做出了令其限期调整账目的审计处理意见。

今年主要完成了以下领导交办的审计事项：1. 关于对群众举报开发区建筑设计所的有关问题进行了核实。2. 又对开发区设计所的1996年1月至1998年10月31日近3年的财务收支情况进行审计。3. 完成开发区建筑设计所所长离任审计报告。4. 基本建设审计成绩显著，为国家节约基本建设投资共计368.1万元。完成9个项目(单位)的基建审计，具体是：开发区国际发展大厦(管委大楼主体)工程的审计，审减工程款3011898元；三家联审(审计、财政、规划)对黄河道北污水、雨水管道审计，审减工程款32536元；三家联审对开发区住宅市外工程审计，审减工程款39666元；三家联审对开发区消防支队工程审计，审减工程造价25294元；三家联审对开发区2#污水泵房工程审计，审减工程造价款53766元；三家联审对开发区管委零星工程审计，审减工程款14872元；三家联审对管委住宅楼、医院等给水工程审计，审减工程款4778元；三家联审对开发区卫生防疫站装饰工程的决算审计，审减工程款79826元；中行改造装修工程的竣工决算审计，核减工程款418265元。5. 对直属公司目标责任完成情况的审计。本项审计共完成6户，主要对这些公司签定的1998年目标责任完成情况及1998年度资产负债损益情况进行了审计。6. 对丽达服装有限公司的破产清算审计，对该单位的资产、负债进行了清算审计，同时，参加了有关资产的评估工作。7. 与劳动人事局共同对区内工资性支出情况进行了审计调查。

【昌黎县审计局】 1999年共完成县委、县政府交办的工作任务2项，审计单位3个。1999年1月份，为搞好县直、乡镇领导任期经济责任审计，对县旅游局及其所属单位资产、负债、损益情况进行了审计，发现该局将推土机等机械租给个体施工企业时过六年不仅租金未收到，只收回部分车辆，车辆变卖损失达130多万元，对此，按财经法纪进行了严肃处理。

1999年共完成省、市审计机关下达任务34项，先后对65个单位实施了审计，查处违纪违规资金9111万元。

【卢龙县审计局】 1999年共有干部、职工18人，其中：大学本科生2人，大专生16人。局长1人，副局长2人；设有办公室、行政事业审计股、企业审计股、综合审计股。审计师事务所于年底脱钩改制。

审计工作成果　1999年共完成审计项目32项，审计单位90个，完成审计调查2项，调查单位12个、审计金额119155万元，查出违纪违规金额520.8万元，上缴财政3.47万元。提交审计报告32份。

完成县政府交办任务　1999年共完成县委、县政府交办的审计项目12个，审计单位39个。主要完成乡局级领导干部任期经济责任审计和县医院、县陶瓷集团公司等企事业单位财务收支审计；核查审计了6个村级经济组织及村办企业财务账目。同纪检、监察、信访、检察院等部门配合完成了农村财务清理、农村合作基金会检查、清产核资、移交及查处各种经济案件8项，为县社会稳定和经济发展作出了贡献。

完成上级下达审计任务　1999年共完成上级审计机关下达的计划审计项目20个，审计单位51个。

【抚宁县审计局】 1999年，共完成国家审计计划42项，是年初计划的131%；共完成当地政府交办审计项目19项；全年共审计单位55个，查出违纪违规行为金额629.5万元，收缴入库资金10.7万元。

【青龙县审计局】 1999年，青龙县审计局共完成审计项目36个，查出违规违纪金额725万元，收缴违纪资金9万元。1. 倾全力做好工行审计工作。查出违规违纪资金4.7万元，并对工行7千万元贷款质量做了准确地评估，为防范、化解贷款风险提供了依据。2. 积极完成县委、县政府交办审计任务。一是对19名正科级领导干部进行了离任审计；二是积极参与农村基金会清理整顿工作。对8个清盘基金会进行审计，查出虚报利润滥发奖金实物等违规违纪资金20余万元，促进了清理工作的圆满完成；三是完成了对黄金公司系统9个单位的审计，为全县黄金系统与海南某公司联营过程中经济纠纷的解决做出了突出贡献。

【沧州市审计局】 对9个预算执行单位进行了审计，查出违规行为金额1299万元，向市人大递交了审计工作报告；固定资产投资审计加大监督力度，对71个建设项目和施工单位进行了审计，审计项目投资总额66290万元，查出违纪金额8748万元。

发挥审计职能，对职工上访企业的财务收支进行审计和资产清理。沧州市丝绸厂部分职工因经济问题多次到市委和市政府上访，成为社会不安定因素。根据市领导指示，审计局组成人员对该厂进行了审计，及时召开全厂干部职工大会，当众宣布审计结果，提出处理意见，并详细解答职工关心的问题，一度不可制止的告状得以平息，市领导认为该事件的圆满解决审计局立了头功，起到了任何部门不可替代的作用。5－10月份，为配合全市农村合作基金会清理整顿工作，本市审计机关充分发挥审计监督职能作用，投入精干人员106人，完成了全市205个农村合作基金会的清产核资工作。市局编发“审计内参”7期，及时向上级反馈情况，其中5期被上级采用。

【沧州市新华区审计局】 共完成审计项目30项，审计单位35个；完成审计调查2项，调查单位2个，审计金额29000万元，共查出违纪违规行为金额134万元，上交财政0.3万元，提交审计报告28篇，会同区纪检、财政、乡政府等部门，查处经济案件3起，为社会稳定发挥了作用。努力完成区政府交办任务，1999年完成区政府交办的工作任务16项，审计清理单位21个，其中机关干部离任审计占较大比重。

1999年共完成省市审计机关下达的审计项目14项，单位15个，审计金额8400万元。

【沧县审计局】

预算执行和财政收支审计情况 1999年3月，对沧县财政局、沧地税局及其延伸的6个单位进行了就地审计，经审计查出隐瞒转移收入预计322万元，应退未退税款101万元，逾期财政周转金522.5万元，虚列支出5.5万元，在延伸单位中教育局虚列教育费支出56万元，广播局预算外资金54.2万元，未按规定实行财政专户管理，对违规、违纪问题予以7万元罚款。

大案要案审计查处的情况 为解决多年沧县纸房头大渡口村由于多年上访告状，造成不稳定局面，组成由市纪委、市审计局、县审计局三部门参加的市、县联合审计小组，于3月16日，局长带领5名精悍力量对该村源村干部任期间的财务收支进行了审计。经过一个多月的调查取证，于4月27日，终于平息了这件影响面之大、时间之长的特大案件上访案件，同时有关不法分子受到了法律的制裁。审计局同县财政局、农村信用社、农村基金会四家联合对农村合作基金会的资产进行清产核资，历经二个半月，合并资金3.4亿元，原来31个基金会，合并了26个，占总数的85%。

搞好离任审计，为领导决审服务 按县委、县组织部对县以下党政领导干部和国有企业领导人离任审计，共审计24个单位。有18人升职，8人退职、14人平调，5人待岗。

审计法颁布实施五周年纪念活动 在审计法颁布五周年之际，我局在全县召开了审计法五周年纪念大会，并通过电视向社会宣传《审计法》，举办《审计法》知识大赛，从而进一步提高了审计监督的知名度。

【东光县审计局】 1999年，全年共完成审计项目74个，所有审计项目都达到了程序合法，事实清楚，适用法律、法规得当，审计建议切实可行，审计处理宽严适度。共查出违纪违规金额4974万元，增加财政收入75万元；提出合理化建议54条，挽回经济损失及产生直接经济效益93万元。为加强宏观调控，维护财经纪律，促进经济发展发挥了重要作用。

【盐山县审计局】 1999年共完成审计项目165个，审计单位170个，调查单位28个，审计总金额2亿元，查出违规行为金额1824万元，上交财政50万地，提交审计报告及信息稿件270篇。共完成省市审计机关下达的审计任务45项，审计总金额达1.6亿元。完成县委、县政府交办任务17项，审计单位达108个。审计局牵头，顺利完成对全县12个农村基金会的清产核资任务，使7个基金会顺利过渡到农村信用社。完成了对本级财政预算的审计。实施教育系统一条线审计，查出该系统80万元违纪资金。完成了对中国工商银行盐山县支行资产、负债、损益的审计。1999年12月完成省授权的对河北省银山公司精制碘盐有限责任公司加碘盐工程和长芦黄骅盐厂加碘技改工程项目的审计。1999年11月经省注协批准，完成审计事务所的改制工作。

【肃宁县审计局】 全面完成了1999年各项工作目标：按时完成上级审计机关下达的审计项目38项，严肃查处了各种违纪违规问题，向纪检委建议查处经济案件3起，协助纪检会、检察院办案7起，积极发挥了审计监督在维护财经纪律和反腐斗争中的职能作用；积极完成县委、县政府交办的审计事项34起，其中干部经济责任审计10项，核查财务收支11项，企业改制资产清查及评估3项，特别是抽调骨干力量参加了全县清理农村基金会的工作，历时几个月的时间，切实帮助县委、县政府解决了一些困难，发挥了较好的参谋作用；调入基建审计专业人员，改变了多年基建审计外聘人员状况，半年内完成领导交办的预决算审计、制作标底等8项审计任务；档案管理工作在沧州市审计系统率先实行升级目标，升为省一级。

【南皮县审计局】 全年共完成审计项目63个，审计单位70户，完成审计调查1项，调查单位1个，审计金额5312万元，共查出违纪违规金额1088万元，配合司法机关查处4起，为社会稳定发挥了作用，上缴县财政40万元，共提交审计工作报告(信息)21篇。

完成县委、县政府交办任务 全年完成县委县政府交办任务29项，其中党政领导干部经济责任审计20项，为县委领导选拔重用人才提供了依据。配合农村基金会清理工作4项，充分发挥了审计人员精通财政的优势，受到了有关领导的好评，参与了1项农村财务收支审计；配合纪检、监察等部门处理财务纠纷4起，为维护一方安定起了推动作用。完成建设项目审计4项，审计金额630万元，查出虚报冒领、高估冒算金额40万元，超计划超规模建设项目1项，并做了相应处理。

完成省市指令性任务 共完成34项，审计出违规行为金额1088万元，其中决定处理处罚301万元，指明要求纠正787万元。

【吴桥县审计局】 共完成审计项目81个，查出违纪违规金额3123万元，上缴县财政万元，共提交审计报告81篇，追回挤占挪用专项资金125.8万元。写出的报告、信息被采用或批示40篇。

完成省委、县政府交办的工

作任务18项，审计调查单位4个。1999年5月，为配合全县农村基金会清理整顿工作，抽调业务骨干5人，组成工作组赴于集镇进行清产核资历，并使该镇基金会一次性通过上级验收。全年共抽调20人（次），组成10个审计组，对全县17个乡镇及县直单位的23名离任领导干部进行了审计。

完成省、市机关下达的审计任务30个，审计单位30个。1999年3月25日起，根据国家审计署安排，对中国工商银行吴桥支行1998年度资产、负债、损益情况进行了审计，历时5个月，查出违规违纪资金1507万元。

【孟村回族自治县审计局】 1999年，孟村回族自治县审计局完成审计项目52个，共查出违纪违规行为金额689万元。

随着《审计法》不断深入贯彻及审计事业的发展，县委、县政府为强化审计作用，发挥审计职能，把全县十个方面的工作交由审计局审计，考核把关，作为季、半年、年度综合考核的依据。这十个方面是：预算外资金；上交税金；企业利润；引进资金；金融投资规模；工农业总产值，农村均收入；县委、县政府确定的立乡、立村项目；小康村建设；乡镇班子考查；乡镇、科局年度责任目标完成情况。

1999年进一步修改、充实、完善了《机关管理制度》、《审计质量管理制度》等18条内部管理制度，使审计人员的政治素质、业务素质进一步得到提高。

【廊坊市审计局】 1999年，全市审计机关共审计592个单位，查处各种违规行为金额33058万元，上缴财政1066万元，共为国家增收节支3939万元。提交审计工作报告、信息422篇，被批示采纳255篇，有的信息还被省政府领导批示。

1999年，全市审计机关在预算执行审计中重点查资金效益和内控制度，抓住了财政审计的关键。一年中，共审计预算执行单位210个，揭示出了预算执行中存在的隐瞒收入、挤占挪用、损失浪费等违规行为金额6162万元。1999年对安次、固安、香河三区县进行了财政收支决算审计，并延伸了34个乡镇，共纠正决算不实资金3749万元。按照审计署统一部署，全市开展了对中国工商银行廊坊分行系统1998年度资产、负债、损益情况的审计。市县两级审计机关一把手挂帅、全市抽调骨干100余人，历时140天对24个独立核算单位及28个下属单位进行了审计，并延伸审计了279个贷款企业。查出各种违纪违规金额近2亿元。同时摸索出了“三式五步”操作法，得到省厅肯定。

全市配合有关部门共审计查处大要案及上访案件50余件，有43人被移交司法机关处理。特别是农村合作基金会的审计，全市出动审计人员150人，清查基金会168个，查清了基金会管理失控、底数不清、疑点多、账目乱的问题。安次区审计局仅对一笔风险投资的审计就挽回损失2800万元。

对企业突出真实性审计，共审计当地骨干企业、利税大户及亏损大户72家，查出违规行为金额10325万元，在参加全省百户工业企业和电建资金审计中，分别查出有问题资金2291万元和5600万元。

1999年是《审计法》颁布实施五周年。对此，全市大张旗鼓地组织了宣传《审计法》活动。固安县审计局还通过电视台访谈节目，对全社会进行《审计法》宣传。其他各区市县也以不同方式对《审计法》组织了学习与宣传。

【廊坊市安次区审计局】 截止1999年，共有三科一室，有干部职工24人，其中：有本科学历4人，大专学历13人。

审计成果　1999年，共完成审计项目1999个，其中指令性项目62个，领导交办项目37个，共查处违纪违规资金4189万元。

完成指令性审计项目情况　按《审计法》规定，对区本级财政预算执行情况（17个预算执行单位）和4个乡级财政决算进行了审计，对违规更库退库、虚列支出、漏交税金等问题予以揭示。开展了6个基建项目投资预决算审计，核实了固定资产投资额5675.80万元，审减工程价款净值22.40万元。开展了对工业建筑、交通、金融贸易系统的17个单位的资产、负债、损益情况审计，查处违纪、违规资金2088.20万元，对7个有预算外收入较多的行政事业单位开展了财务收支审计，查处违纪、违规资金94.20万元。

完成本级政府交办任务　按区委、区政府的安排部署，投入了全部审计力量，历时三个月对全区25个合作基金会进行了清产核资及财务收支审计，摸清了全区基金会的资产底数及资产质量状况，促进了基金会的收并。同年，先后完成了10个单位领导干部任期经济责任审计。并对濒临倒闭的4家企业的资产负债情况进行了审计。

【霸州市审计局】 1999年底共有干部、职工20人，其中大专生7人；局长1人，副局长3人；设有办公室、企业科、财金科和基建科。

审计工作成果　共完成审计项目91个，审计总金额780820.97万元，促进增收节支791.09万元，向被审计单位提合理化建议85条，发挥了审计“三士”作用。

完成市委、市政府交办任务　本年度共完成市委市政府交办任务7项，涉及单位50多个。今年由于完成市委部署的28家农村合作基金会的资产评估、清欠、完善手续等项工作出色，被市委市政府授予“清理整顿农村合作基金会先进集体”和“清理整顿农村合作基金会顾全大局突出奖”。

完成上级下达任务　共完成省、市审计机关下达审计任务71项，审计单位80个，审计金额580925.97万元。如在对中国工商银行霸州支行审计的基础上，针对审计过程中发现的问题进行了认真的分析研究，形成论文材料上报，分别被河北省审计厅、廊坊市审计局和霸州市政府转发。

【三河市审计局】 到1999年底共有干部职工26人，其中：大学本科生1人，大专生11人；局长1人，副局长2人；设有办公室、财政金融审计股、行政事业审计股、基建外资审计股、企业审计股和市属企业经济目标考核办公室等机构。

审计成果 1999年，共完成审计项目61个，审计单位127个，共查出各类违纪违规金额8603万元，审减基建工程投资1061万元。同时配合纪检、监察、信访等部门，查处经济案件4起，为社会稳定发挥了作用。配合组织部门进行离任审计42项。提交审计报告64篇。

审计人员业务素质明显提高 1999年，有审计师11人，会计师1人，注册会计师4人，助理审计师2人，助理会计师1人，预决算工程师1人。

【固安县审计局】 1999年，共完成各类专业审计项目68项，审计调查项目5项，政府临时交办项目20项，查出各类违纪违规资金4000余万元，应上交财政600多万元，为国家增收节支748万元。

拓宽了财政金融审计思路 通过财政同级审，基本摸清了我县预算执行和其他财政收支底数，为政府加强宏观管理提供了充实依据；在工行审计中，通过对企业贷款质量的严格清分，有效规范了地方金融企业的信贷行为。

狠挖了行政事业管理死角 通过对城区6个中小学收费情况审计，查出违规超标收费300万元；同时通过社会稳定资金审计，使全县养老失业保险金收拨及使用得到了全面整改。

改变了企业审计的角度 通过审计，挖出了两个潜亏达3421万元的"空壳"企业，并帮其整改，促进扭亏增效。

拓宽了基本建设审计视野 年内成立了县基建预决算审计中心，逐步实现了对基建工程从立项、招投标，预算直到竣工结算的全程跟踪审计。

努力改善了办公条件 年内建成办公大楼一座，彻底改善了审计机关的办公条件。

【永清县审计局】

转变思想观念，增强服务意识 1999年，机关组织全体审计人员牢固树立"围绕中心、服务大局"的思想，寓服务于监督之中。一是把县委、县政府交办的审计事项作为审计工作重点。全年共完成交办项目14项，为领导决策提供了依据，为维护农村稳定做出了贡献；二是对全县14个乡镇的党委书记开展了任期经济责任审计，提交的审计结果报告引起县领导的重视，为选拔考核干部提供了依据；三是开展了我提一条好建议活动，提出好建议13条，促进增收节支180余万元。

改进审计工作方法，促进审计质量迈上新台阶 一是实行了审计组长岗位责任制，审计执法水平有了明显提高；二是推行被审计单位承诺制和审计复核制，有效地防范了审计风险；三是加强了"审前准备"工作，使审计工作质量和工作效率有了明显提高；四是加强档案管理工作，被评为省二级档案管理先进单位。

加强廉政建设，树立良好形象 在建立健全各项廉政制度的同时，实行廉政反馈卡制，每个项目都有一个反馈卡，由被审计单位将审计组成员在审计期间的表现、廉洁自律等情况填在反馈卡上寄回审计机关。这种主动接受监督的做法，受到了被审计单位和有关部门的好评。

【香河县审计局】

经济责任审计 1999年，在认真贯彻上级有关指示精神的基础上，全面开展了经济责任审计。共涉及到提职1人，退休1人，工作调动16人。

同级财政审计 依照上级有关精神，进行了本级财政预算执行情况和财政收支审计，强化了审计部门职能。

工商银行审计 经过精心组织和周密安排，于3月29日进驻工商银行香河县支行。并延伸到8个储蓄网点，历时4个月，查处违规行为资金202万元。

清理农村合作基金会 在清理整顿农村合作基金会工作中，局长李印被县委、县政府任命为全县清产核资组组长，又抽调18名同志分别担任全县各清产核资小组组长。经过两天一夜的连续奋战，摸清了全县18个农村合作基金会的底数，查出各种不良信贷资产8109.2万元，并将3名涉嫌骗取基金会贷款的人员移交到司法机关，追回资金50余万元。

廉政建设 经县委批准，县三部委联合为审计局拍摄的全省第一部反映审计战线工作的电教专题片《勤廉并蒂花》已上报到中纪委，并多次在市、县电视台播放，收到了良好的社会效果。

【大城县审计局】 1999年审计工作取得了明显成效。一是完成上级审计机关下达的审计项目56个、审计调查2个，涉及被审计和调查的单位63个，查出各种违纪资金1682万元，决定处理处罚的119万元，指明要求纠正的1563万元，应上交财政11万元，已上交财政11万元，建议纠正地方部门不当规定19条，促进地方部门制定完善规章23条，被审计单位采纳合理化审计建议29条。二是完成县委、县政府交办的审计项目28个，其中对村级上访案件审计查证1个。三是努力配合政府工作中心，围绕县委、县政府领导关心的，群众关注的难点和社会焦点问题审计4个单位。

1999年按照市局工作部署和《审计法》的规定，今年初对县1999年度财政预算执行情况进行了审计，审计发现：本县1998年财政收入保持了较高的增长速度，1998年财政总收入实际完成10003万元，占任务的100.03%，比上年增收1699万元，增长20.4%，但在审计中，也发现了部分预算执行单位罚没收入和纳入预算财政事业费的163.3万元，没有足额入库，已按照《预算法》的有关规定，及时清理入库。在对由审计署统一组织的工商银行所属单位的审计中，揭露和查出了县工商银行存在着账外资产27.2万元等违纪违规问题，对此，提出要求限期整改的措施，得到了采纳，从而达到了防范和化解金融风险的目的。

【文安县审计局】 1999年共有干部职工15人，其中：大专学历7人；局长1人，副局长3人；设有办公室、行政事业审计股、商贸审计股、工建交审计股等机构。

审计工作成果 1999年共完成审计项目27个，审计单位82个，完成审计调查项目3个，调查单位7个，审计总金额达68000万元，查出违纪违规行为金额2637万元，上缴财政12.4万元，向市审计局提交综合报告6篇，信息14篇。

完成上级审计机关下达任务 1999年共完成上级审计机关交办的工作5项，审计单位20个。2月份，按市局安排，除对县财政局预算执行情况进行了审计外，还延伸审计了15个预算拨款大户及利税大户，审计结果比较全面地反映了县当年财政状况。3月份开始，按审计署部署，对我县工商银行进行审计，审计组对工行的几百本账册进行了认真的审查，还对其下属四个经营网点进行了清查，又走访了58个与工行有贷款业务的工商业户，审计金额达48000万元，查出违纪违规行为金额1027万元，按时完成了审计任务。

完成县政府交办任务 1999年共完成县委、县政府交办的项目22个，审计单位62个。7月份，受县政府委托，对左各庄南环路、司龙路及张管营桥三项工程进行审计，三项工程送审造价1510万元，审定后工程造价为1210万元，审减300万元，为财政直接节约了资金。8月份，为配合农村合作基金会平稳过渡到农村信用社，机关抽调四名骨干，两个月内，对1.2亿元股金和8000万元信贷资金的债权债务全部审清，为使本县成为全省第一家信用社接收的合格单位做出了突出贡献，受到了县领导的高度赞扬。

【大厂县审计局】 1999年，共完成审计项目72项，其中计划项目32项；自定项目40项。共查出各类违纪资金20万元。

完成当地党委、政府交办项目 1999年，根据县委、县政府的安排部署，大厂县审计局在完成计划项目的同时，临时抽调审计人员，组织对54个局级一把手任职期间的经济责任审计。得到了市局及县委、政府的大力支持。制造了《任期经济责任审计办法》，并被县委组织部在全县予以转发，还被市局《审计简报》予以采纳，以此扩大了审计影响。

积极开展委托审计 1999年，大厂县审计局共接受群众上访及厂长、经理离任审计17项。通过卓有成效的审计工作，有力地维护了社会稳定，提出的审计建议被采纳率达80%，促进了县域经济的健康发展。

廉政建设坚持常抓不懈 1999年，局领导极为重视廉政工作，有计划推进教育工作，并修订廉政制度10余条款。审计中注意回访了解，实行双向监督，本年度共有9人次拒礼、拒请，廉政建设效果明显。

【衡水市审计局】 1999年，衡水市审计局认真坚持"依法审计、服务大局、围绕中心、突出重点、求真务实"二十字方针，继续组织实施了"审计目标责任工程、审计效益服务工程、审计形象建设工程"，全市12个审计机关档案管理全部晋升省一级，实现"满堂红"。市局机关先后被市人大、市政府评为"1999年度文明执法先进集体"。连续6年分别获省审计系统和市委、市政府"实绩突出单位"。连续两年被省审计厅评为"档案管理先进单位"，连续六年受到市档案局的表彰。

财政审计力度大 1999年，采取三统一的方法，加大对预算执行审计的延伸单位的监督力度，采取账户入手的方法，查出各类违规行为资金12227万元。

完成交办促立法 1999年，紧紧围绕市委、市政府工作重点，对全市瞩目的"126"、"215"工程、商贸中心、体育场前期工程、引湖入衡等24项市政工程进行了现场审计。共为市政府节支2388.2万元，审减率16.6%。

打假治乱促发展 1999年，在对26户贸易行业审计调查中，发现会计核算不实、虚盈实亏和潜亏等问题十分严重，其中有19户企业虚报利润，隐瞒亏损1469万元，26户企业国有资产流失7165万元，占银行贷款的40%，是所有者权益的4.35倍。

提高质量避风险 1999年，坚持把提高审计质量放在一切工作的首位。为保证审计质量，实行质量百分考核和"421"质量控制制度，即四级责任，两级审理，一级复核。组织召开"提高审计质量，规避审计风险"的研讨会，在全市审计系统积极开展审计质量年活动，实行"三五八工程"（"三加强"、把"五关"、推行"八制"）。"三加强"即：加强队伍建设，加强廉政建设，加强质量控制；把"五关"即：严把审计程序关，严把事实认定准确关，严把法律法规适用关，严把建议可行关，严把文书档案规范关；推行"八制"即：项目主审制，审计复核制，审计审理制，审计责任制，程序法规公示制，被审单位承诺制，审计结果报告制，廉政反馈制，有效地起到了提高审计质量，化解审计风险的作用。与同时建立被审单位经济档案1260份，审计一次，填写一次，防止了重复审计，能为当地党委政府及时提供各种所需数据。组织全审计系统208名干部职工进行了政治、业务、微机大联考，成绩通报全市，记入个人档案，创造了"讲学习、讲政治、讲正气"的良好氛围。

【衡水市桃城区审计局】 1999年桃城区审计局完成审计项目25个，审计单位99个，审计资金总额11.56亿元，查出各类违纪违规资金5995.85万元，增加财政收入

744.93 万元，追还被侵占挪用资金 15.80 万元，提合理化建议 64 条，促进增收节支 378 万元，纠正账目差错 41 笔，纠错金额 198.41 万元。

同时，协助衡水市审计局完成工商银行等 8 个项目的审计，完成区委组织部交办的农村落后党支部转化工作，完成区纪检委完成收支两条线、农村财务收支等 7 个项目的审计。在搞好审计工作的同时，注重优化审计成果，把审计工作中所涉及到的一切经济信息，从宏观决策的角度进行提炼和加工，1999 年上报信息 138 篇，被各类报刊、杂志、各级电台等新闻单位，各级党委政府内部信息刊物采纳 114 篇，其中：国家级 6 篇，省级 7 篇，市级 62 篇，县级 39 篇。1999 年重点实施了财政预算执行审计，审计单位 16 个，审计资金总额 1.86 亿元，查出各类违纪违规资金 792.20 万元，增加财政收入 699 万元。同时，对 4 个乡镇 1998 年财政财务收支情况进行了审计，审计资金总额 1702.3 万元，查出各类违纪资金 153.2 万元，针对 8 个方面的问题提出了改进建议和措施，得到了区委区政府领导的高度重视。

【冀州市审计局】 1999 年底，共有干部职工 20 人，其中大专以上文化程度 8 人，有职称人员 12 人。

主要审计成果 1999 年完成审计项目 54 个，审计单位 132 个，共查出违纪资金 7862 万元，促进增收节支 407 万元，审核基建预决算资金 2467 万元，审定为 2194 万元，审减 273 万元。

【深州市审计局】 1999 年共有干部、职工 32 人，其中大学本科生 1 人，大专生 18 人；局长 1 人，副局长 6 人；设有办公室、综合科、财政金融审计科、行政事业审计科、企业审计科、外资基建审计科、基建审计中心。

审计工作成果 1999 年共完成审计项目 32 个，审计单位 137 户，完成审计调查 2 项，调查单位 2 个；共查出违纪违规金额 5469 万元，上缴财政 31 万元；提交审计报告 50 篇。

完成交办任务 1999 年共完成市委、政府交办的工作任务 6 项，审计单位 78 个。如 1999 年初对 24 个乡镇企业进行了纳税审核，对 17 个乡镇进行财务摸底；1999 年协助纪委对 34 个行政事业单位“收支两条线”执行情况进行审计等，做到了市委、政府交办一项完成好一项，受到了领导的好评。

完成上级下达审计任务 1999 年共完成上级审计机关下达的审计任务 26 项，审计单位 59 个，完成调查项目 2 项，调查单位 2 个，共查出违纪资金 5353 万元。

【饶阳县审计局】 1999 年共有干部、职工 19 人。其中：大专生 15 人；局长 1 人，副局长 3 人；设有办公室、财政金融审计股、工交审计股、商贸审计股、审计师事务所（于 1999 年下半年脱钩）。

审计工作成果 1999 年共完成审计项目 31 个，审计单位 83 户；完成审计调查 1 项，调查单位 9 个；共查出违纪违规金额 4959 万元，上交财政 305 万元；共提交审计报告及信息 42 篇。

完成县政府交办任务 1999 年共完成县委、县政府交办的审计任务 7 项，审计单位 39 个。根据县委、县政府的指示，对鞭炮行业纳税情况进行了审计，与地税局、公安局、检察院配合查出两个最大的鞭炮厂隐瞒销售、少计利润、偷漏所得税 20 多万元的问题，由税务部门依法进行了处理。此外还根据县委、县政府的安排对织布厂和轴承厂进行了离任审计，通过审计查出大量虚报利润、资产不实、漏交税金等问题，为县领导调整企业领导班子提供了依据。1999 完成县委、县政府交办竣工决算审计项目 2 项，审计金额 635.3 万元，审减金额 244.2 万元，平均审减率 38.4%。在对肃清线饶阳段的路基土方工程审计中，审计人员多次亲临施工现场测量计算，克服了种种困难，圆满地完成了审计任务，审计原预算金额 570 万元，审减 239 万元，审减率达 41.9%，受到了县委、县政府领导的赞扬。

完成上级下达审计任务 1999 年，共完成省、市审计机关下达的审计任务 24 项，审计单位 44 个，查出违纪违规金额 2845 万元。

【枣强县审计局】 1. 完成预算执行审计单位 22 个，查出违规违纪资金 2370 万元，并依审计成果撰写了《国有资产管理亟待加强》、《预算执行情况中存在的问题和对策》、《规范预算外资金管理势在必行》等审计信息，被县委、县政府、市局及《河北审计》等采用，有效地维护和促进了经济建设。2. 完成经济责任审计 9 个，查出违规违纪资金 2194 万元，对审计发现的挤占挪用专项资金、私设“小金库”、公款私存、超标收费、违控购置等违纪现象进行了披露，得到县委、县政府领导的高度重视。3. 按照审计署的统一安排，认真开展了工商银行枣强分行资产负债损益审计工作，历时八个月，圆满地完成了任务。4. 全面完成上级审计机关及当地党委、政府交办的其他事项。共审计（调查）单位 224 个，查处违纪违规资金 2086 万元，提交审计报告及审计信息 190 余篇，被各级及新闻单位采纳批示 126 篇，为领导的宏观决策提供了可靠依据。

【故城县审计局】

截止 1999 年 5 月底，审计了 201 个村，查出有问题资金 81.1 万元，调整纠正错账 386 笔，金额 804.7 万元，提出改进意见 501 条，涉及违纪干部 26 人，处分 5 人。

【阜城县审计局】 1999 年，共完成县委、县政府交办的任务 5 项，审计单位 32 个。一是完成 19 家工商企业奖惩兑现审计，政府根据审计结果兑现了奖励；二是县棉纺厂承包费审计；三是政府招待所、祁楼阀门厂清产核资审计，摸清了企业家底，防止了国有资产流失；四是乡镇财务收支审计；五是完成县委下达的双孢菇种植任务，投资 1.5 万元，建大棚 10 个。9 月份，抽调 6 名人员，组成两个审计组，对全县十个乡镇进行了财务收支审计，查出了乡镇财务收支中存在的问题，提出了合理化建议，审计组撰写的《乡镇财政债台高筑的原因及对策》的调查报告，得到了各级领导重视。

【安平县审计局】 截止1999年底，安平县审计局共有干部职工22人。其中，大学本科生1人，大专生11人；局长1人，副局长4人；设有办公室、财金股、行政事业股、商贸股、工交股、基建股、农业股、外资股等机构。

主要工作成果 1999年共审计单位57个，查出违规资金2394万元，上缴财政605万元，提交审计工作报告和信息37篇；积极完成县委、县政府交办事项，开展了第二轮土地承包、小康建设、帮困扶贫工作，保证了农村社会稳定，促进了全县经济持续健康快速发展。

【武邑县审计局】 1999年共完成县委、县政府交办的工作任务4项，审计清理单位99个。查出违纪金额123万元，提出合理化建议21条，促进增收节支60万元，挽回经济损失11万元。

1999年共完成省、市审计机关下达的审计(调查)任务19项，审计单位46个，审计金额16723万元。查出违纪金额4388万元。

【景县审计局】 1999年共有干部13人，其中：大专8人；局长1人，副局长3人；局设有办公室、工交股、商贸股、财金股。

审计工作成果 1999年完成市政府下达审计项目24个，审计单位44户，完成审计调查2项，审计单位2户。共查出违纪违规金额3420万元。其中：财政审计8户，违纪违规金额545万元。通过审计，为财政增收264万元，追还挪用专项资金172万元，促进企事业单位增收节支和提高效益323万元，为各级提供审计信息67篇，被各级刊用25篇。

完成县委、县政府交办审计任务 共完成7项，审查单位62户。1999年对44户升级企业进行了审计，对14户不符合升级条件企业，写出了不能升级的报告，经县委、县政府批准，取消了升级资格，通过审计，制止了企业升级工作中的虚假行为。

【武强县审计局】 截止1999年底实有人数13人。设有工交股、商贸股、财金股、办公室和基建外资股等机构。1999年完成审计任务43项，审计单位54个，调查单位1个，占全年计划任务的100%；完成县委交办任务45项，审计单位48个和调查单位3个；全年审计资金总额4亿，查出违纪资金4756万元，督促入库178.2万元，促进增收节支170万元；应上缴财政249.3万，已全部上交，取得罚没收入13.2万元。

山西省

【山西审计工作简述】 1999年，全省共有省、地(市)、县(区)审计机关138个，审计人员3808人。其中，大专以上学历占总人数的48%，获得中级以上专业技术资格的占总人数的53.1%。

厅领导成员

厅长、党组书记：魏德卿

副厅长、党组副书记：郝志远

副厅长、党组成员：马儒冠

副厅长、党组成员：石维景

副厅长、党组成员：潘学林

纪检组长、党组成员：涂国强

审计工作成果 1999年，全省各级审计机关认真贯彻党的十五届三中、四中全会精神，深刻领会和全面落实朱镕基总理对审计工作的重要指示，紧紧围绕全省经济建设中心，各项审计工作取得新的进展，开创了新的局面。全年共完成9大类24个项目的审计，审计单位7195个，查出各类违规金额101.98亿元，促进增收节支25.57亿元。其中，直接上缴各级财政4.97亿元，核减财政拨款、补贴9212万元，追还被侵占挪用资金7.75亿元，调增财政收入1.92亿元，向纪检司法机关移送经济案件296起。

本级预算执行审计 1999年，调整确定了新的工作思路，提出要以“抓大、查假、高效”为主题，推行从审查银行账户入手和从测评内控制度入手两种方法，掌握本级政府财政收支、主要部门财务收支和国有资产三个底子，并且采取了统一计划安排，分口组织实施；统一审计内容，分别制定工作方案；统一处理界限，分别下达审计意见书和审计决定的“三统三分”办法，取得了显著成效，共审计了2556个一级预算单位和2751个二、三级预算单位，查出违反财政制度金额22.33亿元，应上缴财政2.7亿元。其中省本级预算执行审计工作报告反映的23个部门单位的48个问题，有39个得到纠正，整改效果达90%以上。

财政决算审计 查出违规金额、应上缴财政金额和已上缴财政金额，分别比1998年增长20.48%、101.1%和80.76%，在查处大要案上实现了零的突破，共移交纪检检察机关17案19人。

固定资产投资审计 采取了严格的审计项目责任制，集中力量完成了万家寨水利枢纽项目、13个中央直属储备粮库项目、12条地方重点公路建设项目、44个双千亿投资项目、13个技术改造项目、4个省重点建设项目等审计任务，审计项目429个，审计总金额381.7亿元，共查出各种违纪违规资金21.03亿元，追回被侵占、转移、挪用的建设资金8.14亿元，为国家增收节支25.15亿元。仅万家寨水利枢纽一项，就为国家节省概算资金支出10亿元，引起了中央领导同志的重视，并被审计署评为全国优秀审计项目。同时，在审计中还揭示出了山西省基本建设投资计划缺乏严肃性，技术改造投资比例较小，影响到经济结构调整等深层次问题，向省政府提出了“安排基本建设要量力而行”、“加大技术改造资金投入和加快引进外资”等建议，受到省领导的充分肯定。

利用外资审计 审计了15个世、亚行等国际金融组织贷援款项目，审计资金总额73.1亿元，查出违纪违规金额1.12亿元，收缴违纪金额134万元，追回挪用资金4343万元，促进落实项目配套资金近1000万元。全省共出具了47份审计报告，省审计厅第一次直接向世界银行提交2份审计报告，得到了世行的高度评价。

农业资金审计 共审计单位3104个，审计总金额19.49亿元，查出违纪违规金额3.34亿元，追回被侵占挪用资金6528万元，促进资金到位8778万元。为查明资金使用效果，各级审计机关扩大了审计覆盖面，深入到村、户、项目，全面、系统地搞清了农业资金投入、使用和管理的总体情况。

社会保险保障资金审计 共审计单位483个，审计总金额29.93亿元，查出以往年度和当年违纪违规资金2461.78万元，追回被挤占挪用资金534.15万元。

金融机构审计 审计了部分信托信资公司、建行、工行等单位，搞清了全省银行业的基本经营状况，查出违纪金额2.6亿元，应上缴财政5766.4万元，受到了审计署和省政府的肯定。

企业审计 审计了全省重点煤炭企业，查出了企业财务报表不实、多数企业潜亏严重、应收账款多且回收困难、经营管理落后等问题，全面摸清了全省主要国统煤炭企业经营管理的真实底子，为省政府决策提供了依据。对全省供销社经营情况的审计，共查出违纪违规金额1.23亿元，收缴违纪款237万元。

精神文明建设和审计队伍建设三讲教育 1999年1月，山西省审计厅被确定为省直机关“三讲”教育试点单位。厅党组抓住这一机遇，组织全体干部职工认真、扎实、有效地开展了理论学习、自我剖析、批评与自我批评、整章建制四个阶段的工作，揭出并解决了一系列热点问题，对机关存在的散、懒、乱现象进行了全面整顿，建立了完善学习、改进作风等十五个规章制度，圆满完成了试点任务。其中第三阶段的批评与自我批评工作，还受到了中央“三讲”办公室的表扬和肯定。

廉政建设 贯彻落实党中央、国务院《关于实行党风廉政建设责任的规定》，不断加强廉政教育，增强审计人员的廉政意识。制定了审计干部廉政承诺书，举行了全厅公务员廉政建设承诺书签字仪式。建立了《举报制度》、《追究制度》、《廉政回访制度》等11项规章制度，为处级以上干部建立了廉政档案。加强对各项制度执行情况的检查监督，回访了985个被审计单位。

干部培训 各级审计机关采取集中培训、审前集训、以会代培，以及鼓励报名参加各类大中专、研究生班进修等多种形式进行教育培训，参训人员1980人(次)；1743人参加了计算机应用培训，举办了两期审计专业尖子人员出国培训班，1500多人获得各种专业技术职务资格，39人获硕士学位。为了保证审计质量，提高审计执法水平，在全省审计系统开展了创建优秀审计小组、优秀审计组长、优秀审计项目的“创三优”活动。

【大同市审计局】 1999年，共完成审计项目25项，涉及112个单位，查出各类违规金额130472万元，其中：上缴财政2596万元，归还原渠道资金208万元。向有关部门移送案件5件，建议行政处分4人。提交的审计信息被《晋政信息》采用1篇，薛军副省长作了批示；《山西要情快报》采用3篇，刘振华省长、薛军副省长作了批示。有2个审计成果被市政府作为决策依据。

预算执行情况审计 1999年本局对26个单位的预算执行情况进行了审计，查出违纪违规金额7047万元，其中应交财政1353万元，这是本市预算执行审计以来收缴违纪款最多的一年。根据审计情况，市政府以同政办发(1999)62号文下发了《关于在财政审计中应收缴违纪款上缴办法的通知》，要求各被审计单位对审计查出的违纪款项如数上缴过渡专户，对未按规定如期上缴的违纪款由财政部门根据审计机关提交的《审计决定》予以扣缴。同时市财政也加强了财政资金的管理。

大案要案查处 1999年，对大同铁路护路办财务收支审计，查出该办负责人长期借用公款的问题；对晋焦高速公路在建项目的审计，发现8000吨钢材多付款132万元的问题；对法院、检察院1997年至1998年度财务收支审计，查出天镇县人民法院借款2.5万元、新荣区检察院借款2.8万元去向不明的问题；对大同矿务局资产负债损益审计，查出王村矿煤炭运销站运销发票大头小尾问题。针对以上问题向有关部门移送案件5件，建议行政处分4人。

受表彰情况 1999年度，省审计厅授予工作目标责任实施和管理三等奖；市委、市政府授予模范单位。

【大同市南郊区审计局】 1999年，共审计40个单位，查出违规金额397万元，应上交财政11万元，已上交财政8万元，为有关单位挽回经济损失57.73万元。

预算执行审计 1999年，对区财政1998年预算执行情况进行了审计。同时，对9个单位财务收支进行了延伸审计，查出违规金额63万元，应上交财政4万元，已上交1.5万元。

建设银行审计 按照审计署制定的《中国建设银行1998年度资产负债损益审计工作方案》要求，对建设银行大同市分行南郊支行进行了为期45天审计。

企业审计 1999年，对11个企业的财务收支情况进行了审计，查出违规金额27万元，应上交财政6万元，已上缴财政5.5万元。

在《审计法》颁布实施五周年之际，全体审计人员利用双休日，走上街头发放宣传材料、张贴标语、解答群众疑问，使更多的人认识到审计的重要性。

【阳泉市审计局】 1999年，抓队伍建设、抓制度保障、抓廉洁从审，取得了建局以来最好成绩，全年查出违规行为金额47149万元，其中应交财政5344万元，已上交财政4079万元，超过前3年平均收缴款数额的47%。

财政审计　预算执行审计单位213个，其中：财政部门6个，税务部门5个，预算执行单位202个；违规行为金额14038万元，决定处理处罚10317万元，指明要求纠正37213万元，应交财政3161万元，已交财政2377万元。财政决算审计单位42个，违规行为金额5205万元，决定处理处罚15万元，指明要求纠正3634万元，应交财政1163万元，已交财政914万元。

大案要案审计查处情况　向司法纪检机关移送案件4起，建议给予行政处分14人。

经济责任审计　1999年共对62名县处级以下干部进行了经济责任审计，根据审计结果，提拔重用12人，平调9人，正常退休27人，有14人分别受到降职、诫免、撤职等处分。

在1999年11月3日举行了纪念《审计法》颁布实施五周年全市优秀审计论文研讨暨经验交流会，会议收到论文63篇，对19篇优秀论文作者进行了表彰。

另外，7月举行法制科科长、监察室主任竞争上岗演讲答辩大会，市直20多个单位观摩，省审计厅、市人事局、市纪检委参加评审。8月，召开全市审计执法、廉政建设双承诺大会，全体干部在廉政承诺书上签字，各县区局和各业务科室在执法目标上签字。9月，举办全市审计系统庆建国50周年迎澳门回归书画展。

【长治市审计局】　审计查处违法违纪案件53起。全年共完成审计项目21项，审计单位550个，调查单位14个。查出各类违纪行为金额60717万元，增加省市地方财力2507万元，增收节支金额3768万元，向司法和纪检监察部门移送案件53起65人，有22人受到党纪政纪处分，有5人受到法律制裁。

审计成果　1999年全市共优化审计成果514篇(次)，其中：国务院领导批示1篇、中办国办采用6篇、省领导批示4篇、省党政部门采用144篇，国家、省市级新闻机构采用359篇。

审计队伍建设　通过全省的“创三优”活动和市局开展的审计队伍“五优”创建活动，全市评选出5个优秀审计项目、4个优秀审计小组、4个优秀审计组长，并向省厅推荐参加全省评选活动。市局还涌现出9个先进集体、5个优秀审计小组、9名优秀科长、19名先进个人、3名审计成果优化能手和5名审计微机操作能手，有力促进了审计队伍建设。

审计综合管理工作　审计综合管理通过加强审计工作目标管理，有效地实施了“三抓一创”审计工作思路，使我市各项审计工作在全省审计系统考评中连连夺冠，其中：14项单项考评中，获得10个第一，3个第二，1个第三，最终获得了全省审计工作目标责任制考核第一名。

财政审计　1999年全面完成了同级预算执行情况审计和7个县的财政决算审计，查出各类违纪金额113350万元，增加各级财政收入2142万元。

企业审计　全市首次对国统煤矿潞安矿务局进行审计，查出各类违纪金额5721万元，增加省市地方财力649万元，促进增收节支1425万元。运用了现代审计方法，通过内控测评确定重点，通过函证确认应收账款、长期投资，通过抽样审计和实地盘点相结合核实资产，确认了52亿资产的真实与合法。

“两院”审计　对本市“两院”审计中，审计单位26个，查出“小金库”53个760万元和各类违纪金额2109万元，移交案件3起；在对临汾地区“两院”审计中，查出临汾地区法院私设“小金库”17个，金额达354万元。

精神文明建设　继获得市级文明单位后，通过进一步加强精神文明创建工作，于12月19日又被省精神文明指导委员会评为“精神文明建设先进单位”，在全省审计系统率先跨入了省级文明单位行列。

【壶关县审计局】　1999年共完成审计项目9个，审计单位30个，查出违纪违规金额1907万元，上缴财政60.5万元，向纪检监察机关和司法部门移交违纪违法案件6起。向上级和新闻单位报送各种报告信息稿件49篇，被采用29篇。

在完成1998年度和1999年前半年财政预算执行情况审计中，共审计7个单位，查出9个方面问题，违纪金额达380余万元，收缴财政24.5万元，督交各项税款131.5万元。对长治县建行、黎城县工行的交叉审计中，共查出违纪违规金额1616.35万元。

在审计中注重了大要案的查处工作。行事审计组查出畜牧局挪用畜牧专款和扶贫资金18万元弥补经费和搞办公楼白化工程的违纪问题；企业审计组查出八一铁矿原会计贪污生产资金4000元的案件，以上两案移送纪检监察机关已结案处理。金融审计组查出县信用联社四起代办员贪污挪用客户存款和贷款的案件，涉案金额35.97万元，移送公安机关立案后，1案已逮捕嫌疑人，另3案正在审理中。

【晋城市审计局】　1999年是本市审计工作“三步走”的“争先进年”。工作中，我们紧紧围绕建设经济强市和创一流文明城市的工作中心，积极落实朱总理对审计工作的要求，卓有成效地开展了各项审计工作，取得了一定的成绩。全年，我们共对81个单位(项目)进行了审计，查出违规金额3.65亿元，应交财政1478万元，已交财政1448万元，入库率为98%，向司法机关移送案件4起，向纪检部门移送案件3起，提交审计工作报告、信息及论文263篇，被各级部门批示，采用198篇次。

预算执行情况审计　全局共对25个一级预算单位进行了审

计，查出违纪金额5530万元，应增加财政收入287万元，已增加财政收入287万元，建议纠正地方部门不当规定21条。

财政收支审计　完成了对泽州县和陵川县1998年度财政决算审计。共查出违纪违规行为金额3000多万元，收缴各类资金418万元，创下了历史最好成绩。

工商银行、建设银行系统审计　经对工、建两行18个单位的审计及对300多个贷款单位的延伸审计，共查出违纪金额9016万元，收缴地方财政资金304万元，同时还发现了大要案线索四起。

干部任期经济责任审计　全年，共完成10名干部任期经济责任审计项目，查出违规行为金额5318万元，收缴财政79万元。

企业审计　接省厅授权，对晋城矿务局这一特大型企业及部分下属单位1998年财务收支进行了真实性审计。经审计，共查出收入未纳入财务部门核算、损益不实、潜亏挂账、漏提税费等违规金额1.9亿元，已收缴资金679.05万元。

为纪念《审计法》颁布实施五周年，审计局制作了8幅大型宣传版面进行审计成果展，并且还采取组织游行、设立街头咨询台等方式，散发宣传材料4000余份，有力地宣传和普及了审计法律知识。

【高平市审计局】　1999年共有干部、职工11人。其中：大学本科生1人，大专生7人；局长1人，副局长1人；设有办公室、财政金融审计股、行政事业审计股、商贸外资审计股和工业交通审计股等机构。

审计成果　1999年，共完成审计项目15个，审计单位119户。共查出违纪违规金额8705万元，其中：决定处理处罚1711万元，指明要求纠正6994万元。上缴市财政361万元。全年提交审计报告10篇，编发审计信息27期。向司法机关移送案件1例。

完成上级机关下达的审计任务　1999年，完成省、市审计机关下达的审计任务6项，审计单位62个，查出违纪违规金额7529万元，上交市财政358万元，归还原渠道资金619万元。

完成了市委、市政府交办任务　1999年，完成市委、市政府交办的2项审计任务，审计单位50个，查出违纪违规金额1176万元，上交市财政3万元，归还原渠道资金86万元。

完成其他审计任务　1999年，完成其他审计任务7项，其中上级其他审计项目3个，本市其他审计项目4个。

内部审计　1999年共设立内部审计机构18个，内审人员61人。

受表彰情况　1999年，受省审计厅表彰1次，受地市审计局表彰4次，受市委、市政府表彰3次。共有3人次受到省审计厅表彰奖励；3人次受地市审计局表彰奖励。

【朔州市审计局】　1999年，全市共完成7大类25个项目的审计，审计单位65个，查出各类违规违纪资金11332万元，应上缴财政573万元，已上缴363万元，入库率为63.35%，罚款64万元。

突出财政和固定资产投资两个重点开展了审计　查出市本级截留预算收入315万元，违规列支维简费及能源基地建设基金234.56万元，列支非预算单位资金18万元等问题。

审计成果　对王坪煤炭集团有限责任公司、盐业公司、铁路护路联防办、建行系统、工商银行六个县（区）支行，城乡信用社进行了审计。对王坪煤炭集团有限公司审计发现的问题有：隐瞒收入34万元，多提招待费43万元，费用挂账3604万元，少提矿产资源补偿费60万元，账外未摊费用137万元，隐匿费用134万元等。对建设银行审计中查出违规金额高达1779.61万元；工商银行审计共查出违规资金383.22万元。对全市所有的116个城乡信用社单位审计中，共查出违纪资金77.16万元。

【五台县审计局】　1999年共有干部、职工18人。其中：本科学历3人，大专学历11人；领导班子成员5人：局长1人，书记1人，副局长3人；设有办公室、综合档案室、财政金融审计股、行政事业审计股、企业审计股、投资审计股等机构。

审计工作成果　1999年，共完成审计项目32个，审计单位100户；完成审计调查1项，调查单位5个；审计共查出违规行为金额6264.29万元，应上缴财政95.16万元，已上缴财政82万元。提交审计工作报告、信息81篇，被各级批示采用22篇。向有关部门、单位提出改进或纠正管理工作的意见、建议11条，为领导宏观决策提供了依据。

查处大要案情况　今年共查出应归还原渠道资金418万元，促进增收节支187万元，查出涉嫌贪污贿赂案件及违纪案件5起，已全部移交司法部门处理。

党风廉政建设　1999年，注重抓好党风廉政建设，与上级党委分别签订了《党建工作承诺书》、《反腐败斗争任务完成责任状》，做到了四个坚持，四个抓好，积极开展“三讲”教育。

【定襄县审计局】　1999年共有干部职工17人，其中审计师7人，其他中级以上职称5人；大专以上文化程度10人；局长1人，书记兼副局长1人，另有副局长2人。

主要工作成果　一年来，坚持依法审计，服务大局，围绕中心，突出重点，求真务实的方针，共查出违法违纪金额8300万元，促进专项资金到位86万元，追回侵占挪用资金18万元，上缴财政59万元，进一步加大执法力度，突出大案要案的查处，移交纪检监察部门处理6案7人，移交检察机关处理2案2人。在预算执行审计结束后向人大常委会作了审计工作报告，受到人大的好评；在贯彻落实经济责任审计暂行规定过程中，由县“两办”转发了中办国办文件，组织部、审计局、人事局联合行文出台了具体实施办法，认真开展了对一把手的审计;在县电视台举办了审计法知识讲座,利用条幅、板报等形式在街头进行了宣传《审计法》5周年活动。

【榆社县审计局】 1999年共完成审计项目15项,审计单位52个;完成审计调查一项,调查单位9个;审计总金额43658万元;查出各类违纪违规金额1330万元,其中决定处理处罚518万元,应上交财政15万元,已全部上交。提交各类审计工作报告、信息58篇,被上级采纳和领导批示16篇。

预算执行审计 1998年的预算执行审计,本着"严格依法处理,重在规范管理"的原则,紧紧围绕"抓大、查假、问效"三个重点,突出了对"三多"单位的审计,查出各种违规行为金额367万元,通过审计,为财政增加收入100余万元。

工行系统审计 在对县工行资产、负债、损益审计中,查出该行由于内控制度不健全,管理薄弱造成信用卡恶意透支22万元,透支利息达23万元,给国家造成了45万元的损失。对此,审计局进行了严肃处理,并将13户透支户移送公安机关处理。

经济责任审计 对全县9个行政事业单位一把手离任进行了审计,通过审计,有1名同志被提拔重用,有7名同志平调其他工作岗位。

【灵石县审计局】 至年底,共有干部12人。其中:审计(会计)师10人;局长1人,副局长3人,总审计师1人。内设办公室、工交审计股、商贸审计股、行财审计股。

工作成果 共完成上级审计机关和地方政府安排的审计事项15项,审计单位30个,查出违纪违规金额586万元,应上缴财政金额15.32万元,其中审计罚款15.3万元。全年完成审计信息、调研分析43篇,其中省政府领导做出重要批示的1篇,地级采用的9篇,县级采用的11篇。

认真进行本级财政预算执行情况审计,既肯定了县财政自1996年首次收入超亿元后又连续三年持续增长、连续五年收支平衡的成绩,同时指出了查出的7个问题,并分别下达了审计意见书和审计决定。

在进行世行贷款卫生项目审计时发现地方政府应配套资金全部到位,而世行应拨付的资金到位率较低,为此审计局及时以《灵石县卫生项目世行贷款资金到位差》的信息上报,被县人民政府、晋中审计局、行署秘书处层层采用后,引起副省长王昕的重视,在《山西要情快报》做了重要批示,促使该项目资金很快到位8.65万元,促进和推动了卫生免疫项目在全县的实施。

【孝义市审计局】 1999年共有干部、职工27人。其中本科生1人,大专生14人;局长1人,副局长3人;设有办公室、行政事业审计科、财政金融审计科、企业审计科、基本建设审计科。

审计工作成果 1999年全年共完成审计项目46项,审计调查项目1项。其中:完成上级下达审计任务11项,领导干部任期经济责任审计29项,配合有关部门完成审计项目7项。查出违规违纪金额8360万元,可增加财政收入218.3万元;提交审计报告25份,报送审计信息39篇,被上级机关采纳10篇。

预算执行审计 预算执行情况审计查出违规违纪金额1553万元,可增加财政收入173万元,并向政府、人大提交了审计结果报告和工作报告,针对性地提出整改意见,受到政府、市长高度重视和人大的好评。

经济责任审计 1999年本局对9个乡镇、20个政府部门正职领导干部进行了任期经济责任审计,共查出违规违纪金额3544万元,并提交了一份质量较高的专题审计报告,得到了有关领导的好评。

工、建两行审计情况 通过对市工、建两行资产、负债、损益的真实性、合法性、效益性审计,发现两行在深化金融改革、强化内部管理、改善资产质量、防范化解金额风险等方面做了大量工作,但也查出违规经营、账外资产会计核算不真实等问题,为此,审计人员向被审单位提出了合理化建议,要求限期整改。

《审计法》颁布实施五周年纪念活动情况 为了纪念《审计法》颁布实施五周年,举办了形式多样的庆祝活动,印发了有关宣传资料,举办了审计法规知识竞赛活动,利用广播、电视等新闻媒体,大张旗鼓地宣传《审计法》,收到了好的效果。

受表彰情况 1999年荣获全区审计工作第三名,3个业务科室4人受到地局表彰奖励,同时本局被市委、市政府命名为责任制考评先进单位、扶贫红旗单位,有3人受到市委、财委表彰奖励。

【文水县审计局】 1999年共有干部职工27人。其中:本科学历1人,大专16人;局长1人,副局长2人;高级专业技术职称1人,中级专业技术职称16人;内设办公室、企业审计股、财金基建审计股、行政事业审计股,下设审计事务所等机构。

审计工作成果 1999年共完成审计项目17个,审计单位147个;完成审计调查1项,调查单位1个;共查出各种违规行为金额5443万元,增加财政收入413万元。提交审计工作报告12篇,编发审计信息54条,其中24条被采用。

完成县委、县政府交办任务 1999年共完成交办的工作任务4项。审计单位100个。其中对全县97户城乡企业进行了审计。移送国税、地税两部门征收入库税款343万元。

【方山县审计局】 1999年共有干部、职工15人。其中:大专生3人;局长1人,副局长2人;设有办公室、行政事业审计股、企业审计股、综合审计股。

审计工作成果 1999年共完成审计项目11个,审计单位59户。共查出各种违纪违规金额

532万元，上缴县财政10万元，共提交审计报告59篇。同纪检监察、财政等部门配合进行执法检查、专项检查3次。

完成县政府交办任务　共审计单位29户(其中企业5户，行政事业24户)，通过审计，客观地评价了离任领导在任期间的政绩，真实地披露了他们工作中存在的问题。

完成上级下达审计任务　共完成省、地审计机关下达的审计任务10项；审计单位30个。

【交口县审计局】　1999年共完成审计项目16项，涉及被审单位118个，审计资金总额2.4亿元，查出各类违纪违规金额4931万元，其中，决定处理处罚109万元，指明要求纠正1170万元，追回挪用损失浪费资金241万元，为国家增收节支140万元。

财政审计　交口县审计机关加大了查处违纪和处理处罚力度，把查处的重点放在关系到国计民生、人民群众切身利益的重点单位和重点资金上，共查出违纪违规金额451万元，处理8个单位，处罚金额106万元，为国家增收节支87万元，向县政府和上级审计机关提出书面建议12条，采用6条，出具意见书、建议书、决定9份，为全县管好用好财政资金，理清了思路，摸清了家底。

金融审计　一方面聘人民银行的业务骨干辅导学习，一面挤出经费去太原、长治学习金融审计知识，使金融审计取得新的突破，不仅审的彻底，而且查出了金融系统存在的突出问题，如信贷方面存在的问题，利息管理方面存在的问题，农村信用社普遍存在亏损的问题，及时向上级有关部门反映情况，提出了建议，共查出违纪违规金额3202万元，全部进行了严肃处理，为国家增加收入21万。

【吉县审计局】　现有干部职工21人，下设一室四股(办公室、企业股、行政事业股、财政金融股、法制股)。

1999年中办、国办关于领导干部经济责任审计的暂行规定出台后，按照两办暂行规定精神，又完善充实了经济责任审计，以县委、县政府文件下发执行。变过去的先任后审为现在的先审后任，并建立领导干部任期经济责任审计档案，真正把经济责任审计作为干部考核提拔的依据之一。较好地解决了离任交的不清，继任接的不明的问题。该局先后对96名主要领导干部进行了经济责任审计，根据审计结果，对19名同志予以提拔重用，7名同志予以降职使用。

【运城行署审计局】

财政预决算审计　根据省厅和地局安排，1999年共完成8个审计项目，即地本级预算执行情况审计2次，6个县市级1998年决算审计，均圆满完成了审计任务，取得优异成绩。查处各级违纪行为金额16353万元，收缴违纪金额1757余万元，已全部上缴财政，通过审计可增地县两级财政收入1981万元。在对地级预算执行情况审计中，如实反映地级财政赤字2000余万元的真实情况，引起行署有关领导的高度重视，并责成行署财政局根据审计意见制定整改工作措施。

改革审计体制和机制　今年年初，审计局在深化人事制度改革上推行了审计项目主审制，在从严治审上实行了审计项目督查制。主审制的实行，使年轻骨干人才脱颖而出，为审计事业注入新的活力，在今年的各项审计工作中，尤其在大案要案的查处中，主审发挥了骨干中坚力量。今年四月，研究制定了《审计项目督查办法》，在全区审计系统实行审计项目督查制，及时纠正以往审计中重处罚轻揭露的倾向，帮助审计人员树立查案意识，查出一批大案线索。

查处大案要案情况　今年将查处大案要案作为全年审计工作的重点，并将全国统一安排的“两院”审计项目作为突破口，进行重点攻坚。仅“两院”审计一项，就查出各类违规资金6984万元，查出“小金库”97个，金额高达1300万元，共向纪检、监察部门移送30案42人，向司法机关移送7案8人，涉案金额1267.81万元，涉及县处级领导班干部8人。在突出重点，打好“两院”审计攻坚战的同时，注意查处隐蔽性案件，对要害部门敢于碰硬，在财政、金融、社保和经济责任审计中，大案要案的查处工作也取得了新的突破。仅1999年，本局就向纪检监察部门移送54案55人，向司法机关移送25案26人，涉案资金总额1820万元。

【永济市审计局】　1999年底共有干部职工42人。其中大学本科生6人，大专生20人；局长1人，副局长4人，纪检组长1人。设有办公室、财政金融审计股、行政事业审计股、工商企业审计股、审计事务所。

审计成果　1999年，共完成审计项目9个，审计单位48户，审计资金达5亿元，查出违纪违规金额900万元，同市地纪检、监察、信访等部门配合，查出各种经济案件2起，为社会稳定发挥了作用。上缴市财政72万元，提交审计信息报告40篇，提出改进建议30条。

完成市政府交办任务　1999年，共完成市委、市政府交办的工作任务5项，审计单位12个。

完成上级下达审计任务　1999年，共完成省、地审计机关下达审计任务9项，审计单位48个，审计资金达5亿元。

财政预算执行审计　1999年，共审计预算收支资金16325万元，达到本市财政年度收支预算的60%以上，审计一级预算单位21个，审计的单位面达到预算执行机关的30%以上，查出违纪金额544.95万元。在此基础上对市财政、税务部门存在问题的原因也进行了分析，提出了审计建议8条，并对违纪问题进行了严肃的处理，向市人大提交了财政预算执行结果报告，问题反映的真实得体，引起了市人大、市委、市政府的高度重视，并将有关责任人违法违纪问题移交市纪检委。

大案要案审计　在赴临猗县法院、检察院1997～1998年度财务收支审计时，共审计资金1320万元，查出违纪金额300万元，为国家挽回经济损失10万元，查出大案要案5件，移交地区纪检监察机关4起案件，审计面达到100%。审计结束后，审计组实事求是的反映和揭露了被审单位违法违纪事实，并写出了有情况、有分析、有建议的综合报告，受到了地区审计局的高度评价。

工商银行芮城支行审计情况

1999年，参加了对芮城县工商银行资产负债损益情况的交叉审计。审计中，查出该行各种违纪违规金额580余万元。并查出该行违反银行结算制度，致使该县人行扣收资金300万元以及违反规定，以租代购，贷款担保中的一些不合规现象等违纪问题，并及时将违纪案件上报审计署。

社会审计　1999年共接受社会委托审计单位34个，注册资金验证181户，验证资金14160万元。

受表彰情况　1999年，受省审计系统表彰2次，受市地审计系统表彰2次，受县委、政府表彰4次。共有2人次受到省审计系统表彰奖励；6人次受市委、市政府记功、嘉奖等奖励。

【新绛县审计局】　全年完成审计项目13个，审计单位45个，审计总金额5.62亿元，查出违纪违规金额441万元，上缴县财政41万元，是前三年平均上缴款额的400%；促进各项专项资金到位75万元；为有关单位追回各类资金33万元。

县级财政预算执行和其他财政收支情况审计　主要审计了县财政局、地税局和县国库24个单位，审计总金额达6000万元，超过当年收支预算的60%，共查出各类违纪违规总额139万元，针对查出的问题，做出了处罚、处理的决定或意见，向县政府提交了审计结果报告。

重点查办大案要案　全年向纪检、监察部门移送处理5起案件。在对新绛县工商银行审计期间，查出了原储蓄股长吴铁军、原房地产信贷部负责人王文军违规放贷案；在农村信用社审计期间查出了原横桥信用社主任许某冒名贷款、张某私设"小金库"案；在"两院"交叉审计中查处1案，分别移送纪检监察部门处理。其中，3案已得到处理，2案正在进一步调查核实之中。

着力抓好审计成果转化工作

全年向各级各类报刊及有关部门报送审计信息和专题报告62篇，被采用发表26篇。

【垣曲县审计局】　1999年共审计49个单位，审计资金总额13958万元，查出违纪金额2956万元，上交财政52万元。

财政预算执行审计　查出违规违纪资金448万元。主要问题是：县人大批复预算中的工商税收与税务部门的上级任务计划脱节；不能严格执行人大批复的预算指标，财政部门预留待分配指标较大；违规组织收入平衡财政预算和财政借出资金用于搞基本建设。

查处大要案　查处大要案6起，其中对某县法院审计时，查出经济庭私设"小金库"68万元；某庭使用普通收据收取费用和案款58万元，私自在信用社设账户，对本县某银行审计时，查出一储蓄代办员利用工作之便开具假存单在其他金融单位抵押贷款，造成经济损失30余万元；查出某信用社职工贪污、挪用公款34万元。已全部移交有关部门处理。

审计成果转化　全年上报审计信息31篇，被采纳的有20余篇；提交审计信息综合报告、综合分析报告8篇，被有关部门批示转发6篇；撰写通讯报道、文章40余篇，被各种报刊杂志采纳25篇，受到地县表彰。

内蒙古自治区

【内蒙古自治区审计厅】

审计工作概况　1999年，全区审计机关核定行政编制2369名，实有2280名；事业编制211名，实有168名。自治区审计厅核定行政编制202名，实有174名.

至1999年，全区县以上人民政府设立审计机关116个，其中旗县区103个，盟市12个。自治区审计厅设立办公室、综合处、财政税务审计处、金融外资审计处、工业交通审计处、商贸审计处、固定资产投资审计处、行政文教审计处、农牧审计处、审计管理处、人事处（与机关党委合署办公）。下设内蒙古自治区审计科研培训中心、厅机关事务服务中心两个事业单位。另设立驻赤峰、海拉尔两个驻外审计处。原直属审计厅事业单位—内蒙古自治区审计事务所、内蒙古谂达审计事务所、内蒙古智信会计师事务所于1999年12月改制成为独立的社会中介组织。

1999年，全区共审计单位（项目）7493个，查出违纪违规金额39亿元，促进增收节支10亿元，上缴财政资金2.6亿元，移送司法机关案件112起，向旗县以上党委政府和上级主管部门提交审计报告和信息6777篇，被批转采用3939篇。自治区政府直接批转和领导批示的审计报告有17篇。

自治区审计厅领导成员

厅　长：吴金亮（1998.4–）

副厅长：赵慧容（1996.8–）

纪检组长：刘继龙（1996.8–）

财政审计　1999年，全区审计机关认真开展了财政审计工作，共查出违规行为金额12.9亿元，促进增收节支3845万元，向司法机关移送案件8起。

本级预算执行情况审计

1999年全区的本级预算执行审计坚持"打总体战"的要求，不断完善和改进方法，多方位地开展工作，收到明显成效。以自治区本级预算执行审计为例，区厅共组织了12个审计组，除对财政、税务、国家金库和15个重点预算执行单位实施重点审计外，还对一些重点资金实施了“跟踪问效”式审计，揭示出许多财政收支管理中存在的深层次问题。审计结果引起了自治区政府和人大的高度重视，自治区政府几次听取汇报，人大常委会评价审计工作报告“对财政收支情况和存在的问题说得透、讲得实，是一份科学、严谨、有深度、有力度的报告，比较充分地体现了审计厅认真工作、依法行政、实事求是和坚持原则的工作作风。”为了进一步总结经验，深化同级审工作，下半年，区厅组织召开了全区财政审计研讨会，并制定下发了《内蒙古自治区预算执行审计工作程序实施细则》。

下级政府财政决算审计 1999年，全区审计机关对400多个下级政府的财政决算进行了审计，查处违纪违规金额2亿多元，审计工作质量，执法力度明显提高。

重点基础设施建设资金跟踪审计 为促使国家加大基础设施投资、拉动经济增长的宏观调控措施落到实处，自1998年8月国家第一批城乡电网改造资金下达后，全区三级审计机关进行了“接力式”跟踪审计，对发现的问题随审计随纠正，重大问题及时向党委、政府反映，使问题得到及时解决，保证了7.2亿元城乡电网改造资金的安全有效和整个工程的顺利开展。对此，内蒙古自治区主席云布龙做出“请对审计机关给予表扬”的批示，国务院办公厅也转发了我区上报的《电网建设资金跟踪审计效果好》的信息。

与此同时，区厅组织有关盟市审计局，先后对黄河、西辽河治理资金和工程、全区10个国家统配粮库建设项目、全区14个公路建设项目以及13个旗县的国家第一批生态环境建设资金进行了审计，共追回被挤占挪用资金7643万元，核减施工和工程咨询单位多结工程款、多收费922万元，查出虚报投资完成额3302万元，以及配套资金不到位，核算、管理不规范，损失浪费等问题。对审计中发现的设计不准确、施工管理不规范、监理不力、未执行项目法人责任制等问题，及时提出了审计意见和建议，受到了有关方面的重视和欢迎。

专项资金审计 1. 区厅组织各盟市审计局对12个盟市和满洲里市1998年度环保资金的征集、管理和使用情况进行了专项审计调查，并抽查了污染源治理项目41个，共查出违规金额1200多万元。2. 对全区实施农业综合开发的12个盟市、69个旗县1998年度的农业综合开发资金进行了审计，发现了许多不容忽视的问题。如近1.5亿元的开发贷款到位不足10%，财政资金当年到位只有40%，配套资金到位不足六成，近千万元资金被挤占挪用，下拨的有限资金又有一部分被抵扣以前年度应回收的有偿资金等等。3. 根据审计署、财政部、劳动和社会保障部的要求，在财政、劳动、社会保险部门的配合下，区厅对中央下划行业1997年末至1998年8月底养老保险基金收支节余情况进行了审计，摸清了底数，为下划移交工作提供了依据。为了使审计发现的问题和审计提出的建议得到全面纠正和落实，自治区政府也将审计报告做了全文批转。与此同时，全区审计机关对本级1998年养老保险基金的收支管理情况进行了审计，查出违规金额4亿多元。4. 继1998年对全区国有企业下岗职工基本生活保障和再就业资金全面审计之后，1999年全区审计机关对此项资金再度实施审计，区厅对呼市、呼盟、赤峰、乌盟4个盟市直接进行了上审下，查出违规金额2198万元，追回被挤占挪用资金809万元。5. 对全区11个盟市及其所属50个贫困旗县1998年的扶贫资金进行了全面审计，其中区厅抽调26名审计人员直接对赤峰、哲盟、锡盟、兴安盟及其所属14个国贫旗县进行了审计。审计中，审计人员到村入户，共走访了310多户贫困户，逐笔核对资金的落实情况，了解资金使用的真实效果，征求群众的意见，掌握了大量第一手资料，并采取边审计、边纠正的办法，共促进资金拨付到位4300多万元。同时，将审计中掌握的一些情况及时向各级政府和有关部门做出反映，为政府宏观决策和有关部门及时采取解决措施提供了依据。6. 全区审计机关对9个世行贷款和国际援款项目的136个项目执行单位进行了审计。由于改变了过去“内外有别”的做法，各级审计机关如实反映发现的问题，审计力度明显加大，全区共查出挤占挪用项目资金、配套资金不到位等金额3.2亿元。对审计查出和反映的问题，有关方面给予了高度重视。自治区政府领导做了批示，自治区财政厅、商务厅、卫生厅专门下发了文件，提出了具体整改意见。区厅在按要求向国际组织等出具9个项目的汇总审计报告时，有1个项目出具的是相反意见的报告，即对整个项目决算做了否决。这也是开展外资项目审计以来的第一次。

重点行业审计 1. 法检两院审计。全区审计机关对法院系统和检察院系统进行了比较深入的审计，共查出违纪违规金额1.8亿元，占审计总金额的28%；查出涉嫌挪用公款案件21起，移送司法机关25人，移送纪检监察部门12人，其中一个人贪污20万元以上的案件就有2起。自治区政法委将审计情况报告批转全区政法系统，要求各级法院、检察院要严格执行审计决定。2. 工商银行审计。根据审计署的部署，全区审计机关共抽调468名审计人员，从4月初到9月末，对全区工商银行系统164个县级以上分支机构进行了审计，有7个盟市和50%的旗县实行了交叉审计和上审下，审计力度和效果

是历年来比较突出的一次。全区共查出以贷谋私、内外勾结进行金融诈骗等涉嫌违法案件10起，涉案21人，案值2亿多元。3.重点亏损企业审计。为了促进亏损企业改革和实现3年解困目标，1999年，全区选择35户重点亏损企业进行了剖亏审计，在摸清家底的基础上，重点对企业亏损的非正常原因进行了剖析，并及时将审计掌握的情况和资料反馈给自治区政府和有关部门，引起了他们的重视。我厅已连续3年被自治区政府评为为企业扭亏增盈工作服务好的单位。

纪念《审计法》颁布实施五周年 全区审计机关采取多种形式纪念《中华人民共和国审计法》颁布实施五周年。1999年12月，自治区审计厅及呼和浩特市审计局两级审计机关50多人并邀请自治区及呼市两级人大领导参加在呼和浩特市中心繁华地段设立《审计法》宣传站，印制了《审计法》全文和《审计法有关知识问答》等宣传材料，向前来咨询的群众分发。同时，在自治区政府礼堂举行纪念《审计法》颁布实施五周年座谈会，自治区党委、政府、人大、政协、纪检委等领导、区直有关厅局及国有大型企业代表40多人参加了座谈会，就《审计法》实施五年来审计工作取得的成绩和审计工作发展前途各抒己见，畅所欲言。此外，在内蒙古日报开辟了《审计法》宣传专栏，刊登有关审计法知识和自治区党委常委、政府常务副主席周德海以及审计厅领导、各业务处室负责人等署名文章4篇。内蒙古电视台、广播电台等新闻媒体也做出大量报道。

受表彰情况 1999年，审计厅领导班子在自治区党委、政府干部实绩考核中，连续第4年获“实绩突出”，并在64个厅局中排列第一。厅机关的扶贫、计划生育、综合治理工作被自治区党委、政府和有关部门评为先进单位。机关党委被评为先进党组织。厅机关财务科被全国城镇妇女“巾帼建功”活动领导小组评为“巾帼文明示范岗”。公文处理、信息、督察工作被自治区党委、政府评为先进集体，区厅农牧处被评为支持乡镇企业发展先进单位。档案工作被自治区档案局评为目标管理“双特优”系统，统计工作被审计署评为先进单位。工商银行审计项目、农业与资源环保审计项目、法检两院专项审计项目、社保资金审计项目、外资审计项目、世行贷款审计项目均被审计署评为全国优秀审计项目。

【内蒙古自治区审计厅驻海拉尔审计处】 全年共完成审计项目22个，查出违纪违规金额10748万元，促进增收节支1368万元，挽回经济损失184万元，上交财政金额1053万元。移送司法机关案件3起，移送纪检监察部门1起，提交审计工作报告信息18篇，被批示采用23篇。

审计工作简介 1999年先后完成审计厅指令性审计任务13项，审计调查1项。查出违纪违规金额3951万元，上交财政784万元。在对兴安盟法检两院系统审计中，针对两院系统财务管理混乱的状况，审计人员克服困难、排除阻力，查出涉嫌贪污挪用公款案件4起，移送司法机关3人，移送纪检监察部门1人。如乌兰浩特市法院经济庭原审判员李某将收回的破产企业债权和诉讼费29.6万元据为己有，还在一破产企业报销房屋装修费1.6万元，共贪占公款31.2万元。审计结果在社会上引起强烈反响，受到有关部门的高度重视。

1999年根据国家政治、经济形势，结合被审计单位特点和本单位实际，共完成自定审计项目9个，查出违纪违规金额6797万元，上交财政269万元。

受表彰情况 1999年档案管理工作达到自治区特级管理标准；“法检两院”审计在自治区审计厅1999年行政事业单位质量考评中被评为优秀审计项目；信息工作被审计厅授予先进集体。

【内蒙古自治区审计厅驻赤峰审计处】 1999年，全处认真遵循“统筹兼顾，突出重点”的指导思想，重点开展了署、厅两级统一组织的审计项目，并运用“账户入手，下审一级”这一审计基础方法，取得了很好的效果。

完成指令性审计任务 共完成审计署、审计厅指定的审计任务12项，审计单位14个，查出违规行为金额6888万元，审计决定上缴财政金额283万元，促进增收节支金额354万元，挽回国有资产流失291万元。在对兴安盟财政决算审计中，认真贯彻朱镕基总理关于财政决算审计的重要指示，查出了在财政分配和资金管理、使用中不真实、不规范的问题金额3836万元，主要问题有：挪用财政专项资金652万元用于平衡预算，地税部门征收“过头税”，国债部门违规经营以及为税务部门违规提取查补税款税务经费510万元。对这些问题及时进行了制止和纠正。在对锡盟法、检两院的审计中，共查出违规行为金额673万元，其中应缴未缴财政收入83万元，挤占挪用涉案款物73万元，内部各科、庭室私存私放“小金库”，金额高达131万元，以及销毁单据、以白条和普通收据收取费用等问题，对促进执法机关增强守法意识和自律意识起到了一定的积极作用。

完成自定项目审计任务 1999年对39个单位进行了审计，共查出违规行为金额2218万元，上缴财政717万元，促进增收节支2891万元。审计实践中，初步探索了被审计单位会计资料承诺制度，为今后加强和改进审计方法，有效降低审计风险，提高审计质量积累了经验。

机关建设及受表彰情况 在地方党委、政府对文明单位进行复评定档的工作中，继续被评定为“甲级文明单位”；机关党支部被赤峰市直党工委评为“先进党支部”。

【呼和浩特市审计局】 呼市审计局担负着市本级财政财务收支各项目审计及对9个旗县区审计业务的指导工作。1999年底，市局干部、职工共79人，其中局党组书记1名、局长1名、副局长2名、总审计师1名。

审计工作成果表

指标 单位	审计单位（个）	查出违纪违规行为金额（万元）	促进增收节支金额（万元）	上交财政金额（万元）	移送司法机关案件（起）	审计报告信息被批示采纳（篇）
合计	558	23668	6371	1543	7	384
市局	156	15249	4134	1047	6	173
新城区	23	449	59	24		19
回民区	33	517	105	47	1	34
玉泉区	24	346	40			3
郊区	53	889	345	37		27
土左旗	55	1431	418	291		17
托县	70	1033	313	20		56
和林县	52	1035	372	11		25
清水河县	43	897	452	27		12
武川县	49	1822	133	39		18

1999年，呼和浩特市两级审计机关全面贯彻落实《审计法》和朱镕基总理指示，坚持以真实性为基础，以打假治乱为重点，严格审计执法，有效发挥了审计监督在维护财经秩序、加强廉政建设、保障国民经济健康发展等方面的作用。一是进一步增强预算执行和其他财政收支审计的广度与深度。1999年，市局除对财政、税务、国家金库进行重点审计外，还对40个预算执行单位和部分重点资金进行了审计，共查出违规金额3247万元；对6个旗县区和41个乡级财政决算审计，共查出隐瞒转移财政收入、挪用财政专项资金等违规金额1266万元。二是加强对基础设施建设资金的审计，对呼大公路改建工程等共投资1亿多资金的46个项目进行了在建或竣工决算审计，查出违规金额2393万元，核减投资金额1787万元。三是围绕经济工作中心，突出重点行业、专项资金、地方党政交办项目审计，狠抓大案要案线索，为改革、发展、稳定服务。四是从严抓好各项基础建设。

受表彰情况 市局被评为市“红旗党支部”、依法行政、综合治理、审计信息等先进单位，档案管理获自治区机关档案工作目标管理“双特优”。

【呼和浩特市回民区审计局】

全年共完成审计项目33个，其中完成了区委、政府交办的16项任期经济责任审计，并作出客观公正的评价，为党委考核任用干部提供了依据。固定资产竣工决算审计，两项工程共核减55.8万元。

【呼和浩特市玉泉区审计局】

1999年，继续加强对区本级财政预算执行情况的审计，同时根据上级审计机关的统一安排，对玉泉区法院、检察院1997至1998年财务收支进行了审计，查出两院主要存在预算外收入未及时上缴财政专户，坐支预算外资金收入，违规收取赞助费和联合办案费，挤占挪用案款等违规行为。审计中共查出违规金额111万元，应追还挤占挪用金额34万元。针对审计中发现的违规问题，严格依法进行了处理处罚。

档案管理工作的质量和水平有了明显的提高，档案工作目标管理顺利晋升自治区特级。

【呼和浩特市新城区审计局】

1999年，完成政府交办任务10项（其中离任审计7项），根据区政府的要求，协助区财政局完成了“收支两条线”落实情况的检查，涉及区内23个单位，历时一个多月；对区医院的财务收支情况和药品购销情况进行了全面审计核实，得到了有关部门的肯定和关注，受到了区领导好评。完成自治区、市两级审计部门下达的审计任务5项，审计单位13个，审计专项资金1385万元。完成区委交办的行政事业单位领导干部任期经济责任审计项目7项，查出违规金额71万元。

【呼和浩特市郊区审计局】

通过对9个一级预算单位预算执行及其他财政财务收支情况审计，查出违规金额142万元，提出了24条合理化建议，受到当地政府和人大的重视和好评。乡（镇）财政决算审计查出违规金额80万元，规范了乡（镇）财政行为。对19个乡（镇）及区属机关主要领导离任进行了任期经济责任审计，共查出各类违规金额86万元，挽回国有资产流失金额46万元。法、检两院审计共查出违规金额149.50万元。

《审计法》颁布五周年宣传 以营造良好的执法环境为出发点，开展了《审计法》颁布实施五周年的专题广播宣传和信息网络宣传，得到有关领导的重视和社会各界的支持。

【托克托县审计局】 1999年，对全县1997年至1999年上半年扶贫资金审计，查出违规金额228.5万元。对全县31个行政事业单位的主要领导进行了离任经济责任审计，查出固定资产管理混乱的问题，主要表现为：1. 账实严重不符。如在农职业技校账外资产近160万元，占实有固定资产的74.54%。2. 报废或变卖固定资产不经审批并且不作账务处理。3. 管理不严，以物换物，以物抵债现象严重，如社保局用房屋抵顶职工养老保险金。4. 购买固定资产不办理控购手续，如伍什家乡未办理控购手续的固定资产达12.71万元。

【清水河县审计局】 1999年紧紧围绕县委、政府工作中心，有重点地开展审计工作，在转变工作作风的基础上严格执法，当年被县委、政府评为实绩突出单位。

审计工作简述 1. 在预算执行和财政决算审计工作中，全面规范了各项资金的筹集、管理和使用行为，使得乡镇财务收支管理制度化，也使乡镇政府对财政的管理进一步法制化。2. 在对法、检两院的财务收支及赃款、赃物的收缴、管理、使用等情况的审计结果表明，两院存在隐瞒收入、坐支、自立收费项目、固定资产不入账等违规违纪问题，特别是固定资产的管理和票据使用方面存在管理不严，违规使用的情况，审计提出限期纠正，规范了财务收支行为。3. 在对全县6个单位离任的党政领导干部进行了经济责任审计，查出违规金额122万元，罚款1万元，挽回

国有资产流失109万元，为组织人事部门提拔任用干部提供了参考依据。4．按照国家审计署的统一安排，对城乡电网改造资金进行了专项审计，查出违规金额22．6万元，全部收缴财政。

【武川县审计局】 1999年，武川县审计局在继续深化本级财政预算执行审计的同时，结合地方特点，重点加大各专项资金审计，积极推进党政领导干部离任经济责任审计，特别是在乡级财政财务收支的审计和党政领导干部任期经济责任审计方面受到了县委、政府的高度评价。

财政决算审计　全局抽调12名审计人员，分4个审计小组，利用2个月的时间先后对20个乡镇财政决算和其他财务收支进行了审计，提出规范乡财务管理审计意见，受到党政领导的好评，并批转在全县各单位执行。

经济责任审计　先后对10个县直单位主要负责人进行了任期经济责任审计，查出违规金额48万元，处理处罚12万元，纠正36万元。客观公正地评价了干部任期经济责任。

【和林格尔县审计局】

审计工作简述　1999年共查出和纠正了违纪违规金额163万元，审计结果引起了县委、政府的重视，政府全文批转了预算执行审计报告。加大了重点专项资金的审计力度，一是经审计查出1997年末至1998年8月底养老保险基金违规违纪金额129万元，其中1998年收缴职工养老保险金123万元未纳入财政专户管理。审计建议开设财政专户，实行基金专户管理，引起了县委、政府的高度重视，将审计报告作了全文批转；二是对1997年至1999年上半年扶贫资金进行审计，查出违纪违规金额115万元。针对扶贫资金审计中存在的资金到位迟缓等问题，提出了整改意见，并及时向本级政府和有关部门作了反映，县政府全文批转了审计报告。

【土默特左旗审计局】 1999年，土默特左旗审计局下设办公室、行政事业审计科、企业审计科、农牧林水审计科、基本建设审计科5个科室。

审计工作简述　1999年，共审计单位55个，查出违纪违规金额1431万元，上缴财政金额291万元，促进增收节支金额418万元，审计报告和审计信息被批转采纳17篇。对土左旗化肥厂厂长进行离任经济责任审计，查出违规行为金额786万元，其中处理处罚金额781万元。上缴财政275万元，查出漏缴企业所得税82．14万元，增值税22．33万元，固定资产投资方向调节税117．26万元，其他税费7．27万元，合计229万元。罚款46万元。

【包头市审计局】 1999年，全市审计机关认真贯彻落实“依法审计、服务大局、围绕中心、突出重点、求真务实”的指导思想和“规范程序、审深审透、严格执法、注重宏观”的总体要求，各项工作都取得了较好成绩，为全市的改革、发展和稳定做出了应有的贡献。

审计工作成果表

指标 单位	审计单位（个）	查出违纪违规行为金额（万元）	促进增收节支金额（万元）	上交财政金额（万元）	移送司法机关案件（起）	审计报告信息被批示采纳（篇）
包头市	673	34193	14836	8219	11	613
市局	189	20457	11365	6751	3	204
昆都伦区	55	1639	608	569		87
青山区	58	1622	412	36	2	53
东河区	63	1949	616	299	5	57
九原区	56	2352	471	301		59
土右旗	64	2357	264	124		52
固阳县	56	1816	484	8		26
石拐区	39	503	240	8		7
白云区	29	244	69	6		4
达茂旗	64	1254	307	117	1	64

本级预算执行审计　坚持深化财政审计，依法规范预算管理，从财政、税务、国库和重点预算执行单位四个方面开展了对本级预算执行情况的审计，共查处应缴未缴、少征、隐瞒、转移预算收入，违规退库、挪用预算资金、虚列支出等违规金额6094万元，促进财政增收节支5649万元，其中收缴财政3606万元。同时就审计中发现的7000多万元国有资产收益滞留企业的问题，提出了应加大清收力度的审计建议，引起了市政府的高度重视，责成财政部门成立清收小组予以清收。

财政决算审计　全年对3个县级和25个乡级财政部门1998年度的财政决算进行了审计。共查出违规金额1377万元。对隐瞒预算收入、转移本级国库资金、预算支出挂账掩盖财政赤字及虚列财政支出等财政决算不实的突出问题进行了深入查处。

专项资金和重点行业、重点建设项目审计　结合财政审计，一是对农业资金、环保资金、养老保险基金、下岗再就业和最低生活保障资金、城乡电网改造资金等8项重点专项资金进行了审计。共查出违规金额5272万元，其中挤占挪用扶贫、水利、农业综合开发、城乡电网建设等专项资金969万元，企业虚报冒领养老金24万元，有关部门滞留环保、水利等专项资金3411万元，截留应上缴财政资金547万元。通过审计促进了资金的合理有效使用，规范了资金管理。二是对法检两院、卫生、教育、旅游以及黄河大桥征稽所等重点行业的财务收支进行了审计，共查处违规金额2786万元，其中应上缴财政100万元，追还被侵占挪用金额166万元。三是对全市公路建设等27个重点建设项目进行了跟踪审计和竣工决算审计，共为国家节约建设资金2945万元。

金融外资审计　按照自治区审计厅的统一部署，对全市工商银行系统1998年度的资产、负债和损益情况进行审计，查出少计收入、多计支出、账外资金和资产、多收利息等违规金额上亿元。在对15家农村信用社审计中，发现信贷资产质量差，不良贷款比重大，直接影响信用社经营效益等问题，为金融机构防范风险敲响了警钟。同时继续对世行贷款和国外援款项目执行单位进行了审计，对促进项目单位严守法规和项目协议，规范财务管理和会计核算，起到了积极的作用。

企业审计　注重不断改进企业财务收支审计，为深化企业改革提供真实依据。全年共审计了130个企业，查出违规行为金额7835万元，其中利润不实1874万元，转移国有资产234万元，私设“小金库”217万元，损失浪费1849万元。并先后向司法机关移送贪污、挪用公款案件9起。

按照市委的要求对黄河化工、华资实业、兴业集团、草原糖业、外贸集团和3户农垦企业的原经营者进行了任期经济责任审计。

另外对市属社会审计组织的审计业务质量进行了抽查，发现社会审计组织出具的10户企业年度决算利润验证结果与抽查核实结果存在较大差距等问题。对此，有针对性地提出了审计报告和建议。

纪念《审计法》颁布实施五周年　召开《审计法》实施颁布五周年座谈会，邀请市委、市政府、市人大、市政协、市纪检委的领导出席会议。同时，通过广播、电视、报纸等媒体宣传报道了审计工作5年来取得的巨大成绩。

受表彰情况　固阳县扶贫资金审计项目、包头市公共汽车总公司的“剖亏”审计项目、110国道包头绕城公路审计项目、工商银行审计项目被自治区审计厅评为优秀项目。公文、档案、统计、信息、督查等工作都受到了审计厅或市政府的表彰。

【包头市昆都伦区审计局】

预算执行审计　查出违规行为金额565万元，其中处理处罚565万元，应上交财政565万元；发现漏缴税费、专项资金未及时拨付、预算支出与实际支出出入较大、违规出借资金等主要问题。除按有关财经法规处理外，还有针对性地提出改进意见和建议。

行政事业审计　对10家行政单位的原主要领导进行了任期经济责任审计。查出违规行为金额336万元，应归还侵占挪用资金41万元，应上交财政7．9万元。

重点企业剖亏审计　核实企业累计亏损66．6万元，查出违规行为金额116万元，应上交财政22万元。揭露了企业财务收支中资产、负债、损益不实的问题，并进行了深入剖析，为区政府加强和改进企业管理积累了经验。

【包头市青山区审计局】

预算执行审计　共查出违规行为金额606万元，应上缴财政金额11万元，促进增收节支金额87万元，对税收款项、级次调整、加大提取手续费等问题进行了纠正，审计结果受到区人大常委会的好评。

企业审计　审计中发现某配件厂虚开增值税发票案件两起，金额19．5万元，移交区公安机关，犯罪嫌疑人被刑事拘留。

完成交办任务　一是对青山区红房子商城物业管理中心进行了审计，挽回损失94万元，受到了政府、企业和个体经营者的好评。二是对四所小学1998年9月至1999年8月的财务收支进行了审计，发现违规行为金额81万元，其中应上缴财政金额8．4万元，对存在的问题在全区范围内进行了通报。

【包头市东河区审计局】

预算执行审计　审计金额10130万元，发现有挪用预算外资金、预算单位不严格使用专项资金等问题。

大案要案查处情况　在对包头市金龙有限公司、包头市长征有限公司进行审计中，查出5起涉嫌贪污挪用公款的违法违纪问题，涉案金额达128万元。

行政事业单位审计　对9个行政事业单位进行了任期经济责任审计，发现存在着乱收费、挤占挪用专项资金、乱发补贴、固定资产不按规定入账等问题，依法进行了处理处罚。

法检两院审计　审计总金额为628万元，查出违规行为金额321万元，按有关法律法规进行了处理。

【包头市九原区审计局】

预算执行审计　查出违规行为金额432万元，促进增收节支198万元，挽回国有资产流失50.8万元。同时对5个乡1998年度财政决算进行了审计，并对乡所属单位进行延审，查出违规行为金额106万元，追还被侵占挪用资金73万元，罚款1.04万元。发现5个乡不同程度地存在白条抵库、虚列财政支出、挤占挪用专项资金等问题。及时向区政府提交了《关于加强乡镇财政财务管理的综合报告》，区政府很快批转了该报告，并要求各乡镇认真落实报告中提出的意见和建议。

法检两院审计　把法检两院审计同领导任期经济责任审计有机结合在一起，查出的主要问题有：截留财政收入19.13万元，账外资金155.03万元，区检察院收取办案赞助费3.7万元，两院历年形成未入账固定资产551万元。

企业审计　以审计企业会计核算真实性为基础，重点对企业资产盈亏情况进行审计。一是对转龙液酒厂进行审计，审计表明，该厂领导班子调整后，强化内部管理，努力降低成本，经济效益明显增加。对此提出了正确的评价建议，受到了区政府的好评。二是对哈达门金矿矿长进行了任期经济责任审计，为区政府选人用人提供了可靠的依据 。

计算机应用开发情况　开展了计算机的开发和应用，与审计厅和九原区政府网站联网，加快了信息交流。

【包头市石拐区审计局】

预算执行审计　查出预算执行中虚列支出75万元，上级补助未足额拨付38万元，企业欠税严重等问题。

专项审计　环保资金和城市建设维护费的审计结果引起了区政府的高度重视，《石拐矿区审计局关于石拐区环监站1998年度环保资金征收管理使用情况的综合报告》被区政府批转，要求有关单位认真落实。通过社会养老保险基金审计，摸清了石拐区企业养老金的征管情况，发现了欠缴严重，基金未纳入专户管理等问题，提出了强化内部管理提高核算水平，将社保基金的收缴列入企业考核的责任目标等建议。

行政事业审计　按行业、按系统安排了行政事业审计，进行了公、检、法、司和城建系统的财务收支审计。查出截留预算收入、预算外收入不入账、不专储、私设“小金库”、固定资产不入账、票据使用不规范、往来款项长期不清理等问题。

【包头市白云矿区审计局】

预算执行审计　查出违规行为金额136万元，挽回国有资产流失102万元，应上缴财政金额4万元，促进增收节支金额29万元。

法检两院审计　共查出违规违纪金额39.07万元，主要是法院截留坐支预算收入、超标准收费、购入资产不纳入固定资产管理等。

工行系统审计　克服人员少、经费不足、交通不便等困难，经过3个多月的审计，圆满地完成了工行审计任务，共查出违规行为金额1.7万元，应调整账务1.6万元。

纪念《审计法》实施五周年　与电视台、司法局等单位联合，在区有线广播中播出《审计法》。局全体人员在集贸市场等人流比较密集的地方进行《审计法》宣传。

【固阳县审计局】

预算执行审计　全面开展预算执行情况审计，并对县公安局等7个预算执行单位及部门的预算执行情况和其他财政收支情况进行了就地审计。查出财政超预算支出249万元，垫付各企业历年欠款291万元，用农业综合开发专项资金416万元平衡预算等，主要与贫困旗县入不敷出的财政状况有关。

纪念《审计法》实施五周年　在街头宣传《审计法》，向社会各界宣传审计工作5年来取得的辉煌成就。

【土默特右旗审计局】

财政审计　完成本级财政预算执行审计，延审7个单位，查出违规行为金额655万元，上缴财政55.6万元，归还原渠道资金6.5万元，挽回国有资产流失14.3万元。同时，对6个乡镇1998年度财政决算进行了审计，查出违规行为金额172万元，归还原渠道资金40.2万元，上缴财政6.8万元，审计专题报告被旗政府批转。

法检两院审计　对旗法检两院审计，查出违规行为金额73.5万元，上缴财政10.6万元，挽回国有资产流失49万元。

完成交办任务　积极配合纪委、监察局和信访办等部门对基层群众反映的村级财务的热点问题开展联合调查工作，协助司法机关解决经济案件中的具体问题，共办理了旗委政府交办的6项任务。

纪念《审计法》实施五周年　邀请旗委、人大、政府有关部门领导参加《审计法》颁布实施五周年座谈会，畅谈《审计法》颁布实施五年来取得的成绩，利用电视、报纸等新闻媒体，宣传了《审计法》颁布实施的重大意义。

【达尔罕茂明安联合旗审计局】

预算执行审计　查出违规行为金额553万元，应上交财政金额92万元。同时，对6个乡、苏木、镇1998年度财政决算进行了审计，查出违规行为金额64万元，主要有虚列财政支出、挪用财政专项资金等问题。此外，由审计、财政部门牵头，纪检、人行、地税等部门抽组人员对全旗21个乡、苏木、镇进行财政财务工作检查整顿，对于规范其财政财务行为起到积极促进作用。

农村信用社审计　对3家农村信用社进行了审计，查出违规行为金额94万元，主要问题是利润不实，违规购建固定资产，违规贷款投资拆出资金等。

机关建设　完善补充了审计组双保证、审计组廉政责任、考勤、信息管理、信息奖励5个方面的制度、办法。积极推行了审计目标责任制和审计项目责任制。

【乌海市审计局】

审计工作成果表

指标 单位	审计单位（个）	查出违纪违规行为金额（万元）	促进增收节支金额（万元）	上交财政金额（万元）	移送司法机关案件（起）	审计报告信息被批示采纳（篇）
合　　计	172	10314	1211	332	6	434
市局	52	8380	885	284	2	252
海勃湾区	45	1165	113	25	0	131
乌达区	28	141	57	8	0	2
海南区	47	628	156	15	4	49

本级财政预算执行情况审计　共审计市财政、税务、预算执行单位7户，查出违规行为金额656万元。对存在的问题依法进行了处理和纠正，并提出了加强和改进财政工作的具体意见和措施，有效地促进了财政管理，为政府、人大掌握财政工作情况，加强财政监督，提供了重要依据。

对大案要案查处　移送重大违纪案件2起，惩治了腐败，推动了廉政建设。

经济责任审计　根据市委、市政府的要求，对全市21个行政事业单位领导干部任期经济责任审计和2户企业厂长（经理）离任审计。查出违规行为金额474万元，向党委、政府提交了审计结果报告及有分析、有建议的综合报告。

法院、检察院系统审计　查出两院违规行为金额789万元，对存在的问题作了相应处理，规范了两院的财务管理，促进了行政执法单位的廉政建设。

工商银行审计　对巴彦淖尔盟分行审计，查出该行系统共5个独立核算单位违规行为金额2365万元，发现该行系统1998年度在收支、资产、负债、执行贷款制度及利息政策方面均不同程度存在违纪违规问题，达到了摸清家底，核实盈亏，揭露问题，分析原因的目的。

企业审计　1999年对7户企业进行了审计，查出违规行为金额3133万元，为党委、政府全面了解企业经营管理情况提供了真实的资料，为帮助企业摆脱困境，实现扭亏增盈，加快转制提供了依据和建议，宏观效果比较明显。

其他　固定资产投资审计，对城乡电网改造资金、水利、公路设施建设资金等进行了跟踪审计；对环保、社保、救灾、福利彩票等专项资金进行了审计，收效明显。

受表彰情况　1999年，被乌海市委评为市级先进党组织，被内蒙古党委表彰为先进基层党组织，被自治区人事厅评为公务员规范化管理先进单位，被市、区两级综治委评为社会治安综合治理目标管理优秀单位。

【乌海市海勃湾区审计局】

审计工作情况简介　本级预算执行审计共查出违规行为金额108万元，审计决定上缴财政13万元；法检两院共查出违规行为金额109万元，审计决定应上缴财政9万元；经济责任审计（5个行政事业单位）共查出违规行为金额17万元，审计决定上缴财政1万元；企业财务收支审计（两个单位）查出违规行为金额36万元，挽回国有资产流失27万元，促进增收节支26万元。

【乌海市乌达区审计局】

完成交办任务　完成区政府交办的审计事项20个。其中：商业企业2户，因企业转制，对其资产、负债情况进行了详细审计，审计金额626万元，查出违规行为金额56万元，摸清了企业的家底，为政府宏观决策提供了依据。

经济责任审计　完成县以下党政领导干部任期经济责任审计18户，审计金额933万元，查出违规行为金额23万元，在此项审计工作中发现的突出的问题是先离后审给审计工作带来的难度，而且影响了审计结论的落实。

上级交办任务　共完成上级审计机关下达的审计事项4项，审计单位7个，审计金额5005万元，查出违规行为金额302万元，审计决定上交财政11万元。完成上级下达的审计调查2项，派人参加了乌海市审计局统一组织的对巴盟工商银行和该市公安系统的审计。

【乌海市海南区审计局】

财政审计　分别对海南区1998年度财政预算执行情况、乌海市地税局海南分局税收征管情况和巴间陶亥乡1998年度财政决算、地税所税收征管情况进行了审计。对区属25个、乡属8个预算执行单位的41项专项资金进行了延伸审计或审计调查，审计总金额3005万元。

行政事业单位审计　对区、乡两级35个行政事业单位财务收支审计，查出违纪金额460万元，应上交财政8万元。

企业审计　对全区11个乡镇和工业企业审计，查出违纪金额186万元，应上交财政金额7万元。对6项基本建设、改扩建项目竣工决算进行了审计，审计总金额147万元。

完成交办任务　共完成区委、区政府交办事项15件，其中：转制企业“回头看”审计1项，离任经济责任审计14项。通过对领导干部离任经济责任的审计，使领导干部走的清楚，接的明白，同时也促使领导在任时不做糊涂官，离任后不留马虎账，也为组织部门选拔和任用干部提供了依据。

移送重要案件　向纪检、监察机关移送重大违纪案件4件6人，区纪检、监察机关已立案5人（其中2人已免职），案前调查1人。

【赤峰市审计局】　1999年，赤峰市审计局结合地区特点，围绕中心，突出重点，认真开展了各项审计监督。

审计工作成果表

指标 单位	审计单位（个）	查出违纪违规行为金额（万元）	促进增收节支金额（万元）	上交财政金额（万元）	移送司法机关案件（起）	审计报告信息被批示采纳（篇）
合　计	762	27932	12363	2916	4	669
市局	78	6672	3516	864	1	280
阿鲁科尔沁旗	52	1336	564	474		18
巴林左旗	52	1480	856	18		44
林西县	51	1398	273	130	1	15
克什克腾旗	48	1231	236	26		15
翁牛特旗	50	1169	425	158		32
宁城县	65	2468	365	185		41
敖汉旗	90	2886	2835	74		33
喀喇沁旗	53	1768	355	70	1	68
元宝山区	59	2318	746	392		44
松山区	71	2289	1367	272	1	17
红山区	45	2216	373	96		42

财政审计　全年审计200个单位，其中预算执行115个，县乡财政决算审计85个，市人大常委会、市政府领导对财政审计工作给予了高度评价。

固定资产投资审计　先后完成了第一批城乡电网改造资金、竣工决算、公路和水利建设资金等审计，共审计61个单位，收缴违规资金388万元，核减工程结算2 538万元。

专项资金审计　先后对农牧业、环保、养老保险、救灾等专项资金进行了审计，审计结果引起了市政府领导的重视，全文批转了审计报告。

其他审计　对法检两院、旅游业、重点亏损企业、工商行及农村信用社等先后开展了审计，共审计了237个单位，查处违规金额10 869万元，在社会上引起很大反响。经济责任审计84个，比上年增加1倍，社会效果较好。通过上述审计，收到了较好经济效益和社会效益，宏观效果也比较突出。全年共为国家增收节支12 363万元；向司法机关移交经济案件4起，建议纪检监察机关给予行政处分7人；审计报告和信息被采纳669篇，其中：县以上党政领导采用323篇，上级审计机关采用227篇，新闻单位采用119篇。

机关建设 先后开展了“服务创一流，行风站排头”和“整顿机关作风，树立公仆形象”活动，以及纪念《审计法》颁布实施五周年活动；认真开展了“三讲”教育；市局和4个旗、县、区信息直报点与区厅实现了计算机联网，其他旗县区也同市局实现了联网通讯。

受表彰情况 市审计局先后被内蒙古自治区财贸工会授予“全区财贸系统先进单位”，在干部实绩考核中，被赤峰市委、政府评为实绩突出单位，被驻地党委、政府授予精神文明标兵单位，审计信息工作分别被市委、政府和自治区审计厅评为先进单位，扶贫工作和党组织工作也受到了赤峰市委的表彰，市和旗县区审计档案工作全部进入自治区特级管理单位，实现了档案工作“双特优”。

【赤峰市红山区审计局】

审计简述 预算执行和财政审计：对财政、税务、金库等部门存在的问题进行了实事求是的反映，引起了领导关注。对区检察院的审计，分管区长对审计综合报告作了批示，区检察院对审计反映的问题逐条进行整改，收到了较好的社会效果。企业审计：选择两户重点企业进行了审计，摸清了企业家底、为企业改革提供依据，向党委、政府交了明白账。对赤峰凤翔集团公司审计，查出该公司主要负责人违反财经纪律、人为调节企业利润、掩盖巨额亏损等问题，并移送纪检、监察部门核实处理。

【赤峰市松山区审计局】

审计情况简述 1. 同级财政预算执行情况审计，决定收缴财政资金242万元，并纠正违规行为资金187万元，提出了7条强化预算管理的审计建议。对5个乡（镇）财政审计引起了区政府的重视，全文批转了报告。2. 行政事业审计，法检两院审计共查出乱收费、私设“小金库”等违规资金170余万元。区委、政府主要领导专门听取了审计汇报，并就有关问题做了明确指示。3. 先后对8个单位进行了领导干部任期经济责任审计，对离任的领导给予了客观公正的评价。4. 固定资产投资审计，对3个工程项目进行了审计，核减了工程建设成本4401万元。同时，根据上级安排，还开展了农业资金、重点企业和农村信用社等审计，在依法处理违规问题的同时，提出了一些改进建议，为领导宏观决策提供了服务。

【宁城县审计局】 1999年，结合本地特点，重点加强了财政、重点企业和经济责任审计。

审计情况简述 1. 对财政预算执行情况的审计，采用“账户入手，下审一级”的方法，除审计县本级财政、税务和国库等部门外，还选择了9个一级预算执行单位进行了审计，县政府将审计报告批转有关部门执行，为加强财税管理、促进增收节支起到了积极作用。2. 企业审计，为配合供销企业改革，对县供销联社及所属的6个基层供销社（公司）的财务收支情况实施了审计，并对经营管理情况进行了审计调查，针对查出的问题，提出了切实可行的建议，县政府将审计报告批示各大班子。对纳税大户宁城四龙集团审计，摸清了企业家底和盈亏的真实性。3. 完成县委交办的经济责任审计10项，公正地评价了离任领导在职期间的业绩，给任职、离职双方交一本“明白账”。4. 完成农村经济审计39项，查处违规金额398万元，为国家和集体挽回经济损失78万元，为维护农村经济稳定，保障经济健康发展起到了积极促进的作用。

【林西县审计局】

财政审计 同级预算执行审计中查出了本级财政存在的潜在债务过大、专项资金欠拨等问题，在社会上有很大反响。强化了乡镇财政审计，在对8个乡镇审计中，对收入不入账、漏税等问题进行了严肃处理，审计缴款8万元。

法检两院审计 查出法院1986至1998年形成账外资金91.8万元，审计缴款50万元。

农村信用社审计 查出3个信用社私设“小金库”25万元，审计缴款20万元。并对伪造定期存单一案移交司法机关处理。

经济责任审计 共审计了18个单位，发现10个乡镇级财政潜在债务达729万元，为组织部门任用干部提供了真实可靠的依据。

【喀喇沁旗审计局】 全年重点加强了财政、专项资金的审计，大胆地开展了经济责任审计，取得了可喜成绩。

审计情况简述 1. 预算执行和财政决算审计，把着眼点放在促进增收节支和宏观调控管理上，得到旗委、人大、政府的重视。旗人大、政府分别对财政同级审计报告、法检两院审计报告、乡财政决算审计报告以及四期农业综合开发资金审计报告做了批示、批转，要求有关部门认真落实审计决定。2. 注重围绕政府总体部署和各项改革措施，突出对“重点”、“难点”、“热点”问题审计，认真查处违法违纪案件。如对某乡长进行离任审计时发现，该乡以提取引资奖为名提现金13万元，审计后移交纪检委立案查处。在旗白酒厂审计中，除帮助清产核资外，对该厂徐某涉嫌贪污公款10万元的个人经济违纪问题及时移交检察院立案查处。

【巴林左旗审计局】

审计情况简述 1. 对1998年度本级预算执行审计，采取了打“总体战”方法，审计工作报告真实地反映了审计发现的问题，提出了对策性意见和建议，得到了人大常委的充分肯定，审计报告在旗第十三届人大常委会上进行评议，领导作了批示。乡级财政决算审计，审计结果得到了旗委、政府的高度重视。旗政府批转了审计综合报告，要求各

乡、苏木、镇认真纠正审计查出的问题，落实审计意见。2. 认真开展了经济责任审计。对7个单位科级领导干部进行了离任审计，对离任领导干部任期经济责任做出了客观公正的评价。3. 对法、检两院财务收支审计，查出乱收费、私设“小金库”、坐支诉讼费等违规问题102万元。审计依法对违纪问题进行了处理，还通过新闻媒体披露了违纪问题。

【敖汉旗审计局】

审计工作简述　一是开展了同级财政预算执行审计。延伸审计了教育、公安、城建、水利等重点部门，旗政府认为审计工作很有深度。二是抓热点问题，1. 审计了30个乡镇的预算外资金，查出了截留坐支、挤占挪用统筹费和17万元罚没收入未纳入预算管理等问题，旗政府批转了审计报告；2. 法检两院审计，发现违规收费101万元，给予从严处理处罚。3. 为保持社会稳定服务，平息了3起上访事件。其中，小河子良种场，积累了多年的财务问题，一经审计，水落石出，审计结果令上访职工心悦诚服，立即停止了上访；4. 审计了8个基层卫生院，查出药价普遍过高等问题，仅长胜卫生院1998年超标准加价就高达168万元，为医疗卫生行业改革提供了客观材料。

【阿鲁科尔沁旗审计局】

审计工作简述　1. 在对财政同级审计中，查出财政局应缴未缴预算收入305万元，地税局滞留税款110万元；在对预算执行单位审计中发现挤占挪用专项资金、偷漏税款等违纪违规问题，审计后增加财政收入437万元；在对乡级财政决算审计中发现为完成旗下达的收入任务而空增财政收入188万元。2. 经济责任审计查出某公司原任经理和副经理相互签批，报销假单据，将案件移交纪检、监察机关。3. 城乡电网改造资金审计，发现由于工行和农行为争取资金支配权，相互推诿扯皮，致使资金迟迟不能拨付。根据这一情况编发的审计信息被国务院办公厅批示，引起了区、市、旗三级领导的重视，使资金尽快拨付，促进到位资金411万元。

【翁牛特旗审计局】

审计工作简述　同级预算执行审计，受到旗政府的高度重视。在乡级财政决算审计中，发现各乡、苏木、镇债务和不良债权多，部分已形成呆死账，提出审计建议、报告，被旗政府全文批转，要求各地执行。二是较好地完成了上级审计机关交办的各项指令性审计任务。在对法、检两院审计时，采用了账户入手、内查外调相结合的审计方法，查出法、检两院在财务管理方面存在私设“小金库”、坐支诉讼费、公款私存、票据管理不规范等违纪问题，依法对违纪单位和个人进行了经济处罚。三是认真完成政府交办的事项。在对旗公安局财务收支进行审计时，发现该局由于内控制度不健全，缺乏必要的制约机制，致使该系统财务管理混乱。审计对此如实披露，引起旗委、政府的高度重视，政府常务会、旗委常委会进行了专题研究，对旗公安系统的财务管理体制进行了改革，理顺了财务管理关系。

【克什克腾旗审计局】

审计情况简述　完成旗委、政府交办的各类审计事项5件；完成上级审计机关下达的审计项目单位29个，完成自定项目审计19个单位。档案管理工作达到自治区特级标准；综合治理工作成绩显著，被授予“安全单位”的荣誉称号。

【巴林右旗审计局】

财政审计　预算执行情况审计：对财政、地税、国库及8个预算执行单位进行了审计，及时向旗政府和人大提交了“两个审计报告”，得到了旗人大的充分肯定。财政决算审计：有重点地选择了5个苏木1997年、1998年度乡级财政决算审计，为政府及有关部门规范乡级财政秩序，加强乡级财政规范化管理提供了翔实依据。

法检两院审计　对旗法院、检察院审计查出的乱收费、私设“小金库”等违纪违规问题给予了严肃处理，同时针对法检两院财务管理上存在的问题，向旗政府常务会议提出了审计建议。

企业审计　对旗农网建设资金进行了跟踪审计，通过审计追回被侵占挪用资金170万元，重新投放农网建设。

【乌兰察布盟审计局】　1999年，按照“突出重点、加大力度、强化监督、体现效应”的工作思路，加强对重点资金、项目、领域和重要环节的监督力度，审计决定落实率和应上缴财政资金入库率分别达到95%和96%，向司法机关移送案件2起，移送涉案人员2名，审计报告、信息被批转采纳50篇。

审计工作成果表

指标 单位	审计单位（个）	查出违法违规行为金额（万元）	促进增收节支金额（万元）	上交财政金额（万元）	移送司法机关案件（起）	审计报告信息被批示采纳（篇）
合　计	796	9808	2933	871	2	248
盟　局	93	1540	320	213		50
集宁市	69	915	434	62		36
丰镇市	64	991	131	29		12
察右前旗	64	991	236	62		35
卓资县	56	624	113	15		12
四子王旗	61	482	136	20		8
察右中旗	76	652	211	92		24
察右后旗	72	897	204	89		19
商都县	65	633	248	19		12
凉城县	69	671	330	111		13
兴和县	49	717	249	57		13
化德县	58	883	321	52		14

财政审计　1999年，本着查实求效的原则改进与深化本级预算执行情况审计，起到了规范分配秩序，促进提高效益，揭露问题的作用。

法检两院审计　采取“上审下”、“交叉审”相结合的方式，运用各类审计手段，查出违规行为金额589.37万元，规范了财务收支行为，遏制了“三乱”现象。

企业审计　围绕加强管理，推进国企改革，强化了重点企业审计和转制企业审计。

经济责任审计　加强了研究与实践，认真落实两个暂行规定，先后对15名党政领导及厂长（经理）任期经济责任进行了审计。

扶贫资金审计 围绕扶贫开发的地区发展战略，对全盟6个国贫县扶贫资金使用情况进行了审计，审计结果得到了盟委行署的高度重视，被自治区审计厅评为优秀项目。在提高审计工作水平的同时，从机关基础建设入手，加强精神文明建设；以“三讲”教育为契机，推进领导班子及队伍建设。

受表彰情况 被授予盟级精神文明单位，各项机关基础建设通过检查、验收，步入了盟直机关的先进行列。

【集宁市审计局】 全年共审计单位69个，其中完成上级审计机关统审项目9个，企业审计9个，行政事业财务收支审计12个，固定资产投资审计9个，经济责任审计20个，查出违纪违规行为金额915万元，促进增收节支434万元（其中应减少财政补贴和核减固定资产投资312万元）。挽回国有资产流失370.4万元，上缴财政62万元。

【丰镇市审计局】 在对市财政1998年预算执行情况审计中，针对超包干增拨经费的拨款单位进行了跟踪审计。对7个乡财政决算审计中查出了扩大开支、挪用专项资金、挤占救灾款、漏缴税费、虚列虚拨教育费附加等问题，并依法进行了处理、处罚。派出审计组参加了法检两院财务收支的审计，审计结果引起了盟委、行署有关领导的高度重视。完成了市政府交办的对市财政局、城建局、经委原任主要领导的离任经济责任审计。在《审计法》颁布实施五周年之际，举行了学习和街头宣传活动。

【兴和县审计局】 全年共审计单位49个，上缴财政金额57.67万元，入库率为96%，审计决定落实率为96%，审计报告被地方党政领导采纳1篇，审计信息22篇，被批转采纳12篇。

全县审计工作重点 一是深化了财政审计，强化监管力度；二是金融外资审计点面结合；三是紧密结合转制需要，开展了企业审计和审计调查；四是全面、细致、彻底地开展了行政事业审计；五是围绕稳定脱贫战略，注重资金投向和使用效益，加强农业专项资金审计；六是认真完成县委、政府交办的各类审计事项；七是注重信息反馈，突出审计宣传。

【卓资县审计局】

离任审计 完成县委、政府交办的对部分调整的领导班子离任审计工作，完成了对畜牧局、水利局、计生局、广播局、印堂子乡、红召乡前任领导任期经济责任的审计。

对内审工作的监督指导 通过横向交流，解决了内审单位工作中的疑难点，提高内审人员的业务素质。在加强对各单位、各部门的内部管理，促进增收节支，提高经济效益等方面发挥了积极作用。

基础建设 在机关自身素质建设方面，不断推进党风廉政建设，树立机关良好形象。建立健全了各项规章制度，实行了目标责任制，层层分解，责任到人，严格考核，奖惩分明，确保了各项审计项目的顺利实施。档案管理工作达到自治区一级管理标准。机关配备了微机和传真机，实现了远程通讯，提高了工作效率。

【商都县审计局】 全年完成上级审计机关下达的审计任务12项，审计工作报告被政府领导批示4篇，各类审计情况反映被县有关部门、各级报刊、盟审计局采纳8篇。

完成交办任务 完成县委、政府交办的各类审计事项4大项，重点进行了12个单位的主要领导离任经济责任审计，对22个乡镇1994年以来扶贫资金的管理、使用情况进行了全面审计调查，对资金使用中的违纪违规行为进行了处理和纠正。

自定审计任务 对全旗25个公安派出所、队财务收支进行了全面审计，查处违纪违规金额69.8万元，上缴财政2.2万元，进一步规范了公安派出所、队的财务收支行为。

【凉城县审计局】 全年共审计各类单位69个，查出违规行为金额671.32万元，促进增收节支金额330万元，挽回国有资产流失金额68.65万元，审计报告被批转1篇，撰写审计信息简报17篇，被采纳13篇，应上缴财政入库率为90%，审计决定落实率为90%。

重点对法院、检察院开展了专项审计工作，突出了离任经济责任审计和企业转制审计工作，工作成绩显著。在县委召开的十届六次全委扩大会议上，被评为1999年度综合工作先进单位。

【化德县审计局】 全年共审计58个单位，被上级审计机关和新闻单位采纳14篇审计信息。

审计工作简述 对13个单位的领导进行了离任经济责任审计；对法检两院审计，共查出违规行为金额16.69万元；对14个企业进行审计，共查出违规金额215万元。

纪念《审计法》颁布实施五周年 召开专门会议，有组织、有计划地进行学习回顾，认真总结几年来落实《审计法》的经验，深刻领会其实质精神，以促进各项审计工作的顺利开展。

【察哈尔右翼前旗审计局】 全面开展审计工作，宏观效果明显，审计报告、信息被各级党委、政府、上级审计业务部门、各类报刊批示采用35篇。

对20个单位（4个行政科局长、2个企业领导人、14个乡镇党委书记和乡镇长）领导干部实施了审计。审计查出挤占专项资金284万元，虚增乡镇财政收入138万元，虚记产品销售收入777万元，挤占成本费用103万元。规范了财政、财务收支，严肃了财经纪律。

【察哈尔右翼中旗审计局】 全年共完成76个审计单位，上缴财政92万元，审计报告和审计信息被上级部门采用24篇，旗委、政府交办的乡计生经费和领导干部离任经济责任审计事项也圆满完成。

基础建设　先后选派骨干11人，参加各级各类培训班11期，同时结合工作，积极组织全体干部参加审计法规等5项知识竞赛活动，以实际行动，迎接国庆五十周年和澳门回归祖国。

【察哈尔右翼后旗审计局】

全年完成上级审计机关下达的审计任务16项，共审计单位72个，提交审计工作报告15篇，编发信息26篇，被各级党政机关、新闻单位采用19篇。

完成旗委、政府交办的各类审计事项11项，涉及企业转制、专项调查、乡级财务整顿等内容。

【四子王旗审计局】

审计工作简述　对旗级财政预算执行和8个乡级财政决算进行了审计，对10个粮食企业财务收支和12所中小学校普教经费进行了审计，抽出7人积极参与上级审计机关实施的"上审下"和"交叉审"，完成当地党政交办的审计事项5项，从而进一步强化了审计监督。

基础建设　认真抓了党的建设和干部理论学习和业务培训，有3人转为中共正式党员，有3人被吸收为预备党员，有8人（次）参加了上级机关举办的业务培训班，有3人次参加旗党校举办的理论培训，从而进一步提高了干部的政治业务素质。

【锡林郭勒盟审计局】

财税审计　全盟有13个审计机关开展"同级审"，查出违纪违规金额3069万元；"上审下"全盟共审计旗县、苏木乡级财政53个，查出各类违纪违规金额486万元。

本级财政预算执行审计　经审计，查出违规金额3069万元，决定收缴财政资金9万元，归还原渠道资金3009万元。

下级政府财政决算审计　盟局对太仆寺旗、正蓝旗、多伦县等6个旗县及47个苏木（乡）1998年财政决算进行了审计，查出违规金额486万元，有效地纠正了各类违纪问题。

金融审计　1999年，完成金融审计项目7个，查出违纪金额1607.8万元，收缴财政金额26.4万元。

世行贷款审计　盟局及7个旗县局对世界银行贷款贫困和少数民族地区基础教育、综合性妇幼卫生保健项目等11个用款单位的审计，依法纠正违规金额192万元。

工商银行审计　盟局对乌盟工商银行及6个分支机构进行了审计，查出违规金额1607．8万元。

农牧业与资源环保专项资金审计　1999年，全盟农牧业资金共审计25个单位，查出违规金额743万元，归还侵占挪用资金188万元，上缴财政1万元。

扶贫资金审计　盟局对盟直有关部门和西苏旗1997年至1999年底扶贫资金、镶黄旗生态建设资金进行了审计，查出违规金额193万元。

四期农业综合开发资金审计　共审计17个单位，审计资金总额4245万元，查出违规金额591万元，归还侵占挪用资金330万元，上缴财政1万元。

环境保护资金审计　审计资金总额91．7万元，查出挤占挪用违规金额1058万元。

固定资产投资审计　1999年，盟局共完成固定资产投资审计项目47个，查出违规金额2437．88万元.

财务收支审计　盟局共完成了基本建设项目财务收支审计15项，查出违规金额748万元。

竣工决算审计　盟局对303国道锡盟段进行了审计，审计金额9040万元，对违纪问题进行了处理。对锡林浩特地区城市建设专项资金进行了跟踪审计，并延伸审计了10个用款单位，审计资金1200万元，纠正了违纪违规行为。对锡林浩特热电责任有限公司扩建工程竣工决算进行了审计，查处违纪金额1689．8万元，依法进行了处理。

在建项目审计　盟局对21个建设项目资金来源情况进行了审计。

行政事业单位审计　1999年，全盟共审计单位229个，查出违规金额901万元，归还侵占挪用资金285万元，促进增收节支247万元，上缴财政53万元。

社会保障资金审计　两级审计机关对全盟1998年社会保险基金、社会捐赠及其他专项资金进行了审计，查出违纪金额192．3万元。

法检两院审计　根据审计厅的统一安排，盟局抽调旗县审计人员组成3个审计组，对12个旗县市的12个法院、11个检察院进行了审计，查出违规金额110万元。

企业审计　全盟共完成企业审计单位55个，查出违规金额593万元，归还侵占挪用资金5万元，促进增收节支6万元，上交财政26万元。

城乡电网改造资金审计　两级审计机关对城乡电网改造资金进行了跟踪审计，审计单位54个，查出违规金额187万元，上交财政20万元。

交通审计　盟局对207国道三号地收费站进行了审计，纠正了违规违纪问题。

经济责任审计　对11个苏木长和分管财务的13个副苏木长进行了离任审计，规范了会计核算，促进了财务管理制度化、规范化；西苏旗对5个苏木、9个旗直部门的主要领导进行了任期经济责任审计；正镶白旗认真落实《事业单位会计制度》，在对4个事业单位领导审计的同时，开展了新制度实施情况检查。

交办审计事项　全盟完成盟委、行署和自治区审计厅委托交办事项79个，查出违规金额406万元。

【锡林浩特市审计局】

财政审计　对锡林浩特市财政预算执行和两个苏木财政决算情况进行了审计，发现被审计单位违反预算法和教育附加规定等5个问题，提出了3项建议，得到本级人大重视。

经济责任审计　对5名领导干部进行经济责任审计，作出公正评价，为领导干部的提拔任免，提供了重要依据。

社保资金审计　在对社会养老保险基金、救灾款物、国有企业下岗职工基本生活保障和再就业资金等项的审计调查中得知，被审计单位能够较好的依法执行有关规定，为本市的社会稳定发挥了应有的作用。

另外，还派出审计人员，参加了其他盟市金融和法检机关的交叉审计，圆满地完成了任务。

【二连浩特市审计局】

完成指令性审计任务　完成审计单位32个，查处违规行为金额63万元，应上缴财政金额5.27万元，应减少财政拨款补贴4万元，核减固定资产投资38.8万元，促进增收节支12万元，挽回国有资产流失金额37万元。

完成自定审计任务　对市教育系统的8个单位1998年度财务收支情况进行了审计，对司法系统的2个单位1998年度财务收支情况进行了审计。

【东苏旗审计局】

审计工作简述　全年共审计单位45个，其中完成审计调查单位3个。共查出违纪违规金额390万元，上缴旗财政金额3.9万元，配合锡盟审计局对法检两院进行了审计。提交审计报告51篇，其中被旗人大采纳1篇，审计信息24篇，其中被旗党委采纳1篇。

交办任务　共完成交办工作任务13项，审计内容包括财政预算执行和财政决算审计，扶贫资金审计、住房资金等项目。

【多伦县审计局】

财政审计　对本级1998年度预算执行情况和乡级财政决算进行了审计。查出财税部门违规行为金额763．9万元，应归还原渠道资金512．7万元，应增加财政结余资金7万元。

金融审计　对工商银行审计，查出违规多计和少计支出、多计和少计收入、多计利息、挤占成本费用等违规金额53万元。

企业审计　配合企业改革，深化企业审计，对农电局1999年第一批电网建设改造资金的到位及管理、使用情况进行了审计，查出违规金额1．4万元。对两户粮食收储企业进行了审计，审计后主营与附营分开，两户企业共实现利润46．65万元，经济效益明显提高。

离任审计　在25个乡（镇、场）科局领导班子换届离任审计中，查出违规行为金额294万元，应归还原渠道资金156万元，应交财政2万元。当年，县审计局增设了离任审计指导股。

纪念《审计法》颁布实施五周年　县审计局举办了座谈会，并通过广播、电视等形式将《审计法》进行了广泛宣传。

【阿巴嘎旗审计局】

财税金融审计　全年开展了预算执行审计（财政局、地税局、国库）、卫VI项目审计，工商银行审计，信用社（联社、吉日嘎郎图信用社、白音查干信用社、查干淖尔信用社、伊和信用社）审计，人民银行审计。

离任经济责任审计　全年共开展了17个项目单位审计，共查出违规金额153．4万元。

行政事业单位审计　共开展了21个单位（项目）审计，查出违规资金56．17万元。

专项资金的审计　全年共审计2项，查出违规金额27万元。

基本建设审计　全年共审计6个基建项目，审计工程总造价202．6万元，审计总造价181．5万元，核减投资20．7万元。

【东乌珠穆沁旗审计局】

财政审计　开展了本级预算执行情况审计和对5个苏木1998年财政决算审计，通过审计，促进了依法规范财政分配和提高财政资金使用效益。

经济责任审计情况　开展了11个苏木的领导干部任期经济责任审计。通过审计，发现苏木级财务管理混乱，存在问题多，为此向旗政府上报了《关于加强苏木财务管理的报告》、《关于加强苏木固定资产管理的报告》，引起了政府领导的重视，并被批转至各苏木执行。

工商银行审计　对工商银行审计，查出潜亏109万元、资产不实29万元，摸清了该行家底和信贷资产营运质量，实事求是地对信贷资产进行了质量评价。

企业审计　对全旗15户转制企业进行了转制前的财务收支审计，摸清了企业家底和经营状况。按照上级审计机关的安排布署，对旗粮食收储企业、医药公司、旅游公司进行了财务收支审计，查出违规行为金额1．4万元。

纪念《审计法》颁布实施五周年　组织全局干部职工认真学习讨论了《审计法》及其实施条例，并在1999年12月，组织了"审计知识百题竞赛"活动，把纪念《审计法》颁布五周年活动推向了高潮。

【西乌珠穆沁旗审计局】

完成交办的任务　完成旗委，旗政府交办的各项审计16项，其中：为配合全旗苏木换届选举工作对10个苏木长进行了离任经济责任审计，并完成了调任的苏木（镇）长的离任经济责任审计6项。

完成指令性审计任务　完成盟审计局的审计任务14项，审计单位46个，审计总金额87.12万元，查出违规行为金额368.8万元；审计决定上缴财政11.33万元，审计建议被采纳20条。

【苏尼特右旗审计局】　1999年，审计单位37个，共查出违规行为金额79万元，审计决定上缴财政金额11万元，完成旗委、政府交办的审计任务27个，其中：党政领导干部任期经济责任审计15个，上缴财政金额32.1万元。

财税审计　对本级预算执行情况和5个苏木财政决算进行了审计。

金融审计　对旗农村信用社营业部及6个苏木信用社审计发现，信用社存在信贷质量不高，经济效益较差的问题，并提出了改进建议。

经济责任审计　对7个苏木、8个旗直部门的领导干部任期经济责任进行了审计。审计发现个别苏木财政管理比较混乱，白条多，包包账多，擅自处理国有资产，坐支预算外收入等问题，并依据有关规定对违纪问题进行了处理，决定上交财政金额33万元，并对4名责任人进行了处罚，为政府和组织部门正确使用、选拔干部提供了依据。

纪念《审计法》实施五周年　邀请有关人士召开了座谈会，利用广播、电台等新闻媒体进行了广泛宣传。

档案管理工作　进入了机关档案管理自治区特级行列，并实现了微机检索档案。

【太仆寺旗审计局】

财政预算执行情况审计　查出违规金额28万元，主要是地税局1997、1998年度代征、代扣、代收的手续费未实行财政专户存储。财政决算审计，共审计6个乡，共查出违规金额176万元。受旗政府委托对35个行政、事业、企业单位的法人代表进行任期经济责任审计，为旗党委政府加强领导干部管理提供了依据。

在完成上级审计任务的同时，还配合自治区审计厅对太旗扶贫资金的筹集、管理和使用情况进行了审计，配合盟局对法院、检察院的各项资金进行了审计，与纪检、监察等部门组成审计组对农、林、水专项资金和各单位预算外资金及教育费附加进行了审计调查，圆满地完成上级审计机关和旗政府交办的各项审计任务。

【正镶白旗审计局】

指令性审计任务　完成18项，对本级财政预算执行审计和4个苏木乡财政决算审计，查出违规金额226万元。完成2个自定项目的审计，为白旗企业改革献计献策。

经济责任审计　对全旗22个党政、群部门主要领导开展了经济责任审计。

机关基础建设　档案管理晋升自治区特级，机关党支部率先达到“五个好”党支部标准，综合治理创建了“安全单位”。被旗委考核办评为全旗实绩突出领导班子。

【正蓝旗审计局】　1999年，认真贯彻审计署制发的38个审计规范，狠抓审计工作的法律化、制度化、规范化建设，强化审计监督，维护财经纪律。一是采用“从账户入手，下审一级”的方法，重点抓了财政预算执行情况审计；二是对4户行政单位实施了任期经济责任审计，使任期经济责任审计逐步迈上规范化、制度化轨道。三是对工商银行正蓝旗支行进行了审计，共查出违规金额11万元，罚没收入1.92万元全部上缴财政。四是基本建设项目审计共核减工程决算造价112万元。五是计算机已实现与盟局联网。

【镶黄旗审计局】

财政审计　全面开展了本级预算执行审计和对苏木政府财政决算审计，覆盖面达100%，审计中查出违规行为金额15.4万元。

经济责任审计　旗委换届后，全局积极开展了科局离任领导经济责任审计，圆满地完成任务。同时，认真完成了法检两院审计。

纪念《审计法》颁布实施五周年　采取张贴标语和利用宣传车等形式向社会宣传《审计法》，由法制员命题，对全局职工10人进行《审计法》模拟考试，合格率达100%。

企业审计　对两家企业进行了审计，针对审计发现的问题，提出改进建议，特别是对粮食企业审计，为粮食企业转制改革提供了依据。

【乌拉盖开发区审计局】

审计工作简述　1999年，开展了经济责任审计，收效明显。1999年，共完成审计（调查）单位36个，查出违规行为金额68万元，促进增收节支16万元，挽回国有资产流失29万元，上缴财政金额8万元，审计报告被乌拉盖开发区管委会批转1篇。

【呼伦贝尔盟审计局】

审计工作简述　1999年呼盟的预算执行审计，在总结前3次审计经验的基础上，全盟统一制定了审计实施方案，使本级财政审计带动相关项目审计，又使其他审计项目充实丰富了财政审计内容。通过审计，揭示了不足额批复预算、预留比例过大等违纪问题，引起了同级财税部门的重视，在政府的组织领导和人大的监督下，大部分问题按审计建议得到纠正。

财政决算　有计划地选择了遭受自然灾害较重、财政状况困难的地区，审计内容上突出了国债转贷、水毁工程修复资金、制止“三乱”及农民减负等重点内容。通过审计，查出违纪违规金额6122万元，建议废止旗市政府制定的不合理收费规定11项，揭露和查处乱收费1225万元，应缴未缴预算收入493万元、挖挤财政收入115万元，为提高财政管理水平做出了贡献。

离任经济责任审计　全年共对盟司法局、农业局等6个行政事业单位的主要领导干部离任经济责任进行了审计，发现私设“小金库”、应缴未缴财政收入等问题。通过审计，客观评价了干部任期内的财务管理状况，划清了前后任领导间的经济责任，为组织部门客观评价干部提供了依据，促进了党风廉政建设。

法检两院审计　呼盟审计局对牙克石市法院、检察院进行审计，查处了“三乱”及拖欠预算收入、隐瞒截留案件款及罚没款等违纪问题，为法检两院提高遵守财经法规意识、加强内部管理起到促进作用。

工商银行审计　盟审计局直接对工商行盟分行和6个支行进行了审计，检查了11个营业机构，延伸调查贷款单位78家，发现信贷资产质量低下、亏损额大且有大量潜亏，存在多收或少收利息、账外资产、公款私存、私设“小金库”等问题，提出了5条针对性建议，为工商银行完善内控制度，提高资产质量和经济效益起到了积极作用。

审计成果表

指标／单位	审计单位	查出违法违规行为金额（万元）	促进增收节支金额（万元）	上交财政金额（万元）	移送司法机关案件（起）	审计报告信息被批示采纳（篇）
呼伦贝尔盟	829	20089	8226	1890	4	215
盟　局	176	10540	5573	1306	1	74
牙克石市	70	1136	325	64		25
海拉尔市	54	1156	322	130		10
满洲里市	47	853	88	55		12
扎兰屯市	83	1131	395	51		20
鄂温克旗	31	486	116	54	1	3
额尔古纳市	44	782	200	7	1	3
新巴尔虎左旗	32	256	123	6		5
鄂伦春旗	88	728	196	65		19
阿荣旗	59	1224	270	63		22
莫　旗	55	676	194	39	1	12
新巴尔虎右旗	26	209	8	6		4
陈巴尔虎旗	21	195	59	5		2
根河市	43	717	357	39		4

【海拉尔市审计局】　全年共完成审计项目54个，其中上级审计机关计划项目38个，市政府交办任务16项。

1. 针对乡财政决算审计中发现的问题，专门组织调查，深入分析原因，提出改进措施，提交的专题报告被市政府批转。2. 根据建设项目招投标过程中存在的弊病提交了专题报告，被市政府批转，充分发挥了审计监督为宏观决策服务的宗旨。3. 加大执法力度，全年上交财政金额130万元，是上年的2．7倍，达到历史最高水平。4. 审计决定落实措施得力，在每个项目审计决定下发之日起，就将责任落实到人，局领导亲自督促。如在对房管系统的审计中，共决定收缴漏税款102万元，该系统承担着海市安居工程的建设，资金比较紧张，局领导经过多次与被审计单位领导磋商，才将此款分四次收缴国库。通过制定各种措施和不懈努力，全年审计决定落实率100%，入库率100%。5. 机关建设，在机关内部实行了“民主推荐、双向择优、聘用上岗”改革措施，减少了非业务人员比例，充实了一线审计力量，各职位轮岗达65%；有计划地利用审计空隙时间进行培训，积极推进运用现代化审计方法，不断提高审计工作质量和效率。

【满洲里市审计局】

财政审计　把审计的重点放在对各预算执行单位专项资金的审计上，有选择的对5个财政拨付专项资金的单位进行延伸审计，把涉及其他财政收支有关项目的审计结果纳入审计结果报告和审计工作报告，以提高审计成果的综合利用价值。

经济责任审计　对市属8个行政事业单位党政领导干部任期经济责任进行了审计。查出违规行为金额129万元，应上交财政2万元。

法、检两院审计　首次实行了审计承诺制度，查出违规行为金额4万元，应上交财政4万元，其中：对市检察院违规收取赞助款用于福利支出和购买汽车9万元问题进行了处罚。

金融行业审计　对工商银行满洲里分行审计，查出违规行为金额296万元，应上缴财政29万元。

旅游行业审计　1999年，将旅游行业的审计作为企业审计重点，对全市10个开办旅游业务的单位进行了审计和审计调查。查出违规行为金额114万元，应上缴财政金额33万元。

【牙克石市审计局】

指令性审计任务　顺利完成审计署安排的金融审计和审计厅、呼盟审计局安排的审计项目45个。

对本级财政1998年预算执行和其他财政收支情况进行了审计，同时延伸了12个单位（部门）。

固定资产投资审计　全年完成12个项目，审计资金总额2659万元，查出违纪违规金额163万元，实现增收节支72万元。

金融审计　对牙克石市工行进行了审计，同时对牙克石市农村信用联社开展了审计，审计资金面达30%，查出违纪金额70余万元，并依法作出处理。

粮食行业审计调查　配合区审计厅对粮食收储企业1997年向农民“打白条”问题进行了审计调查，将调查结果形成了专题调查报告，引起了自治区有关部门的高度重视，并于1999年7月一次性兑现了粮款，平息了农民上访。

交办的任务　完成了市委、市政府交办的离任经济责任审计25项，其中行政事业单位21人，企业4人。完成国有企业经营成果审计3项，开展审计调查4项。

精神文明建设　为公益事业及扶贫解困救助受灾群众共捐资1．59万元。

【扎兰屯市审计局】

财政审计　通过对本级预算执行和其他财政收支情况的审计，发现主要存在超预算拨款，少列一般预算支出，部分专项资金平衡本级预算，财政支出结构不合理；地税部门将提取的代征（扣）手续费用于基建支出，房租收入漏缴房产税等问题。提出六条改进意见，并对税务部门的问题按有关法规进行了处罚。同时，对乡镇财政决算审计发现普遍存在违规购买控购商品，挤占挪用乡统筹款，预算外资金不进行专户储存，财务核算不规范，财务管理粗放等问题。

检法两院的审计　查出违规行为金额186万元，主要是挤占诉讼费和业务费，私设“小金库”等问题，按规定罚款9．7

万元，归还原渠道资金81万元。

经济责任审计　完成了4个单位的经济责任审计工作，查出违规行为金额104万元，主要是挪用专项资金，用公款核销个人电话费，私设“小金库”，固定资产不入账等问题。

工行审计　对工商银行扎兰屯市支行审计，发现多计收入9万元，少计支出191万元，账外固定资产15万元，其他资产变现漏缴税金，少提应付定期储蓄存款利息等问题。

纪念《审计法》颁布实施5周年　《审计法》颁布实施五周年之际，全体审计人员参加了全国审计知识竞赛活动。

【根河市审计局】

财政审计　对本级预算执行情况审计时，克服了只注重审计财政、税务部门的做法，有重点选择了预算执行单位进行了延伸审计，全面系统地反映了全市财政整体收支状况，充分利用了涉及财政收支的其他审计成果，并纳入了“两个报告”，为政府加强财政管理提供了翔实的依据。

法检两院审计　重点审计行政性收费，罚没款收入等内容，严格依法行政。

经济责任审计　共审计13个单位，注重坚持依法审计，客观公正，实事求是的原则，打破了老熟人、讲情面，克服了范围广，时间跨度大，问题复杂，争议多，风险大等困难，保护了政绩突出者、改革有功者。全面客观地评价了离任者在任职期间的业绩和经济责任。提交的“关于加强全市财务管理几点意见”的报告，被市政府批转。

金融审计　抽调各股精干人员，加强业务培训，做到了思想到位，领导到位，措施到位，在人、财、物等方面给予了充分保障，圆满地完成了审计任务。

基础建设　将计算机的学习与应用纳入了全局重要议事日程，在经费紧张的情况下，购买了5台微机，一台打印机，并请老师进行指导、培训。同时结合全市开展的普法活动和《审计法》颁布实施五周年之机，借助各种新闻媒体加大学习宣传力度，组织全局职工定期学习有关的法律、法规。

【额尔古纳市审计局】

审计工作简述　1．预算执行和其他财政收支审计，延伸处理某单位“小金库”69万元，隐瞒收入30．2万元。2．法检两院审计，查出法院账外资金80万元，处理处罚15．4万元。3．经济责任审计，客观公正地对市属18个行政单位一把手及一名企业经理进行了任期经济责任审计，移交司法机关案件1起2人，建议给予行政处分1人。4．工行审计，查出账外经营3万元，调整所得税8万元。

纪念《审计法》颁布实施5周年　为纪念《审计法》颁布实施五周年，开展了各类宣传活动，制作黑板报，印发审计传单。

其他　注重提高全员政治业务素质，开展了“三讲”教育及行风廉政建设，努力提高培养具有综合素质的复合型人才。

【陈巴尔虎旗审计局】　在开展审计工作中，按照上级要求，结合地区特点，突出重点，加强了地方预算执行和乡财政决算审计、法检两院审计、经济责任审计等工作。

财政审计　财政预算执行及其他财政收支审计受旗人民政府、旗人大常委会的重视和肯定。在乡财政审计中，通过对东乌珠尔苏木财政决算审计，查出苏木虚列支出6.5万元；挤占上级专项资金2万元。

法检两院审计　查出旗法检两院少收诉讼费7万元，24万元收入未上缴财政等问题，并依据财经法规进行了罚款。

经济责任审计　较好地完成了旗商业总公司原任经理任职期间的经济责任审计。

【阿荣旗审计局】

审计情况简述　1、财政审计，查出旗财政局未向旗直各部门和单位批复人大通过的年度预算，挪用上级专项支出指标平衡财政收支，财政专项资金到位不及时和有关金融部门延压税款等问题，旗人大常委会对审计工作报告给予了充分肯定。2、对阿荣旗工商银行审计，查出该行个别贷款利率执行不准，多计利息收入25．9万元，应计未计各项税金5万元和人为调节表内表外应收利息等问题。3、在法检两院审计中，查出旗检察院截留罚没收入72．4万元存入旗内一家企业吃利息。4、在企业审计中发现旗瑞雪淀粉有限公司采取生产产品不入账等手段私设“小金库”40．2万元。5、对12个乡镇和7个直属机关的主要领导离任进行了经济责任审计，发现的共性问题是：乡镇各部门财务核算不规范，挤占挪用乡统筹资金严重，有的乡镇违规向农民集资等，同时还统计出12个乡政府外欠债务1894万元，此项工作引起旗政府高度重视，已责成有关部门对外欠债务进行清理。

纪念《审计法》颁布实施5周年　旗局通过当地广播电视和上街散发传单等形式对审计工作进行了广泛宣传。

【新巴尔虎右旗审计局】

财政审计　财政预算审计查出预算执行单位挪用出借等问题。财政决算审计，注重查清财政资金使用的合法性及有效性，延伸审计了苏木政府及综合服务站，发现的主要问题有：账薄设置不全，无固定资产明细账，缺少经费明细账，记账凭证填制不规范，原始凭证不相符，记账凭证未装订成册。同时发现，暂付款相对庞大，并有增长趋势，如：达来东苏木政府1998年末暂付余额为49万元，占当年收入的70%。

法检两院审计　查出旗检察院反贪局罚没收入0．6万元未缴财政局，直接用于购买摩托车，未建固定资产账，违反“收支两条线”规定，截留坐支应缴财政资金 3．8 万元等问题。

企业审计　查出 1998 年下达该旗第一批农网改造工程资金 540 万元，计划改造阿镇－赛汉 35KV 线路投资 300 万元，但该线路未得到改造，而是将此款中的 160 万元用于赛汉－克尔伦一线一地 10KV 改造及低压配网改造，形成计划外工程余款 140 万元。

工商银行审计　查出新右旗支行出售固定资产变价收入 13 万元，以会计科的名义设账户存放；应列表外的利息列入表内，造成多计利息收入 15．3 万元。

【鄂伦春自治旗审计局】

审计情况简述　完成对全旗财政、税务、预算执行单位和纳税企业等 16 个单位审计，上缴财政资金 16 万元。在对“法、检”两院的审计中，采取调阅案卷，账外核查等切实可行的审计方法，共查出两个行业未按规定退还当事人保证金、坐支执行费等违规金额 30 多万元，维护了司法工作的严肃性和公正性。工行审计发现其 2 亿元的贷款中，不良贷款就占 6739 万元的问题；同时配合乡镇换届选举对 30 位领导干部任期经济责任进行了审计，受到了旗委、旗政府的好评。

【莫力达瓦达斡尔族自治旗审计局】

财政审计　对本级预算执行情况审计，查出财政部门多列肉食补贴 106 万元、农业专项资金 120 万元、基本建设支出 693 万元。在乡镇财政决算审计中，查出截留农业税减免税 14 万元，某副乡长涉嫌贪污 2 万元，被移送司法机关。

金融审计　对莫旗工商银行审计，查出少计各项收入 39.84 万元，少计支出 23.59 万元，私设“小金库”6.74 万元。

法检两院审计　审出应返未返案款、挪用公务费建住宅楼、刑事罚金私存私放、多收离婚诉讼费、账外资产等违纪违规金额 71．16 万元。

经济责任审计　本着客观公正、实事求是的原则，对旗直科局、乡镇 9 名离任领导进行了任期内经济责任审计。

企业审计　对旗豆都油脂集团进行了审计，分析了该企业亏损原因，提出了改进建议；对巴特罕酒业集团两个年度经营成果的真实性进行了审计，并据实确认当年的利润总额。

纪念审计法颁布实施五周年　召开了由本局全体职工和部分大系统内审人员参加的座谈会，就审计法颁布实施五周年以来审计工作的成就及前景进行了座谈。

【鄂温克族自治旗审计局】

财政审计　先后完成本级预算执行审计和财政决算审计。共审计 8 个单位，查出违纪违规金额 58 万元，应交财政 49 万元，已交财政 49 万元，针对预算执行中存在的应列未列预算收入、漏缴税金、借款不入账、少列支出、基建支出挤列各类资金和本级预算及本级预算调整方案未形成正式批复、基建预算与计划部门基建计划相脱节等问题进行了处理并及时提出了改进建议。

经济责任审计和企业审计　共审计 5 个单位，查出违纪违规金额 174 万元，应交财政 5 万元，已交财政 5 万元，促进增收节支金额 69 万元，应归还侵占挪用资金 49 万元。其中粮食企业领导人员经济责任审计 2 项，查出违纪金额 171 万元。

金融审计　对工行鄂温克支行审计，采用了对内控制度是否健全有效抽样审计、资产负债表及损益表中的每个科目所反映的余额及发生额的真实、合法性审计等方法，共查出违纪违规金额 47 万元。对查出的多计收入、少计收入、少计支出等问题进行了处理，对信贷资产管理不善提出了改进建议，并将 1 名信贷部负责人移送有关部门处理。

外资审计　完成对世行贷款综合性妇幼保健项目审计，查出违纪违规金额 40 万元。

【通辽市审计局】

审计工作成果表

指标 单位	审计单位（个）	查出违纪违规行为金额（万元）	促进增收节支金额（万元）	上交财政金额（万元）	移送司法机关案件（起）	审计报告信息被批示采纳（篇）
合　　计	820	20926	5614	1961	46	394
市局	122	9697	2512	1081	6	67
科尔沁区	110	1608	494	120		12
开鲁县	73	906	471	159	6	55
库伦旗	70	2179	555	146	2	107
奈曼旗	72	1431	346	82	14	28
扎鲁特旗	126	1044	409	158	6	32
科左中旗	98	1343	221	29	3	13
科左后旗	100	1827	306	85	2	44
霍林郭勒市	49	891	300	101	7	36

财政审计　在普遍开展本级财政预算执行情况审计的同时，积极开展对财政部门二级单位和下一级政府的财政决算审计，审计覆盖面达到 30% 以上。市局在本级预算执行情况延伸审计中发现，国债服务部用自制的“国债代保管卡”销售国库券 16766 万元，挪用客户国债 1500 万元有偿对外投资。揭示问题的同时，向市政府领导和国债服务部门汇报了问题的严重性和预期风险，引起了市政府领导高度重视。

大案要案查处　移送案件 48 件 60 人，其中：移送司法机关 27 件 32 人，移送纪检监察部门 21 件 28 人，是全市审计机关有史以来发现、移送案件最多的一年。

法、检两院审计　查出截留、私分罚没款物、私设“小金库”等严重违法违规金额 1146 万元，涉嫌贪污、挪用公款案件 7 起，移送上一级检察院 4 件 5 人。法、检两院出现严重违纪问题引起强烈的社会反响。市长亲自批示，法、检两院遵纪意识明显增强。

工商银行审计　对兴安盟工行交叉审计中查出一起金融诈骗案，金额高达 440 万元。被自治区审计厅评为受表扬项目单位。外资审计被评为自治区先进单位。

其他　全面开展了粮食、运输、交通、旅游等行业的审计。对重点亏损企业及旅游业进行审计调查。

经济责任审计　1999 年，全

区任期经济责任审计研讨会在通辽召开。当年共完成地方党委政府交办的审计事项359项，其中，离任经济责任审计273项。

计算机应用取得明显成果　远程通信系统已覆盖全市审计机关，极大地提高了公文、信息传递速度。

受表彰情况　通辽市审计局1999年被市委评为工作实际突出单位；自治区人民政府授予公务员管理先进单位；自治区财贸工会授予全区财贸系统建功立业先进集体；信息、统计、管理等项工作受到审计厅表彰；被有关部、委评为献爱心先进单位、社会治安综合治理工作先进单位、保密工作先进单位等荣誉称号。

【通辽市科尔沁区审计局】

按照“上三级”审计工作会议要求和年度工作计划安排，全面完成了各项审计工作任务。

财政审计　查出违规行为金额52万元，上缴财政52万元，对违纪行为处理处罚30万元。先后对8个乡镇苏木进行了审计，查出隐瞒截留财政收入10万元，予以追缴并处以相应的处罚，起到了警示作用。

金融审计　对扎旗工商银行进行就地审计，查出违规行为金额27万元，指出纠正金额25万元；同时对14个农村信用合作社进行了审计，决定处理处罚金额6万元。

固定资产投资项目审计　查出违规行为金额187万元，决定处理处罚9万元；核减工程预决算178万元。

粮食行业审计　先后对16个粮食收储企业进行审计，查出违规行为金额86万元，上缴财政18万元，对违纪行为处以罚款3万元。

离任经济责任审计　共开展离任经济责任审计41项，其中：党政机关行政事业单位37项，查出违规行为金额18万元，决定处理处罚16万元；企业离任经济责任审计4项，查出违规行为金额941万元，决定处理处罚88万元。

【霍林郭勒市审计局】

主要工作成绩　财政审计，共查出违纪金额104万元，促进增收节支43万元。完成经济责任审计21个，查出违规金额389.36万元。工商银行审计，查出漏缴投资方向调节税1.5万元，账外资产13万元，压低存款基数2873万元，账外“小金库”0.9万元。完成企业审计6个，查出违纪资金141万元，审计发现霍市粮食仓库违纪问题严重，代开发票一张，金额5万元，漏缴营业税及附加0.33万元，白条抵库123万元，违纪发放贷款18万元，挪用公款279.9万元，查出大案要案7起，涉案人员7人，涉案金额297.9万元，已全部移交检察机关查处。

纪念《审计法》颁布实施五周年　召开座谈会2次，进行电视专题宣传3次，发表宣传稿5篇，张贴标语24张，提高了审计知名度，扩大了审计影响。

【开鲁县审计局】

财政审计　审计预算部门或预算执行单位5个，决算单位12个，查出违规金额189万元，上缴财政91万元，与财政、监察等部门联合对县直16个部门及所属33个二级单位预算外收费进行审计，查出违规金额403万元，清理银行账户39个，上缴财政22万元，罚款18.9万元。

金融审计　审计单位9个，上缴财政7万元，其中：工行审计单位1个，审计资金总额24111万元，查出违规金额529万元；农村信用合作社审计单位8个，审计资金总额5910万元，查出违规金额179万元；

电话费专项审计　在县纪检委、监察和财政部门配合下，对全县行政事业单位1998至1999年度公费住宅电话、手机、BP机情况进行了审计，共审计266个单位，查出违规报销费用21万元，并对违规报销费用的69人进行了处理。

离任经济责任审计　1999年初与县委组织部、纪检委联合制定了《关于对乡局级领导干部实行审计的实施办法》，共接受委托对67个单位负责人进行了离任审计，查出违规金额569万元，清理核实债权债务3140万元，促进增收节支150万元。

纪念《审计法》实施五周年　制作了录像片、宣传标语，在报刊、广播电视等新闻媒体进行了宣传《审计法》的纪念活动。

【科左中旗审计局】

本级预算执行审计　审计查出违规金额961.7万元。并针对性地提出了5点审计意见，得到了旗人大、政府的充分肯定。

财政决算审计　在对12个苏木、乡、镇财政决算审计中，发现乡级财务管理不规范的共性问题，提出了4条审计建议，审计结果报告被旗人民政府批转全旗各苏木、乡、镇。

经济责任审计　全年共完成离任经济责任审计43个，查出违规金额104.8万元，挽回国有资产流失20.9万元，上缴财政6.0万元。

工商银行审计　在对工商银行库伦旗支行交叉审计中查出少计收入、多计支出、私设“小金库”等违规金额130.8万元。依法进行处理，上缴中央财政7.2万元，收缴地方财政28万元。

完成交办任务　在对旗委、旗政府交办的土地系统审计中，查出截留坐支规费收入、白条抵库、白条收费、假发票等违规金额352万元的问题，上缴财政6.3万元，移送纪检、监察机关处理3人。

纪念《审计法》颁布实施五周年　在旗委机关门前的宣传橱窗里举办了一期宣传《审计法》的专栏，向社会宣传了《审计法》。

【科左后旗审计局】

财政审计　在审计中扩大了审计范围，对财务收支大户和专项资金重点使用单位进行了延伸审计，为人大常委会审批本级预算（草案），加强对财政预算执行监督提供了依据。

对全旗34个苏木（乡、镇）政府的财政、财务收支进行了全面审计，共查出各类违规行为金额458万元，责成被审计单位自行纠正203万元，其中，对群众信访举报反映的财务问题和形成不良债务情况进行了重点审计，摸清了家底，规范财务管理。审计中“案件”意识增强，1999年共查出贪污案2件，均已移交纪检监察部门处理。

经济责任审计　对12名党政机关及事业单位主要负责人任期经济责任进行了审计，均客观地作出评价。另外，又协助纪检监察部门对基层群众信访、举报反映财务问题清查审计6户，及时化解了矛盾，维护了社会稳定。

纪念《审计法》颁布实施五周年　开展了各种宣传活动，有效地促进了机关建设的开展。

【库伦旗审计局】　1999年，审计工作在“深度、力度、高度”上下功夫，提前百天完成审计业务职责考核目标。

坚持依法审计　加大执法力度上有了新的突破，查出违规资金，上交财政金额为历史最多，同时向司法机关移送案件3件。

乡级审计工作　审计面达100%。

信息宣传　抓住了审计信息在宏观经济建设中的作用，审计信息、新闻稿件达78篇。

《审计法》颁布实施五周年之际，通过新闻媒介，以专题、专版等形式大力宣传审计法，收效显著。完成了与区厅及市局的微机联网，计算机已应用到审计工作中。

队伍建设　抓党建促进精神文明建设有了新突破，开展了创优良作风，树良好形象的“五比、五看”活动，收到了很好效果，被旗委、政府评为“实际突出的单位”；被旗直属党委评为“先进党支部”；全市审计系统综合考核第三名。

【奈曼旗审计局】

预算执行审计　共查出违规金额151万元，审计中注重促进财税部门加强税收征管及预算资金的管理。

财政决算审计　共对11个苏木（乡镇）财政决算及政府的财务收支情况进行了审计。审计资金总额4318．7万元，查出违纪违规金额378.7万元，上缴财政11.49万元，收缴摩托车17台，价值14.7万多元。

企业审计　主要开展了对粮食行业财务收支情况审计和粮食收储企业亏损情况调查，查出违规金额243．8万元。

金融审计　在对工行科左后旗支行的审计中查出各类违纪违规金额438.62万元，揭示出资产利润率低，信贷资产质量差，应收未收利息增多，其他资产变现损失大等问题，并提出了审计建议。在对农村信用社的审计中，审计覆盖面为53%，查出违规行为资金90.0万元，上缴财政资金4.93万元。

交办任务　完成地方领导交办的审计事项33个，其中经济责任审计29个，查出违规金额378.73万元，移送纪检监察及司法机关案件14起，其中副科级以上领导干部10人。

纪念《审计法》颁布五周年　通过电视讲座等形式大力宣传审计工作的重要作用。

【扎鲁特旗审计局】

财政审计　对旗本级预算执行进行审计，查出违规金额219万元，应缴未缴税金13.6万元已上缴国库。在对8个苏木乡镇财政决算审计中，查出违规金额123万元，上缴财政金额18万元。

经济责任审计　完成旗党政领导交办的审计任务72项，对84名副科级以上领导干部实施了经济责任审计，查出违规金额620．7万元，处理处罚45万元。

大案要案　向司法机关移送案件2起5人。涉案贪污和挪用资金19．1万元。纪检监察部门给予党政处分案件3起10人，涉案资金44．9万元。

固定资产投资审计　查出违规行为金额348万元，上缴财政金额27万元，对亏损企业进行了剖亏，查出违规金额276万元，审计建议被采纳10条。

计算机应用开发　各业务股配备微机，并对审计人员进行了计算机知识培训，完成了与区厅及市局的微机联网，计算机已应用到审计工作中。

纪念《审计法》颁布实施五周年　通过电视讲座、散发传单等形式大力宣传审计工作的重要作用，收到良好的效果。

【伊克昭盟审计局】　1999年，全局紧紧抓住影响伊盟经济建设的主要问题和社会关注的难点、热点、焦点问题，加大了审计深度和力度，圆满完成了审计任务。

审计工作成果表

单位＼指标	审计单位(个)	查出违法违规行为金额(万元)	促进增收节支金额(万元)	上交财政金额(万元)	移送司法机关案件(起)	审计报告信息被批示采纳(篇)
合　计	623	36981	14675	1253	1	173
盟　局	129	19510	7822	596		62
达拉特旗	95	1638	510	200	1	22
伊金霍洛旗	56	1322	177	77		6
准格尔旗	53	725	193	96		8
杭锦旗	79	5520	2300	51		26
鄂托克旗	57	2071	169	52		27
乌审旗	46	4538	2995	59		3
东胜市	55	1285	374	84		8
鄂托克前旗	53	372	135	38		11

财政审计　1999年审计了盟本级预算执行情况和4个旗市的财政决算，查处和纠正违规金额4946万元，有效地促进了财政管理，为政府、人大掌握财政状况，提供了重要依据。

专项资金审计　1999年盟局统一组织审计了第四期农业综合开发资金、扶贫资金、生态建设资金、城乡电网改造资金、水利资金、公路建设项目等，审计资金总额7．6亿元，查出挤占挪用4340万元。对一些突出的问题进行了揭露，如扶贫资金审计，审计资金总额2．6亿元，查出违规金额1．1亿元，占审计总额的42%。

行政事业性收费和罚款单位

的审计　围绕政府贯彻“收支两条线”的规定，突出了对有行政事业性收费和罚款单位的审计。审计26个行政事业单位，查出违规金额4449万元，其中预算外收入未缴专户2808万元，“三乱”金额11万元，私设“小金库”24万元。

金融审计　1999年对工行伊盟分行资产、负债、损益进行了审计，突出的问题是资产不实、损益不实，盟行本级及所属二级单位1998年少计收入1225万元，多计利息23.4万元，形成账外资产361.7万元，多计贷款利息52.5万元，偷漏调节税等31.5万元，通过审计摸清了家底，核实了盈亏，揭露了问题。在对农村信用社审计中，全盟共抽审45户，贷款总额2.1亿元，其中不良贷款1.1亿元，不良贷款达90%以上的占所审信用社的25%，高风险信用社占到所审信用社的73%。

经济责任审计　共对6个行政事业单位领导和2户企业经理进行了离任审计，在审计中客观地评价了离任者在任期内的财务收支的真实、合法和效益情况，指出了存在的问题，分清了责任。为党委政府合理使用干部提供了参考依据。

机关建设　加强了机关的精神文明建设、廉政建设，规范化建设，使全局的各项工作跨上了一个新台阶。

受表彰情况　被盟委、行署评为工作实绩突出单位、社会扶贫先进集体，被盟直机关党委评为良好形象机关。

【东胜市审计局】　在开展审计工作中，结合本市特点，积极开展了本级预算执行情况审计、任期经济责任审计，加强了乡财政决算审计、固定资产投资审计等审计项目。

财政预算执行情况审计　在总结经验、完善方法的基础上，把审计重点放在了财政支出数额较大的预算执行单位，在“抓深、抓细”四字上下功夫，查出违规行为金额456万元，上缴财政8万元。

乡财政决算审计　对3个乡1个街道办事处两个年度的财政决算进行了全面审计，查出违规金额120万元，上缴财政6万元。

任期经济责任审计　对东胜市38个行政事业单位的主要领导干部的离任进行了任期经济责任审计，为市委、政府提拔使用干部提供了依据。

检察院审计　根据审计署统一安排，对东胜市检察院1997－1998年度的财政预算资金等进行了审计，查出违规金额49万元，其中私设“小金库”金额6万元。

【准格尔旗审计局】　1999年，该局以旗党委、政府经济工作中心为轴心，以打假治乱，揭露和反映财政、财务收支中不真实、不合法、不规范等问题为重点，坚持全面审计，突出重点，注重成果，讲求实效，降低风险的原则，进一步加强和改进了审计工作。在审计业务建设、干部队伍建设、基础设施建设、审计成果等方面取得了较好的成绩。不仅为严肃财经纪律，促进廉政建设作出了积极的贡献。而且为地方党政领导提供了大量的、具有宏观价值的审计建议和信息，有力地发挥了审计在宏观决策中的参谋作用。

本级预算执行情况审计　重点检查了会计核算的不真实以及预算执行中不合法、不规范等问题。查出违规行为金额601万元，其中：违规办理财政结算565万元，应缴未缴预算收入36万元。

法检两院财务收支审计　重点检查擅自扩大范围、提高标准乱收费以及坐支、挪用等问题，查出违规行为金额34.3万元，其中：“小金库”21万元，违规收取赞助费13.3万元。

工行审计　重点对信贷资产的真实性、合规性以及信贷质量等问题进行了审计。查出的主要问题有：一是将应入表内应收利息挂表外，造成损益不实；二是年终应储利息形成潜亏损15.5万元；三是信贷资产质量较差。

【乌审旗审计局】　1999年共完成上级审计机关下达的重点审计项目11个，主要有对旗本级预算情况审计，扶贫资金审计，对旗级工商银行信贷资产质量及财务收支审计，对亏损企业北方益林制板有限责任公司的资产、负债、损益情况进行了审计。

本级预算执行审计　查出违规金额2829万元，其中大部分用专项资金平衡预算；在扶贫资金审计中查出违规金额2137万元。

工商银行审计　查出违规金额134万元，其中“小金库”资金12万元。通过审计进一步规范了预算管理，提高了扶贫资金使用效益和旗级工商银行信贷资产质量。

企业审计　鉴于某企业管理失控，财务混乱，协助旗检察院处理经济案件1起，涉案人员6人。同时会同旗纪委、财政等其他部门对预算外资金收支两条线进行了审计调查，规范了全旗预算外资金管理，在社会上树立了审计良好形象。

此外，本年度还完成旗委、政府交办的审计25项，其中：对领导干部离任审计13人(次)。

【伊金霍洛旗审计局】

财政预算审计　查出违纪违规金额697万元，对存在的问题依法进行了处理和纠正，并提出了加强和改进财政工作的具体意见和措施。

经济责任审计　对13个单位进行了领导离任经济责任审计，通过审计规范了财务收支行为，为组织部门聘用录用领导干部提供了有力的依据。

工行审计　对工行进行了全面审计，查出多开牡丹卡专户、虚列收入、挪用信贷资金等问题，分别做了处罚。

纪念《审计法》颁布实施5周年　开展了审计法宣传、审计知识有奖问答等形式多样的竞赛活动，通过宣传使领导干部、财会专业人员进一步了解审计法，促进了各部门依法行政。

【鄂托克旗审计局】

财政审计　以规范管理和分配秩序为目标，积极探索和改进方法，审计质量和效果明显提高。通过对财政、税务及8个预算执行单位、4个乡级财政决算进行审计，查出和纠正违规行为金额452万元，揭示出财政收支管理中存在的问题，起到了规范促进作用。

法检两院审计　查处挤占挪用、坐支和私设“小金库”等违规违纪行为金额147万元，追回被侵占挪用资金38万元，上缴财政17万元，有力地规范了两院的财务管理。

企业审计　围绕企业改革和转制，对7户重点工业企业进行了审计，查处成本不实，虚增利润等违规行为金额1276万元，揭示了企业的运行情况及存在的问题，促进了企业完善改革措施。

此外，还按时完成了上级下达的和地方党政领导交办的其他各项审计事项。

纪念《审计法》颁布五周年　组织全体人员参加了审计署举办的审计知识百题竞赛活动。

【杭锦旗审计局】

财政预算执行审计　发现挪用财政专项资金、隐瞒转移财政收入等违规行为仍然存在，针对这些问题，审计局向政府提出了合理化建议，旗政府对此进行了专题研究，并提出了具体整改意见向人大常委会作了专题报告。

经济责任审计　对41个单位、部门的主要负责人进行了离任经济责任审计，并及时向有关部门提供了结果报告，1999年，人大常委会根据审计报告，对一名旗直单位负责人未任命。法检两院审计中，发现截留罚没收入2.8万元，坐支诉讼费收入13.2万元，丢失专用票据、账证不符等问题。

机关建设　1999年改善了办公条件，新建了一座建筑面积约1100平方米的办公楼，部分股室配备了微机。

【达拉特旗审计局】　在预算执行审计中，查出违规金额197万元，上缴财政154万元；在财政决算审计中，查出违规金额77万元，为该旗进一步深化财税体制改革、强化税收征管、加强预算管理起到了推动作用。在对法、检两院审计中，查出违规金额10.9万元，通过审计回访，法、检两院落实审计决定和审计意见情况良好。在对全旗3个国有企业审计中，查出违规金额98万元，因涉嫌挪用公款罪向司法机关移送处理1人，起到了威慑作用，并在企业经营管理和内控制度方面提出了合理化建议。在对工商银行的审计中，查出违规金额37万元，上缴财政29万元。对旗直机关9个部门的主要负责人进行了离任经济责任审计，为组织人事部门考核选拔干部提供了依据。

【巴彦淖尔盟审计局】

审计工作成果表

指标 单位	审计单位（个）	查出违纪违规金额（万元）	促进增收支金额（万元）	上交财政金额（万元）	移送司法机关案件（起）	报告信息被批示采纳（篇）
合　计	837	36666	7191	2262	5	376
盟　局	208	15151	3032	835	2	103
临河市	109	9222	1471	65		31
乌拉特前旗	89	4212	1083	152	1	44
杭锦后旗	90	1873	201	810		41
乌拉特后旗	80	903	290	96	2	44
五原县	95	1770	526	242		37
磴口县	62	2195	446	28		64
乌拉特中旗	104	1340	142	34		12

财政审计　对五原县、乌拉特中旗1998年度财政决算进行了审计。

金融系统审计　由自治区审计厅组织，第一次对工商银行内蒙分行营业部系统进行了异地交叉审计，首次按照国际惯例对银行贷款进行五级清理分类。审计中注意发现和揭露金融领域的违法违纪案件，查出涉嫌渎职、共同侵占银行资金案件2起，并移送司法机关。

农村信用社审计　两级审计机关联合对盟内30个农村信用社进行了审计，采取“上审下”、交叉审计、就地审计相结合的方法，查出亏损社18个，亏损额2196万元，已形成高风险的信用社21个，发现违法违纪案件线索3起，追回被侵占资金6.5万元。

专项资金审计　1. 两级审计机关分别对盟本级、各旗县市1998年度职工养老保险基金和国有企业下岗职工基本生活保障及再就业资金进行了审计。2. 重点对黄河宁蒙段抢险工程项目，110临河绕城公路建设项目，头道桥国家粮食储备库建设项目、隆胜节水工程等国家重点工程建设项目进行了审计；对拨入该盟的第一批农村电网改造建设资金进行了跟踪审计；两级审计机关对84个建设项目进行了竣工决算审计，核减工程结算1142万元。3. 对乌拉特前旗地震重建项目，第二个农村供水和环境项目，综合性妇幼卫生项目，贫困少数民族地区基础教育项目进行了审计。4. 对扶贫资金、农业综合开发资金、“380”人畜饮水工程以及旅游、环境保护治理专项资金开展审计。采取“上审下”的方式，盟局对全盟四期农业综合开发资金进行了审计，共审计58个单位。对巴盟旅游事业管理局及所属乌梁素海旅游度假村、盟电力大酒店1998年度的财务收支进行了审计，并对头道桥度假村三个旅游景点进行了审计调查。5. 对检察院、法院的财务收支审计。按照区厅的安排，盟局第一次用查案卷的办法对乌盟法院、检察院1997年至1998年财务收支进行了异地审计。盟局还组织22名审计人员对全盟各旗县市法检两院进行了审计。

企业审计　配合国有企业三年解困目标的实现，盟局对内蒙古富兴化肥有限公司和巴盟制油厂进行了“剖亏”审计；认真开展了对盟供销社、盟陕坝面粉厂、临河市化肥集团工业总公司等厂长（经理）离任审计；配合企业转换经营机制改革和一些部门管理体制改革的需要，对粮油公司、企业转制、工商等部门进行了审计。

计算机应用与开发 全盟审计系统推广应用了工程量分析软件、审计法规检索系统软件、档案管理软件、金融审计汇总软件、审计统计等应用软件，建立了在WIN98操作系统平台下计算机远程通讯。

纪念《审计法》实施五周年 全体审计人员上街举行了审计法学习宣传活动，印发了3000多张宣传单，现场进行了讲解和解答。

受表彰情况 1999年度有6项审计项目被评为优秀审计项目（单位），盟局被自治区人民政府评为全区公务员规范化管理工作先进单位；自治区审计厅、自治区内审协会授予巴盟指导科内审管理先进单位；被盟委行署评为盟直“机关良好形象工程”建设成效显著单位，实绩突出单位，实绩突出领导班子；被盟直机关党委评为机关党建工作成绩突出单位。

【临河市审计局】

财政审计 认真开展了本级财政预算执行情况审计，抽审了10个重点预算执行单位，对11个乡镇财政决算及3个乡镇主要负责人离任经济责任进行了审计。

金融系统审计 抽调专门力量完成了乌前旗信用合作联社和5个基层信用社1998年度资产负债损益的真实、合法、效益审计。

专项资金审计 对企业职工养老保险基金、民政募捐福利彩票征集及民政救灾救济款发放情况、世行贷款妇幼卫生项目、人畜饮水“380”和临河市电网改造等5个项目的专项资金进行了审计；对企业下岗职工基本生活保障和再就业资金、农业综合开发资金、住房资金审计决定落实情况、商业系统11个转制企业资产清算及人员安置情况、民政和医疗系统14个单位执行收支两条线情况等5个项目开展了专项审计调查，受到有关部门的肯定和好评。

完成交办任务 对原粮油总公司及下属16个库站财务收支进行了审计，对5个工商重点企业1998年度资产负债损益情况、7个行政事业单位财务收支情况和12个企业转制前进行了审计。

经济责任审计 完成15名党政部门领导干部和1名企业领导人员的任期经济责任进行了审计，实事求是地划清离任者和接任者的经济责任。

计算机应用与开发 尝试了计算机参与工程项目辅助审计和用《鼎星V1.0》系统软件参与对审计档案的管理，并取得了明显的工作成果。

【五原县审计局】

财政审计 完成了本级财政预算执行情况审计和20个乡镇财政财务收支审计。

金融系统审计 完成了工商银行五原支行审计。经济责任审计完成了25项领导离任经济责任审计，促进了领导干部的党风廉政建设，提高领导理财意识。

固定资产投资审计 完成了9项固定资产投资竣工决算审计，30项资金来源审计和1项工程预算审计，核减工程预算282万元，节约了建设资金，促进规范了建筑市场管理。企业审计，完成了3户企业审计，澄清了企业家底，为企业转制提供了重要的事实依据。

【磴口县审计局】

财政审计 审计了县财政预算执行情况及5个乡级财政的决算，揭露了县财政挪用专项资金以及乡财政为了完成任务虚增财政收入等弄虚作假行为。

金融系统审计 查出工商银行磴口支行的信贷资产质量不高，不良贷款占贷款总额的58%，地方工商企业相继破产或借转制之机悬空银行债务，截至1998年底损失贷款为947万元，应收利息580万元。

交办任务 完成政府交办的审计事项16项，其中任期经济责任审计13项。

企业审计 重点以打假治乱为重点，揭露企业隐瞒亏损、逃废银行债务的真相。如对化肥厂的审计发现该厂账面反映累计亏损193万元，经审计后应为1044万元。

机关建设 各股室配置了微机、档案室配置了密集架。在廉政建设和队伍建设方面，主要从完善制度、狠抓落实入手，确保审计队伍的高效和廉洁。

【杭锦后旗审计局】

财政审计 不断深化财政审计，查出违规调整预算1358万元，少征预算收入6万元，隐瞒转移预算收入65万元，应缴未缴预算收入494万元，在乡（镇）财政决算及其他财政财务收支审计中，通过对10个乡（镇）1998年度财政决算审计并延审了各站、办、所、中学、学区和20个村级财务管理情况，查出违规行为金额160多万元，收缴财政13万元，对存在着的比较突出的不严格执行预算，挤占挪用专项资金，截留坐支预算外收入，加重农民负担及村级财务管理混乱等问题，依法进行了处理和纠正，为旗委、政府宏观决策提供了依据。

经济责任审计 对10个乡（镇）的党委书记和22个科局长以及在公示期间的10个拟调整干部进行了任期经济责任审计。

固定资产投资审计 对旗的旧城区改造工程竣工决算审计中，查出违规行为金额308万元，收缴财政18万元，核减工程结算额201万元，为国家节约了建设资金。

【乌拉特中旗审计局】 在全面做好各项审计工作的同时，结合地区特点，重点加强了农牧业专项资金审计，大胆尝试了党政领导干部离任经济责任审计。

财政审计 先后审计了12个预算执行单位，提出了强化预算管理和监督，加强对预算外资金的管理，加大清收周转金的力

度等建议，被党政部门采纳。安排了10个乡镇苏木财政决算审计。

金融系统审计　对工商银行乌中旗支行1998年度资产、负债、损益进行了审计，延伸审计面达100%。

完成交办任务　完成旗委，旗人民政府交办的审计事项25项，涉及到企业转制、党政领导干部离任、专项调查等内容。审计总金额3106万元，查出违规行为金额211万元，促进增收节支金额5万元，审计建议被采纳2条。

完成自定审计任务　对23个单位开展了审计及审计调查，审计总金额20482万元，查出违规行为金额357万元，上缴财政21万元，审计建议被采纳3条。

【乌拉特前旗审计局】

财政审计　开展了本级预算执行情况审计及对9个乡级财政决算的审计，查出财政部门用专项资金平衡预算885.9万元，虚增预算收支693.6万元，预算单位挪用专项资金465.9万元等问题。引起人大常委会及政府的高度重视。

金融系统审计　对工商银行乌前旗支行审计查出，该行少计利息等收入550多万元，少计营业税及附加48.5万元，新增固定资产未入账、形成账外资产573.16万元以及信贷和资产保全等方面的问题。

企业审计　对旗农机公司转制审计，查出该公司财务主管侵占公款18万元，多付工程款14万元，虚列工程支出23万元，个人贷款企业报支11万元等违法案件线索，并移送司法机关。

经济责任审计　完成了17个乡镇（苏木）、行政企事业单位领导干部任期经济责任审计。其中对华章纸业股份有限公司董事长兼总经理离任审计中，查出该公司扩大成本费用、减少利润、漏交所得税565．4万元的问题。

【乌拉特后旗审计局】　以财政审计和行业审计为重点，不断改进审计方法和技巧，充分发挥了审计监督职能。

财政审计　查出财政、财务收支违规金额85．2万元，并提出规范财政预算管理的建议，受到了政府的高度重视，及时批转了审计处理意见。

金融系统审计　在工商银行审计中，重点分析了旗支行资产信贷质量、使用效益及经营管理中存在的问题，揭露了企业中存在的资产不实，盈亏不实150万元等问题。

经济责任审计　完成36个单位42人的任期经济责任审计，并向纪检监察机关移交了5名干部，通过审计为当地旗委、政府任用干部提供了决策依据。

【阿拉善盟审计局】

审计工作成果表

指标／单位	审计单位（个）	查出违纪违规行为金额（万元）	促进增收节支金额（万元）	上交财政金额（万元）	移送司法机关案件（起）	审计信息报告被批示采纳（篇）
合　计	207	4463	477	86	1	43
盟　局	56	3236	317	40		16
阿拉善左旗	67	503	68	21	1	21
阿拉善右旗	34	233	40	15		4
额济纳旗	50	491	52	10		2

财政审计　认真开展财政预算执行审计，理顺了税务经费提退，防止了财政收入流失。对阿右旗财政决算审计查出原旗级国有矿业公司出售产权收入未纳入预算管理，虚列专项资金支出，专项资金平衡当年预算，挪用库款等问题。

金融审计　对阿盟工商银行审计，查出资产质量不佳等问题，提出彻底盘清实体家底，加强对抵贷资产的管理，两条审计建议引起银行领导高度重视。

经济责任审计　对盟广播电视局、卫生局、体改委、司法局、盟二轻公司等7个部门和企业主要领导进行离任经济责任审计。

企业审计　对盟属骨干企业的改制运行进行审计调查，对太西煤集团股份有限公司新机制运行情况及资产负债损益情况进行审计调查，分析了公司实际困难，提出了7条改善管理建议，盟长批示要求有关部门根据所分管内容提出解决办法。

固定资产投资审计　选择了投资额较大的巴吉黑色公路建设项目，新浩特汽车站竣工决算实施审计。发现两个重点工程管理上都由上级领导机关指定施工和监理单位，没有执行国家招投标规定，合同管理不规范等问题，并提出审计建议，引起有关部门的高度重视。

社保资金审计　连续两年对养老、失业、城镇扶困、再就业基金全面进行上下联动审计，查清了底数，基金管理使用情况较以前年度明显好转，通过审计规范了专项资金使用。

专项审计　连续两年对环保资金、扶贫资金、林业生态建设资金等进行审计，查出财政欠拨资金，专项资金滞留在主管部门、挤占挪用等问题。

基础建设　抓档案达标升级工作，1999年三个旗审计局升为档案管理特级；实现了自治区、盟和旗三级审计机关计算机联网，为审计公文和信息资料快捷交流和传递创造了条件。

【阿拉善左旗审计局】

财政审计运用“账户入手、下审一级”的方法，开展“财政同级审”和下级财政决算审计，查出了预算收入征管不力、出借资金大、周转金逾期沉淀多、有效存量少等问题。对旗党政31名领导人进行了经济责任审计；突出大要案审查，在对旗卫生局的审计中，查出该局医疗费会计账目混乱，存在截留、挪用、贪污公费医疗款等问题，移送司法部门案件1起4人；在《审计法》颁布实施五周年之际，在《阿拉善盟》主办专刊一期，旗委副书记、旗长亲自题词“加强审计建设，维护经济秩序”；积极开展了计算机应用，实现了远程联网，并培训了7名工作人员。

【阿拉善右旗审计局】

财政审计　1999年，在本

级财政预算执行审计中，查出违纪违规金额129万元，并依法对相关违纪单位及个人处以7万元的罚款。

金融审计　与额旗审计局对工商银行系统实行交叉审计，查出该行的资产、负债、损益报表严重不实，私设“小金库”金额达11万元，少交税金8万元，并就所发生的违纪违规问题，提出了4项整改建议。

法、检两院审计　查出法院对预算外收入坐支20万元的事项，处以0.5万元的罚款。

【额济纳旗审计局】

财政审计　完成财政同级审及马宗山苏木财政决算审计，摸清了家底，规范了管理。

专项资金审计　完成了对农业综合开发资金、养老保险资金、住房资金、救灾款物、扶贫资金、最低生活保障和再就业资金审计，查出资金被挤占挪用或未进行专户管理等问题。

企业审计　完成对农场、医药公司、铁路公司、饮食服务公司等企业的审计。查出违规资金280万元，促进增收节支15万元。

行政事业单位审计　完成对法检两院、农牧局、计划局、地矿局的审计，促进了上述机关廉政建设。

离任审计　对农牧局等11个单位的原任领导进行了离任经济责任审计。审计中，结合今年本局出台的《额济纳旗行政、事业单位主要负责人离任经济责任审计实施办法（试行）》，本着客观、公正的原则，认真实施审计，审计结果得到了分管领导、被审计单位及本人的肯定，并为领导选人用人提供了依据。

队伍建设　狠抓审计干部队伍的素质建设，要求每个人都参加了计算机培训。

【兴安盟审计局】　1999年，共完成审计单位399个，查处违规行为金额23442万元，审计决定上缴财政511万元。

审计工作成果表

指标 单位	审计单位（个）	违规行为金额（万元）	促进增收节支金额（万元）	挽回国有资产流失（万元）	上缴财政金额（万元）	移送案件（起）	审计报告、信息被采纳（篇）
合　计	399	23442	5354	1611	511	10	147
乌兰浩特市	64	3509	25	314	7	0	13
科右前旗	57	1714	500	143	23	0	20
扎赉特旗	84	1830	382	148	12	0	17
科右中旗	46	2055	1958	72	3	0	7
突泉县	58	2416	591	112	51	0	19
阿尔山市	28	1123	117	351	65	0	1
盟　局	62	10795	1781	471	350	10	70

1999年末在编37人，其中：大专以上学历19人，具有中级以上技术职称的23人，局内设局长1名，副局长3名，总审计师1名。下设办公室、综合科、审计管理科、财税审计科、金融外资审计科、行政事业审计科、农牧审计科、工业企业审计科、商贸企业审计科、固定资产投资审计科、培训中心等11个科室。

完成指令性审计任务　共完成上级审计机关下达的审计任务18项，审计单位62个，查处违规行为金额10795万元，审计决定上缴财政350万元。

完成交办任务　完成盟委行署交办的乡级财政状况调查、教育资金、水毁工程等各类审计事项8项。对2个单位主要负责人进行离任经济责任审计。被盟委、行署批转全盟执行的意见有6项。

内部审计与社会审计　1999年，全盟建立内审机构161个，配备内审人员339人；1999年末，社会审计完成脱钩转制。

机关建设及受表彰情况　1999年，在干部实绩考核中被授予实绩较突出领导班子；工商银行审计、社保资金审计被自治区审计厅评为优秀审计项目；被自治区财贸工会评为迎国庆五十周年劳动竞赛先进单位；被区厅评为远程通讯先进单位，有3人次受自治区审计厅表彰，1人次受盟委行署表彰。

【乌兰浩特市审计局】　1999年末，有干部职工17人。其中：大专以上学历8人，具有中级以上技术职称的3人，局内设局长1名，副局长2名。

完成指令性审计任务　完成上级审计机关下达的审计任务13项，审计单位64个，查处违规行为金额3509万元，审计决定上缴财政7万元。

完成交办任务　完成交办的收费调查、举报查证等各类审计事项10项。对2个单位、部门主要负责人进行离任前经济责任审计。

【阿尔山市审计局】　1999年末，有干部职工8人，其中：大专以上学历5人，具有中级以上技术职称2人，局内设局长1人，副局长1人。

完成指令性审计任务　共完成上级下达任务12项，审计单位28个，查出违规金额1123万元，审计决定上缴财政65万元。

完成交办任务　完成预算外资金专项检查1项，离任经济责任审计17项。

【突泉县审计局】　到1999年末，在职14人，其中：大专以上学历10人，具有中级以上技术资格的4人，局内设局长1名，副局长3名。

完成指令性审计任务　共完成上级审计机关下达的审计任务18项，审计单位58个，查出违规行为金额2416万元，审计决定上缴财政51万元。

完成交办任务　共完成交办的企业转制、离任经济责任审计、收费、地方投资、合并单位资产鉴定等16项。

【扎赉特旗审计局】　1999年末，共有干部职工19人。其中：大专以上学历5人，具有中级以上技术资格3人，局内设正局长1名，副局长4名。

完成交办任务　先后完成交办的各类审计事项4项。1999年对22个单位、部门主要负责人进行了离任前经济责任审计。

完成指令性审计任务　共完成上级审计机关下达的审计任务16项，审计单位84个，查出违规行为金额1830万元，审计决定上缴财政12万元。

【科尔沁右翼前旗审计局】

1999年末，有干部职工22人，其中：大专以上学历7人，具有中级以上技术资格的5人，局内设局长1名，副局长2名。

完成交办任务　完成交办的各类审计事项2项。对8个单位主要负责人进行了离任前经济责任审计；完成旗委、旗政府交办上访告状查证事项5项。

完成指令性审计任务　共完成上级审计机关下达的审计任务15项，审计单位57个，查处违规行为金额1714万元，审计决定上缴财政23万元。

【科尔沁右翼中旗审计局】

1999年末，有干部职工14人。其中：大专以上学历4人，具有中级以上技术资格的3人，局内设局长1名，副局长2名。

完成指令性审计任务　共完成上级审计机关下达的审计任务16项，审计单位46个，查处违规金额2055万元，审计决定上缴财政3万元。

完成交办任务　完成交办的审计任务1项，对2个单位主要负责人进行了离任经济责任审计。

辽宁省

【辽宁省审计厅】

厅领导成员

厅长：邸鸿亭

副厅长：王继维

关福军

孙成廉（1999．1－3）

王悦

纪检组长：潘殿源

厅长助理：傅忠伟

巡视员：孙成廉（1999．3－12）

助理巡视员：刘　才

成果综述　1999年，辽宁省各级审计机关认真贯彻全国审计工作会议和辽宁省经济工作会议精神，坚持“依法审计，服务经济，突出重点，标本兼治”的审计工作方针，围绕全省经济工作的重点，强化审计监督，在维护国家财经法纪，促进辽宁省经济发展和社会进步等方面发挥了积极的作用。1999年，全省共审计7167个单位，查出违规行为金额144．2亿元，应上缴财政金额5．6亿元，已上缴财政4．1亿元，减少财政拨款补贴1亿元，追还被侵占挪用资金5．7亿元，移交司法机关和纪检监察部门案件线索66件。

查处大案要案情况　1999年，全省各级审计机关深刻领会朱总理关于“全面审计，突出重点，注意发现大案要案线索”的指示精神，在审计中充分发挥了工作的主动性，发现大案要案线索坚持一查到底，取得了明显成效。据统计，1999年全省在审计中发现的大案要案线索达66件，全部移交司法、纪检、监察部门处理，已立案45件，结案9件，受到党纪、政纪处分10人，追究刑事责任7人，与去年同期相比，查处件数、结案数和移交数均有较大幅度的上升。

经济责任审计　中办、国办关于《县级以上党政领导干部任期经济责任审计暂行规定》和《国有企业及国有控股企业领导人员任期经济责任审计暂行规定》下发后，省委书记闻世震、省委副书记孙春兰、常务副省长郭廷标分别就贯彻落实“暂行规定”作了重要批示。全省各级审计机关对此非常重视，积极采取措施并结合各地情况认真贯彻落实。据统计，全省共开展厂长（经理）任期经济责任审计1124户，通过审计有39人提拔使用，213人被降职或免职，7人被移送纪检监察机关处理。

企业审计　省审计厅在省委、省政府确定的重点扶持的国有大企业和企业集团中，选择辽工集团等20户企业作为今年审计的重点，组织全省审计机关进行了详细深入的审计。审计报告分析了20户企业存在问题原因，并提出了加大产品开发研制力度，改善企业资产负债结构，加强会计核算等建议。报告上报省政府后，郭廷标、陈政高副省长分别作了重要批示。在股份制企业审计中，省审计厅组织沈阳、大连、鞍山等6个市审计局对28户股份制商贸企业资产、负债和损益情况及股票上市和股份制运作情况进行了审计。揭示了企业在股份制运作中出现的国有资产产权界定不全、股本结构不合理、违规分利等问题。省审计厅通过简报的形式向省政府反映了有关审计情况，为促进国有企业股份制改制作出了积极的贡献。

财政预算执行和决算审计　1999年的预算执行审计在前期准备、内容拓展、统一调配力量等方面有了新的突破。为了在以往预算执行审计的基础上，不断深化预算执行审计，首先，省审计厅精心制定了预算执行审计工作方案和作业表格，提出“依法审计，突出重点，求真务实，提高质量，防范风险，规范管理”的工作方针。其次，加强了预算执行审计工作的分工与配合。为了深入、全面地完成财政预算执行审计，全省各级审计机关将预算执行审计任务在各专业审计处、科之间进行科学分配，特别是加强对财政资金占用较多的固定资产、教育、农业等专项资金的审计，为全面查清我省财政预算执行情况提供了有力的保证。第三，在审计内容上有新的拓展，首次对地方金库进行了审计。从全省情况看，大部分审计机关向本地人大、政府所作的“两个报告”受到领导的肯定，预算执行情况审计质量较以往有所提高。

财政决算审计中也有所突破。在审计内容方面，省审计厅改变过去只对财政决算省级收入解缴情况进行审计，加强了对上级财政专项资金管理使用情况的审计。在审计的重点上，着重查清省级收入的入库级次，财政专项资金管理、分配情况，资金使用单位专款专用情况。审计查出了截留省级收入、不合理使用上级财政专项资金、配套资金不到位、资金管理不规范等问题。在审计范围方面，根据地税系统垂直管理的变化，省审计厅在决算审计中拓宽了审计范围，首次抽查了部分县区地税局、所，扩大了审计覆盖面，使财政决算审计报告内容更加充实。

专项资金审计和重点建设项目审计　根据审计署要求，省审计厅组织全省审计机关对全省1997年至1998年农业综合开发资金的分配、管理和使用情况进行了审计。这次审计采取上审下和同级审相结合的办法，揭示了财政部门占用、项目单位挤占挪用开发资金以及资金管理不严等问题，根据审计情况省厅编发了《农业综合开发资金管理亟待加强》的《审计要情》，杨新华副省长作了批示。与此同时，省审计厅还组织部分市审计机关对全省9个国定贫困县1997年至1999年6月扶贫资金进行了审计。这项审计资金总额占扶贫资金的97%，审计的广度和深度有所增加。依据审计报告形成的《审计要情》，省委书记闻世震给予了批示。通过审计较好地促进了扶贫资金的管理和使用。根据审计署统一安排，省审计厅组织全省审计机关对全省法院系统1997年至1998年财务收支和全省1998年度中国福利彩票赈灾专项募集情况的审计均收到明显效果。根据审计署、财政部、劳动和社会保障部《关于对行业统筹企业职工基本养老保险基金进行审计的通知》，省厅组织各市审计机关，对铁道部、交通部、信息产业部等10个中直行业、59个单位行业统筹职工养老保险基金进行了审计。审计报告上报省政府后，分别得到张国光省长、郭廷标、陈政高副省长的批示。对1998年度全省利用国际金融组织贷款17个项目进行了审计。按照审计报告内外一致的原则，如实揭露和反映了审计中发现的问题，促进了我省利用外资工作的健康发展。在重点建设项目审计中，省厅组织12个市审计机关对15个公路工程项目进行了审计，揭示了挤占工程成本款、高估冒算、漏缴税金等问题。

工、建两行审计　按照审计署统一部署，全省对中国工商银行在本省的除沈阳、大连、鞍山、抚顺、本溪县区行以外的县区支行和中国建设银行辽宁省分行系统1998年度资产、负债和损益情况进行了审计。通过审计揭示了"两行"资产、负债和损益情况，查出了少计、多计收入、支出，账外资产，违规经营损失，违规拆借资金等问题，审计机关依据有关法规分别提出了处理意见。全省共审计建行分支机构159户，工行分支机构134户，在审计中移送司法机关案件线索8件。

【沈阳市审计局】　1999年，全局坚持"两手抓，两手硬"，各项审计工作和精神文明建设成效显著，荣获"沈阳市文明单位"称号。在沈阳市政府机关"新思路、新举措、新作风、新形象"竞赛中，荣获"四新杯"。此外，还荣获"依法治市工作单位"、"市修志工作先进单位"、"省审计系统信息、统计工作先进单位"等各种各类先进称号8项。

审计工作成果　1999年，沈阳市审计局全面实施"两个转变"，即审计观念上，由过去的就审计论审计、论监督向论服务、论发展转变；审计方式上，由静态常规审计、事后审计向动态跟踪审计、事中事前审计转变，使审计工作比以往更加贴近全市经济工作中心，上了档次，上了水平。全年共审计各类单位（项目）216户，查出违规行为金额24亿元，其中决定处理处罚的违规行为金额8亿元，指明要求纠正的违规行为金额16亿元，已缴财政1亿元。

预算执行审计　预算执行审计工作有所创新，由过去的两次审计变为一次审计，既审计预算内资金，也审计预算外资金。沈阳市第十二届人大常委会第九次会议高度评价预算执行审计工作，认为预算执行审计工作有历史性的突破。

专项资金审计　1999年对社会保障基金实行动态跟踪审计，督促清回逾期占用的养老金8113万元，督促企业上缴养老金1000余万元。审计署和辽宁省审计厅领导多次莅沈考察，对沈阳市社会保障基金动态跟踪审计的做法给予充分肯定。该局还认真完成市委、市政府交办的审计事项，对"鹏达"、"华兴"、"南国投"等8项案件进行了审计查证工作，为维护财经法纪和社会稳定作出了突出贡献。

内部审计　内部审计管理和指导工作得到进一步深化。1999年，该局组织企业内部审计机构围绕企业"三年改革与脱困的目标"广泛深入地开展了以为加强企业管理献计献策、为提高经济效益多做贡献、为企业改革保驾护航为内容的"三为"活动。各内审机构共审计2967项，查出损失浪费金额1560万元，促进增收节支3060万元。

进一步深化政务公开工作　建立了以行政执法证和被审计单位投诉指导卡、审计组长职责卡、执法执纪测评卡为内容的"一证三卡"制度。加大了审计执法工作的透明度，促进了审计人员廉洁从审。沈阳市审计局举办了一系列《审计法》颁布实施五周年纪念活动。1999年12月，在全市开展了《审计法》知识竞赛，近三千人参加了活动。1999年12月30日，沈阳市审计局局长汪涛在电视台发表了电视讲话，把纪念《审计法》颁布五周年活动推向高潮。

【沈阳市和平区审计局】　1999年，共完成审计项目36户，查出违纪违规金额7500万元，查出违纪金额百万元以上的单位6个，已上缴财政47万元。中央两办关于《县级以下党政领导干部任期经济责任审计暂行规定》发布后，该局认真组织学习，并结合本区的实际，对原干部任期经济责任审计制度进行了必要的补充和完善，经区委组织部同意，该局起草了《关于认真贯彻“两办”通知精神，严格执行领导干部任期经济责任审计制度的通知》(讨论稿)。使经济责任审计由事后审计向事前和事中审计的方向迈进了一大步。区领导对该局的做法给予了充分的肯定。抓住当前热点问题和群众关注的问题，该局开展了对该区部分中学共建班、借读生收入支出及管理情况等3项审计调查，如实反映出该区存在的问题，受到了区领导和有关部门的高度重视。有三位区长在调查报告上做了批示。该局主要领导亲自主抓信息工作，严格审批上报信息，以确保信息质量和提高信息的采用率。全年上报信息20篇，有16篇次被上级机关采用。

【沈阳市沈河区审计局】 局长1人，副局长3人。机构设置：办公室、文行审计科、工交审计科、商业审计科、基建审计科。1999年，认真贯彻执行《审计法》和《审计法实施条例》，紧紧围绕区委、区政府的中心工作，为加快区街经济发展，完成全区3.23亿元财政收入做出了突出贡献。全年共审计35户，为年计划的136.6%。完成了对16个街道办事处预算内、预算外收入支出情况的审计，向区长常务会议提出了审计报告，为区领导制定街道办事处财税基数提供了依据。配合纪检监察部门查处大要案2起，其中，一人受到党内严重警告和行政记大过处分；一人移交司法机关处理。该局加强对领导干部的离任审计和在任经济责任审计，共对17个委办局18位领导干部进行了审计，通过审计促进了党风廉政建设。加强审计执法力度，在提高审计工作效果上下功夫。在对某区直部门审计中查出该部门在为职工购房中严重违纪，区政府根据审计结果通报全区，在全区引起震动。规范行政行为，在审计部门内部建立了执法监督机制和激励机制，使依法行政工作再上新台阶。

【沈阳市大东区审计局】 1999年，在职审计人员17名，全年审计工作计划36项，实际完成41项，为年计划的114%，查出违纪金额538万元，上缴财政32万元，上缴入库率达100%，圆满完成了全年审计任务。该局紧紧围绕领导关心和影响区域经济发展的问题开展审计工作，时刻注意贴紧区政府的中心工作，把审计和审计调查有效地结合起来。一方面，抓好项目审计，依据审计查出的问题，撰写了只供区主要领导阅示的“大东区审计简报”，揭示了一些部门从自身利益出发，截留、挪用财政资金的问题。另一方面，有针对性的搞好专项审计调查。全年撰写的5篇审计调查报告，向区委、区政府提出超前性的预测和预警性的分析，区委、区政府领导阅后分别作出了批示，为领导宏观决策提供参考依据。认真贯彻全国审计工作会议确定的“注意发现大案要案线索”的精神，处理好揭露一般违纪违规问题与查处重大案件的关系，先后配合纪检部门参与经济案件查证，取得了较好效果。按照市审计局有关部署，完成了本级财政预算执行审计、建行大东支行财务收支审计、东陵区人民法院财务收支审计等统审项目。其中东陵区人民法院财务收支审计项目被市审计局评为优秀审计项目。

【沈阳市铁西区审计局】 1999年，全局务实创新，努力实现“两个转变”。全年完成审计计划项目36项，查处违纪金额1151万元，其中：应上缴财政17万元，已上缴财政17万元，入库率100%；归还原渠道资金960万元；向被审计单位提出合理化建议382条，被采纳378条，占所提建议总数的98%；促进企业增收节支226万元。收到较好的审计效果。坚持“从账户入手，下审一级”的方法，不断深化同级财政预算执行情况审计。1999年，该局结合预算外资金逐年增多和“收支两条线”管理的情况，在审查财政预算资金收支的真实性、完整性和效益性的同时，注重审查预算外资金的收支管理情况。下审23个预算单位，涉审资金总额4亿多元，查处违规资金356万元。内容翔实、建议针对性强的审计工作报告引起区人大、区政府的高度重视。

深入开展区直管领导干部任期经济责任审计，先后对9个部门的领导离任和58个部门的领导定期经济责任进行了审计。审计查出三名领导干部不同程度存在挤占挪用专项资金，违规购买个人住房等违纪问题，依法移送区纪检部门，使之受到党纪政纪处分。围绕铁西区经济运行中的难点、热点问题，大力开展审计调查，取得较好的宏观效应。

1999年还针对各部门预算外资金收支各行其是，影响“收支两条线”管理的落实和铁西区对企业产权出售所获得的资金在收支管理中存在的问题，分别进行审计调查，在充分揭示存在的问题，深入分析产生问题原因的基础上，有针对性的提出建议和报告，引起区委、区政府的高度重视，经区政府常务会议上专题研究，制定了相应的管理措施，收到较好的审计效果。

在《审计法》颁布五周年之际，编写宣传板，进一步宣传、贯彻《审计法》。组织全体审计干部积极参加了市审计局《审计法》知识竞赛活动。

【沈阳市皇姑区审计局】 1999年，该局紧紧围绕全区经济工作的总体要求和重点任务，全面实施“五四三”工程（即突出五个重点，树立四个服务，发挥三个作用)。共审计了35个单位，查出违规行为金额3208万元，上缴财政54万元；提交审计报告、信息、论文44篇，被上级审计机关采纳29篇、新闻单位采纳5篇。预算执行审计突出重点取得新成果。收缴违规金额16万元，向区人大、区政府提交了收缴工作报告，提出了完善预算管理的四点措施，得到了区领导的好评。

查处大案要案取得新突破。审计查出百万元以上违纪案件11件，其中移交司法机关处理2件，立案起诉4人，受到党纪政纪处分3人。以宣传板、座谈会、审计知识竞赛等多种形式，宣传《审计法》。抓班子、带队伍，使队伍建设有了新起色。一是建立并完善了队伍建设的8项制度，二是以“三讲”教育为契机，切实加强队伍思想政治工作，三是强化内部制约机制，四是进一步加强了信息、统计、档案等各项基础建设。

【沈阳市苏家屯区审计局】 1999年围绕本区经济发展这个中心，认真履行审计监督职能，全年共审计37户（项），查出各种违纪金额3387万元，为促进地区经济发展作了应有的贡献。对乡镇政府资产负债状况进行了审计调查，核实了全区14个乡镇1998年末资产负债数额，指出了各类乡镇在资产、负债管理方面存在着负债程度加深、资金匮乏、债务风险加大等影响经济发展的四个突出问题，提出了化解乡镇债务的4条建议，引起区政府高度重视，并为此召开会议采取措施进行落实。为促进本区招商引资工作开展，组织对全区30个部门招商引资完成情况进行检查考核，将取得的第一手资料进行归纳整理，提供给区政府，为区政府加强对各部门招商引资的考核和奖励提供了依据。积极完成区政府交办的各项审计监督任务，先后抽出7人参加区供销社、农村股金会、村级财务的清产核资，区住房管理资金管理，纪检监察案件调查等工作，依法对严重违纪问题进行了处理，发挥了审计在经济监督中的独特作用。

【沈阳市新城子区审计局】 1999年认真贯彻执行全市审计工作会议精神，紧紧围绕全区经济工作中心和“三年树形象”目标，为实现审计工作“五个新”目标积极开展审计工作。全年实际完成审计任务22户（项），审计总金额46362万元，查出违纪金额430万元，上缴财政6．5万元。通过审计，使《审计法》颁布五周年宣传活动与加强对被审计单位审计监督结合起来，提高被审计单位领导对财务工作重要性的认识，促进被审计单位加强财务管理工作的力度。通过不断加大审计执法的力度，使审计工作的地位不断加强和提高，为区域经济发展、领导宏观决策提供了有效的服务。

【沈阳市于洪区审计局】 1999年，以“明确责任、包干任务、规范行为、文明执法”作为工作指导思想，全局同志共同努力下，全面完成工作任务。全年度共审计项目30户（项），其中财务收支审计7户，财政预算执行审计1户，离任经济责任审计10户，社会保险审计3户，“一带四区”专项资金审计9项。查出违纪金额1378万元，上缴财政9万元，全部解缴入库。被审计单位采纳审计建议28条。1999年工作有以下特点：一、全局动员开展财政预算执行情况审计。共抽调6名同志组成3个审计小组，从账户入手，重点审计了预算收入、预算支出、预算调整、资金平衡等方面。并延伸了十几个单位，重点审计了罚没款收缴情况和专项资金使用情况。及时向区人大报告了审计结果，区人大对审计结果给予肯定。二、加强对区管甲项干部离任经济责任审计。按照区委《领导干部离任审计制度》规定，将干部离任审计作为工作重点，共审计10户，为组织部门考核干部提供了依据，其中有2名被提职重用，8名离任。三、开展《审计法》实施五周年宣传活动，成立了宣传《审计法》领导小组，利用于洪区报发行量大的特点，用一个版面阐述《审计法》颁布的重要意义、审计范围和监督的原则，并接受区报记者采访。向全区发放《审计法》宣传提纲40余份，增大宣传面。组织全局职工开展《审计法》知识竞赛，取得较好的效果。

【沈阳市东陵区审计局】 1999年，紧紧围绕区政府工作中心，在坚持一个贯彻，促进两个提高，突出重点，依法行政等方面发挥审计监督与服务作用。全年完成各项审计任务50户，查出违纪违规金额225万元，应上缴财政10万元，已全部上缴，移送纪委审查1人。此外，完成区政府临时交办审计任务13户，查出违纪金额322万元，移送司法机关6人，追缴资金11．2万元。围绕中心，突出重点，强化监督与服务，还重点抓了区管领导干部的在任、离任审计工作，“一带四区”建设的调查、群众上访审计工作、股金会清查审计工作。为确保上三级审计任务全面完成，重点强化财政预算执行审计，异地交叉和同步审计工作。强化宣传，开展调研，提高服务水平。创办《审计情况反映》交流经验，审计调查被区政府采纳9篇次。

【新民市审计局】 1999年，现有干部职工27人。其中，大学本科学历3人，大专19人；具有高级职称的有5人、中级职称的有4人；设有秘书科、综合科、文行审计科、商粮审计科、工交审计科、农财审计科。

审计工作成果 1999年，共审计项目129个，查出违纪金额200万元，上缴财政罚没收入58万元。向新民市政府和上级审计机关提交审计专项调查报告4篇，提供审计信息28条，分别被省政府、省审计厅、沈阳市委各采用1条，沈阳市审计局和本级政府采用7条。完成上级审计机关下达的审计科研课题2篇。

完成市政府交办任务 1999年共完成新民市委、市政府交办的工作任务15项，审计清查单位35个。特别是市委组织部交办的13个领导干部离任经济审计，为市委组织部门管理干部提供了翔实依据。

完成上级下达的审计任务 1999年，共完成上级下达的4个审计项目，审计单位20个，查出违纪金额45万元。

【辽中县审计局】 1999年坚持以改革总揽全局，紧紧围绕“依法审计、服务大局、围绕中心、突出重点、求真务实”的工作方针，创造性地开展审计工作。全年共审计52个单位，查出违纪金额600万元，上缴财政60万元，入库率达100%，归还原资金渠道65万元。通过审计工作，维护了经济秩序，促进了地方经济发展。1999年，还深入贯彻审计法，严格按照市审计局“一二三工程”和“五个新”的要求，锐意改革，开拓进取，先后开展了同级财政预算执行情况审计和乡镇财政决算审计、企业审计、行政事业单位审计、外资审计、农业专项资金审。圆满的完成了县委、县政府临时交办的各项工作任务。在审计中，强化了审计监督力度，坚持秉公执法，客观公正的查处审计发现的各类问题，受到了有关部门的好评。队伍建设，坚持以人为本，从严治理，积极开展普法教育和业务培训等工作，收效显著。具有中级专业技术职称的占全局人数96%以上，为更好地开展审计工作起到保证作用。

【康平县审计局】 1999年在审计业务工作和机关建设两方面均取得了显著成果。全年审计61户，查出违纪金额4634万元，上缴财政金额30万元，提交审计工作报告和信息53篇，被采用24篇次。该局在预算执行审计中，对该县预算外资金来源管理和使用情况进行了审计，将全县2000多万元预算外资金纳入了预算管理。同时，该局还对税务机关历年征管不到位、征管不严造成偷逃税收，以及机关、事业单位取得营业收入不纳税等问题进行检查，查处机关、事业单位逃税49万元。该局审计工作中注意发现大案要案线索，向纪检、检察部门移送案件2件，有两名违纪者受到党纪、政纪处分，实现了多年来审计移送案件为零的突破。该局对10余户转制出售企业的遗留问题进行了审计，维护了社会的稳定和企业职工的权益。对审计中发现的挪用资金用于机关人员开支的情况进行了严肃处理。

【法库县审计局】 1999年，该局内设四股一室，人员编制22人，实有人数22人。完成审计任务41户，查出违纪金额762万元，应上缴县财政97万元，实际入库89万元，追还侵占挪用资金234万元，提出合理化建议39条，开展审计调查2项，完成审计论文2篇，上报审计信息16份。在县级财政预算执行审计中，查出县财政违纪金额163万元，决定上缴16.4万元。又延伸审计了20个乡镇的财政收入，发现个别乡镇虚增收入30.8万元；7个乡镇挤占县级收入9.1万元，对此类问题均依法做出了处理处罚。在原有国有企业厂长经理离任经济责任审计的基础上，开展了机关事业单位领导干部离任审计的新尝试，共完成局级领导干部离任审计9户，事业单位领导离任审计1户。对每位领导干部任期的经济责任做了客观公正的评价，并对老干部局弄虚作假、套取现金行为，建议追究主要责任人员的行政责任；对卫生局不合理集资搞基建等问题也做了严肃处理。此项审计受到县领导极大重视，对审计决定执行情况进行了督查。积极开展了《审计法》实施五周年宣传活动，设宣传站、发宣传单、张贴宣传标语、办宣传板报，还组织了“审计知识竞赛”等活动。

【大连市审计局】 1999年，大连市两级审计机关共对818个单位实施审计，超额完成年度计划的1.4倍；查处各种违规行为金额41.3亿元，应上缴财政2.57亿元，已上缴财政1.97亿元，应减少财政拨款补贴4328万元，应归还原渠道资金8470万元，查出百万元以上违规行为金额单位145个，向司法机关移送案件线索38件。年内发出审计调查报告和综合、专题报告698篇，被各级领导和部门采用682份。

经济责任审计 两级审计机关共完成经济责任审计56户，审计后免职4人，平调39人，离退11人，提升2人，为合理使用干部和加强干部管理提供了依据，发挥了重要作用。

开展审计调查 先后完成了全市银行贷款情况调查、中外合资企业经营情况的调查、固定资产投资效益情况调查等93项调查任务，完成年度计划的2.9倍。其中“农业综合开发资金管理使用情况调查”被省审计厅评为优秀审计项目。

财经法纪审计 两级审计机关增强查案意识，把查办经济案件作为审计工作的重要任务来抓，先后查出大连市建设投资公司原总经理周友林涉嫌贪污犯罪案、大连市化工轻工总公司物资开发公司经理王景泉涉嫌挪用公款1530万元炒作黄金期货犯罪案等38个案件线索，挖出了经济领域的一批蛀虫。其中已有18人被司法机关逮捕，涉嫌犯罪金额达5200多万元，1年查出的经济案件线索超过前10年的总和。

完成领导交办事项 1999年，大连市两级审计机关共接受政府及有关部门交办事项282项592户，是上年同期的1.4倍，完成的交办事项占全年审计任务的一半以上。

深化财政资金审计 1999年，大连市两级审计机关继续坚持从“账户入手”，以财政、地方税务预算执行情况审计为主导，财政专项资金、社会保障资金审计为基础，在审计深度、审计方法上均有新的突破。共审计和延伸审计374个单位，是上年的1.1倍。查处违规行为金额4.88亿元，应上缴财政8888万元，已上缴财政3725万元。首次对国库大连分库本级预算收入的收纳和支出的拨付情况进行审计，揭示了地方金库对税收收入和财政资金运用监控不力等问题，填补了以往财政预算执行审计的空白；对税收征管中存在的预征、漏征等问题，为财政、税收部门加强资金、税收管理，各级政府加强预算管理和“人大”加强财政监督提供了依据，为保障大连市的经济和社会发展发挥了积极作用。在财政预算执行审计中，有重点地对7个重点工程项目资金到位、管理和使用情况进行同步审计，收到事半功倍的效果，在已完成的21个工程项目决算审计中，共审减工程造价2634万元，归还原渠道资金2065万元，为国家节约了大量的建设资金。

财政决算审计重点对旅顺口区、普兰店市等财政部门和部分乡镇以及街道财政所等69个单位进行了审计。查处违规行为金额2.14亿元，应上缴财政9335万元，已上缴财政9322万元。为加强对各种财政性资金、基金的监督，两级审计机关集中力量，开展了以养老保险基金、住房资金、农业精品工程资金、城市建设资金等10个财政专项资金的审计和调查，针对发现的问题及时提出审计意见和建议，为财政和有关部门加强对各专项资金的管理提供了依据。在对林业项目资金审计中发现，林业贴息贷款管理使用中存在挪用贷款、投资项目效益差等问题，及时提出审计建议，受到两级政府领导的高度重视。

企业真实性审计　1999年，大连市两级审计机关围绕审计工作的总体目标，对企业的审计主要从真实性上下功夫，以审计企业会计核算真实性为基础，以摸清企业家底为重点，开展了行业(系统)、集团性企业审计。先后对大连化学工业集团、三环集团、大连起重机集团等10个企业集团和供销系统、物资系统、外贸行业等10个行业（系统）共计239户企业实施了审计。通过审计，进一步核实了企业的家底，揭示了部分企业财务收支弄虚作假、资产负债虚盈实亏、资产流失、逃废银行债务、私设“小金库”等问题。在摸清企业家底的同时，还着重针对企业存在的内控制度不健全、管理不善等问题提出了改进意见和建议，为促进企业规范财务核算，加强经营管理发挥了重要作用。

【大连市西岗区审计局】　1999年共有干部、职工15人，其中：大学本科学历4人，大学专科7人，有中高级职称12人。局长1人，副局长2人，机关内设有综合计划科，行政事业审计科，企业审计科。

审计工作成果　1999年共完成审计项目35个，审计单位35户。完成审计调查2项，调查单位11户。共查出违规行为金额233万元，应缴已缴财政49万元。提交审计报告、信息16篇，被省市采用7篇次。

1999年完成了对1998年度财政预算执行情况的审计，并向区人大常委会提交了《1998年度财政预算执行和其他财政财务收支审计报告》，认真贯彻中央两办关于任期经济责任审计暂行规定，对4个单位的法人代表进行了任期经济责任审计。

完成交办任务　1999年共完成省、市审计机关下达的审计任务6项，审计单位18户，完成政府交办任务23项，审计单位23户，为区政府决策提供依据，为促进区街经济的发展和稳定充分发挥了审计的监督作用。

【大连市中山区审计局】

1999年底共有干部、职工13人，其中，大学本科学历4人；大专8人；局长1人；副局长2人；设有综合科、行政文教审计科、企业审计科。

审计工作成果　1999年共完成审计项目556项，其中企事业单位经营状况查证审计117户；财政财务收支审计15户；领导干部离任经济责任审计14户；资产、负债审计5户；借贷资金审计11户；其他项目审计42户；组织内审机构完成352户。审计资金总额60112万元；查出违纪金额163万元；已上缴财政40万元；提出审计建议166条；写出审计调查报告、工作报告、审计信息12篇。

完成交办的审计任务　开展企业资产状况审计，查出13个街道企业资产不实的问题80余项，为核实资产做出努力；对国债服务部资金运营状况进行审计，清点了3700余万元的实物券及库存现金，查出发行收入不入账，重复兑付等问题，防范和化解了金融风险；认真完成领导干部离任经济责任审计，提高了领导干部及经营者遵纪守法的自觉性。

【大连市沙河口区审计局】

1999年共有干部、职工14人。其中：大学本科学历2人，大专8人，局长1人，副局长2人；设有综合科、行政事业审计科、企业审计科等3个机构。

审计工作成果　1999年，完成审计项目65个。审计单位62户；审计调查3项，调查单位11个；专项审计金额1048万元。共查出违纪金额11106万元。上缴区财政145万元。

完成区政府交办任务　1999年，完成区委、区政府交办的各项审计任务12项。完成区委组织部交办的离任审计10户；完成区政府交办的专案审计1户。与区公安分局、区检察院、区监察局等部门配合，对区国债服务部原法人孙铭涉嫌严重经济犯罪问题进行了认真缜密的审计查账，查出违纪金额10936万元，与公检人员配合清理收回债权661万元，对其通过非法手段变相发给个人的139万元，审计责令其退回，目前已入库60万元，为国家挽回了大量的经济损失。

【大连市甘井子区审计局】

1999年底实有干部职工21人。其中：大学本科学历3人，大专14人，有审计（会计师）职称9人，局长1人，副局长2人。机关内设有办公室、综合业务科、行政事业审计科、企业审计科、财政农业审计科共5个科室。

审计工作成果　1999年，共完成审计27户（项）；完成审计调查6项，调查单位80个；共查出违纪金额4186万元，应上交财政125万元，已上交财政38万元，其中罚款11万元；查出百万元以上违规行为单位3个；通过审计向司法机关和区纪律检查委员会移送经济案件5件，其中移送司法机关处理1件1人，经公安机关批捕1人；向区纪律检查委员会移送处理案件4件6人，有1人受到行政撤职处分，1人受到党内警告处分。

完成政府交办任务　1999年，共完成上级审计机关交办的《财政预算执行情况审计》、《区法院财政收支情况审计》两项指令性计划任务。其中，1998年区财政预算执行情况审计，共延伸审计了64户预算单位，查出区财政不合规使用预算科目、错列企业挖潜改造资金、支援农村合作组织资金以物抵顶财政支农周转金及财政支农周转金逾期呆账和区地税局税收退库手续不合规，混提退税金等违纪违规行为金额共计3607万元。

【大连市旅顺口区审计局】

1999共有干部、职工24人。其中：大学本科学历3人，大专10人，具有审计（会计）师职称11人，局长1名，副局长2名。机关内设有办公室、财政农林审计科、金融行文审计科、工交基建审计科、商贸外资审计科。

审计工作成果　1999年共完成审计项目87个，完成审计调查6项，调查单位56个；共查出违纪违规金额3724万元，收缴入库120万元，减少财政专项支出269万元，发出审计调查报告和综合、专题报告13篇，发出审计信息42篇。

完成上级审计机关、政府交办任务　1999年共完成省市审计机关下达的审计任务11项，审计单位20个，审计金额4670万元。完成地方政府交办的审计事项12项。审计局在积极完成上级下达的指令性任务的同时，紧紧围绕当地政府的工作中心开展审计工作。先后完成了区政府交办的对3户区营工业企业的资产负债及经营状况的审计，2户企业资金流向情况的审计，以及计量监督系统体制改属审计等。

【大连市金州区审计局】　1999年全局实有干部职工23人。其中：大学本科学历4人，大专9人，具有审计（会计）师以上职称18人，局长、副局长各1人。机关内设财政农业审计科、工交外资审计科、商业基建审计科、金融行文审计科和综合指导计五个科室。

审计工作成果　1999年，共完成审计项目47项，审计单位167户；完成审计调查4项（户），共审查出违规行为金额3825万元，其中：应上交财政金额171．35万元，已如数上交财政。全年提交综合工作报告和信息47篇，被各级党政机关和新闻单位批示和采用22篇次。

完成政府交办任务　1999年，共完成市、区政府临时交办的审计任务16项，审计单位56户，查出并移交大要案线索2件。为配合政治、经济体制改革、加强金融监管力度作出了积极贡献，受到市、区领导好评。

【大连市开发区监察审计局】

1999年共有审计人员8人。其中：研究生学历2人，大学6人；纪委书记、监察审计局局长1人，监察审计局副局长1人。现设行政事业审计和企业审计两个处。

1999年完成审计项目44个，查处各类违纪资金2058万元，已全额收缴财政。完成审计调查项目4个，其中1篇审计调查报告被评为市“优秀审计调查报告”；撰写审计信息26篇，其中10篇被管委会采用，6篇被“开发区报”采用，4篇被市审计局采用，4篇被市政府采用，2篇被市委采用；撰写审计论文5篇，其中4篇被《大连审计》采用，1篇被《审计文汇》采用；完成领导交办审计事项12项。向被审计单位提出审计意见200余条。

行政事业审计　共审计行政事业单位21户，查处违纪金额1 750万元。

企业审计　先后对23户国有企业进行了审计，查处违规资金308万元。

投资建设项目审计　先后对6个重点项目进行了审计，审计金额近3亿元，审减金额达100万元。

【瓦房店市审计局】　局长1人，副局长3人。内设办公室、综合科、固定资产投资审计科、财政审计科、行文审计科、农林水利审计科、金融审计科、工业审计科、商业审计科。

审计工作成果　1999年共审计80户，完成全年审计工作计划的220%，查出违规行为金额3608万元，上缴财政金额1621万元；提交审计报告、信息65份，被批示采用61篇次；向纪检、检察机关移交案件5件；完成市委、市政府交办的审计项目44个，占全年审计户数的55%；被市委、市政府领导批示的审计报告达19篇次，创历史最高水平。

重大审计事项　1．在对检察院1997年至1998年两个年度的财务收支情况进行审计中，查出该院以“办案费、赞助费、咨询费”的名义收费达348万元，已支出325万元，占收费总额的93%，在支出中违纪问题也比较严重。

2．在对人民法院1997年至1998年9月财务收支情况进行审计中，查出该单位在建设办公楼时超计划面积4600平方米，超支金额达2312万元。变相贷款600万元搞基建。严重地违反了国家的有关规定。

3．对公安局及下属的派出所、巡警队等51个单位1997年至1998年9月预算内外资金运行情况进行审计中，查出公安系统不按规定使用行政事业收费收据乱收费、应作收入未作收入挂往来账、截留增容基金、增容费等违纪总金额高达2135万元。审计局对公安局给予罚款15万元的处罚。

【普兰店市审计局】 1999年共有干部、职工29人。其中：大学本科学历3人，大专22人，局长1人，副局长3人；设有办公室、财金审计科、工业审计科、农林水利外资审计科、行文基建审计科、商粮贸审计科等机构。

审计工作成果 1999年共完成审计项目41项户，完成审计调查2项，调查单位14个，共查出违纪违规金额1386万元。已上缴财政739万元。同市纪检、监察等部门配合，查处经济案件1起，共提交审计报告11篇。

完成市政府交办任务 1999年共完成市委、市政府交办的工作任务22项。在黄海大道、立交桥、皮口港、麦芽厂铁路专用线等4项重点工程审计中，削减工程造价款800余万；参与“六清一查”，对27个乡镇（办事处）、300余个村级财务进行了审计清理，查出违纪金额3000余万，堵塞了漏洞，强化了乡、村财务管理；接受政府交办的热点问题，澄清了锦龙大厦等单位有关财务的事实，做到了给群众以明白，还领导以清白。在对城子坦木材公司审计中，发现疑点，经多方调查取证，终于查出贪污公款和银行职工挪用客户资金等案件线索，移交检察院立案查处。

【庄河市审计局】 1999年共有干部、职工28人。其中：大学本科学历4人，大专12人，局长1人，副局长2人，督导员2人；设有办公室、综合科、农财审计科、行政事业审计科、基建金融审计科、企业审计科等机构。

审计工作成果 1999年共完成审计项目26个。审计单位85个，查出违规行为金额4268万元，上缴财政870万元。提交审计调查报告6篇，被市长批示4篇，批转有关部门执行2篇；发出审计信息35篇，被市委采用3篇，被省审计厅采用3篇，被省政府采用1篇，被中办采用1篇。

预算执行情况审计 共审计和延伸了19个预算执行单位，查出违规行为金额2776万元，增加财政收入631万元，同时针对预算管理环节存在的问题，提出四条切实可行的审计建议，得到了财政部门的采纳。

大要案审计 全年查出并向反贪局、公安局移交大要案5件，有两名审计人员受到市政府奖励并被评为优秀审计工作者。

经济责任审计 市委及市委组织部门根据《关于对庄河市乡局级领导实行审计监督的暂行规定》，对在16个乡局级领导离任审计中发现的违规行为问题，分别依据审计结果酌情给予了调整领导岗位或降职等处理。

【长海县审计局】 1999年共有干部职工21人。其中：大专学历12人，有审计（会计）师职称7人，局长1人，副局长2人。机关内设有综合科、财政金融审计科、工业交通审计科、商业粮贸审计科。

审计工作成果 1999年共完成审计项目60个，审计单位86户；完成审计调查8项，调查单位32个，共查出违纪违规金额1307万元，应上缴392万元，已上缴321万元。提交审计调查报告8份，其中一份调查报告被大连市审计局评为1999年度优秀报告，审计信息19份，其中一份被省政府领导批示：“长海县审计局这种抓大要案精神要给以鼓励。”

重大审计事项 1999年5月，在对长海县水产集团所属企业大连振达房屋开发公司的资产负债及损益情况审计时，发现该公司经理、副经理有明显贪污线索，经过七个多月的内查外调查实涉嫌贪污164.3万元。我局将有关线索和各种证据，收缴款项一并移送县检察院，检察院依法逮捕了二人。

【鞍山市审计局】 1999年全局共有干部、职工123人。其中研究生4人，大学本科33人，大专85人；局长1人，副局长4人；设有办公室、机关党委、综合外资审计处、工交一处审计处、工交二处审计处、商业审计处、农业审计处、基建审计处、行政事业审计处、财政金融审计处、领导干部审计处。

审计工作成果 1999年审计单位526个（项），查出违纪金额2.2亿元，对违纪违规单位和部门的7333万元资金作了处理处罚。追回侵占挪用款2608万元，已上缴财政收入国库1989万元。完成审计调查报告21篇，审计科研课题18项。

完成交办的审计任务 认真完成市委、市政府交办的临时性任务62项，为鞍山市的经济发展和社会稳定发挥了审计监督作用。

八项重点审计工作 1.重点审计财政、税务等15个部门，并延伸审计了168个单位。查出应收未收财政预算内外收入945万元，已上缴国库634万元；2.重点审计鞍山市1998年城市维护和建设资金征收使用管理情况。对一些单位未按规定实行收支两条线 、挤占、挪用城维专项资金、虚增虚减收入、少缴税金的1026万元作了处理处罚；3.重点审计农业综合开发资金、审计资金总额5288万元；4.对中国福利彩券赈灾专项募集活动进行重点审计，审计金额1300万元；5.开展对外经贸系统企业资金负债损益的审计调查，查出明亏潜亏问题7077万元；6.重点开展对安居工程开发建设及交付使用情况审计调查；7.重点对鞍钢22户企业地方税收计提缴纳情况进行审计调查；8.对鞍山双岭水泥有限责任公司经营状况重点调查，查出了决策失误、核算不真实、弄虚作假、管理混乱等原因，导致企业亏损严重、拖欠各种税费和职工福利费、工资5000多万元。八项重点审计工作，反映了影响鞍山经济发展、具有典型性、倾向性问题。

领导干部任期经济责任审计　1999年，审计机关对23个部委办局的主要领导进行经济责任审计；对72名企业厂长（经理）的任期经济责任进行了审计和委托审计。

1999年还审计各类企业192户，查出违规行为金额9921万元，决定处理处罚1647万元。

内部审计　1999年，继续加强内部审计工作的管理和指导。内审机构有了新的发展，全市1999年共设立内部审计机构304个，有内部审计专兼职人员1152人。发挥了内部审计强化管理、查错纠弊、堵塞漏洞的作用。

【鞍山市铁东区审计局】　内部机构设行政事业科、企业科和综合科三个职能科室。有干部13人，其中局长1人，副局长2人。1999年，铁东区审计工作以经济建设为中心，突出重点，加强宏观调控全年共审计25户（项），审计调查2项，查出违规金额82万元，应上缴财政31万元，已收缴15万元。向被审单位提出审计建议56条，向上级审计机关提交审计信息16篇，论文2篇。超计划完成全年审计工作。

重大审计事项　1999年6月，区实验学校解体，经审计发现：1. 该校1998年租金收入228656.50元，漏交房产税27438.78元、营业税11432.83元、城维税及教育费附加1143.28元，合计40014.89元；2. 拆迁自行车棚、活动房收入7800元及东实经贸公司交款58000元，学校未入账，购买副食品等给教师发放。审计决定处以30%罚款即19740元，上述问题合并收缴款为59754.89元。铁东区纪委依据审计决定对实验学校校长、副校长分别给予党内警告处分。

【鞍山市立山区审计局】　全局现有人员11人，全部大专以上学历和具有审计师、会计师职称。下设三个职能科室、综合审计科、行政事业审计科和企业审计科。局长1人，副局长2人。

全年审计工作任务计划完成26户（项），实际完成27户（项）。查出违纪违规金额1297万元，应缴财政37万元，已缴财政20万元。提出审计建议46条，在有关单位发表审计信息8篇。

重点审计事项　在对塑料包装厂等三个单位审计中查出，这些单位的法人代表经营思想不端正，严重违反财经纪律，弄虚作假，截留收入，私设“小金库”，虚报利润，骗取荣誉；私自占用国家、集体资产。依法对有关责任者进行了严肃处理，并在全区范围内进行通报批评。在全区引起强烈反响，扩大了审计影响，提高了审计威慑力。

【鞍山市千山区审计局】　1999年在职人员17人，局长1人，副局长2人。下设4个审计股。

全年完成审计计划24户，同时完成了区委、区政府交办的审计工作2项，处理信访案件2项。查出违规金额118万元，罚款6.34万元。下达审计意见书19份；审计决定3份；调查报告2份；通报1份。发出信息12篇。

重大事项　1. 加强对世界银行结核病防治贷款项目的审计。从1992年起一直跟踪，专款专用，使区结核病防治工作取得良好效果，被评为市先进单位。2. 开展了各镇返税情况调查，并做出通报。区委、区政府给予充分肯定，进一步规范了返税政策。3. 加强农村财务管理工作，遏制了农村财务收支中经营支出比例下降及乱支、乱摊现象，增强农村财务透明度，促进农村集体经济健康发展。

【鞍山市铁西区审计局】　1999年，围绕区委、区政府提出继续深入实施“五动战略”的要求，突出对国有资金的管理审计、财务收支审计、经济责任审计。审计中抓住重点、突出难点，全面完成工作任务。全年共审计23个单位，查出违纪金额129万元，审计后可增加财政收入83万元，已增加财政收入78万元（其中罚款5万元）；向市局提交工作报告2篇、各种信息12篇，被采用4篇。

重点审计事项　根据局计划安排，对铁西职专进行审计，查出现该校997年截留预算外收入55.2万元以及报销手续不完备等违纪违规问题，做出了严肃处理，限期足额上缴截留款项，同时提出该单位今后要严格执行财务制度，完善对发票审核制度，确保财务信息真实、准确。

【岫岩县审计局】　岫岩满族自治县审计局，1999年设局长1人，副局长2人。内设办公室、法制科、财金事业审计科、文行科、农业审计科、工交审计科、商贸审计科、基本建设审计科。全年共审计56户（项），查出违纪违规金额1496万元，应增缴财政收入90万元，当年入库25万元。按照县委与县政府的部署，对县宾馆、县计划生育委员会、县科学技术协会进行了领导干部离任审计，并将上述单位主要领导任职期间在资金、资产管理与使用、执行财经法规方面都不同程度地存在的问题，向县委作全面汇报，为县委管理与使用干部提供了依据。

【台安县审计局】　1999年共有人员25人。全年共完成90户（项）审计任务，查出违纪违规行为金额1189万元，应缴财政金额14万元，已缴财政金额13万元。提交审计报告、信息18篇，针对审计问题提出合理化建议106条。

重大审计事项　完成了上级授权委托的世界银行贷款使用情况的审计，发现世界银行贷款项目——松辽平原农业开发项目进展缓慢，配套资金缺口3506万元，偿债负担重及缺乏科学的立项考察，未能发挥贷款效益。浪费了大量的财力物力。完成了13个单位领导干部任期经济责任审计，客观地评价了领导干部的功过是非和经济责任，有3人被提拔，8人平级调动，1人暂未安排，1人被降职使用。

【抚顺市审计局】 全局1999年共审计198户（项），查出违规行为金额135734万元，应交财政1856万元，应减少财政拨款或补贴97万元，应归还原渠道资金5942万元，已交财政452万元，促进增收节支926万元。查出百万元以上违纪单位9户。

经济责任审计 开展经济责任审计28户，其中任期审计19户，离任审计9户。查出违规行为金额48492万元，应上交财政282万元，应追还侵占挪用资金32万元，罚款6万元，已上交财政123万元。

财政审计 财政预算执行情况审计共查出违规行为金额2463万元，其中应缴未缴预算收入1413万元，挪用预算资金787万元，违规办理预算拨款172万元，虚列支出65万元；应交财政713万元，已交财政51万元。

金融审计 对工、建两行审计20户，其中工商银行8户，建设银行12户。查出违规行为金额32104万元，其中少计利润7877万元，虚列利润3391万元，挤占成本、虚列支出542万元，违规贷款投资拆出18790万元。应交财政184万元，应冲转调整有关账目10534万元。

专项审计 对24所重点中小学进行了审计，共查出8个方面的问题，违规行为金额2525万元。对农业综合开发资金进行了审计，审计总金额1656万元，查出违规行为金额190万元，应归还侵占挪用资金180万元，已全部归还。审计水利专项资金总额542万元，查出挤占挪用54万元，已全部归还。对法院系统和社会保障资金审计，查出违规行为金额1223万元，审计决定收缴33．5万元。

国有企业审计 对重点国有工商企业审计，查出违规行为金额70077万元，审计决定收缴321万元。对建筑开发企业和固定资产投资项目的审计，查出违规行为金额9908万元，审计决定收缴214万元。对国际金融贷援项目和中外合资企业审计，查出违规行为金额1780万元，审计决定收缴22万元。

计算机审计 今年对工、建两行的审计，从审计工作底稿的编制到报表生成，乃至审计报告的形成都由计算机来完成。

大案要案审计 全年移送审计案件6件，其中立案4件，已结案1件，受到党纪政纪处分3人。

审计法宣传 在《抚顺日报》等报刊、杂志发表宣传文章10余篇。

【抚顺市东洲区审计局】 1999年度共完成审计22户项，查出违纪金额525万元，应上交财政罚没款9．6万元，已上交财政3．1万元。

经济责任审计 离任审计15户，共查出违纪金额119万元，其中：虚列支出1．5万元，挤占挪用资金78万元，偷漏税金0．1万元，其他违纪39万元。

财政同级审计 延伸20个单位和部门，查出违纪金额403万元，其中：违规退库317万元，应缴未缴预算收入3万元，挪用预算资金338万元，虚列支出31万元。

其他 卫生系统审计3户，其中：区卫生局的“结核病防治”属专项审计，无违纪问题。其余2户为医院审计，查出违纪金额2．1万元，上缴财政罚没款0．1万元。学校审计3户，共查出违纪金额2．7万元，其中：预算外收入未缴专户1．5万元、私设“小金库”0．6万元、偷漏税金0．6万元，已缴财政罚没款0．7万元。

【抚顺市望花区审计局】 1999年共开展审计26户（项），查出违纪金额260万元，其中“小金库”24万元，比上年提高了3倍；应上缴财政15.3万元，已上缴财政15.3万元；完成招商引资3户，引资额720万元，上缴税金4.5万元。连续4年被区委评为党建“堡垒工程”达标升级竞赛一级党支部。

经济责任审计 领导干部离任经济责任审计17户，查出违纪金额180万元，收缴罚没款0.9万元。

【抚顺市新抚区审计局】 1999年度，共完成审计户数30户。其中：财政预算执行情况审计1户，财务收支审计20户；专项审计2户；行政事业单位领导干部离任审计7户。通过审计，共查出违纪金额93万元。应上缴财政资金26万元，收缴入库3万元。同时，完成了区政府交办的各项临时任务。

财政审计 通过对全区28个单位的财政性资金的审计，共查补截留预算收入2．2万元，查出挤占挪用各种专项资金71万元，并依法进行了处理处罚。

经济责任审计 继续深入开展对领导干部的离任审计，全年共对7个单位的党政一把手进行了离任审计，下发了关于领导干部离任审计的文件，使这项工作在全区产生了很好的反响。

其他 完成招商引资15.66万美元的任务。

【抚顺县审计局】 1999年计划审计40户，实际完成63户，共查出违纪金额700万元，为被审计单位挽回经济损失130万元，允许调账处理200万元，依法处罚收缴32万元。完成招商引资485万元，提前2个月完成了全年工作任务。

财政及经济责任审计 共审3户，查出违纪金额173万元，应交已交1万元；离任审计5户，违纪金额135万元，归还原渠道资金35万元，应交金额6万元，已交5万元。

其他 1999年度抚顺县审计局，通过审计服务日活动，对被审计单位广泛开展了审帮促活动，先后到16户被审计单位进行业务指导和咨询服务，共指导调账处理、改进不合理列支90.6万元，减少不合理开支30余万

元，跟踪追回挤占专项资金70余万元，提出审计建议36条，全部被采纳，受到被审计单位的好评。

【抚顺市顺城区审计局】 1999年共审计43户（项），查出违纪金额2146万元，应上交财政13万元，已交财政6万元。

财政预算执行情况审计 查出区财政虚列支出41．2万元，以及人为调整预算收支等问题，为区人大宏观管理与监督提供了可靠依据。

经济责任审计 按照区委、区政府的部署，对23位领导干部进行了客观公正的离任审计。使离任者交了一本明白账，接任者接了一本清楚账，划清了经济责任，通过审计纠正了违纪行为，严肃了财经纪律，克服了形式主义、弄虚作假等问题，促进了有关部门加强内部管理，为区领导提供了大量可靠的资料、数据，提出了许多建设性意见和建议，为区领导在选人用人等决策方面提供了依据，受到了区领导的充分肯定和好评。

专项审计 由审计局牵头，信访办、前甸镇配合对前甸镇二汉村进行了审计，根据区委、区政府指示精神，对保温材料厂1998年度财务收支进行了审计为有关部门提供了证据，使上访事件得以妥善解决。受区纪检委的委托，对区工业局进行了审计，查出漏缴税金4599元，漏缴调剂税27520元及出售企业收入未纳入财政专户的问题，为区政府摸清了工业局的家底，理清了债权、债务关系，维护了本区利益。

【清原满族自治县审计局】
1999年共完成审计项目62户（项），查出违纪金额1640万元；应缴违纪金额45万元，已缴37万元。

财政审计 通过开展财政同级预算执行情况审计及乡镇政府财政决算审计，查出违规金额133万元。

专项审计 积极开展水利、农业专项资金审计，查出违纪、违规金额160万元。对群众反映的热点问题进行了审计，查处7家房地产开发企业，审减工程价款82万余元。完成了37个被撤并乡镇的审计，查出违纪、违规金额574万元。

经济责任审计 开展离任干部经济责任审计16家，查出违纪违规金额514万元，提拔重用5名，平调10名，免职1名。

其他 为更好地落实《清原满族自治县关于开展增收节支工作的暂行规定》文件精神，先后抽审30多个行政、事业单位，查出违纪违规金额360万元，收缴20多万元。年初按县目标办要求，重点对20个乡镇上年的经济指标完成情况进行审计，查出欠拨专项资金7．1万元，欠上解103．6万元。全面完成县委、县政府给该局下达的招商引资任务126万元。

【新宾满族自治县审计局】
1999年有职工干部28人，局长1人、副局长2人。全年共完成审计项目73户，查出违纪金额968万元，收缴金额146万元，向司法机关移送案件2件。

财政审计 对1998年度财政预算执行情况进行了审计。同时还对全县15个乡镇进行了财政决算审计，覆盖面达100%，收到了较好的效果。

经济责任审计 对全县11名领导干部进行了离任审计。对这项工作不走过场，认真审计、正确评价离任干部任期的经济效益和财务成果，敢于坚持原则，发现问题敢于处理，为组织部门任用干部提供有力的依据。

大案要案审计 通过审计发现某林业站长贪污6万元，移交县检察院后逮捕立案。全年共完成审计查证信访案件17件。县局还接举报后审计发现某林场场长挥霍“小金库”金额15．5万元，移交县纪检委后，该人受到行政记过处分。

其他 本局对全县54户关停企业和13户转制企业审计调查。为关停企业恢复生产，为全县工业企业的发展提供了充分的依据。

【本溪市审计局】 1999年，本溪市两级审计机关全年共完成审计户数294户，查出和纠正违纪金额67815万元，审计罚没收缴上交财政收入484万元，促进被审计单位增收节支3390万元，发出审计信息和送阅件68篇，市领导批示22篇次。各项工作在原有基础上迈出了新步伐，取得了新成果。市局目标管理工作、信息宣传工作、党务工作、审计档案管理工作等多项工作分别在市政府、党委系统和省厅继续保持先进荣誉，市委、市政府对审计工作给予充分肯定，社会各界对审计工作给予好评。

1999年全市审计工作的主要特点是：能够紧紧围绕经济建设中心，为本溪经济和各项事业的健康发展提供强有力的保障。

深化了财政金融审计 同级财政预算执行审计延伸审计了70多个预算执行单位，审计报告得到市人大的充分肯定和好评。对工商银行系统审计调减盈亏不实利润4500万元。

搞好农业专项资金审计 重点对农业综合开发资金和农业综合开发贷款进行了审计，促进了农村经济的健康发展。

加强社会保障资金审计 全年安排了再就业资金、职工基本养老保险基金和社会赈灾专项募集资金审计等项目，维护了我市社会稳定。

强化建设项目和投资审计 开展四个重点项目竣工决算审计，削减投资682万元，提高了资金使用效益。

企业审计 对本溪化工和北台钢铁集团进行资产、负债和损益审计，为实现“三年脱困”目标服务。

完成市委和政府交办任务 全年共完成22项，为政府宏观决策提供了可靠依据。

【本溪市溪湖区审计局】 1999年完成的主要工作是：针对市政

府确定的二级政府、三级管理工作，重点开展了下放企业审计摸底，为区政府有针对性地开展工作提供了借鉴；严肃财经法纪，对审计发现的水资源办的违纪行为进行了处罚，罚没收入2000元；拓宽了工作领域，协同税征部门查处8起偷税案件，查补税款191万元；做好领导交办工作，完成交办任务8项，起到了参谋助手作用。

【本溪市明山区审计局】 1999年共审计156户，查出和纠正各类违纪违规资金86万元，上交罚没收入2万元。向被审计单位提出并被采纳的审计建议43条，促进被审计单位增收节支，提高经济效益26万元。依据审计法的规定，明山区同级财政执行审计工作已经形成制度。在该项审计中，除了对全区的收入、支出做了认真、细致的审计外，还重点对税收返还、入库级次进行了审计。通过对地税明山分局审计，发现税收入库级次存在问题，将区级收入转入镇级收入55万元。对镇财政延伸审计后，将情况向区长做了汇报，并与区财政局沟通，纠正了入库级次混乱问题，同时对地税局提出改进意见，确保税款及时准确入库。

【本溪市平山区审计局】 1999年共完成审计22户，查出和纠正违纪金额66万元，上交财政罚没收入13万元，促进被审计单位增收节支26万元。

全年完成的主要工作：一是较好地完成了同级财政预算执行审计工作。二是认真完成政府交办的7户离任审计。三是用半年时间配合区计经委完成了区内20户企业转制前的清产核资工作；配合区财政局对全区41个国有单位进行了资产注册登记工作以及对全区56户预算外单位收支两条线执行情况进行检查；协助区纪委监察部门完成了行政事业单位收费情况摸底调查，积极为区经济发展服务。四是进一步加强了审计规范化建设，努力提高审计质量。

【本溪市南芬区审计局】 1999年共完成审计19户，查出和纠正违纪金额238万元，上交财政罚没收入1万元。全年主要开展了同级财政预算执行审计、预算外资金收支沉淀情况和镇财政决算情况等审计。围绕区经济建设中心，加强了专项资金使用的审计，对占用和挪用的专项资金依法进行了处罚和纠正，促进了专项资金的合理、有效使用。尤其是对领导干部任期经济责任审计，认真划清领导责任和直接责任，强化了责任人任期内账外应收应付款项的审计。在审计过程中积极主动与有关部门沟通，使审计结果得到有效利用，使领导干部任期经济责任审计工作呈现出党政关注、多方支持、协调配合的良好局面。

【本溪满族自治县审计局】 1999年共完成审计54户，为年计划43户的126%。查出违纪违规金额1288万元，其中决定处理270万元。应上交财政135万元，实际上交财政15万元。

该局还能充分发挥审计职能，完成县政府交办的各项任务。全年完成厂长经理离任审计4户，承包兑现审计2户，经济纠纷审计1户，配合纪委、监察、财政对收支两条线检查82户，配合财政完成了市人大交办的对15个乡镇财政收支状况的调查，为县经济发展作出了应有的贡献。

【桓仁满族自治县审计局】 1999年共完成审计75户，审计增加财政收入30万元，纠正违纪金额2230万元，促进被审计单位增收节支1160万元。由于工作成绩突出，被县委、县政府评为完成目标责任状任务优胜单位。

全年完成的主要工作有：一是积极完成县委、县政府交办的各项工作任务，全年共完成交办审计16项，是历年来完成交办任务最多的一年。二是1998年财政预算执行及其他财政收支审计继续取得好成果，审计查出坐收坐支违纪金额1405万元，收缴入库9．5万元。三是积极配合纪检监察部门办理案件，对普乐堡镇夹道沟子村审计，为村集体挽回经济损失61．2万元，有8名党员干部受到不同程度的纪律处分，为反腐败和廉政建设作出了贡献。四是在常规审计中挖掘经济违法案件线索，查出一起贪污公款1．35万元的案件，打击了经济犯罪，树立了审计威信。五是加强审计信息宣传工作，全年完成32篇审计信息和报导，为政府决策提供科学依据。六是不断提高审计人员业务素质，1999年有70%的干部取得计算机知识及应用中级资格证书。

【丹东市审计局】 1999年，完成审计和审计调查86项，查出违规行为金额9649万元，应交财政金额439．6万元，已全额收缴。另接受对粮食、医药市场检查、公费医疗经费核查、离退休职工补发工资审查，以及信访件查办等交办任务32项。发出“审计通报”12篇（次）、“审计信息”64篇。在新闻媒体发表稿件28篇，其中2篇被国家级新闻媒体采用，有5篇被省级新闻媒体采用。

企业审计　对市属国有工业、商贸、交通以及中外合资等企业的资产、负债和损益情况进行了审计，在摸清企业亏损底数的前提下，分析了企业亏损原因，揭示了企业会计核算不实，技改效益低下，现行政策、体制对改制企业的影响，以及吸引外资和外商投资管理等方面存在的问题，提出了改进和完善企业管理的意见和建议。另外，在城建企业审计中，重点反映了丹东市民用煤气由供不应求到产品滞销的变化过程，提出了具体建议，为企业和群众解了难，为政府解了忧。

经济案件审计　或独立，或配合、协助检察机关和纪律检查部门查处侵占、贪污、受贿等经济违法犯罪和违纪案件6起，涉案人员中，有3名犯罪嫌疑人被检察机关依法批准逮捕，有5人被追究了党、政纪责任，其中1人被免去了领导职务。

经济责任审计　为了贯彻执行《国有和国有控股企业领导人员任期经济责任审计暂行规定》、《辽宁省国有企业厂长（经理）离任审计条例》和《丹东市国有企业厂长（经理离任审计办法》，指导各县（市）区制定了适合本地实际的相关制度；对部分内部审计机构和社会审计组织的任期经济责任审计资格加以确认；与纪律检查和组织部门加强联系，完善了工作程序，理顺了工作关系。

【丹东市振安区审计局】　1999年围绕全区经济工作的总体目标，加强和改进审计工作、规范审计行为，发挥了审计的监督作用。全年共完成各类审计118项，查出违纪金额2000多万元，应上缴财政30万元，已全部上缴。

预算执行审计　区审计局根据丹东市审计局预算执行审计会议精神，多次召开会议贯彻落实，成立了局长挂帅的领导小组，下设4个审计组，分兵把关。此次审计，查出区财税工作存在的五个问题，包括地税过渡户滞留市、区两级税款共20万元，以及“赤字挂账”近600万元。

区政府领导交办事项　审计了区劳务输出中心。该中心自1997年6月成立至1999年4月末关闭，在不到两年的时间里，办理了8项出口劳务，但办成的只有2项。经查，该中心财务设4套账，其中一套公开，三套黑账，共隐匿收入1000多万元，偷漏税款56万元，目前此案已交由区检察院处理。

基建工程竣工决算审计　区审计局为制止基建工程中的高估冒算行为，提高建设资金使用效益，根据《审计法》和丹东市人民政府《关于建设项目竣工决算审计办法》的规定，1999年开展了9项工程的竣工审计，送审工程造价802．4万元，审计认定712．6万元，核减89．8万元，核减率为11%。避免了建设单位资金的流失。

【丹东市元宝区审计局】　1999年，围绕元宝区经济建设这个中心开展各项审计工作，严格审计执法，加强审计监督，提高审计质量，搞好机关建设。全年共审计36户，下达审计意见书和审计决定5个，查出违纪行为金额3860万元。完成审计项目3项，编发审计信息和审计情况3篇，科研论文1篇。招商引资2户，注册资金120万元。

财政预算执行情况审计　根据《审计法》及上级审计机关下达的审计计划，1999年上半年对区财政局1998年预算执行情况进行审计。除对区财政、地税两个执收执支单位审计外，还对5个预算单位、10个预算外单位和5个重点纳税企业进行了审计和延伸审计。对审计中发现的违纪问题依据有关法规分别进行了处理。将审计结果向政府作了报告，并受政府委托向区人大作了报告。

专项审计　1999年开展了区属街道办事处财政决算审计、法院、检察院执行“收支两条线”情况审计，以及区公费医疗经费的专项审计。并对15个纳入财政第二预算管理的事业单位招待费及相关费用列支情况和财务收支情况进行了专项审计，将审计结果上报了区政府。

完成交办审计　根据区政府工作安排，对新安百货大楼1997年8月至1999年5月的财务收支及经营状况进行了审计，经审计发现新安百货大楼经营亏损990万元，资不抵债500万元。

离任审计　受区委组织部的委托，1999年共对兴东办事处、工业总会、民政局、计生局等单位一把手进行了领导干部离任审计。

【丹东边境经济合作区审计局】

1999年围绕区委管委会提出的利用四年时间再造一个合作区的总体目标，围绕促进经济发展，监督经济运行的中心开展审计工作。

基建审计工作　对边境经济合作区规划建设局主持的86项工程预结算和合作区直接投资的花园桥口岸区护岸决算进行了审计，总送审额1，642万元，审定1，592万元，审减50万元。

财政预算审计　重点对财政局所属信用中心清理、审计，查出开发建设资金成本过高的原因之一是信用中心加收1%至2%手续费，提出建议被采纳经测算仅此一项每年为管委会节约开发建设资金43．6万元。延伸审计企业20户，有2户企业漏税，占抽查企业14%，比1998年下降56．7%。

企业审计工作　围绕企业税源构成及税收状况，对商贸区20余户企业进行抽查审计，对税源流失、企业后劲不足等问题进行了分析，提出重点发展以高科技为主的拳头产业，保障财政收入稳定增长的总体建议。查出有1户漏税2万元，占被审企业5%。

审计调研　对本区1991年～1998年底的开发建设总体规模给予了全面摸底、分析和评价：总开发建设资金累计12亿元，开发土地面积175万平方米，建成房屋42万平方米，1998年底出售、出租房屋及土地到位资金8亿元左右，存货3．2亿元，待摊费用1．2亿元，负债净额3．2亿元。

【东港市审计局】　1999年共完成各类审计83项，查出违纪金额9366万元，收缴入库149．6万元。为严肃财经法纪，促进经济发展，发挥了积极作用。

全面履行监督职责　对本级财政“同级审”和11个乡、镇、办事处的财政决算审计，延伸了66个机关、事业单位和100多个村镇企业和村委会，查出应交未交税费63万元，账外资产81万元。对养老保险基金、福利彩票募集赈灾资金的审计，纠正了投保不实、坐支挪用及管理失控等问题。对农业综合开发资金、城市维护建设资金、公费医疗经费的审计，揭示了专项资金拨付不到位、农村信用社信贷质量低、公费医疗经费支出逐年增加等问题和原因。另外还开展了广播电视、教育卫生、农、工、商等系统企业的资产、负债审计，遏止了“三乱”现象，杜绝了国有和集体资产流失，帮助企业分析查找了亏损原因。对基建工程决算审计，坚持定额与现场勘测相结合，为政府节约投资520万元。

加强队伍和基础建设 坚持“三会一课”制度，对党员、干部进行廉洁自律、爱岗敬业、争先创优教育，有三名同志加入党组织。安排干部参加计算机培训，90%的干部通过了考试，并逐步向应用计算机审计的方向发展。年内还投资4万多元购置了计算机及档案管理软件、铁皮卷柜、声像等设备，还编续写了12种档案编研材料，将建局以来的全部案卷输入计算机。经十多个月工作，率先在全市党、政机关晋升为省一级档案管理先进单位。

【凤城市审计局】 1999年贯彻“依法审计，服务大局，围绕中心，突出重点，求真务实”的工作方针，以财政预算执行审计为龙头，加强和改进审计工作。同时加强对内部审计的业务指导和监督，促进审计事务所的脱钩转制。据统计，全年共完成各类审计98项，查出违规行为金额1685万元，其中应上缴财政462万元，已上缴财政419万元，应减少财政拨款或补贴119万元，应归还原渠道资金58万元。

【宽甸满族自治县审计局】 1999年，围绕宽甸经济建设这个中心，贯彻“依法审计、求真务实”的方针，以审计财政财务收支真实性为基础，突出对固定资产投资、国有资金管理、效益、经济责任的审计。完成了县政府交办的各项工作任务，如移民资金管理、干部任期经济责任审计，受到县政府的高度评价，全年共完成各类审计67项，查出违纪违规金额2266万元，应上缴财政47万元，已上缴33万元。

领导干部经济责任审计 1999年起草了《关于我县科级党政一把手离任审计的具体实施办法》、《关于领导干部任期经济责任审计的暂行规定》，被县委、县政府采纳，先后受县委、县委组织部委托对全县12个单位的党政一把手离任时的经济责任进行了审计。

【锦州市审计局】 1999年全市审计机关在市委、市政府和省审计厅的领导下，认真贯彻《审计法》，紧紧围绕全市经济工作中心，突出抓好财政收支审计、国有企业及经济责任审计、重点行业、重点建设项目审计，注重抓好大案要案的查处工作，通过审计信息反馈，努力为政府宏观调控及被审计单位服务。全年完成审计346户（项），查出违规违纪金额7396万元，应上缴财政资金1384万元，已上缴财政资金605万元，查出应归还原渠道资金624万元，向上级提供审计报告及信息91篇，向被审计单位提出审计建议370多条。

经济责任审计 中办、国办关于经济责任审计的两个“暂行规定”下发后，市审计局加大了经济责任审计的工作力度。起草了《关于贯彻落实〈国有企业及国有控股企业领导人员任期经济责任审计暂行规定〉有关问题的通知》，以市委、市政府文件形式下发全市，市局还制定了《国有企业厂长（经理）离任审计管理办法》和《关于进一步加强厂长（经理）离任审计管理工作的通知》，进一步规范了经济责任审计工作。全年市局共受理了厂长（经理）离任审计18项，均圆满完成了审计任务。各县（市）区审计机关也按照中办、国办的规定，积极开展了县级以下党政领导干部经济责任审计工作，对16名党政领导干部进行了离任审计。

国有企业审计 国有企业审计围绕促进改革，提高经济效益，以审计企业会计核算真实性为基础，重点揭露企业资产、负债和损益不实、国有资产流失以及损失浪费等问题。市局对8户国有大中型企业审计中，查出虚增利润3445万元，潜亏9180万元，资产损失1220万元，偷逃税金577万元等问题，既为政府加强对国有企业的管理提供了依据，又严肃了财经法纪。

内部审计 内审工作紧紧围绕企业脱困改制，以提高经济效益，增强市场竞争力为工作中心，把规范化管理，保证审计质量作为重点。审计机关通过抓队伍、抓管理、抓实效，提高内审人员素质，坚持培训、考试、持证上岗制度，促进内审工作法制化、规范化、制度化建设，使内审工作迈上新台阶。目前，全市已建立内审机构367个，有内审人员1290名。全年开展审计1778项，查出违纪违规金额3917万元、损失浪费460万元，提审计建议1470条，促进增收节支5665万元。

财政、金融、外资及专项资金审计 对各级财政、地税部门及有组织预算收入的单位和重点支出项目及资金进行了审计。延伸审计了45个单位和项目，审计面占预算单位的42%。查出应作未作预算收入、截留税款、虚转下年使用资金等问题。金融、外资及专项资金审计也查出了账外经营、偷逃税金、挤占挪用专项资金等问题。

【锦州市凌河区审计局】 1999年有行政编制10人。全年紧紧围绕经济建设中心，按照区委、区政府的有关部署，积极开展审计监督工作，共完成审计12户（项），查出违纪金额206万元，应上缴财政资金16万元，已上缴14万元，提交审计报告和信息5篇。

财政预算执行审计 对区财政1998年度预算执行和财政收支情况进行了审计，同时还延伸审计了区地方税务局、区城建局、康宁街道办事处、区农机站等单位。审计结果表明：全区1998年

地方财政预算收入为5200万元，实际执行情况为7061万元，比上年增长44%。1998年全区财政支出预算为5200元，实际支出7825万元，为年度预算的124.7%，比上年增加支出1739万元。审计中对区财政超限额提取现金支付奖金问题提出了纠正意见。区人大常委会对审计结果表示满意。

财务收支审计　对12户区属工商企业及文行事业单位进行了审计，比上年增加3户，共查出违规违纪金额288万元；应上缴罚没金额13.08万元，已全部入库。全年审计中，还对被审单位提出整改意见38条。

【锦州市古塔区审计局】　1999年，紧紧围绕区经济工作的总体要求和工作重点，以审计财政财务收支真实性、合法性为基础，加大了对重大违法违纪问题和经济案件的查处力度。全年共完成各类审计任务19项，查出违规违纪金额180万元，应上缴财政金额144万元，已上缴财政2万元。

【锦州市太和区审计局】　1999年在坚持"依法审计，服务大局，围绕中心，突出重点，求真务实"的方针，紧紧围绕全区经济工作总体要求和重点，以审计财政财务收支真实、合法、效益性为重点，共审计32户项，查出违纪金额157万元，审计缴款13.2万元。

本级财政预算执行审计　揭露了"空转"税收，虚增财政收入，违反规定擅自提退手续费等问题，为财政挽回损失39.9万元。

财务收支审计　对部分行政单位的专项资金进行了审计，查出了挪用专项资金、挤占救灾款、以集资形式发放利息变相搞福利等问题。对全区财政收入影响较大的企业进行了审计，对其纳税情况进行了重点审计，查出漏税额12万元，如数上缴区财政。

【凌海市审计局】　1999年，围绕市委、市政府"抓管理、抓服务、促发展、增效益"的要求，突出对国有资产、国有资金的管理审计、效益审计、经济责任审计，对宏观经济政策执行情况及落实过程中存在的问题的监督，对微观经济领域中重点事项的监督。全年共完成各类审计77户项，比上年增加15%，查出违纪金额345万元，上缴财政67万元。

【北宁市审计局】　1999年，围绕市委、市政府"强化监督职能，促进发展经济"的要求，突出行政执法部门审计、交通部门的审计。加强对宏观经济政策执行情况及落实过程中存在问题的监督，和对微观经济领域重点事项的监督，全年共完成各类审计44户（项），查出违规、违纪金额160万元，应上缴财政126万元，已全部上缴。

审计事业单位所属企业　在对运输管理所审计时发现，该所所属的汽车检测中心成立一年来的业务收入111.6万元没有缴纳税金。审计终结后，除令其补交税金7万元外，要求该单位按照税法的规定，进行纳税登记和管理，规范经营与纳税行为。

【黑山县审计局】　共有21人。其中：大学本科学历1人，大专12人；局长1人，副局长4人；设办公室、农业金融审计股、行政事业审计股、商贸审计股、工交审计股。1999年共审计50户项，查出违纪金额1261万元，应缴财政40.8万元，已上缴财政36万元；提交审计工作报告12篇，审计信息2篇，提出审计建议156条。

专项审计　"3655"工程是辽宁省政府确定的发展农业、节水灌溉工程项目。这项审计任务是政府交办任务，要求一周内完成。本局组织精干审计人员实施了审计。审计结果表明，县各级领导及工程人员对建设项目高度重视，充分体现了该工程在我县农业发展上的重大利益。同时也发现了一些问题，如配套资金不足，资金滞留等问题。审计结果引起了县领导的高度重视，审计提出的建议得到了县领导的广泛赞誉，一致认为审计机关工作做得好，查得实，确实起到了领导的参谋助手作用。

【义县审计局】　1999共完成各类审计53项，查出违纪金额542万元，上缴财政51万元，促进增收节支32万元，应追回侵占挪用资金262万元。

财政、财贸、农业审计　1999年财政、财贸、农业审计工作以经济建设为中心，坚持"依法审计，服务大局，突出重点，求真务实"的基本方针，开展了财政预算执行情况审计，并延伸到与财政预算收支相关的部门和单位。同时，对农业专项资金、生产资料系统、粮食行业也进行了重点审计，为有关部门宏观决策提供了审计依据。

文行、基建审计　1999年文行审计重点突出了对预算外资金收支的审计，特别是重点开展了中小学收费审计，较好地维护了群众的合法权益。全年还完成基本建设投资审计5项，审减工程款36万元，对建设资金的合理、有效使用起到了促进作用。

【葫芦岛市审计局】　1999年葫芦岛市审计局坚持以真实性为基础，加大审计力度，扩大审计影响，严格审计执法，为促进廉政建设、维护全市经济健康发展发挥了积极的作用。全年市局共审计309个单位，查出违纪违规金额40230万元，上缴财政574万元，减少财政拨款或补贴114万元，归还原渠道资金3361万元，查出百万元以上违纪违规单位10户，移交司法、纪检部门案件3个。

财政预算执行审计　1999年该局认真总结三年财政预算执行审计的经验，重点摸清资金在流向、使用和管理方面存在的问题，认真剖析资金使用效益低下症结，共涉审31个预算单位，109个银行账号，资金总额达83085万元。为进一步促进财政行为规范化、制度化提供了依据。

工行、建行审计　1999年市本级共审计工商银行9户，建设银行8户。查出违纪违规金额1.69亿元，对336个单位的贷款使用情况进行了审计调查。

信息科研工作　全年市局共编发信息70期，采用稿件88篇，其中被副省长批示3篇，被署、省、市采用34篇。在各类报刊上发表文稿45篇，其中：在《中国审计报》上发表稿件8篇，信息工作首次被省审计厅评为先进单位。全年共撰写科研论文65篇，20篇分别被省级以上报刊采用，郑洪平同志撰写的13万字理论专著《宏观审计概论》，7月份由大连出版社出版。

经济责任审计　市局认真贯彻《辽宁省国有企业厂长（经理）离任审计条例》和中办、国办暂行规定，并依据“两办”规定制定了暂行办法，明确指出县级以下领导干部和企业法定代表人未经审计不得离任或不得解除任职期间的经济责任。在审计内容上、方式方法上也提出了具体要求。

内部、社会审计　1999年市局对内部审计主要抓了三项工作。一是开展培训。集中内部审计人员参加署、省举办的培训班，各系统内部采取“以会代训”的形式，培训内审干部。二是树典型。以内审工作开展较好的乡镇引路，大力推广他们的具体作法。三是组织交流经验。绥中县和兴城市分别召开了内审工作会议，介绍内审工作经验，互补内审工作新知识。社会审计重点完成了对审计师事务所与国家机关脱钩改制的任务。

【葫芦岛市连山区审计局】
1999年共完成审计任务69户（项），超额完成全年审计计划的77%，审计金额15.8亿元，查出违纪违规金额687万元，上缴财政22万元，为企业挽回经济损失276万元。

工行、建行审计　审计工行、建行连山支行资金总额13.3亿元，查出违纪违规行为金额2904万元，为整顿金融秩序和国家进行宏观调控提供了真实可靠的依据。

经济责任审计　区局认真落实中央“两办”指示精神，重视领导干部任期经济责任审计，专门设立了“经济责任审计股”，并根据区委、区政府的要求制定了相关条款，为今后开展该项审计工作奠定了基础。

机关建设和精神文明建设　局领导班子注重机关规范化管理，建立健全了十项管理制度，积极调动全局干部党员的工作热情，充分发挥领导班子的堡垒作用。

【葫芦岛市龙港区审计局】
1999年度完成审计项目23户（项），查出违纪违规金额2993万元，百万元以上违纪单位4户。圆满完成了各项审计任务，为区经济发展做出了积极的贡献。

财政预算执行审计　在历时一个月的财政预算执行审计中，共审计资金1.5亿元，查处重大违纪单位2个，查出涉嫌贪污人员1名。在审计中能及时发现问题，坚持做到客观公正评价财政收支状况。

离任审计　根据区委、区政府的要求，完成了对4个单位的领导干部任期经济责任审计工作。通过核实本单位现有资产存量及负债情况，认定其在任期内的经济成果，给离任者以公正评价，为上级考核任用干部提供了参考资料。

【葫芦岛市南票区审计局】
1999年共完成审计项目30户（项），查出违纪违规金额28万元，上交财政2万元，追还被侵占、挪用资金6万元，完成区委、区政府交办任务2项，提出审计建议和意见12条。

财政预算执行审计　以审计财政、地税为主，审计资金总额9398万元。发现违规调增预算支出、挤占挪用专项资金和资金使用不规范等问题，及时提出了意见和建议。

工行、建行审计　区局用时3个月对工行、建行南票支行的资产、负债、损益情况进行了全面审计，对两行财务收支和信贷资产方面存在的问题提出了处理意见。

行政事业单位审计　全年共查出违纪违规金额18万元，提出建议和意见8条。同时还帮助部分单位理顺财务账目，规范财务收支，做到“审、帮、改”相结合。

机关建设　局领导班子注重机关建设，为培养政治思想强、业务技术精、工作作风硬的审计队伍，重点抓了三方面工作。一是加强政治学习，提高审计干部的政治素质；二是加强业务学习，增强审计人员的专业知识；三是抓制度建设，树立审计部门的良好形象。

【绥中县审计局】　1999年共完成审计项目112户（项），超额完成全年审计计划的45%，审计资金总额1667万元，上缴财政资金76万元。撰写审计信息和文章68篇，被县以上单位采用34篇，省以上刊物采用4篇，省厅采用2篇，省委办公厅采用1篇。

财政预算执行审计　1999年财政预算执行审计继续从银行账户审计入手，核实财政收支，摸清财力状况，加强财政资金使用效益研究，揭露在财政分配和征管中存在的问题。共涉审单位83户，审计金额2.5亿元，查出有问题资金1108万元，提出审计建议7条。

工行、建行审计　审计工行、建行绥中支行资金总额6.1亿元，查出有问题资金700万元，提出金融系统管理方面的建议5条。

专项资金审计　对世界银行贷款农业专项资金审计于4月2日开始，历时28天对全县22个乡（镇）场（站）的项目进度、资金使用、配套资金落实及效益情况进行了审计。审计资金总额5913万元，延伸审计项目单位26户，查出有问题资金651万元。同时还完成了世行贷款结核病控制项目专项资金审计和中国福利彩票赈灾募集资金审计。

【建昌县审计局】 1999年共完成审计项目58户（项），超额完成全年审计计划的11%，审计资金总额22.5亿元，查出违纪违规金额3529万元，上缴财政94.2万元。

财政预算执行审计　以财政、地税为主，共延伸审计基层预算执行单位29个，查出违纪违规金额170万元，对各单位存在的问题分别提出了审计意见，对问题比较严重的单位和个人建议有关部门及单位领导给予严肃处理。

工行、建行审计　审计工、建两县支行共查出违纪违规金额1229万元，其中，工商银行798万元，建设银行431万元，审查发现挤占信贷资金、违规发放贷款和人为造成潜亏等金融管理存在的主要问题。

专项资金审计　城市建设专项资金审计，共涉审11个单位，重点审计了城建与维护资金的征收、管理和使用等项目。福利彩票赈灾募集资金审计，本年度县民政部门共发行福利彩票80万元，实际只收到资金60.23万元，其余19.8万元未能按时收回，审计发现问题后，及时建议民政部门尽快组织人力，加紧催收，足额上缴。世行贷款资金审计，主要审计了县结核病防治所利用世界银行贷款项目资金的使用过程。审计发现配套资金虽已入账，但并没有全部落到实处，结果出现虚假数字，项目失衡，未能发挥最大效益。

【兴城市审计局】 1999年度共完成审计项目43户（项），查出违纪违规金额1076万元，应上缴财政189万元，实际上缴财政142万元；提出审计建议和意见78条，上报审计论文20篇，在省市论文研讨会上交流2篇，上报审计信息23条，被上级机关采用20条。

财政预算执行审计　本年财政预算执行审计总结了上年经验教训，详细制定审计方案，工作开展的比较顺利。被审单位积极配合支持审计工作，重视在审计过程中提出的建议和意见，并表示认真吸取教训，努力改正不足。

工行、建行审计　对工行、建行兴城市支行资产、负债、损益情况进行审计。发现资产不实、截留收入、乱摊成本、贷款悬空和漏缴税金等问题，及时向上级业务部门提交审计报告两份，审计结果得到省厅的肯定。

【营口市审计局】 1999年营口市审计局两级审计机关审计行政企事业单位394个，查出违纪金额3亿多元，依法应收缴财政636万元，促进增收节支1769万元，分别比上年同期增长66.6%、51%、和87%。

财政预算执行审计　市审计局于3月19日至4月16日，对财政部门掌管的预算内、外资金的有关单位进行了审计，对地方税务局税收征管情况进行了审计调查。同时延伸审计了参与预算执行的58户行政、企事业单位，延伸审计资金额1.9亿元。在分析评价市财政预算执行情况的同时，还披露了审计查出的行政事业费预留支出指标过多、不合理占用预算外资金等8个问题，并提出具体的改正措施。

大案要案查处　1999年营口市审计局把打假治乱，全面审计，突出重点，注意发现大案要案线索作为审计工作的着眼点，执法力度有了重大突破。加大审查力度、处理力度、宣传力度和追究力度。二粮库挥霍公款问题、福利电线厂原厂长贪占公款问题等分别在电视台被披露。站前区工商行黎明储蓄所开具假存单，为他人骗取财政借款开方便之门问题等2起经济案件被移交给公安机关立案侦察，有4人被收审。

企业审计　工交企业，重点查实5户国有大中型企业盈亏不实金额4000多万元，并对盐业（集团）公司等6个单位厂长（经理）离任进行了审计；粮食企业审计，查出一粮库陈化粮食52500吨，价款7000多万元，省委书记闻世震做了重要批示，要求有关部门采取措施加以解决；在对2个中外合资企业审计中，收缴税款40万元，查出虚增利润506万元。

【营口市经济技术开发区审计局】

1999年共完成审计项目39项，审计资金总额4.6亿元，查出违纪金额1900万元，实现增收节支1000万元。

金融审计　对中国人民建设银行盖州支行55504万元资金进行了审计，查出有问题资金1873万元，调整信贷资金8074万元，对欠交各种税29.5万元的违纪问题进行了处理。

财务收支审计　在7户文教行政审计中，查出侵占挪用专项资金和坐支预算收入；在2户企业审计中查出私设“小金库”、成本核算不实等问题。

基本建设项目审计　审计工程项目7项，报审总额3680万元，审减额500万元，不仅节省了财政开支，同时加大了审计力度。

【营口市老边区审计局】 现有人员16人，正副局长2人，内设5个科室。1999年对全区52个单位进行了审计，查出违规违纪金额807万元，应收缴入库金额36万元，已入库金额15万元。有针对性地提出改进意见和建议100多条。

领导交办任务审计　从5月份开始，对全区50个单位的资产、负债情况进行了清理整顿。查出21个单位账外负债246万元，12个单位固定资产损失100万元，以及坏账损失严重等问题。

干部经济责任审计　对全区6个行政事业单位科级领导干部的任期进行了审计，查出违规金额及有问题资金128万元。对6名干部任期的经济责任进行了客观公正的评价，为区委任用干部提供可靠的依据。

【营口市站前区审计局】 1999年共审计单位43个，查出违纪金额1000多万元，为企业挽回经济损失18万元，收缴罚款8万元，建议给予行政处分3人。

财务收支审计 对全区30个行政事业单位进行了审计，查出违纪金额200余万元，其中，应缴未缴财政80万元，坐支现金40万元，挪用专项资金15万元，挪用侵占公款1万元等。对10户区属企业利税真实性进行的审计，发现个别企业存在利润不真实，偷税漏税，审计机关分别给予了处理。

政府交办任务审计 对建设办事处所属营口市福利电线厂进行了专案审计，查出福利电线厂厂长挪用贪占公款，挥霍浪费问题严重。经审计追回挪用贪占款项18万元。对营口市消防器材厂进行的专案审计，查出私设“小金库”、卖增值税发票等严重违纪问题，此案已移交给司法机关。

【营口市西市区审计局】 领导交办任务审计 1999年对西市场企业公司1996～1998年5月财务收支情况进行了审计，发现这个单位三年来收入房租25320元，漏交房产税和营业税5936元；企业管理费收入223，506元，未交税金；出售不动产也未交税金。对上述问题，区审计局责令补交税费19493元，同时决定对该公司处以罚款。

预算外资金审计 对西市区劳动服务公司1996－1999年3月末财务收支进行了审计，发现这个单位收取的临时工管理费等预算外收入63万元，仅上缴财政5．6万元，坐收坐支预算外57万元。经研究决定，将坐支部分足额补缴财政专户，并向政府领导进行了汇报。杜绝了类似问题的发生。

【盖州市审计局】 1999年完成审计项目78项，查出违纪金额2970万元，决定处理处罚金额1238万元，其中应归还侵占资金21万元，应缴财政63万元，已上缴财政17万元。

财政预算执行情况审计 查处了市财政部门挤占上级专项资金1601万元，虚列、虚调应列未列支出2900万元平衡财政决算等问题，同时延伸审计地税系统及纳税户，查出串税、拉税、占压税款及部分企业偷税、欠税等税收征管方面存在的问题。

改制企业审计 对已改制的熊岳园艺工具厂等8户企业的资产、负债、损益情况进行了全面审计，查出漏税、欠税、国有资产流失、核算不实、经济效益低下等问题，向政府写出了专题报告。

【大石桥市审计局】 全年共审计了101个单位，查出违规违纪金额3784万元，应收缴入库314万元，归还原资金渠道15万元，核减经费指标53万元。

专项资金审计 重点对农业局等17个单位的专项资金进行了审计，查出高坎镇水产养殖中心挤占渔业专项资金等违纪金额71万元，除核减这些单位的经费指标外，收缴财政12万元。

领导干部任期经济责任审计 与组织部联合成立了经济责任审计科，对高坎等5个乡（镇）区领导干部任期目标经济责任进行了审计，纠正了基层乡（镇）财政潜亏和收入指标不实等问题，为领导宏观决策和干部管理任用提供了依据。

【盘锦市审计局】 全年共完成审计项目76项，为年计划的161．7%。查出违规行为金额2103万元，其中决定处理处罚874万元，指明要求纠正1229万元。应上缴财政523万元，已上交财政296万元。向上级审计机关和市委、市政府提交审计工作报告、审计调查报告、审计信息56篇，完成审计科研论文28篇。

财政预算执行审计 经对市本级1998年度财政预算执行和其他财政收支情况审计，查出财政预算在实际运作过程中存在应缴不缴、坐支、挪用和执行不够严肃等问题。共查出违规行为金额389万元，应上交财政金额129万元，已上交财政金额96万元。

农业综合开发资金审计 经对全市1997、1998年农业综合开发资金的审计，查出违纪金额734．4万元，促进资金到位490．6万元，归还原资金渠道107万元，上交财政金额55万元。对审计中查出的挤占、截留、抵扣资金等问题，提出了“农业综合开发资金必须实行专户管理、指标管理与资金管理同步，有偿资金与无偿资金同步，划入专户分别记账”的审计建议。市农业开发资金管理办公室根据此建议制定了《盘锦市农业综合开发资金专户管理暂行办法》，决定建立农业综合开发资金专户，核算实行“三专四统一”制度。

审计法制工作 该局全面实行审计部门执法责任制，对实行审计执法责任制和政务公开以来制定的有关制度23项进行整理汇编，出版了《审计机关执法责任制》一书。为预防违法行政行为，制定了《盘锦审计局审计执法过错追究制度》，对审计执法过错追究的原则、责任种类、责任划分、责任追究进行了明确规定，对此《中国审计报》进行了报道。

社会审计工作 盘锦审计师事务所脱钩改制工作结束。经辽宁省财政厅批准成立盘锦世辅会计师事务所有限责任公司，其人员档案归省人才技术交流中心管理，工作、业务活动接受省注册会计师协会监督、管理。

【盘锦市兴隆台区审计局】 1999年，按上级审计机关的要求，结合本区实际，围绕区委、区政府的中心工作，以审计财政财务收支的真实性、合法性为重点，深化财政预算执行审计，加强并改进了其他各项审计工作。全年共完成计划内审计项目15项21户，完成审计调查1项18户，完成区委、区政府交办的审计任务2项58户。查出违纪金额89万元，上缴财政金额6万元。向区委、区政府和上级审计机关提交审计信息、报告15篇，完成审计科研论文2篇。

财政预算执行审计　经对1998年度财政预算执行情况进行审计，查出财政局越级拨款、兴隆商场漏缴税金等问题，并依法进行了严肃处理。

经济责任审计　根据区领导的交办，对区劳动局、信访办、政府办、区社会保险中心进行了领导离任审计，对4户法人代表任期经济责任进行了审计，为干部的考核和使用提供了依据。

行政事业单位审计　根据区领导的安排，对全区54个独立核算的行政事业单位财务收支状况及财经法规执行情况进行了审计，对审计中发现的问题进行了处理和纠正，强化了各单位对财务工作的管理。

【盘锦市双台子区审计局】 1999年，按照区委、区政府"围绕财政抓经济，围绕效益抓生产"的要求，坚持"依法审计，服务经济，突出重点，标本兼治"的审计工作思路，以审计财政财务收支真实合法为重点，深化财政预算执行审计，加强和改进企事业单位财务收支审计、经济责任审计。全年共完成各类审计26户（项），查出违纪违规金额396万元，应上缴财政金额230万元，已缴入库11万元，完成审计调查2项。

审计财政预算执行情况　1998年区财政预算执行和其他财政收支情况进行审计，重点审计财政预算内、外收支，教育事业费、财政周转金、农业专项资金。审计中延伸抽查了预算执行单位23个，发现了一些问题，如：截留预算收入70万元，应缴未缴预算收入367万元等。审计机关对有关问题依法进行了处理，并提出了一些管理方面的意见和建议。

经济责任审计　按照区政府的要求，对4个部门法人代表离任进行了审计，查清了4部门法人代表任职期间的资产、负债，经济责任等情况，为区政府合理安排、调动这些部门领导人职务提供依据。

【大洼县审计局】 1999年，围绕县委、县政府的中心工作，以审计财政财务收支真实、合法为重点，深化财政预算执行审计，加强并改进了其他各项审计。全年共完成计划内审计项目18项33户。完成审计调查1项2户。完成县委、县政府交办的任务19项44户。查出违纪并应上缴财政金额246万元，已上交财政入库136.3万元。向县委、县政府和上级审计机关提交审计信息、报告26篇，完成审计科研论文5篇。

财政预算执行审计　经对1998年度财政预算执行审计，查出某部门截留、虚增财政收入以及某企业挪用财政专项资金等问题，并依法进行了严肃处理。

乡镇资金和农电系统审计　重点审计了乡镇资金的拨入、分配、管理和使用情况以及电费增值税、电费加价等问题，减轻了农民负担，维护了农民利益。

经济责任审计　根据县委组织部交办，对唐家、城郊农场、田庄台镇、县体委、县劳动局、县化工厂、新兴化工厂和10家粮库的法人代表进行了离任审计，对全县17家粮食企业法人代表任期经济责任进行了审计。为干部的考核和使用提供了依据。

【盘山县审计局】 1999年围绕县委、县政府中心经济工作认真开展审计工作，履行审计职责。全年共完成计划内审计项目27项38户。查出违纪金额56万元。已上缴财政52万元。

财政预算执行审计　经对1998年度财政预算执行审计，查出财政预算内、外资金不同程度被挤占问题，向县政府提出建议和整改措施。

规范完善经济责任审计　为健全和完善厂长（经理）领导干部离任审计制度，提出《关于对县属重点企事业、机关团体等单位开展定期审计的实施意见》，经县政府批准实施，完善和规范经济责任审计，为领导干部离任审计打下基础。

【阜新市审计局】 1999年全面履行了审计监督职责，开展了财政金融审计、企业审计、固定资产投资项目审计、社会保障资金审计、任期经济责任审计，共审计了118个单位（项目），查出违纪违规行为金额2亿元，比上年增加23%，已上缴财政金额188万元，比上年增加45%，应归还原渠道资金802万元，为建设项目节约资金560.7万元。在努力完成各项审计任务的同时，采取各种措施，加强审计业务基础建设，审计规范化建设得到了加强；推行了政务公开工作，机关工作作风明显好转，办事效率明显提高，此项工作受到了市政府的表扬。

财政金融审计　在开展本级预算执行情况审计过程中，重点审计了预算收支执行情况、财政预算资金的平衡情况和其他财政收支情况，揭示了6个方面的问题，提出8个方面的审计建议，审计结果报告和审计工作报告受到市政府、市人大常委会的高度重视和评价。市财政局针对审计提出的问题和审计建议，制定了《内部财务管理办法》，加强了预算管理和会计管理工作。对下级政府财政决算审计效果比较突出。在对阜、彰两县财政决算审计时，查出了虚列支出、挪用上级专项资金等22个具体问题，违纪违规金额2768万元，并依法进行了严肃处理，在一定范围内引起了震动。同时，根据辽宁省审计厅的统一安排，集中部分骨干力量，历时四个月，对中国工商银行阜新支行下属分支机构和中国建设银行阜新支行及其分支机构进行了审计。审计中，揭示了多计少计各项收入和支出、漏缴税金、资产不实等违纪违规问题。在信贷资产清理审计中，延伸审计了部分贷款户，分析了各类贷款的风险程度，并有针对性地提出了建议。两行审计为中央财政增加收入340万元。

任期经济责任审计　为了贯彻中共中央办公厅、国务院办公厅下发的关于《国有企业及国有控股企业领导人员任期经济责任审计暂行规定》及《县级以下党政领导干部任期经济责任审计的暂行规定》和辽宁省人大常委会1996年下发的《辽宁省国有企业厂长（经理）离任审计条例》和阜新市政府、市委组织部关于国有企业厂长（经理）离任审计办法、领导干部离任审计制度，开展了任期经济责任审计，起到了促进廉政建设的作用。据统计，1999年，审计局共开展企业厂长（经理）离任审计12户，党政机关领导干部离任审计2户，党政机关领导干部任职期间经济责任审计1户。通过审计，有3人被移送纪检监察机关处理。

【阜新市太平区审计局】　1999年紧紧围绕太平区人民政府的重大决策和中心工作开展审计监督，把“财政收入为中心”和“富民强区”战略贯彻到审计工作中，增强监督和服务意识，开展了本级财政预算执行情况审计、经济责任审计、资产负债损益审计、财务收支及“三项”资金（城镇居民最低保障线资金、下岗职工保障资金、城镇特困职工保障金）审计。全年共完成各类审计31（单位）项，查出违纪金额29．8万元，违规金额542．4万元，收缴罚没款9．8万元，查出大要案1件，其责任人受到法律制裁。此外还查出违纪事项二件，涉及6人受到党纪政纪处理。加大了审计工作的威慑力。同时也提出有针对性审计意见60条。

财政审计　自1999年1月26日至1999年4月15日对1998年度太平区本级预算执行情况进行了审计，查清了财政资金收、支、余情况。肯定了财政预算执行过程中，财政部门坚持依法理财、克服困难，使有限的资金发挥较好的效益，保证了太平区正常工作运转。同时查出少列预算支出469．2万元、未按规定安排预备费、动用预备费不合规，以及内控制度不健全，造成财政干部利用职务之便采取私购、私开以及“大头小尾”等手段将会计培训费5．5万元占为已有的犯罪事实。

【阜新市细河区审计局】　1999年，围绕区委、区政府“外向牵动、科教兴区、以村当镇、规模经济”四大战略要求，突出对同级财政预算执行情况审计，国有资金管理审计、效益审计、经济责任审计。全年共完成各类审计26项，查出违纪金额376万元，应上缴财政29万元，已上缴财政18万元，追还挤占挪用资金118万元。

同级财政预算执行情况审计　根据审计工作计划，区审计局对财政预算执行情况进行审计，并延伸审计40余户财政收支单位。发现在财政预算执行中存在教育费附加、城市维护费、教育集资、救灾款等专项资金在核算、使用上不规范，违反专款专用原则、财政预算执行不真实、虚列支出等问题，提出了加强和完善对专项资金的核算、管理和监督、强化对预算单位的监控度、严格执行《预算法》等审计建议。指明要求纠正违规行为金额167万元。

【阜新市海州区审计局】　1999年紧紧围绕区政府“四抓四促、兴三优二、外向牵动、振兴海州”及上级审计机关的要求，不断增强“监督、中心、参与、服务”意识，突出了对同级预算执行情况、养老保险基金情况、经济责任兑现及任期经济责任的审计。全年共审计15个计划内项目，涉及近百余单位，查出违规金额2600万元，要求纠正金额2576万元，决定处理处罚金额24万元，处罚应交财政金额3万元，归还原渠道金额7万元，向区纪检监察机关移送案件1件，建议给予行政处分1人，给予全区通报批评2个单位。

区本级财政预算执行情况审计　根据市审计局1999年审计工作计划，海州区审计局对本级预算执行情况及其他财政收支情况进行了审计，由此延伸审计了18个与预算执行有关的行政和事业单位，共查出违规行为金额1665万元。通过审计，揭示了在预算批复、调整、管理和其他财政资金等方面存在的问题。审计报告引起了区政府的高度重视，区人大常委会听取了审计报告后，对审计工作给予了高度评价。区财政部门对审计报告揭示出的问题及所提的建议，积极制定整改措施。

【阜新市新邱区审计局】　全年共完成各类审计27项，比上年增加3．8%，查出违纪金额52万元，应上缴财政2万元，为企业挽回经济损失近30万元。

审计区属集体企业　经区政府授权，区审计局对区属某集体企业1992年至1996年解体期间资产负债损益情况进行审计。发现该企业管理混乱，盈亏不实，潜亏不报；1996年10月企业解体时，亏损12余万元，负债697，235元；还有50多万元资产（包括商品、汽车、销售款）去向不明。审计机关认定该企业经理（承包人）涉嫌经济犯罪，因此，将其移送司法机关立案查处。

领导干部经济责任审计　根据区委组织部的安排，区审计局本年共完成领导干部经济责任审计12项，其中领导干部离任审计5项，在任审计7项。共查出违纪金额10万元，为被审计单位挽回经济损失近30万元；在被审计过的12名干部中，提拔重用的2人，退休的1人，平调的1人，免职的1人，在原岗位留任的5人，移送司法机关立案的2人。

【阜新市清河门区审计局】　1999年，围绕区政府“市场导向、调整结构、科技兴区、规模经营、城乡一体、外向牵动”的经济发展战略，以审计财政、财务的真实性为重点，对涉及社会稳定、群众关心热点问题的相关单位及部门进行涉及监督，对区属重点企业开展审计监督。全年共完成各类审计35项，查处违纪行为金额412万元，应上缴财政12万元。

干部任期、离任审计　按上级机关部署，共完成任期审计17项，离任审计3项。通过审计揭示一些领导干部在财经管理中带有共性的问题，审计机关提出了相应的改进意见。为组织部门任用干部以及加强干部的在财务管理能力和廉洁自律方面提供依据。

预算外资金管理审计　经区政府授权，区审计局对全区60家有预算外资金收入的机关、事业单位进行了审计。通过审计强化了预算外资金管理。预算外资金的收支两条线管理得到进一步落实。

【阜新蒙古族自治县审计局】　1999年，围绕县委、县政府“富民、兴乡、强县”的总体目标，进一步解放思想，认真履行审计监督职责，坚持审计为经济建设服务的宗旨，全年共审计33项85户，分别是年初计划的106%和107%，查出应缴财政金额43万元。

乡镇财政决算审计　按年初计划，对县属乡镇进行财政决算审计，审计中发现部分预算外资金和乡镇统筹款控制不严，存在问题很多，仅据两个乡镇的统计，虚增收入80.2万元，少计收入22万元，少计支出8.2万元。审计提出优化支出结构，压缩非生产性支出，真实反映财政预决算情况的审计意见，引起了乡镇领导的重视。

农业资金审计　年内对总额为1433万元的农业专项资金进行了审计，查出有问题资金39.6万元，审计后向有关部门提出了整改意见。

【彰武县审计局】　1999年紧紧围绕县委、县政府的中心工作，以审计财政、财务收支的真实、合法性为重点，认真履行了审计监督职责，全年共完成各类审计任务31项（户），查出违纪金额573万元，决定上缴财政1.8万元，归还被挪用资金原渠道22万元，要求纠正的533万元。

基建项目审计　1999年对某银行1997年竣工办公楼基建财务进行了审计，发现该单位不但建筑面积超计划，还漏缴税金22万元，有的账务处理与原始凭证不相符，针对存在的问题做了处理决定，并提出了审计建议。

本级预算执行情况审计　对本级1998年财政预算执行情况和其他财政收支进行了审计，发现财政部门应收未收预算收入400多万元，预算执行单位虚列支出21万元等问题。审计机关对存在的问题提出了加强财政管理的意见和建议，并向人大常委会报告了审计结果。

【辽阳市审计局】　1999年全局完成审计110户，查出违规行为金额40358万元，应上缴财政金额207万元，已上缴192万元。编发审计信息98期，其中被省委、省政府采用1篇，被副省长批示1篇；被省审计厅采用15篇，被市委、市政府采用40篇次，被市委书记、市长批示3篇次，被新闻单位采用播发20余篇次。提出审计建议330余条。为促进财政资金的有效使用开展了财政预算执行审计，对财税和下属部门二、三级预算单位进行审计，重点对税收和非税性收入的征管、财政资金的分配、财政资金的使用效益、其他财政资金的收支及有关财税政策执行情况进行了审计，对审计查出问题进行了处理，并提出了审计建议。向本级政府和人大做了报告，得到了人大和政府的一致好评。1999年的预算执行审计做到了“四个突破”：一是方法上有突破；二是范围上有突破；三是规范化建设上有突破；四是质量上有突破。工业、商业、投资、农业、行文、外资、金融等各专业审计本着年初计划和经济工作中心开展了各自的审计。各县（市）区审计局及市局根据市领导交办及配合有关部门完成审计项目76项，其中市局完成35项。认真贯彻中央“两办”通知精神开展了领导干部任期、离任经济责任审计。根据市委组织部委托，市局开展了对本市党政机关及事业单位领导干部离任经济责任审计27户，查出违纪金额954万元。这项工作本局开展得较早，通过实践对审计公文形式、用语进行了进一步的探讨，使这项工作更趋于完善。利用新闻媒体和深入到被审单位宣传审计法及审计工作；通过认真执法、提高审计工作质量，扩大审计工作的影响。依据审计规范修改完善了审计工作作业规程和质量标准；坚持审计项目审批制度、汇报审定和审理制度；继续坚持审计案例分析制度；加强了对人员的培训。

【辽阳市宏伟区审计局】　1999年共审计完成11项，查出违规行为金额15万元，上缴财政金额12万元。积极开展同级财政预算执行情况审计，通过审计，总结区财政预算执行过程中好的经验和做法，揭露财政管理中存在的问题，并相应提出审计建议，取得了较好的效果。1999年区级财政收入预算5125万元，实际完成收入5859万元，较预算增收734万元，增收幅度为14.32%，较上年同比增收609万元，增收幅度为11.6%，财政收入总额实现9474万元。支出预算8041万元，实际完成8041万元。由于有较好的经济基础，使全区的经济和各项事业蓬勃发展。1999年还全面落实“两办”关于对县级以下领导干部进行任期经济责任审计的通知精神，积极开展对领导干部的任期经济责任审计，在审计过程中积极探索领导干部任期经济责任审计的方法和程序，取得了较好的效果。全年共开展领导干部任期经济责任审计5项，占整个审计项目的45%。通过审计，给选拔和任用干部提供了第一手资料。

【辽阳市灯塔区审计局】

1999年共审计完成39户，查出违规行为金额2818万元，上缴财政8万元。在审计本级财政预算执行情况中延伸27个预算单位和纳税企业，查出应列未列收入452万元；应列未列支出561万元；虚列财政支出158万元和无依据支付标准工资95．5万元。针对问题提出了相应的处理意见和建议，使财政资金使用越来越透明，越来越规范，促进提高资金的使用效益。完成了铧子镇政府、大河南政府、张台子镇政府、沙浒镇政府、万宝桥街道、烟台街道等7户乡镇财政预、决算的审计，覆盖面达到35%。同时对领导交办的五星乡乡长、里仁乡乡长、单庄子乡乡长、罗大台镇镇长离任进行经济责任审计，对其在任期间的业绩及应负的经济责任进行全面评价。纪念《审计法》颁布实施五周年，组织了加强审计监督学习研讨会。利用各种机会宣传审计法，使审计工作逐步深入人心。

【辽阳市文圣区审计局】 1999年该局共完成审计11项，提出审计建议20条，被采纳16条。

1998年本级财政预算执行和其他财政收支审计 在认真总结上年审计的基础上，围绕区委、区政府中心工作，征求了有关单位和区领导对这次审计的意见。采取了分组审计、集中整理、综合协调等办法，依照《预算法》和区人大批准的预算和有关资料，重点对区财政的资金分配、管理、使用、税收征管及有关财税政策执行情况认真地进行审理和查证。对审计中发现的违规问题，被审单位根据审计意见按照《预算法》有关规定进行了及时纠正和调整。并提出了强化预算管理的三项措施，得到了区政府的赞同，区人大常委会对这项工作给予了高度的评价。

经济责任审计 1999年共开展任期内的经济责任审计3户。

《审计法》颁布五周年纪念活动 一是组织全体审计人员重温《审计法》和《审计法实施条例》。二是利用区委宣传部的橱窗展览审计图片，向社会宣传审计法的主要内容。三是以支部为单位，组织审计系统的党员干部开展审计法律知识问答活动。

【辽阳市太子河区审计局】

1999年本局共开展审计22项，查出违规行为金额739万元。

同级财政预算执行情况审计和财政决算审计 通过审计发现财政部门支出超预算未经人大审批等多项问题。通过延伸审计还发现了民政事业费使用不合理、支农资金拨付到位不及时等问题。对审计过程中发现的问题及时向政府和人大进行了汇报，同时对被审单位存在的问题，提出了改进的意见和处理处罚决定，区政府及区人大对我们的工作给予了充分的肯定。

经济责任审计 全年共开展3项离任审计任务，均达到了预期的目的，受到了政府及被审单位的重视和认可。通过离任审计，被免职的领导干部2人。

《审计法》颁布五周年的宣传活动 印制了3000张《审计法》宣传单，组织全局同志到工厂、学校、街头散发传单。以此为契机开展了对审计队伍素质教育活动，要求大家提高业务素质和文化素质，提高执法水平。

【辽阳市白塔区审计局】 1999年共审计12户，查出违规行为金额96万元，上缴3．2万元。移送区监察局处理一户。对区本级1998年度的财政预算执行和其他财政收支情况进行了审计，通过审计追回国库资金14万元，查出漏缴增值税1．5万元，查出应缴未缴预算外收入10．3万元。针对以上问题，区政府根据有关法律、法规和本区的实际情况，进一步采取措施，强化财政管理，扎扎实实地做好财政工作，加强和完善了税收征管工作。我局不断完善和改进对预算执行情况的审计方法，为区人大常委会审查监督预算执行情况提供高质量服务，受到区委、区人大和区政府的好评。认真贯彻执行“两办”关于经济责任审计的有关通知精神，联同区委组织部共同下发了《白塔区党政机关和事业单位领导干部离任经济责任审计办法》，为开展好这项工作提供了保障。认真开展《审计法》实施五周年宣传活动，印制了审计法手册50本，下发到被审单位和个人。组织全体审计干部召开了纪念《审计法》颁布实施五周年座谈会。

【辽阳市弓长岭区审计局】

1999年共审计完成41项，上缴财政20万元。对区财政预算执行情况及其他财政收支情况进行了审计和延伸审计，得到了区政府和人大的一致认可。对粮食系统的清查审计，本着实事求是的原则，最后经审批确认3326万元政策因素，享受了国家和地方的贴息政策，为企业减轻了一大负担，并已全部分解到所属企业。认真贯彻“两办”通知精神，开展领导干部任期及离任经济责任审计。制定了相关的具体审计办法，共对6个单位的领导干部进行了离任审计，为这些领导的经济责任作出了客观公正的评价。利用《审计法》颁布五周年之际，宣传审计法及审计工作，下发《审计法》小册子，组织机关人员集中学习《审计法》及《审计法实施条例》，提高认识，达到共识。

【辽阳县审计局】 1999年，共审计35户，查出违规金额6295万元，其中处理处罚156万元，应上缴财政40万元，已收缴入库18万元。在财政预算执行和其他财政收支情况审计中，主要审计了财政局具体组织执行县预算情况，地税部门征管情况，对部分执收单位和资金使用部门进行了延伸调查。从审计情况看，1998年全县预算执行情况较好，完成了县十二届人大常委会第二次会议审查批准的财政预算任务。审计发现了应设未设预备费和实拨资金到位率较低的问题，提出了加强预算管理的两点意见。本年度，对财政、工交、商贸、文行、农业、外资等各专业的审计，认真执行了审计项目计划，加大审计监督力度，为维护财经法纪，促进廉政建设，做出了贡献。此外，本年度还完成了县委、县政府交办的审计任务和县直部门委托的审计事项，继续加强了机关基础建设和审计队伍建设。

【铁岭市审计局】 1999年，在市委、市政府和省审计厅的正确领导下，认真贯彻和执行《审计法》和《审计法实施条例》，着力开展重点资金、重点项目、重点行业、重点企业和经济责任审计，取得了比较显著效果。全年共审计各类单位207个，完成年度计划的207%，查出违纪违规金额29265万元，决定上缴财政金额837万元，已上缴财政金额341万元，促进增收节支1182万元。

财政预算执行和其他财政收支审计 1999年的预算执行审计，采取了账户入手、下审一级和真实性审计相结合的工作方法，全面揭示了预算管理不够规范，财政支出不够均衡，一些税务部门在税款过渡户滞留税款等问题。1999年，共审计和延伸检查了85个单位，查出违纪违规金额13207万元。通过审计促进财政增加收入1182万元。此项工作得到了市政府和市人大的充分肯定，认为审计工作实事求是，客观公正，问题抓得准。

经济责任审计 积极采取措施，落实中央两办文件精神，制定了全市党政领导干部任期经济责任审计办法，成立了专职机构。1999年，共开展党政领导干部任期经济责任审计和厂长（经理）离任审计12项，其中党政领导干部任期经济责任审计1项，厂长（经理）离任审计11项，为各级党委和政府选拔任用领导干部提供了决策依据。

工行、建行系统审计 重点对工行、建行资产、负债、损益情况进行了审计，揭示出了漏缴国家税金、私设“小金库”、留存账外资产和挤占挪用信贷资金等重大违纪问题金额843万元，同时还对工、建两行加强内部管理、增强遵守财经法纪自觉性等方面提出了改进建议，审计结果在工、建两行引起了较大震动。

企业审计 加强了对国有企业和企业集团及改制、改组企业的审计监督，把真实性审计作为审计重点，做到查清楚、说明白、定得准，加强对企业内部控制制度的检查和测试；加大审计执法力度，对审计中发现的经营成果不实、私设“小金库”等违纪问题，依据国家财经法规进行了严肃处理。1999年共对7户国有企业和企业集团进行了审计，查出违纪金额5212万元，决定上缴财政金额73万元。

重点资金、重点项目审计 在重点资金审计中，开展了农业综合开发资金、职工养老保险基金、国际金融组织贷款管理、使用、效益情况的审计，对这些项目资金存在的挤占挪用、资金到位不及时等问题，及时向市委、市政府作了反馈，得到了市委、市政府领导的重要批示。在重点项目审计中，开展了对龙首山水土流失治理工程等3个重点项目的跟踪审计和7个建设项目的竣工决算审计，共查出高估冒算、漏缴各种税金等违纪金额443万元，为节约建设资金，提高投资效益，确保重点项目工程质量发挥了重要作用。

【铁岭市银州区审计局】 现有在职人员20名，其中局长一名，副局长3人。下设财金文行、供销投资农林水利、企业三个审计股和审计局驻龙山乡审计室。

1999年围绕区委、区政府“全力抓好招商引资，强化产权制度改革”的中心工作，突出对国有资产、国有资金的审计、效益审计、清产核资审计、经济责任审计。全年共审计各类单位84户，其中，完成清产核资审计49户，查出违纪违规金额450万元，应上缴区财政金额55万元。

【铁岭市清河区审计局】 1999年，紧紧围绕区委、区政府的工作重点，突出对预算执行、经济责任及金融系统的审计。全年共完成各类审计18项140户，查出违纪资金959．2万元，上缴财政资金105．9万元，追回被侵占挪用资金134．5万元。

同级预算执行情况审计 按照《审计法》的要求，对区1998年度财政预算执行情况进行审计。审计中发现的问题：一是没按规定用途使用专项资金；二是代征单位未及时解缴代扣税款。区审计局向区政府提交了审计结果报告，提出改进意见和措施。

经济责任审计 1999年，根据区政府的工作部署，受区委组织部委托，分别对3个局的一把手任职期间经济责任进行了审计，审计资金总额3028万元，查出挤占挪用专项资金、预算外资金使用不合理等违纪问题金额19．5万元。对离任领导在任职期间的单位财务状况进行客观评价，划清了前后任领导的经济责任。

工商银行审计 对区工商银行1998年度资产、负债、损益情况进行审计。审计中发现的问题：一是利息收入漏缴；二是超出规定范围和限额支付现金；三是挤占挪用抵贷物质等问题。审计根据国家有关规定，分别给予收缴、责令改正处理。

固定资产投资审计 对区1998年城市维护和建设资金进行审计。查出的主要问题：一是欠缴财政城市维护和建设资金91．2万元，已全额上缴财政；二是违控购买专控商品；三是挤占、挪用专项资金。审计根据国家有关规定，分别给予收缴和责令纠正处理。

审计股份有限公司 根据区政府工作部署，对某股份有限公司进行审计。查出违纪资金58．3万元，上缴财政资金8．2万元，追回被侵占、挪用资金22．8万元。此项审计受到区政府领导的好评。

【铁法市审计局】 1999年，围绕市委、市政府提出的“一切以经济建设为中心，经济建设以招商引资为突破口”的工作方针，突出对财政部门财政财务收支审计、固定资产投资审计、领导干部经济责任审计、乡镇财政财务收支审计及专项资金审计。全年共完成审计项目26项，查出违纪金额619万元，应上缴财政78万元。

领导干部经济责任审计 经济责任审计是1999年新开展的项目，我市由组织、纪检监察、审计三个部门共同配合运作。全年对21名领导干部进行了离任审计，审计结果晋升2人，平调5人，降职4人，免职2人，没变动4人，退居二线4人，受纪律处分2人。

乡镇财政财务收支审计 本着“服务基层、理顺关系、维护财经秩序、减轻农民负担”的出发点，全年审计6个镇、9个村、2个街道管委会、1个镇医院，查出违纪金额66万元，上缴罚没款7万元，对村级集体经济负债运行、乱提留、及政务公开透明度不高等带有普遍性的问题提出了整改意见，并得到了采纳。

固定资产投资审计 重点是基本建设项目预算、决算审计。全年共开展了7个项目，工程审减额270万元，已上缴财政12万元；办理开工前审计和招商引资基建验资87项；参加12次工程建设招标会。

【铁岭县审计局】 1999年审计各类单位46个，查出违纪金额1255万元，决定上缴县财政70.7万元，已上缴财政金额61万元，提出改善管理堵塞漏洞，提高经济效益的建设性意见120条，促进增收节支和防止国有资产流失300万元。在软件工作上，全局共发出审计信息、呈阅件30份，被省报、市报、省级专业刊物、市局等多家新闻单位和部门刊用24篇次，同比增长一倍。审计信息、统计、档案工作步入全市先进单位行列。

重大经济案件的审计工作 根据县领导对县文化馆、图书馆基建项目进行审计调查的交办意见，县审计局经过四个多月的审计工作，基本查清了“文图两馆”基建项目的严重亏损情况及存在问题和原因，并提出相应的审计意见和建议。这些意见和建议，将至少挽回经济损失260万元，同时化解了群众上访案件。

乡镇审计工作 全县12个乡镇审计所在对74户农村企事业单位和村委会的审计中，查出违纪金额898万元，收缴罚没款36.3万元；查出损失浪费49.8万元，追回赃款赃物9.6万元；化解个人、集体上访案件15起，移交司法机关2人；由审计所提出建议给有关责任人以党政纪处分的9人。与此同时，乡审工作也取得一定成绩。

【昌图县审计局】 1999年，紧紧围绕县委、县政府“以农奠基，优化结构，招商引资，外向牵动，科技为本，强县富民”的发展战略，全面完成各项工作任务。全年共完成各类审计66项，比年初计划多完成20项。查出违纪金额4024万元，上缴财政、税务299万元。

财政预算执行和其他财政收支审计 年初即开展了财政预算执行审计，检查县级财政部门1个，延伸预算执行单位12个，查出违纪金额1597万元，其中：虚列支出809万元，应缴未缴预算收入57万元，违规调整预算540万元。

工行、建行系统审计 对工行、建行进行了资产、负债、损益审计，查出违纪金额169万元，主要是多进表外利息，少实现营业税和所得税。责令其调整账目，自行补交中央财政107万元，上缴县财政10万元。

企业审计 对企业的资产、负债、损益进行了审计。共审计16个单位，查出一些企业收入不实、虚减利润、挪用专项资金、偷漏税金等违纪金额163万元，上缴财政28万元。并查出了个别企业领导长期占用公款等问题，遏止了一些企业违纪问题的发生。

《审计法》宣传活动 为纪念《审计法》颁布实施五周年，县政府召开了五大班子领导及有关部门负责人参加的座谈会，审计局长发表了电视讲话，并在主要街道张贴了大幅宣传标语，组织全局干部开展了审计知识百题答题活动。

【开原市审计局】 1999年，根据市委、市政府提出“各项工作以经济建设为中心，经济建设以招商引资为中心”工作方针，坚持抓重点、打基础。围绕“治理经济环境、整顿经济秩序、维护财经纪律、振兴开原经济”的工作思路，主要进行了财政金融审计、农业专项审计、工商企业审计、基本建设审计和行政事业单位财务收支审计。全年共完成各类审计项目60项，查出违纪违规金额1464万元，应上缴财政104万元，已上缴财政82.4万元，入库率79.2%，促进增收节支340万元。

财政金融审计 围绕认真贯彻国家实施积极财政政策和扩大内需的总体要求，重点进行市本级的预算执行、乡镇财政决算和审计署布置的工商银行和建设银行资产、负债、损益情况审计，审计资金总额3242万元，查出挪用上级专项资金、欠缴税款、混淆入库等级、虚开发票等12项问题，违规违纪金额314万元，上缴财政30.8万元，促进了财政、金融部门依法经营管理。

行政事业单位财务收支审计 全年完成审计项目19项，查出违规违纪金额148万元，上缴财政19.5万元。同时，针对群众反映比较普遍的乱收费、欠缴税款及私设小金库等问题提出了较具体的审计意见和建议，分别得到了被审计单位的采纳，收到了较好效果。

乡镇审计 本着“维护农村经济秩序，促进农村经济发展”

的出发点，指导23个乡镇审计所完成审计项目156项，查出违规违纪金额578万元，收缴金额42万元，促进增收节支210万元。查出贪污案件4起，移送1起。较好地发挥了乡镇审计在促进农村经济发展中的作用。

【西丰县审计局】 1999年共完成审计项目76项，所涉及单位327个，上缴财政金额258万元，提出审计建议150多条，认真履行了审计法赋予的职责，起到了为经济建设保驾护航和竭诚服务的作用。

经济责任审计　为了贯彻中办、国办关于党政领导干部任期经济责任审计暂行规定，县委于1999年9月16日召开第二十次常委会议讨论决定：县审计局成立领导干部任期经济责任审计股，县局选拔年青有为的干部从事审计工作。从11月份开始到年底对农、林、水等10个单位的一把手进行了审计，并将结果报县委，对调整交流领导干部起了参谋作用。

企业审计　在审计和隆参茸场时发现未经国有资产部门批准，擅自售鹿202头，收入39．4万元，违背了国有资产管理规定，没收全部价款并处罚30%的罚金，共收缴51．2万元。该场违纪行为引起各级领导的重视。

工、建两行审计　在审计工商支行和建设支行时发现某银行不良贷款偏高，损失类高达90%，普遍存在偷税、占用信贷资金搞基本建设等问题，进行了严肃处理。

【朝阳市审计局】 1999年共有干部职工55人，其中：公务员53人，职员2人。具有大学学历36人：大专学历19人，具有学士学位3人。局党政班子成员6人，局长1人，副局长3人，纪检组长1人，局长助理1人。下设办公室、培训科、综合科、法规外资审计科、工交审计科、基建投资审计科、财政金融审计科、商贸审计科、文教行政审计科、农林水审计科共10个科室。

审计成果　1999年共审计174个单位，查出违规违纪金额6553万元，应收缴金额210．7万元，已上缴财政金额155．4万元；通过审计建议减少财政拨款补贴235万元；追还被挤占挪用资金223万元；为财政增收155万元。完成各级党委政府和上级审计机关交办的审计事项16项，向各级党委、政府提交审计报告、审计调查报告、送阅件、审计专项报告63份，被上级党委、政府批示、采纳18份；编发审计宣传稿件16篇，被市以上新闻单位和杂志采用8篇。

经济责任审计　1999年本局先后对5户大中型企业和2户事业单位主要领导干部离任进行了任期经济责任审计，为有关部门考察、任免、交流干部提供了参考依据，受到了市有关部门的好评。

1999年，朝阳市审计局认真贯彻落实朱总理关于“全面审计，突出重点，注意发现大案要案线索”的指示精神，协助有关部门查办经济大要案6件，促进了廉政建设。先后移交司法机关处理2人，受到党纪政纪处分5人，挽回经济损失150．8万元。

受表彰情况　1999年朝阳市审计局对朝阳市1998年度中国福利彩票赈灾专项募捐情况的审计被辽宁省审计厅评为优秀审计项目；对朝阳市1997年至1999年4月农业综合开发项目审计被辽宁省审计厅评为优秀审计项目；朝阳市审计局1999年审计宣传和期刊发行工作被辽宁省审计厅评为先进单位；朝阳市审计局1999年度老干部工作、工会工作、共青团工作、保密工作分别被市委、市政府和市直机关工委评为先进单位。

【北票市审计局】 1999年共有干部职工27人，其中：大学专科毕业生24人；局长1人，副局长3人。机关内设综合办公室、法规指导股、财政金融审计股、商贸审计股、文行基建审计股、工交审计股、农林水审计股共7个股室。

1999年，共组织开展审计事项49个，查出各类违纪资金171万元，上缴市、乡两级财政（含罚款）60万元，追还被侵占挪用专项资金27万元。同时，协助辽宁省审计厅完成白石水库第一期移民资金审计任务，审计资金总额2．3亿元，纠正不合理使用资金700余万元，得到了辽宁省审计厅、省计委、省白石水库建设管理局的充分肯定。

【喀喇沁左翼蒙古族自治县审计局】 1999年，实际完成审计项目49项，为计划的110%，其中完成国家审计署项目2项，辽宁省审计厅7项；朝阳市审计局安排7项，自行安排39项。完成审计调查2项。全年共查出违纪金额550万元，应上缴财政资金25万元，实际上缴19万元，追还被侵占挪用专项资金89万元，归还原渠道资金75万元，促进增收节支110万元；提出合理化建议25条，被采纳10条。撰写审计科研论文4篇，审计信息18篇，被市审计局转发信息1篇。完成招商引资任务100万元，占任务的100%。

【建平县审计局】 1999年共完成审计项目27项，审计单位235户，调查单位22户，审计金额384．5万元，查出违纪金额122．4万元，上缴财政30万元。

吉林省

【吉林省审计厅】 1999年，吉林省审计系统共有县以上审计机关70个，审计人员1981人，其中，具有大专以上学历1307人，占总人数的66%，年龄在35岁以下的占41%。省厅机关共有行政编制审计人员123人，具有中级以上职称的84人，其中，高级职称13人。省厅机关内设处室16个，直属单位5个。

厅领导干部名单

厅　长：牛海军

副厅长：孙青山

李建实

张炳功

刘庆恒

纪检组长、监察专员：马亚力

助理巡视员：洪宝荣

预算执行审计和其他各项专业审计　全省审计机关紧紧围绕政府中心工作和各项改革措施，以审计财政财务收支的真实性合法性为重点，进一步加强和改进审计工作，在规范会计核算，维护财政经济秩序，促进经济发展和社会进步方面发挥了积极作用。全省共审计4107个单位，已上交财政6832万元，促进增收节支11538万元，应归还侵占挪用资金25879万元，提出审计工作报告和信息3311篇，被各级党委、政府、新闻单位和上级审计机关批示采用2554篇。

本级预算执行审计工作　把审查年度预算完成情况、税收管理情况以及教育、环保等专项资金作为审计的重点和难点，加大了审计的深度和力度。通过审计，共查出隐瞒转移、应缴未缴预算收入、挪用预算资金等违规行为金额187145万元，占审计查出违规行为总额的30%，审计结果越来越引起人大、政府和社会的重视。省和一些市、县的人大常委会，已经明确要求政府或财政部门专题报告审计查出问题的整改情况和审计建议的落实情况，有的还要求专题例会。

农村经营管理站审计工作　全省共审计市、县、乡三级农经站808个，查出乡统筹费、农村合作基金和其他资金管理问题共25603万元。通过审计，还发现了农村（审计站）审计工作开展不平衡、审计质量差以及《农村审计条例》与《审计法》规定的审计职责范围重复、交叉等问题。审计结束以后，省审计厅向省政府提出了综合报告，全面反映了问题，提出了审计建议，洪虎省长和陈玉杰副书记分别批示，要求有关部门制定措施，规范管理，提出检查处理意见，并要求省政府办公厅催办落实。

工商银行审计工作　全省共审计支行、分理处、储蓄所1324个，查出违规问题共18类227201万元，组织查处群众举报4件，发现案件线索3件，提出专题报告和各类信息22篇，基本达到了“摸清家底，核实盈亏，揭露问题，分析原因，规范秩序，促进管理”的目的。

世界银行贷款项目审计工作　通过落实项目审计质量责任制等办法，努力加大审计监督力度，提高审计质量，规范审计报告，并注重审计成果的转化，取得了较好的效果，审计披露的问题，引起了省政府的重视，受到了世行官员的好评，在促进管好用好世行贷款，提高世行贷款使用效益方面发挥了重要作用。

省直公司审计工作　对省直公司进行审计，是省政府领导班子“三讲”教育整改方案中提出的一项重要的整改措施，也是省政府关于省直重点企业改革发展专题会议的明确要求。这项工作是一项跨年度的审计任务。为了确保审计计划的完成，省审计厅确定了搞清家底、揭示问题、分析原因、提出建议的审计任务和目标，并把查清资产负债损益的真实情况，发现重大违法违纪问题和经济案件线索作为本次审计的重点。为了保证审计力量，从厅机关统一组织了50名业务骨干，又从市、州审计机关抽调了20名审计干部，成立了一个综合协调组和七个审计组，在主管厅领导的直接领导下开展审计工作。为了保证审计质量，复核审理工作提前介入，边查边审理边汇总。通过精心组织和全体参审人员的积极努力，到年末审计任务已经完成过半，并取得了初步成效。

经济责任审计工作　坚持实事求是，客观公正，积极慎重，依法审计的原则，在真实性、合法性、效益性审计的基础上，基本查清了领导干部任职期间各项经济指标的完成情况和遵守国家财经法纪情况，为有关部门评价使用干部提供了依据。省审计厅对南湖宾馆等6个单位进行了审计，发现资产负债损益不实问题24551万元，公款私存、私设“小金库”等违反财经法规问题39000万元，引起了省长和有关部门的高度重视，洪虎省长专门催报省厅对有关单位的经济责任审计报告。经济责任审计的制度化、规范化建设也取得了新的进展，多数地方都以党委、政府的名义制定了专项的制度、规定和办法，延边州还颁布了《机关社会团体企业事业单位法定代表人离任审计条例》。

其他审计工作　财政决算审计、扶贫资金审计、法院系统审计、养老保险基金审计、中央直属粮库和水利建设项目审计、福利彩票审计、重点企业审计等，都取得了积极的成果，并较好地完成了授权审计和各级党委、政府交办的各项任务。

加强调查研究，开拓工作思路　一是紧密结合全省审计工作的实际情况，围绕审计发展思路、审计管理、审计风险、真实性审计和经济责任审计等问题，确定了5个重点专题，明确了调研的主要内容。二是统一组织人员，成立了5个调研组，每个调研组重点负责一个专题，由厅领导带队，深入各市、县进行调查研究。三是通过汇总调研情况，在原来5个专题的基础上，提出了财政审计、农业审计、审计规范、干部队伍等4个新的调研课题，一并由各调研组和有关处室进行深入研究，提出专题报告。四是结合落实厅机关精神文明建设规划，处级以上干部结合工作实际，每人提出一篇质量较高的调研文章，厅里专门召开会议，对处级干部提出的25篇调研文章进行了学习交流。

审计队伍建设　全省审计机关坚持“两手抓，两手都要硬”的方针，审计队伍建设取得较好成效，保持了良好的行业作风。一是明确目标，开展了丰富多彩的创先争优活动。一些市、县先后提出了争先进、创一流的工作要求，取得了很大进步。四平局在连续多年被评为全国审计工作先进集体的基础上，又被评为省级文明单位、劳动模范单位和市级红旗党组织。二是始终如一地坚持抓好学习培训。三是进一步加强了廉政建设。各级审计机关普遍建立了廉政制度，有的实行了廉政责任制、廉政一票否决制；多数地方都较好地坚持了廉政回访、廉政反馈卡等制度和办法，有的还在审计组设立了廉政监督员，在审计现场设立了廉政建设告示牌，有的聘请人大、政协等各界人士担任义务监督员，切实加强了廉政监督。四是进一步加强和完善了对审计工作的检查考核，建立健全了激励约束机制。白山市局，几年来一直采取分项考核（10个单项，每项100分）、综合评比的办法，充分调动了审计机关和审计干部的积极性，推动了各项工作的开展。

扎实开展“三讲”教育 从9月份开始，省审计厅利用近4个月的时间，集中开展了“三讲”教育。主要有以下特点：一是党组高度重视，思想统一，真正把“三讲”教育作为加强班子和队伍建设的一个难得的契机，纳入了重要议事日程，作为全厅工作的重中之重来安排的。二是动手早，行动快。年初就作了统筹考虑，上半年就着手进行有关的准备工作，省委动员会的第二天就正式开始了“三讲”，争取了主动。三是讲求实效，既严格按照省委规定的方法步骤进行，又紧密结合厅机关的实际，真正解决一些实际问题。省厅的整改方案中共提出了37条整改措施，分解细化以后有99项具体任务和要求。四是采取措施抓好落实。厅里对“三讲”中提出的需要整改的问题进行了分解，分别落实了各项整改工作的领导责任、组织协调责任和具体执行责任，确保“三讲”教育不走过场。

【长春市审计局】 全局内设15个科室，现有公务员85名，11名事业编制人员。

本级预算执行审计 重点突出了专项资金审计。地税审计重点突出对税收征管的全方位审计。金库审计重点突出了对预算收入、划分、入库、拨付等情况进行审计。非税收入重点突出对行政事业、专项收费等资金审计。受市政府委托，关于1998年财政预算执行及其他财务收支审计工作报告，经市人大第十一届十三次会议批准通过。

重点建设工程的审计 对国家世行贷款项目引松入长工程、市重点建设项目“九路两桥两出口”工程以及国家重点项目长春市快速轨道交通环线一期工程开工等8个建设项目审计，审计资金达12亿元人民币，为避免国家建设资金流失发挥了重要作用。

法院系统财务收支审计 采取市局审本级，对下级审计机关审计质量进行检查，各县（市）、区局交叉审计的方式，对法院系统1997年和1998两个年度的财政、财务收支进行审计。对诉讼费和扣留款物的收缴管理、使用存在的问题进行了揭露，分析了问题产生原因，提出改进意见和建议。

农村经营管理站系统财务收支情况审计和调查 对1997年和1998年两个年度农经站代管资金和有关部门拨付经费的真实性、合法性审计，规范了农经系统财务收支活动，提高了资金的使用效益，减轻了农民负担。

党风廉政建设取得新进展 充分发挥党组织的战斗堡垒作用，坚持“三会一课”制度，职工思想觉悟明显提高。全市行风测评中，在执纪部门中排第4位，在参评部门中排第7位。

其他审计事项 积极配合市纪检、组织部门开展工作。对23个单位的24名同志进行了经济责任审计。全年完成临时交办审计任务20余件。 在规定时间内，完成了对所属5个审计事务所脱钩改制工作。“三讲”教育取得明显效果，促进了队伍整体素质提高。

【长春市朝阳区审计局】 全局内设4个科，现有公务员13名，工勤人员1名。1999年共审计12户，其中市审计局计划12户，区委、区政府交办的70户，查出违纪金额4708万元，收缴违纪款6.35万元，协助纪检部门查处违法案件1件，受到区委的好评。

本级预算执行审计工作 全区共审计财政预算执行及其他财政财务收支11户，审计了与区财政预算执行有关的教育、科技、卫生等单位费用的管理使用情况，查出违规行为金额18万元。

农贸审计工作 对全区农机总站、大屯镇、乐山镇的农机站财务收支情况进行了系统的审计调查，形成了各农机站财务收支的审计报告和综合调查报告，并指出了存在的问题和建议。

企业职工养老基金审计及福利彩票赈灾专项资金审计 审计专项资金总额611万元，查出社会保险局挪用养老保险基金等问题，违规行为24万元，做出了“归还侵占挪用资金的审计处理”。

完成区委、区政府交办的任务 对12个单位领导干部的离任审计。“四强”查证审计28户及街道办事处资产负债审计6户。

【长春市宽城区审计局】 1999年共有干部职工13人。其中：国家公务员12人，工勤人员1人。局长1人，副局长2人，局长助理1人。设有综合科；行政事业审计科；企业审计科三个科室。全局大学本科学历2人；大专学历10人。

审计工作成果 全年共完成审计项目40个，审计单位40户，完成审计调查7项，调查单位7个，向市局提交的审计调查报告7篇，提交审计工作报告18份。

全年审计总金额28440万元，

查出违纪金额1600万元，收缴违纪金额109万元，为企业提出资金管理建议40条，培训企业财务人员72人次，清理不执行审计决定书案件2件，审计计划完成率100%。在全区行风建设评比中，排列前9名。

【长春市二道区审计局】 全局内设3个科室，有11名公务员。1999年共审计101户（项），查出违纪违规金额2581万元，上缴财政116.9万元，追还被侵占挪用资金66.9万元，开展审计调查2项，向区纪检监督部门移送案件2件。

本级预算执行审计 共审计财政、地税和预算执行单位8个，纠正各类违纪违规问题51项，查出违纪违规金额1985万元，追还挪用侵占预算资金52.4万元，提出审计建议和改进措施58项。

行政事业单位财务收支审计 全区共审计行政事业单位10户，查出违纪违规金额103万元，侵占挪用资金14.5万元，私设"小金库"68.9万元。将严重侵犯财经纪律的单位移交给区纪检监督部门，追究了有关责任人的责任并给予党纪政纪处分。

企业审计 结合全区企业改制，对4户亏损企业资产、负债损益开展了审计。

离任责任审计 对全区5名中层行政领导干部离职，开展了经济责任审计。

完成市审计局安排的审计项目 根据市审计局工作安排，对外区法院1997年至1998年财务收支情况进行了交叉审计，共查出了8个方面的违纪问题，查出违纪违规金额539万元，针对存在的问题，提出整改措施并帮助财会人员调整账目。

其他审计工作 开展了农业经营管理站审计调查，全区共挪用统筹款178万元，挤占挪用集体积累资金315万元，区农经总站私设"小金库" 10.9万元，乱收费3.5万元，此案移交给区监察局处理。

完成区政府交办的工作 对全区28户先进企业进行了审核，完成了31户"收支两条线"检查。

【长春市南关区审计局】 全局内设4个科室，11名公务员。

1999年共审计29户（项），查出违纪金额3008万元，上缴财政45万元。

本级预算执行审计 全区共审计财政、地税、国库和预算执行单位10个，查出违纪金额422万元，处理处罚金额285万元。

乡镇审计 对全区3个农业经营管理站1997年至1998年度资金的管理使用情况进行了审计调查，查出违纪金额18万元，处理处罚金额21万元。

任期经济责任审计 接受区委组织部委托，对12个部门的12名党政主要负责人任期经济责任进行了审计，按照"暂行规定"分别提出了客观公正、真实完整的审计评价，审计结果得到了区委、区政府的肯定。

其他审计工作 完成部分中小学校教育经费的管理、使用情况的审计调查和乡（镇）等单位的审计，完成了区委、区政府临时交办的任务。

队伍建设 坚持以人为本，从严治理干部队伍，不断适应新形势发展的需要；坚持以法为本，不断提高审计执法水平；坚持以技为本，不断提高审计技术、技能和技巧。

【长春市绿园区审计局】 全局内设3个科室，12名公务员，1999年共审计26个单位，查出违纪金额1512万元，应上缴财政117万元，已上缴财政117万元，提交审计信息7篇。

本级预算审计 全区共审计财政、地税预算执行单位11户，查出违纪金额1026万元， 其中挪用预算资金587万元，虚列支出437万元，隐瞒转移预算收入2万元。

财务收支审计 共审计15户，查出违纪金额486万元，指明要求纠正303万元，应缴财政21万元，已缴财政21万元。

审计调查 完成对绿园区社会养老保险基金筹集、缴纳及管理使用情况的调查。

其他审计事项 对全区行政事业单位进行审计，主要审计1998年财政财务收支执行的真实性、合法性；财政专项资金管理使用情况；银行开户；清查税收分成；预算外资金管理使用及专户存储情况，审计40多个单位，对查出的违纪问题进行归类整顿，在全区进行了通报，受到区领导的好评。

【长春市双阳区审计局】 全局23人，共设立5个科室。1999年共审计71个单位（户），查出各类违纪违规资金1840万元，应交财政203万元，已交财政115万元，归还原资金渠道1325万元，提交审计报告2篇，有1项工作受到市级表彰。

完成区政府交办任务 开展了对区财政局、水利局、卫生局、地税局、粮食收储公司等单位的审计，查出私设"小金库"3个，金额34万元，增加区财政收入130万元，挽回经济损失近200万元。

深化乡镇审计 对全区13个农业经营管理站1997-1998年的代管账目和合作基金会账目进行调查审计，查出违纪违规行为金额20万元，应交财政6万元，归还原资金渠道14万元。开展了乡镇财政决算审计，针对查处的问题依法进行了处理、处罚。

任期经济责任审计 对8名局长、2名乡长进行了任期经济责任审计，客观公正地评价了他们的经济责任，为区委正确使用干部提供了参考依据。

【九台市审计局】 全局内设6个科室，20名公务员，1名事业编制人员。1999年共审计104户（项），查出违纪金额7507万元，应上缴财政1489万元，已上缴财政91万元，追还被侵占挪用资金482万元，促进增收节支128万元，提交审计报告信息24篇，被批示、采用12篇。

完成市政府交办任务　参加了市委、市政府组织的减轻农民负担工作，对加重农民负担的行为进行了处理处罚，受到了群众的好评。完成了市委、市政府委托的对市国债服务部及下属财源公司的财务清理检查工作，起到了加强财经管理，惩治腐败分子的作用，现已将2人移送司法机关。

经济责任审计　受市委组织部委托对15个乡镇的领导班子和主要领导进行了经济责任审计，为组织部门正确任用干部提供了参考依据。

【榆树市审计局】　共设6个科室，现有22名公务员，4名工勤事业编制。1999年共审计109户（项），查出违纪金额3419万元，上缴财政63万元，审计报告、审计信息被上级审计机关采用4篇。对农经站系统的审计，受到省厅的表彰。

本级预算执行审计工作　全市共审计财政、地税、国库和预算执行单位11个，查出违纪行为金额1669万元，其中违规办理预算拨款595万元，占用专项资金用于平衡预算478万元。

企业审计　全市共审计国有企业15户，查出违规行为金额1134万元，应交财政金额68万元，同时受榆树市政府委托，对粮食系统的7户驻外办事处进行了审计调查，查出违规行为金额125万元，应交财政金额40万元。为市政府做出撤销粮食系统驻外办事处的决定，提供了有力、可靠的依据。

行政事业单位审计　共审计了26户，农村经营管理站审计了36户，共查出违纪金额397万元，应上缴财政226万元。

基建审计　对全市11个单位的基本建设项目进行了审计，共查出违纪金额53万元，偷漏税款49万元，有力地堵塞了税收漏洞。

圆满完成授权审计任务　根据审计署和省厅授权，对电信局、交通稽查征费所、新华书店等3户省直单位进行了审计，共查出违纪金额41万元，应上缴财政3万元，已上缴财政3万元。

【德惠市审计局】　全局内设4个科室，现有公务员21人，公勤编制2人。全年共审计94户（项），查出违纪金额1153万元，应上缴财政金额145万元，已上缴财政42万元，归还原资金渠道703万元，提交审计报告信息4篇。

本级预算执行审计　全局共审计财政、地税、金库等预算执行单位18个，查出违规行为金额182万元，其中应缴未缴预算收入30万元，挪用预算资金49万元，虚列支出3万元。

行政事业单位审计　全市共审计行政事业单位56户，其中农村经营管理站22个，查出违规行为金额931万元，其中应缴未缴预算收入128万元，挤占挪用703万元，虚列支出13万元，预算外收入未缴专户20万元，漏缴税金67万元。

经济责任审计　对22名、19个单位乡局级领导干部和副局级事业单位主要负责人进行了离任审计，按照有关规定，客观公正地评价了其经济责任，为市委正确评价干部提供了依据。

改善办公条件　投资3万元新增2台计算机、打字机等，为审计干部学习微机创造了条件。

【农安县审计局】　全局设7个科室，21名公务员，1名公勤人员。全年共审计92户项，调查审计5项。审计资金21．3亿元。查出违纪资金6389万元，应交财政资金9万元，已缴财政资金107万元，归还资金原渠道2772万元，指明要求纠正的资金590万元，提交审计简报、调查报告、论文等21篇。被市以上各级采用18篇。

财政预算执行审计　审计资金2．5亿，审计出7个方面的问题，13个具体问题，查出违纪金额3558万元，对问题按规定作了相应处理。

农经系统财务收支审计　对全县30个乡镇及农村经济管理局的财务收支进行了就地审计，审计资金总额2亿，查出违纪资金853．8万元，应缴财政资金62．37万元。

防范审计风险，实行内部监督　防范审计风险5项措施，一是审计风险意识教育；二是实行被审单位承诺制度；三是强化内部控制制度；四是实行三级复核制度；五是设立举报电话。实行内部监督，建立《复查审计制度》，制度规定设立复查审计组、范围、内容、程序、处理等13条27款。对各审计组审计的项目实行复查审计。

【吉林市审计局】　全局内设13个处室，现有79名公务员，3名工勤人员。全年共审计823户（项），查出违纪金额116060万元，上缴财政570万元，追还被侵占挪用资金5981万元，促进增收节支2239万元。提交审计报告、信息被党政领导、上级审计机关、新闻单位批示、批转、采用158篇，1999年共有8项工作受到市级表彰。

本级预算执行审计　全市共审计财政、地税、国库和预算执行单位50个，查出违规行为金额16805万元，其中违规调整预算6425万元，挖挤上级预算收入1484万元，应缴未缴预算收入1021万元，挪用预算资金507万元，违规办理预算拨款3450万元，违规办理财政决算1084万元。

深化企业审计　全市共审计国有企业131户，查出应进未进成本、应摊未摊费用、虚列收入、应提未提费用、违反控购规定等违规行为金额74131万元。

经济责任审计　围绕法人制度建设，对35户股份制和国有企业进行了经济责任审计，不仅摸清了企业经营真实情况，正确评价了企业领导经营业绩，也为组织部门正确使用干部提供可靠依据。

加强财政专项资金审计　一是开展了对全市社会养老保险基

金管理和使用情况的专项审计，查出违规行为金额5529万元；二是对5县（市）1区1995年至1998年环保排污费收入、使用情况进行了专项审计，查出截留、挤占挪用、应缴未缴预算收入等违规行为金额738万元；三是开展了对全市赈灾募捐福利彩票的专项审计、全市土地出让金的征收、管理、使用情况的审计以及物价调节基金、广告费、育林基金等专项审计。

其他审计工作　开展了农业经营管理站审计调查、工商银行、固定资产投资等项目的审计，完成了党委、政府临时交办任务，围绕化解矛盾，稳定社会，加强了信访工作。

内部审计工作　全市共有内审机构314个，有内审人员589人，1999年对1856个单位进行了财务收支、经济效益和经济责任审计及财务决算审签，纠正违规行为金额393万元，查出损失浪费金额496万元，促进增收节支424万元。

【吉林市船营区审计局】　全局内设4个科室，7名公务员，6名事业编制人员，共13人。全年共审计36户（项），其中计划内20户（项），年度审计16户（项），查出违纪金额134万元，收缴罚没款3万元，提交审计信息5篇，被采纳3篇，被市审计局评为先进单位。

完成计划内的项目审计和调查　1999年完成计划内审计项目20户（项），其中财政预算执行审计1户（项）；财政决算审计1户（项）；乡镇财务审计4户（项）；行政事业单位审计8户（项）；企业审计2户（项）；专项资金审计3户（项）；对农村经营管理站代管的专项资金调查1项。

继续开展了年度审计　继续贯彻执行区政府1997年1号文件精神，对区属各部门实行年度审计，审计户数16户，促使行政事业单位加强了财务管理，促进党风廉政建设。

完成区政府交办的工作　配合区企业体制改革工作，对全区部分企业的资产负债情况进行了调查核实，为区企业体制改革提供了参考数据。

规范审计程序，使审计工作向规范化、制度化、法制化迈进　严格执行审计程序，实行了审计项目组长负责制，确保审计质量，防范了审计风险。

【吉林市昌邑区审计局】　全局内设3个科室，现有公务员11名。1999年共审计61个单位（户、项），查出各类违纪违规资金2159万元，应交财政3万元，已交财政2万元，指明要求纠正471万元，提交审计报告信息12篇，被批示采用2篇。

本级预算执行审计　共审计预算执行单位3个，查出违规行为金额1519万元，其中挖挤上级预算收入474万元，违规办理预算拨款658万元。

圆满完成省、市下达的其他审计任务　对民政局等7个单位的专项资金进行了专项审计，审计资金总额758万元，违规资金151万元，指明要求纠正128万元。行政事业单位财务收支审计23户，查出违规金额290万元，处理处罚80万元，指明要求纠正210万元，应交财政2万元，已交财政1万元。企业资产负债损益审计3户，查出违规金额133万元，要求纠正133万元。下级财政决算审计1户（项）。

完成区政府交办任务　完成了13户改制企业的资产负债审计，8名领导干部经济离任审计，客观公正地评价了其经济责任，为区委、区政府提供了参考依据。

提高审计工作质量，查处审计要害问题　采取有效措施，制定完善了审计工作岗位目标责任制，突出抓了查处要害问题业务培训，有效地控制审计质量

【吉林市龙潭区审计局】　全局内设3个科室，现有7名公务员，1名事业编制人员。全年共审计30户（项），审计单位47个。其中完成市局下达的审计项目23户（项）；完成政府交办事项7项，审计单位24个，共查出违规行为金额311万元，应缴财政金额0．2万元。1999年在全市审计系统年度考核中，评为先进。

本级预算执行审计工作　完成预算执行审计单位4户，共查出违规行为金额260万元，其中应纳入预算而未纳入预算管理120万元；预算外资金未按财政分成比例纳入预算，少缴财政分成84万元；给非预算单位拨款项16万元；城建系统预算外收入未纳入财政专户管理40万元。

乡级财政决算审计　完成乡级财政决算审计1户，重点放在挖挤上级财政收入和违规使用上级财政专项资金问题上，审计中未发现上述违规问题。

省定专项资金审计工作　完成省定专项资金审计5户，其中：3户农经站审计；1户法院系统审计；1户专项福利彩券审计，共查出违规行为金额5万元，并提出纠正意见。

经济责任审计工作　开展了经济责任审计1户，推进了经济责任审计工作进程。

行政事业单位审计　开展行政事业财务收支审计8户，共查出违规行为金额11万元，应缴财政金额0．2万元。

市定专项资金审计工作　完成公证处规费收入、使用情况审计，查出违规行为金额3万元，主要是乱发奖金。

完成其他工作　完成了区委、区政府交办的各项工作及扶贫、扶困、政务公开等各项工作。

【吉林市丰满区审计局】　全局内设3个科室，现有10名公务员，1名工勤人员。1999年共审计41户（项），查出违规行为金额370万元，应上缴财政金额62万元，已上缴财政金额25万元，追还被侵占挪用资金33万元，提交审计报告、信息8篇，被批示、采用2篇。

本级预算执行审计　全区共审计财政等8个单位，查出违规行为金额110万元，其中应上缴财政18万元，要求指明纠正92万元，已上缴2万元。

对企事业行政单位的审计　全区共审计单位33个，其中固定资产投资审计1户，企业审计4户，行政事业审计28户。共查出违规行为金额260万元，其中应上缴财政44万元，要求指明纠正216万元，已上缴财政23万元，应归还原资金渠道33万元。

完成区政府交办任务　受区人大委托，对区林业局、文化局、贸易局正职局长进行离任审计。

进行招商引资工作　全局全年招商引资300万元。

加强审计调查和审计信息工作　从宏观经济及倾向性、真实性、重大问题等方面向各级领导提供第一手资料，为区委区政府经济决策服务。

【舒兰市审计局】　全局内设6个科，局下设5个局驻乡镇审计特派员所。公务员22人，工勤1人，局驻乡镇审计特派员所事业编15人。局长1名、副局长2名，科长6名、审计特派员所所长5名。全年共审计72个部门、单位，占省、市厅局计划项目51户项的145%。查处违纪资金3169万元，应上缴财税20万元，已上缴20万元，核减财政支出95万元，提交审计调查报告13篇，分别被市领导批示、批转。撰写审计信息19篇被舒兰市党刊、省、市厅局、吉林市政府采用32篇。

农林审计　对全市20个乡镇农经站1997－1998年度统筹款及折股到户资金的管理使用情况进行审计。

专项资金审计　重点审计了社会养老保险基金、土地出让金、法院系统罚没款项。

企业审计　审计了供销社系统的负债情况，审计报告已报给市主管市长，纳入企业改革之内解决。

参与全市财税专项检查　组成4个审计组检查45个部门、单位，清查偷欠税款82.4万元，移交财税部门收缴。

审计政府重点投资项目　审计市政工程1998年度决算，审计400万元，核减95万元，核减23.8%；审计二松堤防资金追回违规资金12万元。

信访经济案件审计　共审计了13项案件，基本做到查清事实，把矛盾化解在基层。

经济责任审计　共审计了28名乡局级领导任期经济责任，为管理使用干部提供依据。

【桦甸市审计局】　全局内设4个科室，19名公务员。1999年共审计76个单位（户、项），查出各类违纪违规资金456万元，应缴财政45万元，已缴财政36万元，撰写审计信息38篇，被采用29篇。

完成市委、市政府交办任务　开展了对市27所中小学1999年度预算外收支情况的审计调查；完成了对原工程建设局及所属事业单位和原建设局及所属事业单位预算外收支情况的调查任务；并对市技工学校、供水有限责任公司、自来水公司三家的资产、负债、损益情况进行了审计；根据市委组织部的安排，与财政局共同完成了对全市各乡镇财务收支、统筹款提留资金进行了全面审计；配合市信访办完成了对桦甸市液化气站职工集体上访的信访案件的审计调查。

加强乡镇审计　对全市17个农业经营管理站1997年至1998年度统筹款、村提留款和农业集体积累资金的管理使用情况进行了全面调查，审计专项资金总额6433万元，查出违纪违规行为金额660万元，归还原资金渠道458万元，针对查出的问题，依法进行了处理、处罚，并提出了处理意见和建议。

开展了领导干部任期经济责任审计　对7个局党政主要负责人的任期经济责任进行了审计，按照两个“暂行规定”，客观公正地评价了其经济责任，为市委正确任用干部提供了参考依据。

【蛟河市审计局】　全局内设4个科室，现有公务员17人。1999年共审计109户（项）（包括基建项目预决算资金审计20个）。查出违纪金额7866万元，上缴财政39万元，提交审计报告、信息被采用5篇。

本级预算执行审计　全年共审计财政、地税及预算执行单位13户，查出违规金额861万元。其中少征预算收入644万元；违规办理预算拨款86万元；虚列支出85万元；挪用财政专项资金1万元。

企业审计　全市共审计国有企业16户，查出违规金额1111万元。其中收入不实40万元；有账无实21万元；转移国有资产5万元；虚增利润884万元；虚减利润112万元。

全面审计农业经管站系统　对全市17个农业经管站进行了审计，发现12个方面存在问题，提出8点改进意见。

基建项目预算资金审计　1999年对全市20个基建项目预算资金进行审计，审计项目预算金额811万元，削减预算资金160万元。

离任审计　对16个单位离任领导进行了审计；对7个部门目标责任完成情况进行审计。查出违纪金额上缴财政7万元。

完成市委、市政府交办的任务　对天岗镇企业办及所属企业的资产、上缴管理费情况进行审计；对技术监督局上划的有关资产、往来情况进行审计；对市区中、小学取暖供热情况进行调查；配合市纪委对粮食企业进行检查。

【磐石市审计局】　全局内设7个科室，21名公务员。1999年共审计80个单位（户、项），查出各类违纪违规资金950万元，应交财政95万元，已交财政27万元。

完成交办任务　共完成市委

市政府交办临时审计项目15个，为解决信访矛盾、处理厂改遗留问题、协助纪检监察部门违纪案件查处等发挥了审计的职能作用。被市政府评为为地方政府服务先进单位。

农村经济状况审计　对全市25个乡镇、街道的经营管理站进行财务收支审计，对13个乡镇的财政预算进行审计，查出违纪金额500多万元，针对存在的问题及时提出了整改建议，对个别问题严重的单位进行了处罚。

开展领导干部经济责任审计　对5名正职的乡、局级领导干部进行经济责任审计，客观公正地评价了其经济责任，为市委正确使用干部提供了参考依据。

完善审计业务程序　制定了审计业务规则和审计复核工作规则，为进一步提高审计工作质量和实现审计工作制度化、规范化奠定了基础。

【永吉县审计局】　全局内设6个科室，18名公务员，1名工勤人员。1999年共审计136个单位（户、项）查出各类违纪违规资金2270万元，应交财政46.8万元，已交财政32.3万元，挽回经济损失281万元，提交审计信息5篇，被采用3篇。

本级财政预算执行审计　在审计过程中，纠正了5个违纪问题，提出了4点建议，受到了县人大常委会的好评。

乡镇财政决算审计　通过对8个乡镇政府财政决算审计反馈，引起了领导重视，并采取措施加以改进。

农经站审计　对全县26个乡镇农业经营管理站集体资金使用管理情况进行审计调查，清理占用集体资金537.3万元。

加强基本建设工程项目决算审计工作　通过对4项工程决算审计，核减工程造价100.4万元。

在查处大要案上下功夫　在审计中发现某局有2名干部涉嫌侵占、贪污公款和1名干部长期占用公款行为，被移送至县纪委立案查处。

【四平市审计局】　全局内设16个科室，共有行政编制60个，事业编制15个。1999年，全市审计机关共完成审计项目659户（项），查出违纪金额21961万元，已上缴财政314万元，追还被侵占挪用资金1860万元，促进增收节支5630万元。同时提交各类审计报告信息385篇，被各级党委、政府以及新闻单位和上级审计机关采用296篇。先后被省委、省政府命名为省级文明单位和省级劳动模范单位。被市委评为党风廉政建设先进单位。在全市行风测评中获得第二名。

本级预算执行情况审计　通过对市财政局、地税局、市级金库及教育、建设、土地等70余个重点预算执行部门和单位的审计，共查出隐瞒转移、应缴未缴预算收入、违规减免税收、占用专项资金等违纪违规金额3499万元。

下级政府财政决算审计　主要对双辽市、梨树县政府财政决算进行了审计，查出挤占挪用专项资金、应缴未缴预算收入、虚列支出等违纪问题金额2850万元。规范了地方政府的理财行为。

金融审计　重点对中国工商银行四平分行及其所属的各县（市）支行1998年资产负债损益情况进行了审计，查出了少计多计各项收入、少计多计各项支出、固定资产超规模、缺少抵押担保手续违规贷款等问题，基本达到了“摸清家底、核实盈亏、揭露问题、分析原因、规范秩序、促进管理”的目的。

重点部门审计　主要对全市法院系统1997至1998年度财政、财务收支情况进行了审计。共计查出隐瞒诉讼费收入、占用企业执行款、私设“小金库”等违纪问题金额921.7万元。对市建设局系统财务收支审计，查出多列成本费用、乱收费、越权减免税费等违纪资金778万元。

重点资金审计　主要对公主岭、梨树、双辽、伊通四县（市）世界银行贷款使用情况进行了审计，查出贷款未及时下拨，挪用世行贷款，未按期偿还贷款等问题金额3146.3万元，并先后对全市养老保险基金、教育经费、福利彩票赈灾专项资金、土地出让金等重点资金进行了审计，促进了这些基金、资金的专款专用。

企业审计　重点对四平市开关厂、公主岭市电信局、黄龙公司和吉林省石岭水泥厂、四平市轧钢厂、市油漆厂等企业进行了审计。

内部审计工作　全市共有内审机构611个，内审人员951人，年内完成审计项目1403个，查出违纪资金2877万元，促进增收节支1064万元。有乡镇审计机构43个，配备人员172人，年内完成审计项目394项，查出违纪金额2075万元，促进提高经济效益77万元，查出损失浪费金额478万元。

【四平市铁西区审计局】　全局内设4个科室，8名公务员，1名工勤人员。1999年共审计35个单位（户、项），查出各类违纪违规资金25万元，应交财政6万元，已交财政1万元，提出合理化建议15条，促进增收节支20万元，提交审计报告和信息29篇，被批示、采用22篇。

本级预算执行审计　开展了对区22个预算执行单位的审计，查出违纪违规金额23万元，提出整改建议10条。

突出重点资金、重点行业审计　对区2个农业经营管理站、法院、老干部活动经费和15户有预算外资金收入的单位进行了专项审计，查出违纪违规金额3万元。

经济责任审计　对两街及其他3个局的5名党政主要负责人的任期经济责任进行了审计。

严格执行审计工作程序，防范审计风险　在实行“双向承诺”制的同时，从审计方案、实施、审计报告、审计结论和决定等方面都提出具体的操作规范，审计工作分级负责制，严格规范每个环节的职权和责任、权利和义务，有效控制审计质量，防范审计风险。

【四平市铁东区审计局】 全局内设4个科室，1个审计咨询服务处，现有9名公务员，9名事业编制人员。1999年全局共审计76个单位，查出违纪金额701.7万元，应上缴财政1万元，提出合理化建议41条，完成审计论文2篇，提交审计信息45篇，完成领导交办任务5项。

本级预算执行审计　全区共审计财政及预算执行单位40个，查出违纪金额1万元，对查出的违纪问题及时进行了处理处罚，提出合理化建议32条。

深化企业审计　全区共审计企业9户，查出违纪金额2.7万元，促进增收节支1万元，提出合理化建议5条，而且本着一审二帮三促进的原则，边审计边服务，为企业发展注入了活力。

完成政府交办任务　较好地完成了清理整顿预算外资金、农村集体资产清理、产权制度改革、农村强村富村验收等众多审计事项，受到领导的好评。

队伍建设　通过加强审计队伍的政治教育和业务培训，使干部素质明显提高。

【公主岭市审计局】 全局内设10个科室，现有25名公务员，工勤编制3人。1999年共审计108户（项），完成计划73户（项）的147%。全年共查出违纪违规行为金额2006万元，应缴财政235万元，已入库资金159万元，向被审计单位提出改进工作建议148条，完成审计信息35条，被上级审计机关采用30条。

本级预算执行审计工作　全市共审计财政、地税、国库和预算执行单位20个，共查出违纪违规金额1880万元，应收财政133万元，应追还被挤占挪用的资金282万元。

深化粮食行业审计　组织4个审计组对20户粮食企业（16户仓储企业，4户经营服务企业）进行了全面审计，共查出违纪问题余额320万元，审计决定财政收缴94.7万元，实际收缴入库94.7万元。同时发出审计意见书16份，对违规问题进行自纠。

圆满完成上级授权审计项目　根据省厅授权，对新华书店、稽查征费所、省水利三处等单位的财务收支进行了审计，共收缴资金6万余元，拓展了审计覆盖面。

其他审计工作　完成了市委、市政府交办的天河公司非法集资的审计调查工作和印刷厂审计调查，完成了副市长交办、二轻局要求协办的玻璃料器厂、市鞋帽厂、印刷厂群众上访事项的审计调查任务。还派人参加了省、四平市审计机关统一组织对工商银行系统资产、负债、损益审计。

【双辽市审计局】 全局内设机构7个，人员编制24人，实有28人。1999年共审计61户（项），查出违纪违规金额1388万元，其中应缴财政收入162.5万元，挤占挪用340万元，损失浪费44.1万元，已上缴财政8万元，追回被挤占挪用资金172万元；向上级审计机关和本级政府报送审计信息40条，被采用34条。

本级预算执行审计　共审计财政、地税、国库和预算执行单位20个，延伸审计16个基层单位，查出违纪违规金额231.6万元，其中应缴未缴预算收入46.1万元，截留省级收入9.2万元，违规占用财政预算资金76.5万元，挪用省专项拨款20.4万元，挪用专项资金68万元，乱收费2.4万元。

领导干部经济责任审计　受市委、市政府委托，对6名机关、企事业单位领导干部或领导人员任期经济责任进行了审计。

招商引资工作　所引项目——上海华润集团公司双辽市秀水乡农业综合开发项目已实现投资2300万元，远期投资一亿零八百万元的投资意向书于1999年10月24日在上海签署，省委书记王云坤参加了签字仪式，使该项目成为吉林省1999年招商引资十大项目之一。

乡镇审计建设　经市政府批准，组建了17个乡镇审计所，配备了47名乡镇审计人员，并对乡审人员进行了集中培训，实现了省厅提出的在本世纪末实现一乡一所的乡镇审计建设目标。

其他审计工作　开展了农经系统审计调查、下级政府财政决算审计。

【梨树县审计局】 全局内设8个科室，1个审计学会，25名公务员。1999年共审计109个单位（户、项），查出各类违纪违规资金3930万元，应交财政287万元，已交财政107万元，促进增收节支130万元，审计报告、信息被批示、采用205篇。

完成县政府交办任务　对全县建筑安装企业和部分工商企业进行了专项税收检查，增加财政收入60余万元，完成其他交办任务和群众来信来访案件13件。

深化乡镇审计　全县已建立乡镇审计所28个，乡镇审计人员92名。全年完成各类审计任务101户（项），纠正违纪违规金额85万元，减轻农民负担11万元。

开展领导干部任期经济责任审计　对37名乡、局级领导干部进行离任经济责任审计。

完善制度，防范审计风险　把1999年定为“审计质量提高年”，建立、完善了26类、90项、774条规章制度。严格了6项审计质量标准，建立了层层把关的质量约束机制，强化了审计质量监督考核措施，加强了审计质量的社会监督，使审计质量上了一个新台阶。

改善工作条件　每个科室配备了一台计算机，局增添了新的交通工具。

【伊通满族自治县审计局】 全局内设7个科室，下辖乡镇审计分局、审计干部业务培训站2

个事业单位，19名公务员，15名事业编制人员。1999年县级审计机关共审计207个单位（户、项），查出各类违规行为金额315万元，应交财政80万元，已交财政30万元，归还原资金渠道173万元，促进增收节支30万元，提交审计报告、信息85篇，被批示、采用65篇。

完成政府交办任务　全年共完成了县委、县政府交办的清理预算外资金等12项工作任务，为促进县域经济发展发挥了审计机关的职能作用。

深化乡镇审计　县乡镇审计分局按照县政府的授权，全年共完成审计户项120个，查出违规行为金额323万元，上交财政16万元，为促进乡镇经济的健康发展起到了积极的推进作用。

经济责任审计　对5个县直单位的主要负责人任期经济责任进行了审计。

规范审计文书、防范审计风险　全系统开展了“审计规范年”活动，进行了全县审计人员的专业培训，开展了8个审计规范项目的专题讲座及5个业务科室“审计规范户项”评比活动，有效地控制和提高了审计质量，防范了审计风险。

改善工作条件　完善配备了3部微机及复印机、速印机等办公设备和业务用车，投资40万元，进行了乡镇审计分局、业务培训站及职工住宅的附属工程建设。

【辽源市审计局】　全局内设11个科室，现有43名公务员。1999年共审计170个单位，查出违纪金额5785万元，上缴财政119万元，追还被侵占挪用资金127万元。共提交审计报告被党政领导批示、批转66篇。被市政府评为政务信息先进单位。

本级预算执行审计工作　全市共审计财政、地税、国库和预算执行单位47个，查出违规行为金额3427万元，其中挤挤上级预算收入58万元，违规退库258万元，应缴未缴预算收入407万元，挪用预算资金158万元，违规办理预算拨款228万元，虚列支出62万元，违规办理财政决算1040万元。

深化企业审计　全市共审计国有企业50户，查出违规行为金额438万元，查出主要问题是成本不实1215万元，虚增利润803万元，虚减利润38万元，账外资产6万元。

经济责任审计　对14个部门和单位的领导干部离任进行了经济责任审计。

完成临时交办的审计任务　按照市政府交办，对21个单位的清产核资、破产转制、群众信访、药品回扣等问题进行了审计，并向市政府提交了审计结果报告。

其他审计工作　开展了全市法院系统、减轻农民负担、市直外贸企业经营管理情况的审计调查，社会保险资金和财政周转金管理使用情况的审计调查。配合省厅对市工商银行资产、负债、损益情况进行了审计。

内部审计工作　全市共有内审机构167个，有内审人员416个，对425个单位进行了财务收支、经济效益和经济责任审计，纠正违规行为金额908万元，查出损失浪费金额80万元，促进增收节支98万元。

加强审计调研信息，加速审计成果转化　围绕党委、政府决策开展审计调查，针对经济运行中的各种矛盾和群众反映的热点问题开展审计调查，有8篇审计报告和审计调查报告被市政府领导批示采用，审计信息被采用68篇。

【辽源市龙山区审计局】　全局内设3个科室，共有公务员8名，工勤人员1名。1999年共完成审计项目8项，审计调查项目1项，查出违反财经法规问题12项，违规金额739万元，应追还被侵占挪用的资金26万元，应上缴财政金额32万元，审计罚款11万元，共为国家增收节支69万元。

本级预算执行审计　共查出违规问题8项，违规金额合计630万元，其中违规办理预算拨款金额198万元，挤挤上级预算收入金额58万元，违规办理财政决算289万元，查出私设“小金库”金额3万元，其他违规金额82万元。

下级政府财政决算审计　共查出违规问题5项，违规金额75万元，其中：违规办理预算拨款41万元，违规办理财政决算20万元，其他违规金额14万元。

国有企业审计　审计单位2户，查出企业资产不实金额283万元，挪用职工养老保险金款5万元。

行政事业单位审计　审计单位3个，查出挤占挪用专项事业费资金14万元，不应当在预算内支出的款项转为预算内支出金额12万元，其他违规金额8万元。

【辽源市西安区审计局】　全局内设2个科室，1个乡镇审计所，现有9名公务员。1999年共审计50个单位，查出违纪违规金额145万元，上缴财政2万元，归还原资金渠道52万元，促进增收节支55万元。共提交审计报告被党政领导批示、批转69篇。

完成区委、区政府交办任务　完成区委、区政府交办任务32项，审计清理单位41个，通过清产核资摸清了企业家底，为区委、区政府宏观决策提供了依据，为企业改制打下了基础。

本级财政预决算审计　对区财政资金管理和使用情况进行了审计，查出违规行为金额83万元，其中挤占专项资金7万元。

开展领导干部任期经济责任审计　对8名区管领导干部任期经济责任进行了审计，查清了领导干部任职期间各项经济指标的完成情况和遵守国家财经法纪情况，为区委、区政府选拔任用领导干部提供了真实可靠的依据。

规范基础工作，防范审计风险　采取有效措施，制定完善了审计小组和被审计单位承诺书及审计工作底稿、查出违纪登记卡等制度，有效控制审计质量，防范审计风险。

【东辽县审计局】 全局内设5个科室，现有17名公务员。1999年共审计40户，查出违规违纪行为金额448万元，上缴财政12万元，追还被侵占挪用资金193万元，对被审计单位提出有建设性的审计建议17条。提交审计报告信息30余篇，有8篇被省市级采用。

本级预算执行审计工作 全县共审计财政、地税、国库和预算执行单位5个，查出违规行为金额910万元，其中：应缴未缴预算收入157万元；为预算平衡虚列支出283万元；多提多付防洪资金代征业务费7万元；挤占挪用农业四税周转金463万元。

重点部门审计 对全县18个农经站和养老保险基金的征收、支付、管理情况以及民政福利彩票、法院系统财政预算资金进行了审计，查出违规行为金额506万元，其中挤占挪用专项资金16万元；挪用积累资金16万元；挪用统筹款16万元；漏缴财政预算外分成58万元；以收抵支基本养老金400万元。

强化审计宣传力度、加强审计成果转化 全年向省市局提交论文3篇，报送审计信息、新闻稿件30余篇，有8篇被省市级采用。

完成政府交办的任务 开展了对企业改制、收支两条线检查以及群众上访等问题的处理工作，向政府递交了报告，解除了群众的疑虑。

【东丰县审计局】 全局内设6个科室，18名公务员，1999年共审计68个单位（户、项）查出各类违纪、违规资金927万元，应上缴财政226万元；已上缴26万元；归还原资金渠道165万元；促进增收节支23万元。

经济责任审计、企业改制审计 对啤酒工业集团公司等企业和有关乡镇共28户实施了领导干部任期经济责任审计，客观公正的评价了其经济责任，为县委正确任用干部提供了参考依据。参加了液化气公司出售后的财务收支审计；植物油厂改制审计；粮食企业改制、执法监察和县农电安装公司破产清算审计；医药市场整顿和减轻农民负担审计。

完成上级交办任务 抽出3名业务骨干，由局长带队参加每年一次的部门、乡镇经济指标考核，做到客观公正、实事求是。根据省厅安排对全县农村经管站1997－1998年的财务收支情况进行了审计调查，并对查出的违纪问题进行了严肃的处理。

不断完善基础工作 对1983年建局以来的审计文书、会计档案进行整理，把档案纳入微机管理。1999年末，实现档案晋升省一级。本着及时、准确无误的原则，使用软件报表，进一步提高了审计工作的质量。

做好学术、宣传和业务研讨工作 全年共撰写论文、信息16篇。在省一级刊物上发表论文2篇，在报刊上发表信息4篇。

【通化市审计局】 全局内设11个科室，现有39名公务员，7名事业编制人员。1999年共审计60户（项），查出违纪金额12225万元，应上缴财政金额1086万元，已缴财政金额62万元，提交审计工作报告13篇，被批示、批转9篇，审计信息被采用71篇。有6项工作受到市级表彰。

本级预算执行审计 全市共审计财政、地税、国库和预算执行单位11个，查出违规行为金额3884万元，促进增收节支1924万元。

工行审计工作 全市共查出有问题资金11099万元，其中收入不实4746万元，账外资产、账实不符269万元，多提鼓励金、利息、营业外支出1498万元，少计各种支出633万元等。

农林水利资金审计 共审计17个单位，查出违规行为资金90万元。同时对市农科院加强国有资产管理情况进行了调查，该报告受到市政府的重视，并以文件转发到各地、各部门。

重点建设项目审计 对建设资金上亿元的桃园水库工程进行了审计，查出挪用水利专项资金用于抗洪防汛抢险、购面包车、购住宅等共33万元，对挪用资金依法收回原渠道，并给予罚款处理。

经济责任审计 全市共开展经济责任审计22户，查出违纪违规金额452万元，纠正违纪金额348万元，提出审计建议95条，被采用46条，取得了较好的社会效益。

其他审计工作 开展了工商企业审计、福利彩票审计、养老保险基金审计，完成了党委、政府临时交办的任务。

内部审计工作 全市共有内审机构220个，内审人员646人，对1432个单位进行了财务收支、经济效益和经济责任审计，纠正违规行为金额1077万元，查出损失浪费金额1178万元，促进增收节支892万元。

加强审计调研信息，注重成果转化 全市共撰写调研、信息、论文296篇，被国家级采用6篇，省级采用58篇，市、县两级采用232篇。

【通化市东昌区审计局】 全局内设4个科室，10名公务员，1名事业编制人员。1999年共完成审计项目17个，查出违纪违规行为金额1012万元，应上交财政33万元，已上交财政10万元，限期追回挪用资金21万元，被批示采用审计报告信息18篇。

本级预算执行审计 共审计区、乡（镇）两级财政和预算执行单位12个，查出违纪违规行为金额486万元。其中：挤占、挪用资金57万元；违规办理预算拨款408万元；虚列支出和转移资金20万元；私设“小金库”1万元。

固定资产投资审计 共审计2个单位，审计项目投资总额1136万元，查出违纪违规行为金额517万元。其中超规模、超标

准381万元，偷漏税金21万元，其他问题115万元，应交财政21万元，已交财政10万元。

完成区政府交办审计任务　对2户工业和1户物资企业进行了厂长（经理）离任经济责任审计，平息化解矛盾1户，建议移交司法机关处理1户、有力地配合了政府的中心工作，为政府排了忧、解了难。

加强审计规范化建设　一是对被审计单位提供的有关会计资料实行“承诺制”；二是起草出台了《东昌区机关企事业单位主要领导干部（法定代表人）任期经济责任审计暂行办法》，由区委、区政府联合下发文件通报全区。

【通化市二道江区审计局】　现有公务员编制10名、工勤编制1名，内设3个职能科室，全年共审计计划项目8户（项），审计资金总额8364万元，查出各种违纪违规金额253万元，应收缴金额56万元，实际上缴财政16．5万元。

审计工作成果　坚持“三个有利于”原则，以审计财政、财务收支的真实性、合法性和效益性为重点，不断加强和改进审计工作，同时，配合财政、纪检、物价和银行等部门，完成区委和政府临时交办任务9户（项），为政府宏观决策、维护社会安定、确保国家的政令畅通做出了应有的贡献。进一步加大审计调研和审计宣传力度，不断促进审计成果转化，共有7篇理论研讨和审计调研文章在市以上刊物上发表，有23条信息被省、市、区刊物采用。

【梅河口市审计局】　内设9个科室，25名公务员。1999年底，成立了经济责任审计局（二级局），8名事业编制人员。1999年共审计106个单位，查出各类违纪违规金额4140万元，应归还原渠道资金60万元，提交审计信息102篇，被上级审计机关、地方党政机关和新闻单位采纳审计信息61篇。向纪检部门移送案件1件。

完成市政府交办任务　1999年完成了市政府交办的对法院、民政、文化馆等单位的财务收支审计以及对热电厂、酒精厂的破产审计，同时积极完成了市委、市政府交办我局的减轻企业负担、三项收费调查、合资果仁企业审计调查等12项临时任务。为市政府解决多年积案提供了真实可靠的数据资料，为市委、市政府宏观经济调控起到了参谋和服务作用。

完成授权审计项目　1999年，突出授权项目审计重点，积极开展审计署授权的2个项目、省审计厅授权的3个项目和市政府授权的1个项目审计，对查出的私设“小金库”、滥收费用、偷漏各项税费、滥发补贴等违纪问题200多万元进行了及时处理处罚，收缴入库率达95%以上。为国家挽回了经济损失，收效显著。

注重工作质量，防范审计风险　通过制定质量标准，实行质量约束，加强质量考核等办法，强化审计干部的风险责任意识。

【集安市审计局】　全局公务员编制20人，工勤编制2人，内设7个科室。全年共完成审计任务25户（项），查出违纪金额1450万元，应上缴财政金额185万元，已上缴财政26万元，追还侵占挪用资金153万元。完成审计信息54条。

完成市政府交办任务　开展了5户乡镇撤并审计。对5户乡镇政府本级及企业办、财政所债权、债务进行了全面的审计，为市政府平稳地撤并5个乡镇政府提供了可靠的依据。

深化预算执行和乡镇财政决算审计　预算执行审计着重对重点部门、重点资金开展了审计，查处违纪资金123万元，应交财政资金75万元，提出加强和完善财政管理建议4条。对四户乡镇财政决算进行审计，查出违纪资金43万元，应上交财政4万元。

开展真实性审计　重点对电线厂1998年度以前财务收支进行审计。审计表明该企业1998年度少体现亏损379．3万元，1997年以前少体现亏损270．7万元，累计少体现亏损650万元。

经济责任审计　根据两个“暂行规定”，对公安局、林业局、市联社、东方建材有限公司领导干部任期经济责任进行审计，客观公正地评价了其任期的经济责任，为市委加强对领导干部的管理和监督，正确任用干部提供了参考依据。

【通化县审计局】　全局内设6个科室，11名公务员，1名工勤人员。1999年共审计53个单位，查出违纪问题金额1500万元，应交财政150万元，已交15万元，提交审计报告、信息10篇，批示采用10篇。

本级预算执行审计　全年共对财政局、地税局等9户进行了审计，查出违纪问题金额600万元，提出合理化建议5条。

深化企业审计　全年共对6户国有企业进行了审计，查出违纪问题金额180万元，促进增收节支210万元。

深化乡镇审计　对全县21个乡镇农经站进行了审计调查，查出违纪问题金额95万元，并就有关问题向县政府专门进行了汇报。

加大固定资产投资项目审计　对通化东宝大厦等知名工程进行竣工审计，仅东宝完建工程即削减其工程造价700万元，为建设单位节约了大量资金。

【辉南县审计局】　全局内设9个科室，共有公务员20名，事业编制人员12名。1999年共完成审计项目68个，审计单位79户，完成审计调查9项。共查出违规行为金额4967万元，归还原资金渠道423万元，促进增收节支258万元，提交审计报告信息96篇，被批示、采用68篇。

深化乡镇审计　对全县16个乡镇农经站经费收支及统筹款的提取和使用情况进行了审计调

查。经审计责成有关单位归还原资金渠道36万元，纠正违规担保贷款5万元，退还不合理收费5.6万元。开展了乡镇财政决算审计，针对查出的问题，依法进行了处理、处罚。

经济责任审计 对14名党政主要负责人和国有企业领导人员任期经济责任进行了审计。

发挥部门优势，为企业改制提供有效服务 对长龙药业、天泰药业、辉发药业的国有资产重组、股权处理等项工作都做了大量、细致的工作。

规范审计文书、防范审计风险 采取有效措施，制定完善了审计小组和被审计单位承诺书及审计工作底稿，制定了审计组长（科长）、分管局长、案件复核、案审会四级复核制，有效控制审计质量，防范审计风险。

【柳河县审计局】 全局内设4个科室，4个乡镇审计分局，14名公务员、12名事业编制人员。1999年共审计252户，查出违纪金额1089万元，收缴入库38万元，减少损失浪费67.6万元，被政府批示批转审计报告4篇。发表审计文章信息40余篇。

完成县政府交办任务 对华龙、凯帝两个龙头企业的资产、负债、损益情况和纳税进行审计。对7位科级领导干部进行离任经济责任审计。

加强乡镇审计 对全县22个乡镇的派出所、土地所、广播电视站，13个乡镇农经站，17个乡镇财政决算和乡镇统筹，10个乡镇卫生院，49所中小学的财务收支情况进行了审计，查出财政虚列收支186万元，偷漏税收33.8万元，以及乱涨药价、乱收费、挖挤县级收入、挪用统筹款、坐支预算外收入等问题，依法进行了处理处罚。

改进企业审计 以审计企业会计核算的真实性为基础，对企业的资产、负债、损益和财务收支的真实性、合法性进行审计，揭露企业资产、盈亏不实、侵犯所有者权益、国有资产流失问题，规范财务核算，加强企业管理，保障企业资产的安全运营和国有资产增值保值。

规范审计程序，防范审计风险 制定审计人员业务职责，审计执法质量考核标准，规范审计执法程序和审计文书制作，保证审计质量，防范审计风险。

【白山市审计局】 全局内设11个科室，现有45名公务员，18名事业编制人员。1999年共审计351户（项），查出违纪金额112052万元，上缴财政1068万元，追还被侵占挪用资金7070万元，促进增收节支9091万元，共提交审计报告被党政领导批示、批转91篇，建议纠正地方部门不当规定567条，向纪检部门移送案件3件。1999年被省委、省政府命名为全省精神文明建设标兵单位。有3项工作受到省级表彰，有1项工作受到全省审计系统表彰，有8项工作受到市级表彰。

本级预算执行审计工作 全市共审计财政、地税、国库和预算执行单位61个，查出违规行为金额13834万元，其中违规调整预算741万元，挖挤上级预算收入124万元，应缴未缴预算收入137万元，挪用预算资金292万元，违规办理预算拨款355万元，违规办理财政决算100万元。

深化企业审计 全市共审计国有企业76户，查出违规行为金额13659万元，其中收入不实1049万元，成本不实400万元，账外资产1825万元，虚减利润2098万元，促进增收节支4345万元。

厂长经理经济责任审计 对市直11户股份制和有限责任公司进行了经济责任审计，查清了企业各项经济指标完成情况和遵守国家财经法纪情况，对规范企业行为，促进企业管理起到了积极作用。

圆满完成授权审计任务 根据审计署和省厅授权，对铁路、电信、烟草、林业等11户中直、省直单位进行了审计，查出违规行为金额671万元，上缴财政金额360万元，拓展了审计覆盖面，杜绝了审计死角。

其他审计工作 开展了农业经营管理站审计调查、工商银行、固定资产投资等项目的审计，完成了党委、政府临时交办任务。

内部审计工作 全市共有内审机构127个，有内审人员336人，1999年对292个单位进行了财务收支、经济效益和经济责任审计，纠正违规行为金额1046万元，查出损失学杂费金额359万元，促进增收节支56万元。

加强审计调研信息，加速审计成果转化 注重“四个并重”：抓审计成果转化与抓重点审计并重；抓审计调研与抓审计业务并重；建立审计调研运行机制与健全考核机制并重；抓调研数量与抓提高质量并重。搞好“三个结合”：审计调研与重点审计相结合；审计调研与党政工作中心相结合；审计调研与上级审计机关的工作重点相结合。

【白山市八道江区审计局】 全局内设2个科室，8个乡镇审计所，7名公务员，11名事业编制人员。1999年共审计34户（项），查出违纪额1863万元，应交财政32万元，已交财政32万元，归还原资金渠道812万元，促进增收节支498万元，提交审计报告信息138篇，被批示、采用115篇。

本级预算执行审计工作 全区共审计财政、地税、国库和预算执行单位8个，查出违规行为金额1109万元，挪用预算资金613万元。

深化企业审计 全区共审计国有企业3户，查出违规行为金额299万元，促进增收节支610万元。

完成区政府交办任务 对区直5户单位进行了经济责任审计，查清了企业各项经济指标完成情况和遵守国家财经法纪情况，对规范企业行为，促进企业管理起到了积极作用。

深化乡镇审计　对全区24个单位进行了审计，查出违纪违规行为金额28万元，提出审计建议50条，有效地发挥了乡镇审计的职能作用。

圆满完成授权审计任务　根据省厅和市审计局授权，对市新华书店、盐业公司、市液化气站、市防疫站、市中医院、市妇幼保健院6户省直、市直单位进行了审计，查出违规行为金额423万元，上缴财政金额3万元，拓展了审计覆盖面，杜绝了审计死角。

【临江市审计局】　内设6个科室。现有人员18人。1999年共完成审计户数42户，查出违纪金额1388万元，应上缴财政96万元，已上缴财政95万元，应追还被侵占挪用资金610万元。

基建审计　完成基本建设预算审计9户，核减不实建设资金380万元，查出偷漏税金19万元，促进增收节支910万元。筹资兴建审计综合楼近万平方米，极大地改善了办公条件和职工的居住环境

信息宣传工作　审计信息工作在全省各县区名列前茅，已连续5年被省厅评为信息宣传先进单位。

【靖宇县审计局】　全局内设6个科，1个乡镇审计所。现有16名公务员，9名事业编制人员。1999年共审计51户（项），查出违纪金额3911万元，上缴财政49万元，促进增收节支1680万元，提交审计报告信息267篇，被批示、批转、采用206篇，建议纠正地方部门不当规定76条。

本级预算执行审计　共审计财政、地税、国库和预算执行单位7个，查出违规行为金额2984万元，其中决定处理处罚339万元，指明要求纠正2645万元。

农业经营管理站审计调查　共审计12个乡镇农经站和县农经总站，查出违纪金额18万元，采纳审计建议32条。

加强审计调研信息，加速审计成果转化　共撰写审计调查报告12篇，全被采用，审计信息212篇被采用194篇，共有3篇审计论文参加市局理论研讨评比，全部获奖。其中一等奖2名，三等奖1名。

乡镇审计工作　乡镇审计所全年共审计59户（项），查出违纪金额196万元，被审单位采纳审计建议105条。

招商引资工作　县委、县政府下达我局任务80万元，我们引进资金330万元。

改善工作条件　投资8万元购置7台微机，配备了交通工具。

【抚松县审计局】　全局内设7个科室，现有20名公务员，3名工勤人员。1999年共审计51户（项），查出违纪金额522万元，上缴财政53万元，追还被侵占挪用资金758万元，促进增收节支2588万元，共提交审计调查报告被党政领导批示10篇，建议纠正地方部门不当规定35条，完成审计信息131篇。

本级预算执行审计　全县共审财政、地税、国库和预算执行单位8个，查出违规行为金额329万元。

深化乡镇审计　对全县17个农村经营管理站1997－1998年代管的合作基金及集体资金的管理使用情况进行了审计和调查，对查出的问题，提出了切实可行的审计建议，促进了经管站工作管理。

其他审计工作　开展了乡镇审计及调查，固定资产投资项目审计和调查，完成了县委、县政府交办的临时任务。

【江源县审计局】　全局内设3个科室，11名公务员，一名公勤人员。1999年共审计26个单位（户、项），其中省厅安排审计单位16户，市局安排审计单位10户；查出各类违纪违规资金2439．8万元，其中决定处理金额1138．8万元，责令纠正、归还资金原渠道或作账务处理336万元，应缴财政81．3万元，实缴财政44．1万元，全年在省市等各类刊物上发表审计信息25篇，提交审计调查报告10篇。

本级预算执行审计　1999年共审计财政、地税、国库和预算执行单位8个，查出违规行为金额1852万元，其中决定处理处罚928万元，挖挤上级预算收入16万元，应缴未缴预算收入129万元，挪用预算资金360万元。

行政事业单位审计　审计行政事业单位16户，查出违规行为金额557万元，其中决定处理处罚211万元，应缴未缴预算收入1万元，挤占挪用32万元，预算收入未缴专户10万元，偷税漏税4万元，应归还侵占挪用资金335万元。

经济责任审计　1999年对行政事业单位及乡镇一把手的离任进行了经济责任审计。

规范文书，防范审计风险　制定完善了被审计单位承诺书、审前被审单位基本情况调查表及审计工作底稿，有效控制审计质量，防范审计风险。

【长白县审计局】　全局内设6个科室，1个乡镇审计所，17名公务员，1名事业编制人员。1999年共审计53个（户、项），共查出各类违纪违规资金2924万元，应交财政40万元，已交财政40万元，应追还侵占挪用资金347万元，促进增收节支718万元，提交审计报告、信息118篇，被批示、采用115篇。

本级预算执行审计　全县共审计财政、地税、国库和预算执行单位5个，查出违规行为金额699万元，其中隐瞒转移预算收入3万元，挪用预算资金428万元，违规办理预算拨款189万元，违规办理财政决算100万元。

深化企业审计　全县共审计国有企业26户，查出违规行为金额57万元，增加财政收入20万元，促进企业增收节支38万元，采纳审计建议6条。

完成县政府交办任务　完成县政府交办的审计任务33项，其中：20项领导离任、在任审计，13项查实资产财政收支审

计。为政府宏观决策提供依据、当好参谋。

其他审计工作　开展了农业经营管理站审计调查、工商银行资产、负债、损益情况、固定资产投资等项目的审计。

【松原市审计局】　全局内设7个科室，现有26名公务员。1999年共审计203户（项），查出违纪金额14268万元，应上缴财政资金933万元。1999年有6项工作受到上级表彰。

本级预算执行审计　全市共审计了68个预算执行单位，审计结果引起了人大、政府和社会的重视。对2个县的财政收支进行了审计，共延伸了26个相关部门，摸清了两个县的财政基数，在我市财政体制转化时期，为市政府决策提供了依据，并对审计中发现的问题进行了处罚。

完成授权审计任务　根据审计署和省厅授权，对新华书店、盐业公司、长山电厂、长山化肥厂等授权单位进行了审计，提出审计建议30多条，对违规、违纪问题进行了处罚，上缴财政资金计300余万元。

其他审计工作　完成了农业经营管理站审计调查任务，审计农经站95个，覆盖面达90%，针对审计调查中发现的问题，提出了审计建议，并向市政府提交了报告。同时还完成了对法院系统、工商银行系统、社会保险系统、江南供水工程、世行贷款等项目的审计任务。

经济责任审计工作　全市完成经济责任审计12户，这12户都是党政领导干部离任审计，查清了领导干部在该单位工作期间各项经济指标完成情况和遵守财经法纪情况，为组织部门使用干部提供了可靠的依据。

内部审计　加强了对全市内部审计工作的管理和指导，培训内审人员100余人，培养内审先进典型10个。

机关基础建设工作　一是抓业务学习。年初市局组织了为期10天的全市审计干部培训班，并在办班期间进行理论研讨，近百名审计干部参加了培训，提交论文46篇。年末市局又组织了为期10天的全市审计系统计算机培训班，使全市审计干部掌握了常用计算机应用技术。二是强化规范化建设。建立了审计承诺制度、审计执法责任制度。三是加强了工作研究和探讨。对经济责任审计和化解审计风险等问题进行了研究和探讨，制定了一些办法和措施，并总结了3个典型。四是积极开展了信息宣传工作。全年共报出信息151篇，被采用116篇，推动了审计工作的发展。

【松原市宁江区审计局】　全局内设3个科室，9名公务员，2名工勤人员。1999年共审计18户（项），查出各类违纪违规金额793万元，上缴财政收入13万元，追还被侵占挪用资金747万元，提交审计报告信息15篇，被采用10篇。

本级预算执行审计　全区共审计财政、地税和预算执行单位7个，查出违纪金额437万元，上缴财政2万元，应缴预算收入112万元，挪用预算资金56万元，违规办理预算拨款62万元，挪用预算资金207万元。

深化金融、行政事业单位审计　对区工商银行1998年资产负债损益情况进行审计，查出违纪违规金额224万元，偷税漏税11万元，虚列支出213万元，上缴财政11万元，对区8个行政事业单位进行审计，查出违纪金额135万元，预算外收入未缴专户16万元，侵占挪用99万元。

领导交办的审计工作　完成对国有医药商店领导离任审计；影剧院承包的经济案件审计，并移交给检察院立案；水泥厂资产负债损益审计。

规范审计文书，防范审计风险　采取有效措施，制定了审计承诺书，分清会计责任和审计责任，防范审计风险。

坚持审计回访制度　组织审计回访小组到被审计单位检查审计意见、审计决定的落实情况，增强了审计监督的威慑力。

【乾安县审计局】　全局内设4个科室，行政编16人，事业编4人。1999年共开展审计52户（项），查出各类违纪违规资金442万元，应缴财政资金95万元，实际收缴入库60万元，归还原资金渠道105万元，促进增收节支68万元。提交审计报告、信息98篇，被政府批示3篇，被省、市审计信息采用16篇，政府信息采用6篇。

本级预算执行审计　开展本级预算执行审计17户，延伸审计二级预算单位8个。共查出违纪金额116万元，追缴入库资金44万元，纠正了部分预算执行单位财务管理上存在的问题。

专项审计　开展了对教育经费、法院系统、社会保险基金、农经站系统等7户专项审计。查出教育系统乱收费、法院系统超标准收费、社会保险公司挤占养老金等问题，分别依据相关法规进行了处理处罚。

乡镇决算审计　对5个乡镇的决算和财务收支实施了审计，查出乡镇存在的挤占截留统筹资金，预算外资金管理不善，乡镇财务管理不善等问题。

完成政府交办审计事项　共完成年度经济责任审计6户，对较大企业的资产、负债、损益情况进行了全面审计，向县委、县政府提交了审计报告；对3名离任者任职期间的经济责任做出了客观、公正、真实准确的评价。

【长岭县审计局】　全局内设6个科室，现有公务员19名，事业编制人员2名。1999年共完成审计任务30项，查出各类违纪违规金额1974万元，应交财政211万元，已交财政199万元，归还原资金渠道975万元，共提交审计报告30篇，审计调查报告1篇，有4项工作受到市级表彰。

本级预算执行审计　全局共审计财政、地税和重点预算执行单位11户，查出违规行为金额1417万元，其中查出应缴未缴财政预算收入257万元，虚列财政一般预算支出235万元，挤占挪用以工代赈资金504万元，挤占财政预算外专户储存资金199万元。

基建决算审计　基本建设审计3户，审计工程造价846万元，审减工程额114万元，有力地遏制了工程决算中的高估冒算行为。

深化乡镇审计　对全县31个乡镇农经站统筹资金、合作基金会的股金管理和使用情况进行了调查。同时开展了乡镇决算审计5户，查出违规行为金额75万元，针对查出的问题，依法进行了处理、处罚。

开展领导干部经济责任审计　完成了领导干部经济责任审计8项，做到了客观公正评价其经济责任，为县委正确任用干部提供了参考依据。

【扶余县审计局】　内设6个科室，13名公务员，3名公勤人员。1999年度完成审计项目50户（项），其中：完成署、省定项目21户（项），市定审计项目4户（项），本级安排22户（项），完成审计调查项目3户（项）。共查出违纪、违规资金总额812万元，上缴财政资金70万元，归还原资金渠道612万元。

经济责任审计　1999年对10个乡镇10名党政主要负责人的任期经济责任进行了审计。

完成县政府交办任务　1999年度，共完成县政府交办的审计事项6项，其中：信访案件1件、移交纪检、监察部门1件。完成了县政府交办的对城建系统1996年以来承办的22项城市基础设施建设工程资金管理和使用情况的审计查证任务，为领导宏观决策提供了可靠依据。

完成上级下达审计任务　共完成上级审计机关下达的审计任务25户（项），其中：完成省厅授权的新华书店、养路段、征费所等财务收支审计；配合省审计厅完成了我县二松堤防水利专项资金的审计和我县农业生产资料公司拖欠省农资公司化肥款项的审计，针对存在的问题，提出了很有见地的意见和建议。

【前郭县审计局】　内设7个科室，现有38名公务员。1999年共审计52户（项），查出违纪金额4，735万元，上缴财政126万元，追还被侵占挪用资金1720万元。

本级预算执行审计　全县共审计财政、地税、国库和预算执行单位8个，查出违规行为金额97.8万元，共查出两大类5个问题。

农村经营管理站系统审计调查　对全县26个乡（镇）的农经站进行了审计调查，发现有问题资金1791万元，占审计资金总额的15.6%，发现八大类24个问题。

固定资产投资项目审计　共审批基建投资项目25项，投资金额11350万元，并对10个项目的预、决算进行了审计。共审计出违纪金额340万元，上缴财政55万元，并针对存在的问题提出了建议。

完成授权审计任务　根据上级审计机关授权，对公路段、烟草、盐业、书店等4户中、省直单位进行了审计，查出违规行为金额43万元，并全额上缴财政，拓展了审计覆盖面，杜绝了审计死角。

审计信息宣传工作　全局共撰写上报审计工作报告52篇，上报审计论文和信息58篇，被上级采用50篇。其中：国家级刊物采用2篇；省政府采用2篇；省审计专业刊物采用28篇；市级刊物采用11篇；县委、县政府采用6篇；县新闻机构采用1篇。

【白城市审计局】　全局共有干部、职工53人，内设14个科室。

本级预算执行审计　共审计45个单位，其中财政部门6个，地税部门6个，预算执行单位28个，国库5个。查出违规行为金额2 767万元，决定处理处罚936万元，指明要求纠正1831万元。在总结过去经验基础上，规范了工作做法，把本级预算执行审计工作作为服务全市经济建设大局的重点项目来抓，促进审计工作从宏观和全局上保证国家财政政策的贯彻落实。在审计对象选择上，主要选择组织预算执行、参与预算执行、掌握资金调拨权、管理使用大宗财政性资金的重点部门和单位进行审计。成立了由一把手挂帅，分管领导具体负责的协调小组，做到了统一计划，统一方案，实行了审计项目计划负责制。

工商银行审计　在时限紧、工作量大，而且是第一次实行计算机软件汇总的情况，在组织、实施上下了很大功夫，实行“承诺”和履行责任制度，县（市）局长与市局签订了责任状，查出违纪违规问题共8个大类1117万元，向上报信息20篇，其中15篇被有关部门采用。

开展农经站审计　通过对辖区内87个县、乡两级农村经营管理部门（包括农村审计站）的审计，查出统筹费管理问题748.4万元，农村合作基金管理问题99万元，其他资金管理问题4 354.4万元，违规行为金额总计达5 201.8万元。查处了问题，提出了审计建议。

转变审计方法　一是由重点财政财务收支审计转向注重资金管理使用状况的审计。二是由全面铺开审计转向重点资金、重点项目、重点单位审计。三是由单项揭露违纪违规行为转向摸清被审计单位的家底上。四是由单项审计转向“行业、区域”审计，重点审计各个行业带有共性的问题，查清非共性问题存在的漏洞。

【白城市洮北区审计局】　全局内设4个科室，19名公务员。1999年共审计31个单位（户、项），查出各类违纪违规资金2378.3万元，应交财政91.1万元，已交财政37.5万元。

本级预算执行审计　全区共

审计财政、地税、国库及预算执行单位8个，查出违纪违规行为金额990万元，应交财政65万元。

专项资金审计　全区对法院系统、乡（镇）农经站、福利彩票资金进行了审计，查出违纪违规行为金额119．8万元，应交财政2．6万元。

经济责任审计　全区共对7名领导干部实施了离任审计。审计人员对每个审计项目，客观、公正、准确评价，成绩和问题反映全面，得到了被审计单位和被审计领导干部的认可，也得到了区委领导的好评和重视。

基建审计　全区以行政事业单位和国有投资项目为重点，开展了建筑施工单位预（决）算审计，审计投资总额1023万元，审减高估算金额21万元，有效地维护了建筑市场经济秩序。

交办工作　全年共派出21人次，完成区委、区政府临时交办任务13户项。

信息工作　全局提交审计报告信息38篇，被上级审计机关、审计刊物、新闻单位采用22篇。写出审计理论研讨文章6篇，其中1篇获得了市社会科学优秀成果三等奖，有3篇在全市审计理论研讨会上进行了交流。

【大安市审计局】　全局内设7个科室，现有17名公务员，5名事业编制人员。1999年共审计61户（项），查出各类违纪金额283万元，应缴财政补贴43万元，归还原资金渠道158万元，提交审计信息报告15篇，　向纪检等部门移送案件3件，协同纪检等部门办案三起。

本级预算执行审计　全市共审计财政、地税、国库和预算执行单位8个，查出违纪违规金额137万元，增加财政结余金额15万元，调整资金85万元。

完成专项审计工作　1999年上级审计机关部署的专项审计，有农经站、养老保险基金、法院系统、福利彩票、工商银行系统审计等六项审计共38个单位。

经济责任审计　对全市8个单位的一把手进行了任期（离任）经济责任审计，对他们的经济责任审计作出了客观公正的评价。

转变审计观念，加大审计力度　由全面铺开审计转向了重点资金、重点项目、重点单位审计，把重点放在了财政性资金和涉及国计民生的大额资金上；同时，由单项揭露财务违纪违规行为转向摸清被审计单位的家底上，向内控制度、经济效益两个方面延伸，监督其经营成果是否真实合法。

完成市委、市政府交办任务　1999年度，完成市政府下达招商引资任务80万元，发展非公有制企业30户；包扶贫困村投资2万元。

【洮南市审计局】　全局内设7个科室，23名公务员。1999年共审计单位47户（项），查出违纪金额1696万元，决定处理处罚705万元，纠正违纪991万元，追还被侵占挪用资金36万元。向上级审计机关和市委、市政府提交审计报告49篇，报送审计信息96篇，被采用45篇。

本级预算执行审计　对市财政局、地税局、国库等直接组织参与预算执行的部门进行审计，并审计了26个重点一、二级预算单位，查出违规行为金额113万元，并进行了相应的处理、处罚。

深化乡镇审计　对市农经总站及19个乡镇农经站负责管理的财政性资金进行了审计，并对其他资金进行了调查，通过审计，对挤占挪用统筹款、鉴证费未按规定分成、“白条”入账、“白条”抵库、违规列支等问题进行了揭示，对查出的违规违纪资金320万元，依法进行了处理、处罚。

完成市政府交办的各项审计工作　按照市政府要求对2名厂长（经理）进行了离任经济责任审计，对吉林省糖酒公司租赁洮南制糖厂期间经营成果、彩印厂租赁合同中止进行了审计。配合纪检、监察部门对第一毛纺厂留守处等6个单位进行了审计。

乡镇审计　为加强对农村经济活动的审计监督，12月10日在全市8个中心乡镇设立了审计局驻乡镇审计室。

改善工作、生活条件　建筑面积3800平方米的住宅、办公一体的大楼投入使用，从根本上改善了办公和住宅条件。

【镇赉县审计局】　全局内设7个科室，1个经济责任审计所，1个乡镇审计所，18名公务员，15名事业编制人员。1999年共审计58个单位，查出各类违纪违规资金730万元，应上缴财政70万元，已缴58万元，归还原渠道资金464万元，提交审计报告、信息被采用70篇。

完成政府交办任务　对拟推荐为省劳模的县烟草公司、石油支公司、电信局三个单位法定代表人经营成果真实性及工作业绩进行了审查，为政府把了关；对灾后援建的居民住宅工程进行专项审计，保证了救灾款物专项合理地用于重建家园工程；配合有关部门对医药行业进行了整顿，规范了医药市场购销行为。

开展金融审计　查出县工商银行存在各种违纪违规资金230多万元，已将查出问题上报上级审计机关进行统一处理。并对信贷资产按五类标准进行了清分，提出了规避信贷风险的建议。

组建经济责任审计所和乡镇审计所　组建了经济责任审计所和乡镇审计所，并对新录用人员进行岗前培训，为两项工作的顺利开展奠定了基础。

加强信息宣传工作　1999年，镇赉县审计局信息宣传工作取得了明显效果，有50多篇信息被审计署、省、市各级报刊杂志采用。

【通榆县审计局】　全局内设7个科室1个经济责任审计分局，6个乡镇审计特派所，20名公务员，18名事业编制人员。1999年共审计79个单位（户、项），查出各类违纪违规资金873万元，应交财政55万元，已交财政50万元，归还原资金渠道133万元，促进增收节支135万元，提交审计报告信息130篇，被批示、采用110篇。

完成县政府交办任务　开展了对县土地系统28个单位1997年至1998年度土地费金的征收、管理和使用情况的审计，查出私设“小金库”6个，金额108万元，增加县财政收入100多万元。完成来信来访案件10个，挽回经济损失近300万元。

深化乡镇审计　对全县20个农业经营管理站1997至1998年代管的321个村7个合作基金会1997至1998年度集体资金的管理使用情况进行调查，查出违纪违规行为金额141万元，应交财政8万元，归还原资金渠道133万元。开展了乡镇财政决算审计，查出各类违纪违规资金307万元，其中“小金库”13个，金额118万元，针对查出的问题，依法进行了处理、处罚。

经济责任审计　对2个乡镇4名党政主要负责人的任期经济责任进行了审计。

改善工作条件　投资120万元购置了1200平方米的办公楼，配备了23台计算机、打字机及必备的交通工具。

【延边州审计局】　全局内设11个处室，现有41名公务员，4名工勤人员。1999年共审计62户（项），查出违纪金额34339万元，上缴财政216万元，提交审计调查报告、信息83篇，被采纳51篇。

本级预算执行审计工作　州本级共审计财政、地税、国税和预算执行单位58个，查处虚列预算收支、国有资产流失、截留预算收入等问题。并抽查了16个单位的小汽车使用费，每辆车平均费用3.7万元。据此提出加强小汽车费用管理的审计建议。

经济责任审计工作　完成了11个单位法人审计任务，查出违纪违规金额793万元。

企业审计工作　州本级共审计11户，查处违纪违规金额28963万元，潜亏25417万元。

其他审计工作　进行了工商银行、检察院、交通局、专利局等单位的审计，完成了州党委、政府临时交办的庙岭水泥厂改制审计、物资总公司破产审计、农药厂生产经营情况审计调查等工作。

内部审计工作　举办了内审机构法定代表人离任审计研讨会，组织了内审机构优秀审计报告评选活动，制定了内审机构工作考核办法。

信息宣传工作　全年编发《延边审计》25期，收到稿件266篇，被州委、州政府采用28篇，省厅采用6篇，省委办公厅采用2篇，在国家级报刊发表论文、信息6篇。

建章建制工作　为规范审计工作，制定了《廉政建设连带负责制度》、《审计执法责任追究制度》、《审计作业行为规范》和修改完善了《审计业务质量考核规范》。

【延吉市审计局】　全局共有7个职能科室，27名公务员，1名工勤事业编制。1999年共审计52户，查出违规行为金额9485万元，上缴财政865万元，追还被侵占挪用资金2475万元。提交审计工作报告信息共58篇，被采用25篇。

本级预算执行审计　对全市财政、金库、地税等5个参与预算组织、管理的部门和14个预算执行单位进行了全面审计，本次审计共查出各类违规行为金额2999.9万元，补缴入库903.9万元，补缴财政专户223.9万元，追还被挤占挪用的专项资金198.9万元，对违规行为处以罚款7万元。

企业真实性审计　共完成8户企业审计，其中包括4户重点骨干企业，共查出资产、负债、损益不真实金额2573万元，潜亏金额3370万元，为政府宏观决策提供真实依据。

专项审计调查　共完成12项，为政府节约使用资金提供了依据。

完成市政府交办任务　已完成市政府规定的招商引资任务60多万元，现已投入运营。

行风廉政建设　成立行风廉政领导小组，对不廉行为负连带责任。

规范执法行为，努力降低审计风险　制定制度，从审计方法上规避审计风险，自行设计并实行承诺书制度，贯彻落实三级复核制，同时采取各种有效措施，大幅度提高了审计质量，有效防范了审计风险。

【图们市审计局】　全局内设7个科室，现有19名公务员，1名事业编制人员。1999年共审计50个单位（户、项），查出各类违纪违规资金1103万元，应上缴财政22万元，已上交财政5万元，归还原渠道770.2万元，提交审计信息16篇，3篇被省审计刊物采纳，6篇被州审计刊物采纳，向纪检部门移送案件1件。

本级预算执行审计　全市共审计财政、地税、国库和预算执行单位22个，查出违纪金额841万元，其中应交未交财政收入27万元，截留税金和漏交税金12万元，截留专项资金32万元，占用专项资金770万元。

深化企业审计　对全市5个国有企业进行企业破产审计。

经济责任审计　对4个行政单位主要负责人的任期经济责任进行了审计。

其他审计工作　开展了农业经营管理站审计调查，工商银行、固定资产投资以及行政企事业单位的财政、财务收支等项目的审计，完成了上级授权、政府临时交办的审计任务。

完善审计规章制度，防范审计风险　采取有效措施，制定和完善审计质量检查考核评比办法和制定对审计业务质量、审计纪律的“五条”监察措施以及制定了宣传信息管理办法，有效控制审计质量，增强了审计风险防范意识。

【敦化市审计局】　全局内设7个科室，25名公务员。1999年共审计170户（项），查出各类违纪违规资金451万元，应交财政58万元，已交财政50万元，归还原资金渠道76万元，促进增收节支285万元。提交审计报告信息89篇，被批示、采用73篇，其中：国家级4篇、省级12篇。

完成市政府交办任务　高质量完成了4个撤并乡镇、5个市直撤并部门、9个撤并事业单位、19户转制企业的资产负债损益审计，出具各类审计报告36份；按时完成了8位离任经济责任审计；预期完成了7户星级企业、6户私营企业、12户个体企业、7个乡镇财政收入的真实、合法性审计；完成来信来访案件审计3个，移送有关部门查处案件3件。

本级财政预算执行情况审计和专项审计　4个审计小组历时37天，对15个预算单位进行了审计，预算执行中查出的6个问题得到财政部门的认可，提出5条合理化建议受到政府采纳，市政府、市人大对预算执行情况审计给予了高度评价；完成了交通事业费、水利专项资金、农发资金、教育资金专项审计；开展了11项审计调查，为市政府正确决策提供了可靠依据。

规范审计文书，防范审计风险　进一步完善充实了审计责任9项制度，签订实施审计责任书，有效控制审计质量，防范审计风险。

【龙井市审计局】　全局内设6个科，现有17名公务员，1名事业编制人员。1999年共审计40户，查出违纪金额133万元，应收缴国库金额43万元，已收缴国库金额38万元，提交审计工作报告信息共64篇，被批示、采用的34篇，完成论文3篇，被省级刊物采用1篇。

本级预算执行审计工作　全市共审计6户，查出违规行为金额13万元，应缴未缴预算收入13万元。

企业审计工作　企业审计全年共审计2户，查出违纪金额1万元，已收缴入库1万元。

行政事业审计　全市共审计32户，查出违纪金额86万元，决定处理处罚75万元，指明要求纠正11万元，应缴财政30万元，实际入库8万元。

离任审计工作　全市共进行了6户法定代表人经济责任审计，按照两个“暂行规定”，客观公正地评价了其经济责任，为市委正确任用干部提供了参考依据。

完成市政府交办的任务　全年共完成市政府交办的审计调查5项，完成招商引资任务600万元，对10户特困户资助5000元。

【珲春市审计局】　全局设5个科室，17个人员编制。其中：16名国家公务员，1名事业编制。1999年度完成审计任务44个（户、项）查出各类违纪违规金额1328万元，应上交财政金额408万元，提交审计报告、信息23篇，被批示、采用的17篇。

本级预算执行审计工作　全市共审计财政、地税、国库和预算执行单位23个，查出违纪违规金额1244万元。其中：应上交财政金额143万元，隐瞒转移预算收入98万元，挪用预算资金45万元，虚列支出821万元，违规办理财政结算126万元，其他违纪11万元。

深化乡镇审计　对全市12个农业经营管理站1997至1998年度代管的农村合作基金及其他资金管理使用情况进行了审计调查，查出各类违规资金670万元。

圆满完成授权审计任务　根据省厅和州局授权，先后对珲春林业局、电信局、交通征费所、新华书店4户省、州直单位进行了审计，查出各项违纪金额32万元，已上交财政金额27万元。

经济责任审计　对2个单位2个主要负责人的任期经济责任进行了审计。

规范了岗位责任制度　制定了八大类、69项、416条规章制度汇编，较好地规范了审计干部行为，提高了行政执法水平，取得了较好的效果。

【和龙市审计局】　全局内设5个科室，14名公务员，1名事业编制人员。1999年共审计56个单位（户、项），查出各类违纪违规金额1420万元，应上缴财政50万元，已上缴财政金额50万元，决定处理处罚350万元，指明要求纠正1265万元，查出偷漏税金22万元，私设“小金库”165万元，提交审计报告、信息50篇，被采纳35篇，向纪检部门移送案件2件。

本级预算执行审计工作　全年共审计完成财政、地税、国库和预算执行单位9个，查出违纪行为金额1258万元，决定处理处罚17万元，指明要求纠正1239万元，查出隐瞒转移预算收入，违规办理预算拨款和漏税465万元。

加强行政事业单位的审计　共审计33个单位，查出违纪金额137万元，决定处理处罚114万元。

加强乡镇审计工作　对6个乡镇财政所和农业经营站进行了审计，查出违规金额4万元，提交审计调查报告1篇。

圆满完成授权审计任务　根据省、州的授权，对交通征费所、新华书店和龙林业局等4个省、州直单位进行了审计，查出违规行为20万元，上缴财政18万元，拓宽了审计的覆盖面，增强了审计的威慑力。

【汪清县审计局】　全局内设7个科室，现有20名公务员，1名工勤人员。1999年共审计90项，查出各种违规金额1661万元，应上缴财政65万元，已上缴财政53万元。提出审计报告、信息33篇，被上级机关、新闻单位采用17篇。

本级预算执行审计　全县共审计财政局、地税局的预算收支，税收征管，对具体预算执行

的单位12个部门进行了延伸审计，共查出各种违规行为金额1332万元。共收缴10万元。

圆满完成了工商银行审计　共查出工商银行1998年银行会计决算中少记“其他收入”6.5万元；少记利息支出267.9万元，少记营业税金及附加1.3万元，多记手续费支出45.1万元，在贷款总额的37772万元中，查出可疑贷款5695万元，查出损失贷款11482万元。

农村经营管理站审计调查　对全县12个乡镇农村经营管理站的“统筹费”、“村提留款”、“以资代劳金”、“土地补偿费”和“农村集体积累资金”进行了审计调查，共查出违规行为金额达215.3万元。

行政事业审计　完成15项，查出各种违规行为金额56万元。

企业审计　完成了13项，查出违规金额22.9万元，处罚上缴财政金额14.7万元，责成调账2.3万元，提出21条审计建设。

基本建设审计　开展了四个建设项目竣工决算审计，审计工程总投资额为2，495万元，查出高估冒算裁减工程造价金额47万元，查出漏交税金6．8万元，补缴入库2．8万元。

乡镇审计进一步完善　全县的乡镇审计工作多年来一直处于全省先进行列。

黑龙江省

【黑龙江省审计厅】　截止到1999年底，全省实有审计人员2924人，其中高级职称37人，中级职称1270人；大学学历430人，大专学历452人。省厅下设17个处(室)，6个直属单位。

厅领导成员

厅　长：陈　兴

副厅长：杨维玲

李明光

李希龙

纪检组长：于作云

审计成果综述　1999年全省共审计5722个单位，为国家增收节支136889万元。提交审计报告、信息6098篇，被各级党政领导批示、新闻单位采用1437篇。全省共审计查出重大违法违纪案件线索18起，移送纪检、监察和司法机关16起；地市以上审计机关协助有关部门查处案件83起。

法制建设情况　1999年是《审计法》颁布5周年，全省各级审计机关结合“三五普法”和“学习年”采取多种形式开展纪念活动，将宣传贯彻《审计法》进一步引向深入。为了贯彻落实好《审计法》，黑龙江省制定了地方性法规《黑龙江省审计条例》(以下简称《条例》)，于1999年1月1日起施行。省人大和省政府对《条例》的颁布施行非常重视，省人大和省政府的领导撰写宣传文章，对各级政府的领导、各部门、各单位及各级审计机关贯彻执行《条例》提出了具体要求。

精神文明建设　1999年，全省各级审计机关以“建一流班子，带一流队伍、创一流业绩”为目标，在全省各级审计机关继续深入开展争先创优活动。此举有效地促进了全省各级审计机关领导班子水平和干部队伍素质的稳步提高，取得了良好的工作业绩，为维护经济秩序、严肃财经纪律、加强廉政建设、推动地方经济健康发展做出了积极贡献。省厅领导班子和处以上干部参加了省直机关首批“三讲”教育活动，普遍受到了一次深刻的马克思主义思想教育，基本达到了“思想上有明显提高，政治上有明显进步，作风上有明显转变，纪律上有明显增强”的要求，为进一步搞好学习和工作，奠定了牢固的思想基础。截至1999年末，黑龙江省审计厅先后荣获省政府目标责任制超标单位，省政府法制监督先进单位，省委、省政府信息工作标兵单位，省级文明单位标兵等多种荣誉称号。全省13个地市审计机关，其中有10个地市审计局领导班子被当地政府认定为好班子，其余为良好。10个审计局被评为当地党建先进单位，11个市地审计局被评为市地文明单位或文明单位标兵。全省有20余个审计计划项目被审计署评为全国优秀审计项目，领导干部经济责任等审计项目分别受到审计署及国家有关部委的通报表扬。

本级预算执行审计　全省各级审计机关认真贯彻朱总理“全面审计，突出重点”的指示，坚持把本级预算执行审计作为审计工作的核心和龙头，以财政收支真实性为重点，不断丰富“大财政”审计的内涵，开展“以部门为主线，以资金为载体”的全方位审计。通过预算执行审计揭示出预算观念淡薄，虚列预算支出，挤占、挪用专项资金，税务征管中挤挖上级收入、擅自变更税种等方面问题。省厅向省政府报告了审计结果，并提出加强对财政部门编制预算和执行预算的监督管理，依法编制和调整预算，增加预算执行透明度，加强税收征管等方面的建议，引起了省政府领导和有关部门的重视。此外，省厅对8个市县政府1998年财政决算情况进行了审计，揭示了部分市县财政决算中存在的问题。开展了对20个乡镇财政审计调查，探索了乡镇财政审计方法。省九届人大十次会议听取并审议了省厅受省政府委托所作的《关于黑龙江省1998年预算执行和其他财政收支情况的审计工作报告》，并作出了《黑龙江省人大常委会关于审议<黑龙江省1998年预算执行和其他财政收支情况的审计工作报告>的决定》，在充分肯定审计工作取得成绩的同时，要求政府有关部门对审计查出的问题认真解决，限期整改。省九届人大十二次会议专门听取了《决定》落实情况的报告，进一步肯定和强调了审计机关在维护经济秩序方面的重要作用。

金融审计　省厅组织全省各级审计机关，开展了工行、建行两行在我省分支机构的审计和地方性金融机构及非银行金融机构审计。各级审计机关以摸清家底、揭露问题、防范和化解金融风险为目标，“定重点、抓大户、查大案”，既审计金融部门，又向贷款企业延伸，力求全面揭示金融部门财务收支和信贷资金真实情况，发现金融领域的违法犯罪问题。全省共审计两行所属的支行338个，延伸调查了5032个贷款单位，揭示出不良贷款比重较大、金融业务违纪较多等问题，并提出了改进建议。在地方性金融机构和非银行金融机构审计中，共审计了11个市地的106个地方商业银行和城市信用社，查出违纪资金1.4亿元，向政府提出了加强金融监管，深化金融体制改革的审计建议。金融审计在促进防范和化解金融风险的同时，还揭露出较为严重的个人违法违纪问题，移交司法部门查处，增强了审计的威慑力。

职工基本养老保险基金审计　为促进各项配套改革措施的落实，确保社会保险资金专款专用和安全完整，全省各级审计机关对13个市地111个社会保险经办机构、86个财政部门1998年度企业职工基本养老保险基金的征收、管理情况进行了审计，同时还对移交地方的11个中直行业统筹养老保险基金进行了审计。揭示了养老保险基金征缴覆盖面不够，挤占挪用、欠缴、拖欠严重等问题，引起了省政府的高度重视。省政府要求有关部门限期整改，并追究了有关人员的行政责任。

重点财政专项资金审计　各级审计机关围绕扩大内需、推动经济增长政策的落实，对重点财政资金加大了审计力度。对20个粮食中储备库建设项目、黑龙江莲花水电站等14个基础性设施和重点建设项目、嫩江干流堤防工程建设项目和省森林工业总局系统天然林资源保护工程公益林建设资金进行了审计，并对全省16个贫困县的扶贫专项资金的投入、分配、管理和效益情况进行了审计和调查。各级审计机关以真实性审计为基础，以打假治乱为重点，深入地揭示了一些问题，有针对性地提出了改进建议，有效地促进了项目建设和资金的合理使用。

企业审计　按照省政府领导班子“三讲”教育整改方案中提出的“集中力量，对省直公司进行一次审计”的要求，省厅组织各级审计机关对62户省直总公司和259个二级子公司进行了第一轮审计。全省协调一致，审调结合，充分发挥大兵团作战的优势，初步实现了摸清家底，核实盈亏，掌握国家投入资金使用去向，揭露违法违纪问题，深挖大案要案线索，为深化国有企业改革服务的目标。全省审计机关还对188户粮食收储企业消化新增财务挂账情况进行了专项审计，并对粮食企业执行“三项政策、一项改革”情况进行了审计调查，省厅还组织全省各级审计机关对4693户工商企业国有资产管理和组织形式进行了审计调查，揭示了企业改革和发展中的一些深层次矛盾和问题。市地审计机关还对22户工商企业1998年度财务收支真实性进行了审计，探索了企业真实性审计的方法，也为进一步深化真实性审计工作积累了经验。为贯彻省委、省政府关于减轻企业负担的指示精神，各级审计机关连续三年将查处“三乱”作为审计工作的一项重要内容，贯穿于每一个项目之中，促进了企业外部环境的改善。

国外贷援款审计　在外资审计中，各级审计机关以“重质量、加力度、抓重点、促规范、降风险、上水平”为目标，严格按照统一的审计方案和世行项目审计手册内容组织实施，初步实现了与国际惯例接轨，降低了外资审计风险。在12个贷援款项目利用外资审计中，共查出违纪违规行为金额15844万元，揭示了外资使用效率不高，还贷风险加大等问题，有效地维护了财经纪律和贷款协议的严肃性。

经济责任审计　各级审计机关紧紧依靠当地党委和政府的领导，在《审计法》赋予的职责范围内，严格按照两个暂行规定的要求，积极稳妥地开展经济责任审计，使此项工作在原有的基础上又取得了新的进展。各级审计机关和部分内审机构共完成县(区)政府直属部门领导干部和乡镇政府主要领导经济责任审计579户，国企法定代表人审计775户，进一步增强了政府和企业领导干部的经济责任意识，促进了廉政建设，并为各级党政考核使用干部提供了参考依据。各级审计机关以负有经济责任的政府部门、典型乡镇为审计重点，按照“五个结合”和“五查五看”的审计方法，深入开展经济责任审计，并注意与纪检、组织、经贸等部门加强沟通和协调，有效提高了经济责任审计的质量和效率，得到了中纪委、审计署的肯定。

【哈尔滨市审计局】　1999年共有干部、职工191人。其中：研究学历2人，大学学历59人，大专学历116人，局长1人、副局长4人、局长助理1人、助理巡视员1人；设有办公室、人事教育处、机关党委、综合处、政策法规处、工业交通审计处、商贸审计处、基本建设审计处、城建资金审计处、财政审计处、金融审计处、农业审计处、外资运用审计处、行政事业审计处、审计培训中心等机构。

审计工作成果　1999年，共完成审计项目121个，其中：审计单位113个，审计调查项目8个，调查单位249个；共查出违纪违规金额229 898万元，已上缴财政金额1 643万元，共提交审计报告48篇。

内部审计　1999年，全市共设立内部审计机构338个，内审人员765人。

受表彰情况　1999年，受省审计系统表彰2次，受市委、市政府表彰12次。25人受到市政府记三等功、嘉奖等奖励；31人受到市审计系统表彰奖励。

【哈尔滨市道里区审计局】
1999年共有干部24人，其中：研究生毕业1人，大学毕业6人，大专毕业17人。局长1人，副局长1人，设有办公室、综合科、企业审计科、行政事业科、基建审计科。

审计工作成果　1999年共完成审计项目44项。查出违规行为资金710万元，其中：决定处理处罚资金58万元，指明要求纠正资金652万元。应交财政资金16万元，已交财政16.7万元，应归还原渠道资金70万元，促进增收节支1 631万元。发出审计结果报告14份，审计工作报告1份，审计情况报告10份，审计调查报告3份，审计公函10份，审计意见书44份，审计决定14份。

审计工作情况　全年经济责任审计共计22项。加大执法、执罚力度，违纪资金入库率达100%。审计成果转化有了新突破，共提出审计建议25条，至年末已落实23条，维护了审计工作严肃性。审计信息全年编发9篇，其中：被市局转发2篇，被区领导批示采用2篇，编发《审计内参》5期，得到了区政府及各有关部门的高度重视。1998年的财政预算审计得到了区长和人大常委会的高度评价。1999年共完成省、市审计机关下达的审计任务15项。

【哈尔滨市南岗区审计局】　全局共有干部18人。局长1人、局长助理1人、本科学历7人，专科学历11人。局机关下设办公室、综合科、行政事业审计科、商业服务审计科、工业建筑审计。

全年任务完成情况　1、省市下达的同级财政审计、财政决算审计、经济责任审计、救灾款物审计等共8项；企业国有资产组织形式和管理情况调查审计2项。自定企业财务审计、行政事业审计等共6项目。全年计划按时完成，共查出违纪违规金额1056万元。2、提交审计报告15篇，领导批示2篇次；编发信息17篇，被采用6篇次；撰写经验材料、论文2篇，被采用1篇。

完成区党政领导交办任务情况　1999年共完成7项74户的审计，其中市局授权专案审计1户；区领导交办审计2户；配合区纪检委专案审计44户；离任审计14户；部门委托审计24户；区产权制度改革验收审计3户；经济责任审计16户。为区领导正确使用干部提供了可靠的依据。

【哈尔滨市平房区审计局】
1999年底，共有人员9人。其中大专以上学历8人；中级职称5人；局长1人，副局长1人；设有办公室、行政财政审计科、企业事业审计科。

审计工作成果　1999年，共完成审计项目11项。审计单位15户；完成审计调查1项，调查单位4户。共查出违纪资金480万元。上缴区级财政81万元，提交审计报告8篇。配合区纪检、信访、检察院等部门，查处各种经济案件2起，受到区委区政府好评，为社会经济发展和稳定发挥了作用。

完成区委、区政府交办任务　1999年，共完成区委、区政府交办的工作任务3项。

经济责任审计　全年完成离任经济责任审计3项，摸清了家底，查清了离任干部的经济责任，起到了保驾护航的作用。

完成上级下达的审计任务　1999年，共完成省、市审计部门下达的审计任务14项，审计单位14户，查出违纪资金480万元。

【哈尔滨市香坊区审计局】
1999年末，我局共有干部17人，其中：局长1人，正处级调研员1人，副局长2人，本科学历10人，大专学历7人。设有综合科、行政事业科、农商科、工业、外经科、开发建筑科等机构。

全年任务完成情况　全年完成省、市审计机关下达的同级财政预算执行情况审计，乡镇财政决算、救灾款物审计，经济责任审计，养老保险审计、审计调查等10项审计任务，其中：农商科完成的关于香坊区商业企业国有资产管理情况的调查，被市审计局采用。全年计划项目按时完成，查出违纪资金77万元，呈报审计报告10份，被采用1份，发出审计信息20篇，被政府采用2篇。

【哈尔滨市太平区审计局】
1999年共有干部、职工17人，其中：大学毕业6人，大专毕业10人。局长1人，调研员1人。具有中级职称9人，设有综合科、行财审计科、工商街审计科、农业审计科四个科。

1999年共完成审计项目31项，查出违规行为资金2669万元，其中，决定处理处罚642万元；应交财政金额7万元，已交财政金额7万元；应归还原渠道资金金额330万元；提交审计工作报告15篇，被区领导及有关部门采用4篇次、编发审计信息9篇，采用10篇次，在市审计工作经验交流会上做经验交流2次，在《现代审计与会计》杂志上发表论文4篇。在审计工作中，全局干部发扬了求真务实、勤奋工作、无私奉献的精神，为促进区经济发展做出了积极贡献。

完成区党政领导交办任务　1999年，共完成区委、区政府交办的工作任务20项。其中：领导干部离任经济责任审计20项，查出违规行为资金783万元，提交审计意见书20份，为区领导正确使用干部提供了可靠依靠。

完成上级审计机关下达审计任务　1999年，共完成省、市审计机关下达的审计任务31项。

【阿城市审计局】　1999年末，共有干部、职工37人。其中：局长1人，副局长2人；本科2人，专科15人。设有办公室、综合室、财金审计室、文行审计室、农林审计室、工交审计室、商业审计室等机构。

审计工作成果　1999年计划安排审计项目14项，审计单位40个。实际完成17项；审计单位58个。审计金额151609万元，共查出违纪金额12894万元，收缴入库违纪资金194万元，归还原渠道资金344万元。全年呈报审计情况报告29份，其中8份被市领导明确批示意见。共发出审计信息等18篇，被党政部门、报刊等采用12篇。

完成审计任务情况　全年共完成省市审计机关下达的同级财

政预算执行情况、部分乡镇决算、救灾款物、养老保险基金、水利专项资金审计等14项，审计单位41个。完成当地党政部门交办或委托任务3项，审计单位17个。其中，企业资产负债损益审计、群众上访案件审计、单位或企业移交审计、全国最大的首家国有破产企业阿城糖厂移交阿城后拖欠职工工资审计或调查项目6个单位；经济责任审计11个单位。在预算执行情况、财政决算及相关项目审计中，重点揭示、分析了财税宏观管理方面存在的问题。针对问题，进行了处理，提出了意见和建议。

【五常市审计局】 1999年共有干部、职工30人，其中大学毕业2人，大专毕业22人；局长1人，副局长4人，局长助理1人。设有财政金融审计股、工交商贸审计股、行政事业农林审计股、固定资产投资审计股和综合股等机构。

审计成果 1999年共审计单位133户，完成审计调查2项，共查处各种违规行为资金32010万元，应缴已缴财政资金296万元，减少财政拨款或补贴188万元，追回侵占挪用资金441万元，核减基建支出296万元，纠正"三乱"资金18万元，提交各类报告信息58篇，被批示采用31篇。

完成市党政领导机关交办任务 1999年根据市委组织部的提请，对5个政府部门主要领导和6户国有企业法定代表人开展了经济责任审计，查出违规行为资金2177万元。审后，对以上单位的领导和法定代表人做出了客观公正的评价，同时，还对企业资产及经营成果不实的问题进行了披露，使市领导不仅掌握法定代表人的工作成果，也了解了国有企业的真实经营状况，为市领导正确使用干部和经济决策提供了可靠依据。

完成上级下达审计任务 1999年完成省、哈尔滨市审计机关下达审计任务9项，审计单位42户。查出违规行为资金27706万元，应缴已缴财政资金271万元。

【方正县审计局】 在县委、县政府和上级审计机关的正确领导下，圆满地完成了各项审计任务。1999年共完成审计项目85项（户），查出违规行为资金2225万元，应缴财政金额87万元，应归还原渠道资金1383万元；编发审计信息、报告51篇，被各级领导批示采用7篇(次)。

由于本局在1999年狠抓了审计质量，加大了审计成果的挖掘力度，使各项审计成果指标较1998年都有大幅度提高，在有效地维护经济秩序的同时，为县领导提供了更多的决策依据。审计工作发挥出了更大的作用。

【宾县审计局】 1999年共有干部职工24人，其中：大学学历2人，大专学历20人，局长1人，副局长3人。设有办公室、财政金融审计室、文教行政审计室、工商审计室、农林审计室、基建审计室、综合审计室等机构。

审计工作成果 1999年完成审计项目10项，审计单位124户；完成审计调查1项，调查单位8个；共查出违纪金额846万元。上缴县财政资金150万元。配合县纪检监察等部门查出各种经济案件3起，较好地发挥了财政经济审计监督等职能作用。共提交审计报告10篇。

完成上级下达审计任务 1999年共完成省、市审计机关下达的审计任务6项，审计单位32个，审计金额1850万元。

【依兰县审计局】 1999年末，共有干部、职工18人，其中：大学本科学历4人，大专学历6人；具有中级职称的6人；局长1人，副局长2人。

审计工作成果 1999年完成审计项目59项，审计单位65个；完成审计调查3项，调查单位24个；共查出违纪违规行为金额1 219万元；上缴县财政31万元；追还被侵占挪用资金316万元；减少国有资产流失192万元；促进增收节支49万元，共提交审计综合报告26篇；编发审计信息35篇；审计综合分析4篇；统计分析4篇；被领导批示、上级采用的报告、信息、分析41篇次，其中省级刊物发表3篇。

完成县政府交办任务 1999年完成交办的工作任务20项，审计和调查单位25个，对10个粮食收储企业消化新增财务挂账和"三项政策、一项改革"的落实情况进行了审计。同时，对9名政府部门主要领导任期经济责任实施了审计，为县委任用干部提供了真实可靠的依据。通过审计调查，清理出基本建设项目漏交、欠交各种税费889万元，政府采取果断措施，加大收缴力度，取得显著效果。

完成上级下达审计任务 1999年完成省、市审计部门下达的审计和审计调查任务32项，审计和审计调查单位51个，查出违纪资金832万元。

【通河县审计局】 1999年末，全局共有职工、干部20人，其中：大专以上学历13人，中级以上职称6人；局长1人，副局长2人。设有综合指导室、审理监察室、行政事业股、商贸审计股、工交审计股、基本建设审计股、农林审计股、财政金融审计股。

审计工作成果 1999年，共完成审计项目63个。审计单位63户；完成审计调查2项，调查单位11个；审计金额51 367万元。共查出违纪违规金额666万元，应追还被侵占挪用资金272万元，上缴县财政35万元；共提交审计报告63篇。

【延寿县审计局】 现有职工21人，大专以上学历10人，具有中级以上职称8人。局长1人，副局长2人。设有：工交审计股、农林审计股、商贸审计股、财金审计股、文行审计股、基建审计股、审理股、综合计划办公室。

完成上级交办的任务及工作成果 1999年完成审计项目81个，为年初计划的100%，查出违纪违规行为资金525万元，应缴违纪资金及罚款45万元，已全部上缴县财政。写出论文、信息、经验

35篇，被上级审计机关、新闻单位采纳9篇，被地方政府采纳5篇，我们还参加了乡、镇领导经济责任审计，共派出8人次，投入工作296天，参加金刚砂厂厂长离任审计，参加了扶贫包村任务，解决春种、修建危房等资金和物资问题。

【黑河市审计局】 1999完成72个单位的审计，为计划的100%；完成市委、市政府交办的审计项目8个；查出违规行为资金2785万元，决定处理处罚166万元，指明要求纠正2619万元，已缴财政89万元；提交审计报告75份，信息35篇，被各级领导批示和有关部门采用27篇。

实行岗位轮换，竞争上岗 黑河市审计局从落实激励机制、提高工作质量、促进廉政建设目的出发，通过综合考核、民主测评、上岗演说和公开任用的办法，对13名干部进行了岗位轮换，对副科级职位实行竞争上岗，对全局11个科室重新进行了优化组合。形成了能者上、平庸者下的用人机制，增强了干部的使命感、危机感和责任感，干部队伍充满了活力，工作效率和审计质量有了明显提高。

受表彰情况 审计优秀项目7个：水利专项资金审计；全省国有工交企业国有资产管理和组织形式调查；减轻企业负担审计；结核病控制项目审计；检察院财务收支审计；社会保险基金审计；救灾款物管理使用审计。其他：市政府信息工作先进单位；省厅减轻农民负担先进个人；市委扶贫解困先进单位、先进个人；5人受市政府嘉奖；2人为省、市信息工作先进个人。

【黑河市爱辉区审计局】 1999年初本局共有10人，年末为11人。其中：大专学历8人；局长1人，副局长2人。

1999年共完成省定审计项目24项、区领导交办审计项目4项、省定审计调查项目1项，配合纪检、监察部门、信访办联合办案3项，合计完成审计单位32个，查出违规行为资金193万元，上缴财政5万元，向政府和上级审计机关提交审计报告28篇，审计调查报告1篇，完成审计信息8篇，被地方党政领导采用3篇。超指标完成了审计工作任务。

【孙吴县审计局】 1999年共有干部、职工21人。其中：大学本科学历3人，大专13人；局长1人，副局长3人。设有综合室、办公室、法制审理室、财金审计室、文行审计室、农林审计室、工商基建审计室、经济责任审计室等机构。

审计成果 1999年完成审计和调查等项目14项、审计单位50个；其中审计项目12项，单位48个，审计调查项目1项，调查单位1个；会同纪检委、监察局、信访办等部门审计单位1个。揭露违规行为资金1699万元，其中：要求指明纠正1630万元，决定处理处罚69万元；应归还原渠道资金141万元，应交财政7万元，已交财政5万元。提交审计报告、信息61篇、调查报告2篇。共完成县委、县政府交办的审计项目12项，其中：县委、县政府交办党政机关主要领导及企业法定代表人经济责任审计10项。人大交办审计项目1项，会同纪检委、监察局、信访办审计项目1项，较好地完成了上级审计机关及地方政府交办的各项任务。

【巴彦县审计局】 截至1999年底，共有干部、职工21人。其中：具有本科学历7人，大专学历12人，局长1人，副局长2人；设有综合审计股、财政审计股、金融审计股、文行审计股、农林审计股、基建审计股、经贸审计股、经济责任审计股、审计事务所等机构。

审计工作成果 1999年共完成审计项目103个，完成审计调查1项，调查单位2个；审计金额4185万元，共查出违纪违规金额266万元。同县纪检、监察、信访等部门配合，查处经济案件3起，为社会稳定发挥了作用。上缴县财政110万元，共提交审计报告103篇。

完成县政府交办任务 1999年共完成县委、县政府交办的工作任务27项，审计单位46个。9月初，会同粮食局、国资局对洼兴粮库驻大连办事处法人代表进行了任期经济责任审计，查出账外资产693万元，引起了县政府高度重视，县长和主管审计的副县长专程赴大连听取了审计情况汇报，对审计工作给予了充分肯定。在县政府交办的“十件大事”审计中，审计总金额2417.9万元，核减高估冒算工程款14.7万元。会同纪检、监察、信访、公安等部门查处经济案件3起，建议有关部门对责任人作出党纪处分1人，行政处分2人，为国家挽回经济损失30多万元。

完成上级下达任务 1999年共完成省、市审计机关下达的审计任务40项，审计单位46个，审计金额2679万元。

【嫩江县审计局】 1999年共有干部、职工22人。其中：大本3人、大专10人、具有审计师职称3人、会计师职称1人。局长1人、副局长2人。局内设1股（人秘股）7室（综合审理、财金、文行、商粮、农林、工交、基建）。下辖2个审计事务所已于年末脱钩。

审计工作成果 1999年完成审计项目12项、39个单位；完成审计调查1项、33个单位；查出违纪资金881万元，上缴财政50万元；完成工程决算审计项目6个，审计金额3469万元，审减金额807万元；提交审计报告13份；发出审计信息18期，被省采用4期，县签批5期；撰写调研文章7篇。

完成县政府交办任务 1999年完成县委、人大、政府交办的审计任务53项，审计单位61个。为组织部门正确使用干部和县委、县政府宏观决策提供了依据。

【逊克县审计局】 1999年本局重点放在农业、企业治理三乱的审计上，重点检查预算外资金和收支两条线，侧重抓大、打假、扭亏、提高工作，把群众关心的热点、难点问题当作急事、特事先审速办。

1999年局里为强化民主监

督,实行了审计项目回访制度,走出去调查走访被审计单位,看审计后效率。共回访被审单位8户,参加回访30余人,收到反馈意见20多条,有效地提高了审计工作信誉和帮促效果。

【佳木斯市审计局】 1999年共有职工82人。其中处级干部5名,具备大专以上学历的80名。局内设14个科室,其中业务科室8个。1999年,共完成审计项目23项,审计单位191户,查出违纪违规行为金额9736万元,上缴财政52万元,归还原渠道资金341万元。

强化财政审计 在市财政审计中,发现一些征收和收费部门违反国家有关规定,截留财政收入、预算外资金不上缴,用财政资金捐款骗取荣誉等问题。审计后及时向市人大、市政府汇报。目前有关部门正按市人大、政府的指示进行整改,滞留在征收单位的资金陆续上缴财政。达到了加强资金管理,促进其有效使用的目的。

养老保险金的审计 本局把养老保险基金的收缴、拨付和管理情况作为审计的重点,审计中发现企业拖欠养老基金、被挤占挪用、基金结存款存在呆死资金等问题,共查出违纪、违规资金1003.3万元,提出整改建议5条,对健全该市社会保险体系,加快深化改革步伐,起到了积极的促进作用。

粮食企业 为消化新增财务挂账,根据省厅的计划安排,对市21户粮食企业消化新增财务挂账情况进行了专项审计。通过审计,针对粮食企业存在的问题,提出了抓好陈欠账款的清欠、对职工做好分流就业工作、降低费用等建议。经过审计回访,审计建议得到了落实并收到了实效。

完成领导交办的任务 1999年9月下旬,市委、市政府的领导交办一项紧急任务:限审计机关50个小时内,将市区278户企业的养老金欠发的情况审清。审计人员不负重托,加班加点连续工作,提前完成任务。

经济责任审计 1999年,全局共完成国有企业法定代表人经济责任审计45件,审计总金额860768万元,查出企业违纪违规资金4639万元,发现企业经济滞留、损失浪费的金额达66898万元。

为党政领导科学决策服务的参谋助手作用进一步得到了发挥 1999年,全局共向上级部门上报审计信息180篇,被采用71篇,其中被市委、市政府采用28篇,省厅和国家审计署采用33篇,省委采用1篇,领导批示3篇,新闻部门采用6篇。在搜集整理审计信息中,注重从微观审计入手,为宏观调控服务,在揭示问题,分析原因的基础上,把提好建议,当好参谋作为重点来抓,从而达到为全市经济发展服务的目的。

【桦南县审计局】 现有在职审计干部26人,具有大专学历的16人。局长1人,副局长4人。

1999年完成全省统一组织审计项目15项68户。其中,“八虎力粮库”审计项目和“孟家岗粮库”审计项目,在国有粮食企业消化新增财务挂账专项审计中,分别被省审计厅和市审计局评为优秀审计项目;基本养老保险基金审计,被省审计厅评为全省“社会保障基金”优秀审计项目;1999年度扶贫专项资金审计和1999年度的经济责任审计,均被省审计厅授予先进单位称号。同时还完成了自定审计项目5项44户;县委、县政府交办的经济责任审计28户,其他专项审计32户。共查出违纪违规行为金额2401万元,其中决定处理处罚资金668万元,上缴财政26.5万元,占应上缴的80.3%;提交各类审计报告85篇,编发审计信息23篇,被省厅、市局转发采用了21篇,转采率为91.3%。

【富锦市审计局】 1999年共有干部、职工43人。其中:大学本科学历1人,大专21人。设有综合办公室、财政金融审计室、文行审计室、商贸审计室、工交审计室、基建审计室、农林审计室、法制审计室等机构。

审计工作成果 1999年,共完成审计项目12个,审计单位93户;完成审计调查11项,调查单位26个。共查出违纪违规金额2278万元。上缴市财政18万元,向上级提交审计报告14篇。

完成交办任务 1999年共完成市委、市政府交办的工作任务3项,审计单位41个。为市委、市政府宏观决策提供了依据。

完成上级下达审计任务 1999年,共完成省、市审计机关下达的任务10项,审计单位46个。

【大兴安岭行署审计局】 截至1999年末共有干部、职工30人(编制36人),其中:局长1人,副局长2人,大学本科2人,大专18人,中级以上职称25人。局内设有财金科、农要科、固定资产投资科、文行科、工交科、商贸科、政工科、综合科、办公室等9个科室。1999年全区共组织审计项目24项168个单位,其中:省定计划项目13项110个单位,地定项目11项57个单位,当地党政领导交办的审计任务24个单位。共查出违纪违规行为金额12 818万元,决定处理处罚130万元,指明纠正12 688万元,应交财政66万元,应归还原渠道资金239万元,已交财政51万元,促进增收节支15万元。提交审计工作报告、信息256篇,被上级批示、采用45篇(次),批采率为17.6%。

财政收支审计 1999年,地、县两级审计机关除了对财政局和地税局进行全面审计外,重点延伸了国库、科委、教委、农业局、公安局等23个部门和46个与预算执行有关的行政及企事业单位。审计调查了地区建设银行、中国银行、林田公司,加格达奇林业局、韩家园林业局等7个纳税大户的纳税情况。通过审计,揭示出地方财税工作中存在的5个方面21个问题。引起地县两级党政领导高度重视,促使两级财税部门积极整改,进一步加强了财税管理工作。

金融审计　全区“两行”审计的范围是全区建设银行系统和县级工商银行。通过审计和延伸调查，揭示出不良贷款比重较大，金融业务违纪较多等问题，并采取了一些保全措施，提出了改进建议。

重点资金项目审计　为保证和促进各专项资金的合理有效使用，两级审计机关对检察院系统财务收支，中国福利彩票赈灾专项募捐情况，救灾款物，养老保险基金和世行贷款结核病控制项目等实施了审计和审计调查。

企业审计　全区两级审计机关于1999年6月至9月重点审计了8个粮库消化新增财务挂账情况，审计总金额占消化新增财务挂账金额的79.7%。

领导交办任务　全区共完成省地领导交办的任务24个，其中：地本级完成12个：领导干部离任经济责任审计7个，财务收支审计5个。

审计执法检查　1999年元月和11月两次对各县、区审计机关的审计执法情况进行了检查。行署审计局结合《审计法》实施五周年，召开了由社会各界参加的座谈会，并在1999年7月2日《大兴安岭日报》上刊登专版，反映审计工作所取得的成绩。

信息宣传　截止到11月末，实际完成信息106篇，被上级采用和领导批示41篇(次)，采用率为38.7%。其中：省审计厅采用7篇，《现代审计与会计》采用2篇，地区领导批示6篇，地委《电传信息》采用1篇，地委办《信息参考》采用10篇，行署办《大兴安岭信息》采用8篇，报社采用2篇。另外，地局还编发了《机关快讯》9期、出黑板报8期，及时反映审计机关工作动态，弘扬主旋律。

【大兴安岭松岭区审计局】　松岭区审计局为政企合一单位，是一套机构两块牌子，既是区政府审计机关，又是林业局内部审计机构。1999年末共有审计人员10人，其中：具有大专以上学历人员占50%，获得会计师或注册工程师资格的人员占40%；局长1人，副局长3人；设有政府审计组、内部审计组和综合档案室。

审计工作成果　1999年共完成审计项目12项，其中：完成省、地政府审计机关下达的审计任务7项，审计单位8个，查出违纪违规行为金额54.8万元；提出审计建议10条，编发审计信息5篇。同纪检、财政、劳资部门配合，进行资金大检查和专项调查4项，为维护财经纪律和社会稳定发挥了作用。上缴区财政资金0.3万元，提交审计报告7篇。

【大兴安岭新林区审计局】　1999年审计人员7人，其中：高、中级职称4人，大专以上文化全局占70%。

1999年共完成审计项目19项，其中：省、地定审计项目6项，政府领导交办的审计事项13项，向上级及本级政府提交审计工作报告、信息25篇，其中：有2篇审计信息被行署审计简报刊发，有一篇信息被《现代审计与会计》采用。做出审计决定11份，提出审计建议61条，采纳率达94.6%，较好地发挥了审计监督职能作用。

【大兴安岭加格达奇区审计局】　1999年末共有干部职工10人。其中：局长1人、副局长1人、大学本科学历1人、大专7人。局内设有文行室、企业室、综合室等机构。

审计工作成果　1999年度完成审计项目20项，审计单位28户，审计总金额24 939万元，查处违纪资金3 745万元，提出审计结果报告20篇。

完成区委、区政府交办的任务　1999年度共完成区委、区政府交办的任务8项，审计单位8个，审计总金额5 375万元，查出违纪资金1 808万元。这8项任务中有4项为单位主管财务领导的任期经济责任审计，其余4项为企事业单位资产、负债及财务收支审计。

完成上级审计机关下达的审计任务　1999年度共完成省、地审计机关下达的审计任务12项、审计单位20个、审计总金额19 564万元。

【呼玛县审计局】　1999年上级审计机关下达给呼玛县审计局的审计项目计划31个单位，其中：省定项目19个单位，地定项目1个单位，自定项目即县委、县政府临时交办的审计事项11个单位。查出各类违纪违规资金129万元，(不包括金融审计违纪资金)，对其中40万元违纪资金进行了缴罚款处理，缴罚款6.2万元，占违纪资金的15.5%，对89万元违规资金提出了改正建议。

本局还重视了审计信息和审计成果的转化工作，全年上报审计信息11篇，其中被县长批示2篇，地局审计信息采纳3篇。

【漠河县审计局】　1999年底共有干部、职工10人。其中大学文化5人，大专文化3人。局长1人、副局长1人。

审计工作成果　1999年共完成上级审计机关下达和本级政府交办的审计项目13项，审计单位16户，审计金额63 032万元，共查出违纪违规行为金额853万元，上缴县财政3万元。全年共提交审计报告15篇，审计信息5篇。其中：被行署审计局采用1篇、主管副县长批转2篇。全年提出审计意见及建议78条。

完成上级下达审计任务　根据省、地审计机关下达的审计项目计划安排，本局认真组织实施审计，本着服务当地的工作方针，重点开展了本级财政预算执行审计，针对财政预算执行中存在的10个问题和其他财政收支中存在的4个问题，按照《财政审计违纪问题定性，处理处罚法规依据》下达了审计决定，并提出6条审计建议，引起财政部门的高度重视，对审计出的问题进行了认真整改，强化了财政预算管理职能作用。1999年度被大兴安岭行署审计局评为全区优秀项目。

【鹤岗市审计局】　1999年共有干部、职工45人。其中：研究生学历2人，大学学历2人，大专学历

35人，局长1人，副局长2人，纪检组长1人；设有财政审计科、金融审计科、农林水审计科、行政事业审计科、商贸审计科、工交审计科、固定资产投资审计科、外资审计科、办公室、综合科、审计管理科、法制审理科、人事教育科等机构。

审计工作成果　1999年，共完成审计项目32个。审计单位92户；完成审计调查2项，调查单位32个。共查出违纪违规金额6278万元，上缴市财政2万元，共提交审计报告72篇。

完成市政府交办任务　1999年，共完成市委、市政府交办的工作任务14项，审计清理单位43个。其中，完成离任审计9个单位，群众上访信核实4个单位，完成市直企业利润、税金、固定资产、职工工资总额四项经济指标核实30个单位。

完成上级下达审计任务　1999年，共完成省审计机关下达的审计任务14项，审计单位59个，查处各种违纪违规资金3765万元。

内部审计　加强对内部审计工作的管理和指导，1999年共设立内审机构10个，内审人员20名。审计单位55个，已纠正违规行为资金26万元。

社会审计　市审计事务所1999年共接受社会委托项目392项，其中注册资金验证362户，验证资金30876万元；资产评估24户，评估资产总额842万元；国有企业审计查证6户。

受表彰情况　1999年，受省审计系统表彰7次，受市委、市政府表彰2次，其他表彰2次。共有2人次受到省审计系统表彰奖励；5人次受市委、市政府记功、嘉奖等奖励。

【肇州县审计局】　1999年底实有人员22人，大学本科毕业7人，大专毕业6人，高级职称2人，中级职称7人，局长1人，副局长3人，局长助理1人。局设综合办公室、审理股、文行审计股、农林审计股、财政审计股、基建审计股、商贸审计股、工交审计股、金融审计股。

审计工作成果　完成省、市审计项目19项涉及被审计单位70户。其中完成省定计划12项，配合有关部门完成审计项目5项和县委县政府交办的领导干部离任经济责任审计10户。共审计资金97143万元，发现违规违纪资金675万元，应收缴违纪资金28万元，已收缴28万元，并足额上缴财政；调整账目12笔，金额312万元；提出审计建议35条，已落实25条；移交纪检机关查处1起，追回不应发放的建房补助费10万元；追回涉及个人不应核销而核销的钱款4000元。追回名为公务活动实为个人借款6230元，已追回现金短款7176.51元。完成调查研究项目2项。撰写审计论文12篇，已被有关刊物发表的8篇。编发审计信息41期，被县以上部门采用55期次。1999年的审计信息不仅被省委、省政府转发，而县被国家审计署转发。

【嘉荫县审计局】　1999年共完成审计项目(单位)66个，查出违纪行为资金810万元，应交财政30万元，共提交审计工作报告信息53篇，被上级审计机关和地方党政领导采用13篇，为党政领导有效实施宏观调控政策，加强宏观经济管理发挥了积极的参谋作用。

1999年，按照《黑龙江省审计条例》的要求，加大了经济责任审计力度，县长委派审计事项达到22个，其中经济责任审计21项，较上年增加133%，共查出违规行为资金342万元，应上缴财政24万元，为党政领导和组织部门选拔任用干部提供了参考依据。通过经济责任审计，有2名政绩突出的干部得到重用，有4名调离原工作岗位，有2名降职使用，另有2名就地免职。

上海市

【上海市审计局】　1999年上海市审计局共有人员356人，其中研究生学历4人；大学学历82人；大专学历213人；具有高级职称人员16人，具有中级职称人员214人。下设13个处室、4个事业单位。

局领导成员

局长：靳曾德

副局长：徐志中

程志强

郑健龄

葛爱玲

总会计师：於　榕

财政审计　市审计局和11个区县审计局依法开展了1998年本级预算执行和其他财政收支审计，共查出违规行为金额9.91亿元。通过审计，核实了财政收支，摸清了财力状况，发现和纠正了本级预算执行和其他财政收支中存在的一些不真实、不合法、不规范的问题，为本级政府加强财政管理和本级人大加强财政监督提供了依据，普遍受到了好评。上海市1998年本级预算执行和其他财政收支的审计工作报告，受到了市人大常委会的充分肯定，在社会上引起了较大反响，被誉为是近年来最好的审计工作报告。根据市人大常委会和市政府的要求，市审计局对本级财政审计中查出问题的处理结果和改进工作情况进行了跟踪检查。检查结果表明，审计监督收得了良好的效果。市人大常委会第31次主任会议专门听取了市审计局跟踪检查情况和有关部门整改情况的汇报，对整改工作比较满意。此外，市审计局和7个区县审计局还分别对9个区县政府和30个乡镇政府1998年度财政决算进行了审计，查出违规行为金额2.12亿元，促进了下级政府加强财税管理。

专项资金审计　全市审计机关共审计专项资金43项，审计专项资金总额达325.03亿元。市审计局对国债专项资金、城市建设资金、人防专项资金、环保专项资金、绿化建设资金、住房解困政府补贴资金、纺织压锭财政补贴资金、教育经费、科技经费、养老保险基金、中国福利彩票、赈灾专项募集资金等重点专项资金进行了审计和审计调查。通过审计和调查,发现了资金管理和使用中存在的一些不真实、不合法、不规范的问题,引起了市政府领导的重视。市有关部门积极采取整改措施,切实加强管理,保证了专项资金合规有效使用。11个区县审计局从本地区实际出发,对农村养老保险基金、救灾捐赠资金、普教经费、水利建设资金、动拆迁资金、农业专项资金等22项重点专项资金进行了审计和审计调查。通过审计监督,促进加强了对重点专项资金的监管,为经济和社会发展提供了保障。

金融审计　全市审计机关共审计金融单位34户,查出违规行为金额40.03亿元,应上交财政2143万元。根据审计署的统一组织,市审计局组织各区县审计局对中国建设银行上海市分行及其32个分支机构1998年度资产负债损益情况进行了审计。同时,市审计局对上海银行1998年度资产负债损益情况进行了审计。通过审计,促进了金融机构依法经营,加强管理,不断提高金融资产质量和运营效益。

重点建设项目审计　全市审计机关共审计建设项目182项,审计项目投资总额326.34亿元,核减工程结算、节省基建投资3.2亿元。市审计局对地铁2号线、上海国际会议中心等10个市财力安排的建设项目进行了在建工程审计,对延安路高架道路东段、浦东国际机场一期、上海图书馆等16个市重大工程项目进行了竣工决算审计,对上海城市规划展示馆等7个市财力安排的建设项目进行了调整概算审计,促进了建设单位加强投资管理,节约建设资金,提高工程质量,防止损失浪费,保证了市重点建设项目顺利建设。

经济责任审计　全市审计机关共组织开展了对15户市管企业和52户区管县管企业进行了1998年度经济责任审计。通过审计,摸清了企业家底,核实了企业盈亏,揭示了企业经济运行中存在的主要问题,维护了国家所有者权益,促进了被审计企业规范财务核算,加强经营管理,改善资产质量,提高经济效益,加快改革和发展步伐。13个区县审计局根据党委、政府的要求,对102名处级领导干部进行了任期经济责任审计,促进加强了对领导干部的管理和监督。

国有企业财务收支审计　全市审计机关共审计各类企业434户,查出违规行为金额109.97亿元,应上交财政金额2.16亿元。市审计局对市公用事业、主副食品行业9户接受财政补贴数额较大的政策性亏损企业进行了审计,提出了从机制、体制上促进企业挖掘潜力,减亏增效的审计建议,为市政府加快实施本市自来水行业经营体制改革提供了依据。市审计局对本市12户上市公司进行了审计,针对审计查出的问题,提出了审计意见,并对严重违规行为作出了严肃处理,促进了上市公司规范运作和健康发展。市审计局组织各区县审计局对中方控股的86户中外合资合作企业1998年度亏损情况进行了审计调查,揭示了企业亏损的真实情况及其成因,为市政府领导提供了决策参考依据。市审计局还组织开展了对32户国有企业申请核销不实资产的专项审计,促进了国有企业减轻历史包袱,提高资产质量,加快改革和发展。

行政事业审计　全市审计机关共审计行政事业单位384户,查出违规行为金额92.63亿元,应上交财政金额1448万元,应归还侵占挪用资金1.14亿元。共对20户一级预算单位和43户区县一级预算单位1998年度预算执行情况进行了审计。通过加强审计监督,促进了市、区、县一级预算单位依法规范预算资金管理,提高资金使用效益。根据审计署的统一组织,市审计局组织各区县审计局对全市法院和检察院系统1997、1998年度财务收支进行了审计,促进了被审计单位加强内部管理,合规使用经费,提高财务核算基础工作水平。

外资运用审计　市审计局对本市使用世界银行、亚洲开发银行贷款的15个项目和25个项目执行单位1998年度项目执行情况进行了审计,促进了依法有效利用外资。此外,市审计局还对本市借用外债情况、使用外国政府贷款项目情况、市区联手建设的世界银行贷款项目实施情况等进行了审计调查,为促进加强本市利用外债的宏观管理发挥了作用。

审计发现大案要案线索　市审计局和10个区县审计局向司法机关移送案件9件;协助纪检监察机关和司法机关查处案件12件;建议有关单位给予行政处分9人;被追究刑事责任8人,为反腐倡廉作出了贡献。市审计局和6个区县审计局共受理各类信访举报130件,为维护社会稳定,促进廉政建设发挥了积极作用。

审计法规建设　全市审计机关认真贯彻中办、国办两个审计暂行规定,探索完善和规范经济责任审计工作。市审计局在组织学习讨论和开展调查研究的基础上,起草了本市贯彻实施两个审计暂行规定的办法(征求意见稿)。市审计局还修订了重大审计项目审议规则,并着手建立审计复核制度。

审计机关信息化建设和计算机辅助审计　全市审计机关加大投入,加强应用,加快计算机网络系统和审计信息数据库建设,积极开发和推广应用计算机辅助审计软件。市审计局"上海市审计信息系统技术方案"通过市级评审,"审计档案辅助管理系统"获得市档案科研成果二等奖,并开发了"审计业务综合管理系统"等软件。

审计科研　市审计局完成了《制度基础审计测试与评价》、《试论资本结构审计》两个课题研究,组织开展了《股份制企业审计理论与实践》、《环境审计》等课题研究,并开展了青年优秀审计论文评选活动。市审计局选送的

《国有控股公司审计研究》和《现代企业经济效益审计研究》两篇论文分别获得全国第三届优秀审计论文评审一等奖和三等奖。在全市群众性审计科研活动中，全年共完成论文200多篇。

内部审计　据统计，至1999年底，全市已建立内部审计机构1815个，配备专、兼职内部审计人员7051名。全市内部审计机构全年共完成审计单位34222个，查出损失浪费金额9.85亿元，促进增收节支10.55亿元，已纠正违规行为金额7.67亿元，向司法机关移送案件36件。

社会审计质量监督　市审计局对本市4家不具有证券相关业务许可证的会计师(审计)事务所审计业务质量进行了监督检查。同时，根据审计署的统一组织，对1家具有证券相关业务许可证的会计师事务所进行了质量监督检查。通过监督检查，发现了部分社会审计组织存在内部质量控制制度不严、审计报告部分内容与事实不符、重要事项应披露而未予披露、违规验资出具不实验资报告等问题，促进了社会审计组织完善自律机制，规范了执业行为，提高了业务质量。

1999年上海市审计机关系统受表彰情况表

荣誉称号分类 / 机关名称	上海市审计机关先进集体		上海市审计机关先进个人			其他市级先进单位	其他市级先进个人	区县级文明单位	区县级先进集体	区县级先进个人
	先进集体	廉政先进单位	先进工作者	廉政先进个人	上海“十佳”审计青年					
上海市审计局	2(行政、外资审计处)	1(金融审计处)	顾建华、祁鸣、薄怡勤、林忠华、祝梅	陈德能、孙幼玲、董伟	何平、韦理、缪秀凤、吴晓玲		1			
上海市黄浦区审计局	1					2	2	1	2	7
上海市普陀区审计局					顾薇玲					
上海市闸北区审计局		1						1	1	
上海市虹口区审计局			陈玉娥	张永安	姜靖					
上海市杨浦区审计局	1							1		
上海市宝山区审计局			张晓宁	陆永嘉						1
上海市徐汇区审计局	1									
上海市南市区审计局			倪国华							
上海市静安区审计局					刘芸			1		1
上海市卢湾区审计局			张义仁							
上海市长宁区审计局					应晓明	1				2
上海市闵行区审计局			李含良						1	
上海市嘉定区审计局								1		
上海市金山区审计局		1								
上海市松江区审计局			余垂象							
上海市浦东新区审计局		1			瞿洪清					
上海市青浦区审计局			徐海龙							2
上海市南汇区审计局	1					1	1	1	1	
上海市奉贤县审计局					李瑞忠					
上海市崇明县审计局								1		
合　计	6	4	12	5	10	4	4	7	5	13

【上海市黄浦区审计局】　制定本区基本建设重点项目全过程审计监督实施办法。区审计局为进一步规范和完善固定资产投资审计，制定了《黄浦区基本建设重点项目全过程审计监督实施办法》，并被区政府转发。《实施办法》规定，凡政府投资、融资、贴息或通过专门机构担保，被市、区政府列为重点建设工程的项目，将实行项目投资、建设施工、竣工验收、支付使用全过程财务审计监督。审计的重点是建设工程项目预算执行情况和竣工决算的真实性。

南京路步行街沿线企业霓虹灯工程费用审计核减率达30%。南京路步行街沿线企业霓虹灯工程费用因涉及区财政将给予一定的补贴，区领导要求区审计局实施审计，区审计局本着“严格审计，为企业服务，为政府把好关，不让广告商乱收费”的思想，首次在审计项目上向外聘请专家和技术人员参与审计。查实施工单位工料多计，费率、价格高套等问题，共核减工程费用333.86万元，核减率达30%。

召开黄浦、普陀两区内部审计工作交流会暨经济责任审计研讨会　黄浦、普陀两区审计局联合召开了部分单位内部审计工作交流会暨经济责任审计研讨会。会上，10个单位的内部审计机构就建立健全内部审计制度、实施内部审计工作规范化建设、开展经济活动真实性审计、内部审计结果实行公开报告制度、经济责任的划分和评价以及审计风险防范等课题进行了交流与研讨。通过交流和研讨，加强两区内部审计机构之间的互相学习和信息沟通，为促进内部审计事业的发展和内部审计更好为部门、单位经济发展服务，起到了积极推动作用。

【上海市普陀区审计局】

审计工作指导思想　区审计局坚持“紧贴区情，围绕中心，加强监督，服务宏观”、“强化培训，提高素质，塑造形象，奉献审计”的业务工作和队伍建设的指导思想，开展各项审计工作，取得较好效果。

对街道财政资金使用审计调查　了解街道财政管理现状，揭示了财政管理等方面薄弱环节，提出了改进财政配比使用规定等建议，促进了街道加强财政管理，提高财政资金使用效益。

对物业管理企业经营审计调查　摸清了物业管理现状，揭示了维修基金未到位、居民欠租普遍等情况，提出了成立区级物业管理协会、维护业主合法权益、提高管理水平等建议，为企业走出困境，迈入市场，提高效益提供服务。

经济责任审计　对某集团领导人员离任进行了经济责任审计。通过审计，揭示了以权谋私，侵占公款；下属企业虚开增值税发票1000余万元等问题，作出了客观公正、实事求是的审计评价，提出了审计建议，为区纪委调查相关问题提供了依据，区人大常委会对该集团原董事长作出了罢免其上海市第十一届人民代表大会代表职务的决定。

增强风险意识健全内部控制制度　为加强对国家审计工作的内部控制和监督，实施了《审计承诺书》制度和审计行政执法责任制，提高了审计执法质量和基础工作规范化程度。

加强全区内部审计工作指导和监督　坚持“打基础，抓重点，见成效，起作用”指导思想，采取点面结合，以审计效果为导向，对教育局等20个部门单位实施重点项目跟踪，推进内部审计项目出成果。先后组织经验交流会、审计业务和更新知识培训讲座、市内和外省市实地考察活动、内部审计工作研讨会，并对部门单位年度内部审计项目和工作进行了综合考核，推进了全区内部审计工作进一步发展。

【上海市闸北区审计局】

完成重点工程审计　完成新疆路——海宁路扩建动迁工程费用的审计，通过对居民动迁户数及有关劳务费、管理费的审核，核减动迁户数252户，核减各分指挥部费用352.34万元，为领导决策提供资料。完成闸北体育场工程建设费用竣工决算的审计，揭示该工程项目管理不严，设备材料购、收、领制度不全，电力电缆超正常损耗等问题，核减资金2051.63万元，核减率18.73%。完成区民政局社会福利院扩建工程建设费用竣工决算审计，核减费用134.5万元，核减率25.85%，对其项目未执行招投标程序及项目管理不合规问题提请有关部门处理。

开展审计调查　对区国资办6300万元财政专项贴息资金使用情况审计调查，发现资金使用管理不统一，还贷责任未落实、贴息资金会计核算不一致等现象，向被审单位提出整改意见。对区经委、商委和8个街道办事处财政承包返回资金使用情况审计调查，查出有关部门在财政承包政策执行和返回资金使用中的问题，并提出建议，为促进企业发展，提高经济运行质量，完善财政支持经济发展的相关政策服务。开展对区商委系统动迁补偿资金使用和商办工业企业经营情况，上海标本模型厂和上海天翼劳防制品有限公司等2家改制企业财务收支情况，上海和田城市建设开发公司和闸北区城市发展投资总公司等房地产开发企业资产、负债、地块开发存量情况的审计调查，通过分析区属经济的现状和发展潜力，提出审计建议，为企业经营结构调整和有关部门决策提供了参考性资料。

【上海市虹口区审计局】

开展对财政专项基金（资金）的审计调查　区审计局对科技发展基金、财政返税资金用于下岗职工最低生活保障、区医疗救助资金等三项区重要的财政资金使用、管理情况进行专项调查，为政府领导部门对有关问题的研究决策提供了服务。

经济责任审计　区审计局首次对区民政局、物价局等4个行政机关领导干部离任进行了经济责任审计，通过审计，客观反映评价了各领导干部在任期内履行经济责任及其本人遵守财经纪律的情况；对区商业生活服务公司等10户区直属（集团）公司进行了1998年经济责任审计，通过审计，核实了企业资产、负债、损益的真实性，查处企业违纪违规资金2.85亿元，揭示不良资产和潜亏1.85亿元，区纪委、组织部门对部分企业领导干部的违纪违规问题追究了经济责任，有3名企业领导干部分别受到党内严重警告、通报、警告等处理。

轨道三号线虹口段工程动迁费审计　区审计局组织完成了对市轨道三号线虹口段前期工程动迁费用及轨道三号线宝兴路配电站工程动迁费用审计。审计基建资金投资总额2.64亿元，涉及动迁单位95户、居民987户。通过审计核减基建支出2418.09万元。

内部审计和社会审计　虹口区内部审计工作规范化有新推进，102名专、兼职内部审计人员通过培训持证上岗，至此区内内部审计人员基本上达到持证上岗。所属上海市公正审计事务所按照中国注册会计师协会和国家财政部要求完成与主管部门脱钩改制工作，与宏华会计师事务所走上联合转制道路。

【上海市杨浦区审计局】

预算执行和其他财政收支审计情况　积极开展了本区1998年度预算执行和其他财政收支情况的审计，实事求是地评价了预算执行和其他财政收支的真实、合法和效益情况，提出了尚需改进的问题，得到了区人大常委会和区政府的肯定。

大案要案审计查处情况　1999年，认真履行审计职责，重点揭露经济领域中的不真实和违法违纪问题，向公安、纪检机关移送涉嫌偷逃增值税44.7万元、私设“小金库”挪用公款48万元等严重经济问题的案件2起；反映某单位集资成立非法人资格的配货中心获取高额红利、采用抓阄摸彩办法将空置公建配套房挪作职工分房等严重违纪违规问题，区长和分管副区长在审计报告和信息上作了批示。

“两办”经济责任审计贯彻执行情况　1999年，通过对区商委、区经济发展总公司等8个单位领导人员开展任期经济责任审计，客观公正地对其经济活动及遵守财经纪律的情况进行了评价，为组织部门考察任用干部提供了依据。

审计专项调查情况　围绕改革和经济运行中出现的新情况、新问题，开展9项审计专项调查，为区领导决策提供了有数字、有分析、有建议的报告，引起区领导的高度重视，许多建议得到采纳和实施。

社会审计　1999年，加强了对所属上海华城会计师事务所、上海华城工程造价咨询事务所工作的指导、监督和管理，完成工程审计703项，审计金额12.5亿元，核减造价1.68亿元，核减率13.4%。同年，完成了上海华城会计师事务所的改制脱钩工作。

内部审计　内部审计工作通过组织定期例会，开展业务培训、项目指导，以审带训，实施规范和开展先进评选指导，促进了工作的开展，提高了工作质量。评出内部审计先进集体7个，先进工作者22名，优质项目6只。

【上海市宝山区审计局】

财政审计　1999年，区审计局对本区1998年度税收和财政部门执行预算、组织财政收入及财政支出的情况开展了审计。期间延伸审计了2个税务所和10家企业单位，就税收征管的基础工作及财政退税资金使用情况作了进一步审计调查。另外，还对财政部门管理使用的各项预算外资金进行了审计，主要是财政信用资金、财政投资资金以及支农、水产、菜地、科教卫生等周转金和以工补农专项资金、农林特产资金、农业发展专项资金、堤防维修费、副食品基金和其他预算外资金等。同时还审计核实了29个银行开户情况。

专项审计　1999年，区审计局对宝山区1998年抗洪救灾社会捐赠资金进行了专项审计。在对本区民政局和区红十字会管理的资金账户审计的同时，还延伸审计了17户资金募集主管单位及其下属机关、学校、医院和街道等22家单位，抽查资金总额624.30万元，为捐款总额的64.97%。

审计调查　为了支持教育体制改革，规范各种教育收费，区审计局对本区44户中小幼教育单位1998年度捐资助学收入的管理使用情况进行了审计调查。审计中还重点抽查了3所幼儿园、6所小学、5所中学、7所高中及1所9年一贯制学校共22家单位。根据存在的问题提出了审计意见和建议，审计建议得到了区领导的重视，并作出了重要的批示。

【上海市徐汇区审计局】

对部分物业管理公司经营管理情况的审计和调查　通过审计和调查，一方面推广部分物业公司基金管理的先进经验；另一方面深刻揭示经营中存在的问题。以专报形式反映，沈骏区长作了批示，要求有关部门落实整改、举一反三，严格内部控制制度，起到以点带面的作用。并对12户企业漏交397万元税款作出了收缴处理。

对部分参建、联建商品房项目的审计调查　通过审计调查，发现部分区属房地产企业由于放弃经营管理权，发票管理失控，收入被转移，致使大量的销售房款被参建的区外私营房产公司直接收进，使国家和企业的利益均受到损失。针对这一情况以专报形式予以反映，沈骏区长作了批示。通过审计，共查补税款148.06万元。

对部分中外合资企业亏损情况的审计调查　经审计，对上海实业衡器有限公司等4户企业在累计亏损2,286万元的基础上，调增利润141.13万元，调减利润936.79万元，剖析了造成亏损的主客观原因，提出了加强企业经营管理、提高各类社会中介机构业务质量等4条具体对策和建议。1999年12月8日新民晚报以《审计年鉴也有假冒伪劣》为题作了刊登。

强化审计监督力度，有效开展财务收支审计　⑴抓住大案、要案线索查处案件，发挥经济卫士作用。从某出纳员随身保管大额现金这一可疑线索入手，查明该出纳员采取销毁支票存根等方法涉嫌挪用30多万元的经济案件，移送检察部门查处。⑵开展对现代音像电器有限公司的财务收支审计。揭示十大方面的问题，提出18条审计意见，共调减所有者权益1811万元，占其全部所有者权益的95%。区领导高度重视，专题召开会议，并作两次批示。

【上海市南市区审计局】

审计工作指导思想　区审计局依法全面履行审计监督职能，加大审计执法力度，在审计中坚持突出重点，深化审计内容，更好地为实现区政府确定的经济工作目标服务。

开展金融审计　根据审计署统一组织，市审计局的安排，区审计局对中国建设银行上海市某分行和支行进行了资产负债损益情况审计。经审计，查出了该分行收入宕账18万元、漏交税款近7万元、委托贷款手续不符金额800万元、抵押贷款业务缺乏对抵押物设置账薄登记以致造成价值3亿元的抵押物未在有关会计账表中反映；还查出了该支行应收款48万元长期挂账，固定资产11万元没有入账，信贷资产隐含较大风险等问题，作出了审计处理。

开展房产集团审计　区审计局对区领导关注的房产集团进行了较大规模的财务收支审计。发现了该集团为其他企业贷款盲目担保，到期不归，被法院查封720多万元的巨额资产；在财务核算中，账实差异达2亿元；违规买卖股票的收益长期宕在账外，漏缴国家税款374万元以及价值达875万元的房产在账外留用等问题。通过审计，促进了区房产集团规范运作，完善内控制度，提高管理水平。

内部审计工作　区审计局对全区内部审计业务加强了指导监督并采取了措施，内部审计工作受到了区委、区府的重视和支持。全区共有内部审计机构47个，专兼职内部审计人员120名，今年共完成审计单位533个，查出损失浪费金额173万元，促进增收节支680万元，已纠正违规行为金额351万元，提出审计建议采纳的有422条。

【上海市静安区审计局】

企业集团经济责任审计　区审计局对区属大集团性公司开展1998年度经济责任审计。为顺利开展此项审计工作，区审计局及时制定了《关于开展1999年度区国有企业年度经济责任审计的工作意见》。针对审计中发现的部分公司资产负债率过高，资金周转不畅，影响企业经营；资产运作质量不高，影响对外投资效益；长期投资的收益率明显偏低，有的投资甚至出现巨额亏损；对外担保金额庞大，缺乏相应控制手段，债务风险增大和近年来出现的集团公司为了借款相互之间进行贷款担保由此带来巨大债务风险等问题，区审计局提出了相应的审计意见和建议。

配合静安寺地区综合开发　1999年，为配合区府振兴静安经济的重大工程——静安寺地区的综合开发，区审计局同静安寺地区综合开发办公室签订了“共建一流工程”协议，探索事前参与、事中监督、事后审计的方法，以减少损失和失误，提高管理水平和效益，全过程跟踪各项工程资金的使用情况，及时了解工程的进展程度，保证各项资金安全、合理、有效使用。通过跟踪审计，及时与被审计单位沟通审计情况，指出工程建设中存在的问题和不足。

审计效果明显，受到了被审计单位和有关领导部门的好评。

探索领导干部任期经济责任审计　区审计局在前几年开展领导干部离任审计的基础上，探索任期审计的新方法。1999年，区审计局会同区委组织部制定了《关于领导干部任职期间实行全程经济责任审计的暂行办法》，并由区委办公室和区府办公室发文。年内对区属9个部门领导的调任或任期进行了经济责任审计。对这些部门领导在职或任职期间涉及经营、管理、决策及财政财务情况作出了客观的评价。为配合组织部门加强对领导干部的管理、考核和正确使用提供了参考依据。

【上海市卢湾区审计局】

开发审计功能，找准审计位置　1999年，区审计局坚持从审计工作实际出发，开发审计功能（强化审计监督功能，优化审计评价功能，深化审计服务功能）。一年的实践，证实审计工作只要在适应形势发展和领导要求上调整观念，在服务中心和大局中找准位置，在总结研究和上级指导下开展工作就能有所作为。

经济责任审计　根据区长对审计工作要求，做到“审中有帮”、“审中有导”，区审计局对4个集团公司开展了1998年度经济责任审计。在审计中，对内抓好3个环节，即审前准备，审中协调，审后总结；对外做到二个结合，即发现问题和总结经验结合，审计监督和帮助指导企业结合。审计以后，针对审计中发现的共性问题写出的《现金流量与企业发展》等5篇专题调研报告供领导参考，得到了区领导的肯定。同时，因审计问题找得准，建议提得实，企业资产管理力度加强，资产运作能力有所提高，内部管理措施得到落实。

【上海市长宁区审计局】

财政延伸审计起预警作用　区审计局从“大财政”概念出发，重点对公益性工程项目投入产出情况作了审计和分析。指出这些项目建设贷款比例大，还贷能力差；建设成本高，经营生存有困难。建议公益性项目的实施必须要有可靠的资金来源作保证；建立概预算执行责任制，加强考核和追究处理；群众性文体设施应提倡经济适用、勤俭节约原则；采取“交钥匙”工程减少财政投入。区长姜梁及时作了批示，举一反三，要求其他工程建造时注意这些问题。审计为规范和促进重大项目的建设起到了服务和预警作用。

经济责任审计讲真话　贯彻中办国办20号文，区审计局依法履行审计职责，做到尽职不越位，积极与组织部、纪检委等部门沟通，完善联席会议制度，对11位处级领导干部进行了任期经济责任审计，坚持讲实情、报实账、交实底，重点揭示了“资产核算和管理不够规范；部分收入未及时入账；对对外投资和借出款缺乏保护意识；内控制度不够齐全或执行不力”等四个问题，为考核使用干部提供了详实可靠的依据。

企业审计　区审计局对国有某房地产开发中心进行清理审计。该中心与某公司签订共同开发基地合同，按40%和60%比例及进度投资到位，并按比例得房。审计发现，某公司实际投资额占平均投资额的16.06%，若按原合同的所为投资比例得房显失公允。为监督、维护投资双方的合法权益，区审计局坚持原则，努力做解释、沟通、交涉工作，终于促使双方按审计确认的比例重新签约，防止了国有资产流失。

【上海市闵行区审计局】

强化行政事业审计，着力发现大案要案线索　1999年，区审计局对19家行政、事业单位和社会团体进行了审计。从审计情况看，不少单位法制意识淡薄、内部控制制度不健全。有些单位私设“小金库”、乱发奖金；有的隐匿转移资金、违规出借资金，逃避财政监督；有的出借公款、大量吃喝消费、拖欠罚没款、少缴个人所得税；有的资产账实不符，国有资产流失。对查出的违纪问题，依法严肃处理，1999年发出审计处理处罚决定4份，向司法机关移送案件2起,建议行政处分1人。

探索金融审计,防范金融风险 根据市审计局统一部署,对建设银行闵行支行1998年度财务收支情况进行审计,重点对该行的信贷资产质量状况进行了延伸审计,调查了20户借款单位,发现人民币贷款中不良贷款占总额的三分之一,外币贷款中不良贷款率超过70%,金融风险严重。通过审计,发现该行存在编造虚假凭证、对账单;私设4个"小金库",发生额高达1800余万元;银行之间举办"三产",相互逃避银行债务等严重违纪问题。据此,向审计署报送了审计案例。

迎战"千年虫",计算机网络全面升级 为迎接2000年的到来,区审计局领导和专业技术人员研究应付"千年虫"的对策,9月上旬起,分批对本局计算机服务器和工作站进行软硬件测试,清理归类。一方面自力更生对老机型升级,另一方面申请添置新机器。到11月底,局计算机网络完成升级换代,平稳地度过了年底用机高峰和"千年关",为今后计算机应用领域的拓展打下了坚实的基础。

【上海市嘉定区审计局】

本级预算执行和其他财务收支审计 区审计局依法开展了1998年本级预算执行和其他财政收支审计。审计结果表明:区财政部门较好地完成了人大审查批准的预算任务,区级财政收入保持了稳定增长,财政支出结构合理,适度从紧的财政政策收效明显,同时也保证了区重点支出的需要,促进了经济和各项社会事业的全面发展。针对区本级预算执行和其他财政收支中存在的一些问题,区审计局提出了几点意见:一是要加大税收征管力度,防止区级税源流失;二是要严格按照《预算法》组织和执行财政预算,杜绝虚列收入或支出的行为;三是要加强对财政专项资金和预算外资金的管理,提高财政性资金的整体使用效益;四是要及时处理往来款项,保证财政资金的运作安全。

领导干部经济责任审计 根据区委、区政府交办的任务,区审计局对13个镇、7个行政事业单位实施了领导干部经济责任审计,审计发现较普遍的问题有:财政周转金大量沉淀于企业而本息难收、对外投资收益率低、违规出借专项资金、向下属单位收取管理费、会计基础管理工作薄弱等。根据审计查实的情况,区审计局对被审计的领导干部作出了客观公正的审计评价,对违纪违规行为依法进行了严肃处理。

上海嘉定基本建设审计所成立 1999年10月,上海嘉定基本建设审计所成立。至年底,该所已完成各类项目127个,审计工程造价30638万元,经审计核定工程造价27909万元,核减金额2729万元,核减率8.91%,为国家节约了大量建设资金,社会效益十分显著。

【上海市金山区审计局】

不断加大财政审计工作力度 区审计局在总结往年财政审计的基础上。1999年,坚持突出审计重点,深化财政审计,取得了较好效果,共查出违规行为金额308万元。通过对本级财政预算执行情况和地方税务局税收征收管理情况审计,发现了预算管理、税收征管等方面存在的薄弱环节,为此,提出了加强预算管理和税收征管的意见和建议。在开展本级预算执行审计的同时,区审计局选择了8个一级预算单位,首次作为财政审计的组成部分,开展预算执行情况审计。通过审计,对部分政府性基金未及时足额征收、部分预算外资金未纳入收支两条线管理以及个别单位擅自拆借资金等问题予以披露,提出了加大征收力度,促进政府部门依法规范预算资金管理,合理有效地使用财政资金,提高财政资金使用效益,加强廉政建设,提高行政效能等一系列审计意见。此项审计结束后,区审计局向区府提交了审计结果工作报告,并受区政府委托向区二届人大常委会第12次会议作了审计工作报告,受到了区人大常委会的肯定和好评,为政府和人大加强预算管理和监督发挥了重要作用。

金融审计首战告捷 1999年,根据审计署的统一组织,以促进整顿金融秩序,防范和化解金融风险为目标,由市审计局统一部署,区审计局首次涉足金融审计。工作中,审计人员始终把"摸清信贷资产家底,核实财务收支状况,揭露管理漏洞"作为这次审计重点,通过对30多户建行贷款客户的审计调查以及对建设银行石化支行计划财务、信贷、储蓄等部门的审计,查出违规行为金额173.38万元,漏交各项税金25.56万元,揭示了有关违规贷款的问题,并将典型情况向市审计局作了专题书面汇报,较圆满地完成了金融审计任务。

【上海市松江区审计局】

加大镇财政审计力度 区审计局全年共审计8个镇的财政决算,为规范财政分配和管理,提高资金使用效益发挥作用。

加强国有企业资产负债审计 对区属14个公司(集团)年度经济指标完成情况进行了审计。局长向区委书记办公会议作了《关于区属公司审计的综合分析》专题汇报,得到领导的肯定和重视。

圆满完成金融审计 区审计局对建行松江支行和浦东张江支行实施同步审计。通过审计,促进了国有商业银行规范管理、依法经营、查明信贷资产质量和分类比例情况,提高其运营效益。

全面完成区领导交办任务 1999年,区审计局共完成区委、区府临时交办审计任务21项,为建局之最,项目涉及面广,种类多。其中包括"一镇一局一公司"领导干部任期经济责任审计的试点。

专项审计调查 共完成各类审计调查10项,其中土地出让金、社会保障基金、教育经费的审计调查,专题向人大作了报告。

区委书记重视工程审计 区审计局对松江新城区其昌路工

程决算进行了审计，引起了区委书记杜家毫的高度重视并作重要批示："一项工程量并不很大的道路工程其审计差价竟达130多万元(不包括施工企业应得的利润)，怪不得在某些人眼中工程成了一块肥肉，很值得引起我们的深思。今后对于政府拨款的建设工程，不仅要抓事先招标，还要抓好竣工后的审计，不仅区属重点工程要审计，镇和公司一级的工程也要审计，各级干部一定要有这个责任心，对人民的钱要负责、负责、再负责"。

中层干部竞争上岗　坚持"公开、公平、竞争、择优"原则，经过笔试、面试、评议、考察、党组讨论，历时40天完成中层干部竞岗工作，区长潘龙清对此作了重要批示，给予充分肯定。

【上海市浦东新区审计局】

固定资产投资审计取得显著成效　浦东开发十年，从一片片农田已发展到一座座高楼林立，迅速从农村向城市化发展，在这大规模开发建设中，国家财政每年投入了大量的建设资金。为维护新区正常的经济秩序、改善浦东的投资环境，促进国家建设资金的管理，提高投资资金的使用效益，新区审计局加大了对基建项目竣工决算的审计监督力度。通过对固定资产投资项目的审计，为浦东开发建设节约了大量资金，取得了显著成效。1999年审计资金总额50180万元，审计核减额2482万元，最高核减率为9.60%，平均核减率4.95%。通过审计发现的主要问题：一是施工单位利用多计工程量、高套定额和费率、多计材差等手法高估冒算；二是建设单位以虚列动迁补偿费和劳动力安置费、超标准或重复计提提前竣工奖等手法挤占工程成本。针对上述问题，新区审计局提出了加强施工现场管理、严格审核签证、认真签订和严格执行经济合同等方面的审计建议。审计发现的问题和审计提出的建议引起了浦东新区党工委、管委会领导的高度重视，上海市副市长、新区党工委书记周禹鹏在一份审计决定中批示："请监察局参与监察，对极少数单位、少数人在工程款中虚报冒领的恶劣行为并造成严重后果的，一定要严肃查处"。领导的批示对建设单位震动很大，促使建设单位从体制上、机制上找根源、查问题，举一反三制定整改措施，并将存在的问题在全系统内通报批评，对有关责任单位和责任人作出了严肃处理，推动了基建管理水平的提高，使建设项目审计核减率逐年下降，部分项目审计核减率已降至3%以下。

企业审计突出重点　一是对改组、兼并企业开展资产负债损益的真实性审计；二是开展对区直属企业领导干部年度经济责任审计，促进国有企业管理体制改革，提高管理水平，为组织部门对企业领导干部考核提供了量化的依据。

【青浦县审计局】

加强财政审计，促进规范财政管理　1999年，区审计局继续开展了同级财政预算执行及其他财政资金收支情况的审计。针对审计中发现的问题，提出了处理意见，并得到了纠正。为本级政府加强财政管理和本级人大加强财政监督提供了依据。

开展专项审计，加强重点资金监管　为保证青浦县农村合作医疗保险基金的安全与完整，区审计局委托各镇审计室对本镇农村合作医疗保险基金进行审计。在此基础上区审计局进行了复核抽查，既保证审计质量，又提高审计效率，进一步促进了青浦县农村社会保障体系的建立与完善。

强化企业审计，促进企业改革发展　开展对县级11个公司1998年度公有资产保值增值情况审计。经审计，调减资产1056.25万元，调增负债32.68万元，调减所有者权益1088.93万元，调增亏损335.13万元。为县政府对这些公司的公有资产保值增值考核提供了依据。根据县委、县政府的总体要求，开展对部队、武警、政法系统企业交接清查。对14户地方接收企业资产、负债、损益的真实性情况进行了审计。经审计，调减资产865.90万元，调增负债504.85万元，调减所有者权益1370.75万元，还查出不良资产6050.39万元，占总资产的17.97%。为企业移交工作顺利进行创造了条件。

加大基建审计力度，提高资金使用效益　共审计项目投资总额11079万元，查出违规行为金额2738万元，其中减少财政拨款和补贴1768万元，平均核减率15.96%。

抓住主要线索，协助查处案件　区审计局组织审计力量，对上海青浦曲轴厂进行了专项审计调查，查出了14个方面的违纪违规问题，涉及5名经济犯罪嫌疑人。为县纪委及司法部门进一步查处案件提供了线索和详细的审计资料。

【南汇县审计局】

参加侦查12.31大案　去年南汇县发生"12.31"诈骗大案，犯罪分子以给予高额利息为诱饵，制作银行假存单，骗走巨额资金。区审计局接受县委指令后即派审计组加入侦查。第一季度对扶贫帮困基金、养老保险基金等12个单位在5年中近3亿元资金的流向进行了审计，重点审计被骗、占用、拆借、"小金库"等违法违规资金运作情况。至1999年年底，由公安部门追回赃款1000余万元，占被骗资金60%。染指此案10余名人员分别受到被拘留、逮捕等司法处理。审计报告得到县委领导高度评价并作重要批示。

县委县政府动真格　年内完成县领导下达9项热点、难点审计任务。如：5月县委责成审计局对西门村群众集体上访事件开展专题审计，当即派出二个审计小组，共查实挥霍、支付白条工程款等违法、违规金额460余万元。县委县政府动真格发通报，对近2年来通过审计揭露养老保险基金被骗大案、康桥东路不合

格工程、西门村违法、违规行为等有关5名责任人给予严厉的党、政纪处分。

突出基建工程审计　运用“重点实事工程重点审，大型工程跟踪审，中小项目及时审”办法。年内对129项基建工程进行审计，为国家节减各类基建投入资金4593万元。认真落实县委、县政府关于“财政投资项目和县实事工程都要经过审计部门审计”的规定。

审计长视察南汇审计工作

8月20日，李金华审计长在华东地区审计工作座谈会后，视察南汇审计工作并听取汇报，对南汇县审计工作给予高度评价，肯定在县领导重视下审计工作取得的成果，赞誉南汇县审计工作“很有特色，很有开拓，很有成效”，称南汇审计局为“沪上审计一面旗”，当即欣然命笔作“百尺竿头，更进一步”题词。审计长接见全体审计干部并合影留念。

【奉贤县审计局】

行政事业审计发现，公积金运用中心从未办理纳税申报

县审计局对县公积金运用中心的首次审计，发现其自成立起从未办理纳税申报。经审计，除审计期间该中心自行缴纳23.17万元税款外，县审计局对其余51.18万元流转税及所得税作了收缴处理。

农村养老保险基金审计调查发现三个突出问题　县审计局发动各镇内部审计力量，对全县1997－1998年度的农村养老保险基金收缴、管理和使用情况进行了专项审计调查，结果发现三个突出问题：一是各镇发展很不平衡；二是基金出借突出，截止1998年底全县累计出借达783万多元；三是集体资金欠缴严重且呈增长趋势，两年累计欠缴达3221万多元。

首次开展招商引资到位资金审计　根据县政府要求，12月份，县审计局组织力量，首次对本县各镇（区）、县直公司1999年度招商引资项目资金到位情况进行了审计核实；并按审计核实情况兑现政府有关奖励政策，此举，调动了积极性，促进了经济发展。

审计发现并查获两起大案

一是通过对相关企业实施小同步审计，查获申兰集团所属上海申兰饲料厂会计陈某挪用资金70万元大案，移送检察机关立案查处，陈某因此被判12年有期徒刑；二是根据群众信访案件，通过对头桥申新商业社1990－1998年度财务收支情况审计，查获该社经理薛某虚开增值税发票42.87万元，移交公交机关立案查处。

内部审计法规建设得到加强

继《奉贤县镇级内部审计工作暂行办法》后，制定下发了《奉贤县内部审计工作考核办法》，报请县政府转发了《奉贤县直属公司内部审计工作暂行办法》。

【崇明县审计局】

加强财政性资金审计　先后对房屋修缮基金、公路养护资金、教育资金、环境卫生资金等进行了审计，针对部分单位资金管理混乱、职责不明、挪用贪污集体资金等情况，及时向县委、县政府作出专题报告，为加强预算外资金管理提供了决策依据。期间，查实崇明县公路管理所退休职工马友发在被聘任崇明县瀛松公路工程服务社期间，利用虚开材料发票形式，先后于1994年12月和1996年4月挪用侵占并与其他6人私分集体资金共计20余万元的经济犯罪事实。崇明县审计局于1999年1月4日出具了审计意见书，并将此案移送司法机关处理。

开展财政补亏企业审计

对关系民生的自来水公司、煤气所、煤气厂和液化气输配站进行了审计。发现这些单位的更新改造和技改资金一直主要由县财政投入，而提取的国有资产折旧却长期搁置计1200多万元，未能发挥应有的效能。对此，向有关管理部门发送了审计建议书并被采纳，为政府挖掘了财源，得到了县政府领导的高度肯定。

稳妥地开展领导干部经济责任审计　首次对8名行政主要领导干部任期经济责任进行了审计。通过延伸审计，发现崇明县计划用电办自1991年11月至1994年底，收取的超计划用电罚款一直留在账上直接支用，未按规定存入县财政预算外资金专户。对此，审计决定将510.98元缴县财政。

江苏省

【江苏省审计厅】

厅领导成员

厅长：余效明

副厅长：包汉良

　　　　薛蓓儿

厅长助理：陈　健

审计工作成果　1999年全省共审计5256个项目单位，为国家增收节支40.35亿元，其中，已上缴财政20.99亿元，减少财政拨款和补贴2.7亿元，追还被侵占挪用资金13.16亿元。通过审计，向上级党政机关上报审计信息和报告6036篇，被批示和采用4139篇。

财政审计　一是审计力度进一步加强。全省共查出违纪违规金额27.66亿元，增加财政收入6.57亿元。二是试行了内控制度测评，提高了实质性测试的效率和效果。三是大多数审计机关首次对地方金库收纳、划分、拨付预算资金情况进行了审计。四是将若干专题审计结果写进审计工作报告，丰富了报告的内容。各地向同级人大常委会所作审计工作报告普遍受到好评。

1999年，各地都开展了对下级政府财政决算的审计，全省共查出违纪违规金额18.23亿元。

金融和专项审计　通过审计省内67个建行分支机构和49个县级工行，查出违纪违规金额14.08亿元，应增加财政收入1.04亿元。同时延伸审计了4400个相关企业，对银行贷款“五级分类”情况进行了核实。省厅会同劳动、财政部门对全省11个市县的65个原行业统筹企

江苏省审计厅审计机构编制情况表

分类 数量 地区		机构组建情况		人员配备情况						备注
		应建数（个）	已建数（个）	定编人数合计	实有人数合计	行政编制数		事业编制数		
						定编数（人）	实有数（人）	定编数（人）	实有数（人）	
省级局	省、自治区、直辖市局	1	1	252	223	177	165	75	58	
地级局	地、州盟局									
	省辖市局	13	13	1687	1298	1100	927	577	371	
	直辖市区局									
	小计	13	13	1687	1298	1100	927	577	371	
县级局	县、旗局	63	63	2344	2537	1453	1418	891	1119	
	地辖市局									
	省辖市区局	48	48	582	543	367	330	215	213	
	小计	111	111	2926	3080	1820	1748	1106	1332	
合计		125	125	4865	4601	3107	2840	1758	1761	

业职工基本养老保险基金进行审计，核增应移交我省基金数6119万元。对国务院机构改革中撤并部门移交我省的13所大、中专院校的审计，摸清了家底，为学校资产移交提供了依据。省市审计机关开展了养老保险基金审计。全省法院系统进行了财务收支审计，有效地促进了中央关于“收支两条线”决定的落实。外资运用审计适应对外报告制度的改革，加大披露力度，全年共出具“内外合一”的报告48份。对121个单位的125个外国政府贷款项目的审计（调查），取得了良好成效。

“双百”项目审计“百户企业审计” 认真按照审计署《企业财务审计操作指南》实施，规范审计操作，强化对被审计单位的内控测评，注意审计评价的全面性、客观性，坚持谨慎性原则，成果显著，其中对省物资集团的审计，查出违规资金1．6亿元。审计报告和信息被省领导批示，得到充分肯定。审计中还发现案件线索40余条，目前已有8名涉案人员被移送司法部门处理。“百个地方重点建设项目竣工决算审计”，共查出违纪违规行为金额3．24亿元，核减工程造价1．42亿元。

除“双百”审计外，去年全省各级审计机关还对1291户企业进行了审计，查纠违纪违规金额62亿元，为国家和集体增加收入2亿多元。为加强对国家重点基建项目的审计监督，去年对江阴长江大桥、14个中央直属粮库等项目进行了审计，促进了建设资金的合理使用。有些地方还继续开展了工程建设专项治理审计。

经济责任审计 据不完全统计，1—10月份，全省共完成经济责任审计585项，其中党政领导干部391项，企业领导人员194项。各地在开展这项工作时，有的将乡镇领导干部任期经济责任审计与乡镇财政审计、乡镇企业审计相结合；有的围绕地方社会经济发展目标来量化指标，充分利用有关部门资料和现有成果，为领导机关考核任用干部提供了参考依据；有的从项目计划抓起，较好地解决了临时性交办与正常审计的矛盾。省和南京、苏州、无锡、徐州4市颁布了国有企业法定代表人任期经济责任审计的地方法规。

大案要案审计 据不完全统计，1999年1－10月份，全省审计机关共抽调250多人参加专案审计。其中，省厅“2·26”专案审计提供经济案件线索116条，目前逮捕3人。全省计划外生育费专项治理审计查出各类违纪违规支出5．4亿元，累计提供线索700多条。“7·14”专案审计移送了98条经济犯罪线索，目前已有5人被逮捕，省建材总公司原正厅级干部王占成已受到法律制裁。各地在日常审计中，注重抓重点，每次选准一个行业审深审透，坚持真实性审计与查办案件相结合，主动发现并移交了大量的违法违纪线索。在全省惩治腐败查处大要案表彰会上，全省有5个审计机关、40名审计人员分别荣立一、二、三等功或受到嘉奖。

“三讲”教育 根据省委部署，我厅开展了为期两个月的“三讲”教育。经过“思想发动、学习提高，自我剖析、听取意见，交流思想、开展批评，认真整改、巩固成果”四个阶段，圆满地完成了“三讲”任务，整个“三讲”教育工作受到省委“三讲”办和省委巡视组的充分肯定。省厅党组剖析材料满意率、基本满意率之和达95%以上，厅级党员领导干部自我剖析材料满意率、基本满意率之和均达96%以上。根据群众意见和建议，省厅党组提出操作性较强的整改措施27项51条，至1999年12月底，已落实的有29条，正在落实的有13条，另有9条计划以后落实。

内部审计和社会审计 围绕贯彻《江苏省内部审计规定》，我厅下发了指导意见，推广了经验，向省编委提出了加强内审机构的建议。各级内审机构特别是省重点行业、集团的内审工作得到进一步巩固。按照财政部和省政府有关文件精神，大多数地方基本完成了对所属审计事务所的脱钩改制工作。根据审计署授权，我厅完成了对永华会计师事务所的业务质量检查。

审计机关建设 一是信息化建设取得新进展。按照“三化一突破”的思路，进一步加强了硬件、软件建设。全省已组建局域网11个，配备586以上计算机900台，省和部分市使用了“两网两库”和Web网站，开发或使用了企业审计、体育事业单位审计和金融审计软件等。全省利用计算机辅助审计软件审计项目311个，查纠违纪违规金额15.7亿元。二是审计法制建设成效明显。《江苏省国家建设项目审计监督办法》以省政府令的形式颁布，《江苏省国有企业法定代表人任期经济责任审计条例》已经省人大常委会审议通过，并即将施行；全省审计法律知识电视大赛取得了较好的社会效果；审计执法、审计复核以及法制调研等工作得到进一步加强。三是队伍建设不断加强。全省各地加强班子建设和廉政建设，注重青年干部的培养，建立并完善了干部管理和廉政责任制度，进行了审计过渡专户检查。省厅年底撤消了审计罚没收入过渡专户，规范了违纪款项收缴的管理。全省有317人通过了审计专业技术资格考试，13人人选审计署外语人才库，62人参加了研究生课程学习。各地开展了丰富多彩的文体活动，全省审计机关“我爱祖国”卡拉OK比赛取得良好反响。

1999年江苏省审计厅审计统计情况报表

金额单位：万元

序号	指标/分类	审计单位（个）	违规行为金额：小计	违规行为金额：决定处理处罚	违规行为金额：指明要求纠正	应交财政	应核减财政拨款或补贴金额	应归还原渠道资金金额	已交财政：小计	已交财政：其中：税金	已交财政：其中：罚款	促进增收节支金额	向司法机关移送案件（件）	建议给予行政处分（人）	提交审计工作报告信息(篇)：小计	提交审计工作报告信息(篇)：其中：工作报告	审计工作报告、信息被批示、采用（篇）：合计	党中央国务院	国务院各部门	地方党政领导	上级审计机关	新闻单位	建议纠正地方部门不当规定（条）	协助有关部门查处案件(件)
	甲	1	2	3	4	5	6	7	8	9	10	11	12	13	14	15	16	17	18	19	20	21	22	23
1	合计	5140	1505186	458999	1046207	222345	27104	131649	209862	30222	1237	11962	163	40	6036	1152	4139	10	9	1320	1822	978	495	56
2	财政	686	458，935	185，173	273，762	56，83	1，563	20351	502	743	15	1	479	153	271		1	145	91	34	108			
3	金融	53	7，574	3，159	4，415	1，093	3，481	15	1066	1000	47				144	10	66			15	39	12	3	1
4	固定资产投资	1，113	89，846	13，514	76，332	3，804	11388	14415	1899	640	269	6619	10	2	381	49	242			164	167	91	115	18
5	企业	1，291	620，631	218，085	402，546	10，344		10456	6253	5432	115	3109	62	18	683	175	422			164	167	91	115	18
6	行政事业	1，872	257，895	37，327	220，568	49，114	672	40，083	46，045	1，836	303	1，491	78	18	975	302	589	4	3	211	243	128	143	22
7	农业专项资金	59	57，961	1，721	56，240	1，155		53943	1042	942	1				67	17	54			25	26	3	3	
8	国外援款贷款	62	12，322		12，322			2，280							75	21	68			39	15	14	3	
9	其他	4	22		22				21	21			3	1	3232	425	2427	6	5	648	1132	636	75	14

【南京市审计局】

经济责任审计 1999年全市审计机关共完成125项经济责任审计，其中党政干部104项，企业法定代表人21项。通过审计，一是摸清了家底，查出成本不实、虚列利润2.95亿元；二是查出大量违纪违规问题金额达6.97亿元；追还被侵占挪用资金2.93亿元；三是为组织部门考核任用干部提供了依据。接受审计的干部中，有14人提拔，7人免职，54人平调，4人受到法律制裁（其中案中案3人）。

查办大案要案 据不完全统计，1999年审计共发现并移送330条经济问题线索。其中，对南京市开发（集团）总公司原法定代表人卢连生离任经济责任审计，发现疑点立案查办后有4人被逮捕法办。审计南京市建设发展总公司，对查办原主管负责人王苏勤一案起到突破性作用，王已被逮捕。全市计划外生育费专项治理审计，共检查94个乡镇，294个行政村，查出各类违纪违规支出1883万元，累计提供案件线索28条，立案查处11人。全市审计机关还接受党委政府交办协查案件9件，主要有1.06、5.26、6.27专案以及8.17特大金融犯罪案等。

预算执行和财政收支审计情况 1999年对财政、地方税务等4个部门的预算执行情况进行审计，查出违纪金额5591万元，并有针对性地提出加强预算管理的意见和建议，为各级政府和人大加强预算管理和监督发挥了重要作用，受到各级人大常委会的好评。市局还对5个区县的财政决算进行了审计，查出违纪违规金额3286万元，对隐瞒转移财政收入、虚列财政支出等问题作了纠正处理。

工行、建行系统审计 对工商银行南京市分行所属五个县支行1998年度资产负债损益审计，共审计银行账号14个，延伸审计了属于次级、可疑和损失类贷款的企业114家，查出违纪金额2194万元，其中，少计利息收入1686万元，多计各项支出504万元，应补缴税金844万元。在延伸调查核实的贷款企业中，属于次级、可疑贷款的企业44家，贷款总额56041万元。属于损失贷款的企业49家，企业贷款总额58700万元。对建设银行审计，市局及五县局共抽查了59个银行账号及14个支行，并对16个下属三产或联办公司、154户贷款单位进行了延伸审计。查出违纪问题金额3229万元，其中，少计收入231万元，多计支出1147万元，账外资产1675万元，应补缴税金1111万元。在延伸调查核实的贷款企业中，属于次级、可疑贷款的企业47家，贷款总额65343万元。属于损失贷款的企业47家，贷款总额13967万元。

重点企业审计 1999年南京市局共对36户企业开展资产负债损益审计，查出违纪违规金额11.9亿元，重点揭露了一些企业弄虚作假，资产负债损益不真实和国有资产流失的问题。审计查出有的企业实际亏损数高于报表数24倍，突出反映了企业财务管理混乱、会计信息失真的严重问题。

计算机辅助审计 在企业资产负债损益审计中运用计算机辅助审计。如对南京人民印刷厂1999度资产、负债、损益情况审计，将审计署《企业审计信息系

统》软件灵活运用到审计中，查出了账外公款私存金额68953.54元，未作产品销售收入1828782.16元等诸多问题。在金融审计中广泛运用计算机进行辅助审计。1999年对两家商业银行的审计中，成功地下载了80万条联行往来科目的记录。经计算机辅助审计，揭示了联行往来资金内部控制制度方面存在的薄弱环节，如会计科目串户，造成联行明细账不能一一对应；联行资金不及时记账造成当天资金划拨日清账不平；各种原因产生的未平账长达7天至30天不等。在对某商业银行内部往来资金的审计中，其电脑部门和会计部门均认为软件的程序设定保证了内部往来资金当日一定轧平，但经审计，实际上内部往来资金当日不平的情况较多，暴露了银行电算化欠完善之处，纠正了银行有关部门过于依赖联行资金电子对账的观念，促使其进一步完善软件程序。

南京市玄武区1999年审计项目完成情况统计

金额单位：万元

指标分类	审计单位（个）	违规行为金额			应交财政	已交财政	提交报告信息（篇）		报告、信息被批示、采用（篇）			
		小计	处理处罚	指明纠正			小计	其中：工作报告	合计	地方党政领导	上级审计机关	新闻单位
合　计	28	6，167	5，261	906	478	407	21	10	20	9	3	8
财　政	2	105		105			3	2	3	2	1	
固定资产投资	5	57	50	7	37	10	4	2	5	2		3
企　业	5	1，527	1，500	27	176	141	2		3		2	1
行政事业	16	4，478	3，711	676	265	247	5	2	6	2		4
其　他						9	7	4	3	3		

【南京市玄武区审计局】

同级财政审计　审计对罚没票据管理、周转金核销工作提出了建议；揭示一些机关、企事业单位偷漏税收、截留罚没收入、私设“小金库”、会计信息虚假等问题。促进规范财政收支秩序，加强预算外资金“收支两条线”管理，提高财政资金使用效益。

经济责任审计　全年完成12项离任经济责任审计，查出违纪金额5412万元，应上缴财政214万元，已入库178万元。根据“两办”精神，会同区委组织部、区纪委制定《关于进一步加强区管领导干部经济责任审计工作意见》。年底会同区有关部门制定《玄武区区管领导干部任期经济责任审计联席会议制度》。

纪念《审计法》颁布五周年活动　以参加“苏亚杯”审计法律知识竞赛为契机，组织审计人员学习、讨论有关法律、法规和审计业务知识，收看电视直播决赛，促进提高依法审计水平。在市审计系统举办的比赛中取得较好成绩。

【南京市白下区审计局】

同级财政审计　顺利地完成了对本级1998年财政预算执行情况及其他财政收支情况的审计，同时完成了对市地税局白下分局1998年税收计划执行情况及相关税收政策执行情况、税收管理情况的审计。通过审计共查处违规行为金额169万元，就8个方面的问题提请政府重视。

经济责任审计　全年共完成审计项目7项，查处违规行为金额838万元，其中决定处理处罚金额730万元，指明要求纠正金额108万元。

审计发现经济案件1起　在对石门坎镇镇管小学移交区教委有关教育经费情况的调查审计中，查出石门坎镇土地所原出纳会计自1995年起多次采用自购收据及已作废的财政收款书向农户收费，计88803.1元不入账，据为己有的贪污案件，此案移交检查机关已审理结案，对犯罪人追究了刑事责任。

【南京市秦淮区审计局】　全年共完成审计项目44项，查处违纪金额711万元，其中应上缴财政13万元，已全部收缴入库。

预算执行和财政收支审计　1999年继续坚持“查清问题，促进加强预算管理，提高财政资金使用效益”，将财政收入的组织与管理分配、转移支付资金的管理使用、部门预算的执行作为一个整体进行审计。与本级预算执行情况审计密切配合，对红花镇人民政府1998年度财政决算及其他财政收支进行了审计。重点对预算级次、资金调拨、上级财政转移支付、政策执行、专项资金管理和使用、财政周转金和专项资金的清理情况进行审计。

经济责任审计　全年完成离任审计4项。并加强对任期经济责任审计的宣传，将中央两办规定及时分发给区级机关各部门、各街道办事处、红花镇及区直属企事业单位。

【南京市建邺区审计局】　1999年共完成审计项目18个，审计查出违纪金额536万元，上缴财政金额43万元。

同级财政审计　通过审计，对呆账审批核销工作、区再就业资金的管理使用等6个方面提出建议，受到了区人大和区政府的高度重视。

经济责任审计　1999年共对10名区管干部进行了经济责任审计，共查出违纪金额472.32万元，应上缴财政金额18万元，另有些问题已移交区纪委调查处理。

工程建设项目审计　完成审计项目2项，审计金额1590万元，审计核减70.7万元。另对6个建设项目进行了开工前审计。

完成交办任务　根据区纪委的交办，对区体委2年来的经济运行情况进行审计。参与区政府专门成立的联合工作组，对锻压机床厂进行了审计调查。

【南京市鼓楼区审计局】　全年完成审计项目18个，审计调查8个，查出违规金额2272万元，上缴财政347万元，移送区纪委案件线索4条、配合查办案件2起。

重点工程项目审计　全年完成决算审计3项，核减953万元，核减率达13.4%。还完成开工前审计项目27个。

完成交办任务　完成交办任务9项，其中离任审计3项。审计发现了4条案件线索并及时移交有关部门处理，为企业挽回损失30多万元。

街道预算外资金审计　对6个街道的预算外资金开展审计检查，发现4个街道没有完全实行"收支两条线"管理，存在多头设账、使用自制票据收费等问题。

【南京市下关区审计局】
1999年，全年共完成审计项目23个，其中离任审计7项，查处各类违纪金额352万元，上缴财政12万元。发现案件线索3条，协办案件4起，移交纪检（监察）、检察机关处理3人次。

财政预算执行情况审计
1999年度的财政预算执行审计工作强化了财政分配和资金管理使用、地方税收政策、税收计划的执行等情况的审查，促进了区级财政的预算管理和税源管理。

南海集团非法集资专案审计
南海集团非法集资案发生后，成立了由纪委、公安局、检察院、审计局组成的专案组。审计局先后三次抽调8名审计人员对南海集团进行了审计、清理工作，并派员前往广州进行专案审计，查出白下区人防办主任吴绪贪污122.4万元的犯罪事实。日前，吴绪已被市中级人民法院依法判处无期徒刑，剥夺政治权终身，追缴赃款122.4万元。

【南京市雨花台区审计局】
1999年雨花台区审计局共完成各类审计项目31项，其中，财政审计3项，金融审计2项，行政事业单位审计7项，企业审计7项，基建审计2项，经济责任审计3项，审计调查7项。通过审计查出违纪金额835万元。

此外，指导本区七个乡镇内审办公室共完成各类审计项目146项，查处违纪金额68万元，促进增收节支107万元，并查处了两起违纪案件移交纪检部门处理。

【南京市栖霞区审计局】

预算执行和财政收支情况审计　共完成区本级预算执行情况和镇财政收支审计3项，提出审计建议11条，提供案件线索1条。

大案要案审计查处　根据有关规定，与区人事局共同制定了《关于办理审计项目揭露重大违法犯罪线索奖励办法》，并加大案件的查处力度，全年共提供案件线索1条，协助区纪委查处经济案件1起。

经济责任审计　在1998年的基础上，采取"统一领导、统一计划、统一组织、统一实施、统一处理"五统一组织原则，对12个部门、镇（乡）离任的主要领导进行经济责任审计，为客观评价和正确使用干部提供依据。

《审计法》颁布实施五周年纪念活动　隆重开展了《审计法》颁布实施五周年纪念活动，利用区报——《栖霞报》大力宣传《审计法》，还与《栖霞报》社联办专刊，宣传审计工作和审计人的风采，局长接受了该报记者的专访，区长为本次活动发表了专题文章并题词："强化审计监督服务职能，为推进地区经济发展和廉政建设作贡献"。

【南京市浦口区审计局】
1999年度共完成各类审计项目29个，查出违规违纪金额106万元，其中减少财政补贴53万元，应上缴财政6万元。

财政审计　审计坚持"账户入手，下审一级"的方法，在突出核实财税部门和地方金库财政收支真实性的基础上，以监督财政性资金的分配、管理和使用效益为主线，依法规范预算分配秩序和财政管理行为，对水利等专项资金的财务收支同步开展专题审计，审计结果纳入同级财政审计报告。

完成交办任务　对8名区管干部进行了经济责任审计，并结合审计实际，讨论总结了经济责任审计的主要成绩、存在的问题及解决的办法。

《审计法》颁布五周年纪念活动　全局开展了如何进行依法行政以及两个文明建设的回顾总结，依据《审计法》和上级有关批示，制定了依法行政方面的制度11项，印制成册，人手一份。

【南京市大厂区审计局】
1999年共完成25个审计项目，审计调查4项，查出违规金额共1354万元。

完成本级预算执行情况审计
1999年的同级财政审计对教育、科技、农业水利及城建资金进行专题调查，对存在的问题提出改进建议。审计促进了城建、水利资金管理的加强，区政府成立了专门机构，对水利工程、城建工程进行监督，保证了工程质量和资金的专款专用。

税收计划执行情况审计　税务审计中着重对税收管理情况开展审计，保证区级收入稳步增长。税务部门及时采纳审计建议，对个人所得税进行清查，全年入库个人所得税2551万元，比上年增长50%。

【江宁县审计局】　1999年共完成审计项目42项，单位302个，查出各类违纪金额21244万元，审计收缴226万元。"同级审”重点对县卫生局、教委、水利局等预算内资金收支大户进行审计。对禄口镇等4个乡镇1998年度财政决算情况进行了审计。

工行、建行审计　对县工商银行、建设银行1998年度资产、负债、损益的真实性进行了审计，共查出各类违纪金额14117万元，处理处罚219万元。在审计中首次采用计算机辅助软件进行审计。

经济责任审计　按照“两办”文件的规定，实施了县计划生育委员会等15家领导干部任期（离任）经济责任审计。

完成县政府交办任务　其中对县劳动局原局长的经济案件进行了审计查证，为司法破案提供有价值的证据。

重点建设项目审计　全年共开展重点建设项目审计106项，审计决算总额3.65亿元，审计净核减2648万元，直接减少财政拨款348.5万元。

【江浦县审计局】　1999年查出违纪违规金额9123万元。

同级财政预算执行情况审计　查出违纪违规金额1854.04万元，对财政资金投入较大及税收大户共13个单位进行了延伸审计。

工行、建行审计　审计发现两行均存在信贷资产质量不高、账务处理核算不规范等问题，查处漏欠缴税金总额269.41万元。

固定资产投资审计　1999年完成对县12个重点建设工程项目审计，审计核减1360万元，平均核减率为25.3%。

《审计法》颁布实施五周年纪念活动　县审计局受县政府委托，向县人大常委会报告了5年来贯彻执行《审计法》的情况，得到了县人大常委会委员们的充分肯定。

经济责任审计　县委、县政府办公室转发《关于江浦县领导干部任期经济责任审计的实施意见》，对审计对象、审计内容、组织实施、审计处理及经费来源均作了明确规定。

【六合县审计局】　1999年共完成各类审计项目33个，共查出违纪违规金额2540万元，上缴各级财政220万元，向纪检监察部门提供经济案件疑点线索14条。

完成县政府交办任务　共完成15项，主要是领导干部离任审计，共对9名县管领导干部实施了经济责任审计。

完成上级下达的审计任务　1999年，共完成上级审计机关下达的审计任务13项。

【溧水县审计局】

财政审计　共查出违规金额322万元，增加财政收入280万元。审计发现的违规问题，引起县人大、政府的高度重视，并责成有关单位迅速改正。

经济责任审计　1999年共完成县管干部经济责任审计15项，其中乡镇长离任审计5项，事业单位领导离任审计4项，部门负责人离任审计6项。

金融审计　1999年对县工商行和县建设银行1998年度资产、负债、损益进行审计，发现两行截留利润670.2万元，补交中央级所得税和营业税222.13万元。

《审计法》颁布五周年纪念宣传活动　向县五套班子领导汇报了《审计法》实施五周年来我县审计工作所取得的成果和审计事业的发展，并通过电视台等宣传《审计法》。

计算机辅助审计　1999年县政府拨入专项审计经费，为审计局各科、室配备了计算机，审计应用软件的开发利用正在起步，提高了工作效率。

【高淳县审计局】　1999年，全局共完成审计项目82项，查出违规违纪金额2917万元，应收缴违纪款230万元。

同级财政预算执行情况审计　试行了内控制度测评、抽查地方金库等审计新方法。突出了对重点部门、重点项目、重点资金的审计。

金融审计　对工行、建行高淳县支行1998年度资产、负债、损益情况进行了审计，对金融部门的账外资产、违规经营、自办公司、资产质量清分等情况进行全面清查。

企业审计　对南京红太阳集团等县属重点企业进行了审计，结合企业改制，积极帮助剖析亏损原因，为县委、政府提供决策依据。

完成县政府交办任务　完成县计划外生育费及票据使用情况、县粮食企业等8个项目的专项审计。对22个乡镇和部门领导离任进行了经济责任审计。

【徐州市审计局】

机构设置及人员　1999年末共有干部、职工135人。市局内设办公室、综合科、人事科、法规科、机关党委、监察室、内审社审管理科、财政金融审计科、行政事业审计科、农业审计科、固定资产投资审计科、工业交通审计科、商贸审计科、外资审计科、科研培训处、审计事务所。

财政审计　按照年度计划要求，市局共审计了5个县区财政决算，占全部县区的45%，县（市）区局共审计了60个乡镇财政决算，占全部乡镇的33%。查出违纪违规金额32251万元，上交财政9722万元。

企业审计　1999年1季度，市局组织市、县审计机关、4个会计、审计事务所和各内审机构，对144户国有企业1998年度主要经济指标进行了考核审计。

按照省审计厅的要求，全市审计机关对我市的9户地方重点企业1998年度资产、负债、损益的真实性进行了审计。经审计，9户企业的资产核减15934万元，负债核增1925万元，所有者权益核减22745万元，实现利润核减16749万元。

经济责任审计　1999年全市审计机关普遍开展了任期经济责任审计，全年共审计165项，其中行政事业单位主要负责人和乡镇长、书记任期审计131项，企业法人任期审计34项。通过开展任期经济责任审计，加强了对党政领导干部的管理和监督，促进了廉政建设。

建行审计 1999年全市审计机关按照审计署的要求，对建设银行徐州分行及其下属单位1998年及资产、负债、损益的真实性和合规性进行了全面审计。共查出违纪违规金额1424万元，收缴入库503万元。

计算机辅助审计 1999年购置、安装了企业审计、金融审计、基建辅助审计等审计软件，并已在企业审计、建行审计和基建审计中加以应用，逐步开展了计算机辅助审计。

《审计法》颁布实施五周年纪念活动 组织了全市审计机关干部和内审社审人员近100人参加的徐州市《审计法》知识竞赛暨省"苏亚杯"《审计法》知识竞赛选拔赛，并挑选4人参加了省"苏亚杯"《审计法》知识竞赛。

受表彰情况 有1人被省政府记三等功；市局被省审计厅、档案局评为"江苏省审计系统一级档案管理达标单位"，被徐州市政府评为"政风先进单位"。

【徐州市云龙区审计局】

机构设置及人员 1999年末共有干部、职工7人。下设综合股、财政基建审计股、行政事业审计股、企业审计股。

财政审计 在对本级财政1998年预算执行审计时，注意突出预算执行重点，兼顾其他财政收支、延伸单位及与其他专业审计的关系，做到不重复，重要资金不遗漏，进一步重视财政周转金的清理回收工作。

企业审计 加强区属9家重点企业的经营成果审计的执法力度，查处企业违纪违规金额6538万元，对个别单位严重违反财经法规，在财务上弄虚作假的行为给予了严厉的批评。

经济责任审计 积极探索新形势下离任审计的新方法，把审计与调查结合起来，抓住资产的完整性和负债的真实性，划清离任者的实绩与责任。1999年共对16名领导干部进行了离任审计。

【徐州市鼓楼区审计局】

机构设置及人员 1999年末共有干部、职工14人。下设行政事业审计股、企业审计股、固定资产投资审计股、综合股。

财政审计 在对本级财政1998年预算执行审计过程中，从账户入手，下审一级，分析资金运动规律，公正评价财政资金使用效果。

经济责任审计 1999年完成了24家行政事业、企业单位领导干部任期经济责任审计，为组织、人事部门考核、选拔、任用干部提供了有力依据。

【徐州市贾汪区审计局】

机构设置及人员 1999年末共有干部、职工15人。下设综合科、财政金融审计科、行政事业审计科、企业审计科、固定资产投资审计科。

财政审计 在对本级财政1998年预算执行情况审计中，一方面在核实财政收支真实性，摸清财政家底的基础上，重点深化了对财政资金的流向和结构的审计；另一方面，在检查合规性的基础上，检查财政资金的管理和使用情况。

经济责任审计 共对10个行政事业单位的"一把手"进行了离任审计。通过审计为组织部门进一步加强干部管理，考核、选拔、使用干部提供了客观依据。

【徐州市泉山区审计局】

机构设置及人员 1999年末共有干部、职工21人。下设综合股、行政事业审计股、企业审计股、固定资产投资审计股。

财政审计 按照上级审计机关的统一布置，实施了区级预算执行和奎山乡财政决算审计。针对财政管理的薄弱环节，提出改进意见和建议，促进财政部门加强预算资金管理。

企业审计 对18户企业1998年度主要经济指标进行了考核审计，通过审计，摸清了企业家底，核实了企业经营成果，促进了企业加强经营管理。

经济责任审计 认真贯彻执行中央两办《关于县级以下党政领导干部任期经济责任审计暂行规定》和区委《关于对领导干部实行任期经济责任审计加强监督管理的意见》(徐泉委〔1999〕80号)。对14家单位领导干部任期经济责任进行了审计，取得了较好的审计效果。

【徐州市九里区审计局】

机构设置及人员 1999年末共有干部、职工12人。下设人秘股、企业审计股、财政金融行政事业审计股、固定资产投资审计股。

财政审计 对本级1998年预算执行情况进行审计，在注重分析财政性资金流向和使用情况的基础上，加强对预算资金使用效益的审计监督，针对审计出的问题提出改进措施，建议纠正金额为72万元。并依法对拾屯镇及火花乡进行财政决算审计。

经济责任审计 按照"两办"精神，共对20名领导干部进行了离任审计，查清了离任干部任职期间的收支情况和资产负债情况。

【丰县审计局】

机构设置及人员 1999年末共有干部、职工21人。下设办公室、综合股、财政金融审计股、行政事业审计股、固定资产投资审计股、企业审计股。

财政审计 在对1998年本级预算执行情况审计中，做到本级预算执行审计与专业审计相结合，查出县财政配套资金1097万元未到位，坐支税款7.26万元。

查处大案要案 审计查处大案要案3起。其中，查处江苏凤鸣集团总经理周某受贿及索要回扣8万元，移送后被定罪，判处徒刑8年；查处县募委办会计赵某挪用救灾募集资金专款26万元。

经济责任审计 认真贯彻中

央两办《规定》，对13名乡镇党政领导干部、9名行政单位一把手的任期经济责任进行了审计。

建行审计　在对县建行审计中，查出建行少计利息收入43万元，少计手续费支出5万元；应收缴所得税、营业税18万元。

【沛县审计局】

机构设置及人员　1999年共有干部职工40人。下设秘书股、监察室、综合股、财政金融审计股、行政事业审计股、企业审计股、固定资产投资审计股。

财政审计　1998年本级预算执行审计注重对预算批复、财政结算、政府性基金、教育科技专项经费使用等方面的审计。审计查出违纪金额222万元，上缴财政78万元。乡镇财政审计侧重于财政收支及财政平衡的真实性。审计纠正违纪金额417万元，上缴财政63万元。

建行审计　完成了对县建行1998年资产负债损益的审计。审计收缴违纪资金18万元，其中增加中央收入17万元，地方收入1万元。

企业审计　对县造纸厂、棉纺织厂、沛公酒厂等9家县属企业资产负债损益的真实性进行审计。通过审计，摸清了企业家底，核实了盈亏，揭示了经营管理中存在的问题及原因。

【铜山县审计局】

机构设置及人员　1999年末共有干部、职工26人。下设人秘股、综合股、财贸金融审计股、行政事业审计股、工业交通审计股、基建审计股。

财政审计　为加大财政收支审计力度，确保预算内外资金规范运行，共完成财政审计项目8个，查出违纪金额3695万元，指明纠正金额228万元，已交财政3011万元。

经济责任审计　共完成经济责任审计项目41个。其中：乡镇长及部门负责人离任审计38个，厂长（经理）离任审计3个。18名拟提拔重用的干部有11人因未过审计关而落马，在社会上引起很大反响。

企业审计　1999年共完成企业审计项目13个，查出违纪金额1316万元，指明纠正金额483万元，应交已交财政79万元。

【睢宁县审计局】

机构设置及人员　1999年末共有干部、职工17人。下设人秘股、财政金融审计股、行政事业审计股、企业审计股、固定资产投资审计股。

财政审计　一是进一步深化本级预算执行情况审计，注意发现和反映预算执行中深层次的问题，注重追踪财政性资金流向和使用情况，促进财政管理工作规范化。二是加大对乡级财政决算审计的力度，组织县乡两级审计干部110余人，按照“六统一”工作方案对全县27个乡镇和2个果园场1998年度的财政决算进行了审计，取得了较好的效果。

企业审计　对县6户重点企业1998年度资产、负债、损益的真实性进行了审计，摸清了企业家底，分析了盈亏原因，促进了企业管理。

建行审计　按照审计署及上级审计机关统一部署，开展对县建设银行审计，查出违纪违规金额50余万元，处理违纪违规上缴款17万元。

【邳州市审计局】

机构设置及人员　1999年末共有干部、职工37人。下设秘书科、综合科、行政事业审计科、企业审计科、财政金融审计科、基建项目审计科、内审社审指导科、农业水利审计科。

财政审计　在对本级财政1998年预算执行情况和乡财政决算审计中采取了审计与审计调查相结合、全面检查和重点抽查相结合的办法，使审计工作进一步深化。查出违纪违规金额7255万元，上缴财政1215万元。

企业审计　1999年对10户企业进行了考核审计和资产负债损益审计，查出违纪违规问题金额3748万元，上缴财政4万元。

经济责任审计　1999年开展领导干部经济责任审计16项，对离任的领导干部任职期间重大经济活动、财政财务收支和资产负债损益等方面进行了审计和评价，查出各类违纪违规问题金额1460万元，上缴财政13万元。

建行审计　1999年对建设银行邳州市支行进行了审计，查出违纪违规问题金额86万元，上交财政24万元。

【新沂市审计局】

机构设置及人员　1999年末共有干部职工17人。下设综合科、工业交通审计科、行政事业审计科、财政金融审计科、商贸审计科、内审社审管理科。

财政审计　在对1998年本级预算执行情况审计中，注重分析财政资金流向和使用情况，促进规范财政分配和加强财政管理，使本级预算执行审计进一步深化，对乡镇财政决算审计，揭露了乡镇财政收支水份大、负担重的问题，为地方政府在区划调整中正确决策提供了依据。

建行审计　完成了对我市建行1998年度资产负债损益的审计。

经济责任审计　我局和市委组织部制定了《新沂市领导干部任职经济责任审计办法》，被中共新沂市委、新沂市人民政府批转执行。

【连云港市审计局】　共有人员74人，其中大专以上学历59人，中级以上职称有50人。全年共完成政府交办事项26项。通过对市建设开发公司、国防科工办、中江公司进行任期经济责任审计，揭露出企业隐瞒亏损2929万元、账外资产1348万元，投资和担保造成潜在亏损2176万元，以及2349万元税费计缴不及时等问题；通过对市住房基金归集、管理、使用情况连续三年的审计，披露出住房基金逾期贷款5118万元清理效果差，银行住房信贷部挤占费用支出138万元，造成漏交所得税和城市住房基金90万元以及基金主管部门未经批准动用住房基金176万元购买职工住房等问题；通过对连毅公司群众上访事项进行的专项审计调查，初步查实了连毅公司原法人代表长期无偿占用国有资产296万元，转让变卖进口汽车14辆，擅自变更承包合同造成国有资产流失34万元等问题。

财政审计　通过对财税部门和25个预算执行单位的审计，查出违规行为金额1．53亿元，减少财政支出488万元，增加财政结余1066万元。市局在对东海县和开发区1998年度财政决算审计中，揭露出隐瞒预算收入394万元、虚列财政支出294万元。通过对8个乡镇和部分行政村的延伸审计，反映出乡镇财政空转收入1339万元、虚列预算支出1856万元和财税管理中存在的其他各种问题。

工程项目审计　通过对48项工程预决算的审计，共核减投资3186万元。一是前移审计关口，派专人常驻市工程建设交易中心，对投资总额9．93亿元的115个项目进行开工前审计。二是注重工程决算审计。其中海关业务楼工程决算审计，在社会中介机构已审计的基础上，又审减237万元；市万家乐购物中心工程决算审计核减781万元，核减率达21．63%；三是开展全过程审计，先后对市重点项目海连中路、海连西路、海滨大道、盐河路、新海地区污水处理工程、市民广场以及中央粮食储备库等项目，开展了从工程预算到工程决算，从投资资金到财务核算的全过程审计。

部门定期审计　根据《连云港市政府部门定期审计办法》的要求，市局审计了教委、科委等15个部门及其33个下属单位。市领导对审计反映的问题十分关注，责成市房管局将其下属单位欠缴的1366万元城市住房基金按照审计意见缴存专户，要求财政部门对部分单位利用科协账户转移收入1341万元并违规支出1226万元的问题作进一步的处理。通过审计，不仅真实地反映了15个部门的财务收支状况，而且规范了各项资金收支行为，促进了“收支两条线”规定落实。

专项资金审计　一是对1998年市本级公费医疗经费的拨付、管理和使用情况进行了专项审计。对公费医疗经费上涨过快、财政负担逐年加大的状况进行了分析，并据此提出了医疗改革的参考性意见；二是开展全市1998年度土地出让金审计，反映欠收土地出让金4858万元，以及土地出让、审批手续不规范，征收追缴力度不够，土地出让金净收益上缴不及时等问题；三是开展1998年度养老保险基金征收、管理、使用情况的审计；四是完成了4600万元赈灾福利彩票审计，对审计中发现的多报奖品进价32万元等问题及时向有关部门作了反馈；五是积极开展下岗职工基本生活费审计，及时纠正了下岗职工生活费管理和发放不规范以及自筹资金不到位等问题。

1999年度连云港市审计局审计统计情况表

序号	指标/分类	小计单位(个)	违规行为金额			应交财政	应核减财政拨款或补贴金额	应归还原渠道资金金额	已交财政			促进增收节支金额	向司法机关移送案件(件)	建议给予行政处分(人)	审计工作报告信息		审计工作报告、信息被批示、采用（篇）						建议纠正地方部门不当规定(条)	协助有关部门查处案件(件)
			审计	决定处理处罚	指明要求纠正				小计	其中：税金	罚款				小计	其中：工作报告	合计	党中央国务院	国务院各部门	地方党政领导	上级审计机关	新闻单位		
	甲	1	2	3	4	5	6	7	8	9	10	11	12	13	14	15	16	17	18	19	20	21	22	23
1	合计	85	37643	1663	35975	2329	8375	8375	1567	97	15	916			178	15	90			25	30	35	51	2
2	财政	9	15572	1515	14057	2171			1516	92					21	6	10			5	5		25	
3	金融																							
4	固定资产投资	11	2552	97	2455	97	980	1469																
5	企业	32	8360		8360	5		1055	5	5		916			12	1	10			2	2	6	12	
6	行政事业	30	11018	56	10962	36		5731	46		15				15	5	4					4	14	
7	农业专项资金																							
8	国外援款贷款	3	141		141			100							10	2	9			4	2	3		
9	其他														120	1	57			14	21	22		2

【连云港市新浦区审计局】

1999年共有在职干部4人，其中专科2人，有中级职称的2人，局长2人，科员2人。

审计成果　1999年完成审计项目23个，共查出违纪违规金额507万元，应上缴财政金额35万元，提交审计信息22篇，建议纠正地方部门不当规定40条。

完成交办任务　1999年我区行政区划调整，由原来的5个街道办事处划分为8个街道办事处，撤消2个行政村。我局承担了摸清家底核实资产等工作。

经济责任审计　1999年，根据区委和区政府安排，对两个单位领导进行了离任经济责任审计，查出违纪金额近40万元。审计报告引起领导的重视。

【连云港市海州区审计局】

1999年有干部职工4人，其中大专学历3人；正副局长各1人。

审计工作成果表

金额单位：万元

分类 \ 指标			
审计单位（个）			15
违规行为金额	小计		571
	决定处理处罚		
	指明要求纠正		571
应交财政			8
应减少财政拨款或补贴金额			
已交财政	小计		8
	其中税金		
促进增收节支金额			412
提交审计工作报告信息		合计	14
		其中工作报告	
审计工作报告、信息被指示、采用（篇）		合计	14
		地方党政领导	2
		上级审计机关	11
		新闻单位	1

预算执行和财政收支审计　对区本级预算执行情况、预算外资金管理使用情况进行了审计，并对区财政局、区文教局、环保局、科技局、洪门乡、新坝镇分别进行了决算延伸审计。查出违规行为金额259万元。针对审计揭露出来的问题，已责成有关部门和单位作了纠正和整改。

经济责任审计　由组织部门委托，对5位原乡镇和部门主要负责同志进行任期经济目标审计，主要是对目标的完成情况、财经纪律的执行情况、廉政情况进行认真分析和公正评价。

乡镇审计　全区乡镇审计从无到有，发展至今机构合规，名称统一，编制到位，在乡镇长的领导下得到正常运转，促进了本区乡镇经济的发展。

【连云港市云台区审计局】

机构及人员　共有人员5名，其中局长、副局长各1名。

审计成果　1999年全年完成审计项目19个，超额完成市、区审计项目计划，审计总金额近2亿元，查出违纪金额585万元，归还原渠道资金367万元，向被审计单位提出审计意见及建议48条，被采纳的31条，市级以上报社和电台使用信息和新闻8篇。

本级预算执行和其他财政收支审计　1999年对上年度财政预算执行情况和财政收支情况进行了审计，同时选择了5个预算执行单位进行了延伸审计，通过审计查处违规金额118万元，发现虚列支出93万元、空挂资金19万元以及预算外资金管理方面存在的问题，增加财政收入6万元。从总体上对财政预算执行情况进行综合分析评价，并从完善政策制度、健全预算管理机制、增强预算分配透明度等方面提出了对策性建议。

经济责任审计　1999年我局先后对3个单位领导干部任期经济责任进行了审计，查出违规行为金额223万元、挪用资金20万元，查出“小金库”金额16万元，提出审计建议5条。

【连云港市连云区审计局】

1999年核定行政编制6名，实有在职人员6名。

年度审计项目计划圆满完成　1999年共对以下项目单位进行了审计：财政审计项目3个，包括区本级预算执行情况审计，同时延伸审计6个预算执行单位，2个乡镇财政决算审计；专项资金审计项目4个，包括1999年度教育经费、科技经费、城镇职工养老保险金、农村养老保险金的专项审计；专题审计项目1个，即对区法院1997－1998年度财务收支审计；基本建设审计项目6个，包括2个新开工项目、4个竣工决算项目审计；政府交办事项审计项目3个，包括区房地产综合开发公司年度经营状况审计、连云港购物中心经理离任审计、连岛旅游度假区财务收支审计。

审计监督工作取得明显成效　主要体现在以下几个方面：全年共查处违纪违规金额141万元；核减财政拨款38万元；归还原资金渠道76万元；核减工程造价17．7万元；促进增收节支27万元；提交综合审计报告和审计信息25篇，被上级机关采用15篇。

【赣榆县审计局】　1999年，全年共审计59个单位．查出各类违规行为金额3132．82万元，其中应上缴财政162万元，提出合理化建议被采纳25条，为国家减少财政拨款或补贴188万元，促进增收节支20万元。提交审计工作报告4篇。

完成指令性审计任务　1999年，共完成全省统一组织审计项目8项，审计单位16个，审计金额196095．87万元，查处违规行为金额2799．57万元，审计决定上交财政54．97万元，审计建议被采纳16条。

完成自定项目审计任务　1999年对43个单位开展了财务收支、资产负债损益、专项基金等事项的审计，审计金额118742．54万元，查处违规行为金额333．25万元，上交财政107．03万元。

完成交办项目审计任务　1999年先后完成县委、县政府、县纪委、县组织部交办的配合省专案组对某公司财务账的审计，对赣马镇大高巅村群众上访反映村财务问题的审计，对榆和养殖有限公司1992——1998年度财务收支的审计，对县盐业公司经理经济责任审计等事项达8项，抽调审计人员22人次，累计工作400余天。为改革、发展、稳定作出了积极的贡献。

【东海县审计局】　1999年度共完成审计项目单位104个，查出违纪金额10241万元，收缴违纪金额116万元，审计信息被各级采用95篇，廉洁审计无违纪问题，审计质量无复议、无诉讼，被评为连云港市审计系统先进单位。

预算执行和财政收支审计　从账户入手，下审一级，核实预算收支真实性，注重内控制度测评。查出违纪金额373万元，审计结果受到了县领导的好评。

注重发现和移送经济案件线索　共移交经济案件线索12件，当事人受党政纪处理11人，被逮捕法办1人。

经济责任审计　完成经济责任审计5项，审计金额2153万元，查出有违纪问题并受到党政纪处理2人。

认真开展工行、建行系统审计　查出违纪金额198万元，其中，“小金库”15.4万元，虚增利润150多万元，不良贷款3.05亿元，账外资产750万元。

【灌云县审计局】　截止到1999年底，灌云县审计局实际在编18人，内设综合、行政事业、工交企业、财政金融、农林水利、基本建设6个股。1999年共完成审计单位（项目）48个，查出违规金额2102万元，上缴财政81万元，为县财政节约支出29万元。

预算执行审计　1999年除了对县本级进行审计外，还延伸审计了县教育局、县科委等7个单位，在审计中发现个别单位存在挪用专项经费等问题，对此，审计组分别提出处理意见和建议，大部分都已得到落实。

干部离任经济责任审计　1999年接受县委组织部委托共对8个单位的主要领导干部离任进行了审计，局领导认真组织落实，在工作中，审计人员认真贯彻落实中央两办的两个《暂行规定》精神，为组织人事部门考核任用干部提供准确依据。

金融审计　1999年上半年根据国务院指示和审计署的统一安排，对县工商银行和建设银行进行审计，审计组人员认真学习有关法律法规和审计署统一制定的实施方案，通过审计两行共查出漏交税金10万元，并有针对性地提出了进一步强化信贷管理等5条建议，得到了两行的采纳。

基建审计　1999年共审计固定资产投资项目的投资金额833.53万元，核减65.30万元，其中在对县海堤达标工程决算审计中，在省水利厅审核过的基础上，核减10万元，为县财政节约支出29.2万元。

企业审计　为了扩大企业改制成果，我局组织审计人员对全县60户企业1998年度损益情况进行审计，重点审计企业经济运行的真实性，同时检查了企业经营管理、内控制度和财经纪律的执行情况，促进企业加强财务管理，提高经济效益。

灌南县审计局1999年审计成果附表

指标 分类	审计单位（个）	违规行为金额			应交财政	应减少财政拨款或补贴金额	已交财政		促进增收节支金额	提交审计工作报告信息		审计工作报告、信息被指示、采用（篇）			
		小计	决定处理处罚	指明要求纠正			小计	其中税金		合计	其中工作报告	合计	地方党政领导	上级审计机关	新闻单位
合计	66	8060	296	7764	296	300	296	31	179	80	10	77	4	9	64
财政	8	718	218	500	218	300	218			4	1	3			3
固定资产投资	6	578	21	557	21		21					10			
企业	32	4276	48	4228	48		48	30	123	25		15			15
行政事业	19	2471	9	2462	9		9		56	18	4	16	3	3	10
国外货款援款	1	17			17					2	2	2	1		1
其他										19	3	31		6	25

【灌南县审计局】　1999年实有干部职工14人，其中大学本科学历3人，大专8人；局长1人，副局长2人。内设5个股。

预算执行和财政收支审计　1999年，对县政府1998年度财政预算执行和其他财政收支情况进行了审计，并对3个预算执行单位进行了延伸审计，对教育科技经费进行了专项审计。查出违规行为金额579万元，应增加财政结余金额506万元。

经济责任审计　全年对8位原乡镇和部门主要负责同志任期内经济目标完成情况等进行审计，为县领导和组织部门选拔、使用干部提供了参考依据。

《审计法》颁布实施五周年纪念活动　利用县报、广播、电视、画廊、标语、座谈会等多种形式宣传《审计法》，报道近五年来县审计机关认真贯彻执行《审计法》取得的成绩。

金融审计　1999年，根据审计署的部署，实施对中国工商银行灌南县支行、中国建设银行灌南县支行1998年资产、负债和损益的审计。

企业审计　1999年，共审计企业32个，查出违规行为金额4276万元，查出收入不实303万元，成本不实2808万元，有账无实470万元，虚增利润188万元，应交财政48万元已全部入库，提出的审计意见和建议被采纳38条，促进企业增收节支123万元。

运用计算机进行审计　1999年，对财政、金融的审计，初步运用计算机进行文字、数据处理，存储、输出文件及数据，通过远程通讯网络阅读或传输文件数据。

【淮阴市审计局】　1999年，淮阴市审计局共有人员68人，其中本科学历29人，大专学历24人；下设办公室、人教科、财金审计科、工交审计科、行政事业审计科、固定资产投资审计科、商贸审计科、农水审计科、外资运用审计科、综合科、体系管理科、法规科、审计事务所。

审计工作成果　完成审计单位105个。查出违纪违规金额

31922万元，应上缴财政677万元，已上缴财政282万元。促进增收节支436万元，共提交审计报告和审计信息117篇，被批示采用68篇。

财政审计　审计的广度和深度明显增强，全市共查出违规行为金额3594万元，增加财政收入853万元。首次对地方金库收纳、划分、拨付预算资金情况进行了审计，向政府提交的审计结果报告和代政府向人大作的审计工作报告的质量比以往有了新的提高，受到政府和人大的称赞。

经济责任审计　全市共完成经济责任审计113项，其中企业领导人员32项，党政领导干部81项。该项审计已成为考核和评价企业和党政领导人员任期业绩的重要而可靠的依据。

金融与专项审计　全年共对市内79个建行及工行分支机构进行审计，查出违规违纪金额5584万元，查清账外资产3298万元，同时延伸审计了440个相关企业和单位，对银行贷款“五级分类”情况进行了核实。市局还开展了对职工养老（失业）保险基金和解困资金审计、法院财务收支审计、福利彩票救灾专项募集审计、外资运用审计等专项审计。

企业审计　先后开展了对市直12户重点企业资产经营责任制审计，12户重点扭亏企业审计，市直机械系统全行业扭亏审计，为市政府对这些企业的考核兑现提供了主要依据。

内部审计 社会审计　全市已有内审机构337个，内审人员1153人，其中专职人员758人，占65%，内审机构已形成比较完整的组织网络。社会审计在改革中稳步发展，依据规定完成了对审计事务所的脱钩改制工作。

机关建设情况　1999年搬进新址办公，多功能厅、健身房、蓝球、羽毛球场等基础设施都得到改善，为纪念《审计法》颁布实施五周年，全市审计机关举行座谈会，开展了全市审计系统法律知识竞赛，并在全省“苏亚杯”审计法律法规电视大赛中获第二名的成绩。运用计算机审计有了新的突破，继与省厅联网，与各县（市、区）审计系统联网后，1999年又建成局域网，并对审计人员普遍进行了计算机培训。

受表彰情况　1999年受省以上审计系统表彰4次，受市委、市政府表彰1次。共有11人次受到审计系统表彰奖励；9人次受市委、市政府记功、嘉奖等奖励。

【淮阴市清河区审计局】

审计工作成果情况表

审计项目	完成审计计划项目12个；交办项目44个；参与经济案件查证3项；
审计成果	查出违纪违规金额1509．9万元；核减基建造价337万元；处理上交财政5．03万元；追还被侵占挪用专项资金85．29万元；直接为被审计单位挽回经济损失106万元；提出切实可行的审计建议121条；提供有价值案件线索件8条；已被查处8人，追回损失33．97万元；
信息	上报16篇，采用14篇；

机构设置和人员配置情况

机构			人员(共8人,其中:1999年度调入2人)							
综合股	企业审计股	行政事业单位审计股	学历		职称				职务	
			大学	大专	注册会计师	会计师	审计师	经济师	局长	副局长
			2	4	4	4	4	1	1	1

本级预算执行情况审计　1999年度区本级预算执行情况审计的深度及规范化程度都有了新的进展，提出的加强预算管理的意见和建议更具有针对性，受到区政府和区人大的高度重视。

专项资金审计　1999年开展了区解困资金、养老金保险金收支情况审计，客观地反映这些专项资金的筹集、管理和使用情况，找出了存在的主要问题，并提出了审计建议，追回被挪用的专项资金，促进了专项资金的使用效率。

经济责任审计　1999年共完成23个任期经济责任审计。审计中注重公正原则，使审计结论符合被审计领导干部的客观实际，并讲究审计方法，既保证了审计质量，又提高了工作效率。对查出的主要问题，通过纪检、组织、审计联席会议制度，及时通报情况，依法进行审计处理，为领导和干部管理部门考核任用干部提供了参考依据，促进了廉政建设。

企业审计　开展了1个重点企业的资产负债及损益审计，审计查实该企业资产不实25．7%，负债不实75．2%，直接为被审计单位挽回经济损失96．6万元，移交有价值案件线索6条，已被处理3人。

【淮阴市清浦区审计局】

财政审计　共查出违规行为金额45万元，增加财政收入67万元，向区政府提交的审计结果报告和代政府向区人大作的审计报告的质量比以往有了新的提高，受到政府和人大的称赞。

经济责任审计　共完成9项经济责任审计，其中企业领导人员1项，党政领导干部8项。查出违规行为金额1934万元，提出合理化建议62条。该项审计成为全区考核及评价企业和党政领导干部任期业绩的重要依据。

专项审计　开展了对职工养老（失业）保险基金和解困基金审计、法院财务收支审计，共查出主要问题12个，查处违纪违规金额764万元，出具的审计意见与决定，促进了税务部门对个人调节税的征收力度。

【淮阴县审计局】　1999年共有人员21人，下设人秘股、工交审计股、财经审计股、行政事业审计股、农水审计股、基建审计股。

审计工作成果　完成审计项目48个，查出违规行为金额2849万元，提交审计报告和信息80篇，被批转、批示和采用57篇。

预算执行和财政收支审计　1999年分别对县财政局、地税局、地方金库实施审计；在审计中实行五个结合，即本级预算执行与“上审下”相结合、与专业审计相结合、全面审与专题审相结合、审计财税部门与审计国库相结合、账项审计与内控测评相结合。在对1998年度预算执行审计的同时，还审计财政、地税部门代政府管理的专项资金、基金情况，并对有关重点税源进行了审计调查。

经济责任审计　配合县委组织部出台了县委〔1999〕14号文件《关于建立各级各类领导干部任期经济责任审计制度的意见》，加强对经济责任审计的领导，每个经济责任审计项目，局领导都集体研究，制定方案，并安排一名局领导分工负责；并严格组织实施，做到审全、审深、审透，不错审、漏审；实事求是客观公正地评价离任者的经济责任情况。全年共完成经济责任审计9项，为县领导加强干部管理提供了依据。

【涟水县审计局】　1999年，审计单位91个，审计金额27650万元，查出违规行为金额3957万元，促进增收节支650万元，挽回经济损失32万元，上交财政金额178万元，移送案件1起，提交审计报告信息被批示采纳69篇。

预算执行和财政收支审计　预算执行审计共延伸审计12个部门，并对教育基金等10项基金、资金、集资等财政收支进行了审计。乡镇财政收支审计共对3个乡镇进行了财政决算审计，对8个乡镇的财政收支情况进行了审计调查。查出财政收支不够真实，财政支出控制不够严密、招待费超支等问题。

经济责任审计　对县交通局等6个部门主要领导进行离任经济责任审计试点，取得预期效果。

工行、建行审计　1999年，对县工商银行、建设银行系统财务收支进行了审计，查出虚增资产负债和所有者权益、漏交税金、信贷资产质量不高等问题。

纪念《审计法》颁布五周年　1999年8月31日，县审计局在全县开展《审计法》颁布实施五周年纪念活动。邀请县人大财经委、县政府法制局、财政局等20余家行政机关和企事业单位的领导进行座谈，县政府常务副县长在涟水电视台发表了专题电视讲话。

【淮安市审计局】

预算执行和财政收支审计　1999年淮安市审计局增强了预算执行审计的广度和深度，首次对地方金库收纳、划分、拨付预算资金情况进行了审计，及时纠正乡镇乱开政策口子，违纪违规筹收、使用各种筹收资金、专项资金等问题，将若干专题审计结果写进审计工作报告，促进了各乡镇政府依法管理地方财政。

经济责任审计　1999年，共完成13个乡镇党委书记、9个部门和3个企事业单位“一把手”的经济责任审计，为市委、市政府考核和评价有关干部的任期业绩提供了真实可靠的依据。

工行、建行审计　通过对工商银行淮安市支行、建设银行淮安市支行资产、负债和损益的审计，查出违纪违规金额284万元，查清账外资产103万元。

计算机辅助审计　1999年，为全局各股室配备了计算机，并对所有人员进行计算机基础理论和实践的培训，使审计人员基本掌握了计算机的操作规程，并能应用于审计工作实践。

【洪泽县审计局】

财政预算执行和其他财政资金审计　1999年对县本级预算执行、预算收支平衡情况、财政部门管理的各项资（基）金征收及其使用情况进行审计，并延伸审计了地税部门税收解缴情况。查出违纪金额35万元，节省财政收支135万元，应减少财政补贴120万元，调账940万元，促进增收节支215万元。

经济责任审计　1999年共完成经济责任审计12个，其中乡镇3个，县直部门8个，企业1个，查出违纪金额358万元，查出数十万元“小金库”2个，查出违规行为金额858万元，提出合理化建议51条。

工行、建行审计　查出违规行为金额540万元，同时延伸审计了3个相关企业和单位，对银行贷款“五级分类”情况进行了核实。经审计查出工行违纪金额549万元，补缴税金73.5万元，国企重复建设亏损形成不良贷款2家1538万元，国企改制逃废债务形成不良贷款3家1783万元。

《审计法》颁布五周年纪念活动　县局向县人大作了贯彻《审计法》专题汇报，在《洪泽报》开辟了《审计法》宣传答疑专版，分管县长在电视上作了宣传贯彻审计法讲话，局机关制定了执法过错责任制和错案追究责任制等。

专项审计　开展了对法院财务收支、福利彩票救灾专项募集审计，共查出主要问题16个，查出违规违纪金额54万元。

运用计算机审计　1999年新购电脑3台，每个股配备1台，全体审计人员参加了计算机等级培训和因特网知识学习，有17人获得了计算机等级证书，占审计人员的98%。省以上项目均用计算机辅助审计，固定资产投资审计尝试使用计算机辅助审计。

【盱眙县审计局】　1999年，现有行政编制22人，在职审计人员20人，设综合股、财政金融审计股、行政事业审计股、工业交通审计股、农水商贸审计股、基本建设审计股。全年共完成审计项目47项，查出违纪违规金额2869.41万元，其中：应上交财政1116.91万元，已上交财政1009.10万元。

县本级财政预算执行情况审计　对县1998年财政预算执行情况及其他财政收支情况进行审计。查出当年财政收入746.66万元未能及时入库等问题，及时向县人大、政府报告，提出了处理意见和建议。

领导干部任期经济责任审计　1999年县委、县政府出台了《关于领导干部离任和年度考核审计的实施意见》。完成县委、县政府交办的桂五镇、江苏第一泉酒厂等 8 个单位经济责任审计。

工程建设专项治理审计　全年审结 13 个建筑工程项目，审计投资额 2121．51 万元，审计核减投资额 249．61 万元，应缴财政收入 80．45 万元。实施开工前审计 25 项。

【金湖县审计局】　1999 年完成审计项目 67 个，占年计划 191%，查出违规金额 774 万元，审计决定入库 95 万元，已入库 81 万元。提供审计信息 35 篇，被上级机关和政府采用 21 篇，审计建议被采纳 92 条。

预算执行审计　对县本级 1998 年度财政预算执行和其他财政收支情况进行审计。审计结果表明：1998 年度全县财政预算执行情况良好，财政收入完成调整预算的 102．4%。比上年增长 19．2%，增收 1248 万元；财政支出完成调整预算的 94%，较上年增支 1251 万元，增长 19．5%。同时，专门审计了县教育、科技经费的投入，检查教育经费转拨、使用和管理情况，审计有关执法单位罚没收入的解交和收费情况，对有违纪行为的单位依法作出限期入库和收缴入库的审计决定。

工行、建行审计　1999 年，根据上级审计机关授权，对县工商银行、建设银行 1998 年度资产、负债、损益进行审计。审计发现，两行在财务收支真实性、合法性上均存在违纪违规行为，信贷资产上均存在一定的潜在风险。根据现行财经法规，分别向两行作出审计决定和审计意见。工行、建行已分别补交税款 15 万元和 12 万元；并对不良资产进行了专项清理，取得了成效。

首次开展党政机关领导干部离任审计　县审计局根据县纪委、县委组织部的委托，分别对原县物资局局长、原县供销合作总社主任任期经济责任进行专项审计，对审计事项作了客观公正的评价。

【宿迁市审计局】　到 1999 年底，共有 27 人。其中：大学本科学历 13 人，大专 10 人；具有中级以上技术资格的 20 人，其中高级职称 2 人；现有局长 1 人，副局长 1 人。

1999 年审计工作成果表

指标 单位	审计单位（个）	违规行为金额	促进增收节支（万元）	上缴财政金额（万元）	移交案件（起）	审计报告被批示采用（篇）
合　计	353	61631	600	871	256	152
市　局	103	13756		160		18
宿城区局	17	8393	422	12		10
宿豫县局	31	5548	50	61	92	44
沭阳县局	144	21453	128	485	114	52
泗阳县局	34	7803		112	36	8
泗洪县局	24	4678		41	14	20

完成地方政府交办任务　1999 年度全市共完成地方党委、政府交办的审计事项 195 项。这些交办项目，大都是领导部门关心和社会比较关注的热点、难点问题，以及关系到党的方针政策落实等带有共性的问题。如通过对县（区）1998 年度下岗职工生活费筹集使用发放情况审计调查，向市政府如实反映了全市下岗职工生活费筹集管理发放等工作中存在的四个方面突出问题，并提出了加强管理等多条建议，得到了市政府及有关部门的高度重视。

完成上级下达审计任务　1999 年，全市共完成审计署、省审计厅下达的指令性审计项目 86 个；审计单位 111 个；查出违规行为金额 26684 万元；上缴财政 477 万元；审计建议被采纳 333 条。

完成自定审计项目　共完成 224 个，审计调查项目 18 个，查出违规行为金额 34947 万元，上缴财政 394 万元。

受表彰情况　我局 4 项工作受到省审计厅等有关部门表彰；被市委、市政府命名为“1999 年度目标管理先进单位”；先后有 9 人受到立功、嘉奖，其中 2 人被省委、省政府授予立功、嘉奖称号。

【宿迁市宿城区审计局】　到 1999 年底，共有干部、职工 8 人。其中：大专学历 6 人。局长 1 人，副局长 2 人。

审计工作成果　1999 年，共完成审计项目 23 个，审计单位 67 户，开展审计专项调查项目 3 个，调查单位 22 个；审计总金额 50600 万元。共查出违纪违规金额 8393 万元。上交区财政 15 万元，提交审计工作报告 20 篇，报送审计信息 15 篇。

完成区政府交办任务　1999 年，共完成区委、区政府交办的审计任务 12 项，审计清理单位 53 个。同时完成招商引资 102 万元，占区政府下达任务 112．2%。对致富达小康挂钩对象双庄乡韩王村进行帮带，使该村集体经济和农民纯收入都比上年有所增长。积极参与企业改制工作，对全区 16 个企业逐户进行清产核资，保证国有资产、集体资产在企业改制工作中完整转移。

完成上级下达审计任务　1999 年，共完成省、市审计机关下达的审计任务 14 项，审计单位 52 个，审计金额 12445 万元。

【宿豫县审计局】　1999 年末共有干部、职工 14 人，其中本科学历 2 人，大专 11 人；局长 1 人，副局长 3 人。

审计工作成果　1999 年共完成审计项目 32 个，审计单位 200 多户；完成审计调查 3 项，调查单位 28 个；审计金额 3 亿多元，共查出各种违规违纪资金 3600 万元。归还原渠道资金 104 万元，促进增收节支 500 万元。向县纪委、监察部门移送案件 15 个，提供有价值的经济疑点线索 94 条。提交信息 60 多篇，被上级有关部门及新闻单位采用 49 篇。

完成交办任务　1999 年度共完成县以上领导交办的工作任务 10 项，审计单位 150 多个。在配合全县财经法规法纪检查中，组成 6 个检查组，对全县县直机关、各乡镇、场圃及下属近 400 个单位进行检查，历时 40 多天，共查出各种违规违纪金额近 2000 万元。完成固定资产投资审计 4

个，核减额达 587.41 万元，核减率占报审总额的 13.07%。

完成上级下达的审计任务　1999 年，共完成省、市审计机关下达的审计任务 17 项，审计单位 28 个。

【沭阳县审计局】　1999 年共有干部、职工 24 人。其中大学本科学历 4 人，大专 7 人；局长 1 人，副局长 3 人。

审计工作成果　全年共完成审计项目 218 个，审计单位 269 个；完成审计调查 3 项，调查单位 20 个；审计查出违纪违规金额 21663 万元，其中应归还原渠道资金 7452 万元，应交财政 684 万元，上交财政 485 万元；核减财政拨款或补贴金额 130 万元；协助纪委等部门查处案件 57 起；向上级和新闻单位提交审计报告和信息 163 篇，被采用 63 篇次。

完成县领导交办任务　全年共完成县领导交办的工作任务 115 项。先后组织 20 个审计组对 20 个县直单位负责人、33 个乡镇党政一把手共 61 名同志实施了任期经济责任审计，审计总金额近 9 亿元，查出违纪违规金额 7198 万元。完成县领导交办的 54 个工程预决算审计项目，送审总金额 25799.71 万元，审定金额 19995 万元，审减 5804.71 万元，审减率 22.5%。县向阳南路一项工程就被核减 301 万元，县青少年广场工程被核减 445.87 万元。

完成上级下达审计任务　共完成省、市审计部门下达审计任务 22 项，审计单位 49 个。

【泗阳县审计局】　1999 年底，共有在职在编人员 25 名，其中大学本科学历 5 人，大专 11 人；高级职称 1 人，中级职称 18 人；局长 1 人，副局长 4 人。

审计工作成果　全年审计了 44 个项目，查出各类违纪金额 6423 万元，增加财政收入 112 万元；提交审计报告 14 篇，上报审计信息 32 篇，其中有 4 篇审计报告被县领导批示，有 6 篇审计信息被《中国审计报》和《宿迁审计信息》采用；向被审计单位提审计建议 52 条，为其节约资金 126 万元；向县纪检监察机关移送案件线索 25 条，立案查处 4 件，有 4 人受到党纪和刑事处理。

完成县政府交办任务　全年完成县委、县政府交办项目 12 个。其中工程决算审计 3 个，经济责任审计 4 个。在对新桥煤矿的专题审计中，还牵出一个经济案件，当事人已被拘捕。此外，根据县政府交办，还对全县地产化肥销售情况、全县行政事业单位招待费情况以及部分粮管所的资产负债损益情况进行了专项审计。

【泗洪县审计局】　1999 年共有干部、职工 25 人。其中大专以上学历 14 人，具有高级职称 1 人，中级职称 10 人；局长 1 人，副局长 2 人。

审计工作成果　1999 年共完成审计项目 32 个，审计单位 128 个，完成审计调查 2 个，调查单位 5 个，审计总金额 56274 万元，共查出违纪违规金额 8947 万元。配合县纪检、监察等部门，查出各种经济案件 38 起。上交财政 195 万元，共提交审计报告、信息 45 篇，分别被上级采用 28 篇，48 条建议被当地政府部门采纳。

完成县政府交办任务　1999 年共完成县委、县政府交办的工作任务 17 项。在计划外生育费审计中，对 29 个乡（场）镇、480 个单位进行审计，查出挤占挪用资金 880.96 万元，其他不合理支出金额 30.50 万元，查出问题 200 多个，分别进行调查纠正。有些审计案件线索已上报纪检、监察部门。同时还完成了工程建设项目开工前审计 43 家，竣工决算审计 6 家，审计项目投资总金额 1071 万元，核减工程造价 78 万元，查补税金 26 万元。年终被县委、县政府评为有特殊贡献单位。

完成上级下达审计任务　1999 年共完成省、市审计部门下达的审计任务项目 23 个，审计单位 108 个，审计总金额 43531 万元。

【盐城市审计局】　全年共审计 83 个项目和单位，查出违规行为金额 51346 万元，其中：上缴财政 7168 万元。查出“小金库”23 个、金额 1000 万元。发现疑点线索 131 条，移交有关部门查处的资料达 1821 页，有 5 人被立案、2 人被拘捕。在省厅组织的 12 个项目的单项考核中获 5 个第一名、3 个第二名、2 个第三名，其中信息宣传工作连续 7 年在全省名列第一；在市级有 17 项工作获先进，其中有 5 项工作获市委市政府的表彰，被市委市政府授予“文明机关”，1 人受省委省政府表彰。

完成领导交办审计事项　全年共完成交办事项 11 个。对市直 1997 年、1998 年城建资金征管情况进行审计调查，调查 48 个收费项目、重点抽查 23 个征管部门。仅配套费一项就调查 1300 多个建设细目，揭示出多头减免、征收不足、损失浪费等问题，引起市政府的高度重视。

企业审计　对 18 户重点、骨干企业 1998 年资产、负债、损益的真实性进行审计，查出违规行为金额 31377 万元，决定处理处罚 5633 万元，指明要求纠正 25744 万元。在对市物资供应总公司审计中，一方面建账、对账、查账，摸清企业全部家底，理清 8 年多的往来账；另一方面在审计过程中为该单位减少往来债务 814 万元、收回欠款及利息 206 万元、争得返利及贴息等 1100 多万元、收回侵占陈欠款 366 万元，还帮助该单位协调恢复与马钢中断多年的业务关系，办理债转股等事项，为企业办实事、办好事。审计组被市委、市政府集体记“三等功”。

财政预、决算审计　选择 6 个专题进行重点审计，设计 26 张表格进行统计，使非税性收入、上级专款、个人所得税、代收代征营业税、税收稽查收入等审计调查的面达到总收入的60%，查出违规行为金额3974万元，审计结果政府同意、人大满意；对5个市县财政决算审计查出乱收费、乱集资等违规违纪金额7518万元，纠正地方政府不当规定10个；在总结近10年乡镇审计工作经验的基础上，报请市政府下发了《盐城市乡镇财政收支审计监督暂行办法》。

工程竣工决算审计　继续开展工程建设专项治理竣工决算审计，重点加强对基础设施、公用事业为主的大工程、大项目的决算审计，审计总金额7277万元，对海堤达标一期工程、国宾馆等重点工程决算进行了审计。

专项资金审计　对水利工程水费、海堤达标建设资金、扶贫解困资金、企业职工养老保险基金、房改基金、墙改资金等专项资金进行了审计。还对赈灾福利彩票进行审计。对全市水利工程水费审计共审计和调查市、县、乡194个单位，审计总金额11192万元，查出挤占挪用资金879万元。墙改资金审计揭示的征收不足等问题引起省市政府领导的重视，要求在全省范围内采取措施加以纠正。

1999年审计工作成果表

单位	审计单位	查出违规行为金额	归还原渠道资金	上缴财政金额	移送案件线索	报告信息批示采用	建议纠正不当规定
大丰	11	1828	374	320	3	20	
东台	53	7711	52	409	4	62	
射阳	33	2718	338	412	35	45	11
阜宁	46	5425	1188	232	9	40	4
滨海	22	11308	167	197	1	26	7
响水	45	9006	1969	160	29	88	4
建湖	21	5845	260	64	10	69	
盐都	37	7516	212	133	23	44	
城区	12	3988	29	243	9	49	2
市局	83	51346		7168	40	144	10
合计	363	106691	4589	9338	212	587	

【盐城市城区审计局】

机构设置、人员情况　至1999年底共有干部、职工15人，其中：大学本科学历2人、大专5人；审（会）计师10人；局长1人、副局长2人；下设办公室、财政金融审计股、工交商贸审计股、行政基建审计股。

财政审计　在本级财政预算执行审计工作中，坚持把财政审计与专题审计、查处问题与强化管理结合起来。通过对财政、地税、教育、卫生等15个机关企事业单位的审计和调查，共查出违规行为金额800万元，决定收缴入库210万元。对永丰、青墩两乡财政决算审计共查出违规行为金额664万元，隐瞒赤字、虚报收入400余万元。

工行、建行审计　集中4个月时间，克服种种困难，按时保质地完成了中国工商银行盐城市城区办事处、中国建设银行盐城市城区办事处的资产负债损益审计，查出违规行为金额712万元，查出“小金库”4个计120万元。

经济责任审计　根据区委、区政府交办，完成12个单位领导离任审计任务。对离任干部任职期内的工作作出客观、公正的评价，为区委使用考核干部提供参考依据。

剖亏审计　完成剖亏审计项目3个，对盐城通宇集团剖亏审计，核增亏损900多万元，查出“小金库”4个90万元，发现私分集体资金等违规违纪线索6条，其中1人被移交公安机关立案、4人被区纪委立案、3人被主管局立案查处。另外，还与监察、公安部门一起，帮助企业收回陈欠款32.5万元，追回手机6部。

【响水县审计局】　1999年度，审计局共完成审计（调查）项目69个，查处违规行为金额9587万元，增加财政收入218万元，追回挤占挪用资金1223万元，核减工程造价866万元。提交各类审计信息稿件101篇，被上级审计机关、新闻媒体采用88篇次，在盐城市审计系统中被评为三等奖。在对全县计划外生育费审计中，排查案件疑点255个，从中梳理出案件35个移交有关部门，已立案查处11件，结案6件，受党纪处分3人，政纪处分5人，党政纪双重处分2人。

【滨海县审计局】　1999年完成审计单位81个，查出违规行为金额13442万元，提供案件线索27条。

财政预决算审计　主要从政策执行、预算收支执行、预算外收支、税收征管、财政信用资金筹集、管理、运用，以及各职能部门代政府管理的各项资金的征收、管理、解缴等方面入手，进行审计和审计调查。共查出各种违纪违规金额11028.93万元，上交财政108.22万元；对13个乡镇的审计共查出各项违规违纪金额1744万元，上交财政99万元。

计划外生育费专项治理审计　通过对全县1995年至1998年6月底的计划外生育费审计，发现有少数乡镇收入不入账，使用不合规票据等问题，并向纪检、监察部门提供案件线索26条，有1人被立案查处。得到了省计划外生育费专项治理检查组的好评。

其他单位审计　主要以审计财务收支真实性为基础，促进规范管理。共查出工行、建行私设“小金库”计199833.48元及其他问题；对县法院的财务审计，查出法院坐支预算外资金180万元，受到了中央领导的重视，目前已查处。

【阜宁县审计局】　1999年共完成审计（调查）项目24项，完成县委、政府交办项目4个，共查处违纪违规行为金额7650万元，决定收缴入库232万元，入库率100%。年内共获得县政府以上表彰19项，11个审计项目获盐城市审计局评比前三名，获市审计系统综合考核先进单位。

【射阳县审计局】　1999年共有在职干部、职工22人，设有职能股室7个。全年共完成审计项目21个，涉及审计单位数97个，查出各类违规行为金额2718万元，应上交财政667万元，已全部入库；还查出经济案件线索14件，移送有关部门处理5人；

提交审计报告、信息75篇，被批示、采用45篇。全国审计基本知识竞赛中，共有635人参加，有2名同志获得三等奖。

预决算审计 选择与预算执行相关的部分行政事业单位进行延伸审计，并对1996－1998年财政预算拨付的挖潜改造资金使用情况进行专题审计调查，依法处理了国有资产收益未及时上缴，有关执法部门截留、坐支罚没收入等问题，追缴入库587.2万元。并对两个乡财政的1998年度财政决算进行了审计。

大案要案查处情况 全年发现经济案件线索14件，其中大案要案线索4件，移送纪检、监察机关3件，移送司法机关3件，移送后受到党政纪处分3人，被追究刑事责任2人。

工行、建行审计 在对工行、建行两县支行1998年度资产、负债、损益审计中，共查出“小金库”3个，少记收入、虚列支出、账外经营、漏缴税金等违纪金额260.94万元。

企业审计 主要完成了2个县属重点企业审计，查出违规金额109万元，还对部分改制企业的运行情况进行了专项调查。

【建湖县审计局】 1999年，全年共完成25个审计项目，查出违纪违规金额6815万元，上缴财政649万元，挖出14个“小金库”，没收金额为792万元；对一个企业剖亏，核减资产1380万元，核增负债808万元，核增亏损1928万元，揭示潜亏1000余万元；向有关部门提供有价值经济案件线索15余条，使2人受到党政纪处分，4人被追究刑事责任，其中科级干部1人，挽回经济损失71万元。向上级及有关部门提供审计报告和信息136篇，其中被《人民日报》《经济日报》《新华通讯社》《中国审计报》等采用21篇。

金融审计 对县工商银行、建设银行的资产、负债、损益审计，恒济信用社、钟庄信用社、沿河信用社进行财务收支审计，先后查出违纪金额3000万元，上缴财政400万元。

厂长离任审计 根据县领导的要求，组成6个审计小组对县农药厂、华盛塑胶厂、县齿轮厂、市第八建筑工程公司、县良种场原场长、百倍集团等企业董事长、厂长任期经营状况进行审计，分别作出审计报告。

【盐都县审计局】

审计工作成果 1999年审计和调查了88个单位，完成审计项目34项，查出各类违规行为金额6519万元，上缴财政金额133万元；查出“小金库”3个，金额60万元；提供案件疑点线索38条，移送纪检部门处理3人，追回被挤占挪用资金198万元。

财政审计 对县本级1998年预算执行情况和其他财政收支审计，共查出各类违规行为金额1048万元，上缴财政金额110万元，提出的10条审计建议也全部得到落实。对郭猛、葛武等6乡镇1998年度财政平衡情况调查，抓住财政平衡这个难点问题，着重揭示财政运行中的矛盾和困难，分析主客观原因，审计结果得到市、县人大和县政府的充分肯定和好评。

剖亏审计 共对江苏砂轮机厂、市日用百货厂、市缫丝厂和盐城对外贸易公司等4户重点亏损企业进行了审计解剖，共核增各类亏损2846万元，清出有问题资金982万元，向纪检、监察部门提供案件疑点线索33条，挖出“蛀虫”1条。

【大丰市审计局】 1999年共完成审计和审计调查项目及政府临时交办工作任务85个，查出各类违纪违规金额2697万元，应缴财政320万元均已入库，促进增收节支1571万元，移送纪检司法部门案件3起。提交审计工作报告和信息、科研稿件61篇，被报刊杂志、内刊和电台等采用67篇次，其中国家级采用10篇，省级采用15篇。

财政审计 从市本级1998年财政政策执行、预算收支执行、预算外收支、财政周转金和专项基金收支等方面，对市财政局、地方税务局、本级金库进行了就地审计；并对10个参办预算执行单位的专款、罚没款及行政性收费收入、非税性预算外收费收入和10个企业的税费基金提缴情况进行了延伸审计和审计调查。

金融审计 根据审计署统一安排，对中国工商银行大丰市支行、中国建设银行大丰市支行1998年度资产负债损益情况进行审计，查出各类违纪违规问题金额2555万元，决定由总行汇总清交国库28.55万元，按预算级次就地缴入大丰金库6.58万元。查出账外固定资产2004万元，损失贷款金额15298万元。

基建投资审计 对大丰港围垦及试筑导堤工程、东川围垦工程、市政八路一桥工程、政府宿舍楼工程等27个工程竣工决算项目进行了审计，审计资金总额7288.27万元，净核减工程造价696.89万元，查出挪用工程建设资金，损失浪费等违纪违规问题526.77万元，减少财政拨款342.77万元，为建设单位节约投资290.79万元。

经济责任审计 组织对20个副科级以上企事业单位主要领导和4个乡镇党委书记任期经济责任审计。其中3个国有骨干企业审计净核增亏损2126万元，弄清了家底，明确了经济责任。

【东台市审计局】

预算执行审计 在市本级预算执行和其他财政收支情况审计中，查出有问题资金1215万元，应缴财政收入269万元，预算外资金未纳入专户管理350万元。旧城改造工程、市政建设工程、路桥工程净核减工程造价3480万元。

大案要案审计 制订了《东台市审计局关于办理审计项目揭露重大违法犯罪线索和查处“小金库”奖励办法》。1999年，除参与剖亏审计挖掘大量案件线索外，正常审计中发现案件线索5起，查出“小金库”7个，金额170．8万元。

【扬州市审计局】 全年共审计50个单位，查出违纪违规金额23440万元，应归还原渠道资金620万元，上交财政4910万元。

审计业务情况 财政审计，在对预算内外资金全面审计的基础上，加强经济热点和专项资金审计，审计工作得到了市人大、政府的普遍好评；全面推行被审计单位会计资料承诺制和往来账项函证，积极运用统计抽样和计算机辅助审计等方法，企业真实性审计不断走向深入；外资运用审计，继续开展世界银行贷款项目审计，开展外国政府贷款项目审计调查，向政府上报了一批有价值的报告和信息；法院财务收支、福利赈灾彩票、企业养老保险基金和计划外生育费专项治理等行政事业审计，报告和信息分别被省、市领导批示、批转；深入开展固定资产投资审计，完成了全省百户重点工程项目审计；金融审计运用计算机辅助审计进行了新尝试、取得了新突破等。

政府交办任务 围绕经济中心、稳定大局和反腐败斗争，认真完成职工上访审计，对扬州信托投资公司离任负责人经济责任试行了审计。

审计基础工作 坚持开展“三讲”为主的党性党风教育，举办了全市审计法律法规知识电视竞赛，继续加强行风廉政建设和法制教育，审计人员素质得到全面提高；继续完善审计基础工作，档案管理工作省、市考核达双一级，办公自动化程度进一步提高。加强内部审计、乡镇审计指导和考评，顺利完成与下属审计事务所脱钩改制工作。

【扬州市广陵区审计局】 全年共完成审计项目36个，审计总金额5．5亿元，查出违纪违规金额7539万元，应上交财政64万元，已上交财政21万元。

同级财政审计 对全区行政事业单位非经营性资产进行专项审计，发现非经营性资产转作经营性资产收益800多万元，区政府制定了管理办法，加强了非经营性资产管理。

经济责任审计 “听、核、查、盘、析”，加强与有关职能部门的联系和配合，审经营业绩，查资产、负债和损益的真实性；审管理水平，查内控制度的设置和实施；审经济行为，查财经法规的执行，客观公正、实事求是地作出审计评价，为干部管理部门选拔任用干部提供了依据。

基本建设审计 开工前、在建、竣工“三个环节”一起抓，开展全过程跟踪审计；认真开展工程建设专项治理审计，较好地净化了建筑市场秩序，为国家节约了大量资金。

企业审计情况 以企业财务收支真实性为基础，加强亏损企业审计，将企业虚报政绩、隐瞒亏损情况移交政府有关部门，对企业负责人进行了处理；将违法违纪问题及时移交纪检、监察部门，促进了企业健康发展。

【扬州市郊区审计局】 全年共审计9个单位，查出违纪金额129．3万元，应归还原渠道资金17．1万元。

财政收支审计 对区内1998年度财政预算执行和其他财政收支情况进行了审计，还延伸审计了4个预算执行单位。针对存在的问题提出了意见与建议，促进了财政部门依法理财、治财，强化了财政资金的管理与监督。

案件审计情况 8月，根据区委、区政府的要求，对郊区外经委下属外贸物资公司资产、负债情况进行了审计调查，发现案件线索4条，移交涉案人员3人。

【高邮市审计局】 全年共审计44个项目，查出违纪违规金额2758万元，提交审计工作综合性报告19篇。

同级财政审计 针对财政管理、税收征管、财政信用方面存在的问题和不足提出的处理意见和建议，得到了市委、市政府和市人大的高度重视，《高邮人大》全文转发了审计报告，有关部门采取了相应措施纠正和落实审计报告提出的问题和整改建议。

干部离任审计 全年共对7个乡镇和部门的主要负责人进行了离任审计。市委、市政府根据审计结果调整了部分人员职务，增强了领导干部任期责任感和约束力，促进了党风廉政建设。

政府交办事项 对三洋钢铁集团、华联商厦等单位进行了审计或审计调查，为市政府妥善处理有关问题提供了依据，为纪检、监察、检察机关查处经济案件做了大量的取证工作。

【宝应县审计局】 全年共完成审计项目46个，查出违规金额2020万元，应交财政76万元，已交财政50万元，报送审计综合报告和信息45篇。

同级财政审计 在总结往年经验的基础上，进一步深化本级预算执行情况审计，《审计工作报告》得到了县人大常委会的充分肯定。

专项资金审计 开展了计划外生育费专项治理审计，及时将有关违纪违规问题向政府作了汇报，县领导责成计生部门进行整改。

企业财务审计 加强了企业资产负债损益真实性的审计力度，全年共查出企业资产不实5600万元、负债不实1000多万元，所有者权益不实700万元。

干部离任审计 不断规范领导干部离任审计工作，全年共完成离任审计项目15个，社会反响良好，领导干部离任审计已成为全县加强干部队伍建设的一项重要制度。

【江都市审计局】 全年共完成审计项目33个；查出违纪金额5659万元，促进增收节支616万元；报送综合报告、信息154篇，被采用75篇。信息统计、双文明建设被上级机关评为先进集体。

专业审计情况　同级财政审计查出部分预算收入当年未及时入账、相互调节税种、个别专项资（基）金使用不当等违规违纪金额，累计472万元。工行、建行信贷资产审计，查出违规违纪金额207万元，提出了强化信贷资产管理、防范金融风险等意见与建议。开展了计划外生育费、环保资金、商业网点配套费、住房基金等审计，收缴资（基）金30多万元，促进相关单位加强了专项资（基）金的管理。固定资产投资审计，共审计了5个工程项目，核减工程造价585万元。完成企业审计6家，帮助企业挤水份、核清家底，努力为领导决策和企业改制做好监督与服务工作。

经济案件审计　在计划外生育费专项治理审计和女神集团等4户企业审计中，移交案件线索89条，有4人被逮捕、1人被查处。

《审计法》纪念活动　8月召开《审计法》颁布五周年纪念大会，回顾了全市学习、贯彻《审计法》工作情况，对进一步贯彻《审计法》、强化依法审计工作提出了新要求。

【邗江县审计局】　全年共完成审计项目30个，查出违纪金额2243万元，上缴财政64万元，提交审计报告和信息18篇，被采用13篇。

同级财政审计　除对财政、地税部门审计外，延伸审计了环保局、社保中心、教委、科委等4个预算执行单位，5个纳税单位和6个财政资金使用单位，同级财政审计得到了县人大和政府的充分肯定。

金融信贷审计　对县工商银行和建设银行资产、负债和损益情况进行了审计，对其信贷资产质量进行了清查剖析，促进了金融企业依法经营，防范和化解了金融风险。

企业财务审计　对江苏金方圆集团扬州锻压机床有限公司审计，查出多计利润130万元、少计利润144万元、账外资产28万元、不良资产75万元、多抵扣税金13万元等问题。

政府交办事项　对县农村合作基金联合会和县建委负责同志进行了离任审计，对县电力集资、三电办和新区房地产开发企业的税费解交情况进行了专项审计，为政府决策和企业管理提供了依据。

【仪征市审计局】　全年共审计30个单位，查出违规行为金额4848万元，应归还原渠道资金22万元。提交审计报告和信息35篇。

同级财政审计　除对财政支出预算执行情况及预算外资金进行重点审计，还首次对教育、科技经费安排、拨付情况进行了专项审计。

经济责任审计　认真执行两办暂行规定，规范审计内容及工作程序，将真实性审计与明确经济责任作为审计重点。全年共实施经济责任审计16项。

工商银行审计　根据省厅授权，对中国工商银行仪征支行资产负债损益情况实施了审计，核实了资产负债所有者权益及贷款清分情况，延伸调查了40家贷款单位，揭露了财务收支方面的违规行为。

企业审计情况　对百户重点企业仪征化纤纺织厂进行了真实性审计调查，另外审计5家企业，试行了被审计单位承诺制、统计抽样、往来账款函证等审计方法，客观揭示了企业资产负债不实问题。

【泰州市审计局】　到1999年底，全市审计机关共有162人，其中：大专以上学历108人，占66.67%，具有中级以上技术职称98人，占60．49%。本局有干部、职工34人，其中：大专以上学历28人，具有中级以上技术职称的21人，局长1名。

审计工作成果　全市共审计294个单位，查出违规行为金额7．61亿元，应上缴财政1206万元，已上缴882万元，减少财政拨款或补贴1452万元，促进增收节支807万元，应追还侵占挪用资金2948万元。移送案件37件，提交审计信息110篇，被采用35篇。

财政审计　全市7个审计机关均依法开展了预算执行审计，共审计财政、地税部门和预算执行单位49个，审计覆盖面扩大了89%，查出违规行为金额4310万元，增加财政收入220万元。

企业审计　全市共审计90户重点企业，查出违规行为金额5．16亿元，上缴财政157万元。

固定资产投资审计　共审计34个重点建设项目，核减工程造价2217万元，减少财政拨款或补贴1446万元。

行政事业审计　共审计58个行政事业单位和13项专项资金，查出违规行为金额5312万元。

金融审计　全市对建设银行分支行和工商银行各支行进行了审计。

完成交办的任务　积极完成党委、政府交办任务80项。

注意发现案件线索　共发现各类案件线索37件，全部移交有关部门立案查处；建议行政处分17人，已被追究刑事责任3人。同时，还配合省、市纪检部门进行了专案审计，有3名同志受到了省政府的嘉奖。

经济责任审计　共开展领导干部任期经济责任审计34项，为组织人事部门管理和监督干部提供了参考依据。

社会审计、内部审计　到1999年底，全市7个审计机关顺利完成了审计事务所的脱钩改制工作。全市113个内审机构，375名内审人员，共审计了890个项目，查出损失浪费金额1834万元，促进增收节支1353万元。

乡镇审计　到1999年底，全市设有150个乡镇审计机构，从业人员434人，其中，有248人列入镇政府编制，占57．14%，共完成审计项目1496个，查出损失浪费金额1818万元，促进提高经济效益1890万元，移送贪污贿赂案件22件。

审计信息化建设　全市共有计算机45台，其中586以上25台，现有笔记本电脑18台，市局建成局域网并正常运行。同时还利用金融审计软件、百户重点企业审计汇总软件和工程决算审计软件进行计算机辅助审计，提高了审计工作效率。

审计法律法规知识竞赛活动　为纪念审计法颁布五周年，7月份组织开展了全市审计系统审计法律法规知识竞赛活动。

【泰州市海陵区审计局】　到1999年底，干部职工18人。其中：大专以上学历9人，局长1人，副局长1人。

审计工作成果　共完成审计项目22个，查出违纪违规金额8852万元，应上缴财政金额71万元，已上缴财政金额71万元。

重点审计事项　“同级审除审计财税部门、地方金库组织、执行预算情况外，还延伸审计了教委等5个部门的预算执行情况。在对神龙消防设备厂1993年至1998年资产、盈亏及往来情况进行审计时，发现某新闻出版局汇入××信用卡10万元、××收取销售款2万元不入账的案件线索，移送公安部门立案侦查，以挪用公款罪追究该厂原厂长的刑事责任。此外，积极探索经济责任审计。在对弹力衫厂厂长离任审计时，查出该厂虚增利润1013万元等违纪问题，既摸清了企业家底，又为使用干部提供了依据。

【泰州市高港区审计局】　到1999年底，有干部职工10人，其中：大专以上学历8人，具有中级以上技术职称6人，局长1名。

审计工作成果　共完成审计项目单位15个，查出违纪违规金额1428万元，上缴区财政91万元，核减工程造价584万元，向有关部门移送违纪案件线索11件。

完成上级下达的审计任务　共完成上级下达的审计任务6项，其中3项在全市组织的考核评比中获奖。

完成交办的工作任务　共完成区政府交办任务4项。

乡镇审计　共查出损失浪费金额606万元，促进提高经济效益296万元，纠正违纪金额466万元，向有关部门移送违纪线索5件。

【兴化市审计局】　到1999年底，局机关人员23人，其中：大专以上学历10人，具有中级以上职称17人；局长1人，副局长4人。

审计工作成果　共完成61个审计项目、71个审计单位，查出违纪违规金额14527万元，上缴财政128万元；提交审计综合报告、信息7篇，被市委、市政府领导批转4篇；向纪检部门移送疑点线索17件，有13人受到党纪、政纪处分。

完成政府交办任务　共完成市政府交办的部门、企事业负责人离任审计、基建审计、专项审计等任务37个，及时提交了审计情况报告，为领导决策提供了依据。

完成上级下达审计任务　在完成省厅统一部署的百户重点企业、重点基本建设工程审计项目的同时，完成署、省厅下达工商银行、建设银行审计、计划外生育费专项清理审计等任务7个。

【靖江市审计局】　到1999年底，干部、职工29人，其中：大专以上学历20人；具有中级以上技术职称的14人，局长1名，副局长3名。

审计工作成果　共完成审计项目71个，查出违纪违规金额9474万元，依法处理后上缴财政171万元，追还被侵占挪用资金824万元。

企业审计　以真实性为主，审计了12个国有重点企业及国有资产占控股地位企业，查出违规行为金额3146万元；对12家市属改制企业进行了审计调查，揭示了改制过程中存在的问题，引起了市委、市政府主要领导的关注。

经济责任审计　拟定了《靖江市审计局关于部门党政领导干部任期经济责任审计实施办法》、《靖江市审计局关于乡镇党委书记任期经济责任审计实施办法》、《靖江市审计局关于国有企业及国有控股企业领导人员任期经济责任审计实施办法》，与组织、纪检部门建立了联席会议制度，完成了对13个市直部门和乡镇党委书记任期经济责任审计，为各级领导了解、使用干部提供了可靠依据。

审计队伍建设　开展创建市级文明单位和创“四好支部”活动，推进机关文明建设。组织会计电算化和法律法规知识培训和教育，参训52人次。

【泰兴市审计局】　到1999年底，共有干部、职工26人。其中：大专以上学历15人，有中级职称的17人，局长1人，副局长4人，副主任科员1人。

审计工作成果　共完成65个审计项目，其中市委、市政府交办任务12个；查出违规行为金额11721万元，收缴入库99万元，督促归还原渠道资金1314万元，向纪检、监察、司法机关移送案件及协助有关部门查处案件8件；提交审计信息50篇，其中12篇被审计署、省审计厅等专业刊物和省、市党委、政府通讯刊物采用。经市政府市长办公会议讨论通过，制定了当地领导干部任期经济责任审计的实施意见。

乡镇审计　乡镇审计所共有115名工作人员，其中：乡镇审计工作科员20人；事业编制人员95人。全年完成379个审计项目，查出损失浪费金额933万元，促进提高经济效益金额592万元，纠正违规行为金额2324万元，移送贪污贿赂案件21件，移送监察部门处理21件，移送司法机关处理9人。

【姜堰市审计局】 到1999年末，共有22人。其中：大专以上学历17人；局长1人，副局长5人。

审计工作成果 共完成审计项目50个，其中计划项目26个，市政府交办24个。查出违纪违规金额10078万元，上缴财政397万元。提供违法违纪案件线索6条。

经济责任审计 市委交办对42名领导干部进行经济责任审计，有12人被提拔，有20人被轮岗交流或调整职务，有7人被降免职或给予党纪政纪处分。

【南通市审计局】 1999年全市共完成审计项目581项，查处违纪违规金额76561万元，为财政增收节支5385万元；提交审计报告和信息539篇，被批示和采用308篇。市局完成项目127项，查处违纪违规金额36306万元，增收节支1340万元。提交审计报告和信息266篇，被批示和采用111篇。

预算执行审计 全市共查处违纪违规金额6476万元，增加财政收入304万元。

专项资金审计 1999年，全市审计机关共审计希望工程、送温暖工程、再就业工程和机关事业单位养老保险基金等专项资金32项，审计总金额15．2亿元，查处违纪金额4690万元。

查处大案要案 全市发现大案要案线索12起，经移送有关部门查处，3人受党纪政纪处分，9人被追究刑事责任。全市组织的江海堤防达标建设工程资金审计，查出海门市原水利局局长施荣希等人虚列支出，套取巨额现金的违法犯罪线索，经移交纪委、检察院立案侦查，追回水利资金1458万元，涉案的施荣希等5人被逮捕，并被追究刑事责任；如皋市审计局在对该市供电局贪污大案的审计中，将该局1994－1999年三万多笔电费收付业务和全部的银行账款进行逐笔勾对，查实涉案人员贪污的款项达百万元之巨；市审计局在配合省、市纪委对海门港建设指挥部进行的专项检查中，发现疑点200多个，涉及单位40多个，追回了某工程队以假发票骗取的工程款60多万元，提交了近两万字的专题汇报材料，为进一步查证问题提供了详实的依据。

经济责任审计 1999年全市共完成经济责任审计22项。

银行审计 市审计局在对建行审计中，共查出违纪违规问题9大类56项，查处违纪金额7524万元，审计查补税款86万元。审计中，应用金融审计软件尝试计算机辅助审计，取得了较好效果。

信息化建设 1999年全市审计机关已配置“486”以上PC机62台，笔记本电脑15台，共开展计算机运用培训班7期，受训人数达137人。市局开发成功的审计统计报表软件和如皋市审计局利用EXCEL电子表格计算银行贷款利息的经验受到省厅领导的重视并批示推广。

受表彰情况 市审计局被评为1997－1998年度市级文明单位。市审计局有2人被记三等功，8人受嘉奖。海门市审计局蔡建新荣立省查处大案要案三等功。

【南通市崇川区审计局】 1999年，共完成财政、财务收支及基建工程专项治理财务决算审计项目22个，共查出违规行为金额1525万元，应归还原渠道资金47万元。基建工程专项治理财务决算审计项目送审金额2394万元，审计核减金额260万元，平均核减率10．86%，单项最高核减率64．1%。

同级财政审计 在1999年的“同级审”中，对财政管理存在的问题作了梳理，并对财政形势作了研究分析，提出了培植壮大财源，加强财政收入管理，为下一轮财政管理体制作准备，以及加强预算外资金管理，保证全区财力综合平衡等建议。审计结果受到了区政府和区人大常委会的一致肯定。

坚持依法审计 1999年初，在对狼山镇党政领导进行离任审计的过程中，发现该镇有关部门财务混乱，往来不清，内控制度形同虚设，财务支出随意性较大，存在着严重的隐患和漏洞。现有1人受到党纪、政纪处分，并被追究刑事责任。在基建工程专项治理审计中发现因乙方偷工减料等核减工程款47万元，核减率4．59%，此情况成为追究该单位负责人经济刑事责任的重要线索。

完成领导交办事项 崇川区审计局还通过审计协助钟秀乡政府处理了郭里头村村民上访事件，较好地完成了崇川区审计事务所的脱钩改制工作及区领导交办的245家区属企业的脱钩改制工作。

【南通市港闸区审计局】 到1999年底，共有干部、职工5人。其中：大专学历4人；局长1人，副局长1人。

审计工作成果 1999年度，共完成审计项目11项，其中财政审计2项、固定资产投资审计2项、行政事业审计6项、农业专项审计1项，共查处违规行为金额902万元，收缴2万元。审计移送经济犯罪的疑点线索1起。

完成区政府交办任务 1999年度，共完成区政府交办项目5项。2月份配合区纪委、监察局对皇冠出租汽车公司及所属的大生汽修厂的财务违纪情况进行了封存审计；先后组织人员分别对东方开关厂、狼山种鸡场、原种场、新友时装厂进行了清产核资；配合区监察局先后对医药购销环节和退休统筹基金与失业救济金进行了专项检查。

【海安县审计局】 1999年，共有人员44人，局长1人，副局长3人；大学学历7人，大专学历22人；下设办公室、企业审计科、财政金融审计科、基本建设审计科、行政事业审计科、农业审计科、审计事务所。

审计工作成果 1999年，共

完成审计项目50个，查出违纪金额1.1亿元，应收缴财政295万元，参与县委、县政府中心工作15项。

财政审计　共查出违纪金额1104万元，收缴财政180万元。同级财政审计，将预算执行部门和财政拨款较多的参与预算执行部门单独立项，全面掌握预算执行和其他财政收支的真实性，得到了县人大常委会的好评。

金融审计　在对中国工商银行海安支行和中国建设银行海安支行财务收支审计的基础上，注重对信贷资产质量和账外资产的审计，并延伸审计了14个部门、办事处、储蓄所和64家贷款企业。查出违纪金额3230万元，账外固定资产2959万元，补缴税费61万元。

企业审计　对7家县属重点企业进行审计，查出违纪金额7650万元，收缴财政9万元，向司法机关移送贪污贿赂案件3件。

经济责任审计　与县委组织部、县监察局联合下发《关于对领导干部实行任职审计的意见》，完成县委交办的领导干部离任审计项目3个，为县委选拔任用干部提供了翔实的依据。

《审计法》颁布实施五周年活动　代表县政府向县人大常委会作《关于宣传贯彻〈中华人民共和国审计法〉情况的报告》；组织《审计法》知识竞赛，获南通市审计局法律法规知识竞赛一等奖1名；二等奖1名；三等奖2名。

【如皋市审计局】　1999年共完成审计项目82个，审计查出各类违纪、违规金额8444万元，收缴调整入库1939万元；查出“小金库”15个；发现案件线索18个，12人被查处；协助检察机关查处大案要案2起；编发审计信息60期，被上级审计机关、市委市政府、各类报刊杂志录用53篇次。

财政审计　着力搞好“同级审”，围绕预算执行加强专项审计和延伸审计，查出违规金额1877万元，促进了预算管理。

企业审计　对10家企业审计，查出收入不实1189万元，成本不实4616万元，虚增利润3198万元，虚减利润1848万元，损失浪费361万元。

专项资金审计　通过计划外生育费专项治理审计，促进了各乡镇计划生育工作的整改，至审计结束时，补报计划外生育人数271人，上缴计划外生育费226万元，追缴不合理支出和违纪金额309万元。

银行审计　在工行和建行两家支行审计中，查出账外固定资产2718万元，应补缴各种税款159.5万元，自办经济实体投资未收回的资金2797万元。

查处大案要案　1999年完成政府交办项目16个。在对市供电局电费账户进行专项审计中，查出顾某少做收入套取现金100多万元的犯罪事实。

乡镇审计　在全市50个乡镇设立了审计办公室，配备了乡镇审计助理，健全审计网络，对内审人员和乡镇审计人员进行业务培训，制定了《乡镇审计工作考评暂行办法》。

【如东县审计局】　1999年末，共有干部职工23人。其中大专以上学历15人；高级技术资格的2人，中级技术资格15人。局长1名，副局长3人。全年共完成审计项目71个。查处各类违纪违规金额3486万元，核定应上缴财政153万元，已上缴125万元；固定资产投资审计总金额2908万元，审计核减604万元；共有25篇审计报告和信息被批示和采用。

完成交办任务　全年完成县委县政府交办项目14个，其中对县属企业解困资金管理使用情况的调查等6个专项审计调查项目，深入剖析了社会保障、农村合作基金、企业改制等方面的问题，受到县领导的高度重视。

查处案件情况　在乡级财政审计中，查出一起隐蔽9年之久的经济案件，经移送司法机关查处，1人被判刑。

固定资产投资审计　1999年对全县海堤达标、苏203苏317线道路拓宽、桥梁改造、乡镇防渗硬质渠、变电所等基础工程实施了全面审计，取得较好审计效果，引起社会广泛关注。

审计信息化建设　1999年配备586以上计算机13台，并于7月建成计算机局域网，局机关内部文件信息传输实现了无纸化。

【通州市审计局】　1999年，通州市审计局共完成审计项目85个，查出违纪金额7147万元，应上缴财政140万元，已收缴入库136万元。全年共提交综合报告12篇，编发审计信息46篇，被录用33篇。

完成交办任务情况　全年完成城建委项目投入和开发区基础设施项目投入负债情况、交通建设基金、教育系统直属学校预算外资金专题审计等7项交办项目。抽调18名审计业务骨干参加全市首批8个乡镇合作基金会清盘审计工作。

财政审计　实施了同级审和4个乡镇的财政决算审计。在对1998年度本级预算执行和其他财政收支情况的审计中，调增预算内收入630万元，预算外收入33万元，平衡预算基金570万元。

银行审计　在对中国工商银行和中国建设银行两个通州市支行审计中，查出两行少计收入225万元，少计支出501万元，查补税款69万元。此外，还对金沙城市信用社上年度资产负债损益情况进行了审计。

工程建设专项治理审计　共完成工程建设专项治理审计项目42个，送审金额13242万元，审计核减1394万元，平均核减率为10.52%。

专项资金审计　1999年对政府重视、群众关心的教育经费、科技经费、政府解困基金和江海堤防达标建设资金进行了专项审计。对资金来源、到位及使用情况等进行了有效监督，收到了较好的社会效果。

乡镇审计　乡镇审计以村级财务审计为重点，加强乡、村两级财务监督，成效显著。一是加强村级财务基础工作；二是查处"三乱"，减轻群众负担；三是重点审计解决村级财务中群众反映强烈的遗留问题162件；四是查处违法违纪行为，增强村干部财经法纪观念。全市共追回被侵占的资金47万元，移送纪检司法部门查处21人。

党风廉政建设　1999年在执行廉政执纪情况反馈和廉政建设例会汇报制度的基础上，出台了《通州市审计局关于进一步加强廉政建设树立良好审计形象的意见》，重申党风廉政建设措施，提出形象工程建设责任制，全年共组织观看反腐倡廉电教片10部，拒绝宴请191人次，拒收礼金4次、礼品14件，谢绝高消费娱乐活动12人次。

【海门市审计局】　1999年，共完成审计项目50项，查出违纪违规金额4633万元，上交财政1447万元，提交审计报告和信息56篇，被批示采用46篇，查处案件2起。

财政审计　突出审计重点，注意与专业审计、延伸审计相结合。在同级审和6个乡镇财政审计中查出违纪金额320万元，决定处理处罚145万元。

企业审计　1999年共审计10个企业，查出违纪金额1038万元，决定处理处罚118万元。通过对全市407家享受减免税企业的认真审查，清理三假企业77家，促进了企业公平竞争，保证了财税工作的正常开展。

经济责任审计　对工商局原局长离任审计，采取统一调度，整体作战，着重在查深查透上下功夫，审计查出违规金额1610万元。同时发现其下属单位严重违规违纪问题，一人因贪污移送司法机关查处后被判刑，另一工商所因私分公款移送纪检部门查处。

查处大案要案情况　在江海堤防达标建设资金审计中，共审计金额6218万元，审计发现了水利局原局长施荣希等人挪用、受贿1015万元的特大案件。巨额资金被追回，主犯施荣希被判无期徒刑。

【启东市审计局】　1999年共完成审计项目92项，查出违纪违规金额2966万元，上交财政107万元。

财政审计　对15个单位进行了延伸审计，查实了支农资金不到位，财政信用资金沉淀占比高，占用费拖欠多，科技发展基金管理不力，地税税种混淆等问题。

银行审计　在审计工行、建行两个启东支行中，着重以信贷资产的真实性、合规性等为审计重点。并按损失贷款比例先后抽审了9个分理处，对53家贷款企业进行调查核实。通过审计，发现两行有收支不实和账外资产等违纪违规问题，违纪金额全部收缴入库。

经济责任审计　1999年，认真贯彻中央两办通知精神，积极开展党政领导干部任期经济责任审计，共受理政府交办审计3项，审计结果得到了市领导的肯定和好评。

《审计法》颁布五周年活动　组织全局同志认真学习《审计法》的基础上，积极参加《审计法》知识竞赛活动。

【镇江市审计局】　1999年，共有69人，其中大学学历14人，大专学历47人，局长1人，副局长6人；下设办公室、综合处、人事教育处、法规处、管理处、纪检组监察室、财政金融审计处、工业交通审计处、固定资产投资审计处、农业审计处、行政事业审计处、商粮贸审计处、外资审计处、机关服务中心、固定投资造价审核中心。

审计工作成果　1999年，审计单位99个，查出违规行为金额14687万元，促进增收节支2766万元，挽回经济损失2766万元，上交财政金额2717万元，移送案件3起，提交审计报告被批示采纳53篇。

预算执行和财政收支审计　1999年对镇江市财政进行了预算执行和财政收支审计，通过以财政预算执行情况为主线，结合专项资金、行政事业单位和重点工程项目开展审计，查出违纪金额4996万元，其中应上交财政2480万元，应调增财政结余1435万元，促进了财政收支平衡和预算资金的科学管理。1999年市局结合财政审计共完成工程决算审计项目9个，审计金额29185万元，审减金额338万元，减少财政拨款150万元。财政审计受到市政府和人大的关注，有关领导在两个报告上分别作了批示。

大案要案查处审计　1999年在对镇江京京建设开发公司、侨源房地产开发公司的审计中发现了他们在拆迁安置、经营销售中存在的重大违法违纪问题，发现的案件线索移送纪检、监察机关处理。根据市领导要求，市局及时介入原丹徒县公安局副局长兼交警大队长卞建中贪污受贿案的审计取证，通过对1992年以来交警大队及下属单位的审计，查出利用假发票入账、虚列工程支出、倒买倒卖汽车等线索40多条。

经济责任审计　镇江市局对15户大中型国有企业进行了任期经济责任审计，发现部分企业损益不实，共调增利润343万元，调减利润3711万元，并将审计结果通报市委组织部和经委的领导同志，引起充分重视。组织制订了《关于认真贯彻国有及国有控股企业领导人员和县级以下党政领导干部任期经济责任审计暂行规定的意见》由市委、市政府办公室予以转发。

工行、建行系统审计　1999年在对工行、建行两个镇江分行系统的资产、负债、损益的审计中，经审计，收缴漏交税费636.64万元。

运用计算机审计情况　为加快审计手段现代化的步伐，对综合布线系统和局域网工程进行了全面改造，市局已配备586计算机22台、便携式计算机8台，实现了文件网上传递，并成功运用“金融审计软件包”、“企业审计系统软件”、“工程造价软件”等辅助审计，大大提高了工作效率。

驻外机构和企业审计　1999年，对市政府驻北京联络处主任离任进行审计。对44户企业进行了审计，查出违纪金额5413万元，上交财政163万元，提交审计信息38篇，审计报告48篇。同时，对6户国有大中型企业开展真实性审计，累计调增资产9705万元、负债2522万元、所有者权益2668万元，调减资产9312万元、负债2266万元、所有者权益2531万元。审计中采用书面承诺制、函证、内控制度测评等手段。为提高审计质量，制订了《镇江市重点企业真实性审计考核办法》，并对全市6户真实性审计项目进行了考核评比。

受表彰情况　受省委省政府表彰1次，受省审计厅表彰2人次，受市委市政府表彰15人次。

【镇江市京口区审计局】
1999年，实有人数7人，其中大学学历2人，大专学历5人，局长1人，副局长1人；内设综合科、审计科。

审计成果　共审计单位10个，查出违规行为金额1306万元，上交财政金额8万元，提交审计信息被采用22篇。

预算执行和财政收支审计　1999年，认真贯彻中央经济工作会议关于实现积极财政政策的要求，强化对财政收支审计。通过审计针对区财政目前实际情况和制约收入增势的现实困难作了深层次的剖析，提出了切实可行的建设性意见，同时不断完善“两个报告”制度，提高“两个报告”的质量和水平。

领导干部经济责任审计　1999年根据区委组织部的委托，对5个街道、部门的主要领导的任期经济责任进行了审计，通过审计，对领导干部在任期内遵守国家财经法纪、实现经济指标、个人廉洁自律等情况作出评价，为划分经济责任和区委、区政府择优选拔任用干部提供准确、可靠的依据。

【镇江市润州区审计局】
1999年润州区审计局共有10人，其中大专学历9人，局长1人，副局长2人；内设办公室、工交企业审计科、行政事业审计科。

审计成果　1999年共审计单位35个，查出违规行为金额4463万元，上交财政金额12万元，移送案件1起，提交审计信息被采用12篇。

在审计项目实施过程中，注重案件线索的发现，在对润州房地产开发公司、润州中油有限公司等6家单位债券（集资）情况的审计过程中，查证润州中油有限公司截止到1999年3月11日，共集资613万元，严重违反了国务院〔1998〕第24号令，扰乱了金融秩序，为此，区审计局决定对该单位处以5万元的罚款，并建议有关部门给予主要责任人行政警告处分。

积极开展离任经济责任审计。1999年度，区审计局对贸易局、卫生局等6家单位的行政主要领导任期经济责任进行了审计，并分别提交了综合报告，为区委、区政府考核、使用、选拔干部提供了详实的数据资料，为我区人事制度的深化改革积累了宝贵的经验。

【丹徒县审计局】　1999年，实有21人，其中大学学历1人，大专学历17人；局长1人，副局长3人，内设局长室、办公室、综合科、财贸审计科、工业交通审计科、固定资产投资审计科、行政事业审计科。

审计工作成果　1999年，共审计单位48个，查出违规行为金额1118万元，上交财政金额304万元，提交审计报告信息68篇。

认真贯彻落实“两办”关于《县级以下党政领导干部任期经济责任审计暂行规定》和《国有企业及国有控股企业领导人员任期经济责任审计暂行规定》。县局与组织、人事、纪检等部门共同草拟的《关于认真贯彻县级以下党政领导干部和企业领导人员任期经济责任审计暂行规定的意见》由县委、县政府两办转发。

为庆祝《审计法》颁布实施五周年，局机关组织代表队，参加市局举办的审计法律法规知识竞赛，并获“三等奖”，还制作了宣传板块在县政府院内进行宣展。

1999年首次使用计算机审计软件对本县工商银行进行审计，摸清家底，核实盈亏，弄清信贷资产质量，查清损失贷款金额、结构及形成的原因和责任；严肃查处违纪违规金额380万元，上交财政39万元。

1999年开展企业审计29个。突出对企业资产、负债、损益真实性审计，全年共查处违纪金额785万元，收缴入库74万元。

【丹阳市审计局】　1999年，实有59人，其中大学学历4人，大专学历28人；局长1人，副局长6人；内设人秘科、财金审计科、工业企业审计科、固定资产投资审计科、行政事业审计科、经济责任审计科、培训中心、基建审核中心。

审计工作成果　1999年，共审计单位69个，查出违规行为金额14577万元，上交财政金额373万元，移送案件1起，提交审计报告信息被批示采纳111篇。

1999年，共处理违规资金1220万元、追缴漏税101.7万元。工商银行审计中采取“查、核、盘、对”四方法查出银行账外资金700万元，少计收入等其他违纪事项200余万元。经济责任审计坚持搞好常规性审计与抽样审计、责任者述职与群众座谈、查账与外调等三方面相结合，共对18个单位开展了审计，查出1人存在严重经济问题，并移送纪检部门进行了查处，较好地完成了市委、市政府的交办任务，为全市党委换届、领导班子调整提供了决策依据。

为庆祝《审计法》颁布实施五周年，迎接省厅举办的“苏亚杯”审计法律法规知识竞赛，丹阳市审计局全面动员、人人参与，并以此为契机，通过“一讲座、二通读、三测试、四指导”的方式，再度掀起审计人员学习法律法规知识的新高潮。

1999年是我局加快审计信息化建设步伐的一年，今年为各科室和局领导办公室共配置8台586式计算机和1台便携式586计算机；同时还配置一台高档次计算机服务器及配套设备，为建立局域网、法律库系统数据库，实现办公自动化和计算机辅助审计技术夯实了基础。

【句容市审计局】 1999年，实有15人，其中大学学历1人，大专学历11人；局长1人，副局长1人，内设人秘科、财贸金融审计科、工交企业审计科、内审指导科、固定资产投资审计科、行政事业审计科。

审计工作成果 1999年，共审计单位57个，查出违规行为金额1685万元，挽回经济损失81万元，上交财政金额373万元，提交审计报告信息被批示采纳152篇。

1999年句容市审计局在同级财政预算执行情况审计中，把重点放在对财政收支的“真实、合法、效益”的审计上，查出的违规违纪金额342万元全部上交入库。

切实搞好经济责任审计，按照有关规定，1999年市局共对15个主管部门和乡镇主要领导进行经济责任审计，经审计的干部中，有1名降职，11名平调，2名免职。

1999年在企业审计中，根据审计署部署和省厅统一要求，对跃进集团江苏金猴农用车厂进行审计。查出企业往来账款不实464万元，少摊无形资产虚增利润290余万元。调增企业资产464万元，负债466万元，调减亏损290余万元，实事求是地反映了企业资产、负债和损益的真实状况。

在工行审计中，重点核实资产负债损益，摸清工行的总体财务状况，揭露盈亏不实、资产不实、违规经营等问题。经审计，查出违纪金额200多万元。

【扬中市审计局】 1999年，实有23人，其中大学学历8人，大专学历7人；局长1人，副局长3人，内设办公室、财政金融审计科、企业审计科、基本建设审计科、行政事业审计科。

审计工作成果 1999年，共审计单位73个，查出违规行为金额9047万元，促进增收节支600万元，挽回经济损失2800万元，上交财政金额473万元，移送案件5起，提交审计报告信息被批示采纳130篇。

1999年首次开展了系统审计。通过对本市建委系统26个行政及企事业单位进行全面审计，查出违规问题金额374万元，“小金库”2起，其中一起金额达119.63万元，以商品房抵顶应收费用不入账的、特殊形态的“小金库”，审计没收商品房两套，价值96.69万元；对12家事务所等社会中介机构开展行业审计，审计资金总额647万元，查出违规问题金额169万元，发现主管部门转移行政职能、转嫁经费开支等问题；对全市14个有收费和罚没收入的部门实施专项审计，查出乱收费237万元，将罚没物资变价收入“公款私存”1起，金额3.59万元；抓好政府交办的利民市场工程审计，对13个施工单位工程造价4587万元，在有关部门审核定价的基础上，审计再核减843万元；对工商银行市支行审计，核减利润300.75万元，查出“小金库”18.75万元。为了加强审计信息化建设，各科室均配备一台微机，并配置1台手提电脑作全局备用。

【常州市审计局】 1999年通过开展创建“好班子”和“远学肖伦菊，近学刘吉铭”活动，促进了“人”、“法”、“技”建设。16名审计干部参与3个职位的角逐，机关人事制度改革获得圆满成功。制发《企业审计规范文件汇编》、《审计局行政执法实施方案及13项制度》，修订完善了审计业务综合考核评分办法。重视计算机技术的运用，投入50万元建成局域网，并开通了“政府上网”工程。档案管理率先在全省审计系统实现了市局、辖市局同创省、市一级的目标。顺利完成审计事务所的脱钩改制工作。

同级审 1999年，“同级审”得到深化，审计报告得到市人大、政府的高度评价。市局审计查增财政收入7801万元，排出预算外可用资金15958万元；并在全省评比中获第二名。

常州市各级审计机关审计成果表（1999年）

机关名称	现有人数	审计项目（个）	违规行为金额	上缴财政金额（万元）	促进增收节支（万元）	查处案件线索	审计报告信息被指示采纳（篇）
常州市审计局	79	59	49853	9770	17818	12	70
武进市审计局	25	38	6319	300	66	3	8
金坛市审计局	21	33	21162	1019	157	4	22

溧阳市审计局	28	20	18324	145	216		8
天宁区审计局	5	13	529	18	18	1	3
钟楼区审计局	3	7	53	17	17		
戚墅堰审计局	5	9	1389	108	104		
郊区审计局	8	13	2331	625	9	2	7
新区审计局	3	5	2003	1482	936	1	2

固定资产投资审计　全市共完成固定资产投资审计项目23个。市局审计3项重点工程，共核减高估冒算1509万元，查出挤占工程成本1263万元，税金776万元，并移交疑点线索6条。

企业审计　3月，全省深化企业审计试点工作经验交流会在常州召开。全省百户地方重点企业审计常州占6户，真实性审计成效显著。12月，市局应邀参加全国企业审计研讨班并作交流发言。省审计厅授予常州市审计局企业审计“特别奖”。

领导干部经济责任审计　全市共完成党政领导干部经济责任审计20项和国有企业领导人经济责任审计10项。市局首次探索对政府部门领导人的任期经济责任审计。

审计科研　全市共撰写审计业务论文65篇，发表22篇，其中国家级6篇，省级9篇。并出版发行《深化企业审计实务研究》一书。1998年出版的《破产审计》年内获江苏省第6次哲学社会科学优秀成果三等奖。市局还将近年来的优秀调研报告汇编成《用审计的眼光看经济》一书。

价格审计　市局创造的价格审计理论已被全市50多家工业企业所采用，并有20多家取得显著成效。省审计厅专门发文在全省推广价格审计的经验。

专案审计　全市各级审计机关查处案件9起。市局审计查出一起虚开假发票199份计2623.86万元的大案。“杭州周宪法案”、“7.12”专案等审计查证，挽回经济损失2000多万元。12月，在省委省政府召开惩治腐败查办大要案件工作表彰大会上，市审计局纪检监察室荣立集体三等功，并有6人立功受奖。

【常州市天宁区审计局】
1999年，共完成审计项目13个，查出违规行为金额448.59万元，“小金库”19万元，其中：处罚19.54万元、没收1.25万元、纠正431.55万元，为维护财经法规、促进廉政建设、提高经济效益作出了积极的贡献。

同级审　审计结果表明，1998年区本级财政收入实现8664万元，完成预算的118.39%，增长29.14%，增收1955万元。财政支出为4438万元，完成预算的96.52%，比去年增长10.87%，增支377万元。

经济责任审计　全年完成5个经济责任审计项目。在审计中以高度的政治责任感，严格按照中央两办的文件精神办理。对影响财政收入的一律予以收缴入库，对预算外资金未实行收支“两条线”坚决予以纠正，对流失在账外的各类资产指明要求补计入账，并在审计评价中一一列示，从而加大了审计执法的力度，又为组织人事部门和领导考核干部提供了相关的资料。

【常州市钟楼区审计局】
1999年，对区级财政1998年预算执行情况的审计工作园满完成，代表政府所作的审计报告，在区人大常委会一次通过并得到好评；按时完成了上级部署的区人民法院财务收支审计和其他区定项目的审计工作；根据钟楼区的实际情况，按照党的十五大关于进一步加强对领导干部监督，建立健全依法行使权力制约机制的新要求，会同区组织、纪检、人事、监察、体改等部门，在上半年即主持起草、制定颁发了《关于实行领导干部离任审计、企业法定代表人任期经济责任审计的通知》，并进行了2个单位的领导干部离任审计；同时，为促进区内企业的改制，积极参与了区内改制企业的清产核资、产权界定和企业操作规范制定等工作。

【常州市戚墅堰区审计局】

财政审计　对区本级1998年财政预算执行情况和其他财政收支情况进行了审计，查出应上交财政金额107万元。并对丁堰镇、潞城镇1998年度财政决算情况进行了审计，查出违纪金额1085万元。

固定资产投资项目审计　全年共完成4个区政府为民办理实事工程项目。送审金额358万元，核减金额96万元，查出应归还原资金渠道8万元。

行政事业审计　对区人民法院财政收支情况的审计，查出该单位偷税漏税10万元。

企业审计　完成对区蔬菜产销公司经理任期内财政收支情况的审计，查出违纪金额91万元。

【常州市郊区审计局】　“同级审”突出审计重点，揭示了我区当前经济工作中存在的五个方面的问题：一是财政收入占国内生产总值的比重偏低，经济运行质量亟待提高；二是企业不合理资金占用过多，仅三项资金在上年1.28亿元的基础上又增加1.47亿元，总量高达20.34亿元，占全年销售收入的21.95%，企业亏损情况加重；三是预算外资金来源减少，支出呈刚性增长，收支矛盾突出；四是各乡（镇）集资款问题进一步集中，已成为财政的隐性赤字和较大的潜在风险。审计报告得到区领导的高度重视，进行了专题研究，并作了重要批示。

完成财政收支审计项目2个，共查出违规行为金额641万元，上交财政577万元，提出建议7条。

全年完成领导干部经济责任审计项目3个，共查出违规行为金额918万元。

在《审计法》颁布五周年之际，我局人人参加审计署举行的审计知识竞赛，并有1人参加了全市审计系统开展的审计法律知识选拔赛。

【常州市新区审计局】 至1999年底，共有审计干部3人。其中：大学本科1名，大学专科2名；具有中级以上技术资格2名；局长1名。

审计工作成果 1999年共完成审计项目5个，其中：财政决算审计3个、财务收支审计1个、资产负债损益审计1个、审计调查项目2个、开工前审计41个，共查出违规行为金额2003万元，积极完成新区政府交办的审计事项，协同纪检监察部门查处经济案件。

财政决算审计 1999年完成“上审下”项目3个，共查出违规行为金额1474万元，其中决定处理处罚93万元，指明要求纠正1381万元，应上缴财政1352万元，已上缴财政936万元。

企事业单位审计 完成资产负债损益审计、财务收支审计2个，查出违规行为金额530万元，已上缴财政141万元，并对有关责任人处以个人罚款6万元。

固定资产投资审计 完成开工前审计项目41个，审计总金额40872万元。

【武进市审计局】 1999年共完成审计项目38个，查出违规行为金额6319万元，上缴市财政300万元；提交审计报告和信息35篇。同市纪检、监察、信访等部门配合，查处经济案件3起，为社会稳定发挥了作用。

预算执行和财政收支审计 围绕预算执行重点，监督财政性资金的分配、使用和管理，深化本级预算执行审计；选择养老保险基金、电力建设资金、校办企业、福利企业减免税资金、教育科技经费等项目进行专题审计和审计调查，同时延伸审计38个单位，发现一些主管部门在筹资放贷过程中在资金运作上存在一些问题，呆滞资金较多。

经济案件审计 5月份，对奔牛地税所为企业开具内容失实发票案件进行查证，查出内容失实发票金额27687054.45元，作出补征企业所得税758468.50元，个人所得税772430.45元、罚款90415.37元的审计处理，制止了税款流失，增加了财政收入。有关部门已对有关人员作出了处理。

经济责任审计 根据中央两办下发的两个经济责任审计暂行规定，共完成13名党政企业领导干部任期经济责任审计，摸清了家底，让离任者交得清楚、接任者接得明白。

金融审计 对工行武进支行1998年度资产、负债及损益进行了审计，发现少计各项收入375.61万元、多计各项支出138.90万元、少计表外利息361.10万元、账外资产900.80万元、账表不实少报存款等问题。该项审计在江苏省审计系统综合考核中列第三名。

运用计算机审计 对武进化肥厂、工行支行系统1998年度资产、负债及损益审计过程中运用了计算机辅助审计，缩短了审计时间，提高了审计效率。

【金坛市审计局】 1999年，上级审计部门和市政府下达审计计划项目20个，实际完成33个，其中市委、市政府临时交办14个。审计总金额为45.12亿元，查出违纪、违规金额2.2亿元，上交财政1019万元，入库率为100%，促进增收节支157万元。提交审计工作报告、信息、论文共30篇，被批示、采用的14篇，其中被江苏审计信息采用2篇。审计业务综合考核被评为常州市审计系统第一。

【溧阳市审计局】 1999年，全年共完成审计项目20个，查出违纪违规金额1.83亿元，应上交财政144.66万元。

同级财政审计重点放在预算编制的正确性、追加预算的合理性、执行预算的严肃性。根据市人大要求，对1997年的绿化捐款及1997~1998年的绿化统筹费的收入、使用情况进行审计，审计结果公布后受到好评。

工商银行溧阳市支行审计，共调增资产610万元，调增负债1430万元，调减所有者权益820万元，调减1998年度账面利润811万元。对审计中查出的违规问题进行了严肃处理，要求其补交税及附加65万元，另有所得税263万元由总行统一汇总清交；对查出的“小金库”处以罚款14万元。审计信息化建设步伐加快，1999年度配备了10台计算机，其中一台为便携式。

【无锡市审计局】 1999年共有干部、职工77人。其中：研究生学历1人，本科学历17人，大专学历39人；高级职称6人，中级职称51人；设有办公室、财政金融审计处、行政事业审计处、商贸审计处、工交审计处、固定资产投资审计处、外资审计处、人教处、综合处、审计管理处等处室。

审计成果及受表彰情况 1999年，完成审计项目113个，查出违纪违规行为金额6.11亿元，增加财政收入1297万元；追还被侵占挪用的资金3563万元，取得了显著的成效。1999年，工业交通处被评为无锡市财贸系统满意工程先进集体；商贸处获江苏省惩治腐败、查办大案要案集体三等功。

财政金融审计 1999年继续开展了本级财政预算执行情况的审计，并选择若干专项资金进行延伸审计，重点审查了财政预算收入、支出和平衡情况，财政投资基金和周转金使用情况及其效果，专项资金的征收使用和管理。纠正和处理了违纪违规问题，提出了加强预算管理的建议。

基建审计　1999年，继续加强建筑工程领域的审计工作，全年共审计了43个项目，审计投资总额5.27亿元，核减4948万元。

在把好建设项目开工前审计关的同时，加大对政府投资的公益性、基础性项目的审计力度。对政府投资的解放南路、学前路等重点路桥建设项目进行了复审，在有关部门已委托中介机构审计的基础上又核减工程款849.31万元。

根据省市领导的要求，1999年，无锡市继续开展建筑工程领域的专项治理工作。全年共审计专治项目32个，审计金额2.82亿元，核减2316万元。

企业审计和经济责任审计　1999年，全市共对39家企业进行审计，较普遍存在收入不实、成本不实、虚增利润等问题。同时，认真贯彻落实《无锡市国有企业领导人员离任审计条例》，对23名国有企业领导进行了离任审计和届中责任审计，通过审计比较真实地反映了企业的盈亏情况，基本弄清了企业的资产状况。

行政事业单位审计和专项资金审计　1999年，对预算外资金、社会保障资金、社会捐赠资金等21项专项资金进行了审计，审计资金总额达43.66亿元。查出违规金额3389万元，对加强专项资金的管理提出了意见和建议，受到了市领导的重视和关注。

政府交办项目和专案审计　1999年，共完成领导交办任务39项，占全部审计任务的34.5%。

【无锡市崇安区审计局】

1999年末干部人数4人，其中：大专学历以上3人，具有高级职称1人，中级职称3人；正付局长各1人。

审计成果　全年完成审计项目14个，查出违纪违规金额26782元，增加财政收入450.75元。基本建设项目竣工决算审计金额2856.90元，核减金额318.48元，核减率11.15%。

财政审计　在同级财政审计中，把审计预算收支执行情况与预算单位财务收支执行情况结合起来，与财政周转金、专项资金使用、管理结合起来，与预算管理结合起来，与预算外资金收支情况、收支两条线执行情况结合起来，促进了规范管理和资金使用效益的提高。

经济责任审计　1999年对21个行政事业单位、1个企业的主要领导人进行了离任经济责任审计。审计反映，资产负债损益不实情况较普遍，问题比较突出。

【无锡市南长区审计局】

1999年，南长区审计局人员编制6名，实有人数5名，其中：局长1名，副局长1名，科员3名；内分综合管理、行政事业、企业、基本建设审计。

审计成果　1999年，完成审计项目19个，审计资金总额85903万元，查出违规行为金额9568万元；年度上报审计信息7篇，被市审计局采用的2篇，区领导批示的审计报告1篇。

【无锡市北塘区审计局】

1999年，全面完成了各项审计任务，年终局长受到区政府的嘉奖，副局长被评为行政执法先进个人；全体审计人员积极参加全区法制干部行政复议培训班，并在考试中荣获集体二等奖。

预算外资金“收支两条线”的专项检查　通过检查，揭示了“收支两条线”管理中存在的问题，进一步推动了预算外资金“收支两条线”管理规范化，为区政府宏观调控资金，集中财力，增加资金使用效力创造了有利的条件。

解困资金与再就业资金收支情况专项审计　通过审计，摸清了两项资金的使用与结存情况，为督促两项资金的专款专用，促进地区稳定发展，发挥了积极作用。

固定资产投资审计　1999年共完成审计项目22个，核减资金386万元，核减率22.6%，有效地扼制了基本建设中高估冒算行为，为政府和建设单位严格把好建设资金关。

【无锡市郊区审计局】　共有干部4人，其中：具有大专文化程度3人；局长1人，副局长2人。

审计成果　1999年，完成审计项目10项，其中完成区政府交办项目6项。共查出违纪违规金额5224万元，增加财政收入322万元，追缴资金95万元。

区法院财务收支审计　审计中，对不按规定收费、坐支诉讼费和财务管理等方面存在的问题，作了揭示，这对于法院端正行风，树立良好形象起到了促进作用。

对全区各类基金会和社会团体的审计　根据审计建议，区政府撤销了19家基金会；对全区56家社会团体的财务收支审计，促进了对社会团体的清理登记和规范化管理。

基建审计　对区法院、司法局办公楼、区医院病房大楼的工程结算审计，共核减工程款738.76万元，取得良好的社会效益。

【无锡市马山区审计局】

1999年，完成财务审计项目10个，其中政府交办项目3个，查处违纪金额724万元，增加财政收入189万元，减少财政支出66万元。审定基建工程项目42个，核减高估冒算金额302万元。

同级财政审计　在区级财政预算执行情况审计中，针对预算执行和其他财政收支中存在的主要问题及资金管理中的薄弱环节，提出了审计建议，受到了政府及有关部门的重视，并相应作了整改，受到了区人大和政府的好评。

经济责任审计　协助区委、区政府制定了《关于领导干部离任经济责任审计的试行意见》，并正式发文实施。对政府2个部门主要领导进行了离任审计，为今后开展离任审计工作作了有益的探索。

预算外资金审计　会同有关部门，对全区行政事业单位预算外资金收支两条线进行专项检查，针对存在问题，提出了加强预算外资金管理的具体措施，推动了收支两条线管理的逐步规范。

【锡山市审计局】　1999年完成审计项目83个，查处违规违纪资金2.5亿元，增加财政收入909万元，追回被侵占挪用资金3062万元，核减基本建设投资6766万元。

开展领导干部经济责任审计　受市委组织部委托，全年完成了37名市管领导干部的任期经济责任审计，通过审计，摸清了大部分乡镇的资产家底，建立了审计档案；用多种经济指标全面量化干部业绩，分清了前后任的经济责任，为领导决策提供了参考依据。

完成专案审计　从寻找案源的角度对我市11家严重亏损企业进行解剖审计，向有关部门移交案件线索232条，挽回经济损失3062万元，有13人被拘捕。通过审计，缓解了人民群众对“穷庙富方丈”的激愤情绪，促进了党风廉政建设和社会稳定。

基建审计　完成基建审计项目230个，审计总投资3.6亿元，核减6766万元，平均审减率达到18.8%，为建立公开、公正、公平竞争的建筑市场秩序作出了贡献。

【江阴市审计局】　1999年末共有干部、职工21人。其中：局长1人，副局长3人，主任科员1人。内设：综合科、财贸金融审计科、行政事业审计科、工业交通审计科、基本建设审计科、内部审计社会审计指导科。

本级预算执行情况审计　重点放在预算支出上，监督财政性资金的分配、管理和使用效益，揭示财政预算管理中的薄弱环节。审计查出财政部门把建农金与“三金”调剂使用，部分预算外收入未作当年反映；有些乡镇财政管理比较薄弱，资金管理不严，个别乡镇财政寅吃卯粮、虚收虚支，少数部门的预算外资金还未按规定全额上交预算外资金结算中心，没有按照收、支两条线的要求管理。

完成政府交办专案审计任务　1999年，江阴市委、市政府交办专案审计任务3项。面对专案审计的对象严重资不抵债、严重非法集资、挥霍浪费违法乱纪的疑难复杂情况，及时调整审计计划，抽调审计力量，积极投入专案审计。审计查出的主要问题有：严重资不抵债，有的企业虚盈实亏严重；挤占挪用，挥霍浪费，造成集体资产损失；盲目投资，有意多付工程款，个人从中得利；设立“小金库”，乱列支出，逃避监督；乱集资，影响社会安定。审计中发现的经济犯罪疑点和线索，及时移送纪检、检察、公安部门查处，有3名经济案犯受到法律制裁。

【宜兴市审计局】　人员41人，下设6个科（综合审计科、财政金融审计科、基建审计科、企业审计科、行政事业审计科、审计管理科）、1个中心（宜兴市固定资产投资审核中心）。

审计成果　1999年，完成各类审计项目119个，查出违规违纪违法金额5.8亿元，审计发现案件线索286件（条），移送纪检、公安、监察机关260多条，移送司法机关立案侦查9件，受到党纪、政纪处分14人，被追究刑事责任11人。上报审计信息33篇，被各级采用25篇。

财政审计　查出违纪违规金额667.80万元。对归径、西渚等7个乡镇进行了财政收支审计，并把经济责任审计有关指标内容穿插其中，使乡镇财政收支审计与届中经济责任审计有机结合起来。

金融审计　围绕金融改革和整顿金融秩序的总体要求，对建设银行宜兴支行实施了审计。通过审计，摸清了家底，核实了盈亏，揭示了信贷资产质量以及目标管理中存在的问题，查出挤占成本虚列支出111.84万元；违规购建固定资产197.53万元。

基建审计　注重加强了对财政资金、国有资产、融资投资兴建的固定资产投资项目的审计监督，对市金鸡山天堂园、太湖大堤、蓓蕾幼儿园、第二人民医院、交通银行大厦等工程进行了审计。审计总金额1.07亿元，审计核减1841.47万元。

成立了“宜兴市固定资产投资审核中心”，1999年完成审计项目149个，审核总金额3.51亿元，核减7052万元，平均核减率达20.09%。

政府交办项目审计　1999年相继完成了紫砂厂、红旗厂解亏审计；伏东兰右村、无锡太平洋角件厂、市农资公司、燃料公司、通达大厦专案审计；广电中心征用土地评估以及轴承厂整体转让审计。全年共完成政府交办项目92个，为历年之最。

经济责任审计　全年完成经济责任审计项目23个，其中：离任审计7个，届中审计15个，专项审计1个。

供销社专案审计　根据市委、市政府的交办，先后抽调内审、社审、乡镇审计人员210多人，分成66个审计小组，进驻供销系统66个下属单位，围绕净资产、社员股金、期货股票交易、奖金发放、个人经济行为等八个方面的问题，相继进行了全面审计、重点审计、专案审计。对审计中查出的疑点线索进行了查证，对资不抵债2000万元以上的亏损大户进行了复审，对疑点比较大，群众反响强烈的湖父、杨巷、红塔等单位进行了专案审计。

【苏州市审计局】　1999年局内设14个处室，人员编制96人，实有79人。下属单位还有：苏州审计事务所、苏州市基本建设审计师事务所、苏州江苏兴联会计师事务所及苏州审计干部培训中心、苏州市基本建设审计咨询中心。至1999年底，所辖事务所全部完成脱钩改制。1999年，苏州市委授予局机关支部“1997－1998年度苏州市先进基层党组织”；苏州市精神文明委员会和市直机关党工委联合授予“1997－1998年度市级机关三优三满意先进集体”；市局共有9人次受省市单项表彰。

审计成果　1999年，共审计单位88个，查出违规行为金额93700万元，上交财政金额5664万元，提交审计报告信息被批示采纳115篇。

财政收支审计　1999年，在市级、新区和工业园区的同级财政审计中，首次对地方国库进行了审计，并试行了内控制度测评的方法。审计中，结合多项专题同步实施。审计报告得到市人大的肯定。市局在“上审下”过程中，对重点问题、重点资金延伸到预算执行单位，有效维护了财经法纪的严肃性。

大案要案审计　1999年，苏州市局协助各有关部门查处经济案件多起，在对苏州“11.6”专案的审计调查中，我市审计机关投入了相当的人力、物力，较好地发挥了审计的查证鉴证作用。

经济责任审计　1999年苏州市局共实施经济责任审计6项，通过审计，摸清了家底，为评议和使用干部提供了重要依据，同时促进了建章立制工作。

建行系统审计　建行苏州分行审计是历年来金融企业审计涉及面最广、内容最多的一次。市局严格按照审计方案精心组织实施，对辖内县级支行审计采取定期分析交流、现场具体指导、统一考核评比的方法，确保审计整体质量。审计揭露了问题，提出了整改意见，得到建行领导的高度重视和采纳。

运用计算机审计　苏州市审计局一贯重视审计信息化建设，在硬件配备、人员培训、网络建设方面投入了不少人力物力。1999年，在金融审计、街坊审计等多项任务中，成功运用计算机实施辅助审计，提高了效率，确保了审计质量。

企业审计　1999年，苏州市局共对34户企业进行了审计，并制定了《企业不良资产界定的试行办法》。至1999年底，市局已对市区22户控股集团公司中的14户进行了至少一次的审计及审计调查，给苏州市各级领导以及资产所有者提供了较可靠的决策依据和预警信息。

【苏州市平江区审计局】

审计工作成果　1999年，共审计单位36个，查出违规行为金额154.7万元，上交财政金额7万元，提交审计报告信息被批示采纳7篇。

预算执行和财政收支审计　根据市审计局统一部署及区政府要求，对区财政进行“同级审”，审计结果受到区政府及区人大肯定，并与财政局一起制定了《预算外资金管理的实施细则》等相关措施和规定，规范了财政预算行为。

经济责任审计　1999年共进行了13个任期经济责任审计项目。通过审计，摸清了家底，为组织部门任用干部提供了依据，审计结果得到区政府和人大的重视。

企业审计　1999年按照区政府要求，共对4户企业进行审计，发现一企业私设“小金库”79万元，已移送区监察部门，当事人因涉嫌挪用公款已被司法机关收审。

运用计算机审计　审计综合信息系统、远程通讯等软件得到广泛应用，Excel在项目审计中，利用率已达68.5%，提高了工作效率，保证了审计工作质量。

【苏州市沧浪区审计局】

1999年共完成审计项目233项（含基建审计项目211项），通过审计，查处违纪、违规金额68万元；核减基建工程造价决算金额1381万元。另外，在接受区“人大”执法检查、做好企业改制服务工作、对内审的指导与监督等方面均取得好成绩。

预算执行和财政收支审计情况　将苏州市审计局统一部署、要求和区政府“热点”两结合，求深化。审计结果得到区政府、区人大的肯定与赞扬。

经济责任审计　完成区政府交办的11项项目中有6项是部门（单位）经济责任审计，审计在揭露数字造假、诊治企业顽症等方面受到区党、政领导重视。

《审计法》颁布实施五周年纪念活动　区人大常委会对区审计局五年内的审计执法情况采取“听、查、访”方法进行检查后，给予较高肯定，对今后审计执法提出“更新观念，拓展思路、严格执法、主动服务，充分发挥审计职能作用”的希望和具体要求。

运用计算机审计　局内人员85%以上达到初级以上水平；通过Excel、Word、远程通讯、审计综合信息系统等软件在审计工作、审计项目、审计统计中的运用，工作效率倍增。

【苏州市金阊区审计局】

1999年共完成审计项目150项（含基建项目125项），通过审计，查处违纪违规金额17万元，核减基建工程造价决算金额1237万元。

预算执行和财政收支审计　按照市局统一部署和区政府领导的具体要求，对预算执行和其他财政收支情况进行了审计和延伸审计，审计结果受到了区政府、区人大的高度重视和赞扬。

经济责任审计　在完成区政府交办20个审计项目中有13项是对部门（单位）领导干部的经济责任审计，对审计中揭露在经营管理中存在的问题引起了当地党政领导的重视，调换变动了5个法定代表人。

纪念《审计法》颁布实施五周年活动　一方面主动向区人大、法制局汇报几年来审计执法有关情况；另一方面在区人大组织对审计执法情况的检查时，在听取审计执法过程中遇到的一些具体情况后，区人大主要领导非常重视，亲自协调解决。

运用计算机审计 通过在日常的审计工作、审计统计，以及审计信息系统等方面计算机的应用，工作效率有了很大的提高，促进了审计规范化的进展。

【苏州市郊区审计局】 1999年12月底，为充实审计机关力量，经区委、区政府同意，区编委正式批准设立苏州市郊区基建项目审核站，隶属审计局领导，与局联合办公，性质为全民事业单位，股级建制，核定编制4名，主要职责是：负责对国有资产投入的基建项目进行预决算审计鉴证；具体管理、协调全区基建项目的审计工作；负责对区属企业、乡镇审计办公室基建项目审计的业务指导；履行其他与基建项目审计有关的职能。审核站成立后，局人员由原有的7人增至11人，审计力量得到明显加强。

1999年是我国《审计法》颁布实施的第五年，这一年，我区审计事业取得较大发展。除完成财政同级审任务外，全局审计工作的着力点主要在于以下三个方面：精心组织党政领导干部任期经济责任审计，其中长青乡党政领导离任审计，历时二个半月，成果尤为明显。区委、区政府专门下发文件，要求在全区区、乡两级机关及区属重点企业中全面推行领导干部任期经济责任审计；围绕经济工作中心，增强监督与服务，较好保障了全区转制改制工作的顺利进行；继续加大对水利工程、基建项目决算审计监督力度，全年核减高估冒算金额497万元。

【苏州市新区审计局】

审计成果 1999年，共审计单位33个，查出违纪金额2298万元，核减财政补贴198万元，提交审计信息11篇，被采用6篇。

本级财政预算执行和其他财政收支审计 1999年同级审在内容上突出预算支出的真实性和内控制度审计。在方法上，注意做到三个结合：一是“同级审”与专题审相结合，把财政支出同项目使用单位专项支出联系起来，监督整块资金的运行情况。二是财政收支审计与内部控制制度审计相结合，从内控制度角度评价财政收支中存在的问题。三是与市局“同级审”延伸相结合。结合市局延伸区级财政，同时进点、同享资料、同时交换意见，既能各有侧重，又能优势互补，提高了工作效率。通过“同级审”，向政府全面反映了区财政预算执行情况和其他财政收支的总体状况，揭示了在预算支出方面存在的违规办理预算拨款1900万元和管理上的薄弱环节，促进了财税部门严格执行预算，健全内部约束机制，以进一步强化财政职能。

1999年还对区赋予一级财政职能的狮山街道财政决算实施了审计。为严肃预算执行，进一步规范街道财政管理提供有效服务。

新区审计局审计成果附表（1999年）

审计单位	查出违纪金额	核减财政补贴	提交审计工作报告信息	被采用
33个	2298万元	198万元	11	6

【常熟市审计局】 1999年，对361个单位和项目实施了审计，查处违规行为金额9389万元，为财政增加收入3728万元。在各类基建决算审计中，审计机关和社会审计中介机构通过审计，为政府和建设单位节约建设资金5200万元。各镇（场）审计室、有关部门审计科共审计单位3025个，查纠违纪违规行为金额1634万元。上报的各类报告、信息中有75篇次被上级批示、采用。

同级预算执行和镇级财政决算 1999年，在实施同级财政审计中，查处违纪金额3574万元。通过对8个镇以及林场财政决算实施审计，增加财政收入703.43万元，查补税款382.61万元，审计覆盖面达30%。

经济责任审计 1999年，通过加强和改进行政事业单位定期审计，结合进行领导人任期经济责任审计；在完成政府交办任务及履行镇级财政收支审计中深化审计内容，实施任期经济责任审计。

大案要案审计 常熟市审计局1999年向纪检、监察部门移送了审计发现的可能涉及单位或个人经济问题的线索20多条，并在案件审计调查中，投入了相当的人力、物力，较好地发挥了审计的查证鉴证作用。另外，常熟市内部审计系统1999年，累计向司法机关移送案件5件，建议给予行政处分8人，移送司法机关处理7人。

建设银行审计 根据审计署授权，常熟市审计局对中国建设银行常熟市支行1998年度资产、负债、损益情况进行了审计。审计主要审查并表的21个核算单位的财务收支（含经费账），延伸贷款企业25家，延伸苏州建设房屋开发公司常熟分公司和苏虞建设工程造价事务所等单位1998年财务收支。通过审计查处违纪金额156.8万元，圆满地完成了任务。

【张家港市审计局】 张家港市审计局内设5个科室。全年完成审计项目56个，审计单位300余个。共查出违纪违规金额2972万元。向上级提交信息和报告40余篇，被上级采用批示53篇次。

预算执行和财政收支审计 1999年采用“账户入手，下审一级”和“财政审计与其他专业审计相结合”的方法，对1998年度同级财政预算执行情况和其他财政收支活动进行审计。通过同级财政审计，详细分析了全市财政预算内外资金收入结构，反映了预算内资金安排使用情况。同级财政审计工作报告在张家港市十届人大常委会第十一次会议上获得通过。对乡镇财政决算审计的覆盖面达30%，有关审计建

议，被张家港市政府及时转发全市。

经济责任审计 1999年张家港市审计局受张家港市纪委、市委组织部和市人大委托，对14个单位的负责人分别实施任期经济责任审计和述职评议审计，其中镇党委书记5人、政府机关主要负责人8人、企业集团法定代表1人。

建行系统审计 1999年张家港市审计局根据国家审计署授权首次利用计算机辅助审计软件对建行张家港市支行1998年度有关外币营业收支、成本费用支出、账外资金情况及信贷资产清分质量等方面进行较全面的审计。

【太仓市审计局】 1999年，有干部职工25人，其中大学本科学历8人，大专14人；局长1人，副局长4人。内设办公室、行政事业审计科、财政金融审计科、固定资产投资审计科、企业审计科。

审计工作成果 1999年，共审计项目48个，查出违纪金额2940万元，上缴财政738万元，提交审计报告及信息50篇，被采用31篇。

本级预算执行审计 除重点审计财政局和地税局的财政、财务收支、税收征管外，还延伸审计了3个地税基层分局的税收征管情况、11个企事业单位财务收支及预算外资金管理、4个重点项目经费使用部门专项资金使用及效益，并按财政周转金、国债代理发行和兑付、科教经费、财政与地税及地方国库内控制度等4个专题进行审计。对6个镇的财政决算进行审计，审计覆盖面达30%。

经济责任审计 通过组织学习、专题汇报、发送材料、新闻报道和举办经济责任审计培训班，贯彻两办经济责任审计规定，并代拟贯彻“两办”规定的施行细则和实施意见。

建行系统审计 分别对建行太仓市支行和太仓市农村信用合作联社1998年度资产、负债、损益情况进行审计。揭露了资产、盈亏不实、账外经营等问题。

企业审计 以审计企业会计核算真实性为基础，对11家企业进行了审计，摸清了企业的财务和资本运营状况。

交办审计 完成地方政府交办项目11项，核实资金37.59亿元，为政府的稳定工程、实事工程和深化改革服务。

运用计算机审计 开展计算机辅助审计，金融汇总审计软件在建设银行审计中全面运用，EXCEL在部分审计项目中开始使用，从而使审计工作效率和质量大大提高。

【吴县市审计局】 1999年，共有人员28人，下设办公室、财政金融审计科、行政事业审计科、商贸外资审计科、人事教育管理科、固定资产投资审计科、工业交通审计科等科室。

1999年审计工作成果表

审计项目	违规违纪资金	补交税金	收缴财政	审计建议	备注
镇级财政	928	191.54	887.23	31条	单位：万元
建行审计	561.4	209.5		4条	
政府部门	1336	89.3	100.47	24条	
合计43项	9852		964		
乡镇审计	1151个项目	促进增收节支780万元		320条	

预算执行和财政收支审计 认真实践“专题审计”与“同级审”相结合的审计路子，选择了对财政信用资金等四个专题进行审计，并延伸审计了36户有关单位，“同级审”工作受到了市人大、市政府的好评。通过对10个乡镇的财政决算审计，审计财政资金总额达2.4亿元，审计覆盖面达30%。

金融审计 1999年在对建设银行吴县市支行1998年度资产、负债和损益情况的审计中，对该行所辖的18个办事处、48个储蓄网点及支行营行部、国际部等机构进行了全面审计，并延伸审计了94户贷款单位。通过审计提出了审计处理意见与建议。

基本建设项目审计 突出财政性资金项目为重点，先后对市自来水厂、体育馆二个市重点工程项目进行了审计，审计资金总额1.68亿元，并在中介机构审核的基础上，又审计核减资金86.10万元。

政府部门审计 根据市政府《关于实施政府部门定期审计办法》的文件规定，扩大了对政府部门审计的覆盖面，完成了对市教委、法院、环保局、国土管理局、检察院、农业局、机关事务管理局、经委、外经委和电视大学等10个部门1997至1998年度的财政财务收支审计。

政府交办项目审计 根据政府交办，一是完成了对市住房公积金、住房基金、市级土地出让金和房地产企业的审计。二是完成了对塔陵园的审计，为市政府加强对塔陵的清理整顿工作提供了参考依据。三是完成了对有关市属企业法人代表离任审计，通过审计，核实了企业的资产、负债和所有者权益及经营成果情况，为市领导和市委组织部门考察任用干部提供了参考依据。

【吴江市审计局】 1999年，人员编制30人，实有23人。局内设6个科室。下属苏州信诚会计师事务所已完成脱钩改制。

1999年审计工作成果表

审计单位（个）	违规行为金额（万元）	上交财政金额（万元）	审计报告信息被批示采纳（篇）
223	4312	372..28	63

财政收支审计 1999年在实施同级审中，在苏州市范围内率先完成了同级审任务，审计报告得到了市人大的肯定。乡镇财政审计保持了30%的覆盖面，对7个镇1998年度财政决算情况进行了审计，摸清了家底，对发现的问题提出了意见建议。

案件审计 1999年，吴江市局协助有关部门开展专案审计，对供销社非法集资进行审计，依法逮捕2人，取保候审3人，另有1人正在进一步侦查中。

经济责任审计 1999年，共实施经济责任审计18项，其中企业法定代表人经济责任审计8项，行政事业单位负责人经济责任审计 10 项，通过审计移交立案 2 件。

建行系统审计　按照统一方案认真实施，除审计建行本部外，延伸审计 18 个业务部门、3 家下属企业、39 家信贷用款企业，查补入库 106 万元。

【昆山市审计局】　1999 年共实施审计及审计调查 96 项，查出违纪违规金额 11682 万元，为政府增加财政收入 837 万元。

财政审计　对全市 4．44 亿元的财政预算收入和 4．49 亿元的财政预算支出的执行情况进行了审计，共查出违纪违规金额 3174 万元，收缴财政 53 万元；在对 8 个乡镇财政决算审计中，共查出违纪违规金额 258 万元，收缴财政 66 万元，审计覆盖面达 30%以上。

大案、要案审计　共实施案件审计 2 项，内容为昆山长云塔陵审计与昆山建设集团总公司审计。仅塔陵审计一项，该局就向公安、政法机关提供书证 3367 份，为工商部门提供非法传销资料 280 份，协助公安机关逮捕 2 人，收审 5 人，挽回经济损失近 300 万元。在对昆山建设集团的审计中，核增亏损额 1 亿多元，有问题资金 1 亿多元，并发现该单位的法人代表先后以白条形式领取了数千万元现金，对此该局出具了审计结果报告，并将该结果移交至市纪检部门立案调查。

计算机审计　年内该局为各业务科室配备了 9 台便携式电脑，目前局内共有计算机 27 台，586 以上计算机人均拥有率达 91%。该局还聘请了专业人员为审计人员作计算机应用辅导，计算机辅助审计手段已被初步运用于审计各环节中。

浙江省

【浙江省审计工作简述】　1999 年，全省各级审计机关根据省委、省政府和审计署的统一部署，以“三讲”教育为动力，抓质量，促管理，讲效率，全省审计工作服务当地经济建设，取得了新成效。综观全省审计工作特点：一是认真贯彻朱总理重要指示，理清思路提出了全省审计工作战略要从量的扩张向质的提高转变的目标；二是树立了注意发现大案要案意识，加大审计执法力度。贯彻省委省政府和审计署的指示精神，态度坚决，行动迅速，确保了政令畅通，提高了审计监督的职能作用；三是着力完善审计工作各项制度，有力促进了依法审计，审计工作质量有所提高。从而既全面完成了审计署的各项审计任务，又认真完成了省政府考核审计目标工作，更是有力地促进了全省审计工作全面、深入、扎实地贯彻了《审计法》。

【浙江省审计厅概况】　浙江省审计厅厅内设有办公室、综合处、法规处、财政审计处、金融审计处、农业审计处、行政事业审计处、工业交通审计处、商贸审计处、固定资产投资审计处、外资运用审计处、审计管理处、人事教育处等 13 个职能处室和机关党委、监察室。直属事业单位有审计科研所。审计事务所已按有关规定于 1999 年 12 月完成脱钩改制工作。

厅领导班子成员

党组书记、厅长：陈正兴

党组成员、副厅长：盖有杰（－1999.11）

党组成员、副厅长：姚世新
赵国明
唐锡表
孙永珍

党组成员、纪检组长：施载春（－1999.11）
张建华（1999.11－）

党组成员：徐荣春

成果综述　1999 年全省共审计单位 4643 个，依法查处违规行为金额达 135 亿元，应上缴财政金额 11．8 亿元，已上缴财政 10．49 亿元，应核减财政拨款或补贴及应归还原渠道资金 7．04 亿元，共为国家增收节支 18．84 亿元。同时，注意发现大要案线索，向纪检、监察和司法机关移送案件达 97 件，已有 42 人受到党纪、政纪处分，51 人被追究刑事责任。在此基础上，强化审计综合分析，及时向各级领导部门提交审计工作报告信息 2792 篇次。这些数据与 1998 年对比分析，已审单位下降近 10%，而查处违规金额和应上缴财政分别上升 42% 和 49%，创历年之最。省厅的审计工作报告、审计信息得到省委、省政府的肯定明显增加，创历年之最，据不完全统计，批示达 40 余篇（项）。一批审计项目受到了审计署的表彰。外资审计工作被审计署评为全国外资审计工作优秀单位和外资审计信息工作优秀单位，企业审计被审计署评为领导组织有力、取得好成绩省份之一；职工养老保险基金专项审计，法院系统财务收支审计，中国福利彩票赈灾专项募集审计，中央直属粮库审计项目，扶贫资金专项审计被审计署评为优秀项目。

财政审计　全省本级预算执行情况审计工作在审计的深度、处理的力度上，都比前三年有了新的进展。据统计，全省审计预算执行单位 567 个，审计资金总数 169 亿元，查处违规行为资金 10 亿元。主要表现：一是突出了对预算资金支出的审计；二是强化专项资金审计，重点审计造地改田资金和公路建设资金，省政府领导分别对全省挤占出借公路建设资金严重和我省造成改田资金沉淀闲置多、挤占挪用情况严重的问题作出批示，都一致要求有关部门研究措施，完善资金管理制度；三是积极探索了对资金管理的内控制度的审计，在改进财政部门和预算执行单位的财政财务收支管理中发挥了积极的作用。同时，全省对 31 个市、县政府进行了财政决算审计，查处违规行为资金 8．5 亿元。省厅抓住个别市本级财政预算支出冲销罚没收入的倾向性问题，举一反三，要求各级财政部门规范罚

没收入的收支管理。全省还对286个乡镇财政进行了审计，审计覆盖面有所扩大。

专项审计　组织有关市、县（区、市）审计机关对浙东海塘标准内长度为147公里的39条海塘工程实施了审计，审计概算投资6.49亿元，查处违规金额6316万元，核减工程造价311.85万元。审计情况引起了省政府的高度重视，省长柴松岳在全省水利工作会议上，充分肯定了浙东海塘建设项目的审计成效。这项审计工作为推动我省标准海塘规范化作出了贡献。根据审计署的统一安排，组织力量对全省的8个中央直属储备粮库建设项目建设资金预算执行情况进行了审计，从而确保了粮库建设资金的及时到位。组织全省各级审计机关对11个市（地）、79个县（市、区）和省本级1998年度企业职工基本养老保险基金的征收、支付、管理情况及94家社会保险经办机构的财务收支情况进行了审计，审计金额占全省当年基金收入的100%，查处违规资金6.25亿元，将省厅反映的《我省各地挤占挪用养老保险基金较严重》审计信息由省政府报国务院办公厅后，引起了国务院领导的重视，并作出了批示。组织全省各级审计机关对全省法院系统进行了审计，突出了财政预算资金、行政性收费、罚没追缴款物收取、管理和解交情况的重点内容，查处违规行为金额2.81亿元。组织力量进行了扶贫资金专项审计，对扶贫资金的挪用、出借、滞留等严重违规问题进行了查处。省厅专门就扶贫资金的审计情况向省级有关部门进行了通报。还对国家增发的50亿福利彩票赈灾募集活动情况进行了审计。

经济责任审计　中办国办两项《暂行规定》下发后，全省一方面在充分调研的基础上，就进一步提高经济责任规范化程度和审计质量的问题，召开了全省经济责任审计研讨会和省级有关部门工作会，既扎实地贯彻了中办国办两项《暂行规定》，又进一步联系了全省经济责任审计特点，为全省经济责任审计在规范中深化奠定了坚实基础。1999年共完成1170个领导干部经济责任审计和厂长经理经济责任审计，客观地评价了领导干部的经济责任，揭露了一些违纪违规行为，取得了明显的成效。全省领导干部经济责任审计的情况和经验，在中纪委全委会上印发；中央五部委在武汉召开的部分省领导干部经济责任审计座谈会上也得到了充分肯定。全省各级审计机关认真履行审计职责，加大查处大要案力度，完成了一大批党政领导部门交办的大要案审计任务。

金融审计　按照审计署的统一部署，组织全省各级审计机关分别对全省122个中国建设银行和99个中国工商银行的分支机构进行了全面审计，抓住商业银行财务收支和资产信贷质量两条主线，查处违规行为金额中属应上缴财政达1.20亿元；又对信贷资产真实合规及质量情况进行了审计，重点延伸审计贷款单位达5472个，对382亿贷款的清分进行了抽查核实。全省还对14个项目125个执行单位的世界银行国际金融组织贷款和国际援助项目进行了审计，查处违规金额2.6亿元，出具的6份对外审计报告，得到了世界银行有关官员的肯定及项目执行官员的高度评价。

企业审计　根据省政府的指示，组织部分审计机关对全省1998年度亏损数额较大、在当地有一定影响的22家国有骨干企业进行了全面审计。还组织了对全省供销社所属农资企业的行业同步审计。全省各级审计机关着力探索对社会审计组织业务质量的监督检查工作，组织全省市、地审计机关对18家会计师事务所168个项目的审计业务质量进行了检查，有力地促进了社会审计监督机制的规范化建设。还充分发挥省内部审计协会的桥梁作用，促进了全省内部审计事业的稳定发展。

审计基础建设　全省各级审计机关以“三讲”教育为动力，成功地开展了“总结十五年，展望后五年，树立审计形象，创跨世纪业绩”和“质量、管理、效率年”的两项活动。各项基础工作得到了进一步加强。一是以纪念《审计法》实施五周年为契机，省审计厅经省政府同意首次举行了新闻发布会，各地也相继召开了各种形式的宣传活动，宣传审计工作，展示审计成果。二是认真组织实施行政执法责任制工作。继续开展了审计项目评优等工作，不断完善审计工作的考核制度，确保审计质量的巩固提高。三是积极探索审计的理论研究和工作实践的结合，发挥《浙江审计》的桥梁作用，研究撰写出了一批质量较高的审计科研论文。四是突出审计培训重点，抓住知识更新、专业实务、计算机应用等内容。还首次组织了全省审计机关高级审计师的评审工作，经考评确认了47名高级审计师，促进了全省审计干部业务素质的提高。五是切实加强廉政建设，推动了党风廉政责任制的落实。进一步制订了审计现场的监督管理措施，使《审计组廉政责任若干规定》得到了有效的执行。

【杭州市审计局】　1999年，全市14个审计机关共完成审计项目785个，查出各类违规金额27.8亿元，其中上缴财政3.1亿元，被各级领导批示批转或被有关部门和新闻单位采用的工作报告、信息简报239篇。工作中，注重发现大案要案线索，共向纪检监察部门或司法机关移送涉嫌贪污、挪用公款和渎职案件11起，涉案当事人23人、金额2000余万元。

财政金融审计　认真开展了对本级预算执行情况的审计，进一步加强对财政性资金和各预算执行单位的监督力度；开展了对

4区、县（市）财政决算的审计；对建行杭州市分行及其在市区的12家支行的资产、负债、损益情况开展了审计。

专项资金审计　除完成审计署、省审计厅统一组织的专项资金审计项目外，为配合财政同级审，组织全市审计机关对财政亏损退库资金、部分街道资金等进行了审计；对本级的城市维护建设资金开展了审计调查；结合领导干部经济责任审计，对杭州经济开发区、高新技术产业开发区、之江旅游度假区的资金运行情况进行了审计。

行政事业单位审计　1999年继续按照市政府年审轮审要求，重点选择了部分掌握大宗财政性资金、预算支出数较大及实行收支两条线管理的预算执行单位，和其他一些行政事业单位进行了审计。审计揭露了部分单位在预算执行、财务管理和执行财经纪律等方面存在的一些问题，引起了市政府领导的高度重视。

领导干部经济责任审计　对市财政局等19个单位原任或现任领导干部的经济责任进行了审计。与往年相比，在任审计大量增加，其中有17位是在职的领导干部。审计结果得到较好利用，市长、分管副市长对提交的每个结果报告都作出批示，督促相关部门按审计意见建议进行整改。

企业审计　对杭州盾牌链传动（集团）公司等4家亏损额较大的国有重点亏损企业开展的审计，反映了其会计报表严重失真等问题，共虚计资产12．5%、少计负债5．83%、虚计权益99．56%，实际亏损为账面亏损的3．29倍。此外，在1998年“真实性审计”试点基础上，组织全市各级审计机关同步开展这项工作。

大要案的查处　在审计工作中坚决贯彻朱总理关于注意发现大案要案线索的指示，在对市工商局长经济责任审计中，通过抽查原始凭证，揭露了该局干部黄某采取涂改票据金额、抽蕊等手法，贪污巨额汽车验证费的犯罪事实；在对市技术监督局长经济责任审计中，揭露了该局会计、出纳两人采取收入不入账等手法，分别贪污巨额公款的犯罪事实。并以此为线索，揭露了该局几位领导、中层干部的经济问题和局本身存在的严重账外账等问题。

机关和队伍建设　在电视台组织了“迎国庆五十周年”全市审计系统文艺汇演，内容包括歌舞、小品、诗歌朗诵等多种形式，向社会展现了全市审计干部的风采。以“三讲”教育为契机，制定或新修订了民主决策、财产管理等多项制度，强化了机关内部建设。向社会公开审计政务内容，认真落实行政执法责任制，并建立行政执法过错责任追究制度等，有力地推动了审计事业的发展。

【杭州市上城区审计局】

财政同级审　1999年4月，圆满完成区本级1998年预算执行和其他财政收支情况审计。着重对我区地方财政收入占国内生产总值的比重偏低和缓征、漏征税费的问题以及进一步加强财政专户和财政周转金的管理，提出审计意见和审计建议，得到了区人大、区政府领导的肯定。

街道家底审计　上半年，主动配合全区街道行政区划调整工作，将原11个街道办事处的财务收支及资产情况进行审计。审计结果报告得到区领导和有关部门的高度重视。

领导干部经济责任审计　1999年初，将原合署办公的干部经济责任审计科单独设置。全年完成干部经济责任审计项目10个，除1个系离任审计外，其余均为在职审计。

基建审计　完成委托基建审计项目22个，送审金额2185．6万元，核减金额385．6万元，核减率17．64%。

【杭州市下城区审计局】

1999年共完成审计项目35个，查出各类违纪违规金额2234．76万元，已上缴财政金额54．24万元。完成审计信息19篇，其中7篇分别被省厅、市局和区委《下城调研》采纳。

预算执行和财政收支审计情况　继续深化财政同级审，强化外围审计、专项资金审计与核心审计的结合，对行政事业单位的外围审计还紧紧围绕“预算执行”的主题，在审计一级预算单位的同时延伸审计二级预算单位，将乡镇财政审计列入同级审范畴。

经济责任审计贯彻执行情况　1999年，我局先后组织完成了对下城区建设局局长等14位区管中层领导干部任期经济责任审计，并对其担任下属单位法定代表人的经济责任进行了延伸审计。

完成区委、区府交办任务　共完成交办任务8项，参与“盛时达”破产清算、工程质量的执法检查、河西村案件的查证、预算外资金检查及拆乡建镇和难点企业的审计工作。

【杭州市西湖区审计局】

1999年，我局圆满完成审计项目37个，为年计划的115．63%，查出违规行为金额7028．29万元，应上缴财政932．12万元，入库率100%。通过审计发现线索，向政法机关移送经济案件2件，被查处2人。社会审计完成委托审计690项，其中基建决算审计142项，核减工程造价1594万元。主要特点：

深化财政预算执行审计工作　即：强化外围审计与核心审计结合；专项资金审计与核心审计结合；财政财务收支审计与内部控制制度审计结合，从而取得了良好审计效果。

经济责任审计　经对14名区级单位在职或即将离任的主要领导干部的经济责任审计后，向区委领导和组织纪检部门反映在财务管理、资金决策、财经纪律等方面存在的普遍性问题，引起领导的高度重视，区政府及时出台了《关于重申严肃财经纪律的通知》，进一步规范了领导干部的经济行为。

抓住社会关注的“热点”、“重点”问题　开展对教育、科技、转制、技改、农发、养老保险、福利彩票等专项资金审计，为领导决策起好参谋作用。

【杭州市拱墅区审计局】

1999年拱墅区审计局全年完成审计项目共38个，审计单位38家，查出违规行为金额2572万元，上交区财政124万元，提交审计工作报告16篇，其中完成署定、省定、市定项目共14个。

1999年根据区委、区政府统一安排，对14位领导干部进行了任期经济责任审计，分别从内控制度、财务管理制度、资产管理等方面着手，针对审计查证的不同问题提出整改意见，从而正确评价了领导干部的工作业绩，促进廉政建设。

【杭州市江干区审计局】

区本级预算执行和其他财政收支审计　主要是对区本级财政、国资和地方税务部门进行审计。并在审计财政之前，对教育经费、农发基金等有关的专项基金进行了财政的外围审，提出了问题和意见5条，并就进一步加强预算管理、规范财政行为提出4点合理化建议。

交办项目及案件查处　1999年区委、区政府交办的审计及审计调查项目7个，其中有2个项目涉及干部违纪违法问题，金额达1465．62万元（上海金腾房地产有限公司公司董事长兼总经理吴众毅涉嫌违纪违法金额达1455．62万元；笕桥镇水澄村原村委书记董承德虚报、冒领公款10万元），司法部门均已立案审查。

领导干部经济责任审计　当年，我区安排经济责任审计项目11个，并建立“领导干部经济责任审计联席会议制度”和“审计结果定期通报制度”。

《审计法》颁布实施五周年纪念活动　1999年是《审计法》颁布实施五周年，我局开展了形式多样的纪念活动。副区长在《江干报》发表了题为《严格贯彻执行<审计法>，不断提高审计工作水平》的专题文章。同时还利用黑板报、宣传栏、《江干审计》等各种形式宣传《审计法》。

【杭州市滨江区审计局】

1999年度共完成审计项目38个。审计单位38户，审计金额51026万元。共查出违纪违规金额6321万元，其中应上缴财政金额450余万元。

查处经济案件　配合本级纪检、监察部门查处经济案件2起，查出虚报利润等违纪金额500余万元。

完成政府交办的任务　共审计了29个村的财务收支，对每个村审计的范围是二至七年，查处了十个方面的违规问题，违规资金3800余万元，其中应上缴财政370余万元。向区政府提交了审计综合报告，受到了区领导的高度重视，区纪检、监察，检察院等部门利用这些审计成果破获了一些经济案件。

经济责任审计　完成了区政府下达的5名领导干部经济责任审计项目，提交了5篇审计结果报告。

【萧山市审计局】

财政预决算审计　当年本级预算执行情况审计，查出违规行为金额7298万元，其中违规退库402万元，应缴未缴预算收入3215万元；对6个乡镇财政决算审计，查出违规行为金额1151万元，上交财政631万元。

任期经济责任审计　全年对40名领导干部实施经济责任审计，形式上离任与届中并举，方法上年审与轮审并用。通过审计，纠正违规行为金额9088万元。

审计队伍建设　坚持每周一次的学习制度。抓了“再树文明新风，再创工作佳绩”、“总结十五年，展望后五年，树立审计形象，创跨世纪业绩”两个活动的开展；同时实行了中层干部竞争上岗、一般干部双向选择的人事制度改革措施。

【余杭市审计局】　1999年共完成审计项目73个，查出违纪违规金额20577万元，提交审计工作报告、信息和审计反映等59篇。

财政同级审及其外围审　完成财政同级审项目1个，外围审项目13个。同级审突出对预算支出和内控制度的审计。通过外围审，查出违纪违规金额3548万元。

领导干部经济责任审计　组织完成了对4位领导干部的离任经济责任审计，和5名领导干部的届中经济责任审计。

开展举报审计　根据政府交办，配合市纪委完成了对市房地产经营公司有关违纪问题的审计。根据群众举报，开展了对市港航管理所等四家单位存在有关问题的专项审计调查。

依法行政　认真落实行政执法责任制，制订了《岗位目标考核办法》、《单项工作考核办法》等规章制度，顺利推行了政务公开制度。

【临安市审计局】　1999年共完成审计项目59个，查出违纪金额7776万元，其中上缴财政155万元，追回被侵占挪用的资金236万元。

经济责任审计　根据市委组织部的审计建议书，开展了对20位领导干部的届中经济责任审计，为组织部门考察任用干部提供建议。

竞争上岗　为了强化人事制度改革，建立起干部“能上能下、能进能出、优胜劣汰”的激励机制，进行了中层干部竞争上岗聘任制度试点工作。在组织、人事部门的指导下，有6位同志通过竞争程序走上中层岗位，一般干部通过双向选择到位。

【富阳市审计局】

社会保障基金审计　1999年，实施全市企业职工基本养老保险基金、机关事业单位职工养老保险基金、救灾合作保险基金、农村社会养老保险基金、女职工生育基金财务收支审计，揭露并处理下列问题：企业职工养老保险基金部分委托贷款未及时收回，农村养老保险基金出现政策性亏损，退休费统筹基金结余额下降，救灾合作保险基金存在资产风险，提出加大社会保障基金催缴力度，规范基金财务管理，着力防范基金资产风险的审计建议。

固定资产投资审计　完成市广电中心、市防汛大楼、恩波大厦等5个在建工程项目审计和竣工决算审计，发现部分工程项目未严格执行基建程序，项目超计划、超规模，而且为弥补资金缺口，违规动用专项资金，审计共核减工程造价165万元，责成追补损失浪费资金111万元。

干部经济责任审计　全年共完成10位市管干部任期经济责任审计任务。

【桐庐县审计局】　1999年度桐庐县审计局，共完成审计项目65个，为上级和县政府下达考核指标的144%。共查出各类违纪违规金额1775.54万元，其中应上缴财政和应追还被侵占、挪用的资金1275万元。对查出的各类问题，均提出审计意见及作出审计决定。共提交各类审计报告、信息简报23篇，其中被各级领导批示、批转或被有关部门及新闻单位采用13篇，采用率为56%。此外还促进完善各类规章87条。

完成县委、县政府交办审计项目34个，当年没有出现行政复议败诉和审计人员严重违反审计纪律情况；招商引资项目完成2宗，占县政府下达计划数的200%。

【建德市审计局】　1999年完成审计项目67个（计72个单位），查出各类违纪金额8577万元，揭露账外账4个，移送纪委、检察部门处理1人，建议内部处理4人，协助有关部门开展审计查证14项。

建设项目审计　根据上级审计机关要求，完成了我市重点建设项目三江标准堤、白沙大道竣工决算审计。审计中紧紧围绕资金这条主线，从资金源头入手，理清各类拨款渠道及转拨环节、资金到位等情况，并加强其项目建设程序的审查，从中评析它的合法、合规性，为规范工程项目建设管理起到了促进作用。

领导干部经济责任审计　1999年完成了37名市管领导干部经济责任审计工作。其中：离任审计23名，届中审计14名：乡镇领导23名（书记15名，乡镇长8名），部门领导14名。对28个审计单位的违纪违规问题作出了审计决定；对33个审计单位的一般性违纪违规问题进行了纠正，共提出审计意见和建议136条。

企业审计　根据市政府的交办，完成了对新安江无线电厂、新安江啤酒厂等企业在资产管理、财务核算方面的审计调查，提出了许多合理化建议，为深化企业改革，改善经营管理，发挥了积极的作用。

审计队伍建设　1999年，市审计局分层次在领导班子和审计人员中开展了党性党风和思想作风教育活动。对审计人员进行了业务和法制培训，举办了《行政复议法》等法律、法规知识讲座和审计知识竞赛，组织审计人员参加审计、会计中级职称考试；积极推行政务公开和行政执法责任制，把《审计法》规定的职责、权限、程序、审计纪律等内容公开上栏接受社会监督，并将行政执法责任逐一落实分解到局各职能科室；修订和完善了15项内部管理制度，加强了公务员考核、中层干部述职评议和岗位交流工作；注重审计业务建设，完善了《建德市审计局审计项目操作准则》等6个业务规范性文件的制订，加强了审计项目质量的考核工作；开展了对58个被审单位的审计回访，审计回访率达到81%；突出抓了《审计组廉政责任若干规定》落实工作，制订了《建德市审计局廉政建设责任制》和廉政督查制度，逐步形成了对审计项目的事前、事中、事后全过程的内外部监督管理机制。

【淳安县审计局】　1999年，共完成审计项目81个，审计查出各类违纪违规金额1671万元，上缴县财政105万元。共提交审计工作报告25篇，被上级审计机关和新闻单位采用18篇次。

大案要案审计查处情况　1999年，在专项审计中协助司法机关查实查清了淳安县临歧粮油公司经理、会计、出纳三人合伙贪污案等3起经济犯罪案件，挽回经济损失32万元，案犯已得到法律的严惩。

《审计法》颁布实施五周年纪念活动　在《审计法》实施五周年纪念活动中，全局副主任科员以上干部撰写征文12篇，王飞腾同志撰写的《赞美您——中国审计》一文，获浙江省审计厅征文比赛一等奖。

县基建工程造价审计中心成立　经县编委批准，淳安县基建工程造价审计中心于1999年10月成立。该中心的成立旨在规范全县基建工程的审计行为，节约建设资金，依法维护建设单位、施工单位的合法权益。

【宁波市审计局】

预算执行审计　市局在搞好“同级审”的同时，继续深化财政“上审下”工作，安排了对余姚市、奉化市、宁海县、北仑区、江东区、江北区等6个县（市）、区财政决算审计。审计发现违规行为金额25616万元，应交（已交）财政6571万元。

经济责任审计　1999年全市共实施经济责任审计项目72个，其中党政机关领导干部经济责任审计项目64个，厂长经理离任审计项目8个。还根据市人大的要求对人大开展评议的市经委、市交通委等4个负责人所在单位的财务收支进行了审计，发现经济案件线索移送案件6件，立案处理3件；被追究刑事责任的有4人，受党纪、政纪处理的有4人。

金融审计　我市两级审计机关历时6个月的时间，对市工商银行、市建设银行本级及所属26个支行实施了审计，共查出违规行为金额38701.35万元，其中违规贷款、投资、拆借29474.67万元，账外资产1946.48万元，“小金库”613.07万元。根据五级清分的工作要求，共延审贷款企业683家，贷款金额914305.23万元，基本摸清我市工行、建行信贷资产现状。

固定资产投资审计　全年对80个单位（项目）审计共查出违规行为金额9745万元，核减工程结算1477万元，应上交财政182万元。同时，市局按时完成了8个世行贷款项目审计，出具了内外合一的审计报告，对存在的问题如实作了披露。

企业审计　1999年企业审计的总体目标是立足财务收支真实性审计，努力为企业扭亏增盈服务。一年来共审计了58家企业，查出违规行为金额33456万元，还发现企业少计亏损15839.48万元。

行政事业审计　1999年全市组织实施了教育经费、科技经费、法院、检察院系统等240家单位审计，查出违规行为金额27495万元。对福利彩票和慈善总会的审计结果在《宁波日报》上予以公告，增加了审计透明度，较好地发挥了审计监督作用；加强对养老金的监督，审计反映了全市养老金当年收支不佳，支付能力逐年下降和挤占养老金等问题，受到好评。

政府交办项目审计　根据市领导的指示，我局对效实中学、工人文化宫等基建项目进行专项审计调查；还协助市检察院对五洲公司进行专案审计，为检察院审讯、办案提供了有力的证据。

宣传活动有声有色　在《审计法》颁布实施五周年之际，市长张蔚文于9月13日发表署名文章《坚持依法审计，促进宁波经济健康发展》。市局机关积极组织开展“树立审计形象，创跨世纪业绩”一系列活动，走向街头向群众宣传审计知识达千人以上，召开了审计机关成立十五周年回顾座谈会，开展了征文、文艺汇演活动，弘扬了审计正气，增强了凝聚力和战斗力。

【宁波市海曙区审计局】

保质保量完成审计项目　全局1999年完成审计项目共18项，在审项目2项，为年度计划的120%。查出违纪金额1363万元（决定处理处罚179万元，指明要求纠正1184万元），应缴财政175万元，归还原渠道资金4万元，已缴财政175万元。

抓好政治思想工作　加强政治理论学习，开展“三五”普法教育；组织党员干部开展“三讲”党风教育；在《审计法》实施五周年之际，开展了《审计法知识竞赛》活动，参赛人数达1700多人；实行政务公开上墙及亮牌上岗；在局内推行“双向承诺制”；加强干部廉洁自律工作。

【宁波市江东区审计局】

审计工作成果　1999年共完成审计项目14个，查出各类违规行为金额2001万元，上交财政1294万元，全年共提交审计报告、审计信息7篇。全年主要开展的审计项目有：对区本级预算执行和其他财政收支情况进行了审计；在对区贸易局、计生委、农业局等3个单位领导干部进行任期经济责任审计中，查出各类违规金额249万元，上交财政150万元。

【宁波市江北区审计局】

1999年共完成审计项目20个，其中区委、区政府交办项目6个（含干部经济责任审计2个）；同步审计项目3个，其他财务收支项目10个，专项审计调查1个。通过审计，共查出违纪资金1351万元，应缴财政1301.8万元。审计中发现大要案线索2件，并及时向检察和纪检部门作了移交处理。其中某村党支部书记孙某侵占集体资金69万元，被区人民法院判处有期徒刑3年；某村党员徐某贪污公款8000元，被区纪委处以开除党籍处分。

审计执法力度进一步加大　全年共作出审计决定7个，提出审计意见70余条。经审计跟踪和被审计单位返回的执行情况统计，审计决定执行率100%，审计意见采纳和整改率达90%以上。

审计程序进一步规范　结合审计政务公开，对外公开了审计计划、审计程序、审计纪律、审计权限等，对内制订了《审计项目质量考核办法》、《审计执法责任制追究》等规章制度。审计风险意识进一步加强，审计质量有较大提高。经对被审计单位跟踪调查，被审计单位对审计事项的综合满意度达95%以上。

【宁波市镇海区审计局】

1999年，共完成审计项目25个，查出违规金额3664万元，应交财政189万元，已交财政189万元（未包括年终处理某公司收缴财政150万余元），其中罚款2万元，应核减财政拨款或补贴金额344万元，应归还原资金渠道金额907万元。

上级审计机关下达的审计项目　本年度共完成署定省定审计项目12个，其中工商银行支行2个，建设银行支行1个。

政府交办项目　1999年，完成领导交办项目13个，对规范部门的经济秩序，加强资金管理，明确领导干部的经济责任，为发展全区经济，促进廉政建设起到积极作用。特别是对两个乡镇财政决算审计，摸清了家底，使乡镇财政的现状和存在问题得到了全面深刻的反映，引起了区级领导及有关部门的高度重视，出台了一系列的规范政策和整改措施。

【宁波市北仑区审计局】

1999年，全局共审计27个项目，完成审计项目计划的108%，查处违纪违规资金2252万元，应上交财政960万元，核减工程造价27万元，归还回原渠道资金8万元。

经济责任审计　完成领导干部经济责任审计项目9项，审计评价客观，反映情况属实，及时为组织部门考核、评价领导干部提供参考依据。

加强同步项目审计　精心组织，保质保量完成对工行、建行系统资产、负债、损益审计和企业审计等10个同步审计项目，通过审计，纠正了金融机构挤占成本虚列支出及企业多转成本、漏交税金等违纪违规行为，避免了国有资产的流失。

【余姚市审计局】　1999年共完成审计项目47个，查出违规金额19938万元，上缴财政2621万元，核减工程支出714万元。

财政预算执行情况审计　通过对余姚市财政局、地税局、地方金库1998年总预算执行情况及其他财政财务收支系统审计，增加财政收入2530万元，纠正违规退库390万元，并对12个一级预算单位进行延伸审计。

经济责任审计　领导干部任期经济责任审计共24项，揭露了部分领导干部违规经营期货交易造成亏损613万元，个别领导干部自购自批，冒领公款1.4万元等大案要案，并及时移交有关部门处理。

开展固定资产投资审计　核减工程款714万元，补缴工程税金120万元，建议处理了个别单位大额现金支付工程款等严重违纪问题，规范了固定资产投资行为。

同步项目审计　对建设银行余姚支行、工商银行余姚支行进行审计，着重检查了资产质量，对不良资产问题提出了审计建议。

审计宣传　开展《审计法》颁布实施五周年宣传活动，通过座谈会、审计成果报告会等形式，宣传《审计法》，进一步强调了依法办事原则，出台了《余姚市审计局政务公开事项》，以接受社会各界对审计工作的监督。

【慈溪市审计局】　1999年全局共完成审计项目85个。查出违纪违规金额1.20亿元，上缴市财政53.11万元，提出审计综合报告、调查报告、信息等被上级审计机关及党委、政府部门录用75篇。

财政同级审　本级预算执行情况审计进一步深化，通过对本级财政和24个外围单位财政财务收支的审计，可增加财政收入912.87万元，代表市政府向市人大常委会所作的审计工作报告得到充分肯定。

经济责任审计　1999年先后组织开展了4个单位的领导干部任期经济责任审计，通过审计查出了3个单位存在账外资金、2个单位偷漏税金等违纪违规问题，对审计结果专门向市委书记办公会议进行了专题汇报。

基本建设投资审计　继续对市财政投入单项50万元以上的36个各类基建项目实施审计，审计资金总额1.82亿元，核减工程预决算金额1025万元。

审计宣传　围绕《审计法》颁布实施五周年，以“总结十五年，展望后五年，树立审计形象，创跨世纪业绩”为主题，以座谈会、编播电视专题片、征文、审计公告等形式，开展了“八个一”宣传教育活动，取得了较好成效。

【奉化市审计局】　1999年审计33个单位，审计总额达135389万元，查出违纪金额884万元，上缴财政44万元，追还侵占挪用资金30万元，减少财政拨款或补助3万元。

预算执行情况审计　对1998年度本级财政预算执行情况和基金预算、财政周转金进行审计，并延伸审计了金库和三个税务所，审计总额达48548万元。审计肯定了财政形势有所好转，同时指出了存在违规退库，政府专项资金管理、核算不规范，财政周转金沉淀资金多等问题，要求加强预算约束，切实提高财政运行质量和效益。

开展领导干部经济责任审计　对14个局级和镇乡主要领导进行经济责任审计，对严重违纪的三个单位滥发奖金补贴进行了通报和罚款等处理。

同步项目审计　对工商银行、建设银行1998年度的资产、负债损益情况进行全面审计，重点对损益真实性和信贷资产的真实合规性及其质量进行审计，除对上述两家商业银行的本身经济活动进行审计外，还延伸审计了60多家贷款企业，初步起到摸清家底促进管理的目的。

【鄞县审计局】　1999年，全局共审计40个项目，完成审计项目计划的108.11%，查出违纪金额4595万元，应上缴财政44万元，增加财政收入44万元，应归还原渠道资金152万元。

积极完成交办任务　在完成领导交办和协助有关部门参加的审计项目中，全年共投入97人次，计1283工作日。审计不仅为全县社会稳定作出了贡献，而且积极为各级领导提供了第一手资料，充分起到了审计监督与服务并重的作用。

推进乡镇审计发展　1999年度乡镇专兼职审计人员已达100余人。为促进乡镇审计的规范化建设，组织举办了全县乡镇审计人员持证上岗培训考试，共有112名审计人员取得了上岗证。

加强审计宣传　为搞好《审计法》颁布5周年和审计机关成立15周年的庆祝活动，举行了一次全县性审计知识竞赛活动，通过新闻媒介，向社会宣传审计，扩大了影响。

【象山县审计局】　1999年共完成审计项目37个，查出违规违纪金额5427万元，上缴财政528万元，减少财政拨款或补贴267万元，应归还原资金渠道534万元。

本级预算执行审计　通过对本级财政和7个部门外围审计和3个财税分局的延伸审计，查出违规金额911万元，应增加财政收入448万元，提出9条审计意见建议，得到县政府、人大的重视和好评。

经济责任审计　全年共实施了9个单位的审计，查出违规金额897.38万元，要求纠正858.70万元。

企业审计情况　配合县属企业改革，对5家企业进行了厂长（经理）离任经济责任和财务收支审计和审计调查，查出违规金额883万元。

【宁海县审计局】　共完成审计项目36项。查出违纪金额6163万元，上缴财政686万元，追回挪用专项资金135万元，建议有关部门给予行政处分1人。

完成县政府交办任务　共完成县政府交办的8个重点审计单位（项目）的审计工作。

审计宣传　在《宁海报》上将《审计法》全文刊登；在闹市区设宣传橱窗3个；在宁海有线电视台和中心街道播放和悬挂宣传标语18条次。

【温州市审计局】　1999年底，局内机构有办公室、人教处、综合处、法规处、财政审计处、金融审计处、行政事业审计处、工交审计处、商贸审计处、固定资产投资审计处、外资运用审计处。下辖11个县（市、区）审计局，全市审计系统干部职工263人。

审计工作成果　全市共完成审计项目482个（其中本级68个），共查出违纪违规金额137287万元（其中本级71452万元），应上交财政15904万元（其中本级13041万元），减少财政拨款637万元，追回被侵占挪用资金14108万元，处以罚款494万元，移送有关部门查处案件12起，被采用审计信息（新闻）251篇（次），在改革开放和经济建设中发挥了积极作用。

完成上级下达审计项目　全市共完成上级审计机关下达审计项目110个（市局本级44个），其中，署定项目80个，省定30个。完成当地党委、政府交办的领导干部经济责任项目251个。根据审计署的统一安排，市审计局和9个县（市、区）审计局同步开展浙东海塘温州段预算情况审计，查出违纪违规金额310万元，发现贪污、受贿、挪用公款案件线索1起，并移送司法机关进一步查处。市局对浙江省正益集团公司的审计发现，该公司截至1998年底少计亏损7646万元。总经理沈煜生等5人有严重违纪违法问题，被移送司法机关进一步查处，现被刑拘。

查获大要案线索　1999年，全市审计机关先后查获瑞安华瑞电厂总经理张叶生受贿220万元、贪污3万元、挪用公款370万元，文成县民族宗教局科长雷某贪污扶贫款，永嘉两法官贪污、挪用公款，苍南县灵溪镇二轻办工作人员截留、私分养老保险金等12件大要案。到年底，经移送纪检、监察部门和司法机关进一步查处，涉案人员中被逮捕11人，刑拘5人，受到党政纪处分9人，有力地打击了经济犯罪，树立了审计权威。

乡镇财政审计　8个县（市、区）对316个乡镇财政审计（调查）发现，有221个乡镇不同程度存在赤字或隐性赤字，占被调查乡镇总数66.8%，合计赤字35642万元。

开展审计调查　全市审计机关同步开展了商贸企业对外投资情况审计调查，被调查企业共185家，累计对外投资3.27亿元。市本级对29家商贸企业1996年至1998年对外投资情况审计调查表明：投资项目技术含量低，结构不合理，经济效益差，后果令人担忧。这一问题引起了市委、市政府领导的高度重视。

内部审计　全市内部审计机构161个（其中市本级27个），内审人员523人（其中市本级137人），完成审计单位1055个（其中市本级607个）。

社会审计　温州市审计（基建）事务所全年共完成委托项目895个。经查证，核减虚假注册资金1230万元，核减工程造价3500万元，取得显著的经济效益和社会效益。9月份，市审计事务所顺利完成了脱钩改制工作。

受表彰情况　6月，市局党总支被中共温州市委评为先进基层党组织。

【温州市瓯海区审计局】

1999年设有办公室、财政金融审计科、行政事业审计科、企业和固定资产投资审计科。

审计工作成果　1999年完成审计项目21个，其中审计调查1项，调查单位10个。共查出违纪违规金额1111万元，上缴财政307万元，应减少财政拨款或补贴76万元。应追回侵占挪用资金316万元。移送纪检部门案件1件。向省、市、区提交审计信息（采用）19篇。

完成区政府交办任务　1999年完成区委区府交办的领导干部任期经济责任审计任务3项。查出违纪违规金额471万元，移送纪检部门案件1件。自1999年8月15日开始，受区委、区府的委托，我局担负起对全区44家资产总额达14亿元的农村合作基金会的清产核资指导工作，到12月底为止，已圆满完成任务，得到了上级有关领导的肯定。

完成上级下达审计任务　完成审计署项目2项，省审计厅项目3项，市审计局项目4项。

【温州市鹿城区审计局】

1999年末，设有办公室、审计一科、审计二科。

审计工作成果　1999年完成审计项目31个，为年度计划的172%，查出违纪违规金额4009.72万元，上交财政73.25万元，调账处理3756.5万元；完成基本建设项目立项审计31项，建筑面积75503m²，总投资13000万元。

完成区委、区政府交办任务　1999年共完成区委、区府交办的工作任务11项，审计清理单位62个。4月，负责荣信、瑞丰物业租赁公司清理整顿工作，抽调局领导和业务骨干共4人，历时五个多月，摸清公司4年来经营情况，为区政府决策提供依据。

积极探索固定资产投资审计　圆满完成了鹿城区浙东海塘建设项目仰义塘工程预算执行情况审计。同时完成了公安“新三所”基建竣工、仓储建设工程和江滨路鹿城段财务收支审计。

【温州市龙湾区审计局】　1999年设有办公室、财金行事审计科、企业投资审计科。

审计工作成果　完成审计项目18个，查出违纪违规金额3980万元，应上交财政90万元，罚款9万元，追回移用资金314万元，核减工程造价312万元，移送纪委案件1件。

完成政府交办及上级下达审计任务　1999年完成区委、区政府交办工作任务6项，查出违纪违规金额497万元；完成审计署、省厅、市局下达的审计任务12项，查出违纪违规金额3483万元。

【乐清市审计局】　1999年底，设有办公室、综合科、财政金融审计科、行政事业审计科、企业审计科、基建外资审计科等机构。

审计工作成果　1999年，共完成审计项目44项，其中：审计调查5项，工程预决算审计10项，财务收支、经济责任、资产负债损益等审计项目29项。共查出违纪违规金额18558万元，上交财政332万元，追还侵占挪用资金391万元，建议给予处理2人。共提交审计专项报告、审计调查、审计信息20篇。

【瑞安市审计局】　1999年设有办公室、行政事业审计科、财政金融审计科、企业审计科、基建审计科、综合科等机构。

审计工作成果　共完成审计项目51个，共查出违纪违规金额7491万元。同市纪委、监察局、检察机关等部门配合，查处经济案件4起，涉案人员20多人，为廉政建设和社会稳定发挥了作用。上缴市财政604万元，核减基建工程款310万元。

完成市政府交办任务　共完成瑞安市委、市政府交办的工作任务16项。在重点基建项目市华瑞电厂、阁巷标准堤塘工程审计中，查出瑞安市经委副主任、三电办主任、华瑞发电有限公司总经理张叶生收受他人贿赂220万元，贪污3万元，挪用公款370万元及100多万元财产来源不明等犯罪事实；查明阁巷海堤建设指挥部会计郑昌林侵吞公款83806元，收受他人贿赂5000元，挪用公款25万元的犯罪事实，后又带出阁巷镇原镇长余兆富的受贿案件，3人都受到了法律的严惩。

完成上级下达审计任务　1999年共完成审计署、省厅、市局下达的审计任务8项，审计单位73个，查出违纪金额2606万元。

【平阳县审计局】　1999年设有办公室、综合法规科、财政金融审计科、行政事业审计科、工交商贸审计科、基建外资审计科，下属单位基建审计中心。

审计工作成果　1999年，共完成审计项目44个，查出各种违纪违规金额637万元，决定应上交财政353万元，应追还被侵占挪用的专项资金190万元，共为国家增收节支543万元，向县委、县政府和上级审计机关提交审计综合报告、审计调查报告和审计信息27篇，被批示、采用9篇（次）。

【苍南县审计局】　设有办公室、财政金融审计科、行政事业审计科、固定资产投资审计科、工交企业审计科、商粮贸企业审计科等机构。

审计工作成果　1999年，共完成审计项目52个。共查出违纪违规金额2526．34万元，其中应上缴财政金额　599．15万元。查出百万元违纪单位3个；“小金库”3个，金额计117．61万元。建议纪检、监察机关给予党政纪处分3件4人。共提交综合报告5篇、审计信息64篇，被上级审计机关和有关部门、新闻单位采用审计信息35篇次。

完成县政府交办任务　1999年，完成交办的领导干部任期内的经济责任审计22项，共查出违规金额2871．41万元，应上交财政42．24万元。

【永嘉县审计局】　1999年底设有办公室、财政金融审计科、行政事业审计科、企业审计科、基建外资审计科，所辖一个审计事务所，11月份增设一个审计教育培训中心。

审计工作成果　1999年共完成审计项目40个，其中署定项目3个，省定项目2个，自定项目10个，县领导交办21个，查出违纪违规金额8741万元，上交财政金额288万元。减少财政拨款497．3万元。在国家、省、市、县重要刊物上发表信息（报告）36篇，赢得了县级政府、有关部门和社会各界的广泛赞誉。

查处经济案件　查出案件2起，建议行政处分3人。在署定项目法院财务收支审计中，发现法院工会会计兼出纳马××贪污公款15899．80元；沙头法庭陪审员胡××贪污公款9743．99元，挪用公款61600元。在文化局财政财务收支审计中，发现局办公室主任兼会计陈×将《在大屋下的丫环们》剧组经费结余款13420．01元留在己处。

【洞头县审计局】　1999年设办公室、财政金融审计科、行政事业基建审计科、企业审计科等机构。

审计成果　1999年共完成审计项目35个，其中：署定项目2个、省定项目6个，查出违纪违规金额509万元，审计处理处罚上缴财政72万元，追还被侵占挪用资金164万元，调整账户109万元，移送纪检监察部门处理2人。1999年，完成教育经费审计项目5个，查处“小金库”2个、“小金库”收入总额70万元，查出某校出纳挪用公款4．2万元。对造地改田资金、扶贫资金、财政信用资金、农业发展基金、公路建设资金、科技三项经费、世界银行贷款的滩涂开发资金、五岛相连工程资金、企业职工基本养老保险金等进行了专项审计或调查，查出被侵占挪用专项资金164万元。是年，根据县委组织部门的安排，对7家单位领导干部任职期间经济责任进行了审计。

【泰顺县审计局】 1999年设有办公室、财政金融审计科、行政事业审计科、企业（基建）审计科等机构。

审计工作成果 1999年审计项目计划25个，实际完成审计项目63个，其中：完成审计调查3项，调查单位48个。共查出违纪违规金额362.25万元，上交县财政金额87.22万元。提交审计报告63篇，审计信息25篇，被采用信息18篇。

完成县政府交办任务 1999年共完成县委、县政府交办的工作任务36项，审计内容是：领导干部经济责任审计和乡镇财政、希望工程审计等。

【文成县审计局】 1999年设有办公室、财政金融行政事业审计科、企业与基建投资审计科。

审计工作成果 1999年共完成审计项目20个，其中调查审计项目4项，调查单位67个，审计金额3268万元。共查出违纪违规金额4056万元，上缴财政96万元。共提交审计报告18篇，被党政机关、上级审计单位和新闻媒体采用稿件17篇。

完成上级下达审计任务 1999年共完成县委、县政府交办的工作任务4项；完成审计署、省、市下达审计任务16项，审计金额9580万元。

在财政同级审中，对全县乡镇财政赤字和商贸企业对外投资进行了审计调查，对财政周转金和专项资金进行了审计监督。县政府第9次常务会议专题听取了同级审汇报，充分肯定了审计成果，就审计发现的问题提出整改措施。在对世界银行贷款项目溪口至岙底公路改建工程审计中，发现工程项目自行变更设计使项目投资超合同价232万元，被审单位已予纠正。

【绍兴市审计局】 1999年，绍兴市审计机关共完成审计项目367个，查出违规行为金额3.66亿元，应上交财政4410万元，已上交财政4288万元，核减财政拨款或补贴1924万元，应归还原渠道资金614万元，向各级党委政府及上级部门提交审计工作报告信息162篇次，被上级审计机关和地方党委政府采纳53篇，建议纠正地方不当规定7条。

绍兴市审计局在实施市本级财政预算执行情况审计中，把审计重点放在预算支出和内部控制上，并将科技三项费用和部分国有企业列入了外围审计内容，实施了对嵊州、新昌两县（市）1998年度财政决算“上审下”审计，查出违纪金额716万元，揭示了少计少征企业税金、周转金逾期比例较高等问题。

按省审计厅的统一部署，组织在全市范围内开展了对工商银行、建设银行系统的资产、负债、损益审计。围绕社会热点、难点，开展了对绍兴化肥厂、绍兴自行车飞轮厂、绍兴电器厂等4家企业的真实性审计，核实了资产，查出了收入不实、成本不实、有账无实等问题，找出亏损原因，提出了扭亏建议。同时开展了农资专项审计、农发基金审计，以及法院财务收支、失业保险金、养老保险金、赈灾福利彩票活动的审计监督。

突出抓了重点建设项目审计，主要是投资1.36亿元的绍兴市排污二期建设项目和投资1.3亿元的绍兴文理学院校舍建设一期工程审计项目，同时完成了绍兴市城市开发项目办公室的世界银行贷款城市开发项目1998年度财务收支审计。组织对19位市管干部进行经济责任审计（其中离任审计2位，任期审计17位），揭示了少数领导干部违规投资、出借资金、擅自转让国有资产、专项资金管理不善等问题。

绍兴市审计局为庆祝审计机关成立15周年和《审计法》颁布五周年，部署了“五个一”活动：拍摄新闻专题节目，举办全市审计机关文艺调演，推出热点项目社会公告，召开各界人士座谈会，编印审计论文集等。

【绍兴县审计局】 1999年度镇财政审计项目5个，通过审计，决定处理处罚2个镇，处理收缴额3.13万元，指明要求纠正3个镇，纠正金额44.25万元。同时对10个乡镇、13个局办和1个国有企业共31位领导干部进行了任期经济责任审计，其中离任审计7位。

根据审计署对工行、建行同步审计的安排，在审计中采用了电脑汇总系统。1999年度共实施企业审计4家，其中真实性审计2家，查处违纪金额1109.29万元，上交财政11.78万元。通过对绍兴化工总厂的真实性审计，核增净资产1094.22万元，全厂拥有净资产6580.30万元，树立了一个家底实，风气正，人心齐的县属国有企业典型；通过对东方丝绸集团公司审计，核减净资产9675.13万元，揭露了一个资不抵债7291.21万元的“空壳”企业，从正反两个方面揭示了企业管理的重要性和内部审计的必要性。

【上虞市审计局】

《审计法》颁布实施五周年纪念活动丰富多彩 分别邀请了绍兴电视台、上虞电视台摄制该局15年的审计成果新闻节目；《上虞日报》上开辟专版介绍了该局15年成长、发展、壮大的创业历程，其中市长致文全社会，要求共同关心和支持审计工作，对审计机关在工作中遇到的“审计难、处理难、执行难”的“三难”问题给予充分理解；在市级机关墙报上，用九个版面，大量的图片、数据和文字，图文并茂、直观地宣传了审计工作15

年的丰硕成果。

财政审计不断深化 市财政预算执行审计中，查证了部分预算收入滞留未入库、部分收入退库不符规范、大额预算外专项资金及专户储存资金被有偿使用资金占用等事实，提出了加强对企业经营者的税法教育和清理整顿财政有偿使用资金的建议。乡镇财政审计共查出违纪违规金额317．19万元，其中决定处理处罚金额152．73万元，应交财政金额25．29万元。

领导干部经济责任审计日趋完善 认真贯彻落实中办、国办发布的两个《暂行规定》，去年对12个单位的领导干部实施了经济责任审计，为组织部门考察任用干部提供了依据。

【诸暨市审计局】

深化财政审计 按照“摸清家底，揭露问题，促进管理”的总要求，审计了1998年度同级财政预算执行情况，对个别财税所存在的欠税数额较大和财政信用资产质量不高等问题提出了审计意见。

规范责任审计 根据组织部的交办，共对16个乡镇领导进行了任期经济责任审计，查出违规金额819万元，基本摸清了乡镇财政的家底，同时总结共性问题向市领导作了汇报。

改进企业审计 通过对13家企业的审计，核实了资产、负债和损益，并对真实性审计进行了探索，查出违规金额8176万元，各类潜亏6900万元，促进了企业管理，规范了会计核算。

注意发现大要案线索 遵照朱总理提示，发扬认真细致严谨的工作作风，发现大要案线索2起，为国家挽回损失100多万元，涉案2名主犯分别被判8年和10年有期徒刑，其余2人也受到了党纪处分。

重视审计宣传 为纪念《审计法》实施五周年和诸暨市审计局建局15周年，组织了文艺演出，并在诸暨报上开辟了宣传专版。

【新昌县审计局】 全年完成审计项目34个，查出违规行为金额2238万元，上缴财政75万元。

规范和深化县财政预算执行情况审计和乡级财政审计，注重内控制度审计和核心审计与外围审计的结合，查出违规行为金额1366万元，增加基金预算收入290万元，提出审计建议意见17条，促进了财政资金的规范管理和使用效益的提高。对12名县管领导干部进行了经济责任审计，既明确了经济责任，又查处了违规行为。改进和深化企业审计，突出了真实合法的审计内容。加强和深化教育经费和社保资金等专项资金的审计。探索县2个重点工程的投资审计，促进工程的顺利进展。

【嵊州市审计局】 1999年，共完成审计项目45个，查出违纪金额1844．76万元；追还侵占挪用资金1098．38万元，上交财政330．05万元；罚款5．7万元；较好地发挥了审计监督和服务的作用。

财政同级审计围绕预算收支、向税收征管、入库方面进行延伸，核实财政收支的真实性和合法性，审计后，增加财政收入113．63万元。

全年对16个乡镇、22位离任的党政正职进行离任经济责任审计。对全市28个乡镇的财政情况和领导干部工作业绩进行审核及评价，为干部年终考核提供了依据。

结合国庆50周年和审计机关成立15周年，开展了15年审计工作历程回顾、审计知识竞赛、编排《审计把方向》的越剧演唱节目，在《嵊州日报》上开辟审计宣传专栏和专刊，提高了审计的知名度。

【嘉兴市审计局】

财政审计有了新的进展 我市1998年度预算执行情况审计工作的主要特点是：一是在审计内容上加强了外围审计、专项资金审计与核心审计的结合，突出了对预算支出的审计；二是在审计方法上，注重财政财务收支审计与内部控制制度审计的结合，促进了财政部门和预算执行单位改进管理、强化自我监控意识。

金融审计取得新的成果 根据审计署的统一授权，对工行、建行系统进行了资产、负债、损益的真实合法性审计。在组织审计实施中，首次实行了审计人员分工责任制和审计业务监督制、全面探索推行了计算机辅助审计，实行了由前台到后台、由财务到业务、由账户管理到业务资金走向三个重点的双循环，从而为进一步深化金融审计创造了良好的条件。

经济责任审计 领导干部经济责任审计在继续保持“确保五个统一，突出五项重点，区分五条界限”做法的前提下，着重在规范操作上进行了改进和完善，审计质量也有了新的提高。首次将经济责任审计项目在年初一次列入项目计划，首次开展了领导干部经济责任的任中审计，首次对经济责任审计中发现的随意处置国有资产，超标准发放奖金以及偷漏税款、私设“小金库”等违纪违规问题进行了处理。与此同时，还第一次对领导干部个人违反有关规定多发的奖金和漏缴的个人所得税进行了收缴，得到了市领导的充分肯定。

注重发现大要案线索 市审计机关在认真履行审计监督职责的同时，认真贯彻朱总理关于”全面审计、突出重点，注意发现大案要案线索”的指示精神，在注意发现大案要案线索方面取得了明显进展，向纪检、监察和司法机关移送案件3件，部分涉案人员已受到党纪、政纪处分或被依法追究刑事责任，其中涉及县处级领导干部的案件有2件，较好地发挥了审计机关在加强廉政建设和维护社会稳定中的作用。

充分宣传《审计法》和审计工作取得的巨大成就 市审计机关组织开展了“总结15年，展望后五年，树立审计形象、创跨

世纪业绩”活动，并以“五个一”工程为重点加强对外宣传。一是在《嘉兴日报》开设纪念审计机关成立15周年宣传专栏；二是拍摄题为《改革大潮中的嘉兴审计》电视专题纪录片；三是编印《嘉兴审计》纪念画册；四是召开纪念我市审计机关成立15周年暨《审计法》颁布实施五周年座谈会；五是汇编题为《耕耘与收获》的优秀审计论文和征文集。

【嘉兴市秀洲区审计局】

深化财政审计　拓展和深化财政审计，坚持“三年审一次，一次审三年”的乡镇财政审计制度，开展了6个乡镇的财政决算审计，查处违纪违规金额233万元，收缴财政139万元。

促进专项资金管理规范化　以深化各项专项资金的审计为重点，促进专项资金管理规范化，特别是农业专项资金审计，查出项目变更未经报批、子项目区财务管理薄弱、农发基金违规使用和出借等问题，及时得到了纠正。

领导干部经济责任审计　审计共涉及5个部门、6个乡镇的17名领导干部，审计发现并处理了某乡非法截留教育费附加的事件。区委、区政府还召开了由组织、审计、纪检监察、财政和人事等部门参加的领导干部经济责任审计分析会，对乡镇干部收入分配无度的问题，区委、区政府出台了规范乡镇干部收入办法。

【桐乡市审计局】

努力完善财政同级审计　一是对国库进行延伸，揭露了国库在办理收支业务中执行政策不到位，核算不严格，内控制度不完善等问题；二是对预算支出进行延伸，做到“抓一点，审一线”，成效显著。今年发现一个单位有截留下岗职工生活及补助的问题，目前尚在进一步查证；三是对内控制度进行延伸，通过对综合预算制度执行情况的测试，发现财政部门在实际执行过程中存在综合预算编制不完善，对部分单位超指标拨付及支出缺乏制约措施等问题，提出了改进意见和建议。

领导干部经济责任审计　1999年，对全市21个部门领导干部任期经济责任进行了审计，集中反映了部门中较为突出并带有一定倾向性和苗头性的违规违纪问题。

企业审计　我局根据市政府交办，对一家福利皮件厂资产、负债、损益情况进行审计。通过审计，核实该厂资不抵债1854万元，同时发现经济案件线索，提供和移交有关部门。目前该厂前后两任厂长已被逮捕。

【海宁市审计局】

财政审计　贯彻”摸清家底、揭露问题、促进管理”审计工作要求，将财政同级审与乡镇财政财务收支审计、财政性专项资金审计相结合，揭示财政资金运行中突出的问题。同时，深入分析乡镇运行体制等问题，提交了《乡镇财政面临的困难与建议》等学术理论文章，被市委《情况反映》增刊全文转载及省厅领导肯定。

金融审计　根据审计署工作部署，分别对中国人民建设银行海宁支行、泰山支行及中国工商银行海宁支行1998年度资产、负债、损益情况进行审计，坚持五个统一，做到上下联动，共收缴各类违纪金额135．60万元。

抓大要案审计　审计工作中做到：一是转变观念，调整思路，增强案件意识；二是建立完善工作制度，增强审计事业心与责任感；三是密切部门协作，强化组织领导；四是严格审计程序，改进审计方法；五是勤于思考总结，综合分析调研，把抓大要案始终贯穿于真实性审计中，年内向纪检监察机关发出四个移送意见书，其中4人分别判有期徒刑13年、11年、10年及2年6个月，1人开除党籍，1人正在立案侦查中。《审计、思索、启迪》案例分析得到嘉兴市委、市政府批转。

经济责任审计　年内实施领导干部任期经济责任审计7个，为党政部门任用干部提供量化考核依据。

【平湖市审计局】

领导干部经济责任审计　本年实施了对44位部门、乡镇领导干部经济责任审计。通过审计，查处违规行为金额5525万元，应上缴财政29万元。

审计基础建设　一是以创建“文明单位”等活动为载体，加强机关思想作风建设；二是抓好机关制度建设，修订完善有关党风廉政建设、业务操作规程、行政管理三个方面共31个规章制度，汇编成《机关工作人员手册》，发给每一位审计人员；三是实施了新审计工作底稿，实行审计管理科专门复核制度和审计业务会议制度；四是改善审计硬件设施条件，建成并投入使用新办公大楼，各科室配备了计算机，为逐步实现审计现代化打下了较为扎实的基础。

【嘉善县审计局】

预算执行和财政收支审计　突出重点，不断深化财政审计，在总结前几年经验的基础上，按照“摸清家底，突出重点，揭露问题，促进规范”的总体要求，重点突出了对预算支出、内控制度的审计。通过审计，较为有效地为政府进一步全面了解财政预算执行情况，为县人大常委会实行有效的监督提供了依据。

大案要案查处　在对魏塘镇财政审计中，发现原会计有挪用、贪污嫌疑的情况，立即开展专项重点审计，在基本查清了贪污嫌疑的事实后，及时移交检察机关处理。

经济责任审计　根据组织部门的建议，完成了6个乡镇和3个行政部门正职领导的离任经济责任审计，审计中着重改进和完善规范操作方面，审计质量有了新的提高。

【海盐县审计局】

重视财政审计　县级财政预算执行审计以促进积极财政政策

的实行，规范财政分配秩序和财政管理行为，提高财政资金使用效益为目标，认真做好县级预算执行情况审计。通过审计，基本摸清了财政家底，揭露了财政预算执行和财政资金管理中不真实、不合规、不规范等问题，增强了财政部门的法律观念，促进了财政财务管理水平的提高，使政府能比较全面客观地了解财政财务收支和资金结余的真实情况，强化了政府宏观调控手段。

经济责任审计　全年共完成16个乡镇、部门的领导干部经济责任审计。按县委扩镇并乡工作要求，通过对10个乡镇领导干部经济责任审计，摸清了家底，为全县扩镇并乡工作的顺利实施打下基础。

审计宣传活动　以“总结十五年、展望后五年、树立审计形象、创跨世纪业绩”活动为主线，以审计法颁布实施5周年为契机，开展《审计法》和审计成果宣传活动.在海盐报上开设审计专版，连续四期，分九个部分，介绍审计工作、审计案例和审计法知识问答；制作审计15年电视专题篇一部，在海盐电视台播映；编辑《审计理论与实践》论文集，收编审计人员理论研讨文章25篇；举办了由县级四套班子领导和有关部门、乡镇领导、内审组织负责人、特约审计员参加的审计法颁布实施5周年暨县审计局成立15周年座谈会。

【湖州市审计局】　湖州市审计局下辖3个县审计机关。

财政审计取得新进展　财政同级审工作以规范预算分配秩序和财政管理行为为重点，审计的深度、处理力度比前几年有了新的进展。主要表现在三个结合上，即：强化外围审计与核心审计的结合；强化专项资金审计与核心审计的结合；强化财政财务收支审计与内部控制制度审计的结合。

企业审计突出查处大要案　1999年共向司法机关移送经济案件8起。如对原湖州东风丝织厂破产责任专项审计调查，审计组历时四个多月，先后审核了1500多本凭证报表，延伸审计和调查单位近百个，查明该厂原厂长及有关人员违法犯罪线索向司法部门移送案件6起。

加强审计基础工作　着重做好四个抓：一抓规范，提高规范操作和防范审计风险能力。二抓质量，提高审计执法水平。1999年继续开展了审计质量检查和审计项目评优活动，强化“四级把关”制度，认真做好审计复核和审理工作。三抓审计宣传，扩大审计影响。以纪念审计法实施5周年为契机，先后召开了“审计工作跨世纪发展座谈会”和“纪念审计法颁布5周年座谈会”，宣传了审计工作，扩大了审计影响。四抓内审，发挥内审基础作用。同时根据有关要求，顺利完成了审计事务所的脱钩改制工作。

【德清县审计局】　1999年内设综合科（办公室）、财政金融审计科、行政事业审计科、工商企业审计科、基本建设审计科等机构。

审计工作成果　1999年共完成审计项目41个。查出各类违规金额3326万元，应交财政104万元，已交财政97万元，其中专项审计项目5个，调查单位24个。注重发现大要案线索，在对一家国有企业亏损调查审计中发现“小金库”563.29万元，查明问题并及时移交县纪检监察机关，积极配合有关部门查处7名违纪人员。提交审计工作报告和信息48篇，被有关部门、新闻单位采纳26篇。

完成县政府交办任务　1999年开展了对5个乡镇财政审计，针对存在的问题及时向县委、县政府提交了处理意见和建议。

依照中办国办两个《规定》完成县委县政府交办的对9名领导干部经济责任审计。

【安吉县审计局】　1999年设有办公室、综合科、财政金融审计科、行政事业审计科、工商企业审计科等机构。

审计工作成果　1999年共完成审计项目26个；完成审计调查1项，调查单位7个；审计金额95605万元；共查出违纪违规金额1888万元；移送贪污贿赂案件2件。同县纪检、监察、法院等部门配合，查处经济案件1件，为社会稳定发挥了作用。应上交县财政130万元，共提交专题审计报告1篇。

完成县委、县政府交办任务　1999年共完成交办的工作任务8项17人次，完成县政府交办的审计项目5个。一年间，为配合全县“规范农民负担收费工作”、“预算外收支两条线重点检查”、“供销社系统财务挂账清算”、“县级机关领导干部述职审计调查”等工作，共抽调17人次，涉及到全县30个单位，历时4个月，摸清了情况，为县委、县政府的宏观决策提供了依据。

【长兴县审计局】　全年完成审计项目34个，完成计划任务的117%，其中完成署定项目7个，省定项目1个，县人大、县政府交办项目9个。通过审计，查出各类违纪违规金额5440万元，应归还原渠道资金2536万元，应上缴财政金额176万元。全年共编报《审计信息》20期，4篇信息被省厅《审计信息》、《审计简报》转载，8篇信息稿件在《浙江审计》、《湖州日报》等报刊上发表。

完成县人大、县政府交办任务　1999年主要完成了三方面的交办任务：1.配合我县乡镇区域调整和乡镇领导干部换届工作，集中力量完成县政府交办的对19个撤并乡镇的财政财务收支审计；2.按照县人大对农业局等三个部门领导干部进行年度述职评议的要求，对三部门进行财务收支审计，并向人大提交审计结果报告；3.配合县纪检监察部门，对群众来信来访较多的县丝织厂、县第一机械厂等企业进行审计，为社会稳定和企业解困发挥了一定的作用。

【金华市审计局】 1999年，金华市审计机关完成审计项目529个，为年度计划的189%；查出违规行为金额51395万元（查出违规金额在百万元以上的单位27个），应交财政4425万元，已交财政4353万元，应减少财政拨款补贴134万元，应归还原渠道资金1962万元，促进增收节支40万元；查明违法行为向司法机关移送案件7件；提交审计工作报告、信息692篇（条），审计工作报告、信息被批示采用的587篇（条）；建议纠正地方部门不当规定1条；协助纪委、监察等有关部门查处案件1件。

依法加强财政审计 同级财政预算执行情况审计，积极探索“同级审”与其他专业审计的结合方式，丰富了财政审计工作报告的内容，扩大审计影响；同时注重对财政资金管理的内控制度审计，尤其是预算调整、预算批复、预算支出、税收征管等环节的审计；除重点对财政、税务部门管理的财政资金审计外，深入向使用、分配财政资金的二、三级预算单位的延伸审计，从而对财政资金的运行形成了有效的约束机制。

纪念《审计法》颁布实施五周年活动 为庆祝《审计法》颁布五周年，本局于10月下旬在金召开了首次审计新闻发布会，邀请在金的报社、电视台、广播电台及市委组织部、宣传部的领导，特约审计员和有关部门的同志70余人出席了新闻发布会。

企业真实性审计成效显著 通过对浙江东风萤石集团公司的审计，披露和处理了企业会计资料失真，产成品核算管理混乱，违规设立账外资产、违规发行企业债券等问题；揭露了神马公司虚盈实亏，企业领导欺上瞒下奖金分红照拿200多万元。审计结果，引起市领导高度重视并责成有关部门依法处理。在企业审计中，及时将发现的重大经济问题线索向市纪委报送了“审计建议书”，市纪委即立案审查。根据市政府抄告单要求，实施了对市政府驻深圳、海口、珠海、宁夏、温州等办事处的审计，通过审计，肯定成绩，指出存在的不足，分清经济责任，纠正违纪违规，规范了部门单位的经济行为。

【兰溪市审计局】

预算执行和财政收支情况 查实财政有偿使用资金沉淀、呆滞严重，逾期率高达56.23%等问题，其中难以收回的贷款4902万元；全市25个乡镇14个财政赤字或潜在赤字，财政地税局违纪金额707万元，收缴72.7万元。

大案要案审计查处情况 提供线索并移送处理案件3起。6名嫌疑人被收审。其中查出市开发区管委会副主任挪用100万元；国有企业厂长、财务科长与银行信贷科长、职员联手进行经济违法活动；一乡工办出纳侵吞公款5.4万元。

经济责任审计 本年度完成领导干部经济责任审计22项，国有企业厂长（经理）离任审计4项。

计算机运用情况 1999年购置计算机12台，经过培训全体审计干部已基本掌握使用计算机审计技能。

【义乌市审计局】

预算执行和财政收支审计情况 1999年财政“同级审”从账户入手，下审一级，组织骨干力量，开展了对财政部门组织预算、财政信贷资金管理和财政内控制度等核心审计，以及预算执行单位的外围审计，涉及单位19家，审计总金额4.6亿元，查处违纪资金2273万元，受到当地人大的充分肯定。

大案要案查处情况 1999年配合纪检部门查处2起大要案，查处违纪资金150万元，涉案人员均已被追究刑事责任。

经济责任审计 “两办”经济责任审计暂行规定下发以后，即组织全体干部进行了对照学习。并与组织部门共同制订了《义乌市领导干部经济责任审计实施细则》，以市委、市政府文件形式下发执行。去年共完成经济责任审计11项，查处违纪资金9300万元，增加财政收入1225万元。

《审计法》颁布实施五周年纪念活动 为纪念审计机关成立十五周年、《审计法》颁布实施五周年，开展了纪念征文活动和座谈会，还组织人员参加浙江省审计厅举办的大型文艺汇演活动，并荣获三等奖。

企业审计情况 1999年企业审计重点突出了国有企业和国有资产占控股地位的股份制企业的审计，并把审计重点从财政收支的合法合规性转到会计资料的真实性上。全年共审计企业17家，查出违纪金额1401万元，增加财政收入1338万元。

【东阳市审计局】 1999年度共完成审计项目43个，查出违规金额9235万元，其中处理收缴财政760万元。重点审计了政府有关部门、司法机关及收费性事业单位，从中查出百万元以上违规单位4个，违规金额达8411万元，处理收缴财政535万元，其他增加财政结余1398万元。查处经济犯罪案件3件3人，并及时移送司法机关，现司法机关已结案件2件，3名当事人分别被追究了刑事责任。查处“小金库”1个，金额18万元，并给予余额没收及罚款18万元的处理。全年共提交审计报告43篇，向各级党政部门、上级审计机关和新闻单位提交审计工作报告、信息被采用80篇（次）。

完成市政府交办任务 1999年完成市委、市政府交办的工作任务3项，审计清理单位15个，东阳市供电局光明大酒店工程决算审计，送审价3558万元，审定价3031万元，净核减527万元。根据市统一部署，1999年8月局安排一名副局长和五名审计业务骨干，参与了全市12家镇基金会的清理整顿工作，为维护

社会安定作出了一定贡献。

完成上级下达审计任务 1999年共完成署定审计项目9个，省定审计项目3个，东阳市交办审计项目2个，涉及审计单位14个。

【永康市审计局】 全年共完成各类审计项目56项，为年度计划的187%；查出违纪违规金额1756万元，增加财政收入143万元；依法向检察机关、纪检部门移送违法违纪案件线索2件；加强对地方重点建设工程的审计监督，审计基建投资总额近2亿元；全年完成法院财务收支、农资企业等署定、省定审计项目8个；积极开展审计信息开发，推出以定任务、定职责、定奖罚为主要内容的信息工作责任制，全年被上级采用的各类信息和调研文章共77篇（次），比上年增长2.5倍。其中：被《中国审计报》、《浙江审计》等部、省级刊物采用分别为6篇（次）和22篇（次）。

完成市政府交办任务 本年共完成市政府交办的各项审计项目16个，其中，对财政开展“同级审”，重点指出了财政周转金使用管理中的问题，有的放矢地提出整改建议，促进收回财政周转金4400多万元。完成市区内环线建设等基建审计3项，核减基建投资总额88万元。永（康）东（阳）高速公路基建审计已完成实施阶段，审计资金总额1.95亿元；完成5家企业的资产、负债及损益审计，查出盈亏不实、国有资产流失等违纪金额1232万元。完成行政事业单位审计6个，查出偷漏税收、挪用专项资金等违纪违规金额253万元。

纪念《审计法》颁布实施五周年 11月，邀请30多个部门领导举行《审计法》颁布五周年座谈会。会上，市长到会作重要讲话，《永康日报》、永康电视台作了报道，扩大了审计宣传。

【浦江县审计局】 1999年末共有干部、职工13人，其中：大专学历6人；局长1人、副局长1人；设有秘书科、财政金融行政事业审计科、工交商贸审计科、固定资产投资外资审计科等机构。

审计工作成果 1999年共完成审计项目36项，其中：领导干部经济责任审计42项，省定署定项目11项。查出违纪金额1640万元，其中：财政预算执行情况审计中违纪金额318万元，工行、建行违纪金额52万元。增加财政收入67万元。

【金华县审计局】 1999年共完成审计项目56项，查处违纪违规金额5244万元，上缴财政123万元。配合纪检、监察、公安等部门查处经济案件1起；参与经济问题专项审计的计划外项目3个，使4个重要犯罪分子和违法违纪人员受到法律惩处。

本年，提供经济责任审计工作报告14篇。撰写专业论文12篇。同时以《审计法》颁布实施五周年为契机，强化了审计干部队伍建设。

以预算执行和财政收支审计为重点，通过审计，提出了依法纳税、规范预算外资金管理、过紧日子等整改意见，得到了县领导的肯定。经济责任审计有效地执行，打破了以往先离任、后审计的惯例，提高了经济责任审计的实际意义。

【武义县审计局】 1999年共完成审计项目54个。查出违纪违规金额1420万元，应收缴财政金额49万元，已交财政42万元，归还原渠道资金68万元。协查违纪违法案件3起7人。被上级审计机关和政府信息、新闻单位采用信息38篇（条）。

大案要案查处情况 1.对武义化工实业总公司审计，查出“小金库”9个，资金收支364.19万元；账外资产63.63万元；追回违规发放的现金32.49万元；两名企业领导和两名供销人员因涉嫌经济犯罪被纪检、检察部门立案侦查。2.县农保处主任个人出借农保基金，以至800万元被诈骗，现已移送公安部门立案侦查。

【磐安县审计局】 1999年磐安县审计局共查处违纪金额861万元，增加财政收入185万元。

财政审计 县本级预算执行情况审计突出了乡镇财政的审计和专项资金的审计，审计反映的乡镇财政管理中普遍负债运行和挤占挪用专项资金的问题，引起县政府、县人大和有关部门的高度重视。

领导干部经济责任审计 全年查处违纪金额241万元，罚没款18万元，移送处理2人，案值69万元。并于年底与县委组织部联合部署对领导干部经济责任审计中有关问题的整改情况进行专项检查，有效地促进了领导干部经济责任制的落实。

固定资产投资审计 对磐安县重点建设项目实施全过程审计，规范了投资管理，防止弄虚作假，对节省工程支出起到了积极作用，全年共审计固定资产工程投资总额3575万元，累计核减工程造价359万元。

【衢州市审计局】 1999年，全市完成市、县、乡镇财政审计27个。其中财政预算执行审计7个，县级财政决算审计1个。并结合财政同级审，有选择地对57个预算执行单位进行了重点外围审，加大了对公路建设资金、造地改田资金审计的监督力度。同时，围绕政府中心工作，着力清理由部门管理的政府性资（基）金。其中：市本级查清了该市有关部门应收未收土地出让金2460万元，应交未交土地出让金2395万元，移用土地出让金1448万元；摸清了市本级城建配套费的征集规模和资金运营态势，查明了有关房地产开发单位欠交配套费22项共850.26万元，责成有关部门及时组织清欠收缴；针对社保、就业局管理的政府性资（基）金未参加财政专户储存管理的4077万元，及时提出整改意见，供政府决策时参考。通过审计，已审财政资金总额305615

万元，查出违规行为金额9054万元，增加财政收入650万元，及时向各级人大、政府提出了财政审计工作报告和结果报告。

大案要案审计查处情况 1999年，全市各审计机关共查出涉嫌贪污、受贿、挪用公款经济犯罪案4件，及时移送纪委监察部门立案查处，并协助有关部门查处经济犯罪嫌疑案件7件。其中：江山市审计局查实1名干部贪污、挪用公款15万元的犯罪事实，被一审判处有期徒刑9年6个月；龙游县审计局一举查出了浙江亚伦集团股份有限公司原总经理王品发贪污受贿窝案。整个窝案涉及违纪金额600万余元，涉案13人，其中王品发等9人已被依法逮捕，2人取保候审。目前此案正在进一步审理之中。

经济责任审计 全市各地对90个部门和乡镇主要领导任期经济责任履行情况进行审计，其中县级以上领导干部任期经济责任审计完成5件。通过审计，查出违规金额3496万元，收缴财政29万元，归还侵占挪用资金132万元；移送纪检、监察部门立案查处13人。

《审计法》颁布实施五周年纪念活动 1999年，在全省纪念审计机关创建十五周年活动中，市局本级创作编排的“山村行”节目在全省审计系统文艺汇演中荣获一等奖；常山县魏艳婷同志撰写的《扬起征帆——一路驶向审计长河》获得全省纪念征文活动二等奖；市局翁云龙同志撰写的《规避项目审计风险的途径与方法》获得全省审计优秀论文二等奖；全市农业生产资料审计情况信息，被浙江省省政府领导作了专门批示，并在省政府《要讯》158期作了通报。

【衢县审计局】 1999年完成审计项目51个，查出违纪金额1505万元，应归还原渠道资金507万元，增加财政收入350万元，核减基建工程造价302万元，提交审计工作报告、信息41篇，建议纠正地方部门不当规定35条。

领导干部经济责任审计情况 领导干部经济责任审计制度进一步完善，在领导干部经济责任审计的基础上，1999年开展了领导干部任期内经济责任审计，并使之制度化、规范化。全年共完成领导干部任期内经济责任审计14人，为加强县管领导干部监督管理作出了有益的探索和贡献。

【龙游县审计局】 1999年4月至6月，龙游县审计局根据中办、国办关于《国有企业及国有控股企业领导人员任期经济责任审计暂行规定》及县委组织部的通知，对浙江亚伦集团原董事长兼总经理王品发在1993年12月至1998年12月任职期间经济责任履行、财务收支情况及期末资产审计为重点，以内控制度执行情况审计为基础，以职工反映的热点问题核实为突破口，从对报销票据分析入手，精心组织，全面深入审计，查出了涉及王品发等人的14个疑点问题，并向县纪委提交了专题报告和审计建议书，通过纪检及司法机关的进一步深查，案情已基本查清，案件涉及违法违纪金额600多万元，其中贪污受贿100多万元，经济诈骗505万元；涉案13人，其中“亚伦”公司干部涉案11人中，贪污受贿额在5万元以上有6人，10万元以上有4人，公司原总经理王品发涉及违法违纪金额60余万元，其中受贿40万元。涉案人员中9人已被逮捕，2人取保候审。亚伦“窝案”的查处，不但为国家挽回了巨额经济损失，震慑了经济犯罪分子，同时也为亚伦恢复正常生产经营秩序和社会稳定起到了重要作用。

【江山市审计局】 1999年，江山市审计局完成审计项目77个，查出违纪金额4825万元。审计处理增加财政收入530万元，核减工程决算等538万元，应归还侵占挪用资金348万元，合计为国家增收节支1416万元。建议纠正地方部门不当规定35条，提交审计报告信息65篇。发现经济犯罪嫌疑案件1起。

财政预算执行情况和其他财政收支审计 1999年，财政预算执行审计提出了5条建议，实事求是，针对性强，市人大常委会要求市政府积极采取措施落实。市政府在2个月内全面落实，并向市人大常委会作了专题汇报。

固定资产投资审计 1999年，江山市人民政府制发了加强建设工程项目审计监督的通知，规定建设工程项目审计监督由市审计局负责实施。年内，审计了26个投资项目，核减工程造价432万元，核增漏算87万元。

企业审计 1999年，对3家房地产开发公司审计，实行统一政策，统一方案，统一尺度，同时进点，同步审计。审计组互通信息，互为促进，查出违纪金额416万元，收缴财政416万元。

领导干部任期经济责任审计 完成临时交办的14个乡镇和部门领导干部经济责任审计，查出违纪金额110万元，提出审计建议和意见58条。发现经济犯罪线索1起，移送查实1名干部贪污、挪用公款15万元的犯罪事实，被一审判处有期徒刑9年6个月。

【常山县审计局】

加大了财政同级审计力度 在财政预算执行审计中，查纠了财政部门违规调整预算、转移预算收入、虚列支出和税务部门截留税收收入等问题；在对科委、教委外围审计中，查处隐瞒收入40万元，移用专项资金34万元。

拓展了领导干部任期经济责任审计领域 1999年，对27个乡镇、部门领导进行了经济责任离任审计。如在对县人民政府驻杭办事处审计中，为查处原驻杭办主任经济问题提供重要依据；对重点部门、重点资金使用单位实行届中审计；根据县人大常委会对领导干部述职评议的要求，对评议的领导干部经济责任和廉政情况开展审计。

突出了金融审计重点 根据

上级审计机关的统一安排，分别对工行常山县支行、建行常山县支行进行了审计。在对建行审计中，审计发现将应清分为损失类贷款1051．62万元归于可疑类，因执行利率有误，多计收县长风水利水电管理处贷款利息23万元，并根据有关规定作了处理。

强化企业真实性审计　从数字打假出发，揭露违法乱纪和腐败行为。如在县长运公司审计中，查出虚挂固定资产92万元，造成资产不实的问题。在对县农业生产资料公司审计中，核实少反映潜亏674万元，为企业实施破产清算提供了重要资料。

【开化县审计局】　1999年本局完成审计项目39个，其中：署定项目6个，省定项目3个，查出违纪金额2479万元，增加财政收入42万元，发现经济犯罪嫌疑案件1起，为建设单位核减工程造价834万元。

预算执行和财政收支情况审计　1999年，本级财政同级审，查出乡镇财政决算不实，收入挂“暂存款”不转账，少反映预算结余；重点外围审发现公路建设基金、水利建设基金未按规定交纳营业税；财政地税部门审计中发现入库税种不实，支出内控制度不完善，预算外资金管理不规范等问题。

经济责任审计　1999年，完成领导干部经济责任审计13例，审计中发现经济犯罪嫌疑案件1起，查出开化县建材总厂原领导班子高价购进原材料受贿等问题。

工行、建行系统审计　1999年，在对工行开化县支行、建行开化县支行审计中，发现两行不良贷款比例高以及工行虚列支出6万元，漏缴营业税金及附加5．4万元；建行少计收入40．8万元，少计支出61．5万元。

【舟山市审计局】　1999年全市审计机关共有干部、职工85人，其中：大学文化12人、大专52人；市局本级有局长1人，副局长2人；设有办公室、综合处、一处（财政金融审计处）、二处（经贸企业审计处）、三处（投资审计处）、四处（经济责任、行政事业审计处）、定海工作处等机构。

审计工作成果　1999年共完成审计项目184个，查出各种违纪金额1．78亿元，违纪金额在百万元以上的单位共20家，总额达1．63亿元。应归还原渠道资金2007万元，监督被查单位上交财政金额500万元。提交审计报告、信息185篇（条），被录用信息54条，其中：地方当政领导采用24篇，上级审计机关22篇，新闻单位8篇。审计建议500余条。全年共移送案件线索3起，有1人被追究刑事责任，2人受党纪政纪处分。

领导干部经济责任审计　年内全市共实施领导干部经济责任审计24个，审计查明了领导干部由于未严肃执行财政纪律和制度造成单位违纪违规金额达1059万元。

加强对专项资金的监督　1999年共安排了对市本级及4个县（区）海塘建设资金和9条50年一遇重点海塘建设工程审计。通过审计，反映和纠正了有些海塘在勘测设计、招投标、施工、监理等环节和资金筹集管理使用上的问题，查处挪用海塘建设资金40多万元，得到了当地政府部门的好评。

全面实施了财政同级审计　财政同级审计总额达8．77亿元，查处各种违纪金额1615万元，应交财政金额861万元，提出审计建议108条，受到市人大常委会的广泛好评。

受表彰情况　1999年有2次受省审计系统表彰奖励，有5人次受当地政府表彰奖励。

内部审计　1999年全市共设内审机构121个，内审人员510名，审计了310个项目，提出168条意见采用，促进增收节支756万元。纠正违纪金额568万元。

社会审计　1999年共接受社会委托项目428个，其中企业验资年检494项，资产评估86项，基建项目审计67项，其他198个。年内全市五个审计事务所已与各级审计机关全部脱钩。

【舟山市普陀区审计局】　1999年底，共有机关干部15人，其中：大学文化1人，大专6人；高级职称1人，中级职称8人；局长1人，副局长2人。内设机构有办公室、综合科、财政金融审计科、企事业审计科。

审计工作成果　1999年共完成审计项目38项、审计调查项目4项，审计调查单位82个。投入审计力量2429人次，审计总金额246871万元，共查出违纪违规行为金额3829万元，审计后作应归还原渠道资金904万元，应交财政47万元，财政入库率100%。配合区纪检、监察部门查处经济案件2起，为有关部门处理经济案件提供了重要依据。提出审计意见建议135条，提交审计工作报告信息35篇，其中被地方党政领导采用11篇次，被上级审计机关采用7篇次，被新闻单位采用5篇次。

完成区政府交办任务　1999年共完成区委、区政府交办的工作任务13项，共投入审计力量443人日，审计资金总额61945万元。其中投入审计力量174人日，完成5项干部任期经济责任审计，审计资金总额23218万元，查处违纪违规行为金额962万元，作应归还渠道资金76万元。

完成上级下达审计任务　1999年共完成上级审计机关下达的审计任务15项，其中：署定4项、省定4项、市定7项，审计单位47个，投入审计力量1005人日，审计总金额115546万元，查处违纪违规行为金额1519万元。

【岱山县审计局】　1999年全局共有干部职工12人，其中大学本科学历2人，专科8人，局长1人，副局长1人。内设办公室、综合科、财政金融审计科、企业审计科等机构。

审计工作成果　1999年共完成审计项目27个，其中财政10个，固定资产投资2个，企业1个，行政事业11个，其他3个。审计单位35个。共查出各种违纪行为金额500万元，其中决定处理处罚的88万元，指明要求纠正的412万元。上交县财政50万元。提交审计工作报告信息17篇。

1999年完成县委县政府交办工作4项，其中2项为领导干部经济责任审计。

1999年完成上级下达的审计任务4个，审计单位6个，审计资金总额达5600万元。

【嵊泗县审计局】　1999年，共有干部、职工14人。已有57%以上人员获得了大专的学历，目前，有3人业余进修大专本科，有5人业余进修大专专科；局长1人，副局长1人；设有办公室、财政金融审计科、干部经济责任审计科、企业投资审计科、综合科。

审计工作成果　共完成审计项目32个，查出违纪违规行为金额926万元，应上缴财政金额186万元，已入库178万元，入库率95.7%。为政府追回流失资产6.08万元，追回被侵占挪用资金17万元，追回少征预算收入86．16万元。对违纪问题严重的单位处以罚款2．49万元。同时，提交审计信息32篇，其中被上级审计机关采用4篇。向纪检部门移交经济案件线索2起，其中1人受到党纪政纪处分。

突出重点抓大案要案　在对城建、电力系统等单位的审计中，查处经济犯罪线索2起；私设“小金库”7起，追回“小金库”金额35．96万元。

经济责任审计　共对5名乡镇长和县局部门的领导人进行了审计，查处所在单位违纪违规问题资金114万元，其中偷漏税收、隐瞒截留收入98万元，应上缴财政金额15．2万元。

财政同级审　1998年财政同级审审计总金额15918万元，查处违规行为资金421．74万元，通过审计处理，增加财政收入146万元。

国有企业审计　今年7月起，历时67天，通过电力系统审计，查明企业少计资产6．08万元，少计负债130．39万元，多计利润79．65万元的违规行为，基本上核实了该系统的资产、负债和损益，为县委、县政府的宏观决策和该系统转制提供了真实的数据材料。

【台州市审计局】　1999年，全市实际完成审计项目358个，完成全年计划的118．8%。其中署定项目57个，省定项目33个，如数完成。查出违纪违规金额111113万元，应交财政2942万元，已交财政2902万元；促进增收节支661万元；向司法机关移送案件6起；提交审计信息、综合报告521篇。

预算执行和财政收支审计　以重点部门、重点资金、重点(热点)问题作为审计重点，突出预算和内控制度审计，审计结果引起各级人大、政府高度重视，处理力度加大，整改成效明显。

专项审计　根据浙江省公安厅和台州市委、市政府的要求，参与对温岭“3·23”专案审计，20多位审计人员，历时3个月，查明诈骗资金5．462亿元，并及时提供审计报告和信息，为查处案件提供了可靠的资料，为减少国有资产损失发挥了较好的审计监督作用。

对工行、建行开展同步项目审计　建立审计局长负总责，分管局长任审计组长的金融审计责任制，市与县(市、区)签订责任状，并开展业务培训，查出了虚列资产、私设“小金库”等违规行为。

加大固定资产损益审计力度　组织沿海各局对浙东海塘实施审计，发现存在账外账、转移水利专项资金和施工管理不规范等问题；对82省道、枫南小区二期工程项目审计，共核减造价1300多万元。

经济责任审计　根据各级组织部门安排，全市完成57起领导干部经济责任审计，真实、及时提出审计报告，为组织部门了解、使用干部提供可靠依据。

社会审计与内部审计　全市各审计事务所在1999年底前全面完成脱钩改制工作，人员妥善安置，财产依法处置。对内审机构和内审人员进行重新登记，修订内审工作考核办法，组织内审交流工作经验，提高内审工作质量。

【台州市黄岩区审计局】　1999年底在册干部职工18人，其中具有审计师、会计师等中级以上职称资格的14人；局长1人，副局长3人。

审计工作成果　共完成审计项目38个，其中署、省定项目9个，区政府交办项目19个。共查出违纪违规金额4043万元，上缴财政金额407万元，提供审计工作报告、信息41篇。

完成区政府交办任务和上级下达任务　按上级部署对有关金融机构进行审计，并重点就信贷资产质量情况延伸调查了40余家企业，查出违纪违规行为金额2162万元，补缴各种税费162万元。加大了对重点建设工程的审计力度，全年共核减工程造价4008万元，其中：核减黄岩国际大酒店装饰安装工程造价1510．8万元，核减黄岩电力大楼土建工程造价412万元。抽调人员参加区政府有关部门组织的收费执法检查、粮食执法检查及农村基金会清理整顿等工作。协助区信访局调查处理黄岩蜜饯厂、铝制品厂等单位的群众上访事件。选派2名审计骨干，参加市审计局组织的温岭“3·23”专案审计。

【台州市椒江区审计局】

预算执行和财政收支审计　本局于1998年11月份起，对区教育经费、科技经费、造地改田资金、公路建设资金等外围审计项目进行专项审计或审计调查。

1999年3月16日至4月14日对区财政局地税分局和椒江金库进行核心审计，审计重点是：从真实性审计入手，突出对预算支出和内控制度的审计，同时结合国务院财政部对财政周转金的整顿工作要求，搞好财政周转金的审计，另外，对有关问题进行了跟踪审计。

经济责任审计　对8名领导干部进行经济责任审计，具体涉及到5个单位，大部分项目安排在上半年完成。

建行系统审计情况　1999年3月至10月，我局对建行椒江支行进行审计，对少计收益，多计支出和漏交税金等问题作出审计决定，并对其他问题出具了审计意见。

【台州市路桥区审计局】

1999年，浙江省台州市路桥区审计局完成项目20项，查出违规行为金额6726万元，增加财政收入386万元，收回挪用资金221万元。着重审计了区财政局和地方税务局具体组织预算执行情况，对财税部门加强和改进财政收支管理有效性进行分析。金融审计揭露了区工商银行和区建设银行存在违规经营、不良资产占比高、遗留包袱沉重、固定资产不入账、漏缴税款、费用摊销不合理等问题。领导干部任期经济责任审计结果被组织部门和纪委纳入干部考察材料和干部廉政档案，目前已有27名镇乡（街道）和区级机关部门“一把手”的审计材料纳入廉政档案，终身随带。

【温岭市审计局】　1999年共有干部、职工20人。其中大学文化1人、大专7人；局长1人、副局长3人；设有办公室、财金审计科、企业审计科。

审计工作成果　1999年共完成审计项目43个，完成上级审计机关下达计划的108%，查出违规行为金额8444万元，审计处理后应上缴财政489万元，应归还原渠道资金336万元。提交审计信息、审计报告70篇，其中被有关部门和单位录用的信息38篇，审计信息工作获省厅信息直报点三等奖。

查处大案要案　全年先后派出10名审计干部参加台州市委统一部署，台州市审计局组织的“3·23”专案工作组，参与对温岭市“张、王”团伙诈骗5.4亿元大案的审计查证，历时3个多月，共投入近500多个工作日，完成“张、王”集团在温岭的10家企业和在上海的4家企业的审计查证工作，摸清了涉案企业的家底，为尽量减少国家财产损失发挥了较好的审计监督作用。

【临海市审计局】　1999年共完成审计项目42个，完成年度计划105%，查处违纪违规金额3814万元，上交财政金额204万元。

预算执行情况审计　着重抓四个环节：一是依法审计，规范程序；二是做到三个结合，即：核心审计与外围审计相结合，核心审计与专项资金审计相结合，核心审计与财政内部控制执行情况相结合；三是突出重点摆正深度与广度关系；四是注重审计帮促，重在完善制度。

经济责任审计　共完成对6个乡镇3个政府部门实施领导干部经济责任审计，为组织部门考察干部提供了依据。

两行审计　开展对中国工商银行和中国建设银行临海市支行资产负债、损益情况进行了审计，查明两行存在着信贷资产质量及多列成本、少交税金等问题。

其他　对市人民法院1997、1998年度财务收支进行了审计，为市人大评议法院提供了依据。

另外，对海塘建设项目预算执行情况、社会福利彩票赈灾专项资金及社会养老保险基金的管理情况进行了审计。

【三门县审计局】　1999年，全年完成审计项目38个，为计划的122．6%，其中署定项目5个，省定项目1个。通过审计，查出违规行为金额844万元，应交财政48万元，已交财政46万元，应归还原渠道资金金额90万元；发现案件线索3件，其中向司法机关移送1件，向县纪委移送2件，2人受党政纪处分，1人受司法处理。提交审计工作报告、信息53篇，其中12篇被上级审计机关采用，并获台州市审计信息考核第二名。

【天台县审计局】

同级财政预算执行审计　本局把此项工作作为全年的重头戏，敢于揭露深层次的问题，如实反映审计情况，出具审计报告引起了县人大和县政府的密切关注。

大案要案审计查处情况　据统计，全年共提供6起违法违纪案件线索，均被司法、纪检部门立案查处，移送案件数是建局以来最多一年。

进一步发挥了审计作用　重点选择了7个乡镇财政审计。结果表明，7个乡镇均存在财政赤字、不良债务等严重问题，审计综合报告县政府领导作了批示，并转发全县各乡镇认真落实整改措施。对县人民法院以及下属二个法院的财务收支进行的审计，比较全面准确的提供资料，为司法评议工作的顺利开展奠定了基础。

【玉环县审计局】

大要案审查　1999年，配合纪检部门办案3件，向纪检部门移送案件2件，派二位同志参加温岭“3·23”特大案件的侦查工作，历时两个月，受到了市局的表彰。

财政金融审计　继续深化财政同级审，引起县人大高度重视，要求财政部门限期整改存在的问题；全面开展乡镇财政审计，核实了各乡镇1998年末财政赤字情况，为县委、县政府解决乡镇财政赤字问题提供了准确依据。如期完成工行、建行同步审计，首次使用计算机辅助审计，速度快、效率高，为审计电脑化操作起了一个良好的开端。

热点焦点审计　开展社会关

注的社保基金、福利、体育彩票、农发基金审计；继续开展了对3名县管领导干部经济责任审计；开展标准塘等重点工程审计，在海塘审计中发现存在前期决策论证工作不充分和局部工程质量等问题，引起县政府领导高度重视。

【仙居县审计局】 1999年共完成审计项目41个，查出违规违纪金额3000万元，上缴财政122万元。

预算执行和财政收支审计中查出违纪违规金额2373万元，乡镇财政收支审计中发现2起共3人的乡镇干部利用职权侵吞、挪用公款案件，及时移交了纪检机关。

完成领导干部经济责任审计12项，发现1起乡领导人的经济问题，并配合纪检机关查案。

工行、建行系统审计，查出私设“小金库”发生额47万元，漏交所得税等23万元，以及违规经营造成损失86．7万元。

企业审计中进行了拓宽审计领域方面的尝试，以县政府规定审计职责的文件为依据，选取2家具有一定代表性的私营企业试点。

为纪念《审计法》颁布实施5周年，组织全局参加《中国审计报》“审计知识百题竞赛”活动；建立每周一学习制度，深入学习审计法及实施条例；响应“树立审计形象创跨世纪业绩”主题活动，积极参与征文。

【丽水地区审计局】 1999年全年全区共审计333个单位，查出违纪违规金额25997万元，应上交财政3090万元，向司法机关移送案件3件，建议纪检监察机关行政处分4人，被地委、行署、省审计厅录用信息110篇。

工行建行系统审计　根据审计署授权，全区审计机关对工行、建行资产、负债、损益进行了审计，查出少计收入398万元；多计支出165万元，账外资产939万元；违规经营金额1300万元，造成损失910万元；对下属实体贷款造成损失1535万元。

行政企事业单位审计　1999年，全区审计机关共对176个行政企事业单位进行审计，查出违纪违规金额10692万元，被侵占和挪用资金377万元。对行政事业单位审计重点是养老保险基金、扶贫资金、农发基金、教育经费、赈灾福利彩票基金以及法院、公安等政法机关，地区审计局查出地区公安局违纪金额1200多万元。对企业审计重点是农资行业、重点亏损企业、企业真实性审计。地区审计局对地区农资公司审计查出“小金库”231万元；在丽水国际经济技术合作公司审计中，查出违纪金额1906万元。

审计调研　1999年初，地区审计局组织全区审计机关对全区194个乡镇财政赤字进行调研，到1998年底，有161个乡镇发生赤字，赤字额高达1.02亿元，其中赤字100万元以上乡镇有24个，赤字5682万元。调查结果上报省政府，引起省长柴松岳的高度重视，向财政厅长作了重要批示。

【丽水市审计局】 有在职干部16人，其中大专以上学历12人，具有中级职称10人。1999年全市共完成审计项目34项，查出违纪违规金额5583万元，应上交财政金额227万元，退还被挪用资金227万元。

经济责任审计　全年完成了5个乡镇7位领导干部的离任审计，查出涉及其单位违纪违规108万元，涉及领导者个人违纪1人。

财政预算执行情况审计　重视财政预算执行情况审计工作，对少征预算收入6．6万元和未按规定纳入预算收入3815万元的问题予以真实披露；对市财政预算拨款不规范行为，提出审计建议，受到市政府和财政局领导的充分重视并制定了相应整改措施。

【松阳县审计局】 1999年全县完成审计项目33项，其中县政府交办11项，审计调查1项，调查单位20个。共查出违纪违规金额897万元，查出百万元以上违规单位3个，向检察机关移送案件1件，向上级审计机关和当地党政机关提交审计工作报告和审计信息62篇，被录用45篇，被县文明办命名为县级文明单位。

财政预算执行情况审计　1999年财政预算执行情况审计工作进一步深化，除查出一般违纪情况并作出处理外，还对财政周转金管理情况进行了专项调查，该专项调查报告引起了县政府的高度重视，并进行专题分析研究，提出了清理整顿的具体办法意见，收到了明显的审计成效。

领导干部经济责任审计　1999年共完成领导干部经济责任审计5个，审计注意发现大要案线索，在望松乡财务收支审计中，发现该乡工作人员杨某在任乡纺织公司、工业小区办公室出纳期间，由于单位的财务管理内控制度较为薄弱，杨某利用职务之便侵吞公款的犯罪线索，并将此案移送检察机关，在社会上引起较大的反响。

【遂昌县审计局】 1999年，全县共完成审计项目27个，查出违纪违规金额1534万元，上缴财政34万元，追还被侵占挪用款64万元，提交审计工作报告、信息62篇，被批示采用40篇。

财政金融审计　认真完成财政同级审计，按时提交两个报告，为人大常务会审查财政决算提供翔实依据。根据上级统一部署，对建行、工行实施同步审计，按时完成电脑汇总工作。

企业审计　积极探索企业真实性审计，从调查企业内部控制制度入手，综合运用多种审计方法，层层深入，揭示企业生产经营中存在的深层次问题，为今后更好地开展企业审计积累实践经验。

专项调查审计　历时两个月，圆满完成对全县20个乡镇的财政财务赤字专项调查，深刻剖析乡镇赤字产生的原因，提出治理对策。审计调查报告引起县领导高度重视。

【景宁县审计局】 1999年全县完成审计项目25个，查处各类违纪金额1364万元，其中应交财政134万元，促进增收节支67万元，追回被侵占挪用资金17万元，提供审计报告信息27篇，其中被党政领导采用5篇，上级审计机关采用13篇，新闻单位采用1篇。

企业审计　查出包山铁矿出纳员挪用公款54.84万元，案件移送检察机关查处，2人被司法机关逮捕法办；查出建行私设“小金库”，累计发生额67.83万元，案件移送检察机关查处；对群众关心的问题——毛洋乡新建洋村救灾款物进行了审计，逐一核实了群众反映救灾款物的来龙去脉，作出了客观公正的审计报告，消除了群众的疑虑，密切了党政部门和群众的关系。

【龙泉市审计局】 1999年完成审计项目52个，审计资金总额64520万元，查出违规金额2921万元，应交财政89万元，有87篇审计报告和信息被采用。

财政预算执行情况审计　1999年重点加强对财政预算支出和内控制度的审计，查出违规金额492万元。主要揭示了财政周转金管理不善造成“周而不转”等问题；查出一名税务干部侵吞4.3万元税款的违法线索。审计报告引起了市人大、市政府的高度重视，促进了财政预算管理。

企业审计　以真实性审计为基础，对14家企业进行了审计，查出主要问题有收入不实107万元，成本不实240万元，偷漏税31万元。为企业两个根本转变和改制提供了决策依据。

【庆元县审计局】 1999年全县完成审计项目25个，查出违纪违规金额2461万元，收缴财政816万元。信息被有关部门刊物采用的省级5篇、地级12篇、县级12篇。

财政预算执行情况审计　查出违规违纪金额1416.31万元。并从内控制度上评析财政财务收支中存在的问题，及时向县政府呈报专题报告。

企业审计　完成企业审计项目5个。审计中注意抓住重点，摸清家底，全面、客观地反映企业资产、负债、损益的情况，为企业加强管理提供依据。

行政事业审计　完成行政事业审计项目4个，查出违规金额67.23万元，收缴财政1.23万元。对廉政建设工作发挥了一定的作用。

【缙云县审计局】 有干部职工20人。全年共完成审计项目32个，其中完成署定、省定、地定项目11个；查处违纪违规金额678万元，上缴县财政金额128万元，提交审计信息16篇。

财政预算执行情况审计　1999年财政同级审按照省厅“摸清家底、揭露问题、促进管理”的总体要求开展审计，进一步摸清了本县财政累计赤字1104万元的家底，揭露了应列未列预算收入、周转金减免等问题，并提出了针对性建议，受到县人大的肯定。

经济责任审计　1999年受县委组织部委托，对县外贸局等3个单位的财务收支及领导干部经济责任进行了审计，查处违纪金额40万元，上缴县财政7万元，分别对其私设“小金库”、不应发而发给逮捕人员工资7920元等问题进行了处理。

【青田县审计局】 1999年，全县完成审计项目44个，查处违规行为金额3173万元，上交财政609万元，归还原渠道资金293万元，共为国家增收节支902万元。全年提交审计工作报告信息被采用44篇。建议移送纪检监察及司法部门案件3件。

财政审计　1999年，对17个外围单位进行审计，共查处违规行为金额2982万元，应收交金额552万元，应归还原渠道资金251万元。

企业审计　天工集团审计，发现潜亏金额1176.78万元，引起有关领导和部门的高度重视；医药公司审计发现一财务人员挪用巨额公款的问题，移送有关部门查处；农资公司审计纠正了资产评估和确认过程虚减公司净资产418.54万元。

完成领导交办的村财务审计　为确保村换届选举工作的顺利进行，对领导交办的村级财务进行了审计。同时，通过对阜山清真庵寺财务审计，有2人因经济问题被公安机关立案侦查。

【云和县审计局】 1999年全县完成审计项目25个，查出违规金额1051万元，应归还侵占挪用资金114万元，应上缴财政金额469万元。提供审计报告信息8篇，被采用6篇，其中省厅采纳2篇，行署采纳1篇。

预算执行情况审计　1999年审计了12个预算执行单位，查出违规行为金额558万元，分别对违规单位作出要求归还原资金渠道和上缴财政的处理。

公路建设资金审计　1999年对全县1997~1998年9月的公路建设资金的征收、使用、管理情况进行审计，查出挤占公路建设资金168万元，作出归还原资金渠道并处以罚款的决定。

行政企事业单位审计　1999年对民政局组织实施的民政福利彩票赈灾专项募集情况审计，揭露出此次销售的发行方式、奖品设置与采购、资金结算、管理上存在严重违纪问题，在社会上引起强烈反响。1999年对烟草公司、生产资料公司、电力公司等单位进行审计，查出违规金额476万元，电力公司应缴财政资金476万元。

教育科技经费审计　发现1998年全县教育经费增长13.3%，达到《教育法》的增长幅度要求，但农村教育事业附加费征收任务完成普遍较差。科技经费审计中发现有私设“小金库”现象。审计后分别作出纠正和没收上缴的处理。

安徽省

【安徽省审计厅】

厅领导成员

厅长：桂建平

副厅长：王兴和

黄庆禄

汪元义

厅长助理：魏　尧

助理巡视员：王祝山

审计工作成果　1999年，全省审计机关在审计署和省委、省政府的正确领导下，紧紧围绕省委、省政府经济工作中心，严格执行《审计法》，全面履行审计监督职责，加大审计执法力度，审计工作有了进一步发展。全省审计机关共对6636个单位进行了审计，查出各类违纪违规金额76亿元，已上缴财政4．8亿元，核减财政拨款和补贴5744万元，归还原渠道资金9．4亿元。同时，加大对审计结果的信息披露力度，共向各级党政机关及有关部门提交审计工作报告、信息4471篇（条），被党政领导、上级机关及新闻单位批示或采用2550篇（条），其中省审计厅被采用批示271篇（中共中央办公厅采用13篇，国务院办公厅采用1篇，国家审计署采用18篇），省审计厅机关荣获省委办公厅和省建设厅联合举办的1999年全省党委系统“建设杯”优秀决策信息一等奖。在维护经济秩序，服务宏观调控，促进党风廉政建设和安徽经济发展等方面发挥了积极作用。

财政审计　1999年，我省各级审计机关紧紧围绕“抓规范，促质量，深化财政审计”这一主题，全面开展了预算执行情况审计，审计质量进一步提高，审计成效进一步明显，社会影响进一步扩大。省本级预算执行审计在摸清预算执行的总体情况后，着重对预算暂付资金、粮食专项资金和世行贷款项目资金进行了全面审计，其中有些重点资金的审计，从时限上追溯到了1992年，从区域上延伸到外省市和用款单位，实行了全程跟踪审计。审计结果引起了省政府的高度重视，王太华省长亲自主持召开省政府常务会议，听取省级预算执行审计报告，对省审计厅高度负责、一丝不苟的工作精神给予了充分肯定。6月4日，桂建平厅长受省政府委托，向省九届人大常委会第十次会议作了审计工作报告，受到了与会委员的高度评价。在抓好财政“同级审”的同时，全省各级审计机关都开展了对下级政府的财政决算审计，省审计厅对合肥、巢湖、池州三市地的1998年度财政决算进行了审计。

投资审计　全年共对273个固定资产投资项目进行了审计，审计总金额39亿元，查出挪用侵占建设资金10170万元，偷漏税金234万元，核减工程预结算6129万元。省审计厅组织力量对淮河干流整治加固工程安徽段在建的9个项目实施了就地审计，查处了部分单位存在的挪用转移建设资金，虚列挤占建设成本，欠缴漏缴税款以及招投标不规范等问题。全省审计机关统一组织实施了对铜陵、滁州、淮北等地11个中央直属储备粮库项目执行情况的审计调查，对工程建设中高估冒算工程造价行为，挤占、挪用建设资金行为和建设项目管理中的损失浪费行为给予了严肃处理。省审计厅组织审计了芜湖长江大桥、上派至安庆220千伏输变电线路、使用国债资金的公路建设等国家和省级重点建设项目以及省检察院侦察楼等3项公益性项目，提高了资金的使用效益，强化了建筑市场的监督管理。

企业审计　1999年，全省审计机关共审计了1011户国有重点和地方骨干企业，查出违规违纪资金203588万元。其中，虚增利润68371万元，账外资金2413万元。在坚持经常性企业审计的同时，为了推进国有企业深化改革，省审计厅选择纺织、化肥、煤炭三个扭亏脱困行业中的87户重点工业企业、101户外贸企业、59户商贸股份制企业，组织力量对企业的资产、负债及损益的真实性、合法性和企业的经营运作情况进行了审计和调查，针对部分企业存在经济运行质量不高，效益低下；企业改制不够规范，漏洞较多；资产、负债、所有者权益不够真实等问题，在进行了深层次的分析后，分别提出了改进措施和建议。各地审计机关对全省公路收费主管部门及全省92个收费站1997～1998年度车辆通行费的征收、管理、使用情况进行了审计。另外，省审计厅还完成了对省粮食局及其直属三个公司和三座宾馆大厦的财务收支审计。

农业审计　1999年，省审计厅直接对芜湖等6个市地本级平垸行洪、移民建镇资金和省林业厅、省乡镇企业局、大圹圩农场1998年度财务收支进行了审计。全省共审计了378个使用农业资金的项目单位，查出违纪违规金额2．3亿元，移送纪检、检察机关专案8件9人。省审计厅直接组织参加的芜湖等6市地平垸行洪、移民建镇资金审计取得了较好成果。另外省审计厅还组织实施了对全省132个乡镇财政财务收支的审计，还组织对岳西等17个国定贫困县1997年1月至1999年6月财政支援不发达地区发展资金和扶贫贷款的投入、分配使用和管理情况进行了审计。

金融审计　根据审计署的统一安排，从1999年3月下旬开始，全省审计机关上下联动，协调行动，对省工商银行及其直属营业部、15个二级分行以及76个县级支行进行了全面的资产负债损益审计，审计面达100%，同时还延伸抽查了2807家贷款企业。审计对存在的违规经营、漏交税款、账外设账、乱调账表、信贷资产质量较差等问题进行了查处，对促进工商银行加强内部控制与管理起到了积极作用。在完成对工商银行系统审计后，省审计厅组织对部分农村信用社、城市商业银行及省信托投资公司合肥分公司进行了审计，均取得了比较好的成效。

行政事业审计　全年共审计了3131个行政事业单位，查出违纪违规金额280968万元。省审计厅直接审计50个行政事业单位，查出违纪金额6510万元。根据审计署的统一部署，省审计厅会同省财政厅、省社保局，对移交安徽省的行业统筹企业职工基本养老保险基金进行了审计，全省共审查了37个实行行业统筹的省级经办机构和其他社会保险经办机构，并延伸调查了部分二级单位，省政府常务会议专门听取了审计情况汇报，充分肯定了这项审计工作。全省各级审计机关对248个县级以上法院、检察院1997、1998年度财务收支情况进行了审计，对增强两院执行“收支两条线”规定的自觉性，加强财务管理，发挥了积极的作用。此外，省审计厅还组织实施了赈灾福利彩票专项募集情况审计，审计结果得到了审计署的充分肯定，被评为优秀审计项目。

外资运用审计　全年共审计了270多个县以上国际金融组织贷款项目执行单位，查出各类违纪违规资金2．05亿元，提交270多份审计报告，出具11份对外公证报告。省审计厅提交的《关于全省利用世行贷款审计综合报告》、《“贫三”项目审计综合报告》均引起省政府领导的高度重视，并在报告上作了重要批示，其中《关于全省利用世行贷款审计综合报告》被省政府第77期《政办通报》全文转发，审计项目受到了审计署的好评。世行森林资源发展与保护项目被审计署评为全国审计优秀项目。

任期经济责任审计　根据中办、国办的两个暂行规定和省纪委、省委组织部、省审计厅等5个部门联合下发的《领导干部任期经济责任审计工作意见》，全省普遍开展了这项审计工作。目前，此项工作呈现出两个发展趋势：一是审计范围越来越广，县级审计机关的任期经济责任审计范围已经包括乡镇长、乡镇党委书记、县直单位的负责人和企业的领导人员。二是审计层次越来越高，大部分市地审计局都开始对县处级领导干部进行任期经济责任审计，个别地方的审计对象已达到副地级。据统计，1999年，全省共对786个单位进行了任期审计，接受审计的党政领导干部和企业领导人员826人，有关部门参考审计结果，提拔使用96人，降级使用40人，免职53人。

经济案件查证工作　为了鼓励审计人员在审计工作中注意发现大要案线索，省审计厅制定了《关于揭露重大违法犯罪线索奖励办法》，对在审计工作中揭露出重大违法犯罪线索的审计人员给予奖励。具体工作中，全省审计机关都注意结合各地实际情况，采取多种形式，加强与纪检监察和公安司法部门的配合，切实加大经济案件线索的查证力度。如铜陵市审计局在与纪检监察部门充分协调的基础上，制定了《关于加强相互配合查处经济案件的暂行规定》，并与纪检监察部门建立了联席会议制度，取得了较好的成果。1999年全省审计机关向纪检监察机关移交案件34件，配合有关机关查办违法违纪经济案件103件。

内部审计和社会审计　1999年，省审计厅围绕规范内部审计行为，促进内审工作发展目标，进一步加强对内部审计工作的指导。全年共办了三期内审人员培训班，受训人员达270人次。

1999年，省审计厅进一步强化对社会审计质量的监督：起草并上报省政府《关于监督社会审计业务质量的意见》；制定了安徽省审计组织审计业务质量监督计划和方案，并组织实施了对华普会计师事务所业务质量的检查；积极稳妥地推行事务所体制改革，顺利地完成了厅属两个审计事务所的脱钩改制，并根据审计工作需要，成立了安徽申信造价师事务所。

审计宣传　1999年，全省审计机关进一步加大了审计宣传力度，通过广播、电视、报纸等多种形式，广泛宣传审计工作。省审计厅以《审计法》颁布实施五周年为契机，开展了一系列宣传纪念活动：在《安徽日报》上组织了《审计法》宣传专版，宣传审计法，宣传审计知识，宣传审计工作成果。组织举办了全省审计机关文艺汇演，以丰富多彩的文艺节目，热情讴歌全省审计工作者知难而进、不辞劳苦的拼搏精神和勇于执法、善于执法的感人事迹。与省人大财经委共同编写出版了审计法规知识丛书，系统介绍《审计法》和其他审计法规知识。积极配合省政府，在全省范围内开展了《审计法》执行情况大检查，重点检查了各级政府依法领导审计工作情况，被审计单位依法接受审计情况，各级审计机关依法履行职责情况等。

【合肥市审计局】　1999年，全市审计机关全年共审计244个单位，查出违规行为金额9．2亿元，应上缴财政15895万元，已上缴财政15455万元，追还各类挤占挪用资金5964万元；提交报告信息281篇，被市政领导、上级机关及新闻单位采用130篇。市审计局荣获“全省审计系统“精神文明单位”、“全市推行行政执法责任制先进单位”和“全市信息化建设先进单位”等光荣称号。

财政金融审计　按照“审计从严，报告求实”的工作思路，全市认真开展了本级预算执行审计。在对22个农村信用社的审计中，揭示了农村信用社普遍存在集体积累率小、资本充足率不够，抗风险能力较弱等问题，并提出了建议。市委、市政府领导高度重视，采取措施有力地推动了农村信用社的规范管理。

企业审计　在全省率先推行了“被审计单位会计资料承诺制”，坚持打假治乱的指导思想，审计重点放在企业资产负债及损益的真实性上，审计着力点放在优化结构，提高效益上。全年共对化肥、纺织、化工、内外贸等行业32个重点单位进行了审计，查出违规行为金额19499万元，为推进国有企业扭亏脱困，振兴地方经济发挥了积极作用。

任期经济责任审计　共开展任期经济责任审计25项，其中县处级干部及大型企业领导人员12人。促进了干部的廉洁自律和组织人事制度改革。

查处大案要案　全年审计发现大要案线索5起，配合纪检查处案件7起，建议给予党纪、政纪处分17人，案件移交后，已批准逮捕2人，为惩治腐败，促进党风廉政建设作出贡献。

审计法宣传　全市审计机关向社会各界开展了全方位、形式多样、声势浩大的审计法制宣传活动，扩大了影响，营造了良好的氛围。在市中心制作大型宣传广告牌和图片宣传栏，组织全市县处级以上领导干部和大中型企业负责人及审计、财务人员2100余人开展审计知识考试等。

【合肥市东市区审计局】　1999年完成审计项目9个，查出违规行为金额1065.78万元，应归还原渠道资金473.82万元，提出审计意见和建议28条。

本级预算执行审计　审计重点是财政收支的真实性、合法性、效益性。并围绕区政府中心工作，在强化管理，严格税收征管，提高财政资金使用效益等方面提出了建议，收到了良好效果。

任期经济责任审计　制定了东市区党政领导干部任期经济责任审计暂行规定，开展了区属6名科级干部经济责任审计。

专项审计调查　在全区范围内对党政机关使用管理账户和票据等开展了专项审计调查。共检查了81个单位和部门，清现票据4684本，复核票据2986本。

【合肥市中市区审计局】

审计概况　1999年共审计了8个项目20个单位，查出违规行为金额184.09万元，应上缴财政97.92万元，已全部收缴财政。提出审计意见和建议42条，上报审计报告和信息12篇。

预算执行和财政收支审计情况　先后对区财政局、建委、教委、双凤工业区管委会等4个主管部门及16个下属单位的预算执行及其他财务收支进行了审计。对区地税局、经济委、光明街道办事处等18个行政、企事业单位进行了审计调查。共查出违纪违规金额128.04万元，审计处理128.04万元，提出审计建议23条。

经济责任审计　区成立了由区委分管领导任组长，纪委、组织部门领导和区政府分管领导任副组长，区监察局、人事局、审计局、财政局负责同志为成员的领导干部任期经济责任审计领导小组。领导小组在审计局设立办公室。已接受经济责任审计1件。

《审计法》颁布实施五周年纪念活动　区局成立了纪念《审计法》颁布五周年纪念活动领导小组。组织全体人员学习了《审计法》，回顾五年来执行《审计法》的情况，总结经验。组成《审计法》宣传小组，上街设点宣传，解答问题散发资料。

【合肥市西市区审计局】　1999年，共审计9个单位，查处违规行为金额1438.47万元，应上缴财政140.18万元，已缴财政126.34万元。

本级预算执行审计　区审计局组成2个审计组，分别对区财政局、区教委、区建委等单位开展了审计。同时，还联动实施了教育经费审计和科技三项费用审计。

领导任期经济责任审计　1999年，受区委组织部的委托，对司法局、计生委、南七街道、三里庵街道的领导干部任期经济责任进行了审计。查出违规行为金额87.54万元，审计处理金额16.44万元。

区政府、区人大交办的审计事项　开展了区人大交办的对区政法委、计生委、教委、民政局管辖的五项基金的审计调查。根据区政府地方审计令，实施了区政府办公楼基建审计，并抽调两名同志配合区经计委参与对划转企业的调研工作。

审计法宣传　在全区范围内广泛宣传《审计法》，在区政府门口设立宣传点，发放宣传材料，展出图片资料，接受群众咨询，收到良好的效果。

【合肥市郊区审计局】　1999年共审计12个项目，20个单位，并延伸审计和调查61个部门、单位，依法查处各类违反财经法纪金额2175.1万元，应上缴财政收入708.47万元，已上缴财政525.67万元，归还原渠道资金465.2万元，提出审计意见和建议82条，上报审计报告和信息10篇。

预算执行和财政收支审计情况　先后对区财政局、教委、科委、农委、农林局、蔬菜局、水利局、畜牧水产局等8个主管部门及23个下属单位的预算执行及其他财政收支进行了审计。对区地税分局、国资局和7个有财政资金投入、参股企业进行了审计调查。共查出违纪违规金额634.73万元，其中收缴财政249.65万元，提出审计建议34条。

大案要案审计查处情况　根据群众举报和区政府审计指令，1999年10月至12月对合肥翼马制衣厂违法骗取、挪用下岗职工生活保障金问题进行了审计，查出企业采取虚报再就业中心下岗职工人数328人，骗取下岗职工生活保障金82.5万元，其中有62.8万元被企业挪作它用。原厂长杨某受到撤销党内职务和行政职务处分，原厂劳资料负责人受到党内警告处分，另有两名厂级干部作出了书面检查。

经济责任审计　1999年开展企业领导干部任期经济责任审计1件，撤销领导干部行政职务1

人。

《审计法》颁布实施五周年纪念活动　局成立纪念《审计法》颁布实施五周年活动领导小组，组织干部职工开展《审计法》学习讨论活动。利用内部报纸、知识考试和上街设点等形式，广泛深入地进行了审计知识宣传咨询。

【肥东县审计局】　1999年，共实施审计项目32个，完成年度计划的104%，查出违规行为金额9014.25万元，应上缴财政60.54万元，已上缴财政48.5万元。被有关新闻单位和上级审计刊物采用稿件15篇，本级预算执行审计、法院的财务收支审计和信用社的资产负债审计3个项目（报告）被安徽省审计厅评为优秀。

预算执行和财政决算审计　县审计局组成4个审计组，历时两个多月，对肥东县1998年度财政预算执行和其他财政收支情况进行认真审计，同时延伸审计和调查了县教委、科委、水利局等单位。

审计法颁布五周年宣传　一是召开县四大班子和市局领导参加的审计工作座谈会，汇报五年来的工作成绩及今后工作思路；二是在《肥东报》上开辟专版，举办图片展，悬挂多条宣传横幅，印发材料，接受群众咨询；三是县领导发表电视讲话，使全县各行各业理解、支持审计工作。

工商银行计算机审计　为了适应形势，在对工行审计中，首次实行电算化，整个过程和有关数据通过计算机反映。年底前全局所有审计人员参加上级开办的计算机培训，并购置了5台微机。

【肥西县审计局】　1999年共完成审计单位106个，查出违规金额1576万元，处理上缴财政40.1万元，向被审计单位提出整改意见216条；配合纪检、监察部门查处大案要案4起，建议给予党纪政处分17人，移交司法机关逮捕1人。

预算执行和财政收支审计情况　1999年，按照“审计从严，报告求实”的工作方针，对本级预算执行和其他财政收支情况进行审计，并根据上级统一布置和要求，对县科技三项费用、教育经费投入、农业（含水利）资金实施审计。查出违规金额467.2万元，调增财政收入224万元，追还挤占挪用专项资金243.2万元。

大案要案审计查处情况　1999年，配合纪检、监察等部门查处严重违纪违法案件4起，审计查出违纪金额41万元，作收缴处理32万元，建议给予违纪人员纪律处分17人，移交司法机关逮捕1人。

任期经济责任审计　本年共对14位乡镇长任期经济责任进行了审计，查出违规金额81万元，为干部管理部门正确使用干部提供了参考依据。

《审计法》颁布实施五周年纪念活动　8月29日，县审计局在县政府门前设立《审计法》宣传咨询台，向过往群众散发宣传材料、接受咨询，县人大、政协领导积极参与。当天，县政府领导发表了纪念《审计法》颁布5周年专题电视讲话。同时，全县各内部审计机构、社会审计组织也积极组织人员学习、宣传《审计法》，收到了良好的社会效果。

【长丰县审计局】　1999年度共审计37项，占年度审计项目计划28项的132.15%。审计查出违纪金额4408.9万元，指明要求纠正金额4115.2万元，审计决定处理处罚金额293.7万元，应上缴财政金额18.3万元，已上缴财政13.3万元。

本级财政预算执行和其他财政资金收支审计情况　县审计局抽调14人，组成7个审计小组，对1998年度县本级财政预算执行和其他财政资金收支情况进行了审计，同时联动审计了农业资金投放、教育资金、科技三项费用，共23个会计单位，涉及资金4.3亿元。审计查出虚增财政收入780万元，调整预算支出481万元，多调减预算收入583.6万元。

《审计法》颁布五周年宣传活动　1999年8月29日，县审计局召开了庆祝《中华人民共和国审计法》颁布五周年座谈会议，县委、县政府、县政协、县纪委和合肥市审计局领导以及长丰县委宣传部、司法局、法制局、普法办、监察、广播电视局、电视台，长丰县报社负责人参加了座谈会。

【淮南市审计局】　1999年，全市审计机关全年完成审计项目42项，审计单位425个，查处纠正违纪违规行为金额17319万元，其中收缴违纪资金426万元，归还原资金渠道3840万元，已入库379万元。向党政机关提交审计工作报告、信息279篇。

本级财政预算执行情况审计　重点检查了95个单位，查处纠正违规行为金额557万元。

经济责任审计　全年对36位离任领导干部任期经济责任审计后，被组织人事部门提拔的5人，平调的11人，降职的11人，免职的9个，移交纪检监察部门立案查处的1人，为组织部门考核领导干部提供了依据。

《审计法》颁布实施五周年宣传活动　利用广播、电视、报纸等多种新闻媒体和举办座谈会、研讨班、培训班、有奖知识竞赛等多种形式，并走上街头，设立宣传站，广泛宣传《审计法》颁布实施五年来所取得的辉煌成就，营造了良好的审计氛围。

企业审计　全年审计了41户工商企业，查出虚列资产11.56亿元，少计负债7.65亿元，潜亏12.38亿元。摸清了企业资产家底，核实了盈亏。

系统审计力度加大　注重从大局出发，从宏观着眼，加大了系统审计力度，完成了房改资金、城建资金、水利资金、土地出让金、养老保险基金、教育经费、执法部门罚没收入、副食品价格调节基金以及科技三项费用等专项审计，查处违规行为金额3364万元，追还侵占挪用2178万元。在查处违规问题的同时，还注重以报告、信息揭示具有普遍性的深层次问题，跟踪督促审计整改意见的落实，取得了显著成效。其中养老保险基金等8个项目被评为省优秀审计项目。

【淮南市大通区审计局】

1999年完成审计单位40个，累计审计金额6400万元，查出违规金额24.5万元，其中应收缴金额3万元，已收缴金额2万元。

同级财政审计工作成效显著　通过对财政局和有关部门的审计，发现财政局在代表区政府向区十三届人代会二次会议上所作的财政报告，少报了预算外收入300万元，在区人大的监督下，财政局作了纠正；审计发现，虽然大通区1998年财政总收入增幅较大，但是区级可用财力比上年却有所下降，并对此提出了相关建议。

努力做好《审计法》宣传工作　今年以来，大通区审计局以《审计法》颁布实施五周年为契机，大力宣传《审计法》及其《实施条例》，安排三镇在镇门口悬挂标语，区里除悬挂大幅标语外，还在转盘街设立宣传站，利用广播，发放宣传册，召开座谈会，进行广泛宣传，散发宣传手册近200份。

【淮南市潘集区审计局】

1999年共完成审计项目15个，单位67个，查出违纪资金219.9万元，应收缴入库13.68万元，已入库4.4万元。提交审计报告和审计信息32篇，被上级党政机关领导采用和批示14篇。

财政金融审计效果明显　3月份开展对区本级预算执行情况和其他财政收支审计。5月份组织人员对乡镇财政决算审计。11月对区汇丰社进行了资产负债审计。共查处各类违纪资金11.22万元，收缴资金3万元。

坚持离任审计制度　1999年对6个单位的领导干部离任审计，对他们的经济责任和工作实绩作出客观公证评价，使全区离任审计逐步走向规范化。

加强预算外资金管理　本年审计、财政、物价部门对全区预算外资金进行检查，查处9个单位的预算外收入未纳入专户管理，金额达26万余元。并对区直单位141个银行账户进行清理，撤并51个，保留90个。

大力宣传《审计法》　区政府组织了由司法、审计、街道办等部门参加的《审计法》宣传周活动。一是利用区政府门前宣传栏，采用图片、照片、条幅等方式展示审计工作取得的成果；二是走向街道散发宣传材料，解答群众疑问；三是利用广播、报纸等宣传工具大张旗鼓宣传《审计法》。

【淮南市谢家集区审计局】

1999年计划审计项目9项，实际审计了44个单位，查处违纪违规金额258万元，其中应收缴资金45万元，已收缴入库41万元。同时，向党政机关提交工作报告、信息22篇。

同级财政审计工作　重点检查了区财政局等14个单位，查处纠正违规金额50.91万元，对工作中存在的问题，提出了切实可行的意见，区政府予以采纳。

领导干部任期经济责任审计　对4个单位的领导干部离任进行了经济责任审计。有一个事业单位的领导干部，在任期18个月中，亏损13.24万元，管理失控，经济效益滑坡，对此提出了审计处理和改进意见。

纪念《审计法》颁布实施五周年　制作审计法规宣传栏6个，印发审计宣传材料2500份，并走上街头开展审计法规的宣传活动。

【淮南市田家庵区审计局】

全年完成审计项目10项，审计单位60个，查处违纪违规金额461万元，其中收缴资金36万元，已全部入库；追缴1998年欠缴5万元，1999年实际入库资金41万元，入库率为113.9%。向党政机关提交审计工作报告、信息20篇。

同级财政审计　1999年在总结前四年财政同级审计的基础上，重点检查了11个单位，查处纠正违纪违规行为金额68万元，财税等部门认真落实审计意见，积极整改，取得了明显成效。

党政领导干部任期经济责任审计　对1999年度离任的9个部门主要领导的任期经济责任进行了审计，覆盖面达100%。

工程竣工决算审计　1999年度，对8个单位的基建竣工决算进行了审计。审计核减工程造价133万元，有效遏制了高估冒算行为的发生，其中对“五一”商场项目的基建审计中，核减工程造价80万元，核减率达39.48%。

【淮南市八公山区审计局】

1999年，全面完成各项审计任务，审计项目8个，审计单位44个，完成全年计划的159%，查出违规资金142万元，决定收缴财政24万元，已缴财政23万元，分别比去年增长20%和50%。提交审计信息和报告28篇，被采用、批示19篇。

预算执行和财政收支审计　1999年初，依法开展了预算执行和财政收支审计，对17个预算单位进行审计中，查出违规资金36万元，决定收缴财政12万元向区人大和区政府分别提交了审计工作报告和审计结果报告。

经济案件查处情况　1999年，积极配合区纪委、监察等部门对山王镇孔集村村干部侵占集体资财问题进行立案、调查、处理，收缴6名村干部侵占的12万元集体资财。

经济责任审计　1999年，对6名科级领导干部实施了任期经济责任审计，其中党政机关领导3人、事业单位领导3人，查出违规资金106万元，其中账外账55万元、乱收费35万元、乱发奖金补贴16万元。审计结束后，区委组织部很快将审计成果运用到干部的考核、使用中，6名离任者中有3人免职，3人平调。

《审计法》颁布实施五周年纪念活动　1999年7月至9月，掀起学习、贯彻、执行、宣传《审计法》的高潮，组织人员走上街头，张贴标语，散发材料，开辟专栏，向社会广泛宣传《审计法》知识。

【凤台县审计局】　1999年在职人员17人，内设5个股，即：人秘股、工交商贸股、固定资产投资股、行政事业股。全年共审计66个单位，23个审计项目，查出违纪资金3085万元，应缴财政53万元，已收缴48万元，追还被侵占挪用资金218万元；提交审计工作报告及信息30篇，其中被凤台县政府领导批示、批转的报告7篇，被上级审计机关和新闻部门采用的信息14篇。

县本级预算执行情况审计　对县财政局、地税局、农业局、水利局、教委、土地局、城建局等13个单位本级预算执行情况进行了审计。查出违纪资金258.8万元，追还被侵占挪用资金200.6万元，应收缴财政10万元。

经济责任审计　1999年7月份和9月份，分别开展了一个企业经理和一个乡长任期经济责任审计工作。县委组织根据审计报告，对其中一人平级安排，另一个就地免职。

工商银行系统审计情况　受审计署委托，对中国工商银行凤台县支行1998年度资产、负债、损益情况进行了审计。查出漏计利息收入74万元，漏交税金29万元。

企业审计情况　1999年度共开展了9户企业的审计工作，查出违纪资金1834万元，其中虚增利润1452万元，虚减利润252万元，决定收缴财政5万元。

《审计法》颁布实施五周年纪念活动　县审计局组织全体审计人员，利用节假日数次上街宣传《审计法》及审计知识；在凤台县《硖石晚报》上进行专版宣传报道；积极组织文艺节目，参加安徽省审计厅举办的文艺汇演。

【淮北市审计局】　1999年共完成审计单位76个，查处违纪违规金额16097万元。对被审计单位违规行为金额中作应上交财政、应上交主管部门以及调账后应增加的财政收入、罚款处理金额为436万元，已上交383万元，促进增收节支62万元。向司法机关移送案件1起。审计质量不断提高，全年被省审计厅评为优秀项目11个。

预算执行和财政收支审计　1999年，在预算执行情况审计中对财政税务等5家单位进行了审计或调查，揭露了隐瞒转移、违规退库等问题，引起市政府和市人大的高度重视。对社会养老保险基金、肖淮公路收费还贷款项、濉溪县农业综合开发资金和法院、检察院的罚没收入等专项资金进行审计，审计总金额16133万元；针对有些部门或单位挤占挪用专项资金、预算外资金未能落实“收支两条线”管理等情况，提出了合理的审计意见和建议，并对违反财经法纪的行为进行了处理。受安徽省审计厅委托，市审计局对淮北煤师院1997年度财务收支进行了审计，为高校向地方政府的资产移交提供了依据。

经济责任审计　1999年共完成领导干部任期经济责任审计项目45项，审计资金总额达20亿元，查处违纪金额3534万元。

企业审计　查处违规行为金额6131万元，其中收入不实1084万元，成本不实2345万元，虚增利润2829万元，虚减利润1096万元。

《审计法》颁布五周年纪念活动　利用广播、电视、报纸、杂志等多种媒体向社会宣传《审计法》及审计在社会主义市场经济建设中的作用。全年在上级信息刊物、报刊上发表各类稿件74篇，组织审计专版3个，其中我市在全省的地市审计之窗专版获一等奖。

金融审计情况　1999年除按照审计署统一安排，对工商银行淮北市分行系统的资产、负债、损益情况进行审计外，还对市联社和部分农村信用社进行了就地审计。重点揭露了违规经营、盈亏不实、资产不实等问题，并向市政府提交了高风险信用社经营情况的审计报告，为地方金融机构防范和化解金融风险提供了科学依据。

【淮北市烈山区审计局】　全年共完成审计单位18个，查出违纪违规金额392万元，向司法机关移送案件1起。

预算执行情况和财政收支审计　根据《审计法》的要求，按照“账户入手，下审一级”的审计方法进行了区本级财政预算执行情况审计；强化对行政事业单位经常性审计，全年共查出违规行为金额149万元，揭露了有些单位预算收入应缴未缴、预算外收入不缴专户、私设“小金库”等问题。

服务大局、精心抓好交办任务　1999年，完成区委、区政府交办任务3项，配合监察部门查处案件2起。

围绕中心加强审计宣传　结合《审计法》颁布实施五周年，利用报纸、电视等多种媒体，全方位宣传了审计在国民经济中的地位与作用。

【淮北市杜集区审计局】　1999年共完成审计项目8个，审计单位22个，查处违规行为金额2599万元，完成区委、区政府交办任务5个，移交司法机关3案5人。

预算执行情况和财政收支审计　在精心组织预算执行情况审计中，同时延伸教委、环保局、企业局等单位。此外还开展了“两院”财务收支、乡镇资金和养老保险资金等项目审计。根据

上级安排还对区人事局等7个单位领导任期内经济责任进行了审计。

村级财务审计 根据区政府的安排，派出审计组对段园镇欧集村部分群众反映强烈的村干部经济问题，土地塌陷款使用问题进行专项审计。查处违纪金额127.85万元，清理债权债务140.22万元，直接挽回集体经济损失20余万元，移送司法机关处理3案5人。

【淮北市相山区审计局】 1999年完成审计单位39个，查出违规行为金额315万元，审计追还侵占挪用资金6万元，移交纪检监察机关案件2起。

预算执行情况和财政收支审计 在区人大、政府的大力支持下，共审查了财政及5家延伸单位。开展了乡镇资金、教育经费和行政事业单位经常性审计，发现纠正了一引进单位预算外资金管理混乱，挪用专项经费和乱收费等问题。

经济责任审计情况 区审计局今年加强了此项审计的力度。在对东方针织厂、渠沟酒精厂两单位厂长的离任审计中，发现涉嫌违纪问题及时提交给纪检部门查处。

村级财务审计 根据区委和区政府的安排，区审计局先后对董庄、西城、张寨等三个村15年的财务收支进行了全面清查，并将清查情况及时反馈给群众，稳定了群众情绪。

【濉溪县审计局】 全年共完成审计项目17个，审计单位40个，查出违纪违规金额11865万元，应收缴财政457万元，减少财政拨款210万元，为国家挽回基建投资损失800多万元。

预算执行情况和财政收支审计情况 全面开展本级预算执行情况和其他财政收支审计，安排审计了县财政局执行本级预算情况，县地税局税收征管情况，同时，还延伸审计了10余个与财政关系密切的重点二、三级预算单位，促进了财政审计与各专业审计的结合。

《审计法》颁布五周年纪念活动 一是积极加强与新闻单位的联系，在有关媒体开辟专栏大力宣传本县审计工作成绩，扩大了审计影响；二是为了深入贯彻执行《审计法》，进一步加大审计执法力度。

【芜湖市审计局】 1999年，芜湖市审计机关共完成审计项目325个，查出违规行为金额2.3亿元，比去年同期增长76%，上交财政542万元，归还原渠道资金2435万元，核减财政拨款和补贴3.68亿元；向纪检、司法机关移交案件8件，配合有关部门查办经济案件20件。向各级党政机关及有关部门提交审计工作报告、信息311篇，被批示、采用212篇，采用率达68%。

改进本级预算执行审计 共审计及调查148个单位，查出违规行为金额3676万元，审计结果报告和审计工作报告受到政府和人大的好评。

强化行政事业单位审计 芜湖市审计局抓住对管理、使用国家资金数额较大，行政性收费、罚没款较多的重点部门审计，在对201个行政事业单位进行审计时，就查出违纪违规金额8471万元，查出转移财政资金462万元，挤占挪用专项资金696万元，漏缴税金165万元，乱收费、摊派集资167万元。1.全面开展了领导干部任期经济责任审计，并把审计面扩大到市属厅、处级领导干部，完成了78个单位行政领导的任期审计。2.开展驻外机构审计。根据市政府的要求，首次对5个驻外机构实施了就地审计，上报的有关审计报告和专报引起市领导的高度重视。3.加大反腐倡廉力度。全市审计机关移交纪检监察、司法部门案件8件，占全省移交案件的23.5%。芜湖市新芜区审计局在对某厂审计中发现该厂厂长贪污挪用公款7万元，及时向区委、区政府汇报和移交案件，在揭露和查办大案方面发挥了积极的作用。

加强企业审计 共对40个工业、交通、邮电、商业、物资、供销、外贸、旅游、建筑等企业进行了审计，查出违规行为金额5217万元，收入不实358万元，成本不实2248万元，账外资产71万元，虚增利润4649万元，损失浪费88万元。就审计中发现的问题及时向本级政府和有关部门反映，引起了高度重视。

深化金融审计 1999年芜湖市审计机关共对23个金融机构进行了审计，查出违规行为金额2213万元。一方面根据审计署部署，组织全市审计机关对工行芜湖分行及三县支行资产、负债、损益进行了审计，基本查清了工行存在的有关问题，并引起了工行的高度重视。另一方面开展了对城乡信用社的审计，揭示出部分信用社不良资产比例过高，抗风险能力较弱等问题，引起了有关部门的高度重视并采取了应对措施。

完善法制建设 芜湖市审计局在安徽省审计系统率先实行了“双向承诺制度”和“审计事项集体审定制度”，并向社会公布了举报网络，做到依法处理，至今未发现一起审计复议和诉讼案件。

加强廉政建设 通过开展多层次，多形式廉政教育活动，该局把社会舆论对审计的监督，作为改进自身工作的重要途径。聘请了新闻单位、社会团体和民主党派代表共12人组成了特约审计监督员队伍，主动接受社会各界的监督，同时芜湖市审计局还加强了对科职干部的廉洁自律工作，印发《审计组廉政责任制登记表》、《接受礼品登记表》，建立科职干部的廉政档案，制定了《审计组廉政责任制度》。1999年共拒收礼品礼金1.4万多元，向被审计单位交纳就餐费5272元，对49户被审计单位进行了审计回访，对回访中发现的问题，做到及时处理，警钟长鸣。

芜湖市审计局荣获全省审计系统党风廉政建设先进集体和全省审计系统精神文明建设先进单位。

【铜陵市审计局】 1999年共审计单位75个，查出违纪金额1.44亿元，应交财政1716万元，应归还原渠道资金5631万元。提交审计工作报告、信息111篇。

深化财政审计，提高财政资金使用效益 1999年该局依照铜陵市政府批转的《审计工作方案》，对市财政、地税等35个部门单位、36项专项资金（盈余）、3项城市基础设施进行了审计和调查。

改进企业审计，促进国有企业走出困境 铜陵市审计局把企业审计落脚点放在帮助企业解困，脱困上，重点选择了化工、煤炭行业等16户亏损企业开展审计，运用盘点、函证、外调抽查资产负债的真实性，运用边际成本核算等管理会计知识进行成本盈亏分析，为企业扭亏提供了数据，审计结果令人信服，得到市委、市政府肯定。

突出大要案的审计，促进廉政建设 围绕朱总理关于突出大要案审计的指示，1999年，铜陵市审计局和市纪委、市监察局、市检察院联合制定了关于相互配合查处经济案件的暂行规定，充分发挥各自的监督职能，并确立了联席会制度和责任追究制度。市审计局积极利用审计成果协助市纪委处理群众上访案件，查处违纪问题，用审计事实向来访的群众做解释工作，为维护企业和社会的稳定作出了积极努力。同时，市审计局从挽回损失、挽救企业、挽救人的角度，注重发现大要案线索。共向市纪委、市检察院移送经济类案件6起，目前已有3人被免除一切行政职务。

强化审计队伍建议，为宏观调控服务 一是局领导班子一班人把审计事业的发展放在首位，率先垂范，给审计人员树立了榜样。二是严格审计纪律。先后制定和完善了廉政建设责任制等一系列规定，并加强了审计回访和年度考核工作，实行“一票否决制”，努力培养一支廉洁、高效的审计队伍。三是提高审计人员综合素质。为实现审计是高层次监督的目标，市审计局党组非常重视提高审计人员的政治和业务素质，在鼓励审计人员坚持自学的基础上，不定期的加强业务培训。四是建立依法审计保障体系。从审计项目立项到审计意见和决定的落实，该局都有一套有效的控制机制，实行了五级防范审计风险责任制，并变事后监控为事前监控，将审计方案、审计报告初稿全部纳人复核审理范围，强化了对审计目标的管理，加强了审计项目质量检查，同时继续开展审计项目评优活动，提高审计项目的“精品率”。

1999年，该局在安徽省审计厅开展的各项评比中获审计系统精神文明先进单位，15个单项的先进。同时被市委、市政府授予“文明单位标兵”等6项桂冠。

【蚌埠市审计局】 1999年，全市审计机关共审计448个单位，查出违纪违规金额65454万元，应上缴财政收入703万元，应归还原渠道资金1592万元，向各级党政机关和有关部门提交审计报告、审计信息340篇，被有关党政领导批示和新闻媒体采用124篇。

财政审计 在不断深化和规范本级预算执行情况审计的同时，开展了20个单位的财政决算审计，查出违规行为资金1831万元和部分乡（镇）虚列财政支出、挪用财政周转金以及挤占挪用三提五统资金等问题，为加强财政管理起到了积极的促进作用。

任期经济责任审计 共审计了33个单位，接受审计的党政机关领导干部23人，企业领导人员11人。审计查出违纪违规行为金额10184万元。

查办大案要案 全市审计机关配合纪检、监察部门查办案件7件，涉案违纪资金1032.6万元，移送司法部门查处3件，移送纪检部门查处3件，建议给予行政处分5人，已有1人被逮捕。

【蚌埠市东市区审计局】 1999年底，在职人员3人。有局长1人，副局长1人。1999年，共审计16个单位，查出违纪违规金额14万元，向各级党政机关和有关部门提交审计报告、审计信息8篇，被上级审计机关采用3篇，本级政府采用2篇，新闻媒体采用1篇。

财政审计 开展了本级预算执行情况和其他财政收支审计，对区教委、延安里小学、淮滨路小学教育经费的使用和管理情况进行了延伸审计，全面反映了本级财政预算执行和其他财政收支情况，为加强财政管理起到了积极的促进作用。

行政事业审计 围绕廉政建设，认真开展行政事业审计，对区法院、检察院等10家行政事业单位财政财务收支情况进行了审计，对查出的问题进行了严肃处理，有力地维护了财经纪律的严肃性。

固定资产投资审计 为提高固定资产投资效益，认真做好固定资产投资审计，共完成工程决算审计8项，审计核减金额34万元。

【蚌埠市西市区审计局】 1999年底，在职人员4人，其中局长1人。全年共审计23个单位，查出违纪违规行为金额34万元，上缴财政0.7万元，共提交审计报告、审计信息11篇，被采用2篇。

财政预算执行情况审计 在总结前两年本级预算执行情况审计经验的基础上，对全区1998年度区级财政预算执行和其他财政收支情况进行了审计，同时对5个单位进行了延伸审计。

行政事业审计 共审计了12个单位，完成蚌埠市审计局计划的120%，审计金额2721万元，共查出违纪违规金额34万元，已上缴财政0.6万元。

任期经济责任审计　共审计4个单位，审计金额4282万元，将涉嫌经济问题的有关责任人员移交有关部门查处。

固定资产投资审计　共审计6个单位，审计金额1802万元，查出高估冒算金额274．3万元，审计核减率达15．22%。此项审计，为加强建筑市场管理起到了积极的促进作用。

【蚌埠市郊区审计局】　1999年底，在职人员5人，其中局长1人，副局长1人。全年共审计或调查23个单位，查处违纪违规金额1300万元，应归还原渠道资金750万元；向郊区政府和蚌埠市审计局提交审计报告、审计信息11篇，被郊区党政领导批示4篇。

本级预算执行情况审计，及时反映了区财政形势严峻和应纳入预算管理的预算外资金没有纳入预算管理等问题；企业审计对漏交税金、会计核算不规范及潜亏问题进行了揭露和处理；农业审计，对3个乡（镇）农业等专项资金等进行了审计，反映了挤占挪用乡统筹，虚列财政收入及单位和个人占用国家资金等问题；行政事业审计，对法院、检察院、郊区教委及4个乡（镇）卫生院开展了审计，查处了挤占挪用、坐支赃款收入、乱收费等问题。

当年配合纪检监察部门对蚌埠市天河中学1992年5月至1999年6月的财务收支进行了审计，对该校出纳会计贪污及校领导私设“小金库”共计5万余元经济案件进行了认定，为纪检监察部门办案提供了有力的证据。

【五河县审计局】　1999年，在职人员有14人，其中局长1人，副局长2人。1999年，审计了136个单位，查出违规资金4666万元，应上缴财政192万元，提供审计信息50篇。

财政审计　对县本级1998年度预算执行情况进行了审计，重点对县财政支出比重大的教育科技等经费进行了专项审计，披露了财税征管中的问题。

社会保障资金审计　对全县职工基本养老保险金征收、使用和管理状况开展了审计，反映了企业欠缴养老保险基金现象严重的问题，剖析了欠缴原因，提出了加大征缴力度的建议。

农业审计　在总结1995年以来乡镇资金审计经验的基础上，继续对3个乡镇进行了审计。组织农村经济审计分局对9个乡镇30个行政村进行了审计，效果明显，清理了村级财务，帮助解决了群众反映强烈的问题，督促村级财务公开，维护了农村稳定。

经济责任审计　审计了9个乡镇及行政事业单位领导干部任期经济责任，为组织部门考核干部提供了参考依据。

【怀远县审计局】　1999年，在职人员19人，其中局长1人，副局长2人。1999年共完成审计项目21个，查出违纪违规金额4490．13万元，应收缴财政83．86万元，应归还被侵占挪用资金679万元，向上级机关提供审计报告、审计信息等17篇。

财政审计　一是完成了县本级1998年度预算执行情况审计，查出财政部门违规退库、少反映预算收入、挪用专项基金等1915万元。客观评价了县财政运行质量，如实反映了存在的问题，提出建议12条，向县政府报送了审计结果报告，受县政府委托向县人大常委会作出了审计工作报告，有效地促进了县财政状况的好转；二是完成对魏庄镇和城关镇的财政决算审计，查出魏庄镇1998年虚报财政收入103万元，城关镇综合办等坐支罚没款等25．27万元，对查出问题分别作了处理。

任期经济责任审计　对县化肥厂、县农机公司、县种子公司、县医院、县畜牧兽医中心等单位领导离任进行了经济责任审计，对这些单位领导任期内工作业绩及经济责任作了客观、公证、实事求是的评价。

【固镇县审计局】　1999年有在职人员17人，其中局长1人，副局长1人。全年共完成审计单位63个，查出违规金额3975万元，应交财政84万元，促进增收节支267万元。

加大审计执法力度　县审计局为提高审计执法水平，在全体审计人员中推行了行政执法责任制，实行一级对一级负责，从而加强了审计项目质量控制，规范了审计行为，降低了审计风险。

固定资产投资审计　对县委大院北大门外开发决算价格为1027．2万元的经济适用楼房进行决算审计，净核减工程款达195万元，在社会上引起很大震动。

【马鞍山市审计局】　现有在职干部、职工48人，其中局长1人，副局长3人。设办公室、综合科、财金科、投资科、行政事业科、工交科、商贸科、外资科。全年共审计单位86个，完成市政府布置的年度审计项目计划113%，查出违纪违规金额3．4亿元，决定上缴财政399万元，追还被挤占挪用资金4666万元。

财政预算执行和收支审计　重点审查了科技三项费、教育事业费、城建维护费及养老保险基金等财政资金的分配管理和使用效益，以及税收征管等情况，核实了财政收支，揭露和查处了预算执行和财政收支中存在的虚列支出、应缴未缴预算收入和违规办理预算拨款等问题，并从政策、制度上提出了4条完善和改进建议，均被采纳。

大案要案审计查处情况　对某公司审计时，查实该公司盲目投资，造成260万元国有资产潜在流失，且存在私设“小金库”、烧毁账簿等严重违法违纪问题，已将该公司法人和有关责任人员移交市纪委、监察局处理

经济责任审计　一年来，经审计的17名领导干部中，有3人被提拔使用，2人被免职，平调7人，退休5人。

企业审计　通过对市金属材

料公司和市纺织厂等19家国有大中型企业审计，发现和揭露了企业会计资料严重失真较为普遍的问题，且违规行为金额达7137万元。

重点建设项目审计情况 精心组织对江东大道等11项建设项目审计。其中对9个竣工决算项目审计，核减高估冒算工程款311万元，核减率达9.1%。

《审计法》颁布实施五周年纪念活动 成立领导组，主要领导亲自抓；与市依法治市领导小组办公室联合发文，将《审计法》纳入全市“三五”普法内容；在《马鞍山日报》等新闻媒介开辟宣传专栏，集中在11月份开展《审计法》宣传月，并在全市范围内开展《审计法》有奖知识竞赛活动，马钢公司总经理顾建国等45人分获一、二、三等奖。

【安庆市审计局】 1999年，安庆市市、县两级审计机关共对568个单位实施了就地审计，查出各类违纪违规行为金额40313万元，应归还侵占挪用资金7674万元，应减少财政拨款或补贴资金1287万元，促进增收节支2279万元，应交财政992万元，已交财政838万元。提交审计工作报告信息315篇，被各级党、政领导、上级审计机关批示采用94篇。共完成审计项目任务190项。

市局本级共对97个单位进行了审计，查出违纪违规金额29610万元，应收缴财政的违纪资金311万元，作出审计决定进行处理的违纪资金212万元。提交审计工作报告信息70篇，被采用18篇。配合市纪委和市检察院查处大要案3个，完成市领导交办的审计任务20项。

财政预算执行审计有所深化 市局的本级1998年预算执行和其他财政收支审计，查出违纪违规金额577万元；发现税收征管中存在入库税金与稽查结论不符、跨年度入库税收等情况，及时提出了整改建议。

企业财务收支审计有所改进 市县两级审计机关对辖区的7个公路收费站1997年和1998年度的车辆通行费收支情况进行审计，查出违纪违规行为金额679.68万元，收缴财政23.06万元。并对通行费收入、支出、管理、核算等方面存在的问题提出了改正意见。

行政事业廉政审计有所突出 通过对两院机关财务收支审计发现：财务管理欠规范，会计基础工作薄弱，在诉讼费、罚没款物的收缴管理、使用中存在票据不合规、扩大范围、提高标准等问题。审计对存在问题作了处理决定，提出了纠正意见。对我市1998年度企业职工基本养老保险基金征收、支付和管理情况进行审计，审计总金额12693万元，查出违纪金额2390万元，对欠缴养老保险基金4307万元、挪用2009万元的问题提出了处理意见。

固定资产投资审计有所加强 对市区集贤北路拓宽改造建设工程项目决算审计，核减工程造价402万元，为市政府节约了财政投资。对郊区集贤北路工程指挥部挪用工程项目资金172万元，责令限期收回。

农业专项资金审计有所拓展 1999年农业审计的主要任务是三大专项资金审计：一是对市本级农业综合开发资金的审计；二是对沿江四县一区移民建镇资金的审计；三是对五个国定贫困县1997年以来的扶贫专项资金进行全面审计。三大专项资金审计，资金53078万元，查出并指明要求纠正的挤占、挪用、虚列转移支出等违纪违规行为金额2368万元，归还原渠道资金2197万元。

经济责任审计在探索中推进 全市有8个审计机关开展了党政领导干部任期经济责任审计，6个审计机关开展了国有企业领导人员任期经济责任审计。全年共抽调136人（次），组成54个审计组，对48个党政机关、7个事业单位、10个企业的领导干部进行了任期经济责任审计。审计中，查出违纪违规金额8470万元。部门根据审计结果提拔4人，降职5人，平调51人。

审计宣传工作有所改进 一是在市委机关刊物《安庆工作》上开辟专栏介绍全市审计工作；二是在省审计厅的《安徽审计》杂志上专版宣传安庆审计；三是创作黄梅小戏《亲情友情》参加全省审计系统国庆文艺汇演并获奖；四是在安庆政府网站设安庆审计网页展示安庆审计风采；五是充分利用电视、报纸等新闻媒体宣传《审计法》，宣传全市审计工作，营造优良的审计执法舆论环境。

审计干部队伍素质有所提高 全市审计机关坚持一手抓审计项目计划执行，一手抓“人、法、技”建设。尤其注重抓好审计干部队伍素质建设，以“三讲”教育为契机，加强对审计干部的思想政治教育和职业道德教育，从严治理审计干部队伍，重塑新世纪审计干部队伍形象。

【桐城市审计局】 现有干部职工17人，其中审计师6人，大专以上学历16人。局领导职数为一正二副，内设四科一室。1999年，共审计了43个单位，查出违纪金额798万元，依法收缴财政136万元，责令归还原渠道资金77万元，提交审计综合报告20余篇。

领导干部任期经济责任审计 先后对6个党政机关、2个事业单位、2个国有企业的11名领导干部任期经济责任实施了审计。根据审计结果，组织部门决定平调3人，降职3个，免职4人，1人被移交司法机关处理。

企业审计 1999年对市盐业有限公司、市纺织厂等5家企业进行了审计。审计查出上述企业虚增利润、收入、成本不实49万元等违纪违规行为。

加强金融审计 根据审计署统一部署，对中国工商银行桐城市支行、工行信用社以及范岗、

金神、肖店等3个农村信用社1998年度资产、负债、损益情况进行了审计，并就如何防范和化解金融风险提出了审计建议9条，均被被审计单位采纳。

抓好行政事业经常性审计　1999年紧紧抓住社会关注的热点、难点、重点问题，加强行政事业单位经常性审计，先后对22个行政事业单位的财务收支进行了审计。审计的内容主要包括公路收费、检察院、法院系统财政预算资金、行政性收费、罚没款收取、管理和解缴情况、养老保险基金、专项募集赈灾资金、福利彩票等，提出审计意见与建议38条。

【望江县审计局】　在职人员16名，具有大专以上文化程度15名，取得审计师资格6人，注册会计师资格1人。下设办公室、工交商粮贸审计股、财政金融审计股、行政事业审计股和基建外资审计股。

1999年共完成23个由国家审计署、省审计厅、县委、政府下达的各项审计项目，审计72个单位。查出违纪金额884万元，比去年1414万元，下降30.7%；审计处理应上缴财政41万元，已收缴入库23万元；应归还侵占挪用资金157万元；促进增收节支7万元；提交审计工作报告和信息15篇，出具审计意见书56份，下达审计决定32份。审计论文及信息被上级机关采用8篇。

离任审计　1999年完成了县直14个局级单位和望江中学、望江二中、职业高中及8个乡镇主要负责人任职期间经济责任审计，为县委、县政府任用领导干部提供了有参考价值的依据。

财政审计　年初的财政预算执行情况审计于四月份开始，基本上查清了1998年度财政预算收支和其他财政收支的情况以及财政管理中仍然存在的问题。

【枞阳县审计局】　1999年度，实有在职职工20人。其中具有大专以上学历的有12人；具有中级以上职称的有8人。

审计工作成果　1999年共审计129个单位，查出违纪金额6037万元，应上缴财政105万元，已上缴财政97万元，归还原渠道资金29万元，向被审计单位提出审计意见和建议232条，向上级审计机关和县政府提交审计工作报告和信息32篇，被批示和采用的12篇。

深入开展财政审计工作　审计单位19个，查出指明纠正的金额1754万元，应增加财政结余263万元，减少财政支出581万元，归还原渠道资金24万元。

强化金融审计　开展了对工商银行县支行和10个农村信用社的资产、负债、损益情况的审计。主要检查了有无违规经营、盈亏不实、资产不实和未执行国家利率政策等问题，查出违纪金额106万元，通过审计，分析评价了被审计单位的信贷资产质量、支付能力、盈亏真实性以及农村信用社的过高存贷比等问题。

探索企业审计工作　根据《审计法》规定结合我县企业经营的实际状况，审计了本县5家企业，查出违规资金66万元，了解和掌握了本县企业在市场经济中的经营环境和实际情况。

拓展农业审计工作　1999年，根据上级审计机关的安排，开展了扶贫资金、乡镇资金、农业综合开发资金以及参与移民建镇资金等项目的审计。主要检查了农业资金筹集、管理和使用情况以及配套资金的到位和专项资金的专款专用的情况，查出各类违纪金额735万元，针对审计出来的问题提出审计意见和建议40条，均被审计单位所采纳。

外资运用和固定资产投资审计工作　开展了外资运用卫4、卫5、贫三、农业二期灌溉项目以及8个固定资产项目审计。

完成上级授权和党政交办的审计工作　1999年，审计厅授权我局对普济圩农场资产、负债、损益和县长江河道管理局财务收支审计任务。审计查出违纪金额3000多万元，应缴财政金额65万元，已缴财政金额57万元。另外完成党政交办任务6项。

【黄山市审计局】　黄山市审计局实有人员31人，内设科、室7个，二级机构1个；全市建立内部审计机构42个，有专职内部审计人员90人。截止至1999年12月底，全市已完成审计事务所的脱钩改制任务。

审计成果简述　1999年，黄山市审计局对313个单位开展了审计，查出违纪违规金额13178万元，其中：已上交财政131万元，减少财政拨款56万元，归还被侵占挪用资金1194万元，促进增收节支167万元。提出审计工作报告、信息345篇，其中，被党政领导、上级机关和新闻单位批示采用220篇。

财政审计　注意查处财政部门自身存在的违纪问题，如：越权审批，违规拨款、混库等问题。配合同级财政审计，对科委、科协、教委1998年度科教专项经费的管理使用情况进行了审计；对市直11户企业开展了财政工业周转金的使用情况的调查，调查资金667万元，占全部周转金的83.2%，得到了市本级人大常委会的充分肯定。

行政事业审计　完成审计单位数99个，共查出违规资金955万元，其中：挤占挪用141万元，私设“小金库”115万元，预算外资金未交专户102万元。

大案、要案审计　1999年全市共派出37人次配合纪检监察机关查办案件，查处人员31人次，通过审计，移送纪检监察部门处理案件3起。

经济责任审计　全年共完成领导干部任期经济责任审计项目71个，对86名领导干部作出评价，其中乡镇长（书记）57名。通过审计，提拔使用4人，平调43人，被免职6人。此外，还开展了对处级领导干部任期经济责任审计的探索工作。

企业审计　1999年，共安排

重点工业企业审计项目8个。通过审计，揭示了黄山市部分工业企业体制改革中面临的困难。此外，还对1997、1998年度全市无线电频率占用费征缴情况进行了审计。

纪念《审计法》颁布实施五周年 一是加强了《审计法》和有关法律法规的宣传，在市广播电台开辟了审计一年期的法规宣传园地；二是加强了审计信息和科研工作；三是开展了审计机关成立15周年、《审计法》颁布实施5周年系列宣传活动，组织审计人员参加了全省审计系统文艺节目汇演并获得"优胜奖"，主办了《审计周讯》黄山版；四是加大了审计报刊的征订发行工作。

【黄山市黄山区审计局】

1999年共完成审计项目22项，审计或审计调查163个单位，其中上级审计机关安排16项，地方交办6项，审计查出违规违纪金额3520.33万元。对17个单位作出审计决定，应上缴财政58.72万元，为财政增加收入或减少损失324.96万元。

领导干部经济责任审计情况 1999年黄山市黄山区审计局共对45名领导干部进行任期经济责任审计。查出违规违纪金额2342万元，给予处理处罚金额36.66万元，对1名违规违纪领导干部建议区有关部门给予党纪处分，2名其他人员交由本单位处理。

预算执行和财政收支情况审计 对5个预算管理部门和预算执行单位进行审计，延伸审计13个二级预算单位；对34个单位和15户企业进行了审计调查。查出财政部门隐瞒预算收入、借出的财政性资金逾期严重、地税部门混税种入库、预算执行单位截留预算收入、挤占挪用财政专项资金等问题。审计收缴违纪违规金额11万元。

经济案件查处情况 黄山市黄山区某乡党委书记离任时挪用乡财政资金4.30万元归还个人贷款。为此根据审计建议，区纪检委已给予该同志党纪处分。

【黄山市屯溪区审计局】

1999年度，屯溪区审计局完成了对本级财政预算执行，下级政府财政决算，乡镇资金，股份制商贸企业改制，工商银行及农村信用合作社资产、负债、损益，卫生项目世行贷款，行政事业单位财务收支及领导干部任期经济责任等7大审计项目、19个单位的审计，共查出违规资金金额391万元，上缴财政5.2万元。

财政审计 对本级财政预算执行及其他财政收支情况进行了审计，并延伸对教育事业费、科学事业费和科技三项费用的使用情况进行了审计。审计结果表明：区本级财政预算执行情况总体是比较好的，完成了财政预算收支任务，保持了财政收入的适度增长，实现了财政"三保"目标，做到了收支平衡、略有节余。存在的问题主要有：财政运行存在虚量情况；财政周转金逾期率较高，占借出资金总额的94.02%；财务处理不规范，往来款结算不及时，延伸审计中发现有专项资金未专款专用，坐支现金及预算外资金收入未纳入财政专户管理等问题。

金融审计 本年对工行及五个农村信用社进行审计，审计表明，各金融单位或多或少存在少计各项收入、多计各项支出及其他违规资金。并存在超标准列支费用未纳税等问题。

【黟县审计局】 1999年共审计单位25个，查出违规行为金额1154万元，归还原渠道资金151万元，向县委、县政府及上级审计机关提交审计信息、工作报告20篇，配合纪检、监察等部门完成工作3项。

在预算执行和财政收支审计中按照"围绕主线、注重效益、促进发展、加大力度、核实收支、服务宏观"的工作思路，在前两年取得经验的基础上，向更高层次发展，由审计合法性向审计真实性探索。

按照审计署的统一部署，对工商银行黟县支行1998年度资产负债和损益情况进行审计，首次将计算机运用于审计，积累了计算机审计的初步经验；按照省审计厅的要求，对黟县电信局无线移动电话频率占用费的代收、代缴情况进行审计。

【祁门县审计局】 到1999年底，祁门县审计局实有人员14人。全年共完成59个单位（项目）的审计，查出违纪违规行为资金1400万元，其中决定处理处罚60万元，要求纠正1340万元，应交财政29万元，已交财政29万元；提交审计综合报告、信息49篇（条），被各级采用批示46篇（条）。

财政审计 本级预算执行情况审计以财政资金运行为主线，以农、科、教经费为重点，对5个单位实施了审计。

经济责任审计 全年对19个单位的领导干部实行了离任经济责任审计。

纪念《审计法》颁布实施五周年 首次组织电视新闻报道，在《祁门之窗》开辟专题宣传，参加《审计周讯》专版宣传。

【滁州市审计局】 1999年滁州市审计局共审计单位470个，占年计划的214%。查出违纪违规行为金额33807万元，决定处理处罚2551万元，指明要求纠正31256万元；其中应上缴财政496万元，已上缴375万元。共有89篇审计工作报告、信息被批示采用。

各项工作全年在省审计厅获奖的，达22项之多。市审计局财政"上审下"、养老保险基金审计、检察院审计、化肥厂审计、商贸企业改制调查、凤阳粮库工程审计、清流东路改建工程审计、农村卫生人力开发审计、信用社审计综合报告、公路通行费审计综合报告，获"优秀项目"；审计信息与统计工作、内审指导和社会监督工作，获"先进单位"。明光市财政"同级审"和检察院审计，来安县财政"同级审”和工商银行审计，全椒县养老保险基金审计、工商银行审计和林业资金审计，南谯区行政事业单位经常性审计，天长市党政干部经济责任审计，定远县信用社审计等，获“优秀项目”。

财政审计　共审计单位32个，查出违规金额1564万元，决定处理处罚213万元，收缴财政金额190万元。

金融审计　1999年度，全市共审计金融单位44个，查出违规金额3432万元，指明要求纠正3262万元，决定处理处罚170万元，收缴财政金额31万元。

根据审计署统一部署，各级审计机关对市工商银行及6个县（市）支行进行审计，重点检查其资产、负债、损益的真实性、合法性，并对信贷资产进行清查分类。揭示出盈亏不实、信贷资产质量差、违规经营等问题，对存在的金融风险进行分析。同时，对36个城乡信用社及联社进行审计，发现资本金不足、信贷资产质量差、违规拆借、高息揽储、“一逾两呆”贷款比例过高等问题，提出了具体建议。

企业审计　1999年度，全市共审计重点企业单位69个，查出违规金额13270万元，决定处理处罚261万元，已上缴财政63万元。

市审计局对化肥、纺织行业进行了审计，对个别企业借改革之名转移国有资产作了处理，并纠正一些企业瞒报亏损、虚报利润等弄虚作假行为。同时，在全市范围内选择8家改制企业进行审计。其间，为促进改制企业规范运作和健康发展，审计人员对企业改制的合法、合规性作了调查，发现有的注册资本不实、企业运转不符合公司法规定等问题，及时报告了有关部门。

农业审计　1999年度，全市共审计有关农业资金项目单位30个，主要有乡镇资金、林业资金、农业综合开发资金和农口行政事业单位预算内外资金等内容。除重点审计涉农单位、乡镇财政收支及农民减负等外，还对1997～1998年造林补助费、林业贴息贷款、育林基金等专项资金的筹集、投入、管理和使用情况进行专审和调查。共查出违纪违规金额2608万元，收缴财政16万元，指明要求纠正186万元，促进专项资金拨付到位43万元。

投资项目审计　1999年度，全市共审计基建投资单位11个，查出违规金额241万元，并指明要求纠正。市局安排了对凤阳国家粮库扩建、市清流东路改建、淮北大堤明光段除险加固、市二中宿舍楼等4个建设项目的审计，审计投资总额6000万元。

外资运用审计　1999年度，全市共审计国外援款贷款项目单位12个，查出违规资金12万元，并指明要求纠正。

公路收费站审计　1999年市审计局安排对全市7个公路收费站进行审计。从各收费站管理状况入手，以资金流向为主线，摸清了各收费站自成立以来车辆通行费的收支及管理情况。

住房资金和养老保险基金审计　按照省审计厅统一部署，市审计局分别于1998和1999年对全市6县2区及市直住房资金和企业基本养老保险基金进行审计。共审计34个资金管理部门，延伸调查50多个相关单位，查出政府部门、管理部门和部分单位挤占挪用专项资金、住房资金贷（借）款存在大量潜在风险，养老保险基金征收不到位、亏损企业欠发养老保险费，以及管理部门会计核算不规范等许多问题。

领导干部经济责任审计　1999年全市共对133个单位的领导干部进行了审计，其中县处级干部17人。审计总金额10亿多元，查出违纪违规金额7914万元，决定处理处罚443万元。各级组织、人事部门根据审计结果，提拔重用10人，组织处理10人，移交司法部门处理2人。

审计事务所脱钩改制工作　至年底，全市9家审计事务所先后全部完成有限责任制的组建工作，有7家已经挂牌，市审计事务所改制后更名为“滁州市审信会计师事务所”。同时，做到抓改制和抓业务两不误。

【阜阳市审计局】　阜阳市审计局现有47人，内设8科2室。下辖11个县、市、区。1999年起设总审计师室。1999年共完成上级审计机关下达的审计项目22项，对941个单位进行了审计；完成市领导交办的审计项目184个。共查出违纪金额37183万元，应缴财政1355万元，已缴871万元。提交审计报告、审计信息411篇，被党政领导批示、上级审计机关及新闻单位采用318篇。

1999年阜阳市审计工作紧紧围绕阜阳经济工作中心，以财政预算执行情况审计为重点，对社会关注和市人大、政府关心的机场建设，救灾、扶贫、农业资金，教育经费等进行了全面审计。财政预算执行情况审计共审计了113个预算管理和执行单位，揭示出财政管理中有关问题9项，提出加强财政管理、规范财政行为的意见和建议6条，促进了财政管理水平的不断提高。机场扩建工程竣工决算审计核减工程造价3800万元，为国家节约了大量的建设资金。按照“两办”通知精神，全市对144个单位的166名领导干部实施了经济责任离任审计，经有关部门考核，提拔13人，平调51人，有22人被移交司法部门追究刑事责任。工行系统审计提出的不良贷款比重上升、少计成本支出等问题引起分行领导的重视，及时提出了整改措施。全市对166家企业审计发现会计核算资料失实情况较为普遍，查出虚增利润2018万元，隐瞒利润424万元，审计机关在审计处理中，想方设法帮助企业扭亏增盈，受到市政府的好评。

【阜阳市颍州区审计局】
1999年共审计了42个单位，查出违纪违规金额953万元，应缴财政31．8万元，已上缴财政23万元，占应缴财政的72．3%。

预算执行和财政收支结果表明：1998年财政收入比1997年增长15．6%，占年预算的104．8%；财政支出为预算的95．5%，同比增长8．3%。该项审计为加强财税管理，搞好宏观控制，发挥了积极作用。

结合区情，突出农业审计重点，对商品粮基地、农业综合开发、乡镇资金进行了审计。乡镇资金审计查出违纪违规金额818万元，占本年查出违纪违规金额的85．8%。区局以《情况反映》形式作了汇报，引起区党政领导的重视，决定全面实行乡镇财务“零户统管”制度，加强监督管理。

本年，还对公安局下属20个单位的财务收支进行了审计。审计查出主要问题：大部分单位未设立银行存款账户；基层财会人员更换频繁，未办交接手续；费用支出过大，且打白条现象较为严重等。针对审计发现的问题，区公安分局研究制定了积极的整改措施。

【阜阳市颍东区审计局】 1999年共审计了71个单位，查出违纪违规金额910万元，应上缴财政22．1万元，已上缴财政20万元。向区委、区政府和有关部门提交审计报告、信息32篇（条），被批示或采用25篇（条）。

任期经济责任审计 审计单位8个，接受审计的党政领导干部11人，查出违规金额732万元。有关部门参考审计结果，提拔重用2人，交流7人，平调1人，行政记过处分1人。按照两办规定，结合区情，出台了领导干部任期经济责任审计的意见和办法。

企业审计重在服务 对在全区较有影响的4家亏损企业进行了资产、负债、损益审计，查出亏损及潜亏金额421万元，针对问题，深刻剖析，提出对策。区委、区政府采纳审计意见、建议19条。

农业审计进一步拓展 对乡镇财政决算、乡镇资金、大型商品粮基地建设资金、农业综合开发项目资金、农村教育经费等进行了审计。乡镇资金、农村教育经费审计查出违纪违规金额290万元，占本年查出违纪违规金额的32%。参照审计意见，区政府制定了加强管理的办法。

【阜阳市颍泉审计局】 1999年共对47个单位进行了审计，是计划审计35个的134%，查出违规违纪金额应上缴财政149万元，已全部收缴到位。共有28条信息被采用，其中审计署采用1条，安徽省审计厅采用3条，阜阳市审计局采用5条。

集中精力抓好预算执行审计 结合专项资金审计，采取一次进点，分别进行的方式，提高了审计工作效率，受区政府委托向区人大常委会所作的工作报告，得到了区人大常委会的高度评价。

认真贯彻抓大案要案精神 共查出4起在全区有影响的案件，全部向有关部门进行了移送，已结案3起，为国家挽回经济损失55万元。还配合纪检、监察等部门查处案件12起，在打击经济犯罪、促进廉政建设方面发挥了特殊作用。

经济责任审计 落实两办的规定，对6个单位的原法定代表人任期内的经济责任进行了审计，组织部门、人事部门参考审计结果提拔了3人，平调了3人。

【涡阳县审计局】 1999年共审计128个单位，查出违纪资金888万元，比上年增加了391万元，其中上缴财政86万元，比上年增加了28万元。向领导机关提供综合审计报告、审计信息48篇，其中被批示采用40篇。向各级媒体投稿31篇，发表11篇，编发审计工作简报12期。

审计项目执行情况 1．在本级预算执行情况审计中，查出挤占挪用预算资金75万元。2．上年被定为全省领导干部任期经济责任审计试点县之一，本年共对37个单位的53名领导干部实施了审计，共查处违纪金额216万元。县委依据审计结果提拔13人、重用8人、交流11人、留任21人。3．在对工商银行县支行审计中，查处违纪资金247．62万元。其中应上缴中央财政16335元、应上缴地方财政50688元。4．在企业审计中，共查处违纪违规资金1715．9万元，其中应上缴财政53．9万元，提出审计建议16条，为企业增收节支98．2万元。5．在《审计法》颁布实施五周年纪念活动中，共发宣传材料5000份，制作电视专题片在各电视台播放30次计450分钟，制作宣传牌15块，撰写稿件15篇。

【太和县审计局】 1999年共审计182个单位，为国家增收节支3850万元，其中，已上缴财政158万元，减少财政拨款和补贴869万元，追还被侵占挪用资金2823万元。

今年本局审计工作的特点是，在深化同级财政预算执行情况审计，认真开展环保资金、商品粮生产基地资金、职工养老保险基金等专项资金，以及两院财务收支和金融系统资产负债损益情况等审计的同时，从加强领导干部的监督管理出发，进一步加大了领导干部任期经济责任审计力度，挽回国家经济损失1042万元，有39人受到党政纪处分，有20人被司法机关追究刑事责任，严肃了财经法纪，促进了领导干部廉洁自律。

【界首市审计局】 1999年，共完成审计项目32项，计95个单位，占年计划的106%，审计查出违纪金额734万元，是1998年的1．9倍，其中已上缴财政55万元，归还原渠道资金358万元，作调账处理145万元。

本年度，审计定性共移交司法机关立案查处的2件2人，移交纪检、监察和主管部门建议给予党纪、政纪处分的10件11

人。

市委、市政府1999年出台了《界首市党政领导干部任期经济责任审计暂行办法》，本年共完成22名领导干部任期经济责任审计，对违纪金额170万元分不同情况进行了处理。

在《审计法》颁布实施五周年之际，市审计局在报纸上发表宣传文章1篇，在街头设立宣传栏和咨询台宣传5天，散发各种宣传材料1000份。

【临泉县审计局】 1999年共审计了54个单位，查出各类违纪资金328万元，应收缴财政156万元，已入库28万元。审计要求纠正的违规资金2679万元。

审计工作成果 对涉及预算收支的县国税局、地税局、国债服务中心进行了审计及调查，查出违纪资金46.65万元，收缴入库15万元；年内对6个县直及乡镇的主要负责人任期经济责任实施了审计。就审计发现的乡镇财政、财务收支不规范，乡财政收入不真实水份大，税收空转现象严重等普遍性问题，向县委、县政府进行了详细的专题汇报，引起了领导的高度重视；对乡（镇）村级财务收支实施了规范化审计。

【阜南县审计局】 1999年完成上级下达审计（调查）项目16个，其中署定项目6个，省定项目7个，地方领导交办3个，共审计58个单位，查处违反财经法规金额8970万元，应上缴财政180万元（其中：金融系统应上缴中央财政130万元），已上缴县财政42万元，审计查纠损失浪费、减少国有资产流失175万元，追还被侵占挪用资金2000万元，审计核减基建预算65万元。

主要成果 1.本级预算执行情况审计，共查出违纪违规行为金额380万元，收缴财政入库6万元，对有关单位存在的问题及时提出了整改意见，并监督落实。2.审计查处城关镇前贾村干部虚报、冒领公款，移交公安局立案。3.1999年对11个乡镇党委书记、乡（镇）长任职经济责任进行了审计，发现问题移交阜南县纪律检查委员会立案2人，其中给予行政降职处分的1人，另1人正在查处。4.为庆祝《审计法》颁布实施五周年，在县城主要街道开展审计法规宣传、咨询3次，散发宣传材料2000份，咨询人数达1200人。5.工行审计收缴漏税资金31万元。6.本年提交审计报告和信息40篇，其中：被阜阳市委、安徽省审计厅采用2篇。

【颍上县审计局】 1999年共审计64个单位，上缴财政72万元，追还被侵占挪用资金340万元。向上级领导机关提供工作报告、信息29篇，被地方党政领导、上级审计机关和新闻单位采用（批示）18篇。

主要成果 财政、工商银行支行、外资、乡镇资金、扶贫资金、法院财务收支等6个审计项目受到安徽省审计厅表彰；工交、外资、基建、住房资金、养老基金、商品粮基地资金等6个审计项目受到阜阳市审计局表彰。

【蒙城县审计局】 全年共审计135个单位，查出违纪违规行为金额2482万元，应上缴财政资金155万元，追还侵占挪用资金203万元，促进增收节支173万元，先后有9个项目被评为省、市优秀审计项目。

审计成果 一是财政预算执行和其他收支审计受到各级领导的充分肯定。1998年底，中央电视台焦点访谈栏目以“吹牛也上税”为题对蒙城县财税工作中存在浮夸现象进行了公开曝光。这对全县震动很大，也使政府领导对审计监督作用有了进一步认识，更加支持审计工作。审计机关以“预算法”、“审计法”为准绳，实事求是，客观公正剖析了预算执行中存在的问题及成因，指出1998年财政决算不是收支平衡、略有结余，而是存在隐形赤字，受到县人大的高度评价。审计结束后，县政府又责成财税部门进行认真整改，为财政运行质量的提高发挥了重要作用。二是金融系统审计成效显著。对工行县支行及城乡信用社的审计中，不仅揭露出贷款质量不高、不良资产居多、存在一定金融风险等问题，还加大了执法力度，配合税务机关共同收缴少交的营业税73.6万元。三是干部离任审计起步早，成效好。在“两办”下文前，已成立了干审股，下发了文件，审计和审计调查了25个乡镇及8个县直部门。

【利辛县审计局】 1999年完成了对88个单位的审计任务，共查出违规行为金额223万元，决定处理处罚的20万元，已上交财政；在指明要求纠正的203万元中被挤占挪用的金额占152万元，已责令限期归还。提交52篇审计工作报告和审计信息，被上级审计机关及地方政府批示采用46篇，采用率为88.5%。

审计成果 依照《审计法》规定，对本级预算执行和财政收支实施审计监督，揭示反映了查出的问题。对地税部门坐支等违规现象，县委、县政府作出批示，严肃处理，将坐支的金额如数上缴入库。1999年先后对12个乡镇和3个行政事业单位的18位离任领导进行了任期经济责任审计，审计查出12个乡镇存在财政收支不实，虚列收入2118万元，部分乡镇财务管理混乱，为此，县委、县政府制定出台了《利辛县领导干部任期经济责任审计实施办法》。

【宿州市审计局】 1999年度共审计45个单位，查出违规资金8494万元，应收缴财政475万元，已收缴入库448万元，减少财政拨款和补贴101万元，归还原渠道资金4200万元，促进增收节支8019万元。提供审计工作报告及信息54篇。被评为全省审计系统精神文明建设先进单位和党风廉政建设先进单位，还有5项工作被评为全省审计系统先进，9个项目被评为全省优秀审计项目。

预算执行和其他财政收支审计情况　1999年宿州市审计局对本级财政预算执行情况和其他财政收支情况进行了审计，审计结果反映，全年实现财政总收入10516万元（不含国债转贷收入1250万元），财政总支出9104万元，年终滚存结余1412万元。其他财政资金总收入19667.2万元，其他财政资金总支出13473.4万元，年末结存6193.8万元。查出违规问题金额777万元，向政府，人大递交审计结果报告和审计工作报告各一份。

大案要案审计查处情况　1999年配合纪检监察机关查处大案要案12件，移交纪检监察机关处理1件。

经济责任审计　本年共开展7个领导干部离任审计项目，其中完成3个，年末在审4个，查出违纪违规行为资金100万元，为组织人事部门调整任用干部提供了重要依据。

金融审计情况　全年共审9个金融机构，其中审计3个工商银行，查出违规经营、漏交税款、账外设账、信贷资产质量差等方面的问题共1892万元，均作出了审计处理。

企业审计情况　本年共对16个企业的资产、负债和损益进行了审计，其中：审计工业企业5个、交通企业7个、国内贸易企业3个、建筑安装企业1个，共查出各种违规资金1181万元(其中：成本不实33万元，账外资产4万元，虚增利润783万元，虚减利润49万元)。

《审计法》颁布实施五周年纪念活动情况　利用广播、电视、报刊杂志，采取召开座谈会、拉过街条幅、街头咨询、印发宣传材料等各种方式大力宣传《审计法》，纪念《审计法》颁布实施五周年，使大家进一步了解认识《审计法》，重视支持审计工作，扩大了审计影响。

【宿州市墉桥区审计局】　本年完成121个审计项目（单位），其中上级审计机关下达计划60项，区委、区政府交办59项，自定2项，超年度计划任务的95%。审计查出违规资金3858万元，应收缴财政1006万元，已收缴入库312万元，归还资金原渠道904万元，促进增收节支58万元，提供审计综合报告、信息49份。配合纪检、监察、信访部门查处大案要案11起。移交检察院立案查处2件。

经济责任审计情况　共开展57个经济责任审计项目，涉及领导干部66个，审计成果得到积极运用，有22人被提拔任用，有6人被降职（撤职）处理，移交检察机关1人，有力地促进了党风廉政建设及干部监督制度的落实。

《审计法》颁布实施五周年纪念活动情况　利用新闻、广播，采用召开座谈会、知识竞赛、街头咨询、印发宣传材料等多种形式大力宣传《审计法》，隆重纪念《审计法》颁布实施五周年，使全社会了解审计，支持审计，营造良好的外部环境。

【萧县审计局】　全年审计了216个单位，比计划119个单位增加了81个百分点。查出违规行为资金9872万元，要求纠正违规资金9427万元，应收缴违纪行为资金122万元，已收缴违纪资金92万元，应追缴侵占挪用资金435万元，促进增收节支71万元；提缴审计工作报告和信息38篇；被评为全市审计系统先进单位，有3项审计工作被省审计厅评为优秀项目。

预算执行和其他财政收支审计情况　共审计了47个账户，审计资金总额3.1亿元。

金融审计情况　实施了对中国工商银行萧县支行的审计，按照系统工程的思路设计了周密的实施方案，审计工作记录采取表上作业，查清了该行资产、负债和损益中的问题。同时结合五级分类对贷款的使用的情况进行了调查，通过审计提出审计意见和建议。

企业审计情况　全年审计了31个单位，查出违规行为资金2489万元，追还侵占挪用资金157万元；提出审计意见和建议65条，有力促进了企业内部管理。

《审计法》颁布实施五周年纪念活动情况　大力开展《审计法》的宣传活动，充分利用广播、电视、报刊、杂志、宣传栏、座谈会等形式进行了广泛宣传，为普及审计法规，在萧县广播电台开设了“审计时空”专题节目，深入宣传了《审计法》，收到了很好的效果。

【泗县审计局】　1999年共完成审计单位55个，查出违纪违规行为金额1775万元，应收缴财政66万元，已上缴18万元，罚款6.1万元，追回被挪用资金248万元，促进增收节支100万元。提供审计报告信息13篇。

预算执行和财政收支审计情况　我局抽调10名业务骨干，组成2个审计组，分别对财政、地税进行审计，这次审计开展早、行动快，在全省较早结束，查出违规减免税收19万元，及时向县人大常委会汇报，受到领导的肯定和好评。

金融审计　一是对工商银行县支行审计，查出多计收入400万元，多列费用30万元，账外账34万元等违纪行为；二是对信用社审计，共审计17个单位，查出违纪资金160万元，应收缴26万元，罚款5万元，并提出整改意见。

基建审计　全年审计9个项目，审计资金831万元，核减工程决算60万元。

经济责任审计　选派4名业务骨干到山东菏泽地区进行学习，先后对5个行政事业企业的领导干部进行任期经济责任审计，查出违纪资金411万元，通过审计提拔重用1人，平调1人。

企业审计情况　一年来，先后对县丝绸厂、化肥厂等6个工商企业进行审计，共查出违纪违规行为金额1203万元，查出潜亏5857万元，应收缴财政11万元，查出资产不实2380万元，负债不实1900万元，对企业经营管理中存在的问题进行重点剖析，提出了25条意见和建议，分别被被审计单位采纳。

【砀山县审计局】 1999年度共对166个单位项目进行了审计，完成省市指令性任务的345.8%，比上年增审72个单位项目，查出违纪违规行为金额6289万元，应收缴财政209万元，已上缴入库75.9万元，归还资金原渠道376万元，促进增收节支172万元；提供审计综合报告、信息31份。

本级财政预算执行和其他财政收支审计 1999年共安排了2个乡镇的财政决算审计，并获全省乡镇财政决策审计先进单位

经济案件查处情况 1999年县审计局直接和配合纪检、监察司法机关查处案件5起，其中某村文书涉嫌贪污、挪用公款1.80万元，已移交司法机关处理；另建议给予党、政纪处理2人。

经济责任审计贯彻执行情况 按照中央两办通知精神和宿州市关于领导干部任期经济责任审计暂行办法，共开展了8个单位9名主要领导干部的任期经济责任审计。

金融审计情况 1999年度按照审计署关于开展对工商银行系统资产负债损益审计的要求，对工商银行砀山县支行1998年度资产负债损益的真实性、合法性、效益性进行了审计，并延伸调查了29户工商企业、按时上报了审计报告。同时安排了全县对农业合作信用社的审计，该审计获得全省优秀项目。

企业审计情况 1999年度共对13个工商企业进行了资产负债损益审计。

《审计法》颁布实施五周年纪念活动情况 利用广播、电视，采取拉过街条幅、印发宣传材料、召开座谈会等形式宣传贯彻《审计法》及《审计法实施条例》，向社会公布审计机关取得的成绩。

【灵璧县审计局】 1999年度共审计147个单位，查出违规资金4101万元，应收缴财政122万元，已收缴入库70万元，归还原资金渠道2090万元，促进增收节支36万元，提供审计工作报告及信息37篇。被市审计局评为全面完成审计任务先进单位，3个项目被评为全省优秀审计项目，为本县的经济发展作出了贡献。

预算执行和其他财政收支审计 审计单位14个，查出违规金额271万元，决定处理处罚上交财政10万元，指明纠正挪用预算资金261万元，向县政府、人大递交审计结果报告和审计工作报告各一份。

经济责任审计 全年共开展16个领导干部离任审计项目，查出违规金额1760万元，决定处理处罚应交财政20万元，已上交财政7万元，归还侵占挪用资金710万元。

金融审计 全年共审计25个地方金融机构，查出违规金额383万元，决定处理处罚27万元。

企业审计情况 本年共对17个企业的资产、负债和损益情况进行了审计，查出违规金额155万元，决定处罚12万元。为促进企业加强经营管理、提高经济效益，维护国有资产的安全完整和保值增值作出了贡献。

《审计法》颁布实施五周年纪念活动 利用多种形式大力宣传《审计法》，在《审计导报》上刊登专栏文章介绍我县1998年公安审计经验。

【亳州市审计局】 全年共审计单位123个，查出违规行为金额5932万元，其中：决定处理处罚204万元，指明要求纠正5728万元，应上缴财政219万元，已上缴财政183万元，被上级审计机关、地方政府部门、信息载体批转、采用审计信息116篇，维护了正常的经济秩序，促进了本地经济健康发展。

预算执行和财政收支审计情况 按照抓住重点，下审一级的要求，重点突出财政预算收支的真实性、合法性和效益性，抓住对财政资金分配上的不合理因素、财政资金使用过程中不规范的行为以及周转金使用方面的问题审计，通过审计发现：一些单位视财政拨款为“唐僧肉”，以各种名目列支不合理费用，套取、骗取财政资金；有的以外出学习考察等名义变相浪费、挥霍国家资财；还有的将专项财政拨款挪作他用。

对大案、要案查处情况 先后发现大案要案线索9条，已移送纪检、监察机关、司法机关等6件，已有3人受到党纪政纪处分，4人被追究了刑事责任。

经济责任审计情况 1999年共对49个行政事业单位的党政正职开展了离任审计，结果有18人提拔，6人受到党纪、政纪或刑事处理。

【巢湖行署审计局】 现有干部、职工28人。其中：大学本科学历8人，大专19人；局长1人，副局长2人。内设办公室、综合科、财政金融审计科、行政事业审计科、商贸审计科、工交审计科、固定资产投资审计科、新元审计咨询服务中心等机构。

审计工作成果 1999年完成46个单位审计和1个专项审计调查，查出违规行为金额9217万元；配合纪检、监察等部门查处经济案件3起；上缴财政348万元；提交审计报告、信息80篇。

本级预算执行审计 预算执行审计了2个单位，下级政府的财政决算审计了3个单位，其中乡级2个；共查出违规行为金额3055万元，其中决定处理处罚金额1306万元，应增加财政结余金额1159万元（其中已缴财政321万元）；提交审计报告、信息8篇，为规范财政行为，强化财政管理发挥了积极作用。

工商银行审计 本年对工行巢湖分行以及7个直属营业机构

1998年度资产负债损益情况进行了审计，延伸调查了50户贷款单位，查出违规行为金额2498万元，上缴财政24.05万元。对信贷资金质量不高、风险大、效益差，经营亏损等问题提出审计建议和意见。

任期经济责任审计　本年共审计11个县处级单位的主要负责人，审计总金额6949万元，查出违规行为金额933万元，有关部门参考审计结果平调8人，免职2人，移送纪检、监察机关查处1人。

受表彰情况　本年扶贫资金、移民建镇资金、检察院系统审计等7个审计项目被评为全省优秀项目，该局被评为全省审计系统党风廉政建设先进单位，其财政金融审计科、综合科分别被评为预算执行审计、审计管理、审计信息先进单位。

【巢湖市居巢区审计局】　现有干部、职工20人，其中：大学本科学历1人，大专11人；局长1人，副局长3人；设人秘科、财金审计科、行政事业审计科、工交审计科、商贸审计科、基建外资审计科。

预算执行和财政收支审计　居巢区审计局积极慎重地抓好本级财政预算执行审计，在摸清财政家底的基础上，着重对预算法的执行，财政收支的真实、合法、效益性进行审计，共审计出各类违纪金额298万元。并对预算执行情况进行了综合评价，针对存在的问题提出了合理、有效的意见和建议。

经济责任审计　共对6个单位法人代表任期经济责任实施审计，审计总金额64778万元，审计核减利润2848万元，核增利润351万元，查出违纪金额501万元。

【庐江县审计局】　本年对38个单位进行审计，查出违纪违规金额4489万元，上交财政103万元；提交审计报告、信息52篇，被批示或采用36篇；建议纠正不当规定10余条；移送司法机关案件2件，协助办案2件；乡镇资金审计等5个项目被安徽省审计厅评为优秀项目，县局机关被授予市审计系统精神文明先进单位，审计统计获全市先进集体称号。

财政审计　1999年，财政同级审共查出违规金额160万元，同时对2个乡镇财政决算进行审计，针对普遍存在的问题，提出了纠正意见。

行政事业审计力度加大　1999年，共对16个乡镇和部门进行了全面审计和调查，查出违纪违规金额1639万元。其中：乱收费37.9万元，偷漏税费15.3万元，挪用专项资金152万元，私设“小金库”400余万元。

经济责任审计不断强化　1999年，对5个单位的主要负责人开展了经济责任审计。审计总金额9766.78万元，查出违纪违规金额255.32万元；其中：乱收费71.16万元，企业虚盈实亏148.38万元。

审计结论落实较好　1999年，庐江县政府出台了《审计结论落实办法》，运用经济、行政和法律手段，多部门联手合作，追缴以往年度罚没款65万元，对其他整改意见也逐条进行了落实，强化了审计执法权威。

【含山县审计局】　现有干部、职工19人。其中：大学本科学历3人，大专6人；局长1人，副局长2人；设办公室、综合股、财政金融审计股、行政事业审计股、工商企业审计股。

审计工作成果　完成审计43个单位和专项调查2个单位；查出违规行为金额2212万元。配合纪检、监察等部门查处经济案件3起。上交财政44万元，提交审计报告信息34篇。

本级预算执行审计　预算执行审计了2个单位，财政决算审计了2个单位（乡级财政）；共查出违规行为金额817万元，其中应增加财政结余金额646万元。

任期经济责任审计　本年共审计了11个单位的主要负责人，其中乡镇负责人7名，科局长和企业法人代表4人，共查出违规行为金额296万元，其中设置账外账和“小金库”37万元，个人非法占用38万元。有关部门参考审计结果平调8人，免职3人，移送纪检、监察机关查处1人。

【无为县审计局】　1999年，我局共对24个项目84个单位开展了审计，是年初计划任务的168%，查出违规行为金额946万元，其中应上缴财政157万元，应归还侵占挪用资金34万元。移送纪检、检察机关案件4件；提供审计信息25篇，被采用12篇。

预算执行和财政收支审计情况　对县财政总预算及其他财政收支和19个预算执行单位进行了审计，查出违规行为资金57.3万元，其中挪用预算资金40万元，违规退库13.7万元。

经济案件查处情况　1999年，在对11个行政村财务进行审计发现收入不记账、支出不合规现象普遍存在，提出审计建议后，促进了村级财务管理的规范化，并依据审计证据，向纪检、检察机关移交案件4件。

领导干部任期经济责任审计　共对13个单位的领导干部任期经济责任进行了审计，查出违规金额102万元。审计结果得到了充分运用，被查人员提拔7人，重新任职4人，免职1人。

【和县审计局】　1999年共完成审计项目21项，审计单位45个，共查出违纪金额1653万元，应收缴财政271.4万元，已收缴财政265.3万元，应归还原资金渠道262.9万元。提交信息报告66篇，其中被上级报刊采用32篇，《和县审计》采用34篇，被领导采用审计建议3条。

预算执行和财政收支审计情况　财政同级审实施中把财政同级审和年度计划安排的经常性审计项目进行有机结合，突出了大的专项资金和群众关心的热点问题，审计报告受到县政府和县人大领导的好评，认为这次审计工作符合审计法的要求，既肯定了成绩，又指出了问题，这对进一步提高财政运行质量，加强财务管理，促进我县经济健康发展具有积极作用。

经济责任审计情况　1999年，对12个乡镇20位主要负责人进行离任审计。实施中，一是制定了审计操作规范和实施办法，包括组织领导，实施方案，文书格式，工作要求等；二是加强工作协调，审前与组织部门共同召开被审对象、审计人员参加的协调会；三是举办审计人员培训班；四是实施审计复核和审计巡回检查。由于以上措施的实施，整个工作较为规范、顺利。

【宣城地区行署审计局】　全年共审计单位39个，较上年超额30%，共查处违纪违规行为金额4173万元，决定处理处罚539万元。提交审计工作报告及信息74篇。省审计厅通报表彰了我局对下级政府财政决算审计、林业资金审计、金融审计、外资审计、审计信息、审计统计等6项工作列为全省审计系统先进；对车辆通行费审计、法院系统财务收支审计评为优秀项目。

预算执行和财政收支审计　开展了对本级财政预算执行审计和对广德、旌德两个县财政决算审计，审计力度进一步强化，审计结果得到各级政府高度重视。围绕加强农业基础地位，开展了对部分乡镇财政决算及其他资金的审计，地区纪委听取了汇报，地委书记、行署专员在审计综合报告上分别作了批示。

任期经济责任审计　对地直11名县处级领导干部进行了任期经济责任审计，通过审计较好地提供了翔实的情况资料和信息，为地委加强干部管理和监督发挥了重要作用。

金融审计　根据审计署的要求，对工行宣城分行进行了就地审计，揭示了少数支行存在高息吸储、漏缴税费、挤占信贷资产、私设“小金库”等违纪违规问题，进行了处罚。并对地方金融机构共23个单位进行了审计，查处违规行为金额1898万元。

【宣州市审计局】　1999年共完成审计单位42个，查出违规行为金额3051万元，其中应上交财政45.5万元，已上交财政42.5万元。

财政“同级审”　对1998年度市级预算执行和其他财政收支情况的审计结果，受到市政府和市人大常委会的高度重视。

任期经济责任审计　在全年已审计结束的13个单位中，被审计的领导干部转任6个，提拔重用5人，被纪检监察机关立案查处1人，退出领导岗位1人，还有1人待审计结束后，组织部门再行安排。

审计宣传信息工作　召开了全市贯彻实施《审计法》五周年座谈会，利用广播、电视、报刊、街头宣传栏等多种方式进行审计宣传，努力营造审计工作良好氛围。

【郎溪县审计局】　全年共审计37个项目，其中上级计划安排26个，县委、政府交办11个，查出违纪资金4083万元，决定归还原渠道资金78万元，应收缴财政资金21万元。

发现大要案线索　一是查出岗南乡教办主任大吃大喝、挥霍浪费，违纪违规资金达40万元；二是查出十字供电站违反财经纪律，采用假发票，请客送礼、偷税漏税，违纪违规资金达300万元。两起案件均移送给县纪检监察部门立案进行了查处。

提供审计信息　1999年共提供各类信息和宣传稿件53篇，被各级采用25篇。其中：《中国审计》1篇；《安徽审计》3篇；《审计周讯》9篇；《宣城信息》7篇；《皖东南日报》2篇；县人民广播电台3篇。

【广德县审计局】　全年共完成审计项目35个，其中署定9项，省定24项，县委、政府交办2项，查出违纪资金3022万元，应上缴财政69.7万元，实际上缴财政55.7万元。审计报告、信息被批示、采用24篇。

财政执行和其他财政收支审计　对县1998年度本级预算执行和其他财政收支、税收计划执行、税收管理及政策执行情况进行了审计，对本级国库办理的1998年度预算收入的收纳划分、留解及本级库款的支拨情况进行了审计调查，对县属5个乡镇1998年度财政决算及其他资金进行了审计。“同级审”查出违规资金504万元，追还挤占挪用资金134万元，促进增收节支235.29万元。

经济责任审计　本年度对10个行政事业单位负责人进行了经济责任审计，共查出违纪资金257.07万元，应交财政7万元，已交财政0.7万元。

工商银行审计　本年度对县工商银行1998年度资产负债损益情况进行了审计，审计坚持从宏观着眼，微观入手，做了大量的基础工作，审计共查出违纪资金501万元。

企业审计　共对3个企业进行了审计，审计从微观入手，以最大限度地减少国有资产流失，维护企业及下岗职工的合法权益；从宏观着眼，围绕政府忧心、社会关注、群众关心的难点、热点，做了大量深入细致的基础工作。

【宁国市审计局】　1999年，宁国市审计局内设办公室、综合科、财政审计税、行政事业审计科、企业审计科5个科室，实有在册人员14人。全年共审单位56个，占年计划的160%，查出各类违纪金额4401万元，收缴财政36万元，提交审计报告、信息42篇。

财政审计　开展了对6个具有代表性乡镇1998年财政决算的审计。审计从收入结构、支出管理、资金占用、财政体制等方面入手，并延伸调查了部分乡镇企业和村级财务。针对我市乡镇工商税收下降、支出压力加大、农业“四税”和“两费”征收不到位、乡镇相互“挖税”、收入不实等问题，提出了加大转移支付力度、强化农业税费征管、加强财政监督的建议，同时指明纠正429万元的违规资金。

经济责任审计　1999年根据市政府交办，对13个乡镇、7个市直机关主要领导干部进行了任期经济责任审计。

金融审计　全年对工商银行宁国支行和6家农村信用社的资产、负债、损益进行审计。查出违规行为金额1479万元，其中：决定处理处罚7万元，指明要求纠正1472万元。

企业审计　1999年10月市审计局完成了对大型国有控股企业安徽海螺水泥股份有限公司1998年度资产、负债审计，摸清了企业的基本情况，促进了内部管理，规范了企业行为，保证了国有资产的健康运营。1999年5月，经省审计厅授权对市电信局无线移动电话频占费收支情况进行了审计，收缴漏缴频占费16万元。根据市政府交办，开展了市农药厂、林佳公司、机械工业总公司的审计，查清了租赁经营事项和各种往来账款情况，稳定了职工，恢复了生产。

【泾县审计局】　1999年共审计44个项目单位，查出违纪金额2788万元。有39篇报告、信息、论文被县党政领导批示，上级审计机关及新闻单位采用。血防世行贷款、乡镇资金等6个审计项目分别被安徽省审计厅、宣城行署审计局评为优秀项目。

预算执行和财政收支审计　在重点审计县本级预算执行情况的同时，对县林业专项资金和企业养老保险基金实施了专项审计，审计调查了城建委等三个预算执行单位和南华电机集团等两个企业，对晏公、云岭等6个乡镇财政决算进行了审计。

领导干部任期经济责任审计　全年共实施了18例领导干部任期审计。县委参考审计结论，重用4人，降职使用2人，免职4人，取消优秀公务员资格1人，1人处以党内警告，1人被组织部门戒免。

金融审计　1999年对工商银行泾县支行、县云岭、昌桥、黄村三个农村信用合作社1998年度资产、负债、损益情况进行了审计。

【绩溪县审计局】　1999年全年共审计了43个（次）单位，查出违规违纪金额1802万元，收缴财政27万元，减少国家资金损失219万元；上报审计工作报告、信息50篇，审计报告被县委、政府领导批示6篇，审计信息被各级采用15篇；移送纪检、监察部门进一步查证2人。

预算执行和财政收支审计　1999年继续以优化财政收支结构，提高财政运行质量为“同级审”工作指导思想。通过审计，如实反馈了预算管理中依然存在的问题和财政形势严峻的状况，分析了主客观原因，提出审计意见和建议6条，对规范财政预算管理工作起到了积极作用。

乡镇财政决算和其他资金审计　1999年对浩寨、瀛洲、板桥头、大源和家朋5个乡镇的财政决算及其他资金进行了审计。

领导干部任期审计　1999年完成领导干部任期审计14个，查出违纪资金373.26万元，提出整改建议37条。依据审计结果，重用4人，留任6人，待安排1人，离任2人，移送进一步查实1人，较好地发挥了审计在加强干部管理工作中的职能作用。

【旌德县审计局】　全年共审计37个单位，完成年度计划——指令性任务27个的137%，查出违纪违规金额573万元，应上缴财政17万元，已上缴财政14.5万元，基建项目决算审计为国家和单位节约资金218万元。20份综合报告被县领导批示、批转，13篇审计论文、信息被各级审计刊物刊登。

预算执行和财政收支审计情况　对1998年度县级预算执行和其他财政收支情况进行了全面审计，针对存在问题，提出了5条整改建议。

领导干部任期经济责任审计　全年共完成23个审计任务，审计总金额5300万元，查出违纪金额460万元，应缴财政8万元，已收缴财政6.10万元。

工行系统审计　对县工行进行了全面审计，发现该行信贷资产质量较差，企业抗风险能力较弱。对此，提出了2条针对性建议。

【池州行署审计局】　1999年，池州行署审计局共审计213个单位（项目），查出违规违纪金额7065万元，应上交财政147万元，已上缴财政119万元，追回侵占挪用资金1243万元。在审计工作中，注意发现案件线索，及时向上级监察机关移交。以加强廉政建设为重点，向纪检监察机关移交案件3件，配合纪检监察机关查办经济案件5件。同时认真贯彻两办的暂行规定，探索性地开展干部任期经济责任审计，特别开展了县处级干部任期经济责任审计，受到地委、行署的高度重视，在社会上引起强烈反响，树立了审计的权威。随着形势的不断发展，社会对审计的要求越来越高，行署审计局加强对干部职工的业务技能培训和学历教育，以学习计算机技术为重点，提高全体人员的微机操作水平，各科室配齐了计算机，在开展工行系统审计中，辅助以计算机审计方法，提高了审计效率，节约了审计成本。在《审计法》实施五周年之际，开展了广泛的宣传活动，请政府领导在电视台发表宣传讲话，在城市主要街道挂宣传横幅。

【贵池市审计局】　1999年有干部职工16人，内设五个科和一个办公室。其中：局长1人，副局长1人。一年来，围绕中心开展了财政审计、金融审计、农业审计、企业审计、行政事业审计、外资审计。结合乡镇党委换届，于1999年11月1日组成5个审计组分赴29个乡、镇、处，对全市乡、镇、处党政主要领导干部进行了任期经济责任审计。审计金额达2.7亿元，审计出违规金额4600万元。组织部门根据“先审计，后离任”的原则，和审计局提供的审计结果报告，先后分别对乡、镇党政一把手10人进行了平调，4人降职安排，16人提拔使用。

【九华山管理处审计局】 1999年度审计了10个行政事业单位，查出违规资金66.21万元，收缴违规资金0.9万元并及时上缴财政部门。在完成上级下达的计划项目的同时，根据中央两办的要求及九华山管理处的安排，认真开展了干部任期经济责任审计，共对8名领导进行了任期经济责任审计；在审计中工作人员认真执行工作纪律和两项制度，依法审计，恪守客观公正、实事求是的原则，查出违规资金40.6万元，指明纠正的39.8万元，收缴违规资金0.8万元，为组织人事部门全面考核和正确评价领导干部的政绩提供了重要的依据。

【石台县审计局】 1999年，共审计55个单位（项目），超过年度计划审计单位数2倍，较上年多审25个单位（项目）；审计专项资金总额3180万元；查出违纪违规行为金额总额1349万元，其中应上交财政52万元，已上交51万元；应追还被侵占挪用资金218万元；促进增收节支180万元；向司法机关移送经济案件1起；建议给予行政处分1人。此外完成专项审计调查项目2个，涉及被调查单位4个；提交审计工作报告、信息16篇，其中被县委、县政府批示和新闻单位采用4篇。

【六安行署审计局】 1999年，共审计518个单位，完成年度计划任务245个单位的210%，查出违纪违规金额40485万元，作收缴财政处理870万元，减少财政拨款补贴889万元，归还被侵占挪用资金14692万元，已上交财政475万元，促进被审计单位提高经济效益816万元。提交审计报告397篇，报送审计信息187条，被领导批示、采纳71条建议，纠正地方部门不当规定29条，向司法机关移送案件1起。

财政金融审计　对5县1市及行署本级1998年度预算执行情况和其他财政收支实施审计，共审计财税部门及其他预算单位47个，延伸调查98个单位，查处违规金额2609万元，对霍山县、舒城县1998年度财政决算进行了审计，各县、市审计局还对27个乡镇财政进行了审计。统一组织对工商银行六安分行系统1998年度资产负债和损益情况进行了审计。认真落实《安徽省地方金融机构财务审计暂行规定》，对38家城乡信用社资产负债损益情况进行了审计，重点揭露违规经营、盈亏不实、账外账等虚假行为和问题。

行政事业审计　对200个行政事业单位进行审计，查处违纪违规资金10038万元，重点揭露“三乱”行为、挤占挪用专项资金、损失浪费和机构改革中国有资产流失等问题，促进加强廉政建设，合理有效地使用财政资金。财务收支审计、企业职工养老保险基金审计、对95个行政事业单位领导干部任期经济责任的审计，查处违纪资金1.9亿元，有2人被移送纪检监察部门处理。

企业和投资审计　对100户工商企业资产、负债和损益情况进行审计，查出违规金额6454万元，其中收入不实1656万元，成本不实3998万元，虚增利润1567万元，促进企业增收节支274万元，其中减少不合理负担34万元。主要审计项目包括对7户外贸行业重点企业和5户化肥工业企业进行审计，对3个收费站1998年度收费情况进行审计，对六安国家粮库和六叶路工程项目进行审计，对55个公益性建设项目进行审计。在建设项目审计中，核减基建工程投资518万元，归还原投资渠道1133万元，有效地提高了建设项目投资效益。

外资审计　对27个外资项目进行审计，涉及项目投资总额4.3亿元，其中利用外资2.2亿元，查出违规资金188万元，提交审计报告11篇。

内部审计　内部审计机构共对369个单位进行审计和查证，查处损失浪费金额1947万元，促进增收节支744万元，提出建议和意见146条均被采纳。

【六安市审计局】 1999年共审计单位62个，查出各类违纪违规金额15036万元，审计决定应上缴财政95万元，已上缴财政57万元；提交审计报告、信息89篇。充分发挥了审计在严肃财经纪律、服务宏观调控中的作用。

财政审计　重点审计了财税部门，并延伸审计了8个与财政缴拨款关系密切的部门和单位，查出各类违规金额10756万元，应上缴财政30万元已全部上交入库。在加强预算执行情况审计的同时，对7个乡镇财政决算进行了审计，揭示了乡镇财政中普遍存在的决算不实、挪用专项资金等问题。

企业审计　对13户国有工商企业及粮食行业的资产负债损益情况进行了审计，分析国有企业在经营管理中存在的问题，提出合理化建议，为企业提高效益、扭亏增盈服务。

农业审计　对1997~1998年度林业专项资金的审计，查出各类违纪金额116万元，针对存在问题提出相应的整改措施。此外，对扶贫专项资金进行了审计，查出违纪资金598万元。取得了良好的社会效益。

金融审计　根据上级审计机关安排，完成了工商银行六安市支行及8个城乡信用社的审计，核定了信贷资产的质量，规范了经营行为，为金融系统进一步防范和化解金融风险起到了积极作用。

经济责任审计　全年对13个单位的领导干部经济责任进行了审计，查出各类违纪违规金额128万元，为组织部门提拔使用干部提供了重要考核依据。

【金寨县审计局】　1999年共审计单位89个，查出各类违纪违规资金3735万元，审计决定应上缴财政58万元，已上缴财政39万元；提交审计报告、信息108篇。充分发挥了审计在严肃财经纪律，服务宏观调控中的作用。

财政审计　重点审计了财税部门，查出各类违纪金额1878万元，应上缴财政15万元，已全部上交入库。并延伸审计了4个预算执行部门，揭示了少交预算收入、预算执行不到位等问题，为领导决策提供依据。

金融审计　根据上级审计机关安排，完成了工商银行金寨县支行、县农村联合社及3个信用社的审计，查出各类违纪金额36万元，核实了信贷资产质量，规范了经营行为，为金融系统进一步防范和化解金融风险起到了积极作用。

固定资产投资审计　全年完成35个项目审计，审计总金额3225万元，审计削减额478万元，占审计总金额的14.82%。

农业审计　对1997年至1998年度林业专项资金的审计，查出各类违纪资金470万元，针对存在问题提出了相应的整改措施。此外对寿县扶贫资金进行了交叉审计，查出违纪资金971万元，处理处罚收缴财政11万元，促进安排资金699万元，促进拨付资金366万元，为该县今后管好、用好扶贫专项资金起到了积极促进作用。

行政事业审计　对县法院、检察院、卫生局等11个行政事业单位进行了经常性审计，共查出各种违纪资金363万元，已收缴上交财政8万元。“两院”审计引起了县领导重视，提高了审计权威。

企业审计　对丝绸公司、茶厂等企业资产、负债、损益情况的审计，查出违纪违规金额16万元，应上缴财政3万元，已收缴入库。

【霍山县审计局】　1999年共审计单位80个，查出各种违纪金额8542万元，应上缴财政65.2万元，已缴财政63.4万元；提交审计报告、信息18篇，提出审计意见及建议200余条。

财政审计　重点审计了财税部门，并延伸审计了6个部门和单位，查出各类违规金额5007万元，应上缴财政18万元，已上交入库。同时对3个乡镇财政决算进行了审计，揭示了乡镇财政中普遍存在的决算不实、挪用专项资金等问题，摸清了家底，促进规范管理。

企业审计　对10户国有工商企业的资产负债损益情况的审计，以审计会计核算真实性为基础，重点揭露企业资产、盈亏不实、国有资产流失及损失浪费等问题，促进企业加强管理，规范会计核算。

固定资产投资审计　全年完成国家资产投资审计10项，审计项目投资总额3285万元，查出违纪金额36.9万元，收缴财政8万元。

专项资金审计　一是对1997～1998年度林业专项资金的审计，查出违纪金额886万元，针对问题提出相应整改措施。二是对1998年养老保险基金的审计，审计总金额780万元，摸清了基金总体规模。三是对扶贫专项资金进行了审计，审计资金总额8881万元，查出违纪违规金额1394万元，收缴财政15万元，取得了良好的审计成果。四是对4个单位的外资项目进行审计，为提高外资运用效果及政府正确决策起了促进作用。

经济责任审计　对13个单位的领导干部经济责任进行审计，审计资金总额2323万元，查出违规违纪金额1215万元，决定处理处罚89万元，收缴财政5万元，促进了被审计单位加强管理和党风廉政建设。

【寿县审计局】　1999年共审计单位69个，查出各类违纪金额1930万元，审计决定应上缴财政148万元，已上缴财政91万元；提交审计报告、信息66篇；向纪检监察部门移交案件3件。充分发挥了审计在严肃财经纪律，服务宏观调控中的监督作用。

财政审计　重点审计了财税部门，延伸审计了9个与财政缴拨款关系密切的部门和单位，查出各类违纪金额286万元，应上缴财政24万元，已全部上交入库。在加强预算执行情况审计的同时，对3个乡镇财政决算进行了审计，揭示了乡镇财政中普遍存在的决算不实、挪用专项资金等问题。

企业审计　对8户国有工商企业及粮食行业的资产负债损益情况进行了审计，分析了国有企业在经营管理中存在的问题及亏损原因，提出了合理化的整改建议。

农业审计　对3个乡镇农业资金进行了审计，查出违纪金额420万元，针对存在问题提出了相应的整改措施。此外，对扶贫资金进行了审计，查出了违纪金额620万元。

经济责任审计　全年对23个单位的领导干部经济责任进行了审计，查出各类违纪金额830万元，为组织部门考核、使用干部提供了依据。

【六安地区叶集试验区审计局】

该机构成立于1999年，前身为六安行署审计局驻叶集镇特派员办事处，共有5人组成。1999年共审计38个项目，查出违规违纪金额185万元，其中审计决定处理处罚金额68万元，指明要纠正金额117万元，应收缴财政30万元，已收缴财政28万元。

财政审计　审计了区财政，并对下属两乡的财政决策进行了审计，查出违纪金额34万元，揭示了两乡财政收入结构不合理、财政运行质量不高、财政周转金使用效率低下等问题。

企业审计　对种子公司及两家粮食企业进行了财务收支及经济效益审计，对其亏损原因进行了详尽分析，提出了加强内部控制、改善经营管理等合理化建议，为区政府进行决策当好了参谋。

基建审计　全年对本区总投资500万元的6处工程进行了竣工决策审计，审减造价50万元，从而遏制了高估冒算行为，规范了建筑市场秩序，提高了建设资金使用效益。

经济责任审计　全年对17个单位领导干部离任进行了审计，对其任职期间的成绩和问题进行客观的评价和披露，为组织部门考核选拔干部提供了依据和参考。

【舒城县审计局】　1999年共审计单位76个，查处违规行为为金额5592万元，处理应上缴财政156万元，应归还原渠道资金1494万元，已上缴财政133万元；提交审计报告、信息49篇。

财政审计　在本级预算执行情况审计中，通过对一般预算、基金预算执行结果、其他财政收支结果、财政税务资金管理情况的审计，并对县金库进行审计调查，摸清了本区财政“家底”，客观地作出评价，提出加强和完善财政管理的建议。对3个乡镇财政决算进行审计，查处截留、挪用专项资金和罚没收入等问题。

金融审计　对工商银行舒城县支行和7个城乡信用社资产负债损益情况进行了审计，处理了违纪问题，对不规范问题提出了建议。

企业审计　对20个国有企业开展资产负债损益审计，在查处资产盈亏不实、国有资产流失、偷逃税金、私设“小金库”等违规行为金额2115万元的同时，注重帮助企业分析经营管理上存在的问题，找出内控制度中的薄弱环节，提出加强管理、提高效益的建议。

行政事业单位　开展行政事业单位财务收支审计16个、专项资金审计5个、任期经济责任审计7个，查处拖欠坐支预算收入、乱收费、乱摊派、私设“小金库”等违规行为金额1497万元，提出改进措施和建议46条。

农业审计　对1997年农业综合开发土地治理续建项目、粮食自给第二期工程项目、1997～1999年6月扶贫资金进行易地交叉审计，揭露配套资金不到位和截留挤占挪用等问题，促进扶贫资金按计划及时足额到位和合理有效使用。同时，对2个乡镇开展了乡镇资金审计。

外资审计　对“卫Ⅳ”、“贫三”、世行贷款加灌二期项目计划执行情况开展了审计，进行了客观评价，如实披露。

投资审计　对3个公益性投资项目进行了审计，查出各类违规行为金额1123万元，提出了加强管理，健全制度，发挥效益的建议。

【霍邱县审计局】　1999年度共审计单位83个，查出各类违纪违规金额2184万元，审计决定应上缴财政83.67万元，已上缴财政57.70万元；提交审计报告、信息65篇。

财政审计　重点审计了财税部门并延伸审计和审计调查了教委等5个与财政缴拨款关系密切的部门和单位，查出各类违规金额45.90万元（已抵拨财政拨款）。在加强预算执行情况审计的同时，对3个乡镇财政决算进行了审计，揭示了部分乡镇财政中存在的决算不实、财政赤字等问题。

企业审计　主要对34家粮食收储企业、外贸总公司、绿源化工公司、棉花公司、种子公司等40个企业的财务收支及资产负债盈亏等情况进行了审计。

农业审计　对1997～1998年度林业专项资金进行了审计，针对存在问题提出相应的整改措施。对扶贫资金进行了易地交叉审计，查出违纪资金29.80万元，取得了良好的社会效应。

金融审计　根据上级审计机关统一安排，完成了对工商银行霍邱支行及4个信用社的审计，审核了信贷资产质量，规范了经营行为，为金融系统进一步防范和化解金融风险起到了积极作用。

行政事业审计　抓住社会关注的热点、难点问题开展审计，主要对公、检、法、教育、计生、供电、养老保险等17个部门单位的财务收支合规合法性实施了审计监督。同时，对1个重点企业和5个乡镇的主要负责人开展了离任经济责任审计和审计调查。

积极完成县政府交办任务　1999年度完成了县政府交办的体育彩票、计生统筹费、人武部民兵训练费、广场工程等9项审计项目，使审计工作更加贴近政府中心工作，更好地为经济建设服务。

福建省

【福建省审计工作简述】　至1999年底，福建省共有审计机关93个，人员2328人，其中，大专以上学历占64.65%，具有中级以上技术职称资格的占52.32%。1999年全省共审计4676个单位，查出违规违纪金额80.50亿元，应核减财政拨款或补贴金额1.06亿元，应上缴财政5.29亿元，已上缴财政2.83亿元，向司法机关和纪检监察部门移送案件90起，完成审计各类审计工作报告及审计信息5011篇，被批示、采用2577篇。

预算执行和财政收支审计情况　全省共对906个财政、地税、国库及其他预算执行单位开展了审计，查出违纪违规金额20.42亿元，其中：决定处理处罚4.03亿元，指明要求纠正16.39亿元，应上交财政2.45亿元，应减少财政支出金额1961

上海宝钢集团公司

上海宝钢集团公司（以下简称宝钢）是经国务院批准的国家授权投资机构和国家控股公司试点企业。宝钢注册资本金为458亿元人民币，净资产704.66亿元。主营钢铁、冶金矿产，兼营煤炭、化工、电力、码头、仓储运输等与钢铁相关的业务，以及技术开发技术转让、技术服务和技术管理咨询等业务。

宝钢通过对上海钢铁工业实施战略重组，坚持立足钢铁业，加大工艺和产品结构调整，实施精品战略，开发拳头产品，进行集约化经营，不断增强市场争力。在汽车用钢、石油管、造船板不锈钢高效建材和电磁钢等六大类产品上，形成国内规模最、产品档次最高的生产基地；并努力发展汽车用板（重点轿车用板）等九条专业化生产线，使宝成为中国钢铁工业新工艺、新技术及新材料开发的重要基地。

宝钢是中国现代化程度最高的大型钢铁联合企业和最大的钢铁企业集团。由上海宝钢集团公独家发起并经国家批准的宝山钢铁股份有限公司，于2000年1月29日创立，股份公司将在境内上市。

联想电脑公司

总经理　杨元庆

联想电脑公司成立于1994年3月，是联想集团支柱产业之一，作为因特网全面技术与服务的提供者，联想电脑公司始终致力于民族信息产业振兴和发展，并不断为用户提供领先的信息技术、丰富的信息产品和快捷高效的信息服务，从根本上推动互联网和电子商务在中国的应用普及。联想现已开发生产出台式电脑、笔记本电脑、服务器、主板、外设、手持接入设备、软件等产品，同时推出FM365.COM大型综合网站、证券、教育等领域的垂直网站群及宽带网络等业务。

联想电脑公司在99财年取得了辉煌的成绩，共完成电脑销量147.6万台，年增长87%，软件、QDI板卡业务也得到了高速的发展。

目前联想在国内设有深圳分部、华北、华东、西南、西北、东北六个外埠平台，在国外设有欧洲、美洲、亚太三个海外平台。联想在北京和广东惠阳各建有一个现代化的生产基地，年生产能力各达到200万台。

面向2000年和一个崭新的世纪，联想将展开主题为“推动因特网 龙腾新世纪”的两大系列活动：其一为“联想电子商务中国行”－－向行业和企业用户，通过主题报告会、方案的推介和展示把量身定做的电子商务应用方案和产品带给企业，旨在帮助中国企业实现电子商务建设；其二为“联想 因特网上新生活”－－面向消费市场，以专卖店和各种商场为阵地，不断推出高品质、低价格的因特网接入设备，进行因特网及相关产品知识普及活动，旨在满足用户日益增长的因特网产品和服务需求。联想希望通过两大系列活动，在新世纪切实推动因特网和电子商务在中国的应用和发展。

联想审计部

超越账簿　深入业务
提升管理　追求卓越

成立于1994年的联想审计部，经历了六年的风雨历程，由当初的2人、以财务收支审计为主的小部门发展成为一支拥有专职审计人员15人、专业门类齐全，业务涵盖财务、经济效益及管理等审计在内，以内控流程审计为主的具有国内一流水准的内部审计队伍。

在公司领导的高度重视和支持下，审计部以建立公司的审计监控体系，保障公司资产安全，促进经营管理活动高效有序和营造“求实进取”的联想企业文化氛围为己任，用全体审计人员的智慧和汗水浇灌出累累硕果，为防范经营风险、挖掘管理潜力和保障公司的健康发展起到了积极作用，得到公司领导及业务部门的一致肯定和赞扬，在实践中充分展示出内部审计对企业发展的价值。

“路漫漫其修远兮，吾将上下而求索”，前进中的联想审计部，正不断探索适应INTERNET时代下高科技公司内部审计的发展道路，“超越账簿、深入业务，提升管理、追求卓越”是联想审计部孜孜以求的目标。联想审计人坚信，内部审计必将随着企业的发展一起走向辉煌的明天！

广西医科大学第一附属医院内审工作成效显著

广西医科大学第一附属医院是一所集医疗、教学、科研为一体的广西最大的综合性医院，现有在职职工1600 多人，开放床位1634张，全院有职能科室32个，业务科室58个，固定资产2.15亿元，年业务收入近3亿元。几年来，该院把内审监督作为医院科学化管理的重要环节，积极开展审计监督活动，取得了明显成效，促进了医院的发展。该院审计科先后被卫生部授予“全国卫生系统内部审计先进集体”称号、被广西区审计厅评为内审先进集体。广西医科大学第一附属医院搞好审计工作的主要经验有三条：一是领导重视，健全机构，逐步完善审计制度。医院领导重视审计工作，由院长直接主管。审计科配备的6名工作人员，政治、业务素质都比较高。院领导很注意为审计人员创造良好的工作氛围，为审计工作排忧解难，做审计人员的坚强后盾。该院根据《审计法》和《卫生系统关于内部审计工作规定》，先后制定了一系列审计工作制度，不仅理顺了医院内审工作的关系，使审计工作有章可循，而且为审计工作参与医院各项经济活动创造了有利的条件。二是突出重点，拓宽范围，为医院经济管理服务。几年来该院审计科努力做到：抓好基建工程审计，提高投资效益；抓好卫生材料、低耗品审计，规范采购行为，降低医院材料成本；抓好药品审计，为医院提高两个效益服务；抓好财务收支和经济效益审计，促进加强内部管理；开展经济合同审计，维护医院的经济利益，因而取得了很好的成果，为医院节约了大量资金，明显地提高了经济效益。三是练好内功，提高素质，搞好审计队伍思想作风建设。院领导对审计人员的要求很高很严，因而审计人员不但能积极学习钻研政治理论和审计业务知识，而且还能自觉地做到严以律己，廉洁从审，真正做到客观公正。几年来审计科全体人员爱岗敬业，一身正气，在工作中不徇私情，一律拒绝被审单位吃请，拒收红包，退不回去的红包和购物卡共 34738元全都上交医院纪委，审计人员都以自觉遵守审计工作职业道德为荣。

深入药房开展药品审计

开展财务收支审计

审计人员学习审计法规、研究工作

中国贵州茅台酒厂有限责任公司

董事长　季克良

总经理　袁仁国

坐落在神秘赤水河畔的中国贵州茅台酒厂有限责任公司，是国家特大型企业，全国白酒行业唯一的国家一级企业，全国优秀企业（金马奖），全国驰名商标第一名，是全国知名度最高的企业之一。

早在1915年，茅台酒便荣膺巴拿马万国博览会金奖，同英国的威士忌、法国的白兰地一并成为世界的三大（蒸馏）名酒，开国内同类产品国际金奖之先河，从那以后，先后14次获国际金奖和特别荣誉奖，其中1995年在纪念巴拿马万国博览会和80周年国际金奖名酒评品会上，53度、43度、38度的茅台酒全部获得国际特别金奖第一名。在国内更是蝉联历次国家名酒评比之冠。经过几代人的艰苦努力，茅台酒厂在继承原有工艺保证质量的前提下，开拓创新，改革酿制工艺，实行科学酿制，积极实施"一品为主、多品开发，一业为主、多种经营，一厂多制、全面发展"的战略经营，使企业不断发展壮大，现已成为拥有员工4000多人、年销售收入达12亿元、年生产茅台酒达5000多吨的大型企业集团。

贵州茅台酒厂有限责任公司重视审计工作，配备专职审计人员9名。近年来开展经济合同审计、基本建设预决算审计、二级核算单位财务收支及物资采购专项审计，为促进企业的健康发展，维护国家及企业的利益作出了一定的贡献。

电话：(0852)2386006
传真：(0852)2386005
电挂：6794
地址：中国贵州省仁怀市茅台镇
邮编：564501

柳州钢铁（集团）公司

重视发挥内审监督作用

广西柳州钢铁（集团）公司（简称柳钢）创建于1958年，经过41年的艰苦创业，已发展成钢、铁、材年产均超 过百万吨、资产总值50亿元的大型钢铁联合企业。现有职工21583人。在“中国的脊梁”国有企业 500强中排第160 位，被誉为广西的“工业脊梁”。先后获全国思想政治工作优秀企业、自治区先进企业、先进基层党委等称号。1999 年荣获全国精神文明建设先进单位。

柳钢重视发挥内审监督作用，公司领导有专人分管审计工作，审计处负责对下属42个生产和辅助单位及36个附属集体企业的内部审计工作。

1995年以来，公司审计部门结合下属单位的生产经营实际，认真贯彻“企业管理以财务管理为中心，财务管理以资金管理为中心”的指导思想，选择那些影响经济效益的环节以及群众反映较大的问题为突破口，开展财务审计， 提出整改建议。几年来审计部门先后对13个单位进行了财务审计，查出违纪金额1000多万元，促进提高经济效益600多万元。根据审计部门的建议,公司进一步建立和健全了规范的管理制度，切实加强了管理。对二级单位下属的36 个附属集体企业也于1996年底全部实行内部银行管理，使二级单位的资金开支失控问题得到了较好的监控和制约。

近两年来，柳钢在深入开展“学邯钢、降成本、增效益”活动的基础上，又提出了“抓两头、挤中间”的经营方针。为使公司的方针措施落到实处，审计部门以提高经济效益和国有资产的保值、增值为重点，先后对物资供应公司的物资采购成本和炼铁厂的水渣回收等10多个项目开展了效益审计，促使这些单位进一步强化了内部管理，经济效益明显提高. 如物资供应公司通过实行物资采购招标，1998、1999年两年就降低采购成本近2亿元；炼铁厂通过分解经济指标并进行严格考核，水渣回收率达到了93%至94%，经济效益大幅度提高。

柳钢审计部门在（集团）公司党委、行政的直接领导和上级部门的指导下，充分发挥内审监督作用，较好地促进了企业的管理，为提高经济效益作出了应有的贡献，并 于1997年、1998年和1999年先后分别被柳州市、自治区和国家审计署评为内审先进单位。

▲柳钢党委副书记、纪委书记唐恒化（左二）和总会计师彭怀忠（右二）正在听取审计工作汇报

►柳钢审计人员正在对二级单位进行审计

燕山石化集团

燕山石化是中国石化集团公司的特大型石油化工联合企业之一，拥有石油化工生产装置88套，已生产158种440个牌号的石油化工产品，原油加工能力为950万吨/年，乙烯生产能力为45万吨/年，是目前中国最大的乙烯生产商之一、最大的塑料与树脂生产商、最大的合成橡胶生产商、最大的基本有机化工原料生产商、最大的润滑脂生产商，也是中国最大的化纤地毯生产商。燕山石化拥有两个上市公司，其中一个境外上市公司、一个境内上市公司，拥有两个国内合资的公司，多个经改制设立的全资子公司，并有一批跨地区、跨行业的参股公司和关联公司，公司总资产达到203亿元。投产30年来，已累计实现利税372亿元，相当于国家为燕化总投资的10倍多。

燕山石化坚持品牌战略，以技术进步为先导，以客户创造价值为宗旨，以科学管理为保障，以深化改革为动力，全面提高"燕山"品牌的竞争实力，以名牌的产品，名牌的信誉，在市场中赢得了较高的知名度和美誉度，很多产品的产量和市场占有率居全国第一。燕山石化大力推进技术进步，有90%以上的装置进行了技术改造，产品技术含量不断提高：有333项科学成果通过部市级以上鉴定，147项技术在国内外获得专利权，科研成果的工业化应用率达到60%，拥有了一批达到国内外先进水平的自有技术，开创了我国成套石化技术出口的先例。公司已有13个企业通过了ISO9000国际标准的认证，三分之一以上的产品达到国际先进水平。

燕山石化重视审计工作，设有专门审计机构，积极开展财务审计、工程审计、经济效益审计、领导人员经济责任审计等工作，充分发挥内部审计在企业管理中的作用。燕山石化审计处曾多次被评为中国石化集团审计先进集体。

企业风采展示

阳光沙滩　椰树椰汁

椰树集团有限公司（原海口罐头厂）是我国最大的天然果汁饮料企业，是现代企业制度百户试点和全国520家重点企业之一，被国务院确定为“创国际名牌优势企业”。

椰树集团拥有23个分厂、公司，其中有3个中外合资公司和4个股份合作制公司，员工5000多人，总资产逾5亿元。集团拥有三条世界一流和两条中国一流的生产线，已形成年产30万吨的生产能力及与之相配的制罐、制瓶、制盖等辅助生产能力，生产果汁饮料、高纤维食品、冷饮食品等100多个品种。改革14年（1986-1999），椰树集团共为国家创税11.45亿元，1999年销售产量22.5万吨，年产值19.4亿元，税利1.38亿元。从1986年至1999年，“椰树”共销售了115.32亿元，是1956-1985年三十年总和的30.5倍，特别是在1993年-1999年国家宏观调控、市场疲软的七年里，销售产值101.89亿元，占14年总和的88.35%。

椰树集团的主导产品椰树牌天然椰子汁、优质天然矿泉水、天然芒果汁被北京钓鱼台宾馆指定为国宴饮料，椰树牌天然椰子汁生产技术被誉“世界首创，中国一绝”，获得菲律宾、印尼、马来西亚、泰国、日本、英国、新加坡、香港等国家和地区发明专利权。椰树牌系列产品贵在天然、不加香精，畅销全国32个省、市、自治区，远销世界五大洲35个国家和地区，成为抗衡洋饮料的一面旗帜。目前公司正向年产100万吨、产值65亿元的特大型跨地区企业集团迈进。

椰树
COCONUT PAL

椰树集团有限公司

海南省海口市龙华路41号　电话：（0898）6780371　网址：http://www.yeshu.co

新疆石油管理局

新疆石油管理局是新中国成立后发现的第一个大油田——克拉玛依油田的勘探者、开发者和建设者，经过45年的艰苦创业，到目前已经发展成为容地球物理勘探、科研、设计、施工、生产以及技术服务等具有先进装备和技术水平的综合性企业。现拥有各类石油钻机96台，承揽7000米以内的石油、天然气的直井、定向井、水平井的钻井、录井、测井、固井、打捞、试油、修井等工程施工及技术服务，同时还具有先进的钻采工艺设计、基建工程设计、工程施工、石油设备及机械修造技术。目前不仅在国内占有石油重要市场，而且已经进入了中西亚、中东、非洲、美洲等国际石油勘探、开发及技术服务市场。"引额济克"引水工程为克拉玛依国家级农业开发示范基地打下了良好基础，21世纪初克拉玛依将成为"地下有油藏，地上是粮仓"美丽富饶的绿洲。新疆石油管理局审计工作始于1984年，审计处作为管理局生产经营综合监督管理部门，现有审计人员39名，内设综合管理科、审计审理科、财务审计科、管理及效益审计科、合同审计科、基建预决算审计科、法规研究室等八个职能科室，履行对全局经济活动的审计监督与服务职能。多年来，新疆石油审计紧紧围绕企业的中心工作，认真贯彻《审计法》，依照"立足企业、履行监督；强化服务、注重实效"工作总体要求，以财务收支和工程预（决）算审计为基础，以管理审计和效益审计为重点，严格审计规范，在维护财经纪律，堵塞漏洞，增收节支及提高企业经济效益方面发挥了重要作用，多次受到中国石油集团公司和新疆审计厅的表彰和奖励，1998年被国家审计署授予内部审计先进集体。

①党委书记谢志强
②局长唐健强调要加强内部审计工作
③总会计师张昌雄
④审计处长王振中
⑤部份审计人员合影

内审人员认真学习微机知识

内审人员在桥二矿实施审计

董事长兼总经理　许崇信

党委书记兼副董事长　张学坤

皖北煤电集团有限责任公司是安徽省国有大型煤炭企业，其前身是皖北矿务局，自1984年5月成立以来，所属矿井总设计年生产能力546万吨，实际年生产能力在600万吨以上，资产总值24.8亿元，所有者权益13亿元。企业先后跨入安徽工业50强、中国煤炭工业50强和中国工业企业500强行列。多年来，集团公司在抓好安全生产、经营管理、企业改革的同时，紧紧围绕企业经济建设这个中心，以反腐倡廉为重点，依法开展内部审计工作。先后制订并完善了皖北煤电集团公司《内部审计实施办法》、《审计工作人员纪律和行为规范的规定》等10余项审计工作规章制度。企业内部审计工作取得了明显成效。1998年、1999年共完成各类审计项目104项，其中财务收支审计47项、干部离任审计18项、工程竣工决算审计28项、其它审计11项，查出并纠正违纪违规金额4828万元，实现增收节支554万元，为企业建设和发展提供了有力保证。集团公司分别被安徽省审计厅、淮北市审计局评为1998、1999年度内审工作先进单位。

皖北煤电集团

中国铁道建设集团

中国铁道建筑公司的前身是中国人民解放军铁道兵，1984年1月集体改工并入铁道部，是具有国家一级总承包资质和对外经营权的国有特大型企业集团。下辖中铁第十一至二十工程局、铁道建筑研究设计院、工厂局、物资局、北京中铁工程公司铁路运输处、铁道战备舟桥处、中铁工程有限公司等30余个企事业单位。工程局共下辖67个工程处；工厂局下辖9个工厂；物资局下辖10个办事处及材料总厂。总公司现有职工16.8万人，其中各类专业技术干部4.06万人。现有总资产308亿元，机械设备和生产运输车辆30700多台（套），施工综合机械化水平达到80%以上。

总经理　王振侯

总公司主要承担铁路、公路、桥梁、隧道与地下工程、水利、电力、机场、港口、工业与民用建筑等工程的设计、施工、设备安装、工程监理、工程造价和技术咨询，同时进行工业生产、机械设备和建安器材的租赁、物贸、新线铁路运输、房地产等多种经营。施工能力达到完成年产值300亿元以上。建国以来，共修建铁路22400多公里，占全国新建铁路的1/3；修建铁路隧道1220公里，占全国新修铁路隧道的48%，修建桥梁总长821.8公里。特别是改工以来，创建了一批精品名牌工程，先后获中国建筑工程鲁班奖14项，国家优质工程24项，中国土木工程（詹天佑）大奖2项，取得重大科技成果443项。总公司本级和所属工程局（集团公司）、处共101个企业已通过ISO9000认证。

1986年建立内部审计制度，现已健全总公司、工程局、工程处（厂）三级审计机构，配备专、兼职审计人员1107人，在全系统形成比较完整的内部审计监督体系，成为企业经营管理和自我约束的一支重要力量。

①董事长　马志平
②副董事长　汤敏
③结合公司实际，组织审计人员学习审计法和审计准则
④内审人员对所属单位进行财务收支审计

中国石化集团 扬子石油化工

中国石化集团扬子石油化工有限责任公司是国家特大型石化企业。位于江苏省南京市大厂区，占地面积10.14平方公里。截至1999年12月31日，总资产177.04亿元，职工总数1.9万人，其中科技人员6721人。扬子石化公司于1983年9月27日成立，1984年6月1日始建，1990年3月14日全面建成投产；1998年，为建立现代企业制度，重组改制设立中国石化集团扬子石油化工有限责任公司和扬子石油化工股份有限公司。现有26套大型石化生产装置及配套完善的辅助设施，形成了550万吨原油加工、40万吨乙烯、30万吨乙二醇、32万吨塑料、60万吨精对苯二甲酸（PTA）、85万吨芳烃的年生产能力，每年可生产聚酯原料、聚烯烃塑料、基本有机化工原料和成品油四大系列38种400多万吨的石化产品，是国内最大的PTA、乙二醇、纯苯、对二甲苯、邻二甲苯生产商。1999年，面对原料和产品市场跌宕起伏的严峻形势，扬子石化公司深入开展"效益年"活动，以市场为导向，大力调整产品结构，加快技术改造、对外合资合作的发展步伐，稳步实施内部改革，取得了较好的经营业绩。全年完成工业总产值（90不变价）69.35亿元，实现销售收入93.23亿元，利税14.67 其中利润6.19亿元。与此同时，公司非 视内部审计工作，共开展效益审计和离 计68项，提交审计报告62份，对内有力 进了公司增收节支、廉政建设等工作的 对外维护了企业的社会形象，使得在历 审外查中无一例违规违纪现象，确保了 正常经营活动的顺利开展。

电话：(025)7782200
传真：(025)7784389
网址：Http://www.ypc.com.cn
电子信箱：yzshgs@yzinfo.ypc.com
地址：江苏省南京市大厂区新华路
邮编：210048

中国石化集团　扬子石油化工有限责任公司

福建兴业银行
FUJIAN INDUSTRIAL BANK

法人代表　高建平

福建兴业银行是经中国人民银行批准组建的中国第一批股份制商业银行之一。自1988年8月成立以来，该行秉承"为金融改革探索路子，为经济建设多作贡献"的办行宗旨，依法经营，稳健经营，文明经营。经过十二年的改革探索和创新发展，不仅各项业务快速增长，财务状况保持良好，而且在银行产权制度、经营管理体制、内部控制与风险管理、金融产品与服务手段创新、员工队伍建设等方面都取得了新的成果。目前全行已拥有北京、上海、杭州、广州、深圳、长沙、福州、厦门等15家分行在内的200多个营业机构网点。此外，该行还同境外200多家银行机构建立了代理行业务关系，为国际业务的拓展开辟了广阔的发展空间。

1996年该行进行了审计体制改革，率先在全国金融系统推行由总行垂直管理的审计派驻体制，审计工作有了质的飞跃，尤其在审计基础建设、审计业务拓展、审计监督与服务功能等方面取得显著成效。1998年福建兴业银行被国家审计署评为"内部审计工作先进单位"。全行的审计队伍正在为把福建兴业银行建成现代商业银行而保驾护航。

全行工作会议

总行营业部营业大厅

武汉钢铁(集团)公司

坚持以市场为向导 以效益为中心 以创新为动力 夺取武钢改革和发展新胜利

总经理　刘本仁

武钢是新中国成立后国家兴建的第一个特大型钢铁联合企业。目前除9个钢铁主体生产单位外,拥有21个全资子公司、1个上市公司、3个控股子公司、18个辅助单位、8个事业单位和3个分公司,已形成年产钢铁各700万吨的综合生产能力,一批主体生产设备已达国际一流水平,是我国重要的板材生产基地,主要产品有热轧卷板、冷轧卷板、镀锌板、镀锡板、冷轧硅钢片、彩色涂层板以及型材、线材、中厚板等。1993年至1999年累计上缴利税139.5亿元,占武钢投产41年来上缴利税总额300.4亿元的46.44%。至1999年末,拥有资产总额422.3亿元,资产负债率为52.21%。武钢先后获得国家技术创新奖、全国质量效益型先进企业、全国企业管理杰出贡献奖和全国精神文明建设先进单位等荣誉称号。武钢领导十分重视内部审计工作,这基于他们对企业"改制"、"转机"步入市场后,加强内部控制重要性的深刻认识。其重视一方面体现在对内审工作的关注、督促和严格要求上。另一方面体现在对内部审计机构、人员和经费的保障上。1997年至1999年,武钢内审部门共完成审计项目477项,实现增收节支11971.78万元,分别被国家审计署、湖北省审计厅、武汉市政府授予全国、省、市"内部审计先进单位"荣誉称号。

武钢高附加值、高技术含量产品——硅钢产品

武钢——炼钢"平改转"转炉兑铁水

广西电力有限公司

一流企业要有一流审计

——广西电力有限公司内部审计工作简介

总经理马远騄（左）与副总审计师兼审计室主任卢国栋研究工作

广西电力有限公司是集发电、供电、基建、施工、勘察设计和科研为一体的特大型国有企业，有直属单位38个、控股和参股公司17个，代管48个县（市、区）供电企业，担负广西电力建设、生产和销售的任务，是国家300户重点国有企业之一。广西电力有限公司内部审计工作在公司各级领导的重视和支持下，a，经过全体审计人员的努力工作，审计力度不断加强，审计领域不断拓展，审计工作不断深入，对公司生产经营管理工作，发挥着越来越重要的监督、保障和促进作用。

审计人员研究工作

广西电力有限公司系统直属单位共设置独立的审计机构26个，配备专职审计人员74人，公司设有副总审计师，协助公司总经理领导全系统的审计工作。审计队伍由具有大专以上学历，中、高级职称为主的会计、审计、经济、工程、法律等专业技术人员组成。公司高度重视审计人员的教育培训工作，每年都有计划地采取送外委培和自行组织培训的方法，不断提高审计人员的业务素质。

广西电力有限公司坚持“一流企业要有一流审计”的现代化管理理念，不断完善和健全企业的内审机制，加强队伍建设和制度建设，制定了10个内部审计工作制度，逐步提高审计工作法制化、制度化、规范化水平，并把审计监督与职工民主监督紧密结合起来，在系统内全面推行向职代会提交审计工作报告的制度，充分发挥审计监督的作用，有力地促进了审计工作的开展。

审计工作暨表彰先进会议现场

广西电力有限公司内部审计紧紧围绕企业的经营目标和生产经营的实际努力开展工作，适应电力企业改革发展，走向市场的需要，对企业经营管理进行全面的审计监督，重点加强企业领导人员任期经济责任审计、资产审计、资金审计、效益审计、合同审计、财务收支审计、工程项目审计和城乡电网建设与改造项目审计。仅1999年，就完成审计项目2468项，查出并纠正违纪违规金额2713万元，促进增收节支3516万元。由于审计工作的不断加强和发展，广西电力有限公司先后被国家审计署和广西壮族自治区审计厅授予先进内审单位荣誉称号，并被审计署办公厅、中国审计出版社评为“一九九九年度宣传、通联、发行先进单位”。

审计人员正在接受会计电算化和审计应用软件培训

中国工商银行天津市分行

中国工商银行天津市分行在经营管理实践中，探索了一条"借助外审，加强内审，规范经营，防范金融风险"的新路，连续几年在稳健经营中无大案要案发生，是全国工商银行系统发生违规经营行为最少的分行之一，荣获了国家审计署授予的金融系统省分行级唯一的"内部审计先进单位"称号。

近五年来，国家审计署京津冀特派办先后三次对该行进行了审计，发生违章违规金额占比从1997年的6.50%降至1999年的0.77%。此审计效果及其意见、建议；使该行全行上下对审计工作的认识发生了根本性的转变：由最初的被动接受审计到如今主动要求审计；从依靠外审到内外审结合；从积极整改到全方位自查自纠，逐步形成了一套借助外部审计效果、加强内部稽核制度、规范整体经营管理、防范潜在金融风险的有效措施和方法。

1999年该行按照工总行分行长会议的有关要求，并以审计署的全面审计为契机，在审计前则组织了全方位的稽核自查，针对全面审计后的意见、建议，采取了实施内控建设系统工程的重大举措，全行上下，在"认识到位、组织到位、实施到位"的基础上，率先推出了包含有22个专业统一框架结构、180万字的《中国工商银行天津市分行内部控制制度》。此文本下发全行员工后受到一致好评，它使一线人员进行业务操作有了依据，二线人员实施管理有了标准，领导干部作出决策有了约束。此文本还受到人行天津分行、审计署京津冀特派办、工总行稽核监督局、工行各省市分行领导的较好评价。

工商银行天津市分行与审计署京津冀特派办在实施审计的结合中，还多次围绕审计与内部控制进行了理论研究与探索。如改革稽核管理体制，尝试新业务开办前的严格稽核论证，落实由现场到非现场相结合的转变，开展内部控制评价的机制，借助外审、加强内审、内外审的结合与加强等等，由此促进了双方业务建设与管理，使银行逐步构建起较为科学、规范、有效的现代银行经营管理构架，必将在把风险降低到最小范围之内的经营管理实践中发挥其应有的作用。

万元，应增加财政节余金额9536万元。全省审计机关均向本级政府提交了审计结果报告，并受政府委托，向本级人大常委会提交审计工作报告。经过连续四年的本级预算执行情况审计，揭示了预算执行管理中存在的问题，促进了预算管理的逐步规范，取得了较好的成效。各级人大、政府十分重视审计处理决定的执行和落实，有力地支持了审计工作，加强了审计的执法监督力度。全省共对362个市、县、乡级财政决算实施审计，查出违规行为金额11.51亿元。发现了收支不实，结余结转不真实，政府财政负债严重等突出问题，为各级领导了解掌握当地财政真实情况提供了参考依据。

审计查处大案要案情况 全省各级审计机关严格按照朱镕基总理对审计工作的指示精神，自觉增强案件意识，加大查找发现经济案件线索的力度，全省共向司法机关移送案件25件，向纪检监察机关移送案件线索65件，建议追究有关人员责任82人，建议给予行政处分4人，协助有关部门查处案件71件。

经济责任审计执行情况 中办、国办两个《暂行规定》发布后，各级审计机关及时组织学习讨论，深入调查研究。1999年全省共完成1203名领导干部任期经济责任审计，其中厅级9名、处级34名、科级995名、其他65名、企业领导人员100名，共查出违规金额13亿元。

《审计法》颁布实施五周年纪念活动 在《审计法》颁布五周年之际，省厅向地、县审计机关发出通知，要求各地结合本地实际情况，采取多种形式宣传《审计法》，扩大审计影响。8月29日，省厅会同省人大财经委联合召开《审计法》颁布五周年座谈会，邀请省直有关单位领导畅谈《审计法》颁布以来审计工作的成效和对审计工作的认识，并就进一步改进审计工作，推进审计工作的跨世纪发展征求了有关单位的意见；同时还在《福建经济报》开辟《审计法》颁布五周年宣传专栏，宣传《审计法》有关条款及全省审计工作成果；省人民广播电台的早新闻栏目连续一周播出了《审计法》宣传专题节目，并就学习宣传《审计法》的有关事宜采访了省厅领导。全省各级审计机关普遍采取了形式多样的方式方法宣传《审计法》。

审计队伍建设情况 各级审计机关认真贯彻执行中共中央、国务院颁发的《关于实行党风廉政建设责任制的规定》，以“三讲”教育为契机，扎实推进审计机关的党风廉政建设。在严格执行以往各项制度的基础上，今年把《审计组廉政责任的若干规定》的落实作为党风廉政建设的重要内容。各地市也普遍制定了各种制度规定，加强廉政建设。省厅还适时组织了全省审计系统党风廉政建设情况检查。由于教育及时，措施得力，全省审计系统党风廉政建设更加扎实深入。

【福建省审计厅】

机构及人员 1999年底共有干部职工274人（机关139人，事业单位135人）。其中，具有大专以上学历的占77.74%，具有中级以上技术职称资格的占51.09%，党团员占78.83%；党组成员5人：厅长1人，副厅长2人，纪检组长1人。内设办公室、人事教育处、法规体系管理处、综合审计处、财政审计处、金融审计处、行政事业审计处、工业交通审计处、农林水审计处、固定资产投资审计处、外经贸审计处、中央属单位审计处等12个处室和机关党委、派驻纪检组、监察室。下辖福建省审计科研所、福建省审计干部培训中心、福建省审计厅审计举报中心、福建省审计师事务所、福建华审资产评估事务所。

厅领导成员

厅长、党组书记：陈丽群

副厅长、党组成员：蔡松林、梁亦秋

纪检组长、党组成员：黄朝江

成果综述 1999年福建省审计厅共审计了180个单位（项目），查出各类违纪金额30.20亿元，应上缴财政2.12亿元，减少财政拨款或补贴0.26亿元，应归还原渠道资金1.31亿元，共为国家增收节支2.20亿元。

省厅本级预算执行审计和各专业审计情况表

审计类型	审计单位(个)	查出违纪金额(亿元)
本级预算执行审计	14	5.96
财政决算审计	5	3.51
金融审计	5	2.73
固定资产投资审计	18	6.54
企业审计	33	5.44
行政事业审计	86	4.87
外资审计	13	0.35
农业资金审计	6	0.73

【福州市审计局】

预算执行和财政收支审计 1999年对29个具体组织预算执行部门和单位进行审计，依法查处了违纪违规金额4841万元。同时，对4个县（区）的财政决算进行了审计，查处违纪违规金额1372万元。

企业审计 围绕中央、省委、市委关于加快国有企业改革和发展的一系列举措，共对46个国有企业进行了审计，依法查处了各类违纪违规金额19789万元。

经济责任审计 召开贯彻落实“两办”经济责任审计暂行规定研讨会，并对14个单位的15位党政领导干部和国有企业领导人员开展了经济责任审计，查出各类违纪违规金额4575万元。

强化队伍建设 以“讲学习、讲政治、讲正气”为主要内容，共举办各类理论学习班、轮训班、讲座和交流会21场次，各类业务培训班12场次，提高了干部职工的理论水平和业务水平。积极开展创建“文明单位”和“五好”党支部活动，机关作

风有了转变，提高了办事效率。

宣传《审计法》系列活动 通过广播电视等新闻媒体采用审计宣传周、电视讲话和审计新闻报道等形式宣传《审计法》，并召开座谈会，邀请党政领导参加，畅谈学习，加深对审计工作的认识和理解；组织宣传小组到基层做巡回报告。

【福州市台江区审计局】

预算执行和财政收支审计 审计22个单位73个账户，查出招待费、电话费等“十费”超标违纪金额49．6万元，查出挪用、挤占金额共47万元。

经济责任审计及完成交办任务 对10位街道党政一把手进行离任审计，并形成综合报告，区委书记、区长均作重要批示。对两个街道旧城改造的10座839套安置房、商品房进行审核，发现资金被挤占挪用达473万元，偿息转户损失300万元及拆迁安置把关不严等问题，引起区领导高度重视。

宣传《审计法》 抓住《审计法》颁布五周年契机，向人大常委会作五年来审计工作专题汇报，召开纪念大会，区五套班子领导参加，区长、人大主任作重要讲话。召开两场“纪念《审计法》颁布五周年内审工作经验交流会”，扩大审计工作影响。

【福州市马尾区审计局】

预算执行审计情况 根据规定对区财政局、地税局、市人行开发区分行金库1998年度财政预算执行情况和其他财政收支进行审计，同时延伸调查9个单位。查出未纳入预算收入土地出让金541．24万元、电视收视费84．2万元以及越权减免税67万元等问题。

经济责任审计 审计14个单位的领导干部。从审计情况看，个别领导干部存在短期行为和乱发补贴奖金、资产管理不善、内控制度薄弱等现象，对此提出客观评价。

开展署定的专项审计 查出某执法部门利用自制收款收据收取诉讼费不入账，私设“小金库”25万元。

【福州市仓山区审计局】

预算执行和其他财政收支审计 先后对区财政局、科技局、教育局、园区办、建新镇、城门镇等11个单位进行审计，共查出违纪金额764万元；区财政暂付款余额3165万元，其中1998年支出性项目挂暂付款473万元，还有多年挂账，无力处理；区科技局科技三项费用使用管理不合规，未按年初科技计划项目使用资金和资金未使用的占总额的91%。

经济责任审计 1999年，审计三个乡镇，6位书记、镇长。

《审计法》五周年活动 组织全体审计人员及学会会员，重新学习《审计法》并交流、讨论、撰写论文。在区政府大院门口挂巨幅宣传标语。

【福州市鼓楼区审计局】

财政预算执行情况审计 以同级审为龙头，确定城市维护费、卫生经费、计生经费、行政管理费为审计重点，发现预算执行结果不实、预算调整不到位、以往审计意见不落实、对预算单位监督不力等4个方面问题，提出三条整改意见得到区政府的高度重视。

行政事业审计 开展13个行政事业单位审计，从四个方面入手，一是新制度贯彻落实情况，有10个部门用预算外资金发放超标准、超范围的各种补贴、奖金129万元，区审计局对此进行严肃处理。二是检查贯彻中共中央厉行节约，制止奢侈浪费行为的八项规定的贯彻落实情况，发现有4个部门领导存在超标超范围报销住宅电话和手提电话费用情况，违规金额8107元，区审计局责令有关人员退还。三是“三乱”行为制止情况，发现城管部门乱收费现象很普遍，无依据，无名目收费金额99万元，罚款作为预算外收入未上交财政达100多万元。审计局都予以揭露。四是署定项目审计情况，审计查出乱发补贴，挪用预算资金、虚盈实亏等问题。

【福州市晋安区审计局】

预算执行审计 对33个预算执行部门和单位预算执行和其他财政收支情况进行了审计或审计调查，发现了6个乡（镇）农业税、特产税、教育附加费收入存在代垫现象。火车站综管处未取得执法资格，擅自执法等6个问题，并向有关部门和区政府提出强化预算管理的建议。

经济责任审计 受区组织部的委托，对新店镇党委书记、区外经局副局长进行任期经济责任审计。

《审计法》颁布实施五周年纪念活动 召开了全区审计工作通报会，会上区长要求，围绕经济工作中心，全面贯彻落实《审计法》，提高审计执法水平。

【闽清县审计局】

《审计法》颁布五周年纪念活动 通过专题会议、新闻媒体等多种渠道进行宣传，增强审计法制观念，优化了审计环境。

本级预算执行情况审计 对11个预算执行单位进行审计和调查，揭露了在预算执行过程中存在的不真实、不合理、不规范问题，为县政府加强预算管理和监督提供了重要依据。

任期经济责任审计 对全县18个乡镇29位党政领导进行任期经济责任审计，分别对各位领导做了客观公正、实事求是的评价，为组织人事部门管理、考核、任用干部提供了客观依据。

案件移送情况 全年共向纪检、检察机关移送4起案件。

队伍建设情况 始终坚持以人为本的方针，采取“四个加强”，努力提高队伍整体素质。一是加强思想教育，提高队伍政治素质；二是加强业务学习，提高审计技能；三是加强党风廉政建设，增强廉政意识；四是加强机关效能建设，提高办事效率。

【连江县审计局】

预算执行和其他财政审计 对本级财政、地税部门和11个

一级预算执行单位1998年预算执行开展审计，得到人大和政府的肯定。

经济责任审计　对14个乡镇政府和县直单位的主要领导干部任期经济责任开展审计，及时向党政领导报告审计结果，为党政机关和组织人事部门考核干部提供参考依据。

移送案件线索　向纪检监察机关移送经济案件4起9人，有关责任人员分别受到党纪政纪处分或追究刑事责任。

宣传《审计法》　以《审计法》颁布实施五周年为契机，组织开展一系列纪念活动。县政府主持召开专题座谈会，人大和政府主要领导到会讲话，印发《审计法》手册和宣传画300多份，主要街道悬挂7条宣传标语，刊出二期专栏，进一步扩大社会影响。

【罗源县审计局】　对20位离任领导干部任期经济责任进行了审计。共查出违规金额3270万元，揭示出乡镇政府及其下属单位普遍存在的挪用专项款、乱收费、乱发奖金补贴、支出挂账等问题，还指出乱设账、财务多支笔审批弊端。县委、县政府采纳了审计局提出的意见，出台了一系列加强财务管理，规范财政、财务收支行为的规定和办法。

【平潭县审计局】

预算执行和财政收支审计　突出抓好1998年度本级财政预算执行情况和其他财政资金收支情况的审计，并延伸审计了财政、地税等7个部门单位。同时，对财政决算真实性情况开展专项审计调查，通过调查揭示了财政收支矛盾和潜在问题，并作了分析。

经济责任审计　为配合做好乡镇领导换届工作，根据中办、国办转发的《县级以上党政领导干部任期经济责任审计暂行规定》和县委的部署，对全县14个乡镇领导干部任期经济责任进行审计。通过审计，摸清了家底，核实了收支，揭示了问题，促进了整改。

《审计法》颁布实施五周年宣传活动　根据审计普法工作需要，成立了以局主要领导为组长的普法工作领导小组。结合《审计法》颁布五周年纪念活动，充分运用宣传画、张贴标语、发放普法手册等各种宣传手段，大力开展审计普法宣传，使广大干部群众对审计工作有更深一层的认识，更加理解支持审计工作，取得较好的社会效果。

【福清市审计局】

预算执行和财政收支审计　共审计65个单位（项目），查出违纪行为金额2626万元，审计决定处理处罚401万元，指明纠正金额1725万元，审计处理应上缴财政174万元，已上缴174万元，促进增收节支609万元。其中预算执行审计15个单位，查出违规金额1198万元，审计决定处理处罚并上缴财政47万元。

经济责任审计　完成领导干部任期经济责任审计14人。

宣传《审计法》　为了纪念《审计法》颁布实施五周年，在《福清日报》开辟审计专版，市政府领导和审计局领导发表审计方面文章等，还与市人大常委会联合举行《审计法》讲座。

【永泰县审计局】

预算执行和财政收支审计　对财税库部门和11个单位预算执行情况进行审计，发现财政收支许多不真实不合法问题。同时对4个乡镇财政决算审计。

经济责任审计　共完成10项。

《审计法》颁布实施五周年纪念活动　采取召开座谈会等形式，利用有线电视等宣传媒体，广泛深入宣传审计法，为依法审计创造良好环境。

企业审计　狠抓企业真实性审计，对8家国有企业审计，发现6家企业资产、负债、损益不实，金额达475．97万元。

机关队伍建设情况　强化政治思想工作，开展行政效能监察，认真修订各项规章制度，搞好业务基础建设，自办电脑培训班，全员学习操作技能，为开展计算机辅助审计打基础。培养双过硬队伍，推动审计工作向前发展。

【闽侯县审计局】

预算执行和其他财政收支审计　审计中共查出违纪违规金额676．63万元，并对存在的普遍性、倾向性问题，专题上报县政府，得到高度重视。

查处大要案　共查办移送案件3起。其中对荆溪杜坞仓储中心截留、挪用土地补偿费130万元，其中用于发放个人奖金补贴15万元，招待费35万元，违控购置小汽车等22万元，赞助15万元等问题进行的专案审计，起到了审计的威慑作用。

经济责任审计　共完成任期经济责任审计15个，对离任者进行了实事求是、客观公正的评价。

《审计法》颁布实施五周年纪念活动　在《审计法》颁布实施五周年之际开展了“六个一”活动。即开展一次谈心活动，过一次组织生活会，表扬一批优秀党员，举办一场学习“三个代表”座谈会，每一位党员干部都要为党建和审计工作提一条好建议。

审计机关队伍建设和精神文明建设　通过抓班子、抓学习，创出了五项成果：一是党建工作顺利通过省级验收；二是党风廉政建设被县委、县政府评为优秀单位；三是党员教育工作为全市出经验；四是政务公开、效能建设受到市、县领导肯定；五是促进了全市审计任务的完成。

【长乐市审计局】

预算执行和其他财政收支审计　以财政、地税、金库审计为重点，延伸审计公安、土地等10多个与预算收支关系较大的单位，查出违纪违规金额2120万元，查出的主要问题有：部分乡镇特产税与教育事业费附加收入不实；预算收入没有做到应收尽收；一些支出未列入预算安排，挤占专用基金；财政部门内部多头设账，财出多门。

查处大要案　在对某镇1999年度财政财务收支审计中，查出该镇原财政所所长涉嫌挪用公款215万元，同年10月移送纪检、检察机关进一步查处。

任期经济责任审计　完成对15个乡镇24位离任党委书记、乡镇长任期经济责任审计，审计结果向市委书记办公会议进行专题汇报。

《审计法》颁布实施五周年纪念活动　1999年8月，在《长乐报》开设“审计专版”，全文刊载《审计法》，并以问答的形式通俗易懂地解答有关审计问题，扩大影响面。

【厦门市审计局】　1999年全市共审计了240个单位（项目），为国家增收节支1.35亿元，其中审计查出违纪违规行为金额应上缴财政1.01亿元，审计后应核减财政拨款或补贴3460万元；追还被侵占挪用资金796万元；审计发现各种违法违纪案件线索10件；查出“小金库”21个，违纪金额达1454万元。

本级预算执行情况审计　揭露了一些部门、单位财政财务管理中存在的违纪违规问题，如：市教委占用教育费附加372万元，用于教委综合楼基建185万元，购买金尚小区统建房20套并装修187万元；未经批准擅自把预算外资金100万元用于教委综合楼基建。市科委将科技项目回收经费290万元用于开办公司注册资本及借给科委所属公司；将科技三项费用的占用费收入76.9万元转入机关工会，并从中发放福利、补贴、实物等共75万元。市城管办等7个单位2亿多元预算外资金的管理未严格执行“收支两条线”的规定。以上均如实向市政府报告了审计结果，受到市政府高度重视。

固定资产投资审计　共对厦门港东渡港区中央直属储备粮库、国际会展中心、东部污水处理工程和海沧铁路支线等13个重点建设项目进行了审计，查出投资完成额不实1088万元，侵占、挪用国家建设资金1311万元，挤占工程成本249万元，超概算投资7288万元，应核减工程决算228万元。

企业审计　在对厦门某建筑材料公司审计中，查出该公司主要领导和财务人员违规代理进口业务，开立信用证被诈骗，造成6000多万元的巨额国有资产流失，有关人员还涉嫌挪用、私分公款等违法犯罪行为；在对厦门某开发公司审计中，发现该公司由于领导决策失误，造成数千万的国有资产损失；在对厦门某实业有限公司审计中，发现该公司将370万元港币长期置于境外，未在账面体现，形成账外资产以及未按公司章程规定进行分利，国有公司比外商少分利220万元等问题。

行政事业审计　对市检察院、法院1997至1998年度财务收支进行了审计，发现“两院”在执行“收支两条线”规定和执收执罚方面存在拖欠截留应缴预算收入和财政专户收入，以及挤占、挪用财政资金等问题。在对市公证处审计中，发现该单位存在隐瞒收入700多万元等问题，已予追缴入库；在对市某机关审计中，查出该单位采取虚列支出办法，转移预算资金280万元。

【厦门市鼓浪屿区审计局】

重大审计事项　1999年该局围绕政府工作中心和经济热点问题，在国有资产运营、旅游景点管理、音乐文化之岛建设方面，积极开展审计工作。

《审计法》颁布五周年纪念活动　1999年8月份抓住《审计法》颁布实施五周年的大好时机，在机关大院和区主干道上张贴宣传栏，区政府办《鼓浪信息》则以增刊形式登出《依法审计，加强监督，为旅游经济保驾护航》及《审计法》基本知识问答专版，取得很好宣传效果。

【厦门市湖里区审计局】

企业审计　共完成对华特公司、湖里房地产综合开发公司、天地公司、广达公司等企业的审计。审计中发现，有的企业存在着较为严重的净资产不实及增资不实现象，如华特公司通过隐瞒销售收入和多计成本等方法共虚减利润212万元；有的企业往来账款未及时结算，长期挂账现象严重，造成收入、成本及利润不实，如天地公司至1998年底在“预收账款”中挂账21501.5万元，在“预付工程款”中挂账21622.4万元。此外，在审计湖里彩印厂1998年的财务收支中发现该厂经营管理较混乱，并违反规定私设“小金库”，金额达126万元后，将此案移送区监察局进一步审理。经专案审查，查明该厂的“小金库”基本用于不正当的支出，并查出该厂还存在为一些客户代开发票、收受贿赂达3万余元的问题，给国家造成16.5万元的税款流失，现已追回14.5万元。此案已移送司法机关处理。

行政事业审计　共完成了对区检察院、法院、建设局、计生局、环卫处、城监大队、卫生防疫站、养老保险基金的审计工作。审计中发现区检察院财务会计账上未将供货单位退回的1517万元冲减经费支出，而是列入暂存款，该院还存在着收取企业赞助款15万元的问题；区计生局计划外生育费未纳入财政专户管理；区城监大队由于前任出纳失踪未结账，短缺现金11万元。

【厦门市同安区审计局】

金融审计　开展了对同安工商银行和兴业银行的审计。以审计财务收支真实性为基础，重点反映违规经营、盈亏不实、资产不实和账外账等问题。根据群众举报的线索，查出某银行在一年时间里，通过不同单位开发票，虚列支出达17次，套取现金70万元作为“小金库”。

重点建设项目审计　一是完成区政府1999年城建基础建设的主要项目–西环路道路工程和

阳翟路工程预算的审核工作，两项工程核减预算1003．80万元；二是对五显镇技校教学楼建设项目竣工决算进行审计，核减工程款19210．85元；三是结合国企审计，先后对皂素厂、马巷布厂、区液化石油气公司的部分基建项目进行审核，共核减工程款27279．68元。

纪念《审计法》颁布五周年活动 开展了《审计法》宣传周活动，内容包括：区政府召开纪念《审计法》颁布五周年座谈会，区分管领导发表纪念《审计法》颁布五周年的电视讲话；并以电视标语、图文等多种形式，大张旗鼓地宣传《审计法》和审计知识，宣传审计工作的作用和意义，从而扩大了审计的影响。

【厦门市开元区审计局】

认真完成本级预算执行情况审计 审计中，查出了违规金额758万元，上缴财政97万元，发现存在的主要问题是：未按规定上缴财政性款项，往来款项长期挂账未清，已跨预算年度的财政资金未完全清理，漏缴税金，会计核算不够规范。

查处重大违法违纪问题 在审计居委会卫生费时，发现一名会计人员利用监管定期存单之便，私自将公款及利息16．6万元转入个人户头，已责令退还，并移送区纪检监察部门立案查处；审计区法院中发现违规购买商业人寿保险206万元，除责令退还外，配合纪检部门立案查处；审计查出某街道居委会出纳人员涉嫌挪用、贪污公款48万元；审计查出涉及面较广的私设“小金库”2起。

【厦门市思明区审计局】

本级预算执行审计 查出违规行为金额469万元，应上交财政253万元。通过审计，促进了问题的整改：1．财政周转金只收不贷。审计指出，截止1998年底，周转金发放余额达2008万元，21家企业拖欠周转金1278．02万元，逾期率63．65%。区政府和区人大决定：从1998年12月1日起，财政周转金一律按规定只收不贷。2．住房资金归专户管理。3．监管好与基建相关的审批、审核手续。开展为民办实事项目审计调查时，要求区文化馆办理决算审核，文化馆项目原决算数125．18万元，审核认定108．84万元，节省资金13．05%。4．改进和完善资产管理制度。审计提出的制定国有资产收益收缴办法的建议，被区政府采纳。1999年区经济工作会议推出了《思明区区属工商企业资产管理暂行规定》。

经济责任审计 1999年开展领导干部离任审计3项，已完成2项。

【厦门市杏林区审计局】

经济责任审计 接受区委组织部的委托，共对8家行政事业单位的领导干部进行了离任审计。从中发现：1．往来挂账多，如某镇政府机关暂存款达453万元，占同期资产总额近一半；2．预算外资金管理不善。某单位将21万元的租金收入转入工会经费收入，有3个单位未严格执行“收支两条线”规定，欠缴总额33万元。3．多头开户。某镇政府存款户头多达13户。4．现金管理不合规。某镇机关库存现金高达29万元，其中白条抵库达12万元。

《审计法》颁布五周年纪念活动 一是组织审计人员重新学习《审计法》，并对照《审计法》的有关规定，总结成绩，找差距；二是邀请市审计局领导、区政府和区人大分管领导，有关执法部门和部分被审计单位的负责人进行座谈；三是通过电视广告、举办宣传专栏、悬挂标语、散发宣传提纲等方式，广泛宣传《审计法》；四是发动审计人员撰写纪念文章。

【厦门市集美区审计局】

发现案件线索 在对区农村经济开发公司审计中，查出该公司原经理谢××采取自行造表、自行审批的办法领取5000元电话费补贴的事实和多处经济违法犯罪嫌疑问题，及时移送区纪委立案查处。经过深查，查实谢××贪污公款3．9万元，移送司法机关追究其刑事责任。此外还在审计中查出“小金库”3个。

完成党政领导交办任务 一是及时完成区政府领导交办的区旅游公司审计任务，为该公司的转机建制提供依据。二是完成了区委反腐败工作小组布置的5个单位预算外资金清理工作。查出并上缴预算外资金38．5万元。三是抽调2位同志参加了清理核查供销合作社财务挂账工作。四是受区纪委、组织部委托对3位领导干部进行了任期经济责任审计。在对区计统局审计中，发现该局严重违反财经纪律，超标准滥发加班工资11．55万元。及时以《呈阅件》呈报区委、区政府和区人大。

加大审计宣传力度 在《审计法》颁布五周年之际，加大对《审计法》的宣传力度，悬挂大幅宣传标语，出了一期图文并茂的宣传栏，召开座谈会，常务副区长到会并作讲话。还在有线电视台打字幕宣传《审计法》，在《集美报》刊登专题文章，印发《审计法》宣传提纲到区属各单位，公布举报电话和设立举报箱，对迟迟不执行审计决定的区文化局进行全区通报。

【三明市审计局】 1999年末在册干部职工人数46人，其中高级职称3人、中级职称27人，大专以上学历28人。局长1人；副局长2人；内设九个职能科室，下属事业单位一个。

1999年“同级审”，重点审计了40个部门和单位，对30个单位进行延伸审计或调查，查处违纪金额7527万元，提出了7条加强财政预算管理的意见和建议。

1999年进一步加大审计力度，注意发现大要案线索。全年共移送处理案件5件，其中移送检察院追究刑事责任2件，移送纪检监察部门处理3件，进一步体现了审计工作在惩治腐败、打击犯罪中的作用。

全年完成经济责任审计项目12个，查出违纪违规金额1115万元，为地方任用干部提供了可靠的依据。

在《审计法》颁布五周年之际，开展了系列宣传活动，由市人大常委会牵头召开了市直部门、企事业单位主要领导和内审负责人参加的《审计法》颁布五周年座谈会，人大副主任和副市长出席了会议并作了重要的讲话，市委常委、副市长余有江发表了《审计法》颁布五周年电视讲话。并在市区主要地段悬挂宣传条幅20余条、分发宣传单等，大张旗鼓宣传《审计法》和审计工作，扩大审计的社会影响。

队伍建设　党风廉政建设工作取得的显著成效，被评为1998－1999年度市级文明单位。

【三明市梅列区审计局】　1999年末在职人员7人，其中干部6人，职工1人，具有大专以上学历4人，中级职称3人。局长1人，副局长1人。

全年共完成审计项目28个，查出违规违纪金额达358万元，在预算执行和财政收支审计工作中，突出重点，抓住典型；在福利彩票专项资金审计中，审计人员，从核实彩票发行促销承办合同和奖品购销合同入手，发现并查处私设“小金库”等严重违纪问题，决定处理处罚10．5万元，取得良好的成效。

【三明市三元区审计局】　现有一室三股（办公室、财政行政股、企业股、综合股），审计干部7名。有局长1人，副局长2人。1999年完成审计项目27个，完成计划的135%，查出违规行为金额557万元，其中：应上缴财政15万元，已交财政15万元，应归还原渠道资金60万元，促进增收节支150万元。提交审计工作报告、论文、信息45篇，被批示采用29篇。

1999年安排预算执行审计单位8个。预算执行审计中，发现并查出了区委党校从1992年开始搞账外经营实体、非法集资、亏损巨大、财务管理混乱等问题。按程序及时移交区纪检委进一步查实，目前已有2人受到检察机关的起诉。

全年完成党政交办的任期经济责任审计项目6项，对峙口企业清算审计项目3个。

【大田县审计局】　在编人员13人中，大专以上学历9人，中级专业技术职称8人。局内设6个职能股室，下设固定资产投资审计中心事业单位1个。局长1人、副局长2人。

1999年，共审结60个项目，查纠违纪违规金额4916万元，收缴县财政金额235万元，追还被挪用挤占的专项资金156万元。1．在“同级审”中开展了11个专题审计（或调查），揭露了存在于预算执行中的不真实、不合法和不规范的问题。2．开展了28个单位领导干部任期经济责任审计。3．申请法院强制收缴了某集团公司“小金库”等违纪款111．29万元。4．在乡镇财政决算审计和真实性调查中揭露了“真赤字，假平衡”现象，至1998年末全县乡财政潜在赤字累计已达3277万元。5．组织下属单位审结27个建设项目竣工决算，核减工程造价及财政补贴597万元。6．移送有关单位处理的违纪案件3个。7．组织多种方式纪念《审计法》颁布五周年，县政府领导发表电视讲话，县人大、县政府主要领导、县直有关部门领导出席了座谈会，与会代表踊跃发言，高度评价了审计工作成绩，也对审计寄予殷切期望。

【建宁县审计局】　1999年共完成省、署定项目9项18个单位，市定项目4项11个单位，自定项目32项32个单位，查出违规行为金额1698万元，其中：应上缴财政60万元，应归还原资金渠道189万元。提交审计工作报告、信息42篇，被有关部门采用27篇，协助有关部门查处案件3件。

完成1998年度财政预算执行情况审计10个单位49个账户，审结资金2672万元，查出违规行为金额468万元。认真组织实施29项任期经济责任审计，查出违规行为金额564万元，应缴财政26万元。为组织部门选拔和任用领导干部当好参谋。

进一步加强处理和执行力度，在县委、县政府的支持下，对历年审计查处应缴未缴情况作出通报要求补缴，强化了审计执法。

《审计法》颁布实施五周年之际，利用广播电视、座谈、标语等多种形式，广泛进行了《审计法》的宣传工作。

【将乐县审计局】　1999年度共完成审计单位（项目）73个，其中：“同级审”13个，署、省、市定项目16项，县定项目2个，党政交办的离任审计和临时安排项目42个。共查出违规行为金额513万元，应上交财政37万元，应追还侵占挪用资金48万元，已上交财政27万元。充分发挥了审计监督为经济建设保驾护航的作用。

经济责任审计情况　严格依照“两办”下发的两个暂行规定要求，组织实施全县33个离任领导干部经济责任审计工作，提交离任审计结果报告33份，查出4起“小金库”违规行为，对违规金额作了收缴处理，并对其中一起烧毁“小金库”单据行为处以罚款1万元。

预算执行审计情况　分别对我县财政局等13个部门单位的1998年财政预算执行和其他财政收支情况进行审计和审计调查，并延伸审计了10个单位。发现了预算执行方面存在的四个主要问题，相应提出加强和改进财政预算管理的四点意见。

纪念《审计法》颁布实施五周年活动　通过请县分管领导发表电视讲话，张贴宣传标语等方式，开展各种宣传活动，进一步扩大了审计影响。

【明溪县审计局】 1999年，共完成县委、县政府交办科级领导干部经济责任审计35项，其他事项3项。据统计，我局1999年度共完成审计和调查项目76个，查出违规行为金额1453万元，其中：决定处理处罚金额341万元，指明要求纠正金额1112万元，提交审计工作报告信息66篇，被县党政领导采纳批示和上级审计机关采用共计17篇。

【宁化县审计局】 局长1人、副局长1人，设有人秘股、法规审理股、财政金融、行政事业、农林水、工交商企业、固定资产投资审计股。

预算执行和财政收支审计情况 重点审计了县财政局、金库、地税局等15个单位。对预算外收入较大的单位开展了审计调查。审计查出一些问题，主要是财政收支难以平衡，财政支出挂账1171万元，预算外资金专储不到位，部分单位仍存在乱收费和设“账外账”等问题。

大案要案审计查处情况 移送纪检监察部门案件2件，责任人已被查处。

经济责任审计 完成县政府交办离任审计35个，其中：县直部门10个，乡（镇）党委书记9个、乡镇长16个。

《审计法》颁布实施五周年纪念活动 县人大常委会听取和审议了我县贯彻实施《审计法》情况汇报，利用刊物、广播、电视、标语等广泛宣传《审计法》贯彻实施的成果及《审计法》知识。

企业审计情况 查出某企业采取虚列工资发放清单的手法套取资金125.5万元的“小金库”。

【清流县审计局】 1999年有干部职工16人，其中：大学本科学历2人，大专生7人；局长1人，副局长2人；设有办公室、综合科、财政金融审计科、行政事业审计科、基建审计科、企业审计科等机构。

1999年是审计法颁布实施五周年。以此为契机，结合“三五”普法，利用多种形式，积极宣传贯彻审计法，有效地推动审计事业发展。1999年共完成审计项目42个，完成审计调查5项，审计查出违纪违规行为金额1151万元，上缴县财政16万元，共提交审计报告15篇。

预算执行和财政收支审计 共完成12个单位的预算执行审计，查出违规金额807万元，依法作出审计处理处罚。

企业审计 在对县电力集团公司审计中，通过延伸审计查出其下属单位及相关单位弄虚作假，私设“小金库”，金额总计达45万元，依法作出了审计处理处罚。

经济责任审计 对3个单位法人代表离任进行任期经济责任审计。其中，揭露出化工厂代表在任职期间私设“小金库”问题，并依法向纪检监察部门出具审计建议书，后经有关部门进一步查实，该企业法人代表已涉嫌刑事犯罪。

【沙县审计局】 据统计，年度共完成审计单位55个，专项审计调查20个，占年计划任务数的214%，查出违规金额5025万元，决定处理处罚140万元，指明要求纠正4885万元，已交财政89万元，入库率99%，责成返还专项资金459万元，促进增收节支25万元，向纪检机关移送案件1件，提交审计工作报告、信息83篇，被批示采用69篇。

世行贷款项目审计 在揭示三个项目配套资金尚差446万元未到位，挪用外资144万元，计划外投资45万元和损失浪费12万元的同时，查出红壤二期项目办会计王某擅自挪用项目资金5万元的案件，及时移送县纪检委查处。此外，企业股通过延伸调查及群众举报，对县医药公司和林产化工厂车间效益工资收支情况审计，查处账外资金18.12万元。收缴上交财政8.12万元。维护了财经法规的严肃性。

纪念《审计法》颁布实施五周年宣传活动 我局结合三五普法教育组织开展了一系列较大的活动。在县电台、电视台组织宣传，县周讯报纸设专版宣传报道，在府前广场设宣传栏、审计大楼、教育局大楼等处张贴《审计法》宣传画两套，举办《庆祝审计法颁布五周年晚会》，开展《审计法》知识有奖竞答，此外，举办内审人员培训班、特约审计员座谈会和派人到县人大、反贪局、林业局、教育局、成人中专班以讲座形式广泛深入宣传。

【泰宁县审计局】

财政审计 共审计了14个预算执行单位，查出违纪金额77.87万元，应缴财政2.79万元，已全额上缴县财政。继续强化对乡镇财政的审计监督。1999年对4个乡镇财政决算及11个乡镇级次划分情况进行了审计，查出违纪金额58.30万元，对混淆入库级次、虚列财政支出等问题，我局分别作出了审计决定，提出了整改建议。

行政事业审计 及时完成了计划生育费，职工养老保险基金，农村救灾保险和农村养老保险基金，法院和检察院财务收支，公路通行费征收情况，专项募集赈灾资金福利彩票等审计，查出违纪金额160.49万元，规范了行政事业单位收支行为，确保了专项资金专款专用。

党政交办事项审计 完成了县政府交办的对金湖宾馆1998年度财务收支和县委组织部委托的35位科级领导干部任期经济责任的审计。

【永安市审计局】 1999年末在职审计干部26人、职工1人，其中大专以上学历18人。中级职称21人、注册会计师资格4人、律师资格1人，局长1人，副局长2人。

1999年度预算执行和财政收支审计涉及资金33637.68万元，查出应缴未缴资金299.15万元；全年办理任期经济责任审计34项，针对发现的问题提出加强内部管理、规范会计核算等意见

41条，收缴违纪资金 13. 47 万元；办理其他审计项目 32 项，收缴违纪资金 18. 76 万元；参与6户国有企业破产清算，维护国有资产的安全与完整。

全年撰写审计文章 87 篇，其中县级刊物采用 14 篇、地区级刊物采用 22 篇、省级刊物采用4篇。

【尤溪县审计局】 1999 年，尤溪县审计机关共完成审计项目 103 个，查出违纪金额 2791 万元，应上缴财政 64 万元，向纪检部门移送案件2起。

本级预算执行审计 对税收征管中的混税现象、预算支出中的挂账行为、财政周转金管理中的违规放贷等较深层次的违纪违规问题进行了全面的披露，引起了县领导的关注和社会的积极反响。

经济责任审计 受组织部门委托，共对 52 位科级领导进行了任期经济责任审计，查出违纪金额 2108 万元，作出收缴财政处理 20. 74 万元，处以罚款 5. 87 万元。根据审计反映的情况对 15 人进行了告诫谈话。有 1 人被免职，有 2 人被降职，有 4 人转任非领导职务。

【莆田市审计局】 1999 年全市各级审计机关共审计了 272 个单位和项目，完成专项审计调查 5 个。其中同级财政预算执行情况审计 79 个；领导干部任期经济责任审计 36 个。查出违纪违规金额 17627 万元；指明纠正违规金额 14775 万元；查出“小金库”20 个，金额 309 万元；核减工程结算金额 4075 万元；发现经济案件线索 17 个，移送纪检监察和司法机关继续立案查处 17 件 22 人。其中市本局 1999 年完成审计单位和项目 64 个。查出违纪金额 12215 万元（含指明要求纠正金额），“小金库”12 个，金额 197 万元；发现经济案件线索 3 个，移送处理 3 件。

1999 年全市各级审计机关共接受当地党委和政府部门领导交办审计和审计调查事项 70 个。政府交办的审计和审计调查事项主要是群众比较关心的热点、重点问题。主要有：市政府为民办实事 18 个城建项目资金审计；先行工程资金审计；北江围垦工程、海上公园建设工程资金审计；乡镇财政资金管理和使用情况审计及审计调查等。

1999 年在全市审计机关内开展了审计质量年活动，严格规范审计程序，加强审计复核制度和重大审计事项审理制度，加强审计质量检查和考评，制定《审计过错责任追究制度》，严格依法审计、依法处理，使我市审计工作质量和审计执法水平有了很大的提高，有效地规避了审计风险。

1999 年市局成立了局党组，加强了党对审计工作的领导，并在审计系统内开展了“三讲”教育和民主评议行风活动。面向社会，面向群众，广泛征求社会各界群众对审计工作的意见、建议和机关作风的评议，自觉接受群众监督，并对群众的评议意见认真地进行了梳理、分析，有针对性地制定了一系列整改措施，完善了内部管理规章制度，促进了审计机关工作作风、行业风气、机关效能和党风廉政建设的根本改变，使审计工作能够更好地为经济建设健康有序发展发挥更大的作用。

1999 年 9 月，还在全市开展了《审计法》颁布实施五周年，审计机关成立十五周年宣传月活动。市委、市政府领导十分重视审计工作，在宣传月活动中，先后发表讲话。

【莆田市城厢区审计局】

财政预算执行审计 1999 年度预算执行和财政收支审计，延伸审计 9 个单位。经审计，审出存在的问题 16 个，提出审计建议 10 条。发现私设“小金库”近 30 万元。对基建资金收支管理进行调查审计，发现问题 18 个，提出处理方案 4 个，引起区政府重视，组成处置小组及时处置。

领导干部任期经济责任审计 年内共开展乡（科）级领导干部任期经济责任审计 19 人，形成审计报告 13 个，向纪检监察机关提供案件线索 2 条，立案 1 件 1 人。

《审计法》颁布实施五周年纪念活动情况 认真开展《审计法》颁布实施五周年纪念活动，通过上街开展咨询，张挂横幅标语，举办各类座谈会，撰写纪念文章等，大力宣传《审计法》。

【莆田市涵江区审计局】 1999 年，共完成审计单位和项目 33 个，其中：署定项目 4 个，省定项目 3 个，自定项目 18 个，完成领导交办事项 7 个，干部离任审计 6 个。依法查出违纪金额 368 万元，依法处理违纪行为直接上缴财政金额 25 万元，已上交财政金额 21 万元，入库率达 84%，提交审计工作报告、信息被区委、区政府、市局或新闻单位批示采用 7 篇。审计发现案件线索 6 件，依法移送纪检监察、司法机关查处 5 件，已立案查处 4 件，结案 2 件，涉及刑事案件 1 件 1 人，金额 24 万元，为挽回国有资产流失作出贡献。

本级财政预算执行审计 全面审查了区财政局 1998 年度的会计报表、账簿和会计凭证等有关会计资料，审查了区地税局 1998 年度税收预算执行情况并重点抽查了该局部分税款申报计缴的有关凭证资料。同时，对相关的 3 个预算执行部门等进行了必要的延伸审计，并跟踪审计 4 个纳税单位。审计针对所存在的问题提出了 7 点建议，引起了有关领导和部门的重视。

经济责任审计 1999 年度完成对 5 个单位主要领导干部离任的审计工作。为有关党政部门考核任用干部提供了有力的参考依据。

开展《审计法》宣传周活动 8 月 25 日至 31 日在街道各主要街口建筑物悬挂大幅标语。纪念《审计法》颁布实施五周年，审计机关成立十五周年；并在区

有线电视上宣传审计法规10天，播发审计专题新闻1周，扩大了审计的社会知名度。

查处大案要案　在区委、区政府的统一部署下，我局对镇街财务进行清理审计。发现经济案件线索1起，移送区纪委立案查处。

【莆田县审计局】

预算执行和财政财务收支审计　预算执行审计了13个单位。发现的主要问题有：未执行财政收支两条线的原则，收入上缴与支出下拨对抵；没有及时下拨财政专项资金、支农专项资金；预算外资金未全部纳入专户存储等。

经济责任审计情况　对6个乡镇和一个华侨农场的领导干部任期经济责任进行审计，发现的主要问题有：举债超前搞基建；乱发奖金补贴；接待费开支数额较大；纳税意识淡薄，基建项目偷漏税收情况严重；专项资金没有及时到位，没有专款专用等。

审计工作成果　全年审计了72个单位和项目，查出各种违纪金额3223万元，处理上缴财政322万元，当年度入库186万元。查出“小金库”4个。发现违纪案件6件，移交纪检监察部门进一步查处。

【仙游县审计局】　1999年末有干部、职工29人，其中：大学本科2人，大专17人，局长1人，副局长2人。设有办公室、综合审计股、财政金融审计股、固定资产投资审计股、工交商贸审计股、农林水审计股、行政事业审计股、经济责任审计股等8个股室。

预算执行和财政收支审计　完成同级财政预算执行审计单位13个，其他财政审计项目和单位70个，查出违规金额685万元，应上缴县财政235万元，已上缴入库130万元。

大要案审计查处情况　查处大要案8件，其中：移送县检察院2件，县纪委、监察机关6件，追究有关责任人10个。查处“小金库”6个，总金额达100多万元。

经济责任审计　完成6个单位的主要领导任期经济责任审计，其中：国有企业2个，乡镇4个。查出违规金额2585万元。通过审计被提拔晋升有2个，平调使用4个。

《审计法》颁布实施五周年纪念活动　开展两次上街宣传活动，举行3次《审计法》座谈会，并通过县有线电台，在黄金时间宣传报道《审计法》的重要内容。

完成县政府交办任务　完成县政府交办农村电力体制改革以及电力系统的债权债务清理审计工作；完成县直机关6个科局、6个国有企业以及19个乡镇的财政财务清理审计工作；完成市先行工程“三郊路”的基建决算审计。

此外，还完成县政府交办的审计事项19件，协助配合纪检、检察机关查处大要案10件。

【泉州市审计局】　本年度共完成对90个单位的审计及8个项目的专项审计调查，查出违规金额21077万元，处理上缴财政4202万元，减少财政拨款或补贴1384万元，追回被侵占挪用资金56万元。向各级党政机关、上级审计机关及新闻单位等提交审计报告或信息233篇，被批示、采用137篇。

预算执行情况审计　按9个专题分别检查了财政部门收支总盘、税务部门执行税收政策以及教育、科技、城建等重点项目资金拨付、使用和管理情况，并对财政预算暂付款进行专项调查。

财政决算审计　审计了4个市、区，查出违规金额9156万元。审计后，经过综合分析，向市政府提出专题报告，反映3个区税源管理较混乱等问题，市政府即召开专门会议研究解决，有效地促进市区财税体制的理顺。

固定资产投资审计　审计了引水（供水）、海堤除险加固等8个重点工程项目的预决算，查出概算外投资等违规金额6359万元。审计调查了34个重点建设项目的资金来源、投资完成情况，向市政府反映了工程建设中存在的基建程序、投资进度、资金到位和财务管理方面的主要问题，并提出7条建议，市政府办将审计调查报告全文转发给各县和市直有关单位，要求“针对存在问题，认真搞好整改，严格各项管理制度，强化工程质量管理”，有效地促进重点工程建设的顺利进展。

行政事业及专项资金审计　审计法院、检察院等22个行政事业单位，查处私设“小金库”、乱收费等问题金额1717万元。审计农业综合开发资金、扶贫资金、公路通行费、养老保险基金、排污费、赈灾福利彩票资金、住房资金等专项资金的管理使用情况，查出虚列转移、挤占挪用等问题金额419万元。市政府领导分别对公路通行费和养老保险基金审计报告作出批示，要求有关单位要加强管理、认真整改。

此外，还审计了2个金融机构、5个外资运用项目、16家国有企业。

经济责任审计　指导全市审计机关积极、稳妥、高质效地完成对106个领导干部的任期经济责任审计，审计结果对加强干部管理、使用和监督起到积极作用。

《审计法》颁布实施五周年纪念活动　在市区重要地段悬挂宣传标语，通过媒体报道审计成效，张贴审计画刊。

【泉州市鲤城区审计局】

1999年底人员有14人，其中：大学文化程度3人，大专文化程度9人，中级职称9人，局长1人，副局长2人。内设机构：综合科、财税审计科、行政事业审计科、企业审计科。

审计工作成果　1999年完成审计项目20个，其中：审计单位13户，审计调查7项、调查单位43个。查出违规行为金额

1101万元，依法作出处理处罚和指明要求纠正，其中：上缴财政85万元，归还原渠道资金14万元，促进增收节支13万元。提交审计工作报告、信息40篇，被采用、批示18篇。

重大审计事项和重要审计工作　1. 鲤城房地产公司财务收支审计，查出违规行为金额372万元，补交税费33万元，主要违规行为：收入未及时入账、多列成本费用、工资总额超过计税工资标准没进行纳税调整，少交漏交税费。2. 鲤城区计生局财务收支审计，查出违规行为金额38万元，处理应上交财政35万元，主要违规行为：部分预算外收支没纳入单位财务统一核算。

【泉州市丰泽区审计局】

1999年有干部职工9人，大学本科3人，大专学历5人；专业技术职称中级职称4人，正副局长各1人；内设办公室、行政事业科、企业科三个科室。

本局是1997年8月行政区划调整时新设的。两年来共审计53个项目单位，查出违纪违规金额853万元，上缴财政120万元。

为纪念《审计法》颁布实施五周年，编印了纪念专刊。区长为专刊作“加强审计监督，促进经济发展”的题词。专刊宣传材料印发区直机关各部门、各企事业单位、各镇、街道办事处、各村（居）委会，进一步扩大了审计的影响，为更好地实施《审计法》打下良好的基础。

【泉州市洛江区审计局】

1999年，全局在编人员9人，其中：本科学历2人、大专学历5人；局长1人、副局长2人；设有秘书科、财政金融基建审计科、行政企事业审计科、固定资产投资审计中心等机构。

审计工作成果　1999年，共完成审计项目（单位）38个；查出违纪违规金额648万元，应上缴财政34万元（其中查缴税金22万元，对违纪单位处以罚款12万元），归还原资金渠道5万元；审计核减基建投资913万元，核减率17.5%，上报各类审计信息31篇，被采用25篇。

完成党政交办任务　1999年，根据区委、区政府工作指示和其他部门的委托，完成对洛江区万安科技工业园区道路市政工程等12个建设工程的预算或决算审计；还配合纪检等部门查处案件2项。通过审计，核减工程造价862.5万元，核减率18%，有效地规范了建筑市场管理，对推动我区基础建设投资领域的整顿和廉政建设起到了积极作用。

完成上级下达审计任务　1999年，共完成署定、省定和市审计机关下达的审计任务7项，审计单位15个。

【惠安县审计局】　1999年度，共完成审计项目（单位）86个，共查出各类违规金额1618万元，应缴财政780万元，应减少财政拨款或补贴405万元。在对1998年度本级财政预算执行和其他财政收支情况审计中，审计17个单位，共查出各类违规金额633万元，应减少财政支出322万元。先后查出县劳动社会保险公司等5个单位私设“小金库”共15万元，根据有关财经法规给予严肃处理。

积极贯彻“两办”的“两个暂行规定”，对29个科级领导干部进行任期经济责任审计，共查出单位各类违规金额1409万元，应上缴县财政727万元。

隆重庆祝《审计法》颁布五周年。市审计机关和县五套班子主要领导参加了大型座谈会并分别作重要讲话，常务副县长还作了专题电视讲话，《福建审计》等媒体报道了县开展纪念活动的情况。

【晋江市审计局】　1999年共完成审计单位（项目）72个，查出违规行为金额4521万元；上缴财政530万元。提交审计报告18篇；提交审计信息54篇；被采用53篇次。

完成党政交办任务　受市委组织部委托，开展对6个镇10位领导干部进行任期经济责任审计，为组织部门对干部的考核任免提供客观依据。开展领导干部住宅、移动电话费列支专项检查，农村教育事业费附加投入教育情况检查以及市直各单位、各镇银行账户清理等工作。配合市人大常委会组织对1998年度财政预算执行情况的18个单位落实审计意见、决定情况进行审计执法检查。

企业审计　通过对9家企业审计，查出违规行为金额188万元，揭露和查处了会计资料失真、弄虚作假行为，同时，帮助企业建立各种防范措施，发挥审计“一审二帮三促进”的作用。

在纪念《中华人民共和国审计法》颁布五周年之际，组织全局人员参加审计知识竞赛活动，并通过晋江市有线电视台开展《审计法》和《审计法实施条例》的宣传，使《审计法》深入人心。

【南安市审计局】　1998年底，共有干部、职工26人；其中大专文化4人，局长1人，副局长2人；设有办公室、财政金融审计科、行政事业审计科、固定资产投资审计科，企业审计科和任期经济责任审计科。

审计工作成果　1999年共完成审计事项102个，查出违纪金额6915万元，指明纠正5453万元，决定处理处罚1062万元。上缴财政240万元，核减工程造价196万元。全年提交报告、信息76篇，被采纳或批示58篇。

经济责任审计　接受组织部门委托，对金淘镇等8个乡镇9位领导，2个行政单位领导及3个国有企业的法人代表进行任职全过程的审计，共查出违纪金额1882万元。并分清经济责任及存在搭车收费、虚收虚支、挤占挪用专项资金等问题。

完成上级交办任务　完成法院、检察院的财务收支审计，工行、兴业银行的资产、负债、损益审计，亚行、世行贷款的效益审计及一些专项资金审计。

【安溪县审计局】　1999年末

在编人员23名，设置5个股。局长1人，副局长2人。

主要审计成果　全年完成的审计项目有：预算执行单位11个、乡镇财政决算单位12个、行政事业单位27个、建设工程决算5个、国有企业17个、金融外资运用4个。4月份把审计发现的安溪县剑斗电厂会计涉嫌贪污私分公款线索移送县检察院侦处。

任期经济责任审计　全年完成14名科级干部和6名国有企业厂长、经理的任期经济责任审计。

【德化县审计局】　1999年度对18个财政一级预算单位的预算执行和其他财政收支进行审计，查出违纪违规金额198万元，应上交财政7.6万元，应清退64万元，取得了较好的审计效果。

根据中央两办的规定，对离任的27个单位28名科级领导任期经济责任进行全面审计。在对县粮油总公司经理任期经济责任审计中，发现该公司利用资金体外循环，采取截留经营利润和联营投资利润，私设“小金库”达98.8万元的重大违纪案件线索，引起县纪检监察部门的高度重视，予以立案。

以《审计法》颁布五周年为契机，加大《审计法》宣传力度。县人大、县政府组织有关单位领导、内审工作人员等对《审计法》进行宣传。

【永春县审计局】　内设机构6个科，即秘书科、农林水科、企业科、固定资产投资科、财政金融科、行政事业科。局长1人，副局长2人。

1999年，共审计或审计调查60个项目单位，查出违规行为金额1074万元，处理应上缴财政及有关部门240万元；提交各类审计报告、信息30篇，被批示、采用17篇；查出1起经济案件线索，移送纪检部门处理2人。

预算执行审计　全县共审计8个单位的预算执行和7个乡镇财政决算及其他财政收支情况，共查出违规金额119.6万元，应上缴财政及有关部门49.11万元（其中应上缴税务部门金额25.73万元）。

案件审计查处情况　在对公路通行费征收站1998年度财务收支审计期间，突出检查永寿县石门格公路征收站票据的征收、管理、使用情况，发现该站有关人员利用旧票、废票进行贪污的行为，及时将2人移送纪检部门处理。

《审计法》颁布实施五周年纪念活动　开展形式多样的纪念活动，举行了审计知识竞赛、召开了专题座谈会。

【石狮市审计局】　组织开展对市直163个行政事业单位的财务审计，共查出违纪违规金额6186万元，其中“小金库”、“账外账”6个，金额676万元。针对整顿中发现的问题逐一发出整改通知书，限期整改纠正，促进各单位进一步建立健全各项内控制度，规范财务管理，提高会计核算水平。

继续深化本级预算执行审计和镇（办）财政收支审计工作，审计面达57%，及时披露财政预算执行中存在的问题特别是财政周转金严重逾期的问题，引起市领导高度重视，市委常委会专题研究部署财政周转金的清理工作。

受市委组织部的委托，先后开展对永宁镇镇长、湖滨街道办事处主任、市供销社主任三位同志任期经济责任审计，实事求是地对其任期经济责任作出客观公正的评价，得到了市委组织部和市纪委领导的充分肯定，泉州电视台和福建电视台还进行了新闻报道。

【漳州市审计局】

预算执行和财政收支审计情况　1999年，市本级共审计92个单位，查出违规行为金额2.23亿元，决定应上缴财政1154万元，发现在预算执行中科目调剂数较大及专项资金管理使用仍不完善等方面问题。

大案要案审计查处情况　1999年度，发现并移送司法、纪检等部门案件3起，一些责任人员也得到相应处理处罚，社会上反响较大。

经济责任审计　配合乡镇换届，全市共对174个乡镇场（单位）实施审计，查出各类违规行为金额4027万元，处理应缴财政132.2万元，移送贪污受贿案件7起。

《审计法》颁布实施五周年纪念活动　1999年6月6日，市局组稿在《闽南日报》专版纪念《审计法》颁布实施五周年暨漳州市审计局成立十五周年，市长发表《努力维护财经纪律，促进经济健康发展》文章以示庆贺。

企业审计情况　对6家重点税利大户、重点亏损企业进行了审计与调查，主要从内控制度审查入手，扭转传统的审查方式，侧重于对企业重要经济技术指标和关键数据的剖析，较准确地揭示企业赢亏真实性。

机关工作成果统计　1999年市局审计92个单位（项目），查出违规行为金额22342万元，处理应缴财政1134万元；提交审计工作报告，信息85篇，被批示、采用35篇。

【漳州市芗城区审计局】

本级预算执行审计　1999年共审计26个预算执行单位，查出违规行为金额227.84万元，经审计处理增加财政收入104.84万元。审计针对预算执行中存在的问题，就强化预算约束力，加强财政资金管理提出了建议和意见，受到政府和人大的重视和肯定。

经济责任审计　共完成经济责任审计项目14项。查出违规行为金额811.43万元，为领导和组织部门考核任用干部提供了依据。

其他各项审计　1999年完成其他各项审计任务13项，其中上级下达审计任务6项。5月份对工行进行审计，查出损益不实金额43.12万元，违规行为金额1590万元。审计对查出的资产质量不高、风险大、经营亏损等问题及时报告市审计局，对加强金融监控，防范和化解金融经营风险提出了建议和意见。在对“两院”审计中查出私设“小金库”金额96万元，并就无资金来源超规模基建问题向区政府做了专题报告，得到区长高度重视并作出批示责成其纠正。

【漳州市龙文区审计局】 1999年末在职干部职工9人，其中：本科学历2人，大专学历2人，局长1人，副局长1人。共设四个股室，即人秘股、综合审计股、行政事业审计股、财政金融审计股。

审计工作成果 1999年共完成审计项目14个。审计单位14个，完成审计调查3项，调查单位3个；审计金额5000多万元，共查出违纪金额254.72万元，上缴区财政41.98万元，共提交审计报告14篇。

完成交办任务 1999年完成区委、区政府交办的审计任务6项，审计单位6个。1999年6月对全区四个乡镇党政领导干部任期经济责任审计，为组织部门考核任免干部提供了参考依据。

完成上级下达审计任务 1999年完成上级审计机关下达审计任务8项，审计单位8个。通过对龙文工行1998年度资产负债损益的审计，为区工行规范金融秩序，降低金融风险，加强金融资产管理，防止国有资产流失起到了重要作用。

【长泰县审计局】 1999年，局设综合、财金、行政事业、固定资产投资、企业等五个审计股。局长1人，副局长3人。

完成本级预算执行审计 摸清了1998年度财政“家底”，反映了1998年度财政预算执行和资金管理使用中存在的7个方面问题，并在培植新税源，控制支出，加强预算执行等方面跟踪监督。

经济责任审计 联合县委组织部、县纪委对7个乡镇场（工业区）进行领导经济责任审计，摸清各乡镇场（工业区）主要财力来源及支出情况，查出财务管理中存在7种违纪问题及提出相应审计建议，为县领导在用人等方面提供参考。

【漳浦县审计局】 1999年底，有干部职工20人。其中大专以上学历11人，局长1人，副局长1人。设综合审计股、人秘股、财政金融审计股、行政事业审计股、外经商粮贸审计股、工交企业审计股、固定资产投资审计股。

审计成果 1999年完成审计项目77个，查出各类违规行为金额3033万元，处理上缴财政200万元，向纪检监察机关移送案件2起，提交审计工作报告信息59篇。

预算执行审计情况 查处各种违规行为金额1199万元，上缴财政104万元。

《审计法》颁布实施五周年纪念活动 一是分管副县长在电视台发表纪念《审计法》颁布五周年电视讲话。二是在县委县政府机关报《金浦乡讯报》开辟宣传专版，宣传审计知识及审计成果。三是召开座谈会，邀请有关单位领导参加座谈，畅谈审计工作成果，征求对审计部门的工作意见。以便加强和改进审计机关工作作风，更好地履行监督职责。

经济责任审计情况 首次对全县20个乡镇实施党政领导干部任期经济责任审计。审计中查处各类违规行为金额445万元，处理上缴财政25万元。

【平和县审计局】 到1999年底，有干部职工16人；局长1人、副局长4人。内设机构7个：人秘股、综合股、监察室、财金股、行政事业股、企业股、固定资产投资审计股。

重大审计事项和重要审计工作 突出抓好本级财政预算执行情况的审计，如实反映个别部门预算收入未及时缴库，预算外资金管理分散，违反规定搞计划外基建等12个方面问题，并针对审计发现的问题提出意见和建议，得到县委、县政府的高度重视。深化企业真实性审计，不断增强案件意识，查出某单位出纳员贪污公款23264.80元案件。认真贯彻“两办”经济责任审计规定，受县委委托，对全县16个乡镇场的主要领导开展任期经济责任审计。为纪念《审计法》颁布实施五周年，在报刊、电台及上街宣传《审计法》。

【诏安县审计局】 1999年度共有15人，内设秘书股、企业审计股、行政事业审计股、固定资产投资审计股、财金审计股。局长1人，副局长3人。

预算执行情况和其他财政收支审计 审计结果表明，截至1998年底，县财政存在滚存赤字较大、占用专项资金等问题和情况，县地税局重提、多提税收手续费20多万元。

任期经济责任审计 根据县委组织部的委托，对全县14个乡镇党政主要领导的任期经济责任进行审计。审计发现的主要问题有：1. 各乡镇负债数额大，总计负债达5758.97万元；2. 招待费用大。各乡镇的招待费每年少则十几万元，多则几十万元；3. 举债进行超前基建；4. 会计核算不规范，收支不能如实体现。

此外，还查处广电局等五个单位私设“小金库”，计金额41.84万元。

【华安县审计局】 1999年在职干部、职工16人，其中：大学本科学历1人，大专5人，局长1人，副局长1人（兼任党支部书记）。设有综合审计科、财政金融审计科、行政事业审计科、商粮贸审计科、工交基建审计科。

审计工作成果 1999年共完成审计单位（项目）42个，审计查出违规行为金额652万元，指明要求纠正625万元，应交财政27万元，已交财政23万元，提交审计工作报告（信息）12篇。

向纪检监察机关移交案件2件。

完成乡镇领导干部任期经济责任审计　1999年共完成乡镇领导干部任期经济责任审计10项。查出经济案件2件，移送纪检监察部门查处，为组织部门任用干部提供决策依据。

完成县政府交办任务　1999年共完成县委、县政府交办的审计事项4项，为县委、县政府的宏观决策提供依据。

完成上级下达审计任务　1999年共完成上级审计机关下达的审计任务10项。

【东山县审计局】

预算执行和财政收支审计　1999年，我县“同级审”工作共审计一级单位12个，查出违规金额2554万元，处理应上缴县财政金额2万元，指明要求纠正金额2252万元，并分别向县政府和县人大常委会提交了审计结果报告和审计工作报告。财政收支审计查出违规金额296万元，指明要求纠正金额220万元，应缴财政76万元。

经济责任审计　1999年，完成了对全县七个乡镇9个乡镇长、13个行政事业单位负责人任期经济责任的审计工作，共查出违规违纪金额620万元，处理应上缴县财政金额49万元。

【云霄县审计局】

审计工作成果　1999年，共完成审计项目85个，查出违规违纪金额1109万元，处理应上缴财政117万元。提供审计报告、信息共22篇，有18篇被采用，并在全市系统信息工作评比中荣获第三名，统计工作也取得好成绩。1999年度查出“豆腐渣”工程违纪案件1起，涉案3人均受处理。

任期经济责任审计　1999年，出色完成对全县40个科局和10个乡镇（场）法人任期经济责任审计，共查出违规违纪金额184万元，追回挪用资金21万元，给予处理处罚违规金额132万元。任期经济责任审计结果也客观公正评价了法人代表任期业绩，同时，也为县组织、人事部门选拔任用干部提供了决策依据。

【龙海市审计局】　1999年在编人员19人。其中：局长1人，副局长2人，下设人秘股、综合股、财金股、行政股、企业股、投资股。在编人员19人。全年共审计64个单位，查出违纪违规金额3628万元，处理上缴财政34万元，已缴14万元，追回被侵占挪用资金77万元，促进拨付资金79万元，促进增收节支3万元，提交综合报告、信息27篇，向纪检、监察部门移送案件3件，协助查处案件2件。

财政预算执行审计　全年审计10个预算执行单位，查出虚列财政支出967万元，漏征税收16万元，违规提退税务经费18万元，挤占挪用资金68万元，专项资金未及时拨付76万元。

经济责任审计　1999年开展14个乡镇领导任期经济责任审计，查出违规行为金额1107万元，处理上缴2万元，移送纪检监察机关立案查处案件3起。

企业审计　查出市五交化公司私设“小金库”5万元；第二纸箔厂虚增资产193万元，少计负债19万元，虚减权益212万元，弄虚作假套取现金21万元。

【南靖县审计局】　1999年共有干部、职工18人。其中：大学本科2人，专科7人；局长1人，副局长1人；设有综合股、财金股、行政事业股、企业股等4个股室。

审计工作成果　1999年共完成审计项目52个，审计金额28900万元，查出违纪违规金额819万元，查处经济案件1起，上缴县财政69万元，提交审计报告7篇。第一次开展了基建投资项目审计。

完成交办任务　1999年完成县委县政府交办事项7件，审计单位47个。完成乡镇领导班子任期经济责任审计10个，其他行政企事业单位经济责任审计10个。在交办的事项中，审计丰田农场公款购置交通通信工具问题，查清该场的家底；开展了全县各乡镇农村基金会的审计调查，为县委、县政府做出清理整顿决定提供了第一手资料；开展南坑中心小学和梅林学区信访件的审计调查，收回有关人员补贴1．2万元，遏制乱收费的歪风邪气；开展了县可锻厂1987～1992年养老统筹费、拖欠职工住房公积金及医药费包干等上访事项的审计调查，查清所欠的原因，为下岗职工做了一件实事。

【南平市审计局】

预算执行和财政收支审计情况　全市共审计预算执行单位116个，查出违规金额4921万元。南平市本级预算执行情况审计，一是以反映财政收支真实性为目标，加强对收支预算执行的审查、分析和反映预算执行结果。二是在核实财政收支规模真实性的基础上，向财政非税性收入特别是尚未纳入预算管理的政府性基金项目的收支管理情况延伸，努力拓宽审计领域。三是在审查重点项目支出预算执行情况的基础上，注重对部门专项资金的审计延伸。四是结合预算执行审计，加强对财政预算资金投资或融资的建设项目竣工决算的审计监督。共审计三个项目，审计投资总额20019万元，查出施工单位高估冒算工程价款4369万元，以及项目单位在资金管理、使用中存在的违规问题。

经济责任审计　全市共完成离任审计98项，271个单位。南平市局专门组织了以离任审计为内容的研讨活动。圆满完成了对市驻港办负责人的离任审计。

计算机辅助审计情况　南平市局各科均配备了电脑，与相关部门联网。同时，市局还举办了一期财金审计人员电脑培训。延平、邵武、建瓯、建阳、顺昌等局也配备了一定数量的电脑。

企业审计　1999年全市共审计企业107家，查出违规金额4760万元，突出了以审计会计资料真实性为基础，揭露企业资产不实、盈亏不实，反映企业经营现状。

审计机关队伍建设和精神文明建设　一是坚持不懈地抓政治学习，深入学习邓小平理论，学习党的各项方针政策；二是采取多种形式促进业务素质提高，三是完善内部约束机制。

【南平市延平区审计局】　至1999年底，全局有23人，内设局长室、综合审计股、工交商贸股、财政金融审计股、行政事业审计股、固定资产投资股等六个职能部门。领导成员四人：局长1人、书记1人、副局长2人。

1999年度，共完成审计（调查）项目45个，其中：省、署定12个，自定33个，占全年审计项目计划数38个的119%，查出违纪违规金额597万元，其中应上缴财政19万元，已上缴财政17万元，应归还侵占挪用资金109万元。共提交审计工作报告、信息19篇。

坚持“账户入手，下审一级”审计方法，加大审计力度，抓好1998年本级财政预算执行情况审计。查出的各项违规违纪金额共计168万元，

认真贯彻落实中办、国办两个《暂行规定》的精神，加强对领导干部、领导人员任期经济责任审计工作，1999年度共完成4个单位的任期经济责任审计。

完成企业审计6个，查出违纪违规17万元，其中应上缴2万元。

【邵武市审计局】　共设综合、工交商贸、农林水、财政金融、行政事业、固定资产投资6个审计科。局长1人；副局长2人。

预算执行和财政收支审计情况　1999年财政同级审共完成必审项目31项，其中：同级审项目16个，上级下达项目15个。

1999年对36个市直机关、乡（镇）及企业主要负责人进行了经济责任审计。

审计工作成果　全年共完成审计项目106个，其中：必审项目31个，党政交办任务36个。查出违纪违规金额703万元，应上缴财政100万元，已上缴财政100万元；开展国有资产投资审计71个，审计工程总金额5623万元，净核减工程造价578万元。

全年共写出审计信息、论文及市委、市政府领导呈阅件49篇，被采用批转23篇，其中：获南平市审计系统论文二等奖1篇。

【建阳市审计局】　内设股级机构6个（综合、行政事业、财金、工交、商贸、投资）。局长1人，副局长2人。

经济责任审计　1999年完成市委组织部交办的7个委、办、局主要领导离任审计和主管部门委托的6个企事业单位主要领导的经济责任审计工作。为组织部门和主管局使用干部提供了参考依据。

审计工作成果　1999年度共审计59个单位（项目），查出违纪金额945万元，应上交财政14万元，应追还侵占挪用资金107万元，已上交财政8万元。提交各类审计报告及信息34篇，完成党政交办任务18项。

【松溪县审计局】　1999年末有干部职工12人，局长1人，专职党支部书记1人，副局长2人。内设综合科、法规审理科、财金事业审计科、商粮贸审计科、工交农林水审计科、固定资产审计科。

1999年完成审计和审计调查项目48个，占年度计划109%，完成署定、省定项目22个，占任务数的100%，审计查出违纪金额252万元，其中指明要求纠正244万元，应上缴财政18万元，已交财政17万元，建设项目核减资金252万元，共为国家增收节支270万元。

1999年完成党政交办任务5项，审计资金1680万元。

【政和县审计局】　1999年末，编制15人，实际14人，其中：大专以上学历11人，中级以上职称11个，设有综合股、法规股、财金审计股、行政事业审计股、企业审计股、基建审计股。领导职数3人：局长1人，副局长2人。

1999年完成审计57个单位（项目），其中本级财政预算执行情况审计10个单位；地方政府交办经济责任审计18个单位；企业审计7个单位。审计查出违纪违规金额436万元，其中指出纠正金额421万元，应上交国库金额15万元，已经入库15万元。提交审计工作报告及审计信息24篇，被县有关部门采用6篇。

坚持审计业务和精神文明建设两手抓，取得良好效果，1998年——1999年被南平市委、政府评为文明单位。

【光泽县审计局】　1999年有在职人员15名，其中局长1人，副局长2人。设综合股、财政金融审计股、行政事业审计股、工交商贸审计股、农林水基建审计股。

审计工作成果　全年共完成审计项目62个，同时完成党政交办事项30个；配合有关部门查办案件、专项检查等工作17项；查出违规违纪金额1387．8万元，应上缴财政30．8万元，已交财政18万元。提交审计信息35篇（条），被领导批示5篇（条），被采用18篇（条）。

预算执行和财政收支审计工作成果　共审计一级预算单位21个，占应审计面的65．6%，查出违规行为金额178万元，应上缴财政收入6．6万元，应缴财政专户资金84万元，应追还侵占挪用资金70万元。

经济责任审计　全年共完成领导干部经济责任审计项目24个。

企业审计　共完成5家企业的审计工作。

【建瓯市审计局】　共有干部职工18人，其中局长1人，副局长2人。内设：办公室（综合科）、行政事业审计科、财政金融审计科、固定资产投资审计

科、工业交通审计科、商粮贸审计科。

1999年，共审计95个单位（项目），查处违规行为金额1903万元，其中：追还侵占挪用资金104万元，上缴财政73万元。提交审计工作报告、审计情况报告、审计信息共48篇。此外完成市委交办对全市18个乡镇、街道办和19个市直主管局领导班子任期经济责任审计，为市委组织部门考核、选拔、任用干部提供了依据。重视审计信息综合开发工作，提交的《农村合作基金会情况反映》和《乡镇农业四税状况分析》两篇审计情况反映得到市政府的高度重视，切实发挥审计服务地方党政中心工作的作用。

【顺昌县审计局】 局长1人，副局长2人。内设综合股及财政金融、工交企业、行政事业、农林水、固定资产投资审计股。

审计工作成果 1999年共审计61个单位、项目，查出违纪金额843万元，应上交财政90万元，已上交73万元，追还挪用专项资金55万元。向上级审计机关和县党政提交审计工作报告、信息66篇，被采用40篇。

本级预算执行审计 审计的主要内容为财政预算内外收支、财政有偿资金和救灾资金管理、使用情况。为了配合县政府督促救灾专项资金的落实到位，把救灾专项资金审计作为同级审重点内容，深入乡（镇）、村，跟踪资金发放使用，及时纠正存在的问题，强化救灾款的后期管理，保证了专款专用，取得了好成效。

经济责任审计 共完成县委组织部交办的24位科级领导干部的离任经济责任审计。

开展试点项目研讨 为了探索企业真实性审计路子，以县纸板厂为试点，在被审计单位对提供财务资料真实性、完整性作出承诺的基础上，通过测评内控制度和对会计报表的分析，运用审计抽样、账实核对，实地查证等多种方法来审计企业财务收支真实性，如实反映企业资不抵债及历年损益、当年损益不真实等问题，引起了企业和主管部门重视整改。

【武夷山市审计局】 1999年底定编18人，实有17人，设综合科、财政金融审计科、行政事业审计科、工业交通审计科、商粮贸审计科、固定资产投资审计科，共6个业务科。局长1人，副局长2人。

工作成果 到1999年底，共审计62个单位（项目），查出违规金额3545．15万元，查出违纪金额140万元，应上交财税155．45万元。

同级财政预算执行情况审计 5月初完成了“同级审”的两个报告，分别向武夷山市市长、市人大作出汇报，并处理处罚应上缴财政74．18万元。

任期经济责任审计 共完成市委组织部交办的领导干部离任审计20个。

【浦城县审计局】

本级财政预算执行情况审计 共查出有关单位在预算执行中存在挤占挪用专项资金、虚列预算支出、偷漏税费、乱摊派、乱收费、隐瞒转移预算外资金、挤占截留下属单位事业费、违控购置专控商品、私设“小金库”、使用其他资金垫税、坐支挪用预算外资金收入等12种严重违规违纪行为，查出违纪、违规资金总额631．90万元，审计处理、处罚45．71万元，纪检监察部门介入处理97．35万元。增强了审计机关对本级财政预算执行情况审计监督力度。

队伍建设 审计机关队伍建设以“人、法、技”为根本，一抓政治思想教育，提高审计干部的政治思想素质；二抓审计执法监察工作，强化审计业务规范执行和审计工作质量；三抓计算机审计基础培训，重在提高审计人员掌握现代化审计技术。

【龙岩市审计局】

财政预算执行和财政收支审计情况 对全市84个单位财政预算执行情况和3个县政府、39个乡（镇）政府财政决算以及5个县（市）级财政决算真实性进行审计或审计调查。审计查出的问题已及时提出审计建议并依法作出审计处理，促进被审计单位采取措施整改。

固定资产投资审计情况 对棉花滩水电站、梅坎铁路等重点建设项目的移民资金和汀江流域防洪整治一期工程概预算执行情况实行跟踪审计。全市公路先行工程竣工决算审计至本年底完成审计路段541．71公里，核减工程造价1．44亿元，核减率9．78%。

国有企业审计情况 在加强监督的同时，积极为国有企业改革服务，把服务和监督结合起来，把一时处理不了或带有普遍性的问题写成综合报告、专题报告或呈阅件向政府汇报，由政府责成有关部门改正，起到查处一个、教育一片的作用。

领导干部任期经济责任审计情况 完成任期经济责任审计104个、查出违规金额335万元。开展任期经济责任审计调研活动。本局草拟的两个实施办法（试行）已由市委办、市政府办印发全市执行。

案件查处情况 全年发现大案要案线索7件。其中，移送纪检监察机关5件、移送司法机关3件。

队伍建设和精神文明建设情况 举办中共十五届四中全会精神专题讲座和法律法规以及计算机知识培训，组织审计人员参加全省行政执法资格考试。加强党风廉政建设，把禁止收送“红包”列入审计监督的内容，制定《关于实行党风廉政建设责任制的意见》，顺利开展局领导班子和领导干部“三讲”教育工作。成立局党组，配齐了领导班子成员。

【龙岩市新罗区审计局】

财政预算执行和财政收支审计情况 采取阶段审计与一次性

审计相结合的方法，各审计项目均延伸审计下属二级单位或相关单位，审计面达35%以上。审计所提出的意见被区政府列为2000年度区财政预算管理的重要措施。

案件查处情况 在对省道福三线改造工程指挥部审计时，发现南城办事处财政所原所长陈某贪污巨额公款和西城办事处原副主任邱某贪污受贿2起案件线索，分别移送区检察院、区纪委查处。南城办事处陈某贪污85万多元的违法犯罪案件，是新中国成立后新罗区最大贪污案。新罗区审计局因此受到区委、区政府的通报表彰。

经济责任审计 对34名领导干部实施任期经济责任审计（其中机关16名、乡镇8名、企事业单位10名），查出某厂长任职期间公款吃喝、私设“小金库”等问题，该厂长受到开除党籍、行政撤职处分。

《审计法》颁布实施五周年纪念活动 举办专题座谈会，组织“知我审计，爱我审计”知识竞赛。

【上杭县审计局】

财政决算审计 对临江等5个乡（镇）政府财政决算审计中，查出违规行为金额322万元，已按有关法规处理。

重点建设项目审计 对棉花滩水电站移民资金、省道围禾线、金山电站等重点建设项目进行审计。其中省道围禾线核减工程造价767万元，核减率8.34%。

国有企业审计 对紫金矿业公司等企业进行审计，进一步摸清了企业的家底。

案件查处情况 查出某设计室经理挥霍公款和私揽工程等问题，已移送有关部门查处。还配合纪检、监察机关查处收送“红包”以及借婚丧之机大肆敛财等案件。（范大顺）

【永定县审计局】

重点建设项目审计 完成国家重点建设项目棉花滩水电站移民附属工程和“三通一平”工程审计项目229项，核减资金157万元。针对移民工程资金未经审核乱付款等问题所提出的“先审计，后付款”的建议被采纳后，为移民工程建设节省资金上百万元。

国有企业审计 对5家重点骨干企业进行审计，提出审计建议16条。

任期经济责任审计 县纪委、组织部、审计局联合下发《关于做好领导干部离任审计工作的通知》，对某厂主要领导的3年任期经济责任进行审计，增加上交财政金额46万元，并对经济技术指标进行剖析，为领导决策提供了依据。

【武平县审计局】

财政收支审计情况 审计结果得到县人大、县政府的充分肯定，县长在有关乡镇财政决算审计报告中作了重要批示。审计提交的“乡镇负债管理应予重视”的信息被县委内刊采用。

经济责任审计 配合县纪委对29个乡镇领导、县直科局主要领导进行了任期经济责任审计。

【长汀县审计局】

财政预算执行情况 组成5个审计小组对财政、地税、教育等单位预算执行情况进行审计，对金库、粮食风险基金、非税预算收入、医疗包干费等项目进行审计调查，审计结果引起县人大、县政府的高度重视。

案件查处情况 查出2个乡镇供电所截留电费、私设“小金库”等问题，移送有关部门后，2个供电所的所长分别受到刑事处分。

【连城县审计局】

财政预算执行审计情况 共审计财政、地税等10个单位，延伸审计了15个下属机构，对公安、工商、交警等8个单位的非税收入进行审计调查，查出违规行为金额122万元，应上交财政54万元。县政府根据审计建议和意见制订下发了《进一步加强财政财务管理规定》等文件，组织开展预算外资金、财政周转金、干部职工欠款的清理工作。

经济责任审计 对全县18个乡镇党政主要领导进行了任期经济责任审计，为有关部门调配乡镇领导提供了依据。

队伍建设和精神文明建设 鼓励干部职工参加各种培训、教育、考试，投入10多万元改善办公条件，连续两年被评为县级精神文明单位。

【漳平市审计局】

财政预算执行和财政收支审计 审计10个一级预算单位和54个二级预算单位，共查出违规行为金额1731万元，应上交财政9万元，提交审计工作报告5篇。完成4个乡镇财政决算和财务收支审计，查出违规行为金额90万元。

经济责任审计 完成16个乡镇和15个市直单位的领导干部任期经济责任审计，提交的“乡镇负债问题严重”呈阅件引起市领导重视。对拱桥镇领导经济责任审计时，查出该镇原党委书记、镇长等4人涉嫌贪污受贿，已移送司法机关处理。此案被省委组织部、纪检委、审计厅、财政厅、监察厅通报。

《审计法》颁布实施五周年纪念活动 利用电视台、宣传车、电子广告、宣传栏、宣传条幅等多种宣传工具向社会宣传《审计法》和审计工作成果。

【宁德地区审计局】 1999年共有干部、职工33人。其中：大学本科学历4人、大专23人。局长1人、副局长2人、纪检组长1人；设有办公室、综合审计科、法规体系管理科、财政金融审计科、行政事业审计科、外经贸审计科、工交企业审计科、固定资产投资审计科、农林水审计科、监察室等机构。

审计工作成果 1999年共完成审计项目56个，审计单位41户；完成审计调查15项，调查单位40个；共查出违纪违规金额4643万元。配合地区纪检、

监察、检察等部门查处各种经济案件3起。上缴地区财政32万元，共提交审计信息报告86篇。

完成交办和下达的任务　1999年共完成地区行署交办的工作任务10项。完成上级审计机关下达审计任务13项，审计单位25个。

内部审计　加强对内部审计工作的管理和指导，宁德地区1999年共设立内部审计机构13个，内审人员32人。

【寿宁县审计局】　1999年度，共完成审计项目48个，查出违规行为金额4019万元，查出应交财政17万元，应减少财政拨款或补贴金额104万元。提交审计工作报告18篇，被批示采用6篇。在深化同级财政预算执行审计和财政决算审计中，查出违规行为金额179万元，其中部分乡镇管征费计提依据不足，提取比例较大且管理使用不规范以及招待费占公务费支出比例大、部分票据不合规等问题引起县委、县政府高度重视；积极宣传和认真贯彻执行中办、国办两个“暂行规定”，完成领导干部任期经济责任审计项目23个，查出违规行为金额667万元，对私设“小金库”、乱收费、部分预算外资金未进行专储等违规问题作了处理处罚，促进了干部廉政建设；审计中，坚持全面审计，突出重点，发现案件线索组织人员认真核实、审深审透，向司法机关和纪检监察部门各移送案件1起。

【周宁县审计局】　1999年度对县人民政府和兴业银行联合开发的兴业商贸开发区的财务收支及经营成果进行了审计，为县政府争回应得利润和税费300万元。审计查出：1．开发区财务不真实，财务账面利润为92万元，实际利润为672万元（其中挤摊成本309万元，隐瞒收入164万元）。2．未按合同规定预分利润，周宁县人民政府只预收利润95万元，而兴业银行拿走利润469万元。3．开发区应缴未缴各项税费126万元。4．土地出让中未及时收回出让金47万元。

另外在对教育系统财务收支审计中，查出乡镇学区代办费管理混乱，1．个人挪用代办费。某学区预收学生代办费被出纳挪用11万元（已移交县纪委查处）。2．“承包”代办费，另一学区向学生收取的代办费的收、付由学校指定的代办员“承包”、盈亏款由代办员负责。3．多收代办费未退还学生。4．学区财务基础薄弱，会计人员业务素质差，账务处理不合理，内部管理失控。

【福鼎市审计局】　1999年底有干部、职工17人，其中：大学本科学历1人、大专9人；审计师5人、工程师1人；局长1人、副局长2人。内设机构有办公室、综合科、财政金融审计科、行政事业审计科、工交商贸企业审计科、固定资产投资审计科。

审计成果　1999年度共完成审计项目54个，审计单位60个，审计调查13项，调查单位32个；查出违规行为金额1996万元，其中决定处理处罚789万元，指明要求纠正1207万元，上缴财政53万元。

预算执行审计　共完成预算执行情况审计和审计调查20个项目，查出违规行为金额744万元。

案件审计查处情况　全年移送司法机关案件3件，并配合市检察、纪检机关查处经济案件3起，为社会稳定发挥了积极作用。

领导干部任期经济责任审计　共完成市政府交办的领导干部任期经济责任审计15项20人，查出违规行为金额1620万元，其中：个人贪污1人5万元，移送司法机关1人，被撤职1人。

《审计法》颁布五周年纪念活动　在市区大街张挂大幅标语；市领导电视专题讲话；市政府召开座谈会，出席座谈会有市五套班子成员和各委、办、局、企事业单位领导共60多人。

计算机辅助审计情况　1999年各科室配备一台计算机，开通闽东第一个审计网站，审计人员充分利用计算机进行审计。

【霞浦县审计局】　1999年底有干部、职工19人，其中：大专学历13人，审计师13人，局长1人，支部书记1人，副局长1人，纪检组长1人。设有综合、财政金融、行政事业、商贸企业、工交企业、农林水、固定资产投资审计股。

审计工作成果　1999年共完成59个单位项目，审计查出违规行为金额3946万元，其中决定处理306万元，指明要求纠正的3640万元，处理处罚上缴县财政125万元，追回挪用专项资金124万元，向纪检监察机关移送案件4起，提交审计工作报告信息47篇，被采用32篇。

财政审计　预算执行情况审计查出违规行为金额2932万元，其中处理处罚83万元，增加财政收入54．65万元。

审计机关队伍建设和精神文明建设　一是坚持思想政治领先的原则，提高自身素质。二是继续强化审计业务知识，不断提高审计和审计业务水平。三是健全完善制度，以制度规范干部行为。四是继续抓党风廉政建设，努力造就一支思想好、行风正、战斗力强的审计队伍。

【福安市审计局】　现有干部18人。其中：本科学历1人，专科14人，中级职称11人；局长1人，副局长3人；设综合股，财政金融股、行政事业股、工交商贸股，固定资产投资股和执法办。

1999年共计完成审计项目64项，查出违纪金额2238万元，归还挤占挪用资金114万元，应缴财政23万元，移送案件3起。积极开展财政同级审、“两行”、“两院”审计，特别是领导干部任期经济责任审计。全年完成对39个单位领导干部的离任审计，审计中移送领导干部贪污案件1

起。审计结果得到市领导、有关部门和社会的关注。

在《审计法》颁布五周年之际，加大审计执法力度和扩大审计宣传，营造良好的氛围。由政府牵头，组织纪检、组织、监察、财政等部门对1998－1999年审计结论执行情况进行审计执法联合大检查；在各种媒介上宣传、报道审计工作，邀请市长作重要讲话；发行《你对审计知多少》知识问卷400多份；举办财务人员财经审计法规培训班，参训人员达100多人。

【古田县审计局】 1999年人员编制18人，在编15人，其中本科学历1人，大专5人。设有人秘股，综合审计股、财经审计股，行政事业审计股、企业审计股；局长1人，副局长3人。

审计成果 1999年共完成审计和审计调查项目53个，查出违纪违规金额6374万元，应缴财政138万元，已上缴财政113万元，追还被侵占挪用资金82万元，向司法、纪检部门移送案件4起，提交审计信息和工作报告62篇，被批示采用31篇。

重大审计事项和重要审计工作 1.预算执行和财政收支审计。1999年对县财政、地税等10个预算执行单位1998年度本级预算执行情况实施了审计监督，揭露了财政收支不真实等7个方面问题数十个，查出违规违纪金额2173万元，并从多方面提出了针对性建议。2.大要案审计情况。当年查出并向纪检、检察部门移送涉嫌挪用贪污公款的案件线索4起，并得到立案查处。3.《审计法》颁布实施五周年纪念活动。一是县长发表电视讲话；二是在城区主要街道悬挂横幅；三是在《古田报》上开设审计宣传专版；四是利用有线电视、广播播放审计宣传标语和审计工作取得的主要成效。

【柘荣县审计局】

重大事项和重要审计工作 1.1999年同级预算执行情况审计单位11个，查出违纪违规金额1218万元，指明要求纠正1167万元，决定处理处罚50.6万元，应上交财政11.9万元，已上交财政10.4万元，有力维护了预算法律严肃性。同时加强财政决算审计力度，开展了对堵坪、黄山、城郊等三个乡镇财政决算审计。2.严格按照《两个暂行规定》，开展16个单位领导人的任期经济责任审计。3.开展形式多样、内容丰富的纪念《审计法》颁布五周年宣传活动，主要是悬挂宣传横幅、条幅38条；设置宣传专栏；有线电视台点歌；主管审计工作常务副县长发表电视讲话；举办《审计法》大型专题谜会等。

【宁德市审计局】 1999年完成市委交办的任期经济责任审计项目6项，查出违规金额269万元，向组织部门提交了全面、客观、公正的领导干部任期经济责任情况，为市委考核、任用干部提供了依据。审计结束后，平调4人，免职1人，晋升1人。

认真开展“财政同级审”工作 先后对15个单位进行审计和审计调查，发现市财政在预算资金收支方面存在虚收虚支、列收列支；专项指标未能及时拨付到位；预算执行中突破预算盘子，未能严格按预算、按进度拨款等问题，在向市政府提交审计结果报告中，提出条处理意见和条审计建议。

庆祝《审计法》颁布五周年宣传活动 利用标语、宣传图画、普法试卷等多种形式进行审计宣传，起到良好的效果。

【屏南县审计局】 1999年审计及审计调查单位56个，共审出违纪金额1545万元，其中决定处理处罚金额238万元，指明要求纠正1307万元。应缴财政资金219万元，应归还原资金渠道145万元，提交审计工作报告和信息43篇，被地方党政机关采用13篇，被上级审计机关采用7篇。根据“两办”规定，完成组织部门委托的经济责任审计任务25个，其中乡镇领导干部任期经济责任审计8个，机关事业单位领导任期经济责任审计14个，企业单位领导任期经济责任审计3个，共查出违纪金额1155万元，为组织人事部门考核任用干部提供了依据。查出违纪案件1起并移交纪检监察部门进行了严肃处理。

江西省

【江西省审计工作简述】

1999年，已有审计机关111个，人员2330人。其中，大专以上学历的占61.6%，具有中级以上专业技术资格（职称）的占34.7%。一年来，共审计单位10527个，查出违反财经法规金额627828万元，已上缴财政13906万元，应核减财政拨款或补贴6.9亿元，归还原渠道资金37307万元，共为国家增收节支11.9亿元。提交审计工作报告、信息4107篇，被批示、批转采用1578篇。

【江西省审计厅概况】 1999年，共有干部职工151人（其中机关113人，事业单位38人）。内部机构设置有办公室、人事教育处、综合（法规）处、机关党委（工会）、监察室、财政金融审计处、行政文教审计处、工业交通审计处、商粮贸审计处、固定资产投资审计处、中央企业单位审计处、农林水审计处、外资运用审计处等13个处室，下辖江西省审计科研所、审计干部培训中心、庐山培训基地和省审计师事务所、通达会计师事务所、华赣会计师事务所、赣建审计师事务所。

厅领导成员

厅长 李海泉（1996.6－）

副厅长 余先仕（1996.2－）

何干成（1996.6－）

纪检组长 李水芳（1996.6－）

副厅长 桑昌武

(1999.12－)

成果综述 江西省审计厅全年共审计单位354个，查出违规行为金额29亿元，已交财政2954万元，追还被侵占挪用资金1.5亿元，减少财政拨款和补贴6.7亿元，共为国家增收节支8.6亿元。

预算执行和财政收支审计成果突出 3月至6月，江西省审计厅按照“突出对拨款数额大的重要部门和重要资金的分配、管理、使用的合规合法性审计，加大对具体单位和项目的延伸审计力度，注意发现隐蔽性问题”的总体要求，从依法规范预算分配秩序和促进政府部门依法行政的高度，对1998年省本级预算执行和其他财政收支进行了审计。共审计了33个省级预算单位和52个二、三级预算单位，依法向省政府、审计署提交了审计结果报告。此外，江西省审计厅还安排了对抚州、景德镇、赣州、鹰潭以及吉安等5地（市）1997年至1998年度财政决算审计，共查出违纪资金1.4亿元。

认真审计查处大案要案 经审计发现违法违纪线索，向纪检、司法机关移送案件62起，建议给予行政处分70人。根据省纪委的委托，江西省审计厅抽调各审计业务处共25人配合有关部门完成了12个经济案件的审计查证工作，为有关部门认定违法犯罪事实起到了重要作用。江西省审计厅在鄱阳湖治理一期工程审计中，发现南昌县以工代赈办公室挪用以工代赈专项资金1334万元用于发放委托贷款、私自分配、使用以工代赈专项资金存款利息137万元以及弄虚作假、虚报立项骗取资金、财务管理混乱等问题，以内部刊物《审计要情》的形式向省政府反映，引起省政府领导的高度重视，此案正在查办之中。在移民建镇资金专项审计中，发现的几起案件均移送纪检、监察部门查处，涉案的20名领导干部都已被严肃处理，有关案件及处理结果已在新闻媒体上予以披露。尤其是，在查办原江西省副省长胡长清的案件中，江西省审计厅调其精锐，连续奋战3个多月，配合公、检、法、纪检，使这一建国以来发生在江西的高级领导干部经济犯罪案件迅速告破，成为当年江西办案最快的案件之一，赢得了中纪委、江西省委、省政府、广大人民群众的高度赞扬。大案要案的查处和经济案件线索的发现，在社会上产生了较大的影响，进一步增强了审计的威慑作用。

积极稳妥地开展经济责任审计 根据省委组织部的交办，江西省审计厅组织人员完成了对省纺织品进出口公司和省新大地建设监理有限公司等5个单位主要负责人的任期经济责任审计，审计报告受到了有关部门的好评，为全面开展经济责任审计做了有益的尝试，初步积累了经验。

纪念《审计法》颁布实施五周年 为庆祝《审计法》颁布五周年，厅长李海泉在《江西日报》发表了题为“加强审计监督，服务经济工作大局”的文章。8月29日至9月3日，宣传车在南昌市八一大道、井冈山大道、洪都大道、北京路、南京路、沿江路等主要街道及工业区进行了为期一周的巡回宣讲《审计法》，并在省政府大院、省审计干部培训中心大楼、南昌人民广场悬挂悬吊“热烈祝贺《中华人民共和国审计法》颁布五周年”、“加强审计监督，为社会主义现代化建设服务”等巨幅标语，开展纪念《审计法》颁布五周年活动，收到良好的宣传效果。

金融审计不断深化 根据审计署授权，江西省审计厅组织各级审计机关对全省工商银行进行了专项审计。在全面审计资产、负债、损益的基础上，突出了对信贷资产质量的审计，重点揭露了违规发放贷款、逃避银行债务，以及监管不严、设置账外资金等问题。为维护金融秩序，严肃财经法纪，促进工行系统依法经营加强管理发挥了积极的作用。该项目按审计署的要求提交了审计报告，并被审计署评为组织协调奖。

专项资金和重点建设项目审计成效显著 按照审计署的统一部署，组织力量对22个县的移民建镇资金分配、管理和使用情况进行了审计，查出违纪违规金额1.17亿元，针对存在问题提出了书面审计建议及整改意见111条，审计报告引起省政府领导高度重视，省长舒圣佑对一些严重违纪问题逐条进行了点批，要求追究有关领导人的责任，省政府还专门召开了20个县（市）分管县长、财政局长、审计局长、移民办主任参加的审计通报会。组织对18个国定贫困县1997年至1999年6月的扶贫资金进行了审计，查出违纪资金8767万元，追回归还被挤占挪用的扶贫资金投入到项目单位，省政府主要领导对审计报告作了重要批示，责令有关单位限期整改。组织全省审计机关对228个检察院、法院1997年和1998年度财务收支情况进行了专项审计，查出乱收费、乱罚款、乱摊派、私设“小金库”、隐瞒截留罚没款物等违纪违规金额1.65亿元，并依法进行了查处，省长舒圣佑、常务副省长黄智权分别作出重要批示，认为审计厅做了大量的工作，要求检察院、法院切实加强财务管理。组织力量对全省铁路、邮电等8个行业32个单位统筹企业职工基本养老保险基金，各级社保经办机构1998年度企业职工养老保险基金的征收、管理、使用及财务收支，全省赈灾福利彩票进行了专项审计。移民建镇和检察院法院及行业养老保险三个审计项目被审计署评为优秀审计项目。组织部分地县审计机关对鄱阳湖治理一、二期工程项目进行了审计，查出超计划投资、概算外投资、挤占挪用工程建设资金、漏交税费等违纪违规金额10682万元，省政

府主要领导对这两个审计项目的报告均作了重要批示，省水利厅向全省水利系统下发通知，对每条审计意见都落实了整改意见。在全省统一抽调人员，集中力量全面完成了中央直属储备粮库项目的审计，查出各类违纪资金1288万元，省政府领导责令省建库办对审计提出的意见和建议认真研究，切实加以改进。围绕促进优化投资结构，下大力气抓好全省基础设施建设项目审计工作，组织开展了对横南铁路、九景高速公路、南昌昌北机场、温厚高速公路、丰城电厂等一批重点工程进行了审计，查出违纪资金10.3亿元，核减工程投资4.9亿元，应补交税款369万元，促进了建设项目加强管理，提高资金使用效益。

企业审计重点更加突出 江西省审计厅认真贯彻审计署关于加强企业真实性审计的指导思想，认真做好新形势下企业审计工作，为国有企业走出困境和深化企业改革创造了条件，在打假治乱，维护经济秩序方面发挥了积极作用。开展了对省外贸12家公司资产、负债、损益的审计，全面揭示和剖析了12家公司的经营及明亏、潜亏状况，取得了良好效果。在对省国际经济技术合作公司审计中，对其资金走向进行了延伸审计，查出资金体外循环，进行股票操作等违纪违规问题，引起了相关部门的高度关注。对省电子集团公司所属的国营897厂和834厂的审计中，查出两企业严重虚盈实亏问题，两企业账面均为盈利，但经审计确认后，两厂累计亏损达1.4亿元，审计结果引起省政府领导的高度重视。还组织力量对省属12个公路施工企业进行了审计，针对这些企业普遍存在经济效益较差、财务管理混乱、会计核算不规范等问题向省政府提交了报告，省政府领导对审计工作认真负责予以了高度评价，省交通厅和省公路局专门召开会议，研究制定了整改措施报省政府。

外资运用审计有进步 江西省审计厅组织了对15个国际贷援款项目的审计，揭露了项目配套资金不到位、挤占挪用、滞留项目资金等违纪违规资金486万元，同时加大了审计处理和披露的力度。按审计署的要求，出具了14份内外合一的审计报告，得到世行的充分肯定。外资审计质量有所提高，外资审计工作取得了新的进步，为加强外资项目管理，防范审计风险，促进合理有效利用外资起到了积极的作用。

【南昌市审计局】 1999年共完成审计单位194个，查出违纪违规金额191506万元，上缴财政1563万元。应归还原渠道资金7073万元，促进增收节支521万元；向司法机关移送案件1起，建议给予行政处分1人；提交审计工作报告、信息被批示、采用75篇。商贸审计工作、审计信息工作、审计统计工作、检察院审计、养老保险基金审计、社会福利募捐审计分别被江西省审计厅评为先进单位或优秀项目，被市委、市政府表彰为市级文明和市直文明机关。参与南昌市第三期赣中南和第一期药湖农业综合开发项目被市政府评为先进单位。档案工作获全市优秀集体、扶贫工作被评为达标单位。

预算执行情况审计不断深化 着重对财政部门的预算批复、预算收支、税收部门税收计划完成情况、国库和各级预算资金的收纳、划分、退付、支拨及预算执行部门的科技经费、城建资金、解困资金管理使用情况进行了审计，共延伸审计25个一级预算单位，延伸审计资金1.29亿元，查出违规行为金额2682.06万元。针对审计发现的问题提出了较为具体的整改意见，引起了市政府、市人大的高度重视，要求审计机关对查出的问题加强追踪，促使有关部门做好整改。

重点建设项目审计效果明显 围绕全市国债项目工作9个大项目15个小项目和移民建镇项目，以及政府、市民关注的抚河公园改造、一江两岸道路防洪系列等14个财政投资项目进行审计，审计中从项目前期规范、资金运作、财务核算、项目管理入手，从6个方面提出了审计建议，为市政府决策提供翔实的依据，受到了市政府高度重视。

行政事业单位审计重点突出 1999年突出对使用财政预算资金多、有专项资金分配管理职责的单位进行审计，共审计单位98个，查出违规金额106911万元。对检察院、法院系统的审计引起市委、市政府领导的高度重视，责令有关部门将问题整改到位。

企业审计服务到位 全年审计重点企业46户，查出违纪违规金额66200万元，审计核清了企业的家底，揭示了企业资产负债损益不实、国有资产流失、管理不规范的原因，并针对不同企业分别有针对性提出建议，对症下药，受到市政府重视和企业好评。

社会审计顺利转制 南昌市审计局联合市国资部门于1999年10月份完成了对原南昌审计师事务所清产核资，经有关部门批准，该事务所改制为独立的江西田源会计师事务所。

【南昌市东湖区审计局】 1999年度有审计干部6人（局长1人，副局长2人，干部3人）。其中：大专学历3人。全年共完成审计项目及审计单位37个，共查出违纪违规金额149.2万元，其中应调账94.7万元，应收缴财政54.5万元，已上缴财政54.5万元，入库率100%，提出改进意见和建议32条。

审计工作成果 1.对1998年度本级财政预算执行情况进行审计，并重点延伸抽查12个行政事业单位。从规范预算管理、规范财政分配秩序和提高财政资金使用效益方面提出了建设性意见。2.对区1998年度养老保险基金征收、支付、管理情况以及社会保险经办机构财政收支情况进行了审计，为完善社会保险制

度提供了决策依据。3. 开展了行政文教经费审计。4. 开展了重大项目的审计调查。对区商品房开发公司及豫章美食城建房工程的资产、负债进行了调查。

【南昌市西湖区审计局】

1999年度实有人员5人。其中：局长1人；大学文化程度1人、大专4人。局内设秘书股和综合业务股。1999年共完成审计项目7个，审计单位22个。查出违纪违规金额74. 9万元，应上交财政金额4万元，已上交财政金额3. 1万元。提交审计报告、审计信息17篇，其中被批示采纳15篇。接待来访6人次，处理来信1件，并顺利完成了审计事务所的脱钩改制工作。

深化本级预算执行审计 突出对管理、使用、分配国家资金较多的单位，有执收执罚权的单位，预算外资金和下属单位较多的政府综合部门进行了延伸审计。查出违纪违规金额4. 46万元，收缴财政1. 75万元，提出纠正改进意见和建议8条。

为“民心”工程，把好资金审计关 1999年，区政府筹措资金对船山路进行了规模较大的改建，在工程竣工后，区审计局组织人员对项目报送的基建工程造价进行了决算审计，审减资金76. 14万元，审计结果受到了区政府领导和有关部门的认可，取得了良好的社会效益。

开展纪念《审计法》颁布五周年宣传活动 制作了“服务改革开放，再创审计辉煌”为主题的审计成果展板；举办了全区副科级以上领导参加的《审计法》知识讲座；组织全体审计人员参加“审计知识百题竞赛”；印制下发了《审计法实施条例》。

【南昌市青云谱区审计局】

1999年共有干部4人，其中：大学本科1人，大专2人。现有局长1人。内设机构有：办公室、行政事业审计股、工商企业审计股。

审计成果 1999年共完成审计单位（项目）32个，完成年度目标任务13个的246%，其中：行政事业单位审计28个，本级财政1998年度财政预算执行和其他财政收支情况审计1个，企业审计1人，党政交办事项2个。共查出违纪违规金额394. 7万元，纠正金额257. 6万元，促进增收节支31. 5万元，应缴财政金额43. 6万元，已交财政金额40万元；提交审计工作报告、信息15篇，被批转采用8篇，其中《审计监督要为企业改革与发展服务》作品被市审计局评为三等奖。审计机关共派出2人次，时间30天，配合青云谱公安分局对青云谱乡石马村经济案件进行查处，共查出未上账资金33. 2万元。

【南昌市湾里区审计局】

1999年在职人员6人。大专学历5人，本科1人。内设机构：审计一股（财经行文股），审计二股（综合股）。全年共审计单位26个，查出违纪违规金额64. 9万元，促进增收节支10. 2万元，提交审计工作报告、信息9篇，被批示、采用9篇。在完成审计任务的同时，完成了区政府下达的招商引资任务，引进资金53. 3万元。

重视围绕党政领导、群众关心的项目开展审计。例如：开展了南昌扬子橡塑总厂国有民营4年期间内的经营损益经济责任审计、湾里区自来水公司9年期间任期经济责任审计等。

【南昌市郊区审计局】 1999年上级下达给郊区的国家审计计划是7个项目，实际完成16个项目，查出违纪金额4. 77万元，应上交财政金额4万元，已入库金额3. 1万元；促进财政增收1. 1万元，挽回经济损失0. 4万元。

对3位乡（局）科级领导干部进行了经济责任审计，为郊区党政领导全面考核和正确评价干部提供了依据。对郊区21个基建项目开展了竣工决算审计，核减决算金额1120万元。派出人员对郊区村级财务和农民负担进行了专项调查，实事求是地反映了村级财务状况和农民负担情况。对郊区国债资金的拨付、管理和使用情况以及粮改执法情况进行了审计监督，保证了资金的专款专用。对群众来信来访反映的情况开展了针对性审计调查和审计查处，为维护本地社会稳定起到了积极作用。

【南昌县审计局】 1999年完成审计项目63个，查出违规行为金额3563. 9万元，其中决定处理处罚金额103. 6万元，指明要求纠正金额3460. 3万元，已交县财政金额67万元，促进专项资金到位145. 26万元，促进增收节支540. 6万元；向县纪检、监察机关建议追究责任给予处分3人；提供审计报告、信息35篇，被上级采用18篇。

主要工作情况 对县本级财政1998年度预算执行和其他财政收支情况进行了审计，对36个预算执行单位进行了审计，单位覆盖面为52. 6%，资金覆盖面为57. 4%。同时，对11个乡镇1997年、1998年度财政决算进行了审计，查出应增加乡镇财政收入102. 4万元，并指明要求纠正乡镇财政收支不实，行政经费超支严重，挤占挪用专项资金，税收征管不够规范，部分乡镇下属单位财务管理混乱等问题。如在对渡头乡1997年、1998年度财政决算审计时，延伸检查该乡农机站财务，查出一个隐藏7年之久的“小金库”70835. 99元，另有已上账的公款私存14326. 24元，活期存折一个，站长、副站长、会计三人私分41757元的严重违纪问题，问题揭露后移送县纪检监察机关处理，3人均受到党纪处分，县审计局就此向全县通报了审计结果。又如：在对县鄱阳湖治理一期工程竣工决算审计，查出违规违纪金额649. 33万元，追缴了多付重付的工程款14. 37万元，查补漏交税费7. 29万元，追回违规发放以工代赈委托贷款的利息10万元。

【新建县审计局】 全年完成审计项目74个。其中：省局授权项目1个，市局指令性项目8个，委托项目6个，县委、县政府交办项目各1个。审计总金额9800万元；审计查出违纪金额180万元，应缴违纪金额65万元，入库33．5万元，提交审计专项报告10个。受到了县委、县政府和上级审计部门的肯定，为县域经济健康发展作出了应有的贡献。

【进贤县审计局】 1999年共完成审计项目（单位）88个，完成年计划的130%。共查出违纪金额770．1万元，其中偷漏税收190．3万元、欠交政府调节金283．1万元、挪用专项基金55．1万元、乱收费103．5万元、其他违纪138．1万元。应上缴金额185．5万元，入库30万元，提出专题报告11个，宏观综合报告2个，提出审计意见、建议120余条。为维护县经济秩序，促进实现经济发展和宏观调控目标发挥了积极作用。全年拒收"红包"10余人次，树立了良好的廉洁自律审计干部形象。1999年进贤县审计局购买了两层共计760平方米的办公楼，还添置了必要的办公设施，购买了电脑、打字机、复印机，大大改善了办公条件，为今后审计质量的提高和审计工作的发展奠定了良好基础。

【安义县审计局】 1999年共审计单位89个，查出违规行为金额460万元，已上交财政13万元，归还原渠道资金230万元，为国家增收节支110万元，提交审计工作调查、报告、信息8篇，被采用4篇，完成县委县政府交办的任务5件。

主要工作情况　1．不断深化同级财政预算执行审计和乡镇财政决算审计。在同级财政预算执行审计过程中，除重点审查了预算的执行情况外，还延伸审计了一些单位，检查预算资金的使用情况，对规范预算管理起了监督和促进作用。2．加强了对金融机构资产、负债、不良贷款等方面的审计。去年，按上级安排对安义县工商银行、安义县信用联社进行了审计，为防范风险、整顿金融秩序起了促进作用。3．强化了行政事业单位和重点企业的财务收支审计。1999年，在财务收支审计中，重点对全县粮食系统进行了审计，对9个粮管所、县粮食局机关在贯彻粮食体制改革、收购资金封闭运行、顺价销售、财务收支等方面进行了认真、全面的检查，发现和查处了系列问题，并提出一些整改意见。4．开展了专项审计。1999年组织开展了职工养老保险金、救灾经费、水利资金、农业开发资金、福利彩票和体育彩票、减轻农业负担等专项审计，对一些专项资金的使用、管理进行了监督。5．完成了审计事务所的脱钩改制工作。

【景德镇市审计局】 一年来共完成审计单位117个，查出违纪违规金额4040万元，应上交财政119万元，被各级领导批示和采纳的意见7条，移交案件4起。

财政金融审计　1999年景德镇市审计局完成了对景德镇市财政预算执行情况，景德镇市工行资产、负债、损益情况，景德镇市昌江区、珠山区财政决算情况四个项目的审计。

其中根据审计署的统一布置，金融审计工作重点是对工行资产、负债、损益的情况进行了审计。查出少计各项收入300多万元，超额发行国债100多万元，私设"小金库"4万多元等一系列问题。同时对其信贷资产清分情况进行了认真审核，采取"听、看、访"的方法，对各类贷款分别延伸五家以上贷款单位查看，最大限度地保证审计质量。

行政、文教事业单位的审计　1999年共完成了审计项目40个，查出违纪金额800多万元，应上缴财政12万元。

为了进一步了解检察机关、法院财务管理现状，规范收费、罚没行为，组织市审计人员，分别对乐平市、浮梁县、珠山县、昌江区的人民检察院和法院1997年和1998年的财务收支情况、罚没收入和预算外资金以及执行收支两条线的情况进行了全面审计，实事求是地对当前"两院"在财务收支管理中和收支两条线存在的问题进行了全面反映，并对存在的问题提出了针对性的改进意见，及时向省审计厅和景德镇市人民政府提交了专题报告，景德镇市人民政府及时批转了这两个报告。

按照景德镇市人大安排，积极参与对景德镇市公安局的评议审计，组织审计人员分别对市公安局、珠山公安分局、昌江公安分局等单位1998年度至1999年6月份财务收支、罚没收入和预算外资金情况进行了审计。并将审计结果在市十一届人大常委会第十一次会议上作了报告，市人民政府也向全市发了批转文。

圆满完成市主要领导交办的有关举报供销社事项的调查审计。基本查清了供销社兴办的9个分公司占用供销社资金数及流失情况，兴办小煤矿情况，供销社宿舍造价偏高，核减工程总造价6．3万元。最后形成的综合文字材料，报送了景德镇市纪委和景德镇市委主要领导，受到好评。

农林水单位的审计　1999年，这项审计工作是按照年度审计工作目标，围绕审计真实性开展的。如在审计中发现江西德宇集团一公司1999年原材料账户发生贷方余额百万元之多，严重的账实不符、成本不真实。针对一现象，及时指出并要求德宇集团调整。

工交企业审计　1999年工交企业的审计重点是：企业财务收支真实性试点审计，选择了印刷包装机械有限公司作为企业财务收支真实性审计的试点单位；为企业服务，完成了对焦化煤气总厂扩建工程自筹资金能力的审计。前者通过审计摸清了企业家底。后者为扩大市工业及民用供气工程，决定对现有制气设备进行部分改造和铺设长输管线向乐平、浮梁供气，工程所需资金1.2亿元，其中企业自筹资金6833.66万元。

外资审计　仍是续延对世界银行贷款的森林资源保护、国家造林项目、VI妇幼卫生、贫II贫困师范建设四个项目进行了审计，对这些项目资金的使用途径向省厅提交了真实情况的审计调查报告。

【景德镇市昌江区审计局】

1999年共有干部、职工8人。其中：大学本科学历1人，大专毕业7人；局长1人，副局长2人，设有办公室等机构。

审计工作成果　1999年共完成审计项目38个。审计单位42个；完成审计调查5项，调查单位21个；审计金额30594.6万元。共查出违纪违规金额1554万元。同区纪委、监察、信访等部门配合，查出各种经济案件3起，为社会稳定发挥了作用。上缴区财政13.4万元，共提交审计报告32篇。

完成区政府交办任务　1999年共完成区委、区政府交办的工作任务12项，审计清理单位20个。1999年8月为配合全区企业改制，参与并负责昌江区工商企业清产核资小组。共抽调21人次（包括下面乡镇审计所人员），涉及到全区25个单位，历时32天，摸清了企业家底，为区委、区政府的宏观决策提供了依据，为企业改制工作打下了基础。

完成上级下达审计任务　1999年完成省、市审计机关下达的审计任务12项，审计单位20个，审计金额19757.2万元。

【景德镇市珠山区审计局】

1999年共有干部7人，其中：大学本科学历1人，大专5人；获审计师、会计师、经济师资格4人；局长兼党支部书记1人，副局长1人。

审计工作成果　全年共审计区属单位32个，查出违纪金额272.12万元，上交区财政金额1.34万元。共提交审计报告22篇。其中：本级财政预算执行情况审计1个，普教经费审计3个，行政事业单位主要负责人任期经济责任审计9个，企业厂长离任审计1个，企业资产负债损益情况审计2个，财务收支审计5个，基建决算审计1个。充分发挥了审计监督职能，有力地维护了财经纪律的严肃性，促进了廉政建设。同时在各种培训班上进行审计法规宣讲共6场次。

完成上级下达审计任务　全年共完成市审计机关下达审计任务11项。提交审计报告9篇。

【萍乡市审计局】

预算执行审计扎实有力　本年审计萍乡市1998年本级预算执行和其他财政收支情况，通过从账户入手，下审一级的延伸审计调查，对查出的违纪违规问题如实向市政府和市人大常委会报告，深受好评。

金融审计取得重大成果　本年审计萍乡市工商银行及其所辖机构1998年资产、负债、损益，突出了重点、摸清了家底，查出违纪违规行为金额3419万元，并查出了该行城北办事处储蓄事后监督员廖某涉嫌贪污27万元的大案一起，移送司法机关立案查处后，已被判处有期徒刑12年。

“两院”审计成效明显　本年审计萍乡市三县两区法院和检察院1997～1998财务收支情况，实行统一“上审下”方式，查出违纪违规行为金额2048万元。

企业审计重点突出　本年审计萍乡市18家国有企业，重点突出放在对其资产、负债、损益的真实性上，查出虚报盈亏及资产、负债不实等问题6450万元，引起了市委、市政府领导的高度重视。

经济责任审计引起重视　本年对14个市政府组成部门和其他重要部门主要负责人开展了任期经济责任审计，引起了市委、市人大常委会、市政府领导的高度重视，为领导机关正确使用干部提供了重要依据。

审计执法力度加大　本年针对审计处理难的老问题，主动与萍乡市财政局联合向市政府写出《关于加强会计基础工作管理抓好违纪违规资金上交国库工作的意见》，市政府以萍府办发（1999）26号文件批转各单位执行，审计执法力度空前加大。

【萍乡市安源区审计局】

预算执行审计成果显著　上半年对区本级财政及所属的9个单位1998年度预算执行及其他财政收支进行审计，向区政府、人大提交了审计工作报告，由于敢于揭露问题，提出改进意见，引起了政府、人大、财政、税务等部门的重视。

经济责任审计开端良好　本年对区机关4个部门负责人进行了离任经济审计，使接任的领导能够对本部门的财务情况做到心中有数，使离任的领导走得放心，为区委、政府正确评价和使用干部提供可靠的依据。

行政事业财务收支审计不断深化　本年对13个行政事业单位进行了审计，重点查处和揭露了财务收支中的不真实、不合法、不规范以及损失浪费、腐败等问题，为促进机关廉政建设发挥了积极的监督作用。

及时完成交办事项审计　本年接受区委、政府交办的审计事项较多，内容广泛，如进行了对各类培训班收费的清理审计，开展了安源大厦总体投资、“319”国道投资及安源区新址办投资的审计工作，完成了对高坑、青山、安源3个环卫所的财务收支审计，并积极参与区政府组织的行政事业预算外资金账号和收支两条线的清理核实工作，得到了有关领导和部门的肯定和好评。

【萍乡市湘东区审计局】

1999年底，共有干部、职工49人，其中：大专学历28人；局长1人，副局长1人。设有办公室、财贸审计股、工交审计股、行文审计股等机构。

审计工作成果　1999年，共完成审计项目75个，审计单位86个，审计金额29384万元；共查出各种违规行为金额634万元，上缴财政金额63.8万元；配合纪检、监察部门查处案件3起，向司法机关移送案件2起；提交审计报告6篇。

完成区委、区政府交办任务　完成区委、区政府交办的工作任务6项，审计清理单位10个；完成3个单位领导干部离任经济责任审计，4户区属企业破产清算审计和区粮食系统执行国家粮改政策情况执法监察审计。

完成上级下达审计任务　共完成省、市审计机关下达的审计任务8项，审计单位10个。其中对中国工商银行萍乡市分行峡山办事处的1998年度资产负债、损益审计，查出违规金额35万元，上缴财政金额30万元。

【芦溪县审计局】　对本县1998年度财政预算执行情况及其他财政收支情况进行了审计，揭露了专项资金分配透明度不高、部分预算执行单位截留预算内、外收入，私设“小金库”等问题，针对这些问题提交了完善管理的审计建议。

如期完成工行审行　5月上旬，集中力量对工商银行芦溪办事处1998年度资产负债损益情况和近年来固定资产投资的税费缴纳情况进行了审计。通过审计，摸清了该行的家底，核实了盈亏，揭示了信贷资产的现状及其形成的原因。同时，发现该行违规支付揽储手续费、收入不入账、私设“小金库”十几万元用于福利开支、漏交固定资产投资方向调节税、营业税等问题。

全力抓好领导干部经济责任审计　县委、县政府安排了对县乡企局等7家单位负责人任期经济责任审计。审计后提交的报告组织部门也认为对评价干部最有说服力。

搞好企业审计　华兴、明珠是本县两家税利较大的水泥生产企业。审计以真实性为基础，对其进行了资产负债损益审计。根据两家存在账务处理不妥等情况，进行调增调减，使华兴、明珠两公司在1998年至1999年1－10月各自净增利润80万元和138.2万元，更加客观真实地反映了企业的家底和经营状况。

【莲花县审计局】　1999年，共有干部职工14人，其中大专学历6人；局长1人，副局长2人。设有办公室、行政文教审计股、农林水审计股、工交审计股等4个职能股室。

审计工作成果　1999年，共完成审计项目71个，查出违纪违规金额262万元，查处“小金库”5个上缴财政18.9万元，归还原资金渠道190万元，为全县增收节支93万元；共提交审计报告16篇，被上级采纳批转9篇。

开展了财政预算执行情况和其他专项资金的审计　预算执行情况审计，重点抓了收入入库、使用去向以及专项资金的划拨、使用情况的审计。由于措施得当，这次审计共查处违纪违规资金120万元，发现专项资金被挤占、挪用情况相当严重。为此，审计局向县政府、县人大提交了专题报告。报告中提出了今后管好用好专项资金的方法和措施，受到了委员们和县领导的好评。

完成对县工商银行的审计　从账户入手，通过内查外调，发现了账外资金、账外资产和盈亏不实等情况，对此，进行了严肃处理，并提出了改进意见，该单位积极采纳。

注意查处经济案件　在5个单位发现了“小金库”和侵吞公款的问题，均已移送有关部门处理。

【新余市审计局】

突出重点　认真查处大案要案　在对某事业单位审计时，发现该单位私设“小金库”67.3万元，偷漏税金3.4万元，“小金库”设置时间达3年之久。为了逃避监督检查，该单位竟将“小金库”账证全部销毁。在对某总公司总经理离任审计时，发现该单位财务管理不严，资产账实严重不符，投资项目多、损失大，所投项目未进行可行性论证，仅凭领导拍板，所投本息1800多万元没有收回，应收款800多万元也难收回，开具虚假发票30多万元，以套取现金徇私舞弊。对以上这样严重违反财政纪律的行为，审计后已由市纪委组织力量进行查处。

强化基础设施建设项目资金的审计　市局对新余市北环路等9个基础项目进行审计，审计中发现国债转贷资金滞留挤占比例较大，部分项目管理不规范，地方配套资金有被截留的现象，有关部门和单位及时整改。

【新余市渝水区审计局】　共有干部、职工13名，正副局长3名。全年共完成审计单位（项目）72个，查出违纪违规金额1113万元。

预算执行和财政收支审计进一步深入　预算执行审计中，对专项资金采取了追踪到底的办法，查出了一批挪用、截留、侵占的违纪违规案件，审计报告受到政府和人大的好评。

查处大案要案取得重大突破　查出私设“小金库”900多万元大案1个；查出个人挪用民政款4万元案件1个；查出私分公款6000元案件1个；移交有关部门处理案件2个。

加大了账外审计力度　对有疑点的票证，采取了外调的办法，在掌握了确凿证据的情况下，又返回账上审计，查出一批虚列支出、开具假发票的案件。

经济责任审计开始起步　为区委、区政府起草了贯彻实施两办下发的经济责任审计《实施意见》，完成了4个领导人经济责任审计。

廉政建设进一步加强　新增了廉政建设回访制度，局里不定时地到被审单位进行廉政建设回访，调查了解审计人员在被审单位的情况。区人大到9个被审单位调查审计人员廉政情况，全部反映良好。

【分宜县审计局】 1999年底共有干部、职工13人，其中：大专学历7人；局长1人，副局长2人，纪检组长1人；设有办公室、行政事业审计股、财政金融审计股、工交基建审计股。

审计工作成果　1999年共完成审计项目和单位60个（项）。完成调查6项，调查单位30个。查出违纪违规金额859万元，已上缴财政51万元，共提交审计报告66篇。

完成交办任务　共完成县委、县政府交办的工作任务15项。

完成上级下达审计任务　1999年共完成省、市审计机关下达的审计任务41项，审计单位52个，审计金额20356万元。

工行审计情况　组织全局业务骨干历时三个月，采取上下结合、内外结合、放贷结合等方法，对县工行1998年度资产负债损益情况进行了审计。查出了资产不实，损益不实，私设“小金库”等违规违纪现象。

【九江市审计局】 到1999年底，共有干部职工67人，其中：大学学历9人，大专学历26人；具有审计师，会计师中级以下职称17人；局长1人，副局长3人。设有办公室、综合科、财政金融审计科、行政事业审计科、工交审计科、农林水审计科、商粮贸审计科、固定资产投资科、外资运用审计科、审计干部培训中心等机构。

审计工作成果　共完成审计项目120个，审计调查4项，调查单位15户。共查出违纪违规金额1679万元。上缴财政138万元。配合纪检、监察部门查处各种经济案件3起，提供审计工作报告信息33篇。

完成领导交办的任务　共完成市委、市政府交办主要任务13项。对移民建镇资金进行全过程监督审计，审计中提供的有关线索，有7人受到省纪委党纪政纪公开处理；开展党政机关企事业单位领导干部经济责任审计5项；对煤气工程、庐山南路、青年路投资工程审计，核减投资额2562万元。

完成上级机关交办任务　完成审计署下达的各种专项资金审计7项，审计单位49个；参加省组织工商银行资产负债、损益审计，调查其信贷资产质量状况。

内部审计　到年底内部审计机构33个（不含中央、省属内审单位），内审人员89个。

社会审计　完成审计事务所撤销和华浔会计事务所脱钩改制工作。

受表彰情况　扶贫工作被评为先进集体，2人受市委、市政府表彰。

【九江市浔阳区审计局】 1999年共有干部、职工11人，其中大学本科学历2人，大专6人；局长1人，副局长2人。

审计工作成果　1999年计划审计项目35个，实际完成审计项目43个；共查处违纪金额443万元，上缴区财政25万元。

完成区政府交办任务　1999年完成区政府交办审计项目5个，其中企业审计3个，即完成了对区学洲劳动服务公司、区物资公司、区进出口公司资产、负债、损益真实性及财务收支情况的审计；基建审计1项，即完成了对区委、区政府新办公大楼竣工决算审计，送审1647万元，审计认定1466万元，仅此为区财政节省资金181万元。此外，还完成了长江大桥综合建设指挥部财务收支情况的审计。

完成上级下达审计任务　1999年共完成上级下达审计任务38项，主要是：1. 完成了1998年度财政预算执行情况的审计，并延伸了区民政局、区计生委等6个单位；2. 完成领导任期经济责任审计项目9个；3. 完成外资审计项目1个，即完成了对区血防站1998年度卫V贷款项目执行情况审计；4. 完成专项审计项目2个，即完成了对区社保局1998年度养老保险金收支管理情况审计以及对1998年度救灾款物情况进行了审计；此外，按照审计署统一布置，按时完成了对九江市工行桥西办事处1998年资产、负债、损益情况审计，完成了对瑞昌市法院、检察院财务收支情况的交叉审计。

【九江市庐山区审计局】 到1999年底，共有20人，其中大学毕业3人，大专毕业11人；局长1人，副局长4人。

审计工作成果　共完成审计项目14个，审计单位51个；完成审计调查4项，调查单位47个；共查出违纪金额601.81万元，上缴财政38万元；共提交审计报告14篇。

完成区政府交办的任务　共完成交办的工作任务4项，审计清理单位44个，对救灾钱物、移民建镇、预算外资金等进行了审计调查。

完成上级下达的审计任务　共完成省、市审计机关下达的审计任务10项，审计单位13个。

经济责任审计　先后对10个乡（镇）进行了经济责任审计，审计责任20人。

本级预算执行审计　1999年对1998年预算执行审计资金达85%，延伸审计预算单位22户，对专项资金、重要部门重要项目进行了重点审计，查出违纪金额402.95万元，已上缴财政27.04万元，同时开展了“上审下”工作，对4个乡（镇）财政收支进行了审计，查出漏缴税金4.22万元。

金融审计　完成了对中国工商银行九江市分行十里办事处的审计，对该行财务审计金额76461万元，信贷资产6.4亿元，延伸及调查单位32个。针对审计中发现的问题，综合报告上级审计机关，并明确提出了审计建议性意见，引起被审计单位的重视。

移民建镇审计　审计局派审计组到共青垦殖场，对其1998

年移民建镇资金共2973万元的分配、管理、使用情况进行了审计，延伸调查单位11个，针对存在的问题提出了整改意见，同时强调了专户储存、独立核算、专款专用的原则。

两院审计　参加了市局组织的“两院”交叉审计，抽调人员到修水对检察院、法院各项罚没收入及其财务收支进行了就地审计。查出违纪违规金额158.8万元，决定罚款2.3万元，责令其调账处理156.6万元。

【九江县审计局】　到1999年底有干部职工21人，其中：大专学历10人，局长1人，副局长2人。

审计工作成果　共完成审计项目（单位）80个，查出违纪资金620万元；作出决定应交财政收入22.5万元；已交财政31.6万元（含收回欠款），追还侵占挪用专项资金56万元，促进被审计单位增收节支120万元；核减基建决算支出75万元。

同级预算执行情况审计　共审计16个预算执行单位，查出违纪违规行为金额149万元，作出决定应上交财政资金8万元，并全部入库。

金融审计　通过对中国工商银行九江县支行1998年资产、负债、损益情况进行了审计，揭示的问题有：表外利息转表内，虚增利息收入；固定资产管理不够严格；存贷业务中有违规行为；信贷资产清分少数不准确；以前年度信贷资产质量较差等。

移民资金使用情况审计　按照市局部署，对永修县移民建镇资金管理、发放、使用情况开展了审计。发现该县对移民建镇资金管理不严，挪用专项资金现象严重。审计局如实上报后，省政府对该县当事人作出了严肃处理。

两院审计　按照市局部署，对星子县法院、检察院1997~1998年两年度财务收支进行了审计，查出违纪资金2.49万元，及时作出上交财政处理。

任期经济责任审计　共对19个乡（镇、场）党政主要领导任期责任进行了审计，为县领导对乡级换届、正确使用干部提供了依据。

【瑞昌市审计局】　1999年共有注册人员25人，其中干部23人，工人2人，副科级以上领导干部7人；大专学历12人；具有中级以上技术职称的7人。机关内设（人秘、农贸、工交、行文、财金）5个科。

审计成果　1999年全局共完成审计项目100个（含经济责任审计项目），查出违纪违规金额798万元，应上缴财政74万元，已上交财政53万元。

完成市政府交办的任务　完成市委、市政府交办的经济责任审计项目70个（包括行政、事业、企业单位，其中27个乡镇场、街道办）；抽调专人配合农网改造的清产核资工作；完成了市人大交办的市林业公安分局通江岭派出所“三乱”的审计任务。

完成上级审计机关下达的审计任务　完成了财政“同级审”任务，同时采取了从账户入手，下审一级的办法，先后对码头镇、夏畈镇等五个乡镇的财政决算进行了审计；完成了世行贷款卫V项目和中德长江防护林项目的审计任务；完成了对瑞昌市区供水管网工程和瑞昌市土巴垅水土保持重点治理工程的审计；开展了专项审计，即对瑞昌市社保局1998年度养老保险基金的征收、支付、管理情况及其财务进行了审计；同时还对瑞昌市民政部门的救灾款物和福利彩票赈灾募集情况进行了审计，均向上级审计机关提交了专项审计报告；完成了省厅授权审计的单位（市交警大队、新华书店、市工商局、市医药公司）财务收支情况审计项目；完成了对瑞昌市工商银行的审计项目；同时还完成了对湖口县法、检两院的交叉审计任务。

【武宁县审计局】　1999年在册干部、职工17人（退休干部4人在外）。其中：大专学历12人。具备审计师等中级以上职称资格的6人。设有秘书股、财政金融审计股、行政文教卫生审计股、企业审计股。

审计工作成果　1999年共完成审计项目19个，审计单位96户，其中完成审计调查8项、单位34个。审计金额9602万元，共查出违纪金额814万元，收缴财政违纪款65万元。在审计深度、力度上有了进一步的突破。

完成县政府交办任务　完成10个乡镇主要领导干部离任审计；配合有关部门对全县中小学收费检查、工业企业清产核资、专项资金审计等共8次，抽调审计人员34人次；指派一名股长和一名干部全年包乡蹲点。在“围绕中心、服务大局”方面作出了较大的努力。

完成上级下达审计任务　1999年共完成省、市审计局下达的审计项目9个、审计单位52个，审计金额8102万元。

【永修县审计局】　1999共有干部、职工21人。其中：大学本科毕业1人，大专毕业13人；局长1人，副局长3人；设有人秘股、财金审计股、行政事业审计股、企业审计股。

审计工作成果　1999年完成审计项目43个，查出违纪违规行为金额542万元，应上缴财政30万元，归还原资金渠道169万元，移交县纪委案件1件。

完成县政府交办任务　1999年共完成县委、县政府交办审计事项31个，其中乡镇领导干部任期经济责任审计19个。

完成上级下达审计任务　1999年完成上级审计机关下达的审计项目41个。其中包括中国工商银行永修县支行1998年度资产负债损益的审计。此外还有对九江市浔阳区检察院和法院的审计，对德安县移民建镇资金的审计。

【德安县审计局】　到1999年底，在职在编人员13人，其中，大专学历10人，具有审计师职称资格的2人，局长1人，副局长2人，主任科员2人；设有行文审计股、企业审计股、综合审计股、财经与基建投资审计股。

审计工作成果　共完成审计项目6大项，实施审计单位59个，共查处违规违纪金额167万元，上缴财政18．2万元，提供审计工作报告信息51篇。

完成县委、县政府交办的任务　共完成交办的工作任务5项，审计涉及单位30个，其中：企业法人经济责任审计5个，乡镇换届经济责任审计18个。

完成上级下达审计任务　共完成省、市审计机关下达的审计任务14项，审计单位34个，审计金额6137万元。主要完成的项目有；财政预算执行审计；星子县移民建镇资金专项审计；武宁检察院、法院系统财务收支审计；工商银行德安县支行资产负债及信贷质量审计。

【星子县审计局】　星子县审计局共有干部11人，职工1人。其中：大学本科学历2人，大专4人；局长1人，副局长3人(其中1人任县政协副主席)；设有办公室、财政金融审计股、企业审计股、行政事业审计股、工会、审计事务所等机构。

审计工作成果　1999年共完成审计项目40个，审计单位40户；完成审计调查1项，调查单位1个。共查出违纪违规金额211万元，上缴财政26万元；提交审计报告6篇。

另外还完成市局交办审计项目4个，即对永修检察院、法院、九江县移民建镇资金、星子工商银行的审计。

完成县政府交办任务　完成交办工作任务5项，审计涉及单位6个。

完成上级下达审计任务　共29项审计单位29个。

【都昌县审计局】　1999年底，共有在编干部、职工22人，其中大学毕业1人，大专毕业12人；具有会计师、审计师职称资格的7人；局长1人，副局长4人，纪检组长1人；设有人秘股、财政金额审计股、企业审计股、行政事业审计股。

审计工作成果　1999年完成审计项目76个，共查出违纪违规行为金额1028万元，为财政增收45．2万元，追还被侵占挪用资金29万元，查处移送经济案件3起，提交审计情况报告5篇。在全年的审计工作中，依法对1998年本级预算执行及其他财政收支进行了审计；接受委托对中国工商银行都昌县支行1998年度资产、负债、损益进行了审计，查处违纪违规资金132万元，同时对该行信贷资产质量进行了审计调查，核增可疑类贷款核减损失类贷款各99万元；受九江市审计局指派，对九江县法院、检察院系统财政预算资金、行政性收费、罚没款物收缴、管理情况和湖口县、彭泽县等移民建镇资金进行了审计检查；为配合乡镇换届，第一次对全县30个乡（镇）党政领导干部任期经济责任进行了审计，向县委、县政府提交了综合情况报告，对各乡（镇）领导干部任期政绩作了客观评价，为县委使用干部提供了依据。此外，还对有关企业、行政事业单位、世行贷款项目、工程投资项目等进行了审计，并参加了全县粮食企业流通体制改革的执法监察和对供销系统财务挂账的核查。

【修水县审计局】　1999年，有干部职工21人，其中大学本科学历2人，大专7人；具有注册会计、审计师职称人员12人；局长1人，副局长3人。

审计工作成果　一年共完成审计项目109个，占省、市下达计划任务的149%，审计查明违纪金额1970万元，处理上交财政77．9万元，责令调整财务1196万元，责令自行补交税款102万元。

完成县委、县政府交办的任务　今年上级组织交办的审计任务较多，内容广泛。配合有关部门，对县粮食流通体制改革执法监察进行了检查；按照县人大的安排，参与了对水电局等4个部门的评议工作；参加了全县“农电二改一同价”体制改革的清账、资产评估工作；还组织进行了对县骨干企业神茶集团、丝织厂等企业财务与经济效益审计。

重点项目审计　根据全省的统一部署，审计局抽精干力量组成审计组，参加了对彭泽县法院、检察院的财务收支交叉审计，圆满完成了审计任务；由局领导带队对县工商银行近几年的信贷资产结构、质量及上下工行往来和损益等情况进行审计。

【湖口县审计局】　到1999年底，有干部职工20人，其中大专学历9人，局长1人，副局长2人，纪检组长1人，主任科员5人。

审计工作主要成果　共完成审计项目54个，查出违纪金额367万元，下达审计决定收缴财政43万元。查交纪检、司法部门万元以上经济案件2起。

完成县政府交办任务　共完成2个国营企业破产审计及18个乡镇场主要负责人任期经济责任审计等任务，为县领导掌握真实的有关企业资产、效益情况及换届期间正确合理使用干部提供了可靠的依据。

完成上级下达审计任务　共完成上级下达的工商行、“两院”(法院、检察院）等15个项目的专项审计。

【彭泽县审计局】　到1999年底，共有干部职工17人。其中：大专学历4人；局长1人，副局长3人，审计师3人。

审计成果　共完成审计项目120个；审计单位115个；完成审计调查2个；审计金额2840万元；查出违纪金额820万元，上交财政85万元，向当地政府和上级审计机关提交报告120份。

1999年主要审计任务除了认真完成财政同级审计，还完成6个乡镇书记和3个局级领导干部离任审计工作；完成工行彭泽县支行审计工作；完成移民建镇资金在乡村两级管理的审计。

【鹰潭市审计局】 1999年共有干部、职工24人，其中具有大专以上学历18人，获中级技术职称14人；局长1人，副局长4人。局机关设有局长室、秘书科、综合法制科、企业审计科、固定资产投资审计科、财政金融审计科、行政文教审计科、监察室等机构。

审计成果 1999年共完成审计项目44个，查出违规行为金额9442万元，决定处理金额157万元，指明要求纠正金额9285万元，应交财政金额95万元，应归还原渠道资金金额312万元，促进增收节支金额26万元，提交审计工作报告、信息23篇，地方党政领导采用7篇，新闻单位采用5篇。

一年来，全局认真完成上级审计机关下达的年度审计工作任务，同时，积极组织力量，加强对县级以下党政领导、国有企业和国有控股企业领导人员任期经济责任的审计，揭露了财政、财务收支不实，内部管理制度不健全，账目混乱，家底不清；挪用、挤占专项资金；资产管理混乱，入账不及时，形成账外资产，造成国有资产流失等问题。对加强党风廉政建设，强化监督机制，进一步加强领导干部的监督管理，完善监督和约束机制，为当地党政部门正确使用干部提供了决策依据。

内部审计 1999年市直各部门共设有内审机构23个，内审人员39人，其中专职人员23人，对维护财经法纪，加强财务管理，提高经济效益发挥了重要作用。

【鹰潭市月湖区审计局】 1999年底共有干部8人，其中：大学本科学历1人，大专5人；具有会计师，注册审计师职称的4人；局长1人，副局长2人。

审计工作成果 全年共审计41个单位（项目），查出违纪金额25万元，应上缴财政14万元，已交6万元，完成审计科研课题1项，提交审计报告3篇，发送审计信息稿件10篇，被采用6篇。

专项审计 分别对全区1998年度企业职工养老保险基金的征收、管理、使用情况，以及区民政局1998年度中国福利彩票赈灾专项募集情况进行了审计。

完成区领导交办任务 共对13名领导干部进行了任期内经济责任审计。

【贵溪市审计局】 1999年底，有干部职工16人。其中大学本科学历1人；大专9人；获得中级技术职称的6人；局长1人，副局长2人。

审计工作成果 共完成审计项目72个、审计项目单位122个。查出各种违规金额357万元，上缴财政金额41万元；提交审计工作报告44篇。

完成上级下达的审计任务 共完成省、市审计机关下达的审计任务18项，审计项目单位24个。查出违规金额193万元，上缴财政18万元。

完成政府交办任务 共完成交办审计工作任务35项，审计项目单位74个。其中党政领导干部任期经济责任审计项目31个。乡镇政府审计覆盖面达100%；科级单位国营场审计覆盖面也达71.4%。

【余江县审计局】 1999年底，有干部职工12人。其中大专学历6人，获得中级技术职称的5人，局长1人，副局长2人。

审计工作成果 共完成审计项目122个，审计项目单位149个，查出各种违规金额360万元，上缴财政35万元，提交审计工作报告32篇。

完成上级下达的审计任务 共完成省、市审计机关下达的审计任务15项，审计项目单位20个，查出违规金额300万元，上缴财政20万元。

完成单位选审项目任务 共完成单位选定报县政府批转的审计项目78个，审计项目单位92个，查出违规金额60万元，上缴财政15万元。

完成政府交办任务 共完成交办审计工作任务29项，审计项目单位37个，其中党政领导干部任期经济责任审计项目14个。乡镇政府审计覆盖面达100%，科级单位国营场审计覆盖面也达40%。

【赣州市审计局】 1999年底，共有干部、职工55人，其中：大学本科学历7人，大专27人；局长1人，副局长4人，纪检组组长1人；设有办公室、综合科、财政金融审计科、行政事业审计科、固定资产投资审计科、工交审计科、商贸审计科、农林水审计科、经济责任审计科和审计干部培训班等机构。下属18个县（市、区）审计局，全市共有干部、职工404人。

审计工作成果 1999年市局完成审计项目212个，查出违规金额7977万元，应交财政473万元，应归还原渠道资金203万元，已交财政466万元，向纪检、司法机关等移送案件1起，建议给予行政处分1人。向各级政府和上级审计机关提供专题或综合报告116篇（含信息），被政府批转30篇（含信息）。

预算执行和财政收支审计不断推进 1999年上半年全市19个审计机关对1998年本级预算执行情况和其他财政收支进行了审计。查出预算收支体外循环、虚增预算收入、收过头税、挪用专项资金、“三乱”等违纪问题。市局于1999年下半年分别对9个县（市）政府1997年至1998年度的财政决算进行了审计。查出违纪违规行为金额1221.3万元，为市委、市政府加强财政管理提出了建议。

查处“小金库”和经济案件成果显著 1999年全市审计机关查出“小金库”（含账外账）238个，涉及金额2570.83万元，查处和制止“三乱”行为377起，涉及金额1374.3万元。向纪检、司法机关等移送经济案件33起，

建议给予行政处分11人。在对市果业局审计中，查出账外账3套，挪用果业基金54.5万元，购买6套商品房用于干部宿舍的严重违纪问题。已移送市纪检、监察部门进一步查处。

经济责任审计取得实效 1999年全市审计机关完成任期经济责任审计项目362个，占全年已审项目数的20%。为组织部门实事求是地评价干部提供了依据。

积极开展《审计法》颁布实施五周年纪念活动 本局用了两个月的时间在《赣南日报》开辟了“来自审计战线的报道”宣传专栏，刊登了33篇反映全市审计成果和审计队伍建设的文章，市长亲自撰文。1999年赣州撤地设市，新成立的市人大开展的第一个执法大检查就是《审计法》执行情况大检查，促进了《审计法》的宣传。

不断深化工商银行和企业审计 本局组织全市18个县（市、区）审计机关，对中国工商银行赣州地区分行及其所属分支机构1998年度资产、负债、损益情况进行了审计。查出违规金额206.42万元，应缴财政49.3万元。通过审计摸清了家底，维护了财经纪律。本局对市金林人造板厂真实性审计，查清了巨额亏损800余万元，账外资金600余万元的严重违纪事实。

受表彰情况 1999年本局受省审计系统表彰1次，受市委、市政府表彰2次。共有1人次受到省审计系统表彰奖励；7人次受市委、市政府表彰奖励。

【赣州市章贡区审计局】

完成上级下达的审计任务 完成国债资金及重点项目审计，即对杨边河及和乐河两小流域治理工程、市第二自来水厂、市生活垃圾填埋场工程的审计，并对原市工商银行资产负债及损益情况进行审计。

完成区政府交办的任务 全区9个乡镇和3个办事处已经换届，对其1996~1998年的财政情况进行了审计。完成区政府交办的政府部门主要领导离任审计10项、事业单位法人离任审计2项。审计中发现“小金库”1个，对一起涉嫌个人贪污的案件已移交区检察机关查处。还对5家国有企业被租赁、托管、兼并期间的资产负债损益情况进行审计，为区委、区政府了解国有工业企业的发展态势提供了依据。

局本级审计项目完成情况 完成了对区属12家基层医院1997年度财务收支和药品购销情况审计以及对城区9所中学1998年度普教经费的审计。区政府先后批转了上述两个项目的审计综合报告。此外，还安排部分单位财务收支情况审计。全年局本级共完成13个项目。

【赣县审计局】 1999年共有干部职工35人。其中：大学本科4人，大专12人；局长1人，副局长4人；设有秘书股、综合基建股、财贸审计股、工交审计股、行政事业审计股、审计事务所等机构。

审计工作成果 1999年，共完成审计单位104个；查出违纪金额838万元；上缴县财政123万元，提交审计综合报告9篇。

预算执行和财政收支审计 本级预算执行审计检查了地税和财政四税征收情况，延伸审计了抚恤救济、教育经费等预算支出的使用，延伸审计预算支出比例53.5%。

经济责任审计 1999年开展了对档案局等35个党政机关和企事业单位主要领导的任期经济责任审计，收缴违纪款21.95万元。配合村级换届选举开展的村干部任期经济责任审计工作受到新闻单位和社会各界的关注，4月29日中央电视台“新闻30分”栏目进行了专题报导，《中国农民报》、《赣南日报》、《江西组工通讯》、《江西审计与财务》分别刊登了专栏文章。

工行审计 核实了县工行信贷资产质量，查出1998年度通过少计表内利息收入、超标费用支出少作纳税调整而少缴所得税的问题，分析了潜亏情况和形成原因。

企业审计 对县属重点企业赣州动力机械厂进行了财务真实性审计，摸清了企业资产负债状况，提出了加强内部管理方面的建议。

【南康市审计局】 1999年底有干部职工33人，其中大学本科学历7人，大专学历11人；局长1，副局长3人，下设办公室、财金科、行文科、工贸科、农水科、固投科和审计事务所等机构。

审计成果 1999年共完成审计项目78个，审计单位102个，共查处违纪金额4135万元，上缴财政118万元，查出重大违纪案件并移送纪检检察机关处理5起，协同纪检监察机关办案1起，提交各类综合审计报告66篇。

深化同级财政预算执行审计 抓住源头，对预算内外收入的完成以及预算资金的分配、管理、使用情况展开审计和审计调查。既揭露问题，又提出建议，受到了市政府和市人大的一致好评。

查处大案要案成绩斐然 围绕打假治乱，审计人员严格执法，采用综合分析的方法，善于发现线索，共查处10万元以上“小金库”、账外账11个，个人贪污、挪用公款7万元以上的案件2起。制止“三乱”行为19起。

全面推行经济责任审计 共完成对36名领导干部的任期经济责任审计，为配合组织纪检部门管好用好干部，充分发挥审计监督的作用。

抓培训促队伍建设 组织学习、培训和轮岗，不断提高审计干部的政治和业务素质，更新知识，抓廉政建设和回访制度，从严治理审计队伍。

【信丰县审计局】 至1999年底，干部职工20人，其中：大专学历15人（含省内承认的刊授生8人）；局长1人，副局长3人；设有人事秘书股、财政金融审计股、行政事业审计股。

审计工作成果 本年完成审计项目33个，审计单位128个。查出违纪违规金额3089万元，收缴县财政170万元。查出百万元以上违规行为金额单位3个，查出单位“小金库”30个，金额679万元，查处经济案件8件，建议给予行政处分10人。提交审计报告、信息82篇。

预算执行和财政收支 1999年强化了本级财政预算执行情况审计，延伸了18个预算执行单位，审计资金总额4399.58万元。对11个乡镇进行了收支审计，审计面达40%，查出违纪违规金额563万元，审计处理金额412万元。

大案要案 本年查出万元以上经济案件8件，其中移送司法机关处理1件1人，移送纪检监察部门处理3件10人，移送税务主管部门和赣州市审计局查处的偷漏税收、非法提供发票的案件4件。

离任经济责任审计 本年度进行了23个行政事业单位领导离任经济责任审计，查出违纪违规行为金额795.51万元，收缴财政金额26万元，查出“小金库”、账外账14个，金额350.41万元，经济案件3起涉案10人。

纪念《审计法》颁布、实施五周年活动 组织人员撰写了6篇反映审计战线突出事迹的宣传稿件和组织编辑了《春华秋实——信丰县十五年来被报刊采用的审计文稿选编》一书。

【大余县审计局】 1999年共有干部、职工18人，其中大专学历11人，中级职称7人；局长1人，副局长2人。设有秘书股、综合审计股、农林水审计股、财政金融审计股、工交商贸审计股。

审计工作成果 1999年共完成审计项目123个查出违纪行为金额2260万元，应上交财政金额139万元，查出私设“小金库”8个，涉及金额531万元；移送纪检监察案件1起；向各级党政、新闻单位提交反映宏观经济情况的审计报告、信息75篇，被批示、采用34篇。

完成上级下达审计任务 1999年上级审计机关下达的指令性计划审计项目69个，实际完成计划项目和单位123个，占计划任务的178.26%。

完成县委、县政府交办任务 一年来完成县委、县政府交办的任务17个。上半年，对全县12个乡镇的主要领导干部离任经济责任情况进行了审计，查出违纪违规金额1101.79万元。

【上犹县审计局】 1999年底共有干部职工15人。其中：大专学历7人；局长1人，副局长2人。设有人事秘书股、综合股、财政金融审计股、行政文教审计股、企业审计股等机构。

1999年，共完成审计单位75个，其中县财政预算执行审计单位9个，国外贷款、援款审计单位2个，行政事业单位审计54个，企业审计3个，县委、县政府交办的审计项目2个。查出违纪违规金额3639万元，应上缴财政73万元，上缴县财政59万元，提交审计工作报告和信息12篇，查处万元以上违纪单位7个。

认真组织实施县委、县政府交办对县水南、县东门新区建设指挥部的财务收支审计，收缴违纪金额5万元。

参与对工商银行县支行资产、负债和损益审计，为财政增收1.5万元。

【崇义县审计局】 1999年底共有干部职工15人。其中：大专学历6人；局长1人，副局长2人；设有办公室、财金审计股、工交审计股、农林水审计股、综合审计股等机构。

审计工作成果 本年共完成审计项目单位105个；查出违规违纪金额274万元；上缴县财政61万元；提交审计报告19篇。提供大案要案线索或移送纪检部门共2起，收缴县财政金额16万元，受党纪政纪处分2人，受经济处罚4人。

经济责任审计 本年度共完成经济责任审计单位26个，查出违规违纪金额181万元；“三乱”收费23起，计24万元；“小金库”3起，计8万元；追究查处个人7人，个人退赔金金额3万元。

完成上级下达授权审计任务 完成上级审计机关授权审计项目5个。包括对中国工商银行崇义支行1998年的资产、负债、损益及贷款余额清分进行了审计，抽调一个审计组赴寻乌县参加全市的“公检法”交叉审计等。

审计执法宣传 在《中华人民共和国审计法》颁布五周年之际，组织全县副科以上领导干部及财会人员进行了《审计法》及其相关知识的考试，并将考试结果向社会公布，从而进一步加大了审计执法宣传力度，强化了广大领导干部及财会人员的审计执法意识。

【安远县审计局】 1999年共有干部、职工19个。其中大专学历3人；局长1人，副局长2人；设有办公室、财政金融审计股、行政事业审计股、企业审计股、固定资产投资审计股等机构。

审计工作成果 1999年，共完成审计项目单位220个，完成审计调查5项，调查单位21个。共查出违纪违规金额1525.6万元，上缴县财政128.3万元，查出“小金库”27个，金额250.6万元，查出违法经济案件11起，金额26.40万元，移送纪检、监察部门2起，移送检察机关3起。共提交审计报告41篇，被采用29篇，投稿36篇，被刊登15篇。

加大预算执行和财政收支审计 审计总金额10146万元，查出应缴未缴预算收入734.7万元，周转金占用费和利息结余43.2万元未转增周转金等问题，

并提出了切实可行的审计建议，在向县人大常委会作审计情况报告时，受到一致好评。

完善了领导干部离任审计　1999年，对县政府办等32个县直单位和乡（镇）主要领导干部任期内的经济责任情况进行了离任审计。有2人未过审计关而不予提拔任用。

积极宣传《审计法》　在《审计法》颁布实施五周年之际，召开有关部门负责人参加的座谈会，在县有线电视台播放审计机关成立15年来的审计成果，举办了全县审计知识竞赛活动，从而扩大了审计影响。

实行重点审计，促进企业转制　1999年，对5家重点国有企业实行季度审计，及时发现问题，为宏观决策提供依据。同时，对企业“三乱”进行了查处，为企业减少损失31.7万元，净化了企业外部环境，促进了企业顺利转制。

全面审计，不留空白　1999年，在县领导的支持下，对县五套班子办公室等进行了全面审计，既摸清了家底也查出违纪款12.6万元，并依法进行处理，有力地促进了审计工作顺利开展。

【龙南县审计局】

认真开展预算执行和财政收支审计　共审计了龙南县财政局，龙南县地方税务局等17个预算单位，反映和揭露了预算执行中挤占、挪用专项基金、虚列预算支出、财政增收但可用财力增长不同步等主要问题，金额达780万元。按照上级要求，1999年对里仁镇、东坑镇、夹湖乡等6个乡镇政府的财政收支决算进行审计，对当前乡镇财政收支存在的随意性、“三乱”行为、挪用专项基金以及财务管理制度的不健全等问题进行了查处。

查处大案要案　1999年移送司法机关查处的案件1起，移送纪检监察部门查处的案件4起。查出违纪违法金额116万元，涉及违纪人员32人。严肃查处12个单位“三乱”行为，金额26.14万元；6个单位“小金库”，金额14.87万元。

全面推行经济责任审计　1999年共完成党政领导干部、国有企业领导人员任期经济责任审计26项。

认真完成党政交办事项的审计　1999年共完成县委、县政府交办的工作任务28项，还抽调人员参加招商引资、机关办实体、业务工作等考评工作。

采取各种形式，纪念《审计法》颁布实施五周年　通过有线电视发表纪念文章，印发宣传品，向县人大常委会汇报贯彻实施情况，开展《审计法》知识竞赛等形式，大力宣传《审计法》，取得了一定的效果。

【定南县审计局】　1999年有干部、职工13人。其中：大专学历8人；局长1人，副局长2人；设有综合股、财政金融审计股、企业审计股、农林水审计股。

审计工作成果　1999年，完成审计项目16项，审计单位85个，查出各种违纪金额631万元，上缴县财政94.5万元，查出“小金库”11起，金额达73.4万元，追还侵占挪用资金199万元。提交审计工作报告52篇，其中经济责任审计结果报告29篇。查处万元以上大案要案4起，其中移送纪检监察部门1件。启动对责任人追究制，给予了责任人经济处罚2人。

完成上级下达审计任务　1999年，完成省、市审计机关下达的审计任务10项，审计单位52个，审计金额2738万元。

完成县政府交办任务　1999年，完成县委、县政府交办的工作任务6项，审计单位33个。其中领导干部任期经济责任审计28个，财务收支审计2个，专项审计调查1个，基建审计2个。

【全南县审计局】

审计工作成果　1999年度共完成审计项目55个，查出各类违纪金额317万元，其中应上交财政122万元，已入库122万元。查出“小金库”7个，涉及金额22万元，制止乱收费8起，涉及金额23万元。

预算执行审计　在连续三年预算执行审计的基础上，审计工作进一步深化，取得了显著的成绩。审计结束后，由于报告全面翔实，意见和建议切实可行，县政府以全府发〔1999〕31号文件批转各部门单位执行。

金融审计　对工行全南县支行进行了审计，查出少计收入，漏缴税费等问题，依法收缴审计收入专户1.2万元。

经济责任审计　根据县委组织部的委托，1999年又对8个科级领导干部进行了离任审计。查出私设“小金库”、漏缴税费等问题，为县委用人决策起到了参谋作用。

加大力度查处大案要案　在对县教师进修学校的审计中，查出长期设置“小金库”问题，金额16万元，依法收缴财政4万元，并将责任人移交县纪委查处。

【宁都县审计局】　1999年，有干部职工共22人，其中：大学本科学历1人，大专16人；审计（会计）师8人；局长1人、副局长2人；设有办公室、财政金融审计股、行政文教审计股、工交审计股、农林水审计股、商粮贸审计股、固定资产投资审计股等机构。

审计成果　共完成审计单位130个，查出各种违纪金额436万元，应上缴财政金额257万元；查出“小金库”13个，涉及资金33万元；向县财政提交综合审计报告12篇，被批转（示）7篇，被省市党报和市级以上刊物刊登审计信息30篇、报告文学1篇。

预算执行和财政收支审计　1999年预算执行审计，重点检查预算分配秩序和财政管理行为，延伸审计了预算执行单位的资金分配、管理和使用情况，查出一些单位少缴、欠缴各种税费84万元，未及时足额上缴应缴财政的各项收入50万元；对13个乡镇的财政收支进行了审计，并抽查了这些乡镇所属各所（站、办）的财务收支情况，查出的主要问题有：财政决算不真实、违规收费、滞留财政收入等。

经济责任审计　配合乡镇换届，对17个乡（镇、场）主要领导的离任经济责任情况进行了审计。

基建项目决算审计　通过加大监督力度、扩大审计覆盖面和严把审计质量关，完成96个基建项目的决算审计，核减工程投资966万元，为规范基建管理、防止国有资产流失、促进廉政建设发挥了积极作用。

【于都县审计局】　现有人员22人。1999年度，完成审计项目27个（其中指令性项目21个，授权审计项目4个，自选审计项目2个），审计单位121个，查出违纪违规金额311万元，上缴财政201万元。

预算执行审计　查处了越权变相退库、挪用专项资金等问题，违规违纪金额113万元，其中，收缴财政33.8万元。

金融审计　查处工行县支行少记收入、虚列支出、漏缴税费等问题，收缴财政款16.9万元。

积极开展经济责任审计　对54名离任者实施了审计，并向组织部门提交了报告。

查处经济案件　查出某企业职工利用职务之便，贪污劳动用工管理费返还款3.99万元，移送检察机关处理。

查处“三乱”行为　全年查处“小金库”、账外账26个，涉及金额230万元；专项清理教育系统收费，清查出超标乱收费182万元，予以退款。

认真开展基本建设项目投资审计　全年审计项目62个，净核减造价208万元，核减工程总投资的6.4%。

广泛宣传《审计法》　纪念《审计法》颁布五周年，由政府县长在电视上讲话，在主要街道悬挂32幅宣传标语，印发360多份宣传材料，并对阻碍审计的行为在媒体上曝光，扩大了审计影响。

【兴国县审计局】　1999年实有人员20人。共审计单位159个，其中：指令性项目55个，自选项目102个、授权审计项目2个，查出违规行为金额1504万元，应上缴财政金额91万元，已上交财政83万元。

预算执行情况审计　查处了占用专项资金、私设“小金库”、收入征缴不力等问题，查出了财税部门违纪违规行为金额573.8万元，查出预算执行单位违纪违规行为资金400万元，处理收缴财政19.1万元，要求归还资金300余万元。

金融审计　查处工行县支行少计收入，漏缴税费、私设“小金库”等问题，收缴财政金额7.4万元。

经济责任审计　对12个单位干部任期经济责任实施了审计，为组织部门正确评价、使用干部提供了决策依据。

查处“三乱”行为　全年共查处“小金库”24个，处理金额24.9万元；查处“三乱”行为19次，处理金额2.9万元。

基本建设项目投资审计　全年审计项目17个。就兴国烟厂二期技改、兴国将军馆两个项目送审造价为1817万元，核减工程造价234万元，净核减率12.9%。

《审计法》宣传工作　组织审计人员在主要街道设点，进行《审计法》的宣传、咨询，印发500余份宣传材料及100题审计知识答卷题。扩大了审计影响。

【瑞金市审计局】　1999年共有审计干部、职工24人。其中：大专学历10人；局长1人，副局长3人；设有办公室、财政金融审计科、行政事业审计科、企业审计科、基建审计科等机构。

审计工作成果　共完成审计项目39个，审计单位26户；完成审计调查6项，调查单位48个；审计金额9325万元，共查出违纪违规金额755万元，查出“小金库”17个，涉及金额57.8万元；移送经济案件2起，上缴市财政117万元，共提交审计报告49篇。

预算执行审计　开展对1998年度市本级预算执行情况和8个单位财务延伸审计。审计报告得到市人大常委委员的普遍好评。

经济责任审计　共对20位领导干部进行了离任审计，其中5人受重用，2人被降职，1人被免职。

计生经费专项审计　市政府根据审计反映的情况，对加强计生事业费、计划外生育费罚款管理作出具体规定，使之规范化、制度化。

审计旧址揭牌庆典　10月29日，审计署李金华审计长、王道成纪检组长等一行出席了“中华苏维埃共和国中央审计委员会旧址修复暨全国审计系统爱国主义教育基地”揭牌庆典活动，并题词：发扬革命传统，促进审计事业为经济建设和廉政建设服务。

【会昌县审计局】　1999年底共有干部职工20人。其中：本科学历2人，大专学历11人，书记1人，副局长4人；设有人事秘书股、企业审计股、财金审计股、农林水审计股、审计事务所、工程预决算审计中心等机构。

审计工作成果　共完成审计项目78个，查出违纪行为金额581万元，应上缴财政金额102万元，已上缴财政97万元；查出“小金库”8个，金额63万元。提交审计工作报告、信息51篇。

注意抓大案要案线索　1999年查出万元以上大案要案3起。如在对县交警大队原主要领导离任经济责任审计中，查出该单位将不合法支出54.70万元转化为招待费、修理费、办公费等合法支出的重大违法违纪案件。又如查出县农资公司采用开假运杂费发票手段套取现金35.80万元私设“小金库”用于吃喝送礼的违纪案件。

工程决算审计 本年共完成工程决算审计项目39个，审计金额1495万元，审减金额208万元，维护了国家利益。

积极开展审计法宣传活动 安排八月份为审计宣传月，利用电视专栏、悬挂标语、知识竞赛、撰写文章、座谈会等多种形式，集中宣传《审计法》和审计机关组建15年来取得的成果；通过报刊，发表专题文章及信息，扩大审计宣传。本年撰写文章、信息45篇，被省、市以上报刊采用22篇，创历史最好水平。其中《发票与真实性审计》被省审计厅评为优秀论文三等奖。

【寻乌县审计局】 1999年共有干部、职工16人，其中：大学本科学历2人，大专11人；局长1人，副局长2人。设有办公室、行政事业审计股、工业交通审计股、内审指导股、审计事务所。

1999年，共完成审计单位（项目）124个，查出违纪款67.74万元，已上交财政57.49万元；向上级审计机关或新闻单位提供信息、文章10篇，其中被刊登6篇。

全年重点的审计成果：一是对本年财政“同级审”抓住重点，查出地税局采取扩大范围的做法多提代征、代扣手续费4.94万元，而且未经财政部门审核直接从国库退付的问题。二是对4个单位的领导任期经济责任审计，查出违纪款170.35万元，应缴财政26.83万元。对此，提出审计意见或建议8条。其中，对某中学校长离任审计后，发现其问题较多、性质较严重，被组织部门免职；而对县宾馆领导离任审计后，发现其经营成果明显、个人没有违纪问题，被调入另一岗位任职。三是启动内查外调、从外围突破、上下核对等手段查出“小金库”18个，违纪金额29.67万元，应缴财政7.42万元。四是按照县领导的交办，对县生猪办近三年来的财务收支审计中，发现该办人员集体私分税费及罚没款3.25万元的案件，依法向检察机关进行了移送，引起了强烈的社会反响。

【石城县审计局】 1999年共有职工25人，其中本科学历2人，专科12人；取得中级职称的有6人；局长1人、副局长3人、党支部书记1人；设有综合秘书股、企业审计股、行政事业审计股、财政金融审计股、基建审计股、审计事务所等机构。

审计成果 1999年共完成审计项目45个，审计单位154户；完成审计调查24项，调查单位28个；审计资金总额16200万元，共查出违纪违规金额367万元，收缴财政金额61万元，查出账外“小金库”15个，涉及金额215万元。向各级党政及其刊物提交审计报告（或信息）130篇，采用44篇。

完成政府交办事项 1999年完成县委、县政府交办任务15项。其中：对高田镇10个村财务清理，依法责令退还多收农户款6万余元，处理村干部3人，维护了农民合法权益；配合县有关部门对全县77个收费单位执行收费及罚没款收支两条线管理情况审计，规范收费行为，促进依法行政；开展了对农村互助储金会、合作基金会财务清理，摸清了家底，清理了债权债务，维护了农村社会稳定。

完成上级下达审计任务 1999年共完成省、市审计机关下达的审计任务23项，审计单位65个，审计资金总额11500万元。

【上饶地区审计局】 到1999年底，共有人员35人，其中大学文化程度21人，审计师11人，会计师4人，局长1人，副局长3人。下设人事秘书科、综合科、财政金融审计科、行政事业审计科、商粮贸审计科、工业交通企业审计科、固定资产投资审计科、监察室、审计专业培训中心。

审计成果 1999年全区共完成审计项目1390个，查出违规行为金额3758万元，应上交财政资金1367万元，应减少财政拨款或补贴755万元，应归还原渠道资金814万元，已上交财政资金1356万元，促进增收节支656万元；向司法机关移送案件24起，处理人员14人；提交审计工作综合报告、信息、论文421篇，被各级政府批转批示38篇，新闻单位采用198篇。

认真完成预算执行和财政收支审计 在总结以往财政同级审计的基础上，组织有经验、有写作能力的审计人员撰写了《县级预算执行情况审计研究》论文，在作好理论准备的基础上，组织对全区十二个县（市）1998年度的预算执行情况进行了审计，在摸清家底的基础上，认真检查了财政资金的运作合法性情况，总结了好的方面，指出了存在的问题，并提出了建设性意见。

认真实施经济责任审计 会同组织、人事等部门，根据中央国务院“两办”的文件精神，制定了全区经济责任审计的实施意见。地、县相应成立了经济责任审计科（股），1999年全区审计机关共完成领导干部经济责任审计264个，为各级党政机关管理用好干部提供了有力的依据。

加大查办大案要案的力度 地区审计局把查处大案要案线索列入年度目标管理考核办法的重要内容之一，有效地调动了审计人员的积极性，1999年全区审计机关查出大案要案线索24起，处理有关人员14人。

开展《审计法》颁布实施五周年纪念活动 充分用各种宣传途径、召开座谈会等形式，做到电视上有影，报上有字、广播上有声，广泛宣传审计机关成立以来的成果，得到社会各界对审计工作的理解和支持。

全面完成对工行资产、负债、损益的审计 根据审计署的统一部署，组织13个审计组对

全区13个分行、支行及所管辖的办事处、分理处1998年度资产、负债、损益的真实性、信贷资产的合规性进行了审计，并延伸调查了400余承贷款企业，对各类贷款进行了核实，针对存在的问题提出了6条改进意见。

完成行署领导交办任务　共完成地委、行署交办的工作任务142个，领导干部经济责任审计6个。在全面完成年度审计计划项目的基础上，还完成了移民建镇资金、住房资金、农业综合开发资金、企业职工基本养老保险资金的管理和使用、扶贫专项资金以及世行贷款资金的审计任务。

内部审计　到1999年底，地区地直机关设立内部审计机构45个，内审计人员93人。

社会审计　根据财务部财会办字［1998］22号、55号文件要求，上饶地区审计师务所不具备办所条件，于1999年12月31日自然终止。

【上饶市审计局】　全年共审计86个单位，完成地区下达年度计划的113%，查出违纪金额778万元，依法应上缴财政金额118万元，已上缴入库118万元，比上年增长7%。内审机构全年审计17个单位，纠正违纪金额43万元，促进提高经济效益38万元，年内完成原上饶市审计事务所脱钩改制工作。

完成了1998年度财政预算执行审计任务　尤其是加强了对预算收支的真实、合法性审计，实事求是地指出了预算执行中存在的问题，对加强税收征管和国有资产管理提出了针对性的建议。年内还对灵溪乡、茅家岭乡财政决算进行了审计。

加大抓大案要案力度　将市房维修所原所长、市三江自来水工程负责人和茅家岭乡解放村三起重大违纪线索移送纪检监察机关立案查处，重大案例已在报纸上公开曝光，在社会上引起了很大反响。

离任审计工作顺利完成　全年共对25个行政事业单位主要领导任期经济责任进行了审计。

自觉接受市人大的监督和评议　市人大将本局列为全市首家评议单位。其中人大组成4个调查小组到32个被审单位进行调查。评议结束后，作出了关于对市审计局工作和现任局长任职情况表示满意的评议意见。

【上饶县审计局】　到1999年底人员为25人，其中大专学历8人；局长1人，副局长3人。设有办公室、行政事业审计股、企业审计股。

审计工作成果　1999年共完成审计项目118个，审计单位130户；查出违规违纪金额560万元，应上缴财政金额138.1万元；查处、移送贪污、受贿案件1起，金额4.02万元。为反腐倡廉发挥了积极作用。

完成县政府交办任务　1999年共完成县委、县政府交办的工作任务10项，对8个行政事业单位和2个企业负责人的离任进行了经济责任审计，审计单位15个。

完成上级下达审计任务　1999年共完成省、地审计机关下达的审计任务108项，审计单位115个。4至7月派出一名副局长带队的5人审计组，按照审计署“五统一”的要求对工商银行上饶县支行1998年财务收支及信贷资产质量进行了审计，查出违纪违规金额270余万元，先后有5个兄弟县、市局来本县取经交流，起到了全区工行审计“示范点”的作用。5月至10月抽调业务骨干30多人次，配合署、省、地审计机关审计组对本县扶贫资金、国债转贷资金和移民建镇资金等专项资金，以及社保、工商、医药、新华书店和公、检、法等20多个部门进行了专项审计和财务收支审计。

【广丰县审计局】　1999年共有干部17人，职工1人，其中：大专学历14人；局长1人，副局长3人；局设有办公室、财政金融审计股、行政事业审计股、企业审计股、基建审计股。

审计工作成果　1999年共完成审计项目132个，即：省、地指令性项目14个，县委、政府交办的4个；自行安排的乡镇财务收支项目18个，行政事业单位定期审计48个，企业资产、负债、损益审计38个。通过审计，查出违纪金额141万元，应上缴财政91万元，已上缴91万元，向政府提交综合报告2篇，单项报告11篇，撰写审计科研、信息文章21篇。

认真查处要案　1999年在对县城建设指挥部1998年度财务收支审计过程中，查实该单位有近400张原始凭证，由其他人员冒充领导签字贪污公款达10多万元，移交到县人民检察院立案，从而有力地打击了犯罪分子，保护了人民财产利益。

把握审计工作重点、服务经济建设　近几年我县县城经济的发展较快，地区发出“全区学广丰”的号召。县委、政府及时提出“全区学广丰，广丰怎么办”，并在全县掀起热烈的讨论，我局经过认真讨论以后，进一步理清了思路，认为不能就审计而审计，要适应县城经济快速发展的需要，要为经济建设保驾护航，促进经济健康发展，在具体审计工作中要善于把握和突出审计的重点。

【玉山县审计局】　1999年共有干部、职工18人，其中：大专学历5人；局长1人、副局长4人；设有办公室、财政金融审计股、行政事业审计股、商贸审计股、企业审计股、基建审计股等机构。

审计成果　1999年度共完成审计项目117个，占上级下达计划的121.8%，共查出各种违规资金623万元，应上交财政145万元，实际上交财政143万元，入库率98.6%。同县纪检、监察、信访等部门配合，查处各种案件2起，提交审计报告3篇，被县政府批示批转3篇。

根据上级有关精神，于1999

年12月31日前顺利完成了审计事务所改制工作。

完成县政府交办任务　今年共完成县委、县政府交办的工作任务3项。其中：在对玉山宾馆新大楼审计工作中，审计人员克服困难，依法审计，工程决算核减金额50万元，同时还得到双方好评，提高了审计工作威望。

【横峰县审计局】　1999年共有干部、职工26人，其中：大专学历8人；局长1人，副局长2人；内设办公室、行政事业审计股、企业审计股、审计服务中心。

审计工作成果　1999年共完成审计项目104个，查出违规金额198万元，上缴财政60万元，入库率达到百分之百。

完成县政府交办的任务　在对本级财政预算审计中，共审计了县财政局、地税局、县计委、县水电局等12个预算单位，收缴违规资金8万元，并提交了预算执行审计报告，提出了改进预算管理的整改意见，确保了财政资金专款专用，防止了国有资金的流失和损失浪费。受县政府委托，审计局派出审计组对县新型板材厂及县酒厂进行破产清算审计。结果表明，企业财务不实，该提未提，该摊销未摊销，长期挂账不处理，产品质量不过关，无市场竞争能力，管理不严等都是造成企业破产的主要原因，对此审计组提交了综合报告，为领导宏观决策提供了依据。在对6个行政、企业领导进行离任审计时，以准确的数字充分体现了企业法人代表在任职期间的经济责任情况，为组织部门对单位领导的考察、任用提供了重要依据。

完成上级下达审计任务　由1名副局长亲自带领5名审计业务骨干全力以赴，按时完成了对工行县支行的审计。

【弋阳县审计局】　1999年共有干部、职工13人。其中：大专学历8人；局长、副局长各1人。内设四个职能股，即：行政股、财金股、行文、农水股、企业股。此外，下设自收自支事业单位—“审计咨询服务中心”机构。

审计工作成果　1999年共完成审计项目91个，查出违纪资金213万元，应收缴资金117万元，其中违纪处罚款25.7万元。递交综合报告及科研论文、信息报导共16篇，被批转采纳3篇。

积极完成交办的任务　审计局在人员较少，审计任务较重的状况下，妥善合理安排力量，认真执行当地党政领导交办的任务，如派出骨干力量参与县人大代表对法院、卫生局工作民主评议，侧重财经管理部分的检查。参与对县直机关服务社会公开承诺工程督查和副科级以上干部建房、购房清查；参与全县减轻农民负担执法情况检查；参与配合县纪检委、检察院办案，对漆工镇老区自来水工程专项资金审计调查等。

完成经济责任审计　1999年对18个乡镇、县直一级主管部门主要领导以及五交化公司、城南新区建设指挥部、赣东北轴瓦厂、方团水库工程管理局、旭光圭峰酒业公司等单位主要领导离任进行了任期经济责任审计，得到了县委、县政府及组织部的充分肯定。

【德兴市审计局】　1999年共有干部职工14人，其中：大学专科11人，会计师2人，审计师6人，税务师1人；局长1人，副局长2人。内设有办公室、行政事业审计科、企业审计科、基建投资审计科。

审计工作成果　1999年度共完成审计项目77个，查出违规资金738万元，其中上缴财政121万元；查出移送经济案件3起；提交审计工作报告、信息科研文章73篇，被采用44篇；审计档案管理已达省特级。市局草拟的《德兴市领导干部任期经济责任审计实施办法》经市委常委会议研究同意印发全市贯彻执行。

积极完成上级交办各项工作　1999年度顺利完成了对工商银行德兴支行财务收支审计的实施过程；派人参加了市创花板厂破产清理工作；二轻、供销系统的改制工作；实施完成了审计事务所脱钩改制工作；配合纪检、监察等部门进行的经济案件查处工作，受到了好评。

【婺源县审计局】　1999年共有干部职工17人。其中：大专学历10人；获得审计师资格8人；局长1人，副局长2人，监察室主任1人；设有办公室、行政事业（金融、财政）审计股、工交粮贸审计股、固定资产投资审计股等机构。

审计工作成果　1999年共完成审计项目单位80个，查出单位私设“小金库”4个，移送经济案件1宗，查出违规行为金额190万元，上交财政93万元，查出应归还原渠道资金62万元，指明要求纠正127万元，提交审计报告和信息40篇。

完成县委、政府交办的工作任务　1999年共完成县委、政府交办事项15项60多个单位的审计工作。主要是：1、抽出主要力量完成对38位科级领导干部离任经济责任审计工作；2、派出审计人员参与历时半年的武口撤乡并镇，扩大紫阳镇区域的资产清理工作和县供销社清产核资工作；3、配合县财政完成对清华水电站和清华水泥厂的清产核资工作；4、认真做好挂钩乡的财政收入和各项综合治理工作。5、完成对紫阳镇环卫所财务收支及资产负债情况审计；6、完成对婺源县溪婺公路建设指挥部财务收支审计；7、完成对县供销社等三个单位群众举报信访件调查审计；8、完成对婺源县友好宾馆有限公司及婺源县文化旅游总公司资产负债情况审计；9、积极配合县委组织部顺利完成在审计局实行公开竞争两名副局长上岗工作；10、配合县财政完成对全县行政事业单位预算外资金和罚没款的审计。

完成上级下达审计任务　1999年完成省、地审计机关以财政预算执行情况审计、工商银行财务收支真实性审计为重点审计项目49个。查出违规行为金额101万元，查出应归还原渠道资金51万元，指明要求纠正52万元，上交财政78万元，提交审计工作报告40篇。

【铅山县审计局】　1999年共有干部、职工18人。其中：大学本科学历2人，大专12人；有中级职称人员7人，其中：审计师4人，会计师2人、经济师1人；局长1人、副局长2人、调研员3人；设有办公室、行政事业审计股、商贸金融审计股、工交企业审计股、审计事务所等机构。

审计工作成果　1999年，共完成审计项目128个，查出违纪、违规资金76万元，应上交财政资金48万元，已上交财政资金45万元。共提交审计专题报告、信息13篇。

【万年县审计局】　1999年底共有在职干部、职工34人。其中：大专学历8人；局长1人，副局长1人。设有办公室、财政金融审计股、行政事业审计股、企业审计股、固定资产投资审计股、审计服务中心等机构。

审计工作成果　1999年共完成审计项目123个，查出违规金额202万元，审计处理处罚113万元，应交财政113万元，上缴财政113万元，入库率100%，追回侵占挪用资金20万元。共提交审计报告83篇。

完成县政府交办任务　完成干部任期经济责任审计21起。如对县物资局三大公司经济责任审计查出亏损严重、管理混乱等情况，及时反映县委有关部门，使一公司领导调出，不得重用。在移民建镇工作中，审计局专门抽出一名副科级干部在移民建镇办公室长期工作，在成立审计组配合上级审计机关做好移民建镇资金审计工作的同时，还开展了两次专项审计，对查出的问题，提交政府，得到政府领导的高度重视，对有关问题责成有关乡镇及时纠正。

完成上级下达的任务　1999年共完成上级审计机关下达的任务7项，审计查出挤占挪用专项资金132万元。

【余干县审计局】　1999年共有干部、职工19人。其中：大专学历7人；局长1人，副局长2人；设有秘书股、财金股、工交股、工会等机构。

审计成果　1999年，共完成审计项目87个，审计资金达1.2亿元。共查处违规行为资金316万元，其中应交财政57万元，已交财政56万元，共提交审计报告、信息42篇。移交县检察院案件1件。

完成上级下达审计任务　1999年，共完成省、地审计机关下达的审计项目12个，审计单位15个。协助当地完成审计任务10项。

完成县政府交办任务　1999年，完成县政府交办的对大塘乡村级财务进行审计的任务。配合纪检、财政对梅港乡1996—1998年的财政财务收支进行全面审计和核查。共完成4个单位的领导干部经济责任审计。

【波阳县审计局】　1999年有干部职工23人，其中：领导班子成员5人（1名局长，3名副局长，1名纪检组长）；下设5个股室。

审计成果　全年共审计115个项目单位，查出违纪违规行为金额565万元，应上缴财政资金67万元，已上交财政61万元，归还原资金渠道50万元，促进增收节支120万元。

完成县领导交办审计任务54个。

完成上级下达和本局安排项目61个。

【宜春行署审计局】

完成行署交办任务　1999年共完成交办的工作任务4项，共审计单位119个。其中，根据两办经济责任审计的规定，完成了对全区115个行政、事业和企业领导干部的经济责任审计，查出违纪金额2500万元，揭示了一批大案要案的线索，移交纪检、司法机关立案4件。

完成上级下达审计任务　1999年共完成省厅下达的审计任务35项，审计单位133个，审计金额2280万元。1999年宜春地区审计局开展了对中国工商银行宜春地区分行及所属11个分支机构1998年度资产、负债、损益的真实性、合法性进行了审计，同时就信贷资产质量延伸抽审了428个单位；完成了全区10个县、市法院和检察院1997、1998年度的财务收支审计。配合国企改革进程，工业交通审计科对全区11户重点工业企业财务收支真实性进行了审计，查找了亏损原因，并有针对性地提出改进意见和建议，为地委、行署宏观决策提供了依据，受到了地委、行署领导的高度重视，地委书记危朝安、行署专员伍自尧都亲自作出批示。

审计宣传工作　为了创造良好的审计外部环境，为搞好审计工作鸣锣开道，宜春地区审计局以《审计法》颁布实施五周年为契机，组织全区审计机关统一于11月8日～12日在全区范围内，采取宣传车上街游动宣讲《审计法》及其实施条例、在《宜春日报》等报刊开设宣传专版、悬挂巨幅标语、现场咨询和邀请各级领导和各界人士座谈等多种形式，广泛开展《审计法》宣传周活动。通过这次活动，加强了审计机关与各相关单位的沟通，加深了社会各界对审计工作的认识与理解，收到了扩大影响、强化审计意识的良好效果。

【宜春市审计局】　1999年，宜春市审计局共完成市委、市政府交办审计任务34件，查出违纪违规金额978.6万元；完成上级审计机关下达审计项目91个。查出违纪违规金额1967.12万元。

全市内部审计共完成审计单

位550个，查出违纪违规并纠正金额465万元，其中增加上缴金额81万元，增加留利金额41万元，查出损失浪费金额99万元，促进增收节支金额137万元，查出贪污挪用案1件，移送司法机关立案处理2人。

为了提高审计决定落实率，尝试了两种执法手段。对行政单位拒不执行审计决定的，根据《审计法实施条例》第三十三条规定，通知市财政局暂停拨付有关款项（市技术监督局、市外经委）。对企事业单位拒不执行审计决定的，根据《审计机关审计行政强制性措施的规定》第三条规定，申请人民法院强制执行（市公交公司、市医药公司）。这两种方法的实施均比较成功，提高了审计权威。

1999年，审计局与市纪委、监察局、检察院紧密协作，共移送案件13件，其中移送市检察院7件，移送市纪委、监察局6件。审计局对16名违纪人员直接收缴违纪款7.16万元，已有11人受到党纪或行政处分；已有5人进行司法程序，其中在押1人，取保候审3人，在审理1人。

【樟树市审计局】 1999年底共有干部、职工26人。其中：大专以上文化程度有20人；助理级以上专业技术资格者18人；局长1人，副局长4人，纪检组长1人；设人秘股、综合股、行政股、企业股、基建股、农水股、测算中心等机构。

审计工作成果 1999年共完成审计单位（项目）186个；审计总金额9.7亿元，查出违纪金额243万元；压缩基建投资162万元。向市政府提交审计报告12篇；协同纪检、监察部门查处经济案件5起。

完成市政府交办任务 全年共完成市委、市政府交办的工作任务28项，重点是对32个行政事业单位“一把手”离任实施了经济责任审计；对一批重点工程和全市“十一件实事”所需资金的到位、管理和使用情况进行了审计；抽调10人配合市有关部门开展农民负担调查审计，历时48天；参加了一批国有企业改制及清产合资工作。

【丰城市审计局】 至1999年底，共有审计干部、职工27人。其中：大学本科1人，大专学历11人，局长1人，副局长4人，纪检组长1人；设有四股一室一所。

审计工作情况 1999年共完成审计项目（单位）165个，查出违规违纪资金2022万元，上交市财政170万元；查处大案要案12起，追究党纪政纪处分18人，追究刑事责任5人；提交审计综合、专项工作报告58篇，被批示、采用28篇。

完成市委、市政府交办任务 1999年圆满完成市委、市政府临时交办的审计工作任务13项，成效明显。其中在对市物资局原局长熊国华进行离任审计时，审计人员顶住压力，排除困难，实事求是，依法查出一起重大的以权谋私、贪污腐败的案件，使11人受到党纪政纪处分，5人被追究刑事责任，为国家挽回经济损失220余万元，打了一场漂亮的审计攻坚战，受到市有关领导的表扬和群众的交口称赞。

完成上级机关下达审计任务情况 1999年共完成上级下达的审计任务21项，审计单位86个，查出违规违法资金1018万元。

【高安市审计局】 1999年共有干部、职工46人。其中：大专以上学历26人；高级审计师1人，会计师、审计师20人；局长1人，副局长3人；设有秘书股、行文股、农水股、企业股、财金股、事务所等机构。

审计工作成果 1999年共完成审计单位（项目）222个，审计金额278542万元，共查出违纪违规金额4728.2万元，上交财政60万元，促进增收节支2687万元；向司法机关移交大案要案线索2起，追究刑事责任2人；完成宣传报道66篇，提交审计报告44篇。

完成市政府交办任务 共完成市委、政府交办的任务26项，为国家增收节支两百多万元。

完成上级下达审计任务 共完成上级下达的任务165项，省厅授权8个，审计金额39618万元。

【靖安县审计局】 1999年共有干部职工19人。其中，大学学历7人，大专学历7人；局长1人，副局长3人；会计师6人，审计师7人，经济师1人；设有人秘股、财政金融审计股、工交审计股、行政文教审计股等机构。

审计工作成果 1999年，共完成审计项目28项，审计单位78户；完成审计调查4项，调查单位8个；审计金额16754万元，共查出违纪违规金额159万元；上缴财政96万元；提交审计报告16篇，提交专题审计调查和综合报告9篇。

完成上级下达的审计任务 1999年，共完成上级审计机关下达的审计任务22项，累计审计单位35个，审计金额10423万元。

完成县委县政府交办的任务 1999年，共完成县委、县政府交办的各项工作任务9项，派出16人次参加全县的财税清理、清房、企业破产拍卖等中心工作，协助清收漏交税费60多万元。

【奉新县审计局】 1999年共有干部、职工21人。下设人秘股、财政金融审计股、行政事业审计股、企业审计股、基建农林水审计股。

一年来，共审计245个单位，查出违规行为金额1468万元，上缴财政67万元，督促归还被侵占挪用资金61万元；查出“三乱”行为8项，查出“小金库”6个，金额达65万元；向上级审计机关和县委、县政府提交专题材料及综合报告57篇，被批转批示24篇，审计文章、信息和稿件117篇被刊登采用43

篇。

【上高县审计局】 1999年共有干部职工17人，其中：本科学历3人，大专7人；局长1人，副局长3人，纪检组长1人；设有办公室、财金审计股、行文审计股、企业审计股、农水审计股等机构。

审计工作成果 1999年共完成审计项目25项，审计单位88个，查出违纪违规金额359万元，上缴财政48万元；提交审计报告18个，其中：对本级财政预算审计的报告，得到了县人大的肯定。

完成县委、县政府交办任务 1999年共完成县委、县政府交办任务12项。

【宜丰县审计局】 1999年共有干部职工21人，其中：大专毕业13人，局长1人，副局长3人，监察组长1人。职称情况：审计师10人，助理审计师1人，会计师1人，注册会计师3人。内设机构有：秘书（综合）股、行文财金审计股、企业审计股、农林水基建审计股。

审计工作成果 1999年共审计单位131个，查出违纪金额572万元，向上级审计机关及县政府提交综合和专项审计报告23篇，被县政府批转的有12篇。

完成县委、县政府交办审计任务 1999年共完成县委、县政府交办的审计任务12项，审计单位20个，其中领导干部离任经济责任审计6个。

完成上级审计机关下达审计任务 1999年共完成省、地审计机关下达的审计任务17个项目，共审计单位124个。

【铜鼓县审计局】 1999年底共有干部职工19人（退休人员1人），其中有本科大专学历7人，局长1人，副局长2人，纪检组长1人；有中级以上职称的11人；设有办公室、财金审计股、农企审计股等股室。

审计工作成果 1999年完成审计单位（项目）107个，完成专项审计调查项目4个，调查单位17个，查出违规行为金额975万元，发现大案要案2起，上缴县财政55万元；向县委、县政府及上级审计机关提交审计报告31篇，被政府采用6篇；审计论文、信息31篇，被省、地及有关单位刊物采用23篇。

完成县政府交办任务 1999年共完成县委、政府交办的工作任务5项，审计清理单位18个。其中：对11个单位的厂长（经理）离任经济责任情况进行了审计评议；根据县人大的要求，对县教委、科委、林业局等3个单位的1998～1999年5月的财务收支进行了审计，分别作了客观的审计评议；开展了行政事业单位专项资金的审计，对铜鼓县第一、二届招商引资木竹建材展销会会议经费进行了专项审计，并对审计中存在的问题作出了处理、处罚；根据县委、政府要求，对县机关事务中心水电费收缴、县粮食局及所属单位基建占用资金情况等进行了审计调查，并分别提交了专项审计报告，为领导决策提供了依据。

完成上级下达审计任务 1999年共完成省、地下达的审计任务15项，完成审计单位106个。其中：开展了以财政预算执行情况审计为中心的财政同级审和7个乡镇1998年度财政决策审计，查出违规金额10万余元，上缴财政10万余元；继续开展了2个外资项目的审计；积极开展了福利彩票、赈灾专款、扶贫资金、养老保险金、城北路工程改造项目等项审计；根据上级审计机关的要求，对供销系统1998年度资产、负债、损益真实性情况进行了专项审计，查出违规金额485万元；对36个行政事业单位的财务收支进行了审计，查出违规金额400余万元，上缴财政13万元；积极开展了重点企业财务收支真实性审计调查；加强了金融审计，在摸清家底，揭露财务收支中存在的问题上，提出了处理和整改措施。同时，积极开展了纪念《审计法》颁布实施五周年活动，通过多渠道、多形式、多方面的宣传，有效地促进了审计工作的开展。

【万载县审计局】 1999年共有干部、职工22人。其中：大学本科3人，大专12人。获中级职称16人。局领导成员4人：局长1人，副局长3人；设有秘书股、财政金融审计股、行政文教审计股、基建农林水审计股、企业审计股。

审计工作成果 1999年共完成审计项目92个，审计单位128户，完成审计调查2项，调查单位16个，共查出违纪违规金额1689万元。同县纪检、监察等部门配合查处各种经济案件4起，上缴县财政23万元，共提交审计报告22篇。

完成县政府交办任务 1999年完成县委、县政府交办的工作任务10项，审计单位15个。

完成上级下达审计任务 1999年共完成省、地审计机关下达的审计任务82项。

【抚州地区审计局】 到1999年底，有人员31人，其中：大学本科学历5人，大专16人；局长1人，副局长3人，纪检组长1人。

审计工作成果 共完成审计单位960个，查出违纪违规金额4809万元，应上缴财政1310万元，已上缴财政972万元，应归还原渠道资金556万元，促进增收节支890万元；移送纪检、监察部门和司法机关案件3件；共提交审计报告265篇。

预算执行和财政收支审计 地、县（市）两级预算执行审计12个单位，审计资金8.9亿元；对6个县（市）财政决算审计，查出违纪金额1234万元。审计摸清了财政家底，为领导正确决策提供了依据。

工商银行审计 地、县（市）两级共审计12个县（市）支行，5个直属机构，共查出违纪违规金额1202.6万元。

注意发现大案要案线索 制定了《办理审计项目揭露重大违

法犯罪线索奖励办法》，用制度来规范和激励审计机关及审计人员在反腐败斗争中积极性和创造性，取得可喜成绩。1999年查处经济案件3起，全部移送纪检、监察机关和司法部门。

审计机关两个文明建设 加强对审计人员的思想政治教育，认真扎实地开展“三讲”教育活动；与江西财经大学会计学院联合办学，培训基层审计人员，使审计队伍的政治素质和业务能力得到很大提高。进一步完善基础设施建设，绿化、美化、亮化、净化局机关环境，1999年度抚州地区审计局再次荣获省级文明单位称号。

【资溪县审计局】

预算执行审计 1999年，在本级预算执行审计中，共对与预算关系密切的10个单位进行了延伸审计。审计结果受到县政府、县人大的好评。

经济责任审计 共完成县委、县政府交办的15个乡（镇）场换届审计及2个企业的经济责任审计。有2名科级干部降级使用。1名厂长因查出该厂国有资产流失严重以及销货款未入账金额达20多万元等问题被移送纪检部门，受到严肃查处。

工商银行审计 对中国工商银行资溪县支行审计，核实了该行资产、负债、损益的真实情况，提出了确保资产质量，防范风险的建议。

【南丰县审计局】

重点单位、重点资金审计 重点对县教育、卫生系统部分单位乱收费、药品超标准加价、医技提成等违反财经法规行为进行了查处，共查处违规行为金额782万元；决定处罚金额250万元，指明要求纠正金额532万元。追还侵占挪用资金142万元。

大案要案线索 查出县某委纪检监察室超主体权限执法、乱收费、截留财政收入案；查出某局××工作站公款私存、涉嫌私分国有资产案。查出某局截留收入、私设“小金库”，涉嫌私分国有资产案。前两案移送县纪委、监察局查处，有关责任人受到党纪、政纪处分。后一案移送县人民检察院，经县反贪局立案侦查，认定责任人涉嫌贪污罪。

多渠道多层次培训干部 一是与江西财经大学联合在南丰开办了硕士研究生班；二是鼓励大专学历的干部参加本科专业自学考试；三是派送非财会专业学历的干部参加专业培训。

【南城县审计局】 1999年共完成审计单位81个，查出违纪违规金额71万元，应交财政54万元，已交财政50万元，开展专项审计调查9个，提交审计调查和综合专题报告及审计信息共43篇，有10篇得到采纳或批转。

本级预算执行情况审计 在深化本级预算执行审计上取得了新进展，对8个乡镇1998年度财政收支决算进行了审计，并针对审计中发现的情况和问题，提出了加强乡镇财政管理的意见和建议，得到了乡镇政府和领导的重视。

行政事业单位审计 今年共对62个行政事业单位进行了审计，查出违纪金额49万元，按财政法规作了收缴财政42万元的处理，促进了行政事业单位的财务管理和廉政建设。

专项审计 围绕经济中心，积极开展专项审计调查9个，审计报告对促进深化改革，加强宏观调控发挥了重要作用。

【东乡县审计局】

预算执行和财政收支审计情况 对东乡县1998年度县本级财政预算执行进行了审计，审计资金11170.43万元，查出虚增财政收入1039.30万元，及财政结算关系未理顺等问题，就如何加强财政管理提出了针对性意见，得到县政府领导的充分肯定。

工行审计情况 对中国工商银行东乡县支行1998年度资产、负债、损益情况进行了审计，查出该行虚报亏损155万元，多提定期存款利息70万元，挤占费用85万元以及信贷资产质量不高（不良贷款高达28779.70万元，占贷款总额的79.11%）和潜亏795.34万元等问题，并依法作出了审计处理。

【乐安县审计局】

查处经济案件 1999年对乐安县有线电视台财务收支审计，查出该单位会计将银行借款30000元不入账，其中10000元由单位领导私自借用，另20000元据为已有。审计处理决定：将借款金额归位，占用款项利息由个人支付，并处罚责任人10个月工资。为查实其他问题，将有关线索资料移送到检察院进一步侦查。

经济责任审计 由县政府交办，对县行政事业单位主要负责人开展任期经济责任审计，其中有15位科级单位主要负责人，1位乡级政府主要负责人。同时，对4位企业厂长（经理）承包期间的经济指标也开展经济责任审计。依据审计报告，县委组织部门对2名领导干部工作作了调整安排。

【黎川县审计局】

完成本级预算执行情况审计 在摸清财政家底、揭露预算执行过程中存在问题的基础上，对影响财政收支的因素和财政管理现状进行分析，并有针对性地提出建设性建议。

工行系统审计情况 通过对中国工商银行黎川县支行1998年资产、负债、损益情况的审计，核实了该行资产、负债、损益情况，揭露了多计多收利息、费用超支挂账等违纪问题，并按国家财经法规作出了相应处理。同时，还对该行信贷资产质量进行了核查，对损失贷款形成原因进行了客观分析。

【广昌县审计局】 1999年对本级财政预算执行和财政收支情况进行了审计，共查出违纪金额5万元。

对10个部门及乡镇主要领导离任进行了审计，收到了良好的效果。

《审计法》颁布实施五周年之际，召开了经验座谈会，并进行了《审计法》知识竞赛。

对县工商银行资产、负债、损益和信贷资产质量进行了重点审计，共查出违纪金额60余万元，应上缴财政16万元。

【崇仁县审计局】 到1999年底，崇仁县审计局共有在职人员18人，其中：大专学历14人，有注册审计师（会计师）6人，审计师4人，局长1人，副局长4人。

审计工作成果 1999年，崇仁县审计局共完成审计（项目）单位121个，查出违纪违规金额85万元，上缴财政65万元，提交专项综合报告18份。

全力抓好财政金融审计工作 对同级财政进行了年度审计，并受政府委托向县人大提交同级财政审计工作报告；对10个乡镇进行了财政决算审计，并向县委、县政府写出了专题报告；对中国工商银行崇仁县支行1998年度资产、负债、损益的真实性、合法性、效益性进行了审计，摸清了该行的家底，为上级决策提供了依据。

【宜黄县审计局】 到1999年底，共有干部职工24人，其中：大学本科学历2人，大专15人，局长1人，党组书记1人，副局长4人。

主要审计成果 共完成审计项目73个（单位），查出违规违纪行为金额241万元，应归还侵占挪用资金14万元，应上交财政50万元，已上交财政50万元；提交审计工作报告信息24篇，被批示采用14篇。

围绕中心开展审计监督 围绕党和政府的中心工作，有计划、有重点地开展了财政、财务收支审计和工商银行县支行资产、负债、损益审计，共审核财政决算收入469万元，其中虚假收入101万元，占决算收入21.5%，占实际收入27.4%。

县政府交办的审计事项 配合全县会计委派制的试点工作，对10个单位进行了财务清查、检查，并及时提交了检查报告；对全县农村信用合作社和城市信用社1998年1月至1999年9月财务收支进行了审计，上缴财政金额6.5万元；对丰乐桥集贸市场建设指挥部自1992年成立以来的财务收支、债权、债务等方面的情况进行了全面的清查审计，向县政府提交了一份较全面、客观的审计报告，为领导决策提供了依据。

【金溪县审计局】 到1999年底，共有干部职工17人，其中：大学本科1人，大专14人；局长1人，副局长4人。

审计工作成果 1999年共完成审计单位98个，查出违纪违规金额1071万元，其中：决定处理处罚114万元，指明纠正957万元，上交县财政24万元，提交审计工作报告和信息18篇。

预算执行和财政收支审计 重点放在收入征管和资金管理审计上，查出应做未做预算外收入、农税助征费未入专户储存和单独核算等问题，违规金额85万元，并提出了相应的改正意见和建议。得到县人大常委会的充分肯定和好评。

世行贷款项目审计 对第二期红壤开发项目进行了审计，查出违规金额163万元，其中：挪用外资19万元，计划外投资144万元。

金融审计 对工行金溪支行1998年度资产、负债、损益及信贷资金质量情况进行了审计，查出多计收入、多计支出，账外资产等问题，违纪金额290万元。

企业审计 对金溪县福昊丝绸集团公司1998年资产、负债、损益进行了审计，重点审计了会计核算的真实性，经审计，核减资产1598万元，核增亏损1598万元，为县政府对该企业进行转制提供了可靠依据。

【吉安行署审计局】 到1999年底，共有人员46人。其中：大学本科学历10人，大专生15人；局长1人，副局长3人。设有办公室、综合科、财政金融审计科、行政文教（农林水）审计科、工交审计科、商贸审计科、固定资产投资审计科等机构。

审计工作成果 共完成审计单位146个，查出违纪违规金额12787万元，审计决定上缴财政金额455万元。共提出审计信息报告、信息稿件34篇，地委、行署和上级主管机关批示、采纳16篇。

完成审计任务情况 本年度，为配合地委对地直企业领导班子考核，对24户副县级单位1997年、1998年资产负债损益进行了审计，为地委考核企业及其领导班子提供了较好的决策依据。完成对法院、检察院财务收支、养老保险基金、农业综合开发资金等专项审计项目40个；积极开展领导干部经济责任审计，完成离任责任审计5个。

【吉安市审计局】 1999年底，局机关实有28人。内设办公室、综合科、商粮贸审计科、行政文教审计科、工交审计科、固定资产投资审计科、监审科。原审计事务所年底已进行脱钩改制，更名为吉安地区审计会计师事务所。

审计成果 全年完成审计项目115个，查出违纪违规金额4825万元，上缴市财政111万元，向司法机关移送案件线索4条，为国家挽回经济损失16万元。经市政府批转的审计报告3篇。

完成市委市政府交办的审计任务 共完成交办任务19项，其中：任期经济责任审计7项，配合组织部对国有企业领导班子考核进行审计8项，配合企业改制审计2项，重点基础设施建设工程决定审计2项，为改革和经济发展做出了贡献。2月份，在对某市属重点企业厂长离任审计中，克服种种困难，查出400万巨额“小金库”，潜亏4172万元，实事求是地向地市领导做了专题汇报。

完成上级审计机关下达的审计任务　共完成4项，其中：署统一布置的工商银行审计，省厅授权的市医药公司审计，全区统一实施的对县（市）法院、检察院的审计等。

【吉安县审计局】

审计工作情况　全年共完成审计项目单位95个，其中：财政审计9个；金融审计1个；重点行政企事业单位46个；专项审计6个；审计调查20个；固定资产投资审计4个；领导干部经济责任审计9个。查出违纪违规金额1231万元，其中收缴财政款94万元，调账1137万元。提出审计建设289条，向上级机关及当地政府写出综合报告9篇，其中多数受到采纳和转发。

审计宣传科研工作得到发展　全年共在各种媒体上发表审计信息宣传文章20余篇，有3篇论文刊登在《江西审计与财务》杂志上，4篇论文参与全区论文研讨会。全年完成《江西审计与财务》杂志发行量405份。获省厅表彰的审计信息宣传先进单位。

【新干县审计局】　1999年共有干部职工21人（含审计事务所12人），其中：大学本科学历1人，大专11人；会计（审计）师3人。内设秘书股、财金股、行文股、企业审计股、固投股，下设审计事务所。

1999年坚持二十字审计方针，以“三抓”（抓重点项目、抓影响大的问题、抓有全局意义的资金）为重点，共完成审计项目单位66个，查出违纪违规金额1064万元，上缴财政91．8万元，提交审计报告22篇，刊登信息论稿件66篇次，移送案件1件。

【永丰县审计局】　1999年共有干部职工17人。其中：大学本科学历1人，大专6人；局长1人，副局长3人；设有秘书股、财政金融审计股、工交贸审计股、固定资产投资审计股。

审计工作成果　1999年完成审计项目91个，完成审计调查5项，调查单位11。共查出违纪金额421万元，上缴县财政73万元，提交审计报告25篇。完成县政府交办任务8项，审计清理单位36个。1999年6月为配合县委组织部做好对我县国企班子的考核工作，组织审计组对我县商业、粮食、水电、城建等部门企业的资产、负债、损益及经营情况进行了审计。

完成上级下达审计任务　1999年共完成省、地审计机关下达的审计任务54项，审计单位75个。

【峡江县审计局】　1999年末实有干部、职工11人，其中，大专学历8人；局长1人，副局长3人。设有综合审计股、财金审计股、企业审计股等机构。

审计工作成果　1999年共完成审计项目68项，审计调查4项，提交审计报告47篇，查出违规行为金额436万元，应收缴财政金额34万元。

完成县政府交办任务　1999年共完成50项，其中领导干部离任经济责任审计43项，离任审计结果在干部任用工作中起了很大的参考作用。

完成上级下达审计任务　1999年共完成省、地审计机关下达的审计任务13项，审计单位32个，审计金额3500万元。

【吉水县审计局】　1999年共有干部职工19人，其中大学本科学历2人，大专5人，局长1人，副局长2人。设有综合股、行政文教审计股、财金审计股、企业审计股。

审计成果　1999年共完成审计项目61个，查出违纪金额434万元，应上交财政金额116万元，已上交115万元；查出各单位“小金库”18个，金额达197．6万元；揭露贪污、挪用、私分公款大案要案3件，金额达35万元，已移交纪检、检察部门进一步查处。

1999年受县委组织部委托对34个单位的39名主要领导干部进行了离任审计，组织部门参考审计结果提拔任用干部3人，降职使用干部1人，依法处理干部1人，其余作了妥善安排。

【泰和县审计局】　1999年共有干部、职工17人，其中大学本科毕业1人，专科毕业12人；局长1人，副局长2人。设有人事秘书股、工交金融审计股、商粮贸审计股、行政事业审计股、固定资产投资审计股。

审计工作成果　1999年全年共完成审计项目单位132个，查出违规行为金额313万元，应上交财政金额138万元，已上交财政金额103万元，向上级党政机关提供审计工作报告、信息58篇，被上级审计机关采用2篇，被县人民政府批转2篇。

完成县委县政府交办任务　1999年度按时完成县委、县政府交办的企业领导班子考核前审计32户，县直行政事业单位领导干部任期经济责任审计10个，乡镇领导干部任期经济责任审计10个，南车水库灌区工程跟踪审计及有关企业的审计调查等任务，保证了审计质量，受到县委县政府领导的好评。

【万安县审计局】　1999年共有干部职工15人，其中：大学本科1人，专科10人；局长1人，副局长3人；注册审计师5人，审计师2人；内设人秘股、行文审计股、企业审计股、投资审计股。

审计工作成果　1999年共完成审计项目63个，审计单位102个，完成审计调查项目3个，查出违规金额354万元，其中：应缴财政金额60万元，已缴财政金额56万元，提交审计报告63篇。

完成县政府交办的任务　共完成10项。其中：集中力量对县农药厂、水泥厂、啤酒厂、印刷厂近3年来的资产负债损益情况进行了就地审计。首次开展了对县物价局、供销社、计生委、城建局、社保局、科委6个单位的离任领导经济责任审计，为县委、县政府考核领导班子和决策用人提供依据。

完成上级下达任务　1999年共完成上级审计机关下达的审计任务53个，审计单位92个。

【遂川县审计局】　1999年，共有干部职工14人，其中大专学历9人，局长1人，副局长2人。

审计工作成果　共完成审计项目14类，审计单位数102个，审计资金总额34238．5万元，查出各类违纪违规772．4万元，上缴县财政107万元；提出审计报告8篇，被政府部门批转2篇，完成撰写科研论文11篇，信息宣传报道29篇；移送司法部门处理案件2件。

完成县政府交办任务　先后完成了交办的计划生育经费乡收县管审计；乡镇教育经费审计；企业清产核资、资产负债、损益情况审计和到期承包、破产审计；基建工程审计；县直正副科级行政、事业单位、企业部门的正职领导和乡镇主要领导离任经济责任审计等。共完成交办的审计工作6项任务，审计单位数39个。

完成上级下达审计任务　共完成省、地审计机关下达的审计任务12项，审计单位数63个。

【井冈山市审计局】　1999年末有干部、职工12人，其中：大专学历8人；局长1人，副局长2人；内设综合审计科、办公室、基建预决算审计科。

审计工作成果　1999年共完成审计项目单位103个，查出违纪金额2134万元，违纪应缴财政款项52万元（不含井冈冲电站工程决算审计待下审计决定应收缴款项19．03万元），已缴财政52万元。另外，历时二月余的市工行审计，查出违纪应缴款项0．51万元；历时一个月余全区统一组织的“两院”审计，查出违纪应缴财政款项8．09万元，均由地区审计局统一收缴和上报审计成果。在审计基础工作方面，撰写并被采用的科研论文、综合审计报告、审计信息共18篇。

【安福县审计局】　1999年共有干部、职工16人。其中：大专学历3人；局长1人，副局长2人；设有秘书股、综合股、行政文教审计股、财政金融审计股、企业审计股、固定资产投资审计股。

1999年共完成审计项目59个，审计单位86户，审计金额21318万元，共查出违纪违规金额229万元，上交县财政88万元。共提交审计报告16篇。

1999年完成县委县政府交办的经济责任审计任务9项，与县纪委、监察局联合完成了全县土管费、计划生育费及罚没款专项审计。

1999年完成地区审计局下达的审计任务16项，审计单位37个，审计金额21318万元。

【永新县审计局】　1999年实有在职人员20人。其中：局长1人，副局长3人，主任科员3人；大专以上学历7人；审计师5人。设有行文审计股、工交财贸审计股、秘书股等机构。

审计工作成果　1999年共完成审计项目62个，审计单位168个，应上交财政金额54万元，已上交财政48万元。固定资产投资审计共完成送审工程造价2399万元，核减206万元，核减率达9．1%，为国家节支250万元。

完成县委、县政府交办的任务　1999年完成县委、县政府交办的专项资金审计项目15个，审核到位资金975万元，写出了综合情况报告，指出了问题，并提出了加强专项资金管理的建议；完成了县委组织部委托的15个企业领导人的经济责任审计，为组织部门使用干部提供了参考依据。

山东省

【山东省审计工作简述】　全省审计机关共审计9529个单位，查出各类违规行为金额376.09亿元，已上缴财政10.35亿元，减少财政拨款和补贴1.49亿元，追还被侵占挪用资金15.23亿元，共为国家增收节支27.07亿元。通过审计，向有关部门移送案件228件，其中移送纪检监察机关79件，移送司法机关108件，移送其他部门41件。在有关部门已审结的69件案件中，有118人受到了党纪政纪处分，有79人被追究刑事责任。

【山东省审计厅】　厅机关内设办公室、综合（法规）处、财政审计处、金融审计处、行政事业审计处、工业交通审计处、商贸审计处、固定资产投资审计处、农业审计处、外资运用审计处、审计管理处、人事教育处12个职能处室和机关党委、监察专员办公室，另外有厅机关服务中心、省审计科研所、山东审计杂志社、省审计干校、省审计学校5个事业单位。全厅编制321人，其中行政编制184人，事业编制137人；实有224人，其中厅机关141人、事业单位83人。大专以上学历181人，占80.8%。获得高级审计师资格的22人，获得审计师资格的82人。

厅领导成员

厅　长：柏继民

副厅长：张玉忠、张兆喜、王谦华

纪检组长：韩荣祥（至12月28日）

预算执行和财政收支审计　全省审计机关共对1839个一级预算单位1998年度预算执行及其他财政收支进行了审计，同时对科技、教育、环保等重点专项资金的管理使用情况进行了审计或调查。共查出隐瞒截留、漏征漏缴、挤占挪用、虚列支出以及违规收费、私设“小金库”等违规行为金额75.81亿元。审计情况上报后，引起了各级党委、人大和政府的高度重视。省政府批转了省厅的审计结果报告，强调要高度重视审计发现的问题，切实搞好整改。省人大也专门发文要求抓好有关问题的处理和纠正。省审计厅和各市地审计局还认真开展了对下级政府的财政决算审计，查出违规减免税收、混淆入库级次、隐瞒转移财政收入、虚列财政支出、挪用财政专项资金等各类违规行为金额29.24亿元。

专项资金审计　全省各级审计机关统一开展了对企业基本养老基金、扶贫资金、林业资金、环保资金以及福利彩票发行等的审计或审计调查。反映企业欠缴养老金问题的信息上报后，引起了省政府领导的高度重视，要求有关部门抓紧研究解决。10个贫困县扶贫资金审计情况，中国审计报和省内多家新闻单位予以报道。

金融审计　根据审计署统一部署，对全省172个建设银行机构和127个县级工商银行机构1998年度资产负债损益情况进行了审计，并延伸审计了8219个贷款单位，还组织了对部分城市信用社和农村信用社的审计，共查出各类违规行为金额81.89亿元。

企业审计　全省共审计企业1937户，查出各类违规行为金额107.7亿元。组织开展了16户重点国有企业审计、16户微利企业审计，以及对165户流通企业体制改革情况和29户国有工业企业建立现代企业制度情况的审计调查，充分肯定了企业改革取得的成效，揭露了部分企业弄虚作假、会计信息失真，潜亏和损失浪费严重以及企业改制工作中存在的问题。省审计厅报送的有关企业审计的信息，省委、省政府领导高度重视，吴官正、李春亭、陈建国、韩寓群、黄可华等领导同志都做了重要批示，为领导掌握情况，研究政策，提供了重要的参考依据。

固定资产投资审计　重点加强了对黄河行蓄洪区工程、防潮堤工程、中央直属储备粮库和公路建设项目等的审计。全省共审计固定资产投资项目（单位）414个，查出违规行为金额11.48亿元，核减工程结算1.14亿元。

外资运用审计　对20个国外贷援款项目、127个项目执行单位的审计，查出违规行为金额8.3亿元，出具了内外合一的审计报告，如实披露审计情况，促进了合理有效地利用外资，维护了我省的对外信誉。中德合作山东粮援项目审计工作，受到了审计署和德方的好评，并受到省政府的表彰。

领导干部经济责任审计　全省审计机关共开展经济责任审计1728项，查出各类违规行为金额55.05亿元，其中损失浪费金额1.6亿元，任期内净资产减少13.74亿元，偷漏税7128万元，乱收费、乱罚款、乱摊派2315万元，虚增利润20.8亿元，查出“小金库”77个、4214万元。审计后审计对象晋升的55人，受到党纪政纪处分4人、移送司法机关6人。在中央五部委经济责任审计座谈会上，省审计厅和菏泽地区审计局介绍了经验。省审计厅按照省委、省政府的要求，完成了凯远集团公司、龙口矿务局、省农村投资公司、省经济投资公司以及省政府驻上海、沈阳办事处等9个单位负责人的离任审计。

发现大案要案线索情况　据统计，全省全年共向有关部门移送案件228件，其中移送纪检监察机关79件，移送司法机关108件，移送其他部门41件。在有关部门已审结的69件案件中，有118人受到了党纪政纪处分，有79人被追究刑事责任。烟台、临沂、青岛、潍坊、济宁、莱芜、菏泽等市地和一些县区审计机关按照省厅要求，召开了新闻发布会或通过新闻媒体向社会公布审计结果，较好地发挥了审计的社会监督作用，扩大了审计影响，增强了威慑力。省厅于12月上旬召开了审计情况通报会，通报了1999年审计发现的主要问题和部分典型案例，各主要新闻媒体给予报道，社会反响很好。

审计队伍建设　一是省、市两级审计机关根据党委统一部署，在处以上领导班子和领导干部中深入开展了以“讲学习、讲政治、讲正气”为主要内容的党性党风教育。通过“三讲”教育，审计机关领导班子和领导干部的思想、工作和作风都出现了新的气象。二是加强了业务学习和培训。全省共举办培训班787期，培训人员10692名。省厅与中央党校联合举办在职研究生班，通过考试，全省有74名同志被录取。按照审计署的统一要求，成功地组织了国际注册内部审计师资格考试和高级审计师资格考评试点。三是坚持“两手抓，两手都要硬”，加强了机关精神文明建设。各地按照当地统一部署，积极开展了创文明机关、做人民满意公务员活动。省审计厅被评为省直“文明机关”和“全省党员教育工作先进单位”。淄博市审计局荣获“全国精神文明建设工作先进单位”，受到了中央精神文明委员会的表彰。不少市地县审计机关受到当地党委政府的表彰。

内部审计、乡镇审计和社会审计　全省内部审计在机构人员、业务开展等方面，继续保持全国领先地位。已建机构9211个，配备内审人员21290人，其中专职机构5770个，专职内审人员12958人；共审计单位（项目）71338个，查出损失浪费10.29亿元，促进增收节支13.03亿元，纠正违规行为金额22.59亿元，向司法机关移送案件179个，建议给予行政处分77人，移送司法机关处理26人。乡镇审计工作进一步发展，已建机构2330个，配备审计人员5602人，审计单位（项目）19375个，纠正违规行政金额2.07亿元，查出损失浪费金额1.23亿元，促进增收节支金额2.03亿元，建议给予行政处分170人，移送司法机关处理35人。社会审计方面，积极进行了审计师事务所的脱钩改制工作。按照统一部署，截止1999年底，原审计机关所办审计师事务所都顺利完成了脱钩改制工作。同时加强了对社会审计组 织执业质量的监督，重点揭露违反职业准则、出具虚假报告、损害国家和公众利益的问题，促进提高执业质量，维护经济秩序。

省厅获得的荣誉　厅机关被评为省直“文明机关”和“全省党员教育工作先进单位”；厅机关工会被评为省直机关“先进工会”；厅机关团委被评为省直“先进团委”；森林资源发展项目审计、行业统筹养老金审计、企业养老金审计、福利彩票审计、检察院系统财务收支审计等被审计署评为“优秀审计项目”；外资处被授予“中德合作山东粮援项目先进集体”称号，受到省政府的通报表彰；审计信息被审计署采用量居全国第一位；审计统计工作被评为“全国先进单位”；审计档案工作被省档案局评为“全省先进集体”；厅机关被省计划生育工作领导小组授予“履行职责先进单位”。

【济南市审计局】　1999年末，实有干部职工135人。其中：局长1人，副局长4人，纪检组长1人。设机关党委、组织人事处、监察室、办公室、综合处、法规处、审计管理处、工交审计处、商贸审计处、财政审计处、金融审计处、基建审计处、城建审计处、行政事业审计处、外资审计处等15个处室。

审计工作成果　全年共审计586个单位，查出违规行为金额25.5亿元，应上交财政8.03亿元，应追还侵占挪用资金8911万元，对各类违纪处以罚款199万元。应上交财政和已上交财政两项指标创我市审计机关成立以来最好水平。年内，对185个部门和单位进行了预算执行审计，查出违纪金额2.74亿元，应上交财政金额9132万元，提出审计建议397条。从3月底开始，统一开展了对市建设银行本级和所属46个基层单位审计。通过审计，揭露和处理了部分金融机构挤占挪用信贷资金购建固定资产、少计收入多计支出、漏计漏交各项税款、资产质量差、不良贷款多、兴办经济实体形成巨额损失和私设“小金库”等问题。组织五县一区审计局对10个农村（城市）信用社进行了审计，促进了全市城乡金融组织加强管理、防范和化解金融风险。完成了12个世界银行贷款项目审计工作。进一步深化了对国有重点企业的审计监督。全市共审计105个企业，查出收入不实金额1.1亿元，损益不实4.6亿元，虚增利润4.7亿元。通过审计增加财政收入7675万元，促进企业增收节支1.3亿元，审计中，注意发现大案要案线索，全市各级审计机关通过审计发现违纪违法犯罪线索15件，移交有关部门处理21人，其中移交司法机关14人，已逮捕6人，移交纪检监察机关7人，已给予党纪政纪处分4人。领导干部任期经济责任审计工作取得新进展。全市各级审计机关实施离任审计69项，通过审计发现了一些违纪违法犯罪线索。目前，全市已有3个县（区）党委、政府出台了经济责任审计规范性文件，4个县（区）设立了经济责任审计机构。

【济南市市中区审计局】
1999年，累计完成审计项目30个。查出各类违纪违规金额2614万元，上缴财政金额466万元。追还被挪用专项资金186万元。向纪检监察部门移送案件线索1件，涉及人员3人。促进增收节支金额523万元。

本级预算执行审计　1999年对区财政局等10个单位进行了区级预算执行情况审计，共查出违纪违规金额927万元。查出问题：一是改变专款用途207万元；二是统筹金收入225万元、社控附加费收入170万元，应纳入而未纳入当年预算；三是财政周转金沉淀过大，截止到1998年底，累计投放546万元，大多无望收回。

经济责任审计　全年共对11位领导干部进行了任期经济责任审计，查出违纪金额547万元，其他违规金额751万元。

行政事业审计　全年共对7个行政事业单位进行了财务收支审计，查出违纪违规金额56万元。

企业审计　全年共对2户企业进行了审计，查出违纪违规金额333万元；并从中查出案件线索1起，涉及人员3人。

【济南市历下区审计局】
1999年有干部职工18人。其中：大学2人，大专12人，局长1人，副局长2人；设有经济责任审计办公室（副处级）、办公室、企业审计科、行政事业审计科、基建审计科、内审管理科。

审计成果　1999年完成审计项目38项，审计单位38个，审计总金额166367万元，查出各类违纪违规金额3328万元，应上缴财政1010万元，已上缴财政985万元，其中：查出制作“法轮功”音像制品非法所得460万元。发现大案要案线索4起，移交4起。对被审计单位提出合理化建议73条，被采用48条，增收节支668万元。在审计质量年活动中，被市局评为先进单位。在省市优秀项目评选中分别获第七名和第一名。提供审计信息18篇，被采用10篇，提交审计报告38篇。为促进本区经济健康发展发挥了积极作用。

完成交办任务　完成区委、区政府领导交办的工作任务5项。根据区领导的安排，组织局里精干力量，先后对历下区姚家镇义和村、燕山集团总公司等5个单位的群众上访案件进行审计，客观公正地写出了审计报告，发挥了审计的优势，为领导决策提供了重要依据，受到区领导的表扬。

【济南市天桥区审计局】
1999年底，有干部职工13人，其中大学本科学历3人，专科6人，局长1人，副局长2人。

审计工作成果　全年完成审计项目40个，查出违规行为金额2161万元，已上缴财政216万元，追回被侵占挪用资金130万元，提交审计工作报告、审计信息32篇。

本级预算执行审计　对区财政局、区教委等11个预算单位进行了审计，审计单位占全区一级预算单位的25.58%，同时对6个单位进行了延伸审计。审计资金40813万元，查出各类违规行为金额324万元，应上缴财政168万元，已上缴财政95万元。

基建审计　全年完成开工前审计8项，决算审计7项，审计金额4965万元，审减金额287万元。

行政事业审计　1999年对检察院进行了审计，审计金额87万元，应上缴财政69万元。还对区人事局、区民政局和区卫生局管理的社会保障资金进行了审计，审计金额8300万元，查出违规行为金额1323万元。

经济责任审计　积极贯彻中办、国办关于《县级以下党政领导干部任期经济责任审计暂行规定》，成立了专职机构，并积极开展工作，完成了2项领导干部离任审计。

【济南市槐荫区审计局】　全局共有14人，其中：大学本科生2人，大专生12人；局长1人，副局长2人。下设综合科、行审科、企业科、内审科等机构。

审计工作成果　共完成审计单位30个，超全年计划6个。专项审计4个。查出各类违规金额10470万元，其中：决定处理处罚639万元，指明要求纠正9831万元；应上交财政99万元，已上交财政93万元，促进增收节支金额408万元。共提交审计工作报告、信息18篇。

财政审计　共完成预算执行审计单位10个，查出违规金额534万元。增加财政收入76万元，共提出强化预算约束，加强财政资金管理建议22条。另外，还对段店镇政府进行财政决算审计，并延伸审计了4个单位。查出违规行为金额25万元，已交财政10万元，促进增收节支408万元。

行政事业审计　共审计18个单位，其中：离任审计单位15个，专项资金审计2个，国家机关财务收支审计1个。查出违规行为金额9178万元，增加财政收入7万元。

干部离任审计　共审计16个单位，其中：行政事业领导干部离任审计15个，企业负责人离任审计1个。查出违规行为金额9908万元。

【济南市历城区审计局】　全年共完成审计项目53个，查出违规行为金额9454万元，比上年增长156%；应上交财政1304万元，比上年增长152%；已上交财政1251万元，比上年增长148%；促进增收节支、提高经济效益428万元。

财政审计　同级财政预算执行审计，共审计18个预算组织管理执行部门，延伸调查了26个基层单位，查出违规行为金额1834万元，查增财政收入1107万元，审计的广度、深度、力度较往年有了较大提高。另外，还对10个乡镇的财政决算进行了审计，查出违规行为金额1573万元，已交财政35万元，促进了乡镇财政管理水平的提高。

金融审计　1999年对区农村信用社进行了审计，查出违规行为金额1585万元，已缴财政40万元，提出合理化建议5条，促进了金融管理和宏观调控措施的落实。

企业审计　1999年共对9家企业进行了审计，查出违规行为金额3600万元，促进增收节支151万元。在对一家企业的真实性审计中，查出亏损近3000万元。

行政事业单位审计　全年开展行政事业单位审计12个，查出违规行为金额862万元，已上缴财政67万元，促进增收节支107万元，移送司法机关处理1人。

审计调查　开展了“村级财务管理情况”和“部分乡镇1998年度汽车费用支出情况”两项审计调查，为政府科学决策提供了可靠依据。

【章丘市审计局】　1999年度，有干部、职工30人。其中：局长1人，副局长3人。大学学历8人，大专学历22人。

审计工作成果　全年共完成审计项目79项，审计调查4项，共查出违规违纪金额20187万元，上缴市财政1242万元，促进增收节支928万元，提交审计报告，审计信息68篇，被采用36篇。

完成任务　1.财政财务收支审计。对财政、地税、国库及13个一级预算单位和2户市属企业进行了审计，同时，延伸审计了30个下属单位。审计总金额16.5亿元，查出各类违规违纪金额1929万元。对8个乡镇财政决算进行审计，查出违规违纪金额231万元，增加财政收入117万元。2.企业审计。完成企业审计24项，查出各类违规金额1.4亿元，并选择6户有代表性的企业进行了审计调查。3.基建审计。完成开工前审计项目50项，竣工项目决算审计11项，审减工程金额281万元，仅对一座桥梁建设工程决算审计，审减工程额65万元。4.金融审计。对建行章丘支行、章丘市农村信用社联合社以及下属2个基层信用社进行了审计。审计总金额21.3亿元，查出各类违规违纪金额2223万元。

【长清县审计局】　1999年底，共有干部职工15人，其中大学学历5人，大专7人；局长1人，副局长2人。

审计工作成果　1999年共完成审计项目72项；查出违纪违规金额5721万元，应上交财政794万元，已交财政719万元。移交有关部门案件1件。提交审计工作报告和信息57篇。

财政审计　1999年共对全县17个一级预算执行单位进行了审计，依法处理纠正各类违纪金额1552万元，应上交财政16万元，有效地促进了全县预算执行的健康发展。同时完成了4个乡镇的财政决算审计，查出违规金额664万元。

金融审计　对中国建设银行长清支行进行了审计，查出违纪违规金额2270万元。还对县农村信用联合社及5个信用分社进行了审计，查出违纪违规金额276万元。

行政事业审计　共完成审计单位25个，查出违纪金额1142万元，上交财政177万元。

完成交办任务　全年共完成县政府交办的审计任务8项，其中完成群众上访案件1起，对涉嫌经济犯罪的主要当事人已逮捕。

【平阴县审计局】　1999年，共审计38个单位，完成审计调查3项，调查单位17个。共查出违规行为金额5411万元，已交财政金额220万元；应追还侵占挪用资金208万元；向纪检部门移送案件2件；提交审计工作报告、信息20篇。

财政收支审计　完成对12个单位的预算执行和其他财政收支情况审计，延伸审计单位9个，查处违规行为金额571万元，其中决定处理处罚金额246万元，应交财政62万元；已上交财政62万元。

社保资金审计　完成对6个社会保障资金管理机构的审计，查出违规行为金额994万元，收回违规存贷和被挤占挪用社保资金624万元。

金融审计　完成对2个金融机构审计，共审计资金总额13亿元，审计贷款总额3.6亿元，延伸审计了23个单位，查处违规行为金额258万元。

经济责任审计　完成经济责任审计2项，查出并向纪检部门移送案件1件；根据审计结果，有5位领导干部被免职、降职使用。完成县政府交办任务5项，其中协助有关部门平息群众上访案件2起，查处经济案件2起。

【济阳县审计局】　下设办公室、行财科、企业科、审管科、法规科，现有16人。1999年共审计42个单位，其中完成领导交办的审计项目7项，共查出违规行为金额7045万元，其中应上缴财政103万元，已上缴95万元；查出损失浪费金额9万元，促进增收节支520万元。

同级财政审计　对15个本级预算执行单位进行了审计，查出违规行为金额286万元，违规行为较上年下降65%。

财政决算审计　共完成6个乡镇的财政决算审计，查出违规行为金额1013万元，对漏收漏支、造成虚假财政收入的2个乡镇财政均作出了处理。

专项资金审计　共完成行政事业专项资金审计5项，纠正违规行为金额1032万元，对2个挤占挪用专项资金的部门给予处理。

干部离任审计　共完成4个乡镇党委书记、3个县直部门主要领导人任期经济责任审计，查出违规行为金额1247万元，写出了专题报告。

完成交办任务　完成领导交办任务7项，其中为2个企业核实了家底；对2个事业单位的基建项目进行了审计调查；完成3个村级财务收支审计，使群众上访事件得到平息。

【商河县审计局】　现有干部职工21人，下设综合科、财政金融科、行政事业科、工交基建科和法规科，负责对全县21个乡镇和87个县直部门的审计监督。

审计成果综述　全年共完成审计项目49个，查出违规行为金额2032万元，应上交财政金额203万元，应归还原渠道资金325万元，罚款13万元，实际入库249万元，促进增收节支326万元。

财政审计　1999年1至4月份，重点对县财政、地税、水利、文教等16个预算执行单位进行了审计，查出违规行为金额786万元，查出隐瞒预算外收入89万元，应入库金额56万元。

行政事业审计　共完成审计单位24个，审计资金总额为18039万元，查出违纪行为金额1093万元，处理处罚318万元，纠正资金775万元，已入库180万元。应归还侵占挪用资金325万元，促进增收节支326万元。

基建审计　共完成审计项目16个，审验资金总额5800万元，审减工程核算金额188万元。

完成交办审计任务　全年共完成县委县政府领导交办的离任审计11个，违规行为金额679万元，对4个乡镇和县直7个部门主要负责人的离任进行了审计，为党政领导和组织人事部门调整使用干部提供了可靠依据。

【青岛市审计局】　1999年全市已有审计机关13个，人员351人。其中，大专以上学历占78%，获得审计师或注册会计师资格的占46%。共审计679个单位，查处违规行为金额30.3亿元，决定处理处罚金额5亿元，应上缴财政金额9950万元，已上缴财政金额6887万元，其中上缴罚款金额158万元。向司法机关移送案件5宗。

机构及人员　内设：工交一处、工交二处、基建处、商贸处、财金处、外资处、行事处、综合处、管理指导处、组织人事处、办公室等11个处室及纪检组、机关党委，新增设审计特派员管理办公室，共计112人。

成果综述　共完成审计项目91个，查处违规行为金额18亿元，决定处理处罚金额3.23亿元，应上缴财政金额6824万元，已上缴财政金额4150万元，其中上缴罚款158万元。

预算执行和财政收支审计情况　以财政资金为主线，主要审计了市财政局、市地税局、市地方金库等18个部门和单位的预算执行情况及教育、科技经费、环保资金的使用情况，延伸审计了94个二、三级预算单位和纳税企业，查处违规行为金额8.11亿元。同时，完成了对胶南、胶州、平度、即墨、莱西市的地方财政决算审计，摸清县级市财政管理状况和真实家底，揭露财政管理中存在的问题，进一步提高财政预算资金的使用效益。

工行、建行系统审计情况　按照审计署的统一部署，对建设银行青岛市分行进行了审计，共审计建行青岛市分行及14个支行、20个分理处、51个储蓄所，审计或审计调查了35个建行自办经济实体，延伸审计了有关单位19个、贷款企业432个。根据省厅和市政府的要求，对市商业银行、五市二区农村信用联社1998年度的资产、负债、损益情况进行了审计。

计算机审计情况　举办了计算机培训班，全市共70人参加了培训，有64人参加了审计署组织的计算机知识应用考试，有效地提高了审计干部的素质。

企业审计情况　共审计国有重点企业9户，中外合资、合作企业5户，开展企业审计调查5项。

公开选聘了14名审计特派员和审计特派员助理，组建了审计特派员管理办公室，制定了审计特派员有关工作制度，首批已分别对青啤集团、青钢集团、凯联集团、商业总公司等大型国有企业进行了派驻审计，工作取得了明显成效。

【青岛市市南区审计局】　共有干部、职工13人、局长1人、副局长2人。内设：综合科、商贸审计科、行政事业审计科、工交审计科。

预算执行和财政收支审计　对区财政、金库、市地税一分局和6个一级预算执行单位1998年度预算执行和其他财政收支情况进行了审计。审计查出违规行为金额247万元，上缴财政金额238万元，审计取得了明显成效。

经济责任审计　完成审计单位25个，查出违规行为金额545万元，上缴财政金额2万元，通过审计，客观评价了领导干部任期的工作业绩，分清了责任界限，为组织部门考核任用干部提供了重要依据。

企业审计　完成审计单位3个，查出违规行为金额517万元，重点检查了企业的资产、负债、损益情况的真实性，提出了合理化的建议。

【青岛市市北区审计局】　共有干部18人，其中局长1人，副局长2人。设有办公室、行政事业审计科、工商企业审计科、基建审计科、经济责任审计科等机构。

预算执行及财政收支审计　对区财政局及区属21个预算单位进行了审计，审计面达到全区一级预算单位数的100%，审计的资金额占当年财政支出的100%。较精确地核实了区级财政收支情况，发现和揭示出预算执行和财政收支中存在的问题，对进一步完善专项资金的管理和使用起到了积极作用。

经济责任审计　共对35位领导干部进行了任期经济责任审计，共查出违规金额4093.2万元，2人3件违纪问题已由区纪检部门立案查处，有关情况还在全区干部例会上予以通报。

【青岛市城阳区审计局】　共有干部职工17人，其中，局长1人，副局长2人。内设：行财、基建外资、企业、经济责任审计科和办公室。

预算执行和财政收支审计　开展了对财政、地税、国库以及预算执行部门、单位的1998年度预算执行及其他财政收支情况的审计，同时，对科技、教育、环保等重点专项资金的管理使用情况进行了审计和调查。共完成了区计委等8个一级预算单位的重点审计和15个二、三级预算单位的延伸审计，审计摸清了本级预算执行的真实情况，揭露和查出隐瞒截留、漏征漏缴预算收入、预算外资金收支管理不合规问题金额870万元，提出审计建议16条。

企业审计　共审计开通安装有限公司、三硕运动器材有限公司等内外资企业5家，查出各种违规金额2570万元。

领导干部经济责任审计　开展了对区进出口公司、区技术监督局、区团委3个单位领导干部经济责任的审计工作，查出有关单位利润不实166万元，投资人出资不到位，经营业务组织不力，财务处理不及时不规范，公司存在较大潜亏因素等违规问题。

大案要案查处情况　坚持查账与查问题相结合，做到有法必依、执法必严、违法必究，共查处大案要案3起。

纪念审计法颁布实施五周年　利用宣传横幅，电视新闻、发放宣传材料等多种形式，纪念《审计法》颁布实施5周年。并以此为契机，进一步强化审计监督工作。

【青岛市四方区审计局】　共有干部职工13人。其中，局长1人，副局长1人。设办公室、综合科、企业科、行政事业科。

预算执行和财政收支审计情况　共查出违规金额3672万元，其中应交财政331万元；已交财政328万元，提出审计建议6条。

重大案件审计查处情况　对六百商厦非法吸收公众存款、高息揽存，进行了就地审计。涉及金融单位达54个，认真地审查了该公司及关联企业的会计账簿和有关凭证，得出了审计结论，并及时移交司法机关。

经济责任审计　共完成区委、区政府交办的经济责任审计8项，审计查出违规行为金额298.8万元。查出资产、负债和损益不实1835.13万元，应上缴财政19.3万元，已上缴财政1.9万元，提出审计建议22条，取得了良好成效，准确客观地反映了财务状况，为党政领导宏观决策提供了可靠依据。

【青岛市李沧区审计局】 共有干部职工 13 人。内设：办公室、行政事业审计科、工商企业审计科、综合审计科。

预算执行审计 以预算管理为中心，财政资金为主线，周转金、预算外资金、科技和教育经费为内容对区财政、金库和 6 个一级预算执行单位进行了审计，查处违规行为金额 542 万元，追回挪用资金 75 万元，进一步规范了预算管理。

经济责任审计 审计单位 9 个，查出挪用专项资金 160 万元，已全部收回，欠缴各类税费 28．8 万元。已上缴税费 9．4 万元，核实了任期经济责任，为组织部门考察任用干部提供了第一手资料。

大案要案线索 预算执行审计中查出教体委结算中心，挪用教育资金擅自向区外教育系统企业放贷 96 万元，当事人已移送检察机关立案查处，被挪用资金已追回 75 万元，防止了国有资产流失。

《审计法》颁布实施五周年纪念活动 在区有线台制作了 3 期专题节目，对 5 年来取得的丰硕成果和审计工作发展历程进行了连续报道，有效地宣传了审计，引起了较大反响。

【青岛市黄岛区审计局】 共有干部职工 18 人，其中局长 1 人，副局长 2 人；设有办公室、企业审计处、行政金融审计处、经济责任审计处等机构。

预算执行和财政收支审计 对区财政局、地税局、地方金库具体组织和实施预算情况进行了审计，对大项目办、公安局、建环局等 13 个一级预算单位的预算执行情况进行了审计，并对上述部门所属的二、三级预算单位进行了延伸审计，一级预算单位的审计面达 33%，审计的预算支出额占总支出的 54%，在审计过程中，共查出违纪违规问题 11 项，提出审计建议 25 条。

领导干部经济责任审计 完成了广播电视台、柳花泊、薛家岛、辛安、黄岛街道办等 14 个单位主要负责人的经济责任审计，查出违纪违规金额 509 万元，审计发现的问题向工委、管委领导做了汇报，使问题得到妥善处理。

企业审计 开展了区泽润资产经营投资公司、益盛资产经营公司、区贸易发展总公司 1998 年度资产、负债、损益情况审计，查出违纪违规金额 1947 万元。通过审计，摸清了企业家底，促使企业加强内部管理，提高经济效益。

计算机运用 购置 6 台台式计算机和 6 台手提计算机，所有审计文书都由审计人员在机上独立完成，对审计工作底稿实行计算机操作，审计人员实行现场作业，提高了审计效率。

《审计法》颁布五周年纪念活动 在全区主要干道张挂宣传横幅 5 条，散发宣传材料 1000 余份，组织了一次“审计人”风采展，请主要领导在电视台讲了话。

【青岛市崂山区审计局】 编制 10 人，现有 7 人。其中，局长 1 人、副局长 1 人。设：综合科、业务科。

预算执行审计 以预算管理为中心，以财政资金为主线，以周转金、预算外资金以及教育、环保经费为重点，对区财政局、地方税务、金库和五个一级预算执行单位进行了审计，查处违规行为金额 19．9 万元，挽回经济损失及节约建设资金 205 万元，进一步规范了预算管理。

经济责任审计 审计单位 7 个，全面、客观地反映了领导干部任期经济责任履行情况。为党委、政府调整、任用干部，提供了翔实的第一手资料，进一步完善了干部管理和监督体系。

《审计法》颁布实施五周年纪念活动 在区有线电视台制作了专题节目，张贴宣传画、横幅，散发宣传材料，引起了较大反响。

【胶南市审计局】 共有干部职工 29 人。设有人秘科、法制科、内审指导科、行财审计科、工交审计科、商贸审计科、基建审计科、经济责任审计办公室等机构。

预算执行审计 审计了 15 个预算单位，审计财政资金总额 22378 万元，查处违规金额 2486 万元，提出了 6 条改进建议。对优化财税秩序起到了积极作用。

经济责任审计 对 48 个单位主要负责人进行了审计，查处违规行为金额 7642 万元，核减资产 1140 万元，核增负债 982 万元，核减所有者权益 1032 万元。为正确评价干部政绩提供了参考资料。协同纪检部门查处经济案件 2 起。

完成交办任务 完成市委、市政府交办的工作任务 136 项，审计清理单位 463 个，核实有关经济指标 260 余项，为市委、市政府落实发展经济奖励政策提供了依据。

计算机审计情况 新配置 586 电脑 10 台，使用软件 2 个，应用于审计底稿和统计工作。

【胶州市审计局】 共有干部职工 33 人，其中局长 1 人，副局长 3 人。内设：办公室、综合科、工交一审计科、工交二审计科、行政事业审计科、财政金融审计科、市粮贸审计科、基建审计科、法制科。

预算执行和财政收支审计 对市级财政、地税、国库以及 13 个预算执行部门、单位的 1998 年度预算执行及其他财政收支进行了审计，对 6 个乡镇、办事处的 1998 年度财政决算进行了审计，共查出各类有问题资金 2125 万元，并严格按有关规定作出了处理。代表市政府向市人大常委会所作的审计工作报告，数字精确，事实清楚，提出的审计意见、建议切合实际，具有较强的可操作性，受到了委员们的一致好评。

经济责任审计 共完成领导干部离任审计 11 项，查出违纪金额 130 余万元。做到了离任者

交得清楚，到任者接得明白。离任审计工作在加强干部的监督管理，促进党风廉政方面发挥了重要作用。

【平度市审计局】 共有干部职工46人，其中局长1人，副局长4人。内设办公室、综合科、内审指导科、离任审计办公室、财金审计科、行事审计科、商贸审计科、基建审计科、审计驻厂办等机构。

预算执行和财政收支审计情况 审计了市财政局、地税局、地方金库和其他预算执行部门20个，审计部门数占预算执行部门的35%；审计其他预算执行部门的收支总额16564万元，占本级预算收支总额的51%；查出违法违规行为金额644万元、应上缴财政金额96万元，实际入库96万元。呈报的两个报告受到了市政府和市人大的充分肯定。

大案要案审计查处情况 在对企业厂长（经理）离任审计中，查出1起严重违纪违法案件，并及时移交市纪委处理。

经济责任审计情况 对5户企业厂长（经理）和5户行政部门负责人进行了离任审计，查出违规行为金额2332万元，虚增利润1524万元，虚减利润416万元，偷漏税108万元。

年薪制审计情况 根据市政府的要求，对27户企业厂长（经理）1998年年薪制考核指标完成情况进行了审计。通过审计，调减净资产11036万元、利润2915万元，呈报了专题报告，提供了奖惩依据。

【莱西市审计局】 共有干部、职工47人，其中局长1人，副局长3人；设有办公室、综合科、体系指导科、基本建设审计科、行事财金审计科、商粮贸易审计科、工业交通审计科、经济责任审计科和审计驻厂员办公室（副局级事业单位）等机构。

预算执行和财政收支审计情况 审计了市财政局、预算外资金管理局、地税局和12个一级预算执行部门、单位，并延伸审计了30个二、三级的单位，审计预算内资金总额6452.3万元，查处行政性收费未纳入预算管理、财政周转金超规模、偷逃税费、挤占挪用专项资金以及巧立名目乱收费等问题，违反财经法规金额达3022万元。通过开展本级审，共收缴入库资金236万元，清缴被延压挪用的环保排污费、监测费收入220万元（含上年度审计查处177万元），“小金库”资金及罚款10万元，开创了开展本级审以来的最好水平。

经济责任审计情况 根据市委、市政府安排，组织审计力量，对市交通局、卫生局、司法局、土矿局、月湖商城管理局、城监大队、中医院等8个行政事业单位“一把手”离任进行了经济责任审计，审计资金总额17167万元，查处应缴未缴预算收入，挤占挪用专项资金、私设“小金库”、乱收费等违法违规金额143万元。对市科委、计划委、广播电视局和财贸委4个部门主要负责人任期经济责任进行审计，审计总金额2273万元，查处偷逃税款、固定资产反映不实等违法违规金额547万元。

计算机审计情况 每科室均配备一台586型计算机，组织审计人员培训班3期，有33人通过了青岛市计算机知识初级考试，有3人通过了审计署组织的计算机知识考试。初步探索了利用和开发微机软件，汇总计算机统计数据，建立了财经审计法规库，实现审计统计报表微机化。

【即墨市审计局】 共有干部、职工40人，设有办公室、基本建设审计科、行事金融审计科、经济责任审计科、企业审计科、内审综合科、乡镇审计分局等机构。

本级预算执行审计 共审计一级预算单位13个，审计预算收支金额合计20229万元，占本级预算收支总额的64%，审计预算外资金、基金28897万元，查出各类违规违纪金额5283万元，提出改进管理的意见和建议27条。

领导干部任期经济责任审计 共开展领导干部任期经济责任审计43项，其中离任审计36项，届中审计12项，查处各类违规违纪金额18961万元，提出改善和加强管理的建议96条。

计算机审计 投入资金15万元，购置手提计算机5台，台式计算机2台，使每个科室都配备了计算机。有26名同志通过了审计署组织的计算机考试。

【淄博市审计局】 1999年市局有干部职工100人，局内设人教科、综合科、党委、法规科、管理科、商贸科、工交科、财金科、行事科、投资科、外资科。1999年查出违规行为金额9807.20万元，提出审计建议13条，促进增收节支1989万元。

金融审计 全年共查出账外资产9300万元；查出挪用客户资金，用于购建办公楼以及违规为已关闭企业办理银行承兑汇票等重大违纪违规问题。金融审计成绩显著，受到上级表扬。

查处大案要案线索和领导干部经济责任审计 全年共移交经济违法犯罪案件8起，已查实的涉案金额768万元。全年全市审计机关共对行政机关、企事业单位的133名法人代表实行了离任经济责任审计。有11人得到提升，119人平级调任，3人被降职和免职。其中有2人受到党纪政纪处分。

突出了重点单位的审计 全年完成企业审计单位169个，查出违规行为金额7.32亿元。基本建设项目审计，完成审计项目25个，查出违规行为金额5943万元。行政事业审计，共完成审计单位234个，查出挤占挪用、乱收费、乱罚款等违规行为金额1.78亿元。外资审计共完成6个国外援贷款项目的审计，查处违规行为金额455万元。

淄博市审计系统工作成果一览表

单位名称	工作成果	受表彰情况
淄博市审计局	1999年审计单位146个，查出违规行为金额7.25亿元，上交财政5365万元，为国家增收节支5536万元。	年内被中央文明委表彰为全国精神文明建设工作先进单位。
张店区审计局	1999年完成审计项目53项，查处各类违规行为金额2516万元，上交财政987万元，帮助被审计单位制定财经管理规章制度106项，促进被审单位增收节支885万元。	
周村区审计局	1999年完成审计项目76个，查出违规行为金额16876万元，应上交财政1522万元，向被审计单位提出审计建议被采纳126条，促进被审计单位增收节支提高经济效益1410万元。	
淄川区审计局	1999年完成审计项目62个，查出并纠正各类违纪违规金额22066万元，其中决定处理处罚金额501万元，应归还原渠道资金774万元，查处大案要案4起，涉案资金达1100万元，移送司法机关处理4人。	
博山区审计局	1999年共完成审计项目44个，查出违规行为金额9849万元，上交财政金额222万元，为国家增收节支226万元。	
临淄区审计局	1999年共完成审计项目94项，查出违规行为金额7449万元，已上交财政249万元，促进增收节支160万元，向司法机关移送案件4起。	
桓台县审计局	1999年共完成审计项目59项，查出违规行为金额4533万元，上交财政53万元。	
高青县审计局	1999年共完成审计项目39项，查出违规行为金额3695万元，上交财政16万元	
沂源县审计局	1999年共完成审计项目51项，查出违规行为金额6686万元，上交财政159万元。	

强化自身建设　年内实行了局长接访日制度，定期倾听群众的意见，在局内建立了意见箱。强化了机关管理，制定了《车辆管理制度》、《财务管理制度》和《关于接待工作的规定》。强化了对机关下属经营单位的管理工作。

【淄博市张店区审计局】

1999年共有干部职工27人。内设办公室、综合科、行事科、企业科、基建科、财政科等机构。

本级预算执行审计　先后审计9个财政预算执行单位，查处挤占挪用专项资金、预算外资金管理不善等8个方面的问题。

经济责任审计　共对14个单位的离任和在任主要负责人实施了离任审计或年度经济责任审计。

企业审计　重点对7家区属企业进行了年度财务收支审计和审计调查。发现和查处了漏交、欠交税金、隐瞒销售收入、成本核算不实、投资不合理、改制企业"借改制之机，甩掉旧包袱"等问题，查处各类违规行为金额400多万元。

计算机审计工作　每个科室配备一台电脑，购买了激光打印机、复印机等现代化的办公设备，并建起了本局网络。

纪念《审计法》颁布5周年活动　举办了由30多个单位、220多人参加的全区审计知识大奖赛，电视台对总决赛进行了现场直播，《中国审计报》刊发了图片新闻。

【淄博市临淄区审计局】

1999年全局有干部职工22人。内设办公室、综合科、工交科、行财科、商贸科。

预算执行审计　1999年审计单位15个，查出违规金额882万元，其中查出应缴未缴预算收入157万元，虚列支出45万元。

查处违纪案件　年内共查处违法乱纪案件4起，涉及当事人7名，已全部移交检察机关进行定案处理。

经济责任审计　两办经济责任审计条例下发后，区委、区政府制订了《临淄区任前公示和审计办法》，规定对拟任有关职务的领导人实行先审计、后上任的办法。

纪念《审计法》颁布实施五周年　《审计法》颁布实施五周年之际，召开了规模较大的庆祝活动，举办了歌舞比赛、书法比赛和审计法知识竞赛。

计算机审计工作　投入资金12万元，新购高档微机9台；派人到南京审计学院进行学习；有多人通过审计署微机考试和公务员微机考试；利用计算机进行投资审计和日常审计项目的管理。

【淄博市淄川区审计局】

1999年共有25人。内设办公室、综合科、商贸科、行事财政金融科、工交基建科。

财政同级审　审计资金总额达1．97亿元，查纠违纪问题金额352万元。

清理农村基金会资产　组织并培训区审计系统干部100名，组成25个审计小组，对全区37家农村基金会1993年成立以来的资产进行彻底清理，查处其中的违纪金额20349万元，从中发现大案要案3起，移交司法机关犯罪嫌疑人3名。先后对9个乡镇、15个部门的党委书记、乡镇长和经委主任共32人进行离任审计，发现并处理白条顶库、决策失误等问题近千万元。

基础建设　在资金紧张情况下，投资10万元购置微机8台，建起局域网，初步实现资料共享。

【淄博市博山区审计局】

1999年全局共有17人。内设综合科、办公室、行事科、商贸科、工交科。

财政预算执行审计　以查找问题，促进管理，突出真实性审计为目标，通过审计，查出了违纪违规行为金额1733万元，促进增收节支金额357万元。

专项资金审计　1999年对区“农村养老保险基金”、“机关事业单位医疗保险基金”、“机关事业单位社会养老保险基金”进行了审计。查出违规行为金额136万元。

领导干部经济责任审计　1999年共完成11个单位领导干部的离任经济责任审计。一是突出了对乱收、乱罚、“小金库”及违规开支等问题查处。二是查出了资产、负债及群众关心的热点问题，共查出违规行为金额710万元。

【淄博市周村区审计局】

1999年全局共有干部职工36人。内设办公室、综合科、行事科、工交科、基建科、商贸科、财金科。

预算执行情况审计　共审计单位19个，审计财政性资金6亿余元，查出违规行为金额145万元，上交财政33万元。审计结果得到了区政府和区人大常委会的肯定和好评。

大案要案查处　制定了《关于对查处大案要案的奖惩制度》，成立了信访案件审计室，强化了对重大违法违纪问题和经济案件的查处力度，共查处违规行为金额百万元以上单位6个。

离任审计　共对13个单位的主要领导干部进行了离任审计，其中晋升3人，调任转任6人，退休4人。

纪念《审计法》颁布五周年活动　通过举办《审计法》知识竞赛、印发宣传材料、发表纪念文章等多种形式，隆重庆祝《审计法》颁布五周年，收到了良好效果。

计算机审计工作　强化了计算机在审计工作中的应用，初步实现了计算机辅助审计，加快了审计手段的现代化进程，全年共进行计算机审计15项。

企业审计　加强了企业资产负债真实性审计和经济效益审计，共审计单位17个，查出违规行为金额13735万元，促进企业增收节支提高经济效益580万元。

【桓台县审计局】　1999年全局共有干部职工23人。内设办公室、企业科、行财科、基建科、管理科、执法检察室。

预算执行审计　通过审计，核实了财政收支，摸清了财政家底，揭露了有关部门存在的违纪违规问题。县人大常委会认为这次审计维护了《审计法》的严肃性和审计工作的权威性，是效果最好的一年。

离任审计　全年，对12个正科级单位负责人和34个行政村负责人进行了离任审计，移交司法机关经济案件7起，一名村支部书记被开除党籍，离任审计工作取得了实效。

计算机审计　实现了每个审计人员一台计算机、每个业务科一台笔记本电脑的配置要求。审计人员全部取得了计算机应用初级资格证书。

企业真实性审计　年内，对全县60家重点企业经济运行情况进行了审计，发现存在问题较多，县政府主要领导专门听取了审计情况，要求有关部门、企业认真落实审计建议，加快减负、调整、改造和发展的步伐。

成立审计执行室和审计检察室　年内，在全省审计系统首家成立了审计执行室和审计检察室，提高了审计权威，有力地推动了审计工作的开展。

【高青县审计局】　1999年全局有干部职工17人。内设办公室、综合科、企业科、行事科、投资科。

本级预算执行审计　根据全市统一部署，在认真总结前几年财政审计基础上，重点审计了县财政、税务、金库以及财政收入金额较大的8个企事业单位。查处各类违纪违规金额2869万元。

围绕地方经济建设重点搞好审计监督，围绕深化企业产权制度改革、增强企业活力，积极开展了企业审计及调查，从注重企业资产优化组合和发挥效益的角度，把好审计关；开展了收支两条线大检查，规范了行政事业单位财务管理；搞好党政干部及企业主要负责人离任经济责任审计，客观公正地评价了干部业绩。

【沂源县审计局】　1999年全局共有干部职工14人。内设办公室、工交基建科、商贸科。

预算执行审计　1999年共审计预算执行单位与部门8个，查出财政部门隐瞒预算收入51万元、供电局少交用电附加费417万元等事实，引起人大常委会及县政府的高度重视。通过对四个乡镇1998年财政决算的审计，查出违规金额67万元。下达审计决定后，挪用统筹费、农业税减免不到位等问题得到解决，促进了财政收支平衡。

查处经济案件　按年度工作会议部署，结合县委、县政府的要求，与信访、检察院、纪检部门积极配合，先后完成对东北庄村、东里东村、西台村的经济案件审查，稳定了农村形势，促进了问题的解决。对果树中心财务短款案件进行细致审计，向县委提出合理的解决方案。

经济责任审计　中央两办规定下发后，县政府办公室对原有的规定予以修改。全年审计单位17个，查出违规问题920万元，为上级领导提供了可靠资料，使各单位实现顺利交接。

计算机运用　不断加强对

人员的培训，加大计算机审计工作力度，年内通过省级计算机初级应用能力考试的人员有5名，通过审计署计算机初级应用能力考试的人员有2名。

【枣庄市审计局】

审计工作成果　1999年，在市委，市政府和省审计厅的领导下，全市各级审计机关，紧紧围绕经济工作中心，认真履行审计监督职能，共完成审计单位488个，查出各类违纪金额22162万元，决定处罚金额727万元，应交财政4756万元，应归还原渠道资金1170万元，促进增收节支3512万元。

预算执行和财政收支审计　全市审计机关共对68个财政、地税、国库及一级预算单位的1998年度预算执行及其他财政收支进行了审计，共查出各类违纪金额3561万元，揭露和反映了预算执行中违反财经法规的问题。

大案要案　共查出大案要案6起，向司法机关移交案件3起，是审计机关建立以来查出和移交案件最多的一年。

工、建两行审计　根据全省统一部署，对全市15个工行和建行分支机构1998年度资产负债和损益情况进行了审计。共查出违纪金额1014万元。同时，还积极开展了对地方金融机构的审计。

经济责任审计　共开展经济责任审计173项，查出违规金额24024万元，揭露了一些领导干部在经营管理，财务收支中存在的问题，为组织部门管理和使用干部提供了依据。

企业审计　各级审计机关进一步加强了对国有企业的审计，围绕企业改革和发展，突出了企业财务状况和经营成果真实性审计，全市共对101户国有企业进行了审计，查出各类违纪金额3688万元。同时，按照省厅要求对流通企业改制情况进行了审计调查，为领导决策提供了参考。

【枣庄市市中区审计局】

1999年，共完成审计项目61个，涉及被审计单位129个，占全年计划的152.5%；查出违规行为金额9527万元，增加财税收入178万元；促进增收节支提高经济效益266万元，协助有关部门查处案件2件，向司法机关移送案件1起。

预算执行和财政收支审计　1999年，通过审计，共查出违规提成、偷税漏税、违规转税、乱发钱物等违纪违规行为金额1933万元。下级财政决算审计工作也取得较大成绩，重点揭露了乱开支出口子、偷税漏税、吃喝招待和挤占挪用上级财政资金等问题，金额230万元。

查处大案要案　1999年，在对区直某棉纺厂的审计中，发现该厂财务管理混乱，疑点较多，白条支出几十万元，一年亏损600多万元，列支招待费20余万元，且固定资产账实不符，一些高档通讯设备遗失等情况，感到问题严重，向区检察院进行了移交，经立案收审后，共挖出9名贪污腐败分子，原厂长、副厂长均被判刑。

经济责任审计　1999年，共完成区政府领导安排的经济责任审计项目9个，其中区直骨干企业6个，重点乡镇2个，有7个单位审计金额过亿元，查纠各类有问题资金过千万元。

积极宣传《审计法》　局机关与区人大联系，派出业务骨干，到人大常委会机关进行了《审计法》讲座。听取讲座的各位委员一致认为，举办《审计法》讲座很有必要，并表示要在以后的工作中大力支持审计。

【枣庄市山亭区审计局】

1999年本区审计机关认真履行审计监督职能，全年共查出各类违规金额9480万元，为国家增收节支、促进企业增效1790万元。

预算执行和财政收支审计情况　1999年认真进行了预算执行和财政收支审计，共查出违规违纪金额713.2万元。

大案要案查处情况　全区审计机关全年共查处案件2起，已移交给纪检、检察等部门，并对有关责任人员依法进行了处理。

经济责任审计　全年共完成机关、企事业单位法定代表人离任审计27项，查出违规违纪金额3659万元，对违规违纪问题给予了必要的处理处罚。

《审计法》颁布实施五周年纪念活动　围绕学习宣传《审计法》，全区采用各种形式举办培训班5期，参加学习人员达280人次，审计人员亲自到基层宣讲《审计法》，并联系实际，以案释法。区审计局、乡镇审计所都普遍设立了审计知识专栏，广泛散发宣传材料，提高了人们的法制意识和接受审计监督的自觉性。

企业审计情况　全年共审计企业14户，查出违规违纪金额2200余万元，提出改进建议58条，促进了企业的健康发展。

【枣庄市峄城区审计局】

1999年共有干部、职工28人，其中大学学历3人，大专14人；中级以上技术职称11人；局长1人，副局长2人。设有办公室、财政金融审计科、行政事业审计科、基建审计科、工交审计科、商贸审计科、审计师事务所等机构。

审计工作成果　1999年，共完成审计项目55个，共查出违纪违规金额4245万元；完成审计调查1项，调查单位6个；协同区纪检、监察、检察等部门，查处各种经济案件5起，为维护我区经济秩序发挥了作用。上缴区财政284万元，提交审计报告51篇。

完成区政府交办任务　1999年，共完成区委、区政府交办审计项目15个，审计单位15个。对全区15个乡（镇）党政主要负责人进行任期经济责任审计，促进乡（镇）换届选举工作的进行。

【枣庄市薛城区审计局】

1999年共完成审计项目92个，占年度计划204%，查出各类违规违纪金额1.64亿元，提出审计建议260条，促进增收节支、提交经济效益300余万元。同区纪检、监察、财政、体改等部门配合，查纠各类经济项目20余件，为社会稳定发挥了作用。

财政审计 通过对财政、地税、金库及建委、教委等一级预算的行政事业单位和区煤矿等区直企业进行延伸审计，查出各类违规违纪金额33973万元，审计结果达到了“满意”的要求。

离任审计 在1998年实施离任审计的基础上，结合两办经济责任审计的贯彻执行，总结了一整套科学严密的审计方法，完善了审计处理处罚办法及审计组廉政纪律。使离任审计工作普及到全区各行各业。1999年，对全区45名科级领导干部进行了离任审计，延伸到72个单位，查出违规违纪金额6952万元，查出百万元以上违规单位11个，清理“小金库”资金303万元，移交经济案件2件，净化了经济环境，得到了区委、政府的肯定。

【滕州市审计局】 全年共完成审计项目79个，查纠违规行为金额12492万元，上交财政778万元，促进增收节支380万元，实施罚款38万元，给予通报批评的单位1个，建议给予党政纪处分的5人。

财政审计 对20个预算执行单位进行了审计，查出滞留预算收入、虚列预算支出、漏缴税金、扩大开支范围、提高补贴标准等问题资金698万元，依法分别进行了处理。

经济责任审计 共对36名干部实施了离任审计，审计后，2名干部降职使用，4名干部被免职，审计局给予罚款的6人，建议给予党政纪处分的1人。

企业审计、金融审计和专项资金审计 积极开展对国有企业集团和亏损大户的审计，抓好改制企业的资产负债损益审计，防止了国有资产流失。对4户地方非银行金融机构进行了审计。对检察院财务收支情况、中国福利彩票、社会保障资金、住房资金等进行了审计，促进财务规范管理，提高了资金使用效益。

解决热点、难点问题，为农村稳定服务 对群众来信、农民集体上访反映的一些问题，及时严查细审，澄清事实真相，化解了矛盾，平息了事态，受到群众的欢迎。

【东营市审计局】 1999年共有干部职工50人，其中：大学学历20人，大专18人；局长1人；副局长3人；设有办公室、综合科、人事教育科、财政金融审计科、行政事业审计科、工交审计科、商贸审计科、基建审计科、审计管理科等8科1室。1999年共完成审计项目67个。查出违纪违规金额75727万元，应上交财政金额3703万元，上交财政金额3449万元；促进增收节支1523万元。

预算执行及财政决算审计 1999年审计了财政、地税、国库等一级预算单位12个，延伸审计22个单位，查出违纪金额1167万元，上交财政金额107万元。市政府对审计查出的问题以东政办发［1999］21号文进行了转发，有关部门和单位对审计查出的问题进行了全面整改。对广饶、利津、东营区进行了财政决算审计，审计查出的主要问题有虚列支出、侵占挪用专项资金、预算内资金转预算外等。

金融审计 按照国家审计署的统一部署和省审计厅的要求，对全市工商银行和建设银行系统进行了资产、负债、损益审计。审计查出少计收入、多计支出、漏缴税金、账外资产、账外资金以及以贷转贷、违规贷款、以贷收息、违规吸收财政性存款等违纪违规金额14185万元。

企业审计 审计工交、商贸、基建企业28个，查出违规行为金额16049万元。审计查出的主要问题有：企业家底不清，资产、负债、损益严重不实；财务管理混乱，财经法规执行不严；内控制度不健全，国有资产流失等。

干部离任审计 1999年受党政领导交办和受组织部门委托共对43个领导干部进行了离任审计，其中晋升的1人，调任、转任的41人，免职的1人。为组织部门考核和使用干部，加强干部管理提供了科学依据。

《审计法》颁布五周年纪念活动开展情况 在纪念《审计法》颁布实施五周年中，开展了多种形式的纪念活动。东营电视台和电台分别举办了一期纪念《审计法》颁布、实施五周年专题节目；《东营日报》用一个版面刊发了纪念《审计法》颁布五年的文章和图片；市审计局举办了《审计法》知识竞赛一场。

计算机审计情况 重视和加强对计算机审计的领导，1999年市审计局共配置计算机26台，举办各类计算机培训34人（次），29人通过审计署计算机初级能力考试，应用计算机审计项目13个。

【东营市东营区审计局】 1999年共有干部职工22人。其中：大学学历11人，大专7人，局长1人，副局长5人。设有办公室、总审计师办公室、行政事业审计股、企业审计股、基建审计股等机构。1999年共完成审计项目33个，查出违纪违规金额10699万元，应上交财政金额599万元，上交财政金额595万元；促进增收节支376万元。

预算执行审计及乡镇财政决算审计 对东营区财政、地税、国库等13个单位的预算执行及其他财政收支情况进行了审计，延伸审计10个单位，审计资金总额32000万元，查出违纪金额3427万元，应上交财政金额526万元，已上交财政金额526万元。在预算执行审计的基础上对龙居乡、西范乡、史口镇三个乡镇进行了财政决算审计，查出违纪金额2308万元，促进了乡镇财政管理，提高了资金使用效益。

企业审计工作　对区城建开发公司、区石油化工厂等6个工商企业进行了重点审计，对1个工商企业进行了专项审计调查，查出违规行为金额360万元，上交财政14万元，针对企业在改制过程中出现的偏差和普遍存在的5个倾向性问题，提出了改进建议。

大案要案线索　配合有关部门进行经济案件的查处，其中：移送司法机关查处案件1起，移交纪检监察部门处理2起。对促进全区反腐倡廉，做出了积极贡献。

《审计法》颁布五周年纪念活动　在纪念《审计法》颁布实施五周年中，开展了多种形式的纪念活动。利用新闻媒体，举办电视访谈节目1期，举办广播节目3次，举办《审计法》知识竞赛1场。

【东营市河口区审计局】　1999年共有干部职工16人。其中：大学学历3人；大专7人。局长1人；副局长2人；纪检组长1人。设有办公室、财政金融审计股、行政事业审计股、工交审计股、商粮贸审计股、内审指导股等机构。1999年共审计项目(单位)26个，查处违规行为金额3195万元，应交财政金额298万元，已交财政金额276万元，入库率92.6%；

财政审计　审计单位9个，其中预算执行审计单位7个，延伸审计纳税单位17个，共查处违规行为金额315万元，决定处理处罚金额246万元，指明要求纠正金额69万元，应交财政金额236万元，已交财政金额236万元，入库率100%，审计决定落实率100%。

行政事业审计　审计单位12个，其中：领导干部任期经济责任审计单位8个。共查处违规行为金额575万元，决定处理处罚金额152万元，指明要求纠正金额423万元，应交财政金额16万元，已交财政金额10万元。

金融审计　1999年对河口区城市信用社和农村信用社的资产、负债和损益情况进行了全面审计，共查处违规行为金额2194万元。

【垦利县审计局】　1999年共有干部职工11人。大专学历8人，局长1人，副局长2人。设有办公室、行政事业审计股、企业审计股、基建审计股等机构。1999年共完成审计项目61项。查出违纪违规金额8787万元；应上交财政金额412万元，已上交财政金额387万元；促进增收节支445万元。

预算执行审计情况　按照市局的统一部署，县审计局对财政局、地方税务局、民政局、教委等6个部门、单位1998年度县级预算执行情况及其他资金收支情况进行了审计，并延伸审计了8个基层单位。共查出违纪违规金额1181万元，上交财政189万元。对西宁乡、永安乡、下镇乡等5个乡镇1998年度的财政决算进行了审计，查处违规行为金额917万元。对查出的问题，在全县范围作了通报，促进了《预算法》及有关财政法规的贯彻实施。

企业审计　围绕促进企业改革与发展，把审计重点放在检查财务收支和有关经营活动的真实性上，审计了县化肥厂、水利工程公司、水泥制品厂、胜通集团等10企业，审计共查出违规行为金额4620万元，为全县企业的改制、改组、改造，加强管理，建立现代企业制度发挥了重要作用。

《审计法》颁布5周年纪念活动　为纪念《中华人民共和国审计法》颁布5周年，采取张贴标语、悬挂横幅、宣传车、广播电视、《审计法》知识竞赛等多种形式宣传《审计法》。

【广饶县审计局】　1999年共有干部职工16人。其中：大学学历9人；大专4人。局长1人，副局长2人。设有办公室、财政金融审计股、行政事业审计股、工交审计股、商粮贸审计股、内审指导股等机构。1999年共完成审计项目43个。查出违纪违规金额5165万元，应上交财政金额226万元，已上交财政金额149万元；共提交审计工作报告29篇。

同级财政及乡镇财政决算审计　对广饶县级财政、地税、国库及5个一级预算部门单位的预算执行及其他财政收支情况进行了审计，延伸审计24个单位，审计资金总额42054万元，查出违纪金额1167万元，上交财政金额107万元。在预算执行审计的基础上对码头、颜徐、大王三个乡镇进行了财政决算审计，查出违纪金额299万元，依法予以纠正。

围绕“打假治乱”依法开展企业审计　共对8个工商企业进行了重点审计，对2个工商企业进行了专项审计调查，查出违规行为金额680万元，查补各种税款230万元，针对企业存在的问题提出改进建议，被采纳40多条。

离任审计　共开展7个离任审计项目，结合查出大案要案线索，在全市率先实行了审计公示制、审计联系通报制，共查出违规行为金额973万元，收缴“小金库”资金19万元，上交财政金额39万元，提交综合报告7篇，为组织部门加强干部管理提供了科学依据。

《审计法》颁布五周年纪念活动开展情况　在纪念《审计法》颁布实施五周年中，开展了多种形式的纪念活动。利用新闻媒体，举办电视访谈节目1期，举办广播节目6期，举办知识竞赛1场，在全县宣传审计法及实施条例，印制审计法律、法规500多册，发到全县各部门、企事业单位，加强了审计法律法规的宣传力度。

【利津县审计局】　1999年共有干部职工27人。其中：大学2人，大专14人，局长1人，副局长2人；设有办公室、行政事业审计股、企业审计股、基建审计股、内审指导站等机构。

审计工作成果　全年共完成审计项目27个。查出违纪违规金额7933万元，移交纪检检察机关经济案件2起；应上交财政金额246万元，已上交财政金额165万元；促进增收节支142万元。

预算执行审计　1999年1月至3月，对财政局、地方税务局、国库、教委等10个部门、单位1998年度县级预算执行情况及其他资金收支情况进行了审计，并延伸审计了3个纳税企业缴纳地方税的情况。共查出违纪违规金额735万元。其中：决定处理处罚的72万元；指明要求纠正的663万元。

大案要案查处情况　在对县印刷厂的审计中，发现原厂长曹某等3人利用假发票套取现金等手段贪污问题；县农村合作基金会集贤办事处原主任孙某挪用公款问题，并根据审计核查情况，移交检察机关立案。

离任审计　1999年度共进行审计项目13个，查出违纪违规金额510万元。其中发现“小金库”2个计17万元；贪污私分6万元；虚增利润259万元，偷漏税42万元；指明要求纠正的186万元。

企业审计　先后对利津县印刷厂，物资总公司、县生产资料公司、石油化工厂、物资配套公司等8户企业进行了审计。重点审查企业资产、负债、损益的真实、合法、合规和效益情况。共查出违纪违规金额5655万元，其中决定处理处罚的14万元；指明要求纠正的5641万元。

【潍坊市审计局】　增加财政收入创历史最高记录。1999年市审计局直接增加市县（市、区）财政收入5000多万元，超过前10年的总和。在各项审计中共追回有关款项避免国家损失1.2亿元。

揭露了一批重大经济犯罪和违法违纪问题。在各项审计中，坚持审深审透，严格执法，查出大要案线索7起，其中涉及副县级以上领导干部3起，均被司法机关立案查处。

领导干部经济责任审计　认真总结了前段经济责任审计工作，并对有关问题特别是对乡镇党委书记和乡镇长的经济责任审计做了充分的调查研究，制发了规范性文件。一是使审计管辖范围、审计内容更切实际，审计结果能更准确、全面地反映乡镇领导人的经济责任；二是将法定代表人离任时的一次性集中审计改为任期内的经常性审计，有效地解决了“马后炮”等问题。

真实性审计　在对一大型企业集团的审计中，企业1998年账面盈利253万元审定为亏损4.14亿元，累计亏损6.75亿元，潜亏1.8亿元。审计成果进入了市委市政府决策。

运用计算机审计　新投资60万元购置了先进的计算机及配套设备。研制开发的《建审系统》和《财政审计系统》两个软件分别被评为山东省审计科研课题二等奖和三等奖，初步完成了《审计办公自动化系统》的研制开发。

【潍坊市潍城区审计局】　全年共完成审计项目34个，查出违纪金额5866万元，纠正违规资金5851万元，归还原渠道资金3519万元，处理处罚15万元，增加财政收入32万元。

完成委托审计事项37项　受区委、区政府委托对6镇、4街办1998年度各项经济指标完成情况进行了全面考核，为奖惩兑现提供了可靠依据。受区委组织部委托对27个党政群企事业单位的主要负责人进行了离任审计。

对银行进行了交叉审计　根据市局安排，对工商银行奎文支行、建设银行奎文支行1998年度资产负债损益情况进行了审计。

审计调查　对潍城区商品流通企业改制情况进行了调查。对全区社会保障资金进行了调查。

计算机知识培训　一次性投资20多万元购置了笔记本电脑及配套设备，同时加强了审计人员的计算机知识培训，提高了审计手段现代化水平。

【潍坊市寒亭区审计局】　全年共完成审计项目34项，审计资金总额86725万元，查出违纪违规金额11170万元，已上交财政272万元，促进增收节支160万元，为我区政治稳定和经济建设作出了积极贡献。会同有关部门查出各类经济案件5起，依法处理3人。

完成上级部署审计任务　一是对全区14处农村合作基金会进行全面清理。二是派出得力骨干，对区经济开发投资公司进行全面审计，对该公司在管理、财务收支、内控方面存在的一系列问题进行了大胆揭露，为顺利解决各类问题提供了重要依据。

【潍坊市坊子区审计局】　全年共审计22个项目，审计单位65个，查出各类违纪违规金额1.2亿元，应缴财政145万元，提出审计建议96条，为国家节省资金1219万元。

财政预算执行审计　根据本区实际情况，对7个单位进行了重点审计，发现部门单位预算外资金未纳入财政代管等违纪违规金额211万元。

经济责任审计　根据区委组织部安排，开展了对全区14处乡镇、区直部门和企事业单位主要负责人任职期间经济责任审计和区属32处企业领导班子年度考核审计，挤掉经营成果中的水分，客观评价法人代表的功过是非。

专项审计　根据本局年度计划，对区广播局、建委、区医院、农村合作基金会等14个部门单位进行了年度审计；对保险基金移交劳动部门管理进行了审计；对检察院财政收支进行审计等。

【潍坊市奎文区审计局】
1999年，奎文区审计局完成各类审计项目53个，查处违规行为金额5152万元，应上缴财政金额59万元，被区委、区政府、区人大评为“先进单位”。

财政预算审计　1999年，重点审计了区财政局和7个预算执行单位，查处虚列支出金额916万元，针对审计中发现的问题，提出审计建议48条。

经济责任审计　共对7个街办，14个区直部门和24个企事业单位的负责人进行了任期内经济责任审计。查纠违纪违规金额3750万元，提出审计建议87条，有力地促进了党员干部廉政建设责任制的落实。

信访查证工作　先后参加了基金会清理整顿和樱桃园集团集资清理工作，并配合纪检、监察部门，对区内的36项经济案件进行了审计查证，在维护社会稳定方面作出了积极贡献。

【青州市审计局】　1999年共完成审计项目85个，查出违纪违规金额3.5亿元，查出应上缴财政金额506万元。

审计重点项目　突出为经济工作中心服务。通过对44户企业的审计，促进提高经济效益近千万元；同级财政预算执行和乡镇财政决算审计，旨在监督财政部门严格执行《预算法》，为政府管理财政提供参考，1999年市政府根据审计结果作出了“审计局对街道办事处预决算执行情况实行定期审计”的决定。领导干部任期经济责任审计严格执行两个《暂行规定》，全年完成离任审计36个，为市委考察使用干部提供依据。

队伍建设　根据朱总理“从严治理审计队伍”的要求，成立了廉政建设领导小组；建立了上级对下级负责，下级对上级监督的双向制约机制；制定了审计组廉政建设保证书和审计组成员在审计期间廉洁自律情况反馈意见书。1999年被评为市“党风廉政建设先进单位”。

审计科研宣传　坚持“一个审计项目，一条审计信息”制度，并制定了奖励办法。全年编发审计信息45篇，被采用30篇，其中国家级刊物采用3篇，省级刊物采用6篇。

【诸城市审计局】　共完成审计项目130个，查处违纪违规金额6652万元，促进增收节支5609万元，提交各类审计报告、审计调查、审计信息180多篇，圆满完成工作计划。

预算执行审计　对诸城市1998年度市级预算及其他财政收支情况进行了审计，审计一级预算单位11个，延伸审计二级预算单位23个，审计资金总额达1.5亿元，占预算支出总额65%。

乡镇财政审计　集中人员对全市9处乡镇的财政决算情况进行了审计，共审计预算内资金4500万元，预算外资金3200万元，专项资金800万元，并提出了发展高效农业，增加农民收入等建议32条。

此外，对27处农村合作基金会进行了清产核资和资产认定，共核资产8327万元，负债总额7192万元，投入款额6619万元。

【寿光市审计局】　1999年共完成审计单位（项目）151个，审计总金额62.7亿元，查处违纪违规金额1.1亿元，增加财政收入35万元，提高经济效益2800万元。

财政审计　审计总金额6.1亿元，查出违纪违规行为金额2371万元。提出审计建议39条。审计结果为政府运筹财政经济工作，为人大加强财政监督，发挥了重要作用。

行政事业审计　在对行政事业性收费及罚没收入的专项审计中，审计单位45个，收费项目130个，审计收费总额1.1亿元，促进了罚没收入“收支两条线”管理。

企业审计　积极搞好企业年度审计、企业法人代表年薪制考核审计、企业集团审计及审计专项调查，共审计企业78户，严肃查处了假账、假表、假凭证、假数字等制假造假问题，为加强和改进宏观管理提供了重要依据。

【安丘市审计局】

预算执行审计　1999年共完成审计项目156个，查处违纪违规金额56110万元，促进财政增收345万元；点名指出部分乡镇、部门单位财务管理混乱等问题，引起社会强烈震动。

企业审计　坚持了对国有企业资产负债损益的正常监督，同时密切关注已改制的49户中、小企业，根据当地实际，探索对改制企业加强审计监督的办法，1999年4月市政府下发“关于进一步明确审计企业范围的通知”，加强了企业审计力度。

经济责任审计　组织力量对20个单位进行经济责任审计，分清经济责任，客观公正地评价，为政府和组织部门考核任用干部提供了翔实的依据。

基建审计　为国家、集体节约建设资金890万元　仅审计环城河覆盖工程审减总额达300万元，受到市政府领导和群众好评，市长要求，对重点建设项目实施全过程审计监督。

【高密市审计局】　1999年共完成审计项目（单位）67个，完成审计调查项目2项，调查单位4个；共查出违规违纪金额8471万元，其中决定上缴财政1540万元，已上缴财政1540万元；节省建设资金239万元；以上可为该市增收节支1779万元。同市纪检、监察、信访等部门配合，查处各种经济案件2起，为保障和促进本市经济的健康发展和维护社会稳定发挥了积极的作用。

完成市委市政府交办任务　一是在企业改制中搞好资产评估和改制方案的制定，为政府决策提供依据。二是对困难企业调查摸底，分析亏损原因，提出扭亏增盈建议，帮助加强内部管理，提高经济效益。三是先后完成解决部分单位群众上访、预算外资金检查、清理整顿农村合作基金会、清理干部住房、医药行业检查、供销联社债务挂账清理等项临时性工作。

完成上级下达审计任务　完成省市下达的审计项目（单位）37个，占计划的100%。其中邮电行业审计查处违规违纪金额2960万元，解缴入库880万元。

【昌邑市审计局】　全年共审计单位83户，查出各类违规行为金额9964万元，已上缴财政496万元，促进增收节支9万元。

审计规范化建设　在抓好审计监督的同时，加强了基础规范化建设。配备了微机21台，局机关已达到人手一台电脑；结合落实审计规范，修订完善审计工作程序，保证了每个审计项目的规范操作。

廉政建设　大力加强审计人员廉政建设。局制定了廉政规定，严禁在被审单位吃、拿、卡、要。在审计中严格按审计程序办事，增强执法力度，增强了审计工作透明度。全局形成了依法审计、廉洁奉公的好风气，一年来没有发生违规行为，审计决定落实率达到98%以上。提高了审计工作威信，树立了审计人员的良好形象。

【昌乐县审计局】　1999年共完成审计项目73个，审计单位85户；完成审计调查项目3个。共查出违纪违规金额3352万元。同县纪检、监察等部门配合，查处各种经济案件2起，为社会稳定发挥了作用。

完成交办任务　1999年度共完成县委、县政府交办的工作任务26项，审计清理单位29个，其中：对工商企业清产核资审计6项。审计人员坚持实事求是、依法审计，摸清了企业家底，为县委、县政府的宏观决策提供了依据，为企业改制、机构改革工作打下了基础。

完成上级下达审计任务　1999年度共完成省、市审计机关下达审计任务27项，审计单位32个。

【烟台市审计局】　1999年，烟台市审计局实有人员67人，其中局长1人，副局长3人；内设办公室、综合科、人教科、审计管理科、工交审计科、财政审计科、金融审计科、商贸审计科、投资审计科、行事审计科、外资审计科。

财政审计　全市“本级审”184个部门（单位）及其所属238个基层单位，查出违规行为金额42496万元。审计3个县级、50个乡镇级财政决算，查出一起涉嫌挪用社会保障资金案件并移交有关执法机关处理。

行事审计　全市对222个单位财务收支和10个单位罚没收入征管用、18个部门（单位）管理的社会养老保险基金的征管用情况进行审计，共查出违规行为金额6．51亿元。

投资审计　共审计27个项目，查出违规行为金额1．39亿元；开工前审计194个项目，出具不同意开工意见书9个。

金融审计　对市工行15个支行、市建行及其13个支行上年度资产负债和损益进行审计，查出违规行为金额7．34亿元、严重违法违规行为2起，发现较大疑点线索40条；审计地方非银行金融机构2个；审计国际援贷款项目7个。

企业审计　全市审计企业85户，查出违规行为金额8．49亿元；审计调查73户企业改制情况，调查报告被市委书记批转各县、（市）区领导参阅。

经济责任审计　全市开展离任审计103个。除了部分人员审前已调动，审计后7人晋升、32人调任转任、4人被免职。

查处大要案　全市查出“小金库”57个，金额1782万元；查出50多个单位设置账外账，金额1．8亿元；查出严重弄虚作假单位20多个，资产负债损益不实金额5亿多元；发现重大案件17起，移送16起，其中移送纪检司法机关处理13起，移送主管部门处理3起。

内部审计、乡镇审计和社会审计　全市有617个内审机构、1414名审计人员，完成审计项目5138个，查出损失浪费4193万元，纠正违规行为金额8066万元。全市有129个乡镇审计机构、317名审计人员，完成审计项目1520个，纠正违纪金额1619万元，移送司法机关处理1人，建议给予行政处分12人。到年底，审计师事务所全部与审计机关脱钩。

受表彰情况　获市直机关先进基层党组织称号。

【烟台市芝罘区审计局】　1999年实有20人，其中局长1人，副局长3人；内设办公室、工业基建审计科、财金行事审计科、商贸企业审计科、审计咨询处。

财政审计　共审计预算执行部门单位10个、乡镇（街道办事处）财政决算审计4个，查出违规行为金额2697万元，应减少财政拨款15万元，已交财政43万元。

企业审计　审计国有企业5个，查出违规行为金额6054万元，已交财政金额92万元，促进增收节支60万元。开展企业体制改革情况审计调查2项，调查单位13个。

行事审计　对21个单位开展财务收支审计，查出违规行为金额2416万元，追还侵占挪用资金246万元；查出“小金库”7个，金额107万元。

完成领导交办事项　离任经济责任审计项目13个，查出违规行为金额7466万元，追还被侵占挪用资金88万元；查出“小金库”1个，金额11万元。集中完成了全区农村基金会清产核资工作。

【烟台市福山区审计局】　1999年，实有12人，其中局长1人，副局长2人；内设办公室、行事科、商贸科、工交基建科、审理室。

预算执行审计　审计了11个预算组织和执行部门及其所属的4个单位，查出违规行为金额

6457万元，收缴财政167万元；18条审计建议被政府采纳。

离任经济责任审计　1999年开展离任经济责任审计12项。

完成领导交办任务　共8项。其中，对全区中外合资企业情况、各乡镇计划生育收费情况进行审计调查，对全区基金会进行清产核资，对3户企业进行专项审计。

查处大要案　查出一起贪污案并移交检察机关，当事人被刑事拘留，已追回赃款4万元。

计算机审计工作　实现了业务人员人均1台微机目标。应考人员全部通过审计署考试。建立了审计数据库，初步实现微机辅助管理。在部分审计项目中试行了微机辅助审计。

【烟台市牟平区审计局】　1999年，实有30人，其中局长1人，副局长3人；内设办公室、工交科、行财科、商贸科、基建科、内审指导科、离任经济责任审计处。

预算执行审计　审计13个预算组织和预算执行部门及所属26个单位。查出违规行为金额12174.3万元。

贯彻中央两办“暂行规定”　成立“烟台市牟平区审计局经济责任审计处”，全额拨款副科级事业单位，编制12人。年内完成离任审计4项。

完成领导交办任务　共15项。其中离任经济责任审计4项，基金会清产核资11项。参与查处经济案件4起。

乡镇审计　完成审计项目716个，纠正违纪金额73万元，查出损失浪费金额62万元，建议给予行政处分12人，移送司法机关处理1人。

【烟台市莱山区审计局】　1999年，共有7人，其中局长、副局长各1人；内设办公室、财金行事审计科、工交商贸审计科、基建外资审计科。

预算执行和专业审计　年内，开展财政审计、行政事业单位审计、离任经济责任审计等共18项，审计资金总额6.4亿元，查出违规行为金额3763万元。

完成领导交办事项　年内完成了强村强企奖惩兑现审计、部门引进生产性资金审计认定、三个镇基金会清产核资等领导交办事项13个，提出审计意见和建议28条。参加上级审计机关统一组织的审计项目3个。配合有关部门开展监督检查工作4项。

纪念《审计法》颁布实施五周年　通过张贴《审计法》宣传画，出动宣传车，在区有线电视台等新闻机构宣传建局五年来的审计工作成果，召开有关部门负责人及内审机构负责人参加的座谈会等形式，集中开展《审计法》宣传活动。

【烟台经济技术开发区审计局】　1999年，实有15人，其中局长1人，副局长2人；内设办公室、审计一处、审计二处。

预算执行情况审计　共审计10个部门单位，查出违规行为金额885万元，应交已交财政785万元。

干部离任经济责任审计　共3项，查出违规行为金额65万元、偷漏税4万元、虚减利润54万元。

查处大要案　查出严重违纪问题3起；私设“小金库”3个，金额203万元。向检察机关移送案件1起。

纪念审计法颁布实施五周年　会同区宣传部，在全区干部中进行了审计法知识培训。

【龙口市审计局】　1999年，实有人员23人，其中局长1人，副局长4人；内设办公室、综合科、投资科、财金科、行事科、企业科。

预算执行审计　共审计13个部门单位，查出违规行为金额3978.6万元，追缴入库1033.1万元。

揭露大要案　向社会公布了经济违法案件举报办法。年内向纪检、检察机关移送案件2起，涉案4人，涉案金额57万元。

离任经济责任审计　政府出台了关于贯彻中办、国办“两个暂行规定”的实施意见。年内开展离任经济责任审计项目103个，查出违规行为金额21372万元，净调减资产额810.4万元，净调减负债额854.3万元。

纪念《审计法》颁布实施五周年　组织了三次集中学习。

其他工作　1999年在部分项目审计中开始试行计算机辅助审计。

【莱阳市审计局】　1999年实有26人，其中局长1人，副局长5人；内设办公室、审计管理科、工交审计科、商贸审计科、行财审计科、投资审计科。

预算执行审计　共审计17个部门单位，查出违规行为金额2078万元，上缴入库211万元。

其他审计　对7户重点改制企业进行资产负债与损益审计，查出违规行为金额5104万元；对25个农村合作基金会进行了清产核资审计；对全市劳动、人事、民政等部门管理的社会保障资金进行审计，查出违纪金额2140万元。

审计队伍建设　年内有17人参加了审计署组织的计算机考试，其中14人通过；有9人参加了烟台市审计局组织的业务培训；有9人参加了高级审计师资格考试，其中5人通过。

【莱州市审计局】　1999年，实有21人，其中局长1人，副局长3人；内设办公室、企业审计科、行财审计科。

预算执行审计　共审计7个部门单位及其10个所属单位，审计资金额45000万元，查出违规行为金额1600万元，收缴财政210万元。

企业审计　对黄金、电业、盐业等6大支柱行业和部分改制企业进行了审计。

查处大要案　查出并向检察机关移送经济案件一起，涉案2人。

纪念《审计法》颁布实施五

周年　12月，市人大常委会领导和人大代表13人视察了市审计局执行审计法工作情况。

【招远市审计局】　1999年，实有25人，其中局长1人，副局长3人；内设办公室、行财审计科、商贸审计科、工交审计科、投资审计科、综合科、审计管理科。

财政审计　审计预算执行部门单位36个、乡镇财政决算5个，查出违规行为金额3026万元，已上缴财政金额1018万元。被采纳审计建议26条。

企业审计　13个，查出违规行为金额4662万元，收缴财政104万元。

离任经济责任审计　13项，查出违规行为金额3281万元，已缴财政金额33万元。审计后，退休3人，平调8人，撤职免职2人。

查处大要案　查出并移交一起私设“小金库”案，金额达34万元。

庆祝《审计法》颁布实施五周年　设置宣传栏15个，在市电视台和广播电台开辟了宣传专栏，印发宣传《审计法》小册子1500册。

计算机审计　新配备11台微机，引进和开发了基建、企业财务收支审计软件。

【蓬莱市审计局】　1999年，实有17人，其中局长1人，副局长3人；内设办公室、财政金融审计科、外资基建审计科、工交商贸审计科、基层指导科。

财政审计　年内对13个部门（单位）及所属15个二、三级单位预算执行情况进行审计，共查出违纪违规金额540万元；对5个乡镇财政决算进行审计，查出违规行为金额694万元。

社会保险基金审计　对社会养老保险、劳动保险、医疗保险基金进行了专项审计或财务收支审计，查出违规行为金额290万元。

企业审计　对2户企业进行了资产负债与损益审计，查出违规行为金额2303万元，资产负债损益不实金额3023万元。

离任经济责任审计　年内开展离任经济责任审计12项，查出违纪违规及损失浪费金额893万元。

纪念《审计法》颁布五周年　散发各种宣传资料1200份，局领导发表电视讲话1次，出动宣传车2次，《审计法》知识竞赛1次，依照《审计法》完善内部规章制度6项。

【栖霞市审计局】　1999年，实有21人，其中局长1人，副局长2人；内设办公室、综合科、企业审计科、行财审计科、投资审计科、外资审计科。

财政审计　审计8个预算执行部门，审计资金额36886万元，查纠违规金额1719万元。对6处乡镇财政决算进行审计，查出违规资金580万元。

企业审计　对11户企业进行资产负债审计，查纠违规资金15920万元。

经济责任审计　完成离任经济责任审计13项，查纠违规资金14112万元。3人被免职，9人调离，1人被逮捕。

查处大要案　查出“小金库”1个，违纪额42万元，全额没收；查出并移送检察机关处理一起，12人涉嫌经济犯罪案，涉案金额数十万元。到年底，5人被逮捕，7人被拘留。

纪念《审计法》颁布五周年　在栖霞电视台设立《审计与监督》专栏。为全市基层工会主席讲解《审计法》。

【海阳市审计局】　1999年共有24人，其中局长1人，副局长2人；内设办公室、行政事业审计科、投资审计科、企业审计科、财政金融审计科、离任经济责任审计科。

预算执行情况审计　共对12个预算执行部门和单位进行审计，查出违规行为金额1260万元，提出并被采纳审计建议20条。

企业审计　对17户实行年薪制的企业进行了资产负债损益审计。

离任经济责任审计　共对32人进行任期经济责任审计，查出违规行为金额43.8万元。

查处大要案　查出私分公款案1起；查出挪用公款案1起并移交检察机关处理。

计算机审计　拥有微机10台，购买了公路建设审计软件并运用该软件对烟凤公路建设预算执行情况进行了审计。

纪念审计法颁布实施五周年　印发审计法宣传材料4000份，谱写了1首歌颂审计工作的歌曲，对全市800多名副科级以上干部进行了审计法律法规培训。

【长岛县审计局】　1999年共有10人，其中局长1人，副局长2人；内设办公室、财金行事审计科、商贸审计科、工交基建审计科。

完成上级下达审计任务　共完成审计署、省厅和烟台市审计局下达的审计任务5项，审计单位19个，查出违规行为金额1052万元。

完成领导交办任务　共7项，审计单位65个。其中，为配合全县企业改制，对60多个县属国有企业进行了资产负债与损益审计，审减利润463万元，审增税金11万元，查出违规行为金额1080万元。干部任期经济责任审计6项，查出违规违纪金额26万元。

【威海市审计局】

1999年审计工作成果表

单位：万元

	审计工作				
	审计单位	违纪金额	上缴财政	增收节支	大要案
合计	263	389069	5411	4861	6个
市局	97	318841	3580	1863	3个
荣成	39	17071	838	1158	3个
文登	30	17978	203	790	
乳山	43	7733	247	740	
环翠区	24	17765	381	310	
经技区	18	1519	48		
高技区	12	8162	114		

财政预算执行和财政收支审计　对市财政、地税、国资等10

个一级预算单位1998年度本级财政预算执行情况进行审计，延伸审计单位50个，查出违规金额60600万元。对养老保险、医疗保险、林业、募集赈灾等领导和群众关心的专项基金或资金进行了审计或审计调查，纠正了挪借2700万元社会养老保险专项资金、对外借款的问题。

金融审计　对市国际信托投资公司及市建行、工商银行进行了资产、负债、损益情况审计。重点查处了设置账外账、超范围吸收存款、违规高息存款、放贷及违规经营、盈亏不实等问题，改善了金融资产质量，为防范金融风险提出了一些建议。

投资审计　完成投资审计项目33个，查处各类违规金额14242万元。主要对米威调水一期、污水排放等大型工程项目进行跟踪审计，核准了重点投资情况；对市政建设工程、房地产收费及市区半拉子工程进行了审计监督；仅完成市领导安排的对海滨南路养殖区搬迁和市酿造厂拆迁工程的审计，就为国家节约投资1300多万元。

经济责任审计　共完成离任审计项目54个，涉及单位216个，查处虚增利润40339万元，纠正违规金额84486万元，查处“小金库”1979万元。

企业审计　完成审计项目61个，查出违规金额122166万元，应上缴财政1166万元，促进增收节支2733万元。

外资审计　主要对世界银行贷款结核病防治、山东环保、沿海资源可持续发展等7个省审计厅下达的国际援贷款项目进行了审计，查出了某主管部门违规占用、拨付资金不到位等重大问题。

信息、宣传工作　编报《审计情况反映》123期共计186篇，被各级采用、领导批示178篇次；全市共发表各类新闻稿件、文章420多篇。

大要案审计查处情况　全市查处及协助有关部门查处大要案线索13起。查处某管委会虚开发票164张，套取现金223万元，此案移交市纪检部门处理；某公司经理在承包人民广场一期工程中，采取弄虚作假从施工单位索取发票套取现金20万元，被市反贪局立案侦察。还查处某集团公司累计经营亏损上亿元，挖掘出一些涉嫌贪污受贿的案件线索，该公司有6人被检察机关立案侦察；某综合贸易货栈公司经理宋某贪污公款一万多元，被人民法院依法判刑一年。

【威海市环翠区审计局】

预算执行和财政收支审计　1999年的财政预算执行情况审计采取从账户入手的方法，重点审计了7个部门，从财政的收入支出情况客观地分析了我区财政的情况，针对审计发现的收入不及时入库、私设“小金库”、核算不真实、漏欠税款等违规问题提出了处理意见和改进建议，共查出违规违纪金额566万元，直接增加财政收入371万元。

经济责任审计和企业审计情况　1999年开展了领导干部任期经济责任审计5项、企业财务收支审计3项、股份制企业审计2项，涉及单位18个，查出违规违纪问题15898.45万元，上缴财政29.49万元。

《审计法》颁布实施五周年纪念活动　一是召开专题研讨会，环翠区审计局全体人员认真回顾《审计法》实施五年来我区的审计工作，查找存在的问题，提出今后改进的建议；二是本局局长在区有线电视台发表了《审计法》贯彻实施五周年的电视讲话；三是将《审计法》实施五年的审计工作情况写成研讨材料在区委的《调查研究》上发表。

【威海市技术开发区审计局】

本级预算执行和财政收支审计　对财政、地税、国库等8个单位的1998年度预算执行及财政收支情况进行了审计。同时，对保险、住房、教育等重点专项资金的管理使用情况进行了审计。查出违规资金322万元，上缴财政41万元，建议归还专项资金233万元。

经济责任审计　对5个单位的法定代表人进行了离任审计，查出隐瞒预算外收入结余290万元、隐瞒应缴预算收入1万元、偷漏税款1万元。

审计质量年活动　制定了审计质量年活动的实施方案，确定了“十化目标”和“四严”措施，既加大了审计力度，又保证了审计质量。一批以权谋私、骗取挪用专项资金、私设“小金库”、偷税漏税等经济问题得到了揭露。

企业财务收支审计　对5家企业开展财务收支审计，查出违纪违规金额5238万元，上缴财政5万元；查出骗取挪用粮食专项资金30万元，挪用粮油差价款为某部门搞福利7.6万元。与有关部门联合对区内17家国有企业经营者1998年年薪收入情况进行了审计。查出7家亏损企业虚增利润276万元，4家盈利企业隐瞒收入及少提税金297万元等问题。会同有关部门对全区1998年度的招商引资情况进行了审计，审减额为1210万美元。摸清了开发区招商引资的真实情况。

【威海高技术产业开发区审计局】

1999年，共完成审计项目67项，查出各种违规金额7769万元，上缴财政218万元。完成了区审计师事务所脱钩改制工作。

本级财政预算执行情况审计　正确处理审计揭露、披露和处理的关系，把发现和揭露问题作为审计机关的第一岗位职责，重点抓好截留财政收入问题审计，把应纳入财政管理的资金纳入管理。本年财政审计共查出违规问题20项，违规金额合计5273万元，较上年增加3516万元，收缴财政资金218万元，是历年财政审计查出问题最多、违规金额最多、收缴财政资金最多的一年。

固定资产投资审计　对火炬大厦工程财务按照国有建设单

位会计制度的要求重新建账，完成了大厦工程财务建账审计工作。完成工程预（结）算审计12份，报送值436万元，定案值376万元，审减60万元；办理新开工建设项目资金来源审计32份。

【乳山市审计局】

预算执行和财政收支审计　先后审计24个单位，延伸审计13个单位，查出各类违规金额288万元。

经济责任审计　全年共对19个市直部门、单位的负责人实施了离任审计，查出未反映的经费超支、未列费用、应报废未报废资产等违规4138万元，进一步健全和完善了干部的激励和约束机制。

组织开展《审计法》宣传活动　《审计法》颁布五周年之际，集中组织开展了《审计法》宣传活动。一是利用电台、电视台播放专题新闻，宣传《审计法》的内容，并在城区主要街道悬挂宣传《审计法》颁布五周年的横幅标语，形成宣传声势。二是在《乳山市报》上开设了“庆祝审计法颁布五周年专栏”，宣传《审计法》颁布实施的意义和五年来审计部门贯彻落实《审计法》、加强对企事业单位的审计监督所取得的成绩和经验。同时，开设专版发表了局长署名文章。三是召集企业、有关部门领导座谈并深入企业走访，虚心征求其对贯彻落实《审计法》以及加强和改进审计工作的意见和建议，通过交流和座谈集中了十多条好的意见和建议。

【文登市审计局】

预算执行和财政收支审计　对6个一级预算单位的1998年度预算执行情况和其他财政收支进行了审计，延伸审计二、三级预算单位15个。对3个镇的财政收支和11个行政事业单位的行政性收费、罚没收入等财务收支情况进行了审计，共查处违纪金额633万元，增加财政收入203万元，促提农发基金110万元。就强化预算约束力和资金管理，向市政府和人大提交了专题报告，受到高度评价。

离任审计和企业审计　共开展经济责任审计和企业审计各3项，查处成本不实0.74亿元，账外资产0.3亿元，虚增利润0.15亿元，促进增收节支120万元。

廉政建设和信息工作　实行廉政建设责任制及廉政情况监督卡、廉政情况回访、奖惩制度，一级抓一级，不留空白。廉政建设被市委市政府树为典型，受到威海市委、上级有关部门的表扬。党风廉政建设和党的建设被市委组织部、机关党委定为示范基地。向有关部门提交审计和专题调查报告及信息78篇，各级采用、领导批示71篇，引起了社会的广泛关注。

【荣成市审计局】

本级预算执行情况审计　实行预算执行审计与其他专业审计相结合，查出财政部门及有关预算执行单位违规金额9274万元，决定入库金额614万元。

大案要案审计查处情况　对山东经济学院荣成分部审计，发现所属一企业经理涉嫌贪污，移交市检察院查出该经理贪污公款11160元，被市法院判刑一年。对某集团总公司审计，发现有关人员涉嫌贪污受贿，案件线索移交检察机关，该公司有6人被立案侦查，共涉嫌贪污受贿金额119．37万元。

经济责任审计　对2个开发区、7个镇和市直部门主要负责人进行离任审计，查纠违规金额1636万元，决定上交财政金额103万元。

审计法颁布实施五周年纪念活动　召开全局干部职工大会，通报五年来的审计工作情况；编辑印发《荣成市审计局大事记》一书，使社会各界更加了解、关心和支持审计工作；在《荣成日报》发表局长署名的《全面贯彻落实审计法，进一步加强审计执法力度》文章，在社会上引起良好反响。

【济宁市审计局】　1999年共有人员65人。其中：研究生学历1人，大学24人，大专28人；局长1人，副局长3人，纪检组长1人；设有办公室、综合法规科、内审社审管理科、财政金融审计科、工业交通审计科、商贸审计科、固定资产投资审计科、农业审计科、外资运用审计科、监察室等机构。全年共审计单位（项目）141个，比上年增加59个，增长72%，查处各类违规行为金额16．56亿元，比上年增长229．3%，应上缴财政金额2752万元，已收缴入库2585万元，罚款230万元，分别比上年增长169．6%、276．9%、36．6%。

预算执行和财政收支审计　共审计部门、单位10个，查出违规行为金额34867万元，收缴入库1730万元，减少财政支出2209万元。对任城、兖州、汶上、嘉祥4县（市区）1998年度财政决算进行了审计，查出违规行为金额17755万元，进一步规范了财政收支和财税管理行为。

大案要案审计　通过审计发现8起重大经济犯罪案件线索，涉案12人，其中涉及正处级干部1人，涉案金额百万元以上两人，移交有关部门后被判有期徒刑3人，刑事拘留2人，受到党纪政纪处分7人，在社会上引起强烈反响。

经济责任审计　1999年共对17个单位进行了任期经济责任审计，查出违规行为金额1．4亿元，损失浪费6504万元，“小金库”651万元，审计后有4人晋升，2人被免职，1人被移送司法机关。

《审计法》颁布实施五周年纪念活动　党组书记、局长张显忠在《济宁日报》整版发表了题为《全面贯彻落实审计法依法履行审计监督职能》署名文章。市局与济宁市人民广播电台联合举办了审计法知识趣味问答节目，寓教于乐，听众踊跃参与，收到了良好的效果。

工行建行系统审计　采用“全市一盘棋”的方式统一组织全市12县市区对建行系统19个行办及5个经济实体和工行系统12个行办的资产、负债、损益进行审计，查出各类违规行为金额9400万元，发现两起涉嫌金融诈骗犯罪线索。

企业审计　对12户国有企业资产、负债、损益情况进行审计，查出违纪违规金额10150万元。

受表彰情况　1999年共有1个审计项目被审计署评为优秀，14项审计工作（项目）被省审计厅评为优秀，9人次受到市委市政府记功、嘉奖。

【济宁市市中区审计局】

同级财政预算执行审计　1999年同级财政审计共查出违纪违规金额1200万元，增加财政结余220万元。

经济责任审计　根据中央两办《规定》，对13个部门单位主要责任人任期经济责任进行了审计。本着实事求是、客观公正的原则，在审深、审透的基础上，揭露存在的问题。共查出违纪违规金额730万元，查出“小金库”143.7万元。通过开展任期经济责任审计，收到较好的效果，为选拔使用干部提供了真实可靠的依据。

完成区政府交办的审计任务　与纪检、公安、监察机关紧密配合，利用审计手段，对本区保险处进行审计，通过内查外调，彻底查清了197万元劳动保险金额被骗的来龙去脉，此案已向司法机关移交。

【济宁市任城区审计局】　1999年底共有干部职工11人，其中：大学文化6人；大专4人；局长1人，副局长3人；设有人秘科，行政事业财政金融审计科，工交商贸企业科，固定资产投资科，法规复核科等机构。

审计成果　1999年共完成项目17项，查出违纪违规金额7045万元，应交财政入库金额80万元，已全部入库。全年促进增收节支38万元。纠正地方不合理条规13条，提出审计建议45条，44条被采纳。

预算执行审计　先后审计了一、二级预算单位14个，审计资金总额为4.66亿元，查出违纪违规金额2706.46万元，比去年增长153.4%，追还被侵占挪用资金45.91万元。此外还对东邵乡、喻屯乡、长沟镇财政决算进行了审计。

企业审计　按照年度工作计划，对区亚太集团资产、负债、所有者权益进行了审计，审减资产1277万元，审增负债1461万元，累计亏损3379万元，查出违规金额3118万元，提出合理化建议5条，促进增收节支38万元。

投资审计　对政府宿舍楼竣工结算造价真实性审计，审减值254.9万元，审减率22.1%。此外还审计了富丽华大酒店、种猪场种猪繁育一体化扩建工程，建委系统养老保险金征管用情况、房地产开发公司的财务收支。

领导交办的事项　完成了区劳动、人事、农村养老保险、公费医疗等机构的财务合并交接工作。及时参与农民上访涉及村级财务的审计查证工作。积极配合市纪委搞好粮食执法检查工作，配合市审计局对信用社、工行、建行的审计和对流通企业潜亏调查。

《审计法》颁布五周年纪念活动　充分利用广播、电视、报刊等新闻媒体，广泛宣传《审计法》，分发《审计法》单行册，设立过街条幅进行宣传，营造一个良好的审计氛围。

【曲阜市审计局】　1999年共有干部、职工18人，其中研究生学历2人，本科4人，大专5人，局长1人，副局长3人。设有办公室、财政金融审计科、商粮贸审计科、工交审计科、基建审计科和内审及乡镇审计工作指导站等机构。

审计工作成果　1999年，全局共完成审计项目82个，涉及单位146个；审计总金额8.79亿元，查出各类违纪违规金额2118万元，应上缴213万元，截至年底实际收缴入库177万元。

经济责任审计　全年共对4个部门的领导人进行了经济责任审计，工作中严格按照两办关于经济责任审计的两个《暂行规定》要求，严格程序，慎重实施，并注重审计人员综合素质的提高，客观实际地作出审计评价。

大案要案查处情况　1999年配合上级审计机关查处市公路局贪污案件一起；协同本市纪检、信访部门查处农村群众上访案件一起，并移送检察机关，案件嫌疑人被判处3年有期徒刑。

乡镇审计开展情况　曲阜市于1995年全面建立了乡镇审计机构。1999年13个乡镇审计所共完成审计项目129项，查出违纪资金172万元，纠正账务差错130多笔，提出合理化建议并被采纳164项。有力维护了基层经济秩序，促进了乡镇经济的发展。

【兖州市审计局】　1999年，共审计30个单位，查出违规行为金额2617万元，上缴财政256万元，促进增收节支2143万元，提出合理化建议59条。

同级财政预算执行审计　“同级审”共查出违规行为金额1387万元，上缴财政116万元，促进增收节支373万元。

行政事业和专项资金审计　共审计13家行政事业单位，并对城建资金进行了专项审计，查出违规行为金额1191万元，上缴财政131万元。

发现大案要案线索　全年向检察机关移交大要案线索1起，检察机关已立案侦查。配合纪检监察机关查处了有关违纪问题：7人受到了党纪、政纪处分，1人受到撤职处分。

经济责任审计　1999年共对2名机关事业单位及国有企业的

领导干部进行了任期经济责任审计。

完成领导交办的各项审计任务　根据济宁市审计局的统一安排，抽调骨干人员配合市局圆满完成了对12个县市区工商银行和检察院的审计工作。在本市粮食审计监察、基金会清理、供销社挂账清理工作中，抽调骨干人员进行积极配合，达到了预期目的，得到了市政府、市纪委的充分肯定。急领导所急，配合有关部门圆满完成了企业改革调查、农民负担检查、村务公开检查工作，协助有关部门及时解决了各类上访案件，认真完成了市委、市政府交办的审计任务。

【邹城市审计局】

局机关21人，其中大学学历4人，大专15人，局长1人，副局长4人。设人秘科、行财审计科、内审指导科、基建审计科、企业审计科。

本级预算执行审计　对财政局、地税局、地方国库、教委、建委等13个部门、单位的预算执行及其他财政收支情况进行了审计。依法查处了一批违纪违规问题，并针对审计发现的问题，提出了30多条审计建议和意见，受到有关部门重视。

企业审计　对9家市属重点企业进行了审计。在对某济宁市属企业进行审计时，查出该企业漏缴、欠缴税款167万元等问题，同时发现两起涉嫌侵占国家财产的案件线索，及时移交司法部门处理。

投资审计　加强了对重点城建项目的竣工决算审计，降低了工程造价，节约了建设资金。如在对某一市政工程进行审计时，承建单位提报工种造价为3185万元，经严格审计，工程造价审定为2246万元，净审减939万元，审减率29.5%。

审计宣传　认真组织开展了"纪念审计法颁布实施五周年"活动。市人大主任、市长分别在《邹城日报》上发表了署名文章，在《邹城日报》上刊发了审计局领导答记者问和《邹城市审计局公告》，邹城市电视台制作了专题片。大力宣传了审计工作的重要性及审计法颁布实施五年来审计工作取得的成绩，在社会上引起很大反响。

工作成果　1999年完成项目37个，应上缴财政496万元，已收缴340万元，追还被侵占挪用资金588万元。

【金乡县审计局】　共设7个科室，编制17人。1999年度审计单位29个，查出违规行为金额2275万元；应上交财政105万元；已上交财政100万元，其中罚款77万元；提交审计工作报告、信息28篇。

预算执行和财政收支审计　1999年度对6个预算执行单位进行了审计。查出违规行为金额117万元，应上交财政金额28万元，已上交财政金额28万元；对5个乡镇的财政决算进行了审计，查出违规行为金额820万元，应上交财政12万元，已上交财政10万元。

经济责任审计　对2个乡镇4名党政一把手进行了经济责任审计，为组织部门任免干部提供了有力依据。

《审计法》颁布实施五周年纪念活动　县长发表电视讲话，肯定审计工作成绩，强调审计工作的重要性。在《金乡大众报》上发表局长署名文章，对重大审计活动进行通报，扩大了审计影响，树立了审计权威。

计算机辅助审计　在固定资产投资审计中积极开展计算机辅助审计，1999年审计基本建设项目3个，审计总金额1020万元，核减工程结算金额120万元，为建设单位节省了建设资金，大大提高了工作效率。

企业审计　审计单位4个，查出违规行为金额151万元，应上交财政金额24万元，已上交财政金额24万元。对被审计企业提出审计建议8条，促进了企业增收节支。

【嘉祥县审计局】

同级预算执行和财政决算审计　1999年为实行积极财政政策的要求，规范预算内外资金管理，注重审计调查，延伸审计5个单位，查出应缴预算收入、漏税、赤字挂账、逾期周转金13567万元，逾期占用利息3223万元，应收未收回资金17299万元等问题。

突出重点，深挖细找大案要案线索　1999年集中精力抓大案要案，对群众反映的强烈问题，深化审计，冲破层层干扰，一查到底，查出一起伪造单据、冒领钱物等经济犯罪，金额6万余元，两起两名副科级干部挪用、贪污公款案，分别移交纪检、检察部门立案查处。

经济责任审计　对4位经理（厂长）离任和3个单位法人进行离任和经济责任审计，客观评价了离任者及责任者任期经济责任，为组织人事等部门合理使用和监督管理干部提供依据。

《审计法》颁布实施五周年纪念活动　在全县范围内由分管县长发表电视讲话，并对讲话精神以《政务信息》进行报道，扩大宣传和审计影响。

工行、建行审计　为防范金融风险，由市局统一组织对县工行、建行1998年资金运营及资产负债情况进行审计，促使规范资金管理。

【微山县审计局】　1999年共完成审计项目65个，查出违纪违规行为金额895万元，增加财政收入381万元，对违纪单位罚款入库125万元，促进被审计单位增收节支1851万元。

本级预算执行审计　通过审计充分揭示了财税管理中存在的薄弱环节和问题，对地税局违纪问题进行了罚款处理。

经济责任审计　由审计局起草，县委县政府联合行文下发了经济责任审计实施意见，规范了审计行为。

大案要案查处情况　先后配合纪检、监察等部门查出和没收"小金库"6个，收缴处罚8.13

万元，移交纪检监察机关立案查处案件5个，县纪委给党内严重警告处分科级干部1人，批捕副科级干部1人。

【汶上县审计局】 定编35人，实有33人，其中：本科学历2人，大专14人。

同级财政审计 重点审计财政部门管理的各项资金的管理使用情况，摸清了财政预算执行和其他财政收支底数，为政府加强预算管理，人大加强监督提供可靠依据。

查处大案要案工作 1999年向有关部门移交案件1起，涉案人员13人，涉案金额10．5万元。起到了处理一个、震动一片的威慑作用。

工行、建行系统审计 围绕审计方案，突出审计重点，以财务收支损益真实性审计为基础，注重信贷资产真实合规性及其质量审计，注意发现和揭露金融领域的违法违纪案件线索，圆满完成这次审计任务。

计算机审计 本局从实际出发，积极创造条件，加大资金投入和人员培训力度，加强工作交流，积极探索计算机辅助审计路子，计算机辅助审计工作取得了很大发展。

【泗水县审计局】 1999年共有干部、职工22人，其中：大学本科学历5人、大专10人；局长1人、副局长3人、监察室主任1人；设有办公室、综合股、内审股、行政事业审计股、农业资金审计股、企业审计股、基本建设审计股。

审计工作成果 全年共完成审计项目47个，审计总金额81183万元，查出违规违纪金额8164万元，应收缴入库97万元，已交财政95万元，追回被挤占挪用专项资金487.75万元，节省财政开支1059.34万元，促进增收节支962万元，共提交审计报告47篇。

经济责任审计 1999年对县建委主任、农机厂厂长、发源公司经理进行了经济责任审计。

《审计法》颁布实施五周年纪念活动 一是在审计系统内部召开总结大会；二是通过编发审计情况和审计信息，扩大审计工作的影响；三是通过广播、电视等渠道，宣传报导审计工作；四是通过实际工作来宣传审计法；五是向县人大常委会主任办公会汇报《审计法》实施五年来的工作情况。

财政预算执行审计 对本县1999年度税收征收管理情况和财政预算执行情况及其他财政收支情况进行了审计，除审计了县财政局、地税局、县金库外，还延伸审计了县建委、水利局、卫生局、文化局等单位及星村镇黄淮海农业综合开发等项目。

【梁山县审计局】 机构设五股二室：人秘股、经贸审计股、行政事业股、固定资产投资审计股、内审指导股、干部任期经济责任审计室、综合审计室（全额事业单位）共有干部职工24人，其中大学学历5人，大专15人。设局长1人，副局长4人，纪检书记1人，总审计师1人。

1999年，梁山县审计局共完成审计项目52个，查处违纪违规金额2665万元，应收缴入库33万元，促进增收节支210万元。

预算执行和财政收支审计 查实预算执行中税收虚收虚支等问题；对乡镇财政库存现金进行了突击盘存，查实公款私存、隐匿资金等问题，及时进行处理并向县人大、政府写出两个报告。

经济责任审计 高质量地完成了领导干部任期经济责任审计8项，为今后工作积累了经验。

庆祝《审计法》颁布实施五周年活动 扎制了宣传车，组织秧歌队，布置标语，设立咨询服务处，散发宣传材料，县长、局长分别在电视、报刊上发表讲话和文章，效果十分明显，县、市、省、署均作了报道。

【泰安市审计局】

财政审计 1999年全市共组成81个审计组，188名审计人员参加，审计一级预算部门单位87个，延伸审计单位112个，专项审计调查单位14个。查出违规金额21 072万元，提出并被采纳审计建议263条，促进增收节支1 338万元，追还被侵占挪用资金173万元，可增加财政收入2259万元。在搞好预算执行审计基础上，还对两个县级政府和37个乡级政府财政决算进行了审计，查出违规减缓税收、隐瞒转移财政收入、虚列收支、预征下年税款、挪用财政专项资金、违规提高费用标准、私设“小金库”等违纪违规金额2767万元，决定处理处罚710万元，指明纠正2057万元，收缴入库资金69万元。

经济责任审计 全市审计机关共对70个单位的领导干部进行了离任经济责任审计。通过审计，领导干部调任转任的32人、提拔的1人，免职、降职的1人，安排退休的7人。

金融审计 认真开展了对全市工、建两行和信托投资公司的审计；对部分城乡信用社、信托公司、证券经营和18个农村基金会的资产、负债、损益情况进行了审计。查出违纪违规金额近10亿元，账外经营和“小金库”30多个，处理处罚金额1300万元。通过审计，大胆揭露了一些单位弄虚作假等严重违纪违规行为，促进了金融监管。

查处大案要案线索 严肃查处了东平工商银行私设“小金库”80多万元的案件，查处了星光城市信用社严重违纪乱发钱物和账外经营的案件以及信托公司原财务科长侯兴春侵吞公款外逃的经济问题。

企业审计 全市审计机关共对128个工交商贸企业进行了财务收支或资产、负债、损益审计。审计查出违规行为金额38476万元，决定处理处罚5060万元，指明纠正33416万元；收缴财政入库1294万元，促进增收节支2706万元。

重点基建项目审计 市委市

政府确定建设的泰山大街、泰山学院和泰山南路三大重点工程，市审计局作为工程指挥部成员，直接参与决策，并抽出专职干部，参加财务和工程投招标审计监督，实行事前事中事后全过程跟踪审计服务，由于强化审计监督，泰山大街工程建设项目节约资金5000万元，审计部门提出的工作意见建议都被采纳吸收，发挥了积极的作用。

审计科研　由鹿庆福局长主编的《离任经济责任审计》这一近10万字的论著，被中国审计出版社出版发行，该书从理论与实践的结合上，对干部离任经济责任审计的内容、范围、意义、作用、方法、程序、原则和法律责任等方面进行了深刻阐述，已作为审计干部培训教材试用，产生了广泛而积极的影响，推动了离任审计工作的发展。

【泰安市泰山区审计局】　1999年，实有工作人员8人。下设办公室、财金行事审计科、工交商贸审计科。

一年来共完成审计项目43个，查出违规行为金额7767万元，应上缴财政309万元，已上交财政232万元，提出审计建议被采纳75条，促进增收节支，提高经济效益534万元。

预算执行审计　1999年先后对全区11个预算执行单位进行了依法审计，对科技经费、教育经费分别进行了专项审计，并对国税局进行了审计调查，延伸审计和调查了21个部门单位。共查出违规调库、挪用预算资金、虚列支出等违规行为金额884万元，追还财政资金79万元，促进增收节支197万元。

离任审计　全年对11个党政机关主要负责人进行了离任审计。查出挤占挪用、虚列转移、乱收费等违规行为金额422万元。通过审计，平调10人，退休1人。

基建项目审计　全年共对30个基建项目决算进行了审计，审计总投资2019万元，为委托单位节约建设资金291万元，平均核减率15%。

企业审计　先后对7个企业的资产、负债、损益情况进行审计。通过审计，查出成本不实，虚增利润等违规行为金额3803万元。

【泰安市郊区审计局】

预算执行和财政收支审计　1999年共对区直13个部门（单位）1998年度的预算执行和财政收支情况进行了审计，查出漏征漏缴预算收入、挪用专项资金、虚列预算支出等各项有问题资金3063万元，增加财政收入324万元。

乡镇财政决算和金融审计　1999年共对5个乡镇1998年度的财政决算进行了审计，查出虚列财政支出、挪用专项资金、乱收费等违规行为金额743万元，增加财政收入40万元。1999年度还对5个基层农村信用社、一个城市信用社和区投资公司进行了审计，查出虚增利润、多收利息等违规行为金额1459万元，收缴财政金额19万元。

离任经济责任审计　1999年对3个单位的主要负责人进行了离任审计，查出虚增财政收入和利润、损失浪费、私设“小金库”等违规行为金额2198万元。党政部门根据审计结果提拔1人，平调1人，免职1人。

纪念《审计法》颁布实施五周年活动　我局采取出动宣传车、张贴标语、开展《审计法》咨询活动、散发传单、召开专题会议现身说法等形式进行了大张旗鼓的宣传活动，共出动宣传车2辆，散发传单4千余份，参加宣传36人次。

计算机运用　1999年底，配备微机4台，参加各种形式的微机培训班12人次，多数审计人员基本掌握了计算机审计基础知识，并在基建等审计项目中使用计算机审计。

【新泰市审计局】　1999年共审计87个单位（项目），查处违规金额9811万元，应上缴财政880万元，促进增收节支540万元。

经济责任审计　1999年，共完成离任审计项目33个，查处违规金额1993万元。

预算执行和财政收支审计　共审计一级预算单位11个，延伸检查了部分企事业单位。市政府采纳了对科技经费使用管理的审计建议，将科技经费直接拨到使用单位和项目，从而避免了截留挪用现象，并改变了以往点多面广的局面，保证了重点项目经费的落实。审计中还重点检查了上年度预算执行审计处理决定的落实情况，并根据情况提出了进一步改善工作的意见。

廉政建设　实行了局长、副局长、审计组长三级廉政责任制，廉政与业务工作同考核、同奖惩，对审计组工作具有一票否决权。

【肥城市审计局】　1999年共有干部职工18人，下设5个科，即人秘科、行政事业审计科、工交审计科、商贸审计科、外资审计科。全年完成各类审计项目93个，查出违规行为金额6768万元；上交财政286万元。

本级预算执行和财政决算审计　共审计部门单位15个，延伸审计调查单位5个。查出违纪违规行为资金1397万元。并结合被审计单位实际，提出合理化建议45条，帮助促使有关部门单位认真落实整改，维护了国家法律、法规的严肃性。

企业审计　先后对13家工交商贸企业进行了审计，查出违规行为资金3085.4万元。并结合企业改革改制和发展的要求，分析企业管理和效益情况，为企业提合理化建议35条，帮助企业改善管理，健全内控制度，促进提高管理水平和经济效益，为企业走出困境奠定了基础。

离任经济责任审计　一年来，先后对9个部门单位原领导干部进行了离任审计，直接查出虚增利润、虚减利润、偷漏税款，私设“小金库”等违规行为资金1812万元。

【宁阳县审计局】 全年完成审计项目单位86个，查出违规违纪行为金额4590万元，收缴财政337万元，圆满完成全年工作任务。

预算执行和财政收支审计 1999年，县级预算执行审计单位17个，查出违规违纪行为金额1741万元，提出并被采纳审计建议56条、促进增收节支增加财政收入176万元。对7个乡镇的财政决算进行了审计，共审计决算收入3162万元，查出违规行为金额77万元，收缴财政7万元，提出审计建议16条，促进增收节支15万元。

经济责任离任审计 1999年，县审计局完成了8项领导干部离任经济责任审计。

企业审计 1999年，共完成企业审计单位12个，查出违规违纪行为金额194万元，收缴财政80万元。

《审计法》颁布实施五周年纪念活动 为纪念《审计法》颁布实施五周年，县局通过标语、条幅、电视等各种形式宣传《审计法》及其实施条例。为审计工作更好地顺利开展创造了良好的氛围。

【东平县审计局】

1999年，东平县审计局共开展审计项目86个，查出违规资金20206万元，收缴入库364万元，促进被审计单位增收节支973万元，发现并移送经济案件线索2条。

本级预算执行审计 1999年先后审计财政、地税、银行、地方国库等一级预算执行部门7个，延伸审计单位3个，查出违规资金2531.9万元，收缴入库100.2万元。作出审计意见和决定12份。

乡镇财政决算和行政事业单位审计 先后审计了沙河站镇等6个乡镇的财政决算，查出违规资金299.4万元；审计了地矿局等7个行政事业单位，查出违规资金446.2万元，均依法作出了处理。

违法违纪案件线索 发现并向有关部门移送了东平县预算外资金管理局某领导人挪用公款、某乡农村基金会会计侵占公款2宗案件。司法或有关部门均已做出处理。

领导干部离任经济责任审计 先后开展3批22名党政领导干部离任经济责任审计，审计总金额3685万元，查出违规资金512万元，出具离任审计报告22份。

企业审计、固定资产投资审计 共实施企业审计项目7个，查出违规资金744.4万元，收缴入库92.3万元，促进增收节支250万元；开展固定资产投资审计项目7个，查出违规资金31.5万元，为优化投资结构，提高投资效益发挥了积极作用。

《审计法》颁布实施五周年纪念活动 印发宣传材料3000份，召开厂长、经理、部门负责人座谈会2次，县政府领导发表电视讲话1次。

【日照市审计局】

审计工作主要成果 共审计单位271个，查处违纪违规问题42499万元，应上缴财政收入645万元，已上缴财政收入528万元，追还被侵占挪用资金1719万元，节省基建投资3021万元，共为国家增收节支5268万元。

干部离任审计 共对107个行政事业单位的“一把手”进行了离任审计，为各级党委、政府正确评价和使用干部提供了可靠依据，有26名干部得到提拔重用，6名干部降免职。查处公款私存、虚增税收、乱收费、乱罚款、乱摊派等问题10492万元，“小金库”19个，金额1338万元。

查处大案要案 共查出重大案件11起，移交纪检、监察机关案件8起，涉及人员13人，其中，已有1人被逮捕，1人畏罪在逃，2人被开除公职，5人受到党纪政纪处分。

同级财政预算执行审计 共审计48个部门和单位，查出挤占挪用、漏交税金、违规收费和私设“小金库”等问题4347万元，上交财政金额82万元，提出审计建议52条。

企业审计 通过对21个企业的审计，查出了资产不实10057万元，负债不实243万元，损益不实10463万元。

金融审计 共对建设银行和工商银行两个系统11个市县行的资产、负债、损益情况进行了审计，查出少计收入、多计支出、账外资产、漏交税金、私设“小金库”等违纪违规金额9068万元，决定处理处罚4200万元。按照省审计厅的部署，组织了对4个利用国外援贷款项目执行单位的审计，审计项目投资总额447万元，查处违纪问题90万元，追还被侵占挪用资金26万元。

其他方面的审计 一是完成59户重点企业审计，查出虚增利润2909万元，虚减利润111万元，损失浪费18703万元；二是完成社会保障、募集赈灾福利彩票等专项资金的审计，审计总额46237万元，查出挤占挪用、损失浪费等违纪问题10904万元，追回被侵占挪用资金1099万元。

审计调查情况 共完成审计调查9项，提供调查报告及信息107篇，为领导决策提供了可靠依据。

【日照市东港区审计局】

1999年，共完成审计项目40个，审计单位126个，查处违规违纪金额3800万元，收缴财政35万元。

预算执行和财政收支审计 根据《审计法》、《山东省本级预算执行情况审计监督暂行办法》的规定，开展了对区级预算执行和其他财政收支审计。共审计区级预算执行部门13个，查处违规违纪金额572万元，应收缴财政43万元。

领导干部经济责任审计 抽调19人，组成8个审计组，对15个单位17名领导干部进行了任期经济责任审计，查处私设“小金库”2个，金额32万元，违规收费379万元，偷漏税款138万元，以及虚拨经费等问题。

金融、行政事业、基建等专项审计 配合市审计局开展了对市工商银行和建设银行系统的审计。完成石臼农村信用社资产、负债、损益审计；完成了区民政局宿舍办公楼、区林业局宿舍楼等基建项目的审计；完成了民政、人事、劳动养老保险资金审计和建设、教育系统审计，配合市审计局开展了检察院系统审计。

【日照市开发区审计局】 1999年采取四项措施贯彻执行两办规定：一是进一步提高认识。二是完善制度。三是加大宣传力度。先后组织开展了机关副科级以上干部座谈会和干部职工审计法规知识有奖征文活动。关心、重视和支持审计工作的氛围空前浓厚。四是抓好审计决定的落实。凡1998年做出的审计决定，1999年通过审计回访，逐一进行检查。对拒不执行决定的单位及责任人，予以通报批评，情节严重的予以曝光，并作严肃处理，充分发挥审计机关的监督执法作用。

【日照市岚山办事处审计局】

行政事业单位领导干部离任审计 先后组织对19个单位原负责人进行离任审计，审计资金总额2132万元，提出合理化建议87条，审计过程中，严格操作，严把财经政策界限，未发现严重违法违纪行为。

同级财政预算执行审计 我们在认真总结前两年实践经验的基础上，进一步深化了本级预算执行审计，共对财政、税务等部门和所属二、三级预算执行的11个单位进行了审计，查出违纪金额956万元，其中违规拨款36万元，挤占、挪用专项资金300万元，应归还资金300万元。针对财税管理中的一些薄弱环节提出建议，为领导决策提供了依据。

按照工委、办事处领导的要求，本年度对辖区内4个乡镇财力家底情况进行了审计调查。通过对乡镇财政审计和调查，发现存在当年财力收不抵支、财政压力大、财政缺口严重等问题。对完善财政体制，促进乡镇经济的发展起到了积极作用。

【五莲县审计局】 1999年，共完成各类审计项目117个，查出违规违纪金额10412万元，上交财政143万元，促进提高经济效益870万元。

预算执行审计 1999年度预算执行审计，以强化预算管理，提高资金使用效益为出发点，加大审计深度，增强执法力度，取得了显著成效。共审计单位24个，查出各类违规违纪金额3655.60万元，其中：3个组织预算执行部门1491.10万元，11个预算执行部门390.20万元，10个工商骨干企业1774.30万元。

离任审计 全年共完成离任审计52项，其中：党政机关和事业单位49个，企业3个。主要有三个特点：一是采取了有效的审计方法；二是突出审计工作重点；三是重视审计结果的利用。

其他工作 对商业、外贸、建材3个系统进行了行业审计，向县委、县政府写出综合调查报告3篇。对农、林、水、环保、社保、扶贫等九项专项资金进行了审计，查出挤占挪用专项资金390万元，依法进行了处理。审计综合调研工作取得好成绩，1999年被评为全省审计信息工作先进单位。

【莒县审计局】

预算执行和财政收支审计 1999年对6个单位的预算执行和17个单位的财政收支情况进行审计，查出违纪违规金额11675.8万元，对查出的违纪行为依法进行了处理。对审计发现问题提出合理化建议意见45条。

大案要案查处 深入贯彻朱总理“宁可伤其十指，不如断其一指”的指示，加大工作力度，在查处大案上取得突破性进展。1999年查处百万元以上的违纪单位5个，增加财政收入10万元以上单位4个，10万元以上的贪污案件1起，这是建局以来前所未有的。对这些大案要案的查处，切实起到了震慑违法乱纪，警示教育全社会的作用。

经济责任审计 1999年对22个乡镇乡镇长、县直单位负责人进行了离任审计。县政府、人大、干部管理部门根据审计结果进行了人事调整，其中：提拔9人、平调10人、免职3人。

【莱芜市审计局】 全市审计机关完成审计项目129个，查出违规金额41091万元，应上缴财政资金921万元，促进增收节支3151万元，提交审计工作报告、信息102篇，提出审计建议被采纳288条。

本级预算执行审计 市区两级审计机关对28个一级预算单位1998年度预算执行及其他财政财务收支进行了审计，延伸审计了20个二、三级预算单位，审计预算资金12609万元，查出违规金额8534万元，处理处罚366万元，指明要求纠正8168万元。审计情况引起了市委市政府的高度重视，市长对审计结果报告作了重要批示。

金融审计 对工商银行两区支行和市建行1998年度资产负债损益情况进行了审计，查出违规行为金额3272万元，查出“小金库”19.2万元，对防范和化解金融风险起到了积极作用。

离任审计 认真贯彻领导干部任期经济责任审计两个暂行规定，开展经济责任审计16项，查出各类违规行为金额3580万元。

企业审计 对全市37户企业的财务收支及资产负债损益情况进行了审计。认真贯彻十五届四中全会精神，提出了“做好审计监督工作，服务企业改革”的六点意见，为国有企业的改革和发展发挥了积极的作用。

专项审计　对全市企业基本养老保险基金、林业资金及福利彩票发行等专项资金进行了审计，查出违规行为金额833万元。

计算机运用　积极贯彻全省审计机关计算机网络建设会议精神，配备计算机24台，与五部门进行了联网，利用审计软件开展了计算机财政、金融等专项审计。

【莱芜市莱城区审计局】

区委、区政府交办事项　坚持"立足中心、服务全局"的原则，1999年抽调审计人员18人次，参与完成两个村级上访案件的查证，乡镇财政信用资金和农民储金会的清理，粮改、养老保险金情况调查等工作。对区直两个单位负责人进行了离任审计，审计结果实事求是、客观公正反映了离任干部的经济责任，为本区审计监督干部管理进行了有益的探索。

预算执行和财政收支审计　1999年度完成对区财政、地税、国库及5个一级预算执行单位的审计，并适当延伸部分二级预算单位。

乡镇财政决算审计　对7个乡镇办事处进行了审计，在摸清家底同时，重点延伸审计镇机关、教委、民政、计生四个部门，对存在的问题及时提出意见和建议，促进了乡镇财政管理水平的提高。

企业审计　对16户企业重点检查会计信息真实性，摸清财务和资本运营状况，揭露企业资产、盈亏不实等问题。

【莱芜市钢城区审计局】　1999年，圆满完成了年度工作任务，全年共完成审计项目35个。其中，领导交办任务12个，查出和纠正各类违纪违规金额2997万元，直接增加财政收入86万元，促进增收节支585万元。

预算执行审计　对区直预算执行和科技教育资金进行审计，审计报告得到了区人大、区政府的高度评价，切实提高了预算执行水平。组织对2个乡镇政府财政决算进行了审计，改进了乡镇管财用财的方法，审计结果被区委、区政府作为乡镇实绩考核的重要资料。

企业审计　对区内6家重点骨干企业实施了资产、负债、损益审计，突出真实性，着重在资产质量、成本费用、内控制度等方面，加大了帮扶力度，解决了企业一些急于解决的问题，受到了被审计企业的欢迎。

领导交办任务　全年完成领导交办任务12项，占全年任务的1/3，完成了农村财务纠纷，信访，经济鉴定等业务工作，为全区两个文明建设作出了贡献。

【德州市审计局】　1999年全局共有干部职工66人，其中：硕士1人，双学士1人，大学27人，大专25人。局长1人，副局长4人，纪检组长1人。设有办公室、综合科、人事教育科、财政金融科、工交科、商贸科、行政事业科、农业科、投资科、审计管理科、纪检监察室、机关服务中心。

审计工作成果　1999年完成审计单位611个，完成专项审计调查24项，调查单位99个，查出违纪违规金额138109万元。

完成市委、市政府交办任务　1999年共完成市委、市政府交办的审计项目198个，审计单位583个。主要是根据中共中央、国务院"两办"关于《县级以下党政领导干部任期经济责任审计暂行规定》和《国有企业及国有控股企业领导人任期经济责任审计暂行规定》开展了离任经济责任审计。同时，按照"两办"指示精神，会同市委组织部门，制定了《德州市县级以下领导干部任期经济责任审计实施办法》和《德州市国有企业及国有控股企业领导人任期经济责任审计实施办法》，以市委、市政府文件下发各单位。

完成上级下达审计任务　1999年共完成审计署、省审计厅下达的审计任务249个。其中：预算执行119个，财政决算64个，金融审计23个，养老保险基金12个，检察院审计12个，其他项目19个。

内部审计　1999年全市有内审机构813个，内审人员1298人，审计单位6278个，查出损失浪费8047万元，促进增收节支10740万元，提出合理化建议意见11507条。

社会审计　根据省注协统一部署，截止到1999年底全市12个原挂靠审计机关的审计师事务所，全部按规定的时限和要求实现了脱钩改制工作。

【德州市德城区审计局】

完成区政府交办任务　1999年，共完成区委区政府交办的工作任务8项，审计单位125个。

本级预算执行审计　共查出违规行为金额5300万元，其中，应上交财政124万元，已上交财政124万元，上交率100%，有力地维护了财政经济秩序。

经济责任审计　8月在对市东风东路小学负责人离任经济责任审计工作中，审计人员排除干扰、实事求是、依法审计，查出该校负责人任职期间存在严重违法违纪问题，在全区教育系统进行了通报批评。为解决居民上访问题，受区委委托，对辛庄居委会进行了审计。共抽调3人，历时6个月，审计了该单位近二十年的会计账目，查清了事实，为领导据实处理上访问题提供了可靠依据。为纪念《审计法》颁布五周年，在德城报上分15期对审计法进行了宣传。

完成上级下达审计任务　1999年，共完成省、市审计部门下达的审计任务68项，审计单位68个，审计总金额87695万元。

【乐陵市审计局】

财政审计　做好预算执行及财政财务收支审计工作，主要抓了审前培训、审前调查、科学分工、照章审计、如实报告几个环节。

企业审计　以为企业改革服务，促进企业搞活经营，提高企业经济效益为目的，从不同侧面分析和揭露企业生产经营管理中存在的问题，有的放矢提出审计建议，收到了较好效果。

经济责任审计　认真贯彻“两办”暂行规定，注重对一把手的离任审计，重点审计领导干部任职期间财政、财务工作和经济目标完成情况，遵守国家财经法规情况、廉政状况，分清经济责任。审计结果已成为提拔、任命干部的重要依据。

舆论宣传　认真组织了《审计法》颁布实施五周年的宣传，并组织召开了全市各单位主要领导参加的审计工作座谈会，系统地学习了审计法及相关法规。

【禹城市审计局】

本级财政预算执行情况审计和乡镇财政审计　本着“两查两审一结合”的工作思路，除对财税部门审计外，还审计了9个一级预算单位，并延伸到基层，查出了收支存在的问题，提出了完善的管理制度，制定了宏观调控措施。重点对6个乡镇财政决算和“三提五统”资金的收缴、使用和返还情况进行了审计，减轻了农民负担，规范了乡镇财政管理。

企业和基建审计　1999年对11家市属企业进行了财务收支审计，提出合理化建议106条，促进企业增收节支388万元。及时对24个基建项目进行了开工前审计，审计总额4820万元，完成基建项目决算审计38个，审计工程造价5826万元，审减884万元。

离任审计　认真组织了对8个乡镇的党委书记、乡镇长的经济责任审计和19个乡镇的债务清理工作。

对非银行金融机构的审计　在对乡镇农村信用社财务收支进行审计中，重点对信贷资产质量、负债结构、支付能力和控制结构进行分析和评价，加强了经营管理。

【陵县审计局】

财政审计　在继续贯彻“账户入手，下审一级”审计方法的同时，有重点地跟踪审计重要问题和大额资金，并注意抓好“两个结合”，即：同级审和财政决算相结合；财政审计和其他专业审计相结合。初步探索了深化财政审计的新路子。

离任审计　积极贯彻两办经济责任审计办法，对1999年离任的县级以下主要领导干部，有重点地进行了经济责任审计，并及时向县委、县政府领导和组织人事部门提供审计报告，为正确评价和使用干部提供了依据。

金融审计　以促进防范和化解金融风险为重点，对4个资金多、信贷规模大的乡镇农村信用社进行了审计，对资金充足率不足和形成不良资产等问题做出了严肃处理，并提出了有效的建议，维护了正常的金融秩序。

农村财务审计　树立审计服务大局的观念，针对因农村财务不清引发的矛盾，在全市开展了农村财务审计，化解了干群矛盾，融洽了关系，为全县的社会稳定做出了贡献。

【宁津县审计局】　1999年共完成审计项目51项，审计单位118户，完成专项审计调查项目2项。查出违规金额11539万元。共提交审计工作报告、信息63篇。

完成县政府交办任务　全年共完成党政领导交办任务6项，审计单位67个。其中，1999年2月份，受县政府委派，用一周时间圆满完成了对县面粉厂资产、负债及损益审计。由于工作出色，受到了县长的高度称赞。还同监察、财政等部门密切配合，完成专项检查审计任务3项，检查单位31户。

完成上级下达审计任务　1999年共完成省、市审计机关下达的审计任务45项。在审计中，突出审计重点，进一步加强与深化县财政预算执行情况审计，查出违规金额1165万元。

【齐河县审计局】　在职干部15人，全部为大专以上学历。局长1人，副局长4人。下设办公室、财政金融审计股、行政事业审计股、企业审计股、基本建设审计股、体系指导股。

1999年共完成审计项目60个，审计金额30786万元，查出违纪违规金额19786万元，上缴财政收入112万元，完成基本建设投资审计3802万元，为建设单位节约资金618万元，协同有关部门查处经济案件1起。

对1998年预算执行和财政收支进行了审计，审计一级预算单位9个，占一级预算单位的30%，审计预算金额5600万元，占预算单位金额的50%，对发现违背《预算法》及总预算会计制度的问题及时提出了整改意见，受到人大及县政府的好评。

经济责任审计　1999年对21个党政企主要负责人进行了离任审计。

纪念《审计法》颁布实施五周年　组织有关部门和财会人员召开座谈会和举办培训班，发放宣传材料3000份，深入研究和探讨加大执法力度、依法审计的有效办法，为净化经济环境，促进廉政建设起到综合监督作用。

【武城县审计局】　1999年底共有干部职工19人，其中：大学学历2人，大专15人，局长1人，副局长5人；设有办公室、财金科、企业科、行政事业科、基建科等机构。

审计工作成果　1999年共完成审计项目40个，审计单位131户；完成审计调查2项，调查单位62个；审计资金总额321259万元。共查出各类违纪违规金额10160万元；审计罚款56万元；上交县财政321万元；共提交审计报告信息52篇。为被审单位提出审计建议累计102条，促进被审单位增收节支255万元。

完成县政府交办任务　全年共完成县委、县政府交办的工作任务4项，涉及审计单位89个。1999年2月根据《山东省机关事业单位法定代表人离任审计条例》，组织全体审计人员对全县5个乡及29个行政事业单位进行了领导干部离任审计。

完成上级下达任务 1999年共完成省、市审计机关下达的审计任务36项，审计单位42个，占计划的112%，审计资金额213345万元。各项综合指标呈逐年上升趋势。

【庆云县审计局】

财政审计 突出税收征管、专项资金的使用、预算外资金的管理等审计重点，通过摸清家底，揭露问题，促进管理，充分发挥财政审计的作用。

经济责任审计 在本县实行党政领导干部、厂长（经理）任期经济责任审计，以树立审计权威，发挥审计监督。经过审计，分清经济责任，然后再安排上任，使离任审计达到真实目的。

【平原县审计局】

本级预算执行审计 1999年本局重点审计了财政局、地税局、县金库及8个一级预算执行单位预算执行情况，对10个重点企业的纳税情况进行了延伸审计。审计中，通过制定方案、改进审计方法，查出违规虚列预算支出、截留农业税及附加减免、应拨未拨专项资金及违规多头开户等资金2555万元。

企业审计 1999年对10个重点骨干企业和6个股份制企业进行了审计，审减资产7963万元，审减负债2334万元，审减所有者权益5627万元，审减利润393万元。

【夏津县审计局】 1999年共有干部、职工20人。其中大专以上学历占68%，获得审计师、注册会计师资格的占48%。一年来，共审计51个单位，纠正违规行为金额5700万元，促进提高经济效益578万元。

本级预算执行和财政收支审计 1999年重点审计了财政局、地税局、县金库及8个预算执行单位和6个乡镇的财政决算，主要查出挪用专款平衡预算或用于部门经费、虚列支出和挤占统筹、将预算内资金转预算外等问题，对违反财经法规的问题，依照有关法律法规分别做了处理。

金融审计 首先，通过对3个农村信用社的审计，查出违规多收利息、漏交税金等问题，并做出了收缴入库30万元的审计决定。其次协助上级审计机关审计了建行和工行。

干部离任审计 对全县19个乡镇33名乡镇党委书记和乡镇长任期经济责任进行了审计。通过审计，针对查出的问题，提出加强管理的建议35条，纠正违纪金额2069万元，这次审计对上级和有关部门全面考核和正确评价乡镇领导干部起到了一定作用。

【临邑县审计局】

本级预算执行情况审计 1999年共审计了财政、地税、国库及4个一级预算单位，查出违规行为金额236万元，保证了预算执行审计的真实性。

纪念《审计法》实施五周年 利用学习时间，在全局开展了《审计法》颁布实施五周年座谈会，审计人员搞项目审计，先组织内审人员学习《审计法》及相关法律法规，加强对《审计法》的宣传力度。

竣工决算审计 1999年依法对两个未办理开工前审计手续的建设单位，进行了严厉处罚。同时，按照县政府领导安排，对师范附小教学楼、司法局办公楼、县文化广场和迎宾路等县财政投资项目的竣工决算进行了审计。

企业审计 对恒源石油化工集团有限公司1998年效益情况和临邑县电业公司、洛北春酒厂、生资公司、盐业公司、瑞丰面粉厂、外贸公司、华泰农机有限责任公司等企业1998年度的资产、负债、损益情况进行了审计，同时，对临邑县洛北大厦和金属公司进行了企业改制前后运营情况审计调查。

【临沂市审计局】

预算执行审计和行政收支审计 1999年全市共审计财政、地税、国库等215个预算执行单位，依法查处各类违纪违规资金18279万元，收缴财政违纪资金5982万元，追还被侵占挪用资金2332万元，对违纪行为实施罚款211万元。

大案要案审计查处情况 全市共查出和移交经济违法犯罪案件47起，涉案人员86名，已查实的涉案资金达1300多万元；其中向司法机关移交案件21起。目前，已立案37起，结案16起，受党纪政纪处分的17人，有5人被依法追究刑事责任。

经济责任审计 市委、市政府出台了《关于对领导干部实行任职审计加强监督管理的试行意见》及三个实施办法；全市12个县区成立了经济责任审计机构，配备了专职人员。全市共对135个单位负责人进行了离任审计，查出违规行为金额7893万元，其中虚报隐匿利润214万元，私设“小金库”9个、金额253万元。审计后调任转任退职的64人，免职的17人，受到各级领导和社会各方面的好评。

工行、建行系统审计 共查出各类违规行为金额1.69亿元，收缴财政及罚款554万元，查出并移交司法机关金融违法案件2起。

《审计法》颁布实施五周年纪念活动 12月23日，召开了审计法实施五周年新闻发布会，市直有关部门负责人、各新闻媒体记者、特邀审计员共100多人参加了会议。市审计局局长全面介绍了审计法颁布实施5周年来临沂市审计工作取得的成效。

【临沂市兰山区审计局】

预算执行和财政收支审计 本年度预算执行审计总金额21345万元，查处违规违纪金额3219万元，收缴罚没款105万元。其中，计划外生育费审计报告引起党委、政府的高度重视，并决定在全区进行计划外生育费

大检查，为加强计划生育人口管理，规范计划外生育费的征、管、用提供了可靠资料。

工行、建行系统审计　在临沂市审计局的统一组织下，对工行兰山支行、建行兰山支行和兰山区农村信用联社资产、负债、损益进行了审计。仅用20天就完成了审计任务。

大案、要案审计　全年向纪检、监察和司法机关移交涉及贪污、私分、收受贿赂等案件8起，涉案人员41人，副科级以上干部6人，占全市移交大要案总数的21%。

经济责任审计　1999年度有重点地对4名离任的正科级干部进行了任期经济责任审计。

区委、区政府交办工作　一是对全区社会养老保险、医疗卫生保险、行政事业单位养老保险进行了就地审计；二是参加了全区农村基金会的清理工作；三是对8个投资公司进行了审计清理；四是围绕区信访工作重点，组织了对12个农村和企业群众上访案件的审计；五是先后两次参加了全区计划外生育费的清理清查工作；六是利用一个月时间对全区23家重点工业企业1－8月份经营状况及财务报表真实情况进行了审计调查。

【临沂市罗庄区审计局】
1999年，共完成审计项目38个。其中：本级预算执行审计14个，乡镇财政决算审计4个，行政事业审计4个，金融机构审计3个，工业企业审计7个，专项资金审计1个，基建项目审计2个，审计调查项目3个。审计金额9.29亿元，共查出违纪违规金额2324万元，上缴区财政86.8万元。并对28个区直部门主要负责人的任期经济责任进行了审计。同时联合区纪委、监察、信访等部门查出各类经济案件5起，其中移送司法机关3起，为社会稳定发挥了积极作用。

预算执行审计　1999年，共完成预算执行审计14个，并对24个二、三级预算单位进行了延伸审计。审计资金总额5.3亿元，查出违纪违规金额1604万元，上缴财政56.2万元。

乡镇财政决算审计　1999年，共完成4个乡镇财政决算审计。审计资金总额1.78亿元，查出违纪违规金额118万元，上缴财政19万元。提出审计建议11条，提高了乡镇财政管理水平。

企业审计　1999年，共完成改制企业审计4个。针对个别企业存在少提税金、成本计算不准确、内控制度不完善等问题提出了改进建议并依法给予经济处罚11.6万元，从而保证了全区工业企业的持续健康发展。

金融审计　1999年，共完成金融审计3个。其中：工、建两行共审计资金总额12.4亿元，查出违纪违规金额562万元，促进增收节支70万元。

【临沂市河东区审计局】

预算执行和财政收支审计　1999年共审计了区财政、地税、国库等12个预算单位，延伸审计了27个基层单位。同时对科技教育经费的安排使用情况、电视新闻出版、农业水利资金进行了专项审计。查出违纪违规行为金额850万元，查出某单位“小金库”57万元，增加财政收入235万元。区政府、区人大对预算执行审计报告给予了充分肯定。同时，开展了4个乡镇财政决算审计，查出违规金额663万元，增加财政收入138万元。

经济案件审计查处　1999年，共向司法、纪检机关移交3人。查处某单位会计人员利用职务之便，贪污公款20458元，另一名会计人员贪污侵占公款34781元。以上两人已被立案查处。查处另一单位会计人员利用重复报账方式侵占公款40000元，已被纪检监察机关落实处理。

经济责任审计　全年共完成领导干部离任审计项目6个，延伸审计单位17个，审计资金9626万元，查处违规违纪金额478万元，账外资金65万元。

【沂南县审计局】　1999年底共有干部、职工21人。其中：大学学历5人，大专13人，局长1人，副局长3人，纪检组长1人。设有办公室、财金科、企业科、基建科、审计管理科。

审计工作成果　1999年，共完成审计项目86个。审计单位342户；完成审计调查3项，调查单位23个；审计金额76308万元。共查出违纪违规金额6650万元。上缴县财政176万元，共提交审计报告86篇。

预算执行和财政收支审计　对1998年度县级预算执行和其他财政收支情况进行了审计，查出违纪违规金额1202万元，提出合理化建议25条，促进增收节支228万元。

经济责任审计　完成了经济责任审计项目28个，查出违纪违规金额650万元。审计后，单位主要负责人晋升6人，平调21人，免职1人。

完成县政府交办任务　1999年，共完成县委、县政府交办的工作任务36项。

完成上级下达审计任务　1999年共完成省、市审计部门下达的审计任务50项，审计单位186个，审计金额65427万元。

【郯城县审计局】　1999年底，有38人。其中：大学学历5人，大专20人，局长1人，副局长3人；机构设置有：办公室、离任审计办公室、财政金融审计科、行政事业审计科、工交商贸审计科、基建审计科、审计管理科等机构。

1999年，受县委组织部的委托，对29个部门和单位的领导干部进行了离任审计，共查出违纪金额406万元，针对查出的问题，依法进行了处理，并将审计结果上报了有关部门。

【沂水县审计局】　1999年，共完成审计项目84项，查处违纪金额4958万元，上缴财政222万元，追回被侵占挪用资金144

万元，促进被审计单位增收节支256万元。为维护经济秩序，严肃财经纪律，促进经济健康发展发挥了积极作用。

经济责任审计 全年共对37个离任的主要负责人进行了审计，其中，乡镇党委书记17人，县直部门负责人20人。

同级财政预算执行审计 在审计县财政、地税、国库的同时，抽审了县教委等8个一级预算单位。

金融审计 对工商银行、建设银行和12家地方非银行金融企业的资产负债损益情况进行了审计。重点查处了隐瞒收入、虚增利润、资产负债不实等问题，为防范化解金融风险，促进完善内控制度发挥了积极的作用。

其他审计 一是对10个乡镇1998年度的财政决算进行了审计；二是对部分县属国有企业的资产负债损益情况进行了审计，对县属流通企业和县属工业企业体制改革情况进行了审计调查；三是对12家行政事业单位进行了财政收支审计。

大要案审计 全年共查处大要案三起，已分别移交纪监机关和检察机关处理。其中，查出的沂水三中主管会计采用伪造单据，摹仿领导人签字，转移资金等手段，涉嫌贪污公款的问题，已被移交检察机关并立案侦察。

【苍山县审计局】 截止到1999年底共有干部职工31人。其中：大学学历6人，大专学历14人；中级职称17人；局长1人，副局长3人；设有办公室、干部离任审计办公室、复核科等科室。

审计工作成果 1999年共完成审计项目64个，审计金额36862万元，共查出违纪违规金额6076万元，上缴县财政330万元，审减高估冒算为国家减少投资109.7万元，提交审计报告64篇，被领导批示6篇。

预算执行和财政收支审计 1999年全县共审计财政、地税、国库等15个预算执行单位，依法查处各类违纪违规资金370万元，应缴财政120万元，已入库100万元，促进增收节支20万元，提出改进管理建议35条。

大案要案审计查处情况 按照县委、县政府的要求，对鲁南特种水泥厂的资产负债情况进行了审计。共查出资产不实2745万元，负债不实4246万元，盈亏不实6994万元，累计虚报产品产量74138吨，虚报销售收入1256万元，骗取奖金3万元等违法违纪事实。移交检察院案件2起，其中1人被依法追究刑事责任。

经济责任审计 全年共完成领导干部经济责任审计6项。

《审计法》颁布实施五周年纪念活动 县审计局与县委宣传部、县电视台联合举办了《加强审计监督，促进经济发展》专题节目；组织召开了有人大、政府、纪检、监察、政法委、财政、公安、检察、法院等单位参加的“严格审计执法，强化审计监督”座谈会。

【费县审计局】 1999年共完成审计项目70个，查出各类违规行为金额10297万元，上缴财政136万元，查出并移交违法、违纪案件5起，促进被审计单位增收节支金额760万元。

预算执行和财政收支审计 共对13个一级预算单位及其所属的16个基层单位预算执行和其他财政收支情况进行了审计，共查出违规行为金额6571万元。

大案要案审计查处情况 共查出俊景食品有限公司、梁邱镇信用社等5个单位违法、违纪案件，先后移交司法机关和纪检、监察部门处理，其中：3人被依法逮捕，2人受到党纪、政纪处分。

经济责任审计 客观评价了领导干部的经营业绩和经济责任，并对1名有违纪问题的部门负责人移交纪检、监察部门处理。

工行、建行系统审计 通过对工、建两行的审计，共查出违规行为金额739.1万元，为金融部门加强内部管理，防范和化解金融风险发挥了监督保障作用。

《审计法》颁布实施五周年纪念活动 召开座谈会、利用审计报刊、审计信息、组织参加专题知识竞赛等形式进行广泛宣传。

【平邑县审计局】 1999年共完成审计项目76个，延伸审计单位268个。查处违纪违规金额16848万元，处理处罚上交财政146.8万元，促进财政增收966万元，提出合理化建议316条，为被审计单位做实事、好事216件。

本级预算执行审计 全年共审计了县财政局等11个一级预算执行部门，延伸审计单位16个，并重点安排了对排污费、教育科技经费等专项资金的审计。查处各类违规行为金额3412万元，增加财政收入151万元。

工交企业审计 共对县交委等9家工交企业进行了审计。

行政事业审计 在对12个项目的审计中，突出加大了对重点专项资金、重点单位和群众反映强烈的热点、难点问题的审计力度。在中小学收费审计项目中，共对全县23所中小学进行了审计，查出违纪金额2739万元。

基建项目审计 全年共实施开工前审计59个，压缩计划外投资300万元。开展基建审计项目5个，审减资金52万元。

经济责任审计 共开展离任审计9项，查出各类违规行为金额4316万元。审计后被审计对象提拔重用2人，平职调动5人，降职和免职2人。

【莒南县审计局】

预算执行和财政收支审计 审计一级预算单位18个，二、三级预算单位21个，并对排污费、科技教育经费和环保资金进行了专项审计。查出违规违纪金额878万元，收缴财政43万元。

1999年还对8个乡镇财政决算情况进行了审计，延伸审计了

24个乡镇直部门，纠正违规违纪金额235万元，对加强乡级财政财务管理起到了积极的作用。

大案要案审计查处　1999年审计查出并移交司法部门经济案件5起，涉案人员8名，已查实涉案资金320万元。其中，涉嫌贪污犯罪金额95万元。

干部离任审计　1999年对县政府办公室、县建委等21个局级行政事业单位主要负责人离任进行了审计，查出私设“小金库”、乱收费、滥发钱物等违纪违规金额476万元，分别出具了审计意见，实事求是地作出评价，为县委、县政府和组织部门管理使用干部提供了可靠的依据。经审计，有4人被免职，有5人被降级降职。

【蒙阴县审计局】

预算执行和财政收支审计　1999年对县财政、地税、金库和17个一级预算执行单位进行审计，结合同级审对环保资金、科技教育经费和广播电视新闻出版部门的财务收支等进行专项审计。共查处违规行为金额1012万元；对4个乡镇的财政决算进行了审计，促进乡镇财政管理规范化。

大案要案审计查处　在对外经委主要负责人任期经济责任审计中，查出挤占挪用专项资金300余万元，移送纪委、监察机关处理，并被检察机关立案侦察。

经济责任审计　全年共对15名副局级以上主要领导干部进行了离任审计，查处违规行为金额1359万元，对离任干部进行了客观公正的评价，为组织部门考察使用干部提供了真实可靠的依据。

企业审计　对1户企业进行审计，调减资产总额435万元，调增负债总额87万元，调减所有者权益522万元，查出潜在亏损579万元，认定资不抵债1101万元。

【临沭县审计局】　1999年共完成审计项目108个，审计总金额14亿元，查出违纪金额8212万元，应上交财政金额115万元，罚款94万元，促进增收节支250余万元。移交检察机关处理案件1件。提交专题报告39篇，有1篇报告被省委书记批示。有2篇专业论文在《中国审计报》和《山东审计》上发表，起到了为政府决策提供依据和当好领导参谋的作用。

本级预算执行审计　共查出违纪金额989万元，追还被侵占挪用资金24万元，收缴罚款及税款22万元。从而严肃了财经纪律，有效地维护了审计监督的严肃性。

金融审计　共查出违纪金额713万元，其中利润不实508万元。

【聊城市审计局】

预算执行和财政收支审计　1999年共审计18个一级预算单位，查出违规行为金额5786万元，应上缴财政947万元，提出审计建议被采纳34条。开展了两个县市的财政决算情况审计，规范了县级财政管理，维护了国家的政令统一。

大案要案审计查处　在查处大案要案线索方面取得了较大突破，仅东方电子集团一项审计，就向司法机关移交20人，其中逮捕7人，采取强制措施13人。

经济责任审计执行情况　遵照中办、国办的两个暂行规定和山东省离任审计条例，开展了经济责任审计工作，为明晰领导干部任期内经济责任和正确评价、使用干部提供了参考依据。

《审计法》颁布实施五周年纪念活动　为庆祝《审计法》实施五周年，组织宣传车在城区和部分县市区进行了宣传，分管市长在电视上作了宣传《审计法》的电视讲话。

工行、建行系统审计　共对工行7个县市支行、市建行及其5个县市支行进行了审计，并延伸审计了40个储蓄所，对严重违规违纪问题进行了揭露，提高了信贷质量和防范化解金融风险的能力。

计算机辅助审计　积极开展计算机辅助审计工作，1999年配置计算机16台，有41人通过了计算机初级考试。

完成领导交办事项　共完成交办事项4项，审计单位35个。组织对市直亏损额在100万元以上的3户国有企业进行了审计，弄清了家底，分析查找了亏损原因，提出了改进建议。对聊城东方电子集团的审计，查出了隐瞒亏损等严重问题，并协助司法机关追回大量赃款、赃物，受到了市政府领导的称赞。

聊城市审计机关工作成果表　　金额单位：万元

单　位	审计工作成果				
	审计单位	违规金额	应交财政	已交财政	促进增收节支
聊城市审计局	62	29332	1659	578	2458
东昌府区审计局	61	7882	721	140	
临清市审计局	74	9868	233	106	392
东阿县审计局	49	8585	187	39	
茌平县审计局	52	3010	101	39	10
阳谷县审计局	56	7079	280	33	188
莘县审计局	41	4686	168	11	
冠县审计局	63	3351	262	119	472
高唐县审计局	40	2506	16	5	

【聊城市东昌府区审计局】

预算执行和财政收支审计　1999年审计了11个单位，延伸审计24个二、三级单位。查出违规行为金额2821．89万元，提出合理化审计建议23条。按时提交了审计结果报告和审计工作报告。审计了13个乡镇办事处。查处违规行为金额759．77万元，上缴财政资金32．75万元。

经济责任审计　完成审计项目27个。区委、区政府决定撤销原区一轻、二轻、机械电子总会及区经济委员会，合并为经济工作委员会。本局接受委派，核实了4个撤销单位的资产，分清了责任，为区委、区政府机构改革决策提供了参考依据。

企业审计　对6个企业实施审计，查处资产不实1660．4万元，虚增利润2481．52万元，虚减利润69．77万元。

运用计算机辅助审计　现有微机16台，配置了“财经审计法规库”、“基建审计系统”、“审计工作底稿”、“审计数据采集分析软件”等应用软件，先后选派8名同志参加微机培训，并有14名同志先后通过了国家审计署举办的计算机应用水平考试。

【临清市审计局】

预算执行和财政收支审计　共完成预算执行审计12个，查出违规行为金额1325万元。对22个乡镇办事处的财政收支、债权债务进行了专项审计，查出违规行为金额917．2万元，认定结余家底为总亏空1864．76万元，总债权为3714．55万元，总债务为6354．64万元。

经济责任审计　根据两个“规定”，对6个行政事业单位及企业厂长（经理）任职期间的经济责任进行了审计，查出违规行为金额37万元。

完成交办任务　完成交办任务10项，审计单位24个。对13家企业的销售收入、实现利税等指标进行了审计核实，为领导掌握企业真实经营情况提供了依据。与有关部门共同完成了农村社会养老保险、机关事业单位社会保险和医疗保险移交劳动和社会保障局的工作。

【高唐县审计局】

预算执行审计　1999年的预算执行审计工作主要是突出了重点、适当控制了审计面，揭露了财政预算收支不真实以及部门单位截留、挪用预算资金的问题，有的问题县人大常委会安排有关部门作了专门汇报。

领导干部经济责任审计　在对某企业法人离任审计中，查出经营期间报表不实，潜亏3600多万元的问题，为领导使用干部起到了很好的参谋作用。

《审计法》颁布实施五周年纪念活动　利用一周时间，广泛深入地开展了形式多样的宣传活动，出动宣传车5辆，主要街道悬挂横幅标语20多条，局主要领导在县电视台发表讲话，并在全县广大审计人员当中进行了一次《审计法》及相关知识试卷问答。

【阳谷县审计局】

预算执行和财政收支审计　1999年本着突出重点的原则，对全县14个重点单位进行了审计，查出违规行为金额5566万元，已收缴14万元。提交了审计结果报告和审计工作报告，受到了各级领导的重视。开展了对11个乡镇财政决算审计，覆盖面达50%，审计资金总额13089万元，查出违规行为金额220万元，针对乡镇欠亏赤字2297万元严重问题，提出建议3条，均被采纳。

经济责任审计　开展了干部离任审计10项，审后晋升职务1人，平调3人，免职6人，为县委政府正确评价使用干部提供了重要依据。

政府交办任务　根据政府批转人民来信对卫生防疫站进行了专项审计，揭露了存在的问题，并提出改进意见和建议。参与了木材公司、骆驼巷酒厂的破产清算，粮食经营执法检查、农村基金会的清理、执法执纪机关收支两条线执法检查，减轻农民负担调查及金斗营群众上访事件的调查处理，促进了县委政府重大改革措施的落实。

企业审计　对17户企业进行了审计，查出违规行为金额1077万元，收缴财政5万元，促进增收节支126万元。

【茌平县审计局】

预算执行审计　1999年采取“账户入手，下审一级”审计办法，对县财政局、地税局等10个预算单位进行了审计，查出违规行为金额345万元，其中少征预算收入28万元，虚列支出43万元，应上缴财政16万元。

经济责任审计　认真贯彻落实中办、国办两个规定，按照县政府领导指示，组织专门力量，先后对县肉联厂、酿造总厂法人代表任期经济责任进行了审计，审计后，两位法人代表均调离了原单位。

《审计法》颁布实施五周年宣传活动　为扩大审计影响，增强审计工作透明度，与上级审计机关积极配合，利用宣传车、电视讲话、有线广播等形式，广泛开展了《审计法》颁布实施五周年宣传纪念活动。

企业审计　围绕企业改革，进一步深化了企业审计，全年审计企业11户，查出违规行为金额1877万元，其中虚增利润880万元，转移国有资产310万元，虚减利润67万元，应上交财政金额34万元。

【莘县审计局】

预算执行审计情况　共审计单位13个，查出违规行为金额948．9万元，上缴财政6．65万元，提出审计建议47条，及时提交审计工作报告和审计结果报告。

完成县政府交办任务　为完成县委、县政府交办的农村基金会并入农村信用社工作，抽调13名骨干力量参加了农村基金会清产核资小组，历时半年，为基金会顺利并入农村信用社奠定了基础。为配合企业改制，先后抽调10人参与了4个驻厂工作组，摸清了企业家底，为县委、政府的宏观决策提供了依据。

《审计法》颁布实施五周年纪念活动 县局抽调车一辆，人员5名，配合市局宣传车，在全县主要街道，进行了《审计法》的宣传活动。

【东阿县审计局】

预算执行和财政收支审计 1999年共审计11个预算执行单位，延伸审计单位8个，查出违规行为金额4438万元。并对7个乡镇财政进行了审计，查出违规行为金额1750万元。对违纪违规行为进行了处理，规范了乡镇财政管理。

企业审计 共审计企业10户，查出违规行为金额1610万元，盈亏不实企业8个，占审计企业的80%，盈亏不实金额1313万元。完成了对我县流通企业改组股份合作制租赁经营、兼并、破产等改制运行情况的调查，写出了翔实的审计调查报告，为领导决策提供了可靠的依据。

完成领导交办的事项 1999年完成领导交办的审计事项有12项，审计单位64个。其中县政府交办的预算外资金专项审计，基本摸清了县级预算外资金规模，查实了存在的问题。

【冠县审计局】

本级预算执行审计 1999年全年共完成预算执行项目16个，查出管理资金7256.74万元，处理处罚后上缴财政306.8万元，促进完善财政制度3项。

领导干部离任审计 全年共对6个单位法定代表人进行了离任审计。查出违规金额240万元，并向县委组织部提交了客观翔实的审计报告，为党政领导选用干部提供了重要依据。

《审计法》颁布实施五周年活动 为庆祝《审计法》颁布实施五周年，冠县审计局在县电视台制作播出审计知识讲座三期。12月30日举行了由县人大、县委等五大班子和特邀审计员参加的庆祝座谈会。与会领导对审计机关贯彻执行《审计法》五年来的巨大变化和成绩给予高度评价，并提出"严格执法、再立新功"的要求。

【滨州地区审计局】

"审计质量年"成效卓著 1999年，滨州地区审计局以抓审计人员素质为立足点，制定了科学的百分制考核指标，评选出4个"模范审计组"、3名"审计工作能手"。全年共查处违纪金额3.37亿元，上交财政621万元，查处大要案1起，移交司法机关处理1人。审计项目质量在全省审计系统执法检查中较上年前移8个位次，连续二年被滨州地委、行署、人大工委授予"优秀执法机关"称号。

滨州地区审计系统1999年审计成果一览表

单位	审计单位（个）	查出违纪金额（万元）	上交财政（万元）	实现增收节支（万元）	被上级及新闻单位采用审计报告及信息（篇）
滨州地区审计局	70	33710	621	250	95
博兴县审计局	28	15681	56		
阳信县审计局	43	10640	38		38
滨州市审计局	64	3404	398		20
惠民县审计局	61	1948	35	112	33
无棣县审计局	12	1972	147	47	7
沾化县审计局	44	1050	15		39
邹平县审计局	32	2548	3		27

财政"本级审" 通过预算执行审计，共查出隐瞒转移收入、虚列支出、违规退库等违纪金额5034万元，上交财政收入236万元。

要案查处 在对地区民政局的审计中，通过大量的内查外调，查清了会计科长采取虚构债权、腾挪补空手法，挪用公款69万元炒股票的重大违纪事实。移送司法机关处理后，在社会上引起了很大震动，受到了滨州地区纪检委和检察院领导的称赞。

离任审计 1999年全区审计机关共对588名领导干部实施了离任审计，有84人因政绩突出被提拔，89人被降级降职、免职辞退。在对地直某事业单位领导离任审计时一举查出私设10个"小金库"的违纪事实，受到行署领导的高度关注。

法制建设 在行署普法机构的支持下，在全省率先将《审计法》、《离任审计条例》纳入1999年度全民普法教育计划和科级以上领导干部普法考试重点内容。同时地委、行署发文出台了《进一步加强审计监督的意见》。

培训、科研 1999年有5篇审计论文分获省审计学会二、三等奖，地区审计学会被地区社科联评为先进学会。5人通过高级审计师考试；2人一次通过CIA（国际注册内部审计师）三项考试。

【滨州市审计局】 1999年共完成审计项目64个，其中市委、市政府临时交办审计项目23个，查出各类违纪、违规金额3404万元，其中应上交财政698万元，已上交财政320万元，罚款78万元。

预算执行和财政收支审计 通过审计纠正违纪违规问题数十项，金额130万元。

大案要案审计　1999年，在对市油区办审计中，发现该办所属化工试验中心隐匿销售收入510万元用于基本建设等支出，并存在多头开户、私设“小金库”、违控购置等问题，市政府对审计报告作出重要批示，使审计查出问题按《审计法》等有关经济法规规定进行了处理处罚，在全市产生重大影响。

经济责任审计　精心组织经济责任审计项目23项。

金融审计　对沾化县金融系统工商银行县支行、建设银行沾化县支行1998年度信贷资产状况及经营情况进行了审计。

【邹平县审计局】　1999年度完成县委、县政府交办的任务36项。一是开展经济责任审计，1999年度对12个乡镇和11个县直部门领导干部进行了离任审计，对1个国有企业领导人员进行了经济责任审计。因政绩突出，被提拔任用的3人；因经营不善等问题降职使用的1人、免职的1人。二是围绕热点问题进行审计监督，1999年度先后完成了对全县8处基金会清产核资审计；县直机关兴办示范基地效益审计；两起群众集体上访案件的审计，为县委、县政府决策提供了依据。

财政预算执行和乡镇财政决算审计　审计查出截留预算收入、违规开设过渡专户、挤占挪用财政专款等违纪行为金额980万元，其中一单位私设“小金库”金额达136.9万元。

金融审计　1999年依据上级审计机关的统一部署，完成了对博兴县工、建两行的审计，审计总金额10.26亿元。查出各类违纪行为金额3568万元，应上缴财政金额170万元。

【沾化县审计局】　1999年，认真履行审计监督职责，完成审计项目31个，审计资金4亿多元，查出违纪违规行为金额1050万元，促进增收节支460万元。

本级预算执行审计　将审计重点放在监督财政资金使用方向、合理配置财政资源、提高资金使用效率上。

工、建两行审计　采用了必要的审计程序与方法，审查了资产、负债及损益情况，评价了信贷资产质量，所查违纪金额和入库金额均名列全区第一。

财务收支审计　以真实性审计为重点，增强打假治乱力度。查出“小金库”3个，金额17万元，严肃处理了乱收费、截留财政收入、虚收虚支、偷漏税金等违纪问题。

《审计法》宣传　全局参加审计署组织的审计百题知识竞赛，组织了“我与审计”演讲会和审计业务考试，组织社会有关人士召开了座谈会，扩大了审计影响。

【惠民县审计局】　1999年全年共完成审计项目61个，查处违规违纪金额1948万元。

财政预算执行审计　对5个财政预算单位实施了就地审计，对两个乡镇实施延伸审计。查处隐瞒收入、虚假支出、私设“小金库”等违纪行为资金959.09万元，提出加强预算执行的4条建议，引起县人大、县政府重视。

经济案件审计　查处某企业负责人挪用公款问题，由企业上级单位给予党内警告处分。

金融审计　对工行、建行进行了专业审计，查出违规放贷、高息揽储等问题，有效地防范和化解了金融风险。

经济责任审计　完成物资总公司、检察院等单位主要负责人离任审计。

企业审计　完成审计项目17个，查处资产、负债不实，乱挤乱摊成本等违规金额1500万元。

另外，组织开展了《审计法》颁布实施五周年纪念活动，通过县领导电视讲话、悬挂横幅、张贴标语、散发传单等形式进行了广泛宣传。

【博兴县审计局】　1999年审计工作完成28个单位（项目），查出违纪违规金额15681万元。

预算执行和财政收支审计　完成1998年度本级预算执行情况和其他财务收支审计单位9个，抽查延伸单位7个，查出有问题资金14695万元；完成财政决算、财政收支真实性审计单位8个，查出违纪违规行为金额123万元。促进了政府依法管理财政，维护国家政令统一。

经济责任审计　认真贯彻中办、国办《规定》和省离任审计《条例》，完成离任审计项目2个，得到党委、政府和被审单位好评。

顺利完成异地金融审计　按照全区统一安排，组成审计组赴阳信对该县工、建两行资产、负债、损益情况进行了审计，圆满完成任务。

完成交办任务　统筹兼顾，适当安排，精心组织力量，完成县委、县政府交办的经济指标审核，清产核资，专项检查等单位项目44个。

【阳信县审计局】　1999年对本级预算执行情况进行了审计，查出违纪违规金额555万元，应增加财政收入397万元，完成了4个乡镇财政决算审计，促进完善了财政预算管理。全年共对15位领导干部进行了离任审计，其中：晋升1人，降职3人。按照审计署的统一部署对邹平县工行、建行1998年度资产、负债和损益进行了审计，共查出违纪金额6601万，应上交财政40万元。在企业审计中，对15个企业总公司、企业主管部门及下属企业进行了审计。从账户入手对阳信县工程监理事务所进行了审计，查出“小金库”21.3万元，欠缴漏缴税金11.2万元，对违纪问题，依法进行了处理，加大了执法力度，提高了审计权威。完成了基层供销社股金清理，农村合作基金会清产核算工作。为庆祝《审计法》颁布实施五周年，组织全局干部职工及内审人员进行了《审计法》及《审计法实施条例》知识竞赛活动。

【无棣县审计局】 全年完成审计项目43个，其中离任审计22个，查处违规违纪资金1570万元，应交财政金额166.7万元，已交财政153.7万元。下达审计意见书28份，审计决定15份。提报审计调研信息16篇，其中地级采用6篇，省级2篇，国家级4篇，促进了审计工作由微观审计向宏观调控服务的转变。

审计监督 1999年度，对4个预算单位存在的问题和4个乡镇财政决算中，对挤占挪用、虚增收入、截留坐支的问题进行了揭露，查处违规行为金额945万元，上交财政13万元。专项资金审计和行政事业审计查处违规行为金额405万元，上交财政金额137万元。企业审计查处违规行为金额139万元。金融审计着眼于揭露盈亏不实、资金不实、账外账等问题，指明要求纠正资金347万元，决定处理处罚8.3万元。对22人实行了离任经济责任审计。

审计调查 1999年度，对流通企业改制后的资产质量及运营状况进行了审计调查，出具了调查报告。

审计鉴证中心工作情况 受托审计项目206个，查证总金额18.64亿元，其中核减工程决算267万元，查出资产不实4.3亿元、负债不实3.85亿元、损益不实6.59亿元。

【菏泽地区审计局】 1999年，菏泽地区审计机关共完成审计项目854个，超年度计划31%；查出违规行为金额19.5亿元，应交财政6014万元，已交财政3285万元，促进增收节支金额6616万元。

财政收支审计 1999年全区审计机关共完成各项财政审计项目287个，查出违规行为金额9.05亿元，应交财政2155万元，已交财政1486万元。

企业审计 全区共审计企业104户，查出违规行为金额2.06亿元，收入不实金额3172万元，成本不实金额3676万元，利润不实金额5290万元，有账不实和账外资产104万元。同时，还查出向企业乱收费、乱罚款、乱摊派问题金额2743万元。

金融审计 全区审计机关完成金融审计项目123个，同比增加49个，查出违规行为金额5.5亿元，应交财政1153万元，已交财政583万元，分别比去年同期增加77%、141%和197%。

经济责任审计 一年来，全区审计机关、内审机构和社审组织共完成经济责任审计项目773个，其中审计机关实施115个，查出违规行为金额6962万元。审计后，审计对象晋升职务的6人，调任转任的60人，诫免或免职的15人，被撤职的3人。

组织力量编写了《任期经济责任审计实务》，由中国审计出版社出版发行；应邀参加了审计署在北京召开的七省市干部任期审计座谈会和中纪委等五部委在武汉召开的八省干部任期审计工作座谈会，并作了典型发言；重新修订了干部任期审计文书撰写参考样本，建立健全了干部任期审计项目台账制度，实行了审计质量跟踪追究制、审计项目质量抽审复查制。

查处大要案线索 一年来，仅地区审计局向纪检、监察机关移交严重违纪违规案件19起，比去年同期增加2.8倍。查出"小金库"69个，金额694.6万元。查出假发票236张，金额70余万元。参与了原郓城县委书记田××贪污受贿案、曹县橡胶助剂厂国有资产严重流失案的查处。

一年来，全区审计机关共编发审计工作报告、信息805篇，同比增加242篇；被地县领导批示采用470篇，批示、采用量增加145件，批示采用率为58%。综合各类审计成果形成的32篇有问题、有分析、有对策建议的审计情况汇总报告和专题报告被地委、行署领导批示。

【鄄城县审计局】 鄄城县审计局1999年共完成61个审计项目，查出违规违纪金额20397万元，应上交财政206万元，促进增收节支1038万元。在对县级预算执行单位审计时，共查出违规违纪资金14346万元，向检察院移交案件1例，同时提出42条对策和建议，成为政府运筹经济、人大加强监督的重要依据。借《审计法》颁布五周年之际，采取县领导发表电视讲话，发表署名文章，召开会议，举行座谈会等形式，开展了一系列扎实有效的宣传活动，使社会各界对审计的了解进一步加深，理解进一步增强，出现了欢迎审计和不少单位请求审计的新局面，整个工作又上了一个新台阶。

【单县审计局】

预算执行和财政收支审计 1999年对全县1998年度本级预算执行情况及其他财政收支情况进行了审计，同时对12个预算执行部门贯彻执行《预算法》等有关情况进行了重点审计，查出违纪违规金额1828.9万元。增加财政收入53万元，提出15条改进建议。

大案要案审计查处情况 在对全县37个乡镇的财政收支审计中发现，部分乡镇招待费支出数额较大，向纪检、监察部门移送违纪单位6个。

经济责任审计 对24位县直、乡镇和行政村主要负责人开展了任期经济责任审计，其中有4人被提拔重用，2人受到降免职处理。

《审计法》颁布五周年纪念活动 局领导发表了电视讲话；电台、电视台播放了宣传标语；沿街单位悬挂过路标语18幅；举行了专题座谈会，县领导及有关部门负责人60余人出席；设立《审计法》知识咨询站2个，接待咨询100余人次，县人大主任同审计人员一起上街散发宣传品3万余份，并就如何贯彻执行《审计法》提出明确要求。

计算机辅助审计 新购计算机7台，利用计算机实施基建审计项目3个，财务收支审计项目4个。

企业审计　对18家企业开展了纳税审计调查，查出欠缴税款1562.3万元，县长对综合报告作了重要批示。对2家重点骨干企业开展了财务收支审计，提出强化管理的意见13条。对76家流通企业改革、改制情况进行了审计调查，查出违规金额2195万元，提出加强企业管理的改进建议38条。还对13个基层信用社进行了审计，查出违规行为金额12428万元，提出强化金融管理的改进建议50余条。

其他情况　全年编发《审计信息》、《审计情况》70期，被上级党政部门、审计机关和新闻单位采用61期。

【郓城县审计局】

本级预算执行审计　1999年对县财局组织执行本级预算情况，地税局税收征管情况和12个部门的预算执行情况进行了审计。此外，还对科教经费、环保资金、救灾捐赠款物等其他财政收支情况进行了审计。

经济责任审计　1999年度共对78位党政部门和企业主要领导干部开展了离任经济责任审计，经审计有2人被谈话打招呼、2人诫勉、2人免职。

庆祝《审计法》颁布实施五周年　5月1日组成4个宣传站，到县城主要街道进行《审计法》宣传，共散发传单1万余份，接待咨询50多人次；采取邮寄的方式，把宣传材料送达各个乡镇和主要行政村；县领导发表电视讲话，组织召开了由被审单位参加的座谈会，邀请了部分人大代表和政协委员参加。

企业审计　年内对全县销售收入过500万元的29户企业进行了审计，重点查看了企业资产效益情况。及时提出审计建议和整改措施，完善和规范了企业的内控制度。通过审计帮助企业盘活资金750多万元，增收节支共计43万元。

【曹县审计局】　一是深入开展了本级预算执行情况审计。自1999年3月中旬起，组成3个审计组，对财政、地税部门和地方国库进行了审计，同时延伸审计了10个预算执行单位。共查出各种违规行为金额2484万元，并依法进行了处理。二是1999年，先后对21个单位原主要负责人任职期间的经济责任进行了审计。组织部门依据审计结果，平调2人，提拔2人，内退17人。三是认真搞好《审计法》颁布实施五周年纪念活动。活动期间，审计局长发表了电视讲话，组织张贴标语、悬挂条幅30多条，设立咨询点2个，散发宣传单2000余份；四是积极开展了企业审计。根据年初计划安排，共审计了9户企业，还根据地、县领导的安排，对11户企业进行了综合审计评价。通过审计，共核减利润1604万元，11户企业中，生产成果真实的3家，基本真实的1家，不真实的7家。盈余企业1家，亏损企业8家，亏损额1692万元。

【定陶县审计局】　1999年4月至5月底，对县财政局、地方税务局、县地方国库及9个一级预算执行单位的1998年预算执行情况进行审计，对审计结果分别向县政府、县人大常委会提交了工作报告和审计报告。

6月至8月，对县林业资金、两个企业财务收支及县城建设综合开发公司建设“府后小区”基建工程进行审计。

8月31日，为庆祝《中华人民共和国审计法》颁布五周年，组织全局人员沿街张贴标语、设立咨询台、散发传单宣传讲解《审计法》及有关法规。

9月，对8个乡镇的1998年财政决算情况进行审计，向县政府提交了综合报告。

10月至11月，重点审计了县农村信用社及下辖的七个乡镇信用社。

【巨野县审计局】　1999年共完成各类审计项目112个，为年计划的162%，查出虚收虚支、偷漏税款、挥霍浪费、违控、乱收费乱罚款等违纪金额9656万元，应上交财政198万元，已上交财政191万元，减少财政拨款240万元，促进增收节支539万元。

干部任期审计　1999年全县审计系统共完成经济责任审计项目349个，其中县审计局完成12个，内审单位完成141个，乡镇审计所完成196个，被地区局评为全区经济责任审计先进单位，先后有25个地市县区组织、审计部门的126人来巨野考察学习，此项工作受到了中纪委考察组的肯定。

狠抓“审计质量年”活动　通过召开审计质量专题研讨会，提高了全体审计人员对提高审计质量的认识。出台了《查出重大违纪违规问题实行表彰奖励制度的办法》等一系列制度。去年共查出“小金库”9个，金额339.6万元，其中10万元以上的3个。

乡镇审计　为促进乡镇审计所进一步发展，县审计局代政府起草了《巨野县乡镇审计工作暂行办法》等制度，全县28处乡镇，都建起了乡镇审计所。1999年各审计所共完成各类审计项目432个，查出违纪资金368万元，挽回经济损失129万元。在农民群众中形成了“上访告状，不如找审计所算账”的共识。

【东明县审计局】　1999年，完成审计项目67个，查处违规行为金额18917万元，应交财政金额1103万元，已交960万元，追回被侵占资金136万元，促进增收节支314万元。

预算执行财政收支审计　对县财局、地税局、县级国库及6个预算执行单位进行了审计，共查处违纪违规金额6780万元，向被审计单位提出审计建议13条，及时提交了“两个报告”。

经济责任审计　开展离任审计项目2个，查出违纪违规金额69万元，两个法人代表被免职。

《审计法》颁布实施五周年

纪念活动 县城主要街道悬挂及张贴审计内容过路标语42幅，散发宣传资料7000余份，设立咨询宣传台3个，广播电视播放领导同志讲话2次，起到了较好的纪念宣传作用。

金融审计 1999年对全县11个信用社的资产、负债、损益情况进行了审计，查出不良贷款6385万元，挤占挪用信贷资金1160万元，以及擅自提高贷款利率，违规吸纳存款及偷漏税等问题金额291万元，当年收缴财政资金65万元。针对发现的问题，提出26条建议。

企业审计 1999年对石化厂、棉纺织厂、天源化学公司三企业进行了审计。共查处违规行为金额8160万元，应收缴财政金额864万元，已收缴686万元。针对存在的问题及时提出审计建议10条。

计算机辅助审计 1999年计算机辅助审计项目6个，查处违规行为金额1430万元。

【成武县审计局】 1999年全年共查出违纪金额1649万元，应处罚460万元，提出建议482条，实现增收节支1020万元。

在预算执行审计中，在查出问题，提出建议的基础上，向县人大提交了一份满意的审计报告。在经济责任审计中，共对16名党政机关、企事业单位主要负责人进行了审计，纪检组织部门严格按照审计结果进行了奖惩和任免。在年销售500万元以上企业的审计调查中，我们制订了详细的审计方案，严格实施，共查出偷税金额404万元，其中个人所得税一项竟达134万元，占总偷税金额的33%；部分企业虚增销售收入、虚报利润或少报亏损，甚至虚报上缴税金等问题。其中，有5家企业1998年虚报销售收入5040万元，虚报利润或少报亏损688万元。针对以上所查出的问题，提出6条合理化建议。3条针对性较强的审计信息均引起了被审单位和领导的高度重视，地、县纪委对有关责任人员进行了严肃处理。

河南省

【河南省审计工作简述】 全省有审计机关176个，干部职工5532人，其中，大专以上学历者占60．83%，具有中级以上业务职称者占40．99%。全省审计机关坚持“依法审计、服务大局、围绕中心、突出重点、求真务实”的方针，围绕经济建设中心，积极履行审计监督职能，各项工作取得了明显成效。全年共审计7466个单位，收缴违纪资金6．91亿元，促进增收节支金额3亿元。提交审计工作报告、信息6319篇，被采用3637篇。

审计发现大案要案线索情况 全省共发现大案要案线索50件，其中，已移送纪检、监察机关15件，移送司法机关25件，移送其他部门7件，受到党纪政纪处分5人，被追究刑事责任4人。协助查处案件200余件。通过审计发现和查处大案要案，惩治了经济犯罪行为，促进了党风廉政建设，维护了社会稳定。同时，进一步提高了审计人员发现大案要案线索的技能，摸索出了一套发现大案要案线索的方法。

精神文明建设 全省176个审计机关，全部是文明单位，在77个省级文明单位中，有13个是1999年届满被重新命名的单位，有13个是新命名的单位。全省审计机关继续保持了“文明单位建设先进系统”的称号。

【河南省审计厅概况】 审计厅机关内设14个处室，人员编制203人，实有人员187人。其中，大专以上学历者占85．03%；具有中级以上业务职称的占57．75%。

厅领导成员

厅长：杨万书

副厅长：冯义申

张祥沛

王小烈

审计成果综述 审计厅机关共审计117个单位，查出不少违规行为。通过审计，上缴财政2304万元，归还原渠道资金9099万元，促进增收节支1．09亿元。

财政预算执行审计 全省各级审计机关对财政预算执行审计非常重视，加强了领导，深化了审计内容，严肃查处了应缴未缴上级预算收入和税金、挤占挪用专项资金等违纪违规问题，促进财政部门加强了预算管理。全省各级审计机关如实地向人大全面报告了审计工作情况，提出了改进和加强预算管理的建议，为人大监督预算执行起到了应有的作用。财政决算审计，全省共审计财税部门926个，查处了违规减免税收等违纪违规问题，依法规范了财政收支行为。

金融审计 根据审计署的安排，组织对中国工商银行河南省分行所属186个县级支行、中国建设银行河南省分行及其17个市地分行和83个县级支行1998年度资产、负债、损益情况，对河南证券有限责任公司等53个地方金融机构进行了审计，查出少计、多计收入和支出以及漏交税金、虚增资产负债和所有者权益、信贷资产质量不高 等不少违规违纪问题，处理涉嫌案件14件，涉案金额1．75亿元，对促进金融机构加强内部管理，防范和化解金融风险，都起到了积极作用。

专项资金审计 对24个市地、县（市）农业综合开发资金，28个县扶贫资金，18个行业的企业职工基本养老保险基金和81个单位的地方统筹养老保险基金，89个科技部门的科技经费，18个国际贷援款项目，149个检察院和155个法院进行了审计，查出挤占挪用、滞留抵扣、隐瞒收入、欠征基金以及乱收费等问题，并依法对违纪违规问题进行了处理。对34个县（市）的粮食挂账情况进行了审计调查，为全省粮食流通体制改革提供了依据。专项资金审计为党委、政府领导科学决策、宏观指

导起到了服务作用，一些项目的审计，受到党委、政府和有关部门的高度重视。

企业真实性审计　全省共审计企业1272户，查处了收入不实、成本不实、虚增利润、损失浪费等问题。通过审计，上缴财政税金、罚款1.86亿元，促进增收节支金额7190万元。对20户中外合资合作企业进行了审计，查处了预分利润、外方多分收益、漏缴欠缴各项税金等违规问题，维护了中外双方的合法权益。

固定资产投资审计　全省审计建设项目单位451个，查出大量违规资金，为国家增收节支1.78亿元。涉及全省5市12个县的黄河行（蓄）洪区建设项目的审计，全省中央直属粮库专项资金和18个粮库建设项目的审计，查出挪用或变相挪用建设资金、违规收费、应计未计利息收入、损失浪费等违纪违规问题，并依法对违纪违规问题进行了处理。此外，对省重点建设项目中国神马集团尼龙66盐厂、南阳鸭河口电厂建设项目进行了审计。

经济责任审计　全省审计机关按照中办、国办关于经济责任审计的两个暂行规定的要求，采取有效措施，积极开展了党政领导干部和国有企业领导人员任期经济责任审计。商丘、安阳、三门峡等市地审计机关与有关部门联合制定了开展任期经济责任审计的实施办法，成立了协调领导小组，建立了联席会议制度以及其他有关制度。全省有119个审计机关开展了党政领导干部任期经济责任审计，完成审计项目783个；有99个审计机关开展了国有企业领导人员任期经济责任审计，完成审计项目367个，为党委正确考察、选拔、使用干部提供了重要依据。

内部审计和社会审计　全省内审机构审计单位32200个，纠正违规行为金额107.67亿元，促进增收节支159.83亿元，向司法机关移送案件38件，为保护企业合法权益，促进企业改善经营管理，提高经济效益发挥了重要作用。全省审计师事务所已全部与挂靠的审计机关及其有关行政、事业单位脱钩，改制成为由注册会计师发起的股份制、合伙制会计师事务所。对35家会计、审计事务所的审计业务质量进行了检查，查出1998年度完成的审计业务中有虚假审计报告4份，不合格审计报告103份，促使社会审计组织规范了执业行为。

基础建设　按照省委的统一部署，厅机关和各市地审计局县处级以上领导班子和领导干部，集中三个月时间开展了以“讲政治、讲学习、讲正气”为主要内容的“三讲”教育。审计厅党组针对理论学习、履行审计职责、机关工作纪律、党风廉政建设、思想政治工作等方面存在的问题和薄弱环节，先后修订、完善了16个方面的整改措施，取得明显成效。

纪念《审计法》实施五周年　为了深入宣传贯彻《审计法》，各级审计机关开展了纪念《审计法》颁布实施五周年活动，进一步扩大了审计影响。省审计厅组织召开了由省人大、省政府领导以及部分省直部门和大专院校负责同志参加的纪念《审计法》颁布实施五周年座谈会。会上，副省长李志斌总结了全省贯彻落实《审计法》的情况，对今后如何贯彻落实《审计法》提出了要求。审计厅与河南省电视台联合举办了纪念《审计法》实施五周年文艺晚会。

审计执法检查　在各市地审计局自查的基础上，省审计厅抽调业务骨干组成6个检查组，分别对全省18个市、地级审计机关1998年的审计执法情况、近两年的审计法制宣传教育情况以及审计法制建设情况进行了全面检查。

教育与科研　全省各级审计机关、社会审计组织以及大中型企业和大专院校内审机构中直接从事内部审计工作的578位专业技术人员在郑州参加了高级审计师考试。经审计署统一阅卷，全省116人通过考试，占参考人数的五分之一。为配合高级审计师考试，省审计厅还统一组织了计算机考试，并与人事厅联合进行了外语考试。省科研所共完成6个重要审计科研课题，其中，获全国审计科研三等奖2个；获省级审计科研一等奖1个、二等奖2个。《中州审计》出版12期，发行量4.2万余份。

计算机网络建设和计算机辅助审计　全省18个市地和部分县（市、区）审计机关建立了计算机远程通信网络。参加审计署举办的计算机考试34人，考试合格率为56%。在计算机辅助审计中，审计署《金融审计汇总报表系统》软件推出后，在工商银行、建设银行审计中进行了应用，工作效率明显提高。试行了《外资信息管理系统》，建立了外资项目库。

【郑州市审计局】　1999年完成审计项目494个，查出违法违纪资金18亿元，上交财政2.6亿元，促进增收节支4758万元，提交审计工作报告、信息532篇，被各级采用245篇次。

主要开展了市本级预算执行情况审计；法院、检察院系统审计；养老保险基金、教育资金、养路费的征收管理、赈灾福利彩票、科委系统的科学事业费、农业综合开发资金等专项资金审计；嵩岳集团股份有限公司等9家工商企业财务收支真实性审计；滨河公园、郑州南三环工程等重点建设项目的竣工决算审计；世界银行贷款“疾病预防”项目公证审计和国际组织援款项目—中国—欧盟奶业和食品加工业的技术及商务合作项目审计；郑州建行所属的6个县支行和建行新乡分行的资产、负债、损益审计。

发现大案要案线索　全市审计机关认真贯彻落实朱总理重

要指示，加强对重点单位、重点专项资金的审计监督。发现案件线索15起，移送司法机关案件11起，移送纪检监察部门3起，涉嫌38人。

经济责任审计　市局完成了郑州商业大厦等5个单位的法人代表离任审计任务，摸索了领导干部任期经济责任审计办法。

内部审计和社会审计　召开了全市内审工作和对社会审计质量进行监督检查的会议，开展了有关业务培训，完成了局所属审计事务所与局机关的脱钩改制任务，并对6家社会审计组织的审计业务质量进行了检查。

队伍建设情况　开展了“三讲”教育和“热爱审计，增辉郑州”征文、迎建国50周年祖国颂合唱比赛、迎澳门回归演讲和书法、绘画、摄影比赛诸项活动，提高了队伍的凝聚力和战斗力，保持了省级文明单位的称号。荣获市竞争激励机制铜杯。全市共有13名同志通过了高级审计师考试。

【郑州市中原区审计局】

1999年共有干部、职工9人（含1名退休干部），其中大学本科学历2人，大专3人，局长1人，副局长2人；设有办公室、综合科、审计监督举报中心。

审计成果　1999年共完成审计项目21项，审计单位23个，共查出各类违纪违规金额3599万元，追还被侵占挪用资金309万元。同纪检、监察、信访等部门配合，查处经济案件2起；全年报送信息、调研报告21篇，被采纳10篇次，其中1篇获全省审计系统调研（课题）成果一等奖。

完成政府交办的任务　1999年共完成区委、区政府交办的临时性任务9项，审计单位2个，按照区委安排派出4名同志到两个村开展工作，联系困难户3户；配合有关部门开展了粮食流通体制改革执法情况调查，落实收支两条线工作情况检查等，受到了区领导及有关部门的好评。

队伍建设情况　年内组织内部专题学习（研讨）6次，案例分析3次，1人考取了审计师资格，5人经培训通过了计算机考核，1名同志经理论培训被列为区后备干部。

【郑州市金水区审计局】

1999年，重点审计了区财政局、区地税局，并对12个预算执行单位进行了延伸审计，共查出各种违纪资金616万元，其中违规减免缓预算收入14万元，挪用预算资金62万元，虚列支出20万元，应上交财政2万元，已交财政2万元。从宏观角度提出5条整改建议，全部被区政府采纳。

该局为了切实做好两个暂行规定的贯彻实施工作，依法履行好党中央、国务院赋予审计机关的神圣职责，一是认真组织学习，结合前两年开展的离任审计情况进行讨论，在查找不足的基础上，对1997年下发的《金水区领导干部离任经济责任审计制度》进行了健全完善。二是在进行离任审计时，认真贯彻朱总理提出的“全面审计，突出重点，注意发现大要案线索”的指示精神，从讲政治的高度，提高发现大要案线索的意识。在审计中克服“怕麻烦”、“怕风险”和“怕得罪人”的思想，跳出人情网，依法审计、依法处理；发现大要案线索及时移交纪检监察部门，如对某办事处责任人进行离任审计时，发现其计生办主任有公款私存、贪污公款嫌疑，就采取突击核库，内查外调的方法，找突破口，在取得确实证据后，将此案件及时移交区监察局作进一步调查处理。

【郑州市二七区审计局】

1999年底全局人员共有10人，其中：局长1人，副局长3人。设有审计科、办公室等科室。

1999年该局完成审计项目31项，其中：完成市局下达计划7项，其他财务收支审计（本局自定项目）7项，领导干部离任审计17项，查出违规资金2254万元，提出建议38条，均被采纳。对本级财政1998年的预算执行情况及其他财政收支进行了审计；对区法院、检察院1997年和1998年的财务收支进行了审计；对区侯寨乡财政决算进行了审计；对基建开工前审计完成2个；对区城乡建设环保局资金进行了审计；对本区科级领导干部经济责任审计完成17个；其他财务收支审计完成7个。

【郑州市管城回族区审计局】

1999年，郑州市管城回族区审计局完成审计项目19个，对18位领导干部进行了任期经济责任审计，揭露存在问题6395万元，上缴财政资金99万元，追还被侵占挪用资金302万元，为国家增收节支4313万元，提出合理化建议51条，依法对违反财经法规的问题进行了纠正和处理。

【郑州市上街区审计局】

1999年共有干部、职工6人，其中本科学历1人、大专学历3人；局长1人，党组书记兼副局长1人。

1999年共完成审计项目14个，查出违规行为资金379万元，开展重点工种工程决算审计，审减预算800万元。围绕提高全区经济发展的质量和效益，完成审计专项调查8项，提交审计综合报告9篇，并被区政府、人大采纳8篇，为政府领导宏观决策提供了参考依据。

【郑州市邙山区审计局】

1999年共有干部、职工12人。其中：大专学历8人；中级以上专业技术职称5人；局长1人，副局长2人。

审计工作成果　1999年，共完成审计项目23个。审计单位26户；完成审计调查4项，调查单位5个。共查出违纪违规金额977万元。同区纪检、监察、信访等部门配合，查处经济案件1起。上缴区财政66万元，发现一起侵占、贪污公款的经济案件线索，涉案金额为95.8万元，移送检察机关处理。共提交审计报告26篇。

完成区政府交办任务　1999年共完成区委、区政府交办的工作任务4项。

完成上级下达审计任务　1999年，共完成省、市审计部门下达的审计任务6项，审计单位8个。

【巩义市审计局】　1999年共有干部职工22人，大专学历10人，本科学历1人，有专业技术职称14人，设有办公室、法制科、行政事业审计科、财政审计科、企业审计科。

审计成果　1999年，共完成审计项目54个，审计调查项目3个，查出各种违纪金额385万元，促进增收节支265万元，提合理化建议98条，提交信息稿件122篇，被采用70篇，其中国家级刊物采用3篇，省级刊物采用3篇，地市级刊物采用12篇。

完成上级交办的任务　1999年，共完成市委、市政府交办的各项任务5项，积极参加化解金融风险企业破产审计、扶贫资金运用情况审计、人事、财务大检查、减轻农民负担大检查、粮食执法大检查、供销社挂账审计等。

【新密市审计局】　1999年共有干部职工73人，其中：大学本科学历9人，大专49人；局长1人，副局长3人。设有党政办公室、审计一、二、三、四、五科、基建审计科、综合法制科、行政科、审计执法室、社审内审指导服务中心、审计事务所等机构。

审计成果　共完成审计项目57个。完成调查两项，调查单位5个；审计总金额8.61亿元。查处违规违纪金额5887万元，上缴财政1165万元。提交审计报告12篇，被本级政府、人大批转5篇。撰写的审计信息，被各级采用144篇，其中：国家级6篇，省级25篇。

完成市政府交办审计任务　共完成交办任务10项，如：6月份，抽调15人，第二次全面审计清查了市供销社系统及有关单位股金情况。抽调9人，配合市政府对全市农村合作基金会清产核资，使其顺利地归并农村信用社。11月份，抽调30人，对市地方税收和医疗部门医药加价大检查，查补税款175万元，为加强税收管理，严肃财经纪律发挥了很好的职能作用。

【荥阳市审计局】　1999年，完成审计单位（项目）60个。查出各类违纪违规金额2.3亿元，审计增加财政收入699.6万元，追还被侵占挪用资金1213.8万元，向被审计单位提出整改建议133条。撰写审计论文、信息被各级党委、政府、上级审计机关及新闻单位采纳227次。主要开展了财政、金融、专项资金、固定资产投资、企业审计及审计调查，发挥审计高层次监督作用。

发现大案要案线索　认真贯彻落实朱总理重要指示，加强对重点单位、重点专项资金的审计监督。1999年，共查出“小金库”7个，移送纪检监察部门处理1人。

经济责任审计　完成了对郑州通达纺织（集团）公司原总经理离任经济责任审计，全面反映了被审计企业情况，客观评价了被审计人的任期功过。摸索了领导干部任期经济责任审计办法。

服务政府中心工作　对全市各单位上报的引进郑州市以外资金情况进行审核，审减资金4.77万元，挤出水分达48.7%。围绕市委、政府中心工作开展了“公仆工程”、“一结两帮”、“扶贫救助送温暖，捐款捐物献爱心”等活动，发挥审计职能。荣获荥阳市公仆杯金杯奖

【登封市审计局】　1999年圆满完成市委、市政府和郑州市审计局下达的各项目标任务。

1.圆满完成了本级财政预算执行情况审计，对本级财政预算执行情况审计中存在的滞解财政收入、挪用专项资金、应征未征税款等问题，本着依法审计、依法处理、宽严适度的原则进行了处理，向市政府如实报送了审计结果报告，并代表市政府向市人大常委会作了审计工作报告。2.提高审计质量，注意发现案件线索。在本级财政预算执行情况延伸审计过程中，查出市直某单位财会人员挪用公款18万多元，以涉嫌挪用、侵占公款之名，将其移交市检察院立案侦处。3.积极探索经济责任审计路子。按照两办关于经济责任审计的精神和市委、市政府的工作部署，抽调精干人员，在短短4个月时间完成了对23名正科级领导干部、20个单位的经济责任审计。向市委组织部提出了审计结果报告。4.注重软、硬件建设，不断提高人员素质。举办了“中国审计规范”培训班、微机培训班、审计法知识竞赛等；并克服困难筹集资金19万元，改造了办公用房，配备了微机，为开展计算机审计打下了坚实的基础。5.加强思想政治工作，坚持两个文明一齐抓。开展了“三讲”教育，增强了广大干部职工的党性和责任感。

【新郑市审计局】　1999年完成审计项目40个，查出违纪违规金额6284万元，上交财政498万元，撰写审计调查报告信息23篇，提出审计建议122条，促进了新郑经济持续健康发展。

财政审计力度不断加大　对本级预算执行情况和7个乡镇政府的财政决算进行了审计。

重点企业、行政事业单位审计效果明显　对5家工商企业财务真实性进行了审计，查出了企业存在的资产负债损益不真实等问题，并依法进行了处理，对企业强化管理、提高经济效益起到了积极作用；对19个行政事业单位财务收支及专项资金进行了审计，规范了行政事业财务管理，保证国家资金被有效使用，促进了各项事业的发展。

经济责任审计初见成效　对5个乡镇主要领导进行了任期经济责任审计，初步探索了审计方法，为以后全面开展此项工作奠

定了基础。

完成市委、市政府交办的工作　完成领导交办任务9项，其中协助司法部门查处案件3起，处理3人。

【中牟县审计局】　1999年共有干部、职工28人。其中：大学本科2人，大专12人；局长1人，副局长3人。设有办公室、综合科、财政金融科、行政事业科、工交基建科、商业贸易科。

审计工作成果　1999年完成审计单位（项目）43个；完成县委、县政府交办的科（局）级领导干部任期经济责任审计10个；完成审计调查2个；共查出违规行为金额4967万元；应交县、乡财政403万元；共提交审计工作报告、信息82篇。

【开封市审计局】　全年全系统共审计了417个单位，查处违规行为资金26365万元，决定处理处罚10850万元，应交财政1324万元，已交财政1030万元，移送纪检、监察和司法部门案件6件，协助有关部门查处案件2件。积极利用审计成果为政府宏观调控服务，提交审计工作报告信息253篇，被批示和采用135篇。

协助查处两起大案要案　7月5日至8月5日，根据市委、市政府工作安排，对某单位1997年至1999年6月底的财务收支情况进行审计时，查出单位和个人截留营业收入、私设“小金库”、用公款炒股和期货交易等严重违纪问题和违法线索，为市纪检、检察机关对涉嫌违法人员的查处，提供了审计证据。9月20日至11月，根据市委工作安排，对兰考县农机局及其5个二级机构1993年元月至1999年8月的财务收支情况进行专案审计。审计共调阅总账、明细账165册，报表53册，记账凭证570本，历年来的收据存根789本，为查处兰考农机局领导行凶纵火杀人案提供证据275张，这两个案件在社会上引起了轰动。

认真贯彻《中国审计规范》　根据审计署发布的《中国审计规范》，制定了《开封市审计局现场审计操作规程》，有机地将规范要求和审计工作的各个环节系统地结合起来。对全市审计系统提高审计人员素质、规范执法、提高审计质量、防范和化解审计风险，奠定了良好的基础。

内部审计工作　1999年全市共设立内部审计机构86个，其中专职机构58个，内审人员303名，其中专职人员183人。全年共审计了379个单位，查处损失浪费2398万元，促进增收节支428万元，纠正违规行为资金424万元；向司法机关移送案件1件，处理1人；建议给予行政处分4人。

文明单位建设取得新成果　全局进一步加强了精神文明工作的软、硬件建设力度。以县处级领导班子和领导干部“三讲”集中教育为契机，抓班子，带队伍，努力转变工作作风，深入开展文明创建工作。年底，全市11个审计机关，共有省级文明单位4个、市级文明单位标兵2个、市级文明单位2个、区级文明单位3个。年初，全市审计系统被市委、市政府命名为1998年度文明建设先进系统，并继续保持了省级卫生单位称号，还被市政府授予“1998－1999年度开封市行政执法先进单位”称号。

【开封市鼓楼区审计局】　1999年围绕区委、区政府提出的以加快发展统揽全局，以盘活存量、扩大增量、提高质量为重点，围绕优势作文章，以及两年打基础、三年上台阶、五年扭转财政困难局面，基本解决吃饭和有钱办事问题，促使全区经济步入良性发展轨道的总体思路，对财政资金进行了监督，对预算外资金贯彻执行收支两条线的有关规定进行了跟踪检查，全年工作突出了效益审计和经济责任审计。共完成各类审计12项，查出违纪金额6595614.17元，罚款109752.92元。

【开封市龙亭区审计局】　紧紧围绕区委、区政府工作中心，以本级财政预算执行和其他财政收支审计为龙头，全年共审计12个单位，查出违规行为资金371万元，决定处理处罚299万元，应缴财政90万元。为贯彻落实朱镕基总理年初提出的执法必严、违法必究要求，在区委、区政府的大力支持下，于年底前，将90万元全部收缴入库，严肃了法纪，发挥了审计的监督职能。另提交审计报告及文明建设信息稿件21篇，被上级审计机关采用15篇。

【开封市顺河回族区审计局】　1999年共完成8个项目22个单位的审计任务，查处各类违规违纪金额842万元，应上缴财政16万元，已全部上缴。

完善区属企业审计监督机制　根据区政府安排，参照中办发［1999］2号关于《国有企业及国有控股企业领导人员任期经济责任审计暂行规定》，制定了《关于加强区属企业审计监督的实施意见》，对区属企业提出三条审计监督措施：1.定期审计。原则上两年对区属企业财务管理、经济效益等履行一次定期审计。2.厂长、经理离任审计。凡区属企业厂长、经理调、转任，免职、辞职或退休前，都要进行任期经济责任审计。年底已对5位厂长进行了离任审计。3.企业内部审计。区属企业每年在其主管部门的领导下进行一次内部审计。

深挖力堵重处“小金库”　1999年区审计局在本级财政审计过程中，突出工作重点，严肃查处“小金库”，先后挖出各类“小金库”8个，累计金额23.7万元。经过依法处理，规范了区行政事业单位的财务收支行为。

【开封市南关区审计局】　全年共完成各类审计9项，查出违纪金额96万元，应上缴财政3万元，已全额上缴。同时还协助有关部门查处案件1起，即经区政府委托，区审计局派出审计人员协助区组织部门，对区某事业单位1997年至1999年7月底的财务收支进行了审计，查出私设“小金库”18730元、截留罚没款3300元等严重违纪问题。得到了区委、区政府主要领导的重视，指示将查出问题移交区纪律检查委员会进行处理。

【开封市郊区审计局】 1999年，共完成各类审计30项，查出违纪金额1704万元，应上缴财政33.1万元，已全部上缴；追还侵占挪用资金86万元。

【开封县审计局】 1999年共完成各类审计单位38项，查出违纪金额3157万元，应上缴财政215万元，已上交139万元。

查处经济违法案件 共查处经济违法案件3起。为国家挽回经济损失20万元。其中1人被司法机关判处有期徒刑五年，2人由于退赔及时认罪态度较好免于刑事处分。

帮助黄河滩区群众乔迁新居 落实县委、县政府关于黄河滩区群众搬迁的工作中，组成搬迁工作协调小组，跑遍了所负责的欧担三个自然村，走访了500户群众，调查了解实际情况。向县、乡领导提出切实可行的建议，保证了搬迁工作的顺利进行，在短短的半年中，欧坦行政村的516户群众，全部从黄河滩区搬到了上滩，新建住房2064间。此项工作受到了开封市、县领导的好评。

【尉氏县审计局】 1999年，共完成各类审计57项，比上年增加22.8%，查出违纪金额132万元，应上缴财政122万元，已上缴财政84万元。向纪检、司法机关移送案件2起。提交审计工作报告、信息39篇，其中审计工作报告、信息被采用31篇。

【兰考县审计局】 1999年，取得了建局以来的最佳工作业绩。共完成审计单位和项目48个，查出各类违纪资金1522万元，上缴财政380万元，为严肃财政法纪、促进经济发展做出了积极贡献。

【杞县审计局】 1999年，共完成各类审计项目53个，查出违纪违规金额2592万元，追还被侵占挪用资金130万元，收缴县财政219万元，乡财政31万元，责令调账900万元，为被审计单位提出合理化建议122条。

【通许县审计局】 1999年共完成审计项目69个，完成审计调查9项。通过审计，共查出违纪金额600多万元，收缴财政206万元，提出审计报告69篇。同时配合纪检、监察、信访等部门，查处各种经济案件多起，为制止不正之风和社会稳定发挥了重要作用。

经济责任审计成绩突出 根据县委、县政府要求，先后对县宾馆、防疫站等单位进行了经济责任审计。通过审计理清了这些单位多年的账目，核实了各项经济指标完成的真实性，落实和澄清了各单位的经营和效益情况，并对各单位领导班子的政绩和失误进行了实事求是的评价，为组织、人事部门选人用人、知人善任提供了依据。同时也为以后年度开展经济责任审计工作积累了一定经验。

【洛阳市审计局】 1999年底，共有在职干部、职工70人，其中大学本科学历9人，大专45人，局长1人，副局长4人。局内设办公室、综合科、人教科、财政审计科、金融审计科、商贸审计科、农业审计科、固定资产投资审计科、外资审计科、工交审计科、行政事业审计科、审计管理科、审计科研所等机构。

审计工作成果 1999年，共完成审计项目88个，查出违规违纪金额22265万元，上缴财政2848万元；提交审计信息、工作报告166篇，被上级有关部门批示采用65篇，为领导宏观决策提供了可靠依据。在本级财政预算执行审计中，共审计了62个单位，查出违规违纪和有问题资金5057万元，对查出的应交未交、应作未作预算内、外收入和漏税、欠税等问题进行了严肃处理，审计结果得到了市人大的高度评价。

完成上级交办任务 1999年，共完成上级领导部门和市委、市政府交办的工作任务17项。主要有审计署组织的工商银行审计、建设银行异地交叉审计和配合省审计厅进行的建设银行洛阳市分行审计，市委、市政府交办的假日集团非法集资财产清查专案审计后续阶段的财产清理、“95.3.24”专案经费支出情况审计、恒泰公司资产清查审计、市新华书店基建项目审计等，其中新华书店基建项目审计核减工程决算1586.36万元，核减率高达46%。

内部审计 加强了对内部审计工作的指导和管理，完善内审制度，健全内审机构。1999年，洛阳市区共设立内审机构191个，其中专职机构144个，内审人员568人，其中专职人员403人。全年共审计单位2123个，向司法机关移送案件13个，建议给予行政处分8人，移送司法机关处理7人。

受表彰情况 1999年，获全国审计刊物发行先进单位、洛阳市文明系统、洛阳市先进党组织荣誉称号，受市委、市政府表彰3人。

【洛阳市西工区审计局】

审计工作成果 全年完成审计项目25项。为年计划的166.7%，审计总金额17143.20万元，查出各类违纪、违规金额897万元，上交财政金额29万元，核减基建投资221万元，审减比例14.23%。

预算执行和财经收支审计情况 着重审查了财政财务收支是否真实、合法，有无隐瞒截留预算收入，挤占和挪用预算支出，共审计了8个单位，查出违纪违规行为金额41万元。并据此分别向区政府和区人大提交了审计结果报告和审计工作报告。

经济责任审计贯彻执行情况 首次开展了经济责任离任审计，对4个单位主要领导任职期间的资产负债、财政财务收支等情况进行了详实审查，对领导干部本人任期内的经济责任作出客观评价。

【洛阳市老城区审计局】

1999年共有审计人员7人，其中大专学历6人；局长1人，副局长2人；内设办公室，综合业务科等机构。

审计工作成果　1999年完成审计工作项目18个，其中：完成计划项目9个，交办审计项目9个。审计单位21个，审计资金总额5428万元，查出违纪违规金额275万元，应交财政45.2万元，已交财政28.2万元。提交审计报告6篇。

【洛阳市涧西区审计局】

1999年底共有干部职工8人，其中：局长1人，副局长2人。内设企业审计股、行政事业审计股。

审计工作成果　本级财政预算执行情况审计共涉及财政局、地税局、卫生局等7个行政事业单位、3个区属企业，对法院、检察院、文教局、实验小学等7个行政事业单位的财务收支进行审计，对区民政局、劳人局等3个单位的专项资金审计，对30—3号家属楼竣工决算审计，配合市审计局对洛阳市二中、洛阳耐火材料研究院财务收支进行审计，共查出违规违纪金额1205万元，应上交财政91万元，已上交82万元，促进增收节支50余万元。

【洛阳市瀍河回族区审计局】

1999年共有干部职工6人，其中，大学本科2人、大专2人；局长1人、副局长1人。设办公室、行政事业审计股、企业审计股。

审计工作成果　共完成审计项目15个，审计单位15户，完成审计调查项目2项，调查单位9个，审计金额2436万元。审计共查出违纪违规金额223万元，上交财政15万元，促进增收节支150万元，共提交审计报告15篇。

完成区政府交办任务　共完成交办任务1项，审计清理单位5个。

1999年完成工程决算审计项目2个，审计金额180万元，审减金额23万元。在对区城建委办公楼的审计工作中，对工程量依据施工图纸，进行实地测量验证，确定实际工程量，对材料价格依据定额价进行市场价调查，确定材料价格。根据送审决算78万元，审减19万元，审定造价59万元。

完成上级下达审计任务　1999年共完成省、市审计机关下达的审计任务15项，审计单位15个，审计金额2436万元。

【洛阳市郊区审计局】　1999年度，完成审计项目20个，查出违纪资金7852万元，减少财政补贴64万元，追还侵占挪用资金66万元，上缴财政20万元。完成了对养老保险基金、福利彩票、科技三项费用的审计调查，为政府的宏观决策提供了依据。

【洛阳市吉利区审计局】

1999年共有干部、职工10人。其中，大学本科学历2人，大专6人；会计师2人，审计师2人，注册会计师3人；局长1人，副局长2人。设有办公室、行政事业股、企业基建股、审计事务所。

1999年，共完成审计项目和单位25个，完成年初计划的180%。查出各类违纪违规金额1183万元，审计处理992万元，收缴违纪金额158万元。追缴应上交的收入23万元，追还被侵占挪用的专项资金26万元，提交审计信息、工作报告34篇。

在积极完成市里下达的审计项目基础上，本局接受上级审计部门委托，分别对吉利建行和吉利工商银行1998年度资产负债损益情况进行审计。查出不良贷款和违纪资金2813万元。揭露了存在的问题和成因，为规范金融秩序，促进科学管理，提供了决策依据。

【偃师市审计局】　1999年底共有干部、职工15人，其中：大专学历8人，局长1人，副局长3人。设有办公室、工交科、基建科、财金科、商贸科、行政科等机构。

审计工作成果　本级财政预算执行审计共涉及财政局、地税局、国库及其他单位24个，查出违规违纪金额1710万元，可增加财政收入97万元。根据中办、国办要求及市委委托，对13个单位的正职领导干部进行了任期经济责任审计，肯定成绩，纠正问题，客观评价，为合理使用干部提供决策依据。

完成市政府交办任务22项，其中固定资产投资情况审计项目20个，全市农村基金会清理项目1个，经济案件鉴定1项。

【孟津县审计局】　1999年，超额完成全年审计任务，全年共审计104个单位和项目，审计资金总额46318万元，查出违纪金额923万元；足额上交审计罚没收入31万元。在本级预算执行情况审计中，对县财政13个预算执行单位进行了延伸审计。其中：违纪金额321万元；上交县财政9万元。此外，孟津县审计局积极服务县委、县政府中心工作，开展科级干部离任审计24个，查出违纪违规金额80多万元；完成县供销社股金服务总部和各分部的审计工作，为县委、县政府宏观决策提供了翔实、可靠的依据。

【汝阳县审计局】　1999年，共审计项目31项，查出违规行为金额1655万元，增加财政收入77万元，促进增收节支197万元。在本级财政预算执行情况审计中，坚持“突出审计重点、加大力度”的方针，共审计财税部门和其他预算执行单位22个，查出违规行为金额243万元，增加财政收入92万元，促进增收节支148万元；在工、建行审计中，以重点查出“小金库”为主，并注重发现大案、要案线索，审计成果明显，达到了揭示问题，促进管理，规范和约束预算行为的目的。在贯彻两办规定方面，该局积极开展局（乡）长、厂长、经理任期经济责任审计，1999年共完成离任审计4项，为县委、县政府领导用人决策，提供了可靠依据。

在完成审计业务的同时，还积极开展对干部职工的学习培训和审计信息宣传，根据汝阳实际，对职工进行会计“电算化”培训，以适应现代化审计的需要，围绕《审计法》颁布实施五周年宣传周活动，开展一系列审计知识宣传，使审计机关的形象得到了进一步树立。

【伊川县审计局】 1999年有干部职工16人。其中大专学历10人，审计师3人，具有注册会计师资格的4人。内设办公室、财金审计股、农林水审计股、行政事业审计股、商贸基建审计股、工交物资审计股。

1999年共完成审计项目42个，审计调查项目8个，查出违纪违规金额2924万元，应上交财政321万元，已交财政91万元，向上级审计机关及县委、县政府提交审计调查报告及信息17篇，被采用12篇。完成县委、县政府交办及配合有关部门审计事项8项，检查单位8个。1. 认真开展了预算执行和财政收支审计，审计单位9个，查出违纪违规行为金额972万元，向县政府、县人大提交了高质量的审计结果报告和审计工作报告。2. 积极开展《审计法》颁布实施五周年纪念活动，在县电视台由常务副县长发表电视讲话，并在《伊川报》组织专版宣传《审计法》实施的重要性及取得的成就。3. 对全县7个国有企业财务收支真实性进行了重点审计，并写出专题报告向上级审计机关和县委、县政府汇报。

【洛宁县审计局】 1999年，完成审计项目34项，审计单位49个，审计总金额7.27亿元，查出违规违纪金额2100万元，上交财政48万元。

完成交办任务　1999年，完成县委　县政府交办的任务有：配合县纪检等部门对粮食企业执法检查，配合县人劳局进行全县企业职工工资情况检查，配合法院开展破产企业审计及协助信访部门完成部分上访村财务收支审计等；完成县委县政府交办的离任经济责任审计6项，同时积极参与领导干部年度考核工作，协助人大开展行政执法部门领导干部任职考核。

【嵩县审计局】 1999年共有干部职工20人，其中，局长1人，副局长2人。设有办公室、财政金融商贸审计股、行政事业审计股，工业交通审计股。

审计工作成果　1999年共完成审计项目42个，审计单位58个；完成审计调查3项，调查单位17个。查出违规违纪金额1757万元，直接上缴财政76万元；提交有价值审计报告30余篇。此外还同纪检、检察等部门配合，积极查处各种经济案件，为社会稳定发挥了重要作用。

首先，依法对同级财政预算执行情况进行了审计，检查分析了预算资金在分配、管理和使用中存在的不讲效益、损失浪费等问题，在审计的广度、深度及执法力度上都有了新的提高。其次，全面开展了乡局级领导干部任期经济责任审计，为组织、人事部门选拔使用干部提供参考依据。依据审计结果就地免职1人。第三，搞好金融审计，突出大案要案。在金融审计中注意从审计中发现重大线索，从一张白条查处一起重大经济案件，并移交司法机关处理，直接责任人被判处有期徒刑12年。此外，该局还参与了县人大对不称职执法人员的评定、县委组织部拟任干部的考核、预算外资金的检查、农村基金会的清理整顿、审计师事务所脱钩改制等项工作。

【宜阳县审计局】 1999年有干部、职工16人。其中局长1人，副局长3人。内设办公室、财政金融审计股、行政事业审计股、工商企业审计股、固定资产投资审计股。

审计成果　1999年度完成审计项目和单位34个，查出违规行为金额971万元，应缴财政66万元，应归还侵占挪用资金24万元，提交审计报告和信息41篇，其中被上级审计机关、地方党政机关和新闻单位采用5篇。

强化财政审计　完成本级财政预算执行和其他财政收支审计任务，同时延伸审计了12个一级预算单位；完成赵堡、张午、三乡、高村、盐镇5个乡财政决算审计。重点检查了财政财务收支真实性、合法性和效益性，着重对隐瞒截留预算收入，虚列预算支出，偷漏税款，行政事业性收费和罚没收入未执行 收支两条线问题，进行了严肃处理。

认真开展金融审计　积极参加审计署统一组织的工行、建行资产、负债、损益审计，如期上报了审计报告。

搞好专项资金审计　先后完成县中医院门诊楼、城关镇一中教学楼等3个建设项目审计；完成养老保险基金、福利彩票、检察院、法院、科学事业费、教育事业费、公疗经费、自来水公司8个行政事业单位审计任务，确保专项资金有效使用。

完成交办项目审计　共完成县委、县政府交办审计查证任务6项，服务了县域经济发展和社会稳定大局。年初，配合市、县纪委对寻村乡锁营村集体上访告状案件进行了财务审计清查，澄清了有关经济问题。

【新安县审计局】 1999年底共有干部职工19人，其中，局长1人，副局长2人。

审计成果　1999年共完成审计单位项目70项，其中上级审计机关下达的指令性项目18项，县委、县政府交办的审计项目26项，自定项目26项，共查出违规金额1498万元，上缴财政143万元。

本级预算执行和其他财政收支审计　查出违规违纪金额1526146.53元，其中：财政部门203938.35元，地税部门

256298.18元，有关预算单位106.60万元，具体处理情况是：归还原资金渠道326751.48元，收交漏交税金及财政专项收入218578.34元，要求财政代管397328元，调账处理298664.53元，对有关单位罚款70085.80元，对审计出的问题给人大汇报后，责令违规10万元以上单位领导写出检查，说明违纪原因。

对两办经济责任审计贯彻执行情况　制定了经济责任审计的具体实施意见，并以县委名义行文，转发全县贯彻执行。全年共开展离职经济责任审计25个，其中：11个乡（镇）长、12个委局正职和2个企业法人代表，对查出的违纪问题进行了严肃处理。

【栾川县审计局】　现有干部职工22人。其中局长1人，副局长2人。内设办公室、财政金融审计股、行政事业审计股、基建审计股、工商企业审计股。

预算执行和财政收支情况　1999年共审计了13个单位，查出违反财政法规金额4000万元。

经济责任审计情况　1999年先后对15名乡镇长、局长（主任）进行了经济责任审计；对5名厂长、经理进行了离任审计。

《审计法》颁布实施五周年纪念活动情况　组织宣传车沿全县各乡镇巡回宣传，在电视台播放专题片《明亮的眼睛》，在广播电台进行一个月的播放《审计法》、《审计法实施条例》。

工行、建行系统审计情况　对工行、建行1998年度资产、负债、损益情况进行审计，主要查了隐匿费用支出、支付赞助费、对调费用支出、固定资产变价收入失控等问题。

【平顶山市审计局】　全市审计机关全年共完成各类审计571项，查出违规行为金额59791万元。对违反财经法纪问题依法进行了处理，收缴财政4360万元，追还侵占挪用资金4862万元。审计发现经济犯罪嫌疑案件移交司法机关处理1起。

财政审计　按照强化收入征管，规范分配秩序，严格财政管理的要求，对市、县两级财政预算执行情况进行了审计，查出违规金额8659万元。为促使下级政府严格执行国家财税政策，确保上级收入如数征收解缴和上级拨入专项资金安全有效使用，对3个县级和68个乡级财政决算进行了审计，查出违规金额4074万元。在对查出问题依法进行处理的同时，还针对财政收支矛盾不断加剧，应纳入预算管理的行政性收费欠征、滞留等问题提出了审计建议。

专项资金审计　按照上级统一安排，对鲁山县1997至1999年6月扶贫资金的筹集、管理和使用情况进行了审计，查出违规使用以工代赈资金、主管部门滞留以工代赈资金等违规金额804万元；对市、县两级22个法院、检察院1997至1998年度财务收支情况进行了审计，查出自立名目收费、坐支诉讼费收入、隐瞒截留罚没收入、挪用案件暂扣款等违规金额2148万元；对市本级及叶县企业基本养老保险基金的征收、管理和使用情况进行了审计，查出挤占、挪用、在非银行金融机构存款等违规金额1701万元；对市本级及宝丰县科学事业经费的拨付、管理、使用和效益情况进行了审计，查出挤占资金、出借银行账户、票据不合规等违规金额61万元。在对上述各类专项资金审计出的问题作出审计处理的同时，并提出了一些加强管理的意见和建议。

企业审计　围绕企业深化改革，对工商、基建、中外合资等117户企业的资产、负债、损益情况进行了审计。对88户工商企业审计，查出收入不实455万元，成本不实1288万元，利润不实4197万元；对24家建设单位审计，查出资金不实、投资完成额不实、侵占挪用建设资金、预算外投资、超规模投资等违规金额1922万元；对3户中外合资企业审计，查出多列多摊费用、少提职工养老基金、漏缴税金等违规金额81.3万元。

地方政府交办任务　市、县两级审计机关共完成地方党委、政府交办的改革企业资产核实、经济案件查证、领导干部离任审计等审计任务206项。

内部审计　全市内审机构共完成各类审计1872项，纠正违规金额5867万元，促进增收节支3105万元，提出合理化建议被采纳1779条，向司法机关移送处理案件13起。

【平顶山新华区审计局】　1999年共有干部、职工14人。全年共审计单位54个，查出违规违纪金额210万元，全面完成了审计计划和责任目标。

本级预算执行审计　分别对新华区财政局和地税局1998年度财政预算执行情况进行了认真审计。同时延伸审计了农业、教育、科技等单位，并依法向区政府提出审计结果报告，受区政府委托向区人大提出审计工作报告。

财政决算审计　分别对焦店镇、薛庄镇财政决算进行了审计。为区政府实施分级财政提供了参考依据。

行政事业单位审计　分别对全区45个行政事业单位进行了审计，促进了机关廉政建设，对我区管好、用好预算外资金起到了积极的作用。

企业审计　对全区每个国有企业进行了财务收支审计，促使企业加强财务管理，坚持依法纳税。

完成区委、区政府交办的任务　1999年共完成交办任务8项，审计企业2个，协助企业整顿改制3个，并摸清了企业家底。抽调6人分别对全区“三会一部”、预算外资金、招待费支出、减轻农民负担、农村党建整顿等项检查给予了有力的配合，并出色完成各项工作任务。

【平顶山卫东区审计局】　1999年完成审计项目21个，审计涉及独立核算单位30个，审计资金总额 7186 万元，查出违纪违规金额 416 万元，提出审计改进建议 42 条，避免和挽回国有资产流失 34 万元。

财政预决算审计　重点审计了财政、税务部门，查出违纪违规金额 169 万元，增加财政收入 71 万元。同时对 7 个街道办事处及区法院、检察院、民政局、敬老院、矿管局等 12 个预算执行单位进行了审计和审计延伸。对少数单位存在的无依据收取押金、罚没物资不入账、账外列收列支、银行存款多头开户等问题，依法进行制止和纠正。乡财政决算审计，共查出截留、坐支、乱收费等违纪违规资金 55 万元，罚款 2 万多元，主要对其中存在的乱收费、顶风违纪报销通讯器材费等问题依法进行审计处理和处罚。同时还延伸审计了东高皇乡赵庄村和蒲城村，并对农民负担情况进行了审计调查。

领导干部离任审计　全年对东安路街道办事处、地矿管局、煤管局、农经委、乡政府和煤炭运销公司共 6 个单位进行了领导干部离任经济责任审计

专项审计调查工作　先后对区法检两院落实国家“收支两条线”情况，民政部门发放福利彩票赈灾募集资金的管理情况进行了专项审计调查。对区机关服务中心、区政府办、区委办、乡协调办等 4 个单位进行了专项审计。全年提交审计调查报告、审计信息 16 篇，被上级审计机关和区委、区政府采用 13 篇，扩大了审计宣传，提高了审计知名度。

【平顶山市湛河区审计局】

全局共设三股一室，有审计人员 14 人，其中，大专以上学历 10 人，中级职称 7 人。

1999 年共完成审计项目 17 个，查出违规违纪资金 510 万元，提合理化建议 80 余条。

财政审计　对区本级 1998 年度预算执行及其他财政收支情况进行了审计，对预算外资金较多的单位和财政周转金的使用和效益情况进行了延伸审计，客观公正地评价了财政预算执行情况，对曹镇乡、轻工路办事处、姚孟办事处决算和财务收支进行了审计，对违规违纪问题进行了处理。

企业审计　对区吕庄煤矿、洗煤厂、水泥厂、房地产开发公司、建筑公司进行了财务收支审计，核减虚假利润 610 多万元，帮助企业清欠 300 多万元。

行政事业审计　对区检察院、法院进行了重点审计，对有规费收入和罚没收入的物价局、建设局、司法局、民政局的财务收支情况进行了审计，对查出的违规违纪问题进行了处理。

其他　配合区委工作中心，参与了企业 7 个单位的考核工作；受区委组织部委托，对区九八七化工厂厂长任职期间经济责任进行了审计；按照区政府工作安排，对牛庄储金会进行了审计，发现存在非法吸收公众存款 156．6 万元，侵占、挪用资金 76．8 万元的事实；包村工作获得区先进村单位称号。

【平顶山市石龙区审计局】

1999 年共完成审计项目 71 个，查出违规违纪金额 1600 余万元，挽回经济损失 60 万元，提合理化建议 60 多条。

行政事业单位审计　根据《审计法》的规定，重点开展了 1998 年度本级预算执行情况审计和重要部门的财政财务收支审计。查出了乱收费、乱罚款、乱收赞助及坐支应缴财政专户款等情况。

离任经济责任审计　根据地方政府安排，全年共完成了 9 个单位的领导干部任期经济责任审计，坚持“严、准、细、快”的原则，客观公正地反映了被审计单位领导干部在经济责任方面的真实情况，并根据审计发现的问题，移交区纪检委 1 起。

配合有关部门，共同完成了对“三会一部”的清产核资工作　根据平顶山市“三会一部”清产核资办公室的统一安排，在全市率先完成了本辖区内“三会一部”的清产核资工作。受到了平顶山市“三会一部”清产核资办公室的通报表扬。

【汝州市审计局】　现有干部职工 57 人，下设三科一室，五个中心审计所。

1999 年汝州市审计局共完成审计项目 96 个，查出违纪金额 997 万元，其中追还侵占挪用资金 126 万元，上缴财政及罚款 70 万元。完成审计调查项目 3 个，经济责任审计 9 项，临时突击性审计任务 26 项。

1999 年重点加强的审计工作：1. 对同级财政审计和重大审计项目的审计。审计发现：超标准收取财政信用资金占用费 156．9 万元；财政周转金、信用资金呆滞、呆账多；企业欠款多，至 1998 年底就有 8433 万元。2. 工交基建科延伸审计中，发现某单位领导经济问题 3 万元，及时移交纪检监察部门处理。3. 开展领导干部经济责任审计，对 9 名离职的领导干部进行了离任审计，为地方党委、政府正确使用干部提供了依据。4. 在《审计法》实施五周年之际，举办了《审计法》知识大奖赛。

1999 年，受上级局委托，对工商银行汝州支行、建设银行汝州支行 1998 年度资产、负债、损益情况进行了审计。共性问题是：1. 多计收入，多提应收未收利息；2. 违规贷款 900 万元；3. 乱搞基本建设支出 881 万元。

【舞钢市审计局】　1999 年，有干部、职工 52 人，其中：大专学历 26 人；局长 1 人、副局长 3 人。设有政办室、综合科、农业科、行政事业科、工交科、基建科、商贸科、财金科。

1999 年共完成审计项目 49 个，查出违规违纪金额 9 776．9 万元，增加财政收入 112．7 万元，查出企业拖、偷、欠税 123 万元，补交税收 77 万元；提交审计报告 149 篇，撰写论文 12 篇，获奖 4 篇。制定了《舞钢市经济责任审计办法》，首次对离

任审计工作进行了规范，并实践性地进行15个单位的离任审计。对预算外资金管理采取了纪检、审计、财政联合查证和审计局有重点的单独审计相结合，全年共审计查证83个单位及系统，查出了违规违纪资金636.95万元，增加了财政收入79万元，基本杜绝了跑、冒、滴、漏现象。

加强机关队伍建设，结合《审计法》颁布实施五周年，提出内促工作，外树形象，开展了“三个三”活动（三讲、三德、三观）。

【宝丰县审计局】 1999年底共有人员39人，其中：大学本科2人，大专20人；局长1人，副局长6人。设有办公室、财金审计股、商贸审计股、工交审计股、行政事业审计股、固定资产投资股、农村财务中心审计所。

1999年，共完成审计项目54个，查出违纪违规行为金额5100万元，增加财政收入13万元。1.认真组织实施了对县本级1998年度财政预算执行情况审计和对周庄、闹店、石桥、李庄、大营5个乡镇1998年度财政决算审计，均收到了良好的效果。2.对县工商银行、建设银行1998年度资产、负债、损益情况进行了认真审计。审计金额8亿元，查出了资金效益差，收贷困难，不良资产比例较高等问题。3.界定了干部任职期间的经济责任，推进了廉政建设。4.狠抓了对16家国有重点工商企业的资产、负债、损益审计，确保了国有资产的保值增值。5.强化固定资产投资审计，节约了建设资金80余万元。6.加强农村财务收支审计，发挥预警作用。先后对闹店镇连庄村、石桥镇赵庄村等10个村、组财务收支情况进行了审计，为农村稳定服务。

【叶县审计局】 1999年，共完成审计项目84个，调查项目12个，查出违规违纪资金4610万元，应上交财政1673万元，促进增收节支1512万元。

认真完成预算执行和财政收支审计 查出违规资金2286万元，审增财政收入603万元，审减财政赤字46万元。

金融机构的审计 审计工行分支机构和营业网点4个，延伸调查贷款36家，查出违规违纪资金247万元，调整违规贷款487万元，审增亏损124万元。

审计建行分支机构和营业网点7个，延伸调查贷款49家，查出违规违纪资金18万元，调整违规贷款45万元，审增利润19万元。

认真做好干部离任经济责任审计 接受组织部委托，依法对县直8个单位的一把手进行了离职审计，查出违规资金655万元，并给予合理公正的评价及处理。

积极参与信访案件的查处 在配合信访案件审计中，移交司法机关处理的副县级领导干部1名、村干部4名，移交纪检机关处理的科级领导干部2名。

【郏县审计局】 1999年共完成审计项目43个，查出违规违纪资金544万元，其中增加财政收入151万元，向县委、政府提交各种审计报告13篇。

财政收支审计 年初按统一领导、分工协作的原则，分别对县本级财政部门财政分配和资金管理使用、税务部门税收征管、预算执行单位财政收支情况进行了审计，查出违规违纪资金451万元。另外对乡（镇）财政决算及其他收支进行了审计，审计摸清了乡（镇）家底，审计结果引起了县领导的高度重视。

全年共对16位领导任期经济责任情况实施了审计，审后对干部任期经济责任情况作出了客观的评价，为县委管好、用好干部提供了可靠依据。

另外在对工行、建行的审计，对企业、行政事业单位的审计以及提高审计工作质量、加大审计力度等方面也取得了明显成效。

【鲁山县审计局】 1999年有干部、职工24人，其中：本科2人，大专11人；局长1人，副局长2人，纪检组长1人。设办公室、行政事业审计股、财贸审计股、工交审计股、固定资产投资审计股、农业审计股。

1999年共完成审计项目76个，审计调查项目5个，县委、县政府交办项目15个。查出违规资金2 310万元，上交财政53万元。

在本级财政审计过程中，积极总结经验，改变审计方法，抓住主要矛盾，在较短的时间内高质量地完成了任务，及时向上级提交了审计报告。

1999年在对法院审计中，坚持原则，秉公执法，对该院执行庭不使用统一收据、自收自支、不纳入财务统一管理70余万元进行了严肃处理。主管庭长及当事人受到行政处分，并将乱发钱物10余万元退还院财务。

1999年对工行、建行审计过程中，抽调得力人员，研究审计方法，制订审计方案，较好完成了任务，并获该项目一等奖。

全年还坚持认真组织学习、贯彻、宣传审计法。

【焦作市审计局】 1999全局共有干部61人，其中研究生2人，大学本科5人，专科41人。局长1名。下设六个业务科室，以及办公室等辅助科室。

审计工作成果 1999年共完成审计项目454个，占年计划的203个的223.7%，查出违规行为金额114661万元，其中应上交财政金额1823万元，已上交财政金额1442万元，应追还侵占挪用资金1976万元；向各级党政领导机关提交审计工作报告、综合报告、审计信息346篇，其中被地方党政领导批示和上级审计机关、新闻媒体采用186篇。

预算执行和财政收支审计 全市审计机关重点审计了财政收支的真实性情况和财政周转金管理使用情况，发现全市各级财政预算收支不实，财政周转金项目多达13种，管理部门不统一，且逾期项目多、金额大、能回收比例低，已投放的50873万元周转金中，能回收的仅为15434万元，回收率30.4%，可作为资本注入的周转金为16671.9万元，占全部周转金的32.8%。

金融审计　对全市建行、工行两个系统实施了审计，同时组成审计组对建行三门峡市分行进行了审计，查处了大量违规资金和一些严重违法案件，如实向上级审计机关报告情况，向司法部门移送几起违法案件。

国有企业审计　以审计企业会计核算真实性为基础，全年对114个国有企业进行了审计，查出违规金额43417万元。通过审计，纠正违规资金26304万元，处理处罚6211万元。

利用外资审计　对世界银行贷款农业综合开发和疾病预防项目进行了审计，涉及项目单位17个，审计资金总额52613万元，查出违规金额574万元，主要是挤占挪用专项资金和配套资金不落实等问题。通过审计，追还侵占挪用资金95万元。

经济责任审计　市审计局派人赴外地考察学习领导干部离任审计工作，并受市纪委、组织部委托，起草了贯彻中办、国办两暂行规定的意见。按照市委指示，结合焦作实际，积极开展这项工作。对市两个单位原法人代表任期经济责任进行了审计。县(市)区都不同程度地开展了干部离任审计工作。

审计规范和审计基础工作　在全省审计机关执法检查中，焦作名列第二。全年编发信息48期124篇，被市委、市政府采用17篇，被省厅采用24篇，在全省审计机关名列前茅。审计统计工作继续坚持报表报送和百分考核制度。公文、档案工作今年通过复核把关，质量明显好于往年，在全省审计机关档案检查中，被评为先进单位。与此同时，精神文明建设和各项审计基础工作都取得了明显的成效。

【焦作市解放区审计局】　1999年，共完成审计项目28个，占区政府安排计划的233%，占上级审计机关下达计划的280%；查出违规金额1482万元，应缴纳财政金额13万元，促进增收节支金额33万元，向司法机关移交案件、协助有关部门查处案件3起。

【沁阳市审计局】　沁阳市审计局1999年共有干部、职工17人，其中：大学本科学历2人、大专11人；局长1人、副局长4人。内设办公室、综合科、财贸金融审计科、工交企业审计科、行政事业审计科、固定资产投资审计科。

1999年共完成审计项目53个。其中：本级财政预算审计1个，乡镇决算审计4个，金融审计2个，行政事业审计27个，专项审计2个，基本建设项目审计2个，乡镇领导离任审计7个；企业离任审计1个。

1999年共查出各类违规金额14596万元。其中：挤占挪用专项资金1005.7万元，偷税漏税609.5万元，“小金库”189.6万元，乱收费580.9万元，审计决定应上缴财政65万元，已全部上缴财政，追回挤占挪用资金1000万元。

1999年，基本建设审计中心完成审验项目29个，审验基建投资3774.93万元，核减408.97万元，完成破产清算6家。

【孟州市审计局】　现有干部职工26人。其中：班子成员5人，审计业务人员19人。内设办公室、综合科、审计一科、审计二科、审计三科、审计四科。

1999年共完成审计项目单位62个；查出违规违纪金额2767万元；审计入库资金149万元；向国家、省、市、市(县)级党政领导、新闻、报刊报送信息、通讯等53篇，被采用42篇。查出市法院“小金库”233万元的问题。依法没收处罚102万元。

【修武县审计局】　1999年共完成审计项目73个，查出各类违纪违规金额3450万元，上缴财政60万元，追回被挤占挪用资金260万元；查出贪污挪用并移交纪检、司法机关处理的案件3起；提交综合报告、审计信息54篇，被各级党委政府、上级审计机关和新闻单位采纳35篇。所有审计项目均未出现复议和行政诉讼，审计质量控制率达到100%。

经济责任审计　1999年对15个行政事业单位主要领导干部任期经济责任情况进行了审计，查出私设“小金库”、挪用专项资金等违纪问题650多万元，有3名主要领导干部被停职检查，两个严重违反财经纪律的单位在全县范围内进行了通报批评。同时，根据审计中查出的招待费等支出违纪多的实际情况，建议县纪委出台了两项廉政规定，有效地促进了全县党风廉政建设的进一步好转。

【温县审计局】　现有干部、职工17人，其中领导干部3人。机构设置为三科一室。

1999年共完成审计项目33项，其中：完成县政府交办任务5项。共查出违规行为金额4080.8万元，应归还原渠道资金金额35万元，上交财政109.5万元，提交审计工作报告(信息)5篇。县政府出台了《关于进一步加强审计执法的通知》，审计执法力度进一步加强，查处上缴县财政的罚没收入是建局以来最高水平。受组织部门委托，对3个单位的领导实施了任期经济责任审计，为上级任用干部提供了决策依据。

【武陟县审计局】　1999年共有干部、职工48人。其中：大专学历28人，局长1人，党组副书记1人，副局长2人，纪检组长1人。设有办公室、行政事业审计股、工交企业审计股、财贸审计股、基本建设审计股等机构。

审计工作成果　1999年共完成审计项目78个。完成审计调查3项，审计金额9093万元。共查出违纪违规金额809万元。上缴县财政75万元，共提交审计报告48篇。同县纪检、监察、信访等部门配合，查处各种经济案件3起。

完成县政府交办任务　1999年共完成县委、县政府交办的工作任务10项。1999年7月积极参与了县供销合作社和商业股份公司的兑付工作及农村政策法纪教育；配合全县机构改革、企业改制共抽调10人，摸清了企业家底，为县委、县政府的宏观决策提供了依据，为企业改制、机构改革工作打下了基础。

完成上级下达审计任务　1999年共完成省、市审计机关下达的审计任务9项，审计单位14个，审计金额1083万元。

【博爱县审计局】　1999年，全年完成审计项目61个，查处违规行为金额5162万元，上交财政214万元，促进增收节支145万元。向有关部门反映情况，提交报告、信息45篇，被批示采用28篇。

深化本级财政预算执行和财政收支情况审计，坚持对部分专项资金和直属机构为重点进行全面审计，使此项工作逐步深化。向政府和人大分别提交了报告。审计出主要问题是隐瞒财政收入和虚增财政收入及支出。

根据两办通知，受县委、县政府委托，对全县33个正科级领导干部任职期间的经济责任情况进行了审计，并提交审计报告。为组织部门任用干部提供了决策依据。

在《审计法》颁布实施五周年之际，利用晚会、广播、电视等形式宣传《审计法》，并对全体审计干部开展爱国主义教育，从而激发了审计人员的严格执法、廉洁奉公的爱岗敬业精神。

【鹤壁市审计局】　1999年底共有干部职工40人。其中：大学本科学历2人，大专29人，局长1人，副局长2人，纪检组长1人。设有办公室、综合科、财政金融审计科、行政事业审计科、工交审计科、商贸审计科、固定资产投资审计科、农林水审计科、外资运用审计科、法规审理科、纪检监察室等机构。

审计工作成果　1999年，共完成审计项目132个，审计单位307户；完成审计调查项目7个，调查单位169个。共查出违纪违规金额29336万元，上缴财政1950万元，追还侵占挪用资金1961万元，促进增收节支419万元，共提交审计报告139篇。

完成市委、市政府交办任务　1999年，共完成各级党委、政府交办的工作任务40项，审计单位153个。1. 围绕经济工作重点，先后开展了粮食执法检查、预算外资金审计、改制企业募股资金调查、政府债券使用情况审计调查、中小型改制企业清产核资、清理整顿农村储金会、减轻农民负担大检查、农村养老失业保险金审计等工作；2. 围绕领导关注的热点、难点问题，先后开展了清理开发区违规建房、公路交通部门领导集体违法违纪案的查处、半拉子工程资金使用及效益情况调查、国债资金使用情况调查以及开发区管委会财务收支审计等工作；3. 围绕改革发展稳定大局以及群众关注的热点问题开展审计工作，共对8个村、5户企业的财务收支情况及群众上访经济案件进行了审计。

内部审计　全市共有专兼职内审机构121个，专职内审人员239人。全年共开展各类审计1072项，查出损失浪费13677万元，促进增收节支10036万元，纠正违纪违规7264万元，提出合理化建议658条。

《审计法》颁布实施五周年纪念活动　全市审计机关利用审计法颁布五周年之际，开展了一系列宣传活动，举办了审计机关建立以来第一次《审计法》及审计知识电视大奖赛；在市区主要街道举行了大型游行活动；在《鹤壁日报》上设专门宣传版面，通过各种宣传活动，提高了审计的知名度，树立了审计机关的权威，扩大了审计在社会各界的影响。

精神文明建设　被省委、省政府命名为文明单位。

受表彰情况　1999年受省审计系统表彰6次，受市委、市政府表彰4次。有3人受到市委、市政府的表彰奖励。

【鹤壁市山城区审计局】　1999年共有干部职工3人，其中，大专学历2人；局长1人，副局长1人。

审计工作成果　共完成审计项目21项，审计单位32户；完成审计调查2项，调查单位2户；审计资金总额7000余万元，共查出违纪违规金额140万元，上缴区财政0.24万元，共提交审计报告32篇。

【鹤壁市鹤山区审计局】　全年共完成审计项目17个，查处各类违纪违规资金750万元，加大查办大案要案力度，查出并移交司法机关案件2件。1999年度，被市审计局命名为党风廉政建设先进单位。

同级财政预算执行审计　在同级财政预算执行审计中，把审计的着眼点放在揭示重要性问题和倾向性问题上，通过对区财税部门和10个预算执行单位的审计，共查出违规资金420万元，其中：处理处罚72万元，责成整改34.8万元。

乡级财政决算审计　在审计中着重核实财政收支的真实性、有无截留上级财政收入等问题，同时又对使用资金较多，投入专项资金较多的5个单位进行了延伸审计。共查出违规资金57万元，审计机关针对存在的问题依法作出了审计处理，并向被审计单位提出了切实可行的财务管理办法，进一步规范了乡级财政。

大案要案查办　区审计局加强了区委、区政府临时交办任务的审计查证力量，对领导关注、群众关心的热点、难点问题进行了审计。共查处案件2件，涉案金额223万元，移交司法机关处理7人，在查办大案要案上被上级审计机关评为优秀审计项目。

【鹤壁市郊区审计局】　1999

年底有人员8人，设局长1名，副局长2名。内设办公室、行政事业股、企业股。

审计工作成果　1999年，共完成审计项目13个，占年计划的130%，审计资金总额5218万元，查出违纪违规行为金额388万元，追还被侵占挪用资金160万元，对违纪违规单位罚款1．5万元。

预算执行和财政收支审计　审计资金总额2326万元，查出违纪违规行为金额281万元，侵占挪用资金82万元，并作出了相应处理，提出了改进建议。

经济责任审计　根据区委组织部和区纪检会的工作安排，对原区林业局局长任职期间的经济责任审计和财务收支情况进行审计，并提出了审计报告，为区委准确使用干部和考察干部提供了依据。

【浚县审计局】　1999年底在职人数22人，其中：大专学历8人；局长1人，副局长2人，纪检书记1人。内设五股一室。

审计成果　1999年共完成审计项目17项，审计单位29户；完成审计调查2个，查出百万元违纪单位2个，上报各种信息21篇；共查出违纪金额8874万元，应上交财政138万元，共提交审计报告29篇。

完成县政府临时交办的任务　1999年受政府委托，配合其他部门先后抽调审计人员16人次，完成了全县收支两条线政策执行及收缴情况审计、外贸公司财务收支审计、黧阳宾馆经济责任审计、粮改执法检查、供销社财务挂账审计、企业目标考核、企业经营核算、基金会清理整顿等十余项审计工作任务，审计清理单位达50个。

预算执行审计　对1998年度本级预算执行情况和其他财政收支进行了审计，查出虚增预算收入、虚列预算支出和其他财政收支中违纪违规问题达1060万元。

工行和建行系统审计　受审计署的委托，对本县工行、建行1998年度资产、负债、损益情况和信贷资产质量进行了审计，共查出违纪、违规金额960万元。

【淇县审计局】

审计工作情况　全年共完成各类审计22项，查出违规金额14764万元，应上缴财政25万元，已全额上缴财政。为各级领导机关提供专项调查报告、综合审计报告10篇，审计信息88条，被各级采用68条。

资产清查审计　年内对8个预算内企业进行了资产清查，查出应摊未摊费用1927万元，应提未提费用3380万元，未列支费用5197万元，潜亏总额达17246万元，潜盈总额达2208万元，为淇县工业企业体制改革奠定了基础。

任期经济责任审计　对17名委局“一把手”进行了任期经济责任审计，客观公正地评价了离任者任期经济责任，县委根据审计结果决定：1名由副科级提为正科级，3名干部被免职，1名干部移交司法部门。为组织部门用人提供了依据。

【新乡市审计局】　共有干部职工63人，其中局领导班子成员6人。全年共完成审计单位(项目）395个，是责任目标200个的197．5%；共查出违规违纪金额4．88亿元，应上缴财政6867万元，截止到年底已收缴财政5277万元，比1998年的2100万元增加3177万元；通过审计，归还原渠道资金1796万元，减少财政拨款640万元。

企业审计　全年审计企业119家，查出违规行为金额28786万元，应上缴财政5779万元，已收缴财政4793万元，建议纠正地方不当规定63条，协助有关部门查处案件5件。

根据新乡市政府指示，对23家拟实施奖励的企业进行了奖前审计，在审计方案公布以后，有12家企业宣布弃奖。经对其余11家企业审计，共审减利润1858．69万元，为打假治乱、维护正常经济秩序发挥了积极作用。

财政审计　共对88个预算单位进行了审计，查出违规金额14751万元，应上缴财政333万元，已收缴财政95万元，促进增收节支70万元，建议纠正地方不当规定57条。

金融审计　按上级审计机关授权派出审计组，对安阳市建行系统进行了审计，审出安阳水泥集团公司利用企业改制的机会，逃废银行债务2945．98万元，并向上级审计机关作了报告。

获得的荣誉　被新乡市政府授予“目标管理先进单位”，从1994年起已连续六年获此殊荣；首批被新乡市委、市政府授予“市级文明系统”；被新乡市委授予“先进党组织”。审计信息工作也取得了好成绩，分别被河南省审计厅、新乡市政府评为先进单位。

【卫辉市审计局】　1999年底共有干部、职工36人，其中：大专学历20人；中级职称6人。1999年共完成审计单位（项目）34个，审计总金额56054万元，查出违规资金304万元，应上缴财政144万元，已收缴财政107万元，归还原渠道资金1152万元，向被审计单位提出合理化建议100余条。完成市委、市政府临时安排项目55项。

预算执行和财政收支审计　1999年加大了对国家预算执行情况的审计力度，共查出有问题资金2525万元，并如实向市人大常委会作了报告。对5个乡镇的财政决算实施了审计，查出各种有问题资金258万元，规范了财政收支行为。

经济责任审计　受市委、市政府的委托，对20个单位的党政领导进行了离任经济责任审计，其中有8个乡镇和12个市直机关，共查出有问题资金2420万元，为正确使用干部提供了可靠的依据。

查出大要案情况　先后查出了市中行挪用社会劳动保险公司

70万元，市生产资料公司1995年和1999年两次被骗巨款231万元的事实。

【辉县市审计局】 共有干部职工40人，其中大专以上学历25人。设有办公室和公交、商业、财政金融、行政事业、基建5个审计科及法制内审科。

1999年共完成审计单位项目33个，查出违纪金额123万元，收缴财政5.3万元，提出合理化建议100余条，编发审计信息22期。

【新乡县审计局】 1999年，共有干部职工23人。全年共完成审计单位（项目）41个，查出违纪违规金额454万元，核减工程建设资金1096万元。

工程预决算审计　按照县人大、县政府的要求，对新建县城的工程质量、建设费用使用情况进行了审计，查出新城大楼因改变设计方案造成损失50.7万元；挤占挪用建设资金175万元；核减工程预算款1096万元。

【获嘉县审计局】 共有干部职工33人，其中领导班子成员6人。设有财金股、行政股、固定资产投资股、企业股和办公室。1999年共完成审计单位（项目）42个，查出违规金额2076万元，为财政增收64万元。编发信息98期，被上级党政机关采用68条。

制度建设　在廉政建设上，建立了《审计廉政建设若干规定》；在审计业务上，建立和完善了《审计执法督查制度》、《审理复核制度》、《审计工作目标考核标准》、《审计工作目标奖励办法》；在增收节支上，建立完善了《车辆私事用车有偿交费制度》、《业务招待派饭单制度》、《汽车燃油登记制度》和《外出复印统一管理制度》；在信息宣传上，建立了《责任目标及奖罚制度》、《季度通报制度》；在文明单位建设上，建立完善了《文明系列评比制度》、《机关计划生育若干规定》、《综合治理安全防范制度》等。

财政审计　共对8家预算单位进行了审计，查出违规金额828万元，应上缴财政1万元，已收缴财政1万元，建议纠正地方不当规定39条。

固定资产投资审计　共对5家有基建项目的单位进行了审计，查出违规金额71万元，应上缴财政55万元，已入库55万元，建议纠正地方不当规定6条。

企业审计　共审计企业13家，查出违规金额1031万元，应上缴财政5万元，已收缴财政5万元，建议纠正地方不当规定34条。

行政事业审计　共对16家单位进行了审计，查出违规金额146万元，应上缴财政3万元，已收缴财政3万元，建议纠正地方不当规定38条。

【原阳县审计局】 1999年底，人员达到35人。其中：大专以上学历12人；局长1人，副局长2人，设办公室、工交基建商贸审计股、行政事业审计股、财政金融审计股。

审计工作成果　1999年完成15个审计项目，审计单位49个，完成审计调查项目1个，调查单位14个，查出违纪资金2493.2万元，上缴财政27.4万元。追还被侵占挪用资金86.3万元，归还和调整有关账项15.7万元，为国家增收节支129.4万元。全年撰写审计信息及专题报告30篇，被上级业务部门和市县政府采用8篇，撰写审计论文2篇，审计刊物发行工作保持先进。

完成县政府交办任务　共完成工业企业改制、粮食、棉麻系统的财务挂账、县外贸公司、计生三费的审计或定期检查及水费征缴方面存在问题的审计或审计调查等8项工作，配合有关部门对预算外资金收支两条线执行进行核实，积极参与农村基金会的清理整顿工作。

完成上级下达任务　对县建设银行资产、负债和损益情况进行了审计，发现损失类贷款767万元，占18.7%，盈亏失实金额11.2万元，占3%的问题，并及时提交了报告。

【长垣县审计局】 1999年长垣县审计局共有干部职工29人。全年共完成审计单位和项目32个，调查项目2个，审计总金额11亿元，共查出各种违规资金830万元，增加财政收入35万元，追还挤占挪用资金110万元，促进增收节支284万元。同时，配合县纪检监察等部门，对6个问题多的村财务收支进行了审计，帮助解决各种经济纠纷4起，减轻农民不合理负担30万元，纠正不合理资金8万元。

财政预决算审计　对1998年度县本级财政预算执行和7个乡镇的财政决算进行了审计，共纠正不合理资金396万元，归还原渠道资金110万元，为单位减少损失浪费68万元。

经济责任审计　对12个行政事业单位的主管和6个乡镇的党委书记的任期经济责任进行了审计，查出违纪违规行为金额720万元，应上缴财政100万元。

企业审计　共审计工商企业9家，查出违纪资金412万元，其中漏、欠交各种税款394万元，查出资金不实企业3家，减少企业损失浪费130万元。参与了6家国有企业的清产核资。

专项资金审计　对4项专项资金进行了审计，纠正违纪违规资金203万元，纠正停滞资金1000余万元，归还原渠道资金57万元，促进单位增收节支103万元。

【封丘县审计局】 共有干部职工21人，其中中级以上职称14人；局长1人，副局长3人。设有办公室、行政事业审计股、商粮贸审计股、财政金融审计股和工交基建审计股。1999年共完成审计单位（项目）53个，审计单位33户，审计调查1项；调查单位4个。通过审计，上缴财政38万元，提交审计报告53篇。

完成县政府交办任务　共完

成3项任务，审计清查单位3个。其中：配合县企业改制，对县水泥厂进行了清产核资，摸清了企业的家底，为县的企业改制工作做出了贡献；配合县信访、监察等部门搞农村稳定工作，向监察部门移交案件2起，处理2人。扩大了审计影响面，为审计工作发展做出了贡献。

【延津县审计局】 延津县审计局全年共审计单位（项目）47个，查出违规资金3316万元，追还侵占挪用资金244万元，核减预算拨款10.26万元，收缴及罚款256.51万元。通过审计，向纪检监察机关移交经济案件3起，向司法机关移交经济案件1起。

【安阳市审计局】 1999年底，共有人员62人。其中：大学本科学历15人，大专38人；局长1人，副局长3人，纪检组长1人。设有办公室、财政金融审计科、行政事业审计科、商贸审计科、工交审计科、固定资产投资审计科、农业审计科、综合科、人教科、社会审计指导科、审计事务所等。

审计工作成果 1999年，共完成审计项目67个；审计单位98户；完成审计调查3项；共查出违纪违规金额14000万元，上缴财政302万元，提交审计报告、信息30篇。

完成市委、市政府交办的任务 全年共完成交办任务16项，审计单位17个。根据市委“三讲”要求，组织了对全市65个党政群机关1998年度、1999年1-9月的会议费、招待费进行了审计。

在进行财政本级审工作中，共揭示出本市预算管理和预算执行过程中存在预算报告内容不完整、批复预算不及时等9个方面问题，并针对存在的问题提出5条审计建议。为政府管理财政、人大监督预算当好参谋。1999年固定资产投资审计共完成工程决算审计项目9个，审计金额1.16亿元 ，为本市节约财政投资356万元，查出项目概算外投资挪用侵占建设资金4664万元。

内部审计 加强对内部审计工作的管理和指导，市局1999年共设立内部审计机构43个，内审人员448名。

【安阳市北关区审计局】 1999年有干部、职工7人，其中会计师2人，审计师3人；局长1人，副局长2人。内设办公室、行政事业审计股、财政金融审计股。

审计工作成果 1999年完成审计项目12个，审计金额58636万元，共查出违纪违规金额5548万元，配合纪委、监察、财政部门查处经济案件3起，促进增收节支897万元，上缴区财政20万元，提交审计报告15篇。

完成政府交办任务 1999年，完成区委、区政府交办的审计事项6件。为配合区经济体制改革，抽调4人。对区化工原料厂的改制情况进行了4个月的审计，摸清了情况、核实了家底，为区委宏观决策，提供了依据。为解决本区企业职工养老保险的问题，配合劳动、经贸部门对区属的十几家企业职工养老保险金进行了审计，澄清了养老金的收缴情况，核准了养老金人数。企业职工养老金统一由区劳动部门发放，解决了他们的后顾之忧。

完成上级下达的审计任务 1999年完成省、市审计机关下达的审计任务6项，审计金额为53400万元。抽调7人，对工行豆腐营支行进行了历时4个月的审计，揭露了金融行业在融资方面的违纪违规行为，查清了不良贷款，积累了经验，锻炼了队伍。

【安阳市文峰区审计局】 1999年共有干部8人，其中大学本科1人，大专1人。

审计工作成果 1999年共完成审计项目9项，审计单位22个，并查出违纪违规金额62.3万元，上缴区财政2.8万元。

完成上级交办任务 1.完成对工行北办支行1998年度资产、负债、损益的审计；2.抽调1人参加了区属企业改制工作；3.抽调1人参加了区财政预算外资金收支两条线审计；4.抽调1人参加了文峰中路改造搬迁任务；5.协助纪检检察部门对小学收费情况进行调查。

【安阳市铁西区审计局】 1999年底共有干部、职工10人，其中大学3人，大专4人；局长1人，副局长1人。

审计工作成果 1999年共完成审计项目12个，审计单位56个，上缴财政2万元。配合区纪检等部门查处经济案件1起。

完成政府交办任务 1999年共完成区政府交办任务21个。其中企业改制审计2个，村支部改选单位3个，经济责任审计15个，会同法、检两院查处非法集资案件1个。

完成上级下达任务 1999年共完成市审计局下达任务6个。

【安阳市郊区审计局】 1999年底共有干部职工14人。其中：大学本科3人，大专9人；局长1人、副局长3人。设有办公室、财政金融审计科、行政事业审计科、工交企业基建审计科。

审计工作成果 1999年共完成审计项目14个，审计单位34个；查出违规金额809万元，纠正处理违规金额809万元，上缴区财政2万元，提交审计报告14篇。

完成区政府交办任务 完成区委、区政府交办的工作8项，审计单位65个。为进一步加强本区预算外资金管理，为区政府宏观管理提供科学依据，积极开展了预算外资金审计和调查，审计单位30个并对一些收费多、涉及面大的单位进行了重点审计。本年还抽出业务骨干配合区财政、纪检、信访等部门，完成了收支两条线检查、通讯工具落实情况检查、招待费检查、“双基”检查、信访案件审计等工作，受到了有关部门的好评。

完成上级下达的审计任务 本年共完成署、省、市审计机关下达的审计任务12项，审计单位28个，审计金额7300万元。

【林州市审计局】 1999年有干部、职工32人，其中本科学历6人，大专14人；局长1人，副局长3人。内设办公室、财政审计科、行政事业审计科、固定资产投资审计科、工业交通审计科、商粮外贸审计科等五科一室。

主要工作成果 1.1999年共完成审计项目123个，累计查出各类违纪违规金额9460万元，增加财政收入211万元，减少财政拨款1752万元，应归还侵占挪用资金99万元。2.突出抓好市本级财政预算执行和其他财政收支审计。对财政预算内、预算外资金、地税局税收征管情况，及21个预算执行部门单位进行了审计，查出预算收入不完整、市乡收入混杂、挤占挪用专项资金、偷欠税、国有资产流失等各类违规问题1112万元，直接增加财政收入153万元。3.以财政审计为契机，对全市56个一级预算执行单位进行审计，查处了私设“小金库”、挪用专用资金、偷税、违反收支两条线等问题470万元，收缴违纪款28万元，为市领导了解全市财力状况，加强财政管理提供了依据。4.加大对乡镇财政决算审计力度。查出17个乡镇共隐瞒转移财政收入，虚列财政支出，挪用专项资金及乱收费等问题798万元，上缴财政29万元，归还专项资金44万元。5.认真开展了24个建设工程的预决算审计。审减工程造价1707万元，占送审投资金额的54%，为国家节约大量建设资金。6.积极试行开展领导干部任期经济责任审计。先后对8个单位（乡镇）领导干部进行离任审计，为正确评价领导干部任期责任，促进廉政建设，探索审计发展新路子做了大胆的尝试。

【安阳县审计局】 1999年共有干部、职工34人，其中：本科学历2名，专科22名，审计师12人，工程师2人；局长1人，副局长2人；设有办公室、综合股、企业审计股、行政事业审计股、基本建设审计股、财政金融审计股。

审计工作成果 1999年共完成审计项目35个。审计共查出违纪违规金额2372万元；增加财政收入413万元。同时，同县纪检、监察、信访等部门配合，积极参与查出各种经济案件，为社会稳定发挥了作用。

完成县政府交办任务 共抽调20余人参加了稳定全县工作的审计账目工作；组成由审计局牵头，财政、农经参加的联合工作组，配合住村工作组，对农村账务进行了全面清查；由审计、公安、纪检等部门组成的联合办案组，查处多起农村经济案件；另外，还参加并完成了粮食行业亏损挂账执法检查，供销系统亏损挂账检查，乡镇企业管理费检查等工作。

文明单位建设 以人为本，狠抓文明单位创建工作，取得了精神文明和物质文明 建设的双丰收，被省政府命名为省级文明单位。

【滑县审计局】 滑县审计局共有干部职工33人，其中大学本科2人，大专15人；局长1人，副局长3人，总审计师1人。设有办公室、财政金融审计股、行政事业审计股、商粮贸审计股、固定资产投资审计股。

审计工作成果 1999年，共完成审计项目25个，审计73个单位，审计资金总额16.3亿元，查出有问题资金10.4亿元，违纪资金2891万元，向上级有关部门提交审计报告73篇，为政府宏观决策提供了依据。

完成政府交办任务 1999年共完成县委、县政府交办的审计任务63项，其中乡镇党委书记、乡镇长任期经济责任审计22项，县直单位领导干部任期经济责任审计37项。

【内黄县审计局】 1999年共有干部职工20人，其中：本科学历2名，专科学历10名；审计师5人，会计师1人，经济师1人，评估师1人；局长1人，副局长2人，纪检组长1人。内设办公室、财政金融审计股，行政事业审计股、企业审计股、基本建设审计股。

审计成果 1999年共完成审计项目16个，审计单位67个，查出违纪违规金额1376万元，解缴财政12万元；同时配合县纪检、监察、财政等部门对全县行政事业单位执行“收支两条线”情况进行了审计，有效地促进了各部门资金管理的规范化、制度化。

完成县委、县政府交办任务 年初根据县委、政府工作安排，先后抽调12名骨干进驻农村，开展农村基层党组织建设和社会治安综合治理工作，完成了县委政府交办的任务。年末受县委、政府委托，对全县17个乡镇和48个局委党政主要领导干部任期经济责任进行了审计，通过审计核实了行政事业单位财政财务收支及其他经济责任目标完成情况，对审计中发现的问题分清责任、依法定性处理，为县委、政府正确使用干部，加强对干部的管理监督提供了依据。

【汤阴县审计局】 1999年，共完成审计项目19项，查出违纪金额293万元，归还原资金渠道288万元，上缴财政7万元，减少财政拨款或补贴5万元，促进增收节支126万元。

主要审计情况 围绕财政收入不真实、执行税收征管不规范等问题，对县、乡财税等部门11个单位进行了财经审计；围绕信贷资金、不良贷款等开展了金融审计；围绕财务收支真实性开展了企业审计；围绕领导和群众关注的热点开展了基建审计；依照署、省、市局安排开展了社会审计业务质量监督检查；

政府交办事项 1999年度，政府交办事项主要有：深化改革和发展经济中的重点、难点问题，如粮食市场检查，医药行业药品乱涨价检查，供销社系统亏损挂账审核，企业改制、财税大检查等；临时中心工作任务，如招商引资310万元，局委扶贫包村，向建国前参加革命的复员退伍军人献爱心等。

【濮阳市审计局】 1999年共有干部职工77人，其中：大学15人，大专40人；局长1人，副局长3人。设有办公室、综合审计科、财政金融审计科、行政事业审计科、外资农水审计科、基建投资审计科、商粮贸审计科、工业交通审计科、审计科研培训所、审计师事务所等机构。

审计工作成果 1999年共完成审计项目和单位83个，查出违纪违规行为金额2.3亿元，上缴财政488万元，归还资金原渠道1927万元，向司法监察机关移送案件2起，提交审计报告、编发审计信息108篇，其中被上级审计机关、当地政府领导批转等42篇。

完成市政府交办任务 1999年，根据市领导安排，对市经纺中专的财务收支及资产、负债情况进行了审计，摸清了该校家底，核实了资产负债情况，为领导决策提供了可靠依据。通过对市生物化学工业公司的审计，查出该公司资金来源不清去向不明、银行贷款不入账、白条支付高息、账外账等18类问题，金额达2.76亿元，同时也发现了一些重大案件线索，审计结果引起市领导高度重视，并为此成立了专案组。

完成上级审计机关交办任务 1999年根据省审计厅委托，对中原石化有限公司、中原油田养老保险基金结余情况进行了审计，查出两单位在养老保险基金征收、管理、使用等方面存在挤占、挪用、隐瞒、转移、应征未征等问题，并如实向省审计厅进行了汇报，受到肯定和表扬。通过对市工商银行系统和建设银行焦作市分行的审计，查出账外资产、违规经营、账外经营、“小金库”等有问题资金1.75亿元，受到上级审计机关的表彰。

内部审计 1999年底，全市已建立内部审计机构133个，共审计各类项目和单位280个，纠正违纪违规金额800多万元，查出损失浪费金额662万元，促进增收节支519万元。

社会审计 积极履行审计机关的职责，帮助市审计师事务所完成了脱钩改制工作，配备和完善了领导班子，理顺了工作思路，社会审计工作得以顺利开展。1999年，市审计师事务所业务收入首次突破百万元大关，创建所以来最高纪录。

受表彰情况 1999年7月，被市城市绿化办公室命名为“花园式单位”；11月，通过“省级文明单位”年度考核验收；市审计系统继续保持“市级文明系统”荣誉称号。有1人次受省审计厅表彰，6人次受市审计系统表彰。

【濮阳市市区审计局】 1999年，共有干部职工13人，其中局长1人，副局长1人；具有中级职称的5人。设有财政金融审计股、行政事业审计股、工交基建审计股和办公室。

审计工作成果 1999年共完成审计项目16个，查出违纪违规金额1960万元，促进增收节支143万元，归还资金原渠道40万元，其中在同级财政预算执行情况审计中，坚持全面审计，致力于打假治乱，揭露和反映财政财务收支中不真实、不合法、不规范以及损失浪费等问题，审计结果报告受到区领导的好评。在金融审计方面，对市区建行、工行进行了审计，共审计资金总额2.4亿元，查出少计和多计收入及支出、应摊未摊、信贷质量差、不良贷款比例大、存款结构不合理等问题。

完成区政府交办任务 1999年对全区6位干部进行了经济责任审计，审计资金总额2000多万元，对其任期内存在的问题进行了定性处理，并对一些先进作法进行了推广，受到区委、区政府的高度评价。完成了人民路办事处、开发区环翠路等5个基建项目审计，审减资金50万元。

【濮阳县审计局】 1999年底，全局共有干部职工50人，为定编人数的227%。

审计工作成果 1.对本县1998年本级预算执行和其他财政收支进行审计。主要审计了财政部门组织、执行本级预算情况，地税部门税收征管解缴情况，其他财政信用资金的管理使用情况，涉及单位30个，这项工作对保证财政收支和财政资金的合理分配使用起到了积极的作用。2.经济责任审计。对本县21个乡镇、8家重点国有企业和28个县直一级机构预算单位进行了年度经济责任审计，对带有普遍性、倾向性的问题向县委如实进行了反馈，提出了宏观管理建议，为县委掌握经济情况进行正确决策提供了真实的资料。3.商业银行审计。受上级审计机关委托，对建行京开道支行、文留支行、县工商银行的1998年度资产、负债、损益情况进行了审计。针对审计出的问题提出了加强管理，提高企业效益等11条审计建议。

【南乐县审计局】 1999年共有干部职工46人，其中本科学历5人，大专学历13人；局长1人，党组书记1人，副局长3人，纪检组长1人。设有办公室、综合股、财政金融审计股、工交基建审计股、行政事业审计股、商粮贸审计股等机构。

审计工作成果 1999年，共完成审计项目40个，审计单位40户，审计资金总额103246万元，共查出违纪违规金额10251万元，上缴县财政18万元，提交审计报告15篇。

完成县政府交办任务 1999年，共完成县委、县政府交办工作任务21项，审计单位21个。受县委、县政府委托，对9个单位的领导进行了经济责任审计，从审计的角度对离任者进行了客观真实的评价，为组织人事部门正确使用干部提供了依据。

完成上级审计机关交办任务　1999年，共完成省市审计机关下达的审计任务6项，审计单位6个，审计金额8600万元。

【台前县审计局】　1999年共有干部职工31人，其中本科学历2人，大专学历7人，具有中级职称以上的18人；局长1人，副局长2人，纪检组长1人，总审计师1人。设有办公室、财政金融审计股、行政事业审计股、工商企业审计股、基建审计股、审计师事务所等机构。

审计工作成果　1999年共完成审计项目21个，查出违纪违规行为金额800余万元，上缴入库40万元，向被审计单位提出合理化建议98条。其中在同级财政预算执行情况审计中，审计资金总额1.95亿元，查出违纪违规金额276万元；在乡级财政决算审计中，发现乡统筹、村提留款的挪用、挤占现象依然存在，财政收入存在空转现象。

完成县政府交办任务　1999年对县支铁办、希望工程助学金、农牧局、卫生局进行了审计，积极参加了县委、县政府贯彻落实中央关于“收支两条线”规定的工作。

【清丰县审计局】　1999年底，共有干部、职工67人，其中：大专以上文化程度35人；具有中级技术职称13人；局长1人、副局长4人。下设办公室、行政事业审计股、财政金融审计股、工业交通审计股、商粮贸审计股、基本建设投资审计股、审计师事务所及五个乡镇中心审计所等机构。

审计工作成果　1999年，共完成55个单位和项目的审计，查出各类违规违纪金额863万元，上交县财政33.8万元，向上级审计机关和县领导提交有价值的审计调查报告10篇，向被审计单位提出切实可行的改进性意见和建议163条。1.同级财政预算执行情况审计。通过审计发现的主要问题是：截留上级收入、有偿资金投入、使用、管理、收回不规范等，针对审计情况，分别向县人大、县政府提交了审计工作报告和审计结果报告，为政府管理财政和宏观决策提供了切实可行的意见和建议，为人大实施对财政的有效监督提供了客观依据。2.对清丰县工行、建行进行了审计，查出了虚增利润、多列支出、国有资产流失、少记利息收入、贷款结构不合理等问题。3.对重点企业、专项资金、重点建设项目、重点单位以及乡级卫生系统、粮食系统、电业系统、计生系统、教育资金进行了审计，揭露了存在的问题，找出了原因，作出了严肃的处理，提出了改进性建议。

完成县政府交办任务　1.对14名正科级干部进行了离任前审计，对他们任职期间的工作进行客观评价，摸清了家底，划清了责任，为组织人事部门正确调配使用干部提供了依据。2.配合财政、监察等部门，对行政事业性收费和罚没收入“收支两条线”、消化粮食政策性挂账情况进行了审计调查。3.抽调人员，配合监察、农林部门，对农民负担这一热点、焦点问题进行了调查。

【范县审计局】　1999年共有干部职工37人，其中本科学历5人，大专14人；局长1人，副局长3人，纪检组长1人。设有办公室、综合股、财政金融审计股、行政事业审计股、商粮贸审计股、工交审计股、投资基建审计股、审计师事务所等机构。

审计工作成果　1999年，共完成审计项目30个，审计单位38个，完成审计调查1项，调查单位4个，共查出违纪违规金额342万元，上缴县财政7万元，提交审计报告30篇。

完成县政府交办任务　1999年，把对领导干部任期经济责任审计作为本局的目标与县政府签订了责任书，共完成经济责任审计13个，提交审计报告13篇，为县委组织部门正确使用干部及时提供了可靠依据。抽调骨干力量参与并配合了全县工商企业的改制及破产清算工作，为深化企业改革，促进企业扭亏增盈，作出了积极努力。

完成上级下达审计任务　1999年，共完成上级审计机关下达的审计任务17项，审计单位22个。

【许昌市审计局】　1999年，共审计87个单位和项目，查出违规行为金额32154万元，其中指明要求纠正金额23516万元，决定处理处罚金额8638万元，应上缴财政金额753万元，已全部上缴。

财政审计　开展了对本级财政预算执行情况审计。以预算单位在银行的开户为突破口，检查预算单位的财政、财务收支情况，系统地掌握了财政资金的流向，较为准确地测评出财政资金的安全性和效益性，查处了隐匿转移财政收入、违规出借财政资金、虚增财政收入、虚列财政支出等问题。并先后对许昌县、鄢陵县、禹州市人民政府1998年度财政决算进行了审计。

金融审计　根据授权，对市工商银行5个县级支行的资产、负债、损益情况进行了审计。按照河南省审计厅工作部署，实行交叉审计的办法，对平顶山市建设银行的资产、负债、损益情况进行了审计。对工行、建行的审计，共查出违纪金额4616万元，同时发现和移交案件线索3起。

大案要案审计　1998年，认真落实全国、全省审计工作会议精神，注意发现和查处大案要案，全年共移交案件线索5起，分别是：某银行所属的房地产公司违规贷款、账外经营问题；某银行信托投资公司账外经营问题；某银行职工技协高息吸收存款放贷问题；某事业单位私设“小金库”问题；某主管部门领导人员经济问题。

领导干部任期经济责任审计　为进一步规范县级以下党政领导干部和国有及国有控股企业领导人员的任期经济责任审计工作，中共许昌市委、许昌市人民政府印发了《关于实行领导干部任期审计制度的意见》（许发［1999］36号文件）。根据市委、市政府部署，市审计局对市政府办公室等15个单位离任的领导干部进行了任期经济责任审计，按时提交了审计结果报告，圆满完成了审计任务。

【许昌市魏都区审计局】 1999年，共开展审计项目16项，其中审计署、省、市定计划项目10项，区委、区政府交办审计项目6项，查处违纪资金800多万元，追还侵占资金110万元。

本级财政审计 圆满完成了魏都区1998年财政预算执行情况和其他财务收支的审计工作，为政府全面了解掌握区财政情况，加强宏观经济管理提供了决策依据。

预算外资金大检查 组织开展预算外资金大检查，联合纪检、财政部门共检查区属行政事业单位125个，查出违纪违规行为金额858万元，入库资金411万元，基本摸清了全区预算外资金管理体制使用现状及存在的问题。

干部任期经济责任审计 积极探索、努力实践完成领导干部任期经济责任审计工作。面对任务重、经验不足、人员少的诸多不利因素，对半截河乡、区司法局、计委、许昌市第一人民医院等单位离任一把手进行了审计，及时提交了审计结果报告。

【禹州市审计局】 1999年底有在职干部职工26人。重点进行了市本级财政预算执行情况审计、乡级财政决算审计，其他行业审计。全年共完成各类审计68项，查出违纪违规金额2352万元，应上缴财政110万元，已全部上缴。向市委、市政府和许昌市审计局等党政机关及新闻部门提供并被采用审计信息27篇。

工行、建行审计 1999年4月至10月受审计署委托对市工行、建行1998年度资产、负债、损益及信贷资产管理情况进行了审计。通过审计，对建行潜亏145万元及工行、建行信贷资产大量不实进行了处理和反映。

《审计法》颁布实施五周年纪念活动 1999年12月27日至31日，举行了庆祝《审计法》实施五周年纪念活动。召开了市重点企业总经理、各乡镇党委书记、乡镇长座谈会，禹州市电视台播放了禹州市审计局落实《审计法》颁布实施五周年的情况和取得成绩的专题片。

【长葛市审计局】 1999年，根据上级审计机关的统一安排和市委、市政府的要求，以打假治乱为重点，以规范会计核算为目标，在保证审计覆盖面的基础上抓大案要案的查处，突出对本级预算执行、乡镇财政决算、金融、国有企业真实性的审计。全年共完成审计单位和项目68个，审计出各类违纪违规资金4434万元，上报、查处案件2起，增加财政收入180万元。提供综合报告、审计信息36篇，为领导决策提供了可靠依据。通过审计，为被审单位提出建议160条，促进增收节支260万元，提高经济效益380万元。围绕市委、市政府的工作中心还组织开展了粮改执法检查、供销系统亏损挂账审计、整顿农村财务等工作。

【许昌县审计局】 1999年底有在职干部职工29人。全年共完成各类审计58项，查出违纪违规金额5438万元，应上缴财政186万元，已全部上缴。向县委、县政府和市审计局等党政机关及新闻部门提供并被采用审计信息32篇。

乡级财政决算审计 对5个乡（镇）财政决算进行了审计。发现乡级财政财务收支及管理方面存在一些共性问题：空收虚支；挪用专项资金；违规收费；预算外资金管理不严；收支不平衡、赤字较大。审计机关对有关问题进行了严肃处理，并提出了有针对性的管理意见和建议。

精神文明建设 县审计局狠抓精神文明建设，一把手负总责，一级抓一级，层层抓落实。外树形象，严格依法审计，礼貌待人；内强素质，不断提高职工思想业务水平。精神文明建设再上新台阶，获“省文明单位”荣誉称号。

【鄢陵县审计局】 1999年，开展了本级财政预算执行审计、经济责任审计、固定资产投资审计和财务收支审计，开展了为宏观调控服务的审计调查，取得了较好的社会和经济效益。全年共完成审计单位项目49个，审计调查项目5个，查出违规行为资金858万元，应上缴和已缴金额250万元；完成固定资产投资审计12项，审减工程造价135万元。

任期经济责任审计 根据《审计法》和《河南省计划生育条例》，元月份受县委组织部的委托，对彭店、南坞、只乐、马坊、柏梁五个乡（镇）计划生育工作领导干部进行了离任经济责任审计，向县政府出具了审计结果报告。

廉政建设 根据县委、县政府关于加强公务活动接待管理，狠刹公款吃喝风的若干规定，县审计局结合实际制定了具体的贯彻措施。

【襄城县审计局】 1999年，共完成各类审计项目27项，占年计划117%，查出各类违纪金额2207万元，上缴财政收入34.3万元，促进增收节支11.6万元，提出宏观管理建议及上报各类信息36条。

审计质量控制 县审计局成立了审理委员会，完善修订了审计质量控制制度，抽调专人负责审查业务质量，并把审计质量作为年度考核的重要内容，制定了相应的奖惩措施，提高了全局审计人员的质量意识和风险意识，有效促进了审计质量的提高。

财政审计 对同级财政预算执行情况，精心组织审计，对查出的虚列支出、挤占挪用财政资金、多提业务费等问题进行了严肃处理。对财政信用资金利用质

量不高、回收困难、管理措施不得力等问题，提出了改进建议。

金融审计　根据授权，对县工商银行、建设银行的资产、负债、损益情况和信贷资金管理情况进行了审计，查处了乱挤成本、违规使用信贷资金和违反现金管理规定等问题。

行政事业审计　对县直行政事业单位及各乡镇有关单位进行审计，查出了擅自提高收费标准、扩大收费范围、收费不开票据，挤占、截留、挪用统筹款、罚没款，代管资金不入账，发票使用不合理等违纪事项，按照规定进行了严肃处理，并帮助被审计单位完善了内控制度，健全了财务管理体系。对有关单位进行了行政首长离任审计，为组织部门正确使用干部提供了决策依据。

【漯河市审计局】　1999 年，在职人员 48 人。其中：大学本科学历 7 人，大专 30 人；局长 1 人，副局长 4 人，纪检组长 1 人。设有办公室、法制综合科、财政金融审计科、工交审计科、商粮贸审计科、外资审计科、固定资产投资审计科、纪检监察室、审计事务所等。

审计工作成果　1999 年，共完成审计项目及单位 301 个，完成审计调查单位 169 个。查出违纪违规行为金额 53837 万元，收缴财政 1406 万元，追还挪用专项资金 2577 万元，核减工程造价及粮食补贴 1579 万元，为国家挽回经济损失、促进提高经济效益 2240 万元。配合纪检、监察等部门查处经济案件 2 起，移交司法机关处理 16 人。及时向领导和上级审计机关及新闻单位提交工作报告、审计要情、审计信息等 383 篇，被领导批示及有关单位采用 265 篇。

完成市委、政府交办任务　1999 年，共完成市委、市政府交办工作 6 项，审计单位 50 个。为了加强对财政资金的监督，对财政预算执行、农业开发资金、科学事业费、环保资金进行了审计；为了加强对国家重点投资项目的监督，对许漯高速公路、城市污水处理厂、沙澧河治理等重点建设项目进行了审计或调查；为了促进企业发展，安排了 20 家转制企业经营状况、利用外资运营情况、双汇集团、商业企业经营状况、三和木业破产原因等十项大的审计或调查。通过对双汇集团国内所属 25 家企业进行审计，增加财政收入 720 多万元，促进企业增收节支 2000 多万元。

完成上级下达审计任务　1999 年，共完成省下达审计任务 81 项，审计单位 165 个，向省厅及市政府提交审计报告 89 篇。

内部审计　1999 年，全市共设立内审机构 170 个，其中专职机构 101 个。配备内审人员 371 人，其中专职人员 211 名。1999 年，全市内审机构审计单位及项目 1047 个，纠正有问题资金 3228 万元，促进增收节支 1237 万元。

社会审计　1999 年，全市有 6 个审计师事务所，从业人员 116 名，其中在编人员 72 名，具有中级以上职称 38 人。1999 年，共完成审计项目 1269 个，其中企业年检验资 911 项，审减虚假资金 4643 万元，基建预决算 110 项，核减高估冒算 913 万元。按照上级要求，截至 12 月底，6 个事务所全部脱钩改制为公司，实现了平稳过渡。

受表彰情况　1999 年，先后获得全国审计宣传发行先进单位、全省审计宣传发行先进单位、文明创建先进单位、行政事业审计先进单位、外资审计信息优秀单位、市依法治市先进单位、依法行政先进单位、市财务报表先进单位、市综合治理先进单位、市创建工作先进单位、党风廉政建设先进单位、市直机关先进党组织等荣誉称号。因成绩突出被市委、政府授予“服务杯”奖杯，并被市政府通报表彰。

【漯河市源汇区审计局】　1999 年，共有干部职工 39 人，其中本科学历 2 人，大专 25 人；局长 1 人，副局长 2 人。设有办公室、行政事业科、财政金融科等机构。

审计工作成果　1999 年，共完成审计项目 21 项，查出违纪资金 5309 万元，其中应上缴财政 156 万元，已上缴财政 148 万元，追还被侵占挪用资金 122 万元，责令调账纠正资金 4251 万元，挽回企业经济损失 150 万元；提出合理建议 46 条，促进企业提高经济效益 120 万元。向区委、区政府及上级审计机关提交审计报告专题信息 46 篇，被采用 36 篇。

财政预决算审计　1999 年 3 月，对本区 1998 年财政预算执行情况进行了审计，并针对地区农委农业专项资金管理和使用情况，区烟草公司农林特产税解缴入库情况进行了延伸审计。审计资金总额 6 000 多万元，查出各种违纪资金 548 万元，责令调账纠正 443 万元，收缴入库 105 万元。审计后，分别向区政府、区人大常委会提交了审计结果报告和审计工作报告。

领导干部任职内经济责任审计　1999 年，会同区组织部、纪检委先后对区直 11 个单位的领导干部任期经济责任进行了审计，对部分单位存在的支出管理不严、内控制度不完善提出了整改措施，避免了干部任期内的不良行为，促进了机关廉政建设，同时，为区委、区政府用人决策提供了依据。

【郾城县审计局】　1999 年底，有干部职工 57 人，其中：本科学历的 4 人，大专学历的 27 人；高级职称 1 人，中级职称 24 人。设有办公室、财金审计股、行政事业审计股、商粮贸审计股、工交审计股、基建审计股、综合法制股、乡镇中心审计一所、二所、三所、审计师事务所等机构。

审计工作成果　1999 年，共完成审计项目 91 个，查出违规违纪资金1．4亿元，上缴、没收违纪资金70余万元。为上级党政机关提供宏观经济报告22篇，被批转和采用12篇，提供各类审计信息近200篇，被批转和采用95篇，为被审计单位及有关部门提出合理化建议和建设性意见300余条，其中被采纳160多条。

积极完成本级财政预算执行情况审计　审计过程中紧扣经济建设和财政运行两个中心，以打假治乱为重点，全面揭露和反映我县财政收支和财务收支中不真实、不合法、不规范以及损失浪费等问题。

积极完成县委、县政府交办任务　按照县委安排，积极稳妥地进行了领导干部离任经济责任审计工作，共完成离任审计项目3个，为县委组织部门正确使用领导干部提供了依据。今年相继成立了3个乡镇中心审计所，重点对乡村两级集体资产进行了审计监督。已先后对44个行政村的财务收支和28个乡镇机构进行了处理，退赔侵占款额20余万元，移交司法机关3起12人，遏止有上访苗头的村近30个，大大消除了农村的不稳定因素。同时为掌握县营工业企业资产、负债、损益的真实性、合法性和效益性全面情况，先后对县营几家企业进行了审计调查，共查出违纪资金960万元。针对当前企业财务账表虚假的现实，审计时不就账论账，而是深入调查，抓住大案要案，坚持从严处理。对某企业弄虚作假骗取荣誉和奖励，进行了严厉的处罚。

【临颍县审计局】　临颍县审计局下设财金商贸股、行政股、工交基建股、综合股、办公室四股一室，共有42名审计人员。全年共完成30个审计项目，查出违纪违规行为金额5 603万元，应上缴财政资金398万元，已上缴351万元，促进增收节支607万元，向政府和被审计单位提出改进建议76条。

大案要案查处工作　查出县地税局混级入库42万元，促使其所漏税款入库；查出某集体企业销售员侵占公款一案，涉及2人，金额20多万元，已移交司法机关处理；查出某企业财务管理混乱，形成不良债务近千万元。

乡镇审计工作　指导乡镇审计站完成村级财务审计106个，查出损失浪费资金185万元，促进增收节支174万元，组织退赔26万元，处理处罚严重违纪干部28人，有效促进了乡村廉政建设和经济发展。

【舞阳县审计局】　1999年底，共有干部、职工22人，编制18人。其中本科学历1人，专科学历14人；局长1人，副局长4人，纪检组长1人。设有办公室、纪检监察室、财金商贸审计股、行政事业审计股、工交基建审计股等机构。

审计工作成果　1999年，共完成上级审计机关下达的审计项目20项，审计单位99个，完成审计调查5项。全年查出违规行为资金6 380万元，上缴财政13万元，向县政府及县人大提交综合报告7篇，向有关部门和新闻单位提供审计情况反映、审计信息等60篇，被采用40篇。

完成县政府交办任务　完成了招商引资任务，招商1户，引入资金30万元；年初对各乡镇及县直行政事业单位1998年度招待费进行了专项审计；分别对工商局、热电厂筹建处、交警队兰盾公司、药检所等财务移交进行了审计；抽调人员参加了供销社财务挂账清查、“收支两条线”检查等。

精神文明建设　重视精神文明建设工作，1999年2月被省委、省政府命名为省级文明单位。

【三门峡市审计局】　1999年，共有职工46人，副县级以上干部7人，下设办公室、综合科、工交科、财金科、基建科、商贸科、行政事业科。

审计工作成果　1999年共审计单位（项目）209个，查处违纪金额31364万元，追还被侵占挪用资金2946万元，上缴财政809万元。

本级预算执行审计　以“预算执行为主题”，以财政资金的使用效果为重点，审计覆盖面达90%，审计资金总额16500万元。审计结束后向三门峡市人民政府提交了审计结果报告，并受政府委托向三门峡市三届人大常委会作1998年预算执行情况和其他财政收支审计的报告。

建行系统审计　实行交叉审计，对中国人民建设银行济源支行进行了审计，核减资产190.79万元，核增负债45.46万元，核减利润236.25万元。

固定资产投资审计　在对三门峡市重点建设项目涧河治理工程审计中，建设单位提交决算造价9459万元，经审计确定工程造价7978万元，其中剔除不应计入工程决算的多征土地及造地费1019万元，核减工程资金462万元，为国家节约了大量建设资金。

扶贫资金审计　先后对7个单位进行了审计调查，对47个单位进行了就地审计，共审计资金总额23573万元，查处挤占挪用、不按规定落实配套资金等有问题资金2147．96万元，审计情况上报后市委书记作了重要批示。

世界银行贷款项目审计　审计中发现一些地方配套资金不落实和挪用项目资金问题突出，为维护该市利用外资的形象，保证国家重点建设项目的顺利进行，按照《审计法》的规定，首次对违纪问题向社会进行了通报，加大了审计执法力度，树立了审计机关的良好形象。

《审计法》颁布实施五周年纪念活动　三门峡市人民政府举办了政府法律知识专题讲座，由市审计局局长主讲，市直各行政事业单位及大中型企业负责人听取了讲座，主管市委常委、常务副市长讲了话。

受表彰情况　1999年被三门峡市人民政府授予“目标管理先进单位”，刘心初局长被市委、政府通令嘉奖；扶贫工作被授予“优秀单位”；综合治理被授予“先进单位”；文明建设继续保持“省级文明单位”称号。

【三门峡市湖滨区审计局】
1999年，共有职工6人，其中中级职称3人。下设办公室、财政金融股、行政事业股、商贸股和基建股。

审计工作成果　1999年共完成审计单位和项目16项，查出违纪资金853万元、上缴财政9.9万元。

本级预算执行审计　查出虚列支出28.5万元，超预算支出315万元，审计后向区政府提交了审计结果报告，并受区政府委托向区人大提交了1998年财政预算执行情况审计工作报告。

金融审计　对工行三门峡车站支行审计，查出多计各项收入28.43万元，多报次级贷款780万元。

区法院、检察院审计　查出违规发放钱物、公款旅游和私设“小金库”等违纪行为，违纪资金171.8万元，上缴财政6.4万元。

【义马市审计局】　1999年，行政编制15人，实有14人，其中：领导班子成员3人。内设企业基建审计科、财税金融审计科、行政事业审计科和办公室。

1999年，共完成审计单位（项目）42个，配合检察、纪检（监察）、财政等部门完成审计工作任务11个，完成上级交办计划任务的300%。

在义马市政府的直接领导下，对全市财政预算执行和其他财政收支情况进行审计。审计结果表明：1999年全市财政预算收入完成3827万元，占预算计划的109.3%，预算外收入完成1442万元，占计划的110.2%，财政预算和预算外支出基本合法合规。

按照义马市委、市政府的部署，对市委、市政府15个部门的局级领导进行了任期经济责任审计，为选拔任用干部提供了可靠的依据。

1999年，上级授权对中国工商银行义马市支行1998年度资产、负债、损益情况进行了审计。通过审计，调减资产500074元，调增负债7067元，调减所有者权益507141元。

为提高审计干部素质，今年配备了3台微机，购置了审计成套软件，对50岁以下审计人员进行了计算机技术培训。

为庆祝《审计法》颁布五周年，举行了系列庆祝活动。局领导在《今日义马》上发表纪念文章，请市委、市政府领导在纪念活动中发表电视讲话等。

【灵宝市审计局】　1999年底共有干部职工18人，其中中级职称9人。下设办公室、财政金融科、行政事业科、商贸科、工交科和基建科。

审计工作成果　1999年共完成审计单位和项目74个，查出违纪违规行为资金4404.6万元，增加和上缴财政资金211.9万元，追还被侵占挪用资金70.6万元。

本级预算执行审计　重点对教育附加进行了审计，查出收入不到位276.8万元，截留挪用资金271.9万元。审计后向灵宝市人民政府提交了审计结果报告，并受政府委托向市人大作1998年财政预算执行情况审计工作报告。

对工行灵宝支行审计　核减资产总额391.5万元，核增负债总额105.3万元，所有者权益减少496.8万元，利润减少247.2万元。圆满完成了授权审计任务。

经济责任审计　1999年共审计31人，其中党政领导干部20人，工商企业厂长经理11人，查出违纪违规问题11项，向灵宝市委、市政府提交了客观公正的审计结果报告。

【渑池县审计局】　1999年完成审计项目28项，查处违纪金额1002万元，为国家和单位挽回经济损失410.9万元。

认真搞好本级预算执行情况审计，加大了对税收征管部门的审计力度，重点审查了财政资金分配和资金管理使用中不真实、不规范的问题和有税不征、越权违规减免税、清理欠税不力以及税源管理薄弱造成税款流失等问题，查出违纪违规金额95万元，提出整改意见8条。

对中国工商银行渑池支行1998年度资产负债、损益的真实性进行了就地审计，查出该行在本年度中少计利息收入674759元，少计各项支出287295元。

1999年是《审计法》颁布实施五周年，开展了丰富多彩的纪念活动。召开各界人士参加《审计法》贯彻落实情况座谈会；组织审计人员上街设点，搞好《审计法》咨询服务，扩大审计影响；组织局机关、社审、内审人员参加的《审计法》和审计法规知识竞赛活动，提高全体审计人员懂法、守法和执法的自觉性。

【卢氏县审计局】　1999年，共完成审计单位项目25个，查处违纪违规资金5331万元，上交财政113万元。对本级财政预算执行情况审计，揭露了预算执行中存在的问题，促进财税部门更好地执行《预算法》，为政府加强财政预算管理提供服务。

在对法院审计中，严格执法，敢于碰硬，克服各种困难，内查外调，查出该院截留罚没收入、设置账外账等违纪资金346万元。改进工作方法，致力于打假治乱，采取审计与调查相结合的方法，查处4个单位设置账外账，共计金额达220万元。关于经济责任审计，认真贯彻中办、国办两个暂行规定，积极向县委、县政府汇报。县人民政府制定了《关于党政领导干部任期经济责任审计的实施意见》。对两位企业领导干部任期经济责任进行了审计，分析了企业形成巨额亏损的主要原因，受到全县上下广大干部群众的普遍关注。

【陕县审计局】 1999年，局机关共有13人，其中：本科学历3人，大专4人；有审计师、经济师职称9人；局长1人，副局长2人，总审计师1人。设有办公室、财政金融审计股、行政事业审计股、企业审计股。

预算执行和财政收支审计 根据《审计法》规定，先后对财政、地税等单位进行了预算执行审计，增加预算收入110.9万元，向政府提交审计结果报告，并受政府委托向人大作了审计工作报告。

搞好经济责任审计，促进党风廉政建设 1999年认真学习贯彻中办、国办《暂行规定》，加大经济责任审计力度，对12个单位的法人代表进行了任期经济责任审计。

工行审计 抽调业务骨干，由一名副局长带队，组成6个审计组，加班加点，内查外调，历经40天，对中国人民工商银行陕县支行1998年经营情况进行了核实，查处违规拆借造成损失637万元；对1998年底38071万元的信贷资产进行了清理分类，抽查贷款44户33896万元，占总额89.9%，提前完成了审计任务。

企业审计 对陕县化工厂等企业进行了资产、负债、损益审计，查出资产利润不实等问题，审减资产6192.8万元，查出违纪金额304.8万元。

【南阳市审计局】 1999年，完成审计单位561个，共查出违规行为金额8.88亿元，其中应上交财政5277万元，已上交财政4970万元，促进增收节支2523万元。向纪检、监察、司法机关等移送大案要案线索7件，协助有关部门查处了一批经济犯罪案件。

各专业审计 1.农业资金审计。重点完成了对桐柏、南召、淅川三个国家级贫困县1997年至1999年6月扶贫资金专项审计，归还原资金渠道676万元，纠正高息贷款585万元，促进资金到位431万元；组织完成了对全市1997年至1998年环保资金审计，促进归还原渠道资金293.4万元，促使补交财政预算148.4万元。2.行政事业审计。按照上级审计机关部署，全市统一开展了地方统筹养老保险基金、法院和检察院系统财务收支、福利彩票赈灾专项募集及科委系统科技经费四项审计。共查出各类违规行为金额4869.8万元，其中，对全市1998年福利彩票赈灾募集审计的情况反映，被河南省政府副省长李志斌批示。

经济责任审计 1999年，全市共开展了对162名党政领导干部、12名企业领导人员的任期经济责任审计。其中南阳市审计局开展了对2名工业企业厂长和南阳市属7所院校领导的离任审计，向南阳市委、市政府提供了可靠的审计情况。

思想作风建设与业务培训 1999年11月初，根据上级部署，南阳市审计局领导班子和领导干部扎扎实实地开展了“三讲”教育。机关上下思想稳定，精神振奋，呈现出重学习，讲纪律，比贡献，明争暗赛，你追我赶的良好氛围；加大了业务学习教育培训力度。

【南阳市卧龙区审计局】 现有干部职工34人，下设五科一室，即财政金融审计科、行政事业审计科、工交企业审计科、商贸企业审计科、固定资产投资审计科和办公室。

审计成果 1999年全局共完成审计项目56个，其中财政金融审计11个，行政事业审计18个，企业审计21个，基建审计5个。共查出违规行为资金1443万元，上交财政404万元，追回挪用资金160万元，追回个人借款82万元。

经济责任审计 认真贯彻落实中办、国办关于经济责任审计的两个“暂行规定”，开展了对区二工局、粮食局、物资局、商业局局长和造纸厂厂长的任期经济责任审计，为组织部门选人用人提供了依据。

【南阳市宛城区审计局】 1999年底，共有干部、职工18人。内设办公室、审计一室、审计二室、审计三室、审计四室。

审计监督工作 1999年，共完成审计项目17个，审计单位24个，分别占年度审计计划的131%、141%，其中，完成市以上审计机关分配的审计项目13个，审计单位17个，完成区委、区政府交办的审计单位7个。全年共查出违规行为金额851万元，其中应上交财政金额193万元，已入库193万元。促进增收节支金额176万元，减少财政款112万元，追回被侵占挪用资金78万元。

【邓州市审计局】 1999年底，共有干部、职工19人。其中：大专学历11人；局长1人，副局长3人；设有办公室、财贸审计科、行政事业审计科、工交基建审计科等机构。

本年共完成审计项目35个，查出违纪违规金额2349万元，其中应上缴财政402万元，已交财政385万元。同市纪检、监察、信访等部门配合，查处各种经济案件5起。1999年在查处大案要案上有所突破。如在对一个重点建设项目审计中，发现线索，与税务部门配合对6个建筑队进行审计查证，补缴税款及滞纳金100多万元；在房管资金审计中发现房管部门在出售公房过程中有转移挪用房改资金问题，成立专案组查处，共计追回专项资金200多万元，并对责任人分别进行了处理；对邮电部门审计查证中，查出该单位2名主要领导利用收入不入账，收取回扣等手段涉嫌贪污20多万元，已移交司法机关处理。

完成市委、市政府交办的“联村联户”、农民素质教育，重点村财务清理等中心工作，为保持农村社会稳定发挥了作用。

【桐柏县审计局】 局内设四

股一室：财金股、行审股、基建股、企业股和综合办公室。1999年共有干部、职工20人。

审计工作成果　1999年，以“抓大案，严执法，重打假，强治乱，高质量，好素质”为整体工作思路，全年共完成审计项目17个，占年度计划任务的131%，查出违纪违规行为金额4707万元，对其中1052万元违纪金额依法进行了处理处罚，3655万元违规金额指明要求纠正。

经济责任审计　1999年，县审计局根据组织部门的委托，依法对13个乡局级领导干部和4个企业法人代表进行了任期经济责任审计，为县委及时掌握干部情况提供了依据。

【南召县审计局】

基本情况　正式在编15人，其中本科4人，大专9人，中级职称以上5人；局长1人，副局长3人，纪检组长1人。下设办公室、行政事业审计股、企业审计股、财金审计股、基建审计股。

审计成果　1999年，共完成审计项目（或单位）19个，查出违规行为金额4311万元，应上交入库210万元，其中应归还原渠道资金101万元，促进增收节支20万元，发现大案要案2起，已移交有关部门处理。为被审单位提合理化建议185条，撰写宏观报告5篇，提交信息和新闻宣传稿件52篇，被各级采用38篇，大量审计成果有效地进入了政府决策。

在对中国工商银行南召支行1998年度资产负债损益进行审计中，审计总金额3092万元，查出违规行为金额1259万元，提合理化建议34条。在法院项目审计中，具体对法院财务、各法庭等17个相关单位进行了调查摸底，查出截留收入、“小金库”等违规行为金额799.8万元，没收及罚款35万元，并提出5项合理建议，给纪检部门移送了10件案件线索。

【方城县审计局】　内设6个股室，下辖4个中心审计所。1999年，共对72个单位和项目进行了审计，共审出违规行为金额3776万元，决定处理处罚2 480万元，从中应上缴财税金额172万元，要求纠正金额1296万元。

重大审计事项　1. 继续抓好本级财政审计，成立了同级审领导小组，制发了审计实施方案，对审计工作做了充分的准备和周密的部署。审计发现并反映了财政收支中不真实、不合法、不规范的问题以及预算执行中的违法、违规、损失浪费行为。针对存在的问题向县政府和县人大常委会提交了审计结果报告和审计工作报告，县政府和县人大对审计结果十分满意；2. 进行了乡镇财政决算审计，查出财政收支不真实、不合法等违规行为金额1 830万元；3. 根据审计署的安排，对县工商银行1998年度资产负债和损益进行了全面审计，调查核实了信贷资产五级分类情况；4. 落实了领导干部任期经济责任审计制度；5. 加强和改进了企业审计，共对9家国有盈亏企业真实性进行了调查。6. 开展了法、检两院的财政财务收支审计；7. 开展了16个单位的经常性审计和8个单位的专项资金审计。8. 开展了4个项目的竣工决算审计，审减工程造价26万元。

【淅川县审计局】　内设办公室、财政金融审计股、行政事业审计股、商粮贸审计股、工交审计股、基建投资审计股、农林水审计股。1999年底，共有干部职工32人，其中：本科学历2人，大专学历23人；高级职称7人，中级职称6人。1999年，共完成审计单位和项目47个，查出违纪金额2789万元，其中：应收缴县财政145万元，已全部上缴；促进增收节支1546万元。提交专题审计报告和信息57篇，被省市县各级采转23篇；扶贫资金审计工作经验分别被河南省、南阳市审计科研所予以转发推广。

预算执行和财政收支审计情况　在对县本级1998年度财政预算执行和其他财政收支情况审计中，查出县预算外资金管理局、国有资产管理局、地税局稽查分局、财政局总务将应作预算收入的税金、罚款、电力建设基金、土地出让金、土地年租金、固定资产变价收入等87.19万元未交预算，县预算外资金管理局将应作预算外收入的街道占压费、城市配套费、商业网点费等30.86万元作为代管资金，县电业局截留电力附加费737.60万元，南阳市财政局拨给的水利工程款、农发资金、公益性扶贫资金等专项资金728.16万元未及时下拨，财政周转资金欠收资金占用费487.57万元，县财政不按程序拨款282.58万元，及多头开户等违纪违规问题。依法提出了调账纠正、全额收缴、完善拨款程序、抓紧催收资金占用费、清理银行账户、加强财政预算内外资金管理等处理意见和建议，促进增收节支855.65万元。

大案要案审计查处情况　1999年，在对香花镇1998年度财政决算情况进行审计时，发现该镇市场办存在财政管理混乱，原任会计离任时未与现任会计办理移交手续等问题，对该办的账证进行了封存清查。经过近三个月的清查，查出贪污公款，少交地皮款，公款私存利息收入不入账，挪用优抚款，村级储金会收入不报账等违纪问题。对此，县局一方面对应上缴的款项限期进行清缴，追回直接损失101万元；另一方面将审计查证情况移交给县检察院立案查处，涉案11人：2人被批捕，其余9人分别受到行政或经济处罚。

【镇平县审计局】

审计工作成果　1999年，全年共完成审计项目单位34个，查处违规行为金额4 223万元，收缴县乡两级财政金额114万元，追还侵占挪用资金966万元，被各级党政部门、上级审计机关和新闻媒体采转审计报告及信息92篇。

【唐河县审计局】

预算执行和财政收支审计　集中人力、集中时间对1998年度县财政预算执行和其他财政收支情况的真实性、合法性、效益性进行了审计。审计查出违规行为金额4682 749.60元，对其中的142815.19元作出了增加1999年县财政收入的处理。同时对其他违规行为也相应作出了罚款和调账等处理决定。

对5个乡（镇）人民政府1998年度财政收支决算和其他财政收支情况的合法性、真实性和效益性进行了审计，并对乡（镇）政府机关、计生办、企业办等单位和部门进行了延伸审计。审计查出违规行为金额3740148.60元，作出收缴财政入库处理1428434.70元，其中增加县财政收入52495元，增加乡（镇）财政收入1375939.70元。

经济责任审计贯彻情况　在党政领导干部任期经济责任审计方面，配合县委组织部对77名副科级干部离任经济责任进行了审计，主要审查了往来账是否长期借用公款、是否有白条入账、配备的公物是否移交等。对企业领导人员任期经济责任审计方面，主要对县油脂食品总厂，县委、县政府驻北京办事处，驻枣阳中转站，县丰源纺织印染厂，县外贸畜禽果菜公司法人代表离任经济责任进行了审计。

工行系统审计情况　根据审计署的统一安排，依法对中国工商银行唐河县支行1998年度资产、负债和损益的真实性、合法性和效益性进行了审计。查出应计未计固定资产、漏交税金、应列未列成本费用、多列成本费用、少计当年收益、未收回违章拆借资金、应收各项贷款利息损失等违规行为金额28841496.55元。分别提出了整改意见和建议。

【内乡县审计局】　1999年，内乡县审计局全年共完成审计项目32个，审计单位59个，共查出各类违规行为金额13419万元。通过审计处理，调整财政收入1721万元，收缴入库295万元，追回被挤占挪用资金343万元；共发现经济案件线索14个，向司法机关移送案件2起，有8人受到党政及司法处理；共向各级政府和审计机关提交审计报告信息95篇，被批示采用83篇。

县本级财政预算执行审计　共查出“少列预算收入、虚收虚支、超越级次拨款、缓征、截留、偷欠税款、挪用专项资金”等违规行为金额8743万元。

县工商银行的审计　共查出“私设‘小金库’、贴水储蓄、公款私存、虚列支出、少计收入及账外经营”等各类违规行为金额3755万元。

国有及国有控股企业真实性审计　已探索出了一条有效的审计方法，即以会计资料承诺制为前提，从账户的内控制度入手，运用抽样、函证、跟踪、延伸、调查等方法，揭露和制止企业财务活动中的不真实、不规范行为。

经济责任审计　1999年共审计了13位乡镇党委书记乡镇长、4位局长主任校长，责令退款1.8万元，退还公物40件，有2人被免职。计算机审计工作也迈出了实质性步伐，1999年通过到南京审计学院集中培训等形式，审计人员初步掌握了审计电算化的技能。

【新野县审计局】　1999年共有干部、职工15人。其中：大学本科3人，大专10人；局长1人，副局长3人；设有办公室、财政金融审计股、行政事业审计股、商贸审计股、工交审计股。

审计工作成果　1999年共完成审计项目13项，审计单位21户，完成审计调查2项。共查处违纪违规金额1234万元，上缴县财政172万元。同县纪检、监察、信访等部门配合，解决群众上访问题5起，查处经济案件1起，为社会稳定发挥了作用。共提交审计报告30篇。

1999年共完成县委、县政府交办的工作任务16项。落实中办、国办“两个暂行规定”，全年会同县委组织部对全县112名副乡局级以上领导干部进行了离任审计。

在《审计法》颁布实施五周年前夕，组织大家重新学习了《审计法》及其他法律、法规，同时召开了由有关部门参加的《审计法》实施五周年座谈会。

【社旗县审计局】　1999年，共完成审计和审计调查项目29个，共查出违规行为金额1145万元，收交财政159万元，促进增收节支55万元。

预算执行审计和财政收支审计　认真开展了本级预算执行审计，重点审计了县财政部门12个职能股室和地方税务局，主要揭露和查处了财政预算管理中的违法违纪问题，并向人大、政府提交了报告，促进了财政等有关部门规范预算行为，为加强预算管理和监督提供了重要依据。同时，完成了4个乡镇财政决算和其他财政收支审计，查出违反财政制度金额28万元，并针对乡镇财政存在的问题，提出了加强管理的意见和建议，推进了乡镇规范财政管理，促进了经济发展。

金融审计　完成了对中国工商银行社旗县支行1998年度资产、负债、损益及信贷资产的真实性、合规性审计，审减资产30万元，审减损益30万元，审出欠交税金157.7万元。

国有企业审计　完成了5家国有企业审计，揭露了财政收支中弄虚作假，资产、负债、损益不实，资产流失，漏交、欠交税金等问题，并依法进行了严肃处理。

专项资金审计　完成了对县法院、检察院的行政性收费、罚没追缴款收缴管理和解缴情况以及科学事业费、养老保险金、赈灾福利彩票，外资运用项目等审计。查出挪用专项资金、公款私存、收入不入账等问题。

行政事业单位审计　完成了7个单位的财务收支审计，查出隐瞒截留收入、挥霍浪费等问题，加强了财务管理，促进了廉政建设。

【西峡县审计局】　1999年共有干部职工27人，其中：大学本科1人，大专13人；局长1人，书记1人，副局长2人，纪检组长1人。设有办公室、财政金融审计股、行政事业审计股、商贸审计股、农林水审计股。

审计工作成果　1999年共完成审计项目57项，审计单位185个；共查出违纪行为资金2156万元，上缴县财政120万元。共提交审计报告57篇，其中：向上级审计机关和县委、县政府提交宏观审计报告14篇，被县政府办转发5篇，编写各类审计信息30篇（条）。

本级财政预算执行审计　1999年，对县财政预算执行进行了审计。查出违规行为资金646.74万元，调增财政收入45.08万元，专款归位112.9万元，调增资产0.48万元。

工商银行审计　1999年对县工商银行进行审计。审出违规行为资金59.39万元，向上级审计机关提交了审计报告。

县委、县政府交办任务　1999年完成县委交办的乡科级领导任期经济责任审计36项，为县领导和组织部门用人提供了可靠的依据；完成了"农民负担"检查、粮食专项资金调查、"扶贫"、"双联"、执法公示、猕猴桃示范园建设等工作。

【商丘市审计局】　1999年底共有干部、职工46人，其中大学本科9人，大专33人；局长、副局长、纪检组长共5人，副总会计师1人。设有办公室、综合科、监察室、科研培训中心、财政审计科、金融审计科、行政事业审计科、工交审计科、商贸审计科、基建投资审计科、农水外资审计科。另有两个社会团体即审计学会、内审协会等机构。

审计成果　1999年共完成审计单位487个，　查出违纪违规金额86044万元，比上年增加34048万元，归还侵占挪用资金6992万元，应上缴财政4530万元，比上年增加1263万元，已上缴财政1950万元，比上年增加376万元；向省审计厅及市委、市政府提交审计工作报告、信息299篇，被批示采用144篇，比去年增加10篇。

本级预算执行审计　全市（县、区）10个审计机关全面展开本级财政预算执行审计，共涉及单位271个，查出各类违纪金额1.66亿元，审后可增加财政收入2155万元，可减少财政拨款1036万元，提出改进意见和建议106条。在市人大一届十一次会议上，审计局受市政府委托向大会作了审计工作报告。

大案要案查处　商丘市审计局从1999年5月11日至8月20日，对建行鹤壁分行1998年资产负债损益情况进行审计，发现鹤壁建行分行涉案嫌疑金额490万元的线索，对鹤壁原建行分行法人代表、会计等四人向检察院进行了移交。同时对市工行的审计，也发现两起涉案问题，涉案金额达3203万元；查出工行虞城县支行从事账外经营活动、高息吸储2706万元的问题。市工行已作出决定，虞城县工行原领导班子中有3人被双开除，1人开除留用。

经济责任审计　今年对13个县级单位法人代表经济责任进行了审计。

撰写科研论文　市审计局倪传启撰写的《论乡镇审计的产生和发展》获全省科技经济论文一等奖。李可东撰写的《热爱审计、增辉河南》获征文三等奖。另外倪传启、焦海生、李东亮等同志撰写的科研论文《论领导干部离任审计》、《论改革开放与审计监督》分别荣获全省审计系统三等奖，受到审计厅、审计学会表彰。

内部审计　1999年底，全市已组建内部审计机构509个，配备内审人员1522名，审计资金总额10亿元。商丘市审计局被评为全省指导内审先进审计机关，受到省总工会、审计厅联合表彰。

社会审计　1999年商丘市审计局受省审计厅委托对商丘市审计师事务所、会计师事务所1998年度的业务质量进行了监督检查，共查出不按审计程序操作和手续不全五个问题，并给予了责令改正、补办完善手续的处理。

受表彰情况　1999年度共荣获省、市级以上表彰21人次。

【商丘市梁园区审计局】　1999年有干部33人，其中局长1人，副局长2人，总审计师1人，纪检组长1人。下设办公室和7个业务科：工交科、行政事业科、农业外资科、商贸科、基建科、财金科和内审科。

1999年本级预算共审计39个单位，查出违规违纪资金1490万元，查收税款16.2万元，查出大案1件，移送纪检部门处理1人。建议区政府召开了全区审计工作会议，撰写审计报告、信息14篇。工行系统资产负债审计共审计5家支行，核实贷款企业122家，核实损失类贷款33212万元，审计核减额为14450万元。

【商丘市睢阳区审计局】　1999年共有干部职工66人，其中大学本科4人，大专40人；局长、副局长、纪检书记共5人，副总审计师1人。设有办公室、综合法制股、行政事业股、商粮贸股、工交股、财金基建股；另有3个乡镇中心审计所等机构。

审计成果　1999年共完成审计单位81个，查出违纪违规行为金额4465万元，比上年增加3412万元，归还侵占挪用资金1864万元，应上缴财政98万元，比上年增加40万元，已上缴财政30万元，比上年增加5万元；向市审计局及区委、区政府提交审计工作报告、信息40篇，被批示采用3篇。

本级预算执行审计 全面展开本级财政预算执行审计，共涉及单位10个，查出各类违纪金额990万元，审后可增加财政收入447万元，可减少财政支出137万元，提出改进意见和建议10条。

睢阳区审计局十分重视审计信息、科研论文、以及对外宣传的工作。1999年，区政府采用了韩云诗同志撰写的《加强乡镇财政财务管理建议与对策》、《我区乡镇计划生育费征管工作亟待加强》、《我区村级财务管理混乱加强监管迫在眉睫》3篇信息。

经济责任审计 今年对10个行政企业单位法人代表经济责任进行了审计，审计结果得到区委、区政府、区组织部门的认可。

【永城市审计局】 1999年底共有干部职工52人，其中大学本科3人，大专18人；局长、副局长、纪检组长、总审计师共8人。设有办公室、综合审计科、行政财政审计科、基建审计科、企业审计科、乡镇审计科。

审计工作成果 1999年共完成审计单位101个，查出违纪资金3.17亿元，减少财政拨款1017万元，审减基建投资807万元，追还被侵占的资金900多万元，上交财政306万元。撰写审计工作报告及信息36篇。在省级以上刊物发表论文8篇。

本级预算执行审计 1999年共审计和延伸预算执行单位35个，审计账户99个，查出各种违纪资金2802万元，审增财政收入1127万元，审减财政支出143万元。

经济责任审计 1999年共对30个乡镇及30多个局委的法人代表任期经济责任进行了审计。根据审计结果，组织部门对13名有政绩的干部进行了提拔重用，3名干部因为有经济问题被免职，真正做到了“先审后离、审清再任”。

两行审计 按照审计署两行审计工作方案，先后对两行进行了为期2个月的审计。共查出违纪资金520万元，不良信贷7200万元。同时对1名金融犯罪嫌疑人移交司法机关进行了处理。

计算机审计 1999年在经费十分紧张的情况下，专门配置了6台微机对全体人员进行了分阶段、分等级的培训。现在全局90%的审计工作实现了电算化，80%的审计一线人员学会了基本操作。

【宁陵县审计局】 1999年共有职工干部23人，其中本科学历4人，大专13人，局长1人，副局长3人，总审计师1人。设有办公室、财政金融股、行政事业股、商贸企业股、基建股、中心所等机构。

主要审计成果 共完成审计项目38个和审计署授权项目3个，查出各类违纪资金4192万元，追回侵占挪用资金578万元，增加财政收入599万元，促进提高经济效益1366万元。并帮助建章立制，提出合理化建议118条，为县委、县政府和上级审计机关提供宏观报告及信息26篇，被采用19篇。

主要工作情况 1999年，突出重点，加大力度，完成了1998年度财政预算执行和其他财政收支情况的审计，查出违纪金额972万元，增加了财政收入415万元。对县工行进行了资产、负债、损益审计，并延伸审计了贷款企业30家。完成了对县彩印厂和生产公司1998年度财务收支情况的审计，查出违规金额107万元，并帮助建章立制，改进管理，提高效益。完成了对县交通局等单位的领导干部任期经济责任审计，为上级选拔使用干部提供了可靠的依据。

【虞城县审计局】 1999年底，共有干部、职工58人。其中：本科学历4人，大专25人。设有办公室、财金股、商粮贸股、综合股、行政事业股、工交股、基建股、监察室等机构。

审计工作成果 1999年共完成审计单位102个，审计总额6.6亿元，查出违纪违规行为金额2.1亿元，上缴财政资金40万元。在财政同级审中查出财税部门及延伸单位违纪资金8700多万元，在县工商行审计中查出违纪资金8500多万元，已移交省、市检察机关立案查处，有5名领导班子成员受到党政纪处分。上报审计报告、审计信息、科研论文42篇，被省级以上刊物采用7篇、被市级采用5篇、被县级采用9篇。

完成县委、政府交办任务 保质保量地完成了县委、县政府交办的20个单位的党政主要负责人的任期经济责任审计和5个单位的离任审计，及时查处了6个村账务不清问题。

【民权县审计局】 现有职工干部54人，下设六股、三所、一室。即：工业交通股、财政金融股、商粮贸股、农林水股、行政事业股、综合股和城关中心审计所、龙塘中心审计所、北关中心审计所、办公室。1999年，全局共完成审计项目67个，查出违纪金额10200万元，上缴入库53万元。完成专项调查项目6个，写出专题调查报告15篇，完成县直一级机构干部离任审计23个，完成县委、县政府交办的中心任务8项。

1999年，加强了业务培训、举办业务培训13期，参加了市局组织的业务培训5人次，去“南京审计学院”培训1人次。

【夏邑县审计局】 1999年底，共有人员53人，其中局长1人，副局长4人，总审计师1人。

1999年共完成审计项目12个，审计单位60个，查出违纪金额3647万元，上缴财政68万元，全年在县级以上发表审计信息及论文36篇。被市审计局评为公文信息工作先进单位。

预算执行审计 查出违纪金额187万元，收缴财政45万元。财政决算审计15个乡镇，查出违纪金额1220万元，减轻农民不合理负担260多万元，撰写乡镇财政审计信息及文章被批示采

用8篇。

经济责任审计　开展了全县25个乡镇和县直11个单位领导任期经济责任审计，组织部门运用审计结果提拔重用15人，降免职4人，移交纪检部门立案查处1人。

金融审计　对县工行系统1998年度资产、负债、损益情况审计，查出违纪金额320万元，对各种贷款15016万元进行了重新分类。

企业审计　查出两家国有企业资产负债不实金额628万元。专项资金审计归位被挪用的养老保险基金136万元。

1999年度，完成县政府部门交办事项15项，帮助县政府催交入库资金650万元，顺利完成审计师事务所脱钩改制工作。投资200多万元，建筑面积2600平方米的办公楼建成投入使用。

【柘城县审计局】　1999年度，全年共完成审计项目51个，审计总金额18.6亿，查出违纪违规行为金额0.5亿元。

一年来，财政预算执行和财政收支审计继续实行了账户入手的审计方法对同级财政和乡镇财政预算进行依法审计。经济责任审计取得了重大突破，依据两个暂行规定，针对本县的具体情况把重点放在澄清企业家底，分析离任同志在任职期间经济指标完成情况，为领导宏观决策提供了依据。对工行柘城支行审计中，针对1998年度以前年损益的真实性、信贷资产的真实合规性及其质量进行了审计，对以前年度的信贷进行审计调查，促使工行强化内部管理，努力改善资产质量，防范和化解金融风险取得了较好效果。

【睢县审计局】

财政预算执行审计　1999年3月11日至4月7日对县1998年度本级预算执行情况进行了审计。县政府以睢政（1999）15号文件把审计建议“清理整顿财政信用资金”作为政府立项督查工作。

金融审计　根据国家审计署的统一布置，1999年3月30日开始对本县工商银行1998年度资产负债损益情况进行了审计，7月12日将审计报告如实上报。

【信阳市审计局】　1999年，信阳市审计局深入贯彻落实朱镕基总理指示精神，坚持全面审计，突出重点，打假治乱，开展了对本级财政预算执行、工行、建行系统、企业、行政事业、外资运用、扶贫资金等项目的审计，涉及单位93个，查出违纪违规行为金额31464万元，促进增收节支2952万元，其中：应上交财政1528万元，应归还原渠道资金1424万元，提交审计工作报告、信息81篇，被各级领导批示和采用52篇。

预算执行审计　加大加深了审计力度，审计了财政、税务、金库等部门，并延伸审计了有关预算执行单位，查处了被审计单位应缴未缴预算收入，挪用预算资金，隐瞒转移财政收入、违规退库等违纪违规问题，责令上交财政81万元。

金融审计　完成了对信阳市工商银行系统和农村、城市信用社审计，并对南阳建行进行了交叉审计，不仅查出了金融机构违规账外经营、私设“小金库”、挪用信贷资金办实体、搞经营、多计贷款利息加重企业负担等问题，还走访了大量贷款企业，核实了工行、建行系统信贷资产五级分类情况，澄清了不良资产总额及分布情况，为市委、市政府进行科学决策提供了准确依据。

企业审计　开展了对企业资产、负债、损益真实性审计，依法揭露和反映了企业弄虚作假、假报表、潜亏、藏利、偷税漏税等违纪违规问题，并依据有关财经法规进行了处理。

外资运用审计　对联合国4355项目、世行贷款森林资源发展和保护项目、师范教育发展项目、第二个河南公路等外资运用项目进行了审计，对挤占挪用项目资金、配套资金不落实等问题，本着客观公正、审慎适度的原则，进行了恰当的披露和处理，追还被侵占挪用资金393万元。

扶贫专项资金及行政事业审计　对市本级和7个国家贫困县1997年至1999年6月扶贫资金投入、分配、管理、使用情况进行了审计，向市政府如实反映了扶贫资金投入不足、投向不合理、投放不及时、擅自改变项目计划、项目资金开支管理混乱甚至被挤占挪用等违规问题；行政事业单位重点审计了执纪执法部门、经济管理部门、掌握预算内外资金、专项资金数额大的部门和单位，结合本级预算执行审计进行了延伸审计，查处了截留、坐支收费收入、罚款收入、乱收费、接受赞助等问题。

经济责任审计　信阳市委办公室、市政府办公室在中办发［1999］20号文件的基础上，结合信阳市实际，研究制定了《党政领导干部任期经济责任审计实施办法》和《国有企业及国有控股企业干部任期经济责任审计实施办法》，具有很强的可操作性；两个实施办法还特别规定，组织人事部门要将审计机关提交的审计结果报告，作为干部提拔、调任、免职、辞职、退休等的参考依据，坚持不经审计，不办理离任手续，不经审计，不能提拔重用。

纪念《审计法》颁布五周年活动　信阳市审计局与新县羚锐制药有限公司联合参加河南省《审计法》知识电视大赛；在信阳电视台播放审计专题片，局长发表电视讲话；在《信阳日报》开辟《审计法》宣传专栏，发表署名文章等。多种形式的宣传活动使社会各界进一步了解了《审计法》，支持审计工作，收得了较好的宣传效果。

【信阳市浉河区审计局】　1999年共有干部、职工19人，其中：大学本科4人，大专10人；局长1人，副局长3人，纪检组长1人。共设5个职能股室：办公室、工交基建股、财贸金融股、行政事业股、综合股。

审计工作成果　1999年，共完成审计项目42项，审计单位38个，占全年计划的140%。其中国家审计项目6项，省审计项目8项，经常性审计项目14项，市政府交办审计项目2项，区委、区政府交办项目12项。查出违规违纪金额3224万元，其中决定处理处罚1002万元，指明要求纠正的2222万元，上缴财政31万元。已分别按照财经法规和有关规定作了处理和纠正。提交审计报告和审计信息35篇，部分被市、区采用。

1999年，按照上级审计机关的统一布置，根据审计署“五统一”的要求。区审计局组织审计了全区工商银行、建设银行、区城市信用社、农村信用社等金融机构，较好地完成了审计工作，部分审计项目获优秀项目。

【信阳市平桥区审计局】　1999年有干部、职工23人，其中领导干部6人；大专文化11人，获中级职称11人。

工业企业真实性审计　审计5户企业，查清了资产、负债、损益情况，依法揭露和反映企业经营管理、偷漏税等违纪违规问题。在审帮结合等方面做了大量工作。如对3户企业审计中，发现外欠货款金额量大，建议加大清欠力度，仅3月至11月共清回外欠货款2600万元。

金融审计　开展对3个工行支行、3个建行支行的审计，查出会计账目失真、设立账外账形成“小金库”、漏交税费、多收企业贷款利息等问题。

【淮滨县审计局】　1999年底，共有人员21人。其中大学本科4人，大专9人；局长1人，副局长3人，副书记1人。设有办公室、综合股、财税金融审计股、行政事业审计股、工商企业审计股、固定资产投资审计股。

审计工作成果　完成市审计局下达项目44项，县委、县政府交办事项19项。全年共查出各类违纪资金2134万元；应收缴违纪资金24万元，已收缴24万元；移交纪检、监察机关案件4起；上报审计信息9期，被上级采用7期。

【潢川县审计局】　1999年共有干部、职工23人，其中，具有本科学历的1人，大专学历的11人，中级职称12人；书记、局长1人，副书记1人，副局长2人。设置有办公室，财政金融审计股、行政事业审计股、企业审计股、固定资产投资审计股、综合股。

审计工作成果　1999年重点开展了“预算执行和财政收支审计”、“工行、建行系统审计”、“乡镇财政决算审计”、“重点工业和重点商业财务收支审计”等，全年共完成各类审计67项，查出各类违纪违规资金4895万元，应上缴财政208万元，已上缴财政106万元，追还被侵占挪用的专项资金271.3万元，建议纠正地方部门不当规定8条，协助有关部门查处案件1起。

【息县审计局】　全年共审计项目51个，比上年增加37.8%，审计单位175个，查出违纪违规行为资金8973万元，应缴财政资金357万元，应减少财政拨款、补贴183万元，应归还侵占挪用资金3682万元。提交审计报告、信息13篇，被审计署采用1篇。

财政审计　深化本级财政预算执行情况审计，强化乡级财政决算审计。发现隐瞒转移预算收入、违规挪用财政资金、虚列预算收支、偷税逃税、私设“小金库”等问题1749万元，应交财政134万元，减少财政支出87万元，增加财政收入87万元。审计机关对有关问题作了严肃处理，并提交强化预算约束，规范预算收支的意见和建议。

任期经济责任审计　根据县纪律检查委员会的委托，分别对县农机局等12个单位主要领导任期经济进行了审计，向县委、县政府提交了审计结果报告。

【新县审计局】　1999年共有干部、职工17人。其中大学本科学历2人，大专9人；局长1人，副局长2人。设有办公室、财税金融基建审计股、行政事业审计股、工商企业审计股。

审计工作成果　1999年，共完成审计项目34个，查出违规行为金额3499万元，应交财政25万元，减少财政拨款或补贴134万元，归还原渠道资金12万元。

工商企业真实性审计　对新县化工厂进行了企业真实性审计。审计结果为服务领导宏观决策、深化国有企业改革提供了真实准确的依据。

专项资金审计　受县政府委托，对见义勇为基金、住房公积金、抗洪抢险资金、残疾人基金、教育基金、下岗职工解困资金进行了审计。审计结果及时向县领导汇报，同时在县电视台公开审计结果，有效促进了专项资金管理。

【商城县审计局】　1999年共有干部、职工30人，其中大中专以上学历21人，注册会计师7人，会计师4人，审计师7人，资产评估师1人。局长1人，副局长4人。局内设办公室、财金股、行政事业股、企业股、审计事务所。

审计成果　完成审计项目（或单位）61个，共查出各类违纪违规资金1500万元，上缴县财政42万元，追补税款170万元；追缴县财政专用基金148万元，归还原渠道资金144万元，促进增收节支208万元，提交审计工作信息、报告27篇，被采用18篇。

完成县委、县政府交办任务　按县委年初党风廉政建设目标任务，对县直各单位、各乡镇1998年度招待费、会议费进行了专项审核，并从中征收困难职工救助基金、失业救济金35.6万元；按政府安排对县城西大街西扩、东扩工程、安置楼建设工程、郝巷路拆迁建设资金、政府中心广场工程和西大畈土地出让资金进行了专项审计，审计竣工建筑面积25087平方米，工程合同造价736万元，核实造价682万元。

【固始县审计局】 1999年共有干部职工19人，其中：局长1人，副局长2人；设有办公室、财政金融审计股、行政事业审计股、工商企业审计股、审计师事务所等机构。

审计工作成果 1999年，共审计了109个单位或项目；共查出违纪违规金额12500万元，收缴违纪违规金额138万元，为国家增收节支1139万元。与县纪检监察、信访等部门配合，查处各种经济案件6起，移送司法机关处理5人。

完成县政府交办任务 1999年在正常的工作计划外，还完成了县委、县政府交办的大量审计任务，全年共完成审计项目12项，如秀水公园竣工决算审计。

【罗山县审计局】 1999年在职干部、职工19人。设有办公室、财贸金融审计股、工交审计股、行政事业审计股、农业审计股、基建审计股、审理股等机构。

完成上级下达的审计任务 1999年共完成上级审计机关和县委、县政府下达（交办）的审计项目19项，审计230多个单位，查出违纪违规行为金额2982万元，应上缴各级财政资金337万元，追回挤占挪用资金419万元，同时还为各级党委政府提供了许多好的建议，在促进各项改革措施落实和政府宏观调控中发挥了积极的作用。

【光山县审计局】 1999年共完成审计项目85项，查处违纪金额2914万元，增加财政收入或减少财政支出281万元，追还被挤占挪用资金422万元。在严肃财经法纪，维护经济秩序，服务宏观调控，加强廉政建设方面发挥了积极作用。

【济源市审计局】 1999年共对51个单位进行了审计，查出违纪违规金额13079万元，应上缴财政224万元，已上缴财政193万元，追回挤占挪用资金20万元。同时完成市委、市政府交办项目11个，审计和调查单位30个。

财政审计 继续本着“巩固成果、突出重点、账户入手、核实收支、揭露问题、促进管理”的指导思想，通过财政预算和执行情况审计，在宏观决策上或微观管理上，都发挥了一定的审计效应。

企业审计 重点开展了真实性审计难度较大的大型企业济源钢铁公司的审计工作。严格检查了企业的资产、负债、损益的真实性、合法性。揭示企业存在的问题。深化企业审计，对帮助企业加强财务管理，提高效益，从源头上堵塞“漏洞”起到了重要作用。

专项资金审计 先后对济源市农业综合开发资金、科技三项费用，世行贷款疾病预防项目和农业二期灌溉项目资金使用情况，福利彩票赈灾专项资金募集情况以及对市法院、检察院、人事局、农机局等财务收支进行了审计，提交了审计报告，引起了市领导和职能部门的重视。

【周口地区审计局】 全年全区共审计单位（项目）528个，查出违规行为金额97115万元，审计处理处罚金额20179万元，依法收缴财政2363万元，促进增收节支401万元；提交审计工作报告和审计信息材料310篇，被上级党政机关和新闻单位采用127篇。

预算执行和财政收支审计 全区全年共完成财政预算审计11个，财政决算审计129个，通过预算审计，主要审查了财政分配资金管理使用不真实、不规范的问题，促进了财政部门加强预算管理。地区局重点组织了对36个乡级财政决算的审计，共查出违纪违规行为金额15381万元，着重揭露和反映了乡级财政收支中不真实、不合法以及损失浪费、腐败等问题。《我区乡级财政管理中存在的问题不容忽视》上报后，引起了各级领导的高度重视，省政府有关领导专门作了批示，要求严肃财政纪律，加强财政管理。

经济责任审计 积极开展和指导各县市审计局实施领导干部任期经济责任审计，并取得了成果。其中太康县审计局实施了对14个乡镇和县直6个局委的党政正职离任经济责任审计，比较客观、公正地评价了离任干部的德、能、勤、绩。省纪委董雷书记等上级领导对该县的此项工作给予了充分肯定。

工行、建行系统审计情况 按照审计署和省厅的安排，组织了对全区工行、建行两个金融系统的审计工作。在审计中，把揭露违规经营、擅自抬高利率、盈亏不实、资产不实和账外账等作为审计要点，努力提高审计质量，并对其体制转换和改革具体措施进行了跟踪审计，促进其规范了管理，在防范金融风险等方面，取得了明显的成效。

计算机应用情况 为了促进全区审计系统实行办公自动化，地区审计局专门下发了有关文件，提出了切实可行的方案，要求逐步推行计算机辅助办公。现在各县市局的各科室都已配备了计算机，并且大部分县市审计局已开通了计算机远程通讯站，使办公资料的上通下达更为方便、快捷，促进了各部门的相互联系。同时，还积极开展计算机辅助审计工作，如对工行、建行的审计中，利用计算机方便、快速、准确的优越性已充分体现出来。

企业审计 全年全区共完成对75个工商企业的审计，查出各类违规行为金额31970万元，应交财政1148万元，应归还原渠道资金1551万元，促进增收节支222万元。

精神文明建设 一年来，先后被河南省审计厅评为全省审计工作先进单位，被地区行署评为目标管理先进单位和全区粮食挂账清查审计工作先进单位，机关党支部再次被地直机关工委评为“十佳党支部”。

【周口市审计局】 1999年在职干部职工27人，其中大学本科学历1人，大专19人，具有中级职称的6人；局长1人，副局长3人，纪检组长1人。设有办公室、工交基建股、财贸金融股、行政事业股、综合股。

审计工作成果 1999年上级审计机关安排的审计项目15项，实际完成25项，占年度目标任务的167%，审计资金总额2.72亿元，应上缴入库违纪资金总额436万元，截止到12月31日已全额追缴入库。其中追缴税金49万元，追缴财政预算资金377万元。另审减工程决算86万元。

完成其他交办任务 1999年还组织人员积极参加市政府交办的企业专项审计、减轻农民负担、农村合作基金会整顿、收支两条线及粮食企业亏损挂账执法监察的检查等工作。

【项城市审计局】 全年共完成审计项目67个，其中市委、市政府交办的审计项目4个，审计单位105个，查出违规金额7647万元，收缴财政190.7万元，核减财政补贴37.1万元，核减工程结算358.8万元；提交审计工作报告和审计信息25篇，被上级党政机关和新闻单位采用14篇。

【商水县审计局】 内设职能股室6个，现有编制20人，实有15人。

全年完成审计项目48个，查出违规行为金额2639万元，应缴财政金额465万元（其中罚款427万元），已全部上缴。重点抓好了县级预算执行审计、乡级财政决算审计、工行、建行审计和企业审计；按照两办要求，在全县推行了经济责任审计；大张旗鼓地开展了《审计法》颁布五周年纪念活动；计算机技术逐渐普及，辅助审计初见成效。

【沈丘县审计局】 1999年共有干部、职工31人。其中：大学本科3人，大专15人；局长1人，副局长3人。设有办公室、财政金融审计股、行政事业审计股、商贸审计股、工交审计股、基本建设投资审计股、农业资金审计股。

1999年度共完成审计项目（单位）85个。查出各种违纪违规金额4077.2万元，收缴县财政467.1万元，追回被挪用资金5万元。积极配合中心工作，完成了县委、县政府交办的各项审计任务，配合县纪检完成了信访案件的查处工作。全年共提交审计报告、简报、信息、论文33篇，其中被省、地、县采用10篇，论文、课题、案例、调查报告获奖7篇。

【鹿邑县审计局】 1999年实有人数24人，其中，局长1名，副局长3名。内设办公室、工业交通审计股、财税金融审计股、商粮贸审计股、行政事业股、基建审计股。

审计工作成果 1999年，共完成审计项目和单位53个，占地区下达计划任务的578%，查处违纪资金15207万元，依法收缴财政99万元，应归还原渠道资金473万元，促进增收节支200万元，同时完成审计调查13项，提交审计调查报告、论文信息、案例66篇，其中，被上级审计机关及国家、省、地新闻单位采用近33篇。

【太康县审计局】 1999年，共有干部职工33人，其中大专以上文化程度16人，局长1人，副局长2人。内设机构为人秘股、工交基建审计股、商粮贸审计股、行政事业审计股、综合股，另有一隶属事业机构乡镇审计管理站。

全年共审计63个单位或项目，查出违纪违规金额7733万元，审计处理处罚上缴财政488万元，归还原渠道资金1539万元。提交审计工作报告和信息反馈29篇，被上级党政机关和新闻单位采用近20篇。圆满完成了县委、县政府交办的各项审计任务，配合县纪委和信访部门完成了经济案件的查处工作。对13个乡镇和6个县直一级机构的主要领导干部进行了任期经济责任审计，为县领导正确使用这些干部提供了可靠依据。审计科研课题、论文和审计调查报告、审计案例有7篇获奖。

【扶沟县审计局】 1999年，有干部职工25人，内设六股一室（财政金融审计股、行政事业审计股、商粮贸审计股、工交审计股、基建审计股、纪检监察室）。

全年主要开展了同级财政预算执行情况审计和财务收支审计，查出违纪金额4246万元，上交财政146万元，追回挪用资金522万元。此外，还完成了县政府交办的社会、医疗保险移交清查审计；中密度板厂、皮毛厂、味精厂、织网厂、县宾馆等单位厂长经理离任经济责任审计；配合纪检、信访对马村纱厂、交警队、西关、柴岗群众上访的问题进行审计；通过审计解决了白潭、曹里林厂与当地群众的林地纠纷；配合财政部门对预算外资金管理、供销系统财务挂账审计；配合有关部门对“安徽永青集资案”审计；同时还对供销棉麻系统进行了财务挂账审计。

在《审计法》颁布五周年之际，组织全体职工干部在全县举行庆典纪念活动。

【郸城县审计局】 全年共审计了69个单位和项目，查出违纪资金4752万元，促进企业增收节支1275万元。

财政审计效果显著 1999年按照县委、县政府的要求和上级审计计划安排，对全县20个乡级财政的预、决算及同级财政的预算执行情况进行了全面审计，共查出各种违纪资金4632万元，并向县政府和县人大提交了审计报告。

企业审计和行政事业单位审计 1999年共审计了32个企业

和行政事业单位，共查出各种违纪资金1147万元，并为企业发展提出了7条合理化建议。

【驻马店地区审计局】 1999年，共有行政、事业编制43人，实有干部、职工49人。内设6科2室1所（财税金融审计科、工交基建审计科、行政事业审计科、农林水审计科、商粮贸审计科、法制综合科、办公室、监察室和审计科研所。

审计工作成果 全年完成审计项目（单位）74个，查出违纪违规金额35711万元，应上缴财政8224万元，已交8159万元。通过审计，查出和发现案件线索并移交司法机关处理案件1件，移交纪检、监察机关案件5件，有1人受到党纪政纪处分。审计工作突出重点，加大执法力度，围绕党政领导和群众反映的热点难点问题，服务全区经济建设大局，积极完成地委、行署领导交办的审计事项，避免了国有资产的流失，为地区财政挽回了经济损失。

受表彰情况 1999年，局党组认真开展精神文明建设和创先争优活动，年初被地委行署命名为地级文明单位，有4个审计项目被省审计厅评为优秀审计项目，局机关党支部连续被地直工委评为先进党支部，档案管理工作晋升为省颁一级档案室，被评为全区档案管理最佳系统。

【驻马店市审计局】 局内设4股1室，现有人员19名。1999年完成审计项目15个，其中署定项目7个，地市定项目7个，临时追加项目1个。共审计115家单位，上缴财政316万元，向市政府提交综合审计报告2篇，向上级审计机关提交报告10篇，针对被审计单位存在的问题，提出了46条改进意见。财税金融审计，完成了财政预算执行情况和其他财政收支审计以及4个街道办事处的财政决算审计。行政事业审计，完成了水利专项资金审计，科技三项费用审计、养老保险金审计、福利彩票审计、工商企业审计。对市属44家国有工商企业1998年度经营情况的真实性、财务收支的合理性，国有资产的保值增值情况进行了审计。1999年还对13个市直行政事业单位财务收支进行了审计，共查出违纪违规行为金额2752万元，其中：乱列乱支金额50万元；坐支挪用金额178万元；截留上级财政收入250万元；应交未交各种收入131万元。通过审计，共收交财政316万元。

【确山县审计局】 1999年共有干部、职工21人。大专学历16人；局长1人、副局长2人、纪检组长1人。设有办公室、财政金融审计股、行政事业审计股、商粮贸审计股、工交基建审计股等机构。

审计工作成果 全年共完成审计项目14个，审计单位62户；完成审计调查3项，调查单位10个；共查出违纪违规金额2684万元，调整账务1500余万元，归还侵占挪用资金300万元，为国家增收节支240余万元，同县纪检、监察、信访等部门配合，查处经济案件2起。上缴县财政62万元，共提交审计报告62篇。

财政预算执行和财政收支审计 通过对5个单位的审计，查出多列预算支出301万元，少列经费收入36.4万元，挪用专项资金16.5万元，虚列以工代赈配套资金328万元，多列以工代赈业务费收入23.9万元，少转综合周转金29.7万元，应核销未核销待处理财产损失484.4万元。

经济责任审计情况 对9个单位的领导干部进行任期经济责任审计，查出“空转”资金虚增财政收入344万元，挪用专项资金271万元，乱收费11万元，擅自处理国有资产23万元，公款私借3.3万元，招待费超支196万元，并按《审计法》及有关规定对当事人进行了处理处罚。

金融行业审计 根据审计署统一部署，对确山县工行、建行1998年度资产、负债和损益情况审计，分别查出少计收入5.2万元，多计支出215.8万元，多计手续费5.7万元，少计支出40.5万元，账外资产24.43元。

此外，还抽调主要业务骨干，配合省审计厅扶贫资金审计组对省扶贫资金的分配、管理、使用效益情况进行了审计监督；配合地区审计局对县世界银行贷款项目资金进行了审计监督；与县有关部门配合开展了企业破产清算工作，供销系统政策性挂账清算工作等。

【上蔡县审计局】 截至1999年底，共有人员67人。其中：本科学历8人，大专34人；局长1人，党组书记1人，副局长4人。设有办公室、财政金融审计股、行政事业审计股、商粮贸审计股、工交基建审计股、农林水审计股、法制综合股和五个中心审计所。

审计工作成果 1999年共完成审计项目87个，查出违纪违规金额20658万元，已收缴财政96万元，提交审计综合报告及审计信息21篇，被省、地、县采纳9篇。

完成县政府交办任务 1999年完成了县委、县政府交办的财政清家底审计，审计单位29个，查出违纪违规金额14623万元。县政府以上政文［1999］118号文下发了“关于进一步加强审计执法的通知”，主要领导提出了具体意见，为审计撑腰，产生了良好的社会效应，并把领导干部经济责任审计纳入了经常性审计的轨道。

预算执行和财政收支审计 按照上级审计机关的安排部署，加强领导，精心组织，针对审计重点，对财税及国库进行严格审计，并延伸审计了有关预算单位，对违纪违规问题进行了处理，提出了切实可行的审计建议。

工行、建行系统审计 以审计财务收支真实性为基础，打假治乱，重点揭露违规经营、盈亏不实、资产不实等问题，促进规范管理和依法经营，改善金融资产质量。查出违纪违规金额1420万元，提出合理化建议20条。

【西平县审计局】 1999年底共有干部、职工18人，其中：大学本科3人，大专10人；局长1人，副局长3人，纪检组长1人。设有办公室、财政金融审计股、行政事业审计股、商粮贸审计股、工交基建审计股。

审计工作成果 全年共完成审计项目47个，审计单位78户；完成审计调查2项，调查单位7个；共查出违纪违规金额3568万元，收缴财政76万元，追回挪用资金705万元，促进增收节支650万元。同县纪检、监察、信访等部门配合，查处经济案件4起。

预算执行和财政收支审计 通过对9个单位的审计，查出违纪金额151万元，其中有关部门占用财政资金50万元，挤占挪用专项资金18万元，自行退库16万元，多提代扣代收手续费21万元，挪用代征代扣手续费38万元，改变资金用途8万元等问题。

金融行业审计 根据审计署统一部署，对工行西平县支行、建行西平县支行1999年度的资产、负债、损益情况进行了审计。查出多计支出36万元，将信贷资产转为其他资产1196万元，账外资产85万元。

经济责任审计贯彻执行 依据两办《暂行规定》，受县委组织部委托，对30个党政部门和2个企业的32名领导干部进行了离任审计。

大案要案审计查处情况 在审计过程中，注意发现大案要案线索，通过审计，移交检察机关案件2起，配合纪检、监察、检察部门查处案件4起，拘捕经济犯罪人员3名。

此外，对1998年养老保险基金、赈灾福利彩票发行等专项资金进行了审计，对5个重点企业的财务收支进行了审计，配合纪检、监察部门对粮食企业三项政策一项改革贯彻落实情况进行了执法检查，对轴承厂改组改制情况进行了审计调查，摸清了家底，在帮助企业加强经营管理，提高经济效益等方面发挥了重要作用。

【泌阳县审计局】 1999年有人员31人，其中党组书记、局长，副局长共5人。事务所脱钩后体制为7股1室。

全年完成审计项目29个，审计（调查）单位121个。审计总金额6.4亿元，查出违纪违规行为资金3625万元，上交各级财政罚没资金总额67万元，为被审计单位提合理化建议109条被采纳。建议有关单位纠正不正当规定48条，促进增收节支489万元。

依据两办《暂行规定》进行了10个乡镇3个企业主要领导的离任审计，通过审计向县监察机关移交案件1件，起到了“抓一案，震一片”的效果。计算机在审计系统顺利联网。

【平舆县审计局】 1999年共有干部、职工19人，其中大学本科2人，大专10人，局长1人，副局长4人；设有办公室、财政金融审计股、行政事业审计股、商贸审计股、工交审计股共5个股室。

1999年共完成审计项目和单位26个。其中：财政本级预算执行单位6个。乡镇级财政决算审计4个；金融系统资产、负债、损益审计2个；落实中央两办通知，接受县委组织部委托，对2个乡镇及3个县直事业单位的党政领导干部的经济责任进行了审计。共审出违规违纪资金3263万元，应收缴财政99万元，已收缴财政97万元，向政府及上级审计机关提供工作报告和信息13篇。

【汝南县审计局】 1999年汝南县审计局机关有人员29人。完成了对7个乡镇政府1998年度财税管理和收支情况的审计，查出隐瞒挪用财政收入，越权减免税收等各类违纪金额556万元。同时，对社会反映的热点和难点问题，开展了对全县21个乡镇计划生育工作站和乡级医院的计生经费管理，药品价格管理等进行了全面审计，查出各类违纪金额1580万元，为防止计生经费账外资金，维护病员的合法权益，严肃了财经纪律。全年共审计77个单位（项目），查出违纪违规金额6744万元，上缴财政金额50.6万元，应归还侵占挪用资金295万元，促进增收节支提高经济效益289万元。

【遂平县审计局】 1999年度地区审计局下达审计项目7项，县自定项目24项，共计31项。实际完成审计项目44个，查出各种违规违纪资金6688万元，应上缴财政18万元，已上缴财政17万元。本年度主要做了以下审计工作：

1. 强化财政审计监督，完成本级财政预算执行情况审计和其他财政收支审计。本年度，完成了县财政预算执行情况审计和其他财政财务收支的审计，并对地税局等5个有关预算执行单位进行了延伸审计。在审计过程中，我们既注重摸清家底、核实收支的审计，又注重对专项资金、预算外资金的跟踪审计，加强了对预算执行单位在银行开户的审计。查出了预算支出科目列报不实、超计划拨科技三项费用、虚列财政支出、挤占挪用专项资金等违规违纪事项。并增加财政预算收入21万元。2. 加强对工行、建行系统的审计。通过对工行、建行系统的审计，查出多计利息、手续费、管理费等支出18万元；少计利息、营业费用支出72万元等违纪问题，审计决定补缴营业税、所得税11万元。3. 加大《审计法》的宣传力度。

【新蔡县审计局】 1999年新蔡县审计局共有21人。

1999年共审计43个单位，查出违纪资金826万元，上缴财政金额30万元，核减基建投资120万元，提审计建议115条，促进被审计单位增收节支、提高经济效益164万元。

【正阳县审计局】 1999年共有干部职工34人，实际编制17人。其中：大学本科1人，大专16人，注册会计师4人，审计师2人；局长1人，副局长3人，纪检组长1人。内设机构：两室五股。

审计工作成果 1.1999年共完成审计项目74个，查出违纪违规金额20130万元，收交罚款53万元，追还被挪用的资金171万元，向被审计单位提出合理化建议144条，向县委、政府和上级业务部门报送审计信息23篇，采用23篇。2.积极开展领导干部经济责任审计。1999年对22个乡镇党政班子换届前进行审计，为县委正确使用干部提供了依据，此项工作引起了省委书记马忠臣的重视和肯定。3.深化预算执行和财政收支审计，为政府决策服务。本级审查出违纪违规金额5068442.47元，其中包括应退未退农业税减灾款209228元，挪用粮食专项费用400000元。提出处理意见5条。4.加强对商业银行的审计监督，维护金融秩序。对工行、建行审计共查出违规问题10项，违规金额1505万元，提出处理意见12条。

湖北省

【湖北省审计工作简述】 至1999年底，全省共有审计机关115个，人员4416人。全年审计单位7863个，查出各类违法违纪资金142.2亿元，处理上缴财政5.5亿元，减少财政拨款和补贴2.78亿元，追还被挤占挪用资金11.1亿元，督促有关部门制定和完善各类规章制度1000多条，纠正不当规定800多项，促进增收节支2.19亿元。全省共向各级党委、政府和上级审计机关报送重要审计情况2500多份，被批示采用1900多篇(次)。

经济大要案审计效果明显 全省共发现和查处各类大案要案146件，移交纪检、监察、司法机关处理223人。

经济责任审计稳步发展 全年共对1309个党政机关和企事业单位领导任期经济责任进行了审计，查出所在单位违纪违规问题资金47.8亿元，查出领导干部违法违纪问题1.39亿元。经审计的1309名领导干部中被提拔使用123人，降撤职56人，平调769人。

人、法、技建设扎实有效 一是全省各级审计机关按照中央和省委的统一部署，普遍开展了“三讲”教育，加强了思想政治工作，增强了讲政治的自觉性。二是加强审计法制建设。省厅先后制定下发了审计复核、行政处罚听证、执法责任追究、揭露违法犯罪线索奖励等办法和制度，加强了审计工作的内部控制和管理。三是狠抓了计算机应用和开发工作。省厅成立了计算机中心，制定了《全省审计机关计算机技术应用工作五年规划》，加强了计算机培训和审计软件开发应用工作，举办各类培训班8期，组织1000多人参加了审计署计算机考试，合格率超过全国平均水平。省厅与95个市、县(区)开通了远程通讯网络，提高了审计公文和信息传递效率。

精神文明建设取得丰硕成果 成立了以党组书记、厅长为组长的精神文明建设领导小组，制定了精神文明建设长远规划和年度计划，每年都有明确的创建目标、任务和要求，并将创建任务分解到各处室和个人，层层签订创建责任状，把精神文明建设同审计业务工作一起布置、一起落实、一起检查考核、一起表彰，形成了一把手亲自抓、主要抓一把手、一级抓一级的工作格局。全省114个审计机关有110个成为各级文明单位。其中省级(含省级最佳)文明单位46个，地市级文明系统9个。9月省厅和武昌区审计局被中央精神文明指导委员会授予全国精神文明建设先进单位称号。

【湖北省审计厅概况】 1999年度厅机关内部机构设置：办公室、综合处、财政审计处、金融审计处、行政事业审计处、工业交通审计处、商贸审计处、固定资产投资审计处、农林水利审计处、外资审计处、经济责任审计处、审计体系指导处、人事教育处、机关党委(包括工会)。另设有派驻纪检组、监察室。定编人员158人，在编人员140人。至1999年底，设直属事业单位：湖北省审计厅机关后勤服务中心、湖北省审计科研所、湖北省审计干部学校、湖北省审计计算机中心。定编人员93人，在编人员78人。厅属湖北省审计事务所、湖北省楚天审计事务所、湖北省中南审计事务所，按财政部有关规定进行改制。

厅领导成员

副厅长：高　林(主持工作)(1998－　)

彭世泽

黄道国

张永祥

纪检组长：何秋元

财政预算执行审计 全年共对115个地方政府财政、地税和国库进行了审计，延伸审计了1630个部门和单位，查出隐瞒转移财政收入、违规退库、越权违规减免税、预算收支不真实、挤占挪用财政专项资金等有问题金额36.5亿元，处理上交财政收入4.17亿元，追还被挤占挪用资金1.2亿元，审计处罚收缴2120万元，向司法机关移送经济案件10件，建议给予行政处分10人，移送司法机关处理4人。各级审计机关还针对审计发现的问题，提出各项审计意见和建议1330条，被各级政府的财政等部门采纳1150条，建立健全了规章制度，促进加强了财政财务管理。

金融审计 1999年，全省对建行系统和工行部分县、市级支行，以及湖北、三峡证券公司等单位进行了审计，共查出违纪违规金额43008.41万元，依法处理上缴财政2195.9万元。根据审计署统一组织，省厅对省建行及其所属的8个独立核算的机构进行了审计，查出违纪违规金额4000多万元，延伸调查了35户贷款企业。此外，对建行贷款情况进行了核实，抽查贷款总额9.5亿元，其中：损失贷款核实比该行填报数少8200万元。向审计署上报审计发现的重大违纪违规案件线索信息材料11份，其中有2份已被国务院办公厅批示采用，并移送有关部门查处。对湖北证券公司资产负债损益的真实性及对部分单位资金流入证券市场及违规经营情况进行了跟踪审计，依法依规进行了处理。

行政事业审计　全省完成法院、检察院财务收支审计，中央行业养老统筹移交地方、企业职工养老保险基金、福利彩票资金、救灾款物等专项资金审计，省、市、县、区直单位预算执行审计，以及审计署、省委、省政府交办的重要审计事项，共审计3438个单位，审计总金额126.96亿元，查出各类违纪违规金额23.04亿元。经审计，追还被侵占挪用资金5.33亿元，上缴财政税收、罚款4017万元；向司法机关移送经济案件18件；提交审计工作报告、信息2908篇，其中，国务院及省委省政府批示、采用22份。

企业审计　全年共对1065个国有企业、事业单位进行了审计，查出各类违纪违规金额21.4亿元，处理上交财政2754万元，向各级党委、政府和上级审计机关报送重要审计情况和信息材料1319份，被批示、采用873份。

固定资产投资审计　根据审计署的授权和省政府的安排，对洪排二期工程、荆江大堤二期加固工程、鄂州粮库、襄石铁路及宜昌市电信局等使用国债资金的重点项目进行了审计，同时对债转股项目进行了审计。审计总金额141.89亿元，共查出违纪违规金额77134万元，其中：资金不到位41115万元，挤占、挪用建设资金4251万元，挤占建设成本4369万元，投资完成不实7645万元，少列概算15159万元，概算外投资3260万元，损失浪费84万元，已收缴入库998万元。全省采纳审计建议23条，长江水利委员会和湖北省水利厅分别已归还挤占挪用资金1500万元和879万元；武汉、荆州、黄冈、黄石、孝感等地调账和归还资金3300万元。审计后提交审计信息32篇，被批示和采纳21篇，省领导7次作了重要批示。

农业专项资金审计　1999年省、市、县三级审计机关实施的水利、扶贫、三峡移民、移民建镇等农业专项资金审计，审计总金额达50.6亿元，查出各种违纪违规问题9.5亿元，促进资金拨付到位3.2亿元，归还被挤占挪用资金1.05亿元，收缴罚款640多万元，移交纪检、监察或司法机关立案7起，处理责任人13个。

此外，各级审计机关还圆满完成了省、市、县党委和政府交办的农民负担检查、水利工程质量及资金使用管理情况检查等多项突击性工作。例如，1999年7月，根据省领导的紧急指示，审计厅组织专班对嘉鱼县某乡镇救灾款的使用情况进行了专项调查核实，经过连续三天的紧张工作，查清了事实真相，并迅速向省政府报送了详细的审计调查报告。省长蒋祝平、副省长邓道坤、苏晓云、高瑞科等省政府领导作了重要批示，责成省民政厅与咸宁市政府一道督促落实审计处理意见，并提出了四条“举一反三”的整改要求。

外资运用审计　1999年，全省共审计外资运用项目（单位）394个（含子项目），审计总金额283亿元，项目涉及工业、农业、交通、林业、环保、节能、卫生、教育等行业。共查处各类违纪违规金额17.8亿元，上缴财政216万元，归还侵占挪用资金2000万元，出具对外报告9份，提交审计工作报告信息488篇，其中被各级党委政府、上级审计机关及新闻单位批示、采用、督办214篇。

【武汉市审计局】　1999年，全市通过对740个单位的审计，查出各类违纪违规金额17.46亿元，处理上缴财政3.09亿元，减少财政拨款和补贴1700万元，追还被挤占挪用资金9535万元。

大要案查处情况　全市审计机关共发现和查处大要案5件，移送纪检、监察、司法机关处理8人。其中发现和查处了市服装进出口公司原进口部经理涉嫌贪污的经济案件；武汉油脂集团有限公司挪用农发行贷款、私设“小金库”等严重违纪问题；市无线电变压器厂原出纳贪污公款案件；江汉区废旧物资回收公司高息揽存、违规集资等问题。

经济责任审计　全年共对124名领导干部进行了任期经济责任审计。审计后，提拔使用2人，免职5人，降职5人，平调39人。3人受到党纪政纪处分，3人受到法律制裁；被审计单位共采纳审计建议278条，追还被挤占挪用资金，挽回经济损失964.15万元。

信息宣传　1999年，全市审计机关共向各级党委政府报送重要审计情况285份，被批示采用148份。

内部审计工作有了新的发展　截至1999年底，全市有内审机构825个，配备内审人员2344人，全年共审计1822个单位，查出损失浪费金额9894万元，促进增收节支3981万元，纠正违纪金额3138万元，提出审计意见和建议被单位采纳1437条。

认真开展“三讲”教育，不断加强审计系统两个文明建设　1999年，全市审计机关把“三讲”教育作为精神文明建设的重中之重，深入发动，严格要求，通过开展“三讲”教育，审计干部的思想认识得到了统一，精神面貌发生了较大变化，进一步增强了讲政治的自觉性，提高了领导班子的战斗力和驾驭全局工作的能力。

全市14个国家审计机关全部进入了文明单位的行列，其中：国家级文明单位1个（武昌区审计局），省级文明单位3个（市审计局，硚口区、蔡甸区审计局），市级文明单位9个，区级文明单位1个。

【武汉市江汉区审计局】 1999年共有干部、职工23人。局长1人，副局长2人；设有办公室、综合科、行政事业审计科、企业审计科、固定资产投资审计科、审计管理科等机构。

审计工作成果　1999年，共完成审计（调查）项目34个，共查出违纪违规金额6823万元，应上缴区财政226万元，移交纪检、监察和司法部门处理5人，提交审计报告和信息材料29份，被上级党政领导批示16份，审计署、省审计厅、市审计局、区政府采用37篇（次），省新闻单位采用35篇（次）。

一是围绕加强财税管理，深化了财政预算执行审计。经审计，有关单位撤销不符合要求的银行账户24个，集中资金238万元，上交罚没收入530万元；通过对6条街道财政决算审计，共核减了街道挖挤、虚增、估列区级税收326.81万元，为财政节约支出120余万元。二是围绕资金的合理有效使用，加强了重点建设项目的审计。一年来，对4个投资项目进行了审计，涉及基本建设资金2422.23万元，查补税收96.92万元，审计核减63.64万元。三是对全区15名行政事业单位领导人和企业法定代表人进行了任期经济责任审计，查出各种违纪问题金额2699.66万元，挽回经济损失457.07万元。在对区领导交办的区物回公司集资问题的审计中，发现该公司违规集资涉及金额达2346万元，揭露出在集资过程中存在的突出问题，审计情况引起了市、区领导的高度重视，有关责任人已移交司法机关处理。

【武汉市江岸区审计局】 至1999年底共有干部职工27人。其中研究生1名，本科学历9名，大专12人，局长1人，副局长1人。

审计工作成果　1999年，省、市、区下达审计项目20个，区追加计划4个，实际完成28个。查出各类违纪违规金额2598万元，审计处理处罚应上交财政25万元，现已全部入库，入库率为100%。全年共报审计信息41篇，被省、市、区及新闻单位采用18篇（次），采用率80%。同时，还认真完成了市、区临时交办的各项工作任务。

在同级财政审计中，延伸审计了17个街道1999年度的税收完成情况，共核减了街道挤占区级收入644.6万元。1999年，将审计重点放在财政收支的真实性上，在对市无线电变压器厂的真实性审计中，查出该单位出纳员贪污公款41.58万元，司法机关依法判处有期徒刑12年。

【武汉市硚口区审计局】 1999年，全年目标计划26项，实际完成29项，其中上级审计机关下达专项7项。查出违纪违规金额3501万元，应缴财政1337万元。

预算执行和财政收支审计情况　本年审计查出各种违纪违规问题金额2371万元，进行了认真纠正，并限期解缴入库。审计结果向区政府和区人大汇报后，受到充分肯定。

企业审计　对4家国有企业进行了资产、负债、损益审计。审计反映出企业核算中的不真实问题引起企业及主管部门的高度重视。

开展经济责任审计情况　根据区组织、人事部门的委托，已对4个单位的主要领导人进行了任期经济责任审计。审计后，3人平调，1人免职。

《审计法》颁布实施五周年纪念活动　1999年，为纪念《审计法》颁布实施五周年，本局结合“三五”普法学习，组织审计人员进一步认真学习《审计法》，并组织全局干部职工参加了审计署举办的《审计法》知识竞赛。

【武汉市汉阳区审计局】 1999年底共有干部、职工13人。其中：局长1人，副局长1人。本科学历3人，大专学历5人，高级职称1人，中级职称4人；局内设办公室、企业审计科、行政事业审计科、综合审计科，原审计事务所已完成脱钩改制工作。

1999年完成审计项目和审计调查项目共38项，其中：省、市计划7项，区政府计划12项，区委、政府临时交办19项。查出各类违纪违规金额1554万元，审计处理、处罚上缴财政28万元。上报各类审计报告、审计信息、审计工作汇报、审计理论研讨等材料28份，其中：被市人大《人民意志报》采用2份；《武汉晨报》采用1份；《湖北审计简报》采用2份；《武汉审计简报》采用7份；区委、区政府领导批示3份，汉阳有线电视台多次在《汉阳新闻》节目报道审计工作动态，较好地扩大了审计工作影响，为地方党委和政府领导在宏观决策方面发挥了积极的参谋作用。

1999年完成领导干部离任经济责任审计14项，领导干部届中经济责任审计5项，查出单位违纪金额61.92万元，增加财政收入7.2万元，增加单位收入7万元；调整使用（平调）干部10人。为区委加强领导干部管理，提供了重要的参考依据。

【武汉市武昌区审计局】 1999年，编制27人，在职26人。

实施骨干工程，建设一流队伍将培养一支跨世纪的优秀审计人才队伍作为文明创建的重要工程，制定了各项措施，建立和坚持业务学习制度，请专家讲课，选送审计人员外出学习、培训，鼓励职工自学成才，坚持在青年人中开展写一手好字、打一手好算盘、掌握一套过硬的查账本领、写一篇好文章、会一门外语、懂一套计算机操作技术的“六个一”岗位练兵活动。

先后开展了“向吴天祥那样讲实话、办实事、求实效”的活动，两次请吴天祥与大家座谈，召开吴天祥、舟桥旅、肖栋栋英模事迹报告会，每月出一期新风尚专栏，表扬好人好事，主办精神文明建设专刊。

实施质量工程，创一流的业绩 1999年共完成审计项目32个，查处违纪违规行为金额2216万元，应上缴财政79万元；入库79万元，共组织上报各类信息125篇，被上级批示采用86篇，其中：国家级3篇，省级33篇，市级32篇，区级18篇，获省优秀项目三等奖2个，获市优秀审计项目奖3个。

【武汉市洪山区审计局】 1999年底共有干部、职工19人，其中：本科学历3人，大专16人；局长1人，副局长2人。设有办公室、财政金融审计科、行政事业审计科、企业审计科和综合审计科。

审计工作成果 全年共完成审计项目34个，审计单位32户。共查出违纪违规金额1049万元，配合纪检等部门查处各类经济案件3起，上缴财政收入202万元，共提交审计报告34篇。

完成上级审计机关下达和区政府交办任务 共完成34项，其中署、省、市审计机关下达的审计任务8项；区政府交办任务26项，审计单位14个。

【武汉市青山区审计局】 1999年底共有干部职工19人，其中：大学本科学历4人、大专11人、中级职称11人、局长1人、副局长1人。

审计成果 1999年全年审计目标计划23项，实际完成25项，查出违纪违规金额5769万元，处理上缴财政41万元，追还被挤占挪用资金7万余元。

预算执行和财政收支审计情况 1999年把对区街的审计纳入到财政延伸审计工作中，已延伸审计3条街道，共查出各种违纪违规金额2300余万元，并认真进行了纠正，限期解缴入库。审计结果向区政府和区人大汇报后，受到了充分肯定。

开展经济责任审计情况 根据区组织、人事部门的委托，对6个单位的主要领导人进行了任期经济责任审计。在审计中，查出某单位累计亏损217.51万元，摸清了家底，并对存在问题的单位提出了8项整改意见，得到了区委、区政府的充分肯定，4人现已调出原单位，2人已作处理。

企业审计 对4家国有企业进行了资产、负债、损益审计，审计中查出隐瞒收入179万元，虚列注册资金，多列利润200余万元等问题。

组织《审计法》颁布实施五周年纪念活动 1999年为纪念《审计法》颁布实施五周年，结合行政执法、“三五”普法的学习宣传，组织审计人员进一步认真学习《审计法》，办了一期《审计法》宣传知识板报。

【武汉市东西湖区审计局】 1999年底，有干部、职工21人，其中：大学本科3人，大专10人；局长1人、副局长2人。

审计工作成果 共完成审计项目30个，审计单位32个，审计出违纪违规金额10231万元，上缴财政金额90万元，通过基本建设审计，减少了财政支出380万元。

企业审计 在对区属某重点企业的审计中，突出“摸清企业家底，查处违规违纪，提供案件线索”这几个重点，依法核实企业的资产负债，挤干水分，对企业虚盈实亏、骗取高额奖金、管理混乱、挥霍浪费、盲目投资以及社会中介组织违规执业等问题进行揭露和处理处罚，共查出违法犯罪线索10个，已全部移交司法、检察机关处理，已有3人被追究刑事责任。

完成上级和本级政府交办任务 全年共完成上级交办任务10项。完成本级政府交办的对区属5个重点基础设施建设项目的审计，审计金额4080万元，审减投资额380万元，审减率为9.3%，防止了国有资产的流失。

【武汉市汉南区审计局】 1999年底，共有干部职工13人，其中本科学历1人、大专8人；局长1人、副局长2人；设有办公室、行政事业审计科、财政金融审计科、企业审计科。

全年共完成审计项目22个，是年初目标计划的139.2%，共查出违纪违规金额1375万元，上缴财政9万元，共提交审计报告、审计意见书、审计决定33篇。

1999年根据上级审计机关的要求，开展了水利建设、移民建镇专项资金、救灾款物等项目的审计，对五家国有工业和建筑开发企业进行了财务收支审计和经济责任审计，还先后完成了上级审计机关和区委、区政府临时交办的9项审计工作，配合有关部门完成对农村基金和供销联社的财务清理工作，为汉南区经济建设服务发挥了审计监督作用。

【武汉市黄陂区审计局】 有干部职工27人，其中大专以上学历23人，具有审计职称22人，党员20人；局长1人，副局长3人；局内设工交、商贸、财金、行事和综合5个科。

审计工作成果 全年共完成审计项目95个，查出违纪违规金额4390万元，追还挤占挪用资金430万元，促进增收节支880万元；提出审计建议270条，被采纳167条；发出审计信息64篇，被采用52篇次，其中上级审计机关32篇次；获优秀审计项目5个，其中省厅2个。

完成上级审计机关下达审计任务 对区财政、地税部门和34个单位进行了预算执行和财政收支审计，查明擅自减免税收、滞

留和座支预算收入、挤占挪用专款和私设"小金库""等1396万元，均依法作出了处理。对5个乡镇的领导干部任期经济责任进行了审计，查出违纪违规金额776万元，追还专款191.9万元，罚款14万元，有1人同时受党政纪处分。对建设银行黄陂支行资产、负债、损益情况进行了审计，查出违规冲销、悬留应上划资金19.1万元；内部职员贪污、挪用储款9.5万元，伪造储单6.4万元。对利用世行贷款的"血防"等4个项目进行了审计，督促归还专款10万元。对自行车飞轮厂等5个国有企业进行了审计，查出资产、负债、损益不实和虚开发票等问题。自行车飞轮厂自报亏损255.6万元，经审计，实亏374.28万元；粮食汽修厂开具不合规发票142张，虚开金额4.05万元。

完成区委、区政府交办任务　全年完成农电资金等5个项目的审计任务，查出违规集资放贷118.2万元及其造成资金损失9.2万元，私设"小金库""46.4万元，资产、负债不实752.2万元。

【武汉市蔡甸区审计局】　1999年围绕中心，突出重点，审计单位74个，查出各类违纪违规金额8859万元，决定处理处罚174万元，上交财政374万元，追还被侵占挪用资金221万元；提交各类审计报告和信息材料63篇，被各级领导、上级审计机关及有关新闻单位采用28篇(次)。

预算执行和财政收支审计　审计和延伸审计单位40个，查出各类违纪违规金额1789万元。查出隐瞒截留财政收支291万元，越权减免税收106万元，专项资金拨付不到位410万元，挤占挪用财政资金254万元等问题。

行政事业审计　先后对区法院、检察院、土地局等18个单位的财务收支进行了审计，查出各类违纪违规金额5105万元，主要表现在乱开支乱补助、乱收费、滥摊派、私设"小金库"、公款私存等问题。如对区行管局的财务收支审计中，查出该单位固定资产1263万元不入账，公费医疗资金228万元体外循环，票据管理不规范等问题，延伸审计有关单位，发现经济案件1起，及时移送检察机关处理。

【武汉市江夏区审计局】　至1999年底，共有干部、职工29人。其中，局长1人，副局长2人；设有办公室、财政金融审计科、行政事业审计科、农林水审计科、企业审计科等机构。

审计工作成果　共完成审计和审计调查44个单位。查处违纪违规金额2960万元。其中：决定处理处罚698万元，指明要求纠正2262万元；应上交财政21万元，应归还原资金渠道724万元，已上交财政15万元。

完成上级下达审计任务　共完成省、市审计机关下达的审计任务15项。在审计署授权的对建设银行江夏区支行审计中，审计人员改进方法，深挖细审，从一笔3000元的手续费入手，查出账外资金4笔，从一笔核销呆账贷款入手，查出核销贷款本息不实，以物抵债等问题，共查明违纪违规金额447.12万元。

完成区政府交办任务　共完成区委、区政府交办的工作任务6项。

【武汉市新洲区审计局】　至1999年底，共有干部职工50人，其中局长1人，副局长2人。设有办公室、财政金融审计科、工商企业审计科、行政事业审计科、农业基建审计科、综合科。

审计工作成果　1999年，加强了本级预算执行审计，查出违纪违规行为金额1699万元，依法处罚并缴金库41万元。深化了金融审计，查出固定资产入账不及时99万元，不合规调整逾期贷款650万元。对区建设投资公司财务收支审计查出违纪违规行为金额44.28万元。同时开展了对世行贷款、行政事业单位罚没收入、养老基金、预算外资金管理和银行账户审计及法院、检察院财务收支审计。

农业、基本建设资金审计　农业开发和蔬菜基地资金审计查出挤占挪用6.5万元，救灾捐赠款物审计查出违纪违规行为金额21万元。基本建设资金审计发现超计划投资544万元。

【黄石市审计局】　1999年底，共有干部职工54人，其中：大学本科学历11人，大专39人；具有中级以上技术资格的35人；局长1人，副局长4人，纪检组长1人，助理调研员1人。下设办公室、综合科、政工科、指导科、财政金融审计科、农林水审计科、行政事业审计科、工交审计科、商贸审计科、投资审计科和外资审计科。审计事务所顺利完成脱钩改制工作。

审计工作成果　全市审计机关（含区县局）共审计305个单位，查出违纪违规金额35203万元，处理上交财政4431万元，追还被侵占挪用资金5157万元，促进增收节支510万元，向纪检部门和司法机关移送案件9起，协助纪检、监察等部门查处案件6起，上报审计信息284篇，被各级批示、采用338篇（次）。

完成市政府交办任务　1999年共完成交办的审计事项45件，查出违纪违规金额2564万元。已有5人被移送纪检部门和司法机关查处。

完成上级下达审计任务　1999年共完成上级审计机关下达的审计任务45项，审计单位77个。

【黄石市黄石港区审计局】　1999年共有干部5人，其中：大专学历5人。局长1人，副局长1人；设有办公室、财政金融、行政事业、商贸、工交、投资等科室。

审计工作成果　1999年共完成审计项目21个，其中：经济责任审计6项；审计调查项目3个；审计金额10388万元，查出违纪违规金额110万元，指明纠正金额62.7万元，决定上交金额47万元，已缴区财政43.3万元。协助区纪委、监察部门查案2件；上报审计信息14篇。其中：《黄石日报》采用1篇，黄石人民广播电台采用1篇，省委办公厅《信息与决策》采用1篇。

完成区政府交办任务　完成审计项目5个，审计工程总造价450万元，审减金额40万元，为学校和企业节省投资40万元。

完成上级下达审计任务　1999年完成省、市审计机关下达的审计项目2个，审计单位3个，审计金额6503万元。

【黄石市石灰窑区审计局】　1999年底，共有干部5名。其中：具有大学文凭1人，大专文凭4人；局长1人，副局长2人。

审计工作成果　全年共完成审计项目15个，审计单位25户，开展了同级财政预算执行审计，法院检察院的财务收支审计；对水利防汛资金、救灾款物、移民建镇资金，劳动养老保险资金等进行了专项审计。全年共查出违纪金额99.6万元，已收缴财政6万元。协助有关部门查处案件2起。向各级党委、政府及上级审计机关报送重要审计情况5篇。

完成交办任务　共完成区委、区政府交办的任务5项，审计清理单位5个。

完成上级下达审计任务　全年共完成上级审计机关下达的审计任务3项，审计单位3家。

【黄石市下陆区审计局】　1999年共有干部职工9人，其中：大学本科3人，大学专科2人，具有中级职称的4人。局长1人，副局长2人。设有局办公室、审计业务办公室、微机档案室等机构。

审计工作成果　1999年共完成审计项目41个。审计调查项目1个。审计资金总额20500万元，共查出违纪违规金额1250万元，追回资金120万元。提出审计建议182条，向区委、区政府和上级审计部门上报专题报告8份，审计信息被上级机关和新闻机构采用9篇。配合法院、检察院、纪检监察等部门办理经济案件4起。

抓大案要案审计　一是在对黄石市第五水泥厂厂长离任承包结算审计中，查出原厂长利用篡改会计账目、假发票报销等手段，虚增个人集资款的违法事实，为该厂挽回直接经济损失32.7万元，并将此案件移送检察院立案处理。二是对黄石市无纺布厂原厂长离任经济责任审计中，发现该厂长有贪污挪用公款嫌疑，及时移送区纪委、检察院立案侦察，该厂长和另一名同案人员已被检察机关批准逮捕。

完成区政府交办的工作任务　共完成交办的审计项目13个。对8名干部进行了离任经济责任审计，审计资金5531万元，查出违纪违规金额68.7万元，查出“小金库”1个，为有关单位挽回经济损失45万元。有2名干部已移送纪委、检察院处理，1名干部降职使用。

完成上级审计机关下达的审计任务　先后完成6项审计署和省厅、市局下达的审计项目任务，审计单位11家，审计资金3368万元，查出违纪违规金额94万元，且都上报了专题报告。

【黄石市铁山区审计局】　1999年我局有审计干部5人，其中：大专以上文化4人，局长、副局长各1人。

审计工作成果　1999年共完成审计项目43个，审计被审单位53户（次），完成审计调查项目2个，调查单位32个。共查出各类违纪违规金额20多万元。配合纪委、监察、公安、检察院等查处经济案件6起。

完成交办任务　1999年完成交办的工作任务28项，其中：专项审计8项，经济责任审计9项，财务收支审计11项。

完成上级下达审计任务　1999年完成省、市审计机关下达的审计任务15项；涉及的被审单位24个。

【襄樊市审计局】　1999年，全市审计机关共完成署定项目9个、省定项目10个、自定项目13个、市委市政府交办项目55个。全市审计机关共对928个单位进行了审计，查出违纪违规金额12.4亿元，促进增收节支6350万元，归还侵占挪用资金8323万元，减少财政拨款或补贴6839万元。

同级财政预算执行审计　市审计局审计南漳、保康1998年度财政决算，查出财政决算不实、虚列财政收支、违规集资、乱摊派等违纪违规金额1.7亿元。

基建投资项目审计　审计68个基本建设投资项目，审计投资总额13.78亿元，查出违纪违规金额1.19亿元。

农业审计　开展水利资金、扶贫资金、国土资金等农业专项资金审计，审计单位285个，查出违纪违规金额3000余万元，其中：水利资金被挤占挪用、滞留欠拨等违纪违规金额1134.25万元；有3个县市扶贫资金层层不到位1617.3万元。

企业审计　重点开展全市14户国有大中型企业资产、负债、损益真实性审计、9户企业专项审计调查和10户企业财务收支审计；同时对全市7家外贸企业和14户市直物资行业进行审计，查出各类违纪资金1300多万元。

专项资金审计　查出市县法院、检察院挪用专项资金1287万元；养老保险基金被挪用3330万元；市直残疾人就业保障基金80%被挪用，金额201.7万元。

金融外资审计　查出违纪违规金额19846万元，处理应上缴财政275万元；对15个利用世行贷款项目审计，按照”内外合一、统一上报”的原则，对15个项目客观公正地出具15份“审计师意见书”。其中针对市直1.52亿元管道煤气工程进退两难的现状，建议市政府停建。

内部审计　全市694个内审机构审计单位2344个，纠正各类违纪违规资金2712万元，减少损失浪费资金791万元，促进增收节支1482万元，向司法机关移送经济案件3起，建议给予行政处分5人，移交司法机关处理5人。

查出会计信息失真5亿多元　全市开展真实性审计查出会计信息不真实数额5亿多元。枣阳审计局在对该市毛纺厂的真实性审计中，查出各项违纪违规行为金额近千万元，并挖出一个隐匿10余年累计金额340万元的”“小金库””，原任厂长、出纳等人因涉嫌贪污私分公款被依法逮捕，由此查出原市人大主任谭某等5人违纪金额720多万元的”串案”。

经济责任审计　全市审计机关共对471名法人代表进行经济责任审计，查出各类违纪违规金额35727万元。根据审计结果，全市组织人事部门对部分法人进行调整任用，其中：提拔72人；平调239人；降（免）职49人；离退休或暂未安排职务101人。

全市审计机关发现大要案线索15件　共发现大要案线索15件，涉案金额8565.8万元。其中：单位违纪金额逾百万元的6个；个人违纪金额逾10万元的5个。已移送司法、纪检监察部门处理13件。其中市审计局对三道河水利工程管理局的专题审计，查出违纪违规金额540万元，该单位原党委书记、局长、财务科长等5名涉嫌犯罪人员被依法逮捕。

【襄樊市襄城区审计局】　至1999年底有干部职工13人，其中大专以上学历9人；具有中级以上技术资格的5人；局内设局长1人，副局长3名；下设行政事业审计科、企业审计科、办公室3个科室和1个经济责任审计中心。

完成指令性审计任务　1999年共完成审计署、省审计厅的审计任务8项，审计单位13个，审计金额8858万元；查处违规行为金额58万元；审计决定上缴财政22万元。

经济责任审计　共对区属21个单位的法人代表进行了离任经济责任审计。审计资金总额3433万元；查出违规金额938万元，其中应上缴财政60万元，有5名政绩突出、清正廉洁的干部得到了重用，有1名铺张浪费、管理混乱造成国有资产流失的干部受到降职处分。

完成交办任务　1999年共完成区委、区政府交办的各类审计事项7件，审计情况引起当地领导的高度重视，根据审计建议，区政府对襄城区直61个机关事业单位实行财政账户“零户统管”，对24个村组实行了”村账站审（管）”。

【保康县审计局】　1999年底，有干部职工32人，其中大专以上学历28人；局长1人，副局长2人。局设七股一室一个中心：即工交股、投资股、商贸股、行财股、财金股、农林水股、体指股、办公室和一个经济责任审计中心。

审计工作成果　全年共完成31个审计项目，审计单位75个/次，查出各类违纪违规资金2022万元，促进增收节支108万元。同时，协助纪检、监察、司法机关查处大案要案3起，提出审计建议29条，有20条为被审单位及县委、政府采纳。

完成上级交办任务　全年，共完成中央、省、市交办的任务27项，查出违纪资金1807万元，提交审计报告27份，有两个项目被评为省、市优秀项目。

完成交办任务　全年共完成县级任务4项，向县委、政府提交报告4份，促使政府出台企业优惠政策2项。

【襄樊市樊城区审计局】　1999年底，共有干部职工25人，其中：大专以上文化程度14人，局长1人，副局长5人。

审计工作成果　共完成审计项目15个，审计单位31个，查出违纪违规行为金额2000多万元，促进增收节支100多万元，上缴区财政10万元。

预算执行和财政收支审计　重点对区1998年度预算执行和其他财政收支进行了审计，并对掌管预算内外资金较多的8个单位的财务收支情况进行了延伸审计，共查出违纪违规行为金额157万元，促使归还原资金渠道5.58万元，调账处理资金6.4万元，审计处罚收缴资金3.4万元，撤销违规账户13个。

完成交办任务　共完成交办的工作 任务5项。在对房改办审计中发现该单位擅自挪用房改资金438万元用于建宿舍楼、办公楼和其他开支。审计后，及时追回被挪用的资金429万元，并对直接责任人进行了调离降职处理。

学习宣传《审计法》　办宣传板2块，挂宣传横幅2条，发放宣传资料200余份，举办《审计法》培训班1期，受训人员达300余人次。

【大冶市审计局】　1999年底，共有干部职工61人。其中：大学学历5人，大专学历15人；高级职称1人，中级职称12人；局长1人，副局长2人。

审计成果　全年完成审计项目60个，审计单位78户，查出违纪违规金额5416万元，收缴财政103万元。

完成上级下达任务及市委、市政府交办任务　全年完成上级审计机关下达的审计任务11项，完成市委、市政府交办的任务12项。

审计信息宣传　全年编发审计简报23期，审计情况反映6期，被各级审计机关、政府和新闻单位采用59篇（次）。

法制建设　完善廉政建设制度，建立复核、听证、双向承诺制度。实行“收支两条线”。被提请行政复议1次，申请法院强制执行5项。

【阳新县审计局】　至1999年底，共有干部职工39人，其中：

高级职称1人，中级职称24人。局长1人，书记1人，副局长4人。

审计工作成果 共完成审计项目56个，审计单位85户，查出违纪违规行为金额6728万元，上缴财政95万元，归还原资金渠道金额4323万元，向司法机关移送案件2起，查处个人违纪16人。向各级党委、政府及上级审计机关报送主要审计情况33篇，被批示采用24篇。

完成县委、县政府交办任务 共完成交办的各项任务41项，审计单位53个。其中：对全县29个乡镇开发区领导干部经济责任进行了审计，查出违纪违规行为金额1392万元，上交财政41万元，归还原资金渠道466万元，查出16人次贪污侵占公款10万余元，移送司法机关处理1人，追缴赃款19万元。根据审计结果，县委组织部门对乡镇领导干部进行了部分调整，提升5人，平调10人，降级4人。

完成上级下达审计任务 共完成省、市审计机关下达的审计任务15项，审计单位32个。在水利资金审计中，查出违纪违规行为金额617万元，上缴财政12万元。在电力资金审计中，查出违纪违规行为金额114万元，上缴财政24万元。

【十堰市审计局】 1999年底共有干部职工71人，其中：大学本科学历19人，大专学历36人；局长1人，副局长6人。设有人事教育科、综合科、办公室、内审指导科、农林水审计科、商贸审计科、投资审计科、外资审计科、财政审计科、金融审计科、工交审计科、行政事业审计科、纪检监察室。审计事务所按规定实行了脱钩改制。

审计工作成果 全年共完成审计项目（单位）80个，查处违纪违规金额23871万元，经处理收缴财政225万元，归还侵占挪用资金1050万元。向司法机关移送案件1起，建议给予行政处分3人。通过审计或审计调查，向市委、市政府和上级审计机关报送审计工作报告（信息）131篇（条），被批示采用88篇。

财政预算执行审计 查出有问题资金15083万元，追回资金200余万元。审计情况引起了市人大、政府的高度重视。

外资运用审计 重点对世行贷款卫Ⅴ、卫Ⅶ项目进行了审计。审计表明，本市“卫Ⅴ”项目用5年时间完成了7年的涂阳病（结核病）发现任务，任务完成率107．36%，提前两年实现世行贷款项目目标，排列全省前茅。

完成市委（政府）交办任务 共完成交办任务9项。对9位企事业单位法定代表人的经济责任审计，查出违纪违规行为金额10754．83万元，有1人被免职。

《审计法》宣传 《审计法》颁布实施五周年之际，将《审计法》作为市直“三五”普法的重要内容进行专题讲座，印发讲义和考试卷500份，组织市直分管法制工作的领导和有关人员400余人参加学习和考试。

【十堰市茅箭区审计局】 1999年底共有干部职工8人，其中：大专学历7人；局长1人，副局长1人，内设三股一室（办公室、财政审计股、行政事业审计股、企业审计股）。

审计工作成果 完成审计项目（单位）24个，查出违纪违规行为金额921万元，经处理收缴财政7万元，审计后追回被侵占挪用的各项资金150万元，促进增收节支101万元，通过审计和审计调查，向上级党委、政府、上级审计机关和新闻单位报送重要审计报告、信息材料32篇（条），被批示采用21份（条）。

完成区委、区政府交办任务 共完成区委、区政府交办的工作任务15项。一是根据区委、区政府安排对13名领导干部任职期间经济责任进行审计。经审计，有11人得到提拔使用，2人被降职或免职。二是对2家改制企业进行审计调查，为领导宏观决策提供了真实可靠的依据。

完成上级下达的审计任务 共完成省、市审计机关下达的审计项目4项，审计单位7个。

【十堰市张湾区审计局】 1999年底共有干部职工12人，其中：大专以上学历6人。中级职称6人，局长1人，副局长2人，设有综合科、审计一科、审计二科。

审计工作成果 完成审计项目19个，审计总金额9691万元，共查出违纪违规行为金额1713万元，处理处罚上缴财政23万元，共提交审计报告19篇。

完成区政府交办任务 共完成区委、区政府交办的工作任务4项，审计单位12个。1999年，在对康安理疗制品厂自合并以来到1998年2月份的财务收支及亏损原因进行的审计和调查中，查清了职工反映的有关问题，平息了职工上访现象，该厂经济问题已交由检察院受理。

【丹江口市审计局】 1999年底有干部职工27人。其中：大学学历2人，大专学历18人，局长1人，副局长4人，纪检书记1人；设有办公室、综合科、财政金融审计科、行政事业审计科、农林水审计科、商贸企业审计科、工交企业审计科、固定资产投资审计科、丹江口市武当山旅游经济开发区办事处。

审计工作成果 完成审计项目单位25个，查出违规行为金额2845万元，上缴财政90万元，提交审计报告信息41篇。1999年预算执行审计查出隐瞒收入，搞账外“小金库”和严重偷税等违纪违规金额613万元，处理上缴财政28万元。

【郧县审计局】 1999年底共有干部职工29人，其中：大学学历2人，大专学历11人；局长1人，副局长4人，总审计师1人。内设办公室、行政审计事业股、工交商贸企业审计股、固定资产投资审计股、财政金融审计股、农林水审计股、经济责任审计股。

审计工作成果　完成审计项目76个，查出违纪违规行为金额9002万元，促进增收节支360万元，向上级审计机关和党委政府报送重要审计报告、信息12篇（条），向司法机关移交案件2起。

完成县交办任务　1999年共完成交办任务17项，其中离任审计12项，经审计，有1人提拔、5人平调、4人免职。

完成下达审计任务　共完成上级审计机关下达的审计任务13项，审计单位28个。

【郧西县审计局】　1999年末，有干部职工28人，其中：高级审计师1人，审计师、会计师、经济师16人。内设办公室、财政审计股、农林水审计股、基本建设审计股、金融外资审计股、行政事业审计股、企业审计股。

财政收支审计　查处违纪违规资金2819万元，要求归还资金44万元，向监察机关移交案件1起，涉及资金6万元。

扶贫资金审计　紧扣资金的管理、划拨、使用、效益情况开展工作，查明违纪资金1768万元，决定收缴财政11万元，要求归还资金417万元。

完成当地政府交办事项　先后抽调10名审计人员参与了县委、县政府组织的5项财务清理、检查。通过对县汽车配件厂的财务清理，对12人进行了行政或经济处理、处罚；参与县医药化工总厂破产清算工作，为该厂与荆门中天集团的顺利兼并服务；对一学校的基建工程进行审计并及时反映发现的问题，对3名责任人追究法律责任。

【竹溪县审计局】　1999年底共有干部职工23人，局领导班子4人。内设7个股室。

审计工作成果　全年完成审计项目56个，查出违纪违规金额1795万元，处理收缴财政31万元。向上级党委政府提交审计工作报告17篇。财政预算执行审计，通过检查财政银行账户情况，帮助纠正财政串户资金200万元，并向检察机关移送了1起经济案件。扶贫资金审计成效明显，通过对扶贫资金审计，查明违纪违规资金2509．8万元，占资金总量的40．5%，督促资金到位200万元，归还原资金渠道873．8万元。审计情况引起了县委、政府的重视，制定了《竹溪县扶贫资金管理暂行办法》，取消了两个收费项目，促进了专款专用。

完成县委、政府交办任务2项。受县以上表彰5次。

【房县审计局】　1999年底共有干部职工24人，其中：审计师、会计师资格18人。大学文化1人，大专文化13人，局长1人，副局长3人。内设办公室、综合股、行政事业审计股、农林水审计股、商贸审计股、工交审计股、财政金融审计股、固定资产投资审计股。

审计工作成果　共完成各级下达交办的审计项目（单位）76个，查出各类违纪违规资金3245万元，提供审计信息报告18篇。严肃了财经纪律，为维护全县经济秩序，服务宏观管理，促进经济健康发展发挥了积极作用。

【荆州市审计局】　1999年共有干部、职工91人。其中：大学学历14人，大专46人，局长1人，副局长5人，纪检组长1人；设有办公室、政工科、综合科、监察室、体系指导科、外资审计科、基建审计科、农林水审计科、财政金融审计科、商贸审计科、工交审计科、行政事业审计科、荆州市经济责任审计局。审计事务所实行脱钩改制。

审计工作成果　1999年，全市共完成审计项目（或单位）597个，查出违规行为金额7．7亿元，核减财政拨款或补贴3880万元，归还原渠道资金1．17亿元，直接增加财政收入4210万元；全年共向地方党政领导和上级审计机关提交审计综合报告和审计信息材料613篇，被各级党政部门、上级审计机关及新闻单位采用596篇，充分发挥了审计在宏观管理中的作用。

预算执行和财政收支审计情况　1999年，预算执行和财政收支审计以真实性为重点，查出各类违规行为金额8798万元，减少财政支出1686万元。

领导干部经济责任审计　对市直5家工业企业法人代表进行了离任经济责任审计。

法制建设情况　荆州市审计局全面推行了“双向承诺制”；完善了审计复核制度、听证制度和行政复议制度；审计质量检查走上了制度化、规范化轨道。在11月底，成立了审计委员会，作为审计业务处理和决策的最高权力机构。

内部审计　1999年，市局加大了对内审人员的职业教育和业务培训力度，共培训了100多名内审人员。市直共设内部审计机构196个，配备内审人员335人。

受表彰情况　1999年，荆州市审计局，被省审计厅评为全省审计信息宣传工作先进单位、审计统计工作先进单位和审计质量考核优胜单位；被市委、市政府授予农村基层建设工作先进工作组；市局机关党委被授予市直机关先进党组织和市直机关党建目标管理先进单位。

【荆州市沙市区审计局】　1999年底，共有干部10人。其中：大专文化9人；局长1人，副局长3人。

经济大要案审计查处情况　1999年，在交叉审计松滋市水利局1998年度水利资金时，发现其存在虚列转移特大防汛经费50万元的问题。审计情况反映后，引起市领导高度重视，4月12日，市长主持召开政府专题办公会，听取了审计情况汇报，提出了3条处理意见，市区审计机关组织专班到松滋落实市政府专题办公会决定，督促整改。

【荆州市荆州区审计局】　1999年底，全局干部职工20人，其中：大专以上文化程度15人，局长1人，副局长5人。

完成上级下达的审计任务

1999年，按时完成了省市审计机关下达的审计任务11个。在预算执行情况和财政收支审计中，查出区财政局隐瞒预算收入50万元，各项专款未拨付到位954.8万元；区地税局由于征管不力，部分税种掉收213万元，重复计提征收手续费9万元和基建违纪金额151万元等；在水利专项资金审计中，查出沙市区长江河道管理总段虚列转移中央特大防汛经费45.1万元的重大违纪问题，引起了省市领导的高度重视。

完成区委区政府交办任务 1999年，共完成区委、区政府交办任务39项。其中：完成了10个乡镇、办事处及22个科局领导干部任期经济责任审计，查出应由领导负责的违纪违规资金2100万元，被审计单位采纳审计建议126条，纠正不正当规定72条，追回被挤占挪用的资金560万元。

【洪湖市审计局】 1999年底，共有干部、职工35人。其中：大学文化3人，大专15人；局长1人，副局长4人。

预算执行和财政收支审计 对市财政局、地税局、预算外资金管理局1998年度预算执行和其他财政收支情况进行了审计，查出专款不到位2492万元，少转农业特产发展基金261.94万元，空调资金64.7万元，应转未转预算收入152.19万元以及二级单位内控制度不完善等。

经济大案要案查处情况 1999年共发现和查处各类大案要案线索3件，涉案资金50余万元。查出市规划局私设“小金库”32万元，2名公安机关执法人员向洪江集团白条收费2万元，与市纪委配合进行了查处。

领导干部经济责任审计 1999年，共对11个乡镇（办事处）党委书记和镇长（主任）进行了届终经济责任审计。查明11个乡镇存在白条抵库130万元，自立名目收费322万元，挤占挪用专项资金1182万元，基建无计划、超标准、超投资现象比较突出。市组织部门对政绩突出的委以重任，对1人予以降职使用。

完成市政府交办的任务 1999年，共完成交办的工作4项，审计单位17个。对市三电办和电力开发公司1994年至1998年的二次加价，电力开发集资、人股分红、还本付息、电权返还等情况进行财务收支审计，查清了8年的账户，核实资金达2亿元，核实各项支出9300万元。

《审计法》颁布实施5周年纪念活动 在《洪湖报》上刊发《审计法》实施5周年专版，并刊登市长署名文章。以建国五十周年图片展为契机，出图片展一期。

【石首市审计局】 1999年底，人员有25人。其中：大学学历2人，大专15人，局长1人，副局长3人，纪检书记1人。

完成政府交办任务 1999年，完成市委、市政府交办工作任务6项，共提交审计报告40多篇。

【松滋市审计局】 1999年，共有干部、职工71人，其中：大学文化4人，大专文化27人；局长1人，副局长4人。

预算执行审计情况 1999年，审计预算执行单位5个，查出违纪金额2520万元，对3个乡镇总决算开展审计，查出违纪金额228万元。

完成政府交办任务 全年共完成交办任务15项。主要为：开展全市招待费、小车费、会议费及职工工资总额的审计，清理农村合作基金会，对荆州市移交松滋管辖企业荆化总厂和荆松水泥厂进行资产负债损益审计，对中外合资飞利浦湖北照明有限公司进行资产审计，农村基层财务审计，支工包厂效益审计等。

完成上级下达审计任务 全年共完成上级审计机关下达任务30项。在对水利资金交叉审计中，查出江陵县河道管理总段虚刻印章转移特大防汛经费10万元，主要当事人受到党纪政纪处分。法院行业审计查出原会计蹇某贪污公款22150元，当事人受到开除党籍处分。

【监利县审计局】 1999年，共有干部、职工36人。其中：大学学历3人，大专18人，局长1人，副局长5人。

完成县政府交办任务 1999年，共完成县委、县政府交办的工作任务25项，审计单位196个。对县委、县政府交办的审计事项，带着高度的责任感，实事求是开展审计，充分发挥职能作用，当好政府的助手与参谋。如结合全县乡镇换届选举的实际，组织全局力量，对全县乡镇财政财务收支情况进行了全面审计，共审计乡镇24个，管理区96个，乡镇部门174个。

【公安县审计局】 1999年底，共有干部职工66人。其中大学学历3人，大专38人；局长1人，副局长6人。

完成政府交办任务 1999年，共完成交办的工作任务66项，审计单位138户。查处大要案2起，查出私设“小金库”5个，金额124万元。受县委组织部委托，从有关单位抽调50人，历时40天，对全县21个乡（镇）政府党政主要领导干部的任期经济责任进行了审计，为县委提拔使用干部提供了可靠依据。

完成上级下达审计任务 1999年，共完成省、市审计机关下达的审计任务24项，审计单位60个。

【江陵县审计局】 1999年，有干部、职工8人，其中：大学本科生2人，大专生4人，局长1名，副局长2名。

【宜昌市审计局】 1999年，全年审计648个单位，查出各种违纪违规资金70969万元，处理违纪上缴财政2956万元，责成被审计单位归还原渠道资金6004万元，促进增收节支2152万元，建议纠正地方部门不合理规定

143条。全年为社会各界反馈审计信息1114篇（条），被批示采用698篇（条），其中被中办采用1条，被国办采用2条，被审计署采用21条，被省委办、省政府办采用28条。

企业财务收支真实性审计　通过对81户国有企业审计，查出收入不实4354万元，成本不实2003万元，损失浪费2984万元，账外资产860万元，查出各种违规资金18033万元。审计在核实企业财务收支真实性、合法性的基础上，还对部分企业的产销率、流动资金、下岗职工生活保障、企业负担情况进行了专题审计调查，为有关方面制定政策提供依据。

专项资金审计　1999年全市审计机关加大专项资金审计力度，通过对扶贫资金、环保资金等十大类专项资金进行审计，查出各种违规行为资金25828万元。市委、市政府为此专门下发了《关于加强专项资金管理的决定》，规定每年在安排专项资金使用计划时，由审计部门汇报上一年度专项资金的审计情况，实行“先征求审计部门意见，后安排专项资金计划”的办法。

领导任期经济责任审计　全市审计机关通过对60个单位的领导人开展任期经济责任审计，查出单位违纪2407万元，增加财政收入278万元，追还被挤占挪用资金34万元，挽回经济损失100万元，纠正地方、部门不合理规定19条，制定完善规章制度26条，被审计单位采纳审计建议93条；组织部门依据审计提供的情况，调整使用干部58人，其中提拔2人，免职3人，平调53人。

大案要案审计查证　据统计，1999年共发现大要案线索11件，其中移送司法机关处理8件，有17人受到司法机关的查处，涉案金额达2692万元，部分违法违纪资金被处理收缴，为国家挽回了经济损失。

内部审计　1999年全市共设立内审机构193个，有内审人员502人，共审计291个单位。

【宜昌市西陵区审计局】
1999年底共有干部、职工4人。其中大学本科学历2人，大专1人。局长1人，副局长2人。

审计工作成果　共完成审计项目17个。审计单位38户；完成审计调查4项，共查出违纪违规行为金额280万元，收缴入库资金4．5万元。追还被挤占挪用的专项资金18万元，提交审计专题报告和综合报告29篇。与纪检、检查等部门配合，查处经济案件1起。

完成区委、区政府交办任务　共完成交办审计任务12项，其中：受区委组织部委托，对区直19个行政事业单位主要负责人进行了离任经济责任审计。通过审计，组织部门调整干部3人。完成专项资金审计2项，追回被挪用的专项资金18万元。围绕区属企业改革解困，完成了8家企业的资产负债及损益审计调查。完成了乡基金会的清产核资工作，清产核实资产总量1684万元，提出资产处置实施方案，得到了政府的领导采纳，并为领导宏观决策提供了依据。

完成省、市下达任务　共完成省、市审计机关下达任务5项，主要完成同级财政预算执行情况审计，检察院、法院财务收支、两金审计，审计单位10个，查处违纪违规资金160万元，收缴处罚4．5万元。

【宜昌市伍家岗区审计局】
1999年底，有干部4人。其中：大学学历1人，大专3人；中国注册会计师1人、会计师3人；局长1人，副局长2人。

审计工作成果　共完成审计项目135项，审计单位55户。其中1999年受区委组织部委托对7个委、局原主要责任人离任经济责任审计。完成审计清查和审计调查13项。共查出违纪违规金额187万元，追回挤占挪用资金13万元。审计中查出个人有经济问题5人，移交纪委监察部门处理3人，移交司法部门处理2人，被撤职、开除党籍3人。

完成区委、区政府交办的审计任务　共完成35项。配合参与企业改制、资产重组审计16家，提供信息15条。为区委、区政府以及有关部门提供了企业经营的真实情况，为改革和经济调整、资产重组提供了数据保证。

【宜昌市点军区审计局】
1999年底，共有干部职工4人。其中：大专学历2人；局长1人，副局长1人。

审计工作成果　共完成审计项目20个，审计单位20户，延伸审计12次，完成审计调查10项，调查单位2个。共查出违纪违规金额1000万元，返还被挤占挪用专项资金200万元。同区纪委、监察、信访、检察院、法院等部门配合，查处各种经济案件1起。

完成区政府交办任务　共完成交办的工作任务65项，查出违纪金额800多万元。

完成上级下达审计任务　共完成省、市审计机关下达的审计任务4项，审计单位4个，延伸审计7（次），查出违纪金额200多万元。

【宜昌市猇亭区审计局】
1999年底，共有干部职工11人。其中大学学历1人，大专学历7人；副局长1人。

审计工作成果　共完成审计项目20项。查出违纪违规行为金额1028万元，处理处罚应上缴财政资金40余万元，提交审计报告20篇。

完成区政府交办任务　共完成交办的工作任务3项。其中在1999年下半年，按照区委、区政府的统一部署，参加农村合作基金会清产核资工作，受到了区领导的肯定和表彰。

完成上级下达审计任务　共完成省市审计机关及区内自行安排项目任务20项，审计单位20个。

【宜都市审计局】　1999年底

共有干部职工19人。其中：大专学历7人；局长1人，副局长3人。

审计成果　共完成审计项目65个。审计单位78个；完成审计调查4项。共查出违纪违规金额5191万元。其中：处于收缴、罚款金额217万元；与纪委、监察、检察机关联合查办经济案件3起。

完成市委、政府交办任务　共完成交办的工作任务47项。其中，对市水果大楼决算审计，对造价1027万元的工程，审减195万元，2名主要责任人受到党纪政纪处分，其中，开除党籍1人，撤销行政职务1人。

完成上级下达审计任务　共完成上级审计机关下达审计任务18项，审计单位27个。

【当阳市审计局】　至1999年底，共有干部、职工22名，其中大专学历14人，局长1人，副局长2人。

财政审计成绩突出　通过审计，揭露了财税管理的薄弱环节，从政策和制度上提出了完善和改进的建议。促进财政部门组织专人对系统内下属单位和内设机构的财务收支、银行账户进行了全面审计，撤职、调离了部分单位负责人。同时，建立了罚没收入罚缴分离制度，完善了罚没收入及预算外资金的票证管理。市直各预算单位规范了银行账户的开户管理，基本实行了一个单位只设一个基本存款户。全市有125个行政事业单位实行了预算外资金全额专储，资金达13000万元，纳入预算管理的行政性收费3363万元，较上年增加15663万元，征收政府调控基金700万元，较上年增长14.94%。

完成市委、政府交办任务　一是认真办理了政协委员提案2件。二是审计查清了赴新疆捡棉花劳务人员及市粮油综合加工厂财务收支情况，为市委、政府妥善处理群众上访、静坐问题，提供了翔实依据，为维护社会稳定做出了贡献。

【枝江市审计局】　1999年，全年共完成154个单位的审计任务，完成枝江市委、政府交办的审计调查事项20个，查出各类违纪违规资金1420万元，依法收缴、处以罚款510.9万元，审计监督的职能作用得到了有效发挥。在对同级财政审计中，发现财税部门为谋取部门利益违规多提手续费90.5万元，截留转移应入库的各项收入57万元以及私设“小金库”28.7万元等问题后，严格依照法规给予了收缴及罚款处理。在对世行贷款长江流域水资源项目审计中，追回被乡镇和用款单位挪用项目资金106.55万元。仅此两个项目审计，共收缴及罚款295.75万元。一年来，认真扎实地完成地方党委政府交办的工作，先后对20个市直单位开展了离任经济责任审计，追回挤占挪用资金118万元，处理收缴及罚款150万元，调账处理93万元，为4名领导干部澄清了是非，2名干部被提拔任用。在对全市乡镇教育经费开展审计调查中发现乡镇平调教育资金584万元，挪用242万元，部分中小学乱收费达到1123万元，引起了市政府的重视，政府专门据此出台了“校账办管，审计监管”的管理办法。在审计监督的同时，注重调查研究，为各级领导反馈决策信息，先后有142篇（条）信息被各级采用，其中国家级21篇（条），省级49篇（条），较好地服务了宏观决策。

【宜昌县审计局】　1999年共有干部、职工19人。其中：大专学历12人，审计师7名；局长1人，副局长3人；设有办公室、财政金融审计股、基建外资审计股、农林水审计股、商贸审计股、工交审计股。

审计工作成果　1999年，共完成审计项目35个，审计单位53个；完成审计调查3项，调查单位10个；审计金额135485万元。共查出违纪违规金额2181万元。其中：上交财政115万元，追还被侵占挪用的资金256万元，促进增收节支19万元。提交审计结果报告、信息180篇，被批示采用95篇。

完成县政府交办任务　1999年，受县委组织部的委托和县政府的统一安排，分别对8个县直局级领导干部和7个乡镇党委书记、乡镇长的任期经济责任进行了审计。为县委、县政府及组织部门考察、管理、使用干部提供了依据。

完成上级下达审计任务　1999年，共完成审计署、省审计厅下达的审计任务13项，审计单位31个，审计金额119538万元。

【秭归县审计局】　1999年底，共有干部、职工25人。其中：大学学历2人，大专8人；局长1人，副局长3人。

审计工作成果　全年共完成审计项目31个，被审单位44个。共查处违纪违规金额5811万元，上缴财政26万元，追还被挤占挪用资金2085万元。移送司法和纪检、监察机关处理案件2起，提交的审计工作报告和信息被批示采用的96篇，其中：外资项目在省厅《综合报告》中多处用例，省长批示责成有关部门整改。

完成县政府交办任务　全年共完成交办的审计项目18项。根据新县城建设基本完工的实际，全面开展了新县城基建财务审计调查工作，组织175个单位进行了自查，并对100个国家机关、企事业单位进行了审计调查核实及重点审计，为政府宏观决策提供了依据。同时，完成了6项经济责任审计工作，通报表彰了模范执行财经法纪的单位负责人。

完成上级下达审计任务　全年共完成省、市审计机关下达的审计任务13项，审计单位26个。在对财政预算执行进行审计监督时，紧紧围绕财政经济工作目标和人大、政府关心的问题开展工作，共查出有问题资金6290

万元，其中涉及财政部门5574万元，地税部门463万元，其他部门253万元。

在对建行、工行秭归支行的审计中注意发现重大违纪线索，进行内查外调，揭露了银行存在的巨额“小金库”及账外违规放贷等方面的问题。建行秭归支行根据审计建议，积极整改，实行了“三集中一规范”，强化了单位内部管理。

深化移民资金审计，审计发现的郭家坝镇烟灯堡村原村支部书记和原村主任采取虚报冒领方式贪污转移移民资金的问题被新华社引用。

【远安县审计局】 现有干部职工16人，具有高级职称1人、中级职称9人。1999年，全年共完成审计项目37个，查出违纪违规行为金额3187万元，处理处罚85万元，追还被侵占挪用资金35万元，为全县经济发展起到积极推动作用。

同级财政预算执行审计，查出违纪违规行为金额935.96万元，决定处理处罚55.24万元，提出合理化建议11条，并对全县各部门及乡镇挖挤县级罚没收入事实予以通报，严肃了财经法纪，规范了部门理财行为，该项目已获省级优秀审计项目三等奖。

开展18名领导干部经济责任审计，查出违纪违规行为金额90.5万元，查补税金5万元，收缴罚没收入25万元，规范了内部管理，促进了全县廉政建设，为县委正确使用干部提供决策依据。

全年共开展基建竣工决算审计24项，审减工程造价183万元，审减率达15%，有效地遏制了全县基建工程高估冒算之风。如检察院办公楼基建审计，4年未予送审，现要求审计，基建决算183万元，审减30.6万元。帮助企业清理账目21家，开展注册资金年检94家，审减虚假注册资金58万元，为7家企业进行了资产评估。

积极完成县政府交办的审计事项，发挥重要的参谋和助手作用，如玄庙观工程终结审计，为县委、县政府妥善处理工程遗留提供了真实情况；开展的农村合作基金会审计，为全县清理整顿农村合作基金会提供了详细的情况；开展的鸣凤沮河公园地埋工程及沮河防洪堤一、二期工程竣工决算审计，得到了县领导充分肯定。

抓廉政建设，树立机关良好形象。一年来，据不完全统计，共拒吃请50多次，拒收礼金款物5000元。

【兴山县审计局】 1999年底，共有干部、职工16人。其中：大学学历1人，大专3人；局长1人，副局长2人。设办公室、财政金融审计股、行政事业审计股、工交商贸审计股、农林水审计股、移民基建审计股。

审计工作成果　1999年，共完成审计项目22个（其中审计调查项目2个），被审（调查）单位104个。共查出违纪违规金额5497万元，其中查出100万元以上违纪违规金额的有8个项目（单位），处理违纪上缴县财政15万元，移送有关部门处理2人。向上级审计机关和各级党政部门提交审计报告和信息61篇（条），向被审计单位提出合理化建议66条。

完成上级下达审计任务　共完成省、市审计机关下达的审计任务15项，审计单位71个。

完成县委、县政府交办任务　共完成交办审计任务7项，审计单位33个。1999年7月，组成乡镇财政审计小组，历时2个月时间，对全县13个乡镇1998年度财政收支情况进行了专项审计，并对工资基金专户建立情况和财务零户统管情况进行了审计调查。

【五峰土家族自治县审计局】 1999年，共有干部职工15人，其中大专以上学历11人，中级以上职称9人；局长1人，副局长2人。内设办公室、财政金融审计股、行政事业审计股、农林水审计股、工交商贸审计股5个业务股室。

主要工作成果　1999年共完成审计项目35项，其中政府交办9项；审计单位91个；查出违规行为金额2294万元；处理上交财政8万元；应追回挤占挪用资金374万元；上报各类审计报告、信息材料被上级审计机关和地方党委政府批转采用75篇；向司法机关移送案件一件；建议行政处分1人。全年主要突出了以下工作重点并抓出了实效：一是继续加强了同级财政审计监督。通过审计，为政府摸清了家底，针对贫困县情提出了加强地方财源建设的积极建议，受到同级政府及人大的充分肯定。二是在大案要案的查处上有较大突破。8月份，审计查出一起挪用百万元农保基金案，于10月份向县检察院正式移交了此案。三是经济责任审计进一步规范。开展了6个单位的一把手离任审计，为加强干部管理提供了决策依据。四是开展了《审计法》颁布实施五周年纪念活动。由县电台进行了为期一周的《审计法》宣传，收到良好效果。五是加强了对金融企业的审计监督。

【长阳土家族自治县审计局】 1999年，审计查出应缴未缴财政收入273万元，擅自减免税收6万元，虚增财政收入100万元，违规退库29万元，违规调入资金163万元，挤占挪用专款1501万元，税务部门挪用税款85万元、违规多提手续费231万元、调换税种682万元，乡镇挖挤县级财政收入25万元等违纪事实，处理收缴财政213万元。根据审计情况组织人员撰写的《乡镇财政虚收严重，建议加强乡镇财税监管》、《关于完善乡镇财政体制的建议》、《财政预算执行审计必须从法规上予以完善》《县级财政审计必须实行“上审下”》、《长阳财政审计成效显著》等调研文章被国办、省委、省政府、新华社、人民日报、中国审计报、中国财经报、湖北日报、湖北经济报、湖北人民广播电台等众多新闻媒体采用。

【枣阳市审计局】 至1999年底，内设财政金融审计科、工交企业审计科、商贸企业审计科、农林水审计科、行政事业审计科、基本建设投资审计科、内部审计体系指导科、办公室等。1999年末实有干部职工36人，其中：局领导班子成员8名。1999年共对142个单位开展了审计，查出违纪违规行为金额8020万元，应交财政739万元，促进增收节支273万元。提交审计工作报告、信息167篇，被批示采用139篇，其中：被襄樊市级以上采用的101篇。

积极开展财政预算审计　共审计单位48个，提出建议27条。

真实性审计　着力查出大案要案，通过对枣阳市麻纺厂的审计，一举查获该厂私设“小金库”339．6万元，厂领导和出纳私吞17．3万元，非法转移资金130万元等问题，经向有关部门移交后，有2人已被逮捕，1人负案在逃。

领导干部经济责任审计　共对20多个单位主要负责人开展了经济责任审计，查出各种违纪金额8936万元，组织部门参考审计结果对20名法人代表进行了调整，有7人提拔，10人平调，2人退下领导岗位，1人被拘捕审查。

【宜城市审计局】 1999年共有干部、职工32人，其中：大专学历10人；局长1人，副局长5人；设有办公室、财政金融审计科、行政事业审计科、工交企业审计科、固定资产投资审计科、体系指导科、政工科、工会等机构。

审计工作成果　1999年共完成审计项目30个，审计单位40户；审计调查2项，调查单位3个。共查出违纪违规金额7490万元，向上级提交审计报告、信息132篇，被批示、采用98篇。

完成市政府交办任务　1999年，共完成市委、市政府交办的工作任务14项。1999年10月，参与并负责宜城楚农非法集资清产核资小组，共抽调4人，历时2个月，摸清了企业的家底，查出非法集资款达2600多万元，为市委、市政府的宏观决策提供了翔实的资料。

完成上级下达审计工作任务　1999年共完成省、市审计机关下达的审计工作任务25项，审计单位33个。在同级财政执行审计中，查出影响财政收支真实性的问题，引起市委、市政府领导的高度重视。对城建资金审计，共查出城建资金被挤占挪用等问题，引起了政府领导的高度重视，责成有关部门进行整改，及时归还资金243万元。

【老河口市审计局】 至1999年底，共有人员150人。局领导8人（党组成员7人）；局长1人，副局长4人（含1名非党）。局机关设有办公室、政工科、监察科、经济责任审计科、财政审计科、金融审计科、外资审计科、工业交通审计科、商业外贸审计科、农林水审计科、行政事业审计科、固定资产投资审计科、体系指导科等12个科室，下设市仙人渡审计办事处、孟楼审计办事处、洪山嘴审计办事处、李楼审计办事处、竹林桥审计办事处、武汉大学老河口审计局函授站等二级单位。

审计工作成果　1999年完成审计项目46个，审计单位166户，共查处违纪违规金额8974万元。与纪检、监察、信访、司法等部门配合，查处各种经济案件7起，为社会稳定和廉政建设发挥了作用。促进财政增收节支500多万元，归还侵占挪用资金300多万元。被襄樊市以上单位采用各类信息宣传材料269篇，其中：中央级19篇、省级91篇、襄樊市级159篇。

完成市委、市政府交办任务　1999年完成市委、市政府交办的工作任务26项，审计清理单位71个。1999年对全市党政机关、企事业单位的49名领导干部进行了经济责任审计，其中：离任审计17人；年度审计21人；公示对象审计11人。查处违纪违规资金1000万元；核对出悬案资金210万元；清理出账外资金150万元；追回被挤占挪用资金80万元；督促领导干部归还个人长期借款15．10万元。10人因政绩突出得到提拔；28人平职调动；6人降职、免职、撤职；3人移送纪检、监察部门和司法部门追究党纪政纪和刑事责任。

【襄阳县审计局】 1999年底，全局人员共有173人，其中：大学学历5人，大专49人，局长1人，副局长6人，纪检组长1人；设有11个内部股室、1个经济责任审计处和7个乡镇审计办事处。

全面完成各项审计任务　1999年全县审计部门依法对282个单位进行了审计，完成省定审计项目12个、市定13个、自定28个，县党政领导及有关部门交办任务26个，共查处违纪违规资金1．16亿元，处理上缴财政223万元。其中对49个单位基建项目开工前资金来源审计中，审计总投资6160万元，审减投资1619万元；在历时一个月的亚细亚商场破产清算审计中，查清了职工上访反映的24个重点问题，引起社会各界高度重视。7个乡镇审计办事处在服务地方经济建设、减轻农民负担等方面发挥审计监督职能，全年共审计单位241个，查出违纪违规金额8914万元。全年共向各级党委、政府和上级审计机关报送重要审计情况346份，被批示采用271份，其中党政领导批示32份，省政府采用5份，及时为领导宏观决策提供了依据。

经济责任审计　全年先后对38个县直单位主要负责人和28个乡镇的“党政一把手”1997年元月至1999年6月任职期间的经济责任进行了审计。

查处大要案　发现大要案线索6件。通过审计，有2人受到党纪、政纪处分，3人受到法律制裁，其中在对县报社原法人代表的经济责任审计中，查出该单位出纳张某非法挪用，侵占公款达13万元，现已移交司法机关依法处理。

【南漳县审计局】　全年共完成审计项目（单位）68个，其中省、市审计机关指令性任务28项，县委县政府交办任务40个单位，圆满地完成了审计项目计划。全年查出违纪违规金额4412万元，为上级审计机关和县委县政府提交审计报告70份，审计报告被县委、县政府领导批示16份（次）。被各级审计机关和新闻单位采用的信息303篇。

完成上级指令性项目　一是深化预算执行审计。先后对县财政局、地税局1998年财政预算执行及其他财政收支进行了审计；二是深化专项资金审计。对城建、水利、环保、扶贫、土地、养老保险基金等专项资金进行了审计；三是深化财务收支审计。在对县法院、检察院1997年至1998年度财务收支进行审计后，建议两院加强固定资产的购入、使用、变卖的管理和账务处理，防止国有资产流失。两院积极采纳审计建议，纠正违规做法；四是深化金融外资审计。对县工商银行、建设银行1998年度资产、负债、损益进行了审计，为金融企业防范风险提出了决策依据；五是深化企业资产负债损益真实性审计。重点对湖北水镜水泥股份有限公司、武镇外贸公司和南漳商业大厦股份公司的资产负债损益的真实性进行审计，核实了企业的资产负债和损益。

经济责任审计　完成县委组织部下达的45个单位法人代表离任经济责任审计任务。查处违纪违规金额1035万元，提出审计建议70条。

【谷城县审计局】　1999年共有干部职工63人，其中：研究生学历1人，大专24人，局长1人，副局长5人。设有政工股、财政金融审计股、行政事业审计股、企业审计股、农林水利审计股、固定资产投资审计股，经济责任审计股、审计体系指导股、审计监察室。

审计工作成果　1999年全年共完成省、市、县安排的审计项目39个（其中经济责任审计项目32个），共审计单位187户；完成审计调查项目1个，调查单位2个，审计总金额18349万元，查出违纪违规金额987万元，同县纪检监察、信访等部门配合，查处经济案件3起，为社会安定发挥了重要作用。上缴县财政金额80万元，提交审计报告和审计调查报告共83份。

预算执行和财政收支审计　按照省厅安排项目对县1998年预算执行和财政收支进行了审计。

经济责任审计　在全市率先成立了经济责任审计中心，制定了《暂行办法》。全年对32名法人代表进行了离任经济责任审计，查出了虚报产值、虚报收入、隐瞒截留收入、挤占挪用专项资金、损失浪费、账外结算等违纪违规问题，及时向县委、县政府作了如实汇报。在审计中牵扯大要案3件，都移交纪检监察部门和检察院进行依法处理。

《审计法》颁布实施五周年纪念活动　举办了板报专栏发纪念文稿，组织了“我为审计增辉”主题演讲活动和街头宣传活动。

【鄂州市审计局】　1999年，共完成审计及审计调查39项，审计单位68个；查出各类违纪违规金额3959万元，增加财政收入274万元。全市138家内审机构共完成426个单位的审计，查出损失浪费12446万元，纠正违纪金额768万元，促进增收节支817万元，提出审计建议被采用384条。

财政预算执行审计　从账户审计入手，对48家一、二级预算执行单位进行审计和审计调查，查明全市预算内外资金管理较薄弱、税务部门违规开设税款存放过渡户、水利资金使用单位挤占挪用水利专项资金等违纪违规问题。责令税务部门及时催收回欠税600多万元。

经济大要案审计　共查出“小金库”7个，金额223万元；查出个人利用职务之便贪污私分挤占挪用公款等重大案件5起，涉案人员移交纪检、监察部门进行处理3人，移送司法机关处理4人；揭露和查处其他违纪违规问题线索10起。与纪检、监察部门和司法机关之间建立了联合协查机制。

经济责任审计　1999年，全面推行了以离任审计为主的领导干部经济责任审计工作。全市审计系统共完成干部离任审计37项（户），查出违纪违规金额640多万元，3人被移送纪检司法部门立案查处。

计算机网络建设　投资10余万元配备微机，实现了与省审计厅计算机远程通讯联网，加入了市政府信息公众网，审计综合信息通过信息高速公路，及时传送到市政府政务信息中心和省审计厅，提高了审计信息被采用的时效性；充分利用市政府公众信息网中的审计网页，认真开展审计宣传工作。

1999年度审计工作成果表

单位＼指标	审计单位（个）	违规行为金额（万元）	促进增收节支（万元）	上交财政金额（万元）	移送案件（起）	审计信息被批示采纳（篇）
合　计	136	6144	256	297	7	149
鄂州市审计局	68	3959		274	1	116
鄂城区审计局	27	513		2	4	15
华容区审计局	19	1583	256	18	1	12
梁子湖区审计局	22	89		3	1	6

【荆门市审计局】　1999年共有干部、职工57人，其中：研究生学历2人，大学本科12人，大专37人；局长1人，副局长3人；设有办公室、综合科、财政审计科、金融审计科、行政事业审计科、商贸审计科、工交审计科、投资审计科、农林水审计科、人教科、纪检监察室、机关总支等机构。

审计工作成果 1999年共依法审计598个单位，查处各种违纪违规行为金额43240万元，处理上缴财政417万元，追还被侵占挪用资金4325万元，向司法机关移送案件2起，被中央、省、市级批示采用各类信息、调研文章243篇（次）。

完成市委、市政府及省厅交办任务 1999年共完成市委、市政府及省厅交办的工作任务500多项。主要开展了财政预算审计、专项资金审计、企业审计、经济责任审计、固定资产投资审计、金融审计、重点行业和部门审计。按照朱总理突出大案要案审计的要求，突出对重大违纪问题的查处，先后查出“小金库”案件4个，金额448万元；重大公款私存案一起，金额146万元；截留税款案件一起，金额16万余元；贪污案件2起，全部依法依规进行了处理。在1999年的预算执行审计过程中，纠正违纪违规金额3756万元，提出了改进财政管理的建议，特别是针对税收征管中存在的问题，提出了突出“三个转变”，加强税收征管力度的建设，市委、市政府给予了高度评价和充分肯定。

内部审计 1999年，全市400多家内审机构共依法审计3112个单位（项目），查出各类损失浪费金额4252万元，促进增收节支2854万元，提出各类审计意见和建议1139条。

受表彰情况 1999年度被评为全市最佳文明单位和文明审计系统，被省审计厅评为审计质量考核优胜单位，此外，局机关基建、保密、档案、信息、财务、安全保卫、绿化、卫生、小康工作等也被评为全市先进单位。

【荆门市东宝区审计局】 1999年底，有干部、职工29人，其中：大学本科学历1人，大专7人，局长1人，副局长2人。设有五股一室，即：办公室、财政审计股、工交投资审计股、金融审计股、行政事业审计股、农林水商审计股。

审计工作成果 1999年，共完成审计项目8个，审计单位64个，查出违纪违规金额2050万元，减少财政拨款91万元，归还资金渠道500万元，督促被审计单位纠正违规金额1450万元，向被审计单位提出整改建议85条。

深化了财税收支审计 通过对财税部门及二级单位和12个预算执行单位审计，查出违规金额659万元，减少财政支出61万元，依法处理追缴入库127万元，揭露了财政资金管理使用中不真实、不规范的问题，进一步规范了财政分配行为，提高了财政资金使用效益。

加强了干部的经济责任审计 受组织部委托，对16个乡镇、街办党政一把手和区直6名离任干部进行了任期内的经济责任审计，共查处违规行为资金558万元，依据处理调离岗位2人，5人被提拔任用，为区委组织部提拔、任免、管理干部提供了决策依据。

圆满地完成了区委、区政府交办的任务 共完成6项审计，清理单位15个，查出违规金额345万元，为政府平息了工作风波。

【荆门市掇刀开发区审计局】 现有干部、职工5人。其中：大专学历3人，局长1人，副局长1人（兼纪检组长）。设有办公室、行政事业财政金融审计科、综合审计科（含基建审计）等机构。

审计工作成果 1999年，共完成审计单位30个，查出违纪违规金额1200万元，同纪检、检察等部门配合，查处大要案1起，上缴罚没款30万元，提交审计报告18篇。

预算执行和财政收支审计 对开发区1998年度预算执行情况和其他财政资金收支情况审计中，不仅对预算收入较多的掇刀地税分局等5个单位进行了延伸审计，还对区国资局、农税局的财政、财务收支情况进行了专项审计，审计共查出违规违纪金额530万元。

领导干部经济责任审计 共审计单位16个，查出违规行为金额510万元，分别作出了客观公正的评价，为离任者评价业绩，为继任者摸清家底。

大要案审计查处情况 1999年初，对区私营工业城管理处原法人代表任期工作目标完成情况及1994年2月至1998年12月的财务收支情况进行审计时，查出该单位领导为了小团体利益，无视国家法律法规的规定，用在商店购买的收据收取土地费、办证费、管理费及部分土地费共计43万元，建立多个创收账，营造“小金库”长达4年之久，逃避监督，任其所用。

完成管委会交办的审计任务 认真组织对区1998年度农村合作基金会资金营运情况进行了全面审计，重点审计了掇刀中心基金会和双井村基金分会成立以来至1999年7月底的财务收支情况，通过审计，查明违规违纪金额40余万元，私设“小金库”4万元等，并针对基金会在财务管理上存在的问题进行了综合分析，为维护农民切身利益作出了一定贡献。

【钟祥市审计局】 1999年底，实有干部职工39人（含退休人员）。其中：大学学历2人，大专23人，局长1人，副局长4人。设有办公室、综合科、财政金融科、行政事业审计科、工业交通审计科、商贸审计科、农林水审计科、基建外资体系指导科。

审计工作成果 1999年，共完成审计项目52个，审计单位182个，完成调查项目6个，调查单位16个，共查处违纪违规资金6960万元，提出合理化建议226条，为被审计单位增收节支266万元，配合纪检、监察等部门查处经济案件6起。

完成市政府交办任务 共完成市政府交办工作任务31项，审计清理单位112个，特别是在乡镇班子换届之际，抽调全局力量，利用20天时间，对全市22个乡镇领导班子进行了届终经济责任审计，为市委、市政府领导合理选拔任用干部提供了翔实可靠的依据。

完成上级下达审计任务　共完成省、荆门市审计机关下达的审计任务15项，审计单位42个，共查处违纪违规资金4630万元。

【沙洋县审计局】　共有工作人员18名，设有四股一室。

审计工作的成果　1999年全局共完成审计项目17个，审计总金额13579万元，查出违纪违规金额754万元，处理罚款上交财政40万元，提出合理化建议被采用32条，上报信息被上级审计机关和本级政府采用28篇。

预算执行和财政收支审计　查出预算中虚收虚支造假平衡，财政部门挪用政府调控金，税收征管不力等违纪违规问题涉及金额110万元，分别进行了处理。

经济责任审计　共审计16个乡（镇）32位乡（镇）党委书记、乡（镇）长的任期经济责任。根据审计报告，县委对32位领导干部分别进行了调整，提拔5人，免职1人，平级调动和任原职26人。经济责任审计的经验在全市进行了交流。

积极完成政府交办事项　1999年积极参与全县农村合作基金会整顿，对农村合作基金会的资产、负债、损益进行全面审计，查出盈亏不实，违规放贷等违纪违规资金近百万元，并向政府提出合理化建议被采用近10条，为整顿金融秩序，防范金融风险贡献了自己的力量。

【孝感市审计局】　1999年底，有干部职工50人，其中局长1人，副局长4人，纪检组长1人。内设办公、综合、法制、财政审计、基建投资审计、行政事业审计、农林水审计、金融外资审计、工交审计、商贸审计、经济责任审计、人事教育、纪检监察等13个职能科室。

工作成效　1999年，市局机关直接完成审计项目60项，审计单位115个，查出违规行为金额1.57亿元，应交财政258万元，督促归还侵占挪用资金4779万元，促进增收节支342万元，提交审计报告信息被批示采用245篇。

经济责任审计　1999年，全市审计机关共开展领导干部经济责任审计84项，其中，行政干部69人，企业法人代表3人，事业单位负责人12人，审计后，有9人提升，13人免职，34人平调，5人降职，19人移送纪检司法机关，4人待处理，直接为国家和被审单位挽回经济损失500多万元。

受表彰情况　1999年，市审计局机关先后被湖北省委、省政府授予“最佳文明单位”、“先进基层党组织”，被孝感市委、市政府授予“创建文明系统先进单位”、“1999年度先进单位”，被湖北省审计厅授予“审计质量综合考核先进单位”、“信息宣传工作先进单位”等，获各级各类荣誉49项。

【广水市审计局】　1999年，共对85个单位进行了审计和审计调查，查出违纪违规行为金额5830万元，上交财政68万元，核减财政拨款450万元，促进增收节支168万元，提交审计工作报告信息120篇，被批示采用87篇。配合孝感市审计机关对全市10多个预算执行部门单位进行了重点审计，查出纠正有问题资金2203万元，撤销违规账户41个，归并资金1200余万元，促进财政增收378万元。

完成地方党委、政府交办任务　共完成农民负担调查、招商引资验证等27项任务。经过审计，共砍掉招商引资不到位项目132个，审减虚报引资1400万元。针对农村财务管理混乱的现状，经过公正审计，挽回了28万元的经济损失。配合纪检、监察、公安部门对7起专案进行了审计查证，共有11人分别被司法机关收审，为国家挽回经济损失489万元。

【应城市审计局】　1999年底，有干部、职工28人，其中：大学学历2人，大专17人；局长1人，副局长4人。

审计工作成果　共完成审计、审计调查项目53个，查出各类违纪违规金额2775万元，处理上缴财政70万元。查处2起大案、要案，及时移交纪检监察部门，已处理2人。审计水利专项资金，查出挤占挪用资金228.45万元等问题，并将严重违纪情况移交纪委处理；审计工商企业，共查出虚假财务金额129.44万元，挤掉产值水分928.15万元，挤掉利润水分270.51万元；在对随应线、肖杨两条乡镇工程决算审计中，核减26.77万元。提交审计工作报告53篇，编报审计信息104条，其中：被国办采用1条，国务院领导批示1条，省“两办”采用2条，省有关领导批示1条，孝感市“两办”采用13条，孝感市有关领导批示1条，本市“两办”采用4条。

完成交办任务　共完成29项，审计、审计调查单位89个。对市教育委员会、市豪丰食品股份有限公司等6个单位原法人代表的离任审计，查出违纪资金537.11万元，核实资产6989.74万元，负债6441.48万元。有2人被提拔使用，有1人因单位财务管理混乱、私设“小金库”等问题被撤职。

【安陆市审计局】　1999年底，有干部职工20人。其中：大学学历2人，大专8人；局长1人，副局长4人。

审计工作成果　共完成审计项目60个，审计单位121户；完成审计调查项目3项，调查单位15个。共查出违纪违规行为金额2921万元。上交市财政151万元，应减少财政拨款210万元。

完成政府交办的任务　共完成交办工作5项，审计单位25个。

【汉川市审计局】 1999年，在职干部职工20人。其中：大专以上学历10人；具有中级以上技术资格12人；局长1名，副局长3名。下设人事秘书股、行政事业审计股、财政金融审计股、企业审计股、固定资产投资审计股五个股室。

审计工作成果 共审计单位133个，查出违纪金额8018万元，其中处理上缴财政69万元，，促进增收节支169万元，移送贪污受贿案件1件。审计报告信息被批示采纳58（篇）次。

完成交办任务 1999年，共完成审计项目73个。完成市委、市政府交办的各类审计事项18个，涉及企业改制、重点单位、重点资金及社保、医保、房改等专项基金的审计与调查、领导干部经济责任审计等。1999年审计工作中，注重发现大案要案线索，配合纪检监察部门查处经济案件3起，移送1起。

【云梦县审计局】 1999年底，有干部职工40人，其中在职34人。在职人员中，大专以上学历14人，具有会计师、审计师职称的16人；局长1名，副局长2名。

审计工作成果 全年共完成审计项目65个，审计涉及单位149个，查出违纪违规金额2845万元，配合县纪检、监察、信访等部门查处各种经济案件11起。

完成上级审计机关下达任务 全年共完成上级审计机关下达审计任务22项，审计涉及单位54个，处理违纪资金1830万元。同时还完成县委、县政府交办的工作任务43项，审计涉及单位95个，查处违纪违规资金101 5万元。

【大悟县审计局】 1999年底共有干部、职工30人。其中：大学文化4人，大专12人，局长1人，副局长3人。设有综合股、经济责任审计股、财政金融审计股、行政事业审计股、经贸审计股、农林水审计股、基建投资审计股等机构。

审计任务完成情况 共完成省市县交办审计项目43个，涉及单位267个（次），审计总金额6．8亿元，查出违纪违规金额3540万元，其中：应减少财政拨款金额353万元，应归还原渠道资金金额639万元，促进增收节支金额341万元，应上缴财政金额38万元，已上交财政35万元，向县委、县政府和上级审计机关及新闻媒体，提交审计报告和信息125篇，被批示和采用的稿件有68篇。

查处大案要案 在对交通行业审计时，通过对交通局机关、二级单位和全县9个交管站的审计，发现基层二级单位和交管站存在着坐支规费、收款不开票、财务管理偏松、会计核算较差、各项支出控制不严、漏税等问题。

完成政府交办任务 先后完成了县政府交办的城镇创建、小康驻村、招商引资、事务所脱钩改制等各项任务30多个。

【孝昌县审计局】 1999年，共有干部职工16人。其中大专学历9人，局长1人，副局长2人。

审计工作成果 1999年，共完成审计单位（项目）64个，查出违规金额8489万元，处理上缴财政22万元，追回被侵占挪用资金1483万元，促进增收节支85万元。提交审计报告和信息158篇。

完成县政府交办任务 共完成交办的审计事项25项。完成经济责任审计21项，移交纪检、监察部门专案调查和处理3项；对企业养老保险、赈灾福利彩票募集资金、医疗保险基金进行专项审计，查出侵占、挪用等各类违纪金额1100万元并及时督促被审计单位归还；完成了工行、建行两家金融单位审计，查出违纪金额543万元；配合财政部门完成核查供销部门财务挂账工作和基金会的清理工作；对县棉花、电力开发公司2家企业进行了审计，查出挪用专项资金、损失浪费等问题147万元，提出合理化建议3条，追回被侵占挪用的资金25万元。

【黄冈市审计局】 至1999年底，局机关有干部职工46人，其中大学学历6人，大专26人。局长1人，副局长5人。设办公室、财政审计科、金融审计科、工交审计科、商贸审计科、固定资产投资审计科、农林水审计科、行政事业审计科、经济责任审计科、外资审计科、体系指导科、政工科等12个科室。

审计工作成果 全年完成审计项目30项，审计单位87个，查出违纪金额6．03亿元，追回被挤占挪用的资金1148万元，上缴财政收入86万元。上报审计信息被批示、采用104篇。

完成审计工作任务情况 共完成省厅下达审计任务25项，审计单位60个。完成市委、市政府交办工作任务9项，审计单位27个。在组织全市移民建镇资金、扶贫资金、社保资金审计后，向市委、市政府提出整改建议，督促被审单位整改，市委、市政府举办县、市、区长参加的财经法规学习班，促进了全市1300万元移民建镇资金、300万元扶贫资金和270万元社保资金及时归位。在全市187个乡镇的党政一把手任期经济责任审计中，清出账外资金1610万元，收回干部欠款173万元，审计后有25人提拔使用，25人降撤职，4人受党纪政纪处分。1999年预算执行审计了7个单位，审增预算收入786万元，审减预算支出564万元，促进归还专款314．6万元。审计黄广大堤加固等重点工程项目19个，查出违纪违规金额7746万元，归还被挤占挪用资金856万元。完成工商企业审计和调查29项，提出整改意见100多条。促进增收节支302万元。完成对法院、检察院及救灾款物、福利彩票、养老保险基金等行政事业审计项目10个，查出并处理违纪违规金额17993万元。

全市审计机关受表彰情况　全年受省厅表彰2次21项。市局受市委、市政府表彰6次。全市审计机关被评为市级文明系统。市局连续四年被评为市直优秀服务单位。

【黄冈市黄州区审计局】　1999年底共有干部职工30人，其中：大专以上学历12人，局长1人，副局长2人。

审计工作成果　共完成审计项目43个，审计单位157户，完成调查项目5项，调查单位16个，共查出违纪违规金额13600万元，责令上缴财政258万元，与有关部门配合，查处各种经济案件3起。

完成交办的工作任务　先后完成区委、区政府交办的工作任务14项，审计清理单位29个。

完成上级下达审计任务　共完成上级审计机关下达的审计任务13项，审计单位45个，审计总金额3.8亿元，纠正处理违纪资金4211.01万元，收缴财政63万元。

【麻城市审计局】

审计工作成果　1999年，共完成审计项目32个，审计单位169个，审计调查项目5个，调查单位19个。共查出违纪违规金额15600万元。提出审计工作报告59篇，被批示采用10篇。

全面开展乡镇领导干部经济责任审计　4月初至11月底，对全市27个乡镇办主要负责人1996年至1998年任期经济责任进行审计，共计54人，查出各类违纪违规金额4300万元。市委根据审计结果，在乡镇换届选举中，对通过审计的54名党政正职干部进行调整，其中提拔的有2人，平调的15人，改任其他职务的2人。

深入开展财政同级审　重点对预算收入、支出、预算平衡、税收政策执行及各专项资金、基金的真实性、合法性进行审计，并反映了市财政历史包袱较重、资金调度困难、实际可用财力增长缓慢、税源枯竭等问题，受到市人大、政府主要领导高度重视。

完成市委、市政府交办任务　完成市委、政府交办事项5项，审计清理单位19个。

【武穴市审计局】　1999年，共审计22个项目、189个单位，查出违规金额9530万元，已处理2968万元，应收缴违纪违规和罚款124.7万元，已收缴124.7万元。

财政金融审计　财政预算执行审计后，提出加快财源建设，加大收入征管，严格支出预算等建议，引起了有关方面高度重视。对工行、建行武穴支行1998年度资产负债损益进行审计，提出了调整、优化银行资本结算，严格信贷放收制度，加强会计核算等建议，取得了较好效果。

经济责任审计　积极宣传贯彻"两办"经济责任审计暂行规定，实行了届中、届满、离任审计。为市委考核任用干部提供了依据。

国有工商企业审计和调查　1999年分别对市工业品外贸公司和对多菱动力机器股份有限公司进行了审计，并提出解困措施。

【红安县审计局】　1999年，共审计158个单位，审计总金额7.78亿元，查处违纪违规资金7221万元，补税罚款上交财政968万元，促进增收节支1076万元，提出合理化建议被采纳162条。审计信息被署、省政府、省厅采纳40余条，审计宣传材料被《经济日报》、《法制日报》、《中国审计报》等采用50余篇。在本级财政预算执行审计中，发现乡镇机构设置过多，许多乡镇财力只够用于支付乡镇干部、教师的工资，根本没有资金用于搞建设，也引发了"三乱"行为。审计情况向县委、县人大、县政府汇报后，县委、县政府决定经济基础薄弱的10个乡镇撤销合并到经济实力较好的乡镇中，精简乡镇机构200多个，减少管理人员近千人，直接减轻基层和农民负担逾千万元，减少财政支出800多万元。

1999年9月，对乡镇领导干部开展经济责任审计，查出了乡镇财政、财务管理中存在的违规乱收费，截留专款，乱列滥支、铺张浪费等13个方面的问题，违纪资金2946.47万元，查处大案线索9条，归还被挤占挪用专款46万元。审计成果在《人民日报》、《湖北日报》上作了宣传。此外，完成县政府交办的萤石矿破产审计；基金社清理清欠，供销社财务挂账清理，以及清费治乱等12项任务。年底，经县民主评议，荣获优秀服务部门等6项荣誉。

【罗田县审计局】　1999年底，共有干部职工30人。其中：大专以上学历12人；局长1人，副局长2人。

审计工作成果　共完成审计项目112个。审计单位329户，完成审计调查25项，调查单位85个。共查出违纪违规金额8800万元，上缴财政资金780万元。

完成交办的工作任务　先后完成县委、县政府交办的工作任务16项，审计清理单位136个。

完成上级下达审计任务　共完成上级审计机关下达的审计任务120项，审计单位260个。

【浠水县审计局】　至1999年，有干部职工42人，其中本科学历2人，大专26人，高级审计师1人，审计师25人，会计师3人，经济师4人。设有办公室、基建投资审计股、农林水审计股、工交审计股、经济责任审计股、商贸审计股、财金审计股、行政事业审计股。

审计工作成果　1999年共审计单位118个，查出违规行为金额5371万元，其中：处理处罚金额3469万元，纠正违规资金1902万元；上交财政109万元；提出合理化审计建议231条，促进增收节支18万元，提高经济效益85万元。

经济责任审计　完成26个乡镇、50个县直局级单位的经济责任审计，提出审计建议280

条。

积极参加中心工作 按政府要求参加扶贫开发和到企业驻点。在扶贫开发中，投入天堂寨综合养殖场开发资金8000元，新开发荒山6亩，新栽名优果树1600棵，养肉牛3头，山羊50只。派员驻华墙有限责任公司，帮助企业制订生产销售计划，使企业生产成本下降3%，管理费下降10%，被县委、县政府评为“先进五好工作队”。

【蕲春县审计局】 1999年，在编干部职工60人。其中高级审计师2人，高级经济师1人，审计师（会计师、经济师）31人，内设8股1室。

审计工作成果 累计完成审计项目155项，审计调查项目3项，审计单位384个，审计查出违纪违规金额9968.52元，处以上缴财政107.64万元，查处各类经济案件21起。

完成上级下达审计任务 完成国家、省市审计机关下达的审计项目20项。

完成政府交办任务 对229个单位开展了财政财务收支审计，查出损失浪费金额3006万元，纠正违规违纪金额4172万元；审计调查项目2个，追还挤占挪用截留专款907.7万元。

【黄梅县审计局】 1999年共有干部、职工26人。其中：大专学历7人，局长1人，副局长4人。设有办公室、财政金融审计股、商贸审计股、投资审计股、农林水审计股、工交审计股、行政事业审计股、体系指导审计股等机构。

加强财政预算执行审计监督 查出违纪违规行为金额2218.9万元，其中：列收列支1024万元，费用超支185.4万元，基金收入未纳入预算管理67.3万元，财政周转金占用预算资金815.5万元，收入未及时入库126.7万元。

认真贯彻执行两个《暂行规定》 经济责任审计查出违规资金3442万元，查处“小金库”116万元，追回公配私用手机2部，纠正被审计单位不当规定34条，提出合理化建议61条，受到了县领导的好评。

加强重点专项资金和建设项目审计 查处挪用平垸行洪、移民建镇、黄广大堤加固工程等专项资金420万元；在县城基础建设专题审计中，查处高估冒算等问题，为国家挽回经济损失40多万元。

完成县领导交办 对救灾款物实行跟踪审计，查出救灾款物有挪借、分发不及时和抵扣灾民上交款等现象，对查出的问题进行了督办和纠正，维护了救灾款物发放和使用纪律的严肃性。

审计工作成果 1999年共审计92个项目、123个单位，查出违纪违规行为金额10974万元，处理上交财政资金80万元，纠正违规资金9308万元，归还被挤占挪用资金2129万元，为国家挽回经济损失240万元，促进增收节支100万元，有效地维护了财政、财经法纪。

【英山县审计局】

审计工作成果 1999年，完成署、省、市、县定审计项目31个，查处违纪违规金额9500万元，收缴入库91.98万元，追回挤占挪用资金1320万元。

财政审计 在财政预算执行审计中，查出截留中央财政收入、虚列财政收支、挤占挪用专项资金等问题1800多万元，处理上交35万元，引起县委、县政府和被审计单位领导的高度重视，县财政局、地税局针对问题认真整改，建章建制32条。

大要案审计 在“两院”交叉审计中，对蕲春县检察院截留罚没收入120万元，乱收费100多万元的重大法人违纪案件，移送市纪委立案查处。在扶贫资金审计中查出县农发行截留利息收入，私设“小金库”30余万元，移交县检察院立案查处，对该行罚款16万元，对主要负责人进行经济处罚，该行领导班子被调整。

经济责任审计 落实“两办”两个规定，对全县18个乡镇党政一把手进行了经济责任审计，查出乡镇赤字预算、挤占挪用专项资金、乱发钱物等问题2000多万元，引起县委、县政府高度重视，县主要领导三次听取审计情况汇报，并在常委会上通报了审计情况，根据审计结果，有12名领导干部被提拔重用，有5人降职使用。

【团风县审计局】 1999年底共有干部职工14人，其中：大专以上文化程度7人，局长1人，副局长3人。

审计工作成果 1999年完成审计项目23个，审计单位104户，查出违纪违规金额2876万元，上缴财政68万元，核减财政拨款48万元，责令追还被挪用资金441万元，查处了3万元以上案件2个，移送处理责任人1人。

突出重点，履行职责 一是积极开展对全县2个财政收入征管部门和8个单位预算执行情况进行审计，查处违纪违规等问题169万元；二是积极开展经济责任审计，对部分县直机关的负责人、国有企业法人和13个乡镇党政一把手实施了离任、任期经济责任审计，查出各种违纪违规资金707万余元，促进增收节支72万余元，追还挤占挪用资金334万元，为组织上使用干部提供了决策依据。

完成县委、县政府交办审计事项 一是对全县粮食企业资产负债的情况进行审计调查，为粮食企业改革向政府提供了真实可信的审计调查报告。二是对乡镇股金社、村级财务进行了审计清理。三是对灾民新村基建工程的审计验证，都取得了较好的社会效果，得到县委、县政府的肯定。

【咸宁市审计局】 1999年底，有干部职工67人，其中：大学毕业6人，大专毕业38人，局长1人，副局长4人，正局级调研员1人。

审计工作成果　共完成审计项目单位142个，查出违纪金额9569万元，上缴财政65万元，追还被侵占挪用资金715万元，查处经济案件1起，5个项目被评为全省优秀审计项目，审计信息工作被评为全市党委系统信息工作先进单位。

水利资金审计　审计单位75个，审计金额20737万元，违纪金额957万元，促进安排资金128万元，促进拨付资金342万元。查出嘉鱼县水利局水利规费站原站长挪用公款12．4万元，移送县检察院查办。

外资审计　审计了5个项目执行单位，出具审计报告6份，对审计中发现的世行贷款还贷压力大的情况，专题向市政府提供审计信息反馈，市有关部门积极筹措资金，使全市第一期造林项目贷款1998年度280万元已还清。

财政资金执行审计　查出违纪金额2008万元，其中违规减负税款6万元，混淆入库级次21万元，虚列财政收入815万元，处罚20万元。

【咸宁市咸安区审计局】 1999年底，有干部职工44人。其中大学本科学历5人，大专15人；局长1人，副局长3人。局内设5股2室，即工交商贸审计股、农林水审计股、行政事业审计股、财政金融审计股、固定资产审计股、办公室、法规室。

审计工作成果　1999年共完成审计项目81个，查出各类违纪违规金额4433万元，处理上缴财政102万元。查出经济案件8起，移交司法机关处理6人。

完成区委、区政府交办任务　共完成交办的工作任务43项，审计单位56个。对8个单位、22个乡镇办领导干部任期经济责任进行了审计。

【赤壁市审计局】 1999年底，在职人员41人，其中具有中级以上专业技术职称23人，局长1人，副局长4人。

审计工作成果　全年完成审计项目49个，查出各种违纪违规金额7289万元，处理上缴财政309万元，减少财政拨款120万元，追还被侵占挪用资金130万元，促进增收节支687万元。上报审计综合报告与审计信息材料109篇，被各级党政部门、上级审计机关和有关报刊台采用97篇。

开展经济责任审计　1999年11月初，首次组织对全市19个镇、办事处党政负责人任期届满经济责任情况进行审计，共查出违纪违规行为金额4210万元。市委书记在全市党风廉政建设工作责任制大会上通报了审计结果，社会反响比较大。

加强专项资金审计监督　针对市政建设工程与交通建设项目存在自编预算、自行施工、自己验收、自办结算、管理上吃大锅饭、偷漏税款和乱集资为个人牟利等问题，审计依法依规进行处罚。市长办公会专题听取审计情况汇报，及时制订和出台有关基本建设投资管理办法，并指定审计部门参与建设项目招标领导小组，规范了建设投资行为。在审计水利资金过程中，发现1998年防汛物资器材存在管理不规范的问题，1999年刚进入主汛期，市防汛指挥部制定了《赤壁市防汛物资、器材、车辆船只调拨管理办法》，从审计、财政、水利部门抽调专人，24小时在市防汛指挥部值班，监督物资器材调拨，并根据物资调拨去向进行全方位、全过程跟踪审计监督，减少损失浪费，提高了资金使用效果。

【嘉鱼县审计局】 1999年共有干部职工31人，其中：大学学历3人，大专14人，局长1人，副局长5人。设有办公室、综合股、行财股、财金审计股、工交审计股、商贸审计股、农林水审计股、基建审计股等机构。

审计工作成果　1999年，共完成审计项目120个，共查出违纪违规金额2920万元，处理收缴70万元。提交审计工作报告、审计信息189篇，被各级采用102篇。

大案要案查处　1999年，共查处各类经济案件10起，移送司法机关处理的有3人，受到党政纪处分的有6人。

1999年在堤防资金审计中，查出县堤防管理总段段长曾某在1998年至1999年度的堤防维修工程中，利用职务之便，收受贿赂、礼金等金额6．53万元。三合垸堤防管理段段长刘某收受包工头钱物折币5．55万元。监江山采石场场长龙某个人经济违纪钱物折币7万元，并伙同他人为单位和个人虚开抛石护岸石方金额38．95万元，均送司法机关处理。

完成县政府交办任务　1999年完成县政府交办任务27项。为配合乡镇换届选举，对全县15个乡镇正职进行了全面审计，为领导选人用人提供了决策依据。

完成上级下达审计任务　1999年，共完成省、市审计机关下达的审计项目21个，审计单位34个，审计总金额23912万元。

【通山县审计局】 1999年有干部职工41人。其中：高级职称2人，中级职称18人；局长1人，副局长3人。

审计工作成果　共完成审计项目85个，审计金额约3亿元。查出违纪违规金额3402万元，处理上缴财政85万元。同县纪检、监察和司法机关配合，查处各种经济案件8起。提出合理化建议109条，取消违规账户25个，促进被审计单位增收节支、挽回经济损失150余万元。归位挪用资金43万元，减少财政拨款或补贴93万元。提交审计报告、审计综合信息资料113篇；被县政府、上级审计机关和新闻单位采用56篇。

完成县委、县政府交办任务　共完成交办的工作任务55项，审计单位80个。成立了“经济责任审计中心”，并对45个单位进行了经济责任审计。

《审计法》颁布实施五周年纪念活动　利用电视报刊等宣传工具进行宣传。设立报刊审计专栏，创办《审计简报》、《要情专报》，举办了“审计杯”新闻大奖赛，宣传车宣传，县长电视讲话等活动。

【崇阳县审计局】　1999年底，有干部、职工33人，其中：大学学历3人，大专14人，局长1人，副局长2人，总审计师1人。

审计工作成果　共完成审计项目24个，审计103个单位，审计总金额325亿元，查出违纪违规金额1998万元，上缴财政57万元，追还侵占挪用资金477万元，查处经济案件两起。

完成上级下达的审计任务　共完成省市下达的项目12个。财政预算执行中，查出虚报收入1240万元，累计瞒报赤字1350万元；养老保险基金审计中，查出该局挪用基金97.33万元搞基建、购小车、违规提取服务费、手续费48.58万元等问题；检察院、法院审计中，查出“两院”自立名目收费40万元，提高标准收费8.7万元，挪用赃款赃物兑现款93.76万元。

完成交办任务　完成县委、县政府交办项目12个。根据“两办”经济责任审计暂行规定，制定了实施办法。共对4个主管局、5个厂、1个宾馆、1个林场，11个乡镇等共22个单位进行了离任审计，1人提拔、14个平调、4个降职、1个免职、1人被检察机关逮捕。对1995年秋季以来天城地区及县直学校集资办学情况调查，核算建设资金缺口总额520万元。

【通城县审计局】　1999年底，全局共有干部职工43人。其中：大学学历1人，大专18人；局长1人，副局长4人。

工作成果　共完成审计项目48个，审计单位71个；查出违纪违规金额479万元，上缴财政20万元，追回侵占挪用资金269万元，促进增收节支297万元。共编写信息79篇，被采用73篇；提出有效建议54条，拒吃、送礼30余人次，上交礼品折价2000余元。

完成上级下达任务　共完成省、地审计部门下达任务27项，审计单位39个，审计金额4682万元。

完成县委、县政府交办任务　共完成工作任务21项，审计单位32个。下半年对11位乡党委书记进行了离任审计。

【恩施州审计局】

财政预算执行审计　对财政、税务及有关预算单位1998年度预算执行情况进行审计，共查出违规行为金额708万元，处理上交财政32万元。审计后，组织人员对财政、税务及有关预算单位落实审计决定和审计意见的情况进行了跟踪督查，并将有关部门落实预算执行审计情况向州人大常委会书面报告。为了切实解决同级财政审计的“三难”问题，对建始县进行了“上审下”和“同级审”结合的试点。审计结果得到了州县两级领导的充分肯定和高度重视。

行政事业审计　共审计14个单位，查出违规行为金额615万元，决定收缴财政16万元。对巴东、恩施、咸丰等三县、市1997年至1999年4月的福利彩票资金审计结果得到了州政府领导及民政部门的重视，州募委办印发了《关于重申加强县（市）募办财务管理的通知》，提出了8条具体措施。对1996年至1998年的企业职工基本保障基金和失业基金专项审计的结果，引起了政府及劳动部门的重视，州政府抽调财政、审计、劳动等部门组成督办检查组分赴8县（市）督查“两金”归位情况。

农业资金审计　1999年共审计单位62个，查出违规行为金额2823.26万元，实际缴入财政专户30.8万元。对利川市水利资金审计，查出某单位私存乱用公款20多万元和挪用防汛专款6万元的要案问题。对扶贫资金审计，查出扶贫资金在筹集、分配、拨付、投放、使用及管理等各个环节均存在问题，其中挤占、挪用、滞留、占用扶贫资金的问题突出。

投资审计　共审计单位8个，查出违规行为金额1765万元，决定处理收缴财政75万元。

经济责任审计　在对州连珠建材有限责任公司原任董事长进行离任经济责任审计时，查出该厂医务室负责人利用购药之便，分别从各医院及诊所套取发票，采取虚报冒领、“大头小尾”等手法，从中渔利的违法事实，移交检察机关依法对责任人追究责任。

受表彰情况　1999年，被州委、州政府授予“州级最佳文明单位”、“州级最佳文明系统”；档案管理升为省特级；机关党支部被州党委评为“先进党组织”；州政府社会治安综合治理先进单位；州体委、恩施市全民健身先进单位；恩施市卫生红旗单位。

【恩施市审计局】

扶贫资金审计　1999年度对扶贫专项资金来源、分配、管理等进行了审计。查出违规违纪金额974.11万元，通过审计，摸清了扶贫资金的规模、状况。指出扶贫资金在管理使用中存在的问题，针对审计出的问题提出了可行性建议，制定和下发了《恩施市扶贫资金管理办法》。

基建投资项目审计　1999年度继续把重点基建投资项目审计纳入重要议事日程。全年共审计基建投资项目18个，送审金额2300万元，审减172万元。

经济责任审计　1999年度根据市委、市政府的安排对全市15个单位原任领导任期经济责任进行了审计。为组织、人事部门加强领导干部监督管理、考核、任用提供了相关依据。

【利川市审计局】

财政审计　1999年对利川市1998年度的预算执行及其财务收支情况进行了就地审计。查出违规金额681万元，其中多提手续费196万元，漏缴税费72万元。

金融审计　根据审计署的统一安排，开展了对市工商银行、建设银行的审计，在全面审计资产、负债、损益的基础上，突出了对信贷资金质量的审计，重点揭露了利润不实、违规放贷等问题。

专项资金审计　1999年7月，对扶贫专项资金进行了审计，查出违纪金额1622万元，其中改变项目投向95万元，超范围发放贷款1030万元，滞留项目资金260万元等。市政府出台了《扶贫资金管理办法》。该审计项目获省审计厅优秀项目三等奖。完成了法院、检察院1997年至1998年度财务收支审计，其中法院的审计查出罚没收入未开票据12万元，乱收费16万元，账外资金11万元，滥发钱物49万元。

经济责任审计　1999年对市体委等部门进行了任期经济责任审计，为市委、政府正确使用干部提供了客观依据，市委、政府根据审计意见对部分干部进行了免职、降职和撤职。

【建始县审计局】

财政审计　与州审计局联合采取“同级审”和“上审下”相结合的方法，对财政、地税等单位进行了预算执行和财政决算审计，查出违规行为金额10705万元，决定收缴财政45万元，减少财政拨款和补贴658万元。

农业资金审计　与州审计局联合对财政、农业银行等34个单位的支农扶贫资金进行了专项审计，共查出违规行为金额298万元，依法收缴财政19万元，归还原资金渠道230万元。

经济责任审计　根据中央“两办”的两个暂行规定，县人民政府于11月出台了《建始县党政领导干部、企业领导人员任期经济责任审计实施办法》，并对县化肥厂、外贸局领导人员进行了任期经济责任审计。

【来凤县审计局】

完成上级下达审计任务　1999年完成上级机关下达的审计任务13项，审计单位58个，审计金额26604万元，查出违纪违规金额1100万元，处理上交财政39．5万元。

预算执行和财政收支审计　根据上级的部署要求对财政局、地税局和县直拥有资金较大的11个单位或部门1998年度的预算执行情况进行了审计，审计资金24579万元，查出违纪违规金额417万元，应缴财政34万元，撤销不合规账户9个。

完成县政府交办任务　共完成县委、县政府交办的审计项目19个，审计单位34个，审计金额11050万元，查出违纪违规行为金额820万元，处理上缴财政18．98万元。

领导干部经济责任审计　开展了对10个单位的11名党政“一把手”的审计。一是摸清“家底”，使离任者交待清楚，继任者接得明白；二是审账查证，给被审计人一个“说法”，为组织部门当好参谋。

审计信息宣传　1999年5月，为纪念《审计法》颁布实施五周年，县委、县政府召开了县直各行政、企事业单位负责人、财会人员以及各乡（镇）党政“一把手”、乡财政所领导共计450人参加的《深入贯彻落实〈审计法〉动员大会》；同时在1999年度，县审计局在信息宣传上，从制度、组织、目标、措施、激励机制、稿件把关等六个方面狠抓落实，全年被各级报刊采用98篇。其中：中央级2篇，省级12篇，州级25篇，县级59篇。增强了审计工作的透明度。

【巴东县审计局】

完成县政府交办任务　1999年，共完成县委、政府交办的工作任务6项，审计清理单位6个。1999年为配合全县企业改制，历时60天参加了对基本倒闭的县化肥厂、玻璃厂的财务清算工作，对新城建设管委会的移民迁建工程进行了全面审计，在对209国道巴东段一、二期复建工程审计中，查明工程项目中违纪违规资金52万元，查出因地质原因及部分工程质量问题已造成损失447万元。其中8人已受到司法处理。

完成上级下达审计任务　1999年共完成审计署、省厅、州局下达审计任务14项，审计单位20个，审计金额13918万元。其中：同级财政预算执行审计查出违纪金额69万元、应收缴40万元。“两院”审计查出违纪金额128万元，个人清退3万元，收缴财政6万元。扶贫资金审计没收非法所得16．7万元、罚款5万元，并有3个项目被省厅、州局评为优秀审计项目 。

【鹤峰县审计局】

查处大案要案　在某重点建设项目预（概）算执行情况审计中，审计人员深入两省五个企业进行调查取证，查出建设项目单位通过鉴定设备购销合同，两次收受回扣38．3万元的严重违纪问题。

财政预算执行和财政收支审计　1999年度在财政预算执行审计中突出重点，一是把专项资金作为重点，查出资金管理部门截留挪用专项资金42万元；二是把财政机关作为重点，查出财政机关挪用专项贴息34万元用于单位办实体。

【宣恩县审计局】　全年共完成上级审计机关安排的审计项目14项，审计单位50个，查出违纪违规金额3000多万元，处理上缴财政41万元，均创历史新高。向各级党委、政府和上级审计机关报送重要审计情况和信息被采用141篇（条），同时，全面完成了县委、县政府交办的对林业系统、农村合作基金会、水电、水泥厂、东方龙酒厂、制药厂大派食品有限公司、龙泉电站、椿木营甜玉米示范项目、供销系统等10个单位的财务清理和整顿任务。

【咸丰县审计局】

本级预算执行审计　首次采用“双向承诺制”的方法，坚持从账户入手，围绕全县“分灶吃饭”财政体制改革，对乡（镇）财政分局进行了延伸审计，共查出违纪违规行为金额209万元，处理收缴财政51万元，罚款7万元，归位资金81万元，纳入专户管理11万元。

扶贫资金审计　在审计中，联合财政、开发办、计委等部门，采取上下结合、内查外调、跟踪检查、突出重点等方法，历时2个多月，对13个乡（镇）的扶贫资金从来源、使用、管理、效益等方面进行了全面审计，查出各种违纪违规资金924万元，查出原梅坪管理区刘某个人贪污扶贫资金7.04万元，已依法移送司法部门进行处理。

人、法、技建设　全年参加业务培训25人次，在读本科3人，在读专科2人。制定了行政执法责任制，档案管理达到省一级标准。

【随州市审计局】　1999年底有干部、职工36人，其中大学本科学历2人，大专20人；局长1人，副局长4人。设办公室、政工科、财政金融审计科、农林水审计科、固定资产投资审计科、商业贸易审计科、工业交通审计科、行政事业审计科、经济责任审计科、体系指导科。

审计工作成果　共完成审计项目76个，查出各类违反财经法规金额8862万元，其中处理上缴财政45万元，追还被侵占挪用资金239万元；向省审计厅和市委、市政府报送审计情况及信息被批示采用26份，审计通讯报道被新闻媒体采用18份。

完成市政府交办的审计事项　共完成交办的审计事项19项。对市政工程公司进行的专项调查审计，核减市政府欠款450万元，查补税款145万元，查清了市政公司1994年至1998年的市政工程项目、工程决算、审批单位、政府拨付资金情况和存在的问题。为了全面理顺农村经济秩序，强化基金会规范管理，先后派出10个审计小组，重点对全市32个乡镇区农村合作基金会自成立以来至1999年4月30日止的资金规模、资金投放、资产质量、盈亏和经营管理等情况进行了审计，审计核实资产总额43133.99万元，揭露出各基金会不同程度地存在内部管理混乱、经营管理不善、违纪违规等十个方面的问题，并从亏损、投放资金难以收回两个大的方面分析了产生问题的根本原因，提出审计建议20余条。

【仙桃市审计局】　1999年末有干部职工31人，其中大专以上学历20人，具有中级以上技术职称19人。局内设局长1名，副局长4名。设有办公室、综合科、基本建设审计科、农林水审计科、工交审计科、商贸审计科、行政事业审计科、财政金融审计科等8个科室。

审计工作成果　1999年共完成审计单位103个，查出违纪违规金额19170万元，促进增收节支626万元，减少损失浪费325万元，上缴财政188万元，审计报告信息被批示采用35篇（次）。

完成审计任务情况　1999年共完成审计任务68项，其中完成省审计厅的审计任务23项，完成自定项目审计任务45项，查出违纪违规金额19170万元，上缴财政188万元。

完成交办任务　1999年先后完成市委、市政府交办的各类审计事项18项，涉及企业改制、领导干部离任、专项资金检查、专案调查等内容。1999年共对全市74个市直一级单位进行了审计考核，查出违纪违规行为金额5200万元，处理上缴财政100多万元。

【天门市审计局】　1999年底，共有干部职工24人。其中：大学本科学历3人；大专9人；局长1人；副局长5人。

审计成果　全年共完成审计或审计调查项目46个，其中：省项目10个，市项目21个，各级党政领导临时交办任务15个。共查出各类违纪违规行为资金13222万元，上缴财政74万元。配合市纪委、监察、信访等部门查处各种经济案件6起。

大案要案审计查处情况　查处市物资局等四个单位私设“小金库”4个，涉及金额达112万元；查处市地税局蒋湖分局局长、会计等人肆意挥霍、私分公款46万元；查处天门汉江公路大桥收费站某出纳收入不上账6577元，同时收缴了该收费站“小金库”51387元；配合市纪委等部门查处市交通局原局长挪用公款60多万元，市公路管理段原段长贪污受贿问题及原副段长受贿1万元等违法乱纪问题。

计算机运用　投资4万元配制了5台多媒体电脑，建立了内部局域网，与省审计厅开通了远程工作站，同时与公众多媒体互联网络相联接。

完成交办的审计事项　配合湖北省联合调查组对天门金天股份有限公司资产、负债、损益情况进行了审计查证，为省联合调查组提供了真实、可靠的依据。

【潜江市审计局】　1999年底，共有干部职工85人。其中：局长1人，副局长3人，副书记1人。大专文凭45人，有职称人员高级3人，中级40人。局机关内设科室有办公室、综合科、财政金融审计科、工交企业审计科、商贸审计科、固定资产投资审计科、农林水审计科；所属二级单位有经济责任审计分局、广华审计分局。

审计工作成果　全局共完成审计项目64个，其中：署指令性6个，省指令性12个，市政府交办的46个，审计单位146个，查出违纪违规行为金额5610万元，追回挪用资金734.3万元，挽回经济损失1500万元，促进增收1550万元，提交综合专题审计报告75篇，提出审计建议280条，上报审计信息27篇，被采纳批示10篇，进入决策14项。21个内审机构完成审计项目15个，查出损失浪费金额92万元，纠正违纪资金1560万元，促进增收节支410万元。

查处大要案 4月至6月，潜江市审计局在对该市幸福城市信用社停业整顿审计中，查出该社原承包人周训和（湖北大江城市信用社原法人代表）经营期间（1996～1998）涉嫌重大违法犯罪线索。于7月报请检察机关批准，将周训和、曾祥松（常务副经理）、陈惠民（副经理）、罗帮良（副经理）、王维汉（财务部经理）、陈红（融资部经理）等6人依法逮捕。

精神文明建设取得丰硕成果 局机关再次被省委、省政府命名为省级文明单位。1999年又被市委、综合口党委命名为先进党组织和党务工作先进单位。

【神农架林区审计局】 1999年底，定编17人，共有在职干部职工18人，其中，大专学历3人；局长1人，副局长1人。内设办公室、财政金融审计科、工交商贸审计科、农林水审计科、行政事业外资审计科。

审计工作成果 完成省审计厅统一安排的审计调查项目12个（单位16个）。重点实施了林区1998年财政预算执行和其他财政收支审计，查出当年未入国库农税39万元，挪用专项各类资金19万元。根据中央“两办”经济责任审计暂行规定，完成地方党委、政府交办的审计事项21个单位/人。通过对上述37个单位的审计，全年查出违纪违规行为金额1741万元，追还被侵占挪用资金836万元，应处理收缴、罚款43万元，上缴地方财政资金43万元。

湖南省

【湖南省审计厅】 到1999年底，共有干部职工175人，其中，大专以上文化程度130人；高级职称25人。内设办公室、综合处（加挂举报中心牌子）、审计管理处、法规处、财政审计处、金融审计处、行政事业审计处、工交审计处、商贸审计处、固定资产投资审计处、农业审计处、外资运用审计处、人事教育处、机关党委和纪检组（监察室）等15个处（室）。厅下属单位有省审计科研培训所、张家界招待所。

厅领导成员

厅长、党组书记：张连华

副厅长：刘林玉

王利明

胡吉祥

唐会忠

纪检组长：奉继松

总审计师：袁家兴

审计工作成果 1999年湖南省审计厅共完成审计项目（单位）116个，查出违规行为金额366420万元，决定处理处罚14111万元，应减少财政拨款或补贴5375万元，应归还原渠道资金68460万元，已上交财政2069万元，罚款234万元。全年共提交审计报告、信息244篇（条）。为推进和深化改革，严肃财经法规，完善宏观调控，促进湖南经济持续、稳定、健康发展和加强廉政建设发挥了重要作用。

同级财政预算执行情况审计 1999年湖南省审计厅紧紧围绕同级财政预算执行情况审计下功夫，认真查出财税部门截留、转移、挪用财政资金，影响了财政资金的使用效益等违纪问题。提交的1998年度省级预算执行情况审计结果报告，引起了省政府的高度重视。5月25日，省长储波、常务副省长周伯华、秘书长谢康生等领导专门听取了省本级预算执行情况审计汇报，对审计工作给予了充分肯定，并要求有关部门深刻吸取教训，对发现的问题要认真予以整改。6月和7月，省政府先后两次召集省计委、省财政厅、省人防办等单位的负责人，对审计结果报告中所列的问题逐条研究，落实整改措施。省审计厅厅长张连华受省政府委托，向省九届人大常委会第9次会议作了审计工作报告。

为了深化和拓展同级财政预算执行情况审计的内容，湖南省审计厅在全国率先开展了全省税收成本的审计调查。这次审计调查，基本上核清了湖南省农税、地税系统的家底，查处了税收征管中存在的普遍性、典型性问题。同时，对税收成本的合规性、合法性和合理性进行了分析评估，并对如何降低税收成本，提出了切实可行的建议，受到省政府的高度关注和充分肯定。

加大专项资金审计力度 1999年，湖南省审计厅把农业扶贫专项资金和退湖还田、平垸行洪、移民建镇专项资金审计作为重点之一，除加强对专项资金的投入、管理、使用的审计监督外，还对资金的使用效益进行了评估考核。对扶贫专项资金的审计，组织参与了对全省10个国定贫困县和21个省定贫困县扶贫资金的审计，以“一个目标（扶贫目标），两项资金（财政扶贫资金和扶贫贷款）”为重点，直接对13个重点县采取“上审下”的方式进行了审计，涉及各级扶贫工作和扶贫资金管理部门108个，审计总金额达11.93亿元，查出各类违规行为金额19745万元，督促资金到位1200万元，归还原渠道资金552万元，收缴财政142万元。同时，深刻揭示了扶贫资金管理上存在的9个方面的问题，分析了产生问题的原因，提出了加强扶贫资金管理的建议，得到了有关部门的采纳。对退田还湖、平垸行洪、移民建镇资金的审计，主要是组织完成了对常德、益阳、岳阳、长沙市及所属23个县（市、区、农场）1998年10月到1999年3月该项专项资金的审计，审计总金额达76364万元。审计组通过核户数、清资金、查往来、验预算等方式，查出资金到户不及时、挤占挪用专项资金等6大问题，违规行为金额共达2077万元。

有效地开展了对重点基础设施建设工程的审计监督 主要是

对湖南江垭水利枢纽工程、湘水河道治理工程、18个中央直属储备粮库建设专项资金和长益高速公路开展了审计，审计总金额达237亿元。审计查出资金不落实、挪用侵占建设资金、多列概算、挤占建设成本以及损失浪费等违规行为金额17亿元，经审计处理，归还原渠道资金11.14亿元，核减工程概算1.33亿元。同时，向纪检、监察等部门移送重大案件线索5起，涉案11人，涉案金额510万元。

强化了对商业银行的审计监督　根据审计署的授权，组织全省审计机关完成了省中国工商银行系统80%的县（市、区）分支机构和中国建设银行系统1998年度资产负债损益情况的审计。通过审计，一是摸清了全省工行、建行系统资产负债损益情况的家底；二是揭露了湖南省工行、建行系统存在的违纪违规问题；三是在对信贷资产清理分类的基础上，核实了信贷资产质量的总体状况和分布情况，清查并剖析了损失类贷款的数量、原因及责任，提出了盘活信贷资产的可行性建议；四是发现并移送了个别严重违纪违规问题线索。对工行、建行这两个商业银行的审计，共查出违规行为金额28377万元，上报审计署作收缴处理304万元。

围绕国有资产的安全、有效和保值增值，加强了企业审计　对企业的审计，突出了对企业资产负债损益的真实性审计。主要是组织参与了全省公路运输管理系统的行业审计、省煤炭局盈亏真实性专项审计、湖南电线电缆集团专项审计、15家省直图书出版发行单位和国际经济合作公司的审计。共查出违规行为金额136526万元，应收缴财政1145万元。

此外，还有效地组织完成了对全省企业职工养老保险基金的审计和全省1998年度城乡教育经费的审计。1999年，湖南省审计厅加大了审计执法力度，增强了发现大案要案线索的意识，发现并查处了经济领域里的一些大案要案。其中，在社会上产生了较大影响的典型案件是湖南电线电缆集团原总经理陈海燕等6人鲸吞巨额国有资产案。1998年4月至1999年6月，湖南省审计厅根据省委省政府领导的交办，对湖南电线电缆集团（简称湘缆集团）原总经理陈海燕任职期间的资产负债损益进行了审计。审计查出的主要问题有：湘缆集团多报资产5.6亿元，少报负债1.64亿元，所有者权益虚增7.25亿元，累计亏损6.25亿元。审计查出陈海燕等6人虚增销售收入4.45亿元；采取高价进低价出等手段，大肆鲸吞、转移湘缆集团的国有资产，以此养肥自己及其亲友创办的“大阳”系列公司，湘缆集团因此损失2341万元；虚开增值税发票16703万元，并利用假运输发票报账套取现金，用于支付购买增值税发票手续费和回扣690万元；偷漏税费给国家造成813万元损失；动用流动资金炒股票炒期货，造成2900万元损失；与银行有关人员串通作弊，为银行有关人员谋“福利”，造成湘缆集团损失188万元。审计期间，朱镕基总理先后2次在有关上报材料上作出批示，要求“一定要彻底查清，依法严办，公开曝光”。审计结束后，湖南省审计厅作出了5点评价，提出了6条建议，向纪检、检察院移送重大案件线索131条。司法机关通过立案侦查，陈海燕等人的违法犯罪事实得到核实。湘潭市中级人民法院于1999年10月开庭公审了陈海燕等人，陈海燕被依法判处无期徒刑，其他犯罪分子也受到了相应的法律制裁。

审计宣传　在《审计法》实施五周年之际，全省开展了宣传贯彻《审计法》的纪念活动。一是组织了全省党政机关、事业单位和国有大中型企业领导干部审计法知识竞赛，参赛人员达7万多人；二是印发了宣传《审计法》的各种资料10万余份；三是在省会长沙市主要街道悬挂了宣传《审计法》的巨幅标语、气球80多幅（个）；四是召开了省直机关、有关被审计单位领导参加的纪念《审计法》实施五周年的座谈会；五是厅长张连华在《湖南日报》发表了题为“论审计监督在社会主义市场经济条件下的作用”的署名文章并接受了记者采访。

【长沙市审计局】　1999年底实有人员93人。其中：研究生学历1人，大学本科18人，大专56人；局长1人，副局长3人。设有办公室、人教科、综合科、体系法规科、财政审计科、外资运用审计科、金融审计科、工交审计科、行政事业审计科、固定资产投资审计科、商贸审计科、农业审计科等。

审计工作成果　1999年全市审计机关共审计了430个单位，查出违规行为金额69464万元，作出处理应收缴财政金额7469万元，调账增加财政收入5693万元，通过过渡户缴库1643，减少财政拨款或补贴284万元，应归还原渠道资金7946万元；向司法机关移送案件10起；提交审计报告、审计信息283篇（条），被市以上党政机关、上级审计机关与新闻单位采用194篇（条）。

预算执行和财政收支审计情况　通过审计，发现1998年市本级财政非税收入的增量所占比重有所下降；1998年度本级财政支出预算执行确保了预算支出执行的正常运行，生产性基本建设支出和企业挖潜改造支出逐年下降。收缴混入区级财政的市级收入52万元，对未及时清缴的预算收入4753万元，责成解缴入库。

查处大案要案情况　全年全市审计机关共向纪检、司法机关移送案件10起。其中1人被追究刑事责任，2人被给予行政处分，1人被给予党内处分，其余涉嫌人员移交纪检部门、司法机关进一步查处。

《审计法》实施五周年纪念活动 召开《审计法》实施5周年座谈会；采取上街宣传，在全市主要街道路口悬挂彩球、横幅的形式，宣传《审计法》，扩大审计影响。

【长沙市开福区审计局】 在编12人，有本科学历的2人，大专学历的9人，中级以上技术职称的9人。全年共完成审计项目25个，查出违规行为金额426万元，作出决定应交财政93万元，已上交财政90万元，查出“小金库”2个。特别是1999年度预算执行和财政收支审计，在深度、广度、力度上，较前几年都有新的进展。针对财政存在的问题，审计提出了3条意见和建议。区财政局积极进行整改，3月份出台了《关于采取措施催收借款的请示报告》，并将财政借款资金进行分类，每个借款单位都落实了责任人，还制定了催收奖励措施。其次，根据上级指示精神，对经济责任审计进行了探索，取得了一定的经验。通过对区属两个房地产开发企业法定代表人的经济责任审计，摸清了企业资产负债损益情况，对两个经济责任人给予了综合评价。另外还查出一街道办事处的“小金库”，本息达864371.95元。在区政府的支持下，处以罚款30万元上交财政，余款按财政收支两条线管理，上交区收费局。

【长沙市天山区审计局】

1999年全局共有干部12人。其中局长1人，副局长2人。内设办公室、行财审计股、综合审计股、投资审计股。1999年重点抓了同级财政预算执行情况审计。共完成审计项目16个，责令被审计单位归还挪用资金147万元，抵减财政拨款27万元，移送区纪委、主要部门处理3人。

在区某排灌站的财务收支审计中，发现该单位私设“小金库”56万元，账内、账外巧立名目滥发奖金、补贴48万元，用白条列支费用14万元。对该单位的违纪违规行为依法处以罚款1.65万元，收缴8.43万元，补交个人所得税8.19万元，共计18.28万元全部上缴财政，并将该单位负责人和责任人移送区纪检监察机关和主管部门处理。

【长沙市岳麓区审计局】 现有编制10人。其中局长1人，副局长2人；注册会计师1人，会计师、审计师5人。

开展本级财政预算执行情况审计 共查出未及时清缴预算收入27.3万元，违规结转教育基金13万元，以拨作支267.7万元。

大要案查处情况 观沙岭村属企业某采购员涉嫌贪污公款50万元，移送检察机关处理。查处长沙市水泥机械厂私设“小金库”25.95万元，某职工涉嫌侵占集体资产4万元，已移送司法机关处理。对区法院财政财务收支审计，收缴财政37.7万元。

纪念《审计法》颁布实施5周年 组织审计人员重温《审计法》；开展《审计法》知识宣传专栏；组织全区副科级以上干部进行《审计法》知识考试。

【长沙市雨花区审计局】

1999年共完成审计项目18个，查出违规行为金额779.5万元，其中，查处“小金库”2个，资金77.8万元，决定收缴财政金额539万元，已全部入库。向上级审计机关报送信息6篇均被采纳。

预算执行情况审计 对区1998年度预算执行情况和其他财政财务收支情况进行了审计，审计了区财政局具体组织执行预算情况、农税征收管理及成本情况，区环保局、农村办、蔬菜副食品局等管理使用财政资金较多的单位的预算执行情况。审计中，将财政资金的使用效益作为审计重点，揭露并查处了预算执行中直接影响财政资金使用效益的违纪违规问题，共查出违规行为金额604万元，收缴入库526万元。根据审计中发现的问题，提出了强化管理、提高财政资金使用效益及严格票据管理的建议。通过审计，促进了本级预算管理工作的规范化、制度化。区人大常委会听取审计工作报告后给予了充分肯定。

宣传《审计法》实施五周年 一是利用宣传栏宣传《审计法》有关规定及《审计法》实施五周年来审计工作取得的成就。二是组织全区县级领导干部共计53人参加了《审计法》知识竞赛。

【长沙市芙蓉区审计局】

1999年共有干部职工11人，平均年龄35岁，均为大专以上文化水平；中级以上职称9人，局长1人，副局长2人；设有办公室、行政事业审计股、财政审计法规股、工商投资审计股四个股室。

1999年共审计21个项目，查出违规行为金额2858.82万元，应交财政金额31.11万元，已交财政金额30.8万元，配合区纪检、监察、检察等部门查处各种经济案件5起。提交审计工作报告、信息7篇，被上级审计机关采用6篇，新闻单位采用1篇。

【宁乡县审计局】 1999年共有干部职工27人，其中大学本科学历3人，大专8人。

审计工作成果 1999年完成审计项目70个，查出违规行为金额2570万元，为财政增加收入237万元；移送和配合纪检、检察部门查处经济案件3起14人；报送审计信息、综合材料11篇（条），分别被各级政府部门采用。

本级预算执行情况审计 指出了县财政管理工作中存在的问题，提出了加强和改进财政管理的6条意见，其中关于加强税收征收管理、降低税收征收成本的意见被县政府采纳。

教育经费审计 对查出教育部门私分购买课本回扣42万元的问题作了严肃处理。经济责任审计，涉及11位副科长以上领导干部，审计后7人平调，4人

被撤职或未使用。

【望城县审计局】 1999年共有审计人员20人，其中，本科学历2人，大专14人；局长1人，副局长2人；设有办公室、固定资产投资审计科、行政事业审计科、财政金融审计科、工商企业审计科。

1999年共完成审计项目42个，查出违纪违规行为金额2214万元。应收缴财政金额230.29万元；已收缴入库215.31万元，减少财政拨款84万元。开展审计专项调查6个。向上级审计机关和县委、县政府提交审计工作报告及审计信息31篇（条），被省、市采用13篇（条）。向县纪委移送案件1起。

预算执行和财政收支审计发现：1998年财政部门应缴未缴财政收入44.15万元，1998年县级财政收入增长缓慢，乡镇收入增长比例高于县级，县财政可用财力越来越少，财政包袱日益沉重，历年未解决及当年增加的财政包袱达9100余万元；县地税局多提税收手续费150余万元；县财政、地税部门办理不合规退库60万元；县地税局违规减免企业所得税96.6万元。向纪检机关移送案件1起，其中1人被开除党籍，另1人留党察看2年。

审计宣传　在《审计法》实施五周年之际，审计局与县法制办联合举办了一期审计法律法规学习班。县长发表了《关于进一步加大审计力度》的电视讲话。利用宣传专栏、标语、横幅的形式，在城镇宣传《审计法》，扩大审计影响。

【长沙县审计局】 1999年末共有干部、职工19人。其中：大专以上文化程度11人；取得中级技术职称的11人。局长1人，副局长2人。设行政事业财政、工商交通金融、农林水卫、固定资产投资4个审计股和办公室。

审计工作成果　1999年共审计40个项目，其中政府交办的9个，调查项目3个。查出违规行为金额2250.81万元，收缴财政130.27万元，追还侵占挪用的专项资金263.18万元，提出审计建议50余条，提交审计信息6篇条，送公安局查处的案件2起，建议给予行政处分的1人。

【浏阳市审计局】 1999年浏阳市审计局共完成审计项目76个，为年计划45个项目的169%，其中完成上级下达的项目5个，完成市委、市政府交办的项目31个。共查处违纪金额6238万元，比上年增加2508万元，收缴违纪金额288万元，向司法机关移送案件3起，提供审计信息32条，已被采用25条。

同级财政预算执行情况审计　从1998年12月至1999年元月对1998年度财政预算执行情况进行了审计。1998年全市完成预算收入43306万元，为年度预算的100.71%，比上年增长7.5%，财政支出34654万元，较上年增长3.11%；年滚存结余249万元。审计表明，市财政预算执行情况总体是好的，预算收、支的追加均通过了同级人大审批。存在的主要问题，一是滞留预算收入现象较严重；二是财政信贷资金运行质量仍有待提高。

领导干部任期经济责任审计　1999年，共完成组织部门委托的审计项目20个，查出违纪金额1880.8万元，决定处理处罚38.1万元，已收缴财政38.1万元。其中在对市粮食局原局长张某的任期经济责任审计中，发现张在一宗420吨大米销售业务中，有受贿嫌疑和其他一些问题。

大案要案查处情况　1999年浏阳市审计局查处了3起大案：市民政局原募捐办副主任孔某在1998年度赈灾专项资金彩票发行中提高奖品价格，侵吞国家财产61.78万元；市粮食局原局长张某伙同他人收受15.6万元回扣作为机关收入，并贪污2.7万元；市永康镇农村合作基金会及丰裕分会私设“小金库”32.1万元。现孔某被一审判处有期徒刑十年，张某受到了开除党籍、行政撤职的处分；市永康基金会被通报批评。

【株洲市审计局】 1999年，株洲市审计机关共完成审计项目463个，查出违规行为金额31324万元，处理应交财政金额2003万元，已交财政金额1904万元，追还被侵占挪用资金3689万元。提交审计工作报告、信息275篇，被采用149篇。其中，市审计局共完成审计项目129个，查出违规行为金额18527万元，处理上交财政金额803万元，已入库761万元，入库率达94·8%。

预算执行情况审计　1999年，全市审计机关进一步深化同级财政预算执行情况审计，通过对105个预算执行单位的审计，查出违规行为金额2662万元，为财政增加收入512万元，揭露了预算执行过程中存在的截留挪用预算资金、空转收支、挤占上级收入、应缴未缴预算收入及征管部门多提多得手续费等问题，并依法作出了处理，得到了各级人大和政府的好评。

专项基金年度审计制度全面推行　共安排对94个专项基金项目进行审计，查出有问题金额29323万元，揭露了应征未征基金收入、挤占挪用基金、收入未及时上缴、截留隐瞒资金、资金使用结构不合理、基金管理不规范等问题，责成各有关部门和单位归还原渠道资金5304.52万元，处理上缴各级财政185.91万元。

竞争上岗取得明显成效　株洲市审计局大胆改革用人制度，按照“公开、平等、竞争、择优”的原则和德才兼备的用人标准，全局中层干部实行竞争上岗，全局职工实行双向选择，取得明显成效。通过双向选择，全局80%以上的干部轮换了岗位。市委、市政府和省审计厅对此给予了高度评价。

开展《审计法》宣传活动　为纪念《审计法》实施五周年，株洲市审计机关开展了一系列宣传庆祝活动。市委、市人大、市政府、市政协、市纪委联合召开了纪念《审计法》实施五周年座谈会；市长王汀明在《株洲日报》上发表了署名文章，并在电视台作了电视讲话；市审计局举行了演讲比赛。

【株洲市天元区审计局】

1999年，全局共完成审计项目21个，审计单位32个，查出违规行为金额140万元，上缴区财政50万元，配合纪检、监察等部门查处经济案件5起。

财政审计　在区本级预算执行情况审计中，查出预算执行过程中存在挪用预算资金、漏交税收、多提多得手续费等违纪金额31万元。1999年对泰山路办事处、嵩山路办事处财政决算进行了审计，查出隐瞒土地收入、高息集资等违纪资金53万元，为政府加强财政预算管理发挥了积极作用。

完成领导交办事项　1999年，根据区委交办，对2个乡镇农村合作基金会自成立以来至停顿日止的资产负债损益情况进行了长达3个月的全面清理，及时向区委、区政府提交了清理结果报告和偿债能力分析报告，为政府制定整改措施提供了依据。

【株洲市芦淞区审计局】

1999年，全局共完成上级下达和政府交办的审计项目17个，查出违规行为金额607万元，处理上缴财政39万元。被区委、区政府评为1999年度双文明建设先进单位。

为庆祝《审计法》实施五周年，区审计局认真组织全区副科级以上干部参加《审计法》知识竞赛，参赛人员280余人，收到良好宣传效果。

【株洲市荷塘区审计局】

1999年，全局共完成审计项目30个，查出违规行为金额1298万元，处理应交财政金额118万元，已缴财政118万元；审计基建工程预决算项目14个，送审计金额145·16万元，核减工程造价37·28万元。

预算执行情况审计　在“同级审”中，突出重点，加大力度，主要审计了预算执行情况、财政有偿使用资金和预算外资金的管理与使用情况，同时对地税系统税收成本进行了专项审计调查。共查出违规行为金额98.67万元，处理上缴财政98.67万元。

组织审计法知识竞赛　组织全区正科级以上干部参加审计法知识竞赛，应参赛人员111人，参赛率100%。

【株洲市石峰区审计局】

1999年，全局共完成审计项目20个，其中株洲市局下达计划12个，区政府交办项目8项，查出违规行为金额1426万元，追还被侵占挪用资金399万元，处理应上交财政98万元，已缴财政98万元。

预算执行情况审计　对区本级财政预算执行的真实性、合法性进行了审计，查出违纪金额111万元，为财政增收89万元，揭露了预算执行中存在的执行国家财政法规不严格、管理不规范、银行多头开户、收支反映不实等问题，并依法作出了处理。提出审计建议12条，得到区人大、区政府领导的好评。

专项资金审计　1999年，对区水利资金、蔬菜价格调节基金、城市维护建设资金、教育费附加、养老保险基金等5项专项资金进行了审计，审计总金额1128万元，查出违纪违规金额456万地，归还原渠道资金339万元，处理上缴财政6万元。养老保险基金审计项目获株洲市审计局优秀项目奖。

《审计法》实施五周年宣传活动　区审计局在全区范围内组织开展了《审计法》知识竞赛，参赛人员300人。同时召开了《审计法》实施五周年座谈会。

【攸县审计局】　1999年，攸县审计局共完成审计项目45个，为年计划的110%，查出违规行为金额953万元，处理应交财政金额110.51万元，已缴财政106.6万元，追还被侵占挪用资金76万元；查出大要案2起，向司法和纪检监察机关移送处理2人。

查处大要案情况　在石羊塘镇财政决算审计中，查出该镇国土管理所所长兼交通管理员皮某采取收入不入账91445元，其中涉嫌贪污金额64695元，此案移送县人民检察院。并在《中国审计报》《株洲日报》上公开披露，引起了强烈反响。

经济责任审计　1999年，共开展干部任期经济责任审计8个。在对县第一饲料厂原厂长离任经济责任审计中，查出该厂自1994年以来私设账外账170万元，偷漏税收57万元，因管理失控导致采购资金被骗以及产品赊销金额大、潜在损失大等问题。此案移送后，县纪委已对该厂长立案查处。

【炎陵县审计局】　1999年末，共有干部职工23人，设有办公室、行政事业审计股、企业审计股、农林水审计股。全年共完成审计项目49个，审计及延伸审计单位233个，查出违规行为金额2236万元，处理应交财政金额66.58万元，已入库63.8万元，被湖南省精神文明指导委员会评为“全省文明建设先进单位”。

预算执行情况审计　对县本级预算执行和其他财政收支进行审计，共审计及延伸审计31个单位，查出违规行为金额168.7万元，处理上缴财政37.54万元。

社会养老保险基金交叉审计　赴茶陵县对该县1997至1998年度养老保险基金收支情况进行了审计，查出违规行为金额398.21万元，处理收缴财政10.34万元，该项目被株洲市审计局评为优秀审计项目。

《审计法》实施五周年宣传活动　协管审计的副县长发表电视讲话；组织全县正科级以上干部180人参加审计法律知识竞赛；在县广播电视台开辟审计知

识宣传周栏目；在县城主要街道悬挂宣传横幅20余幅，发放宣传资料5000余份。

【株洲县审计局】 1999年，共完成审计项目36个，为年计划的124%，查出违规行为金额2081万元，其中调账处理1459万元，督促归还原渠道资金556万元，处理上缴财政66万元；向各级党委、政府及上级审计机关提交审计工作报告、信息36篇；配合监察、检察等部门查处各类经济案件10件。

精心组织县乡财政审计 1999年，深化了财政同级审，对27个预算执行单位进行审计和调查，为财政增收节支55万元。同时对古岳峰镇等3个乡镇财政决算进行了审计，对乡镇财政管理中存在的财务核算不真实、财政负债重、乱发钱物等问题进行了查处。

重点查处大要案 在对县房产公司审计中，查出该公司私设账外账18万元，多计成本27万元，少计收入11.5万元，对此依法作了处理，对有关责任人移送上级主管部门处理。

经济责任审计 1999年，共对县交通局等6个科局级法定代表人进行了离任经济责任审计。审计中，对法定代表人作出了客观公正的评价，查处了个别单位虚列成本、私设"小金库"、乱发钱物等违纪行为，为党政领导任用干部提供了依据。

《审计法》宣传活动 4月25日，在全县开展了一次《审计法》宣传活动，审计人员上街开展审计法律咨询，发宣传资料，出宣传板报。还组织全县科局级以上干部参加了审计法律知识竞赛。

【茶陵县审计局】 1999年，共完成审计项目65个，查出违规行为金额1400万元，应交财政240万元，已缴财政240万地，查出"小金库"18个，金额达150万元，为企业挽回损失75万元，为财政增收、企业增效140万元。提交审计报告和审计信息29篇，被采纳19篇。

财政审计 在财政审计中，查出乡镇挤占县级财政收入517.8万元，并将各乡镇挤占多得的体制分成收入163.5万元全部上交县财政。在21个行政事业单位的财政财务收支审计中，查出违规行为金额210万元，如在对县公路局审计中，收缴违纪款近20万元，充分发挥了审计的监督作用。

经济责任审计 全年共开展领导干部离任经济责任审计5个，为任用干部提供了依据。

纪念《审计法》颁布实施五周年 组织全县科级以上干部参加了审计法律知识竞赛，举行了一次内审工作座谈会，探讨了全县面向21世纪的内审工作，扩大了审计的影响。

【醴陵市审计局】 1999年，醴陵市审计局共完成审计项目72个，完成政府交办事项7项，审计及延伸审计单位162个，查出违规行为金额3080万元，处理上缴财政408万元。向各级党委、政府及上级审计机关提交审计工作报告、综合报告、信息34篇，被采纳15篇。

本级预算执行情况审计 在同级审中，对30个预算执行单位进行了审计，查出违规行为金额1419万元，其中：虚列支出900万元，少计预算收入483万元，应交财政320万元，为财政增收700万元。

行业和专项资金审计 1999年，开展了对育林基金、价格调节基金、农业资金、房改资金和企业养老保险基金等专项审计，审计金额达7354万元，追回被挤占挪用的专项资金834万元。

【湘潭市审计局】 1999年，全市各级审计机关共完成审计项目255个，查出违规行为金额10440万元，应上交财政22227万元，已上交1825万元，促进增收节支293万元。

财政同级审 通过对1998年市本级预算执行和其他财政收支情况审计，确认1998年度市本级完成财政一般预算收入和上划中央两税3.33亿元，一般预算支出3.20亿元，净节余546万元；确认市本级1998年度财政基金收入992万元，当年支出235万元，年终滚存结余365万元。对财政取得的成绩和预算执行中存在的问题作了实事求是的评价。1999年，市审计局对全市220个财政资金借款单位的财政借款资金14781万元进行了审计调查，摸清了各项财政借出资金的审批程序、借款时间、用途，以及本金和占用费的收取和欠收情况，借款的管理和使用效益情况。提示了财政借出资金面临很大风险隐患、回收难度大的问题。此项调查受到了市人大、市政府的高度重视。

水利国债资金审计 1999年，全市审计机关对全市总规模8980万元的水利国债资金进行了全面审计，共查出违纪违规金额740万元，归还原渠道资金112万元，收缴漏交税金26万元，对施工单位和建设单位的违规行为进行了审计处理，为规范水利国债资金管理和使用，促进水利工程项目管理提出了切实可行的建议和意见。

查处大要案情况 对湖南电线电缆集团公司原总经理陈海燕任职期内的资产负债损益审计中，抽调业务骨干配合省审计厅审计了湘缆所属全资和控股公司28家，查出了大量的违法违规问题。在陈海燕被立案侦查后，根据检察部门的要求，又搜集整理了大量的证据材料，为陈海燕一案的侦破作出了贡献。

纪念《审计法》颁布实施五周年 1999年12月29日，湘潭市审计系统170余名审计人员及离退休人员欢聚一堂，隆重庆祝《审计法》实施五周年暨迎接新世纪联欢会。

【湘潭县审计局】 1999年坚持依法审计，共完成审计项目92个，查出违纪违规行为金额1698元，上缴县财政146万元，查出"小金库"12个，金额2000多万元，移送纪委、监察、检察机关处理的经济案件5起。

对1998年度县财政预算执行情况进行了审计，并对9个乡（镇）的税收计划完成情况和税收成本进行了调查，对10户纳税单位的税款缴纳情况进行了延伸审计，对上交税金收入的大户进行了审计调查。

为了纪念《中华人民共和国审计法》实施五周年，成功地在全县举行了审计法律知识竞赛活动，获得了省里颁发的组织奖。12月29日在参加全市审计系统“纪念审计法颁布实施五周年”暨迎接新世纪的联欢会上，获得了“小品”一等奖，团体二等奖。

【湘乡市审计局】 1999年有在职人员22人，内设办公室、法规审理室、行政事业审计股、财贸金融审计股、工交基建审计股、乡镇财政审计股。年末，经市编委批准，增设任期经济责任审计工作办公室。全年共审计项目53个，查出违规金额2959万元，审计决定收缴184.1万元，实际入库147.9万元。提交审计工作报告、信息34篇，被批示采用20篇。向检察、纪检（监察）部门移送案件2起。

在同级财政预算执行情况审计中，对农税收入及农业税征收费进行了专项审计；对地税系统征收成本、市本级财政借出资金进行了审计调查，查出了税务部门改变税种、混淆级次、截留收入和设置过渡户滞留税款等问题，查出违规金额1129万元，决定处理、处罚86万元，指明要纠正1043万元，应交财政46万元，全部入库，提出审计建议8条。对8个乡、镇、办事处1997、1998年度财政预算执行情况和决算、以及预算外资金的管理和使用情况进行了审计，查处了隐瞒、转移、挪用罚没收入、偷漏税费、基金和乱发补助等违规行为。开展了乡镇财政赤字与负债调查，分析了赤字成因，提出了消赤减债的建议，为市政府研究对策准备了第一手材料。选择3个不同类型的单位，对其主要行政负责人的任期或届中经济责任进行了审计，取得了较好的效果。在同级财政预算执行情况和教育事业费收支审计中，查出财政局农财股个人贪污周转金占用费和山枣学区集体私分、贪污公款、个人收受回扣等违法违规问题，审计决定没收个人违法所得和处罚款22.90万元，并移送检察、纪检（监察）部门立案查处，有10人受到了党纪、政纪处分，2人被检察机关立案侦查。深入开展了《审计法》实施五周年宣传活动，分别组织了全局机关干部和全市副科级以上单位党政主要负责人参加了审计法律知识竞赛。

【韶山市审计局】 1999年共完成审计项目24个，查出违规行为金额236万元，审计处理应上缴财政38万元，已上缴财政34万元。在本级预算执行情况审计中，着重从预算资金的分配环节向预算外收支扩展，选择组织预算报告、参予预算执行、握有资金调拨权和管理使用大宗财政性资金的重点部门及单位进行审计。对财政取得的成绩和预算执行中存在的问题作了实事求是的评价。对全市86个财政资金借款单位的财政借款资金776万元进行了审计调查。揭示了资金使用效果不佳、部分资金已呆滞沉淀、部门借款单位已经倒闭或破产，以及收取占用费力度不够，预计难以取回的有412万元，占总借出资金的53%等问题。此项调查得到了市人大、市政府的高度重视。

1999年，在对韶山市种子公司1995年至1998年资产负债损益情况及法定代表人采某任职期间经济责任审计时，发现采某为了公司利益，将劣质的稻种冒充优质畅销种子销售给农民，使农民遭受了巨大损失，公司直接赔偿60万元。对此，已将其移送检察机关处理。

【湘潭市雨湖区审计局】 1999年共完成审计项目71个，完成审计调查2项，审计总金额9654万元。共查出违纪违规金额1064万元，上交财政76万元。提交审计工作报告、信息26篇。1999年3月，在配合检察院对市莲城大市场的审计中，查出总经理蔡某以各种名义白条列支107万元，并延伸查出市工商局“小金库”224.5万元，上交财政24万元。蔡某经检察院立案后已被捕。

完成区政府交办任务　共完成15项，其中受区委、区政府委托对区先锋村村级财务进行了财务收支审计；配合各级政府对区属6个基金会进行了清产核资工作；专门抽调审计人员配合区水利局上户收取全区防洪保案资；抽调两人配合区里进行雨建公司和犁头村的财务清理整顿工作；下半年，专门抽调一人配合区纪委工作。除对本级预算执行情况、预算外资金、财政有偿使用资金和专项资金的管理使用情况进行审计外，还对财政局机关财务进行了审计监督，如期向本级政府提交了审计报告。

审计宣传　为纪念《审计法》实施五周年，组织局机关全体同志参加了市局举办的《审计法》知识竞赛，并在全区范围内开展了科级以上干部《审计法》知识竞赛活动。

【湘潭市岳塘区审计局】 1999年完成审计项目18个，查出违纪金额600万元，应上交财政18万元，已交财政8万元，促进增收节支273万元。向被审计单位提出建议38条；提交审计工作报告、信息16条，被采用12条。

1999年预算执行情况审计以对农税资金的专项审计和对财政借出资金的专项审计调查为重点，并延伸审计了12个预算执行单位。审计查出各类违纪违规金额283万元，促进增收节支273万元，审计提出的5条建议均被财政局采纳。还开展了8个单位的财政收支审计，重点审查了各项行政收费单位遵守财政收支两条线、专款专用情况，查出违纪金额208万元，收缴违纪金额6万元。出台了《关于岳塘区行政事业单位主要负责人任期经济责任审计的规定》，在对两个单位党政一把手的任期责任审计中，查出违纪违规金额60万元，为国家挽回经济损失16万元。

在《审计法》颁布实施五周年之际，举行了各种纪念活动。一是参加了由湘潭市局举办的全市审计系统庆祝活动，有2个节目获奖。二是在全区范围内开展了党政干部审计法律知识竞赛活动，参赛率和试卷回收率均达100%。三是全局人员参加了由《中国审计》杂志举办的《审计法》颁布五周年审计知识竞赛活动。

【衡阳市审计局】 1999年度全市审计局计划审计项目280个，完成486个，为年度任务的173%，审计资金总额56亿元，已上交财政1860万元。提交审计工作报告、信息331篇，被各级采用186篇。

预算执行情况审计 全市共审计13个财政部门和8个地方税务部门及14个预算执行单位，查出违规行为金额3220万元，其中决定处理处罚277万元，已交财政147万元。还对地税、农税成本进行了审计调查，找出了税收成本过高的原因，提出了降低税收成本的建议，增强了财税部门成本效益意识。

查处大案要案情况 全年共查处大案要案19起，查处违规行为金额1153万元。移送纪检、监察部门处理17起，移送司法机关立案查处12人，挽回经济损失895万元。

经济责任审计情况 1999年5月，对市直22个单位的法定代表人进行了任期经济责任审计。

企业审计 根据市人大主任会议的安排，市审计局对市工程机构厂、啤酒厂进行了审计调查，调查结果得到了市人大领导的充分肯定。为掌握金果、飞龙两家股份公司股权转让，资产运作情况，对两家上市公司进行了审计和调查，查清了两家公司募集的资金运用、股权转让和公司损益情况，以及公司经营过程中存在的问题，为政府宏观决策提供了依据。

《审计法》实施五周年宣传活动 为庆祝《审计法》实施五周年，全市审计机关开展了宣传学习活动。一是在全市范围内组织了一次领导干部审计法律知识竞赛活动，全市应参加审计法律知识竞赛人员3878人，实际参赛5288人，部分县（市）区扩大到副科以上干部。市委、市人大、市政府、市政协的主要领导带头参加竞赛。二是全市各级政府主要领导都在当地电视台发表电视讲话，宣传审计法律知识和审计成果。三是全市各级审计机关都在当地繁华地段悬挂巨幅宣传标语60多条，并出动宣传车巡回宣传，使《审计法》做到家喻户晓，深入人心。

【衡阳市城北区审计局】 全年共完成审计项目16个，查出违规行为金额452万元，收缴财政123万元，查处大要案2起，1人移送检察机关立案侦查。

预算执行情况审计 加强对财政拨款较多的预算执行单位的审计，全面落实财政资金使用的真实性和合法性。同时加强对各单位预算外资金收、管、用的监督，查出"小金库"1个，促进预算执行单位改善财务管理。

强化专项资金审计 以保障"专款专用"为重点，对养老保险资金、教育费附加专项资金、福利彩票募集资金进行了审计，查出挪用专项资金49.4万元"小金库"1个。收缴偷漏教育费附加专项资金14万元，调库10万元。

经济责任审计 全年完成领导干部任期经济责任审计项目6个。

大案要案的查处 全年查出大要案2起。一是对衡阳市红旗福利橡胶制品厂财务收支审计，发现该厂法定代表人将公家财产据为己有，利用职务之便为自己亲戚谋取利益，检察机关已经介入。同时发现该厂将5.7万元银行借款归还给北区信用社聘请的诉讼代理人，该诉讼代理人将此款贪污。此案已移送检察机关立案侦查。二是查出衡阳兴雁实业公司将出售土地、厂房款放在账外，总额达480万元，漏交税费80万元，审计局与检察、税务等部门联合行动，至1999年末收缴入库69.66万元。

【衡阳市江东区审计局】 1999年共完成审计项目7个，审计单位8户，完成审计调查1项。审计总金额3785万元，共查出违规行为金额8.5万元。

区本级财政预算执行情况审计是全年审计工作的重点。在对区本级1998年度财政预算执行情况审计中，重点对区财政局管理的预算外资金进行了审计，摸清了预算外资金归集、管理、使用的基本情况，为全区推行新的预算外资金管理办法奠定了基础。同时，配合全省地税系统税收成本的审计调查，参与衡阳市审计局对区地税分局的审计，并为市局对区财政局的审计及时提供有关数据。

为搞好经济责任审计，区审计局主动与区委组织部联系，共同制定了《江东区行政机关、事业单位法人代表经济责任审计监督办法（试行）》及其实施细则，为开展经济责任审计奠定了基础。

在1999年庆祝《审计法》实施五周年活动中，组织有关单位召开了审计工作联系会。组织全区副县级以上领导和区属行政、企事业单位负责人参加了《审计法》知识竞赛。

【衡阳市南岳区审计局】 1999年共有干部职工12人，其中：具有注册会计师资格的2人，具有会计师资格的5人。局长1人，副局长2人。内设办公室、财金商贸股、农林基建股。

1999年共完成审计项目24

个，共查处违规行为金额785．6万元，应上交财政89万元，已上交财政85．5万元，追回侵占挪用资金108万元。共撰写论文7篇，报送审计信息34条，被采用论文4篇，信息8条。

1999年本级财政预算执行情况审计，查出虚列预算支出169万元，违规办理结算10万元，违规办理预算拨款161万元，应交未交预算收入13万元，违规调整预算20万元。共查出违规行为金额373万元，增加财政收入17万元，增加财政结余资金164万元。针对财税部门管理不规范和违反财政制度等问题提出审计建议4条。

1999年查出案件2起，违纪金额386万元。其中涉嫌贪污案1起，金额1．6万元，该案已移送区监察局。涉嫌私分返回款案1起，金额3．9万元，该案已移送区监察局。

认真贯彻中央、国务院“二办”通知精神，全面开展领导干部任期经济责任审计，对区人事局、广播电视局等8个科局级单位领导离任经济责任进行了审计，查出违纪违规金额11万元。

【衡阳市城南区审计局】 1999年，共审计15个项目，审计总金额6000万元，查出违规行为金额52万元，上交财政17万元。

区财政预算执行情况审计 对财政预算的财政局下属部门财务收支管理情况进行了审计，分别向区人大常委会和区政府报送了审计工作报告和审计结果报告，提出了加强财政预算管理和规范财政收支行为等三个方面的10点审计建议。

查处经济案件情况 发挥检察审计执法联络室作用，与区检察院反贪局共同查办了1起经济案件，上缴财政金额32万元。与区纪委、监察局联合查处“小金库”1个，上缴财政5万元。

经济责任审计 对区政府4个部门和1个企业主要负责人进行了离任经济责任审计。

基建审计 对新建的政府办公楼和文化馆进行了工程造价审核，核减金额55万元。

【衡阳市郊区审计局】 1999年完成审计项目20个，其中：区本级财政预算执行情况审计1个，乡镇财政审计3个，经济责任审计4个，行政事业单位财务收支审计10个，授权项目审计2个。共查出违纪金额921．5万元，已收缴财政59．4万元。

查办大案要案2个 一是在区工贸物资总公司审计中，查出该单位虚开增值税专用发票24份，偷漏国家税款82．8万元；私设“小金库”101.95万元；虚报利润滥发目标管理奖27.29万元。经审计，对虚开增值税82.8万元，经区政府协调，改由郊区国税分局分期追缴入库；对私设“小金库”101.95万元，予以罚款3万元；对滥发目标奖27.29万元，全额收缴财政；对涉嫌违法犯罪者移送司法机关处理。二是对区交通局财务收支进行审计，查出该单位私设“小金库”152.52万元。审计处理：没收“小金库”152.52万元，处以罚款30.39万元；收缴个人不合理奖金补助5.63万元。

经济责任审计4个 查出违纪金额381．95万元。决定收缴入库45．79万元，移送司法机关处理1人。

举办《审计法》实施五周年纪念活动 全区张帖标语369条，悬挂横幅26幅，出板报12处。同时开展了审计法律法规知识竞赛活动。

【耒阳市审计局】 1999年共完成审计项目52个，审计调查项目4个。共查出违规行为金额3697万元，上缴市财政234万元。共提交审计报告、信息56篇。审计本级财政预算执行情况以及12个乡镇财政财务收支情况，查出违规行为金额731万元，上缴财政金额64万元。

1999年共查出交通局、电影发行放映公司、马水乡山田村等单位3起案件。其中交通局私设“小金库”92万元、门面租赁收入不入账45万元、各种支出挤占拖养费、养路费等310万元。

共对11个单位领导及企业法定代表人进行了经济责任审计，为组织人事部门使用干部提供了依据。

为庆祝《审计法》实施五周年，组织全市正科级以上干部进行了《审计法》及相关知识竞赛。

【常宁市审计局】 1999年组织力量对常宁市1998年同级预算执行情况进行了审计。经审计，1998年，常宁市一般预算收入完成10062万元，加中央补助收入408．7万元、国债转贷收入310万元和上年滚存结余923万元，总收入15382万元，总支出15614万元，收支两抵支出挂账232万元。审计发现的主要问题：一是年度预算收支未能实现平衡，出现支出挂账；二是年度预算编制不真实、不合规，列收列支1540万元；三是行政性收费和罚没收入返还比例高，致使政府的可用财力少；四是财政负债多，资产负债率达84．2%；五是企业挖潜改造资金没有拨给企业，而是由国资局作为企业的国有资产占用费缴入国库，因而没有真正发挥效益。

为认真贯彻中央“两办”关于领导干部任期经济责任审计的通知精神，市审计局做到有离必审，对离任的副科级以上干部都实施了离任审计。

为纪念《审计法》颁布实施五周年，市审计局开展了一系列的庆祝活动：一是开展了为期一周的审计法规咨询活动；二是利用电视台宣传审计法及其实施条例的重要条款；三是参加省厅举办的审计法知识竞赛。

【衡东县审计局】 1999年共完成审计项目36个，查出违规行为金额874万元，依法收缴财政139万元；提交的审计信息被采用32篇。

预算执行及财政决算审计 本级财政预算执行审计，以县财

政预算执行为重点，延伸审计教育经费、城建资金、农业资金，共计查出违规行为金额18万元，依法收缴财政3万元。在踏庄、石湾、大桥、白莲、霞流、城关6个乡镇财政决算审计中，查出违规行为金额92万元，依法收缴财政9万元。

查处大要案情况 在清理横路乡农村互助储金总会订塘分会过程中，查出原会计侯某采取虚增投放贷款178164元，隐瞒收入，贪污126406元。此案已移送司法机关处理。

经济责任审计 1999年度共完成11个单位负责人的任期经济责任审计，对离任领导作出了客观公正的评价。

《审计法》实施五周年宣传活动 县委县政府成立审计法知识竞赛领导小组，组织全县副科级以上干部1540人参赛。

【衡山县审计局】 1999年共完成审计项目99个，收缴入库金额153.3万元，查处大要案件4起，其中收缴金额80万元以上案件1起，10万元以上案件3起。

对同级财政预算执行审计包括财政预算、农税征管、地方税收征管，并对公安局、房产局进行了延伸审计，查出财政局外经股收回世界银行贷款偿债资金65.7万元，未及时解缴预算，公安局空转罚没收入42.81万元。

全年完成6个单位领导干部经济责任审计，建议县委组织部撤换或调任4人，建议司法机关追究刑事责任1人。

全年审计工商企业10个，审计金额4795万元，查出违纪金额726万元。对县侨联塑料厂虚开增值税发票问题，联合税务、公安进行了调查处理，移送司法机关追究刑事责任1人。

审计法实施五周年之际，在《衡山报》发表了文章，并刊载了《中华人民共和国审计法》全文，组织全县280多名正科级以上干部参加了“审计法知识竞赛”。

【衡南县审计局】 1999年底共有干部、职工25人，其中：大专学历18人，局长1人，副局长6人；设有办公室、工交审计股、财贸金融审计股、行政事业审计股、基建外资审计股、执法联络室等机构。

审计工作成果 1999年组织全局审计人员，对涉及负责组织本级预算执行的财政、地税和国家金库县支库等部门进行了现场审计。对县地税三、四、五分局有关内容及三塘镇等7个乡镇负债情况进行了审计调查。审计调整本级预算收入30.2万元。组成5个审计组对全县24个乡镇1998年度的财政、财务收支及资产负债情况进行了较为全面的审计（县财政局协助审计10个乡镇）。查出违纪金额600万元，应交财政120万元。

经济案件审计 一是查出衡南县建筑设计院一名注册建筑师采取虚构单位名称的手法，从衡阳市城北地税局以工程款的名义开出建安发票二份，领取县新华书店设计费30000元。此案移送县检察院立案查处，据县检察院侦查终结报告，按照设计院目标管理方案，认为该建筑师从新华书店领出30000元应返18250元，定性贪污11750元，予以没收。二是查出衡阳清泉食品饮料公司经理袁某挪用公款10万元给他人进行营利。经县检察院侦查，认为其行为触犯刑律，构成挪用公款罪。犯罪嫌疑人袁某被县人民法院判处有期徒刑一年，缓刑一年。三是查出潭子山镇新建办公楼投资320万元，漏缴固定资产投资方向调节税48万元，至年底已入库25万元。

【祁东县审计局】 1999年完成审计项目31个，为年计划25个的124%。查出违规行为金额663万元，应上交财政81.6，万元，入库率100%，追回侵占挪用资金25万元，抵减财政拨款11万元；提交审计工作报告、信息38篇，被上级批示采用19篇。

预算执行和财政收支审计 组织了5个组15人历时45天，审计了1998年度县本级财政预算报告情况，并对47个单位进行了审计调查，共查出违纪金额284.3万元，应增加财政收入136.8万元，追回被挪用资金21万元，收缴县财政11.2万元，提出审计建议12条，取得了良好的效果。

经济责任审计 受县委组织部委托，先后对7个单位领导离任经济责任及其资产负债损益情况进行了审计鉴证。通过审计，有3人从工业企业调到县委、县政府部门任职，还有一位乡政府领导因政绩较差，被调离主要领导岗位。

完成县委、县政府交办的任务 一是清理整顿农村“两会”。全局抽出5人分赴各乡镇做清收清欠的工作，收回资金170余万元；二是抽专人积极参加“党建扶贫”工作，为扶贫的村里办实事5件，投资3万元；三是抽专人参加县政府的“综合治理经济环境办”、“清房办”、“供销社财务挂账清理办”、“县城文明建设”等项工作，受到县委县政府表彰。

【邵阳市审计局】 1999年末有干部和职工64人，其中大专以上学历占80%，中级以上职称占64%；内设办公室、法规科、政工科、内审指导科、监察室及财政金融、行政事业、基建外资、工交、农业、商贸等审计科。

审计工作成果简述 1999年全市审计机关完成预算执行审计项目14个，财政决算审计项目6个，乡镇财政审计65个，查处违纪金额4732万元，收缴财政420万元，移送检察和纪检部门处理12人次，同时对地税部门和财政农税部门的征收成本进行了专项调查。全市共查处大案要案22件，其中：查处市劳动社保处张某等人贪污挪用公款831万元案，已向检察机关移送，

现款项已全部追回，已批捕5人，立案待查3人；查处新邵县某粮站私设“小金库”25.2万元；查处邵阳县某镇原镇长和一副镇长侵吞救灾款22.64万元及一村支书侵占村民征地款4.63万元案；查处绥宁粮食局套取国家补贴89.23万元案；查处邵东县造纸厂6人贪污挪用案。

经济责任审计情况 各县市区都成立了经济责任审计领导小组，其中有6个县增设了离任审计股，全市完成领导干部离任经济责任审计项目82个，收到了良好的效果。

工行、建行审计 共完成审计项目19个，查处违规款项6046万元。

企业审计 以真实性为重点，共审计单位106个，查处违纪金额7327万元，全年除开展了公路运输、新华书店、供销社系统行业审计外，还选择了部分亏损企业进行审计和调查。

《审计法》实施五周年纪念活动 开展全市审计系统篮球比赛，组织全市审计法知识竞赛，与市委组织部联合举办审计理论研讨会。

【邵阳市大祥区审计局】 1999年底，内设综合业务股、干部离任审计股、办公室，在职干部7人。全年共完成审计项目23个，审计单位28户；完成审计调查5项，调查单位8户；报送审计信息9条；查出违规行为金额149万元，收缴财政13万元，归还原渠道资金84万元；与纪检、公安部门配合，查处经济案件1起。为纪念《审计法》实施五周年，一是积极参加邵阳市审计局组织的“提高审计队伍素质，加大审计工作力度”的审计理论研讨活动。二是大力宣传《审计法》，在悬挂、张贴宣传审计法律、法规知识的横幅、标语的同时，举办了全区各乡、镇、场、街道办事处行政一把手和主管财政、财务的副职共100余人参加的“审计法律知识”讲座，组织全区副处以上干部和担任实职的副科级以上干部共180人参加的“审计法律、法规知识竞赛”，参赛率达100%。

【邵阳市双清区审计局】 1999年共审计20个单位，查出违规行为金额90万元，收缴财政15万元，报送审计信息20条，被采用11条。深化预算执行情况审计，共审计和审计调查单位30个，查出违纪金额20万元，促进财政增收11万元，收缴财政9万元，向区政府提交专题报告和结果报告2篇。受区政府委托，向区人大常委会提交工作报告1篇。结合预算执行情况审计，开展了乡镇财政预算审计和城乡教育费附加、社会保障资金等专项资金的审计，被审计单位6个，查出违规行为金额36万元，收缴财政2万元，调账归还原渠道资金25万元，提出改进建议13条。在庆祝《审计法》实施五周年活动中，精心组织了审计法律知识竞赛活动，参赛率和试卷回收率均达100%。还积极开展多种形式的宣传活动，如审计法律咨询，张贴宣传图片、标语共100余幅（条）。

【邵阳市北塔区审计局】 共有干部职工6人，其中：大专学历4人，局长1人，副局长2人。下设办公室、综合审计股等机构。

审计工作成果 1999年共完成审计项目16个，审计单位16户；完成审计调查1项，调查单位6个，审计金额1330万元，共查出违纪金额330万元，追回被侵占的集体资金10万元，上缴财政金额7万元；共提交审计报告16篇，审计调查报告1篇。

完成政府交办的任务 1999年组织专门审计班子，对渔苗场1993年至1998年的财务收支进行了全面清理，同时对所有收入上墙公布，并发动群众积极举报，搞清了收入的真实性。1999年7月至11月，受区委组织部委托，对区检察院、城镇办、司法局的领导及区卫生计生局会计调任进行了离任审计，对他们在职期间的财务收支的真实性、合法性以及他们的经济责任进行了客观公正的评价，为区委、区政府任免领导干部提供了决策依据。

【新邵县审计局】 1999年，新邵县审计局共完成审计项目56个，其中，完成署定项目5个，省定项目3个，市定项目12个，县定项目36个；查出违规行为金额2426万元，应交财政130万元，已交财政82万元，归还原渠道资金74万元。查出大案要案6起，向司法机关移送案件1件；提供审计信息或论文48篇，被采用33篇。在对陈家坊服装城基建决算审计中，核减造价100万元，收缴4万元；对县检察院审计，查出违纪金额130万元，收缴财政17万元；对县新华书店审计查出违纪金额175万元，收缴财政14万元；另外对9个单位原任领导离任经济责任进行审计，为组织人事部门考察使用干部提供了依据。

【邵阳县审计局】 1999年12月底共有干部职工31人。内设人秘股、财政金融审计股、行政事业审计股、农业审计股、综合审计股、干部离任审计股。

1999年共完成审计项目71个，查出违规行为金额1702万元，已收缴财政164万元，入库率98%，比上年同期增长27.8%。全年共查处大案要案5起，查处个人违法犯罪、贪污金额万元以上并移送检察机关依法处理的4人。还积极完成了县委、县人大、县政府交办的15项任务。7～10月份，克服各种困难，出色完成了县人大交办的全县民兵训练费、农村教育费附加、道路建设费、解困资金4个专项资金审计。另外，还抽调80余人次，圆满完成了建整扶贫、清收清欠、抗旱救灾、清理农村合作基金会资金等11项工作，其中建整扶贫被评为全县先进工作单位。

【洞口县审计局】 1999年底有干部职工18人，设有办公室、财政金融审计股、行政事业审计股、工交商贸审计股、农林水审计股。

1999年度完成审计项目77个，完成审计调查4项，调查单位13个。审计金额2.63亿元，查出违规行为金额2560万元。同县纪检、监察、检察院、信访等部门查处经济案件5起。应收缴财政140万元，已收缴入库110万元。共提交审计报告、论文及审计信息45篇，被采用32篇。在预算执行情况审计中，查出违纪金额119万元，县财政空转300万元，县地税局空转500万元及多提手续费97万元的违纪问题，及时向县政府提交了审计报告和调查报告，得到县政府的高度重视。另外，对14个单位的主要领导进行了离任经济责任审计。在《审计法》实施五周年之际，组织全体干部职工系统学习《审计法》及《审计法实施条例》；大力宣传贯彻《审计法》；组织全县科局级以上干部135人进行。

【绥宁县审计局】 1999年完成审计项目57个，查出违规行为金额1450万元，指明要求纠正违规金额1355万元，收缴财政94万元。加大执法力度，查处大案要案2件。一是查出县物价局私设“小金库”、乱收费、截留收入等违纪金额107万元。二是查处县粮食局个别职工非法套取粮食差价70.1万元的严重违法行为。对群众反映较大的乡镇和县直企事业单位一把手进行了经济责任审计，查出违纪违规金额200万元，向组织部门提出审计建议10条。在《审计法》实施五周年之际，参加全市篮球比赛；组织全局干部到外县市学习经验；举行了审计法知识竞赛。

【城步苗族自治县审计局】 1999年底有干部职工12人，其中，中级职称4人。内设人秘股、工交基建审计股、行政事业审计股、财政金融审计股、农业审计股。

在实施财政预算执行情况审计中，查出违纪收入40万元，严肃处理了违规退库、挤占挪用问题，提出8条建议被采纳。1999年4月成立了离任审计办公室（副科级），共完成经济责任审计项目10个（15）人，查出违纪金额302万元，查出有经济问题的3人，为组织部门提拔使用领导干部提供了依据。为庆祝《审计法》实施五周年，由县普法办组织了对全县正科级领导干部参加的《审计法》知识竞赛，共有160人参加。

【新宁县审计局】 1999年底共有干部职工21人，其中大专以上文化12人，中级职称9人。设有办公室、财政金融审计股、行政事业审计股、农林水审计股、工交基建审计股。

审计工作成果　1999年共完成审计项目122个，其中上级审计机关安排35个，县政府交办87个。查处违纪金额1300万元，收缴财政102万元，归还原渠道资金428万元，核减工程造价170万元，查处大案要案1起，为纪检、检察提供案件线索10条。在财政预算执行审计中，对县财政资金进行了全面审计，并对农税成本、地税成本和乡镇财政进行了调查。

完成县政府交办的任务　对群众反映比较强烈的58所中小学校的收费情况进行了全面审计，并针对发现的问题向县政府提交了审计报告。二是根据县委组织部的委托，对全县34名县以下领导干部进行了经济责任审计。

【邵东县审计局】 1999年实有人员22人，设有人秘股和财金、企业、行政事业、农业基建审计股及领导干部任期审计办（副科级）。

1999年，共完成审计项目52个，查出违纪行为金额1156万元，应收缴财政162万元，已收缴财政146万元；查出大案要案3起，移交司法部门处理1人，纪检监察部门处理1人。1999年，重点抓了同级财政预算执行情况审计，查出违纪金额758万元。在《审计法》实施五周年之际，召开了全县审计工作暨庆祝《审计法》实施五周年庆祝大会。

【隆回县审计局】 1999年末共有干部职工22人，其中大学本科学历2人，大专13人；局长1人、副局长3人。设有办公室、财政金融审计股、行政事业审计股、工交基建审计股、农林水审计股、商粮贸审计股。

全年共完成审计项目62个，为计划项目数的168%，共查出违规行为金额2206万元，应缴财政83万元，已上缴财政82万元；提交审计报告84篇、审计信息32条，被采用28条。同级审共查出违规行为金额472万元，其中应缴未缴预算收入127万元，违规退库15万元，其他违规330万元。全年查出100万元以上违规金额的大案2件，查出行贿受贿的要案1件。全年开展领导干部离任经济责任审计项目12个，为县委、县政府正确评价和使用干部提供了依据。在《审计法》实施五周年宣传活动中，先后组织正科级以上干部参加了审计法律知识竞赛，全县各单位共挂出横幅120幅，宣传标语450多条。

【武冈市审计局】 1999年共完成审计项目70个，查出违规行为金额5110万元，收缴财政160万元，提交审计工作报告、信息46篇，被采用37篇。市本级预算执行情况审计，查出违规资金494万元，收缴财政7万元。共查出违纪资金上百万元，收缴金额上10万元的大案要案7件，其中移送司法机关立案查处2起，移送纪检监察处理1起。共完成离任审计13个，查出违纪金额312万元，收缴财政16万元。在纪念《审计法》实施五周年活动中，开展了审计常用法规和38个审计规范知识竞赛活动；组织全体职工参加了《中国审计》第9期审计知识百题竞赛活动；组织市直各部办委局及乡镇在职党政正职参加了审计法律知识竞赛。

【岳阳市审计局】 1999年底共有职工76人，其中：大专以上学历56人；有中级职称的42人。内设11个科室，下辖岳阳经济技术开发区审计分局，归口管理岳阳市审计学会和岳阳市内部审计师协会。

审计工作成果 1999年全市共完成审计项目491个，占年计划的134%。审计单位724个，查出各类违纪金额49606万元(不含金融审计项目)，审计处理应上缴财政1651万元，已入库1274万元。应归还原渠道资金4680万元，应减少财政拨款或补贴607万元，促进增收节支495万元。提交审计工作信息和综合报告197篇，被上级审计机关和当地党政部门采用161篇。向纪检、监察、司法机关移送案件9件、涉案金额近2000万元，建议给予党纪政纪和刑事处罚的有31人。

完成市政府交办任务 1999年全市共完成市（县、区）党政领导交办的任务200项，查处违纪金额1亿多元。1.积极参与治理经济发展环境。市审计局成立了治理经济发展环境领导小组，围绕党政工作重点，大力查处了偷漏税收、乱收费、各种摊派、乱罚款及加重企业和农民负担问题。共查处有关案件60多件，查处偷漏税费600多万元，乱收费金额800多万元，查处“小金库”50多个，金额400多万元，减轻企业和农民负担400多万元。2.开展企业资产负债损益审计。全市完成审计项目119个，审计单位166个，查出收入不实868万元，成本不实1334万元，利润不实1000万元，发现账外资产220多万元，转移国有资产67万元，损失浪费110多万元。查出违纪金额15653万元，追还侵占挪用资金163万元，促进增收节支314万元。3.开展重点基建项目审计。全市完成固定资产投资审计项目48个，审计资金总额36930万元，查出违纪金额1920万元。市审计局根据市政府办指示，对市政府办公大楼进行审计，4440多万元的投资，在市政府基建办初审核减600多万元基础上，再次核减工程造价342万元，受到了政府领导的好评。4.开展企事业单位领导干部任期经济责任审计，全市共完成此类审计项目30多个。

完成上级下达审计任务 1.根据省审计厅安排，全年的同级财政预算执行审计，完成10个项目，查出违纪金额8500多万元，减少财政支出583万元，增加财政收入1400多万元，提出了60多条审计建议。2.根据审计署的授权，全市完成了对工商银行和建设银行的行业审计，审计单位25个，查出违纪违规金额2亿多元。3.完成了省厅下达的平垸行洪移民建镇资金、社劳保险资金、扶贫资金、教育费附加、社会福利彩票、利用外资项目等审计任务。

受表彰情况 被市政府及有关部门评为综合治理先进单位、文明卫生先进单位、计划生育先进单位、档案保密工作先进单位、建整扶贫派出优胜单位等。

【岳阳市岳阳楼区审计局】 1999年底，在编人员17人，其中，中级以上职称9人。内设5个股室。

审计工作成果 全年共完成审计项目21个，审计单位57个，查出违规行为金额1879万元，审计处理应上缴财政191万元，应归还原渠道资金152万元，已上缴财政78万元，移送大要案件1件，建议给予党纪政纪处分4人，提交审计信息和综合报告20篇。

完成区领导交办任务 共完成区委、区人大、区政府交办的任务11项和区纪委交办的审计查证事项7项。对京珠高速公路岳阳连接线、岳城村水电站、区爱帆制衣公司、洞庭非金属矿、南津村村民集体上访和区国有土地征收费审计等18个项目都如期保质地圆满完成，得到了区委、区人大、区政府、区政协和区纪委的肯定。将“专项资金多、收费项目多、罚没收入多”的行政事业单位和乡场街道办事处作为监督重点，在维护经济秩序、促进廉政建设、纠正行业不正之风等方面发挥了应有的作用。会同区纪委、监察、检察等部门，查处各种经济案件5起，主要有某乡集体贪污案、社会养老保险、开发办贪污等案件。

【岳阳市云溪区审计局】 1999年底，共有在职人员14人，其中，大专以上文化10人，中级以上职称6人，设4个股室。

审计工作成果 全年共完成审计项目26个，审计调查项目2个，查出违规行为金额835万元，审计处理应上缴财政27万元。

完成区政府交办任务 1999年共完成区政府交办的审计事项16个。对全区7个乡镇场财政资产、负债进行审计调查，调查乡镇企业47个。完成领导干部经济责任审计4个。此外，还完成了上级审计机关下达的教育费附加、社会养老保险资金、世行贷款等项目的审计，受到了好评。

【岳阳市君山区审计局】 1999年底共有干部职工22人。其中：正副局长4人。具有大专以上学历18人。内设5个业务股室和办公室。

审计工作成果 1999年共完成审计项目30个，审计单位35个，查出违规行为金额1796万元，应上缴财政51万元，应减少财政拨款或补贴32万元，已入库24万元。提交审计信息10篇。

完成区政府交办任务 全年共完成区政府交办项目15个，主要有水利资金调查、农村合作基金会清理整顿、企业破产清算、企业脱钩改制、供销社财务挂账、村队财务审查等。

完成上级交办任务 全年完成上级下达审计项目5个，包括财政同级审、移民建镇资金、教育费附加、养老保险资金、福利彩票等审计项目。财政同级审，查出违规行为金额375万元；在移民建镇资金审计中，查出挤占、挪用移民建镇资金67.62万元；在移民建镇资金发放过程中，发现存在扣移民款，少发、多发、错发、漏发、虚报冒领等问题，及时向上级审计机关汇报并严肃查处。

【岳阳县审计局】 1999年底局机关有20人，内设5个股室。

审计工作成果 1999年共完成审计项目43个，审计单位54个，审计金额3.5亿多元，查出违规行为金额1587万元，调整账务860万元，收缴财政91万元。移送经济案件5起，并同纪检、监察、检察等部门共同查处经济案件8起。

完成县政府交办任务 全年共完成县政府交办任务15个。一是切实抓好财政、税务部门审计。共查出违规行为金额900多万元，其中财政隐瞒预算收入400多万元，各预算执行单位应解未解的财政收入200多万元，税务部门以税还贷，造成财政短收27万多元，其他违反财经法规的问题300多万元。二是强化了乡镇财政审计。全年审计8个乡镇财政，除进行常规的财政收支审计外，重点披露了一些乡镇法纪意识不强、管理混乱、加重农民负担、请客送礼、挥霍浪费、隐瞒截留财政收入、非生产性开支严重失控等重大问题，并向县委、县人大、县政府、县政协领导报送了专题审计要情。三是加强对重点部门、重点资金审计。全年对社会保险资金、教育费附加、社会福利资金、移民建镇资金、环保资金、棉花收购资金、农业开发资金进行了审计。

【华容县审计局】 共有干部职工40人，其中大专以上学历22人；审计师13人；内设6个股室。

审计工作成果 全年共完成审计项目80个，审计单位113个，查出违规行为金额3186万元，为国家挽回经济损失315万元，审计决定收缴县财政180万元。

1999年完成县政府交办的乡镇财政审计项目22个，通过审计，督促被审计单位纠正违规资金81万元，查出违规行为金额550万元。全年完成企业审计项目17个，查出违规行为金额872万元，应上交财政79万元。全年完成行政事业单位审计33个，查出违规行为金额870万元，应交财政68万元。还完成了移民资金和救灾款物的审计和"关于制止中小学乱收费"的督查。

完成上级下达任务 完成了县本级预算执行情况审计，社会福利彩票、社会劳动保险资金、教育费附加、利用外资等项审计，共查处违规行为金额780万元。

【汨罗市审计局】 1999年底，全局共有干部职工46人；有正副局长8人。下设办公室、财金审计股、行政事业农水审计股、工交审计股、商贸外资审计股、固定资产投资审计股。

审计工作成果 全年共完成审计项目58个，审计单位65个，查出违规行为金额3827万元，审计处理上缴财政104.2万元，已上交82.7万元。

完成市政府交办任务 受市政府及组织部委托，开展企业领导干部任期经济责任审计项目3个，查处违纪金额26万元。抽调24人次参与全市专项清理审计。如审计查出某有限公司违纪金额170余万元，8人被移送司法机关立案审查，追回被贪污挪用资金35万元，为公司增加债权102万元。

完成上级交办任务 1999年，共完成署、省授权审计项目9个，查出违规行为金额2537.9万元，，收缴财政30.2万元。

【临湘市审计局】 1999年底有干部职工47人，其中：大专以上学历21人；中级以上职称10人。内设6个股室。

审计工作成果 全年共完成审计项目60个，查出违规行为金额6600万元，处理上缴财政101万元，追回被挤占挪用资金100多万元，为国家、集体挽回经济损失400万元。提出审计建议190条，被采用审计信息5篇。

完成市政府交办任务 全年完成市政府交办事项18项，提出有价值的审计建议50条，移送经济案件3起，有11人受到纪检、监察和司法机关处理。市审计局被市委、市政府誉为"领导决策的好帮手"。年初，白羊田镇部分群众集体上访反映镇财政和站所财务管理混乱问题。市审计局接到市政府指示后，派出审计组对该镇进行了为期一个月的现场审计，弄清了问题的症结，如实出具了审计报告。6月份，受市政府委托，对市建筑公司进行了清查，一举将"私刻公章，偷逃税收，偷盗发票"的个体户区某绳之以法，并收缴偷税款12.8万元，产生了良好的社会影响。8月份，为配合市原种场的改革，根据市政府指示，对该场1994年至1997年资产负债损益进行了审计。审计报告引起了市政府主要领导的重视。鉴于该场存在个人虚报发票违纪行为，此案已移送市纪委立案查处。

【平江县审计局】 1999年底全局共有干部职工41人；其中：大专以上文化28人；局长1人，副局长4人；内设7个股室。

审计成果 全年共完成审计项目58个，审计单位79个。完成审计调查项目4个，调查6人。共查出违规行为金额3523万元。移送案件4起，上缴财政金额174万元。

完成县政府交办任务 全年共完成政府交办项目5个。根据政府委派，对县商业总公司进行了审计，发现该公司领导盲目决策，大额投资经营一家亏损企业，致使该公司亏损100多万元。通过审计，依法将该公司主要负责人移送有关部门处理。对全县37家长石粉加工企业进行清理，共查出漏缴各项税费356万元，并负责追缴入库100万元，已全额上缴。

完成上级下达任务　全年共完成署、省定项目9个，包括银行、养老金、教育费附加、福利彩票、利用外资等项审计。在同级财政审计中，共审计及审计调查20个单位，审计资金总额27871万元，查出违规行为金额1351万元，提出审计建议5条。

【湘阴县审计局】　1999年底，在编人数24人，其中研究生学历1名，本科2人，大中专14人，各类专业技术人员16人。设有6个股室。

查出应归还原渠道资金552万元，促进增收节支490万元，审计处理应上缴财政154万元。提交审计工作报告信息20篇，被县以上单位采用14篇。

完成交办任务　全年共完成县委、县政府交办的工作任务20多项。其中，受组织部委托对9个乡镇和11个局的主要负责人的任期经济责任审计，为组织部门使用干部提供了第一手资料。完成审计署、省厅、市局交办任务6件。查出违纪违规金额2358万元，收缴财政26万元。在对省厅授权的新华书店审计项目中，从账目入手，发现一笔50余万元的书本救灾款没有按政策操作，审计采取措施使该款落实到失学儿童手中，产生了较大的社会影响。同时根据审计署的统一授权，对工商银行和建设银行开展了全面审计。

【常德市审计局】　1999年共有干部职工61人，其中，具有中级以上职称的35人；局长1人，副局长5人，纪检组长1人。设有办公室、综合科、人教科、法规科、财政金融审计科、行政事业审计科、工交审计科，商粮贸审计科、农林水审计科。

1999年完成审计项目158个，查出违规行为金额23805万元，比上年增长71%；上缴财政608万元（不含同级审查增财政收入750万元），比上年增长4.5%。全市共完成领导干部任期经济责任审计项目120个，其中党政领导干部75人，企业领导人员45人，查出违规行为金额3908.9万元。审计后，提拔13人，降免职10人，移交纪检监察和司法机关处理8人。1999年全市共查出大要案件38件，已移交纪检、监察机关处理12件，移送司法机关处理7件，协助查处或由主管部门查处的案件19件。对常德教育学院1997～1998年度财务收支审计，查出违纪违规金额324万元，其中违规收费139.1万元，发放各种奖金补贴129.8万元。根据市政府要求，组织28名审计骨干，分6个小组对市直68家企业养老保险基金的缴费情况进行专项审计督查，查实企业应提未提保险费2451.69万元，部分企业挪用职工个人代扣代缴保险费274.27万元。

【常德市武陵区审计局】　1999年底共有职工13人，其中大专以上文化6人，高级审计师1人，审计（会计）师6人；局长1人，党组书记1人，副局长2人。内设办公室、财政金融审计股、行政事业固定投资资产审计股、企业审计股。全年共完成审计项目42个，查出违纪金额231.59万元，收缴财政104.1万元，全年已上缴财政106.38万元。受区委组织部委托，对9个重点企业、行政事业单位的领导干部进行了任期经济责任离任审计；受区政府的委托，完成了平垸行洪、退田还湖、移民建镇专项资金的清理与审计；此外，还完成了区政府交办的国债资金中水利专项资金自查自纠的审计调查。

【常德市鼎城区审计局】　1999年底共有干部职工38人，其中：大学本科2人、大专16人；高级审计师1人，审计师11人；设办公室、财政金融审计股、工交商贸审计股、农林水审计股、行政事业审计股、乡镇审计站、固定资产投资审计股。全年共完成审计项目88个，审计单位135个；完成审计调查2项，调查单位5个，共查出违规行为金额5641万元，决定收缴财政92万元；协同区纪检监察和司法机关查处案件2起；提交审计报告48篇，审计信息被采用39篇，通报公布审计结果6件，公开曝光典型案例2件，为改革、发展和社会稳定发挥了积极作用。完成区委、区政府交办的审计事项29件。其中，乡镇领导干部任期经济责任审计项目18个。对在桥南宾馆重点工程决算审计中，审计组成员严格执法，秉公办事，历时23天，共审减工程决算212.42万元，核减率为13.16%，为桥南市场管委会节约了大量投资。

【临澧县审计局】　1999年共有干部职工39人，大学本科4人，大专15人；设有办公室、财政金融审计股、行政事业审计股、固定资产投资审计股、企业审计股。全年共完成审计项目64个，查出违规行为金额3627万元，上缴财政84万元，共提交审计信息及报告39篇，向司法机关移送案件2件。共完成县委、县政府交办的工作任务18项，审计清理单位32个。

【石门县审计局】　1999年底共有干部职工21人。其中：大学本科3人，大专11人。设有办公室、财政金融审计股、行政事业审计股、固定资产投资审计股、企业审计股。全年共完成审计项目70个，完成审计调查6个，查出违纪金额3322万元，决定收缴财政金额95万元，追还侵占挪用资金375万元，移送纪检案件1件。提交审计信息、报告40多篇，被采用30篇。共完成交办任务7项。派出3个审计组，9名审计人员，完成县政府交办的县直行政事业单位预算外资金清理，清理工作受到好评。全年完成县委交办的干部任期经济责任审计11人。还完成县人大交办的帮困资金、以工代赈资金、公费医疗经费三大专项资金审计调查，找出了专项资金设立、管理、使用中存在的问题，提出的改进建议均被采纳。

【津市市审计局】 1999年底，共有在编干部20人。其中：大学本科3人，大专11人；高级审计师1人，审计（会计）师14人；局长1人，副局长2人。内设办公室、财政金融审计股、行政事业审计股、工商企业审计股、基本建设审计股。1999年全年共完成审计项目74个，查出违规行为金额2238万元，决定收缴财政299万元，实际入库289万元。完成市委、市政府交办的工作任务62项。其中，有市委组织部委托对42个重点企业、行政事业单位的年度经济责任考评，市政府交办的对平垸行洪等4项重点资金及15个重点单位法定代表人的离任审计，还参与了市政府交办的对全市农村合作基金会的清理工作。

【澧县审计局】 1999年底，全局有在职人员30人，其中，大专以上学历的17人；中级以上技术职称的10人。内设办公室及行财、财金、工交、商贸、投资审计股。全年完成审计项目152个，查出违规行为金额4700万元，决定收缴财政120万元。共提交审计信息及报告91篇，向纪检及司法机关移送案件2件。共完成县委、县政府交办的工作任务21项，审计清理单位64个。

【安乡县审计局】 1999年底共有干部职工21人，其中：大学本科学历1人、大专10人。设有办公室、财政金融审计股、行政事业审计股、商贸审计股、工交审计股、投资审计股。1999年，全局共完成审计项目80个，完成审计调查11个，调查单位92个，审计资金总额68091万元。共查出违规行为金额840万元。对查处的案件向社会公开曝光8个，移送纪检监察部门案件3个。上缴县财政81万元，共提交审计报告43篇。完成县政府交办的工作任务26项，审计清理单位135个。7月至11月，为配合县委、县政府开展经济体制改革和企业改制，对全县40多个单位进行了整顿经济秩序清查和企业破产清算，及时为县政府提供了第一手资料。

【桃源县审计局】 1999年底共有干部职工24人，其中，研究生学历1人，大学3人，大专9人。设有办公室、法制办、财政金融审计股、行政事业审计股、企业审计股、固定资产投资审计股、经济责任审计股。全年共完成审计项目119个，查出违规金额7243万元，追还被侵占挪用资金915万元，决定收缴财政140万元，入库135·5万元。查出涉及8个单位的10个“小金库”，金额达161·8万元。移送纪检、监察、检察机关案件4起，协助检察部门查处经济案件3起。共完成县委、县政府交办任务38项，其中乡镇年度经济责任审计25个，移民资金调查1个，基建预决算审计12个。为配合创建文明卫生城市和撤县建市行动，大力加强固定资产投资工程的审计，先后对市政建设工程、桃源商城、体育中心及防洪保安工程进行了审计，审减建设资金458万元，受到县委、政府领导的赞扬。

【汉寿县审计局】 1999年底在职人员18名，有大学本科学历4人，大专11人，中级以上职称11人；内设办公室和财金、基建、企业、行政事业审计股。全年共完成审计项目80个，查出违规行为金额1890万元，追还挤占挪用资金214万元，收缴财政61万元，入库率100%。共完成县委、县政府交办项目33个。

【张家界市审计局】 1999年共审计299个单位（项目），查出违规行为金额19620万元；追还被挤占挪用专项资金2006万元，为财政增加收入250万元，向纪检、监察和司法机关移送案件6件，立案查处9人。

开展了乡镇财政负债审计调查 1999年，全市审计机关共抽调65人组成23个审计小组，对全市100个乡镇财政负债情况开展了审计调查。据调查统计，截至1998年底，全市100个乡镇财政债务1.39亿元，每个乡镇平均负债139万元，负债面达100%。这次调查，基本摸清了全市乡镇财政债务情况和形成的原因，为市委、市政府决策提供了依据。

突出重点，开展财政同级审 共审计财政、地税等98个预算执行单位。同时，继续开展县级财政决策审计，共审计2个县级财政决算单位，查出隐瞒转移预算收入50.37万元，挤占挪用专项资金88.16万元，违规提退预算收入175.72万元。审计处理上缴上级财政15.5万元，在一定程度上遏制了财政收支中的违规行为。按照审计署的统一授权，1999年对全市工商银行、建设银行系统的资产负债损益的真实性、合法性和效益性进行了审计，审计总金额28亿元，查出违规行为金额451.82万元，其中，“小金库”10.33万元，漏交国家税费89.84万元。完成行政事业单位审计81个，查出违规金额12962万元，分别挤占挪用养老保险资金、教育费附加和扶贫资金1394万元、1900万元和3000万元。还对行政事业单位的严重违纪违规问题进行了严肃查处，为国家财政增加收入144万元，追还被挤占挪用的各类专项资金2100万元。在领导干部经济责任审计中，全年共审计县级以下党政领导干部9人，企业领导1人，为组织部门考核、评价、使用干部提供了依据。

【张家界市永定区审计局】 1999年底，定编20人，实有人数18人，其中：具有大专以上文化的7人；中级技术职称8人；局长1人、副局长3人。内设办公室和行政事业、财金商贸、工交基建审计股。1999年共完成审计和审计调查项目50个，审计单位96个，查出违规行为金额2276万元，决定处理处罚金额487万元，指明纠正金额789万元，处理收缴和罚款70万元，追还被侵占挪用资金830万元。提出审计建议106条，提交审计报告和信息16篇。

【桑值县审计局】 1999年，在职人员18人，其中：大学本科学历1人，大专10人；审计师10人；局长1人、副局长3人。内设办公室和工交基建、财政金融、农水商贸、行政事业4个审计股。

审计成果 全年共完成审计项目60个，为年计划的120%，查出违规行为资金4681万元，决定收缴财政92万元，调减财政拨补97万元，追还被挤占挪用资金1543万元，责成被审计单位自行纠正2849万元。报送审计信息68条，被采用58条。

完成市、县政府交办任务 对全县38个乡镇负债情况进行审计调查，揭示了乡镇负债2876万元的原因，提出了消赤减债的6条建议。对10名离任领导干部进行了任期经济责任审计，为县委、县政府任免干部提供了参考。还对烟厂转产、四校合并、工商资产分割进行了审计，为政府决策提供了资料。

【慈利县审计局】 1999年末，共有干部职工20人。其中：大学本科学历2人、大专6人；局长1人、副局长2人。设有办公室、财政金融审计股、行政事业审计股、工交商贸审计股、固定资产投资审计股。

1999年，共完成审计项目65个，共查出违规行为金额3836万元，追还被侵占挪用资金650万元，上缴财政60万元。共提交审计报告67篇。

1999年，完成县政府交办的事项9项，审计清理单位14个。如对城区市政工程建设和资金筹集情况审计调查，共审查建设项目投资2320．16万元，核定项目资金缺口790．9万元。

【郴州市审计局】 1999年，定编41人，实有39人。大专以上文化32人。共审计104个单位，查出违规行为金额41991万元，处理已上交财政588万元。

1999年，认真贯彻落实朱总理对审计工作的指示精神，以财政、投资和任期经济责任审计为重点，着力查处了一批有影响、有震动的项目。如对安居工程、桂东东山电站、部分人防工程等重点项目进行了审计，查出并处理了在工程管理中存在的严重违纪违规行为。同时，首次在全市反腐败工作新闻发布会上进行了通报，反响强烈，影响深远。全市查出10万元以上的“小金库”13个，累计金额超过1000万元，最大的“小金库”达415万元。

全市审计了5个县级财政决算。还开展了企业职工养老保险、扶贫资金等专项资金审计。

全市完成固定资产投资审计项目单位74个，实施专项审计单位67个，核减工程结算3948万元。完成领导干部任期经济责任审计15个。通过审计，共提拔5人，平调53人，降职2人，移送有关部门处理5人。

1999年，郴州市审计局受市级以上机关表彰8人，获得全市“文明机关”、“法制工作先进单位”等荣誉称号。市审计局还与市人事局联合表彰了20个“审计卫士”，评选出8个“五好审计机关”。

【郴州市北湖区审计局】 1999年12月底共有干部职工21人。其中：大学本科学历1人，大专12人。具有中级技术职称的11人。局长1人，副局长3人。

1999年全局共完成审计项目39个，审计单位60个，查出违规行为金额3414万元。全年完成经济责任审计9个，查出违规行为金额1391万元，应上交财政12万元，已上交财政11万元。

【郴州市苏仙区审计局】 1999年末有在职人员20人，具有大专以上文化的13人。局长1人、副局长4人。内设办公室、工交审计股、商贸审计股、行政事业审计股、基建外资审计股。

1999年完成审计项目87项，为年计划50项的174%。查出违规行为金额2032万元。其中，“小金库”6个，计金额88万元，查出乱收费单位16个，计金额172.4万元；乱发补贴单位13个计金额64.3万元。上交财政98.3万元。完成基建投资竣工项目决算审计30项，核减基建决算投资341.5万元。在对区文化局财务收支审计中，查出该局隐瞒收入、私设“小金库”、集体私分公款10.98万元，区政府常务会议专题听取了汇报，对集体私分公款进行了清退，全额收缴财政。根据区委、区政府委托，完成检察院、法院等15个单位领导干部的离任经济责任审计。

【资兴市审计局】 现有人员20人，其中：大学本科学历4人，大专10人；中级职称12人；内设6个股室。

1999年完成审计项目53个，查出违规行为金额1631万元，处理上缴财政38万元，为国家增收节支147万元；完成固定资产投资审计项目23个，审计投资总额3800万元，核减决算金额293万元；完成领导干部任期经济责任审计15个，查处违规行为金额857万元，经审计，提拔2人，平调12人，降职使用1人，移送处理1人。在社会养老保险基金专项审计中，查出挤占、挪用、虚列支出社会养老保险基金1080万元。对福利捐赠资金审计，查出挪用捐赠资金50万元用于住宅建设。

【桂阳县审计局】 1999年，县审计局共有人员20人，内设机构11个，即办公室、财政、金融、行政事业、农林水、工交、基建外资、商贸、复核股。共完成审计项目102个，为年计划27个的3.78倍，审计单位218个，审计总金额17.46亿元，查出违规行为金额3101.38万元，审计处理应收缴财政 453.79 万元，已收缴入库 450.71 万元；查出个人违纪 20 人次，金额 17.11 万元，查出“小金库”7 个，资金发生额 185.45 万元。应追回被侵占挪用的资金 363.27 万元。其中，完成基建审计项目 12 个，核减投资 193.46 万元。完成专项审计调查 2 个，提交专项审计调查报告 2 篇，提交审计科研课题和宏观经济报告 12 篇，提交审计信息 26 条。

【安仁县审计局】 1999 年共有干部职工 22 人。其中：大学本科学历 4 人，大专 10 人；局长 1 人，副局长 3 人。设有办公室、工交基建审计股、商贸审计股、财政金融审计股、行政事业审计股、内审指导站。

1999 年共完成审计（调查）项目 71 个，查出违规行为金额 3575 万元，追还被侵占挪用资金 308 万元，处理应上缴财政 63 万元。提交审计信息、报告 32 篇，被采用 20 篇。全年完成党委政府交办任务 25 项。抽调 6 人配合县有关部门对农村合作基金会进行清产核资，完成了县政府领导交办的对县商品粮基地专项资金使用情况的专项调查，亏损严重的县酒厂“两项基金”和禾市乡中学基建审核等专项审计，以及县委组织部委托的领导干部任期经济责任审计 21 个。如对县承坪乡农民反映强烈的农贸市场建设的审计，审计总投资 142.6 万元，核减造价 56 万元，审计决定下达后，在当地引起强烈反响。

【桂东县审计局】 1999 年底有干部职工 18 人，其中大专以上学历 12 人，审计师 10 人；局长 1 人，副局长 2 人，总审计师 1 人；内设办公室、财政金融审计股、工交基建审计股、农林水行政事业审计股、商贸审计股、内审指导股、领导干部任期经济责任审计股。一年来，共完成审计项目 52 个，比上年同期增长 24%。其中完成中央、省、市项目 21 个，县定项目 31 个，查出违规行为金额 875 万元，应收缴财政金额 44 万元，已全部入库。追还被侵占挪用资金 143 万元，提交审计工作报告、信息 32 篇。

【汝城县审计局】 1999 年共有干部、职工 21 人。其中：大学本科学历 1 人，大专 8 人；局长 1 人，副局长 3 人。设有办公室、财政金融审计股、行政事业审计股、工交审计股、基建外资审计股、内审指导股。

1999 年，共完成审计项目 71 个，为上级下达任务的 121.3%；审计总金额 35983 万元，共查出违规行为金额 894 万元，收缴财政 135 万元，提交调查报告 16 篇，协同县纪检、监察部门联合查处经济案件 3 起。

1999 年共完成经济责任审计 43 个，审计总金额 24734 万元，查出违规行为金额 314 万元，收缴财政 71 万元。此项审计为组织部门选拔任用干部起了参谋作用，县委以审计结果为依据，调整了科级干部 13 名。

【临武县审计局】 1999 年有在职人员 18 人，其中，大专以上学历的 9 人，中级职称 12 人。局长 1 人，副局长 3 人。内设行政事业审计股、工交商贸审计股、金融财政审计股、基建外资审计股和办公室。

1999 年共完成审计项目 53 个，审计总金额达 31657 万元，查出违纪金额 2462 万元，应收缴财政金额 66.6 万元，已收缴 51.9 万元，追回被挤占挪用资金 515 万元，为国家挽回经济损失 316 万元，被采用审计信息 26 篇。

全年共对 27 个单位的 29 名科局级领导进行了任期经济责任审计，为组织部门考察任用干部提供了依据；完成固定资产投资项目审计 5 个，查出违纪金额 126 万元，办理项目签证 43 个，开工前审计 25 个；同级财政预算执行情况审计效果良好，查出截留应缴预算收入 112.6 万元，6 条审计建议被采纳，审计结果报告和审计工作报告受到县人大、县政府好评。

【嘉禾县审计局】 共完成审计项目 81 个，为年计划的 385.7%，是建局以来完成审计项目最多的一年。查出违规行为金额 2028 万元，应上交财政 165 万元，追还被侵占挪用专项资金 375 万元，核减基建决算投资 187 万元。全县共有内部审计机构 29 个，内审人员 64 人，完成各类审计项目 23 个，纠正违纪金额 202 万元，促进增收节支 20 万元。

【永兴县审计局】 1999 年实有人员 19 人。大中专学历的占 63%，有中级职称的占 68%。内设办公室、财政金融审计股、行政事业审计股、商粮贸审计股、农林水审计股、工交基建审计股。

1999 年共完成审计项目 82 个，查出违规金额 1987 万元，处理收缴财政 83.88 万元，收缴入库 80 万元，入库率为 95.4%。基建投资预决算审计核减投资额 264.23 万元，督促补缴税费 13 万余元。提交审计工作报告 5 篇，被县委、县政府采用 2 篇。

加大了对经济领域打假治乱的力度，收到了好的效果。审计 52 个项目，查出违规行为金额在 50 万元以上的有 6 个，处理收缴违纪金额 10 万元以上的有 4 个。查处“小金库”2 个，移送纪检监察机关查处的案件 1 件，1 人受到处分。

【宜章县审计局】 1999 年，组织 3 个审计小组共 9 人，对县本级的财政预算执行和其他财政收支情况进行审计，并延伸审计了县教育局、县税侦大队等预算执行单位。经审计，发现县财政局虚增收入 653.6 万元，拖欠上拨教育经费 257.13 万元和城市教育费附加 168.93 万元。县教育局拖欠下拨学校教育事业费 656.14 万元，挤占、挪用教育经费 145.26 万元，隐瞒收入 5.25 万元，违规发放补助 3.57 万元。全年完成 8 个乡（镇）财政决算审计，查出违规行为金额 43.85

万元，审计处理收缴金额2.89万元，调账40.95万元，并提出审计建议30条。完成县委、县政府交办的离任经济责任审计5个，并完成市委组织部委托的3名处级干部任期经济责任审计。

【永州市审计局】 1999年，永州市审计机关突出重点，圆满完成了各项审计任务。全市坚持突出财政金融审计，深化国有企业审计，狠抓基建投资审计，加强农业外资审计，改进行政事业审计，共查出违规行为金额2亿多元，为财政增收节支4669万元。其中，市本级完成审计项目54个，查处违规行为金额8873万元，为国家财政增收节支1561万元。

全年发现和查处大要案件线索23起，涉案金额1105万元，建议纪检监察部门给予党纪政纪处分的36人，移送司法机关处理12人。还依法通报和公布重大事项审计结果有15项，扩大了审计影响。年内完成领导干部任期经济责任审计43个，其中处级干部13个，科级干部30个。全市完成审计调查项目85个，撰写和提交审计工作报告、信息及审计理论实务文章803篇，被各级采用、批示、发表473篇，有效地发挥了审计的宏观性参谋服务作用。

全市审计机关在自身建设方面坚持高标准、严要求，加强了干部培训、思想教育、机关管理、审计法制和廉政建设工作。年内，全市审计干部参加各类培训学习的达200人次。实现了全市12个审计机关档案室全部上省一级的目标。审计质量控制工作力度加大，审计执法行为进一步规范。组织开展了审计法律知识竞赛活动，召开了高规格的纪念《审计法》实施五周年座谈会，市委、市人大、市政府、市政协领导出席会议并分别发表重要讲话，还通过市级以上新闻媒体刊登播发60篇专题文章和审计新闻，促进改善了审计执法环境。

【永州市冷水滩区审计局】 1999年，积极开展了领导干部任期经济责任审计。按照上级文件精神和区委组织部的委托，集中时间和人力，对4个部办委和乡镇的党政主要领导进行了任期经济责任审计，查出违规行为金额394万元，收缴财政4.5万元，为组织人事部门选拔使用干部提供了依据。

完成了工商银行冷水滩支行和建设银行永州一支行1998年度资产负债损益情况的审计。重点对其下属信贷部、分理处和51个贷款企业进行了延伸审计，查出有问题金额1829万元，提出了加大固定资产和信贷资金管理力度的审计建议。

大要案件的查处 在对区科委财务收支审计中，发现该单位职工15人集体私分国有资产处置收入（卖房款）30万元。此案已依法得到处理。

搞好《审计法》实施五周年宣传活动 通过办黑板报、在主要街道张贴标语和悬挂横幅、利用电视和报纸宣传报道审计成果，组织科级以上领导干部进行审计法律知识考试等形式，加强了审计法规的宣传，扩大了审计的社会影响。

【永州市芝山区审计局】 1999年，认真贯彻中央“两办”指示精神，抓了经济责任审计。分别对芝山区人民检察院检察长和永州宾馆总经理任期经济责任进行了审计。其中，依法查处了永州宾馆总经理任职期内存在的问题：经营决策失误，造成任期内宾馆亏损415万元；二是隐瞒营业收支107万元，漏缴税费5.5万元；三是任期内该馆少提固定资产折旧113万元；四是利用职务之便，以其私人轿车（据了解，此车实际价值约5万元）抵还银行贷款10.5万元。通过开展经济责任审计，扩大了审计影响，提高了审计机关的地位。根据审计署的授权，对永州市工商银行芝山支行和永州市建设银行第二支行1998年度资产负债损益情况进行了审计。在对市建行第二支行审计中发现，该支行未经上级分行批准，擅自核销本单位经济实体坏账损失195万元，存在账外资产30万元，挤占挪用信贷资金44.9万元，向自办经济实体投资、贷款1700万元，贷款本息无法偿还，部分已成为呆滞贷款。

【祁阳县审计局】 1999年，在坚持全面审计的同时，继续把财政金融审计摆在突出位置。在同级财政审计中，坚持以审计财政税务部门为主，并对8个掌握调拨管理使用大宗财政资金以及其他专项资金较多的单位进行了延伸审计，审计资金总额2963万元，查出违规行为金额782万元，依法收缴财政67万元。对县乡财政赤字、农业“四税”及地税征收成本进行了审计调查。县长对调查报告作了批示。查办经济案件3起，移送司法机关处理2人，建议给予行政处分5人。在《审计法》实施五周年之际，制作了宣传审计工作的专题节目，先后在县、市电视台播放，收到了较好的效果。

【东安县审计局】 1999年，切实加强了财政金融审计。重点搞好本级财政预算执行情况审计，按时向县政府提交了审计结果报告，并代表本级政府向县人大常委会提交了审计工作报告，为本级政府全面了解和掌握财政家底及预算管理方面存在的问题提供了依据，促进提高了财政资金的使用效益。开展对地税、农税系统的审计调查，提出了规范税收征管、降低税收征收成本等方面的建议，受到政府的好评。同时，对县工行和建行1998年度资产负债损益情况进行了审计，共核增亏损913万元，提出加强管理和制度方面的建议13条。

全年共查出大额“小金库”等案件线索8起。其中，移送纪检监察部门处理4起，查处违纪违规行为金额300多万元，收缴财政110万元，对有关涉案人员依法作了严肃处理。

年内完成领导干部任期经济责任审计项目9个，并查处了几起严重的违纪案件，引起了社会各界的关注，审计结果得到了县委、县人大和县政府的肯定。

【双牌县审计局】 1999年，认真完成了本级财政预算执行情况审计。共查出违规行为金额485万元，其中空转财政收支200余万元。还完成4个乡镇财政决算审计，对违规行为较严重的何家洞乡政府进行了通报，对涉嫌违规占用公款的泷泊镇原镇长依法移送纪检监察部门查处。此外，根据上级统一安排，认真开展了地税农税征收成本、财政赤字情况审计调查，为领导决策提供了依据。城乡教育费附加审计查出少征、欠拨、挤占挪用金额282万元以及乱集资乱收费等问题。对县人造板厂的审计，揭露盈亏不实、账实不符金额达1082万元的问题。此外，在人员少任务重的情况下，还抽调力量完成了县委、县政府交办的各项工作。

【道县审计局】 1999年，开展财政预算执行情况审计突出了三个服务：一是从审计评价内部控制制度入手，检查财政资金管理使用的安全性和效益性，为财税部门强化内部控制制度服务；二是从审计银行账户入手，摸清财政家底，分析财政收支结构变动因素，提出抓好财源建设、优化收入结构、强化预算管理的审计建议，为县委、县政府进行财政经济宏观决策服务；三是实事求是揭露问题，依法作出处理，为县人大有效监督财政预算执行情况服务。

全年共完成县委、县政府交办的合作基金会和收支两条线检查、大坪铺农场及村级财务清理等个15项目。先后抽派13人用近1个月的时间完成6个农村合作基金会的清理整顿工作，确保了基金会贷款资金的及时回收和到期存款的及时兑付，维护了农村稳定。

【江华瑶族自治县审计局】 1999年，坚持以打假治乱为重点，注重发现和查处大案要案。在对县农业局及所属单位1998年的财政财务收支情况进行审计中，发现私设“小金库”等违纪违规金额59万元，涉嫌贪污私分公款的有6人，审计决定依法收缴财政15万多元，并将有关责任人员移送县检察院立案查处。同时，坚持廉洁从审，树立良好的审计形象。在对企业厂长（经理）进行任期经济责任审计时，根据企业的实际情况，局里及时研究决定，改进审计方法，变就地审计为送达审计，减少了被审计单位接待工作，节约了费用开支，有利于审计机关的廉洁自律，提高了审计工作效率。如对县烟厂厂长任期经济责任的审计，采取送达审计方式，由该厂财务科将五年来的会计凭证、账簿、报表等资料送到审计局，为该厂节约了上万元的接待等费用开支，取得了较好的审计成效。经过半年多时间的审计，发现该厂存在作假账、盈亏不实、偷漏税费、私分公款、滥发钱物、损失浪费、基建管理人员受贿等方面的问题。此案已及时向纪检监察部门移送，并已挖出了一批“蛀虫”，挽回了经济损失。

【江永县审计局】 1999年，认真实施了县本级预算执行情况审计。采取边审计边调查、审收入与审支出相结合的方法，查出违规调整预算、应付往来转作其他收入150万元、支出挂账363万元等问题，依法作出了处理。

任期经济责任审计 年内开展了对原房地产开发有限公司法定代表人任职期间经济责任审计。审结后，决定对该公司未代扣代缴的个人所得税、少代扣代缴的建安营业税等违纪金额29万余元予以全额收缴。

外资运用审计 本着实事求是、认真负责的原则，查出红壤开发的部分项目投资超概算问题，审计责令县红壤办立即停止超规模项目建设。还发现县防疫站挪用国内配套资金的问题，审计责令其将挪用资金归还原渠道。

《审计法》实施五周年纪念活动 在县政府宣传栏内展出了审计署印制的11幅纪念挂图；组织全县部、办、委、局主要领导进行了审计法律知识竞赛；还通过报纸和电视台宣传了审计法实施以来取得的审计成果。

【宁远县审计局】 1999年，在县本级1998年度预算执行情况审计中，对10家预算执行单位和国有企业进行了延伸审计，并对地税农税征收成本、财政赤字和财政信贷资金情况进行了审计调查，查出应缴未缴预算收入、挪用粮食补贴、占用农业税减免款、延解税款等违规行为为金额179万元，如期向政府提交了审计结果报告，并受政府委托向县人大常委会提交了审计工作报告。同时，完成乡镇财政决算审计4个，固定资产投资项目审计4个，企业资产负债损益审计3个，查处违规行为金额126万元。对农业综合开发资金、教育费附加、公费医疗经费、捐赠资金以及利用外资等进行了审计，共审计各类专项资金3200多万元，发现违规行为金额470万元，都依法作了处理。完成领导干部任期经济责任审计2个，为组织部门管理任用干部提供了依据。此外，认真完成县委、县政府交办的其他工作任务8项，受到好评。

【新田县审计局】 1999年，在县财政预算执行情况审计中，采取从账户入手的方法，对县财政、税务部门的预算执行情况进行了审计，并选择对预算执行、税收征管有较大影响的县教委、卫生局等单位进行了延伸审计。共查出应缴未缴预算收入、违规提取征收手续费等违规行为为金额246万元，审计处理全部收缴财政。结合同级财政审计还对财政净结余的真实性、地税农税征收成本和财政信托资金管理使用情况作了审计调查。

在《审计法》实施五周年之际，召开了有县委、县人大、县政府领导和50多个被审计单位代表参加的审计执法座谈会；在市县电视台播放了反映《审计法》实施五年来新田审计工作成果的专题电视片，并在《永州日报》上发表了文章；印发审计宣传资料1000份；在县城主要交通路段悬挂审计宣传横幅10幅。

【蓝山县审计局】 1999年，按照上级审计机关的授权，分别对建设银行蓝山支行和工商银行蓝山支行1998年度资产负债损益情况进行了审计。在对县建行的审计中，查处了多计支出11万余元、将收入10万余元不列入单位财务账内核算等问题。

全年共完成6个单位的领导干部任期经济责任审计，查出违规行为金额48万元，依法作出了处理。

在开展纪念《审计法》实施五周年之际，在县城主要路段张贴审计宣传标语70余幅，将全县贯彻实施《审计法》的情况及审计工作成果通过新闻媒体进行了宣传报道。

【怀化市审计局】 1999年末在编人员43人，其中审计师23人；局长1人，副局长4人。设有综合科、办公室、人教科、法规科、财金审计科、工交审计科、行政事业审计科、农业审计科、商贸审计科、固定资产投资审计科。

1999年全市共完成审计项目442个，查出违规行为金额17305万元，上交财政551万元，核减工程预算456万元，向司法机关移送案件2件。其中：市局完成审计项目65个，查出违规行为金额5199万元，上交财政200万元，向司法机关移送案件1件。全市审计机关先后参与了农金会的清理整顿和供销系统的财务挂账清理工作，清收欠款上千万元，清收率达70%以上，核减财务挂账809万元。根据市委、市政府的要求，先后对怀化市工业中专、安江纺织印染厂等单位进行了审计，为市委、政府决策提供了依据。

【溆浦县审计局】 1999年末，共有在职人员19人。内设办公室和财金、工交商贸、行政事业、基建4个审计股。1999年，共审计55个单位（项目），查出违规行为金额418万元，收缴财政金额26万元。先后对全县4个乡镇的财政决算进行了审计，查出违纪金额68万元，收缴财政10万元。同时，通过财政同级审，摸清了全县财政的家底，揭露了财税部门及预算执行单位在预算执行和财政管理中存在的问题。对全县3个金融机构的财务收支、信贷资金进行了审计，挽回经济损失69万元，有效地制止了金融活动中的违纪行为。先后对9个工交、商贸企业进行了审计，查出违纪金额230万元。对12个单位的建设项目进行了竣工决算审计，补收建设项目漏缴的税费6万元。对15个行政执法和司法机关进行了审计，查出乱收费、乱罚款、隐瞒截留财政收入、挥霍财政资金金额共115万元，上缴财政8万元，促进了国家机关廉政建设。

【沅陵县审计局】 1999年末，实有人员20人，内设办公室、财金贸易审计股、工业交通审计股、基建外资审计股和农业审计股。全年共完成审计项目32个，查出违规行为金额1010万元，上缴财政69万元，追还被侵占挪用资金86万元，提交审计工作报告及信息8篇，被评为怀化市审计工作先进单位。一年来，围绕经济工作中心，认真履行审计监督职责，圆满完成了县委、县政府交办的县农金会、高滩电厂改制、生资公司及农资股金会、县电业公司、军训大楼、供销社财务挂账等项目的财务清理和县耐磨材料厂、机械厂、水利资金使用、木材公司等项目的审计及全县清房工作，为县委、县政府宏观决策提供了可靠依据。

【辰溪县审计局】 1999年末，实有人数22人；中级职称8人；局长1人，副局长4人。全年共完成审计项目46个，查出违规行为金额443万元，处理应上交财政违纪款26.5万元，应归还原渠道资金56万元，为被审计单位减少损失28.6万元。提交审计信息16条，被采用5条。

【芷江县审计局】 1999年末在编人员17人，其中大专学历6人；局长1人，副局长3人。设有办公室、行政事业审计股、外资基建审计股、财金商粮贸审计股。1999年，共完成审计项目32个，查出违规行为金额480万元，挽回经济损失230万元。先后对5位领导干部进行了离任审计；向司法机关移送案件1起。提交审计报告、信息50余篇。按照县委部署，抽调8人参加了对全县28个农金会的归并清盘审计，促进了农金会的平稳过渡，受到了县领导的表彰。还参加了县工商局和供销合作社的清产核资工作。

【新晃县审计局】 现有在职人员16人，正副局长3人，书记1人；大专以上学历10人，中级技术职称7人。设有办公室、工交审计股、财政金融商贸审计股、基建外资审计股、行政事业农业审计股。

1999年，共完成审计项目29个，查出违规行为金额957.1万元，查增财政收入20.8万元，归还原渠道资金5万元，核减工程造价4.49万元。根据县委、县政府安排，参与了农金会清理整顿工作。一是先后抽调全局业务骨干，历时近两个月，完成乡镇农金会8个网点的清产核资工作，出具核查报告24个；二是负责县局的联系乡——洞坪农村合作基金会的清理整顿，历时5个月，累计收回放款本金108万元，利息21万元，使该基金会顺利实现与信用社合并，维护了该乡的社会稳定。同时，还积极配合县财政局、县供销合作社，开展了供销合作社系统财务挂账清理工作，为深化供销体制改革，提供了依据。

【靖州县审计局】 1999年共有干部职工15人，其中：大专学历7人；局长1人，副局长3人；设有办公室、财金商贸审计股、行政事业审计股、工交审计股、基建外资审计股。

1999年共完成审计项目34个，审计单位42户，完成审计调查3项。共查处违规行为金额660万元，上缴财政50.5万元，提交审计工作报告、信息36篇。1999年完成县委、县政府交办的工作任务7项，审计单位15个。共抽调11人次，历时4个月，对农村合作基金会进行了清理整顿，确保了广大群众储金的按时兑付，维护了社会稳定。

【会同县审计局】 现有干部职工16人，大专学历6人；局长1人，副局长2人。设有办公室和财贸、行政事业、工交、基建4个审计股。1999年共完成审计项目25个，审计调查1项，调查单位14个；共查出违纪违规行为金额146.03万元，上交财政13.7万元，基建预决算审计6个，审计总金额700万元，核减投资额50万元。完成县委、政府交办的任务4项，审计清理单位13个。

【通道县审计局】 1999年共有干部、职工15人，其中：大学本科1人，大专4人；局长1人，副局长2人。设有综合股、财政金融审计股、基建外资审计股、工交商贸审计股、农林水审计股。1999年共完成审计项目41个，审计调查2项，共查出违规行为金额1080万元，上缴财政19.96万元。1999年，完成县委、县政府交办的工作任务6项；完成16个建设项目开工前审计签证，完成工程决算审计项目6个，审计总金额694.8万元，查出违规行为金额127.5万元，上缴财政1.47万元，核减工程投资额17.9万元。

【中方县审计局】 1999年全局定编10人，实有8人，其中，审计（会计）师5人；设行政事业审计股、基建外资审计股、企业、财贸审计股及办公室。1999年完成审计项目27个，为年计划的142%，查出违规行为金额204万元，上缴财政16万元，提出审计建议40条，提交工作报告和信息18篇，被采用7篇。有影响的审计项目主要有：在对县民政局的审计中，发现县民政局违反专项资金管理规定，将上级下拨的社会福利基金56万元放在体外循环，已对该局做出收缴10万元的处理决定。全局抽调5人，历时2个多月，完成6个乡镇农金会的清产核资工作，为农金会顺利并入农村信用社做了大量基础性工作，得到县委、县政府的好评。

【益阳市审计局】 1999年末，在编人数54人，其中，具有大专以上文化的39人；具有高级职称的2人，中级职称的30人；内设10个科室。局长1人，副局长3人。

全市审计机关共完成审计项目463个，查出违规行为金额32215万元，审计决定进行处理处罚的金额4118万元，指明要求纠正的28067万元，应上缴财政金额1137万元，已上缴财政892万元；追还侵占挪用资金4986万元；向有关部门提供重大审计线索46条，移送纪检、监察、检察机关处理的有16人；提交审计工作报告、信息319篇，被上级采用和领导批示批转249篇。全市审计机关共完成各级党委、政府交办的离任经济责任审计项目217个，依法查处不称职的领导干部8人，依法保护廉洁奉公、敢作敢为的干部32人，其中经审计政绩突出被提拔的24人。

1999年，被益阳市委、市政府评为全市扶贫建整工作先进包村单位和全市扶贫建整工作先进工作组；被省审计厅评为综合工作信息先进单位。市审计局的养老保险审计和农业审计科的南县平垸行洪审计被省审计厅评为优秀项目。中国建设银行、中国工商银行审计被省审计厅评为优秀项目；有2人立功，7人受嘉奖。

【益阳市资阳区审计局】 1999年末共有干部职工25人，其中大学本科学历2人、大专15人。审计师11人，会计师4人，经济师1人。局长1人，副局长4人。设有办公室、财政金融审计股、行政事业审计股、农林水审计股。全年共完成审计项目47个，完成审计调查3项，调查单位13个，审计总金额24685万元，共查出违规行为金额4513万元，审计处理60万元。共提交审计报告47篇。财政审计以规范预算行为和摸清财政家底为重点，加大了对区、乡两级财政审计的力度。乡镇财政审计历时两个多月，对全区11个乡镇场进行了一次全面审计。经审计，全区10个乡、镇至1998年末止累计赤字总额为3542万元，负债2636万元，潜在包袱857万元。对掌握财政资金较多，有收费罚款权和多年没有审计过的26个行政事业单位进行了重点审计，查出违规行为金额1763万元。

【益阳市赫山区审计局】 1999年共有干部职工25人。大专学历10人。局长1人、副局长1人。设有办公室、财金审计股、商贸审计股、工交企业审计股、行政事业审计股、固定资产投资审计股、经济责任审计股。全年共完成审计项目70个，查出违规行为金额503万元，为财政增加收入116万元，纠正违纪金额180万元。提交专题审计报告和审计信息43篇。较好地发挥了审计监督的职能作用。1999年，共完成区委、区政府交办的工作任务40项。其中乡镇消赤减债及财政决算审计24个，领导干部任期经济责任审计16个。经审计核实，全区有4个乡镇、办事处财政有盈余，共计盈余金额364.4万元，其他20个乡、镇、场、办事处则出现赤字：共计赤字5900多万元。

【南县审计局】 1999年末共有干部职工22人，其中：大学本科2人，大专13人；局长1人、副局长4人。设有办公室、工交审计股、财贸审计股、行政事业审计股 基建审计股。1999年，共完成审计项目84项，审计单位125个，完成审计调查19项，调查单位50个，审计总金额62450万元，共查出贪污案件1件，为社会稳定发挥了作用。上缴县财政80万元，共提交审计报告84篇。全年共完成县委、县政府交办的工作任务64项，审计清理单位85个。抽调1人，历时180天，参与全县农村合作基金会的清理整顿工作，摸清了合作基金会的家底；还派出24人组成的10个审计小组对乡镇财政进行了消赤减债的审计，全县累计赤字10014万元，负债11502万元，针对产生赤字原因，提出7条建议，为县委、县政府制定《南县消赤减债十项措施》提供了依据。同时，重点抓了专项资金审计，提出了30条整改建议。如审计扶贫救灾粮款时，及时纠正了截留、挪用、抵扣等违规行为，使900多万元粮款如数发放到灾民手中，稳定了民心。

【沅江市审计局】 1999年末有干部、职工30人，其中大学本科学历3人，大专15人。局长1人，副局长5人。设有办公室、财政金融审计股、行政事业审计股、工交商贸审计股、固定资产投资审计股、经济责任审计股。全年共完成审计项目52个，审计调查项目3个，调查单位13个。审计总金额38462万元，共查出违规行为金额5256万元，上缴市财政137万元。1999年度共完成市委、市政府交办的审计任务36项。首先，对全市26个乡镇的消赤减债审计，为市委、市政府考核乡镇业绩，制定乡镇消赤计划提供了参考数据。其次，对学校、医院及沅江化学厂的审计，在规范收费行为、维护企业和人民群众经济利益、堵塞经济管理环节的漏洞上发挥了重要作用。最后，对房改、社保、医保三项社会保障基金的审计中，查处了房改部门违规使用房改资金的问题。

【安化县审计局】 1999年末共有干部、职工26人，其中：大学本科学历1人，大专27人；局长1人，副局长3人。内设办公室、政工股、财政金融审计股、行政事业审计股、企业财务审计股、农林水审计股、基本建设投资审计股。全年共完成审计项目103个，审计单位119户；完成审计调查4项，调查单位7个。审计资金总额2.8亿元，查出违规行为金额973万元，上缴县财政148万元，提交审计报告106篇。同县纪检、监察等部门配合，查处经济案件3起，为社会稳定发挥了作用。完成县委、县政府交办的工作任务31项，审计清理单位34个。根据县政府的统一部署，全局抽调33人组成10个审计组历时40余天，对全县29个乡镇的财政财务收支及负债情况进行了全面审计，摸清了本县乡级财政家底。对社会普遍关注的县公证处主任离任审计，及时出具了客观公正的审计意见书。

【桃江县审计局】 1999年底，共有干部、职工42人。其中：大学本科学历1人，大专21人；局长1人，副局长4人。内设办公室、财政金融审计股、行政事业审计股、工商企业审计股、基本建设投资审计股。全年共完成审计项目71个，审计单位125户；审计调查6项，调查单位15个。审计总金额62158万元，查出违规行为金额5810万元。同县纪检、监察等部门配合，查处经济案件7起，为社会稳定发挥了作用。上缴县财政184万元，提交审计报告71篇。共完成县委、县政府交办的工作任务35项，审计清理单位49个，审计金额22402万元。受县纪委的委托，对县药材公司进行了资产、负债、损益审计，发现该公司亏损严重。针对其成本核算、劳动用工、分配制度等方面存在的问题，帮助整顿财务管理，建立健全财务制度，并将存在经济问题的责任人移交县纪委处理。根据县政府的安排，共审计基建投资项目7个，审计金额3800万元，查出违规行为金额1357万元，核减工程造价308万元，为国家和集体挽回了损失。对县财政局大楼、县房改办综合大楼的审计，通过赴广东、长沙调查取证，现场取样，责成纠正违纪金额300多万元，依法核减投资210万元。

【娄底市审计局】 1999年撤地设市，娄底地区审计局更名为娄底市审计局，原娄底市审计局更名为娄底市娄星区审计局。

审计成果简述 1999年，全市重点开展了“同级审”、金融审计、领导干部任期经济责任审计、养老保险等专项资金审计和投资、外资运用审计，共审计362个单位（项目），查出违规行为金额5.8亿元，共为国家增收节支7932万元，其中已上缴财政4862万元，追还侵占挪用资金2854万元；发现和查处大要案件25件，移送司法机关处理9件；提交审计报告和信息172篇。

查处大要案件 查出了市五交化站793万元银行贷款去向不明，两人挪用公款75万元炒期货案件。

完成统一组织的审计项目 财政“同级审”、“上审下”取得新的进展，发现并查处了挤挖上级收入、收费抵款、乱开发票、空转税款等问题，提出的10多条整改建议被采纳。完成了审计署授权的对各县市区工行、市建行系统、新化粮库项目、新化梅堤修复工程及新化扶贫资金和全市11个世行贷款项目的审计；完成了企业职工养老保险基金、福利彩票、教育费附加等专项资金审计；完成了对全市206个行政事业单位和27户企业的审计，发现并查处了资产不实、虚盈实亏、设立“小金库”等问题。

完成党政领导交办的审计事

项　主要完成了农村合作基金会审计、领导干部任期经济责任审计、撤地设市财政收支基数测算、娄涟高等级公路审计、乡财政体制运行情况审计调查以及企业清产核资和群众上访项目，得到了各级党政领导的好评。

坚持“两个文明”一起抓，精神文明建设再上台阶　全市6个审计机关党支部全部被当地评为先进基层党组织，6个市县审计机关全部被当地评为先进包村单位，多数被评为文明单位，多数领导班子被当地党委评为“先进领导班子”。

【娄底市娄星区审计局】　1999年末共有在职职工19人。其中大学本科学历3人，大专9人；局长1人，副局长3人；设有办公室、综合法规股、行政事业审计股、财政金融审计股、工交基建审计股、领导干部离任审计办公室。

1999年，共完成审计项目61个，完成审计调查12项，调查单位58个；共查出违规金额8709万元，追还被侵占挪用资金1250万元，上缴财政94万元，为国家挽回经济损失138.2万元；提交审计报告61篇；查处大要案14起，向纪检监察司法机关移送案件5起；审计信息、论文被采用38篇。还完成区农村合作基金会清产核资、新世纪商业大厦法定代表人离任审计等区委、区政府交办事项23项，审计清理单位146个，提出整改意见86条，受到区委、区人大、区政府的好评。派出审计人员11名，对全区11个基金会进行清产核资，提出整改意见。清退426人在基金会违规领取的奖金、补贴192.3万元，移送纪检、司法机关立案查处13人。在对新世纪商业大厦的审计中，查出收入不实90万元，虚报利润3470.8万元，内部职工未经领导批准拿走商品及现金12.99万元等问题。

【涟源市审计局】　1999年共有干部、职工34人，其中：大学本科3人，大专21人；局长1人，副局长3人；设有办公室、财政金融审计股、行政事业审计股、工商企业审计股、投资外资审计股、农林水审计股、集体经济审计股、综合法规股。

1999年共完成审计项目60个，完成审计调查6项，调查单位80个。审计总金额8亿元，共查出违规行为金额4000万元，除责令纠正外，直接收缴财政金额116万元，罚款39万元，建议给予党纪政纪处分的4人。在检察机关的配合下，查处经济违法案件2起，移送司法机关处理的2人，为惩治腐败、促进廉政建设发挥了作用。

1999年，完成市政府交办的事项主要有5项，涉及审计清理单位30多个。具体项目是：参与对3户市属国有、集体工商企业改制、破产的清产核资和重组工作；对2个城市公用供水企业的资产清理和审计；对10个单位进行税收财务清查；对全市供销社系统财务挂账清理；对2个农村合作基金会进行清理等。

【冷水江市审计局】　1999年全局共有干部、职工31人，其中：大学本科3人，大专24人；局长1人，副局长3人，纪检组长1人。内设办公室、财贸审计股、行政事业审计股、工交审计股、农林水审计股、基建审计股、法制股、离任审计办公室等机构。

全年共完成审计项目58个，查出违规行为金额2030万元，上缴财政97万元，移送司法机关查处案件3起，被采用审计报告信息20篇。全年共完成市政府交办的工作任务20项，其中建设工程竣工决算审计项目15个，送审总金额1641万元，核减268万元，核减率达16%。在对市房产局的财务管理体制进行调查时，重点对房地产部门的直属公房经营收入、房改以来的售房收入及相关房产专用资金的管理和使用进行了认真的分析，提出的“借鉴财政局管理、使用局机关经费和全市预算资金的模式，对房地产部门的收益进行规范管理”的审计建议为政府加强对房地产的管理提供了依据。抽调一个股室参加全市清理整顿农村合作基金会工作，历时4个月，全面核实了农村合作基金会的资产与负债，清缴欠款210多万元。还完成领导干部经济责任审计，查处违规行为金额266万元，2人因涉嫌贪污、受贿或渎职犯罪被移送监察和检察机关处理。

【双峰县审计局】　到1999年底，在职人员为39人。其中：大学本科学历1人，大专23人；局长1人，副局长2人，纪检组长1人；内设办公室、行政事业审计股、财政金融审计股、工交、投资外资审计股、商贸审计股、农林水审计股、离任审计办公室等机构。

1999年共完成审计项目53个，完成审计调查5项；审计金额28576万元。共查出违规行为金额2360万元。上缴县财政57万元。共提交审计报告53篇。为配合全县农村合作基金会清理整顿，共抽调13人，历时4个月，对全县15个农村合作基金会进行了清理整顿，协助收回欠款本息12228.2万元，其中本金10893.2万元，占放贷总额的70%。

【新化县审计局】　1999年全局共有干部、职工22人，其中：大学本科6人，大专14人；局长1人，副局长4人，纪检组长1人。内设办公室、财贸审计股、行政事业审计股、工交基建审计股、农林水审计股、经济责任审计股。

全年共完成审计项目53个，查出违规行为金额2649元，上缴财政43万元，移送纪委监察机关查处案件1起，被采用审计报告信息18篇。全年共完成县政府交办的任务8项。在农村合作基金会和互助储金会的清理整顿中，抽调8名审计人员参与清理欠款和清产核资工作，历时4

个多月，共核实了全县18个农村合作基金会和4个互助储金会的资产与负债，清理资金额1.2亿元。还完成建设工程竣工决算审计5项。在对3个单位全额集资建房的审计中，发现其违反房改政策，采取垫付资金、无偿提供周转材料和施工机械及运输费用、工日不进基建成本等手段，对全额集资的职工住房实行暗补，造成国有资产流失。

【洪江市审计局】 1999年共有干部职工19人。其中，大专学历12人；局长1人，副局长1人；设有办公室、法规审理股、财政金融审计股、行政事业审计股、基建审计股。全年共完成审计项目33个，查出违规行为金额3817万元。同市纪检、监察等部门配合，查处经济案件5起，为社会稳定发挥了作用。上缴财政8万元，提交审计报告24篇。先后派出25人次参加了全市农村合作基金会的清理整顿工作。其中：8人次参加了深渡、沙湾、铁山等6个乡镇农金会的清产核资工作，摸清了农金会的家底，核实了各项资产，理清了债权债务，为下一步的合并和兑付工作打下了基础；6人参加6个组分别对太平、雪峰、硖洲等17个乡镇农金会进行了审计，共查违规行为金额1281万元；3人参加了双溪镇农金会的清产核资及专案清理工作，1人参加了沙湾、熟坪、塘湾等6个乡农金会与农村信用社的合并验收工作。1999年还完成省、市下达的审计任务28项，审计单位33个，审计金额17638万元。

【怀化市鹤城区审计局】 1999年底，有在职人员20人，其中，局长1人，审计师11人。设四股一室。全年共完成审计项目25个（含审计调查2个，领导干部离任审计7个），查出违规行为金额2342万元，收缴财政入库31万元，查增财政调账收入170万元。完成区委、区政府交办项目8个。在对农金会清理整顿工作中，完成清收农金会贷款125万元及第一期、第二期200余户股民股金兑付任务，还根据政府领导交办对农金会主管部门经管局进行了财务收支审计。

【湘西自治州审计局】 1999年末有干部职工43人，其中：大学本科学历4人，大专18人。局长1长，副局长3人。下设政工科、办公室、综合科、行政事业审计科、基建外资审计科、财政金融审计科。1999年全州审计机关共完成审计项目321个，审计单位375个，审计总金额99043万元，共查出违纪违规行为金额18323万元；同纪检监察、司法部门配合，查处经济案件9起，为促进社会稳定发挥了积极作用。上缴财政384万元，共提交审计报告321篇。1999年，全州审计机关共完成州、县（市）委、政府交办任务47项。全州八个县、市审计局对农村合作基金会、储金会、股金服务部进行了全面清理审计。共完成经济责任审计项目18个。其中提升7人，平调11人。向纪检司法部门移送案件2起，涉案人员2人，涉案金额20多万元。全年共完成审计署、省审计厅下达的审计任务80项，审计单位372个，审计总金额63459万元。

【永顺县审计局】 1999年底共有干部职工20人，其中：大学本科学历2人，大专14人；局长1人，副局长3人。设有办公室、财政金融审计股、行政事业审计股、工交商贸审计股、基建外资农业审计股。1999年完成审计项目27个，审计单位39个，完成审计调查2个，审计总金额113661万元，共查出违规行为金额2075万元，上交财政37万元，共提供审计报告27篇。全年共完成县委县政府交办任务5项，涉及单位43个。其中对农村合作基金会清产核资工作，抽调6人，会同县人行、财政局、经管局、信用联社，历时3个月，全面完成了全县34个农村合作基金会清产核资工作任务，查清基金会总负债为1130.87万元，资不抵债达489.04万元。1999年共完成省州审计机关下达的审计项目15项，审计单位23个，审计总金额34906万元。

【泸溪县审计局】 1999年底有干部职工14人，其中，中级职称6人；局长1人，副局长2人。内设办公室、商粮贸基建审计股、工交审计股、行政事业财政金融审计股。全年共完成审计项目24个，审计单位90个，审计总金额18678万元，共查出违规行为金额680万元，应收缴入库112.6万元。共完成县委、县政府交办的工作3项。重点开展了财政预算执行情况审计、县工商银行、县建设银行资产负债损益及信贷资产的审计及调查，查处账外资产80余万元，核减损失类贷款120余万元。对扶贫资金、企业职工基本养老保险基金开展了专项审计调查，查处有关部门挪用资金用于本单位基本建设达250余万元。

【吉首市审计局】 1999年底，共有在职人员19人。其中，大学本科学历2人，大专11人。局长1人，副局长3人。设有办公室、财政金融审计股、行政事业审计股、工商企业审计股和基建投资审计投。1999年，共完成审计25个，审计单位37个。共查出违规行为金额3287万元，上缴财政38万元，提交审计报告35篇。全年共完成市委、市政府交办的工作任务18项。对市重点工程——狮子庵二水厂扩建和西环路、石家冲大桥工程进行跟踪审计。同时还加强对基建项目的常规审计，查出市水电局宿舍和市林业局宿舍超计划投资109万元，漏交税费9万元，漏交劳保基金10万元，审减工程造价2万元。受市委组织部的委托，对吉首市人事局局长和吉首市物资总公司经理进行了任期经济责任审计。

【古丈市审计局】 1999年末有干部职工14人，其中：大专、本科学历8人；中级职称7人；

局长1人，副局长2人；设有办公室、行政事业财经金融审计股、商贸审计股、工交审计股。全年共完成审计项目28个，审计单位38个；完成审计调查3项，调查单位40个，审计总金额12875万元，共查出违规行为金额653万元，上交县财政18万元。同县纪检、监察等部门配合，查处违纪案件2起，移送有关部门处理2人。共完成县委、县政府交办工作任务12项，审计单位27个。按照纪检、组织部门委托，分别对8位领导干部进行了离任经济责任审计。经审计，提升2人，平调6人。1999年还完成省、州审计机关下达的审计任务25项，审计单位32个，审计总金额8752万元。

【凤凰市审计局】 1999年底，有在职人员17人，其中：大专学历12人；局长1人，副局长2人。设有办公室、综合审理股、财政金融审计股、行政事业审计股、工商企业审计股、财政金融审计股。1999年共完成审计项目47个，审计单位120户；完成审计调查3项，调查单位91个。审计总金额58841万元，共查出违规行为金额1244万元，上缴财政44万元，共提交审计报告32篇。共完成县委、县政府交办的工作任务3项，审计清理单位84个。共抽调10人次，完成全县68个农村合作基金会和供销系统的清产核资工作，摸清了家底，为县委、县政府决策提供了依据。共完成工程决算审计项目4个，审减金额58万元，移送司法机关处理1人。完成行业审计项目12个，查出违纪金额923万元，提出审计建议28条，被采纳23条。在对县公安系统的审计中，审计人员克服困难，排除阻力，查出违纪违规金额105万元，纠正不当条规6条，收缴财政30万元，促进了公安队伍建设。

【花垣县审计局】 1999年末干部职工20人，其中：大学本科学历1人，大专4人。局长1人，副局长3人。设有办公室、行政事业审计股、商粮贸审计股、工交审计股。1999年共完成审计项目21个，审计单位74个，审计总金额30453万元，查出违规行为金额1001万元，处理上缴财政15.87万元。全年完成县委、县政府交办的工作任务5项，审计清理单位25个。根据县委、县政府统一安排，派出3名审计人员参与县农村经济合作基金、储金会、股金服务部的清理整顿工作。深入到设有农村经济合作基金会的10个乡镇，一面搞好清产核资工作，一面搞好稳定工作，确保不发生挤兑。

【保靖县审计局】 1999年末有干部职工13人，其中：大专学历6人；会计师、审计师7人；局长1人，副局长2人。内设办公室、行政事业审计股、企业审计股、法规审理股。1999年共完成审计项目27个，审计单位50户，完成审计调查2项。审计总金额35396万元，共查出违规行为金额799万元，应缴财政37万元，已收缴财政21万元，追回挤占挪用资金109万元，移送案件线索1起，移送司法机关处理2人。1999年共完成署、省、州审计机关下达的审计任务14项，审计单位35个，审计总金额30403万元，查出违规行为金额490万元。对城乡教育费附加的专项审计中，通过对城乡15个单位的审计调查，发现了"征收力度不够、挤占挪用坐支多、管理模式不尽完善"等问题，有针对性地提出4条审计建议，得到了县委、县政府的肯定。全年共完成县委、县政府交办的工作任务8项，其中有领导干部离任经济责任审计5起。对卫生系统的审计，查出该系统财务管理混乱、账目建立不全等倾向性问题，以及在公费医疗经费中多报销住院、门诊医药费等违规行为，引起了领导的重视。

【龙山县审计局】 1999年底，共有干部职工16人。其中：大专学历9人；中级职称6人；局长1人，副局长3人。内设办公室、财贸审计股、行政事业审计股、工交审计股、基建外资审计股。1999年度完成审计项目38个，审计单位79个，审计总金额4.48亿元，查出违规行为金额624万元，应收缴财政116万元，已入库74.54万元。全年对12个县直单位的行政事业性收费进行了审计。共提交审计信息14条，被采用9条。1999年共完成县委、县政府交办的工作任务11项，审计清理单位47个。为配合全县农村合作基金会的清理整顿工作，抽调3名审计人员历时3个多月，对21个农村合作基金会进行了清产核资，为县委、县政府提供了翔实的材料。对教育费附加的审计，查出各类违纪违规金额30.28万元，其中查出个人涉嫌贪污案1起。

广东省

【广东省审计厅】 1999年，广东省各级审计机关全年审计单位（项目）5188个，审计查出违规行为全额应上缴财政15.28亿元，已上缴财政9.39亿元，促进增收节支3.2亿元；审计发现大要案线索45件，已向司法和纪检监察机关移送44件，并协助有关部门查处案件22起；全年共报送重大问题综合报告、专题报告、信息1798篇，被采用630篇，其中：国务院领导同志批示3篇。审计为严肃财经纪律、加强廉政建设，促进我省各项改革措施和宏观调控目标的落实，发挥了积极作用。

厅领导成员

厅长：曾寿喜

副厅长：刘伯龙

吴清泉

纪检组长：郭俊山

财政预算执行审计更加深入

全省144个审计机关全面完成预算执行情况审计，共查出违规行为金额37.03亿元，应上缴财政4.70亿元，已上缴财政2.43亿元。在省本级，审计核实了省级预算总收入和总支出的基本情况，查出应缴未缴省级收入2572.45万元，税费混库少缴省级收入705万元。1999年，广东省还围绕人大、政府关心的问题，针对执行宏观经济政策，特别是收费、罚没收入、预算外资金收支两条线管理等有关政策的执行情况，开展了财政决算审计，共审计5个地级市，45个县，200个乡镇，查出违纪违规行为金额10.74亿元，已上缴财政9961万元。

金融审计　根据审计署统一安排，广东省开展了建设银行广东省128家分支行和工商银行广东省129家分支行的资产负债损益审计。这次审计的总资产分别为3023.16亿元和1129.76亿元，收到较好效果。此外，部分地方还开展对政府债券发行使用情况及证券公司的审计，取得重要成果。

专项基金审计　1999年，广东省审计机关将数额大影响面广的职工养老保险基金和电力、交通、水利、扶贫、赈灾、农业等专项基金作为审计的重点，认真进行审计，促进了这些基金的规范管理。1.企业养老保险基金审计。一是中央驻粤企业的养老保险基金审计。核实了中央驻粤14个行业统筹结余基金及其收、支、结余的真实、合法性，查明了滚存基金未按规定移交省社保局的原因，对结余基金7.23亿元做出审计处理。二是广东省的企业职工养老保险基金专项审计。共审计各级社保机构146个，调查财政专户61个、拖欠养老保险基金的企业212家。审计查出违纪违规金额15.92亿元，其中挤占挪用14.75亿元。审计发现部分地区未按规定对基金的征收、支付实行收支两条线和财政专户管理，不少市县养老保险基金入不敷出，滚存结余基金支撑能力低等问题。2.福利彩票赈灾专项资金审计。广东省对77个承担福利彩票赈灾专项募集销售任务的彩票发行机构进行审计，全省完成福利彩票赈灾专项募集11.74亿元，已上缴中国社会福利彩票发行中心3.66亿元。这次审计查出的违规行为金额1361.23万元，占审计总金额的0.88%，审计机关已对查出问题作出了处理，并向各级募委办提出了健全、完善内控制度和财务管理制度的改进意见。3.电力发展基金的审计。经详细取证，认真审计，发现地方挤占挪用电力基金8.59亿元，经审计处理后，对管好电力基金、平抑电价起了积极作用。4.农业专项资金审计。（1）扶贫资金审计。广东省通过对乳源、阳山、陆河等16个国定及省定贫困县的扶贫资金进行审计，审计单位141个，审计资金总额7.6亿元，查出违规资金1329万元。审计发现挤占挪用扶贫资金用于买车和发放补贴、转移隐瞒资金、公款私存等情节严重的违法违纪问题。广东已对违纪购置财物、被侵占的资金和违纪主要责任人处理问题提出了审计意见，还对提高扶贫资金、扶贫贷款投资项目效益、强化扶贫资金的管理和监督等问题提出审计建议，得到了有关部门的赞同和采纳。（2）农业综合开发资金的审计。重点检查1997—1998年广东省该专项资金的分配、管理、使用及效益情况，审计资金总额2.08亿元。（3）水利工程项目资金审计。广东省20个地级市（除深圳）及其所属县（区）审计机关，分别对同级财政、水利两部门1998年水利资金及部分水利工程项目进行了审计。审计单位270个，其中水利工程项目125个，审计总额74.48亿元。全省共查出违规行为金额5.92亿元。其中，被挤占、挪用2.17亿元，工程项目不落实资金1.56亿元，滞留、截留资金4387.25万元。

企业审计　1999年，广东省企业审计1182个单位，查出违规行为金额176.5亿元，查出收入不实15.73亿元，成本不实20.95亿元，账外资产3.47亿元，转移国有资产1.9亿元，虚增和虚减利润16.17亿元，损失浪费2.45亿元，应交财政4.12亿元，已交财政2.02亿元，应归还侵占挪用资金1.27亿元。

全省重点选取交通、能源、通讯、旅游等行业的62个中外合资合作企业的审计，查出违规行为金额5.88亿元，应交财政955万元，已交财政676万元；还完成40家中外合营企业财务报表等方面的审计调查，以及省直16个外贸企业1996至1998年的盈亏情况的审计调查，发现外贸企业资产结构不合理，负债率高达73.13%，沉淀资金14.28亿元等问题，并提出加强管理的建议，为政府加强对外贸企业的管理提供依据，得到省政府领导的肯定。

1999年，广东省还对省定83家大型企业集团进行年审，审计对规范企业财务行为，加强管理产生了积极作用。如对省物资集团公司的审计，为省政府了解真实情况，搞好企业改革提供了依据；对某市粮食储备分局虚报冒领军粮差价补贴1613万元的问题进行揭露和查处，引起了震动。省厅驻深圳特派办对深圳某企业（集团）公司审计，涉及下属二、三级公司60多家，查出其巨额亏损2.41亿元，管理混乱、国有资产流失，却用巨资购商品房做奖励私分的重大违纪问题，省政府已批示查处。直属分局在13个审计和审计调查项目中，查出违纪违规金额3.75亿元，应上缴财政2901万元，已上交财政1804万元，人均查出应上缴财政107万元。

基建、行政、外资行业专项审计　1999年，广东省共完成基建项目审计252项，查出违规行为金额28.07亿元，应上缴财政及罚款4613万元，核减工程成本4.12亿元。广东省重点组织对7个中央直属粮库竣工决算的审计，认真检查了资金划转到位和管理情况，项目建设管理及交付使用情况。对省重点基建项目飞来峡水利枢纽工程的审计，除核减工程造价1000多万元外，还发现该工程移民资金被占用3亿多元。珠海市局对国际航展大型项目的审计，为政府决策及经济发展提供了重要依据。开平市审计局对工程量大、资金投入多、群众关心、领导关注的325国道公路工程审计，核减造价365万元，追回挪用资金569万元，并为市政府追回多付工程款660多万元，受到市政府表扬。

1999年，广东省有146个审计机关（含开发区2个审计局）对同级148个法院机关进行了审计。这次审计资金总额32．52亿元，查出各种违规金额2．90亿元。对审计查出的问题，各级审计机关已依法进行了处理和纠正。其中补缴财政9690．99万元，退回多收费、多罚款18．12万元，撤消不合理收费、罚款项目两项。

广东省1999年世行贷款审计项目45个，查出违纪违规金额29．26亿元。审计发现未严格执行贷款协议有关条款，重大变更事项未报告世行；配套资金投入不足，影响项目整体效果；基建投资超概算幅度巨大，为还贷带来潜在影响等问题。此外，对全省利用政府外债141个项目进行了审计调查，并进一步开展审计。审计查出项目前期准备工作不足、立项缺乏足够的可行性研究、可行性研究报告失真，以及供货商违约造成项目实施终止、担保单位未按担保条款履行偿债责任与项目效益差或停产、拖欠贷款情况严重等问题。

积极完成上级交办任务　仅省厅机关，全年投入130多人次，近3600个工作日，参与了中纪委和省纪检、监察部门组织的案件查处工作，办理重大经济项目和案件近50宗。

经济责任审计　广东省有119个审计机关完成775项领导干部经济责任审计，125个审计机关完成379项企业领导人员经济责任审计。

内部审计和社会审计　目前，全省内审机构6916个，其中专职机构2514个；内审人员19331人，其中专职人员6452人。为加强内审人员队伍建设，广东省举办了内审知识培训班，邀请国内外内审专家、教授讲学，组织内审人员到国外考察学习。同时，按审计署和中国内审协会要求，于1998年11月和1999年5月、11月，成功地组织了三次国际注册内部审计师资格考试试点工作。先后有1651人报名参考，160人已经通过考试。

以促进公开执业、提高质量为目标，广东省已在广州、深圳等地对有证券业务审计资格社会审计组织的业务质量开展了检查，促进了社会审计组织规范执业、提高业务水平。

审计法制、队伍和基础建设　1999年，广东省各级审计机关围绕贯彻依法治国、依法治省的方略展开审计法制宣传和法制建设工作。一是以纪念《审计法》颁布实施五周年为契机，开展形式多样的审计法制宣传教育活动，扩大审计影响。省厅机关通过接受广东电视台和《南方日报》记者专访、宣传审计法专题节目、报刊专版纪念文章，以及省厅和各地分别举办的特约审计员、专家学者和省直部门内审机构负责人纪念审计法座谈会；利用电视专栏、广播专题、报纸专刊、领导专访、知识竞赛、纪念征文、街头咨询、悬挂标语及报告会等多种形式，广泛宣传审计，为审计营造良好的社会环境起到重要作用。二是狠抓了审计规范的贯彻实施，广州、珠海、汕头、汕尾、清远、韶关等不少市县审计机关从严格审计执法、防范审计风险的高度，制定和推行了执法责任制、执法过错追究等规章制度，有力地促进了执法责任到岗、落实责任到人。三是协助有关部门积极开展了审计立法工作。广东省的《农村集体经济审计条例》，已经省人大批准颁布实施。

全省各级审计机关普遍开展了以“讲学习、讲政治、讲正气”为主要内容的党性党风教育，省厅机关以提高厅领导班子和处以上领导干部思想政治素质为目标的“三讲”教育，取得了较大成效。各地审计机关结合工作实际开展的“三讲”教育，也收到好的效果。1999年广东省共开办岗位培训及专业审计业务培训班135期，培训5410人次；其中省厅举办各类培训班16期，培训各类会计审计人员2548人次；广东省有1696人参加全国审计专业技术资格考试，并对23人进行了高级审计师资格评审。

广东省审计机关的计划、统计工作得到加强和提高，审计统计被评为全国审计机关好的单位，得到审计署的通报表扬。信息、督办、文秘、保密及档案管理得到加强。审计宣传有较大进展。审计科研比较活跃，《广东审计》等刊物越办越好，审计报刊发行工作有了新的进步。审计机关党务及行政管理工作进一步制度化、规范化，为第一线的审计工作提供了良好的思想和后勤保障。

【广州市审计局】　至1999年底，共有干部、职工246人。其中：研究生学历3人，大学本科35人，大专161人；局长1人，副局长3人，纪检组长1人；设有办公室、工业交通审计处、商粮贸审计处、财政金融审计处、基建审计处、外资审计处、行政事业审计处、审计科研培训中心等机构。

审计工作成果　1999年共完成审计项目29个，审计单位116户，完成审计调查2项，调查单位45个，共查出违规行为金额619702万元，上缴财政20076万元。共提交审计工作报告、信息81篇。

完成市委、市政府交办的任务　1999年共完成20项，其中，为配合我市国有企业改革工作，根据市政府的要求，对市冶金集团20个企业进行了资产、负债、损益审计，基本查清了整个冶金集团的经济状况，核实其需调减的亏损额达3972万元，为政府重组有色金属集团提供了准确数据。且对审计处理中涉及企业今后发展的问题，根据每个企业的经营和困难状况采取了实事求是、灵活变通的处理办法，帮助企业走出困境、加快改革步伐。根据市委组织部的要求，开展了对13位领导干部的任期经济责任审计。

完成上级下达审计任务　1999年共完成审计署、省审计厅下达的任务13项，审计单位35个。开展了本级预算执行情况审计，建设银行广州市分行的资产、负债、损益审计，11项重点建设项目、重点专项资金以及市法院的预算内、外资金的审计等各项任务，揭露和制止了财政、财务收支方面的违法违规行为，促进了我市经济健康发展和廉政建设。

内部审计　至1999年底共有内审机构497个，内审人员1589名。1999年各内审机构共审计单位3038个，纠正违规行为金额19571万元。

受表彰情况　1999年受审计系统表彰1次；受市委、市政府表彰4次。

【广州市东山区审计局】

1999年东山区审计局共审计了41个单位，上缴违纪财政金额1552万元。提交了审计工作报告、信息22篇，被采用的有19篇。

行政事业审计，重点放在发现大案要案，查处严重的违法违规问题。审计查出某单位在1997－1998年隐瞒、截留收入3032万元，编造虚假报表，收入未执行"收支两条线"的规定，使用自制单据收费、私设"小金库"等问题，并发现该单位会计有贪污嫌疑。审计处理将"小金库"624．8万元上缴财政、罚款312万元，将贪污嫌疑人移送检察机关立案处理。

查出某局私设"小金库"，审计之后，将"小金库"余款108．6万元、超越权限的收费7．4万元上缴财政，并罚款3万元。对用"小金库"款项购买的200万元债券，也作出了到期兑付后将本息全额上缴财政的审计决定，维护了国家财经法规的严肃性。

对某局下属联合执勤队1998年度收取的罚没款没有纳入预算管理余款67万元作上缴财政的处理。

经济责任审计，全年完成了10名领导干部的离任审计。

【广州市天河区审计局】

1999年共有干部、职工16人。其中：大学本科学历1人，大专14人；局长1人，副局长2人。设有行政事业审计科、企业审计科和办公室等机构。

审计工作成本　全年共完成审计项目39个，完成审计调查1项。共查出违规行为金额14713万元，其中：决定处理处罚金额2682万元，纠正金额12031万元，应缴财政入库金额980万元，已上缴财政891万元，提交审计信息报告6篇，移交纪委、监察部门案件1件。

财政预算执行情况审计　查出收取中方职工补贴421万元，未纳入预算管理，一些专用基金和税款专户的利息90多万元，未按规定作预算收入及时转作基金结余而是挂"暂存款"科目等，审计后，财政部门已按要求进行资金入库和财务处理，使区财政预算进一步规范。

完成上级下达审计任务　1999年完成署定、市定审计任务6项，审计单位16个。

完成区委、区政府交办任务　全年共完成20项。其中任期经济责任审计12项，配合区企业改制，对6家国有企业进行了转制前审计（含境外企业1项），通过对企业的资产、负债、损益等逐一进行核实，发现有5个企业存在着虚增资本，少列收入，虚增或虚减等现象，严重影响了企业盈亏的真实性。经审计摸清了企业家底及国有资产的经营效益状况，为区加快企业改制，提供有利的资料。还针对社会热点问题，对区1999年福利彩票赈灾专项募集资金进行了审计。

【广州市黄埔区审计局】

1999年底，共有干部、职工15人。其中：研究生文化程度1人，大学文化程度3人，大专文化程度7人；设局长1人，副局长2人。

审计工作成果　共完成审计项目22个，审计单位22户，查出违规违纪金额8133万元，增加财政收入及有关部门收入318万元，审计移送案件3起，协助检察院办理专案1起。共提交审计报告38篇。

经济责任审计　根据区委区政府安排，1999年对全区10个单位的领导离任经济责任进行了审计，审计中发现的主要问题一是资金游离账外，脱离有关部门的监控，二是部分单位财务信息水分含量大，严重影响了政府或有关部门的正确决策；三是违规发放资金补贴；四是不按规定计缴税款，少缴漏缴营业税和个人所得税；五是固定资产管理不完善，未按有关规定纳入管理。审计局对存在问题依照有关规定提出了处理意见，引起了有关部门重视，及时进行了整改。

完成上级下达审计任务　1999年共完成省、市审计机关下达的审计任务7项。

【广州市海珠区审计局】

1999年共有干部职工21人，其中大学本科学历3人，大专16人；局长1人，副局长1人，助理调研员1人。机构设置有：秘书科、行政事业审计科、财政金融审计科、工交审计科、商贸审计科等。

审计工作成果　1999年，全年共完成审计项目36项，完成审计调查3项，查处违纪违规行为金额22719万元，应交财政2442万元，已交财政2298万元，提交审计报告36篇。协助区纪检监察部门查处经济案件3项。

完成区委区政府交办的任务 1999年，共完成32项，审计单位32个。

在对建设项目区民政福利院进行审计中，审计对概算外的工程费用70.6万元，不合理票据入账221.4万元，合同外的单位结算电工程23.4万元等违纪违规金额共594.8万元作出处理。同时完成区属行政事业单位领导、街道党委书记、国有企业的厂长（经理）在任期内的经济责任审计7人。

完成上级下达的审计任务 1999年，共完成省、市审计机关下达的审计任务5项审计单位5个，审计调查1项，审计查出违纪违规金额7249万元。

【花都市审计局】 1999年共有干部、职工20人。其中：大学毕业3人，大专毕业6人，局长1人、副局长1人、副书记1人；内设办公室、综合审计科、行政事业审计科、商贸审计科、工交审计科。

审计工作成果 1999年，共完成审计（调查）项目53个，完成年度计划147.22%；查处违规行为金额3635万元，其中应交财政326万元，已交财政325万元；提供审计工作信息稿件11篇，被采用2篇。

完成市政府交办任务 1999年，共完成市委、市政府交办任务26项。并对本市行政事业单位和国有企业的12位正职领导任期经济责任进行审计。此外，还配合市纪委、市监察局、市公资办、市财政局等部门和单位完成市委、市政府交办的各项工作任务。

完成上级下达审计任务 1999年，共完成审计署、省、市审计机关下达的审计任务10项。

【广州开发区、高新区审计局】

1999年审计26个项目，查出违规金额67560万元，其中作出审计处理2824万元，指明纠正64736万元，为区财政增加收入2625万元，为区财政节约支出309万元，提供审计信息被有关部门采用36篇。

1999年的主要审计工作，一是通过对1998年区财政预算执行情况审计及政府建设项目审计，加强和规范预算内、外资金的管理，增加了财政收入，减少了经济损失，为政府领导决策提供了参考数据。二是对13名领导干部进行任期和离任经济责任审计，较客观地评议经营、管理和效益状况，提出改进意见。三是认真开展行政事业单位审计、专项审计和审计调查，加强教育、科技经费和养老保险基金的严格管理，做到专款专用。四是通过对中外合资企业和国有企业借款担保的调查，指出借款担保存在极大的风险，强调要及早采取措施回避。五是设专人复核，规范了审计复核工作。

【增城市审计局】 1999年底共有干部、职工22人，其中：大学本科学历3人，大专12人，局长1人，副局长3人。设有办公室、财政金融审计科、行政事业审计科、工交审计科、商贸审计科等机构。

审计工作成果 1999年共完成审计项目12项，审计单位38户；完成审计调查2项，调查单位2户。共查处违纪违规金额10995万元，上缴财政金额90万元，提交审计工作报告信息14篇。

完成市政府交办任务 1999年共完成市委、市政府交办的工作任务6项，审计查核单位34户。如1999年11月根据市政府领导的指示，对即将出国定居的原市落实侨房办主任经济责任审计，从发送“审计通知书”到上报“审计结果报告”，前后仅用了4天时间，审计了9年零2个月的财务收支及其经济责任情况，按时向市政府提交了审计结果报告，为政府决策及时提供参考依据。

完成上级下达审计任务 1999年共完成省、广州市审计机关下达的审计任务9项，审计单位15户。

【深圳市审计局】 1999年，全市审计机关共审计了273个单位，查出违规行为金额294825万元，其中决定处理处罚金额30733万元，指明要求纠正金额264092万元。应上缴财政金额28898万元，已上交财政金额19318万元。市、区两级审计机关开展基建审计共核减工程款28917万元，其中市审计局核减20159万元。促进增收节支金额48235万元。

大力宣传《审计法》 为纪念《审计法》颁布实施五周年，市、区两级审计机关切实加大了审计宣传力度。一是市审计局与国家审计署和广东省审计厅驻深圳的两个特派办一起，于1999年12月上旬和中旬分别在《深圳特区报》刊登两版文章介绍审计法基本知识并发表相关纪念文章。二是在《深圳法制报》上全文刊登《审计法》，同时，市审计局与宝安区审计局、深圳法制报社联合举办《审计法》知识竞赛。三是形成宣传声势。从1999年12月1日起，在深圳有线电视公安频道和全市各交通要道口、深圳火车站的43块社会公众网络电子屏上，同时播放纪念《审计法》颁布实施五周年的宣传标语，时间为1个月。12月上旬起各区审计局及宝安、龙岗两区的18个镇和1个街道办事处审计所同时悬挂纪念《审计法》颁布实施五周年的横幅标语。四是送法到基层。市审计局已将《审计法》和《实施条例》及审计署法制司撰写的宣传提纲合编为单行本并印制6000本，由两个特派办、市局各业务处和各区审计局，分送到基层单位，以便社会了解审计。五是市、区两级审计机关分别邀请市、区人大、政府、政协领导，市、区政府有关部门、企事业单位领导以及内审机构负责人、特约审计监督员召开纪念《审计法》颁布实施五周年座谈会。

本级预算执行审计 1999

年，全市7个审计机关全面开展同级财政审计，达到100%审计的目标要求。一年来，深圳市、区两级审计机关共审计了17个单位的预算执行和其他财政收支情况，查出违规金额36816万元，应上交财政金额8511万元，已上交财政8511万元。市审计局在对市本级1998年预算执行和其他财政收支审计的过程中，客观揭示了预算执行过程中存在的问题，并针对存在的问题，审计机关依法向财、税部门及有关单位提出了审计处理意见和建议。通过审计，进一步促进了财税部门依法理财、规范运作。

各专业审计　1.金融审计。市审计局组织力量对深圳市建设银行资产、负债和损益实施了全面审计，并对深圳发展银行1998年度资产、负债和损益以及1994——1998年度许季才董事长任职期间的经济责任进行了审计，两个项目共审计了70个单位。其中对市建行系统的审计结果获得了上级审计机关的好评；在深圳发展银行的审计中发现了一些问题和不规范作法，审计人员结合深圳的实际情况，有针对性地提出审计意见和建议，促进被审计单位进行整顿，确保深圳发展银行稳步、健康发展。2.基建审计。1999年，市审计局进一步加大对建设投资项目的审计监督力度，全年共完成审计项目20个，占年度计划的100%。经审计，审减造价20159万元，提高了建设资金的使用效益，为国家节约了大量投资。市审计局根据年度计划安排，通过审计和审计调查，发现了深圳市政府投资项目存在着执行基建程序不严格、工程超概算、建设资金被挪用比较严重等问题。市审计局将审计调查结果向市政府作了专题报告，并提出了必须坚持投资项目的科学性和严肃性，认真做好建设项目的前期准备工作，发挥概算控制预算的作用，加强财务管理等审计意见和建议，受到市政府的高度重视。市领导就审计调查情况召开了市政府常务会议进行专题研究。3.企业审计。1999年，全市审计机关共审计企业单位68个，查出违规行为金额123120万元，其中应上交财政金额2406万元，已上交财政1064万元。市审计局积极探索了企业真实性审计的新路子，取得了一些成果：一是做好企业内控制度测评，提高了测评的准确性，减小了审计风险，促进了企业加强管理。二是改进存货、固定资产核实方法，收效显著。市审计局还对市商贸投资控股公司下属二级亏损企业的亏损情况进行全面审计调查。经审计调查发现，该控股公司下属共有亏损企业37家，这些企业截至1999年9月累计亏损加潜在损失总计达176612万元，其中属于国有的达168413万元。审计人员客观地分析了企业亏损的原因，并有针对性地提出控亏、减亏、扭亏为盈的系列审计建议，审计结果受到了被审单位的好评。4.国外贷款援款审计。1999年，市审计局一是按“新要求、新标准”做好了对世界银行贷款项目的审计工作；二是进一步加大了对境外企业审计的力度，保护境外国有资产的安全增值。在对深圳南油集团香港纪明公司的审计中发现，该公司资本金仅为2500万港元，至1998年末，总负债已达11亿元人民币，累计亏损3.8亿元人民币，尚有未核的潜在亏损，企业已资不抵债。对纪明公司亏损严重的问题，市审计局写成“审计要情”专报市委、市政府，深圳市委书记张高丽、市长李子彬等7位市领导先后在“要情”上作了重要批示，审计结果引起了强烈反响。5.行政事业审计。1999年，市、区两级审计机关共审计了118个单位，查处违规行为金额130416万元，应上交财政金额17605万元，已上交财政金额9743万元，此外，全市审计机关还审计了各类专项资金总额达2214983万元。其中在对全市法院系统1997～1998年度财务收支的审计中，发现该系统存在着罚没收入未及时上缴财政、未上缴财政专户管理及未纳入单位财务统一核算的资金数额均比较大，固定资产核算不完整、不规范等问题，审计人员向被审单位提出了改进意见和建议。

【深圳市福田区审计局】
1999年度完成审计项目24个，全年审计总金额25亿元，查出违纪金额15881万元，避免经济损失2606万元，提出审计建议40条，查处重要案件2起，移送纪检部门处理2人。

财政预算执行审计　区局组成三个审计小组，分别对财政预算内外资金、税收征管方面和预算执行单位进行了审计，查出了财政周转金及占用费回收困难、未能认真执行收支两条线等问题。

大案要案　查出某公司经理截留营业收入70多万元据为已有，将509万元转入几家小商店或无固定办公场所的皮包公司后下落不明的违纪违法行为。查出另一个公司经理和下属公司经理相互勾结，利用公司购买股票之机，贪污股票差价款75万元的违纪违法事实。

离任审计　全年完成7个项目，其中查处了一个法人代表利用假发票报销各种费用70多万元，此案移交纪检部门处理。

【深圳市罗湖区审计局】
1999年完成审计项目76个，为年初上级批准计划数的2.5倍，审计总金额1160451万元，查出违纪金额38619万元；应上缴财政2190万元，已上缴财政2190万元。基建审计核减工程造价金额4585万元，平均核减率15%。

区审计局开展了形式多样的纪念《审计法》颁布实施五周年活动：邀请审计署法制司领导到区内讲解《审计法》；召开特约审计监督员、新闻单位、区属部分行政事业单位、企业领导和财会人员座谈会；悬挂100条宣传标语于大街小巷和区属企业；在商业旺区，连续一个月用大幅电子屏幕播放《审计法》内容；送《审计法》宣传资料到各街道办事处、企事业单位等。使社会各界充分认识、理解和支持审计工作。

【深圳市南山区审计局】 至1999年底，共有人员17人，其中局领导3名；大专以上学历13人；具有中级以上职称人员9人。内设机构为综合科、企业审计科、行政事业审计科、基建审计科。

审计成果 1999年，共完成审计项目45项，查处违纪违规金额19730万元，其中应上缴财政（含国库资金）3096.58万元，已缴3090.58万元，查处应归还挪用专项资金2445.25万元，促进增收节支108.64万元，收回违规支出110.7万元，基建审计核减467.71万元。

同级财政审计 1999年，进一步深化了预算执行审计。一是加强了政府建设资金预算报告和决算工作的监管力度；二是将科技教育经费纳入审计重点；三是加大对财政周转金的监督，在审计中进行了专项调查；四是“两个报告”质量明显提高。预算执行审计再次受到政府和人大的好评。

行政事业单位审计 1999年，对区司法、建设系统共15个单位进行了财务收支审计，及时纠正了会计核算不规范、违规支出逾百万、滞留应缴财政收入数千万元等问题，有效地促进了财务收支的真实、准确、合规、合法性。

企业审计 在认真开展区重点企业财务审计的同时，积极开展了区属30多家国有企业和控股企业资产、负债审计调查，全面摸清了企业的家底，为区政府制定《区属国有企业改革总体方案》提供了科学依据。

【深圳市宝安区审计局】 1999年，完成审计项目38个，查出违规金额16795万元，应缴财政1500万元，已上缴财政800万元，促进增收节支4400万元，查处大案要案线索2个，移交纪检、检察机关处理5人。为严肃财经纪律，加强宏观调控，维护经济秩序，促进经济发展做出了贡献。

重点审计 1999年，区审计局着重对使用财政资金大户进行审计，审计指明要求纠正资金3152万元，应缴未缴预算收入3148万元。审计发现，1998年度财政专户统筹行政事业收费收入结余累计6800万元，而当年结入财政预算安排的只有700万元，大部分行政事业性收费未纳入财政预算管理，影响了当年财政预算收入。

税务征管审计 1999年，区审计局对地方税务部门进行了审计，发现受理个别房地产公司申请减免所得税不够慎重，审计提出意见后，区领导非常重视，批示税务部门认真调查，提出整改意见。

国有资产审计 区投资管理公司历史遗留问题比较多，1999年区审计局对该公司进行了审计，帮助公司采取多种有效措施进行整改，规范了公司的资金审批、投放、管理等程序，加大了应收款项的清理和追还力度，健全和完善了国有资产的管理制度，并按照证券法的有关规定，于6月底前卖出了公司炒作的二级市场股票。

基建、基金审计 1.1999年，区审计局对区国土基金进行审计，发现透支现象比较严重，使用不够合理。区城市建设投资发展公司超预算安排拖欠施工单位基建工程款4.5亿元，区政府领导对审计报告批示，要求财政部门专门研究并进行整改。随后多次召开了加强预算资金“收支两条线”管理的会议，制定了《宝安区财政资金审批制度》，并把国土基金纳入区财政统筹安排，使问题得以较好地解决。2.区审计局对政府投资项目认真进行了审计，既审价又审量，避免了政府资金的流失。全年调减工程款600多万元，比1998年增长20%。3.为了保证养老保险基金的安全，区审计局对社保局宝安分局进行审计，查出违规补提养老保险基金管理费490多万元，对此提出了合理建议，使问题得到较好的解决。4.1999年，区审计局对全区9个劳动站管理的专项资金（暂住人口城市增容费分成、《就业证》工本费提成、劳务工跨地区就业管理费和境外人员在深就业管理费提成）进行了审计，发现专项资金财务核算不规范，查出收支不入账和不及时入账共41多万元，转入工会账390多万元，账外核算240多万元。针对上述问题，区审计局建议各镇政府及财政所、审计所加强管理和监督。

股份公司审计 1999年，区审计局对本区的上市股份公司认真进行了审计。局里成立了领导小组，聘请社会中介机构经验丰富的专业审计人员参加。对公司存在的对外投资失误、外借资金难以回收、应收及预付数额大、风险高等问题提出了审计建议，要求公司新领导班子认真整改。通过对上市股份公司的审计，挽回了国家损失，保证了股民的利益，为股份公司的审计摸索了新路子。

乡镇审计 1.1999年，区审计局在行政村（居）委会换届选举之前，对130多个行政村（居）委会的财务收支进行了审计，并向村民公布了审计结果，保证了各村（居）委会的换届选举顺利进行。各镇的审计所还对工作有变动的镇属行政事业单位的领导干部进行了经济责任审计，并对查出的违规违纪经济问题进行了严肃处理。2.各镇审计所对镇属工程合同、付款等情况进行审计。公明、松岗、观澜、新安街道办等审计所累计审计基建工程150多项，核减工程款1000多万元。

【深圳市盐田区审计局】 1999年是盐田区成立以来进行财政预算执行审计的第一年。全年完成审计项目27个，审计单位

31个，审计调查项目1个，共查出违规金额4308万元，其中决定处理处罚21万元，指明要求纠正4287万元，基建审计核减工程造价1406万元，审计工作得到了区领导的高度赞扬。

预算执行审计 由于1998年本区刚刚与罗湖区分区，同时又是实行财税体制改革的第一年，所以今年本区财政预算执行审计的主要目的是：摸清家底，规范管理。以区财政局本级预算执行为主线，同时对有关单位进行了延伸审计，对区1998年度财政预算执行情况的成绩给予了充分肯定，对预算执行过程中存在的问题做了客观反映，如有些部门执行国家财经法规不够严格，虚列支出，预算外收支管理不够规范等问题，要求各有关部门和单位采取了相应的整改措施加强各项预算收入的征管，强化预算约束。

行政事业审计 1999年共完成行政事业审计项目8个，查出违规金额343万元。在对某事业单位审计中，发现施工单位提供的建筑安装工程发票为假发票，金额高达800多万元，偷漏国家税收50多万元，我局迅速与税务机关取得联系，并向区领导反映情况。目前该案已由公安、税务机关进行查处。

基建审计 我局基建审计人员利用计算机辅助审计，共审计基建项目16个，工程造价总额7444万元，核减造价1406万元，平均核减率达18%。审计人员对审计中发现的高估冒算、以次充好等问题进行了充分的揭露，为政府节约了资金。

领导干部任期经济责任审计 根据两办的暂行规定，该局接受区委组织部委托，对7个企事业领导任期经济责任依法进行了审计。在对某国有企业经理任期经济责任审计中，发现该单位存在投资失误、乱担保、管理混乱等现象，对此进行了客观反映。

【珠海市审计局】 至1999年底共有干部、职工52人。其中：研究生学历1人，大学本科18人，大专28人，局长1人，副局长1人。设有工交科、商贸科、财政金融科、基建科、外资科、行政事业科、综合法制科和办公室。

审计工作成果 1999年，共完成审计项目69个。审计单位69户；完成审计调查6项，调查单位12个。共查出违纪违规行为应交财政金额5589万元。配合纪检、监督、司法等部门查处各种经济案件3起。

完成市政府交办任务 1999年，积极贯彻了中办、国办两个暂行规定，完成了26项党委交办的党政领导干部和国有企业厂长（经理）任期经济责任审计。根据市领导要求，进行了1998航展财务收支审计。不仅揭露了航展管理混乱和损失浪费及大量资产流失的情况，还揭露了航展过程中一些单位的重大违法违纪问题。针对基建领域普遍存在高估冒算，损失浪费严重等情况，1999年我们仍把基建工程的审计作为工作重点，通过审计查出部分工程项目高估冒算、虚列工程成本、损失浪费等问题，为国家和建设单位节约了大量的建设资金。1999年7月份，根据市领导的批示，我局配合市检察院对市机械集团原总经理黄寿芳经济案件进行审计查证工作，为检察院迅速破案和惩治经济犯罪提供有力的依据。

此外，为配合我市深化企业改革、实行资产重组需要，我局还完成了华发集团公司并入珠光集团公司前的资产负债损益的审计，为市政府深化我市企业改革的决策提供了依据。根据审计署的统一部署以及市政府的要求，我局对珠海市商业银行进行了审计。还对市属各县、区以前年度挤占挪用社会保险基金1200多万元的问题执行珠府［1999］4号文批转审计处理意见的情况进行跟踪调查，并向市政府提交专题报告，引起市政府领导的重视。

完成上级下达审计任务 1999年，共完成署定、省定审计任务17项，审计单位17个。

内部审计 加强对内部审计工作的管理和指导，至1999年底珠海市共设立内部审计机构100个。一年来，内部审计机构共审计1350个单位，查处损失浪费金额2758万元，促进提高增收节支3058万元，为完善企业自我约束机制，改善经营管理作出了贡献。

社会审计 1998年底，根据珠海市政府规定，我局全面完成对挂靠我局的会计（审计）师事务所脱钩改制的工作以后，主要从审计业务质量方面对我市的会计师事务所进行指导和监督，以规范他们的执业行为，保障社会主义市场经济的正常秩序。

【珠海市斗门县审计局】 1999年底共有干部、职工21人。其中：大学本科学历2人，大专11人，局长1人，副局长1人；设有办公室、政策法规股、工交审计股、商贸审计股、行政事业审计股。

审计工作成果 1999年完成审计项目32个，审计单位32户，审计金额125542万元。共查出违规违纪金额10766万元，上缴县财政375万元，为维护国家财经法纪，发挥审计监督作用。

完成县政府交办任务 1999年完成县委、县政府交办审计项目9项，审计了9个单位。

【汕头市审计局】 1999年底止，全局共有干部、职工60人，其中：大学以上文化程度5人，大专文化程度36人，局长1人，副局长4人。设有办公室、综合科、工交审计科、商贸审计科、基本建设审计科、行政事业审计科、财政金融审计科、外资审计科、指导管理科等机构。

审计工作成果 1999年，全市共完成了审计单位282个，查出违规行为金额127200万元，应上缴财政3841万元，已缴财政3974万元，追还侵占挪用资金1771万元，向司法机关移送案件

3件，还积极协助纪检监察、检察部门办理案件，仅市局就派出了58人次。

完成党政交办任务　全市各级党政领导批示审计机关办理的专项审计达25件。根据市领导的要求，对市某劳动服务公司的残疾人就业保障金、挪用就业扶持金共287万元，有关责任人已由检察机关立案侦查。

完成上级下达审计任务　1999年，共完成署、省下达的审计单位78个。一是法院系统1997和1998年度财务收支审计。全市各级审计机关抽查了60宗执罚案件和305宗诉讼案件的执罚和收费情况。共查出违规金额1613万元，各级审计机关按规定作出处理、罚款、并责成补办支出手续893万元，调账处理338万元。二是工商、建设银行系统审计。根据署的部署，市和潮阳、澄海、南澳审计部门共组织了98人次对建行汕头分行及3个支行、工商银行15个支行进行了审计，查出违规行为金额10960万元，主要是多计收入896万元，少计收入998万元，多列支出866万元，少列支出776万元，违规经营形成的账外资产2221万元，违规放贷造成的损失1179万元，以及违规购建固定资产11处3452万元。审计后补缴各项税金及罚款700万元。还抽查贷款企业597户，纠正银行清分信贷资产不实27602万元。三是水利工程项目审计。根据省厅部署，全市对7个中小型水利建设项目进行了审计，发现个别工程未按规定实行公开招标投标、工程资金不到位、施工队没有施工资质、工程预算书不齐全及没有认真执行合同条款等问题，审计后，各级审计机关对水利工程项目的规范管理提出了意见和建议。市局对两个水利建设项目的审计，核减了工程造价132万元，核减额占造价的24%，为加强水利工程质量，提高水利投资效益发挥了积极的作用。

内部审计　本市现有内审机构223个，其中专职机构120个，内审人员725人。全年审计了994个单位，查出损失浪费976万元，促进增收节支752万元，已纠正违纪违规行为金额77934万元，提出建议意见被采纳1157条，向司法机关处理1人。

受表彰情况　1999年，汕头市审计局被评为“汕头市保密先进单位”、“汕头市档案工作先进集体”、“先进职工之家”；局党总支被评为“先进基层党组织”。

【汕头市达濠区审计局】

1999年在本级预算执行审计过程中，坚持“账户入手，下审一级”的审计工作方针，在摸清本级财政家底的基础上，突出审计重点，从审计的广度、深度方面不断提高“同级审”质量，并对地方税务局、科技局等有关单位进行延伸审计。经审计，发现有部分代征契税没有及时入库，有偿使用的科技三项经费到期未收回，到期未收回的财政信用资金逾期率达76.58%，存在应拨未拨资金等问题。针对审计揭露出来的预算内、外资金收支中存在的问题，进行处罚，并提出建议和意见，同时对被审计单位的落实情况进行跟踪、监督。通过审计，对于政府掌握预算内、外资金情况，监督和约束预算管理；对于人大审查财政决算，加强对财经活动的监督，发挥了积极的作用。

【澄海市审计局】　本级预算执行审计　1999年的财政同级审，查出违规行为金额6600万元，其中应列入未列预算收入449万元，“小金库”2个17万元，处理上缴财政466万元。针对财政部门虚列预算收入、越级办理预算拨款、财政周转金占压情况严重、部分专项资金未能专款专用及地税局违规提留手续费、私设税款过渡户等问题，提出15条审计建议。审计结束后，依法向市政府提交审计结果报告，并接受市政府委托向市人大常委会作审计工作报告，受到有关方面的肯定和重视。

工行、建行系统审计　根据审计署指令，对工行澄海支行和建行澄海支行1998年度资产负债损益情况进行审计，查处违规行为金额6067.77万元，对工行混淆贷款级次5211万元、以租代购形成账外资产189.47万元和建行为自办公司垫支高息举债本金5878.3万元等问题，依法提出审计意见，并就建行为自办公司垫支高息举债问题向省审计厅提出审计建议书。

两办经济责任审计贯彻执行情况　草拟了《关于我市实行党政领导干部和国有企业领导人员任期经济责任审计的意见》，上报市委、市政府审批。

【潮阳市审计局】　预算执行和财政收支审计情况　1999年本局对潮阳市本级1998年度预算执行、其他财政收支以及市地方税务局、堤围防护费的收入使用情况进行审计，并对1997年度同级审提出的意见和建议的整改落实情况进行跟踪调查。

经济责任审计　中共中央办公厅、国务院办公厅的两个《暂行规定》发布后，本市成立了任期经济责任审计领导小组，办公室设在审计局，本局与市纪委、组织部等5个单位联合草拟关于在本市开展党政领导干部和国有企业领导人员任期经济责任审计的意见，经市委、市政府同意并批转各单位贯彻实施。

工行、建行系统审计情况　审计查出的主要问题有少列收入、多计支出、违规经营获取非法收入及造成损失、存在账外资产、信贷资产质量差等。审计后向上级审计机关提交了综合审计报告。

【南澳县审计局】　1999年，南澳县审计局紧紧围绕当地党政和上级审计机关提出的工作中心和要求，突出重点、依法审计、服务大局、努力提高审计质量，取得了较好审计效果。

一年来，共完成了对20个单位和项目的审计，查出违纪违规金额232万元，向上级提供审计专项报告3篇，向被审计单位和有关部门提出审计意见和建议42条，大多得到重视和采纳。

工建行审计 充分揭示了其资产负债损益的真实情况，对审计中发现的县建行少计利息收入14万元，多列成本103万元等违纪违规问题，依照上级提出的处理原则作出了审计决定、审计意见和决定得到较好执行落实。

经济责任审计 按“两办”要求积极探索离任审计新路子。针对企业改革的现状和发展趋势改进企业资产负债损益审计的方法。

【韶关市审计局】 1999年，广东省韶关市审计机关共完成审计项目385个（其中：审计调查19个），查出违规行为金额36538万元，应上交财政1115，已上交财政689万元。

本级预算执行审计 对1998年度本级预算执行审计，韶关市各级审计机关领导亲自抓，抓得早，揭露问题的深度、广度比以往有了新突破、所提建议也更加具有针对性，市人大常委会要求财政、税务部门高度重视审计部门提出的意见和建议，强化预算管理与税收征管。

党政交办任务 一是集中精力进行工行、建行1998年度资产负债损益审计。二是完成了对乐昌市、南雄市、仁化县1998年度财政决算的审计，审计查出违规行为金额322万元。同时完成了14个乡镇财政审计，共查出违规行为金额1966万元。三是精心组织，完成了法院系统行业审计。四是完成了农业综合开发专项资金的审计。五是各级审计机关完成了水利资金及水利工程项目的行业审计和南雄市国债水利资金工程项目审计。六是完成交通规费审计和房改基金的专项审计。七是继续搞好企业审计和境外企业审计调查工作。各级审计机关共完成对51家企业的审计，查出违规行为金额6602万元，决定处理处罚2610万元，应上交财政金额333万元。八是市政府办公室印发了我市领导干部离任经济责任审计实施办法并在全市执行。1999年下半年，开展了对市人事局、市交委、市城建局等8个部门的领导干部离任经济责任审计。

加大审计执法力度 韶关市审计局对乳源县扶贫管理部门挤占、挪用扶贫资金、应付省检查验收做假账等严重违反财经纪律的行为在全市行政事业单位进行通报，对责任人移交监察机关追究相应行政责任。对韶关市收容遣送中转站隐瞒收入，私设“小金库”，私建办公楼及巧立名目滥发奖金、补贴等严重违反财经纪律行为在全市行政事业单位进行通报，引起较大的震动。

【韶关市浈江区审计局】 1999年共完成审计项目15个。查出违纪金额1199万元，应上缴财政2.7万元。

在上级审计机关的指导和本级政府的领导下，对浈江区1998年度本级预算执行和财政收支情况进行了审计。本年财政预算审计的深度、广度都有所加强和扩大，效果也比较明显。在审计过程中突出重点，对本级财政的金库进行了审计，加强了收支的管理，促进和提高了财政资金的使用效益。

在对某单位领导任期经济责任审计时，发现该单位领导不注意增收节支和建立健全财务管理制度，导致公司亏损14万元和出纳涉嫌贪污8万元。针对这些问题，本局提出了一系列的改进意见和建议，促进了在职领导科学用财、理财，增强了干部的经济责任感。

在《审计法》颁布实施五周年纪念活动中，除在区属范围内大力宣传《审计法》之外，还参加了韶关市审计局举办的审计知识竞赛并取得了较好的成绩。

【仁化县审计局】 1999年，我局共审计64个单位（项目），审计总金额15.4亿元，查出违纪违规金额3596万元，应上交财政105万元，挖出“小金库”14个，追回应归还原渠道资金196万元。审计法颁布实施五周年活动深入开展，县委书记亲自批示，组织、成立以县领导为组长的宣传小组，开展全县性宣传，召开县五套班子和各部、委、办、局领导参加的审计法宣传座谈会。第四次审计了预算执行和财政收支，查出预算不够真实，虚列支出1531万元，不良周转金占72%，预算外赤字大，税务部门“小金库”3个共15.6万元等问题。重点审计了工行仁化支行、建行仁化支行，发现共偷漏税4万元，建行仁化支行7.2万元未入账核算。工行仁化支行信贷资产质量逐年下降，潜亏严重。按照深入企业改革，促进国有资产保值、增值的需要，我局对县6家重点企业进行了审计，发现有的企业负债率高，达95.70%；有的潜亏严重，如某企业潜亏达1700多万元，这在粤北山区是一个惊人的数字；部分企业上交利润数过多，造成盈利变成亏损，制约企业发展；同时查出违纪金额160.9万元，应交财政27.7万元。

【南雄市审计局】 1999年共完成审计单位（项目）38个，查出各种违纪金额1342万元，上缴财政71.69，决定追还侵占挪用资金224万元，提交审计报告和信息15篇。

本级预算执行和财政收支审计 通过审计查出少列预算收入9.83万元，不按规定用途使用预算资金64万元；存在对纳税单位欠税情况反映不实、教育科技经费预算安排不合规、行政事业性收费和罚没收入的财政管理不够规范、财政部门银行开立账户过多的问题，财政局15个股室，在多家银行、信用社设立账户83个；改变预算资金用途23.5万元，挤占挪用专项经费152.9万元。

经济责任审计 一年来，先后完成了市委、市政府交办的对外经局等4个单位领导同志任职期的经济责任审计，为组织部门

考察任用干部提供了可靠的依据。

《审计法》颁布实施五周年纪念活动 市委常委、常务副市长发表了《审计法》颁布实施五周年电视讲话，通过电视、电台进行宣传，召集有关单位、重点企业和部分事业单位领导以及特约审计员参加的审计工作座谈会，组织审计人员参加审计知识竞赛，写作审计论文等一系列宣传、学习活动，增强了社会各界对审计事业的认识，营造了一个能理解、关心、支持审计事业的良好氛围。

工建两行审计情况 根据审计署安排，本局对工商银行南雄支行、建设银行南雄支行1998年度资产、负债、损益的真实性和信贷资金的真实、合规性及其质量进行了审计，并延伸了48家贷款企业，检查核实了贷款企业的经营状况和还贷能力，揭露和查处了损益不实，占用信贷资金建大楼，私设“小金库”以及信贷资金质量较差，清分不准等问题和原因，提出了盘活信贷资产的建议和意见，很好地完成了此次审计任务。

【始兴县审计局】 1999年底有干部、职工17人，其中：大专学历10人，局长1人，副局长2人。设有人秘股、财金商粮贸审计股、行政事业审计股、工交农林水审计股、基建外资审计股。

审计工作成果 1999年共完成审计项目34个，审计单位34户；完成审计调查1项，调查单位5个，共查出违纪违规金额1854万元。上缴县财政21万元，共提交审计报告8篇。

完成县政府交办任务 1999年共完成6项，主要是领导干部的离任审计，为政府部门任免干部提供了可靠依据。

完成上级下达审计任务 1999年共完成署、省、市审计机关下达的审计任务28项，其中审计署5项，省审计任务3项，市审计任务20项。

【曲江县审计局】 *本级预算执行情况审计* 查出违纪违规金额354.5万元，通过分析和研究，提出严格执法，加强预算执行的管理和监督；财政部门要随财政拨款方向，加强拨款执行情况跟踪监督；强化税收征管，确保财政收入稳步增长等有针对性的意见和建议。

贯彻“中央两厅”两个暂行规定情况 对12位县直机关主要负责人和9位镇委书记任期经济责任进行了审计，并向县委、县政府提交了综合报告，得到了充分肯定。

工建“两行”审计 成立了金融审计协调领导小组，进行认真组织、精心实施。审计查出违纪违规金额1120.8万元，收缴及处罚18.06万元，进一步确认两行信贷资产质量分类，并按照上级的要求按时统计和上报有关的数据和资料。

实行派驻审计员监督制度 对19个接受财政拨款或补贴大、资金收支规模大和涉农关系大的“三大”部门和单位派出常年审计监督工作组，帮助被监督单位健全和完善财会制度及内部控制制度，及时发现和敦促了多个单位纠正错账金额350多万元，指出6个方面的存在问题，向县政府提交派驻审计监督19个单位情况的书面工作报告，得到县政府的肯定。

【河源市源城区审计局】 1999年共有干部、职工12人，其中：大专学历以上7人，占58%，获得审计师或注册会计师资格的2人，占17%；局长1人，副局长1人，内设行政复核组、财政金融审计组和企业审计组。

1999年度共完成上级下达及区政府交办的审计项目及工作任务33项。其中；署定项目4个、省定项目2个、市定项目1个、区定和区领导交办项目26个。查出违纪违规金额2349万元，处理处罚的45万元。此外，还参与了区埔前高埔管理区有关贪污案件的审计查证工作，为促进经济建设和社会稳定作出了努力。

完成国家、省、市审计机关下达的审计任务7项。继续抓好了预算执行审计。认真开展金融审计。根据审计署的统一部署，对源城工行资产、负债、损益情况进行了审计，同时延伸审计调查了25个贷款单位使用贷款情况。对1998年区法院的财务收支情况、区社保局社会养老保险基金征收管理情况和区水电局使用水利资金，水利工程项目建设情况进行审计。

完成区委区政府交办的审计任务26项，审计单位26个。

【东源县审计局】 1999年完成县委、县政府交办的工作任务29项，完成署、省审计机关下达的审计任务10项，审计资金总额81761万元。

预算执行情况审计 揭示预算资金分配、管理、使用中存在的问题，并依据国家有关法规规定，作出了适度的处理。

财务收支审计情况 审计的重点是预算资金和预算外资金的管理使用情况、行政事业性收费执行收支“两条线”管理情况和专项资金的管理使用情况等，揭露乱收费、乱罚款、隐瞒转移收入、挤占挪用、损失浪费等问题。

大案要案审计查处情况 移送县纪律检查委员会查处案件4宗，受到党纪、政纪处分2人。

工行审计情况 审计重点突出损益真实性、信贷资产质量和揭露金融领域违法违规问题，通过审计，查实了损失类贷款601.8万元，揭露了盈亏不实和资产不实等问题，健全了内控制度，促进其依法经营。

【龙川县审计局】 1999年坚持审计工作二十字方针，以打假治乱为重点，实际完成审计项目47个，超额12%，查出违纪违规金额923万元，发出审计决定6份，已上缴财政73万元。

预算执行和财政收支审计

认真总结“同级审”工作经验，从总预算和检查银行账户入手延伸有关单位。审计后提出4条建议。同时加强乡镇财政审计工作，对2个镇财政收支进行审计。

工行、建行系统审计情况 严格按审计署制定方案进行审计，延伸46家有关单位，查出违纪金额31.7万元，其中：“小金库”8万元，所得税23.8万元，并对信贷总资产的真实合规性及其质量进行清理分类，核实不良资产的总体状况，达到了审计目的。

经济责任审计 为配合镇级政府换届工作，年初根据县领导交办，组织了4个审计组对全县20个乡镇的领导共31人（其中书记19人、镇长12人）任职期间的经济责任进行就地审计，基本查清了有关乡镇的资产负债，财务管理和资金管理使用情况，向县政府递交了综合情况报告，得到县领导高度重视。

【梅州市审计局】 1999年，梅州市审计机关共完成审计单位275个。查出违规金额13220万元，其中决定处理处罚12737万元，指明要求纠正1048万元；应交财政665万元，应归还原渠道资金897万元，减少财政拨补60万元。已交财政465万元。提交审计工作报告、信息文章33篇，其中当地党委、政府和上级审计机关和新闻单位采用22篇。

本级财政预算执行情况审计 全市审计9个财政单位，重点延伸审计了35个单位，查出违规金额1626万元，审计作出决定处理234万元，指明纠正1327万元；应交财政65万元。

财政决算审计 审计县级财政2个、乡镇级财政13个。重点查清与上级收支有关的资金和贯彻执行国家宏观经济政策的重大事项，防止乱开政策口子、擅自减免国家税收、挖挤上级财政收入的问题。查出违规金额778万元，处理应上交财政190万元。查出丰顺县一个镇财政所长贪污公款3万元，及时移交检察院处理。

领导干部离任经济责任审计 全市审计机关完成党委、政府委托对镇（局）级领导干部和企业负责人离任经济责任审计共146个，查出违规金额4297万元，处理上交财政105万元。丰顺县审计中发现一个镇委书记、镇长等人贪污公款20多万元线索，发现一个局的局长弄虚作假造成国家损失60多万元的案件，及时移交纪检、检察等部门立案处理。兴宁市审计中查出“小金库”160万元，为企业挽回经济损失38万元。

建设银行、工商银行审计 按审计署安排，对市建设银行10个分支机构、工商银行8个分支机构的审计。重点审计1998年度资产负债损益情况、财务收支的真实性等内容。查出少计利息收入151万元；盈亏反映不实8117万元；多摊费用148万元；玩忽职守、造成国家资产损失1136万元等。促进其健全内控制度，加强金融监管，更好地防范和化解金融风险。

【兴宁市审计局】 全年共审计单位（项目）27个，查出违纪违规金额1364万元，应缴已缴财政6万元，追还侵占挪用资金164万元。

同级财政预算执行审计 对市财政部门管理的1998年本级预算执行情况和其他财政收支进行审计；对市地方税务局1998年度部门以预算执行单位进行延伸审计，查出违纪金额266万元。

金融审计 对中国工商银行兴宁支行、中国建设银行兴宁支行、宁塘信用合作社、刁坊信用合作社进行资产、负债、损益审计，查出违纪金额21万元。

专项资金审计 对市社会保险管理局养老、工伤保险基金征收、支付、管理情况，市民政局福利彩票赈灾专项资金，市水利局1998年度专项资金的筹集、拨付和使用情况进行审计，查出违纪金额46万元。

行政事业单位审计 对市技术监督局、市城市管理局、市司法局、市人民法院等单位进行财务收支审计，共查出违纪金额46万元。

离任审计 对市总工会、市物资总公司等12个单位的主要领导进行离任审计，共审计查出违纪金额540万元。

【梅县审计局】 1999年，梅县审计机关积极开展审计工作，在加强审计监督，维护财经纪律，增收节支，提高经济效益，促进廉政建设，保证全县经济活动的正常运转方面发挥了积极作用。

本级预算执行和财务收支情况审计 对财政和税务、国库等7个重点部门进行了审计。通过审计，进一步摸清预算内外资金情况，查出违规金额28万元，处理上缴财政金额22万元。

经济责任审计 全年共开展离任审计27名科局级领导干部，查出违规金额59万元，查出企业资产不实557.7万元，作出审计处理16193.44元，较好地完成了离任审计任务，为离任领导作出实事求是、客观公正的评价。

金融行业审计 开展对建设银行及延伸审计了20多个贷款单位，查出违反贷款利率多收利息4万元，并作出上交财政的处理。通过审计，为上级摸清该行的经营情况和资产质量，防范和化解金融风险提供了可靠材料。

行政事业审计 着重对7个行政事业单位的财务收支审计，查出违纪违规金额29万元，作出上缴财政13.09万元。除抓好重点部门审计外，还经常检查督促各单位对执行国家经济法规情况和为政清廉等各项工作，使各行政事业的财务制度逐步走向规范化。

企业审计 重点抓好对商贸、工交15个企业的审计和调查，查出违纪违规金额854万元，作出审计处理上缴财政

91651.05元，作出调账处理和纠正金额308万元，提出18条审计意见和建议。通过审计，帮促企业完善内控制度，加强管理和提高经济效益。

【蕉岭县审计局】 1999年共有干部、职工16人。其中：大学本科学历5人，大专5人，中级技术职称4人，局长1人，副局长3人；设有办公室、财政金融审计股、企业审计股、基本建设审计股。

审计工作成果 1999年共完成审计项目32个，审计单位38个；审计金额45839万元；查出违规行为金额1075万元；上缴财政27万元；提交审计报告38篇。

完成交办任务 1999年共完成县委、县政府交办的工作任务15项，审计单位17个。为贯彻落实中央的两个《暂行规定》和县委有关规定，对15名县级以下党政领导干部任期经济责任进行了审计，查出违规行为金额906万元，为促进党风廉政建设，完善干部管理制度发挥了积极作用，受到县领导和社会各界的充分肯定。

完成上级下达审计任务 1999年共完成省、市审计机关下达的审计任务17项，审计单位21个，审计金额44933万元。

【大埔县审计局】 1999年有干部职工26人，其中，大专毕业12人，局长1人，副局长3人。内设人秘股、财金基建审计股、行政事业审计股、商粮贸审计股、工交企业审计股。

审计工作成果 1999年，共完成审计单位和项目24个，占上级下达任务20个的120%。查出违纪违规金额731万元，其中乱收费、"小金库"、偷漏税等严重违纪金额49.84万元，移用专项资金94.3万元，白单付款66.16万元，处理没收和罚款上缴财政14.5万元，为被审计单位挽回经济损失107万元，帮助收回欠款36万元；提交专题报告12篇，提出审计建议53条。

完成县党政交办任务 1999年，共完成县委、县政府交办的工作

【五华县审计局】 1999年底共有干部、职工19人，其中：大学毕业4人，大专毕业5人，局长1人，副局长2人。设有人秘股、财政金融审计股、行政事业审计股、工业交通审计股、商粮贸审计股。

审计工作成果 1999年共完成审计单位（项目）47个，完成年度计划的204.3%，其中署定任务5个，省定任务4个，市定任务2个，县定任务36个（县委政府临时交办32个）。查出违纪金额811万元，其中指明纠正的违纪金额706万元，应上缴财政105万元，已上缴财政87万元。

完成经济责任审计 全年共完成领导人经济责任审计32个，其中：乡镇24个，局机关6个，企业2个。查出违纪金额95万元，应上缴财政81万元，已上缴财政61万元。

本级预算执行审计 查出违纪金额15万元，指明纠正15万元，实事求是地揭露了财政管理中存在的问题。

金融审计 按照审计署的统一部署，对中国工商银行五华支行和中国建设银行五华支行进行了审计，在审计中，对两行存在的发放可疑贷款、损失贷款率高、收息率低、利润不实和漏缴各项税费等问题作出如实反映，并提出审计处理应上缴款7.1万元，圆满完成工、建两行的审计。

专项资金审计 对企业职工基本养老保险基金征收、支付、管理情况，1996年至1998年度扶贫资金管理、使用及效益情况和水利资金使用情况进行了审计，共审计资金总额11033万元，查出违纪金额705万元，处理上缴财政14万元，指明纠正546万元，并对存在问题作出了处理意见及建议。

行政企事业审计 1999年对5个行政、企事业单位进行了审计，共查出违纪金额7.7万元，处理上缴财政7.7万元，较好地履行了审计监督职能。

【惠州市审计局】 1999年共有干部、职工36人，其中：大专以上毕业30人，中级以上职称21人。正、副局长共3人。设有办公室、财政金融科、企业外资审计科、行政事业审计科、基建审计科、复核指导科等6个科室。

审计工作成果 1999年共完成审计及审计调查项目29个，上缴财政金额47万元，减少财政拨款和节约建设资金1356万元，查出应归还被侵占挪用资金200万元，向党政、上级机关及有关部门提交综合专题报告、审计信息42篇。

严格财政和公共资金审计 1999年，在市预算执行、社会保险、房改资金、市重点投资项目、交通建设资金、水利、科技教育、赈灾福利彩票等财政和公共资金审计中突出一个"严"字，为规范财政和公共资金的征、管、用，提高资金使用效益，健全内控制度起了很好的促进作用。

企业审计 在企业资产负债损益审计和企业领导人离任审计中注重一个"帮"字，帮助政府摸清企业家底，为深化企业改革提供决策依据；帮助企业找出经营管理上的薄弱环节，为企业健全自我约束机制，完善经营管理提供服务。

金融审计 在工行、建行贷款清分审计中，对正常类、关注类、次级类、可疑类等前四类贷款抽查了20家贷款企业；对损失类贷款，抽查了80%的金额；还抽查自办经济实体6家。共查出违纪违规金额3.93亿元。

【惠州市惠城区审计局】 1999年共完成审计和审计调查项目21个，其中完成省级审计机关部署的审计项目11个；当地政府交办的审计项目10个；查出违规行为金额883万元，应上

缴财政金额447万元，查出被侵占挪用的资金426万元。

1999年3月，先后对区财政局、地方税务局、地方金库等部门具体实施管理的1998年度本级预算执行情况进行了审计，部门审计主要是以教育局和科技局为重点，为科技教育经费的管理和足额到位等进行了一系列的审查，纠正了一些无偿使用的科技经费转为有偿使用等问题；金融审计主要根据审计署统一部署的工建两行审计项目，查出了违纪行为，并按规定如实向上级审计机关汇报。完成政府交办项目主要是区移民办、市医院、区卫生防疫站等6个单位原法人代表任职期间经济责任的审计。通过离任审计，移交给区纪检机关的经济案件2宗。11月，局机关还根据两办的通知精神，首次对县级以下党政领导干部区公安分局原局长、区检察院原院长进行离任审计。

1999年是《审计法》的贯彻实施的第5个年头，本局将五年来的工作情况书面向区委区政府作了汇报，区委办及市委办将本局贯彻实施《审计法》情况刊登在《惠城信息》、《惠州信息》等刊物上，在本区乃至全市各县区大力宣传，影响较大。

【惠阳市审计局】 1999年末，在职干部职工17人。其中：大学本科1人，大专4人，局长1人，副局长3人。内设综合科、财政金融审计科、工交基建审计科、商粮贸审计科。

审计工作成果 1999年，完成审计项目15项，审计单位30个，其中离任审计16个，查出有问题资金876万元，应上交财政12万元，应归还原资金渠道864万元。

财政专项资金审计 配合政府中心工作，对本市行政性收费和罚没收入较多的部门进行全面审计，有效地促进了“收支两条线”规定的贯彻落实，还直接为财政增收节支5900万元，受到市政府主要领导的好评。

企业审计 自《国有企业财务审计准则（试行）》颁布实施后，本局对企业审计，采取一审计、二理顺、三促进的做法为企业服务。保证企业资本安全营运，促进企业依法经营、依法纳税，保证税额按时按量收取。

【惠东县审计局】 1999年共有干部、职工21人。其中：大学毕业1人，大专8人，中级职称5人，局长1人，副局长2人。设有办公室、财政金融审计股、行政事业审计股、企业审计股、基建外资审计股等机构。

审计工作成果 1999年共完成审计项目和单位38个，查出违规金额1406万元，促进增收节支544万元，查补税款23万元。配合纪检、监察部门查处各种经济案件3起，处理经济纠纷2起，为社会稳定发挥了作用。共提交审计报告38篇。

完成县政府交办任务 1999年共完成县委、县政府交办任务6项，为县政府的决策提供依据，并抽调3人参加县政府清理城市信用社不良贷款工作小组。

完成上级下达审计任务 1999年重点完成了预算执行和财政收支审计，工行、建行系统审计，揭露了一些存在问题。

【博罗县审计局】 1999年共有干部、职工21人，其中：大学本科4人，大专11人，局长1人，副局长2人。设有办公室、财政金融审计股、行政事业审计股、企业审计股、基建审计股。

审计工作成果 1999年共对39个单位进行了审计，提交审计报告39篇。查出违规金额3028万元，提出有建设性建议53条，上缴财政50万元，移送纪监司法机关查处案件2宗。

完成县政府交办任务 1999年共完成9项，其中离任审计6项，对离任审计单位用人提供参考依据。

完成上级下达审计任务 1999年署、省、市审计机关下达审计任务12项，审计单位15个。其中按照审计署统一布置，对中国工商银行博罗支行、建设银行博罗支行1998年度资产、负债、损益进行执行审计，查明两单位资产总额。

【龙门县审计局】 1999年，完成审计项目25项，占审计工作计划22项的113.6%，查出违纪违规金额6958.02万元，应上交财政金额64.58万元，已交21.21万元；提交工作报告、信息共36篇，被采用7篇；积极完成县委、县政府交办的各项工作，共183人次参加。

主要审计成果 集中力量对署定工商银行和建设银行资产负债和损益情况进行了审计。

工商龙门县支行存在的主要问题是：1.少计当年及以前年度其他营业收入26.18万元，少计当年其他营业支出4万元，多计当年各项支出7.43万元，少列以前年度支出1.44万元；2.以物抵贷形成账外资产266.29万元，未按规定向自办经济实体收回贷款3821万元，自办经济实体未提未交营业各税11.55万元。建设银行龙门县支行存在的主要问题是：1、少计其他收入1.84万元，少计以前年度往来利息支出123万元和支付奖金22.19万元，多计其他支出1万元；2、未按规定向自办经济实体收回贷款613.2万元。

【汕尾市审计局】 1999年底共有干部、职工43人。其中：大专以上学历24人，高级职称4人，中级职称4人，下辖海丰县、陆丰市、陆河县、汕尾市城区4个县级审计局；内设办公室、综合科、指导管理科、财政金融科、工交基建科、行政事业科、农林文教科和商贸外资科等8个科室及审计学会、工青妇等群众组织。

审计工作成果 全市审计机关共完成审计项目228个，查出违规行为金额25303万元，应上缴财政1226万元，追还侵占挪用资金1076万元，促进增收节支1230万元。其中：汕尾市审计局完成审计项目47个，查出违规行为金额6889万元，应上缴财政107万元，促进增收节支450万元，提交审计报告、信息60多篇，大部分被批示、采用。

完成审计任务情况　一是深入开展本级预算执行情况和财政决算审计，加强了财政资金的管理和监督；二是深化金融审计，对工、建两行1998年度资产负债和损益情况进行全面审计；三是组织对法院、检察院、教育局和其他政府部门等23个单位财务收支审计；四是加大对养老保险基金、水利资金、扶贫资金、住房基金、交通规费、公路规费和赈灾福利彩票等专项资金的审计力度，深入揭示各类专项资金运作中挤占挪用、损失浪费的问题；五是积极开展国内贸易、对外贸易、交通运输和中外合营等重点企业的审计，揭露和查处盈亏不实、违纪违法的行为；六是加强基建项目审计；七是大力开展党政领导干部任期经济责任审计；八是积极做好党委、政府交办的救灾款物审计、地方金融机构清查等工作任务。

内部审计　1999年底，汕尾市直内审机构32个，内审人员98人，1999年完成审计项目87个，纠正违规金额2687万元，提出359条审计建议被采纳，向司法机关移送案件1宗。

社会审计　1999年，全市审计机关加强了对社会审计质量的监管，积极稳妥地做好审计机关与属下审计事务所脱钩改制工作，顺利完成了任务。

受表彰情况　公安审计被省审计厅评为优秀审计项目；审计期刊发行工作被审计署、省审计厅评为先进单位，受到表彰；有1人受到市委、市政府表彰。

【汕尾市城区审计局】　1999年共有干部、职工15人，其中：本科学历3人，大专学历7人，局长1人，副局长2人；设有人秘股、审计一股、审计二股、审计三股、审计四股。

审计工作成果　1999年，共完成审计项目37个，查出违规违纪金额9010万元，上缴区财政240万元。同区纪检、监察、检察等部门配合，清查审计各类案件5宗；查出挪用公款案件1宗，金额65万元；移送监察机关处理案件1宗；为维护区财经秩序作出了应有贡献。

完成上级下达审计任务　1999年共完成审计署、省和市审计机关下达的审计任务27个。在对建行汕尾市城区支行和工商行汕尾市城区支行1998年度的审计中，审计人员不辞劳苦，排除各项阻力，奋战三个月，完成审计任务，查出违规违纪金额2185万元，“小金库”2宗，发生金额121．3万元。

完成区委、区政府、区纪委交办任务　1999年完成区委、区政府、区纪委交办的审计任务10个。在对捷胜镇东坑管区和东涌镇品清管区的清查审计中，审计人员克服重重困难，实事求是，客观公正地进行调查审计，为理顺农村基层财务管理和基层组织建设作出了贡献。在对区一建工程公司审计中，审计人员不畏艰难，理清该公司多年债权债务，核结该公司挂账的15个工程，核减工程造价145万元，出色完成了审计任务、深得区委、区政府的信赖。

【海丰县审计局】　1999年共有干部、职工28人。大专学历15人，设有秘书股、审计一、二、三、四股等业务股。

审计工作成果　1999年共完成审计项目48个。审计调查项目6个。查出违规行为金额7574万元，处理处罚金额1578万元，指明要求纠正金额5996万元，上缴财政增加收入272万元，应归还原资金渠道金额242万元，向县委、县政府提交综合、专题审计工作报告9篇。受表彰被评为县先进个人1人。

完成县组织、人事部门委托，开展对乡镇、行政、企事业单位领导干部的离任审计28个，其中乡镇长5个、行局长14个、企业领导9个，占全年完成审计任务的一半左右。查出违规行为金额3792万元。为县委组织、人事部门全面考察干部提供了依据，进一步完善了干部管理机制，促进了党风廉政建设。

【东莞市审计局】　1999年定编43人（其中：事业5人），在职干部38人。其中大学本科学历9人，大专18人；中级职称22人。内设办公室、财金科、行政事业科、基建科、工交科、粮商贸科。

审计工作成果　全年共完成审计单位（项目）49个（不含工商行、建行12个单位），完成年度计划的113．95%，查出违规行为金额34763万元，应上交财政7387万元（含1998年度应交未交18万元），应追还侵占挪用资金1396万元，核减基建工程款1059万元，向上级部门提交审计工作报告信息17篇，其中市委市政府领导批示5篇。

本级财政预算执行审计　加强领导、精心组织、统一部署、突出重点，共审查了10个项目，查出违规行为金额15035万元，应交（已交）财政金额4203万元。通过审计，规范了我市财政预算管理，使国家财政资金安全有效地使用，促进了我市经济发展和社会稳定。

镇级财政决算审计　共审计了5个镇，摸清了这些镇的财政家底，揭露了普遍存在的如部门预算收支未纳入预算管理、财务管理不够完善等问题，提出合法而合理的审计意见或建议，有效加强了乡镇财政资金的管理。

行政事业、专项资金（基金）审计　完成对福利彩票赈灾专款、养老保险金、两级法院、4个部门交通规费、堤围防护费、市医疗救济基金等10个专项资金（基金）及7个行政事业单位财务收支审计，共查出违规行为金额10579万元，提交综合报告6篇，有3篇被市政府领导批示。通过审计，促进专款专用、规范管理，切实减轻企业和群众负担，加强了廉政建设。

金融审计　重点抓好对市工商行属下7家支行、市建行及所属4家支行的审计，查出少计利息收入7473万元；设立“小金库”326万元；潜亏及挤占成本、偷漏税等问题，对被审计单位处以补交税金1031万元，罚款105万元，调增利润963万元，有效地促进健全内控制度，规范金融资产管理，防范和化解金融风险，维护金融秩序。还对东莞粘土厂外国政府贷款借、用、还情况进行专项审计调查。

重点基建和水利工程项目审计　完成对华大改建工程竣工决算、寒溪河整治、樟村路堤结合2个水利项目及中西部水乡片供水工程预算执行审计。通过审计，向有关部门提交水利工程审计综合报告，核减工程款1059万元、促进871．44万元水利资金投放到位，进一步完善基建工程管理，保障国家建设资金安全有效使用。

企业审计　共审计9个企业，查出违规行为金额5098万元，收入不实570万元、成本不实1699万元、账外资产188万元、虚增利润1003万元、虚减利润89万元、应交财政91万元、应归还侵占挪用资金1200万元，为促进企业贯彻执行国家财经法纪，推进企业两个根本性转变，改善经营管理、提高经济效益、加快建立现代企业制度步伐创造条件。

查处上级交办及群众来信案件　全年派出10人次配合纪检监察、信访、劳动等部门开展各类专项调查工作，查办5宗群众来信案件。

对内部审计的指导　11月份，组织了市直部门单位、镇（区）内审科（组）进行一次内审交叉检查评比。据不完全统计，全年累计完成审计单位2335个，查出损失浪费764万元，促进增收节支857万元，已纠正违纪违规金额28096万元，提出建议措施被采用1065条。向司法机关移送案件4件、处理5人，建议给予行政处分64人，提交审计报告信息200篇，其中被批示采用101篇，培训财会审计人员8068人次。

【中山市审计局】　1999年末共有干部、职工37人。其中：大学本科14人，大专14人，局长1人，副局长2人；设有办公室、法规科、财政审计科、金融审计科、行政事业审计科、基建审计科、外资审计科共8个科室。

审计工作成果　1999年，共审计单位55个（含审计工建两行单位13个），完成审计调查1项，调查单位1个。共查出违纪违规金额211497万元（其中工建两行违规行为金额188537万元），同市纪检、监察、信访等部门配合，查处重大经济案件2起，为社会稳定发挥了作用。上缴市财政2657万元，减少财政支出419万元，向上级提交报告、信息36条。

完成市政府交办任务　1999年，共完成市委、市政府交办的工作任务13项，审计单位19个。开展镇区党政领导干部离任经济责任审计工作，共对5个镇区党政领导干部任期内的经济责任进行了审计，查出违规违纪行为金额6950万元，并揭露了镇区经济管理存在的共性问题，为市领导宏观决策提供了参考。1999年继续加强对政府投资的基建工程项目的审计，共完成基建审计项目8个，审计金额44270万元，审计核减工程造价3815万元，查出违规行为金额4051万元。

完成上级下达审计任务　1999年，共完成上级审计机关下达的审计任务28项，审计和调查单位31个。

内部审计　加强对内部审计工作的管理和指导，1999年已设立内部审计机构594个，配备内审人员1956人，全市内部审计机构共审计单位839个，为促进中山市经济发展发挥了积极作用。

【江门市审计局】　1999年底在职人员37人。其中：大学本科6人，大专17人，局长1人，副局长2人；设有办公室、综合指导管理科、行财审计科、商粮贸审计科、工交审计科、外资审计科、金融审计科等机构。

审计工作成果　1999年，共完成审计项目58个。完成审计调查3项，调查单位12个；共查出违纪违规金额22445万元，上缴市财政1597万元，共提交审计报告58篇（其中被采纳的综合专题报告9篇），为社会稳定及经济发展发挥了作用。

完成市委、市政府交办的审计任务　1999年完成市委、市政府交办任务32项。其中经济责任离任审计8个。11月根据市委和市政府的要求，对江门市属10家城市信用社的资产负债情况进行审计，甄别确认各类储蓄存款，为防止金融风险向财政风险转代，为领导决策提供依据。

完成上级下达审计任务　1999年，共完成署、省审计机关下达的审计任务26个。财政预算执行情况的审计，审计了22个预算单位，并对金羚排气扇厂和江门甘化厂欠缴、应缴未缴财政收入依法作出处理，分别上缴117．3万元、420．5万元。通过对财政同级审，发现和纠正了财政管理中少征预算收入，隐瞒转移预算收入、违规办理结算等问题，查处违纪金额608万元。审计的结果得到了政府和人大的充分肯定。在抓好财政同级审的同时，并对鹤山、新会两市1998年度财政决算进行了审计。

根据上级审计机关的要求，对江门市人民法院进行了审计。纠正和处理法院系统中存在的罚没收入不及时上缴国库及诉讼费收支不实行两条线管理等问题，补缴入库289万元。

对财政部门、水利部门和江新联围工程项目的水利资金的拨付、使用情况进行了审计，审计金额23872万元，对未及时拨付，付息收入挂账45．3万元等问题提出了意见并作了处理。

内部审计 1999年，内部审计取得比较好效果，市本级内审机构到33个，内审人员63名。

社会审计 1999年共接受社会委托项目483项，其中承包离任审计3项，验资年检460户，其他审计20项。

【江门市江海区审计局】 1999年末，审计局共有干部13人。其中大学学历2人，大专学历4人，局长1人，副局长2人；内设机构有：行政秘书科、工交商粮贸审计科、财政金融审计科。

审计工作成果 1999年，共完成审计项目20个，审计单位21个，完成审计调查项目1个，调查单位1个。共查出违纪金额2326万元，上缴财政69万元，共提交审计报告21篇。

完成上级审计机关下达审计任务 完成审计署、省审计厅下达审计任务3项，审计单位3个。

【江门市蓬江区审计局】 *预算执行和其他财政收支审计情况* 审计过程中，站在政府管理财政资金的高度提出切实可行的审计意见及建议，得到了有关方面的重视，财政局制订了《蓬江区财政资金划拨管理制度》，就如何落实财政资金的规范管理作出了具体规定，同时明确提出由财政局财监科对审计提出的整改意见进行跟踪落实。

社保养老保险基金审计情况 按照国家和省现行有关社会养老保险的法律法规，对本区1998年社会养老保险基金收支情况进行了审计。审计提出养老保险基金未能按规定及时纳入财政专户管理，并按基金征缴收入的5%计提管理费以及93家单位累计欠缴养老保险基金264万元等问题。区社保局根据审计意见及建议向有关领导如实汇报后，由政府牵头，组织了有关部门对全区的社保工作进行了全面检查，清查追收欠缴的养老保险基金，推动了我区社会保险事业的发展。

完成党政领导交办任务情况 1999年，本局认真落实审计署《关于审计机关办理交办事项的暂行规定》，积极稳妥地做好地方党政领导交办审计事项，为领导决策当好参谋，促进地方经济健康发展，有效地发挥了审计监督的职能作用。

【新会市审计局】 1999年共有干部、职工41人。其中：大学本科学历5人，大专17人，局长1人，副局长3人；设有办公室、财政金融审计科、工交审计科、商粮贸审计科、综合指导管理科、审计师事务所等机构。

审计工作成果 1999年，共完成审计项目56个（其中上级下达项目18个，自定项目21个，政府、部门交办提请项目17个），比计划48个超额完成8个，查出违纪违规行为金额58270万元，上交财政449万元，不合理占用资金，要求归还原渠道4145万元，派员参与政府及其他部门组织的专项审计2起。通过审计，揭露和反映财政、财务收支中不真实、不合法、不规范的问题，为维护国家财经纪律和经济秩序，促进廉政建设，完善管理机制和监督机制，提高经济效益等方面较好地发挥审计的监督职能作用。

完成交办任务 今年共完成市委、市政府、部门交办、委托提请审计项目27个（其中17个由本局执行，10个委托审计师事务所组织实施）。主要是围绕中办、国办两个“暂行规定”和政府的中心工作，对党政领导干部和国有企业及国有控股企业领导人员进行任期经济责任审计，为机构改革、企业转制、组织、人事部门考核使用干部提供依据。

【开平市审计局】 *工商银行和建设银行审计* 开平市1999年对工、建两行审计中，围绕损益真实性和信贷资产真实合规性及其质量进行审计。在损益真实性审计方面，侧重对利息收入的核算、应收应付利息的计提、各项往来业务收入、各项费用、支出的形成等相关的会计科目和业务进行审核，由此查出工商银行少计利息收入250.22万元，潜亏挂账2712.05万元。

在信贷资产审计方面，通过账表核对，抽样调查，不仅核实了企业损失类贷款金额、结构、原因和责任，还核实了企业的经营状况和还贷能力。如对工商银行损失类贷款的审计，抽查了9家企业，核实金额791万元，占损失类贷款金额49.19%。核减了损失类贷款460万元。通过对信贷资产清产的审计，弄清了银行信贷资产质量状况，查清了损失贷款的原因和责任。在两行的延伸审计中，共核实了70家企业的贷款，核实了贷款金额112209万元。

离任经济责任 1999年3月，开平市在对市航运总公司经理离任审计中，发现该公司供销经理部现金、银行存款与总账不符、支出随意增大这一疑点时，顺藤摸瓜，对该部的现金和银行存款进行详查，终于发现了会计周某、出纳徐某串通密谋，采取收款不入账、提取现金不报账，加大支出套取现金的手法，贪污公款160450元，我们及时追回了全部赃款，并依法处理该公司偷税问题，同时，将涉嫌贪污的2名财会人员及负有领导责任的经理、财会负责人共4人移交纪检、监察进一步查处。

【鹤山市审计局】 1999年是《审计法》颁布实施5周年，本局开展了宣传活动，促进审计法的贯彻落实，扩大审计影响。本局完成了上级下达和市委市政府交办的任务，据统计，全年共审计了41个单位，查出违规行为金额134万元，应上缴财政128万元，已上缴财政123万元。此外，按照上级审计机关的部署和授权，依法对工行、建行两个市支行进行了审计，将发现的问题上报，维持了金融秩序。

本级预算执行情况的审计 按《审计法》规定，做到数据准确，对审计发现的问题要求有关

部门进行整改，并提出了有关加强预算内、外资金管理的建议和措施，较好地发挥了审计监督在本市财政经济运行中的积极作用。

经济责任审计　根据市委组织部的要求，对本市15位领导干部任期经济责任进行了审计。对存在问题处理恰当，为组织部门考察使用干部提供了依据。

【恩平市审计局】　1999年共有干部职工20人。其中：大学本科学历1人、大专9人，局长1人、副局长2人；纪检组长1人；设有人秘科、财政审计科、金融审计科、工交审计科、商粮贸审计科等机构。

审计工作成果　1999年共完成审计项目34项，审计单位34个，审计总金额102738万元，共查出违规行为金额6147万元，上缴财政金额2万元。其中完成市政府交办任务26项，审计金额79110万元，完成上级下达审计任务8项，审计金额23628元。(未包括工商行和建行两家银行审计)。根据市政府领导的要求，对市教育局、各镇教育办及全市中小学校1998年度教育及事业经费、其他收入的财务收支情况和有关事项进行审计调查，向市政府提交《关于恩平市教育系统1998年度教育事业经费、其他收入财务收支和教育有关事项的审计调查报告》，从而为市政府进一步加强教育工作提供决策的参考依据。参加市政府组织的联合调查小组，对恩平市江南水泥厂向原农村信用合作社借款情况和那吉镇政府从镇属企业抽调统筹资金情况进行审计调查，既积极配合政府的中心工作，还对化解金融风险工作起到积极的作用。移送经济案件1起。

【佛山市审计局】　1999年佛山市审计机关共完成审计项目177个，查出违规金额8.45亿元，其中，要求纠正的金额6.36亿元，依法处理处罚的金额2.09亿元。维护了国家财经纪律，促进了地方经济的健康发展。

财政预算执行审计　佛山市审计机关对本级财政预算执行情况进行了审计。通过审计，促进和加强了财政资金的管理。

工商银行、建设银行审计　根据审计署的统一部署，佛山市审计机关对建设银行佛山市分行及属下支行和工商银行佛山开发区支行及各市、区支行进行了审计。通过审计，进一步摸清了两行的家底，对查出的各项违纪违规问题按审计署的统一口径进行了处理。

任期经济责任审计　佛山市审计机关共完成任期经济责任审计项目12个，其中，包括对市贸委主任和市交委主任向人大述职前的任期内经济责任审计。

法院系统审计　根据审计署统一部署，佛山市审计机关对各市、区法院1997和1998年的财务收支情况进行了审计。通过审计主要发现存在下列问题：1、诉讼费收入未严格执行“收支两条线”管理；2、个别法院罚款及赃款赃物的处理不符合规定；3.较普遍存在会计核算不规范，内控制度不健全。审计后要求各级法院认真进行整改。

社会保险基金审计　根据审计署统一安排，佛山市审计机关对各级社会保险事业局养老保险基金的征收、支付、管理情况进行了审计，对发现的挤占养老保险基金购置固定资产和违反“收支两条线”规定多提管理费用等违纪问题依照法规进行了严肃处理。

赈灾福利彩票审计　根据审计署规定，佛山市审计机关对当地民政部门发行的赈灾福利彩票进行了审计。通过审计，对彩票销售过程中一些违规问题进行了查处；并对一些市拖欠上缴赈灾资金进行了调查，促使其及时足额上缴赈灾资金，保证了省民政厅下达佛山市赈灾任务的足额完成。

住房基金和住房公积金审计　根据广东省审计厅的布置，佛山市审计机关对1997年至1999年6月住房基金、住房公积金的收支、使用和管理情况进行了专项审计。

【佛山市城区审计局】　完成区政府交办任务　1999年共完成区委、区政府交办的工作任务16项，审计单位14个。协助纪检监察查处了一起重大经济案件，协同财政、监察等部门开展党政机关与企业脱钩、预算外资金账户清理等工作，受到了政府和相关部门的好评。

完成上级下达审计任务　1999年完成审计署、省、市下达审计任务4项，审计单位4个。

加快计算机推广应用　1999年组织审计人员参加审计署《计算机技术应用水平》考试，6人取得合格证书，占应考人数的85.7%，建立了计算机局域网和远程通信站，为今后实行计算机辅助审计打下了基础。

【佛山市石湾区审计】　审计工作成果　1999年共完成审计项目（单位）13个，查出违规行为金额39383万元，应上交财政753万元，已上交财政715万元。

《审计法》颁布五周年纪念活动　1999年3月，将《审计法》宣传画报张贴于区政府大院宣传栏内，加强公众对审计法规的认识。10月，会同石湾普法办等单位联合发文，组织区内单位参加审计署主办的“审计基础知识百题竞赛”考试活动，得到各单位积极响应，共收回有效答卷近500份。通过各种宣传活动，增强了有关单位、人员对《审计法》及其实施条例的认识和了解，提高了执行审计法的自觉性。

【顺德市审计局】　1999年底，有干部、职工27人，其中：大学本科学历7人、大专9人；局长1人，副局长2人。设有人秘科、财税金融审计科、工商企业审计科、综合审计科、行政事业审计科。全年共完成审计项目31项，审计单位43个，审计总金额184亿元，查出违纪、违规金额8．18亿元，上缴财政58万元，促进增收节支3147万元，提交审计报告55篇。

财政预、决算审计　在搞好本级财政预算执行审计的同时，进一步加强了镇级财政决算审计工作，把过去“三年一审，一审三年”的镇级审计，改为“二年一审，一审二年”。

金融审计　在审计署的统一部署下，开展了对工行顺德支行和建行顺德支行1998年度资产负债损益的审计。审计总金额100亿元，查出违纪违规金额7．66亿元，上缴财政67万元，促进增收节支2245万元，纠正错账乱账3039万元。

基建审计　审计项目投资总额19531万元，核减工程结算款256万元。

企业审计　查出违纪违规金额44万元，纠正错账乱账70万元。

行政事业审计　继续抓住社会关注的热点、难点问题，以专项资金筹集、管理、使用以及收费、罚没收入等为重点，加强了对收费单位的审计监督，促进了收支两条线的进一步落实。审计总金额8亿元，其中专项资金6亿元，查出违规金额4907万元。

运用计算机审计　积极开展计算机辅助审计，首先在基建审计中引入工程预算系列软件进行辅助审计。巩固局域网功能，加快审计信息数据库建设。

《审计法》宣传活动　首先在《顺德报》发表宣传审计的专题文章及图画；在市内各镇主要宣传栏张贴《审计法》宣传画；积极参与省审计厅组织的审计宣传活动，在《南方日报》上刊登题为《抓好经济体制转型期的审计监督工作》的文章，介绍了本局在企业转制时期抓审计监督工作的做法和几年来进行审计改革的经验；组织制作电视专访节目，在顺德有线电视台播放本局局长接受关于电视专题采访的节目。

【南海市审计局】　1999年完成审计项目35个，查出违规行为金额9652万元，上缴财政金额49万元，应追还侵占挪用资金31万元。

财政收支审计　开展本级预算执行情况审计，重点延伸科技局、教育局、社会保险局、环保局和法院。同时加大水利资金、养老保险基金、交通规费、住房基金和住房公积金、赈灾福利彩票等资金基金专项审计力度。

金融审计　以损益真实性为重点，开展工商银行和建设银行资产负债损益审计，如实反映金融企业经营状况，促进金融机制改革。

企业审计　配合本市国有（集体）企业转换经营机制工作，对全市18家（含子公司）境内外企业进行审计，为市政府实施企业转制提供决策依据。开展离任经济责任审计5项，进一步改善企业内部控制，促进党风廉政建设，帮助提高经济效益。

【三水市审计局】　1999年，共完成审计项目共23项，延伸审计单位7个。全年查处违规金额2257万元，提出改进意见和建议31条。

完成上级下达的主要审计项目　1999年主要完成了审计署指定的本级财政预算执行情况和其他财务收支审计、三水市法院系统财务收支审计、养老保险基金审计、赈灾福利彩票审计、交通规费审计、香港恒益企业有限公司审计、水利工程项目审计、房改资金审计。

完成市交办和自定的审计项目　受市委组织部委托，完成了广东南方镀锌板有限公司总经理任期经济责任审计、金本镇等3个镇原党委书记任期经济责任审计、三水市驻京联络处原主任任期经济责任审计、金本镇等3个镇1998年度预算执行情况和决算审计、三水宾馆有限公司、农机二厂资产、负债、损益审计等。

本级财政预算执行情况和其他财政收支审计　按照《审计法》要求，对三水市财政预算执行情况和其他财政收支进行就地审计，并对财政预算资金的使用情况进行跟踪，分别延伸审计了市建设局、市房地产交易所、口岸办、法院、西南财政所等行政事业单位。审计中发现的违规行为，作出了调账处理。

工行、建行系统审计　该项审计是审计机关成立以来金融系统规模大、影响面广的一项全国审计工作。审计结果表明，两行均发现多计少计利息收入、违规经营造成损失、存在账外资产及不良贷款比重大等情况，共查出违规金额1008．09万元。

法院系统财务收支审计　根据审计署的统一部署，审计局对三水市人民法院1997年和1998年度财政财务收支、诉讼费收支及其他财务收支进行了审计。依据《审计法》和有关法规的规定，对存在问题提出了审计意见和建议。

交通规费审计　按照审计署的要求，审计局对三水市交通局、公路局1998年至1999年上半年公路建设还贷基金、公路养路费、过渡费、公路运输管理费五项交通规费征、管、用进行了审计。

【高明市审计局】　1999年，高明市审计局围绕市政府的工作中心和各项改革措施，深化财政收支审计，加强对财政投入较大和关系国计民生项目的审计监督。

完成上级下达审计任务和自定审计项目　共完成审计署、省审计厅下达的审计任务13项，自定审计项目12项。对1998年度本级财政预算执行情况审计，揭露了预算执行结果未全部反映，财政周转贷款逾期率高，占用费挂账额增加等问题。对10家企业的资产、负债和损益等进行了审计，查出的主要问题是，由于在会计核算时计算成本费用不够准确，致使企业盈亏不实，未能真实反映企业的经营成果；合资企业存在少计税金，少结转成本，少摊销无形资产以及注册资本不到位等问题。此外，还开展了对交通规费和堤围防护费征缴情况审计，对养老保险基金、房改资金、农业综合开发资金、水利资金、募集赈灾资金等专项资金加强审计监督。

完成政府交办任务　共完成市委、市政府交办的工作任务2项，及时向市政府出具审计报告和提出审计意见及建议。

【阳江市审计局】　1999年共有干部、职工28人。其中，大学毕业9人，大专毕业13人；局长1人，副局长2人。设办公室、复核监察室、行政事业财政审计科、金融外资审计科、基建审计科、企业审计科、综合审计科。

审计工作成果　1999年完成审计项目（单位）136个，查出违规行为金额24800万元，其中应缴财政2413万元，已缴财政1192万元，应归还原渠道资金4858万元。向纪检监察、司法机关移送案件7件，协助有关部门查处大要案件2件。

完成市委市政府交办任务　1999年完成市委市政府交办任务项目（单位）70个。

完成上级下达审计任务　1999年完成署定、省定审计任务51项。

内部审计　1999年有内部审计机构39个，内审人员103人，完成审计项目（单位）120个，查出损失浪费1968万元，促进增收节支125万元，纠正违纪金额76万元。

【阳春市审计局】　1999年底有干部29人（在职23人）。其中：大学本科学历1人，大专9人，局长1人，副局长3人；设有办公室、复核监察室、财金、行事、商贸、工交、基建等审计科。

审计工作成果　1999年，共完成审计项目43个，查出违纪违规金额1307万元，应归还挤占挪用资金2079万元，上缴财政收入427．5万元，核减工程造价13．8万元，共提交审计报告43篇，移交案件1宗。

完成市政府交办任务　1999年，共完成市委、市政府交办的审计任务17个，审计单位17个，查出违纪违规金额917万元。在审计过程中，审计人员克服困难，排除阻力，揭露了一些单位隐瞒收入、固定资产失真等问题。

完成上级下达审计任务　1999年，完成署、省、市审计机关下达的审计任务17个，审计单位19个。

【湛江市审计局】　1999年底共有干部、职工61人。其中：研究生3人，大学本科6人，大专29人，正副局长5，助理调研员1人。设有办公室、综合指导科、工交审计科、商粮贸审计科、基建审计科、财金审计科、外资审计科、行政事业审计科及机关服务中心等机构。

审计工作成果　1999年共完成审计项目103个，审计单位169户；完成审计调查25项，调查单位47个；审计金额97亿元。共查出违纪金额52561万元，处理应上缴财政金额905万元，责成违纪违规单位纠正违规调整账目4．9亿元，应追还被侵占挪用资金2282万元。促进增收节支、提高经济效益560万元。向司法和纪检监察机关移送案件3宗。同时，为防范金融风险和维护社会稳定，除抓好对工行、建行系统审计外，全市抽调160多人，付出近3000个工作日，对全市122个基金会全面进行了审计，摸清了底子，揭露了问题，为各级政府开展基金会清理整顿和促进社会稳定提供了服务。此外，实施了“三制”（党风廉政建设责任制、行政执法责任制、社会治安综合治理责任制）和完善内部管理规章制度，编印了《湛江市审计机关工作手册》，加强审计理论的研究与探讨，在省级刊物发表的文章有7篇，市级的12篇，内部交流《湛江市审计信息》9期。

完成党委政府及上级机关交办任务　1999年完成市委市政府及上级审计机关交办的审计工作任务49项，正确处理好审计计划与临时交办的工作任务。如对公安武警和党政机关与企业脱钩、境外企业清理整顿、城市两费清理整顿等审计和审计调查。特别是对“三星”的审计，组织20多人，历时6个月，延伸追踪调查了全国10多个省市的有关部门，克服重重阻力和困难，彻底摸清了底子，为政府宏观管理决策和加强企业转制提供了可靠依据。受到政府的高度重视和好评。

内部审计　到1999年底，内部审计机构有233个，内审人员386名。

社会审计　加强对社会审计组织脱钩改制工作的领导，1999年底，全面完成了社会审计中介机构的清理整顿和脱钩改制任务，社会审计面临新的发展契机。

受表彰情况　1999年，受省审计系统表彰1次，受市委市政府表彰3次，受市政府主管部门表彰3次、共有2人次受到审计系统表彰奖励，9人次受到市委市政府及有关部门表彰奖励，21人次受到市审计系统表彰奖励。

【茂名市审计局】　完成市委市政府交办任务　1999年，完成市委市政府交办的工作任务20项，主要是党政机关领导和企业法人代表的经济责任审计。共完成经济责任审计18个，查出违纪违规金额18429万元，追还侵占挪用金额29.5万元。同时，为防范和化解地方金融风险，组织力量，配合政府开展了清查农村合作基金会和清理整顿城市信用合作社财务管理工作。

完成上级下达审计任务　完成审计署、省审计厅下达的审计项目16项，审计单位28户。查出违纪违规金额5953万元，上缴财政130万元，指明纠正4303万元，决定处理处罚1650万元。在同级财政的预算执行情况和县级财政决算审计中，揭露财政部门把划拨给预算单位的财政资金和其他财政性资金分散在相关科室开设账户等问题，查出违纪违规金额676万元。同时，根据审计署的统一部署，开展对工建“两行”资产负债损益审计，发现市工行各支行的资产负债损益严重不实，审计调增资产1.32亿元，调增损益2.03亿元，所有者权益核少7063.77万元；审计还发现市建行自办的13家公司全靠银行贷款运作，1998年度贷款余额达37913.67万元，呆账类和损失类资产占资产总额70.31%。*内部审计*　市属单位有内审机构47个，内审人员222名。1999年我局开展了企业内部审计机构的调查工作和对内部审计的审计质量检查。

【茂名市茂南区审计局】　*完成上级下达的任务情况*　1999年，共审计35个单位（项目），查出违纪金额4002万元，应归还侵占挪用资金133万元，应入库447万元，已入库98万元，入库率为21%。

预算执行和财政收支审计情况　审计存在的问题有几个方面：1.少列预算收入10.7万元；2.个别单位应缴未缴财政收费39.6万元；3.个别行政收费单位私设“小金库”等，对存在的问题，本局作了处理并根据存在的问题，对加强财政预算管理提了审计建议。得到了区委、区政府、区人大的好评。

大案要案审计查处情况　1999年度，对区某公司审计中，发现该单位法人与他人合伙贪污公款37万元嫌疑，依法移送有关部门查处。对拒不执行“收支两条线”管理的某单位作出经济处罚并建议纪检部门追究其纪律责任。

驻外机构和企业审计情况　根据区委组织部的要求，全年审计了2个驻外机构，7个企业。对一些办事处会计记账时将借贷记账方法相反方向记账、财务制度不健全等问题提出了意见；对企业经营不当，管理混乱提出了审计建议；对贪污挪用公款等行为依法移送有关部门查处。

经济责任审计情况　依法对党政领导经济责任审计6个。根据审计结果出具《审计结果报告》提交组织部门，并抄送有关单位。

《审计法》颁布实施五周年纪念活动　该局召开《审计法》颁布五周年谈座会，另外，还在相关路段张挂横幅，张贴标语，印发宣传资料。

【高州市审计局】　1999年，共完成审计项目56个，查出违规行为金额10238万元，审计入库81万元。完成省、市审计机关下达的审计任务29项，审计单位38个，审计金额62160万元。完成市政府交办任务27项，其中领导干部离任审计21项。抽调13人，深入全市27个乡镇，历时21天，完成了林业世行贷款审计任务；审计和审计调查23个单位，为市政府全面摸清了财政周转金的底子；抽调8名业务骨干对农村合作基金会和城市信用社进行了审计清查；会同纪委查处案件4宗。财政预算执行审计，在工作方法上有所创新，将同级审与其他专业审计结合起来，使各科室开展的专业审计从不同侧面反映预算执行的情况，从而深化了财政预算执行审计。“两行”审计揭示的主要问题有：（1）在信贷资产质量上，不良资产数额较大，如工行不良贷款达3亿多元，占贷款总额的76%。（2）在经营管理上，“两行”共挪用信贷资金6400多万元经营房地产。（3）在内部控制上，管理制度不完善，以致出现经济案件。工行原行长助理利用物工储蓄定期存单，私自在外吸收存款和贷款6600万元。

【化州市审计局】　1999年完成上级审计机关下达的审计项目22项，审计单位40个。其中一些重大项目审计情况：在本级预算执行情况审计中，查出财政部门多提四税手续费0.8万元，截留收入2.7万元；在金融审计中，发现工商银行违规账外经营问题较为严重，亏损达3128.9万元，自办经济实体也亏损6362万元，多计提坏账准备金13.2万元，还有信贷资产质量较差等一系列问题，而建设银行管理制度虽比较严，也仍存在贷款各类清分界限不够准确等违规现象；对化州市教育系统的财务收支审计，查出私设三个“小金库”37.2万元，偷漏税款15.3万元，挤占挪用教育资金670.2万元，以及公款私存等主要问题，并将三个单位的负责人违纪问题移交化州市监察局查处。

全年共对17个单位的领导干部离任进行了审计，查出违规行为金额722万元，促进了廉政建设。

【电白县审计局】　1999年度电白县审计局在县委、县政府领导及组织、纪检监察部门的支持下，共完成了对18个副科级以上行政、事业单位领导干部和5个国有企业领导人任期经济责任审计，。共查出违纪违规金额1683万元，应缴财政资金130.55万元；追回侵占挪用资产119.85万元，查出有关企业资产不实4346.75万元，负债不实11874.69万元，损益不实7811.46万元，所有者权益不实4960万元等严重问题。根据审计获得情况，电白县审计局提出了包括处理有关责任人在内的建议50多条，得到了县有关领导的赞扬。

【肇庆市审计局】　1999年共有在职干部、职工35人，其中：研究生1人，大学本科学历3人，大学专科学历18人，中级职称15人；局长1人，副局长2人；设有人事秘书科、综合科、审计一科、审计二科、审计三科、审计四科、审计五科等机构。

审计工作成果　1999年，共完成审计项目26个，审计单位27户；完成省定审计调查1项，调查单位1个；审计专项资金总额8.5亿元，共查出违纪违规金

额1.69亿元，其中决定处理处罚0.21亿元，指明要求纠正1.48亿元；上缴市财政114万元，促使归还原渠道资金464万元；全年共提交审计综合报告16篇，其中3篇为当地政府和上级审计机关所批示采用，为维护本地区经济的健康发展作出了积极的贡献。

完成市政府交办和自定任务 1999年，共完成了市政府交办和自定的审计项目10个。受当地政府委托，市审计局对市粮食企业集团1993年至1998年2月间的财务收支进行了审计。通过审计，摸清了该企业的家底，对其违纪违规的行为进行了处理处罚，并理顺了与有关单位的经济关系，为市直粮食企业体制改革的顺利开展打下了基础。同年，积极配合市政府有关工作的开展，抽调骨干力量参与了市政府有关案件的清查、整顿中小金融企业风险及追还债务的工作，在维护社会稳定、保护国家资产方面发挥了积极的作用。

审计法制建设 1999年上、下半年，各组织了一次审计执法和审计质量检查，重点检查了全市各级审计机关的党风廉政建设工作、审计项目质量、审计档案管理等工作，对检查发现的存在问题积极主动地进行整改，有力地促进了审计机关执法水平和审计质量的提高。

《审计法》宣传 以《审计法》颁布实施五周年为契机，与肇庆电视台联合制作播放了《风雨审计路 奉献显风流》的审计专题片，回顾了全市审计机关成立十五年来，特别是在《审计法》颁布实施五年来所走过的历程和取得的成效，内容丰富，充分表示了全市审计机关在促进经济发展和廉政建设中发挥的重要作用，播出后引起了很大的社会反响。

内部审计 1999年，市直共设立内部审计机构21个，内审人员71名，在规范财经工作，促进增收节支方面发挥了积极的作用。

【肇庆市端州区审计局】 1999年审计任务21项，完成年计划的110%，查出违纪违规金额5461万元，并向有关部门和单位提出了整改意见和建议59条。在维护本区财经法纪，整顿经济秩序等方面发挥了审计监督的职能作用。

本级财政和部门预算执行情况的审计 按照审计署的要求，完成对本级财政1998年度预算执行情况的审计，并向本级政府和上级审计机关提交了审计结果报告，代政府向区人大常委会作了审计工作报告。同时对端州区检察院、农林水管理局和城北办事处三个预算单位进行了预算执行情况的审计。

金融审计 根据审计署的统一部署，该局对中国工商行银行肇庆市端州支行和中国建设银行肇庆市端州支行1998年度资产负债损益情况进行了审计。

经济责任审计 主要对肇庆市公安局端州分局局长、端州检察院检察长和端州区法院院长进行了任期经济责任的离任审计，为推进本区的廉政建设和干部队伍建设作了应有的贡献。

加强审计法制建设 本局成立了以局长为组长的法制领导小组，制定了《党风廉政建设责任制》、《端州区审计局执法岗位责任制度》等一系列执法责任制，增强了审计人员依法审计的自觉性和责任心，提高了审计的执法水平。

【四会市审计局】 1999年共有干部12人。其中：大专学历8人，局长1人，副局长2人；设有办公室、财政金融审计科、农林水商粮贸审计科、工交基建行政事业审计科。

审计工作成果 1999年，共完成审计项目（单位）20个，查出违纪违规金额242万元，应上缴财政151万元，已上缴88万元。共提交审计报告20篇。

财政预算执行情况审计 根据《审计法》和《广东省地方预算执行情况审计监督实施办法》的规定，本局对市财政局预算执行情况进行了审计。重点审计有无隐瞒转移预算内收入、挤占挪用专项资金等问题。除对财政预算审计外，还审计了2个预算执行单位，对查出的问题按国家的财经法规作出了处理。并在加强财政资金管理问题上提出了2条意见和建议。

完成市政府交办的任务 1999年，共完成市委、市政府交办的工作任务10项。主要是对离任的党政领导干部任期经济责任审计及其他单位的审计事项。对审计查出的问题，如市石膏矿9人在1996年至1998年漏纳个人所得税35.79万元、城镇建设综合开发总公司漏纳商品房销售收入营业税58.29万元等问题，按《审计法》及有关法规作出了处理。

【封开县审计局】 本级财政和预算执行审计 1999年审计本级财政预算执行和其他财务收支情况。同时，为摸清家底，还对国有资产管理局的国有资产收益等情况进行了审计。

经济责任审计 1999年，受县委组织部的委托，对县卫生局等5个单位的领导干部和领导人员的离任进行了审计，为组织人事部门考核干部提供参考依据，促进了廉政建设。

金融审计 遵照审计署的工作部署，对工商银行封开县支行、建设银行封开县支行1998年度资产负债损益情况进行审计，与此同时，为弄清贷款质量，延伸审计了55家贷款企业，强化了信贷资金的管理，为维护金融秩序，防范和化解金融风险作出了努力。

【清远市审计局】 1999年，清远市各级审计机关共完成审计项目（单位）334个，占年度计划的112.7%；查出违规行为金额34277万元，应减少财政拨款或补贴1016万元，应还原渠道资金4167万元，应上交财政金额1015万元，已上交财政金额

629万元，向司法、纪检机关移送案件3件；提交审计工作报告、信息32篇。

财政收支审计　全市各级审计机关共审计财政、税收项目（单位）35个，其中财政部门9个，地方税务部门9个，预算执行单位17个。查出违规行为金额4064万元，主要问题是：隐瞒转移预算收入1284万元，应缴未缴预算收入542万元，挪用预算资金100万元，虚列支出128万元。

工、建两行的审计　清远市共审计金融项目（单位）17个。市局机关通过对“两行”审计，查出建行少列递延资产198万元，违规经营造成损失400万元，延伸调查次级、可疑类贷款企业10家，贷款额5336万元，延伸损失贷款类企业13家，贷款额11611万元，查出自办公司账面亏损3722万元，实际亏损8401万元；工行扶贫区支行少摊成本54万元，多摊营业费用10万元。此外，还延伸抽查次级、可疑类贷款企业8家，损失贷款企业1家，贷款总额14166万元。

企业审计　全市审计企业单位（项目）61个，查出违规行为金额6523万元，其中查出收入不实210万元，成本不实1573万元，账外资产18万元，有账无实14万元，虚增利润522万元，虚减利润135万元；应交财政410万元，减少财政拨款补贴28万元，已交财政118万元。市局对该市外经贸大企业粤海进出口公司进行审计，发现该公司1998年底止，各项债务12459万元，各项投资10907万元，资不抵债，管理混乱，针对存在的问题，市审计机关专题向市政府提交《关于粤海进出口公司债务严重、投资损失大、有问题资金多、亏损严重的报告》，引起市政府有关领导的重视，并对此报告进行了批示。

重点建设项目及各种专项资金的审计　全市共审计单位24个，审计项目投资总额333205万元，查出违规行为金额1386万元，其中查出资金不落实768万元，多列概算51万元，多计工程款1157万元，偷漏税金112万元，核减工程结算1297万元，减少财政拨款或补贴988万元，已上交财政79万元。市局对市林业局综合楼竣工决算进行审计，核减建安工程造价20.15万元；综合楼建设项目核减投资20.54万元。

各种专项资金的审计　市局对4个贫困县的扶贫资金的筹集、投入、管理、使用情况及水利资金进行审计，全市审计单位12个，审计金额25180万元，查出违规行为金额631万元，归还挤占挪用资金386万元。连南审计局对该县1996年至1998年度扶贫资金进行审计，发现三个镇挤占、挪用扶贫资金90万元，针对这些问题及时向当地党委、政府汇报、使得问题得到妥善处理。

行政事业单位的审计　1999年在全市范围内开展了对法院系统财务收支审计、养老保险基金及部分行政事业单位的审计，审计单位（项目）150个（包括部分离任审计项目）审计资金总额93218万元，查出违规行为金额18669万元，其中查出应缴未缴预算收入171万元，挤占挪用资金3651万元，虚列转移223万元，未按规定征提基金147万元，“三乱”费44万元，预算外收入未缴专户732万元，贪污私分26万元及私设“小金库”36万元，国有资产流失52万元，偷税漏税288万元，应交财政490万元，追还侵占挪用资金3666万元，调增收入579万元，调减支出138万元，已上交财政405万元。

社会保险基金的审计　全市各级审计机关共审计16个项目（单位），审计专项金额18665万元，查出违规行为金额3391万元，其中指明要求纠正金额3366万元，应追还侵占挪用资金2277万元。清新县审计局对本县社会保险管理局1998年度企业养老保险基金的审计中，查出该局挤占挪用养老保险基金958万元，占该项资金总额2223万元的43%，主要用于购固定资产，委托金融机构放贷和借给有关单位等。

贯彻两个暂行规定，积极完成上级交办审计任务　1999年初，接到市委组织部交办市直单位33名副处以上领导干部离任审计的任务，我局较好地完成了这项审计任务。

内部审计和社会审计　内审机构不断壮大，至1999年12月止，全市共有内审机构222个，其中专职机构74个，内审人员600人。

《审计法》宣传活动　一是全体同志参加审计署组织的审计法知识百题竞赛活动，加深了对《审计法》的理解；二是12月份召开纪念《审计法》实施五周年的座谈会，邀请了市人大、政府、政协的领导及机关部门的负责人参加会议，畅谈几年审计事业的发展及新时期面临机遇和挑战；三是在市区中心举行《审计法》咨询活动；四是在《清远报》发表一系列的专题文章。

【清远市清城区审计局】 1999年末实有13人，内设综合股、企业审计股、财金审计股共3个机构，局长1名、副局长1名、大专学历毕业5人。

审计工作成果　1999年共完成审计项目29个，占计划100%，查出违规行为金额4769万元，上缴区财政46万元，应归还原渠道资金15万元，共提交审计报告29篇，研讨论文3篇，审计简报5期14篇，审计案例分析3篇。在加强财政、金融、企业、基建等行业审计的同时，还配合区财政开展预算外资金大检查，配合区委政法机关不再经商进行公司清理审计，为严肃财经纪律，促进加强党风廉政建设，反对腐败发挥了重要作用。

完成区委、区政府交办任务

1999年完成区委、区政府交办的领导干部离任经济责任审计13个，包括委托事务所11个。查出违规金额662万元，上缴区财政23万元。

【英德市审计局】 1999年，全年共完成审计项目37个，占年度审计项目计划的35个的105%，查出违规金额3274万元，处理应上交财政金额15万元，已上交财政金额15万元，入库率100%。查处挤占挪用专项资金528万元。

同级财政预算执行审计　按照审计署和上级审计机关的部署和要求，重点抓好1998年度财政资金的审计，本级财政收入比上年增长9.55%，查出违规行为金额370万元，应上缴财政2万元。

企业审计　共审计7个，查出违规行为金额1697万元。

行政事业审计　完成法院系统财务审计及城市监察大队、106国道工程指挥部、市残联、广播电视局等单位财务收支审计，查出违规行为金额63万元，处理应上缴财政1.3万元。

专项资金审计　审计专项资金总额19093.9万元。包括企业基本养老保险基金、赈灾福利彩票专项资金、农业综合开发资金、水利资金和枫树坪水库除险加固工程项目、教育科技专项经费以及1998～1999年1－6月交通规费等9个。查出违规行为金额1572.6万元，处理应上缴财政7.69万元。查出挤占挪用508万元，应归原渠道资金520万元。

离任审计　全年共完成7个镇党委书记、镇长、对外经济贸易局局长和建委主任等领导人员任期经济责任审计。查出违规行为金额471万元，处理上缴财政4.7万元，应归还原渠道资金8万元。

专项审计调查　完成市政府交办项目英城镇英洲大道开发区1995～1998年经营情况的专项审计调查。

完成“两行”审计　基本摸清该市两家支行资产情况，核实工行损益核算不真实、虚盈实亏305万元的问题。

【佛冈县审计局】 1999年共有干部职工17人。本科毕业2人，大专学历毕业11人，审计师2人，局长一正两副。设有办公室、财金行事审计股、工交建审计股、商粮贸审计股。

审计工作成果　1999年共完成审计项目（单位）36个，其中署下达5个，省市下达8个，县委县政府交办8个，自定15个，完成审计调查1项，调查单位1个，审计金额145000万元，共查出违纪违规金额868万元，应缴财政50万元，已缴财政48万元，追回被挪用专项资金174万元，会同县纪检、监察等部门查处经济案件2起，申请县人民法院强制执行审计决定两宗，提交审计报告8篇，其中专题报告2篇，提出意见和建议102条。

完成县政府交办任务　1999年完成县委、县政府交办的工作任务8项，是上年交办任务的180%。其中离任经济责任审计5项，专项资金审计一项，工程竣工决算审计2项，农资调查1项。

完成上级下达审计任务　1999年署下达审计任务5项，省、市下达的审计任务8项。

【连山壮族瑶族自治县审计局】 1999年底，共有在职干部职工11人，其中局长1人、副局长2人；大专学历毕业6人。

审计工作成果　1999年共完成审计项目29个，查出违纪违规金额18万元，已上缴财政2万元。

1999年共完成县政府交办任务3个。

【连南瑶族自治县审计局】 1999年底，共有干部职工15人。其中大专学历9人，局长1人、副局长1人。

审计工作成果　1999年共完成审计项目32个，查出违纪违规金额837万元，已上缴财政金额62万元。

完成县政府交办任务　1999年共完成县政府交办任务10项，完成三项基建工程竣工结算审计，共核减工程造价89万元。

【潮州市审计局】 1999年，潮州市审计局共审计单位148个，查出违规行为金额16765万元。处理上交财政460万元。

本年度加强对本级预算执行情况和其他财政收支情况的审计监督，在财政预算决算审计中，不仅查出和纠正了一些单位乱开口子、违规使用专项资金等问题，而且为政府加强财政资金的管理，最大限度地发挥使用效益提出了建议。在基建、水利、教育基金等审计方面，查出不少群众关注、反应强烈的问题，堵塞了资金漏洞。在企业审计中，围绕“三改一加强”和“抓大放小”等方针，协助政府摸清企业管理机制和状况，加强对企业各关键环节的审计监督，较好地推动了企业改革与发展。在开展工、建两行审计中，各级审计机关共审计了1个分行，7个支行，抽查核实299个贷款户，审计金额达36亿元。查出各类违规行为金额531万元。向被审计单位提出审计建议5条。取得了较好效果。在贯彻落实两办规定，开展领导干部经济责任审计中，全市共完成离任审计项目38个，查出了挤占挪用、公款私存、隐瞒收入等问题。在开展《审计法》颁布5周年纪念活动中，通过召开大型座谈会、发放宣传资料、利用宣传媒体进行宣传等形式，广泛宣传《审计法》和有关审计法规，扩大社会影响。同时，认真落实执法责任制，建立各项管理和审计质量控制制度，推进该市审计工作逐步走上程序化、规范化、法制化的轨道。在履行审计监督职责中，各级审计机关还积极配合纪检、监察、司法等部门办理经济案件，着力抓好少数部门和单位贪污、受贿和私设“小金库”等问题，向检察机关提供经济案件5宗。

【潮州市湘桥区审计局】

1999年末全局在职干部7人，其中局长1人，副局长2人，内设机构有：人秘股、企业审计股、财金行政事业审计股；有会计师2人，大专学历毕业3人。

审计工作成果　1999年共完成审计项目20个，查出违纪违规金额566万元，处理处罚上缴财政29万元，处理调账金额470万元。

主要工作情况　1.继续开展本级预算执行情况的审计。着重从加强预算管理的角度出发，查出了财税部门在预算执行中存在滞留税款，违规退库等一些不规范行为。2.集中力量完成对建行湘桥支行财务收支情况的审计。经审计，发现该行信贷资产质量不高，经济效益较差等问题，查出违纪违规金额79万元，处理处罚上缴财政20万元，为防范和化解金融风险作出应有的贡献。3.贯彻落实中办国办经济责任审计的暂行规定，积极开展领导干部离任经济责任审计。全年共完成组织部门委托的领导干部离任经济责任审计项目9个。4.健全执法责任制，进一步推进审计工作规范化。为切实抓好《审计法》及审计法实施条例和审计署制定的38个审计规范的贯彻落实，当年我局制订了《湘桥区审计局行政执法责任暂行办法》、《湘桥区审计局审计复核工作办法》、《被审计单位对所提供的会计资料实行承诺的规定》等审计规范性文件，使审计工作逐步走上制度化、规范化、法制化的轨道。

【揭阳市审计局】　1999年共有干部、职工42人，其中：大学本科8人，大专学历25人，局长1人，副局长4人，助理调研员1人；设有人事秘书科、综合科、财政金融（外资）审计科、行政事业审计科、商贸审计科、工业交通审计科、基本建设审计科。

审计工作成果　1999年完成财政、金融、国有企业、中外合作企业、行政事业单位、基建工程审计和交通规费、社保基金、水利资金、住房资金、教育经费、科技经费等专项资金审计项目共77个（其中，审计调查项目2个）；查出违规行为资金15258万元，处理应上缴财政987万元，应归还被侵占挪用资金78万元。共提交审计工作报告53篇。先后组织完成对18位行政事业单位领导干部或企业领导人员的任期经济责任审计；开展对市直建市以来未经审计的23个行政事业单位实施审计，彻底消除市直单位审计监督“死角”；组织对89家拟与党政机关脱钩的企业进行清产核资；还协助有关部门完成城市信用社停业清理整顿工作，为揭阳经济健康发展和社会稳定发挥了积极的作用。

内部审计　内部审计机构发展到30个（其中专职机构6个），配备内审人员123名（其中专职人员66名）。

社会审计　在确保人心稳定、国有资产安全完整的基础上，精心组织，顺利完成审计师事务所脱钩改制工作。

受表彰情况　机关党支部被市直机关工作委员会评为“‘四好’先进基层党组织”。有2位同志分别被市委、市直机关工作委员会评为优秀党员。

【云浮市审计局】　1999年，云浮市共有审计机关6个，分别为云浮市、罗定市、郁南县、云安县、云城区审计局，人员86人，其中大专学历以上学历50人，获得审计师等中级职称人员31人；市审计局内设：办公室、综合科、法规科、财政行政审计科、金融农林水审计科、商粮贸审计科、工交审计科、基建外资审计科。市直局机关23人。

审计工作成果　1999年完成审计项目127项，占年初计划任务99项的128%，审计金额383658万元，查出违规行为金额16825万元，应缴财政674万元，已缴财政452万元，应减少财政拨款或补贴464万元，应归还侵占挪用资金831万元，向被审计单位提出建议意见463条。为严肃财经纪律，促进加强廉政建设，发挥了审计监督的职能作用。

完成政府交办任务　1999年党政领导交办的审计事项比往年增多，而且大多是涉及经济工作大局或在社会上有较大影响、群众关注的项目，全年共完成33项党政领导交办的审计项目，为地方政府作出积极贡献。

完成上级下达审计任务　共完成署定，省定审计任务115项，审计单位145个。

内部审计　有内审机构14个，内审人员444人。

社会审计　共接受社会委托审计项目382项。

受表彰情况　受市委、市政府表彰1次。

【云浮市云城区审计局】
1999年共有干部职工12人。其中：大专学历7人，有注册会计师1人，审计师1人，局长1人，副局长2人；设有办公室、综合法规科、审计科。

审计工作成果　1999年共完成审计项目22项，审计单位41户；审计资金总额7.8亿元，查出违纪违规金额472万元，上缴财政入库8.6万元，督促企业补交税款78.6万元，提交审计报告50篇。其中：预算执行和其他财政收支审计单位12个，查出违纪违规金额270万元，已增加财政收入45万元；基建审计1项，审计金额1945万元，核减金额166万元；配合纪检、监察等部门查处各种经济案件5起，为社会稳定发挥了积极作用。

审计法宣传情况　在《审计法》颁布实施五周年之际，开展了一系列的宣传活动，利用召开座谈会、出墙报、拉横额、标语、举办审计法咨询等活动，大力宣传审计法，使审计法的宣传学习不断深入，有力地促进审计工作不断向前发展。

【罗定市审计局】　1999年共有干部15人。其中：大专学历

12人，局长1人，副局长2人；设有办公室、审计一科、审计二科、审计三科。

审计工作成果　1999年，共完成审计项目35个。完成审计调查2项，调查单位2个；共查出违纪违规金额6994万元，上缴市财政114万元。共提交审计报告35篇。

完成市委、市政府交办任务　1999年，共完成11项，其中，在全市开展对17个农村合作基金会清产核资审计中，本局派出8名同志参与（3人任组长），历时5个多月，较好地完成了任务，为稳定金融市场、防范金融风险作出了贡献。还先后完成了市领导交给的对素龙管理区和罗城镇城东居委会的财务收支审核、罗定市工商局资产移交审计、罗辉水泥厂和罗定市食品集团公司财务收支审计等，较好地发挥了监督职能作用，促进了党风廉政建设，受到市领导的好评。

完成上级下达审计任务　1999年，共完成国家审计署、省审计厅和云浮市审计局下达的审计任务20项。

【云安县审计局】　1999年共完成省、市审计机关下达的审计任务13项，审计单位22个，审计资金总额51300万元。

预算执行和财政收支审计　审计单位8个，审计资金总额32000万元。揭露了财政部门和一些预算执行单位存在的挪用专项资金，专项资金未按规定设立专户，漏计、欠缴各项税费和附加，未按规定开具或取得发票，以及在预算管理等方面存在的问题，促进财政部门和有关单位在预算执行中遵纪守法，提高财政管理水平。

完成县政府交办任务　1999年，共完成县委、县政府交办的各项工作任务6项，审计清理单位9个。为配合县委、县政府理顺和整顿各项经济秩序，共抽调5人（次）分别参与企业清产核资、整顿“收支两条线”等各种工作组，为县委、县政府提供了决策依据。

【新兴县审计局】　1999年新兴县审计机关共审计24个单位，查处违纪金额中，应上缴财政24.9万元，罚款金额10万元，追还被侵占挪用资金18万元，查补应上缴金库的各项税款75万元。

本级预算执行审计　1999年共审计9个单位的预算执行，查出违纪金额1万元，经审计处理，已增加财政收入1万元，针对审计揭露出来的预算内、外资金收支中的问题，就强化财政资金管理共提出了2条建议和意见，受到政府和人大的重视和好评。

经济责任审计　共审计2个单位，查出违纪金额33.7万元。

审计法制工作　一是以纪念《审计法》颁布实施五周年为契机，开展审计法制宣传教育活动，扩大审计影响，为审计营造良好的社会环境。二是抓审计规范的贯彻实施，严格审计执法、防范审计风险，制订了执法责任制，执法过错追究等规章制度，有力地促进了执法责任到岗、落实到人。

金融审计　根据省审计厅审计安排，本局把对工、建两支行审计作为大项目来抓，查处违纪金额中，应上缴金库的各项税款75万元、罚款10万元；对查出的资产负债损益不实，资金质量不高、风险大、效益差，经营亏损等问题，向市审计局作了专题报告，同时对加强金融监控、防范和化解金融风险提出了审计建议和意见。

企业审计　共审计2个单位，查处违纪金额中，应缴财政12万元。

【郁南县审计局】　1999年，完成审计项目25个，其中上级审计机关指令性审计项目21个，县人民政府交办审计项目4个，共审查出违规违纪金额631万元，调整查缴财政178万元，向被审计单位提出建议75条。

主要审计项目　1.对本级财政预算执行情况进行审计，同时按要求延伸审计了县教育、都城镇等10个部门的财政资金的管理和使用情况，查出违规违纪金额508万元，调整查缴财政金额144万元。2.根据审计署的安排，对工商银行郁南支行、建设银行郁南支行1998年度资产负债损益情况进行了审计，通过审计，发现工商银行郁南支行少列收益20万元，建设银行郁南支行少列支出26万元而造成经营成果不实问题，同时客观分析评价了两行的资产质量，指出存在和潜在的风险，并提出合理建议。3.根据工作安排，对郁南县法院、郁南县检察院1997、1998年度的行政事业性收费、罚没收入、财政财务收支进行了审计，查处违纪金额上缴财政34.3万元。

广西壮族自治区

【广西壮族自治区审计工作简述】

截止1999年底，全区共有审计机关122个，审计人员2129人，其中具有大专学历以上学历的占54.4%，中级以上专业技术职称或资格的占47.6%。全年全区共审计了2505个单位（项目），完成全年计划任务的139%；查出违规行为金额745166万元，其中，应交财政33076万元，应减少财政拨款补贴3658万元，应归还被侵占挪用资金52917万元，已上交财政8021万元，促进增收节支4432万元；通过审计，发现大案要案线索27件，已移送纪检监察机关11件，移送司法机关13件。

法制建设情况　由于各级审计机关的重视，1999年全区审计法制建设有所加强。如在中办、国办和自治区党委关于经济责任审计的规定下发后，一些审计机关根据本地实际情况，抓紧制定或修订了地方规范性文件，收到了较好的效果。区审计厅加强了审计立法工作，上报了《广西壮族自治区人民政府关于加强对我区利用外资项目审计监督的通知》（代拟稿），并已由自治区人民政府以桂政发［1999］64号文予以发布，这是广西第一个有关利用外资审计方面的政府规章。为了认真贯彻1998年自治区人民政府第六号令，区审计厅还制定了《广西壮族自治区地方预算执行审计工作程序实施办法》。《关于领导干部任期经济责任审计实施办法》、《广西壮族自治区国家建设项目审计办法》等规定已报有关部门审批，并着手草拟有关领导干部任期经济责任审计、内部审计指导管理和社会审计监督检查等立法项目。

1999年是《审计法》颁布五周年，全区各级审计机关通过新闻报道、印发宣传资料、审计咨询、张贴标语、悬挂横幅和参加审计知识竞赛等形式，向社会大力宣传审计工作的职能和取得的成绩，进一步扩大了审计监督的影响。

为促进审计机关“有法必依、执法必严、违法必究”，区审计厅对全区各地市审计机关的上一年度的审计项目进行了执法检查，这次检查抽查的审计项目占年度完成任务数的30%。通过检查，总结了一些单位在执法方面好的做法和经验，也指出了存在的差距和不足。

【广西壮族自治区审计厅】

机构及人员　厅职能处室有17个，分别是：办公室、人事教育处、综合处、法规处、审计管理处、财政审计处、中央单位审计处、行政事业审计处、工业交通审计处、商贸审计处、固定资产投资审计处、农业审计处、外资运用审计处、自治区直属公司审计处、机关党委、纪检监察室，事业单位3个，即科研所、培训中心、机关服务中心。另在29个区直部门设立了派驻审计处。1999年底，厅机关编制188名（含事业编制40名），实有151人（含事业编制42人），其中高级职称18人，中级职称67人，大专学历以上学历115人，党员73人。

厅领导成员

厅　长：唐松庆（1998.5－）

副厅长：张绍荣（1993.3－）

邝满维（1996.8－）

聂江武（1998.9－）

总审计师：钟南生（1997.3－）

成果综述　审计厅全年审计单位（项目）88个，查出违规行为金额305485万元，其中应交财政14720万元，核减财政拨款或补贴3404万元，应归还原渠道资金4975万元。

财政审计　1. 本级预算执行审计。为认真贯彻1998年发布施行的第六号自治区人民政府令，审计厅1999年制订了《广西壮族自治区地方预算执行审计工作程序实施细则》，进一步规范地方预算执行审计工作。各级审计机关对本级预算执行情况审计加大审计力度，促进了依法理财，受到政府和人大好评。在区本级预算执行审计中，查出了财政部门应缴预算收入未及时上缴、未按时列预算收入、财政资金多头开户、税务部门违规延期审批缴纳税款和不及时征收税款等问题。受自治区人民政府委托，审计厅向自治区九届人大常委会第十一次会议报告了审计同级预算执行工作情况，委员们对审计反映的问题和建议给予充分肯定，对存在问题要求进行纠正处理。财政厅就审计查出的问题及时进行整改，进一步规范了自治区本级财政预算管理。2. 财政决算审计。全区共审计单位129个，查出隐瞒转移财政收入、挪用财政专项资金等违规行为金额66761万元，其中应交财政13405万元，应减少财政支出2328万元。

专项资金、基金审计　在对全区国债转贷水利建设资金的审计中，查出的滞留、挪用等违纪违规金额占审计项目资金总额的25.3%，自治区人民政府为此两次召开有关地市领导及项目主管单位领导会议，研究整改措施，并责令有关违纪违规的项目业主和单位限期纠正，保证了水利资金的有效投入；对扶贫资金共审计主管部门和使用单位795个，抽查扶贫项目673个，严肃查处资金管理使用中存在的违纪违规问题，促进资金到位1335万元，建议给予党纪处分13人，移送司法机关案件1件（3人），该项目被审计署评为优秀项目；对自治区移民开发资金的审计查出了上亿元的违纪违规资金，根据审计结果，自治区人民政府责成有关部门立即纠正并进行严肃处理；区审计厅与财政厅、劳动厅联合对移交广西的中央驻桂6个行业共14个部门的基本养老保险基金进行了审计，调增移交基金达8千多万元；区审计厅还与财政厅、教育厅联合对“国家贫困地区义务教育工程”专项经费进行了审计，促进了专项资金的落实到位。

金融审计　根据审计署授权，全区开展对广西工行系统167个分支机构的行业审计，查出账外资产37404.48万元，违规经营损失和非法支出107.25万元，并查出一起涉案金额493万元的违法案件。全区审计机关共对304个国际贷援款项目进行了审计，查出一些部门和单位挪用专项资金、倒卖进口物资、虚报工作量等问题，并如实向世行机构披露。

“两院”审计　全区共审计了法院系统114个单位和检察院系统121个单位，查出拖欠应缴预算收入、隐瞒截留收入、挤占挪用经费、不合法收取赞助费及账外资金等违纪违规问题，并查出了一起金额达200多万元的贪污案。“两院”审计均被审计署评为优秀项目。

企业审计　全区对109户国有工业企业财务收支进行了审计，并组织部分审计机关开展了企业真实性审计试点，以审计资产、负债、损益真实性为基础，

全面摸清企业家底，重点披露了企业资产、负债和损益不实，以及搞账外账，国有资产流失等问题，为今后深化企业审计积累了经验。审计厅会同财政部广西专员办对广西高峰矿业有限责任公司的财务收支和各股东利益分配等情况进行了审计；根据自治区政府领导指示，会同财政厅对广西八桂有限责任公司进行了审计和审计调查，保障了国有资产的安全完整。

经济责任审计　1999年自治区党委印发了《实行领导干部任职经济责任审计的暂行规定》，中共中央办公厅、国务院办公厅印发了《县级以下党政领导干部任期经济责任审计暂行规定》和《国有企业及国有控股企业领导人员任期经济责任审计暂行规定》。各级审计机关认真落实中央和自治区规定，积极探索，大胆实践，初步打开了工作局面，全年共开展了500多项。其中，根据区党委组织部的交办，区审计厅对广西右江水利开发有限责任公司、广西信托投资公司、广西国际经济技术合作公司、广西建工集团总公司、区驻重庆办事处等单位领导离任进行了审计，还根据自治区党委决定和人大常委会通知，对区建设厅、卫生厅、民政厅和民族委员会主要领导进行了述职评议前审计。经济责任审计为组织人事部门和有关部门准确公正地使用干部、促进廉洁从政发挥了积极作用。

内部审计　至1999年12月底，全区共有内审机构1526个，其中专职机构1103个；内审人员3301人，其中专职人员2443人。审计单位6398个，查出损失浪费金额4112万元，促进增收节支11716万元，向司法机关移送案件4件，建议给予行政处分53人，移送司法机关处理2人，提出意见有4271条被采纳。

社会审计　1999年全区审计机关根据财政部关于注册会计师行业脱钩改制的文件要求，从人员、财务、业务、名称四方面积极稳妥地开展了审计事务所脱钩改制工作，在资产界定和人事安排上，认真处理好国家、集体、个人三者之间的利益关系，实现了平稳过渡，其中厅属3家事务所从业人员共29人的档案转到区人才交流中心，做到了脱钩与业务两不误。另外，审计厅组织有关审计机关对部分社会审计组织的业务质量进行了认真的监督检查，按时向审计署提交了检查报告。

【南宁市审计局】　1999年共有干部、职工65人。其中：研究生毕业1人、大学毕业15人、大专学历毕业35人；局长1人、副局长5人。设有办公室、财政金融审计科、行政事业审计科、基本建设投资审计科、农业审计科、商贸企业审计科、工交企业审计科、外资运用审计科、综合调研科、审计管理科、人事教育科等机构。

审计工作概况　全年审计项目（单位）66个，审计处理和纠正违规行为金额6．15亿元，应上缴财政资金547万元，已上缴财政资金119万元，应归还原渠道资金443万元，核减工程结算资金145万元，共为国家增收节支1135万元。按照中共中央办公厅、国务院办公厅的两个暂行规定，开展了领导干部任期经济责任审计，完成9个项目。同时，及时反映审计揭露出来的问题，向市委、市政府和上级审计机关提交审计报告及审计信息60篇，得到批示和采用15篇。

内部审计　全市1999年共设立内部审计机构100个，内审人员254名，审计项目（单位）942个，纠正违规行为金额722万元，促进增收节支1354万元，向司法机关移送案件3件。

社会审计　为提高社会审计执业质量，加强对社会审计的监督，1999年开展对社会审计组织的审计执业质量检查工作。根据有关规定，基本完成了南宁市审计师事务所的脱钩改制工作。

【武鸣县审计局】　1999年共有干部、职工17人。其中：大专学历毕业生11人；局长1人，副局长2人；设有综合股、财政金融审计股、行政事业审计股、企业审计股、基建投资审计股等机构。

审计工作成果　全年共完成审计项目27个，审计单位75户；审计金额56400万元。共查出违纪金额2453万元。上缴县财政362万元，追还被侵占挪用的财政资金156万元，增收节支129万元，调整企业利润185万元，提交审计报告27篇。

完成县政府交办任务　全年共完成县委、县政府交办的工作任务17项，共处理违规金额236万元，上缴财政113万元。为了维护社会稳定和改革开放大局，1999年审计局还先后派出4名工作人员，参加该县“两会一部”的清理工作和参加县政府的粮食流通体制改革政策执法检查组，出色地完成各项工作任务。

完成上级下达审计任务　全年共完成自治区、市审计机关下达的审计任务8个，审计金额38150万元。

【邕宁县审计局】　1999年底共有干部、职工15人，其中大学本科1人，专科9人，初级以上职称12人；设有5个股1室；局长1人，副局长1人。

审计工作成果　1999年，全年共完成审计项目23个，审计调查1项。共查出违规金额2431万元，应交财政504万元，应归还被侵占挪用资金872万元，已上交财政396万元，罚款27.7万元。

完成县委、县政府交办任务　全年共完成交办的任务20项。

【柳州市审计局】　1999年，柳州市审计局完成审计项目161项，占年计划审计项目77项的209.1%。审计查出违规行为金额13.81亿元，其中应上缴财政3227.77万元，已上缴财政754万元，应归还被侵占挪用资金500万元。

财政审计　1999年，柳州市

及辖县两级审计机关都加深同级财政审计的力度，查出违规行为金额7672万元。审计和审计调查9项专项资金（基金），查出违规行为金额8674.4万元，追回被挤占挪用的资金376万元。审计市、县两级检察院和法院，查出某财会人员涉嫌贪污（挪用）公款205万元，并挽回损失60多万元。

金融、外资审计　1999年，柳州市审计局对桂林工行资产、负债、损益进行审计，检查14个支行和9个所属公司、200多个账户，查出该行少计收入8278.13万元，少列支出5739.43万元，多列支出25万元，账外资产24117万元，查出“小金库”7个，金额4621万元。外资运用审计，不搞内外有别，上下有别，完成外资审计项目11项。

企业审计　1999年，柳州市完成企业审计项目8项，对6户大商业企业1998年盈亏真实性情况进行审计调查，查出这些企业会计报表反映盈利119万元，实际亏损3686万元，累计亏损8382万元，潜亏8626万元。对2户企业进行1998年度财务收支真实性审计发现违规金额2788万元，某企业反映盈利1万多元，实际亏损1356.66万元。

经济责任审计　1999年，柳州市审计局完成经济责任审计19个，查出单位违规行为金额5.8亿元。同时完成清产核资、科技重奖、财税稽查、经济案件等临时交办的项目81个。

审计基础建设　1999年，柳州市制定和完善审计复核制度、审计质量的量化考核指标、审计执法责任制、审计行政赔偿工作程序、柳州党政机关和企事业单位领导干部任期经济责任审计办法、局长办公会议制度、财务管理的补充规定、关于文印程序的有关规定、督办工作制度、计算机管理制度等；建成并使用计算机局域网，加强办公自动化建设，开始使用法规数据库、文件传阅、图书查询、档案管理、基建审计等软件开展辅助审计，审计对象数据库和审计信息管理系统在建设中；文书档案、审计业务档案、会计档案等进行全面高质量整理，通过机关一级档案室评审。

【柳城县审计局】　1999年共有干部、职工18人。其中：大学生2人、大专学历生10人；局长1人、副局长2人；设有办公室、财政金融审计股、行政事业审计股、商粮贸审计股、工交审计股等机构。

审计工作成果　全年共完成审计项目17个。占计划任务的113.33%。审计总金额2766万元，共查出违纪金额1766万元。协助县纪检会开展粮食执法检查、县计划局清理供销社财务挂账，对县科局5位领导进行任期经济责任审计，上缴县财政金额20万元，共提交审计报告23篇。

完成县政府交办任务　全年共完成县委、县政府交办以及配合县财政、财务、税收稽查办公室完成的工作任务共48项；审核基建项目15个，款额874.62万元，核减基建工程款39.22万元，核减率为4.48%。

完成上级下达审计任务　全年共完成省、市审计机关下达的审计任务7个，审计单位7个，审计金额999万元。

【柳江县审计局】　1999年共有干部职工19人，其中：大学生1名，大专学历生8人；局长1人，副局长2人；内设办公室、财政金融审计股、行政事业审计股、企业审计股等机构。

审计成果　全年共完成审计项目20项33个，审计单位40多个，审计金额35234万元，共查出违纪违规行为金额7478万元，上缴县财政62万元，应归还原渠道资金139万元，审计报告18篇。

完成县政府交办任务　全年共完成县委、县人民政府交办的审计工作任务3项，审计清理单位15个，审计金额8331万元，查出违纪违规行为金额646万元。1999年11月，按照县委、县政府的决定，县审计局集中力量组成审计工作组，分别下到全县13个乡（镇）的中小学校，对其基建项目进行了全面审计。

完成上级下达审计任务　全年完成自治区、市审计机关下达的审计任务17项，审计单位30多个，审计金额26903万元。

【桂林市审计局】1999年共有干部、职工101人。其中：大学生18人，大专学历生60人；局长1人，副局长3人；设有办公室、综合科、人事教育科、法制监察科、财政金融审计科、旅游外资审计科、行政事业审计科、农林水审计科、工交审计科、基建审计科、商业审计科、调研科等机构。

审计工作成果　全年共完成审计项目96个，其中：自治区安排的审计项目47个，自定审计项目47个，审计调查2个。查出违纪违规行为金额37139万元，应上缴财政金额2000万元，应归还原渠道资金4877万元，已上交财政974万元，提交审计报告68篇。

完成上级下达审计任务　全年共完成自治区审计厅下达的审计任务47项，查出违规金额22779万元，应上交财政1078万元，已上交财政415万元。

完成市政府交办任务　全年共完成市委、市政府交办的审计项目7项。如对桂林两江国际机场专用道路工程进行了竣工决算审计。通过审计建设资金的来源和使用情况，确定了机场路工程的总投资，揭露了工程在建设过程中存在的各种问题，共查出不应列入机场路投资项目的违规金额7455万元，没收上缴财政43万元，解决了机场路工程竣工决算长期悬而未决的问题，得到了审计署有关领导及市政府领导的充分肯定和高度评价。1999年6月至9月根据市人民政府办公室[1999]105号文件的要求，抽出8名审计人员组成审计组，历时4个月，克服困难，排除阻力，实事求是，对72家宾馆、饭店、对外营业招待所、旅社（店）1997、1998年度副食品风险基金的征收及上缴情况进行了审计，查出欠缴副食品风险基金183万元，已追缴入库46万元。

内部审计　共有内部审计机构48个，其中专职机构23个；内审人员160名，其中专职人员79名。

【临桂县审计局】　1999年共有干部、职工11人，其中大学生1人，大专学历生5人；局长1人，副局长2人；设有办公室、行政事业审计股、工交企业审计股、基本建设审计股等机构。

审计工作成果　全年共完成审计项目25个，完成审计调查3项。共查出违规金额4078万元，上缴县财政29万元，提交审计报告25篇。同县纪检、监察、信访、司法等部门配合，查处各种经济案件5起，为维护经济秩序，加强廉政建设发挥了重要作用。

完成县政府交办任务　全年共完成县委、县政府交办的工作任务5项，审计清理单位5个。全年共完成基建工程决（结）算审计项目4项，审计金额197.73万元，审减金额15.98万元。

完成上级下达审计任务　全年共完成区、市审计机关下达的审计任务7项。

【阳朔县审计局】　1999年底共有干部、职工12人。其中：大专学历文化7人；内设秘书股、行政事业股、财政金融股、工交商贸企业股等机构。

审计工作成果　全年共完成审计项目38个，完成年计划的200%。全年审计资金总额32230万元，查出违规金额966万元，应上交财政金额138万元，已上交财政125万元。全年审计查出增加财政收入（减少财政支出）183万元；审计调增单位利润（收入）32万元；经审计增加国有资产404万元，提出完善财务管理及内控制度等方面的意见和建议134条，大部分被被审计单位采纳。

加强对基本建设重点项目的审计监督　1999年对县供电局综合办公大楼、县运输管理综合楼等11个项目的工程结算进行审计，审计金额1304万元，净核减工程造价103万元。

完成上级下达审计任务　全年共完成区、市审计机关下达的审计任务8项，审计单位11个，查出违规金额254万元。

完成县政府交办任务　全年完成县政府交办的领导干部离任审计项目21个，其他审计项目7个，查出违规金额310万元。提交领导干部离任审计报告21份。

【全州县审计局】　1999年共有干部、职工36人，其中：大学生4人、大专学历生19人；局长1人，书记1人，副局长4人；设有政秘股、财政金融审计股、行政事业审计股、商粮贸企业审计股、工交企业审计股、基本建设审计股、农林水审计股等机构。

审计工作成果　全年共完成审计项目78个，占年计划44个的177.27%，在审项目27个，查出违纪违规金额4313万元，应上缴财政108万元，已上缴财政80万元。全年共提交审计报告78篇，同时对被审计单位和企业提出合理化建议104条。

完成县委、县政府交办任务　全年共完成县委、政府交办的工作任务30项。

完成上级下达审计任务　全年共完成上级审计机关下达的审计任务6项，并对发现的问题作了处罚，同时，建议单位追究个人责任1人。

【灵川县审计局】　1999年底在职干部13人，其中，大学学历2人，大专学历8人；局长1人，副局长3人；内设企业、行政事业、基建审计股和办公室。

审计工作成果　全年共完成审计项目20个，审计单位26个，总审金额5.866亿元，查出违反财经法规金额880万元，经审计处理，应归还原渠道资金380万元，指明要求纠正金额178万元，应上缴财政金额56万元，已上缴50万元，其中罚款12万元。发现涉嫌经济犯罪2起，已移交司法机关进行处理。

完成县政府交办任务9项　其中县人大交办的领导干部离任审计2项。这些项目单位是：同化基金会、同化机械厂、县交通基金会、县工商联基金会、九屋广播站、青狮潭教育组、县化肥厂及县劳动局、农业局（领导干部任职经济责任审计）。

在完成年度20个项目审计中，其中完成上级审计机关下达的审计任务10项，审计金额5.4亿元，查出违规金额826万元。

会同财政、物价等部门对全县行政事业性收费单位进行年审，年审单位279个，年审金额3922万元，查出违规金额25.58万元，应缴已缴财政金额10万元，为全县“清费治乱减负”工作作出了努力。

【兴安县审计局】　1999年有干部、职工20人，其中：大专学历8人；局长1人，副局长3人；设有办公室、财政金融审计股、行政事业审计股、企业审计股、基建审计股等机构。

审计工作成果　全年完成审计项目32个，审计单位65个；完成审计调查5项，调查单位16个；审计金额达3亿元，共查出违纪违规金额2221万元，应交财政369万元，已交财政126万元，促进增收节支219万元，提交审计报告32篇，提出审计建议200多条，均被采纳。

完成县政府交办任务　全年完成县委、县政府交办的工作任务11项，审计清理单位27个。为配合国有企业改制，组建县电力发展总公司，对供电、水电两企业进行了审计，查出违纪金额1600万元。基建股在对猫儿山宾馆工程的审计中，核减金额219万元，核减率为32.32%。

完成上级下达审计任务　全年完成区、市审计机关下达的审计任务12项，单位28个，审计金额2亿多元。

【荔浦县审计局】 1999年共有干部、职工18人。其中：大专学历生7人；审计师4人；会计师4人；局长1人、副局长3人；设有综合股、企业审计股、行政事业审计股、基建审计股等机构。

审计工作成果 全年共完成审计项目20个。审计单位20户；完成审计调查2项，调查单位8个；审计金额26896万元，共查出违纪违规金额1931万元。同县政法委、纪检、公安、检察院等部门配合，查处各种经济案件3起，为社会稳定发挥了作用，上缴县财政12万元，共提交审计报告20篇。

完成县委政府交办任务 全年共完成县委、县政府交办的工作任务11项，审计清理单位18个，审计金额14608万元。基建审计1999年共完成工程决算项目12个，审计金额5658万元，审减金额77万元，得到县领导的好评。同时纠正了承建单位高估冒算的不良行为。

完成上级下达审计任务 1999年共完成区、市审计机关下达的审计任务10项，审计单位23个，审计金额47640万元。

廉政建设 审计过程中，审计人员能以“九不”、“一严”规定严格要求自己，据不完全统计拒宴16次，拒娱乐活动15次，拒收礼品3件，拒收礼金2000元，拒外出旅游1次。

【平乐县审计局】 1999年底有干部职工15人，党组书记1人，副局长2人。其中：获中级技术职称的有6人；设有办公室、行政事业审计股、综合审计股、基建审计股、工商企业审计股等机构。全年共完成审计项目25项，占年计划的147.1%，查出违纪违规金额523万元，应上缴县财政金额48万元，同比增长160%，已上缴县财政40万元，同比增长121.2%。

1999年按照县委组织部的安排，县审计局对平乐县水果生产办公室、粮食局、广播电视事业管理处、法制局四个单位进行了领导干部离任审计。通过完成对上述单位的审计，达到了查清党政领导干部任职期间的财政收支、财务收支中不真实、资金使用效率差以及违反国家法规问题应当负有责任的目的。审计中发现广播电视事业管理处及粮食局私设“小金库”金额较大，有关责任人员负有相当责任的情况，县审计局将这两个单位的经济问题移送纪检、监察机关处理。并将法制局设立“小金库”、多报住宅电话费和手机费、公费旅游、付宣传广告费、发放加班费无政策依据，以及公款公物长期未还等严重违反财经法纪的问题向县委组织部作了详细的书面汇报。

【永福县审计局】 1999年底在编14人。其中：研究生1人，大学生1人，大专学历生9人；局长1人，副局长2人；中级职称4人；内设秘书股、行政事业股、财政金融股、商贸企业股、工交基建股等机构。

审计工作成果 全年共完成审计项目30个，提交审计报告30篇，查出违纪违规金额1579万元，应上缴县财政65.6万元，已上缴财政64.5万元。同时配合纪检、检察等部门查处各种经济案件9起。

完成县政府交办任务 今年审计局在岗人员13人，实际在家工作人员最少时只有5人（其中政府抽调1名副局长到苏桥开发区任常务副部长，抽调3人长年扶贫、下乡蹲点，抽调4人牵头搞“两会一部”“清产核资”及下乡催收贷款工作）。在这样人少事多情况下，在家审计人员超常完成工作量。被抽调出去的人员除完成好政府中心工作外，不辞辛苦时常回单位加班加点完成审计工作任务，做到了审计工作与政府中心工作两不误。

完成上级下达审计任务 1999年共完成上级审计机关下达的必审项目7项。

【恭城瑶族自治县审计局】 1999年底共有干部12人，其中大学学历5人，大专学历4人；局长1人，副局长2人；设有办公室、行政事业审计股、企业审计股、固定资产投资审计股等机构。

审计工作成果 全年共完成审计项目21个，审计总金额16285万元，查出违纪违规金额457万元，应上缴财政金额439万元，其中通过税务机关补交税372万元，直接上交财政67万元，促进企业增收节支金额1410万元。查出百万元以上违纪单位1个，移送司法监督单位1个。向党政领导和有关部门提供审计报告、审计调查报告和审计信息28篇。

完成县委、县政府交办任务 全年先后完成了县城中西路建设资金审计、糖厂破产、冶炼厂债权债务清理、岛坪矿矿长离任审计、农村合作基金会清理整顿等工作任务12项，审计和调查单位36个。如县岛坪矿矿长离任审计，在审计中严肃查处了岛坪矿私设“小金库”56.11万元，截留隐瞒销售收入1050万元，偷漏各种税款372.18万元等问题，依法没收了该矿“小金库”资金56.11万元，责令该矿限期向税务机关补缴了偷漏的税款，确保了财政收入不流失，维护了财经法纪的严肃性。

加强审计队伍建设 一是制定完善了工作制度，进一步强化内部管理，以制度管人，树立形象，规范行为是新班子工作重点之一。二是抓好学习，提高素质。三是严格规范办事程序，依法审计，依法行政。四是加强局班子建设和干部队伍建设，严格执行审计组廉政建设规定，廉洁从审，维护了审计部门权威和形象。

【灌阳县审计局】 1999年共有干部职工13人，其中：大学学历1人、大专学历5人；局长1人、副局长3人；设有工交基建商粮贸审计股、行政事业审计

前进中的浙江林业

做好内部审计工作确保林业事业健康发展

位于中国东南沿海的浙江省，"七山一水二分田"，是个多山的省份，在10万平方公里的土地上，山地丘陵就占70%以上，拥有森林面积8300万亩，森林蓄积量1.38亿立方米；森林覆盖率近60%，名列全国前茅。"五年消灭荒山，十年绿化浙江"，是浙江省生态环境建设的一项伟大事业。全省1200万亩宜林荒山披上了绿装，42个平原县和半平原县全部跨入全国平原绿化先进行列，沿海1840公里的大陆海岸基干防护林带基本合拢，太湖流域的环太湖基干林带全面建成，浙江全省基本实现绿化。

浙江在播撒绿色的同时，还大力培育绿色的产业。全省大面积营造速生丰产用材林、高产竹林和名特优新经济林、笋竹两用林等，为国家提供了大批木材、竹材和林副产品。全省已建设商品材基地910万亩，经济林1649万亩。浙江的竹产业最具特色，发展也最为迅速。全省已建成毛竹丰产林、笋竹两用林400万亩，竹林总面积达到1121.3万亩，年产商品竹1亿株，占全国的五分之一。竹材、竹笋的加工制品达8大类2000多个品种，浙江竹业年产值已达55亿元，成为全国第一竹业大省。以人造板和木制玩具为主要特色的浙江林产品和林副产品加工业迅速发展，建设速度和经营效益一直走在全国前列；花卉业和森林旅游业成为浙江林业新的经济增长点。

浙江省林业局党组领导非常重视和支持内部审计工作，充分发挥内审的监督作用。他们以审计监督为手段，以服务于审计对象为目的，积极开展财务收支审计、离任审计和任期经济责任审计。经过几年来的实践，内审工作取得了很好的效果，对增强企事业单位领导的责任心，规范经营行为和会计核算，完善监督机制，健全财务管理，提高经济效益，防止违反财务制度和财经纪律的现象发生，促进廉政建设，确保林业事业的持续、稳定、健康发展，起到了重要的作用。

省林业局长程渭山考察林业企业

安吉县余墩现代旱竹园区

长乐林场盆景园

延长油矿管理局

延长油矿管理局位于延安市市东北72公里的延川县永坪镇，是中国大陆上发现和开发最早的油田，创建于1905年，有着近百年的发展历史，曾为抗日战争、解放战争的胜利作出了一定的贡献。现隶属陕西省延长石油工业集团公司管理，目前已发展成为一个集石油勘探、开发、炼制、机械加工和辅助生产为一体的综合性石油化工企业。现探明石油地质储量27747万吨，控制含油面积593.1平方千米。已建成年原油生产能力100万吨，原油加工能力100万吨，主要产品有汽油、煤油、柴油、液化气等。1999年在册职工人数10604人，实现销售收入11.26亿元，利税积累2.85亿元，拥有资产总值25.85亿元。

延长油矿管理局审计处从1988年成立以来，充分发挥审计监督职能，紧紧围绕提高企业经济效益这个主要目标，积极开展工作。从最初进行的财务收支审计发展到现在的经济效益审计、厂长（经理）离任审计、基建工程预（决）算审计、物资采购比价审计等，取得了较好的成绩，为加强企业管理和提高经济效益作出了贡献。

芜湖市电信局

芜湖市电信局是1998年由原芜湖市邮电局分营而设，此后又相继进行了无线寻呼和移动通信剥离，现有正式职工700多人，辖芜湖、繁昌、南陵三县电信局。主要从事市内电话、农村电话、长途电话、数据通信、声讯服务等电信业务。芜湖市自从1989年首期开通6000门S1240程控电话交换系统，此后10多年间多次扩容，交换机容量近40万门。1998年全市已实现行政村村村通电话目标，现正向自然村延伸。1994年底芜湖数字数据网开通，同时并入中国公用数字数据网正式运行，1998年又开通了163网芜湖节点和169网芜湖汇接中心。近年来，国家重点工程合芜光缆、宁汉光缆相继开通投产，大大提高了芜湖的长途通信能力。1999年中央农话业务收入比上年同期增长12.71%，完成建设投资近1.2亿元。与此同时，在经营责任制、干部人事制度、维护体制和县局管理方面进行了改革尝试，取得了显著成效。被授予市级文明单位标兵、省级文明单位、全省百家最佳优质服务单位等荣誉称号。芜湖市电信局审计工作通过组织开展各类审计活动，为规范企业经营行为、完善企业内部管理、促进企业增收节支发挥了积极的作用，多次荣获部、省、市审计先进单位，并在部、省审计征文和业务展评中获奖。1999年作为安徽省地市级电信系统的唯一代表当选为安徽省内部审计学会理事单位。

贵州水晶有机化工（集团）有限公司

CRYSTAL

贵州水晶有机化工（集团）有限公司是国家正式批准的建筑有机化工、建筑安装、科研设计、建材、医药和各类包装物生产为一体的现代化大（Ⅰ）型企业。

主要产品有电石、冰醋酸、醋酸乙烯、醋酐、聚乙烯醇、季戊四醇、白乳胶、高速卷烟胶、纸管胶、实木拼板胶、醋酸脂类等20多种化工产品和医药产品。主要生产设备和技术从国外引进，有先进的检测手段和质量保证体系，以其雄厚的经济技术实力跻身于全国化工企业500强，贵州省企业100强，贵阳市企业20强之列。

水晶（集团）位于贵阳市西郊风景秀丽的国家级重点风景名胜红枫湖畔，占地4.2平方公里，贵阳至黄果树高等级公路傍厂而过，并拥有铁路专用线，交通便利，通讯方便，欢迎国内外朋友前来洽商投资建厂等合作事宜。

中共中央政治局委员、国务院副总理吴邦国在水晶集团视察期间，姚永理陪同吴邦国深入车间慰问一线职工

董事长兼总经理　姚永理

电话：(0851)2561355
传真：(0851)2561222
网址：WWW.gzcrystal.com.cn
地址：贵州省清镇市
邮编：551402
电挂：2589

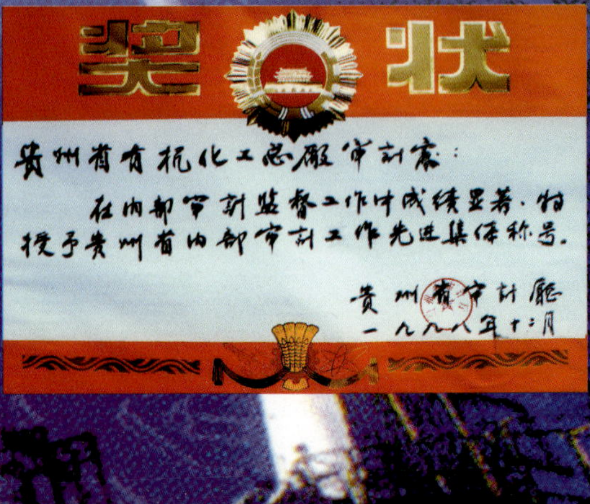

奖状

贵州省有机化工总厂审计处：

在内部审计监督工作中成绩显著，特授予贵州省内部审计工作先进集体称号。

贵州省审计厅
一九九八年十二月

建立健全自我约束机制 强化审计监督

齐鲁石化公司是中国石油化工集团公司的直属企业，现有36个直属企业，可加工原油850万吨/年，是目前我国最大的炼油、化肥、合成橡胶、塑料、烧碱、炼油催化剂生产基地之一。从1996年创建到1999年底，公司累计实现销售收入1428亿元，实现利税301亿元。为国家作出了应有的贡献。

多年来，他们把审计工作视为企业约束机制的重要组成部分，重视和支持审计工作，充分发挥了审计的监督作用。由于审计工作成绩突出，连续数年被中国石油化工集团公司授予“审计工作先进单位”的光荣称号。

他们的主要做法是：

一是建立健全完善的审计监督体系。首先，他们结合公司实际情况，不断制定、修订和完善了一系列规章制度，使审计工作向法制化、制度化、规范化方向发展。其次，层层建立审计机构，健全各级审计网络，为全面发挥审计的监督作用奠定了基础。再次，公司设立审计委员会，定期听取审计工作汇报，加大了审计工作的领导力度。

二是抓住重点，加强企业生产经营关键环节、关键部位的审计监督。他们围绕公司生产经营中心工作和阶段性工作重点，认真开展收支真实性审计，纠正违纪，强化了资金集中管理，规范了财务收支活动。他们还大力开展外委外包工程预、结算审计，降低了工程成本，避免了资金和效益流失。另外，他们还开展了以修理费、管理费用和技术开发费用等为重点的成本费用审计工作，严格控制费用支出，堵塞管理漏洞。

三是深化审计监督，提高审计工作的实效性。他们把审计与专业管理相结合，账面审计与现场审计相结合，内部审计与模拟稽察相结合，加大了审计力度，保证了结果的真实可靠。有力地促进了内审工作和自我约束机制的健康发展。

党委书记　荣滋白

经理　王延康

总会计师　李宪诚

董事长兼总经理陈金海在向全体内审人员作指示

1999年为加拿大CSL公司建造的70800吨自卸船

江南造船（集团）公司是我国大型造船企业、重点军工企业。现有职工一万三千余人，其前身是国内闻名的江南造船厂。最大修造船能量为8万吨以下各类舰船，年造船能力为56万吨，并能承制大型钢结构、机电配套工程等。

1995年被列为建立现代企业制度百家试点企业，1996年改制为公司，建立了新的法人治理结构，重组内部管理运行机构，设立以事业部制为主体的管理体制。大力调整产品结构，独家发起设立江南重工上市公司，在开展造船主营业务同时，还投资涉足房地产、信息、建筑、饮食、旅游等领域和一些联营企业及中外合资企业，逐步形成多元化经营。

公司审计部早在1985年工厂制时已单独设立，现有专职人员7人。由于历任领导对企业内部审计一贯重视与支持，审计部从成立开始，一直是独立机构，受总经理直接领导，配备专职内审人员，独立开展工作，审计部在企业中的地位很高，内审工作的开展一直非常稳定，经过十几年发展，内审机构正在企业管理体系中已成为一支权威性的不可缺少的队伍。目前所开展审计项目主要有财务收支、经济效益审计、经济责任审计（包括离任审计、经营承包责任审计）、公司决算审计、专项审计、重大工程项目的过程审计及审计调查等。并且内审人员还兼任许多有由公司投资的经济实体的监事之职，更直接参与监督活动，为企业创造了可观的经济效益，为防腐做出了重要的努力。

也因内审工作积极务实，赢得了企业领导和上级机关的好评，并且先后在1989年、1991年、1993年、1995年、1997年被评为全国先进集体，还先后撰写发表了《内审在建立现代企业制度中的作用》、《内审的地位》、《充分发挥同级审计在完善企业改革的重要作用》、《自我完善上级经营责任的约束机制》等文章，较好的进行总结提高。

江南造船（集团）公司

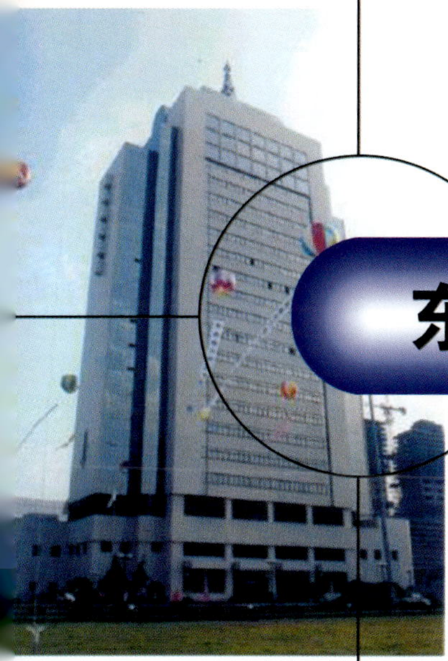

东方通信股份有限公司

浙江东方通信集团有限公司是中国通信产业规模最大的国有企业之一，其前身是邮电部杭州通信设备厂，创建于1958年。公司研发实力雄厚，拥有国家级企业技术中心、北京东信科技开发公司、美国同步公司等三家科研开发公司，并建立了博士后流动工作站。目前主要产品有移动基站系统设备、移动电话手机、程控交换机、激光照排设备、电子金融设备、数据网络设备、寻呼系统设备及寻呼机、通信软件等，已自主开发东信EC528手机、天羽EL600系列。公司现有员工3400人左右，其中专业人才占60%以上，高级人才约450余人，硕博士人才300余人。2000年9月成功增发5800万A股，募集资金14.6亿元，为企业持续发展注入了活力。1999年名列全国电子百强第13位，荣获全国精神文明建设工作先进单位荣誉称号。在世纪交替之际，东信人正为宏伟的中、短期目标（世纪末超过100亿元经营规模）而冲刺。让我们拭目以待：下世纪初页（2010年前）东方通信将进军世界通信设备制造商50强，成为名副其实的民族通信产业的“中国脊梁”。

镇海炼油化工股份有限公司

中国石化镇海炼油化工股份有限公司是中国石油化工股份有限公司控股的特大型企业，由原中国石化总厂于1994年6月整体改组成立，同年发行6亿股H股并在香港上市。

公司目前拥有1200万吨／年原油综合加工能力和60万吨／年以上的尿素生产能力，其中800万吨／年常减压装置、300万吨／年催化裂化装置等均为国内目前最大的25万吨级原油泊位在内的泊位5座，年吞吐能力超过2000万吨。

作为国内重要的原油加工基地，1999年镇海炼化炼油加工量和生产汽煤柴总量分别占到全行业的4.15%和4.5%，柴油、煤油、汽油产量均居第二位。镇海炼化同时还是国内高等3级道路沥青和苯类产品的重要生产基地，其生产的高等级道路沥青已成功打入国内高速公路市场。公司于1998年5月通过ISO9002质量体系认证。

1999年，在国家和石化集团公司宏观调控政策的支持下，镇海炼化实现利润9.03亿元，比上年增长近40%，居石化行业首位。

至1999年底，公司总资产为110亿元，其中净资产额超过70亿元，实现了国有资产的保值增值。

株洲电力机车厂

株洲电力机车厂创建于1936年，是我国轨道电力牵引装备的主要研制和生产基地，国家大型一类企业，中国500家最大工业企业之一，被称为“中国电力机车的摇篮”。1958年成功试制我国第一台SSI型干线电力机车，42年来先后成功试制了10种韶山（SS）系列机车，以及AC4000交流传动电力机车、DDJ子弹头高速机车、时速达200公里的交直交机车和出口伊朗的TM 1型机车。其中，SS3型电力机车获国家优质产品金奖，SS4型重载牵引电力机车获国家科技进步一等奖，SSS型高速客运机车获国家科技进步二等奖。该厂在技术创新的同时不断推进管理创新，以管理促发展，向管理要效益。1958年以来工厂连续42年盈利，1978年以来连续22年销售收入年递增10%，1999年实现销售收入12亿元。1996年工厂通过了ISO9001国际质量体系认证。在狠抓企业改革和内部管理的同时，工厂党政领导十分注重内部审计工作，充分发挥了内部审计部门的职能作用。该厂198 5年成立独立的内部审计机构，经历了改革后十余年的演变与发展，现在已形成了能独立行使审计监督职能，包容工厂内部管理各控制环节，对工厂财务、合同、工程预决算、内部控制系统实施有效监控的职能处室。设有正副处长各一名和四个业务组。配备专业审计人员18人，其中：高级会计师1人，会计师6人，经济师2人，工程师1人，助理工程师3人，助理会计师1人，16人具备大专以上学历。历年来，审计工作在为工厂增收节支、节能降耗和加强内部管理等方面取得较好业绩，截止至1999年底，共查处违纪金额3086．4万元，财务收缴319．2万元，核减工程造价1164．59万元，核减经济合同价款245．7万元。从1989年至1999年，工厂先后六次被铁道部授予“审计工作先进集体”称号，两次被中国铁路机车车辆工业总公司授予“审计工作先进集体”称号，十一次被株洲市授予“全市内部审计先进集体”称号。

审计人员在实施审计项目

领导班子认真学习《审计法》

最新研制的时速200公里交流传动电力机车

淮北矿业集团

董事长兼总经理　宋从恕

党委书记　欧阳其昭

淮北矿业（集团）有限责任公司是我国特大型企业之一，拥有固定资产66亿元，销售额居全国500家大型企业第114位，居煤炭行业第四位。公司座落在安徽省淮北市，煤炭资源保有储量67亿吨，煤种有气煤、肥煤 、焦煤、瘦煤、贫煤、天然焦等，煤炭含硫量很低。矿区自1958年大规模开发建设，历经40多年艰苦创业，已发展成国家特大型企业和主要冶炼精煤生产基地。现有生产矿井13对，年产原煤1600万吨；有精煤洗选厂6座，年产冶炼精煤500万吨以上，另有动力煤洗选厂，产品主要供冶金、焦化、电力、建材等工业及民用，并对外出口。企业的两个文明建设协调发展，被评为国家最佳形象“AAA”级企业、煤炭质量信得过单位、全国五一劳动奖状和煤炭行业管理金石奖等。

1985年该公司建立了较为完善的审计监督体系，目前已有两级审计机构29个，专业审计人员80多人。1998年以来，共完成审计项目231项，查出违纪违规金额12217.71万元，纠正后为企业增利润6652.34万元，核减工程投资2566.51万元。在完善经营管理，提高经济效益，保证国有资产保值增值等方面发挥了重要作用。多次受到煤炭部和安徽省的表彰和奖励，1998年被国家审计署评为“全国内部审计先进单位”。

中磊会计师事务所有限责任公司

中磊会计师事务所是经财政部财会［2000］1013号文件批准，由江西中昊会计事务所与江西通达会计事务所、中企会计事务所、厦门中企会计事务所、浙江佳信资产评估公司联合组建的具有证券期货相关资格的跨地区的大型会计事务所。总部在北京，下设江西分所、浙江分所、福建分析。

中磊会计事务所拥有员工210人，注册会计师98人，其中证券注册会计师26人，注册评估师等其他各类专业资格人员64人。

中磊会计事务所除拥有现代化的办公场所和先进的办公设施外，还制定了各项规章制度，从严治所；健全了内部质量控制制度，把质量监控贯穿于审计的全过程，并利用多种形式对员工进行业务培训，提高执业人员的专业胜任能力和专业判断水平，以保障执业质量。

中磊会计事务所将利用执业资格较全、人员素质较高的优势，积极开展审计、资产评估、会计咨询、基建工程预（结）算审核等方面业务，在已经承接了江西纸业、赣粤高速、诚志股份、福建亲亲股份、九江化纤等企业的审计评估业务的基础上，利用各分所的联合优势，跨地区开拓业务，力争服务领域迈上一个新台阶，以适应会计师事务所规模化、规范化、多元化的发展趋势。

为了更好地迎接WTO的挑战，更快地与国际接轨，中磊会计事务所将遵循以质量求生存，以服务求发展的宗旨，恪守独立、客观、公正、廉洁的执业原则，不断提高执业质量和水平，竭诚为广大客户提供优质、高效、全方位的服务。

中磊会计事务所总所地址：北京市西城区西外大街132号金鼎大厦
南昌分所地址：南昌市中山路470号（市财政局大楼七楼）
电话：(0791)6615524
传真：(0791)6631624
E-mail:zl-cap@263.net
邮编：330009
福建分所地址：厦门特区水仙路1号海光大厦20楼A座
电话：(0592)2110333
浙江分所地址：浙江嘉兴禾兴路565号1楼2楼3楼
电话：(0573)2089595

主任会计师　熊　靖

上海石油化工股份有限公司

上海石油化工股份有限公司（前身为创建于1972年的上海石化总厂）位于上海南翼的杭州湾北岸，是中国最大的集炼油、化工、化纤、塑料生产于一体的现代化石化联合企业之一，也是中国第一家股票在香港、纽约和上海三地上市的国际性上市公司。公司总资产达220亿元，净资产达128亿元。1995年，上海石化在“中国上市公司综合经济实力百强企业”评选中荣登榜首，在“中国的脊梁”优秀国有企业500强中名列前茅；由于公司良好的生产经营业绩，同年被中国公共关系协会、全国企业形象评选活动组委会评为“全国企业形象最佳单位”，被上海市工业党委、上海市经济委员会评为“上海市最佳企业形象单位”。1996年公司先后获得了“全国五一劳动奖状”和上海市“先进基层党组织”光荣称号，并因规范运作而荣获香港联交所颁发的“最佳资料披露奖”，被世界资本市场誉为“中国国际上市公司规范化运作的一面旗帜”。1997年和1999年，公司两次被亚洲最具权威的《亚洲货币杂志》评为“中国最佳管理公司”，又以规模、效益和盈利水平跃身中国十大企业之列，并再次被上海市工业系统评为“最佳工业企业形象单位”。1999年被国家审计署评为全国内部审计工作先进单位。在不久前评出的1999年度中国上市公司50强中名列第一。

http://www.spc.com.cn
E－mail：spc@spc.corn.cn
地址：上海市金山区金一路48号
邮编：200540

中国农业银行湖北省分行稽核处

中国农业银行湖北省分行于1986年元月实行内部审计监督制度，并成立了相应的机构，配备了审计人员。省分行内部稽核处现有审计干部16人，其中有高、中级技术职称者14人。1986年以来，该处曾于1992年、1998年先后两次被国家审计署和人总行评为全国内审先进单位；多次被农总行、湖北省审计厅和本行评为全国、全省农行系统和全省内审先进单位，并通报表彰。湖北农行始终突出审计工作在全行内控管理的中心地位，坚持审计工作"一把手"负责制，成立了以"一把手"行长直接领导、稽核处牵头的内部监督委员会，将审计监督纳入全行经营决策管理程序，充分运用审计成果和审计数据进行全行经营决策；实行了农村行派驻，城市行集中，系统管理，垂直领导，下审一级的审计派驻管理体制，组建了100人的全省农行稽核大队和15人的省分行稽查直属队，加快了审计频率，加强了监督力度。对地县两级 行的审计频率年均达到两次以上，对支行以下所有营业机构审计频率年均达到1．5次，为防范和消除金融风险、整治违规经营、促进依法合规经营、稳健发展付出了艰辛的劳动，作出了积极贡献。1999年湖北农行同比各项存款净增13．4%，不良贷款占比下降4．8个百分点，财务减亏34．1%，各类经济案件下降72%。湖北省农行党委认为，上述成绩的取得，审计部门的作用功不可没。 湖北农行十分注重内审工作的制度化、规范化建设，先后制定了审计工作程序、审计工作质量管理、审计处罚规定、审计档案管理、审计人员岗位责任制、审计工作考核办法等16项内部管理制度办法。多年来，湖北农行稽核处通过改进审计监督机制，创新审计工作思路，拓展审计监督领域，规范审计执业行为，全面提高了审计监督质量，充分发挥审计部门在全行内部控制中的综合监管职能和保障作用，初步探索和建立了一条符合国家审计规范、具有商业银行特色的审计工作新路子。

天津天铁冶金集团有限公司

董事长兼总经理　刘志嘉

天津天铁冶金集团有限公司（天津铁厂）地处河北省涉县境内，始建于1969年8月，是国家重点冶金企业。1995年12月经天津市委、市人民政府批准，天津铁厂改制为天津天铁冶金集团有限公司。1999年为天津市十大企业集团之一，同年进入全国520家重点企业。30多年来，天铁集团从小到大，逐步发展壮大，在冶金行业激烈的市场竞争中站稳了脚跟，赢得了应有的位置，为天津冶金工业的发展作出了应有的贡献。经过30多年的建设发展，天铁集团现有职工21000人，资产总值49亿元，主要生产设施包括30吨转炉3座，550立方米高炉2座，700立方米、600立方米和300立方米高炉各一座，42孔焦炉4座，50平方米烧结机4台，132平方米烧结机一台。已形成年钢产量200万吨、铁220万吨、焦碳112万吨、烧结矿360万吨、发电量2.5亿千瓦时的综合生产能力，成为国家520户重点企业之一。主要产品有钢坯、炼钢用生铁、铸造用生铁，产品质量在国内外市场均享有良好的声誉。天铁集团内部审计设立于1985年，随着天铁集团的经济发展，审计队伍也逐步发展壮大，天铁集团审计处现有专职审计人员22人，下设四个科室，在集团总经理和常务副总经理的直接领导下进行工作，全体审计人员齐心协力，为审计事业作出了一定的成绩。现在，天铁集团审计处是全国内审协会理事单位，是天津市内部审计先进单位，天铁内审有决心与全国同行携手共进，在上级审计机关的工作指导下，为审计事业、为天铁集团的经济发展不断开拓进取，在新世纪做出新贡献。

四流方坯铸机

股、财政金融审计股。

审计工作成果　全年共完成审计项目 18 项，提交审计报告 18 篇，审计总金额 14955.44 万元，查出各类违规违纪金额 794.36 万元，应上交财政 83.68 万元，已上交财政 73.04 万元；完成审计调查 8 项，调查单位 40 个；完成固定资产投资审计项目 10 项，审计金额 334 万元，核减 14.6 万元，同时参与基建项目招投标 6 项。

完成县政府交办任务　全年共完成县委、政府交办工作任务 11 项，审计清理单位 46 个，其中：领导干部任期经济责任审计 3 项，乡级财政调查 8 项。

完成上级下达审计任务　全年共完成区、市审计机关下达的审计任务 9 项，审计单位 15 个，审计金额 1759.78 万元。

【龙胜各族自治县审计局】 1999 年共有干部、职工 15 人。其中：大专学历生 5 人；局长 1 人，副局长 3 人；设有综合股(办公室)、行政事业审计股、工商企业审计股、基建审计股等机构。

审计工作成果　全年共完成审计单位（项目）21 个。审计总金额 49567 万元。查出违纪违规金额 2659.32 万元，应交财政金额 87.55 万元，已全部缴国库，应追回被侵占挪用资金 172.11 万元。

完成县委、政府交办任务　努力完成县委、政府交办的各项中心工作任务，抽出一名副局长参加区厅扶贫资金审计工作；按县领导指示，抽 4 人参加县“两会一部”的清产核资、财务审计及追款工作，历时两个多月；同时，按县领导指示，不收任何费用审计了三县联网、野小两条公路的工程财务收支，为县领导提供了真实的财务资料。根据县领导的指示，审计了三联矿和建筑公司的资产、负债、损益和往来款项等情况，为该公司解决矛盾、风波提供了账务资料。并抽出人力参加 321 国道改建的管理、行政事业性收费检查等工作。

【资源县审计局】 1999 年共有干部职工 13 人，其中大学生 1 人，大专学历生 7 人，副局长 3 人，设有一股一室，即办公室和综合股。

审计工作成果　全年完成审计项目 24 个，审计单位 30 户，完成审计调查 1 项，调查单位 4 个，审计金额 5615.03 万元，查出违纪违规金额 215.5 万元，其中应上缴财政 9.5 万元，已上缴县财政 9.5 万元，审计指明纠正 206 万元。

完成县政府交办任务　共完成交办任务 3 项，一是对县外贸公司资产清理；二是派出主要业务骨干参加“两会一部”基金清理；三是根据县委、政府安排，对资源县八个乡（镇）1996 年至 1998 年公路集资情况进行清理，并对乡镇已收但未上缴县公路集资办的 40.64 万元资金进行了分析和追缴，专题报告县政府，得到县政府的好评。

1999 年完成上级下达审计任务 10 项，审计单位 14 个，审计金额 264.6 万元。

【梧州市审计局】 到 1999 年底，共有干部职工 48 人，其中：大学本科毕业生 9 人，大专学历毕业生 26 人；高级职称 1 人，中级职称 26 人。设办公室、综合科、财政金融审计科、行政事业审计科、工交企业审计科、商粮贸企业审计科、基建审计科、农林水审计科、外资企业审计科。

审计工作成果　全年共完成审计项目 44 个，查出违规金额 16585 万元，应上缴财政 153 万元，向当地政府和上级审计机关提供审计调查报告和信息 11 篇，调查处理 7 封群众来信反映的问题。在市本级 1998 年度财政预算执行情况的审计中，对卫生、教育、民政、农业、环保、城建以及 6 个大中型企业使用财政资金的生产建设性支出、事业行政费支出、专款专项支出进行跟踪审计，披露了挤占挪用专项资金的问题和转拨资金不及时的问题；在对行政事业单位的审计中，重点审计预算外资金的情况，揭露部分行政事业单位预算外资金不纳入财政专户管理，游离于财政监督之外，乱支等现象，查处了设置的“小金库”、账外账等问题。在企业审计中，把与担任企业财务总监工作结合起来，审查企业资产负债损益的真实性、合法性，揭示存在的问题，促使企业加强管理和财务核算，真实地反映经营情况。

完成当地党政领导交办事项　全年共完成党政领导交办事项 17 项。根据市政府指示，对群众反映强烈的 3 个部门、单位违规集资放贷，经营损失严重，隐瞒亏损，潜亏严重等问题进行查处。派出人员参加市整顿金融“三乱”督查组，对市辖两城区财政乱集资问题进行清理。对一些严重亏损企业管理极其混乱，人员政治素质差等问题，专题向市政府领导作了汇报。按照市委组织部要求，对 3 个部门的领导干部离任开展了任期经济责任审计。

内部审计　1999 年底，全市共有内审机构 15 个，内审人员 28 人。

社会审计　共接受查证委托事项 225 项，其中财务收支审计 120 项，验资 80 项，基建决算审计 25 项，核减基建投资金额 100 万元。至 1999 年 10 月，完成了对所属的社会中介机构的脱钩改制工作。

受表彰情况　荣获市委、市政府授予的梧州市“双文明建设单位”称号。

【岑溪市审计局】 1999 年有干部、职工 23 人，其中：大学文化 1 人，大专学历文化 4 人，局长兼副书记 1 人，副局长 4 人；设有秘书股、财贸单位审计股、工交企业审计股、行政事业审计股和合资企业审计股等机构。

审计工作成果　1. 上级审

计机关分配的审计任务 14 项，审计调查 1 项，完成审计 18 项，审计调查 1 项，审计单位 26 个，查出违规金额 45.59 万元，处理上缴财政 0.23 万元，指明要求纠正用途 44.89 万元。2. 完成市政府交办的审计 6 项，其中对市 1999 年财政预算执行情况的审计，根据市政府的要求实行逐月审计，在审计过程中能够将审计发现的问题向市政府领导汇报，审计结束及时向市政府报送审计报告。3. 完成市委、市政府交办的领导干部任期经济责任审计 27 项，对领导干部任期经济责任审计能做到对责任人作出公正、合理、真实的评价。

此外，还根据市政府的要求，抽调干部到农村抓农村基层组织建设、计划生育、冬种、清理乱收费、减轻农民负担和清理“两会一部”的财务等工作，为整顿经济秩序、反腐倡廉、增加财政收入和社会稳定发挥了一定作用。

【苍梧县审计局】 1999 年共有干部 18 人，其中：大学生 2 人，大专学历生 9 人。具有审计师和会计师职称 6 人；有非执业注册会计师资格 2 人；局长 1 人，副局长 4 人；设有办公室、财税金融审计股、行政事业单位审计股、商粮贸企业审计股、工交企业基本建设审计股等机构。

审计工作成果　全年共完成审计项目 48 个，其中：离任审计 8 个，查出违纪违规金额 4820 万元，应上交财政 98 万元，查出企业漏交税款 60 万元，追回被侵占挪用资金 323 万元，给予 3 个单位的 3 名责任人和 3 名财务工作人员经济处罚，移交检察、纪检监察机关案件各一起。

加强对行政事业单位的审计　重点审计有罚没收入、行政性收费收入和其他资金收入的 19 个单位，查出违纪金额 837 万元，应上缴财政 73 万元，指明要求纠正 754 万元，没收小轿车一辆折人民币 19 万元；同时重视了对专项资金的审计，对粮食发展资金、水利资金、扶贫资金、救灾资金、赈灾福利彩票等进行了审计，对养老保险所挪用养老基金 272 万元作委托贷款或借款等问题作出了限期清理收回的处理。对 14 家企业审计中，侧重于企业财务收支的真实性，核准企业的经营效果，摸清企业的家底、资产负债等情况，对企业违反财经纪律的问题作了正确的处理，促进了全县经济工作顺利进行。

【藤县审计局】 1999 年共有干部、职工 18 人，其中：大专学历生 5 人；审计师（会计师）8 人，工程师 1 人，经济师 1 人；局长 1 人，副局长 2 人；设有秘书股、财政中央单位审计股、行政事业单位审计股、经贸企业审计股等机构。

审计工作成果　全年共完成审计项目 66 个，审计单位 66 户；完成审计调查 1 项，调查单位 1 个；审计金额 72380 万元，共查出违纪违规金额 1799 万元，上缴县财政金额 48 万元，共提交审计报告 66 篇。

完成县政府交办任务　全年共完成县委、县政府交办的工作任务 30 项，审计清理单位 48 个。1999 年县委安排了 22 项领导干部离任审计。1999 年 12 月为配合县里国有企业的改革，根据县政府的安排，对藤县东茂钛品厂承包前的资产、负债、损益的真实性进行了审计，为县委、县政府的宏观决策提供了依据。1999 年长期抽调 2 人参与并负责对 2 家工业企业进行破产清算，为该县企业改制作出贡献，获得县委、县政府好评。

完成部门委托审计　为了配合县电力公司接收各乡镇电力管理工作的顺利进行，受县电力公司委托，自 1999 年 7 月起对全县 19 个乡镇电管站的资产、负债、损益的真实性进行了一次较全面的审计，历时两个月，摸清了乡镇电力的家底，为县电力公司顺利接收各电管站作出了贡献。

完成工程决算审计　1999 年底共完成工程决算审计 28 项，审计投资金额 3128 万元，核减投资金额 316 万元。

完成上级审计机关下达的审计任务　1999 年共完成区、市审计机关下达的审计任务 18 项，审计单位 18 个，审计金额 25780 万元。

【蒙山县审计局】 1999 年共有干部职工 11 人，其中大专学历生 3 人；局长 1 人，副局长 2 人；设有办公室、行政事业审计股、工贸金融审计股等机构。

审计工作成果　全年共完成审计项目 28 个，审计单位 39 户；完成审计调查 2 项，调查单位 2 个，审计金额 12816 万元。共审出违纪违规金额 658.85 万元。同县纪检、监察、检察等部门配合，查处各种经济案件 1 起，为社会稳定发挥了作用。上缴县财政 27.44 万元，共提交审计报告 28 篇。

完成县政府交办任务　全年共完成县委、县政府交办的工作任务 8 项，审计清理单位 19 个。继续开展对建设工程项目预决算进行审计，审计项目 7 个，审计金额 1210 万元，审减金额 10 万多元，维护了国家利益。

完成上级下达任务　1999 年共完成上级审计机关下达的审计任务 20 项，审计单位 22 个，审计金额 9876 万元。

【北海市审计局】 1999 年底共有干部、职工 74 人，其中大学生 5 人，大专学历生 33 人；局长 1 人，副局长 3 人，总审计师 1 人。设有办公室、综合调查研究科、金融财政审计科、行政事业审计科、工业交通审计科、商粮贸审计科、固定资产投资审计科、涉外审计科、监察室等内部机构。

审计工作成果　全年完成审计和审计调查项目 68 个，查出违纪违规金额 40748 万元，决定处理处罚 32522 万元，指明要求纠正 8226 万元，其中应上缴财政 876 万元，应归还原资金渠道 2837 万元，促进增收节支 787 万元。提交审计建议、信息、论文33篇。

财政审计 审计了本级预算执行情况、地方税务局地方税收征管情况，并结合财政审计对市行政事业单位1998年度财政预算执行及其他资金收支情况、市1998年财政预算安排的城市维护费和专项建设资金的拨款、使用及收费情况、市工交企业1998年上交所得税及财政安排预算资金使用情况进行审计调查，审计涉及60多个单位。

党政交办的审计事项 1999年，承办市委、市政府交办的审计项目28个，占全年审计任务的66.67%。

重点项目和行业审计 金融审计，查出被审计单位违规经营2亿多元，并向国家审计署提交了案例分析。对扶贫资金、福利彩票、水利资金、农业综合开发专项资金、社会捐赠款物、养老保险基金进行了审计，促成158万元农业发展专项资金及时到位。对行政事业单位财务收支审计，查出某行政单位将国有土地低价转给本单位职工造成国有资产损失121万元。进行企业真实性审计试点，查出一企业以化整为零手段，隐藏企业亏损5000多万元。外资利用审计，查出项目执行单位转移外资贷款资金800多万元，引起了市政府和自治区政府领导的高度重视，自治区政府领导4次批示有关部门进行处理。

【合浦县审计局】 1999年共有干部、职工18人。其中：干部17人、职工1人；局长1人、副局长2人；大专学历文化10人；具有审计师等中级职称9人。内部机构设置有：人事秘书股、财政金融审计股、行政事业审计股、企业审计股、固定资产投资审计股。

审计工作主要成果 1999年共完成审计项目20项。其中：上级审计机关下达审计项目15项，占全年完成项目的75%，政府交办审计项目5项，专项资金审计7524.45万元。共审计查出违纪行为金额1487.6万元，上缴财政处理金额115.82万元；已收缴入库74.43万元；追归还原专项资金渠道金额处理539.5万元；调整账目处理832.28万元；违规罚款10000元。

【钦州市审计局】 1999年钦州市审计局的人员、机构与1998年同。全年完成审计项目33个，查出违纪违规金额10701万元，其中应交财政595万元，已交财政464万元，促进增收节支金额1133万元，向上级机关提交审计工作报告、信息21篇。

外资审计 全年共审计外资项目5个，查出违规金额20万元。

企业审计 1999年，共完成企业审计项目4个，查出违规金额468万元。

基建决算审计 1999年，审计机关审结工程项目10个，审计项目资金总额32290万元。对市东风东路竣工决算审计核减工程款800多万元；对钦州港金鼓大道核减各项不合理工程费用1200万元，为政府节约了一笔可观的建设资金。

经济责任审计 1999年，市审计局积极开展领导干部任职经济责任审计工作，共接受市委委托对9个处级单位“一把手”进行离任审计。

审计基础建设 一是坚持不懈地做好干部的思想政治工作，有针对性地开展政治理论学习，努力提高干部的思想素质。二是加强和完善审计执法质量监督检查机制，健全了审计的取证、复核、回访等制度，加强审计人员的再监督，实行局长、分管副局长、科长、审计组长一级抓一级的廉政责任追究制度，促进勤政廉政建设。三是注意抓好审计干部的业务学习和培训，积极选送业务骨干参加区审计厅、审计署和有关部门举办的学习班，进一步提高审计干部队伍的业务素质。四是加大审计理论研究、信息和宣传工作力度。1999年，市审计机关在审计报刊和其他报刊上发表各种文章20多篇，其中《中国审计报》发表4篇，《广西审计》发表5篇；《钦州日报》发表8篇。

内部审计 全市现有内部审计机构21个，专兼职审计人员52人，1999年，共审计70个单位，纠正违规行为金额86万元，查出损失浪费26万元，促进增收节支122万元，移送司法机关处理2人，提出并被采纳的意见建议57条。

受表彰情况 1999年，市审计局党支部被市直工委评为市直机关红旗基层党组织；被市委授予全市“先进基层党组织”荣誉称号；被市直工委评为优秀党务工作者2名，优秀党员3名；参加市审计系统审计技巧交流比赛获一项一等奖、两项二等奖。受市有关部门表彰5人。

【钦州市钦南区审计局】 1999年底有干部、职工12人，其中：大专学历文化7人，局长1人，副局长2人；设有工交基建审计股、商粮贸农林水审计股、行政事业审计股等机构。

审计工作成果 1999年，共完成审计项目11个，审计单位22个，审计金额17013万元，共查出违纪违规金额2275万元，应上缴财政171万元，已缴财政159万元。完成审计调查1项，调查单位53个，审核金额2460万元。提交审计报告12篇，调查报告1篇。

完成城区人大、政府交办的任务 1999年，完成城区政府交办的审计任务2项，查出账外资金78万元，偷漏税金1.5万元，已亏未列数40万元。同时参加由城区人大牵头的预算外资金执法检查，共检查了全城区315个单位的预算外资金收入6210.94万元，查出应缴未缴财政专户1149.82万元及应缴未缴财政预算29.53万元，应缴未缴税金8.23万元，自立项目、提高标准或已取消收费项目继续收费3.4万元等问题，并作出罚款、纠正等处理，成绩显著。

完成上级下达审计任务　1999年，完成审计署下达的审计项目5个，自治区下达的审计项目3个，共审计单位18个，审计金额14812万元，查出违纪违规金额1793万元。

【钦州市钦北区审计局】

1999年底人员为10人，其中大专学历生4人，局长1人，副局长1人。设有秘书股、工业交通审计股、行政事业审计股、商贸审计股、固定资产投资审计股、审计事务所等机构。

审计工作成果　全年共完成审计单位14个，其中完成上级下达任务8个；完成审计调查6项，调查单位32个。共提交审计报告14篇、调查报告4篇；审计金额12572.9万元。共查出违纪违规金额5170.94万元。其中100万元以上违纪违规单位10个，“小金库”5个，金额413.5万元。应上缴财政368万元，已上缴本级财政219万元，移交司法部门立案侦察案件2个。

完成区委区政府交办任务　全年累计完成区委区政府交办项目5项，审计清理单位30个。负责并参与对淡水养殖场、农机局等国营企业的清产核资和预算外资金执法检查工作，共抽调30人次，涉及全区32个单位，查出违纪违规金额549.1万元；“小金库”1个，金额82万元；移交司法机关案件2件；应上缴财政77.92万元，已上缴5.6万元。摸清了城区企业家底和预算外资金情况，为区委区政府进行企业改革和加强预算外资金管理提供了可靠的决策依据。

【灵山县审计局】　1999年底共有干部职工17人，其中：局长1人，副局长3人；审计师2人，会计师3人，经济师2人；大专学历以上文化14人；设有人事秘书股、综合股、财政金融审计股、企业审计股、固定资产投资审计股、外资运用审计股、行政事业审计股。局下属事业单位：灵山县审计师事务所。

审计工作成果　全年审计了20个项目，审计查出违规违纪金额1100多万元，依法处理上缴财政25万元，其中审计查出截留财政资金10多万元，漏税近15万元。

完成县政府交办任务　1999年度接受县委、县政府临时交办的离任审计任务7项，至年末完成5项，通过审计，分清了经济责任，对领导干部在任职期间的经济责任作出了客观公正的评价。

完成上级下达审计任务　1999年度，完成上级指令性审计项目9项（是全年审计项目20项的其中数）。

【浦北县审计局】　1999年共有干部、职工24人，其中：大专学历生14人；局长1人，副局长3人；设有行政秘书股、财税审计股、行政事业审计股、中央企业审计股、工交企业审计股、商粮贸审计股、基建审计股等机构。

审计工作成果　全年共完成审计项目29个，完成审计调查项目5项，共查出违纪违规金额3666万元，追回被侵占挪用资金664万元，上缴财政30.3万元，提交审计报告20篇；共审计基建项目144个，核减工程造价金额307万元，减少了国家资金流失；向纪检监察部门移交案件2宗。

完成县政府交办任务　全年共完成县委、县政府交办的工作任务25项。根据县委组织部的委托，共对20位领导干部任期经济责任进行了审计，查出违纪金额2008万元，作出审计决定处理金额63万元，指明纠正金额1945万元。

完成上级下达审计任务　全年完成区、市审计机关下达的审计任务8项，审计单位13个。

【防城港市审计局】　1999年实有人员16人，其中：本科学历3人，大专学历9人；具有审计、会计系列中级职称10人；局长1人，副局长1人。内设秘书科、综合科、财政审计科、行政事业审计科、中央单位审计科、企业审计科、固定资产投资审计科等七个科室。

审计工作成果　1999年共完成审计项目92个（其中：完成上级下达审计任务56个，党委、政府交办任务36个），共查出各类违纪金额23531万元，其中决定处理处罚金额6235万元，指明要求更正17296万元，应归还原渠道资金2228万元，应上交财政2321万元，已交财政179万元。共提交审计结果报告、工作报告、调查报告、审计要情反映等102篇。

完成党委、政府交办任务情况　共完成党委政府等有关部门交办任务36项。重点开展了全市供销系统的社员股金审计，参与农村合作基金的清产核资工作，开发区土地清理，领导干部任期经济责任审计和企业领导离任审计，配合市纪委、监察部门查处2起重大经济案件，得到党委、政府的充分肯定。

内部审计　1999年，全市共有内审机构14个，有内审人员28人。

受表彰情况　1999年，受市委、市政府表彰3次，被评为全市“双文明”先进单位。

【防城港市防城区审计局】

1999年共有干部、职工10人，其中：大专学历生6人，局长、副局长各1人。内设办公室、企业和行政事业单位审计股等机构。

审计工作成果　1999年共完成审计项目10个，完成年度计划的100%；共查出违纪违规金额1587万元，应上缴财政金额16万元，应追还被侵占挪用资金640万元。同防城区纪检监察等部门配合，查处各种案件2起，为社会稳定发挥了积极作用。

完成防城区委、区政府交办的任务　1999年共完成防城区委、区政府交办的工作任务5项。参加城区预算外资金、农村合作基金会、粮食执法清理检查，完成玉桂总公司、花岗岩总公司法人代表任职期间有关问题的审计调查，协助有关部门开展财务及其他专项检查。1999年开展建设项目竣工决算审计，共完成工程决算的审计项目18个，审计金额1637万元，审减金额194万元，防止了国有资产流失。

完成上级下达审计任务 1999年共完成上级下达的审计项目9个，审计单位9个，其中：既对养老保险基金进行了审计，对社收环节进行延伸审计，又对管理环节和使用环节进行审计，防止资金被挤占挪用，保证基金有效利用；对外资及其他专项资金审计，主要审查资金的来源、分配和管理，监督资金全额到位，专款专用，发挥效益。

【防城港市港口区审计局】 1999年底，共有干部6人，其中：局长1人，副局长1人；大学生1人，大专学历生3人；设有办公室（秘书股）、财政金融审计股、行政事业审计股、企业审计股。

审计工作成果 1999年共审计项目21个，审计单位19个，查出违纪违规33起，金额达2699万元。其中：对违纪违规私设"小金库"处罚5起，金额335万元，上缴城区财政180万元，为维护城区经济秩序发挥了审计的重要作用。

完成政府交办任务 1999年，按城区政府要求，派出3人参加城区清理整顿农村合作基金会，并参与对基金会的清产核资、清欠与股民股金发放工作，历时1年，为政府彻底摸清了农村合作基金会的资产、负债及损益的情况。根据群众举报，对港口区企沙食品站1994年至1999年资产、负债及损益情况进行了就地审计，克服种种困难，历时三个月，查出问题并形成材料移交城区纪委、监察部门进行处理。

【上思县审计局】 1999年，实有干部、职工13人。其中：大专学历生8人；中级职称2名；局长1人，副局长1人；设有局长办公室、秘书股、行政事业审计股、企业金融审计股、固定资产投资审计股等机构。

审计工作成果 1999年，共完成审计项目21个（其中：统一组织的审计项目14个，党委政府交办项目7个）；完成年度任务175%。共查出违纪违规行为金额1162．4万元，其中决定处理处罚68.7万元，指明要求纠正金额1093.7万元，应归还原资金渠道金额460万元，应上缴财政188.9万元，已上交财政17万元。同时和县纪检、监察、纠风办等部门配合，开展对县粮食流通体制改革情况的执法监察和对部分中小学乱收费的检查工作以及"收支两条线"的检查工作；协助县纠风办对部门行业进行行风评议工作。

【东兴市审计局】 1999年共有干部6人，其中大专学历生2人；局长1人；局内分设综合股和秘书股两个股。

审计工作成果 全年共完成审计项目13个，审计单位23户，完成审计调查2项，调查单位5个，共查出违纪违规金额177万元，同纪检、监察、物价等部门配合，查处经济案件1起。

完成市政府交办任务 共完成市委市政府交办的工作任务5项，审计清理单位7个。1999年8月至11月，在全市清理整顿农村合作基金会工作中，派出业务骨干参加清产核资工作，对东兴镇农村合作基金会的资产、负债、损益情况进行了详细的清理核查。按市委市政府的要求，共完成离任审计项目5个，提交审计报告5篇，所取得的工作成绩得到了有关领导的肯定。

完成上级下达审计任务 1999年共完成自治区审计厅、防城港市审计局下达的审计任务8项，审计单位16个，审计金额达8000多万元；共查出违纪金额134万元。

【贵港市审计局】 1999年底有干部、职工21人。其中：大学生4人，大专学历生5人；局长1人，副局长2人；设有秘书科、综合科、财政金融审计科、商贸审计科、工交审计科等机构。

审计工作成果 1999年，共完成审计项目27个，审计调查3项。共查出违纪违规金额3455万元，其中：归还原渠道资金709万元，应上缴财政337万元，已上缴305万元，共提交审计报告31篇。

完成市委、市政府交办任务 1999年共完成市委、市政府交办的工作任务3项。

【桂平市审计局】 1999年共有干部、职工26人。其中：大学生1人，大专学历生12人；局长1人，副局长2人；设有综合股、财政金融审计股、行政事业审计股、企业审计股、基建投资审计股等机构。

审计工作成果 1999年，共完成审计项目75项。审计单位82户；完成审计调查1项，调查单位6个；审计金额22830万元。共查出违纪金额3288.28万元。会同纪检、监察等部门配合查处各种经济案件3起，为社会稳定发挥了作用。上缴市财政167.30万元。共提交审计报告107篇。

完成市政府交办任务 全年共完成市委、市政府交办的工作任务84项，审计清理单位85个。完成市委、市政府交办53个领导离任经济责任审计任务。通过审计查出违纪违规金额1475万元。12月初，市委、市政府根据上级有关迅速开展追收农金会不合理开支的精神，要求对全市31个农金会进行专项审计。审计局全力以赴，派出18名审计人员开展该项工作。共清查出农金会不合理开支646.28万元，分别对各农金会出具报告后，还向市清理整顿"两会一部"工作领导小组写出综合审计报告。

完成上级下达审计任务 1999年，共完成区、市审计机关下达的审计任务22项，审计单位28个，审计金额13670万元。

【平南县审计局】 1999年底共有干部、职工39人。其中：大专学历24人；局长1人，副局长3人；中级职称11人。设有政秘股、财政金融审计股、行政事业审计股、企业审计股、审计师事务所。

审计工作成果　全年完成各类审计项目55个，审计金额62806万元；共查出违纪违规金额2368万元，应归还被侵占挪用资金1145万元，应上交财政金额109万元，已入库21万元。对被审计单位提出建设性建议76条，被审计单位采纳53条。

完成县政府交办任务　全年共完成县委、县政府交办的工作任务63项，审计单位68个，查出违纪违规金额2046万元，应上缴财政金额98万元，已上缴财政金额17万元。

完成上级下达审计任务　1999年，共完成自治区、市审计机关下达的审计任务18项，审计单位18个，审计金额51835万元。

【玉林市审计局】 1999年末有干部职工28人，其中：大学生3人，大专学历生13人。具有中、高级审计、会计职称17人。局长1人，副局长2人；设有办公室、审计监督综合科、财政税务审计科、行政事业审计科、中企外资审计科、商粮贸企业审计科、工交企业审计科、基本建设审计科等机构。

审计工作成果　全年共完成审计、审计调查项目47个。查出各种违纪违规资金16594万元，上交财政310万元，追还被侵占挪用资金297万元，配合纪检监察部门查证案件3起，上报审计信息44条，为全市经济健康发展和社会稳定作出了积极的贡献。

完成市委、市政府交办任务　全年共完成市委、市政府交办的工作任务23项。较重要的是清理整顿“两会一部”工作。清理整顿“两会一部”是全区统一部署的一项中心工作，是事关保护人民群众合法权益，提高党和政府威信，保证农村社会稳定，推动经济发展的大事。审计局根据政府的交办，于1998年6月起，陆续派员参加清理整顿“两会一部”工作，主要清理了陆川温泉信用社、陆川典当行、北流大理农村合作基金会等。在参与人员的努力下，全面核实了上述几个社、行、会的资产、负债及损益状况，为党委、政府及时决策、彻底解决“两会一部”问题提供了翔实可靠的第一手材料。

完成上级下达审计任务　共完成全国、全区统一部署的审计项目18个。其中工商银行审计、外资审计、检察、法院审计等项目成效显著，审计披露问题不仅金额大，性质也严重，特别是外资运用和扶贫专项资金审计问题的披露，所提建议，得到市委、市政府主要领导批示，并以政府名义转发到各县（市）区贯彻施行。

内部审计　市本级至1999年末设内审机构24个，内审人员53人。

受表彰情况　1999年，受自治区审计厅表彰2次，受市委、市政府表彰5次；1人次受自治区审计厅表彰奖励。

【玉林市玉州区审计局】 1999年有干部12人，其中：研究生1人，大专学历生5人；具有高、中级审计、会计职称8人。局长1人，副局长3人。局内设有政秘股、行政事业审计股、企业审计股、财政金融审计股，基建审计股等5个股室。

1999年共完成审计项目46个，占上级审计机关下达的1999年度审计任务的460%，共查出违纪违规金额8325万元，其中上缴财政金额25万元，追还被挪用资金1264万元，向区委、区政府及被审计单位提出针对性建议60多条，严肃了财经法规，促进了玉州区廉政建设，为玉州区经济发展做出了应有的贡献。1999年具体开展了如下审计工作：

对1999年本级财政预算执行情况和其他财务收支情况进行了审计，主要审计了财政局组织执行本级预算执行情况，地方税务局税收征管情况。在开展本级预算执行情况审计时，还专项审计了本级1999年度的扶贫资金管理使用情况、预算安排教育科技经费的预算执行情况、水利专项资金管理使用情况等。根据审计署的统一部署，开展了对“两院”及养老保险所审计。主要检查了法院、检察院对预算外资金实施“收支两条线”管理办法的执行情况。根据玉州区党委、政府要求，对玉州区9个乡镇离任党政正职任期经济责任进行了审计。在完成上级审计机关安排的年度项目的同时，积极及时按质按量完成政府交办的各项审计。一是开展了玉州区直单位财务收支审计；二是配合乡镇“两会一部”的清理，对乡镇基金会开展了审计；三是对原县级玉林市遗留经济问题的有关项目进行审计等。

【玉林市福绵管理区审计局】 1999年底共有干部6人，其中：大学生1人，大专学历生4人；局长1人，副局长2人；设有政秘股、审计股两个职能股室。

审计工作成果　1999年共完成审计项目11个，审计单位11户；审计金额5624万元，共查出违纪违规金额114万元，上缴财政10万元。

完成区工委、管委交办审计任务　组织实施了对管区6个乡镇党政正职领导任期经济责任审计，向区工委、管委提交了专题审计报告，为区工委、管委选人、用人和促进领导干部廉洁自律发挥了积极作用。

完成上级下达审计任务　共完成自治区、市审计机关下达的审计任务4项，审计单位4个，审计金额3540万元。

【博白县审计局】 1999年实

有干部19个，其中：正副局长6人；高级审计师1人，审计师4人。

1999年上级审计机关下达审计项目17个，全年完成审计项目61个，占任务的358.8%。其中：财政审计4项，市县局联审金融1项，农业资金审计3项，行政事业审计49项，企业审计1项，外资运用审计4项。审计查出违纪违规金额5000多万元，其中：少计各项收入144万元；少计各项支出282万元；多计各项支出66万元；转移截留收入等形成账外资产734万元；私设“小金库”6个，金额526万元；偷漏税款应补交营业税金、所得税及附加1401万元；乱收费726万元。处理处罚应缴财政金额1560万元。

在完成的49项行政事业审计中，属领导任期经济责任审计38项，其中乡镇党委书记乡镇长任期经济责任审计34项（66人），查出违纪违规金额2574万元，其中乱收费726万元，乱发奖金补助142万元，偷漏税款8万元，挪用教育费附加建设办公楼、宿舍楼、发奖金等金额802万元，挪用各种统筹款239万元，私设“小金库”2个，金额77万元，用工资册报销电话费0.43万元，白条抵库金额10万元，预算外收入坐支49万元，坐支罚没收入5万元，重复报账支出0.3万元。审计处理退回乱收费乱发奖金补助金额867万元，处理退回挪用教育费附加和各种统筹金额1041万元，处理收缴和处罚上缴县财政金额21万元，移送检察院处理1人，为县委县政府决策用人和企业体制改革提供了依据。

【北流市审计局】 1999年共有干部20人，其中：大学生1人、大专学历生11人；局长1人、副局长3人；设有秘书股、综合股、行政事业审计股、工交商贸企业审计股、基建审计股等股室。

审计工作成果　1999年共完成审计项目18个，查出违纪违规金额1850万元。

完成市政府交办任务　全年共完成交办任务47项。3月初，受市委组织部的委托，抽调了全局所有审计人员组成8个审计小组，分赴全市23个镇，对各镇领导班子任期经济责任进行审计，受到了市委、市政府领导的好评。此外，还派出了36人次参加了市委、市政府组织的“两会一部”费用开支真实性的清核，市纸厂破产审计，新荣镇“三提五统”征收情况审计，市氮肥厂、地产公司和圭江工程清账，以及市卫生局基建审计等。

完成上级下达审计任务　全年共完成自治区和玉林市审计机关下达的审计任务12项。

【容县审计局】 1999年共有干部、职工14人，其中：干部13人、工人1人，大专学历生3人；注册会计师1人，会计、审计师7人；局长1人，副局长3人；设有政工秘书股、行政事业审计股、企业审计股等机构。

审计工作成果　1999年共完成审计项目32个，查出违纪违规金额1727万元，追回挪用专款506万元，上缴财政金额21.73万元。配合县纪检、监察等部门查处各种违纪、违规案件2件，为社会稳定发挥了应有的作用。共提交审计报告32篇。

完成县委、县政府交办任务　1999年共完成县委、政府交办的工作任务21项（其中离任审计16个），提交审计报告18个，专题报告3个。为了配合县委、县政府妥善处理“两会一部”问题，共抽调干部10人次，协助“两会一部”搞好清产、核资和监督基金、股金存、储核查工作。积极开展领导干部任职经济责任审计，特别是为配合1999年乡、镇换届选举工作，根据玉林市委有关文件规定，对全县各个乡、镇领导干部任职期间的经济责任进行了审计，为县委、政府搞好1999年换届选举提供依据。

【陆川县审计局】 1999年共有干部职工28人，其中：大学生1人，函授本科1人，大专学历生11人，局长1人，副局长2人。设有办公室、法规股、基建审计股、财金审计股、企业审计股、行政事业审计股等6个股室。

审计工作成果　完成上级下达审计任务16项，查出违纪金额383万元，罚款29万元，查出漏交补交各种税款10万元。移交县纪检、监察处理的案件2起，为社会稳定发挥了作用。

完成县委、政府交办任务　1999年，共完成县委、政府交办的工作任务（离任审计）60个单位，涉及离任审计的党政一把手100人。查出违纪单位15个，违纪金额435万元。其中：偷漏税款19万元，截留罚没款211万元，罚款18万元。完成了“二会一部”的清产核资工作40项，为防范和化解陆川的金融风险发挥了积极的作用。

基建审计有新的突破　1999年审计基建投资金额3000万元，依法核减了100万元的工程造价，为国家挽回了经济损失。

【兴业县审计局】 1999年共有干部12人，其中大中专生11人；局长1人，副局长3人；设有政秘股、行政事业审计股、综合审计股、工商企业审计股、基建审计股等机构。

审计工作成果　1999年共审计、检查了79个单位，作出审计处理60个，审计金额25000万元，查出违规违纪金额1479.54万元，决定处理入库金额528.86万元，其中：应缴财税款230.99万元，应缴存财政专户款132.39万元，应缴罚没款63.42万元，应归还被侵占、挪用资金102.06万元，为维护财经秩序和社会稳定发挥了作用。

完成乡镇领导干部离任审计　1999年3月，为了配合全县乡镇领导干部换届工作，对全县15个乡镇的党、政主要领导进行了离任审计，对9个乡镇的违纪违规问题作出了处理决定，处罚金额11.46万元，应缴税金9.94万元，应归还被侵占、挪用资金102.60万元。

开展财务专项审计 按照县政府的工作部署，从8月1日起，对全县49个县直单位进行了年度财务专项检查审计，共查出违纪违规金额712.48万元，其中：应缴未缴预算款64.87万元，应缴存财政专户款132.39万元，无依据发放补贴64.87万元，未申报纳税的收入233万元，应缴各税67.32万元，挪用专项款3.64万元。

完成上级安排的审计项目 按照上级审计机关的工作部署安排，1999年共完成了自治区、市审计机关下达的审计任务8项，圆满完成了上级下达的审计任务。

【南宁地区审计局】 1999年共有干部职工34人，其中大学专科以上18人，已获得高级技术职称1人，中级技术职称10人；局长1人，副局长2人；设有办公室、综合科、行政事业审计科、财政金融审计科、商贸审计科、工交审计科、固定资产投资审计科等机构。

审计工作成果 全年共完成审计项目23个，查出和纠正财政财务收支中违规行为金额8843万元，应归还原渠道资金908万元，应上交财政710万元，已上缴财政395万元；向司法机关移送案件1件，提交审计报告8篇。

财税审计 完成对财政、税务和预算执行单位审计共7个，查出违规行为金额1922万元，在对上林县、马山县、龙州县1998年度财政决算审计中发现普遍存在截留、坐支财政收入、多提代征代扣手续费、挪用专款等问题。

行政事业审计 完成了对社会保险所、法院、检察院等7个单位的审计。查出违规行为金额2832万元，其中南地社会劳动保险所违规金额达156万元，“两院”审计资金总额为1657万元，查出违规行为金额290万元。

企业审计 围绕国有企业改革，对4个重点企业的财务收支真实性进行了审计，查出违规行为金额3345万元。固定资产投资审计完成固定资产投资审计3项，审计资金总额9396.85万元，查出违规行为金额2379.35万元。

【凭祥市审计局】 1999年共有干部10人，其中：大专学历7人，局长1人。设有办公室、综合股、复核股三个内部机构。

审计工作成果 全年共完成审计项目10个，审计金额17904.71万元，共查处违纪金额86.23万元，同市纪检、监察等部门配合，完成案件调查、专项财务清理检查等6项，为社会稳定作出了贡献。还完成市委市政府交办的工作任务3项，审计清理单位5个。

【横县审计局】 1999年共有职工20人，其中：大学生2人，大专学历生11人；会计师5人，经济师2人，助理会计师、审计师、经济师9人；设有办公室、工交企业审计股、财政金融审计股、行政事业审计股、商粮贸审计股、基建审计股。

审计工作成果 全年共完成审计项目21项，审计总金额31758.97万元；查出违纪违规金额443.85万元。其中：决定处理处罚金额177.32万元，指明要求纠正金额251.44万元，查处上缴财政资金18.31万元。基建审计共完成工程决算审计项目68项，审核总金额5865.07万元，核减工程款458.28万元，核减率7.8%，为国家、企业挽回了经济损失。

完成县委、县政府交办任务 共完成县委、县政府交办的审计工作任务6项，审计清理单位53个。

完成上级下达审计任务 共完成上级下达审计任务10项，审计资金总额11081.32万元。

【宾阳县审计局】 1999年共有干部、职工23人。其中：大专学历生15人。局长1人，副局长3人；设有文秘股、行政事业审计股、商贸审计股、工交审计股、建设工程造价审验所等机构。

审计工作成果 共完成审计项目18个，审计金额65340.70万元，查出违规金额1020.65万元，应上缴财政金额142.76万元，已上缴财政金额43.86万元，提交审计报告18篇，提出审计意见39条。

完成县政府交办任务 共完成县委、县政府交办的工作任务16项。其中从下半年开始，共抽调11人，历时半年，对全县“两会一部”进行清产核资，及时完成了县委、县政府交办的重大任务。

【上林县审计局】 1999年底有干部职工14人，大专学历毕业生6人。局长1人，副局长2人；设有工交企业审计股、商粮贸审计股、行政事业单位审计股、办公室、建筑工程造价审计所。

审计工作成果 全年完成审计项目14个，审计资金总额2亿元，查出违纪违规金额65.24万元，应上缴县财政26.11万元，已全部上缴完毕。共提交审计报告14篇。

【马山县审计局】 1999年共有干部、职工11人，其中：大专学历3人；局长1人，副局长2人；设有办公室、财政金融审计股、行政事业审计股、商粮贸审计股、工交企业审计股、固定资产投资审计股等机构。

审计工作成果 全年共完成审计项目12个，审计单位16户，审计查出各种违纪金额765.97万元，罚款6.14万元，从而纠正了一些单位财务中的违纪违规问题，强化了审计执法监督作用。

完成县政府临时交办的审计项目 共完成交办项目2个，其中审计企业领导人员任期经济责任审计1个，审计单位5户。

【隆安县审计局】 1999年底共有干部12人。其中：大专学历生5人，局长1人，副局长1人；局内设有办公室、财政金融审计股、行政事业审计股、企业审计股等机构。

审计工作成果 全年共完成审计项目13个，审计金额7707.22万元。共查出违纪违规金额2069.49万元，上缴财政14.3万元，提交审计报告1篇。

完成县政府交办任务 全年共完成县委、政府交办的对领导干部任期经济责任审计10项。共查出违纪违规金额489.07万元，追还被侵占挪用资金54.4万元，罚款金额3.1万元，上缴财政金额2.3万元。

完成上级下达审计任务 全年共完成上级审计机关下达的审计任务13项，审计单位13个，审计金额7707.22万元。

【崇左县审计局】 1999年底共有干部职工17人。其中大学生1人，大专学历生6人；局长1人，副局长2人；设有秘书股，行政事业审计股，工商企业审计股，基建审计股，审计师事务所等机构。

完成上级下达审计任务 全年完成审计项目16个，审计单位38户；审计金额89588万元，查出违纪金额1433.37万元，移交纪检监察部门案件1件，上缴财政资金119.25万元，提交审计报告16篇。

完成县政府交办任务 全年完成县委、县政府交办的对石林大道指挥部、农村“两会一部”(5个单位)、供销社财务挂账、农机厂、燃料公司等9个单位的审计和调查。完成工程预决算审计项目27个，审计金额1851.83万元。为建设单位核减高估冒算工程款83.36万元，维护了国家利益。

【扶绥县审计局】 1999年共有干部、职工13人。其中：大学生1人、大专学历生4人；局长1人，副局长2人；设有办公室、工交企业审计股、行政事业审计股、固定资产投资审计股等机构。

审计工作成果 全年共完成审计项目27个，审计单位25户；完成审计调查11项，调查单位87个；审计金额72867.41万元。查出违纪违规金额11148.38万元。同县纪检、监察、司法等部门配合，查处各种经济案件3起，涉案人员9人，上缴县财政51.35万元，提交审计报告22篇。

完成县政府交办任务 全年完成县委、县政府交办的工作任务20项，审计清理单位95个。完成工程预决算审计项目10个，审计金额1198.73万元，审减金额148.12万元，平均核减率12.36%。

完成上级下达审计任务 全年共完成区、地审计机关下达的审计任务11个，审计单位32个，审计金额40318.53万元。

【天等县审计局】 1999年共有干部职工9人，其中大专学历生4人；局长1人，副局长2人；设有行政事业审计股、企业审计股、秘书股、基建审核所等机构。

审计工作成果 全年共完成审计项目13项，审计资金总额20098.98万元。共查出违纪违规金额2383.59万元，处理处罚应上交财政金额15.98万元，共提交审计报告13篇。

完成县政府交办任务 全年完成县委、县政府交办的工作任务3项。完成了乡镇企业管理局财务收支的审计，完成了村级公路大会战资金、华隆乡教育费附加专项资金的审计，详细披露有关资金使用单位在使用专项资金中存在的问题，并责成其纠正，有效的促进了专项资金的专项专用，充分发挥专项资金的作用。

完成上级下达审计任务 全年共完成自治区、地区审计机关下达的审计任务11项，审计资金总额6112.48万元。

【大新县审计局】 1999年共有干部、职工11人，其中：大专学历生1人；局长1人，副局长1人；设有秘书股、财政金融审计股、行政事业审计股、商粮贸审计股、工业交通审计股等机构。

审计工作成果 全年共完成审计项目9个，审计单位11户，完成审计调查3项，调查单位17个。共查出违纪金额362万元，其中应上缴财政65万元（其中应上缴中央财政45万元）；应归还原资金渠道56万元，提交审计报告9篇。

完成上级下达审计任务 全年共完成自治区、地区审计机关下达任务7项，完成任务100%，审计单位9个。

金融审计 完成对工商银行大新县支行1998年度资产负债及损益情况的审计。

两院审计 完成对县检察院、法院1997－1998年财务收支审计。

其他审计工作 完成对大新县教育局负责执行的世界银行贷款项目执行情况的审计。完成对县社会劳动保险所1998年度企业养老保险基金收支的审计。

完成县委、县政府交办的其他审计项目 根据县领导的安排，9月下旬至10月上旬由审计机关牵头对全县农村合作基金会财务费用进行审核，经审查，全县13个基金会都存在巧立名目，乱发补贴、奖金、福利等现象，查出不合理开支共八项176万多元，其中应收回不合理开支70多万元。

【龙州县审计局】 1999年底共有干部7人，其中：大专学历3人；中级职称2人；副局长2人；设有综合股、企业审计股、行政事业审计股。

审计工作成果 全年共完成审计项目12个，审计单位18户。共查处违纪违规金额299.17万元，上缴财政81.73万元，共提交审计报告12篇，整理历年审计档案20个立卷归档。

完成县政府交办任务 全年

共完成县委、县政府交办的工作任务7项，其中：抽调3人参加县政府组织对卫生、电力、邮政、电信等部门的行风评议。

完成上级下达审计任务　全年共完成区审计厅、地区审计局下达的审计任务12项，审计单位18户。

【宁明县审计局】　1999年底干部职工在册人数12人，其中：大专学历7人；中级职称4人；局长1人，副局长2人。机关设有局长室、政秘股、企业审计股、行政事业审计股、固定资产投资审计股等。

审计工作成果　全年完成审计项目16个，提交专题报告1篇，查处违纪违规金额960万元，查出应缴县财政金额37.4万元，已上缴财政27.6万元，对违纪单位处予罚款金额48294元；派员10人次参加清查"二会一部"、乡镇村务公开、减轻农民负担等县中心工作；局档案室被授予县三级档案室。

强化外资审计，保证国家授权项目完成　上半年完成项目3个：教育局基础教育项目；防疫站疾病疫防项目；派阳山森林资源发展和保护项目。有效的保障了外资专款专用，财务更符合世行贷款要求。

完成公检法行业财务审计　检察院、法院查出的主要问题有：法院财务不设置固定资产账簿，不合法票据支出3.4万元；检察院预算外资金不设账，案款5万元被挪用，不合法票据支出6.4万元，乱收费2.5万元。

【柳州地区审计局】　1999年末有干部、职工32人。其中：大专学历生19人；局长1人，副局长3人，调研员1人；内设办公室、财政金融审计科、行政事业审计科、商贸审计科、工交审计科、综合科。

审计工作成果　全年共完成审计事项22个，查处违纪金额2531万元，应交财政903万元，应归还被侵占挪用资金1071万元，促进增收节支404万元，建议纠正地方部门不当规定46条。同时提交审计工作报告、信息9篇，为上级领导部门决策提供了有用的参考依据。

完成地委、行署交办任务　全年共完成地委、行署交办的工作任务9项。7至12月，根据地委、行署领导要求，12月审计局对融水云深集团33个企业、42个财务单位，1993年至1998年长达6年时间的资产、负债情况进行了全面审计，按时完成了审计任务。

完成上级下达审计任务　全年共完成上级审计机关下达的审计任务9项，其中组织指导全地区8个县（市）局完成对8个县（市）工行的审计，促进了金融企业规范管理，依法经营。

内部审计　柳州地区直属单位1999年共设内部审计机构14个，内审人员32人，完成审计项目20个，纠正违纪违规金额122万元，提出管理建议被采纳125条。

社会审计　1999年柳州地区审计师事务所共接受社会委托项目205项，其中国有企业审计查证16项，验资年检140项，财务收支审计21项，基建项目审计7项，为委托单位核减基建预决算107万元，挽回经济损失258万元，提高经济效益286万元。

受表彰情况　1999年初被地直工委授予"先进党支部"、"文明示范单位"称号，1999年被地委、行署评为地直机关双文明目标管理责任制一等奖（最高奖）。

【合山市审计局】　1999年末有干部职工14人，其中：大专学历文化9人；具有中级职称人员4人，其中：会计师1人，经济师1人，工程师1人；有局长1名，副局长1名；内设有办公室、行政事业审计股、企业审计股、基建工程预决算审核服务部等机构。

审计工作成果　全年共完成审计项目15个，提交审计报告15篇，审计单位15个；完成审计调查3项，调查单位8个；审计金额23951万元。共查出违纪违规金额289万元。其中：应上缴财政资金233万元，追还被侵占挪用资金41万元。基建工程审核服务部共接受基建工程决算审核46项，送审资金1390万元，其中：核增工程款8.6万元，核减工程款105万元，为合山经济建设和发展发挥了重要的作用。

完成市委、市政府交办任务　1999年共完成交办的领导干部任期经济责任审计6项，审计清理单位6个。查出违规违纪金额239万元。

完成上级下达审计任务　1999年共完成自治区审计厅、地区审计局下达的审计任务9项，审计单位16个，查出违规违纪金额50万元。

【来宾县审计局】　1999年共有干部、职工19人，其中：大学本科5人，大专学历10人；局长1人，副局长4人；设有秘书股、财政金融审计股、行政事业审计股、基建企业审计股和基建审计所等机构。

审计工作成果　全年共完成审计项目20个，审计单位20户，共查出违纪违规金额646.5万元，应交财政27.01万元，已交财政金额24.01万元，应归还被侵占挪用资金362.8万元，共提交审计报告20篇。

完成县政府交办任务　全年共完成县政府交办的工作任务5项，其中对来宾县城厢乡农村合作基金会进行清查，在有关部门的配合下，查清了该基金会的经营情况，并向县政府提交了清查报告。该基金会原出纳员莫某已被司法机关判刑，该基金会原负责人韦某已被检察机关羁押。1999年，基建审计所共完成工程决算审计项目9项，审计金额664万元，审减金额66.38万元。

【鹿寨县审计局】　1999年底有干部职工16人，其中：大专学历生10人；局长1人，副局长2人；设有办公室、财政金融审计股、行政事业审计股、工业审计股。

审计工作成果　1999年共完成审计项目28项。审计单位32户；完成审计调查3项，调查单位5个；共查出违规违纪金额621万元。为社会稳定发挥了作用。上缴县财政16.52万元，共提交审计报告3篇。

完成县政府交办任务　1999年共完成县委、县政府交办工作任务4项，审计清理单位4个。

完成上级下达审计任务　1999年共完成上级审计机关下达的审计任务5项，审计单位5个，审计金额29373万元。

【武宣县审计局】　1999年共有干部职工16人。其中大学本科生2人，大学专科生4人；局长1名，副局长2名；设有秘书股、企业审计股、综合审计股、商粮贸审计股等机构。

审计成果　1999年，共完成审计项目17个，审计金额57759.42万元，查出违纪金额2693.02万元，其中应上缴财政134.5万元，已上缴财政105.44万元。

【象州县审计局】　1999年共有干部、职工12人，其中：本科生1人、大专学历生2人；局长1人、党组书记1人、副局长2人；设有综合股、行政事业审计股、财政金融审计股。

审计工作成果　1999年共完成审计项目20个，审计金额26796.20万元。共查出违纪违规金额3165.5万元。上缴县财政7.63万元，共提交审计报告20篇。

完成县政府交办任务　全年完成县委、县政府交办的工作任务6项，审计金额8936.97万元。1999年开展基本建设项目资金开工前审计，审计金额882.5万元。

完成上级下达审计任务　1999年共完成自治区审计机关下达的审计任务14项，审计单位15个，审计金额16976.73万元。

【融安县审计局】　1999年共有在职干部、职工13人，其中：大专学历生5人；局长1人，副局长2人；设有办公室（综合股）、财政金融审计股、行政企事业审计股等机构。

审计工作成果　1999年共完成上级下达审计项目14个，完成审计调查6项；审计金额27188万元。共查出违纪违规金额1510万元，提交审计调查报告2篇。责令追回被侵占挪用资金1433万元，应上缴县财政132.2万元。

完成交办任务　1999年共完成县委、县政府交办的审计工作任务4项。

【忻城县审计局】　1999年共有干部、职工14人（干部12人、工人2人）。其中：大专学历生7人；局长1人，副局长1人；设有综合审计股、企业审计股、行政事业审计股等机构。

审计工作成果　全年共完成审计项目18个，审计单位18户，审计金额43388万元。共查出违纪违规金额340.01万元，其中：应归还原资金渠道327.06万元，应上缴财政金额12.95万元，已上缴财政金额5.6万元。共提交审计报告18篇。

完成县委、县政府的交办工作任务14项　共抽调41人次参加县委、县政府的各项中心工作，并能按要求完成任务。

【融水苗族自治县审计局】　1999年共有干部、职工13人，其中：大学生1人，大专学历生2人；局长1人，党组书记（兼副局长）1人；设有办公室、审计业务股等机构。

审计成果　1999年共完成审计项目21项，审计单位22户；审计资金总额25968.84万元。共查出违纪违规金额975.46万元。上缴财政64.37万元，补交税费25万元，提交审计报告20篇。

完成县政府交办任务　1999年完成县委、县政府交办的审计任务4项。

完成上级下达审计任务　1999年完成自治区、地区审计机关下达的审计任务14项，审计单位15个，审计金额20182.06万元。

【三江侗族自治县审计局】　1999年共有干部、职工10人。其中：大学生1人，大专学历生4人；局长1人，副局长2人；设有办公室，企业审计股，行政事业审计股。

审计工作成果　1999年共完成审计项目21个，审计单位21户；审计金额1215万元。共查出违纪违规金额358万元，上缴县财政17.46万元，共提交审计报告21篇。

完成县政府交办任务　1999年共完成县委、县政府交办的8个单位领导任职期内的经济责任审计，给县委组织部提交了8个离任审计报告。查处私设“小金库”金额，上缴县财政17.46万元。

完成上级下达审计任务　1999年共完成自治区、地区审计机关下达的审计任务9项，审计单位9个，审计金额437万元。

【金秀瑶族自治县审计局】　1999年度共有干部、职工8人。其中：大专学历生5人；局长1人，副局长1人；设有财政金融审计股、企业审计股和综合审计股。

审计工作成果　1999年共完成审计项目18个，审计单位18户，共查出违纪违规金额284.70万元。上缴财政10.26万元，提交审计报告18篇。

完成县政府交办任务　1999年，完成县委、政府交办的干部任期经济责任审计1项，查出违纪违规金额248.92万元。完成工程结算审计项目26个，审计金额1757.55万元，审减金额180.10万元，维护了国家和集体的利益。

完成上级下达审计任务　1999年共完成地区审计局下达审计任务18项，审计单位18个。

【百色地区审计局】　1999年末共有干部职工37人。其中大专学历以上学历23人（本科3人）；高级会计师1人，高级政工师1人，审计师8人，政工师2人，会计师3人；设有办公室、综合审计科、固定资产投资审计科、工交审计科、财政审计科、中央企业审计科、行政事业审计科、商贸审计科等机构。

审计工作成果 1999年完成审计项目34个，审计金额1125134万元，查出违纪金额12336万元，应上缴财政或调整财政收入948万元，已上交财政调整财政收入689万元，应归还原渠道资金693万元，对审计中发现地方政府和部门各种不合规定提出建议纠正或改进意见20条，较好发挥了审计监督的作用。

完成地委行署交办任务 认真抓好农村基层组织建设和扶贫包村工作，筹集资金分别在后寨、龙拉、龙保、达修四个屯安装卫星接收天线5面，受益108户700人，立项争取资金32万元建两层八开间482立方米的小学教学楼，修建地头水柜19个，容积1280立方米，抽调18人次参加粮改、农村“两会一部”、预算外资金、供销社挂账、对口帮扶异地安置、教育经费、工交企业经济指标考核、工资收入、稽核特派、行风评议、工程质量、收支两条线等检查和督查，对行署驻上海、北海办事处财务审计及百色通机厂、百色氮肥厂等3项离任审计。

完成上级下达审计任务 1999年共完成区厅下达的审计任务14项，审计单位18个，审计金额95759万元。

内部审计 1999年共设内审机构20个，内审人员36人。

社会审计 百色地区审计师事务所1999年接受委托审计160项，其中财务收支审计4项，承包离任审计1项，经济案件鉴定3项，验资年检73项，基建预算决算验证79项，总审计金额14100万元，核减基建决算金额1354万元。

【百色市审计局】 1999年共有人员20人。其中：大专学历生10人；局长1人、副局长2人；设有办公室、财政金融审计股、商粮贸审计股、工业交通审计股、固定资产投资审计股等机构。

审计工作成果 全年共完成审计项目15个。审计单位15户；完成审计调查1项，调查单位1个。共查出违纪金额1003.5万元。同市纪检、监察、信访等部门配合，查处各种经济案件1起，为社会稳定发挥了作用。上缴市财政185.09万元。共提交审计报告15篇。

完成市政府交办任务 全年共完成市委、市政府交办的工作任务2项，审计清理单位2个。年内共完成工程决算审计项目22个，审计金额4344.05万元，审减金额313万元。在对火车站进站大道、市人民医院门诊楼、市福禄河电站A、B住宅楼、市食品公司养殖场等审计工作中，工程预算审减金额248.38万元，维护了国家利益。

完成上级下达审计任务 全年共完成自治区、地区下达任务13项，审计单位13个。

【田阳县审计局】 1999年共有干部、职工15人，其中：研究生1人，大专学历8人；局长1人，副局长2人；设有办公室、财政金融审计股、商贸审计股、工交审计股、固定资产投资审计股。

审计工作成果 全年共完成审计项目34个。审计单位50户，审计调查2项，审计金额31582万元，共查出违规金额2533万元，上缴县财政173万元，共提交审计报告34篇。

完成县政府交办任务 全年共完成交办的工作任务8项、审计清理单位12个，在7月份配合全县并负责“两会一部”清产核资工作，共抽调8人，涉及到全县29个单位（农户约500户）。1999年固定资产投资审计股共完成工程决算66个，审计金额6502万元，核减金额389万元。

完成上级下达审计任务 全年共完成区、地审计机关下达的审计任务12项，审计金额25080万元。

【田东县审计局】 1999年共有干部职工13人。其中大专学历文化4人；审计师2人，会计师2人，建筑工程师1人；局长1人，党组书记兼副局长1人。内设“三股一室”：行政事业审计股、企业审计股、固定资产投资审计股、办公室。

审计工作成果 1999年，上级审计机关下达审计任务12项，开展审计16项，实际完成审计项目14项，涉及审计单位20个，完成审计调查2项，调查单位10个，查出违纪违规金额1696.72万元，其中指明纠正金额1594.25万元，应缴财政收入102.47万元，已缴财政76.732万元。

完成县委、县政府交办任务 县委、县政府交办审计任务项目4项，其中领导干部离任审计2项（田东中学校长、交警大队大队长）。完成审计3项，1项跨年度审计。共抽调6人参加县领导安排的行风评议、村级集体经济清查、粮改和教育费附加执法监察、非公有制和私营经济减负情况调查、清理供销社财务挂账、减轻农民负担、整顿农村合作基金会等工作。安排人力完成农村基层组织建设、村村通电、通公路、通广播电视、地头水柜、沼气、改善办学条件、农网改造、香蕉种植等中心工作任务，并捐款3.24万元投入上述各项建设。

【平果县审计局】 1999年共有干部16人。其中大学生1人，大专学历生9人；局长1人，副局长1人；设有办公室、行政事业审计股、企业审计股、固定资产投资审计股等机构。

审计工作成果 1999年共完成审计项目33个，审计单位46户，完成审计调查4项，调查单位20个；查出违纪违规金额2400多万元，上交财政60.68万元，共提交审计报告33篇。完

成基建项目竣工决算审计38个，审计资金总额1352万元，核减工程造价137万元。

完成县委、政府交办任务 1999年共完成党委、政府交办的工作任务6项。其中：国有海明林场专项审计调查，县氟化盐厂、民族铁锅厂厂长离任审计和通机厂资产、负债清查；"普九"教育经费审计调查和供销社财务挂账的清理核查工作。尤其是对全县"普九"教育经费的审计，涉及到15个乡镇46个单位，共抽调14人次，历时50多天，摸清全县专项教育资金的拨付、征收、管理和使用情况。

【靖西县审计局】 1999年有干部12人。其中：大专学历生6人，获得高级审计师职称1人，审计师5人，局长1人，副局长1人；设有综合股、企业审计股、行政事业审计股、建设审计股等。

审计工作成果 1999年共完成审计项目16个，为地区下达12个任务的133%，查出违纪金额352.13万元，上缴财政13.42万元。全年共审计基建项目32项，审计投资总额1986.43万元，通过审计核减金额81.27万元。同时，派人参加几个部门组成的检查组对预算外资金收支两条线执行情况的16个单位进行检查，共查出违纪金额602万元，上缴财政230万元。

【德保县审计局】 1999年底在职干部职工11人，其中：大专学历3人。局领导1正2副，设有办公室、企业股和行政事业股三个股室。

审计工作成果 全年完成审计项目13个，完成任务的118%，审计总金额23631万元，共查出违纪金额146.88万元，应上缴财政金额78.8万元，已上交财政51.4万元。

完成县委、县政府交办任务 全年共完成交办的审计工作任务3项。完成基建开工前审计12项，投资额1043万元，工程结算审计项目15个，审计金额1364.84万元，核减金额96.36万元。

完成上级审计机关下达审计任务 全年共完成自治区、地区审计机关下达的审计任务12项，审计金额21720万元，主要是对发展资金、以工代赈、西南扶贫贷款、卫六、卫七、本级财政预算执行情况等进行了审计。

【田林县审计局】 1999年有干部职工10人，其中：大专学历生3人，局长1人，党支部书记兼副局长1人；设有办公室、财政金融行政事业审计股、工交商贸审计股、固定资产投资审计股、审计事务所等机构。

审计工作成果 1999年完成审计项目14个。审计单位17户；审计金额28346万元，共查出违纪违规金额572.15万元，决定处理处罚85.17万元，指明要求纠正486.98万元，应上缴财政18.60万元，已上交财政13.90万元，共提交审计报告14篇，提出审计建议53条。

完成县政府交办任务 1999年完成县委、县人民政府交办的工作6项。

完成上级下达审计任务 1999年完成区、地审计机关下达的审计任务9项，审计单位11个，审计金额17151万元。

【隆林各族自治县审计局】 1999年底共有干部职工12人。其中：有大专学历以上文凭6人；局长1人，副局长2人；设有办公室、财政金融审计股、行政事业审计股、商贸审计股、工交审计股、基建审计股等机构。

审计工作成果 全年共完成审计项目23个，审计单位23户；完成审计调查2项，调查单位5个，审计金额33146万元，查出违纪金额2849万元。同县纪检、监察、信访等部门配合，查处各种经济案件2起。上缴县财政49万元，共提交审计报告23篇。

完成县委、县政府交办任务 全年共完成交办工作任务14项，其中：完成干部经济责任审计12项，审计清理单位2个。基建审计股共完成35个项目，工程开工前资金来源审计26个，竣工审计总金额272万元，核减工程投资27万元。

完成上级下达审计任务 全年共完成自治区、地区审计机关下达的审计任务11项，审计单位11个，审计总金额18073万元。

【那坡县审计局】 1999年共有干部职工14人，其中：大专学历生1人，在读本科生1人，在读专科生7人；局长1人，副局长3人；局内设有办公室、行政事业审计股、企业审计股、基建审计股，下辖玉桂场一个。

审计工作成果 1999年共完成审计项目23个，完成上级审计机关下达审计年度项目任务的209%，审计金额1.64亿元，查出违规行为金额1843.81万元，上缴县财政51.52万元。基本建设投资审计完成11项，审计投资总额804.38万元，建设规模12189.3平方米，核减基建投资21.28万元，为国家集体挽回了经济损失。

完成政府中心工作任务 完成县委、政府安排单位承包村、绿色通道建设、村民委和乡政府换届选举、村级地面卫星接收站建设、为"三老"解决"三难"等10余项政府中心工作任务，得到县委和政府的肯定和好评。

【凌云县审计局】 1999年底共有干部、职工12人，其中：会计师2人，审计师1人；大专学历生4人；局长1人，副局长2人，督导员1人；设有办公室、行政事业审计股、商贸审计股、工交审计股等股室。

审计工作成果 1999年共完成审计项目17个，占年度计划的170%。审计金额2066万元。共查出违反财经法纪金额431.5万元，其中：指明要求被审单位纠正的金额为391.94万元；决定处罚金额为39.56万元；应缴财政的金额为32万元；已缴财政的金额31.3万元。

【乐业县审计局】 1999年共有干部职工9人，其中：大专学历文化3人；局长1人，副局长3人；具有中级职称人员5人；设办公室、财金商贸审计股、行政事业审计股、工交基建审计股等机构。

审计工作成果 全年共完成审计项目11个，审计资金总额11726万元，共查出违纪资金792.31万元，其中：上缴财政5.6万元，追回归还原渠道资金543.97万元。

完成县委、政府交办任务 全年完成2项两个乡的公路经费审计，审计总金额80.5万元，查出挤占挪用12.3万元，对维护群众利益，确保社会稳定及防止事态扩大起到积极作用。

【西林县审计局】 1999年干部职工实有人数8人。其中：大专学历2人。现有审计师1人、非执业注册会计师1人，局长、副局长各1人；内设办公室、财政金融审计股、行政事业审计股、工交基建审计股、商粮贸审计股等机构。

审计工作成果 全年共完成审计项目14个，审计单位16个；审计资金总额达6147万元。共查出违纪违规金额130.88万元；应上缴财政19.2万元，已上缴县财政35.07万元，其中30万元为县电业公司1998年欠缴数，罚款4.1万元；共提交审计报告15篇；给被审计单位提出改进意见和建议46条。

完成县委、县政府交办任务 全年共完成交办的工作任务13项，审计单位15个。

完成上级下达的审计任务 全年共完成自治区、地区审计机关下达的审计任务10项，审计单位11个，审计资金总额6147万元。

【河池地区审计局】 1999年底共有干部职工32人，其中：大学本科文化7人，大专学历文化11人；局长1人，副局长3人。内设秘书科、财政金融审计科、农业审计科、行政事业审计科、商粮贸审计科、工交企业审计科、固定资产投资审计科等机构。

1999年全局共完成审计项目42个，查出违纪违规金额14497.7万元，上缴财政286.5万元，追还被侵占挪用专项资金1918万元。审计的项目和单位分别为：财政税收10个、金融1个、企业9个、行政事业单位8个、农业专项资金6个，利用外资3个，基本建设投资5个。

【河池市审计局】 1999年共有干部19人，其中大专学历7人，具有会计师审计师职称5人，助理会计师、审计师7人；局长1人，副局长2人；设有办公室、行政事业金融审计股、企业审计股、基建投资审计股等机构。

审计工作成果 全年共完成财政、财务收支审计项目29个，完成上级下达任务的131%，查出违纪违规金额201万元，应交财政22万元，已交财政20万元。全年完成基建审计10项，审计金额576万元，核减投资288万元。

完成市政府交办任务 1999年共完成党委、政府交办的各项中心任务22项。

完成上级下达审计任务 全年共完成上级审计机关下达的审计项目5个，其中：对扶贫资金进行易地交叉审计，审查资金1.2亿元；对财政水利资金预算执行审计，审查资金266万元，补交工程营业税1.4万元；对农业综合开发资金进行审计，审查资金1678万元，补交税金2.5万元；对民政募集赈灾资金进行审计，审查资金280万元，审出违规资金4.8万元。

【宜州市审计局】 1999年共有干部14人，职工1人。其中大专学历生9人；局长1人，副局长2人；设有秘书股、行政事业审计股、财政金融审计股、工业交通基建审计股。审计事务所已改制脱钩。

审计工作成果 全年完成审计项目31个，审计单位51个，完成审计调查项目1个，调查单位1个；审计共查出违纪金额781.51万元，同检察院配合查处经济案件2起，为社会稳定发挥了作用。上缴财政30.65万元。

完成市政府交办任务 全年完成市委、政府交办的工作任务16项。派3人常年参加供销合作社股金服务部清算小组和农村合作基金会清查小组工作。另外，还抽1人常年住乡联系点搞计划生育工作专干和农村基层组织建设。完成工程决算审计项目3个，审计总金额744.30万元，审计核减金额6.30万元。

【罗城仫佬族自治县审计局】 1999年底共有在编人员17人，其中，大专学历6人；局长1人，副局长1人；设有秘书股、企业审计股、行政事业审计股、财政金融审计股。

审计工作成果 完成审计项目21个，审计单位19个，审计总金额达26574.57万元，查出违纪金额1059.91万元，其中，调账纠正918.86万元，追还被侵占挪用资金104.49万元，上缴县财政36.56万元，提交审计报告23篇。

完成县政府交办任务 主要有：发动群众修建了长7.4KM的村级公路；完成了长约1.5KM植树造林任务；抽调2名同志脱产长期参加城镇综合治理工作；让1位同志参加历时四个月的治安稳定工作组；抽调2位同志脱产参加挂钩乡镇的旱改水、计划生育突击月、扑灭牲畜五号病、人大代表选举、地头水柜建设等项工作；还派5人次参加全县粮食流通体制改革执法检查、全县“一会一部”清产核资工作队、全县建筑市场情况检查、协助纪委查案，配合纪检、工商、财政等部门较好地完成了工作任务。

完成上级下达审计任务 全年共完成上级审计机关下达的审计任务10个，审计单位10个，审计金额10562.41万元。

【环江毛南族自治县审计局】

1999年共有职工14人。其中：大专学历5人，局长1人，副局长2人。设有综合股、行政事业审计股、建设工交审计股、财金贸审计股。

审计工作成果　1999年完成审计项目20个，其中完成上级审计机关下达的审计项目11个，本级政府下达的审计项目4个，自定项目5个。审计资金总额39407万元，查出违纪违规行为金额1029万元，应上缴财政资金36万元，实际上缴36万元，入库率100%。1999年首次开展了对党政领导干部的任期经济责任审计，共审计了4个乡（镇），当年审结3个，查出违纪违规行为金额359万元，移送纪检监察机关查处2人。

【南丹县审计局】　1999年底，在职人数16人。其中：局长1人，副局长2人；大专学历5人，高级审计师1人，审计师2人。

审计工作成果　年计划审计18个单位（项目），其中上级审计机关安排的有11个，实际审计26个单位（项目），完成年计划的144.4%，自治区、地区安排的全部按质按期完成。在已审单位中，财政和行政事业单位的有18个，金融等企业单位和基建项目的有8个。查出违纪违规金额为2063.96万元，其中作审计处理处罚的有356.96万元，应缴财政的有101．34万元，已缴34.89万元。严格依法审计，对6个违纪较严重的单位进行了罚款处理。实行“审、帮”结合的工作方法，针对一些单位内部管理不严问题，提出了29条改进的意见和建议。

积极完成县委、县人民政府交办的任务　在已审单位中，县委、县人民政府布置的领导干部任期经济责任审计共有6项都能按期完成，并提交了审计结果报告。此外，为使村级道路建设大会战资金管理使用合法合规，先后对10个乡（镇）的这项资金进行了审计，针对存在的问题提出了纠正和改进意见。还抽4人参加全县扶贫资金大清理、供销社财务挂账清理核实等项工作。

【天峨县审计局】　1999年共有干部、职工10人。其中：大专学历生3人，大专学历在读1人；局长1人，副局长3人；设有秘书股、行政事业审计股、企业审计股、基建审计股。

审计工作成果　1999年度，共完成审计项目20个，完成审计调查4项，调查单位8个；审计金额23522．01万元，共查出违纪违规金额725.97万元。同纪检、监察、检察等部门配合，查处经济案件2起，为社会稳定发挥了作用。上缴县财政31.86万元，共提交审计报告20篇。

完成县政府交办任务　1999年度，共完成县委、县政府交办的工作任务5项，审计清理单位2个。年初，抽调副局长田光勤同志参加县供销社社员股金服务部清理整顿工作，任查账组组长，共清理收回资金190万元。抽调韦文林副局长、韦云清主任科员参加“6.27”侦破三匹虎林场火烧发票案，提供了侵吞扶贫资金120万元的重大线索，经检察机关追缴全部入库，挽回了损失。抽调以局长罗旭烈带队的5名业务骨干到南丹县进行扶贫资金使用情况检查。

完成上级下达审计任务　1999年度，共完成自治区、地区审计机关下达的审计任务11项，审计单位29个，审计金额17641.5万元。

【都安瑶族自治县审计局】　1999年共有干部职工23人。其中有大专学历文凭10人；局长1人，副局长1人；设有综合股、财政金融审计股、行政事业审计股、固定资产投资审计股、企业审计股。

审计工作成果　全年共完成审计项目33个（其中完成上级审计机关下达的审计项目13个），审计单位30户，审计调查3项，调查单位6户；审计共查出违纪金额3754.57万元，上缴县财政51.6万元，固定资产投资审计审减金额5.28万元，提交审计报告33篇。

完成县委县府交办任务　全年共完成县委县府交办的工作任务6项，审计单位6个。实施领导干部任期经济责任审计4项，查出违纪金额303．80万元，为县委县府选人用人提供了客观依据。

【凤山县审计局】　1999年底有干部职工14人。其中：大专学历毕业5人。局长1人，副局长2人。设有行政事业股、工交基建股、商贸股等机构。

审计工作成果　1999年完成审计项目20项，查出违纪金额1125.13万元，其中：审计决定处罚56.32万元，指定纠正金额1068.81万元，归回原资金渠道75.22万元。共提交审计报告20篇。

完成上级下达审计任务　1999年度完成上级审计机关下达审计任务20项，审计单位33个，审计总金额15820万元。

【东兰县审计局】　1999年共有干部职工12人。其中：大专学历生7人；局长1人，副局长1人；设有秘书股、工业交通审计股、行政事业审计股、商贸金融审计股等机构。

审计工作成果　全年共完成审计项目21个，审计单位21户；审计金额18498．72万元。共查出违纪金额3210.08万元。已上缴县级财政金库34.49万元，提交审计报告21篇。

完成县政府交办任务　全年共完成县委县政府交办的审计任务9项，审计单位9个。5月，根据国企改革的需要，审计局对县酒厂1996－1998年度财务收支情况进行了审计。发现该企业会计核算不规范，企业亏损严重，资不抵债，违纪违规现象十分严重，如核算不实造成潜亏435.13万元、坐支现金1006.72万元、挪用公款2万元等违纪违规金额共计1998.77万元。

完成上级下达审计任务　全

年共完成区、地下达的任务12项，审计金额11031.65万元。

【巴马瑶族自治县审计局】

1999年实有在册人数为10人，其中大专学历生3人。局长1人，副局长2人。

审计工作成果　共完成审计项目15个，审计单位31户，查出有违纪违规单位10个，违纪金额607.58万元，应上缴财政金额10.73万元，年内实际上缴财政金额6.26万元，共提交审计报告17篇。

完成县政府交办任务　共完成交办的审计任务7项。其中开展领导干部任期经济责任审计1项，企业财务分立谈判1项，还参与“两会一部”清产核资，粮食流通体制改革，供销系统财务挂账清理，配合县纪委进行财务专项调查，卫生系统各单位的行风评议等工作。

完成上级下达审计任务　共完成审计项目12个，审计单位23个，于10月份还负责对东兰县1996－1999年6月扶贫资金的管理使用情况进行检查工作。

【大化瑶族自治县审计局】

1999年底，共有人员11人，其中：国家公务员10人；大学1人，大专学历6人；局长1人、副局长2人；中级职称4人。设有综合审计股、财政金融审计股、行政事业审计股、工交企业审计股、固定资产投资审计股。

审计工作成果　共完成审计项目17个，审计单位17个，查出违纪违规金额2893万元，应上缴财政49.2万元，已上缴30.79万元，共提交审计报告17篇。

完成县委县府交办任务　共完成县委、县政府交办的任务4项，其中：经济责任审计2项，参与县政府组织对“两会一部”的财务清理和对全县教育附加的清理各1项。完成上级审计机关下达任务 共完成自治区、地区审计机关下达任务12项，审计单位12个，审计金额23734万元。

【贺州地区审计局】　1999年共有干部职工23人，其中大学本科生2人，大专学历生8人；局长1人，副局长2人，调研员1人。设有办公室、财政金融审计科、行政事业审计科、工交企业审计科、商贸企业审计科、固定资产投资审计科。

审计成果　1999年共完成审计项目38个，完成年度计划158%，审计单位38个，共查出违纪违规金额7048万元，比上年增加145万元；应上交财政289万元，比上年增加109万元；应归还被侵占挪用资金551万元，比上年增加500万元；应减少财政拨款35万元，比上年增加100%；共提交审计报告48篇。配合纪检监察部门和检察机关查处经济案件各1起，为维护贺州地区的财经秩序和社会稳定发挥了作用。

完成当地政府交办任务　1999年，共完成地委、行署交办的工作任务10项，审计清理单位1个，历时30天，为地委、行署宏观决策提供了依据。完成工程结算审计项目9个，审计金额13831万元，查出违规违纪金额1147万元，核减工程投资结算43万元，追还被侵占挪用建设资金219万元。

完成上级下达的审计任务　1999年共完成自治区审计厅下达的审计任务50项，审计单位50个，审计金额30405万元。

内部审计　1999年内审机构发展到11个，人员22名。

社会审计　1999年完成审计事务所脱钩改制工作，并对本地区两个审计事务所的审计业务质量进行了检查，提高了审计事务所的执业质量。

【贺州市审计局】　1999年人员编制核定20人，现实有人数25人，其中：大学本科3人，大专学历8人；局长1人、副局长3人；设置有秘书股、财政金融审计股、行政事业审计股、企业审计股、基建审计股。

审计工作成果　1999年，共计完成审计项目107个，审计单位54户，审计调查5项，调查单位5个；审计总金额5.18亿元，共查出违纪违规金额2332万元，上缴财政563.98万元。共提供审计报告107篇。

完成市委、市政府交办的工作任务　完成审计清理单位39个。共抽调147人（次），配合市委、市政府的中心工作（如农村基层建设、扶贫、计生突击工作等）和其他专项查账工作。全年共受理基建审计项目61个，审计总金额3862万元，审减金额352万元。

完成上级下达审计任务　1999年，共完成自治区、地区审计机关下达的审计任务15项，审计单位20个，审计金额2.34亿元。

【昭平县审计局】　1999年共有干部、职工11人，其中：大专学历生6人；局长1人，副局长1人；设有秘书股、行政事业审计股、工商企业审计股、基建审计股、审计师事务所等机构。

审计工作成果　1999年共完成审计项目27项；完成县委、县政府交办的工作任务4项，共查出违纪违规金额1133.13万元，其中：应上缴财政181.74万元，归还原资金渠道105.13万元，调账整改229.70万元；完成工程竣工决算项目4个，审计金额981.26万元，核减111.17万元。提交审计报告共31篇。

【富川瑶族自治县审计局】

到1999年底共有人员15人，其中：大专学历生8人；局长1人，副局长2人；设有办公室、企业审计股、行政事业审计股、固定资产投资审计股等机构。

审计工作成果　全年共完成审计项目75个，审计单位70户。审计金额32158万元，共查出违纪违规金额247.14万元，上缴财政29万元，共提交审计报告75篇。

完成上级下达审计任务　共完成上级下达审计任务14项，审计单位14个，审计金额32158

万元。

完成县政府交办任务　1999年，共完成县委、县政府交办的任务57项，审计检查单位57个。其中完成离任审计项目43项；完成工程竣工决算审计项目11项，审核金额2720万元，核减资金92.6万元；完成县政府交办财务挂账等账务清理工作3项，经审计查实后，向县政府呈报了审计报告。

【钟山县审计局】　1999年底共有干部职工17人，其中大专学历生以上10人；局领导班子3人，局长1人，副局长1人；设有秘书股、财政金融单位审计股、行政事业单位审计股、基建投资审计股。

审计工作成果　完成审计项目36个，完成审计调查项目3项，调查单位25个，配合县纪检、监察等部门查处各种经济案件2起。审计金额35586万元，查出违规金额1205万元。其中应上缴县财政25.27万元，罚没款10000元，核减工程预决算35万元。

完成县政府交办任务　共完成县委、县人民政府交办的审计任务21项。其中领导干部任职经济责任审计12项，查出违规金额374万元；基建竣工决算6项，核减工程预决算35万元。

完成上级下达审计任务　完成区、地区审计机关下达的审计任务15项，审计金额34286万元，查出违规金额831万元。

海南省

【海南省审计厅】　1999年，海南省审计厅在职人数为96人，其中国家公务员88人，工勤人员8人；厅长1人，副厅长4人。厅内设办公室、综合处、人事监察处、审理室、第一审计处、第二审计处、第三审计处、第四审计处、第五审计处、第六审计处、第七审计处等11个处室和一个直属事业单位－海南省审计培训科研所。

厅领导成员

厅长：翟培基

副厅长：陈太辉

林　京

何洪彬

审计成果　1999年海南省审计机关共完成审计项目554个，为年计划的129.52%。通过审计，查出违规行为金额32.45亿元，经依法处理，应上缴财政金额2.08亿元，已上缴财政金额1.48亿元，应追还侵占挪用资金1.28亿元，应减少财政拨款或补贴929万元，共为国家增收节支34515万元。还查出并向司法部门移送经济犯罪案件6宗（以上统计数据均不含工商银行审计情况），共提交审计工作报告和审计信息328篇，被上级领导批示和有关部门采用265篇。在1999年的审计工作中，进一步扩大了审计的影响，塑造了良好的审计形象，提高了审计的地位，增强了审计的威慑力，开创了审计工作的新局面。

财政审计　1999年海南省本级财政预算执行审计在继续搞好财政部门具体组织预算执行情况审计的同时，加大了对预算执行单位的审计力度，扩大了财政资金监督的覆盖面。整个审计过程中还初次试行了计算机辅助审计，改进了审计方法，更新了审计手段，查出了海南省本级预算执行和其他财政收支存在的一些不真实、不合法、不规范的问题。1999年7月26日，翟培基厅长在海南省二届人大常委会第八次会议上所作的审计工作报告，加大了各类问题披露的力度，省人大常委会给予了很高的评价，在社会上引起了很大的反响，取得了很好的效果。

金融审计　1999年，海南省审计厅从促进加强金融监管、发现大案要案线索和防范金融风险出发，加强了金融审计。按照审计署的部署，组织了对海南省工商银行系统的审计。在审计中查出了有关收支不实，以租代购形成账外资产，违规开具空头存单，违规开具银行承兑汇票、远期信用证，自办经济实体占用信贷资金等问题，还发现了一些大案要案线索。

重点建设项目审计　1999年，海南省审计厅从促进节约建设资金、保证工程质量出发，积极开展重点建设项目审计，还对21个省重点建设项目进行了审计调查。通过审计调查，查出了基本建设领域存在的违纪违规行为，揭露了一些重点建设项目资金严重短缺、资金到位率低、工程造价超概算现象严重等问题。海南省政府主要领导对重点项目的审计调查报告非常重视，作了重要批示。

企业审计　1999年，海南省审计厅围绕进一步深化国有企业改革，加强了对重点国有企业的审计。全年共对83户国有企业进行了审计，共查出各类违规金额18.3亿元。审计中，重点核实了企业资产、负债、损益的真实性，查出了一些企业虚列收入、虚增利润、透支银行信用、违规炒卖本公司上市股票、账外私分违规获利资金等问题，促进了企业加强管理，维护了国有资产的合法权益。

专项资金和公众基金审计　1999年，海南省审计厅根据维护社会稳定和促进改革的需要，认真开展了专项资金和公众基金审计。一是通过开展燃油附加费和公路建设基金的经常性审计，形成了有效的约束机制，资金管理逐步得以规范，违纪违规行为明显减少。二是进一步加强了对扶贫资金和水利资金的审计。海南省审计厅对扶贫资金审计采取了上审下的方式，共查出违规行为金额8197万元，查出了配套资金不到位、财政部门滞留欠拨扶贫资金、有关部门和单位挤占挪用扶贫资金等问题，并向上级领导机关作了专题报告。对16个单位的水利资金审计中，查出延压、挤占、挪用水利资金，水利资金建设项目工程进度缓慢等问题。三是继续对养老、工伤、医疗、失业四项社会保障基金的征收、管理和使用情况进行审计监督。1998年底至1999年初，海南省审计厅还对银行、邮电等11个行业266家中央驻琼单位基本养老保险统筹移交地方管理的执行情况进行审计，查出27个单位隐瞒结余基金2189万元，一些行业养老保险金计算依据存在差异，少缴养老保险金，一些单位突击办理提前退休，致使养老金支出大幅度增加等问题。四是对旅游主管部门掌管的旅游质量保证金进行了审计，查出应收未收旅行社保证金、巨额保证金存款被不法侵占、截留保证金利息收入、拖欠旅行社保证金利息等问题。通过审计，促使旅游主管部门加强了保证金的管理。

外资审计　外资审计工作取得良好成果。海南省审计厅通过对大广坝水利水电综合项目等5个世行贷款、香草兰种植与加工项目等4个亚行贷款及3个借用国外贷款项目进行审计，披露报表报账中的虚假行为和截留挪用资金等违规行为，督促项目单位遵守法规和协议，提高了审计报告质量，获得审计署的好评和肯定。经全国综合评比我省荣获1999年度外资审计工作优秀奖。

经济责任审计和党政领导交办项目审计　海南省审计厅围绕促进领导干部廉洁自律，创造性地开展经济责任审计。通过开展离任审计，扩展了审计领域，扩大了审计工作的影响，使审计监督作用得到更为广泛的体现。海南省审计厅还认真完成了领导交办经济案件的审计查证工作。如海南省审计厅配合中纪委，于1999年4月19日至5月20日进行了825专案审计，查清查实了海南某公司存在的重大违规问题。1999年6月4日，中纪委专案组的领导对审计的成果给予充分肯定。

审计法制建设　1999年海南省审计法制化、制度化和规范化建设取得了新的突破。1999年10月11日，为了全面贯彻落实《审计法》，开创全省审计工作的新局面，海南省委、省政府联合发出了《关于加强和改进全省审计工作的意见》；为了加大对固定资产投资项目的审计力度，对建设项目的全过程实行跟踪审计监督，对海南省重点建设项目进行开工前审计，海南省审计厅制订了《海南重点建设项目审计规定》，经1999年12月6日海南省政府常务会议通过，将以政府令的形式发布实施。

内部审计工作　海南省审计厅加强了对内部审计工作的指导，加强了内审业务培训，率先在海南省内审单位中组织开展了优秀项目评选活动。至1999年底，海南省共设立内审机构469个，配备专兼职内审人员1210名，共完成内部审计项目5583个，查出损失浪费金额2．03亿元，促进增收节支5125万元，纠正违规金额11738万元，向司法机关移送案件12宗，建议给予行政处分49人。海南省审计厅还帮助儋州市率先在乡镇政府设立了内审机构，加强了对农村集体经济的监督。

精神文明建设　1999年，海南省审计厅认真贯彻落实朱总理关于“从严治理审计队伍”和海南省委、省政府关于“齐心塑造海南形象”的指示精神，为进一步推进海南省审计系统精神文明建设，自1999年5月起在海南省审计系统开展了“弘扬崇高审计精神，塑造良好审计形象”的活动，在海南省审计系统弘扬“以高度的责任感服务中心，以无私无畏的精神履行职责”的审计精神；塑造“爱岗敬业、乐于奉献”的公仆形象，“依法审计、客观公正”的执法形象，“严于律己、廉洁奉公”的廉政形象，“提高素质、争创一流”的文明形象。切实加强审计队伍建设，实现“建一流领导班子，育一流审计队伍，创一流审计业绩”的总体工作目标。审计署领导和海南省委书记杜青林对此项活动均给予了充分肯定。海南省精神文明办两次专题编发了开展这项活动的情况和经验。

【海口市审计局】　1999年，海口市有市、区两级审计机关4个，干部、职工67人。其中，硕士研究生学历1人，本科15人，大专学历44人。大专学历以上学历人员占干部职工总数的89．6%，获得审计师和注册会计师资格的占55．2%。市局局长1人，副局长3人；设有办公室、综合科、审理科、行政事业审计科、财贸审计科、工交审计科、基建审计科等7个机构。

审计工作成果　1999年市、区两级审计机关完成审计项目55个，审计调查6项。查出违规行为金额15941万元，百万元以上违纪单位10个。经审计处理，应上缴财政、归还原资金渠道金额10430万元，已上缴财政9381万元，其中市局追缴入库9328万元，分别比上年同期增长35%、14%和122%。审计机关提交审计工作报告信息52篇，被地方党政领导、部门，上级审计机关，新闻媒体采用或批示59篇次。

完成地方党政交办任务　1999年完成交办审计事项12个，交办各项工作任务9项。根据地方党政的交办对退出兼并的海口市乳胶厂、蓄电池厂、糖厂和营养食品厂4家企业兼并期间财务收支和债权情况进行了审计，严格按照交办要求，认真详细地查清有关情况，实事求是地反映问题。对地方公安部门水电费、电话费支出及管理等情况的审计调查认真分析了欠费原因，对水电管理漏洞大、浪费严重，部分水电费账外存放并直接坐支、管理人员既未上交又未注销收款收据等问题提出审计意见和建议。1999年完成上级审计机关下达的审计项目16个。

内部审计　1999年有内部审计机构14个，比上年减少12个；内部审计人员48人。内审机构完成审计项目193个，是年计划的275%，在审计中纠正违规行为金额368万元，减少损失浪费和促进增收节支427万元，提出审计建议被采纳168条，向司法机关移送案件1宗，移送司法机关处理的责任人员2人；建议给予行政处分4人。

受表彰情况　被评为省审计机关1998～1999年度先进集体，省审计系统单项表彰2次；被海口市委、市政府授予“海口市1998～1999年度文明单位”和“现代文明机关”称号。

【三亚市审计局】　1999年底，共有在职人员46人，其中：本科学历10人，专科学历23人；中级以上职称13人；局长1人，副局长2人。设有办公室、综合科、审理科、商业贸易审计科、基本建设审计科、外资外贸审计科等机构。

审计工作成果　全年共完成审计项目35个，共查出违纪违规金额38354万元，其中应上缴财政316万元，已追缴财政81万元，责成返还被挤占挪用的财政专项资金1134万元；核减工程造价383万元。百万元以上的违规行为单位10个；向纪检和司法机关移送违纪案情3宗。编发审计信息13期。举办电脑知识培训班5期，参加培训人员35人。

财政预算执行审计　除继续深化财政预算执行审计，加大对一级预算单位的审计力度外，还对4个乡镇的财政决算进行了审计，扩大了财政资金的监督覆盖面。受市政府委托，向三亚市人大第三届常委会作了《关于三亚市1998年财政预算执行情况及其他财政收支的审计工作报告》，受到了广泛好评。

经济责任审计　全年共安排党政领导干部任期经济责任审计项目10个。在审计过程中，认真贯彻执行中办、国办颁布的《县级以下党政领导干部任期经济责任审计暂行规定》及省、市的有关规定，查出违纪违规行为金额1042万元，其中应上缴财政107万元，已追缴财政66.1万元，移送纪检和检察机关案件各1宗。

金融审计　按照审计署及省审计厅的统一部署，精心组织对工商银行三亚分行资产、负债、损益的审计，共查出违法违规金额1.8亿元，其中少计收入255.6万元，少计支出327.5万元，违规签发开具信用证2570.6万元等。

企业审计　全年共对3家国有企业进行了审计，重点核实了企业资产、负债、损益的真实性，共查出各类违规金额33614万元。向检查机关移送案件1宗。

【琼海市审计局】　1999年共有干部、职工10人。其中：大专学历3人；局长1人，副局长1人，纪检委员1人。

审计工作成果　1999年共完成审计项目22个，审计单位22户；审计金额3.734亿元。共查出违纪违规金额879.8万元，审计决定上缴市财政158.78万元，提交审计报告22篇。为促进经济稳定健康发展发挥了积极的作用。

完成市委市政府交办任务　1999年共完成市委、市政府交办的工作任务8项，审计清理单位8个。

完成上级下达审计任务　1999年省审计厅下达的审计任务14项，审计单位14个，审计金额3.534亿元。

【万宁市审计局】　1999年共有干部、职工22人，其中本科学历1人，大专学历8人；局长1人，副局长3人。局内设有行政秘书岗位、财政金融审计岗位、行政事业审计岗位、商业贸易审计岗位、工业交通审计岗位等五个岗位。

审计工作成果　1999年，完成审计项目22个，查出各类违纪违规金额1568万元，上缴市财政123万元，追还被侵占、挪用资金354万元，提交审计报告22篇，同纪检、监察部门配合，查处经济案件2起，为廉政建设和社会稳定发挥积极的作用。

完成市委、市政府交办任务　1999年完成市委、市政府交办任务6项。帮助2个单位审计清理十多年的陈旧老账，参与市政府组织的对预算外资金“收支两条线规定”执行情况的审计调查。抽调3个人，组成联手扶贫工作组，下乡帮助群众脱贫致富，较好地完成市委、市政府交给的各项工作任务，得到了市委、市政府的充分肯定。

【文昌市审计局】　1999年底，我局编制19人，实有13人。其中：研究生1人，大学生4人。大专学历6人；局长1名，副局长2名。设有行政秘书股、第一审计股、第二审计股、第三审计股等机构。

审计工作成果　1999年，共完成审计项目18个，共查出违纪违规金额866万元，应上交财政235万元，为维护财经纪律，促进加强管理，发挥了积极作用。

本级预算执行审计　1999年本局除了继续搞好财政部门预算执行情况的审计外，加大了对部门单位预算执行的审计力度，审计的广度和深度明显增强。10月26日，黄心奋局长受市政府的委托，向市人大常委会作了审计工作报告，受到了委员们的肯定，取得了较好的效果。

企业审计　完成审计项目4个，查出漏欠税款、投资失误造成资金损失等违纪违规金额680万元。

行政事业单位审计　完成审计项目12个，查出违纪违规金额121万元。

金融审计　按照审计署的统一部署，本局完成了对市工商银行5个办事处、8个储蓄所、1个储蓄专柜1998年度资产、负债、损益的审计任务。

【屯昌县审计局】　1999年共有干部职工14人，其中本科生1人，大专学历11人；局长1人，副局长3人；注册会计师4人，审计师7人。设有行政秘书室、综合审计室、审理审计室、商贸审计室、工交审计室等机构。

审计工作成果　1999年共完成审计项目28个，审计调查项目4个，审计金额29638万元。查出违纪违规金额2910万元，其中审计决定处理处罚金额677万元，应交未交财政金额183万元，应转未转预算收入150万元，挤占各项专项专款804万元，调整金额1002万元。移送纪检监察经济案件1宗。

完成县政府任务　全年对13个单位的党政领导干部进行离任审计，查出违纪违规金额700.4万元，并正确评价了该任领导任职期间所取得的成绩，又指出在经济管理方面存在的问题，明确其应负的经济责任，为领导和组织部门选聘使用党政领导干部提供了依据，受到县领导和组织部门的好评。此外，还抽调1人参加监察局开展粮食流通体制改革情况执法检查；抽调1人参加人大对公安系统队伍的执法评议；抽调1人参加县计生费清理检查；抽调1人参加财政清理账户；抽调6人次下乡蹲点，帮助农民发展生产，脱贫致富。

完成上级下达审计任务　1999年度共完成审计署、省审计厅下达的审计任务13项，查出违纪违规金额1240万元，审计金额20126万元。

【昌江黎族自治县审计局】　共有公务员11人。其中本科生2人，大专学历8人；局长1人，副局长2人；会计师3人。内设综合股、行政事业股、工交审计股、财政金融审计股。

审计工作成果　1999年度共完成审计项目18个，审计（调查）单位57个；共查出违纪违规金额898万元；决定予以处罚483万元；指明要求纠正404万元；应上缴财政67万元，已上缴财政51万元，其中罚款10万元，入库率67.2%；应归还侵占挪用金额400万元，其中没有执行的前年度决定315万元。提交审计工作报告、信息9篇。

完成县委、县政府交办任务　共完成交办的工作任务5项。其中3个项目是经济责任审计，及时地为县委、县政府和人事主管部门提供用人决策依据。

完成上级下达审计任务　完成对中国工商银行昌江支行的资产、负债、损益情况的审计，审计资产总额75174万元。

【定安县审计局】　1999年度共有干部职工14人，其中：大专学历8人；中级职称2人；局长1人，副局长3人。内设行政秘书岗位、财政审计岗位、工商企业审计岗位、行政事业审计岗位、审理岗位。

审计成果　全年共完成审计项目33个，查出违规行为金额737万元，其中：应上缴财政金额214.3万元（已上缴财政135.8万元），应归还侵占挪用资金98万元，应调账金额376万元。共提交审计综合报告7篇，编印“审计专栏”5期，向海南人民广播电台和县广播电视台等新闻单位报送审计信息稿件15篇，被领导批示、上级刊物和新闻媒体采用的信息稿件18篇。

完成地方党政交办任务　完成县委、县政府交办的领导干部任期经济责任审计项目16个，交办的各项工作任务8项。派出100人次参加县的有偿资金、预算外资金、银行账户的检查，深入农村开展联手扶贫、计划生育、冬种瓜菜、冬修水利、植树造林等各项工作，较好地完成地方党政交办的各项任务。

【保亭黎族苗族自治县审计局】

1999年在职人数14人，其中，局长1人，副局长2人。

审计工作成果　1999年，全年计划项目13个，党政交办项目13个，共26个项目，已完成审计项目26个，占年度项目200%。查处违纪金额3939万元，防止国有资产流失976万元，应追还侵占挪用资金1746万元，应上缴财政207万元，已上缴财政13万元，应减少拨款54万元，查处私设“小金库”136万元，查处偷漏税156万元，查出百万元以上违纪单位4个，移送司法机关案件1宗，金额178万元，建议有关部门给予行政处分2人，加大了审计力度，取得较好的成果。

立卷归档情况　1999年，县审计局对立卷归档工作十分重视，严格按照国家立卷归档工作要求，及时立卷归档，此项工作在次年3月15日前已全部完成，并在全省审计执法质量大检查中获得好评。

【澄迈县审计局】　1999年共有干部职工21人，其中：大专学历16人；局长1人，副局长3人。设有行政文秘股、财政金融审计股、行政事业审计股、商贸审计股、工交审计股等机构。

审计工作成果　1999年，共完成审计项目36个，审计查出违纪违规行为金额4860万元。查处违纪违规金额中，应上缴财政金融335万元，减少财政拨款或补贴46万元，追还侵占挪用资金377万元，为国家挽回损失金额67万元；依法给予通报批评的单位8个，警告3个，移送纪检监察部门处理2人。

本级财政预算执行审计　1999年，审计本级财政1998年度预算执行和其他财政收支情况，查出违纪违规行为金额327万元，经审计处理，已增加财政收入117万元。审计过程中，运用“从账户入手”的审计方法，深化审计内容，清理整顿全县预算部门（单位）在金融机构开户314个，撤销银行账户131个。并就加强财政资金管理共提出12条建议和意见，受到县政府和人大的重视。

各专业审计　1.金融审计。审计中国工商银行澄迈县支行1998年资产负债损益情况中，共查出挤占成本费用、资产负债损益不实等违纪违规行为金额272万，揭露了信贷资产质量低、结构不合理和管理不规范等问题。2.专项资金审计。主要进行了社会保障基金、燃油附加费及公路建设资金等专项审计，共查出违规资金157万元，审计处理中，有关部门都能积极改正。3.行政事业审计。1999年，审计了公检法和教育部门等5个行政事业单位，查处了违纪违规金额共计767万元，提出18条建议和意见，有关部门及时认真进行了整改。

完成县委县政府交办任务　1999年，共完成县委、县政府交办的任务29项。其中：1.完成领导干部离任审计项目23个，提出审计建议83条。通过审计不被使用的干部3名，从乡镇调往县直属机关任职6名，审计处罚的领导2名，移送纪检监察部门处理2名。2.协助财政部门对全县罚没收入、行政事业收入和预算外资金进行清理检查单位121个，清理行政事业单位银行开户171个。3.根据县政协提案对全县16所中小学校“捐助建校费”使用情况进行了审计调查，揭露了7所学校挤占建校费77万元，10所学校财务管理不规范、财务管理混乱等问题，提出了3条建议。4.配合有关部门对税务、卫生等系统进行了行风检查，为综合评价行风工作提供依据，促进了行风建设。

完成上级下达审计任务　1999年，共完成署、省审计机关下达审计任务14项，审计单位16个，审计金额19809万元。

【琼中黎族苗族自治县审计局】　定编16人，1999年有公务员12人，工勤2人。其中：具有中级职称3人；大专学历以上学历11人。局长1人，副局长2人。内设机构有人秘岗、行政事业岗、工交企业岗、财政金融岗和商粮贸岗等。

审计项目管理实施情况　全年完成审计项目17个，其中：署定项目4个，省定项目5个，县党政交办项目8个，查出违纪行为金额4374万元，其中：应上缴财税部门112万元，应归还原资金渠道55万元，指明要求纠正资金4262万元，查出百万元以上违纪行为单位3个。全年提交审计工作信息10篇，被地方党政、上级审计机关及省委等采用4篇。

同级财政执行审计及其他事项审计情况　通过对1998年县本级预算执行审计查明，县财政一般预算收入比上年增长41.3%，一般预算支出完成年预算的85.3%。查出未纳入预算收入58.2万元，支出48.2万元，应收未收税金及附加22.96万元，漏交税金26.18万元，占用财政资金1392万元。

经济责任及其他财政、财务收支审计情况　经对8位法人离任审计及其他财政、财务收支审计，发现应缴未缴财政专户117.6万元，少列资产24.1万元，占用专项资金35.75万元，改变和不合理贷款695.14万元，挤占成本费用55.6万元，少列收入11.56万元。县水泥厂4年开支招待费158.5万元，企业亏损1263.71万元，建议有关部门给予行政处分4人，其中已经降级降职1人；提出建议与改进意见13条。

【通什市审计局】　1999年共有干部职工13人，其中：本科学历6人，大专学历4人；局长1名，副局长2名。内设办公室、财政行政事业审计股、商贸金融审计股、工业交通审计股。

审计工作成果　1999年共完成上级审计机关下达的审计项目（单位）26个，查出违纪违规金额768万多元，配合市纪检、监察、信访等部门，查处各种经济案件5起，上缴财政金额3万多元，提交审计报告30篇。

地方党政领导交办任务　1999年，配合组织部门开展领导干部离任审计和企业法人任期经济责任审计工作，共完成市委、市政府领导交办的审计事项9项，为推动各级党政机关及企事业单位领导任期经济责任审计提供决策依据。

【乐东黎族自治县审计局】　1999年共有干部、职工17人。其中：本科学历2人，大专学历7人；局长1人，副局长2人。设有行政秘书岗、机关审计岗、事业审计岗、企业审计岗、乡镇审计岗、审理岗等5个岗位。

审计工作成果　1999年，共完成审计项目56个，审计单位59个；完成审计调查1项，调查单位3个。共查出违纪违规金额5997万元，上缴县财政306万元，返还原资金渠道198万元，为维护财政经济秩序发挥了作用。共提交审计报告56篇。

完成县委、县政府交办任务　1999年，共完成县委交办的领导干部经济责任离任审计任务43项，审计单位43个，审计查出的违规问题依法分别做出了审计处理，还提供案件线索被县纪委立案查处1人。委派3人参加县检察院对县供电公司经济问题的审计查证工作。

完成上级下达审计任务　1999年，共完成国家审计署、省审计厅下达的审计任务13项，审计单位16个，其中县腰果厂财务收支审计项目获全省审计项目三等奖。

【临高县审计局】　1999年共有干部、职工17人。其中：本科学历1人，大专学历8人；审计师2人；局长1人，副局长2人。设有办公室、行政事业股、商业贸易审计股、财政金融审计股、工交基建审计股等机构。

审计工作成果　1999年共完成审计项目21个。审计单位21户，审计金额39682万元。共查出违纪违规行为金额1845万元，已上缴财政部门35万元（上缴省财政专户），追回被侵占资金379万元。移送司法机关立案查处的2宗，建议党政纪处分的3宗7人，为惩治经济犯罪分子和社会稳定发挥了作用。

完成县委、县政府交办任务　1999年完成县委、县政府交办任务9个，审计单位170户。其中配合县财政局开展行政、事业单位清理资金账户，共抽调2人，历时60天，清理各种违规账户140户，为规范财政收支两条线管理，提高财政资金使用效益，发挥了审计监督作用。为了县委、县政府能客观公正考察领导干部，对波莲镇、新盈镇、美夏乡、公安局、粮食局等5个单位领导干部进行经济责任离任审计。

【白沙黎族自治县审计局】

1999年，共有人员21人，其中本科学历3人，大专学历10人；局长1人，副局长2人。设有综合股、财政金融股、行政事业股、商贸股、工交股等机构。

审计工作成果　1999年原定审计项目16个，实际完成审计项目28个，其中：署定项目5个，省定项目4个，自定项目7个，党政机关交办项目12个。共查出违规行为金额120万元，其中：应交财政金额37万元，应归还原渠道资金金额56万元，其他违规行为金额27万元；提交审计报告28篇、审计信息5篇，上级机关采用1篇，为白沙县经济发展发挥了应有的作用。

领导干部任期经济离任审计　1999年我局共完成领导干部任期经济责任离任审计项目6个，查出违规行为金额16万元，应上交财政金额6万元。针对被审计单位普遍存在财务管理混乱、会计核算不规范、内部控制制度不健全、会计人员业务水平低等问题，提出改进意见，得到被审计单位的好评，为组织部门任用领导干部提供了依据。

【东方市审计局】　1999年共有干部10人，工勤人员2人。其中本科学历2人，大专学历6人；获得中级技术职称1人；局长1人，副局长2人。内设机构：行政秘书科员、财政审计科员、金融审计科员、工交基建审计科员、行政事业审计科员等5个职位。特殊岗位6个（局长1个、审计组长5个）。

审计工作成果　1999年度审计计划项目13个，完成项目19个（离任审计2个），提交审计报告19篇。查出违纪违规金额1843万元，其中应归还原资金渠道1175万元；减少财政拨款36万元；应上缴财政310万元；应纠正账目资金322万元。移送市纪检、监察部门案件2件，违纪金额155万元。被纪检立案查处，并予以降职处分2人。全年向省审计厅投稿13篇，被省政府采用1篇次；省审计厅采用8篇次，向报刊投稿10篇，被采用8篇次。

完成党政机关交办任务　1999年度共完成市委、市政府交办的审计工作7项，审计清理单位21个。审计查出的违纪问题及时向市政府报告，取得市领导批示，将违纪问题进行通报批评，增强了审计威慑力。

【陵水黎族自治县审计局】

1999年共有干部、职工14人。其中：大专学历7人；局长1人，副局长4人，纪检组长1人；设有政秘股、行政事业审计股、商贸审计股、工交金融审计股。

审计工作成果　1999年，共完成审计项目15个，完成了计划项目的115%。共查出违纪违规金额1039万元，经审计处理应上缴财税部门金额125万元，已上缴财税部门金额95万元。配合县纪检、监察、检察部门查处大案要案4宗。

完成县政府交办任务　1999年接受县委、县政府的指示，对县水产服务中心、县公安局等6个单位的主要责任人进行离任审计，共查出违纪违规金额545万元，其中应上缴财税部门金额85.8万元，已缴财税部门金额31.4万元，提交县纪检、监察部门对应负一定经济责任的领导干部追究责任的建议书1份。

完成上级下达审计任务　1999年，共完成省审计厅下达的审计任务9项，审计9个单位，审计金额28269万元。

【儋州市审计局】　1999年，共有在职人员21人，其中大专学历以上学历14人，局长1人，副局长4人；审计师2人，会计师2人。内设行政秘书股，行政事业审计股、财政金融审计股、工交基建审计股、商业贸易审计股。

审计工作成果　1999年，全年共完成审计项目18个，完成年计划120%，查出违纪行为金额8150万元，应上缴财政金额945万元，比1998年增长104.5%，已上缴财政金额909万元，比1998年增长182.7%。应追还被侵占挪用资金565万元，查出违规金额百万元以上单位5个。向司法机关移送经济犯罪案件1宗，建议纪检监察部门行政处分1人，向政府和上级机关提供审计信息10篇，被采用16篇（次）。

财政预算执行审计　1999年，对19个乡镇和5个行政单位的预算收支、税收征管等情况进行审计抽查，查出违规行为金额2366万元，应缴入库金额894万元已全部入库，反映的问题和情况得到市政府和市人大的高度重视和肯定，为进一步加强和规范财政管理起到了积极的作用。

经济责任审计　通过对2单位领导的离任审计，为组织部门选聘使用干部提供决策依据，还加大对大案要案的审计查处力度，如通过对市南辰农场领导的离任审计，查出原宝岛财政所干部林汉伦、董希明2人以收大报小的手段从中贪污税款80多万元的事实，已移交司法机关查处。

工商银行审计　重点对市工商行损益的真实性，信贷资产真实合规性等方面进行审计，通过延伸对75家贷款企业调查核实，查处核减损失贷款9000多万元等问题。

企业审计　完成企业审计3个。查出春江糖厂近五年违规金额3879万元，资产减值4727万元，同时揭露了市工业企业管理的薄弱环节，提出对策性的建议。

【琼山市审计局】 1999年，共有干部职工15人，其中，本科学历3人，大专学历8人；中级职称6人；局长1人，副局长3人。内设人秘股、行政事业审计股、工业企业审计股、商贸企业审计股4个机构。

审计工作成果 1999年共完成审计项目30个，比原计划多15个。

财政审计 共查出违纪违规金额1428万元，其中应上缴预算收入782万元。查出存在问题8个：收入欠款入库782万元；虚列预算支出228万元；无预算拨付经费18万元；财政资金126万元拨付不及时；发票管理不严，出现开票点征税款滥开滥用现象；预算部门挤占挪用专款114万元；未纳入财政专户管理资金96万元；预算部门多头开户、公款私存、违规设置账外账。

领导干部经济责任审计 我局受市委组织部的委托，通过法定程序立项，对11个乡镇及两个直属单位的18名正局级领导干部进行离任经济责任审计。查出应由被审计者负经济责任的主要问题有：财务收支内部管理制度不健全；截留、占用专项资金用于其他费用开支；固定资产管理混乱，核算不实；基建工程未办理决算，付款手续不完善；有8个乡镇政府拖欠水利、道路、基本建设费100万元；决算不适造成损失浪费等。

固定资产投资审计 全年完成固定资产投资审计项目12个，审计金额101077726元，核减工程造价7636049元。

重庆市

【重庆市审计工作简述】 1999年，全市有审计机关45个，人员1013人。其中，大专学历以上学历占61.9%，获得审计师或注册会计师资格的占86.61%。全年共审计1856个单位，查出违规行为金额287366万元，决定处理处罚40965万元；应交财政12508万元，已交财政8743万元，应核减财政拨款或补贴3046万元，应归还原渠道资金19815万元，促进增收节支2681万元；向司法机关移送案件33件，协助有关部门查处经济案件119件。重庆市审计局和29个区、县（市）审计局获得地方党委评选的“好班子”、“先进单位”、“先进党支部”荣誉。农业综合开发资金审计、三峡移民资金审计、中央直属储备粮库建设项目审计、中央移交地方管理企业养老保险资金审计、赈灾福利彩票审计、法院和检察院审计被审计署评为全国优秀审计项目。重庆市审计局撰写的《经济效益规范化审计》，在一等奖空缺情况下，评为全国审计科研论文二等奖。

【重庆市审计局】 局机关设有办公室、人事教育处、综合处、法规处、审计管理处、财政审计处、金融审计处、固定资产投资审计处、行政事业审计处、农业审计处、工业交通审计处、商贸审计处、外资运用审计处、机关党委办公室（含监察、工会）及编制、人员、经费均由审计局管理的驻经委审计处、驻农办审计处、驻商委审计处、驻建委审计处、驻教委审计处和驻交通局审计处等20个处室和1个直属事业单位审计科研培训中心。有在职干部、职工141人，科研培训中心19人。其中，研究生学历3人，本科学历48人，大专学历56人，获得中级以上专业技术职称117人。

局领导成员

局长：余　敏

副局长：吴德珍

　　　　杨春林

机关党委书记：李世玖

纪检组长：邓　炜

助理巡视员：胡耀华

审计专员：汪　量

预算执行和财政收支审计情况 全市各级审计机关共查出违反财经法规金额65145万元。其中，预算执行审计以规范部门预算分配秩序和科技、教育、水利、救灾、工业结构调整基金为审计重点，揭示了预算执行审计中财政预算暂付款额较大、企业欠税、部分区县及乡镇欠拨教育经费问题突出、科技移项挪用挤占严重、水利资金地方配套严重不足等主要问题。重庆市审计局机关在对丰都县财政决算审计中，发现该县财政局、地税局严重截留、挤占、挪用财政资金为本部门、小集团和个人谋利；县地税局个别人伙同金库管理人员擅自动用国库专户资金等严重问题。重庆市财政局在全市财政会上对此予以通报批评。重庆市地税局撤换了该县的局长。人民银行免去了有关人员职务，并调离了岗位。三部门还制定和修订了有关制度和规定。

1999年重庆市审计工作主要成果表

单位：万元

指标/金额/地区	审计单位（个）	违规行为金额	应交财政	应核减财政拨款或补贴	应归还原渠道资金	已交财政	促进增收节支金额	向司法机关移送案件（件）	建议给予行政处分（人）
合计	1856	287366	11358	3046	19815	8743	2681	33	29
重庆市机关	108	119760	6731		7617	4550	6	11	6

指标 金额 地区	审计单位（个）	违规行为金额	应交财政	应核减财政拨款或补贴	应归还原渠道资金	已交财政	促进增收节支金额	向司法机关移送案件（件）	建议给予行政处分（人）
万州开发区	682	58970	1310	1543	7416	1045	1403	9	19
黔江开发区	303	24606	298	1464	1097	298	642	1	1
涪陵区	37	25889	30		1427	30	68		
渝中区	9	768	4		235	4			
大渡口区	9	442	17		195	17			
江北区	24	1973	40		10	40	6		
沙坪坝区	14	1159	105		3	77		1	1
九龙坡区	13	575	187		151	187		4	
南岸区	12	4950	7		5	7			
北碚区	19	432	78		1	73			
万盛区	20	1872	97		162	97			
双桥区	24	117	25		33	13			
渝北区	19	759	14		84	14	1		
巴南区	58	1666	66		104	66	118		
江津市	30	3365	1222		134	1192	180		
合川市	17	6145	16		41	15			
永川市	21	8965	30			30		1	
长寿县	16	772	68		46	68		1	
綦江县	31	4789	74		85	74			
潼南县	19	1098			3				
铜梁县	54	3336	8	5	43	1	5	2	1
大足县	15	1557	67		328	67	10		
荣昌县	15	793	100		27	100			
璧山县	16	3890	184	31	3	184			
梁平县	57	1160	102		126	98	68		
城口县	18	179	1			1			
南川县	36	609	75		116	75		3	
丰都县	51	1641	229		114	229	50		
垫江县	68	2172	112	3	33	56	124		
武隆县	41	2957	61		176	35			1

大案要案审计查处情况 根据审计署的统一组织，重庆市审计局重点对重庆市三峡移民资金的管理使用情况和法院系统1998年度财务收支进行了审计，查出大案要案2件并移送司法机关处理。

专项资金审计情况 对三峡移民资金审计的力度明显加强，查出违规金额10138万元。审计揭示了一些地方的部门、单位、乡镇在移民资金管理使用中，擅自移项挤占挪用、损失浪费等问题，并查获丰都县原建委主任黄发祥等贪污挪用巨额移民土地出让金，已有4人被追究刑事责任。针对移民资金运用和管理中的漏洞所提的建议，得到各级政府和有关部门的重视和采纳。重庆市人民政府制定了《移民资金管理办法》，重庆市移民局先后发出6个督查整改文件，5次通报整改情况。

对重庆市12个固定贫困县和2个地区级开发区1997年至1999年6月财政扶贫资金和信贷扶贫资金进行了审计，查出滞留、挤占、挪用、改变投向等违规金额8588万元，促进了各级政府及有关部门落实扶贫政策，整改扶贫和综合开发工作中存在的问题。

重庆市审计局又和有关区县局对19个中型续建水库工程项目、5个在渝中央直属储备粮库建设项目的预（概）算执行情况进行了审计。查出虚列投资完成额、乱集资、挤占挪用建设资金、损失浪费等问题金额25766万元，以及有的项目在基本建设管理中层层转包等欠规范的问题。

统一组织重庆市审计机关完成了对全市养老保险基金、赈灾福利彩票，希望工程捐款等社会保障和社会募捐资金的审计，揭示出养老保险基金中的拖欠、挤占、挪用和基金未存入财政专户等问题及原因，为完善重庆市基本养老保险制度提供了决策依据。对铁路、电力、煤炭、邮电、金融等10个行业31个中央单位基本养老保险的审计，摸清了国家行业统筹企业职工养老保险基金已移交到位的养老保险基金结余2000多万元。

金融审计 一是统一组织全

市审计机关对中国工商银行在渝分支行及所办公司1998年度资产、负债、损益情况进行了审计。二是按照人民银行关于清理整顿商业银行账外账和规范经营问题的实施方案，对重庆市商业银行的12家支行，万州商业银行的4家支行进行了审计。发现银行违规经营和账外资产问题仍有新的发生，会计核算不实现象比较普遍，共查出各类违规金额28000万元，查处上缴财政1174万元，促进了金融企业加强内控管理。三是围绕社会稳定，重庆市各级审计机关在任务重、人力紧缺情况下，全力以赴参与地方政府对城市“三金”、农村“三乱”的清理整顿工作和对重点机构的审计调查，为规范重庆市金融秩序，维护人民群众的利益发挥了积极作用。

企业审计情况　全市审计机关共审计企业126个，查出资产、负债、损益不实和损失浪费等46059万元。审计中，一是注重突出真实性审计，核实资产、负债、盈亏、所有者权益。二是着眼宏观，深入分析研究企业违规行为特别是改制过程中违规行为的利益性动因，及时向重庆市委、市政府提出加强管理，完善有关政策的建议，以促进深化企业改革。

内部审计　1999年，在重庆市推行了内部审计人员持证上岗制度和内部工作作业规范。加强了内部人员业务培训，全年共组织举办内审人员岗位培训班11期，参加培训人员达1100多人。还组织召开了全市内审任期经济责任审计经验交流会及理论研讨会。指导帮助重庆市移民局等行业和单位建立和健全了内审制度。制定下发了重庆市内审工作考核评比办法。全市内审系统，全年共审计项目11997个，查出损失浪费金额14486万元，已纠正违规行为金额66697万元，提出的建议措施被采纳有6863条；促进增收节支64165万元，建议给予行政处分136人，移送司法机关处理74人。

【重庆市渝中区审计局】
1999年全局共24人，其中大专学历以上学历20人，局长1人，副局长2人，正局级调研员1人；设秘书科、综合审计科、行政事业审计科、财政金融审计科、企业审计科。

推行科级干部竞争上岗　通过竞争，在6名上岗科长、副科长中有2名继续留任，新提拔了4名副科长。大专学历以上学历由原来的71%上升到100%，平均年龄由49岁下降到38岁。

完成审计师事务所的改制工作　根据财政部统一部署及中国注册会计师协会有关规定，局所属的中信审计师事务所已脱钩。

开展经济责任审计　根据中办、国办关于开展对县级以下党政领导干部和国有企业及国有控股企业领导人员经济责任审计的意见，分别对7位领导干部进行了任期经济责任审计。

【重庆市江北区审计局】
1999年有干部、职工17人。其中：大专学历以上学历9人，副局长2人，调研员1人；设有办公室、财政金融审计科、行政事业审计科、企业审计科、基建审计科。

1999年对本级财政、地税部门、金库及6个一级预算单位预算内、外财务收支及本级预算执行资金进行了审计。通过审计查出违纪金额73万元，处理上缴财政5万元，已全部入库。

1999年完成了中国工商银行江北区支行1999年资产、负债、损益审计。重点对损益的真实性、完整性、合规性以及信贷资产的真实合规性及信贷资产质量进行了审计，为维护金融秩序发挥了作用。

1999年对5个单位法人代表开展了经济责任审计，为今后开展此项工作打下了坚实的基础。

【重庆市沙坪坝区审计局】
1999年共有职工16人，其中局长一名，副局长2名，调研员1名；设秘书科、行审科、综合科、企审科；全年共完成审计项目20个，其中市局指定项目10个，区委、区政府交办任务10个。

受表彰情况　工商银行重庆市沙坪坝支行1998年度资产、负债、损益审计项目获重庆市审计系统一等奖；世行贷款传染病与地方病控制项目1998年度财务收支及项目执行情况审计、沙区法院1998年度财务收支审计获重庆市审计系统优秀项目奖。由于审计成果显著，沙坪坝区审计局在重庆市审计局统一组织的1999年度审计业务工作考核中荣获一等奖。

审计工作情况　认真贯彻朱总理“全面审计，突出重点，注意发现大案要案线索”的重要指示，加大审计监督力度，在对1998年度本级财政预算执行及其他财政收支情况审计中，纠正了各种违纪违规金额296.69万元，较好地规范了财政管理。在对工行沙坪坝区支行的审计中，审计总金额263880万元，抽审了四个分理处，一个储蓄所，延伸调查贷款单位38户，对群众举报事项进行了认真查证，查出违纪违规金额2072万元，帮助该行规范了内部财务管理。在对渝碚路街道投资广东湛江嵩山美食娱乐城项目审计中，发现该娱乐城法人代表刘学华涉嫌贪污罪，及时移送区检察院立案查处。

【重庆市九龙坡区审计局】
1999年现有在册职工22人，其中，局长1人，副局长2人，内设5科1室。

在审计重庆市九龙坡区个协、私协汇源基金会时，发现基金会负责人，区工商局原副局长刘世国，利用职权发放贷款，有受贿嫌疑。此案移交区检察院办理，1999年10月区人民法院宣判，因失职渎职造成经济损失1044万元，受贿36000元，判处有期徒刑12年。

审计白彭公路拆迁补偿费，发现巴福镇副镇长付中亮在任该镇国土所负责人时，通过重复列支、涂改原始发放清册等手法贪污拆迁补偿费20多万元，并牵出该镇财政所柯××挪用几十万元的重大问题，均已移交查处。

审计华岩镇农村合作基金会时，发现会计、出纳通过出假凭证、银行存款和现金多次转账等手法，涉嫌合伙贪污。通过区监察局的介人，又发现案中案。此案正在进一步调查中。

【重庆市南岸区审计局】

1999年末，共有在职干部、职工22人，其中，大专学历以上学历14人，局领导成员有局长1人，副局长2人，正局级调研员2人。设财政审计科、行政事业审计科、企业审计科、综合科、办公室。

1999年完成重庆市审计局下达审计项目12个，审计单位12个。查出违纪金额4950万元，上缴区财政7万元，纠正违纪金额3798万元。写出审计信息被采用5篇。

1999年完成区委、区府交办的任务11项，审计单位18个。其中完成的重点任务是区政府交办的清理城市金融“三乱”、农村“三金”的工作任务。直接参与了对5个基金会、2个主营公司、11个子公司的财务清查，追回经济损失118万元，查出“小金库”68万元，查出内部职工及有关人员违规配股分红55.7万元，发现重大违纪线索19项，涉及金额达1580多万元，还配合司法机关对有关责任人员进行了立案查证，完成了7个基金会10多个兑付点首期兑付中的财务监管工作。此外还完成了对渝黔高速公路南岸段拆迁补偿经费财务收支的内审工作。对涂山、南坪、鸡冠石、黄桷垭、长生桥等6个镇近6000万元拆迁补偿资金进行认真审查，会同区财政局、房管分局、高指办对城市拆迁补偿资金2亿多元进行了重点复查，受到区领导的好评。

加强对内部审计工作的监督和指导。全区设有内部审计机构26个，内审人员54人，并为54名内审人员申办了内审上岗证，全年共完成审计项目119个，查出违纪金额292万元，进行了纠正，提出建议被领导采纳24条。

【重庆市北碚区审计局】

1999年底在编人员17人。其中，局长1人，副局长2人；具有大学本科学历以上12人，大专学历2人。内设行政秘书科，行政事业审计科，财政金融基建审计科，工交商审计科等机构。

审计工作成果 全年完成审计项目26项，查处违纪违规金额432万元，审计决定收缴77万元。提交审计工作报告和信息23篇，被上级审计机关和党政采用6篇。获区政府行政执法一等奖，6个审计项目获重庆市审计局表彰。

本级预算执行情况和财政收支情况审计 揭示了财政资金在分配、管理、使用中存在的问题，提出了从严控制支出，保稳定、保重点资金，优化支出结构等5个方面建议，受到了区政府、区人大常委会的高度评价和一致赞赏。

经济责任审计 探索领导干部任期经济审计的路子，对17个镇（乡）领导干部任期经济责任进行审计和审计检查。并延伸抽查了镇（乡）国土所、农经站、企业公司、农村合作基金会的财务收支及资产负债损益情况。

【重庆市万盛区审计局】

1999年共有干部职工11人，其中：大专学历以上学历5人，党组成员3人，局长1人，副局长1人。设办公室、行政财政审计科、金融基建审计科、企业外资审计科等机构。

审计成果 市审计局下达审计项目14个，实际完成22个，共查出违纪违规金额1872万元，移交司法机关处理经济案件2起。

完成上级领导交办的任务 1999年度，共完成区委、区府交办的工作任务2项，完成领导干部经济责任审计2项。1999年在清理整顿非金融机构工作中，抽调1人到区“三金”办工作，抽调3人参与非金融机构的清产核资工作，审计人员圆满完成了交办的各项工作。

《审计法》颁布实施五周年的纪念活动 在主城区悬挂横街广告30幅，召开区人大、区政府及有关部门领导参加的《审计法》颁布实施五周年座谈会，利用区报刊、电视等宣传工具进行全方位的宣传，通过这些纪念活动，收到了很好的效果。

【重庆市双桥区审计局】

1999年共有干部、职工28人，其中：大专学历3人；局长1人。设办公室、行政事业审计科、企业基建审计科、财政金融审计科等机构。

领导干部经济责任审计 先后对双桥区委党校、双路小学、双路初级中学、文体局、旅游局、客运站、民政局、计经委、乡镇企业局、技术监督局、城乡委等单位领导进行了经济责任审计，查出违纪金额113万元。其中：“小金库”12万元，挪用资金41万元，处理上缴财政12万元，并客观公正地作出了评价，指出了存在的问题，提出了改进意见。

金融和非金融机构的审计 对区工商银行和城区金融“三乱”进行了审计。查出了违纪金额875.3万元，基本查清了城区“三乱”企业的资产、负债、损益的情况。

本级财政预算执行的审计 对同级财政预算执行中重点资金和预算执行单位预算内外资金收支和资金使用效益情况进行了审计，针对财政预算管理和执行中存在的问题，提出了加强和改进财政管理的建议，得到了区委、人大、政府的采纳。

重点企业的审计 重点审计了双桥区自来水厂、天然气公司、综合贸易公司等3个单位的资产、负债、损益情况，揭露了企业的资产、负债、损益不真实、不合法的情况，查出违纪金

额3万元，上交财政3万元。

【重庆市渝北区审计局】

1999年共有干部职工18人。其中：大专学历以上学历12人，具有高级职称1人，中级8人；局长1人，副局长2人，纪检组长1人。设有办公室、一科（财政、金融、行政事业）、二科（商粮贸）、三科（工交）等机构。

审计任务完成情况　开展了1998年度本级财政预算执行情况审计。延伸审计了区计生委、国土局、科委、城乡委、农机水电局、教委、房管局等7个单位，查出违纪违规金额154万元，确保了《预算法》的贯彻执行。

金融审计　开展了中国工商银行重庆市渝北区支行1998年度资产、负债、损益审计，共查出违纪违规金额132万元，同时延伸审计了两个分理处和一个储蓄所，调查了29户贷款企业。

完成区委区政府交办任务　1999年，配合有关单位完成非金融机构“三金”和农村“三乱”的整治，先后对渝北区茨竹、兴隆供销社社员股金服务部、张关、仙桃、古路、草坪、黄印等合作基金会进行了清盘审计，同时还完成了渝北区城南建设工程总公司法人代表陈绍海等5位党政领导的离任审计。

【重庆市巴南区审计局】　现有干部、职工25人。其中：大学专科以上学历18人；局长1人，副局长2人。内设办公室、财政金融审计科、企业审计科、行政事业审计科、综合法制科。

1999年开展对本级财政预算执行情况、金融机构、重点部门、重点企业、重点专项资金、固定资产投资、外资项目审计，共完成审计项目55个，处理收缴财政66万元。

【重庆市涪陵区审计局】

1999年共有干部、职工59人。其中：研究生1人，本科学历14人，大专学历30人；获中级职称14人；局长1人，副局长3人。设有办公室、综合科、财政审计科、金融（外资）审计科、行政事业审计科、农业审计科、商贸审计科、工交审计科、固定资产投资审计科、离退休干部管理科等机构。

审计工作成果　1999年共完成审计项目39个，审计单位80户；专项审计调查5项，审计调查单位5户；查出违纪违规行为金额25889万元，给予处理处罚10428万元，要求给予限期纠正15461万元；已收缴财政30万元，归还原渠道资金1427万元，增收节支68万元；协助有关部门查处经济案件2件；报送并被上级部门或区委、区府采用发表的审计信息34篇。

交办任务　1999年共完成区政府交办任务53项，审计清理单位53个。在对社会上最为关注的“开源投资公司”和78个“农村合作基金会”的审计检查中，查出“开源投资公司”违规核销贷款570368元；违规抵押贷款造成经济损失1303155元；发放贷款审批手续不全，形成贷款呆账、坏账资金损失3267963.86元等等。查出“农村合作基金会”漏缴营业税及附加324.73万元，应缴未缴企业所得税444.82万元，虚列支出89.91万元，滥发奖金、补贴、协调费373.81万元，多提多列业务费或奖金128.55元，隐匿收入21.55万元，私自挪用拆借未入账资金60.5万元，白条借款入账35.89万元，收回贷款未入账17.8万元。

【重庆市万州区天城审计局】

1999年，有干部、职工17人，其中：大专学历以上学历11人；局长1人、副局长2人、正科级调研员2人。设有办公室、财政金融、行政事业、商业企业、工交企业、外资基建等审计科室。

审计工作成果　1999年，共完成审计项目30个，审计调查1个，查出违规行为金额1350万元，处理上缴财政343万元，削减基建投资287万元。

金融审计　对中国工行天城支行的审计中，查出该行私设“小金库”414万元，依法对其“小金库”余额129万元进行了处理。

企业审计　对万州区大垭口煤矿虚列长期投资，公款私存272万元，获取高额利息46万元的违规行为进行了处理。

任期经济责任审计　完成了对天城物资局、三峡丝厂、南浦化工厂原法人代表的离任经济责任审计。

宣传《审计法》　在《审计法》颁布五周年之际，利用广播、电视、图片、张贴标语（100多幅），散发资料（10000多册），出动宣传车（2辆）等形式广泛深入地开展宣传活动。

【重庆万州区五桥审计局】

1999年底在职15人（其中事业编制2人）。其中：大学专科以上学历10人；局长1人、党组书记兼副局长1人、副局长2人。设有办公室、行政事业科、财政金融科、固定资产投资科和企业外资运用科。

审计成果　1999年完成审计项目26个，审计单位36个，查出违纪违规行为金额3969万元，应上缴财政金额99万元。同地方纪委、监察、法院等执纪执法部门配合，查出各种经济案件3件。

固定资产投资审计　1999年完成12个项目，审计金额为4977万元，削减工程106万元。

【重庆市万州区龙宝审计局】

1999年有干部、职工21人，其中：大专学历以上学历11人；局长1人，副局长4人。设有人秘科、综合科、审计一科、审计二科、审计三科、外资基建审计科。

审计工作情况　1999年共完成审计项目27项，审计单位36户，查出违纪违规金额3656万元，应交财政99万元，应归还原渠道资金3557万元。全年共计发现大案要案线索4起，其中：襄渡镇移民资金被挤占挪用1370万元，占使用移民资金的75%；万忠公路改建工程违规金额1460万元；交通局原局长何玉成的经济责任审计；凉风镇、高峰镇两起挪用救灾款物的审计，以上四项共查出违纪违规金额2839万元，查出违纪违规金额千万元的2户，审计建议纪委、监察处理6人（已处理5人，免予处理1人），移送司法机关4人，已被重庆市人民检察院第二分院立案，并将4人逮捕（涉及原副县级领导1人，保留正县级待遇的局级领导1人）。此案仍在继续审理中。

【重庆市万州移民开发区审计局】

1999年共有在册职工31人，具有大学本科学历7人，大专学历13人；已取得会计师、审计师等中级技术职称资格16人；局长1人、副局长2人。内设办公室、综合法规科、审计管理科、财政金融审计科、工业交通审计科、商贸审计科、行政事业审计科、移民资金审计科、外资运用与固定资产投资审计科。

审计工作情况 全年共完成审计项目50个，查出各类违规行为金额6411万元，处理上缴各级财政838万元，减少财政拨款和补贴1469万元，追还被侵占挪用资金1139万元；向司法机关移送涉嫌犯罪案件1件3人。提交审计工作报告和审计信息65篇（期），被当地和上级采用43篇。

财政审计 特别是对应作未作预算收入、欠缴教育经费、挤占科技经费等13个问题追踪审计，引起了区人大常委会的高度重视，受到区政府好评。在对4个县级财政决算审计中，对截留、挖挤上级财政收入、违反预算资金管理等违规行为进行了严肃处理，同时对财政赤字的原因进行了分析。

乡镇移民资金审计 重点查处了移民资金管理使用中，生产安置不落实、擅自扩大城镇迁建规模、挤占挪用移民资金等问题。

经济责任审计 对5个领导干部任期经济责任审计，查清了问题，分清了责任，严格把握政策界限，不越权，不越位，受到区党工委、区管委会领导的肯定。

【重庆市黔江开发区审计局】

1999年，有干部、职工23人，其中：大专学历以上学历13人，局长1人，副局长2人。设有办公室、财政金融审计科、行政事业审计科、固定资产投资外资审计科、企业审计科和政策法规科。

财政预、决算审计 审计了预算执行单位6个，县级决算单位1个，乡级决算单位58个，查出违纪金额1.4546亿元，预算执行延伸审计了教育和科技经费，检查了工商局、公安局收费情况。同时抓住全区农业特点，对扶贫、三峡移民、农业综合开发等资金进行了审计。开展了对工商银行、社会保障、募集赈灾、交通规费、固定资产投资、外资利用等项目的审计，全年共完成审计项目157个，审计单位303个。

经济责任审计 1999年审计了16个单位，审计面达100%。

【大足县审计局】 1999年，共有干部、职工25人，其中：大专学历以上学历13人，局长1人，副局长3人。设有人秘、法制、综合、财政金融、行政事业、企业基建等股室。

财政预算执行和财政收支审计 查出四个方面的问题：少列预算收入5721842.41元；挤占农业风险基金100000.00元；无预算列支支出50000.00元；账、表不符合金额6160000.00元。责成县财政按规定调整账务12031842．00元。

大案要案查处情况 在农村“三金”清理中，审计查出县乡镇投资公司欧某等3人用制假证、做假账手段，共套取现金171625.27元，现3人已被公安机关拘押。

工商银行系统审计 对中国工商银行大足县支行审计中，查出的主要问题：挤占费用748801．40元；少记利息收入4360000.00万元；多列支出2462262.34元，查获账外资金119031.64元，为工商行的管理和正常营运提出了中肯的建议，获得了市审计局二等奖。

《审计法》颁布五周年庆祝活动 在《大足报》开设专版，大力进行审计宣传，印刷了3万份审计资料发到各级部门和广大群众；在大足有线广播进行了为期一周的“审计之窗”专题讲座，广泛宣传审计的职能作用等。

【江津市审计局】 1999年共有在职干部、职工24人，其中：大专学历以上学历19人，具有中级技术职称16人；局长1人，副局长2人。设有办公室、综合科、财政审计科、企业审计科、行政事业审计科和基建审计科。

预算执行和财政收支审计 预算执行除审计财政、税务、金库外，还审计了4个预算执行单位和教育、科技经费，同时延伸抽审了46个有预算收入上缴的单位和纳税单位，审计预算支出金额4415万元，占本级一般预算支出的32%，查出违规行为金额1691万元，应上交财政591万元。审计后将电力部门收取的供电工程贴费，纳入了财政基金预算收入管理。财政决算审计共审计3个镇，查出违规行为金额279万元，其中混淆入库级次22万元，虚列财政支出66万元，自行设立预算外资金63万元，提高费用标准10万元。应交财政21万元。

经济责任审计 对一乡一镇一局3个单位原任领导任期经济责任进行了审计，共查出违规行为金额923万元。

固定资产投资审计 全年共完成6个建设项目竣工决算审计，共核减工程造价180万元，社会效益和经济效益比较明显。

【合川市审计局】 1999年，共有干部职工27人。其中：大专学历以上学历16人；局长1人，副局长2人，调研员1人。

设有办公室、财政审计科、行政事业审计科、企业审计科、综合科等内部机构。

突出重点，抓好中心项目审计工作　对1998年度合川市级财政预算执行和其他财政收支情况的审计资金总额达2亿元，查出违纪违规行为金额额5747万元，并依法进行了处理，理顺了财政资金正常分配渠道。对中国工商银行合川市支行1998年度资产负债损益情况的审计，审计资金5.8亿元，查出违纪违规行为金额820.71万元，发现了该行执行财经法规和内部管理方面存在的问题，提出了审计建议。

参与整顿城区金融“三乱”和农村“三金”　抽调9名审计干部参加了合川市清理整顿城区金融“三乱”和农村“三金”工作。

【永川市审计局】　1999年，有干部、职工20人，其中：大专学历以上学历16人；局长1人，副局长3人，纪检组长1人。内设办公室、财政审计科、金融审计科、行政事业审计科、企业审计科和基建审计科。

狠抓大案要案的查处　针对造假账、乱设账、乱收费等现象，主要采取了财政资金“两头”的监督，重视大案要案的查处。

密切配合，积极开展非金融机构的整顿工作　抽选13人参加“三金”、“三乱”的整顿工作，重视执行项目审计计划和抓好整顿工作两不误，为永川市的经济发展和社会稳定服好务。

【长寿县审计局】　1999年有干部、职工14人。其中：大专学历以上学历11人；局长1人，副局长1人。设有办公室、财政金融审计科、行政事业审计科、企业审计科。

任期经济责任审计　在审计中，帮助被审计单位规范了财务核算，健全了财务制度，而且查处了原会计贪污公款36万多元和单位私设“小金库”1个。

财政预算执行情况审计　通过审计，取消了财政局多开设的30个银行账户，解决了长期多头开户这一老大难问题。

对群众普遍关心的热、难点进行了审计监督　查处了国土局原出纳挪用公款360多万元，同时向社会公布了审计结果。

专项审计　对工商银行长寿县支行、乡镇财政决算、农业综合开发资金、三峡移民资金、外资等专项资金及行政事业单位财务收支进行了审计，发挥了审计的监督作用。

【綦江县审计局】　1999年有干部、职工21人。其中大专学历以上11人，中级职称以上13人，局长1人，副局长3人。设有办公室、财政金融审计科、行政事业审计科、国有企业审计科和综合法规科。

预算执行和财政收支审计　对同级财政1998年度预算执行和财政收支实施了审计。审计单位11个，审计预算支出总额9208万元，占财政支出总预算的52.7%。审计查出违规金额419万元，并对违规问题依法作出了处理。

工行审计情况　对中国工商银行綦江支行1998年度资产负债损益情况进行了审计，共查出违规行为金额649万元。

【潼南县审计局】　1999年共有干部、职工16人。其中大学本科学历3人，大专学历6人；局长1人，副局长3人。设有办公室、行政事业审计股、企业审计股、综合审计股。

完成县政府交办任务　全年共完成县委、政府交办工作任务9项。重点是贯彻中央办公厅、国务院办公厅关于经济责任审计的“两个暂行规定”，积极开展党政干部经济责任审计，提供审计结果报告。

【铜梁县审计局】　1999年有干部、职工19人，其中：大专学历以上学历11人，获得审计师以上资格的有11人；局长1人，副局长3人。内设办公室、财政金融审计科、行政事业审计科和企业审计科。

经济责任审计　县委组织部交办需要进行经济责任审计的局级党政机关和企、事业单位主要领导干部（或法人代表）共23人，全部由县审计局直接审计。局级以下的企、事业单位的主要负责人（法人代表）需要进行经济责任审计的共25人，由县审计局委托审计事务所审计。全年48个经济责任审计项目按组织部门和纪委的要求全部如期完成。

基本建设审计　全县50万元以上的基本建设项目全部实行必审制，由县审计局统一安排，除直接审计的12个外，其余委托中介机构审计，县审计局复核后，出具意见书和审计决定。全年共完成38个，审计资金总额1.8亿元，审减金额达1540万元。其中铜梁宾馆3100万元的报审资金额就审减近1000万元。

【荣昌县审计局】　1999年，有干部、职工19人，其中：大专学历以上学历16人，局长1人，副局长2人。设办公室、财政金融科、行政事业科、企业科等机构。

完成交办任务　完成县委、县政府交办的工作任务2项，审计清理单位15个。对全县3250万元国债专项资金进行了审计调查，并向县委、县政府提交了专题报告。

完成上级下达审计任务　完成重庆市审计局下达的审计任务16项，审计单位83个。1999年3月，全局分3个组开展了财政预算执行审计，通过分析资金运用状况，找出财政资金在分配、管理、使用中存在的问题，规范了财政收支秩序。3—8月，按照市局授权，对工商银行荣昌县支行1998年度资产、负债、损益的真实、合法和效益情况进行了审计，分析评价了其资产质量、支付能力、盈亏情况，查处违纪违规金额80万元，提出整改建议12条。

【璧山县审计局】　1999年共有干部、职工12人。其中：大学本科学历2人，大专学历7人；局长1人，副局长2人；设有办公室、综合科、工交基建审计科、金融商贸审计科、行财审计科等机构。

1999年，提交审计工作报告、信息33篇，其中工作报告14篇。建议纠正地方部门不当规定35条。在对1998年度科技经费的审计中，发现科技经费投入不足，投入重点不突出，科技效益不明显；安排用途不当，拨付安排不及时，使用不当；违规提取统筹费30375元等问题。

【梁平县审计局】 1999年，共有干部、职工21人，其中：大专学历以上学历8人；领导成员有局长1人，副局长1人。设有人秘股、工交审计股、商贸审计股、行政综合审计股。

预算执行和财政收支审计情况　对全县1998年财政预算执行和其他财政收支情况和2个镇乡财政决算进行了审计。查出违反预算法规金额70万元；查出挤占挪用专项基金、应缴未缴预算收入和财政专户资金等697万元；追缴应缴预算收入265万元。

领导干部离任经济责任审计　对县属党政领导12人，镇乡党委书记、镇乡长35人任职期内的经济责任进行了离任审计。审计资金总额5.4亿元，查处违规金额438万元；上交县财政22万元；交还镇乡财政97万元。

【城口县审计局】 1999年，在职干部、职工18人，其中：大专学历以上学历5人，局长1人，副局长2人。设有办公室、财政金融审计股、行政事业审计股、企业审计股。

基础设施建设资金审计　完成了对羊耳坝水库工程项目的审计。

本级预算执行审计　基本摸清了财政的家底，查出财政拖欠部门、单位预算经费累计达2507.9万元，挤占专项资金580万元。

行政事业单位的审计　着重对法院、检察院系统的财政预算资金、行政性收费、罚没追缴专款（物）收取、管理和解缴情况，以及中央关于政法机关不准经营办企业决定的贯彻情况进行了审计，审计面达100%，抽审面50%。

社会保障资金审计　对福利彩票发行的审计进一步促进和规范了福利彩票发行行为。同时对希望工程捐款的审计促使更好地管好用好希望工程捐款。

企业审计　通过对城口县国营矿山项目技改工程，物资公司、工商联、石油燃建公司、汽车运输公司等企业的财务收支进行了审计，促进了企业规范财务会计核算，加强财务管理，提高经济效益，实现国有资产保值增值。

【南川市审计局】 1999年末，有干部、职工18人；其中：大专学历9人；局长1人，副局长2人。内设办公室、执法综合科、财政金融审计科、行政事业审计科、商业贸易审计科、工业交通企业审计科、基本建设外资审计科等六科一室。

全年审计了36个单位。其中：重庆市局下达计划项目14项。审计中，查出涉嫌贪污犯罪案2件；渎职造成重大损失案件1件。均已移送检察机关侦办。

【丰都县审计局】 1999年共有干部、职工19人，其中：大专学历以上学历13人，局长1人，副局长3人（纪检组长1人兼）。设有办公室、财政金融审计股、行政事业审计股、企业审计股、基建外资审计股等机构。

交办任务　1999年，共完成县委、县政府交办的工作任务2项，审计清理单位2个。完成工程决算审计项目7个，审计金额2203万元，竣工决算审减金额50万元，维护了国家利益。

【垫江县审计局】 1999年全局有干部、职工28人，其中：大专学历以上学历19人；局长1人，副局长3人。设有办公室、监察室、财政金融审计股、工交基建审计股、行政事业审计股、商贸审计股等机构。

审计工作　一是圆满完成了农村“三金”和城区金融“三乱”的清理整顿工作；二是积极响应县委、县政府的号召，县级各部门预算外资金实行集中统一管理，撤销了设在专业银行的审计过渡户，并会同其他部门开展了预算外资金大检查，维护了县委政府的决定，保证了政令畅通；三是积极参加企业改制工作，认真清理企业资产及债权债务，为维护社会稳定起了积极作用；四是不折不扣完成县委、政府组织的“促农”等中心工作，同时大力宣传《审计法》。共提交审计综合报告、信息等56篇。

完成县政府交办任务9项，审计单位13个。完成上级下达审计任务13项，审计单位35个。

【武隆县审计局】 1999年，在册职工18人，其中：大专学历以上学历8人；局长1人，副局长3人。设“一办、五科”即办公室、财政金融外资审计科、行政事业审计科、工交商贸企业审计科、农业审计科、综合法制固定资产投资审计科。

【忠县审计局】 1999年有在岗职工17人，其中大专学历以上文化的11人；具有中级以上专业技术职称7人；局长1人，副局长3人，副局级调研员1人。内设人秘、行政事业、外资基建、工交企业、商贸企业共5个股。

审计工作情况　1999年共查处违纪违规金额4290万元，处理收缴51万元，追回被侵占挪用资金127万元，移送处理3人。在对1998年县级财政预算执行审计中，查出违规金额884万元，处理减少财政支出61万元。在对中国工商银行忠县支行1998年度资产负债损益情况审计中，查出违纪违规金额1847万元，查出自办经济实体损失131万元，发现案件线索1件，违纪金额46万元。在对县级以下党政主要领导干部和企业法定代表人任期经济责任审计中，查出违纪违规金额823万元，拖欠税费710万元，拖欠企业职工养老保险基金缴存490万元。

【开县审计局】 有职工22人，其中：具有大专学历以上学历11人，取得注册审计师资格10人，有局长1人，副局长2人。设人秘股、综合股、财政金融审计股、行政事业单位审计股和商贸企业审计股。

1999年，开县审计局认真贯彻重庆市审计工作会议精神，坚持"依法审计、服务大局、围绕中心、突出重点"的方针，努力工作、协同配合，圆满地完成了各项任务，"两个文明"建设取得显著成绩。

【云阳县审计局】 1999年，机关设有人秘综合股等5个股室，年末有在职职工22人，其中：大专学历文化程度以上的13人，具有中级技术职称的9人，局领导5人。

审计工作 一是加大了财政审计力度，除对同级预算执行和其他财政收支进行审计外，同时对18个乡（镇）财政决算和其他财政资金进行了审计。查出违纪违规行为金额4421万元，收缴财政36.4万元。二是作为三峡移民大县和国贫县，移民资金、扶贫资金审计理所当然地成了审计机关重中之重的工作。三是对离任经济责任审计进行了有益的探索，选择了四个具有代表性的单位，对主要领导离任经济责任进行了审计，为组织部门选拔任用干部提供了参考依据。

【奉节县审计局】 1999年，共有干部、职工16人，其中大专学历以上学历8人；局长1人，副局长2人。机关有四股一室，即行政事业审计股、财政金融审计股、企业审计股、外资基建审计股和办公室。

审计成果 1999年，完成了41个项目，审计了103个单位，查出违规行为金额4348万元，决定处理处罚金额155万元，指明要纠正金额4193万元。

财政审计 对财政部门1998年预算执行情况进行了审计，查出违规行为金额966万元。抽审白帝镇等财政决算情况，延伸审计了所辖31个单位，查出违规行为金额404万元。

大案要案查处情况 查出并移送检察机关犯罪案件3件，涉及违纪金额达20余万元，其中两名嫌疑人被依法逮捕。

任期经济责任审计 接受并完成审计任务10项，查出负有直接领导责任的违规行为金额218.2万元。

纪念《审计法》颁布五周年 通过有线电视全文播放《审计法》，办法制宣传专栏1期，组织机关全体职工和有关单位内审人员系统学习《审计法》及相关法律法规。

金融审计 对中国工商银行奉节县支行1998年度资产、负债、损益情况进行了审计，查出违规行为金额178万元。

企业审计 对县自来水公司、木材公司等进行了审计，清理核实了县供销社的财务挂账，查出违规行为金额154万元。

【巫山县审计局】 1999年，有干部、职工17人，其中大专学历以上学历10人，局长1人，副局长2人。内设办公室、固定资产投资股，财政金融股、企业股、行政事业股、外资股。

预算执行和财政收支审计 对县财政局、地税局、金库、教育局、科委等单位进行了同级预算执行和其他财政收支审计及延伸审计，审计总金额4151万元，占年初预算支出的38.93%，查处违规行为金额260万元，其中应交财政金额3万元。

经济责任审计 完成了对丝绸厂厂长、双龙镇镇长、福田镇镇长，外贸公司经理、田家煤矿矿长的任期经济责任审计。

《审计法》颁布实施五周年纪念活动 结合《审计法》颁布实施五周年情况、全局职工走上街头，利用广播、宣传资料、标语等形式大力宣传《审计法》，使广大干部群众对《审计法》有了更进一步的了解。

工行系统审计情况 对工行1998年度资产、负债、损益情况进行了就地审计，审计资金总额1.9049亿元，查处违纪金额811万元。

【巫溪县审计局】 1999年，有干部、职工16人，其中大专学历以上学历8人，中级职称5人，局长1人，副局长2人。设有办公室、财政金融审计股、行政事业审计股、企业审计股。

财政预算执行情况和其他财政收支审计 审计中查出预算执行不真实、不合规以及挤占农发基金和其他专项资金等问题，反映了县本级财政支出超预算幅度大，赤字持续增加，财政形势严峻的现状。两个报告提交县政府、人大后，引起高度重视。教育经费审计反映了财政欠拨教育专款，揭露了部分学校提高标准收费、乱收费和不按时结算学生结余书本费等问题。科技经费审计查出挪用科技专项资金问题，追回挪用资金25万元。

扶贫资金和农业综合开发资金审计 两项资金审计金额达4700多万元，查出违纪金额290多万元。

外资审计 在世行贷款"传染病与地方病控制"项目资金审计中，查出挤占挪用资金问题，受到重庆市审计局和世行组织的关注。该项目被重庆市审计局评为优秀项目。

【石柱土家族自治县审计局】 1999年，共有正式职工16人，其中具有中级以上职称的7人，大专学历以上学历10人。内设秘书股、法规股、经贸股、基建外资股、行政事业股、财政金融股。

审计成果 1999年，共完成审计项目35个（审计单位78个），占市、区下达审计项目的166.7%。审计共查出违规行为金额2629万元，处理应收缴财政22万元（其中罚款14万元），责令退还被侵占、挪用资金224万元，核减工程投资136万元，促进增收节支279万元。其中完成了县委、县政府交办审计项目9个。注重成果转化，全年撰写了信息、简报、调研文章30篇，被县委、县政府和上级审计机关采用26篇，采用率86.6%。

纪念《审计法》颁布五周年活动　由人大常委会出面召开了县级部门领导共100多人参加的《审计法》颁布五周年纪念座谈会，县人大、县政府领导分别讲话宣传《审计法》，强调审计工作，扩大了审计影响，取得了良好效果。

【秀山县审计局】　1999年，有干部、职工18个，其中：大专学历以上学历8人，局长1人，副局长2人。设有办公室、财政金融审计股、行政事业审计股、商贸审计股、工交审计股、基建外资审计股等机构。

审计工作成果　全年完成审计和审计调查项目22个，为年初计划的169%，审计单位46个，查出违规行为金额3130万元，应上缴财政150万元，已全部入库，追还被侵占挪用资金130万元。

财政预算执行和财政收支情况审计　共审计29个部门单位，查出违规行为金额1346万元，收缴财政65万元。

专项审计　对1996年至1999年6月的扶贫资金筹集管理和使用及效益情况实施了审计，对畜牧局下属白鹅公司会计挤占挪用专项资金1.7万元进行了处罚，并移送县纪委，建议给予行政处分。

《审计法》颁布实施五周年纪念活动　邀请了水电、农业、交通、粮食等十二个部门单位领导、会计、内审人员，分管审计工作的副县长以及特约审计人员参加了座谈会。

经济责任审计　对县72车队经理胡某1996年9月至1999年4月任职期间经济责任实施了审计，对群众上访材料中所列事实进行了审计核实，为化解社会难点疑点起到了公正作用。

企业审计　对与城镇居民生活相关的自来水公司实施了审计，查出资产、负债不实，虚增虚减利润等问题，促进了企业加强企业管理，规范会计核算行为。

【彭水苗族土家族自治县审计局】

1999年共有干部、职工16人。其中：大专学历以上文化7人；中级职称6人；局长1人，副局长2人。内设秘书股、综合股、财政金融审计股、行政事业审计股、工交企业审计股、商贸企业审计股和基建外资审计股等机构。

审计成果　1999年度共完成审计项目14个，审计单位68户；完成审计调查项目1个，调查单位8户，共查出违纪违规金额2200万元，应上交财政59万元，已交财政52万元。共提交审计工作报告信息64篇。同县纪委、监察等部门配合，共查处各种经济案件4件，行政处分3人，收缴违纪金额3.6万元，为清除腐败发挥了积极的作用。

完成交办任务　1999年度共完成当地党政交办审计工作任务19项，审计清理单位86个。为县委、县政府领导提交审计报告19篇。

【黔江县审计局】　1999年，县政府核定行政编制15人，实有人数14人，其中局长1人，副局长2人。

主要工作任务完成情况　开发区局下达计划24个，实际完成37个。审计总金额近5亿元，纠正违规4900万元，处罚罚款45000元。完成的37个项目主要是：1998年预算执行、农业综合开发、福利彩票、外资（4个）、基建（6个）、法院、检察院1998年财务收支、交通规费、濯水区1998年决算、1997～1999年扶贫资金等，市、地、县交办15件。撰写审计理论研究文章2篇，简报、信息30篇。其中：对检察院审计、外资审计分别被重庆市审计局表彰为优秀（良）单位。2篇理论研讨文章均被《重庆审计》采用。简报、信息被市政府采用1篇、开发区采用6篇、县政府采用2篇。

四川省

【四川省审计厅】

厅领导成员

厅长：唐　宁

副厅长：李高伟

　　　　黄万辉

　　　　熊　珩

机关党委书记：柴文成

总审计师：陈光汉

经检组长：侯中平

审计工作成果　1999年，全省审计机关共审计了7463个单位，完成年度计划的130.3%；查出违规行为金额98.3亿元，处理应交财政3.7亿元，分别比上年增长58.8%和6.6%；应核减财政拨款或补贴4987万元，应归还原渠道资金6.2亿元；促进增收节支3.2亿元。初步统计，全省审计查办或发现大案要案线索95件（其中省级单位9件），移送司法机关或纪检监察部门立案查处违法违纪人员100余人。

财政审计　据统计，全省完成财政预算执行情况审计691个，查出违规减免预算收入、少征或应缴未缴预算收入、挪用预算资金、虚列支出、违规办理财政结算等违规行为金额12亿元，其中应交财政11216万元，应减少财政支出1904万元。全年注意加大预算执行情况审计的广度和深度，除重点审计财政局、地税局和国资局的预算收入征管、预算支出分配、国有资产保值增值等外，还结合对科委、建委、林业系统及地方非银行金融机构的审计，重点检查了特种国债、教育、科技、支农、外债偿还准备金等，全面反映和揭示了财政资金在财税及有关部门单位的分配、管理、使用和效益情况及其

存在的问题，同时加大了对国有资本金的审计检查力度，使预算执行情况审计的内容更加全面、充实。审计结束后，审计厅给省人大常委会、省政府提交的审计情况报告获得一致好评。全年财政决算审计（包括乡镇财政审计）完成1121个。

企业审计　1999年度，全年完成国有企业审计663户，查出各种违纪金额27.5亿元，应交财政金额9531万元，通过审计，促进企业增收节支1255万元。全省企业审计重点是28户扩张型赢利企业资产、负债和损益真实性的审计。从审计的情况看：绝大多数赢利扩张型企业1998年度提供的财务会计信息真实可靠，各项经济财务指标真实、准确，贯彻执行会计法和国家财经法规的情况是好的。28户企业经审计调减资产3.6亿元，调减负债1.2亿元，调减所有者权益4.9亿元，调减利润1亿元，现金及现金等价物净增加而实际比报表反映多5000万元。盈利扩张型企业也存在一些违反国家财经法规的问题，主要是极少数企业虚增销售收入，成本费用不实，偷漏各项税收的问题；此外，还有两户企业不具备组建企业集团的条件，企业也没有积极性，按“拉郎配”虚拟企业规模，拼凑企业集团的情况。对不符合扩张型盈利企业资格，发生严重亏损，财务状况恶化，丧失“领头羊”作用的少数几户企业，建议省委、省政府取消其扩张型企业资格。此外，省厅还安排了51户亏损企业的审计，结果显示我省扭亏解困工作取得一定成效。省厅统一组织对上年已经审计过的40户重点亏损企业中的15户进行扭亏目标完成情况跟踪审计，15户企业与上年相比，有7户减亏，8户增亏，亏损额比去年净减少2802万元，减幅达6%。省厅对亿人集团的审计，发现公司存在经营管理失控、经营决策失误，负债巨大且无力偿还等问题，查出潜亏1.1亿元，公司已资不抵债9951万元。对审计反映的情况，省委、省政府几位领导很重视，谢世杰书记、张中伟代省长和李达昌副省长都作了批示，为解决亿人集团的问题奠定了基础。

金融审计　1999年，全面开展了商业银行和信托投资公司审计，促进整顿金融秩序，防范金融风险。根据审计署安排，在全省建行系统162个分（支）行和工行系统106个县级支行开展了1998年度资产、负债和损益审计，共查出两行各种违纪金额9.7亿元，上报处理金额7845万元。审计发现的问题有：未按债权发生制和政策规定计算损益；贷款收回的抵贷物未上账，形成账外资产；违规拆借资金；通过挤占成本等方式形成账外资产；按指标编决算，亏损挂账，造成盈亏不实；挂账基建，自办“三产”；漏交税费以及“小金库”等。按照省政府的指示，自三月初起，由省厅统一组织，先后对省信托投资公司、省建设信托投资公司等9个信托投资公司1998年度的资产、负债、损益进行了审计或审计调查，审计总金额122.6亿元。通过审计，基本摸清了公司资产质量和经营管理现状，反映了有的公司高息、超范围揽存、不良贷款比重过大、投资收益与资金成本倒挂、资产质量较差，以及挪用股民保证金等问题，为省政府按中央要求整顿信托投资公司提供了基本依据。

专项资金审计　全年完成审计项目267个，审计扶贫资金、农综开发资金等总额达67.9亿元。查出各种违规行为金额4.8亿元。通过审计促进安排、拨付资金和归还被侵占挪用资金3.4亿元，纳入财政专户储存5447万元。根据省委、省政府主要领导先后六次批示精神，将扶贫资金、农综开发资金管理存在的问题通报全省，并责成扶贫办和农发办等部门进行整改，坚决纠正。

行政事业审计　按照审计署的安排，全年全省审计机关共完成317个社会保险经办机构1998年度养老保险基金的审计，查出挤占挪用、虚列支出、转移资金等违纪违规金额11.7亿元，并对企业欠缴养老保险基金问题、养老保险基金未纳入专户管理、欠发养老金等问题提出了处理意见和建议。省厅组织力量对中央驻川11个行业共53个统筹单位的养老保险金进行审计，审计社会保险基金总额达27亿，查出挤占挪用、未按规定征提基金、行业少移交省级统筹等违规行为金额4435万元，促进了养老保险基金的安全运营和及时足额发放。省厅还组织各级审计机关对36个市、县、区1998年度福利彩票赈灾专项募集情况进行了审计，通过审计核实，四川按分配额度共领取赈灾福利彩票1.9亿元，上缴彩票资金4200万元，完成了上缴任务。发现的主要问题是：全省7个地市州未完成分配额度、各地欠缴省募委82.5万元、以其他资金抵专项募集资金上缴等。

对法院、检察院系统的审计，全省共查出违纪违规金额近2亿元，其中，乱收费、乱罚款、乱摊派金额达1142万元，我们已作出了处理，并责成有关单位纠正。

固定资产投资审计　1999年，全省审计机关加大对国家投融资占主体的固定资产投资项目的审计力度，全省完成1187个投资项目审计，查出违规问题金额17.9亿元，为国家和单位节约投资8.9亿元，其中，竣工决算审计项目核减工程结算额就达8.4亿元，是上年投资核减额的9倍。省厅除加强对各地投资审计的指导工作外，自身完成在建、竣工项目和企业审计共40多项，审减工程造价约4000万元，税费收缴近700万元；及时完成了攀钢二期、成都玻璃厂项目竣工决算审计，保证了企业债转股工作的顺利进行。自贡聚脂工程审计查出近千万元的商业诈骗案，涉嫌犯罪人员已被司法机关立案追究。

国外贷援款审计　1999年，据统计，全省共完成19个国际金融组织贷援款项目、249个县以上执行单位的审计，查出挪用外资和配套资金、虚报工作量、配套资金不落实等违规行为金额2.6亿元，是上年的6倍多。其中我们对金额大、社会影响面广、处在项目建设初期的秦巴扶贫项目开展重点审计，查出有问题金额6000多万元，引起了省委、省政府领导的重视。

党政交办事项　据17个市地州统计，完成党政交办项目1647项，占已审计项目总数的28.9%。据15个市地报告，共抽调778人参加清理工作，协助收回贷款4.1亿多元，协助查处违纪违法人员304人，查出违纪事项金额1.9亿元。省厅在较短时间内就完成了省政府交办的审计全省8个信托公司的任务，为落实国务院关于整顿信托投资公司的指示出了力。据15个市地州统计，1999年共完成任期或离任经济责任审计873项，依据审计结论，平调或升职454人，降职76人，受党纪处分16人，移送司法监察机关10人。

计算机审计　全省组织了600余人参加审计署的计算机技能考试。一些审计局在经费相当困难的情况下，还挤出资金，配备、添置计算机，建设机关局域网和县区网，以适应审计工作发展的需要。

社会审计　按照审计署的有关要求，我省审计事务所的改制工作在年底前全部结束，各级审计事务所均和审计机关彻底脱钩。省厅还组织部分市地审计局，对28个会计师事务所进行了审计检查。

审计工作法制化　1999年，审计厅继续按照《四川省审计机关行政执法责任制》的要求，进一步完善配套文件和管理措施，完成了全省审计罚款分离规范工作，制定并推行了审计文书及业务用纸规范。由省厅草拟的《四川省国家建设项目审计办法》，省政府以127号省长令发布实施；《四川省财政审计条例》已经省政府同意送省人大常委会审议。为纪念《审计法》颁布实施五周年，省人大财经委员会发文要求各级人大常委会和政府，对《审计法》的贯彻执行和审计执法情况进行检查和自查。省人大财经委员会和我厅组成两个检查组对两市、四县进行了抽查，进一步摸清全省《审计法》的贯彻落实情况和存在的问题，省人大财经委员会的常委会作了专题报告，理顺了审计执法的外部环境，强化了审计执法的严肃性、权威性，推动了《审计法》的全面贯彻落实。为进一步扩大审计的社会影响，9月份全省开展了审计工作新闻宣传月活动，在报刊、电台、电视台上广为宣传。9月22日在四川电视台一频道举办了《长城杯审计知识竞赛》，参赛人员为各市、地审计局和厅机关代表队。

【成都市审计局】

财政审计　审计单位数达81个，较之往年审计覆盖面有所扩大，查出违规行为金额1.12亿元。上交财政1684万元。同时，还加强了对下一级政府财政决算的审计监督。市局对武侯、龙泉驿、邛崃、金堂、温江、双流等6个区（市）县政府1998年度的决算进行了审计，各区（市）县审计局对99个乡镇（街道）政府的财政决算进行了审计，重点检查执行国家财税法规状况管理和使用情况。通过审计查出违规行为金额3695万元，上缴财政293万元。对促进我市财政收支平衡起到了积极的作用。

固定资产投资审计　对固定资产投资项目审计总额达19.5亿元，核减工程决算1.59亿元，查出多列核算294万元，损失浪费531万元，挤占工程成本1.04亿元，在审减额方面，突破了过去年核减额只有几千万乃到几百万的额度。同时，还对市级及19个区（市）县系统50个单位的建设资金执行情况进行了审计。

专项资金和行政事业单位审计　市局对19个区（市）县1998年度农业综合开发资金到位情况、资金使用情况以及投资效果和效应情况进行了审计。对金牛区、都江堰市的国土资金，温江、新津、新都、双流四县的粮食自给工程资金进行了审计，共查出各类违规资金432万元，促进拨付资金135万元。同时，全市审计机关还对118个行政事业单位1998年度财务收支情况进行审计，对全市法院和部分检察院行政收费和罚没收入的收取、管理和解缴情况进行审计，对43个单位1998年度的养老保险基金进行审计，审计金额达2.13亿元；对市本级和16个区（市）县的赈灾福利彩票进行审计，审计金额达1.36亿元。

金融审计和外资审计　我市审计机关对中国建设银行成都市分行所属的25个单位，成都市商业银行及下属9个支行，以及市信托投资公司1998年度的资产情况进行了审计。查出了各类违规行为金额395万元，上缴财政113万元。

审计国际金融组织贷援款项目单位17个，查出违规行为金额157万元，审计国有资产占控股和主导地位的中外合资企业5户，查出各类违纪金额467万元。

企业审计　审计国有大中型企业17户，着重对4户扩张型盈利企业和3户亏损企业扭亏目标跟踪进行审计，查出成本不实1.58亿元，账外资产1282万元，损失浪费6739万元，虚增利润1.49亿元，促进企业增收节支548万元，上缴财政591万元。还接受上级审计机关授权审计了五粮液集团和成都卷烟厂。

完成党政交办任务　全年完成党政交办任务252个，清理整顿农村合作基金会，审计部门抽调177人参加，查出违纪金额3368.28万元，协助返回贷款

8808万元，协助查处违法人员17人，保护了农民的合法权益。

县级以下党政领导干部任期经济责任审计和国有企业以及国有控股企业领导人员任期经济责任审计135个，审计结束后，向有关部门提供审计意见，由组织人事部门认定，升职1人，平调12人，撤职6人，移送司法机关4人，起到了教育、保护、监督干部的作用。

【攀枝花市审计局】

财政、金融审计　完成预算执行情况审计3个，财政决算审计3个，查出违规行为金额2792万元。按照审计署统一安排，在对建行系统审计中，查出建行攀枝花全辖汇总少计各项收入1264万元，多计各项支出304万元，违规经营形成账外资产814万元等问题，应补缴各项税金及罚没款项169万元。

固定资产投资审计　完成竣工决算审计项目9个，审减工程投资为国家和建设单位节省资金2983万元。

企业审计　完成企业审计13个，查出违规行为金额1231万元。

经济责任审计　完成审计项目4个，对查出的截留收入私设“小金库”、乱收费、公款私存等严重违纪违规问题，实事求是地给予了严肃处理。

专项审计　按照审计署的统一部署，对全市法院、检察院、社保局进行了行业审计，对扶贫资金、社保资金、三州开发基金、世界银行贷款项目等进行了专项审计，发现了突出的行业性问题和专项资金管理中的普遍问题。对市法院的审计中，查出账外账、“小金库”等严重违纪违规问题，受到市委、市政府领导的高度重视和关注，多次听取汇报，及时作出批示；在扶贫资金审计中发现了挤占挪用扶贫资金等问题，也引起了市委、市政府领导高度重视，市政府召开专题会议听取审计局通报审计情况，认真研究整改办法和措施。充分发挥了为宏观决策服务的职能作用。

大案要案线索　审计中发现个人涉嫌经济问题，移交司法部门3人，移交纪检监察部门1人，建议主管部门处理2人。

法制建设　按照市人大的要求，在全市开展了审计执法检查，深化依法治理工作；自觉接受包括被审计单位在内的社会各界的监督，建立了“局领导接待日”制度，公布了举报电话；建立健全了特约审计员制度，增强审计工作透明度。

【米易县审计局】　1999年共有干部、职工17人。其中：大学文化3人，大专学历5人，局长1人，副局长1人；设有办公室、法制综合科、财政行政事业审计科、企业审计科、专项审计科。

审计工作成果　1999年，共完成审计项目26个。完成审计调查1项，调查单位2个。共查出违纪违规金额386.21万元。应上缴县财政23.66万元，追回被侵占挪用资金103.97万元，共提交审计报告26篇。

完成审计任务　1999年，完成省、市审计部门下达审计任务13项，审计单位13个。完成县域科局级领导干部任期经济责任审计13项。按照县委县政府安排，派人参与对乡农村合作基金会的清理和米易工矿贸易公司的破产清算，发挥审计监督在县域热点经济事项中的作用。

【泸州市审计局】　市、县（区）两级共审计单位（项目）300个；查出违规行为金额22100万元，应收缴财政金额650万元；应核减财政拨款或补贴金额1188万元；应归还原渠道资金1406万元；促进增收节支金额5181万元；审计后提交审计工作报告、信息174篇。

完成地方党政领导交办的审计事项46件，其中：领导干部经济责任制审计项目27个。通过经济责任制审计，有4名主要领导干部在任职期内认真履行职责被组织部门考察后升职，有20名平调或退休，有3个单位发现经济案件，涉及人员12名，经移送有关机关后，受到党纪政纪处分8人，追究刑事责任4人。

县（区）审计机关还积极参与农村合作基金会的清理工作，共派出28人参加清理工作，协助催收回贷款1290万元，查出违法人员2人。

泸州市审计局连续6年被评为全省审计系统先进单位和审计工作法制建设优秀单位。受到全省通报表彰。

财政金融审计　1999年完成财政审计项目51个，其中：同级财政预算执行情况审计24个单位，县（区）、乡、镇财政决算审计项目27个。查出违规行为金额5305万元，应收缴入库150万元。

金融审计　共完成13个，其中：建行系统7个，工行系统6个。

企业审计　按照省审计厅的安排，泸州市审计局对古蔺郎酒集团公司，射洪沱牌集团公司1998年的资产、负债、损益进行了审计。除此之外，市、县（区）还审计企业24个，查出违规行为金额2317万元，应收缴财政金额125万元。

基建外资项目审计　全市共审计工程竣工项目51个，审计项目投资总额69120万元，查出违规行为金额5034万元。

国外援贷款项目审计　1999年对我市的综合性妇幼卫生项目、传染病与地方病控制项目、贫困Ⅱ项目的管理和执行单位进行了审计，查出违规行为金额10万元。还积极帮助项目单位加强项目资金管理，督促落实配套资金。

行政事业单位审计　全市共审计单位（项目）136个，审计金额26305万元；查出违规行为金额1053万元，重点对法院系统的财务收支、社会保险机构的养老保险基金、民政部门的赈灾福利彩票、建委系统的城市建设资金进行了审计。

农业资金审计　一是开展扶贫资金的审计，重点对叙永县、古蔺县两个国定贫困县1997年以来的扶贫资金的管理、使用和工程实施情况进行了检查，并抽查了21个乡镇，调查贫困户60户。二是开展了农业综合开发资金的审计，市局审计了合江县、纳溪区，由同级审计机关审计的有江阳区、龙马潭区、泸县。通过审计指出了挤占挪用农业专项资金、提高发放贷款利息等问题，针对审计出的4597万元违规行为金额，提出了对农业专项资金投入和管理的建议，并对违规行为进行纠正和严肃处理。

审计信息　1999年向市委、市政府和上级审计机关报送审计信息120条（篇），其中：被市政府采用25条，市委采用15条，省审计厅采用12条。

【泸州市江阳区审计局】

同级财政预算执行审计　1999年，对江阳区财政预算收入、支出执行情况，预算外资金收、支、存情况，财政周转金、基金收支、管理情况进行了审计。

同时，延伸审计了江阳区地税局的地方税征管、入库及提退情况；审计了泸州市人民银行江阳区支金库的库款收纳、拨付、提退情况等；还对部分乡镇使用区政府统一安排的支农资金情况进行了抽查。

经审计，查出了以上单位在财政预算执行及其他财政收支情况，地方税征收、管理、提退中存在的7个方面的问题，针对这些问题提出了处理意见和建议。

乡镇财政决算审计　结合江阳区乡镇换届进行领导干部任期经济责任审计，共审计9个乡镇。

查出违规金额93.67万元，处理应收缴财政金额7.15万元。并针对以上问题，提出了建议意见。

金融审计　重点审计检查了二个金融部门1998年损益的真实性、完整性。查出少计应收利息194万元，核减损失类贷款1.85亿元。已缴各级财政36万元。

此外，还开展了养老保险基金、农业综合开发、福利彩票收入、建委系统建设资金以及法院系统财务收支等专项审计。其中，建委系统资金审计，查出违规行为金额10.69万元，处理收缴财政金额5.89万元；法院系统审计，查出违规行为金额11.47万元，处理收缴财政金额2.33万元。

【合江县审计局】　全年共完成审计项目（单位）46个，查处违纪金额891万元，收缴财政款27.39万元。

预算执行和财政收支审计　预算执行审计，查出违纪违规金额46.18万元，提出整改建议6条；同时对3个乡镇的财政决算进行了审计，查出违纪违规金额41万元，上缴财政款6.2万元。

经济责任审计　审计了3个单位，查出违纪违规金额138.7万元，收缴财政款10.49万元。

工行、建行系统审计　查出违纪违规金额59.95万元，账外资产285.64万元。

基建审计　全年共审计基建项目17个，审计工程总造价4580万元，削减工程造价702.43万元。

【古蔺县审计局】　1999年在职职工15人，分为四股一室，局领导一正二副。

一年来，共完成审计项目34个，查出违纪违规金额3258万元，应缴财政54万元，已缴财政47万元。

预算执行情况及财政审计　共查出违纪违规金额1881万元，应缴财政41万元，已缴财政39万元。

经济责任审计　在开展了对卫生局、建委、仙潭酒厂、郎中药业、水泥厂及金鱼山电站的经济责任审计中，共查出违纪违规金额657万元，处罚收缴10万元，为促进干部廉政建设和正确选拔使用干部起到了积极推动作用。

《审计法》颁布五周年纪念活动　县人大召集县各有关单位领导进行座谈，同时还以街头宣传，办审计专栏等形式，广泛进行宣传，让全社会都来支持、了解审计工作。

工商银行、建设银行审计　根据上级审计机关安排，我局抽调精兵强将，苦战2个月，完成了该项审计，查出的问题全部上交上级审计机关进行处理，通过审计，对维护我县金融秩序，增强信贷投资效益做出了贡献。

【德阳市审计局】

预算执行和财政收支审计　1999年，市本级完成财政预算执行审计共7个，查出违规行为金额419万元，决定处理处罚256万元，指明要求纠正163万元。处理应交上级财政199万元，处理已交财政53万元，其中：税金41万元，罚款12万元；1999年市本级完成财政收支决算2个，查出违规行为金额7223万元，决定处理处罚487万元，指明要求纠正6736万元，处理应交财政166万元。

经济责任审计　1999年完成领导干部任期经济责任审计39项，查出违规行为金额7843万元，作出收缴和罚款金额9.19万元，指明纠正金额7834万元，提出有针对性的意见和建议42条。审计后有4人升职，29人平调，2人离任，1人受党纪政纪处分。

《审计法》颁布实施五周年纪念活动　1. 与电视台合作策划、拍摄了《前进中的德阳审计》片共3集，先后在市电视台播放两遍，时间长达40分钟，编撰解说词3600多字。

2. 组织撰写题为《高扬正气护航运行——德阳市审计事业发展巡礼》的专题报道在《德阳日报》整版刊登。

3. 在市局自办刊物《审计信息》上连续5期刊载县（市、区）建局15年所取得的审计成果。

4. 参加省厅组织的职工征文活动，推荐稿件 11 篇。

【罗江县审计局】

预算执行及其他财政收支审计 根据审计署指令性计划安排，我局对县财政局、县地税局、县金库 1998 年财政预算执行情况进行审计。审计查出，部分预算收入未纳入预算管理；逾期应收而未收回的财政周转金上千万元等问题。

经济责任审计 为了认真贯彻执行中办发［1999］20 号文件，由我局起草，县委办印发了《罗江县县级以下党政领导干部和国有及国有控股企事业单位法定代表人任期经济责任审计暂行办法》发送全县各有关单位贯彻执行。我局按照规定对县人民医院原院长进行了任期经济责任审计，取得了较好的效果。

《审计法》颁布实施五周年纪念活动 我局开展了多种形式的《审计法》宣传纪念活动。首先，争取将《审计法》纳入全县三五普法教育学习培训内容，会上请县领导宣传、强调；其次，由局长亲自撰文，积极参加审计新闻宣传活动；第三，积极组织审计干部参加全市审计系统演讲会、审计论文研讨会，取得良好的效果。

【绵阳市审计局】

财政审计 全市共完成财政审计项目 83 项，其中：同级预算执行审计 25 项；县级财政决算审计 3 项；乡（镇）财政审计 55 项。市局对市属 20 户纳税企业进行了重点抽查，查出漏、欠税 646 万元。开展预算外资金专项检查，市局和市财政局联合组织检查，共计检查行政事业单位 10 个，查出违法违纪金额 459 万元。

金融审计 全市各级审计机关组织审计人员 103 人，组成 23 个审计组，对中国工商银行、中国建设银行绵阳市分行所属县支行共 23 个单位 1998 年度资产负债损益进行了审计，查出违规金额 26928 万元。在审计过程中，为核实信贷资产质量，还延伸审计调查了 316 个贷款企业。工行全辖未审结的涉嫌金融犯罪案件两起，主要涉案人员 4 人，涉嫌金额 12920 万元，两案已由政法部门立案侦办。

经济责任审计 全市共完成经济责任审计项目 14 项，涉及经济责任人 14 人，其中：党政领导干部任期经济责任审计 12 项；国有企业及国有控股企业领导人员任期经济责任审计 2 项。审计后，升职 1 人，平调 12 人，降职 1 人，受党政纪处分 1 人。

查处大案要案 市局配合市纪委、市监察局完成了对三台油脂公司重大经济问题的查处工作，此案涉及 8 人，其中：党政纪立案 7 人（已处理 5 人），移送司法机关 2 人，追缴违法赃款 11 万元；完成了江油市粮食企业职工举报《盗卖国家储备粮》一事的审计调查；完成了市委、市府领导交办的对《绵阳建华审计师事务所部分执业人员贪污人民商场公款一事的举报》事项的调查，对查实的 3 名执业人员非法收取人民商场公款 10 万元私分的问题依法进行了处理，此款已由市人民检察院依法追缴并如数退还人民商场；根据四川省审计厅交办，查清了中国工商银行绵阳市分行设立“小金库”755 万元问题，根据有关政策规定提出了处理建议，转报审计署统一处理；根据市政府交办，市局对市人民商场有限责任公司资产负债损益进行了审计，查出违法违纪金额 5734 万元，对有关责任人员的资料移交司法机关处理。

【广元市审计局】 广元市辖四县三区，共设置审计机构 8 个，1999 年末，共有干部职工 187 人。其中，市审计局 61 人，有大专学历以上学历 39 人，审计师 11 人，会计师 3 人，局长 1 人，副局长 3 人，纪检组长 1 人，党委书记 1 人。市局设置财税、金融、行政事业、农业、固定资产投资、外资、商贸、工交 8 个审计业务科室和人事科、综合科、办公室。

审计工作成果 1999 年共完成审计项目 394 个，其中，署定项目 196 个，省定项目 29 个，自定项目 169 个；查处违规行为金额 25978 万元；应缴财政 551 万元，应归还原资金渠道 5700 万元，促进增收节支 4031 万元。全年共查出在当地有影响的大要案线索 16 件，并向有关部门作了移送处理，其中，已受到党纪、政纪处分的 4 人，被党政领导批示的 2 件。全年提交审计工作报告、信息调查报告 376 篇，被中办和国办采用 4 篇，地方党政机关、上级审计机关等采用 184 篇，为党政领导宏观决策提供了可靠的依据。

完成党政交办任务 1999 年共完成交办项目 84 个。在清理农村合作基金会工作中，共派出审计人员 36 人，折合工作日 1671 个，协助催回贷款 1050 万元，查出违纪金额 405 万元，查出大要案线索 3 件 3 人，并向纪检监察和司法机关作了移送。

经济责任审计 完成领导干部任期经济责任审计 55 项，查出违纪金额 600 万元，4 人升职，28 人平调，11 人留任，5 人降职，受到党纪政纪处分 4 人，移送有关部门处理 7 人。同时，完成了交办的其他专项审计事项。

领导班子、队伍建设 1999 年，市审计局在领导班子和县级干部中，集中开展了“三讲”教育试点工作。为本地全面开展“三讲”教育提供了经验。同时，加强对职工的政治、思想、道德、廉洁、法制教育、业务培训，提高审计队伍的整体素质。加强制度建设，修订、完善了工作、学习及内部管理制度，并汇编成《职工手册》，从制度上规范审计干部的行为。

受表彰情况 全市 7 个县级审计机关，达到市级文明单位 3 个，县级文明单位 4 个；市审计局继续保持省级文明单位称号，局领导班子连续 4 年被授予“四

好先进集体”，连续4年被授予“红旗党组织”，卫生、计生、保密、普法、行政执法、信息、综合治理连续保持市级先进单位，档案工作一跃达到省一级标准。

【广元市市中区审计局】

1999年共有干部职工53人，其中：大学本科学历3人，专科24人，局长1人，副局长2人，审计师5人，注册审计师3人，会计师1人，工程师2人；设有办公室、财政金融审计股、行政事业审计股、经贸审计股、综合股等机构。

审计工作成果　1999年共完成项目21个，审计单位21个；审计总金额22125.1万元，查出违纪金额5299万元，上交区财政45.66万元，提交审计报告21篇，撰写理论调研文章4篇，《四川政报》1999年16期采用一篇。

完成区政府交办任务　1999年完成区委、区政府交办的工作任务22项，审计清理单位28个。1999年通过对农村合作基金会的清产核资和清查审计，摸清了全区10个未归并基金会1996年1月至1999年6月的家底，审计总金额20759万元，查出违纪金额2141万元，核定呆滞借款1958.69万元，呆账借款406.28万元，移送区纪委重大违纪案件8件；并顺利地进行了2个经济责任审计事项，为党委、政府准确用人识人提供了依据。

【遂宁市审计局】　1999年，共完成审计项目32个，查处违规行为金额3286万元，决定处理处罚402万元，指明要求纠正2884万元，应交财政402万元，已交财政63万元。

财政预算执行情况审计　完成项目4个，重点审计了市财政局1998年预算执行和其他收支情况，市地方税务局1998年税收计划完成以及执行国家有关税收法律法规情况，市地方金库1998年预算收入资金的收纳、划分、留解和预算支出资金的拨付情况。

金融审计　完成对市建设银行分行、市工商银行分行的审计，并参与市政府组织的对农村合作基金会的清查工作。

行政事业审计　完成项目12个，主要是对市法院、市检察院1997年至1998年度的财务收支审计，对市级1998年度企业职工基本养老保险基金的征收、支付、管理，社会保险机构的财务收支及以前年度审计查出问题的清理和整改情况进行了审计，并对欠缴养老保险基金的重点单位进行了延伸审计调查。

农业审计　完成项目2个，即对市农业综合开发办公室1998年农业综合开发资金的到位、管理及使用情况和对遂宁市市中区水电局1992年至1998年农村电网管理费进行了审计。

企业审计　完成项目6个，重点审计了盈利大户四川锦华纺织股份有限公司的资产、负债和损益的真实性、合法性，对亏损大户四川京宁实业股份有限公司进行财务收支审计等。

基建审计和外资审计　基建审计完成项目8个，重点是对国家重点建设工程——白禅寺电航工程进行审计，外资审计完成项目3个，重点是对1998年使用世行贷款森林资源发展和保护项目等进行审计。

【内江市审计局】

预算执行审计　全市预算审计项目18个，查出违规金额1552万元，直接增加财政收入91万元。针对在审计过程中所揭示的问题，提出了10条审计建议，并得到政府和人大的重视与肯定，对加强财政的资金管理，规范财政预算执行起到了积极的作用。

经济责任审计　全市共开展经济责任审计23项，其中升职5人，平调12人，降职1人，受党纪处分1人，移送纪检机关2人。

隆重纪念《审计法》颁布实施五周年　在《审计法》颁布实施五周年之际，我市采取了多样形式宣传《审计法》。一是组织召开了《审计法》学习、宣传座谈会，市五大班子及有关部门的领导到会发表了讲话；二是充分利用广播、电视、报纸等舆论工具宣传《审计法》；三是在繁华地段悬挂大型标语，设立宣传点，向过路人群散发宣传资料；四是办《审计之窗》专栏系列讲座，大张旗鼓的宣传《审计法》；五是每年把《审计法》的颁布日作为“宣传日”。通过广泛深入宣传《审计法》，提高了全社会的审计监督意识，得到了领导的高度重视，提高了被审计单位遵纪守法的自觉性。

工行、建行系统审计　在金融行业审计中，对工行的5个县级机构和49个储蓄网点进行审计，共查出工行系统违规金额380万元。对建行的7个县级以上机构和63个储蓄网点进行审计，查出建行系统违规金额1465万元。按照审计署制发的审计处理原则，分别提出了处理建议。

企业审计　先后实施了对峨柴集团，康达集团两户大中型企业的审计。在对峨柴集团公司的审计中，对违纪违规行为依法作出收缴应上交的收入97.2万元，罚款13万元。在对康达集团公司的审计中，揭示了公司会计报表失真，虚盈实亏等问题。引起了市、县领导的重视，为领导决策提供了依据。

【内江市市中区审计局】

1999年共完成审计单位32个，完成区委、区府交办事项30个，查出违纪违规1506万元，处理应上交财政53万元，追还侵占挪用资金189万元，为国家增收节支122万元。

财政预算执行审计和乡镇财政决算审计　全年查出有问题资金416万元，处理入库34万元，归还挪用资金125万元，乡级财政审计在审计内容、深度、广度上下功夫，查出挤占挪用专项资金、自立名目乱收费、私设“小金库”等违纪违规行为，在严肃处理的基础上提出了明确整改建议，得到政府高度重视。

完成区委、区政府交办任务 1999年完成农村合作基金会审计工作，该项审计涉及13个基金会，审计时间跨度长达15个年头，共审计核实资产余额7078万元，负债余额7482万元，双呆借款4701万元，为政府摸清情况提供了依据。

经济责任审计 拟定《内江市市中区党政领导干部任期经济责任审计暂行办法》，开展了对市中区房管局局长的离任审计工作。

【乐山市审计局】

审计成果 共完成审计项目253个，查出各种违规行为金额26674万元，应上缴财政2502万元，核减财政拨款或补贴108万元，归还原渠道资金4172万元。

重点审计项目 1.同级财政预算执行情况审计37个单位，查出违规行为金额1814万元，审计处理上缴财政1310万元，减少财政支出108万元，增加财政结余金额125万元。2.工行系统11个单位、建行系统12个单位审计查出违规行为金额17465万元。3.加大了对固定资产投资项目的审计力度，审计26个建设项目，查出违规行为金额8828万元，审计处理上缴财政165万元，核减工程结算5021万元，归还原渠道资金249万元。4.加强对重点行业、重点资金审计：对全市建委系统45个单位进行了审计，查出违规行为金额866.8万元，审计处理上交财政58.6万元，归还原渠道资金335.8万元；对全市法院、检察院系统17个单位进行了审计，查出违规行为金额783.4万元，审计处理上交财政189.8万元，追回被挤占挪用资金27.7万元。对农业综合开发资金和扶贫资金进行了专项审计，查出违规行为金额2322万元，审计处理应归还侵占挪用资金1799万元。

地方党政交办任务 完成交办审计事项257个。其中：党政领导干部任期经济责任审计项目30个；农村合作基金会法人代表任期经济责任审计项目172个；参与农村合作基金会清理整顿工作，协助收回贷款432万元，协助查处违法人员26人；参与对全市14个供销社社员股金清查核实工作；对11个县（区、市）路桥收费及投资债务情况进行了审计。

大案要案查处情况 全市审计发现大案要案线索共20件，其中：移送检察院12件，移送纪检、监察机关8件。

【南充市审计局】 1999年有审计工作人员43人。其中：大学文化程度11人，大专学历文化程度23人；具有审计师、会计师资格20人；局长1人，副局长2人，助理调研员1人。设有办公室、综合科、法规科、人事科、财税审计科、工交审计科、行政事业审计科、商贸审计科、金融外资审计科和固定资产投资审计科等机构。

审计工作成果 1999年完成审计项目59个，审计调查3项；查出各类违规行为金额8325万元；审计处理上缴财政242万元。完成竣工决算审计项目3个，审计投资资金2800万元，审计核减工程成本750万元。提交审计综合报告、信息、调研报告、经验介绍和论文等97篇，被市级以上党政领导和新闻单位采用批示75篇（次）。

完成交办任务 完成市委市政府交办任务5项。参与国有企业破产清算，对丝绸大世界股份公司的资产、经营、收益分配情况以及对西山风景区、西河开发区、升钟水库西蓬干渠建设资金的管理与使用情况进行了审计，维护和监督了国家建设资金的有效使用，促进了重点工程的顺利开展，得到了市委市政府的充分肯定。

内部审计 1999年市级各行政、事业和企业单位设立内部审计机构40个，内审人员130名。完成审计项目51个，查出各类违规行为金额255万元，为单位挽回损失减少开支372万元。

受表彰情况 1999年被四川省审计厅评为“1999年度审计业务工作先进单位”，审计信息、审计统计、扶贫资金审计、工交审计、外资审计等专项工作受到四川省审计厅的表彰；受市委、市政府表彰12次。有6人受到省审计厅表彰奖励，8人受到市委市政府表彰奖励。

【南充市嘉陵区审计局】

1999年底有干部职工9人，其中：大学文化3人，大专学历文化6人；局长1人，副局长3人；设办公室、业务审计股、基建审计股。

审计工作成果 1999年，共完成审计项目26项，审计单位64个；完成审计调查2项；共查出违纪违规金额1127万元，上缴区财政25万元。同区纪委、监察、检察等部门联合办案，查处经济案件2起，为维护社会稳定发挥了积极的作用。全年提交审计工作报告和审计信息15篇，其中有8篇（次）被上级报刊杂志和领导机关采用。

完成交办任务 1999年，完成区委、区人大、区政府、交办的工作任务19项，审计清理单位21个。参与并负责了全区合作基金总会及2个乡镇合作基金会的清理整顿工作，为农村合作基金会的改制工作打下了基础。

固定资产投资审计 全年共审计工程项目3个，送审金额330万元，审减金额30万元，核减率达9.4%，维护了国家和集体利益。

完成上级下达审计任务 1999年，共完成省、市审计机关下达任务21项，审计单位46个。

【阆中市审计局】 1999年实有17人，其中：本科3人，专科10人，局长（党组书记）1人，副局长4人。内设六个职能科：人秘科、综合法规科、行政事业审计科、财税金融审计科、企业审计科、基建外资审计科。

审计成果 全年共完成审计

项目（单位）98个，查出各类违规资金1148.3万元，处理收缴财政55.45万元，要求纠正违规资金891.05万元，归还原资金渠道201.8万元，移送司法机关处理案件2起，被追究法律责任4人，建议给予行政处分1人；提交审计综合报告、信息23篇，被各级采纳15篇；建议纠正部门不当规定89条。

完成政府交办任务　1999年按照市政府安排，认真组织开展了领导干部经济责任审计，农村合作基金会清理、财政周转金、国土出让金以及预算外资金的审计调查，共完成审计项目（单位）48个，查出违规资金414.5万元，移送司法机关处理案件2起。

上级下达任务　完成上级下达计划项目（单位）51个，查出各类违规资金733.8万元，要求纠正违规资金471.1万元，处理收缴财政31万元，归还原资金渠道201.8万元。

【营山县审计局】　1999年底共有干部、职工14人，其中：大学文化1人，大专学历文化6人，局长1人，副局长3人。设有人秘股、基建金融外资审计股、行政事业企业审计股、财税审计股四个股。

审计工作成果　1999年，共完成审计项目67个，审计单位157个；完成审计调查1项；共查出违纪违规金额1495万元，上缴县财政93万元。同县纪检、监察、检察等部门联合办案，查处经济案件4起，为维护社会稳定发挥了积极的作用。全年提交审计工作报告和审计信息、审计内参39篇，其中有18篇（次）被上级报刊杂志和领导机关采用。

完成交办任务　1999年，完成县委、县人大、县政府、县政协交办的工作任务15项，审计清理单位19个。参与并负责6个乡镇的合作基金会的清理整顿工作，为农村合作基金会的改制工作打下了基础。我局对营山境内的基本建设全部进行了资金来源和部分竣工决算审计，全年共审计15个工程项目，送审金额4985万元，工程预算审减金额668万元，核减率达13.4%，维护了国家利益。

完成上级下达审计任务　1999年，共完成省、市审计机关下达的审计任务33项，审计单位116个。

【西充县审计局】　1999年底实有职工13人，其中：有正副局长2人，大学本科2人，专科5人，会计、审计师5人。内设人秘综合股、法规股，财政外资审计股，行政事业审计股，金融投资工交商贸审计股。

审计工作成果　全年共完成国家、省、市下达审计项目23个，审计单位109个，查出违纪、违规资金2290万元，审计处理应收缴财政资金134万元，审计查出国有资产流失265万元，追还被侵占挪用资金45万元，促进增收节支253万元。全年审计固定资产投资项目22个，投资金额4465万元，核减基建工程造价184万元。查出移交纪检、监察和司法机关处理涉嫌受贿、挪用公款案2件，涉案人员5人，其中：受到党纪、政纪处理2人。本年度上报审计信息、要情、论文、综合审计调查报告共41篇，被县委、政府和上级审计机关采用32篇（次）。

完成交办任务　按照县领导的要求，一是对县自来水厂、棉麻公司、县氮肥厂等3个单位的经济效益、资金运用、内控制度等进行了重点审计。二是对3个非金融机构开办以来的资产负债、权益、财务收支进行了全面清查审计。三是对西充灌区12条斗渠的工程造价和财务收支进行了审计。四是配合财政、金融等部门开展了对全县供销社系统11个基层社1993至1998年度的财务清理挂账审计。

【南部县审计局】　1999年底有27人，其中：大学本科学历4人，大专学历16人；局长1人，副局长3人；设人秘股（办公室）、财政金融审计股、行政事业审计股、工商企业审计股、基建外资审计股。

审计工作成果　1999年共完成审计项目130个，审计单位240个。共查出违纪违规金额7643万元，为国家挽回经济损失2260万元，收缴县财政62.1万元。提交审计报告94篇。

完成交办任务　1999年共完成县委、人大、政府交办任务5项，审计清理单位68个，完成工程决算审计项目37个，送审金额15018.95万元，审减金额2018万元。

完成上级下达审计任务　1999年共完成署、省、市审计机关下达的审计项目8个，审计单位41个。

【宜宾市审计局】　1999年度，全市审计机关共审计了291个单位；查出违规行为金额3.76亿元；处理应上缴财政752万元；应归还原渠道资金2457万元；已交财政366万元，涉及经济案件3起，移送司法机关处理1起，移送纪检监察机关处理2起。提交审计工作报告和信息169篇，其中被当地党委政府和上级审计机关新闻单位采用35篇，纠正地方部门不当规定9条。

主要审计事项　1.继续深化财政审计，全市完成财政预算执行情况审计33个，查出应缴未缴预算收入、未及时拨付专项资金、欠拨农业税等金额2779万元，审计处理应交财政141万元，应增加财政收入86万元。财政决算审计完成3个县级财政决算，47个乡镇财政决算的审计工作。2.对本市省定贫困县1997－1999年6月扶贫资金的投入、管理和使用情况的审计。通过审计，查出违规问题金额共计4680.52万元，处理上缴财政6.84万元，限期配套、补拨和投放扶贫金2029.18万元，归垫挤占挪用的扶贫资金510.7万元，纠正和处理违规贷款1458.3万元。3. 1999年，我市审计机关对翠屏区、宜宾县、南溪县和江安县1996－1998年度的农业综合开发资金进行了审计，查出违规问题金额201.7万元，并作出了相应的审计处理。4. 全市还对1998年度的养老保险基金进行了审计，查出违规行为金额188.78万元，促进了全市养老保险基金的安全运营和及时足额发放。5. 我市各级审计机关对全市法院系统1997－1998年财务收支进行了审计。查出各种违规问题金额927.84万元，并按有关法规的规定作出了审计处理。6. 全市审计机关还完成了审计署统一部署的对我市11个县级工商银行、6个建设银行的审计，共查出违纪金额1799.96万元，应交财政196.44万元，账外资产8347.91万元。7. 全年完成国有企业审计29户，查出违纪行为金额2.1亿元，其中应交财政426万元。

完成交办事项　党政交办的宜宾卷烟厂、宜宾经济技术开发区、国土局、芙蓉矿务局等项目审计48个。

经济责任审计　全市审计机关已完成领导人员经济责任审计项目35个，通过审计，升职1人，平调23人，降职6人，受党纪政纪处分1人。

内部审计　1999年全市有内审机构120个，内审人员393人，内审机构全年审计了616个单位，查出损失浪费1192万元，促进增收节支696万元，纠正违规行为5198万元。

【广安市审计局】　1999年，全市审计机关共审计478个单位，共查出各类违纪违规行为金额23130万元，处理收缴和罚款2095万元（已入库1938万元），追还侵占挪用资金4650万元，促进增收节支2984万元。揭露和查处重大违法违纪问题和大案要案线索2件，移送司法机关或纪监部门立案查处违法违纪人员4人，提交审计工作报告、信息452篇条，被地方党政、上级审计机关、新闻单位批示采用241篇（条），批示采用率为53.32%；完成固定资产投资审计项目120个，查出违纪行为金额6270万元，核减工程成本3262万元；完成党政交办审计事项172个，其中领导干部任期经济责任审计110个。

财政审计有新举措　全市共完成财政预算执行情况审计项目18个，查出应划未划上级收入、少记预算收入、应退未退农税灾情减免款、违规使用周转金、挤占挪用专项资金、乱收费、乱列乱支、漏存专户等有问题金额2468万元，处理收缴入库1088万元，提出审计建议16条。

财政决算审计　全市共完成85个，查出违纪违规金额1684万元，处理收缴财政478万元。其中：县级财政决算审计2个，查出违纪违规585万元，处理收缴310万元；乡镇财政审计83个，查出违纪违规金额1099万元，处理收缴168万元。

金融审计　根据审计署的统一安排，全市审计机关受托审计了建行、工行系统9个分（支）行1998年度的资产、负债及损益情况。

企业审计　1999年，全市企业审计项目完成64个，查出违规行为金额3659万元，审计处理处罚1649万元。完成了广安建材集团公司的审计任务，基本摸清了建材集团的所有家底，同时，查出该集团虚增利润、漏列资产及资本公积、漏交税金、不良资产等违规行为金额1786万元，审计帮助该集团清理收回有关行政事业单位长期拖欠的货款20多万元，得到了市委、市府领导的肯定和企业的赞扬。

行政事业审计　一是完成了全市法院检察院系统审计，查处金额975万元。二是全市1998年度养老保险基金征收、支付和管理运营情况审计，查出违纪违规行为金额257万元，处理收缴财政6万元，归垫138万元，其他处理113万元。并针对存在的问题，审计提出合理化建议20余条。三是全市1998年度中国福利彩票赈灾专项募集情况审计。

农业审计　一是扶贫资金审计，审计查出各类违规行为金额1110万元，处理上交财政7万元，归还原资金渠道198万元，退还有关单位和农户利息、收费88万元，责成银行收回违规贷款和用款单位挪用贷款852万元。审计促进资金投入到位450万元，促进贷款计划落实810万元。二是农业综合开发项目资金审计，重点审计了各级农发办，抽审子项目11个，抽审金额1811万元，共查出项目资金拨付不及时、有偿资金回收难度大、擅自改变贷款投向及用途等违纪违规问题1103万元，审计促进资金投入到位154万元，提出合理化建议10条。

固定资产投资审计　全市完成固定资产投资审计项目120个，查出各种违纪违规金额6270万元，核减工程成本3262万元。其中，市审计局完成投资审计项目4个，核减工程造价1252万元。

积极完成党政交办审计事项　1999年，全市审计机关共完成地方党政领导交办审计事项172个。协助催回贷款2230万元，协助查处违纪违法人员203人，查出违纪事项金额8910万元。完成领导干部任期经济责任审计项目110个，依据审计结论，升职16人，平调62人，留任2人，降、免职、离任30人。

【广安市广安区审计局】　全年完成审计项目129个，查出违纪违规行为金额5057万元，为财政堵住跑、冒、滴、漏资金105.2万元，为被审计单位减少损失浪费621万元，促进增收节支778万元，完成区委、人大、政府领导交办任务60个。完成了全区50个乡、镇、办事处农村合作基金会的清理，协助催收贷款230万元，保证了如期兑付工作；完成了对21个乡镇公路民工建勤款的审计工作，收回欠款120万元；完成了对8个副县级领导及32个乡镇领导干部任期经济责任审计，通过审计揭露和反映了经济领域中的严重损失浪费和虚假行为，客观地评价了干部，界定了应承担的经济责任，为党政领导提供了翔实的数据情况，受到区委、政府的高度评价。经过干部任期责任审计：有8人升职，30人平调，2人被降职使用。

【邻水县审计局】 1999年共完成审计项目123个，查处各种违规金额6505万元，审计处理和处罚收缴财政659万元，其中调账568万元，已全部收交财政。审计结论应归还原渠道资金金额47万元。

预算执行审计　对县财政局、地税局、县金库三个单位进行了审计，共查处违规金额1351万元，处理上交财政573万元，现已全部入库。

乡镇财政决算审计　查处违规金额354万元，收交财政31万元（其中罚款11万元，收缴款20万元），现已全部收缴入库。

审计署授权金融审计项目1个，查出违规金额247万元（其中：违规购建固定资产194万元，挤占成本22万元，其他违规31万元）。

固定资产投资审计　全年完成审计项目17个，审计项目投资总额4102万元，查处违规金额3224万元，核减工程结算210万元，收交财政12万元。

企业审计　全年完成29个企业的审计，查处违规金额428万元，收交财政3万元。完成县府交办的供销社系统23个企业的资产、负债、损益的审计，发现收入不实40万元，成本不实423万元，损失浪费600万元。

行政事业审计　共审计46个单位，审计查处违规金额591万元，收交财政40万元。

农业专项资金审计　共审计3个项目，审计专项资金总额1834万元，违规金额309万元。

外资审计　审计国外借款项目2个，投资总额712万元，其中外资466万元，占整个投资的65.5%，发现的违规金额1万元，比往年明显减少，出具对外审计报告2份，管理意见书2份。

党政交办任务　全年完成地方党政交办任务共36个，组织部委托领导干部任期经济责任审计10个。领导干部任期经济责任审计结果：平调5人，免职4人，降职1人。

【达川地区审计局】 1999年共审计单位59个，查出违纪金额25193万元，应交财政498万元，通过审计核减固定资产投资2268万元，应减少财政拨款或补贴1280万元，应归还原渠道资金492万元，共为国家增收节支4138万元。被四川省审计厅评为审计业务综合考核先进单位，被市人民政府评为全市法制工作先进集体。

预算执行和财政收支审计　对4个预算执行单位、2个县级财政决算进行了审计，查出违纪违规金额2695万元。对两个县级财政管理中存在的问题，提出8条审计建议，被审计单位迅速落实。

大要案审计　发现大要案线索6件，涉及金额1000811元，已移交执纪、执法部门4件，有2件移交有关部门正在调查处理中。

任期经济责任审计　开展国有企业领导人员任期经济责任审计项目8个，审计后平调6人，离任2人。

固定资产投资审计　共审计7个基建项目，审计投资总额15800万元，审计核减投资额2268万元。在对市人防办工程审计中，审计总金额1215万元，核减529万元，审减率达到43%，为国家节约了大量的资金，受到市领导的肯定。

专项资金审计　审计了3个县的扶贫资金，查出违规行为金额2229万元，通过审计，归还了被侵占挪用资金195万元，促进安排资金113万元，促进拨付资金1277万元。同时还对社会保障资金进行了审计，查出违规行为金额161万元，使被侵占挪用资金118万元得到归还。

政府交办任务　完成交办审计任务2项，对凤凰航空包机公司的经营状况审计，为政府对企业补亏提供了确切的亏损数额；对达县赵家镇合作基金的清理，为政府在全市范围内开展此项清理活动提供了依据，得到了政府领导的肯定。

【达川市审计局】 1999年，有干部、职工35人，其中，大学文化2人，大专学历16人；中级以上技术职称21人；局长1人，副局长3人，副书记1人，纪检组长1人；设办公室、综合股、行政事业审计股、基建外资审计股、企业审计股、财政金融审计股。

审计工作成果　1999年，共完成审计项目63个，审计调查2项；查出违纪违规行为金额3706万元，收缴财政136万元；核减工程造价723.15万元；提交审计报告、审计信息21篇，被采用21篇（次）。

完成政府交办任务　完成交办任务7项，审计单位22个。对乡（镇）教育费附加征收管理使用审计调查后，提交的报告被市政府《政务信息》刊载。在对市政府驻渝办事处财务收支及基建审计中，挽回经济损失10余万元。

完成上级下达任务　完成上级审计机关下达审计任务44项，审计单位58个，查出违纪违规行为金额2129万元。在魏复公路竣工决算审计中，面对21.68公里路、66个施工队、77份合同，审计小组开挖248处检测，核减投资363万元。通过对市乡镇企业局综合楼竣工决算审计，使扯皮两年多房屋不能交付使用的问题得到了解决。

【万源市审计局】 1999年，有干部、职工21人，其中，大学文化3人，大专学历10人，局长1人，副局长3人。设办公室、财政金融审计科、行政事业审计科、企业审计科、基建外资审计科。

审计工作成果 1999年，完成审计项目64个，查出违纪违规行为金额2238万元，收缴财政53万元，追还被侵占挪用资金76万元；查处移送大要案2起；提出建议80条，促进部门增收节支123万元；提交审计报告、调研文章15篇，编发《审计信息》20期，被采用43篇（次）。

完成政府交办任务 1999年，完成市委、市政府交办任务3个，查出违纪违规12万元，收缴财政2万元。配合市里防洪、治污工作，对后河城区段泄洪工程竣工决算进行了审计，在市建委组织专家审核后的210万元基础上，又削减造价6万元。市政府领导批示"为政府办了一件实事，提供了决策依据"。

【开江县审计局】 1999年，有干部、职工15人，其中，大学文化1人，大专学历6人，局长1人，副局长5人。设办公室、行政事业审计股、企业审计股、财政审计股。

1999年，共审计单位（项目）39个，查出违纪违规行为金额1140万元，收缴财政22万元，已入库12万元。

在对6个乡、两个镇1997－1998年财政决算及有关部门财务收支审计中，查出截留财政收入、增加农民负担等321万元，收缴及罚款4.28万元。

对县法院、检察院、农业局、畜牧局、广播局、财委、农委等1998年度财务收支进行了审计。查出截留预算收入、漏缴税费、白条支付等85万元，收缴3.9万元。

对县建委系统1998年度财务收支进行了审计。查出挤占挪用、乱收费等143万元，作出收缴及罚款处理3.4万元。

【大竹县审计局】 1999年，有干部、职工15人，其中，大专学历以上学历11人，局长1人，副局长2人；设办公室、财政金融审计股、行政事业审计股、工交商贸审计股，固定资产投资审计股。

审计工作成果 1999年，共完成审计项目44个，查出违纪违规行为金额2885万元，收缴财政98万元，归还原渠道资金229万元，促进部门增收节支11万元。提交审计报告10篇、审计信息43篇，被采用38篇（次）。

财政审计 审计了23个单位，查出违纪违规行为金额910万元，收缴财政17.93万元。在20个区、镇财政决算审计中，查出违纪违规行为金额140万元，收缴财政7.42万元。

行政事业审计 完成审计项目12个，审计单位59个，查出违纪违规行为金额1476万元，收缴财政49.51万元，归还原渠道资金5.30万元。在对县检察院审计中，发现该院1993年以前挪用罚没款70万元修建办公、宿舍楼，至审计时无力归还。1996年，该院因经费紧张又挪用14万元。我局及时向政府领导作了汇报，问题很快得到了解决。

工交商贸审计 审计5个单位，查出违纪违规行为金额501万元，收缴财政6.1万元，为企业完善管理制度提出建议6条。

固定资产投资审计 完成新开工建设项目资金来源审计15个，审计投资额1657万元；完成竣工决算审计项目2个，送审金额4677万元，审减40.40万元。

【渠县审计局】 1999年，有干部、职工29人，其中，研究生学历2人，大学学历21人；审计师15人；局长1名，书记1名；设办公室、财政金融审计股、行政事业审计股、企业股，基建外资审计股、综合股。

审计工作成果 1999年，共完成审计项目72个，查出违纪违规行为金额2100万元，处理收缴财政108万元；审计基建资金约1亿元，核减投资600万元；查出移送大要案3起，涉及有关责任者3人；提交审计报告、信息、论文67篇，被批示、采用100篇（次）。

完成交办任务 1999年，完成县委、县政府交办任务8项，审计检查单位（个人）8个。

完成上级下达任务 1999年，完成上级审计机关下达任务64项，审计资金近亿元。

【达县审计局】 1999年共有干部、职工20人。其中：大学学历1人，大专学历13人；有中级技术职称的11人；局长1人，副局长2人，总审计师1人。设有办公室、财政金融审计股、行政事业审计股，企业审计股，基建外资金融股等机构。

审计工作成果 1999年共审计54个项目和单位，查出各种违纪违规金额1520万元，收缴财政122万元，为国家增收节支280万元。提交审计报告、信息27篇，被各级采用的23篇，其中《通川日报》和《中国审计报》采用的达16篇。

完成上级下达任务 共审计项目和单位51个。查出各种违纪违规金额1490万元。上缴财政92万元。为国家增收节支250万元。加大了投资审计力度，共审计核实基本建设投资4690万元、核减工程投资额100余万余元。

完成县政府交办任务 完成交办的任务3项，即清理全县76个乡镇农村合作基金会和乡村两级不良债务工作，以及对县财政投资兴办的新农煤矿的审计。摸清了全县农村合作基金会的家底，为党委政府决策提供了依据。

【巴中地区审计局】 1999年底，共有干部职工22人。其中：大学学历6人，大专学历8人，局长1人，副局长2人，纪检组长1人。设有办公室、综合（法规）科、政工人事监察科、财政金融审计科、行政事业（农业）审计科、工交审计科、商贸审计科、基建外资审计科等机构。

预算执行及财政收支审计　共审计单位15个，审计资金总额53748万元，查出违纪违规金额6032.47万元，收缴及处罚款109.58万元。在实施预算执行情况审计的同时，对特种国债和支农、教育、扶贫、灾情减免资金及周转金管理情况进行了专项审计。审计查出违纪违规金额342.80万元，审计处理处罚342.80万元。其他财政收支审计查出违纪违规金额1055.83万元，收缴及处罚款84.17万元。

经济案件审计查处　发现案件线索5起，移交监察、司法机关处理4起。其中涉嫌贪污公款的3人计17，117.80元；涉嫌挪用公款的2人计31，316.34元；涉嫌个人失职渎职造成国家重大经济损失的1人，已被判处有期徒刑。同时，查出单位私设“小金库”150，634.64元。

经济责任审计　1999年，全区共实施县以下领导干部任期经济责任审计29人，通过审计，被提拔使用4人，降（免）职6人，平级调动18人，依法追究刑事责任1人。

《审计法》颁布实施五周年纪念活动　充分利用电台、电视台、报刊等新闻媒体广泛宣传《审计法》、《审计法实施条例》，宣传审计工作取得的成果，配合人大开展了审计执法检查。在审计系统内开展了庆祝《审计法》颁布实施五周年征文、审计知识竞赛和棋牌、书画竞赛等一系列活动，获得全省审计知识竞赛团体第二名。

工行、建行系统审计　对全区建行系统和县级工行资产、负债、损益的审计，共查出违规行为金额1827万元，及时向上级审计机关提交了审计报告，向被审单位提出了加强经营管理的建议。

计算机运用　各科室均配置计算机，实现了与省审计厅的网络传输，计算机审计在银行系统审计、重点企业审计中初步得到运用。

企业审计　对3户重点盈利企业进行了审计，查出企业资产、负债、损益不实金额278.2万元，并对企业效益不佳，债务沉重，产品积压，资产紧缺及不合理负担问题，向政府、有关部门和企业提出了审计建议。

【南江县审计局】

财政预（决）算审计　重点审计了县财政局、县地税局、县地方金库，延伸审计了县水电局、县公医办、县地矿局等单位，查出违规行为金额61.50万元，决定处罚6万元，财政决算审计了12个区乡（镇），查出违规行为金额60.50万元，决定处理处罚8万元。

企业审计　对县水泥集团有限公司、县冶金矿山集团有限公司等2户重点工业企业和县机电化工建材公司、县供销联合社等6户重点商贸企业进行了审计。

经济责任审计　对县供销合作社法人代表任期经济责任按规定程序实施了审计。

查处大案要案　在对世行贷款秦巴扶贫项目进行延伸审计时发现，红顶乡人民政府挪用红顶茶厂配套扶贫贷款16.14万元和长赤营业所在此贷款中违规扣收该厂以前年度贷款本息34.36万元的问题，分别将红顶乡和长赤营业所的主要责任人移交县监察局和县农行，提出了给予行政处分的建议。为确保世行贷款及配套扶贫资金到位增效发挥了应有的作用。

纪念《审计法》颁布五周年　与县人大联合在全县开展了审计执法检查，再次掀起了学习和贯彻《审计法》的新高潮，维护了审计执法的严肃性。

【平昌县审计局】

预算执行和财政决算审计　审计单位3个，查出违规金额107万元，审计区乡（镇）财政14个，查出违规金额14万元。

经济责任审计　全年共开展经济责任审计事项9项，查出违纪违规金额97万元。根据审计结果，1人被提升、8人平调或转任同级其他职务。

纪念《审计法》颁布五周年　我局组织了审计知识竞赛，在县有线电视台开辟了《平昌审计》专栏，报道有关审计知识、法律法规和重要审计事项，扩大了审计影响。

企业审计　1999年共审计工业企业3户，粮食企业2户，查出违纪违规金额113万元，主要揭露了收入和成本不实的问题。

【巴中市审计局】

预算执行和财政决算审计　对市本级财政1998年度预算执行情况和恩阳镇、上八庙镇、义兴乡等12个乡镇1997、1998年财政决算及其财政财务收支进行了审计。

大要案线索　在审计中发现，市地税局挪用农业丰欠调节基金61万元，违规提退手续费54万元，税务机关侵占税费抵押物45.5万元等违规事实，并进行了严肃处理。

经济责任审计　对原市教委主任、市交通局局长离任进行了任期经济责任审计，同时对齿轮厂、食品公司等企业法人代表实施了任期经济责任审计。

企业审计　对市电力公司、自来水公司、城市开发公司三个企业的资产、负债、损益情况进行了审计。

纪念《审计法》颁布五周年　开展了《审计法》知识竞赛，在电视、广播、报纸等传播媒介上广泛宣传《审计法》，扩大了审计影响。

【通江县审计局】

财政预算及财政决算审计　对财政局、地税局、地方金库财政预算执行情况进行了重点审计，审计区、乡（镇）财政决算23个，查出违规金额1475万元，经审计处理处罚收缴财政26万元。

经济责任审计　全年共完成任期经济责任审计13个，查出违纪违规金额522万元，决定收缴财政10万元，个人清退7，337元。通过审计，被组织提拔使用2人，降职使用1人，免职1人，平调9人。

纪念《审计法》颁布五周年　与县人大联合组织在全县开展了审计执法检查，组织参与了全省审计知识竞赛，利用广播、电视、报纸等传播媒介广泛宣传审计知识、审计法律法规和重大审计事项，再次掀起了学习和贯彻《审计法》的新高潮。进一步扩大了审计影响，树立了审计权威。

【雅安地区审计局】

企业审计　全区审计工业企业13户，交通企业2户、国内贸易3户、粮食企业2户、供销企业1户、农林水5户。在搞好地属企业审计的同时，1999年地区审计局还接受省审计厅委托，对全省37户扩张型企业之一的四川建安机械有限责任公司进行审计，圆满完成省审计厅委托事项。

行政事业、农业资金审计　对行政事业单位的审计，包括法院系统、教委系统、民政、社保、畜牧、水勘等部门，重点检查财政预算资金的管理、使用，行政性收费和罚没款物的收取、解缴情况。对农业资金的审计，全区重点审计农业综合开发资金和扶贫专项资金，基本搞清了各类专项资金管理、使用情况，保证资金专款专用，提高资金使用效益。

固定资产投资、外资贷援款审计　全区审计建设单位33个，审计项目投资总额18408万元，查出资金不落实172万元，多列工程概算11万元，挤占工程成本11万元，多结工程款152万元，超规模、超标准303万元，审减竣工项目投资总额798万元。1999年，全区还开展对世界银行贷款审计，审计项目计划投资总额2155万元，查出挪用外资违规金额15万元。对外资项目审计监督，促进了引进外资有效利用。

经济责任审计　根据中办发[1999]20号文件要求，全区各审计机关已开展了县级以下党政领导干部任期经济责任审计，为上级组织部门提拔任用干部提供了一定的依据。

审计法制建设　1999年，全区审计机关全面贯彻落实《审计法》和《审计法实施条例》，认真执行审计规范，搞好审计执法工作。

审计信息、科研　全年向省审计厅、地委、行署、新闻单位提交信息、简报、科研论文171篇，地区审计局编发《审计工作简报》39期、《审计情况反映》12期。简报、信息被行署《政务要情》采用13篇、《雅安日报》采用14篇、地委《工作参考》采用1篇，省审计厅《四川审计简报》采用3篇。审计科研论文被省级刊物《现代审计》采用5篇。

精神文明和党建工作　1999年，地区审计局爱国卫生、计划生育、社会治安综合治理、保密、双拥、消防、绿化都保持达标。档案管理实现全区达标升级满堂红，地区审计局档案工作继续保持省一级达标。

【阿坝州审计局】

预算执行审计　此项审计涉及42个州县财政、地税、地方金库等，同时对使用财政资金、周转金的有关部门和对特种国债转贷资金的安排、拨付等进行了审计。通过审计，查出各种违规行为金额8160万元，涉及财政收入、支出以及财政周转金，财政税务管理等方面问题。

经济责任审计　1999年，州县审计机关共计完成经济责任审计事项13项，取得一定成绩。

金融审计　对建设银行阿坝州分行及所属的7个单位1999年的资产、负债、损益进行了全面认真的审计，对重大问题进行了追溯及延伸。审计查出少计收入237万元，多计支出182万元，账外经营44.2万元，账外发放贷款43.4万元，违规行为金额合计506.6万元。审计后，决定处理处罚102万元，其中：上缴财政（中央）100万元，处以罚款2万元，指明要求纠正404.6万元。

积极宣传《审计法》及审计成果　1999年是审计机关成立16周年和《审计法》颁布5周年。我们利用这一时机，精心安排，认真组织了有关《审计法》和审计工作的宣传活动。州审计局同阿坝日报社一道，在《阿坝日报》开辟了《迈向21世纪的阿坝审计》栏目，在全州审计机关组稿20多篇，对《审计法》和16年来的审计工作进行了较全面的宣传，州县审计机关和政府领导还采用广播、电视等新闻媒体大力宣传审计工作和《审计法》，共发稿32篇，办专栏（版报）13期，散发宣传资料1000多份。在全省审计机关审计知识竞赛中，我州代表队荣获组织奖和优胜奖。

【甘孜藏族自治州审计局】

1999年，全州审计机关共审计271个单位，查出各类违纪违规资金24259万元。应收缴财政的资金327.3万元，核减财政拨款或补贴22万元，应归还原资金渠道9767万元，促进增收节支1806万元，移送纪监、司法机关处理的大要案件2件4人。

财政审计　对1998年度财政预算执行情况完成了对州本级和除得荣县外的17个县财政、地税、金库等54个单位的审计和康定等5个县1998年度财政决算审计，在预算执行审计中对查出的超预算拨款、应交未交国有资产经营收益、虚列支出、挪用专项资金等违纪违规行为按规定进行了处理。在对康定等5县1998年度财政决算审计发现，由于甘孜州自我发展能力弱，财政收入少，为保证工资的发放及国家机关的正常运转，出现了增加企业税负，挤占各项专款的现象，对存在问题进行了纠正和处理，并有针对性的提出了10条加强和改进财政管理的意见和建议，引起了州县政府的高度重视；1999年审计查出石渠县粮管人员贪污财政商贸周转金 11.67 万元，已按《审计法》及有关程序移送检察机关处理。

经济责任审计　全州共完成干部任期（离任）经济责任审计 93 项，其中在对州劳动局原法人代表的离任审计中，查出违纪违规行为金额 340.83 万元，按有关规定移交纪检监察机关后对其作出了开除党籍、撤销职务的处理。

在全州审计机关开展了纪念《审计法》颁布实施五周年纪念活动，配合州人大常务委员会开展了《审计法》执行情况的检查。在《甘孜报》开辟了专版宣传《审计法》和全州审计机关建立 16 周年的成就，收到了较好的社会效果。

【凉山州审计局】　1999 年全州各级审计机关共完成审计项目 312 个，是计划的 143.11%；查出违规行为金额 4612 万元，收缴财政金额 758 万元，促进增收节支 203 万元；应归还原渠道资金 831 万元；通过审计受党纪政纪处分 3 人，移送司法机关处理 1 人。全年共提供各类信息 109 篇，其中，被地方党政领导批示采用 25 篇，被上级审计机关批示采用 4 篇，被新闻单位采用 27 篇，建议纠正地方不当规定 18 条。全州无一例审计行政复议案件和审计应诉案件。

州审计局被州委评为“四好”领导班子，被州政府评为“国家农业综合开发攀西项目二期工程资金审计”先进单位。

财政审计　1999 年对全州 17 个县（市）及州本级财政预算执行情况、5 个县财政决算及 17 个乡（镇）财政决算进行了审计监督，还对 120 多个涉及单位进行延伸审计。查出隐瞒、挪用、超预算拨款、漏缴税金等违纪行为资金 1566 万元，通过审计依法收缴财政 469 万元，其中，罚款处理 29 万元，责成纠正资金 1087 万元。

金融审计　一是对我州建行系统资产、负债、损益进行审计。共查出违纪违规金额 2087 万元。二是对州信托投资公司 1998 年资产、负债及损益的真实、合法及有效性进行了审计检查。存在的主要问题是资产、负债不实、漏缴税金、虚列支出等，依法作出收缴财政 56 万元。

基建外资审计　全州共完成固定资产投资审计项目 24 个，是计划的 100%。全州固定资产投资审计共查出违规行为资金 619 万元，依法作出收缴财政 1 万元，应归还原渠道资金 165 万元，核减工程结算 204 万元。

在对国外援贷款 9 个项目的审计检查中，重点对妇幼卫生、传染病与地方病控制、民族地区基础教育等项目进行了审计。其存在的主要问题是配套资金不落实 966 万元，挪用配套资金 34 万元。

企业审计　审计查出违纪违规金额 494 万元，其主要问题是成本不实，虚增、减利润，贪污私分等。依法作出收缴财政 137 万元，罚款处理 9 万元，指明要求纠正 314 万元。

行政事业审计　1999 年全州共完成行政事业单位审计 160 个。查出应缴未缴、挤占挪用、乱收乱摊、转移收入、偷漏税金、国资流失等违纪违规金额 1165 万元，依法作出收缴财政 65 万元，罚款处理 1 万元，归还侵占挪用资金 277 万元。

农业审计　共完成项目 20 个，此次审计共查出违规行为资金 678.0 4 万元。对此，依法作出收交财政 21.48 万元，调账处理 667.04 万元，归还侵占挪用资金 35.5 万元。

内部审计　1999 年，共有内审机构 133 个，（专职机构 33 个）有内审人员 320 人，其中专职人员 88 个；完成审计项目 72 个，纠正违规行为资金 3 万元，提出建议被采纳 48 条。

贵州省

【贵州省审计工作简述】
1999 年，全省已建立 97 个审计机构，其中地州市审计局 9 个，县（市、市辖区、特区）审计局 87 个。全省已配备审计人员 1688 人，其中地州市审计局 363 人，县（市、市辖区、特区）审计局 1177 人；大专学历以上文化程度的 846 人，占总人数的 50%；中级以上技术职称的 471 人，占总人数的 27.9%。全省各级审计机关共审计了 2312 个单位，为国家增收节支 7 亿多元，比上年同期增长 68%，其中已上交财政 9467 万元，减少财政拨款和补贴 3595 万元，追还被侵占挪用资金 5.74 亿元。向司法机关移送案件 14 件，建议给予行政处分 11 人。向各级党委、政府报送重要审计情况被批示、采用 132 份，提出纠正地方部门不当规范建议 74 条。

【贵州省审计厅概况】　省审计厅下设 17 个处、室、中心，编制 170 人，其中行政编制 132 人，事业编制 38 人。已配备干部 127 人，其中大专学历以上文化程度的 105 人，占总人数的 82. 67%；中级以上技术职称的 72 人，占总人数的 56.7%。

厅领导成员

厅　长：樊丙礼

副厅长：陈仕斌、张光寿、徐德扬

副总审计师：魏金台

审计工作成果　共审计 87 个单位，应上交财政 3406 万元，已上交财政 2857 万元，减少财政拨款或补贴 1627 万元，追还被侵占挪用资金 35707 万元，共为国家增收节支 40191 万元。

本级预算执行审计　全省审计单位 242 个，审计面达 100%，查出违规行为金额 4. 24 亿元。经审计处理，增加财政收入 3325 万元。

重要案件审计查处情况　全省发现大案要案线索情况有 26

件，其中移送纪检、监察机关有12件，移送司法机关的14件，已立案的有18件。如黎平县社会保险局原副局长利用职务之便，采取重复造册，虚列退休人员名单等手段，贪污社会养老保险基金2.89万元。纳雍县原农行行长，因大量挪用扶贫资金，被撤消行长职务。对省国土厅的审计，查出省国土厅及下属的省土地开发中心、省土地登记事务所等单位截留应上缴财政的土地出让金、坐支挪用等违纪资金1638万元，已全部依法收缴财政。省国土厅主要领导人涉嫌个人经济问题，正在立案审查之中。

精心组织扶贫资金审计　全省各级审计机关把对扶贫资金审计作为重中之重来抓，对审计对象、审计重点、审计内容和方法作了精心安排，明确提出了“全面审计，突出重点，审深审透，抓住大案要案线索”的要求。全省组织300多名审计业务骨干前后历时四个月，对9个地、州、市本级及48个国定贫困县1997年至1999年6月底的扶贫资金进行了审计。为全面真实反映我省扶贫资金的投入、分配、管理、使用和效益情况，上审下的比例达90%以上，省审计厅直接审计了8个地州市本级和12个国定贫困县。全省审计资金额34.63亿元，占两年半投入47.75亿元的72.52%；查出违纪违规行为金额4.57亿元，占审计资金额的13.19%。按照有关政策和法规规定，审计依法对查出的违纪违规问题进行了严肃处理，仅处理违纪购车就有93部。扶贫资金审计引起了各县强烈反响和震慑，地、县主要领导督促有关部门及时进行整改。省政府主要领导多次听取扶贫资金审计的情况汇报，对扶贫资金审计工作作了具体指示。省政府还召开各有关厅、局、办委、银行等部门和单位负责人参加的会议，通报审计情况，落实整改措施，各单位都将书面整改措施报省政府办公厅和审计厅，审计成果显著。

固定资产投资审计　全省审计机关围绕国家宏观调控措施的落实，加大固定资产投资审计的力度，共审计了262个单位，查出违规行为资金1.57亿元。重点是对水利建设项目、中央直属储备粮库建设项目、贵遵公路、凯里电厂建设项目等进行审计，核减工程预算决算2985万元。对贵新公路和贵毕公路进行跟踪审计调查，确保国家投入我省的重点建设项目资金发挥应有的作用。

水利建设资金审计　对全省9个地、州、市，61个县（市）1998年度中央和地方投入我省的水利建设资金进行审计。对查出违规行为资金8534万元，审计依法进行了处理。省审计厅向省政府提交的水利建设资金综合报告，省长钱运录作了批示。

企业审计　为配合国有企业三年改革和脱困目标的实现，我省组织对全省重点工业企业财务收支进行审计，共审计198个单位，查出违规行为资金4.5亿元，主要是成本不实、收入不实、虚减利润、损失浪费等。省厅审计了贵州省铁合金厂、省五金矿产进出口公司、省生产资料服务公司等亏损企业，针对这些企业历史遗留问题多、负债高、包袱重、资金短缺等困难，审计实事求是的作了评价，帮助企业弄清资产、盈亏情况，促进企业规范会计核算，保障资本安全运营和国有资产保值增值。

经济责任审计　中央两个办公厅颁发了领导干部经济责任审计暂行规定后，全省各级审计机关进一步开展了经济责任审计。有54个审计机关开展了党政领导干部任期经济责任审计，完成审计项目104个；有36个审计机关开展了国有企业领导人员任期经济责任审计，完成审计项目33个；有3个审计机关成立了专门机构，配备人员6人。在对贞丰县民政局前任领导1995年至1997年任期经济责任审计中，发现该局挪用救灾基金12.25万元用于购置汽车、摄像机、无绳电话和照相机等；对开阳县地质矿产局原任局长任期经济责任审计中，发现存在应上缴未上缴收入47万元，多付承包方高估冒算工程款26万元等违法违规问题；对六枝特区茶叶公司经理任期经济责任审计中，发现近20万元的资金去向不明的重要线索；对遵义市人民印刷厂原厂长，印江造纸厂原厂长任期经济责任审计发现涉嫌个人贪污问题等。审计机关依法向纪检监察部门提出了给予党纪、政纪处分的建议，得到了监察机关的采纳；对涉嫌犯罪的，审计机关依法移送司法部门立案查处。

社会保障资金审计　全省各级审计机关，对1998年企业基本养老保险基金进行了审计。共审计了社保机构39个，审计基金总额112012万元，占全省1998年基金来源总额的73%。对查出的问题，省审计厅根据有关法规，制定了统一的处理原则，同时针对产生问题的原因，各地向当地政府和社会保障部门提出了建议。

法院系统行业审计　全省审计机关统一组织全省法院系统1997至1998年财务收支审计，共审计了72个单位，审计总额2.9亿元，查出违纪资金4635万元。省审计厅向省政府提交了综合报告，受到省政府的重视。

金融审计　组织全省审计机关，对中国工商银行贵州省分行全辖118个核算机构1998年度的资产、负债、损益和信贷资产质量清分情况进行了审计，查出资产、负债、盈亏不实，固定资产核算不规范，自办经济实体造成投资损失等违纪资金1.6亿元，少交中央所得税1248万元，营业税255万元，少交地方营业税及附加494万元。

外资运用审计　全省继续加强对世行、亚行等国外贷援款的16类329个项目审计，审计总额67.75亿元，查出世行、亚行贷

款和国外援款使用中虚报冒领、挪用项目资金及物资等违规行为金额9255万元。审计如实反映项目单位违反贷款协议行为，促使项目单位严格遵守财经法规和项目协议，规范财务管理和会计核算。省审计厅向省政府提交的3份审计综合报告，省政府领导作了批示，要求有关部门和地区抓紧时间按要求落实，项目实施单位要认真研究，拿出有效措施，对被挪用的项目资金要尽快如数归还，并追究有关人员责任。

法制建设　为保证依法审计和提高审计工作质量，全省各级审计机关都不同程度地建立健全和完善了审计复核制度、审计项目质量与目标考核挂钩制度、审计项目质量检查制度，有的审计机关还制定了审计复议、应诉、过错责任追究及审计人员培训制度。黔南州审计局在全州推行了《接受审计承诺制度》，遵义市和六盘水市均在全市范围实行了审计双向承诺制度，贵阳市审计局在审计执法中实行了公开办事程序、公开办事纪律、公开办事时限、公开办事结果、公开办事人员的公示制度。省审计厅加强了法制宣传教育和培训，举办了两期《法制讲座》，开办了普法学习班。全省有1300多名审计干部参加了审计署举办的《审计法》知识竞赛。

【贵阳市审计局】　1999年贵阳市审计局有干部、职工112人；三县一市五区审计局共有人员124人。市局有局长1人，副局长4人。设有办公室、政工处、综合处、审计管理处、财政审计处、金融审计处、行政事业审计处、外资审计处、农林水审计处、固定资产投资审计处、工交审计处、商贸审计处等12个处室。

审计工作成果　全年共完成审计项目526项，为年计划的194.8%；查出违规行为金额38492万元，决定处理处罚26575万元，指明要求纠正11917万元；应上缴财政821万元，已交财政294万元。编发审计信息简报232篇，其中被有关领导和部门批示采用62篇。已审计项目中完成省审计厅计划项目为100%，完成各级交办任务项目77项，完成各类审计调查49项。通过审计发现大案要案线索4件，已移交4件，结案2件。

财税审计　实际完成46项，查出违规行为金额3868万元，其中应归还原渠道资金28万元，应上交金额63万元。开展"同级审"及对下级财政决算审计，审计面为100%；审计揭露了财政及地方税务部门在税收征管、财政管理方面存在的一些问题，下达了审计意见书和审计决定。

固定资产投资审计　完成197项，其中开工前审计177项。按照署和省厅进一步加强对重点建设项目审计的力度精神。市局直接审计项目15项，审计金额8294.27万元，核减投资408.12万元，完成开工前审计134个，查出不落实资金10716.98万元。组织有资质的会计师事务所参加投资审计，经我局认定审计项目23个，审计投资83653.14万元，核减投资2677.68万元。对贵阳市1995年至1998年22个路桥建设项目竣工决算审计，审计审定投资总额96851.4万元，各项累计减少国家投资2747.3万元。还对贵阳市1999年所办18件实事中新开工基础性项目跟踪审计，先期介入，对西郊水厂、三桥立交桥及改茶路、人民广场、高雁垃圾填埋场、排污分洪隧道、污水处理厂等，从规划、勘察到竣工决算全过程审计参与。其中对西郊水厂、人民广场项目实施了中间结算审计，审计金额达1227.92万元，核减110.64万元。

按照省厅统一安排，对息烽县及本级1997年至1999年6月扶贫资金使用情况进行审计。通过审计对扶贫资金在分配、投入、管理和使用方面的真实、合法、效益情况进行评价，有针对性地提出建议。并查出违规行为金额43万元。对清镇市3个乡（镇）9个村农民负担情况进行检查后，写出的审计信息、其中2篇被省市有关部门采用。

工商企业审计　完成项目38项，查出违规行为金额28425万元。对两户国有大型企业新天光学仪器公司经理和贵州有机化工总厂厂长进行经济责任审计。对发现的经济责任指标不明、国有资产保值不好等问题进行了全面反映，并对违法违规经济事项作了处理。对贵州有机化工总厂涉及个人违法及乱纪的一些重要线索引起清镇市反贪局重视，已立案侦查，对责任人作出了党纪、政纪处分。

完成的其他审计任务　行政事业审计以促进合理使用财政资金，提高使用效能，加强廉政建设为重点，加大对科技、教育、法院、养老金等项目审计力度。对"市、区（县）两级世界银行贷款项目"和"市、区（县）两级欧盟奶援项目"进行了审计。

受表彰情况　获审计署办公厅、中国审计出版社1999年度宣传、通联发行工作先进单位；获1999年度市直机关"三优一满意"活动先进单位；获1998年度全省审计系统先进单位；1999年全省审计机关"青春在审计中闪光"演讲活动组织奖；获"建国五十周年全省审计机关文艺汇演"优秀奖；获1998年度贵阳市政府目标管理先进单位。

【贵阳市云岩区审计局】
1999年，我局提前3个月完成各类审计项目38项，审计总金额达33338.77万元，查出违纪违规行为金额1415.29万元，已缴罚款18.16万元。

完成区政府交办任务　1999年，完成区委、区政府交办的任务17项，其中完成领导干部任期内经济责任审计14项，通过对领导干部的任期经济责任审计，进一步增强领导干部艰苦奋斗，建功立业的事业心和责任感。

完成上级下达审计任务

1999年，完成市审计局下达的审计任务21项，其中：基建开工前资金审计9项，审计总金额90.75万元，审减率为13.49%，减少财政投资10.32万元。1999年我局先后写出简报、信息42期，其中11篇12次分别被市审计局、区委、区政府采用。

完成区委、区政府交办的其他任务　1999年，协助区纪委对物资局、人防、少年宫等单位的查证。

【贵阳市南明区审计局】

1999年，围绕区委、区政府建设经济强区为中心，以打假治乱为重点，揭露和反映财政财务收支中的不真实、不合法、不规范以及损失浪费等问题，突出对国有资产和国有资金的审计；对行政事业单位的系统审计；对群众关心的热点问题的审计以及对资金使用容易出问题的部门进行重点审计监督。依照《审计法》和有关审计法规的规定，制定了《审计执法责任制》、《审计错案追究制》、《审计承诺制》等制度，加大了审计执法力度。除参加区委、区政府的中心工作外，全年共完成审计项目30项，为计划的143%；审计总金额15245万元，查出违纪金额1130万元，应上交财政补贴45万元，已全部收缴；查出漏税13.7万元，协助税务部门已收缴入库，审计查出的其他问题已作出处理或限期整改。

【贵阳市花溪区审计局】

1999年花溪区审计局人员结构情况与1998年相同。

预算执行和财政收支审计　1999年花溪区审计局以依法规范本级秩序、推进依法理财、促进提高资金使用效益为目标，从账户入手，通过核实财政收支，揭露对财政资金分配管理、使用中存在的不真实、不合规等问题。通过审计如实揭露问题，对财政周转金回收率低（仅15.6%）等问题，提出了加强对财政信用资金管理、监督，充分发挥财政信用资金使用效益建议。

经济责任审计情况　1999年花溪区审计局完成了两项经济责任审计。经审计后，对领导干部的经济责任作出了较为客观、实事求是的评价，查出违规行为资金168万元，核减基建支出44万元，上缴财政2万元并对存在的问题提出了纠正和改进意见。

工商银行审计　花溪区审计局对中国工商银行贵阳市花溪支行1998年度资产、负债、损益和信贷资产质量清分情况进行了审计，查出少提应付利息53万元及表内应收利息15万元转表外影响盈亏；以租代购形成账外固定资产268万元；自办经济实体造成投资损失17万元等问题，按规定向上一级审计机关提交了审计报告。

【贵阳市白云区审计局】　到1999年底，有干部、职工11人，其中，大专学历7人，局长1人，设有办公室、财政金融审计科、行政事业审计科、企业基建审计科、会计师事务所。

审计工作成果　完成审计项目33个，占全年目标任务19项的173.6%，其中：基建开工前审计7个。共审计查出违纪行为资金325.32万元，应收缴违纪资金7.19万元，已收缴违纪资金7.19万元；共下达审计决定29条，提出审计建议43条；移交经济案件一件2人；报送审计信息21篇，被《白云报》采用七篇。已完成的审计项目中，政府交办项目四项。

【开阳县审计局】　1999年完成审计项目45项，上缴财政罚没收入188元，追回被侵占挪用资金45万元，为国家挽回损失90万元，保全国家资产325万元。

在对开阳县1998年预算执行情况审计后，查实违规核销376万元，长期借出未收回间歇资金156万元，责成县财政局进行纠正，并进一步规范管理。对马场镇财政决算和其他财政收支审计，查出该镇财政所所长私分公款8400元、勒索职工3000元、以权谋私违规报销药费3200元，该所6人集体侵吞国有资产13380元，县审计局依法建议纪检、监察机关对2人进行党纪、政纪处分，并将该所违纪、违规问题通报全县。

本年完成领导干部经济责任审计12项，审计金额12305元，查实违纪违规资金1122万元，处以收缴财政149万元，处罚款2.9万元。在对县公安交警大队长离任审计中查实该队乱收费32.1万元，违控购买商品65.4万元，隐瞒截留国家收入33.9万元，作出审计决定后该队无正当理由拒不执行，县审计局申请县财政局协助强制执收25.8万元，并通知银行暂时冻结该队存款，维护了审计决定的严肃性、权威性。在对县地矿局原任局长审计后，依法收缴了该局截留应缴国家收入75万元，并根据有关线索追踪审计1个镇收费问题，查实该镇乱收费130万元，收缴53万元，同时对承包工程的承包人因拒不执行审计决定在决定执行期满后依法申请人民法院强制执行10万元上缴财政，并建议县纪检、监察机关对原任局长予以处分。

本年对3个村财务收支试行审计，收缴了违纪资金9.5万元，规范了3个村的财务管理，查实了群众举报的诸多事项。

本年度完成基本建设审计项目10个，审计工程投资总额759.76万元，依法削减高估冒算工程款66.89万元，审计削减率为8.8%。审计取得了良好的社会效果。

本年度完成企业审计2项，对县供电局隐瞒利润82万元违纪行为进行了处理，补征收所得税27万元，对县烟草公司非法收入253万元也作了严肃处理。对县属1户国有工业企业改制股份制进行了专项调查，为县委、县政府决策提供依据。

本年度完成农业资金审计6项，审计总额1183万元，查实转移挪用农发资金35.4万元作出了处理，进一步提高了农发资金使用效果。

【修文县审计局】 1999年共有干部、职工12人。其中：大专学历6人；局长1人，副局长2人。设有办公室、财政金融审计科、行政事业审计科、企业审计科等机构。

审计工作成果 1999年共完成审计项目41项。其中：政府交办17项（有6项系任期经济责任审计），开工前审计8项，单位委托2项，计划内14项，完成年计划的292.9%；审计查出违纪违规行为金额244万元，其中，应上交财政37.15万元，已上交财政28.8万元。

为了纪念《审计法》颁布实施五周年，我局将《审计法》全文刊登在《修文报》上，同时利用审计之便，将《审计法手册》送到被审单位，让社会各界了解审计，关心支持审计。

【息烽县审计局】 1999年，共完成审计项目20项，为计划的143%，查出违规行为金额574万元，已由上级审计机关直接处理违纪金额200万元。

工作业绩 开展预算执行和财政收支审计，查出预算内收入转预算外收入，虚增预算收支，拖欠、挪用专项资金等问题。工行系统审计，查出账外资产100多万元，私设"小金库"资金100余万元。

【六盘水市审计局】 全市有5个市县区审计局。审计干部104人，其中：大学学历17人，大专学历48人；局长1人，副局长3人。下设办公室、综合科、财政金融审计科、行政事业审计科、农林水审计科、工业交通审计科、商粮贸审计科、基本建设审计科。

审计工作成果 1999年完成审计项目116个，审计单位299户，查出违规行为金额15416万元，为国家增收节支5004万元，向司法机关移送案件4件，提交工作报告、信息61篇，被上级审计机关、当地党委、政府及新闻单位批转、采编16篇。

完成各级政府交办任务 完成市县党委、政府交办的工作任务27项，实施了市人民政府驻贵阳办事处六盘水宾馆、市商业运输公司、市联运公司财务收支审计，六枝特区民政局和六枝特区茶叶开发公司领导干部任期经济责任等审计。在对六枝特区民政局审计中，审计人员实事求是，依法审计，查处违规行为金额340万元，探索了离任审计的路子，积累了一定的经验。

完成上级下达审计任务 完成省审计厅下达审计任务38项，审计单位190户。在对全市1997年至1999年6月底的扶贫资金审计中，上审下面达75%，审计金额达4.80亿元，查出改变资金投向、挤占挪用、虚列转移、违规收息收费、损失浪费等违规金额4207万元，审计依照有关法律、法规、政策，对查出问题进行了严肃处理，为国家促进增收节支金额3941万元，提出进一步加强扶贫资金管理的意见和措施，引起了强烈的反响和震慑。

内部审计 内部审计机构已发展到42个，内审人员76名。

受表彰情况 1999年在全省审计系统目标考核中，获一等奖；在全省审计系统庆祝中华人民共和国建国和贵州解放50周年文艺汇演活动中，获优秀奖1个，表演奖2个；在全省审计系统"青春在审计中闪光"演讲比赛中，获三等奖。

【六盘水市钟山区审计局】 全年共完成各类审计15项，比上年增加16. 6%，查出违规行为金额1538.73万元，应交财政316.99万元，已缴财政296.45万元，促进增收节支48.90万元。

财政收支审计取得新的进展 1999年是开展本级预算执行审计的第四年，区审计机关严格按照审计法的规定开展了本级预算执行审计。审计中发现预算执行中应纳未纳入预算管理的行政事业性收费274万元，虚增投资方向调节税130万元等问题。审计机关对查出的问题依照有关法规进行了处理，同时，提出了加强和完善财政预算管理的意见和建议。

【水城县审计局】 1999年，水城县审计局全年共完成各类审计24项，比上年增加9.1%，查出违纪金额1170万元，应上缴财政41.58万元，已全部上缴，应归还侵占、挪用资金50.08万元，促进增收节支48.96万元。

企业审计 按照县审计项目计划安排，水城县审计局对县属水城烟叶复烤厂1996年～1998年财务收支进行审计。发现并纠正该厂财务核算等方面存在的问题。该厂账面资产为1.36亿元，经审计调整为1.44亿元，净调增771.89万元；该厂账面负债为1.45亿元，经审计调整为1.43亿元，净调减259.53万元；该厂账面亏损1771.58万元，经审计调整为亏损720.44万元，核减亏损1051.44万元。审计机关对有关问题作了严肃处理，并提出进一步加强财务、财产和销售管理，健全各项内部控制制度，增强市场竞争能力的意见和建议。

审计农业综合开发资金 经省审计厅交办，水城县审计局对本县1996～1998年农业综合开发资金使用情况进行审计，并依法对存在的问题进行了处理、处罚。

【六枝特区审计局】 1999年全局共有职工18人，其中正副局长各1名，下设有三股一室。1999年全年共完成各类审计25项，比上年增加27%，查出各类违规行为资金1600万元，应上交财政71.92万元，已上交财政70.8万元，为国家增收节支331.1万元。在任期经济责任审计工作中发现大要案件一件，已移送司法机关处理。并补交了上年应交财政8.2万元。在竣工决算审计中一次核减工程款41万元，得到了党委、政府的好评。

任期经济责任审计 经特区党委、政府指示，特区审计局在对某局领导干部任期经济责任审计中，发现该单位财务管理十分混乱，财务人员素质极低，局领导法制观念淡漠，致使该单位从1995年以来挤占专项资金17.71万元，截留专项基金116万元，私设“小金库”33.8万元，漏交国家税金10万元。审计依照国家法律法规依法作出了相应的处理，并建议有关部门对负有直接责任的有关人员给予一定的处分。在对某企业法人离任审计时，排出种种阻力，坚持一查到底，同时采取与有关部门联合办公，坚持要看真账、实账的原则，查明该单位以工代赈资金19.2万元无去向，特区审计局按照审计法的规定，移送司法机关立案查处。

国有企业审计　1999年在对某国有商业企业的财务收支审计中，盘点库存时，发现该单位长期以来虚增成本的手法隐瞒利润，偷逃国家税收。对偷逃的税收17.6万元依法作出全额补交的审计决定，已全部得到执行。

固定资产投资审计　1999年开展了3项基建工程竣工决算审计，特别对某公司宿舍楼竣工决算审计，总投资255万元，一次性核减工程款41万元，占总投资的16%，施工单位多次向审计组长表示要给好处，均遭到严辞拒绝，树立了审计机关清正廉洁的良好形象。

【遵义市审计局】　1999年，人员机构情况与1998年相同。

扶贫资金审计效果明显　1999年，遵义市审计局对正安县、务川自治县、凤冈县，省审计厅对习水县和市本级1997年至1999年6月扶贫资金的分配、管理和使用情况进行了审计，审计总金额30920万元，查出违规资金3057.64万元，占审计总金额的11%，其中违纪违规使用财政性资金2112.9万元，违纪违规使用扶贫资金贷款944.74万元。

审计调查　1999年，遵义市审计局在保证完成上级审计机关下达任务的同时，安排了“对余庆县推行会计委派制情况审计调查”、“全市商品房建设税费情况审计调查”、“全市粮改资金封闭运行情况审计调查”及“全市国企改革与经济效益有关情况审计调查”，调查报告引起各级政府高度重视。同时，全市两级审计机关还完成了党政领导交办任务108项，为地方党政排忧解难，受到各级党政的好评。

工行系统审计初见成效　1999年，市县两级审计机关共派出17个审计组共69人对工行贵州省遵义分行系统20个核算单位进行了现场审计，并延伸了231个贷款企业，审计处理工作将按上级部署统一实施。

【遵义县审计局】　1999年，遵义县审计局认真宣传贯彻《县级以下党政领导干部任期经济责任审计暂行规定》和《国有企业及国控股企业领导人员任期经济责任审计暂行规定》（以下简称两个暂行规定）。及时组织干部职工进行学习讨论，充分认识两个暂行规定的重要意义。认真总结1996年以来我县开展国有企业厂长（经理）任期经济责任审计的经验。牢固树立在党委、政府领导下，加强与有关部门联系和配合的观念，组织召开了有关单位负责人参加的联席会议，就审计工作进行了研究，拟写了中共遵义县委、遵义县人民政府关于贯彻执行两个暂行规定的意见，得到县委、县政府的高度重视，取得了满意的效果，出现了积极要求审计部门进行审计的好局面。如县物价局副局长（主持工作），强烈要求对其任期内的经济责任进行审计，此项审计已经结束。

【仁怀市审计局】　仁怀市审计局1999年共有干部、职工37人。其中大专学历9人，本科学历8人，局长1人，副局长1人，纪检组长1人。设有办公室、法规科、农业资金审计科、企业审计科、财政金融审计科、行政事业审计科、基建审计科等机构。

审计工作成果　1999年，共完成审计项目31个，占计划项目100%。查出违纪资金1311万元，收交财政7万元，核减基建工程款548万元，追回被挤占挪用资金317万元。向上级领导机关提供审计信息19篇，被采纳33篇（含重复采用），采用率达173%。

完成主要任务　1999年，共完成市政府交办项目30个，会同市教委对19个乡、镇教育经费进行审计，查出被挤占挪用资金317万元，已如数追回。1999年的同级审，查处了市财政局1998年将农业税减免款47.5万元划缴入库虚增财政收入。市财政局欠拨各类专项资金247.6万元等问题。通过对盐津河水库第三期农业综合开发项目“渴望工程”资金投入、管理、使用以及国土局、林业局、林工商公司财务收支审计，核减水利工程款14.2万元，收缴违纪资金3.2万元，处以罚款1.6万元。查出仁怀宾馆44万元在产品不入账，出纳坐收坐支现金且公款私存；葡萄苑宾馆违规支付银行利息入股分红；商业加油站成本控制不严等问题。1999年共审计基建工程项目43个，审计总金额为4550万元，核减基建工程款548万元，核减率为13%。

【桐梓县审计局】　1999年，共完成审计项目18个。审计单位25户，提交审计报告26篇；完成审计调查3项，调查单位8个；共查出违纪违规金额627.83万元，上缴县财政27万元，配合县检察院、纪检、监察等部门查处各种经济案件3件。为反腐倡廉和社会稳定发挥了作用。

完成县政府交办任务7项，提交审计报告14篇，审计监督为地方经济发展服务发挥了保驾护航的作用。

完成上级下达审计任务11项，其中审计项目8项，审计调查3项，调查单位8个。

工商银行审计　历时两个月审计金额16908.05万元，查出违纪、违规资金276.83万元，提出建议意见4条。

财政审计　重点对全县13个行政执收、执罚单位的罚没收入和预算外资金进行了审计，共抽调13人，涉及全县18个单位，审计金额22603万元，查出违纪违规行为金额276.83万元，对乱收乱罚和预算外资金不全额上缴财政专户的问题进行了处理、纠正。

【务川自治县审计局】　1999年除完成上级审计机关指令性项目外，还如期保质保量完成了地方党政交办的审计项目11项，占全年项目完成数的46%，这些项目中大部分都是群众关心的热点，也是审计的难点。根据政府的交办，重点对务川自治县粮食自给工程资金的审计，厂长、经理经济责任离任审计，国有资产、国有资金管理审计，社会保险资金审计等。通过审计，对宏观经济政策执行情况及落实过程中存在的问题进行了揭示，找出存在的原因和提出改进措施及建议。全年共完成各项审计（调查）项目24项，查出违规行为资金281万元，应上缴财政12.81万元，已全额上缴入库，上缴率为100%。

【赤水市审计局】　全局共有15名干部职工。全年共完成审计项目19项，审计调查3项，查出违纪违规行为金额197万元，审计决定收缴赤水市财政31万元，年末已收缴入库18万元，对市重点工程核减施工单位报送工程价款141万元。

财政金融审计　按照遵义市审计局统一部署，完成了对赤水市1998年财政预算执行审计。确认市财政1998年收支平衡并消化历年滚存赤字203万元；教育经费的增长与一般预算收入的增长基本持平；对市财政收支核算管理中存在的问题作出了审计意见并提出四条建议。对工商银行赤水市支行1998年资产、负债和损益审计，对其应列未列入单位账表“固定资产”统一核算的财产924万元，分别作出了纠正处理。

行政事业审计　1999年对赤水市属四个单位1998年财务收支进行了审计，对发现的问题均作出了审计意见要求纠正，并决定收缴12万元。

企业审计　全年对市电力公司电力联合公司进行了审计。对其在收益性支出和资本性支出的处理不当问题进行了纠正，并审计处理收缴了少缴的企业所得税。

外资运用项目审计　按照遵义市审计机关要求完成了农村卫生人力开发（卫Ⅳ）和疾病预防、计划免疫（卫Ⅶ）两项目的审计。对即将结束的卫Ⅳ项目，提出了完善项目工程，核对项目单位账目，积极准备还本付息的审计意见。对卫Ⅶ项目，提出了多方筹措资金，保证资金足额到位的具体建议。

重点工程项目　完成了赤水防洪堤工程、赤水市中文化广场、旅游宾馆工程、重点公路工程、酱醋厂综合楼工程等基本建设项目的审计工作，审计规模3378万元，经审计核减乙方工程报价141万元。

【绥阳县审计局】　现有干部职工11人，其中：大学学历1人，大专学历9人；局长1人，副局长2人。设有办公室、行政事业审计股、企业审计股、基建审计股。

审计工作成果　全年共计完成审计（调查）项目21个，查出违纪违规金额691万元，应交财政29万元，提交审计工作报告信息24篇。

经济责任审计　县审计局对全县1998年换届选举后的19个科局长和11个乡镇长共计30个单位的领导在任职期内财政预算收支执行和预算内（外）财务收支进行了经济责任审计，共查出违纪违规行为金额941.39万元，其中：按财政审计法规应处理处罚的376.13万元，指明要求纠正的442.81万元。除5个单位基本无违纪违规问题外其余25个科局及乡镇均不同程度出现违纪违规行为。

县法院财务收支审计　审计查出县法院自立名目收取服务费20万元，自行规定和超标准发放奖金补贴21万元，截留罚没收入7.994元，违规购买控购物资2.7万元。审计作出的处理决定为：自立名目收取的服务费20万元上缴县财政，截留罚没收入7.994元和其他违规罚款计39699.6元限于1999年10月底前收缴入“审计收缴违纪款”专户。

【道真自治县审计局】　全年共完成各类审计22项，政府交办任务7项，查出违纪资金138万元，其中决定处理处罚70万元，指明要纠正的68万元，应缴财政11万元已全额上缴。提交审计工作报告及信息21篇，其中被政府批示、采用7篇。新闻单位采用3篇。

金融审计　完成了工行道真支行1998年度资产、负债、损益审计，对贷款清分进行了核实，查处了资产不实、盈亏不实和偷漏税款问题。

专项资金审计　对1996年至1998年度农业综合开发资金，长江流域治理专项资金，社会保障资金，社会捐赠资金，住房资金，义务教育工程专项资金，乌江流域治理水土保持专项资金进行了审计。依法查处了挪用专项资金，虚列支出、转移资金，多计工程款，偷漏税金、资金不到位等问题，保证了专项资金的专款专用，提高了资金使用效益。

外资审计　按授权对世界银行贷款卫Ⅳ、卫Ⅶ项目进行了审计，作出了客观公正的签证、评价，提出了加大硬件投入，保证匹配到位，提高外资使用效益的建议。

行政事业审计　为了配合财政预算执行情况审计，对公安、国土、畜牧、城建、农林等5个预算执行单位的财务收支及预算进行了审计，同时对县人民法院财务收支进行了行业性审计。

【余庆县审计局】 今年我局共完成审计及审计调查任务21项。通过审计，查出违纪金额3703万元，其中决定处理金额645万元，指明纠正金额3085万元；核减财政拨款或补贴23万元，查补上缴财政资金24万元；归还原渠道资金15万元。为党委、政府及有关部门提交了专题报告6篇，提出合理化建议42条，整改措施33条。通过回访，80%的建议及措施已经具体落实。

对同级财政审计，采用“突出重点，先审外围，后审财税，一次操作完成”的方法，将政府、人大关心的问题作为审计的重点。查处并纠正违纪资金2192万元，提出审计建议7条。

余庆县人民法院1997年和1998年财务收支的审计，查出该院违纪资金264万元。

【凤冈县审计局】 凤冈县审计局1999年，共有国家公务员13人，职工1人，其中大专学历12人；中级职称3人；局长1人，副局长1人。设有办公室、业务股、固定资产投资审计股等机构。

审计工作成果 1999年共完成审计（调查）项目21项，其中：审计项目17项。为计划数15项的140%。查出违纪违规金额1554万元；上交财政20万元；提交审计信息19篇，被县政府及新闻单位采用6篇。

完成县政府交办任务 完成县政府交办任务5项。对县重点工程进行了竣工决算审计，为政府提供了准确的资金数据。由县委组织部牵头，参与了副局级以上领导干部经济责任审计17人。其审计结果：降职使用1人、免职1人、交流4人，挽回经济损失50余万元。

预算执行和财政收支审计情况 1999年通过对预算执行和财政收支的审计，查出违纪违规金额602万元。其中：虚列支出67万元。针对存在的问题，提出了严格执行《预算法》，强化预算管理的建议性意见。

工行系统审计情况 1999年通过对工行1998年度资产、负债、损益情况审计，查出违纪违规金额27万元。

【正安县审计局】 在册干部、职工11人，其中大学（本科）生1人，大专学历7人；局长1人，副局长1人。内设三股一室，即财政金融审计股、行政事业审计股、企业审计股、办公室。

审计工作成果 共完成审计项目14个，其中审计调查项目3个；审计总金额35068万元。共查处违规行为金额208.19万元，收缴处罚违规行为金额6.06万元，其中税费5.85万元，罚款2100元。

乡镇级财政决算审计 1999年，本局对庙塘镇1998年度财政决算进行了就地审计，同时还延伸审查了木耳、板房等四个管理区和农推站、计生股、民政股、水利站等16个二级会计核算单位。审计结果表明：该镇当年收支平衡，基本能按预算管理程序办事。但存在隐瞒截留财政收入、挤占挪用专项资金和偷漏税费（共计21.9万元）等违纪违规问题。对此，按照相关法规规定，严肃进行了处理处罚。

完成对工商银行正安县支行审计任务 积极、认真开展了工商银行正安县支行1998年度资产、负债、损益情况的审计，对少计收入、少（多）计支出等违规行为，按照上级审计机关审定的意见，作出了收缴税费51884元的审计决定。

抓热点、重点，积极开展专项审计调查 1.实施了对国家立项安排正安县1998年~1999年3月的水利建设资金的审计调查；2.开展了对正安县1998年7月~1999年3月粮食流通体制改革中“资金封闭运行”情况的审计调查；3.实施了对国有企业改制与经济效益有关情况的审计调查。

【铜仁市审计局】 全年共完成审计项目26项，审计查处违规行为金额2597.8万元，上缴罚没收入2.36万元，提交审计建议函两件，揭露和查处某工厂一年偷漏税款252.99万元大案。此外，对某单位挤占、挪用工程款300万元和征地费超概算1310万元以及某项目办用虚假发票提款报账71.35万元等问题进行了披露和查处，较好地发挥了审计监督职能。

为给审计事业提供坚强的组织保证和精神动力，我局坚持不懈地抓精神文明建设，开展了“青春在审计中闪光”、“做人民满意的公务员”、“庆国庆50周年和迎澳门回归祖国”等一系列精神文明创建活动，并有新的成效。当年受地、市主办单位嘉奖各一次，受省审计厅嘉奖三次；党风廉政建设在全市经验交流会上推广，第一次被评为市直机关“先进单位”，连续两年获全区审计工作目标考核一等奖。

【玉屏侗族自治县审计局】

热点问题审计 由县政府交办，县审计局对县紫金水泥有限公司技改资金使用情况进行审计。发现该公司历时17个月，耗资96.08万元的技改工作，由于没有完全按照技改方案的要求实施、设备购置把关不严及资金管理不善等种种原因，导致资金使用效果差，造成严重损失。审计结果引起各方关注，县司法机关已着手进一步调查。

任期经济责任审计 经县委组织部委托，县审计局对县商务局原局长进行了任期经济责任审计。审计发现，该局长在一年零两个月的任期内违规购置139移动电话、报销过户费、通话费1.66万元，挪用公款3.97万元，涉嫌挪用公款3.70万元。根据《审计法》第46条规定，县审计局将该案移送县纪检监察机关查处。

【沿河土家族自治县】 1999年底止共有在职干部13人，其中，本科1人，大专学历8人；局长1人，副局长2人。设有办公室、财政金融审计股、行政事业股和企业审计股。在现有职员中，会计师（同时统考获注册会计师资格）1人，审计师4人。

审计工作成果 全年审计项目19项，审计单位45个；审计违规资金1016万元，上缴财政99万元；提交审计工作报告及信息共30篇。

预算执行和财政收支审计 对预算执行情况审计查出违规资金83万元，揭露一些预算单位挪用科技专款建房，预算企业漏税。

对行政事业审计发现“小金库”不执行“收支两条线”截留挪用收入共查出违规资金320万元。

重点工程审计 对水利资金及乌江一期防洪工程审计，查出违规资金343万元，揭示了施工管理存在的问题，违规招投标手续、制度不完善、内控制度不足，因违规造成资金损失浪费等问题。

【万山特区审计局】 1999年，万山特区审计局突出了对财政预算执行审计、工商行审计、专项资金审计以及外资运用的审计，加大了对重大违纪违规问题的查处力度，取得了较好的审计效果。全年共完成审计任务12项，查出违纪违规行为金额67.84万元，其中处理应归还原渠道资金0.4万元，应交财政5.34万元，已交财政4.10万元。

工商银行审计 以促进整顿金融秩序、防范和化解金融风险为目标，揭露了万山工商行盈亏不实、设立账外账、扩大营业费用等问题，共查出违纪违规金额26.94万元。

专项资金审计 开展了计生经费审计和教育经费审计。在对计生局和四乡一镇计生股长达2年半的账务审计中，审计干部克服了涉及面广、年限长，内容多等困难，加班加点工作，抓住疑点，细查深究，查实了计生局私设“小金库”2.36万元和乡计生股自行坐收坐支计外费、遗失征收票据等严重违纪违规问题，共查出违纪违规行为金额5.91万元，审计处理应收缴财政资金3.73万元，引起了较大的社会反响。

外资运用审计 加大了对粮援（5181）、卫生人力（2539）和疾病预防（2794）三个国外援款和世界银行贷款的监督力度，如实对外披露违反贷款协议和虚假行为，严肃查处严重违法行为，共查出违纪违规行为金额2.52万元，处理应上缴财政0.43万元。

【德江县审计局】 全年共完成各类审计18项，超计划3项，比上年完成10项多8项，增长80%；共审计单位24个，比上年的15个净增9个，增长60%；共计查出违规违纪资金445.47万元，上缴财政金额6.01万元，比上年的5.53万元增长8%；责成违规违纪单位归还原渠道资金64.54万元，审计后指明要求纠正资金439.46万元；提交审计工作报告、信息18篇。

审计工商银行 1999年5月8日～6月28日，德江县审计局派出5人审计小组，对德江县工商银行1998年度资产、负债及损益情况和信贷资产质量进行了审计。审计发现德江县工商银行将综合楼租金12000元挂在“其他应付款”科目中，未纳入当年损益，造成利润不实；挤占成本费用10500.30元；漏计私营及个体贷款表外应收未收利息53983元。

【印江土家族苗族自治县审计局】 1999年全年共完成各类审计25项，是上级业务部门年初下达计划任务数的250%，查出违规行为金额214.65万元，其中决定处理处罚24.18万元，指明要求纠正190.47万元，应交财政10.88万元，应归还原渠道资金26.89万元，已交财政10.88万元，应交财政和已交财政之比首次达到100%。

离任经济责任审计 1999年11月印江自治县审计局根据县委、县政府的安排，对县公安局原任局长在1997年10月至1999年8月任职期间的经济责任进行了审计。经审计，在近2年的任职期间，该局各类欠款达69.69万元；累计发生生活招待费415456元，占整个支出经费的9.55%；购置器材设备等白条列支累计达50644.05元，造成经营者偷逃税收2699.87元；挪用专款7万元购车和支付其他，未经审批擅自购买通讯工具资金达32640元；该局各股、所、队坐收坐支罚没收入较为严重，并普遍存在使用普通收据收取罚没款、行政事业性收费等各种款项。

【松桃苗族自治县审计局】 年末全局在职16人，其中：大专学历7人，审计师2人。内设办公室、财政金融审计股、行政事业审计股、固定资产投资审计股、商贸企业审计股、工交企业审计股、外资审计股等。1999年共完成审计项目26项，审计单位69个。查出违法违规金额1146.9万元，其中追回被侵占挪用资金347.85万元，上交财政金额59.75万元。编发审计信息简报20期，被上级和地方党政采用批示18期。移送司法机关处理1案，建议处理1案。

完成上级下达审计任务9项，审计单位44个。代表地局执行审计松桃县1997年～1999年6月扶贫资金，查出违法违规资金899.32万元，追还被侵占挪用资金171.74万元。对转移改变资金用途和投向，擅自提高利率收息和不合理收费等问题进行了揭露和处理。对借占扶贫资金形成挪用犯罪一案及时移送司法机关查处。按审计署统一方案执行审计了工商银行松桃支行的资产、负债、损益情况，体现了审计高层次监督和服从、服务于大政方针政策的工作特色。

完成县委、政府交办审计任务8项，审计单位18个，突出审计了县属国有企业，重点放在“打假、扭亏”。如审计县植物油厂、盐业公司，查出违法违规资金66.93万元，追还被侵占用资金15.28万元，收缴处罚13.02万元。

【石阡县审计局】 1999年，共完成审计项目14项，比上年增长27.3%。查出违规行为资金20.45万元，收缴违纪资金2.68万元，按照“收支两条线”规定，全部上缴县财政。同时针对被审计单位存在的问题和管理上的薄弱环节，提出审计建议34条，提交审计工作报告和信息10篇。

预算执行和财政收支审计 在总结以往“同级审”经验的基础上，先审延伸单位，然后集中力量审总预算执行情况，做到既有分工，又有协作，灵活调度，突出重点，把握全局。审计中没有发现重大违规违纪问题，但仍存在着一些不容忽视的问题，针对税收征管、预算管理、预算外资金管理和核算等方面的不足，提出了审计意见。对延伸审计单位和2个乡政府的违纪违规问题，分别作出了审计决定，收缴违纪资金计2.05万元。

【江口县审计局】 1999年共有干部、职工11人，其中：本科文化1人，大专学历文化6人；中级职称2人；局长1人，副局长2人。设有办公室、财政金融审计股、企业审计股、行政事业审计股、固定资产投资、离任审计股。

审计工作成果 1999年，共完成审计项目16个。审计单位43户。审计金额9632.76万元。共查出违纪违规金额158.29万元。上缴县财政7.03万元，共提交审计报告9篇。与县纪检、监察、检察等机关配合，查处经济案件2起，为社会稳定发挥了作用。

完成自定项目 1999年完成自定审计项目5项。审计单位8个，审计金额1520万元。

完成县政府交办任务 1999年，完成县委、政府交办的工作任务2项，审计单位3个，审计金额472.5万元。

完成上级下达审计任务 1999年，完成上级审计机关下达的审计任务9项，审计单位32个，审计金额7640.26万元。

【毕节地区审计局】 1999年，毕节地区审计局把进一步加强全区煤炭税费征收管理，增加财政收入，缓解财政支出的压力，保障毕节地区经济持续稳定发展这项工作作为重中之重的大事来抓。首先在毕节地区“五统一”（即：统一生产、统一经营、统一票证、统一税费标准和价格、统一安全管理）管理起步早，效果好的纳雍县进行审计调查，在此基础上，制定了全区煤炭税费征收管理审计调查的实施方案；然后组织全区审计机关，抽调审计业务骨干56人，采取上审下的方式，对全区8个县（市）1996～1998年煤炭税费征收管理情况进行了审计调查。先后经历了两个来月的时间共审计调查了56个主管部门，147个乡（镇），摸清了1996～1998年全区煤炭税费的征收管理状况。向行署写出了翔实、具体、可靠的审计调查报告。调查结果表明1998年煤炭税费收入总额为6906万元，审计调查测算出当年煤炭税费流失10236万元，每年的煤炭税费收入应在2个亿左右。报告中还重点反映了毕节地区煤炭税费征收管理工作中存在的七个方面的主要问题。并针对存在的问题，提出了加强煤炭税费征管理的9条建议，引起了地委、行署的高度重视。通过下半年的实施，1999年煤炭税费收入数实现一亿三千多万元，较1998年增长了将近一倍，收到了很好的效果。

7月，毕节地区审计局根据全省审计项目计划安排，在对毕节地区中级人民法院（简称中级法院）1997～1998年的财务审计中，发现原办公室正、副主任（副县级审判员）在任职期间，采取虚列支出，收入不入账，重复报账等手段，涉嫌贪污公款问题。原办公室主任王国义，1997～1998年期间，以支付招待所就餐费、接待费、会议费的名义，从单位预算收入账和诉讼费收入账上自己签字报销领出现金58735元。另外，1998年经收刑事一庭上交罚没收入，截止审计时仍有8993.43元未交财会。查出原办公室副主任吉柚权经收的诉讼费收入到审计时仍有37647.20元未交财务入账，时间长达二年多。

【毕节市审计局】 全年共完成各类审计（审计调查）11项，与上年相等，查出违规行为金额2282万元，应上缴财政286万元，已全部上缴。在地区审计局考核评比中：综合工作获一等奖（第一名）；应参加考核的7个项目，获4个一等奖（同级财政预算执行情况审计，烟草税费、升溢情况审计调查、统计工作、信息工作）；二等奖1个（毕节城市星火信用社资产、负债、损益审计）；三等奖1个（乡级财政决算审计），报5篇审计案例，被采用3篇。同时，完成市委、市政府临时交办的审计项目7个。

【威宁县审计局】 1999年，共完成各类审计10项，审计资金达26754万元，查出违纪资金593万元。

为维护全县经济秩序，严肃财经纪律，按照县委、政府的安排，对我县大街乡、东风镇、海拉乡财政财务收支情况及违纪违规资金进行审计调查。参加有关单位对我县预算外资金清理、以工代赈坡改梯验收。配合县公安局对部分乡镇派出所财务情况进行清理。参加全县计划生育等工作。协助地区审计局对我县煤炭税费收缴情况进行审计调查，配合省审计厅对我县1996年至1999年6月扶贫资金使用情况进行审计。

【织金县审计局】 1999年底有干部、职工14人；其中：大学本科1人，专科6人；局长1人，副局长1人。局下设有综合股、财政审计股、行政事业审计股和企业基建审计股。

审计工作成果 1999年，共完成审计项目14个，审计单位14户，审计金额29，858.74万元，查出违规行为金额1，027.23万元，上交财政金额3万元；完成审计调查项目2个，调查单位36户；提交审计报告14篇，审计调查报告2篇，审计信息8篇，审计案例3篇。

同级财政预算执行情况审计 针对预算执行中存在的问题，提出了审计意见和建议，得到了政府分管领导的好评，为政府加强财政预算管理和人大进行监督提供了依据。

完成交办任务 我局抽调精兵强将并由局长亲自带队，对全县17个产煤乡（镇）、11个烟草站、2个主管部门和6个有关单位进行了审计调查，按规定时间向地区审计局提交了审计调查报告，为加强全区煤炭税费管理和烟叶生产提供了依据。

【大方县审计局】 1999年末共有干部职工13人，其中：大专学历7人，局长1人，副局长2人。审计局设有办公室、财政金融审计股、企业基建审计股、行政事业审计股等机构。

审计成果 1999年共完成审计项目18项，审计单位23个，完成审计调查2项，调查单位15个，查出违纪违规行为金额1891万元，上缴财政资金6万元，提交审计工作报告信息48篇。

完成县委、政府交办的审计任务 1999年度共完成县委、政府交办的工作任务8项，审计调查单位16个。

【赫章县审计局】 1999年，共有干部、职工18人，其中：大专学历3人，审计师3人，局长1人，副局长3人。设有办公室、财政金融审计股、行政事业审计股、企业基建审计股、法规股等机构。

审计成果 1999年，共完成审计项目46个，审计单位46户；完成审计调查26项，审计金额458，912万元。共查出违纪违规金额3035.8万元。上缴县财政17.7万元，共提交审计报告20篇。

完成县委县政府交办任务 1999年，完成县委、县政府交办的工作任务26项，审计清理单位26个。根据县委的安排，我局于11月份抽调人员组成三个审计组对广东省深圳市福田区无偿援建赫章县的8大扶贫项目进行了重点审计。审计涉及县内扶贫办等5个单位和6个乡镇，还深入调查了383家贫困农户，审计金额1414.4万元。1999年度完成基建工程决算审计项目1个，基建开工前资金来源审计5个，审计金额128万元。

完成上级下达审计任务 1999年，共完成省、地审计机关下达的审计任务14项，审计单位18个，审计金额248，936万元。

【安顺地区行署审计局】 截止1999年12月31日，在职干部职工人数28人。在职人员中，大专学历以上文化程度21人；审计师13人；局长、副局长各1人。机构设置为6科1室，即：财金科、企业科、基建科、行事科、农资科、综合科、办公室。1999年度审计目标任务26项，实际完成40项。查出违规行为金额4648万元，应交财政51.44万元，已交51.44万元。提交项目综合报告10篇，编发审计信息28期，被上级或新闻单位采用13篇。

预算执行和财政收支审计情况 本级预算执行情况审计查出违规行为金额2251万元，提出审计建议5条，提交审计结果报告和审计工作报告各一份。组织对紫云、镇宁两县1998年度财政决算进行审计，查出各类违规行为金额2684万元，提出审计建议11条。

经济责任审计 两个暂行规定发布实施后，地区审计局及时向行署有关领导作了汇报并向全区审计机关传达了署、厅关于贯彻实施两个暂行规定的通知。行署就贯彻实施两个暂行规定专门召开了会议进行部署，地区局就此项工作在全区的开展情况进行了收集和交流。9月，地区局对行署第二幼儿园园长任期经济责任进行了审计，为今后开展该项工作打下了基础。

工行系统审计 地区局组成7人审计组，由局一把手挂帅，历时150天，对工行安顺四个支行的资产负债损益进行了审计，审计查出有问题资金共22万元，地区局已按省厅授权向有关行（处）下达了执行审计决定和意见书。

企业审计 地区局组织了对安顺棉纺织厂和粮油综合经贸公司1998年度的资产负债损益情况的审计。真实反映了该企业的真实经营状况，对审计发现的问题依照有关法规进行了处理。

大案要案审计查处情况 配合地区检察分院对地区交警支队收款员廖××涉嫌贪污案件进行审计。经审计认定，廖××贪污公款30.9万元，挪用公款16.9万元。根据审计结果，此案已移送司法机关处理。

扶贫资金审计情况 组织对普定、关岭、紫云三个国家级贫困县1997～1999年6月的扶贫资金进行审计。查出各类违规行为金额3225.70万元。地委、行署对本次审计结果高度重视，主要领导多次批示对审计发现的问题及纠正情况进行严肃处理和跟踪检查。

【平坝县审计局】

财政预算执行和财政收支审计情况 1998年县级财政预算收入2950万元，实际完成3092万元，占预算数的104.8%，比上年增长21个百分点，增收544万元，超预算142万元。

1998年税收返还1412万元，农业税减免补助24万元，省、地专款711万元，矿产资源补偿费返还1万元，县级财政收入3092万元，共完成财政收入5249万元。完成预算支出4906万元，基金支出17万元，上解省、地专项资金支出308万元，上交地区耕地占用税8万元，共计支出5239万元，收支相抵，当年结余10万元。

工商银行平坝县支行审计　经审计查实，工商银行平坝县支行1998年度实际完成利润587万元，完成营业费用计划485万元；资产总额为54857.22万元，负债总额为54252.09万元，所有者权益为605.13万元。审计查出该行1998年度漏交营业税8717.87元，地方营业税及附加15692.17元；欠交中央所得税87841.32元。

大案要案审计查处情况　1999年审结了项目18个，审计总金额62838万元，查出违纪违规行为金额104.98万元，其中违纪资金96.18万元，查出违案件8件，其中万元以上案件4件，涉及正局级干部2名，副局级干部3名，股级以下干部3名。

【普定县审计局】　一年来，共完成审计项目12个，涉及45个单位和工作部门，查出违纪违规行为金额2938万元，应归还原资金渠道1185万元，应上缴财政9万元，其中罚款6万元。

预算执行和财政收支审计情况　通过审计，查出财政、地税应缴未缴预算收入156.43万元，延伸对教育等部门的审计查出违纪违规行为金额27.26万元，收缴财政4.26万元，取得了较好的审计效果。

工行系统审计　普定县审计局组织力量历时半年对中国工商银行普定县支行1998年度资产、负债、损益情况进行了审计，审计查明该行资产应增加8.28万元，负债应增加2.89万元，损益（利润）增加8.05万元，应补交各种税费2.96万元。

【关岭自治县审计局】　1999年共有干部、职工11人，其中大专学历文化程度3人；局长1人，副局长1人。设有办公室、财政、金融、企业审计股、行政事业审计股、综合审理股和审计、会计培训中心等机构。

1999年，共完成审计项目24个。审计单位28户；完成审计调查1项，调查单位12个；审计金额13634万元。共查出处理违纪违规金额1045.94万元，收缴上交县财政8.18万元，共提交审计报告25篇（其中同级财政审计“两报告”2篇），依法作出审计意见书17篇，作出审计决定17篇；完成审计调查报告1篇。依法移送2件，挽回国家损失217万元。

完成上级下达审计任务9项，审计单位13个，审计金额8785万元。

完成县政府交办任务9项，审计清理单位15个（金额4849万元）。

完成党政领导干部任期经济责任审计6项，审计金额391万元，共查出违纪违规金额93万元，并向本级人民政府提交审计结果报告6篇。

完成1998年度本级财政预算执行情况及其他财政收支审计任务1项，审计单位4户/1次，审计金额5493万元，共查出违纪违规行为金额6.94万元，应缴县金库6.94万元。

综上所审项目存在的问题主要是：新断桥电站超概算投资445万元，漏交税金51万元，挤占工程成本23万元；在扶贫贷款中挤占挪用专项资金47万元；外资项目中虚报配套资金295万元，挪用外资17万元；地方税务部门多提代征手续费6.94万元。

【黔西南布依族苗族自治州审计局】　黔西南州审计机关，除兴义顶效开发区外，全州共设州、县、市国家审计机关9个。1999年底全州审计机关共有审计干部、职工107人（州局27人，注：以下括号内为州本级数），从文化程度来看：全州大学本科5人（3人），大专学历33人（11人）；中级技术资格职称18人（6人）。州审计局内设机构有：办公室、综合法规科、财政金融审计科、行政事业审计科、基本建设审计科、企业审计科。

审计工作成果　1999年，全州审计机关全年共完成各类审计项目148项，占贵州省审计厅下达计划数65项的227.6%，查出各种违纪违规金额7，144.4万元，应收缴财政596.88万元（其中工行审计270.88万元），已收级财政288万元（不含工行应收缴数），促进增收节支256万元。另外，全州共查出并向司法机关、纪检部门移送经济案件3件，3名涉案人员被移送处理。

工商银行资产、负债、损益审计　经审计署授权，全州审计机关统一部署，统一调配力量，共抽调54人组成8个审计组，从1999年4月18日起至8月6日止，对中国工商银行贵州黔西南州兴义分行及所属7个县支行1998年度资产、负债和损益情况进行了就地审计。通过审计，共查出各种违纪违规金额2，823.4万元，应收缴财政270.88万元，同时，针对在管理上存在的一些问题，分别提出了审计意见和审计建议，圆满地完成了这一重大审计任务。

扶贫资金审计　1999年度的扶贫资金审计，是全州审计机关下半年审计工作的重中之重。通过审计共查出各种违纪违规金额2，908.59万元，其中应收缴财政31.78万元。审计工作结束后，黔西南州审计局将审计结果分别向州长办公会和州委常委会作了详细汇报。

【安龙县审计局】　1999年共完成上级审计机关统一组织和地方政府安排的审计项目17项，比年初计划增加11项，审计共查出各类违规行为金额201.2万元，查处纠正率为100%，应收缴财政金额85.5万元，已收缴财政67.1万元（除审计工行安龙县支行应收缴15.9万元属上级审计机关统一处理外），收缴率为96.5%，收缴财政金额为安龙县审计局建局以来最多的一年，并移送检查机关追究刑事责任1人，纪检、监察机关追究行政责任1人。

【贞丰县审计局】 全年共完成审计项目18个，是上级下达的年度审计项目8个的212.5%。审计共查出违纪违规行为金额2200.27万元，决定收缴财政15.49万元，已收缴5.49万元，共提交审计报告18篇，向上级审计机关报送审计信息4条，被采用3条。

预算执行审计情况 在对县本级预算执行情况进行审计中发现，无论是负责组织、管理和分配预算资金的财税部门，或是其他预算执行单位，均不同程度地存在挤占挪用扶贫专款，单位行政事业性收入未全额存入专户，擅自扩大补贴标准和范围发放补贴等违纪违规行为，审计机关分别情况对发现的问题作了严肃处理，并提出了加强预算管理的意见和建议。

离任经济责任审计情况 根据县纪委、县委组织部委托，对县民政局、县卫生局、县城建局和县医院等4个单位的前任领导的任期经济责任进行审计。

【晴隆县审计局】 1999年共完成审计项目11项，占黔西南州审计局下达的审计计划项目6项的183.33%，审计查出应上缴违纪资金3.2万元，已上缴违纪资金2.97万元。

根据县委、政府的安排，抽人参加对县水泥厂的资产评估和财务清理，配合纪检、监察部门对县农机厂（原大理石厂）的财产进行清理，县供销社的财务挂账、县绿色产业贷款、全县罚没收入收支两条线进行清理和粮食流通体制执法检查等，积极有力地配合了对县级经济的清理、整顿和稳定社会秩序的维护工作，按时完成了县委、政府交办的各项工作任务。

【望谟县审计局】 全年共完成审计项目10个，涉及20个审计单位。查出违纪违规行为金额665万元，应上缴财政8.48万元，已全部上缴。

财政收支审计 县审计局对本级财政在1998年预算执行中，将历年减免的农业税及农业税超收部分共168.46万元列预算外暂存的问题，作出了调整当年预算收入的处理意见；对未能及时兑现的农业税减免款254万元，提出尽快兑现给农户的审计建议。在审计乡级财政决算中，发现某镇政府在1998年度未缴上级财政专项基金1.06万元，对此作出了收缴上交财政的处理决定。

外资运用审计 为促进望谟县有效利用外资，继续对2339－CHA、2794－CHA、2744－CHA三个外资项目的年度财务收支情况和项目执行情况进行审计。发现项目执行单位在西南扶贫项目（2744－CHA）执行中，虚列项目工程支出112.98万元和证据不足支出等重大不符合事项，审计机关予以披露，要求项目执行单位限期纠正。

【册亨县审计局】 1999年完成审计项目13个。其中财政审计3个，外资审计3个，工行审计1个，行政事业审计6个，审计总金额9440万元，查出违纪违规金额1142万元，收缴贪污款项0.85万元。完成政府交办审计调查项目2个，完成其他委托审计事项3个。

预算执行和财政收支审计情况 审计认定，册亨县1999年完成财政收入4525万元，完成支出4445万元，结余80万元。审计发现的主要问题：信用资金逾期款高达1066万元未收回，税收代征手续费手续不齐，乡镇财政账务不规范，人员业务素质低等问题，这些问题已引起县委、政府的高度重视。

工行审计情况 工行审计中查出的主要问题：手续费收入、租金收入和宾馆利润收入共计30万元未纳入损益。不应在费用中列支的有折旧费1万元，救灾款3万元，共计4万元。按规定工行应补交税金及罚没款共计10.8万元。已上报上级审计机关，待统一行文处理。

案件查处情况 对册亨县庆坪乡民政经费审计中，查出民政股负责人侬××利用职务之便，采取造假发放救济单据，重复报账等手段，贪污救济救灾款、五保户补助、慰问金、军属优待款共计8522元。审计已经收缴贪污款8522元，检察机关已立案侦察。

【兴仁县审计局】 1999年共有8人，其中：大专学历3人，局长1人，副局长2人，获得会计师、注册会计师资格1人。设有行政事业审计股、财会金融审计股等机构。

审计成果 上级机关下达给我县的审计任务7项，追加项目3项。向县政府签订责任状任务10项，实际完成审计任务48项，其中包括扶贫资金审计，延伸审计25项。应上缴财政5.55万元，已上缴财政5.55万元，其中：州税务局已收缴，由我局审出的兴仁县工商银行漏缴所得税3.08万元。为摸清扶贫资金使用情况，合理有效使用资金。

【普安县审计局】 1999年对25个单位进行审计，完成计划项目7个，其他为政府交办和自办项目，审计违规行为金额146万元，其中决定处罚54万元。

在计划项目中，预算执行和财政收支审计2个，对4个单位进行审计。审计认定，1998年度，普安县实现财政总收入6216.48万元，总支出6158.42万元；对罐子窑镇政府1998年度财政决算和预算外资金进行审计。

对全县扶贫资金审计1项，审计认定1997年至1999年6月，普安县实际到位扶贫资金2666.45万元，少数单位改变资金投向，挪用弥补行政经费、擅自提取费用，有甚者，用于购买小汽车，都作决定给予处理。

对普安县工行1998年度资产、负债、损益情况进行审计，审计认定其资产总额为4727.9万元，负债4805.4万元，亏损77万元。

其他3个计划项目为使用国

外贷款项目2项，专项募集赈灾资金福利彩票1项。

完成政府安排审计项目5个。对土产公司1995年至1998年资产、负债、损益进行审计；对罐子窑镇政府财务收支进行审计；对罗汉乡老三田片区综合开发进行审计；其他2个为基建财务审计。

完成其他审计项目11个，其中公路交通工程项目财务收支审计2个，教育经费审计1个，小型人畜饮水工程项目8个。

【三穗县审计局】 1999年末，共有干部职工10人。其中：大专学历5人，局长1人，副局长1人。设有综合股（办公室）、财政金融审计股、行政事业审计股、企业审计股、基本建设投资审计股等机构。

审计工作成果 1999年共完成各类审计项目32个，审计单位32户，审计金额15，046万元。共审查出违纪违规行为金额654万元，上缴财政49万元，追回被侵占挪用的资金64万元，促进企业增收节支264万元。共提交审计报告15篇。

完成上级下达的审计任务 1999年共完成省、州审计机关下达的审计任务9项，审计单位9户，审计金额7，474万元。

完成县委、县政府交办的审计事项 1999年共完成县委、县政府交办的审计事项23个，审计单位23户，审计金额7，572万元。

【丹寨县审计局】 全局设有二股一室共10人，其中：基建企业审计股、行政事业财政金融审计股、办公室，有局长1名。

1999年，共审计项目19项，人均1.9项，占省州下达任务数的11项172.73%，查出违规违纪资金277.25万元，收缴入库资金137，093.17元，核减基本建设投资54，400元。另外根据县委、政府指示，主办或协办案件6项。具体为：财政审计3项，固定资产投资审计2项，外资审计5项，行政事业财务收支审计4项，企业资产负债损益审计2项，金融审计1项，离任责任审计1项，扶贫资金审计1项。

外资审计 1998年卫生项目共得到回补资金37.5万元，医疗器械设备28.38万元，共计61.88万元（未含配套资金）。投资20.35万元培训乡镇村医疗业务人员255人次，投资27万元购置医疗器械，投资28.9万元新建县医院520m²，乡镇医院320m²，维修教学楼630m²。

金融审计 1998年各项收入126.38万元，其中：利息收入69.07万元，业务往来收入54.71万元，手续费收入0.92万元，营业外收入1.66万元；各项支出267.13万元。审计发现问题1.多计表外应收利息10，352.12元，少计表外应收利息52，281.02元，相抵共少计表外应收利息1，928.90元；

扶贫资金审计 1997～1999年6月上级拨入各类扶贫资金1464.12万元，发放扶贫信贷资金3060.63万元。通过审计追回各类扶贫资金41.56万元，收回资金占用费93711.66元，罚款0.13万元，补税0.41万元。

【黄平县审计局】 全年完成审计项目26项。其中：完成上级审计机关指令性计划审计项目13项；县人民政府安排的审计项目2项；审计机关根据实际情况自定审计项目11项。

审计查出被审计单位应缴未缴款5.73万元，全部收缴县财政，核减基本建设投资10.66万元；提交审计信息5篇。

【镇远县审计局】 1999年，经县政府授权，我局对我县最大的乡镇企业——贵州舞阳神植物油有限责任公司1996年7月至1998的3月的财务收支进行了审计。审计发现该期间其财会核算存在严重不真实反映财务状况和经营成果的问题，主要体现在：少计财务费用2，631.70万元；往来账户隐藏亏损338.86万元；成本核算不真实及存货短少未处理289.09万元；少提、少摊固定资产折旧和销低值易耗品502.77万元；费用支出153.19万元长期未在损益中体现，应摊未摊待摊费用83.52万元；财务会计总报表未规范反映各分支机构经营亏损574.42万元；存货净损失422.49万元长期未进行账务处理，并用国家投入资本66.97万元冲减存货损失，造成隐匿国家投入资本和隐瞒亏损现象。

经审计，较报表反映亏损数1，259.91万元调增5，296.43万元，并相应调整资产、负债和所有者权益，使该公司财务会计报告基本能真实反映当期的财务状况，为企业所有者和报表使用者作出决策提供了相对真实可靠的资料。

【榕江县审计局】 1999年底共有干部职工15人，其中：大专学历7人，局长1人，副局长3人。设有人秘股、行政事业审计股、企业审计股、农业基本建设审计股、经济实体办公室等机构。

审计工作成果 1999年，共完成审计项目34项，占年度计划的125.93%，共提交审计报告31篇。查出违纪违规金额545万元，其中：决定处理处罚金额265万元，指明要求纠正金额280万元。在处理处罚金额中，应交财政36万元，已交财政12万元；应归还原渠道资金146万元；应核减财政拨款补贴3万元；其他方面80万元。

完成县政府交办任务 1999年，共完成县委、县政府交办的工作任务6项，清产核资单位1个，调查“农民减负”单位13个、乡（镇）2个。为规范乡（镇）财政财务收支行为，在对乡级财政决算审计中，共查出违纪违规金额67万元，主要是由于预算管理不严和预算外资金管理不善造成，仅预算内收入转预算外收入就达43万元。

完成上级下达审计任务 1999年，共完成州审计机关下达的审计任务11项。

完成自立项目 1999年，共

完成自立项目17项，其中：预算内、外财务收支审计10项，占58.82%；固定资产投资审计6项，占35.29%。

扶贫资金审计　审计单位15个，审计金额5440万元，查出违纪违规金额919万元。

【施秉县审计局】　1999年末在职干部、职工14人，其中：大专学历文化8人，局长1人，副局长2人。内设人事秘书股、行政事业财政金融审计股、企业审计股、基本建设投资审计股。

审计工作成果　1999年共完成审计项目19个；审计单位44个，查出违规违纪资金157.97万元，上交县财政7.4万元，提交审计报告20篇。

完成上级下达的审计任务　在超额完成上级下达审计任务的同时，积极完成了县委、县政府的交办任务，完成经济责任审计项目3个。

【岑巩县审计局】　全年完成审计项目11项，占计划数9项的122%，查出违规行为金额213.51万元，决定处理处罚资金40.54万元，指明要求纠正104.22万元。应收缴财政12.62万元，已收缴财政10.73万元。

强化外资审计　1999年度完成的外资审计项目共有3项，分别为农村卫生人力开发项目，疾病预防项目，武陵山区少数民族地区农业综合开发项目。审计中认真出具"内外合一"的审计报告，如实披露存在的资金管理和使用中的不足，为促进项目执行提出了切实可行的改进意见，较好地履行了审计监督职能。

企业审计情况　认真开展了对企业资产负债真实性审计。在对某企业1998年资产负债审计中，查出利润反映不实154300.00元等违纪问题，审计机关对有关问题按照财经法规进行了严肃处理，并对成本核算，加强内部经营管理等方面提出了改进意见和建议。

抓好农业审计工作　1999年开展了对全县1998年度人畜饮水工程项目的审计，查出存在专项资金未全额拨付到项目实施单位及专款不专用等问题，以至影响效益的发挥。据此，审计机关对加强水利专项资金管理，促进专项资金按计划及时足额拨付到位，专款专用，提高其资金使用效益等，提出了合理化的建议。

行政事业审计　1999年开展了对县法院、县地税局的财务收支以及县赈灾福利彩票发行审计，对查出的违纪问题进行了严肃处理，维护了财经法纪。

工行系统审计　根据上级审计机关的安排部署，我局开展了对县工商银行1998年度资产、负债和损益情况的审计工作。通过近两个月的审计，对该行信贷资金贷款按照五级划分原则严格进行了清分，并查出少计各项收入210341.80元，少计各项支出850740.20元，多计各项支出117128.00元等问题，按照有关财经法规对上述存在问题作调增或调减利润处理，同时对少计各项收入作应补交营业税金及附加17879.05元处理，其中：地方营业税及附加11568.80元，中央营业税6310.25元。

【台江县审计局】　1999年共有审计干部、职工14人，其中：大专学历文化6人，局长1人，副局长2人。设有行政事业审计股、企业审计股、基建审计股、财政金融审计股。

审计工作成果　1999年共完成审计项目26项，查出违纪违规行为金额1301.89万元，应归还侵占挪用资金169万元，上缴县财政金融7.20万元，并提供审计信息12篇，调查报告3篇。

完成农业扶贫资金审计　共审计25个单位部门，资金2,891.00万元，查出违纪违规问题11个，资金100.30万元。

【从江县审计局】　从江县审计局现有人员9人，其中：局长1人，副局长1人。

1999年完成审计项目27项，超额142%完成全年审计任务，审计金额16376.9万元；查出违规资金438万元，应交财政资金37.8万元；已收缴财政7.2万元。

1999年对从江县境内竣工的工程结算进行审查，并已开展资产评估4项，评估资金545万元；完成基建工程审查8项，审查金额245.7万元。

撰写审计信息16篇，其中：县委、政府及省厅、州局共采用14篇次。

【雷山县审计局】　全年共完成各类审计项目28项，比上年增加40%，查出违纪违规金额568万元，应上缴财政58万元，已上缴财政52万元。共提交审计报告28篇；审计信息12篇，被上级审计机关采用5篇。

基建审计工作有所突破　1999年共完成基本建设投资审计5项，审计金额269万元，审减金额4万元。在对雷山县地税局综合楼工程审计中，收缴县地税局、施工方漏交固定资产投资方向调节税、建筑营业税等31.73万元。

【剑河县审计局】　1999年共完成审计项目30个，其中：完成省、州审计机关指令项目10个，县政府交办任务6个，自定14个，共审计和审计调查了41个单位，查出违纪违规金额1718815.00元，应缴财政违纪金额202537.00元，已缴财政3800.00元。完成基建投资总额791万元，审计核减工程投资总额703707.00元，核减金额占投资总额的8.9%。移送司法机关（县检察院）企业法人经济审计案件1件。

【黔南州审计局】　全州共完成审计项目253项，分别为省、州安排项目计划的294%和185%。审计查出违规金额13022万元，应上交财政953万元，已上交财政928万元，收缴入库率为97%；追还被侵占挪用资金4166万元，促进增收节支34万元；审减基建工程款421.77万元，共为国家增收节支5574.77万元。

本级预算执行及其他财政收支审计　州局对1998年度本级预算执行的审计，共查出违规金额2774万元，主要是隐瞒转移预算收入，应缴未缴预算收入、挪用预算资金、虚列支出等问题。审计依法作出了处理，收缴财政221万元，责令自行纠正1527万元。另外，州审计局对州辖的惠水、荔波、三都县1998年度财政决算进行审计，共收缴违规金额21.37万元。

农业扶贫资金审计　州审计局对州辖四个贫困县1997年至1999年6月扶贫资金审计，审计单位65个，抽审项目254个，审计金额28828.84万元，查出违规金额3870.68万元，审计责令归还原资金渠道2090.48万元，收缴财政113.71万元。

社会保障资金审计　1999年州审计局及8个县（市）审计局开展了养老保险基金审计，对养老保险基金管理单位从养老保险基金中提取服务费、挪用养老基金等问题，审计进行了处理处罚。

外资运用项目审计　1999年，审计署授权黔南州的世、亚行等国外贷援款项目审计任务43项，全部完成，查出挤占、挪用外资和配套资金、配套资金不落实等问题共计261万元。

固定资产投资审计　1999年，根据审计署的安排，州审计局及8个县（市）审计局对1998年至1999年3月中央补助款的水利建设资金项目进行了审计和调查。查出水库工程资金被挪用19.4万元。全州审计机关开展建设项目工程决（结）算审计59项，送审金额8806.41万元，审定金额8384.64万元，审减421.77万元，责令被审单位补交税金23.54万元，处以罚款8.33万元。

【荔波县审计局】　1999年，实有干部职工14人，其中大专学历4人，局长1人。内设机构有办公室、财政金融基建审计股、行政事业企业审计股。

审计工作成果　完成审计项目30项，占全年指令性计划的273%，占县年度项目安排计划的214%。查出违纪违规金额534万元，上交财政138万元，处罚3万元，追还被侵占挪用资金48万元。

完成党委、政府交办的任务　完成县委、县政府交办审计工作任务16项。大力开展基建工程预算审计，审计总金额906.53万元，审计核减工程价款26万元，挽回国家建设资金的损失浪费。注意发现重大案件线索，协助办案部门对经济案件的审计，促使一重大经济贪污犯罪嫌疑人被依法逮捕。

完成上级下达审计任务　全年完成省、州审计机关下达的审计任务11项。

【罗甸县审计局】　经审计，如实披露了县级财政用财政性资金及专项资金687万元暂付修建某大酒店，并且财政部门与酒店的债权债务不清；用财政性资金修建住宅楼26.9万元；应作未作收入资金29万元；漏交、未交预算收入73万元；未纳入财政专户管理的预算外资金50万元等。

【三都水族自治县审计局】　1999年，三都县审计局共计完成审计项目18项，为年度计划数的105.9%；审计查出违规行为金额231万元，其中应上交财政23.90万元，已收交财政19.41万元（含收缴以前年度资金1.55万元）；印发审计信息14篇，超额完成了上级规定指标。

财政预算和财政收支审计情况　根据年度审计工作计划，三都县审计局指派审计组对三都县财政预算执行情况、拉揽乡财政决算、坝街乡财政决算进行了审计。审计查出：县财政虚列财政收入11万元；坝街乡人民政府从1993年至1999年6月，设置“小金库”资金56万元。对存在的问题，三都县审计局依据国家财政法规作出审计决定进行了处理。

金融企业审计　三都县审计局指派审计组对中国工商银行三都县支行1998年度资产、负债、损益情况进行了审计。审计查明：三都县工商银行1998年度资产总额为3361.58万元，负债总额为3934.58万元，所有者权益为－573万元，年度利润为－278.5万元。存在少计利息收入、少计各项支出、违规发放贷款、资产严重不实等问题。

工业企业审计　三都县审计局指派审计组对三都县黄金矿财务收支进行了审计。审计查实，三都县黄金矿存在：挤占成本、减少利润66万元；设置“小金库”资金13万元；偷漏税收4467元等问题。对存在的问题，三都县审计局依据国家财政法规作出审计决定进行了处理，收缴违纪资金11.29万元上交财政。

行政事业单位审计　根据年度审计工作计划，三都县审计局指派审计组对三都县广播电视局的财务收支和三都县人事劳动局经管的企业职工基本养老保险基金收支情况进行了审计。审计查明：三都县广播电视局存在主办会计经手大额现金，存在以领作支、库存物资不清、转移资金、应交未交财政预算外收入47922元等问题；三都县人事劳动局在对三都县企业职工基本养老保险基金的管理中存在乱计多提服务费、管理费及管理费超支等挤占挪用养老保险基金24.28万元的严重问题。按照审计方案要求，审计报告对存在的问题均进行了揭示，提出了审计处理意见和建议。

农业专项资金审计　根据年度审计工作计划，三都县审计局指派审计组对三洞乡人畜饮水工程资金、芒勇水库水利工程资金和三都县1998年度坡改梯工程资金进行了审计。通过审计查明芒勇水库存在设置账外账；设置“小金库”资金21.48万元；违规挪借给外单位、无法收回的资金10万元等问题。对存在的问题，三都县审计局依据国家财政法规作出审计决定进行了处理，收缴上交财政资金7万元。

【龙里县审计局】 1999年完成审计项目21个，查出违规资金48.21万元，应缴财政收入1.7万元，已缴入财政0.7万元，已追回被挪用资金18万元，核减基建工程款7.3万元。

按《审计法》规定，开展本级财政审计工作，认真组织学习有关文件拟定审计方案对财政收入的组织和大宗财政资金的使用进行了重点审计，对财政在预算外资金管理，监督手段和措施进行了审计调查。查出违规收费8.75万元，挤占挪用财政周转金18万元，超标购控购商品7.78万元，对查出的问题分别作出了停止收费，原渠道归还本金，罚款处理。

【贵定县审计局】 1999年共有在职干部、职工13人，其中大学学历2人，大专学历5人；审计师4人；局长1人，副局长2人。机构设有办公室、财政金融行政审计股、企业基建审计股。

审计工作成果 1999年共完成各类审计19项，审计单位31户。审计金额44634万元，查出违规金额265万元，应上缴财政12万元，已全部上缴。促进增收节支11万元，提交审计工作报告、调查报告、信息共24篇。

完成主要审计项目 完成了本级财政预算执行和其他财政收支审计。延伸了12家单位的财务收支审计，并向县人民政府提交了“审计结果报告”和代县人民政府向县人大常委会提交了“审计工作报告”。

完成了县人民法院1996年至1998年财务收支的审计。查出私设“小金库”228万元，收取诉讼费不按期入账6.1万元，其中坐支2.75万元，白条收取外单位办案补助费及其他款项3.2万元，虚列支出1.3万元等违规问题。审计机关对有关问题作了严肃处理，并提出加强财经纪律，严格票据领用制度的意见和建议。

完成了县盐业公司的审计 通过内查外调，查出该公司公款私存私设“小金库”10.64万元，挤占成本和转移收入1.87万元等违规问题。

1999年，县审计局加大了基建项目的审计监督力度，从招投标开始，直至工程竣工结算审计，共完成了综合办公楼、道路改造等35项基建工程，送审金额3396万元，审定金额3136万元，为国家审减多计工程款260万元，维护了国家利益，得到了县委、县政府领导的好评。

【独山县审计局】 1999年共完成省州县安排的审计项目20个，查出违纪单位10个，占已审单位数的50%，查出违纪资金1012万元，依法作出审计决定处理处罚176万元。指明要求纠正追回挪用专项资金836万元。应收交财政56万元（其中，处以罚款2500元），已收缴财政43万元，审计查处率为100%，审计决定执行率为100%，审计决定收缴率为76.78%。

【福泉市审计局】 福泉市审计局1999年共完成审计项目25项，审计总金额1.78亿元，查出违规金额653万元，指明要求纠正606万元，上交财政47万元。

预算和财政收支审计 发现的主要问题有：预算外资金管理失控；清缴欠税及监督国有资产不力；挪用救灾、救济款；财政周转金逾期现象严重。福泉市审计局提出了加强预算外资金清理和清缴财政周转金的整改意见。

经济责任审计执行情况 福泉市审计局1999年对福泉市化工冶金试验厂原厂长王某和福泉市道坪镇原镇长陆某进行任期经济责任审计。审计组对被审计对象做出了实事求是、客观公正的评价，为组织部门考核干部提供了依据。

工行审计 依照审计署的部署，福泉市审计局对工商银行福泉市支行1997～1998年度资产、负债、损益进行审计。按时向黔南州审计局提交了审计报告，对账务处理不真实进行了披露，提出对不良信贷资产处理建议。

加强审计干部队伍建设 强化干部队伍建设是福泉市审计局1999年度的工作重点。制定学习制度，提高审计人员的业务能力和思想道德水平，与审计人员签订审计工作纪律责任状；聘请党风廉政建设社会监督员，从内部和外部规范和约束审计人员执法行为，促使审计人员遵守审计工作纪律，保证审计队伍公正廉洁。

【平塘县审计局】 县审计局内设机构3个。即：财政金融审计股；基建企业审计股；综合股。局长1人，副局长1人。全局有职工12人，具有中有职称1人。

全年完成各类审计21项，比上年增加5%。查出违纪金额1200万元，应上缴财政391万元，已上缴财政388万元。撰写审计信息13篇。

1998年预算执行情况较好，但还存在虚列支出470万元，财政信用周转金逾期贷款额较大，地税部门违规退库等问题。

本年完成企业法人任期经济责任审计1项，查出违规金额252万元，对其任职期内的经济责任作了实事求是、客观公正的评价。

【长顺县审计局】 长顺县审计局现有在职人员10人（其中援藏干部1人），在职人员中，具有大专学历文化程度5人，获审计师中级技术职称2人。局内设财政金融、企业基建、行政事业三个业务股和一个办公室。

1999年，上级审计机关安排审计项目10个，自增项目7个，共17个，实际完成21个，占计划项目的124%，审计单位24个，审计总金额25336万元，查出违规金额293万元。其中：应收缴金额61万元，已收缴56万元；应归还原资金渠道232万元，已归还原渠道68万元。

预算执行和其他财政财务收支审计情况　1999年最后调整预算收入为2849万元，实际完成3062万元，比预算超额完成213万元，占预算107%，比上年增长371万元，上升14%。三级财政总收入完成4210万元，占预算的105%，其中：国税系统完成1350万元，占预算的100%；地税系统完成753万元，占预算的100.42%；财政系统完成2107万元，占预算的100.34%。县级财政预算支出年终调整为7333万元，实际完成支出6939万元，占预算的95%，比上年增支871万元。由财政部门管理的其他财政财务收支审计情况：（1）粮食风险金，当年收入82万元，支出79万元，结余3万元；（2）粮专、农发、西南扶贫、世行贷款等专款收入1217万元，支出577万元，结余640万元；（3）基建专款收入196万元，支出156万元，结余40万元；（4）农业税征收经费46万元，支出70万元，结余-24万元；（5）有偿使用资金来源2403万元，实际运用1743万元，结存660万元；（6）国贷转贷资金上年余114万元，当年转贷支出80万元，结余34万元；（7）预算外资金收入147万元，支出124万元，结余23万元。

大案要案审计查处情况　审计长顺粮食局及所属企业收支账时，发现1996~1998年三年共漏掉应交所得税计税额210.66万元，补清漏交所得税69.52万元；没收用非法所得13.58万元违规购车一辆；全过程参加长顺县检察院粮食专案组清理县粮食局账目，揭开了以原粮食局局长为首的集体贪污案盖子，现由有关执法部门依法立案查处。

【瓮安县审计局】　全年完成审计项目20个，查出违规行为资金212.20万元，应交财政82.38万元，已交财政70.49万元，核减基建支出11.81万元，追缴各种税款23.50万元。

本级预算执行审计　县审计局投入12名审计人员审计了1998年度预算执行情况，审计查出地税局多计提代扣代征手续费46824元，滥发补贴44850元，延伸审计出违反控购、偷漏税、违规发放个人电话费、多提和挪用计划生育活动费等问题。审计中发现带普遍性、倾向性的问题6个。以上问题县政府除要求审计机关依法给予处理、处罚外，并责令有关部门对普遍性问题进行整治。

工行审计　根据贵州省审计厅授权，审计了工行瓮安支行1998年度资产、负债和损益情况。发现该行少计利息78947元，多计其他营业支出3800元，1998年末贷款总额7854万元，其中不良贷款3927万元，占贷款总额的50%，对该行提出了防范金融风险的建议和措施。

【惠水县审计局】　1999年底共有干部职工14人，其中：大专学历3人，局长1人，副局长2人。内设办公室、行政事业审计股、企业基建审计股三个机构。

全年共完成审计项目25个，查出违规行为金额720万元，应收缴财政34万元，已收缴财政53万元（含跨年度收缴数19万元）。提交审计工作报告信息26篇。被采用20篇。其中：上级审计机关采用18篇，新闻单位采用2篇。

【都匀市审计局】　都匀市审计局是市政府的职能部门，由市政府市长直接分管。1999年定编23人，在编18人（其中1人长期病休），退休4人。根据《审计法》的规定，依法独立行使审计监督权。围绕市委、市政府深化国有企业改革、改制、改造、强化对领导干部的管理监督的要求，重点对问题较多，情况复杂的国有企业的管理审计、效益审计、经济责任审计；对换届选举后的部分乡镇领导干部经济责任审计，时值中共中央办厅、国务院办公厅印发了《县级以下党政领导干部任期经济责任审计暂行规定》和《国有企业及国有控股企业领导人员任期经济责任审计暂行规定》的通知，审计过程中认真贯彻执行了两个《规定》。全年共完成各类审计28项，为计划数的311.11%，审计查出违法违规资金464万元；应上缴财政金额及罚款5万元，已全部收缴；应减少财政拨款补贴44万元。

除完成上级审计机关、市委、市政府交办的审计项目外，为贯彻执行中央的重要指示精神，为配合市里重大决策的施行，先后抽调人员参加了市粮食系统“三项政策、一项改革”的执法监察；王司供电工程的财务核查；供销合作社系统的财务挂账清理检查；人造板厂的资产清理，弄清了资产、负债、实有资本情况，并在清理过程中发现了一些问题，及时反馈给市政府，为今后对外招商引资提供了便利。

【思南县审计局】　1999年共有干部15人，其中大学学历1人，大专学历10人；局长1人，副局长2人。设有办公室、财政金融审计股、行政事业审计股、企业审计股等机构。

审计工作成果　1999年着重抓了同级财政的审计、农业开发资金利用审计、计划生育经费审计。全年完成各类审计22项，比上年增加6%，查出违规行为资金287.62万元，应上缴财政47.50万元，已全部上缴。

完成县政府交办任务　1.对思南县1998~1999年6月计划生育经费审计。共抽14人，组成4个审计组，对全县27个乡镇计生经费进行审计，历时64天，审计总金额579.50万元，查出违规资金15.8万元收缴收归计划生育局，归还原资金渠道80万元，清除了2名严重违纪违规的计划生育工作人员；2.对县乡镇企业局原任局长离任审计，查出违纪违规行为金额245432.19元。此项审计已引起上级审计机关高度重视。

云南省

【云南省审计厅】

厅领导成员

厅长：冯　毅

副厅长：何可辉

罗俊贤

杨宁生

副厅级审计专员：韩泽民

审计工作成果　1999年，全省各级审计机关共审计3535个单位，查出各类违规行为金额43.24亿元，决定处理处罚16.42亿元，指明要求纠正26.82亿元；决定收缴财政3.4亿元，已缴财政2.63亿元，追还被侵占挪用资金4.14亿元，减少财政拨款、补贴1855万元，核减基本建设工程决算5014万元，共为国家增收节支7.81亿元。通过审计，向司法机关移送案件25件43人，向纪检监察部门移送案件16件27人。审计后，累计向政府及有关部门提交审计调查、综合报告和信息1952篇，被批示采用625篇。

本级预算执行审计有了新的发展　突出表现在：加强了对财政资金的管理、使用状况的综合分析，并重点审计了科教经费的管理、使用情况；以“打假治乱”为重点，加大了审计查处力度；加大了对专项资金、重点资金的审计力度，拓展了预算执行审计领域；各级审计机关揭露反映问题的力度明显加大，审计结果普遍受到了当地政府、人大的肯定和好评。

扶贫资金审计取得显著成绩　进一步强化了组织领导工作，扩大了审计范围，加大了“上审下”及业务指导、督促检查力度。据统计，全省共审计分配、管理、使用扶贫资金的部门1798个，管理使用扶贫资金的单位、工程项目6836个；审计资金总额达35.65亿元，开展“上审下”项目覆盖面达到了63%。通过审计，查出各种违纪违规资金18895万元，严肃查处了一批挤占挪用扶贫资金的典型。

全面组织行业审计取得明显成效　通过统筹安排，确保重点，精心组织，上下协调，圆满完成了对工建两行资产负债损益情况的审计，对企业职工养老保险基金的审计，基本完成了对检察院、法院系统财务收支情况的审计，审计结果为促进强化宏观调控、加强管理发挥了积极的作用。

企业外资等专业审计工作有了进一步改进　组织了对全省98户国有企业亏损大户和接受财政补贴大户的审计，对7个地州市国有企业改制情况进行了审计调查。审计机关连续三年对地震灾区恢复重建资金进行了审计和审计调查。外资审计全年共对内出具审计报告131份，向国际金融组织提供审计报告15份，维护了我省利用外资的良好形象。

积极探索了领导干部任期经济责任审计　全年各级审计机关完成领导干部任期经济责任审计任务300项。据不完全统计，经审计后晋升16人，继续任用76人，免职40人，降职7人。中央下发两个暂行规定后，省政府以第90号令发布了《云南省行政事业企业领导干部任期经济责任审计办法》，多数地州市县还结合当地实际制定了领导干部任期经济责任审计制度。一些地方审计机关还设立了专门的经济责任审计机构。在此基础上，审计机关围绕地方经济发展的热点和难点问题，积极开展审计和审计调查，圆满完成了地方党政领导交办的任务，为宏观决策提供了可靠依据。

审计法制建设和其他基础工作明显加强　组织举办了行政复议法培训班；起草了领导干部任期经济责任审计办法，以省政府第90号令正式发布实施；组织地县审计机关认真开展了审计执法、“三五”普法工作情况的自查工作；组织全省145个审计机关完成了行政执法主体公告及行政执法证件审验工作，并广泛向社会进行公告；广泛开展了审计法实施五周年宣传活动。组织对9个地州市审计局和15个县审计局党风廉政建设工作情况进行了检查，省厅按照中央和省委的部署较好地完成了“三讲”教育任务，效果比较明显。

预算执行审计　1999年全省145个审计机关按照审计法的规定，认真组织开展了地方本级预算执行审计工作。预算执行审计所揭示问题的深度、审计处理的力度、工作的规范化程度都比往年有新的进展，审计效果明显高于往年，主要表现在四个方面：一是以进一步规范财政分配秩序、推进依法治税、依法理财、促进提高财政资金使用效益为目标，在审计工作中继续坚持“账户入手，下审一级”的方法，全面推广“银行账户承诺制”等规范化经验，加强了对财政资金的管理、使用状况的综合分析，并重点审计了科教经费，提出的审计建议更具有针对性，为各级政府、人大加强预算管理和监督发挥了重要作用。二是以“打假治乱”为重点，加大了审计查处力度，全面揭示了财政预算执行过程中隐瞒截留预算收入、应缴未缴各种预算收入和预算外统筹资金、虚列预算支出、转移预算资金等弄虚作假行为，以及预算执行单位银行账户开设过多过滥，资金管理分散等问题，促进各预算执行单位加大了整改工作力度，及时纠正审计所揭示的问题，维护了财经纪律的严肃性，审计监督作用得到充分发挥。三是各地在坚持全面审计财税部门预算执行情况，突出对预算执行单位审计的前提下，扩大了延伸审计的范围，加大了对专项资金、基金、重点资金的审计力度，拓展了预算执行审计领域。四是95.8%的审计机关向本级政府提交了审计结果报告，86.2%的审计机关受政府委托向人大作了工作报告；两个报告的比例有较大提高，所揭露和反映的问题的力度明显加强，审计结

果普遍受到当地政府和人大的肯定和好评。许多领导对审计结果作了如实向人大反映等重要指示。省政府认真听取了对省本级预算执行审计查出的问题汇报后，作出明确要求，责成各部门限期整改，并召开省政府常务会研究部署整改工作。针对近年来审计揭示出的各部门和预算执行单位银行账户开得过多过滥、严重地分散了资金，为腐败行为提供了生长的温床的严重情况，专门抽调人员对省各预算执行单位的银行开户情况进行清理检查，并出台了一些相应的政策措施，从根本上加以规范。各有关部门还主动要求审计部门帮助其制定和完善财务管理制度和整改措施。省人大对审计揭示的有关问题，还专门组织巡视组进行调查研究和巡视，有力地推动和促进了审计工作的开展。

【昆明市审计局】 1999年，共审计372个项目，查出各类违规行为金额83，132万元，其中：应上缴财政9557万元，应减少财政拨款和补贴1470万元，追还被侵占挪用资金13，174万元。向司法机关移送案件2件7人，涉案金额482万元；移送监察等部门处理案件2件2人。提交审计调查综合报告、审计信息369篇（条），被批示采用131篇（条）。

预算执行及财政决算审计 一是加大了财政、地方税务部门的审计力度，覆盖面达到了100%。二是突出对一级预算单位中19个重点部门的审计，并扩大延伸审计了51个基层单位。三是重点审计预算外资金，查出某单位未缴财政专户管理资金3.2亿元，并及时作出了审计处理决定。四是组织实施15项上审下财政决算审计项目，查处了未缴土地出让金、土地收益金，漏交固定资产投资方向调节税等违纪违规问题。

查处大案要案情况 审计查处了某区下属乡镇原财政所所长个人挪用罚没款19万元至审计结束时尚有4万元未归还问题；某法院一法官利用职务之便，虚开发票擅自冒领诉讼费5700元，涉嫌贪污问题；某行利用汇票质押严重违法涉案469万元的金融案件；某法院隐瞒诉讼费收入8107.1万元，用诉讼费发奖金和用于个人福利开支1091.2万元，账外设置资产1051．4万元等违纪问题。

领导干部任期经济责任审计 全市共开展了31项审计项目，其中对党政机关、事业单位领导干部离任审计22项，对国有企业领导人员离任审计9项。

行业审计、专项资金审计和其他财务收支情况 养老保险基金审计查处了欠缴企业职工基本养老保险基金的单位299个，欠缴4840万元的问题；查处了社会福利基金未按规定纳入财政专户管理1222万元，违反规定将社会福利基金转借非福利企业和项目等问题；对3个国定贫困县（市）及23个省定扶贫攻坚乡扶贫资金进行了审计，查出扶贫资金不按计划及时拨付，滞留扶贫资金2593万元等问题；经对全市30户国有企业亏损大户和接受财政补贴大户的审计，查出违规行为金额3851万元，共核增亏损610万元，对真实反映企业亏损、促进企业扭亏提供了翔实的情况；审减了15个重点建设项目建设资金1498万元；审计利用国外援贷款项目12个，促进了外资运用质量和效益的提高。此外，还对工商银行、建设银行系统等7个项目进行了审计，查出违规行为金额6282万元，揭露了金融运行中存在的违规经营、资产不实、账外账等问题，有力地促进了依法经营，整顿了金融秩序，改善了金融资产质量。

纪念《审计法》实施五周年活动 全市以纪念活动为契机，积极宣传《审计法》和《审计法实施条例》，在《昆明日报》上用整版篇幅登载了该局撰写的纪念文章《加强法制建设依法审计监督》，宣传审计工作。并邀请了全市首任老审计局长参加的纪念《审计法》座谈会，为审计事业的发展出谋献策。

【昆明市盘龙区审计局】

预算执行审计 圆满完成了区第十二届人大一次会议批准的财政收支预算执行审计。对区教委、区科委、区计经委和区司法局财政财务收支进行了审计。重点审计了经费是否按计划开支、专款专用，下拨经费是否有截留、挤占、挪用的情况，预算外资金是否实行收支两条线管理等内容。审计就发现的固定资产未入账，违控购物，库存现金过大的问题，提出相应的审计建议要求纠正。

专项资金审计 对区检察院、区法院财政财务收支、养老保险基金、社会福利彩票进行了专项审计。重点审计了涉案赃款、诉讼费的管理情况以及福利彩票在销售过程中是否有摊派，变相摊派、承包买断等问题，共查出违规行为金额93万元，指明要求收回80万元，督促上缴财政罚没收入51.47万元。针对审计中查出的问题，向被审计单位提出了整改的建议。

政府交办审计 对盘龙达业房地产开发公司、盘龙区企业开发公司等7家企业进行了审计。审计处理处罚收缴财政3.31万元，审计建议追缴税收408.7万元，督促追回国有资金30万元。对被审计单位财务管理方面存在的薄弱环节提出了改进意见。

【昆明市官渡区审计局】 1999年共审计15个单位，其中省定项目6项，市定项目7项，政府交办2项。查出违纪金额1215万元，应上缴财政207万元，已上缴财政95万元，追还资金21万元，审计工作取得了显著成绩。

本年加大了同级财政预算执行情况审计力度，延伸审计了5个资金使用较多的单位，清理纠正违规资金1650万元；对国有企业的审计，查出某公司少缴纳固定资产方向调节税35万元，纠正违规资金66万元。

为确保99世博会的顺利召开，促进该区社会稳定和经济发展，根据区委、区政府的安排，先后抽调9人到农村乡镇，积极参与做农村社会稳定工作。这些同志到农村基层后做了大量的查账和群众的说服解释工作，并为村社追回了317万元。

【昆明市五华区审计局】

1999年始终围绕区政府中心工作，实施全面审计。

加强了本级财政预算执行审计和专项资金审计 由区审计局提出的区财政预算执行审计报告，经区人大主任为组长的调查组深入到被审计单位调研后，认为该预算执行审计的总体效果是积极的，充分予以肯定。在专项资金审计中，实现了由单纯审计向服务宏观决策方向的转变，更增强了审计的作用与地位。

经济责任审计 区开展经济责任审计较早，已结合实际制定了经济责任审计的制度和方法。经过几年的积极尝试，经济责任审计的成果越来越受到政府、组织、人事部门的重视和群众的关注。

点面结合，突出大案 查出云南春城卷烟厂原总会计师张桂香任职期间挪用公款7，279.99万元的案件，并由司法机关追究其刑事责任。

【昆明市东川区审计局】

1999年审计单位19个，查出违纪资金1667万元，为国家增收节支443万元，建议给予党纪政纪处分1人。认真开展同级预算执行审计，如期提交预算执行审计结果报告和预算执行审计工作报告。

联系实际深入宣传审计法 抓住纪念《审计法》实施五周年之机，大力开展宣传学习活动：在《东川报》、电视台分别刊登纪念文章、播放宣传口号，扩大教育范围、营造宣传声势；组织审计人员认真学习《审计法》、《审计法实施条例》，全员参加审计署举办的《审计法百题竞赛》活动，提高了学法、守法、执法的自觉性。

专项资金审计 重点审计了扶贫资金、农业综合开发资金、福利彩票赈灾专项资金、企业养老保险基金及利用外资项目资金。

行业审计 对建设银行、检察院、法院进行了行业审计。

核实了建行东川支行1998年资产、负债、损益情况及不良信贷资产状况。审计检察院、法院1997至1998年财务收支情况，发现暂扣案件款未纳入财务统一核算，被各庭室挪用；罚没款未使用统一票据，以庭室白条子充抵收据等问题，已依法作出审计处理。

固定资产投资审计 加大对固定资产投资审计力度，完成铜都商城、泥石流防治工程竣工决算等三项审计任务。查出工程成本不实269.3万元、工程结算高估冒算139.6万元。

【安宁市审计局】 至1999年末共有干部、职工10人。全年完成审计项目20项，查出违规行为金额540万元，其中应上缴财政23万元。在规范会计核算、维护经济秩序、促进地方经济发展和宏观调控等方面发挥了积极作用。

本级预算执行及其他财政收支审计 对财政部门具体组织预算执行情况及地税部门税收征管情况进行了审计；对7种专项资金进行了跟踪审计；对4个部门的预算执行情况进行了立项审计。

经济责任审计 受市委委托，开展了三项干部离任审计，其中在对某单位的审计中查出该单位财务管理混乱、违规收费、公款私存等问题，分别依法进行了查处，并收缴违规金额23万元。

行业审计 分别完成了对市社保局、市科协、市社会福利有奖募捐委员会三个行政事业单位的财务收支审计；完成了对市计经贸委综合办公楼的基建项目审计；完成了对市乡镇局建管处及其下属公司的企业审计；完成了对第三期农业综合开发资金等四个项目的专项资金审计。

【富民县审计局】 到1999年底，在职人员共有10人，其中：本科学历1人，大专学历6人；审计师2人；局长1人。

审计工作成果 共完成审计项目20项。其中，省、市指令性计划项目12项，县委交办2项，县政府交办2项，县纪委交办1项，协助配合有关部门完成工作3项；查出各类违纪违规金额167.5万元，其中，应上缴财政7万元，已上缴财政20.7万元（含上年应缴数17.7万元），追还侵占挪用资金12万元；核减工程决算造价40.6万元；向被审计单位提出审计建议38条；向市审计局报送审计信息11篇，被采用2篇；向县委办报送信息4篇，被采用2篇；向市审计学会报送审计论文5篇，其中2篇获三等奖。

纪念审计法实施五周年 组织全体职工参加了省审计厅组织的审计法知识竞赛。

【晋宁县审计局】 1999年，完成审计项目27项，查出各种违规违纪金额563万元，其中：应缴已缴财政20万元，作纠正和其他处理543万元。

本级财政预算执行情况审计 共审计预算执行单位10个，查出违规违纪金额233万元。县人大对审计机关揭露的教育部门存在教育专项经费不及时下拨就位300余万元的问题，给予高度的重视，该问题在县人大常委会的质询下得到了圆满落实。

离任审计 共开展干部任期经济责任审计项目6项，其中：调任审计2项、退休1项、离职3项。经审计，共查出各种违规行为金额170.5万元，其中：收缴财政8.9万元，作纠正处理161.4万元，通过审计，达到了澄清事实、纠正错误、界定责任的目的。

其他审计 农业专项资金审计1项；社会养老保险基金审计1项；企业财务成果审计3项；赈灾福利彩票审计1项；法、检两院财务收支审计2项。累计查出违规行为金额159.7万元，其中：收缴财政15.8万元，作纠正处理143.9万元。完成基本建设开工前资金来源审计16项，审计资金总额2180万元；完成基本建设竣工决算审计3项。审计后，为建设单位核减工程造价11.4万元。

【宜良县审计局】 1999年，有在职干部12人，其中：大学本科学历1人，大专学历6人。内设办公室、审计一科、审计二科、法规科。全年完成审计项目20项，比计划的11项，超额9项，审计查出违纪金额513.58万元，其中应缴财政的23.71万元，已全部入库。

具体审计项目实施情况 1999年，按"账户入手，下审一级"的方法，开展了同级财政预算执行审计。以财政局和地税局为重点，同时延伸审计了县文体局、卫生局、科委、教育局等几个单位的财务收支情况。共审计查出违纪金额119.55万元，其中：漏交税款2.63万元。

根据上级审计机关的安排，对社保局管理的职工养老保险基金、民政局管理的福利彩票的募集情况、县法院和检察院的财务收支情况进行审计，查出违纪金额252.40万元，其中：查出漏交税款6.41万元。

在1998年开展的各委、办、局主要负责人任期经济责任审计的基础上，开展了乡镇干部离任经济责任审计工作。1999年，完成4个委、办、局，3个乡镇的领导干部任期经济责任审计。查出违纪金额141.44万元，其中：收缴漏交税款14.07万元。

《审计法》颁布五周年的纪念活动 积极组织开展《审计法》宣传及普法活动，投入资金，组织人力，与司法局一道，编写学习材料，利用8个学时，对审计人员、有关单位及内审人员进行普法学习，组织审计干部、内审人员及有关单位财务人员参加《审计法》知识竞赛，提高对《审计法》的理解和认识。

【禄劝彝族苗族自治县审计局】 1999年，共完成审计项目17项，查处各类违规行为金额1,446万元，应上缴财政103万元，已上缴财政101万元，追还被侵占挪用资金556万元。

预算执行及其财务收支审计 共审计财政、税务和使用大宗财政资金的预算执行单位8个，并延伸审计了其下属单位23个。查出各类违规行为金额1,309万元，应上缴财政82万元，已上缴财政82万元。

案件查处情况 对县公费医疗改革办公室1991至1998年医疗经费进行了审计，查出贪污案件1件，金额41,049.12元，涉嫌贪污2人，已移送司法机关处理。

经济责任审计 对县属3个行政机关和1个国有企业主要负责人的任期经济责任进行了审计。

外资审计 对县世行贷款西南扶贫项目和卫VII项目的财务收支及效益情况进行了审计，审计资金总额1,322.9万元，如实披露了项目资金管理和使用中存在的违规违纪问题，确保了项目资金的合理有效使用。

行业审计 对县人民检察院和县人民法院1997和1998年度的财政预算资金、行政性收费、罚没追缴款（物）收取、管理和解缴情况进行了审计，查出县人民检察院坐支"两烟"打假罚没款46.2万元，规范了"两院"的财务管理和核算。

专项资金审计 对全县农业综合开发资金的财务收支和养老保险基金的筹集、管理使用情况进行了审计，审计资金总额1,150多万元，查处了专项资金虚列支出和县属参统企业欠缴养老保险基金等问题。

【石林彝族自治县审计局】 1999年，共完成审计项目15项，查出各类违纪金额181.5万元，应上缴财政金额25.7万元，已缴财政金额25.7万元，为被审单位调减投资81.5万元。

本级财政预算执行情况审计 审计了1998年度县级财政部门本级预算执行情况和其他财政资金的收支情况；县地方税务局税收征管提退及预算外资金的收支情况；并延伸审计了6个预算执行单位预算内外资金的管理和使用情况。

扶贫资金审计 为保证扶贫资金专款专用，对石林县三个扶贫攻坚乡1997年至1999年6月底扶贫资金管理和使用情况进行了审计。

养老保险基金审计 对石林县社会保险事业管理局1998年度养老保险基金的征收、支付和管理情况进行了审计，促进了养老保险基金依法规范管理。

离任审计 对石林县糖烟酒副食品公司经理任期经济责任进行审计。

纪念《审计法》实施五周年活动 为纪念《审计法》颁布、实施五周年，进一步宣传、贯彻、普及《审计法》，县审计局组织职工参加"审计知识百题竞赛"活动，在《昆明日报·石林版》上刊登宣传材料，并与县普法办公室、县司法局联合组织全县党政机关、企事业单位领导干部和财会人员进行《审计法》考试。

【曲靖市审计局】 1999年，曲靖市审计机关共完成审计项目343项，为年初下达计划223项的154%，其中：完成审计署、省定项目103项，完成市定项目120项，完成各级党委、政府交办项目120项。通过审计，共查出违纪违规金额22899万元，其中：决定处理处罚10145万元，指明要求纠正12754万元，应上缴财政3390万元，已上缴财政2649万元，应减少财政拨款和补贴205万元，追还侵占挪用资金2059万元，促进增收节支860万元。

财政预算执行审计　全市组织对20个财税部门和41个科技、教育等预算执行单位进行审计。查出违纪违规金额7560万元，其中：少缴预算收入694万元，隐瞒转移收入65万元，应缴未缴预算收入216万元，虚列支出270万元，违规办理财政决算68万元。通过审计，应上缴财政626万元，已缴471万元，应减少财政支出155万元。

财政决算审计　通过对32个县、乡（镇）财政决算的审计，查出违纪违规金额2434万元，其中：违规减免税收58万元，隐瞒转移财政收入75万元，虚列财政支出114万元，挪用财政专项资金34万元，自行设立预算外资金393万元。通过审计，决定处理处罚1320万元，应缴财政967万元，应减少财政支出50万元，已收缴财政830万元。为财政增收节支、消赤保平做出了积极的努力。

金融、外资审计　认真组织对全市建设银行和县级工商银行的审计，共查出违纪违规金额1899万元。同时，对信贷资产的清分情况进行核实。经对64户企业抽查核实，损失类贷款34280万元。审计处理应补缴各种税金及罚没款658万元，其中：所得税553万元，其他税金91万元，罚没款14万元。在对16个外资运用项目的审计中，查出违纪违规金额900万元，其中配套资金不落实842万元，挪用配套资金30万元。提出了落实配套资金、加强管理的意见和建议，归还侵占挪用资金30万元。

行政事业专项审计　全市组织对法院、检察院系统的行业审计和社会保障基金、专项募集赈灾福利彩票、扶贫资金等专项资金的审计115项，查出违纪违规金额4163万元。

国有企业审计　全市组织对52户国有企业进行了审计，查出违纪违规金额5098万元，其中：收入不实318万元，成本不实770万元，账外资产398万元，有账无实273万元，虚增利润267万元，虚减利润939万元，损失浪费42万元。通过审计，应收缴财政311万元，已缴251万元。市局在对市直6户商贸企业的审计中，查出违纪违规金额617万元，有问题商品1122万元，有问题资金3368万元，投资损失1263万元，亏损高达6739万元。

固定资产投资审计　以促进合理有效使用国家建设资金为目标，加强对基础设施建设和重点工程项目的审计。通过对30项固定资产投资项目审计，查出违纪违规金额2413万元。

查处经济案件　1999年，全市审计机关直接参与查处和移送经济案件12件18人，其中：移送纪检监察部门9件12人，移送司法机关3件6人。

经济责任审计　根据党委、政府和组织、人事部门的要求，组织对38个涉及机关事业单位领导干部和国有企业领导人员的部门、单位进行审计，涉及经济责任人54人，查出违规行为金额685万元。经济责任审计单位中，有6人晋升，21人平级调动，1人免职，6人降职，2人受党政纪处分，2人移送纪检、司法机关。

【宣威市审计局】　1999年末，人员33人，其中：大学本科学历1人，大专学历5人；局长1人，副局长2人。

审计工作成果　共完成审计项目30项，审计单位38个；查出违规违纪金额3232万元；决定处理处罚金额1086万元（其中上缴财政314万元）；追回侵占挪用资金277万元；促进增收节支11万元。查出重大违纪违规责任人12人。其中：科（局）级领导干部8人，一般干部4人。移送司法机关追究1人，移送纪检监察机关查处8人，建议上级主管部门追究责任2人，建议纪检监察机关立案查处3人。撰写审计调查、综合工作报告、信息18篇，向有关部门提供专题论文1篇。

完成交办任务　完成市人民政府交办审计项目2项。对一个财务管理极度混乱的市属企业的全面审计，查实了该企业收入不入账，资金被管理人员长期占用等问题，为市人民政府解决企业问题提供了决策依据。对一个市直单位财务收支的审计，查出了该单位收入该上解的不上解，违规大额私分乱发的问题。审计结果，该单位3位领导干部均被免职，其中2人受到党政纪处分。

【会泽县审计局】　1999年会泽县审计局设四股一室，即：财政金融审计股、行政事业审计股、企业审计股、基本建设审计股、办公室。共有人员19人。

审计工作成果　全年完成审计项目29项，审计调查1项。全国统一项目（建设银行县支行1998年财务收支审计）未列入审计统计报表。审计单位119个，审计资金总额103，268万元，查出有违纪违规行为单位10个，违规金额264万元。其中：指明要求纠正的189万元，决定处理处罚金额75万元，审计决定应上缴财政金额31万元，应追还侵占挪用金额3万元。审计工作为全县经济发展和反腐倡廉发挥积极促进作用。

完成交办任务　1999年完成县委、政府交办的审计事项13项，较历年增多，审计单位65个，审计资金总额4，638万元。在这些交办事项中，重点建设项目竣工决算审计5项，领导干部离任审计3项，财政同级审抽审2项，其他3项。

完成上级下达审计任务　全年完成省、市审计机关下达的审计任务17项，审计单位54个，审计资金总额98，630万元。

【富源县审计局】　1999年末干部职工11人，其中：大学本科学历1人，专科7人；中级职称4人；副局长1人。

审计工作成果　共完成审计项目17项，审计单位24户，查出违纪违规行为金额1396万元，决定处理处罚329万元，指明要求纠正1067万元，上缴财政229万元。向司法机关移送案件1件1人。提交审计工作报告、情况报告、专题报告、信息等29篇，被各级政府部门、刊物采用7篇。

本级预算执行与财务收支审计　审计征收管理和预算执行单位以及乡镇财政决算11项，审计单位18户，查出违纪违规行为金额1199万元，决定处理处罚305万元，指明要求纠正846万元，处理上缴财政227万元，移送案件1件1人，对2户严重违纪单位依法向全县通报。

经济责任审计　1999年县委交办领导干部任期经济责任审计项目1个，审计查出违纪违规行为金额16万元，决定处理处罚4万元，指明要求纠正12万元，处理上缴财政1万元。

国企、外资、基建、专项资金审计　共完成审计项目5项，审计单位5户，查出违纪违规行为金额197万元，决定处理处罚24万元，指明要求纠正173万元，上缴财政2万元。

纪念《审计法》实施五周年活动　采取出黑板报、开座谈会等形式开展了纪念活动。

【师宗县审计局】　1999年共完成审计项目22项，查出违纪违规行为金额149.2万元，其中：应上缴财政金额12万元，追回被侵占挪用资金645万元，核减基建决算款40.57万元。移交纪检监察机关查处案件1件。

预算执行及其他财务收支审计　延伸审计了11个单位（部门）的预算执行情况。针对财政信用资金管理不善、拉用扶贫周转金、预算外资金核算不规范及学校乱收费等问题，审计机关依据有关法规作了相应的处理。

在对乡镇财政决算审计中，查出雄壁镇土地管理所违纪贷款购置小汽车的问题，根据《审计法》的有关规定，审计机关作了移交县纪委查处的决定。

扶贫资金审计　对全县3个扶贫攻坚乡进行全面审计，查出拉用、挪用扶贫资金29.54万元。针对存在的问题，审计机关向县政府作了专题报告，引起了县委、政府的高度重视。

领导干部离任审计　受县委组织部和人民政府委托，组织实施了6位法人代表离任审计工作，为县委、政府考核任用领导干部提供了依据。

基建审计　完成了县昆光选煤厂基建竣工决算审计，核减工程决算款40.75万元，为国家节约了投资。

【玉溪市审计局】　1999年，玉溪市审计局重点审计了财政、金融、基本建设、专项资金、国有企业和政府部门。全年共审计单位32个，审计调查2项，查出各种违规行为金额7929万元，其中：决定处罚1681万元，指明纠正6248万元，应上缴财政570万元，已全部上交，应追还被侵占挪用资金316万元，促进增收节支242万元。提交审计调查和审计综合报告7篇，发送审计信息55篇。

财政审计　一是对本级财政预算执行情况审计，共审计了4个单位，其中：财政1个、地税1个、预算执行单位2个。查出违规行为金额4067万元，其中：决定处罚528万元，指明纠正3529万元。查出的主要问题：应缴未缴预算收入164万元，违规减免预算收入211万元，收缴财政375万元。二是对下级财政决算审计，审计了华宁、通海、新平三县财税共6个单位，查出违规行为金额571万元。

金融审计　按照审计署的统一授权，审计了金融单位3个，其中：市级建设银行1个，县级工商银行2个，共查出违规行为金额3908.8万元，其中：建设银行2211.2万元，工商银行1697.6万元。

固定资产投资审计　审计了玉溪市第二人民医院建设项目竣工决算，审计资金总额5014万元，查出违规行为金额242万元，主要问题是高估冒算、多结算工程款。

国有企业审计　一是选择了4个国有企业亏损大户和接受补贴大户进行审计，其中：工业1户、商业3户。查出违规行为金额2185万元，其中：决定处罚84万元，指明纠正2101万元，主要问题是收入、成本不实、虚增虚减利润及损失浪费等，收缴财政9万元。二是围绕国有企业改革改制、建立现代企业制度开展审计调查，共调查改制企业125户，其中：工业企业54户，商业企业71户。

行政事业审计　审计了玉溪市法院、检察院、公安局、交通规费稽查处、交通运政管理处等行政事业单位13个，查出违规行为金额976万元，其中：决定处罚673万元，指明纠正303万元。主要问题是应缴未缴预算收入，预算外收入未缴专户等。收缴财政32万元。

专项资金审计　一是对玉溪市扶贫办公室扶贫资金进行了审计，未发现违纪问题。二是对玉溪市社保局企业养老保险基金进行了审计，未发现大的违纪问题，但审计发现欠缴养老保险基金的企业达111户，欠缴金额1285万元。

外资运用审计　审计了世界银行贷款的森林发展保护项目和卫生防疫项目。

内部审计　市直单位内审机构18个，专兼职内审人员38人。全年共审计项目555个，纠正违纪金额37万元，促进增收节支1329万元，查出经济犯罪案件1件，移送司法机关处理1人。

【昭通地区行署审计局】　全区共完成审计项目296项，查出违规行为金额12，501万元，其中决定处理处罚的1，992万元，指明要求纠正的10，509万元；应上交财政407万元，已上交205万元，入库率占50.4%；应减少财政补贴2万元；追还侵占挪用资金3，449万元；促进增收节支506万元；向司法机关移送案件1件1人；移送监察部门1件4人。

财政审计　全区共审计72项，查出违规行为金额3，368万元；其原因：一是在年初预算中严重违反本级预算应遵循的原则，编制虚假预算、赤字预算及未设总预备费；二是在预算执行中及年终结算时，虚列支出，违规结转。

固定资产投资审计　全区共审计21项，查出违规金额1，182万元；主要存在投资规模大，超概算、挤占工程成本；挪用专项资金；财务人员素质差，账目混乱，造成损失浪费。

行政事业审计　全区共审计102项，查出违规金额2，964万元，主要存在乱列经费支出，擅自挤占挪用专项资金；扩大开支范围，乱发实物补贴，变相提高职工福利等。

农业专项资金审计　全区共审计34项，查出违规金额2，768万元，主要是财政部门、主管部门滞留占用挪用支持不发达地区资金，以弥补行政经费不足；挪用专款建房购车；擅自计提收取费用；虚列支出，虚报冒领；骗取财政拨款；擅自改变资金管理投向，内控制度不严等。

外资审计　全区共审计22项，查出违规行为金额1，334万元。主要存在配套资金不落实、挪用配套资金、倒卖进口物资，虚报冒领，搞计划外投资等。

企业审计　全区共审计15项，查出违规行为金额885万元。存在成本不实，挤占挪用，虚增利润，未严格按企业财务制度处理账务，造成国有资产流失等问题。

经济责任审计　共审计11项，查出违规行为金额45万元。

纪念《审计法》实施五周年　举行了审计知识竞赛、演讲、座谈会，研讨今后工作思路等活动。

【绥江县审计局】　1999年末有干部、职工11人，其中：大专学历5人。局内设办公室、财政金融审计股、企业审计股、综合审计股。

审计项目完成情况　1999年共完成18个审计项目（其中：省定项目10项），审计调查项目2项。1.财政收支审计7项（其中：预算执行情况审计5项，乡级财政审计2项）；2.专业资金审计2项；3.行政事业审计5项（其中：养老保险金审计1项，法院的资金审计1项，检察院资金审计1项，领导干部离任审计2项）；4.国外贷援款项目审计1项；5.金融审计1项（县建设银行支行的资产、负债、损益情况审计）。

1999年共查出违规行为金额307万元。其中：决定处理处罚18万元，指明要求纠正289万元。应上交财政金额26万元，应追还侵占挪用资金38万元。

【镇雄县审计局】　1999年共完成审计项目40个，查出违纪违规金额1185万元。其中：决定处理处罚767万元；指明要求纠正418万元；追还被侵占挪用资金99万元；促进增收节支73万元。审计基本建设资金项目40项，审查投资额2819.7万元。

预算执行及其他财务收支审计　对县财政总预算安排、资金拨付和地方税收计划执行情况以及有二次资金分配权、财政拨款较多、影响较大的四个部门的单位预算执行情况进行了审计；对13个乡（镇）财政进行了决算审计。审计查出违纪违规金额245万元，其中：虚列财政支出48万元，私设“小金库”5.8万元。

经济责任审计　按照县委、政府的安排，对离任的2个县直部门和35个乡（镇）主要领导进行经济责任审计。

纪念《审计法》实施五周年活动开展情况　以标语、黑板报等形式大力宣传《中华人民共和国审计法》及实施条例，积极组织审计机关全体职工参加审计法知识竞赛活动。

国企、外资、基建、金融及各种行业审计、专项资金审计的开展情况　对县企业改制重点示范单位镇雄县氮肥厂1997年至1998年的财务收支进行审计，查出盈亏不实金额332万元；对中国西南扶贫世行贷款项目镇雄县项目办财务报表进行了审计，披露了4件存在重点缺陷的财务报告内部控制事项；基本建设审计，重点对中央、省、地、县四级投资的县重点工程大水沟水库前期费用及簸笠电站竣工决算进行审计，通过审计，核减工程投资74.8万元；金融审计，按照审计署统一的审计方案，对中国建设银行镇雄县支行1998年资产、负债和损益进行审计，并完成审计报告上报上级审计机关处理。

【大关县审计局】　1999年共有干部职工8人，其中正、副局长各1人，大专学历3人，审计师3人。内设办公室、企业审计股、行政事业财政金融审计股。

审计工作成果　1999年，共完成审计项目61项，其中财政收支审计4项，金融审计1项，企业审计1项，农业资金审计1项，行政事业审计7项，国外贷款项目审计1项，领导干部任期经济责任审计1项，自筹基建资金来源事前审计45项。审计查出违规行为金额1，683万元，指明要求纠正1628万元，决定处理处罚55万元，应上交财政19万元，已上交15万元，应归还原渠道资金862万元。全年提交审计工作报告（信息）11篇。完成项目数是各级下达任务数的2倍。

完成政府交办任务　按政府安排，对本县房改资金，计生委的计划外生育费及吉利供销社承包经营等进行审计。查出吉利供销社的承包经营者不但未完成合同，还给企业新增亏损37.8万元，新增银行贷款428万元，承包者个人挪用企业款项215.2万元。计生费方面，查出乡镇上缴的计生费30余万元计生委未入账反映，分别在经管人员手中坐支。

经济责任审计　查出一副乡长虚开支出发票6，000元，已移交司法机关处理。

审计法宣传　在《审计法》实施五周年之时，通过县长发表电视讲话，运用广播、宣传车、召开坐谈会等形式宣传《审计法》。

【鲁甸县审计局】　1999年，共完成审计项目15项，查出各种违规行为金额340万元，其中：指明要求纠正298万元，决定处理处罚42万元。

编印《鲁甸审计信息》两期，刊登文章9篇，向有关部门提交16篇，采用11篇。

【永善县审计局】　1999年，全局职工10人。工作主要以财税、金融、扶贫资金、外资、行政事业审计为重点，完成审计项目21项，为计划的175%，查出违纪金额184万元，应缴财政15．6万元。

同级财政审计　查出违规金额81万元。存在挪用部分专项资金等问题。预算外资金管理偏松，回收率低。

经济责任审计　对县农业局长和县驻昭经贸部经理的离任审计，查出乱发奖金津贴18490元；私存私放销货款91536．81元。违规购置移动电话、核销私人住宅电话费和BP机费。

建行支行审计　主要查出乱列费用、重列利息支出等1.3万元；福利开支标准较高，累计赤字达143561.75元，有盲目攀比现象；不良资产清理分类不够准确。

检、法两院行业审计　查出违规金额25万元。主要是违规收取办案赞助费、无正式发票列支、坐支、预算内资金转预算外以及上缴款项不及时等问题。

外资运用审计　查出违规金额8万元，此外还存在部分配套资金不落实等问题。

建设项目审计　对云荞水库重点工程项目的财务收支审计。查出部分支出凭证不齐，账务处理不合规，金额达148万元；各种办公用具、器具及后期设备物资，未按规定进行账务明细登记。

企业审计　对县印刷厂、驻昭经贸经营部、金沙铅锌矿、金沙矿业有限责任公司等的审计。查出违规行为金额41万元，主要是漏缴所得税，少提固定资产折旧，私存私放销货款。

纪念《审计法》贯彻实施5周年　除认真组织审计干部学习《审计法》外，还多次利用广播、电视、张贴标语、办墙报专栏等形式大力开展宣传《审计法》的活动，使社会各界高度重视理解、支持审计工作。收到了积极的效果。

【巧家县审计局】　1999年共有干部12人，其中大专学历8人；审计师3人；局长1人，副局长2人。

全年共完成审计项目20个，审计单位34个，审计金额44701万元，查出违纪违规金额1511万元。上缴财政8万元。共提交审计报告22篇。完成基建自筹资金来源事前审计60项。

预算执行审计及其他财务收支审计　共完成预算执行审计4项。查出违规违纪金额460万元，提交审计报告6篇。针对预算执行中存在的问题，提出了加强预算管理的6条意见，促进了政府部门合理使用财政资金，有效履行职责。同时开展了6个项目共17户行政事业单位的财务收支审计，查出违规违纪金额553万元。对查出的问题依照有关法规作出了处理。

领导干部任期经济责任审计　共对4个乡科级领导干部进行了离任经济责任审计，经审计的离任者，调任的有2人，免职的1人，退休的1人。

国企、外资、基建、金融及行业审计　1.对2个世界银行贷款项目的6个项目执行单位进行了审计，提交审计报告2份，对项目执行中滞留挤占项目资金143万元的问题作了纠正。2.完成了中国建设银行巧家县支行的资产、负债、损益审计。3.对养老保险基金的征收、管理、支付情况和交通建设基金的投入、使用情况进行了审计。4.开展了国有企业亏损情况的审计调查，向企业和县政府提出了5条建议。

《审计法》实施五周年之际，在电视台全文播放《审计法》及《审计法实施条例》；动员、组织征订审计刊物127份。

【彝良县审计局】　1999年在编职工14人，其中：局长1人，副局长2人，大专学历以上文化程度9人。

一年来，一是完成了9个项目的财政收支审计，财政审计有了新的发展。二是努力探索，在县委、县政府领导下，积极稳妥地开展了6项领导干部任期经济责任审计。三是认真组织了30项包括国企、外资、固定资产投资、金融、农业资金、行政事业单位财务收支的审计。四是以《审计法》颁布实施五周年为主题，在县电视台发表了电视讲话和组织了张贴标语等宣传活动。

全年共完成审计项目43项，查出违规行为金额2358万元，决定处理处罚15万元，指明要求纠正2343万元，收交财政金额15万元，向上级审计机关提交综合报告、信息16篇。

【思茅地区行署审计局】

1999年，思茅地区审计机关共完成审计项目235项，完成审计调查3项，撰写综合报告 、信息37篇 ，完成基建自筹资金来源事前审计129项 。审计查出违规行为金额21，824万元 ，审计收缴财政861万元，应减少财政拨款和补贴106万元，应追还侵占挪用资金3，087万元，促进增收节支10万元 ；向司法机关移送案件2件3人 、移送监察等部门处理2件2人；建议纠正地方部门不当规定28条。从审计工作成果看：全区审计机关的审计质量得到进一步提高，审计执法力度有了明显增强，干部队伍素质得到明显提高。

离任审计　一年来，共开展领导干部离任审计19项，审计查出违规行为金额3，230．39万元，经审计后平调3人，晋升1人，免职1人，降职2人。通过开展此项工作一是摸索了领导干部离任审计方法；二是为组织部门任用干部提供了部分考核依据，促进了领导干部廉政自律性。

查处经济案件工作　全区审计机关针对当前财经纪律松弛，会计资料失真，乱设账、乱收费、乱罚款等情况，在审计工作中重点推行“两个承诺制”，注重抓好对现金、银行存款、存货的清查盘点，开展调查研究，注意发现重大违法犯罪线索，并及时移交有关部门查处。工作中加强同检察、纪检、监察等部门协作配合，全年共移交案件4件5人，另外尚有4件涉及金额483万多元，正在办理移交手续。

《审计法》颁布实施五周年纪念活动　主要开展以下活动：1.通过电视、广播、报刊宣传审计工作成果；2.组织《审计法》知识竞赛；三是邀请审计机关老领导、老同志及有关部门参加的审计座谈会，宣传《审计法》，展望审计未来。

此外，全区在1999年的工作中，还抓了国企、外资、基建、金融、行政事业、扶贫资金的审计。通过审计工作，维护了社会经济秩序，得到了各级领导的好评。

【思茅市审计局】　1999年底共有干部19人，其中大学本科学历7人，大专学历7人，局长1人，副局长1人，局长助理2人。

1999年全年完成审计项目35项，查出违规行为金额3，265.87万元，通过审计上缴财政127.56万元，核减工程决算支出128万元，追还被侵占挪用资金81.60元，为国家增收节支254.86万元。

预算执行及其他财务收支审计　全年完成财政审计5项，共查出违规行为金额578．17元，上缴财政92.32元。

查处大案要案情况　通过审计，向纪检、监察机关移送经济案件2件2人。

经济责任审计　全年完成经济责任审计4项，查出违规行为金额257.74万元，上缴财政2.4万元。

企业审计　全年完成企业审计4项，共查出违规行为金额761.63万元，上缴财政13.46万元。

行政事业单位审计　全年完成行政事业单位审计15项，查出违规行为金额671万元，上缴财政19.38万元。

固定资产投资审计　全年完成固定资产投资审计2项，查出违规行为金额128.8万元，审计核减工程决算支出128.8万元。

专项资金审计情况　全年完成农业专项资金审计1项，查出违规行为金额868.53万元。

外资审计情况　全年完成世行贷款卫Ⅶ资金审计项目1项。

资产、负债审计　配合思茅市思茅镇撤销村公所设立村委会的试点工作，开展了思茅镇5个办事处资产、负债情况的审计工作。通过审计，一是帮助建账，规范办事处财务制度，二是摸清了家底，核实了办事处债权债务，为新老机构、班子移交提供了准确的依据。

纪念《审计法》颁布实施五周年　组织干部职工参加审计署统一组织的审计法知识竞赛活动。

基础设施建设　1999年7月新开工建设职工宿舍1幢，建设面积2600平方米，建设户数24套，预计投资200万元，年末已完成投资150万元。

【普洱哈尼族彝族自治县审计局】

1999年底，共有审计人员14人，其中：大学本科学历1人，大专学历7人，副局长1人。

审计工作成果　1999年，共完成审计项目17个，审计单位17户，其中：财政审计4项，企业审计1项，农业资金审计1项，行政事业审计8项，国外贷援款审计3项。共查出违纪违规金额270.26万元。应上缴县财政0.18万元，指明要求纠正244.93万元，应追还侵占挪用资金6.88万元。

完成计划审计项目外，还积极完成县委、政府交办的各项工作任务。其中：开展离任经济责任审计2项，县委“三讲”办交办事项2项。

1999年的预算执行及其他财政收支审计情况　通过对有关单位的延伸审计，查出应征未征收入390多万元，还有一些行政事业单位的预算外资金未纳入财政专户储存，通过审计，督促有关单位限期交存。

完成上级下达审计任务　1999年，完成省审计机关下达审计任务7项，审计单位7个。

【景谷傣族彝族自治县审计局】

1999年完成省、地、县定项目19项，人均完成1.5项，查出违规资金861.46万元，决定处理处罚56．44万元，指明要求纠正805.02万元，应交财政17.63万元，追回侵占挪用7.5万元。

财政预算执行情况审计　1999年预算执行情况审计全面完成。发现周转金使用效益差，大量周转金不能按期收回等问题，为此，提出了5条整改建议。

企业审计　对两户亏损大户进行了审计，查出违规资金376.59万元，决定处理处罚40.89万元，指明要求纠正335.70万元，应缴财政9.47万元，提出整改建议7条，为企业扭亏增盈出谋献策。

外资审计　县卫VII项目资金计划投资93.19万元，其中外资37.53万元配套资金55.66万元，经审计，查出违规资金8.2万元，已指明要求纠正。

经济责任及行政事业单位审计　受县委组织部委托，对4名党政领导干部任期经济责任进行了离任审计，还对法院、检察院等7家行政单位进行了审计，查出违规资金186.16万元，决定处理处罚15.55万元，指明要求纠正170.61万元，应缴财政8.16万元，应归还侵占挪用资金7.5万元。在领导干部离任审计中，向组织部提交综合报告4份，已有3人平调，1人免职，1名经办人移送纪检监察处理。

【镇沅彝族哈尼族拉祜族自治县审计局】 1999年，全局在编干部、职工10人，其中大专学历以上学历2人，取得初、中级技术职称6人，局长1人，副局长1人。设有办公室、财政金融审计股、行政事业审计股、工商企业审计股、农业审计股等机构。

全年共完成审计项目16项。查出违纪违规金额4396.52万元，其中审计决定处理处罚金额294.96万元，应上缴财政238.83万元，指明要求纠正4，101.56万元。并对违纪违规金额在50万元和100万元以上的6个单位部门给予警告和通报批评。

预算执行及其他财务收支审计　共查出违纪违规金额690.92万元，应退还被侵占挪用资金51.20万元。

经济责任审计　全年完成县委、政府交办领导干部任期经济责任审计5项。查出违规行为金额1，651.19万元，决定处理处罚应上缴财政237.93万元，指明要求纠正141.50万元。

外资、国企、工商银行、养老保险基金的审计　全年审计利用外资单位3个，其中世行贷款2个，国际农发基金1个。查出违规金额92.77万元，决定处理处罚2.44万元，指明纠正90.32万元；对县金矿的资产、负债、损益进行审计，查出少摊递延资产751万元，虚列资产和负债843万元。受审计署委派，对中国工商银行镇沅支行进行审计，查出：1.将金矿中长期贷款利息536万元列入表外应收利息；2.以租赁形式购车未入固定资产47万元，并摊销当年租赁费用12万元；3.将无形资产—土地使用权转入递延资产40万元。审计后处理处罚39，600元。

纪念《审计法》颁布五周年　全局职工积极参加了国家审计署举办的《审计知识百题竞赛》活动。

【墨江哈尼族自治县审计局】

1999年共查出违规行为金额1857.12万元，其中：决定处理处罚740.88万元，指明要求纠正1116.24万元。

本级预算执行情况审计　查出违规行为金额494.42万元，决定处理处罚328.54万元，指明要求纠正166.42万元。维护了财经纪律，发挥了审计宏观管理监督的作用。

经济责任审计　对1位国有企业负责人和1位乡（镇）级负责人进行了经济责任审计，为主管部门提供任用领导干部的一些参考依据。

国企、外资等审计　把国有企业的税利大户和亏损大户列作企业审计工作重点。对外资项目审计力求做到“深、准、透、实”。

纪念《审计法》实施五周年宣传活动　县审计局订购了《审计法》大版面软塑宣传材料，组织全局职工到各单位、各企业进行宣传讲解、赠送，使各个接受宣传的单位领导和有关人员得到较好的学习《审计法》的机会和学习材料。

【临沧行署审计局】 1999年，临沧地区各级审计机关紧紧围绕经济工作中心，认真履行审计监督职责，严格审计执法。据统计，全年全区共审计了188个单位，查出违纪行为金额22054万元，上缴财政852万元，追回被侵占挪用资金941万元，促进增收节支17万元，向司法机关移送案件5起6人，涉及金额17万余元。

本级预算执行情况审计　全区审计机关统一对1998年度教育经费、科技经费和法院、检察院系统的罚没收入以及土地、工商等系统的52个预算执行单位进行延伸审计，查出违纪金额1851万元，收缴财政257万元。对财政预算执行审计中查出的少征、转移、隐瞒、应交预算收入等问题进行纠正。形成了《临沧行署审计局关于全区1998年度财政预算执行情况审计综合报告》，报行署后，多位领导作了批示。

固定资产投资审计　全区完成投资审计项目10项，查出违纪行为金额13804万元，上缴财政52万元，受到党政领导及社会各界的好评。

离任审计　1999年，全区审计机关共接受组织部门委托进行领导干部任期内经济责任审计31项，已完成25项，在完成项目中，涉及县处级干部7人，科级干部18人，查出违纪金额1420.79万元，同时查出会计出纳有贪污嫌疑2起3人，已移送司法机关处理。

农业扶贫资金审计　共审计了14个单位。从审计情况看，农业专项资金在管理使用中仍存在着项目管理单位长期滞留、占用资金，乱借乱支、挤占挪用专项资金，擅自改变资金用途、投放和配套不到位等问题。审计作了恰当的处理，促进资金使用效益。

完成交办的任务　一年来，全区审计机关共完成党政领导交办项目36个。积极参与扶贫攻坚、企业破产等中心工作。

【临沧县审计局】 1999年末共有干部13人，其中本科学历1人，大专学历8人，局长1人。

审计工作成果　全年共完成审计项目29项，查出违纪金额907.1万元，收缴财政85.03万元，提交审计报告、意见书、决定书74篇，拟写审计信息16篇，被采用5篇。

完成上级下达任务　共完成8项，其中财政预算执行审计2项；扶贫资金审计1项；农业综合开发资金审计1项；世行贷款审计1项；行政事业单位审计3项。查出违纪金额3.23万元，收缴财政2.85万元。

完成交办任务　共完成21项。配合公安、监察部门查处经济案件1起1人次，并会同责任部门破产清算3个单位。全年主要围绕社会关注的热点问题和重点资金进行审计监督。如财政预算执行情况、领导干部任期经济责任、征地资金、扶贫资金、养老保险等均进行了全面的审计检查，通过审计，查出违纪违规金额903.87万元，收缴财政81.18万元，为1名领导澄清了是非，5名领导干部得到了平调任用，给组织人事部门提供了可靠的事实材料。

【镇康县审计局】　1999年底共有干部职工14人，其中：大学本科学历1人，大专学历5人，局长1人，副局长2人。局内设有办公室、行政事业审计股、企业审计股。

全年共完成审计项目20项，审计总金额42，986万元，查出违纪违规金额1，167.13万元，应上交财政43.10万元（其中罚款4.39万元），纠正违纪违规金额1108.69万元，核增财政收入8.73万元，核增财政信用资金本金1.38万元，核减财政支出5.23万元；建议取消银行账户26个；共提交审计报告20篇，完成审计信息9篇，被地区采用2篇。

财政审计　财政预算执行审计总金额13，542.8万元，查出违纪违规金额16，35万元，核增财政收入8.73万元，核增财政信用资金本金1.38万元，核减财政支出5.23万元，建议取消银行账户6个。

财政预算执行延伸审计　共延伸5个单位，即县教委、科委、科协、人事劳动局、工商局，审计总金额2，226.87万元，查出违纪违规金额163.19万元，应予收缴11.67万元，取消违规银行账号13个。

企业审计　共完成3项，即农资土产公司、南伞糖厂、茶叶总公司，审计总金额17，043万元，查出违纪违规金额253.26万元，应予收缴23.15万元。

外资审计　共完成1项即世行贫四项目，审计总金额1，278万元，查出违规违纪金额268.59万元，存在的主要问题是违规支取专户资金，挪用专户资金。

基建审计　共完成2项，即南伞水库扩建和县防疫站综合楼。审计总金额2，214.6万元，查出违规违纪金额7.54万元，为建设单位核减预算2.32万元，规范了建设单位财务核算。

金融审计　完成县工商银行审计，审计总金额296.67万元，查出违纪违规金额0.69万元，存在的主要问题是多计利息、漏税等。

专项资金审计　共完成2项，即扶贫资金和县兽医站扶贫示范项目，审计总金额3，870.79万元，查处违纪违规金额339.77万元，予以收缴0.72万元。归还原资金渠道321万元，存在的主要问题是资金管理主管部门及项目执行单位乱挪乱借。

【云县审计局】　1999年共设5个股室，即：办公室、财金审计股、行政事业审计股、企业审计股、固定资产投资审计股；拥有编制16人，年末实有职工11人，其中局长1人，副局长1人。

审计工作情况　实际完成审计项目21项。查出违规行为金额1509万元，查处应上缴财政资金217万元，应追还侵占挪用资金1万元，已上缴财政资金156万元，入库率72%。

财政预算执行审计　全年财政同级审计（含预算执行单位），查证违规行为资金380万元，应上缴财政资金140万元，提出合理化建议24条，采纳21条。

领导干部任期经济责任审计　1999年，首次对8位领导干部任期经济责任进行了审计。查出单位违规行为金额1074万元，应上缴财政资金53万元。审计后7位领导同志继续任用，1位领导同志退居二线。

基建审计　基建自筹资金来源事前审计72项，审计面积4.47万平方米，审计金额10449万元。基建结算审计1项，送审投资130万元，审定120万元，审减投资10万元。

【耿马傣族瓦族自治县审计局】

1999年共完成审计项目17项，其中：财政预算执行情况和财务收支审计8项；金融审计1项；国有企业审计2项；固定资产投资审计1项；专项资金审计2项；其他项目审计2项；公司改制调查1项。审查出县财政1998年底暂付款高达6694万元，其中：逾期的2717.54万元；呆账1144.82万元。审查出县检察院截留、坐支赃款收入53.32万元，法院截留各种罚没收入45万元，用于单位搞基本建设和购置交通工具等。审查出中国工商银行耿马县支行在给企事业单位的贷款中，属于次级可疑贷款的企业10家，贷款总额2654万元；属于损失贷款的企业7家，贷款总额136.04万元。审查出耿马糖厂应调整账务446.89万元，应向下属二级核算单位收取折旧费16.21万元，应向其他单位收取资金占用费427.07万元。审查出耿马华侨糖厂应调减亏损497.61万元。审定耿马亚华淀粉酒精厂建厂投资为1756.61万元，审减投资53.80万元。对审查出来的违纪违规问题，均作出了适当处理。

【凤庆县审计局】　1999年底，全局共有职工13人，其中具有中级职称3人，初级职称3人。

1999年预算执行审计突出对重点单位、重点资金进行多方位延伸；行政事业单位审计以严格财经法纪，规范行政行为，促进发挥行政职能，保证以法行政；企业审计突出资产质量审计，分析盈亏原因，选择产、供、销、经营核算管理某一环节进行重点审查，真实反映企业状况；领导干部离任审计结果得到组织、人事部门的充分利用，为合理选拔任用干部提供了依据；金融审计对审核、分析信贷资产质量、完善贷款项目评估论证、防范金融风险，起了促进作用。全局全年共完成审计项目9项，查出违规行为金额1658万元，指明要求纠正违规金额1547万元，已处理违纪违规金额111万元，应上交财政106万元，已上交103万元；审计中对19个单位作出了审计处理，其中对3个单位进行了罚款，金额15，043.94元。

【保山地区行署审计局】 1999年，全区共审计163个单位，共查出各类违规行为金额10398万元，应交财政115万元，追回侵占挪用资金343万元；促进增收节支45万元；移送司法、纪检监察部门案件3件；协助有关部门查处案件10件；提交报告、信息34篇，其中被批示采用6篇。组织审计人员参加《审计法》知识竞赛。

预算执行、财务收支审计　全年对18个预算执行单位审计，查出违规金额339万元。对2个财政决算单位审计，查出违规金额311万元。对54个行政事业单位财务收支审计，查出违规金额1464万元。

查处大要案　抽调14人配合纪检、司法机关查办案件10件。审计中发现大要案线索3件，涉及金额300万元，责任人18人，已移交有关机关查处。

干部任期责任审计　接受委托，完成15项领导干部任期经济责任审计，涉及县处级干部1人，乡科级干部14人，查处违规金额2107万元，收缴40万元。

其他审计　对6项扶贫资金审计，查出违规金额76.67万元；对30个农业资金项目审计，查出违规金额281万元；对6项养老保险基金审计，查出违规金额737.5万元；对6个检察院审计，查出违规金额263.77万元；对10项外资运用审计，查出违规金额23万元；对全区9家工商银行、建设银行的资产、负债、损益情况进行审计，查出违规金额145.8万元，其中工商银行66万元，建设银行79.8万元，收缴中央财政32.4万元；对23户国有企业审计，查出违规金额2567万元，其中收入不实86万元，成本不实1485万元，虚增利润7万元，虚减利润198万元；配合有关部门对供销合作社系统财务挂账情况进行清查。

内部审计　全区共有61个内审机构111人。全年开展了68个项目（单位）审计，查出损失浪费5万元；纠正违规金额30万元；提出建议并被采纳67条；促进增收节支1万元；向司法机关移送案件2宗；撰写内审论文25篇。

【施甸县审计局】 1999年底，有人员10人，其中：大专学历9人；局长1人，副局长2人。设有办公室、行政事业科、企业科三个科室。

审计项目　1999年，省、地下达计划数15项，其中：省定必审9项，自定6项。实际完成审计项目25项，占计划的166.7%，涉及单位25个。共查处违规行为金额151万元，其中：决定处理7.2万元，纠正违规金额145万元；上缴财政7.2万元，入库率达100%。移送并配合检察院查处经济案件1起，涉案人员3人，金额11.8万元。

为纪念《审计法》实施五周年，先后开展了电视广告宣传，张贴标语，到被审计单位积极宣讲《审计法》等活动，做到家喻户晓，本局人员还积极参加了《审计法》知识竞赛。

【昌宁县审计局】 1999年共完成审计项目17项，其中省定项目8项，自定项目9项。完成计划的106.25%，查出违纪金额470万元，上缴财政26万元，促进增收节支45万元。完成基建事前审计32项，配合纪检监察和司法部门核实案件3件。完成县委、政府交办的其他工作任务18项。

预算执行及其他财政收支审计情况　1999年完成本级预算执行情况审计、税收计划完成情况审计和预算执行相关单位公安局的审计等3个财政审计项目，共查出违纪金额23万元，其中在本级预算执行情况审计中查出违纪金额19万元。

国企、外资、基建、金融及各种行业审计、专项资金审计　1999年共完成国有企业审计4项，查出违纪金额444万元；金融审计2项；基建审计1项；行政事业单位财务收支审计3项，查出违纪金额3万元，作上缴财政处理；农业专项资金审计4项。

纪念《审计法》实施五周年活动开展情况　组织全体干部职工进一步学习了《审计法》及其实施条例，并进行审计法有关知识的考试。还在一定范围内开展《审计法》有关知识的宣传工作，使广大干部群众对审计法有了普遍认识。

【腾冲县审计局】 1999年度实有人数17人，大专学历3人，局长1人，副局长2人；设有4个科室（秘书科、财政金融科、行政事业科、企业科）。

审计工作成果　全年共审计了33个项目（任务17项）超额完成16项，共查出违纪金额339.7万元，应处理收缴24.2万元，指明纠正315.5万元。撰写审计论文2篇，被《云南审计》采纳刊登1篇；提交审计调查报告3份，工作报告7份。

财、税审计　对县财政预算执行情况和地方税务局税收计划执行情况及税收征管进行了审计，同时延伸审计调查了2个单位（水利局、教育局）。审计查出违纪金额135.2万元，其中：财政121.6万元，地税13.6万元。

金融审计　对建设银行腾冲县支行进行了审计，查出违纪违规金额21.2万元，收缴金额7.9万元。

农业资金、扶贫资金、滇西南综合开发资金审计　全年共审计5项，专项资金4，674万元，查出违纪违规金额5.2万元。

离任审计　受县委、政府委托对6个单位的领导干部进行了离任审计（企业单位1个，行政单位5个）。在审计中查出违纪违规金额77.3万元，应收缴财政17.8万元。为县委、政府考核任用干部提供了依据。

行政事业单位审计　全年对12个行政事业单位进行了审计(其中：5项是离任审计)。在7个项目审计中查出违纪金额55.2万元。

企业审计　全年共审计6个单位（其中：离任审计1项），在审计中查出违纪违规金额44.7万元，收缴财政6.4万元。主要是审计企业的资产、负债、损益的真实性、合法性，监督国有资产保值、增值。在审计的5个项目中查出成本不实41.3万元。

固定资产投资专项审计　1999年对自筹资金、集资及扶贫资金建设的公路、水库、公用设施等4个项目进行了专项工程审计，审计工程资金1，556万元，有效监督了专项工程资金的使用。

利用外资项目的审计　全年对世行贷款、卫VI项目、教育贫四项自进行了审计，总投资2，083万元，完成438万元，配套不足13万元，违纪违规10万元。

【保山市审计局】　1999年末共有在职干部、职工23人。全年完成审计项目30项，查出违纪违规金额2244万元，收缴入库46万元。

财政审计　1998年当年本级预算执行情况是比较好的，基本能按照市人大常委会审议批准的《保山市1998年财政预算收支方案意见》实施办理。

大要案查处　查出大案要案移交2件。1.审计查出市百货公司1995－1998四年违纪金额140万元，作移交市纪委处理。2.审计查出市劳动服务公司1992年10月－1998年违纪金额25.65万元，其中：私设“小金库”24.95万元；经理及个别职工用他人名义，个人借用“小金库”资金7.3万元进行炒股，已移交司法机关查处。

责任审计　1999年受理领导干部离任审计6项，有乡科级干部5人，查出违纪违规金额1803万元，收缴入库21万元。

其他审计　审计国有企业4项、外资审计2项、乡镇水厂2项、税务1项、行政事业单位12项，共查出违纪违规金额413万元，收缴入库25万元。

1999年，在《审计法》实施五周年之际，组织全局干部、职工学习《审计法》和《审计法实施条例》，畅谈“一法一条例”实施后的审计成果，并将有关内容纳入“三五”普法考试。

【华坪县审计局】　1999年编制10人，实有10人，其中大专学历6人；中级职称以上2人；局长1名，副局长2名。

审计工作成果　1999年共完成审计项目26项，审计查出违规行为金额1489.7万元，其中决定处理2万元，指明要求纠正1487.7万元，罚款0.39万元。

预算执行审计　共审计县财政、地税、教育、科技4个单位。

经济责任审计　开展了船房乡党委书记和代乡长的任期经济责任审计。

企业审计　对4户企业进行了财务收支审计和1户承包经营终结审计。

外资审计　开展了我县世行贷款卫VI项目的审计，按审计署规定的统一格式出具了内外合一的审计报告。

金融审计　完成了对县工商银行支行1998～1999年度的财务收支审计，按时上报了有关资料。

行政事业审计　完成了法院、检察院以及县政府交办的“希望工程”资金、企业职工养老保险基金、社会福利彩票募集资金的财务收支审计。其中对养老保险基金审计中揭露出来的若干问题已引起有关部门和县委、政府有关领导的高度重视。

农业专项资金审计　完成了我县金沙江流域农业综合开发资金的审计，以及7个省、地、县级扶贫攻坚乡农水扶贫资金的审计，按期汇总上报了有关材料。

纪念《审计法》实施五周年活动情况　利用华坪冬季物资交流大会期间展出《审计法实施条例》宣传栏1期，坚持在审计项目实施前的座谈会上向被审计单位宣讲审计法的有关内容，做到适时、适地宣传。

【文山壮族苗族自治州审计局】

1999年，我局完成审计项目52项，查出各种违规行为金额5，165万元，决定处理处罚金额2，145万元，已收缴财政金额436万元，提供审计综合报告、调查报告和审计信息等共83篇，被批示采用48篇，使审计成果为党委、政府决策提供了依据。

在认真开展本级财政预算执行情况审计的同时，统一把教育、交通、科委、民政、公安、检察院、法院等作为全州一条线的同步审单位，通过审计查出各种违规行为金额843万元，依法向本级人民政府提交了审计结果报告和向人大常委会作了审计工作报告，得到了上级领导的肯定和支持。在人少事多的情况下，积极配合组织部门，受托开展了领导干部任期经济责任审计项目，查出违规行为金额785万元，为积极探索任期经济责任审计的方法，还组织人员到山东进行了考察学习。组织州、县审计机关的有关人员，请人大财经委参与进行“三五”普法及执行审计法规、审计质量的考查。此外，紧紧围绕扶贫攻坚工作中心，在注重扶贫资金审计和财源建设资金审计调查的同时，还加强了对工商企业亏损大户、行政事业单位、固定资产投资和外资运用等方面的审计，共查出各种违规行为金额3，537万元。《中华人民共和国审计法》颁布五周年之际，经州人民政府同意，于12月底召开了《审计法》颁布实施五周年座谈会，党委、政府及州属各部门有关领导到会，对五年来全州审计工作取得的可喜成绩给予了充分肯定，对今后工作提出了新的、更高的要求。州政府还表彰了审计工作先进集体与先进工作者。

【文山县审计局】

机构人员　局长1人，副局长2人，人员编制15人，实有18人；内设办公室、投资审计股、财金行事审计股、农业资金企业审计股。

审计成果　共完成审计及调查项目39项，查出违规行为金额305万元，其中：决定处理处罚146万元，指明纠正159万元，已收缴财政86万元，核减基本建设投资48万元。提出审计意见和建议59条，被采用51条，采编审计信息40篇，被采用31篇。审计中突出大要案，对县民政局的审计，为检察机关查处个人贪污提供了详实的财务信息；基本建设投资审计从原来的工业与民用建筑工程竣工结算审计拓宽到公路工程和市政工程竣工结算审计，并运用计算机辅助审计。

【富宁县审计局】　1999年有干部职工14人，其中：大专学历文化4人，局长1人，副局长2人。设有办公室、财政金融基建审计科、工商企业审计科、行政事业审计科等4个科室。完成审计项目29项，占年计划的107%，其中：财税审计8项，金融审计2项，国有企业审计3项，行政事业审计10项，外资审计1项，专项资金审计2项，基建审计2项，审计调查1项。查出违纪违规行为金额332.09万元，其中：少缴财政资金及收入75.38万元，漏缴各种税费2.64万元，挪用专项资金6.62万元，乱计成本费用49.5万元，多计工程款2.81万元，"小金库"0.47万元，其他违纪194.67万元。审计决定处理302.28万元，其中：应收缴财政79.16万元（已收缴75.74万元），追还被侵占挪用及作调账处理223.12万元。提出审计建议77条。为维护财经法纪，规范会计核算，促进宏观调控，保障我县经济持续、快速、健康发展作出了积极贡献。

【广南县审计局】　1999年共查出违规行为金额822.42万元，审计决定收缴财政金额82.21万元。

本级财政和乡镇决算审计　重点审查了财政收支和地方税收的真实情况，并对那伦、者兔两乡财政决算进行了审计。

扶贫资金审计　从1月12日开始分别对9个扶贫攻坚乡镇和10个攻坚村（办）扶贫攻坚资金、以工代赈资金、财源建设资金、战区恢复建设资金进行了审计和审计调查。

金融及企业审计　全年先后对县工商银行、建设银行和两个亏损大户企业进行了审计，并调查了四户股份制企业。

行业审计　先后对县检察院、法院、公安局、物价局四个行政执法单位进行了审计。

行政事业审计　全年共对县土地局等10个行政事业单位进行了审计，共查出违规行为金额147.70万元，审计决定收缴财政金额39.42万元。

【邱北县审计局】　到1999年底，共有审计干部、职工18人，其中，大专学历3人；局长1长，副局长2人。

1999年度共完成审计项目35项，查处违纪资金1062.43万元，指明要求纠正资金1045.38万元，决定处理处罚17.05万元，已上交财政17.05万元。

组织和开展了本级预算执行及其他财务收支审计，审计认为，1998年度本级预算执行情况，地方税收征管执行情况是好的，但也存在一些执行制度不严格、不规范、违反财经法规及一些部门为了自身利益挤占挪用专项资金的问题。

发挥审计优势，积极参与侦破了以烟草公司经理为首的贪污犯罪团伙。

1999年9月成立领导干部经济责任审计股之后，受县委、政府委托，对原县城乡企业局局长、城建局局长、土地局局长的任期经济责任进行了审计，并作出了实事求是的评价。

1999年12月8日，县审计局邀请了离退休同志参加《审计法》实施五周年纪念活动。

【西畴县审计局】　内设秘书股和工商企业、行政事业、财政金融基建3个审计股。年末干部职工15人，有审计师1人，局长1人，副局长1人。

1999年，完成审计项目22项。其中：省定项目7项，州定项目11项，自定项目4项。完成省定审计调查1项。审计查出违规金额104.36万元。其中：决定处理处罚41.32万元，全部应上交财政、已上交财政39.62万元；应追回侵占挪用资金63.23万元。

固定资产投资审计　全年共审计固定资产投资4项，累计核减工程造价183055.2元。实现了我县对基本建设投资审计为零的突破。

金融审计　按照审计署统一部署，对中国工商银行西畴县支行1998年度资产、负债、损益情况进行就地审计，并延伸调查贷款企业23个。核增资产533元，核减负债10425元，核增所有者权益10958元，核增利润10958元。对存在问题，依照法规区别不同情况作了处理，提出审计建议2条。

本级财政预算执行情况审计　以审计财政财务收支为重点，组织人员，对1998年本级财政预算执行情况及其他财政收支情况进行审计。通过审计，查处违规金额103.16万元，其中：指明要求纠正63.23万元，决定处理处罚39.93万元，应交财政40万元，已交财政39.4万元，应追还侵占挪用63.23万元。

【红河哈尼族彝族自治州审计局】 1999年全州共审计单位299个（未含工商银行、建设银行审计23项，审计调查2项），查处违规行为金额17525万元，其中，应上缴财政1608万元，已上缴财政1049万元；追还侵占挪用资金1609万元；促进增收节支1113万元。州县审计机关围绕中心工作，全面完成了各专业审计任务。

预算执行及其他财务收支审计 1999年，红河州审计机关按照审计法要求，分别实施“同级审”和“上审下”，对59个同级财政部门及预算执行单位和13个财政决算单位进行了审计，审计覆盖率分别达到100%和40%。共查处违规行为金额2117万元，其中，隐瞒转移预算收入和财政收入676万元。经审计，应增加财政结余金额118万元，应缴财政240万元。

查处大案要案情况 1999年仅州审计局，全年接受州委、政府交办委托事项达30多项。经审计查实的大案要案3个，占交办事项的10%。其中，某县工商局储金会非法集资1．3亿元，违规放贷1．1亿元，风险损失款2300万元，本单位集资497万元，私分公款利息66．7万元，偷漏税款72．3万元，巧立名目乱发津贴10．3万元等重大问题。此案已移交司法机关，被审单位局长已被逮捕判刑。

经济责任审计 1999年，全州共完成领导干部任期经济责任审计19项20人，其中，对党政领导离任审计14项，对国有企业领导离任审计5项。查出违规行为金额6247万元，其中属离任人应负直接责任的有20万元，应负主管责任的有587万元。查出损失浪费金额504万元；贪污案1件金额10万元，涉嫌离任人2人被移交司法机关，现已判刑。审计后，离任人有9人平级调动，有4人晋升职务，被免职4人，降职1人，受党政纪处分2人。

固定资产投资审计 1999年，结合城镇住房改革体制的深化，加大了对固定资产投资项目的监督。共审计了31个建筑施工单位，审计投资总金额65370万元，查处违规行为金额1423万元，其中核算工程结算价款921万元；归还原渠道资金156万元；上交国库120万元。

行政事业单位审计 全年共审计了131个行政事业单位，查出违纪违规金额4593万元，其中应收缴财政662万元，应归还侵占挪用资金1000万元。

国企、外资、金融审计 全年完成审计项目75个，查处违规行为金额14636万元，应补交各种税费1639万元；促进增收节支金额126万元。

纪念《审计法》实施五周年活动 一是州审计局局长发表电视讲话；二是在《红河日报》上发表和电台播出审计机关五年来取得的成就；三是散发《审计法》等宣传材料，并开展咨询，取得了成效。

【个旧市审计局】 1999年共有干部、职工24人，其中：大学本科学历1人，大专学历15人，局长1人，副局长1人。设有办公室、综合科、财政金融审计科、行政事业审计科、工交审计科、商业审计科、固定资产投资审计科、经济责任审计科等机构。

审计工作成果 1999年度共完成审计项目27个，完成审计调查1项，调查单位1个，审计单位27户；审计金额15134808.5万元。共查出违规违纪金额7 020万元，上缴财政75万元，共提交审计报告27篇。

预算执行及其他财务收支审计 通过审计，发现土地出让金未上缴财政纳入预算管理、个别部门漏缴税款和有的单位未严格按收支两条线管理、执行财务会计制度不到位等问题。

经济责任审计 根据市委组织部的委托，完成厂长任期经济责任审计事项1项。通过审计，查出违规行为金额5 639.8万元，应缴财政金额16.9万元。主要问题是：虚增利润5 564万元，虚减利润42万元。

国企、基建审计 对2户亏损企业、接受财政补贴大户进行了审计，共查出违规行为金额215.8万元。

投资审计 加大对固定资产的审计监督力度，通过审计，核减工程决算156万元，促进了增收节支，提高了投资效率。

其他行业审计情况 根据上级审计机关的安排，对市人民检察院、法院、公安局分别进行了审计。通过审计发现都不同程度存在收费、罚没款核算不规范等问题，并依据相关规定进行了处理和提出改进意见。

《审计法》宣传活动 印制《中华人民共和国审计法》及《中华人民共和国审计法实施条例》发送市属行政企事业单位225户，计508份，并且充分利用审前座谈会等机会向被审计单位进行宣传，以求得对方对审计工作的理解与支持。

【开远市审计局】 1999年底有干部、职工17人，其中审计师8人。设有办公室、财政金融审计科、企业审计科、综合科、经济责任科等机构。1999年，共完成审计项目23项，审计总金额63，878.28万元，查出违规金额1444万元，应上交财政44万元；查处经济案件1起，为市经济发展及反腐倡廉作出了应有的贡献。

预算执行及财务收支审计 共审计财政资金26，193.4万元，查出违规金额118.48万元。

经济责任审计 受市委委托，全年共对9位领导干部进行了离任审计，经审计，2人升职，5人继续任用，2人被移交有关部门追究刑事责任。

国企、外资、金融及其他行业审计 根据省审计厅统一安排，对中国工商银行开远市支行和建设银行开远市支行的年度财务收支和国有企业亏损大户、接受财政补贴大户及其他重点企业进行了审计。通过审计，查明了企业亏损原因，提出了改进意见，对企业进一步完善管理体制、加强财务管理，确保国有资产保值增值起到了积极的促进作用。继续开展对世行贷款卫VI项目进行审计，促进了地方财政配套资金足额到位和资金的专款专用，纠正了违规使用资金等问题。

【蒙自县审计局】 1999年完成审计项目20个，查处违纪资金1140万元，应上交财政88万元，已上交财政54万元。

预算执行及其他财务收支审计 预算执行审计了财政局、地税局、开发区管委会及下属三个单位，还延伸审计了矿管局，查处了该局预算收入未上缴、截留挪用的问题。审计了检察院、法院、乡镇企业局、县农机学校等单位，查出了县农机学校私设“小金库”113万元和漏税26132元的问题。

经济责任审计 1999年共开展了两项：一项是芷村镇副镇长审计，查出了其在报销单据中1万多元单据不真实的问题；一项是对运政所所长审计，查出了其任职期间截留应上交财政专户资金174万元和私设“小金库”10万元、个人挪用2万元的问题。

金融、外资、基建审计 按审计署要求对蒙自县工行、建行资产负债损益和信贷资产的真实性、合规性及质量进行了审计。对蒙自县世界银行贷款综合性妇幼卫生保健项目的实施情况进行了第四年审计。首次开展了基本建设审计——公路建设决算审计，审减金额47万元，审减率为20%。

交办任务 受政府委托对县土地局、开发区管委会征用3733亩土地和文澜镇政府及所属的办事处、合作社、农经站等20多个单位6年多来数千万元资金的账务进行了审计，经过半年多的努力工作，核实了征用土地面积和资金情况，解决多年来群众不满的“征地面积不清、征地费用不清、欠拨资金不清”的热点问题。

【泸西县审计局】 1999年共完成审计项目22个，为年计划的146.67%，其中省定项目7项，州定项目7项，县委、政府交办项目8项。查处违规行为金额436.51万元，其中决定处理处罚318.76万元，指明要求纠正117.75万元；审计收缴财政金额73.08万元；追还侵占挪用资金274.26万元；为国家增收节支52.21万元；提交审计工作报告、信息10篇。

财政收支审计 对泸西县1998年度财政预算执行情况、地方税收预算执行情况、财政预算外资金收支管理情况、科委和教委财务收支情况以及舞街铺乡财政决算等6个项目进行审计。依法查处违规退库、挤占挪用资金、隐瞒转移财政收入等违规行为金额290.25万元，收缴财政11.78万元，归还原渠道资金274.26万元，促进增收节支4.21万元。

固定资产投资审计 审计项目投资总额642.76万元，依法查处多结工程款、漏交税金等违规行为金额65.82万元，收缴财政37.27万元，核减工程造价28.77万元。

金融审计 组织对县工商银行和建设银行1998年的资产、负债、损益情况进行审计。

外资运用审计 对世行贷款“贫四”项目进行审计。审计核实本年度完成投资总额1155.06万元，督促项目单位严守法规和协议，保障合理有效使用外资。

行政事业单位审计 1999年对县法院、检察院、地方公路管理段1997~1998年的财务收支进行审计。依法查处应缴未缴预算收入、私设“小金库”、偷税漏税等违规行为金额58.17万元，收缴财政24.03万元，促进增收节支10.77万元。

经济责任审计 接受县委组织部门的委托，对教委、商贸总公司、乡镇企业局、永宁乡农村合作基金会领导任期内的财务收支进行审计，揭示单位管理和核算上存在的问题，查处违规行为金额22.27万元，促进增收节支8.67万元。

专项资金审计 审计专项资金总额1333.17万元，对项目实施效益情况作出客观评价，并就加强工程管理，发挥资金使用效益等方面提出审计建议。

【红河县审计局】 1999年完成审计项目17项，查出违纪违规金额863万元，应收缴财政30万元，追回被侵占挪用资金159万元，收缴财政3.5万元，促进增收节支673万元。

财政预算执行及其他财务收支审计项目9项，查出违纪违规金额66万元，上缴财政1.4万元。

开展了对县民政局原局长离任经济责任审计，查出挤占专项资金91.5万元，私借（借给个人）专款17.7万元；擅自扩大补贴3.8万元，原局长受撤职、降级处分。对勤政廉政建设发挥了促进性作用。

在迎接《审计法》颁布实施五周年之际，投入资金印制审计法学习材料，发至各有关单位，再次掀起学习《审计法》高潮。

与此同时，加大了对企业、建设资金、专项资金的审计力度，全年共审7项，查出有问题资金684万元，应缴财政26万元，已收缴2.1万元。通过审计，揭露盈亏、资产不实等问题，促进了各项经济事业的发展。

【绿春县审计局】 1999年共完成审计项目16项，占年度计划12项的133%，查出违规行为金额281万元，应上缴财政14万元，已缴财政14万元，应追回挤占挪用资金87万元。

预算执行及其他财务收支审计 审计了1998年度本级财政预算执行和其他财务收支情况，地方税收征管情况，县教委、科委、土地等5个部门预算执行和

财务收支情况以及财政周转金和其他财政性资金的投放、管理、使用情况。审计结果报告引起政府领导的重视，并召开政府常务会作专题研究。

经济责任审计　成立了绿春县审计局经济责任审计股，并开展两项厂长、经理任期经济责任审计，查出两位厂长任期内国有资产流失55.73万元，两人都调离原单位。

国企、金融等行业审计　对工商银行县支行、农村信用社资产、负债、损益及信贷投放情况进行了审计，查出工行资产、负债、所有者权益不实，信用社债权债务不清等问题。对县电力公司、县建筑设计室1997年至1998年度资产、负债、损益情况进行了审计，审计发现县电力公司漏交税金3.2万元，账实不符10.6万元，内控制度不健全等问题，建筑设计室资产、损益不实，少缴交税2.5万元等问题。

审计宣传　以座谈、散发传单、以会代训等方式开展纪念《审计法》实施五周年活动。

【元阳县审计局】　1999年底，共有干部职工12人，其中：大专学历6人；局长1人，副局长1人；注册会计师1人，会计师1人。

审计工作成果　1999年共完成审计项目12个，查出违纪金额共计499万元，其中：县级决定处理处罚13万元，已全额上缴县财政，入库率为100%；指明要求纠正136万元。共提交审计报告12篇。

完成县政府交办任务　共完成任务5项，上缴县财政10万元，为县委、政府宏观决策提供科学依据。

完成上级下达审计任务　共完成7项，上缴县财政3万元，对金融审计中查出的违规违纪问题，上级审计机关已作出处理。

【屏边苗族自治县审计局】　1999年末共有干部职工11人，其中：局长1人，副局长1人；大专学历8人；有专业技术职称4人。局内设置办公室、财政金融审计股、行政事业审计股、工商企业审计股、经济责任审计股、综合基建审计股。

审计工作成果　共完成审计项目30项，审计单位30个，审计资金总额53，259万元，查出违规违纪资金1，557万元，其中：收缴财政156万元，追还侵占挪用资金46万元，指明要求纠正1，389万元。完成自筹基建资金来源事前审计20项，审计资金总额1，226．5万元。提交审计调查、综合报告、信息19篇，向被审计单位提出整改意见和建议56条，有效地促进了被审单位加强管理，规范其财政、财务收支行为。

完成上级下达审计任务　共完成上级审计机关下达的审计任务15项，审计单位15个。

完成交办任务　共完成县委、政府交办的工作任务15项，审计单位15个。

预算执行及其他财务收支审计　查出违规违纪资金429万元，其中：应缴财政19.5万元，追回侵占挪用资金60万元。

外资、基建、金融及行业审计、专项资金审计情况　对世行贷款"贫四"基础教育发展项目审计，审计资金总额500万元，查出违规资金8.6万元。对职中基建工程审计，审计资金248万元，查出违规资金13万元。对县工商银行审计，审计资金总额8，541万元，查出违规违纪资金798万元，收缴134万元。对检察院、法院审计，审计资金607万元，未发现违纪行为。对扶贫资金审计，审计资金9，128万元，查出违规违纪资金35万元，其中：收缴财政8万元，归还原资金渠道12万元。

纪念《审计法》实施五周年活动　邀请有关部门领导座谈，干部职工上街咨询，张贴宣传标语，举行了审计知识竞赛。

【建水县审计局】　截止到1999年底，共有干部、职工19人，其中：大学本科学历1人，大学专科13人；注册会计师1人，会计师1人，审计师4人；局长1人，副局长2人。设有办公室、财政金融审计科、行政事业审计科、固定资产投资审计科、企业审计科、经济责任审计科6个科室。

1999年共完成审计项目20项，共查处各类违规违纪金额305万元，其中收缴财政230.17万元、审减工程决算价款3.03万元。

财政审计　财政审计共查处违规违纪金额31万元。

扶贫资金审计　组织开展了对坡头乡、盘江乡1996～1998年扶贫资金的筹集、投入、管理和使用情况的审计，查处违规违纪金额10.4万元。

固定资产投资审计　根据县政府指示，对我县名胜古迹朝阳楼维修工程，竣工决算的真实、合法性进行了审计，并对两个施工单位进行了延伸审计。通过审计，审减工程价款3.03万元，收缴财政0.61万元。

行政事业审计　对县法院和县检察院1997～1998年财务收支、县中等农机校1996～1998年初财务收支、县地税局和县卫生防疫站1998年财务收支进行了审计。查处违规违纪金额34.7万元，其中收缴财政7.4万元。

企业审计　对云南红塔蓝鹰纸业有限公司1998年资产、负债、损益情况和县新厦房地产公司1998年财务收支进行了审计。查处违规违纪金额5.4万元，其中收缴财政0.9万元。

金融审计　对中国工商银行建水县支行、中国建设银行建水县支行1998年资产、负债、损益情况进行了审计，查处违规违纪金额2.6万元。

【弥勒县审计局】　1999年，共有干部职工18人，其中：大专学历9人，审计师5人。全年共完成审计任务22项，占年计划的157%。查出违规违纪金额466.61万元，应交财政资金61.78万元，已交财政资金61.28

万元，节约财政支出486万元。

预算执行及其他财务收支审计　对本级财政预算执行、税收执行、国库、乡（镇）财政决算情况及县土地局、广播局财务收支进行了审计。查处虚列支出、隐瞒收入、漏交税金、应缴未缴预算收入等违规违纪金额100.8万元，依法进行了收缴及处罚，促进了增收节支。

经济责任审计　1999年接受组织部门委托，对某国有企业的主要领导进行了经济责任审计。组织部门对审计结果高度重视，对该企业的主要负责人作了调离、降职处理。政府对该企业进行了改制。

金融、企业、基建、专项资金、外资审计　1999年完成金融审计2项，查处虚列支出、挤占成本费用等违规违纪金额34.2万元，依法收缴财政11.32万元；完成地方金融机构审计1项，查出虚列费用支出、多提成本费用、隐瞒收入等违规违纪金额86万元，应交财政18.2万元，已交18.2万元；完成企业审计2项，查出多摊、挤占成本费用等违规违纪金额67.88万元；完成外资审计2项；专项资金审计3项，查出违规违纪金额119.70万元，应交财政7.6万元，已交7.6万元，归还侵占挪用资金102万元；完成基建审计5项，审减金额217万元。通过对各行业的审计，充分发挥了审计的经济监督职能作用。

【西双版纳傣族自治州审计局】

至1999年末，全州审计人员52人（州局19人），其中：大学本科学历2人，大专学历19人；州局局长1人，副局长1人；全州审计师9人，会计师1人。州局设有办公室，行政事业科，经济责任审计科、企业科、投资科。

1999年，共完成审计项目95项（其中州局37项）占年计划的142%（其中州局完成计划数的200%）。通过审计，查出违纪违规金额3461万元，应缴财政560万元，已缴财政553万元（其中州局126.56万元）入库率达99.4%。向地方党政和上级审计机关提供审计调查报告，信息68篇，被各级党政（含新闻单位）采用23篇。

预算执行及其他财务收支审计　1999年按照中央和省的统一部署，结合本州实际，继续深入开展本级预算执行情况、下级财政决算以及扶贫资金、农业综合开发资金、重点建设项目资金、养老保险、救灾恢复资金审计。

开展了领导干部任期经济责任审计和举报案件的查处　年内共完成经济责任审计14项，其中县处级干部4项，乡科级干部10项。查出违纪问题金额160.64万元，审计机关依法收缴财政16.45万元。移送纪检监督部门处理1人，已被免职移送司法机关4人，其中1人被判刑。审计后愉快退休的2人，职务提升的1人。

企业审计　为配合企业改制，对亏损和破产企业进行审计，查明了破产原因。

内审工作　全州共完成内审项目94个，提出合理化建议共674条为单位部门领导采纳。

【勐腊县审计局】　1999年共有干部、职工11人，其中：大学本科学历2人，大专学历6人；审计师3人；局长1人，副局长1人。设有办公室，企业审计股，行政事业审计股。

审计工作成果　1999年共完成审计项目18个，查出违纪违规金额547.65万元（其中：决定处理处罚223.52万元，指明要求纠正324.13万元），应上交财政金额75.12万元，已入库金额84.23万元（含补交以前年度），应追还侵占挪用资金73.35万元，促进增收节支124.37万元。离任审计移送纪检机关1件2人（继续任用1人，免职1人）。移送检查机关3件4人（已判刑1人）。全年共提交工作报告8篇。

完成县政府交办任务　共完成离任审计6项，财税审计抽查单位13个，查出漏交税金26万元，缓征欠征税款182万元。认真开展全县预算外资金清理检查、行政事业单位的财务收支审计以及固定资产的清理工作，为县委、县政府的宏观决策提供了依据，为企业改制、机构改革工作打下了基础。积极开展本级预算执行情况审计，改变了县级财政预算外收入只归财政部门自行支配使用的状况，同时也给审计部门树立良好的形象。

【景洪市审计局】　至1999年末有干部职工12人，其中大专学历2人，审计师2人，会计师2人，局长1人，副局长1人。设有行政秘书科、财经基建科、企业外资科及审计事务所。

1999年共完成审计项目18项占年计划的106%，通过审计查出违纪违规金额473万元，其中：决定处理处罚210.47万元，指明要求纠正金额262.53万元。应缴财政195.4万元，已缴财政192.5万元，入库率达98.5%。提交审计工作报告5篇。

预算执行及其他财务收支审计　预算执行审计查出违规行为金额219.69万元，应缴财政159.31万元，已缴财政金额159.31万元。

经济责任审计　1999年完成领导干部任期经济责任审计4项。查出违纪金额81.63万元，收缴财政14.45万元。同年12月底与组织部、劳动人事局一起就干部任期经济责任审计事项召开了联席会议，并形成制度。

纪念《审计法》实施五周年　组织全体干部职工就我局实施《审计法》情况进行了总结。

【楚雄彝族自治州审计局】

审计工作成果　1999年全州共完成审计项目265项（含金融审计项目15项），占年计划的106%，比1998年增长5.57%；查出违规行为金额16，961万元，比1998年多查出3，158万元，其中：决定处理处罚1，358万元，指明要求纠正15，603万元；追回被侵占挪用资金1，329

万元；实际上缴财政695万元，比1998年多缴72万元。提交审计工作报告和信息材料213篇。

财政审计　1999年全州完成预算执行审计项目47项，查出违规行为金额2，664万元，完成财政决算审计37项，查出违规行为金额1，949万元。

行政事业审计　全州完成行政事业审计76项，查出违规行为金额2，891万元，决定处理处罚448万元，指明要求纠正2，443万元。

农业资金审计　完成农业专项资金审计26项，查出违规行为金额4，097万元，主要问题是：资金未到位2，119万元、资金未安排388万元、改变资金投向117万元、挤占挪用156万元、违规收息收费81万元、损失浪费295万元。

金融审计　共审计了15个单位，从对工行9个县支行审计的情况看，主要问题一是少计各项收入218.84万元、二是多计利息收入12.08万元、三是少计各项支出746.5万元、四是多计各项支出242.65万元、五是自办经济实体9个，投资总额1043.04万元，脱钩改制后尚未按规定收回资金178.13万元。从对建行6个县支行的审计情况看，主要存在以下问题：一是少计收入6.28万元、二是少计各项支出318.13万元、三是多计各项支出66.95万元。

企业审计　全年审计37个单位，查出违规行为金额3，326万元，按规定决定处理处罚318万元，已交财政263万元。

投资审计　全年完成固定资产投资审计项目12项，审计项目投资总额55，879万元，已完成投资总额48，695万元。查出违规行为金额1，974万元，审计处理应上交财政151万元，应归还原渠道资金573万元。所查出的问题引起了州政府的高度重视。

经济责任审计　全州两级审计机关接受党委、政府交办的任期经济责任审计和离任审计项目91项，已完成76项，其中：县处级以上领导干部11项；正在审计13项。查出违规行为金额4，181万元，其中：决定处理处罚404万元、指明要求纠正3，777万元，应追还侵占挪用资金741万元、应交财政260万元，已交财政251万元。

受表彰情况　1999年2月州委、州政府授予州审计局扶贫工作先进集体；1999年4月州政府授予州局档案工作先进单位；1999年8月州政府授予州局法制工作先进集体。

【楚雄市审计局】　设7个科室，1999年有职工17人，其中大学本科学历2人，大专学历7人。

预算执行及其他财务收支审计　全年共完成财政预决算审计项目16项，查出违规行为465.16万元，其中：决定处理处罚59.8万元，指明要求纠正405.36万元，应上缴财政5.83万元。

行政事业审计　审计行政事业单位4个，查出违规金额83.9万元，扶贫、农业综合开发、以工代赈等6个专项资金的审计，查出违规金额16.2万元。

经济责任审计　接受委托完成领导干部任期经济责任审计16项，其中：乡镇长11项，委办局长3项，厂长经理2项，查出违规金额321.92万元，收缴财政资金25.3万元。

其他审计　围绕工商企业改革发展，完成亏损和财政补贴大户等企业审计7项，查出违规金额59.3万元，提出了加强管理建议，得到被审企业采纳。审计外资1项，首次开展了固定资产投资决算审计1项，全年共完成交办任务25项。

纪念《审计法》实施五周年情况　12月29日，市政府召开市五大班子领导出席、市属部委办局以及国有企业领导、财会人员参加的纪念《审计法》实施五周年座谈会。

【元谋县审计局】　1999年计划项目12项，实际完成审计项目13项，查出违纪、违规金额1，844.9万元，应上缴财政24.7万元，应追还侵占挪用资金93.7万元，已上缴财政23.4万元。

预算执行及其他财务收支审计　通过对县财政局、地税局1998年度预算执行情况的审计和对县教育资金、科技资金、两个乡（镇）财政决算的审计，揭露了财政管理和资金使用中存在的问题，审计查处违纪、违规金额1，626.2万元，应上缴财政13.7万元，应追还侵占挪用资金20.5万元，已收缴入库13.7万元。

其他行业及专项资金审计　年内对建行县支行1998年度资产、负债、损益及扶贫资金、农业综合开发资金、滇中现代化示范工程——农机项目资金等项目进行了审计，查出违纪违规金额92.6万元，应归还侵占挪用资金92.6万元，应上缴财政1.3万元。

【南华县审计局】　1999年，共完成审计任务19项，审计单位37个；完成审计调查1项，调查单位16个，审计金额15865.6万元，共查出违纪违规金额425.98万元。上缴县财政金额68.4万元，移送司法机关线索1件，金额77.98万元，受司法处理3人，其中党员1人。提交审计报告20篇。

完成县政府交办任务　1999年，共完成县委、政府交办任务5项，审计单位14个，完成审计调查16个。1999年8月，受县纪委委托对群众反映热点——某办事处1995年至1999年3月财务收支混乱问题进行审计，查出隐瞒收入、私设"小金库"，虚开发票、虚列支出，虚增暂付款，私分公款等77.98万元，该办事处主任、文书（出纳）、林管员均受到司法处理。通过审计，对推行村务公开，规范村级财务，加强民主管理，促进党风廉政建设起到重要作用。

完成上级下达审计任务

1999年，完成州审计局下达的审计任务14项，审计单位22个，查出违规金额348万元，上缴县财政68.4万元。

【牟定县审计局】 1999年，依照《审计法》，完成了州审计局下达的本级预算执行情况审计、县地方税收计划执行情况审计、县人民检察院和县人民法院财务收支情况审计、共和镇和安乐乡财政决算审计、县财政局机关经费审计、县工商银行资产负债损益审计、县教委财务收支审计、县民政局预算内外财务收支和赈灾福利彩票专项募集活动情况审计、产业结构调整资金使用情况审计、亏损企业百货公司和接受财政补贴较多的企业农资公司的审计，以及县人民政府交办对县乡企业开发公司财务终结审计、县农业局实施滇中现代化农业示范工程项目审计，还首次开展了领导干部任期经济责任审计，对原县教委主任、县土地局长进行了离任审计，配合县纪委对戌街乡人民政府财务收支进行审计调查等共16项，查出违纪金额409万元，应追回侵占挪用资金28万元，上缴财政7万元，提交审计工作报告1篇，审计信息5条。

1999年还建立了审计局人员学习制度，公文处理规定汇编、档案管理制度汇集，使各项工作有章可循、有据可依，做到机关管理法制化、民主化、规范化。为提高人员素质，全局50%职工参加学历教育。机关档案管理达C_1级标准，党员结对扶贫工作成效明显。

【大姚县审计局】 1999年有干部、职工16人，其中大专学历文化的6人，中级职称2人。设有办公室、财政金融事业审计股、企业基建审计股、经济责任审计股。

审计工作成果 1999年，共完成项目审计和审计调查34项，其中：上级审计机关下达项目15项，政府交办项目18项，自定项目1项，占年度计划的227%，为上年同期的178.9%。审计查出违规行为金额962.84万元，应上缴财政金额6.49万元，已上缴财政6.49万元，入库率100%；审计查出应追还被侵占挪用资金36.88万元。撰写审计调查报告、审计工作报告、审计信息和简报24篇，被上级审计机关和新闻单位采用15篇。

财政审计 通过审计，揭示了县本级财政预算执行和其他财政收支中存在编制赤字预算、县级预算没有与乡镇分开编制、财政结余不实，存在隐形赤字，有的部门挤占、挪用专项资金等问题。在对3个乡财政的决算审计中，查出收入不入账，私设"小金库"、挪用财政专项资金、违规收费、违控购置专控商品等违纪违规行为金额84万元，作收缴处罚2.02万元。

经济责任审计 1999年对10个单位负责人进行了任期经济责任审计，查出各种违规行为金额306.21万元，其中：作收缴处理1.57万元，追还被侵占、挪用资金3.88万元。

行业审计 按照上级审计机关的项目计划要求，组织对金融、行政事业、企业、外资运用项目进行了审计，并对查出的违纪违规问题，依法作出了处理、处罚。

审计法宣传 结合《审计法》颁布实施五周年，除用电视、广播、黑板报等新闻媒体对《审计法》进行宣传外，还召开纪念《审计法》实施五周年座谈会，回顾和总结审计法实施五年来所取得的成绩和不足。

【禄丰县审计局】 到1999年底，有干部职工19人，其中：大学本科学历1人，大专学历6人；审计师4人；局长1人，副局长1人。

审计工作成果 全年完成审计项目28项，超计划75%。审计查实违纪违规金额609.4万元。其中：处理处罚257.35万元，指明纠正352.05万元。收缴财政103.51万元。追回被侵占挪用的资金110.35万元，减少财政拨款和补贴33.31万元，促进增收节支7.79万元。审计决定、审计意见得到了全面落实。在省、州、县各类刊物上刊登审计信息30篇。

预决算执行审计 进一步认真贯彻执行《审计法》，对本级预算执行情况进行审计监督，对下级政府两个乡（镇）的财政预算执行情况和决算进行审计监督，查出违纪违规金额21.8万元，要求自行纠正，为乡财政增加收入6.3万元。

经济责任审计 一年来，依法组织开展了7项审计，查实违纪违规金额144.49万元，处理处罚47.14万元，收缴财政35.26万元，收到了明显的效果。

完成县政府交办任务 完成县政府交办的重点工程投资建设审计一项，查实违纪违规金额9.86万元，作出了核减工程决算的处理。

其他审计完成情况 一年来，完成国企、外资、基建、金融、行政事业及行业审计、省厅授权审计、专项资金审计16项，查实违纪违规金额433.25万元，收缴财政68.25万元，发挥了审计监督的重要作用。

【永仁县审计局】

完成年度审计项目计划 1999年，先后完成州局下达的11个计划项目和4个县委、政府交办的项目，全年合计完成项目15个，占下达计划量的136%，作出审计意见书15个、审计决定7个，完成自筹基建资金来源事前审计项目23个，查出违规、违纪金额748.3万元，处理处罚29.38万元，指明纠正718.92万元。

完成交办任务 受县委常委会委托，对县华龙公司的资产、负债、损益情况进行审计。为了拿出高质量的结果报告，局领导亲自挂帅，组织精兵强将分成两个组，历时一个多月，对该公司及其两个下属企业（皮件厂、板粟厂）的资产、负债、损益情况进行了审计。通过审计，弄清了企业家底，核实了亏损的具体数额，找出了形成亏损的主要原因，向县委常委报送了综合审计报告。

专项资金检查　对全县12家行政事业单位管理的专项资金进行了重点检查，并按期完成了检查任务，取得了较好效果。

【大理白族自治州审计局】

1999年全州共完成审计项目405个，查出违纪资金20，604万元，其中决定处理处罚6，079万元，指明纠正14，525万元，通过审计处理处罚，应收缴财政资金2，039万元，已收缴财政资金1，760万元，共追还被侵占挪用资金3，906万元。审计查出违纪资金数、应收缴财政数、已收缴财政数和追还被侵占挪用资金数4项审计成果指标，分别比上年增长101%、74%、95%和140%。同时向有关部门移送贪污受贿案件6件，移送金额194万元；向政府、人大和上级审计机关提交审计综合报告和审计调查报告56篇，被有关部门采纳采用26篇，加大了反腐败力度，促进了政府决策。

本级预算执行情况审计　共审计财政、税务部门和其他预算执行单位108个，查出违纪金额1，658万元，审计决定收缴财政833万元，追还被侵占挪用资金522万元。

查处大案要案　全年共查处50万元以上违纪收缴项目10个，100万元以上违纪收缴项目1个；查处和移送弥渡县农机管理站原站长贪污公款17万元等经济犯罪案件6件，移送金额194万元。并配合纪检、监察和检察机关，查处了大理州洱海管理局原任领导集体贪污、受贿、私分公款154万元等大案要案，威慑了违法犯罪分子，净化了经济环境。

经济责任审计　共完成干部任期经济责任审计46项，审计经济责任人33人，查出贪污1人，挪用2人，贪污挪用资金33万元。审计后，有14人实行了平级调动，3人得到晋升，11人被免职降职，2人移送司法机关处理。

纪念《审计法》实施五周年活动　全州审计机关采取召开审计法宣传座谈会、举行审计知识竞赛、举办纪念《审计法》实施五周年联欢会等形式，大张旗鼓地开展了《审计法》宣传纪念活动，并借助《大理日报》、《大理宣传》、《云南经济报》、《云南审计》、《人民画报》、《中国审计报》等报刊杂志和大理电视台、大理州有线电视台、云南电视台等新闻媒体，开辟审计法宣传专版专栏，接受电视专题采访，大力宣传审计成果，扩大社会影响，为依法审计营造了良好的执法环境。

机关建设　开展了计算机操作等业务培训。年内大理州审计局再次被省委、省人民政府命名为省级文明单位、被州直机关党委授予“先进党支部”光荣称号。

【大理市审计局】

本级预算执行情况审计　1999年继续实施了对本级财政预算及其他财务收支审计。大理市审计局共抽出17名审计人员，组成四个审计组，审计财政、地方税务局、市国库等部门3个，其他预算执行单位2个，查出违纪资金127万元，其中财政违纪50万元，其他预算执行单位违纪77万元。通过审计处理收缴财政82万元。

经济责任审计　完成组织部门委托3名领导干部任期经济责任审计。通过审计，对离任干部任期内的经济责任和单位财务收支作出客观真实的评价，对审计中发现的问题作了严肃处理。

行业审计　对市属8户国有企业资产、负债、损益情况进行审计，在摸清家底，掌握情况基础上，为政府加快国企改革决策提供了依据；开展基本建设投资审计7项，核减资金22万元；结合各项改革措施的出台，审计了市环卫队、城市绿化队、园林绿化队财务收支，为政府将环保和城市保洁工作推向市场提供依据；对企业解困资金、再就业工程启动资金、企业养老保险金进行专项审计，对专项资金起到很好监督作用；继续实施对世行贷款疾病防治项目审计，促进外资运用规范化。

纪念《审计法》实施五周年　州市两级审计机关举行座谈会，60余人欢聚一堂畅谈《审计法》实施五年来所取得的成就。座谈会上，《审计法》知识竞赛、诗歌朗诵及歌舞表演，内容丰富，抒发了审计职工对美好明天的情怀。

【弥渡县审计局】　1999年底在职人员有24人，其中大学本科学历1人，大专学历20人；注册会计师1人，审计师4人；局长1人，副局长2人。

审计工作成果　全年完成审计项目198项，查出违纪违规行为金额2057万元，决定处理收缴财政143万元，归还原资金渠道26万元，促进增收节支68万元，核减注册资金292万元和工程造价320万元。查处“小金库”5个金额17万元，查处偷漏税、贪污、挪用、侵占公款案3件3人金额25.39万元。写出反映宏观情况的审计调查报告、信息和综合报告13篇，提出有针对性的审计建议91条，采纳率达100%。

查处大案要案　对弥渡县农机管理站1989年至1997年共九个年度的财务收支进行了审计。通过艰苦的内查外调，查出该单位损失浪费32.33万元，原站长党支部书记涉嫌贪污17.25万元，挪用5.8万元等问题，违规违纪资金达87.19万元，此案已移交司法机关，为国家和单位挽回资金33.46万元。

纪念《审计法》实施五周年　县审计局在县城四周的醒目位置悬挂巨幅横标；12月27日召开了有县委书记、县长、县委常委、县级五个班子领导和州审计局领导参加的座谈会，12月30日与大理日报弥渡版采编部合办新闻专版，全文刊登了座谈会上县长的重要讲话和审计局长的专题报告，登载了新闻图片和《审计法》知识问答；利用广播、电视、办宣传专栏等多种形式进行宣传，做到家喻户晓。

【洱源县审计局】 1999年，完成审计项目43项，查出违规违纪行为资金182万元。提交审计调查、综合工作报告5篇。

预算执行及其他财务收支审计 1999年，围绕县财政局等4个预算职能部门的审计，开展了县教育局等6个预算执行部门和2个重点企业纳税情况及县级土地出让金征解情况的审计和审计调查。查出违纪资金31.5万元。

企业和金融企业审计 1999年，对县电力有限责任公司的1998年度资产、负债、损益情况进行了审计，查出该公司多摊少摊成本12.65万元，偷漏国家税金3.5万元，国有资产损失1.69万元。县审计局受国家审计署的委托，对工商银行洱源支行和建设银行洱源支行的1998年度资产负债、损益情况进行了审计，共查出漏交中央所得税43.6万元。

外资及农业资金的审计 1999年，根据省州审计项目安排，完成了对世行贷款“贫四”“卫IV”项目的审计，开展了农业资金的专项审计和三个扶贫攻坚乡的扶贫资金审计，查处了截留、挪用扶贫资金、攫取非法收入等问题，共计8万余元。

预算外资金检查审计 对12个单位预算外资金进行了检查审计，查出应补交财政专户资金20.96万元，罚没收入4.78万元。加强了预算外资金的管理。

完善基本建设监督管理办法 1999年县审计局报请县政府批准，出台了《洱源县建设项目审计监督实施办法》。并对炼铁变电站工程和34个基建项目进行了审计，查处补交各类税金28万元。

【鹤庆县审计局】

审计工作成果 1999年完成审计项目26项，其中省州项目15项。查出违规违纪资金297万元，上缴财政资金102万元。

对全县的扶贫攻坚资金进行了全面的审计，并对资金的管理和项目实施等方面提出了可行性的建议。

【祥云县审计局】 1999年，共有干部职工16人，其中：大学本科学历1人、大专学历7人；审计师11人；局长1人、副局长1人。全年完成审计项目26项。查出违纪违规行为金额846万元，决定处理处罚72.15万元，已全额入库；指明要求纠正773.85万元，追还被侵占挪用资金270.15万元，促进增收节支155万元。完成专题审计调查报告2篇；信息、简报7篇。

财政审计 共查处违纪违规资金118.5万元，其中：收缴县财政3.86万元，指明要求纠正114.64万元。

行政事业审计 审计行政、事业单位9个、专项资金9406万元，查出违纪违规行为金额231万元，收缴15.85万元，指明要求纠正215.28万元，同时追还侵占挪用资金70.85万元。

完成地方政府交办任务 协助县检察院对沙龙乡土管所出纳任期内财务收支进行了专项审计，查出其任期内贪污挪用公款29.6万余元，为检察院审理此案提供了详实、可靠的依据。

纪念审计法实施五周年 1999年12月28日，邀请县委、人大、政府、政协、纪委及有关部门单位的领导40余人召开座谈会，在大理日报祥云版刊登专栏纪念文章，以不同的方式纪念《审计法》颁布实施五周年。

固定资产投资审计 对县重点建设工程——清华洞至红土坡市政公路工程投资情况进行审计。工程总投资6,883万元。经审计，核减工程造价17.67万元，追回重复支付征地拆迁补偿费13.45万元，节约了工程资金支出30余万元。

【宾川县审计局】 1999年共有干部、职工15人，其中：大学本科学历1人，大专学历10人，局长1人，副局长1人。设有办公室、财政金融股、行政事业股、企业股、固定资产投资审计股。

全年共完成审计项目42项，是年初省、州计划项目15项的2.8倍。同时完成了开工前审计34项，自筹基本建设资金来源事前审计37项。共查出违规行为金额703万元，其中：指明要求纠正583万元，决定处理处罚120万元，应收缴财政101万元。

预算执行及其他财务收支审计 主要审计了组织预算执行的县财政局、县地税局、县级金库，并延伸审计了参与预算执行的县民政局、县工商局、县土地局、县交通局、县林业局、县城建局、县教育局、县扶贫办、县农业局等12个重点单位。查实县地方税务局违规多提代征代扣手续费453817.51元，审计依法给予了处理。

经济责任审计 主要完成了对县林业局局长、县乡镇企业管理局局长、县鸡足山管委会法人代表等任期经济责任的审计。其中：对县林业局局长、县乡镇企业管理局局长的审计中收缴违纪资金及处罚205，725.46元；对鸡足山管委会法人代表的离任审计中，对鸡足山风景名胜区的32个基建工程进行了审计检查，同时查实漏缴税款141，699.15元。审计依法给予了处理。

其他项目审计 先后组织了行政事业、固定资产投资、企业、农业资金、外资、金融等31个部门的审计。其中：对4个项目的固定资产投资决算审计中，审计总投资15143万元，已完成投资总额7399万元，核减工程造价22万元，查实资金不落实4件，金额117万元，多列概算2件，金额42万元；投资完成额不实2件，金额6万元。

【漾濞彝族自治县审计局】

1999年共有干部、职工12人，其中：大学本科学历1人，大专学历1人，局长1人，副局长1人。设有办公室、企业股、财政金融股、行政事业股等机构。

审计工作成果　全年共完成审计项目18个，审计单位18户，审计金额17，685万元，共查出违纪违规金额933万元，上交财政金额12万元，其中：预算执行审计4个，违规行为资金7.2万元；财政决算审计1个，违规行为资金7.1万元；企业审计3个，违规行为资金564万元；离任审计3个，审计经济责任人8人，查出违规资金96万元，属个人经济问题4万元，审计结果平调任用3人，降职使用5人，受党纪处分1人；行政事业审计7个，查出违规资金355万元，上交财政6万元，查出挤占挪用54万元。

纪念《审计法》实施五周年活动　张贴大小标语50条，召开纪念会、演讲会各一次，参加人员有各行政、事业、企业领导人和会计共计250人。

【巍山彝族回族自治县审计局】

1999年共完成审计项目30项，查出违纪违规金额186万元，为县民族经济的健康发展作出了积极的贡献。

本级财政预算执行审计　先后对县财政局、地税局、教育局、农业局、土地管理局、建设局、广播电视局、县驻昆办、公安局等单位1998年度的预算执行情况和其他财政收支情况进行了审计。通过审计，查出违纪违规金额104万元，共收缴增加县财政收入11万元，并提出了有效的管理和改进意见，促进了预算管理。

企业审计　对县农资公司、电力公司、医药公司、蒙化商号，自来水公司等企业单位的资产、负债、损益情况进行了审计，重点围绕深化企业改革和使国有企业逐步走出困境这一目标来开展审计监督工作。通过审计，提出了完善企业内控制度的意见和建议，促进了企业深化改革。

外资审计　重点对县世行贷款农村供水与环境卫生项目办和血吸虫病防治项目办的财务收支情况进行了审计。通过审计，提出了改进意见和建议，严肃了财经法纪。

【南涧彝族自治县审计局】

审计工作成果　共完成审计项目20项，查出违规资金482万元，其中应收缴财政205万元，指明要求纠正277万元。已收缴财政205万元。

本级预算执行情况审计　共查出违规行为金额214万元。向县政府提交了审计结果报告并受委托向县人大常委会作了审计工作报告，县人大常委会对审计工作给予了充分肯定，对财政预算执行情况审计表示满意。

纪念《审计法》实施五周年　一是召开有县领导、州审计局领导、组织、执纪执法等部门领导共50多人参加的《审计法》颁布实施五周年座谈会。二是加大审计宣传力度，扩大社会影响，在广播、电视和《南涧报》进行审计专版宣传审计工作成果。赢得了县领导的关心支持以及各部门对审计工作的理解。

行业审计和专项审计　一是围绕国企改革、完成电力、农资公司资产、负债、损益审计；二是完成工行、建行的资产、负债、损益情况审计；三是实施公、检、法行业专项审计；四是完成扶贫攻坚乡、乡财政决算以及世行贷款等项目审计。

【云龙县审计局】　1999年共完成24个审计项目，查出各种违规违纪资金88万元，决定处理处罚61万元，指明纠正27万元，应上缴财政33万元，已上缴财政33万元，入库率100%，追回被挤占挪用资金27万元，促进增收节支197万元，审计工作取得较好的成绩。

同级财政预算执行审计　以财政局、地税局为重点，以大额财政收支为主线，对重点部门、重点资金进行延伸审计，并与行业审计相结合，取得了较好成果，为政府加强预算管理提供可靠依据。

两烟资金审计　针对我县加大对烤烟生产的投资力度，县审计局对烤烟生产资金和卷烟经营情况进行了专项审计，全面摸清家底，查出上缴财政27万元，促进增收节支187万元。

建设资金审计　对由政府投资4年多时间的天池旅游区宾馆的财务收支和工程预、决算进行审计，核减工程造价6万元，应上缴财政2万元，提出审计建议，为政府管理该工程提供了重要依据。对漕涧经济开发区的财务收支和工程造价进行审计，追回被挪用资金20万元，促进项目健康发展。

【德宏傣族景颇族自治州审计局】

1999年州审计局共有干部职工26人，其中：大专学历11人，局长1人，副局长1人，兼职纪检组长1人。共设6个科室：办公室、综合政策法制科、财政金融审计科、行政事业审计科、工商企业审计科、固定资产投资审计科。

1999年共完成审计项目16项（含省定必审项目11项）。主要有财政财务收支审计4项、企业审计1项、固定资产投资审计1项，农业资金审计1项、行政事业单位审计6项，受委托审计州建设银行1项，国外贷援款项目审计2项；提交审计综合报告7个。全年共查出违规行为金额984万元。其中：决定处理处罚183万元，指明要求纠正801万元，已收交财政金额65万元，移送监察部门处理1件1人。

1999年完成了州政府交办任务3项。为了搞好州电力公司企业改制工作，共抽调5人组成审计小组，历时60多天，分别对州电力公司及其所属独立核算5个单位的资产、负债、损益情况进行了审计，摸清了电力企业的财务和资本运营状况，揭露出电力企业在财务收支中的一些突出问题，并依据有关法规，令其补交、漏交所得税 57.3 万元。在实施对州民政局地名办门牌、幢号牌、单元牌收费及 320 国道德宏段工作经费收支审计中，查出乱收费 5.54 万元，挪用收取费用 1.71 万元，州人民政府对此项目的审计比较重视，并行文对问题的处理作了批复，通报到州直各部门，在社会上反映较好。

1999 年，完成固定资产投资审计项目 1 个，审计项目投资总额 524 万元，查出多列工程概算 7 万元。履行基建开工前及基建自筹资金来源事前审计 8 项，审核建设资金 1042 万元。

有效地对社会审计组织的会计查证、资产评估、验资情况再监督，对事务所 1998 年的业务项目质量进行抽查，共检查项目 21 项。

1999 年共设内审机构 10 个，内审人员 17 人，参加了三地州内审协会论文研讨会，选送研讨论文 3 篇。

【潞西市审计局】 1999 年共有干部职工 15 人，其中：大专学历 9 人，局长 1 人，副局长 2 人，审计师 2 人。

审计工作成果　一年来，共完成审计项目 31 项，完成年初计划 163.15%，查出违纪金额 4344406.46 元，其中：决定处理处罚 1504883.63 元，已上缴财政金额 29 万元。提交审计工作报告 2 篇。

完成市政府交办任务　一年来，完成市政府交办的工作任务 1 项，查出违纪金额 42629 元。

完成上级审计机关下达审计任务　共完成省定的审计任务 9 项，审计金额 61802189.95 元。违纪金额 908132.33 元。

【盈江县审计局】 1999 年共有在职干部职工 13 人，其中：大学本科学历 1 人、大专学历 6 人。内设办公室、预算金融审计股、企业审计股等机构。

审计工作成果　1999 年共完成审计项目 31 项，查出各类违规违纪金额 3505.49 万元，其中查出百万以上违规单位 9 个，违规金额 2899.2 万元，移送纪检监察机关案件 4 件 9 人。审计决定收缴财政 50.54 万元，另处以罚款 10.26 万元，追回侵占挪用资金 182.91 万元，调整账务处理 3272.04 万元。提出审计建议 76 条。

预算执行及其他财务收支审计　共完成 3 项，查出违规金额 11.09 万元，决定收缴财政 8.18 万元。

经济责任审计　共完成 16 项，查出违规金额 1457.11 万元，其中查出百万元以上违规单位 5 个，移送纪检监察机关案件 4 件 9 人，决定收缴财政 33.16 万元。

企业审计　共完成 2 项，查出违规金额 1481.67 万元，其中查出百万以上单位 2 个，决定收缴财政 4.39 万元。

外资审计　完成 1 项，查出违规金额 12.82 万元。

金融审计　完成 2 项，已按规定向上级审计机关提交审计报告。

专项资金审计　共完成 3 项，查出违规金额 74.78 万元，决定收缴财政 0.44 万元。

行政事业审计　共完成 4 项，查出违规金额 468.02 万元，其中查出百万元以上违规单位 2 个，决定收缴财政 14.62 万元。

【陇川县审计局】 1999 年完成了审计项目 19 项，其中：财政收支审计 4 项，企业审计 2 项，固定资产投资审计 2 项，农业资金审计 2 项，行政事业审计 3 项，国外援贷款项目审计 1 项，其他项目 5 项，共查出违规行为金额 4809 万元，其中：决定处理处罚 40 万元，指明要求纠正 4769 万元。应上缴财政 9 万元，已上交财政 1 万元。应追还侵占挪用资金 33 万元。

通过对县财政部门及预算执行单位的财政、财务收支审计，进一步揭露了在财务管理上不规范，内部管理制度不健全，以领代报，公款私存等问题，对查出的问题已严格按财经法规提出了处理意见及改正建议。

受县政府的指示，对县电力公司领导离任进行了审计，审计结果，该经理被予免职。

在对县城子镇政府 1993 年—1997 年财务收支审计中，查出挪用公款 1 件 1 人，并移送监察部门处理；在对县建行的审计过程中，发现有隐匿资产的行为，经过审计组深入调查后，将此案移送县反贪局进行查处。

【梁河县审计局】 1999 年末有在职干部职工 10 人，其中：大学本科学历 1 人、大专学历 6 人；局长 1 人、副局长 1 人；会计师 2 人。设有办公室，综合审计股，企业审计股，行政（事业）金融审计股。

1999 年共完成审计项目 24 项。其中：省、州下达计划内项目 18 项，县政府交办审计项目 6 项。共查出违纪金额 622 万元，决定处理处罚 15 万元，指明要求纠正 608 万元，应上交财政 15 万元，已收缴财政 14 万元。具体项目为财政预算收支执行情况审计 2 项，世行贷款项目 2 项，行政事业单位财务收支审计 5 项，扶贫专项资金审计 3 项，其他专项资金审计 2 项，金融企业审计 2 项，工业企业财务收支审计 2 项，经济责任审计 6 项。

【瑞丽市畹町经济开发区审计局】

1999 年度共有审计干部 10 人。设四个科：财政金融审计科、工商企业审计科、行政事业审计科、综合科。

审计工作成果　1999 年完成审计项目 11 项，完成率为 100%，突出了对财政、税务、金融的审计。全年共依法查出违规行为金额 335 万元（含工商银行违规行为金额 154 万元）；决定处理处罚金额 42 万元；指明要求纠正 293 万元；应上缴财政金额 0.86 万元（不含工商银行应收缴金额 7 万元）。其中：1. 对本级预算执行情况和其他财政收支情况审计查出违规行为金额

32.4万元，决定处理处罚31.48万元，指明要求纠正0.92万元，应上缴财政金额0.41万元；2.对企业审计（电力公司）查出违规行为金额37.29万元，决定处理处罚0.03万元，指明要求纠正37.25万元，应缴财政0.03万元；3.对行政事业审计（畹町法庭、畹町检察室、畹町人事劳动局养老保险、畹町广播电视局）查出违规行为金额108.60万元，决定处理处罚0.32万元，指明要求纠正108.28万元，应缴财政0.32万元；4.对农业专项资金审计（畹町农业综合开发办）查出违规行为金额2万元，决定处理处罚2万元，应上缴财政金额0.10万元；5.对国外援款贷款（畹町卫七项目）查出违规行为金额1.12万元，指明要求纠正1.12万元。

经济责任审计　年终结转正在实施的审计3项。

【迪庆藏族自治州审计局】

1999年末全局共有审计干部、职工22人，其中：大学本科1人、大学专科9人、局长1人、副局长2人。内设办公室，综合法规科、财政金融审计科、行政事业审计科、企业审计科、固定资产投资审计科。

1999年全局共审计38个单位，查出违规违纪金额3126万元，审计处理处罚收缴上缴财政102万元，追还被侵占挪用资金742万元。完成审计调查报告和撰写综合审计信息14篇，审计发现违法犯罪案件线索1件。

完成上级下达的审计项目　1999年完成预算执行及其他财政财务收支审计项目5项，查出违纪违规行为资金595万元。其中：决定处理处罚20万元，指明要求纠正575万元，收缴上缴财政6万元，归还原渠道资金555万元。

其他审计　完成国企等审计项目15项。其中国企审计2项，外资审计2项，基建审计3项，金融及各种行业审计4项，开展农业和扶贫专项资金审计4项。查出违纪违规行为资金2462万元。其中决定处理处罚86万元，指明要求纠正2376万元，收缴上缴财政92万元，归还原渠道资金154万元。

完成州委政府交办任务　领导干部任期经济责任审计5项，查出违规行为资金69万元。其中决定处理处罚9万元，收缴上缴财政4万元，指明要求纠正60万，归还原资金渠道33万元，为组织等有关部门考察考核干部提供了依据。

发现违法犯罪案件线索1件，涉案人员6人。查出违纪违规行为金额12万元，决定处理处罚9万元，私设“小金库”9万元，收缴上缴财政4万元，移送司法机关处理6人。

纪念《审计法》实施五周年　组织州级有关部门和单位，召开座谈会一次，有43人参加；出版黑板报二期，组织全局干部职工收看《高原热土》电视记录片等项活动，使广大审计人员受到教育。

【中甸县审计局】　1999年底，共有干部职工11人，其中：大专学历文化2人，正副局长各1人。设有行政事业审计股、企业审计股、综合股 三个股室。

审计工作成果　共完成审计项目17项，完成审 计调查2项，审计总金额38572万元，共查出违纪违规金额819万元，提交审计报告17篇。

完成县委、政府交办任务　1999年共完成工作 任务4项，查出违规金额34. 6万元。

经济责任审计　1999年对1位企业法人的经济责任进行了审计，对存在的问题，分清了责任。

完成上级下达的审计任务　1999年共完成省、州审计机关下达的审计任务13项，查出违规金额784. 8万元。1999年重点审计了县财政、税务、国库县支库，分别 延伸审计了科委、教育2个事业单位，揭露了预算单位分配、收支管理等方面存在的问题。

【德钦县审计局】　1999年，共有在职干部职工8人，其中：有大专学历以上学历的3人。下设办公室、会计股、行政事业股、企业股、基建股等。

1999年共完成审计项目19个，共查出违纪金额951万元，其中决定处理处罚32万元，指明要求纠正919万元，应上缴财政29.82万元，应追还侵占挪用资金75.87万元，促进增收节支8.48万元。

本级预算执行审计　共查出违纪金额19.6万元，并在审计工作报告中作了4条促进财政工作稳步发展的建议，得到了县人大的一致认同和赞许，对预算执行部门的2项审计，共查出乱收费等违纪金额6.25万元。

经济责任审计　1999年完成县委组织部交办的五项离任审计任务，共查出违纪金额25.72万元，责令追还被侵占挪用的专项资金19.24万元。

其他审计项目开展情况

1. 企业审计。1999年我局对县内三家企业进行了审计。共查出违纪金额227.66万元，其中资产不实28万元、负债不实50.73万元、损益不实93.37万元（虚增利润25.88万元），造成国有资产流失7.28万元。决定上交财政19.75万元、罚款9.47万元，促进增收节支8.27万元，减少不合理负担6.05万元。

2. 扶贫专项资金审计。通过对扶贫专项资金的审计，共查出违规金额610万元，弄清了资金规模、信贷质量。

【维西傈僳族自治县审计局】

1999年共有干部职工16人，其中：大学本科学历1人，大专学历4人，局长1人，副局长2人。设有局办公室、财政金融审计股、行政事业审计股、企业审计股、基建审计股机构。

1999年共完成审计项目23项，单位23户，审计调查1项，调查单位11户；审计总金额18214. 07万元，共查出违规行为金额2370．53万元，应收缴县财政金额18．38万元，已收缴县财政16．92万元，应追还被侵占挪用资金18．70万元。提出合理化建议80条，写出综合调查、信息简报12篇。

财政审计　对1998年度本级财政预算执行情况进行了审计，财政审计共安排了6项，其中：预算执行情况审计5项，决算审计1项。

经济责任审计　根据县委组织部委托，对6个乡长及2个局长进行离任审计，已审结7个。并按规定如实向县组织部门报送了审计结果报告。

其他审计　对县的重点企业木材公司1998年度财务收支，县工商银行1998年度财务收支，县食品公司1998年度财务收支，塔城汝柯电站建设资金，县审计事务所1993年至1999年9月的财务收支情况进行了审计，对县国有企业体制改革情况作了审计调查。

西藏自治区

【西藏自治区审计厅】

概况　1999年西藏自治区审计机关共有干部、职工250人，其中大专学历以上学历59人。全区共有7个地（市）级审计局，为正县级建制；全区74个县（市、区）已有16个县（市、区）成立了审计局，为科级建制。自治区审计厅设有六个处室和一个事务所，即：办公室、行政事业审计处、财政金融审计处、企业基建审计处、法规处、综合处和审计事务所（挂靠单位属事业编制），全厅编制为50人（不含审计事务所编制15人）。

自治区审计厅领导班子：

党组书记：于枫

副书记：仁松

党组成员：赵建设

厅长：仁松

副厅长：于枫、赵建设。

审计成果　1999年全区审计机关在各级党委、政府的正确领导下，以《审计法》和有关法律、法规为准绳。紧紧围绕“一个中心，两件大事，三个确保”的西藏工作总方针，认真贯彻执行“依法审计、服务大局、围绕中心、突出重点、求真务实”的审计工作20字方针，结合西藏实际，转变观念，大胆实践，积极探索，大力开展审计工作，为西藏经济的健康有序发展作出了积极贡献。呈现出两个明显的特点：一是范围广，二是影响大。一年来，全区共审计255个单位，为国家实现增收节支3834万元。其中：上交财政1899万元，归还原资金渠道770万元，促进部门和单位增收节支1165万元。同时，审计发现经济案件线索4起5人，其中移送司法机关2起3人，移送纪检监察部门2起2人。在严肃财经法纪，维护财政经济秩序，促进廉政建设和社会局势稳定等方面发挥了积极作用。1999年审计工作得到了区党委、区人民政府的充分肯定，指出“全区审计机关和广大审计工作人员在区党委、政府和地（市）县委、政府以及国家审计署的领导下，在人员少、任务重、困难多的情况下，紧紧围绕政府中心工作，深入基层调查研究，开拓审计思路，突出审计重点，严格审计执法，积极履行审计监督职能，圆满完成了各项审计任务。”受政府的委托向自治区人大常委所作的《关于1998年自治区预算执行情况和其他财政收支情况的审计工作报告》得到常委们的肯定和委员们的好评。

财政审计　1999年，全区审计机关在认真总结前两年本级预算执行情况和财政决算审计经验的基础上，进一步加大了审计力度，自治区和六地市审计局（除阿里地区审计局外）全面实施了本级预算执行情况审计。共审计38个单位，查出违规资金35345万元，其中应增加财政收入1248万元，应减少财政支出146万元，应增加财政结余961万元。审计查出的问题大部分已得到了纠正，有力地维护了财政法纪，为各级政府加强预算管理发挥了积极作用。9月22日，审计厅受自治区政府的委托，向七届自治区人大常委会第九次会议作了审计工作报告，受到了委员们的一致肯定和好评，引起了较为强烈的反响。与会人员认为：审计工作报告体现了依法行政、惩治腐败的决心。审计厅以对党、对人民负责的精神，认真查处了个别单位在财政预算分配和资金管理使用中违纪违规问题，履行了审计监督职能。希望审计厅不断总结经验，严格执行审计法律、行政法规，为维护全区正常的经济秩序和社会稳定，保障改革开放和经济建设的健康发展作出贡献。对报告揭露和反映的问题，区人大常委会要求区政府及其有关部门引起高度重视，采取得力措施，切实加以解决。区政府及有关部门对审计查出的问题非常重视，召集有关部门召开专门会议，研究制定纠正和整改措施。从而，进一步扩大了审计影响，提高了审计的地位。

在本级预算执行审计取得较大进展的同时，对下级政府的财政决算审计今年也取得了新的成绩。全区共审计地、县两级财政决算13个，查出违规资金1924万元。对此，各级政府及有关部门都采取了措施，认真进行了纠正。

专项资金审计　按照审计署的统一安排，对行业统筹职工养老保险基金移交地方管理情况以及自治区养老保险基金和扶贫专项资金的分配、管理、使用情况进行了审计，共审计45个部门和单位，分别查出违规资金1379万元、5362万元和2775万元。各地市审计局还根据地方党委政府的要求，审计了12个部门和单位的农业综合开发资金和水利资金、行政事业性收费、国有土地出让金等专项资金的管理使用情况，查出违规资金549万元。对审计查出的问题，各级审计机关都依法进行了处理，并及时向政府提交了综合或专项审计报告和审计要情（简报），有针对性地提出了加强管理、规范专项资金（基金）收支行为的意见和建议，得到了有关领导的好评，引起了各级政府和有关部门的重视。

建设银行系统的审计　为了促进商业银行依法经营，提高资产质量，防范金融风险，全区审计系统按照审计署的要求，对建设银行西藏分行系统1998年资产负债损益情况进行了审计。审计部门认真履行了职责，对该行遵守财经法纪情况和审计中发现的问题，实事求是、客观公正地作出了评价，提出了初步处理意见，并于去年底上报审计署。

企业审计　1999年，全区审计机关以审计企业会计核算真实性为基础，重点揭露企业资产、盈亏不实、国有资产流失等问题。全区审计了46户国有企业，查出违规资金11797万元，其中：收入不实593万元，成本不实5205万元，虚增利润445万元，虚减利润1223万元，转移国有资产86万元。对此，各级审计机关按照“三个有利于”的标准，从西藏和企业实际出发，依法实事求是地进行了处理，应交财政637万元，已上交财政380万元，指明要求纠正11059万元。审计中还发现经济案件线索2起，贪污私分金额13万元，及时移送司法机关处理。

围绕治理“三乱”和落实“收支两条线”规定进行审计　按照审计署和自治区政府的要求认真开展了行政事业单位和全区法院、检察院系统财政财务收支审计，全区共审计101个部门和单位，查出违规资金8359万元，其中：虚列转移1913万元，挤占挪用234万元，应缴未缴预算收入60万元，私设“小金库”132万元，偷漏税收124万元，国有资产流失665万元。针对上述问题，审计机关依法进行了处理，其中应上交财政667万元，责成归还侵占挪用资金367万元，责成上缴财政专户管理654万元，减少支出208万元。目前，已上交财政420万元，已有403万元纳入财政专户管理。

经济责任审计　中办、国办制定的两个《暂行规定》发布后，部分审计机关大胆探索，积极开展了领导干部任期经济责任审计，共对50多名县、科级干部的任期经济责任进行了审计，查出违纪违规金额3505万元，决定处理处罚420万元，已上交财政97．7万元。通过审计，较为客观地反映了领导干部任期内单位的财政、财务收支管理情况和领导干部本人的经济责任，为组织人事部门考察和使用干部提供了决策参考依据，也为自治区全面推行领导干部任期经济责任审计积累了经验。

审计援藏工作　在1998年底召开的全国审计工作会议上，李金华审计长发出了“关心西藏，帮助西藏，支持西藏”的号召，并在资金及其他方面给予大力支持和特殊的倾斜政策，全国各对口援藏省市积极响应，1999年全区共争取援助资金和书籍资料等400多万元，为西藏审计工作的发展注入了新的活力，同时，进一步加强了西藏审计机关与有关对口援藏省市审计机关的联系，也为今后更好地开展这项工作打下了良好的基础。

审计宣传　1999年8月在《审计法》颁布五周年之际，为了全面贯彻落实宣传好《审计法》，扩大审计的影响，让社会各界都了解理解审计工作，关心和支持审计工作，审计厅和各地市审计局都开展了丰富多彩的《审计法》宣传活动，区审计厅制作了宣传彩车，在拉萨市各大街道制作了大幅标语，设置了宣传点，举办了首届全区审计系统法律法规培训班和审计法智力竞赛活动。

精神文明建设　1999年，全区各级审计机关认真开展了以反对分裂、维护祖国统一和民族团结以及廉政建设为主要内容的思想政治工作，进一步提高了广大审计人员的思想认识，增强了维护祖国统一、反对分裂以及忠于职守、严于律己、坚持原则、清正廉洁、努力做好审计工作的自觉性。在审计执法检查中，发现并纠正了一些问题。审计厅领导班子和厅级领导干部开展的以“讲学习、讲政治、讲正气”为中心内容的党性党风教育取得了明显成效，受到了区党委和区“三讲”办的好评。

内部审计　1999年西藏自治区已有20多个部门建立了内部审计机构，内部审计工作人员200多人，并积极开展了内部审计工作。

社会审计　自治区审计事务所不断适应社会主义市场经济的要求，积极走向社会，经自身努力，1999年共审计22户，验资10户，审计查证和验证金额30.75万元，取得了较好的社会效益和经济效益。

【拉萨市审计局】　1999年，人员21人，其中大学本科1人，大专学历7人，中专5人，获取中级职称5人，初级职称3人。党组成员3人，党组书记1人，局长1人，副局长1人。内设办公室、财政金融审计科、行政事业审计科、企业审计科、综合科和拉萨市会计师事务所。

审计成果　1999年共完成审计项目29个，查出违纪违规金额2306万元，上缴财政102万元，提交审计报告40篇，为拉萨市经济发展、社会稳定发挥了作用。

社会审计　1999年共接受审计委托项目18个。

受表彰情况　1999年被授予拉萨市直精神文明先进单位。

【堆龙德庆县审计局】　1999年，在岗人员6人。其中助理会计师1人，大专学历2人；局长1人，副局长1人。

审计工作成果　1999年共完成审计项目6个，审计单位9个；审计金额2645．2万元，共查出私人借用公款72万元，已收回24.91万元；并对3个单位进行了审前调查，对5个单位进行了审计调查。

完成县政府交办任务　1999年在县委、县政府主要领导的指示下，由本局和县委组织部、财政局组成审计小组，在全市率先开展离任审计工作。对县属农牧局、商业局和贸易局三家单位的三位主要经济负责人进行了离任审计，审计出私人借用公款63.83万元，已收回24.91万元，并对7个乡（镇）财政收入指标完成情况及财务室、财会人员配备情况进行了专项调查。在对县柳梧乡及东嘎镇的财政财务收支情况进行审计时，审计出私人借用公款8.17万元。对审计查出的问题提出了意见和建议，揭示了财政、财务收支方面存在的问题，有利于经济部门更好地依法办事规范财务制度，防止资金不合理占用，提高了利用效率。

【那曲地区审计局】　1999年共有干部职工35人（包括辽宁省审计厅援藏1人、退休1人）。其中：大学专科生8人；书记1人、局长1人、副局长3人。设有办公室、综合科、财政金融审计科、行政事业审计科、企业基建审计科、审计事务所等机构。各县（区）目前还未设立审计机构。

审计工作成果　1999年，共完成审计项目11项，审计单位35户；完成审计清理单位3个。审计金额15625万元，共查出各类违纪违规金额3089.5万元；侵占挪用应归还原渠道资金96万元；指明要求纠正资金2945.4万元，罚款56.6万元；决定上交财政专户管理60.7万元；应缴财政96.6万元，已交财政57.4万元。共提交审计报告60篇。

完成地委、行署交办任务　1999年，完成地委、行署交办的审计工作任务3项，审计清理单位9个，审计总金额4969万元。1999年为配合地区行署扶贫验收，参与并负责那曲地区扶贫资金验收审计工作，历时25天，摸清了五县扶贫资金家底，为地委、行署的宏观决策提供了依据。

完成上级下达审计任务　1999年，共完成国家审计署、自治区审计厅下达的审计任务4项，审计单位7户，审计金额3192万元。

内部审计　加强内部审计工作的管理和指导，那曲地区1999年共设立内部审计机构4个，内审人员6名。

社会审计　1999年社会审计业务由审计机关人员担任全面工作，因其他因素，对外未正式挂牌投入社会审计工作。

【昌都地区审计局】　1999年共有干部、职工27人，其中：大学专科学历5人；局党组书记1人，局长1人，副局长2人；设有办公室、财政审计科、行政事业审计科、企业审计科。

辖县审计局情况　1997年，昌都地区辖11个县设立审计局，隶属县财政半格建制。1999年底，各县审计局共有审计人员29名。

审计工作成果　1999年，共完成审计项目11项，审计单位67户，审计金额109447.2万元；共查出违纪金额4527.8万元，审计纠正3940.4万元，上交财政587.4万元，提交审计报告27篇。

完成地委、行署交办任务　1999年，共完成地委、行署交办的工作任务3项，审计单位35户。1999年对江达县财政1995年至1999年预算执行情况和1999年末财政状况进行审计（调查），审计金额10672万元，查出违规金额1399.6万元（其中：审计反映隐形支出207万元，虚报财政收入129万元），经审计纠正1178.4万元。此项审计引起地区行署和地区财政局的高度重视，已采取措施认真整改，并对有关责任人进行了处理，以尽快恢复县级财政健康运转。1999年，共对30名县级（含县级）以下领导干部进行了任期经济责任审计，审计金额52903万元，查出违纪违规金额2505万元，经审计上缴财政480万元。审计反映昌都地直有关单位违反专款专用原则，挤占、挪用专款现象和违反现行房改政策建购私房问题突出，产生了一定负面影响。审计局结合昌都实际，向地委、行署提出了审计意见和建议。领导干部任期经济责任审计工作的开展，不仅对领导干部的经济责任作出了基本评价，为组织考察干部提供了一定依据，同时为全区开展此项工作作了示范作用。

完成上级下达的审计任务　1999年，共完成自治区审计厅下达的审计任务8项，审计单位32户，审计金额3.2亿元。主要包括：本级财政预算执行审计；检、法两院财务收支审计；建设银行资产、负债、损益审计；电信审计、养老保险专项资金审计、扶贫专项资金审计等。

内部审计　昌都地区只有银行、邮电等中直系统设有内审机构，内审人员9名。

社会审计　受理9项社会审计业务，审验金额32790万元，实现收入15万元，上缴税金0.8万元。

【山南地区审计局】　1999年共有干部、职工25人（含退休干部2人），其中：大学本科学历1人；大专学历文化程度9人；党组副书记1人，副局长3人。内设办公室、行政事业财务审计科、企业财务审计科、基本建设财务审计科职能机构。

审计成果　1999年，山南地区审计局全年共审计37个单位（含2个未终结案的单位），查出违纪违规行为金额3804万元。其中：决定处理处罚344万元；指明纠正3460万元；应上缴财政262万元；应归还原渠道资金87万元；向司法机关移送案件2件3人次，建议给予行政处分1人。

本级预算执行情况审计　财政“同级审”工作逐步走上了正常性的审计轨道，今年共审计36个单位，其中财政1个，税务1个、预算执行单位4个。共查出违纪违规行为金额1020万元。其中：决定处理处罚95万元；指明纠正925万元；应交财政95万元；挪用预算资金10万元；虚列支出80万元；违规办理财政支出金额92万元。1999年“同级审”对强化预算管理，规范预算行为和加强财源建设以及增收节支等方面发挥了积极作用。

县级财政决算审计　1999年共审计2个县的财政收支决算，查出违纪违规行为金额79万元。其中：决定处理处罚3万元；指明纠正76万元；应上缴地区财政3万元。

行政事业审计　1999年，共审计了18个项目单位，查出违纪违规行为金额280万元。其中：决定处理处罚35万元；指明要求纠正245万元；应上交财政39万元。对行政事业单位中违反控购管理、乱收费和乱罚款等问题作了纠正处理，对财务管理、固定资产管理等方面的薄弱环节提出了整改意见，促进了行政事业单位加强财务管理工作。

企业审计　1999年，重点加强了对大型企业和特困企业的审计，全年共审计了6个单位，查出违纪违规行为金额2224万元。其中：决定处理处罚211万元；指明要求纠正2013万元；应交财政125万元；应归还原渠道资金87万元，向司法机关移交案件2件3人次。

农业专项资金审计　1999年，全年共审计了3个项目的农业开发专项资金，查出违纪违规行为金额201万元。指明要求纠正201万元，针对发现的问题，进行分析研究，提出解决办法，促进各部门切实加强对农业资金的管理。

在搞好以上各项审计的同时，1999年还开展了受权委托审计工作。

【日喀则地区审计局】　1999年，全局共有干部、职工25人。其中：大学学历1人，大专学历7人，局长1人，副局长3人。设有财政金融审计科、行政事业审计科、综合审计科、办公室。

审计工作成果　1999年共完成审计项目14个。审计单位27个，审计总金额64634.93万元，共查出违纪违规金额9050.87万元。其中要求指明纠正6906.63万元；决定处理处罚金额2144.23万元；应上交财政金额301.1万元，其中上交税金262.53万元，没收违纪金额（私设“小金库”）6.27万元，罚款6.18万元，应上交财政的其他收入26.62万元；应追还原渠道资金766.52万元。共提交审计报告14篇。

完成上级下达审计任务　1999年，共完成审计署、自治区审计厅下达的审计任务6项。

【阿里地区审计局】　阿里地区审计局人员编制为10人，1999年实有人数7人，共中：大专学历1人；县级干部3人，区级干部2人，一般干部1人，工人1人；设有综合业务科、办公室、审计事务所。

审计工作成果　1999年度共审计行政、企事业单位8个，查出违纪金额382.9万元，应上交15.5万元，已上交国库1.5万元，提出审计报告7篇，审计建议书2篇。

经济责任审计　1999年度对阿里地区三家国有企业厂长（经理）任职期间的资产、负债、所有者权益进行了离任审计，查出违纪金额382.9万元，应上交国库15.5万元。1999年审计工作由于思路明确，措施得力，审计质量有了较大提高，受到了地委、行署领导重视和被审计单位的好评。

【林芝地区审计局】　1999年底共有干部、职工19人，其中：具有大专学历以上学历4人；取得专业技术资格职称的10人，其中：高级审计师1人，注册会计师2人，审计师2人；党组成员4人；局长1人，副局长3人（其中1人系广东省审计厅援藏干部）。设有办公室、财政金融审计科、行政事业审计科、企业基建审计科、综合科、审计事务所等机构。

审计工作成果　1999年，共审计单位（项目）19个，查出违纪金额870万元，增加财政收人29万元，归还原渠道资金72万元，处以罚款6万元，累计可为国家增收节支107万元。共提交审计报告、审计信息12篇，其中部分被上级有关部门批转或采纳。

法制建设　林芝地区审计局紧紧抓住《审计法》颁布五周年这一契机，掀起了学习、宣传、贯彻《审计法》、《审计法实施条例》和《中国审计规范》的高潮，进一步提高了全体审计人员自觉学法、正确用法的积极性并在全区首届《审计法》知识竞赛中取得第二名的好成绩。

本级预算执行审计　继续开展了本级预算执行情况审计，并向地区行署和自治区审计厅提交了审计结果报告，得到了上级机关的充分肯定，为强化本地区预算约束，加强财政宏观管理起到了积极作用。

基本建设项目审计　对墨脱公路、318国道（工布江达县至米拉山段）的改扩建工程进行了审计。通过审计，归还原渠道资金86万元，有力地保证了国家建设资金的安全使用。

行业审计　开展了建行林芝地区中心支行和地区检察院、地区中级人民法院及社会养老保险金的行业审计，并向上级机关提交了综合审计报告，为上级机关的决策提供了可靠的依据。

审计援藏情况　由党组书记杨培等四人组成的“赴广东、福建学习考察工作组”前往两省审计机关进行了为期一个月的学习考察，达到了介绍自己、争取援助、学习经验、交流工作、增进友谊和加强民族团结的目的。广东省委、省政府和广东省审计厅援建的林芝地区审计大楼已在建设中，结束了本地区审计机关基础设施建设零的历史，充分体现了广东省委、省政府、广东省审计厅对援藏工作和对林芝地区审计事业的关心和支持。

县级审计机构　林芝地区现有3个县成立了审计机构，其中：工布江达县审计局现有工作人员2人；林芝县审计局现有2人（局长1人，工作人员1人）；波密县审计局现有2人（副局长1人，工作人员1人）。县级审计工作也有所突破，审计程序正向着规范化发展，全年共审计了6个单位。

陕西省

【陕西省审计工作简述】 1999年，全省审计机关共审计单位和项目7462个，查出各类违规行为金额72亿元，应收缴财政3．4亿元，已上缴财政2．5亿元，减少财政拨款和补贴1035万元，追还被侵占挪用资金2．7亿元，共为国家增收节支6．4亿元。各级审计机关共向当地政府和上级审计机关提交审计工作报告和信息1509篇，被批示采用的774篇。陕西省审计厅机关共审计247个单位，查处各类违纪违规金额41亿元。

厅领导成员

党组书记、厅长：李淑琴

党组成员、副厅长：张靖方
徐宗一

党组成员、纪检组长：
王积厚

财政审计　1999年，全省118个审计机关共审计预算执行单位741个，查出各类违规行为资金8．9亿元，应收缴财政1亿元。各级审计机关依法查处了财政分配和资金管理中存在的违纪违规问题，分别向本级政府提交了审计结果报告，并受政府委托，向人大常委会提交了审计工作报告。9月5日，李淑琴厅长受省政府委托，向省九届人大常委会第十一次会议作了《关于陕西省省级1998年度预算执行和其他财政收支情况的审计工作报告》，受到了委员们的肯定和好评，在社会上引起了较大的反响。另外，各级审计机关以规范地方政府财政行为为目标，加大了对下一级政府财政决算审计监督的力度，对3个地市、34个县（区）、512个乡镇政府1998年度财政决算情况进行了审计，查处了挪用财政专项资金、自行设立预算外资金、乱征税费等违纪违规问题，促进了地方政府依法管理财政。

行业和专项资金审计　全省各级审计机关按照审计署的统一部署和省审计厅的要求，集中力量对工商银行、建设银行、检察院系统、法院系统和扶贫资金、水利建设基金、农业综合开发资金、中央在陕15个行业职工基本养老保险基金移交情况、养老保险基金的征收支付和管理情况、赈灾福利彩票资金等行业和专项资金进行了重点审计。一是全省各级审计机关分别对工商银行宝鸡等八地市分行所辖的88个县（区）支行、办事处1998年度资产、负债、损益情况进行了审计，对建设银行陕西省分行及地市和县（区）的131个分支机构1998年度资产、负债、损益情况进行了审计，查出违纪违规行为金额3．27亿元。查处了工、建两行存在的会计核算不实、少计收入和多计支出、漏缴税金、截留收入、违规购建固定资产形成账外资产及私设“小金库”等问题。通过审计，基本核实了工、建两行的盈亏和信贷资产质量，为防范金融风险，加强宏观调控提供了重要依据；规范了商业银行的财务管理，促进了廉政建设。二是采取上审下的办法，对10个地市和50个国定贫困县，1997年至1999年6月支援不发达地区资金和银行扶贫贷款的分配、管理和使用情况进行了审计，审计资金总额23亿元，查出违纪违规行为金额1．4亿元。审计机关对审计查出的滞留占用财政扶贫资金、改变财政扶贫资金投向、挤占挪用扶贫资金等问题进行了处理，提出了加强和改进管理的意见，促进各级政府和有关部门加强了对扶贫资金的管理。三是对10个地市、18个县（区）1998年度水利建设基金筹集、投入、管理情况进行了审计，查处了挤占挪用水利建设基金、弄虚作假等问题，省长会议审议了《陕西省审计厅关于加强我省水利建设基金筹集管理意见的报告》，要求有关部门各负其责，加强对水利建设基金的管理和监督。四是西安、宝鸡、咸阳等9个地市及52个县（区）审计机关对1997、1998两年农业综合开发资金的投入、管理、使用情况进行了审计。五是省、地市和县（区）审计机关对全省县以上120个检察院和118个法院1997至1998年度财务收支情况进行了审计，查出挤占挪用行政性收费和罚没收入，乱收费、乱罚款、乱摊派和隐瞒截留罚没款等违纪违规金额1．04亿元。对此，各级审计机关提出了严格执行“收支两条线”规定，加强对检察院、法院行政性收费及罚没收入管理和监督的建议，引起了各级检察院、法院的高度重视。省厅上报的《关于全省检察院、法院财务收支审计情况及加强管理的报告》，经省政府同意，由省审计厅、省人民检察院、省高级人民法院、省财政厅批转各地市执行。六是各级审计机关对全省119个社会保险经办机构1998年度企业职工基本养老保险基金的征收、支付和管理情况进行了专项审计，并延伸审计了相关的财政和劳动部门，重点抽查了278户拖欠养老保险基金的单位。另外，省厅会同财政、劳动部门，对中央在陕15个行业86个统筹企业的职工基本养老保险基金移交情况进行了审计，查处了筹集资金不到位、挤占挪用、违规拆借和欠缴养老保险基金等

问题。各级审计机关完成了对民政部下达我省的6000万元赈灾福利彩票的审计任务。省审计厅还会同有关部门开展了陕北石油勘探开发投资情况的专项审计调查。

企业审计　全省开展了对西北国棉一厂、西安制药厂、宝鸡烟厂等工交、商贸以及中央在陕的914个重点企业资产、负债、损益情况审计，查出各类违纪违规资金11亿元。针对发现的企业资产不实、盈亏不实、国有资产流失、盲目对外投资造成重大损失浪费及私设账外资产等问题，分别向有关部门和企业提出了改进经营管理的意见，促进了企业规范会计核算，加强经营管理，提高经济效益，进一步转换经营机制，深化企业改革。按照审计署关于企业财务收支真实性审计指南要求，选择125户重点企业，认真开展了企业财务收支真实性审计试点。

外资审计　共审计世界银行、亚洲开发银行贷款项目和外国政府援款项目14个，审计项目执行单位270个，查出违规金额4355万元。纠正了外资项目执行中存在的配套资金不到位、挤占挪用贷援款资金、转移项目资金设立“小金库”等问题，提出了加强我省利用外资项目管理的意见和建议，省审计厅向省政府专题汇报之后，引起了省政府领导的高度重视。

固定资产投资审计　各级审计机关加大了对固定资产投资的审计力度，对能源、交通、水利等重点基础设施项目、竣工决算项目资金的到位、使用和管理情况进行了审计，审计项目投资总额72亿元，查处了侵占挪用建设资金和重大损失浪费、资金不落实以及超规模、超标准、超投资等违纪违规问题，涉及资金5.2亿元。提出了加强和改进管理的意见和建议，促进提高了建设项目的资金使用效益。

完成交办任务　一年来，全省共完成各级党政领导交办审计任务1258件，查出违纪违规行为金额2.5亿元；完成各级人大代表建议案和政协委员提案42件。省审计厅完成了省委、省政府交办的对中陕公司、省工商局、陕西行政学院、经济管理干部学院、省贸促会、《先锋》杂志社和《共产党人》杂志社等项审计任务。另外，对全国第四届城市运动会的财务收支进行了全程跟踪审计。

经济责任审计　1999年，按照中央办公厅和国务院办公厅关于领导干部任期经济责任审计的两个暂行规定和审计署关于贯彻实施两个暂行规定的通知要求，全省10个地市及各县（区）审计机关，积极稳妥地开展了经济责任审计。共完成任期经济责任审计项目650个，其中，审计乡（镇）党委书记、乡（镇）长310人，审计县（区）政府工作部门领导223人，审计企业领导117人，查出违纪违规行为金额1.7亿元。

内部审计　一年来，共审计单位和项目4289个，查出损失浪费资金4455万元，促进增收节支2260万元。

审计执法　1999年，各级审计机关在审计工作中，坚持“执法必严，违法必究”的原则，严格审计执法，突出审计重点，注重查处和揭露大案要案线索，积极配合有关部门查处经济案件，先后查出了一批以权谋私、贪污受贿的重大案件，共向纪检、监察和司法机关移送案件19件，协助有关部门查处经济案件47件，建议给予行政处分17人。省、地市和县（区）审计机关把严格审计执法同推行审计行政执法责任制相结合，进一步明确了审计执法的职责和权限，落实了审计执法各项责任。省审计厅结合全省审计工作实际，制定了《审计政务公开制度》、《审计行政处罚听证制度》等制度，并印发各地贯彻执行。省审计厅先后对宝鸡、咸阳、延安等五地市和部分县（区）审计机关贯彻执行《审计法》、《审计法实施条例》和《行政诉讼法》等法律法规情况，推行审计行政执法责任制情况，以及落实审计决定情况进行了重点检查，保证了审计执法的严肃性。

精神文明建设　一是组织广大干部职工认真学习马列主义、毛泽东思想和邓小平理论，提高了全体干部职工的思想政治觉悟。省厅按照省委的统一部署，在9至12月份，集中3个多月时间在厅党组和处级以上干部中开展了“三讲”教育活动。二是认真贯彻中纪委三次全会、省纪委二次全会和审计署纪检监察会议精神，加强了审计机关的廉政建设。三是注重加强内部管理，进一步完善了岗位目标管理责任制等项规章制度。四是加强了对审计人员的业务培训和审计理论研究。全省审计机关涌现出了一批精神文明建设先进集体和先进个人，有70多个审计机关先后被评为精神文明建设、廉政建设、目标管理责任制等先进单位和先进集体，57个审计机关党支部被评为先进党支部。

【西安市审计局】　1999年底，共有干部、职工107人，其中大专学历以上学历81人，占总人数的75.7%；获得审计师等中级以上职称的70人，占总人数的65.4%；局长1人，副局长2人，总审计师1人。设有办公室、政治工作处、综合管理处、工交审计处、商贸审计处、基本建设审计处、财政金融审计处、行政事业审计处、农业审计处、外资审计处、调研处等11个行政处室和机关党委、西安市审计服务中心。

审计工作成果　全市两级审计机关共完成省审计厅和党政领导交办的审计项目（单位）950个，查出违规行为金额109924万元，经审计处理处罚，为国家增收节支21585万元。为各级党政机关及各新闻媒体提供各类报告、信息等514篇，被批示及采用的达216篇。其中市局机关完成审计项目（单位）184个，查出各类违规行为金额82503万元，经过处理处罚，上交财政11419万元，提供各类报告信息等270篇，被批转采用94篇。

完成党政领导交办任务 全市共完成党政领导交办的审计查证事项117个，比以往任何一年都多。其中市局完成市委、市政府交办的重点审计项目近10个，也是历年来最多的。如澄清了黑河工程“吃唐僧肉”的问题，摸清了二环路一期工程资金使用情况，对北二环未央路立交桥建设中关于南康村的拆迁费用进行了专门审计，为市政府解决有关问题提供了可靠依据。还对政府驻外办事处、市房改基金进行了审计，特别是对城郊六个区城市建设维护费等四项资金的收、管、用情况进行的审计和审计调查，资金总量达3.7亿元，查处了挤占挪用4100万元，设账外账胡支乱花742万元，擅自设立收费项目违规收费72万元等一系列问题，为政府解决这一问题提供了可靠资料。

【西安市莲湖区审计局】 到1999年，实有干部职工12人，其中：局长1人，副局长1人；本科学历4人，大专学历8人；会计师5人，注册会计师3人，审计师5人，经济师1人。设有办公室、行政事业审计科、企业审计科。

审计工作成果 1999年完成审计项目45项，超额19项，占全年任务26项的173%。审计资金总额10.8亿元，查出违规行为金额1063万元，应收缴违纪资金81万元，已收缴入库45万元，促进增收节支193万元。全年共给上级机关提供报告信息41篇，被各级领导、新闻单位批示和采用10篇。

【西安市新城区审计局】 到1999年底有干部、职工14人。其中大学学历2人，大专学历9人；局长1人，副局长1人。具有技术职称的9人。

审计工作成果 共完成审计项目28个单位，查出违规资金1201万元，其中应交财政168万元，已上交139万元，追还侵占挪用资金24万元。提供信息8篇，被采用4篇。

完成区委、区政府交办的任务 全年共13项，主要有3月份协助市审计局等四单位联合对我区六个街道办事处的市容、环卫、绿化和城建资金的收支情况的调查审计，遵照区委、区政府的指示，对下属的五个街道办事处的四项收支情况作了调查审计，并写出专项调查报告，为领导决策提供了依据。

【西安市碑林区审计局】 1999年底，共有干部17人，其中大学文化程度2人，大专学历10人，具有中级职称9人，局长1人，副局长2人。

审计工作成果 全局共完成审计项目48个，审计调查4项，共查出违规违纪资金1920万元，上缴财政入库14.8万元，提交审计报告和信息23篇。

完成区委、区政府交办任务 根据《碑林区领导干部任期经济责任审计办法》经组织部授权，对82中等六个学校的校长和社区经济局、商贸局等单位的局长进行了离任审计，为考核领导班子提供了详实的资料。对本区李家村撤村转户中村民上访增多的实际情况，我局抽调专人组成联合工作组进驻李家村查清问题，同时协助社区经济局查清了农村基金会问题。

【西安市雁塔区审计局】 1999年底有干部、职工13人。其中：大专学历以上文化程度12人，局长1人，副局长1人，审计师4人，具有注册会计师资格2人。

全年共完成审计单位（项目）55个，为市局下达审计项目计划35个的157%，查出违规行为资金8792万元，追还侵占挪用资金975万元，促进增收节支224万元。提供信息报告37条（篇）。

全年先后抽调局长王振民到乡街配合“四教育”，给干部讲审计课；副局长刘秀民到丈八沟乡党委搞“四教育”；抽调企业基建科长刘拴利到丈八东村担任工作队长，搞“双万工程”，整建农村基层组织；抽调审计师李冰到城运会跳水、游泳组委会工作。

【西安市灞桥区审计局】 1999年，全局共有干部、职工20人，其中大学文化程度3人，大专学历8人，具有中级技术职称7人；局长1人，副局长1人，调研员1人。局内设办公室、行政事业审计科、企业基建审计科、农业综合审计科。

审计工作成果 全年完成审计项目42项，查出违规金额3099万元，应上缴财政305万元，已收缴278万元。配合本区清理整顿农村基金会工作，对本区4个农村合作基金会进行了清产核资，挽回直接经济损失200余万元，为整顿金融秩序，维护社会稳定作出积极贡献。

完成区委、区政府交办任务 对本区4名党政领导干部实施了任期经济责任审计，对审计中发现的单位财务工作中存在的违规问题，依据有关财经审计法规分别作了相应处理。

【西安市未央区审计局】 1999年底，共有干部、职工15人。其中大学文化3人，大专学历7人，高级审计师1人，审计师3人；局长1人，副局长1人。

审计工作成果 共完成审计项目49项，上缴罚没收入26万元，完成审计调研报告3篇。向区人大和区政府提交的本级财政预算执行情况审计工作报告和审计结果报告分别受到好评。

完成区委、区政府交办任务 共完成区政府临时交办任务4项，并派出一名同志参与我区清理整顿农村基金会工作，对区高标准节水灌溉示范项目专项资金、1998年度节水灌溉工程专项资金、农业综合开发资金及区城建开发公司进行了审计，为区委、区政府决策提供了及时准确

的信息。

【西安市阎良区审计局】

1999年实有干部、职工12人。其中：局长1人，副局长2人；大专学历6人，审计师5人。

审计工作成果　共完成审计项目37项，查出违纪违规金额595万元，应缴财政资金101万元，收缴入库98万元，减少财政拨款206万元。

【西安市临潼区审计局】　到1999年底，共有干部27人，其中大学本科学历4人，大专学历4人；局长1人，副局长2人；设有办公室、财政审计科、行政事业审计科、企业审计科。

审计工作成果　全年共完成审计项目47个，查出违规违纪资金1548万元，应归还侵占挪用资金228万元，应缴财政资金281万元，已缴财政200万元。提交审计工作报告、信息12篇，被市局批示采用5篇。

完成区政府交办任务　全年共完成区委、区政府交办的工作任务45个，主要完成了区民政局组织发行的募集赈灾福利彩票销售的审计，建设银行临潼支行1998年度资产、负债、损益的审计，检察院、法院、公安局的审计以及对15个部门乡政办1998年度领导干部经济责任审计。

【高陵县审计局】　1999年末，干部、职工15人，其中大学本科1人，大专学历4人，审计师4人；局长1人，副局长2人，局级调研员2人。

1999年共完成审计项目单位60个，查出违纪违规行为金额858万元，上缴县财政89万元，归还原渠道资金81万元，提交审计信息报告7篇。向纪检监察机关移交案件线索2件。

【长安县审计局】　1999年末，职工19人。其中大学学历1人，大专学历程度8人，高级审计师1人，会计师1人，经济师2人，助理会计师3人。局长1人，副局长3人。

审计成果　全年共完成审计项目61个，完成审计调查7项，调查单位7个。审计资金总额19456万元，共查出违纪违规行为金额1803万元，决定处理处罚的违纪违规资金165万元，已上缴财政152万元。提交审计结果报告和信息38篇，被采用的共14篇。

共完成县委、县政府交办的审计任务13项　其中新菜田基金审计1项，工商局移交审计1项，土地局资产、负债及各种税费征收、管理、使用情况审计1项，沣河工程管理处抢险工程审计1项，大峪灌区工程验收及以工代赈审计2项，县柴油机配件厂和信达设备厂资产、负债、损益情况审计2项；党政领导干部任期经济责任审计5项（乡镇3个，县直部门1个，县办企业1个）。提出处理意见13条，建议7条。

【周至县审计局】　1999底，有干部、职工29人。其中：大专学历8人；局长1人，副局长1人。

审计工作成果　1999年，共完成审计项目121个，审计单位121户；完成审计调查1项，调查单位4个；共查处违规资金983万元；上缴县财政72万元；共提交审计报告121篇。

完成县政府交办任务　1999年，共完成交办的工作任务85项。1999年8月按照县政府要求，对16个农村合作基金会进行清理整顿。1999年完成工程决算审计项目14个，审计基本建设总投资额2397.3万元，核减金额137.8万元。1999年7月对县建行宿办楼竣工决算审计中，工程报审数855万元，核减85万元。

【户县审计局】　1999年底共有干部职工20人。其中：大学学历2人，大专学历9人；审计师5人；局长1人，副局长1人。

审计工作成果　共完成审计项目和单位76个，是计划任务的128%，查出违纪违规行为金额736万元，其中收缴财政资金78万元，归还原资金渠道120万元，促进增收节支金额45万元，此外，向党政机关提交审计报告及信息16篇，被批转采用18篇。

完成县政府交办任务　完成交办任务6项。在对第二水泥厂的审计中，查出造假账、假报表隐瞒亏损260万元及其他违纪问题，引起县领导的高度重视。

【蓝田县审计局】　到1999年底，有干部、职工20人。其中：大学学历2人，大专学历6人；局长1人，副局长2人。

审计工作成果　共完成审计单位42户，查出违规行为金额749万元，应交财政资金132万元，应归还侵占挪用资金286万元，收回入库资金21万元，提交审计工作报告、信息20篇。

完成县政府交办的任务　全年共完成交办的工作任务2项，涉及单位8个。配合县外经办、扶贫办、财政局、信用联社等完成了对口扶持我县十乡镇扶贫资金，乡镇扶贫小额信贷资金情况、预算外资金使用情况的检查。

【宝鸡市审计局】　到1999年底共有干部、职工75人。退休10人。其中：大学本科17人，大学专科36人。中级以上职称51人，局党组成员4人；局长1人，副局长3人；内设办公室、政工科、行政事业审计科、财政金融审计科、工交企业审计科、商贸企业审计科、基本建设审计科、农业审计科、外资审计科、审计处一科、审计处二科等机构。

审计工作成果　1999年，共完成审计项目和单位152个；完成审计调查10项，调查单位43个；审计中共查出违纪违规金额8793万元，上缴财政资金611万元。提交审计报告23篇；撰写审计信息、案例分析等38篇，自办《审计信息》18期，被各级党政机关和新闻单位采纳28篇。

完成党政领导交办任务　1999年，共完成市委、市政府交办的工作任务14项。按照市委领导的指示，对5户市级部门领导和市属国有企业厂长（经理）进行了离任经济责任审计，促进了廉政建设。完成了对“希望工程”资金的审计和四城会乒乓球赛区审计监察工作。

完成上级下达审计任务 1999年，共完成署、省审计下达的审计任务35项，审计单位87个。

内部审计 巩固内审阵地，加强内审指导和管理，到1999年，内审机构有76个，内审人员117人。

社会审计 1999年，完成了全市14个会计师事务所审计事务所的脱钩改制工作。

受表彰情况 1999年，受省审计系统表彰2次，市委、市政府表彰3次；共有9人被评为市级先进个人。

【宝鸡市渭滨区审计局】 1999年共有干部职工11人，其中：大学学历1人，大专学历6人；局长1人，副局长1人。设办公室、财政金融审计组、商贸企业审计组、行政事业审计组等机构。

审计工作成果 1999年，共完成审计项目14项，审计单位48户，查处违规违纪资金1471.75万元，收缴财政金额15.83万元，移交监察部门案件一起，对两名违纪责任人进行了处罚。

审计事项 1999年在财政决算审计中，查出石鼓镇公款私存、违规列支、漏缴税金及镇机关会计贪污挪用公款的重大问题，并移交监察部门处理；受区委组织部委托，首次进行了区人防办主要领导任期经济责任审计；在企业审计中，第一次进行了股份制商贸企业的资产、负债、损益情况审计；对我区六个行政事业单位进行了审计，查出了一些部门违规列支、挤占挪用、乱发奖金补贴等行为，并依法给予纠正处罚，从经济监督方面促进了我区的党风廉政建设。

【宝鸡县审计局】 截至1999年底，共有职工26人，其中：大学本科2人，大专学历6人。局设局长1名，副局长2名。共设政秘股、财政金融审计股、行政事业审计股、工交企业审计股、商贸企业审计股等5个股。

审计工作成果 1999年，顺利完成了县财政预算执行情况审计；全面开展了领导干部任期经济责任审计，其中审计11个县级行政事业单位、5个乡镇、1个企业；完善了固定资产投资项目审计规定，加大了固定资产投资项目审计监督力度，开工前审计28项，工程结算审计22项；全面完成了6个专项资金、基金审计任务和2个金融企业审计任务；试行了合资企业财务收支审计；开展了行政事业单位和企业审计。共审计107个单位，查出违纪违规行为金额363万元，收交财政42.3万元。提交审计调查报告、专题报告、论文、信息40篇，被各级采用7篇，有2篇论文获奖。

完成县委、县政府交办任务 1999年共完成交办任务8件。

【岐山县审计局】 1999年，共有干部职工15人，其中：大专学历以上文化程度8人；中级职称6人，局长1人，副局长1人。内设办公室、财政金融基本建设审计股、行政事业审计股、企业审计股和内审指导股等5个职能股室。

审计工作成果 1999年共完成审计单位（项目）34个，查出违规行为金额1500万元，应缴财政违纪资金29.83万元，已上交财政12.49万元。追还被侵占挪用资金271.5万元。提交审计报告4篇。5月份，对县检察院、法院系统财务收支进行了审计，共查出违规行为金额63.9万元，其中：挪用追回赃款收入13.75万元，挪用案件扣押款用于基建和经费支出50.20万元。

完成县委、县政府交办任务 共完成县委、县政府交办任务25项，其中：党政领导经济责任审计18个，企业领导经济责任审计6个，审计查出违规行为金额392.6万元，客观公正地对领导任期经济责任作出评价。

【凤翔县审计局】 1999年共有干部、职工21人，其中：大专学历以上文化程度17人；中级专业技术职称以上16人；局长1人，副局长2人；设人事秘书股、财政金融审计股、行政事业审计股、企业审计股。

审计工作成果 1999年度共完成审计项目或单位59个；审计查出违纪违规金额1125万元；上缴县财政资金88.22万元（含调账84.3万元），查出挤占挪用资金205.93万元，查出损失浪费和国有资产流失资金9.4万元。全年提交审计报告、信息、案例11篇，其中被各级政府和新闻单位批示采用7篇。

完成县政府交办任务 全年根据县委、县政府领导指示完成交办任务9项。先后对县印刷厂改制前资产负债损益、县原卫东实业总公司托管、县原东湖开发办移交清查等遗留问题进行了审计。

完成上级下达审计任务 1999年度共完成省、市审计部门下达审计任务50个。

【陇县审计局】 全局共有正式职工17人。其中大学专科毕业生11人。有中级专业技术职称的7人。局长1人，副局长2人。内设财政金融股、企业股、行政事业股、办公室。

工作实绩 全年完成审计任务10项46个单位，审计资金总额4.8亿元，查出违规资金16.6万元，追还被侵占挪用资金54.6万元，应上缴财政资金16.6万元，平均每个审计人员为财政增加收入1万元。

重视廉政建设工作 在审计监督中，始终把加强审计人员自身廉政建设作为大事来抓，一年来全局拒绝被审单位的宴请30多次，拒收各种礼品6次。审计中没有发生一起审计人员违法违纪或吃拿卡要等方面的问题，涌现出一批廉政建设的先进典型，受到了各级党政组织的高度赞扬和被审计单位的一致好评。

【太白县审计局】 1999年共有干部职工10人，其中：大专学历以上学历5人，局长1人，副局长2人；内部设有政秘股、财政金融审计股、企业基建审计股。

审计工作成果　1999年共完成审计项目8个，审计单位22个；审计金额5805万元；共查出违纪违规金额46万元。配合县文教局、县计生局对有关专项经费及收费进行了审计。

【扶风县审计局】 1999年共有干部职工19人。其中：大学学历1人，大专学历8人；局长1人，副局长2人；设有秘政股、财政金融审计股、行政事业审计股、企业审计股等机构。

审计工作成果　1999年共完成审计项目52户（项），其中地方党政领导交办6户（项）；完成审计调查1项。共查出违纪违规行为金额985.3万元，上缴县财政55.1万元，查出“小金库”3个，涉及账外资金168.7万元。向有关部门移送经济案件2起，共提交综合审计报告9篇。

【千阳县审计局】 1999年共有干部职工10人，其中：大学文化3人，大专学历7人；审计师5人；局长1人，副局长1人。内设政秘综合股、企业审计股、行政事业审计股。下属单位审计事务所。

审计工作成果　1999年，共完成审计项目34个，审计单位50个，审计查出违纪违规行为金额452.5万元，应上缴财政8.3万元，已上交财政4.1万元。

完成县政府交办任务　1999年，共完成县委、县政府交办的审计任务10项，共对8个乡镇、2个政府部门领导人员任期经济责任进行了审计。

完成上级下达审计任务　1999年，共完成省、市审计机关下达审计项目24项，审计单位40个。

【眉县审计局】 全年共完成审计项目34个，占省、市下达目标任务的130%，涉及被审计单位71户；完成审计调查2项，调查单位15个；全年审计金额38561万元，共查出各类违纪违规行为金额1098万元，应上缴财政资金27万元，已上缴财政25.6万元，入库率94.8%。向上级提交审计报告8篇。

1999年共完成县委、县政府交办的工作任务7项。

【凤县审计局】 1999年共有干部职工15人，其中大专学历10人；局长1人，副局长2人；设有局办公室、行政事业审计股、企业审计股。

审计工作成果　1999年审计单位55户，审计总资金6.5亿元，查出违规违纪资金910万元，收缴违纪资金123万元。提交审计综合报告7篇。对8名领导干部和人员开展了任期经济责任审计。

完成县委、县政府交办任务　全年对9户行政、事业单位开展了审计和审计调查，为领导决策提供了科学依据。

完成上级下达审计任务　1999年共完成上级下达审计任务4项，审计单位8户。

【咸阳市审计局】 1999年共完成审计项目138个，查出各类违规行为金额9 676万元，应上缴财政资金2 223万元，已上缴2 168万元，同时，组织14个县区市审计局完成审计项目794个，较好地发挥了审计在经济综合管理中的监督职能。

财政审计　1999年，在开展财政预算执行情况审计中，对咸阳市1998年财政预算执行情况进行了全面审计，核实了市级财政的全部财力和收支，审计了13个预算内外银行账户，向市政府作了专题报告，李堂堂市长作了重要批示。

领导干部离任经济责任审计　1999年开展了对13户党政机关领导干部和18户企业领导人的离任经济责任审计，为市委、市政府使用干部提供了依据。

金融审计　按照省审计厅统一安排，对市金融系统工商银行、建设银行及12个分支机构1998年度的资产、负债和损益情况进行了全面审计，对咸阳市8个城市信用社进行了行业审计，查出金融机构违规拆借资金，虚盈实亏，不良贷款数额大，信贷质量不高，漏缴税款等问题提建议20条，为规范金融行为，维护金融秩序起了一定作用。

企业审计　1999年，全年共对16户企业进行了审计，完成了对省塑料厂、市内燃机配件厂、市植保机械厂、市深井泵厂、市饮食服务公司、市生产资料公司、市百货公司、秦都饭店、凌云饭店等企业的资产、负债和损益审计，同时，对市偏转集团有限责任公司所属18个分公司的资产、负债进行了全面审计，并向市政府送交了审计报告。

行政事业单位审计　1999年，组织和实施了对法院、检察院系统、养老保险基金的行业审计，重点对1997、1998两年度的财务收支情况及行业性收费、罚没款追缴的收取、管理情况进行了审计，审计中，共查出违规行为金额350万元，挪用养老基金640万元的问题，同时发现重大案件线索一起，已移交纪检机关处理。

固定资产审计　1999年8月份，对咸阳市中华广场建设项目、证券大厦在建工程、印刷厂迁建的印刷车间和单身住宅楼、水利局家属楼、咸阳市引冯济沣工程等进行了全面审计，审计总资金3亿多元，规范了基本建设秩序。

农业审计　按照省审计厅统一安排，市审计局完成了对市本级农业综合开发资金的审计，完成了对永寿县1997、1998年度扶贫专项资金的审计，完成了对渭城区、三原县、乾县水利专项资金的审计，涉及资金总额5亿多元。通过审计，促进归还原渠道资金1878万元。

外资审计　1999年，咸阳市审计局对利用世行贷款的市卫生局、市卫生防疫站、市妇幼保健医院的2个项目进行了审计，审计资金200万元，加强了外资利用的管理。

省属企事业审计　1999年，对陕棉八厂、省机床厂、省氮肥厂、咸阳公路总段的资产、负债、损益的真实性情况进行了审计。事业单位完成了对咸阳师专、杨陵水利建设基金、省水利学校、省家畜改良站的审计。共查出违规行为金额2130万元，收缴违纪资金136万元，归还原渠道资金1870万元，严肃了财经法纪。

【咸阳市秦都区审计局】
1999年共完成审计项目45项，查出各类违纪违规金额1156万元，应收缴财政111万元，已全额收缴入库。

财政审计　1999年，对我区1998年财政预算执行情况进行了全面审计，核实了区本级财政的全部财力和收支，摸清了家底，向区政府作了专题汇报，得到政府的充分肯定。同时，我局对渭滨、沣西、马庄、钓台4个镇政府和人民路街道办事处、西兰路街道办事处1996年度至1998年度的财政决算进行了全面审计。

经济责任审计　1999年，我局完成任期经济责任审计1项，离任审计5项，为区委、区政府使用干部提供了翔实情况。

金融审计　按照省、市审计机关统一安排，我局对工行民生路办事处、建行咸阳西郊支行1998年度的资产、负债和损益情况进行了全面审计，同时对渭滨、沣西两个信用社进行了审计，较好地完成了金融审计任务。

企业审计　1999年，我局加强对区属企业的审计监督，积极开展真实性审计，完成了秦都区嘉惠商场、回收公司的资产、负债和损益情况审计。

行政事业单位审计　1999年，我局实施了对检察院、养老保险基金的行业审计。重点审计了检察院1998年和1999年的财务收支及行业性收费、罚没款的收、缴、管、用情况，全面完成了行业审计任务。

固定资产审计　1999年，我局对区尹家河堤工程竣工决算进行了审计，审计资金322万元。

水利资金审计　对秦都区水利局及有关单位1998年水利建设资金的征收管理使用情况进行了审计，加强水利建设资金的监督管理。

外资审计　1999年，对秦都区卫生防疫站利用世亚行贷款情况进行了审计，审计资金14万元，加强了对利用外资的管理和监督。

【咸阳市渭城区审计局】
1999年全年共完成审计项目41项，查出各类违纪违规金额145万元，应收缴财政19万元，已全额收缴入库。为促进经济发展，维护财经纪律，加强廉政建设发挥了积极作用。

财政审计　1999年初，对我区1998年财政预算执行情况进行了全面审计，找出了存在问题，向区政府作了有情况、有分析、有建议的专题汇报，得到了区政府的充分肯定。对渭阳、底张、渭城、正阳、周陵、窑店6个镇政府1998年度的财政决算进行了审计，审计覆盖面达75%。

领导干部任期经济责任审计　1999年受组织部委托，我局完成任期经济责任审计2项，离任审计6项，为区委、区政府使用干部提供了真实可靠的情况。

金融审计　1999年我局对工行乐南办事处、建行咸阳市东郊支行1998年度的资产负债和损益情况进行了全面审计，核实了资产、分清了债权债务，较好地完成了该项任务。

企业审计　1999年，本局加强了对区属企业的审计监督，完成了对咸阳帆布厂、秦都鞋厂等4户企业的资产、负债和损益情况的审计。

行政事业单位审计　1999年，我局对全区26户行政事业单位的财务收支情况进行了审计，重点审查和揭露奢侈浪费等问题。按照市审计局安排，还对养老保险基金进行了行业审计，追回违规使用的保险基金90万元，较好地完成了审计任务，受到了省厅的表彰。

固定资产审计　1999年，我局对咸阳中学实验楼、农业局办公楼等4项工程竣工决算进行了审计，审计资金650万元，核减40多万元，保护了国家投入资金的安全和重点项目的监管。

水利资金审计　按照咸阳市审计局统一安排，我局对渭城区水利局及下属单位1998年水利建设资金的征取管理使用情况进行了专项审计，保证了水利建设资金的安全有效。

外资审计　1999年，我局对区卫生防疫站利用世亚行贷款情况进行了审计，审计资金35万元，加强了对利用外资的管理和监督，提高了资金使用效果。

【咸阳市杨陵区审计局】　到1999年底，有干部11人，其中，大学本科学历1人，大专学历4人；局长1人，副局长2人。

审计工作成果　1999年，共完成审计项目19项，查出各类违纪违规资金38万元，上缴区财政11万元，提交审计报告1篇。

完成区委、区政府交办任务　1999年，完成区委、区政府交办的审计任务3项。

【兴平市审计局】　1999年，全年共完成审计项目84个，查出违纪违规金额1736万元，收缴入库113万元，追还被侵占挪用资金41万元。向上级机关和新闻单位提供信息23篇，被采纳15篇。我局被评为先进集体，信息、内审、统计工作被评为单项先进。

金融审计　1999年，本局对工行兴平支行、建行兴平支行1998年度资产负债损益情况进行审计，审计发现两行资产负债损益不实，信贷资产清分不实，工行少计收入171万元，漏交税费21万元；建行少计支出45万元，漏交税费4.6万元。

企业审计　按照审计方案了解试点单位状况，测试内控制度，审计发现两单位资产负债损益差错率较高，虚增利润130万元，待处理流动资产长期挂账77万元，漏交税费20万元。

基建审计　全年共审计15个竣工决算项目，1个开工前审计项目，涉及投资额3004万元，净核减决算148万元。

行政事业审计　坚持实事求是，客观公正的原则，对两院违反规定扩大收费范围、提高收费标准、坐支挪用罚没款物等问题予以披露。查出违纪违规金额107万元，收缴违纪资金1.1万元，按时上报了审计报告。

【礼泉县审计局】　至1999年底，有24人，其中大学本科学历1人，大专学历13人；局长1人，副局长2人。设有行政事业股、财政金融股、企业股、基建股、内审股和办公室。

审计成果　1999年共审计单位49户，占任务28户的175%，查出各类违纪资金2373万元，其中应上交财政55.57万元，已上交入库55.57万元，入库率为100%。市、县采纳审计信息6篇。

完成县委、县政府交办任务　1999年共完成交办审计工作任务21户。其中我局对裴寨乡政府1997、1998两年财务收支审计中，发现解库时，采用原地转圈倒账的方法，虚增财政收入188.3万元，截至1999年6月底已收回尾欠104.25万元，还有84.05万元未收回。在对法院审计中，法院未将原执行庭财务统管。经对原执行庭庭长遗留执行庭办案收支票据进行的清查，发现实支费收入3.50万元，支出3.13万元，余0.37万元，除实余现金22万元外，其余额0.36万元去向不明。在法院清查的基础上，又经过对执行庭有问题的12件案件逐案进行的清查，发现被执行人交执行庭的款额大，而申请人领取的款额小，共计短款13.57万元。对于以上问题，已交县纪检、监察部门立案查处。

完成上级下达任务　1999年共完成市审计机关下达指令性任务28项，审计单位38个。

【彬县审计局】　全局共有干部、职工27人。其中：大专学历以上学历17人；获得助理审计师以上资格的11人；局长1人，副局长1人；设有办公室、财政金融审计股、行政事业审计股、企业审计股、基建审计股等机构。

审计工作成果　全年共完成审计单位（项目）122个，共查出违纪违规金额1251.4万元。同县纪检、监察等部门配合办案2例，为社会稳定发挥了应有的作用。上缴县财政70.17万元，提交综合报告5篇。

完成县政府交办任务　完成县委、县政府交办的工作任务10项。一年来，共完成工程财务决算审计33个，审计投资总额3532万元，查出违规资金385万元，核减工程造价186万元，补征税金18万元，有力地维护了基建秩序。

完成上级下达审计任务　共完成省、市审计机关下达的审计任务12项，审计单位40个。

【武功县审计局】　现有干部职工人数26人，其中大专学历文化程度9人；局长1人，副局长2人。内设办公室、财金审计组、企业审计组、行政事业审计组、基建审计组。

审计工作成果　1999年共完成审计项目单位41个，占上级下达的指令性计划的146%，完成县级政府交办的审计事项11个。全年审计金额2000万元，共查出违纪资金17.5万元，上交国库17万元。同有关部门配合，查处各种经济案件3起，为国家挽回了经济损失，严肃了财经纪律，为当地社会经济稳定发挥了作用。提交审计报告110余篇，理论探讨研究材料3篇。

审计工作任务具体完成情况　财政审计1项；金融审计4项（工、建两行及2个基层农村信用社）；商贸企业审计7项；行政事业审计13项；基建审计6项；农业开发资金审计1项；外资审计1项；专项资金审计1项。

【淳化县审计局】　1999年共有干部、职工17人。其中：大专学历5人；局长1人，副局长2人；设有办公室、财政金融基建审计股、行政事业审计股、工交商粮贸审计股等机构。

审计工作成果　1999年，共完成审计项目9项，审计单位53户；完成审计调查1项，调查单位3个；审计金额9000万元；共查出违纪违规金额120万元。上缴县财政21.5万元，共提交审计报告9篇。

完成县政府交办任务　1999年，共完成县委、县政府交办的工作任务2项，审计单位19个。对14名领导干部任期经济责任进行了审计，给予了公正评价。

完成上级下达审计任务　1999年，共完成省、市审计机关下达的审计任务8项，审计单位29个，审计金额8500万元。

【长武县审计局】　1999年共有干部职工20人（包括离退休干部6人）。其中大专学历以上文化程度7人，获得审计师、会计师和注册会计师资格的6人。局长1人，副局长2人。设有办公室、财政金融审计组、行政事业审计组、企业审计组、基建审计组、内审指导组等6个组。

审计工作成果　1999年，省市下达审计任务29项，实际完成审计项目53个，占省、市下达审计任务的183%；完成审计调查1项，调查单位3个；查出违纪违规行为金额1039万元，上缴县财政8万元；向上一级提交审计报告及调查报告8篇。同县纪检、监察等部门密切配合，查处经济案件2起，清理了2项村级财务、化解了矛盾，确保了一方平安。

完成县委县政府交办任务　全年共完成县委县政府交办的工作任务22项，其中完成任期经济责任审计16项。

【乾县审计局】　1999年底有干部、职工30人，其中：大学本科2人，大专学历6人，局长1人，副局长3人。

审计成果　1999年，共完成审计项目105个，审计单位132户，完成审计调查3项，调查单位6户，审计金额2.65亿元，共查出违纪违规行为资金731万元，上缴县财政资金55万元。

财政决算审计　对10户乡(镇)财政决算进行了审计，查出各类违纪违规行为资金162万元，并对用不合规票据入账，擅自购买专控商品，超规定开支招待费，以及乱摊派，加重农民负担等问题进行了处理。

行政事业单位审计　对52户政府部门和事业单位的财务收支进行了审计，查出各类违纪违规行为资金226万元。

工交商粮贸企业审计　对5户工交企业，8户商粮贸企业的资产、负债、损益的真实性进行了审计，查出各类违纪违规行为资金124万元，对部分企业资产不实、核算不实、管理不善等问题进行了处理和揭露。

基本建设工程决算审计　对11个基建工程决算项目进行了审计，共审计工程造价2100万元，核减工程造价224万元，其中对县职教中心基建工程558万元的决算审计中，一次性核减工程造价170万元。

完成县政府交办任务　共完成县政府交办任务10项，除完成8名科级干部经济责任审计外，还参与了基金会清理整顿、企业欠税征收、林特产税征收以及城建、厂务公开等活动。

完成上级下达审计任务　共完成省市下达审计任务30项，审计单位30个，审计金额1.02亿元。

【永寿县审计局】　1999年底，全局共有人员18人，其中：大学本科1人，大专学历4人；局长1人，副局长2人。

审计工作成果　共完成审计项目72项，审计单位83个；审计总金额31232.6万元，查出违规资金1079万元。同县纪检、监察部门配合，参与查处经济案件4起。共上缴县财政18万元，提交审计报告等13篇。

财政审计　共完成审计项目4个。其中同级预算执行审计1项。在同级审中，我局抽调10名审计人员组成3个审计小组，共审计单位12个，审计总金额4804.2万元。

经济责任审计　共完成审计项目14项，审计总金额12884.6万元，查出违规行为资金115.3万元。

金融审计　共完成审计项目3项，审计总金额3435.9万元，查出违规行为金额55万元。

企业审计　共完成审计项目12项，审计总金额6771.5万元，查出违规行为资金428.9万元。一是完成计划内审计项目4项，其重点是核实企业的资产、负债及损益，同时认真查处企业漏税2.4万元；二是根据县委、政府安排，共完成交办审计事项8项，其中配合县纪检、监察参与查处案件2项，核实县供销社股金服务部股金吸收、发放情况，并延伸审计了欠股金较多、归还难度较大的5户供销企业，为领导了解情况和决策提供了依据。

行政事业单位审计　共完成审计项目12项，审计总金额1664.9万元，查出违规行为资金123万元。

固定资产投资审计　共完成审计项目16个，审计总金额1150.2万元，审减决算25万元。除完成计划项目2个外，配合对基本建设竣工验收，完成工程决算审计14项。根据群众举报，配合县纪委、联合有关部门对在工程决算中存在虚假变更的县城关小学教学楼工程决算进行了认真查处，确认14项变更失实，共计核减工程价款14.7万元，占送审价款的8%，在全县引起很大反响。

农业专项资金审计　共完成审计项目5项，审计总金额271万元，查出违规行为金额221万元。

外资审计　共完成审计项目3项。

【泾阳县审计局】　全年共完成审计单位项目29个，查出违规行为金额414万元，应交财政116万元，已上交112万元。全年共提交审计工作报告、信息18篇，被上级审计机关采用5篇，新闻单位采用3篇。

【铜川市审计局】　1999年末共有国家公务员44名。其中：大学文化程度9人，大专学历22人；局长（兼党组书记）1人，副局长2人（其中1人兼党组成员）；高级职称2人，中级职称20人；局内下设办公室、监察室、综合科、财金审计科、行政事业审计科、农林水审计科、商贸审计科、工交审计科、基本建设审计科、社审、内审工作指导科等10个科室。

审计工作成果　1999年共完成审计项目及单位99个，查出违规行为资金6446万元，其中决定处理处罚2382万元，指明要求纠正4064万元；应交财政82万元，应归还原渠道资金金额1485万元，促进增收节支金额9万元；向司法机关移送案件1件，建议给行政处分2人；提交的审计工作报告、信息被地方党政领导、上级审计机关、新闻单位批示、采用共14篇；建议纠正地方部门不当规定29条，协助有关部门查处案件2件。

完成交办任务　完成对市企业职工养老基金和扶贫专项资金的审计；完成市属13户自收自支事业单位改制前的审计；完成从1997年至1999年对市属重点企业的三年定期审计工作。这三项审计涉及单位125个，查出违规行为金额1839万元，查出资产负债损益不实金额1.2亿元。促进企业增收节支794.7万元，收交违纪资金43万元，要求企业补提各种税费134.1万元，两项合计可为财政增收111.1万元。

内部审计　全市内审机构共完成审计事项53个，其中财务收支审计31个，经济效益审计22个。通过审计，促进增收节支27万元，提出建议意见被采用的19条，促进了我市经济的稳定和发展。

受表彰情况　1999年，我局行政事业专项审计和农业专项资金审计项目分别被评为省厅"先进项目"。

【铜川审计处】　1999年底共有干部职工8人（定编10人）。其中：大学学历2人，大专学历4人；设有综合科、业务科两个机构。

1999年共完成审计项目7个，共查出违纪违规金额6543万元，上缴财政32万元。

【宜君县审计局】　1999年底共有干部职工13人。其中：大学学历3人，大专学历3人；局长1人，副局长1人；设有办公室、行政事业审计组、企业审计组、财政金融、基建审计组等机构。

1999年，上级下达我局审计项目和单位21个，完成22个，占计划的104%。查出各种违纪违规资金267万元，应追还侵占挪用资金51万元；上缴财政8万元；处罚单位5个，罚款2万元；提出处理意见及建议92条；提供审计信息6篇。

【耀县审计局】　1999年末共有干部、职工20人，其中：大学本科4人，大专学历12人；具有中级职称7人；局长（兼支部书记）1人，副局长（兼支委）2人；局下设办公室及财政金融、行政事业、企业、基建4个审计组。

全年完成审计单位（项目）47个，为年初计划40个（项目）的117.5%，共发现违规行为金额3944万元，上交财政金额29万元，归还原资金渠道金额148万元，减少财政拨款和补贴112万元。撰写审计报告、审计信息11篇，其中10篇被省、市审计刊物和县报采用。

积极完成当地党政交办的审计事项24项，其中：任期经济责任审计19个，企业承包经营4户，专案审计1项。通过审计发现违规行为金额407万元，上交县财政资金12万元。

【延安市审计局】　1999年共有在职干部、职工46人。其中：大学学历9人、大专学历19人，具有中级职称的34人；局长1人、副局长2人、纪检监察员1人；设有政秘科、综合指导科、财政金融审计科、行政事业审计科、基本建设审计科、市直企业审计科、后勤服务中心等机构。

审计工作简述　1999年全市各级审计机关共审计单位和项目873个，查出各类违纪违规金额4亿元，应收缴财政金额4304万元，追还被侵占挪用金额1879万元，应减少财政拨款补贴129万元，促进增收节支10万元，共为国家增加财政收入4433万元，提交审计综合报告和信息215篇，被地方党政领导批示和上级审计部门采用122篇。

财政审计　全市共审计预算执行单位129个，查出违规行为金额5290万元，应交财政金额145万元，应减少财政支出48万元，应增加财政收入191万元。全市14个审计机关都向本级政府提交了审计结果报告，并受政府委托向人大作了审计工作报告。

金融审计　1999年全市对建设银行、工商银行1998年度的资产、负债、损益情况进行了审计，对审计查出的主要问题统一上报、统一处理。

企业审计　1999年共开展工交、商贸企业审计63项。查出违规行为金额9964万元，查处和纠正了一些企业弄虚作假，资产、负债、损益不实等问题，提出了加强企业管理的意见和建议。

行政事业和农林水审计　1999年全市共对483户行政事业单位和农林水专项资金的审计，查出违规行为金额12914万元。

基本建设项目和外资审计　1999年全市各级审计机关开展基建项目审计111个。

完成政府交办审计事项　1999年全市各级审计机关接受政府委托，完成交办事项100个，主要是进行了离任审计和企业改制审计，为完善领导干部管理监督机制，促进企业改革深化做出了贡献。

【延安市宝塔区审计局】　1999年共有干部职工24人，其中审计师（会计师）13人，大学文化程度8人，大专学历9人，局长1人，书记1人，副局长3人，监察室主任1人；设有办公室、财金股、行事股、企业股、基建股。

审计成果　1999年，共完成审计项目119项，审计单位226个，完成审计调查两项，调查单位119个；共查出违规行为金额5757.6万元，应上缴财政79.5万元，已上缴31.3万元，向纪检监察机关移送案件2起，协助有关部门查处案件2起；提交审计报告2篇、被利用审计信息4篇。

完成上级下达审计任务　1999年，全局共完成署、省、市审计机关下达的审计任务34项，审计单位61个。

完成区委、区政府交办的任务　1999年，全局完成区委、区政府交办的各项审计任务8项，审计单位86个。

【安塞县审计局】　1999年共有干部、职工19人。其中：大学本科学历2人，大专学历5人。局长1人，纪检主任1人，副局长3人；设办公室、行政事业审计组、企业审计组、审计事务所等机构。

审计工作成果　1999年共完成审计项目46个，审计单位80

多个。共查出各类违纪违规资金4854万元，收缴财政资金65万元，应减少财政拨款及补贴9万元，应归还原渠道资金12万元，指明要求纠正资金193万元。提交审计工作综合调查报告及信息12篇，提出合理化审计建议82条，为我县社会经济稳定发挥了积极作用。

完成交办任务　1999年共完成县委、县政府交办审计任务15项。查出各类违纪违规资金1729万元，收缴财政资金1万元。

完成上级下达审计任务　1999年共完成省、市审计机关下达的审计任务31项，审计单位达60多个，查出各类违纪违规资金2210万元，收缴财政及罚款22.4万元。

【洛川县审计局】　1999年共有干部、职工18个。其中大学学历2人、大专学历5人、局长1人、副局长3人。设有办公室及三个审计组。

审计工作成果　1999年共完成审计项目12个。审计单位51户；完成审计调查1项，调查单位3个；审计金额2.2亿元。共查出违纪违规金额443.77万元。同县纪检、监察、检察院等部门配合、查处经济案件1起，上缴财政金额58.13万元，共提交审计报告51篇。

完成县政府交办任务　1999年共完成县委、县政府交办的工作任务4项、审计清理单位56个。配合检察院对食品公司经理挪用公款5.5万元，贪污0.5万元的事实进行了认定。

完成上级下达审计任务　1999年共完成署、省、市审计机关下达的审计任务14项，审计单位36个，审计金额1.7亿元。

【子长县审计局】　1999年共有干部、职工18人。其中：大学学历1人，大专学历2人。局长1人，副局长1人；下设办公室、财政金融审计股、行政事业审计股、商贸企业审计股、工交企业审计股、审计事务所等机构。

审计工作成果　全年共完成审计单位（项目）45个，完成审计调查1项，审计总金额35545.73万元，查出违规违纪金额934万元，应收缴财政50.5万元，上缴县财政50.5万元，追还被侵占挪用资金18.8万元，同时配合县纪检、检察部门，查处经济案件2起，为社会稳定发挥了积极作用。

完成交办任务　1999年共完成县委、县政府交办的审计工作任务9项，审计清理单位20个，审计金额2461.5万元。对全县11个乡（镇）1997、1998年及1999年4月底的债权债务和各项财务收支进行了清查。

完成上级下达审计任务　1999年共完成省、市审计机关下达的审计任务23个，审计总金额33084.23万元。

【黄陵县审计局】　1999年共有职工23人。其中大学本科1人，大专学历6人，审计师职称4人，会计师1人，局长1人，副局长2人。设有办公室、财政金融审计股、行政事业审计股、企业审计股等机构。

审计工作成果　1999年共完成审计项目68个，完成审计调查1项。审计资金13641万元。共查出违纪违规金额1681万元。同县纪检、监察、信访等部门配合，查处各种经济案件3起，上缴县财政90万元，共提交审计报告68篇。追还被侵占挪用资金8.2万元，减少财政拨款和补贴23万元。节约基建投资78万元。

完成政府交办任务　1999年共完成政府交办任务23项。

完成上级下达审计任务　1999年共完成省、市审计机关下达的审计任务27项，审计调查1项。审计金额9836万元。

【延川县审计局】　1999年度共有干部、职工27人。其中大专学历9人。局长1人，副局长2人。设有办公室，财金企业股，行政事业股，审价中心等。

审计工作成果　1999年度，共审计单位和项目44个，完成计划任务的157%，查出各类违规行为金额1090.5万元，应收缴财政资金59.0万元，已收缴财政资金24.6万元，查出应归还被侵占挪用资金1138.2万元。提交各类审计工作报告和信息12篇，被批示采用1篇，建议纠正地方和部门不当规定6条。

完成交办任务　1999年度，完成县政府交办审计项目9个，其中企业厂长（经理）离任经济责任审计2项，部门领导离任审计1项，专项审计6项。

基本建设项目的审计　审计工程决算项目5项，累计决算造价856.9万元，核减虚报和高估冒算工程造价98.9万元。

【富县审计局】　1999年共有干部职工27人，其中注册会计师5人，审计师3人，大专学历12人，局长1人，书记1人，副局长2人。设有四股一室，即：财经审计股、农林水审计股、行政事业审计股、基建审计股、办公室。

审计工作成果　1999年共完成审计项目24项，审计单位46个。共查出违规违纪行为金额301.9万元，应归还原渠道资金46.7万元，上缴县财政金额2.6万元，提交审计报告5篇，向被审计单位提合理化建议62条。

完成上级下达审计任务　1999年完成省、市审计机关下达审计任务22项。审计资金总额4103.7万元。

完成交办任务　1999年共完成政府交办审计事项5项。

【延长县审计局】　1999年共有干部职工12人，其中：大学本科1人，大专学历4人，局长1人，副局长2人，设有办公室、财政金融审计股、行政事业审计股、工交企业审计股等机构。

审计工作成果　1999年，共完成审计项目45个，审计单位51户；完成审计调查9项，调查单位12个，审计金额1743.9万元，共查出违纪违规金额152万元。同县纪检、监察、信访等部门配合，查处各种经济案件4起，上缴县财政资金9万元，共提交审计报告21篇。

完成县政府交办任务　共完成11项，审计清理单位13个，审计资金总额达1173万元，审减金额110万元。

完成上级下达任务　共完成23项，审计单位27个，审计金额570.9万元。

【甘泉县审计局】　1999年共有干部、职工19人。其中，本科学历3人，大专学历8人。局长1人，副局长2人。设有办公室和2个审计股。

审计成果　1999年共完成审计项目45项，完成审计单位59个，完成审计调查1项，调查单位12个。全年共查出违纪违规行为金额1146万元，应收缴财政违纪资金23万元，已收缴财政及有关部门17万元。

【宜川县审计局】　1999年实有干部、职工12人。其中：局长1人、副局长2人。大学本科2人、大专学历3人。设有办公室和两个审计小组。

审计工作成果　1999年共完成审计项目54项，审计单位66个；完成审计调查1项；审计查出违纪违规行为金额1071万元，应上缴财政资金83.1万元，已缴县财政资金57.1万元；要求归还原资金渠道56万元，指明要求纠正金额533万元。共提交审计信息稿件11篇，被省市审计刊物和县委、县政府采用6篇。

完成交办任务　1999年完成县委、县政府交办的工作任务26项。其中：县级党政部门正职领导干部任期经济责任审计15项，县人大办公室财务收支审计1项。

完成上级下达的审计任务　1999年完成省市审计机关下达的审计任务38项，审计单位50个，审计查出违纪违规行为金额864.06万元，上缴财政资金57.1万元。

【志丹县审计局】　1999年共有干部、职工25人。其中：大学学历4人，大专学历3人，局长1人，副局长1人。设有综合审计股、行政事业审计股、企业审计股、离任审计办公室等机构。

审计工作成果　1999年，共完成审计项目46个，审计单位59户。完成审计调查2项，提交审计报告48篇，审计资金总额6.9亿元，共查处违纪违规定资金908.7万元，决定处理处罚21.7万元，应归还原资金渠道51.8万元，应上缴财政21.7万元，已上交县财政21.7万元，其中税金1.5万元，罚款13.1万元。建议纠正地方部门不当规定56条。

完成县政府交办任务　1999年，共完成县委、县政府交办的工作任务21项，审计资金总额630万元，查出违纪违规行为金额38.9万元，调整账务20多万元。收缴县财政1.83万元。

完成上级下达审计任务　1999年，共完成省、市审计机关下达的审计任务27项，审计单位31个，审计资金总额60664万元。

【黄龙县审计局】　1999年末共有干部、职工19人。其中，大专学历6人，局长1人，副局长2人。设有办公室，业务审计股，经济责任审计办公室。

审计工作成果　1999年共完成审计项目（单位）47个，占年目标任务的230%，审计查出各类违纪违规资金331.66万元，应上缴财政资金12.12万元，占违纪违规资金的3.65%，追还被侵占挪用专项资金35.6万元，对违纪单位罚款11万元，促进增收节支8.9万元，核减工程造价2.2万元。移送经济案件1起。提交信息11篇，被上级审计机关刊载1篇，提出合理化建议126条，被采纳68条。

完成交办事项　全年接受委托共完成5名乡（镇）长、3名政府工作部门领导和4名国有企业法人的任期经济责任审计工作，查出违纪违规行为金额33.4万元，收缴财政1.41万元，提交审计结果报告12篇。按政府指示，对2户企业和一个政府部门进行届中审计。由我局牵头对驻黄10个林场的税收交纳情况实施了审计，对10个林场多年欠税104万元进行清交，并对查出偷漏税款10余万元进行收缴，圆满完成了政府领导交办的事项，审计工作受到政府领导的肯定。

【吴旗县审计局】　到1999年底，我局共有人员19人，大专学历以上学历6人，局长1人，副局长3人；设有经济责任审计办公室、行政事业审计股、企业审计股等机构。

审计成果　1999年共完成审计项目单位92个，其中：完成计划审计项目24项，涉及单位37个，完成政府指派任务55项，完成基建项目开工前常规审计13项。对已审单位查出各类违纪违规资金4846.3万元，其中：决定处理处罚的383万元，指明要求纠正的4463.3万元。审计决定收缴财政资金31.8万元，其中：税金15.6万元，罚款10.2万元，其他没收资金6万元。在基建项目竣工决算审计中净核减工程决算129万元。提交审计工作报告、信息18篇，被上级审计机关采用11篇，采用率61%，提出合理化建议52条，基本得到采纳落实。

【安康地区审计局】　1999年，加大《审计法》宣传和贯彻力度。地、县两级审计机关以审计法颁布五周年为契机，大力开展审计法宣传活动，通过电视、报纸、街头设站、大幅标语、印发宣传提纲、召开座谈会等形式，进一步扩大了审计法和审计机关的社会影响，增强了各级领导和社会各界对审计工作的理解和支持。继续深化财政预算执行情况审计，改进企业财务收支审计，并注重在真实性审计上积极探索。同时积极完成地方党委、政府交办的审计事项，为促进党风廉政建设和经济发展做出应有的贡献。全区完成审计项目447个，超计划5.2%；查出违纪资金14373万元，决定应收缴财政552万元，已收缴财政468万元(其中地区局完成审计项目106个，查出违规资金总额5949万元，应收缴财政191万元，已收缴财政146万元)；减少财政拨款补贴27万元，归还原资金渠道818万元；移送有关部门处理的审计事项7件。

石泉县审计局对县民政局定期抚恤金进行专项审计中，查出该局截留、隐瞒定期抚恤金6.62万元，挪用1.4万元；县人大就此项审计结果发出通报；县纪委决定撤销该局局长、书记职务，并将负有一定责任的会计、出纳调离原工作岗位；岚皋县局在对一家银行的审计中，针对该行涉及14.68万元的27份假发票进行了艰苦的甄别、分析，最终落实了虚开假发票，套取资金6.9万元，以及利用其他手段套取资金5万元转入“小金库”的严重违规问题。宁陕县局对一个拒不执行审计决定的单位，申请法院强制执行，在社会上引起了震动。地区局在审计某公司时，注意突出重点，认真审查每一笔账务，发现该司1996~1998年将自用土地14.7亩进行商品房开发和对外有偿转让，取得转让收入352万余元，漏交土地增值税60万元，决定依法收缴财政。

队伍建设　一是加强班子建设。地、县局机关开展“三讲”学习教育，使班子的整体功能得到发挥，较好地履行监督职能；二是抓好支部建设。地区局机关党支部被地直机关工委连续三年评为先进党支部。

【安康市审计局】　1999年，全年共完成审计项目（单位）43个，共查出违规行为金额3424万元。其中，企业审计：资产、负债和损益不实2481万元，损失浪费53万元；行政事业单位审计：挤占挪用专项资金41万元，预算外收入未交专户33万元，私设“小金库”109万元，漏交税金9万元；基本建设项目审计：建设资金未落实31万元，挤占建设成本6万元，概预算外投资27万元；市、乡财政预算执行和决算审计：违规调整预算40万元，挖挤上级收入25万元，隐瞒转移预算收入50万元，应缴未缴预算收入168万元，挪用预算资金14万元，违规办理预算拨款10万元，混淆入库级次18万元，违规办理财政结算301万元，其他违规问题8万元。依照有关法律法规对所查出的违规行为金额中的204万元作了处理处罚，3220万元要求进行纠正。审计处理决定收缴财政金额61万元，截至12月底已入库49万元，入库率为81%，各项指标的完成在全地区县（市）审计机关中名列前茅。上级委托的工行、建行审计，被评为全区审计系统先进单位。

【紫阳县审计局】　截止到1999年底，实有在岗职工10人。其中：本科学历2人，大专学历8人，审计师1人，会计师1人；局长1人，副局长1人；局内设办公室、行政事业审计股、企业金融审计股等机构。

审计工作成果　1999年完成省、地审计部门下达的审计任务32项，审计单位55个，审计金额13161.7万元，共查出违纪违规金额1293万元，指明纠正384万元，已决定收缴金额19万元，其中：交叉审计查出违纪违规金额900余万元，收缴给地财政10万元，县财政9万元。配合纪检、检察等部门，对县医院财务收支进行全面清理整顿，挖出一窝蛀虫，受到县医院职工和社会各界的好评。

另外，根据审计中发现的突出问题，及时写出专题报告2份，所提建议，被县政府批转执行。

【岚皋县审计局】　1999年末有干部、职工13人。其中：文化程度大学本科2人、大专学历8人、局长1人、副局长2人；内设行政事业审计股、财政金融审计股、企业基建审计股等机构。

审计工作成果　全年共完成审计项目46个，审计单位58户；完成审计调查4项，调查单位6户；审计金额12500万元，查出违规违纪金额434.3万元，收缴违纪资金16.9万元，追还被侵占、挪用资金239万元，各项考核指标均创历史纪录。

完成上级下达任务　全年共完成署、省、地审计机关下达的审计项目12个，审计单位15户，审计金额8430万元。

完成县政府交办项目　全年共完成县委、县政府交办的审计任务15项，审计单位18户，审计金额1890万元。

审计信息宣传　全年总计向各类报刊及广播电视台（站）投送审计信息宣传稿件30篇，其中被各级审计报刊采用25篇。

【旬阳县审计局】　1999年共有干部职工22人，其中：大学本科学历2人，大专学历9人，有注册会计师3人，审计师9人。局长1人，副局长2人；设有行政股、财金基建审计股、企业审计股、行政事业审计股。

审计工作成果　1999年共完成审计项目42个，涉及单位86个，查出违规资金607.7万元，上交财政资金17.5万元。

【镇坪县审计局】　1999年镇坪县审计局有局长1人，在职职工8人，其中：大专学历文化程度4人，中级专业技术职称的2人。

审计工作成果　1999年全年完成审计单位项目29个，查出各类违规行为金额152.13万元，应归还侵占挪用资金10.4万元，应上交财政资金10.33万元，已上交财政资金4.34万元，提交审计工作报告和信息8篇，全面完成了年度的审计工作任务。

【汉阴县审计局】　1999年实有干部职工15人，其中，大学本科文化1人，大专学历文化10人，具有审计师资格6人，注册会计师资格1人；局长1人，副局长1人。局内设行政股、行政事业审计股、企业审计股等机构。

审计成果　1999年共完成审计项目34个，审计单位73个，累计查出违纪违规金额795万元，上交财政资金23万元，追回被挤占挪用专项资金33万元，向县监察局移送经济案件线索2起。在完成的审计项目中，完成当地党委、政府交办的领导干部任期经济责任审计任务6项，查出违纪违规金额481万元，上交财政9万元。完成审计调查2项，共为政府、人大和上级审计机关提供审计调查和综合分析报告8篇，提供各种审计信息12篇。

【平利县审计局】　1999年有干部、职工13人，其中：大学学历1人，大专学历6人，局长1人，副局长1人；内设办公室、行政事业审计股、财金基建审计股、企业审计股。

审计工作成果　1999年，共完成审计项目（单位）59个，完成审计调查2项。共查出各类违纪违规资金3646万元，上缴财政资金11万元，追还被挤占挪用的各类专项资金114万元。提交审计工作报告、信息30篇，被地方党政领导、上级审计机关和新闻单位批示、采用23篇。

完成地方领导交办任务　按县委、县政府安排，共派出8人参加全县乡镇负债清查工作；积极配合参与了供销系统的财务挂账清查审核；一年来由局机关派审计组和授权社审机构对10个单位领导离任进行了审计。并及时提供线索，积极配合纪检、监察部门查出违纪案件，促进了全县反腐倡廉和党风廉政建设。

【石泉县审计局】

审计工作成果　1999共完成上级下达的审计项目25个，审计调查3项；县委、县政府交办审计任务8项，共计36个审计项目。查出违纪违规行为金额258.58万元，审计决定收缴资金18.2万元，已收缴财政入库23万元（含清收上年度违纪资金14万元）。其中查出有严重违纪违法行为和线索的案件3起，全部移交司法和纪检监察机关，已处理案件1起，处理责任人3名。全年写出专题，综合审计报告5篇，新闻稿件21篇。

重点行业审计　全年重点安排了金融行业的资产负债审计和检法两院的财务收支及收费项目审计。经过两个月的认真细致地工作，摸清工、建两个支行资产负债的底子，帮他们找出了经济管理中存在的问题和差距，按时上报了有关表格和审计报告。在审计检法两院的工作中，着重对其罚款收入和各项收费管理中存在的不规范行为进行了审计，有关问题及时进行纠正。

要案审计　1999年对县民政局专项优抚金的审计，发现其有隐瞒，挪用定期抚恤金的问题，经专题报告县政府后，对其隐瞒，挪用的66222.67元定期抚恤金全部没收，并对直接责任人的违纪问题，移交给了县纪委、监察局。撤消了责任人县民政局局长职务；纪委、监察局对其他3名责任人分别给予了警告、训诫等行政处分。

【宁陕县审计局】　1999年共有干部职工12人，其中：大学学历1人，大学专科学历7人。具有中级职称（审计、会计）人员2人，局长1人、副局长2人；内设有办公室、业务股。

审计工作成果　1999年共完成审计项目25项，审计单位28个；完成审计调查项目3项，调查单位20个；共查出各类违规行为资金387万元，上缴县财政资金154万元（含同级审），提交审计工作报告、信息15篇。

完成县政府交办任务　1999年县委、政府交办工作任务3项。其中，抽调10人组织财政局、大检办、体改委、监察局、国产局等单位人员，历时40天，对我县18户已改制国有企业改制情况进行了审计调查，摸清了改制资金使用情况和改制资产处置情况，受到了县委、政府领导的好评。

【白河县审计局】　截至1999年12月底，全局有正式职工12人。其中，大学本科学历1人，大专学历7人，中级技术职称7人，内设办公室，财金审计股，行政事业审计股，企业审计股。局长1人、副局长1人。

审计工作成果　1999年，地区局下达项目计划28个，县政府第十次常务会议批转审计项目30个，实际完成36个。查出违规行为金额164万元，应收缴财政资金15.2万元，全部入库。依据审计法，完成了县本级财政预算执行审计。1999年12月，经县委组织部立项，对8名正科级领导进行了任期经济责任审计。

完成交办的事项　1999年3月，完成大双乡农村“四教育”工作，综合得分94分，通过地区验收。县职教中心成立后，按县长办公会要求，审计局完成对县职中、农广校、函授站等六个单位财务情况专项审计。组织协调县上有关部门对我县近年来的扶贫资金进行一次全面清查审计。

甘肃省

【甘肃省审计厅】

厅领导成员

厅长：高存弟

副厅长：孙用廉

韩汝坤

任素英

樊静安

纪检组长：胡秀龙

审计成果　1999年全省各级审计机关共完成审计项目5547个，超额80%完成了全年任务。查处各类违规资金33.9亿元，比上年增长118%。其中：应上缴财政9900万元，已上缴6600万元，分别比上年增长30.3%和33.9%，减少财政拨款和补贴176万元，追还被侵占挪用资金3.39亿元，共为国家增收节支4.01亿元，比上年增长60.4%。

财政预算执行情况审计 1999年，全省各级审计机关共查出违规行为金额15亿元。通过对查出的省级财政问题的处理，追回挤占挪用资金1979万元，促进专项资金下拨到位1661万元，收回应缴未缴的资金2970万元。根据审计发现的问题，提出了增加预算的透明度、加强对支出的管理、规范财政转移支付制度、集中财力办大事等8条改进措施和建议。在对省级财政预算审计的同时，全省5市两州和3地区及86个县市区也开展了同级财政审计，查出各类违纪违规资金1.41亿元，通过处理，可增加财政收入1451万元。

大案要案审计查处情况 1999年，省厅在对白银市环保污染治理资金征收管理情况进行审计中发现，白银区城乡建设环保局会计兼出纳自1996年至1998年采用不记账手法，共挪用环保资金24.5万元、公款私存30万元，现金短库1.57万元。

白银区城乡建设环保局会计兼出纳挪用环保资金问题已触犯法律，省厅按《审计法》规定，已将此案移送白银区检察院依法追究责任。

经济责任审计 1999年5月，中央关于《县级以下党政领导干部任期经济责任审计暂行规定》和《国有企业及国有控股企业领导人员任期经济责任审计暂行规定》发布以后，省厅根据审计署关于贯彻“两个暂行规定”的通知精神，立即作出部署，组织审计人员学习、讨论和领会精神。要求广大审计人员充分认识落实“两个暂行规定”、开展领导干部任期经济责任审计工作的重要性，增强责任感和使命感，提高贯彻执行“两个暂行规定”的自觉性。对照“两个暂行规定”，着手修订了本省干部离任审计的实施办法，并向全省各级审计机关发出了贯彻执行“两个暂行规定”的通知。

1999年，甘肃省各级审计机关共进行领导干部离任审计814项。其中：完成县处级及以下领导干部离任审计803项、803人；完成地厅级领导干部离任审计11项、11人。

农业专项资金审计 1999年，甘肃省组织省地有关审计机关对省扶贫资金主管部门、11个地州市、53个贫困县1997至1999年6月的扶贫资金进行了审计，查出违纪资金3.72亿元。审计情况向省委、省政府作了专题反映，省委书记、省长分别作了重要批示，省扶贫办、省计委就扶贫资金挤占挪用、滞留下拨不及时等问题作出了具体安排，提出了坚决纠正的措施和要求。

环保专项资金审计 1999年，本省组织部分审计机关对省本级、省辖5市及张掖、酒泉地区、甘肃矿区等污染较严重地市1996至1998年排污费征收及环保补助资金的管理、使用情况进行了审计，并延伸审计了14个县区及45个环保治理项目、用款单位，查处了一些财政部门为发放工资、平衡财政预算将环保资金纳入预算安排的问题，还查出挤占挪用、滞留环保治理污染资金1.3亿元。查出白银区环保局会计私存、挪用环保资金及利息56万元的问题，已移交检察机关处理。

科教经费审计 1999年，通过对科教经费的审计，发现全省科技经费、教育经费安排不平衡，少数地区科教经费增长低于财政收入的增长，大部分地县科技三项费用未达到《甘肃省科技进步条例》规定比例。审计还查出科教资金安排分散，拨款不及时甚至截留挪用等问题。

养老保险基金审计 1999年，经省地县三级审计机关统一检查，基本摸清了各级养老保险基金的缴存、支付和管理情况，查处了养老保险基金及其利息未按专户储存、未记基金收入、挤占挪用等违规行为。还根据审计署、财政部、劳动和社会保障部的要求，组织审计人员对中央在甘13个行业39个单位统筹企业职工基本养老保险金进行了审计，发现有色、煤炭、铁路等行业共拖欠职工养老金1924.36万元。

法、检两院专项资金审计 全省各级审计机关重点检查了法院、检察院系统擅自扩大范围、提高标准收费以及坐支、挪用等问题，同时对司法机关与其所办经济实体脱钩情况进行了审计调查。查出一些地县法检两院自立名目搞“创收”，向有关单位收取赞助费及乱摊派等违规问题，还查出隐瞒截留办案费，私自动用诉讼费建房、购车等问题。

上述专项资金审计共查出违规违纪资金4.28亿元。对此，各级审计机关依法作出了归还原资金渠道、没收非法收入、退还不合理收费及罚款的处理决定，并建议财政部门进一步加强对财政资金的管理，提高资金的使用效益。

国有企业和重点建设项目审计 1999年，全省各级审计机关围绕企业改组、改制和三年解困目标，对投资规模大、当地经济发展有较大影响的企业进行了审计。重点开展了对10户大型企业集团、上市公司和亏损额较大企业的审计，并对7户企业集团实行监控办法，随时了解掌握这些企业的生产经营状况。通过审计，揭示和纠正了企业资产负债不实，隐瞒潜亏，虚盈实亏等问题，向政府有关部门反映了企业真实经营状况及成果。

根据省政府领导的要求，省审计厅组织14个地州市审计机关对全省26个公路及项目资金进行了审计调查，查出9390万元省财政资金未按要求及时拨付到位。省审计厅重点审计了国道312线树徐段竣工决算和省道304线安蔺段在建期审计，查出挤占挪用、漏交税金等问题，经处理，可为国家节约投资3399万元。根据审计署授权，还组织审计人员对中央6个直属储备粮库竣工决算进行了审计，发现由于设计、管理、施工等方面存在缺陷，造成工程进度缓慢，情况反映后，引起了国务院领导的重视。

1999年上半年，全省各级审计机关还集中力量审计了人畜饮水、集雨节灌、小型农田水利及水土保持、小流域治理等21个水利建设项目，查出地、县配套资金不落实，主管部门滞留、挪用水利专项资金，超标准、超规模、多结工程款等违规资金1691万元，核减工程结算318万元。

工行、建行系统和外资运用审计　按照国家审计署的统一部署，全省省地县三级审计机关开展了对省建设银行系统和省工商银行73个县支行及办事处1998年度资产负债损益的真实合法效益情况审计，查出少计多计收入、少计多计支出、应缴未缴税款、违规放贷和拆借资金造成损失等有问题资金1.73亿元，提出了防范金融风险、加强资金管理的意见，并专题向审计署作了汇报。

外资运用审计方面，坚持对外公正与对内监督并重的原则，加大审计力度。甘肃省对审计署授权的12个世界银行贷款项目和欧盟援助项目进行了审计，查出各类违纪违规资金3496万元。该审计项目被审计署评为1999年度表彰项目，甘肃省被审计署评为外资审计工作先进单位。

审计信息工作　1999年，全省各级审计机关共提交审计信息、调研2240篇，厅机关提供的161篇信息，被中共中央、国务院办公厅、审计署办公厅和省委、省政府办公厅采用135篇，被省委、省政府领导直接批示的有30篇。1999年本厅再次被省委、省政府办公厅评为全省党务、政务信息先进单位，这是自1995年以来，本厅连续5年被评为信息工作先进单位。

1999年，甘肃省各级审计机关完成地方党委和政府及有关部门交办的审计事项1053件。其中干部离任审计814件，配合纪检监察部门查证案件14件，参加各种专项检查96次，较好地发挥了审计监督在深化改革和发展经济中的作用。

机关建设情况　1999年，全省各级审计机关坚持以人为本，在广大党员和干部职工中广泛开展了“内强素质、外树形象”的活动。为了总结近年来全省审计机关开展思想政治工作取得的成绩，交流推广经验，1999年7月1日，召开了全省审计机关思想政治工作会议，表彰了19个开展思想政治工作成绩突出的单位，研究分析了新形势下思想政治工作的特点，积极探索适合全省审计机关实际的思想政治工作新路子。会议提出“建设一流领导班子，带出一流审计队伍，创造一流审计业绩”的奋斗目标，在全省引起了较大反响。省长到会讲了话，充分肯定了甘肃省审计机关重视理论学习、重视思想政治工作的做法和经验。

开展审计宣传和普法教育情况　1999年，为了纪念《审计法》颁发实施五周年，省审计厅紧紧围绕宣传《审计法》，利用各种新闻媒体，采取各种形式，开展宣传《审计法》的活动。省审计厅和省广播电台联合举办了《审计之窗》栏目，播发文章34篇。全省地市一级还在当地报刊、电台等新闻媒体开辟专栏，宣传审计法规，扩大了审计影响。省审计厅还组织干部职工积极参加“法律知识进万家”知识竞赛和全省“家庭法律知识”电视大赛。根据甘肃省“三五”普法规划的要求，开展了对行政执法人员持证上岗培训和考核；加强了对审计法及其实施条例、《预算法》、《行政处罚法》、《行政复议法》的学习宣传；举办了多次法制讲座，请有关方面的专家、领导讲课。省审计厅还组织人员到各地进行执法检查，按照考核评分表的要求进行现场考核。经省政府对我厅行政执法情况进行检查考核，评定为优秀单位。

1999年，全省各级审计机关共完成科研论文67篇。对全省选送的36篇论文进行了评选，对评出的16篇优秀论文给予了奖励。《甘肃审计》杂志的编辑质量进一步提高，年发行量保持在一万份以上，在审计宣传、经验交流、理论研讨等方面发挥了重要作用。

审计业务培训情况　1999年，省厅举办了财政、农业、环保、金融、外资、养老保险等专项审计培训和改制企业审计、现金流量业务知识等培训班9期，有610多人参加。举办了8期计算机知识培训班，有231人次参加。组织250人参加了审计署计算机知识考试，厅机关1949年以后出生的110名审计人员全部参加了培训考试，已有75人考试合格。

【兰州市审计局】

预算执行和财务收支审计情况　1999年，在对1998年同级财政预算执行情况审计中，审计了财政局、地税局、建委等32个部门的预算执行情况。审计中发现并查处了兰州市养老保险基金被挤占挪用1003万元的问题，经向市政府呈报《1998年市级财政预算执行和其他财政收支情况的结果报告》后，市政府责成有关单位尽快归还占用资金。1999年8月17日，本局受市政府委托，向市人大常委会作了《关于1998年市级财政预算执行和其他财政收支情况的审计工作报告》，得到会议代表的充分肯定。“同级审”中查出的被挤占挪用的养老保险资金，已经有803万元归还。

工行、建行系统审计情况　1999年，该局组织市属县、区审计局对工商银行部分分支机构、建设银行部分分支机构的1998年资产、负债、损益情况进行了审计。共审计单位18个，其中：工行5个行（办），建行13个行（办）。查出的违纪违规金额为

2247万元。在对信贷资产进行审计中发现和纠正了两行清分不实的问题。

经济责任审计　1999年，共完成经济责任审计8项。

计算机审计情况　1999年，在对工行、建行系统审计中，初次运用了计算机审计。

受表彰情况　1999年，本局被评为甘肃省审计系统思想政治工作先进集体。

【兰州市城关区审计局】

预算执行和财政收支审计情况　预算执行审计，重点加强了审计的广度和深度，延伸审计一级预算单位25个，二级预算单位23个，查出违纪资金115万元，可增加财政收入18.6万元。

全年完成行政事业单位财政、财务收支审计32项，查出违纪资金143.3万元。进行企业审计8项，通过审计纠正了一些账务处理中的问题，提出加强国有资产管理建议6条。完成基本建设竣工决算审计3项，核减工程款77.1万元。对教育科技经费、养老保险基金、失业保险基金等进行了专项审计。

经济责任审计情况　完成行政事业单位领导干部离任审计10项；企业领导干部离任审计1项。共查出违纪资金99.2万元。

工行、建行系统审计情况　完成建行2个办事处和商业银行4个支行1998年的资产、负债、损益审计6项，查出违纪资金3022.2万元，调整损益389.4万元。

【兰州市七里河区审计局】

预算执行和财政收支审计情况　1999年，在对1998年度区级预算执行和财政收支情况的审计中，查出违纪资金117.4万元，其中应上缴财政82万元；已入库57.75万元。

经济责任审计　1999年，完成党政领导交办的审计事项1项。

工行、建行系统审计情况　1999年，在对建行系统的审计中，发现并纠正了人为调整应付利息、少计利息支出、虚增利润及信贷资金发放不合规等问题，并为一办事处收回贷款20万元。

【兰州市西固区审计局】

预算执行和财政收支审计情况　在对西固区1998年财政预算执行和财政收支审计中抽审一级预算单位22户，抽审纳税户8户，查出违纪行为资金4822.63万元，其中：决定处理处罚15.17万元，指明要求纠正4807.96万元。

工行、建行系统审计情况　受市审计局委托，对建行西固支行西固营业部和商业银行西固东路支行、银炼支行、城建支行1998年度资产负债及损益情况和信贷资产真实合规性及其质量进行了审计。

经济责任审计　完成领导干部和企业领导人员经济责任审计9户。

【兰州市安宁区审计局】

1999年，共完成预算执行和财政收支审计项目24个，审计资金总额3597万元。通过审计，查出有的部门未上缴罚没收入76.2万元，查出“小金库”1个，金额1万元。此外，还有行政乱收费、使用假发票套取现金等违纪违规问题。这些问题均得到了及时处理和纠正。区人大常委会和区政府常委会听取了审计工作汇报，对我区的同级财政审计工作给予充分肯定。

1999年，共完成区领导交办事项7项，其中：解困资金管理和发放审计1项；科级干部离任经济责任审计6项。通过审计，为领导决策提供了依据，2名科级干部提升为县级干部，4人平调。

【兰州市红古区审计局】

预算执行和财政收支审计情况　1999年，进行了对财政预算的同级审，并延伸了13个一级拨款单位，审计资金总额3367万元。发现违纪违规资金256.8万元，决定处罚的资金240.8万元，指明要求纠正的资金16万元，应交财政3.1万元。

工行、建行系统审计情况　根据上级安排，对工行、建行的资产、负债、损益情况进行了审计，审计资金总额44693.5万元，发现违规资金142.9万元，应交财政15.6万元，对建行红办的审计资金总额39711.5万元，发现违规资金2.7万元，应交财政0.2万元。

经济责任审计　1999年，完成领导干部离任审计1项。

审计法颁布实施五周年纪念活动情况　1999年，为纪念审计法颁发实施5周年，全局干部职工深入学习、宣传审计法有关知识，参加了审计法知识竞赛活动。

【永登县审计局】

预算执行和财政收支审计情况　1999年，先后重点审计了县财政局、地税局等预算组织实施单位，并延伸审计了19个一级预算拨款单位、7个乡级财政决算单位和7家纳税户，审计预算资金8173万元，审计基金2478万元，审计预算外资金912.79万元。预算执行和财政收支审计中共查出乱收费、挤占、挪用专项资金等违纪行为金额21.79万元。

工行、建行系统审计情况　根据市审计局安排，本局分别对县工行、建行1998年财务收支进行了审计。通过审计摸清了家底，发现各种违纪行为金额397.8万元。

【榆中县审计局】

预算执行和财政收支审计情况　1999年，审计预算资金总额6431万。延伸审计了40个一级预算执行单位和19个二级预算执行单位及32户纳税企业。补缴偷漏税款31.7万元。

大案要案查处情况　1999年，向司法机关移送涉嫌贪污案件1起1人，向纪检、监察机关移送违纪案件2件4人。被给予刑事处分1人，降职及党纪处分2人。

干部任期经济责任审计　先后对25个县直部门和乡镇主要领导任期经济责任进行了审计。为组织人事部门监管和使用干部提供了依据。

【皋兰县审计局】

预算执行和财政收支审计情况　1999年，共审计预算资金3590万元。查出各类违纪违规资金336万元，收缴审计专户12.8万元，收交财政入库资金41.6万元，纠正违纪资金281.6万元。并结合预算执行审计，重点对全县科教经费、扶贫资金、社保资金及其他专项资金和法检两院的财务收支进行了审计，做到了上下交叉、点面结合，成效显著。

工行、建行审计　1999年，抽查各类贷款金额7439.3万元，查出两行违规多计成本费用20.7万元，漏交税款1.9万元，揭露了两行信贷资产质量方面存在的问题，提出了改正意见和建议。

经济责任审计　1999年，完成经济责任审计3项。

【金昌市审计局】　1999年，金昌市审计局全年共审计63个项目（单位），查处违纪资金9643万元，应上缴财政46万元，追还挤占挪用资金3274万元，调减财政拨款或补贴152万元，为财政增收节支200多万元。

预算执行和财政收支审计　1999年，在对金昌市财政预算审计中，共审计一级预算单位24个，延伸审计二级预算单位41个和8户企业。审计资金总额9851万元，查处违纪资金576万元。“两报告”得到金昌市人民政府和金昌市人大常委会的重视和好评。在对金川区政府1998年度财政决算审计中，审计资金5724万元，查处违纪资金119万元。

工行、建行审计　按照审计署要求，对工行金昌市分行东区办事处、河西堡办事处、永昌县支行和建行金昌市分行系统1998年度资产负债损益情况进行了审计，查处违纪资金59万元。

经济责任审计　按照”两办”经济责任审计精神和金昌市人民政府指示，完成了4位离任县级干部的经济责任审计。

《审计法》颁布实施五周年纪念情况　为纪念审计法颁布实施5周年，金昌市审计局召开研讨会、座谈会，并在《金昌日报》设立专版和以专题形式在金昌电视台宣传《审计法》贯彻落实情况，收到了良好的效果。

计算机审计情况　1999年，自办培训班培训20人，参加甘肃省审计厅培训6人次。已通过审计署计算机考试合格4人。同时在对工行、建行审计中，利用计算机开展辅助审计，汇总有关资料，发挥了计算机审计的作用。

【金昌市金川区审计局】

1999年，共完成审计项目14项，审计资金总额9761.5万元，查出各类违纪违规资金198.04万元。其中审计1998年度区级财政预算执行情况的资金总额为6846万元，查出违纪违规行为金额35.3万元。乡级财政决算收入1024.2万元，查出违纪违规行为金额47.1万元。共提交本级政府及上级业务主管部门审计报告和审计调查报告17篇。

1999年，共完成省、市审计机关下达的专项资金审计6项，审计资金总额1891.3万元，查出违纪资金106.6万元。

完成任期经济责任审计5项，完成离任审计4项，审计资金总额1826.6万元，查出违纪违规行为金额91.8万元。配合区纪检、监察等部门，查处经济案件2起。

【永昌县审计局】

财政预算执行审计情况　1999年，本级财政预算执行审计总金额6192万元，共审计一级预算拨款单位10个，2级预算拨款单位8个，查处各类违纪资金3.3万元，已上缴财政3.3万元。

建行审计情况　1999年，对建行永昌县支行1998年度资产负债损益情况进行了审计，在审计过程中，共抽审企业25家，自然人10户，抽审资金1118.97万元，占年末信贷资金总额1465万元的76.3%。

计算机审计情况　1999年按照省审计厅培训计划，先后有4人次参加了计算机培训学习，从而为开展计算机审计奠定了基础。

审计法颁布实施五周年纪念活动情况　在审计法颁布实施五周年之际，我局在县电视台定时进行了审计法宣传活动。利用黑板报和橱窗等多种形式，积极宣传审计法和审计法规，收到了良好效果。

经济责任审计　1999年，“两办”经济责任审计暂行规定下发后，及时组织审计人员认真学习，按照县委和县政府安排，1999年共完成经济责任审计项目20项，依据“两办”暂行规定，经县委研究讨论制定了《永昌县领导干部任期经济责任审计实施办法》。

【白银市审计局】　1999年，共完成审计项目61个，查处和纠正违纪资金12367万元。其中收缴财政资金275万元；完成审计调查3项；配合纪检、监察部门查处经济案件4起。在严肃财经纪律、维护经济秩序和促进廉政建设等方面发挥了积极作用。

1999年，继续把本级预算执行情况列为审计重点，共审计一级预算单位13个，二级预算单位12个，审计银行账户147个，审计预算资金11024万元，占预算支出的60%，查处违纪违规资金1075万元。通过审计，揭露了财政分配和收支管理中存在的问题，提出审计意见和建议6条，促进了财政管理工作的规范化。

对工商银行和建设银行审计中，以检查信贷资产质量为重点，内查外调，取得了良好效果。通过对9个金融机构的审计和266户贷款企业的调查，查处违纪违规资金874万元，提示和反映了两行信贷管理特别是信贷资产质量方面存在的问题，引起了有关部门的重视。

1999年，共完成党委、政府交办的审计事项9项。其中干部离任经济责任审计6项，其他审计2项，为领导决策和干部任免提供了依据。

重视和加强计算机技术培训工作，13人取得全国审计系统计算机水平考试合格证。计算机技术运用由统计、法律法规的查询，向财政、金融、企业、工程量核算等方面扩展。

1999年，“两行”审计和扶贫资金审计工作受到甘肃省审计厅的表彰；局党支部被白银市直机关评为先进党支部。受表彰2人。

【白银市白银区审计局】 1999年，共完成审计项目29项，占年计划25项的116%，查出各类违纪资金45.7万元，应上缴8.5万元。

预算执行审计　查证12户预算组织和预算执行单位。查出的主要问题是：个别单位预算外资金未足额上缴财政专户，未按规定程序审批使用，自行坐支；购置小轿车未办专控手续；虚报冒领保障金等。

其他审计　完成2个乡财政，2户信用社，2个外资项目等审计及7户单位领导的经济责任和离任审计。

“三五”普法　组织学习宣传“审计法”及实施条例，参加学习了“三法一条例”并取得合格证。

【白银市平川区审计局】 1999年，共完成审计项目27个，占年度计划项目26个的104%，共查出各类违纪违规资金59.78万元。应缴财政资金12.67万元，已全额收缴财政。

同级财政预算执行审计　1999年，对区财政、区地税局、本级国库进行了审计，延伸审计了10个一、二级预算执行单位，审计单位数约占一级预算执行单位的33%，延审金额3300万元，约占预算支出资金5374万元的61%，查处各类违纪违规资金13.88万元。还对2个乡（镇）财政决算情况进行了审计。

金融审计　对建行平川区办事处和3个基层农村信用社资产负债及损益情况进行了审计，同时对建行平川区办事处五类信贷资产中25个贷款户信贷质量进行了审计调查，查处了各类违纪违规资金45.90万元。

经济责任审计　完成了3个单位的领导离任审计。

《审计法》颁布实施五周年纪念情况　为纪念《审计法》颁布实施五周年，我局召集区内国家审计、社会审计、内部审计人员及各单位负责人和财务人员进行了座谈，深入学习了《审计法》和《审计法实施条例》，交流了《审计法》贯彻实施经验。

【靖远县审计局】 1999年，共完成审计项目37个。审计单位52户；完成审计调查2项，调查单位4个；查出违纪违规金额599万元。决定处理处罚15万元，指明要求纠正584万元，已上交财政4万元，提出合理化建议37条。

完成交办任务　1999年，完成县委、县政府交办的工作任务4项。并配合财政、纪检等部门，参与了企业改制、预算外资金清理及收支两条线执行情况检查等工作。

完成上级下达审计任务　1999年，共完成省、市审计机关下达的审计任务11项。其中：国外援贷款审计5项，专项审计5项，金融审计（建设银行）1项，审计单位12个。

【景泰县审计局】 1999年，共完成审计项目51项，审计单位112个，查出各类违规行为资金424万元。其中，应上缴财政资金15万元，追还被侵占挪用资金82万元，对违纪违规单位处罚资金8.5万元，为国家增收节支38万元，向纪检机关移送案件1件。

完成县政府交办任务　1999年，完成政府交办事项14项。其中，离任审计3项，股份制企业经营状况审计10家，其他1项。揭露了经营成果不实和管理不善造成损失浪费资金等问题，为政府加强管理、组织人事部门考核任用干部提供了决策依据。

完成审计工作任务　1999年，完成省、市审计部门下达的审计任务36项，审计单位86个，审计金额14628万元。

【会宁县审计局】 1999年，共完成审计项目47个，查出违纪资金328万元。其中上交财政3.5万元。

财政审计　对财政、税务、政府各部门的审计。查出违纪资金52万元，上交财政1.6万元，归还原资金渠道36万元，促进各部门加强管理，提高财政资金使用效益。

经济责任审计　1999年，按照中办国办两个暂行规定，对5个单位领导任期经济责任进行了审计，取得了一定的成绩。县委颁布了《会宁县科级领导干部离任审计制度》，规范了审计程序。通过经济责任审计公正地反映了领导干部任期实绩，提高了领导干部的廉政勤政意识。

【天水市审计局】 1999年共审计410个项目，查出违纪行为金额12879万元，收缴财政资金275.26万元，督促归还原渠道的资金3158万元，促进增收节支3367.26万元。

同级财政审计共审计一级预算单位188个，二、三级预算单位96个。

纳税企业79户。查出违纪行为金额1975.67万元，审计处理后可为财政增收节支138.11万元，追还专项资金369.15万元，调增固定资产110.9万元。

对工行、建行系统的审计，查出违纪资金629.8万元，查出不良资产3892.78万元，增加中央、地方收入近30万元。

报请市委、市政府印发了《天水市实施领导干部经济责任审计办法》，通过审计知识竞赛等方式开展了一系列纪念《审计法》颁布实施五周年活动。被市委、市政府命名为市级文明单位，被市爱委会评为卫生先进单位，被省审计厅评为全省审计机关思想政治工作先进单位，市政府系统目标责任考核二等奖，帮扶工作获全省先进单位，机关党支部被市委评为全市基层组织建设先进单位，公文处理、档案、保密工作受到省审计厅的通报表彰。

【天水市秦城区审计局】
1999年共完成审计及审计调查项目52个，查出违纪资金62.33万元，决定处理处罚16.67万元，指明纠正45.66万元，收缴财政5.47万元，共提交审计报告52篇，完成了省、市审计工作计划。

配合区减负办对全区22个乡农民负担问题进行了督查，配合区纪委、民政局、工会、信访办等单位对区民政福利厂、橡胶厂进行了专项调查；配合区国资局、体改委、计经贸局等单位开展对市建材厂和陇新化工厂的破产清算工作；配合牡丹乡抓计生工作及藉口乡小寨村脱贫工作；配合区清房办开展职工住房清查工作。

【天水市北道区审计局】
1999年共完成审计项目37个（其中：计划项目22项，区委、区政府交办项目15项），占年计划的168.36%，审计单位78个，占计划的190%。审计资金总额4.45亿元，查出违规违纪行为金额1784.23万元。上缴区财政金额45.19万元，归还原资金渠道资金209.7万元：查补入库税款13万元。提交审计信息、报告68条（篇），被各级采用49条。配合纪检、监察、组织、人事、财政、税务等部门查处案件7件，为社会稳定发挥了积极作用。

1999年本级财政预算执行审计中对使用财政性资金较多的区教育局等27个一级预算单位进行了延伸审计，延伸审计单位占65个一级预算单位的41.51%，审计资金总额6628.99万元，占预算支出总额10067万元的65.85%，共查出违规金额245.71万元，其中：财政部门40.34万元，地税部门4.01万元，延伸审计单位201.36万元，对这些问题，依据有关法规作出了相应的审计处理，处理后增加财政收入42.67万元。

【武山县审计局】 1999年共完成审计项目25个，占计划24项的104%，查出并纠正违纪违法行为金额2972.77万元，其中追回挤占挪用专项资金116万元；应收缴县财政36.83万元，已上缴30.63万元。根据县政府指令对县卫生局长自任职以来单位的财务进行了就地审计，并将审计结果上报县政府。

【甘谷县审计局】 1999年共完成审计项目45个，查出各类违纪资金3918.75万元，应收缴违纪资金罚款、增加财政收入2.27万元，已收缴1.77万元，追还挪用专项资金2223.49万元，为被审单位追还损失2.6万元，督促财政部门及时拨付扶贫和生态建设资金1000多万元，督促有关单位及时缴纳欠税8万元，缴存财政预算外专户资金10多万元，向上级审计机关和党政领导提交审计工作报告、信息26篇。

【清水县审计局】 1999年共完成审计项目40个，占计划24项的171%，审计了118个单位，审计总资金22627.7万元，共查出违纪违规行为金额1932.42万元，应上缴财政资金44.78万元，已上缴31万元，占应上缴数的69.2%，通过财政机关调账处理，可减少财政赤字73万元，追回被侵占、挪用的资金355.18万元。

【秦安县审计局】 1999年共完成审计项目计划24项，共查出违纪资金268.35万元。其中：审计决定要求处理处罚的资金197.95万元，要求指明纠正资金70.4万元，应上缴财政11.52万元，比上年上缴财政4.16万元增长176.9%，已入库11.52万元。（其中：税金4.65万元，罚款1.38万元，其他5.49万元）。应归还原资金渠道252.04万元。

【张家川县审计局】 1999年共完成国家审计项目26个，审计单位66个，查出违纪资金1358.28万元，收缴财政25万元，追还被侵占挪用资金6.14万元。提交审计报告18篇，为被审计单位提出合理化建议48条。完成县委、政府交办审计项目3项、审计单位3个，实事求是，客观公正地向县委、县政府提交了3篇审计报告，提供了决策依据。配合纪检、监察部门完成了20个乡镇民政资金的清查工作。

【定西地区审计处】

财政预算和财政决算审计 1999年，全区七县全面开展了对1998年度财政预算执行情况的审计。共审计资金41360万元。延伸审计一级预算单位及基层部门167个，占预算单位总数的32%；查出违纪资金3396万元。均依照预算法、税收征管法和审计法作了相应的处理，并提出了审计意见和建议。地区审计处对陇西、通渭两县，各县审计局对40个乡（镇）1998年度财政决算进行了审计，查处违规行为金额844万元。

工行、建行系统审计情况 1999年，依据审计署和省审计厅统一部署，地县审计机关对建行、工商行系统1998年度资产负债损益的真实、合法、效益情况进行了全面审计。审计地区分行一家，县级支行11家、延伸调查企业200多户。共查出少计多计各项收入、少计多计各项支出等违纪金额246.87万元。其中：工商银行204.78万元，建设银行42.09万元。

经济责任审计 1999年，地县审计机关共完成经济责任审计74项，其中：领导干部离任审计66项。经济责任审计的实施，进一步加强了对领导干部的管理、监督和考核，促进了干部的勤政廉洁。

受表彰情况 1999年，帮村扶贫和审计杂志征订工作分别受到行署和省厅的表彰奖励。

【定西县审计局】 1999年，共完成审计项目35个，查出各类违规行为资金1610．27万元，收缴财政资金29．8万元，追还侵占挪用资金236．56万元，对违纪单位和有关责任人处以罚款64931．24元，为财政增收节支244．85万元。

财政预算执行审计 1999年，共完成本级财政预算执行和乡级财政决算审计47个单位，查出违规行为资金577．76万元，向政府提出各类建议11条，均被政府采用并责成有关单位予以落实。

政府交办项目的审计 1999年，共完成政府交办的领导干部离任经济责任审计8项，为组织部门正确使用干部提供了依据。

【岷县审计局】 1999年，共完成审计项目50个，审计单位78个。审计查出各类违纪违规资金244．81万元，应上交财政25．44万元，已收交财政18．85万元，追还被侵占挪用的专项资金109．82万元，共为国家增收节支128．67万元。其中：本级财政预算执行和其他财政收支审计，共审计资金5760万元，审计查出各类违纪资金120．75万元，其中：应追还被侵占挪用的资金37．95万元，应收交财政1．95万元，调整账务77．26万元。通过审计，提出了加强管理的意见及建议。1999年，根据县委、县政府的安排对23个乡（镇）的财政、财务收支及“三提”、“五统”和预算外资金进行了专项审计，查出了各乡（镇）在财务管理方面带普遍性和倾向性的问题，及时向县委、县政府提出了完善乡财政管理的意见和建议，促进了乡财政建设的快速发展。同时，完成了县政府交办的经济责任审计。

在金融机构财务收支审计中，完成了对县建设银行及信用合作社资产负债及损益情况的审计，并追审了三个基层信用社。审计查出漏交税金1．21万元，违规购买专控商品（小汽车）的问题，分别作了处理。

【渭源县审计局】 1999年，共完成审计项目33项，其中上级计划安排项目9项，审计单位103个（次）；地方党政机关交办审计事项24项（企业离任审计9项，行政事业单位离任审计15项），审计单位24个。共查出各种违规行为金额885．53万元，其中处理处罚金额148．83万元，指明纠正金额736．70万元，上交财政49．75万元。

财政预算执行审计 共审计了36个预算单位，查出各种违规行为金额75万元，收交财政12．8万元，纳入预算管理资金26．96万元，专户储存资金10．5万元，处以违纪违规单位罚金1．4万元。

扶贫专项资金审计 共审计了25个单位，查出违规行为金额61．48万元，建议加罚利息并提前收贷39．88万元，归补资金并处罚款11．41万元，建议调动资金10．18万元，罚金0．5万元。

行政事业单位审计 共查出各种违规金额156．99万元，在处理处罚中收交财政资金8万元。企业审计中查出各种违规金额104．6万元，并据此提出了加强财务管理，提高会计核算水平的意见。

金融机构审计 对建行的审计主要查出负债损益不实、信贷资产质量不高、经营亏损等问题，并对加强金融监控，防范和化解经营风险进行分析，提出了意见，对漏交税金2051元，依据地区审计处的统一处理收缴了财政。

【陇西县审计局】 1999年，共完成审计项目30项。其中，财政审计4项、金融审计2项、固定资产投资审计5项、企业审计2项、行政事业审计7项、专项资金审计5项，其他审计5项。查处各类违纪违规金额41．86万元，应归还原资金渠道金额12．08万元，应上交财政17．02万元。提交审计工作报告6篇，完成社会审计项目27项。

财政预算执行审计 1999年。共审计财税部门6个，延伸审计一、二级预算单位18个，审计企业4户。

任期经济责任审计 1999年，完成党政领导干部和企业领导任期经济责任审计10项，通过领导干部任期经济责任的审计，促进和加强了干部管理和廉政建设。

【通渭县审计局】 1999年，我县共完成审计项目70项，查出各类违纪资金1566．74万元，其中应缴财政资金10．09万元，已缴财政4．07万元。

财政预算执行审计 1999年，本级预算执行审计重点审查了县财政局、地税局两个直接组织预算执行的部门，并延审了县教科局、卫生局等20个一级拨款单位和文小等四个二级拨款单位，共查出违纪资金139万元，提出了4条合理化建议。

任期经济责任审计 全年对县公安局、教科局等9个行政事业单位的领导离任、昌盛煤炭公司、电影公司两户企业的经理离任进行了审计。

企业审计 本年对华厦公司、食品公司等7户企业进行了审计，共查出违纪资金258．39万元，应上缴财政9．22万元。

【漳县审计局】 1999年，共完成审计项目49项，查出违规行为资金1116．7万元，应上缴财政资金9．6万元，上交财政资金5．4万元，占应入库违纪资金的56%，促进增收节支754．8万元。

财政预算执行审计 1999年，对1998年本级预算执行和其他财政财务收支情况进行了重点审计，本次审计资金2115．8

万元，占本级预算支出2980万元的70%，审计预算执行单位18个，占预算单位总数50个的38%。

经济责任审计 根据“两办”经济责任审计要求，积极开展领导干部经济责任审计工作，全年共完成经济责任审计5项。一是配合全县工商企业改革工作，积极参与全县改革企业的清产核资工作；二是实行领导干部离任审计工作，通过此项工作，摸清了家底，使离任者明白，上任者放心。

【临洮县审计局】 1999年，完成审计项目48个，查出违纪违规金额26.95万元，上缴财政资金14.4万元。

1999年，共完成县委.县政府交办的工作任务16项，审计单位49个。

1999年，本局加强了办公自动化建设，在实施计算机辅助审计方面，作了大量的工作，开通国际互联网，建立了局域网，实现了资料、财务、文书管理微机化，可随时为审计人员提供法律法规服务，并能及时上网了解最新审计信息及动态。

《审计法》颁布五周年之际，本局在县电视台开展了宣传活动，设立2个固定宣传橱窗，图文并茂地宣传审计工作。

【平凉地区审计局】 1999年，全地区审计机关完成审计项目439项，完成审计调查9项、调查单位41个。共查出各类违纪违规资金9406万元，决定收缴财政资金150万元（已入库76万元），追还被侵占挪用各类专项资金2159万元，提交审计报告、信息133篇。同纪检、监察、信访等部门配合，查处各类经济案件2起，为促进廉政建设发挥了应有的积极作用。

预算执行和财政收支审计 1999年，地区六县一市普遍审计了本级财政预算执行情况，包括地税系统的税收征管情况和政府119个部门的单位预算执行情况。通过审计，查出违纪违规行为金额2287万元，收缴财政资金67万元，追还被侵占挪用专项资金117万元。

经济责任审计 1999年，共完成领导干部离任审计事项77项，为各级党政领导宏观决策和组织人事部门使用干部提供了第一手资料。

工商、建设银行审计 1999年，根据省审计厅安排，审计了工商银行和建设银行平凉分行及所属的分支机构21个单位，查出违纪违规金额1534.8万元，收缴财政资金70.42万元（建行26.44万元，工行43.98万元，其中所得税32万元），为强化金融监管、防范金融风险起到了一定的促进作用。

企业审计 1999年，安排审计了34户国有重点企业和股份制企业，打假治乱，重点揭露了部分企业资产不实、少报亏损、多计成本、挤占费用、漏交税金和会计信息失真等问题，针对问题提出建议，为深化企业改革，促进企业摆脱困境发挥了积极作用。

《审计法》宣传活动情况 1999年，是《审计法》颁布实施五周年，在这期间，地、县（市）两级审计机关广泛深入地开展了《审计法》和审计成果的宣传活动。举办了融政治、法规、知识、趣味于一体的知识竞赛；在繁华街头设置《审计法》宣传点、悬挂横幅标语、播放近5年来的审计成果；在《平凉日报》上发表了《强化审计监督、促进依法治区》的文章。

表彰奖励情况 1999年，平凉地区行署审计处和庄浪县审计局被省厅分别授予“甘肃省审计系统思想政治工作先进单位”；庄浪县审计局被中共庄浪县委、政府授予“南北两山植树造林先进单位”；地区审计处人秘科被省审计厅授予“1998、1999年度办公室工作先进单位”；灵台县审计局被中共灵台县委、政府授予“1999年度党风廉政建设先进单位”；泾川县审计局被中共泾川县委、政府授予“1999年度工作先进单位”。

1999年，平凉地区行署审计处处长党模华同志被省委办公厅、省政府办公厅树立为“全省保密工作先进个人”；又被中共平凉地区纪检委树立为“廉洁奉公好干部”；地区审计处韩建华同志被平凉地直机关工委授予“优秀党员”称号。

【平凉市审计局】 1999年，完成审计任务62项，查出各类违纪违规资金1239万元，决定收缴财政2万元。已缴财政1万元共提交审计报告信息1份。

财政预算执行审计 1999年，共审计一级预算单位17个，抽审6个乡（镇）的年度决算，其财政支出2176万元，并按上级部署，进行了6个专项资金审计。审计总资金1.7亿元，其中：预算内资金8429万元，预算外资金2430万元，其他资金6519万元。查出违规资金41万元，决定收缴财政1万元。

经济责任审计及领导交办事项 1999年，完成上级领导和组织部门交办离任审计10项。

审计法颁布实施五周年纪念活动 为了纪念审计法颁布实施5周年，我们组织人员上街宣传《审计法》，印发宣传资料、通过广播、公益广告等形式大力开展宣传活动，使广大公民对审计工作有明确的认识，达到了好的效果。

【灵台县审计局】 1999年，共完成审计单位（项目）66个，查处各类违纪资金378万元。应上缴财政11万元，已缴财政金额10万元，追还挤占挪用专项资金187万元，建议有关机关给予党纪处分1人，提交审计报告信息8篇。

财政同级审情况 1999年，在审查县级财政总预算和地方税收解缴情况的基础上，抽查了23个预算拨款单位和4户企业，查处违纪资金2万元，应上缴财政1万元。

企业审计 1999年，审计4

户企业，查出收入挂账、少列费用损失等盈亏不实的问题28万元。

领导交办审计事项　全年共完成交办事项25个，其中干部离任审计23个，查处各类违纪资金125.6万元，应上缴财政7.26万元，归还挤占挪用专项资金92万元。

【静宁县审计局】　1999年，共完成审计项目47个，审计资金12642万元，查出各类违规违纪资金1696万元，应上缴县财政21万元，追还被侵占挪用资金45万元。同县纪委、监察、财政等部门配合，完成各类专项检查5项，为维护经济的健康发展发挥了作用。

预算执行和财政收支审计　1999年，开展了财政同级审、2个乡财政决算审计、6项专项资金审计，审计资金总额8700万元，查出各类违规违纪资金1336万元，上缴县财政5万元，追还被侵占挪用资金44.8万元，提出合理化建议8条。

完成交办任务　1999年，共完成县委、县政府交办的工作任务30项。

【崇信县审计局】

预算执行审计和财政收支审计　1999年，审计县财政局、地税局及预算执行单位15个，抽查预算支出资金1881.45万元，占到当年县级预算支出3104万元的60%，审计资金总额1.07亿元，查出违纪违规行为金额111万元，收缴财政资金13万元。结合预算执行审计，开展了扶贫专项资金、科技教育经费、环保补助资金、养老保险基金、公检法系统财务收支及专项募集赈灾福利彩票九个专项资金的审计。通过审计，揭示了资金管理、使用中存在的问题，对审计查处的一些部门、单位挤占挪用专项资金的问题进行了严肃处理。1999年，还对锦屏镇1998年财政收支情况进行了审计，通过审计，规范了乡镇财政收支行为。

领导干部离任审计情况　1999年，受组织部委托，对新窑煤矿、县粮食局等3个单位领导任期经济责任情况进行了审计。

企业审计　1999年，对新窑煤矿、溶解乙炔公司两户企业1998年度的资产负债损益情况进行了审计，针对审计中发现的企业效益下滑、虚盈实亏的问题及时对地县上级领导作了汇报，为领导的决策提供了依据。

【华亭县审计局】　1999年，共完成审计项目38个，查出违规资金1876万元。追还被侵占挪用金额1175万元，应上缴财政41万元，提交审计综合报告8篇。

预算执行审计　1999年，在审计财政、地税的基础上，抽审了15个一级预算单位，并延伸了44个二级预算单位和4户企业。审计预算内资金3051万元，查出违规金额96万元，应缴财政资金11.28万元，应归还原渠道金额52万元。完成乡财政收支审计1项，查出违规金额15万元，混淆入库级次6万元，虚列财政支出9万元，上缴财政资金0.59万元。

经济责任审计　1999年，完成经济责任审计共14项，查出违规金额32万元，应归还原渠道金额15.7万元，应上缴财政金额4.65万元。

【泾川县审计局】

1999年，共完成审计项目51个，查出违纪违规金额549万元，决定收缴财政资金28万元，实际入库23万元，追还侵占挪用资金37万元，促进增收节支33万元。提交审计报告、信息29篇，被党政部门、上级审计机关采用19篇，新闻媒体采用6篇。

县级财政预算执行审计　1999年，共审计县预算执行单位18个。查出违纪违规行为金额54万元，决定收缴财政资金16万元，追还侵占挪用资金14万元。

领导干部任期经济责任审计　1999年，共完成任期经济责任审计12项，决定收缴财政10万元，追还侵占挪用资金14万元。完成县委、县政府交办的其他审计事项27项。

金融审计　1999年，完成对县农村信用社和城区农村信用社1998年度资产、负债、损益情况进行了审计，查出违纪违规行为金额226万元，收缴财政资金2万元。

【庄浪县审计局】　1999年完成审计单位48个，审计资金总额1.94亿元，查出各类违规行为金额1474万元，其中：处理处罚100万元，指明纠正1374万元。应缴县财政7万元，归还原渠道资金6万元。

本级预算执行审计　1999年，抽查一级预算单位23个，抽审资金5811万元，分别占其总数的31%和64%。审计查出少征漏征税款3.8万元，挤占挪用专项资金19.8万元，违规退库3.9万元，超标准收费0.7万元。审计乡财政决算2个，查处截留乡级预算收入1.4万元。

县委、政府交办事项　1999年，完成交办任务13项，其中领导干部经济责任审计2项。如生态环境建设资金的审计，县政府领导十分重视，对查出专项资金拨付不及时、项目实施单位以拨代支的问题，明确提出要严格实行财务核算报账制，专账记载、专户储存。

【武威地区行署审计处】

财政预算执行审计　1999年，预算执行单位安排5项，完成5项，审计153个单位。共查处违纪违规金额454万元，应收缴财政24万元，追还被侵占挪用的资金219万元。完成财政决算上审下25项。

经济责任审计　1999年，共完成经济责任审计63项。

审计法颁布实施五周年纪念情况　在《审计法》颁布5周年纪念活动中，我们悬挂了宣传《审计法》的横幅，给《甘肃审计》撰写了宣传《审计法》的纪念文章。组织干部进行了纪念《审计法》颁布五周年的座谈，发动审计干部、职工积极征订审计刊物等，以此纪念《审计法》颁布5周年。

建行、工行审计情况 1999年，安排审计地、县（市）工行、建行包括县（市）农村信用社共55项，查出转移截留收入，挤占成本，偷漏税金等违纪违规行为金额5792.8万元，其中应上缴财政134万元，同时延伸审计了企业，高速贷款分类近2亿元。

1999年，武威地区行署审计处被评为甘肃省审计机关思想政治工作先进单位。

【张掖地区审计处】 1999年全区共完成审计项目415项，占年度计划任务258项的160.8%。审计查处各类违纪违规资金19990万元，经处理后应上缴财政资金1266万元，已上缴财政657万元，追还被侵占挪用资金1477万元，为国家增收节支2134万元。

同级财政预算执行审计和财政决算审计 经审计，查出违纪违规行为金额1409万元，其中违规调整预算477万元，虚列支出259万元，挪用预算资金101万元，隐瞒转移预算收入86万元，违规办理财政结算66万元，挖挤上级预算收入64万元，延解占压财政库款28万元，其他违纪违规328万元。

工行和建行审计 全区建设银行审计资金总额243433万元。审计查出少计各项收入14.4万元，多计各项收入2.02万元，少计各项支出20.15万元，多计各项支出28.85万元，形成账外资产1446.5万元，不良贷款30762万元，损失贷款726万元，挤占信贷金116.4万元，漏交各种税金22.83万元。全区工行系统审计资金304884万元。审计查出少计各项支出1.05万元，少提呆账准备金859.9万元，递延资产未按规定摊销659.3万元，不良贷款36021万元，损失贷款3352万元，占用信贷资金65万元。

专项资金审计 1999年专项资金审计主要抓了扶贫资金审计，环保资金审计，全区法院、检察院系统的财政收支审计，科教经费的审计，对保证专项资金的专款专用起到了积极作用。

领导干部任期经济责任审计 1999年接受组织、纪检部门的委托，完成党政领导干部任期经济责任审计、企业领导人员任期经济责任审计93项，为党委政府正确选拔和使用干部提供真实可靠的依据。

《审计法》颁布实施五周年纪念活动 为扩大审计在社会上的影响和庆祝《审计法》颁布实施五周年，组织地县（市）机关在广播电视报刊上发表文章和讲话，邀请各界人士召开座谈会，印发宣传材料，扩大审计工作的知名度和影响力。

【肃南县审计局】 1999年，共完成各类审计项目62个，占计划的137.8%，查出违纪违规行为金额270万元，并按有关法规作出了处理处罚。

预算执行和财政收支审计情况 本年度共审计行政事业单位24个，其中财政、税收等8个，基层财政所2个，延伸审计县级财政拨款行政事业单位14个，还抽审了区级有关拨款单位。审计总金额6962万元，查出违纪资金22.48万元，通过审计，为政府决策提供了依据。

经济责任审计 本年度共完成领导干部离任审计26项，查出有问题资金126万元，作调账处理115万元，上缴财政1万元。通过审计，评价了领导干部的功过是非，规范了财务制度，为组织人事部门考察任用干部提供了依据。

《审计法》颁布实施五周年纪念活动情况 在本县电视台、广播站播出专题节目一星期，张贴宣传标语35条，召开座谈会一次，由县委、政府领导和各部门负责人及各单位财会人员共50多人参加。

建行系统审计情况 对建行肃南县支行1998年度资产、负债、损益情况进行了审计，审计总金额1728万元，没发现大的违规事项，对存在的问题，上报地区审计处处理。

【临夏州审计局】 1999年，临夏州审计局共完成85个项目（单位），共查出违纪违规行为金额5949万元，决定处理处罚1306万元，指明纠正4643万元，应上缴财政99万元，已上缴财政58万元，向司法、纪检监察机关移送案件3起、建议有关部门给予行政处分3人。

预算执行和财政收支审计情况 1999年，州审计局审计了财政、地税、人行金库和32个一级预算单位，同时延伸审计了12个二级预算单位和5户企业，查出各类违纪违规资金603万元。《审计结果报告》和《审计工作报告》提交州政府党务会议和人大常委会后，引起政府领导和委员们的普遍重视，查处的问题在州政府和州人大常委会的督促下得到落实。

工行、建行系统审计情况 1999年，州审计局负责对州县（市）建行系统、工商银行系统1998年度的资产、负债、损益情况进行审计。查出违纪资金4033739元，其中工行系统1769626元、建行系统2264113元，通过审计补缴税金、处以罚款42.0526万元，其中工行13.0526万元、建行29万元。

经济责任审计 1999年，州审计局贯彻执行中办、国办关于领导干部经济责任审计的规定，在州委、州政府的交办下共完成领导干部离任审计14项，查出各类违纪资金2263万元，向纪检监察机关移送案件一起，建议给予行政处分2人。在查处违纪问题的同时，及时向党委、政府和有关部门报送干部离任审计结果报告，为领导机关科学、合理的用人提供了真实可靠的资料。

大要案查处情况 配合州检察院查处了积石山县原副县长贪污案件。根据州委、州政府交办开展了州粮食局和州粮油实业公司等四个单位的经济案件的审计查证工作，并对州粮油服务公司多计多付工程款21万多元的问题，请示州政府后在全州范围内进行了通报批评。

《审计法》颁布实施五周年纪念活动 州审计局在《民族报》上开辟专栏，开展了以《振奋精神，开拓进取，推动全州审计事业进一步发展》为题的整版宣传；与临夏电视台联合开展了以宣传《审计法》为主要内容的宣传活动；还以悬挂横幅、张贴标语等方式进行了深入的宣传。

1999年，临夏州和政县审计局被省审计厅授予思想政治工作先进集体。

【临夏市审计局】

预算执行审计情况 1999年，按照以往成功的做法，局内成立了同级审领导小组，分预算、预算外及财政信用资金、税收三个专业审计小组分头进点审计，以快进度、高效率，按时完成审计。四月中旬向市政府提交了预算执行审计工作报告。四月二十六日在市人大常委会上提交财政预算执行审计工作报告。延伸审计22个单位，资金和单位覆盖面均达到了要求。

党政部门交办事项 按照两办经济责任审计规定，年内完成了清洁公司经理离任审计。

【临夏县审计局】 1999年，共完成审计项目单位56个，提交审计工作报告2篇。查出各类违规行为资金1513万元，其中决定处理处罚7万元，指明要求纠正1506万元，上交财政6万元。

1999年，对该县1998年度财政预算执行情况和预算外资金管理情况进行了审计监督。在审计中，严格按同级审实施方案进行了审计。审计的资金总量占全年预算支出的65%，被审计单位占预算拨款单位的37%。根据中共中央办公厅、国务院办公厅的两个《暂行规定》，对全县领导干部离任进行了经济责任审计，共完成经济责任审计20项。积极参加了由省审计厅组织的全省审计科研工作。成立了课题研究组，进行了专门研究，撰写了论文。省审计厅颁发了荣誉证书。在庆祝《审计法》颁布五周年之际，利用开座谈会、张贴标语、出动宣传车等形式，进行了《审计法》的宣传活动，扩大了审计影响面。

【康乐县审计局】 审计法颁布五周年的纪念活动中，该局利用广播，张贴标语，集体学习，座谈等形式开展了纪念活动，扩大了审计影响，促进了审计工作。

以积极负责的态度完成了县委、县政府交办的离任审计，1999年度共完成了五项。并就发现的问题进行了专题汇报，对分清领导干部的经济责任，查清领导干部的廉政状况，起到了积极作用。

1999年本级预算执行审计共查出虚列支出341万元，违规退库1.5万元，挤占挪用专项资金506万元，税务部门截留教育费附加0.6万元。

1999年度完成审计项目25项，占年计划19项的131.6%。查出指明要求纠正违规金额1964万元，应归还原渠道资金1448万元，应上缴专户2.1万元，应缴财政部门15万元。

【永靖县审计局】 1999年，共完成审计项目68项，审计单位53户，审计金额8136万元，共查出各类违规资金178万元，应上缴财政14万元，已缴财政14万元，挽回经济损失22.4万元，移送司法机关立案查处1起。

预算执行和财政收支审计情况 1999年度，”同级审”共完成16个单位及部分二级单位。审计金额3120万元，撰写审计意见书16篇。完成专项资金审计6项，审计单位20户，向州局提交专项审计报告6篇。

经济责任审计 1999年，共完成党政领导交办审计事项37项，涉及金额6410万元，提交审计报告37篇，查出违规资金61.23万元，收缴审计专户8.3万元。

【广河县审计局】 1999年，共完成审计任务31项，其中：上级部门安排17项，本级政府交办14项，涉及审计单位58个。

预算执行和财政收支审计 1999年，开展了对1998年度县级预算执行情况审计，审计一级预算单位24个，二级预算单位9个，审计资金总额为2943.7万元。同时，加强了对财政专项资金审计，对扶贫资金、环保资金、科教经费的管理使用情况和法检两院财务收支以及养老保险金和教育费附加的征收、管理、使用情况进行了审计。

完成县委、政府交办任务 1999年，共完成党委、政府交办的审计任务14项，完成领导干部任期经济责任审计6项。针对各乡镇对教育费附加挤占挪用现象严重的情况，配合县委办、政府办、教育局、监察局进行了调查督促。并配合监察局、粮食局进行了粮食流通体制改革执法监察。

审计法颁布实施五周年纪念宣传活动情况 1999年，借《审计法》颁布实施五周年时机，通过散发传单、张贴标语等手段，积极开展了对《审计法》宣传活动，使社会各界对《审计法》有了进一步了解，扩大了审计影响力。

【和政县审计局】 1999年，共完成省、州下达的任务和县上交办的及各有关单位申请的审计项目62项，审计总金额13854.95万元，查出违纪违规金额1135万元，上缴财政3万元。

本级财政预算执行及财政收支审计中，首次对县金库进行审计。共延伸审计了33个行政、事业单位的财务收支。其中乡

（镇）政府8个，审计总金额2447.4万元，下审了16个二级用款单位的财务收支情况。对审计查出的问题，提出了整改意见。

1999年，共完成专项审计10项，企业、金融机构审计各1项；外资运用项目审计3项。按照县委、县政府安排，共完成17个行政、企事业单位的领导干部离任审计和基建审计。

在《审计法》颁布实施五周年之机，结合全县公务员过渡的培训及考核工作，举办了《审计法》及审计专业知识竞赛活动。

【东乡县审计局】

预算执行及财政收支情况 1999年，对县1998年度财政预算执行情况及财政收支进行了全面的审计。同时，延伸审计了27个一级单位，延伸面达到42%，1999年12月29日向县人大常委会提交了预算执行情况工作报告。

经济责任审计 1999年，根据“两办”规定，受县委组织部的委托，积极完成经济责任审计21项。纠正了一些乡（镇）财务中普遍存在的问题。

《审计法》颁布五周年活动情况 1999年，在《审计法》颁布五周年之际，我县审计局召开专题座谈会，并与县有线电视台联合开展了《审计法》的宣传活动。

【积石山县审计局】

1999年，共完成审计项目13项，审计总金额14079万元，查出各类违纪资金252万元，其中：已调整账务处理219万元，应上交审计代缴户33万元，已上交财政33万元，占应上交数的100%。

财政预算执行和财政收支审计情况 经审计当年全县实际完成收入473万元，占年初预算453万元的104.4%，占调整预算431.2万元的109.7%，比1997年实际收入增长11.18%，增收50万元；1998年全县实际财政支出5423万元，其中个人支出3129万元，占总支出的57.7%，公用部分支出2294万元（专项2003万元，公用经费291万元），占总支出的42.3%。

完成县委、县政府交办的工作任务 1999年，共完成县委、县政府交办的工作任务19项。其中离任审计14项，其他5项，审计单位45个。根据县领导的安排，会同财政、计委、农委等部门对1999年度的各类扶贫专项资金进行了审计检查，审计金额1531.1万元。对原水电局的债务也进行了核实，共计494.7万元，为水利、电力分家共同承担债务提出了建议。

《审计法》实施五周年宣传纪念情况 以《审计法》颁布实施五周年为契机，利用积石山有线广播、有线电视、自办节目、广泛宣传审计知识。共计张贴标语300多（条）幅，专栏2期、黑板报3期、出动宣传车5次，印发宣传材料《审计法》知识手册等200多册。

青海省

【青海省审计工作概况】

1999年底，青海省审计厅内设办公室、综合处、人事教育处（与机关党委合署办公）、法规处、固定资产投资处、农业审计处、中央企事业审计处、财政审计处、商贸审计处、行政事业审计处、工业交通审计处、外资运用审计处、审计科研培训所等13个职能处室。行政编制128人，机关工勤人员编制10人，事业编制（科研培训所）未定，现有28人，具有初、中级专业技术职称的89人。

厅领导成员

厅　长：李万柳（—1999.3）
　　　　王玉植（1999.3—至今）
副厅长：薛彦亭（—1999.11）
　　　　闫若冰
　　　　韩鸿博（—1999.10）
　　　　姚爱然
助理巡视员：陈辅仓

成果综述 1999年全省审计机关55个，人员632人。其中，获得审计或注册会计师资格199人，占全省审计人数的31.7%。全年共审计1397个单位，完成年计划的100%。查出各类违规行为金额53056万元，其中：决定处理处罚13377万元，指明要求纠正39679万元；应上缴财政3142万元，已上交财政2716万元；罚款金额247万元，归还原渠道资金5427万元，减少财政拨款或补贴57万元。向司法、纪检部门移交案件9宗，建议给予行政处分11人。提交审计工作报告、审计信息共646篇，被领导批示和有关部门采用173篇。

廉政建设 1999年，全省审计机关坚持把廉政建设和审计质量作为审计工作的生命线，高度重视，常抓不懈。进一步抓了制度建设，结合审计工作实际，制定了《审计执法责任制》、《审计执法公示制》、《审计执法过错责任追究制》、《审计执法督查制》、《审计组廉政承诺制》，修订了《审计机关廉政建设规定》、《党风廉政责任制实施细则》和《审计组交通费、误餐费补助包干办法》（试行）等制度，使我省审计机关的廉政建设有章可循。并注意抓好审计工作现场纪律，明确了审计处长和审计组长现场廉政职责，严格执行《审计组廉政责任若干规定》，严格规定各级审计机关不得挪用专户资金。通过狠抓廉政工作全省各级审计机关的党风廉政建设有了进一步的提高。

本级预算执行审计 全省各级审计机关，根据朱镕基总理“凡是使用国家财政拨款的，都在审计监督范围之内，都得审计。只要使用国家的钱，就不能逃脱审计监督，对所花国家钱的，都要盯住，不能放过任何一个”的指示，在坚持账户入手，下审一级的基础上，继续深化本

级预算执行审计，着重分析和监督财政资金的运行状况和趋势。全省共审计了260个财政、税务部门和预算执行单位。查出违规行为金额15690万元，增加财政收入2062万元。开展了本级审的审计机关都向本级政府提交了审计结果报告或受政府委托向同级人大常委会作了审计工作报告。省厅受省政府委托于1999年5月17日向省人大常委会作了《关于省本级1998年财政预算执行和其他财政收支情况的审计工作报告》，为人大监督政府财政预算执行情况和批准年度财政决算提供了参考依据。

专项资金审计　1999年全省各级审计机关对水利、粮食专项资金、中央直属粮库、黑泉水库、宁张公路、宁果公路等国债资金和项目进行了审计，查出截留、挪用专项资金851万元，虚列投资成本174万元，公款私存99万元，漏缴固定资产投资方向调节税86万元，以及项目法人责任制、招投标制度不落实，设计、施工、监理不具备相应资质，可研深度不够，概算不准等问题，提出了审计意见和处理决定。

省厅组织全省13个审计机关对全省14个国定贫困县1997年至1999年6月底扶贫专项资金的分配、管理和使用情况进行了审计，查出违规行为金额4168万元。其中，财政抵扣占用3090万元，主管部门抵扣滞留18万元，弥补行政经费304万元，建房购车102万元，违规计提收取费用95万元，虚列支出转移资金25万元，其他财政性违纪违规资金140万元，银行抵扣扶贫贷款179万元，用款单位挪用扶贫贷款35万元，还延伸审计查出1997年以前年度违纪违规资金180万元。对于审计查出的违纪违规问题，各级审计机关按照《审计法》和有关财经法规分别作了处理，其中，归还原渠道资金1779万元，上缴财政12万元，为促进各级政府和主管部门认真实施国家“八七扶贫攻坚计划”做出了贡献。

1999年还会同省财政厅、劳人厅组成联合审计组。对电力、石油、铁路、有色、金融、邮电、民航7个行业职工基本养老保险基金进行行业审计，查出少报缴费基数1609万元，少提养老保险金314万元，违规提前退休508人，多支养老资金389万元，以及养老保险基金管理混乱、账目不清等问题。

组织全省审计机关，对1998年度企业职工基本养老保险基金的收缴、支付和管理进行了审计，查出挤占挪用资金用于弥补行政经费、建房等43万元，欠缴养老保险基金30589万元，以及管理、使用和内部控制制度等方面存在的问题。

1999年全省审计机关还对全省113个检察院和法院1997年至1998年度财务收支情况进行了审计。查出挪用、坐支诉讼费和应缴财政资金824万元，隐瞒截留收入53万元，超范围、超标准收费60万元，公款私存21万元，擅自改变资金用途130余万元。

组织16个审计机关对我省实施的“国家贫困地区义务教育工程”专项资金进行了跟踪审计，发现资金到位率低，管理不严及挤占挪用专项资金等问题。

金融、外资审计　1999年按照审计署的统一部署，省厅组织113名审计人员，历时7个月，对中国工商银行青海省分行及其28个分支机构1998年度资产、负债及损益情况进行审计。延伸调查了507家贷款企业，核实了可疑类和损失类贷款，查出账外资产、资金以及少计当期收入、潜亏和漏交各项税金等问题。同时，根据省政府领导的指示，省厅对西宁市商业银行及营业部11家分支机构1998年度资产、负债、损益情况进行了审计，查出逾期贷款和违规发放贷款以及虚增利润等问题。对于部分支行信贷资产质量低、贷款手续不完备、大量资金流向省外等问题，向省政府领导作了专题汇报，并向市政府进行了通报。

还根据审计署关于加强外资运用审计的通知精神，组织力量对海南、海东农发项目、“卫六”、“卫八”、“贫三”项目等进行了审计或审计调查。对于世界银行贷款中部分州（地）、县存在的截留省级配套资金，项目单位回补资金不及时、设备采购质量差等问题，提出了审计意见和建议。

企业审计　为积极配合全省国有大中型企业改革和脱困目标，全省对205户企业的资产、负债、损益进行了审计，查出违规行为金额10625万元，收入不实1669万元，成本不实1372万元，贪污私分25万元，账外资产182万元，有账无实790万元，虚增利润2937万元，虚减利润1293万元，应交财政431万元，归还侵占挪用资金28万元。通过审计，基本摸清了企业家底，揭露了企业财务收支中弄虚作假，资产、负债、损益不真实的问题。

经济责任审计　为加强对领导干部任期经济责任的审计监督，严格财经纪律，促进党风廉政建设，全省各级审计机关积极开展领导干部任期经济责任审计96项。查出违规行为金额1247万元，预算外收入未缴专户86万元及私设“小金库”等问题，对加强干部管理和监督发挥了作用。

“三讲”教育　1999年根据省委的统一部署，省厅在厅级领导班子和领导干部及处级干部中，开展了以“讲学习、讲政治、讲正气”为主要内容的党性党风教育。通过“三讲”教育，领导班子和领导干部增强了树立正确理想和信念的自觉性，坚定了建设有中国特色社会主义的决心和信心；增强了政治意识、大局意识和责任意识，提高了正确执行党的路线方针政策的坚定性和自觉性；增强了贯彻民主集中制的自觉性和维护团结的责任感，提高了解决领导班子自身矛盾和领导经济工作的能力；增强了全心全意为人民服务的宗旨观念和廉洁自律意识，提高了拒腐防变的自觉性；增强了工作的责任心、主动性和开拓进取精神。

内部审计　1999年全省内部审计全年共完成审计项目959项，查出违纪违规金额12566万元，查出损失浪费759万元，纠正违规行为金额10250万元，促进增收节支金额12195万元。

社会审计　为进一步加强对社会审计组织的监督，结合我省实际，制定了《青海省审计机关监督社会审计组织审计业务质量实施办法》，并按照审计署的统一部署，实施了对我省具有从事证券相关业务许可证的社会审计组织审计业务质量进行了监督检查，西宁、海东、海西、海北等地对不具有从事证券相关业务许可证的社会审计组织的审计业务质量也进行了检查。通过监督检查，对社会审计组织存在的审计工作程序不规范、底稿不完整和个别注册会计师风险意识不强、执业质量不高等问题，提出了改进意见和建议，促进了社会审计组织的业务质量。

干部队伍建设　1999年全省审计机关主要做了以下几项工作：一是加强思想政治工作，不断地解放思想、转变观念；二是从严治理审计队伍，进一步加强廉政建设；三是加强培训工作，不断提高业务素质。

【西宁市审计局】　1999年末，全市审计机关人员编制共计157人，实有141人。其中市局人员编制82人，实有75人。

审计成果　全市各级审计机关共完成审计项目194个，其中市局完成65个，同时还积极完成了政府交办的审计事项。全年查出违规规行为金额6573万元，应缴财政876万元，已上交财政796万元。向司法机关移送经济违法、犯罪案件3件。其中：市审计局查出违规行为金额5393万元，应缴财政805万元，已上交748万元。

依据《审计法》的规定，继续开展了本级财政预算执行审计。共查出违规行为金额2532.30万元，应缴财政680万元，已上交662万元。

全市完成财政决算项目21个，查出违纪行为金额2517万元，应缴财政684万元，已上交680万元，促进加强了财政管理。

固定资产投资审计　对东出口、宁大公路一期工程、瓦窑沟治理一期工程等水利、公路基础设施项目进行了审计，查出了违规行为金额100万元，建设项目资金不落实107万元，超规模、超标准62万元，核减工程决算50万元。

金融审计　按省审计厅的安排，对6家工商银行分支机构进行了资产、负债和损益审计发现违规股权、质押放款62120万元的问题，按要求及时汇总上报了省审计厅和审计署。

企业审计　全年共审计重点企业28户，查出违规行为金额763万元，收入不实13万元，账外资产5万元，虚增利润262万元，虚减利润149万元，通过审计，帮助企业加强和改善了经营管理。

行政事业和离任审计　全年共审计19个单位，查出违规行为金额2549万元，应交财政67万元。对60个单位的124名领导干部进行了离任审计，查出违规行为金额637万元，“小金库”资金19万元，应缴财政93万元。

农业专项资金审计　主要对小型农田水利补助费、水土保持补助费和农村开荒补助费、地方建设基金等进行了专项审计。对大通国定贫困县1998年至1999年6月底财政扶贫专项资金和扶贫贷款资金的分配、投人、管理和使用情况进行了重点审计。同时，对大通县“贫三”、“卫六”世界银行贷款项目资金进行了审计。

审计调查　围绕政府经济工作中心和经济生活中的热点、难点问题进行审计调查，全年共完成调查项目11项，提交调查报告11篇，有的调查报告引起了政府和有关部门的高度重视，为政府宏观决策提供了依据。

内部审计和社会审计　全市有内审机构10个，专兼职内审人员34人，完成审计项目34个。查出损失浪费金额2万元，增收节支19万元，纠正违纪金额2万元。

至年底，全市有社会审计组织4个，从业人员54人，其中市审计事务所有从业人员28人，共完成委托审计事项894项。

【西宁市城东区审计局】
1999年共有审计人员8名，人员中大专学历5人；有会计师职称2人；正副局长各1人。

审计工作成果　1999年共完成审计项目31个，完成审计调查1项。查出违规行为金额636万元，其中，指明要求纠正的417万元，处理处罚金额219万元，应交财政金额3万元，已交财政3万元。查出的主要问题是：私设“小金库”8万元；乱收费6万元；串用票据2万元；预算外资金未专户储存95万元；隐瞒收入22万元以及其他违规行为。

完成区政府交办的任务　1999年受区政府委托抽调8人(次)，完成企业审计和审计调查各1项，解决了群众上访问题。同时揭露了西宁金厦建筑有限公司马某侵吞公款8.3万元的重大问题。参加了我区财经纪律大检查工作以及有关部门查处乱收费、挪用120保障金和群众关心的村级财务问题。抽调6人(次)参加了企业改制联点帮扶工作、破产企业的清算安置和其他企业设制工作。

【西宁市城中区审计局】
1999年共有公务员6人。其中：大学学历1名、大专学历2名；局长1名。

审计工作成果　1999年，共

完成审计项目18个。审计单位18户，完成审计调查1项。审计金额10418.18万元。共查出违纪违规金额156.68万元，决定处理处罚金额74.07万元，上缴财政8.49万元，其中：罚款6.19万元，补交税金2.3万元。共提交审计报告18篇。

完成区委、区政府交办的任务　1999年完成区委、区政府交办的工作任务2项，并且在人员少的情况下抽一名工作人员参与并负责城中区企业破产领导小组工作。

完成上级下达的审计任务　1999年共完成审计机关下达的审计任务16项，审计单位16个，审计金额9263.06万元。

【西宁市城西区审计局】　1999年底共有干部6人。其中：大学学历1人，大专学历1人，注册会计师2人，正副局长各1人。

审计工作成果　共完成审计项目24项，审计调查1项；查出违纪违规金额162.18万元，上缴财政8.05万元，归还原渠道资金13.6万元；向司法机关移送案件1起；提交审计报告3篇、信息5篇，全部被采纳；撰写论文2篇，采纳1篇。

完成区政府交办任务　全年完成区委、区政府交办的各项任务16项，其中：对区属10个行政事业单位的领导干部进行了经济责任审计，查出违纪违规金额104.85万元，上缴财政2.90万元。

【西宁市城北区审计局】　1999年有干部、职工9人，其中：大专学历1人，局长1人，副局长1人。设行政事业审计组，企业审计组和综合审计组等机构。

审计工作成果　1999年，共完成审计项目22个，完成审计调查1项，调查单位5个。审计总金额10133.63万元，查出违规金额282.2万元，为单位追回经济损失65万元，上缴区财政3.51万元。提交审计报告22篇。

完成区政府交办任务　1999年完成区委、区政府交办的工作任务14项。其中完成行政事业单位科级领导干部经济责任审计12项，发现与领导干部有直接经济责任的违规金额83.06万元，对责任人涉嫌经济违法问题移送检察院立案查处。对经济违纪问题建议区纪检、监察部门给予政纪处分。完成农业专项审计2项，根据审计出的问题，提出了相关建议，引起了政府主管部门的重视。配合政府中心工作，完成“三乡”、“两办”资产清查工作，为撤乡建镇打下了基础；和区财政、监察局联合完成了43个单位财务收支两条线工作；配合马坊乡完成小桥村历年财务收支情况查证核实工作。

完成上级下达审计工作任务　1999年，完成上级下达审计任务8项，审计金额5786万元。

【大通县审计局】　局内设企业科、行政事业科、综合科，人员14人。

成果综述　1999年共审计35个单位。共查出各类违规行为金额584万元，应上缴财政6.7万元，违反购置专控物资规定的金额1.2万元，指明要求纠正26.7万元。1.开展了全县21个乡镇领导干部任职期间经济责任离任审计工作。对84名乡镇领导干部进行了经济责任离任审计，审计总金额5984.1万元，查出违纪违规金额23.3万元，其中应上交财政4.3万元。2.对我县本级财政1998年度预算执行情况和其他财政财务收支进行了审计。提出了三条审计建议。3.对县工商局进行了延伸（检察院立案侦察）审计，审计金额978.3万元。4.完成了对县医药公司资产、负债、损益审计。通过审计，发现该公司营业外支出中列支已补交的所得税0.7万元，违反专控1.2万元的问题，已缴财政1.7万元。5.协助有关部门做好经济案件查处工作。受县纪律检查委员会的委托，对原斜沟乡党委书记冶某经济问题进行了进一步的查证，查出各专项资金及其他预算外资金不纳入预算管理而私设“小金库”金额36.3万元。另外查出他将扶贫捐资款10480元贪污，此案已由检察院立案侦察。6.提交审计报告及论文15篇。

【湟中县审计局】　1999年共有干部、职工14人。其中：大专学历7人，局长1人，副局长1人；设有办公室、金融商贸股、行政事业审计股、工交建审计股等机构。

审计工作成果　1999年，共完成审计项目35个。审计单位32户；完成审计调查1项，调查单位4个；共查出违纪违规金额403万元。同县纪检、监察、司法等部门配合，查处经济案件1起，已移送司法机关，为社会稳定发挥了作用。上缴县财政21.5万元，共提交审计报告7篇。

完成县政府交办任务　1999年，共完成县委、县政府交办的工作任务10项，审计清理单位45个。1999年，在对县供销联社主任离任经济责任审计中，查出下属生产资料公司副经理王某等人倒卖化肥，私分公款22万元。此案的查处在社会上产生了很大反响，审计工作受到县委、县政府的充分肯定。

完成上级下达审计任务　1999年，共完成省地审计机关下达的审计任务5项，审计单位31个。

【海东地区审计局】　1999年共有干部、职工17人，其中：大学本科学历1人，大专学历3人；局长1人，副局长1人；设有办公室、综合科、财政金融审计科、行政事业审计科、企业审计科、农业资金审计科。

审计工作成果　1999年共完成审计项目68个，查出各类违规行为金额3676万元，收缴财政111万元，提交审计工作报告11篇，信息12篇，被上级主管部门和当地党政部门采纳7篇。

完成交办任务　1999年共完

成地委、行署交办的领导干部经济责任审计35项。

受表彰情况　1999年受省审计系统表彰2次，地委表彰1次。

【平安县审计局】　1999年共有干部、职工14人，其中大专学历以上学历8人，获得专业技术职称5人，局长1人，副局长2人。局内设综合股、行政事业股、企业股。

审计工作成果　1999年共完成审计任务41项，查出违纪金额524．5万元，应上缴财政34．03万元，已全部上缴。追回应扣未扣服装款4．8万元，提交审计调查2篇，审计论文2篇，审计信息12篇，被采纳3篇。

完成交办的任务　1999年完成县委、县政府交办的工作任务19项，抽调10人次。

完成上级下达审计任务　1999年共完成省、地审计机关下达的审计任务31项，为年度计划100%，审计单位66个。

【乐都县审计局】　到1999年，共有干部职工15人。其中大专学历以上学历2人；局长1人，副局长2人；设有综合股、行政事业股、企业股等。

1999年，乐都县审计局共完成审计项目36个，完成审计调查3项，共查出违纪违规金额173万元，应上交财政38万元，已上交财政37万元。

【民和回族土族自治县审计局】

到1999年底，共有审计人员15人。其中：大学学历1人，大专学历6人；局长1人，副局长1人。设有综合、企业、行政事业等三个业务股。

审计工作成果　全年共完成审计项目33项（个），查出各种违纪违规金额319万元，应上缴财政18万元，已上缴财政6万元，归还被侵占挪用资金9万元。完成审计调查1项，提交审计信息6篇。

完成县政府交办任务　全年完成7名科级领导干部和5名县级领导干部经济责任离任审计；完成了县政府交办的对村办企业史纳有色金属冶炼厂的审计工作；抽调人员配合县破产办参加破产企业的清算工作；按县上统一要求，及时抽调专人配合监察局完成了粮食流通体制执法检查工作；配合人事局完成了企业工效挂钩清算及养老金、失业金收缴的专项检查。还配合农业局完成了减轻农民负担问题的检查；参加了清理税收、预算外资金收支两条线检查等工作。

【互助土族自治县审计局】

1999年共有干部、职工13人。其中，大专学历2人；局长1人，副局长1人。设有办公室、财政审计组、金融审计组、行政事业审计组、工交审计组、商贸审计组、基建审计组等机构。

审计工作成果　1999年共完成审计项目36个。审计单位45个，完成审计调查1项，调查单位5个。共查出违纪违规金额1318万元，上缴财政19万元。

完成县政府交办任务　1999年共完成县委、县政府交办的工作任务9项，审计清理单位9个。

完成上级下达审计任务　1999年共完成省、地审计机关下达的审计任务9项，审计单位16个。

【化隆县审计局】　到1999年底，有干部职工13人，其中大专学历文化程度2人；局长1人，副局长2人。下设综合股、企业审计股、行政事业审计股、审计事务所四个机构。

1999年完成审计项目34个，完成审计调查1项。查出违纪违规金额1623万元，应上缴财政32．7万元。

【循化撒拉族自治县审计局】

现有干部、职工15人。其中大专学历4人；局长1人，副局长2人；设有综合审计股、企业财务审计股、行政事业单位财务审计股。

审计工作成果　1999年查出违纪违规行为金额50万元。上缴财政5．5万元，追还被侵占挪用专项资金4万元。

完成县委、县政府交办的任务　1999年完成县委、县政府交办的审计调查任务3项。1999年初，按县政府指示，抽调两名业务骨干，参加县企业改制工作。另外，按县委指示，对县委职工住宅和民贸职工驻宁住宅楼基建进行了审计，并配合有关单位开展了全县扶贫资金、预算外资金、教育费附加等清理工作。

【海西藏族蒙古族自治州审计局】

1999年共有干部职工24人。其中：大专学历文化程度5人；局长1人，副局长2人；设有综合办公室、财政审计科、金融商贸审计科、行政事业审计科、农牧林水审计科、工交基建审计科等机构。

审计工作成果　1999年共完成审计项目170项，审计单位241户；完成审计调查5项。审计查出违规行为金额2829万元。向司法机关移送案件2件，提交审计报告、审计信息50篇。

完成交办任务　1999年共完成各级党委政府交办的工作任务52项，其中经济责任审计45项，多为乡镇领导换届离任审计。

完成上级审计机关下达审计任务　1999年共完成省审计厅下达审计任务17项，其中包括省厅授权审计的青新公路德令哈至大柴旦基础设施建设项目审计，查出违规行为金额962万元。

内部审计　1999年底内部审计机构共32个，内审人员43名。

受表彰情况　1999年受审计厅表彰的单位2个，先进个人5人。

【德令哈市审计局】　现有9人，其中正、副局长各1名，审计人员6名。局内分设三个组，为行政事业组、企业组和综合组。

审计成果　1999年共审计单位20个，完成计划任务的100%，查出违规行为金额191．1万元，应收缴财政金额3．6万元，实际收缴2万元，提交审计报告和信息2篇。

同级财政预算执行情况审计　审计财政单位1个，地税部门1个，延伸审计单位2个，查出违规行为金额25万元，应收缴财政1万元。

固定资产投资审计2个　为基础设施建设开工前审计，审计项目资金总额为1200余万元。

企业审计单位3个　查出违规行为金额41万元，应缴财政金额1万元，实际收缴0．4万元。

行政事业单位审计　审计10个单位，包括对法院和检察院财务收支审计和养老保险基金的审计，查出违规行为金额84．6万元，应收缴财政金额1．6万元，实际收缴1．6万元，审计单位中，行政单位6个，事业单位4个。

农业专项资金审计　审计单位2个（实际统计为1个），审计项目资金总额574万元，查出违规行为金额40．5万元。

【乌兰县审计局】　1999年，共有审计人员8名，其中：大学学历1人，大专学历6人，下设：办公室、行政事业审计股、企业审计股。

审计成果　1999年度，共完成审计项目29项（其中离任审计12项），共查出违规资金408万多元，应上交财政10万多元，已上缴财政6．4万元。同时完成审计简讯6篇。配合县检察院、纪检委、查处各类经济案件2起，为社会稳定发挥了作用。共提交审计报告16篇。

完成交办的任务　1999年度，共完成县委、县政府交办的工作任务1项，审计清理单位1个。

完成上级下达审计任务　1999年度，完成州审计局下达的审计任务19项，审计单位27个。其中：完成金融审计项目1项，延伸单位8个。

【天峻县审计局】　1999年共有职工7人。其中，正副局长各1人，一般干部5人；大学学历1人；审计师2人，内设办公室，行政事业审计科、企业审计科。

审计工作成果　1999年度共完成审计项目22项，共审计单位24个，查出各类违法违规金额127．88万元，应收缴财政的违规违纪资金1．76万元，已收缴财政的违纪违规资金1．23万元。通过审计，我局将1起有经济问题的案件移交纪检委查处。共提交审计报告2篇，完成审计情况反映4篇。

完成交办的任务　1999年度共完成县委县政府交办的领导干部离任审计9项，其中，行政事业单位领导干部的离任审计8项，企业厂长经理离任审计1项。查出的违纪违规资金55．44万元。决定处理处罚的8.17万元，指明要求纠正的有47.27万元，应收缴财政的有1.68万元，已收缴财政的有1.16万元。

完成上级下达的任务　1999年初上级安排任务19项，完成率为100%。

【大柴旦行委审计局】　1999年共有审计人员3人（按编制要求为4人），其中局长1人，审计干部2人，受条件限制，没有设立相应的职能科室，行政事业审计、企业审计等合署办公，审计人员交叉使用。内部按分工各司其职。

1999年按照州审计局计划，完成审计项目10个，其中预算执行1个，行政事业单位6个，企业3个，查出各类违纪金额100．33万元，其中处理处罚23．07万元，指明纠正77．26万元，应缴财政23．07万元，已缴财政23．07万元，向司法机关移送经济案件1起，撰写审计报告10篇，同时圆满完成政府交办离任审计任务3个。

【茫崖行委审计局】　1999年共有干部职工3人，其中党员2人，局长1人，科员2人。

1999年，共完成审计项目10个，审计总金额3327．3万元，共查出违纪违规金额84．5万元，提交审计报告10篇。

1999年完成政府交办任务4项，主要是干部离任审计。

1999年完成上级下达审计任务6项。

【海北藏族自治州审计局】　1999年底共有干部、职工16人。其中：局长1人，副局长2人；设有综合科、行政事业审计科、企业审计科、财政金融审计科。

审计工作成果　1999年共完成审计项目28个，完成调整计划26个的108%，查出违规行为资金3044万元，应收缴财政37万元，已收缴入库34万元，收缴入库率为92%，审计罚款11万元，查出损失浪费192万元；国有资产流失118万元，提交审计工作报告、信息18篇，被上级采用4篇，开展审计调查2项，撰写审计论文2篇。

完成州政府交办任务　1999年完成州政府交办的离任审计5项，为组织部门考察任用干部提供必要的条件。

完成上级下达审计任务　1999年按照省厅统一部署，对州工商银行进行了审计，并对养老保险基金、农业资金、“卫六”、“卫八”项目及义务教育工程进行了审计。

受表彰情况　1999年受省审计厅表彰1次，被评为全省审计系统先进集体。同时按照《档案法》的要求，完成了档案管理达标定级工作，被省档案局授予档案达标一级单位，成为我州第一家档案工作达标一级的单位。

【海晏县审计局】　1999年共有干部职工6人，其中：大专学历1人，获得注册会计师职称1人，审计师及其他中级职称2人。局长1人，副局长1人。

审计工作成果　一年来，我局共完成审计项目15项，完成年度计划的100%，查出违规金额52．18万元，应上缴财政0．1万元，已交财政0．1万元，应归还侵占挪用资金4．32万元。提交审计工作报告5篇，发出审计简讯4篇，写出审计调查报告2篇。

完成县政府交办任务　对县水暖公司和县汽车运输车辆修理总公司经理离任进行了审计。同时对县硅石矿、石棉厂、乎达斯煤矿等3个停产企业和全县计划外生育收费进行了审计调查。

【刚察县审计局】　1999年底共有干部、职工8人。其中：局长1人，副局长1人，大专学历3人。

审计工作成果　1999年共完成审计项目18个，完成项目计划的105.88%，审计金额6607.4万元。查出违规行为资金156.4万元，应收缴财政10.98万元，提交审计工作报告、信息8篇，开展审计调查1项。

完成交办的任务　1999年完成县政府交办的离任审计2项，为组织部门考察任用干部提供了必要的条件。完成乌哈阿兰水坝资金的审计和县城自来水改扩建工程的审计各1项。

完成上级下达审计任务　1999年按照省厅和州局的统一布置，对养老保险基金、农综发项目资金、"卫六"项目、财政示范项目及法院、检察院的财务收支情况进行了审计。

【祁连县审计局】　1999年共有干部、职工9人，其中：大专学历2人，局长2人。设有综合股，行政事业审计股和企业审计股。

审计工作成果　1999年审计30个项目单位，完成年初计划项目的18个，计划外12个，共查出违规行为金额398.5万元，收缴县级财政33.83万元，提交审计报告、信息17篇，被上级采用4篇，开展审计调查3项。

企业审计　共对3个企业单位进行了审计，对皮革厂的审计中，查出该单位截止1999年7月累计亏损达298.46万元，严重资不抵债，对医药公司的审计中，重点审计了公司近几年的效益情况，并出具了审计意见。

行政事业审计　1999年对全县13个行政事业单位进行了审计，并对查出的问题进行了披露。

企业职工基本养老金的审计　查出社保局由于企业经济效益不佳和本部门征收力度不够，致使养老金到1998年底累计欠缴304.79万元。

法院、检察院审计　查出县人民法院收取监督执行费4632元，没有上账。

林场、医院审计　林场审计中发现某林场资产管理混乱，家底不清，财务部门未建立财产明细账，内部控制制度不健全。县医院审计中，发现医院负债过多，截止1999年6月底，累计亏损达123.38万元。

【门源县审计局】　现有审计干部6人，其中：局长1人，副局长2人；具有中级以上职称3人。

审计工作成果　1999年共完成审计项目（单位）45个，完成年度审计项目计划的100%。其中：财政审计3个（本级审1项，乡级财政审计2项）；金融审计1项；企业审计6项；行政事业单位20项；国外援贷款审计2项；农业资金审计3项。查出违规行为金额82.56万元，应缴财政金额4.4万元，已交财政金额2.78万元。向司法机关移交案件1件，提交审计报告、信息17篇。完成审计调查1项。

完成政府交办任务　根据县委、县政府的要求，先后对仙米乡、阴田乡、县供销社、民贸局、机砖厂、选煤厂主要领导进行了离任审计。

完成上级下达审计任务　先后完成下达的审计任务4项。其中：国外援贷款审计2项，国家贫困地区义务教育工程审计1项，工商银行审计1项。

【海南藏族自治州审计局】　1999年底共有干部职工23人，其中：大学学历3人，大专学历8人；获审计师职称资格6人；局长1人，副局长2人；局下设办公室，财政税务金融审计科、行政事业审计科、企业审计科、外资运用审计科、综合科。

审计工作成果　1999年共完成审计项目34个，审计单位34户；完成审计调查1项，调查单位10个；查出违规行为金额1515万元，决定处理处罚330万元，指明要求纠正1185万元，上缴州财政资金19万元。共提交审计报告33篇，审计调查报告1篇，撰写审计论文12篇，审计信息27篇。

审计任务完成情况　1999年，共完成上级审计机关下达的审计任务34个单位，完成州委、州政府交办的工作任务5项，审计单位5个。

内部审计　海南州内部审计机构共有27个，内审人员82名。

受表彰情况　1999年，受省审计厅表彰1次，受委、州政府表彰1次。共有2人受到省审计系统和州政府奖励。

【共和县审计局】　1999年底共有干部职工13人。其中：大专学历6人；局长1人、副局长2人；内设综合股，行政事业审计股，企业审计股等机构。

审计工作成果　1999年共完成审计项目19个。审计单位36户；完成审计调查1项，调查单位13个。共查出违纪违规金额600万元，决定处罚70万元，指明要求纠正530万元，共提交审计报告19篇。

完成县政府交办任务　1999年共完成交办任务11项。

完成上级下达审计任务　1999年共完成省、州审计机关下达的审计任务8项，审计单位12个，查出违规行为金额394.3万元。

【贵南县审计局】　1999年底共有干部、职工9人。其中：大专学历2人；局长1名，副局长1名。

完成工作成果　1999年，共完成审计项目6项，审计单位11个，完成审计调查1项，调查单位10个；查出违规行为金额297

万元，其中决定处理处罚14万元，指明要求纠正283万元，共提交审计报告8篇。

完成县政府交办任务 1999年对全县64名副科级以上领导干部进行离任前的财务检查工作和县综合贸易市场集资建设资金的监督工作。

完成上级下达的审计任务 1999年，共完成下达的审计任务6项，审计单位11个。

【兴海县审计局】 1999年底共有职工9人，局长、副局长各1名，大专学历文化程度4人。

审计工作成果 完成上级下达审计任务6项，审计单位11个，调查1项，提交综合报告3篇，审计信息4篇，查出违规行为金额749万元，其中：决定处理处罚425万元，指明要求纠正324万元，应上缴财政金额138.16万元，已入库111.46万元，完成县党政部门交办事项4项。1999年本级财政预算执行情况审计中，查处地税部门以个人名义私存税款94万元的重大案件。移交纪检监察部门1起1人。

完成上级下达审计任务 1999年共完成上级下达的审计任务6项，审计11个单位，上缴财政108.78万元。

【同德县审计局】 1999年底共有干部8人，其中：大专学历1人；局长1人、副局长2人。

审计工作成果 1999年，完成审计项目6项，审计单位13个。完成审计调查1项，调查单位7个；查出违规行为金额64万元，指明要求纠正64万元，提交审计报告18篇。

完成县政府交办任务 共完成交办任务4项。

完成上级下达审计任务 1999年，共完成省、州审计机关下达的审计任务6项，审计单位13个。

【贵德县审计局】 1999年底共有干部职工10人，其中：大学学历1人、大专学历6人；局长1人；副局长1人。

审计成果 1999年共完成审计项目26个（项）、审计单位26个；完成审计调查1项；审计中查出违纪违规金额273万元，决定处理处罚36万元，指明纠正237万元，同县纪检、监察等部门配合，查出各种经济案件7件，为社会稳定发挥了作用。上缴县财政78.65万元，建议给予行政处分6人，共提交审计报告26篇。

完成党政领导交办任务 1999年共完成县委、县政府交办的工作任务11项。依法审计了瓦家小水电有限责任公司，查出违纪违规金额71.46万元，决定处理处罚3.71万元，建议给予行政处分5人。完成党政领导经济责任离任审计5项。

完成下达审计任务 1999年共完成省、州审计机关下达的审计任务6项，审计单位8个。

【龙羊峡行委审计局】 1999年底共有干部、职工5人，其中局长1人。

审计工作成果 1999年共完成审计项目7项，审计单位9个；决定处理处罚2万元，指明要求纠正资金290万元，提交审计报告4篇。

完成工、行委交办任务 1999年完成交办的工作任务1项，审计离任审计1个。

完成上级审计机关下达审计任务 1999年，共完成上级交办审计任务6项，审计单位8个。

【黄南藏族自治州审计局】 1999年共有干部、职工16人，其中：大专学历8人，获得中级审计职称资格4人，获得初级审计职称资格4人；局长1人，副局长2人。局内下设综合科、行政事业审计科、工业交通审计科、财经商贸审计科。

审计工作成果 1999年共完成审计项目计划94个，完成年审计项目计划195.8%，共查出各类违纪违规金额4784.53万元，其中：应上交财政金额30.66万元，已交财政金额30.66万元，应归还原资金渠道金额743.07万元，提交审计工作报告、信息34篇。

扶贫资金审计 对同仁、泽库两个国定贫困县涉及到的以工代赈资金、支援不发达资金、扶贫贷款及扶贫项目资金的41个单位，从资金的筹集、到位、管理、使用等各环节进行了全面审计；共审计查出扶贫资金违纪违规金额3808.87万元，应交财政金额10.06万元，追还侵占挪用资金732.37万元。

本级财政预算执行情况审计 在坚持“账户入手、下审一级”的基础上，继续深化本级财政预算执行情况审计，查出违纪违规金额620.27万元，应交财政11.75万元。，已全额上交。

各专业审计 1999年完成企业审计5个，固定资产审计2个，行政事业单位审计28个，世界银行贷款2项。共查出各类违纪违规金额355.39万元，应交财政8.85万元，已交财政8.85万元。

完成地方政府交办的任务 1999年共完成交办任务8项。其中对领导干部经济责任离任审计和企业兼并前的资产、负债、损益真实性、合法性审计6项。

受表彰情况 1999年州审计局被州委、州政府评为本年度目标完成先进单位和全州定点扶贫帮扶先进单位，被青海省审计厅、青海省劳动人事厅评为全省审计系统先进集体。

【同仁县审计局】 1999年共有干部、职工9人，其中：大专学历3人，注册会计师1人，审计师4人。

1999年共完成审计项目39个，审计单位39个，审计调查4项，开展了1999年本级预算执行审计，延审5个单位，审计资金3939万元，查出违规行为金额439.2万元，决定处理处罚金额147.93万元，纠正291.27万元，应收缴财政款11.96万元，已收缴财政8.6万元。

1999年共完成县委、县政府交办的工作任务4项，审计单位4个。开展委托的厂长、经理的离任审计2项。

根据县政府指令，对驻西宁办事处1997年至1999年4月财务收支进行了专项审计，通过审计发现该单位财务核算严重失真，截留收入22669.00元，胡支乱用、坐支现金7万元，报账中大量报支不合规票据，白条和无单据费用，金额达400747.16元，占总支出的46.15%，固定资产不实237812.00元，负债数额较大，应付账款38万元，银行贷款94500.00元，漏缴营业税及附加11469.37元。

【尖扎县审计局】 1999年底共有干部职工8人，其中大中专学历7人，局长1人，副局长1人，获得中级审计职称1人。

审计工作成果 1999年共完成审计项目32项，完成年审计项目计划的114.28%，共查出各类违纪违规金额315.8万元，其中：应交财政32.1万元，已交财政32.1万元，提交审计工作报告、信息2篇。

各专业审计 1999年共完成财政审计4项，行政事业审计20项，企业审计3项，固定资产投资审计1项。

离任审计 1999年受县委组织部门委托，对4名领导干部进行了经济责任离任审计，共查出各类违纪违规金额23.37万元。

【泽库县审计局】 1999年共有干部职工7人，其中大中专学历4人，局长1人，副局长1人，获得中级审计职称1人。

审计工作成果 1999年共完成审计项目25项，完成年审计项目计划的104.17%，共查出各类违纪违规金额2278万元，其中：应交财政39万元，已交财政39万元，入库率为100%，归还原资金渠道354万元，提交审计工作报告、信息2篇。

本级预算执行审计 在坚持"账户入手，下审一级"的基础上，加大对专项预算资金的追缴力度，共查出各类违纪违规金额423.4万元，其中：追缴挪用预算专项资金327.9万元，应交财政11.76万元，已交财政11.76万元。

各专业审计 1999年共完成行政事业审计20项，企业审计1项，固定资产投资审计1项，共查出违纪违规金额1855.37万元，其中，应交财政27.98万元，已交财政27.98万元，入库率为100%。

离任审计 1999年受县委组织部门委托，对7名领导干部进行了经济责任离任审计，共查出各类违纪违规金额885.2万元，其中，应交财政1.01万元。

【河南县审计局】 1999年共有干部、职工7人，其中：大专学历2人；局长1人，副局长1人，局内未分设科室。

审计工作成果 1999年共完成审计项目41个，审计单位48个，完成年计划的133%，共查出各类违纪违规金额203.44万元，其中：应上缴财政金额13.34万元，已上缴财政金额7.64万元；共提交审计报告20篇、审计信息13篇，其中信息被上级部门采用4篇。

本级预算执行审计 在坚持"账户入手，下审一级"的基础上，深化审计内容，共查出违纪违规金额57.89万元，应缴财政金额5.4万元。

各专业审计 1999年共审计企业单位3个，政法系统2个，两金1个，固定资产投资2个，预算外资金1个，定期审计24个，共查出违纪违规金额37.13万元，其中：应上缴财政金额3.38万元。

离任审计 1999年受县委组织部委托，对9名领导干部进行了离任审计，共查出违纪违规金额108.42万元，其中：应上缴财政金额4.54万元。

【果洛州审计局】 州审计局共有15人。其中大专学历以上学历3人，获得注册会计师资格的1人。内设机构有：办公室、综合法制科、行政事业审计科、企业审计科。一年来，共审计20个单位，纠正和处理违纪金额1851万元。上缴财政金额83万元。

审计成果 1999年果洛州审计局共对20个单位进行了审计，查出违纪金额中，应上缴财政9.91万元，追还被侵占挪用资金368万元，罚款6.15万元。

财政审计 年内，州审计局对玛沁、玛多两县的财政决算进行了就地审计，针对一些屡查屡犯，严重违反财政法规的问题，加大了处理处罚力度，共予以罚款73634.72元。

行政事业审计 共对10个部门和单位进行了审计，主要问题有侵占挪用专项资金；白条列支；移动电话话费超标；规费收入未纳入财政管理等。另外，州局还对养老失业保险基金进行了审计。

两院审计 根据省审计厅的统一安排，今年在全州范围内对检察和法院部门进行了专项审计，揭露了在诉讼费、罚没款物的收缴管理和使用中存在的问题。

外资运用审计 今年州局对世行援建的"卫六"贷款项目进行了审计，审计结果表明，州有关部门在外资使用上，均能按照贷款协议列支，无大的违纪问题。

企业审计 对7个企业进行了审计，促进了企业转换经营机制，提高经济效益，推进了企业实现"两个转变"。

全年共完成审计调查2个，撰写审计信息12篇，提交审计工作报告3篇。

宁夏回族自治区

【宁夏回族自治区审计工作概况】 1999年，全区审计人员共有692人，其中本科以上学历111人，大专学历334人。

审计工作成果 1999年，全区各级审计机关共完成审计项目1957项，查处违规行为金额16亿元，追还被侵占挪用资金1.95亿元，已上缴财政0.6848亿元，共为国家增收节支2.8亿元，向司法机关移送案件19件，建议给予党纪政纪处分59人。

全区各级审计机关全面加强审计监督工作，重点突出对财政、金融、企业和社会保障资金的审计，特别是加大了专项资金审计的力度。在对扶贫专项资金、农业综合开发资金、社会保障资金、法检两院系统财务收支、福利彩票赈灾专项募集资金、科技三项费和科学事业费等六项行业和专项资金的审计中发现了一些倾向性、普遍性的违纪问题，共查出违纪金额2.6亿元，并在公检法、金融审计和国有企业厂长（经理）离任审计等方面，查处了一批严重违纪违规问题，收到良好的社会效果。1999年，全区审计工作有三个方面的特点：一是各级政府十分重视和支持审计工作。自治区人民政府于1999年5月17日发布《关于加强审计工作的意见》（宁政发1999［50］号），要求各级政府加强和改进对审计工作的领导。二是审计执法力度进一步加大。各级审计机关敢于揭露和披露审计中查出的深层次问题。自治区审计厅对全区扶贫资金的审计共查出涉嫌贪污、挪用、私分、骗贷等经济案件14起36人，涉案金额97.25万元。依据《审计法》和《审计法实施条例》的有关规定，全都移送司法机关和有关部门进行了处理处罚。三是各级审计机关十分重视审计成果的转化。全年，各级审计机关共提交各类综合报告和审计信息3800多篇，被各级政府和新闻媒体采用2300多篇，为扩大审计宣传，审计监督为宏观经济决策服务发挥了积极作用。

【宁夏回族自治区审计厅】

厅领导成员

厅长：马占和

副厅长：卢苏萍

李笃弼

总审计师：王惠敏

纪检组长：李俊贤

审计工作成果　全厅共审计单位271个，查出违规行为金额14.96亿元，是上年同期的3.3倍，经审计处理应上交财政金额1383万元，比上年同期增长29.7%，已上交1064万元，比上年同期增长32.8%，核减工程投资、减少财政拨款或补贴金额279万元，追还被侵占挪用资金归还原资金渠道1.2亿元。共为国家增收节支1.36亿元，是上年同期的2.4倍。通过审计发现了一批大案要案线索，向司法机关移送涉嫌经济犯罪案件23起，涉及31人，是历年所没有的。

财政预算执行审计　1999年，宁夏审计厅坚持“从账户入手、下审一级”的方法，加大了对一、二级预算单位延伸检查的力度，突出了对应缴预算规费收入和下岗职工基本生活费等专项资金的审计，揭露了预算收支管理中存在的不真实、不合法、不规范的问题。审计共查出各种违规行为金额10842万元，其中应交财政资金2100万元。主要问题有：违规退库3136万元，违规办理预算拨款4670万元，应缴未缴预算收入2031万元，挪用国债兑付资金1000万元等。《审计结果报告》和《审计工作报告》受到了自治区政府、人大常委会的充分肯定。自治区人大常委会还就本次审计查出问题的处理落实情况听取了审计部门的汇报。

金融审计　金融审计按照“以财务收支真实性为基础，打假治乱，重点揭露违规经营、盈亏不实、资产不实以及账外账等虚假行为和问题，促进规范管理，依法经营，改善金融资产质量”的指导思想，统一组织，统一规范，对宁夏工商银行系统30个县级以上分支行的资产负债损益进行了审计。审计中共查出违规行为金额74654万元，上缴财政462万元。通过审计基本摸清了工商银行家底，揭露资金营运和管理中存在的问题，并提出了改进的意见和建议，为防范和化解金融风险发挥了作用。

企业审计　1.工业企业：1999年共完成了28个单位的审计，查出违规行为金额19806万元，其中，应上缴财政的各种资金140万元，入库率100。查出的主要问题有：损益不实、偷逃税金、技改工程成本核算不准等。通过审计查处重大案件1起，揭露出宁夏电化总厂负债总额高达2.78亿元，资产负债率高达123%，累计亏损8833万元，拖欠银行本息1.96亿元，偷逃欠缴国家税金1951万多元，国有资产流失5607万多元。对包括厂领导在内涉嫌经济犯罪的8名企业人员移交司法机关进行处理。此项审计引起了有关方面的高度重视，受到了自治区党委、政府的充分肯定。2.商业企业：1999年完成商贸企业审计项目34个，查出违规行为金额4206万元，决定处理处罚金额67万元，实际入库61万元；决定追还原资金渠道42万元，已全部追还；向纪检、监察部门移送4个单位和3名涉嫌人员，其中已立案查处的有3起；向主管部门发出建议2份，已回函全部落实。

农业专项资金审计　1999年，根据审计署的统一部署，自治区审计厅采取“上审下”的方法，对宁夏南部山区八个国定贫困县1997－1999年6月扶贫资金的筹集、管理、使用情况进行了审计。审计金额3.4亿元。查出财政抵扣、占用扶贫资金平衡财政预算，弥补行政经费和建房购车、擅自计提费用、违规出借、虚列转移、擅自改变投向、配套资金不到位以及挪用、侵占扶贫贷款等违纪违规资金6257.41万元，占审计资金总额的18.4%。审计查处应上缴财政资金95.39万元（审计罚款90.16万元）；应归还原资金渠道3721.3万元；审计期间促进资金到位568.13万元；促进贷款计划落实34.98万元。同时查出涉嫌贪污、挪用、私分扶贫资金等案件12起22人。其中：国家干部20人（处级2人、科级13人、一般干部5人）；涉案金额82.2万元。依据有关规定，移送司法机关查处的6案7人；移送纪检、监察机关查处的6案15人；对违纪违规金额较大、性质严重的单位除给予经济上处理处罚和通报批评外，并建议区、地（市）纪检、监察部门追究主要领导的责任，给予党纪政纪处分的7人（县长2人、处级领导干部1人、科级领导干部2人、农行县支行行长2人）。

领导干部离任经济责任审计　1999年，全区各级审计机关共对325名领导干部进行了经济责任审计，审计厅级干部5名，县级干部58名，科级干部223名，企业领导人39名，查出各类违规行为金额1.4亿元。审计处理上缴财政资金520多万元，移交纪检监察部门建议给予党纪政纪处分的10名，涉嫌经济犯罪移送司法机关立案查处的16人。其中，自治区审计厅根据自治区党委组织部的委托，对5名厅级领导干部进行了离任经济责任审计，查出违规行为资金2219万元。

外资审计　1999年宁夏外资项目审计，认真贯彻审计署“内外一致，如实披露”的精神，全面深入地对9个国际金融组织贷（援）款项目和2户中外合资企业进行了审计。审计中抓住重点资金和重点项目，对投资额都超亿元的秦巴项目和“4071农业”项目到村到户进行抽查，取得了较好的审计成效。其中，秦巴扶贫项目审计还被审计署评为全国优秀审计项目。

外资审计还注重为政府宏观管理服务。进行了“宁夏利用国际援助资金情况”和“利用世界银行资金情况的审计调查，”并将有关情况综合成专题报告向自治区政府汇报，受到了领导的高度重视。

《审计法》颁布实施五周年纪念活动　一是由自治区人大常委会组成审计法执法检查组，于6月21日至25日，在人大常委会副主任师梦雄带领下，对全区贯彻落实《中华人民共和国审计法》的情况进行了检查。二是于7月29日，审计厅与全区各级审计机关开展了声势浩大的宣传活动。在街头散发宣传材料，接受群众咨询。自治区政府副主席于革胜及银川市市长郝林海等领导还通过报纸、电视、广播等新闻媒体，发表文章和讲话，纪念《审计法》颁布实施五周年。三是于10月18日举行新闻发布会，厅长马占和向中央驻宁新闻机构、自治区和银川市各新闻单位的记者通报了《审计法》颁布实施五周年来，全区审计机关和审计工作所取得的成绩。

队伍建设　自治区审计厅在近两年狠抓审计干部队伍思想政治工作和作风建设的基础上，1999年，紧紧围绕审计抓廉政，抓好廉政促审计的工作思路，以廉政建设为主线，全面加强了审计队伍思想和作风建设。并于9月16日召开了全区审计机关廉政建设座谈会。区厅先后制定了党风廉政建设责任制实施意见、廉洁从审规定和审计组长负责制等，明确了审计干部廉政建设的内容，划分了责任，提高了廉洁从审的自觉性。全区各级审计机关制定了各类制度300多项，普遍推行了审计组长负责制、重大审计事项审定制和审计执法责任追究制等制度。

【银川市审计局】　1999年全年共完成各类审计156项，查处违规资金18492万元，应缴财政资金3223万元，已缴财政2418万元，应减少财政拨款或补贴115万元，应归还侵占挪用资金155万元，促进增收节支50万元。

预算执行和财政收支审计情况　共完成了34个财政预算和决算单位的审计，查出各类违纪资金5226万元，应上缴财政资金1908万元，已缴财政资金1698万元，对维护《预算法》的严肃性，遏制财政资金流失起到了有效的监督效果。

固定资产投资审计　银川市审计局强化固定资产投资审计力度，全年共完成7个投资项目的竣工决算审计，核减投资693万元，核减率占12.69%，为保障建设资金合理、合法使用，提高投资效益，发挥了良好的作用，受到了政府和有关建设单位的充分肯定。

专项资金审计　银川市审计局根据上级审计机关的统一要求，安排了农业、外资、民政、学校以及公、检、法等专项资金审计事项。查处违规资金9410万元，决定处理处罚1118万元，要求纠正8292万元。其中应缴未缴预算收入390万元，挤占挪用319万元，私设“小金库”21万元，虚列转移171万元，其他（乱收乱罚、未做收入等）657万元。通过专项审计，已收回入库资金322万元，对被审单位违法乱纪行为产生了一定的遏制威慑作用。

经济责任审计情况　截至1999年底，银川市审计局开展领导干部任期经济责任审计57人。其中：县处级以上行政干部44人，科级以下事业单位领导干部4人，企业领导干部9人。共查处违纪金额15613.58万元，应上缴财政金额679.4万元，已上缴金额227.21万元；私设“小金库”13.96万元，国有资产流失50.70万元，挤占挪用专项资金1236.13万元。

【银川市郊区审计局】　1999年全年共审计了52个单位，查出违纪违规金额799.3万元。经审计处理应上缴财政金额132.1万元。其中罚款8.4万元，已入库126.5万元，入库率达96%，追还侵占挪用资金17.6万元，并向司法机关移送贪污案1件，提交纪检部门处理1人。

经济责任审计　共完成了15名领导干部的经济责任审计，查出违纪违规金额106万元。经处理上缴财政11.8万元，其中罚款5万元，追还侵占挪用资金11.7万元，对1名违纪责任人提交纪检部门处理。通过经济责任审计，落实了领导干部经济目标责任制，提高了领导干部的管理水平。

纪念《审计法》颁布五周年活动　采取多种形式纪念、宣传《审计法》。主要是召开了纪念《审计法》颁布实施五周年座谈会、设立《审计法》宣传咨询点，并悬挂横幅、张贴标语、开展了审计基础知识竞赛等活动。

【银川市城区审计局】　1999年全年共审计26个单位，占年度计划的130%；查出违纪金额166万元，上缴财政1万元。

财政预算收支审计　财政预算收支审计，在审查财政资金分配和税收征管的同时，重点对预算单位进行了延伸审计。一是以人大批复的年度预算为依据，对调整预算动用超收是否依法批准进行重点审计；二是从账户入手，对预算单位专项资金的使用情况和效果进行审计。查出违纪金额39万元；收缴罚款0.5万元。并向政府提交了进一步加强预算约束，提高专项资金使用效益的建议。

收支两条线执行情况审计　1999年度，对法院、检察院执行收支两条线情况进行了审计。侧重对行政性收费和罚没款进行了检查。一是对收费项目和标准以及执罚依据进行清理；二是对使用票据的合法性进行鉴别；三是对其银行账户进行了清理。通过审计进一步规范了“收支两条线”，同时针对存在的问题提出了具体的审计意见。

【银川市新城区审计局】　全年共完成各类审计20个项目，查出违纪金额243万元，应缴财政0.8万元，本年追缴4.8万元，本年已缴5.2万元，应归还侵占挪用资金36万元。

财政预算执行情况审计　对新城区城管局等5个单位进行了延伸审计，揭露出预算执行中不合法、不规范等问题，查出违纪金额124万元，应上缴财政0.2万元。

专项资金审计　1999年3月，该局对新城区检察院、法院的财政预算资金、行政性收费、罚没追缴款物收取、管理、解缴情况进行了审计，揭露两院坐支、挪用及其他违反财经纪律的问题，共查出违纪金额58万元，上缴财政0.19万元，应归还侵占挪用资金36万元。5月，对新城区民政局主管的中国福利彩票赈灾专项募集额度发行、销售的财务收支及赈灾专项募集资金的上缴情况进行了审计，查出违纪资金16万元，归还原渠道资金0.3万元。

完成交办任务　1999年，根据新城区党委、政府的委托，完成科级干部离任审计1项，行政事业单位财务收支审计1项，企业财务收支审计2项。共查出违纪金额41万元，应上缴财政0.2万元，审计结果得到了党委、政府的充分肯定。

【贺兰县审计局】　全年共计完成审计单位数71个，完成年度计划的115%。查出违纪违规金额2277万元，上交财政金额160万元，向纪检部门移送案件1起，提交审计综合报告、信息14篇。

本级预算执行情况审计　在对县本级预算执行情况审计的同时，安排延伸审计了27个预算执行单位。此项审计共计查处违纪金额1100万元，应上交财政76万元。

股份制试点企业审计　全年对8个县属股份制试点改造企业的财务收支及经营情况的真实性、合法性、效益性进行了审计。此项审计共查出违纪金额194万元。有力地配合了贺兰县人民政府对企业第二轮承包兑现工作。

行政事业单位财务收支审计　全年共审计17个单位，查出违纪金额799.5万元。应上交财政82.3万元。促进了政府部门合理有效地使用财政资金。

经济责任审计　全年共审计县委交办的5项，查出违规金额43万元。及时提交审计报告和加强财务管理与廉政建设的建议。

【永宁县审计局】　1999年共完成各类审计59项，占年度计划的102%，查出违纪违规金额893万元，应缴财政120万元，已缴财政89万元，退还多收农民资金12.5万元。

同级财政预算执行审计　1999年共审计财政预算执行单位17个，查处截留、隐瞒应上缴财政金额29.5万元，追还被挤占挪用专项资金168万元。

基本建设审计　1999年共实施基本建设项目审计4个，核减工程投资192万元，追缴税款41万元，受到了有关部门和建设单位的充分肯定。

专项资金审计　1999年对农业专项资金、社会保障资金、科技三项事业费、赈灾专项募集资金、商品粮基地建设项目资金、结核病专项贷款等专项资金进行了审计。对这些使用专项资金单位中存在的挤占挪用等问题，给予了揭露和处理处罚，共追还被挤占挪用专项资金179万元，处罚金额22.5万元，保证了专项资金的使用效益。

学习宣传《审计法》　一是邀请主管县长就学习、宣传《审计法》向全县人民发表电视讲话，对《审计法》实施五年来的审计成果及贯彻落实情况进行了总结；二是组织全局干部认真学习《审计法》及相关法律和法规，并在县城悬挂横幅，散发宣传材料500多份，使《审计法》更加深入人心。

【石嘴山市审计局】　全年共审计项目单位123个，超额完成28个；累计查出违规行为资金4954万元，经审计处理应上缴财政859万元，已上缴财政855万元，入库率99.6%；减少财政拨款或补贴和追还被侵占挪用资金169万元；向纪检监察和司法机关移送案件2起，建议给予行政处分3人；编发《审计信息》

26期，采用稿60篇，有40多篇（次）被上级领导机关信息刊物和各新闻媒体采用，采用率达68%；为上级领导机关提交审计综合分析报告12篇，撰写审计论文6篇。

财政预算执行审计 经审计，共查出隐瞒转移预算收入202万元，应缴未缴预算收入382万元，为财政增加收入584万元。同时还对三区两县1998年度财政决算进行了审计，为保障县区财政经济稳定运行发挥了作用。

企业审计 对全部接受改制资金拨款的12个行政主管部门、6个县区财政和69户企业进行了审计和审计调查，纠正了使用中存在的问题，有力地促进了企业改制政策的贯彻落实。

经济责任审计 对32名处级领导干部进行了离任经济责任审计，共查出各类违规行为资金504万元，并对一名违纪责任者给予全市通报批评。对7个单位私设“小金库”、总金额达106万元的问题依法进行了严肃处理。通过经济责任审计，使离任者走得清白、继任者接得明白，为市委选配使用干部提供了依据。

【石嘴山市石嘴山区审计局】

1999年，石嘴山区审计局结合实际，重点对本级财政预算执行，领导干部离任经济责任，行政性收费、罚没收入等29个项目及资金进行了审计。共查出各类违纪金额210万元，经审计处理上缴财政金额31万元，审计决定执行率100%。

重点资金审计 1999年，石嘴山区审计局重点突出了对行政性收费、罚没收入和预算外资金的审计。被审的10个有行政性收费部门共截留资金108万元。审计局根据国务院、自治区人民政府关于对行政性收费、罚没收入和预算外资金管理办法，全部予以没收上缴地方金库。

地税审计 1999年，该局对本区地方税务局税收征管情况进行了审计。发现新陈欠税款1118万元。区政府根据审计报告，专门召开了清欠税收工作会议，制定了清欠税收工作目标责任制，使石嘴山区地税局在开展清欠税收工作中取得了可喜成绩。

【石嘴山市大武口区审计局】

预算执行和财务收支审计 1999年完成了5个部门的财政预算执行情况的审计。查出违纪违规金额33万元，做出处理决定金额23万元，上交财政金额15万元，指明要求纠正的金额为10万元。审计中发现有2个单位财经纪律执行不严格，造成截留坐支财政专户款和应交预算收入未及时上缴国库，对此，依据有关法律法规做了相应的处罚。

此外，还对14个行政事业单位的财务收支进行审计，查出违纪违规金额30.2万元，做出处理处罚决定金额30.2万元，已上交财政20.2万元，占查出违纪违规行为金额的66.89%。

学习宣传审计法 1999年是《中华人民共和国审计法》颁布实施五周年。大武口区审计局在回顾总结五年来经验的同时组织全局人员全面学习《中华人民共和国审计法》及相关法规，并积极参加审计厅组织的审计法律知识竞赛活动。9月1日，配合石嘴山市审计局在青山公园门前设立审计知识咨询服务点，发放审计宣传资料200余份。

【石嘴山市石炭井区审计局】

全年共完成各类审计21项，完成年度计划的100%。查处违规行为金额179万元，应上缴财政9万元，已上缴财政7万元，核减财政拨款4.5万元。

本级预算执行审计 对本级财政预算执行情况和其他财政收支情况进行了审计。同时延伸审计了地方税务局、计划生育卫生局、计划经济贸易局、民政局等4个单位。

本级财政收入专项审计调查 经政府授权，对辖区内石炭井矿务局所属服务公司的4户企业进行了财务收支专项审计调查。查处违纪违规金额104万元，补缴企业所得税6.02万元，罚款1.5万元。

纪念《审计法》颁布五周年活动情况 一是审计人员集中学习《审计法》、《审计法实施条例》和《中国审计规范》，并参加了自治区审计干部闭卷考试。二是加强宣传，发放宣传材料、编印了《审计知识宣传专刊》，开展了“审计知识有奖答卷”活动。

【平罗县审计局】

审计成果 1999年共审计单位74个，查出违规行为金额1760万元，追还被侵占挪用资金42万元，应交财政113万元，已交财政110万元，提交信息论文39篇，信息论文综合报告被采纳31篇。

预算执行和财政收支审计 1999年，对本级财政预算和其他财政收支情况进行了审计，查出财政部门虚列支出、挤占专项资金663万元，应缴未缴预算收入20.46万元；查出县地方税务局人为混淆税种，导致财政多付补贴5万多元；对其他延伸审计的20个部门共查出违规违纪金额186.67万元。

重点建设项目审计 围绕县政府中心工作，对平罗县45项重点建设项目进行了基建预决算审计，审计投资总额9233.61万元，核减工程投资357.26万元。对平罗县化肥厂扩建工程进行了竣工决算审计，核减决算投资99.54万元，查出计划外增加项目超支655.68万元，资金不到位701.35万元，费用超概算546.65万元等问题。

经济责任审计 1999年，该局开展了对37个单位42名科级领导干部任期经济责任审计，查出违纪违规行为金额394万元，其中应缴财政资金14万元，应归还侵占挪用专项资金38万元；私设“小金库”2个，金额9.7万元。

【惠农县审计局】

审计工作成果 1999年完成

审计项目53个。查出违纪违规金额1622万元。上缴县财政12万元，共提交各类审计报告、信息18篇。

完成县委、县政府交办任务　1999年，共完成县委、县政府交办的工作任务23项，主要是领导干部任期经济责任审计。查出违规行为金额177万元，为县委组织部门考核提拔任用干部提供了依据。同时，开展了固定资产投资项目审计，共审计5个建设项目，项目投资总额759万元。查出资金不落实26万元、多结工程款17万元、超规模超标准28万元、偷漏税金3万元。共核减投资41万元。

完成署定、区定审计任务　1999年，共完成审计署、自治区审计厅下达的审计任务24项，查出违规行为金额1375万元，上缴县财政10万元。

【陶乐县审计局】　1999年，全年完成审计项目34个，完成年度调整计划的117%，查处违规行为金额742万元，经审计处理上交财政37万元，归还挤占挪用资金88万元。

重点企业审计调查　根据县人民政府指示，陶乐县审计局对县属7家股份合作制企业的入股和经营情况进行了审计调查，通过审计调查发现，股份合作制企业在陶乐县的初步运行过程中，违法违规的行为还比较普遍，少数股改企业出现了新的亏损。审计机关提出了认真贯彻落实公司法，规范股份企业董事会章程，完善出资人制度，建立健全股改企业经营运行机制，加强内部经营管理的意见和建议，得到县人民政府的高度重视。

队伍建设　1999年11月，陶乐县审计局举办了全县会计人员继续教育培训班，及时补充、更新了全县财会人员的专业知识，进一步规范了财会人员的执业行为，提高了执业技能。

【吴忠市审计局】　1999年，共审计了62个单位，完成年度计划任务的138．89%，查出各类违规行为资金1523万元，经审计处理应上缴财政188万元(含应转作本级财政收入及罚款、税金)，应归还原渠道资金33万元。全年共向上级领导和业务主管部门及新闻单位提交综合报告、信息动态67篇，被批示、批转、采纳6篇。

扶贫专项资金审计　1999年度，对盐池县1997年至1999年6月扶贫专项资金进行了就地审计，共审计了26个单位，并对12个重点项目9个乡、24个行政村、124户贫困户进行延伸，抽审项目资金总额5102．4万元。查出挤占扶贫专项资金57．44万元，改变扶贫资金投向105万元等违纪违规问题。按照有关政策、法规，审计部门对此进行了严肃处理，同时提出了落实配套资金，加强专项资金管理的意见和建议。

经济责任审计　根据组织部门的授权、委托，市审计局对青铜峡市原市长及两所重点中学校长任期经济责任进行了离任审计。查出私设“小金库”、超标准收费、侵犯财产及公款私存等问题，并分别依据有关财经法规给予处罚。

【吴忠市利通区审计局】　1999年，吴忠市利通区审计局全年共完成审计项目91项，占年计划的121．33%，查出各类违规资金5805万元，经审计处理，应上缴财政资金269．70万元，已上缴财政资金264万元，应归还原渠道资金2531．10万元。

社会养老保险基金审计　1999年5月，对利通区社会保险事业管理局1998年度养老保险基金财务收支审计时发现，截至1998年底，已累计欠征养老保险基金1011．91万元，当年收不抵支，超支90．11万元。引起了利通区委、人大、政府主要领导的高度重视。截至1999年底，已收回历年陈欠200多万元。

经济责任审计　1999年共完成任期经济责任审计24家，查出各类违规资金1347万元，经审计处理应缴财政资金241万元。利通区审计局又结合实际，报经区委、政府出台了《利通区科级领导干部任期经济责任审计暂行办法》和《利通区国有及国有控股企业领导人员经济责任审计暂行办法》。

【青铜峡市审计局】　1999年，全年共完成各类审计77项，占计划数70项的110%，查出违规行为资金8317．13万元，应上缴财政465．03万元，已上缴财政382．37万元。

预算执行和财政收支审计　共审计银行账户72个，查出违规行为资金212．55万元，查出应上缴财政资金80．70万元。

大案要案审计查处情况　查处大案要案成绩显著，向纪检、检察机关移送案件3起，涉及15人，金额达84．39万元。其中对市新井煤矿审计查出违规行为资金1300多万元，查出该单位出纳涉嫌贪污公款21．6万元，该项审计被自治区审计厅评为优秀审计项目。

经济责任审计　1999年，市审计局接受市委和政府委托，完成了19名领导干部的离任审计事项。共查出各类违规资金2436万元，其中较为突出的问题是，个别单位和部门为了小团体利益挤占挪用专项资金、截留隐瞒应上缴财政收入、私设“小金库”等，也有少数领导干部涉嫌个人经济问题，如用公款购私房等。

纪念《审计法》颁布五周年活动情况　开辟《审计法》宣传橱窗，在有关传媒上广泛宣传《审计法》，使纪念《审计法》的活动开展得有声有色。

【灵武市审计局】　1999年，灵武市审计局从账户入手，开展审计监督。全年共审计单位73个，完成年度计划任务的117．74%，查出各类违规行为金额2182．5万元，经审计处理应上缴财政金额36．7万元，应归还原渠道资金738．64万元。全年共向上级领导和业务主管部门及新闻单位提交综合报告、信息动态44篇，被批示、批转、采用19篇，采用率为43．2%。

财政预算执行审计　在财政预算执行情况审计中，重点对财政资金的分配、管理和使用情况进行了审计，共延伸审计单位23个，查出违规行为金额692．84万元，应交财政金额28．6万元，应归还原渠道资金572．7万元。对审计中查出的问题均依法进行了严肃处理。

专项资金审计　对灵武市农、林、水、牧、农建办等单位1998年度农业项目发展资金进行了就地审计。共审计单位5个，抽审项目金额6782．86万元，共查出挤占挪用、虚列转移、坐收坐支、偷漏税金等违纪违规金额738．2万元。

经济责任审计　根据有关部门的委托，市局先后对供销社、物资总公司、饮食服务公司、农保局等单位的原任领导进行了离任审计，查出私设“小金库”、超标准收费、公款私存等问题，并分别依据有关财经法规给予了严肃处理处罚。

【中卫县审计局】　1999年，共完成审计项目77个，查出违规行为金额6004万元，应交财政收入469万元，应归还原渠道资金235万元，向上级部门提交各类报告信息被采纳72篇。

重点审计事项　本级财政预算执行审计单位22个，发现违规行为资金4773万元；对5个乡级财政决算、12户企业、15个区县项目建设资金单位、14个“三多”单位、15个离任领导等进行了审计。加大了披露力度，揭露了存在的主要问题，提出了改进意见，有力地发挥了审计监督的职能作用。

大案要案查处　1999年，通过审计监督，将3名领导干部分别移送检察院、纪检委、监察局，并建议追究行政、刑事责任。

【中宁县审计局】　1999年，共完成56个审计项目、108个单位的审计任务，是年度计划的104%，查出违规行为金额1980万元，应上缴财政资金263万元，已上缴财政金额246万元，入库率为93．54%，归还原资金渠道35万元。向上级审计机关、县人民政府及有关新闻单位提供综合报告，分析、论文信息等共71篇，被批示采用了51篇，采纳率为71．83%。

财政预算执行和财务收支审计　按照“账户入手、下审一级”的审计方法，对县财政局、地方税务局和教育局、农业局等12个使用财政预算资金较多、罚没收入较多、财政性资金较多的单位进行了审计。财政预算执行单位审计覆盖面达到了50%以上。

经济责任审计　受县委组织部的委托，对8名领导干部进行了离任经济责任审计。

专项资金审计　1999年，对法院、检察院系统的专项资金、农业综合开发资金、社会保障资金、科学事业费、科技三项费进行了审计。审计发现专项资金在管理使用中存在的突出问题有三类：一是挤占挪用专项资金严重；二是专项资金使用中存在着白条子领款、偷漏税款的问题；三是专项资金使用效益不高。针对存在的问题，提出了中肯的审计意见，引起了被审单位领导的重视。

【同心县审计局】

审计成果　1999年，查出违规行为资金1934万元，追还被侵占挪用资金828万元，应交财政56万元，已交财政56万元，提交信息论文综合报告45篇，信息论文综合报告被采纳15篇。

本级预算执行情况审计　对本级财政预算执行情况和26个重点预算单位进行了审计。查出违规行为金额1396万元，归还原资金渠道790万元，应缴财政52万元。主要问题有挤占专项资金、违规退库、越级拨款等。审计机关有针对性地提出了建设性的意见和建议，受到了县人大、政府的肯定。

农村教育费附加审计　为了加强农村教育费附加的管理，局机关对19个乡（镇）的农村教育费附加的收支情况进行了专项审计。通过审计发现，仅有37%的乡（镇）完成了任务，同时还存在着资金管理不规范和挪用行为。审计机关对有挪用行为的乡（镇）给予了通报批评。

纪念《审计法》颁布五周年活动　同心县审计局把提高审计工作质量与纪念宣传《审计法》结合起来，运用有线电视、上街宣传、悬挂横幅、散发传单、设立咨询台等灵活多样的形式，广泛宣传《审计法》，使之成为本年度两大文明建设中的亮点。

【盐池县审计局】　1999年共完成各类审计100项，占年度计划的167%，查出违规行为金额1417万元，上缴财政49万元（其中税金6万元，罚金16万元）；应归还原资金渠道96万元。

本级预算执行情况审计　在财政预算执行情况审计中，查出违规行为金额76万元，上缴财政10万元，应归还原渠道资金20万元。

经济责任审计　根据县委组织部委托，1999年对131名县直部门、乡镇、企业单位原任领导进行了离任经济责任审计。共查出违规行为金额479万元，上缴财政6万元。通过审计，摸清了家底，分清了离任者与继任者的经济责任界限。

创建文明单位　县审计局以创建文明单位活动统帅全局各项工作。经过一年多的努力，圆满地实现了创建文明单位计划，1999年8月被县委、政府授予“文明单位”称号。

【固原地区审计局】　1999年，固原地区审计局全年共完成各类审计42项，查出违规行为资金4267万元，上缴财政资金262万元，应归还原资金渠道金额181万元，罚款13万元。提交审计报告、信息10篇，其中被有关部门批示采用2篇。

农业专项资金审计　为了贯彻落实自治区“双百”扶贫攻坚计划，保障和促进扶贫资金的有效使用，全年审计11个项目单位，查出违规行为资金1543万元。其中，挤占挪用568万元。审计机关对有关问题作了严肃处理，并向纪检监察机关移交案件4起15人。

财政决算审计　全年审计2个县，查出违规行为资金2040万元。主要是隐瞒转移财政收入和挪用财政专项资金。上缴财政收入255万元。通过审计规范了财政行为，促进和加强了财政管理，提高了财政资金使用效益。

【固原县审计局】

审计成果　全年完成各类审计项目54个，查出违规行为金额1331万元，归还原渠道资金271万元，上缴财政金额15万元，提交审计工作报告22篇，采写审计信息14篇，被采用信息7篇，提出审计意见和建议76条。

预算执行和财政收支审计　共审计预算单位14个，查出违规行为金额29万元。存在的主要问题是截留应交预算收入、挤占挪用专项资金等问题。

经济责任审计　受县委组织部委托，固原县审计局开展了7项经济责任审计。查出违规行为金额307万元，应上缴财政金额2万元。

农业专项资金审计　固原县审计局对7个筹措、投入、管理和使用农业专项资金的单位进行审计，查出违规行为金额467万元，应归还原渠道资金232万元，应上缴财政6万元，已全部上缴。

审计宣传　在审计法颁布五周年之际，固原县审计局加大宣传力度。一是上街宣传，在城市繁华地段设置宣传点，开展《审计法》咨询，散发宣传材料2500份。二是利用新闻媒体宣传，撰写专题文章在报纸、电台等新闻媒介广泛宣传《审计法》。三是邀请县四套班子及有关部门领导50多人，召开了《审计法》颁布五周年座谈会，广泛听取领导和社会各界对审计工作的意见和建议。

【海原县审计局】　全年共完成各类审计单位5 2个，完成年度审计计划的1 0 2 %，查出违规行为金额4 1 3万元，应归还被侵占挪用资金8 3万元，应交财政1 1万元。

行业审计　1999年，审计机关对卫生行业7个单位进行审计。经审计，查出违规行为金额4．1万元，审计机关对有关问题作了严肃处理，并提出了意见和建议。

大案要案线索　1999年，审计机关对审计中发现的重要线索进行认真的内查外调，发现重大违纪案件，处理了一些重大违纪事项。如对贾塘乡、高台乡干部离任审计中，查出挤占挪用救灾专项资金1 0.7万元，拖欠乡村干部工资3.3万元，利用职权贪污拉电资金0.4万元，违反规定私设“小金库”3万元；高台乡截留应交财政的农村教育费附加2．4万元，涂改原始凭证加大金额0．2万元等问题。在审计处理处罚的基础上，对3名科级干部、3名一般干部的违纪问题移送纪检部门，建议给予党纪政纪处分，并移交立案查处1起。

【泾源县审计局】　1999年，共完成51个审计项目（单位），占全年任务的155%，查出违规行为资金948万元，较上年同期增长26%。经审计处理，应缴财政53万元，为上年同期的2．8倍，已缴财政51万元，入库率达96．2%；移交纪检监察部门1件2人，建议给予行政处分1人，给予经济处罚5人。

财政预算执行审计　自治区审计厅下达审计12个单位，实际审计14个单位，超任务16.6%，查出各类违规行为资金263万元，应上缴财政资金10万元，已全部收交入库。

经济责任审计　受县委组织部委托，对24个单位科级领导干部离任经济责任进行了审计，查出违规行为资金434万元。其中：截留预算收入33万元，挪用专项资金72万元，其他违纪资金329万元，收缴违规资金39万元，罚款3万元。处理处罚了有直接责任的领导4人、财会人员1人，向县纪检委提出给予党纪处分的1件2人。

宣传《审计法》活动　在《审计法》颁布实施五周年之际，县审计局积极主动作宣传舆论工作。邀请县委、政府、部分乡镇主管财务的领导及县直各部门50多人参加的纪念《审计法》座谈会。政府常务副县长就此还发表了电视讲话。

【彭阳县审计局】　1999年，共完成各类审计36项，查出各类违规行为资金252万元，处理处罚99万元，上缴财政资金4万元。完成审计调查1项。

本级财政预算执行审计　依据审计项目计划，财政预算执行审计安排对11个单位进行了审计，查出违规行为资金143万元。发现某局财务管理混乱，私设“小金库”账外资产40多万元，虚列支出，弄虚作假等违纪违规问题，审计机关对有关问题做了严肃处理，并提出了加强财务管理，健全内控制度的意见和建议。

水利工程水费调查　通过对1997－1998年水利工程水费的审计调查，基本掌握了水利工程水费收缴、管理、上缴情况，发现了水费存在不能及时上缴、挤占挪用；收据票据混乱、打白条不开票；管理不规范、手续交接不清、水费流失等问题，提出了七条改进和加强管理意见，取得了较好的审计调查效果。

宣传《审计法》活动情况　1999年是《审计法》颁布实施五周年，组织干部职工对《审计法》及其相关法律法规进行了学习，参加了全区《审计法》知识考试和纪念《审计法》颁布五周年电视竞赛。8月份，悬挂横幅标语进行宣传，邀请县委、人大、政府、政协领导和经济综合部门以及部分企业单位召开座谈会，总结五年来《审计法》的贯彻落实情况。

【西吉县审计局】 1999年，共组织实施审计项目和审计调查项目61个；查出各类违纪资金1236万元，应上缴财政资金19.6万元已全部上缴财政，核减财政拨款和基建工程价款8.9万元，追还原资金渠道125万元，审计实施中为被审计单位追回被挪用、借用款项16.8万元。对规范西吉县财经秩序起到了积极作用。

经济责任审计 1999年，对县文化局等单位的9名主要领导干部实施了任期经济责任审计。审计查出违纪资金182万元，经审计处理追还原资金渠道52.7万元，指明要求纠正129.4万元。为被审单位追回被挪用、借用款项16.8万元。

【隆德县审计局】 1999年，共完成审计单位62个，完成年计划的138%。查出违纪违规金额1333万元，其中经审计处理上缴财政6万元，归还原渠道资金794万元，核减工程造价39万元。提交审计报告及信息40篇，采纳38篇。完成审计调查1项，调查单位7个。

本级财政预算执行审计 1999年重点对县财政局、税务局、县金库及掌握大额预算资金的农牧、水利等部门和利税较大的企业，共计40个单位进行了审计。查出和纠正违纪违规金额795万元，其中挤占挪用专项款360万元，截留预算收入7万元，资金管理不善、损失浪费319万元。针对这些问题分别提出了整改建议。较好地促进了地方财政收支管理。

基本建设项目审计 1999年主要完成了县沿路办商住楼、供电局锅炉安装、计生局职工住宅等6个基建项目竣工决算审计。共核减工程造价39万元。其次是完成了7项基建开工前的资金来源审计，11项招标项目审计，5项基建竣工验收审计，查处了一些资金来源不当等问题。

专项资金及重点行政事业单位审计 1999年共完成了12个行政事业单位的审计，查处各类违规行为金额449万元。

新疆维吾尔自治区

【新疆维吾尔自治区审计工作简述】 1999年，全区各级审计机关进一步贯彻审计署审计工作二十字方针，全面落实《审计法》，改进工作方式方法，突出审计重点，提高执法力度，注意发现和查处大案要案，注重提高审计质量，在“一审多果”方面有了明显进步。一是根据审计署安排和自治区人民政府要求，突出抓了财政审计、工商银行系统审计、法院检察院系统审计和农业扶贫资金审计这四个重点项目；二是围绕贯彻落实西部开发和加强各项管理，开展了固定资产投资项目审计、行政事业单位审计、社会保险资金审计、外资项目审计等；三是加强了“上审下”的组织方式，采取了“账户入手、下审一级”的审计方法，注意延伸审计有关单位、跟踪资金去向，并加强了审计质量和执法检查、审计调研和工作指导，以及审计组廉政纪律责任制，使审计力度和审计工作质量有了明显提高，审计成果明显增多，审计监督作用得到了进一步发挥。全年共查出违纪违规问题金额65.23亿元，应上缴财政13315万元，已上缴财政9481万元，减少财政拨款和补贴13314万元，追还被侵占挪用资金35222万元，为自治区增收节支58017万元（不含工商银行审计统计数）。共提交审计工作报告、审计信息1637篇，其中：被党政领导、新闻单位、上级审计机关批示、报道、采用472篇。还针对投资、外资和行政事业审计中的有关问题，向有关主管部门发出了9份审计建议书。共建议纠正地方不当规定283条，协助有关部门查处和向司法机关移送经济案件25宗，其中：向司法机关移送经济案件17宗，已被追究处理的责任人8人，建议给予行政处分的10人。

法制建设情况 1999年，继续围绕全面贯彻实施《审计法》，自治区审计厅积极组织开展了《审计法》颁布实施五周年宣传活动。自治区人民政府阿不来提主席和各级地方政府领导通过撰写专题文章、电视讲话、会议讲话等多种形式，广泛宣传审计工作，强调审计监督的重要性，使各级党政领导和社会各界对审计监督的认识有了进一步的提高，特别是通过审计工作实绩促进各级党政领导财经法纪观念进一步增强，这使审计工作的外部执法环境有了进一步的改善。同时，各级审计机关加强了内部审理复核和审计执法检查工作，并结合开展“三讲”教育活动，针对执法检查中发现和干部群众反映的执法力度不够、工作规范化不够等问题，自治区审计厅新订和修订了18项机关管理和业务规范制度。其中：代自治区党委和人民政府草拟了《县级以下党政领导干部任期经济责任审计暂行规定实施办法》和《国有企业及国有控股企业领导人员任期经济责任审计暂行规定实施办法》，已报自治区党委和人民政府两个办公厅；拟定了《办理审计项目揭露重大违法犯罪线索奖励办法》，即将发布实施；制发了《审计台账管理办法》；修订了《自治区审计厅公务员进修教育管理办法》，即将发布实施等，进一步加强了全区审计工作的规范化和法制化建设。另外，各级审计机关继续促使有关部门制定和修订了一些管理规章，为健全法制、改善法制环境作出了积极贡献。

【新疆维吾尔自治区审计厅】

机构及人员 截至1999年底，新疆维吾尔自治区审计厅共设立内部行政机构15个，即：办公室、人事教育处、综合处、法规处、管理处、财政审计处、

中央单位（金融）审计处、固定资产投资审计处、农业审计处、工业交通审计处、商粮贸审计处、文教行政事业审计处、外资运用审计处、纪检监察室、机关党委。共有所属事业单位4个，其中：全额拨款的事业单位3个（机关服务中心、审计培训中心、审计科研所）、自收自支的事业单位1个（新疆审计师事务所）。共有行政事业人员编制255人（其中：行政149人、事业106人），实有行政事业人员213人（其中：行政120人、事业93人）。其中，大专学历以上学历占70%，获得审计师、会计师、评估师或注册会计师资格的占23%。

厅领导成员

党组书记、副厅长：哈布勒·吾斯满

党组副书记、厅长：朱登云

党组成员、副厅长：周贤荣

亚合甫·白克力

李国华

党组成员、纪检组长：褚东井

成果综述　1999年，新疆维吾尔自治区审计厅围绕全面完成审计工作计划任务，加强了对地县审计工作的调研指导，加大了“上审下”的组织方式，增强了查处大案要案意识，在“一审多果”方面狠下功夫，取得了成效。全年共审计243个单位，查处违纪金额44．89亿元，促进增收节支、提高经济效益2．60亿元，共提交审计工作报告和信息107篇（其中：被审计署、地方党政领导、有关部门和新闻单位批示、采用22篇）。共发现大案要案线索5宗，已分别移交纪检监督和主管部门进一步查处。

本级预算执行审计　1999年，全区108个审计机关中，已有105个（自治区审计厅、16个地［州、市］局、88个县［市、市辖区］），根据《审计法》的规定和自治区审计厅的统一部署，在当地政府的领导下，开展了本级预算执行审计（以下简称“同级审”），同级财政审计面达到97．2％。共审计205个财税部门、80个国库、572个预算执行单位，向各级政府提交《审计结果报告》106份，受政府委托向本级人大常委会提交《审计工作报告》99份。共查出各类违反财经法纪问题48．02亿元。

在开展财政同级审计的同时，进一步加大了对地县财政决算的审计力度。自治区审计厅对和田地区、塔城地区、昌吉州及所辖12个县（市）政府的财政决算和6个县（市）的税收征管情况进行了审计。各地、州、市审计局对18个县（市）的政府财政决算进行了审计，查出的主要问题有：乱开财政口子、混淆入库级次、隐瞒和转移财政收入、虚列财政支出、挪用财政专项资金、虚列财政赤字等。通过对违纪违规问题的纠正和处理，促进了政府和财政部门规范预算管理和加强税收征管工作。

各专业审计　1．金融审计。1999年，根据审计署统一安排部署，全区各级审计机关在自治区审计厅统一组织下，完成了对工商银行自治区分行、16个二级分行、86个县级支行的行业专项审计。2．固定资产投资审计。全区共审计了122个固定资产投资项目，审计项目投资总额6．44亿元，已完成投资额6亿元。共查出违规问题金额6724万元，审计后共核减工程结算资金2619万元，应归还原资金渠道2123万元。自治区审计厅统一组织完成了对中央6个直属储备粮库建设专项资金到位情况和粮库项目的审计，开展了引额济克工程和民政福利大厦概（预）算执行情况的审计和塔城机场工程决算的审计。审计查出引额济克工程调概不及时，造成下达投资计划超概算；资金不能及时到位；虚增投资完成额；挪用水利建设资金等，并结合该项目完成了审计署国债资金使用研究课题，初步探索了项目审计和课题研究相结合的路子。对塔城机场项目，在审计工程造价和资金管理的基础上，重点分析和查找了造成工程质量问题的原因，同时，还严肃揭露和查处了民政厅挪用救灾资金修建福利大厦的重大违纪违规问题。3．企业审计。共审计各类企业362户，查出违规违纪问题金额5．76亿元。主要问题是：收入和成本核算不实，虚增虚减利润，转移国有资产，损失浪费等。根据审计署的统一安排，各级审计机关还开展了企业职工养老保险基金审计。共查出违规违纪金额9970万元，揭示了挤占挪用基金用于基本建设、经商办企业、对外投资入股、违规提取管理费、基金未纳入财政专户管理、企业拖欠基本养老保险基金和欠发企业退离休养老金等问题，自治区本级养老保险基金管理使用中存在的挤占挪用问题，以《新疆审计信息》形式上报自治区人民政府并被政府采用，引起了有关领导的高度重视，要求立即纠正和改进；同时，还完成了审计署组织的对11个中央驻疆单位企业统筹基本养老保险基金的行业审计任务。4．农业资金审计。1999年，自治区审计厅统一组织9个地州审计机关重点对30个国定和区定贫困县的扶贫资金、农业综合开发资金和贫困县义务教育工程资金的分配、管理和使用情况进行了审计。审计1997至1999年6月扶贫资金管理使用情况，查出各类违规违纪资金21713万元。主要问题是：财政和主管部门抵扣、挤占挪用、滞留扶贫资金8533万元，主要用于发工资，有的用于弥补机关经费不足；擅自调整改变扶贫资金投向13067万元；侵占挪用和擅自提取费用用于建房购车和经费开支；一些地县当地配套扶贫资金不落实问题比较普遍。审计农业综合开发资金和贫困县义务教育工程资金，查出违规违纪问题主要是：未能严格按照国家开发办批复计划执行；抵扣开发资金用于归还到期有偿资金；部分开发资金被管理部门和使用单位挤占挪用和滞拨；贫困县义务教育工程配套资金不落实、不到位及挤占挪用用于发放工资等问题也较普遍。审计后促进资金投入到位 23 万元，归还原资金渠道 824 万元。同时，向自治区人民政府提交了有关审计综合报告和审计信息，一篇题为《我区农业综合开发配套资金亟待落实，资金管理有待加强》的信息被自治区人民政府采用。这对于促进贫困县的各项生产资金及时到位、正确使用和脱贫致富发挥了积极作用。5. 法院、检察院行业审计。根据审计署统一部署，全区各级审计机关全面开展了对法院、检察院系统预算内外资金收支管理情况的审计。审计结果表明：法院、检察院系统资金管理和会计核算的总体情况是好的，但也存在不少问题，共查出各类违规违纪资金 16513 万元，主要问题是：拖欠、隐瞒和截留罚没收入，乱收费、乱摊派、乱罚款，随意挤占挪用案款，私设“小金库”，相当一部分单位预算外资金未按“收支两条线”规定上缴财政专户，坐收坐支以及虚列支出等。审计结束后，各级审计机关针对存在的问题，按照国家的财经法规作出了相应的处理处罚，并提出了改进的建议，向审计署上报了审计综合报告，并及时编发了一期题为《自治区法、检两院审计结束，查出的问题令人震惊》的信息，被自治区人民政府采用，该两院审计项目也被审计署评为优秀审计项目。6. 国外贷款援款审计。1999 年，着重在提高审计质量、加大查出问题的披露力度上作出积极的努力。全区共对 10 个国外援贷款项目及项目单位进行了审计，查出区内配套资金不落实、挪用资金、倒卖进口物资、虚报工作量、虚假报账等问题。根据审计署“内外合一、如实披露”的原则要求，加大了审计披露力度，审计报告受到审计署和世行办的好评，两篇信息被自治区人民政府批示和采用，并引起了自治区财政厅、世行办和项目单位的重视。年终，新疆被审计署评为外资审计工作优秀单位。7. 查处大案要案。1999 年，全区各级审计机关认真贯彻国务院朱总理“全面审计，突出重点，注意发现大案要案线索”的指示精神，加大了查处大案要案的力度，取得了初步成绩。全区共查出大案要案 41 宗（其中：审计厅查出 5 宗、地州市 8 宗、县市 28 宗），已移交纪检监察部门和司法机关 33 宗，已有 5 人受到党政纪处分，3 人被追究刑事责任。自治区人民政府阿不来提主席对审计厅上报的伊犁州公安局所属伊犁汽车城有限公司等单位严重违纪、劳动厅挪用国家劳动就业专项资金和新疆艺术学院基本建设管理混乱等三个专题报告作了具体批示。地县审计机关查处的重大违纪单位和问题也引起了当地党政领导的高度重视。

1999 年新疆维吾尔自治区审计工作成果表

项目 / 类别	审计单位（个）	违纪金额（万元）	应缴财政（万元）	已缴财政（万元）	减少财政拨补（万元）	追还原资金渠道（万元）	增收节支（万元）	向司法机关移送案（宗）	建议给予行政处分（人）	提交审计报告信息（篇）	其中：被批示、采用（篇）	建议纠正地方不当（条）
	1	2	3	4	5	6	7 = 4 + 5 + 6	8	9	10	11	12
财政	902	490，258	9，328	7，645	13，088	10，202	30，935	1		143	28	31
金融										4		
固定资产投资	122	6，724	31	8	25	2，123	2，156			4	5	10
企业	362	57，649	1，556	544	9	8，443	8，996	7	4	57	30	43
农业专项资金	115	17，595	74	13	49	6，647	6，709			12	5	
行政事业	1，115	60，264	2，166	1，271	143	7，742	9，156	9	6	231	53	147
利用外资	152	65				65	65			33	7	2
其他	1	19，740	160							1，153	344	50
合计	2，769	652，295	13，315	9，481	13，314	35，222	58，017	17	10	1，637	472	283

1999 年新疆维吾尔自治区审计厅工作成果表

项目 / 类别	审计单位（个）	违纪金额（万元）	应缴财政（万元）	已缴财政（万元）	减少财政拨补（万元）	追还原资金渠道（万元）	增收节支（万元）	向司法机关移送案（宗）	建议给予行政处分（人）	提交审计报告信息（篇）	其中：被批示、采用（篇）	建议纠正地方不当（条）
	1	2	3	4	5	6	7 = 4 + 5 + 6	8	9	10	11	12
财政	43	406，883	12，435	168	12，806	3，969	16，943			5		2
金融												
固定资产投资	7	1，816										
企业	23	7，439				7，439	7，439			25		
农业专项资金	7	3，241	37	23		1，118	1，141			4	1	
行政事业	10	9，752	217	89		323	412			4	3	
利用外资	152	65				65	65			8	3	
其他	1	19，740	160							61	15	4
合计	243	448，936	12，849	280	12，806	12，914	26，000			107	22	6

【乌鲁木齐市审计局】 1999 年共审计单位 188 个，查出违规行为金额 29601 万元，其中决定处理处罚金额 4107 万元，指明要求纠正金额 25494 万元。决定处理处罚金额中，应上缴财政金额 1046 万元，已上缴财政 914 万元，应归还原渠道资金 4974 万元，促进增收节支金额 1632 万元，协助有关部门查处案件 9 件。结合全市经济建设中的热点、难点问题开展审计调查项目

14个。全年共提交审计工作报告、信息92篇，建议纠正地方部门不当规定64条，抽调审计人员32人次配合上级审计机关和市政府有关部门开展专项审计以及经济案件查处、企业破产清算等项工作。

财政审计 1999年，乌鲁木齐市各级审计机关对市8个财政部门、5个税务部门、1个国库单位和14个预算执行单位开展审计监督，共查出违规行为金额8603万元，其中决定处理处罚金额663万元，指明要求纠正金额7940万元。

本级预算执行情况审计共查出违规行为金额206万元，其中决定处理处罚金额98万元，指明要求纠正金额108万元。

金融审计 按照上级审计机关的授权，对市工商银行营业部所属的8区1县9个支行进行了1998年度资产、负债、损益的真实性、合法性审计及对信贷资产质量划分进行确认。查出资产、负债、损益不实金额1765万元，延伸贷款单位179个进行核实，审计金额75．8亿元。

固定资产投资审计 共完成工程竣工决算审计22项；审计项目投资总额21702万元，完成投资总额21542万元，查出违规行为金额2428万元，应核减工程结算金额1631万元。共完成开工前审计项目126个，审计资金金额137523万元。

政府及政法部门财务收支审计 完成了53个行政事业单位的财务收支审计，查出截留、挪用预算内外资金用于自筹基建、多头开户、资金体外循环、私设“小金库”等问题，违规金额达3776万元，其中决定处理处罚金额217万元，指明要求纠正金额3559万元。

企业审计 1999年我市审计机关组织对工业、交通、内贸、城市公用、建筑安装等32家国有企业进行了财务收支真实性审计。查出企业在财务收支中收入不实、成本不实、设置账外资产以及有财无实等违规行为金额4447万元，其中决定处理处罚金额2751万元，指明要求纠正金额1696万元。

经济责任审计 1999年，乌鲁木齐审计机关对乌市公交总公司、市纺织品公司、市劳动局等28个单位的领导干部进行了任期经济责任审计。查出应缴未缴预算收入、挤占挪用、虚列转移等违规行为金额9485万元。

牧场改制审计 1999年，市审计局针对乌鲁木齐直属5个牧场“牲畜作价归户”生产责任制改革及运行情况进行了审计，审计专项资金总额2031万元。通过审计发现牧场转制过程中存在财务基础薄弱以及改制配套管理措施滞后等方面的问题，将情况向市委、市政府及时进行了反映，引起了有关领导的重视。

专项资金审计 1999年，乌鲁木齐审计机关对各界广为关注的排污费的征收使用情况、社会保障基金、社会捐赠基金、教育事业费等进行了专项审计，审计专项资金总额72827万元，查出挤占挪用、截留应缴预算收入等违规行为金额656万元。

外资审计 1999年，市审计机关开展了对乌鲁木齐市及市属7区1县“世界银行贷款卫生疾病预防项目”的审计监督，共完成审计单位9个，审计项目计划投资总额262万元，其中外资166万元，累计完成投资总额32万元，在督促项目单位严守法规和协议，保障合理有效使用外资等到方面发挥了作用。

【乌鲁木齐市天山区审计局】

1999年度，天山区审计局深入开展贯彻落实《审计法》和全国、自治区审计厅工作会议精神，认真履行审计的监督职责，注重揭露和反映财务收支中的不真实、不合法、不规范以及损失浪费、舞弊和腐败等问题，积极开展了本级预算执行情况审计、法院、检察院系统财务收支审计、教育事业费审计、世行贷款项目审计、企业财务收支真实性审计以及领导干部经济责任审计等工作。全年共完成审计项目21项，为计划的116．7%，共审计了24个单位、审计调查44个单位，查出违规行为金额20427368.80元，均为指明要求指正金额，其中应上交财政244767.81元，预算外收入未缴专户5441318.47元，提交审计工作报告7篇。

本级预算执行情况审计中，审计了13个预算单位，4个二级核算单位，3户纳税企业。查出违规行为金额4，041，800元，其中违规办理预算拨款10万元，应交财政8．2万元。在企业审计中理清了企业资产、负债、效益的真实情况，揭露了企业在财务收支中收入不实、成本不实、利润不实等问题，共查出违规行为金额999．5万元。

【乌鲁木齐市沙区审计局】

1999年共完成审计项目22项，查出违规金额100余万元，决定处理处罚4．4万元，应缴财政1．8万元，已上缴财政1．8万元。报送审计信息23篇、审计调查1篇，向政府提出审计建议23条。

本级财政预算执行审计 开展了1998年度沙区本级预算执行和其他财政收支的审计工作，并对8个预算执行单位进行了延伸审计。发现违规违纪金额73．7万元（其中：财政部门51万元、税务部门3．9万元、预算执行单位1．8万元）。

行政事业单位财务收支审计 1999年共审计行政事业单位9个，查出违规金额25万元，决定处理处罚4．4万元，指明纠正20．6万元。

经济责任审计 全年完成经济责任审计项目6个，查出违规金额10．98万元，决定处理金额1．8万元。

完成交办的任务 政府安排的对沙区五一宾馆财务收支审计，核清了该企业财务状况和资本运营情况，分清经营性资产与非经营性资产。

【乌鲁木齐市新市区审计局】

1999年底共有干部、职工13人。其中：大学学历4人，大专学历4人。局长1人，副局长1人。设有办公室、行政事业审计科、工交商贸审计科等机构。

审计工作成果　1999年，共完成审计项目23个。审计单位34个；完成审计调查4项，调查单位57个；共查出违纪违规金额411.13万元。上缴新市区财政19.39万元，共提交审计报告4篇。

完成本级政府交办任务　从1998年到1999年，完成区委，区政府计划外交办的工作任务9项，审计清理单位77个。查出违纪违规资金375.09万元。

完成上级下达审计任务　1998年到1999年，共完成市审计机关下达的审计任务5项，审计单位12个。共查出违纪违规金额16.20万元。

固定资产投资及政府基础设施建设　基建工程审计9项，共核减资金19.84万元。及时有效地制止了损失浪费和高估冒算。

【乌鲁木齐市水磨沟区审计局】

1999年完成了1998年度区本级财政预算执行情况和其他财政收支的审计；对水磨沟区法、检两院1997年至1998年的财务收支情况进行了审计；根据市审计局的安排，分别对《水磨沟区卫生防疫站1998年世界银行贷款项目》、《水磨沟区地税分局1998年城市维护建设税专项调查》、《水磨沟区教育局1998年教育事业费财务收支情况》进行了审计；因水磨沟区城管办与水磨沟区环卫局合并，还对水磨沟区城管办进行了审计。

经济责任审计　根据水磨沟区委组织部和政府安排，对水磨沟区财政局、劳动服务公司、教育局、老干局、市31中、逸夫小学进行了离任审计。1999年共审计13个单位和项目，审计出违规违纪金额196万元。

【乌鲁木齐市头屯河区审计局】

1999年共有干部、职工8人；局长1人，副局长2人。

审计工作成果　1999年对本级财政预算执行情况审计中分别对区财政、区地税分局的1998年度财政预算执行情况进行了就地审计，并延伸审计了7个预算单位，查出违规行为金额608万元。1999年审计单位23个。提交审计工作信息（报告）5篇，协助有关部门查处案件1件。

完成区政府交办任务　1999年完成交办任务6项。配合区财政、人事、纪委等部门抽调4人次对全区行政事业单位进行工资收入分配大检查、清理预算外资金。1999年对区属49家企业1998年度入库税金进行了审计，为我区税收返还提供了可靠的资料。完成干部离任审计3个单位，查出违规金额24.15万元，为组织人事部门考核任用干部提供了公正客观的资料。

完成上级下达的任务　1999年共完成省、市审计机关下达审计任务5项，审计单位6个。

【乌鲁木齐市南山矿区审计局】

1999年，南山矿区审计局共完成审计项目数5个，查出各种违纪资金152万元，其中应追还侵占挪用资金76万元。开展审计调查项目1个，审计调查单位2个，及时向区政府提出了加强宏观管理的意见和建议。全年共提交审计工作报告、信息5篇。抽调审计人员3人次配合上级审计机关和区纪检、财政部门开展了南山矿区财政预算执行情况审计、预算外资金审计、清查“小金库”等项工作。

本级财政预算执行情况审计　1999年，南山矿区审计局配合市审计局对南山矿区财政预算执行情况进行了审计，查出挪用各种专项资金76万元。通过审计，基本掌握了区本级财政预算内、外资金的规模、投向、资金到位及使用效益，揭露了和反映出财政预算管理中存在的问题，提出了有价值的改进意见和建议。

开展经济责任审计　依据中办、国办颁布的《县级以下党政领导干部任期经济责任审计暂行规定》，1999年，我区审计局对2个单位的领导干部实施了任期经济责任审计，从任期内各项经济技术指标的完成情况、遵守财经法纪情况、财产的完整性、存在的潜在损失和问题等几个方面，作出客观的审计评价。

对政府部门的审计监督　1999年，南山矿区审计局加大了对政府各预算外资金使用单位财务收支的审计监督力度。重点检查了截留挪用专项资金、罚没收入及私设“小金库”等违纪问题，查出违纪金额3000元。

【乌鲁木齐市东山区审计局】

截至1999年底，共有人员6人，其中：大专学历4人，局长1人。

审计工作成果　1999年共完成审计项目13个，审计单位29个（次），审计金额5，175.71万元，查出违纪违规金额46.37万元。应上交财政0.47万元，上缴财政0.47万元。

完成区政府交办任务　共完成区政府交办的工作任务52项，审计单位5个，查出违纪违规金额33.64万元。

完成上级下达的审计任务　共完成4项，审计单位9个（次），查出违纪违规金额12.49万元。

【乌鲁木齐县审计局】　1999年共审计47个单位，完成23个审计项目，完成计划任务127%，共查出各类违规行为金额1745万元，其中决定处理处罚788万元，指明要求纠正的957万元，应上交财政788万元，已上交财政698万元，应归还原渠道资金466万元，责令纠正资金491万元。向司法机关移交案件1件。

1. 开展了本县1998年度财政预算执行情况的审计监督。

2. 完成了县印刷厂、物资公司、安宁渠变电所、乌拉泊变电所4家全民企业的承包终结审计。

3. 完成了市局下达的对行

政事业性收费较多，预算外资金较大的土地局、教育局、法院、检察院的审计，为推动预算内外资金捆绑使用奠定了基础。

4. 如期完成市局授权的对县卫生防疫站的世界银行贷款项目审计；对二宫乡财政1998年度决算审计。

5. 圆满地完成了县委、政府监督交办的各项审计任务：(1) 完成了对达板城镇土地补偿费使用情况的审计；(2) 对萨尔乔克牧场1989——1998年的财务收支审计；(3) 对县政府南湖办公楼的建设资金及筹集资金使用情况的审计。(4) 对县安宁渠文化中心基建投资及1996——1999年财务收支审计。(5) 对二宫乡九家湾村几个队的上访案件等15个项目进行了审计。

【克拉玛依市审计局】

有局长1人，副局长1人。

审计工作综述　截至1999年底，共审计了38个项目，59个重点单位，其中政府交办的项目13个；查出违规行为金额14940万元，应上交财政金额213万元，已上交财政金额152万元，应归还原渠道资金金额461万元，共为我市增收节支613万元（以上数据不包括国有金融机构审计的数据）；提交审计工作报告、信息16篇，被政府领导采用和批示3篇；移送纪检监察机关的案件2宗（有1人已被检察机关逮捕），建议税务部门查证征收税款项目3个。

1999年，市审计局在自治区审计系统获得“双文明先进集体”荣誉，还被评为市直机关“双文明先进集体”、“优秀党支部”、“民族团结先进集体”、“先进工会”。

财政税收国库审计　对克拉玛依市1998年度本级预算执行情况进行了审计，主要审计财政部门具体组织执行本级预算情况和预算内、外资金管理使用情况；地税部门税收计划完成情况、本级税收征管情况；国库中心支库办理本级预算资金收付情况，并对8个预算执行单位进行了延伸审计或调查。

根据市政府的要求，市审计局先后对乌尔禾区、独山子区政府财政决算情况进行了审计，审计查出的主要问题有：无计划基本建设支出、年终突击追加预算拨款、虚列支出、混淆入库级次、预算内资金转为预算外资金，地税部门违规提取代征代扣手续费、截留挪用地方财政收入，国库延解占压财政库款，预算单位专项资金及预算外收入未纳入预算、拖欠水资源费、违规截留预算外资金等。

工商银行审计　根据国家审计署的统一部署，市审计局参加了对中国工商银行克拉玛依石油分行1998年度资产负债损益情况的审计。

法院检察院系统财务收支审计　按照自治区审计厅的安排，市审计局对本市法检院系统1997年和1998年的财务收支情况进行了审计。主要审计其预算内、外资金管理使用情况，公司脱钩情况。

离任经济责任审计　市审计局接受市人民政府、市委组织部的委托，对市粮食局、市少儿活动中心、克拉玛依区检察院等单位原任领导在职期间的经济责任情况进行了审计，并出具审计意见。

其他项目审计　市审计局还对1998年度市职工基本养老保险基金管理使用情况、市运输公司、油库1995—1998年的财务收支情况、市民政局福利彩票募集资金管理情况、市粮食局1998年度政策性补贴使用情况、市锅炉检验所1995－1997年财务收支审计等项目进行了审计。

【农八师石河子市审计局】

1999年底共有审计干部24人，其中：大学学历3人，大专学历16人，高级职称2人，中级职称10人，局长1人，副局长2人。设有办公室、综合科、财政金融商贸审计科、行政事业审计科、工交审计科、基建审计科、农牧审计科共7个科（室）。

审计工作成果　1999年共完成审计项目30个，被审单位89个。审计总金额123.41亿元，查出违纪违规金额9283万元，追还侵占挪用资金1230万元，归还原资金渠道304万元，应交财政462万元，已交财政460万元，促进增收节支174万元。提交审计工作报告等138篇。

完成上级下达审计任务　1999年，共完成上级审计机关下达的审计任务17项，审计单位23个。其中：完成自治区审计厅下达的任务8项，审计单位14个。自1996年以来，根据自治区审计厅工作安排，开展了财政同级审工作．连续第四年对市财政局、国库、地税局及部分预算执行部门进行审计，查出违纪违规金额5999万元，应交财政460万元，已交财政460万元。

完成政府交办任务　1999年共完成师市政府领导交办的审计任务10项，审计单位53个。其中：完成市政府交办审计任务4项，审计单位9个。根据市政府安排，组织实施了对儿童少年基金、人民教育基金、见义勇为基金、残疾人福利基金及就业保障金、老年基金的征收、使用、管理情况审计，审计总金额1180万元。

内部审计　继续加强对内部审计工作的管理和指导。至1999年底师市共设立内部审计机构30个，内审人员87名。审计单位1401个，查出损失浪费405万元，促进增收节支307万元，纠正违规行为金额7186万元，向司法机关移送案件2件3人，向纪检监察机关移送案件6件5人，建议给予行政处分6人，有效地发挥了内部审计监督作用。

受表彰情况　1999年，我局被师市直属机关党工委评为老龄工作先进单位，局长周甲银被评为关心老龄工作的好领导；连续两年被师市直属机关党工委评为文明机关、先进党支部；9人次获优秀党员、文明个人、文明家庭和优秀党务工作者等荣誉称号。

【吐鲁番地区审计局】 1999年共有干部职工26名，其中党组成员4人，书记局长1人，副局长2人，总审计师1人，助理调研员1人。设有办公室、综合科、财政金融科、行政事业科、企业科、固定资产投资科。

审计工作成果 1999年地区审计机关积极开展了财政收支审计、法院、检察院系统财务收支审计，工商银行资产负责损益审计，养老保险基金审计，领导干部任期经济责任审计等。全地区审计机关共审计120个单位，查出违纪行为金额9959万元，为地区增收节支157万元，其中：已上缴财政78万元，提交审计工作报告和信息16篇，被自治区审计厅和行署采用8篇。审计发现各种违法犯罪案件线索6件，其中，已移交纪检监察机关和司法机关5件。

完成党委政府交办的审计任务 1999年地县两级审计机关，接受两级党委委托，共完成对28名县（局）级和科级领导干部的任期经济责任审计。县（市）审计局还结合农村基层组织整顿，稳定农村基层组织建设工作，根据县（市）委的统一安排，配合乡（镇）、站所财务公开，积极探索乡（镇）财务收支审计。

完成上级下达审计任务情况

1. 本级预算执行情况审计。针对财政部门在预算资金管理和财政周转资金管理及使用中存在的问题，提出加强和改进管理的审计意见和建议。对以上问题，依照国家有关财经法规，分别进行了审计处理和处罚，维护了财经法纪的严肃性。

2. 法院、检察院系统审计。两院审计中发现两院在内部财务管理和财务收支中存在不同程度的问题，有的问题性质还相当严重。针对问题性质比较严重的地区检察院和鄯善县法院，在全地区范围内进行了通报，并对单位和有关责任人员进行了经济处罚。

3. 工商银行审计。依据自治区审计厅授权，地区审计局对地区工商银行系统资产、负债、损益情况进行了审计。通过审计发现，工行存在不良信贷资产比重过高，损益不实，违规购置固定资产或以租代购，形成大量账外资产和自办经济实体等问题。

【吐鲁番市审计局】

基本情况 吐鲁番市审计局现有人员10人，平均年龄35岁，大专学历以上学历（包括大专学历）6名。局长1人，副局长1人。内设机构有综合股、行政事业股、企业股。

审计工作成果 一年来，吐鲁番市审计局积极开展了财政收支审计、法院、检察院财务收支审计，养老保险基金审计，领导干部任期经济责任审计等。全年共审计24个单位，查出违纪行为金额1935万元，其中：决定处理处罚113万元，指明要求纠正1822万元，应交财政32万元，已交财政3万元，提交审计工作报告和信息6篇。审计发现各种违法犯罪案件线索3件，其中，已移交纪检监察机关和司法机关2件。

圆满完成党委政府交办的审计任务 1999年，市审计局接受市委、市政府的安排和委托主要完成了领导干部任期经济责任审计和乡（镇）财务收支审计工作。共完成对5名科级领导干部的任期经济责任审计。还结合农村基层组织整顿，稳定农村基层组织建设工作，根据市委的统一安排，配合乡（镇）、站所财务公开，积极探索乡（镇）财务收支审计。

完成上级下达审计任务情况 完成了本级预算执行情况审计和法院、检察院系统审计。两院审计中发现两院在内部财务管理和财务收支中存在不同程度的问题，有的问题性质还相当严重。如财务管理混乱、私设“小金库”、乱发钱物等问题。

【托克逊县审计局】

基本情况 1999年末有干部职工11名，副局长2人，内设机构有办公室、综合股、行政事业股、企业股。

审计工作成果 1999年，开展了财政收支审计、检察院财务收支审计，养老保险基金审计，领导干部任期经济责任审计等。全年共审计17个单位，查出违纪行为金额718万元，其中：决定处理处罚145万元，指明要求纠正573万元，应交财政8万元，已交财政2万元，促进增收节支79万元，提交审计工作报告和信息3篇。

圆满完成党委政府交办的审计任务 1999年，县审计局接受县委、县政府的安排和委托主要完成了领导干部任期经济责任审计和乡（镇）财务收支审计工作。共完成对2名科级领导干部的任期经济责任审计。还结合农村基层组织整顿，稳定农村基层组织建设工作，根据县委的统一安排，配合乡（镇）、站所财务公开，积极探索乡（镇）财务收支审计。

完成上级下达审计任务情况 完成了本级预算执行情况审计和检察院财务收支审计。两院审计中，法院由地区审计局上审下，县审计局对县检察院进行了审计，发现检察院在内部财务管理和财务收支中存在不同程度的问题，有的问题性质还相当严重。如财务管理混乱、私设“小金库”、乱收费等问题。

【鄯善县审计局】

基本情况 1999年末有干部职工20名，其中，局长1人，副局长2人，主任科员1名，内设机构有办公室、综合股、行政事业股、企业股、财金股、农财股。

审计工作成果 1999年，鄯善县审计局积极开展了财政收支审计、法院财务收支审计，养老保险基金审计，领导干部任期经济责任审计等。全年共审计71个单位，查出违纪行为金额2937万元，其中：决定处理处罚1235

万元，指明要求纠正1702万元，应交财政234万元，已交财政141万元，提交审计工作报告和信息7篇。审计发现各种违法犯罪案件线索2件，全部移交纪检监察机关和司法机关。

圆满完成党委政府交办的审计任务　1999年，县审计局接受县委、县政府的安排和委托主要完成了领导干部任期经济责任审计和乡（镇）财务收支审计工作。共完成对11名科级领导干部的任期经济责任审计。

完成上级下达审计任务情况　完成了本级预算执行情况审计和检察院财务收支审计。两院审计中，法院由地区审计局上审下，县审计局对县检察院进行了审计，发现检察院在内部财务管理和财务收支中存在不同程度的问题，有的问题性质还相当严重。如财务管理混乱、私设“小金库”、处室私自销毁会计资料等问题。

【哈密地区审计局】　1999年共有干部、职工31人，其中：大学本科学历9人，大专学历14人，高级职称5人，中级职称14人，局长1人，党组书记1人，副局长2人；设有综合科、财政金融审计科、行政事业审计科、商贸审计科、工交审计科、固定资产投资审计科。

审计工作成果　1999年共完成审计单位（项目）34个，查出违纪违规金额5562万元，应缴财政29万元，追还原资金渠道4049万元，提交审计报告、信息63篇。

完成地区行署交办任务　1999年，共完成地委、行署交办的工作任务18项，主要审计项目有：企业改制审计调查、领导干部任期经济责任审计、固定资产投资审计等。

完成上级下达审计任务　1999年共完成自治区审计厅下达的审计任务6项，主要审计项目有：财政决算审计、同级财政预算执行情况审计、金融审计、农业资金审计等。

受表彰情况　1999年受地委、行署表彰4次。

【哈密市审计局】　1999年在职职工16人，全部是大专学历以上文化程度，其中：局长1人（兼支部书记），副局长1人，设有综合股、企业股、行政事业股、农牧基建股等机构。

完成审计业务情况　1999年完成审计项目70个，为计划的179．48%，其中企业14个，行政事业47个，专项审计2项，基建审计7项。查出违纪违规金额13915万元，比上年同期增长102．40%，指明纠正13720万元。应缴财政195万元，比上年同期增长119．64%，已缴财政59．38万元。核减基建造价86.6万元。提供审计信息16篇，审计建议85条。

完成自治区、地区下达的审计任务　1．积极开展同级财政审计工作。2．按时完成自治区下达的教育事业费审计工作。3．本局按照上级要求，于6月25日按期完成了检察院、法院的审计工作，查出违纪违规金额390．1万元，应上交财政7万元，已上交7万元。4．按时完成社保专项资金的审计工作，查出违纪违规金额1616．55万元，指明纠正1598．55万元，应缴财政0．18万元，已缴财政0．18万元。

经济责任审计　市委组织部委托本局对16名干部进行离任经济责任审计，查出违纪违规金额728．07万元，应上交财政收入8．66万元。

积极配合反贪局、法院、纪检委办理经济案件8件和财政部门开展的预算外资金大检查工作，查出应交、未交财政专户资金1400万元。

基建审计加大了审计力度，完成了7个项目的审计工作，核减工程造价86．6万元，为建设单位挽回了经济损失。应上交财政收入4．1万元。

按时完成市委交办的公费医疗专项审计任务，查明了1997－1999年全市拖欠职工公费医疗费660余万元，为市委市政府妥善解决这一社会敏感问题提供了基础资料。

1999年哈密地区审计工作成果表（本级）

项目 年度	审计单位（个）	违纪金额（万元）	应缴财政（万元）	已缴财政（万元）	减少财政拨补（万元）	追还原资金渠道（万元）	增收节支（万元）	向司法机关移送案（宗）	移送处理责任人员（人）	提交审计报告信息（篇）	其中：被批示、采用（篇）
	1	2	3	4	5	6	7＝4＋5＋6	8	9	10	11
财政	3	3190	10	10		3180				2	2
金融											
固定资产投资	7									1	
企业	4	807	7	7		837				1	1
农业专项资金	1	1093								1	
行政事业单位	19	472	12	12		32				17	
利用外资											
其他										41	14
合计	34	5562	29	29		4049				63	17

【巴里坤县审计局】　1999年共有干部、职工12人，大专学历8人，局长1人，副局长1人；设有综合股、行政事业审计股、企业审计股。

审计工作成果　1999年共完成审计单位（项目）26个，查出违纪违规金额1151．38万元，应缴财政6万元，追还原资金渠道939．55万元，提交审计报告、信息27篇。

完成县委、县政府交办任务　1999年共完成县委、县政府交办的工作5项，主要是企业审计、领导干部任期经济责任审计、农业综合开发资金审计等。

完成上级下达审计任务　1999年共完成自治区、地区审计机关下达审计任务9项，主要是外资审计、农牧民负担调查、企业改制调查等。

【伊吾县审计局】　1999年共有干部、职工9人，其中：大专学历7人，局长1人，纪检委员1人。

审计工作成果　1999年共完成审计单位（项目）22个，查出违纪违规金额251.9万元，应缴财政2.1万元，追还原资金渠道10万元，向司法监察机关移送案件1件，提交审计报告、信息31篇，为社会稳定发挥了积极作用。

完成县委、县政府交办任务　1999年共完成县委、县政府交办的工作2项，审计单位2个，受组织部委托对12个行政事业单位的领导离任进行经济责任审计，为县政府提拔、选用干部提供了可靠的依据。

完成上级下达审计任务　1999年共完成自治区、地区审计机关下达审计任务5项，审计单位8个。

【和田地区审计局】　1999年底有干部、职工30人。其中：大学本科学历3人，大专学历18人，局长1人，副局长3人（北京市审计局援疆干部2人）。设有办公室、财政基建科、行政事业审计科、企业审计科、农业审计科、综合科等机构。

审计工作成果　1999年，和田地区审计局在地委、行署和自治区审计厅领导下，共完成11个项目的审计，审计单位35个。同纪检、监察等部门配合，查处3起经济案件，为和田地区的社会稳定发挥了作用。查出违规行为金额5，165万元，应上缴地区财政67万元，应归还原渠道资金256万元，提交审计工作报告信息22篇，被各级党政部门和上级审计机关采用17篇。

完成党政交办任务　1999年地区审计局围绕地委、行署的经济工作中心，重点对社会普遍关心的热点问题进行审计，完成了地委、行署交办的三项审计任务。在对地区人民医院财务收支的审计中，对出纳短款的问题进行了事实求是的核实；在对社会上普遍关注的和田市城区道路改造工程资金审计中，审计人员不畏严寒、不分昼夜，终于在10天内查清了资金的来源、去向，向地委、行署提交了审计报告。

完成上级下达审计任务　1999年地区审计局共完成自治区审计厅下达的审计任务11个项目，审计单位32个，对上级下达的任务，地区审计局都保质保量地完成。在今年的工商银行审计中，全局上下共同努力，对全地区7个县市工商银行及其9个分理处、6个储蓄所进行了审计，查清了全地区工商银行资产、负债、损益的真实性，并抽查了各类贷款，对信贷资产质量状况进行了摸底，对防范金融风险起到了一定的作用。

内部审计　1999年，地区内部审计机构为13个，内部审计人员23名。

社会审计　1999年和田地区审计事务所共接受社会委托项目115项，其中：国有企业审计查证16项，年检验资41项，基建项目审计57项；核减基建预决算280万元。

【和田市审计局】　1999年共有干部、职工15人。其中：大学本科学历2人，大专学历8人，局长1人；副局长2人；设有办公室、行政事业审计股、企业审计股等机构。

审计工作成果　1999年完成审计项目9个，查出违规行为金额512万元，其中：决定处理处罚4万元，责令纠正508万元，为和田市的经济发展发挥了一定的作用。

为了配合地区审计局具体组织的对全地区工商银行1998年度资产、负债、损益审计，派出三名业务骨干，积极配合地区审计局工商银行审计组的工作，为全面摸清六县一市支行的家底，做了一定的工作，并得到地区审计局的好评。

完成党政交办任务　1999年10月，对市政府交办的市畜牧局1998－1999年4月末财务收支进行审计。经审计查处违规行为金额4.7万元。其主要问题是坐支现金及应交财政专户资金未交财政专户等。针对存在的问题，向市政府提出了对该单位的处理意见及建议，为领导宏观决策提供了依据。

完成上级下达的审计任务　1999年完成上级审计机关下达的审计任务8项，审计单位18个，审计金额6521万元。

【和田县审计局】　1999年底共有干部职工12人，其中：大学本科学历1人，大专学历4人，局长1人，副局长2人；设有综合股、行政事业审计股、农审股、企业审计股。

审计工作成果　1999年共完成审计项目18项，审计单位23个，共查出违纪违规金额440万元；应上缴财政7.9万元，应归还原渠道资金298万元，提交审计工作报告信息12篇。

完成上级下达审计任务　1999年共完成自治区审计厅、地区审计部门下达的审计任务18项，审计单位23个。

【洛浦县审计局】　1999年共有干部、职工10人，其中：大学本科学历2人，大专学历4人，副局长3人。

审计工作成果　1999年共完成审计项目8个，审计单位20个；审计专项资金总额3150.85万元，查出违纪违规行为金额259.46万元，其中：处理处罚2.41万元，指明要求纠正257.05万元，共提交审计报告信息14篇。

1999年共完成上级审计部门下达的审计任务7项，审计总金额3150.85万元。

完成县政府交办的任务　1999年完成县委县政府交办任务1项，及时摸清了企业家底，为企业改制打下了基础，得到了县委和政府的好评。

【民丰县审计局】 1999年底有正式干部4人。其中：大学本科学历2人，副局长2人。

审计工作成果 1999年共完成上级审计机关下达的审计任务8项，审计8个单位，审计资金总额3885万元，查出违规行为金额221万元，应上缴县财政4万元，已上交财政4万元，归还原渠道资金360万元，向被审计单位提出可行性建议18条，向上级审计机关提交审计信息2篇，充分发挥了审计监督职能。

【皮山县审计局】 1999年共有干部、职工12人。其中：大学本科1人，大专学历5人，局长1人，副局长1人；设有办公室、行审股、农审股、企审股等机构。

审计工作成果 1999年共完成19项54个单位的审计，审计金额26326万元；查出违规行为金额312万元，应归还原渠道资金184万元，应上缴县财政9万元，已上缴财政8.2万元；共提交审计工作信息19篇，被上级审计机关采用8篇。

完成党政交办任务 1999年共完成县委、县政府交办的工作任务6项，审计单位16个，审计金额达4761万元。

完成上级下达审计任务 1999年完成上级审计机关下达审计项目13个，审计单位33个。

【策勒县审计局】 1999年共有干部、职工7人。其中：大学本科学历2人，大专学历3人，局长1人，副局长1人。

审计工作成果 1999年共完成审计项目12个，审计单位20个；共查出违规行为金额77万元。应上缴县财政6万元，已上缴县财政5万元，提交审计报告信息1篇。

【于田县审计局】 1999年底共有干部、职工11人。其中：大专学历7人，副局长1人。

审计工作成果 1999年共完成上级审计部门下达审计项目19项，审计单位28个，共查出违规行为金额1575万元；应上缴县财政55万元，已上缴财政7万元，提交审计报告2篇。

【墨玉县审计局】 1999年共有干部、职工15人。其中：大学本科学历3人，大专学历8人，副局长1人；设有综合股、行审股、工交商贸审计股等机构。

审计工作成果 1999年共完成审计项目13个，审计单位31个，查出违规行为金额13万元，提交审计工作报告13篇，审计信息72篇，被采用12篇，其中地方党政采用1篇，上级审计机关采用9篇，新闻单位采用2篇。

完成党政交办任务 共完成党政交办的任务5项，8个单位。配合县纪检委对扶贫资金的使用情况进行了调查，抽调一名审计人员参加对县棉麻公司案件的调查。

完成上级下达的审计任务 今年完成上级审计机关下达的审计任务12项，审计单位30个，抽调2名同志参加全地区工行系统的审计工作，抽调1名同志参加供销系统挂账调查。

【阿克苏地区审计局】 1999年，阿克苏地区有审计机关10个，人员158人。其中：地区审计局1个，县审计局8个，县级市审计局1个。有大专学历以上学历92人，占总人数58%；具有中级技术职称人数27人，高级技术职称2人；取得注册资产评估师资格4人。

1999年，全地区共完成审计项目226个，查出违纪违规行为金额20790万元，应上交财政金额837万元，归还原资金渠道1863万元，建议纠正地方部门不当规定75条，提交审计调查报告和审计信息28篇，揭露和向司法机关移送经济案件4宗，移送纪检和司法机关处理的责任人员5人，经审计受到党纪政纪处分的有5人，协助纪检和司法机关查办经济案件1起。

财政审计 1999年各级审计机关对本级预算执行情况和下级财政决算情况进行了审计，共审计单位53个，查出违规行为金额8375万元，应交财政616万元。其中，地、县（市）审计机关1999年全面开展了本级预算执行情况审计，审计面达100%，共审计预算执行单位22个，查出违纪金额17673万元。

金融审计 1999年对地区8个县（市）工商银行财务收支进行了全面审计。

固定资产投资审计 审计单位1个，查出违规行为金额16万元，应交财政16万元。

企业审计 重点对粮食（处理新增粮食财务挂账和其他不合理占用贷款审计）、供销、糖烟酒、建筑、国内贸易、农林水等部门59个单位进行了审计，查出违规行为金额3，656万元，应交财政60万元。

行政事业审计 重点对教育事业费、法院、检察院、养老保险基金、赈灾福利彩票进行了审计，审计单位104个，查出违规行为金额6671万元，应交财政145万元。

农业专项资金审计 重点对贫困义务教育工程、农业投入进行了审计，查出违规行为金额1843万元。

国外援贷款审计 重点对农村供水与环保卫生疾病预防等项目进行了审计，审计单位7个，查出违规行为金额229万元。

完成地方党政交办的任务

1.组织了对粮食企业改制前的审计工作。2.1999年，地县（市）审计机关受各级党政领导委托，开展领导干部经济责任审计54项。其中，在对地区糖烟酒公司经理离任审计中，发现了该公司原经理王某因受贿、挪用公款、失职等严重问题，该人后被纪检委开除党籍，并移交司法机关处理。3.协助纪检、司法机关查出了原地区驻乌鲁木齐办事处主任何某贪污受贿案。犯罪人已被判处17年有期徒刑。

内部审计工作 1999年全地区有内审机构31个，内审人员59人。

社会审计工作 1999年，全地区有社会审计机构7个，从业人员62人。

【喀什地区审计局】 1999年共有干部职工41人。其中：大学本科学历6人，大专学历19人，局长1人，副局长3人；设有办公室、财政审计科、行政事业审计科、企业审计科、农牧水利审计科、基本建设审计科、金融外资审计科、综合科等机构。

审计工作成果 1999年局本级共完成审计项目31个，审计单位32个。共查出违纪金额7776万元，其中决定处理处罚692万元，指明要求纠正7084万元，应交财政255万元，已交财政204万元。向纪检、监察机关建议处理案件1件，共提交审计报告31篇。

完成行署交办任务 1999年共完成地委、行署交办的工作任务24项，审计单位24个。其中：经济责任审计15项，财政、财务收支审计9项。抽调7人参加地区社会治安集中整治工作，时间达7个月（其中2人留下又参加严打工作）。地区纺织厂破产清算，供销社清理核查财务挂账等大的事项均抽调本局人员参加。

完成上级下达审计任务 1999年共完成自治区审计厅下达的工商银行资产、负债、损益审计，检察院、法院财务收支审计，养老保险基金审计，赈灾福利彩票审计，农业资金投入审计，世界银行贷款项目审计，企业财务收支真实性试点审计等7个项目审计，审计单位8个。

内部审计 1999年共设内部审计机构6个，内审人员14人，其中：专职2人；大专学历以上学历10人；中级职称以上5人。

社会审计 本年共接受社会委托项目88项，其中：企业年检29项，年检金额79802．60万元；注册资金验证18户，验证资金7434．10万元；清产核资4项，清产核资金额22521．51万元。

受表彰情况 本局是行署表彰的行署组成部门先进单位，局党支部是中共地直机关工委表彰的优秀基层党组织，1人获优秀共产党员称号。

【喀什市审计局】 1999年底共有干部、职工17人，其中：大学本科学历1人，大专学历8人，局长1人，副局长2人；设有办公室、财政金融基建审计股、行政事业审计股、企业审计股、综合法规股等机构。

审计工作成果 1999年共完成审计7项21个单位；完成审计调查1项8个单位；审计金额23393万元，共查出违纪违规金额778万元，应上缴财政43万元。同纪检、监察、财政等部门配合，查处医药回扣，清理民办医院，落实收支两条线18个单位，为社会稳定发挥了作用。

完成党政交办任务 1999年共完成市委、市政府交办的工作任务2项11个单位；审计金额13288万元，查出违纪违规金额373万元。1999年起还开展了基建审计，在喀什市重点工程“人民西路延伸段”审计工作中，审减金额30多万元，维护了国家利益。

完成上级下达审计任务 1999年上级审计机关下达审计项目计划6项12个单位，实际完成6项18个单位，审计金额10105万元，查出违规金额405万元。1999年根据审计署统一安排，对法院和检察院行政收费和罚没收入管理情况进行了审计，对养老保险基金的管理使用情况进行了审计；根据自治区统一安排，本局独立完成地区下达二个县工商银行审计任务，并安排人员参加了地区对市工商银行和信托投资公司的审计任务，为防范金融风险，改善金融资产质量，促进金融系统规范管理、依法经营作了贡献。

审计宣传 1999年向党政机关和上级审计机关报送重要审计情况28篇，其中：自治区采用1篇；地区采用9篇；市党政领导批转2篇；市人大采用1篇。为党政领导加强和改善宏观管理及决策提供了可靠的参考资料。

【泽普县审计局】 1999年共有干部职工10人，其中大专学历5人，局长1人，副局长1人。

审计工作成果 1999年完成审计项目6个，审计单位10个，查处违纪违规金额34．8万元，应上交财政23．6万元，已上交财政23．6万元，提交专项审计调查报告13篇，提交审计信息10篇，其中4篇刊登在喀什地区《审计简报》上，2篇刊登在自治区《新疆审计》上。

完成县领导交办的任务 1999年完成县领导交办的审计项目5个，审计单位14个，参与减轻农民负担工作调查4人次，涉及全县10个乡2个镇3个场，配合全县机构改革，抽调3人，对7个改制企业进行了调查，写出了调查报告，报地区审计局和县有关领导。并参与全县企业改制工作，其中对2户企业历时1个月，摸清了企业家底，写出了财产清查报告，提交了具体改制方案，为县领导宏观决策提供了依据，为企业改制工作打下了基础。

【英吉沙县审计局】 1999年底，在职人员10人。其中：大专学历4人，局长1人，副局长1人。局内设行政事业审计组、工交商贸审计组、财政金融审计组、专职法规员1人。审计师1人、助理审计师1人。

审计工作成果 1999年共完成审计项目25个，审计单位76户；完成审计调查1项，调查单位13个。共查出违规行为金额1，238万元，配合纪检、监察部门查处经济案件2起，移交纪检、税务部门案件3起。追还被侵占挪用资金1，069万元，上交财政资金28．5万元，提交审计工作报告3篇，提交审计信息11篇。审计工作报告信息被采用批转10篇。

完成县党政交办任务 1999年共完成县委、县人民政府交办工作任务13项，对11个单位的党政一把手进行了任期目标责任审计．

完成上级下达的审计任务 1999年共完成自治区和地区审计机关下达的审计任务12项，审计单位75户。重点加强了对农业投入资金的审计，强化专项资金审计力度。深化了财政同级审计工作，为县人大常委会加强对财政资金的监管和县政府强化财政资金管理提供了依据。完成了对疏勒疏附两县工商银行资产、负债、损益和信贷质量的审计。

【伽师县审计局】 1999年底共有干部、职工9人。其中：大专学历5人，副局长1人；设有办公室、财政金融审计室、行政事业审计室。

审计工作成果 1999年共完成审计项目15个。审计单位62户；完成审计调查1项，调查单位8个；审计金额64731万元。共查出违纪违规金额3439.47万元。上缴县财政51.3万元，共提交审计报告13篇，审计工作报告1篇，审计调查1篇。

完成县党政交办任务 1999年共完成县委、政府交办工作任务3项。参与配合县企业清产核资、企业改制等共抽调4人，历时35天，为县委、政府的宏观决策提供了依据。1999年积极完成县委、县政府安排的重建家园任务。

完成上级下达审计任务 1999年共完成地区审计机关下达的审计任务12项，审计单位59个，审计金额62408万元。

【疏勒县审计局】 1999年共有干部职工9人，其中：大专学历3人，局长1人，副局长1人。

审计成果 1999年共完成审计项目19个，审计单位30个，完成专项审计调查2项，调查单位2个，共查出违纪违规金额702.88万元，上缴县财政局32.86万元；共提交审计报告30篇，上报审计信息10篇；为了加强审计法的宣传，全局同志都参加审计法竞赛活动。

完成县委、县政府交办任务 1999年完成县委、县政府交办的任期经济责任审计5起，在审计过程中，针对责任人应承担的责任情况不同，做出不同的结论和评价。1.对县医药公司私设“小金库”34万元，多领各种工资补贴等，都区别情况提出不同的处理意见。2.在对饮食服务公司、副食品加工厂、劳动就业局负责人的任期经济责任审计中，发现的违反财政法规的金额问题均提出了客观公正的审计意见，为干部管理部门提供了决策依据，同时也增强了被审计单位的经济责任意识，有效地保护了国有资产。

完成上级下达审计任务 1999年共完成了上级审计机关下达的审计任务14项，审计单位25个。包括同级财政预算执行审计，外资审计，农业生产资料经营审计，法院和检察院系统财务收支审计，专项资金审计等。专项审计调查2个。上报审计信息10篇。

【叶城县审计局】 1999年底，在职人员有13人，其中：大学（含大专学历）学历7人，局长1人，副局长2人。设有办公室等机构。

审计工作成果 1999年，共完成审计项目24项，其中：计划内14项，计划外10项；审计单位24个。查出各类违纪违规资金总额1616万元，其中：应缴财政88万元（已缴财政44万元），其他要求纠正资金金额1528万元。

完成县委、县政府交办任务 1999年，共完成县委、政府交办的工作任务6项，并积极配合财政、物价等部门做好“三查”及清理“小金库”工作，参与县预算外资金清理及企业改制、清产核资等项工作，涉及全县40%以上行政机关及企事业单位，涉及资金率60%，为县委、县政府的宏观决策提供了依据，为企业改制、机构改革工作打下了基础。

完成上级下达审计任务 1999年完成上级审计机关下达的任务11项。

【莎车县审计局】 1999年共有干部17人、工人1人，其中：大学本科学历2人，大专学历8人，局长1人，副局长2人；共设有三个股室：办公室、行政事业审计股、企业审计股。

审计工作成果 1999年完成了同级财政审计1个（其中：延审单位23个），国有企业审计2个，行政事业审计6个，外资审计2个，审计调查1个，共计12个审计项目，党政交办项目4个，共完成审计项目16个，审计单位数24个，完成计划的160%。查出违纪违规金额297.15万元，应上交财政66.65万元，应核减财政拨款或补贴95.38万元，应归还原资金渠道5.5万元。提交工作报告及信息21篇，其中信息18篇，被地区审计简报采纳11篇。

完成县政府交办任务 今年根据县政府和组织部的委托，完成了6个单位的资产、负债、损益的真实性、合法性和效益性进行了审计，同时对领导人员任职期内的经济责任、廉政建设等作出了客观评价，从而为组织人事部门对领导干部的调动、任免、辞职、退休等提供了参考依据。

完成上级下达审计任务 按计划完成地区审计局下达的审计项目10个。

【麦盖提县审计局】 1999年共有干部7人，其中：大专学历4人，局长1人，副局长2人；设有行政事业审计股、财金企业审计股、农林水审计股等股室。

审计工作成果 1999年共完成7个审计项目16个单位的审计，完成审计调查1个；查出违规行为金额69万元，其中：决定处理处罚7万元，指明要求纠正62万元，应缴财政3万元，罚款金额1875元。提交审计报告10篇，提交信息15篇，地区采纳4篇，《新疆审计》维汉文同时刊登1篇。

完成县政府交办任务 1999年共完成党政交办项目3个，即县农发局1997年至1998年农业综合开发资金审计、县三乡机耕队历年来债权债务情况的审计调查和种羊场1996年至1998年财务收支情况的审计。

【岳普湖县审计局】 1999年有职工9人，其中：大学本科学历1人，大专学历4人，局长1人。

审计工作成果 1999年共完成审计项目16个，共查出违纪、违规金额3006万元，应上缴财政金额18万元，已上缴财政金额17

万元。提交审计信息8篇，论文1篇。

完成党政交办任务　共完成县人民政府交办的任务3项。其中：离任审计单位2个，对责任人在任期间的经济行为进行了客观公正的评价。对审计中查出的问题向委托部门作了报告，并依法进行了处罚，对影响党风、党纪的2起案件移交纪检部门进行处理。

完成地区下达审计任务　完成审计项目13个，审计单位58个。

【塔什库尔干县审计局】　1999年共有干部职工7人，其中大专学历2人，局长1人，副局长1人。设有办公室、企业审计组、行政事业审计组。

审计工作成果　1999年共完成审计项目14项，审计总金额13355万元，查出违纪违规金额991万元，应上交财政金额2.8万元，应纳入财政预算外专户管理2.57万元；个人短款挪用资金2万元，公款私存11309元。

完成上级下达任务　1999年完成上级审计机关下达审计任务7项，审计总金额11486万元，查出违规金额965万元，应上交财政2.8万元，应纳入财政预算外专户管理2.57万元。

完成县委、县政府交办任务　1999年共完成县委、政府交办的工作任务7项，其中财务收支审计3项，离任审计2项，移交划转审计1项，审计调查1项。审计总金额1869万元，查出违规金额25.89万元，个人短款挪用资金2万元，公款私存11309元（已移交监察机关处理）。

【巴楚县审计局】　1999年共有干部、职工17人，其中：大专学历5人，局长1人，副局长2人。设有办公室、财政金融股、行政事业股、企业股、法规复核股。

审计工作成果　1999年共完成审计项目16项，完成审计单位43户。其中同级财政预算单位（包括延伸）24个，专项审计调查1项7个单位。查出违规金额43.6万元，其中应上交财政违纪金额4.03万元，已缴财政1.1万元；共提交审计报告17篇；完成并被《新疆审计》发表审计论文5篇。

完成县委、县政府交办任务　1999年共完成县政府交办的工作任务5项，其中3项为基层乡镇领导离任审计，对基层乡镇离任审计，在本局尚属首次，通过尝试，摸索了一些审计方法，为今后任期经济责任审计打下了基础。

另外，完成县党政交办调查项目3项，其中检查“收支两条线”及“减轻农民负担”专项调查，面广、量大、路程远，能克服一切困难，圆满完成任务，受到社会的好评。

完成上级下达审计任务　1999年共完成上级下达的审计任务11项，审计单位38个；报送信息6篇，被地区审计局《审计简报》采用2篇。

【疏附县审计局】　1999年本局共有干部、职工12人。其中：大学本科学历2人，大专学历3人，局长1人，副局长3人。

审计工作成果　1999年，共完成审计项目19个，完成审计调查1项；同县纪检委配合，查处经济案件1起，为社会稳定发挥了作用。在完成的19个审计项目中，共查出违纪违规金额1，114.7万元，应归还原渠道资金686万元。其中：应上缴县财政22.5万元，已上交财政12.5万元，入库率55.56%。

完成县政府交办任务　1999年，共完成县委、县人民政府交办的工作任务9项，其中大多数为离任审计，为县委、政府考核离任干部提供了任职期间的经济责任情况。同时，还完成了党政交办的专项资金审计，如：对县专题片制作专项资金进行了审计。为配合全县机构改革、企业改制，参与并负责县工商行政管理局改制工作和工商企业清产核资、破产清算工作，共抽调2人，涉及全县4个单位，历时4个多月，为县委、县政府的宏观决策提供了依据，为企业改制、机构改革工作打下了基础。

完成上级下达审计任务　1999年，共完成省、地区审计机关下达的审计任务8项。

【克孜勒苏柯尔克孜自治州审计局】　1999年底共有干部职工30人，其中：大学本科学历5人，大专学历22人，获得审计师或注册审计师资格8人，党组书记兼局长1人，副局长2人。设有办公室、综合科、行政事业审计科、农牧审计科、企业审计科、财政金融审计科、固定资产投资审计科。

审计成果　1999年共完成审计项目（单位）106个（含同级财政审计延伸单位37个），其中州本级完成28个，共查出违规行为金额7918万元。决定处理处罚的3560万元，指明要求纠正的4355万元，应交财政262万元，应归还原渠道资金金额1031万元，已交财政200万元，收缴率达76、3%。提交审计工作报告、信息35篇，被上级审计部门及党政机关采用9篇。举办财税基础学习班一期，计算机基础理论知识学习班一期，参加人数约80人次。全年共派出30人11次去外地参加各种专业知识的培训班，大大提高了审计干部的业务素质及实际业务工作的处理能力。

根据审计署和自治区审计厅的统一安排，由州局组织对阿克陶县、乌恰县、阿合奇县农业投入资金情况进行审计，审计资金总额17373.2万元，查出违规行为金额1160.79万元，应交财政64.31万元，应归还原渠道资金金额643.78万元，促进资金投入到位314.3万元。审计后，针对发现的问题，根据有关法规已作出相应的处理，并提出加强对下拨的财政扶贫资金、以工代赈资金、扶贫贷款和其他农业专项资金管理的建议。

内部审计　本州1999年内部审计机构16个，内审人员23人。

社会审计　一年来，本州审计事务所共接受社会委托审计项目80个，其中：资产验证67个，验证资金7808万元，财务收支审计11个，资产评估2个，赢得了良好的社会信誉。今年以来，按照上级文件精神，脱钩改制，目前新的事务所——克孜勒苏中联会计师事务所已组建成立，使本州的社会审计步入新的轨道。

受表彰情况　今年9月州审计局和阿克陶县审计局被自治区审计厅评为审计刊物发行先进单位。

【阿图什市审计局】　1999年底共有干部职工12人，其中：大专学历9人，审计师2人，局长1人，副局长2人；设有农财、企业、行政事业股。

审计成果　1999年共完成审计项目单位21个（包括：同级财政延伸审计单位8个），其中完成市党委临时交办的审计项目3个，审计资金总额38708.2万元，查出违规行为金额800.8万元，其中：决定处理处罚1.7万元，指明要求纠正799.1万元，应上交财政1.7万元，已上交财政1.5万元。提交审计信息7篇，被上级审计机关采用2篇。

【阿克陶县审计局】　1999年底共有干部，职工6人，其中：大专学历4人，获得审计师或注册审计师资格的3人，正副局长各1人。

审计成果　1999年共完成上级审计机关安排的审计项目13个，查出违纪金额192874.20元，应上缴财政4000元，提交审计信息2篇，被州局采纳1篇。

此外，完成县领导安排的由审计部门牵头，经委，财政配合的对全县15个国有工商企业的审计。

队伍建设　1999年共派3人参加自治区审计厅举办的业务培训班，派9人次参加州审计局举办的计算机等培训班，派2人去县党校参加为期4个月的”双语”学习，派1人参加县党校举办的入党积极分子培训班。

【乌恰县审计局】　1999年底共有干部、职工7人，其中：大专学历1人，审计师1人，正副局长各1人。

审计成果　1999年共完成审计项目24个，（包括同级财政审计延伸单位11个）其中：完成县委、县政府交办的工作任务16项，查出违规、违纪金额500余万元，决定没收上缴财政70余万元，已上缴财政2.1万元，责令归还原渠道资金280万元，罚款7000余元。

【阿合奇县审计局】　1999年底共有干部、职工6人，大学本科学历1人，大专学历2人，局长1人，副局长2人。

审计成果　1999年共完成审计项目（单位）20个，其中同级财政审计延伸单位9个。

【巴音郭楞蒙古自治州审计局】　1999年共有干部、职工45人。其中：大学本科学历6人，大专学历33人，副县级纪检员1人，副县级调研员1人。设有办公室、财政金融审计科、行政事业审计科、商贸审计科、工交审计科、基建外资审计科、农牧审计科、综合科。

审计工作成果　1999年，共完成审计项目10个，完成审计单位48个，完成对库尔勒国家粮食储备库在建项目专项审计调查1项。共查出违纪金额17588万元，查出大案要案2起。已上交财政476万元，增收节支1011万元。提交综合审计报告信息34篇，被上级审计机关和当地党政机关采用3篇。

完成政府交办任务　1999年审计本级财政预算执行单位18个，开展财政决算审计，上审下3个，共计21个单位，查出违规金额8432万元，应缴财政66万元，已交财政66万元。为州财政、财务工作的规范化管理做出了新的贡献。

完成上级审计机关交办任务　1999年，州审计局根据审计署、自治区审计厅关于《中国工商银行新疆分行系统审计工作实施意见》的通知精神，从各级审计机关抽调了26名审计业务骨干，分成3个审计小组，对巴州分行下属的八县一市工行、马兰部队支行和塔里木石油支行等11个单位的1998年资产、负债、损益情况进行了审计。1999年，州审计局还对州法院和检察院系统1997－1998年的财务收支情况进行了审计。从审计情况看，就总体而言，“两院”的内控制度不够健全，财务核算不规范，特别是诉讼费、罚没款物和追回赃款赃物变价收入的收缴、管理、使用比较混乱。针对查出的违规违纪问题，按照有关规定对其进行了处罚，严肃了财经纪律。

受表彰情况　1999年，州审计局被授予“州级精神文明单位”；被州机关党委授予“州直机关先进基层党组织”；被州委组织部、州老干局评为“老干部工作先进单位”；被库尔勒市委、市政府评为”双拥工作先进集体”。有4人次受自治区审计系统表彰；1人次受自治区人民政府办公厅表彰；6人次受州委、州机关工委、州人民政府表彰。

【库尔勒市审计局】　1999年共有干部、职工19人。其中：大学本科学历1人，大专学历10人，局长1人，副局长2人，书记1人。设有行政事业科、企业科、基建科、综合科、办公室。

审计工作成果　1999年共完成审计单位34个，共查出违纪违规金额2432万元，上缴财政6万元，共提交审计信息3篇，被采用2篇。

完成政府交办任务　1999年，顺利地完成了市政府、市人大交办的市劳务工贸公司财务收支审计和市水电局水费收支审计，市林业局、市种子公司领导干部离任审计等任务。

完成上级审计机关交办任务　1999年，完成对本级财政预算执行审计和世行贷款疾病预防项目审计等任务。

【和静县审计局】　1999年共有干部、职工15人。其中：大专学历8人，局长兼党支部书记1人。设有办公室。

审计工作成果　1999年共完

成审计单位35个，审计金额22647万元，共查出违纪违规金额2140万元，上缴财政22万元，共提交综合审计报告和信息14篇，被采用3篇。

完成政府交办任务　1999年完成县政府交办审计任务12项，审计单位15个，审计金额2520万元，查出违纪违规金额46万元，处理处罚12万元，已收回上缴财政8万元，并积极配合县纪检委、财政等部门搞好减轻农牧民负担、预算外收支两条线检查工作，牧区示范工程项目检查验收工作及新增粮食财务挂账不合理占用贷款分解落实工作。

完成上级审计机关交办任务　1999年完成上级审计机关交办的任务6项，审计单位24个，审计金额20127万元，查出违纪违规金额1724万元，处理处罚金额15万元，已收回上缴财政14万元，并参加州审计局为期4个月的全州工商银行审计工作。

【尉犁县审计局】　1999年共有干部、职工7人。其中：大专学历4人，副局长1人。设有办公室。

审计工作成果　1999年共完成审计单位19个，共查出违纪违规金额157万元，上缴财政2.5万元，共提交综合审计报告和信息17篇，被采用3篇。

全年共完成县政府交办和上级审计机关交办审计任务6项，审计单位15个，审计资金总额2838万元。

【和硕县审计局】　1999年共有干部、职工8人。其中：大专学历6人，局长1人，书记1人。设有办公室。

审计工作成果　1999年共完成审计单位45个，共查出违纪违规金额99万元，上缴财政24万元，共提交审计信息5篇，被采用2篇。

完成政府交办任务　1999年完成对和硕县康农果菜总公司及直属1－6分公司、塔哈其等5个乡场果菜公司清产核资工作，以及对县医院药品采购过程中回扣情况的清查审计工作，共完成政府交办任务6项7个单位。

完成上级审计机关交办任务　1999年完成上级审计机关交办的任务有：完成对法、检“两院”财务收支审计、养老保险基金审计、县水电局各项水利专项资金审计等7项审计任务。

【且末县审计局】　1999年共有干部、职工8人。其中：大专学历5人，局长1人，副局长1人。设有办公室。

审计工作成果　1999年共完成审计单位16个，共查出违纪违规金额689万元，上缴财政0.27万元，共提交综合审计报告信息7篇，被采用1篇。

完成政府交办任务　1999年完成县政府交办审计任务有：对县民政局、教育局、城建局、科委、物价局、公安局、且末玉石矿厂、县电力公司等单位的财务收支审计。

完成上级审计机关交办任务　1999年完成上级审计机关交办的任务有：对本级财政预算执行审计，对法、检“两院”财务收支审计，以及对县劳动就业保险的审计等。

【博湖县审计局】　1999年有干部职工8人。其中：大专学历6人，局长1人，书记1人。设有办公室、行政事业股、企业审计股。

审计工作成果　1999年共完成审计单位16个，查出违纪违规金额1413万元，上缴财政5万元；共提交审计信息6篇，被采用2篇。

完成政府交办任务　1999年，完成县政府交办审计任务有：对县林业局及其下属育苇公司、公安局、残联、碧海园服务中心等单位财务收支审计。

完成上级审计机关交办任务　1999年，完成上级审计机关交办审计任务有：对本级财政预算执行审计，法、检“两院”财务收支审计，养老保险金收缴、使用情况审计以及世行贷款疾病预防项目审计等。

【轮台县审计局】　1999年共有干部、职工8人。其中：大专学历4人，局长1人，副局长1人，书记1人。设有办公室。

审计工作成果　1999年共完成审计单位16个，审计金额17098万元，查出违纪违规金额685万元，上缴财政16万元；共提交综合审计报告和信息8篇。

完成政府交办任务　全年完成县政府交办审计任务2项，审计单位7个。

完成上级审计机关交办任务　1999年完成上级审计机关交办的任务有：对本级预算执行情况的审计，世行贷款疾病预防项目审计，法、检“两院”财务收支审计等。

【若羌县审计局】　1999年共有干部、职工8人。其中：大专学历4人，局长1人，副局长1人，书记1人。设有办公室。

审计工作成果　1999年共完成审计单位17个，查出违纪违规金额238万元；共提交综合审计报告和信息4篇。

完成政府交办任务　全年完成政府交办审计任务有：对县防疫站负责人的离任审计；县公安局及下属看守所财务收支审计；教育事业费审计；基建工程审计及棉麻公司资产、负债、损益审计等。

完成上级审计机关交办任务　1999年完成上级审计机关交办的任务有：本级财政预算执行审计；对法、检“两院”财务收支审计；养老保险金收缴、使用情况审计；世行贷款疾病预防项目审计，以及城市建设维护税征管情况的审计等。

【焉耆县审计局】　1999年共有干部、职工11人。其中：大专学历7人，局长1人，副局长1人。设有办公室。

审计工作成果　1999年共完成审计单位37个，审计金额9560万元，查出违纪违规金额458万元，上缴财政3万元；共提交审计信息4篇。

完成政府交办任务　1999年，在全体审计干部的共同努力下，全面完成县政府交办的对15个单位的领导干部离任审计任务。

完成上级审计机关交办任务　全面完成上级审计机关交办的各项工作任务：1. 世界银行贷款疾病预防项目审计；2. 教育事业费预算执行情况审计；3. 检察院、法院财务收支审计；4. 企业职工基本养老保险基金审计；5. 民政局救灾款物收入与调拨专项审计；6. 城建税征管情况审计。

【昌吉回族自治州审计局】
1999年底全州审计系统共有干部、职工155人，其中大学本科学历13人、大专学历95人、具有中级以上技术职称28人，州局局长1人，副局长2人，纪检组长1人；设有办公室、综合科、财政金融审计科、行政事业审计科、企业审计科、基建外资审计科。

审计工作成果　1999年全州共审计225个单位（项目），查出各类违纪资金12094万元，应交财政资金815万元，追还被侵占挪用资金1348万元，促进增收节支资金110万元。提交各类有情况、有分析的综合报告和信息171篇，其中被当地党政领导和上级审计机关批示和采用的有46篇。

完成上级下达审计任务　1999年全州两级审计机关共完成上级审计机关下达的审计任务13项：本级预算执行审计（包括教育事业审计、城市建设维护税征收情况审计、科技经费审计）财政决算审计、国定贫困县农业投入资金审计、农业综合开发资金审计、贫困县义务教育工程资金审计、法院系统财务收支审计、检察院系统财务收支审计、养老保险基金审计、世行贷款审计、工商银行金融审计、中国福利彩票赈灾募捐情况专项审计等。

完成当地党政领导交办的任务　全州两级审计机关在认真搞好计划审计任务的同时，结合当地实际，围绕当地经济工作中心，积极完成当地党政领导交办的任务。根据州领导的指示，州直审计局抽调各县（市）业务骨干，组成近50人的审计组，对全州城建系统财务收支情况进行了审计。各县市审计局根据各县（市）领导的指示，积极开展当地交办任务。如吉木萨尔县审计局对两个单位的基本建设项目进行审计，核减资金91.19万元。呼图壁县审计局对县政府宾馆基本建设工程决算审计，核减资金406万元，核减率为26.9%。玛纳斯县审计局对该县棉纺厂原承包人，把企业主管部门起诉到法院，要求兑现承包奖100万元的问题进行了全面审计。通过审计不但不奖，而且要罚原承包人77.14万元，避免了不必要的经济损失，维护了政府的权威。有的县市审计局根据当地党政领导的要求，积极开展党政领导干部任期经济责任审计的尝试。

【伊犁哈萨克自治州审计局】
1999年共有干部、职工44人，其中：大学本科学历5人，大专学历20人，局长1人，副局长2人，纪检组长1人；设有办公室、综合处、财政金融审计处、农牧审计处、商贸审计处、工交审计处、基本建设投资审计处。

审计工作成果　1999年伊犁州审计局共完成17个审计项目（计划项目11项，领导交办6项），涉及延伸单位86户。共查出各类违纪违规行为金额6143万元，应交财政85万元（包括工商银行审计的19万元）。追还原渠道资金380万元，已交财政57万元（包括19万元），提交审计工作报告、信息41篇，其中被批示采用5篇。

【奎屯市审计局】　1999年共有审计干部、职工12人（审计事务所脱钩减少5人），其中：大学本科学历2人，大专学历9人，局长、副局长各1人。设有企业审计科、文行审计科和综合科。

审计工作成果　1999年，共完成审计项目17项，审计单位17户；完成审计调查8项，调查单位45户；共查出各类违纪违规金额1656万元，其中：应上缴财政20万元，已上缴3. 2万元，应返还原资金渠道947万元。提交审计报告17份。

完成市委市人民政府交办的任务　1999年共完成市委市人民政府交办的审计任务7项，提交审计调查报告7份。主要是：派员参加市机械厂以及兴达石材厂、五交化公司等五家企业的破产清算组，接受市人大委托对1997年、1998年部分行政事业建房资金来源进行了审计调查，与市纪检委、检察院、监察局一起对市运输总公司长期拖欠职工工资医药费进行了审计调查，对塑料厂厂长经济责任、液化气价格提价以及治理”三乱”等情况进行了审计或审计调查。

完成上级下达的审计任务　1999年完成上级下达的审计任务6项，审计单位12个。

【伊犁地区审计局】　1999年共有干部职工42人。其中：大学本科学历6人，大专学历22人，高级审计师1人，审计（会计）师7人，局长1人，副书记1人，副局长1人，纪检组长1人；全局设一室七科，即：办公室、综合科、审计稽核监督科、财政金融审计科、文教行政审计科、工交商贸审计科、农业科、固定资产投资审计科。

审计工作成果　1999年，伊犁地区审计局共审计40个单位，查出违规行为金额5109万元，其中，决定处理处罚1398万元，指明要求纠正3711万元。应上交财政82万元，已交财政23万元。提交审计工作报告，信息29篇，其中被当地党政和上级审计机关批示或采用5篇。

1. 完成1998年财政“同级审”工作。通过对地区财政、税务、国库及18个延伸单位的审计，共查出各类违规违纪金额629万元，应上缴财政42万元，已交财政11万元。

1999年我局组织力量对伊宁市1998年度财政决算和税收征管情况、国库办理的预算资金收纳拨付情况进行了审计和审计调查，并延伸审计了13个单位（部门）。共查出违规违纪金额3576万元，应收缴或调整增加财政收入1310

万元。

2. 积极开展专项资金审计，促进提高财政资金的使用效益，查出各类违规违纪资金近千万元，提出了审计处理意见。

完成了贫困县义务教育工程、赈灾福利彩票审计，还对1998年度全地区企业职工基本养老保险基金的征收、支付和管理情况进行了审计。

根据自治区审计厅统一计划安排，以规范收支、加强管理、制止乱收费、乱罚款为目标，地县两级审计机关对法院和检察院系统的预算资金、行政性收费、罚没款物的收取、管理和解缴情况进行了审计，共查出违纪金额1024万元，已作审计处理244万元。与此同时，对挪用案款、预算外资金不纳入专户存储、行政性收费票证管理混乱等问题都提出了审计建议，作出了相应的审计处理决定。在此基础上，本局又重点抽查了霍城县、伊宁县的法院，对查出的违纪违规问题依法进行了认真处理。

3. 全面完成了工商银行审计。

根据自治区审计厅的授权委托，地区审计局对工商银行伊犁州分行所辖八个县支行的资产、负债和损益情况进行了审计。

完成了国外援贷款项目，即疾病预防项目、贫困和少数民族地区基础教育项目的审计。全地区疾病预防资金累计支出74．97万元，申请回补额40．87万元，实际回补额14．93万元，配套资金到位48．03万元，设备及其他补助金额14．99万元。资金做到了专款专用，未有违纪违规现象发生。

【巩留县审计局】 1999年度共有人员11名，其中正、副局长各1名。

审计工作成果 1999年度共审计单位（项目）27个（项），查出违规金额191万元，应交财政19万元，已交财政16．2万元。

业务开展情况 1999年，开展了1998年度财政同级审，并延伸审计了县生产资料公司、县水泥厂、县乳品厂等重点企业；同时开展了赈灾福利彩票审计、检察院、法院财务收支及罚没款物管理审计、养老保险基金审计、防病改水资金审计、交通局审计、文化市场办审计、生态重点工程审计、县客运中心领导人和卫生系统领导人任期经济责任审计等工作。

【特克斯县审计局】 1999年，共有干部职工12人，其中大专学历文化的6人，局长1人，副局长兼支部书记1人。局内设办公室、行政事业审计股、企业审计股、综合股。

审计成果 1999年共审计20个单位，其中：财政13个，行政事业单位7个。查出违纪行为金额455万元，其中：决定处罚金额84万元，指明要纠正371万元，应上缴财政9万元，应归还原渠道资金42万元。提交审计工作报告、信息12篇，被采纳3篇，配合纪检委查办案件1起。

【霍城县审计局】 1999年共有干部职工11人，其中大专学历1名，会计师2名，局长1名，副局长1名，专职支部书记1名；内设机构有综合股、财金股、工贸股。

审计成果 1999年度共完成审计项目14项，审计单位40户，共查出违纪违规金额220万元，指明纠正违纪金额212．2万元，处理处罚应交财政金额7．8万元。提交审计报告39份，专题调查1份，审计简报10份。

完成交办任务 1999年共完成县委、县政府交办的工作任务6项，审计单位10个。从1998年开始，本局抽出二名干部长期配合县政府搞好企业改制工作，前后审计了11个破产改制企业，为县政府宏观决策提供了翔实的第一手资料，得到县党政领导的好评。另外还根据县委领导指示精神，抽调专人组成审计组，对县边民互市管理处和县技术监督局领导离任进行了经济责任审计，使1人被免职。抽调二名骨干配合县纪检委查出了县物价局、县煤炭局有关领导个人经济问题，为维护财经纪律、充分发挥审计监督职能做出应有的贡献。

【昭苏县审计局】 1999年底共有干部职工9人，其中，本科学历1人，专科学历2人；局长1人，副局长1人。设有办公室、综合股、行政事业审计股、企业审计股。

审计工作成果 1999年共完成审计项目10项，审计单位26户。查出违规行为金额500万元，应上缴财政金额5．6万元；应减少财政拨款2万元；应归还侵占挪用资金25万元。提交审计工作报告、信息11篇，其中工作报告1篇。审计工作报告、信息被批示采用4篇。

完成当地党政交办任务 根据县委县人民政府的安排，完成6个单位的干部离任审计和1个单位的财务收支审计，为组织、人事部门正确考评、使用干部提供了参考意见。查出违规行为金额211万元，应上交财政金额3万元。在审计的同时，对查出的成本不实、账外资产、虚增、虚减利润、未缴财政专户坐收坐支预算外资金、未立项收费及不合规发票入账等问题，提出了审计建议并作出了相应的审计处理决定。

完成上级下达的审计任务 1999年完成地区审计局指令性审计项目8项，审计单位19户。

【尼勒克县审计局】 1999年末，本局共有12人，其中领导干部3人，中专以上文化程度9人，会计师2人。

1999年共完成32项审计任务，审计单位46个，查出违规行为资金594万元，应上缴财政3万元，收缴入库1万元。还在深化扶贫资金审计方面进行了探索，取得了一定经验，帮助建章立制，挽回扶贫资金流失20万元，受到县委、县政府的好评。

【新源县审计局】 1999年共有在编干部、职工15人，其中局长1人，副局长2人。大学本科学历1人，大专学历9人。内部机构为8个股室，即：办公室、综合股、审计稽核监督股、财政金融审计股、文教行政审计股、固定资产投资审计股、工交商贸审计股、农业审计股。

审计工作成果 1999年完成上级下达指令性审计任务8个项目44个单位，完成指导性审计2个项目3个单位。完成地方政府安排的离任审计和体制改革审计2个项目21个单位，协助县农工部对10个乡镇农村财务收支进行了审计，共完成审计任务13个项目78个单位，查出违纪金额282.4万元，处理处罚38.4万元。

【伊宁市审计局】 1999年共有干部职工21人，其中：研究生学历2人，大学本科学历2人，大专学历11人，局长1人，党支部书记兼副局长1人。设有工交审计股、商贸审计股、文行审计股、基建审计股、综合审计股等。

审计成果 1999年审计项目6项，审计单位38个，审计查出违纪违规行为金额3152万元，其中：决定处理处罚54万元，指明要求纠正3098万元，应上交财政54万元。提交专题审计工作报告7篇。

完成上级下达审计任务 1999年完成上级审计部门下达的审计任务2项，审计单位26个，其中本级预算执行审计项目22个单位。

完成市委、市政府交办的任务 1999年完成市委、政府交办的审计工作任务1项，审计单位4个，并配合市经济部门抽调2人计150天，参与了市属商企业的债权债务清理及清产核资特困企业帮促工作组等工作，摸清了企业家底，为市委、市政府的宏观决策提供了依据，为企业改制、机构改革打下了基础。

【伊宁县审计局】 1999年底共有15人。其中：大学本科学历2人，大专学历5人，局长1人，副局长1人。设有办公室、行政事业股、企业股、综合股等机构。

审计工作成果 1999年共完成审计项目5个，审计单位23个，审计金额15，623万元，共查出违纪违规金额26.39万元。同县纪检、监察、信访部门配合，为社会稳定发挥了积极的作用。上缴县财政10.6万元，共提交审计报告23篇，审计信息及论文19篇，其中被上级审计部门和新闻单位采用2篇。

【察布查尔锡伯自治县审计局】

截至1999年底，编制13人，在编人数11人，其中：大专学历7人，局长1人，副局长1人。设有办公室，业务一股，业务二股等机构。

审计工作成果 全年共完成6个项目涉及26个单位的审计，已完成全年计划的124%。查处违纪金额1458万元，指明要求纠正1444万元，处罚决定金额14万元，已交3.3万元。

本级财政“同级审” 1999年1月25日至1999年3月8日对1998年本县本级预算和其他财政收支情况进行了审计。查明本级财政完成年初预算收入的101.3%，比上年增长9.9%，财政支出完成预算支出的100.4%，比上年增长3.5%，财政未突破年初预算。

行政事业单位审计 高度重视开展“两院”审计。认真做好领导干部离任审计。对建设局两位局长任职期间的财务收支管理、使用情况进行了审计。

企业审计 对县粮油总厂改制前的审计，查出国有资产流失238万元，违纪金额应交财政47万元，已上交财政20万元。

乡镇财政审计 1999年9月13日派出审计小组，对城镇1998年度财政决算以及农税征管入库等情况进行了就地审计。

专项审计 对县建设局1998年度扶贫移民搬迁工程的“扶贫资金”进行了专项审计调查。

【阿勒泰地区审计局】 1999年底共有干部职工34人。其中：大学本科学历6人，大专学历22人，局长1人，副局长2人，纪检员1人；设有办公室、财政金融审计科、文科行政审计科、农业审计科、固定资产投资审计科、企业审计科、综合科等机构。

审计工作成果 1999年，地区本级共完成审计项目25个，审计单位25个，完成审计调查项目1项，调查单位30个。共查出违纪违规金额3548万元，应上交财政69万元，应归还原渠道资金498万元，已上交财政53.5万元。共提交审计专题报告11篇。为维护经济秩序，促进地区经济健康发展发挥了积极作用。

完成政府交办任务 1999年，共完成地委、行署交办审计任务9项，即：对行署驻京办事处财务收支审计；对地区农业局财务收支审计；对2817工程管理处财务收支审计；对青河布尔根水利工程竣工决算审计；对北屯——哈巴河输电线路竣工决算审计；对地区电力公司财务收支审计；对地区机电公司、轻化建材公司、金属材料公司资产、负债、损益情况审计。审计调查项目1项，即对地区国有小企业改革情况的审计调查。通过调查，着重分析了国有小企业改制前后资产负债损益及所有者权益的变化及改制后初见的成效。同时反映了改制中未予解决的问题，为促进地区国有小企业改革的健康发展和领导决策发挥了积极作用。

完成上级下达任务 1999年

地区本级共完成自治区审计厅下达的审计项目16项，审计单位16个。

内部审计　地属各单位内审机构不断发展，截至1999年底，共设内审机构9个，内审人员17名。

受表彰情况　1999年受行署表彰1次。

【阿勒泰市审计局】　1999年共有干部、职工13人，其中：大学本科学历2人，大专学历7人，局长1人，副局长1人；设有办公室、财政行文审计室、企业投资审计室等机构。

审计工作成果　1999年，共完成审计项目12个，审计单位12户；完成审计调查1项，调查单位8户；审计金额22781.4万元，共查出违纪违规金额2199.6万元。同市纪检、监察、信访等部门配合，查处各种经济案件3起，为社会稳定发挥了作用。累计上交市财政2.25万元，共提交审计报告12篇。

完成市委、市政府交办任务　全年，共完成市委、市政府交办的工作任务4项，审计清理单位4个。1999年，共完成离任审计2项，为市委、市政府选拔任用领导干部提供了重要依据。配合计划城建部门进行基本建设招投标7项，招投标金额900万元，使全市的基本建设的承建走向制度化、规范化。

完成上级下达审计任务　1999年，共完成自治区、地区审计机关下达的任务9项，审计单位8个，审计调查1项，审计金额18055万元。

【吉木乃县审计局】　1999年干部职工11人，其中，局长1人，副局长2人，书记1人，本科文化程度2人，大专学历文化程度6人。设有行政股，企业股。

审计工作成果　1999年完成地区安排的审计项目10个，完成了年计划的100%，审计资金总额6487.09万元，查出违纪资金金额764.09万元，上交财政5.32万元；完成调查项目1个，调查单位6个，共提交审计报告11篇。

审计信息调研工作　今年本局的信息工作抓得较好，基本上做到了每完成一项审计项目写出一篇信息，共写出34篇信息，其中被地区审计机关采纳8篇。

【福海县审计局】　1999年底实有人员8名，其中：大专学历4人、局长1名、副局长2名。

审计成果　1999年度共完成审计项目14项，审计单位24个；完成审计调查1项，调查单位4个；审计金额10140万元，共查出违纪金额199万元，上缴县财政2万元。提交审计报告14篇。配合反贪局，查处经济案件1起。为维护我县经济秩序，促进廉政建设，发挥了积极的作用。

完成县政府交办的任务　1999年度完成县委、政府交办的审计任务5项。参与县企业改制，抽调一名副局长全力投入县小型企业改制工作。

完成上级下达的审计任务　1999年度完成上级审计机关下达审计任务9项，审计单位19个，审计总金额10140万元。审计调查1项，调查单位4个。抽2人参与地区审计局对工行审计、农业资金投入审计，圆满完成了审计任务。

【布尔津县审计局】　1999年末实有干部、职工8人，其中：大学本科学历1人，大专学历6人，局长1人，副局长2人，会计师2人，审计师2人。未设股、室。

审计工作成果　1999年共完成审计项目11个，审计单位27个，完成审计调查1个，调查单位11个，审计金额5526万元（不含本级预算执行审计金额），共查出违纪违规金额537.27万元，其中：应缴财政42.87万元，应减少财政补贴48.57万元，应归还被侵占挪用资金133.9万元；同县纪检、监察部门配合，查处经济案件1起；接受公安、检察院委托，审计经济案件1起。为深入进行反腐败斗争，保持社会稳定做出了贡献。1999年共提交审计报告18篇。

完成县委、政府交办任务　1999年完成县委、政府交办的工作任务16项，审计清理单位31个。

完成上级下达审计任务　1999年完成上级审计机关下达的审计任务11项，审计调查1个，审计调查单位38个，审计金额5526万元，其中：应缴财政42.87万元。

【青河县审计局】　1999年共有干部9人，大学本科学历1人，大专学历4人，局长1人，副局长2人，业务干部6人。局内设办公室，行文审计室，企财审计室，基建审计室。

审计工作成果　1999年共完成审计项目18个，审计单位39户；完成审计调查1项，调查单位22个，审计金额9031万元。共查出违规违纪金额137万元。同县纪检、监察、经贸委等部门配合，查出经济案件1起，打击了经济领域的不法行为，为社会稳定发挥了作用。本年共提交审计报告18篇。

完成县政府交办任务　1999年，共完成县委、县政府交办的审计工作任务6项，为县党政领导提供了可靠的信息。在1999年基建项目审计过程中，对国家投入的农业资金和扶贫资金项目加大了审计力度，在实施审计期间，审计人员克服重重困难，排除阻力，实事求是，依法跟踪审计。工程预算审减金额20万元，维护了国家利益。受到县党政领导和有关部门的一致好评。

完成上级下达审计任务　1999年共完成自治区、地区审计机关下达的审计（或调查）任务12项，审计单位33个，审计金额8274万元。

【富蕴县审计局】 1999年共有干部、职工13人。其中大学本科学历1人，大专学历6人，局长1人，副局长3人。内设办公室、文行股、财金股、企业股等机构。

审计工作成果　1999年共完成审计项目27个，审计单位27户；完成审计调查1项，调查单位18个。审计总金额25071万元，查出违规金额920万元，违纪金额90.46万元，应上缴财政2.1万元，已上缴财政1.1万元。并配合纪检、监察部门对有关案件进行了调查，共提交审计报告28篇。

完成县政府交办任务　全年共完成县委、政府交办的工作任务18项。1999年是企业改制的最后一年，为配合全县的企业改制、破产清算工作共抽调7人，其中：参加企业改制小组1人，改制企业17个，历时240天；参加企业破产清算小组6人，参与9个企业破产清算工作，历时270天。摸清了企业家底，为县委、县政府的宏观决策提供了依据，为企业改制工作打下了基础。

完成上级下达审计任务　1999年共完成上级审计机关下达的审计任务9项，审计单位9个，审计金额14098万元。

【哈巴河县审计局】 1999年在编9人，其中局长1人，副局长2人，干部6人。大专学历7人，中级职称1人。

审计工作成果　1999年共完成上级安排的审计项目10个，审计单位40户，完成审计调查1项，调查单位23户，完成县政府临时交办的任务5项。全年完成计划项目为100%。审计金额20799.58万元，查出违纪金额1301.50元。共提交审计报告9篇，审计调查报告1篇，审计信息6篇。

对审计中发现财政借用、挤占各单位专项款1215万元，“贫困二”项目占用86.5万元，以及其他不合规等问题，都责令纠正，返还原渠道、调账等处理。对上年度处理的审计决定进一步加大了执法力度。县交警队原队长，截留预算内管理的罚没收入4760元，对用白条子和利用出库单复印件支付工程款，对此罚款17103.18元。对其本人向51名学员敲诈勒索6505元的问题移送纪检部门作了处理。1999年11月根据县委安排，对全县预算外资金进行审计调查。经过对法院、土地、司法局进行审计，发现重大违纪线索，检察院已介入此案。

审计宣传　1999年是审计局成立十五周年、《审计法》颁布五周年，成立了县长为组长的《审计法》宣传领导小组，组织领导和协调这次宣传工作，县长亲自作了《审计法》宣传电视讲话，主持《审计法》宣传座谈会。审计局还开展了张贴标语，出动宣传车，设点咨询等宣传活动，扩大了《审计法》、《实施条例》的宣传效果。

新疆生产建设兵团

【新疆生产建设兵团审计局】

审计工作成果表（1999年）

指标 单位	审计单位（个）	违规行为金额（万元）	上缴财政金额（万元）	移送案件（起）	审计报告信息被采纳（篇）
新疆建设兵团审计局	45	71046	44	1	17
农一师审计局	75	1667.9	29.4	4	26
农二师审计局	41	2839	0.8	1	6
农三师审计局	89	963	45	1	14
农四师审计局	30	1047.73		1	11
农五师审计局	93	1699.7	90.21		20
农六师审计局	44	14400	63.67	3	21
农七师审计局	30	1796.73	77.67		20
农八师审计局	89	9283	462		54
农九师审计局	169	4398.8	78	2	34
农十师审计局	24	222.88	12.23		22
工一师审计局	32	7177	9		8
乌鲁木齐农场管理局	15	1489.05	6.27	1	3
哈密农场管理局					

1999年新疆生产建设兵团审计机关获表彰情况

获表彰单位	表彰项目	授奖部门
新疆生产建设兵团审计局	社会保障资金审计优秀项目	国家审计署
新疆生产建设兵团审计局	自治区内审优秀论文学术二等奖	自治区内审协会
新疆生产建设兵团审计局	兵团直属机关优秀党支部	兵直党工委
新疆生产建设兵团审计局	兵团直属机关文明部局	兵团机关创建文明机关领导小组
农八师审计局	老龄工作先进单位	农八师直属机关党工委
农八师审计局	优秀党支部、文明机关	农八师直属机关党工委

本级预算执行审计　一是遵照兵团领导的指示，兵团审计局从1999年3月至8月，首次对兵团本级预算执行情况实施了审计。基本摸清了家底。审计中发现的主要问题有：预算执行结果与账面不符；预算收入征管不规范；资金运用、投放管理不合规；超规范围拨付（列支）专项经费和无预算、超预算列支预算支出；应转拨国家拨入的专项拨（借）款未能及时足额拨付所属预算单位；其他应收款催缴不力，长期挂账；财政信用资金运用、管理、调控不力、表现在资金管理分散，投入不合理，财政周转金占用费收取和使用不合规，周转金借款逾期问题普遍；预算外收支中自立项目收费；预算收支管理不规范等。

二是完成了对农一师、农三师、农四师、哈管局1998年度（预）决算执行情况和其他财务（政）收支审计，发现的主要问题有：1.应转拨兵团拨入的专项拨（借）款不能及时足额拨付所属单位，四个师（局）审计结果，当年欠拨款占拨入款平均达12.30%。2.一般预算执行结果除农四师当年执行结果收大于支1161.15万元，其他三个师全部为赤字。赤字数额平均为一般预算收入22%。3. 挪用专项经费和扩大专学历项经费开支范围比较普遍。4. 违规收费在各师（局）都不同程度的存在。5. 预算收入征管不规范，已收应缴入本级预算的收入（如国有土地有偿使用收入、征地管理费收入、房屋所有权登记费收入、国有住房出售收入、排污费收入、乡镇企业管理费收入和农机监理费收入等）滞留各部门、单位，脱离预算管理。6. 违规对借出周转金按同期银行利率征收资金占用费；应收下级单位款催收不力，长期挂账，逾期借款所占比例较大；违规进行资金投放，对过去办公司大潮中参与商业性金融活动资金缺乏必要监控和跟踪检查，投资效益甚微。7. 部分师（局）自立名目超范围发放奖金，综合奖金发放向师（局）领导、主管部门的领导及工作人员倾斜。8. 预算外收支管理普遍未按规定按期编制预算外收支计划，未能做到年度有计划，执行有报告，年终有决算等。

社会保障资金审计　一是按审计署安排组织14个师局完成了全兵团1998年度国有企业下岗职工基本生活保障及再就业资金审计。审计总金额3. 7亿，查出违纪违规金额4205万元。兵团审计局审计和抽查了兵团财务局、劳动局、失业办、外经委等单位。二是按照审计署统一安排，按时完成了对兵团1998年度企业职工基本养老保险基金审计。兵团审计局在组织11个师局实施此项工作的同时对兵团社保局、农一师社保局进行了审计。查出兵团社保局挪用企业职工养老保险基金26万元的问题；及时纠正了农一师社保局挤占企业职工养老保险基金1458. 24万元，挪用基金1000万元的问题；揭露了农一师社保局拆借资金未收回561. 8万元等违规违纪问题。审计中还发现，现行企业职工养老保险财务会计制度不能完整、全面地反映企业养老保险基金的征收支付管理情况。三是根据国家审计署统一安排，完成了对兵团1998年度中国福利彩票赈灾专项募集情况的审计。兵团审计局直接对兵团募集办进行了审计，除应退各师30. 90万元、截止到审计日尚未清退外，该办基本上按规定发行赈灾专项彩票。

扶贫资金审计　按审计署计划安排，兵团审计局组织9个有关师局对1997年至1999年6月国家扶贫专项资金实施了审计，并对农九师、农十师、哈管局进行了直审，查出违规金额总计6272万元。

企业审计　兵师两级审计机关全年共完成企业审计253项，查出违纪违规金额3. 8亿元。兵团审计局对兵直7家实行资产经营企业的资产、负债和损益的真实性进行了审计。审计中查出违纪违规金额总计5672. 5万元，其中，收入不实177. 72万元，成本不实394. 25万元，账外资产1800万元，虚增利润1863万元，虚减利润1436. 80万元，应上缴罚款金额11. 48万元。

行政事业审计　兵团审计局组织十个师审计机关对各师所属垦区的36个法院、检察院进行了财务收支审计。兵团审计局直接审计了兵团法院、检察院、哈密垦区法院、检察院。经审计发现并揭露了兵团法院系统拖欠应缴预算收入、隐瞒截留收入、乱收费乱罚款乱摊派、挤占挪用、私设“小金库”等违纪违规金额2129. 07万元，占法院系统1997～1998年总支出的30. 9%；查出兵团检察院系统隐瞒应缴未缴的赃款收入、违反规定乱收费、乱摊派、挤占挪用赃款及罚没款、私设“小金库”等违纪违规金额1580. 92万元，占检察院系统1997～1998年总支出的31. 02%等违规违纪问题。

固定资产投资审计　兵师两级审计机关全年共完成固定资产投资审计项目75个，比上年增长50%，审计项目投资总额14. 38亿元，查出违规行为金额2. 01亿元。兵团审计局和8个师局审计机关完成了对兵团6个基础设施建设项目和8个水利建设项目的审计，其中兵团审计局完成了对农五师热电厂、农八师热电厂、农一师塔北二干渠、农二师卡拉干渠引水工程的竣工决算审计。

完成领导交办和部门委托事项　根据兵团主要领导的指示，完成了对兵团石油天然矿业开发总公司经理挪用专项资金1380万元，进行非项目内容投资损失1366. 98万元问题的审计，审计结果向兵团作了报告。

1. 对百花村股份有限公司进行了审计。

2. 对兵团以工代赈办进行了审计。揭露了某公司用专项资金投资债券3000万元，违规拆借6630万元，挪用2007万元，挥霍国有资金5. 26万元等严重违法违纪问题，审计结果向兵团领导作了专题报告。

3. 对群众举报的乌管局浅水河煤矿扩建中的损失浪费、违规拆借专项资金等问题进行了专项审计调查，审计结果向兵团作了专题报告。

4. 对农一师监狱管理局违约拆借资金问题进行了专项审计调查，调查结果向兵团领导作了专题报告。

5. 对兵团商贸集团有限公司下属商贸总公司进行了专项审计调查，核实了群众来信举报的该公司在购销业务及联营、借款中造成的多项损失，审计结果向兵团作了专题报告。

6. 对兵团投资中心原主任自杀后遗留的大量经济问题进行了审计，审计结果向兵团作了专题报告。

7. 对农五师阿拉山口办事处决策失误，造成重大经济损失的问题进行了审计，审计结果向兵团作了报告。

8. 对兵团外经贸局出国人员服务公司原经理的腐败问题进行了审计查证。

发现大案要案线索　根据朱总理重要指示和全国审计工作会议精神，从兵团的实际出发，兵团审计局把打假治乱、揭露问题注意发现大案要案线索作为全年审计工作的总体要求。在探索把注意发现大案要案线索溶于常规审计方面做了一些工作，并取得了一些成绩。主要有：

在对农五师驻阿拉山口办事处审计中发现原主任用白条付工程款139万元的犯罪线索，移交兵团纪检委；在社保审计中发现兵团经贸委实业公司主管领导将下岗职工就业资金20万元挪作他用的严重问题，给予通报批评；在对兵直企业实施审计中发现了几起涉嫌经济犯罪线索，具体是：供销合作总公司农资公司通过总公司驻上海供销社投入上海都益橡塑制品公司700万元，两次支付款时间相隔15个月，但收款收据的编号却是连号码；供销合作总公司农资公司1993年2月购买广东某上市公司内部职工股票支出现金110万，在公司入账时间却是1995年产12月，相隔两年零10个月时间。

以人为本，加强“人、法、技”建设　一是高度重视政治理论学习。全年集中精力抓了五个方面的学习。即“三讲”教育的前期学习；邓小平理论的学习；廉洁从政、廉洁审计的学习；揭批“法轮功”的学习；党的十五届四中全会、全国审计工作座谈会及兵团党委四届七次全委（扩大）会议精神的学习。

二是切实抓好审计干部的廉洁自律工作。兵团审计局制定了审计组执行廉政纪律意见反馈制度，审计结束后由被审计单位寄送，进一步完善了审计机关的内外监督机制。

三是继续做好审计干部的业务培训工作。兵团审计局全年先后举办了本级审培训，计算机网络知识培训，审计职称考前辅导和企业会计准则培训班，累计培训150人（次）。

四是从实际出发，继续抓好审计理论的研讨。由兵团审计局编辑、《兵团建设》出版了兵团审计论文专辑。

五是广泛开展了审计法颁布五周年的宣传活动。通过召开座谈会、办宣传板报、悬挂横幅、审计法知识竞赛、制作专题录像片、请党政领导电视讲话、发表纪念文章等形式和活动扩大了审计工作的影响。

六是加大了审计项目质量监督检查力度。兵团审计局首次开展了局审计质量检查工作，在各处自查的基础上抽查了九个审计项目，并对各业务处34份质量检查结果进行了汇总分析。

七是完成了兵团审计局与各师（局）审计机关的远程通信工作。

【农一师审计局】　在对师社保分局审计时发现1000万元资金存款被挪作借款的严重违法线索，及时向师党委作了汇报，移交司法部门立案查办，原社保局长被免职并立案侦察、会计被开除党籍，受到“判二缓三”刑事处分；在对十三团园林科抽审时，发现原科长（现任六团副团长）占用公物、私人电话费公款报销的违纪事实，及时移交师纪委查处；在对沙水处审计时发现财务科长在没有凭据的情况下，多付给办公室副主任承包大米款4.8万元的违纪事实，配合师纪委进一步查处，有关人员分别受到“党内严重警告、行政纪大过”和“免除职务、行政纪过”的处分；在对一团审计时发现供销科长报销挖掘机及配件发票为不合法凭证，报销金额与牡丹卡对账单付款金额不符12235元的贪污事实，移交师反贪局立案查办。

完成了兵团委托的对农一师扶贫办、四团扶贫资金的审计，对中央财政专项补助资金（国有企业下岗职工基本生活保障资金）财务收支的审计和民政部福利彩票的审计。

内部审计　全师现有内审机构26个，内审人员72人，共完成审计项目2057个，审计总金额44.39亿元，查出违纪金额2934万元，收缴违纪金额402万元。师表彰内审工作先进团场3个，先进审计科19个，优秀内审干部20名。

基本建设审计　基本建设项目审计在全师展开，共有20个内审机构配备了专职基本建设审计人员，1999年基本建设审计共完成审计项目1490个，审计总金额3.56亿元，审减投资额2057.54万元。师审计局基建审计组完成审计项目19个，审计总金额10017万元。

领导干部离任审计　师审计局从1996年起开展领导干部离任经济责任审计，1999年完成了5个团级领导干部的离任经济责任审计。内审机构完成了12个基层干部离任经济责任审计。均收到了较好的效果。

审计工作规范化建设　严格执行《中国审计规范》，对全师审计系统进行年度审计工作质量检查，审计档案逐步规范。

纪念《审计法》颁布五周年　师、团两级审计部门通过召开座谈会，办宣传板报、悬挂标语、开展知识竞赛、发表纪念文章等多种形式宣传《审计法》，普及审计知识，扩大审计工作影响。

【农二师审计局】

经济效益审计　根据师安排，对10个亏损严重的工交单位进行了经济效益审计，通过审计对工交企业亏损的原因及存在的问题进行了揭露，并对存在的问题提出具体建议，促进了单位进一步完善内控制度，加强了管理。

基本建设审计　根据兵团审计局的安排，分别委托会计事务所对6个单位的技改进行了竣工决算审计，这项审计对我师清理“八五”期间的技改项目，总结经验教训，促进企业改制发挥了作用。

经济责任审计　本局接受组织部门委托，对4个单位领导干部任期经济责任进行了审计。

行政事业审计　根据审计计划安排，对师法院系统、检察院系统、养老保险基金、失业保险基金及下岗再就业资金进行了审计，共审计18个单位，查处违纪金额292万元。并对会计核算不规范等，提出了建议，促进了被审计单位资金管理水平的提高。

审计规范化建设　严格执行审计规范，加强审计复核，确保审计质量，本局近几年没有一起行政复议和行政诉讼，审计档案在档案管理部门的指导下逐步规范。

内部审计　1999年全师各企业审计科共审计单位329个，查出违纪金额491万元，查出损失浪费84万元，促进增收节支88万元，建议给予行政处分6人，移送司法机关2人。

【农三师审计局】

完成师领导交办及本局计划安排任务　1999年共完成师党委、师领导交办及本局计划安排任务11项，包括1998年度企业承包经营责任审计，主要领导任职期间经济责任审计，固定资产投资项目审计，行政事业单位定期审计，对1个农牧团场和1个商贸流通单位经济问题的调查、两个水管处的水费结余调查，配合师财务局对全师预算外资金执法监察，配合师经委对小海子垦区农电网改造、资产清理，参与固定资产项目招投标、协助师纪委办案查证等。

完成上级下达审计任务　1999年共完成兵团审计局下达的审计任务7项：师法院、检察院系统1997年至1998年度财务收支审计、1998年度养老保险基金审计、1998年至1999年3月赈灾福利彩票审计、1998年度扶贫资金审计、国企下岗职工基本生活费和再就业工程补助费审计、1998年1至8月份社会保险事业管理费审计、1998年兵团内部救灾捐款审计调查等。

注意发现大案要案线索　师审计局在对乌市前海大厦商贸部审计中，发现前经理挪用公款38万元的犯罪线索，移交师检察院。

审计理论研究　师团两级审计机构审计人员共撰写论文18篇，向兵团推荐了12篇，1999年被《兵团建设》论文专集刊用4篇。此外，本局局长的两篇论文分别由中国经济出版社《今日的辉煌》、国家专利文献出版社《世纪之光》大型文集采用，2名审计干部撰写的论文分别在中国现代艺术中心《里程碑》一书和新疆出版社《新疆投资与建设》刊物上登载。

审计队伍建设　年内组织3名审计人员参加了兵团举办的企业会计准则培训，1名审计员参加内地举办的主要领导干部经济责任审计培训。

审计法宣传　采取悬挂横幅标语、张贴宣传画、印发《审计法》等多种形式开展《审计法》颁布五周年宣传活动。师审计局在喀什城区农三师所属的企业、行政事业单位中组织开展《审计法》有奖知识竞赛活动，38个单位和部门共257人踊跃参加了竞赛活动。

【农四师审计局】

注意发现大案要案线索　师审计局在对师建安公司审计中发现该公司所属物资公司私分公款犯罪线索，即将此案移送纪检部门，2人受到开除党籍处分。

完成师党委交办任务　对73团、78团、79团、建筑安装工程公司共4个单位的团长（经理）离任进行了经济责任审计；对伊犁大酒店、亚馨商贸公司和楼兰酒厂3个单位1998年度经营承包责任目标进行了审计；配合师财务、政研等部门对43家国有企业的奖惩考核经营指标进行调查核实；协助有关部门对改制、破产、撤消、分离的企事业单位的资产进行了清理及转移工作；配合师纪检部门对个人侵占公款的单位进行了查实清算；共完成师党委交办事项8项，独立完成审计单位9个。

完成上级下达审计任务　1999年度共完成兵团审计局下达审计任务6项，审计单位21个，查出违规违纪金额445.8万元。

内部审计　师共有29个企事业单位设立内部审计科，内审人员67人。1999年共审计单位697个，编写审计报告605篇，审计总金额1456194万元，查出违纪金额2106.25万元。

“人、法、技”建设　年初，师审计局组织全师审计人员共同学习、研讨审计程序规范化，并进行了经验交流，纠正了以前的不规范行为，提高了认识，使各审计项目质量有了不同程度的提高。

本年度派出3人参加了由兵团审计局组织的审计准则学习班，派出1人参加兵团审计局组织的审计师考前培训班。年底，师审计局兴办了为期30天的基础理论和实际操作学习班，有36名审计人员参加了学习、培训，并取得了合格证书。

学习宣传审计法　为纪念《审计法》颁布五周年，师审计局组织全师审计人员学习了《审计法》和《审计法实施条例》，积极组织并参加了由全国组织和由单位自己组织的《审计法》知识竞赛活动。

【农五师审计局】　1999年完成兵团计划任务9项，审计单位33个。其中：师本级财务1998年度预算执行收支审计1项3个单位，审计总金额1.25亿元，查处违纪金额108.10万元；扶贫资金1997年至1999年6月的筹集、管理、使用情况审计1项5个单位；师属两级法院、检察院1998年度行政性收费、罚没追缴款物收取、管理、解缴情况审计1项6个单位，审计总金额525.73万元，查处违纪违规金额360.25万元；赈灾福利彩票募集、解缴情况审计1项1个单位；国企下岗职工生活费和再就业工程补助费审计1项1个单位；职工养老保险基金1998年度财务收支审计1项1个单位；社会保险局1998年1～9月基金管理费计提使用情况审计1项1个单位；世行贷款计划免疫项目审计1项12个单位；兵团技改项目技改竣工验收审计1项3个单位。

完成师计划、师领导交办和部门委托审计项目6项，审计单位60个。其中：1998年度年终兑现审计1项28个单位，审计总金额25.66亿元，查处违纪违规金额457．31万元；医疗卫生系统审计回访检查审计1项15个单位；师领导交办对82团1998年资产负债损益审计1项1个单位，查处少报亏损、损失等违纪金额127万元；对师农技推广站服务部财务收支审计1项1个单位；组织部门委托对87团团长、88团团长、89团团长、电力公司经理、热电厂厂长、农科所所长离任经济责任审计1项6个单位；师计委委托1998年度农业综合开发资金审计1项9个单位。

配合协查工作 配合兵团审计局完成了对阿办处的财务收支审计，配合兵、师纪委查处阿办负责人的经济违纪问题；配合兵、师经委完成对3个技改项目（水泥厂、星光宾馆、机械厂）的竣工验收；配合兵、师建设局完成对2个新建项目（热电厂、棉纺厂）的竣工验收；配合师卫生局完成对全师医疗卫生系统医药购销的纠风工作；配合师贸易局完成师内市场模拟政府采购办法（师发［1999］28号文件）的2个规范检查；配合师清欠办、清库盘调办做好各项应收账款的清欠和清库盘调工作。

内审工作 15个内审机构共审计单位380个，查处各种违纪违规金额859万元。其中：对所属270个基层单位进行了兑现审计，对74个基层单位进行了不同层次财务收支审计、资产负债损益审计、专项审计、经济效益审计、内部控制制度审计；对36个厂（连）长、经理进行了经济责任审计。

《审计法》颁布五周年宣传工作 师、团两级审计部门在有线电视、广播加强宣传，在师、团机关所在地广泛悬挂横幅标语，师、团两级召开审计、纪监、财务人员座谈会。

完善制度建设工作 在认真贯彻落实《审计法》、《审计法实施条例》和“中国审计规范”的基础上，进一步完善了“农五师审计工作考评办法”、“农五师审计人员岗位责任制”，通过以会代培，以审代训，联审交流，观摩评比等方式，有力地推动了本师审计工作的发展。

【农六师审计局】

注意发现大案要案线索 师审计局在对101团建筑公司审计中发现私分公款的犯罪线索，移交五家渠垦区检察院；在对师食品公司审计时发现个人贪污线索，移交五家渠垦区检察院。

完成上级交办任务 共完成交办任务12项，审计单位19个，主要为检察院、法院两大系统的财务收支审计、扶贫资金、养老保险基金、国企下岗职工基本生活和再就业工程补助费及赈灾福利彩票的审计。查出违规行为金额2654．42万元，决定处理处罚金额1217．67万元，指明要求纠正金额1437．35万元，应交财政款7．44万元，已全部交清。

固定资产投资审计 共完成9个项目13个单位的竣工决算审计，审计总金额7389．21万元，违规行为金额1884．89万元。超计划投资1038万元，核减投资135．76万元，挽回经济损失97．06万元。

内部审计 全师现有内审机构31个，内审人员70人，共完成审计单位及项目365个。审计总金额36．38亿元，查出违规金额3544万元，应上交172万元，已上交138万元。查出10万元以上损失浪费金额117万元（6件），万元以上贪污案件1件，移交纪检部门5件（7人）。完成基建项目审计27个，审计总金额1794万元，核减投资117万元。

纪念《审计法》颁布五周年 组织全师审计系统开展庆祝活动，张贴横幅、宣传画，利用广播、有线电视、黑板报进行宣传。展开《审计知识百题竞赛》活动，吸收单位领导及财会人员参加，加大了审计宣传力度，扩大了审计影响。

【农七师审计局】 1999年农七师审计局共完成审计项目（单位）30个，其中：工交企业2个，农牧企业10个，商贸企业2个，水利企业1个，建筑企业1个，行政事业单位11个，专项资金审计2个，审计调查项目1个。审计总金额31.31亿元，查出违纪违规金额1796.73万元，应上交财政77.67万元。提交审计报告30篇，农业企业综合审计报告一篇，审计调查报告一篇，提出审计建议12条，为全师经济稳步有序的发展发挥了积极的作用。

完成兵团审计局下达的审计任务 1999年完成兵团审计局下达的审计任务6项、9个单位。审计总金额1.009亿元，查出违纪违规金额249万元。

完成本级党政交办的任务 1999年完成本级党政交办的任务主要有：为配合企业改制，参与了师棉花集团的组建及师克拉玛依共青镇、农工商联合企业总公司对农七师奎屯棉纺厂的兼并工作，参与了农七师奎屯糖厂、奎屯酒厂的破产清算工作。配合农七师财务局对全师预算外资金的管理、使用情况进行了执法检查。为落实中央要求减轻农民负担的指示，对全师农牧团场对承包土地农工的农资供应价格、利费的收取、分配及农业生产成本进行了专项调查，并对调查资料进行了汇总分析，提出了切实可行减轻农工负担的具体措施和建议。为稳定农场职工队伍，调动农工承包土地的积极性起到了积极作用。针对1998年棉花市场巨变、价格下降、全师棉花生产销售直接减少利润1.6亿元，效益大幅度下滑的形势，对全师植棉农场1998年度棉花生产销售因价格、质量、衣分率等因素影响效益的原因进行了分析，并对1999年度全师棉花生产销售将出现亏损的趋势进行了预测及时向师党政领导提出了扼制经济效益下滑的具体措施建议，并在全师经济活动分析会上，审计局对此作了专题经济分析发言。

大力宣传《审计法》 结合“审计法”颁布五周年之际，利用报刊、电视、黑板报、召开座谈会等多种形式，加强“审计法”

及审计法实施条例的宣传力度，为严格执法、强化审计监督，创造了一个良好的审计氛围。

受表彰情况　自1986年～1998年在兵团审计系统连续6次被评为兵团先进审计集体。

【农八师审计局】

完成上级下达审计任务　1999年共完成上级审计机关下达的审计任务17项，审计单位23个。其中：完成自治区审计厅下达的任务8项，审计单位14个。自1996年以来，根据自治区审计厅工作安排，开展了财政同级审工作，连续4年对市财政局、国库、地税局及部分预算执行部门进行审计，在市六届人大常委会第九次会议上，审计局受政府委托向人大常委会作了1998年度预算执行情况审计工作报告，受到人大常委会高度重视。

完成政府领导交办任务　1999年共完成师市政府领导交办的审计任务10项，审计单位53个。连续6年对师属42家工、交、商、建、农、牧、水企业经营责任目标完成情况进行了审计考核，摸清了师市企业的家底，为考核兑现和师市领导制定政策提供了可靠依据。根据市政府安排，组织实施了对儿童少年基金、人民教育基金、见义勇为基金、残疾人福利基金及就业保障金、老年基金的征收、使用、管理情况审计，审计总金额1180万元。

内部审计　至1999年底师市共设立内部审计机构30个，内审人员87名。审计单位1401个，查出损失浪费405万元，促进增收节支307万元，纠正违规行为金额7186万元，向司法机关移送案件2件3人，向纪检监察机关移送案件6件5人，建议给予行政处分6人，有效地发挥了内部审计监督作用。

【农九师审计局】

完成兵团统一组织的审计项目情况　对师法院、检察院系统年度行政性收费进行了审计，对11个扶贫团场1997至1998年扶贫资金进行了审计，完成1998年度养老保险基金和失业保险基金审计，对民政部门专项募集赈灾资金福利彩票进行了审计，完成国有企业下岗职工基本生活保障和再就业补助资金的审计，完成对奎屯立信卫生材料厂、沃雪特油脂化工厂等技改项目的审计。

完成各级党委交办的审计项目情况　对11个农牧团场、9个师直企业开展兑现审计，完成165团国家牧区开发示范工程竣工决算审计，完成西塔通心面厂1997、1998年度损益审计，对龙泉饭店、西域大厦1998年度损益情况和师驻乌鲁木齐经销站以往年度损益及1999年资产、负债情况进行了审计。

发现大案要案线索　对师农垦进出口公司1996～1998年应收账款和预付货款进行审计中发现应收账款少入账379.18万元、三年中难以回收款近千万元的犯罪线索，移交师纪检部门查处。对师医院立新卫生材料有限公司审计中发现承包人挪用公款30万元的犯罪线索，移交师司法部门查处。

内部审计　内审机构16个，人员28人。

【农十师审计局】　1999年实际完成审计项目计划为22个，被审计单位24个，审计监督涉及司法机关、行政机关、企事业单位，重点针对的是乱收费、乱罚款，资产、负债、损益不实，违规设置各种各样的“小金库”，财务管理混乱等扰乱经济秩序的违纪、违规的突出、热点问题。

完成师领导交办任务　1999年完成师领导临时交办的工作任务3项。其间参与配合了师属企业建立现代企业制度及改制、破产清算、经济指标的核实等多项服务性工作，为经济运行进行宏观调控与决策发挥了有效的服务作用。

内审工作　内审机构16个，内审人员34人，实际完成审计项目计划为184个，完成计划的101%。查处违规金额569万元，已纠正金额502万元，上缴财务科70.83万元，向纪检监察部门移送案件3件7人。

社会审计　全年接受社会委托项目44项，审计金额30800万元。

经济责任审计开展情况　完成经济责任审计项目9个。

纪念审计法实施五周年　组织了全师范围的审计法知识竞赛，参加人员600余人。对全师执法情况进行了检查、考核、通报。

【工一师审计局】

完成师领导交办任务　1999年完成师领导交办的审计任务4项，审计单位11个，审计金额6.9亿元。配合师老干处对原荣发公司经济纠纷案进行清查审计；配合师建设局完成对技校教学楼的竣工决算的审定工作；配合兵团对我师国企下岗职工基本生活费和再就业工程补助费的审定工作。

完成上级下达审计任务　1999年完成兵团审计局下达的审计任务3项，审计单位3个，审计金额6141.47万元。

内部审计　有机构13个，内审人员32名。

【乌鲁木齐农场管理局审计处】

1999年，局审计处和团场审计科共发现和移交给纪检、监察部门3起案件，有2人分别受到了党纪、政纪处分。

经济责任审计　凡是离任的领导（主管财务工作）均必须进行离任审计，审计结论已经成为组织部门和领导选拔、任用领导干部的重要参考依据，这已经形成了制度。

为贯彻落实《中共中央关于国有企业改革和发展若干重大问题的决定》，配合国有企业的改制、改组、改造和实行现代企业制度工作，在审计中重视企业资产质量的分析和认定不良资产工作，为领导对企业的改革进行决策提供参考。

加强审计人员的法律法规知识培训工作和业务培训工作。审计处的全体人员均参加了兵团审计局组织的审计法律、法规培训班和计算机培训班。

解放军审计工作概况

军委首长对军队审计工作的批示

军委副主席张万年

1月7日，军委副主席张万年在解放军审计署《1998年全军审计工作情况和1999年审计工作安排》的报告上批示："1998年全军审计工作很有成效。今年，要适应军队全部'吃皇粮'的新形势，发挥审计工作的特殊作用，在抓重点、求实效、严把关上狠下功夫，把军队各项经费真正管好用好，努力提高部队建设的质量和效益。"

军委副主席迟浩田

3月18日，军委副主席迟浩田在解放军审计署《关于驻香港部队1998年度经费决算审计情况的报告》上批示："审计署的报告很好。对驻港部队的一年来的财务管理的审计评估，是实事求是的……"7月20日，军委副主席迟浩田在解放军审计署《关于1999年度预算审计情况的报告》上批示："审计署的报告很好。军队不经商，全部吃'皇粮'以后，审计工作的任务更重了！理财观念由'标准加补助'转变到'标准加管理'，与此相适应的财务监督，一定要加强，我看报告中提到的'五个压缩'和'五个调增'就很好，既压减了不合理的预算，又解决了部队的实际问题，这是值得称赞的好举措。所提两条建议也很好，'保障有力'就是要体现在全心全意为部队服务上。"

军委委员、总后勤部部长王克

1月11日，军委委员、总后勤部部长王克在刊载张万年副主席关于全军审计工作指示的文件上批示："审计署要认真贯彻落实张副主席批示，发扬成绩，再接再厉，把工作做得好上加好。"7月21日，军委委员、总后勤部部长王克在解放军审计署《关于对总后嫩江基地农副业生产情况的审计报告》上批示："这个报告反映的情况值得重视。请组织有关同志帮助嫩江基地认真总结经营管理中的经验教训，对存在的问题进行研究，提出解决办法。"

军委委员、总装备部部长曹刚川

1月7日，军委委员、总装备部部长曹刚川在解放军审计署《1998年全军审计工作情况和1999年审计工作安排》的报告上批示："装备经费要从严掌握，严加管理。"

军队审计机构领导名单及变动情况

解放军审计署
- 审计长　苏庆玉少将(1997.12－)
- 副审计长　王自有少将(1994.2－)
- 副审计长　李景春少将(1997.10－)

办公室
- 主　任　黄守忠(1997.8－)
- 副主任　汪　洋(1997.8－)

事业审计局
- 局　长　李　全(1996.11－)
- 副局长　董亚超(1996.11－)

装备审计局
- 局　长　李春华(1996.11－)
- 副局长　王福祥(1997.6－)

工程企业审计局
- 局　长　任明超(1996.11－)
- 副局长　王永臻(1996.11－)

海军审计局
- 局　长　熊钧皋(1997.6－)
- 副局长　苏景祥(1997.12－)

空军审计局
- 局　长　熊相华(1994.5－)
- 副局长　崔仰凡(1994.7－1999.12)
- 副局长　高　洋(1999.4－)

第二炮兵审计局
- 局　长　李文兴(1996.6－)
- 副局长　吴泽远(1997.9－)

沈阳军区审计局
- 局　长　陈再强(1996.1－)
- 副局长　万太礼(1992.6－1999.7)
- 副局长　周兆康(1998.12－)
- 副局长　王顺宝(1999.7－)

北京军区审计局

局　长　徐茂林(1995.8－)

副局长　王孝贵(1995.8－)

兰州军区审计局

局　长　陆惠良(1995.2－)

副局长　周世贵(1994.1－)

济南军区审计局

局　长　韩运海(1994.7－)

副局长　赵敬荣(1994.7－)

南京军区审计局

局　长　蒋光宇(1997.6－)

副局长　尹利民(1997.4－)

副局长　郑国富(1999.9－)

广州军区审计局

局　长　赵雪勤(1998.9－)

副局长　吴声钦(1998.5－)

副局长　岳长旺(1999.12－)

成都军区审计局

局　长　程卫国(1998.1－)

副局长　幸正国(1998.3－)

总装备部审计局

局　长　于宗明(1999.3－)

副局长　保德林(1999.3－)

副局长　房朝山(1999.10－)

副局长　李保成(1999.10－)

武警部队审计局

局　长　黄德祥(1995.6－)

副局长　郭金华(1995.5－)

副局长　王爱国(1999.7－)

军队审计工作

【军队审计工作主要成果】

1999年，全军各级审计部门共取得经济成果14.62亿元，其中：对××××个团以上单位和部门年度预算审计压减基建投资、会议招待费、集团购买力、赤字预算等6.67亿元；对××××个团以上单位年度经费决算审计收回借垫款、平衡历年超支经费××××万元，查出违规金额××××万元；对××××个出包工程项目审计核减施工单位不合理收费4.98亿元；对×××个农场审计核减虚增利润7260万元；对部分装备大修和订货价格审计核减工厂不合理报价××××万元，对×××个团以上作战部队1998年度装备维修费执行情况审计查出违纪违规金额××××万元。此外，各级审计部门还审计团以上领导干部×××名。较好地完成了军委、总部和各级首长交办的各项专项审计任务。

审计教育培训、科研工作共招收审计专业研究生4名；招收本科生62名；函授本科生毕业140名；军事经济学院审计教研室荣立集体三等功；经军队学位委员会批准，军队审计专业正式接受同等学力人员申请硕士学位；军队审计科研所组织了全军优秀审计论文评选，共评出一、二、三等奖40余篇。

军兵种、军区、总装备部、武警部队审计工作简介

【海军审计工作简介】 1999年，对×××个单位预算审计，审计金额×××亿元，调整预算1.3亿元。对×××个单位预算执行审计，审计经费8亿元。对×××个单位决算审计，审计经费××亿元，核实家底×亿元，平衡超支745万元，收回借垫款1203万元。审计出包工程247项，金额2.8亿元，审减经费2000万元。对××个单位装备审计，调增预算××××万元，压减经费2624万元。审计团以上领导××名、企业领导×××名。对××个单位和部门财务管理审计，查出违纪金额×××万元，追缴应交预算外经费150万元。审计经济合同222份，总金额4068万元，审减经费114万元。

【空军审计工作简介】 1999年，共审计团以上单位和部门××××个，审计金额×××亿元，取得审计成果1.12亿元。对×××个单位预算审计，审计金额××亿元，压减预算5253万元。审计出包工程135项，审计金额4.08亿元，审减经费4993万元。审计农场24个，核增利润298万元。此外，完成决算审计单位×××个，专项审计6项，审计团以上领导干部××名，查出违纪金额××××万元、损失浪费金额×××万元。

【第二炮兵审计工作简介】 1999年，共审计单位(项目)×××个，审计团以上领导干部××名，审计金额××亿元，实现增收节支2357万元，查出违纪金额×××万元。对×××个单位预算审计，审计金额×亿元，压减预算417万元。对18个单位决算审计，审计金额3.4亿元。审计出包工程136项，审计金额1.16亿元，审减经费1577万元。审计农场16个，审计金额2108万元，核减利润80.1万元。此外，还完成专项审计23个单位(项目)，审计金额5590万元，核减经费780万元。

【沈阳军区审计工作简介】 1999年，共审计单位(项目)×××个，取得审计成果1.08亿元，查出违规金额×××万元。对×××个单位预算审计，调整预算××××万元。审计出包工程202项，金额2.8亿元，核减经费3577万元。审计24个农场，核增利润215万元，核减利润212万元。对撤销企业法人审计，清理资产2.16亿元，清理债务1.14亿元。此外，还开展了经费决算审计、装备维修费审计、对×××名

领导干部经济责任审计和专项审计调查等，处理历史遗留经济问题6.45亿元。

【北京军区审计工作简介】 1999年，完成预算审计金额×××万元，决算审计单位××个，审计团以上领导干部×××名，基建费决算审计9项，其中复审3项。审计出包工程291项，核减经费××××万元。审计农场31个，取得增收节支2753万元；对21个撤销企业法人进行离任审计，取得审计成果5813万元。完成专项审计35项，取得审计成果5450万元。

【兰州军区审计工作简介】 共审计单位×××个，取得经济成果7147万元。审计领导干部××名；查出损失浪费××××万元、违纪违规×××万元。完成预算审计单位×××个，调整预算5009万元；决算审计单位××个，查出违纪金额××万元；装备经费审计单位××个，查出违纪金额×××万元。审计工程结算96项，投资2.1亿元，审减经费3333万元。审计农场52个，核实盈利4247万元、亏损673万元、损失浪费1938万元。对13个企业效益审计，查出违纪违规金额201万元、损失浪费107万元。

【济南军区审计工作简介】 1999年，共对×××个单位预算审计，压减预算××××万元，调增预算××××万元。对××个单位决算审计，补拨经费464.5万元，收回借垫款182万元。审计出包工程362项，金额1.91亿元，审减经费2630万元。审计农场14个，核增利润68万元，核减利润200万元，查出不良资产300万元，决策失误损失30.2万元。审计团以上领导干部××名，对上年度领导干部复审××名，取得经济成果1162万元。

【南京军区审计工作简介】 1999年，审计单位×××个，金额××亿元，取得经济成果1.2亿元。对×××个单位预算审计，金额××亿元，调整预算7083万元。对××个单位决算审计，平衡超支、催收借垫款等1606万元；对××个单位装备维修费审计，金额××××万元。对23个农场审计，核减利润1673万元。对991项出包工程审计，审减经费7051万元。对5个重点工程决算审计，查出违纪金额3426万元，核减决算213万元，挽回损失61.14万元。此外，还审计团以上领导干部××名，审计撤销企业56个、法人47名。

【广州军区审计工作简介】 1999年，共审计×××个单位预算，金额××亿元，调整预算×××万元。对×××个单位决算审计，金额8.05亿元。审计出包工程269项，金额8.6亿元，核减经费1.88亿元。审计团以上领导干部××名，其中：2名提拔使用，1名通报表彰，2名通报批评。对×个单位装备经费审计，审计金额××××万元。

【成都军区审计工作简介】 1999年，共审计单位×××个，金额60.6亿元，促进增收节支1.55亿元，查出违纪金额×××万元、损失浪费××万元。完成对×××个单位预算审计，压减预算××××万元。对××个单位装备经费审计，金额××××万元。对×××个单位决算审计，金额1.02亿元。审计团以上领导干部××名。审计出包工程194项，金额2.2亿元，审减经费2665万元。审计撤销企业22个、农场10个，核减利润117万元；发现不良资产389万元；发现决策失误项目3个，损失163万元。

【总装备部审计工作简介】 1999年，先后开展了经费预算审计、国防科研试制费专项审计、经费决算审计、基本建设审计、领导干部经济责任审计、装备维修管理费预算执行审计、农场审计等。审计单位××××个，金额××亿元，促进增收节支1.2亿元，其中：审减预算支出2324万元，审减国防科研试制费专项成本×××万元，审减出包工程竣工结算1678.6万元，审减工程预算142.61万元，核增农场利润39.75万元。查出违纪违规金额×亿元。

【武警部队审计工作简介】 1999年，共查处违纪违规金额××××万元，收回312万元，核减各项经费1.55亿元，取得直接经济成果1.25亿元、间接经济成果3842万元。对×××个单位实施了预算审计；对××个总队开展了经费决算审计；审计出包工程1144项，金额21.2亿元，核减经费1.45亿元。审计团以上领导干部×××名；对46个农场及下属21个工商企业审计，查处不良资产1223万元，核增利润120万元，核减利润408万元。开展了地方资助经费专项审计调查，审计金额23亿元。

教育、培训、出版、科研、学术团体

【审计署干部培训中心】
1999年，经过机构改革、人员调整和“三讲”教育，培训中心领导班子带领全体职工转变作风，加强了规章制度建设，提高为审计工作服务的意识，进一步明确了审计培训工作的方向。在审计署“人、法、技”建设总体规划的基础上，研究出台了《审计干部培训工作发展纲要》以及《2000至2002年审计干部培训考试工作要点》、《2000年至2002年审计系统厅（局）级及审计署正处级干部培训实施计划》、《2000年至2002年审计干部业务培训实施计划》、《审计专家、资深审计专家考试评审与管理暂行办法》、《审计干部岗位资格考试实施计划》、《审计干部计算机技能强化培训和资格考试实施计划》、《审计干部外语培训考试实施计划》六个具体实施计划。明确提出，审计干部培训考试工作要“以骨干带全员、以重点带一般、以考试促培训”的总体原则，力争通过一段时间的努力，在全国审计系统形成层次分明、重点突出、考培结合、成效显著的干部培训考试工作新局面。在培训工作中注重调整审计干部的知识结构，加大审计专业理论和实务操作、计算机、外语技能的培训力度。采取办班培训、自学、研讨、专题讲座、审计职称考试、学历教育、出国学习等手段，普及与提高相结合，知识更新与审计专业教育相结合，培养审计专家、业务骨干与提高审计干部综合素质相结合，围绕培养一支业务能力强、素质高的审计干部队伍这一目标，以全员培训为基础，以审计专家和审计骨干培训为核心，使培训工作上一个新的层次。

机构设置、人员状况及领导变动情况　1999年培训中心在册职工30人，中心领导3人，处长5人，副处长4人；硕士5人，大学本、专科15人。下设办公室、教育处、培训处、考试处（考试中心）、国际合作处、综合服务处等6个处室。

培训中心领导成员

主任：陈华（1999．11－　）

副主任：张大维（1998．10－1999．11）

鲍国明（1999．4－　）

主任助理：陈家蓉（1998．11－　）

制度建设　培训中心在总结基础建设工作经验的基础上，制定和完善了培训中心工作规则、培训中心业务工作规则、培训中心专业技术岗位规则。各项职责、制度、办法共31项，以加强管理，提高效能，促进培训中心工作的制度化和规范化。

院校教育工作　1999年培训中心继续加强了对南京审计学院的宏观管理与指导。根据南京审计学院的办学条件和规模，培训中心审核批准了南京审计学院增加普通高等教育招生计划和招收成人专科起点本科夜大学办学资格，并报教育部备案。1999年南京审计学院本科招生比上年增加了411人；举办了目录外审计专业专家论证会，本着“宽口径、厚基础”的原则，认真研讨当前设置目录外审计专业的必要性；根据办学规模和核定专业数情况，审定批准南京审计学院增加经济学、信息管理与信息系统两个专业，并报教育部备案；在综合整改的基础上，学院通过教育部本科教学工作合格评价（教育部教高［1999］14号文件）；根据国务院深化教育管理体制改革的统一部署，经审计署党组研究决定，南京审计学院的隶属关系由审计署转到江苏省。由培训中心牵头，会同署人事司、服务局对南京审计学院的人事、经费、基建投资等方面做出移交实施方案，于2000年3月正式移交江苏省。在学历教育方面，继续与南开大学合作举办同等学力申请硕士学位研究生课程班，选派署机关20名同志参加学习；继续与中央广播电视大学合作举办电大审计专科教育，现有在校生约420人。

培训工作　1999年培训工作紧紧围绕规划，举办了审计专业、计算机、英语、内审等培训。1．审计专业培训。继续加强与署业务司（局）的合作，举办财政、金融、外资、投资、社会保障等各类专业审计培训班11期，学习内容联系年度审计工作重点，对照新出台的各项专业审计法规，使培训班具有针对性。严格培训班管理，培训班结束后认真做好考核、评估工作。共培训署机关、驻部委审计局、地方各级在职审计干部800余人。2．计算机培训。与计算机中心合作，结合考试，举办了六期计算机基础操作培训班，内容涉及计算机硬、软件知识、网络技术、数据库操作、WORD文件处理及EXCEL表格制作，通过培训，提高了广大审计干部的计算机使用水平，收到良好效果，共培训干部600余人。3．英语培训。为了增强与国际审计机构之间的交流和合作，培养一批熟练掌握外语技能的人才，加大了外语培训的力度，在南京审计学院组织了四期英语强化培训班，培训学员180人，培训班建立严格的培训制度和学员管理制度，取得了良好效果；对署机关、地方特派办、驻部委审计局和省、直辖市厅局审计干部的外语水平进行了摸底测试，为进一步提高审计干部外语水平收集了有价值的信息。4．内部审计干部培训。在加强计划内培训的同时，为了开拓培训市场，满足地方内部审计干部的需求，与内部审计学会合作办班30余期，培训内容主要包括审计理论和实务、基建、内部控制测评、股份制企业审计等，培训人员2000余人，取得了较好的社会效益。

考试工作　经过一年的摸索，初步建立起以审计专业技术资格考试为基础的考试机制，形成以考试促学习、以考试促工作、以考试促培训的激励机制和竞争机制。1．审计专业技术资格考试。1999年10月10日举办了审计专业技术初级资格与审计师资格考试，初级资格共有4646人报名参加考试，实考人员共3077人，其中932人获得审计专业初级资格证书；审计师资格考试共有17031人报名参加考试，实考人员11014人，其中2650人获得审计专业审计师资格证书；1999年11月28日举办了高级审计师资格扩大试点考试，共有6976人报名参加考试，实考人员共5000人，共有1378人考试合格。制作了《审计专业技术资格考试考务管理系统》软件，加强了考务管理工作的规范化。2．英语考试。1999年2月份和10月份组织了两次系统内的优秀外语人才选拔考试，共有600余人参加，合格人数200余名；组织了首次审计系统BFT考试，59名审计干部参加，其中17人达到特级，25人达到高级水平，14人达到中级水平，取得出国培训资格率高达95%。在此基础上，建立了审计系统优秀外语人才库，从中推荐优秀外语人才参加境外国际研讨会和进行中长期境外的培训；建立了“审计署BFT（全国出国培训备选人员外语水平考试）考试培训中心”。这是全国范围内第一个行业系统的BFT考点。3．进行了审计署审计专家考试、审计署全员岗位资格考试及其他各类培训考试工作的方案研究与探索。

教材工作　配合1999年审计专业技术资格考试修订了《审计专业技术资格考试辅导教材》（上、下册），编写了《审计专业技术资格考试1998年试题及标准答案汇编》和《走出国门－实用英语情景会话》，制作了《走出国门－实用英语口语电视辅导》讲座电教片。

对外合作项目　继续执行中德合作、境外培训、ACCA项目，并开拓其他合作。1．中德合作项目。根据中德审计第三期合作项目及项目领导小组会晤纪要，1999年6月16日至26日，以审计署派出局领导和培训中心6人组成访德代表团，以“联邦德国审计监督的体制与改革”为题对德国预审机构改革情况进行了为期10天的考察。在德国期间代表团走访了联邦审计院、汉堡联邦审计局和联邦审计院驻波茨坦派出机构，听取了德方资深专家的报告，并与德方进行了交流讨论。2．境外审计培训。境外审计培训本着审计工作要为国家经济建设服务，努力提高审计人员业务素质全面适应改革开放形势需要的指导思想，经外专局审批审核，举办了《赴德国公共工程投资审计培训班》、《赴美国企业审计培训班》、《赴澳大利亚农业审计培训班》、《赴德国环境保护审计培训班》、《赴美国企业审计培训班》，取得了一定成果。五期培训班共培训126人，提交总结5份，专题报告12份。3．ACCA合作项目。在1999年培训中心作为ACCA唯一在全国范围内授权培训的单位，首次面向社会招生，在北京、深圳等地招收社会学员约100人，系统内外学员共400余人；继续做好审计系统内98级ACCA学员的培训工作，组织了ACCA深圳、北京、南京三地的培训工作并取得良好效果，一名学员在1999年12月的考试中单科成绩夺取全球桂冠，另一名学员获得单科全国第一的好成绩；1999年2月，李金华审计长接见了来华访问的ACCA行政总裁。4．探讨与境外机构的合作交流。1999年与香港理工大学会计系协商签署了长期合作协议，进行学术交流，培养高层次的审计人才。

电教工作　在完成音像教材制作的同时，密切配合署机关党委、工会、办公厅、人事部门和业务司局，选编和整理了大量的“三讲”教育、政治学习、工会活动和业务培训的音像资料，有力地配合了相关的培训、学习工作。

【南京审计学院】　1999年在校生人数3118人；教职工428人，其中专任教师200人（教授11人，副教授58人，讲师59人）；在专任教师中，省级优秀学科带头人1人，院级学科带头人8人，2人获1999年“红杉树”园丁奖，3人被推荐为省第三批“333工程”培养人选。

院领导成员

党委书记兼院长：易仁萍

副院长：李凤鸣

乔春华

叶国英（兼任纪委书记）

通过教育部本科教学工作合格评价　根据教育部教高（1999）14号文件通知，南京审计学院通过本科教学工作合格评价。

设置10个本科专业　为适应国家经济建设、科技进步和社会发展的需要，拓宽人才培养专业方向，形成合理的专业结构和布局，加快学院教育改革与发展，全面实施素质教育，积极推进教育现代化，学院对本科专业设置规划做了重新核定，新核定的专业规划数为20个，规划未来学院本科专业将涵盖经、管、法、文、理、工等学科门类，学院将发展为多学科、综合性的高等财经院校。

经教育部批准，学院2000年增设经济学、信息管理与信息系统、审计学（目录外）等3个本科专业，至此，学院设有审计学、会计学、财务管理、财政学、金融学、国际经济与贸易、经济学、信息管理与信息系统、工商管理、法学等10个本科专业。

财政学等2个本科专业获学士学位授予权　1999年5月24日，财政学、国际经济与贸易2个本科专业通过江苏省学位委员会专家评审，获学士学位授予权。

学院从1993年起举办本科教育，1997年6月经江苏省学位委员会批准为学士学位授予单位，同年审计学、会计学、国际金融3个本科专业获学士学位授予权。截至1999年底，学院共有5个本科专业获学士学位授予权。

教学计划修订　为进一步深化学院的教学改革，全面提高教育教学质量，学院对各专业的内涵进行了重新审视，重新定位，重新构建人才培养模式，优化培养方案。按照加强基础拓宽专业面、注重素质教育和能力培养、增强毕业生适应性的思路，以改革和创新的精神，修订了面向21世纪的新一轮本科教学计划。新的教学计划将课程分为大学通修课、学科共同课和专业课3类，压缩了课堂教学时数，加强了实践教学环节，增加了全院性素质教育选修课的比例。

实施学分制　学院自99级本科生开始，实行弹性学制，并且试行学分制教学管理制度。允许本科生在3—6年内修完规定的学分，学习成绩优异的可提前毕业，四年内难以达到毕业要求的学生可延长修学年限。通过自学途径提前达到课程教学要求的学生可以申请免修，自学能力较强的学生可以申请免听。留级的学生经过努力，选修原年级主要课程并取得相应的学分，可允许重新升入原年级学习。

学分制的实施有利于构建一种发挥教师和学生教与学的积极性、主动性和创造性，便于优秀人才脱颖而出的灵活机制。

课程建设和教学改革　1999年学院组织了第二批院级优秀课程的评审工作，《西方经济学》和《计算机应用基础》被评为1999年度院级优秀课程。同年，有23名青年教师在院第二届青年教师授课竞赛中获奖。

ACCA教育获佳绩　1999年12月，98ACCA班首次参加《会计概论》及《管理信息概论》两门课程考试，单门通过率均达92%，名列ACCA年度全球考试前茅。

开展ACCA教育，培养具有国际水准的注册会计师已成为学院每年吸引众多考生的重要原因，也是学院的鲜明特色。ACCA班学员两年来，参加了三次全球统考，均获佳绩。97ACCA班共52人，已参加ACCA六门课程的考试，其中有五门课程的通过率都在50%以上，其中课程《会计概论》及《管理信息概论》累积通过率分别高达96%和98%。

ACCA教育是学院改革人才培养模式，培养双语、双师教师、将学历教育与国际性职业教育相结合，培养与世界接轨的高素质经济管理人才的一个有益尝试，它将推进全面素质教育的实施，大力促进学院教学内容和教学方法的改革。

设立BFT审计署考试培训中心　经国家外专局批复同意，学院设立全国出国培训备选人员外语考试（BFT）审计署考试培训中心。

1999年11月，BFT考试中心举办了首期英语强化班，共有来自全国各地的审计人员59人参加了为期一个月的培训。59名学员中，17人通过BFT特级考试，25人通过BFT高级考试，14人通过BFT中级考试，95%学员获得了出国培训资格。

南京审计学院成立BFT考试培训中心，体现了学院目前的办学新思路，即在相应扩大规模的同时办出特色，是学院继举办ACCA培训以后，又一次新的尝试，意味着学院面向社会、面向世界的外语人才培养又开拓了新的局面。

广东至远实业集团在南京审计学院设立200万元奖教奖学金

1999年5月23日，“至远集团捐赠200万元奖教奖学金”协议书签字仪式在南京审计学院举行。

根据协议规定，广东至远实业集团将从1999年至2008年，向学院无偿捐助200万元奖教奖学金设立“至远奖”。每年拿出20万元，用于奖励在各方面取得突出成绩的教职员工及品学兼优的大学生。其中30%用于教工，70%用于学生，以激励教育工作者为社会培养更多德才兼备的人才，鞭策大学生刻苦学习，将来更好地报效祖国。

科研成果　1999年学院投入经费16万元用于奖励优秀科研成果立项及平时补助。1999年学院教师参加省、部级立项7项，参与审计署政策、准则研究项目2项；公开发表论文121篇；主编、参编各类教材、著作31部。获省、部级优秀科研成果共12项。

【中国审计出版社】

机构设置及其职责

办公室：负责人事、文档、固定资产及日常事务的管理。

总编室：负责书刊印制、书号、书刊质量及图书宣传等管理。

财务处：负责财务核算的管理。

发行处：负责书刊的征订、储运及发行工作。

编辑一室：负责《中国审计》月刊的组稿、编辑工作。

编辑二室：负责《中国财经

审计法规》月刊及经济、法规类图书的编辑工作。

编辑三室：负责经济、社科类图书的编辑工作。

编辑四室：负责《中国审计年鉴》及版权贸易类图书的编辑工作。

世纪风云广告公司：负责广告代理、发布及书刊排版、设计等工作。

社领导成员名单

社长：宋灵恩

副社长：韩笃明

副总编辑：刘京城

1999年，中国审计出版社按照署党组的部署和要求，努力做好出版宣传工作，取得了较好的社会效益和经济效益。全年实现书刊销售总码洋2267万元，比1998年增长19.54%。其中编辑出版新书125种，重印再版图书41种，分别比1998年多出66种和17种；图书销售码洋1219万元，比1998年增长47.38%。

为适应市场经济要求，搞好内部改革 1. 调整机构，改革用人制度。实行全员聘用、双向选择、竞争上岗的用人制度改革。中层干部实行聘任制、一般干部实行聘用制、工人实行合同制。这项工作于2月底完成。通过改革，我社由原来的6个处室调整为8个，工作人员由67人（含临时工）减为48人（包括新调进的3人、待岗3人），减少19人，其中离退休4人、调兄弟单位4人、辞退临时工11人，使行政管理人员与生产业务人员的比例由原来的40%：60%变为26%：74%。

2. 规范管理工作，加强制度建设。按照规范管理、节约开支、降低成本、促进发展的要求，对过去执行的一些制度进行了清理，制定了《中国审计出版社工作规则》、《差旅费开支标准及管理暂行规定》、《公务交通费管理暂行规定》、《汽车调配、维修、保养、司机加班及汽油票管理暂行办法》、《会议费开支管理暂行规定》、《医药费报销管理暂行规定》、《办公用品、劳保用品及低值易耗品管理暂行办法》、《业务招待费开支管理暂行规定》、《编辑工作流程》等系列管理制度。

3. 完善内部分配制度。一是取消了不合理开支10余项。二是按照“基本工资、效益工资、岗位津贴和福利补贴”的分配模式，完成了有关数据的测算，为制定新的分配办法，以逐步建立“多劳多得、少劳少得、不劳不得、奖勤罚懒、奖优罚劣”的内部分配机制打下了基础。

围绕署党组中心工作和“人、法、技”基础建设要求，搞好出版宣传工作 1. 进一步办好《中国审计》。首先是成立了由多方面专家、学者组成的编委会。其次是调整内容，改进装帧，加强采访。全年发表案例24篇，还就天津蓟县国税案编发了增刊。开设“计算机审计”栏目，组织对如何运用计算机开展审计工作的理论和应用问题的研究。

2. 组织出版适应审计人员和市场需要的图书。一是针对审计工作的需要开拓图书选题。全年出版了16种有关审计理论和应用问题的新书，对3本审计图书进行了修订再版。提出了编辑出版《当代审计书库》的选题，已经作为署“人、法、技”基础建设立项，成立了书库编委会、编审委员会和编辑办公室，设立了书库专项基金，并制定了《实施方案》、《工作规则》和《基金使用办法》，提出了选题计划。第一本《中国审计体系研究》已经出版。

二是针对我社多年来图书出版存在三少两低一高现象：即出书种类少、精品图书少、销售码洋少，印数低、再版率低，单本成本高，明确提出“立足审计、面向社会、面向市场，广交朋友、加强调研、拓宽思路、扩大选题”的指导思想。要求编辑人员提高市场意识，增强市场观念，扩大图书品种和数量，把上档次、创品牌、出精品放在突出位置。

3. 采取措施改进《中国财经审计法规》。一是将《财经审计法规》更名为《中国财经审计法规》；二是办理了转刊申报事宜，从2000年开始更名为《中国财经审计法规公报》出版；三是增编了《1998年财经审计法规增补本》；四是编辑出版了《1998年中国财经审计法规》光盘版；五是满足读者需要尽量收集最近、最新法规，并将出版周期由35天压缩至20天。

4. 编辑出版了《中国审计年鉴》（1994—1998卷）。从3月开始启动，于12月下旬正式出书，在较短的时间内，顺利完成了编撰任务。这卷年鉴共160万字，在编写体例和编写形式上，较以往年鉴做了较大调整，受到大家的好评。

5. 按照署领导的指示，以纪念《审计法》颁布实施5周年为契机，组织《审计法》知识竞赛，并承担收卷、审卷和组织抽奖、颁奖的具体活动。还与《人民日报》经济部、《经济日报》社会部等单位，组织召开了专家、学者座谈会，座谈内容在《人民日报》上进行了宣传，《经济日报》设专版予以报道，对宣传审计工作，扩大审计影响，起到了比较好的效果。

6. 做好发行工作，拓展经营领域。召开片会8次，加强了与各地的联系。积极参与各种图书展销活动，加强直销，全年参加大小定货会10余次，派出直销人员30多人次，发行业务人员外出直销人均达80多天，与373家书店建立了联系，追回1998年以前历年的欠款7万多元。

为拓宽经营发展领域，筹建了北京世纪风云广告有限公司，已于10月正式开业。

加强思想政治工作，增强团结协作精神 1. 扎扎实实搞好“三讲”教育。按照署党组的统一部署和要求，在审计署“三讲”教育巡视组的有力指导下，认真开展了“三讲”教育。针对社处级干部存在的突出问题，从五个方面提出了20条整改措施。

2. 加强思想政治工作，增强凝聚力和团结协作精神。一是组织干部职工参加党委组织的各项活动。二是针对干部职工中存在不团结状况，加强思想政治工作，采取大会讲、个别谈等方式，要求大家树立大局观，加强协作，同时还采取了一定的组织措施予以解决。三是组织开展集体活动和送温暖活动。

【中国审计报社】

报社领导成员

社长兼总编：谭绳喜

副社长：姜金和

副总编：姚汝杰

截至1999年12月31日，《中国审计报》包括试刊，已出版56期，共编发各类稿件2800余篇、约170余万字。中国人民大学出版的《审计文摘》，1999年已摘录审计报文章160余篇；中央人民广播电台《早间新闻》、《法制文萃》、《文摘周刊》等广播、报刊，也对审计报有关文章进行了多次摘报。《中国审计报》的出版发行，对于传达上级指示精神，总结交流经验，指导审计工作，扩大审计影响等，都发挥了积极的作用，基本实现了署党组决定创办《中国审计报》的初衷，得到了各级审计机关和广大审计人员的好评。

坚持正确的舆论导向，牢牢把握办报宗旨　行业报是我国报纸序列中的一个重要组成部分，是党委或政府部门主办的报纸。这一本质属性决定了行业报既不同于综合性的党委机关报，又不同于偏重生活的晚报，更不同于消遣性的小报。准确地说，行业报姓“党”，是党报对各个部门、行业宣传的一种补充和延伸，既要有鲜明的党性，又要有较强的行业性。因此，在报纸创办之初，报社就确立了《中国审计报》“高举一面旗帜，围绕一个中心，突出五项内容”的办报宗旨。高举一面旗帜，就是高举邓小平理论的伟大旗帜；围绕一个中心，就是围绕经济建设和审计工作中心；突出五项内容，就是要突出以江泽民同志为核心的党中央和国务院对审计工作重要指示的宣传，突出审计法规和审计工作五年规划及当年工作任务的宣传，突出国家审计、内部审计、社会审计成果和作用的宣传，突出加强思想政治工作，从严治理审计队伍的宣传。实践证明，这一宗旨，概括了《中国审计报》的党性原则和行业特点，决定了《中国审计报》有着其他类别的报纸不可替代的特殊作用。

积累经验、大胆探索，形成特色　《中国审计报》姓“党”、姓“审”，这两个显著特点是办出报纸特色的基础。在此基础上，围绕报纸特色的形成，报社从四个方面进行了大胆探索，并积累了一些经验。

第一，准确把握行业性和专业性的关系。作为党报对审计战线宣传的一种补充和延伸，以全国数十万审计干部和相关人员为主要读者对象的《中国审计报》不能办成纯业务、纯技术性的专业报，必须按照江泽民总书记多次要求的那样，坚持政治家办报，以政治家的眼光和视角，从讲政治的高度，全面、准确、及时地大力宣传党对审计工作的领导，大力宣传审计战线取得的各项成就，大力宣传广大审计干部和职工崭新的时代风貌。只有这样，《中国审计报》才能对审计工作和审计队伍起到组织、鼓舞、激励、推动的政治作用。

第二，把专业性寓于新闻性之中。报纸之所以又被人称为“新闻纸”，这是因为报纸有别于杂志，更有别于专业教材。报道最新的事实，是报纸的重要功能。同时，宣传审计专业知识也是《中国审计报》的基本任务之一。因此，在选择处理专业性稿件时，我们十分强调把专业性与新闻性结合起来，注重宣传专业领域里的新做法、新技术、新成果。这样，不仅可以有力地指导业务工作，也能让读者有豁然开朗、耳目一新的感觉，增强了宣传效果。

第三，以审计工作为纽带，向经济领域渗透、辐射。行业报要想走出“条条”的小空间，必须运用马克思主义哲学的普遍联系的原理，按照自身的性质、特点、作用，溶入社会生活的大天地。对国有资产的管理、使用和对财政财务收支的真实、合法、效益情况进行监督，是我国审计的基本职能。根据国有资金的流向，审计监督可以涵盖工农商学兵各个方面，这是审计报报道面向社会覆盖的物质基础。因此，从审计工作的基本职能出发，报社在跟踪报道当年审计工作重点、热点的同时，还陆续推出了《企业经纬》、《财经视线》、《内审天地》、《有话直说》等一系列栏目，扩大了报道面和宣传覆盖面，提高了《中国审计报》在社会各界的知名度。

第四，以人为本，最大限度地满足审计战线广大干部职工的精神需求。报纸作为一种精神产品，是办给人看的，必须把读者满意不满意、喜欢不喜欢作为衡量报纸内在质量的主要标准之一。马克思说过，人的本质是各种社会关系的总和。按照这一科学定义分析，行业战线的干部职工不仅仅是行业的人，也是社会的人，他们的喜怒哀乐与整个社会生活有着千丝万缕的联系。因此，歌颂真、善、美，鞭笞假、恶、丑，用正确的舆论引导他们看待社会；用格调高雅的文艺作品反映他们火热的生活，陶冶他们的情操，也是行业报应当追求和具有的特色。

围绕中心，抓好典型，增强宣传效果　一是重点报道了审计署作出的一系列重大部署。从年初的全国审计工作会议到陆续展开的财政、金融、社保、外资、水利、基本建设以及其他专项审计，均做到了精心组织、深入报道，有力地配合了署和各地审计机关中心工作的开展。1999年审计长一号令和关于领导干部经济责任审计的两个《暂行规定》出台后，报社不仅配发了评论员文章，而且选择了相关典型进行配合宣传，加深了读者对新法规意义的了解。对审计长在全国人大常委会上的报告，审计法颁布实施五周年座谈会，审计署领导答记者问，都作了重点报道。

二是大力推广第一线创造出来的业务工作的新鲜经验。业务工作经验的宣传是《中国审计报》的主体内容之一，也是行业报加强业务指导的重要手段。一年来，《中国审计报》基本上保证了每期用四分之一的篇幅（即一个整版）进行典型经验的宣传。对一些具有重大现实指导意义的典型做法，如济南特派办赴青岛工行审计的五点做法、上海特派办尝试年度审计报告制度、云南省加大扶贫资金“上审下”力度等，还分别在一版给予突出报道。年中全国审计工作座谈会后，重点报道了抓大要案的经验和开展经济责任审计的经验。除了对重点审计的经验报道外，还注意发掘常规审计中的一些技巧，开设了《实务一得》小专栏，供基层审计人员参考运用，以扩大他们的视野，启发他们的思路，提高他们的业务技能。

三是遵照邓小平同志关于“两手抓，两手都要硬”的方针，全面反映审计战线思想建设、队伍建设的成就和经验。大力宣传贯彻朱镕基总理关于从严治理审计队伍的指示精神。同时，结合“三讲”教育，推出了山西省审计厅开展“三讲”的经验，海南省审计厅开展树立审计形象的做法，介绍了以四川什邡市审计局长肖伦菊为代表的一批先进模范人物。

四是注意选择反面典型，加大舆论监督力度。陆续披露了东方锅炉（集团）公司原领导成员违法犯罪案件、水利部弄虚作假挪用水利资金案，天津蓟县国税局虚开增值税发票案、浙江天台县始丰溪东段大堤“豆腐渣”工程案、江苏省常州市开发区管委会主任许和平等人贪污受贿案等。为配合审计长1号令的宣传，还精心选择了深圳三家会计师事务所弄虚作假出具虚假验资证明的反面典型，在头版头条位置予以揭露。所有这些报道，在审计系统和社会上都引起了强烈反响。

【审计署计算机技术中心】

领导成员名单

主任：张德山（1998.9－1999.6）

副主任（主持工作）：王智玉（1999.6－）

副主任：李进建（1999.11－）

制定《审计信息化系统建设规划》 按照1998年署领导向国务院领导同志汇报工作时朱总理的指示，计算机技术中心将制定《审计信息化系统建设规划》作为全年的重点工作。中心按照署领导的指示，在借鉴吸收税务总局、海关总署、卫生部等部门开展信息化建设经验的基础上，先后组织审计系统有关人员并邀请国家计委、财政部、信息产业部、税务总局、统计局等各方面的专家进行认真研究论证，于1999年底向国务院报送了《审计信息化系统建设规划》。

审计软件开发、应用取得了初步成效 在署领导的重视和直接指导下，1999年的计算机审计软件开发取得了初步成效。计算机技术中心在署内各业务司、派出局和地方审计机关协助下开发研制和推广应用的软件主要有：

1．1999年工行、建行审计数据汇总软件。该汇总软件由计算机技术中心与署金融司联合开发研制，用于全国3000多个审计机关对1998－1999年度中国工商银行、中国建设银行资产负债损益审计。

2．企业审计信息系统。该系统是根据署领导关于“建立企业审计数据库，使审计机关成为对企业财务状况最有权威的发言人”的思路，由计算机技术中心与署业务司、有关特派员办事处的审计专家共同研制开发的。该系统的审计现场作业子系统为审计人员在现场审计提供了一个作业环境，可以规范和约束审计作业，在审计中能够同时完成对被审计单位资料、审计过程、审计结果的数据采集；它的数据汇总子系统，可将采集的数据进行汇总、分析、查询等，为加强审计管理，科学制定审计计划、确定审计重点（单位、内容）服务。该系统已在6个特派办和江苏省、黑龙江省试用。

3．外资审计项目管理软件。由署外资运用审计司和计算机技术中心共同开发研制。该管理软件是外资审计信息管理系统的组成部分，是《加强政府外资审计能力世界银行赠款项目》的一个分项目。该软件的前期酝酿、规划、调研、需求研讨历时近两年，系统编程于1999年3月开始，至1999年底，试用版基本完成，并对31个省、自治区、直辖市和16个特派员办事处的外资审计人员进行了软件使用培训，开始数据加载，全面推广使用。

4．国务院各部门预算执行审计软件。由计算机技术中心和业务司、派出局部分审计专家组成开发组共同开发研制。国务院各部门预算执行审计是审计署的经常性业务和重点业务，于每年年初开始，3月下旬结束，其结果要向国务院报告，还要代表国务院向全国人大常委会报告，时间紧，任务重，急需运用计算机技术提高审计效率。1999年11月，经署领导同意，计算机技术中心确定开发研制该审计软件，选择合适人员组成开发组，研究了项目需求，作了初步设计，随即进入程序代码编写阶段。

5．农业银行审计软件。由审计署金融审计司、计算机技术中心专为2000年的农业银行审计在通用审计系统的基础上开发。

6. 地税审计软件。由计算机技术中心与徐州市审计事务所共同开发研制。该审计软件按照审计人员手工审计地税的内容、范围和方法，利用计算机对地税业务流程中产生的大量数据进行运算、检索，实现审计目标，即：审查税收计划、法规政策的执行情况，审查税收的征收管理情况，审查计划、会计、统计报表的合规性、真实性，审查税务部门提取分成和手续费的合规性。

该审计软件已在徐州市和海南省地税审计中进行了试用，当地审计部门给予了肯定，在总结不足的基础上作了进一步修改，已具备大范围推广试用的条件。

7. 总预算会计审计软件。由计算机技术中心与黑龙江省审计厅、哈尔滨市审计局于1998年组成联合课题组共同开发研制。该审计软件针对财政部地方预算司下发的《总预算会计管理软件》制作，能自动识别总预算会计管理软件的数据格式，不需要专门的技术人员就可以直接采集财政部门的总预算会计数据。

8. 审计工作常用财经法规检索系统。该系统收入的法规已近1亿汉字，新的版本增加了地方法规模块，各级审计机关、各部门、各单位都可以自行添加规章制度和文件，给基层提供了方便。1999年新增加的内容大约1000万字，已分两次为用户提供了更新版本。

初级培训考试继续进行，中级培训起步 1999年计算机技术中心继续实施了审计署1997年制定的《审计机关计算机应用培训计划》，为实现到2000年底以前80%的审计人员能够熟练使用计算机的目标打下了基础。6月举行了第四次初级知识技能水平考试。各省、自治区、直辖市和各特派员办事处、署机关共有3000多人参加考试。

1999年11月，计算机技术中心与南京特派办一起，在南京审计学院举行了第一期信息化审计骨干培训班，这标志着中级培训开始起步。中级培训目标是使参加培训的人员掌握编程知识和数据库知识，能够在审计现场开发小型辅助审计软件。

结合计算机审计软件的开发和推广试用，计算机技术中心还开展了审计软件使用的培训，培训内容有：审计机关辅助办公系统、审计数据采集分析软件、企业审计信息系统等。

完善计算机局域网络，为加强因特网宣传创造条件 1999年审计机关辅助办公系统继续在署机关局域网络上平稳运行。审计机关辅助办公系统以对文书信息的收集、分发、分类整理和管理电子化，实现对文书信息的动态跟踪管理、提高综合利用率为目的而开发的管理信息系统，能够提供多样方便的查询阅览工具和辅助办公手段，该系统的全面运用，为机关办公提供了一套全新的管理模式。由于该系统实现了与远程通讯网络电子邮件系统的有机结合，在全国推广应用后，可以逐步实现全国审计机关文书收发自动化，信息传递网络化。1999年该系统为加快署机关与各地审计机关、各特派员办事处之间的公文传递发挥了重要作用。

结合解决2000年问题，计算机技术中心对远程站设备进行了升级，建成了审计署第二代电子邮件系统，为地方审计机关与审计署直接使用相互传送的电子文件信息奠定了基础。25个派出审计局成立之后，计算机技术中心为各派出审计局接通了利用公众通讯线路的加密网络，在保证数据安全的前提下，使派出审计局可以阅读署局域网上的文件，可以收发电子邮件。根据中央关于要重视利用因特网进行宣传的指示精神，8月下旬，审计署机关通过部委网采用光纤专线的方式，正式接入因特网，并建立了审计署的主页，为在因特网上宣传审计打下了基础。办公厅信息处等部分办公室、署机关图书室因特网阅览室开通，可以查询中国经济信息网、国内其他网站和因特网的信息资源。

认真进行“三讲”教育，增强为审计服务、为机关服务和联合作战的意识 按照中央的统一布置，计算机技术中心在审计署的统一布置下开展了讲政治、讲学习、讲正气的“三讲”教育，全体党员，特别是处以上党员干部受到了很大的教育，增强了“三讲”的自觉性。在“三讲”的整改阶段，计算机技术中心先以处为单位制定了整改措施，然后全体处长进行了讨论，结合审计署“人、法、技”建设工作要点，制定了计算机技术中心的整改措施，找出了前进的方向，提出要增强为审计服务、为机关报务和联合作战的意识。

1. 树立为审计服务的意识。1999年李金华审计长和其他署领导在不同的场合对计算机审计发表了很多重要意见。计算机技术中心认真学习贯彻署领导的讲话精神，从树立为审计服务的意识方面加强和改进工作。目前开发会计软件的公司有数百个，开发出来的财务会计软件逾千，而目前开发审计软件的公司寥寥无几。

2. 树立为机关服务的意识。作为审计署的直属事业单位，计算机技术中心要围绕署机关工作，努力提供优质及时的服务，牢固树立为署机关服务的意识。首先在软件开发项目的选择上，要急审计人员所急，想审计人员所想。其次围绕署机关工作，努力提供优质及时的服务，1999年计算机技术中心注重进一步改善服务态度，在硬件维护、软件升级方面做了很多工作，受到好评。其三是普及与提高并重，有针对性地开展培训。每次计算机考试之前，中心都为机关参考人员组织考前培训和辅导，署机关的通过率一直高于全国平均水平。其四是维护好局域网，抓好审计机关辅助办公系统的应用，配合办公厅搞好文件的加载，保证网络的畅通，不断完善其功能；为署机关同志浏览因特网提供技术保证。

3. 树立联合作战的意识。1999年计算机技术中心坚决摒弃固步自封的小生产意识，虚心向特派办和地方审计机关的同志学习。南京特派办、郑州特派办和江苏省审计厅、黑龙江省审计厅、四川省审计厅是计算机软件开发应用搞得较好的单位，中心与他们保持了密切的联系，推广应用他们研制的软件，不断与他们一起切磋探讨，学习他们的好经验，不仅促进了审计系统计算机应用水平的提高，也使计算机技术中心的眼界更加开阔，有利于发挥指导协调作用。

【审计署审计科研所】 审计科研所的主要职责是：以实证应用研究为主，兼顾审计理论的创新和发展；从适应国民经济宏观需要出发，研究审计工作的自身提高和为国民经济发展服务的途径；围绕审计署布置的中心工作，特别是财政审计、金融审计、企业审计工作，开展理论与实践相结合的审计研究。

领导成员名单

所长：刘满堂

局级审计员：高天虹

审计理论研究工作 一年来，审计科研所重点组织了6项课题研究，在报刊杂志发表文章20余篇。

“审计监督与抓大案要案关系”的研究 1999年审计工作的中心任务是贯彻落实朱总理“全面审计，突出重点，注意发现大案要案线索”的指示。但对审计机关抓大案要案，审计人员中还有不同的认识，有的认为抓大案要案是纪检监察和司法机关的职责，不是审计机关的任务；有的认为审计机关抓大案要案缺乏手段等等。为了全面准确地理解和贯彻落实总理指示精神，我们认为有必要从理论上阐明审计机关抓大案要案的重要意义。通过研究，提出以下三个观点：

1. 抓大案要案是审计机关审计财政财务收支合法性的必然内容和要求。《审计法》第二条明确规定：审计机关对被审计单位的财政财务收支的真实、合法和效益进行审计监督。合法性是财政财务收支审计的一项重要内容。大案要案不仅是违法违纪行为，而且是严重的违法犯罪行为，是审计合法性必查的内容。因此，抓大案要案是审计机关的重要职责。2. 审计机关抓大案要案应依法进行。首先，要在审计机关审计管辖范围内抓大案要案；第二，要按照审计程序在财政财务收支审计中抓大案要案；第三，对审计发现的大案要案线索要跟踪追查，取得可以移交的证据后，及时移交有关机关处理，而不需把案情全部查清后再移交。这样既可解决审计手段缺乏的问题，也有利于案件的及时侦破。3. 抓大案要案是审计机关在经济体制改革时期的一项长期任务。经济转轨时期的一个突出特点是，旧的计划经济体制还没有完全退出历史舞台，仍在一定程度上起着制约作用，而完善的市场经济体制尚未建立起来，社会政治经济生活处于不规范状态，经济领域中违法乱纪现象比较普遍，大案要案比较突出。因此，抓大案要案是社会主义市场经济体制建立过程中监督工作的重要任务。从国外审计发展的历史情况看，一些经济发达国家在市场经济初期，也都把查错纠弊作为审计的主要任务，直到目前，合规性审计仍然是各国审计的主要内容之一。因此，审计机关审查大案要案绝不是偶然为之，而是经济体制改革时期的一项长期任务。

“深化国有企业审计“的研究 深化国有企业改革，使国有大中型企业走出困境是1999年国家经济工作的中心任务之一。为此，中央四中全会通过了《关于国有企业改革和发展若干重大问题的决定》，对国有企业改革和发展作出了重大战略决策，在这个决定中也对审计监督提出了明确的任务和要求。审计机关怎样贯彻四中全会精神，为国有企业改革和脱困发挥作用，经过研究，大家提出以下三个观点：

1. 在社会主义市场经济条件下国有企业审计工作仍须加强。这主要是由国有企业的性质和特点决定的。第一，国有企业是全体劳动人民的企业，由政府代表全体劳动人民管理企业，政府有责任管好国有企业。因此，政府有权对国有企业进行监督。第二，在社会主义市场经济体制下，搞好国有企业需要具备三个条件：国家正确的宏观调控政策、企业内部的激励和制约机制、强有力的外部监督。由于国有企业所有者“缺位”，企业内部的激励和制约机制作用受到制约，因此，外部监督就愈加重要。第三，国家审计机关相对独立和“超脱”的地位，决定了审计监督比其他部门的监督更有效。2. 国有企业审计的任务是监督其严格执行国家财经法纪，依法经营。在社会主义市场经济体制下，国有企业实行现代企业制度，自主经营，自负盈亏，国家不干预企业经营自主权。因此，国家审计机关对国有企业审计的主要任务就是监督其是否遵守国家财经法纪，依法经营，包括财会信息的真实性。3. 当前国有企业审计应以任期经济责任审计为主要任务。一是国有企业经营管理的实践证明，国有企业能不能搞活关键在于企业的主要领导人。对国有企业主要领导人实行任期经济责任审计，不仅是反腐倡廉的需要，更重要的是抓住了管好国有企业的关键环节。二是国有企业任期经济责任审计的范围、内容比企业财务收支审计更宽，要求更高，可以覆盖企业财务审计；三是把经常性审计方法运用到经济任期审计中去，可以解决经济责任审计任务急、时间紧的矛盾。

“1000亿元国债审计”的研究 全国人大十次会议在批准1998年中央决算的决议中提出，审计署要对1998年增发的1000

亿元国债的预算执行情况进行专项审计，经过研究，审计署科研所提出以下几点建议：

1. 明确审计目标，加强组织协调。应该与国债资金计划、分配、使用等相关部门建立密切的协调关系，与国家计委、财政部及使用国债资金相对较多的专业部门和地方政府，取得工作的配合，实现审计全过程的协调和控制，保证按时高质量完成审计任务。2. 以国债专项资金投资计划为起点，以国债专项拨付和配套资金到位情况为主线，检查国债专项资金的总体情况。3. 国债专项资金审计的建议：一是要按时提交审计报告，二是要全面反映国债专项资金使用的真实情况；三是要充分揭露国债专项资金使用中存在的重大问题；四是要有针对性提出建设性建议。

“县级财政审计”的研究 县级财政审计是国家财政审计的基础；但由于对县级财政审计重要性认识不足，审计执法环境不够理想等原因，县级财政审计监督作用在相当多的县、市还没有充分发挥出来。经过研究，我们提出：

1. 要做好县级财政审计工作，审计机关必须处理好与本级人大常委会、本级政府、本级政府财政部门和上级审计机关的关系，要协调好审计机关各职能部门的关系，统一工作计划，统一力量调度，统一操作标准，统一处理意见。2. 县级财政审计的主要方式方法是：预算执行情况审计与其他专业审计协同作战，就地审计与延伸或跟踪审计相结合，从账户入手下审一级，预算内资金审计与预算外资金审计相结合，县级预算执行情况审计与乡镇财政决算审计同步开展等。3. 要深化县级财政审计，首先必须端正县级财政审计的指导思想，各级审计机关领导必须从宏观的、战略的高度来认识县级财政审计；要营造和改善县级财政审计的外部环境，要争取政府、人大和社会各界对财政审计的重视和支持；要强化对财税等部门内部控制制度的审计，充分发挥审计的建设性作用；要建立乡镇财政审计新模式，可与乡镇党政领导干部任期经济责任审计结合起来进行；审计机关要以人为本，提高审计人员素质，改进并规范财政审计工作，确保财政审计工作质量。

“中法财政审计比较”的研究

通过对中法两国的政治经济制度、财政制度、审计制度、财政审计制度等几个方面的比较，对两国财政审计制度存在的异同及产生的原因进行分析，我们认为：

1. 国家审计机关地位的提高、权限的扩展，是发挥国家审计作用的关键。应当借鉴法国的作法，提高审计机关的地位，同时赋予审计机关一定的强制执行处罚权。2. 财政管理制度的规范化改革，是深化财政审计的前提。中法两国比较反映出，中国的财政制度主要存在着预算约束软化、预算科目划分不科学、财政监督不完善等问题。变革之中的财政制度对审计的要求更为迫切，要求也更高。一方面要求审计部门检查财政规章制度的执行情况，另一方面审计部门要能够对财政制度改革提出一些有益的建议。所以，审计人员需学习、了解财政改革的内容，努力探索与之相应的审计方法。3. 对优化我国财政审计制度的几点设想：(1) 审计重点应放在对财政支出的审计方面；(2) 应树立合法与效益并重的审计观念；(3) 审计报告体系应当予以改进。

“审计与财政监督的关系”的研究 在当前我国经济监督体系逐步建立和完善的过程中，在科学认识各种监督的性质和职能的基础上，合理划分各类监督的范围、减少趋同现象，是发挥各类监督的合力、完善我国的经济监督体系的一个契机。经过研究，并分析法国、意大利、西班牙等国的先进经验，我们提出以下观点：

1. 要理顺审计监督与经济管理部门业务监督的关系，首先应坚持审计监督的最高权威原则、监督成果的适当利用原则、审计监督的独立性原则。2. 要促进国家审计机关地位，从体制上体现各类监督的层次性。3. 要注重法制建设，努力解决法规之间不协调的问题。各项经济法规是进行监督的依据，各部门的监督权限也是通过法律法规的形式予以确定的，这就要求在法制建设的过程中要认真研究和掌握各项政策法规的客观功能及相关法规之间的配合和衔接。既要考虑到本系统内部法规的相互对应，也要处理好与外部法规的协调性，使全社会经济工作建立在相互配合、上下统一的基础上。目前，首先应整理现有法规，及时修改完善，着重处理法规之间相互冲突、“以法压法”的现象；其次，应提高立法质量，增强法规政策的可操作性。4. 各经济管理部门应建立起检查、管理一体化的日常监督机制，真正做到检查的防患于未然。5. 审计监督与各经济管理部门业务监督应优势互补，建立信息沟通制度，各级政府应设立或指定专门机构对全社会经济监督进行协调。但不论采取何种形式，都应坚持审计监督的最高权威和最高处罚权。

参加“人法技”建设，完成署交办的任务 1999年，审计科研所还派出多个人次，积极参加审计署的“人法技”建设工作，完成署交办的任务。1. 经署同意，向“中国政府审计准则国际咨询专家组”派出一名咨询专家，并对构建审计准则提出咨询意见。2. 参加中澳项目，撰写了《中国国有企业审计》、《分析性复核方法运用》英文介绍；编写了《财务审计操作指南》的“会计报表”、“应收账款”和“货币资金审计”三个章节。3. 参加专门技术小组的工作，编写了《审计证据和审计工作底稿编制技术与方法》、《内部控制测评技术与方法》等。4. 研究并起草了“审计意见书格式与内容调整”的意见，拟作为企业审计意见书的规范格式。5. 参加《审计系统信息化建设五年规划》的起草工作。6. 对“宏观审计”问题进行研究并提出了研究报告。7. 配合外事司完成了《日本审计制度》课题研究和最高审计机关国际组织关于修改“内部控制指导原则”的问卷调查。8. 参加《中国审计行政管理》一书的研究工作。9. 对解放军审计署编写的《军队企业财务审计》书稿提出修改意见。10. 参与内审学会国际内部审计师资格考试的主要参考用书——《内部控制原理与技术》的审定工作。11. 参加中国审计学会换届筹备工作。

加强审计理论宣传，为审计实践服务　审计科研所主办的《中国审计信息与方法》月刊是转化审计科研成果，为审计实践服务的一个重要窗口。1999 年发行 12 期，刊登科研文章 36 篇，审计技术与方法文章 196 篇，审计案例 26 例，审计信息 150 余条。这些文章绝大部分来自第一线审计人员的实际工作经验，针对性、实用性强，深受第一线审计人员的欢迎，这也是本刊的特色。同时，来自审计、会计、财政财务等经济领域中的大量信息，也给理论研究提供了素材和营养。为了推动审计理论研究，科研所组织了第三届全国优秀审计科研论文评选活动。此次评选共有 29 个审计科研部门（包括南京审计学院和军队审计科研机构）的 90 篇论文参选，38 篇论文获奖，其中，一等奖 3 篇，二等奖 8 篇，三等奖 27 篇。收到了较好的效果。

努力探索审计理论研究工作的新路子　审计机关成立十几年来，在审计理论研究方面做了大量工作，对推进审计事业发展发挥了重要作用，但当前审计理论研究工作同审计工作发展的要求相比还很不适应。主要表现在把已有的经验上升到规律性上去认识和把握，从理论上高度概括做得不够；对审计工作发展趋势缺少全局性、战略性和前瞻性的研究；科研管理工作也需要改进和加强。针对这些情况，经过调查研究，科研所提出了改进和加强审计理论研究工作的基本思路：1. 审计理论研究以马列主义、毛泽东思想和邓小平理论为指导，坚持解放思想，实事求是的思想路线和理论联系实际的学风，从社会主义初级阶段的实际出发，从审计工作的实际出发，本着审计为社会主义现代化建设服务这个根本宗旨，遵循规律，大胆探索。2. 审计理论研究的宗旨就是为审计实践服务，理论指导实践主要应体现在以下三个方面：第一，为建立和完善与社会主义市场经济体制相适应的审计制度，提供理论依据；第二，为审计工作方针、政策、计划和重点的确定，提供理论依据；第三，为审计人员提供技术与方法支持（包括审计促进加强宏观调控的方法）。3. 审计理论研究工作必须紧紧围绕审计工作中心开展，解决审计实践中遇到的亟待解决的理论与技术方法问题，为当前的审计工作服务；审计理论研究必须具有前瞻性，指引审计工作发展方向，为审计工作长远发展服务。4. 审计理论研究工作的核心任务，就是总结历史经验，借鉴他人经验，根据现实情况创造新思维。为此，要研究我国悠久的审计发展史，总结经验，探索规律；要借鉴其他国家一切有益的经验，为我所用；要研究我国国情，在此基础上创造适合我国实际的审计理论。5. 理论指导实践，理论又必须在实践中检验和修正，并从实践中获取营养和动力。理论与实践的辩证关系，决定了审计理论研究必须同审计实践相结合、科研人员必须同审计业务和审计管理人员相结合。6. 做好审计理论研究工作需要有能够胜任的科研队伍。审计理论研究的性质和任务决定，科研人员应是具有研究能力和审计实践经验的“两栖”人材，具有较好的理论素质、较强的研究能力、较丰富的审计实践经验，熟练掌握一门以上外国语，具有对外交流研讨能力。为此，要根据事业单位人事制度改革的要求，创造有利于保持科研机构活力的科学的用人制度，加强对科研人员的理论与审计业务素质的培养。7. 建立有利于创造优秀科研成果的管理机制。应创造条件给予科研人员以较优的工作和生活待遇；引入竞争机制，实行课题招标，将科研课题同科研经费挂钩，调动研究人员的积极性；鼓励和支持审计业务人员参加审计理论研究，以提高审计队伍的整体理论素质；建立科学的研究成果鉴定制度，以保障科研成果的质量；建立科研成果推广应用制度，使之尽快转化到审计实践中去。

【地方审计科研工作简介】

北京市审计局科研所　北京市审计局科研所设有教研室、编辑部和办公室。1999 年围绕审计署《1999 年至 2003 年审计工作发展纲要》关于人、法、技建设的目标和要求以及北京市审计学会、北京市审计局工作计划开展科研工作，进行了舞弊审计的技术与方法、党政领导干部任期经济责任审计等课题研究。其中《舞弊审计的技术与方法》是承接审计署的科研任务。1999 年度完成了该课题的大纲、第一稿、第二稿和课题写作范例的撰写，并提交审计署专家会议论证，得到肯定。根据北京市审计局工作计划开展《党政领导干部任期经济责任审计》科研课题研究。确定课题研究重点是“党政领导干部任期经济责任审计存在的问题及其对策”。此课题已拟定大纲，研究工作正按大纲实施。《北京地区审计机关行政效率考核初探》获全国审计科研优秀论文三等奖。

天津市审计科研培训中心　天津市的审计科研工作，由天津市审计科研培训中心负责，该中心下设研究室开展日常的审计科

研。

该中心1999年主要开展了以下几项审计科研工作。

1.“环境审计”课题。该课题是1998年底被天津市科委确定为天津市科技发展计划项目的软科学研究项目，于1999年11月完成，形成《天津市环境审计发展对策研究》的课题研究报告，并通过由有关专家组成的课题评审委员会的鉴定。

2.“政府绩效审计”课题。经过研讨，形成《政府绩效审计研究综述》，在《审计理论与实践》杂志公开发表。

3.《试谈审计目标的重要性》，在《中国审计信息与方法》上发表。

4.《国家审计为国企改革服务的若干思考》，在《审计理论与实践》发表。

5.《试论审计执法中的审计风险问题》，获天津市审计局普法论文竞赛一等奖。

内蒙古自治区审计科研培训中心 前身为自治区审计厅科研培训处。该中心成立于1993年4月，内设科研科、干训科、电大科、《内蒙古审计》编辑部、办公室五个科室。专司审计科学研究、干部培训、宣传教育之职。行政定编20人，实际到编16人。现有高级专业技术人员2名，中级专业技术人员11名。其中，科研科配备高级审计师1人，助理审计师1人。中心成立以来紧紧围绕审计工作重点，以专门研究与业余研究相结合为基本办法，广泛发动群众，开展审计理论与实践研究，成果明显。1999年，完成审计署科研所布置的和自定的科研任务共5项。其中，由吴金亮同志主稿研究的《从管理的视角看国有企业亏损的成因及对策》获审计署1999年度优秀论文评选三等奖。在此同时，该中心还组办了全区第三届优秀审计科研成果评奖活动和县级以下党政领导干部任期经济责任审计研讨会，得到了审计署有关司局和地方党政领导的重视、支持与好评。

辽宁省审计科研所 辽宁省审计科研所下设研究室、编辑部、情报资料室、发行部、办公室。1999年辽宁审计科研所共开展了四个课题的研讨与交流：审计执法环境研究、领导干部任期经济责任审计研究、社会保障资金审计研究、审计报告制度研究。省审计科研所撰写的《审计环境论》获全国优秀审计论文评选一等奖，铁岭市审计局完成的《关于国家审计报告制度的初步探讨》获全国优秀审计论文评选三等奖。

1999年，辽宁省审计科研所组织编写了《审计改革与发展》一书，该书收集了1994～1998年辽宁省审计学会评选出的部分获奖或公开发表的论文，全书约60万字。

黑龙江省审计科学研究所 黑龙江省审计科研所现有人员10名，下设两个科室：科研科、情报资料科。

1999年，通过开展课题攻关、课题协作和学术交流，圆满地完成了年初确定的工作目标，取得了较好的成果。与省内有关市、地组成3个课题组，撰写了《县级财政预算执行审计研究》、《股份制企业审计研究》、《审计环境研究》3篇论文。其中《县级财政预算执行审计研究》课题，参加了审计署科研所召开的县级财政审计研究专题理论研讨会，受到与会同志的好评。同时，积极参与全国和省有关专题论文评选活动，其中由省研究所同志参与撰写的《从红塔集团看审计风险》一文获全国优秀审计科研成果三等奖。

在1996年首批聘任57名审计特约理论研究员的基础上，1999年又发展了第二批审计理论研究员。据不完全统计，全省审计特约理论研究员，三年共撰写各种题材的理论文章200余篇，在审计理论研究工作中发挥了积极的作用。

积极开展审计学会工作，取得了好的成绩。在省社科联召开的“双先”表彰会上，黑龙江省审计学会再次被评为全省的标兵学会，保持了多年取得的荣誉。

上海市审计科研所 上海市审计科研所下设科研室、资料室、《上海审计》编辑室，市审计学会秘书处挂靠科研所。1999年，科研所开展了《制度基础审计测试与评价》和《试论资本结构审计》两个重点课题的研究。前者对制度基础审计的概念、原则、要素、目标、方法、基本程序和主要内容等方面进行了研究。后者就资本结构审计的涵义、特征、内容、方法和审计主体等问题进行了探讨，有助于促进现代企业制度和企业发展战略的研究。1999年6月，上海市审计科研所上年完成的两篇重点论文《国有控股公司审计研究》和《经济责任审计研究》均获上海市审计学会优秀审计论文奖，其中《国有控股公司审计研究》经审计署科研所组织的第三届全国优秀审计论文评选，于1999年末获一等奖。为遵循审计科研服务于审计实践的宗旨，将科研成果推广应用于审计实践。1999年3、4月间，在1996年科研课题《审计规范研究》的基础上，组织编写了教材《内部审计基础管理与作业指导》，并以此为教材对上海地区近2000名内审干部进行了培训，促进了上海内部审计的规范化建设。

江苏省审计科研所 1999年，仍实行学会、科研和行政三位一体的组织形式，克服人手少、时间紧、任务重等困难，突出重点，针对审计工作中亟待解决的问题积极开展审计科研工作，如县级财政审计、股份制企业审计等问题，特别是针对中办、国办关于经济责任审计的两个暂行规定对经济责任审计问题进行了重点研究，取得了较好的效果。

为了开好领导干部经济责任审计研讨会，审计科研所事先作了大量的准备工作，起草了江苏省领导干部任期经济责任审计研讨会讨论参考题，请与会者结合参考题事先准备发言提纲。参加研讨会的人员除论文作者外还有一部分直接参与经济责任审计工作的同志，并邀请特约审计员、审计学会顾问及省厅各处室主要负责同志参加研讨。在研讨中，紧紧围绕主题逐题讨论，发言热烈，畅所欲言。省审计厅、省审计学会的领导和顾问自始至终参加了研讨，并发表了自己的观点。通过研讨，取得了初步研讨成果，对主要问题取得了共识。研讨问题来自审计实践，大家集思广益对一些问题发表不同的观点，相互得到启示，又有益于提高江苏省任期经济责任审计工作水平。这次研讨会的召开，标志着江苏省审计科研工作水平又上了一个新台阶。

1999年还开展1996～1998年度全省优秀审计论文评选活动，由专家学者、部分学会常务理事和部分市学会工作者组成评委会，经过认真阅读审评，采取无记名投票方式，经过三轮筛选，从各地选报的30篇审计论文中评出一等奖2篇、二等奖3篇、三等奖5篇。

另外还积极参加省社科联及审计署科研所举办的优秀审计论文评选活动。组织部分优秀审计论文先后参加了江苏省社会科学联合会及审计署科研所举办的论文评奖活动。江苏省审计厅余效明厅长和常州市审计局曹慧明副局长合写的《中美审计比较研究》一文先后获江苏省社会科学优秀成果三等奖和全国优秀审计论文三等奖。

浙江省审计科研所　浙江省审计科研所主要承担审计基础理论与审计实务研究，《浙江审计》的编辑出版发行及省审计学会秘书处的日常工作等。至1999年底，全所共有14人，其中具有高级专业技术职称1人，具有中级专业技术职称5人。

1999年，浙江省审计科研所共承担并完成了全国和省社联及省厅的审计科研课题22项，主要包括："县级财政审计研究"、"1000亿国债在浙江部分的使用情况审计之实证研究"、"股份制企业审计研究"三项全国审计科研协作课题和"对国债资金使用效益审计的几点思考"、"国债资金审计应把握的三个环节"、"国有资产保值增值若干问题的思考"、"商业汇票风险及其披露的探讨"、"领导干部经济责任审计研究"、"论上市公司资产重组"等课题，分别在《审计研究》、《中国审计信息与方法》、《浙江社会科学》、《南京经济学院学报》、《浙江审计》等省级以上刊物发表。

1998年完成的审计署科研所组织的"论财政同级审和上审下相结合"协作课题，在第三届全国优秀审计科研论文评选中获一等奖。

安徽省审计科研所　安徽省审计科学研究所成立于1986年6月。主要从事审计理论研究和《安徽审计》月刊的编辑出版工作。内设科研室、编辑室、办公室。现有人数19人，其中，高级职称1人，中级职称11人。

1999年，安徽省审计科研所围绕全省审计工作中心，组织开展了大农业审计研究，并取得了阶段性的研究成果。研究论文《大农业审计问题研究》在《安徽审计》1999年第3、4期刊登，并获两年一度的全省优秀审计科研论文评选一等奖，全国优秀审计科研论文评选鼓励奖。此外，研究成果《大农业审计的内涵及其特点》、《对乡镇审计机构的调查与思考》分别被1999年3月24日和5月12日《中国审计报》刊登。根据安徽省人大常委会要求组织编写的《审计法规知识》一书，已由安徽人民出版社正式出版发行。《审计法规知识》全书约22万字，共分为3个部分，即上篇：基础知识，下篇：法律法规，附录：参考资料。

福建省审计科研所　1984年福建省审计局设立福建省审计科研培训中心，1987年分设为福建省审计科研所和福建省审计干部培训中心两个直属事业单位。福建省审计科研所定编15人，其中具有高级技术职称2人、中级技术职称9人。科研所主要承担组织、指导、协调、监督、管理全省各级审计机关科研工作。所内设科研科、出版科和综合科。

1999年围绕新形势下经济工作中心和审计工作重点，积极开展审计理论研究，着重进行了"审计环境"、"企业财务收支真实性审计"、"企业集团审计"、"财政资金效益审计评价"、"领导干部经济责任审计"等专题研究。在企业审计方面，研究提出了推进和完善企业真实性审计的措施和新形势下如何开展集团企业审计的思路；对财政资金效益审计评价标准的特征和内容的研究有了新突破；对经济责任审计工作规范和审计评价标准问题也提出了新观点。其中研究论文《企业集团审计》获全国优秀审计论文三等奖。

江西省审计科研所　江西省审计科学研究所，成立于1985年4月，业务主管为江西省审计厅。科研所内部机构、人员为适应工作的需要，几经变动，现有"三部一室"，即科研管理部、学会工作部、咨询服务部和办公室。现有人员中：副研究员1人，审计师2人，助理审计师1人。

重要科研成果及获奖情况：

1999年科研所开展了《1000亿国债资金使用审计研究》、《国有企业改革与审计监督的思考》、《县级财政"同级审"研究》三个重点课题的研究。其中《国有企业改革与审计监督》获审计署全国优秀审计论文三等奖。《1000亿国债资金使用审计研究》、《县级财政"同级审"研究》分别获江西省优秀审计论文二、三等奖。

组织召开了全省优秀审计论文评审会。评出《国有企业改革与审计监督》等3篇为一等奖；

《加强审计监督，服务经济工作大局》等6篇为二等奖；《关于建立健全国有企业审计责任制度的思考》等12篇为三等奖。

山东省审计科研所 山东省审计科研所下设科研室、情报室（《审计文摘》编辑部）、办公室。1999年度组织全省各级审计机关、科研单位共完成省级重点科研课题38项，经山东省审计科研成果奖评选委员会评选，评出优秀成果奖30项，其中一等奖4项，二等奖7项，三等奖19项。省审计科研所承担并完成科研成果4项，其中《领导干部任期经济责任审计研究》和《关于股份制企业审计研究》获山东省审计科研成果奖一等奖，《社会保障资金审计研究》和《对审计机关发现、揭露大案要案的理性思考》获山东省审计科研成果二等奖。省审计科研所课题组撰写的《环境审计研究》获第三届全国优秀审计科研论文二等奖。

此外，组织了山东省优秀审计论文评选活动，参评论文60篇，评出山东省优秀审计论文41篇，其中一等奖2篇，二等奖13篇，三等奖26篇。编辑出版了《审计文摘》6期，摘文350余篇，计40余万字，发行量达1万余份。组织编印《山东审计研究资料》、《领导干部任期经济责任审计资料汇编》，共约80万字。

河南省审计科学研究所 河南省审计科学研究所于1984年7月成立，全所设审计科研一、二、三室、情报室、办公室、咨询室。全额事业编制32人，现有在职人员33人，其中高级审计师12名，审计师11名。

河南省审计科学研究所在审计科研工作中坚持应用理论研究与基础理论研究相结合，重点突出超前的应用理论研究的原则，树立为经济体制改革服务，为领导决策服务，为审计实践服务的思想，1999年圆满完成6项审计科研课题，且全部获省级及其以上科研奖项。

1.《开展环境审计与我国可持续发展战略关系研究》一题获河南省社科联优秀科研课题一等奖，在《湖北审计》1999年第12期发表；2.《企业真实性审计实施办法》一题获审计署优秀审计科研课题三等奖，在《山东审计》1999年第8期发表。3.《社会保障基金审计研究》一题获河南省社科联、河南省审计厅优秀课题二等奖，在《中国审计信息与方法》1999年第12期发表；4.《扶贫资金审计研究》一题获河南省社科联优秀课题二等奖，在《中州审计》1999年第8期发表；5.《审计环境研究》一题获河南省审计厅优秀课题二等奖；6.《股份制企业真实性审计研究》一题获河南省审计厅优秀课题三等奖，在《中州审计》2000年第2期发表。

湖南省审计科研培训所 建立于1985年初，科研任务由该所下设的科研室承担，主要是完成审计署科研所下达的科研任务和为适应本省审计事业发展所进行的课题项目研究。现有专职研究人员两名，并组织形成了一个由市、县审计业务骨干参加的科研人员网络。1999年该所开展的科研课题主要有：一是经济责任审计研究；二是县级财政审计研究。在完成好本省的科研课题的同时，还参加了审计署组织的1000亿国债课题的研究。均取得了一定的研究成果，有效地推动了审计工作的开展。

湖南涟源市审计局的《关于经济责任审计的若干思考》一文荣获全国审计科研优秀论文三等奖。

广东省审计科研所 1999年度，广东省审计科研所与中国审计学会，共同组织全省各级审计机关和审计学会，开展了对《企业集团审计》、《境外企业审计》、《社保基金审计》等课题的研究，已有《企业集团若干问题研究》、《关于企业集团审计几个相关问题探讨》等5篇论文在省以上刊物上发表。1999年度有2篇论文在审计署科研所和广东省新闻出版局组织的优秀论文评选中，获3等奖。

广西壮族自治区审计厅科研所 广西壮族自治区审计厅科学研究所下设科研部、编辑部和综合部，其职责分别负责审计理论研究；《广西审计》的出版、发行、广告发布和《中国审计》等书刊发行代理；所内公关、文秘、学会秘书处日常工作。科研所编制为12人，现有6人。

1999年组织全区审计系统干部开展审计科学研究，共完成17项审计研究成果，其中向广西社科联推荐8项，分别为：《浅谈粮食风险基金补贴的审计方法》、《股份制企业国有资产流失原因及对策》、《国有企业税外负担究竟有多重》、《企业财务收支真实性审计的思考》、《注册会计师如何用笔记本电脑辅助审计》、《大审计战略》、《论市场经济体制下新型审计监督机制的构建》、《浅谈职工失业保险基金和退休养老保险基金的审计监督》。其中，获二等奖和三等奖各一项，分别为罗昭祥的《大审计战略》和周华楣的《论社会主义市场经济体制下新型审计监督机制的构建》。除此之外，还推荐了3项成果参加了全国优秀审计论文的评选。《股份经济实体审计理论与实践若干问题研究》，全文约5万字，现仍在研究修改中。

重庆市审计科学研究培训中心 到1999年底，重庆市审计局审计科学研究培训中心共有人员20人，其中：大专以上学历17人，获得中级以上专业技术资格9人。

1999年，重庆市审计局审计科学研究培训中心紧密围绕“维护经济秩序，加强审计监督”这个主题，有计划、有重点地开展科研工作。先后开展了水利工程建设审计、财政审计、审计环境等专题研究，并结合审计工作实践，按照研究计划和安排，对课题进行多次论证，保质保量地完成了任务。1999年科研成果中，《经济效益规范化审计》一文获全国优秀审计科研论文评审二等奖，《我国现代大企业集团内部审计制度探讨》一文获全国优秀审计科研论文评审三等奖。

四川省审计科学研究所　四川省审计科研所是四川省审计厅直属事业单位，由四川省科委全额预算拨款。所长、副所长各1人。下设办公室、《现代审计》编辑部、科研情报科和学会科。1999年在册人员20人，其中高级审计师1人，中级职称4人，高级技工2人。年末固定资产114万元。

1999年完成科研课题5项，包括《股份制企业的审计环境、目标及特殊事项审计研究》、《企业集团审计研究》、《国有商业银行信贷资产真实合法性及其质量和效益审计研究》、《社会保障资金审计的意义、内容和方法》、《深化乡镇财政审计研究》。以上课题研究报告公开发表于《现代审计》1999年增刊。

陕西省审计科研所　陕西省审计研究所1984年6月成立，定编20人，现有12人。1999年由李群任组长，郭旭东执笔完成全国重点审计科研课题《1000亿国债使用研究》（论国债审计），在《中国审计信息与方法》总字第70期摘要刊载，陕西省人大期刊《民意》转载。同年12月被评为全国审计科研优秀论文三等奖。

完成的《论效益审计》课题，在《中国审计研究资料》新字第92期刊载。

甘肃省审计科研培训中心　甘肃省审计科研培训中心系甘肃省审计厅直属事业单位。内设科研科、培训科、学会科、《甘肃审计》编辑部、办公室等五个科室。现编制35人。

该中心主要承担下列任务：1.组织和指导全省审计科研工作，并独立承担审计科研课题；收集审计工作情报资料，交流推广审计工作新理论、新技术方法。2.组织实施审计干部业务培训工作。3.编辑发行《甘肃审计》、《审计信息文摘》，宣传审计工作成绩，交流审计工作经验，传播审计工作知识。4.依照编制职责，承办审计学会日常工作。

1999年科研培训中心主要完成下列科研课题：

1.《试论会计资料承诺制》，获全国第三届优秀审计科研论文二等奖、甘肃省第三届优秀审计科研论文一等奖；2.《浅谈真实性审计与经济效益审计的关系》获甘肃省第三届优秀审计科研论文二等奖；3.《知识经济对财务审计的挑战》获甘肃省第三届优秀审计科研论文三等奖；4.《适应知识经济发展潮流》；5.《浅谈股份制企业真实性审计》。

青海省审计科研培训所　青海省审计科研培训所为青海省审计厅直接领导和管理的事业单位，承担审计科研、审计干部培训、《青海审计》和《审计文摘与信息》资料的编辑和发行、省学会秘书处日常事务等工作，现有人员15人。

1999年完成的主要工作成果有：撰写了《经济效益审计浅析》、《充分利用审计成果全面履行审计职责》、《浅谈依法审计》、《国债审计研究》等科研论文。在1999年全国审计科研优秀论文评选中，《严格执行审计规范加强审计项目计划管理》获优秀论文三等奖。组织召开一次全省审计理论研讨会，收到论文62篇。研讨会分别对全面审计、突出重点、注意发现大案要案线索，审计揭露、披露与处理的关系，审计如何在西部大开发中发挥应有的作用，如何规避审计风险等四个专题进行了研究讨论。另外，举办了金融审计、县（区）审计局长和计算机应用技术等五期培训班。

宁夏回族自治区审计科研培训中心　宁夏回族自治区审计科研培训中心，建于1984年7月，由科研科、培训科、信息科、《宁夏审计》编辑部及宁夏审计学会秘书处等组成。截止到1999年底，有工作人员14人，其中高级技术职称2人，中级技术职称7人。

1999年，依靠全区各级审计机关的力量，围绕审计事业发展与审计实践中的一些重点、难点、热点问题，开展审计科研活动。一是对审计署下达的科研课题进行研究，提交了《关于财政审计中几个关系的思考》的论文。二是对“领导干部离任审计”、“财政预算执行情况审计”、“金融审计及金融风险的防范与化解”等自治区重点科研课题进行研究，提交了论文；同时组织进行了群众性的科研活动，完成审计论文、经验总结、工作研究、技术方法探讨及调查报告等200余篇；5月份组织召开了全区领导干部离任审计专题研讨会，并形成观点综述。上述科研成果，大部分已在《宁夏审计》和其他相关刊物上发表。

新疆维吾尔自治区审计科研所　新疆维吾尔自治区审计科研所设科研、《新疆审计》编辑部、图书资料、自治区审计学会秘书处等职能岗位。1999年自治区审计科研所完成的课题有：①加快投资体制改革，完善建设项目监督制度；②领导干部任期经济责任审计研究；③《企业审计：认识问题与工作问题》。其中，《企业审计：认识问题与工作问题》课题成果获1999年审计署科研所举办的全国优秀审计科研论文三等奖。

军队审计科研所　军队审计科研所设在军事经济学院财务二系，在解放军审计署和军事经济学院领导下开展工作。1999年军队审计科研工作遵循应用理论研究与基础理论研究相结合，重点突出应用理论研究的原则，坚持为军事经济改革服务、为领导决策服务、为审计实践服务的宗旨，完成了军队资金管理审计、军队领导干部经济责任审计、军队基本建设审计、联勤体制下的军队审计、环境审计等重点审计科研课题，为完善军队审计监督制度，推动全军审计事业发展做出了积极贡献。1999年获全军优秀审计科研论文三等奖以上的奖励20多项，其中，“对建立军队资金管理审计制度的实践和研究”获全国优秀审计科研论文三等奖，“对新形势下军队审计若干现实问题的认识与思考”、“军队基本建设审计发展趋势”获全军优秀审计科研论文一等奖，“我国开展环境审计的理论探讨”、“论联勤体制下战区审计工作需要解决的几个问题”、“量化细化领导干部经济责任审计评价标准”获全军优秀审计科研论文二等奖。

【中国审计学会】 中国审计学会（China Audit Society，简写CAS），是由全国省级（含计划单列市）审计学会、全国性的行业审计学会、从事审计研究的大专院校和科研机构、社会审计组织和内部审计机构、审计界及相关领域的知名人士自愿参加的全国性的研究审计科学的学术性团体，是非营利性社会组织。1984年12月17日成立于北京。中国审计学会的宗旨是以马克思主义、毛泽东思想和邓小平理论为指导思想，遵守宪法、法律、法规和国家政策，遵守社会道德风尚，坚持解放思想、实事求是和理论联系实际的学风，贯彻百家争鸣、百花齐放的方针，组织和开展审计学术研究活动，促进我国审计事业的发展。中国审计学会的业务范围包括：1. 组织和开展审计学术研究活动，探讨审计发展的客观规律；2. 举办审计及相关领域的专题研讨班，培养审计人员，提高专业素质；3. 宣传国家审计及其他财经法规和政策，组织编写、出版审计书刊，普及审计知识，促进提高审计理论与业务水平；4. 研究介绍外国先进审计经验，开展国际学术交流。中国审计学会接受审计署和民政部的业务指导和监督管理，中国审计学会会址设在北京。第一、二、三届会长均为于明涛，第四届会长为吕培俭。本会的最高权力机构是会员代表大会。理事会是会员代表大会的执行机构，常务理事会下设秘书处，负责处理学会的日常事务。

《审计研究》杂志是由中国审计学会主办、面向全国审计工作者的审计学术性刊物，其理论研究与实务研究并重，内容涉及国家审计、民间审计和内部审计领域，因而被国内众多科研机构、大专院校指定为评定职称的首选期刊，是审计理论工作者与实务工作者的重要参考资料。《审计研究》杂志设立博士论坛、理论探索、实务研究、国外审计、来稿摘登、学术动态等栏目。此外，还根据情况开辟其他论坛性栏目。

《审计研究》杂志为双月刊，16开本，每期64页。国内外公开发行。主编王国志，副主编刘力云。

1999年，在审计署党组的领导下，经过各位理事和全国审计学者、专家与审计工作人员的共同努力，中国审计学会的工作以马克思列宁主义、毛泽东思想和邓小平理论为指导思想，以审计学术研究为中心，遵照《中国审计学会章程》，不断开拓前进，取得了很大成绩。

1. 开展审计学术研究。1999年，中国审计学会围绕党和国家经济建设中心，依据审计署的工作重点，结合国内外审计理论与实践的发展，确定了三项重点研究课题进行深入研究。（1）继续深入研究环境审计。研究的重点是环境审计的技术和方法方面，解决如何开展环境审计的问题；（2）审计环境研究。该课题由河南、陕西、内蒙古三省审计学会牵头，重点研究审计环境的概念和内容、审计环境在审计理论中的地位和作用以及审计环境对审计实践的影响，包括审计目标、重点、内容、方式、方法等各个方面；（3）集团企业审计研究。该课题由上海、吉林、广东三省审计学会牵头，重点研究了集团企业审计与一般企业审计相比的特殊性、难点以及如何搞好集团企业审计等几个方面的问题。上述三项课题的研究成果已经部分地在1999年《审计研究》和《审计研究资料》两杂志上刊登。

2. 编辑出版《审计研究》和《审计研究资料》杂志。《审计研究》和《审计研究资料》是中国审计学会主办的两个学术性刊物，在我国财经理论刊物中有较高的学术地位。1999年共编辑出版《审计研究》6期，《审计研究资料》13期，合计约80万字。

3. 完成学会换届工作。中国审计学会第四届会员代表大会暨理事会第一次会议，在署党组的关怀和直接领导下，经过几个月的筹备，于11月11日至14日在怀柔培训基地召开。来自署机关、派出局、特派办、各省、市、自治区、计划单列市审计厅（局）和审计学会、大专院校及内审、社审机构的理事候选人和会员代表146人参加了这次会议。副审计长金基鹏、刘鹤章和于明涛、吕培俭、周光春、祁田、郑力、王宸生、罗进新、任景德、阎金锷、张以宽等署和学会老领导、老同志参加了这次会议。李金华审计长在百忙之中到会祝贺，并作了重要讲话。会议审议了中国审计学会第三届理事会的工作报告，修改了《中国审计学会章程》，选出了学会新一届的理事会、常务理事会和学会领导，确定了中国审计学会近期重点研究课题，通过了《中国审计学会会员入会办法》和《中国审计学会会费收缴和管理办法》。

会议经过民主协商，一致选举了由158人组成的新的一届理事会和由31人组成的常务理事会。会议选举审计署原审计长吕培俭为中国审计学会会长，金基鹏、罗进新、易仁萍、张以宽为本届学会副会长，选举王国志为学会秘书长。会议一致决定邀请审计署原审计长、中国审计学会原会长于明涛同志为学会的名誉会长，聘请周光春、祁田、王宸生、任景德、阎金锷五位审计界德高望重的老领导和专家为中国审计学会的顾问。会议决定刘满堂、刘大贤、沈志德、石爱中为副秘书长。

4. 建立健全学会各项管理制度。为了适应学术活动迅速开展的情况，加强业务基础工作，促进学术研究有序进行，保证学会各项工作的效率和质量，1999 年中国审计学会建立健全了各项规章制度，包括课题研究管理制度、刊物编辑管理制度、档案资料管理制度、财务会计管理制度、秘书处办公室工作规则等。这些规则的制定，规范了中国审计学会的办事程序，提高了课题研究、学术讨论、书刊编辑，以及国内外学术交流和联系等各项工作的效率和质量。

审计论文选（摘）编

【金融审计要为防范和化解金融风险服务】 中央经济工作会议决定，1999年经济工作的重点之一，是搞好金融工作，建立和完善防范、化解金融风险的有效机制。因此，金融审计必须适应经济工作新形式的要求，提出新的工作思路，明确审计目标与重点，为防范和化解金融风险服务。

何谓金融风险？根据巴塞尔银行监管委员会（由12个发达国家中央银行行长组成）的分类，金融风险包括信用风险、投资风险、利率风险、汇率风险、市场价格风险、资产过度集中风险、国家风险、银行内部管理和操作风险等等。其中，最主要的是信用风险，即贷款者不能还款的风险。

从我国金融机构的情况看，改革开放二十年来，金融作为现代经济的核心，得到了长足的发展，中央银行和商业银行的分设，地方商业性银行的发展，信托、证券、保险业的扩大，为我国的经济建设提供了有力的支持和保障。但是，我们也必须看到，在由计划经济体制向市场经济体制转换过程中，我国金融业也形成和积累了不少矛盾和问题；亚洲部分国家的金融危机向我们敲响了警钟。特别是在经济全球化的大趋势面前，我们对金融风险必须给予高度的关注，充分认识金融风险的危害性，研究我国金融的现状，提出防范和化解的措施，解决好金融领域的突出问题。

我国金融机构的风险，对于国有商业银行来说主要表现为不良贷款比例较高，信贷资产质量差，收益率下降；对于城乡信用合作社来说，主要表现为不良贷款居高不下，资产流动性差，存款大幅下滑，有的甚至出现支付危机；对信托证券机构来说，主要表现为市场定位不清，证券、信托业混合经营，违规融资、违规操作等大量存在；对于保险机构来说，主要表现为同业恶性竞争，竞相提高手续费和返还率，保险资金增值能力差，甚至乱投资造成损失，影响了未来的保险偿付能力。根据各类金融机构面临金融风险的不同表现，有关部门已经制订了不同的措施和规划，逐步化解我国的金融风险。

根据全国审计工作会议确定的审计工作任务，今年金融审计主要安排对部分国有商业银行进行审计。从防范和化解金融风险的目标出发，审计的重点有三个方面。一是损益真实合法性审计。损益是银行经营成果的集中表现。近些年来，银行收息率下降，盈利减少，亏损增加，降低了银行抗风险的能力。有的银行机构还搞账外经营，人为调节盈亏。因此，必须围绕损益真实性审计，揭露和查处经营和财务管理中的违法及弄虚作假问题。二是信贷资产质量审计。银行的信贷资产质量是直接关系到信用风险和银行收益水平的大问题。对信贷资产质量进行审计，既是资产、负债、损益审计的一项重要内容，也是防范和化解金融风险的客观要求。今年的信贷资产质量审计，要在银行对信贷资产清理和分类的基础上，核实其清分的准确性，主要是查清损失类贷款的数额及责任原因。为做到这一点，必须延伸到贷款单位去调查核实。此外，还要分析其他两类不良贷款——次级和可疑类贷款的结构及形成原因。三是结合以上两项内容的审计，注意揭露一批金融领域的违法犯罪案件，从而降低管理和操作风险。

对于广大金融审计人员来说，认真搞好以上三个方面内容的审计，首先要转变观念，从单纯的查处财务收支违纪审计中转变到以防范和化解金融风险为目标的审计上来。其次是要认真学习，比如如何对贷款进行分类，如何进行信贷资产质量审计等。再次是要增强查处金融犯罪案件的意识，学好刑法等有关法律，准确判定审计中遇到的罪与非罪的界限，不漏过一个可疑之点。

1999年对国有商业银行的审计，采取由审计署统一组织的方式。即：统一对银行一级法人下达审计通知书，统一制订审计方案，统一制订审计处理政策，统一下达审计决定，统一审计质量考核等。各级审计机关在工作中要搞好协调配合，完成好金融审计任务，为防范和化解金融风险做出应有的贡献。（原载于《中国审计信息与方法》1999年第3期 作者 董大胜）

【我国上市公司真实性审计问题探讨（摘编）】 上市公司因其规模庞大，所有权与经营权的分离，股东分散，财务关系复杂，社会影响极大，对受托管理层编制的报告进行真实性审计，具有极为重要的意义。目前，我国上市公司真实性审计中存在的问题主要有三个方面。第一，进行真实性审计所依据的标准不甚完善。我国现行会计制度是行政主导式引进的西方民主搏弈产生的规则——过程和结果并不匹配，因此不一定有效。加上我国股民力量薄弱，机构忙于炒作，公司管理层的行政指派特征，具体会计准则的缺乏等因素，使得上市公司从容实施“创造性会计”（creative accounting）。第二，我国上市公司中，绝大部分是国家控股的公司，并且国家所持股分往往占了股本总额的大部分。由于国家以外的持股力量微小，他们在公司治理中没有起到应有作用。公司内部治理中的另外两极——代理全体股东的董事会以及向董事会负责的经理层，本应是监督指定和报告服从的关系，然而，在目前的体制下，董事首先是“官”，其次才是“商”，难以为公司作长远谋划；经理人市场的竞争压力波及不到经理，更何况董事会成员和经理常常是兼任，二者的监督多为形同虚设。由股东大会、董事会和经理三级组成的内部治理结构监督作用被大大降低，同时为审计人员在面对会计报告的装饰和舞弊时“讲真话”增添了极大的压力。可以说，在现有的公司治理结构下，支持真实性审计的力量甚微。第三，民间审计行业自身存在不少问题。对审计服务的需求（方）和供给（方），以及相应的法律、准则，就构成了审计的市场。如果需求方和供给方是明确的、其收益和成本是一致的、当事人是理性的、信息是充分的、市场动作规则是有效的，那么该市场的运作就是有效的。反之，则是无效的。在我国审计市场中，由于通常是上市公司的管理阶层或董事会直接提出真实性审计的要求，因此在许多人眼中，上市公司是需求方。这一理念导致审计人员具有一定的倾向性——“拿人钱财，与人消灾”。这种作法如果不改变，必将使审计业务的真正需求者——公司的内外部利益主体退出“次货”市场。而对审计信息消费和购买的分离还会导致对审计技术的逆选择，收费低技术水平也低的事务所似乎更容易在没有干预的环境下生存。这又迫使民间审计市场有一种趋向，使事务所竞相降低服务标准和价格，最终导致审计市场崩溃。其次，审计市场缺乏一套有效的机制，来传递对审计服务的需求和供给内容、质量的信息。由于审计信息的需求者往往不能直接参与审计聘约的签订、配合审计工作的进行，他们的愿望难以得到充分的满足。此外，由于审计人员职业道德、自身素质、审计执业标准等方面的原因，使得审计质量难以确保。针对上述问题，应从三层面入手，以完善我国上市公司真实性审计工作。第一，就宏观层面而言，应加快制定具体会计准则，尽量减少会计方法的可选择性，同时加强对财务会计概念框架的研究。第二，对上市公司层面而言，应对上市公司的产权结构进行改革，让国有股上市流通，取消或减少对个人和机构持股的限制，让股东大会发挥其所有者的积极性和创造力，从而在解决上市公司的内外部治理结构问题的基础上，顺利进行真实性审计。目前应尽可能地使经理人员与董事分离，发挥内审机构的作用。设立审计委员会，明确会计责任主体，健全和考评内部控制。第三，对民间审计行业层面而言，就审计市场的逆选择，可以通过有限的政府干预来消除，即考核事务所业绩水平，评定等级次序，向市场披露这一级别“信号”；同时，应进一步完善并修正审计执业规范，强化执业规范的实施，加强对事务所与民间审计人员行为的监管，推动事务所的体制改革；此外，应加强审计人员后续教育，提高其专业胜任能力和职业道德水平，从审计行业主体（审计人员）的角度提高上市公司真实性审计的质量。（原载于《审计研究》1999年第2期　作者　陈汉文　池晓勃　姚　尧）

【从德国的经验看企业托管在国企改革中的作用】　近年来，托管正成为国有企业改革的新模式。企业托管，是指企业法人财产权以契约形式进行的全部或部分让渡，即在一定的时期内，企业财产权法人主体作为委托方，通过契约形式的规定，将企业法人财产的全部或部分，有条件地让渡给受托方，通过经营权的转移，最终实现企业资产的保值、增值。两德统一后，德国政府成功地运用企业托管的形式，对前东德地区大量的国有企业进行了改造。

一、德国的统一和前东德地区的经济转轨

东西德国于1990年开始了统一进程，根据两德政府签署的“关于建立货币、经济和社会联盟条约”的规定，前东德地区放弃原有的集中计划经济体制，引入西德的社会市场经济体制。1990年7月1日，在前东德地区实行货币改革，废除东德马克，将其按2：1的比例兑换成西德马克。在这一进程中，西德雄厚的经济实力使东德的经济转轨拥有了强大的后盾。

二、托管局在前东德国企改革中的作用

前东德地区经济转轨的目标是实现市场化，其核心工作就是原国有企业的私有化。德国在这一进程中比较有效地运用了企业托管的形式。托管局是负责国有企业私有化过程的管理机构。

托管资产的经营管理遵循这样一些原则：

(1) 财产的出售范围应尽可能广泛，应面向国内外各方面的投资者；

(2) 中小企业在购买这些财产时拥有平等的机会；

(3) 谈判和转让应尽可能客观、公正，尤其要避免对小企业和外国投资者的歧视。

托管局成立后，组织专家对原东德的国有企业进行综合分析，在此基础上对企业进行了分类：

第一类是在国内外市场上有一定竞争力，经营状况较好，不需要重组，可以立即出售的企业，约占2.3%。对这类企业，使用招标方式尽快实现产权转让。德国政府在售价、投资补贴、贷款以及税收等方面为他们提供了优惠政策。

第二类是需要先进行整顿，

待具有一定的生存和发展能力后，再向投资者出售的企业。这类企业最多，占81．8%。对这类企业，由托管局限期整顿。企业的退休和富余人员与企业分离，纳入社会保障体系，减轻企业负担；对企业的债务进行重整，所欠的不良债务由托管局承担，以调整企业的债权债务关系；然后，通过托管局担保向银行贷款，对企业进行投资和技术改造，增强企业的市场竞争力。

第三类企业是那些没有任何发展前途，只能破产的企业。这一类约占15．9%。另外，必须破产的还包括一些对环境造成严重污染的企业。

托管局在实施私有化的进程中，遇到了诸多困难，但在联邦政府的支持下，至1994年底，基本完成了对原东德国有企业私有化的工作。4年中，东部地区有14，500家原全民企业全部或部分实现了私有化，托管局从中得款650亿马克，企业承担就业机会150万个，投资2，070亿马克。

三、德国的企业托管经验对我国的启示

1．托管是企业资产重组的一种手段，而不是目的。从德国企业托管的实践看，企业托管的目标是实现私有化，还是按照股份制或国有制的方向进行重组，是社会制度基础、法律规定和政府的目标所决定的。

2．必须明确委托主体。德国的托管局隶属于联邦政府，但又是按照有限责任公司的组织形式设立的，具有相当的独立性。我国目前托管经营中的一个主要问题就是委托方的不明确，它既可以是各级政府主管部门，也可以是金融机构、国有资产管理部门，甚至大型企业本身。这种情况增加了管理的难度。所以，委托主体的明确是企业托管经营的首要任务。

3．健全相关的法律法规。德国的经济专家认为，产权关系界定不清楚，财产关系不明确，就很难吸引投资者。因此，围绕财产关系界定和私有化这个核心，德国制定了一系列法律，其中重要的有：《财产法》、《产权界定法》、《托管法》等。同样，我国国企改革的成败也取决于我们相应的法律、法规的健全程度。

4．必须尽快建立、健全社会保障体系。前民德国有企业的改革，依托于德国原有的社会保障体系，努力保证职工的就业，避免了大的社会动荡。在我国，社会保障体系还很不完善，因此，建立、健全社会保障体系，就成为保证国企改革顺利进行的必要条件。

5．在国有企业转制过程中，政府应起到扶持和促进作用。在对前东德企业的重组过程中，德国政府起到了相当大的作用，许多做法是值得我们借鉴的。如对投资者和一些较有发展潜力的企业提供某些优惠政策包括低息贷款、政府担保、价格优惠、税收优惠以及投资补贴等，帮助企业增强市场竞争能力。

企业托管作为一种新的企业重组的方式，在我国的国企改革中可望发挥较为突出的作用。德国成功地运用这一方式对前民主德国的众多的国有企业进行了改造，这方面的经验值得我们借鉴。（作者　周洋）

【论财政同级审和上审下相结合】

财政审计是各级审计机关的工作核心。研究财政同级审与上审下如何有机结合，在财政审计中具有十分重要的意义，也是当前审计理论和实践需要探索的一个重要课题。本文拟就两者结合的有关问题，进行研究。

全文共分四个部分：

一、对财政同级审和上审下的回顾总结

自《审计法》颁布实施以来，财政审计出现了同级审与上审下两种方式并存的局面。几年来，全国各级审计机关努力探索，全面深入开展了财政审计工作，其成效显而易见。及时总结和评价财政同级审与上审下，是避免盲目性、增强创造性、提高工作效率的有效途径。这部分主要介绍了1995年《审计法》颁布实施以来，同级审和上审下的基本做法及两者各自在实践中存在的不足之处，并在调查研究的基础上，对浙江省丽水、湖州等地市，从1997年开始的财政同级审与上审下相结合的有益尝试的具体做法及两者结合的优点作了介绍。

二、同级审和上审下相结合的基础和意义

（一）同级审与上审下相结合的基础。财政审计实践中把同级审与上审下结合起来，我们认为，无论从理论或实践的角度看都是有其良好和深厚基础的，分三个方面加以论述：1．从法律角度看，同级审和上审下是《审计法》明确规定的；2．从审计目的来看，两者是一致的；3．从近几年浙江省开展财政同级审和上审下相结合的实际情况看也是可行的。

（二）同级审与上审下相结合的意义。就财政审计本身而言，同级审与上审下相结合的现实意义也不可低估。文章主要从三个方面进行了分析：1．有利于加大执法处理力度，提高权威性；2．取长补短，有利于财政审计向纵深发展；3．有利于提高审计质量和审计效果。

三、同级审和上审下相结合的几种模式

在财政审计中，实行同级审与上审下相结合，是符合我国国情的。

（一）正确认识同级审与上审下的关系。由于《审计法》颁布之后，对这两种审计，存在着两种错误认识，文章分析了存在错误认识的原因，重点是对两者关系的正确处理上进行论述。认为，同级审与上审下都是审计机关的法定职责，两者相结合的财政审计监督体系，是对《宪法》确定的审计机关对财政收支审计监督职责的具体化，是对财政审计监督制度的健全和完善。

（二）同级审和上审下相结合的模式研究。从两者组织实施、协调安排、进点时间不同，认为理论上讲可以有两种模式。一种是形式上分离内容上结合的模式。此种模式下，就两者结合的有关问题及应处理好的两个方面即两者在审计内容上要有所侧重、审计工作中要重视同级审的质量检查和审出问题的落实情况督促作了分析。另一种是内容和形式上同时结合的模式。重点论述了在这种模式下的优点及在具体实施过程中的四种不同具体做法：1. 同时进步，合力审计；2. 不同进，求同出；3. 联合审计；4. 合二为一。模式尽管可以不同，做法尽管可以各异，但都必须处理好两者结合中的三个环节：即信息资源共享、审计时间衔接和审计处理结合。

四、对同级审与上审下相结合中几个问题的探讨

（一）统一思想认识。一是要真正认识两者有机结合的重要性和必要性，形成共识；二是要明确两者有机结合是财政在国民经济中地位决定的，是国家对财政管理的重要环节；三是要在工作中主动与被审计单位及有关执行部门及时沟通，营造良好工作局面。（二）树立整体观念。一是要树立独立审计观念；二是要明确把握财政审计的职能；三是同级审与上审下处理环节应步调一致。（三）加强协调配合。有三个方面的含义：一方面是上审下和同级审的协调配合。另一方面是各级审计机关要重视纵向和横向协调配合。第三个方面是审计力量上协调配给。（四）提高综合素质。经济迅速发展，财政审计人员应适应新形势，提高自身素质，方能较好胜任工作。一要提高政治素质，二是提高业务素质。三要提高执法水平。（五）浙江财政管理体制的例外处置。目前浙江财政管理的体制，是省财政直接对县财政，地市只管本级财政的例外做法，和审计的省——地市——县级管理体制的一不一致，必然产生不协调。认为，其一至少在地市上审下时，省审计厅应派员参加，以增加审计力度。其二的做法是建议省政府尽快研究，改财政管理省——县二级为省——地市——县三级，以利加强财政审计监督。（作者　浙江省审计厅　赵国明等）

【关于政府采购审计若干问题的探讨】　政府采购是政府为了开展日常职能活动或为社会公众提供服务的需要，使用财政性资金，按规定的程序，以购买、租赁、委托或雇佣等方式获取货物、工程和服务的行为。政府采购支出是财政支出的一种重要形式，参照国际惯例，建立符合中国国情的政府采购制度已成为我国财政管理的一个热点。审计作为国家经济监督的重要工具，必然要参与其中，并发挥积极作用。所以，对政府采购审计的研究也将提上议事日程。

一、政府采购审计的特点

政府采购审计是对政府采购事项进行的审计，这里所说的政府采购不仅是指具体的采购过程，而且是采购政策、采购程序、采购过程及采购管理的总称。政府采购活动的特点决定了政府采购审计的特殊之处：（1）审计对象的特定性，即是对政府机关、事业单位和社会团体等公共事业用于采购支出的财政资金的审计；（2）审计范围的复杂性，具体审计项目涉及到货物、工程和服务等众多领域；（3）审计评价的政策性，即不仅审计资金的使用效率，还要考虑为国内产业提供的发展机会、促进技术转让、对宏观经济政策的影响等社会效益。可以说，政府采购审计是财政审计中的一种专项审计，是对国家财政支出活动及其效益进行的审计监督；但政府采购审计又超出了单纯财政审计的范畴，它涉及到财政政策、贸易政策和产业政策等多个方面，是一种极为复杂的综合性审计监督。

二、政府采购审计的主体

政府采购支出是财政支出的一个重要方面，政府采购审计也是财政支出审计的一项重要内容。国家审计机关是政府采购审计当然的主体。财政部 1999 年 4 月颁发的《政府采购管理暂行办法》第四十二条明确规定：“政府采购应当接受审计、监察等部门以及社会的监督”。在许多发达国家，政府采购审计已成为审计机关的一项重要工作，而是否经过审计也成为政府采购预算批复及执行的重要条件。在我国，由于政府采购尚处于试点阶段，如何协调财政部门、审计部门及政府采购机构的关系；如何进行政府采购审计具体事项的安排，如时间安排、作为专项审计与预算执行审计的结合；具体由审计机关中的哪个部门实施政府采购审计、审计管辖权限划分等问题都需要研究解决。审计部门在进行政府采购审计时，尤其是对某一具体采购事项进行审计时，应在允许的范围内，尽可能地利用财政监督的结果，避免重复劳动。

三、政府采购审计的客体

政府采购制度本身是一个庞杂的系统工程，涉及到多方利益关系。根据《政府采购管理暂行办法》，政府采购管理体系包括主管机关（即财政部门）、采购机关、供应商和中介组织。各个组织在采购活动中起不同的作用。政府采购审计的客体主要是财政部门和政府集中采购机关的采购活动，供应商和中介组织等与政府采购有关的活动也属于审查的要素。

四、政府采购审计的主要内容

依照政府采购实施程序，政府采购审计的主要内容可划分为：

1. 政府采购预算的审查；2. 政府采购方式的审查；3. 招投标过程的审查；4. 供应商及中介机构资格的审查；5. 具体采购过程的审查。采购过程包括执行采购

方式、签订采购合同、履行采购合同及验收、结算等一系列操作；6. 政府采购效益的审计；7. 政府采购部门和人员的审查。

五、当前实施政府采购审计的难点分析

1. 审计操作缺乏全国统一的规范；2. 审计客体尚处于缺位或不规范状态；3. 政府采购工作中的一些技术性问题还处于摸索研究阶段，相应的审计技术和方法难以确定和解决；4. 没有一支精通政府采购的审计队伍。

我认为，当前审计部门应尽可能参与到政府采购试点工作中去，了解试点的情况；并在可能的情况下组织个案审计，积累审计经验；同时应选派审计人员参加政府采购人员的有关培训，研究政府采购的审计对策。从长远来看，在政策试点中进行审计试点，可作为发挥审计的监督和服务功能的一项尝试。（原载于《审计研究》1999 年第 4 期　作者　郭彩云）

【"审计重要性"在中国实际应用的若干策略研究】　"审计重要性"的概念是世界各国审计实务中十分重视的一个概念。我国在引进"审计重要性"概念的过程中，曾经积极地借鉴一些市场经济发达国家的实际应用经验，但是如何依据中国的国情消化吸收这些经验，制定中国的审计重要性应用规范和实务策略，是中国审计理论工作者和实务工作者的重要课题。

一、"审计重要性"的概念和影响因素（略）

二、报表层次重要性水平的确定方法及其审计策略

财务报表层次重要性水平的确定方法有三种：（1）百分比法（固定比率法），（2）绝对数额法，（3）经验数据法。根据国际惯例，结合我国的实际情况和我国审计人员的经验，提出以下"审计重要性水平参考数额"（表一）。

表一　审计重要性水平参考数额

单位：万元

报表数额（±盈亏/+资产）	资产负债表的重要性水平 财政财务收支总额或资产总额（+）的%		损益表的重要性水平 税前利润总额（±）或营业收入总额（+）的%	
	%	数　额	%	数　额
（±）　0—10	0.5	10 万元 0.05	0.5	0.05—0.25
（±）　10—50	1.0	0.1—0.5	0.7	0.35—0.70
（±）　50—100	1.5	0.75—1.5	1.0	0.5—1.0
（±）　100—500	2.0	2.0—10.0	1.5	1.5—7.5
（±）　500—1，000	2.5	12.5—25.0	2.0	10—20
（±）　1，000—5，000	3.0	30—100		
5，000 万元以上改用绝对数额			1，000 万元以上改用绝对数额	
5，000	2.0	100	0.4	20
7，000	1.4	100	0.3	20
10，000	1.0	100	0.2	20
15，000	0.7	100	0.13	20
20，000	0.5	100	0.1	20

表一所列数额的审计策略，是从我国的实际情况出发，参照国外经验，结合运用两种方法确定的重要性水平。

三、报表层次重要性水平的确定方法之三——经验数据法

经验数据法的几个基本特征。

1. 重要性基数和系数都来自于审计人员的经验判断和统计数据，其中系数类似于百分比法的百分比数。

2. 重要性系数随报表金额（财政财务收支、资产或营业收入总额等）的增大而逐步递减，这与百分比法的百分比逐步递增有些不同。3. 如果用资产总额或营业收入总额两者中较低的数额作为计算重要性的基础，如果两者数额相差较大，则所计算出的重要性水平会很低，或者说对确定重要性水平影响很大。

4. 由于经验数据法的主要数据（重要性基数、系数）都是审计人员的经验总结，因此这些数据要随着外界情况的变化，每隔一定时间就要适当修订，以更符合实际情况。修订中所要考虑的因素有审计风险、通货膨胀和其他有关因素的变化情况等，特别要考虑审计人员的经验判断是否有变化。

5. 经验数据法依据以前确定审计重要性水平的经验数据积累统计而定，而我国在审计工作中尚未普遍确定和应用重要性水平，因此还很难拿出经验数据来。另外，由于经验数据的统计、制定和应用都比百分比法繁杂得多，而实际效果不一定比百分比法更有效，不如百分比法更简洁清楚，因此这个方法在我国还不是很适用。

四、账户层次重要性水平的确定方法（略）

五、重要性水平确定方法的实例及其审计策略

在本例中，审计人员对于账户层次重要性水平的专业判断及其审计策略如下。

1. 流动资产比固定资产和其他资产变动更频繁，更易发生错弊，对流动资产账户特别是货币资金账户要给予更多的关注，做重点审计，其重要性水平最低（0．19%）。

2. 应收账款。这类账户往往是舞弊行为（例如“小金库”、隐瞒收入、调节利润等）的“遮阳伞”，而且该企业的应收账款数额也很大，审计中对此类账户要重点关注，其重要性水平也是最低的（0．24%和0．18%）。

3. 预付账款。该企业预付账款很少，这个账户发生较大错弊的可能性不大，其重要性水平没有调整，与平均分配法一样仍保持1．13%。

4. 存货。存货账户发生舞弊的可能性很大，其重要性水平定得很低（2万元，0．20%）。当然也要考虑，如果企业存货数额很大，重要性水平定得过低，审计样本量过多会导致审计成本过高。

5. 待摊费用。发生错弊的可能性较小，仍保持报表层次的重要性水平（1．13%）。

6. 长期投资。长期投资的单项数额一般很大，如果发生错弊，数额也很大，其重要性水平可以定得较高（10万元，2．0%）。

7. 固定资产净值和累计折旧。资产负债表中计量的固定资产净值由原值减累计折旧而来，累计折旧数额不计入资产数额中，不应该分配重要性水平；但考虑到企业折旧发生错弊的可能性很大（例如为调节税前利润和所得税而调整提取的折旧额），应重点关注累计折旧账户。为此将分配到固定资产净值账户中的重要性数额（1．13%，共72．7万元）中的一部分转到累计折旧账户，并且重要性水平比较低（0．7%）；按照不平均分配法做，则将各账户剩余的重要性数额分配给累计折旧一部分（5万元，0．41%），固定资产净值账户的重要性水平仍维持1．13%。

8. 在建工程。我国企业在建工程账户发生错弊的可能性很大，审计人员应予以重点关注；但该账户单项业务数额一般很大，重要性水平可以略高一些（1．13%）。（原载于《审计研究》1999年第2、3期，获第三届全国优秀审计科研论文二等奖　作者　潘博）

【从审计看如何防范金融风险】

一、金融风险成因的审计视角

（一）企业会计信息失真，信贷决策失灵。企业会计信息是银行进行信贷决策的重要依据之一。但是，企业由于受各种利益的驱动，为达到其目的，经常编制虚假的会计资料，出具虚假会计报告，会计信息失真现象还非常普遍。会计信息的虚假，对金融机构来说所产生的负面影响主要有：一是信贷决策失灵，二是信贷监督难以奏效，三是逃避信贷制裁等，这就严重影响了银行信贷资金的安全，增加了信贷风险。

（二）企业负债比率过高，抵御风险能力不足。由于我国资金市场尚不发达，企业筹资渠道单一，银行借款是企业筹集资金最重要的形式，银行借款是企业负债的主要组成部分。在目前这种高负债情况下，企业自身抵御风险的能力较弱，一旦发生亏损，以有限的自有资金很难进行弥补，这就客观上增加了银行的信贷风险。

（三）金融机构违规经营，扩张了金融风险。目前由于各种原因，金融机构违规经营的现象还非常普遍。违规经营所产生的后果，虽不会在短期内引发系统风险，但是可能会形成局部的或单个金融机构的危机。

（四）内部控制薄弱，风险自控机制不强。金融机构的内部控制制度构成了风险自控制机制，是金融风险控制机制的一个重要组成部分。由于金融业经营对象的特殊性，内部控制制度不健全或运转失灵很容易产生大的且不易挽回的损失。内部控制的缺陷，降低了金融机构的风险自控能力，这就给金融安全留下了隐患。

二、防范金融风险的审计对策

（一）强化企业审计，提高会计信息质量，保护信贷资产安全。国家审计机关可以通过强化企业审计工作，开展真实性审计，查清企业资产负债和损益的真实状况，并对社会审计组织的工作质量进行监督检查，打击会计领域的造假行为，提高会计信息的质量，净化金融环境，便于金融机构进行有效的信贷决策。同时通过查处企业的违法乱纪、损失浪费行为，可以防止企业资产流失，维护银行信贷资产的安全，减少信贷风险。

（二）加强对金融机构的审计，约束金融机构的行为。通过对金融机构的审计，可以达到以下目的：一是约束金融机构的经营行为，防止和纠正违规行为，减少由此带来的风险。二是促进国家金融政策的贯彻落实，发挥国家采用金融手段调控经济的作用，维护经济稳定和金融安全。三是提高金融机构会计资料的可靠性，使其真实地反映财务状况和经营成果，以便中央银行对其进行有效的监管。

（三）重视对金融机构内部控制的审计，增强其风险自控能力。由于在金融审计中有如下特点：金融机构业务量大，账册凭证繁多，难以开展详细审计；金融业务流程复杂，内控环节较多，内部控制制度相对复杂；金融机构内部控制失灵时容易造成损失，且难以挽回，控制风险较高；金融业务创新较快，内控制制度更新变化要求及时等。所以审计机关应重视对金融机构内部

控制的审计，一方面可以提高审计工作效率，另一方面还可以发现其内部控制存在的缺陷，帮助其进行改进，增强风险自控机制。

（四）发挥国家审计在金融监管中的作用，完善金融监管体系。国家审计机关作为一个专司经济监督职能的政府行政机关，在金融监管中有其独特的优势：一是独立性强。二是既审计金融机构，也审计贷款使用单位，能全面了解信贷资金管理使用情况。三是审计方式以就地审计为主，加之审计机关有较强的检查取证权力，能够深入审查和了解金融机构的经营情况和财务状况。四是具有处理处罚权，对审计发现的违规行为可以直接纠正和制裁，监管及时有效。充分利用审计机关的监管优势，重视审计监管的作用，对于完善金融监管体系是十分必要的。（原载于《中国审计信息与方法》1999年第4期　作者　崔振龙）

【开展执法审计，促进依法行政、依法治国】

一、执法审计的概念

执法审计是对某项法律法规和政策等的执行情况进行的审计。审计的主要内容包括法规和政策的贯彻执行情况、发挥的作用、存在的具体问题，及对整个国民经济产生的正负面影响，重点是贯彻执行情况、存在的具体问题和产生的负面影响。审计的主要方法是在行业审计、专项审计的基础上采用系统的评价方法。评价的标准是该法规和政策目标本身。审计的目的是促进法规和政策的严格贯彻执行，审计报告要揭示法规和政策在执行中存在的具体问题、主要环节，应承担责任的部门和单位；针对法规和政策本身存在的缺陷，提出需要改进的方面，要适应经济转轨时期的特点和进一步深化经济体制改革的要求，对过时的阻碍经济发展的法规，特别是政策，向有关部门提出废止的建议，为清理法规政策环境充分发挥作用。

二、开展执法审计有助于促进依法行政、完善立法

改革开放二十年来，全国人大及其常委会制定法律250个、通过有关法律问题的决定106个，国务院制定行政法规830个，这为依法行政奠定了坚实的基础。有法必依，要求各法人和自然人等法规相对人严格守法；执法必严，更要求各级政府和各部门及其工作人员，特别是国务院各部门及其工作人员必须严格执法。审计机关应从国民经济全局出发，从经济发展的各阶段的特定要求出发，检视各项政策法规，为清理政策法规环境发挥审计特有的作用。

三、审计机关已经奠定了开展执法审计的良好基础

经过十多年的审计实践，我国已在法律地位、审计队伍、审计技术与经验、国家和社会支持等多方面为开展执法审计奠定了良好的基础。法律确立了审计机关较其他经济管理等部门层次稍高的独立的地位，为审计机关开展执法审计奠定了有利的基础；审计署从1983年成立以来，已培养出一支具备较高的政治素质和业务素质的审计人员队伍，依法治国也写入了宪法。

四、开展执法审计应注意的几个问题

1. 开展执法审计，首先要意识到将涉及高层次的问题，将面对国务院有关部委，所以，要求审计机关和审计人员坚持原则，敢于碰硬。

2. 执法审计要在强化国家经济管理和贯彻依法治国方略中发挥作用，在确定审计事项时必须配合党和国家的经济中心工作，要选择影响国民经济全局的有普遍性和苗头性的问题，要以财政财务收支为基点而又不局限于财政财务收支的重大事项为审计内容。每年应选择一、两项重点审计事项，不能贪多。

3. 要查实涉及全国的影响国民经济全局的问题，在审计方式上必须采用行业审计、专项审计，要统一组织、统一部署、统一步骤、统一标准。

4. 审计建议要有建设性，要立足于社会主义市场经济，立足于我国经济发展实际。

5. 审计工作要真正能在国家经济管理中发挥重要的作用，不仅是监督经济法规和政策的严格执行，还应在此基础上，充分发挥审计机关层次较高、专业性和综合性较强，并具有独立性的优点，对重大经济政策和法规进行评估，为国家作出科学合理的重大经济决策、个性完善重大经济法规政策当好参谋。执法审计要适时向政策审计发展。（原载于《中国审计信息与方法》1999年第10期　作者　姚世忠）

【停－走抽样法在存货真实性审计中的运用】

企业财务收支真实性审计中，存货的真实性是审计中的一个难点。在较短的时间完成对存货真实性的审计，抽样审计是一种有效的方法。在去年的真实性审计试点中，我们运用停——走抽样的审计方法在对存货的真实性审计方面作了尝试。

概况

我们选择的试点单位是一家进出口公司。企业资产负债表反映1997年末企业存货为44444.31万元。面对如此巨大的数字，如何开展真实性审计？我们确定存货真实性审计的目标是存货的内部控制是否健全、有效；账表数据是否一致；所有存货是否登记入账；账面存货是否实际存在，并为企业所实际拥有；账实是否相符。在上述审计目标中，账实是否相符是审计的难点。本文着重介绍我们是如何完成账实是否相符这一审计目标的。

首先，我们找企业财务人员和企业仓库管理人员询问。通过询问得知该公司在存货的管理上有严密的制度。对存货实行每季盘点一次，财务账与仓库账每月核对一次。其次，要求被审计单位画出存货的管理流程图，重点

研究存货请购审批、到货验收、发货和盘点调整环节。再次，调取企业有关存货的内部控制制度进行审阅。如该公司的“仓库服务规范”、“仓库人员岗位职责”、入库单、出库单、盘点调节表等。第四，随机抽取几笔业务，对存货的业务流程进行跟踪，目的是对被审计单位存货管理制度的有效性进行测评，重点是入库验收、出库手续是否齐全；另一方面熟悉被审计单位的业务流程。通过以上审计程序，得出的初步审计结论是：该公司在存货的采购、验收、发货等方面有明确的职责分工；建立了严格的采购业务请购审批制度；有健全的采购验收、保管、发运手续；实行定期的对账和盘点制度；整个存货的内部控制制度是基本可信赖的。

然后，我们又对该公司的存货进行分析。对44444.31万元的存货进行盘点既不可能，也无必要，审计只能采取抓重点的方法。根据分析的结果，我们得知，该公司的丝类出口部、绸类出口部和成品出口部三个部的存货合计是34552.76万元，占整个公司存货的77.70%。因此，我们决定把审计的重点放在三个部的存货上。这三个部的存货共578个品种，总金额高达34552.76万元，全面盘点不现实，惟一的选择只能是采取抽样审计。可供选择的合规性抽样模式有固定样本容量属性、停——走抽样、发现抽样。考虑到每一种抽样的特性、审计力量、时间要求，从节省时间、提高工效考虑，我们最终选择了停——走抽样的方法。停——走抽样法的适用范围是被抽样会计总体错误率较小的样本，这与我们前期调查的初步结论相吻合。而且，实施过程是分阶段进行的，它可以使审计人员根据上一期的抽样结果来决定下一步的走向。这样，可以使审计人员抽取比较少的样本，从而大大节省工作量。

停——走抽样在存货真实性审计中的运用

（一）审计目标。查明存货是否存在账实不符的情况。

（二）测试范围。1997年底该公司丝类出口部、绸类出口部和成品出口部全部存货。

（三）编号。根据前期调查的结果，我们知道三个出口部的存货共有578种，但该公司对存货的编号不符合抽样审计的要求，为此，我们对该公司的存货按品种重新作了排列。起始号为1000，中止号为1578。

（四）确定抽样审计的方向。根据前期的调查结果和真实性审计的要求，设置允许错误率为5%，风险水平为5%。

（五）决定样本量。根据“停——走抽样最小初始样本容量表”（估计错误率为0），查表得出最大可允许错误率为5%，风险水平为5%的情况下，要达到审计目标的最小样本容量为60。即在错误个数为0的情况下，至少要对60个品种的存货进行盘点，才能对三个部的存货的总体情况作出评估。

（六）构造一个停－走抽样决策表。如图：

步骤	累计成本容量	如果累计错误等于下面的数字就停止	如果累计错误是以下数字就增加样本容量	如果累计错误是以下数字就转第五步
1	60	0	1－4	4
2	96	1	2－4	4
3	126	2	3－4	4
4	156	3	4	4
5	考虑不只依赖这方面的会计内部控制或用固定样本容量属性抽样			

以上数据可先根据抽样发现的错误个数，查“停——走抽样样本容量扩展及会计总体最大错误率概率评估表”，查表得知风险因子，根据风险因子计算求得达成的错误率（因子/样本容量），然后与最大的可允许的错误率比较，作出是停止还是继续的决定。如继续，根据风险因子计算求得样本容量（因子/允许的错误率），追加抽样项目个数。如本例：审计人员在对60个品种的盘点后，如发现账实不符的个数为0，则停止抽样（步骤1），审计人员可以根据抽样结果，对存货的总体作出评估；如发现账实不符的品种有一个，查表得在5%风险水平下风险因子为4.8，计算求得达成的错误率为8%（4.8/60），这比审计设定的最大允许错误率5%大，因此，审计人员需增加抽样项目36个（4.8/0.05－60），总体样本扩大到96个（步骤2）；如发现的错误个数为4，则直接转步骤5。

（七）确定要盘点的60个品种。查随机数表，从第5行、第5列第一位开始，往下寻找。查出符合编号范围内的1019、1401，…至1567共60个号码，然后根据审计记录单，找出要盘点的60个品种的存货。分布情况是：丝类9种、绸类27种、成品类24种。

（八）组织盘点。对确定的60个品种的存货我们组织三个部的财务人员和仓库人员进行盘点。采取的是监盘的方式。

（九）调整盘点结果。将盘点结果调整至1997年12月31日，再与财务账核对，结果60个品种的存货账实均相符。

因账实不符的个数为0，与审计设定的“停——走抽样决策表”比较，在错误个数为0的情况下，可以停止抽样；否则，根据发现的错误个数，与“停——走抽样决策表”对照，作出继续抽样、考虑不只依赖存货的会计内部控制，或采用固定样本容量属性抽样的决定。

审计结论

根据抽样的结果，我们可以对三个部的存货计578个品种作出数学评估，即我们有95%的把握确信578个品种的存货账实不符率不超过5%。同时也有5%的风险表明578个品种的存货账实不符率可能超过5%。（原载于《中国审计信息与方法》1999年第6期　作者　王广兵）

【现金流量表审计的内容和方法】

现金流量表作为反映企业在一定时期内现金流入和流出以及

净额变化情况的报表，是企业财务报表体系的一个重要组成部分。新颁布的《企业会计准则——现金流量表》从1998年1月1日起已经实施，审计人员在对1998年的财务报表进行审计时，就面临着如何对这张全新的会计报表进行审计的问题。本文拟对现金流量表审计的具体内容以及审计的方法进行一些探讨，以供审计人员参考。

一、现金流量表审计的内容

现金流量表审计的内容，是由其审计目的决定的。审计现金流量表的目的就是为了验证其真实性，即考察现金流量表的内容是否完整，形式是否符合要求，表中所反映的各个现金收支项目的数字是否正确等。为了达到这一审计目的，审计人员应通过审查企业的主要业务循环及其账务处理来进行验证，所以现金流量表审计的主要内容应与企业的其他审计内容合并进行。本文所要探讨的现金流量表的审计内容，是指那些除了与其他审计项目合并进行的，专门用于对现金流量表进行测试审查的内容。这些内容主要包括：

1. 审查现金流量表编制的基础工作。编制现金流量表需要有一定的基础工作，企业要在日常会计核算中针对编制现金流量表的要求，进行一些专门的核算、设置一些专门的账户去积累资料。例如对应收账款、应付账款要设置专门的二级账户，对价款和增值税款分别进行核算；对长期资产的购置和处置要设备查簿，以记录其现金收支的情况；等等。基础工作的好坏将直接影响报表编制工作的顺利与否与准确程度。所以要把编制现金流量表的基础工作作为审计现金流量表一项内容，通过审查基础工作，去发现编制工作的薄弱环节及现金流量表中可能发生的差错。

2. 审查现金流量表的要素及形式。现金流量表由报表主体和补充资料两部分构成。其中报表主体包括：经营活动产生的现金流量、投资活动产生的现金流量、筹资活动产生的现金流量、汇率变动对现金的影响额、现金及现金等价物净增加额等几个部分组成，用来揭示不同的经济活动引起的现金及现金等价物的流动量及其变化净额。补充资料主要从两个方面进行补充揭示，一是那些虽然不涉及现金的收支，但比较重要的经济活动，如投资活动和筹资活动，二是用间接法列示的经营活动现金流量，从另一个途径反映经营活动产生的现金流量。在审计现金流量表时，应检查其要素是否完整，是否列示了上述报表主体和补充资料的所有内容。同时，还应检查报表是否按照规定的格式进行列示。

3. 审查报表项目金额的正确性。报表项目金额是报表信息的实体，如果报表金额不正确，即使基础工作做得再好，要素再完整，形式再符合要求，也不能满足报表使用者的要求。所以，审计现金流量表的中心内容就是要验证其各个项目所列报的金额是否正确。现金流量表各项目的金额有的是来自于资产负债表或损益表，如补充资料中的“净利润”、“财务费用”等，也有的是通过对资产负债表和损益表的有关项目进行计算后编制的，如“销售商品、提供劳务收到的现金”、“购买商品、接受劳务支付的现金”等项目，还有的项目是通过对有关账户进行分析后编制的，如“购建固定资产、无形资产和其他长期资产所支付的现金”、“收回投资所收到的现金”等。报表项目在具体的编制过程中，还有一些不同的编制方法，如采用工作底稿法、T形账户法等。审计现金流量表时，审计人员必须针对不同的项目或不同的编制方式采用不同的方法进行验证，以检验项目金额编制是否正确。

二、现金流量表的审计方法

由于现金流量表的特殊内容，在对其进行审计时必须采用一些专门的审计方法，这些方法主要有：

1. 检查编制程序法。现金流量表的编制可以采用多种编制方法，主要有：（1）直接计算法，即利用公式对其他会计报表和账户的数字进行计算，直接得出现金流量表项目的金额。（2）工作底稿法，即利用一张工作底稿，通过分析各种数据，将有关项目金额按照现金流量表的要求进行调整，使之转换为现金流量表上的正式项目。（3）T形账户法，即根据各非现金账户期末数与期初数之间的变动额，编制调整分录，确定这种变动对现金所产生的影响，并归类记入专门设置的T形账户中，最后整理出现金流量表的项目金额。（4）现金收支报表法，即根据日常发生的现金收支，按期编制现金收支报表，按现金收支发生的时间顺序逐笔逐项登记，年末按累计的各个项目发生额直接编制现金流量表。采用不同的报表编制方法，其工作程序、使用的资料和形成的证据各不相同。审计现金流量表，首先要了解企业所使用的编制方法，然后针对不同的编制方法追踪检查报表的编制程序，进而审查报表的正确性。检查的主要内容有：分析编制程序，看其是否适合企业的会计核算特点，是否符合制度规定；检查编制报表所依据的资料，看其是否可靠，是否来自账账或其他报表；复核调整分录和工作底稿的编制，看其是否符合编制原理；抽查数字资料的计算汇总，看其是否准确等。

2. 分析性复核法。由于企业的现金收支活动是伴随着其他经济活动而发生的，所以现金收支的数量、结构应与企业业务经营活动规模和结构相适应。审计人员可以通过将现金流量表与其他经济活动资料对照分析，去揭示其可能隐含的错误。采用分析性复核法审查现金流量表的具体做法主要有：（1）趋势分析法，即将本期现金流量表的数据与前期数据进行比较，看其变化趋势是否正常，以揭示项目本身以及所反映经济内容的合理性。例如，比较“支付给职工以及为职工支付的现金”项目的本期数与上期数，在企业经营规模和职工总数没有发生大的变化的条件下，其现金支出的增长幅度应与工资增长的幅度相一致。如果比较的结果差异较大，则可能为报表编制有误，或工资业务本身存在问题。(2) 比率分析法，即将现金流量表项目与企业的其他经济指标相比较，看其是否协调一致。如将“偿付利息所支付的现金”与企业的银行借款和应付债券规模进行比较，考察其利息支付水平是否正常；将“销售商品收到的现金”与销售总额进行比较，考察现金回收是否正常；将“权益性投资所支付的现金”与企业新增的股票投资和其他投资之和进行比较，“债权性投资所支付的现金”，与新增债券投资进行比较，可以考察企业对外投资活动支付的现金是否与投资规模相一致等。

3. 金额验证法。要保证报表数字的正确，最可靠的办法还是利用报表的编制原理，通过计算分析去验证各个项目的金额是否正确。验证的方法主要有二种。一是通过检查被审计单位的有关会计账户资料去验证，如通过检查“其他业务收入”明细账，去验证“收到的租金”项目，通过检查“财务费用”账户，去验证“发生的筹资费用所支付的现金”和“偿付利息所支付的现金”项目。二是利用其他报表和账户资料，通过公式计算来验证。例如：

销售商品或提供劳务收到的现金 = 商品销售收入 + 应收款项的减少额 + 预收账款的增加额 + 本期收回以前时期核销的坏账损失 - 本期实际核销的坏账损失

购买商品支付的现金（商品流通企业）= 商品销售成本 + 商品存货的增加额 + 应付款项的减少额 + 预付账款的增加额

收到的增值税销项税款和退回的增值税款 = 纳税申报表的全年销项税款 + 应收账款中应收销项税额期初余额 - 应收账款中应收销项税额的期末余额 + 应交增值税全年的出口退税 - 本期核销的坏账损失中的增值税额

公式中的数字都是来自资产负债表、损益表、纳税申报表和有关账户，利用这些公式，审计人员就可直接验证现金流量表有关项目金额是否正确。（原载于《中国审计信息与方法》1999 年第 1 期　作者　崔振龙）

【证券公司对客户透支的形式及审查方法】

我们在对证券公司的审计中发现，证券公司为增加股票的交易量和提高市场的占有率，采取各种方法对客户透支，归纳起来，主要有如下五种表现形式。

一、将对客户的透支款列其他应收款、抵押贷款等科目。账务处理为借记其他应收款、抵押贷款，贷记代购证券款，后面附有透支协议书和客户的存款凭条。这是一种最明显、直接反映在财务账上的透支，只要审查财务账的其他应收款、抵押贷款和利息收入（透支的利息收入）即可发现。

二、通过电脑向客户的账户上空加资金。这种透支在财务账上没有反映。透支方法是，证券公司根据客户的资金和股票价值，确定一个透支比例（如 1:1，1:2 等），经交易部、财务部、总经理审核批准后，财务部（或电脑部）按照透支协议规定的金额和期限给客户空存一笔资金；到期后，再空取同样金额的资金，并根据透支协议规定的利率计算应收取的利息，从客户的账户上取出或通过电脑内部转账转到证券公司单独设立的个人账户上（绝大部分是账外的“小金库”）。由于空存资金没有经过财务做账，会导致电脑部每天清算后打印出的资金日结单（或叫资金业务汇总表）上的本日余额（即客户保证金的明细账）大于财务部“代购证券款”科目的余额（即客户保证金的总账）。审计时，只要将电脑部打印的资金日结单（或资金业务汇总表）的余额与财务部的“代购证券款”余额相核对即可查出其差额，然后向财务部索取空存资金的明细表，向交易部索取透支协议书，并追查透支收取利息的去向。如我们在对某证券营业部审计时，查出该营业部对 82 个客户采取空存资金的方法，月均透支 2240 万元，收取的透支利息 319 万元存放账外的个人账户上。

三、通过电脑向客户的账户上加资金可用额度。这种透支在财务上也没有反映。正常情况下，当客户的资金账户上没有资金时，是不能买股票的，即客户的资金余额不允许出现负数。但是，证券营业部可根据需要通过电脑部给需要透支的客户加上一个可用额度（即透支额）后，该客户就能在可用额度内透支。这种透支，电脑部每天清算后打印的资金日结单的本日余额与财务部的“代购证券款”科目余额完全一致。审计时，只有打开电脑部“资金历史流水库”（库名：ZJLS）来查历史透支情况，打开“资金余额库”（YE）查当天的透支情况。审计时要通过对“资金历史流水库”的筛选来完成。在 FOX 或 FOXPRO 状态下，具体命令为：（1）USE ZJLS INDE AJLS（2）SET FILT TO BCYE（本次余额）〈0，（3）BROW。查出所有的透支账户后，逐一对每个账户的透支和付息情况进行审查。正常情况下，证券营业部为了管理的需要，每天会要求电脑部打印出一份透支明细表（即 USE YE，LIST FOR BCYE〈0 TO PRINT），审计人员通过上述方法发现透支后，直接向财务人员索取透支明细表和协议书，以提高工作效率。

四、证券公司从外部融入资金（拆借和吸收存款），存入证券营业部购买的个人账户上，再通过电脑内部转账将资金转到客户的账户上，或者让客户直接在营业部购买的个人账户上买卖股票。这种透支最隐蔽，也最难查实。审计时，一是审查大额客户保证金的进出情况，对一次存入资金超过某一数额（如100万元）的，追查资金来源，必要时到对方去调查。二是审查资金内部转账情况。查清内部转账的原因和理由，特别要审查取款的手续是否齐全，及各账户之间的关系。

五、证券公司为客户提供“一日透支”和让客户做“T+0”。 从1997年6月以后，国家严禁证券公司对客户透支。在这种情况下，各证券营业部停止了对客户的透支，同时又想出了新的办法，那就是让客户做“T+0”。具体做法是：每天上午开市前给客户空存一笔资金，同时，通过电脑修改现行的“T+1”交割方式为“T+0”，即该客户当天买入的股票当天可以卖出，证券营业部在当天收市前取出上午空存的资金，并在协议上规定，若客户的账户上资金不足时，营业部可强行平仓。对这种一日内空存空取的做法，审计时只有将“资金流水库”中的存取款金额与银行存款和现金对应审查才能发现，查出客户的账户后，再查其股票流水，看当天买入的股票有无当天卖出的情况，若有，则证明证券营业部对该客户实行“T+0”的交割方式。（原载于《中国审计信息与方法》1999年第2期 作者 唐先明 文华宜）

【关于境外企业审计问题的思考】

一、要积极地开展境外企业审计

要积极开展境外企业审计，主要有四点考虑：按照我国法律规定和国际惯例，凡国有资产都应当接受国家审计，审计有国有资产的境外企业是国家审计的分内之事；改革开放以来，境外企业数量不断增多，投资规模越来越大，国家审计理当关注这一领域；境外企业有好的，但在维护国有资产合法权益、安全完整和保值增值等方面，存在问题不少甚至相当严重，客观需要加强监督，国家审计应重拳出击才是；财政部等四个部门最近已联合发布了境外国有资产管理暂行办法，国家可能还将有其他措施出台，为促进这些办法、措施落实到位，加强境外企业审计，更是历史重任，时不我待。因此，漠不关心、无所作为或等待徘徊均不可取，我们必须以积极的态度，研究新情况，解决新问题，努力开拓境外企业审计。

二、要稳妥地开展境外企业审计

积极开展境外企业审计，绝不意味着不问具体需要、不顾主客观条件一哄而上。

就审计自身而言，要充分考虑审计人员、审计经费等诸因素。从境外企业情况看，也应分轻重缓急，并非所有境外企业都迫切需要审计；即使有很多境外企业急需审计，全面开花，我国审计人员突然遍布世界，对境外企业生存、发展及我国对外开放战略和国际形象未必能有好的影响。

再考察一下境外企业东道国（或地区，下同）的法律环境和国际惯例，对与境外投资者合资、合作的企业，以及境外投资者购买股票（或股权）的企业，通常不允许不占控股地位的所有者、股票购买者（不论境内或境外）直接或单方面派代表审计；对合资、合作企业，如果企业章程、合资（合作）合同中没有规定，或者未经董事会同意，占控股地位的所有者（不论境内或境外）也不见得能够直接或单方面派代表审计；对境外投资者独资的企业，因该企业是东道国的经济法人，除依法接受中介组织审计外，可能只允许境外私人投资者进行内部审计，而不允许境外审计机关去审计。

综合考虑诸多因素，我们既要态度积极，还应有领导、有计划和有步骤地推进，特别是针对不同境外企业及东道国的情况，必须先行试点，重点突破，稳扎稳打，循序推进。

三、要灵活地开展境外企业审计

境外企业的最大特点是在境外，审计不能不考虑其股权结构、企业章程（或合同）、东道国的法律环境和国际惯例等因素，采取的审计程序、方式和方法与境内企业审计完全相同肯定行不通，必须有一定的灵活性。

首先，以什么身分或名义去审计。如果境外企业为我国独资、我国有资产占控股地位、企业章程（或合同）已载明可以由国家审计、与东道国法律规定无抵触、公开审计对国家没有不良影响，应当光明正大地以国家审计的身分去审计；如果其他条件具备，企业章程（或合同）中载明控股方只能进行内部审计或单独委托社会中介组织审计，国家审计最好借此名义或者与内部审计、中介组织一道去审计；假定这些条件大多不具备，国家审计则只能变通以境内投资者内部工作、商务考察甚至出国施行的名义前去审计。

其次，如何通知境外企业接受审计。去境外企业审计的身分或名义确定之后，须以恰当方式通知境外企业接受审计。如果公开以国家审计的身分前去审计，可将审计通知书直接发到境外企业；如果以其他身分或名义前去审计，或者以国家审计的身分有所不便，则只能先通知境内投资者（如果有的话），然后通过其他途径（如请境内投资者转告、以其他方式将境外企业中方负责人召回国内等）告知境外企业须接受审计。到境外企业可进行审计或审计调查，通知时也应视具体情况作出选择。

再次，审计人员能否走出国门。国家依法审计是强制性的，境内企业必须接受，境外企业却有所不同。境外企业接到了审计通知，国家审计能否成行，能否走出国门，还取决于被通知境外企业及东道国的回应情况。如果被通知境外企业不向审计机关或国内有关单位寄发出国邀请函、拒不接受审计，或者东道国不予办理（公务、商务或施行等）入境签证，国家审计人员只能望洋兴叹。出现这种情况，请境外企业将会计资料等送回国内接受审计也不失为一种替代方式。但是，如属境外企业不愿或拒不接受现场审计，送达会计资料的真实性和完整性大可值得怀疑，加之无法实施监盘等必要的审计程序，有效性势必大打折扣；若为东道国不予办理入境签证，境外企业会计资料等往返出入国境，可能不利于保护境外企业商业秘密和我国家秘密。

此外，怎样解决审计实施中遇到的困难。境外企业审计，毕竟是“出门在外”，撇开审计人员专业知识、法律背景、外语水平和实践经验的欠缺，审计实施中肯定还会有诸多不便和困难。就算中方有关人员都积极配合，外方人员说不定会设置障碍或故意刁难；为保密起见，也许不便多接触外方有关人员，不宜通过境外银行取证或在境外进行函证，即使这样做了也可能达不到预期目的；境外企业情况复杂，审计工作量大，限于审计经费、东道国签证有效期等，恐怕难以实施必要的审计程序。克服这些困难，最有效的办法，就是具体问题具体分析，勇于实践，在“战争中学习战争”。舍此别无他途。

另外，审计结果如何处置和利用。审计实施终了，审计组必须向派出审计机关提交审计报告。在正式提交前，如何征求被审计单位意见？如果公开以国家审计人员身分去审计，与境内企业审计相同，应正常征求被审计境外企业意见；如果以其他身分或名义去审计，只征求境外企业中方负责人意见为宜。获得对审计报告的反馈意见，时间上当然越快越好。让审计人员像境内审计一样，在国外坐等 10 天甚至更长时间实在耗不起；待审计人员返回再寄来更不适合，否则如有不同意见，时过境迁，何以补救？审计机关审定审计报告后，审计结果可有不同的处理方式：将审计意见书、审计决定直接给被审计境外企业；将审计意见书、审计决定经境内投资者转送被审计境外企业；不出审计意见书、审计决定，只向政府、有关部门提交审计工作报告、审计调查报告或审计情况通报等，由政府、有关部门依法决定是否或怎样处理。直接向境外企业出具审计意见书、下达审计决定，如遇“将在外军令有所不受”怎么办？因无法申请我国法院强制执行，东道国法院也不会听我们招呼，审计机关最好能有预案，采取相应对策。（作者　孙宝厚）

内部审计

内部审计组织

【内部审计简述】 1999年，各级内部审计机构和广大内部审计人员积极探索，努力工作，不断拓宽审计领域，提高审计质量，加大审计监督力度。在财务收支审计、经济合同审计、经营目标审计、经济效益审计、联营审计以及对内部控制系统评审等方面，取得了显著成效。截止年底，内部审计机构89154个，其中专职机构45298个；内部审计人员231978人，其中专职人员107220人；全国内部审计机构共开展审计项目447090个，查出违纪违规金额7773448万元，促进提高经济效益金额3510407万元，查出损失浪费金额3201189万元，向司法机关移送案件758件，建议给予行政处分1924人，移送司法机关处理625人，财务决算审签25258件。

开展采购比价审计，促进提高经济效益 1999年，许多内部审计机构学习“亚星采购比价审计经验”，积极开展了采购比价审计。在采购与销售两个环节上，采用“价格比较”，对经营全过程进行动态监控，把发生在企业外部的“暗箱操作”购销环节，纳入到企业内部进行监督控制；把购销管理中隐蔽的权力公开化，集中的权力分散化，最大限度地堵塞企业物资和资金管理的漏洞。采购比价审计的范围主要包括原辅材料、外购外协件、机器设备、运输工具、土建装潢、办公用品、劳动保护用品、消防绿化卫生用品等采购物资，通过采购比价审计，提高了企业经济效益，增强了企业竞争力，促进了企业管理水平的提高，净化了交易环境。

强化真实性审计，注意发现大案要案 1999年，各级内部审计机构将真实性审计作为财务收支审计的核心内容，认真贯彻朱总理关于“全面审计，突出重点，注意发现大案要案线索”的审计工作方针，揭露了一些重大、经济违法犯罪行为，维护了财经法纪，促进了本单位的廉政建设，树立了内部审计的权威。与此同时，各级内部审计机构，揭露和查处被审计单位弄虚作假、挤占虚列成本、资产负债不实、权益严重失真的问题，维护了企业的整体利益。吐哈石油勘探开发指挥部审计处，针对油田一些单位为完成任务指标，在年终决算上作文章，致使财务信息披露不真实，账目水分多，干扰油田正常经济秩序的现象，把财务收支审计同各单位经营指标完成情况与经营活动的真实性结合起来，对少报成本，虚增利润等失真现象进行严肃处理，维护了油田经济秩序。

突出管理审计，促进企业扭亏增盈 1999年，广大内部审计机构围绕国有企业三年脱困、扭亏增盈目标，突出了管理审计，进一步深化审计内容和审计形式。山东省三联集团公司审计处，根据连锁经营企业实行统一配送、统一价格，经营费用直接影响企业效益的特点，对集团所属的三联商社这个全国最大家电连锁经营企业，开展了降低费用专项效益审计。通过审计，他们提出了与厂商签订购销合同中要由连锁店在厂商设在当地的办事处提货的建议。该建议的实施，节约了仓储费，加速了商品周转，降低了运输费用。三联集团公司内部审计机构全年共开展专项经济效益审计16项，促进增收节支420．63万元。

开展经济责任审计，为考核、使用干部和兑现奖惩提供依据 1999年，各级内部审计机构认真贯彻落实中办、国办关于《县级以下党政领导干部经济责任审计暂行规定》和《国有企业及国有控股企业领导人任期经济责任审计暂行规定》，使经济责任审计拓展到对行政责任人、经济责任人、承包租赁、奖惩兑现、厂矿企业的二次分配等多种形式。在审计中，重点审查各项经济指标完成情况、企业资产的管理情况、重点投资项目的效益情况、核实企业资产、负债和所有者权益，客观公正地评价经理（厂长）的经营业绩和存在的问题，避免了短期行为的发生，维护了企业利益，为考核、使用干部和兑现奖惩提供了依据。乌鲁木齐铁路局内部审计部门，把经济责任审计作为重头戏，全年共完成领导干部经济责任审计13项，查出违纪金额4469万元，直接促进增收节支599万元，处理、处罚收缴资金238万元。据山东省审计厅统计，山东省内部审计机构开展的经济责任审计项目数，占全省开展经济责任审计项目数的80%。

开展基建工程审计，把好结算关 1999年，各级内部审计机构坚持基建工程审计制度，普遍开展了工程项目开工前审计、工程预算审计、工程结算审计，使工程项目全过程纳入审计监督的范围，有效地控制了基建资金的使用，避免了超付工程款现象的发生，维护了本单位的利益。新疆石油管理局审计处在基建工程结算审计中，发现工程量不实是工程结算中的突出问题。为了核实、核准工程量，堵住工程资金流失的口子，将基建工程审计的重点放在了施工现场，要求审计人员对5万元以上的工程建设项目和维修项目必须毫无遗漏地深入现场作勘察记录，以保证结算工作的准确无误。一年来，共审核工程结算金额10．91亿元，核减2255．51万元，为控制投资规模，减少投资支出做出了贡献。

指导监督内部审计工作不断深化　随着第三次机构改革的进行，内部审计机构和人员再次面临严峻的形势，各级审计机关采取多种措施，稳定内部审计队伍，推动内部审计发展。一是通过政府发文件，提出加强内部审计工作的意见，引导内部审计在工作中突出重点；二是抓行业内部审计网络和企业集团内部审计梯层结构建设，充分发挥“龙头”作用；三是总结宣传内部审计在促进国有企业以资产重组优化资本结构、以资本营运盘活存量资产、以科学管理加强内部控制、以控制成本减少支出提高经济效益等方面的典型经验，扩大内部审计工作影响，树立内部审计权威；四是通过表彰内部审计先进单位和先进个人，促进提高内部审计地位；五是抓内部审计规范，促进内部审计提高业务工作质量。

【中国内部审计学会】

领导成员名单

会长：郑　力

秘书长：马怀平

副秘书长：樊廉忠

崔洪涛

筹备召开中国内部审计学会第四次会员代表大会　根据1998年10月25日国务院颁布的《社会团体登记管理条例》和民政部社团管理司制定的社团章程范本，按照中国内部审计师协会工作职责和工作思路，以及我国内部审计工作现状和今后发展趋势，草拟了《中国内部审计师协会章程》（草案）。在2月召开了中国内部审计学会三届三次常务理事会暨地方内部审计协（学）会秘书长会议和中央有关部门内部审计座谈会议上，对《章程》（草案）　进行征求意见和修改；3月30日又召开了一次小型座谈会，对《章程》（草案）进一步征求意见和修改，使提交会员代表大会上讨论通过的是一个较为完善的《章程》（草案）。

向民政部申请办理更名手续。中国内部审计学会和署人教司多次前往民政部社团管理局，联系中国内部审计学会更名事宜。根据《社会团体登记管理条例》和民政部有关规定，向民政部报送了中国内部审计学会更名为中国内部审计师协会的申请报告和有关材料。

制定了中国内部审计学会会员代表大会代表名额分配原则和方案。分配原则为以企业和地方、行业协（学）会为主，同时，兼顾中央有关部门、院校和署机关，体现会员代表的广泛性。具体分配比例为在224名会员代表中，企事业单位的代表122名，占53．7%；地方协（学）会和行业学会的代表64名，占28．3%；行政机关（包括解放军和武警总部）的代表33名，占14．5%；院校的代表8名，占3．5%。拟定了中国内部审计学会2000年工作计划。

按照《中国内部审计师协会章程》规定的职责，保持中国内部审计学会工作的连续性，结合我国内部审计工作的实际情况，提出了中国内部审计学会2000年工作计划，以便交理事会审议。

草拟了《中国内部审计学会会费收缴和管理规定》。根据国家有关规定和《中国内部审计师协会章程》规定，参照中国内部审计学会以前的作法，结合学会和各会员单位实际，草拟了《中国内部审计学会会费收缴和管理规定》（草案）提交理事会审议。

创办《中国内部审计》期刊　《中国内部审计》期刊，经新闻出版署批准后，中国内部审计学会立即进行了各项创刊筹备工作。为扩大影响，学会决定期刊的第一期为创刊号，赠送给广大内部审计机构。为搞好《中国内部审计》期刊的稿源组织和发行工作，学会分别在北京和桂林召开了在京单位和省、区、市的通讯员和发行员会议，就扩大稿件来源和发行量做了动员和布置。刘鹤章副审计长和郑力会长分别到会讲话进行动员。编辑部的同志就如何组稿和扩大发行等问题，对通讯员和发行员提出了具体要求。经过努力，《中国内部审计》1999年共出版了3期，发行量已达3万份。

培训内部审计人员　为促进提高内部审计人员素质，1999年学会与署培训中心联合举办内部审计人员培训班。培训项目有，经济责任审计、内部控制制度评审、内部审计理论与实务、企业股份制改造与审计和固定资产投资审计，共培训人员2500人次。按照分层次培训的原则，学会还举办了两期针对省级协（学）会秘书长和大企业审计处长的高级研讨班。研讨班邀请国外和国内的有关专家进行授课，同时还请内部审计工作搞得好的企业介绍经验，并组织学员对采购比价审计等有关问题进行研讨，取得了较好的效果。

开展国际注册内部审计师考试　学会在总结1998年11月广东举行的第一次国际注册内部审计师考试经验的基础上，1999年5月和11月在广东和山东组织了两次国际注册内部审计师考试。两次考试广东、山东共有2538人报名，两次考试单科通过率在30%左右。考生普遍反映，通过复习和考试，学习国外内部审计理论与方法，借鉴国外内部审计有益经验，检验自己的能力和水平，促进我国内部审计工作水平的提高。为配合考试，学会在1998年翻译出版《内部审计实务标准》和《考试试题》两本书的基础上，1999年又翻译了100万字的《内部审计原理与技术》和《内部审计原理与技术教学指导书》，已出版发行。学会还组织国内有关专家编写《审计环境》一书。根据劳动和社会保障部《关于对引进国外职业资格证书加强管理的通知》要求，学会向该部上报了有关的材料和文件，申请办理注册手续。《通知》规定，经批准注册的国外资格证书受中国法律管辖和保护，可等同于我国相应等级职业资格证书的效力。

为起草《内部审计准则》做准备　为适应我国内部审计工作发展的需要，规范内部审计工作，促进提高内部审计工作质量，学会召开了《内部审计准则》框架研讨会。会后，组成了由厦门大学、福建省审计厅和中山大学、广东省审计厅两个课题组，负责研究和起草《内部审计准则》。

开展国际交往　郑力会长和马怀平秘书长，于1月参加了由国际内部审计师协会在香港召开的亚洲内部审计首脑会议。会上，郑力会长就成立亚洲内部审计地区组织问题提出了我们的意见，同时对台湾内部稽核协会参加该组织阐述了我们的原则立场。

国际内部审计师协会轮值主席让．皮尔．格瑞特先生和国际内部审计师协会主席亚洲事务特别助理张翌轩先生，于3月来华访问。李金华审计长会见格瑞特先生一行，郑力会长与格瑞特先生就进一步加强双方的交流与合作等问题进行了会谈，格瑞特先生向中国内部审计学会颁发了“国际注册内部审计师考试推广成就奖”。

马怀平秘书长率中国内部审计学会代表团，于6月参加了在加拿大召开的国际内部审计师协会第58届年会。本届年会对当前内部审计人员面临的挑战及当今国际内部审计界最新的学术观点和经验进行了交流与研讨。会上，外经贸部审计处王开前处长就中国内部审计制度建设情况作了演讲。会议期间，马怀平秘书长拜会了国际内部审计师协会现任主席格瑞特先生、继任主席约翰逊先生和秘书长毕绍普先生，就中国发展国际内部审计师协会会员、更有效地与国际内部审计师协会合作等交换了意见；马怀平秘书长还就国际注册内部审计师考试中的有关问题与国际内部审计师协会考试委员会主任汉斯·斯布尔先生进行了磋商。国际内部审计师协会向中国内部审计学会颁发了“会员快速发展大奖”。会后，中国内部审计学会代表团对加拿大的内部审计工作进行了考察。

为学习国外内部审计工作先进经验，促进我国内部审计工作水平的提高，10月中国内部审计学会组织11名内部审计机构负责人赴美国考察内部审计工作。

马怀平秘书长率中国内部审计代表团，于11月参加在泰国召开的亚洲内部审计论坛和亚洲内部审计高峰会议。会议期间，马怀平秘书长就台湾内部稽核协会参加国际内部审计师协会的有关问题与国际内部审计师协会秘书长毕绍普先生和格瑞特先生交换了意见，阐明了我们的立场。

部分单位内部审计工作简介

【中共中央直属机关事务管理局审计室】　编制15人，内设：行政事业经费审计部、基本建设投资审计部、经济事业审计部、综合指导部。

中直系统内部审计工作的职责与工作范围　中直系统内部审计体系是由中共中央直属机关事务管理局（简称中直管理局）审计室及各部委、直属事业单位的内部审计部门组成。中直管理局审计室是中直系统审计工作主管部门，担负着对党中央各部委及所属部门内部审计的归口管理和业务指导职能，同时也承担着对中直机关各财政预算单位财政拨款、财务收支以及中直机关基本建设投资和中直机关经济核算单位财务审计的具体任务。

中直管理局审计室的监督工作范围包括：中共中央办公厅、中共中央纪律检查委员会、中共中央组织部、中共中央宣传部、中共中央对外联络部、中共中央统战部、共青团中央、全国妇联、中央文献研究室、中央党史研究室、中央政策研究室、中央编译局、中直工委、中共中央对外宣传办公室、中央政法委、中央台办、全国台联、中国藏学研究中心、中国记协、中国外文局等单位。

中直系统开展审计监督工作的基本情况　1.行政事业经费审计。按照逐级审计的原则，1999年中直管理局审计室共对中直机关经费领拨款关系在本局的22个行政单位、4个社会科学事业单位、3个教育事业单位、2个文化事业单位1998年度经费决算进行了全面审计。其中，首次以行业分类审计的方式，对教育事业和文化事业单位进行了专项审计。从6月份开始，在决算审计的基础上，开始对当年预算执行情况实行跟踪审计，审计覆盖面已达100%。在决算审计中，重点检查了中直机关行政事业单位在新预算会计制度实施第一年对各项制度的贯彻落实情况。审计共查出7个方面的问题，通过审计报告向财务主管部门和被审计单位提出了严格预算管理的21条建议。对个别较突出的问题，以《审计情况反映》的形式向有关领导和相关部门通报了情况，促进了问题的妥善解决。在当年预算执行情况审计中，改变以往单纯对记账凭证进行详查的做法，加强了对单位内部财务管理制度的测评工作，将单位其他收入资金纳入重点审计范围。通过以上调整，使审计监督在防范会计信息失真，杜绝会计秩序混乱的工作中，更好地发挥了监督作用。2.基本建设投资审计。全年共完成中直系统41个工程项目的竣工结算审计，7个工程项目的竣工决算审计，3个单位的基建财务收支情况审计，4个工程项目的开工前资金来源审计。其中，竣工结算审计的经济效益成果明显，工程项目的审计核减额占结算总额中可变更部分平均达15．8％。基建项目财务收支及决算审计，纠正了基建财务开支中存在的不合理开支，提出改进和加强基建财务管理的意见24条。同时，在1999年的基建审计工作中，增加了自审项目的比例，逐步培养提高了本室工程审计人员的业务水平。在继续抓好新建工程项目审计的同时，加大了对修缮改造类工程项目的审计力度，先后对中央纪委、中央组织部、中央对外联络部、中央对外宣传办公室等单位的专项修缮资金使用和工程结算进行了审计，进一步扩大了基建审计的覆盖面和审计效益。其中，对一些工程实施了全过程审计，突出一个“全”字，体现了高质量、高效率。基建项目财务收支及决算审计坚持从严把关，杜绝各项不合理开支，改变了财务审计一般只提改进意见，不直接核减支出的传统做法，通过审计也直接形成了经济效益。3.经济事业审计及各单位所属部门审计。中直管理局审计室积极发挥审计人员在清理账目，核对收支，查错防弊方面的专业特长，为中直机关有关单位的经济活动把好关，当好参谋。积极协助和参加了本系统的领导干部任期经济责任审计及相关工作，对被考察人的经济责任进行了客观公正的评价。通过直接参与有关工作为单位挽回了不应有的经济损失，并逐步积累了开展离任（任期）经济责任审计的经验。为推动经济责任审计工作的开展，组织力量专题收集整理了近几年国家及各部门对任期经济责任审计的有关法规和专题论文100多篇，可以供有关人员和部门随时查阅，促进了对这一工作的理论研究和探讨。

中直系统开展业务培训和交流工作的基本情况　1999年中直管理局审计室从业务培训、政策宣传、信息报道、经验交流四个方面，全方位加大了对中直机关内审工作的宣传指导力度，有效地配合了中直机关内部审计监督各项业务工作的开展，发挥了中直管理局审计室作为中直机关内审工作主管部门应起的指导性作用。

业务培训工作充实了内容，拓宽了领域，扩大了范围　在1999年的业务培训中，中直管理局审计室，请审计署法制司的领导和专家讲课，除专职审计人员外，还邀请部分财务主管人员参加，专家、财务、审计人员一同学习讨论，互相启发，对防范经济犯罪，严肃财经纪律取得了共识。下半年，举办了中直机关出版单位会计核算及审计实务培训班，中直机关13家出版社、8家杂志社、5家报社及其上级主管机关等39个单位的近60名财务、审计人员参加了培训。新闻出版署、审计署、中央财经大学的专家、教授分别讲课。出版单位的主管领导、会计、审计人员共同学习交流，增进了在市场经济法则下尽职尽责，做好各自本职工作的责任感。

政策宣传工作实现了每季度一个专题，内容丰富，重点突出　一季度的重点是传达全国审计工作会议精神，积极宣传贯彻朱总理对审计工作的重要指示。为此，中直管理局审计室正式行文向中直机关转发了有关文件。并组织召开座谈会，交流学习体会。二季度的重点是组织开展中直机关审计干部学习刑法知识活动。举办了“中直机关审计干部刑法知识读本培训班”。通过此项活动的开展，增强了内审人员依法审计意识。对于防范审计风险，提高审计质量起到了积极的促进作用。三季度的重点是积极组织中直机关审计及相关专业人员参加了国家审计署为《审计法》颁发5周年举办的“审计知识百题竞赛”活动。中直系统80多个单位包括中组部部务委员赵杰斌同志在内的近300多人参加。国家审计署对中直机关参赛活动的组织工作给予了高度评价，授予中直机关优秀组织奖。四季度的重点是大力宣传新修订的《会计法》，中直管理局审计室连续印发了两期《审计信息》，详细介绍了新会计法突出体现的基本精神和对会计监督工作的新规定。还结合审计业务专题培训，对新会计法进行了宣讲。

信息报道，扩大了宣传范围　全年共编发《审计信息》21期，其中法规信息类11期，审计业务工作报道10期。为更好地宣传中直机关的内审工作情况，中直管理局审计室积极组织向有关报刊投稿，先后在《中国审计报》、《机关后勤工作》上刊登工作报道6篇，扩大了中直机关内审工作的影响。

及时交流经验，树立学习榜样　在去年审计署授予中宣部审计室为全国内审先进单位的基础上，今年，中直管理局审计室继续把榜样带头、经验引路的工作做深做细。在1999年初的中直机关贯彻全国审计工作会议精神座谈会上，介绍了中宣部审计室与财务部门配合，促进会计人员业务水平提高，发挥内审机构审、帮、促的好经验。年初在制订审计工作计划中，宣传了中国外文局认真制订年度工作计划，并做到季度有检查，每年有总结的好方法。在推动审计机构组建的工作中，通过《审计信息》资料，介绍了中联部审计办公室专职审计人员不等不靠，积极主动克服困难，开展审计工作，受到部领导好评的事迹。在组织审计法知识竞赛活动中，又及时了解和肯定了中组部审计室主动做好审计宣传工作，部级领导亲自参加审计竞赛活动的好经验。通过宣传不同方面的典型经验和榜样，中直机关的内审工作在业务发展和队伍建设两个方面都有了新的进展。

【通用技术集团内部审计工作概况】　中国通用技术（集团）控股有限责任公司是国家对国有外经贸企业进行战略性改组的产

物，成立于1998年3月，是在中国技术、中国机械、中国仪器、中国海外经济合作、中国医保、中国国广六家外经贸部直属总公司的基础上以“强强联合”方式组建的外经贸行业第一家大型企业集团。

在内部运行机制和管理体制上，集团实行决策权与经营权相分离的“两权分离”机制，建立健全母子公司体制。构建了体现集团战略、政策和制度统一性的以财务管理体制、人力资源开发管理体制、业务管理体制和投资管理体制为主要内容的符合控股经营特点的内部管理体系。同时，根据作为控股公司的管理定位和内部现状，集团高度重视内部监控机制的建设，在建立健全内部财务监督机制、法律监督机制、业务控制机制以及纪检、监察和民主监督机制的同时，进一步完善了内部审计监督机制，充分发挥了内部审计在促进集团整体管理水平的提高，最大限度地防范和规避经营风险等方面的重要作用。

审计体制和审计机构　1. 实行董事会领导下的内部审计体制。集团公司审计部隶属于董事会，在董事会领导下，依据国家有关法律、法规和集团规章制度，独立行使内部审计监督权，向董事会负责并报告工作。2. 建立两级内部审计机构。除集团公司设审计部外，7家子公司也设立了独立的审计机构，目前共有专职审计人员22人。各级审计机构的职责是：集团公司审计部负责审计集团公司和各子公司；各子公司审计机构负责审计本公司下属三级经营单位。集团公司审计部对子公司内部审计工作实施业务指导和监督，主要内容包括：对子公司的审计部门设置、审计制度建设以及年度审计工作重点进行指导；对子公司审计负责人的聘任进行资格审查；对子公司执行集团审计制度和审计业务规范的情况进行检查；建立子公司审计负责人例会制度，及时沟通、交流审计工作情况。3. 主要内部审计制度。根据内部审计体制特点，集团颁布了《集团内部审计工作规定》、《集团各级子公司领导人员任期经济责任审计暂行规定》、《关于落实审计意见的暂行办法》、《集团内部审计操作规范》等一系列内部审计规章制度，为集团内部审计工作的开展奠定了制度基础。

内部审计的主要成果　1. 经济责任审计。集团规定，各级子公司领导人员任期届满，或者任期内办理调任、免职、辞职、退休等事项前，以及在集团进行改制、改组、兼并、破产等资产重组的同时，应当进行任期经济责任审计。未经审计的，不得解除其任期经济责任。根据这项规定，按照企业领导人员任免权限，集团实行分级负责和分工审计制度。两年来，各级审计机构共完成经济责任审计项目76项，其中离任审计63项。通过审计，对企业领导人员的经营管理业绩和应承担的经济责任进行客观评价，进一步强化了对企业领导人员的责任约束，并为集团干部考核提供了重要依据。2. 财务审计。针对部分经营单位财务管理薄弱、家底不清的状况，审计机构把财务审计作为一项重点工作来抓。审计的主要内容是资产和损益项目的真实性、完整性以及会计基础工作的合规合法性。通过审计，揭示了被审计单位在财务管理方面存在的主要问题以及亏损严重等问题，在有效促进被审计单位进一步加强财务管理、提高会计信息质量等方面发挥了重要作用。3. 对重大开支和投资建设项目的专项审计。为强化对重大开支和投资建设项目的全过程监督，集团对物业大修理与专项工程支出等重大开支和投资建设项目实行专项审计制度。集团规定，重大开支和投资建设项目完成后必须进行审计，同时，对涉及金额较大的项目，要根据工程进度至少安排一次事中审计。审计重点为项目招标的规范性、工程或设备质量及成本开支的合理性以及项目决算报告的真实性。通过审计，达到节约费用开支，提高资金使用效益的目的。4. 决策前（事前）审计。为真正发挥审计机构的决策参谋作用，审计机构除做好常规审计外，还对一些多元化业务重组和投资项目的情况进行决策前（事前）审计，为董事会决策提供依据。如1998年底，集团董事会原则同意所属的一家三级公司进行资产重组，指令审计机构根据重组工作要求进行审计，结果发现该公司财务管理比较混乱，历史遗留问题较多。审计机构将审计结果实事求是地提交给集团董事会。董事会当即作出决定，要求该公司解决历史遗留问题以后再考虑重组。5. 审计调查。审计机构紧紧围绕集团不同时期中心工作，积极开展审计调查，为集团经营管理决策提供重要依据。例如，为加强对出口业务的管理，审计机构选择部分出口经营单位，从合同入手，对出口业务签约、收购、付款、出运、收汇、账务处理等各主要环节的管理和控制情况进行了审计调查。通过审计调查，提高了出口经营单位规范操作、防范风险的意识，为确保集团出口业务的健康发展发挥了积极作用。6. 探索预算执行情况审计。为配合集团实行全面预算管理，审计机构对三级经营单位的预算执行情况实施了事中审计。通过审计，及时发现了预算执行过程中存在的问题并提出了改进建议，有效促进了集团预算管理制度的不断完善；同时，通过对预算执行情况的剖析，帮助被审计单位及时发现了经营管理中的薄弱环节，促进了被审计单位经营管理水平的不断提高。7. 狠抓审计意见的落实。审计意见的落实是审计工作程序中的重要一环，关系到审计作用能否最终发挥。集团高度重视加强审计意见的落实工作，要求审计机构对每一个审计项目，都要针对审计发现的问题，提出具体的整改意见。集团规定：被审计单位必须按照规定的期限和要求认真落实审计意见，有关部门要积极协助或监督落实审计意见。对于审计中发现的问题，集团要求被审计单位进行清理和整改并定期向审计机构汇报。审计机构通过后续审计或其他方式，负责跟踪检查审计意见的落实情况，并及时向集团领导汇报。对于审计发现问题较多的被审计单位，集团要求其成立清理整顿小组，由单位领导专门负责进行全面整改。对于重大项目，由集团领导亲自召集被审计单位领导班子，听取汇报，检查审计意见的落实情况。8. 加强审计业务规范化建设。针对集团审计机构在业务操作过程中随意性较大，没有一个相对规范的操作规程的状况，集团在借鉴国家审计和社会审计规范的基础上，结合集团内部审计工作特点，制定了《集团内部审计业务操作规范》。该《规范》包括七个子规范，详细规定了审计业务各环节的操作程序以及各级审计人员的责任。《规范》的制定和实施将有利于进一步降低审计风险、提高审计效率、明确审计责任、保证审计质量，推动集团内部审计工作逐步步入规范化轨道。

审计机构在工作中注重自觉培养管理审计意识，以管理审计的思想指导实践。随着集团内部监控体系的全面建立，审计机构将逐步加强内部控制评审工作，在促进集团内部监控体系的健全和有效运转方面发挥重要作用。

【中国核工业集团公司审计部】

中国核工业集团公司是1999年7月1日，经国务院批准，在原中国核工业总公司所属部分企事业单位的基础上组建的。审计部是集团公司的一个职能部门，在总经理领导下对集团公司及全资企业、控股企业和分公司、代表处等分支机构的经营管理活动进行审计监督。审计部下设事业审计处、经贸审计处和基建审计处，人员编制11人，其中：主任1名，副主任1名。到1999年底，集团公司及成员单位共设立各级内部审计机构（含专职审计人员）88个，其中：设立独立审计处（室）科的单位53个，与其他机构合署合并或设立独立专职审计人员的单位35个；共有审计人员258人，其中专职审计人员180人。

成果综述　全年共完成审计项目613项；查出违规金额4797.82万元，已纠正违规金额2894.17万元；查出违纪金额777.85万元，已纠正违纪金额313.37万元；查出损失浪费金额1839.61万元，促进增收节支310.66万元；提出审计建议1206条，其中被单位采纳1019条；向监察部门移送案件5件（以上数据包含1999年1月至6月原中国核工业总公司的有关数据，以下同）。

制度建设　为确保审计工作的制度化、规范化，审计规章、制度的建设是集团公司成立后审计工作的一项重要内容。到1999年底，集团公司已制定了《核工业集团内部审计制度》、《核工业集团企业法定代表人任期经济责任审计办法》、《核工业集团建设项目审计办法》、《核工业集团科研费审计暂行规定》和《核工业集团审计统计报表制度》等规章制度，审计部还制定了《审计部人员职业道德准则和廉洁自律规定》。逐渐完善的规章制度保证了集团公司审计工作有章可循，有利于内审工作的开展。

经济责任审计　1999年完成对厂（矿）长、经理任期经济责任审计177项，查出违规金额2140.50万元，已纠正违规金额1996.20万元；查出违纪金额386.04万元，已纠正违纪金额178.75万元。集团公司审计部对上海中核浦原总公司、深圳中核集团公司等直属公司的法定代表人进行了任期经济审计。通过审计，摸清了这些直属公司的家底，肯定了经营业绩，同时指出了存在的问题，明确了责任，提出了处理意见和建议，为集团公司规范母子公司管理和人事部门考核干部提供了依据。在对上海浦原总公司总经理任期经济责任进行审计的同时，针对公司体制不顺，核工业在沪整体优势未能发挥的问题，分析了原因，提出了理顺体制的相关建议，得到了领导的重视。

基建审计　核电、核燃料是集团公司生存、发展的支柱。为保障核电、核燃料重点工程项目按期、高质、高效建成，加强对工程进度、质量、投资的“三大”控制，保证建设资金合理、合法使用，1999年集团公司审计部门加强了对核电、核燃料重点工程项目的审计。全年完成基建项目（含技改项目）审计63项，查出违规金额1519.20万元，查出违纪金额8.96万元。集团公司审计部对五〇四厂504工程概算执行情况进行了审计，对工程概算管理、预结算工作等五个方面提出了建议，要求五〇四厂进一步做好工程建设管理，继续加强投资控制。集团公司审计部派驻各项目审计代表处对项目进行全过程跟踪，提出了许多建议，大部分被采纳。

为配合集团公司所属企业的债转股工作，集团公司组织了对八二一厂成都铝箔厂、二〇二厂金属钙镁工程、八一四厂温江六氟化硫技改工程和河北葡萄糖厂工程的竣工决算审计，审查了这些重点民品项目执行概算的情况，就存在的问题提出了处理意见和改进建议，对加强民品项目管理和会计核算、帮助企业实现债转股起到了促进作用。

其他审计工作　1999年共完成财务收支审计177项，经济效益审计55项，内部控制制度审计24项，审计调查32项。集团公司审计部作为集团公司资产管理领导小组、核地质勘查队伍管理体制改革领导小组和企业扭亏脱困领导小组的成员，参与了核工业资产经营和产业结构调整工作，并发挥了积极作用。1999年，集团公司审计部对京区6个

直属公司落实审计意见书的情况进行了检查，帮助、督促6个公司做好风险资金催收和投资项目清理工作。

【广东核电合营有限公司内部审计工作概况】 广东核电合营有限公司是中国广东核电集团与香港核电投资公司共同投资于1985年正式组建的。公司实行董事会领导下的总经理负责制，总经理部下设7个部，审计部是其中的一个部门。审计部在总经理部的直接领导下，实行双重联系与报告制度，重大问题可直接向董事会汇报，每年要向董事会提交年度审计报告。

审计部现有员工8名，中方6名，港方2名。6名中方员工全部为大专以上学历，其中会计师1名，经济师1名，工程师2名。2名港方员工为香港会计师公会资深会员。

审计业务概述 1999年，完成专项审计和专题调研14项；参与采购项目评审181项（涉及金额7750万美元）；开展不正常事件调查1项；以及其他咨询服务和培训等活动。1. 专项审计和专题调研。共完成专项审计13项，发出“改进行动要求”50项(每项中包含若干条审计建议)，审计建议落实率达到99%以上。专项审计覆盖了公司生产经营活动的各个方面，涉及了财务审计和经营审计（经济效益审计）。由于建立了比较健全有效的内部控制系统，加强了事前监督，使事后审计时查出的违纪、违规金额较少，全年共查出因违反公司规定而给公司造成的经济损失约为人民币107，500元。2. 采购评审。按照公司《合同与采购手册》的规定，审计部参与了一定金额以上的采购项目评审，作为重要的事前评审，审计部通过对采购过程的全面监督，保证了公司各项政策的贯彻执行，及时发现和纠正可能给公司利益带来的损失。全年共参加评审181项，涉及金额为7750万美元。3. 不正常事件调查。审计部对1起涉及到公司利益损失的不正常事件进行了调查。主要是商务人员多次违反公司采购程序，而且部分物资的采购价格高于市场价格。按照《员工纪律守则》的处罚规定对有关人员进行了处理。4. 管理咨询服务。审计部本着“寓监督于服务之中”的宗旨，开展了大量的咨询服务活动。例如：对各部门制定的重要执行程序提出意见；宣讲公司的重要政策规定；举办纪律和廉政讲座等等。

审计工作规范化 按照手册的规定，加强了对审计工作的全面管理，坚持了部门例会制度，建立了审计报告发出前的三级复核制度，保证审计质量和审计目标的实现。

全年完成培训项目13项。培训方式主要以在岗培训为主，辅之以部门研讨会和对外交流。为了加强与同行间的相互学习和经验交流，向来访的审计同行和有关单位的领导通过研讨会的方式介绍审计工作经验。今年由中国企业集团促进会举办的“全国大型企业集团制度建设经验交流”，在北京为与会人员（约120人）介绍了公司的内部控制系统的建立及运作情况。

【交通系统内部审计工作综述】

1999年底，交通系统共有内部审计机构2088个，审计人员6710名，其中专职审计人员2874名，占42. 83%；大专以上学历2617人，占39%；获得中级以上职称（技术资格）2277人，占33. 93%。1999年，全年共完成审计项目14845项，查处违纪违规金额14. 9亿元，促进增收节支3. 38亿元，追还侵占挪用资金1. 63亿元，上交财政金额1202万元，上交主管部门5670万元。

【交通部审计办公室】 交通部审计办公室（以下简称审计办）为交通部内设正局级审计机构，负责直接审计交通部所属单位和交通部投资的基本建设项目，并对交通系统内部审计工作进行行业管理和内审业务指导。审计办内设综合处、审计处，编制7人，现任主任为蔡传炳同志。1999年，审计办完成审计项目51个，查处违纪违规金额5180万元，上交财政金额734. 8万元。

经济责任审计 根据《交通企事业单位法定代表人经济责任审计规定》的要求，1999年，对招商局集团有限公司等9个单位进行了离任经济责任审计，查处违纪违规金额2468. 7万元，上缴财政23. 2万元。经济责任审计的广度和深度明显增强，审计重点有所突出，审计结果得到人事部门和有关单位领导的认可，为考核干部提供了参考依据。

财务收支审计 1999年，在检查财务收支真实性的基础上，进一步加大了审计执法的力度，重点对招商局系统（境内单位）、海监系统等33个单位的财务收支进行了审计，查处违纪违规金额2659. 6万元，上缴财政711. 6万元。通过审计，各单位遵纪守法意识明显增强，对审计成果给予了充分肯定和认可，财务管理、会计核算水平得到明显提高。

公路收费站点审计 根据部反腐败领导小组的工作安排和部领导指示，为配合部开展的清理整顿公路收费站点工作，1999年，组织各交通厅（局）对国省道上的886个收费站（点）进行了审计，并相继组织3个检查组对福建、辽宁等8个省（区、市）开展公路收费站点审计的情况进行了检查。审计表明，各厅(局）在清理整顿公路收费站点工作中较为重视审计工作，各项收费政策、规定得到了较好执行，收费资金的管理与使用基本合规，审计查出的主要问题得到了及时整改。审计结果得到了部领导和部反腐败领导小组的高度重视，对审计反映的有关收费站点设置、收费管理等方面存在的问题，已分别责成主管部门和有关单位研究处理。

基本建设项目审计 为了加

强基本建设资金管理，确保建设资金安全和合理合法使用，1999年，对江西温家圳—厚田高速公路、陕西渭南—潼关高速公路等5个工程项目进行了审计。总的来看，公路项目资金到位情况较好，资金管理与运用把关较严；两个办公楼的建设单位较为重视基本建设管理工作，较好地执行了基本建设程序，工程质量较好。但审计中也发现了一些问题。

业务招待费审计和审计检查 根据部反腐败领导小组工作安排，对50个部属单位1998年业务招待费单独列支的执行情况进行了检查，对列入1999年审计计划的32个单位业务招待费进行了重点审计。列入检查的50个部属单位共超支业务招待费249.33万元；列入审计的32个单位中，业务招待费节约的有14个单位，占44%，超支的有18个单位，占56%。

其他专项查证和检查 1999年，在圆满完成审计计划任务的同时，还配合、协助审计机关、纪检监察等部门，作了大量查证和检查工作，受到了这些部门的普遍好评。其中参与了审计署组织的招商局所属明华船务公司的审计、部纪检监察部门组织的“收支两条线”执行情况的检查和其他一些专案的调查。此外，还根据部领导的批示，对一些人民来信反映的问题进行了专项调查和处理。

审计科研工作 1999年，会同中国交通审计学会组织实施了对《修船费用审计（报价、审价）计算机管理系统》、《内部控制制度模糊审计》两个课题的研究开发工作。其中修船费用审计课题在全体课题组成员的努力下，已在1999年内完成，并于2000年2月17日通过了部科教司组织的部级评审。《修船费用审计（报价、审价）计算机管理系统》是将先进的计算机技术，运用到修船费用报价、审价两项业务繁琐且技术性很强的工作中的一个应用软件系统，适用于审计部门、船机主管部门、船公司、船厂等多个部门。

审计理论研究与业务培训 审计理论研究的重点是现代企业制度下内部审计的地位、作用及发展趋势，基本建设审计等。1999年底，组织了交通审计优秀论文的评选活动，评出一等奖1篇，二等奖5篇，三等奖9篇。为了提高审计人员的业务素质，拓宽审计知识面，举办了事业单位财务会计制度培训、现金流量表和合并会计报表培训两项培训，共培训353人次。1999年，交通内部审计工作虽然取得了一定成绩，但还存在一些不足。如在加快交通基础设施建设的新形势下，审计任务越来越繁重，但审计力量严重不足，审计手段还相对落后，一些深层次的问题还未得到根本解决。

【教育系统内审工作】 1999年，教育部财务司在长沙和上海分别召开了教育部直属高校和全国省区市教育部门的审计工作会议。会议的主要内容是：总结、交流1998年审计工作开展情况和工作经验，部署1999年的任务，杨周复司长在会上做重要讲话。

会后，各部门、各单位积极贯彻会议的精神，在机构改革中，一方面克服不利的影响和困难，一方面抓住机遇，迎接挑战，开创工作的新局面。据29个省区市和44所部直属高校报送的资料统计，去年审计总金额达1300多亿元，纠正违规违纪金额19亿多元。更加可喜的是，以往审计工作较先进的省区市和高校继续取得了好的成绩；一些较后进的省区市和高校去年取得了较突出的发展。这一年，各部门和各单位以保证增加教育投入、提高资金使用效益为目标，共开展了76940项审计和审计调查。

认真开展财务收支审计，促进加强财务管理 1999年，大部分省区市继续开展对“两基”验收、复查前教育投入情况和教育费附加征收情况进行审计或审计调查，促进教育经费依法投入、规范管理、合法使用，收到了很好的效果。如安徽省已有2/3的地市完成此类审计，共查出欠拨教育经费1．02亿元；四川省广元市教委对贫困地区义务教育工程专款进行审计，促使1998年前全市拖欠的270万元全部到位；贵州省教委审计处组织对9个县（区、市）教育经费进行审计，追回未及时拨付或被截留挪用的教育经费1000余万元；内蒙古自治区教委对14个区县的教育经费进行抽查审计，追加教育经费1亿多元；北京市东城区教育局审计科持续开展财务收支定期审计，1999年审计覆盖面达100%；这些审计工作有力地促进了国家有关教育投入政策的落实。许多部门和高校的审计机构针对高校管理体制的改革，在高校撤、并、升格中承担了大量的财务收支审计任务，对学校的资产负债进行了全面清理，摸清了家底，得到了领导的好评。很多高校还开展了财务预决算审计，促进学校加强了财务管理。

积极开展基建修缮工程审计，防止和减少损失浪费 1999年，各地区、各单位教育审计机构加大对基建和修缮项目的审计力度，根据本部门、本单位的实际制定了相关规定，作为一项重要工作来抓。据29个省区市和44所部属高校上报的材料统计，去年共完成基建和修缮项目17739个，审计金额64亿元，审减金额5．4亿元。通过开展基建审计，防止多计工程量、高套定额标准、高收费，维护教育单位的合法权益，减少了工程造价，节约了工程投资，堵塞了漏洞，促进基建部门加强管理，提高资金的使用效益。

继续搞好经济责任审计 据29个省区市和44所部属高校报送的资料统计，共完成经济责任审计3万多个。宁波市教委在12个县区全面开展了领导干部离任审计；山东、河南、贵州、江

苏、四川、浙江、湖北、上海、湖南等省开展这项审计都在400个以上。通过审计，促进领导干部增加了责任感，加强了干部队伍建设，提高了整体管理水平。

围绕热点问题，开展审计和审计调查　教育收费问题涉及对象广、范围大，关系千家万户，各级领导都十分关心。各审计机构积极开展了规模不同的教育收费审计或审计调查，通过审计和审计调查，有效的治理了乱收费和对所收资金滥用乱支的现象，维护了教育部门的形象。

在高校后勤改革中，后勤资产状况审计不仅搞清了家底、防止国有资产流失，也为后勤实行社会化、增加市场竞争能力奠定了基础。

各部门审计机构开展对社会力量办学财务收支审计，促使社会力量办学财务管理规范化，保证其健康发展。

还积极开展了产业经济效益审计，企业集团内控制度评审，大型仪器设备采购、科研及经济合同的审签等等。江西、安徽、福建等地区还重点开展了教育救灾款的审计，防止了克扣、挤占、挪用现金的现象，产生了良好的社会效益。

加强管理和指导，提高审计水平　上海、贵州、湖南、甘肃、安徽、黑龙江、江苏、山西、陕西、河南、福建、北京、青岛、广东高教局、天津市教委大力加强对所属地区教育审计工作的指导，结合本地区的特点，制发有关规章制度，规范基础工作；深入基层，开展调研，督促检查贯彻有关方针政策情况，针对有关问题及时解决，完善相关制度，推动本地区教育审计工作的开展。

教育部财务司为提高教育系统审计工作水平，适应第三次全国教育工作会议对教育审计提出的新要求，在暑期举办了教育部直属高校审计处长学习研讨班，教育部财务司杨周复司长做了重要讲话，复旦大学徐明稚副校长、复旦大学经济管理学院李若山教授、南开大学财务处孙广平处长分别为学习研讨班讲课，使大家开阔了眼界，增长了知识，得到了收益，对进一步推进高校内部审计有很好的作用。同时教育部财务司组织省区市教委审计处长参加了教育经济培训班。

【首钢集团内部审计工作】

首钢集团的内部审计机构分两级设置，现有独立的审计机构32个，审计人员91人。首钢总公司（即母公司）审计室为一级审计机构，下设财务审计处、经济责任审计处、工程审计处和综合指导处。现有审计人员19人。其中：主任1人，副主任1人；大专学历以上的17人，占89.5%；获得高级会计师、审计师资格2人，占10.5%；获得会计师或注册会计师、工程师等中级职称11人，占57.9%。

首钢集团子公司、独立厂的审计部门为二级审计机构。高新技术公司、生活服务中心、房地产公司、中首公司、矿业公司、特钢公司、机电公司、一建设公司、三建设公司、设计院等13个单位设置了审计处（审计室）；庆华工具厂、吉林柴油机厂、岷山机械厂等18个单位设置了审计科。现有审计人员72人。

审计工作概况　1999年，首钢集团审计项目计划219项，实际完成235项，为计划的107%。提出审计建议，意见245条，促进增收节支、增加效益9350万元。

其中总公司审计室全年完成审计项目29项，包括财务决算审计12项，厂长（经理）离任经济责任审计9项，工程项目预决算审计5项，专项审计调查3项。审计项目优秀率计划10%，实际达到优秀审计项目标准的有8个，优秀率为27.6%。通过审计，全年促进增收节支、增加效益8038.8万元，提出审计建议、意见180条，为提高经济效益做出了较大贡献，被总公司授予1999年度先进集体称号。主要做法是：1.紧密围绕“真实、合法、效益”目标，开展财务收支审计，为严肃财经法纪，提高企业财务管理水平起到了积极促进作用。如上半年，对12个子公司、独立厂1998年度财务决算情况进行了审计，共查出问题75个，从财务成果看，调增利润4026.3万元，调减利润14580.4万元，净调减利润10554.1万元；从财务状况看，净调增资产13253万元、负债21809万元，调减所有者权益8556万元。针对问题，提出加强企业管理的对策和建议74条。2.开展厂长（经理）任期经济责任审计，确保国有资产保值、增值，强化了对经营者的有效经济监督。加强厂长（经理）离任经济责任审计，是首钢深化企业改革、建立现代企业制度的客观要求。1999年度，受总公司党委组织部的委托，开展对子公司经理（厂长）的离任审计9项。经审计，发现各类问题65个，从财务成果看，调增利润10210万元，调减利润1659万元，净调增利润8551万元。从财务状况上看，净调增资产10068万元，负债8049万元，所有者权益2019万元。提出审计建议、意见59条。3.选准突破口，突出抓好经济效益审计。经济效益审计，是现代审计工作的中心。我们从首钢实际出发，以工程项目预决算审计为突破口，从财务收支审计领域向经济效益审计方面拓展。工程预决算审计是经济效益审计的重要组成部分，1999年开展工程预决算审计5项，审计投资总金额1.4亿元，核减工程投资245万元，审减率为1.7%。通过审计，反映出设计、施工及业主管理部门存在着以下几个方面的问题：一是施工单位虚列施工项目，多报施工量；二是高套定额、高估冒算；三是设计变更审批手续不全，套取施工量；四是有法不依，规章制度不健全等问题。针对这些问题，提出审计意见、建议15条，均由被审计单位采纳。为总公司节约工程投资，避免了损失浪费，维护了企业合法经济权益。4. 围绕改善经营管理和内控制度，开展专项审计调查，为建立现代企业制度献计献策。按照有关规定及年度审计项目计划，我们坚持每年两次对业务招待费使用情况进行专题审计，以促进廉政建议，防止损失浪费，并为向职工代表大会报告提供依据。如 1999 年，通过对总公司各单位业务招待费使用情况审计，尽管实际支出总额比上年同期减少，但也发现个别单位呈上升趋势。针对现行业务招待费管理制度已不适应首钢改革形势的情况，建议有关专业部门重新进行修订、完善，同时要求有关部门对不按规定标准使用业务招待费的单位进行严格管理，确保全年不超支。5. 适应建立现代企业制度的需要，修订完善审计专业规章制度。全年先后修订了《首钢内部审计制度》、《首钢财务审计办法》、《首钢厂长（经理）任期经济责任审计办法》、《首钢总公司工程项目预算、结算、决算审计办法》、《首钢审计项目计划管理办法》、《首钢审计统计工作管理办法》、《首钢审计工作保密管理办法》、《首钢内部审计工作规范》、《首钢总公司审计档案管理办法》、《首钢总公司审计工作承诺制实施办法》、《首钢总公司合同审计办法》、《首钢总公司内部控制制度审计办法》、《首钢总公司审计室计算机管理办法》等 13 个审计专业制度。6. 加强培训，不断提高审计人员业务素质。根据国家审计署颁发的有关规定和新形势的需要，总公司审计室每年组织各级内部审计机构人员脱产学习不少于 10 个工作日（80 学时），并按不同职称级别进行了在职人员继续教育的培训工作。例如，1999 年，一是组织北京地区各子公司审计人员进行了为期 3 天的业务培训。内容包括审计风险问题和企业存货审计的方法、技巧等，提高了审计人员的工作能力。二是组织 5 名初级职称人员脱产学习 32 学时，经考试合格，并取得了《会计人员继续教育合格证书》。三是组织具有中、高级以上会计职称的 6 名同志参加了继续教育，脱产学习 40 学时，重点学习新颁发的 8 个会计准则。经考核、考试全部取得了《中级职称会计人员继续教育合格证书》。四是组织 7 名同志参加了会计电算化培训班，累计脱产学习 80 学时，经理论和实际操作考试全部取得了《会计人员电算化合格证书》。

【铁路系统内审概况】 截至 1999 年底，铁路系统有内审机构 365 个，专职审计人员 1545 人，其中，获得中级以上技术职称的人员占 58. 7%。据不完全统计，1999 年，铁路各级审计部门共审计 27600 余个项目（含经济合同审计），纠正违纪金额 41. 5 亿元，查出损失浪费金额 2. 2 亿元，促进增收节支 6. 9 亿元。

【铁道部审计中心】 1998 年 9 月，铁道部审计中心正式成立。审计中心为铁道部直属事业单位（正局级），编制 35 人，内设综合处、运输审计处、基建审计处和工业事业审计处。审计中心由铁道部直接领导，负责对铁道部所属企事业单位实施内部审计监督，并对其审计范围内各级审计部门的工作进行指导和监督。其主要职责：1. 组织实施对部属企事业单位资产经营责任审计以及对这些单位领导干部任期经济责任审计；2. 组织实施对铁道部管理的工程项目，特别是重点工程项目的概（预）算执行情况和竣工决算审计；3. 组织实施专项审计和审计调查；4. 对铁道部驻外机构、境外重要工程项目的财务收支、国有资产及其经济活动等进行审计监督；5. 对铁路国有资产占控股或主导地位的联营、合资、合作企业实施审计监督；6. 组织实施对铁道部管理的各专项基金、资金的财务收支审计；7. 完成部领导交办的其他工作。铁道部审计中心的审计范围分工：1. 运输审计处审计范围：哈尔滨、沈阳、北京、呼和浩特、郑州、济南、上海、南昌、柳州、成都、昆明、兰州、乌鲁木齐铁路局及广州铁路（集团）公司。2. 基建审计处审计范围：铁路工程总公司、铁道建筑总公司及中国土木工程集团公司等 6 个单位及铁道部重点工程项目（大中型建设项目）。3. 工业事业审计处审计范围：铁路机车车辆工业总公司、铁路物资总公司及铁路通信信号总公司等 44 个单位。

1999 年，铁道部审计中心共审计了 45 个单位，查处违纪金额 22. 2 亿元，为铁路行业提前一年实现扭亏为盈做出了积极的贡献。

铁路审计部门主要开展的审计工作　1. 资产经营责任审计。为了配合铁道部对运输企业实行资产经营责任制情况的考核，铁道部审计中心把对运输企业实施资产经营责任制情况的审计作为 1999 年工作的重点。一是对广州、南昌、柳州、昆明、呼和浩特铁路局 1998 年试行资产经营责任制情况实施审计，探索资产经营责任审计的方法，积累经验。二是确立《资产经营责任审计》科研课题，组织部分铁路院校、铁路局采用三结合的研讨方式，结合审计实践，进行了深入细致的理论研究。

根据铁道部领导指示，部审计中心每年对 14 个铁路局的资产经营责任审计一遍，为部进行考核工作提供审计结果报告。1999 年，审计中心为对运输企业 2000 年全面开展资产经营责任审计进行了必要的准备。2. 企业领导人员任期经济责任审计。铁路审计部门开展对企业领导人员任期经济责任审计工作已经形成制度。1999 年，根据铁道部人事司的委托，部审计中心共实施并完成了 10 个单位领导人员任期经济责任审计项目。查处了截留和隐瞒各项收入、挤列成本、对外无效益投资、投资借款难以收回等各种违纪违规问题。同时，合理、公正地评价了企业领导人员经营业绩和在有关经济活动中存在的违纪和失误问题应负有的主管责任和直接责任。3. 运输收入审计。1999年，铁道部审计中心在对全路各铁路局的资产经营责任审计和财务收支审计过程中，均对运输收入情况进行了审计，共查出违纪金额32900余万元，为铁路全面实行资产经营责任制，提前一年扭亏增盈起到了一定的作用。各铁路局审计部门以增收节支、扭亏增盈为重点，认真抓好运输收入审计。沈阳局以确保运输收入及时足额入库为重点，组成11个审计组对所属9个分局、17个站段实施了审计，发现有问题金额460余万元。在审计中，沈阳局积极探索和规范运输收入审计的新思路、新方法，提高运输收入审计的效益与效率。成都局以收支大户、亏损大户和增收节支潜力大的单位为重点，分别对成都车站、六盘水车务段等5个运输收入大户实施审计，针对拖欠运杂费和货车使用费的问题下达审计决定要求立即清欠，已追收欠款499.2万元。哈尔滨局对所属7个单位进行运输收入审计，查处违纪金额2061万元，补收了58万元，罚款5万元。广铁（集团）公司审计处在对广深股份公司的财务收支审计中，同步审查了该公司的运输收入情况。在对收入部会计账证资料审查中，从银行转账支票上发现疑点，查出该部原部长苏×采取伪造银行对账单、偷换记账凭证等手段截留和转移运输进款利息、私设"小金库"100多万元，并从中贪污13.8万元的严重违法违纪行为。苏×已被移送检察部门处理。4. 固定资产投资自筹资金来源审计。据统计，1999年全路各级审计部门完成自筹资金事先审计510项，报审资金34400万元，核减项目14个，核减金额380万元。5. 工程项目审计。完成工程项目审计3900项，审计投资总额93.3亿元，核减单项工程116项，核减投资5322万元，查出违纪金额10400万元。完成工程项目开工前审计842项，审计投资总额21473万元，核减工程项目158项，核减投资64万元。6. 专项审计和审计调查。主要内容有：对领导关心、群众关注、对安定团结有着举足轻重的重点问题——养老保险基金、失业保险基金和下岗职工再就业基金的管理及使用情况，铁路建设资金的管理及使用情况等等进行审计调查。在布置全路各单位进行自查的基础上，部审计中心进行了重点抽查。1999年初，部审计中心先后对北京铁路局、铁十六工程局、二七机车厂等单位的养老保险基金、下岗职工再就业基金管理情况实施了专项审计，查处了挪用、截留专项基金以及造成损失的一些重大问题。根据铁道部清理"对外投资、对外借款、对外担保"工作要求，各单位结合本单位实际情况对对外投资、联营、兴办经济实体的财务管理、会计核算情况和对外借款、担保情况进行了审计调查，重点是调查无效投资、风险投资、投资损失和或有损失，提出了完善企业内控制度、改善企业经营管理的建议。同时，各单位审计部门还对企业改制、资产重组、结构分离过程中国有资产、护路联防经费的管理情况和内控制度执行情况等进行了专项审计或审计调查，做到了为企业改革保驾护航。7. 多元经济审计。为适应社会主义市场经济的需要，铁路企业在改制过程中投资主体、企业经营也向多元化发展。铁道部适时提出对企业资产经营进行一体化考核，铁路审计部门也适应需要实施主业、多经一体化审计的多元经济审计。经过审计，促使多经单位加强了企业管理，增强了市场竞争意识，强化了自我约束机制，健全了内部控制制度，提高了财会人员的素质。8. 科研及培训。1999年，铁道部审计中心在铁道部科技司的支持下，确定了《铁路内部审计计算机系统方案》和《铁路资产经营责任审计规范化研究》的科研课题。在北方交通大学、上海铁道大学及有关单位组成的课题研究组努力下，已经拟定出可行性报告，有的已经通过鉴定验收。为了提高铁路审计人员的业务素质，近几年来，铁道部审计中心先后组织举办了电子计算机操作、审计文书、基建审计等内容的培训班。1999年，在审计署计算机技术中心的大力协助和支持下，铁道部审计中心委托上海铁道大学组织举办了三期（近200人）电子计算机操作培训班，普遍提高了审计人员的计算机水平。此外，铁路各单位均采取不同形式，对审计干部进行多方面的培训。

【东风汽车公司内审工作】

1999年，东风汽车公司（简称东风公司）按照建立现代企业制度的方向和建设具有国际竞争力企业集团的要求，以机制转换为核心，进行了企业管理体制和组织机构的重大改革。改革后的公司组织形态为混合控股公司，实行母子公司管理体制。东风公司审计委员会是公司内部审计的决策机构，成立于1990年，委员会正副主任由公司（集团）领导担任。现任主任：苗圩（东风公司总经理、党委书记）、副主任：刘章民（东风公司副总经理）、肖乐夫（东风汽车集团副董事长）。审计委员会行使"研究公司内审发展方向，决定审计工作制度，审议年度审计工作报告，确定公司年度审计工作计划，通过重大审计事项及审计决定并检查执行情况"等职权。审计委员会办公室职能由公司审计处承担。

东风公司审计处　目前有5个科室。即，财务审计科、效益审计科、合同管理审计科、投资项目审计科、综合科。共有审计人员25人，其中：大专以上学历22人；中级以上职称18人。审计处领导成员：处长1人；副处长1人。

1999年东风公司根据体制改革总体方案，确定了审计处的职责范围：依照国家法律法规和企业各项规章制度，对公司各单位的经济活动行使审计监督职能。1. 贯彻执行国家审计法律法规，制定公司内部审计制度，对公司内部财务控制制度的健全性和有效性进行审计监督。2. 对财务收支计划、成本计划、投资项目计划、信贷计划、外汇收支计划及工程预算执行情况和效益情况进行审计监督。指导二级公司的审计工作，监督抽查二级公司内重点审计项目。3. 对会计报表、财务决算的真实、合法合规性和财产资金使用的安全性进行审计监督。4. 对建安工程、非标工程和大修项目的预、结算以及建设项目的投资效益进行审计。5. 参与公司重大投资项目和对外投资立项前的可行性分析评审。6. 管理全公司经济合同，对重大经济合同、协议等的合法性与效益性进行审计，并对经济合同执行情况进行监督检查。7. 对公司管理的领导干部进行离任前的任期经济责任审计评议。8. 归口向国家、省、市有关部门上报有关资料、报告（表）。9. 接受办理上级审计部门和公司领导交办的审计事项。

成果综述　1999 年，东风公司内部审计部门继续认真贯彻公司审计委员会 1996 年第八次会议确定的内部审计工作方针，其指导思想是："根据国家和公司对审计工作的要求，紧紧围绕'以财务管理为中心，以提高投入产出效益为主题'，在财务收支审计的基础上，向效益审计和内部管理审计领域延伸，为加强公司财务管理，提高经济效益服务，为公司经营管理和决策服务"。审计方式要实现"四个转变"："由单一的事后审计向全过程审计转变，由收支型审计向效益型审计转变，由单纯监督型审计向监督和服务结合型审计转变，由单纯独立审计向既有独立审计又有各方联合审计方式转变"。审计工作方法要"抓重点、抓关键、抓薄弱、抓跟踪"。并要弘扬"客观公正、廉洁奉公、团结奋进、求实创新"的内部审计精神，继续深化和拓展审计业务，充分发挥监督服务职能。全年完成的审计任务有：1. 完成各层次领导干部任期经济责任审计 105 项，子公司分立、清算审计 3 项、财务收支审计 76 项、利润完成情况真实性审计 12 项、财务管理内控制度审计 2 项、专项审计 23 项。上述审计，提出审计建议 352 条，可增加收入 2786. 65 万元，冲减成本 2474. 20 万元，调账 2778. 07 万元。2. 对 14 个单位开展了材料定额准确性审计，审减定额 11. 0813Kg，折合辆份定额 17. 1152Kg，可为公司降低成本 342 万元/年；超额完成公司下达的风神杯立功竞赛项目审减材料定额 8Kg 的任务，荣获三等功。3. 完成了 21 个科技成果一等奖预选项目的经济效益审计，完成技术进步、技术创新成果运用效益审计 37 项。4. 开展基建工程和非标项目造价审计 665 项，审计金额 37946. 92 万元，审减金额 4438. 71 万元；5. 全年共审计合同 1073 项（份），审计金额约 34. 1 亿元，促进增收节支 798. 95 万元。1999 年审计工作继续保持荣誉（1998 年东风公司被审计署评为全国内部审计先进单位，审计处被东风公司评为经营管理优秀单位），审计系统 9 个科室，20 个个人受到公司审计委员会表彰。

制度建设　为了加强东风公司内部审计工作，适应改革和发展的需要，根据《审计法》和《审计署关于内部审计工作的规定》及东风公司体制改革后的实际，对原内部审计"一个规定十个办法"进行全面修订。1999 年公司已下发了《东风汽车公司内部审计工作规定》、《东风汽车公司领导干部任期经济责任审计办法》等两个文件。内部审计规定的修订，促进了东风公司内部审计制度的完善及审计工作的开展。

业务建设　为更好地开展内部控制制度审计，促进企业加强基础管理，根据中国机械工业审计学会汽车行业审计研究会的要求，组织人员编写并完成以财务管理为主要内容的《内部控制制度审计规范》（初稿）。为提高审计工作效率和保证审计质量，创造性地提出了"两化两结合"工作思路并在实际业务中实施。"两化两结合"的主要内容是：两化：审计程序及各程序审计内容标准化；审计结果档案化。两结合：实施审计时，将 2－3 项审计业务结合进行；强化基础管理与拓展审计职能相结合。为更深刻系统地理解审计工作实践，将日常审计中发现的典型问题整理汇编成《审计案例》，供审计人员交流、学习。加强审计宣传，扩大审计影响，继续办好《东风审计信息》。《东风审计信息》自 1996 年创办以来，已编印 36 期，1999 年发文稿 38 篇，较好地反映了公司内部审计动态。继续坚持旨在提高审计人员业务素质和理论水平的"三个一工程"（一篇好论文、一篇好审计报告、一篇好通讯）活动，1999 年参选论文 27 篇，审计报告 48 篇，通讯 38 篇。

【上海石化内部审计工作简介】

上海石油化工股份有限公司（以下简称"公司"）是集炼油、化工、化纤、塑料四大类石化产品生产于一体、高度综合性的现代化石油化工企业，也是中国第一家同时在上海、香港、纽约发行股票的国际上市公司。公司前身是创建于 1972 年的上海石油化工总厂，1993 年 6 月改制为股份有限公司，由中国石油化工集团公司控股。公司被国家审计署列为全国内部审计试点单位，1993 年和 1998 年先后两次被评为全国内部审计工作先进单位。

审计管理体制　1998 年底，公司对内部审计体制进行了改革，将原先分级设置的审计机构改为由公司向所属单位派驻审计工作站，整个审计系统由本部和炼化、化塑、化纤、动力等四个工作站组成，工作站覆盖公司各事业部和辅助生产单位，本部分为生产经营审计和工程投资审计两块，审计人员由公司审计部统一管理。通过实行一级审计管理体制，内部审计工作的独立性、权威性和有效性进一步增强。

审计人员构成　截止到1999年底，公司共有专职审计人员51人，由熟悉财会、审计、经济管理、工程管理等的专业技术人员组成，全部具有初级以上职称。其中具有大专以上学历的人员39人，占审计总人数的76%。

审计成果　公司审计部门1999年完成各类审计项目（不含工程合同与结算审计）86项，纠正不合规金额7470万元，增加效益（减少损失）3212万元。1.生产经营审计。1999年，公司审计部根据公司的经营目标，适时开展一些管理层比较关心的审计事项。例如，开展业务招待费、修理费、运保费、工资总额使用情况等专项审计调查，提出了改进管理方面的建议，有力地配合了其他职能管理部门的工作。接受干部部、企业发展公司和事业部的委托，对4家单位的经理实施了离任经济责任审计，对10家多种经营单位和投资单位进行了财务收支及经营业绩审计。根据中国石油化工集团公司和本公司领导要求，对长期投资清理整顿工作进行了复查，两次组织清理“小金库”，以规范企业经营行为。2.工程项目审计。在工程项目审计方面，公司审计部坚持事前、事中、事后并重，对工程项目实施全过程审计监督。事前审计主要是开展建设项目前期审计，从源头上把关。1999年，审计部分别对13个建设项目的项建书和可研报告出具《投资项目审计意见或建议书》，针对投资估算、市场分析、经济效益评价等方面问题提出审计意见和建议63条，涉及有问题金额1871.5万元，已被采纳建议43条，涉及金额1804.9万元。事中审计主要对较大的建设项目实施在建审计，如对延迟焦化项目的物资采购概算执行情况进行审计，起到了加强过程控制的作用。事后审计主要是开展建设项目竣工决算审计，通过对26个项目的竣工决算审计，涉及概算金额18.67亿元，经审计后调整决算1191万元。3.工作站审计成果。实行一级审计管理体制后，派驻所属单位审计工作站作为公司总部的代表，从对公司领导负责的立场出发，独立行使对所属单位审计监督和评价的职能，在审计的深度和广度上都明显增强。炼化审计工作站开展了制造费用审计、原油途耗情况审计调查；化塑审计工作站开展了因丙烯腈负荷调整对化工部利润目标影响的审计调查；化纤审计工作站开展了对腈纶部、涤纶部管理费用和制造费用的使用情况审计、主要产品生产成本的专项审计调查；动力审计工作站对环保技术中心的运作情况作了审计调查，等等。这些审计项目均取得了比较好的效果，并得到了公司领导和被审计单位的重视，有力地促进了生产成本的降低和经营管理水平的提高。1999年5月份至10月份的原油总损耗量比1998年同期约减少55%，从而降低成本900多万元。

此外，1999年，公司审计系统共审计工程结算2552份，涉及金额23230.66万元，核减金额1488.26万元，核减率为6.4%；工程合同审计了160份，涉及金额1512.71万元，核减金额49.33万元。与1998年相比，工程合同和结算审计工作量增加了1012份，核减额增加了896.38万元。

1999年是公司实行一级审计管理体制的第一年，一年的实践证明，审计成效是显著的。审计管理体制的转换进一步加大了内部审计的力度，内部审计在规范企业经营行为、提高经济效益、完善内部控制制度、维护财经纪律和企业形象等方面发挥了积极作用。

【国家电力公司审计部】　1999年国家电力公司（以下简称“公司”）系统审计部门认真贯彻落实党中央、国务院和公司党组的各项重大决策，在公司党组的正确领导下，紧密围绕公司各项工作重点，积极开展审计工作和参加“三讲”教育。公司领导高度重视审计成果的运用，审计组织机构得到进一步加强，审计监督职能基本明确。审计工作在为推动公司系统加强管理、强化监督、提高效益和防范经营风险等方面作出了一定成绩。

顺利完成公司审计机构改革　1999年按照公司的统一部署，根据新形势下审计工作的需要，公司审计部门下属各单位由原“审计局”更名为“审计部”，人员定编20人。审计部负责公司系统的审计工作，对下属各单位审计工作进行管理、监督、指导、协调，独立行使审计监督权，向公司总经理负责并报告工作。欧阳胜英同志任审计部主任。

处室设置　审计部内设综合处、审计一处、审计二处、审计三处。

设立派出机构，加大审计监督力度　为了加大审计监督力度，理顺审计分级监督管理体制，进一步搞好审计监督工作，在公司领导的高度重视和有关部门的大力支持下，公司于1999年9月重新组建了东北、华北、西北、华中、华东和华南6个审计派出机构，明确了各派出机构的职责和分工范围，并要求各派出机构于年底前完成相应组建工作。有关单位认真贯彻公司文件精神，提出了组建方案，并逐步实施。

审计成果　1999年度公司系统内部审计查出违纪违规金额达22亿元，其中已纠正违规违纪金额18亿元，查出损失浪费1亿元，促进公司系统增收节支16亿元。

落实审计建议初见成效　据统计，1998－1999年公司系统审计部门共提出审计建议27093条，已被采纳的审计建议 24310 条，采纳率达 89．7%。

开展对领导人任期经济责任审计　为贯彻中办发［1999］20 号文件，落实出资人的三项权利，根据人事部的安排和审计工作计划，1999 年公司审计部组织力量对 21 个单位主要领导人进行任期经济责任审计，采取直接审计、安排派出机构审计、组织公司系统人员联合审计、委托社会中介机构审计等多种方式。审计中发现的主要问题：1. 成本费用挂账或挤占成本，会计信息失真，利润成本不实；2. 未经立项审批，建楼堂馆所，或进行超计划、超规模工程建设；3. 主业与多经经济关系不清，盈亏不明；4. 决策失误，盲目投资、担保，形成损失或潜在损失；5. 陈欠电费数额巨大，有可能形成经营潜亏；6. 缺乏依法经营观念，有法不依、执法不严、违法不纠等等。

通过任期经济责任审计，加强了与人事部、财务部等部门的业务沟通和相互了解，增强了被审计单位依法经营、从严治企的观念，促进了企业经营管理的加强和经济效益的不断提高。

全面开展城乡电网改造项目审计　以审计部门领导为具体负责人的项目审计责任制，将项目审计全过程的责任明确到部门、明确到人。

审计发现了部分项目成本超预算、挤占项目资金、核算不规范、“五制”和内部控制制度不严等问题，及时提出了整改意见。达到了加强项目管理，节约投资、控制工程造价的目的。

加强审计人员培训和审计信息管理　1999 年 5 月举办了财务报表审计分析学习班，培训了一批业务骨干；7 月举办了由各网省公司审计处长参加的资本经营培训班。据统计，截止到 1999 年底，公司系统审计人员共有 2904 人，当年参加各级培训的审计人员达 2413 人次。

公司审计部组织完成了审计统计报表的全面修订及审计报表软件的开发，并在直属单位开始试用，拟在 2000 年推广使用，以便提高审计信息工作效率。

国家电力公司系统 1999 年度审计工作成果表

项　目	单位	1999 年度
已审计单位	个	24121
完成审计项目	个	22557
完成签证审计	份	11103
查出违规金额	万元	223513
已纠正违规金额	万元	180543
其中：增加上缴		12871
促进增收节支	万元	169714
其中：“资金管理”		26862
“利润”		12450
“成本”		17157
“其他”		105101
人均促进增收节支	万元/人	58
查出损失浪费	万元	10058
其中：“管理问题”		5585
“其他”		1856
已建审计机构	个	848
其中：独立		752
已配审计人员	人	2904
其中：专职		2686
培训情况	人次	2413

注：1999 年包括本部的数字。

【烟草行业内部审计】　烟草内部审计是 1985 年开始组建，到 1999 年底各省、市、县局（公司）、大中型卷烟工业企业，重点烟叶生产地区已建立内部审计机构 536 个，专职审计人员 1356 人。

国家烟草专卖局审计司是烟草行业内部审计的主管部门，负责管理指导全行业内部审计工作，协调与国家审计以及社会审计的关系，并直接组织参与对行业重大经济活动，法人经济责任和投资项目等的审计。

审计司司长：张玉霞。副司长：张和。

审计成果　1999 年共完成审计项目 7669 个，其中：财务收支审计 591 个，经济效益审计 236 个，经济责任审计 1269，固定资产投资审计 2599 个，其他类型审计 2974 个。查出违纪金额 115529 万元，上缴金额 12313 万元；促进增收节支 27677 万元，纠正损失浪费 30596 万元；提出并被企业采纳的合理化建议 3190 条；向司法机关移送案件 8 件并处理了 7 人，给予行政处分 16 人。

强化制度建设，规范内部审计工作　烟草内部审计十分重视内部审计工作法制化、规范化建设。在宣传贯彻《审计法》及《关于建立健全内部审计制度的规定》的基础上，制定了《烟草行业审计工作实施办法》、《烟草行业审计工作程序》、《违反财经法纪问题分类及处理办法》、《烟草行业自筹基本建设审计办法》、《关于承包经营责任审计的若干规定》及《烟草行业审计档案管理办法》等，促进了烟草内部审计工作全面深入的发展。

财务收支审计　重点查处和纠正企业违反财经法纪的行为，使内部审计工作由被动变主动，使企业的财务收支行为更加规范，减少了不必要的损失。

经济效益审计　利用内审人员熟悉了解企业生产工艺过程的优势，深入车间机组或某个品牌线上进行计算分析，找出降低成本的关键环节，并提出建议。1999 年促进增收节支金额比上年增加了 5%，纠正损失浪费金额比上年增加 56%。

固定资产投资审计　1999 年各级主管部门和企业加大了固定资产投资项目审计的力度，完成审计项目是历年最多的，全年固定资产投资审计占全年审计项目的 34%。

企业法人代表任期经济责任审计　1999 年全行业完成经济责任审计 1269 个，成效愈见明显。

审计调查　在 1999 年中，各省根据行业中心工作的需要，针对一些难点、热点问题开展了广泛的审计调查工作。通过对财务核算中的呆（坏）账、潜在亏损、规范会计核算，减少资金沉淀，降低风险、工商企业费用支出情况比较、非烟产业投资等问题开展审计调查，为企业加强管理，提高效益提出了有效的意见和建议，并得到了较广泛的采纳。

抓好人员培训，提高业务素质　1999 年，结合财政部多项新会计准则的陆续公布，举办了 3 期审计人员新会计准则培训班，培训审计人员 350 余人，及时提高了审计干部的业务素质，保证了审计质量，受到了欢迎。

社会审计

【中国注册会计师协会】 1999年，中国注册会计师行业根据发展面临的新形势、新问题，理清思路和方向，制定了以制止行业作假为中心，抓住事务所体制改革的重点，在监管、考试、培训、专业标准、涉外业务等方面全面推进的工作方案，积极主动和脚踏实地地开展了一系列工作。

事务所体制改革工作　1998年12月24日，国务院体改办对财政部已经确定的事务所体制改革的目标和原则给予了肯定，朱镕基总理在报告的批示中，要求对事务所体制改革政策“作出新的补充规定”，并且指出事务所体制改革是“一项十分重要的基础设施建设”。1999年4月7日，李岚清副总理又专门听取了财政部关于“事务所体制改革和制止行业作假行为”工作的汇报。国务院领导的批示和关心，进一步指明了事务所体制改革的目标和方向，坚定了注册会计师行业进行体制改革的信心，同时，也引起了各地政府的高度重视。全国有10多个省、自治区、直辖市，由政府专门发文部署注册会计师行业的脱钩改制工作，有力地推动了当地事务所体制改革的进程。1．体制改革方面的主要工作。1999年，中注协在推动事务所体制改革的过程中，主要做了五个方面的工作：一是研究制定了《会计师（审计）事务所脱钩改制实施意见》；二是召开了有各省、自治区、直辖市财政厅（局）长参加的全国事务所脱钩改制工作会议，进一步明确脱钩改制的各项政策，重申改制期限，希望各财政厅（局）高度重视并切实抓好事务所脱钩改制工作；三是召开已完成脱钩改制的106家具有执行证券期货相关业务资格的会计师事务所工作会议，总结改制的成功经验，为全国事务所体制改革的顺利进行提供借鉴。同时，了解这些事务所脱钩改制后遇到的困难，便于中注协研究对策；四是组织座谈和调研，研究制定边远贫困少数民族地区事务所脱钩改制政策；五是加强政策引导和宣传，及时了解各地进度和存在问题，督促各地加快体制改革进程。2．全国事务所体制改革进展情况。截止12月底，全国6045家事务所基本完成了脱钩改制工作，在脱钩改制过程中，由于进行了合并或撤销，事务所总数减少到4805家，其中合伙事务所405家。3．事务所体制改革给行业建设带来的积极影响。事实证明，事务所体制改革的方向是正确的，路子是对的，政策也是符合实际的。绝大多数事务所脱钩改制后，焕发了新的朝气，表现出了强大的发展活力和后劲，产生了积极的效应。（1）事务所和注册会计师的风险和责任意识有明显提高。据证监会统计，1999年具有执行证券期货相关业务资格的会计师事务所在对上市公司1998年年报审计中，出具非标准无保留意见的审计报告152份，占18%，比1998年增长了5个百分点，其中出具无法表示意见报告14份，而1998年仅有1份。从各地反映和了解的情况看来，注册会计师签字慎重多了，这说明事务所脱钩改制后的风险责任意识和执业质量有了很大提高。（2）事务所自律管理和激励机制日渐形成。脱钩改制后的事务所，自律性管理模式代替了行政性管理模式，人事管理、业务培训、分配制度、内部控制制度有机地结合起来，形成了有效的制约激励机制，使事务所的经营管理步入了良性循环的轨道。（3）向规模化发展的势头日趋强劲。脱钩改制中，以扩大规模和达到办所条件为目标的事务所之间的联合、合并较为普遍。脱钩改制后，事务所上档次、上规模的联合、兼并、合并的势头日盛。有的事务所形成几百人的规模，服务项目从单一化向多元化发展，既提高了事务所的整体实力，又增强了竞争力。这是行业改革后，顺应市场需求发展的必然结果。（4）队伍结构趋向年轻化、专业化、知识化。脱钩改制时，一大批65岁以上的老同志从事务所领导岗位上退了下来；脱钩改制后，事务所面向社会广招年富力强的专业技术人员，从业队伍的年龄结构、知识结构和专业结构得到了优化。（5）变革了我国事务所的“官办”形象，增强了国内外投资者对我国事务所的信赖度。亚太会计师联合会等国际机构、国际“五大”会计公司和许多来访的外国会计师职业组织，对此极其关注并给予了高度评价，认为这是中国向世界发出的进一步扩大对外开放的重要信号。同时，也引起国外会计师、律师、医师三大职业团体的浓厚兴趣，他们认为，中国注册会计师行业的体制改革，以及清理整顿和制止行业作假工作，在许多方面开创了自律性职业组织管理行业的先河，充分显示了中国注册会计师协会管理行业的能力和潜力，对前苏联和东欧等国家有着非常重要的借鉴意义。（6）对其他中介行业的脱钩改制起了积极的影响。党中央、国务院早在1993年就已提出中介机构要与挂靠单位脱钩的要求，但由于种种原因，这一改革进程比较缓慢。注册会计师行业脱钩改制工作的率先推进和实践，为其他中介机构的脱钩改制工作提供了可资借鉴的经验和政策范本。4. 急需解决的主要问题。脱钩改制是注册会计师行业的一场革命，是一个脱胎换骨的过程，不可避免地会遇到这样或那样的问题，当前急需解决的突出问题是：(1) 改制后事务所如何或是否承担改制前事务所的法律责任问题。在涉及改制前事务所的一些诉讼案中，法院判定改制后的事务所承担法律责任。例如：有的事务所诉讼案达十几起，涉及金额达2000多万元，严重影响了改制后事务所的正常运行。究其原因：一是脱钩改制政策与有关法律尚不配套；二是不同部门对脱钩改制前后事务所之间的关系认识不一致。需要加强与有关部门的协调，以合理确定脱钩改制后事务所与原事务所之间的法律责任。(2) 其他中介机构脱钩工作滞后，制约了注册会计师行业体制改革工作的有序进行。由于会计师事务所先于其他中介机构进行脱钩改制，因此，在承揽注册会计师法定业务方面，面对许多拥有挂靠单位的其他中介机构，在竞争上处于不平等的劣势，给脱钩后的生存带来了困难。此外，各种资质管理部门对脱钩改制的不同政策要求和重复发文、强调某种资质的专营或变相的不彻底的脱钩改制，都给脱钩改制后行业的发展造成了严重阻碍。(3) 行业内缺乏高素质的管理和经营者，已成为制约行业体制改革后发展的瓶颈。尽管中国注册会计师协会已采取积极措施，加大培训力度，力求尽快培养一支中国自己的具有较高行业管理和经营水平的高素质合伙人和主任会计师队伍，但这支队伍的形成不是一朝一夕的事，除了行业协会的努力和社会的理解和支持外，还需要实践和时间的磨炼，更需要高素质人才的加盟。

经济鉴证类社会中介机构清理整顿工作　1999年4月，朱镕基总理和李岚清副总理分别在中注协代财政部起草的《关于会计师（审计）事务所体制改革和制止行业作假行为的几点意见》上作了批示。朱镕基总理批示的主要精神是：对各部门，包括财政部所属的中介机构，都必须清理、整顿，甚至关闭。李岚清副总理批示的主要精神是：国务院各部门所属专业中介执业资格和机构有急剧膨胀趋势（初步了解已有25种），必须全面整顿才能奏效。这两个批示明确提出了要开展中介机构的清理整顿工作。

为贯彻落实国务院领导的指示精神，财政部先后向国务院报送了《社会中介机构基本情况和清理整顿意见》和《国务院关于清理整顿经济鉴证类社会中介机构的通知》(代拟稿)。期间，为更多地了解经济鉴证类中介市场的实际情况，为规范经济鉴证类中介行业的发展与管理提供理论支持，分别委托清华大学经管学院和国务院发展中心市场经济研究所研究了两个课题：《注册会计师职业服务市场的分割》《经济鉴证类社会中介机构规范化发展的政策研究》。

10月31日，《国务院办公厅关于清理整顿经济鉴证类社会中介机构的通知》发出，根据通知要求，中注协是清理整顿领导小组办公室的主要成员单位之一。会长办公会决定要做好这项工作。协会秘书处决心完成好国务院交办的这项重要任务。为此，中注协积极投入人力和物力，参与到清理整顿各项工作中去，做了大量的初期准备工作。

专业标准建设　由于三批《独立审计准则》的制定工作全部完成，执业准则体系框架基本建立。为此，1999年，在专业标准建设方面，主要是立足从专业技术的角度，制定有关政策，帮助和敦促从业人员有效地防范和化解执业风险。

一是与中国人民银行协调，以财政部、中国人民银行名义联合印发了《关于做好企业银行存款、借款及往来款项函证工作的通知》，为解决困扰注册会计师行业多年的“有函无证”问题提供了制度保证。

二是与财政部有关司局协调，印发《关于做好1998年度企业会计报表注册会计师审计工作的通知》和《会计师事务所从事基本建设工程预算、结算、决算审核暂行办法》，为注册会计师顺利执行上述业务提供了技术上的指导。

三是及时出台有关文件，保证执业质量和避免发生注册会计师的法律诉讼。计算机2000年问题对企业经营活动和财务报告产生不利影响，如果注册会计师对此不予充分重视，将直接影响到执业质量，甚至会导致审计失败和法律诉讼。因此，中注协分别印发了《关于注册会计师在执业过程中应充分重视计算机2000年问题的紧急通知》和《关于注册会计师在会计报表审计中关注计算机问题的意见》，收到了良好的社会效果。此外，鉴于社会公众对验资报告作用的种种误解，为了避免注册会计师成为无辜的被告，印发了《关于明确注册会计师验资报告作用的通知》，受到业内的普遍欢迎。

业务监管工作　业务监管工作是监督执业质量、惩治弄虚作假行为的一个极其重要的环节。这方面的主要工作有：1. 清理整顿后续处理工作。针对行业清理整顿存在的处罚不力问题，敦促各地切实重视对行业清理整顿中发现问题的处理。各地注协在这方面的工作同往年相比已有很大改善，对一批存在严重执业问题的事务所和注册会计师依法作出了处罚。2. 日常监管工作。依照加强监管，制止作假，严厉打击通同作弊行为的工作方针，细致部署事务所业务检查工作，明确具体要求；认真受理对事务所、注册会计师执业质量和职业道德问题的投诉举报，并对地方注协投诉举报受理工作给予指导；积极协调各地注协与财政监督机构联手开展对事务所执行国有企业会计报表审计业务的监督工作，对财政监督机构移交的涉嫌执业质量问题，认真核查、依法处理，此项工作各地正在深入进行之中；完成对部分事务所有关执业问题的案件调查；结合行业清理整顿的换证工作，部署1998年年检工作。3．协调方面。继续就注册会计师执业的法律责任问题开展研究，并与最高人民法院就相关问题进行协调。同时，配合财政部条法司完成事务所、注册会计师行政复议事宜。4．监管体系研究方面。基本确立了注册会计师行业监管体系的基本内涵：一是与稽察特派员总署、证监会、审计署、财政监督机构等部门联手，通过对企业的监督，验证和检查事务所的业务质量；二是强化行业协会的自律和监管，建立和完善质量监督机制，并赋予相应的处罚权，建立调查委员会、惩戒委员会，提高行业自律监管的权威性；三是动员社会各界力量，对行业质量实行监督。通过上述三个层次，形成严密的政府、行业、社会监督网络。前一段时间，已经有了一些实践，许多具体问题还要深入研究。

注册管理工作　1．证券、期货相关业务许可证管理。对106家具有证券、期货相关业务许可证会计师事务所的脱钩改制情况进行了复核，对符合规定条件的会计师事务所和注册会计师换发了证券、期货相关业务许可证，并在全国性报刊上进行了公告。对不符合规定条件的会计师事务所给予了暂停执行证券、期货相关业务一个月的处罚。2．协调工作。与国家工商局协调，解决脱钩改制后会计师事务所的工商登记有关问题。与中国人民银行、中国保险监督管理委员会、国家经贸委、财政部有关司局进行协调，明确了从事外资银行审计、保险公司年度会计报表审计、国有企业债权转股权审计等业务的有关问题。3．中注协直管事务所的管理工作。完成了直管事务所脱钩改制工作，为改制后的102家直管事务所和2337名注册会计师换发了新的执业证书。承办了直管事务所注册会计师注册、转所、培训等工作。4．会员管理及服务。办理了中直机关非执业会员的入会审批、转会、发证等事项。对地方注协批准的注册会计师和非执业会员进行了复核，截止到12月底，全国执业注册会计师60391名，非执业会员75261名。为了促进会计师事务所上规模、上水平，草拟了指导意见。

考试和培训工作　1．考试工作。由于注册会计师行业社会影响的日益扩大，注册会计师考试报考人数逐年增加，要求越来越高，责任越来越大。中注协按照"精心组织，万无一失"的要求，圆满完成了1999年度的考试组织工作。（1）证券期货相关业务考试。1999年，共有4988名符合报考条件的考生准许报名，人数较1998年增加22.4%。6月20日，证券期货相关业务资格考试在大连、青岛、兰州三地同时举行。此次考试，共有467人取得合格成绩，合格率为13.87%。（2）注册会计师全国统一考试。1999年度注册会计师全国统一考试报名人数高达45.8万余人，为历年之最。9月17—19日，统一考试在全国31个省、自治区、直辖市的308个考区同时举行。为方便境外考生应考，1999年首次将境外考生考场设在香港，另有少量在京工作的境外考生在北京安排统一考场。1999年注册会计师全国统一考试各科的合格人数及合格率分别为：会计22534人，合格率14.41%；审计10814人，合格率15.34%；财务管理14767人，合格率15.34%；经济法20594人，合格率16.84%；税法32388人，合格率25.7%。2．培训工作。1999年，全国培训人员4万余人次；教材建设方面，编辑出版后续教育培训资料10种，召开注册会计师专业方向教材修订研讨会，确定了教材修订原则、体系、科目和编写要求；召开23所开设注册会计师专业方向试点院校工作会议，研究人才培养工作；大力支持、配合国家会计学院的建设工作，力争早日投入使用。

《注册会计师法》修订工作　随着全国整体改革的不断深入和注册会计师行业的不断发展，1994年开始实施的《注册会计师法》中的不少内容需要作一些修订。《注册会计师法》的修订工作，已列入1999年的财政立法计划，6月10日，经国务院法制办批准立项。修订工作启动后，先后召开了分别由地方注协代表、注册会计师代表、具有资产评估业务资格的注册会计师代表和"五大"代表参加的征求意见会，同时收集整理了10个国家和地区的注册会计师法和相关管理法规，并赴深圳进行实地调研，期间，举行了6个座谈会。并赴英、法进行了考察，为下一阶段的修订工作，收集、掌握了大量的信息和资料。这项工作得到了财政部条法司和国务院法制办 的大力支持。

市场开放与国际交往　会计市场开放方面，办理中国加入WTO有关会计市场开放事务，通过积极与外经贸部配合，为中美达成关于中国加入WTO的协议作出了应有的努力。同时，有步骤地推进会计市场的开放进程，正在修订《中外合作会计师事务所管理暂行办法》和成员所管理办法。截至1999年年底，全国共有中外合作会计师事务所7家，国际会计公司成员所11家，代表处27家，海外会员267人，有11名境外人员被批准成为中国注册会计师。1999年，有42名境外人员取得注册会计师考试合格成绩，有108家外国和港澳台会计师事务所取得临时执业许可证。

国际交往方面，接待外国来访团组25个，同时组团先后参加了亚太会计师联合会理事会第52次、53次会议，就国际会计师联合会理事会的机构改革和亚太会计师联合会的发展等重大问题，进行深入讨论，中注协代表对上述问题明确表述了观点，得到国际同行的赞赏；分赴英国、法国和美国、加拿大进行行业立法和考试制度的考察，为《注册会计师法》的修订和注册会计师考试制度的改革提供了有益的借鉴。

对外宣传　1999年，行业的对外宣传工作取得积极成效。一是将《注册会计师通讯》改版为《中国注册会计师》，从形式到内容有了显著改善，得到业内人士和国际友人的一致好评；二是提高了《工作简报》的时效性和质量，1999年共编写工作简报32期，其中第二期工作简报经财政部报送国务院，得到李岚清副总理的亲笔批示："会计、审计制度及相关中介机构的科学、严密和法制化程度，是一个国家经济金融秩序能否健康运行的重要基础"；三是参与了《经济年鉴》《财政年鉴》《会计年鉴》《证券业年鉴》《中国会计50年》《审计年鉴》有关注册会计师行业部分的编写；四是编印了《年报》《注册会计师行业宣传手册》《清理整顿经济鉴证类社会中介机构宣传手册》等宣传材料；五是加强与新闻单位的联系，组织协会有关活动的采访报道工作。

行业基础建设　基础建设包括两方面内容，一是加强基础理论研究，二是建设行业信息网络。基础理论方面，行业发展需要走理论指导和实践相结合的道路，1999年研究制定了9个课题，通过招标的方式评定出中标单位，借助高等学校、科研单位和全社会的力量，加强注册会计师行业发展的理论研究工作；行业信息网络建设方面，已研究确定了中注协局域网和注册会计师广域网的框架、拓扑结构，通过招标方式，确定了网络工程集成商。目前，各类技术难度相继解决，网络方案细节初步确定，编写完成了网页设计、办公系统自动化、考试管理、注册管理等四个软件包的系统分析。预计，2000年1月，中注协局域网安装运行，2000年12月份，注册会计师广域网调试运行。1999年，是会计师事务所的改革之年，也是中注协着手全面规划和实施行业改革与发展的一年，头绪多，任务重，时间紧，困难大，虽然取得了一定的成效，但仍有许多工作需要改进和抓紧，如在制止行业作假方面力度还不够大；事务所脱钩改制的后续政策跟进速度不快；在业务监管方面，需要总结经验，对不同行业、部门的审计及时给予指导；考试和注册管理需要做大量的基础工作；各类专业委员会的设置相对滞后等等。这些工作难以一蹴而就，必须继续加倍努力，为全面加强注册会计师行业的建设，再接再厉，脚踏实地，勤奋工作。

1999年审计工作大事记

一 月

1月4日下午，刘家义副审计长出席监察部等6部门联席会议，研究开展粮食流通体制改革情况执法监察的安排意见。署经贸司负责同志参加会议。

1月6日下午，李金华审计长主持召开署“三讲”教育工作领导小组会议，研究署党组“三讲”教育安排。“三讲”教育工作领导小组成员王道成、石宗仁、王国志同志参加会议。

1月6日至10日，全国外资运用审计研讨班在北京怀柔审计培训基地举办。李金华审计长、刘家义副审计长到研讨班作重要讲话。财政部金立群副部长、国际司朱光耀司长应邀作专题报告。各省、自治区、直辖市、计划单列市和署驻地方各特派办分管外资审计工作的领导和外资审计处长参加研讨班。

1月11日上午，李金华审计长到中央党校，听取江泽民总书记在省部级主要领导干部金融研究班结业式上的重要讲话。

1月12日，李金华审计长考察河北省审计工作，并出席在石家庄召开的河北省审计工作会议。他就地方审计机关贯彻朱镕基总理对审计工作的重要指示及在新形势下发挥审计监督作用问题发表讲话。其间，会见了河北省委书记叶连松、常务副省长丛福奎、省人大副主任龚焕文、省政协副主席李月辉等同志。

1月13日下午，刘家义副审计长主持召开审计署、证监会、中纪委、最高人民检察院四部门有关负责同志参加的协调会议，研究对有关问题开展审计调查工作。

1月15日下午，李金华审计长主持召开1999年第1次审计长会议，讨论《审计机关对国有企业财务审计准则》。金基鹏、刘鹤章、翟熙贵、刘家义副审计长，党组成员王道成、董大胜出席会议，法制司、经贸司负责同志列席会议。

1月20日上午，刘家义副审计长主持召开办公会议，研究中国审计事务所、中国华建审计事务所脱钩改制有关问题。办公厅王道成主任，人教司、机关服务局、中国审计事务所、中国华建审计事务所、原管理司负责同志及机关党委有关同志出席会议。

1月20日至23日，刘鹤章副审计长出席在广州召开的全国审计科研协作会议，并作了题为《齐心协力，开创审计科研工作新局面》的讲话。

1月21日至2月5日，金基鹏副审计长率中国审计代表团访问秘鲁和智利，受到热情接待。署办公厅王道成主任到机场送迎。

1月22日下午，李金华审计长到国务院出席朱镕基总理主持召开的国务院第14次常务会议，讨论《政府工作报告》。

1月22日至24日，署党组“三讲”教育学习会在怀柔审计培训基地召开。党组书记李金华分别在会议开始和结束时作了重要讲话。党组成员翟熙贵、刘家义、王道成、董大胜，副审计长刘鹤章出席会议，署机关各单位、各派出审计局主要负责同志列席会议。

1月26日上午，李金华审计长出席朱镕基总理主持召开的国务院廉政工作会议。

1月26日至31日，审计署1999年国有商业银行审计培训班在署怀柔培训基地举办，李金华审计长、刘家义副审计长到培训班讲话，署党组成员、金融审计司董大胜司长作了总结讲话。培训班邀请财政部、中国人民银行等负责同志就当前金融形势、金融监管等问题作专题发言。各省、自治区、直辖市和计划单列市审计厅（局）、各特派办分管金融审计工作的领导、金融审计处长参加培训。

1月27日至28日，李金华审计长到河北省顺平县，就粮食收购和粮食审计后的变化、乡镇财务公开等情况进行考察。署办公厅王道成主任陪同前往，河北省政府郭赓茂副省长陪同考察。

1月27日至30日，刘鹤章副审计长出席在郑州召开的审计署企业审计座谈会，并作题为《统一认识，明确思路，进一步深化国有企业审计》的讲话。

1月27日至31日，全国固定资产投资审计研讨会在京召开。李金华审计长、翟熙贵副审计长出席会议并讲话。各省（区、市）审计厅（局）和各特派员办事处投资审计处处长参加会议。

二 月

2月1日下午，李金华审计长出席朱镕基总理主持召开的国务院第三次全体会议，讨论《政府工作报告》（征求意见稿）。

2月3日上午，党组书记李金华主持召开署党组会议，传达国务院廉政工作会议和国务院全体会议精神。党组成员翟熙贵、刘家义、王道成、董大胜同志出席，人教司负责同志列席会议。

2月5日下午，署机关召开1998年度党建工作总结表彰大会，署党组书记、审计长李金华代表署党组作重要讲话。副审计长、机关党委书记翟熙贵受机关党委委托作了工作报告。副审计长刘家义，党组成员王道成、董大胜同志出席会议，署机关、署在京直属事业单位和派出审计局400多名干部职工参加会议。

2月9日至10日，翟熙贵副审计长出席中央关于军队武警部队政法机关不再从事经商活动工作领导小组办公室会议，听取了12个检查组对全国30个省（区、市）开展专项检查的情况汇报。

2月13日下午，李金华审计长在署机关会见北京市委贾庆林书记，张福森、汪光焘、林文漪副市长等一行。金基鹏、翟熙贵、刘家义副审计长，署党组成员王道成、董大胜同志参加会见。

2月13日下午，李金华审计长前往天津市走访李盛霖市长，代表审计署向天津市委、市政府对审计工作和署京津冀特派员办事处的关心、支持表示感谢，并向他们致以节日的问候。14日，李审计长看望慰问了天津市审计局、京津冀特派办的干部职工，走访了部分离退休干部的家庭。办公厅王道成主任，京津冀特派办负责同志陪同。

2月25日上午，党组书记李金华主持召开党组会议，研究署党组“三讲”教育工作，讨论《审计署关于办理审计项目揭露违法犯罪线索奖励办法》和《关于外事活动安排的若干规定》。党组成员金基鹏、翟熙贵、刘家义、王道成、董大胜出席，办公厅、机关党委、人教司、外事司、法制司负责同志分别列席会议。

三　月

3月4日下午，刘家义副审计长主持召开会议，研究修改审计署审计技术基础建设工作五年规划和1999年工作要点。办公厅、法制司、财政司、金融司、行政事业司、经贸司、农业与资源环保司、社保司、投资司、外资司、计算机中心负责同志参加会议。

3月5日至15日，郭振乾、刘鹤章同志出席第九届全国人民代表大会第二次会议。3月5日上午，李金华、金基鹏、吕培俭、郑力同志列席九届全国人大第二次会议开幕大会，听取朱镕基总理作政府工作报告。3月7日上午，李金华审计长参加全国人大浙江代表团全体会议，代表国务院听取意见，署办公厅王道成主任陪同参加。3月15日，李金华审计长列席第九届全国人民代表大会第二次会议闭幕大会。

3月14日，中共中央批准，王道成同志任中央纪委驻审计署纪律检查组组长。

3月16日下午，刘鹤章副审计长出席李岚清副总理主持召开的会议，研究航天科技集团有关问题。署经贸司负责同志参加会议。

3月17日，李金华审计长主持召开审计长会议，讨论《审计署各职能司（厅）之间的工作关系划分》等5个文件。金基鹏、刘鹤章、翟熙贵、刘家义副审计长，党组成员王道成、董大胜同志出席，办公厅、法制司、财政司、人教司、机关党委、监察局、培训中心负责同志分别列席会议。

3月19日至21日，署直属机关党委书记、副审计长翟熙贵出席中共中央在京召开的全国“三讲”教育工作会议。党组书记、审计长李金华出席了其中的三次大会。

3月22日下午，党组书记李金华主持召开署党组会议，传达中央“三讲”教育会议精神，研究下一步开展“三讲”教育有关工作。党组成员金基鹏、翟熙贵、刘家义、王道成、董大胜出席，刘鹤章副审计长和署“三讲”教育工作领导小组成员石宗仁、王国志、胡玉华列席会议。

3月23日下午，刘鹤章副审计长出席监察部、审计署等7部门联合召开的电视电话会议并代表审计署发表讲话。会议主要是部署开展粮食流通体制改革执法监察工作。经贸司负责同志参加会议。

3月26日，署党组书记、审计长李金华主持召开会议，迎接中央“三讲”教育巡视组并向巡视组汇报有关情况，听取巡视组对审计署开展“三讲”教育工作的意见。来我署的中央“三讲”教育工作巡视组由全国政协常委、人事部原副部长、党组副书记程连昌任组长。署党组成员金基鹏、翟熙贵、刘家义、王道成、董大胜，副审计长刘鹤章，中央“三讲”教育工作巡视组成员出席会议。

3月30日上午，署召开“三讲”教育动员大会。党组书记、审计长李金华主持会议并发表讲话，副审计长、机关党委书记翟熙贵传达了全国“三讲”教育工作会议精神并结合个人的学习体会作了动员，中央“三讲”教育巡视组组长程连昌作了重要讲话。中央“三讲”教育巡视组的同志，署机关和派出局全体同志参加会议。

3月30日上午，纪检组长王道成到监察部参加监察部等5部委联席会议，研究“关于1999年落实‘收支两条线’规定工作意见”等文件。

3月31日下午，翟熙贵副审计长带审计组进点财政部，审计1998年度具体组织执行中央预算情况。财政部项怀诚部长、楼继伟和金立群副部长及各司局负责人出席进点会。翟副审计长向财政部领导和到会同志说明来意，项部长代表财政部对审计组表示欢迎，并表示一定要积极配合和支持这次审计工作。

四　月

4月4日，党组书记李金华主持召开署党组中心组“三讲”教育学习会，李金华、金基鹏、翟熙贵、刘家义、董大胜同志分别作了大会发言，汇报“三讲”教育学习体会。中央“三讲”教育巡视组组长程连昌在学习会结束时讲话。党组成员王道成，署机关各单位、各派出审计局司局级干部和中央“三讲”教育巡视组的同志出席会议。

4月5日上午，署机关举行全国优秀公务员、审计战线模范人物肖伦菊同志先进事迹报告会。会议由机关党委书记、副审计长翟熙贵同志主持。李金华审计长、刘家义副审计长、党组成员王道成、董大胜出席，署机关和派出局全体同志参加报告会。

4月6日至8日，翟熙贵副审计长出席署农业资源环保审计司组织召开的扶贫资金审计工作会议并讲话。27个省（区、市）审计机关和16个特派员办事处的农业审计处或有关负责责同志参加会议。

4月8日下午，刘家义副审计长主持召开审计署、国防科工委等五部门联席会议，研究落实国务院会议纪要，组成专门工作班子对航科集团进行清理整顿和重组等有关问题。五个部门负责同志和有关人员参加会议。

4月13日下午，署“三讲”教育工作领导小组召开署党组“三讲”教育第二阶段（自我剖析、民主评议、听取意见）工作动员会。党组书记李金华到会并讲话。副审计长、机关党委书记翟熙贵主持会议并作动员。中央巡视组有关同志到会并讲话。署党组成员董大胜出席会议，署机关各单位和派出审计局主持工作的负责同志参加会议。

4月17日至24日，应我署邀请，俄罗斯联邦审计院院长卡尔莫科夫博士率俄审计代表团来华访问。19日上午李金华审计长主持会谈，欢迎卡尔莫科夫院长首次访华，并向俄方介绍了我署的总体情况。下午，刘家义副审计长主持会谈，就我国的财政审计、金融审计和国有企业审计作了详细的介绍。俄罗斯代表团还拜访了中国人民银行总行，并赴陕西省进行访问。

4月21日下午，刘家义副审计长主持召开审计署、稽察特派员总署、国防科工委、航天总公司、国家计委、监察部等部门负责同志联席会议，研究航科集团有关问题。

4月22日上午，党组书记李金华主持召开署党组会议，听取关于特派办机构改革的有关情况；研究中国审计学会换届问题；讨论《审计署党风廉政建设责任制实施办法》。党组成员金基鹏、翟熙贵、刘家义、王道成、董大胜出席会议，刘鹤章副审计长，人教司、机关党委、监察局、科研所负责同志列席会议。

4月22日下午，党组书记李金华主持召开署党组会议，听取中央“三讲”教育巡视组反馈对署党组及党组成员剖析材料的意见。党组成员金基鹏、翟熙贵、王道成、董大胜出席会议，刘鹤章副审计长、署“三讲”教育工作领导小组成员石宗仁，中央巡视组同志列席会议。

4月23日至30日，应李金华审计长的邀请，由巴基斯坦军队主计长穆罕默德·阿斯兰穆·罕·玛葛希先生率领的巴基斯坦审计代表团访华，参加在审计署北京怀柔培训基地举办的第六届中巴“公共收入与支出效益审计”研讨会。刘家义副审计长主持开幕式，巴基斯坦审计代表团与来自我署行政事业司、沈阳特派办，北京市审计局及安徽省审计厅的20多名代表进行了卓有成效的研讨和交流。26日举行了题为“巴基斯坦最高审计机关在建设廉洁政府和处理反腐败事务中的职能”专题报告会。26日晚李金华审计长会见并设宴款待巴基斯坦代表团全体人员。代表团还访问了广东省审计厅，并受到广东省副省长游宁丰的亲切会见。

4月27日中午，应南斯拉夫联盟共和国大使馆邀请，李金华审计长作为我国政府主宾参加在南斯拉夫使馆举行的宪法日招待会。

4月28日至5月6日，李金华审计长先后到江苏省审计厅，南京、苏州、常州、扬州和溧水、昆山、溧阳、江阴等市审计局，围绕领导干部离任经济责任审计、审计规范化建设、地方审计机关的机构改革、依法履行审计职责与注重发现大案要案线索的关系等问题，深入进行调查研究。李审计长还听取了南京特派办的工作汇报，并到南京审计学院向师生做了形势任务的报告。江苏省委书记陈焕友、省长季允石、常务副省长余兴德等领导同志热情会见了李审计长。署法制司负责同志参加调研。

4月30日下午，翟熙贵副审计长主持召开署机关老干部工作领导小组会议，研究“国际老年人年”为老干部办实事问题。纪检组长、办公厅主任王道成，人教司、机关党委、老干部局、机关服务局负责同志参加会议。

五　月

5月7日上午，党组书记李金华主持召开署党组会议，传达中央领导关于“三讲”教育工作有关讲话精神；研究建立署领导接待日制度问题；讨论《关于审计水利部1998年预算执行情况查出的严重违纪问题的报告》等议题。党组成员金基鹏、翟熙贵、刘家义、王道成、董大胜出席，署“三讲”教育工作领导小组成员、办公厅、法制司、财政司、农业与资源环保司、投资司负责同志分别列席讨论有关问题。

5月10日下午，署机关召开“拥护我国政府严正立场，抗议北约侵略暴行大会”。会议由机关党委常务副书记石宗仁同志主持。中国审计出版社余其汉等6位同志发言。李金华审计长到会并发表讲话。副审计长刘鹤章、翟熙贵、刘家义，纪检组长王道成、党组成员董大胜，署老领导吕培俭、崔建民、罗进新、于明涛、周光春、祁田、王宸生、任景德同志，署机关各单位、各派出审计局、各直属事业单位和离退休老干部600余人参加大会。

5月14日下午，李金华审计长主持召开署领导会议，传达江泽民同志在中央政治局常委会议上关于以美国为首的北约对我驻南使馆进行导弹袭击问题的讲话。金基鹏、翟熙贵、刘家义、王道成、董大胜，吕培俭、崔建民、罗进新，于明涛、周光春、祁田、王宸生等同志出席会议。

5月21日下午，翟熙贵副审计长主持召开署第2次审计业务会议，研究对南方证券公司1997年资产负债损益的审计处理问题。李金华审计长，金基鹏、刘鹤章、刘家义副审计长，金融司董大胜司长，法制司负责同志参加会议。

5月21日晚，党组书记李金华主持召开署党组会议，传达中央“三讲”办和中央巡视组对署党组和党组成员“三讲”教育剖析材料的意见。党组成员金基鹏、翟熙贵、刘家义、王道成、董大胜出席会议。

5月23日，刘家义副审计长出席南京审计学院“至远集团奖教授奖学金”协议书签字仪式。

5月31日下午，署党组召开“署党组‘三讲’教育交流思想开展批评动员会”。党组书记李金华、中央巡视组程连昌分别进行动员和讲话，翟熙贵同志主持会议。党组成员金基鹏、刘家义、王道成、董大胜和署机关各单位、各派出审计局、直属事业单位处以上干部参加会议。

审计署发出关于实行署领导接待日制度的通知。自1999年5月起，实行署领导接待日制度。接待具体时间为每月20日13:30至16:30（遇节假日顺延）。

六　　月

6月2日下午，署机关举办国际形势报告会，邀请外交部新闻司朱邦造司长就目前的国际形势作报告。会议由副审计长、机关党委书记翟熙贵同志主持，李金华审计长，金基鹏、刘鹤章、刘家义副审计长，纪检组长王道成，党组成员董大胜，署老领导和离退休干部，署机关各单位、各派出局全体干部职工参加报告会。

6月4日至6日，署党组在怀柔审计培训基地召开以“三讲”教育交流思想开展批评为重点内容的民主生活会。党组书记李金华，党组成员金基鹏、翟熙贵、刘家义、王道成、董大胜同志、中央巡视组的同志出席会议。刘鹤章副审计长，署“三讲”办成员，中纪委有关同志列席会议。

6月8日下午，李金华审计长出席朱镕基总理主持召开的国务院第40次总理办公会议，汇报1998年中央预算执行审计工作情况。署财政司负责同志参加会议。

6月10日上午，李金华审计长、翟熙贵副审计长到全国人大常委会预算工作委员会汇报1998年中央预算执行审计工作情况。署办公厅、财政司负责同志随同参加汇报。

6月10日下午，党组书记李金华主持召开署党组会议，研究“三讲”教育有关工作，传达中央扶贫开发工作会议精神。党组成员翟熙贵、王道成、董大胜出席会议，刘鹤章副审计长，署“三讲”办成员石宗仁和人教司有关同志列席会议。

6月11日至14日，应香港理工大学邀请，刘家义副审计长率中国审计代表团，赴港参加由香港理工大学和清华大学联合举办的第一届中国会计与财务研究国际研讨会，并以大会发言人身份作了题为《加强审计监督，推进依法治国》的演讲。会议期间，刘副审计长访问了香港审计署。会议结束后，刘副审计长一行，应葡萄牙审计法院院长索萨先生的邀请，于15日至19日对葡萄牙进行正式访问并取得成功。

6月14日上午，署机关召开“署党组‘三讲’教育交流思想开展批评情况通报会”，党组书记李金华代表署党组通报了情况，中央巡视组程连昌同志讲话。党组副书记翟熙贵主持会议，金基鹏、刘鹤章、王道成、董大胜、吕培俭、崔建民、罗进新、郑力、祁田、王宸生同志出席会议，署机关各单位、各派出局、直属事业单位全体职工和离退休干部参加大会。

6月16日下午，李审计长主持召开第六次审计长会议，讨论研究《审计署关于开展境外国有单位审计监督试点的意见》。刘鹤章、翟熙贵副审计长，纪检组长、办公厅主任王道成出席会议，外事司、办公厅负责同志分别列席讨论有关问题。

6月17日下午，李金华审计长主持召开审计长会议，研究《1999－2001年审计署干部培训考试工作要点》。金基鹏、刘鹤章、翟熙贵副审计长，纪检组长王道成出席会议，署各有关单位负责同志列席会议。

6月18日上午，党组书记、审计长李金华出席中央“三讲”教育工作联系会议办公室召开的“三讲”工作座谈会，并就审计署党组开展“三讲”教育工作的情况和体会作会议发言。

6月18日上午，翟熙贵副审计长到全国人大财经委员会汇报1998年中央预算执行和其他财政收支审计工作情况。署办公厅、财政司负责同志参加汇报。

6月19日至20日，署党组在怀柔审计培训基地召开“审计署司处干部‘三讲’教育动员会”。党组书记、审计长李金华在会议开始和结束时分别作动员报告和会议总结。中央巡视组组长程连昌到会并讲话。署机关各单位、各派出审计局、各直属事业单位的负责同志参加会议。

6月23日上午，刘家义副审计长出席国务院马凯副秘书长主持召开的会议，研究境外国有单位审计有关问题。署外事司负责同志参加会议。

6月25日，党组书记李金华主持召开署党组会议，讨论研究署党组“三讲”教育总结报告和整改措施，以及《中国审计报》增加刊期等问题。党组成员金基鹏、翟熙贵、刘家义、王道成、董大胜同志出席，机关党委、办公厅、人教司、中国审计报社负责同志分别列席有关内容的讨论。

6月26日上午，李金华审计长受国务院委托，向九届全国人大常务委员会第十次会议作《关于1998年中央预算执行和其他财政收支情况的审计工作报告》，得到会议的充分肯定。

6月30日至7月2日，应俄罗斯联邦审计院卡尔莫科夫院长邀请，纪检组长王道成率中国审计代表团出席在莫斯科举行的“最高审计机关与地方审计机关的相互协作国际研讨会”。会后，中国审计代表团访问了蒙古审计监察委员会。

七　月

7月5日上午，署机关召开“审计署党组‘三讲’教育总结大会”。会议由副审计长、机关党委书记翟熙贵主持，党组书记、审计长李金华代表署党组作总结报告，中央巡视组程连昌组长发表讲话。署党组成员刘家义、董大胜，署老领导吕培俭、崔建民、于明涛、周光春、祁田、王宸生同志，中央驻审计署巡视组成员出席，署机关各单位、派出局、在京直属事业单位全体职工参加大会。

7月5日至6日，金基鹏副审计长出席国务院召开的全国依法行政工作会议。6日下午，李金华审计长出席闭幕大会，听取朱镕基总理的重要讲话。朱镕基总理在讲话中对审计工作给予充分肯定和赞扬。

7月15日，李金华审计长出席中共中央办公厅、国务院办公厅召开的省部长经济工作座谈会，听取朱镕基总理的重要讲话。

7月16日下午，署机关召开司处级干部大会，对“三讲”教育自我剖析阶段工作做进一步动员。翟熙贵副审计长主持会议，李金华审计长讲话。金基鹏、刘家义副审计长，纪检组长王道成，党组成员董大胜出席，署机关各单位、各派出局和直属事业单位处以上干部参加会议。

7月19日，党组书记、审计长李金华出席中共中央办公厅在京召开的省、自治区、直辖市党委负责同志会议，听取江泽民总书记的重要讲话。

7月20日，党组书记李金华主持召开署党组会议，研究署党组整改意见、年中分片召开审计工作座谈会等议题。党组成员金基鹏、翟熙贵、刘家义、董大胜出席，刘鹤章副审计长列席会议，办公厅、人教司、机关党委、机关服务局、计算机技术中心负责同志分别列席有关内容的讨论。

7月20日晚，署机关召开大会，传达中共中央关于共产党员不准修炼“法轮大法”的通知和中央领导对有关问题的讲话精神。李金华、翟熙贵同志作传达并对贯彻中央通知精神提出要求。刘家义、董大胜，离退休干部和署机关、派出局全体司处级干部参加大会。

7月23日上午，党组书记李金华主持召开署党组会议，审议署机关和派出局主要负责同志自我剖析材料。党组成员金基鹏、翟熙贵、刘家义、王道成、董大胜出席，刘鹤章副审计长、署“三讲”教育领导小组成员石宗仁、王国志列席会议。

7月28日至8月1日，应韩国监察院院长和泰国审计长的邀请，李金华审计长率中国审计代表团访问韩国。8月2日至6日在泰国出席最高审计机关亚洲组织第27次理事会会议。李审计长一行于8月7日回到北京，刘家义副审计长，纪检组长、办公厅主任王道成到机场送迎。

八　月

8月9日上午，党组书记李金华主持召开署党组会议，讨论研究全国审计工作座谈会有关文件、国债专项资金审计工作方案、《审计法》颁布实施五周年宣传活动方案等。党组成员金基鹏、翟熙贵、刘家义、王道成、董大胜出席，刘鹤章副审计长列席会议，办公厅、财政司有关负责同志分别列席讨论有关内容。

8月10日上午，李金华审计长出席中央“三讲”教育联系会议召开的“三讲”教育整改工作座谈、交流会，并作题为“‘三讲’教育有力地推动了审计工作发展”的大会发言。署机关党委负责同志参加会议。

8月12日下午，刘家义副审计长会见香港华人会计师公会潘坚荣会长一行，并与香港客人就我署对社会审计的监督、境外企业审计和人员培训方面的有关问题进行了会谈。署外事司、法制司、干部培训中心等单位有关人员参加会谈。

8月15日至21日，李金华审计长到上海考察审计工作并主持召开全国审计工作（上海片）座谈会。此次座谈会的主题是，座谈交流贯彻朱镕基总理关于“全面审计，突出重点，查处大案要案”的指示和对领导干部任期经济责任进行审计的工作经验和体会。李审计长在会议开始和结束时发表讲话。署党组成员、纪检组长王道成同志，部分省(市)、特派员办事处、署有关司局和事业单位负责同志出席了会议。上海市市长徐匡迪、常务副市长陈良宇会见了李审计长一行，陈良宇、周禹鹏副市长陪同李审计长一行参观了浦东经济开发区。

8月17日至19日，翟熙贵副审计长出席在烟台审计培训基地召开的离退休干部工作座谈会并讲话。16个特派办、南京审计学院具体负责老干部工作的处长和有关同志参加了会议。

8月21日至23日，金基鹏副审计长在成都主持召开了全国审计工作（成都片）座谈会。刘鹤章副审计长通报上半年审计署贯彻总理指示的情况，金基鹏副审计长作会议总结发言。四川省委书记谢世杰，省委副书记、代省长张中伟到会看望了与会同志，省委副书记黄寅逵，省委副书记、副省长杨崇汇和省委常委甘道明出席会议。全国15个审计厅、6个特派办、署机关6个司局负责同志出席会议，并在会上交流了工作情况。

8月21日至23日，翟熙贵副审计长在青岛主持召开全国审计工作（青岛片）座谈会。刘家义副审计长通报上半年审计署贯彻朱总理指示的情况。翟副审计长作会议总结发言。山东省副省长黄可华，青岛市市长王家瑞、副市长邹立健到会看望了与会代表。

8月25日至31日，应我署邀请，基里巴斯审计署审计长托阿图先生和副审计长西拉女士来华访问。26日中午，李金华审计长在署机关会见了外宾，刘家义副审计长主持了当天下午的工作会谈。8月27日上午，国务委员王忠禹、外交部副部长杨洁篪分别在中南海和外交部会见基里巴斯客人。外宾于28日前往西安、上海参观访问，31日结束在华访问回国。

8月27日至28日，翟熙贵副审计长在署怀柔审计培训基地主持召开全国审计工作（北京片）座谈会，李金华审计长到会作重要讲话。翟副审计长通报上半年派出审计局工作情况。纪检组长王道成同志通报了上半年审计署贯彻朱总理指示的情况。署25个派出审计局和财政司、行政事业司负责同志出席会议并交流了工作情况。

8月31日，李金华审计长主持召开第七次审计长会议，研究《对中国工商银行、中国建设银行违法违规问题的审计处理意见》等4个议题。副审计长刘鹤章、翟熙贵、刘家义，纪检组长王道成，党组成员董大胜出席会议。机关服务局、金融司、法制司、办公厅有关同志分别列席有关内容的讨论。

九　月

9月1日至3日，党组书记李金华主持召开署党组会议，听取署各巡视组关于特派员办事处“三讲”教育及对司局级干部考核情况的汇报。党组成员金基鹏、翟熙贵、刘家义、王道成、董大胜出席，刘鹤章副审计长，人教司、监察局、机关党委负责同志列席会议。

9月2日晚，李金华审计长主持召开审计长会议，讨论研究1999年中央预算执行审计总体方案。副审计长金基鹏、刘鹤章、翟熙贵、刘家义，党组成员王道成、董大胜出席，财政司、金融司、行政事业司、经贸司、农业与资源环保司、投资司、办公厅负责同志列席会议。

9月6日至11日，翟熙贵副审计长出席在署怀柔审计培训基地举办的财政审计培训研讨班并讲话。各特派办分管财政审计工作的特派员和财政审计处长及署机关有关单位负责同志参加研讨会。

9月7日上午，翟熙贵副审计长出席全国人大常委会彭佩云副委员长主持召开的《义务教育法》执法检查组会议，汇报了我署对部分省区市义务教育经费审计的情况。署行政事业司负责同志参加汇报。

9月7日上午，刘家义副审计长主持会议，署驻南京特派员办事处演示计算机审计软件。李金华审计长，金基鹏、刘鹤章副审计长，党组成员董大胜和署机关各单位主要负责同志观看了演示。

9月8日至16日，李金华审计长到浙江省就企业改革、企业审计和领导干部任期经济责任审计等工作进行调查研究。其间，李审计长先后到杭州汽轮机股份有限公司、浙江真空电子有限公司等企业进行考察，并到浙江省审计厅和杭州市、舟山市、绍兴市审计局了解审计工作情况，看望审计人员。浙江省省委书记张德江、省长柴松岳、副省长李长江、省委副书记杭州市委书记李金明等领导同志会见了李审计长。

9月14日上午，刘鹤章副审计长会见古巴监察审计代表团一行。署办公厅、社会保障审计司和外事司的负责同志参加会见。

9月23日上午，党组书记李金华主持召开署党组会议，传达十五届四中全会精神，研究有关工作。党组成员金基鹏、翟熙贵、刘家义、王道成出席，吕培俭、崔建民、郑力、于明涛、周光春、祁田、王宸生、任景德同志，办公厅、法制司、经贸司、人教司、机关党委负责同志列席会议。

9月27日下午，署机关召开庆祝建国50周年大会。机关党委常务副书记石宗仁主持大会，副审计长兼机关党委书记翟熙贵代表署党组和署领导发表了热情洋溢的讲话。全体署领导和离退休老领导，首先登台表演了合唱《歌唱祖国》、《团结就是力量》。随后各单位分别表演了自己精心准备的文艺节目。署机关各单位、各派出局、各直属事业单位，离退休老同志参加大会。

9月28日晚，李金华、郭振乾、吕培俭、于明涛、翟熙贵、刘家义、王道成等同志上午9时许到人民大会堂，同党和国家领导人一起观看庆祝中华人民共和国成立五十周年大型文艺演出《祖国颂》。

9月29日至10月2日，刘鹤章副审计长率中国审计代表团出席在美国华盛顿召开的政府财政管理国际研讨会。10月4日至8日，率团对古巴审计署进行了访问。

十　月

10月1日上午，李金华、金基鹏、郭振乾、吕培俭、于明涛、周光春同志在天安门城楼，翟熙贵、刘家义、王道成、崔建民、郑力、祁田、王宸生、任景德同志在天安门观礼台，同党和国家领导人一起参加首都各界庆祝中华人民共和国成立50周年大会。

10月1日晚，李金华、郭振乾、吕培俭、于明涛、周光春同志在天安门城楼，翟熙贵、刘家义、王道成、郑力同志在天安门观礼台参加首都各界庆祝中华人民共和国成立50周年联欢晚会。

10月8日至9日，纪检组长王道成出席驻署纪检组、监察局组织召开的纪检监察工作座谈会并讲话。北京、天津、河北、山西、内蒙古等5个省、市、区审计厅（局）和太原特派办负责纪检监察工作的同志参加会议。

10月11日下午、12日上午，党组书记李金华主持召开署党组会议，研究有关人事工作。会议决定，今后提拔干部，将试行公示制度。即，公布拟提干部及任职岗位，在一定范围听取意见。这项制度的试行是我署干部制度改革的一个重要举措。党组成员金基鹏、翟熙贵、刘家义、王道成出席，人教司、机关党委负责同志列席会议。

10月11日至14日，审计署老干部座谈会在京召开，部分省、自治区、直辖市审计厅（局）和特派员办事处、南京审计学院等单位的第一任局长、特派员、院长（或第一任的副局长、副特派员）共33人应邀出席会议。李金华审计长到会并发表了热情洋溢的讲话，翟熙贵副审计长通报了审计工作发展情况。金基鹏、刘家义、王道成、吕培俭、崔建民、罗进新、郑力、于明涛、周光春、祁田、王宸生、任景德同志出席会议，并同老同志合影。这是审计机关成立以来的第一次全系统老干部会议。

10月13日上午，李金华审计长主持召开座谈会，讨论审计机关贯彻落实十五届四中全会精神问题。金基鹏、刘家义副审计长、纪检组长王道成，北京市审计局齐国生局长、程显华副局长，天津市审计局王志铭局长，京津冀特派办项俊波特派员，署机关魏礼江司长，范鹏、孙宝厚副司长，刘满堂副所长及办公厅等单位有关同志参加座谈会。

10月13日上午，香港理工大学潘宗光校长率代表团拜访我署。李金华审计长接见了潘校长一行，并与其合影留念。刘家义副审计长主持会谈，并代表审计署培训考试委员会与香港理工大学签署《中华人民共和国审计署培训考试委员会与香港理工大学合作意向书》。署办公厅、外事司、科研所、培训中心负责同志及有关人员参加会谈。

10月14日至17日，署党组中心组学习会在怀柔审计培训基地召开。会议总结审计署开展“三讲”教育工作的情况，汇报交流各单位“三讲”教育的收获和整改成果。党组书记、审计长李金华在会议开始和结束时分别作重要讲话，副审计长兼机关党委书记翟熙贵同志就进一步加强机关党的建设工作问题发表讲话。署机关、派出局、特派办的主要负责同志参加学习会。

10月20日，刘鹤章副审计长出席在广东省广州市举行的国际注册内部审计师颁证仪式，并为我国首批国际注册内部审计师颁发证书。中国内审学会会长郑力和秘书长马怀平出席颁奖仪式。

10月20日至23日，以色列主计长戈尔登伯格率团应邀来华访问。20日上午，李金华审计长在署机关会见戈尔登伯格主计长一行，并主持工作会谈。21日上午，王忠禹国务委员在中南海会见来访的以色列主计长戈尔登伯格，李金华审计长、刘家义副审计长参加会见。22日晚，李审计长、刘家义副审计长出席以色列驻华大使举行的宴会。23日晚，李审计长设宴为以色列主计长一行送行，刘家义副审计长参加宴会。

10月21日至28日，翟熙贵副审计长就国税审计等问题到安徽省及合肥、黄山、芜湖等市县进行调查研究。财政司、南京特派办负责同志参加调研。

10月22日上午，李金华审计长应中央党校邀请，以“切实加强领导，充分发挥审计监督作用”为题，为中央党校全体学员讲课。

10月24日至25日，德国审计院海达·冯·维德尔院长应邀来华访问。24日晚，李金华审计长宴请海达·冯·维德尔院长一行，刘家义副审计长参加宴请活动。25日上午，李审计长在怀柔审计培训基地与德国审计院代表团举行工作会谈，对过去9年的中德项目进行了总结，并展望明年开始的新项目。

10月27日至11月4日，李金华审计长、王道成纪检组长到江西省考察调研，并于10月29日出席“中华苏维埃共和国中央审计委员会旧址”修复揭牌仪式。在赣期间，李审计长等先后到省审计厅和瑞金、赣州、井冈山、吉水、九江等市审计局视察并听取工作汇报，看望基层审计干部。江西省委书记舒惠国，省委副书记、常务副省长董智权，副省长朱英培等领导会见了李审计长一行。

10月28日，《海关业务审计软件》评审会在南京召开。刘家义副审计长、海关总署王乐毅副署长及审计署财政司、计算机技术中心、南京特派办和海关总署督察办、计算中心、南京海关等单位负责同志参加评审会。

10月29日上午，金基鹏副审计长出席由中纪委常务副书记曹庆泽主持召开的中央五部委经济责任审计第一次联席会议。会议决定由中纪委、审计署牵头建立中央五部委经济责任审计联席会议制度，并在审计署设立联席会议办公室，负责处理日常工作。

十一月

11月1日，金基鹏副审计长出席山东省淄博市审计局荣获全国精神文明建设先进单位暨连续四次获得全国审计机关先进集体表彰大会并发表讲话。署机关党委常务副书记石宗仁和人教司有关同志参加会议。

11月4日至16日，翟熙贵副审计长率领中国审计代表团访问日本会计检查院和乌克兰审计署，与日本会计检查院代理院长杉浦力先生进行了工作会谈；同乌克兰审计署西蒙年科审计长就乌克兰审计体制、内部机构设置、审计法制建设等情况进行了广泛交流。在乌克兰访问期间，乌最高苏维埃第一副主席马尔特纽克会见了翟副审计长及代表团成员，双方进行了热情友好的交谈。

11月10日下午，李金华审计长主持召开审计长会议，讨论《关于境外机构和国有企业审计暂行办法》等问题。副审计长金基鹏、刘鹤章、刘家义，纪检组长王道成出席会议。人教司、办公厅、法制司、计算机中心、外事司负责同志参加有关议题的讨论。

11月10日至11日，阿根廷审计代表团应邀来访。10日上午，刘家义副审计长会见阿根廷彼德罗·里卡多·巴尔第副审计长等一行，并主持工作会谈。当晚，李金华审计长宴请代表团全体成员。11日中午，刘家义副审计长在审计署怀柔培训基地接待并宴请阿根廷客人。

11月12日至13日，中国审计学会第四届会员代表大会和理事会第一次会议在怀柔审计培训基地召开。李金华审计长到会并讲话。会议通过了上届理事会的工作报告，完成了学会换届工作，修改了学会章程，确定了学会近期的研究课题。会议选举吕培俭同志为中国审计学会会长，金基鹏、罗进新、张以宽、易仁萍同志为副会长，王国志同志为学会秘书长。会议还聘请于明涛同志为学会名誉会长，周光春、祁田、王宸生、任景德、阎金锷同志为学会顾问。金基鹏、刘鹤章、吕培俭、崔建民、罗进新、郑力、于明涛、周光春、祁田、王宸生、任景德等同志作为代表或嘉宾出席会议，署机关、派出局、各事业单位及地方审计学会、行业部门学会、大专院校代表共140余人出席会议。

11月14日至20日，应李金华审计长邀请，瑞典国家审计署审计长因歌—布瑞特·阿兰尼斯一行3人来华访问。15日晚，李审计长在钓鱼台国宾馆会见并宴请了阿兰尼斯审计长一行，简要介绍了我署的职能及发展历程。16日上午，刘家义副审计长主持与阿兰尼斯审计长进行工作会谈。刘副审计长向来宾介绍了我国审计机关的法律地位、审计范围等方面的情况。双方还就共同关心的社会保障审计、计算机审计等方面问题进行了热烈探讨。阿兰尼斯审计长一行还到北京市审计局进行了工作会谈。

11月18日上午，署机关召开会议，传达中央经济工作会议精神。会议由李金华审计长主持，金基鹏副审计长和王道成纪检组长分别传达了江泽民总书记和朱镕基总理的重要讲话。李金华审计长结合传达贯彻会议精神作了讲话。翟熙贵、罗进新、于明涛、周光春、祁田、王宸生、任景德同志和署机关、派出局全体司局级干部参加会议。

11月19日上午，李金华审计长主持召开审计长会议，听取境外审计情况的汇报。副审计长金基鹏、刘鹤章、翟熙贵、刘家义出席，办公厅、法制司、金融司、经贸司、外事司有关负责同志和参加境外审计的有关同志列席会议。

11月20日，审计署特约审计员会议在怀柔审计培训基地召开。金基鹏副审计长对本届特约审计员开展工作情况作了全面总结，李金华审计长向特约审计员通报了今年以来审计工作的有关情况，中央统战部刘延东常务副部长到会并发表讲话。各位特约审计员和署有关司局负责同志参加会议。

11月21日，应我署邀请，印度审计主计长公署副主计审计长、审计委员会主席A．K．恰克拉巴幕先生率四人代表团来华参加第八次中印审计研讨会。22日上午，刘家义副审计长主持了与印度审计代表团的工作会谈。22日晚，李金华审计长设宴招待了代表团全体成员，刘家义副审计长、署计算机技术中心、外事司负责同志作陪。

11月23日上午，审计法颁布实施五周年座谈会在人民大会堂召开。李金华审计长介绍了审计法颁布实施五年来审计工作和审计法制建设的情况。全国人大常委会副委员长曹志、国务委员王忠禹、全国政协副主席李贵鲜、经叔平等领导同志出席会议并发表讲话。金基鹏、刘鹤章、王道成、董大胜同志出席会议，前三任审计长于明涛、吕培俭、郭振乾同志应邀出席会议。应邀出席会议的还有证监委、人大法工委、国务院法制办、高检院、监察部等单位的领导以及部分经济、法律方面的专家、学者。

11月24日，党组书记李金华主持召开署党组扩大会议，讨论研究2000年审计工作。各业务司局主要负责同志就明年审计工作的打算和思路进行了汇报。党组成员金基鹏、翟熙贵、刘家义、董大胜出席。刘鹤章副审计长，办公厅、法制司、财政司、金融司、行政事业司、经贸司、农业与资源环保司、社保司、投资司、外资司、外事司、人教司、机关党委主要负责同志列席会议。

11月25日至27日，全国审计纪检监察工作座谈会在怀柔审计培训基地召开。纪检组长王道成作工作报告，李金华审计长到会并发表讲话。各省、自治区、直辖市和计划单列市审计厅（局）、各特派办及南京审计学院主管或负责纪检监察工作的同志参加座谈会。

11月26日，接中共中央通知（中委〔1999〕198号）：中央批准，翟熙贵同志任审计署党组副书记。

11月26日，接中共中央通知（中委〔1999〕199号）：中央批准，董大胜同志任审计署副审计长，免去金基鹏同志的审计署副审计长职务。

11月28日，高级审计师资格考评试点考试顺利进行。辽宁、山西、山东、安徽、福建、江西、河南、云南、陕西、重庆10个省（市）和审计署13个特派办参加了今年的试点工作。根据属地化原则，全国共设18个考点。

11月29日上午，党组书记李金华主持召开署党组会议，研究关于现行审计体制及其他有关问题。党组成员金基鹏、翟熙贵、王道成、董大胜出席，人教司、办公厅负责同志列席会议。

十二月

12月2日下午，党组书记李金华主持召开署党组会议，研究署领导成员工作分工等问题。会议根据李金华同志建议，决定由王道成同志牵头、罗进新同志协助，成立中国审计史编辑办公室，负责组织中国审计史的研究和编辑出版工作。

12月3日至6日，审计署新近提拔的部分司级领导干部短期培训班在怀柔审计培训基地举办。李金华审计长、金基鹏副审计长自始至终参加了学习班。党组成员刘家义、王道成、董大胜和署机关各单位、各派出审计局司局长参加了12月6日的大会交流。

12月9日，李金华审计长主持召开审计长会议，讨论《中华人民共和国国家审计基本准则》等4个审计规章，研究2000年审计工作计划。副审计长翟熙贵、刘鹤章、刘家义、董大胜出席会议；金基鹏同志，办公厅、法制司负责同志列席会议。

12月9日和10日下午，纪检组长王道成出席中纪委、监察部召开的落实“收支两条线”规定工作专项检查情况汇报会，听取各检查组汇报对20个省市和国务院17个部门进行检查的情况。

12月13日至15日，审计署在怀柔审计培训基地举办1999年中央部门预算执行审计研讨班，布置中央预算执行审计任务，研讨如何深化该项审计工作。李金华审计长在研讨班开始时作重要讲话，翟熙贵副审计长作总结讲话。派出审计局和署机关有关业务司负责同志参加研讨班。

12月16日上午，审计署与国务院新闻办公室在北京国际饭店联合举办新闻发布会。李金华审计长介绍了1999年审计工作的情况，并与翟熙贵、刘家义副审计长一起分别回答了记者提出的问题。有70多家新闻单位的近百名中外记者参加了新闻发布会。

12月16日上午，中国审计出版社、中国审计科研所、中国审计报社、《人民日报》经济部、《经济日报》社会部在钓鱼台国宾馆联合举办纪念《审计法》颁布实施五周年研讨会。刘家义副审计长主持会议，翟熙贵副审计长介绍了《审计法》颁布实施五年来审计工作取得的显著成就，并代表署党组向各部门、各单位对审计工作的大力支持表示感谢。全国人大常委会法制工作委员会、北京市政府领导和最高人民法院、国务院法制办、财政部、外交部、中国证监会、中国保监会、清华大学、北京大学、中国人民大学、中国社会科学院、国家行政学院的专家学者出席会议并发言。董大胜副审计长，署办公厅、法制司、外资司、培训中心和北京市审计局负责同志出席研讨会。

12月17日下午，署机关召开“欢庆澳门回归，喜迎千禧之年”大会。党组副书记、副审计长翟熙贵代表署党组发表了热情洋溢的讲话。署机关工会邀请部分专业演职人员和署机关干部职工同台献艺；表演了丰富多彩的文艺节目。会上还对署机关尊老敬老先进集体和先进个人进行了表彰，署领导为署机关9对金婚夫妇颁发了纪念品。副审计长刘鹤章、刘家义、董大胜，纪检组长王道成，署老领导于明涛、周光春、罗进新、郑力、任景德同署机关、派出局400多名干部职工一起参加了庆祝大会。

12月20日下午，国务院在人民大会堂举行迎澳门回归盛大招待会，我署翟熙贵、刘鹤章、刘家义、王道成、郭振乾、吕培俭、金基鹏、于明涛、周光春同志及署机关党委负责同志出席招待会。

12月20日晚，中共中央、全国人大常委会、国务院、全国政协、中央军委在首都体育馆隆重举行“首都各界庆祝澳门回归祖国大会”，我署王道成、吕培俭、于明涛同志及署机关党委负责同志出席大会。

12月21日下午，李金华审计长主持召开审计长会议，听取中国内部审计学会换届筹备工作情况汇报。副审计长翟熙贵、刘鹤章、董大胜，纪检组长王道成出席会议，金基鹏同志、内部审计学会筹备组和办公厅、法制司、经贸司、人教司有关负责同志列席会议。

12月22日至25日，李金华审计长作为经济责任审计五部委联席会议办公室牵头单位负责人，出席并主持了五部委联合在湖北省武汉市召开的经济责任审计工作座谈会。出席会议的山西、山东、四川、黑龙江、上海、浙江、湖北等省市纪检、组织、监察、人事、审计部门的有关同志围绕领导干部经济责任审计工作进行了交流和研讨。李金华审计长在会议结束时作总结讲话，纪检组长王道成出席会议。联席会议办公室成员单位中纪委、中组部、监察部、人事部有关负责同志出席会议并讲话。湖北省委书记贾志杰、省长蒋祝平等领导会见了出席会议的中央有关部门负责同志，湖北省张洪祥副省长到会并致词。

12月24日下午，署机关举行报告会。党组副书记、副审计长翟熙贵同志作了以“统一思想、提高认识，进一步把同‘法轮功’邪恶组织的斗争进行到底”为主题的报告。署机关和派出局300多名干部职工参加报告会。

12月24日至26日，全国企业审计研讨班在怀柔审计培训基地举办。刘鹤章副审计长出席会议并讲话。

12月28上午，李金华审计长主持召开审计长会议，讨论《关于审计中国工商银行和中国建设银行情况的报告》等3个文件。副审计长翟熙贵、刘鹤章、刘家义、董大胜出席；金基鹏同志，办公厅、法制司负责同志列席会议，金融司、外资司、农业与资源环保司负责同志分别列席有关内容的讨论。

大案要案查处备忘录

水利部挪用专项资金建楼堂馆所案

矗立在京城西三环六里桥东北隅的水利部水利调度综合楼，是一座建筑面积近5万平方米，楼高28层的现代化建筑。这座高楼以其华美的外观和别致的造型不时惹得行人驻足。

出于职业的敏感，面对这座豪华高楼，审计人员疑窦丛生：这个耗资逾亿元项目的资金从何而来？

无独有偶。此时，审计署信访办公室的桌上，正摊放着的一封匿名举报信中赫然书写着："水利部的个别领导大肆挥霍水利资金，该当何罪：……修建水利部水利调度综合楼，耗资几亿元……"的字样。翟熙贵副审计长在举报信上明确批示，要求农业司的审计人员加强审查。

初期的审计表明，水利部1998年的预算计划中，并无水利调度综合楼的项目资金。而这幢水利调度综合楼正是在1998年拔地而起的。那么，这座集接待大厅、商务、餐饮、会议室等多功能的高档写字楼是怎么立项的呢？在审计人员精细的查证下查实：水利部为了建这座高档多功能写字楼，不惜伪造文件串通北京市计委并且倒签日期，一份所谓的北京市计委对水利部建高档写字楼立项的批复就出笼了。建如此高档、现代有餐饮娱乐功能的写字楼，既无正式立项、无计划，资金从何而来？经审计查明：水利部建此高档写字楼，资金系违规集资所得。通过向11家地方水利机关、事业单位及部属企业摊派指标集资计14600万元，致使一些地方水利部门不得不挪用水利专项资金奉送给上级机关以建高档写字楼。而江湖大坝、水利设施的加固维修就只好偷工减料，不去顾及了。

建设银行广东省分行所属公司将大量银行贷款汇出境外去向不明案

广东省审计厅在1999年对建设银行广东省分行审计中发现，该行所属的广东粤建管理投资咨询有限公司（简称粤建公司）、广东省广建经济发展公司（简称广建公司），1991年至1995年间，将大量银行贷款汇出境外，且去向不明，已造成重大损失。

一、粤建公司汇出境外及去向不明资金5279万美元和10316万港元。粤建公司1991年成立，省建行、粤海集团各占40%股份，投资银行广东分行占20%股份，1996年，由省建行控制了该公司。

1993年7月，该公司总经理杨晓光在香港与黎胜基等人成立了香港通惠有限公司，杨晓光自任董事长。1994、1995年间，杨晓光在账外以粤建公司的名义从省建行国际业务部，由省建行担保从省投行、广国投及粤海集团所属公司等共借入3932万美元和9010万港元，汇给香港通惠有限公司。据杨晓光交代这些资金已由香港通惠公司交给了黎胜基个人办的香港宏贸发展有限公司，用于炒买楼盘并已全部损失。该公司已被香港法院宣布强制性清盘，资产只有1000港元。

1995年，杨晓光以粤建公司的名义从省建行国际部贷入700万美元，又由省建行担保从粤海代理人有限公司、广州国际信托公司等5家单位借入1100万美元，合计1800万美元，直接从借款单位付给香港南邦集团有限公司（该公司的法人代表是原省建行行长董虎臣的妻子文静），与该公司签订了假联营协议，投资兴建新建业花园和北京京润大厦，实际款项却去向不明。1996年只还款714万美元，余款1086万美元至今无法收回。

二、广建公司将贷款汇出境外及去向不明的问题。广建公司是省建行的自办公司，1998年末，该公司从省建行和直属行、省财政厅共借入959万美元、2030万港元和6500万元人民币。现查明汇出境外及去向不明资金达296万美元和2625万港元。其中，1994至1996年间，汇到深圳福苑服装公司及在香港的机构等780万港元和200万美元，据广建公司总经理周炽湛解释，这些款项付给了原省建行行长董虎臣妻子文静所办公司，按董虎臣的指示用于购买香港盘谷大厦，资金至今难以收回。

工商银行深圳分行彭氏兄弟骗贷案

审计署驻深圳特派员办事处1999年在金融审计

中发现，工商银行深圳分行员工彭海生、彭海怀两兄弟利用所控制的公司，以贸易经营为由，弄虚作假，仅一年半的时间就骗取该行资金5.36亿元，欠息8049万元。

审计查明，深圳泰明实业股份有限公司、深圳市新宇通实业股份有限公司、深圳盛平实业发展股份有限公司及深圳蛇口航明实业股份有限公司等均被彭海生、彭海怀控制，1996年初至1997年6月，两人以这些公司的名义，通过向工商银行深圳分行所属的三个分支机构出具虚假会计资料，提供虚假的购销合同、单据、发票等手段骗取贸易贷款5.36亿元，其中以进口付汇远期信用证形式融资4.55亿元、以银行承兑汇票形式融资4988万元、以"打包放款"形式融资1150万元，分别占融资额的85%、9%和2%。

审计还发现，1998年末，这四家公司另在其他金融机构贷款1.18亿元，加上已查明的彭氏两兄弟骗取的银行贷款余额合计6.54亿元，而公司账面反映的房地产等不动产余额仅有1.1亿元，累计亏损1.28亿元，累计净资产只有8097万元，大量的银行资金流到彭海生、彭海怀控制的其他境内外公司，去向不明。

天津蓟县国税案

经群众举报1999年3月审计机关进入群众反映十分强烈的天津蓟县，针对群众举报、反映的该县国税局肆意虚开增值税、截留国家税款，强行摊派税务咨询费等六大问题进行审计。审计发现，天津市蓟县国税局虚开增值税发票，截留和侵吞国家税款等问题十分严重。该县国税局有征收任务的11个税务所中，有10个存在虚开增值税专用发票问题。虚开的增值税专用发票全部按17%或13%的税率填写，实际只按2%至8%收款，大部分是收取现金。1997、1998两年，共虚开增值税专用发票10753份，损失国家税款1748万元。此外，蓟县国税局受县政府委托代征规费，每年定额上缴50万元，超过部分自留。该局为了多得收入，弄虚作假，将应缴增值税转作地方规费收入，侵吞国家税款673万元，私设"小金库"，用于乱发奖金、购买汽车等。还将部分增值税以营业税、城建税等名目缴入地方国库，骗取地方奖励200万元。

在审计查处此案过程中，审计组成员家中多次接到匿名恐吓电话，甚至接纳审计组住宿的该县某银行招待所的领导家中也接到恐吓电话，意欲把审计组赶出蓟县。蓟县国税局的领导则用奉送30万元金钱的诱惑方式想驱走审计组离开蓟县。审计组在当地广大人民群众的支持下，正义终于战胜了邪恶，把这起轰动全国的国税局集体虚开增值税发票、强行摊派税务咨询费、疯狂截留国家税款等重大违法违纪案公布于众，还蓟县人民以正义。天津蓟县国税局的原局长梁化泉被绳之以法，其他涉案人员也受到法律的惩罚。

丰都县原国土局长贪污移民资金案

1999年5月初，重庆市审计局农业处按照国家审计署统一部署，开展对三峡库区移民资金的审计。丰都县城是整体搬迁，在搬迁过程中，该县超规模建设曾受到国务院总理的批评，因此，被列为这次审计的重点。赴丰都审计组在对丰都新县城开发区管委会移民资金审计中，从一张1995年8月4日县国土局征地办与新县城开发区管委会移交清单中，查出县国土局在提取土地出让金管理费中，违反规定，超标准提留高达230万元。审计以此为突破口，艰苦查证，不怕坐冷板凳，不在乎吃闭门羹，不怕恐吓、威胁咬住线索不放松，穷追到底，一举查出县国土局局长黄发祥采取虚列支出、收入不上账等手段将移民土地出让金2000余万元隐匿于账外，然后精心策划、利用移花接木的手法，以外商投资为名，为自己建起了1.7万平方米，高13层的现代化"名山饭店"并配备了私人轿车，在其贪污的巨款中为此支付了877.8万余元。然后相机行事、一步步将所贪污千万元巨额资金装入了个人腰包。黄从心惊肉跳到神情坦然最终形成贪污目的的事实，虽然是蓄谋已久，但在机智的审计人员面前仍是漏洞百出，尽管有一个顽固的堡垒，但不堪一击，最终都被法网所收。

此案移交司法部门后，经审理查明：黄发祥在任丰都县国土局局长等三个要职期间，共贪污移民资金15565471.75元，堪称雾都贪污之最。由此案牵涉的、用金钱串起的关系网中有该县原县委书记、副书记、县长、副县长及法院原院长等6名副县级以上领导干部，均已受到党纪政纪处罚，该县财政、地税、国税等单位副股级以上干部10余人受到查处。当地群众拍手称快，重庆市党政领导称该市审计局为人民立了一大功。

1999年12月23日、24日重庆市第三中级人民法院连续2天对黄公开审判，让数千群众目睹了这个雾都贪鬼的真面目。此时的黄发祥失去了往日的威风，他在法警的押解下，钻进了用铁管焊制的被告席中。经一审判决，贪污巨额移民资金的黄发祥被判处死刑。

湛江"9898"特大走私案

1998年9月初，在广东湛江发现了建国以来最大的走私案。境内外走私分子相互勾结，通过行贿当地海关、边防和党政部门主要领导，从1996年开始，大肆走私汽车、钢材和成品油。1998年9月8日，中央决定由中纪委牵头，从最高人民检察院、公安部、审计署、海关总署抽调人员组成中央联合工作组，对湛江走私案进行调查，因此该案代号为“9898”案。9月17日受中纪委的委派，审计署抽调了业务精湛反走私经验丰富的审计署驻武汉特派办的精英投入了这场激烈的战斗。湛江特大走私系列案6名主犯于1999年6月7日在广东伏法后，9月7日，又一批案犯被依法判决。在侦破这起建国以来最大的走私巨案中，审计人员功不可没，他们奋战100余天，为大案终结发挥了不可替代的重要作用。

湛江地区成品油走私主要集中在林春华集团，林春华走私成品油数量大、案值高，情况十分复杂。为了查清和核实每一笔走私情况，审计人员都要从几万份报关业务中找出林春华所属公司报关单，然后再与装船单、仓单和提货单一一进行核对。审计人员和海关总署调查人员一起，将林春华走私集团1996年以来所有的报关单、提货单核对后，来确认走私成品的数量、金额和偷逃的税款。调查组先后深入湛江海关、湛江船务代理公司、湛江外运公司、港务局、保税仓、商检局、茂名海关中石化茂名公司、茂名港务局，完成了繁重的查账取证工作，基本查清了以林春华为首的湛江地区成品油走私犯罪活动。1997年1月至1998年9月，林春华采取少报多进、伪报品名、伪造海关放行手续，利用保税仓走私进口成品油974160吨，案值人民币约20亿元，偷逃进口环节税款4.44亿元。经审计确认，林春华集团成品油走私数量占整个湛江地区成品油走私总量的85%，湛江地区成品油走私总量相当于1997年我国汽、柴油进口总量的1/6。林春华集团成为建国以来查获的最大成品油走私集团。

按照专案组的布置，审计人员对湛江经济技术开发区财务开发公司进行了专项审计，在审计中发现原副市长、开发区管委会主任杨瞿青、原市委书记陈同庆批示湛江市开发区财务开发公司投资1300万元成立了三星汽车集团开发区分厂，然后将该分厂变相承包给陈同庆之子陈励生，陈励生就是利用该分厂进行走私汽车的。这一线索成为对陈同庆立案侦查的重要依据。为了查清原湛江市公安局边防分局局长邓野、政委陈恩两人贪污受贿放私的情况，审计组对湛江市公安局边防分局、广东省拍卖行湛江分行进行了全面的专项审计，查出边防分局将查获的走私物品低价给拍卖行，拍卖后实现的利润由边防分局与拍卖行四六分成，1995年至1997年，边防分局共分得利润201万元，审计人员将邓、陈两人每次取现金和报销的凭据提供给专案组，再由他们审讯追查资金的去向，从对边防分局的专项审计中发现，边防分局在三年时间里共收取了数千万元的“赞助费”，这些“赞助费”是邓、陈两人徇私枉法，收取好处费后放私的重要证据和线索。另外，审计人员还从边防分局的“小金库”中查出邓、陈两人领取了几百万元的租船费、线人费，这些情况为专案组提供了深入查案、扩大战果的重要依据。

湛江海关关长曹秀康（调任前为海关总署调查局副局长）更是被走私团伙派出的张猗等三位小姐牢牢控制，不能自拔。黑道白道沆瀣一气，形成了一股难以侵消的势力。在3个多月的时间里，审计组成员还为专案组核实了大量的证据。如专案组在审讯中得知一个叫“李新”的人用存折向曹秀康行贿220万元，密码为“0168”。而眼前这个李新正是审计组千辛万苦想要寻找的关键证人。

明星企业被毁 名人经理被擒

湖南湘潭电缆厂是国家大型一类电线电缆骨干企业，是全国500家重点企业之一，更是当地的利税大户、明星企业。然而，这个有着半个世纪历史的老厂被一个叫陈海燕的总经理（陈海燕通过一些党政关系掌握了湘缆厂大权）的人在2年零9个月的管理中，就将该明星企业搞垮，而自己的私营企业却日进斗金，异常红火。湘缆厂职工集体上访。引起国务院总理高度重视“……没想到湘潭电缆厂如此腐败，吃里扒外的领导人竟能逍遥法外……”；“一定要彻底查清，依法严办，公开曝光……。”这是国务院朱总理于1998年8月19日、10月17日两次在有关湘潭电缆厂问题的材料上作出的重要批示。

湖南省审计厅自1998年4月20日进驻该厂查弊纠错历时1年零2个月终将陈海燕一伙吃里扒外的腐败分子的劣行查清交司法机关得到了应有的严惩。

经审计核实湘缆厂报表严重失实，湘缆（不含信泰物业）资产总值只有10.46亿元，原报表却反映资产总值为16.07亿元，审计核减5.61亿元；负债总计12.02亿元，原报表却只反映10.38亿元，审计核增1.64亿元；原报表负债率为64.59%，审计调整为114.91%，实际是资不抵债。至1998年2月湘缆累计亏损6.52亿元。其中，陈海燕的前任亏损2.91亿元，陈海燕在2年零9个月的经营中湘缆厂又亏损3.61亿元。

同时，陈海燕在任职期内虚增销售收入4.45亿元，虚开销售发票，虚增销售收入2.27亿元，集团下属各分厂间相互对开增值税发票，虚增销售收入2.18亿元。如此虚假销售严重欺骗了国家，欺骗了职工，不仅造成国家统计数字失真，而且扰乱了国家经济秩序和宏观调控。

然而，陈海燕却由此佩戴上了诸多的桂冠和光环：中国青联第八届委员会委员、湖南省企业家、青年企业家协会副会长、湘潭青年联合会副主席、优秀企业家等多种荣誉，为他“损公肥私”的行径罩上了华丽的外衣。

审计组顺着湘缆厂资金运行的主线发现：陈海燕这个国有企业的老总，同时又是私营企业的老板，在他的天平上只能是倾斜于自己：挖空国企，育肥私企。

——湘缆所购原材料必须从陈海燕的私营企业高价购进，为此，湘缆增加成本 830.37 万元。此外，陈海燕从中行湘潭分行借出 102.312 万美元折合人民币 849.19 万元，交给了陈海燕之妻陈英惠（已被逮捕）任总经理的深圳大阳电工代购原材料。所购得的电解铜、废铜线，均高于同期平均价格，造成湘缆多付成本 37.60 万元。即便如此，购进原材料却比发票少 3.437 吨，湘缆又损失了 9.19 万元。加工成铜杆后返销给陈的私营企业，湘缆又让利 9.59 万元，仅此一笔业务湘缆损失 56.38 万元。无疑，陈的私营企业仅此一笔业务凭空增加 56.38 万元纯利润。

——湘缆的产品低价销售给陈海燕的私营公司。经审计查实 1996 年 1～12 月湘缆生产的铜杆销售给陈海燕的私营企业计 886.58 吨，按同期比价每吨铜杆湘缆让利 313 元至 1208 元不等，仅这笔业务湘缆让利损失 407628 元，总计损失 483.34 万元。

——湘缆的资金提供给陈海燕的私企经营活动，湘缆却要承担贷款的双倍利息。

——陈海燕在湘缆中的私有股份必须保证分红。湘缆与陈的私营企业组成了一个“金湘公司”。湘缆投资占总额的 92%，陈的私企投资占总额的 8%。但协议却是明白不误的写着：不管公司是否有利润，均要对陈的私企按 28% 的比例固定分红。1995 年 5 月至 1998 年 2 月（陈被免职）金湘公司共亏损 9014.44 万元，陈的私营企业本应承提 721.20 万元亏损，陈不但不承担亏损，还强行按“协议”分走红利 220.92 万元。造成湘缆净损失达 942.12 万元。

上行下效。湘缆其他分厂通过上述手法套取现金达 556 万元用于支付不合理的支出。

银企串通共吃湘缆。湘缆于 1994 年 8 月从中行湘潭分行贷入流动资金 120 万元。而这 120 万元中有 70 万竟算作中行湘潭分行所属的银鑫公司对湘缆一个分公司的投资入股，另外 50 万元算作银鑫公司对湘缆另一分公司的投资入股，而这两笔投资入股的资金利息却记到了湘缆厂账上，湘缆因此付出利息 9.3 万元。而中行湘潭分行的银鑫公司 1995～1997 年从其投资的 2 家企业中分得红利 63.8 万元，湘缆造成不明不白损失 73.1 万元。而银行方面以投资入股方式贷款所收利息、红利，也均入私囊。

工行青岛支行原信贷部总经理侵吞公款案

一个用贷款和拨款作为资本金为自己注册成立了五家公司的信贷部经理，利用职务之便，占用银行资金设立和经营多家公司，向银行转嫁公司经营风险违规放贷，侵吞银行资金……检察机关经过七、八个月的调查，没有发现其有犯罪的情况、行为，然而在审计人员面前他却露出了马脚。

1999 年 4 月，由一封封群众来信引起了审计署驻济南特派办的高度重视，同时，审计署也批转了同样内容的人民来信。济南特派办立即组成审计组进驻青岛，依靠群众反映的线索审计查证。

在青岛，王××有着耀眼的光环：除去工行的职务外，他还是中国检察报驻青岛记者站的站长。对于王××来说，已不是第一次接受审查。近几年他由一个支行的副行长到市分行信贷部的总经理，仕途上可谓春风得意，更令他志得意满的是在他的手中控制着五家公司。也正是如此，反映他问题的信件如雪片般飞向有关部门，但一次次都在他的周旋下化险为夷：1998 年工总行曾批转来信要求市行检查落实，但半年多的全面检查，得出的结论是“未发现王违法犯罪问题”；市检察院也有“经过七、八个月的调查，尚未发现王××有犯罪情况和行为”的备案。

审计组抽调了六名精兵强将，进驻青岛工行信贷部。表面上是对信贷部进行财务收支审计，实际上主要侧重于检查五家公司的资金活动以及信贷部与五家公司的资金往来情况。

经过反复核对有关资料发现：五家公司互为股东，资金往来你中有我，我中有你，信贷部向新大地中心发放的 1700 万元贷款和某实业公司为信贷部盖办公楼资金的 1300 万元转给其妻子为法人代表的金大地公司。同时查出 1996 年 8 月 20 日，信贷部收回××商贸公司贷款本金 600 万元，而其中 500 万元贷款的 76 万元利息，王××指使免收。这两个线索是一个重大突破，审计人员提出了一个又一个为什么：为什么王××向新大地中心贷款 700 多万元不计收利息？为什么某实业公司将信贷部拨给其盖办公楼资金的 1300 万元转给金大地公司长期使用，而信贷部不闻不问？为什么三家公司的会计主管印鉴相同？要解开这些疑团，弄清这些问题，必须全面审计五家公司的账目，从账务所反映的问题上来确定信贷部与五家公司的资金往来并进一步查清五家公司之间资金往来的性质。于是，审计的锋芒直指五家公司。

审计人员在询问到新大地中心公司的经营、项目投资、效益、人员等情况时，李某张口结舌，一无所知，这一情况与人民来信时反映的“五家公司的法人代表是傀儡，公司的经营由王××操纵”的情况相符合，这大大增强了审计人员攻下这一堡垒的信心。结果正如所预料的那样令人振奋和惊奇，一个清晰的案情面貌出现了，五家公司的经营成果和资金最终转入了新大地中心和金大地公司，其余三家公司是过渡公司，五家公司的资本金均为信贷部资金，公司之间人员交叉、公章相互借用，合署办公，真相大白，五家公司明为五家实为一家。一个谜底揭开了。

审计组集中精力和人力对公司外来资金进行了全面检查，延伸调查了二十多家单位，查出王××利用所办公司转移银行贷款利息，侵吞公款400多万元的犯罪事实。通过深入检查，又挖出王××利用自办公司，转移银行收益，侵占银行资金的犯罪事实，并揭示其主要犯罪手法。

经审计组艰难的查证查实，青岛工行原信贷部总经理王××自1992年至1998年11月利用“搭车揩油”、“移花接木”、“假公济私”收取高额利息差等手法，侵吞银行巨额资金，涉嫌重大经济犯罪，在国务院领导的关注下，最高检察院，工行总行等部门介入此案。1999年7月8日，最高人民检察院立案并批转山东检察院查办。

“豪门”之内窜“狂徒”

1999年，审计署对河北省唐山豪门集团进行了审计，查明该集团存在虚报资产，隐瞒亏损，逃废巨额银行贷款，大量资金去向不明，企业法人贪污，行贿等问题。

1. 虚报资产13.87亿元，隐瞒亏损7.63亿元。豪门集团法人代表贺业军，1998年被评为第九届全国十大杰出青年，主要业绩是：带领广大职工白手起家、艰苦创业十余载，使负债累累的倒闭企业，逐步发展成为拥有总资产22亿元的大型现代化企业集团。经审计核实，该集团实际资产只有8.13亿元，上报亏损0.7亿元，实际亏损高达8.33亿元。

2. 逃废银行贷款11.89亿元。豪门集团是一个县办国有企业，但却能从多家银行及非银行金融机构取得巨额贷款。目前尚拖欠24家银行及非银行金融机构逾期贷款本息共计11.89亿元。数家金融机构曾向法院起诉，要求归还贷款，虽胜诉，但均因“无可执行的资产”，至今分文未还。经审计，该集团资产负债率高达170%，资不抵债5.65亿元，根本无力归还近12亿元的贷款本息，将给国家造成巨大损失。

3. 5.01亿元巨额资金去向不明。自1993年起，豪门集团从北京多家金融机构贷款5.01亿元，由贺业军一人掌握，留北京使用。经审计查实，5亿元资金中，贺业军以“返息”、“咨询费”、“资金占用费”等名义报支1.86亿元，但未见任何原始单据。最终，贺业军也未说清5亿元资金去向。从该集团外部取得的证据表明，贺业军涉嫌转移资金，行贿受贿，个人贪污、挥霍等经济犯罪问题的线索有4000多万元。

目前，最高人民检察院已立案侦查，部分从犯已抓捕，主犯贺业军在逃国外。

旅游公司：公款游进巨贪腰包

1999年，审计署旅游侨务审计局在对国家旅游局预算执行审计审前调查过程中了解到，国家旅游局下属中国国际旅游信托投资有限公司（以下简称中旅信）自1994年开业以来，由于原董事长兼总经理刁玉良等人的直接原因，造成公司全面亏损，资产质量极差，公司经营陷入困境。

经过认真的分析，审计人员发现从1996年7月19日中旅信由工商银行总行营业部拆入4000万元人民币中找到了蛛丝马迹。这笔拆入资金先后分五笔转入中旅信下属的北京证券营业部，一周后本金如数还清，但未见利息，也没有记载作何用途。从账面上看似乎是为了弥补头寸不足，但审计怀疑是用于违规炒作金融衍生产品，况且未见利息，其中必然隐藏着不可告人的目的。顺着这条线索审计人员到该公司北京证券营业部深入进行调查，终于搞清了刁玉良违规买卖国债私分收益的经济犯罪问题。原来这笔资金是用于其承销的96记账式国债的炒作，该国债上市事，通过北京证券营业部指定账户抛出，形成了450万国债投资收益。中旅信从北京营业部提现金430万元，公司原董事长兼总经理刁玉良授意公司财务分给公司27名职工每人12万元，自己分得77万元。

对中旅信审计取得突破性的进展以后，各方面十分重视，案情线索不断扩大，为了进一步查清刁玉良经济犯罪的事实，四月份审计会同中纪委、最高检察院和旅游局监察局的同志们一道，以审计的名义，调查了刁玉良委托深圳分公司存款1000万美元的情况。经过深入细致的调查，此笔存款银行实付利息822万元，其中中旅信深圳分公司入账570万元，汇入汇集实业公司157万元（该公司初步认定为一家洗钱公司，现已吊销），定期存折一个75万元，另有近20万元被刁等人私分。

“暗度陈仓”“支解”国债

1998年国家安排广东省电白县水东海堤加固和鸡打港水闸重修两个水利建设项目国债专项资金1902万元，两项工程概算总投资3583万元，其余地方配套。审计发现，电白县在筹足配套资金的情况下，不是将已到位的国债专项资金全部用在水利项目建设上，而是采用“暗度陈仓”的手法，将部分国债专项资金转移挪用。两项工程的管理单位都是电白县水利局，但水电安装公司却转手将工程包给了个体包工头赖氏兄弟，同时，签订了假承包协议。项目工程指挥部以预付工程款、材料款名义，将1483万元国债水利专项资金汇入赖氏兄弟的银行账户。赖氏兄弟除留下551万元用于工程建设外，应财政局要求，余额932万元的现金支票存根填写赖氏兄弟名字，但支票正页填写财政局某人名字，虚列工程支出，由财政局直接到银行提取现金。此案已移交广东省高检等机关处理。

大庆联谊石化公司股票案中案

位于祖国最北端的黑龙江省大庆联谊石化股份有限公司始建于1985年。1998年该公司与大庆市三环公司合并，组成了大庆联谊（集团）公司。就在这剪彩鞭炮的硝烟未尽，推杯换盏耳正酣时，一封封群众举报信陆续寄到了各级纪检、监察、证监会直至国务院领导的案头。反映的主要问题是“该公司将大量内部职工股用于行贿，公司领导有贪污、行贿、受贿等严重问题”。时间是公元1998年的4月。

群众的强烈反映引起了共和国总理的关注。最高检察院请求审计机关介入并对该公司进行全面审计。于是，审计署抽调了精兵强将，迅速赶赴大庆联谊石化并投入审计中。审计紧紧依靠广大群众，经过缜密调查与取证，短短一个月的时间，就使这桩中国证券史上的严重恶性欺诈案件，露出了庐山真面目。

审计调查发现，大庆联谊石化股份有限公司为了申报上市，谋取巨额募集资金，通过地方有关行政管理和中介组织联手弄虚作假、欺诈包装上市。其手法可谓花样繁多、无所不用其极，大庆联谊石化公司就是这样一路造假，一路绿灯，最终骗取了上市资格。遂于1997年4月，向社会公众发行人民币普通股5000万股、发行价格每股9.87元。其中：1997年4月30日在上海上网发行社会公众股4500万股，5月23日上市交易；1997年5月15日，大庆联谊石化股份有限公司用企业流动资金垫付，按发行价格，以虚拟的28个大户的名义，将应配售给职工的500万股公司职工股全部买下，然后用4935万元社会募集资金予以偿还，名义上募集资金全部到位，实质上公司职工股的股本金先期是由社会公众垫付的。

股票上市后，大庆联谊虚报的1997年企业利润2800万元，4.3亿募集资金没有按招股说明书中承诺的用于齐齐哈尔、富拉尔基油田等四个建设项目，而是大量被挪作他用，用于新股申购，违规拆借。

审计组发现，大庆联谊石化股票上市后，在价位公开、明知获利情况下，大庆联谊石化公司有关领导和经办人，向国家有关部门、黑龙江省及大庆市有关部门个别干部大肆外送股票和溢价款。

大庆联谊石化公司原董事长××为感谢在公司股票上市中给予造假帮忙有功单位及今后企业发展有用的单位和个人，决定从500万股内部职工股中，留出200万股外送。

经审计查实，从1997年5月23日到1998年4月30日，大庆联谊股票在上海证券交易所交易的平均价位，始终保持在22元以上，接受股票的人不参与交易，不承担任何风险。涉案人员有的形式上用身份证和交股本金，有的则直接接受或索要溢价款，实质上都是干得溢价款。200万公司职工股中实际送出19.15万股，计溢价款1094万元，其中105.85万股由公司集团购买交易后，将溢价款1260余万元上交公司财务。截止审计组进点后，尚有“有关领导”的5.6万股票未敢领走。

帮助大庆联谊公司骗取上市资格的有功单位和个人冒着风险造假，故而，向公司索要股票和溢价款也在“情理”之中，为答谢层层造假的有关单位和个人借机送股票和溢价款也可以“理解”，为今后企业的发展着想，使一些中央、国家机关、黑龙江省及大庆市有关部门和领导对企业今后发展多关照，突出送点股票和溢价款也是建立关系的媒介。但在这场索贿、行贿活动中却又添加了一段克扣行贿股票款的丑行。使得那些帮助大庆联谊骗取上市资格的单位领导、人民公仆蒙受了“损失”。按照“股票对外发放明细表”核对这些领导实得的股票，仅占应得的一部分。

在大庆联谊股票案审计调查中，涉案党政干部竟有17名厅局级干部，44名县处级干部。细查送股清单，大庆国税局的干部格外抢眼。他们之间有着什么样的幕后交易？

大庆市国税局稽察分局副局长李某于1997年7月，通过大庆联谊石化公司原董事长，以每股9.87元的价格，为市国税局11名领导干部购买了9.8万股公司职工股。同年12月李提出兑现股本金和溢价款，李共取款218万余元。李将其中167万余元分别交给市国税局10名领导，余下的51万余元扣除股本金，李获纯利28.4万元。

1997年，大庆市国税局局长那某利用职务之便，通过李某购买联谊股票5.6万股，获溢价款74万元。

由于大庆市国税局那某等人买了大庆联谊股票内部职工股并获巨利，联谊公司7000余万元欠税得以缓交，滞纳金被免缴。这是国家税务干部慷国家之慨，为大庆联谊公司所做的最好“回报”。目前，那某已被开除党籍，移交司法机关依法处理。

原煤炭部社保局局长贪污、挪用养老保险基金案

1999年3月，审计署对十一个行业统筹的企业职工基本养老保险基金移交地方情况的审计时发现，原煤炭部社会保险事业管理局局长王晓琪伙同会计宁红涉嫌贪污、挪用巨额养老保险基金。审计发现的主要犯罪线索有：

一、隐匿养老保险基金及利息947.05万元，并将其中的610万元借给私营企业长期使用。1998年上半年，王晓琪、宁红采取非法手段，将参加行业统筹单位上缴养老保险基金时交来的银行承兑汇票927万元隐匿，并于1998年11月和12月先后将其中的460万元和150万元借给私营企业——北京亚昭北咨询服务有限公司使用。直到1999年3月审计时，审计组做了大量的工作宁红才将上述隐匿、挪用的资金连同部分利息共947.05万元的有关单据交出。

二、挪用养老保险基金290万元，并侵占其中的189.79万元。1995年11月，王晓琪、宁红以社保局的名义和华兴投资公司张同宪、吴香海、靳天剑等人采取私刻公章、签订假协议和提供假发票等手法，大肆侵吞挪用公款。其中个人贪污公款156万元；支付各种好处费60万元；个人挪用公款810万元。

三、大量借款难以收回，国有资产流失严重。其中借给美国众城公司4200万元，投资富锦花园项目，只收回2450万元；投资1000万元兴建“浙江室内装饰品市场”，因此市场欠债，于1998年6月被杭州市中级人民法院将三年的经营权裁定给浙江省租赁有限公司杭州办事处。

审计结束后，此案已移交最高人民检察院处理，王晓琪、张同宪等人已被捕。

审计人员学习财经法规场景

领导班子成员开展实施西部大开发，加快审计事业发展的大学习、大讨论

局长 刘超

天水市审计局

天水市系甘肃省的地级市，辖两区五县，设有8个国家审计机关。天水市审计局内设办公室、综合科、法制科、财政审计科、行政事业审计科、农业审计科、金融外资审计科、固定资产投资审计科、工业交通审计科、商粮贸审计科。下属副县级事业单位天水审计培训中心。有职工77人，其中具有大专以上学历的62人，占职工总数的80.64%。1996年以来，该局多次被市委命名为“党的基层组织先进单位”，市政府系统目标管理一等奖，被市委、市政府命名为市级文明单位，被省审计厅命名为全省审计机关思想政治工作先进单位，1997年被省审计厅、人事厅评为全省审计系统先进集体，专项审计先后12次受省审计厅表彰，13次被市直有关部门评为专项工作先进单位。有63人次被省、市表彰为先进工作者。

几年来，全市审计系统共完成审计项目1418个，查出违纪金额33172万元，审计处理后上缴财政1296万元。

包头市审计局

局长　薛长江

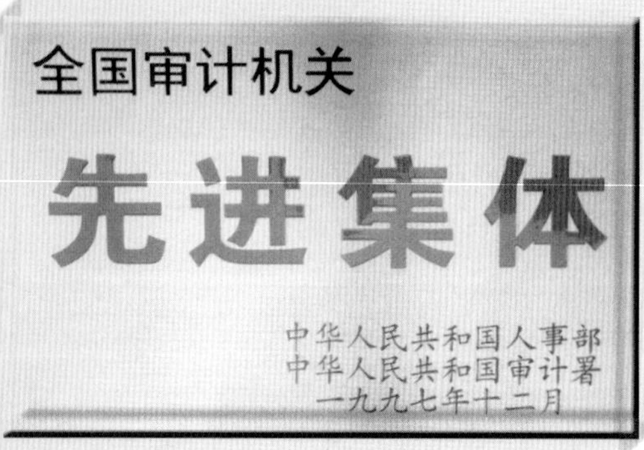

包头市地处内蒙古自治区西部，北依阴山，南临黄河。包头是蒙语"包克图"的谐音，意为"有鹿的地方"，故称"鹿城"。包头是国家的稀土工业基地和钢铁工业基地，故也称"稀土之乡"、"草原钢城"。包头市审计局成立于1983年，内设10个职能科室，定编85人。其中，具有中级以上技术职称的50人，大专以上学历55人。多年来，在市政府和上级审计机关的领导和支持下，通过全体审计干部的共同努力，在历年的实绩考核中一直名列前茅，并在1997年荣获全国审计机关先进集体称号。历届审计长都曾来包头指导、视察工作，慰问审计干部。李金华审计长还欣然题词"加强队伍建设，提高审计质量，更上一层楼"，对包头审计工作寄予厚望。1999年各项审计任务均取得了重大突破，其中在工商银行系统资产、负债、损益审计过程中，查处少计收入、多计支出、账外资金和资产、多收利息等违规行为金额上亿元，为规范金融管理、防范金融风险作出了贡献。在对重点企业审计中，先后向司法机关移送贪污、挪用公款案件9起，在严厉查处大案要案中树立了审计权威。包头市审计局决心以"突出重点、加大力度、内强素质、外塑形象、讲究实效、争创一流"为指针，以提高审计质量为中心，以提高队伍素质和加强廉政建设为保证，把审计工作推向一个新阶段。

安徽省卫生厅审计处

戴光强厅长与审计处共同研究加大审计监督力度问题

安徽省卫生厅审计处担负厅机关、直属单位和经费供给单位内部审计任务，并负责指导全省卫生系统内部审计工作。该处建立健全了内部审计制度，积极拓展内部审计工作，先后开展了财务收支审计、基建工程审计、经济效益审计、专项资金审计、领导干部离任审计等多种审计工作，累计审计项目295项，审计经济活动量107.9亿元，查出违纪违规金额1.62亿元，已纠正1.22亿元，增收节支1322.9万元，取得显著的成绩。自1995年起，该处工作始终处于全国卫生系统内部审计工作和安徽省内部审计工作的先进行列，1997年获安徽省审计厅颁发的先进集体奖牌。安徽省卫生厅审计处在审计实务中，始终坚持依法审计、客观公正、实事求是的原则，工作作风严谨，求真务实，敢于碰硬，并注重自身廉政建设，为内部审计工作树立了良好的形象。他们多次拒绝被审单位的企图行贿，并晓之以理，使其心悦诚服地接受审计的正确结论。审计处坚持原则、洁身自好，确保了审计质量，维护了国家利益和单位的权益，也树立了自身的良好形象。

审计处人员不仅出色地完成审计工作，他们还定期举办培训班，以提高审计人员的政治、业务素质。并创办《安徽卫生审计》简报，有效地促进了省内及全国的审计信息和工作经验交流，安徽省卫生厅审计处决心在新的形势新的考验面前，坚定不移地按照党的方针政策和国家法规，进一步做好卫生系统内部审计工作，努力造就一支全省卫生系统的政治、业务、作风上均过硬的内审队伍，为全省卫生系统深化改革、更好地为人民服务，再创辉煌。

1998年全省卫生审计工作会议会场

重庆沙坪坝区审计局

重庆市沙坪坝区审计局认真贯彻朱总理“全面审计，突出重点，注意发现大案要案线索”的重要指示，加大审计监督力度，严格审计执法，全局人员团结一致、心齐风正、开拓拼搏，积极开展财政审计、金融审计、企业审计和各项专项资金审计，取得了可喜成绩。在仅有9名业务人员的情况下，完成审计及审计调查20项，查出和纠正各类违纪违规金额4312.50万元，收缴入库金额32.40万元，向司法机关移送案件4件，被追究刑事责任1人。在重庆市审计局组织的全市审计系统综合业务考核中荣获一等奖；工商银行审计被评为全市一等奖；世行贷款审计、法院财务收支审计、救灾资金审计被评为全市优秀项目；统计、信息工作也被评为全市优秀奖。在新世纪里，全局同志将抓住西部大开发的机遇，振奋精神，迎接挑战，共同谱写新世纪审计事业的新篇章。

重庆市九龙坡区审计局

局领导班子在研究工作

重庆市九龙坡区审计局现有在册职工22人，局长1人，副局长2人，内设5科1室。

1999年，完成审计项目21项，查出违纪违规金额575万元（发现小金库3个，金额达62万元），其中处理上交财政187万元，归还原资金渠道金额151万元。发现大要案线索3个，涉案人员均受到处理处罚。在全区开展的“三优一满意”（优质服务、优良作风、优美环境）活动中，被评为先进集体。由于工作突出，1999年度全市审计工作综合考核，九龙坡区审计局被市局评为第一名。

审计人员正在审计现场查帐

地址：重庆市市杨家坪西效路27号　电话：68423021　邮编：400050

菏泽地区公安局审计处

公安局长李福祥在公安审计工作会议上讲话

公安局副局长蔡胜兰在审阅《审计工作报告》

菏泽地区公安局审计处紧紧围绕公安工作中心，积极开展内部审计工作，近年来为公安事业的健康发展做出了积极贡献。1993年至1999年连续七年被地区审计局、地区人事局评为“全区内审先进单位”，被地区公安局先后两次授予“集体三等功”。

1994年被公安部审计室评为“全国公安内审先进单位”，颁发了荣誉证书和锦旗。1998年被国家审计署评为“全国内审先进单位”。

1999年省公安厅授予审计处“集体二等功”。

其主要事迹是：

一、坚持了定期审计制度

菏泽地区公安局审计处认真坚持定期审计制度，每半年对直属单位进行一次定期财务收支审计，审计覆盖面达到100%，并对全区所属基层单位抽查审计达到了30%。

二、坚持了干警任期经济责任审计

地局审计处几年来认真贯彻国务院、省政府和省公安厅关于干部离任审计的规定，凡是升任、调任、轮岗、离退的副县级以下实职干部，都进行了任期经济责任审计。

审计处长王念坤在学习审计法规

三、深入开展了基建工程审计

1999年以来，菏泽地区公安局大胆地进行了基建工程审计。在自身审计力量和业务技能不足的情况下，聘请了地区审计局投资服务中心的同志，对地局机关4座家属楼和有关工程进行了逐项审计，审计总金额1200多万元，审减资金20多万元，有力地维护了本单位的经济利益。

四、重点开展了对收费、罚没款的审计

菏泽地区公安局始终把收费、罚没款审计工作作为重点来抓，几年来他们共审计该类资金1.2亿元，查出违纪违规金额2280万元，提出整改建议32条，查处违纪干警8名，有力促进了公安机关的廉政建设，维护了财政法规，使中央“收支两条线”、“罚缴分离”、“票款分离”的规定在全区各级公安机关普遍得到了落实。

蔡胜兰副局长在安排审计工作

湖北省浠水县教委

湖北省浠水县教委审计科成立于1987年元月。现有专职审计人员6人，大专以上文化程度，高、中、初级职称各2人，中共党员4人，共青团员2人，是一支政治素质较高，业务能力较强，善于开展各项内部审计工作的队伍。十几年来，浠水县教委审计科认真履行内部审计职能，紧密围绕中心工作，积极开展经济效益审计、专项审计调查、财务收支审计、经济责任审计、财经法纪审计、基建工程预（决）算审计、内控制度审计等。共审计资金7．08亿元，查出违规违纪金额5565．9万元，取消违规收费项目12项，查处千元以上经济案件58起，移送纪检、监察和司法机关处理50人，提出合理化建议2494条，被单位采纳2408条，促进被审单位增收节支450．06万元，提高经济效益606．8万元，挽回经济损失58．65万元。八年来已审计工程项目461个，审计基建资金10891．32万元，净审减工程价款2145．28万元。良好的审计效能和业绩赢得很多荣誉。尤其是基建工程预（决）算审计、经济责任审计、专项审计调查、财经法纪审计取得的审计成果更为突出，两次参加全省、市优秀审计项目评选，所送6个项目均获一、二等奖，总分居全省第二名。得到了国家、省、市、县审计机关和教育部门领导的充分肯定和表扬。十三次参加省、市内部审计工作交流（研讨）会，并在会上作了典型发言，其中全省基建审计研讨会和全省教育审计现场会在浠水县召开。连续十三年被浠水县人民政府评为内部审计先进集体，先后四次被黄冈市审计局评为内部审计先进集体，连续五次被湖北省审计厅、教育厅授予“全省内部审计先进集体”称号，1998年被国家审计署授予“全国内部审计先进单位”称号；郭祖怡同志1990年被国家教委评为全国教育内部审计先进工作者，郭向阳同志三次被湖北省审计厅、教育厅授予“全省内部审计先进个人”称号。审计实践证明，成绩和荣誉的取得，首先是县教委领导高度重视审计工作，把内审工作当作一把手工程，坚持一把手分管审计工作，审计科长进教委党委班子直接参与领导和决策，同时努力改善审计工作条件，购置办公自动化设备，为审计人员排忧解难，撑腰壮胆，坚决维护审计的权威性，确保审计工作的顺利开展；其次是审计人员爱岗敬业，恪尽职守，廉洁自律，勤奋好学，用扎实的内功在审计岗位上默默奉献；三是县审计局的监督指导和大力支持，各有关单位部门通力协助与配合，人民群众的理解支持和积极参与。

县教委主任高德华审核审计科工作报告

审计科长郭向阳在审计教育科研大楼工程

县教委党委书记、教委主任高德华(左三)主持召开教委党委(扩大)会、听取审计科科长郭向阳(左一)关于浠水县第一中学财务审计的报告

喀什地区审计局

局长　侯存尚

自治区审计厅领导来喀什检查指导工作

喀什地区审计机关自1984年3月成立，到现在已经有了十七年的创业发展经历。十七年来，该区审计工作在喀什地委、行署直接领导下，在自治区审计厅的指导和关怀下，认真履行《审计法》赋予的监督职责，围绕当地党政工作中心，结合实际抓重点，积极主动地为喀什地区改革开放和经济发展服务。过去的十七年，是喀什审计人经历了“边组建边工作”、“抓重点打基础”、“积极发展逐步提高”、“稳步发展上台阶”几个阶段，从无到有，从小到大，艰苦创业，开创局面的十七年，是不断进取，发展提高的十七年，是在促进改革开放和经济发展方面发挥作用，不断发展壮大的十七年。纵观十七年审计实践，该区审计工作在各族审计干部的共同努力下取得了显著成绩，积累了实践经验，不断开创了喀什地区审计工作新局面。主要标志是：已经形成了国家审计、社会审计、内部审计相互补充的监督体系。地区及十二个县（市）均成立了审计机关，现有审计人员183人；审计领域逐步拓宽，实现了重点行业、重点资金、重点项目审计经常化、制度化；各级党政及主要领导越来越重视和支持审计工作，审计执法意识逐渐增强，审计质量逐步提高；初步建立了一支政治思想好，业务水平高，廉洁奉公的审计队伍，树立了审计机关良好的形象。审计工作已经成为该区维护财经法纪，促进地方经济发展的重要监督部门，较好地发挥了参谋助手作用。十七年来，国家审计署历任审计长、自治区审计厅历届厅长先后来喀什视察指导、实地调研，对喀什地区审计工作给予了充分的肯定和高度评价。1996年7月30日，原审计长郭振乾同志在视察喀什审计工作时，欣然提笔给喀什审计题词：“精干、廉洁、公正、严格、奉献”。各级领导的亲切关怀和大力支持激励了全地区各族审计干部的工作热情，使审计工作不断取得新成绩。

加强民族团结，促进精神文明建设

行署专员卡米力·阿不都拉（左三）在1999年喀什地区审计工作会议上做重要讲话

局领导班子在研究工作

蚌埠市审计局

1999年安徽省蚌埠市审计局以市委、市政府经济工作为中心，坚持从蚌埠改革、发展和稳定的大局出发，分别开展了财政审计、金融审计、企业审计、行政事业审计、固定资产投资审计、农业审计、专项资金审计、外资审计和任期经济责任审计等，以打假治乱为重点，深刻揭露和反映了财政财务收支中的不真实、不合法、不规范以及损失浪费、舞弊和腐败等问题。全年共审计448个单位，查出违纪违规金额65454万元，应上缴财政收入703万元，应归还原渠道资金1592万元，向各级党政机关和有关部门提交审计报告、审计信息340篇，被有关党政领导批示和新闻媒体采用124篇。财政审计在总结前三年经验的基础上，第四次开展了本级预算执行情况审计，对重点企业税收情况，蚌埠市建设委员会城市维护建设资金，全市科技三项费用投入及使用，全市价格调节基金征收投入、使用、管理状况等进行了审计或专项审计调查。本级预算执行情况审计，全面反映了本级财政、地税部门本级预算执行情况和其他财政收支情况。在不断深化和规范本级财政执行情况审计的同时，开展了20个单位的财政决算审计，查出违规金额1831万元和部门乡（镇）虚列财政支出、挪用财政周转金以及挤占挪用三提五统资金等问题，为加强财政管理起到了积极的促进作用。全市审计机关认真贯彻中央办公厅、国务院办公厅关于党政机关领导干部和企业领导人员任期经济责任审计的精神，认真开展任期经济责任审计，共审计了33个单位，接受审计的党政机关领导干部23人，企业领导人11人。审计查出违纪违规资金140184万元。此项审计，促进了党政领导干部勤政廉政，认真履行工作职责，为地方党委、政府和有关部门加强干部的管理和使用提供了参考依据。全市审计机关以反腐败斗争为己任，增强了发现大案要案的意识，认真做好经济案件的查证工作，共配合纪检、监察部门查办案件7件，涉案违纪资金1032.6万元，移送司法部门查处3件，移送纪检部门查处3件，建议给予行政处分5人，已有1人被批捕。

局长　高凤莲

领导班子在研究工作

深入开展《审计法》宣传

龙山农场

国营龙山农场地处海南省儋州市西北部，创建于1971年，总人口2008人，职工870人，已开垦利用土地面积40718亩，占土地总面积的30%，其中橡胶面积20962亩，防风林11500亩。经过近30年的艰苦创业，在昔日贫瘠干旱的土地上建起了初具规模的国营农场。

橡胶是农场的支柱产业。近年来，农场对现有2万多亩胶园加大投入，施重肥，树立以肥换胶的思想，使干胶产量逐年提高，1999年产胶1398吨，在抓好干胶生产的同时，积极扶持鼓励职工发展自营经济，增加职工收入，职工自营种养业年创收近300万元。多年来农场党政领导班子坚持两手抓，两个文明建设协调发展。全场年实现国内生产总值1054万元，职工纯收入7000元/人，职工工资按月足额发放，职工队伍稳定。为保证农场经济稳步发展，规范运行，农场党委非常重视审计部门工作，于1995年恢复审计科，凡是涉及企业经济方面的业务都让内审机构参与监督，建章立制，监督落实。各项基建工程预算经审计科审核后，党委讨论确定施工。几年来，审计部门为农场节省工程款近10万元。使该场各项管理制度步入规范化的轨道。积极发挥审计部门的职能作用，使农场经济稳步发展。1993年至1995年连续三年被总局评为优秀企业，1995年被总局授予“先进党委”称号，1996年、1998年被评为良好企业，1999年被评为先进企业。1993至1998年连续6年被儋州市评为社会治安综合治理先进单位，1994年至1996年被省评为社会治安综合治理先进单位。

法人代表：许开栋
联系电话：0890-3641010（行政办）
0890-3641015（党委办）

山西焦化集团有限公司

董事长兼总经理　薛佩珍

山西焦化集团有限公司(国有独资)是一个以对煤进行深加工，集洗煤、炼焦、化工、化肥为一体的大型一类企业，是上市公司“山西焦化”的控股公司，为国务院确定的520户国家重点企业和山西省重点保护的34户优势企业之一，曾名“山西焦化厂”、“山西焦化工业总公司”、“山西焦化工业(集团)公司”。

公司筹建于1969年，1971年开工建设，1979年1月和1981年10月两座焦炉相继投产，1982年竣工验收，由基建转入生产，基建总投资为18695万元。现有职工5851人，其中工程技术人员1330人，占职工总数的22%。占地面积2670亩，固定资产7.75亿元，总资产14.14亿元。现有11套主要生产装置，即年产洗精煤60万吨、焦炭60万吨、焦油加工3万吨、粗苯加工8000吨、硫酸铵8600吨、合成氨6.9万吨和尿素11.5万吨、中外合资增碳剂2.5万吨、顺酐3500吨、生铁冶炼1万吨、编织袋150万条、三聚氰胺1000吨。生产洗精煤、冶金焦、尿素、焦化苯、焦化甲苯、焦化二甲苯、硫酸铵、工业萘、精萘、洗油、蒽油、沥青、顺酐、增炭剂、生铁等50余种产品。公司“山西焦化”于1996年8月8日在上海证券交易所上市；1997年12月通过了ISO9000系列标准质量体系认证；2000年2月21日通过了ISO14001环境管理体系认证。公司连续十多年保持了山西省“利税大户”的声誉，各项主要工作先后受到省、部和国家的表彰，获得了“全国‘五一’劳动奖状”、全国“现场管理先进企业”、“全国环境保护先进企业”、“全国思想政治工作优秀企业”、“全国模范职工之家”和“山西省管理示范企业”、“山西省最佳企业”等荣誉称号。

公司“十五”期间主要是集中资金和人力、物力建设90万吨/年焦炉易地改造项目和30万吨/年焦油加工项目。公司的长远规划是计划投资61亿元，于2010左右建成400万吨/年洗煤厂、250万吨/年焦化厂、24万吨/年甲醇厂、6万KWH发电厂和30万吨/年焦油加工厂。整个规划实施后，一座年实现工业总产值50亿元、年实现利税20亿元、总资产达到70亿元的现代化焦化城将会建成。届时，山焦的经济规模会更大，抗风险能力会更强，给社会的贡献也会更多。

吉林金石会计师事务有限公司

吉林金石会计师事务有限责任公司是根据财政部、中注协《关于会计师（审计）事务所与挂靠单位脱钩的通知》要求，经吉林省财政厅吉财注字（1999）398号批准，由原吉林金石会计师事务所改制而成。

事务所现有人员42人。其中执业注册会计师18名、注册会计师非执业会员3名、注册资产评估师1人，平均年龄38岁，93%具有大专以上学历，中、高级专业人员达80%以上，拥有一支文化层次高、业务素质好、规模实力强，以中青年为骨干的高中级会计师、工程师、经济师相关专业技术职务的注册会计师、注册资产评估师及专家顾问队伍,该公司现已跻身于吉林省大型会计师事务所行列。财务审计部、基建审计部、办公室等专业部门以优质的服务面对不同层次，不同类型的客户。仅2000年上半年就完成各项审计业务90项，其中包括对13户国有大型企业的年度会计报表审计。该所客户涉及工业、农业、商贸、交通、施工、房地产等各行业，在立足本省的同时，客户群已辐射到辽宁、黑龙江、北京、上海、广东、海南、山东等省市区。事务所从业资格：大型企业审计资格、建筑工程预决算审查资格。事务所业务范围：一、企业财务决算审计；二、财务会计及管理咨询；三、会计服务及代理记帐；四、验证注册资本；五、资产评估；六、房地产及抵押贷款评估；七、建筑工程预（结）算审核；八、经济司法鉴定。

主任会计师李文丹赴法国巴黎学习

联系电话 所长室 0431－5955901转2958
传 真：0431－5946752 财务审计部：0431－5955901 转2214
基建审计部：0431－5955901 转2005
办公地址：吉林省长春市延安大路11号
邮编：130012
开户行：省中行营业部 帐号：0517080047

第一期注册会计师后续教育培训班

吉林诚信会计师事务有限公司

主任会计师马纯丽

部门经理在研究工作

吉林诚信会计师事务所创立于1993年，多年来，该所视"诚信"为根本，以热诚的工作态度服务社会，以优良的工作质量取信社会，目前已发展成拥有数十名注册会计师、注册评估师及造价工程师加盟的综合性会计公司。该所具有审计大中型企业会计报表及审验大中型基建工种结、决算的丰富经验，已为80多家大中型 企业提供年报审验服务，审验大中型基建工程结、决算150多项，在传统的会计验证及会计咨询领域，由于工作服务质量突出，于1995年全省唯一一次评比中被授予"十优"事务所。该所将继续以"诚信"为依托，树"诚信"品牌，为社会提供更优质的服务。

河南省莲花味精集团有限公司

国务院副总理温家宝到味精厂视察

河南省委书记马忠臣到味精厂视察

莲花集团位于豫东平原项城市，是国家大型一类企业。现有职工18000名，资产总额43亿元，辖一个上市股份有限公司、7个独资子公司、4个中外合资企业、4个控股子公司。一个三星级宾馆，一个国家级技术中心。涉足食品、化工、医药、饲料、热电、印刷、公路建设、包装、服装等九大生产经营领域，20余种系列产品。综合经济指标居全国500家最大工业企业第88位，是全国100家质量效益型先进企业、国务院重点扶持的520家大型国有企业。莲花集团以振兴民族食品工业为己任，坚定实施名牌发展，资本经营、低成本扩张、可持续发展战略，年生产味精14万吨，成为中国最大的味精生产与出口基地和世界同行业单厂生产能力最大的企业。龙头产品"莲花"牌味精国内市场占有率达45%以上，并出口世界20多个国家和地区。莲花集团面向国际市场，抓住我国"入世"在即的挑战和机遇，开始迅猛的二次腾飞，确立了"生态农业产业化发展战略"，已通过专家论证，受到国务院副总理温家宝关注。到2003年，将形成味精，高级面粉，其它生物技术制品、肥料和饲料、养殖及肉类和皮革加工五大支柱产品，年销售收入可达150亿元。自建厂以来，该集团始终坚持发挥审计为企业发展保驾护航的作用，内审人员由1994年的14人发展到现在的28人，其中大中专以上22人，中级职称以上10人。设有发票审计科、基建审计科、物资跟踪审计科、财务审计科、综合办公室五个职能科室。几年来审计处在武明处长的领导下，加大审计力度，增强监督效果。审计成果更加显著，真正成为企业的"啄木鸟"，促进了企业稳步发展。

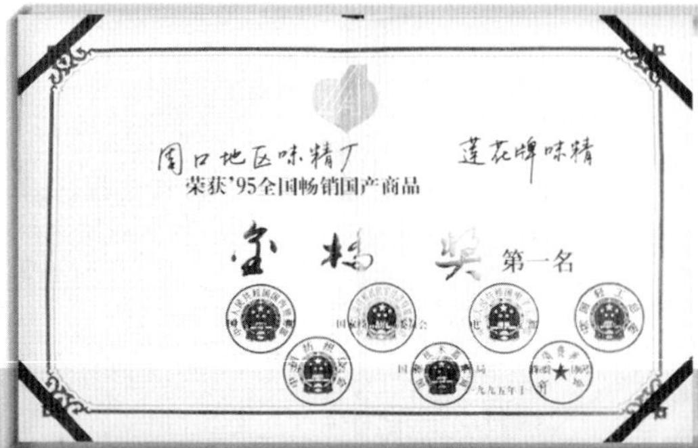

包头钢铁（集团）有限责任公司

中国内审学会会长郑力到包钢检查指导内审工作

包钢（集团）公司位于内蒙古自治区包头市境内，在党和国家的重视与关怀下，经过40多年的建设，已发展成为集钢铁、稀土、建材耐火材料、冶金机械、煤化工等产品的生产销售以及建筑安装、汽车运输、房地产开发、进出口贸易、科研、设计等于一体的特大型企业集团，是国家重要的钢铁生产基地和全国最大的稀土科研生产基地。截止到1999年末，包钢（集团）公司有在职职工12.7万人，总资产252.2亿元。目前，包钢（集团）公司已具备年产钢铁各400万吨、钢材300万吨、稀土精矿6万吨、稀土合金1.5万吨、湿法稀土产品折合氧化物5000吨以及年完成建安工作量15亿元以上的能力。包钢审计处成立于1985年，经过15年的不懈努力，发展到今天，已成为一个机构基本健全、业务涵盖广泛、人员素质较好、作用比较突出的重要的企业职能部门，同时还是集团公司监事会下设的审计室。现有工作人员50名，设有财务审计一、二、三科和工程审计科、经济合同审计科、审计管理科、综合科共七个科，审计内容基本涵盖了包钢（集团）公司主要的经营和财务活动。

1999年，审计处全体工作人员紧密围绕企业体制改革、生产经营、加强管理和提高经济效益开展审计工作，全年完成资产负债及所有者权益审计、财务收支审计、经济责任审计、财务年度决算审计、后续审计等共80项，促进增收节支4286.5万元，节约采购资金和工程费用943.7万元，为集团公司的发展做出了突出成绩。

上海汽车工业集团

上汽集团总公司审计室自1986年成立以来，经过不断建设、调整、充实，使集团审计工作逐步走向制度化、规范化、系统化。审计室多年来在上级主管领导的关怀指导和企业各级领导的重视支持下，经过全体审计人员的共同努力，集团总公司内审经历由小到大，由弱到强，逐步完善了内部审计制度，也逐步形成了一支业务能力较强、人员业务素质较高的内审队伍。目前，在人员配备上，集团内审人员共有86人，比1995年的58人增加了48%。在制度建设上，为了巩固内审制度，制定了上汽集团内审工作规范，为了强化内审监督机制，制定了上汽集团审计委员会暂行条例。为了有步骤地开展各项内审工作，集团实行年度工作按季度下达，使得内审工作目标明确，并且平时有检查、有交流、有总结，保证每年内审总体目标的顺利实现。近年来，上汽集团审计室结合企业财务管理、内控的薄弱环节重点开展了年度财务审计、工程项目审计、经济合同审计、企业兼并审计、经济效益审计、经营者经济责任审计、法人离任经济责任审计等，并且常规审计也逐步走向内控制度评审及应收帐款、存货、贷款担保、采购管理等专题调查，通过不断开拓新的审计领域，促进企业进一步加强内部制约机制，不断提高管理水平，充分发挥内审监督、服务、参与企业管理的职能。1999年开展各类常规审计316项，促进了增收节支，降低了成本并提出建议被采纳的有363条。开展工程项目审计1398项，核减金额7373万元。其中由内审人员自审项目1083项，核减金额为3477万元。经济合同审计核减金额1045万元，共挽回了资金4522万元，取得了明显的经济效益。为此连续七年获得国家审计署、机械工业部审计局、上海市审计局授予的年度先进集体光荣称号。

SHANGHAIQICHE

龙岩市汽车运输总公司

福建省龙岩汽车运输总公司，始建于1951年6月，地处福建西部－－著称于世的闽西革命老区的红土地，毗邻闽西北和闽南地区及周边的粤东、赣南，是担负着闽南及毗邻区际、省际公路客货运输的国有骨干企业。

总公司前身系福建汽车运输总公司龙岩公司，1993年1月成建制下放地方管理。现下属有客货汽车运输、汽车修理、配件、油料供应、技工学校，物业管理，商贸及房地产开发等18个二级单位，分布在5县1市1区。现有固定资产原值2.24亿元，客货营运车辆86辆，职工2600人。近五年营业总收入比1993年增加了二倍。总公司1998年获省"五一"劳动奖状；总公司工会1998年被评为全国模范职工之家，总公司党委被中共福建省委评为先进基层党组织。

总公司从1988年末组建审计科，开始实行内部审计制度。十余年来，内部审计在财务收支、奖金分配、对外投资、联营、经济责任、年度财务决算与会计报表审计及专项审计和审计调查等方面开展了卓有成效的工作，较好地发挥了内部审计在促进企业遵纪守法、加强企业管理、维护企业合法权益、提高经济效益方面的作用，内部审计队伍亦从开始的2人增加到目前的5人，多次被评为市内审及省交通内审先进单位。十余年来共完成各种审计报告165份，近百万字，并已全部输入微机储存管理。

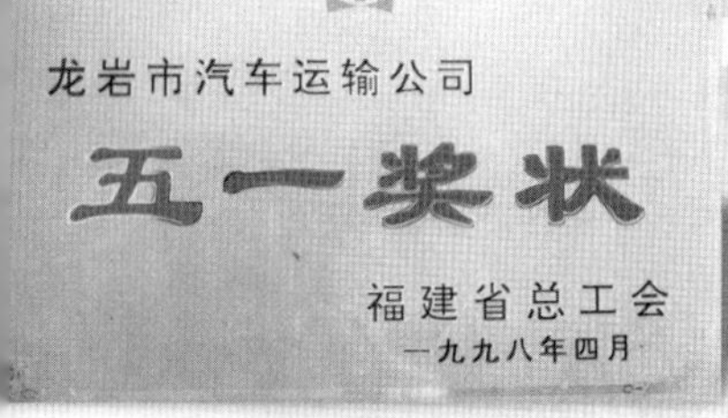

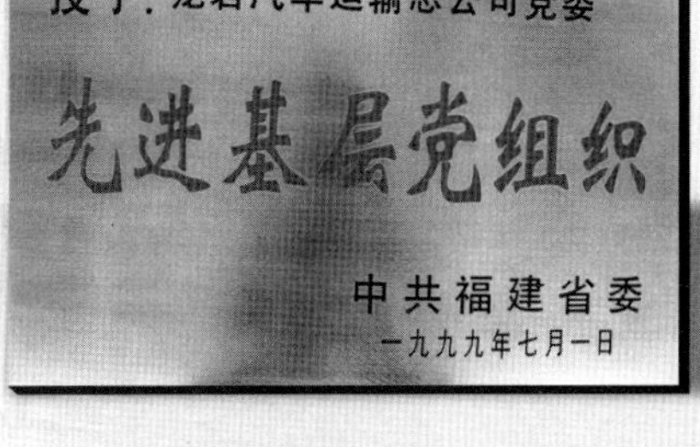

贵州开磷（集团）有限责任公司

董事长　彭氏辉

贵州开磷（集团）有限责任公司（第二名称：贵州开磷集团进出口公司），前身是贵州开阳磷矿矿务局。开磷集团公司是中国三大磷矿石生产基地之一，经过40年的建设，已成为一个集磷硫为一体，矿肥为一家，科、工、贸综合发展的多元型磷化工企业。

开磷集团公司具有得天独厚的资源优势，已探明的磷矿石储量为4.13亿吨，矿石品位高、有害杂质低。中国p_2o_2含量大于32%的优质磷矿石有78%集中在开阳矿区。矿石不经选矿可直接用于生产磷铵等高效肥料。

开磷集团公司目前的主要产品有：磷矿石（含矿沙、矿粉等系列产品），硫铁矿、硫酸、磷酸、重钙、氢钙、黄磷等。目前生产规模为：磷矿石220万吨／年；精矿5万吨／年；硫酸10万吨／年；重钙10万吨／年；一铵12万吨／年；氢钙1万吨／年；黄磷4千吨／年。

开磷集团公司技术力量雄厚，采掘装备精良，交通通讯便利，发展前景广阔。乘着中国改革开放的强劲东风，已建成国际先进、国内一流的地下开采大型矿山，将努力建设大型磷复肥基地，向高附加值的精细化工发展：进一步扩大出口规模，开拓新的国际市场。

贵州开磷集团监察审计处按总公司要求负责对二级单位主要领导进行离任审计，专项审计。这项工作已坚持七年，为集团公司加强企业管理、完善内部管理作出一定贡献，并受到上级好评。

开磷集团公司始终坚持"团结、奋进、争先"的企业理念和"质量、信誉、效率"的服务宗旨，同国内外客户真诚合作，携手并进。产品多年来畅销中国30个省、市、自治区300多家企业，并销往东南亚等国际市场。年创汇能力达2500万美元。在欧洲、亚洲、美洲同十几个国家有技术、经贸方面的往来。

审计人员在进行专项审计

职工住宅一角

中国石化集团

山西石油总公司

总经理　杨槐青

山西省石油总公司是中国石油化工集团公司的直属销售企业之一。主营汽油、柴油、煤油、润滑油，兼营市场民用煤。截止1999年末，全系统共有4个直属实体，12个地(市)公司，100个县级公司，独立核算单位117个，职工10249人，资产总量23.89亿元，油库119座，煤场63个，加油站580座，加油网点450个(含年销售量在500吨以下的加油站)。1999年经销成品油123.96万吨，实现销售收入44.7亿元，实现利税10351.9万元。山西省石油系统的各级领导普遍重视审计工作。早在我国恢复审计制度时，省总公司领导就意识到审计将会在企业的经营管理过程中发挥其他部门不可替代的作用。从1984年省总公司设立专门的内审机构开始，到1987年各地(市)公司及经营规模较大的县级公司都配备了专职的内审人员，其余核算单位也都配备了兼职的审计人员，构建完成了上下配套，专兼结合的内部审计监督网络。在内部审计机构成立以来的十多年里，山西省石油总公司系统的历任领导，一贯坚持并注重发挥内部审计在企业经营管理中的作用，指导并协调全系统内审部门发挥整体优势，实行规模作战，在加强内审的机构、队伍、制度等基础建设、开拓内审工作领域、促进企业改善经营管理等方面进行了一些有益的探索，取得了比较显著的成绩。继1993年度被山西省审计厅授予“审计十年内审工作先进集体”之后，连续多年在山西省内审机构的综合考评中名列前茅，连年获得“内审工作先进集体”的荣誉称号。1998年度，国家审计署授予山西省石油总公司“全国内部审计先进单位”的称号。1999年，在山西省审计厅和山西经济日报社共同举办的以展示改革开放以来山西审计工作取得成就为主要内容的活动中，山西省石油总公司又被山西省审计厅推举为山西省内部审计的先进典型代表作了经验介绍。

山西省石油总公司储存设施遍布全省各地，总容量68万立方米，对全省的成品油市场起保证和调节作用

中国农业银行

辽宁省分行

行长　张文纲

辽宁农行自1979年恢复成立以来，伴随我国改革开放的发展而不断壮大，已成为本省整体实力较强、服务功能齐全的国有商业银行。通过推行全员劳动合同制、竞聘制、客户经理制等一系列改革，形成了比较健全的商业化经营管理机制，呈现了发展步伐不断加快的生机和活力。在推进市场定位的战略性调整中，遍布全省城乡的机构网络不断优化，服务范围扩展至各经济领域。通过实施以优势产业、优良客户为信贷投放对象的“双优”战略，客户结构不断优化。在发展存、贷款等传统业务的同时，开办了外汇、银行卡、保管箱、住房信贷、汽车信贷、教育储蓄、银证转帐、代办保险、代缴费用等新业务，开发了“金辅居”等金融产品，推出了汽车银行、电话银行、金融超市等服务方式。覆盖全省的电子化网络，具有通存通兑、电子汇兑等便捷功能。通过实行稽核派驻制，开展内控综合评价，健全规章制度，管理水平不断提高。在加强企业文化建设中，不断培育现代企业优良素质。处于市场化步伐逐渐加快和市场竞争日趋激烈的经济环境，该行确立了实施市场营销、结构优化、科技创新和风险规避战略，目前正以崭新的姿态加快向现代商业银行目标迈进。

重庆公元会计师事务所

CHONGQINGGONGYUANKUAIJISHISHIWUSUO

主任会计师 张辅辙

重庆公元会计师事务所成立于1999年8月19日，是经重庆市财政局重财注[1999] 99号文批准、重庆市渝北区工商行政管理局注册登记的会计中介机构。它是在原重庆渝北审计师事务所和重庆渝北会计师事务所的基础上建立起来的有限责任会计师事务所。注册资本70万元，现有办公用房750平方米。具有注册会计师执业资格、评估资格和工程造价咨询资格，主要从事审计、验资、评估和工程预决算编审业务。从业人员40余人中，大专以上学历的占90%，有高、中级会计、工程、经济、审计等专业人才及注册会计师、注册资产评估师、注册房地产估价师、土地估价师、注册税务师、注册造价师、律师等执业人员。从业人员以中青年为主，是一个充满生机和活力的集体，又是一个团结奋斗的集体，一定能为社会各界提供良好的服务。

会计师事务所发起人合影

山西中强审计事务所

董事长 郝树平

山西中强审计事务所是由原山西省审计事务所经山西省财政厅批准改制设立，并报中国注册会计师协会备案，经批准享有原山西省审计事务所从事大中型企事业审计、基建工程审计、工程咨询、资产评估、财务审计等执业资格。该所于1987年成立，是山西省成立早、发展快、信誉高的社会审计组织，曾被审计署授予全国审计系统先进集体，并评为山西省唯一的中国百强审计事务所，居山西省十强审计事务所之首。山西中强审计事务所现有从业人员126人，其中：注册会计师、注册资产评估师、造价工程师45人，有中、高级以上职称的各类专业人员60余名。能够独立承办中央、省、市企事业单位及各类经济组织的财务收支查证、财务报表审计、资产评估、资金验证、工程造价咨询、编制工程标底、基建工程预（结、决）算审计、经济案件签证、经济责任审计、金融审计、破产审计、投资项目可行性评估、外资审计、经济资询等多种经济活动业务。山西中强审计事务所建所十四年来，培养和锻炼了一支专业性强、知识面广、能打硬仗、充满朝气的高素质的审计队伍，共完成山西杏花村汾酒集团、太原钢铁集团公司、省工商银行等各类审计业务11540项，查证资金总额1772亿元，查出违纪金额15.8亿元，为国家和企事业单位挽回经济损失、节约资金、促进管理、提高经济效益6.2亿元以上，上缴财政9630万元。员工郑重承诺：以一流的质量服务大众，用百倍的努力回报社会。

证书

山西省审计事务所被评为一九九三年度全国百强审计（师）事务所，特发此证。

一九九四年五月十五日

董事长、主任会计师（所长）：郝树平
副主任会计师（副所长）：张文海
电话：(0351) 4081990
传真：(0351) 4034744
免费咨询热线：16804265
地址：太原新建南路文源巷18号
邮编：030001

欢迎订阅：

《中国审计》是由中华人民共和国审计署主办并主管，中国审计出版社出版发行的反映我国审计事业发展的大型期刊。

《中国审计》 聚焦审计精英，总览审计风云，与您同步见证中国审计的当代史。

《中国审计》遵循立足审计、倡导新知、面向市场、服务经济的办刊宗旨；贯彻舆论导向正确、审计特点鲜明、突出打假治乱、前沿新知广泛的办刊思路。

《中国审计》坚持独立、独家、独到的办刊原则，栏目丰富，文章力显磅礴大气、反映快速、视角敏锐、笔锋犀利、观点鲜明、雅俗共赏的现代化风格，具有较强的可读性和可参阅性。

《中国审计》采用国际流行大16开本、图文并茂，四封、插页采用进口铜版纸印刷，品质优良。

《中国审计》的发行覆盖全国各级政府机关及国家审计、内部审计、社会审计、财政金融、证券保险、工矿企业、大专院校及广大城市和农村，并通过国际图书贸易总公司发往美国、德国、日本、澳大利亚、新加坡、香港等国家和地区。

《中国审计》每册定价5.50元，全年定价66.00元。

发行电话：(010)88361317　　传　　真：(010) 88361310

地　　址：北京市西城区北礼士路54号中国审计出版社发行处

邮政编码：100044

商务博览

《商务博览》以商务为主线，倡导新知，纵观世界经济，辐射各方商家观点，透视社会热点现象，聚焦企业风云人物，突现企业经营管理思路为主导话题。具有全国性、权威性、专业性三大特色；具有参考与珍存价值，是一本综合实用的现代商务杂志。

为把《商务博览》真正办成深受广大读者喜爱的一本杂志，特面向全国诚征稿件，征稿的主要内容为：

特稿精萃：国内外名牌企业经营管理启示录（特别报道某企业某一时期引发世人瞩目、关注的经营管理思路及发展历程），审计案例、复议案例及案例评析，澳门经济与发展。

时尚点评：Internet与审计，国际社会新闻综述、白领文化、上市公司在中国、娱乐传真（国际娱乐传媒跟踪）。

商务观察：社会保障、企业改制、中关村纪事；手持产品（手机、寻呼机、商务通、手持pc）与现代商务交际。

调查·观点·数据：审计动态资讯、家庭理财与审计、特许经营；投资与市场展望、房地产业与先期投资、个人理财与房地产投资。

精彩时空：富有创意的优秀设计和摄影作品；舆论导向积极、格调轻松的漫画与幽默。

来稿请寄：《商务博览》编辑部
电　　话：(010)62581866-1821　　62581856
传　　真：(010)62581876
联 系 人：谭聚文　　高　山
地　　址：北京市海淀区北三环西路48号北京科技会展中心1号楼A座6A
邮　　编：100086

欢迎订阅：

《中国财经审计法规公报》（原名《中国财经审计法规》）是由中华人民共和国审计署主办并主管，中国审计出版社出版发行的纳入公报、政报系列的法规性月刊。

《中国财经审计法规公报》以发展审计事业，依法审计监督，贯彻方针政策，服务经济改革，规范市场经营，促进经济增长为宗旨。

《中国财经审计法规公报》坚持迅速、准确、全面的办刊原则，及时反映国家有关的方针、政策，引导市场经营、规范竞争行为。

《中国财经审计法规公报》采用32开本，四封、插页均采用进口铜版纸印刷，品质优良，便于携带。

《中国财经审计法规公报》的发行覆盖全国各级政府机关及国家审计、内部审计、社会审计、财政金融、证券保险、工矿企业、大专院校及广大城市和农村，并通过国际图书贸易总公司发往美国、德国、日本、澳大利亚、新加坡、香港等国家和地区。

《中国财经审计法规公报》每册定价4.00元，全年定价48.00元。

发行电话：(010)88361317
传　　真：(010)88361310
地　　址：北京市西城区北礼士路54号中国审计出版社发行处
邮政编码：100044